·法学名家精论丛书·

民事诉讼法学精论

（上册）

汤维建 著

中国检察出版社

作者简介

汤维建 中国人民大学法学院教授、博士生导师。新中国第一批毕业的民事诉讼法学博士之一、新中国第一位民事诉讼法学博士后。第十一、十二、十三届全国政协委员。兼任中国民事诉讼法学研究会副会长、中国检察学研究会副会长、中国行为法学会执行研究会副会长。国家检察官学院兼职教授。曾挂职最高人民检察院民事行政检察厅副厅长（2009.6—2013.12）。在《中国法学》《法学研究》《法学家》等学术期刊发表220余篇学术论文，在《人民日报》《光明日报》《检察日报》等报纸发表110余篇文章。出版《民事诉讼法全面修改研究》《民事证据法的理论立场》《破产程序与破产立法研究》《美国民事司法制度与诉讼程序研究》《民事检察法理研究》等著作36部，主持翻译《麦考密克论证据》《英国个人和公司破产法》《美国民事诉讼程序流程》等译作。主持完成《中国特色社会主义程序法治研究》《民事诉讼法全面修改研究》《民事检察监督理论体系研究》《个人破产制度构建的难点与对策研究》等国家级、省部级课题多项。

出版说明

法学是一门理论性和实践性极强的学科。学习品读名家经典，是快速步入法学殿堂、感受法学魅力、提高法律素养的必要途径。为助力检察人员深入研习法律机理，提升全面监督法律统一、正确实施的能力，引领推动全社会尊法学法守法用法，切实履行好全面依法治国的职责使命，在院党组的坚强领导下，我们精心打造了由法学各学科名家担纲执笔的"法学名家精论丛书"。

丛书编写坚持如下原则：

一是理论阐述与实践应用相结合。坚持问题导向，准确把握司法办案实际，理论阐释与实务重点、难点、疑点、痛点问题解析有机融合，特别是注重引用"两高"指导性案例和司法实务典型疑难案例，使理论更加贴近实践。

二是兼顾系统与突出重点相结合。尽可能系统阐述各学科的基本理论和前沿问题，对有重大意义的争议观点和分歧意见精准评介、深入分析，对实务中涉及较少的问题一笔带过，注重突出重点、详略得当。

三是关注前沿与权威精准相结合。力求充分反映最新立法、司法动态和研究成果，立场鲜明、观点稳妥，言之有理、持之有据，既深植法律政策规定，又体现法治发展进步。

名家之作，凝聚了专家们的学术业绩和理论研究成果，积淀着专家们探求法律真谛的智慧，也反映了人类对法这一社会现象不断深化认知的轨迹。

"登泰山而览群岳，则冈峦之本末可知也。"

"法学名家精论丛书"不仅是检察人员研修法学原理与实务的教材，也是法学教学及其他法律工作者学习研究用书。

中国检察出版社
2022 年 9 月

自　序

一

当法理学界于20世纪90年代开始热议"中国法学向何处去"这一世纪性话题时，作为民诉法学出身的我，自然也开始对应地思考"中国民事诉讼法学向何处去"的问题。思考的初步成果是我写成了一篇文章——《市场经济与民事诉讼法学的展望》，分上、下在《政法论坛》1997年第1、2期上连载。在该文中我探讨了"摆正实体法与程序法的关系""以诉讼权利为本位，重塑民事诉讼法的理论体系""研究民事诉讼制度的目的""研究民事诉讼程序的价值""研究民事诉讼的基本模式""法院调解：一个既古老又长青的课题""审前程序：一个不应遗忘的诉讼阶段""庭审程序的改革""二审与再审：民事诉讼中的纠错机制""简易程序的再简化：关于建立小额审判制度的初次设想"十大问题。我在这篇文章中刻意回避了大陆法系国家视若民诉法学基石范畴的诸如"民事诉讼法律关系论""诉权论""诉讼标的论""既判力本质论"等概念，而使用了"目的论""价值论"和"模式论"等更具哲学意味的范畴，意在在法哲学层面尝试构筑中国特色的民诉法学理论话语体系。2012年民事诉讼法修改前夕，我在《法学》2011年第8期发表了一篇文章《论〈民事诉讼法〉全面修改的主要议题》。在该文章中，我提出要围绕法院的审判权形成五对关系范畴进行修法研究，这就是诉权和审判权的关系、检察监督权与审判权的关系、社会参与权与审判权的关系、调解权与审判权的关系、执行权与审判权的关系。到了这个阶段，我对中国特色社会主义民事诉讼法学理论体系的四梁八柱之认知已经趋于明晰和稳定，此后我所有的研究都没有超出也没有改变由此所形成的基本框架。

一是诉权和审判权的关系模式。笔者认为，在诉权和审判权的关系模式之设置和构建中，以折中精神为旨归的中庸思想具有方法论上的用武之地，当事人主义的优势固然要被充分吸收，但其放任当事人滥用诉权的制度倾向需要排拒；同样的道理，我国传统的职权主义乃至超职权主义的沉疴顽疾需要果断割除，对法官滥用审判权要保持经常性的警惕。但我们在剔除两大诉讼模式糟粕和秕糠的同时，要审慎地筛选出其各自所具有的"真理的颗粒"，从而实现优势对接，形成具有综合优势的第三道路，这就是在否定之否定之后螺旋式上升而形成的协同主义模式。笔者之所以服膺于协同主义的诉讼模式并始终以之为中国民诉法学的理论指南，绝非仅限于逻辑上的简单化和稀泥，而更在于认同并恪守中国民诉法学的构建元素除了诉权和审判权这一对关系范畴外，还有其他的关系范畴在为中国民事诉讼法制的样貌生成着塑造机能。

二是检察监督权与审判权的关系模式。检察机关是宪法所规定的法律监督机关，它与法院一样，被宪法赋予了司法权能，只不过，其司法权能的具体表现乃是检察监督权。中国的民事检察监督制度如今在民事诉讼法上得到了全面体现，一个涵盖诉前监督、诉中监督、诉后监督以及执行监督的制度体系彰显着中国特色和本土元素。有很多迹象表明，中国的民事检察监督制度在一定程度上具有世界性的引领价值。如何将检察监督元素融入传统民事诉讼法学的教科书之中，是我们共同面临的一大研究课题。

三是社会参与权与审判权的关系模式。司法的民主化是司法改革的主旋律之一。如何实现司法的民主化呢？各国因其国情的不同所给出的具体方案也是有异的，但主要的方法不外乎有：人民参与对法官的选任；人民参与审判过程；人民参与对法官的弹劾；等等。其中最为核心、最为直接的司法民主化方法便是人民对司法的参与。这就是通常所言司法的"公众参与"（popular participation）。司法的公众参与是民主政治在司法领域中的表现，司法在公众的广泛参与下，其面貌势必焕然一新。比如，在传统司法机制下，司法的功能比较单一，主要表现为纠纷的及时而有效的化解；但在司法的公众参与下，司法的政策形成机能得以显现出来，司法造法的正当化机制由此孕育而成。由于人民对司法过程的直接参与，司法的形式主义特征趋于弱化，实质性正义成为司法的主要追求目标，机械司法由此可以避免，司法的神秘主义以及过分的职业化、专业化现象得到了缓和或松动，司法成为人民可理解、可参与、可监督的有机过程，司法与人民之间原本存在的差距被缩短。也正是在司法的公众参与下，司法的公信力得以提升，司法的结果获得了更加普遍的尊重和尊崇，司法的权威得到了强化。民事诉讼中的社会参与权包括的范围较为广泛，我国立法所规定的支持起诉原则，以及在我国司法改革中出现的评议团、检察机关的听证制度、人民监督员制度、人大代表听百案等司法旁听制度，均属此范围。但在种种社会参与权中，最为重要的、也是诉讼体制内的社会参与权，就是人民的陪审权。我国的人民陪审制度具有巨大的制度优势，但同时，毋庸讳言的是，它还存在着如何更加实质地发挥出该潜在的制度性优势的现实难题。毫无疑问，我国的陪审制度还应当继续改革和完善。

　　四是调解权与审判权的关系模式。被誉为东方经验的调解制度在我国民事诉讼法的规范体系中占据着极为重要的地位，以至于我国的民事诉讼制度被学者评价为属于"调解型的民事诉讼制度"。调解制度不仅为我国民事诉讼法发挥解纷功能立下了汗马功劳，同时也为世界范围内的司法 ADR 制度的繁盛局面之形成提供了文化学上的重要启迪。但现在有一种观点和做法，认为要推行强制调解前置主义的立法原则。笔者认为这样的提法需加斟酌。之所以会出现这样的时代错位的观念和主张，一个极重要的原因便是，混淆了传统调解制度与现代调解制度的根本区别，模糊了本不该模糊的界限。这就难免陷入调解制度的传统泥潭之中去，过去曾经发生过的诸多调解弊端，如"和稀泥"式的调解、压迫式的调解、封闭式的调解、"背靠背"的调解、法外任性式的调解等，又会似曾相识地卷土重来；与此同时，我国经过长期审判方式改革和司法改革所取得的成就，如程序公正原则、当事人自治原则、严格司法原则、社会参与原则以及由此所形成的逐步走上正轨的司法审判机制等，也将大受影响，有的甚至还要走回头路。应当说，这是机械形而上学观点的体现，没有体现出与时俱进的辩证唯物主义的哲学品格。可见，明确现代调解制度与传统调解制度的联系与区别，是我们构建调解制度体系的逻辑前提和基本出发点，也是我们构建现代型中国特色调解制度的指导方针和行动指南。在构建和谐社会和依法治国的背景下，我国目前所强调的调解，应当是回应型的调解，而非压制型的调解，甚至也非单纯的法制型调解。事实上，回应型的调解模式业已涵盖了法制型的调解模式，前者是对后者的某种超越。以尊重权利为基础、以程序正义为导向的现代调解制度更值得理论上的证成和塑构。

五是执行权与审判权的关系模式。执行与审判的关系模式并非静止不变的，相反，它们之间所形成的既对立又统一的关系，会随着司法实践的需要而发生变化。目前，执行权和审判权的关系模式已经越过了行政权涵摄型模式和审判权优势型模式，进入了执行权与审判权并存型模式的发展阶段。在该阶段，执行权和审判权的制度精神已显然分道扬镳，二者所贯彻的程序原理已判然有别，这种差异性在权力运作主体和运作程序等诸多方面都客观地存在，强制执行法的单独制定不仅是执行权的独立性所需，同时也是审判权的自律性所需。在执行体制改革中，实践表明，内置式并行模式仍不畅通与彻底，需要进而改变为外挂式并行模式。在外挂式并行模式中，法院回归于宪法所确立的审判机关的本原，而执行权则从审判权领域退出，在广义的司法权范畴构架内，归属于司法行政权的作用领域。

上述五大关系模式，是我国民事诉讼法学所面对的基本课题和基本任务，这一课题和任务的聚焦点就是对审判权的精准调控和时代定位，其基本的表达方式就是对民事诉讼程序中的权力/权利配置模式进行重新描述和刻画。

二

我研习程序法已经30余年。30多年来，我总结出一个理解和研究民事诉讼法的基本"经验"或体会，这就是要进行对接性研究，防止研究方法和研究视角的单一性局限。这种对接性研究分为很多层次，我比较看重的主要有以下几种"对接"：

一是注释法学和理论法学的对接。注释法学是我国民事诉讼法学起步的扣门之砖，为我国民事诉讼法学的后续发展奠定了扎实基础。但注释法学有原地踏步、缺乏批判精神的弊端，理论法学的研究有助于克服注释法学的局限性。如果说1982年试行民事诉讼法至1991年正式颁行民事诉讼法这段时间，主要以注释法学为我国民诉法学的研究方法，那么，从1991年民事诉讼法发端至今，便走上我国民事诉讼法学的理论法学研究之路。理论法学重在探索民事诉讼法发展的基本规律和发展方向，围绕民事诉讼的目的论、价值论、模式论这"新三论"，展开对民事诉权论、诉讼标的论、诉讼法律关系论、既判力论、证明责任论等传统基石范畴的反思性研究，以期达到不断更新民事诉讼法学的目的。

二是实体法与程序法的对接。我国民事诉讼法颁行于1982年，而作为民法典胚胎的民法通则则是到了1986年才予以颁行，由此在实体法和程序法的关系上，我国形成了独具一格的"先程序法、后实体法"的格局。这不仅说明了程序法离开实体法也能够独立存在，同时也佐证了程序法对实体法的生成、发展和完善具有能动的推动作用。然而，无论程序法能动作用表现得如何淋漓尽致，一个无法回避的现实乃是，实体法为程序法不断提出新的课题、新的要求，这些新课题、新要求都需要程序法加以配合和配套。如民事诉讼法上的特别程序，包括宣告公民失踪、宣告公民死亡案件，认定公民无民事行为能力、限制民事行为能力案件，认定财产无主案件等，都是实体法规定的自然延伸，实体法提供了实体要件，程序法为之设定程序要件，程序法和实体法对解决这类案件具有同等的重要性，缺一不可。再如2012年修改民事诉讼法后增加的担保物权实现程序以及此前就已经存在的公示催告程序等，都是实体法对民事诉讼法提出的程序要求之表征。民法典颁布后，诸如人格权禁止令、作为民事第三主体的非法人组织、一般保证与连带保证的区别、特殊侵权责任的构成要件、建筑工程优先权的设定、惩罚性赔偿制度、事实性要件和评价性要件的设置等新的实体法规定，也在呼唤程序法与实体法的对接。固然，实体法不可能尽善尽美，其中也会存在这样或那样的法律漏洞乃至法律误区，出于个案中公平正义这一永恒的价值目标之考量，程序法应当发挥亡羊补牢式的补救作用，这要求程序法应当尽可能趋于完善。

三是传统法学和现代法学的对接。自传统的民事诉讼法发展到现代的民事诉讼法阶段，民事诉讼法学也在同时进行着传统法学和现代法学的更新换代。例如，传统的诉讼标的理论遭到了新诉讼标的理论的挑战，囿于实体法或诉讼法藩篱所形成的私法诉权说、公法诉权说、二元诉权说等传统诉权理论正逐渐被宪法诉权说这一现代性诉权理论所取代，奠基于实体法间架结构分析基础上所形成的证明责任分配规范说也显示出它的局限性，基于证据距离、举证能力、盖然性、弱者保护等价值考量的证明责任分配实质标准说脱颖而出，等等。无论从宏观、中观还是从微观上看，这种由现代民事诉讼法学"接管"和改造传统民事诉讼法学的趋势都可以很明显地看出来。

四是中国法和域外法的对接。我国古人留给我们的民事诉讼法制遗产极其贫瘠，清末变法后我们才逐渐认识到民事诉讼法是何物，民事诉讼法和刑事诉讼法以及行政诉讼法应当存在差异。因此，我国今天的民事诉讼法学能够繁荣至此，一个毋庸讳言的方法论上的成因就是借鉴域外法的立法经验和理论研究成果，比较民事诉讼法学成为中国民事诉讼法学园地中的重要一员。然而，我国民事诉讼法学绝非照搬照抄的产物，我国民事诉讼法存在的固有优势彰显着中国特色和持久的生命价值。在笔者看来，我国民事诉讼法存在五大优势或五大特征：客观真实的价值观、职权主义的模式观、两便原则的诉讼观、调判结合的技术观和检察监督的控权观。这五大制度性优势恰恰是我国本土资源下的产物，与我国的传统诉讼文化、马锡五审判方式、枫桥经验的倡导、司法的人民性立场以及国家权力的宪法结构等因素密不可分。在现代民事诉讼法的发展格局中，中国民事诉讼法的这五大优势正在发挥着引领作用。

五是程序工具主义和程序本位主义的对接。从历史上看，程序工具主义是在法律发展到一定历史阶段后产生的，其理论上的集大成者首推英国法理学家、哲学家边沁。边沁曾对程序工具主义做出过至今仍被人们不断引述的经典表达。他说："审判活动的直接目的在于实现判决的正确性和准确性，即正确地将法律适用到已得到证明的事实之上；程序法作为附属法，程序相对于它所要达到的审判结果而言，反具有工具或手段的意义。"边沁的这段话成为大陆法系国家相沿已久、被奉为诉讼圭臬的司法三段论涵摄模式的理论注脚。程序工具主义的理论优势在于：它认真地对待了案件事实和实定化的法律，它要求司法者精准地认定案件的客观事实，并在客观事实的基础上严格地适用实体法律，从而获致正确的裁判结果。然而，程序工具主义作为一种程序理论是有其内在缺陷的，集中表现在它极度地忽视了程序法的独立价值以及程序法对实体法的能动作用。人们致力于塑造一部作为最高立法智慧而由法官机械运用的法典，忽视了司法在实现公正中的作用。程序工具主义最终遇到了难以克服的哲学困境。这就使现代哲学或后现代哲学对以黑格尔哲学为代表的传统哲学理论进行了全面的、深刻的反思和质疑，批判其中的绝对主义、本质主义和形而上学，使相对主义、非本质主义和反形而上学的哲学思潮开始抬头并迅猛发展。哲学范式的上述转向，也反映到了程序法和实体法的关系之上，直接催生了程序本位主义的哲学观。笔者认为，在中国当下民事诉讼法学的研究中，既要摈弃传统程序工具主义的负面意涵，又要防止对程序本位主义做绝对化、单一性的理解与墨守。更加符合中国国情以及发展趋势的做法应当是将程序工具主义与程序本位主义有机结合起来,而不是各持一个极端。中国民事诉讼法学现代化转向的最为重要的指标性特征便是树立程序哲学观的二元并存论,辩证地理解与坚持程序工具主义与程序本位主义的理论旨趣和功能依归。

六是诉讼法理与非讼法理的对接。民事诉讼程序与非讼程序的交错适用论,是德、日等大陆法系国家刚兴起不久、目前讨论正烈的课题。这个课题的基本内容是打破传统的"诉讼程序"与"非讼程序"的"二分法",以解决具体民事案件的实际需要为鹄的,充分发掘和重新配置两大类别程序结构的内在原理及其相互关系,使之产生适应于任何民事案件的尽可能多的审理方式。毫无疑问,这个理论的产生,拓展了民事诉讼法学的研究领域,标志着民事诉讼理论研究的深化与细化。在这种理论的指导下,民事诉讼程序结构的宏观体系必将呈现出新的特征和意义。诉讼法理和非讼法理交错适用论给我们带来的启示是:第一,中国民事诉讼法中所残存的非讼成分,尤其是其中的行政属性的成分,应当尽可能进行诉讼化和司法化的改造。第二,诉讼程序和多元化纠纷解决机制应当置于统一的程序框架下加以统筹研究,而不宜割裂化研究。第三,诉讼法理和非讼法理有不同的适用领域重点。诉讼法理主要适用于私益型纠纷,非讼法理主要适用于公益型纠纷的代表人诉讼或诸如家事诉讼的身份法诉讼等规模型诉讼、金融诉讼等经济法诉讼、劳动诉讼等社会法诉讼。

七是证据法与程序法的对接。如果套用传统的诉的分层理论范畴,可以认为,在现代意义的民事诉讼中,诉有三层含义,其中程序意义上的诉具有本位性和基础性,实体意义上的诉和事实(证据)意义上的诉都栖息于程序意义上的诉之上,程序意义上的诉乃是实体意义上的诉和事实(证据)意义上的诉的母体。民事诉讼法是规范程序意义上的诉的,民事实体法是实体意义上的诉的作用对象,而调整事实(证据)意义上的诉的法律规范应当是证据法。从这个意义上说,在现代民事诉讼的规范体系构架中,证据法确乎有独立存在的必要。在我国倡导单独建立民事证据法,其意义绝非仅仅限定于其篇幅的大小或者内容的繁简,而更在于它昭示着一个新型的法律体系构架的形成,标志着一个迥异于传统的诉讼构架的形成。

三

这本书,从目录看,是一本典型的教科书,教科书中的内容应有尽有;然而从内容看，又是一本体系书，属于理论法学化的注释法学或者带着注释法学痕迹的理论法学。如前所述，我在本书中将五大关系范畴作为本体论内容旨在推陈出新、有所拓展，用七大对接性研究方法试图做到面面俱到、有所深化，解释论和立法论在其中相携并行，往返穿梭。

  感谢中国检察出版社，感谢各位编辑的热忱支持和辛勤付出，感谢为这本书的写作提供过帮助的人们。书中不足之处乃至错讹在所难免，祈请读者诸君予以批评指正。

汤维建
2022 年 5 月 30 日于中国人民大学

主要规范性文件缩略语表

（按在本书中出现的先后为序）

《民诉法意见》	最高人民法院《关于适用〈中华人民共和国民事诉讼法〉若干问题的意见》（1992年7月）
《证据规定（2002年）》	最高人民法院《关于民事诉讼证据的若干规定》（2002年4月）
《简易程序规定》	最高人民法院《关于适用简易程序审理民事案件的若干规定》（2003年12月）
《执行解释》	最高人民法院《关于适用〈中华人民共和国民事诉讼法〉执行程序若干问题的解释》（2009年1月）
《审判监督解释》	最高人民法院《关于适用〈中华人民共和国民事诉讼法〉审判监督程序若干问题的解释》（2008年12月）
《新加坡调解公约》	联合国《关于调解所产生的国际和解协议公约》（2018年12月）
《依法治国决定》	中共中央《关于全面推进依法治国若干重大问题的决定》（2014年10月）
《多元化纠纷解决机制改革意见》	最高人民法院《关于人民法院进一步深化多元化纠纷解决机制改革的意见》（2016年6月）
《两个一站式意见》	最高人民法院《关于建设一站式多元解纷机制一站式诉讼服务中心的意见》（2019年7月）
《检察公益诉讼解释》	最高人民法院、最高人民检察院《关于检察公益诉讼案件适用法律若干问题的解释》（2021年1月）
《涉调解协议案件规定》	最高人民法院《关于审理涉及人民调解协议的民事案件的若干规定》（2002年11月）
《在线诉讼规则》	《人民法院在线诉讼规则》（2021年8月）
《诉与非诉衔接意见》	最高人民法院《关于建立健全诉讼与非诉讼相衔接的矛盾纠纷解决机制的若干意见》（2009年7月）

《执行公开规定》	最高人民法院《关于人民法院执行公开的若干规定》（2007年1月）
《全面深化改革决定》	中共中央《关于全面深化改革若干重大问题的决定》（2013年11月）
《司法公开意见》	最高人民法院《关于推进司法公开三大平台建设的若干意见》（2013年11月）
《民法典婚姻家庭编司法解释》	最高人民法院《关于适用〈中华人民共和国民法典〉婚姻家庭编的解释（一）》（2021年1月）
《涉外管辖规定》	最高人民法院《关于涉外民商事案件诉讼管辖若干问题的规定》（2021年1月）
《铁路法院管辖规定》	最高人民法院《关于铁路运输法院案件管辖范围的若干规定》（2021年8月）
《民法通则意见》	最高人民法院《关于贯彻执行〈中华人民共和国民法通则〉若干问题的意见（试行）》（1988年4月）
《证券代表人诉讼规定》	最高人民法院《关于证券纠纷代表人诉讼若干问题的规定》（2020年7月）
《生态环境损害赔偿案件规定》	最高人民法院《关于审理生态环境损害赔偿案件的若干规定（试行）》（2019年6月）
《环境公益诉讼司法解释》	最高人民法院《关于审理环境民事公益诉讼案件适用法律若干问题的解释》（2021年1月）
《消费公益诉讼司法解释》	最高人民法院《关于审理消费民事公益诉讼案件适用法律若干问题的解释》（2021年1月）
《特邀调解规定》	最高人民法院《关于人民法院特邀调解的规定》（2016年7月）
《民事调解规定》	最高人民法院《关于人民法院民事调解工作若干问题的规定》（2021年1月）
《审判方式改革规定》	最高人民法院《关于民事经济审判方式改革问题的若干规定》（1998年7月）
《查扣冻规定》	最高人民法院《关于人民法院民事执行中查封、扣押、冻结财产的规定》（2021年1月）
《立案登记规定》	最高人民法院《关于人民法院登记立案若干问题的规定》（2015年5月）
《限制高消费规定》	最高人民法院《关于限制被执行人高消费及有关消费的若干规定》（2015年7月）

《终本规定》	最高人民法院《关于严格规范终结本次执行程序的规定（试行）》（2016年12月）
《审限规定》	最高人民法院《关于严格执行案件审理期限制度的若干规定》（2008年12月）
《审限管理规定》	《最高人民法院案件审限管理规定》（2002年1月）
《监督规则》	《人民检察院民事诉讼监督规则》（2021年8月）
《检察建议规定》	《人民检察院检察建议工作规定》（2019年2月）
《指令再审和发回重审规定》	最高人民法院《关于民事审判监督程序严格依法适用指令再审和发回重审若干问题的规定》（2015年3月）
《检察监督意见》	最高人民法院、最高人民检察院《关于对民事审判活动与行政诉讼实行法律监督的若干意见（试行）》（2011年3月）
《执行权合理配置若干意见》	最高人民法院《关于执行权合理配置和科学运行的若干意见》（2011年10月）
《善意文明执行意见》	最高人民法院《关于在执行工作中进一步强化善意文明执行理念的意见》（2019年12月）
《执行联动机制意见》	中央纪律检查委员会、中央组织部、中央宣传部、中央社会治安综合治理委员会办公室、最高人民法院、最高人民检察院、国家发展和改革委员会、公安部、监察部、民政部、司法部、国土资源部、住房和城乡建设部、中国人民银行、国家税务总局、国家工商行政管理总局、国务院法制办公室、中国银监会、中国证监会《关于建立和完善执行联动机制若干问题的意见》（2010年7月）
《执行规定》	最高人民法院《关于人民法院执行工作若干问题的规定（试行）》（2021年1月）
《变更、追加执行当事人规定》	最高人民法院《关于民事执行中变更、追加当事人若干问题的规定》（2021年1月）
《执行和解规定》	最高人民法院《关于执行和解若干问题的规定》（2021年1月）
《委托执行规定》	最高人民法院《关于委托执行若干问题的规定》（2021年1月）
《拍卖变卖规定》	最高人民法院《关于人民法院民事执行中拍卖、变卖财产的规定》（2021年1月）
《异议复议规定》	最高人民法院《关于人民法院办理执行异议和复议案件若干问题的规定》（2021年1月）

《网络拍卖规定》	最高人民法院《关于人民法院网络司法拍卖若干问题的规定》（2017年1月）
《股拍规定》	最高人民法院《关于冻结、拍卖上市公司国有股和社会法人股若干问题的规定》（2001年9月）
《委托评估、拍卖、变卖规定》	最高人民法院《关于人民法院委托评估、拍卖和变卖工作的若干规定》（2009年11月）
《委托评估、拍卖规定》	最高人民法院《关于人民法院委托评估、拍卖工作的若干规定》（2012年1月）
《公布失信名单规定》	最高人民法院《关于公布失信被执行人名单信息的若干规定》（2017年5月）
《纽约公约》	《承认及执行外国仲裁裁决公约》（1958年6月）
《海牙送达公约》	《关于向国外送达民事或商事司法文书和司法外文书公约》（1969年2月）
《海牙取证公约》	《关于从国外调取民事或商事证据的公约》（1972年10月）
《海牙执行公约议定书》	《海牙民商事案件外国判决的承认和执行公约附加议定书》（1971年2月）
《涉外送达规定》	最高人民法院《关于涉外民事或商事案件司法文书送达问题若干规定》（2021年1月）
《涉外经济合同法解答》	最高人民法院《关于适用〈涉外经济合同法〉若干问题的解答》（1987年10月）
《第二次涉外审判会议纪要》	《第二次全国涉外商事海事审判工作会议纪要》（2005年12月）
《涉外民商事合同规定》	最高人民法院《关于审理涉外民事或商事合同纠案件法律适用若干问题的规定》（2007年8月）
《一带一路司法保障意见》	最高人民法院《关于人民法院进一步为"一带一路"建设提供司法服务和保障的意见》（2019年12月）

目 录

第一编 诉讼原理论 ········· 1

第一章 中国民事诉讼法的发展史考略 ········· 3
第一节 中国古代民事诉讼制度 ········· 3
第二节 中国近代民事诉讼法 ········· 13
第三节 中国现代民事诉讼法 ········· 18

第二章 民事纠纷及其解决机制 ········· 33
第一节 民事纠纷产生的必然性 ········· 33
第二节 民事纠纷的概念与特点 ········· 33
第三节 民事纠纷的类型 ········· 35
第四节 民事纠纷的私力救济 ········· 36
第五节 民事纠纷的社会救济：调解 ········· 39
第六节 民事纠纷的社会救济：仲裁 ········· 47
第七节 民事纠纷的公力救济：诉讼 ········· 48
第八节 各种解纷机制之间的关系 ········· 51
第九节 多元化纠纷解决机制的立法完善 ········· 54
第十节 多元解纷与诉讼服务的融合机制 ········· 58

第三章 民事诉讼法的基础理论 ········· 60
第一节 民事诉讼基础理论概述 ········· 60
第二节 民事诉讼目的论 ········· 61
第三节 民事诉讼价值论 ········· 70
第四节 民事诉讼程序正义论：价值论的深化 ········· 75
第五节 民事诉讼法律关系论 ········· 90
第六节 民事诉讼中的权力配置 ········· 96
第七节 民事诉讼程序模式论 ········· 98
第八节 两大法系民事诉讼程序比较论：模式论的深化 ········· 107
第九节 诉权论 ········· 131

第四章 民事诉讼法及其法律渊源和效力范围 ········· 149
第一节 民事诉讼法概述 ········· 149
第二节 民事诉讼法的法律渊源 ········· 152
第三节 民事诉讼法的效力范围 ········· 155

第五章 民事诉讼法与相邻法律的关系 156
第一节 民事诉讼法与民事实体法的关系 156
第二节 民事诉讼法与其他诉讼法之间的关系 159
第三节 民事诉讼法与其他民事程序法的关系 161

第六章 民事诉讼法的基本原则 166
第一节 民事诉讼法基本原则概述 166
第二节 人民法院依法独立行使审判权原则 176
第三节 以事实为根据，以法律为准绳原则 180
第四节 使用本民族语言文字进行诉讼原则 185
第五节 检察监督原则 186
第六节 民族自治地方制定变通补充规定原则 192
第七节 诉讼权利平等原则 193
第八节 同等与对等原则 196
第九节 辩论原则 197
第十节 处分原则 201
第十一节 支持起诉原则 203
第十二节 两便原则 206
第十三节 诚信原则 209
第十四节 在线诉讼原则 223

第七章 中国民事诉讼法的发展趋势 226
第一节 从法律体系看中国民事诉讼法 226
第二节 我国民事诉讼法的基本特征 228
第三节 民事诉讼法修改再出发 228
第四节 中国民事诉讼法修改与完善的指导理念 229
第五节 中国民事诉讼法学的现代化转向 235

第二编 诉讼制度论 243

第八章 民事审判的基本制度 245
第一节 民事审判基本制度概述 245
第二节 合议制 247
第三节 回避制度 253
第四节 公开审判制度 260
第五节 两审终审制度 269

第九章 主管和管辖 275
第一节 主管 275
第二节 管辖 290

第十章　当事人 ... 368
第一节　当事人概论 ... 368
第二节　共同诉讼基本法理 ... 413
第三节　必要共同诉讼（一）：固有的必要共同诉讼 ... 416
第四节　必要共同诉讼（二）：类似的必要共同诉讼 ... 425
第五节　普通共同诉讼 ... 451
第六节　第三人 ... 462
第七节　第三人撤销之诉 ... 493

第十一章　代表人诉讼 ... 501
第一节　代表人诉讼的产生与发展 ... 501
第二节　代表人诉讼的概念和特征 ... 505
第三节　代表人诉讼与其他类似诉讼的比较 ... 506
第四节　代表人诉讼的类型 ... 517
第五节　代表人诉讼的程序构成 ... 519

第十二章　公益诉讼 ... 547
第一节　公益诉讼概述 ... 547
第二节　公益诉讼的原告资格 ... 561
第三节　公益诉讼的特别规则 ... 562
第四节　公益诉讼的推进模式 ... 577
第五节　公益诉讼和私益诉讼的关系 ... 583
第六节　社会团体提起公益诉讼 ... 586
第七节　检察机关提起公益诉讼 ... 599
第八节　刑事附带民事公益诉讼：案例评析 ... 619
第九节　检察机关对公益诉讼的支持起诉 ... 630

第十三章　诉讼代理人 ... 639
第一节　诉讼代理人的概念及特征 ... 639
第二节　诉讼代理制度的意义 ... 640
第三节　民事诉讼代理的分类 ... 642
第四节　法定代理人 ... 645
第五节　委托代理人 ... 651

第十四章　民事诉讼中的公众参与 ... 664
第一节　审判组织的两种模型：单一制与复合制 ... 665
第二节　陪审制的两种类型：陪审团制与参审制 ... 666
第三节　陪审制的演变规律 ... 668
第四节　陪审团制度的类型 ... 672
第五节　陪审团制度的价值论争 ... 674
第六节　陪审团制度的主要内容构架 ... 689
第七节　参审制 ... 693

第八节　人民陪审团的制度试点 ·· 702

第十五章　法院调解制度 ·· 711
　　第一节　法院调解概论 ·· 711
　　第二节　法院调解制度的基本内容 ··· 717
　　第三节　诉讼上和解 ··· 730
　　第四节　中国调解制度的现代化转型 ·· 734

第十六章　诉讼证据 ·· 741
　　第一节　证据：司法理性主义的基石 ·· 741
　　第二节　民事诉讼中的证据概念辨析 ·· 746
　　第三节　我国民事证据制度的演化轨迹 ··· 760
　　第四节　诉讼制度与证据制度的关系 ·· 776
　　第五节　我国民事证据制度的改革与完善 ······································ 788
　　第六节　非法证据排除规则 ··· 808
　　第七节　民事诉讼中的证据契约 ·· 816
　　第八节　民事诉讼证据的法定种类与理论分类 ································ 825
　　第九节　证据交换 ·· 846
　　第十节　证据保全 ·· 855
　　第十一节　民事诉讼中的证明原理 ··· 856
　　第十二节　证明对象 ··· 870
　　第十三节　民事诉讼中的推定 ·· 880
　　第十四节　证明责任 ··· 891
　　第十五节　证明标准 ··· 938

第十七章　民事诉讼保障制度 ·· 955
　　第一节　期间与期日 ··· 955
　　第二节　送　达 ·· 960
　　第三节　保　全 ·· 966
　　第四节　先予执行 ·· 984
　　第五节　对妨害民事诉讼的强制措施 ·· 991
　　第六节　诉讼费用 ·· 1003

第三编　诉讼程序论 ·· 1019

第十八章　第一审普通程序 ··· 1021
　　第一节　第一审普通程序概述 ·· 1021
　　第二节　起诉与受理 ··· 1022
　　第三节　审理前的准备 ·· 1033
　　第四节　开庭审理 ·· 1048
　　第五节　民事庭审程序的优质化改革 ·· 1062
　　第六节　审理中的特殊情形 ··· 1086

第七节　判决、裁定、决定和命令 …………………………………… 1096
　　第八节　审理期限 …………………………………………………… 1115

第十九章　简易程序和小额诉讼程序 ………………………………… 1122
　　第一节　简易程序 …………………………………………………… 1122
　　第二节　小额诉讼程序 ……………………………………………… 1135

第二十章　上诉审程序 …………………………………………………… 1141
　　第一节　上诉审程序概述 …………………………………………… 1141
　　第二节　上诉的提起 ………………………………………………… 1146
　　第三节　上诉案件的受理 …………………………………………… 1154
　　第四节　上诉案件的审理 …………………………………………… 1155
　　第五节　上诉案件的调解、和解与撤诉 …………………………… 1164
　　第六节　上诉案件的裁判 …………………………………………… 1169
　　第七节　依法改判的运作机理 ……………………………………… 1176

第二十一章　再审程序 …………………………………………………… 1185
　　第一节　再审程序概论 ……………………………………………… 1185
　　第二节　当事人申请再审 …………………………………………… 1192
　　第三节　法院决定再审 ……………………………………………… 1208
　　第四节　因抗诉或检察建议再审 …………………………………… 1219
　　第五节　检察建议及其规范化建设 ………………………………… 1240
　　第六节　民事诉讼中检察官的客观义务 …………………………… 1247
　　第七节　检察监督立法 ……………………………………………… 1261
　　第八节　案外人申请再审 …………………………………………… 1266
　　第九节　再审理由的审查 …………………………………………… 1274
　　第十节　再审案件的审判 …………………………………………… 1279
　　第十一节　再审程序的立法进步 …………………………………… 1302
　　第十二节　再审程序的缺陷审视及其修改建言 …………………… 1307
　　第十三节　再审程序体制转型展望 ………………………………… 1313

第四编　非讼程序论 ……………………………………………………… 1325

第二十二章　非讼程序基础理论 ………………………………………… 1327
　　第一节　非讼程序与特别程序的历史考察 ………………………… 1327
　　第二节　特别程序的重要性 ………………………………………… 1328
　　第三节　特别程序与非讼程序的范畴联系 ………………………… 1328
　　第四节　特别程序在民事程序体系结构中的地位 ………………… 1333
　　第五节　非讼案件与诉讼案件的区别 ……………………………… 1334
　　第六节　非讼程序与诉讼程序的区别 ……………………………… 1336
　　第七节　诉讼程序与非讼程序的交错适用 ………………………… 1340
　　第八节　特别程序的共同规则 ……………………………………… 1345

第二十三章 选民资格案件程序 ······ 1348
  第一节 选民资格案件的概念及程序特点 ······ 1348
  第二节 解决选民资格案件的程序 ······ 1349

第二十四章 宣告失踪、宣告死亡案件程序 ······ 1350
  第一节 宣告失踪和宣告死亡案件概述 ······ 1350
  第二节 宣告失踪案件 ······ 1352
  第三节 宣告死亡案件 ······ 1352

第二十五章 认定公民无民事行为能力、限制民事行为能力案件程序 ······ 1353
  第一节 认定公民无民事行为能力、限制民事行为能力案件概述 ······ 1353
  第二节 认定公民无民事行为能力、限制民事行为能力案件程序内容 ······ 1354

第二十六章 认定财产无主案件程序 ······ 1355
  第一节 认定财产无主案件概述 ······ 1355
  第二节 认定财产无主案件的条件 ······ 1356
  第三节 认定财产无主案件程序内容 ······ 1356

第二十七章 确认调解协议案件程序 ······ 1357
  第一节 确认调解协议案件程序概述 ······ 1357
  第二节 确认调解协议案件程序的制度沿革 ······ 1357
  第三节 确认调解协议案件程序的适用范围与程序 ······ 1358

第二十八章 实现担保物权案件程序 ······ 1361
  第一节 实现担保物权案件程序概述 ······ 1361
  第二节 实现担保物权案件程序环节 ······ 1362

第二十九章 督促程序 ······ 1363
  第一节 督促程序的概念和特点 ······ 1363
  第二节 适用督促程序的条件 ······ 1364
  第三节 督促程序的环节 ······ 1366

第三十章 公示催告程序 ······ 1369
  第一节 公示催告程序概述 ······ 1369
  第二节 公示催告程序的适用范围 ······ 1370
  第三节 公示催告程序的构成 ······ 1371

第五编 执行程序论 ······ 1375

第三十一章 民事执行程序总论 ······ 1377
  第一节 民事执行概述 ······ 1377
  第二节 执行制度 ······ 1409
  第三节 执行程序 ······ 1425
  第四节 执行时效 ······ 1446

第五节　执行救济 …………………………………………………… 1450
第三十二章　民事执行程序分论 ……………………………………… 1458
　　第一节　执行措施概述 ………………………………………………… 1458
　　第二节　给付金钱 ……………………………………………………… 1460
　　第三节　查封、扣押 …………………………………………………… 1462
　　第四节　拍卖、变卖 …………………………………………………… 1466
　　第五节　司法拍卖制度的改革与完善 ………………………………… 1474
　　第六节　物之交付 ……………………………………………………… 1489
　　第七节　强制迁出房屋或者强制退出土地 …………………………… 1490
　　第八节　以物抵债 ……………………………………………………… 1491
　　第九节　强制管理 ……………………………………………………… 1493
　　第十节　对特殊财产权的执行 ………………………………………… 1495
　　第十一节　代位执行 …………………………………………………… 1497
　　第十二节　行为执行 …………………………………………………… 1499
　　第十三节　惩罚性执行 ………………………………………………… 1501
　　第十四节　执行转破产 ………………………………………………… 1505

第六编　涉外民事诉讼程序论 ………………………………………… 1509

第三十三章　涉外民事诉讼程序的特别规定 ………………………… 1511
　　第一节　涉外民事诉讼程序概述 ……………………………………… 1511
　　第二节　涉外民事诉讼程序的原则 …………………………………… 1520
　　第三节　涉外民事诉讼的管辖 ………………………………………… 1528
　　第四节　涉外民事诉讼的期间和送达 ………………………………… 1540
　　第五节　外国法的查明 ………………………………………………… 1547
　　第六节　国际司法协助 ………………………………………………… 1564

第一编

诉讼原理论

第一章　中国民事诉讼法的发展史考略

第一节　中国古代民事诉讼制度

从战国开始到清朝后期长达 2000 多年的封建社会中，中国尽管没有任何独立的民事诉讼法，但民事诉讼制度却是客观存在的。① 我国古代民事诉讼制度的特征主要有：

一、诸法合体，刑民有分

"诸法合体，刑民不分"是我国学者概括的我国古代法制的基本特征，长期以来相沿成说。我国古代究竟有没有"独立的民事诉讼"这一说？英国学者梅因认为："事实上，古代法律大抵都是诸法合体，并没有什么民法、刑法的分别，中国古代是这样。"② 我国台湾地区学者李甲孚在所著《中国法制史》一书中也肯定了民事诉讼早在秦汉以前就有，但又认为系属官府的民事案件最终判决都属于刑事裁判性质。③ 日本学者滋贺秀三则认为"中国的所谓法，一方面就是刑法，另一方面则由官僚制统治机构的组织法、行政的执行规则以及针对违反规则行为的罚则所构成"，直接否认了民事诉讼法的存在。④ 到了 20 世纪 80 年代，我国法史学者陈顾远首次在《中国过去无"民法法典"之内在原因》一文中对中华法系"民刑不分"说提出了质疑。⑤ 1988 年，我国有学者在论述中华法系的特点时，认为"诸法合体，民刑不分"只是律典特征，将"民刑不分，诸法合体"与"民刑有分，诸法并用"概括为中华法系的重要特征之一。⑥ 学界普遍认为，我国古代虽无民事诉讼法，但却有民事诉讼制度，尽管这种民事诉讼制度往往散见于律典或条例之中，同刑事诉讼相比而言处在从属、附随和次要的地位。

中国古代的民事诉讼与刑事诉讼在以下几点上存在差异：

（1）理论基础不同。古代民事诉讼以"德"为基础，刑事诉讼以"威"为基础。⑦

（2）对象和任务不同。中国古代民事诉讼解决的是人身关系和财产关系的民事争议，而

---

①　参见张晋藩：《中国古代民事诉讼制度》，中国法制出版社 2018 年版，第 9—12 页；张晋藩：《我国古代民事诉讼制度通论》，载《法制与社会发展》1996 年第 3 期。

②　[英] 亨利·梅因（Sir. Henry Maine）：《古代法》，沈景一译，商务印书馆 1959 年版，"小引"第 1 页。

③　参见李甲孚：《中国法制史》，联经出版公司 2001 年版，第 57 页。

④　参见 [日] 滋贺秀三：《中国法文化的考察——以诉讼的形态为素材》，法律出版社 1998 年版，第 2 页。

⑤　参见陈顾远：《陈顾远法律文集》，联经出版公司 1982 年版，第 424—429 页。

⑥　参见张晋藩：《法史鉴略》，群众出版社 1988 年版，第 45—62 页；张晋藩主编：《中国司法制度史》，人民法院出版社 2004 年版，第 8 页。

⑦　参见张民生：《中国古代刑民诉讼之分别与比较》，载《江海学刊》1990 年第 1 期。

刑事诉讼则是为了惩治犯罪、确保刑法的实施。

（3）诉讼原则不同。民事诉讼广泛采用调解的方式予以解决，而刑事诉讼通常不实行调解。

（4）法院裁判的依据不同。民事诉讼可以依律例断案，也可以依其他民事法律渊源断案，而刑事诉讼强调必须依律例断案。①

（5）审理的机构不同。民事诉讼涉及的诉讼标的不同，受理和审理案件的司法机构也有所不同，刑事诉讼的司法机构则具有同一性。②

（6）是否交纳诉讼费用不同。民事诉讼通常要交纳诉讼费用，而刑事诉讼则一般不需交纳诉讼费用。

（7）起诉的时间有无限制不同。民事诉讼受"务限法"限制，农忙时节不得提起，刑事诉讼则无此限制。

（8）有无代理不同。民事诉讼中有代理制度，而刑事诉讼中则不允许代理。③

（9）上诉不同。民事案件一般是一审结案并不鼓励再上诉，且如果上诉一般都是向上一审级上诉，上一审级大多也是书面审查，而在刑事诉讼中，"读鞫"之后，即判决之后，当事人不服在法定期限内可以要求上诉重判。④

（10）执行不同。民事裁判通常采取罚金与物来执行，极少数严重的则采取刑罚手段，而刑事裁判的执行则采取刑罚的手段。⑤

此外，后文的叙述将表明，我国古代刑事诉讼和民事诉讼在起诉方式、诉讼时效、诉讼管辖、证据制度、审理制度等方面也都存在或多或少的区别。这些区别的客观存在，都证明了我国古代是存在民事诉讼制度的，同时刑民也是有分别的。其实，不要说中国的封建社会，即便在奴隶社会时期的西周，也有文献显示出民事诉讼和刑事诉讼是存在差别的。人们经常引用的《周礼·秋官司寇》中就提到"争罪曰狱，争财曰讼"，注："讼，谓以财货相告者；狱，谓相告以罪名者。"同时还有"以两剂禁民狱""以两造禁民讼"的规定。显然这里的"狱"是指刑事诉讼，"讼"是指民事诉讼；审理刑事案件称作"断狱"，审理民事案件称为"听讼"。同时在西周，民事诉讼中的原告、被告还需要承担类似于现代诉讼费的"束矢"（一百支箭为束），如果不缴纳则会被认为"自服不直"，而刑事诉讼则要求当事人缴纳"钧金"（三十斤铜为一钧）为诉讼费用。⑥

二、调解为主，崇尚"无讼"

调解为主，崇尚"无讼"，追求自然秩序中的和谐，大概是我国古代民事诉讼制度中最为突出的特点，被奉为"东方经验"的人民调解、陕甘宁边区的马锡五审判方式以及新时代的"枫桥经验"等，归根溯源，都根植于我国古代民事诉讼制度的此一特征。

---

① 参见张晋藩：《我国古代民事诉讼制度通论》，载《法制与社会发展》1996年第3期。
② 参见赵涛：《我国古代民事诉讼和刑事诉讼的区别》，载《知识经济》2010年第19期。
③ 参见赵涛：《我国古代民事诉讼和刑事诉讼的区别》，载《知识经济》2010年第19期。
④ 刘晓英：《从西周诉讼制度论中国古代刑、民诉之区分》，载《湘潭大学学报（哲学社会科学版）》1995年第6期。
⑤ 参见刘晓英：《从西周诉讼制度论中国古代刑、民诉之区分》，载《湘潭大学学报（哲学社会科学版）》1995年第6期。
⑥ 参见何平：《中国古代民事诉讼制度的演变》，载《长春理工大学学报》2014年第1期。

"无讼"的思想在周易中就已出现，孔子所言"听讼，吾犹人也，必也使无讼乎"更是为人们所熟知，法家的代表人物韩非子也提到过诉讼繁多会导致百姓不事生产，田地荒芜，甚至使国家粮食亏空，给国家带来极大的危害。这一思想所导致的结果有三：一是调解方式的形式多样和普遍存在；二是古代民事诉讼追求从思想根源解决民事纠纷，解决民事纠纷具有彻底性；三是运用调解解决民事纷争的比重非常之高，占整个民事纠纷总量的绝大部分。

秦朝遵循法家思想，强调"以法治国"，但也并不鼓励百姓提起民事诉讼，相反更多地鼓励通过民事调解解决民事纠纷。民事调解的责任更多地落到了各个地方行政长官身上，特别是县级以下的乡、里、亭的行政要员，其既非承担诉讼之责，就主要负责民事调解与协助县级及以上审级推进诉讼。

唐代承袭了秦汉遗风，提倡尽量用调解的方式解决民事纠纷，因此真正需要判决的民事案件其实并不多。

元代依然强调以"调解"的形式解决民事纠纷，鼓励通过民间调解或官方调解在基层将纠纷化解，而通过官方调解得以解决的民事纠纷对当事人具有约束力，当事人不能再就该纠纷提起诉讼。

清代民事案件的判处原则是责惩与调处相结合。民事调处在民事诉讼的审判中被广泛应用，和历朝历代推崇以调解解决民事纠纷具有一致性。①

三、礼法共治，德法并用

中国古代社会是以儒家思想为治理理念的，历代统治者强调"德"和"礼"的重要性，诉讼只是维护纲常礼教的工具或手段，礼法共治、德法并用也就成为中国古代民事诉讼制度的基本特征。学界认为，日本学者滋贺秀三的观点具有代表性："在纠纷解决中，首先依据的是'情'，其次是'理'，最后才是'法'。"② 在立法和司法过程中情理兼容，"使法与伦理结合，易于为人所接受，法顺人情，冲淡了法的僵硬与冷酷的外貌，更易于推行"③。

自西汉时起，中国传统法律开始儒家化，司法实践中甚至出现了"春秋决狱"，即直接引用以《春秋》为代表的儒家经典作为审判案件的法律依据，形成了古代民事诉讼的一个重要特点——礼制、纲常、伦理、家规等体现儒家伦理精神的规范成为解决民事纠纷的法律渊源。④

唐代时期"礼"与"法"紧密结合。在经过了两汉时期的"引礼入法"和魏晋时期的法学儒家化，唐代已经基本实现了"礼"的基本规范入律，使得基本的三纲五常道德伦理法律化，同时通过礼的约束也保证了法的强制力。⑤

宋代在进行民事立法时，大多已是从基本的社会风俗和习惯法出发，很多礼制和道德伦理已经入律，所以宋的民事法规不会与传统乡土人情有原则上的差异，在民事诉讼的裁决中也就无须考虑情与法相结合的问题，直接援引法条即可。

---

① 参见胡谦：《清代民事纠纷的民间调处研究》，中国政法大学 2007 年博士学位论文。
② [日] 滋贺秀三等著，王亚新、梁治平编：《明清时期的民事审判与民间契约》，法律出版社 1997 年版，第 123—124 页。
③ 张晋藩：《中国法律的传统与近代转型》，法律出版社 1997 年版，第 53 页。
④ 参见何平：《中国古代民事诉讼制度的演变》，载《长春理工大学学报》2014 年第 1 期。
⑤ 参见张晋藩：《中国古代民事诉讼制度》，中国法制出版社 2018 年版，第 69 页。

清朝民事裁判的法律适用，目前通说认为，原则上有律例者依律例，例如，《大清律例》《户部则例》《清会典》等均为审断民事案件的法律依据，而无律例者则依礼、俗。

四、行政司法混同，纠问主义明显

中国古代社会，在司法机关上通常分为两个层面：一是在中央一级，有专门的司法机关及司法人员，如秦汉时期的廷尉，唐代的大理寺、刑部和御史台，清代的刑部、大理寺和都察院等。二是在地方层面，各层级的地方行政机关同时就是司法机关，大小各级行政官员同时就是司法人员。一般来说，刑事诉讼案件才有可能进入中央一级的司法机关，而民事诉讼案件基本上都消化在地方一级的司法机关，因而对民事诉讼而言，可以说就是行政与司法不分、行政兼理司法，民事案件的处理也被视为行政事务；既然作为行政事务，审理民事诉讼案件的方式便普遍是纠问式的审判方式。

以清代为例，清代审理案件，主要是当堂讯供，《大清会典》规定："凡听断，依状以鞫情，如法以决罚，据供以定案。"① 这就要求各级衙门讯供时，主要围绕原告呈状的范围展开讯问，不可牵连他事或状内无干之人。在公堂上，由州县正职官（通常是知州或知县），以及佐贰官（如典吏）负责讯问，由原告、被告、干证、乡保、邻佑等人供叙案情。若供词之间有出入，承审官员还要令相关人员进行对质，以查明真情。无讯供之固定顺序，主要依承审之长官而定，整个讯供的内容由刑书记录在纸上，最后经相关人证核对在草供原纸上签字或画押。②

五、重证据，"五听"断案

考察中国古代民事诉讼制度发展史，可知其与西方国家的同时期的民事诉讼制度相比，有一个显著的特点，就是非常重视证据，神明裁判的色彩较为稀薄。③从这个意义上说，我国的民事诉讼制度较之西方国家同期的民事诉讼制度更加具有理性色彩。

先秦时期，除口供之外，注意运用证人证言、物证、书证等其他证据。处理争讼纠纷，要依据邻里族党等的证人证言；解决土地疆界纠纷，应依据图籍账簿之类的书证；调解财产关系的纠纷，应依据契约文书之类的凭证。④

秦时的民事诉讼审理也十分重视证据，当时的土地纠纷主要依靠"封"为证，是类似于当代房产证的一种土地所有权标识；而债权纠纷中也是注重"契券"，已然有部分契约精神在其中；在婚姻关系中，结婚离婚都有相应的凭证，未经官府批准自行休妻或抛妻弃子取得离婚证书是不被允许的。⑤

汉同秦一样，在审讯的过程中十分注重证据，在重口供的同时也非常注重书证和物证，而

---

① 《大清会典》（光绪朝），卷五十五"刑部三"，第1页。
② 参见吴萃：《清代证据制度研究》，中国政法大学2009年博士学位论文。
③ 纵观整个历史，只是在西周时期的民事诉讼中才有神权法的残留。例如，在民事案件审理开始前会要求当事人双方"盟誓"，以真诚的态度面对诉讼，审理结束败诉的一方也要起誓以表示执行判决。这种起誓是对着神明起誓，借助神的威慑力来推动司法有序进行，具有浓郁的神权法色彩。先秦时期，我国仍处于奴隶社会，神权与王权相结合，法治中突出"天罚""神判"。参见张晋藩：《中国古代民事诉讼制度》，中国法制出版社2018年版，第3页。
④ 参见何平：《中国古代民事诉讼制度的演变》，载《长春理工大学学报》2014年第1期。
⑤ 参见睡虎地秦墓竹简整理小组：《睡虎地秦墓竹简》，文物出版社1990年版。

审讯过程中原告与被告的辩论也受到重视，县廷长官会将双方辩论报告至上级司法机关。①

唐代的民事案件审理有严格的证据制度，除口供外还注重物证、人证和书证，其中最重要的书证包括契纸、婚书、契约、债券等，在一些债务纠纷中书证的作用甚至大过了被称为古代"证据之王"的口供。

宋代官府在审理民事案件的过程中，同汉唐一致，依然注重物证与书证，尤其是书证在宋代民事诉讼中往往有决定性作用，在民事诉讼中首要环节就是"追证"。② 首先，审判官员会对案件中的各类契书进行审查，注重对于朱印的审查；其次，司法官会结合鉴定结论辨别书证的真伪，当法官也拿不准文书契约是否真实时，往往会命令当事人留下字迹，将其字迹与契书证据一起送到书铺，请行家鉴定笔迹；③ 最后，司法官会利用多种证据相互检验，采取综合各种证据相互印证的手段，反复研究直到弄清案件的真实情况。④

元朝登记每户居民的丁口、资产与标明户等的"鼠尾簿"，不仅是政府征收赋税的凭借，也是婚姻、田宅等民事诉讼的重要证据。元时田宅的买卖与典当十分活跃，出现了买卖、典当、借贷、租佃、运输等各种形式的契约，除"鼠尾簿"外，各种契约也是解决民事纠纷的重要证据。⑤

明代时，民事案件的审理基本沿袭唐宋之制，不过随着商品经济的进一步发展，民事纠纷涉及债务、契约方面的越来越多，所以书证往往在民事诉讼中具有决定性的作用，成为了这一时期最重要的证据。

清朝民事案件的起诉具有较为严格的条件要求。其表现在于：首先，起诉必须呈交符合程式要求的诉状，清代的诉状分为正状和副状两种，在格式和字数上均有严格要求⑥。其次，诉状的内容应包括案发的时间、案情概要、被告姓名、住址；告诉人及抱告、代书人的姓名、住址；告诉人的签押等；⑦ 最后，不仅田园、房屋、坟墓、钱债、婚姻、承继、行账等，均需交验粘连契卷、绘图、注说、婚书、行单等，有关土地的诉讼还要求有地邻；债务纠纷要求有中保；婚姻纠纷诉讼要求有媒证。⑧ 凡不能提供有关人证者，官府一般不予受理，而在前朝这些证人和书证都是在审理时才提交的。对于一些特殊民事案件的审理还强调了物证和书证的作用。例如，在婚姻关系纠纷中注重婚书和聘财，在土地纠纷中注重地契以及地契与实地的吻合程度，等等。⑨ 清代资本经济萌芽，商品经济进一步发展，社会"健诉"，民事诉讼数量不断增多，所以较前朝更注重实物证据。⑩

---

① 参见张晋藩：《中国古代民事诉讼制度》，中国法制出版社2018年版，第47页。
② 参见莫家齐：《〈名公书判清明集〉与南宋民事诉讼》，载《西南政法学院硕士学位论文集》（下），西南政法学院研究生处1986年编印，第616页。
③ 参见莫家齐：《南宋民事诉讼证据制度管见——兼论中国古代不采法定证据制度》，载《现代法学》1985年第2期。
④ 参见马乐薇：《南宋民事诉讼制度的发展》，西南政法大学2015年硕士学位论文。
⑤ 参见舒琴：《元代民事纠纷的解决机制》，西南政法大学2006年硕士学位论文。
⑥ 清代规定诉状文字以144个字为限。何平：《中国古代民事诉讼制度的演变》，载《长春理工大学学报》2014年第1期。
⑦ 参见张晋藩主编：《中国民事诉讼制度史》，巴蜀书社1999年版，第188—189页。
⑧ 参见廖中洪：《中国民事诉讼程序制度研究》，西南政法大学2004年博士学位论文。
⑨ 参见蒋铁初：《论清代民事证据的客观性》，《中国法律史学会2012年学术年会论文集》，海南大学法学院2012年11月编印，第944—955页。
⑩ 参见邓建鹏：《清代健诉社会与民事证据规则》，载《中外法学》2006年第5期。

除重证据外,古代民事诉讼还广泛采用"五听"断案的方法。"五听",是指中国古代审判官在审判活动中,观察当事人心理活动的五种方法。这种方法始于西周,对后世影响较大。《周礼·秋官·小司寇》记载:"以五声听狱讼,求民情,一曰辞听;二曰色听;三曰气听;四曰耳听;五曰目听。"后人注释,辞听是"观其出言,不直则烦",指听当事人陈述,理亏则语无伦次;色听是"察其颜色,不直则赧",指观察当事人表情,理亏则面红耳赤;气听是"观其气息,不直则喘",指听当事人陈述时的呼吸,理亏则气喘;耳听是"观其聆听,不直则惑",指观察当事人的听觉反应,理亏则听觉失灵;目听是"观其眸子视,不直则眊",指观察当事人眼睛,理亏则不敢正视。可见,"五听"断案实际上是司法裁量权和自由心证在司法裁判中的经验总结,也是我国古代不实行法定证据制度的佐证。① 从秦以后的整个封建社会的司法中,均认可此一断案方式,有的也有发展和发挥。比如,唐代的司法官员承袭前朝的"五听"(辞、色、气、耳、目),多采用纠问式的审讯方式,而被告也可以进行自我申辩,进行"依实谨辩"。

六、等级森严,特权明显

中国古代民事诉讼制度在等级特权上主要表现在三个方面:

其一,起诉的资格并不是每人同等享有。在提起诉讼的资格方面,唐律中对告诉人的资格进行了限制,规定了80岁以上、10岁以下和有恶疾丧失了独立行为能力的人没有权利提起告诉,同时也严禁子孙告诉父母、祖父母。② 唐代对民事法律主体也具有一定限制,最突出的就是对于"贱民"的规定。"贱民"是唐代社会分层中最复杂的一个系统,总体上不能视为独立的民事主体,但又呈现出不同的表现形态,有的接近良民,有的却只是民事权利的客体。"贱民"分为"官贱民"和"私贱民","官贱民"有官奴婢、官户等人;"私贱民"有私奴婢和部曲、伶伎等。在"贱民"中,奴婢的地位最低,唐律视同"畜产",只能是民事权利的客体,没有提起告诉的权利,其余"贱民"依次由权利客体向权利主体递进,只有极少部分地位相对高一些的"贱民"才有权利提起告诉。③ 对于民事诉讼的原告人,宋律中也有严格规定。只有案件的直接利害关系人才拥有起诉权,而妇女、老弱病残可以由家人代为起诉,在民事纠纷中亲属之间也可以相互告诉,这一点上与刑事诉讼有较大区别。但值得关注的是,相较于唐代,宋代的民事诉讼中宗法性相对没有那么强,例如,当家长任意处分家产而侵犯合法继承人的财产权时,即使是晚辈也可以向家长提起诉讼,家庭中的卑幼的诉讼权得到了一定保障。④ 民间的民事案件,在元代规定告状者限于男性当事人,且要求年龄在15岁到70岁,而"老幼",指年纪在70岁以上、15岁以下的"笃废疾",都应当由"诉讼代理人"代为告状。⑤ 至于妇女,在元时社会地位十分低下,一般由家中的健康男丁代为告诉,但若是妇女家中无父兄或儿子等男丁,则在一定限度内允许提起自诉。最后,居官者或致仕品官与平民发生民事诉

---

① 参见莫家齐:《南宋民事诉讼证据制度管见——兼论中国古代不采法定证据制度》,载《现代法学》1985年第2期。

② 《唐律疏议·斗讼篇》。

③ 参见张中秋:《唐代民事法律主客体与民事法源的构造》,载《法制与社会发展》2005年第4期。

④ 参见王瑞蕾:《宋代民事诉讼权利研究》,河北大学2008年硕士学位论文。

⑤ 参见黄时鉴:《事林广记·词状新式》,载黄时鉴辑点:《元代法律资料辑存》,浙江古籍出版社1988年版,第215页。

讼，也需诉讼代理。① 明朝规定提起诉讼的人需要具有诉讼资格，其规定和元代没有本质上的区别，老人、小孩和妇女仍然需要由人来代理诉讼，卑幼告尊长、奴婢告家长等形式的"以下犯上"不仅不被允许，而且还需要承担刑事责任。② 清代对民事诉讼主体资格同样设有严格限制。《大清律》规定只有"壮丁"有诉权，③ 妇女无诉权。未婚女子由父亲代为起诉，已婚女子由丈夫代为起诉，只有孀妇才能以自己的名义呈状，但必须由丁男近亲属"抱呈"（代为递呈听讯）。官吏、缙绅和生员告"细事"于官府，要由家人"抱告"，即"遣族属、家丁代为告官也"。④

其二，有些人可以在开庭时不出席法庭。古代法官审理案件时原则上要求原、被告必须到庭对质，但对具有特定身份的人则可以有例外。如西周维护宗法等级秩序，在民事诉讼中赋予贵族特权，凡"命夫命妇不躬坐狱讼"，即凡涉及贵族的案件，他们不必到场，可以指派子弟或属下代理诉讼。这是等级制度下，对贵族法定特权的认可。

其三，有些人享有司法特权。魏晋南北朝时期和秦汉一样，设置了一些特殊的审判机关，专门审理特定人的案件，创立了"八议"制度，属于"八议"的人员享有司法特权。在审判制度上对"八议"者有专门管辖，也就是说，"八议"范围内的人要经过特别的程序进行审议，并且享受减免刑罚的特权。而"八议"的对象都是皇亲国戚、贵族官僚，司法上对他们作专门管辖，实际是一种司法上的特权。⑤

七、有审级，也有越诉

在商代已有初步审级划分的记载，商王在中央设置"王贞"借助神权控制司法，在地方设置"正"和"史"执掌司法，地方司法与中央司法已有区分。从出土的云梦睡虎地秦简中可以看出，秦朝时的民事诉讼相对较少，而民事案件和刑事案件一样，实行"三级三审制"，即县为民事诉讼第一审级，州郡为第二审级，中央为第三审级。⑥ 在民事诉讼中，原告如果想要采用正式的诉讼程序解决纠纷，则需要到县庭而非乡里提起诉讼，至于乡里的"啬夫"虽有听讼之权，但性质上却类似于基层群众自治组织，并不是正式的审级。⑦

魏晋南北朝时期和秦汉一样，也实行审级制，其诉讼分为县、郡、州、廷尉或大理四个审级，其中，前三个审级设在地方，后一个审级设在中央。

在唐朝，民事案件的告诉与受理在唐律中有较为明确的规定，民事案件的管辖分为地域管辖和级别管辖。地域管辖是指民事案件必须向被告所居住地县衙提起告诉，如果路途遥远也可以向当地衙门告诉；级别管辖也就是最传统的审级制，如果对第一审判决不服，可以向一审衙门发"不理状"并凭借此向上级衙门上诉，如果对第三审衙门的判决仍不满意还可以直接上表向皇帝披陈。由于规定了级别管辖，所以不得越诉，《唐律·斗讼》规定："诸越诉及受者，各笞四十。"唐代的民事纠纷大都可以在基层得到解决，很少有层层上诉审的情况出现。但到

---

① 参见舒琴：《元代民事纠纷的解决机制》，西南政法大学2006年硕士学位论文。
② 参见李丽鹏：《明朝诉讼制度的蜕变——兼谈文官体制对司法的影响》，载《法制与社会》2008年第20期。
③ 参见田涛、郑秦点校：《大清律例·刑律·诉讼·越诉》，法律出版社1999年版，第475页。
④ 王雪松：《清代民事纠纷与民事诉讼论略》，吉林大学2004年硕士学位论文。
⑤ 参见房玄龄：《晋书》，中华书局2015年版。
⑥ 参见睡虎地秦墓竹简整理小组：《睡虎地秦墓竹简》，文物出版社2001年版。
⑦ 参见汪世荣：《汉唐民事诉讼制度》，载《法律科学》1996年第4期。

了晚唐时期，社会动荡，战乱不断，越级上诉的情况相对多见。①

在唐朝受到禁止的越诉，到了宋代就得到了法律上的肯定，形成了"越诉制度"。在《宋刑统》中对越诉的解释是"谓应经县而越向州、府、省之类"②。意思是诉讼当事人不先向县衙提起告诉，而直接向县衙以上级别官府提起诉讼的行为。北宋初期越诉制度并未设立，依旧和唐时一样严禁越级诉讼，而到了南宋时期越诉制度逐渐被放宽，法律条文也逐渐增多。③ 越诉法条规定的内容大部分是关于民事方面的，并且其中多以维护广大小生产者的权益为主。④

元代对越诉收紧，一般情况下都禁止越诉，而允许越诉的例外则可分为两类：一是审理、裁断不公或有冤情或官员受贿，二是官员审判时没有遵循回避制度。⑤

明朝设置严格的审级制度，在省级，设承宣布政使司、都指挥使司和提刑按察使司"三司"，为第三审级；在省级之下设府或州，为第二审级；而府、州之下则为县，县是民事诉讼的第一审级。⑥ 但在正式审判程序之前，明前期还规定了一种特殊的审前程序，即乡诉讼，要求民间民事纠纷及轻微刑事案件在告官之前一律由里老裁决，未经里老理断径直往州县陈告的要受到处罚。尽管里老并不是司法机关，但却被法律赋予了一定的司法权。⑦

清朝沿袭明制，中央的最高审级是刑部、大理寺和都察院组成的"三法司"，"三法司"相互配合、相互制约。地方司法机关则以州县为第一审级，对于普通的民事案件有直接审结的权利；府、直隶州、厅则为第二审级；道、省为第三审级；总督、巡抚则为第四审级，是地方最高审级。清代民事诉讼的组织和管辖没有严格的规定，凡户婚田土案件与其他案件一样，必须首先在州县起诉，审断不公才可以逐级上诉于府、道、省，再有"屈抑"，允许赴刑部起诉，不得越诉。⑧

八、重时效，更重时限

时效是指诉讼时效，时限是指可以起诉的季节，后者较之前者更受到重视。唐代为了促进小农经济发展，保护农业生产，特地设置了"务限法"，凡是农忙季节对于一般的民事告诉都不予受理，这项符合我国古代小农经济国情的特殊法规一直被沿用到清朝。⑨ 唐代的民事诉讼法的另一突出进步是对于一些案件规定了严格的诉讼时效。无论是田宅、债务、婚姻案件都存在时效问题。例如，对于债权纠纷，穆宗颁布规定称"凡是债契不明，以三十年为最高时效"，而逾期如果有书契，也"一切不须为理"。

宋朝民事诉讼的时效由法律严格规定，同时也沿用了唐代的"务限法"，农忙时节不受理一般的民事案件。⑩ 关于诉讼时限，唐宋称"务限"，元代则称"停务"，名称发生了变化，

---

① 参见刘俊文：《论唐后期法律的变化》，载《北京大学学报》1982年第2期。
② 窦仪等：《宋刑统》（卷二十四），薛梅卿点校，法律出版社1988年版，第431页。
③ 参见郭东旭：《南宋的越诉之法》，载《河北大学学报》1988年第3期。
④ 参见郭东旭：《宋朝法律史论》，河北大学出版社2001年版，第350页。
⑤ 参见陈景良：《元朝民事诉讼与民事法规论略》，载《法律史论集》（第二卷），法律出版社1999年版，第162页。
⑥ 参见张晋藩：《中国古代民事诉讼制度》，中国法制出版社2018年版，第250—253页。
⑦ 参见韩静：《明代审判管辖研究》，郑州大学2019年硕士学位论文。
⑧ 参见曹培：《清代州县民事诉讼初探》，载《中国法学》1984年第2期。
⑨ 参见张晋藩：《中国古代民事诉讼制度》，中国法制出版社2018年版，第91页。
⑩ 参见刘红丽：《宋代民事纠纷的官方解决程序探研》，郑州大学2010年硕士学位论文。

但是从内容上看只是时间放宽了，没有其他变化，都是为了农耕社会保障生产服务，在农忙时不受理一般的民事诉讼。① 明朝司法官受理案件也同样受到"务限法"的制约，在农忙时不受理案件，也明确了超出诉讼时效的案件是不能被受理的。②

清朝法律规定，户婚、田土等细事，在四月初一至七月三十日期间的农忙时节，一概不准受理，八月初一以后才可开审，违反此规定的官员将受到处罚。③ 清代还明确规定了办理民事案件的审限制度。"州县自理户婚、田土等项案件，定限二十日完结。"对民事案件规定严格的办案期限是极为必要的，这有利于及时结案，避免讼累，也有助于提高办案效率。④

九、重审判，也重执行

重审判是指古代司法官员审判案件对法律的适用以及判决的形式及其内容的要求一般都很严谨。以唐朝为例，《唐律·断狱》中提到："断狱之法，须凭正文，若不具引，或致乖谬。"要求一切形式的诉讼都需要凭借严格的法、令、格、式，同时一些乡里还有自治"乡法""乡例"可以作为断案的根据。唐代的民事诉讼一般以书面的判决结案，判决会以文书的方式呈现，判词十分受到重视，就连科举制的考核其中一项都是撰写判词。唐时的判词不仅要法条详实明确，还要"文理优长"，许多文人也会将一些判决编撰成册或写一些"拟判"，例如，白居易的《甲乙判》收录了他作为刺史时大大小小的案例，兼具法理与文学色彩。唐朝对于已经生效的民事判决，一般由当事人自觉执行，如果当事人拒绝执行，法官也可以强制执行，主要以拘禁的方式强制其履行义务。对民事侵权行为的处罚很多是采取刑罚处治，多以笞、杖结案，而若高于杖罪，则须上报尚书省，⑤ 这也体现了中国古代民、刑诉"分中有合"的特点。

宋朝在司法官作出判决以后，会委派下属通知败诉的一方主动履行义务，如果败诉方拒绝履行或拖延时间，司法官可以依法强制执行。民事判决可分为两大类：未处刑判决和处刑判决。未处刑判决，就是引用纯粹的民事法规，不附带刑事惩罚的判决；处刑判决，就是在判决中引用附带刑罚的规范，在解决民事纠纷的同时，判处一些人员刑罚，这一般比较少见，只会判处干扰诉讼程序进程的诉讼参与人。其中未处刑的判决中又区分为区处和警告两类：区处用来裁决解决财产纠纷、契约或债务纠纷、婚姻关系的有无和变更等问题；而警告则是对上述问题处断的同时，对某些行为不端者进行告诫。⑥

元代对于民事判决的执行绝大多数只以民事制裁手段处理，只有极少数"占官田""多取利息"或乱人伦、败风俗等行为才会附加刑罚。

明朝的民事判决基本上可以分为三种：给付之判、确认之判和变更之判，一般都附带刑事处罚。明律也对民事裁判的执行作出了明确规定，要求从速执行、"不得执行人身"、只能请

---

① 参见陈景良：《元朝民事诉讼与民事法规论略》，载《法律史论集》（第二卷），法律出版社 1999 年版，第 162 页。
② 参见曾维冰：《明朝民事诉讼变革初探——以唐宋"务限"为参照系》，载《琼州学院学报》2007 年第 4 期。
③ 参见何平：《中国古代民事诉讼制度的演变》，载《长春理工大学学报》2014 年第 1 期。
④ 参见张晋藩、汪世荣、何敏：《论清代民事诉讼制度的几个问题》，载《政法论坛》1992 年第 5 期。
⑤ 参见王宏治：《唐代民事审判制度初探》，载《江苏警官学院学报》2006 年第 5 期。
⑥ 参见刘馨珺：《明镜高悬——南宋县衙的狱讼》，北京大学出版社 2007 年版，第 264—269 页。

求官府执行、不适用减免律（减免律一般只适于刑事案件）。①

清代在调处案件结束后，就是双方服礼（以口头或其他形式赔礼道歉）、债务清偿等一系列调处结果的履行行为。② 一旦双方达成和解，则都会书立合约，各方手执一份作为凭证，该凭证对于制定者也具有约束力。在司法官作出判决后，还必须有当事人出具的表示服判的"遵结"或称"甘结"，判决才可能生效。清代民事判决的执行既没有专门的执行机构，也没有规定专门的执行程序，亦无须通禀或通详上一级衙门，当堂即可执行。③

十、重管理，重监督

中国古代对司法官的审判责任和审判监督制度通常会有严格的规定，④ 其中，御史就是中国古代执掌监察官员的一种泛称。约自秦朝开始，御史专门作为监察性质的官职，负责监察朝廷官吏，一直延续到清朝。国君置御史，见《史记·滑稽列传》："执法在傍，御史在后。"大夫置御史，见《史记·孟尝君列传》："孟尝君侍客坐语，而屏风后常有侍史，主记君所与客语，问亲戚居处。"邑宰置御史，见《战国策·韩策三》"安邑之御史死章"。总之，御史本为史官，如《廉颇蔺相如列传》"秦御史前书曰""相如顾召赵御史书曰"，但由于掌管记录、收受和保管文件，往往成为国君的耳目，带有监察性质，秦汉时的御史大夫即由此职发展而成。

在唐朝，刑部为中央最高司法行政机关，御史台为监察机关，但也参与重大案件的审理，而由御史台、中书、门下组成的"三司"平日仅受理表状，审核刑部、大理寺及地方州县办理的诉讼，监督其判决，以保证司法审判合乎法定的制度。⑤

宋代司法机关众多，其中中央司法机关以大理寺、刑部、户部、御史台为主，御史台作为最高监察机关，具有司法监督和审判疑案、大案的职能。⑥

明朝主要承袭唐制，其刑部虽然把持了国家的重大司法审判权，但中央在遇到重大疑难案件时则实行"三司会审制"，由三法司共同审理案件。"三司会审制"是具有合议制性质的审判组织，在解决重大疑难案件时，形成的非系统性审判制度。⑦

针对民事诉讼所具有的特殊性和州县官在裁判民事案件方面拥有的较大的权变之权，清代根据《大清律例》"告状不受理"的附例，建立了民事案件的检查制度。根据《大清律例》，州、县的上级机关有权对州、县审理的案件进行经常性的查考。清代沿袭明制，对于州、县自行审理及一切户婚、田土案件，责成该管巡道检查。但是，巡历检查制度只是稽查司法业务，并无复审的职权。⑧ 可见，我们现在具有的审判监督以及检察监督，在我国古代民事诉讼中均有其相应制度的存在，足资借鉴。

---

① 参见张晋藩：《中国古代民事诉讼制度》，中国法制出版社2018年版，第303页。
② 参见胡谦：《清代民事纠纷的民间调处研究》，中国政法大学2007年博士学位论文。
③ 参见吴苹：《清代证据制度研究》，中国政法大学2009年博士学位论文。
④ 参见张晋藩：《中国古代民事诉讼制度》，中国法制出版社2018年版，第9—12页。
⑤ 参见王宏治：《唐代司法中的"三司"》，载《北京大学学报（哲学社会科学版）》1988年第4期。
⑥ 参见张晋藩：《中国古代民事诉讼制度》，中国法制出版社2018年版，第134—136页。
⑦ 参见张陈铖：《明代三司会审制度考》，载《贵州民族学院学报（哲学社会科学版）》2011年第5期。
⑧ 参见李青：《清代民事诉讼制度探析（1840年前）》，载《贵州社会科学》2011年第10期。

第二节　中国近代民事诉讼法

中国近代民事诉讼法的历史启端于清末修律时期，终结于新中国的成立。近代中国民事诉讼法的基本特征在于：其一，学习和移植外来法律，尤其是大陆法系国家的民事诉讼法，以德日民事诉讼法为蓝本创建近代中国自己的民事诉讼法，带上了浓厚的资本主义诉讼法制的色彩，一套体现资本主义社会经济特点的诉讼原则和诉讼制度被引入进来。其二，保留了大量的封建社会时期中国古代民事诉讼的残迹和因素，比如比较重视调解制度在民事诉讼中的地位和作用、强调法院的职权能动主义和国家干涉主义等。其三，由于中国近代社会从鸦片战争后就一直处在动荡、外来侵略以及半殖民地、军阀割据状态，民事诉讼法的稳定性和统一性始终未能长期实现。从时间阶段上划分，中国近代民事诉讼法的发展可以分为两个阶段：一是清末修律时期的民事诉讼法，二是国民政府时期的民事诉讼法。新中国成立前的革命根据地时期的民事诉讼法，虽然从时间上说应当划归于中国近代民事诉讼法的范畴，但从其性质上说为中国现代民事诉讼法的萌芽阶段，因而其诉讼制度的内容和特征将在下一节阐述。

一、清末修律时期的中国近代民事诉讼法

（一）《大清刑事民事诉讼法草案》

1840 年鸦片战争以后，至 1911 年辛亥革命推倒清朝统治之前，是中国历史上的晚清时期，也是中国传统法制走向文明与民事诉讼制度的转型时期，总的趋势是由封建制民事诉讼制度向资本主义制民事诉讼制度转型。

中国近代民事诉讼法学的萌芽，始于 19 世纪 80 年代法国民事诉讼法首次进入中国。1880 年，法国人毕利干（Billequin, Anatole Adrien, 1837—1894）翻译出版了《法国律例》一书，由同文馆聚珍版刊印。这部规模颇为庞大的译著包括法国的刑律、刑名定范、商律、园林则例、民律、民律指掌共六种，凡六函四十六册，其中的"刑名定范"即刑事诉讼法；而"民律指掌"就是民事诉讼法。据毕利干编的《法汉合璧字典》（DICTIONNAIRE FRANCAIS – CHINOIS）的解释，法文 Code de procedure civile 一词译为"民律指掌"，其中，Procedure 解释为"经动官府""有控讼狱之事，涉讼"，这个词今天译为手续、程序或诉讼程序；而前者译作民事诉讼法法典。毕利干在这部书的序言里解释说："民律指掌系制定各项范围，以便人人行其所执之权也，一遇因事到官，考其所执之权是否切实，如无异议，则其所执之权为牢不可破之权，应令照权遵行。"由毕利干翻译的《民律指掌》，是法国民事诉讼法典的第一个中文译本，它的问世标志着西方完整的民事诉讼法典开始传入中国。

晚清修律以"模范列强"为根本指导思想，新法的编纂大都以西方国家的法律为蓝本，尤其像民事诉讼法这类缺乏传统的法律，完全靠移植西方国家现成的法典，而这首先就要翻译大量的西方国家诉讼法。正如清廷修律大臣沈家本在《奏修订法律情形并请归并法部大理院会同办理折》中所言，"参酌各国法律，首重翻译"。据统计，自 1904 年至 1909 年，由修订法律馆组织翻译的民事诉讼法以及相关的法律就有《日本裁判所构成法》《德意志旧民事诉讼法》《德国改正民事诉讼法》《德国强制执行及强制竞卖法》《日本改正民事诉讼法》《日本现行民事诉讼法》《奥国民事诉讼律》以及《普鲁士司法制度》《日本民事诉讼法注解》《日本民事诉讼法论纲》等立法资料。以上民事诉讼法的翻译，虽然数量不少，但突出集中在德、日两

国,特别是日本的民事诉讼法上;而且,这些法律也大都是由留日的法科学生翻译的。

汪荣宝、叶澜编纂的《新尔雅》(1903)"释法"一节列有专门的条目,最早对民事诉讼法的基本概念作了解释:"因个人私权之侵犯,向国家所立之裁判所,求法律实行保护之方法者,谓之民事诉讼法。此法之原则,有数大主义,凡听讼者务得两造之真相,不得徒听一方之言论,谓之双方审讯主义。裁判官得据证调之结果,斟酌事实,决诸一心者,谓之自由判断主义。苟无原告之申诉,断无指定被告之权者,谓之不干涉审理主义。判决时胥本于口头辩论,临时判决者,谓之直接审理主义。据稟牍审理,流弊滋多,故必须两造对审者,谓之口头审理主义。"上述释义是当时从日本输入的关于民事诉讼法的流行解释。较之毕利干在《法国律例》中对"民律指掌"一词所作的泛泛笼统的描述,这一解释已经相当接近今天人们对民事诉讼法的认识和理解了。

1901年1月29日光绪颁布上谕,要求对于"现在情弊,参酌中西政治,举凡朝章、国政、吏治民生、学校、科举军制、财政,当因当革,当省当并"者,悉加更张。① 次年,朝廷又谕,"著派沈家本、伍廷芳将一切见行律例,按照交涉情形,参酌各国法律,悉心考订,妥为拟议,务期中外通行,有裨治理"②。由此,清末修律运动拉开帷幕。清朝统治者在内外各种压力之下,于20世纪初的十年间,逐渐对原有的法律制度进行了不同程度上的修改与变革,其中就包括民事诉讼法的立法。在吸收外国先进司法制度经验的基础上,沈家本于光绪三十二年(1906年)上奏了初步编定的《大清刑事民事诉讼法草案》。

《大清刑事民事诉讼法草案》是修订法律馆起草的第一部近代意义上的诉讼法草案,共5章260条,其中关于民事诉讼的条款共182条,规定了近代民事诉讼制度的主要内容。该法分总纲、刑事规则、民事规则、刑事民事通用规则、中外交涉案件等5章,另附《颁行例》3条。

光绪帝在接到奏折后,要求"将军督抚都统等"研究此法"民情风俗能否通行"③,遭到各地督抚的反对。张之洞在一年多的反复讨论后上奏《遵旨核议新编刑事民事诉讼法折》,对草案进行了全面批驳。最终,该法在诸多反对声中搁置,未予以颁行。

尽管该草案未能最终付诸实施,但其在中国近代民事诉讼立法历程中依然具有重要的意义。首先,该草案引进了西方近代诉讼法律制度,对传统民刑诉讼难分、行政兼理司法和禁止讼师助讼的诉讼体制进行了重大的革新,改变了旧法关于书吏之弊、刑讯逼供、索要差费、诉讼费不明等问题。其次,该草案作为清末修订法律馆仿效西方法律制订的第一部具有现代意义的法典草案,首次将诉讼法独立出来,打破了中华法系"诸法合体"的传统体例。再次,该法虽采刑事、民事诉讼一体的体例,但区分了民事、刑事诉讼,其"民事规则"章条文比"刑事规则"部分多出近乎一倍,民事诉讼的重要性和复杂性得到了充分重视。复次,该法"民事规则"章第十节对"和解"的规定继续肯定了传统的调处手段,但对此有所约束。最后,该法一些内容体现了立法者对民事诉讼的基本原则已经有了一定的认知。④ 有学者认为,第三节公堂部分第一次对公开审判原则作出了明确的规定。该法第13条规定了公开审判,第

---

① 参见朱寿朋编:《光绪朝东华录》(第四册),中华书局1958年版,第4602页。
② 刘锦藻:《清朝续文献通考》,浙江古籍出版社2000年版,第9881页。
③ 《修订法律大臣沈家本等奏进呈诉讼法拟请先行试办折》,《大清法规大全》第11卷,第1908页。
④ 参见刘玉华:《南京国民政府民事诉讼立法若干问题研究(1927—1937)》,中国政法大学2008年博士学位论文。

9 条规定了公堂应设立案外人观审位置,第 118 条规定了裁判结果公开。虽然该草案未能付诸实施,但在草案的讨论过程中,有关公开审判的规定没有受到任何批评和反对,其影响已经播下。① 针对传统审判中的"跪供"用专条进行了"不得逼令跪供"的规定,体现了一定程度上的当事人平等原则。②

然而,《大清刑事民事诉讼法草案》毕竟只是一部过渡性立法,带有严重的历史局限性,最为重要的是,其虽独立于实体法之外,但是它并没有完全仿照当时东西方法制先进国家的诉讼立法,将刑事诉讼法与民事诉讼法分别编纂,而是采用刑事诉讼法与民事诉讼法合一编纂的体例。而且,从其条文数量上说,其仅有 260 条,相对于当时大陆法系国家的诉讼法典而言,仅能算是一部简明诉讼法,就内容的完善性而言,尚有大量实体性规则和程序性规则没有规定。③

(二)《直隶天津府属试办审判厅章程》《各级审判厅试办章程》《法院编制法》

从 1906 年至 1909 年,沈家本就审判组织、审判程序等拟定了一系列章程或法令。其中比较重要的是《直隶天津府属试办审判厅章程》《各级审判厅试办章程》和《法院编制法》。

光绪三十三年(1907 年),制定颁布了《直隶天津府属试办审判厅章程》及《各级审判厅试办章程》。前者共四编 12 章 146 条,后者共五章 120 条,虽为试行性质但正式适用。④

《各级审判厅试办章程》名义上是清政府为了调整法院上下组织关系制定的一部法律,并非真正的指导诉讼的立法,但是,该章程兼备了大理院以下各地方法院的组织规定以及诉讼时间纲要,其中关于诉讼的规定也成为规范各级审判厅诉讼审判的依据。⑤ 事实上,在《大清刑事民事诉讼法草案》遭致搁浅、《法院编制法》尚未获得批准,刑事民事诉讼法还在起草的阶段,该章程客观上起到了法院编制法和民事刑事诉讼法的作用。从其规定来看,刑民分开、法院内设检察厅、回避、和解、诉讼程序、预审、刑事附带民事诉讼、公开审判、合议庭、检察官参与民事诉讼等,都是仿照西方及日本的司法模式。⑥ 该法关于民事诉讼审判方面的规定相当的完备,第一章"总纲"中确立了民刑案件的分理原则和民事案件的概念;第二章"审判通则"以及第四章"诉讼"占据了全 120 条中的大部分。《各级审判厅试办章程》因在具体的编纂上有着极为浓烈的近代诉讼法的色彩,堪称为"司法改革期间唯一正式公布实施的具有近代诉讼法性质的法规"⑦。

光绪三十三年(1907 年),沈家本提出制定《法院编制法》,于宣统元年十二月二十八日(1909 年 2 月 7 日)获准颁行。该法共 16 章 164 条,对审判制度及其运行机制作出了规定,将近代大陆法系国家的四级三审制、审判独立、公开审判、检察官公诉、合议制等进步的审判

---

① 参见杨立杰:《民初民事诉讼法制现代化研究(1912—1928)》,重庆大学 2008 年博士学位论文。
② 参见杨立杰:《民初民事诉讼法制现代化研究(1912—1928)》,重庆大学 2008 年博士学位论文。
③ 参见胡翰:《〈大清刑事民事诉讼法〉草案研究》,中国政法大学 2009 年硕士学位论文。
④ 参见王栋升:《大理院民事诉讼法解释例研究(1912—1928)》,河南大学 2018 年硕士学位论文。
⑤ 参见王栋升:《大理院民事诉讼法解释例研究(1912—1928)》,河南大学 2018 年硕士学位论文。
⑥ 参见何勤华:《西法东渐与中国司法的近代化》,载中国人民大学法学院《人大法律评论》编辑委员会编:《人大法律评论》(2001 年卷第 2 辑),第 225 页。
⑦ 刘焕峰、闫国明、张雪萍:《清末新式司法机构的运作》,载《河北理工学院学报(社会科学版)》2005 年第 1 期。

制度和原则移植过来,是清末得以正式生效的一部比较全面系统的各级审判机构组织法。①

《法院编制法》的制定为我国独立司法机关的确立奠定了法律基础,是贯彻审判独立原则的必备条件。该法第一次明确地规定了辩护制度,准许律师出庭,开创了我国律师辩护制度的源头。可以认为,《法院编制法》是"司法独立在中国的先声,是对传统的皇帝总揽司法权的否定"②,也是"中国司法制度现代化的典型标志"③。

（三）《大清民事诉讼律草案》

在《大清刑事民事诉讼法草案》被搁置后,1907年沈家本再次组织起草刑事与民事诉讼法,并均于宣统二年十二月二十四日（1910年1月24日）完成。在奏折中,沈家本再次指出刑民不分的弊端和制定民事诉讼法的重要性。沈家本在奏《民事诉讼律草案编纂告竣缮册呈览折》中说:"东西各国法制虽殊,然于人民私权秩序,维持至周。既有民律以立其基,更有民事诉讼律以达其用,是以专断之弊绝,而明允之效彰。中国民刑不分由来已久,刑事诉讼虽无专书,然其规程尚互见于刑律,独至民事诉讼因无整齐划一之规,易为百弊丛生之府。若不速定专律,曲防事制,政平讼理未必可期,司法前途不无阻碍。臣等从事编纂,博访周咨,考列国之成规,采最新之学理,复斟酌中国民俗,逐一研求。谨缮成册,恭呈御览。"《大清民事诉讼律草案》以日本1890年民事诉讼法为原本,是清末民事诉讼制度改革的最终法律,共四编二十二章800条,较前法更为完备。在结构上共分四编,第一编"审判衙门",第二编"当事人",第三编"通常诉讼程序",第四编"特别诉讼程序"。其中表现了对于私权的重视,标志着民事诉讼制度的现代化。因此,尽管《大清民事诉讼律草案》未及施行,清朝便已覆灭,但它确是中国民事诉讼制度转型之作,对于清以后民国政府民事诉讼法的制定,具有开拓先路的重要作用。《大清民事诉讼律草案》的确是编纂者殚精竭虑、苦心孤诣编纂而成的"中国"法典,而不是《日本民事诉讼法》的翻译或者翻版。④ 尽管清末民事诉讼改制因各方面的原因并未达到预期效果,但是,清末民事诉讼改制首次引进了近代民事诉讼法的概念、原则与制度,开启了近代法律移植方法的运用和民事诉讼法的发展,具有重大意义。在立法观念和立法技术上,实现了实体法与程序法分离,司法与行政分离的新型诉讼法制,开创了民事诉讼法制现代化的新起点,反映出中国诉讼法律文明的历史进步趋势。⑤ 事实上,清末修律中移植的西方资产阶级先进的司法制度、原则和观念,大多是在民国时期得以生长,民国时期的一系列诉讼立法,都是在清末诉讼法制的基础上经过修订增补而成的。⑥

当然,清末民事诉讼法制现代化进程,只是一种改良型而非革命型的法制现代化模式,是在基本上不动或者很少触动中国传统法律文化根基的前提下展开的,因此本身就不可能取得良好的效果,也体现出了历史的局限性。

---

① 参见何勤华:《西法东渐与中国司法的近代化》,载中国人民大学法学院《人大法律评论》编辑委员会编:《人大法律评论》（2001年卷第2辑）。
② 曾宪义主编:《中国法制史》,北京大学出版社2000年版,第274页。
③ 陈刚主编:《中国民事诉讼法制百年进程（清末时期第1卷）》,中国法制出版社2004年版,第413页。
④ 参见吴泽勇:《〈大清民事诉讼律〉修订考析》,载《现代法学》2007年第4期。
⑤ 参见公丕祥:《中国法制现代化的进程》（上卷）,中国人民公安大学出版社1991年版,第191页。
⑥ 参见何勤华、李秀清:《外国法与中国法——20世纪中国移植外国法反思》,中国政法大学出版社2003年版,第488页。

二、国民政府时期的中国近代民事诉讼法

(一)《民事诉讼律》和《民事诉讼条例》

1928年12月,南京国民政府成为一个名义上统治全国的中央政权,政治统一为法制统一创造了基本前提。在南京国民政府成立前,原广州军政府颁行的《民事诉讼律》和原北洋政府公布的《民事诉讼条例》两部立法并行。

1921年3月2日,广州军政府以北洋政府《民事诉讼法》久未颁行,以致各省地方法院裁判民事诉讼案件较为困难为由,将早先援用的《民事诉讼律草案》加以修改,并删除与《中华民国临时约法》和现行法令相违背的条文,制定了《民事诉讼律》,于1921年3月2日公布、1921年6月14日开始施行。1922年4月13日,又公布了与《民事诉讼律》配套适应的《民事诉讼律实施细则》7条,于《民事诉讼律》公布后两个月施行。随后这两部法律开始在我国西南各省发挥效力。

北洋政府在陆续颁布前述相关民事审判章程和法令的同时,也开始制定大量法典草案,于1921年7月22日公布《民事诉讼法草案》后,先在东三省特别法院施行,并在同日公布了《民事诉讼法草案施行条例》8条。1921年11月14日,北洋政府下令将《民事诉讼法草案》改为《民事诉讼条例》,自1922年7月1日起在全国范围内施行。1922年1月25日,北洋政府还颁布了《民事简易程序暂行条例》,规定所有初级审判厅管辖的诉讼案件交由地方审判厅附设的简易庭受理,或由县知事兼理。

自此,北洋时期就出现了两部民事诉讼法典在南北两地适用的情况,北洋政府的《民事诉讼条例》在北方及全国大部分地区适用,广州军政府的《民事诉讼律》在西南地区,特别是广东和云南两省区适用。①

《民事诉讼律》由于受清末《大清民事诉讼律草案》的影响,尽管有所修改,但抄袭德日痕迹仍然严重;而《民事诉讼条例》则吸收较为广泛,除德日外还多加采纳了奥地利、匈牙利法及借鉴英、美法,立法技术上较前者进步较大。因南北政治形势的对立,《民事诉讼律》主要在广州军政府势力范围,即西南各省内适用,而《民事诉讼条例》则在北洋政府控制的北方诸省通行,均未通行全国,南京国民政府成立后至《中华民国民事诉讼法》公布前作为过渡性的民事诉讼法规。

从时间上说,《民事诉讼律》是我国第一部正式公布的民事诉讼法典,但因其地域局限性,影响力远不如《民事诉讼条例》,因此有学者将1921年7月22日公布的《民事诉讼条例》称为中国正式颁行的第一部民事诉讼法典。②《民事诉讼条例》相较于《民事诉讼律》也更具有先进性,使得南京国民政府在制定民事诉讼法时决定在该条例的基础上起草民事诉讼法。

(二)《中华民国民事诉讼法》和《中华民国民事诉讼法施行法》

《中华民国民事诉讼法》分两步制定而成。先是于1930年12月26日通过部分《中华民国民事诉讼法》并予以公布,共五编534条;后是在"立法院"通过《中华民国民法》第四编"亲属"、第五编"继承"后,1931年1月,南京国民政府立法院法制委员会对《中华民

---

① 参见李锐:《湖南省宪自治时期民事诉讼制度研究》,华东政法大学2013年博士学位论文。
② 参见张晋藩:《中国司法制度史》,人民法院出版社2004年版,第502页。

国人事诉讼法草案》审议通过，2月13日南京国民政府正式公布。该部分民事诉讼法即为《中华民国民事诉讼法》第五编第四章第535条至600条的"人事诉讼程序"。至此，《中华民国民事诉讼法》全部制定完成。1932年5月14日，南京国民政府公布了13条《中华民国民事诉讼法施行法》。《中华民国民事诉讼法》五编分别为"总则""第一审程序""上诉审程序""再审程序""特别诉讼程序"。《中华民国民事诉讼法施行法》的内容主要规定了新旧法适用的溯及力和司法实践中的衔接问题。①

《中华民国民事诉讼法》的制定有其进步的一面，在许多方面进行了适合中国国情的改革，比如确立三级三审制，设立简易诉讼程序，扩张督促程序适用范围等，都使诉讼程序趋于简化和快捷。② 从指导原则上说，《中华民国民事诉讼法》贯彻了更彻底的辩论主义，表明南京国民政府的立法者对私权自治的尊重。这些内容的变化，不仅是立法者对原有法律制度的完善和补充，也是民事诉讼法修正完善中对实践变革的一种回应。③

但该法过于追求简化也导致了法条的模糊："新民事诉讼法采用条例之规定，每与其字句加以修改，以求简括。惟其修改之文，理论上或体例上可议者颇多，其滋解释上之疑义者亦不少，不能谓其尽优于原文也。"④ 因该法立法过于急切，难以展开详尽的研究，因此虽有进步，仍有瑕疵。

该首部民事诉讼法在施行不到两年后，司法实践中弊端逐渐暴露，南京国民政府为保障当事人诉讼权利及提高诉讼实效，吸取法院经验、民间批评开始修订完善该法，于1935年2月1日公布《中华民国民事诉讼法修正案》，共九编12章636条。1935年5月10日，南京国民政府公布《中华民国民事诉讼法施行法》，与新民事诉讼法一起于同年7月1日正式施行，共15条。

1935年《中华民国民事诉讼法》的修改幅度之大超过了1932年《中华民国民事诉讼法》对《民事诉讼条例》的变动，许多被旧法抛弃或修正的《民事诉讼条例》的规定再次被恢复。其在法律条文和立法技术上均具有一定的进步性，直至中华人民共和国成立，南京国民政府仅在1945年对部分条文（30条）进行了修改。尤为重要的是，该法意味着以尊重当事人诉讼权利为中心，以快速、高效的诉讼程序为保障，发挥法官中立性特点的诉讼模式已经初步确立，⑤ 其主要的规定依然是今天我国台湾地区"民事诉讼法"的基本内容。

第三节 中国现代民事诉讼法

一、中国现代民事诉讼法的萌芽阶段（1927—1949年）

革命根据地时期的民事诉讼制度，为中国现代民事诉讼法的萌芽期，其时间始于1927年到1949年新中国成立，其中又分为三个阶段，即工农民主政权时期、抗日战争时期和解放战争时期，合称为革命根据地时期。这一时期中国民事诉讼制度总的特征体现在三个方面：一是

---

① 参见吴经熊编：《中华民国六法理由判解汇编》，上海法学编译所1948年版，第1001页。
② 参见吴泽勇：《动荡与发展：民国时期民事诉讼制度述略》，载《现代法学》2003年第1期。
③ 参见孙加锋：《南京国民政府民事诉讼法研究》，华东政法大学2009年博士学位论文。
④ 石志泉：《新民事诉讼法评论》，国立北平大学法学院出版社1932年版，第4页。
⑤ 参见孙加锋：《南京国民政府民事诉讼法研究》，华东政法大学2009年博士学位论文。

以刑事诉讼为主、以民事诉讼为辅。新民主主义的革命法律制度尽管萌芽于第一次国内革命战争时期的工农运动中,但基于当时特殊斗争形势而产生的人民司法机关,最重要的任务就是镇压反革命分子、审判土豪劣绅和惩治工农运动中的破坏分子,因此当时的诉讼制度主要是刑事诉讼制度,民事诉讼部分很少涉及。① 二是没有独立的民事诉讼法,其主要的法律渊源是民事诉讼政策和各项专门规定,其民事诉讼制度的内容包括审级制度、管辖制度、就地审判与巡回审判制度、公开审判制度、人民陪审制度、调解制度、便民的诉讼程序制度等,覆盖了民事诉讼的全过程和全领域。三是民事诉讼制度的宗旨是从实际出发,坚持群众路线,重视对人民权利的保护,以便民诉讼为原则,重视对民事纠纷的务实调处。

(一)工农民主政权时期

1927年国共合作的大革命失败后,中国共产党发动了一系列的武装起义,先后在农村建立起十余块革命根据地,并在根据地建立了苏维埃政权。1931年11月7日,在江西瑞金召开了中华工农兵苏维埃第一次全国代表大会,宣告中华苏维埃共和国临时中央政府成立,会议通过了《中华苏维埃共和国宪法大纲》,成为民事诉讼制度的根本依据。在起诉程序上,该时期的诉讼法规对起诉程序已有初步的规定。如《中华苏维埃革命法庭的工作大纲》中规定:"人民诉讼,须经过审判程序,不得越级陈诉。人民诉讼,口头书面均可,废除旧时形式,及收费的劣习。"根据《中华苏维埃共和国裁判部暂行组织及裁判条例》(1932年6月9日)的规定,工农民主政权时期民事案件的审理分为法庭审判及组织巡回法院到出事地点审判两种方式。《中华苏维埃革命法庭条例(草案)》和《中华苏维埃革命法庭的工作大纲》规定了公审制度,《中华苏维埃共和国司法人民委员部对裁判机关工作的指示》(1933年5月30日)规定了案件的审判时间。上诉程序上,第二次国内革命战争时期颁布的法律对上诉已有简单的规定,但对于上诉的审判程序只笼统地规定为与一审相同,对于上诉的期间规定存在阶级差异。执行程序上,没有明确的法律规定。②

(二)抗日战争时期

1937年7月7日,日军在北平附近挑起卢沟桥事变,中日战争全面爆发,至1945年8月15日抗日战争结束。为维护边区的安定团结,巩固和发展边区民主政权,保障边区民主制度与各阶层人民的根本权利和利益,最大限度地便利群众参与诉讼活动,边区在接受苏俄法制思想和吸收国民党统治区甚至国外进步法律的可取之处的基础上,经过长期司法实践,制定了一系列的诉讼法律法规,其中民事诉讼法律法规如《陕甘宁边区民事诉讼条例草案》(1942年)、《陕甘宁边区高等法院命令——指示判决书送达当事人时注明上诉期间及原审声明不服由》(1942年)、《陕甘宁边区军民诉讼暂行条例》(1943年)、《陕甘宁边区民刑事件调解条例》(1943年)、《陕甘宁边区政府命令——关于边区审判改为二级审判制》(1944年)、《陕甘宁边区政府关于普及调解、总结判例、清理监所指示信》(1944年)、《陕甘宁边区高等法院通令(第五号)》、《陕甘宁边区民事案件处理办法摘引》、《陕甘宁边区高等法院指示信——目前司法工作中应注意的几个问题》(1946年)等。这些法律法规的指导思想在于利民便民,其内容主要体现在保障人权的诉讼原则、实行群众路线的审判方式、人民司法的诉讼制

---

① 参见梁云鹏:《革命根据地民事诉讼法律制度研究》,兰州大学2007年硕士学位论文。
② 参见韩延龙、常兆儒编:《中国新民主主义革命时期根据地法制文献选编》(第三卷),中国社会科学出版社1981年版,第302—337页。

度等方面。①

该时期的上诉程序规定上，各根据地对于上诉和二审的规定逐步细化。如《陕甘宁边区高等法院对各县司法工作的指示》（1941年5月10日）就要求一审判决书中要规定上诉的期限和法定上诉权，陕甘宁边区规定二审司法机关对于上诉案件通过讯问上诉人、阅卷等进行初步审查后根据不同情况作出处理，苏中区及晋冀鲁豫边区规定上诉案件之送达、证据、审讯等适用有关一审的法律规定。

抗日战争时期，各根据地的诉讼法规才有了关于执行程序的专门章节，但也主要限于有关债务、婚姻案等的执行规定。陕甘宁边区民事判决的执行贯彻了"私益服从公益""富裕者提携穷困者"的原则，对于债务判决的执行注重保障无财产的债务人的权益，对于执行难的婚姻案在保证判决执行的同时也注重保障女权。在苏中区，民事案件的执行由司法机关命令乡（镇）政府负责，执行完毕后将情况详报备查；在晋冀鲁豫边区太岳区，可以将具体执行办法填成执行书，根据审级发交指挥区村公所或第一审法庭执行。②

（三）解放战争时期

1946年6月底到1949年10月为解放战争时期。解放战争时期的起诉程序比抗日战争时期更加具体，对一些细节也做了完善，以便利人民诉讼。如《华北人民政府关于估定囚粮额数、取消讼费及区村介绍起诉制度的通令》（1948年11月23日）的规定和《哈尔滨市人民法院民事诉讼办法（草案）》（1949年）就将抗日战争时期实行的人民诉讼先经区村调解，调解不成再由区村政府介入的制度废除，调解不再是诉讼必经程序，利于人民直接向司法机关起诉。

该时期的民事案件的审判程序制度对法庭审理前的准备工作规定得更为细化。例如，在东北解放区，《哈尔滨市人民法院民事诉讼办法（草案）》（1949年）对受理案件、指定开庭日期、出具传票、传讯证人、聘请鉴定人以及调查研究工作等都作了具体规定，符合程序法的特点。这一时期的法庭审理与抗日战争时期大致相同。在上诉条件的限制上，晋冀鲁豫边区的冀南区以民事诉讼标的额为标准对上诉予以限制，《苏北行政公署指令——民刑案件上诉手续》（1949年9月28日）也有类似限制；在上诉人资格上，《哈尔滨特别市民事刑事诉讼暂行条例（草案）》（1948年）规定当事人及部分诉讼参与人有权上诉，二审审判程序与一审基本相同，三审则多为书面审理。解放战争时期的执行程序有了很大改善，既有执行的原则性规定，也有执行的细则。比如《哈尔滨市人民法院民事强制执行》（1949年）的规定较为详尽，规定了法院强制执行的依据、当事人行使请求执行权利的期限、执行人员身份要求、强制执行的范围和时间、执行过程要求、强制执行费用的承担。③

值得一提的是，在革命根据地时期，产生了"马锡五审判方式"。1943年3月，马锡五任陇东专区专员兼陕甘宁边区高等法院陇东分庭庭长，从此开始做司法工作。在工作中，马锡五敢于打破国统区司法制度和陈规陋习的束缚，根据抗日战争和解放战争这个特定的历史条件，实事求是，把党的群众路线运用到具体的审判工作中，创造出崭新的符合当时历史环境的审判方式，依靠民众、便利民众、深受民众喜爱，丰富和充实了解放区司法制度的建立和发展，对

---

① 参见张炜达：《陕甘宁边区法制创新研究》，西北大学2010年博士学位论文。
② 参见梁云鹏：《革命根据地民事诉讼法律制度研究》，兰州大学2007年硕士学位论文。
③ 参见梁云鹏：《革命根据地民事诉讼法律制度研究》，兰州大学2007年硕士学位论文。

新中国的司法制度也产生了深远的影响。①

马锡五审判方式具有如下五个特点：其一，实事求是。一切从实际出发，客观、全面、深入进行调查研究，反对主观主义的审判作风，重证据，不轻信口供，将审判工作牢牢建立在科学的基础上。其二，群众路线。认真贯彻群众路线，依靠群众讲理说法。当时所采用的群众路线的审判方式包括就地审讯、巡回审判、公审制、人民陪审制度、调解工作等。② 其三，实行审判与调解相结合，在审判工作中贯彻民主的精神。调解坚持三项原则：一是调解必须双方自愿，不能有任何强迫；二是调解必须遵守政府政策法令，照顾进步风俗习惯；三是调解不是诉讼的必经程序。③ 其四，依法审判。坚持原则，严格依法办事，在审判工作中始终坚持法制的原则。其五，实行简便利民的诉讼手续，在审判工作中执行便民的原则。马锡五审判方式所体现的这些特点是相互依存、密不可分的统一整体，是革命根据地长期积累的人民司法工作的经验总结和优良传统的集中体现。④ 马锡五审判方式是在中国共产党根据地发展起来的一种民事诉讼模式。⑤ 由马锡五审判方式发展而来的法院调解制度，既符合我国解决民事纠纷的传统习惯，也适合当时战争环境下解决民事纠纷的特殊需要。马锡五审判方式对中国的民事审判工作也具有深远的影响，中国现行民事诉讼模式的来源可追溯到马锡五审判方式。⑥

总的来说，与南京国民政府的民事诉讼立法相比较，革命根据地时期的民事诉讼制度虽然显得粗浅和不系统，但在保障贫苦无产阶级的切身利益方面，取得了突破性的进步，为根据地民众排忧解难，苏区创设了一种崭新的简易而迅捷的民事诉讼机制。⑦ 尤其是，革命根据地时期的民事诉讼法开创了许多崭新的民事诉讼制度，为新中国成立后的民事诉讼立法积累了经验，提供了素材。

二、中国现代民事诉讼法的起步阶段（1949—1982年）

新中国成立宣布废除南京国民政府的"六法全书"起直至1982年新中国第一部《民事诉讼法（试行）》问世，为中国现代民事诉讼法的形成期。新中国成立后，新生的人民政权开始着手构建属于自己的人民司法制度，其中，民事诉讼制度是重要的组成部分。1950年12月，政务院法制委员会起草了《诉讼程序试行通则（草案）》，该草案确立了三项原则：其一，废除反动司法机关压迫人民的烦琐、迟缓、形式主义的诉讼程序。其二，实行便民的、简易迅速的、实事求是的诉讼程序。其三，人民法院审理民事案件必须适用实体法的规定。该通则的基本意义是在新中国正式制定民事诉讼法之前，起着替代立法的过渡性作用，从内容上说，该通则内容比较齐全，是新中国第一部正式颁布付诸实施的程序规则，标志着新中国民事诉讼法的开端。

1951年9月，中央人民政府颁布了三部组织法，即《人民法院暂行组织条例》《中央人民政府最高人民检察署暂行组织条例》和《各级地方人民检察署组织通则》。这三部组织法标志

---

① 参见孟伟：《马锡五审判方式及其当代司法价值》，西南政法大学2013年硕士学业论文。
② 参见马锡五：《新民主主义革命阶段中陕甘宁边区的人民司法工作》，载《政法研究》1955年第1期。
③ 参见马锡五：《新民主主义革命阶段中陕甘宁边区的人民司法工作》，载《政法研究》1955年第1期。
④ 参见张希波：《马锡五与马锡五审判方式》，法律出版社2013年版，第188—198页。
⑤ 参见范愉：《简论马锡五审判方式——一种民事诉讼模式的形成及其命运》，载《清华法律评论》1999年第2期。
⑥ 参见魏斌：《马锡五审判方式再认识》，载《西江大学学报》2000年第4期。
⑦ 参见孙加锋：《南京国民政府民事诉讼法研究》，华东政法大学2009年博士学位论文。

着我国司法组织法的诞生，它们不仅规定了司法机构的组织原则和组织制度，而且规定了大量的司法原则和诉讼制度，比如公开审判原则、巡回审判制度、人民陪审制度、检察监督制度以及审级制度等。根据《人民法院暂行组织条例》的规定，当时我国的人民法院分为县级人民法院、省级人民法院及其分院、分庭、最高人民法院及其分院、分庭等三级，在审级制度上以三级两审制为原则，以三审终审和一审终审为特殊情形下的补充规定。

1954年举行第一届全国人民代表大会第一次会议，会上通过了《宪法》《人民法院组织法》《人民检察院组织法》。《宪法》及两部组织法在新中国法治建设史上具有里程碑的历史性意义，从此以后，人民法院和人民检察院有了正式的可以依循的组织原则和活动原则，民事诉讼的基本原则以及重要的程序步骤及其行为规范，也都被包含在这三部法律之中。

1956年10月，最高人民法院印发了《关于各级人民法院民事案件审判程序总结》（以下简称《总结》），其包括七个方面的内容：案件的接收、审理案件前的准备工作、审理、裁判、上诉、再审、执行等。该《总结》实际上充当了临时民事诉讼法，各级法院办理民事案件均遵照执行。1957年，最高人民法院将该《总结》进行了条文化的转换，制定了《民事案件审判程序（草案）》，共计84条，但该草案并未通过生效。

1963年7月，最高人民法院召开了第一次全国民事审判工作会议，通过了《关于民事审判工作若干问题的意见（修正稿）》（以下简称《意见》）。该《意见》提出了12个字的民事审判工作的根本工作方法和工作作风，即"调查研究，就地解决，调解为主"。第二年，最高人民法院又在12个字的基础上加上"依靠群众"4个字，变成了后来的中国民事审判工作的"16字方针"："依靠群众，调查研究，就地解决，调解为主"，这实际上是对马锡五审判方式的精炼概括，也被认为是马锡五审判方式的实质内涵。

1957年"反右倾"斗争的扩大化以及其后的政治运动，致使法律虚无主义的思想抬头，包括民事诉讼法在内的新中国法治建设被迫搁浅停顿。

三、中国现代民事诉讼法的试行阶段（1982—1991年）

1978年12月召开的党的十一届三中全会提出了"改革开放"政策，并且强调要加强社会主义民主与社会主义法制建设，为新中国法制建设和发展迎来了春天。我国法制工作开始恢复重建，民事诉讼法的立法又一次被列入议事日程。1979年2月，最高人民法院召开了第二次全国民事审判工作会议。会议制定了《人民法院审理民事案件程序制度的规定（试行）》（以下简称《规定（试行）》）。《规定（试行）》分案件受理、审理前的准备工作、调查案情和采取保全措施、调解、开庭审理、裁判、上诉、执行、申诉与再审、回访、案件归档等11个方面，是在改革开放之前最高人民法院关于民事诉讼的若干规则的基础上改进而成，为制定1982年的《民事诉讼法（试行）》奠定了规范基础并提供了文本来源。

1979年6月，第五届全国人民代表大会第二次会议通过了《人民法院组织法》等七部重要的法律，民事诉讼法的起草工作也提上了议事日程。1979年9月，全国人民代表大会常务委员会法制工作委员会正式成立了民事诉讼法起草小组，开始了我国民事诉讼法的起草工作。这个由专家学者组成的起草小组经过两年多的时间，先后三次在全国范围内广泛征求意见，起草了民事诉讼法草案。1982年3月8日，第五届全国人民代表大会常务委员会第二十二次会议讨论通过了《民事诉讼法（试行）》，自1982年10月1日起试行，从而推出了我国第一部正式公布的社会主义民事诉讼法。《民事诉讼法（试行）》继受了新民主主义时期解放区民事诉讼习惯和制度，如两审终审制度、法院调解制度，总结和吸取了1949年以来人民法院的民事审判经验，借鉴了原苏联民事诉讼法的诸多制度，如对民事审判活动实施法律监督等，同时也移植了大陆法系国家和地区的某些诉讼制度，如辩论原则、处分原则等，它的通过，对及时应对民事纠纷的解决，保障经济、社会的稳定和发展起到了积极、重要的作用，在我国民事诉讼法的发展史上无疑具有里程碑的意义。

1982年《民事诉讼法（试行）》尽管名为试行，但无论就其内容而言还是就其实际作用而言，与正式的民事诉讼法相比并无二致。值得称道的是，该法为新中国自己原创的第一部民事诉讼法，其立法技术相对比较成熟，所确立的基本原则、基本制度、诉讼制度以及各种诉讼程序包括执行程序，都为此后的中国民事诉讼法的发展和完善提供了完整的框架和基本的内容，此后民事诉讼法的每一次调整，都没有脱离《民事诉讼法（试行）》的轨道而另起炉灶，都是对其在一定程度上的发展和完善，因而其堪称新中国民事诉讼法的源头和摇篮。尚需指出的是，在《民事诉讼法（试行）》之时，我国的《民法通则》等民事实体法基本上还付之阙如，在基本缺乏实体法的基础上率先制定程序法，充分体现了程序法的独立价值以及它对民事实体法的能动推动作用，这在法制形成的逻辑上也具有独特的开创性和鲜明的先进性。同时该法深入浅出，通俗易懂，文字质朴，克服了大陆法系国家民事诉讼法专门写给专家看的专业性过强的弊端，体现了便民利民的诉讼优势，这种立法风格至今仍支配和影响着新中国民事诉讼法的修正历程。

当然，《民事诉讼法（试行）》作为新中国第一部民事诉讼法，同时也是改革开放后出台的第一步民事诉讼法，自然会打上时代的印记，呈现出浓厚的时代特征，集中表现在它强调职权干预主义，对当事人的处分原则和辩论原则进行限制。1982年《民事诉讼法（试行）》奠定在计划经济的经济基础之上，同时在立法渊源上受到苏联高度职权主义的民事诉讼模式和体制的深刻影响，不承认公法和私法的划分，否定民法的契约自由原则，否定当事人对自己民事权利的自由处分，否定当事人在诉讼过程中具有主导性的主体地位，处分原则是在国家干预原则基础上的有限处分原则，辩论原则是在法院职权调查原则基础上的有限辩论原则，由此形成了被学界所称的"超职权主义诉讼模式"，背离了民事诉讼的基本特性，同时也反映了当时的立法者未能正确地认识民事纠纷的性质及其与民事诉讼的关系，难以适应时代进一步改革开放发展的需要，因而具有局限性。

四、中国现代民事诉讼法的转型阶段（1991—2007年）

为了确保《民事诉讼法（试行）》的贯彻落实，最高人民法院颁布了若干重要的司法解释，包括1987年7月21日发布的《关于审理经济纠纷案件具体适用〈民事诉讼法（试行）〉的若干问题的解答》、1989年6月29日发布的《人民法院诉讼收费办法》等。与此同时，全国人大常委会法制委员会自1986年起，开始着手《民事诉讼法（试行）》的修改工作，经历了5年多的时间，于1991年4月9日经第七届全国人民代表大会第四次会议通过，公布实施了《民事诉讼法》，中国现代民事诉讼法进入到了转型阶段。

1991年《民事诉讼法》共29章270条，分为四编。第一编总则，分为任务、适用范围和基本原则，管辖，审判组织，回避，诉讼参加人，证据，期间，送达，调解，财产保全和先予执行，对妨害民事诉讼的强制措施，诉讼费用等11章；第二编审判程序，分为第一审普通程序、简易程序、第二审程序、特别程序、审判监督程序、督促程序、公示催告程序、企业法人破产还债程序等8章；第三编执行程序，分为一般规定、执行的申请和移送、执行措施、执行中止和终结等4章；第四编涉外民事诉讼程序的特别规定，分为一般原则，管辖，送达、期间，财产保全，仲裁，司法协助等6章。相较于《民事诉讼法（试行）》，1991年《民事诉讼法》发生的主要变化是：

（一）明确了民事主管制度

1991年《民事诉讼法》第3条规定："人民法院受理公民之间、法人之间、其他组织之间以及他们相互之间因财产关系和人身关系提起的民事诉讼，适用本法的规定。"明确规定民事诉讼法的主管制度弥补了《民事诉讼法（试行）》的不足，使得作为程序法的《民事诉讼法》与《民法通则》第2条的民法调整对象保持了一致性，① 并且还增加了"其他组织"作为民事诉讼主体的规定，体现出了程序法对实体法的能动作用。不仅如此，1991年《民事诉讼法》还删除了1982年《民事诉讼法（试行）》有关人民法院审理行政案件也适用民事诉讼法规定的条款②，建立了"民行分立"的诉讼体制。此外，该主管制度的规定，也从法律上明确了我国民事诉讼程序的统一性，即人民法院审理经济纠纷案件也适用民事诉讼法，不存在独立于民事诉讼之外的"经济诉讼"形式。③

（二）将涉外民事诉讼程序中的同等原则与对等原则由具体原则升格为"总则"中的基本原则

1991年《民事诉讼法》将《民事诉讼法（试行）》第186条和第187条规定的同等原则和对等原则合并，并将其提前到第一编"总则"中加以规定（第5条），体现了立法者对涉外民事诉讼程序的重视。

（三）将"着重调解"改为"自愿合法调解"原则

《民事诉讼法（试行）》第6条规定"人民法院审理民事案件，应当着重进行调解"，确立了民事诉讼中的着重调解原则。将法院调解原则表述为"着重调解"是符合当时的社会历史条件以及人们对民事纠纷的解决预期的，但是随着市场经济的深入发展，当事人对民事诉讼中的处分自由有了更深刻的认知，认为是否需要接受调解应当是当事人自己处分权范围内的事项，因而1991年《民事诉讼法》将"着重调解"原则修改为"自愿合法调解"原则。

（四）充实了检察监督原则

《民事诉讼法（试行）》仅仅在其第12条中规定"人民检察院有权对人民法院的民事审判活动实行法律监督"这一抽象原则，对于检察院如何进行监督则未设任何制度性保障规范，致使检察监督徒有其名而匮乏其实，因而1991年《民事诉讼法》从第185条至第188条用4个条文规定了抗诉制度，从而使检察监督这一抽象的原则开始落地成为具体化诉讼制度。

（五）确立了协议管辖制度

1991年《民事诉讼法》第25条规定，合同的双方当事人可以在书面合同中协议选择被告住所地、合同履行地、合同签订地、原告住所地、标的物所在地人民法院管辖，但不得违反本法对级别管辖和专属管辖的规定。协议管辖制度的增设，填补了《民事诉讼法（试行）》中缺乏诉讼契约制度的空白，强化了当事人在诉讼程序中的主导性理念，由此向当事人主义诉讼模

---

① 1986年《民法通则》第2条规定："中华人民共和国民法调整平等主体的公民之间、法人之间、公民和法人之间的财产关系和人身关系。"
② 《民事诉讼法（试行）》第3条第2款规定："法律规定由人民法院审理的行政案件，适用本法规定。"
③ 参见江伟、李浩：《论市场经济与法院调解制度的完善》，载《中国人民大学学报》1995年第3期。

式迈出了一大步。

（六）设立了代表人诉讼制度

现代性纠纷的重要特点之一就是有的纠纷中当事人人数众多，在人数众多的民事纠纷中，传统的共同诉讼制度难以适应解决纠纷的需要，因而1991年《民事诉讼法》在借鉴大陆法系的选定当事人制度和英美法系集团诉讼制度的基础上，融合中国特色的元素，形成了别具一格的代表人诉讼制度，为我国此后群体诉讼制度的发展和完善奠定了制度性基础。

（七）确立了当事人的证明责任制度

《民事诉讼法（试行）》第56条规定："当事人对自己提出的主张，有责任提供证据。人民法院应当按照法定程序，全面地、客观地收集和调查证据。"尽管根据本条规定，当事人对自己提出的事实主张也负有提供证据加以证明的责任，但由于其强调法院全面客观调查收集证据的职责，因而最终的结果实际上是取消了当事人的证明责任。随着诉讼案件量的不断增多，同时也随着程序正义观的逐步增强，1991年《民事诉讼法》弱化了法院调查取证的职责，将其证据责任调整表述为"人民法院应当按照法定程序，全面地、客观地审查核实证据"（第64条第3款），并且明确将法院调查取证的范围限定为"当事人及其诉讼代理人因客观原因不能自行收集的证据，或者人民法院认为审理案件需要的证据"（第64条第2款），这便在辩论主义层面为当事人主义诉讼模式和诉讼体制的形成奠定了扎实的基础。

（八）完善了对妨害民事诉讼的强制措施

主要包括：其一，增设了"诉讼参与人和其他人应当遵守法庭规则"的规定，人民法院对哄闹、冲击法庭、扰乱法庭秩序的人，可以分别情形予以训诫、责令退出法庭、罚款、拘留或者依法追究刑事责任（第101条）。其二，增设有义务协助调查、执行的单位的协助义务，并规定人民法院对违反协助义务的单位，可以对其主要负责人或者直接责任人员予以罚款；还可以向监察机关或者有关机关提出予以纪律处分的司法建议（第103条）。其三，增设规定"采取对妨害民事诉讼的强制措施必须由人民法院决定。任何单位和个人采取非法拘禁他人或者非法私自扣押他人财产追索债务的，应当依法追究刑事责任，或者予以拘留、罚款"（第106条）。

（九）完善了特别程序

1991年《民事诉讼法》将特别程序从置于一审程序和二审程序之间调整为置于二审程序和审判监督程序之间，并且为了与《民法通则》保持一致，在宣告死亡程序之外增设宣告失踪程序（第166条），在认定公民无民事行为能力程序之外增设认定公民限制行为能力程序（第170条）。

（十）增设了三大非讼程序

1991年《民事诉讼法》根据市场经济发展的客观需要，增设了三大非讼程序，作为特别程序的补充。其一，督促程序（第189—192条），债权人要求债务人给付金钱、有价证券，债权债务关系明确、合法的，可以依法申请人民法院向债务人发出支付令。其二，公示催告程序（第193—198条），因票据（汇票、本票、支票）被盗、遗失或者灭失，票据持有人可以依法申请公示催告，主张票据权利。其三，企业法人破产还债程序（第199—206条）。1986年我国制定的《企业破产法（试行）》，规定适用于全民所有制企业。后来发现有一些集体企业、私营企业、外商投资企业资不抵债不能清偿到期债务的情况，这就需要破产还债，但法院在受理这些企业的破产案件时,缺乏法律依据,因而增加规定了"企业法人破产还债程序"一章,全民所有制企业破产还债程序仍适用《企业破产法(试行)》的规定。

(十一) 完善了审判监督程序

1991年《民事诉讼法》将《民事诉讼法(试行)》确立的单一的由法院依职权发动的审判监督程序改为三位一体的审判监督程序。其一,各级人民法院院长对本院已经发生法律效力的判决、裁定,发现确有错误的,提交审判委员会讨论决定予以再审;最高人民法院对地方各级人民法院已经发生法律效力的判决、裁定,上级人民法院对下级人民法院已经发生法律效力的判决、裁定,发现确有错误的,有权提审或者指令下级人民法院再审(第177条)。其二,人民检察院对人民法院已经发生法律效力的判决、裁定,发现判决、裁定认定事实的主要证据不足;适用法律确有错误;审判人员在审理该案件时有贪污受贿,徇私舞弊,枉法裁判行为等,有权按照审判监督程序提出抗诉。人民法院对人民检察院提出抗诉的案件,应当再审(第185—188条)。其三,当事人对已经发生法律效力的判决、裁定,认为符合本法规定的再审条件的,如有新的证据,足以推翻原判决、裁定的;原判决、裁定认定事实的主要证据不足;适用法律确有错误等,可以申请再审。人民法院对符合再审条件的案件,应当再审(第178—182条)。

(十二) 完善了执行程序

1991年《民事诉讼法》在执行程序部分有了较大幅度的完善,主要有:其一,在"一般规定"中增设规定了执行机构:"基层人民法院、中级人民法院根据需要,可以设立执行机构。执行机构的职责由最高人民法院规定。"(第209条)。从此,审判机构与执行机构相分离的体制开始形成。其二,增设了执行和解制度(第211条)。其三,增设了执行担保与暂缓执行制度(第212条)。其四,增设了执行回转制度(第214条)。其五,在"执行的申请和移送"中增设了法院对仲裁裁决的审查程序,并赋予了执行法院不予执行仲裁裁决的权力(第217条)。其六,在"执行措施"这一章中,增加规定了拍卖被执行人财产(第223条、第226条),并增设了民事搜查等用以查明被执行人财产的若干措施(第227条等)。

五、中国现代民事诉讼法的完善阶段(2007—2012年)

为了贯彻落实1991年《民事诉讼法》的各项规定,最高人民法院密集地通过了诸多司法解释,主要的有1992年7月14日起施行的《关于适用〈中华人民共和国民事诉讼法〉若干问题的意见》(以下简称《民诉法意见》)、1993年11月16日颁布施行的《关于第一审经济纠纷案件适用普通程序开庭审理的若干规定》《经济纠纷案件适用简易程序开庭审理的若干规定》、1994年12月22日颁布实施的《关于在经济审判工作中严格执行〈中华人民共和国民事诉讼法〉的若干规定》、1998年7月8日施行的《关于人民法院执行工作若干问题的规定(试行)》、1998年7月11日起施行的《关于民事经济审判方式改革问题的若干规定》、2002年4月1起施行的《关于民事诉讼证据的若干规定》(以下简称《证据规定(2002年)》)、2003年12月1日起施行的《关于适用简易程序审理民事案件的若干规定》(以下简称《简易程序规定》)等。这些司法解释的相继出台,对1991年《民事诉讼法》的完善进一步提出了新的要求,2003年12月,第十届全国人大常委会将《民事诉讼法》的修改纳入立法规划。2007年10月28日,第十届全国人大常委会第三十次会议通过了《关于修改〈中华人民共和国民事诉讼法〉的决定》,中国现代民事诉讼法进入到了完善阶段。

2007年《民事诉讼法》的修改并非面面俱到的全面修改，而是针对社会对于解决"再审难"和"执行难"这"两难"问题的强烈诉求而进行的重点修改，其目的在于进一步完善再审制度和执行制度。在再审程序方面，其重点又聚焦在再审事由的细化以及再审程序的完善上。《民事诉讼法（试行）》所规定的再审事由仅仅是笼统的"发现确有错误"（第157条）或"认为确有错误"（第158条），1991年《民事诉讼法》将其细化为5项事由（第179条），但仍过于概括和粗线条，难以把握，有鉴于此，2007年《民事诉讼法》将其修改细化为13项再审事由，不仅在实体性再审事由上有所细化，而且还增设了数项程序性再审事由，在一定程度上改变了"重实体、轻程序"的传统倾向，有力地保障了当事人的申请再审权。在执行程序部分，针对实践中出现的"执行难"，2007年《民事诉讼法》增设了立即执行制度（第216条第2款）、被执行人财产报告制度（第217条）、限制出境等执行威慑机制（第231条）以及案外人异议之诉制度（第204条）等，使执行程序趋于完善。

2007年修改《民事诉讼法》后，最高人民法院为了配合其贯彻落实，有针对性地通过了若干司法解释，如2008年9月8日通过、2009年1月1日起施行的《关于适用〈中华人民共和国民事诉讼法〉执行程序若干问题的解释》（以下简称《执行解释》），2008年11月10日通过、2008年12月1日起施行的《关于适用〈中华人民共和国民事诉讼法〉审判监督程序若干问题的解释》（以下简称《审判监督解释》）等。

六、中国现代民事诉讼法的成熟阶段（2012—2021年）

自从1991年《民事诉讼法》正式颁行后，其实施至2012年时已经有20年，这期间，我国民事诉讼法的司法实践积累了丰富的经验，理论界和实务界对民事诉讼法在中国的发展规律，尤其是对中国需要一个什么样的民事诉讼体制和模式，有了更加深刻的认识，与此同时，1991年《民事诉讼法》也暴露出了诸多的缺陷，需要人们根据对诉讼规律和中国国情的深化认识对其进行修改和完善。2007年的修改因仅仅是局部性小修改而未能完善满足司法实践的迫切需求，尤其是，民事纠纷的案件量与日俱增，法院审判的压力越来越重，人们对司法公正的诉求日益强劲，诉讼中的诸如虚假诉讼、"起诉难""执行难"等问题不断凸显，《民事诉讼法》的全面修改已是必然的理性之举。

2012年《民事诉讼法》修改的思路是：尽可能满足人们的诉求；解决我国民事诉讼中的实际问题；不动大的结构；不过多地增加新法实施的负担。2012年8月31日，第十一届全国人大常委会第二十八次会议通过了《关于修改〈中华人民共和国民事诉讼法〉的决定》，涉及修改内容达60条，自2013年1月1日起施行。其修改的内容主要有：

（一）诚实信用原则入法

2012年《民事诉讼法》一个令人瞩目的变化就是诚实信用原则入法，诚实信用原则被写入修改后的《民事诉讼法》第13条，该条第1款规定："民事诉讼应当遵循诚实信用原则。"诚实信用原则的入法意味着协同主义的司法理念被立法者所吸收，同时也意味着我国民事诉讼的体制和模式朝着协同主义的方向进行转变。诚实信用原则明文化、法定化可以为最高人民法院和最高人民检察院的司法解释和出台相关的指导性案例提供依据，目前"两高"所发布的司法解释和指导性案例所涉及的诸如虚假诉讼、当事人真实陈述义务、文书提出命令等内容都是诚实信用原则的具体化、实定化表现。

（二）民事诉讼检察监督全面化

2012年《民事诉讼法》将民事检察监督的范围由"民事审判"扩展到整个"民事诉讼"

（第 14 条）；检察院可以对包括调解书在内的法律文书提出抗诉或再审检察建议（第 208 条、第 212 条）；检察院对当事人申请的审查工作应该在 3 个月内完成，当事人不得重复申请检察监督（第 209 条）；检察院因履行法律监督职责的需要，可以向当事人或者案外人调查核实有关情况（第 210 条）；检察院对民事执行活动有权实施法律监督（第 235 条）；检察院对包括诉讼程序和非讼程序在内的审判程序中审判人员的违法行为有权提出检察建议（第 208 条）等。

（三）确立了公益诉讼制度

根据 2012 年《民事诉讼法》第 55 条的规定，对污染环境、侵害众多消费者合法权益等损害社会公共利益的行为，法律规定的机关和有关组织可以向人民法院提起诉讼，该诉讼理论上称之为民事公益诉讼。当然，该条仅仅是一个关于民事公益诉讼的原则性规定。也就是说，只是原则上确认对某些领域中侵害公共利益的行为可以由非直接关系的主体提起诉讼，通过诉讼维护公共利益。虽然人们希望通过《民事诉讼法》的修改确立统一的民事公益诉讼制度，但对如何确立具体民事公益诉讼程序和制度，一方面，人们还缺乏足够的理论准备和实践积累；另一方面，各领域中公共利益的实体规范存在很大差异，难以在短期内完成统一的公益诉讼程序和制度的建构，只能够确定原则性框架以回应社会的诉求。正是由于民事诉讼法修改没有将民事公益诉讼制度化，因此，民事公益诉讼的实际运行也就缺乏具体制度的支撑。关于民事公益诉讼的客观范围、民事公益诉讼提起的主观（主体）范围、民事公益诉讼的请求类型、民事公益诉讼的具体程序等问题都需要制度化。但即使仅仅是原则性规定也具有里程碑式的意义，其不仅可以为司法解释和实践探索提供依据，而且也为将来公益诉讼制度的发展与完善提供了原则性基础。①

（四）建立了小额诉讼制度

2012 年《民事诉讼法》第 162 条规定："基层人民法院和它派出的法庭审理符合本法第一百五十七条第一款规定的简单的民事案件，标的额为各省、自治区、直辖市上年度就业人员年平均工资百分之三十以下的，实行一审终审。"小额诉讼程序具有成本低、效率高、更便民等诸多特点和优势，其作为一种独立于简易程序并与普通程序、简易程序并列的特别诉讼程序，已被世界多数国家的民事诉讼立法所采用，我国《民事诉讼法》对此作出专门规定，乃适应了民事诉讼发展规律的需要，对民事诉讼案件的繁简分流以及民事诉讼程序的多元化设置具有重要意义。不过，从目前小额诉讼程序在司法实践中的运行情况来看，其立法预期目标并未能完全实现，很多小额争议案件并没有采用小额诉讼程序进行解决，而仍通过简易程序甚至通过普通程序做出处理，其中的原因有很多，但与小额诉讼程序的立法规定只有一个条文、过于简陋粗疏、缺乏应有的程序保障不无关系，将来还有待于立法继续完善。

（五）确立了第三人撤销之诉制度

2012 年《民事诉讼法》第 56 条第 3 款规定："前两款规定的第三人，因不能归责于本人的事由未参加诉讼，但有证据证明发生法律效力的判决、裁定、调解书的部分或者全部内容错误，损害其民事权益的，可以自知道或者应当知道其民事权益受到损害之日起六个月内，向作出该判决、裁定、调解书的人民法院提起诉讼。人民法院经审理，诉讼请求成立的，应当改变或者撤销原判决、裁定、调解书；诉讼请求不成立的，驳回诉讼请求。"此即第三人撤销之诉

---

① 参见汤维建：《民事诉讼法的全面修改与检察监督》，载《中国法学》2011 年第 3 期。

制度。立法设置第三人撤销之诉的目的在于通过撤销法院错误作出的判决书、裁定书和调解书，以维护案外第三人的合法权益，保障司法的公正性和纯洁性。立法上之所以规定第三人撤销之诉，其原因主要在于司法实践中有很多的虚假诉讼、恶意诉讼、冒名诉讼等违反诚信原则同时又侵害案外人合法权益的病理诉讼现象之存在，立法通过增设这一制度对因非可归咎于自己的原因而未能参与诉讼的第三人提供事后的程序保障，以回应有效应对日益泛滥的虚假诉讼的社会诉求。

（六）优化了诉讼管辖制度

本次《民事诉讼法》修正案60项修改意见中有10项涉及管辖制度的调整，增删条文达到12条，管辖制度的优化和完善成为2012年修改《民事诉讼法》的又一重头戏，其修改的内容主要涉及以下方面：其一，废除了涉外民事诉讼程序编中的协议管辖规定，将其内容与国内的协议管辖进行合并，从而扩大了国内协议管辖制度的适用范围（第34条）。其二，废除了涉外民事诉讼程序编中的应诉管辖制度，将其挪至国内民事诉讼管辖的规定之中，使国内民事诉讼共享了原本仅适用于涉外民事诉讼的应诉管辖（第127条）。其三，增加了若干案件的管辖规定，包括涉公司案件的管辖（第26条）、确认调解协议案件的管辖（第194条）、实现担保物权案件的管辖（第196条）、明确了提起诉讼或申请仲裁前的证据保全与保全的管辖规定（第101条）等。其四，对管辖权的下放性转移进行了程序上的限制（第38条）。其五，调整了再审制度中部分涉及管辖的规定，包括调整了当事人申请再审"上提一级"的管辖规定（第199条），删去了"管辖错误"作为再审事由的条款（第200条）、检察机关进行抗诉和提出再审检察建议的管辖条款（第208条、第211条）等。

（七）对诉讼证据制度进行了完善

证据制度是民事诉讼制度体系中的核心内容，对证据制度的修改成为2012年《民事诉讼法》修改的重点之一，其内容涵盖了电子数据入法（第63条、第71条）、举证时限制度的调整（第65条）、证据收条制度的确立（第66条）、证人出庭作证义务的强化（第73条）、鉴定人出庭义务的强化（第78条）、专家辅助人制度的设置（第79条）、证据交换制度的入法（第133条）等。其中对及时举证义务的规定以及举证时限制度的缓和化调整引人注目。2012年《民事诉讼法》第65条规定："当事人对自己提出的主张应当及时提供证据。人民法院根据当事人的主张和案件审理情况，确定当事人应当提供的证据及其期限。当事人在该期限内提供证据确有困难的，可以向人民法院申请延长期限，人民法院根据当事人的申请适当延长。当事人逾期提供证据的，人民法院应当责令其说明理由；拒不说明理由或者理由不成立的，人民法院根据不同情形可以不予采纳该证据，或者采纳该证据但予以训诫、罚款。"这就改变了《证据规定（2002年）》第34条中所创设的与证据失权直接挂钩的举证时限制度，更加符合司法实际情况，有助于兼顾司法公正和司法效率的价值目标。

（八）完善了保全制度

保全制度包括诉讼保全和证据保全两个领域，本次修改增加了诉前证据保全制度（第81条）、增加了行为强制令制度（第100条、第101条）。在2012年《民事诉讼法》修改之前，在《著作权法》《专利法》《商标法》《海事诉讼特别程序法》等法律以及最高人民法院的司法解释中已经有了关于行为禁令或行为强制令的规定，需要通过《民事诉讼法》的修改对诉讼中侵权行为的行为禁令作出一般性规定。

(九) 增设了确认调解协议案件程序

根据 2012 年《民事诉讼法》第 194 条、第 195 条的规定，在人民调解委员会等主持双方当事人达成调解协议后，可由双方当事人依照《人民调解法》等法律，自调解协议生效之日起 30 日内，共同向调解组织所在地基层人民法院提出调解协议司法确认的申请；人民法院受理申请后，经审查，符合法律规定的，裁定调解协议有效，一方当事人拒绝履行或者未全部履行的，对方当事人可以向人民法院申请执行；不符合法律规定的，裁定驳回申请，当事人可以通过调解方式变更原调解协议或者达成新的调解协议，也可以向人民法院提起诉讼。确认调解协议案件程序的增设，在司法救济和社会救济之间架起了制度性桥梁，有助于强化司法救济和社会救济的法治功能。

(十) 新增了实现担保物权案件程序

根据 2012 年《民事诉讼法》第 196 条、第 197 条的规定，担保物权人以及其他有权请求实现担保物权的人依照《物权法》等法律，为实现其担保物权，可以直接向担保财产所在地或者担保物权登记地基层人民法院提出执行申请，而无须先行经过诉讼程序的裁判确认；人民法院受理申请后，经审查，符合法律规定的，裁定拍卖、变卖担保财产，当事人依据该裁定可以向人民法院申请执行；不符合法律规定的，裁定驳回申请，当事人可以向人民法院提起诉讼。规定担保物权实现程序，有助于实现程序法和实体法的融通衔接，也有助于及时保护担保物权人的合法权益。

(十一) 完善了司法裁判制度、强化了裁判文书公开制度

2012 年《民事诉讼法》强化了裁判文书制度的改革力度，主要包括裁判文书的说理制度和裁判文书的公开制度两方面。其第 152 条第 1 款规定："判决书应当写明判决结果和作出该判决的理由。"第 154 条第 3 款规定："裁定书应当写明裁定结果和作出该裁定的理由。"第 156 条规定："公众可以查阅发生法律效力的判决书、裁定书，但涉及国家秘密、商业秘密和个人隐私的内容除外。"这些规定有助于强化司法公正性、提升司法公信力。

根据 2017 年 6 月 27 日第十二届全国人大常委会第二十八次会议《关于修改〈中华人民共和国民事诉讼法〉和〈中华人民共和国行政诉讼法〉的决定》，2012 年修改后的《民事诉讼法》又一次进行了小的修改，在第 55 条公益诉讼制度中增加了第 2 款，规定："人民检察院在履行职责中发现破坏生态环境和资源保护、食品药品安全领域侵害众多消费者合法权益等损害社会公共利益的行为，在没有前款规定的机关和组织或者前款规定的机关和组织不提起诉讼的情况下，可以向人民法院提起诉讼。前款规定的机关或者组织提起诉讼的，人民检察院可以支持起诉。"从此，检察机关提起公益诉讼的主体资格得到了立法的明确认可，激活了第 55 条第 1 款的空泛规定。

需要补充指出的是，在 2012 年《民事诉讼法》修改后，最高人民法院通过《关于适用〈中华人民共和国民事诉讼法〉的解释》（2014 年 12 月 18 日通过，2015 年 2 月 4 日起施行，后经 2020 年 12 月、2022 年 4 月两次修订，以下简称《民诉法解释》）。该司法解释现有 550 条，被称为"世上最长的司法解释"，丰富了《民事诉讼法》的内容，强化了其可操作性。

七、中国民事诉讼法的最新修改

2021 年 12 月 24 日第十三届全国人大常委会第三十二次会议通过《关于修改〈中华人民共和国民事诉讼法〉的决定》（以下简称《2021 年民诉法修改决定》），对民事诉讼法作如下

修改：

"一、增加一条，作为第十六条：'经当事人同意，民事诉讼活动可以通过信息网络平台在线进行。

民事诉讼活动通过信息网络平台在线进行的，与线下诉讼活动具有同等法律效力。'

二、将第三十九条改为第四十条，第二款修改为：'适用简易程序审理的民事案件，由审判员一人独任审理。基层人民法院审理的基本事实清楚、权利义务关系明确的第一审民事案件，可以由审判员一人适用普通程序独任审理。'

三、将第四十条改为第四十一条，增加一款，作为第二款：'中级人民法院对第一审适用简易程序审结或者不服裁定提起上诉的第二审民事案件，事实清楚、权利义务关系明确的，经双方当事人同意，可以由审判员一人独任审理。'

四、增加一条，作为第四十二条：'人民法院审理下列民事案件，不得由审判员一人独任审理：

'（一）涉及国家利益、社会公共利益的案件；

'（二）涉及群体性纠纷，可能影响社会稳定的案件；

'（三）人民群众广泛关注或者其他社会影响较大的案件；

'（四）属于新类型或者疑难复杂的案件；

'（五）法律规定应当组成合议庭审理的案件；

'（六）其他不宜由审判员一人独任审理的案件。'

五、增加一条，作为第四十三条：'人民法院在审理过程中，发现案件不宜由审判员一人独任审理的，应当裁定转由合议庭审理。

'当事人认为案件由审判员一人独任审理违反法律规定的，可以向人民法院提出异议。人民法院对当事人提出的异议应当审查，异议成立的，裁定转由合议庭审理；异议不成立的，裁定驳回。'

六、将第八十七条改为第九十条，修改为：'经受送达人同意，人民法院可以采用能够确认其收悉的电子方式送达诉讼文书。通过电子方式送达的判决书、裁定书、调解书，受送达人提出需要纸质文书的，人民法院应当提供。

'采用前款方式送达的，以送达信息到达受送达人特定系统的日期为送达日期。'

七、将第九十二条改为第九十五条，第一款修改为：'受送达人下落不明，或者用本节规定的其他方式无法送达的，公告送达。自发出公告之日起，经过三十日，即视为送达。'

八、将第一百六十一条改为第一百六十四条，修改为：'人民法院适用简易程序审理案件，应当在立案之日起三个月内审结。有特殊情况需要延长的，经本院院长批准，可以延长一个月。'

九、将第一百六十二条改为第一百六十五条，修改为：'基层人民法院和它派出的法庭审理事实清楚、权利义务关系明确、争议不大的简单金钱给付民事案件，标的额为各省、自治区、直辖市上年度就业人员年平均工资百分之五十以下的，适用小额诉讼的程序审理，实行一审终审。

'基层人民法院和它派出的法庭审理前款规定的民事案件，标的额超过各省、自治区、直辖市上年度就业人员年平均工资百分之五十但在二倍以下的，当事人双方也可以约定适用小额诉讼的程序。'

十、增加一条，作为第一百六十六条：'人民法院审理下列民事案件，不适用小额诉讼的程序：

'（一）人身关系、财产确权案件；

'（二）涉外案件；

'（三）需要评估、鉴定或者对诉前评估、鉴定结果有异议的案件；

'（四）一方当事人下落不明的案件；

'（五）当事人提出反诉的案件；

'（六）其他不宜适用小额诉讼的程序审理的案件。'

十一、增加一条，作为第一百六十七条：'人民法院适用小额诉讼的程序审理案件，可以一次开庭审结并且当庭宣判。'

十二、增加一条，作为第一百六十八条：'人民法院适用小额诉讼的程序审理案件，应当在立案之日起两个月内审结。有特殊情况需要延长的，经本院院长批准，可以延长一个月。'

十三、增加一条，作为第一百六十九条：'人民法院在审理过程中，发现案件不宜适用小额诉讼的程序的，应当适用简易程序的其他规定审理或者裁定转为普通程序。

'当事人认为案件适用小额诉讼的程序审理违反法律规定的，可以向人民法院提出异议。人民法院对当事人提出的异议应当审查，异议成立的，应当适用简易程序的其他规定审理或者裁定转为普通程序；异议不成立的，裁定驳回。'

十四、将第一百六十九条改为第一百七十六条，第一款修改为：'第二审人民法院对上诉案件应当开庭审理。经过阅卷、调查和询问当事人，对没有提出新的事实、证据或者理由，人民法院认为不需要开庭审理的，可以不开庭审理。'

十五、将第一百九十四条改为第二百零一条，修改为：'经依法设立的调解组织调解达成调解协议，申请司法确认的，由双方当事人自调解协议生效之日起三十日内，共同向下列人民法院提出：

'（一）人民法院邀请调解组织开展先行调解的，向作出邀请的人民法院提出；

'（二）调解组织自行开展调解的，向当事人住所地、标的物所在地、调解组织所在地的基层人民法院提出；调解协议所涉纠纷应当由中级人民法院管辖的，向相应的中级人民法院提出。'

十六、将第十三条中的'诚实信用'修改为'诚信'；将第四十六条、第一百三十七条、第一百四十一条中的'审判长'修改为'审判长或者独任审判员'；将第八十二条中的'节假日'修改为'法定休假日'；将第一百零六条、第一百五十一条、第二百零六条、第二百五十七条中的'抚育费'修改为'抚养费'；将第一百二十八条中的'合议庭组成人员'修改为'审判人员'；将第一百四十九条中的'由本院院长批准'修改为'经本院院长批准'；将第一百八十四条、第一百八十五条中的'意外事故'修改为'意外事件'；将第一百八十七条中的'其近亲属或者其他利害关系人'修改为'利害关系人或者有关组织'；将第一百九十条中的'或者他的监护人'修改为'本人、利害关系人或者有关组织'；将第一百九十三条中的'民法通则'修改为'民法典'；将第一百九十六条中的'物权法'修改为'民法典'；将第二百三十九条中的'从规定的每次履行期间的最后一日起计算'修改为'从最后一期履行期限届满之日起计算'。

本决定自 2022 年 1 月 1 日起施行。

《中华人民共和国民事诉讼法》根据本决定作相应修改并对条文顺序作相应调整，重新公布。"

第二章 民事纠纷及其解决机制

第一节 民事纠纷产生的必然性

社会是人与人之间关系的总和，而人具有复杂思维、丰富情感和利己倾向，同时社会资源也是有限和稀缺的，因而在由人组成的社会中，尤其是在阶级社会中，因利益冲突所导致的纠纷发生乃在所难免。可以说，只要有社会共同体存在，就会有纠纷存在。

纠纷也称社会冲突，具有某种反社会的外观，尽管某些维权纠纷尤其是现代具有公益性的纠纷对社会的发展具有某种积极作用，但如果放任纠纷而不加妥善化解，则社会秩序无法安宁，人们难以在和谐的社会中安居乐业，当纠纷积累到一定程度，社会就会分崩离析。因此，无论是对纠纷采取"罪恶的纠纷观"——只看到纠纷的消极面，还是采取"辩证的纠纷观"——同时看到纠纷的积极面，也无论是处在奴隶社会、封建社会、资本主义社会还是社会主义社会，人们都认为对于纠纷要妥善解决，不能视而不见、置之不理。

纠纷具有社会性，所有的纠纷都属于社会纠纷；然而纠纷的程度、烈度以及对社会的影响度不尽一致，因而社会纠纷又划分为法律纠纷和非法律纠纷。法律纠纷是受法律调整的纠纷，非法律纠纷则由纠纷主体按照其他社会规范，如道德规范、宗教规范、单位章程、规章制度、社区公约、乡规民约、习惯习俗等自主解决，国家不出面进行干预。当非法律纠纷长期无法化解，并严重到一定程度时，就演变为法律纠纷。

法律纠纷内部又有不同层次和类型的划分，一般而言，英美法系国家采用二分法，将所有的法律纠纷分为刑事纠纷和非刑事纠纷，非刑事纠纷即指民事纠纷，行政纠纷被包含在民事纠纷之中，属于民事纠纷的组成部分；大陆法系国家采用三分法，将法律纠纷分为民事纠纷、行政纠纷和刑事纠纷三种。我国在纠纷的分类上与大陆法系国家相同，采取的也是"三分法"而非"二分法"。不同的法律纠纷，由不同的法律加以调整，同时由不同的诉讼程序加以解决。与法律纠纷的性质相适应，法治国家在宪法的统帅下，分别制定了民法、行政法和刑法，同时分别建构了民事诉讼制度、行政诉讼制度和刑事诉讼制度。我国既不属于英美法系，也不属于大陆法系，而属于自成体系的社会主义法系。然而，由于历史的缘故，我国对各种类型的法律纠纷，也分别设置民事诉讼制度、行政诉讼制度和刑事诉讼制度加以解决。民事诉讼制度是解决民事纠纷的法律制度。

第二节 民事纠纷的概念与特点

民事纠纷是平等的民事主体之间所发生的关于民事权利义务关系的争议和冲突。《民事诉讼法》第3条所规定的法院主管制度，其实就是给民事纠纷下了一个法律上的定义。该条规定："人民法院受理公民之间、法人之间、其他组织之间以及他们相互之间因财产关系和人身关系提起的民事诉讼，适用本法的规定。"据此，我们可以给民事纠纷下一个中国式的定义，

— 33 —

这就是：民事纠纷是指公民之间、法人之间、其他组织（非法人组织）之间以及他们相互之间因财产关系和人身关系所发生的争议和冲突。据此，可以将民事纠纷的特点概括如下：

一、纠纷主体的平等性

民事纠纷的主体之间在法律地位上是平等的，这就是民事纠纷的主体平等性原则。这个特点与刑事纠纷和行政纠纷相比皆有所不同。刑事纠纷中，对立的双方主体是国家和实施违法犯罪行为的个人或法人，它们之间不具有平等的法律地位。行政纠纷中，一方主体为实施具体行政行为的行政机构，另一方主体为行政行为相对人，它们之间在行政法律关系上是管理和被管理、治理和被治理的关系，也不属于平等主体之间的关系；当然，在行政诉讼法律关系中，行政纠纷主体的诉讼地位又是平等的。只有民事纠纷，它是发生在平等主体之间的一种纠纷。民事纠纷的主体之间之所以具有平等的法律地位，根本原因在于民法中的平等原则。根据平等原则所形成的民事法律关系是平等主体之间的关系，平等主体之间的关系发生了争议，这种争议中的当事人之间也不失平等的地位。民事纠纷中的平等地位是民事关系中的平等地位的反映和体现。这种平等地位一直延伸至民事纠纷的处理过程中，双方当事人在民事诉讼中的诉讼地位也具有平等性。《民事诉讼法》第8条规定的当事人诉讼地位平等原则，就是建立在纠纷主体平等地位之上的。

二、纠纷内容的民事性

民事纠纷的内容是争议中的民事权利义务关系。民事权利义务关系是由当事人实施民事行为依照民法的规定而形成的，在这种关系中，一般而言，一方既有权利也有义务，另一方则既有义务也有权利。如果权利享有者的权利得不到实现，或者义务负担者的义务不予履行，则必然使正常的民事法律关系发生动摇，变成了处在失衡状态或紧张状态的非正常的民事法律关系，这就构成了民事纠纷。纠纷的内容便是享有权利者要恢复其应有的权利，从而使义务的负担者履行其义务。唯其如此，曾一度失衡的民事法律关系才能恢复至正常状态，民事纠纷才告化解。可见，民事纠纷的内容是发生了争议、遭到了扭曲的民事权利义务关系。这与刑事纠纷、行政纠纷皆有不同。

三、纠纷客体具有可处分性

纠纷客体与纠纷内容有所不同，纠纷内容是争议中的民事权利义务关系，纠纷客体是民事权利义务关系所指向的对象，因此，纠纷客体也称为纠纷对象。如在消费借贷纠纷中，纠纷内容是一方享有要求偿还贷款的权利，另一方负有偿还贷款的义务；纠纷客体是一方请求另一方返还贷款的请求权。对于这个请求权，享有权利者可以行使，也可以不行使，也可以部分行使部分不行使，究竟是否行使该请求权，概由纠纷主体的权利一方决定，这就是其处分权，纠纷客体因此具有了可处分性特点。换而言之，民事纠纷的主体可以对民事纠纷的内容进行自由处置。民事纠纷的主体是平等的，民事纠纷的内容是民事权利义务关系，根据民法的规定，民事纠纷的主体可以互相协商解决其纠纷，民事纠纷的主体也可以单方面地处分其纠纷。处分纠纷的过程，就是处分纠纷中民事权益的过程。纠纷中的民事义务不能放弃，只能履行。因此，纠纷的可处分性是从纠纷中享有权利的一方主体之视角而言的。权利主体是民事纠纷中处置纠纷的矛盾的主要方面，义务主体则处在民事纠纷处理过程中的被动和服从的地位。处分了民事纠纷，就是解决了民事纠纷。当然，民事纠纷的主体也可以拒绝处分其纠纷，而坚持将纠纷交由法院处理。这种坚持由司法处理其纠纷的权利，也是民事纠纷主体对民事纠纷的内容进行自由处置的表现形式，任何人皆不得违拗其意志，干预纠纷主体对纠纷内容的自由处置权。

四、解纷方式的多元性

解决民事纠纷的方法是多元的，这一点与刑事纠纷、行政纠纷也有所区别。刑事纠纷和行政纠纷具有较强的公益色彩，涉及公法的遵行和公法秩序的维持，因而对纳入诉讼轨道的这些纠纷，国家通过法院严格依法加以解决，而原则上排除了纠纷主体自我解决或自我消化纠纷的可能性。对于刑事纠纷，除自诉案件外，被害人与刑事违法者不得就纠纷的内容进行私了或和解，而必须由公诉机关提起公诉，交由法院强制性地解决。在刑事诉讼过程中，除立法许可存在例外情形（如自诉、刑事和解等）的以外，诉讼主体之间不得通过合意解决其纠纷。行政纠纷虽然实行"不告不理"原则，但在诉讼中，除立法规定可以协调或调解者外，纠纷主体不得通过调解的方法解决其纠纷，调解纠纷不是其解纷的原则，而是其例外情形。但民事纠纷就不同了：纠纷主体可以通过个人的、社会的和国家的等各种力量来解决其纠纷，究竟通过何种方式来解决其纠纷，由纠纷主体视需要自由选择。可见，对于民事纠纷，国家需要统筹考虑各种解决的方法和机制，而不是单纯依靠民事诉讼一种途径包揽对民事纠纷的解决。这就是解决民事纠纷的系统工程和多元机制之课题。

可见，民事纠纷在主体、内容、处分权以及化解的方法上都有不同于刑事纠纷、行政纠纷的特点。研究民事纠纷的概念和特点具有重大的意义：明确这些特点，有助于建构合理的化解民事纠纷的各种机制，同时也为建立和完善各种解决民事纠纷的机制、方法和途径提供了指引。民事纠纷的特点和类型发生了变化，解决民事纠纷的方法、机制也要相应地发生变化，民事诉讼程序也随之发生转变。

值得指出的是，民事纠纷在总体上是接受法律调整的权利型纠纷，但还有一些纠纷并不是立法所调整的权利型纠纷，而是属于利益型纠纷。这些利益型纠纷也属于广义民事纠纷的范畴，通过对这些利益型纠纷的解决，相关的利益就上升到了需要立法加以保护和体现的高度，便成为了法律上的权利。这是诉的利益问题。

第三节 民事纠纷的类型

从调整民事纠纷的法律领域看，可以将民事纠纷划分为民事类纠纷（狭义，如婚姻纠纷、继承纠纷、一般侵权、一般合同纠纷等）、商事类纠纷（如公司纠纷、合伙纠纷、跨国贸易纠纷等）、经济类纠纷（如反垄断纠纷、知识产权纠纷等）、社会类纠纷（如劳动纠纷、社会保障纠纷等）等，此外还有公益类纠纷。一般而言，民事类纠纷、商事类纠纷的主体自主性更强，经济类纠纷、社会类纠纷和公益类纠纷则更强调国家干预。

从民事纠纷的内容上看，可以将民事纠纷划分为财产关系型民事纠纷和人身关系型民事纠纷。一般而言，财产关系型纠纷注重私权自治，人身关系型纠纷则关注公权监督；当事人主义的诉讼模式在前者有用武之地，而后者则通常需要借助职权主义的诉讼模式方能奏效。

从民事纠纷所处的历史阶段看，可将民事纠纷划分为传统型民事纠纷和现代型民事纠纷。传统型民事纠纷比如借款纠纷、不当得利纠纷、无因管理纠纷等，现代型民事纠纷比如环境污染纠纷、公害纠纷、消费者维权纠纷、反不正当竞争纠纷、证券纠纷、知识产权纠纷等。通常来说，传统型纠纷的结构较为简单，处理起来较为容易，国家往往奉行不干涉主义；现代型纠纷的结构比较复杂，涉及的人数多，纠纷规模大，社会影响面广，经常涉及社会公益，往往需要国家出面来全面协调和干预。

从纠纷的复杂程度划分，可将民事纠纷划分为简单的民事纠纷、通常的民事纠纷和复杂的民事纠纷。简单的民事纠纷一般通过私人协调就可以化解，通常的民事纠纷一部分可以通过社会救济加以解决，一部分可以通过公力救济加以解决，复杂的民事纠纷通常要诉诸法院通过公力救济才能加以解决。民事诉讼程序分为小额诉讼程序、简易诉讼程序和普通诉讼程序三大类型，奠基其的纠纷基础便是该种类型的划分。

从民事纠纷是否具有涉外因素这个角度，可以将民事纠纷分为国内民事纠纷和涉外民事纠纷。国内民事纠纷由国内法加以调整，涉外民事纠纷的处理除需适用国内法外，还会涉及外国法和国际法的运用。

总之，民事纠纷的种类很多，可以从不同的角度和标准进行类型化理解和划分，其意义在于：针对不同特性的民事纠纷，需要配置不同类别的法律程序加以解决，不可简单化处置。

最后需要提及的是，民事纠纷和民事案件是两个不完全相同的概念。民事纠纷是社会学意义上的概念，民事案件是法律意义上的概念。纠纷（dispute）被提交第三方解决后，便成为"案件"（case）。民事纠纷在严格意义上指的是争讼案件，不包括非讼案件（或称"非讼事件"），而争讼案件和非讼案件合在一起被称为民事案件或民事事件。民事案件分为两大类：第一，平等主体之间因人身关系和财产关系所产生的民事纠纷案件。这类案件进入诉讼领域后，被称为民事诉讼案件或民事争讼案件。第二，不具有民事权利义务之争的非讼民事案件。

第四节 民事纠纷的私力救济

民事纠纷的解决是法治国家的重要任务，一个国家法治水准的高低，不在于其纠纷的多寡，关键看化解纠纷的法律机制是否完备、成熟。构建各种化解纠纷的机制是法治国家的应然之义。在构建解决纠纷机制的过程中，要有一种系统论、整体论的观点，而不得将各种机制做割裂式的构建和规制。各种解决纠纷的机制之间应当能够顺畅地、灵便地实现相互转化。纠纷主体应当能够寻找到最适合其具体情境和需求的解纷机制。体系化地构建解纷机制是程序选择权中的应有之义，同时也是兼顾实体利益和程序利益的需要使然。

民事纠纷解决机制主要包括私力救济、社会救济和公力救济三种途径。其中，私力救济的形式主要有自决、和解等，其特征是依靠纠纷主体自身的力量解决纠纷。社会救济主要包括调解和仲裁，其特征是通过社会自治力量实现对纠纷的化解。公力救济是指国家通过设置法院以公权力为后盾，依照法定程序强制性解决纠纷，从而保障纠纷主体合法权益的方式，其通常表现为民事诉讼。行政裁决虽然在有限的意义上也属于公力救济范畴，但民事诉讼是公力救济的典型形式。

一、民事纠纷的自我解决

民事纠纷的自我解决，是指纠纷主体在纠纷发生后，利用自己的力量和自身的努力，寻求纠纷的解决。在此解决过程中，一般没有第三人的介入。

民事纠纷发生后，纠纷主体首先想到的就是能否利用自己的力量与对方进行交涉。利用自己的力量试探性地与对方磋商化解纠纷，是纠纷主体自我确信的一种表征，也是人格自尊的外化。民事纠纷自我解决的特点是：

（一）保密性

纠纷发生后，波及的范围越广，便越难解决，给纠纷主体带来的损害或负面影响越大。为了防止纠纷的扩大化，纠纷主体首先寻求自我解决，便可以将纠纷的影响或波及效应限定在原始的纠纷主体之间，而不致越此范围，造成不必要的损害或影响。

（二）自愿性

在自我解决纠纷的过程中，由于纠纷主体没有受到任何外在因素的影响，也没有任何人知道其纠纷的发生，不会给纠纷主体带来思想上的顾虑和负担，因而其解决完全是在自我意志的作用下进行的，比较纯粹，也比较真实，其行动的结果完全符合纠纷主体内在的想法、愿望和意志、情感。由于自愿性强，因而纠纷的解决结果通常容易兑现，而不致发生出尔反尔的反悔现象，不会因此而使纠纷重新复发。

（三）彻底性

由于纠纷是在当事人自我意志的作用下、根据自己的自愿选择加以解决的，解决的结果必定完全符合纠纷主体内在的意愿，因而纠纷的化解比较彻底。纠纷既然已经得到了彻底解决，一般的情况下，便不会让纠纷死灰复燃，纠纷主体可以在更高的层面上继续合作和交往。这种纠纷的解决往往会反过来推动、促进纠纷主体形成良好的新型关系。

（四）成本低

解决纠纷是一种需要付出一定成本和代价的风险负担，自我解决纠纷会使化解纠纷的交易成本保持在最低的限度和水平。因为纠纷主体自我解决纠纷，涉及面窄，牵涉的人少，花费的精力、财力和时间都相对较少，这样就节省了成本。否则，纠纷主体就必须将纠纷交给第三者或法院去解决，这样不仅纠纷主体自己花费了成本，而且其他被牵涉到纠纷中来的主体也花费了精力和成本，这种成本加在一起有时会超过纠纷本身的价值或标的额。自我解决纠纷则可以大幅减少成本，是一种最为经济实惠和快捷的解决纠纷的方法和机制。

当然，纠纷的自我解决欲获得成功，必须具备一定的条件，否则难以取得有效的结果。在这些成功利用自我解纷机制的各种条件中，最重要的条件是双方力量均衡，或者寻求解决的主动一方主体具有更强的实力。纠纷的自我化解，一定意义上是双方力量对比的产物。如果双方力量悬殊，而处在弱势的一方主体若主动寻求与对方自我解决纠纷，则往往是难以奏效的。反之，如果主动寻求解决的一方主体具有较强的力量，同时也是纠纷中道义占优势的一方，选择这种自我解决纠纷的机制是胜算较大的。然而，自我解决纠纷，由于缺乏外在力量的制约或控制，而完全依赖于纠纷主体的自觉和理性，因而很容易产生弱肉强食的不公平的现象和局面。也正是因为有此现象存在，纠纷的自我解决机制也有不可克服的容易激化矛盾的内在缺陷。因此，在纠纷主体采用自我解决纠纷的机制之前，应当客观地衡量一下双方实力，评估一下采用这种方法能否获得成功，并由此决定采用何种自我解决纠纷的方法。可见，纠纷自我解决是需要经验的积累，并注意其艺术性的。

二、私力救济的各种方法

（一）提醒

真正意义上的纠纷是双方当事人对纠纷的存在都有自觉的意识，但有的时候，纠纷的相对方虽然违反了法定义务又负有法律上的责任，但实际上对此纠纷的客观形成并不具有足够的意识，或者说因为各种原因他可能忽略了其所负有的法律上的责任。此时，纠纷虽然在客观上已经存在，但在主观上尚缺乏对立主体之间的明显对抗，因而实际上并不是真正的民事纠纷。对于此种类型的民事纠纷，享有法律上权利的一方当事人仅需要向他提醒一下法律上的责任存在，往往就可以化解纠纷。纠纷主体向法院提起诉讼，其中也有一个条件就是他所提起的诉讼应当具有必要性，这就是诉的利益或诉的必要性。它是指在提起纠纷前要与对方进行适当的交涉，只有在对方意识到纠纷的存在而又不愿意自我解决纠纷时，提起诉讼才是有必要的，该诉讼才能获得法院的支持。所以，提醒一下对方存在的义务或责任，既是纠纷主体自我解决纠纷的一种方法，也是提起诉讼的一个前提条件。无论是何种类型的纠纷主体均可采用此种方法。

（二）唤醒

民事纠纷往往含有较多的道德因素，诚信原则也是现代社会赖以存在的重要基础，在纠纷发生后，双方当事人便处在意志的对抗之中。解决纠纷就是要消除这种对立着的意志分歧。这种意志分歧，既有可能缘起于纠纷主体的认识上的分歧，也有可能产生于纠纷主体道德上的瑕疵。法院之所以在诉讼过程中，会采用调解的方式来解决纠纷，也是基于纠纷成因上的道义性。法院做调解工作，目的就是唤醒纠纷主体的内在道德或道德本能。在自我解决纠纷的过程中，利用唤醒纠纷主体道德本能的方法化解纠纷，依然是较好的选择。尤其是，纠纷主体在尝试唤醒对方良知的努力中，同时也是在做自我检讨和反省的功夫，这样纠纷主体便可以在化解纠纷的过程中，形成一个良性的道德观念的互动，极大地推动纠纷的彻底、尽快解决。通常处在弱势一方的纠纷主体可采用这种自我解决纠纷的方法。

（三）压服

在原始社会的私力救济中，存在的一个重大弊端就是弱肉强食，纠纷主体中的强者往往在解决纠纷的过程中将自己的意志强加给相对方主体，并压服对方接受他所提出的解决纠纷的方案或条件。显而易见，用这种方法来解决纠纷，必然会导致不公平的结果，纠纷的解决实际上是以弱势一方付出比其应付代价更大的代价为条件的。纠纷的解决不仅未能恢复应有的正义性，反而强化了本来就存在的非正义性，非正义性的存在意味着纠纷并没有获得真正的解决，而仅仅是得到了暂时的抑制或搁置。等弱势一方变为强势一方，被抑制的纠纷便会死灰复燃，再次以更大的强度复现于纠纷主体之间。纠纷没有得到解决，反而被激化或升级了。这是原始社会私力救济带给我们的最大的教训。为了防止这种私力救济在现代社会中重演，公力救济便成为解决纠纷的替代形式。但是，即使在公力救济的社会条件下，纠纷主体依然会自觉或不自觉地使用压服的手段迫使相对方就范，从而使纠纷在有利于强者的背景下获得解决。应当说，这是纠纷自我解决的一种重要方法，在纠纷自我解决过程中，难以避免双方力量强弱对比在其中所发挥的作用。但是，这种压服性手段的使用是有限度的，其限度在于不得使用强制性的暴力，否则即构成对自我解决纠纷的方法的滥用，即会产生相应的法律上的制裁。《民事诉讼法》第120条规定："任何单位和个人采取非法拘禁他人或者非法私自扣押他人财产追索债务的，应当依法追究刑事责任，或者予以拘留、罚款。"该规定一方面表明，民事纠纷是可以由纠纷主体自我解决的，另一方面又说明，在公力救济的背景下，自力救济要受到法律的规范和限制。

（四）对话

对话是理性的表现。理性对话实际上是一个说理沟通、求同存异的过程，目的是在纠纷双方主体面对面的交涉和交锋中，达成对解决纠纷的一致意见，从而通过互谅互让，协商解决其纠纷。如果说前面所说的三种方式都属于"自决"的话，那么，理性对话就是通常所说的"和解"。和解与自决有所不同：和解是双方面对面地共同协商解决其纠纷，自决则是利用一方当事人单方面的力量使纠纷获得解决；和解一般是双方在明确事实和权利义务的基础上进行的，自决者往往省去这个重要的步骤。和解是双方妥协、折中的过程，在此过程中，双方寻求解纷的最大公约数，以求纠纷的彻底解决。在和解中，一般都是义务负担者要求权利享有者做出让步，有时是权利享有者要求义务负担者做出让步，有时则是双方均有所让步。互谅互让是和解的精神实质，缺少让步，一般便属于自决的范畴。在理性对话这种自我解决纠纷的机制中，纠纷主体对于解决纠纷要首先有一个基本的共识和诚意。纠纷主体双方要能够抛弃前嫌坐到一起来共同协商解决纠纷，否则便缺少和解的前提。在和解谈判的过程中，纠纷主体应当首先明确双方争议的事实；在事实清楚的基础上，提出解决纠纷的方案。纠纷解决的方案可以由任何一方主体首先提出，然后双方切磋协商、对方案进行修改，最后在双方自愿接受的前提下达成协议。该协议便是和解的成果，称为和解协议。如果当时能够履行，也可以不达成书面的和解协议。如果相互信任，口头的和解协议也可以使用。和解协议不具有强制拘束力，任何一方事后反悔，该协议便失去效力。可见，理性对话所达成的和解协议，是依赖于纠纷主体依据诚信原则自觉履行的。信任是通过理性对话进行和解的心理基础，缺少信任，理性对话也就不具有向前推进的基本前提了。理性对话通常是纠纷主体双方在秘密的状态下进行的，但有时经双方同意，也可以由第三人甚至更多的纠纷外的主体在场，以起到一个监督和鼓励的作用。但是，这第三方虽然在场，并不主持调和，否则和解便成为调解了，而调解是一种不同于和解、但又与和解有本质相似之处的另一种独立的解决纠纷的方法和机制。

第五节　民事纠纷的社会救济：调解

一、调解概论

调解在我国是一个历史悠久、具有丰富文化内涵的概念。我国传统文化鼓励纠纷的和平解决，反对将纠纷动辄纳入诉讼的轨道加以解决，所谓和为贵，讼则终凶，也是为了鼓励调解。自古及今，我国一向重视调解制度的建设。就制度和规范层面而言，我国的调解制度，尤其是民事调解制度，在全世界可以说是最为发达的，立法者或制度建设者对于调解制度的采用与构建也是不遗余力的，这为世界各国进行调解制度的建设提供了有价值的规范参考。目前我国的调解制度分布在社会的各个领域。

调解，是指纠纷主体双方在中立的第三者的主持下，互谅互让，和平协商，自愿解决其纠纷的活动。从定义上可以看出，调解与和解极为相似：它们都是通过双方协商的方法解决纠纷的，都以自愿原则为基础，没有任何人强迫纠纷主体接受解决纠纷的方案；纠纷解决的结果都表现为表达共同意志的协议，该协议都没有法律上的强制性和拘束力，都依赖当事人的自觉履行，如果有任何一方无故不履行调解或和解协议，另一方当事人都可以向法院提起诉讼，将纠纷交由法院作出最终的解决。但和解与调解毕竟有所区别：调解是当事人在无法和解的情况下所寻找的又一个解决纠纷的方式，在纠纷主体将纠纷交由特定的第三主体进行调解之时，实际上已决心将该纠纷社会化了，也就是矛盾升级了，纠纷的范围有所扩大了，纠纷的性质有了变化。因此，民事纠纷到了需要利用调解的方式来解决之时，便说明纠纷主体面对发生在他们面前的纠纷已无能为力了，他们已不能利用自身的力量对纠纷自主解决了，这可以看作"纠纷的升级"；纠纷升级的结果便是第三人介入纠纷解决的过程，第三人通过其对纠纷主体的说和工作，缩短存在于相互之间的差距，其结果是，纠纷主体对纠纷解决的自愿性有了限制或缩减，自主性也有了弱化。在调解过程中，纠纷主体经调解主持者的调和与斡旋，限制、缩小自己的自主性，同时纠纷的保密价值也受到了限制。纠纷主体之所以选择调解，原因主要有：其一，双方在纠纷解决这个问题上，还有一定的共同语言，还没有完全失去共同的基础，还有和平解决的希望。其二，双方还存在继续维持合作关系的愿望，希望能够将纠纷化解掉，继续合作。其三，力图节省解决纠纷的成本。其四，对相对方已失去了绝对的信任，希望借助社会上的其他力量参与纠纷的解决过程，确保纠纷能够尽量获得公平的解决，并借助社会力量监督纠纷解决结果的兑现。

二、调解的种类

调解是天然的社会救济方法和机制，也是社会救济的主要形式，它广泛地存在于社会生活的各个领域，其形式多种多样。从调解所分布的法律领域来看，具体包括以下种类：

（一）个人调解

个人调解指的是任意的第三人所主持进行的调解。任何人都可以接受纠纷主体的委托从事对特定纠纷的调解工作，也可以主动介入纠纷主体之间实施调解的行动。这种以个人名义所进行的调解是一个临时性的调解，调解者所具有的调解主体身份不隶属于任何组织机构。

（二）人民调解

人民调解是由人民调解委员会所从事的调解。人民调解委员会是依法在基层政府组织的领导下建立的群众性自治组织。截至2018年底，全国有人民调解委员会75.1万个，其中，村（居）调委会65.3万个，乡镇（街道）调委会4.2万个，企事业单位调委会2.6万个，社会团体和其他组织调委会3万个，[①] 人民调解员约800万人，每年调处的纠纷有600多万件，调解的成功率较高。

（三）社会组织调解

社会组织调解与社会调解不能画等号，社会组织调解属于社会调解，但社会调解除社会组织调解外，还包括除诉讼调解和仲裁调解以外的所有非个人调解，如人民调解、行政调解等。社会组织调解是由社会组织所进行的调解。社会组织调解又可分为单位调解、行业调解、社区调解、区域调解、商会调解等，如消费者协会所从事的调解、妇女协会所从事的调解、任何企事业单位对其职工之间的纠纷所进行的调解等，其调解结果对当事人不具有拘束力。

（四）行政调解

行政调解是由行政机关在履行行政职能的过程中，对具有民事争议属性的纷争进行的调处。如公安派出机关、环境保护机关、专利管理机关、商标管理机关以及任何其他行政机关所进行的调解。行政机关依照法律法规对特定种类的民事纠纷有裁处权限的，也可以通过调解的

---

① 参见刘振宇：《中国特色人民调解制度的传承与发展》，载 http：//www.moj.gov.cn/news/content/2019-11/07/zlk_3235389.html，访问日期：2020年6月17日。

形式行使该权限，由此所达成的调解协议要靠当事人自觉履行，也不具有法律上的约束力。

（五）仲裁调解

仲裁调解是指由仲裁委员会对民商事纠纷所实施的调解。仲裁机构对当事人之间的纠纷不仅可以进行强制性的裁决，同时还可以进行劝导性的调解。调解达成协议后，根据当事人的意愿，既可以将调解的结果制作为调解书，也可以将其反映为裁决书。仲裁调解的结果对当事人具有拘束力。

（六）诉讼调解

诉讼调解即法院调解，是指由法院对诉讼案件主持进行的调解。根据民事诉讼法的规定，法院具有调解民事纠纷的权力，同时也有促进调解的义务。法院调解既是法院行使审判权的一种方式，同时也是法院结案的一种形式。当事人可以申请法院调解，法院也可以主动依职权实施调解。调解要遵循自愿、合法、查明事实、分清是非的原则。调解达成协议并形成和送达调解书后，当事人就受其约束而不得反悔，同时当事人也丧失了进一步上诉的权利。义务者如果不按照调解书履行义务，权利者可以向法院申请强制执行。调解书是法院启动强制执行程序的法律根据之一。

可见，调解的种类反映了我国目前调解制度的基本格局，在这个格局中，诉讼调解、仲裁调解和人民调解显然更受关注。应当说，我国目前调解制度的基本格局是比较合理的，这种格局的存在充分说明了调解制度在我国存在的普遍性和广泛性，同时也说明了其作用和功能的重要性和独特性，并预示和表征着我国网络型调解制度所具有的旺盛生命力。

三、调解的分类

与基于立法调整的领域所划分的调解的种类不同，调解的分类是对各种调解所做的理论类型的划分，目的在于更好地指导调解的立法和司法实践。从不同的视角和标准，可以对调解做出不同的分类，常见的有：

（一）诉讼型调解和非诉讼型调解

从调解所分布的领域来看，可以将调解分为诉讼型调解和非诉讼型调解。诉讼型调解指的是法院的调解以及在法院授权下进行的调解，其他均属于非诉讼型调解。二者的主要区别在于：诉讼型调解具有较强的规范性约束，而非诉讼型调解则相对较为灵活，规范性约束不强。在现代调解制度的框架下，非诉讼型调解得到了高度重视，仲裁调解以及诉讼调解的衍生形式（如经司法确认的人民调解）等发挥出日益重要的作用。

（二）有拘束力的调解和无拘束力的调解

以调解效力为标准，可以将调解分为有拘束力的调解和无拘束力的调解。有拘束力的调解包括仲裁调解和法院调解两种类型。个人调解、社会组织调解和行政调解，都属于无拘束力的调解，行政调解在行政法规有明文规定具有拘束力时属于例外情形。根据《人民调解法》第31条的规定，人民调解虽具有法律效力，但无强制执行力，当事人在接受调解协议后可以反悔，反悔后该协议即无效力，当事人向法院提起诉讼，法院应当以调解协议达成前的民事权利义务关系状态为审判的基础，调解协议中所变更的内容，视同未曾发生过。据此立法规定，人民调解与前述个人调解、社会组织调解和行政调解在性质上是一致的，属于无拘束力而完全依赖当事人自觉履行的调解。根据《民事诉讼法》第201条和第202条的规定，经人民调解委员会主持达成的调解协议，在当事人的共同申请下，可以由法院作出裁定予以司法确认，经司法确认后的人民调解协议具有强制执行的效力。

（三）制度化的调解、准制度化的调解和制度外的调解

从调解活动的规范或制度上看，可将调解分为制度化的调解、准制度化的调解和制度外的调解。调解存在于广泛的社会领域，但其制度化程度是不尽一致的。

一是制度化的调解。制度化的调解是由法律规范对其进行全面调整的调解，包括调解的性质、调解的适用范围、调解的主持者和参与者、调解的过程、调解的方法以及调解协议的内容、格式及其效力等，都有明确的或相对明确的法律规范加以调整。诉讼调解是典型的制度化的调解。根据《民事诉讼法》第9条的规定，诉讼调解首先是一项基本原则，它是贯彻始终发挥作用的；同时，立法还规定调解必须在事实清楚、是非明确的基础上依法进行，必须尊重当事人的自愿意志；调解有严格的程序要求；调解的效力具有强制性；等等。这实际上就是一个完整的诉讼调解法；诉讼调解法被融合在民事诉讼法之中。诉讼调解是制度化程度最高的一种调解，其次是仲裁调解。仲裁调解在仲裁法中也有较为详尽的规定，其制度化程度也是非常明显的。就重要性而言，立法者显然将制度化调解放在非制度化调解之上，比较重视对它们的立法规范和制度建设，也比较重视发挥它们的作用。但制度化调解是一个侧重于对调解的规范化程度进行描述的概念，它与前述有拘束力的调解还不能等同起来。有拘束力的调解通常皆为制度化的调解，但制度化的调解并非都有拘束力。前述诉讼调解和仲裁调解既是制度化的调解，也是有拘束力的调解。人民调解是无拘束力的调解，但却是制度化的调解。可见，调解的制度化与否，与其所接受的法律规范有关，而与其效力如何，并不直接关联。

二是准制度化的调解。准制度化的调解本质上也属于制度化的调解，或者说是由法律制度所确认、倡导和认可的调解。但其制度化程度不高：仅规定调解的原则性要求、调解的主持者，而没有规定调解的程序与效力等。如《劳动法》规定，劳动争议发生后，当事人可以向本单位劳动争议调解委员会申请调解；《消费者权益保护法》规定，消费者和经营者发生消费者权益争议的，可以请求消费者协会调解。这些调解本质上属于社会调解的范畴，它们不是法律未加调整的完全自发性和随意性的调解，而是有一定的法律规范作为其合法性和正当化的基础的。准制度化的调解有待于上升为制度化的调解。

三是制度外的调解，或者称非制度化的调解。凡是法律未加规范的其他调解，均属于制度外的调解。前述个人调解、部分的社会调解和部分的行政调解，属于制度外的调解。制度外的调解是立法还未对其加以调整的调解，具有自发性、随意性、非规范性和完全的自治性等特征。比如说，双方当事人在合同中约定，若因合同之履行而发生纠纷，则交由某人或某个单位或某个共同的上级管理部门进行调解，这种接受纠纷主体的委托而取得调解权的个人或组织，便成为该特定纠纷的调解者，他们在从事调解之时，除接受行规、惯例、习惯、风俗等非成文规范的调整外，不受法律法规的直接调整。这种调解由于没有受到立法者的关注而游离于制度调整之外，因而称之为"制度外的调解"。

值得关注的是，有的调解既可能是制度外的调解，也可以转变为准制度上的调解甚或制度上的调解。比如，《公证法》虽然没有赋予公证机关以一定的调解权，但公证机关仍可对因其公证事项所发生的民事纷争进行调解，此种调解便属于非制度化的调解。但由于公证机关还具有对债权文书赋予强制执行效力的职能，纠纷主体在公证机关的主持下达成调解协议后，可以继续请求公证机关在该调解协议上赋予强制执行的效力，或者将公证机关赋予此种效力作为调解协议生效的条件，该意义上的公证调解便具有了某种制度化的因素，带有准制度化属性。如果将来立法对此加以系统规定，则公证调解也可以成为制度化的调解。

从数量上看，制度外的调解无疑要远远超出制度上的以及准制度上的调解，它们是社会自治力的表现，由于它们极其复杂和灵活，立法者事实上是难以对之加以调整的。可以说，制度外的调解是与社会共同体共存的，是社会机体的本能化表现。但制度外的调解逐步积累、定型化之后，应当引起立法者的重视，将它经由准制度化的调解上升为制度化的调解，除上述公证调解外，大量存在的商事调解、治安调解等，都应当进行制度化建设。

（四）强制性调解与任意性调解

从调解是否为审判的必经程序来看，可将调解分为强制性调解与任意性调解。强制性的调解是指法律规定在诉诸审判前必须经过的调解，也就是说，调解是审判的必经程序。如果不属于强制性的调解，则构成了任意性的调解。按照现代调解制度，调解的任意性是根本性特征，因此，虽然出于司法政策等方面因素的考虑，强制性调解的案件在数量上日趋增多，但任意性调解依然具有持久的背景作用和基础的制度意义。

（五）司法调解与混合调解

诉讼调解通常由审判案件的法院主持进行，此为司法调解。但随着诉讼的社会程度日益提升，各种混合调解也渐渐产生，主要的形式包括协助调解、委托调解、委派调解、特邀调解等。在协助调解中，法官依然是行使调解权的主要主体，但在法官的邀请下，有关单位和个人也参与调解过程，协助完成调解工作。委托调解则是法院在接受起诉后、正式行使审判权之前，先行委托包括人民调解组织在内的社会主体尝试调解，分流纠纷。此种调解本质上也属于法院的司法调解。委派调解则是指在法院受理案件之前，将案件委派出去，由人民调解委员会、行政机关、各种社会组织进行的调解，它与委托调解的区别在于时间不同，委派调解发生在立案前，委托调解发生在立案后。特邀调解是法院预先聘请特邀调解员，由特邀调解员在法院的安排下对个案实施调解，这与委托调解无本质差异，区别点在于特邀调解是"请进来"，委托调解是"走出去"。可见，原本较为单一或一统的司法调解或诉讼调解、法院调解，目前也随着现代调解制度的发展，而变得多样化了，混合调解是其重要特征。这被称为"司法ADR"。"司法ADR"的出现，表明法院行使调解权的形式更加丰富多彩了。

（六）中介型调解、仲裁型调解和教谕型调解

从调解者的程序使命来看，可以将调解分为中介型调解、仲裁型调解和教谕型调解。各种调解皆有弊端：在中介型调解中，当事人间的交涉会以强者胜的方式来决定；在仲裁型调解中，难以避免调解人的恣意性；在教谕型调解中，国家的支配力会以规范交涉以及说服互让为媒介，干预调解的过程。① 这是现代调解制度所必须明确的角色定位和功能定位的要求，调解者的角色在能动与被动之间要寻找出最佳的平衡点，而且这种点，还要因情境而异、随案件而变。

（七）普通调解和专业调解

从调解存在的法律领域和所涉专业性角度，可将调解分为普通调解和专业调解。普通调解是无须专门的机构借助专门的知识所进行的调解，也称一般案件的调解；专业调解是指需要由专门的机构通过专门的技术和知识来进行的调解，也称特殊案件的调解。一般案件的调解是广

---

① 参见季卫东：《调解制度的法律发展机制——从中国法制化的矛盾情境谈起》，载强世功编：《调解、法制与现代性：中国调解制度研究》，中国法制出版社2001年版，第57页。

泛意义上的调解,调解主体原则上可以受理所有的可以调解的案件,比如说法院调解、仲裁调解、社会调解等均属此种类型的调解。但有的调解则专属于某一特定的机构,其他机构无权对之行使调解权。比如我国的专利机构对专利纠纷的调解、土地管理部门对土地纠纷的调解、农村承包纠纷的调解等,均属于特殊案件的调解,或者称专门化的调解。再以日本为例,日本将调停分为一般案件的调停和对家事案件的调停,前者由1951年公布实施的《民事调停法》调整,后者由1947年公布实施的《家事审判法》予以调整。① 这两种类型的调解在主体、所应遵循的原则、所依循的程序及其效力上都有区别。调解制度的规范化、不断细化和专门化,应当是完善调解制度和发挥调解制度作用的发展方向。

四、《社会调解法》的立法构想

（一）《社会调解法》的立法概述

社会调解是除诉讼调解和仲裁调解以外的所有的调解的总称,包括人民调解、行政调解和各种社会组织进行的调解。法院调解和仲裁调解由于依托于规范的机构和严格的程序,其调解协议具有充分的法律效力,因而历来成为人们关注和重视的焦点。然而,这种带有强制力的调解程序本身是纠纷进入司法或仲裁程序后的产物,相对于现实生活中层出不穷的大量纠纷而言,进入司法仲裁程序的纠纷数量毕竟相对有限,因而这两种调解尽管重要但却无法起到顶梁柱的作用。如果大量纠纷在进入诉讼或仲裁程序之前就能够通过其他调解程序得到预先的化解,调解的功能便能切实得以发挥,诉源治理的工程方能称得上真正构筑成功。要而言之,在各式调解中,我们固然要关注和重视诉讼和仲裁中的调解制度,但同时更要关注和重视除此以外的各种社会化、非制度性的调解机制,这就是社会调解的存在根据。社会调解游离于正规法律制度之外,除人民调解有《人民调解法》加以保障和规范外,其他的社会调解形式基本上处在无法可依的状态。为了使我国的社会调解获得有序正常健康发展,我国有必要制定一部《社会调解法》,以调整各种社会调解的机构、主体、人员、程序、效力、保障等问题。

（二）《社会调解法》与《人民调解法》的关系

我国现行的具有制度属性和规范特征的社会调解主要是人民调解,《人民调解法》对此进行了调整。但《人民调解法》适用范围有限,主要表现在三个方面:一是该法所调整的对象仅仅是人民调解委员会的调解活动,而"村民委员会、居民委员会设立人民调解委员会。企业事业单位根据需要设立人民调解委员会"②,人民调解委员会的数量是有限的,覆盖面也是有限的。从人民调解委员会的调解委员产生渠道来看,其来源也是非常狭窄的:"村民委员会、居民委员会的人民调解委员会委员由村民会议或者村民代表会议、居民会议推选产生;企业事业单位设立的人民调解委员会委员由职工大会、职工代表大会或者工会组织推选产生。"③大量的社会调解,均无法被《人民调解法》所调整。二是《人民调解法》所能够调处的纠纷在类型上和范围上是有限的。人民调解委员会调解的仅仅是民间纠纷。④ 民间纠纷是人民群众中发生的一般纠纷,包括一般民事纠纷和轻微刑事纠纷两大类。一般民事纠纷,是公民之间、

---

① 参见［日］兼子一、竹下守夫:《民事诉讼法》,白绿铉译,法律出版社1995年版,第2页。
② 《人民调解法》第8条。
③ 《人民调解法》第9条。
④ 《人民调解法》第1、3、4、7条。

公民个人与非法人单位之间及非法人单位内部因民事权益受到侵犯或者发生争执而产生的纠纷，如婚姻家庭纠纷、邻里纠纷、房屋纠纷以及在生产经营方面发生的简易经济纠纷、劳动纠纷等。这些纠纷是人民群众在根本利益一致的基础上产生的局部的、个别的权益纠纷，一般来说，情节比较简单，争议数额不大，比较容易调解解决。轻微刑事纠纷，既包括不构成犯罪的轻微刑事违法行为引起的纠纷事件，也包括我国刑法规定的不告不理、告诉才处理的案件或者构成犯罪的自诉案件和其他不需要进行侦查的轻微刑事案件。然而，随着我国社会经济的快速发展，民事纠纷大量涌现出来，民事纠纷是多种多样的，其性质、冲突的程度和烈度、涉及的当事人、与社会公益的关系、证据收集的难易程度等，都不完全一致，纠纷主体对于纠纷解决所寄托的希望和价值追求也不尽一致，因此，应当提供多种机制供纠纷主体自由选择，以满足纠纷主体不同的愿望和需求，而仅仅依靠《人民调解法》所提供的人民调解方式和途径显然已力有不逮。三是《人民调解法》本身也存在诸多缺陷，如人民调解的程序较为原则和粗疏、调解的效果难以保障、调解中缺乏激励机制和监督机制、调解员的素质参差不齐、调解机构的层次较低、缺乏专业化调解人才、人民调解与其他调解以及法院调解和仲裁调解之间的关系衔接不畅等。

鉴于上述三个方面的局限，可知我国的《人民调解法》有必要进行全面调整和修改，一方面，将除人民调解以外的所有的社会调解涵盖于其中加以一体化、系统化、有机化调整；另一方面，针对各种社会调解设置出既有共性又有个性的程序制度，在立法中明确规范调解人员的资质条件、调解机构的设置以及法院调解和仲裁机构调解之外的其他民事调解活动，以此弥补现行人民调解制度的固有缺陷，推动社会调解的网格化、立体性、多元化发展。从名称上说，由于社会调解的机构范围极其广泛，而不局限于传统的人民调解，因而称之为《社会调解法》更为适合。① 《社会调解法》尽管是在《人民调解法》的基础上拓展、扩修而来，但它必须在立法逻辑上重起炉灶，并同时将《人民调解法》的优质元素保留于其中，《人民调解法》自此被《社会调解法》所取代。联合国《关于调解所产生的国际和解协议公约》（以下简称《新加坡调解公约》），是旨在解决国际商事调解达成的和解协议的跨境执行问题的公约，我国已经加入该公约。《新加坡调解公约》将助推我国制定《社会调解法》。

（三）《社会调解法》的立法目标和基本原则

《社会调解法》旨在促进参与调解活动的社会力量不断壮大，吸引社会各阶层人士参与调解工作，力图使所有类型的民事纠纷都有调解的机会，努力提高调解工作的质量，并尽可能提高社会纠纷和解的成功率，充分发挥调解的特有优势，积极维护社会秩序的稳定和谐。

总体而言，《社会调解法》的立法目标包括两个方面：一是使纠纷的调解适当其位。基本策略是针对纠纷类型设立多层次的社会调解机构，容纳不同特点的调解人。纠纷发生以后，只要存在调解可能，纠纷当事人可以很方便地找到与纠纷类型相适应的调解机构。邻里摩擦、兄弟有隙等市井琐事和关涉上亿元资产的商界纷争都能各得其所。前者可到村中或小区的调解所，由热心、公道、威望高的邻里熟人调解；后者则可以到专业的商业调解中心，选择名声卓著的商业人士充当调解人。二是确保调解的质量和效果。这是我国社会调解制度的核心所在。当事人选择了社会调解，就希望得到优质的调解服务，如果调解人能力不足，调解成功的概率不高，不仅发挥不了调解的优势，反而会浪费资源。更为严重的后果是使民众对调解丧失信

---

① 相关论述可详见汤维建：《关于制定〈社会调解法〉的思考》，载《法商研究》2007年第1期。

心，不愿或不信任调解，如此可能形成恶性循环，使社会调解制度被严重虚化。反之，社会调解的质量越高，纠纷发生后当事人主动寻求调解人介入的意愿就越强烈，如此形成良性循环，则促进社会调解事业的蓬勃发展。提高调解成功率的关键在于提高调解人的素质和能力，因此，社会调解立法的成败在于调解人的遴选。

《社会调解法》应当恪守的基本原则是：其一，社会自治的原则。调解制度的完善是一项覆盖全社会各个领域的系统工程，因此，要充分发挥社会自治的积极性和能动性，充分利用各种可资利用的社会资源，发掘构建调解制度的潜能，进行全社会的总动员，营造兴建社会调解制度和社会调解组织的社会氛围，使调解组织和调解制度得以真正深入民众，真正满足人民群众对于调处纠纷的渴望和需求。

其二，自愿合法的原则。社会调解属于调解的一种形式，而调解的基本原则是自愿合法。因此，我国社会调解立法的首要任务就是要贯彻自愿合法的原则。基于调解的自愿原则，社会调解制度应定位于为公众提供调解的社会服务形式。调解不能加入强制因素，是否调解以及调解是否成功，主要取决于当事人的意志，因此，调解的自愿性决定了社会调解应当是"吸引"而不是"要求"更不是"强制"民众进入调解程序。只有把社会调解定位于社会服务性质，靠"优质服务"吸引当事人，使当事人从中获益，才能促进社会调解的健康发展。

其三，合理收费、有限竞争的原则。基于调解的服务性质，为提高服务质量，对某些类型的调解可以收取合理的费用。如商业调解，尤其是国际性的商事调解，争议标的额较大，如果由行业内资深人士主持调解，调解成功后给调解人支付一定酬劳，这既合情合理，又有利于吸引优秀调解人加入调解队伍的行列。调解收费制度如同催化剂，各调解机构有可能在利益激励下努力提高调解质量，而最终受益的还是当事人。我国目前单一的调解免费规则[①]，在一定程度上限制了调解的范围和调解事业的发展。当然，调解收费也并非绝对的，人民调解就不能收费，对于涉及社会稳定的纠纷，也应采取免费调解，或者由调解人义务承担，或者由政府负担调解人的费用或酬劳。尤其是，如果允许调解服务收费，那么就应当允许市场竞争的存在，将调解服务作为一种营利产业推向市场，依靠市场的竞争和优胜劣汰，逐渐培养出一批"知名品牌"调解机构，凭借其良好的信誉吸引当事人前来调解。我国目前仍是政府主导型的社会调解模式，民间力量没有充分动员，这种"垄断"实际上极大地限制了社会调解的潜力。因此，与我国目前大部分公共产品领域的改革思路一样，社会调解也应当形成政府的调解机构与民间设立的调解机构并行的格局，各调解机构就其调解质量开展有限有序的竞争，最终促进整个社会调解事业的发展。

(四)《社会调解法》的基本内容

1. 调解机构的设置

在机构设置上，基于调解的社会服务功能，调解机构可分为两大层次：一是政府筹建的调解机构，二是民间设立的调解机构。对于政府筹建的调解机构，可命名为"人民调解处"，按照行政区划设置分别设立不同级别的人民调解处，隶属于当地司法行政管理部门，接受司法行政管理部门的业务指导。目前的按照村民委员会和居民委员会区域成立的人民调解委员会自动成为基层调解处的派出机构，可命名为"人民调解所"。除政府筹建的调解机构外，为强化调解的服务功能，应当允许民间力量设立调解机构。这些民间调解机构与政府筹建的调解处公

---

① 参见《人民调解法》第4条。

平竞争，提供调解服务。民间开办的调解机构可命名为"调解事务所"，性质上可依照《民法典》第 87 条所规定的社会服务机构加以确定。另外，所有的调解机构均应采用统一的登记核准制度。

2. 调解员的遴选和管理

调解人员的选择是社会调解制度的核心。与审判员、检察员、律师、公证员等一样，将调解员作为一种法律职业性人士对待，建立系统化的调解人制度，具体包括考试制度、资格认证制度、报酬制度、培训制度、惩戒制度、责任制度、名册制度等。同时建立调解人协会，逐步实行调解人的行业管理自治制度。

3. 调解协议的效力

如果调解成功，则应签订调解协议，加盖调解机构的公章，由当事人根据需要向法院申请司法确认，使之产生强制执行的效力；当事人也可以到所在地的公证处进行赋予强制执行效力的债权文书的公证，调解协议经过公证处公证后具有法律效力，取得直接申请法院执行的法律效果。当事人一方起诉到法院的，法院经过审查确认调解协议不违反自愿合法原则的，应当根据调解协议作出裁判。若当事人对调解协议不愿申请司法确认或申请公证，也不向法院另行诉讼的，该调解协议仅具有合同效力。

4. 调解的监督

为防止调解人为牟取私利而采用欺骗、强迫等不正当手段进行调解，也为惩戒不负责任、敷衍了事的调解人，应当对调解人的调解行为进行规制。政府的调解机构应接受同级司法行政管理部门的监督和业务指导；营利性的民间调解机构，应接受工商、税务等行政管理部门的法定监督，司法行政管理部门有权依法审查其开办调解机构的资格，对于不符合法定调解机构条件的，应取缔其调解资格。法院应当肩负指导调解机构开展调解活动的职责，检察院对调解机构的调解活动有权实施法律监督。

第六节　民事纠纷的社会救济：仲裁

仲裁是指纠纷主体达成进行仲裁的合意（仲裁协议或仲裁条款）或者根据法律的规定，将纠纷交由民间的第三方进行裁决的纠纷解决机制或制度。

仲裁这种纠纷解决方式历史悠久，早在古希腊、古罗马时代就很盛行。近现代以来，仲裁成为了处理国际贸易和商事纠纷的惯用方法，在当代又被扩展到更为广泛的领域，成为民事纠纷解决机制的重要组成部分。

我国于 1994 年颁布了《仲裁法》，使我国的仲裁制度脱离了行政仲裁的传统轨道，开始与国际接轨。与我国其他纠纷解决机制相较，仲裁制度的特点在于：

一、仲裁者具有民间性

仲裁中的第三方是民间组织或社团法人，而不是国家机关。根据《仲裁法》的规定，全国设立社团法人中国仲裁协会，各地设立仲裁委员会作为其会员，中国仲裁协会是仲裁委员会的自律性组织；仲裁委员会独立于行政机关，与行政机关没有隶属关系。尽管人民法院对于仲裁委员会的工作有一定的监督功能，但这种监督也是通过诉讼裁判来进行的，仲裁委员会也独立于法院。

二、仲裁所能解决的民事纠纷范围有限

在我国，平等主体的公民、法人和非法人组织之间发生的合同纠纷和其他财产权益纠纷，可以仲裁；婚姻、收养、监护、扶养、继承纠纷，以及依法应当由行政机关处理的行政争议不能仲裁。

三、仲裁具有较高的自治性

首要的是，采用仲裁必须以当事人之间达成的仲裁协议为前提。仲裁协议应当是纠纷主体在纠纷发生前或者纠纷发生后、申请仲裁前达成的。此外，当事人可以合意选择仲裁机构、仲裁员，约定审理方式，可自愿进行和解，在一定条件下还可选择仲裁所依据的实体法或程序法，这都体现了仲裁极高的自治性。值得注意的是，在某些情况下，仲裁的进行是法定的。例如，我国的劳动争议仲裁就是进行诉讼的必经前置程序。但这类仲裁的数量是很有限的。由于缺少当事人的合意，这类仲裁一经当事人起诉往往也相应地失去终局性的拘束力，因而与严格意义上的仲裁有一定的区别，更接近于一种特别司法程序。

四、仲裁的规范性较强

在程序上，仲裁一般要先后经过订立仲裁协议、仲裁的申请和受理、选任仲裁员、开庭审理、裁决等几个环节，而各个仲裁机构也都相应制定了自己的仲裁规则来规范仲裁程序。同时，仲裁的进行和裁决也要遵循实体法的规定。

五、仲裁裁决具有终局的拘束力

当事人一旦同意通过仲裁解决纠纷，就不得拒绝接受仲裁裁决。仲裁实行一裁终局，仲裁裁决与法院作出的生效判决具有同等效力，可以向法院申请强制执行。

以上所述，为机构仲裁；除机构仲裁外，还有非机构仲裁。非机构仲裁也称临时仲裁，仲裁组织或仲裁者是由当事人任意选择的，仲裁结束后，该组织便告解散，并不长期、固定存在。我国《仲裁法》没有规定临时仲裁，将来在立法上要不要加以规定，是需要深入研究的。

第七节 民事纠纷的公力救济：诉讼

一、公力救济概论

社会需要稳定，否则便要消散和瓦解。纠纷具有损伤甚至破坏社会安定的因素，因而凡纠纷，都应得到及时化解。纠纷的发生是必然的，纠纷的解决是必需的。纠纷的发生和纠纷的解决构成了人类社会发展的一对永恒性的矛盾，人类社会正是在解决这对矛盾的过程中不断趋于进步的。

纠纷的解决，从其归属的最终主体来说，有两种模式：一是利用自身的力量来解决纠纷。二是利用国家的力量来解决纠纷，自身的力量受到限制。前者为私力救济，后者为公力救济。在国家出现以前，社会以私力救济作为解决其纠纷的模式；在国家出现后，社会以公力救济作为解决纠纷的选择。公力救济取代私力救济，是社会发展的进步，也是人类步于文明的体

现。现在存在的社会，虽不能说都完全成了国家化的社会，但绝大多数都进入了国家的范畴。公力救济成为现代社会解决纠纷的普遍选择。

公力救济之所以取代私力救济，其原因主要在于公力救济比较公平和客观，不会发生如同私力救济那样的弱肉强食现象。私力救济往往不能最终解决纠纷，可能会相反，成为使纠纷升级或激化的缘由；而公力救济，则是社会趋于稳定的机器。

现代社会中，公力救济有两层含义：其一，禁止私力救济。任何人对与其相关或不相关的纠纷，都不得采用暴力、以违背相对方意愿的方式解决。其二，唯有国家可以对纠纷双方无法和平解决的纠纷采用强制性的、暴力性的化解。可见，公力救济是指国家采用强制性的方法解决当事人之间无法解决的纠纷的活动。

在公力救济的背景下，解决纠纷的方法并不是单一的，而是多元的。公力救济垄断了强制性解决纠纷的权力，但并不意味着民事纠纷只有通过公力救济才能解决。民事纠纷与刑事纠纷、行政纠纷不同的地方，就在这里。民事纠纷属于私权性质的纠纷，而私权是可以处分的，因而纠纷主体对其所涉及的民事纠纷可以任意处分。这表现为：他既可以容忍民事纠纷的存在，使之始终处在潜在状态，而不显露化；也可以表现为首先选择由自己出面去解决纠纷，与对方当事人进行交涉，自我解决纠纷，而不让纠纷扩散；还可以表现为将纠纷交给中立的非国家权力机构的第三方来主持解决；最后，纠纷若仍解决不了，则可以诉诸法院加以最终的解决。将纠纷交给法院加以最终的解决，乃是公力救济的要义所在。可见，公力救济具有最终性、强制性的特点。公力救济并不排斥其他解决纠纷的方法的使用，而其他的方法不是最终的、强制性的，是自愿选择的、和平的、非拘束的。

二、民事诉讼

通过诉讼来解决民事纠纷的活动和过程，被称为民事诉讼。民事诉讼是一种特殊的解决民事纠纷的活动和方法，是由法院在当事人的申请和参与下，行使国家审判权对民事纠纷加以强制性解决的法律机制。诉讼解决纠纷与其他方法解决纠纷相比，既有共同点，也有不同点。

（一）民事诉讼与其他解决纠纷方法的共同点

民事诉讼与其他解决纠纷方法的共同点在于：其一，其目的都包含有纠纷化解的含义。无论是利用诉讼的途径抑或调解、仲裁等其他的途径，其目的虽然有简单和复杂之别，但都含有解决纠纷这一共同的目的。诉讼解决与其他解决纠纷的方法，都是供当事人选择采用的，而当事人选择采用任何一种方法来从事相关活动，都是为了解决纠纷。从当事人角度看，各种解纷方式在目的上的共同性更加明显。其二，在任何一种解决民事纠纷的活动或过程中，当事人的自主性都占有优势。其他解纷机制自不用说，民事诉讼中的当事人自主性也是如此。如果当事人不选择采用这种方法，没有任何个人或机构会强制他们使用民事诉讼的机制，在民事诉讼中，也采用"不告不理"的原则。其三，它们都具有一定程度上的规范性和程序性。无论是民事诉讼还是其他解纷机制，它们都是在一定的规范指引下进行的，也都有各具特色的程序步骤和方法方式。当然，这种规范性和程序性特征在表现形式上是有所不同的。

（二）民事诉讼的特点

1. 民事诉讼的优势

与其他解纷机制相比，民事诉讼作为解决民事纠纷的方法和机制，具有许多自身的特征，正是这些特征，显示出了民事诉讼的独特优势：

（1）民事诉讼具有特定的空间性。从空间或场所来看，民事诉讼是在法院进行的解决民事纠纷的活动。这是民事诉讼在现代社会所具有的特点。法院是国家设立的专门用以解决各类纠纷或争议的特殊场所，是专司国家审判权的特殊机构。民事诉讼就是在法院所进行的特殊活动，其他解纷机制则均是在法院外对民事纠纷加以解决的。在此意义上，通常将解决纠纷的各种方法分为两大阵营：诉讼的方法以及诉讼外的方法。前者只有法院才可以使用，后者则属于法院外的广泛的社会领域。法院属于国家权力机构的组成部分，行使的是国家通过宪法所赋予的审判权，因而带有鲜明的官方色彩。也正是如此，老百姓通常将民事诉讼俗称为"打官司"。因此，凡是谈到民事诉讼，必定是在法院进行各种解纷活动。

（2）民事诉讼具有严格的规范性。前面谈及民事诉讼与其他解纷机制的共性时曾提到它们都有一定的规范性，但与其他解纷机制相比，民事诉讼的规范性更加严格、更加刚性。因为民事诉讼是法院代表国家出面来解决民事纠纷的，这本来就是一件非常严肃的事情，因而它进行的每一步都要有相应的法律规范加以调节，而不得任意进行，所谓禁止任意诉讼就是指的这个意思。法院正是通过严格依循各种规范行使其审判权，来获得其化解民事纠纷的合法性和正当性。当事人之所以选择民事诉讼，通常是因为他们在解决民事纠纷的问题上已经缺少了基本的共识，对于他们之间的纠纷，只能强制性地解决。而强制性解决能否为当事人所接受，或者能否强制当事人接受，并获得社会一般群众的理解和支持，关键取决于它是否在严格规范的基础上进行。规范性包括实体规范性和程序规范性两个方面的内容：实体规范性是指法院解决民事纠纷必须遵照相应的实体法律规范，实体法律规范是法院裁判案件的标准；程序规范性是指法院在行使审判权的过程中，应当严格按照民事诉讼法的规定进行，程序法律规范是法院行使审判权的导向和准绳。实体的规范性和程序的规范性构成民事诉讼规范性特征的两个方面相辅相成的内容，它们具有同等程度的重要性，对解决民事纠纷而言乃是缺一不可的。

（3）民事诉讼具有鲜明的强制性。纠纷主体之所以选择民事诉讼，是因为他们在纠纷的结构和内容中，已经处在急剧的对抗之中，毫无共同语言了。一方所主张的，正是另一方所反对的；另一方所反对的，正是一方所主张的，纠纷主体的利益关系处在对抗性的状态和局面。在这种情况下，要纠纷主体之间自主达成关于纠纷解决的一致方案是难以想象的。为了化解这种矛盾，法院唯有使用强制性的方法。这就是诉讼的强制性在解决纠纷环节中的体现。法院通过强制的方法解决纠纷，也是诉讼效率的要求，因为诉讼不可能无限制地拖延下去，而必须尽快了结。在这种尽快了结的过程中，也会体现诉讼的强制性。毫不奇怪，我国民事诉讼法虽然规定法院在作出裁判之前应当视需要进行调解，调解的目的是在诉讼结果中尽量弱化其强制性色彩，以使纠纷主体双方皆满意于诉讼的最终结果，但如果调解的努力最终不成，法院便应当及时作出裁判，而不宜久拖不决甚或拒绝裁判。在审判和调解的这种关系中，也体现出了诉讼的强制性。正是在此意义上，我们可以形容法院的裁判就像快刀斩乱麻一样，对其所面临的纠纷是"一刀两断、黑白分明"。诉讼的结果一旦产生，便因为程序的效力而不得轻易改变，这也体现了诉讼的强制性特征。不仅如此，只要是法院依正当程序得出的诉讼结果，当事人无论是否理解或者满意，都必须无条件地接受，而不得将诉讼的结果抛置脑后，置之不理。否则，享有权利的主体便可以向法院申请对义务主体实施强制性的措施，在违背其意愿的情形下强制实现裁判的结果。可见，诉讼解决纠纷具有鲜明的、直接的强制性，这种强制性来源于法院作为国家机器的暴力性质，也来源于法律的强制性。

（4）民事诉讼具有目的上的多元性。进入民事诉讼阶段的民事纠纷，往往并不是纠纷主体对纠纷事实的认识分歧所导致的，而总是与他们各自对同一事实的法律评价或价值衡量存在差异有关。这种分歧的价值评估需要由法院作出最终的决断和选择，因此法院行使审判权，在一定意义上乃是价值选择的表现。为了正当地作出价值选择，法院必须同时兼顾各种诉讼目的：既要考虑到纠纷解决的彻底性，又要考虑到如此作出的裁判对将来的导向意义，同时还要确保权利者的权利获得实现，义务者的义务得到履行。民事诉讼价值目标上的这种复合多元性，与其他解纷机制相比，是一个极大的区别。诉讼外的解纷机制，其目的是单一的：就是在当事人双方自愿一致的作用下，化解纠纷和冲突。至于这种化解的结果是否有助于其他诉讼目的之实现，它是不会过问的。尤其是，其他解纷机制都在不同的程度上属于非正规的解决纠纷的方法，程序的非规范性和简单化是它们的共同特征。在这种简单化的程序中，纠纷主体缺乏充分的程序保障进行有效的理性对话，因而在其纠纷的解决过程中，很难发掘出该特定的纠纷对社会利益和国家发展的贡献和价值所在。与之有所区别，民事诉讼则具有高度的程序保障，纠纷主体不仅本人参加诉讼，而且可能聘请、委托具有专门法律知识的律师代理诉讼；同时，有的案件中，还会有代表社会观念的陪审员参加审判。其他的诉讼参与人，如证人、鉴定人等，参加诉讼也会给诉讼带来不同程度的社会价值信息。检察机关参与民事诉讼进行法律监督，从站位更高的视角对纠纷的解决提出了监督性、政策性和法律性意见。这些多元化主体对民事诉讼的参与，使原本简单的民事纠纷，在解决的过程中，带上了复杂的价值色彩，最终表现为民事诉讼在目的上的多元化。

2. 民事诉讼的局限性

民事诉讼也有其局限性，主要表现在：

（1）技术性过强，远离民众。由于民事诉讼是具有较高职业性、专门性、技术性的活动，民众普遍不了解、不熟悉，加之许多当事人对我国实体法和程序法的规定存在认知方面的障碍，因而对诉讼程序的某些规定难以理解和接受，对诉讼结果的认可和接受程度也不及相对更能体现当事人意思自治的和解、仲裁等方式。

（2）规范性太强，成本较高。民事诉讼设有严格的程序制度，其操作复杂、成本较高、周期较长，因而影响了部分当事人对诉讼程序的利用。

（3）自治性受限，有时会流于形式。民事诉讼的国家强制力与规范性特点，使当事人的意思自治受到限制。因此，纠纷虽然从法律上被解决，但当事人心理上的对抗往往不能消除，程序的灵活性也不如其他纠纷解决方式，难以从实质上解决纠纷，致使其形式化的局限性比较明显。

第八节　各种解纷机制之间的关系

解决民事纠纷的方法或机制是多元的，用多种合法的途径来寻求对民事纠纷的化解是民事纠纷不同于刑事纠纷、行政纠纷的一大区别。纠纷解决的过程，是纠纷主体继续生活、继续交易的过程，这个过程的完成，要取得最佳的预期效果，必须首先要选择最适合于该特定纠纷以及纠纷主体特定期望的解纷机制。各种解纷机制之间的关系可以这样理解：

一、相对的独立性

各种解纷机制是独立存在的，其功能各存，优劣互在，相互之间不能替代。每一种解纷机制之所以被认可具有独立存在的价值，同时在实践中长期相沿，久盛不衰，原因就在于各种机制都有各自的优势,这些优势是其他解纷机制所不能取代的。比如,纠纷的自我解决,它有一个最大的优势是保密性,同时也不会剧烈地动摇纠纷主体间的和睦关系或合作关系,能够和谐地维持纠纷主体之间长期存在的良好协作关系,此外还能节省费用。在具有合作关系的企业之间、具有上下级关系的领导与被领导的人员之间、相邻人之间等发生了纠纷,通过自我解决是最佳选择。涉及利益较小的纠纷,也比较适合通过自我解决的方法予以了断。这些纠纷由纠纷主体首先选择自我解决的机制加以化解,如果这种机制行不通,则选择次佳的机制,如调解解决。如果调解解决不了,则说明纠纷已经激化到了利用纠纷主体自治的方式难以解决的程度,那么,只有将纠纷交付仲裁或诉讼作出准强制性的或强制性的裁断。可见,各种解纷机制都具有相对的独立性,它们之间虽然有密切的联系,但是,从机能上说,它们是不能互相代替的。

二、可选择性

各种解纷机制首先是并存的关系,它们之间不分高低、优劣,供当事人自由选择。社会现象是纷繁复杂的,民事纠纷也是林林总总、多种多样的。纠纷的特性不同,纠纷主体希望通过纠纷的解决所达到的目标不同,法律提供给纠纷主体的解纷机制也就不能相同。从理论上说,纠纷的种类越多,解纷的机制也应相应增多。前面我们介绍的各种解纷机制是从主体这个视角划分的,但这仅仅是大的分类,在每一分类中间,还应根据其他标准对它们具体地分类。解纷机制分化得越细,纠纷主体对解纷机制的选择便越有针对性和有效性。一定意义上可以说,社会提供给纠纷主体用以化解民事纠纷的机制或方法越多,就说明该国的法治水平和消化纠纷的能力越高。这些多样的解纷机制可供纠纷主体自由选择。一定程度上可以认为,纠纷主体选择了某一种解纷机制,一般而言,该种机制便可以满足当事人最终解决该纠纷的愿望。所以,纠纷主体对解纷机制的选择并不是、也不能是盲目的,他们在选择特定的解纷机制之前,必须三思而后行。作为选择的前提,纠纷主体所应考虑的因素主要有:案件本身的性质和复杂程度;双方对抗程度;涉及的利害关系人的多少;将来合作关系的维持愿望;等等。唯有将这些因素综合考虑,才能恰当地判断选择何种解纷机制。对解纷机制选择的恰当,不仅有利于纠纷的及时化解,而且可以节省成本,少走或免走曲折之路。尤其是,选择解纷机制也表现出纠纷主体对解决纠纷的诚意程度,同时也是向纠纷主体相对方发出各种信号,因此,解纷机制选择不适当,也可能会激化纠纷。

三、可转换性

如前所述,在民事纠纷的解决途径中,各种解纷机制是并存的,它们各有优势和劣势,不同的纠纷应当选择不同的机制加以化解,纠纷的解决机制与纠纷的内在特性应当相契合。由于民事纠纷的解决实行当事人自治原则,同时对诉讼、仲裁等解纷机制的选择实行"不告不理"原则,因此,究竟选择何种解纷机制,除涉及公益纠纷外,取决于纠纷主体的自由抉择。纠纷主体对解纷机制的选择,应当综合各种因素理性地进行。但是,纠纷主体做出这种选择之时,面临着诸多的局限:一是纠纷主体在选择时一般不可能与对方协商,因而具有单方面的局限性。换而言之,纠纷主体做出的解纷机制的选择往往是一厢情愿的,纠纷的相对方主体未必认同和配合。二是纠纷主体因为缺乏对纠纷的专业性认识,对纠纷所涉及的问题判断不会很准,因而做出的解纷机制的选择难免失之盲目,或者过于保守,或者过于乐观,总之是缺乏针对性。三是纠纷主体在纠纷发生后不久,对立情绪较强,难以冷静地、理智地对纠纷的利害关系做出恰当的分析和判断,因此也难以选择适当的解纷机制。

由于纠纷主体对解纷机制的选择面临着上述这些局限性，因而其所选择的解纷机制未必切合化解特定纠纷的需要，这就产生了解纷机制选择偏误的问题。比如说，对于矛盾还不是过分激化的民事纠纷，纠纷主体主观上认为此民事纠纷难以通过诉讼外的机制加以解决，因而直接向法院提起诉讼。在诉讼过程中，纠纷主体发现他们在解决该特定纠纷中存在许多共同语言，因而无须通过法院泾渭分明的裁判加以解决，于是选择了接受调解或者撤回诉讼的方法终止正在进行中的诉讼程序，改而选择诉讼外的解纷机制，比如和解、仲裁或调解等，来解决其之间的纠纷。这种纠纷机制的转换势必要付出不必要的代价，比如说，纠纷主体起诉又撤诉，法院要保留一半的诉讼费用；而法院为此也付出了不必要的司法劳作。反之亦然，如果特定的纠纷已经剧烈到了难以通过诉讼外的机制加以解决的程度，而纠纷主体还一厢情愿地启动诉讼外的机制解决其纠纷，这种努力的失败是可想而知的，最终还是要转换到诉讼机制的轨道上来，这也势必付出多余的代价。可见，解纷机制的多元性以及纠纷主体在选择上的偏差，会导致解纷机制的转换。这是一个方面。另一方面，民事纠纷的动态性也会导致解纷机制的转换。民事纠纷是社会生活的特定片断，是会随着社会环境和主体意识的变化而发生变化的，不是一成不变的，动态性和变易性是民事纠纷的基本特性，这一点也是区别于刑事纠纷和行政纠纷之所在。解纷机制是与民事纠纷相适应的，民事纠纷自身发生了变化，与之相适应的解纷机制自然也应发生变化。民事纠纷的变化不外呈现出两种相异的方向：一种方向是原本和缓的民事纠纷变得激化了；另一种方向是原本激化的民事纠纷变得和缓了。前一种纠纷的变化将使诉讼外的解纷机制向诉讼中的解纷机制转化，后一种纠纷的变化将使诉讼中的解纷机制向诉讼外的解纷机制转化。前者的变化可以表示为由自我解决到调解解决、再到仲裁解决、最终落脚到诉讼解决，后者的变化可以表示为由诉讼解决到仲裁解决、再到调解解决、最终落脚到自我解决。这种解纷机制相互之间的转换，主观上是纠纷主体意志作用的结果，客观上则是民事纠纷自身的特性和需求使然。

纠纷主体对解纷机制这种寻寻觅觅的努力，贯穿于纠纷解决的全部过程，纠纷化解的理想归宿，乃是特定的民事纠纷与特定的解纷机制之间的完全和谐、契合。只要纠纷主体对特定纠纷的认识始终处在能动状态，同时特定的纠纷解决制度为这种转换提供了灵便的、充足的制度资源，纠纷与化解纠纷的机制之间就应当能够恰当地对应。

四、系统性

各种解纷方式形成了解决民事纠纷的完整的、有机的系统。如前所述，解决民事纠纷的方法或途径是多元的，这些多元性解纷机制的形成，是建立在特定的国家背景和社会基础上的，是与一定历史阶段的物质生活条件相适应的，也是与特定国家特定时期人们的精神文明状况相适应的，因而它们的形成具有客观必然性和现实合理性。对民事纠纷而言，一个国家化解纠纷的能力不仅表现在各种解纷机制自身的合理建构和有效运作上，更表现在各种解纷机制之间能否合理地形成一个具有内在联系的有机体方面。任何一个国家，如果其解纷机制偏废于任何一个方面，都是不健康的。这就是解决民事纠纷的系统立法工程和多元化机制问题。我国传统上比较偏重于诉讼外的解纷机制的建设，现在又较为侧重于诉讼机制的建设，其实这两个方面应当有机地联系起来。唯其如此，才能从法治上建立健全解决民事纠纷的各种机制。

由上可见，民事纠纷的解决机制是多方面的，它们应当有足够的数量供纠纷主体自主地选择，同时要在法治建设上为这多元的解纷机制充分发挥其应有的作用提供立法保障。

第九节　多元化纠纷解决机制的立法完善

一、多元化纠纷解决机制的改革

《中共中央关于全面推进依法治国若干重大问题的决定》（以下简称《依法治国决定》）提出，要"健全社会矛盾纠纷预防化解机制，完善调解、仲裁、行政裁决、行政复议、诉讼等有机衔接、相互协调的多元化纠纷解决机制"。2015年1月，最高人民法院发布《关于确定多元化纠纷解决机制改革示范法院的决定》，确定了50个法院为"多元化纠纷解决机制改革示范法院"，开始了全面推进多元化纠纷解决机制建设的试点。深入推进多元化纠纷解决机制改革，是人民法院深化司法改革，实现司法为民、公正司法的重要举措，是实现国家治理体系和治理能力现代化的重要内容，是促进社会公平正义、维护社会和谐稳定的必然要求。为贯彻落实《依法治国决定》以及中共中央办公厅、国务院办公厅《关于完善矛盾纠纷多元化解机制的意见》，最高人民法院于2016年6月28日发布了《关于人民法院进一步深化多元化纠纷解决机制改革的意见》（以下简称《多元化纠纷解决机制改革意见》）。这些政策性文件的相继出台，为我国多元化纠纷解决机制的改革和发展提供了政策指引。

近年来，诉讼在我国备受推崇，裁判中心主义和司法万能的观念和倾向日益明显，诉讼被视为纠纷解决的唯一途径。由于过分重视了诉讼或司法在纠纷解决中的作用，不可避免地导致了两方面的消极后果：一是增加了司法的负荷，使司法难以有效应对；二是制约了或忽略了其他纠纷解决机制的构建与完善。其实，放眼全球，不难发现，衡量一个国家法治化程度高低的重要指标之一，就是其所构建的纠纷解决机制是否科学合理。

判断纠纷解决机制是否科学合理的标准可以分为两个层次：一是宏观层次的标准，二是微观层次的标准。宏观层次的标准关注的是：作为纠纷解决机制的数量是否足够；这些纠纷解决机制之间的关联性如何、互动性如何；这些纠纷解决机制的差异性、层次性以及对于纠纷的适应性如何；这些纠纷解决机制是否能够形成一个完整的结构合理的体系，以及这个体系是否具有相对的稳定性和内生的可持续发展性。微观标准则表现为：各个纠纷解决机制是否能够各尽其职，完成其公正有效解决纠纷的目标和任务。

制定《多元化纠纷解决机制促进法》则是立足于纠纷解决的宏观层面，致力于完善包括和解、调解、仲裁、公证、行政裁决、行政复议与诉讼的综合纠纷解决系统，这个解决系统覆盖了纠纷解决的三大领域：一是私力救济，二是社会救济，三是公力救济，公力救济中又包括行政救济和司法救济。为了协调推进"四个全面"战略布局和五大发展理念，适应经济社会发展新常态，有效应对多样化的纠纷和矛盾，充分满足人民群众多元化的纠纷解决诉求，我国有必要制定一部独立的《多元化纠纷解决机制促进法》。

二、制定《多元化纠纷解决机制促进法》的价值功能

《多元化纠纷解决机制促进法》的基本结构分为两个组成部分：一是静态描述多元化纠纷解决各种机制，二是动态调整多元化纠纷解决机制的形成过程。其主要的价值功能表现在：

（一）有助于司法改革的深化进行

制定《多元化纠纷解决机制促进法》是深化司法改革的需要。多元化纠纷解决机制改革

拓展了司法改革的覆盖范围，指引了司法改革的新型领域，明确了司法供给侧改革的重点所在，同时启迪着更深层次的改革诉求。长期以来，诉讼或审判被视为民事纠纷解决的唯一途径，诉讼中的弊端日益凸显，诉讼成本高昂，诉讼迟延普遍，诉讼中的不公和腐败问题多发频发，诉讼的过程和诉讼的结果很难满足人民群众不断增长的对于纠纷解决的期待与愿望。这也导致了司法最终解决原则难以实现，司法既判力脆弱，司法缺乏应有的权威性和稳定性，司法公信力大受损伤。与此同时，其他纠纷解决机制则日趋式微，比如人民调解功能萎缩，民事纠纷的行政解决不再行之有效，社会团体和组织化解纠纷的机能生成困难。这就形成了诉讼高耸、非诉讼矮化的非协调性制度现象。非诉讼机制的弱势低能势必制约和影响诉讼机制功能的充分发挥，这就形成了双输而非双赢的尴尬局面。通过多元化纠纷解决机制的构建，能够将司法改革引向广阔的社会救济领域，使司法救济和社会救济形成一个完整的整体和有机的体系。

（二）有助于构建多元化的纠纷解决机制

从纠纷解决的视角而言，目前司法改革面临着三大任务：一是"去库存"，将法院大量积压的案件（包括被排除在法院立案大门之外的案件）进行外化分流解决，尽快消化；二是"降成本"，不仅要大幅降低国家投入纠纷解决领域中的成本，使稀缺而宝贵的司法资源均衡分布于公力救济与社会救济领域，同时要采取切实有效的措施，降低当事人行使诉权、使用法院的时间成本、物质成本和机会成本，切实增强纠纷解决机制的感召力和凝聚力；三是"去短板"，要强化诉讼外的纠纷解决机制的功能和作用，使之与诉讼机制比肩而立，同频共振，形成解决纠纷的管用、完整并具有内在有机关联的制度体系，使之产生出纠纷解决的整体功能和规模效应，形成一个具有中国特色的多元化纠纷解决机制。

上述三个方面司法供给侧改革，有助于将局限于诉讼和法院领域的司法改革延伸至整个社会纠纷解决领域，通过双管齐下，引领司法改革从狭义走向广义，并撬动社会领域的更为深入的改革与发展，最终形成具有鲜明中国特征的多元化纠纷解决体制，最大限度地释放出公正有效化解纠纷的制度生产力。

（三）有助于完善社会治理的制度体系

制定《多元化纠纷解决机制促进法》是完善社会治理体系，提高社会治理能力，构建公正合理的法治化秩序之需要。随着改革开放的深化推进，社会利益格局多元、社会纠纷频发已然成为社会常态，人们对通过司法救济和社会救济化解纠纷所寄予的价值期待也不尽一致，如果依然局限于司法诉讼审判领域，利用法院一元化的诉讼机制来应对纷繁复杂的各式社会纠纷和冲突，不仅力不从心，使本已尖锐化的案多人少的矛盾加剧，而且也时常会事与愿违，纠纷解决的结果往往偏移社会公平正义的评价标尺，难以使当事人以及周边群众心悦诚服，难以形成植根差异化社会土壤上的良好和谐的法治秩序。通过多元化纠纷机制的构建，除了使司法强化其职能和功能以外，同时还使行政机关焕发出解决纠纷的内在潜能，促使行政机关加快行政改革、转变政府职能的步伐。社会团体和组织也将在多元纠纷解决机制体系的大格局中寻找定位、健康发展、发挥出固有的优势和长处，参与纠纷解决的过程，社会各界人士也有大量的机会各展其长，借助各种平台助推纠纷有效化解，这样就形成一个多元共治、各方参与、人人有责、协同齐进、相融互动的体系化纠纷解决机制，这种综合解纷模式较之于裁判中心主义下的法院单打独斗式的解纷模式，显然更具优势和实效，也更具有社会治理的可持续内生动源。这需要我们与时俱进，形成新型的纠纷解决观，明白纠纷解决是全社会共同治理的事情，而不是法院司法审判一家的事情。司法是各种纠纷化解的最后一道防线，绝不能演变成纠纷解决的第一道关口，更不能成为破除纠纷、消弭冲突的唯一渠道。司法审判作为纠纷解决的途径和方式固然不可或缺，但司法审判之外的纠纷解决途径和方式也同样不可或缺。在纠纷解决领域，只有诉讼内与诉讼外双重机制并举并重，才能变社会管理为社会治理，才能使法制变为法治，才能使人民当家作主、社会自治进一步落到实处，也方能在依法治国基本治国方略的杠杆作用下，快速完善社会治理的制度体系，大力提升社会治理的能力和水平。

三、《多元化纠纷解决机制促进法》的立法构想

一是坚持党委领导的基本原则。多元化纠纷解决机制是一项重大的法治建设工程，涉及司法、行政、社会等方方面面，实际上是一张巨大的纠纷解决之网，牵一发而动全身，织密织牢织细这张巨网，绝非单方面力量所能济其功，也不是法院一家所能承担得了的，而必须在党委的领导下，在政府各部门的鼎力协助下，在法院等司法部门积极推动和参与下，在社会各方力量的支持与配合下，才能完成这项艰难而有深远意义的法治建设大业。也只有在党委领导和协调下，才能有效构建多元化纠纷解决系统中的各项制度，并调动资源，设立机构，协调关系，配置人员，提供保障。各种纠纷解决机构和机制也只是这个体系的具体组成部分，它们在机构上相互独立，在价值上互补，在机制上互联，在程序上互通，在效果上共振，在体制上共赢，最终形成内在结构合理、环环相扣、功能强大并具有可持续发展力的多元化纠纷解决系统。

二是重视行政机关在社会纠纷多元化解决中的作用和功能。在行政职能范围内化解纠纷、破除矛盾，维持正常的行政法秩序，这本是我国行政权的题中应有之义。然而，随着司法权在纠纷化解中作用的日益凸显，行政权在纠纷解决中的作用逐步隐而不彰，日趋疲弱。立法上赋予行政机关解决相关纠纷的权限也逐渐虚置化、模糊化和边缘化。比如，原来在立法文本上常见的"行政裁决"，其范围和所针对的纠纷类型越来越少，对相关民事纷争的"行政处理权"日益弱化，"行政调解"的效力也不再具有任何特殊性，与社会组织的调解相仿，甚至较之于人民调解的合同效力以及司法确认效力也远远不如，具有行政行为属性的劳动人事争议仲裁和农村土地承包仲裁等，也仅仅具有启动诉讼程序的前置性意义，而不具有终局解决纠纷的功能。在行政调解与司法审判之间的选择性条款中，行政调解往往不具有实质性价值，纠纷主体弃行政调解而径直选择诉讼者占据绝对优势。即便经过行政调解，当事人无视其存在而又对簿公堂者大有所在。行政机关在调解中所产生的成果，如证据收集、无争议事实认定、被局部接受的调处方案等，在后续的诉讼中基本不会产生效用。行政机关很少被邀请参加法院所进行的调解，更不可能被委托或委派进行相关调解活动。法院在纠纷解决过程中也很少征询行政机关对于纠纷解决的相关意见和观点。行政机关在纠纷解决中发挥作用，本是我国纠纷解决机制中的一大优势，然而这一优势目前正处在弱化之中。为了改变这一状况，《多元化纠纷解决机制促进法》应当强调司法机关与行政机关的对接机制，这对行政机关强化事后服务功能、强化行政机关的解纷机能从而转变政府职能具有重要意义。

目前应尤其强调行政机关的两方面职责：一方面，政府各个职能部门应当肩负起调解相关纠纷的职责，这是政府在多元化纠纷解决机制中所发挥的直接作用。比如，工商行政管理部门对其职能范围内的纠纷、公安机关对社会治安性冲突、民政部门对社会保障等纠纷，均应凸显其在纠纷解决方面的功能和优势。这是我国行政权与西方国家行政权区别之所在。另一方面，行政机关应当采取切实措施，积极引导民间调解组织和其他各类具有纠纷解决功能的社会组织及团体的建设。目前我国专业性的或兼职性的民间调解组织很不健全，应当建立调解组织的地方还没有建立相应的调解组织，调解组织尚未覆盖全社会的各个领域和各个角落，纠纷主体不

能便利地找到各种有针对性的调解组织来化解纠纷。在解决这个问题方面，政府责无旁贷，义不容辞。

三是发挥人民法院在多元化纠纷解决机制构建和运作中的常规性、关键性作用。人民法院对多元化纠纷解决体系的有效形成应当在两个方面发挥作用：一方面，法院应当以身作则，完善法院调解机制和附设 ADR 机制，形成法院领域的多元化纠纷解决系统，从而使法院多元化解纷机制能够对整个社会的多元化纠纷解决机制产生引领和示范效应。社会的多元化解纷机制是否有效，如何运作，关键看法院多元化解纷机制的有效性和运作效果。如果法院的多元化解纷机制失灵而无法发挥实际作用了，那么，寄望于社会多元化解纷机制能够有效发挥作用是不切实际的，也是有悖纠纷处理的逻辑性和规律性的，毕竟，司法的公正对整个社会公平正义的实现具有"牛鼻子"式的导向作用。另一方面，法院应当将其法律专业知识和解决纠纷方面的权力优势延伸到社会调解以及多元化机制构建和运作方面。法院的地位和作用，不仅仅取决于法院自身化解纠纷的能力，同时还与其对各种纠纷解决的社会机制的指导能力有关。法院不仅肩负着执法、司法的任务，同时也要将其触角伸展于社会解纷机制的运作领域，从而使纠纷的司法解决和社会解决产生互动效应和联动效能。

四是激活"人民调解"这一老牌的纠纷解决机制的机能和作用。人民调解是根植我国传统文化土壤又富于时代创新特征的解纷模式，被誉为"东方经验"，对现代世界流行的"ADR"制度的形成和发展做出了重要贡献。然而这一良好的具有先天优势的解纷模式并没有发挥出应有的功能和价值，人民调解的案件范围不断缩小，其规范性、制度性和程序性保障远不健全，从事人民调解工作的人员缺乏保障、经费缺乏保障、场所缺乏保障，人民调解的效力也长期处在疲软状态。人民调解就像鸡肋一样，用之乏力，弃之可惜，向来处在若存若亡、似有似无的态势之中。《人民调解法》和《民事诉讼法》确立了人民调解协议的司法确认制度，被司法确认后的人民调解协议具有强制执行效力，这一制度在人民调解制度发展史上具有里程碑式的意义，其无异于给处在衰亡中的人民调解制度打了一剂"强心针"。在制定《多元化纠纷解决机制促进法》时，应高度重视人民调解在多元化纠纷解决体系中的作用，致力于构建覆盖城乡的人民调解网络组织建设，同时强化行业性和专业性人民调解机构的作用。可以期待的是，人民调解在多元化纠纷解决体系中将焕发出新的活力，将再造辉煌，重振雄风。

五是发挥商会、行业协会、调解协会、民办非企业单位、商事仲裁机构、公证机构等在解决纠纷中的功能和作用。要不断完善社会组织法治建设，充分发挥社会团体和组织在多元化纠纷解决体系中的作用。社会团体和组织需要制度化培育，使之逐渐、稳健发展和壮大，确认其在多元化纠纷解决体系中的作用，是社会团体和组织受到重视和认可的重要契机和切入点。比如，消费者权益保护协会、环境保护协会等社会组织在公益性纠纷的化解和解决中的作用业已得到立法上的确认。将来这一类的社会组织和团体应当有更大幅度的增长，须知，社会组织和团体在多元化纠纷解决系统中是并且必将长期是不可轻忽的重要生力军。与此同时，要发挥志愿者组织、社区组织等在多元化纠纷解决体系中的作用，将多元化纠纷解决机制与社会治安综合治理体系衔接起来，使多元化纠纷解决机制在更大的范围内并且更有保障地发挥作用。同时要注重发挥人大代表、政协委员、律师等第三方参与矛盾纠纷化解工作，积极探索协商性解纷方式、中立评估机制、政府购买服务、第三方调处等社会纠纷化解途径，通过《多元化纠纷解决机制促进法》的调整和实施，将国家层面和社会层面纠纷解决的各种资源整合在一起，畅通人民群众自我参与、自我教育、自我解决纠纷的预防机制和解纷渠道。

同时要高度关注和重视公证机构在预防和解决纠纷中的重要作用。公证机关是通过对法律行为、事实和文书进行国家证明而预防纠纷发生的专门机构。公证机构除了预防纠纷的功能外，在纠纷解决体系中还发挥着日益重要的作用。比如，公证机构发挥着对于司法机关解决纠纷的支持和配合作用，其公证的文书可作为具有较强证明力的证据采用，其所赋予强制执行力的债权文书可以直接成为人民法院强制执行的根据。除此之外，尚需重视和强调公证机构在化解纠纷中的机能和作用，对于公证机构职能范围内的法律关系所发生的争端，公证机构理应参与其中进行调处，公证调解的作用在多元化解纷系统中显得不可或缺。

六是要构建好多元化纠纷解决机制之间的协调联动机制。要使各种纠纷解决机制都能发挥出最大化作用和价值，使所有的需要通过社会力量和国家力量加以解决的纠纷，都能精准地找到相适应的纠纷解决机构，使纠纷"来之即解"，同时要在党委统一领导下，构建多元化纠纷的协调机构和机制，使多元化纠纷解决方法有机地融为一体，防止形成壁垒和阻隔，从而使多元化纠纷解决机制发挥出整体效能和规模效应，产生"1+1>2"的积极效果。要经常性地举行联席会议，由党政主导和主持，由司法、调解、仲裁、行政、综合治理、社区街道等各方面人员参与，研讨、分析多元化纠纷解决机制运作过程中存在的问题和困难，研讨和分析特定时期、特定区域民事纠纷及其他相关纠纷产生的特点和趋势，从而形成对策，提出整改和改进方案，使之真正贯彻落实"以人为本、高效便民"的原则，形成一个有机衔接、相互协调的多元化纠纷解决机制，为人民群众提供多样化、针对性、便捷性、低成本、高效率的纠纷解决方式。

七是着力打造一支过硬的多元化纠纷解决者队伍，并完善相应的保障机制。多元化纠纷解决机制的运作依赖于相关的人员配置，广义上，要将具有法律资格和不具有法律资格的、专业的和非专业的、常设的和非常设的机构与人员汇融于多元化纠纷解决者队伍的体系中，包括法官、检察官、公安民警、仲裁员、公证员、律师和法律工作者、调解工作者、网格管理员、平安志愿者、社区工作者等，均是该体系中的共同体成员，应纳入统一管理和使用的系统中。所有这些成员，都应按照法律资格制度和其他资格认证制度进行资质管理和标准化应用。各级人民政府还应当从人力、物力、财力等方面对多元化纠纷解决机制的构建予以支持和保障。

综上，多元化纠纷解决机制的构建与打造是我国依法治国大格局的题中应有之义，其重要性和价值性不言而喻，并且在我国构建这样一个机制和系统的条件已经基本成熟，目前亟待解决的问题是立法供给。应当广泛调研，总结各地方多元化纠纷解决机制改革的成功经验，推动多元化纠纷解决机制的立法进程，尽快催生《多元化纠纷解决机制促进法》的问世，将多元化纠纷解决机制纳入法治化、制度化和程序化轨道运行，为完善中国特色的社会主义法律体系和法治体系添砖加瓦。

第十节 多元解纷与诉讼服务的融合机制

最高人民法院2019年7月31日发布了《关于建设一站式多元解纷机制一站式诉讼服务中心的意见》（以下简称《两个一站式意见》），加大司法便民利民惠民力度，为人民群众提供丰富快捷的纠纷解决渠道和一站式高品质的诉讼服务。

《两个一站式意见》强调聚焦突出矛盾问题，满足多元司法需求，推动形成分层递进、繁简结合、衔接配套的一站式多元解纷机制，加快建设立体化、集约化、信息化的一站式诉讼服务中心，增强多元解纷和诉讼服务的精准性、协同性、实效性。

一是完善诉前多元解纷联动衔接机制。加强与调解、仲裁、公证、行政复议的程序衔接，畅通与工会、共青团、妇联、法学会、行政机关、仲裁机构、公证机构、行业协会、行业组织、商会等对接渠道，发挥人民调解、行政调解、律师调解、行业调解、专业调解、商会调解等诉前解纷作用。

二是建设类型化专业化调解平台。根据地区纠纷类型和特点，在诉讼服务中心按需建立婚姻家庭、道路交通、物业纠纷、劳动争议、医疗纠纷、银行保险、证券期货、知识产权、涉侨涉外等专业化调解工作室。

三是完善"分调裁审"机制。完善民商事、行政案件繁简分流标准，根据案由、诉讼主体、诉讼请求、法律关系、诉讼程序等要素，确定简案范围。在诉讼服务中心配备速裁法官或团队，综合运用督促程序、司法确认程序、小额诉讼程序、简易程序、普通程序等，从简从快审理简单案件。

四是拓展全方位诉讼服务功能。为当事人提供诉讼指引类、便民服务类、诉讼辅助类、纠纷解决类、提高效率类、审判事务类等诉讼服务。建设面向社会的普法宣传教育阵地，打造文化诉讼服务中心。

实践表明，"两个一站式"的法治工程建设在化解纠纷和诉源治理等方面卓有成效。2019年民事案件诉前调解145.5万件，2020年该数据达至424万件。2020年全国各级人民法院新收一审民事案件1313.6万件，同比下降5.106%。[①] 从这些数据中可以看出，"两个一站式"推动了多元化纠纷解决机制的快速形成，人民法院各种富有特色的调解组织和调解平台得以相继产生，使大量纠纷在诉诸法院之前就被各种调解机制成功化解，这不仅大大减轻了人民群众的诉累，缓和了社会矛盾和冲突，将矛盾纠纷有效化解在了基层和诉前，有力地促进了社会的和谐与稳定，而且也分流了民事纠纷，减轻了法院的审判负担，提升了诉前调解成功案件的自动履行率。

"两个一站式"是顶层设计的产物，其问世是人民法院应对社会矛盾多发频发从而导致诉讼案件爆炸式增长的需要，也是司法改革以来人民法院取得积极进展的表现，是新时期人民法院司法的能力和水平达到新高度的集中表达。传统的法院以法庭为载体，法庭犹如剧场，"两个一站式"将剧场化的司法改写成了广场化的司法，法院采用种种实际措施，开辟出广阔的空间打造成一站式诉讼服务大厅和一站式纠纷解决中心，当事人需要办理的各种诉讼事项，都可以在窗口一一找到解决问题的部门和人员，真正实现了一站式诉讼服务，同时使纠纷的解决也搭上了一站式的快车道。广场化的司法服务和司法审判，祛除了笼罩在司法身上的神秘色彩，拉近了司法与民众之间的距离，使民众得以走进司法的深处，倾听司法传递的法律的声音和正义的声音，使公众于潜移默化中受到了法之教谕和德之浸润，枯燥的普法变成了生动的普法，冰冷的司法变成了温暖的司法，多层级、官僚型的审判变成了一站式、扁平型的审判，法院成为透明的法院，司法的人民性这一命题被注入了新时代的新内涵。

---

① 最高人民法院人民法院调解平台应用成效暨《中国法院的多元化纠纷解决机制改革报告（2015—2020）》新闻发布会。

第三章 民事诉讼法的基础理论

第一节 民事诉讼基础理论概述

通过前面的介绍可以得知，民事纠纷和刑事纠纷、行政纠纷相比，一个重大的区别在于民事纠纷的化解机制具有多元性。对于民事纠纷，既可以在纠纷主体的能动作用下使用诉外机制加以化解，也可以在纠纷主体的诉求下，启动强制性的诉讼程序加以解决。诉讼外的解纷机制和诉讼机制是相互地联系在一起的，它们之间一方面构成并存的关系，另一方面又有互相转化的关系。看上去，各种解纷机制是相互独立的，但事实上，它们始终是有联系的。这种联系主要表现在两个方面：其一，纠纷主体之所以选择诉讼外的解纷机制，乃是因为有诉讼机制作为后盾。如果没有公正而有效的诉讼机制作为可以使用的最终手段，诉讼外的解纷机制是不可能发挥其应有的作用的。诉讼机制的公正性和效率性对诉讼外机制具有决定性意义。因此，诉讼机制是各种解纷机制中的关键环节，其他解纷机制在诉讼机制得以稳定而正常地发挥作用的前提和基础上，才能对纠纷主体产生吸引力和使用价值。其二，诉讼机制是纠纷主体可以利用的最后手段。在其他解纷机制中，纠纷主体如果认为缺乏应有的或起码的公平性和程序保障，他可以随时放弃对它的使用，转而利用诉讼机制。可见，诉讼中的机制对诉讼外的机制具有保障作用，二者之中，诉讼机制是矛盾的主要方面。对其他解纷机制的制度建设，一定要在完善的诉讼机制的基础上进行，否则，纠纷主体不会形成对它们加以使用的共同意志。正是因为诉讼机制对其他解纷机制具有保障作用和前提意义，民事诉讼在解决民事纠纷的过程中，或者直接发挥作用，或者间接发挥作用，总之是民事诉讼机制在各种解纷机制中起着领头羊的指引作用。这就是民事诉讼的重要性。

正因为民事诉讼对民事纠纷的解决具有举足轻重的作用，在立法者对各种解纷机制的制度建设中，应当将重点放在诉讼机制的合理建构上。只有完善了诉讼机制，其他的解纷机制才能被牵引而逐步地趋于完善。那么，一个必然提出的问题是，如何建构一个既科学合理、又公正高效的诉讼机制呢？这看上去是一个立法中的问题，但究其实质而言，这首先应当是民事诉讼法学的理论体系的建构问题。理论是行动的向导，民事诉讼机制的科学化构建，必然要在法学理论上对其要素有清晰的认识。目前，我国民事诉讼法学的研究已从对法条的简单注释的藩篱中走了出来，强调和重视对基础理论的研究和探讨，从两大法系国家引进了大量的新型概念和范畴，并由此引进了崭新的程序理念和正当程序的观念，这对推动和发展我国民事诉讼法学理论体系的科学化、时代化、国际化都起到了极大的作用。我国从20世纪90年代开始的审判方式改革，也受这些新概念、新理念、新观念的影响，卓有成效地发展至今，积累了宝贵的制度经验和司法经验。实践中的改革也反过来推动了我国民事诉讼法学理论体系的丰富和发达。我国民事诉讼机制的科学化构建，必定要吸收、汲取民事诉讼理论法学的研究成果，将其精神和原则贯彻于其中，成为良性化提升的原动力。

第二节 民事诉讼目的论

一、民事诉讼目的论概述

人的行动背后都有目的存在。民事诉讼法是人类行动的产物,其中自然含有目的。没有目的的民事诉讼法,虽然在理论上也有存在的可能,但这种民事诉讼法的内容必定是没有内在逻辑联系的大杂烩,在实践中也不可能通畅地贯彻落实,必然会遭遇到各种阻碍,最后将变成一堆废纸,毫无实际作用。没有目的性的民事诉讼是如此,目的性不强、目的性混乱或者含混不清的民事诉讼法亦复如此。立法者在制定修改民事诉讼法时,一定要首先弄清所欲制定或修改的民事诉讼法要达到什么样的目标,如果在理论上这个问题尚未搞清,其所制定或修改的民事诉讼法必定要以失败而告终。可见,研究、探讨民事诉讼法的目的是极为重要的。

民事诉讼法的目的就是通过制定和实施民事诉讼法所欲实现的目标或效果。民事诉讼法的目的与民事诉讼的目的既有联系也有区别。其联系在于民事诉讼的目的是由民事诉讼法的目的所决定或所影响的,离开民事诉讼法的目的,民事诉讼的目的就成为无源之水、无本之木。但是,民事诉讼法的目的首先是一个立法上的概念,它是由法律规范所确定和体现的法条背后的立法动机,这分别的法条背后的动机构成一个有机的整体,形成了民事诉讼法的目的。因此,民事诉讼法的目的反映了立法者的意志,也可以说是国家意志的体现;既然是国家意志的体现,国家当然是要用强制力保证其实现的,因而在这个意义上说,民事诉讼法的目的也带有强制力的属性,违背这个目的所进行的立法和司法,包括司法解释在内,皆属于无效之举。而民事诉讼的目的则是立法外的概念,是民事司法过程中所体现出来的总体倾向和利益驱动,反映了诉讼参与者采取诉讼行动背后的行为动机,这种行为动机依民事诉讼法律关系主体的不同也不完全一致。作为诉讼主体的当事人进行民事诉讼,目的无非在于获得有利的诉讼结果,在宏观上为了获得胜诉,在微观上为了在某一点上获得有利的判定,至于实体法律秩序是否得到了维持,实体权利是否得到了实现,以及程序是否得到了保障,皆属于次要之事。尤其是相对方的实体权利以及程序利益是否获得了保障,他是不关心的。所以,当事人进行诉讼的目的不具有客观的中立性,相反,具有主观的对立性。因此,要概括出当事人进行民事诉讼的一个共同的目的是不可能的。至于其他诉讼参与者,诸如证人、鉴定人、翻译人员等,他们参加诉讼都是为了协助法院准确地行使审判权,不具有自身的与案件有关的利益或目的,因而民事诉讼目的这种说法对他们不具有最终的意义。法院行使审判权是有目的的。法院的审判权来源于国家宪法的赋予和诉讼法等法律的规范,国家之所以通过宪法、法院组织法、诉讼法等法律规范明确地、全面地赋予法院行使审判权,其目的是非常明确、肯定的:或者保障纠纷主体的合法权益,或者维护国家所希望维护的并由实体法律规范加以预设的实体法律秩序,或者保障纠纷主体在诉讼过程中的各种程序权利,使之能够有充足的诉讼机会发表自己的观点和意见,或者代表国家形成具有务实性和前瞻性的各种政策,等等诸如此类,不一而足。可见,在民事诉讼过程中,当事人和法院实施诉讼活动的目的是明显地存在的,当事人相互之间的诉讼目的是对立的,不能融合;当事人任何一方的诉讼目的与法院行使审判权的诉讼目的有部分内容可能是契合的,但当事人的诉讼目的是微观性的、局部的、片面的,而法院行使审判权的目的则是宏观性的、全局性的、前瞻性的,因此,在当事人的诉讼目的和法院的审判目的之间,法院的审判目的是立法者的关注所在,是决定事物性质的矛盾的主要方面,因而民事诉讼法的目的实际上就是民事审判的目的,民事审判的目的代表了民事诉讼法所希望实现的全部目的。

民事诉讼法的目的具有以下特征:

第一,主观性。目的是意志的表现,而意志是人所固有的与客观的社会界和自然界相对而言的概念,因而意志是主观的;意志是主观的,目的故而也是主观的。民事诉讼的目的因而也具有主观性。民事诉讼法的目的是主观的,因而它有待于立法者对特定国家、特定时代的民事诉讼发展规律进行深入的理性认识和深刻的研究。通过这种研究和理性思考,将客观存在的各种需要通过民事诉讼法加以实现的利益、欲求等,首先在主观上予以把握,然后将它们体现在民事诉讼法的规范之中,这便构成了民事诉讼法的目的。民事诉讼法目的所具有的主观性特征告诉我们,立法者首先应当预先设定民事诉讼法的规范目的,同时立法者对民事诉讼法的目的不仅可以客观反映,而且可以能动地塑造,使民事诉讼法的目的超越于特定的时代要求,具有前瞻性和跨越性,从而使之具有旺盛的内在生命力和发展潜能。民事诉讼法目的主观性还告诉我们,民事诉讼法的目的是会发生变化的,一经被立法者把握住,就应当通过适当的立法或修法活动及时体现在民事诉讼法中,使之固定化或物化。同时也说明,立法者对民事诉讼法的完善具有极大的能动作用,民事诉讼法的目的一旦发生了变化,民事诉讼法的修订工作便应当提上议事日程。

第二,客观性。民事诉讼法的目的虽然是主观意志的产物,但它不是立法者任性的产物,也不是偶然意志的表现,而是立法者通过对客观事物运动规律的深刻认识所把握到的、捕捉到的主观性,具有深厚的社会基础和经济基础,也可以说是社会历史条件在立法者主观头脑中的反映。从哲学上说,民事诉讼法的目的实际上是立法者的主观性对客观实存的民事诉讼规律的反映,是主观见之于客观的东西。民事诉讼法的客观性特征要求立法者在制定或修改民事诉讼法之前,应当从实际出发,反复研究司法实践中出现的各种问题和由此所表现出的内在取向,将它们准确地、完整地反映出来,而不可粗枝大叶,盲目行动。民事诉讼法目的的客观性还说明,民事诉讼法的目的观一经立法者确定下来,便具有一定程度上的科学性与合理性,应当尊重其权威性和有效性;同时,民事诉讼法在该特定的目的观支配下,在该特定的目的观的范围内,应当具有相对的稳定性。此外,因为民事诉讼法的目的具有客观性,而客观性只有一个,因而所有的民事诉讼法规范,无论是属于狭义的民事诉讼法还是属于广义的民事诉讼法,其目的观都应当一致,不可在内在的逻辑上发生脱节或背离现象,更不可前后采用不同的目的观。因此,民事诉讼法目的的客观性也决定了民事诉讼法目的的统一性。

第三,实践性。主观是为客观服务的,民事诉讼法的目的来源于客观的司法需要,同时也要体现和落实在司法实践中。民事诉讼目的观具有实践性,说明它不是纯粹主观领域中的概念,不是纯粹的理论范畴,在被立法者的主观意志把握住以后,便应当实践化,落实到具体的行动中去。首先应将理论层面的目的观提升到立法层面,使之法律化和规范化。立法者在将既定的目的观体现于民事诉讼法规范的过程中,虽然不一定以专门的条文明确地陈述和宣示,但一定要始终以之为指导方针,从民事诉讼法的总则、基本原则、基本制度到具体的程序设计,都应当一以贯之地体现民事诉讼法的目的观,而不宜在具体规范上体现相异的诉讼目的观。立法层面将民事诉讼目的观法律化,民事诉讼的目的便成为民事诉讼法的目的。民事诉讼法的目的是一个法律上的范畴,而不是理论概念,体现的是立法者的共同意志,而不是任何一个法学者的个别意志。同时,或者说尤为重要的是,民事诉讼法上的目的观归根结底要落实到民事诉讼的司法实践中去,要化为司法者的具体行动,要体现为诉讼者的基本指针,最后在诉讼目的观的指导和综合作用下，不仅在具体的案件中，而且要在所有的案件中，结出该特定目的观下的司法果实。这便是一种司法文明，司法文明在民事诉讼目的观的实践化中获得了提升。

第四，动态性。辩证唯物主义告诉我们，任何事物都是在运动中发展变化的，民事诉讼法的目的作为人类理性积淀的产物，自然也只能反映和体现一定历史阶段的民事司法实践的基本要求，任何民事诉讼法的立法都不可能在一种具有永恒性的目的观的指导下形成持久不变的程序性规范。正因如此，法哲学家告诉我们，任何法律都是有漏洞的，任何法律从其制定出来之时就有了滞后性，民事诉讼法的目的观也一样，它虽然体现在有效力的民事诉讼法中，但民事诉讼法所赖以发挥作用的社会基础是在不断发生变化的，因此民事诉讼法的具体内容也要与时俱进，不断地调整和发生变化。民事诉讼法是技术性法律，具体的程序性规范在解释上或者运用中发生变化，就说明民事诉讼的目的观已经发生了动摇，产生了微变；等具体的程序规范在司法实践中运用起来动辄受阻，就说明民事诉讼法在整体上已经失效了，取而代之的乃是零散的各种司法解释，此时此刻，民事诉讼法的目的观已经发生了内在的变异和分裂，已经被雄辩地证明不能适应司法实践的需要了。这就是说，既定的民事诉讼法的目的观已经过时，需要一个属于新生事物的崭新的目的观将它取代，这就是诉讼目的观的历史变迁。民事诉讼法的进步和发展，就是在这种诉讼目的观的历史性变迁中获得体现的。可见，民事诉讼法目的的动态性特征，要求立法者不断地跟踪司法实践的最新趋势，从民事诉讼法的实际运用中确定其程序规范的实效性。民事诉讼法目的的动态性并不否认其相对的稳定性，事实上，它与民事诉讼法目的的稳定性是辩证地统一在一起的。稳定性为动态性提供坐标或支点，动态性为稳定性提供力量的源泉。历史上存在过的多种民事诉讼法目的观，都是在一定的历史条件下适应于某个特定国家的民事司法实践需要而产生的，都具有历史上的合理性，同时又都具有历史上的局限性。我国民事审判方式改革，推动了民事诉讼制度和机制的变革，从本质上看，也改造了我国民事诉讼法的目的观。

二、民事诉讼目的论的主要学说介评

任何一个国家的民事诉讼法学都自觉或不自觉地在研究民事诉讼法的目的观，并在民事诉讼法学发展历史上，形成了多种关于民事诉讼目的观的学说。这些学说都产生于一定的社会历史阶段，都是对该特定阶段的物质生活条件的反映，反映了人们对民事诉讼法这一特殊法律部门的价值期待。这些学说都有一定的合理性，但都不具有绝对的科学性。它们是历史的产物，都不可避免地带上历史的局限性。

从诉讼目的论产生的时序上看，其学说主要有：

第一，权利保护说。在早期自由主义思想盛行的社会，私法至上，人们认为既然国家禁止当事人通过自力救济来实现民事实体权利，就当利用民事诉讼制度来对其进行保护，因此强调民事诉讼的目的在于保护民事实体权利。

第二，私法秩序维护说。此说认为，民事诉讼制度是国家司法制度的一部分，国家设立该制度的目的主要不在于保护个别人的私权，而在于调整维持国家设立的私法秩序。

第三，纠纷解决说。该说认为，解决纠纷的民事诉讼制度早于民事实体法而存在，后者不过是经多年民事审判积累的判例及经验的总结。因此，事实上民事诉讼制度就不是为维持私法秩序而存在的，应该是以解决纠纷为目的。

第四，程序保障说。该说认为，国家设立民事诉讼制度，是为了确保当事人双方在诉讼中的法律地位平等，并在诉讼中平等地进行进攻和防御。该说进一步认为，法院不应该把诉讼过程只是作为达到判决或和解而必经的准备阶段,而应当把这一过程本身作为诉讼应有的目的来把握,只有正当的程序才是使判决或和解获得正当性的源泉。因此,法院应从"以判决为中心"转向"以诉讼过程本身为中心"。

第五,法寻求说。该说认为,民事诉讼法的目的在于由法院和当事人经过诉讼程序共同寻求法的所在,法是由诉讼程序来发现的。

第六,多元说。多元说主张,从民事诉讼制度设立者的角度看,基于法律解决纠纷是目的;而从该制度的利用人(主要是当事人)的角度看,获得权利保护又是他们的目的,这些目的不能统一成单一的目的,应当以多元的目的来表达更为恰当。因此,纠纷的解决、私法秩序的维持以及私法权利的保护,都应当被视为民事诉讼制度的目的。

在以上的各种学说中,影响较大的是权利保护说、私法秩序维护说和纠纷解决说。权利保护说的基本逻辑是:既然国家禁止了私力救济,并且通过实体法规定了纠纷主体之间的权利义务关系,那么,当这种权利受到侵害或发生争议时,国家就应当出面解决纠纷主体之间的纠纷,并且保护其所享有的合法权利。按照这一学说,民事诉讼的目的就是保护民事权利,民事诉讼仅仅是保护实体权利的手段和工具。私法秩序维护说的基本逻辑则是:法院出面解决纠纷,不仅仅是为了保护纠纷主体的权利,还有更高的目的,这就是维护整个实体法律秩序。应当说,这两种学说是有联系的:保护实体权利虽然着眼点在于维护个人的私权,但究其客观效果而言,国家通过实体法律所型构的私法秩序也必将获得维护。但是这两说也有差异:维护私法秩序含有"生成"功能,通过民事诉讼过程实现权利的新陈代谢,这就是说,为了形成和维护适应需要的私法秩序,有可能会牺牲实体权利;在实体权利的保障和私法秩序的维护之间,二者若发生冲突,则牺牲前者保全后者。但是,无论是权利保护说还是私法秩序维护说,都认为民事诉讼是保护民事权利或维护民法秩序的手段和中介,民事诉讼的目的是从先有的实体权利出发,通过确认当事人之间存在的原先的权利关系来保护实体权利或维护私法秩序。

应当认为,权利保护说和私法秩序维护说代表了民事诉讼的基本目的,只要认可实体法具有行为规范和裁判规范的功能,通过民事诉讼的过程来保护权利或维护实体秩序,就是不言而喻的效果。但这两种学说都过分强调了实体法对程序的决定作用,轻视了程序法对实体法的形成功能和能动的推动作用,忽视了程序法自身的独立价值,因此这两种学说到了第二次世界大战后,首先在日本遭到了质疑。在日本新宪法和战后民主思想的影响下,日本民事诉讼法学者兼子一先生,在1947年发表论文《我们应该回到民事诉讼法的出发点》。在这篇文章中,兼子一先生第一次提出了民事诉讼和民事审判的目的是以国家权力解决和调整私人之间纠纷和利害冲突的纠纷解决说。兼子一先生在研究古罗马法以来的民事诉讼制度发展历史后得出结论认为,在实体权利产生之前就有诉讼和解决纠纷的审判制度。近代的实体法,只不过是诉讼和民事审判经验的总结,把维护私法秩序和保护私权作为民事诉讼的目的是本末倒置的。民事诉讼的出发点和目的并不是从现有的实体权利出发仅仅确定当事人之间原有的权利义务关系,而是要解决当事人之间的活生生的纠纷。这就是纠纷解决说的基本含义。

民事诉讼也如仲裁、调停一样是解决民事纠纷的一种方式,法院审判民事案件的目的也是解决当事人之间的民事纠纷,因此之故,民事诉讼应当尊重当事人的意愿和处分权,并由此解决当事人之间确实存在争执又不能双方自愿解决的纠纷。这是以类比法立论。该说认为,发现客观真实并不是民事诉讼的目的,尤其是,即使发现了客观真实,也不见得能够解决民事纠纷。民事纠纷与刑事纠纷是不同的:刑事纠纷不能满足于纠纷的简单解决。另外,民事诉讼与其他当事人自主解决纠纷之间的区别,在于法院以国家权力来最终解决当事人之间不能自愿地解决的纠纷，并且法院作出的判决不论对当事人还是对法院都有既判力，不得对同一事项再次作出与此相矛盾的判决。民事诉讼的国家权力表现在法院只能去解决纠纷，而不能利用国家权力制裁民事主体，更不能把国家的审判权力作为民事诉讼的出发点。

可见，纠纷解决说与前二说在考察民事诉讼目的视角上有所不同：前二说首先认可实体法的规制意义，诉讼法仅仅是为了实现实体法的内容和体系；先有实体法，后有程序法；实体法是目的，程序法是手段。而纠纷解决说则认为，法院首先面临的不是实体法，而是活生生的纠纷，如何解决纠纷是法院考虑的核心问题，只要能够解决纠纷，无论何种实体法规范皆无关紧要；实体法并不是先于程序法存在的，而是程序法发挥作用的结果。可见，该说是从民事诉讼自身的历史逻辑和实践逻辑的视角来考察民事诉讼的目的，其理论价值在于重视诉讼程序自身的科学化、正当化建设，仅仅依靠实体法规范是不能有效地解决纠纷、达到民事诉讼的根本目的的。

对于纠纷解决说，日本学界一般都认为，以纠纷解决作为考察民事诉讼目的的出发点是正确的。纠纷解决说最大的贡献在于为考察民事诉讼的目的提供了一个崭新的视角，从程序角度考察法院行使审判权的目的，这就使法院从机械地执行实体法的桎梏中解放了出来，同时纠纷解决说重视了诉讼过程自身的作用，重视了纠纷主体对纠纷化解的能动作用和支配作用，重视了程序对实体的反作用，有利于发挥当事人在诉讼过程中的主体机能。

但是，纠纷解决说也有理论上的缺陷：其一，该学说在理论上不够彻底。解决民事纠纷是任何一个诉讼制度都不可或缺的功能和目的，也是基本功能和目的，不能反映特定民事诉讼制度的特殊性。其二，该学说有将诉讼目的简单化之嫌。从不同的视角看民事诉讼有不同的目的，保护实体权利和维护实体秩序也不失为民事诉讼的目的。其三，该学说在理论上也不可靠，因为它将民事诉讼与仲裁、调解等其他纠纷机制相类比，最终得出了民事诉讼和仲裁、调解等功能和目的一样的结论，这就完全忽视了民事诉讼的国家权力性质，国家权力介入民事纠纷的解决，自然要有与仲裁、调解等其他解纷机制不同的更高层次的目的。其四，该学说以历史上关于民事诉讼和民事实体法的关系为论据得出民事诉讼的进行不以民事实体法为转移的结论，这种描述不符合现代民事诉讼制度的基本运行逻辑，尤其与大陆法国家实行成文法的传统不相吻合，而且它所得出的实体法虚无化的结论也是轻视实体法基本作用和价值的表现。

至于程序保障说，其过分强调了诉讼程序的作用，否定了实体法的基本作用，因而也是不适当的。在现代，程序正义与实体正义应当兼顾。法寻求说是新兴学说，其特点是强调程序利益和实体利益并重，强调纠纷主体的主体作用，同时强调诉讼程序对实体结果的合成作用，应当说，此说有相当的说服力和启发意义。

笔者认为，多元说具有一定的合理性，因为在现代社会，各国的诉讼制度都要受多重的目的之规制，法院行使审判权，不仅仅是为了解决纠纷，还有保护实体权利、维护私法秩序等实体性作用，同时还要注重诉讼程序的保障性，注意发挥纠纷主体在诉讼过程中的能动性和决定性的推动力；此外，现代意义上的法院还肩负着立法者力所不能及的机能，要结合具体的个案，以此为契机，通过行使裁判权，形成符合社会发展规律的各种政策，并由此对立法机关和行政机关产生制约作用和引导作用。可见，现代意义上的民事诉讼制度在诉讼目的论构成上，较传统的民事诉讼制度要复杂得多。这是一个实体与程序并存的社会，也是一个个体与整体并存的社会，同时还是一个既要回顾过去又要展望未来的社会。法律在这个阶段，既要有可预见性，又要有一定程度上的朦胧性或者难预测性。对于诉讼程序所负载的这些机能，已远不能通过一元化的诉讼目的论加以解说。多元论的思维方式取得了历史所赐予的时代优势，一元论的诉讼目的观在现代为多元论的诉讼目的观所替代，已经是大势所趋。

但我们赞同多元说，并不意味着全盘接受该种学说的内容，而是有所保留的。我们接受它的思维方式，并接受其部分的合理内核。前面所介绍的多元说是有缺陷的，其缺陷表现在：多元说将各种目的并存，似乎都很重要，民事诉讼法都要加以同等程度上的重视并使之完全兑现。其实，这是一种理想主义的论调，也是一种折中主义或妥协主义的观点，而事实上，这些目的之间是有冲突的，在同一个案件中，有时可以并存，有时则会发生剧烈的冲突而必须做出选择；选择的结果必然是某一种目的观占了上风，而不可能所有的目的观都获得了司法者同等程度的青睐。多元论并没有给这种多元化的数个目的观排列先后顺序，也不可能提供一个选择的客观标准，因此，多元说貌似全面兼顾，但实际上不能解决具体问题。

我们所倡导或赞同的多元说具有两层含义：其一，通常情况下，法院行使审判权解决民事纠纷，能够而且也应当兼顾各种目的同时实现。这就要求法院面对任何案件的处理，既要在直接的目的上求得个案的妥适解决，同时也要在最终的目的上有助于良好的实体法律秩序的形成和发展，推动法治社会的建设；个案的化解在通常情况下都是以保障实体权利享有者的权利而完成的，即使通过调解解决纠纷，也是权利人自由处分自己实体权利的结果，这种处分权的行使体现了实体权利的完整实现；权利人实现了自己的实体权利，义务人必然也被规定了自己的实体义务，权利义务的同时实现，自然也维护了实体法秩序，对社会一般民事主体便产生了实体意义上的导向和疏导作用。这里存在着一个直接目的和最终目的之关系问题。这个内容也是前述多元说的合理内核。其二，民事诉讼的主要目的是因案而异的。现代社会，各种民事纠纷纷繁复杂，而每一种民事纠纷所负载的社会意义或社会功能是不尽一致的，有的完全属于个人之间的私权纷争，有的与第三人乃至与不特定的多数人相关，有的则与国家利益或社会公益有密切的联系。比如说民间借贷纠纷案件、一般的商事案件，就完全属于私人之间的纠纷，与其他人的关系不大；人事诉讼案件，如离婚、抚养等案件，则往往涉及第三人的合法权益；环境污染案件、反垄断案件、反不正当竞争案件、国有资产流失案件等，则涉及国家利益或社会公益。这些不同类型的案件，虽然都要通过同一部民事诉讼法加以解决，但民事诉讼法对解决它们所设定的目的是不能统一化的，否则就会出现国家干预过分或者私权过于自治的病理现象，而且对有些诉讼原则或规则不好设计。举例言之，对于现代所讨论的公益诉讼，提起该类诉讼的主体是多元的，既可以是直接的利害关系人，也可以是符合条件的社会组织，还可以是代表国家行使公权力的检察机关。为什么这类纠纷就可以由与案件的结果没有直接联系的社会组织乃至由国家检察机关来行使诉权呢？其原因就在于该类诉讼的目的观有所不同，对于这类诉讼，法院行使审判权的目的不仅仅在于化解纠纷，更重要的在于维护私法秩序或公益秩序，形成适当的社会政策。再如，《民事诉讼法》第 67 条规定，人民法院在审理案件的过程中，如果认为有必要，可以依职权主动调查收集证据。所谓"有必要"，其中一种情形是指涉及可能有损国家利益、社会公共利益或者他人合法权益的事实。立法者和司法者之所以要确认法院在这些情形下，有必要依职权调查收集证据，也是基于解决纠纷和保护实体权利以外的其他目的。只有在这种特殊目的观的指导下，立法者才能在民事诉讼法中确定其特殊的程序规则，否则的话，就会发生具体规则在诉讼目的观上的矛盾和冲突，这就违背了民事诉讼目的应当贯彻民事诉讼立法始终的基本原理。

三、我国民事诉讼法的目的

《民事诉讼法》第 2 条规定："中华人民共和国民事诉讼法的任务，是保护当事人行使诉讼权利，保证人民法院查明事实，分清是非，正确适用法律，及时审理民事案件，确认民事权利义务关系，制裁民事违法行为，保护当事人的合法权益，教育公民自觉遵守法律，维护社会秩序、经济秩序，保障社会主义建设事业顺利进行。"这被认为是我国民事诉讼法目的的立法根据。

需要指出的是，"民事诉讼法的目的"这个名称并没有在立法上得到明确的使用，立法使用的是"民事诉讼法的任务"这一说法。"民事诉讼法的任务"这一说法是超职权主义诉讼模式下的产物，显而易见，民事诉讼法的任务带有一定的行政色彩和政策元素，如果说"民事诉讼法的目的"具有指示性或倡导性的话，那么，"民事诉讼法的任务"则更强调它的强制性或命令性。但二者的含义基本相近，都是立法者对民事诉讼立法本身以及司法者的司法提出的具有指导意义的根本理念。目前随着审判机制和诉讼模式的改革，理论界和实务界一般都不再提"民事诉讼法的任务"，而用"民事诉讼法的目的"这样的说法取而代之。民事诉讼法的目的论业已成为我国民事诉讼法学理论体系的基本范畴之一。

要对某个国家在特定历史时期的民事诉讼法的目的作出理论上的抽象和概括，必须同时考察三个层面的内容：一是立法者公然昭示的或宣称的民事诉讼法的目的；二是民事诉讼法规范中的具体规定和内容；三是民事司法实践中司法者的行为模式及其所形成的审判机制。应当说，我国现行民事诉讼法在目的观的集中表达和具体体现两个方面基本上是相呼应的，体现了民事诉讼立法技术的成熟性。但是同时又要看到，司法实践前后变化相当快，在民事诉讼法颁行的初期，司法实践中体现的目的观与立法目的观是保持一致的，但随着民事审判方式改革的深入推行，民事诉讼法的现行规定已经明显地有了滞后性，民事司法中体现的诉讼目的观与立法目的观之间产生了距离。如何从理论上总结司法实践中体现出来的诉讼目的观，并以之为指导修订民事诉讼法的现行内容，从而使立法与司法在目的观上保持一致，成为一个重大研究课题。

根据现行民事诉讼法的规定，我国民事诉讼法的目的主要表现在以下五个方面：

（一）保护当事人行使诉讼权利

保护当事人行使诉讼权利作为民事诉讼的目的之一被明确提出来，并将它规定在诸目的之首，这首先要归功于1991年《民事诉讼法》的明确增设；在新中国第一部民事诉讼法，也即《民事诉讼法（试行）》中，并没有规定此目的。这说明，立法者开始重视当事人所享有的诉讼权利了，改变了过去长期存在的"重实体、轻程序"的习惯观念，应当说，这是一大进步。

《民事诉讼法》第1条便规定"中华人民共和国民事诉讼法以宪法为根据"。这说明，民事诉讼法中关于当事人诉讼权利以及其他诉讼权利的规定，都是宪法性权利的具体化表现，宪法是民事诉讼权利的根本保障。诉讼权利也是人权的一个体现，人权在民事诉讼中具体化为各种诉讼权利，因此，保护各种诉讼权利，就是保障民事诉讼中的人权。民事诉讼权利也具有充分性的特点，它们在诉讼的各个阶段均有所体现，民事诉讼程序就是由各种诉讼权利及其现实化联结起来的，缺少了诉讼权利，民事诉讼程序就缺少了灵魂。民事诉讼权利也是可以选择行使的，是否行使某种诉讼权利，概由诉讼权利的享有者自由决定，任何人不得干涉，可见，诉讼权利是对诉讼自由的保障。诉讼权利的基本功能是确保当事人实体权利的实现，当然，它自身也有独立的价值。现代民事诉讼就是以诉讼权利为本位而建构的，法院行使审判权要以尊重当事人行使诉讼权利为前提，同时，对于当事人所享有的诉讼权利，法院也要提供机会和条件使之能够得到充分行使。《民事诉讼法》第8条规定"人民法院审理民事案件，应当保障和便利当事人行使诉讼权利"。这里的"保障和便利"包括物质保障、机会保障以及法律知识保障等内容。比如说法院对当事人行使诉讼权利，要充分、及时阐明，否则，如果因为当事人不知道如何行使诉讼权利而致使该项权利最终落空，该项审判应视为程序严重违法而被认定为无效审判。

（二）保证人民法院查明事实，分清是非，正确适用法律，及时审理民事案件

对于摆在面前的民事纠纷，只要当事人坚持要求加以解决，法院都必须适用法律作出裁判，化解民事纠纷。法院作出裁判有一个基本的逻辑步骤：首先是查明事实，然后是寻找和解释法律，并将事实与法律对应起来，最后作出法律上的结论。这就是通常所说的"司法三段论"。

法院欲正确地认定事实，必须依赖证据。为此，《民事诉讼法》专设第六章"证据"，具体的内容包括证据的种类、证据的效力、证据的提供与收集、证据的审查判断等。最高人民法院为此还专门规定了一个集大成式的司法解释，即《证据规定（2002年）》。同时，在民事诉讼法所规定的各种程序中，也规定了对证据的提供以及辩论等程序，法院在裁判文书中也要载明认定事实的根据。

《民事诉讼法》第7条规定："人民法院审理民事案件，必须以事实为根据，以法律为准绳。"这里的"以事实为根据"，实质上就是以证据以及对证据的判断为根据。只有查明了事实，案件中体现的是非曲直才能见分晓。是非曲直不是对案件事实的道德判断，而是法律判断，也就是何方当事人享有权利，何方当事人负有义务。

只有正确地认定了事实，才能准确地适用法律。适用法律以事实认定为前提，事实认定以法律适用为归宿。适用法律的过程，是将法律的一般规定具体落实到特定案件的解决中去的过程，是一个由一般性到特殊性的转化过程。这个过程的完成，需要借助于司法者的逻辑思维，司法者在此过程中，不可避免地拥有法律解释的职能。所以，司法者在适用法律时，首先应当解释法律，然后再将法律规范运用到具体案件的解决结果之中。

及时审理民事案件，是对司法效率的要求。所谓"迟到的正义是对正义的否定"，就是要求司法者尽快解决民事案件，唯其如此，才能节省当事人的诉讼成本，同时也节省了司法成本，使当事人感觉到利用诉讼来解决纠纷是合算的，而不是得不偿失的。为此，《民事诉讼法》第七章第一节专门规定了"期间"，要求当事人及其他诉讼参与人要在法定的或法院指定的期间内实施诉讼活动，否则就可能不会产生应有的法律效果。同时，民事诉讼法还对法院行使审判权规定了"审限制度"，要求法院原则上必须在法定的审限之内完成对特定案件的审判。

民事诉讼法所确定的这一目的，与国际上通行的以及时公正高效解决纠纷为基本内容的立法目的观是非常接近的，这说明，民事诉讼法的目的具有一定程度上的共同性或普适性。

（三）确认民事权利义务关系，制裁民事违法行为，保护当事人的合法权益

民事纠纷一经法院行使裁判权获得解决，便相应地产生了"确认民事权利义务关系，制裁民事违法行为，保护当事人的合法权益"的效果，因此，民事诉讼法的这一项目是与前一个目的联系在一起的，也可以说是同一个目的的两个方面：前者偏重于行使审判权的过程，后者偏重于行使审判权的结果。

民事诉讼法所要达到的目的之一就是确认民事权利义务关系。任何民事纠纷的发生都缘起于纠纷主体对权利或权益的主张在认识上不一致或存有分歧。因此，法院要解决纠纷，就必须使这种发生动摇的民事权利义务关系再次得到稳定，从而实现恢复正义的目的。对于这种权利义务加以确认的结果表现在相辅相成的两个方面：权利的享有者被判定为权利的存在，义务的负担者被判定为义务的存在。一般来说，在法律权利义务关系有立法上的依据时，这种判定是

比较容易的，这是民事司法的常态；但在特殊情形下，纠纷主体所争执的利益关系在法律上找不到直接的根据，而根据法律的原则和精神，这种利益必须加以维护。在这种情形下，民事诉讼法的此目的就表现为对民事利益关系的确认，这反映了民事诉讼法所具有的生成实体权利的功能，同时也说明，法院行使审判权不以实体法有明文规定为前提；即使在实体法没有明文规定的情形下，法院也要对特定的纠纷作出裁判，而不得以此为理由拒绝司法。

民事权利义务关系加以了确定，就意味着权利者享有了权利，义务者负担了义务。义务者所负担的这种义务，在一定意义上说，就意味着其民事违法行为受到了制裁。如果实体法明确规定该种违法行为要受到多倍损害赔偿的惩罚，则法院通过行使审判权对该违法行为的惩罚意义就名实相符了。可见，制裁民事违法行为也是贯彻落实实体法的表现，而不是指法院依据民事诉讼法的规定实施此种制裁民事违法行为。法院依据民事诉讼法实施制裁的行为，是妨碍民事诉讼程序的违法行为，对该种行为所实施的惩罚表现为各种形式的强制措施，这与制裁民事违法行为的诉讼目的是两个概念。

至于保护当事人的合法权益，则是法院行使审判权，对民事权利义务关系加以确认的必然结果。民事权利义务关系获得了确认，民事权益便获得了保护。可见，确认民事权利义务关系，其结果在权利的享有者乃是保护了合法权益，在义务的负担者便是制裁了民事违法行为。

（四）教育公民自觉遵守法律

法律本身就是一部极好的人权教科书，通过法律，人们可以了解、明确其享有什么权利，负有什么义务，法律倡导什么、鼓励什么，而又禁止什么、劝阻什么。通过民事诉讼，法律的这种教育意义便更加鲜明地得到体现。民事诉讼法中的许多规定都是有助于此目的之实现的，比如在合议庭的组成上实行人民陪审员制度，使普通的公民可以参加实际的审判，在这种活生生的审判实践中，公民所受到的法治教育效果是非常明显的。可以说，开庭审判就是一堂生动的法治宣传教育课，其中，当事人、旁听者、采访者以及其他诉讼参与者，都可以受到不同程度的法治教育。对当事人而言，是一种特殊的法治教育；对社会上的一般群众而言，则是一种一般的法治教育。此外，裁判文书的公开化、法院对生效法律文书的强制执行等，也有法治宣传教育之功效。

（五）维护社会秩序、经济秩序，保障社会主义建设事业的顺利进行

法律属于上层建筑的组成部分，对于经济关系自然有保障功能。通过法律的实施，社会秩序和经济秩序等都得到了维护，在这其中，民事实体法和民事诉讼法具有同等的重要性。民事诉讼法得以贯彻落实的过程，就是民事纠纷得到公正解决的过程；民事纠纷得到公正解决的过程，也就是社会秩序和经济秩序得到了捍卫、正义得到了实现的过程；社会秩序和经济秩序得到捍卫，社会主义建设事业便可以顺利进行。应当说，民事诉讼法的这些目的观在逻辑上是可以循环的，也是环环相扣的。

四、诉讼目的论简评

《民事诉讼法》第2条所规定的目的观，如果用前面介绍的学说来衡量，唯有多元说才在外观上与之有类似之处，其他几种学说，都不完全契合。比如私权保护说，它强调民事诉讼以保护纠纷主体的实体权利为己任，至于其他目的，则并不关心。而我国民事诉讼法所规定的"任务"则是多方面的，尤其强调私权保护以外的功能。私法秩序维护说相对私权保护说稍微接近一些，但我国民事诉讼法并不仅仅强调维护实体法律秩序，它还有超越于法律秩序以外的

考虑。程序保障说所倡导的程序本位意义，在我国民事诉讼法的目的观的结构中，并不占有突出位置，它仅仅是强调要保障当事人的诉讼权利而已。纠纷解决说也不贴切，解决纠纷无疑是我国民事诉讼法的基本目的之一，但除此之外，我国民事诉讼法还有更多的目标追求，而并非仅仅限于解决纠纷。其他诸如法寻求说等，由于我国并不实行判例制度，因而也不能用来解说我国民事诉讼法的主流目的观。

事实上，从我国民事诉讼法的任务中可以看出，我国民事诉讼法所希望实现的目的是多个方面的：其一，尽量保护当事人的诉讼权利，体现当事人在诉讼过程中的主体性；其二，解决纠纷，保护当事人的合法权益；其三，通过解决纠纷，维护稳定；其四，维护社会秩序、经济秩序，为社会主义建设事业保驾护航。这些目的，在重要性上，先后次序刚好是相反的。这在立法的具体规定上以及司法实践的倾向性上可以看出来。因此，我们认为用多元说来表述我国民事诉讼法的目的观相对而言是较贴切的，当然，这是中国特色的多元说，而不是传统的多元说。

第三节 民事诉讼价值论

一、价值论概述

研究民事诉讼程序的价值，首先要了解"价值"这个一般概念的含义。"价值"作为哲学上和一般社会学上的概念，说明的是主客体之间的关系，是客体能够满足主体生存和发展的需要的一种性能。这种性能是潜在的，只有在与主体的关系中才显现出来。一种对象、客体，能够满足主体的需要和利益，对主体即是有用的、有价值的。因此，可将价值理解为客体对主体的有用性或功用性，或者是客体对满足主体需要具有的积极意义。价值既决定于价值载体，即客体的性能，又决定于主体的需要。客体离开主体的需要就没有价值，需要的变化最终会引起价值的变化。

民事诉讼程序是有价值的，因为它作为人类理性的产物，是由人们根据自身的需要设计出来的一个"客体"。这个客体能够满足设计者的需要。立法者之所以要花费大量的立法资源和成本去建构一个科学合理的诉讼程序，原因就在于这种诉讼程序能够满足立法者的需要，同时也能够满足诉讼程序利用者的需要。在此意义上，人类历史上出现的任何类型的民事诉讼制度及其程序都是有价值的，只不过这种价值具有相对的历史合理性和局限性。各国的民事诉讼程序之所以不同，一个很大的原因就在于各国诉讼程序的利用者的需要不同。公民提起诉讼，他对程序的期望值是不同的，这种不同，会因国别和时代而发生差异。某个社会中的人们对诉讼程序提出的主流需要，便成为民事诉讼程序价值的客观基础。从这个意义上说，价值既是主观的，也是客观的。

我国民事诉讼程序的价值论是学术上的一个崭新课题，因为我国民事诉讼法学从来都以法条注释为己任，并不关注理论法学的建设，作为理论法学组成部分的价值论也长期未受到应有的重视。随着社会转型的进行，我国民事诉讼法学的理论性有所加强，同时也带有较明显的批判色彩，在这一过程中，民事诉讼程序的价值论应运而生，并发挥了极为重要的作用。研究民事诉讼程序的价值论，有利于通过对价值论的比较研究，揭示我国民事诉讼法中的不足和缺陷，指导民事司法的顺利进行，同时对民事审判方式改革乃至司法改革中出现的各种举措及改革方案，从价值论的高度进行审视和检讨，由此保留其有价值的成分和因素，摒弃其不符合程序价值论以及民事诉讼发展规律的内容，在此基础上，为民事诉讼法的修改提供指针和依据。

二、民事诉讼价值论的发展规律：从一元论到多元论

在我国民事诉讼法学的理论研究中，可以很明显地看出，我国民事诉讼程序价值观曾发生过并正在发生着从一元论到多元论的转变。长期以来，我国民事诉讼程序的主流价值观一直认为，民事诉讼程序的价值就是为实体法服务，就是实现实体法的内容，并由此维护实体法律秩序。与实体法相比，程序法是工具，而实体法是内容；程序法是从实体法中派生出来的，它们之间是形式和内容的关系。这种价值观有两个特点：一是认为程序法的价值甚至唯一的价值就是保障实体法的实现，二是认为程序法自身不存在独立的价值。这种价值观被称为"程序工具主义的价值观"。

程序工具主义的价值观是原始的价值观，它是在奉行实体法至上以及实体法高度发达的基础和背景下产生的，其本质是否认程序法自身有独立于实体法的价值，认为程序是附属于实体法的法律，它本身缺乏独立性。一个诉讼程序是否有价值，关键就看它的实行能否有利于实体法所规定的内容的实现；如果能够确保实体法的内容完全实现，则说明该特定的诉讼程序是有价值的；如果它仅能在部分情况下保障实体法的实现，则说明该特定的诉讼程序仅具有局部的价值；如果它无论在何种情况下都不能体现实体法的精神并实现实体法的内容，则说明该特定的诉讼程序是无价值的。因此，一个诉讼程序是否具有价值，完全取决于它能否兑现实体法的内容。可见，程序工具主义价值观和实体本位主义价值观是同构的，是一种说法的两个方面。同时，程序工具主义价值观的注视点在诉讼程序的结果，因而也可以称之为"结果公正的价值观"。

显而易见，程序工具主义的价值观虽然揭示了诉讼程序的基本功能，但它忽视了诉讼程序的自身独立的价值，同时还忽视了诉讼程序对实体法的能动性价值，因而这种价值观是有局限性的，需要与时俱进地加以扬弃。

取代程序工具主义价值观的乃是多元论的价值观。多元论的价值观认为，民事诉讼程序的价值至少包括三个方面：一是程序的公正性，二是结果的正确性，三是诉讼的效率性。第一种价值可以简称为程序公正，第二种价值可以简称为实体公正，第三种价值则可简称为诉讼效率。程序公正与实体公正可以合称为公正价值。因此，概括起来说，民事诉讼程序价值主要有两个：公正与效率。

美国哲学家罗尔斯在其著《正义论》中说，公正是社会制度的首要价值，正像真理是思想体系的首要价值一样。民事诉讼程序是社会制度的组成部分，因而公正也是民事诉讼程序的首要价值。正是在这个意义上，可以认为公正是诉讼程序的永恒的内在生命。民事诉讼程序的公正价值表现在实体公正和程序公正两个方面，实体公正和程序公正构成了民事诉讼程序公正价值的全部内容。

三、民事诉讼的工具性价值：实体公正

实体公正是民事诉讼程序的工具性价值，也是民事诉讼程序的外在价值，它主要包括两个方面的具体内容：其一，实现实体法的内容和精神。为了实现实体法的内容和精神，就要做到对案件事实的准确认定和法律规范的正确适用，并在此基础上，将事实认定与规范认定结合起来，形成正确的裁判。其二，通过实体法的实现，达到型构良好实体法律秩序的目的。通过对

个案的正确解决，实体法律秩序也就得到了维护。维护实体法律秩序也是民事诉讼程序所要实现的工具性价值。可见，实体公正的本质在于对照实体法的现实规定，特定的裁判结果完全符合实体法的要求和标准。如果裁判的结果偏离了实体法的内容和精神，则实体公正的价值便不能谓已然获得了实现。实体公正价值是民事诉讼程序的基本价值，民事诉讼程序若失去了这个价值，则其他价值的实现便无从谈起或者说便毫无意义。

四、民事诉讼的目的性价值：程序公正

程序公正是民事诉讼程序的内在价值或目的性价值，也即民事诉讼程序自身的固有价值。由于程序公正是独立于诉讼结果的公正，也是诉讼程序自身过程中体现出来的公正，因而也被称为"过程的公正"。诉讼程序如何设计、如何建构就可以达到公正所提出的要求或标准了呢？一个公正的诉讼程序需要具备怎样的基本品质和要素？对此，不同的历史阶段、不同的国家、不同的诉讼制度，给出了不同的答案。诉讼程序的公正性并无永恒的、唯一的、绝对的标准。也正因如此，理论上对程序公正提出了不尽一致的衡量标准，但主要而言，在现代社会，程序公正与否取决于它是否具备以下诸要素：

（一）法官的中立性

法官的中立性是民事诉讼的本质要求，民事诉讼程序从其产生之日起就以等腰三角形的结构为基本的逻辑形式，法官的中立性要求可以说是民事诉讼与生俱来的。法官的中立性就是要求法官在审理案件过程中，始终在当事人两造之间保持客观的、不偏不倚的位置，不对任何一方当事人具有偏见或者特别的偏好，同时裁判者与案件的实际结果也无直接利害关系。法官的中立性是程序公正的前提条件，失去了法官的中立性，程序公正就无从说起。我国民事诉讼程序也体现了法官中立性的要求，如回避制度、法官合议制度、上诉制度以及对当事人诉讼权利平等保护的原则等规定，都为法官的中立性提供了制度保障。

（二）当事人的平等性

民事诉讼是关于私权纠纷的诉讼，当事人在私权纠纷中的地位是平等的，因而在民事诉讼中，这种平等性也保持不变。当事人诉讼地位的平等性表现在无论是主动提起诉讼的原告还是被动应诉的被告，其所享有的诉讼权利应当是一致或者是对应的，而不应有所偏重或失衡。当事人诉讼地位的平等性，与法官的中立性是有联系的：只有法官保持了中立，当事人之间的平等地位才能得到体现和保障；当事人的平等性也有助于法官保持中立，并且意味着当事人的任何一方与法官之间的距离是等同的，而无亲疏远近之差。当事人的平等性同时也意味着法官适用法律上的平等性，在法律的适用上，包括法律的解释和阐明权的行使上，应当不分原告、被告而一律平等。

（三）程序的可参与性

程序的可参与性是指当事人对诉讼程序应当能够有充分的机会参与其中，发挥其应有的影响力或决定性作用。当事人的平等性体现为当事人之间的关系，他们在诉讼地位上平等是其能够积极参与诉讼程序的必要条件；但是，仅有平等性尚不够，其所享有的诉讼权利应当同时是充分的，只有具备了充分的诉讼权利，当事人实施诉讼活动才能对诉讼的结果产生富有意义的影响，诉讼的结果方能在当事人充分地参与下形成。可见，程序的参与性反映了当事人与法官之间的关系，实际上反映了法官与当事人在诉讼作用上的分工，同时也体现了当事人对法官的制约性。

（四）程序的公开性

"公开、公平、公正"是互有联系的：公开是对公正、公平的保证，公平、公正是公开的结果。现在提出的"阳光下的司法"，就是指程序的公开性。程序的公开性是指将诉讼程序的全部过程，除依法保密的内容外，应当一律向当事人以及社会一般群众公开，并且允许新闻报道。阳光是最好的防腐剂和杀菌剂，在公开的场合下进行公开的司法，有利于保证当事人平等地行使诉讼权利，也有利于引进社会的力量对诉讼过程实施有效的监督。公开审判已经几乎没有例外地成为现代各国民事诉讼程序的一项基本原则。《民事诉讼法》第10条对此作出了明确规定，并且也有切实的措施保障该项原则的贯彻落实。

（五）程序的安定性

民事诉讼程序是各方主体同时参与运作的一个综合性过程，程序的安定性是这个过程的又一个基本要求。程序的安定性具有三层含义：其一，民事诉讼程序本身要具有可预测性。当事人依照民事诉讼法的规定实施诉讼行为，追求其所期望的诉讼效果，这意味着诉讼程序应当事先明文规定，法官对诉讼程序的解释也要具有合理性。其二，诉讼行为实施后，便会产生相应的诉讼效力，这个效力不能任意地予以否认。其三，诉讼程序结束后，法院由此作出的裁判，对当事人以及法院自身都有拘束力，不能任意推翻。程序的安定性是程序公正的保障性要素，缺少程序的安定性，不仅公正的程序难以实现，同时也无法体现出程序的权威性。

五、民事诉讼的又一价值：诉讼效率

如果说公正是诉讼程序的最高价值，那么，效率或许应被视为诉讼程序的第二位价值。对法律效益的研究是近30年来西方法律学的主要趋势，这一方面是因为资源优化配置越来越成为人类社会生活的根本主题，另一方面也同西方法律学与经济学的融合以及在此基础上法律经济分析方法的运用有直接联系。事实上，投入与产出，是诉讼程序所无法回避的机制；效率所考虑的问题是，诉讼投入与诉讼产出应当有合理的关系。诉讼产出是指法院作出的公正的裁判，法院为了作出一个公正的裁判，需要花费多大的精力、多少时间以及多少金钱费用，也就是说，要花费多少成本。成本越低，诉讼效率就越高；成本越高，诉讼效率就越低。诉讼效率这一诉讼价值的提出，就是为了提示人们，在追求诉讼结果的公正以及程序的公正之时，要考虑到诉讼的成本，也就是要使诉讼划得来、合算。

诉讼效率与诉讼效益是两个经常被同时提起的概念，它们之间实际上是包含与被包含的关系：诉讼效益是一个偏重于经济成本与经济收益的概念，而诉讼效率则不仅仅考虑经济成本与经济收益的关系，而且还考虑诸如时间、精力等与经济无直接关系的因素，同时，诉讼效率还考虑诉讼程序的有效性或实效性。因此，诉讼效益是诉讼效率的构成要素。诉讼效率包括经济成本与经济效益的关系、时间成本与时间效益的关系以及其他的投入与产出的关系。这些在诉讼中需要投入的各种成本概称为"诉讼成本"。要提高诉讼效率，必须降低诉讼成本；诉讼成本提高了，诉讼效率便降低了。提出诉讼效率的程序价值，主旨在于实现诉讼程序的高效率。

诉讼效率的问题可以从不同的角度加以考察。首先，从诉讼主体的角度看，有当事人的诉讼效率和法院的诉讼效率之分。在这其中，法院的诉讼效率是矛盾的主要方面，法院的诉讼效率决定着当事人的诉讼效率。其次，不同的诉讼阶段，有不同的诉讼效率。实行一审中心主义的国家，一审的诉讼效率较低，但其上诉审的效率会有所提高；实行二审中心主义的国家，一

审诉讼效率会提高，上诉审的效率则会降低。审前程序的效率提高了，庭审程序的效率会降低；庭审程序的效率提高了，审前程序的效率会降低。因此，提高诉讼效率，是指整体地提高诉讼效率的总和，而不是指提高哪一个诉讼阶段的效率。审判程序的效率提高了，但如果执行效率低，则诉讼效率也不会提高。最后，立法效率与司法效率也处在辩证的关系中。英美法国家实行判例法，立法机关的立法任务轻，立法可谓高效率，但其司法则因过分强调正当的法律程序，而难以提高效率。大陆法国家则在司法效率上有所提高，但其立法效率则偏低。这说明，我们不能简单地比较诉讼程序的效率，而应当将其放在整个法律体系的建构及其运转上考虑。

六、诉讼公正与诉讼效率的辩证统一

公正与效率是民事诉讼程序的两个基本价值，也是司法机关处理案件所面临的两大永恒主题。这说明，公正与效率是民事诉讼程序所极力追求的两个理想目标。

一般情况下，公正与效率是能够协调的，是能够在同一个案件解决中同时获得实现的。事实上，公正与效率虽然是两个相对独立的价值，但它们始终是互为依存的：离开公正谈效率，这个效率是毫无意义的，因为仅仅追求解决案件的速度和节省解决案件的成本，并不是民事诉讼的目的所在，民事诉讼的目的是能够准确地、正当地化解纠纷主体之间的纷争，是使民事纠纷得到彻底化解。如果民事纠纷不能公正地解决，当事人之间纠纷虽然在形式上得到了裁断，但实际上还是继续存在于纠纷主体之间。纠纷未能公正解决的效率是没有任何价值可言的，结案率再高，也是一个自欺欺人的数字。反过来也一样，如果没有效率，公正也无从说起。试想，如果一个案件拖延了数年才解决，这样解决的结果可能既准确地认定了案件事实，又正确地适用了法律，并由此作出了恰当的裁判，但这样的裁判可能毫无意义或者至少意义大减。当事人为此花费了大量的时间和精力、财力，同时法院也因此被占用了大量的司法资源，不仅当事人和法院在这个案件解决中都感觉到成本过高甚至得不偿失，而且对社会上的其他纠纷主体而言，也制约了他们使用法院的机会和时机。由此来看，公正和效率只有同时兼顾，它们各自的实现才有意义，否则牺牲一个而实现另一个，这另一个看上去业已实现的价值实际上也没有实现。也就是说，公正和效率是一而二、二而一的关系，是一个事物的两个方面，它们俱损俱荣，要么全部实现，要么一个都实现不了。正是在这个意义上，法界才有这样一句谚语："迟来的正义非正义"；也才有这样一种说法：效率也是公正的一个构成要素，缺乏效率的公正是不能成立的。

七、程序公正与实体公正的有机融合

如前所述，在程序工具主义的指导下，实体公正被认为是公正的全部含义，程序仅仅是工具，它只有科学与否、合理与否的分别，而无所谓公正与否的问题。但是，这样一种理论主张随着程序本身的价值逐步获得重视，显得落后于时代的基本需求了。因此，程序公正的内涵被纳入公正的概念之中：公正不仅包括实体公正，还包括程序公正。

对程序公正和实体公正的关系可以在三个层面上理解。第一个层面：在理论上，程序公正和实体公正是能够并存的，它们分别具有各自独立的公正的判断标准。因而，只要诉讼结果满足了实体法的要求，就可以说该诉讼程序实现了实体公正；同时，只要诉讼过程满足了程序法的要求，也可以说该诉讼程序实现了程序公正。在这里，公正还原为合法性。在这个层面上理解程序公正和实体公正的关系，我们可以得出这样两个结论：其一，公正就是严格依法办案；

其二，程序公正和实体公正应当同时实现。这是人们的理想追求。

第二个层面：从运作的逻辑上说，程序公正对实体公正具有决定性意义。因为实体公正对个案来说，乃是被司法者把握住的一般公正的具体化，这个被把握住的具体公正，是否是真正的公正，不经过公正的程序是无权得出这个结论的，只有经过公正程序的司法者，才有资格得出结论说：该案的实体公正被体现出来了或者被我把握住了。可见，实体公正是否实现，虽然答案在实体法中客观地存在，但未经历过公正程序的人是不能认识到它的。因此，在这个意义上，程序公正决定实体公正这个命题是能够成立的。在这个层面上理解程序公正与实体公正的关系，给我们带来两个启示：其一，实体公正是抽象的、难以捕捉的，程序公正是具体的、可以衡量的，因而我们应当着重于程序公正的法治建设，毕竟，程序公正是法治社会的基石；其二，程序公正不仅仅是过程的公正，更重要的它还是司法者的公正，因此，程序公正与司法公正在内涵上是同构的、等值的。

第三个层面：在日常的生活观念上，人们更加重视实体公正，认为实体公正优越于程序公正。这一点在我国表现得尤为明显。这说明，程序公正的重要意义还没有被人们充分地认识到，程序公正的法治建设及其在司法中的实现，还需要一个漫长的历史过程。在这个层面上理解程序公正与实体公正的关系，需要我们在程序法治的建设过程中，尽量减少对实体公正有明显或直观影响的程序规则，比如说，对非法证据排除规则，就应当对其中的"非法"作出严格而狭义的解释和限定，而不宜作过于宽泛的理解；再如，对举证时限的规定，也应当从实际出发，既要有举证时限方面的有意识促进，又要具体问题具体分析，不宜对当事人的举证时限作过于严格的要求。我们始终要知道，程序公正的意识培育以及相关制度建构，是一个渐进的过程，不可能一蹴而就。

第四节　民事诉讼程序正义论：价值论的深化

一、程序的哲学意蕴

研究和设定程序需要有哲学观的指导。哲学观不同，所建构的程序以及所追求的程序正义的目标，也必然有所区别。从最广泛的意义上看，程序是指一定的运动过程及其构成运动的单子或因素之间的内在关联的总和。从这个概念看，任何物质或现象在时间和空间中的延续和伸展，皆是程序。程序的基本要素就是时间和空间，在程序中，时间和空间不可分离，融而为一。这种意义上的程序可以提供给我们一定的启示，即程序总是在一定时间内，在一定的场所存在的运动或活动，程序是无所不在的，考虑世界上的任何事物都要用程序的观念。我们在追求一定的结果时，也要始终考虑它必须经过一定的程序，任何结果的产生都要允许有一定的过程和程序，而反对任何武断和专横。无程序就无事物本身，程序是事物的存在方式。自然界依靠程序而存在和变化，社会界依靠程序而存在和发展，人的思维也依靠程序而认识世界，程序因此又成为方法论。由此可见，程序在广义上说明了世界的整体，同时又说明了世界的解构和整合，说明了世界的动态和意义。程序既是世界观，又是方法论；程序是本体，又是通向本体的途径。

但是，最广泛意义的程序仅仅提供给我们哲学上的观念，提供给我们认识世界本来面貌的一把入门钥匙，提供给我们一个关于世界整体的分析框架。这种宽泛意义上的程序观还需要进一步解剖它的构成因素以及联系方式、运动方式，同时还需要分析程序的功能或程序遗留给世界的痕迹和效应。程序前的概念、程序中的概念以及程序后的概念都需要我们分析和容纳。我们要关注程序的上下左右，正是这些周边因素刻画了程序的框架和面貌，界定了程序的意义和价值，描述了程序的功能和作用，所谓的程序机制也是在它们的作用和影响下而形成的。在这个意义上说，程序又是一个社会的概念、动态的概念和历史的概念。

程序需要分类。程序的类型化研究是深化认识程序的本质的必然要求。程序从大处分可以分为自然界的程序、社会界的程序和思维规律的程序，但只有社会界的程序才与我们的考察有关。社会界的程序又可以分为受法律调整的程序和法律调整外的程序。法律调整外的程序广泛存在于社会生活之中，宗教、礼仪、习俗、伦理规范、日常生活秩序等均属于这样的程序。受法律调整的程序便是我们所言的法律程序。从自然法和实定法以及现实主义法学的观点来看，受法律调整的程序又可分为应然的程序和实然的程序。应然的程序是理想中的程序，是永恒意义上的程序，是自然法所观察的程序，也是实然程序的追求目标和发展方向，它能够启迪实然程序不断趋于完善。实然的程序即为现实中客观实在的程序。它又可以分为停留在实定法层面的静态的程序或纸面上的程序和在实际法律生活中运行中的程序或实践中的程序。法律上的程序是为立法者所期待和把握住的程序，它需要借助于一定的法律实施机制化为现实，落实到具体的法律实践中去，但在这个时点，它还只是停留在理念阶段的抽象程序，有着化为现实的实际冲动。实践中的程序是具体法律实现过程中客观使用和运行的程序，其渊源不仅有实定的法律，也有实际的需要。所以，同实定法上的程序是静态的程序有所区别，实践中的程序是活的程序、运动的程序和起实际作用的程序，它有合乎实定法的一面，也有与之背离的一面，二者并不完全相等。存在于法律程序和实践程序之间的区别，一方面说明实践程序始终带有一定程度的无序性、任意性和偶然性，另一方面又可以在一定程度上说明实定的程序具有某种片面性、局限性和滞后性。实践中的程序需要上升到规范的层面，法律上的程序需要不断修改和完善，以应实践和时代的需要。毕竟，实践的需要是法律程序得以创设和不断趋于完善、健全的根本动因。

法律程序从实定法的意义上看便是经由法律所关注、法律所调整并由法律上升为法律规范的程序。它介于理想的程序和实际的程序之间，起着上贯下行的作用。我们所观察、所研究、所要加以改造和完善的程序，便是实定法层面的程序，是立法所确立的程序，是纸上的程序，而改造它的最低目标是，在自然法程序的启示下，在实际程序的刺激和催促下，使之尽量地符合实际的需要，并引导实际的程序实现其本来目标，达到其应有的效果，满足人们在各方面的需求。改造它的最高目标是实现自然法程序、实际的程序和实定法上的程序的完全融合，实现它们的三位一体，使它们彼此之间难以区分。这是法律程序完善化的最高境界，是人类社会的永恒追求。也正是由于这个最高目标始终存在，法律程序的理论才如此充满魅力和争议，才成为人们自法律形成以来一直探讨和关注的焦点，才使法律程序在整个的法律体系中始终居于举足轻重、格外显赫的位置，才使程序成为法律的真正灵魂和支柱。法律的本质和生命在于程序。实体法就其本质而言乃是程序化了的实体法，是程序法这个大体系中的一个特殊的和有机的组成部分。应用性的法律就是程序性的法律。在宽泛的意义上，实体法和程序法是一而二、二而一的关系，是密切联系、不可分割的。

二、法律程序的构成要素

经法律调整的程序皆为法律程序，但法律程序的范围究竟如何，理论上有"广义说"和

"狭义说"两种见解。广义的法律程序的概念实际上是指全部社会制度的总和,认为所有的社会制度在其实质上皆为程序,程序成为社会制度的灵魂和存在及运作方式。但如果这样认识程序,其意义未免失之宽泛,而失去程序的意味。因而多数的观点认为,必须对程序的概念增加限定的条件。这主要从三个方面来考虑:一是是否以争议的客观存在为程序产生的前提条件;二是是否应为程序的建构设定主体数量上的要求,也就是说程序的形成是否必须以一个中立的主体参加为要素;三是程序的构成是否以形成决定为前提。在这三个方面,程序法学者、社会学者以及心理学者等都有不尽一致的看法。

司布特和沃科(Thibaut and Walker)是美国最早对程序正义进行实证研究和试验分析的学者,他们对程序概念的使用便采取相当狭窄的理解,他们认为只有在分配问题成为争议之时,程序才成为必要;因为正是在那样的时刻,程序的问题形成了。[①] 这种意义上的法律程序的概念实际上就与解决纠纷的司法程序等而同之了。所以,对于这样一个狭义的程序概念,社会学者已经不再认同,他们认为法律程序概念的研究范围应当有一个较大幅度的扩展。程序的问题不仅在有争议存在的时候产生,而且在没有争议,仅仅是为了构设未来的前景,为未来的面貌构想建设的方案时,也需要通过程序。因而,程序不仅仅是反应性的,也应当是前瞻性的或能动性的。在这种程序概念的理解下,行政程序和立法程序皆是法律程序。有的学者甚至认为,在某一个组织或机构内所进行的实质分配的程序也是法律程序。

法律程序的主体要素与前述关于程序概念的内涵和外延的理解是连在一起的。采狭义说,法律程序既然是解决纠纷的程序,那当然应由第三者以权威者的身份介入其中,以主持解决争端。采广义说,法律程序既可以容纳第三者的介入,也可以完全在对立的双方之间进行,或者由行使职权的一方主体运作。如此理解,法律程序的主体因素便不再具有特定的性质和属性了。后一个观点相对来说是恰当的。因为,行政程序、立法程序都是单一主体,即行使行政权或立法权的单一主体在起作用,这种法律程序的主体只能是一个而不可能是多个,而且,即便是解决纠纷的程序,也有大量的不存在第三者介入的情形,典型的例子便是双方和解、谈判、协商、自助等解决纠纷的方式。此外,交易者双方或对立主体的双方所进行的集体性讨价还价的过程也是这种意义上的程序。

更有争议的是第三点,即法律程序是否以形成决定或某一个特定的结果为必要的观念前提和构成因素。这在程序法学者中间是大有争议的。多数人所持的观点是肯定说。该说认为,法律程序是有意识的理性活动,应当以一定的决定或某种特定的结果为追求,否则便失之盲目,同时程序和实体的界限便会混淆。一般来说,较之心理学者而言,社会学者更容易采纳这种多数说。德国学者卢曼(Luhmann)和科劳思·饶耳(Klaus F. Rohl)便采取这种理解。卢曼认为,作为一个社会制度的法律程序的概念,应当限定在它具有产生单一的有拘束力的决定的具体机能的理解上,因而程序是一个短期的现象。按照卢曼的观点,构成一个程序必须具备两个先决条件:一是具有一个预设结构的框架,二是能够同一般的社会环境相隔离。[②] 程序在一定程度上具有独立性和自治性。但是,美国学者林德和泰勒(Lind and Tyler)不同意这种狭义的程序观,他们通过试验考察得出结论认为,在有的场合,尽管不作出真正意义上的决定,

---

[①] 参见[德]科劳思·饶耳(Kaus F. Rehl)、斯迪范·马契拉(Stefau Machura)主编:《程序正义》,英国艾希盖特出版有限公司1997年版,第7页。

[②] 参见[德]科劳思·饶耳(Klaus F. Rohl)、斯迪范·马契拉(Stefan Machura)主编:《程序正义》,英国艾希盖特出版有限公司1997年版,第8页。

但是，仍然可以对此场合中所进行的活动进行程序正义的判断。这样的程序判断是由诸如尊重或者礼貌等因素促进或激发的，而这些因素同决定的制作并无真正的关系。但是，正如科劳思·饶耳所说，在某一个组织内部所进行的其旨非在作出决定的非正式的过程，并不属我们所讨论的题目范围，虽然它们可能会关涉到公平的问题。①

诉讼程序是法律程序的一个组成部分。通过以上的分析和介绍，诉讼程序的构成需要一定的要素，这些要素包括诉讼主体、决定的制作、过程以及手续、方法等。过程及手续、方法的内涵比较简单，但诉讼主体和决定的制作两个因素却具有丰富的内容，这里仅以此作出探讨。

第一，诉讼主体是诉讼程序的主体性要素，其含义是具有一定权能并带有一定实际指向和行为目的的个体或组织。依其功能的不同，诉讼主体可以分为当事人和法院。两方当事人在诉讼中不仅是一个形式的主体，而且是一个实质的主体。说当事人在诉讼中是一个形式的主体，意指当事人在诉讼程序中是一个不可或缺的因素，诉讼程序的产生和推进都离不开当事人的主体意志。当事人意志的萌发和演化在合法的范围内必然引起程序效应，此程序效应便表现为程序的变化。所以，诉讼程序之所以在形式的意义上能够产生动态的现象，之所以能够取得实存的形态，是由当事人的形式主体性来说明和解释的。与当事人的形式主体性相联，当事人同时也是诉讼程序中的实质主体。当事人的实质主体性表明当事人在诉讼过程中始终都带着一种肯定性的理性追求，都是为了通过诉讼程序的进行和完成，取得预期中的满意结果，而不是为了程序而进行程序。程序在这个意义上，并非目的，而只能是实现结果达到目的的方法和途径。所以，"程序"一语天然地和实体相对应，天然地为着实体的目的，注定它不具有绝对的自我目的性和自我完结性。如果说它有自身的独立目的和价值，那也只能是相对的，是依附于实体的目的之上的，是为了强调程序的重要意义而提出和凸现的。这是当事人的实质性主体的一层意思。另一层意思是指程序本身具有一定的独立的价值和目的，尽管这种目的和价值是相对的，是附条件的，是第二位的，但无论如何，程序所具有的这种目的和价值是不容否认的。承认这种目的和价值的相对独立性以及这种相对独立性内涵的不断充实化和最大化，是人类法治不断趋于完善、人类的法治观不断升华的必然趋势和规律，程序的意义永远不可能取代实体，但它可以无穷地接近实体的意义，并使实体的意义最小化。最终人类可以过着几乎完全是程序意义上的生活，程序生活几乎代表和解说了人类活动的全部意义和目的。如果说未来的社会可以完全消灭法律和法的现象，那么，它首先消灭的是实体法，最终留下程序法；程序将依然故我地发挥着调节人们生活的作用，程序和生活本身完全地融合了。人们过着一种程序化了的生活，而且，这种程序是如此完善，以至于所谓实体的概念已经从人类生活的辞典中永远地消失了。只有到了这种境界，只有在法完全地绝迹了的时候，程序和实体才能合二为一，程序本位主义才能成立。从这个意义上来说，一部人类的发展史，一部法律的演化史，可以说就是程序和实体在法的空间中的比例消长史。程序的范围越大，法治越健全，法治社会的境界就越高；反之，如果实体的范围越广，程序的范围则越小，实体的范围达至最大化甚或包容了法的空间，就离绝对的专制主义只有一步之遥了，或者就是绝对的专制主义了。所以，程序的概念与民主的概念是密切地联系在一起的，或者说，它们之间就是一物两面的关系，是同一个概念的两个名称和解说。正是在这个意义上，美国学者型法官威廉·道格拉斯（William O. Douglas）

---

① 参见〔德〕科劳思·饶耳（Klaus F. Rohl）、斯迪范·马契拉（Stefan Machura）主编：《程序正义》，英国艾希盖特出版有限公司1997年版，第9—11页。

才说出了这样深刻的断语:"正是程序决定了法治和恣意的人治之间的基本区别。"①

通过以上分析可以看出,诉讼程序是人类正常生活的自然延伸,诉讼程序作为一个特殊的社会领域中所发生和存在的现象,与人们的正常生活一般环境和一般生活条件是联系在一起的,它们之间所构成的是一般和特殊的关系。特殊性寓于一般性之中,当事人介入诉讼程序中进行有目的的诉讼活动,这个过程本身就是一种社会生活,是在一般社会生活的基础和起点上所过的一种层次更高的生活。这种特殊的社会生活必然包容和体现着正常社会生活的全部条件和要求,当然体现出当事人作为正常的普通人所应当享有的生活趣味、生活价值和生活尊严。普通的生活是目的,特殊生活更是目的,而且是质量和要求更高的生活。当事人不能因为介入诉讼程序这个特殊的领域,便被迫过一种比通常生活更差、更低劣、更非人的生活。所以,在这个意义上可以说,诉讼程序是一般社会生活的体现,又是一般社会生活的升华。一般社会生活给人的价值和利益,也要无条件地"输送"给诉讼中的当事人。不仅如此,诉讼中的当事人还有一种要求获得比一般社会生活具有更高质量生活的天然权利。这个权利来源于国家权力的假说,来源于国家和公民之间的相互关系,来源于国家所肩负的解决纠纷的使命和责任,简而言之,来源于当事人作为公民一分子的天赋人权。当然,通常的社会生活和特殊的社会生活之间的这种价值映现和被映现的关系,是同一个特定国家的国体和政体联系在一起的。这里的关系极端复杂,我们只想通过这种分析了解,在任何一个社会状态中,诉讼当事人在诉讼程序中就其自身所体悟的价值来说,都应有一种较之其普通社会生活而言的优越感。这是程序设计时必须遵循的铁的法则。程序中的价值考虑必须奠定在这一基础之上,而且,归根到底来说也只能是这个基础的反映,至于通过这个过程所施于当事人的结果,则是对实体生活关系的恢复和补偿。这种结果的产生或存在与诉讼程序作为一种特殊的生活过程并不冲突或背逆。一个是生活的过程,一个是生活的结果。这两者都有各自的独立价值,都是为当事人所体悟和承受的价值(包括负价值),都是法律本身给予当事人的善和关怀。实体价值追求和程序价值享受的二者统一,便是当事人作为实质性主体的全部含义。

第二,决定的制作。诉讼程序必须以决定的制作为预设的观念前提。诉讼程序是根据人类的理性而建构起来的,任性同诉讼程序从来就格格不入,这是一个毋庸证明的真理。也正因如此,诉讼程序才随着时代的发展而不断更新,不断地趋于进步。理性的诉讼程序为人们进行诉讼活动营造了一个理性的场所和氛围,人们在这个充满理性的时空,所实施的行为和活动只能是理性的,是在一定的目的支配下进行的,而不是非理性的、茫无目的的行为。这里所言的目的性就是当事人预期中的或客观实存的诉讼结果。追求有利的诉讼结果,始终是当事人的诉讼行为的动机,为程序而程序的纯粹程序行为,不可能成为立法者所规范的诉讼程序活动。如果没有预设的目标,刻意追求所谓的程序价值,无论在逻辑上还是在实际生活中都是不能成立的,甚至也很难想象这样的例证。比如说尊重和礼遇,有谁单纯为了获得尊重或礼遇而不惜发动诉讼程序呢?或者说,有哪一个当事人发动诉讼程序的目的就是体悟受人尊重或受人礼遇的纯粹程序价值呢?毫无疑问,当事人需要尊重和礼遇,但那是在追求有利的诉讼结果的基础上或背景下产生的想法,毕竟处在从属的位置,而且是第二位所考虑的。它意味着当事人所追求的结果不仅是有利的,而且追求这个结果的过程也是美好的,是值得回忆的,而不是痛苦的、不堪回首的。因而,当事人会觉得所追求到的诉讼结果是值得的,而没有因为程序价值的受损觉得诉讼结果被打了折扣,或者说这种诉讼结果的获得是得不偿失的。可见,程序价值只能是

---

① 季卫东:《法治秩序的建构》,中国政法大学出版社1991年版,第3页。

对实体价值的一种支持和充实,是实体价值的添附物。无论立法者如何重视程序价值,都不可能抹煞实体价值的意义。承认诉讼程序中始终有实体价值的追求,就必然要承认诉讼程序以诉讼结果的决定和描述为预设的前提和实际的动因。认识这一点意义非常重大,这告诉我们:在我们重视和强调程序价值、提高程序法地位的同时,不可以从一个极端走向另一个极端,而不加分析地接受所谓的程序本位主义。我们既要反对实体本位主义,也要反对程序本位主义,而需要实现二者的并重和均衡,在它们的极致中实现二者的融合。这就是实体和程序关系中的否定之否定。

三、从实体正义到程序正义

正义和法是密切联系的概念,法的发展和进步离不开正义观念的发展和进步。正是人们对正义观念的体悟和求索,不断引导法的演进和升华。一种理论无论多么精致和简洁,只要它不真实,就必须加以拒绝或修正;同样,不管法律和制度如何有效率和有条理,只要它们不正义,就必须加以改造或废除。作为人类活动的首要价值,真理和正义是决不妥协的。[①] 但是,何谓正义?正义这个概念的内涵应当如何解说?对于这个问题的回答,可以说构成了人类历史上正义理论的几乎全部内容。美国法理学者博登海默曾经对正义这个概念进行了一个描绘和形容,说"正义具有着一张普洛透斯的脸,变幻无常,随时可呈不同的形状,并具有极不相同的面貌"[②]。这个描述并不过分,阅读法理学著作,几乎每一个作者都在对正义理论作出介绍后发表一些自己关于正义的看法和见解。这些正义理论或观点自古迄今可谓林林总总,令人眼花缭乱。例如,柏拉图在其著作《共和国》(又译《理想国》《国家论》)中认为,正义存在于社会有机体各个部分间的和谐关系之中,每个公民必须在其所属的地位中尽自己的义务做与其本性最相适合的事情。这就是和谐的正义观。亚里士多德认为,正义寓于某种平等之中;从正义这一概念的分配含义来看,正义要求按照均衡平等原则,将这个世界的万事万物公平地分配给社会的全体成员。这是平等的正义观。美国社会学家莱斯特·沃德(Lester Ward)则持一种平均主义的正义观,认为正义存在于社会对(那些从自然角度来看并不平等的)社会条件所设定的一种人为的平等之中。英国社会学家赫伯特·斯宾塞(Herbert Spencer)认为,每个人都可以自由地干他所想干的事,这是以他没有侵犯任何其他人所具有的相同自由为条件的。这是自由的正义观。还有一种安全的正义观,是由托马斯·霍布斯(Thomas Hobbes)和杰里米·边沁(Jeremy Bentham)提出的。霍布斯认为,为主权者所关注的基本自然法乃是于任何能获得和平的地方维护和平,于和平遭受危险的任何时候组织防御,因而保护生活、财产和契约的安全,构成了法律有序化的最为重要的任务。边沁认为,法律规则应将其注意力主要集中在人的保护与财产所有权的不可侵犯上。[③]

我国有学者将法的正义价值理论分为两大系列加以介绍:一是西方法的正义论传统,二是西方现代法的正义论。前者包括客观正义论、主观正义论、理性正义论、神学正义论和法规正

[①] [美] 约翰·罗尔斯:《正义论》,何怀宏、何包钢、廖申白译,中国社会科学出版社1988年版,第1—2页。

[②] [美] 博登海默:《法理学——法哲学及其方法》,邓正来、姬敬武译,华夏出版社1987年版,第238页。

[③] [美] 博登海默:《法理学——法哲学及其方法》,邓正来、姬敬武译,华夏出版社1987年版,第239—245页。

义论。后者包括相对正义论、社会正义论、形式正义论和程序正义论等。客观正义论认为,世界上本身就存在某种客观的正义价值标准,凡符合这些标准的就是正义,凡违反这些标准的就是非正义。主观的正义论评价正义的标准恰与客观的正义论相反,它认为,正义要由主观价值来判断,而主观的价值则纯粹由个人自己来评定。理性的正义论最早是由斯多葛学派创始人芝诺提出的,后来为苏格拉底、柏拉图和亚里士多德、西塞罗等学者所承继,也是自然法学派的正义观。这种正义观认为,人类制定的法应符合当时代表理性的、统治世界的永恒不变的自然法,由于这种法统治万物,代表理性,因而是制定正义的标准之所在,人类可以在社会中寻求到理性的正义。这种正义观与客观的正义观有相似之处。神学正义论盛兴于欧洲中世纪,以奥古斯丁、阿奎那等人为代表,它认为,人国的法就是来自神国的指示,神国的指示又由其代表教会来传达;来自神国的指示就是人们的正义标准。法规正义论认为,法律规范是正义的体现,法律规范就是正义,服从于法律,也就是服从于正义。显然,这是分析法学派的正义观,以英国学者奥斯丁为代表。由以上可见,西方的传统正义观都属于实体正义观的范畴。在现代的正义观中,相对的正义观是由凯尔森提出来的。他说,我们无法断定某一法是否正义,但如果将正义理解为"合法性",那么,法律科学中就包括正义的概念了。他指出:我的确不知道,也不能说什么是正义,人类渴望的正义是什么,我必须老老实实地接受一种相对的正义,因而我也只能说对我来说的正义。显然,这种正义观同法规正义观是一脉相承的,也有点儿正义论取消论或怀疑论的意味,所以称之为相对的正义观。社会正义论是美国学者罗尔斯在其《正义论》中提出来的,他认为,正义是至高无上的,而社会正义是首要的正义。社会正义的对象首先就是社会基本结构,即各种主要的社会制度、政治制度、法律制度、经济制度。满足社会正义有两个基本原则:一是最大的均等自由原则,二是差异原则。形式正义论是佩雷尔曼在其《正义观念和辩论问题》《正义》和《正义、法律和辩论》等正义论著作中提出来的,他认为,最流行的正义概念有六种:(1)对每个人同样对待;(2)对每个人根据优点对待;(3)对每个人根据工作对待;(4)对每个人根据需要对待;(5)对每个人根据身份对待;(6)对每个人根据法的权利对待。佩雷尔曼认为,对于以上各个正义观可以抽出一个共同的公式,这就是应以同一方式对待人,就是同一基本范畴的人都应当受到同等待遇的活动原则。这便构成了形式正义。① 但是,这种形式正义仍为实体正义,近似于平等的正义观。

正义观只有发展到程序正义论,才可谓到了新的层次。程序正义论首先是由美国学者戈尔丁和罗尔斯提出并加以阐发的。戈尔丁指出,坚持公正标准能够促进纠纷的解决,而不仅仅是把它们了结。② 就在戈尔丁所说的"纠纷的解决"和"纠纷的了结"的差异中,体现出了程序正义的价值。程序正义可以使争端无须适用任何实体法,而用既非违反某一法律,也非符合某一法律的方式得到解决。他说,程序正义尤其对纠纷的审理和解决的实现方式有决定性影响,也对第三者接受和使用劝导性纠纷的材料有决定性影响。③

从以上关于法律正义论的发展演变的学说史可以看出:第一,人们对法律正义的考虑,自亚里士多德甚至从苏格拉底一直到近现代,都是以实体正义为中心而展开的,程序正义问题并不成为正义论的主流;第二,程序正义尽管未成为正义论的主流,但它却是新产生的事物,具有旺盛的生命力,而且从程序正义的理论一产生,正义论的观念就焕然一新了。

---

① 参见卓泽渊:《法的价值论》,法律出版社1997年版,第495—506页。
② 参见[美]马丁·P. 戈尔丁:《法律哲学》,齐海滨译,三联书店1987年版,第240—241页。
③ 参见[美]马丁·P. 戈尔丁:《法律哲学》,齐海滨译,三联书店1987年版,第240—241页。

四、程序正义的三种模式

不管正义的内涵如何,程序必须要正义,这个命题本身是永远不会错的。因为,程序的问题只是在人们考虑正义时才可能产生的概念,这是由程序的理性特征决定的,而理性是一种向善的能力。由此看来,程序和正义注定紧密地联系在一起,不可分离。但是,什么样的程序才能被判断是符合正义的要求的,才能够认同它为正义的程序?这种程序领域的正义观同实体领域的正义观一样,也是众说纷纭,莫衷一是。概括地看,古往今来关于判断程序的正义性标准,不外有外在标准、内在标准和内外兼顾的综合标准。所谓外在标准,就是看所设定的程序能否顺利地、完整地实现某个预设的实体法内容和实体性目的。如果答案是肯定的,则说该程序是正义的;反之,如果该程序不能顺利地、完整地实现特定的实体法要求,则说该程序是非正义的,或者说它是不健全的、不完善的,是有待于修改的。所谓内在标准,就是认为程序是否正义,不管它能否实现什么样的结果,或者说,根本就不考虑它所能够产生的结果,而仅看该特定的程序是否吸收了、规定了或体现了某些经过论证并得到大家认同的能够独立体现公正性的因素和价值。比如,程序是否公开。在内在标准之下,程序必须公开,而且这里的"公开"本身就是目的。正因如此,程序才将它规定下来;而不是说,因为这个公开有助于实现实体法的规定,所以程序将它规定下来。还有一种叫作内外兼顾的综合标准。所谓内外兼顾的综合标准,是指在首先接受内在标准的基础上,认同某种外在标准的客观存在和实际影响,在维持法的正当性和正义性的同时,兼及法的稳定性和可预测性。这三种不同的标准形成了三种不同的程序正义模式,我们可以分别将它们称之为完善的程序正义模式、纯粹的程序正义模式和反思的程序正义模式。

说起程序正义的模式,在我们所知的范围内,首先必须提到美国哲学家罗尔斯。前面我们介绍过他的社会正义论,其实仅仅到这里,还不足以反映其正义观的全貌。罗尔斯的社会正义论乃是通过程序正义的社会结构来完成的,所以,罗尔斯的正义观就其本质而言应当划归程序正义论的范畴。罗尔斯在对社会正义论的实现原则作出论述以后,就提到了程序正义的概念。但是,罗尔斯所说的程序正义是需要有一定的社会制度条件作为基础和背景的。他指出:"只有在一种正义的社会基本结构的背景下,在一种正义的政治结构和经济、社会制度安排的背景下,我们才能说存在必要的正义程序。"① 这说明,在我们对程序的正义性进行建设的时候,首先应当考虑社会制度的正义性。否则,所设计出来的程序正义模式,无论是何种,均不能达到预期的目的。

程序正义的第一个模式是完善的程序正义模式。完善的程序正义模式有两个特点:第一,在该程序被设定和运作之前,必须客观上存在一种独立判断程序结果的标准。凡符合这个外在的结果标准,该程序就被认为是符合正义的,故是一种正义的程序;反之,如果通过该程序不能实现外在程序的结果标准,该程序则被认为是非正义的。所以,出现在这里的有两种正义:一是结果正义,二是程序正义。结果正义是预设的实体法内容的外化,符合实体法本身的规定,便具有了合法性。换而言之,合法性就是结果的正义性,结果正义等于严格执法(实体法),因而结果正义又可称为实体正义。这样的程序模式必然以实体正义与实体法或实定法的等同化为前提。在这样的程序模式下,对实体法正义性的任何形式的评判都是多余的,也是不

---

① [美] 约翰·罗尔斯:《正义论》,何怀宏、何包钢、廖申白译,中国社会科学出版社1988年版,第82页。

允许的,王权或统治者的意志便为实体法的正义性提供了终极依据。法官的任务就是机械执法,法官的形象是孟德斯鸠笔下的"自动售货机"或"复印机",法官在实体法领域的自由裁量权和造法功能被剥夺殆尽。第二,依照完善的程序正义模式,程序是否正义,自身并无独立的判断标准。程序是否正义,完全取决于通过它所产生的结果是否与实体法的规定相符合。实体正义被实现之时就是程序正义被实现之时,这两种正义的实现时点是竞合的,是同一的。程序正义与否是由实体正义与否来解说和论证的。实体正义的根据在实体法,程序正义的依据也只能附属于实体法,或者就在实体法之中。由此来看,程序正义是实现实体正义的工具和手段,实体正义是程序正义要达到的目的和所要完成的内容。这就是长期统治西方国家尤其是大陆法系国家的程序工具主义(instrumentalism)。在程序工具主义理论的支配下,程序法成为实体法的附庸法和形式法,也就是我们所说的"操作规程"。从观念上看,这种程序模式极容易和"重实体、轻程序"的不等式同构化。

这是完善的程序正义模式的第一个特点。该程序正义模式的第二个特点是它所设计的诉讼程序必须是完善的,必须能够保证在任何条件下,都能够为任何案件开辟一条通向实体正义的通天大道。这是该程序模式的本质使命,也是实体正义对它的全部要求;实际上,这也是所能够对它提出的最高要求,是它的最理想的状态。唯其如此,才能称它为完善的程序正义,也唯其如此,程序工具主义才有立足之本。程序工具主义之所以有理论价值和实际意义,就是以程序的完善性作为保证或假设的前提的。但实践雄辩地表明,诉讼程序无论设计得如何完善,都不可能保证它在实现实体正义的路途中万无一失,都不可能实现各个案件的实体正义,因而程序工具主义的立足之本是不可靠的,是同实践逻辑和实践理性相背离的。正因为程序工具主义不能确保各个案件的正确处理,因而这种程序正义模式具有先天不足的缺陷性。退一步说,即使这种程序正义的模式可以设计得尽善尽美,它也充其量只能实现实体法的完整内容,而不能矫正实体法中的非正义因素,并填补实体法所不可避免的法律漏洞;也就是说,这种程序模式是以实体法的绝对正义和包罗万象这种假设为前提的,如果欠缺这个前提,这种程序模式即使达到了完善的境地,也必定显得底气不足,力有不逮。所以,这种程序模式就其本质而言是一种完全被动性的程序结构理论,它在实体法面前显得无能为力。完善的程序正义模式提供给人们的是一种这样的启示:程序法具有为实体法服务的自然使命,任何脱离实体法孤立地设置和运作程序法的理论和实践,都与程序法的基本使命相违背。

但是,恰恰就有一种程序模式便是以完全抛弃实体法的独立存在而单独地建构的,这就是纯粹的(pure)程序正义模式。纯粹的程序正义模式首先是由罗尔斯提出并加以论证的,而后受到部分学者的赞同,并形成了程序本位主义,以与程序工具论的实体本位主义相对应。[①] 罗尔斯在提出完善的程序正义模式和不完善的程序正义模式之后,作为一种说明上的对照,提出了纯粹的程序正义模式。他指出,在纯粹的程序正义中,不存在对正当结果的独立标准,而仅存在一种正确的或公平的程序。这种程序若被人们恰当地遵守,其结果也会是正确的或公平的,无论它们可能会是一种什么样的结果。纯粹程序正义模式的一个特点是:决定正当结果的程序必须实际地被执行,因为在这些情形中没有任何独立的、参照它即可知道一个确定的结果是否正义的标准。由此可见,在纯粹的程序正义模式中,实体法并无预先存在的必要,甚至这种程序模式根本上是排斥实体法并独立于实体法之外的,它无须受实体法的任何影响即可自行

---

① [美]约翰·罗尔斯:《正义论》,何怀宏、何包钢、廖申白译,中国社会科学出版社1988年版,第82页。

独立运转。所以，对其所产生的结果而言，即无实体法的标准可以对照判断其是否具有正确性。结果的正确性对于这种程序模式来说是无意义的，这种程序模式根本不产生结果正确与否的问题。但是，这种程序的确是有结果产生的，这种结果虽无正确与否的问题，却从其一产生即被假定为正当的。这种正当的结果也是实体正义的一种，只不过，这种正当性的根据或者实体正义的标准不是来自外在的实体法，而是直接来自程序本身。在这里，程序是带着结果运转的，程序停止之时，就是该结果定型之时，程序是正义的，所以结果也是正义的。按照纯粹的程序正义模式建构法治秩序，无疑是一种捷径。从立法成本上讲，它也省掉了最起码一半的成本，因为实体法就无制定的必要了。由此所构建的法治秩序，从内容和稳态的意义上看，就是一种纯粹的程序秩序；在这里，一切的实体判断标准和预设的行为规范都不必要存在了。社会的正义全部存在于程序法之上，人们对正义的希望都寄托在程序法治的建设上，程序法任重而道远。

但是，这样一种重担，这样一种法治秩序，仅仅依靠程序法难道是可靠的吗？难道这是与法治社会的行为逻辑和行为预期相符合的吗？分析起来，答案应当是否定的。因为，实践表明，在法治社会，人们的行为都是富有理性的，都是以特定的目的为预期的，而预期的标准就是实体法。实体法的可预见性功能和规范功能对人们行为的合理安排是不可或缺的。否则，人们的行为将会无所适从，人们的创造性和能动性就不可能得到最大限度的发挥。这种给人们行为以预期的实体法，在纠纷发生后，如果说立即变为无效，人们将会感到极其失望，而且久而久之，实体法将会名存实亡。实体法一旦名存实亡，社会行为的失范和无序就为期不远了，也就是说，法治秩序的内容就不复存在了，其后果的严重性是不言而喻的。

从历史上看，纯粹的程序正义模式在一定的意义上确乎存在过或发挥过一定的作用。因为，在人类由原始社会进入阶级社会并产生阶级和国家后，纠纷便需要通过公力救济依照法律规范来加以解决。但最初实体法并不存在，所以纠纷的解决只能依赖于程序法。在这样的情形下，如果用相对的观点理解正义，那么可以说，此时程序法所体现的乃是纯粹的程序正义模式。这一点，已经为学者们考证所证实。古罗马社会产生的诉权观和古英国所形成的令状制度及诉讼形式，都是以当时的实体法不存在为现实的社会条件的。正是依靠这种纯粹的程序，实体法才逐步积累发展起来。所谓"程序法是实体法之母"或"程序在权利之先"，就是在这个意义上说的。实体法和程序法在形成历史上的这种逻辑关系，可以证明纯粹的程序正义模式在一定的历史阶段是实际地存在过，并发挥过重大作用的。这一点同时也说明在实体法为恶法之时，或实体法空缺而有漏洞之时，纠纷的解决则必须依靠纯粹的程序正义模式，或者说依赖纯粹的程序正义模式是最佳选择，同时也是唯一可靠的选择。但是，这样一种历史现象或者现代法律世界的偶然现象，并不能确证纯粹程序正义模式的普遍适用性和唯一选择性。

此外，纯粹的程序正义的要旨或支柱在于该程序是正义的，是符合加入社会这个大团体的每个成员都认同的正义标准的。但这样的正义标准实际上是难以成立的。而且，程序之正义与否，在实际的考量上，始终离不开对实体结果的考虑，程序的内在价值和外在价值的区分，只能是相对的，而不具有绝对意义。

第三种程序正义模式可以称之为"反思的程序正义模式"（reflective procedural justice model）。程序正义的这个模式是现代反思法学理论的核心内容和灵魂。卢曼、哈贝马斯、昂格尔、麦考密克、魏因贝格尔等是其代表人物。所谓"反思法理论"（reflective law）、"通过程序的合法化理论"（legitimacy through procedure）、"交流行为的理论"（the theory of communicative action）、"制度法理论"（systems theory）、"对话理论"（discourse theory）、"替代理论"

(substitution theory) 以及"通过反思法的程序化理论"(proceduralization through reflective law)等,所表达的实质思想皆可归结为"反思的程序正义模式"。这个模式的特点和要旨在于,既不过分尊崇实体正义的规范性标准,也不脱离对实体法的参照和背景;既强调程序的正义性,也不把这种正义性推到目的论和本位论的高度;既重视程序的工具性价值,又兼顾程序自身的独立价值。反思法的理论认为,除形式合理性和实质合理性之外,还存在反思的合理性。反思合理性既依赖于"看不见的手"机制,又不归属于"自然的社会秩序"。它希望实现一种有管理的自治,它倾向于利用程序规范来调整过程、组织关系、分配权利。在这个意义上,反思法可以说是一种新程序主义。① 依据这种新程序主义所建构的程序正义模式,即为"反思的程序正义模式"。这种程序正义模式,既不同于完善的程序正义模式,其认同程序自身有独立的价值存在,也相异于纯粹的程序正义模式,其认同实体法在程序运作以及程序结果的形成中,具有一定的作用。在反思的程序正义模式下,程序是当事人的程序,法院起着管理者和主持者的作用。当事人在反思的程序正义模式中,既着力于化解纷争,又不急于过普通人的生活。实体法对于反思的程序模式来说,既有既定的效力,又具有可塑的属性。程序法生成了实体法,实体法在程序法中接受检验,并同时对程序法的功能发挥其能动作用。程序和实体在规范的意义上融而为一,程序解决了纠纷又创设了规范,程序将法的创制和法的实现贯通起来。程序由神坛走向了生活,由自上而下的司法转向了平等者之间的司法。

五、自然正义与法律的正当程序

程序正义论是后起的,也是现代流行于两大法系的关于程序公正理论。前面所介绍的三种模式,正可说明它的形成和变革历程,至今它还在发展之中。可以预计,程序正义论将为现代国家的法治建设提供深厚的理论基础和丰富的思想源泉。为了深刻了解程序正义论的内涵及其功能,有必要对它在历史上的演变过程加以大致的认识,亦即对作为其前奏的自然正义(natural justice)和法律的正当程序(due process of law)作出探讨。

程序正义、自然正义和法律的正当程序,这三个概念中最早出现的是自然正义,从自然正义中逐步演化出法律的正当程序,后来又从法律的正当程序中,发掘出了程序正义的观念。程序正义论的源头在自然正义的法规之中,而自然正义或自然公正已经有了悠久的发展历史。英国 19 世纪诗人阿尔弗雷德·丁尼生(Alfred Tennyson)曾写下过这样的诗句:"这国土有公正、古老之名/有个稳定的政府在治理/凭着一又一个判例,自由慢慢地扩展到下层。"② 该诗句当中的"公正"即为"自然公正"。正是这样的"公正",才通过"判例"的桥梁,把"自由"给体现出来。罗马人用一句话最早表达了人们对自然公正的期望,此即"Nemo juex in causa sua, and audi alteram partem",意指"任何审案法官不得偏听任何一方"。对于这句最原始的自然公正之胚胎,人们曾对它作过具体程度不尽一致的解释。梅特卡夫(O. K. Metcalfe)认为,自然公正包括以下要求:"法院公开审判;当事人有权聘请职业辩护律师;原告负举证责任;陪审团参加裁定;判决书要写判决理由;判决书公开;当事人有上诉权利;控制可能发生的藐视法庭行为;等等。"③ 英国学者斯密司(S. A. de Smith)则将自然公正的原则解释为

---

① 参见季卫东:《法治秩序的建构》,中国政法大学出版社 1999 年版,第 21—22 页。
② 《丁尼生诗选》,上海译文出版社 1995 年版,第 88 页。转引自〔英〕丹宁:《法律的训诫》,刘庸安译,法律出版社 1999 年版,中译本"前言",第 5 页。
③ O. K. Metcalfe, "The General Principles of English Law", p. 293 – 295 (1976).

两点主要的含意：一是审判者不能自己审理自己，不得审理与自己有利益关系的案件，审判者应当是公正无私的；二是应该平等地通知当事人各方，让他们准备陈述或答辩，允许被告为自己辩护，给当事人以同等机会和权利来接受审判。① 可见，自然公正作为法院审理任何案件的一项必须恪守的基本原则，不但包含防止偏袒的法则，而且，还要求给予被告人以充分的辩护和申诉的权利。如果司法的过程能够确保这两项最低限度的程序公正标准之实现，则有望克服司法专制主义。正是在这一层意义上，英国法官丹宁勋爵才说出这样一段话，作为对自然公正理念的评价。他说：“防止偏袒的法则是一回事，而申诉的权利是另一回事，这两种法则经常被称为自然公正的基本特征，它们是支撑自然公正的一对柱石。”② 自然公正是司法活动的一项总原则，它是审判独立、司法民主、司法平等诸原则的概括体现，是司法正当性的理念表征，它对法院、法官、诉讼程序、审判方式及其裁决都要求表达公正的标准和理想，也即，要求有公正的法院、公正的法官、公正的诉讼程序、公正的审判方式，最后达到公正的裁决。所以，自然公正主要是一项司法原则，是自然法理论在司法领域中的具体体现。

在自然公正原则的基础上，英国的法律思想发展出了"正当法律程序"的概念。"正当法律程序"（due process of law）一语，最早出现在1353年英王爱德华三世（EdwardmⅢ）公布的《伦敦威斯敏斯特自由法》（Statute of Westminster of the Liberties of London）之中。该法第3章第28条明定："任何人无分身份或情况，非依正当法律程序应讯，不得被逐出与没收其土地或租地，剥夺其继承权，与处以死刑。"这个条款的前身是1225年公布的《大英国协宪章》（Magna Carta）。该宪章第29条规定："任何人非经合法审判与非依国家法律，不得逮捕或监禁、没收财产、放逐、伤害或不给予法律保护。"这里的"国家法律"（law of the land）通常被认为"正当法律程序"之滥觞。③ "正当法律程序"的概念取代"国家法律"的概念，是一个历史的进步，它反映了自然法理论的超越和升华。但是，这并不意味着"正当法律程序"这个概念产生后，"自然公正"这个概念就告式微、消失或者被涵盖了。事实上，它们处在并存的状态，而各有机能。对此，丹宁勋爵有过描述性的解释。他说，经过法律的正当程序，系指法律为了保持日常司法工作的纯洁性而认可的各种方法，促使审判和调查公正地进行，逮捕和搜查适当地采用，法律援助顺利地取得，以及消除不必要的延误，等等。④ 自然公正原则的本质要求是中立不偏和申诉辩解，而法律的正当程序则要求司法机构在行使权力之时，应当按照公正的程序采取公正的方法进行。可见，它们在内容上是互补的，二者缺一不可。

与自然公正原则始终是英国法上的概念不同，"正当法律程序"这个概念和精神，伴随着殖民地政府陆续开发新大陆而传入美国。"正当法律程序"一经传入美国，它自身的发展历史

---

① S. A. de Smith. "Judicial Review of Administrative Action", p. 134 (1978).

② [英]丹宁：《法律的训诫》，刘庸安译，法律出版社1999年版，第96页。根据中国香港特别行政区民事诉讼法的有关规定，其自然公正原则主要体现在以下几个方面：1. 让被告人知道谁告他，他为什么被告。2. 诉讼程序实行对抗制，确保双方辩论权的实现。3. 公正必须昭然。要求民事诉讼程序的开展必须始终贯彻公开、回避和不接触原则。不接触原则，是指在案件审结以前，法官不得单独接触任何一方当事人的证人及其代表律师。4. 提供法律援助，为贫穷的人诉诸司法保护大开方便之门。汤维建、单国军：《香港民事诉讼法》，河南人民出版社1997年版，第16—17页。

③ 英国法官科克（Edwanl Coke）解释，"正当法律程序"即"国法"；而且，这里所谓"国法"，即指英国的普通法。所以，所适用的法律程序如果与英国普通法相合，便可以说是"正当"。Percy T. Fenn, the Development of the Constitution, p. 168 (1948).

④ 参见[英]丹宁：《法律的正当程序》，李克强等译，法律出版社1999年版，前言，第1—2页。

和美国司法政治的发展历史，都发生了巨大的变化。1641 年《马萨诸塞湾自由典则》率先使用了"正当法律程序"一语①。1776 年美国独立革命前后，已经有许多州宪法对此加以确认，但它们所使用的术语大多为"国家法律"。1787 年 12 月制定的美国联邦宪法对此未加规定。1781 年美国宪法增加了统称为"权利法案"的 10 条修正案，其中第 5 条便规定了"正当法律程序"②。但该"权利法案"仅对联邦政府行使权力产生制约，故为了使这种制约由联邦扩及到州，美国内战后于 1868 年，其联邦宪法增补了第 14 条修正案，该条第 1 款也用同样的措辞规定了"正当法律程序"。按照美国宪法这两条修正案的规定，"不经正当法律程序，不得剥夺任何人的生命、自由或财产"。美国的"正当法律程序"尽管源于英国的"自然公正"，而且也同"自然公正"一样，在宽泛的意义上适用于民事程序、刑事程序、行政管制程序以及其他公法上的程序，但是，"自然公正"相对而言有明确、稳定的内涵，而"正当法律程序"则是一个任由美国法院、尤其是联邦最高法院加以解释的颇具弹性、争议又较大的概念。尤其是，"自然公正"只是一个程序法规则，不是一个实体法规则，而美国的正当法律程序则自 1856 年的"怀尼哈德诉人民案"开始，便由原来单一的程序性概念变为程序和实体兼备的综合性概念。

程序上的正当法律程序意指公平合理的司法手续、行政过程、立法程序等；实质上的正当法律程序则指公平合理的司法裁判、行政决定、立法规定等。前者指过程的正当性，后者指结果的正当性。过程不正当，法院可以否定过程的有效性；结果不正当，法院可以否定结果的有效性。正当的法律程序由此成为法院行使司法审查权的法律根据。这是英国的自然公正和美国的正当法律程序的主要区别之处。美国当代政治家阿尔蒙德、小鲍威尔对此曾有过仔细的辨析。他们认为，在维持或改变政治文化方面，英国的法院和执法机构相对来说是不重要的，法律的作用也很有限。法官们并不认为自己是政府可以做哪些事情的仲裁人，相反，他们断言这要由议会在内阁的领导下去决定。在美国，法院可以对政府的行为是否符合宪法进行实质性审查，英国的法院则不要求有权宣布议会的一项法令违反宪法，也不接受关于一项法令因侵犯提要求者称为的天然权利故而必须搁置的主张。他们只审查政府是否在法律范围内活动。如果中央政府或地方当局的一种行为越权，法院可以命令政府或当局停止。如果一种做法在程序上不适当，法院也可以使其无效。但如果一项法令授予一位官员便宜行事的权力，法院就不过问这位官员办事的合理性或动机。即使法院否决这位官员，议会也可以随即颁布一项具有追溯效力的法令，使判决无效。③

六、正当的法律程序与程序正义

正当法律程序在法律上的缘起，最初所追求的就是程序的正当性，尤其是司法程序（其中又以刑事司法程序为最）的正当性。在此意义上可以认为，正当的法律程序作为一个法律上的概念，与程序正义具有天然的联系。但如前所说，正当的法律程序有实质意义上和程序意

---

① 参见史庆璞：《正当法律程序条款与美国刑事侦审制度》，载《辅仁法学》第 14 期。
② 该"权利法案"是由麦迪逊（Madison）起草的。麦迪逊在起草的过程中，综合了各州提交的法案中的优秀成分。"权利法案"中的"正当法律程序"一语，就是麦迪逊模仿纽约州制宪会议提交的"权利法案"中使用的语言。[美] 伯纳德·施瓦茨：《美国法律史》，王军等译，中国政法大学出版社 1990 年版，第 36 页。
③ 参见 [美] 加布里埃尔·A. 阿尔蒙德：《当代比较政治学》，朱曾汶、林铮译，商务印书馆 1993 年版，第 232—233 页。

上的双重含义。实质意义上的正当程序是法院行使司法审查权的依据，它所衡量的对象乃是议会立法或行政法令的合宪性问题，因而可以将它看成自然法的现代翻版，与程序正义无关。与程序正义密切相关的，是程序上的正当法律程序。程序上的正当程序如果脱开立法规定的背景，则与程序正义的用语具有同质性和同构性。它们所关注的都是具有正当性基础的行为过程。正当的法律程序寻问何谓程序的正当性，而程序正义则追问程序的正义性如何构设就能安排理想的社会制度。正当法律程序和程序正义一样，都具有广泛的适用性，无论在立法、行政、司法还是其他社会活动领域，都可以运用它们进行实证的分析和理性的衡量。但是，它们毕竟是有区别的两个概念，可以并存但不可混用。

首先，从历史的渊源上看，程序正义论是在正当的法律程序的基础上发展起来的一种具有鲜明现代特征的正义学说。但"程序正义"这个词萌芽已久。据有的学者考证，早在两千多年前人们就把正义区分为三个不同的部分，即分配正义、矫正正义和程序正义。① 美国学者戈尔丁也指出："历史上最早的正义要求看来就是一种程序上的正义，像《圣经》中告诫法官'既听取隆著者，也听取卑微者'等等。"② 然而，作为一个正式的法学理论命题，"程序正义"则是在进入20世纪后才提出来的。③ 程序正义论是在正当法律程序的基础上所形成的一种新型理论。因而可以说，正当的法律程序是程序正义论的前身，程序正义论是正当法律程序的演进和发展。

其次，从含义上看，正当的法律程序兼具实质性和程序性双重含义，实质性的正当法律程序是法院行使司法审查权的法律根据，法院据此可以宣布立法机关的立法及行政机关的行政命令因违宪而无效；程序性的正当法律程序要求立法机关、行政机关和司法机关的活动过程，具有正当性的根据。这种正当性是立法规定和司法解释的综合结果。与之相较，虽然程序正义依其模式和范型的不同而有不同的含义，但这些含义都超不出程序的领域。因而可以说程序正义仅有程序上的含义，而不具有实质性含义。所以，法院不得依照程序正义的理论或立法宣布某个立法违宪。也即，程序正义不得成为法院行使司法审查权的根据。

最后，从范畴的性质上看，正当的法律程序从其一产生就一直是一个立法上的概念，它的存在始终具有立法者意志的外观，而程序正义则是一个学理上的概念。人们对于正当的法律程序之探讨本质上属于法解释学的范畴，程序正义论的研究从兴起到成为热点，则始终未脱开纯粹学说研究的界域。

就二者的关联性来看，程序正义中的"正义"（justice）一语的内涵设定和外延解释尽管在本质上受所选择的程序正义模式的制约，所选择的程序正义模式不同，程序的正义性因素及其相关联的程序单元和制度装置便有所区别，但是，正当法律程序中关于"正当"（due）一词的各种诠释，对于程序正义的理解具有极大的启发意义和借鉴价值。

从程序上观察，美国的正当程序条款是为了禁止政府未经合乎英美法国家所认为公平而正当的合法手续，便剥夺人民的生命、自由和财产。也就是说，政府对于人民所采取的任何有不利影响的措施，必须根据已确立的程序上的惯例与方式进行，而不得枉处擅断。这就是程序意义上的正当程序。但是，何种法律程序便可称之为"正当"？这构成了问题的关键。美国的立法界、司法界和理论界对此颇有争议，各种见解纷呈代出。这种争议主要表现在两个方面：一

---

① 参见杨一平：《司法正义论》，法律出版社1999年版，第108页。
② [美]马丁·P. 戈尔丁：《法律哲学》，齐海滨译，三联书店1987年版，第235页。
③ 参见杨一平：《司法正义论》，法律出版社1999年版，第108页。

是正当法律程序的判断主体，二是正当法律程序的内涵构造和外延表现。在相关的意义上，我们这里仅就第二个方面的争议加以介绍。①

究竟什么样的程序才算是正当的程序？这个问题被称为目前美国宪法上正当法律程序所面临的三大问题之一②。"判断程序保障到什么程度才算正当，已成为正当法律程序最重要的问题，而判断标准的建立，也成了对法院的重大挑战。"③ 从美国联邦最高法院的判例来看，正当程序的判断标准曾先后奉行三种学说或模式。

一是历史判断模式。这个模式最早在1855年的"穆瑞斯雷丝诉霍普敬土地与改善公司"④一案中予以使用。历史判断模式，是指当法院面对要判断某一特定程序是否符合宪法上所规定的正当程序时，应当以制宪者的原意来作为程序正当性的判断基准，也即判断该程序是否符合当初制宪者心中所期待的程序。这里所谓制宪者的原意，主要是指继承自英国的普通法与成文法，而更长远的根源则是大宪章（Magna Carta）的斯土之法条款或国家法律条款。显而易见，历史判断模式难以适应时代的变迁和现代社会的需求，因而往往成为信奉司法节制原则的保守理论前提。

二是利益衡量模式。1972年，美国联邦最高法院在"马修诉德瑞杰"⑤一案中发展出了一种新型关于正当法律程序的判断标准，此即所谓"利益衡量模式"。这个模式至今仍处在主导地位。利益衡量模式，是指程序正当与否的判断，要同时衡量受到政府行为影响的私人利益、风险利益以及与政府利益的关系。所谓风险利益，是指利益在程序中被错误地剥夺的风险，以及，因任何额外或替代的程序所产生的利益；而政府利益则包括因为额外的或替代的程序所带来的财政或行政负担。这三种利益当中，如果私人利益与风险利益大于政府利益，法院则判断目前所提供的程序保障是不足的，只有采用替代性的程序保障，才能满足宪法上正当法律程序的要求；如果相反，私人利益与风险利益之和小于政府利益，法院则可以作出结论认为，现行的程序保障已经能够满足正当法律程序的保障，也就是说，现行的程序已经属于"正当的"程序了。可见，依此模式，所要保障的利益越大，则对于程序的需求量就越大。法律程序中的正当性判断是一个变量，该变量依个案具体情形而定。这个模式只注重法律程序的工具性价值，而对于本体价值或内在价值则无法顾及，而且，对利益的量化也有实际的困难。尤其是，利益衡量的结果极易沦落为程序虚无主义，从而为专制大开方便之门。因而，作为一种补充，另一种模式产生了，此即最低限度的程序保障模式。

三是最低限度的程序保障模式。最低限度的程序保障模式主张，为了避免人民宪法上的权利被剥夺，应有一个最低限度的正当程序要求作为保障。也即，任何程序都有一个最低限度的公正要求，这个公正要求又是通过某一个具体的程序制度或程序装置来表达的。对此，有两种

---

① 对于正当程序的判断主体，美国有"立法决定论"和"司法决定论"的争议。叶俊荣：《美国最高法院与正当法律程序：双阶结构与利益衡量理论的演变与检讨》，载焦兴铠主编：《美国最高法院重要判例之研究：一九九零——一九九二》，台湾地区欧美研究所1995年版，第96页。

② 另外两大问题是：其一，正当法律程序的审查基准问题，尤其是平等原则的分合以及司法审查的界限问题。其二，正当法律程序所保障的标的问题或对象问题，宪法中所规定的生命、财产、自由，如何按照时代的需求加以适当的界定。前者与实质性正当程序有关，后者则与正当法律程序的程序含义相关。

③ 叶俊荣：《美国最高法院与正当法律程序：双阶结构与利益衡量理论的演变与检讨》，载焦兴铠主编：《美国最高法院重要判例之研究：一九九零——一九九二》，台湾地区欧美研究所1995年版，第69页。

④ Murray's Lessee V. Hoboken Land & Improvement Co., 59 U. S. 272 (1855).

⑤ Mathews V. Eldridge.

学说：一是听证说，二是独立裁决者说。听证说认为，正当法律程序的核心要求是对当事人实行"告知"（notice），并使之有接受听证的机会。独立裁决者说认为，只要裁决者具有独立不偏的品格，即可确保程序的工具性价值和工具性价值的实现。这里所谓裁决者的"独立"，具体包括三个方面的要求：第一，不可对所裁决的案件有财务上的直接利益；第二，不可对案件中的当事人有任何偏见；第三，不可对该案当事人所主张的论点有成见。①

从正当法律程序的判断模式来看，尽管它也注重程序自身的内在道德价值问题，但这些道德价值具有侧面性和附属性。也就是说，正当法律程序中的"正当性问题"，乃是在其功能和目标既定的前提下予以讨论的；而程序正义论主要关注的是前提性问题，也即模式选择问题。尽管二者在最低限度的程序公正性问题上不可避免地存在交错之处，但这两点可以看成存在于它们之间的本质区别。这就是我们在思考程序正义问题时所不能不关注的实践价值。

第五节　民事诉讼法律关系论

一、民事诉讼法律关系的概念和特征

民事诉讼是一种特殊的社会现象，透过现象看本质，民事诉讼从本质意义上说，乃是一种民事诉讼法律关系。民事诉讼法律关系是法律关系的一种，是法律关系这个上位概念在民事诉讼中的具体落实。具体而言，民事诉讼法律关系是指受民事诉讼法调整的法院、当事人及其他诉讼参与人之间在民事诉讼中产生的权利义务关系。民事诉讼法律关系具有四个特点：一是法院是每个民事诉讼法律关系的当然主体；二是法院的利益同其他诉讼法律关系主体的利益是不矛盾的；三是诉讼中的社会关系只能作为法律关系而存在，不能作为事实上的关系而存在；四是所有诉讼参加人都是同法院之间的诉讼关系，是一系列关系。②

根据我国民事诉讼法的规定，我国的民事诉讼法律关系具有以下特点：

（一）规范性

民事诉讼法律关系是经由民事诉讼法调整所产生的法律关系，经过民事诉讼法所调整的诉讼法律关系，具有民事诉讼权利和民事诉讼义务两方面的内容。诉讼权利和诉讼义务的内容具有统一性，在民事诉讼中，任何当事人都既具有诉讼权利，也具有诉讼义务，没有无诉讼义务只有诉讼权利的特权当事人，也没有只有诉讼义务没有诉讼权利的低人一等的当事人。如果一方当事人因为贫困、法律素养等原因而无法充分有效行使诉讼权利，民事诉讼法应当设法使之获得有力的诉讼保障，人民法院应当采取有效措施使这种保障落到实处。

（二）层次性

从性质上看，民事诉讼法律关系的内容具有层次性的特点，其中主要包括四种类型的诉讼法律关系：一是基于纯粹诉讼活动所产生的诉讼法律关系，如因管辖权异议所产生的诉讼法律关系。二是基于查明案件事实真相所产生的诉讼法律关系，如因当事人收集证据、主张事实、提供证据、进行质证等所产生的诉讼法律关系。三是基于正确法律适用所产生的诉讼法律关

---

① 参见叶俊荣：《美国最高法院与正当法律程序：双阶结构与利益衡量理论的演变与检讨》，载焦兴恺主编：《美国最高法院重要判例之研究：一九九零——一九九二》，台湾地区欧美研究所1995年版，第103页。

② 参见田平安：《民事诉讼法律关系论》，载《现代法学》1994年第6期。

系，如当事人基于法院适用法律错误，根据《民事诉讼法》第 207 条第 6 项再审事由提出再审申请所产生的诉讼法律关系。四是基于司法服务所产生的诉讼法律关系，如法院根据《民事诉讼法》第 127 条的规定，对当事人行使阐明权，指示当事人在不被受理诉讼后该如何采取下一步维权行动；法院在审判后向有关部门或机构提出的司法建议也属于此类诉讼法律关系。

（三）阶段性

民事诉讼法律关系是动态的法律关系，不是固定不变的静态的法律关系，这一点使之与实体法律关系明显地区别开来，比如合法一旦签订，一般就处在相对稳定状态，而诉讼法律关系则是环环相扣，如同珠链般贯穿起来的一根长线，每一个诉讼阶段所形成的诉讼法律关系都有其阶段性重点任务，这种任务具有先后的逻辑关系。大体上而言，就一审程序来说，民事诉讼法律关系分为三个重点阶段：一是在诉讼开始时围绕着民事诉讼能否成立所形成的诉讼法律关系；二是在审前准备阶段围绕着案件的争议焦点以及证据调查所形成的诉讼法律关系；三是在开庭审理时围绕着法庭调查和法庭辩论所形成的诉讼法律关系。二审、再审的诉讼法律关系也同样可划分为启动、准备和庭审这三大阶段。当然，广义上的民事诉讼法律关系还包括后续的因执行而产生的执行法律关系。

（四）效果性

民事诉讼法律关系不是一个法律关系的外壳，而是一个有着内在目的性的法律关系有机体，当事人、法院以及其他诉讼参与者从各自不同的视角为完成民事诉讼法所确定的任务而实施各种不同的诉讼活动，它们形式各异，但万变不离其宗，其内核是为了民事纠纷的妥善解决以及民事法律秩序的有效维护；其中，当事人在各种诉讼法律关系中所产生的对自己有利或不利的诉讼效果，最终便凝结为法院作出的一方胜诉、一方败诉的裁判结果。

二、民事诉讼法律关系的各种学说

（一）民事诉讼法律关系论的诞生

1868 年，德国民事诉讼法学者标罗（Osker von bulow, 1837—1907，也有的译为比洛夫）出版了《诉讼抗辩和诉讼要件论》一书，明确提出了"诉讼法律关系"这一概念，并对诉讼法律关系和实体法律关系进行了区分，标罗由此被称为诉讼法律关系理论的缔造者。[①] 他强调民事诉讼中法院和当事人之间是统一的、逐步发展的、对等的法律关系，就像民事法律关系一样，一方的权利就是另一方的义务。此种观点的实质是将诉讼法律关系理解为当事人与法院之间的权利义务关系。标罗学说影响深远，民事诉讼法律关系的原创学说"两面关系说"即以上述观点为内容。

（二）民事诉讼法律关系的理论学说

1. 一面关系说

在标罗之后，德国诉讼法学者科勒尔（Kohler）提出"一面关系说"。该说认为，民事诉讼中存在确定的法律关系，不过这种诉讼法律关系仅仅存在于原告与被告之间，因为正是原告

[①] 参见刘荣军：《德国民事诉讼行为学说之展开》，载陈光中、江伟主编：《诉讼法论丛》（第 1 卷），法律出版社 1998 年版，第 389 页。

和被告在进行着诉讼中的"斗争",其他人,包括法院在内,都置身于事外,而不被卷入诉讼法律关系的漩涡之中。

2. 二面关系说

德国诉讼法学者普兰克(Planch)倡导"二面关系说"。该说认为,一面关系说之所以不妥当,是因为该说仅仅看到了诉讼中的双方当事人之间的私的关系,而没有看到民事诉讼所形成的本质乃是公的关系,因为无论是原告还是被告,他们都分别与法院之间形成诉讼法律关系,在他们相互之间反而不存在任何诉讼法律关系。如果缺乏法院的诉讼活动,则民事诉讼中不可能产生任何诉讼法律关系,双方当事人实施诉讼行为都必须指向法院方为有效行为,否则是无效的。

3. 三面关系说

德国诉讼法学者瓦希(wach)、德根科尔伯(Degenkolb)等倡导"三面关系说"。该说认为,二面关系说将法院纳入诉讼法律关系考虑范畴是正确的,但有矫枉过正之嫌,因为原告和被告之间客观上会存在诉讼法律关系,诉讼中的协议管辖、诉讼和解、诉讼调解、诉讼抵消、合意停止诉讼程序等,都会产生一定的诉讼法律后果,这说明在双方当事人相互之间也存在诉讼法律关系。他们认为民事诉讼法律关系是原告与法院、被告与法院以及原告与被告之间所形成的三面关系。三面关系说可以被看作一面关系说与二面关系说的综合,只是该学说在理论支点上更强调法院与当事人之间的诉讼法律关系。我国目前基本采用三面关系说。

4. 多面关系说

该说又被称为多面系列关系说、法院与诉讼参与人关系说。最早见于苏联法学家克列曼的著述。克氏说民事诉讼法律关系"是作为社会主义审判机关的法院与当事人、第三人、检察长间的关系"。到20世纪七八十年代,多勃洛沃里斯基等人著的《苏维埃民事诉讼》写道:"法院同诉讼参加人之间发生的关系,既然都是由民事诉讼法的规范来调整的,所以,它们也就是民事诉讼法律关系。"① 这种观点的实质是在保留二面关系说的基本框架下将诉讼法律关系的主体范围在当事人和法院的基础上扩展至其他诉讼参与人。由于我国法学研究苏联的承继关系,这种观点在我国长时间处于主流地位。在1998年以前的民事诉讼法教材中,几乎都是以该说解释民事诉讼法律关系。

5. 诉讼法律状态说

诉讼法律状态说是对诉讼法律关系说的全面否定,无论上述一面关系说还是两面关系说抑或三面、多面关系说,其实就方法论和思维模式而言乃是统一的,就是将私法上的法律关系理论照搬到民事诉讼中来,因而忽略了民事诉讼程序的公法特征。有鉴于此弊,德国学者高尔德斯密德(Goldschmidt)在其《作为法律状态的诉讼》一书中提出了面貌一新的诉讼法律状态说。该说认为,当事人的诉讼目的在于追逐胜诉之结果,避免败诉之裁判,前者为当事人带来了"期待"和"希望",后者则使当事人产生了"恐惧"和"负担"。民事诉讼的全部过程,都贯穿了当事人的这种对立的诉讼心理状态,在这种心理状态的作用下,当事人实施了种种有利于自己的诉讼行为,这些诉讼行为均将产生一定的诉讼效应,诉讼效应之叠加便成为诉讼状态,这种诉讼状态是动态的,而不是静态的。因而,当事人诉讼行为之根据,不是权利和义务,而是必要和负担。比如,举证从权利角度看只是举证之必要,从义务角度看只是举证之负担。诉讼结束之时,诉讼状态决定胜败。法律状态说从出现至今,虽未占上风但也未偃旗息

---

① 转引自田平安:《民事诉讼法律关系论》,载《现代法学》1994年第6期。

鼓，在当今日本，争论尚在进行，所不同者，将"恐惧"译为"负担"而已。①

（三）诉讼法律关系说简评

先从最后一个学说"诉讼法律状态说"说起。诉讼法律状态说较之诉讼法律关系说似乎更深刻地揭示了诉讼的发展阶段，更准确地描述了诉讼法和实体法的关系，诉讼法所具有的独立性而不是工具性得到了彰显，尤其是，诉讼法律状态说也有利于放手发动当事人的诉讼能动作用，使当事人之间的对抗性更显突出。就此而言，诉讼法律状态说有合理之处，也正因如此，诉讼法律状态说至今尚有重大影响力，给人们洞察诉讼之本质以深刻启迪。然而，试图用诉讼法律状态说取代诉讼法律关系说也是一种矫枉过正的学说，与其认为诉讼法律状态说较之诉讼法律关系说更加合理，倒不如认为诉讼法律状态说是在诉讼法律关系说基础上的一种深化，该说经适当修正，即与协同主义诉讼模式有内在勾连。

诉讼法律关系说中的两层核心含义无论如何不能摒弃：一是民事诉讼的全部活动离不开民事诉讼法的调整，而只要民事诉讼法作为公法对诉讼过程起实际的调整作用，那么，要从理论上否定以诉讼权利和诉讼义务为基本内容的诉讼法律关系说乃是不正确的；二是民事诉讼的全部活动都离不开一个轴心，这就是行使审判权的法院，当事人的全部诉讼活动，要么直接指向法院，如申请回避，要么间接指向法院，如和解，离开法院的审判活动，民事诉讼无法展开。而诉讼法律状态说似乎在这一点上有所忽略，其将民事诉讼完全看成自然状态下当事人之间的一种博弈，忽视了法院代表国家对民事诉讼的干预，也忽视了监督主体对民事诉讼的监督，因而无法反映民事诉讼的客观实际情况，尤其我国，该学说之不当乃是显而易见的。

诉讼法律关系说总体上之所以较之诉讼法律状态说更能对民事诉讼的本质特征加以揭示和描述，是因为它认识到民事诉讼的实施和进行，是在民事诉讼法的统一调整下运作的，民事诉讼法是民事诉讼的规范力量和保障力量。然而究竟是采取一面关系说、二面关系说、三面关系说还是多面关系说，不能一概而论，它是随着民事诉讼法的发展而演变的，同时也与民事诉讼法所属的法系和传统有密切关系。一面关系说强调双方当事人之间的诉讼对抗，缩小乃至取消了法院的职权作用，这和英美法系国家的绝对型当事人主义诉讼体制比较接近，但用它来描述加强职权化改革的现代型当事人主义诉讼体制则不尽准确。二面关系说比较能够描述我国职权主义的诉讼体制和模式，然而对于当事人相互之间的诉讼法律关系则未免有忽略之嫌。三面关系说有助于弥补二面关系说之缺陷，将当事人之间因私权处分、诉讼合意等行为所产生的诉讼法律关系也囊括于其中，因而相对二面关系说有了进步②。至于多面关系说，无非是强调证人、鉴定人、诉讼协助人等与法院的诉讼法律关系，应当说，这些被称为"其他诉讼参与人"的诉讼参与者也与法院、当事人发生这样或那样的诉讼法律关系。如证人作证，不仅要面向法院负担作证义务，而且与申请作证的当事人也将产生诸如负担作证费用之类的诉讼法律关系。然而，诉讼法律关系理论要解决的问题或要达到的理论目标，不是简单地描述这种诉讼法律关系的存在，而是通过诉讼法律关系的确定，为相应诉讼体制和诉讼模式的建立提供理论说明，也就是说，诉讼法律关系说不仅仅具有定量意义，更重要的在于定性，而其他诉讼参与者虽然

---

① 宋朝武主编：《民事诉讼法学》（第3版），中国政法大学出版社2012年版，第51页。

② 我国民事诉讼法学界自20世纪90年代末，逐渐开始摒弃"法院与诉讼参与人关系说"，而主张不仅当事人与法院之间存在着诉讼法律关系，当事人之间也存在着法律关系，甚至所有诉讼法律关系主体之间都存在着法律关系。参见刘荣军：《民事诉讼法律关系理论的再建构》，载梁慧星主编：《民商法论丛》（第9卷），法律出版社1998年版。

也与法院、当事人、检察机关等发生各种诉讼法律关系,但这些诉讼法律关系无助于体现民事诉讼的定性功能,因而不宜笼统地将其概括到诉讼法律关系学说中来。这种面面俱到的多面关系说存在理论解释力不足的局限。

然而不能不指出的是,相对正确的三面关系说虽然在大陆法系国家采为通说,但该学说发展到我国,尚需作出某种修正,因为该学说不能就检察监督这个对描绘我国民事诉讼体制和模式具有重要意义的因素做出说明,因而存在一定的解释力盲区。检察院对民事诉讼的法律监督已经成为我国民事诉讼法的基本特征,在实践中也发挥着日益重要的作用,因而在构筑我国民事诉讼法律关系理论时,不宜忽略这个因素[①]。归纳起来说,我国的民事诉讼法律关系应当在三面关系说的基础上增加一面关系,这就是检察机关对人民法院行使审判权进行法律监督所形成的监督法律关系,因而变成了"四面法律关系说"。

三、民事诉讼法律关系的构成要素

（一）主体要素

民事诉讼法律关系是存在于人民法院和当事人之间、当事人相互之间、人民法院和其他诉讼参与人之间、当事人和其他诉讼参与人之间的法律关系。民事诉讼法律关系的主体既有公权力主体,也有私权利主体,不同的主体之间所形成的诉讼法律关系的性质不尽一致。不同的主体之间所形成的诉讼法律关系在民事诉讼中的重要性和地位也不尽相同。人民法院和诉讼当事人之间的诉讼法律关系是决定民事诉讼性质的占主导地位的法律关系,其他的诉讼法律关系都是次要的或派生的法律关系,是围绕着主要的法律关系所产生的依附性法律关系。

（二）内容要素

民事诉讼法律关系的内容是各诉讼主体所享有的诉讼权利或审判权利和所负有的诉讼义务或审判职责。

（三）客体要素

民事诉讼法律关系的客体是诉讼中的程序公正、案件事实以及法律适用。如当事人申请回避,与人民法院决定是否回避之间便形成了一种诉讼法律关系,这种法律关系所指向的客体就是程序公正。当事人为了胜诉利益而主张事实是其诉讼权利,人民法院为此要求当事人提供证据对该事实主张加以证明,则是当事人的诉讼义务,这种诉讼法律关系所指向的客体是案件事实。适用法律作出裁判是人民法院的审判职责,依法接受和履行人民法院所作出的司法裁判,则是当事人的诉讼义务,这种诉讼法律关系所指向的客体是法律适用。

（四）事实要素

导致民事诉讼法律关系发生、变化、消灭的法律原因被称为民事诉讼中的法律事实。民事诉讼中的法律事实包括诉讼事件和诉讼行为两个方面。诉讼事件是不以人们的主观意志为转移的能够导致民事诉讼法律关系变更、消灭的法律现象。比如,根据《民事诉讼法》第153条的规定,导致民事诉讼法律关系中止的六项法定事由,除第六项为兜底条款内容不明外,其余五项法定事由皆为诉讼事件。再如,《民事诉讼法》第154条所规定的导致民事诉讼法律关系

[①] 我国也有教科书注意到了此问题,认为:民事诉讼法律关系除审判法律关系、争讼法律关系之外,还有法律监督法律关系与诉讼协助法律关系。民事诉讼法律关系是由这四类法律关系构成的有机系统。宋朝武主编:《民事诉讼法学》(第3版),中国政法大学出版社2012年版,第50页。

终止或消灭的四项法定事由也属于诉讼事件。《民事诉讼法》第 86 条规定的导致期限顺延的不可抗拒的事由或者其他正当理由也属于诉讼事件。一般而言，诉讼事件具有法定性的特点，其并不直接导致民事诉讼法律关系的发生、变更和消灭，而往往是诉讼行为的前提条件。如《民事诉讼法》第 95 条规定的"受送达人下落不明"，是法院实施公告送达这一诉讼行为的前提条件。除诉讼事件外，诉讼行为也是引起民事诉讼法律关系发生、变更、消灭的重要原因。

四、民事诉讼行为

与诉讼事件的数量不多这个特点不同，诉讼行为则是导致民事诉讼法律关系发生、变更、消灭的主要法律事实，是诉讼法律关系主体所实施的旨在实现一定的诉讼效果或者客观上会产生一定诉讼效果的法律行为。民事诉讼法自始至终的内容主要就是各个诉讼法律关系的主体可以实施何种诉讼行为、应当实施何种诉讼行为的行为规范。从不同的角度可以对诉讼行为做出不同的划分。

（一）以主体为标准

从诉讼主体的角度，诉讼行为可划分为法院的诉讼行为、当事人的诉讼行为、检察机关的诉讼行为、其他诉讼参与者的诉讼行为。其中，法院的诉讼行为和当事人的诉讼行为是主要的诉讼行为，它们能够决定民事诉讼法律关系的发生、变更和消灭。法院的诉讼行为又包括诉讼准备行为、诉讼管理行为、诉讼裁判行为、诉讼服务行为等；当事人的诉讼行为又包括程序性诉讼行为（如起诉、答辩、申请回避、管辖权异议等）、事实性诉讼行为（如事实主张、提供证据等）和实体性诉讼行为（如承认诉讼请求、放弃诉讼请求、和解、调解等）。检察机关的诉讼行为在一定的情形下也能够引起民事诉讼法律关系的发生、变更和消灭。例如，检察机关根据《民事诉讼法》第 215 条的规定所实施的抗诉行为，就能直接引起再审程序的发生；同样，检察机关变更抗诉标的和抗诉请求的诉讼行为，则能导致再审民事诉讼法律关系的变更；检察机关撤回抗诉的诉讼行为，则将导致再审民事诉讼法律关系的消灭。

（二）以效果为标准

从诉讼行为所能够产生的法律效果看，可将诉讼行为划分为取效性诉讼行为和与效性诉讼行为。这是对当事人的诉讼行为所作的划分，对法院、检察院以及其他诉讼参与者的诉讼行为而言，则无取效性诉讼行为和与效性诉讼行为之分，因为只有与诉讼胜败有直接利害关系的诉讼主体才产生取效、与效的问题。

取效性诉讼行为是指当事人旨在追求某种诉讼效果所实施的，并且需要获得法院认可才能产生这种诉讼效果的诉讼行为。民事诉讼中绝大多数的当事人诉讼行为属于取效性诉讼行为，如原告的起诉行为，需要法院的受理行为才产生诉讼系属的效果；被告的答辩行为需要获得法院的采纳才能产生否定或抵消原告诉讼请求的效果。依其性质，取效性诉讼行为又分为诉讼型取效行为和非讼型取效行为。前者如提供证据、进行辩论等，后者如提出申请、提出异议、申请复议等。

与取效性诉讼行为不同，与效性诉讼行为指的是当事人一旦实施了这种诉讼行为就自动产生了某种诉讼效果，而无须法院认可或批准。例如，《民事诉讼法》第 53 条规定："双方当事人可以自行和解。"这种和解与调解不同，无须取得法院的批准即可生效。《民事诉讼法》第 62 条第 1 款规定："委托他人代为诉讼，必须向人民法院提交由委托人签名或者盖章的授权委托书。"第 63 条规定:"诉讼代理人的权限如果变更或者解除,当事人应当书面告知人民法院,并由人民法院通知对方当事人。"第 100 条第 3 款规定:"调解书经双方当事人签收后,即具有法律效力。"第 146 条规定:"原告经传票传唤,无正当理由拒不到庭的,或者未经法庭许可中途退庭的,可以按撤诉处理;被告反诉的,可以缺席判决。"第 147 条规定:"被告经传票传唤,无正当理由拒不到庭的,或者未经法庭许可中途退庭的,可以缺席判决。"以上均是关于与效诉讼行为的例子。

除此之外,民事诉讼法中还有将取效性诉讼行为和与效性诉讼行为混合规定的例子。例如,《民事诉讼法》第 130 条第 1 款规定:"人民法院受理案件后,当事人对管辖权有异议的,应当在提交答辩状期间提出。人民法院对当事人提出的异议,应当审查。异议成立的,裁定将案件移送有管辖权的人民法院;异议不成立的,裁定驳回。"第 2 款规定:"当事人未提出管辖异议,并应诉答辩的,视为受诉人民法院有管辖权,但违反级别管辖和专属管辖规定的除外。"第 1 款的规定为取效性诉讼行为,第 2 款的规定为与效性诉讼行为。再如,《民事诉讼法》第 148 条第 1 款规定:"宣判前,原告申请撤诉的,是否准许,由人民法院裁定。"第 2 款规定:"人民法院裁定不准许撤诉的,原告经传票传唤,无正当理由拒不到庭的,可以缺席判决。"第 1 款为取效性诉讼行为,第 2 款为与效性诉讼行为。

划分取效性诉讼行为和与效性诉讼行为的意义在于:其一,取效性诉讼行为通常是向前进的诉讼行为,与效性的诉讼行为通常是向后退的诉讼行为。其二,取效性的诉讼行为一般需要当事人积极作为,与效性的诉讼行为一般仅需要当事人消极不作为。其三,取效性诉讼行为所依据的一般是辩论原则,与效性的诉讼行为所依据的一般是处分原则。其四,取效性诉讼行为需要取得法院的认可或批准方能产生预期的诉讼效果,与效性诉讼行为所产生的诉讼效果直接来源于法律的明文规定。

(三) 以合法性为标准

从诉讼行为是否具有合法性的角度看,可将诉讼行为分为合法的诉讼行为与非法的诉讼行为。民事诉讼法是公法,其大多数规范属于强制性规范,如《民事诉讼法》第 34 条规定的专属管辖;也有少数属于任意性规范,如《民事诉讼法》第 35 条规定的协议管辖。当事人无论按照强制性规范实施诉讼行为,还是根据任意性规范实施诉讼行为,都需要符合法定要件,按照法定程序进行,否则就不会产生相应的诉讼效果。但是,民事诉讼法中还规定了一种禁止性规范,这些规范中所描述的行为当事人和其他任何诉讼主体均不可实施,否则就构成了非法诉讼行为。《民事诉讼法》第十章"对妨害民事诉讼的强制措施"从第 112 条到第 117 条集中规定了这些非法行为的外在表现。例如,《民事诉讼法》第 113 条规定:"诉讼参与人和其他人应当遵守法庭规则。人民法院对违反法庭规则的人,可以予以训诫,责令退出法庭或者予以罚款、拘留。人民法院对哄闹、冲击法庭,侮辱、诽谤、威胁、殴打审判人员,严重扰乱法庭秩序的人,依法追究刑事责任;情节较轻的,予以罚款、拘留。"非法诉讼行为将受到诉讼上的司法制裁,包括训诫、罚款、拘留等,情节严重者将依法追究行为者的刑事责任。可见,非法诉讼行为也是导致诉讼法律关系产生、变更、消灭的一种法律事实。

第六节 民事诉讼中的权力配置

从权力或权利的视角看,民事诉讼所涉及的权力或权利主要有审判权、诉权、检察监督权、陪审权、调解权、执行权等，民事诉讼程序从实质上看，就是上述六种主要权力或权利的配置关系，一个国家的民事诉讼程序是否科学、合理、完备，关键就看其对这六种权力或权利因素是如何配置的，其配置的比例或比重是否恰如其分，其配置的结果是否能够满足司法实践的需要，这无疑是民事诉讼程序的基本理论问题。

民事诉讼中的权力配置主要体现在以下五个方面：

一是诉权与审判权的配置。诉权是当事人诉讼权利的总和，其相对应的范畴为审判权。诉权和审判权是诉讼中的一对矛盾范畴，它们之间既有统一性的关系，也有对立性或冲突性的关系。诉讼立法要处理的一对主要矛盾就是诉权和审判权的对立性关系。由此形成了以诉权为中心的诉讼模式和以审判权为中心的诉讼模式两大类型，此外也有大量的介于二者之间的诉讼模式。这一方面的内容即为后面要论述的民事诉讼模式的问题。

二是检察监督权与审判权的配置。检察机关是宪法所规定的法律监督机关，是专司法律监督权的国家权力机关，而且它与法院一样，被宪法赋予了司法权能——只不过，其司法权能的具体表现乃是检察监督权。检察机关对民事诉讼的监督不仅仅针对法院的审判权和执行权，而且还指向当事人的诉权及其运作过程，这是由诉讼模式逐渐向当事人主义转化所提出的必然要求。其内容主要反映在民事诉讼法检察监督的基本原则以及因检察监督所产生的审判监督程序之中。

三是陪审权与审判权的配置。司法的社会化是现代社会的国家司法尤其是民事司法体现出来的重要特征，现代司法应当敞开法院大门，广泛地吸纳社情民意，使司法的结果满足社会发展的客观需要，并且由此拉近司法与社会的关系，使社会产生对于司法的信赖感。陪审权是社会参与权的一个组成部分；社会参与权包括的范围较为广泛，我国立法所规定的支持起诉原则，以及在我国司法改革中出现的评议团、人大代表听百案，还有西方国家所实行"法庭之友"等制度，均属此范围。但在种种社会参与权中，最为重要的、也是诉讼体制内的社会参与权，就是人民的陪审权。我国人民陪审制度所确立的就是人民的陪审权。我国的人民陪审制度在内容上具有何种基本特征以及它存在怎样的缺陷、应当如何改造等问题，在后面关于民事诉讼的公众参与部分有详细论述。

四是调解权与审判权的配置。调解与审判的关系应当合理地确定。我国目前实行的是"调审合一"模式，但只有实行"调审分离"模式，才能消除"调审合一"模式中的积弊，才能使调解原则回归本原，也才能使审判制度恰当运行，同时也才能将融化在调解中的和解制度解救出来，成为一项独立的诉讼制度。这样就形成了调解、和解与审判的三足鼎立制度格局。

五是执行权与审判权的配置。执行权与审判权的配置涉及三个层面的问题：第一是执行体制改革；第二是执行程序单列；第三是执行权的内涵分离。在执行体制改革中，实践表明，内置式并行模式仍不畅通与彻底，需要进而改变为外挂式并行模式。在外挂式并行模式中，法院回归于宪法所确立的审判机关的本原，而执行权则从审判权领域退出，在广义的司法权范畴构架内，归属于司法行政权的作用领域。

上文从民事诉讼法修改和完善的视角素描了民事诉讼程序中的权力/权利配置模式，由此可见，同属民事诉讼法的修改和完善，其在我国的表现与西方国家有很大的区别。在我国主要是宏观的权力配置型修改，在西方主要是微观的技术修补型修改。民事诉讼法修改中的权力配置所环绕的轴心是审判权，其基本的理路乃是对审判权的制约和监督，其中对审判权的弱化或削权是核心的主题。通过诉权与审判权的关系调整，将构建出一个相对合理的诉讼体制——这是对审判权的第一次削权。以陪审权为主要内容的社会参与权的有效强化乃是对审判权的第二次削权。将执行权从大一统的审判权中分离而出，乃是对审判权的第三次削权。将调解权与审判权分离开来运转，防止以模糊的调解权掩盖清晰的审判权，乃是对审判权的第四次削权。最后，将审判权纳入到检察监督的轨道，则可以视为对审判权的第五次也是最终一次削权。由此可见，我国的民事诉讼法修改，不仅在过去和现在，而且在将来相当一段历史时期，都是以对审判权的限缩和控权为圭臬和鹄的。

第七节　民事诉讼程序模式论

一、模式论概述

民事诉讼程序的基本模式是民事诉讼法学的一个重要课题。研究民事诉讼程序的模式，有利于我们把握民事诉讼程序的发展规律和内在本质，同时通过对各国民事诉讼法的比较研究，也有利于我们从中得到有益的启发，由此推动我国民事诉讼制度的发展和完善。

先了解一下何谓"模式"。模式，从哲学上理解，乃是指事物的各要素之间的有机组合以及由此所表现出来的动态特征。任何一个事物，包括民事诉讼程序在内，都是由若干重要的用以定性的要素构成的，这些要素表现为对立统一关系中的矛盾的主要方面，它们之间的关系直接规制和决定着该事物的性质和样态，同时也影响和决定着该事物的效用和功能。

民事诉讼程序中有两个基本的要素：一是当事人，二是法院。当事人和法院在民事诉讼程序中具有各自的角色和作用，他们的诉讼行为推动着民事诉讼程序的进行。其他诉讼法律关系的参与者，诸如证人、鉴定人、翻译人员等，他们的诉讼行为并不决定诉讼程序的运作方式以及进程，虽然他们在民事诉讼程序中经常出现，但他们并不是民事诉讼程序中的主要主体，因而也不是决定民事诉讼模式的核心因素。

当事人和法院互为作用，共同作用于民事纠纷的解决。但他们之间的作用分担是不一样的，在有的诉讼程序中，当事人的作用大，法院的作用小；而在另外一些诉讼程序中，则当事人的作用小，法院的作用大。法院和当事人之间的作用分担是呈反比关系的，这样的作用大小的不同配置，就构成了民事诉讼的不同模式。因此，民事诉讼模式就是当事人和法院在诉讼程序中的关系结构，对这种基本的民事诉讼法律关系的概括和抽象，就是民事诉讼程序的模式。

考察现代各国民事诉讼制度，不同的法系国家有不同的诉讼模式。各大法系之所以存在分野，一个关键的因素就是它们的法律制度的实践形态不同，而法律制度的实践形态主要表现为诉讼制度以及由此所表现出来的诉讼模式。在当代西方比较法学的著作中，对世界各国法律制度的划分最为流行的形式，就是法国学者勒内-达维德提出来的划分方式，他将世界各国的法律制度划分为大陆法系、普通法系、社会主义法系和其他法系，包括伊斯兰法系、印度法系、远东法系和非洲法系等。套用这个通行的获得公认的划分方式，我们可以得出结论认为，民事诉讼程序的模式也可以相应地划分为大陆法系国家的民事诉讼模式、普通法系国家的民事诉讼模式、社会主义国家的民事诉讼模式以及其他国家的民事诉讼模式。应当说，这种划分在外延上是周密的，但是在划分的标准上是有交叉的。因为，大陆法国家和英美法系国家的民事诉讼模式均属于资本主义国家的民事诉讼制度，而资本主义国家的诉讼制度是与社会主义国家的诉讼制度相对而言的。至于其他法系国家的民事诉讼模式因为影响较小，可以略而不论。这样我们就可以在两大层面上划分民事诉讼程序的模式：第一个层面，以社会制度的性质为标准，可将民事诉讼模式划分为资本主义国家的民事诉讼模式和社会主义国家的民事诉讼模式。第二个层面，在资本主义国家内部，又可以按照其诉讼制度发展的历史文化传统及操作技术上的不同，将其划分为英美法系国家的民事诉讼模式和大陆法系国家的民事诉讼模式。当然，在社会主义国家内部，我们同样可以对其民事诉讼模式再加细分。由于社会主义国家目前主要以我国为代表，后面我们要专门介绍我国民事诉讼程序的模式问题，这里且不赘述。因此，这里仅介绍两大法系国家的民事诉讼模式。

二、对抗制：英美法系国家的民事诉讼模式

英美法系国家民事诉讼模式具有非常悠久的发展历史，英国是其发展的发源地和摇篮。从12世纪起，英国普通法开始形成，与此同时，以对抗制为主要特征的民事诉讼制度及其模式也逐步形成。英国民事诉讼制度及其模式主要受到陪审团审判、判例法制度、衡平法制度的影响。之后英国民事诉讼模式传播到了美国，并在美国发扬光大。目前英美法系国家普遍推行对抗制诉讼制度和模式，虽然现在陪审团制度已经逐步趋于弱化，甚至在有的地区已经消失，但在陪审团制度作用下所形成的民事诉讼制度及其基本模式依然没有发生实质性改变，因此，我们现在研究探讨英美法系国家的对抗制民事诉讼模式，仍具有较强的现实意义，也可以说是对英美法系国家现行民事诉讼制度及其内容作出的素描和概括。依据英美国家民事诉讼制度的立法规定以及实践运作惯例，其民事诉讼模式有以下主要特征：

其一，民事诉讼程序的启动、继续与终结，取决于当事人的意志。在民事诉讼程序的启动上，实行私权自治和不告不理原则，没有纠纷主体的告诉，法院不得自行受理案件。这个特征，其实是近现代民事诉讼制度的共同特征，并非英美国家所独有。但不告不理原则作为一个基本要素，依然是当事人主义模式中的必备内容，因而不可忽略。值得注意的是，随着各种具有社会意义的现代型诉讼的不断出现，有的民事纠纷属于公益诉讼的范畴，对于这类诉讼的提出，可以由任何第三人或检察机关作为主体。现代型民事诉讼对对抗制的此一特征产生了一定影响。但这在数量上是少数，并非决定事物性质的方面。

其二，由当事人负责事实的主张和争点的确定。事实主张是当事人的责任，法院只能在当事人所主张的事实范围内行使裁判权，不能超出这个范围。当事人之间没有争议的事实，法院必须以之为裁判的根据，而不得作出与之相反的认定。

其三，证据的收集和提供由当事人负责。一般情况下，证据的收集和提供由当事人负责，法院不依职权调查收集证据。英美国家为此还专门设定了发现程序或证据开示程序，在发现程序或证据开示程序中，当事人有充分的程序保障和方法方式收集提供证据。

其四，证据规则和程序规则的适用，取决于当事人的申请或动议。在英美国家，法官并不主动适用证据规则和程序规则，对于某个特定的事项，无论其为事实问题抑或程序问题，只有在当事人的申请或动议下，法官才被动地适用证据规则或程序规则加以解决。比如，某一个证据虽然为非法证据，依证据规则应予排除，但法官只有在当事人提出申请或动议的情况下，才适用该项证据规则对该特定的非法证据加以排除。

其五，在庭审过程中，由当事人负责对证人、鉴定人的询问。在英美，证人或鉴定人都是由当事人指定或聘任的，具有当事人化的倾向。传唤该证人或鉴定人的当事人对之首先进行主询问，然后由相对方当事人实施反询问。法官只有在特殊情况下，才对他们实施补充性的询问。

由上可见，在英美法系，其民事诉讼程序以当事人为能动的主体，法官处在消极的仲裁者的位置。有人称之为"法官的顺应性或回应性（reactive）"。这种顺应性或回应性，是"消极性（passive）"的又一种说法，意思是说法官并不针对当事人之间的争执和主张过分热情地去帮助诉讼，而是绝对地尊重当事人的意志，不加任意的干涉。由此来看，在英美法系国家的民事诉讼程序中，当事人始终处在能动的、积极的状态，他们不仅决定着诉讼程序的发生、变更或消灭，而且决定着诉讼的内容和法官行使审判权的范围，同时还决定着诉讼程序的运作方式，并负责具体的纯粹程序事项。正是在此意义上，英美国家的法理才称之为"对抗制"，大陆法系的学理则将对抗制转译为"当事人主义"。无论是对抗制还是当事人主义，都表达着相同或相似的含义：当事人在该诉讼模式中，其作用与法官的作用相比，占有绝对的优势。因此，这种诉讼模式便为当事人主义的诉讼模式，也可以称之为"以当事人为中心的诉讼模式"。

三、职权制：大陆法系国家的民事诉讼模式

大陆法系国家的民事诉讼程序模式一般被称为"职权主义的诉讼模式"或"以法官为中心的诉讼模式"，其职权主义的因素主要表现在两个方面：其一，在诉讼资料和证据资料的收集上，法官起着积极的作用；其二，在诉讼程序的进行中，法官起着主宰和推动的作用。前一点在学理上被称为职权探知主义，后一点在学理上被称为职权进行主义。正是因为大陆法国家的民事诉讼程序存在这两种区别于英美国家的做法或原则，所以理论上它们便被归入"职权主义的诉讼模式"中了。

四、两大法系国家诉讼模式的优劣比较及发展趋势

两大法系国家的民事诉讼程序选择了当事人主义和职权主义两种类型的诉讼模式，经常发生争议的问题是：这两种模式究竟孰优孰劣？对于这个问题的答案，两大法系的学者有不尽一致、有时乃至完全相反的评论。

首先，诉讼模式是否有优劣之别？对此有两种观点：一种观点认为，各自诉讼模式有其生成的自然性和必然性，它们各自适用于各自的土壤，在其本土化的背景下，它们都是具有独特的优势的。美国比较法学者约翰－梅利曼表达的就是这种观点，他说：两种诉讼模式中哪一个更好一些？一般来说，这是大体上愚蠢的问题，正如问法语是否比英语优越一样笨拙。法律根植于文化之中，它在一定的文化范围内对特定社会在特点的时间和地点提出的要求产生反映。但也有人不同意他的这种相对主义的观点，而认为诉讼模式的优劣是可以比较的。其标准主要有这样几个：其一，该程序是否能够减少裁决者原有的个人偏见，能让裁决者获得更多的与案件有关的证据材料，以便综合分析，全面审查判断，做出正确的裁决。其二，是否有助于最大限度地保证裁决者得到的证据材料不致受到歪曲，而是真实可靠的。其三，是否可以让争议各方和社会公众觉得审判是公正的，并且乐意接受。

笔者认为后一种观点是妥当的，因为不然的话各国的诉讼模式便不会在借鉴和批评的过程中不断地趋于完善了。

对于两大法系诉讼模式的优劣问题，大致上有三种评价意见：第一种观点认为，英美法系的当事人主义优于大陆法系的职权主义诉讼模式。美国学者沃克与林德曾经组织进行过一次社会性的心理调查，调查的结果认为："不管判决的结果如何，人们都对对抗式程序感到满意，认为它更公正。"第二种观点则认为，大陆法系的职权主义比英美的当事人主义诉讼模式更

好。美国学者郎班在1985年发表了有争议的论文《德国民事诉讼的优势》，在该文中，郎班明确认为，德国的民事诉讼模式优越于美国的民事诉讼模式，后者与前者相比，不仅过于复杂、花费较高、诉讼迟延，而且还缺乏可预测性。他基于此建议美国向德国学习。第三种观点则显得更加辩证，多数学者认为，民事诉讼的两大模式各有利弊，对抗式模式有利于减少法官偏见，更好地发挥当事人的参与作用，从而达到程序公正的目标；职权主义诉讼模式则有助于防止虚假证据的提出，法官也更加积极主动，易于发现客观真实。

我们同意第三种观点，事实上，从两大法系民事诉讼模式的演变历史来说，也可以明显地看出，它们的确各有优劣，而且这种优劣还处在动态的变化和消长之中。这种变化就是学者们所描述的"当事人主义和职权主义的交错"，这种交错表现在两个阶段上。

第一个阶段：当事人主义占主导位置的时代。英美国家的民事诉讼自然不必多言，它一直实行当事人主义的诉讼模式。大陆法国家最初确立的民事诉讼模式也是当事人主义式的。1806年的《法国民事诉讼法典》率先在大陆法国家树起了当事人主义诉讼模式的旗帜。之后，1877年的《德国民事诉讼法典》和1891年的《日本民事诉讼法典》等，都相继确立了当事人主义的诉讼制度。其原因在于，法国资产阶级革命成功后，社会结构发生了急剧的变化，在法律制度上，这种变化表现在"从身份到契约"、私有权的绝对化等观念占据社会的主导地位。在这种观念的影响下，形成了一种被称为"自由主义诉讼观"的思想。这种思想与自然法思想、社会契约说以及经济自由放任主义等思想相汇合，在排除国家对市民生活干预的运动中形成了解决纠纷的当事人主义优越的浪潮。可见，从历史上看，当事人主义诉讼模式是早于职权主义诉讼模式而形成的，大陆法国家最早也是实行当事人主义诉讼模式的，职权主义诉讼模式是一种后起的诉讼模式。

第二个阶段：在大陆法国家，1895年的《奥地利民事诉讼法典》率先推出了职权主义的诉讼模式，强调法官在诉讼过程中的作用，限制了当事人的能动作用。受此影响，法国从1935年开始，逐步引进职权主义的因素，修改其民事诉讼法。德国1976年制定《民事诉讼简易化法》，也开始了职权主义化的改革。甚至英美也是如此，它们都在不同程度上限制了当事人主义的因素，强化了职权主义的作用。正因如此，日本有学者曾形象地称：19世纪的民事诉讼法为当事人主义型，20世纪的民事诉讼法则为职权主义型。如果说在第一个阶段，是大陆法国家采用了英美的当事人主义诉讼模式的话，那么，在第二个阶段，则是英美国家向大陆法国家的职权主义诉讼模式靠拢。这种诉讼模式交互影响的现象，也可以称为"诉讼模式的融合"。

之所以在19世纪末到20世纪初和中叶，当事人主义的诉讼模式被渐次加以修正，并逐步走向了职权主义的诉讼模式或有了向职权主义诉讼模式靠近的趋向，其原因在于：其一，当事人主义诉讼模式被证明有诸多的弊端。比如，在当事人及其代理律师的肆意控制下，导致诉讼程序缓慢、诉讼周期悠长、诉讼费用昂贵、程序过分复杂等不良现象，这种现象的存在，使原来希望通过当事人主义所实现的程序正义的目标难以实现。因此之故，需要增强法院的职权对诉讼程序加以控制，防止当事人对诉讼程序的任意操纵和滥用。其二，从诉讼程序赖以存在的社会基础上说，到19世纪末叶，民事纠纷出现了新的特点，其社会化程度不断提高，这也需要法院强化其职权干预作用。英美国家在这个阶段开始的民事司法制度改革，与其认识到纯粹当事人主义的弊端有密切关系。

作为民事诉讼模式发展的最新取向，应当认为是两种模式的融合。因为人们意识到，在当今世界，既要发挥当事人的诉讼能动作用，显示出程序公正的价值，同时也要发挥法院的职权干预作用，显示出诉讼程序的效率价值和其他社会性价值。因此，有人认为，单纯强调当事人主义或职权主义模式，而排斥另一种模式的有益因素，已经失去了现实的针对性，同时也远离了时代的潮流。为此，理论界对这种趋势作了预测，并就民事诉讼模式的结构形式作出新的探索，提出了各种理论见解，主要有四种观点：

第一种观点主张突破统一的传统模式的做法，根据民事纠纷的性质适用不同的诉讼模式。具体而言，就是将民事纠纷分为认识型冲突和利益型冲突，对于认识型冲突，应当适用职权主义的诉讼模式，以发现客观真实为目标；对于利益型冲突，应当适用当事人主义诉讼模式，以保障程序公正为目标。如果某一纠纷具有两种类型的混合性质，则将诉讼过程分为两个阶段加以处理：先适用职权主义模式，解决当事人之间的认识冲突，再适用当事人主义模式，解决当事人之间的利益冲突。

第二种观点认为，可以将民事诉讼模式分为冲突解决模式和行为矫正模式。冲突解决模式的目的是和平地解决私人之间的争端，只要当事人对诉讼结果乐意接受，社会的主流价值观点便会认为解决冲突所依赖的法律规则是公平的，至于法院所作出的裁判是否符合法律规则的精确内容，则不受关注，也无须费力去解释。与之有所区别，行为矫正模式则将民事诉讼程序看作使人承担责任并改变其行为的方式。适用此一模式的要义在于对他人将来的行为产生影响，而不是纠纷的当即解决。它强调适用法律的准确性、诉讼结果的协调一致性以及法院裁判的可预见性。冲突解决模式一般适用于那些诉讼后果不严重、不涉及他人利益或不需要施加民事制裁的案件，行为矫正模式则适用于公害、环境污染、消费者纠纷等现代型诉讼。[1]

第三种观点认为，当事人主义和法院职权主义应当结合起来，形成一种被称为"协同主义"的诉讼模式。在这个模式中，法院和当事人双方构成一个共同体来协调运作解决纠纷，在法院和当事人之间设立对话的桥梁，通过对话促进诉讼的尽快解决。协同主义诉讼模式的特点是发挥法院和当事人两个方面的积极性，并将各种力量有机地结合起来，使诉讼程序能够面对社会，求得社会公正和法律公正的实现。这种观点是由德国学者瓦塞曼（Rudolf Wassermann）于1978年在其《社会民事诉讼》一书中提出来的。我国台湾地区学者丘联恭也提出所谓"信赖真实协同确定说"，这也是协同主义诉讼模式的构想。[2]

第四种观点认为，应当从程序保障的观点出发，恢复当事人在诉讼中的主导地位，并重视当事人在纠纷解决过程中的自律性。这种超越传统当事人主义和职权主义范畴的新思想，被称为"新当事人主义"[3]。

可见，当事人主义和职权主义是在资本主义国家内部所形成的两种程序类型，它们之间存在许多的差异，这种差异的客观存在，即使是两大法系国家的学者也都认同，并且也接受用这两种概念来表征其中的差异性，这一点，从英美国家的视角看尤为如此。当然，大陆法国家所实行的职权主义，与苏联所代表的社会主义国家的民事诉讼模式是有性质的分别的，不可混为一谈。现在我国学者有一种说法，认为苏联的诉讼模式才是真正的职权主义，而大陆法国家的诉讼模式则与英美国家一样，也属于当事人主义的类型。我们认为这种观点是值得商榷的。当事人主义和职权主义只有在两大法系国家的比较中才有其存在的必要，如果将两大法系的诉讼

---

[1] Kenneth E. Scott, "Two Models of the Civil Process", Stanford Laws Review, Vol. 27, p. 937.
[2] 参见丘联恭：《司法之现代化与程序法》，三民书局1992年版，第221页。
[3] 江伟、刘荣军：《民事诉讼中当事人与法院的作用分担——兼论民事诉讼模式》，载《法学家》1999年第3期。

模式都说成是当事人主义的，这实际上便抹杀了它们之间所存在的种种差异，而我们除要研究得出它们之间所存在的共性外，还要研究其间的差异。共性的研究对我们有启发意义，个性的研究对我们也有借鉴价值。至于苏联所代表的诉讼模式，若用职权主义来表征，则还显得不彻底。

五、我国民事诉讼程序的模式及其改造

我国民事诉讼程序模式从历史上看，是承继苏联的诉讼模式而来的，苏联的诉讼模式是公认的国家干预主义的模式，虽然它也有一些关于当事人作用方面的规定，但其性质仍然不会因此而改变。我国民事诉讼程序的模式先后并不完全静止不变，但在性质上基本未变。因为它都奠定在社会主义公有制的经济基础之上，都属于社会主义上层建筑的组成部分，都是为社会主义建设事业服务的，所以其性质不可能有根本性的改变。那么，我国民事诉讼模式应当如何来加以表述？笔者认为，可以用排除法对我国民事诉讼法所确立的诉讼模式进行描述，首先，它不属于英美的当事人主义诉讼模式；其次，它也有别于大陆法国家的职权主义诉讼模式；最后，它与苏联的国家干预主义的诉讼模式也有差异，我国的民事诉讼模式应当是介于大陆法国家职权主义和苏联国家干预主义诉讼模式之间的一种诉讼模式，有的学者将之称为"超职权主义诉讼模式"[①]，笔者基本赞成此一观点。

职权主义有两个层面的含义：在证据法或事实查明层面，职权主义模式实行法院职权探知主义或法院职权调查主义，而不是实行辩论权主义；在程序法或程序推进层面，职权主义模式实行法院职权进行主义，而不是当事人进行主义。然而，在我国，法院的职权主义色彩除了表现在证据法和程序法层面外，在实体法层面也有少量表现，也就是说，在特殊情形下我国法院保留着对实体事项处分权的干预职权，正是这一干预特性，所谓职权主义的"超"字方得以体现出来。具体论证如下。

（一）在实体法层面，我国民事诉讼法实行职权干预主义

在实体法层面，我国民事诉讼法实行的是职权干预主义，而不是完整意义上的处分权主义。《民事诉讼法》第13条第2款规定："当事人有权在法律规定的范围内处分自己的民事权利和诉讼权利。"这一规定，理论上称之为"处分原则"。处分原则和大陆法系语境下的"处分主义"或"处分权主义"非常相似，然而不能不指出的是，这种相似性其实是一种幻觉，我国的处分原则和大陆法系语境下的"处分主义"或"处分权主义"并非一回事，相反，二者之间存在不可忽视的微妙差异。因为，当事人"处分自己的民事权利和诉讼权利"具有一个前提性条件，即"在法律规定的范围内"，而是否"在法律规定的范围内"，其判断权不在当事人，而在法院，但法院行使该判断权的法律解释空间是具有弹性和伸缩性的，就其性质而言，属于法院自由裁量范围，这就为职权干预主义留下了足够阔广的"法的空间"。这是我国民事诉讼实行职权干预主义的原则性条款，此外，还有大量的具体性条款也印证了我国民事诉讼实行职权干预主义的观点和结论。

1. 财产保全上的职权干预主义

《民事诉讼法》第103条规定了法院可以依职权采取保全措施。采取财产保全措施，与将来的生效裁判执行有关，而无论是财产保全本身还是将来生效裁判的执行，直接关系的是当事

[①] 王韶华：《试析民事诉讼中的超职权主义现象》，载《中外法学》1991年第2期。

人自身的实体权益,与法院相关的仅仅是将来的执行率,为了将来生效裁判的执行,法院主动干预私人权益之实现,这就成了职权干预主义。

2. 撤诉上的职权干预主义

《民事诉讼法》第148条规定了当事人的批准型撤诉制度,此一规定也是职权干预主义的体现。诉讼程序因当事人的起诉而引起,此为"不告不理"原则,该一原则在我国民事诉讼法上有所贯彻,一定程度上体现了当事人处分权主义的要求。当事人处分权主义在诉讼程序存续上的表现,不仅有积极的起诉使诉讼发生,还有消极的撤诉使发生的诉讼复归于消灭,这就是撤诉制度的作用。撤诉是当事人的自由和权利,应当能够在取得对方当事人同意后随意进行,撤诉后当事人尚可再行起诉。不仅一审如此,二审和再审均属如此。然而,按照我国民事诉讼法之规定,这三个环节的程序消灭权,当事人都不能自由行使,法院的批准是决定撤诉是否产生效力的关键因素,可谓起诉容易撤诉难,而撤诉难,必然影响当事人起诉之决断,增加当事人起诉之顾虑,最终影响起诉权的自由行使,诉权完整性之不保由此不难想见。

3. 上诉审范围上的职权干预主义

上诉审范围犹如第一审范围,均关系到当事人请求司法保护的实体权益之范围,对该范围的决定,其权力是操之于当事人之手还是由法院最终把控,是决定实行处分权主义还是职权干预主义的分水岭之一。我国民事诉讼法对一审的审判范围未设明示规定,但对二审范围先后是有明文规定的。早在1982年《民事诉讼法(试行)》中,其第二审的审判范围便实行过明确无误的职权干预主义。该法第149条规定:"第二审人民法院必须全面审查第一审人民法院认定的事实和适用的法律,不受上诉范围的限制。"这一条款到了1991年正式出台《民事诉讼法》时便有了调整,该法第151条规定:"第二审人民法院应当对上诉请求的有关事实和适用法律进行审查。"这便将上诉审范围的全面审查原则改为有限审查原则或诉因审查原则,当事人的处分权得到了体现,这往当事人处分权主义迈出了一大步。现行《民事诉讼法》第168条传承了1991年《民事诉讼法》第151条的规定,也体现出了当事人处分权主义的要求。但《民诉法解释》第321条规定:"第二审人民法院应当围绕当事人的上诉请求进行审理。当事人没有提出请求的,不予审理,但一审判决违反法律禁止性规定,或者损害国家利益、社会公共利益、他人合法权益的除外。"这里所谓"他人合法权益",应属私权保护范畴,我国民事诉讼法中对保护第三人合法权益已提供了第三人参与诉讼、第三人撤销之诉、案外人执行异议之诉等救济手段,上诉审法院主动依职权拓展二审的审判范围,致使职权干预主义得以乘隙而入。

4. 再审程序启动上的职权干预主义

前已述及,体现当事人处分权主义的"不告不理"原则在我国民事诉讼法的起始阶段有所贯彻,然而不能不指出的是,"不告不理"原则在我国民事诉讼法上贯彻得并不彻底,这在再审程序或审判监督程序的启动上便体现了出来。《民事诉讼法》第205条规定了法院依职权启动再审的制度。再审程序的功能是多重的,既有保障国家法律统一实施上的功能,也有监督一、二审法院依法审判的功能,此外还有,或许是更重要的一个功能,就是保护当事人的私人权益的功能。当事人的私人权益是否要保护,取决于当事人自己的意愿。在生效裁判作出后,即便裁判确有错误,当事人如果不欲纠正,则意味着他放弃了相应的私人权益,包括法院在内的任何人均无权干涉。然而,我国再审程序上所确立的法院职权发动主义的立法体例,显然没有顾及到当事人在再审中的私权保护,体现出了职权干预主义的色彩。

5. 执行程序启动上的职权干预主义

《民事诉讼法》第 243 条规定了法院依职权移送执行的制度。生效裁判的执行直接关系到当事人自身的私权保护和实现，理应属于当事人处分权主义范围，而上述民事诉讼法的规定，在当事人启动执行程序之外，又规定了法院可以依职权主动移交执行，这便成为了职权干预主义的立法体例，成为我国民事诉讼法实行职权主义的又一佐证。

以上所述，是我国民事诉讼法所明示的职权干预主义的条款，除此之外，还有许多暗含职权干预主义的内容，而这些内容有时会独立存在，有时会与职权进行主义竞合，有时会与职权探知主义竞合，其表现形态不尽一致。如《民事诉讼法》第 59 条和第 135 条的规定，看上去仅仅是从程序上通知无独立请求权的第三人参加诉讼或者追加共同当事人参加诉讼，但实际上，法院的这些权限中暗含着职权干预主义的成分，因为被通知参加或被追加的当事人或第三人，有的将因此而获得私权保护，有的将因此而产生私法上的法律责任（如被判决承担责任的无独立请求权的第三人），都与处分权主义受限制或者受干预有关，所以也都含有职权干预主义的色彩。这些规定，可以视为攀附在职权进行主义身上的职权干预主义。

（二）在事实认定领域，我国民事诉讼法实行职权探知主义

在事实主张和证据的收集问题上，我国并没有实行真正的辩论主义。辩论主义有三层含义：一是当事人没有主张的事实不能作为法院裁判的基础。二是法院对于当事人之间没有争议的事实，必须将它作为裁判的基础。三是法院必须利用当事人提供或声明的证据作为认定案件事实的根据，一般不得依职权调查证据。在这三个方面，我国民事诉讼法均没有加以充分的体现。

首先，当事人对案件事实的主张责任制度尚未建立。根据《民事诉讼法》第 67 条的规定，人民法院可以根据审理案件的需要主动依职权调查取证，而不受当事人证据声明（证据申请）之限制。法院依职权调查取证，会发现当事人事实主张以外的新事实，而这些新事实的发现必然会伴随着新证据进入法院审判的范围和视野之中。事实上，只要实行不以当事人的证据声明为前提条件的职权调查取证制度，当事人的主张责任制度便无法建立。

其次，法院拥有强势的证据调查权。根据《民事诉讼法》第 67 条的规定，当事人对其案件事实负有证明责任，这是我国民事诉讼模式开始转向实行辩论主义的征兆，然而，上述条文中的三个款项中，决定问题性质的不是第 1 款，也不是第 3 款，而是第 2 款。因为，人民法院根据当事人的申请调查取证，尚属辩论主义、协力主义的范畴，而人民法院依职权根据"审理案件需要"所实施的证据调查，则显然属于职权探知主义的范畴。在当事人举证和法院查证之间，决定问题性质的矛盾的主要方面，不是当事人举证，而是法院查证。换言之，在证据收集调查的问题上，我国实行的是以法院查证为主导、以当事人举证为补充的职权探知主义模式，而不是实行以当事人举证为主导、以法院查证为补充的辩论主义模式。这种从立法逻辑结构所得出的解释性结论，应当认为是确凿无疑的。

最后，自认制度尚未真正建立。当事人对案件事实的自认，依《民事诉讼法》第 78 条的规定，是作为当事人陈述的组成部分，而当事人陈述仅仅是普通的证据，对法院认定案件事实没有拘束力。独立的自认制度目前在我国还仅仅体现在司法解释之中，在民事诉讼法上仍无明确规定。

其他如《民事诉讼法》第 205 条规定的法院依职权启动再审所基于的"确有错误"的再审理由，以及《民事诉讼法》第 14 条、第 215—220 条所规定的"检察机关的法律监督"原则、制度和程序等，诸如此类的规定，均证明我国民事诉讼法在事实和证据问题上实行的是职

权探知主义模式，而不是当事人辩论主义模式。①

我国之所以在证据和事实问题上实行职权探知主义，其原因根本地在于，我国民事诉讼法所追求的价值目标是以客观真实为基础的正确裁判的价值目标，而不是以程序真实为基础的正当裁判的价值目标。

（三）在程序进行领域，我国民事诉讼法实行职权进行主义

从程序推进的层面说，我国民事诉讼法显然实行的是职权进行主义，而不是当事人进行主义。用以论证这一点的条文在数量上非常之多，这里仅列举部分试加说明。

1. 管辖确定上的职权主义

如《民事诉讼法》第37条规定了法院依职权进行移送管辖的制度。移送管辖涉及当事人的诉讼利益，理应征求当事人的意见，然而我国民事诉讼法并无征求当事人意见之规定。该法第38条、第39条规定的指定管辖和管辖权的转移，也均属此类规定。

2. 送达上的职权主义

从比较法视野看，送达有职权送达主义和当事人送达主义之分，我国实行的是职权送达主义。根据《民事诉讼法》第87条至第95条的规定，在各种送达的方式上，无论是直接送达、留置送达、电子送达、委托送达、邮寄送达、转交送达还是公告送达，送达程序的启动及其方式的选择，均由法院依职权加以决定，当事人并无任何参与其中表达意见的权限。

3. 调解程序启动上实行职权主义

《民事诉讼法》第96条规定："人民法院审理民事案件，根据当事人自愿的原则，在事实清楚的基础上，分清是非，进行调解。"可见，我国调解程序的启动，无须当事人申请，不实行调解申请主义，而实行调解职权主义。

4. 在追加当事人上实行职权主义

《民事诉讼法》第135条规定："必须共同进行诉讼的当事人没有参加诉讼的，人民法院应当通知其参加诉讼。"实践中，不仅共同诉讼人，而且第三人也实行职权追加主义。

5. 程序类型的确定上实行职权主义

根据《民事诉讼法》第136条的规定，纠纷案件的处理程序包括调解程序、简易程序、普通程序以及非讼程序，这些程序的适用由法院依职权确定，无须征求当事人的意愿。

6. 庭审期日的确定实行职权主义

根据《民事诉讼法》第139条的规定，庭审期日的确定由法院依职权决定，当事人没有参与决定的权限。事实上，不仅是庭审期日，所有的期日均由法院依职权确定，无须征求当事人的意见。如调解期日、证据交换期日、庭前会议期日等，都是由法院依职权加以确定。

7. 要不要实行陪审，是由法院决定的，当事人对此不能提出具有实际影响的建议

根据《民事诉讼法》第40条第1款、第2款的规定，除基层人民法院审理的基本事实清楚、权利义务关系明确的第一审民事案件，可以由审判员一人适用普通程序独任审理外，人民法院审理第一审民事案件，由审判员、陪审员共同组成合议庭或者由审判员组成合议庭。陪审员是否参与审判，当事人既无申请权，也无异议权，完全由法院根据职权决定。

---

① 《民事诉讼法》第12条规定的辩论原则属于当事人有权发表关于事实问题、法律问题和程序问题的意见和观点的权利，和单纯聚焦于事实问题所称的大陆法系语境下的"辩论主义"有性质上的区别，不可混为一谈。这里所称的"辩论主义"，是在后者含义而不是在前者含义上使用的。

8. 庭审由法院按职权主义进行

如根据《民事诉讼法》第141条的规定,法庭调查的顺序是由立法确定的,但其实际操作是由法院依职权进行的,也就是我国的庭审模式是职权进行主义式的,而不是当事人进行主义式的,由当事人主导的对抗辩论式的庭审模式我国尚未建立。

9. 上诉审案件的庭审方式实行职权主义的确定方式

根据《民事诉讼法》第169条的规定,二审程序是开庭进行还是阅卷进行,由法院依职权确定,无须通过听证等形式征求当事人的意见。

由上可见,无论是从实体法层面、事实和证据法层面抑或是从程序推进层面,我国民事诉讼法在诉讼体制或诉讼模式的界定上都应当划归超职权主义的范畴。

当然,与此同时,我们也要看到我国民事诉讼模式是处在变化中的,这种变化一方面是由立法而引起的,另一方面又是由最高人民法院的司法解释引起的。民事诉讼模式上的每一次变化,都朝着一个总的方向:淡化干预主义,越过职权主义,迈向当事人主义,兼顾协同主义。我们可以将我国民事诉讼程序的模式所历经的变化分为三个主要阶段:第一个阶段,以1982年的《民事诉讼法(试行)》为代表或载体,我国的职权主义诉讼模式处在发展的顶峰;第二个阶段,以1991年《民事诉讼法》为代表或载体,我国的职权主义诉讼模式有所弱化;第三个阶段,以《证据规定(2002年)》为代表或载体,我国的职权主义诉讼模式进一步弱化。然而即便如此,我国的民事诉讼诉讼模式较之大陆法国家的职权主义诉讼模式,仍然具有较强的职权干预色彩,而较之英美国家的当事人主义诉讼模式,则差距更大。

我国民事诉讼模式的改造之路还很漫长,但方向是明确的,将来努力的方向应当在职权干预主义的清除上下功夫,要在落实处分权主义上刻意用力,从而摘掉"超职权主义"中的"超"字这顶帽子,而职权探知主义和职权进行主义则稍加改良,使之不渗透到职权干预主义的领域中去,不侵蚀到当事人的处分权。这就要求我们一方面要强化当事人的主体地位,使之享有充分的程序权利来追求有利的诉讼结果,并对法官行使审判权加以足够的制约;另一方面要对当事人所享有的充分的诉讼权利给予实实在在的保障,综合治理,使之落到实处。

第八节 两大法系民事诉讼程序比较论:模式论的深化

一、民事诉讼程序模式的法系化

美国学者Von Mehren于1982年曾著文发表了一个观点:"法国、德国和美国的民事诉讼制度曾经是一而且依然是对抗式的。非对抗制这个词只有当它用来描述大陆法民事诉讼中收集证据的司法行为时,才是正确的。"[①] 在此基础上,到1985年,美国学者John H. Langbein为了倡导美国法制向德国法制靠拢,又著文指出:"我要强调的是,在我们的对抗制诉讼程序和大陆法传统的非对抗制诉讼程序之间所熟识的那种区别,确乎是被十分显著地夸大了。"[②] 日

---

① Von Mehren, "the significance for procedural practice and the theory of concentrated trial: Comparative remarks", N. Aorn ed. 1982.

② Johnh h. Langbein, "The German Advantage in Civil Procedure", The University of Chicago Law Review, Vol. 52, Number4, Fall l985.

本学者谷口安平于1990年也提及:"不少学者已经指出,无论德国法、法国法还是美国法,在民事诉讼程序中采取的都是对抗式辩论原则,当事者之间的对抗式辩论是其共通的特征。"[①] 这些观点层层递进,到了中国学者白绿铉教授这里,一个明确而肯定的结论脱颖而出:"以当事人在诉讼中的地位来划分两大法系国家的民事诉讼法,应该说都是当事人主义。"[②] 白教授并进而指出:"只有封建专制制度下的中世纪欧洲大陆国家的民事诉讼才是职权主义的或纠问主义的诉讼。"[③] 这些观点能否成立?关键要看对职权主义和当事人主义这两个概念的内涵界定,在此基础上,再以两大法系国家民事诉讼程序的现实制度加以观照和比较,然后便可得出带有实证依据的结论。

何为职权主义?何为当事人主义?日本学者兼子一对此有简洁而深刻的表达:"把诉讼的支配权交给法院或当事人哪一方,就意味着职权主义和当事人主义的对立。"[④] 这里的"诉讼的支配权"具体体现在决定民事诉讼模式的三大原则上:一是作用于实体法领域的原则,即处分权主义与职权干预主义的对立;二是作用于证据法领域的原则,即辩论主义与职权探知主义的对立;三是作用于程序法领域的原则,即当事人进行主义与职权进行主义的对立。其中,第一原则反映为民事诉讼模式的国家性质的对立,第二、第三原则反映为民事诉讼模式的民族性质或文化性质的区别。无论英美法制抑或大陆法制,在民事诉讼的处分权主义上完全一致,因而不存在国家性质的对立,都属于现代民事诉讼制度范畴。前面所列举的诸观点,如果在这个意义上认识,无疑是正确的。但是,我们讨论两大法系民事诉讼程序模式,显然也必然是在认同第一原则的基础和前提下进行的,否则,就是对比较民事诉讼法学价值论与方法论意义的贬抑甚至抹煞,而且对我国民事审判方式在新的历史时期的深化改革也是不利的。事实上,我国民事审判方式的改革无论是在观念上还是在实践中,都已超出了第一原则的意义,历史的车轮需要继续向前迈进。回过头来看两大法系的民诉制度,它们在第二、第三原则上的区别却是显而易见、根深蒂固的。本部分主要是承接前面关于民事诉讼模式的论述,通过具体化制度的实证研究,深化对两大法系国家民事诉讼模式的比较性认知,并服务于我国民事审判方式改革对西方法治的借鉴需要。

二、对法官的制约与协助:民事诉讼中的非法官角色之比较

(一)治安法官和主事法官

英美民事诉讼程序的特点之一是把整个的诉讼过程分为审理前程序和审判程序两个相对独立但又密切联系的阶段,所以说,英美的民事诉讼是分阶段进行的,目的是实现开庭审判的集中审理主义,这与大陆法国家把民事诉讼程序视为单一的连续不断的过程是不同的。为了做到开庭审判的集中审理,尽量使案件开一次庭遂告结束,英美法规定,必须充分做到开庭前的准备,由此形成了其审理前程序。

无论是在英国还是美国,审前程序对防止突袭性审判和推动案件在开庭前解决都具有重要意义。但审前程序也有缺点,就是易致滥用,使之复杂化,成为阻挠或迟延审理的手段。为了防止审前程序被滥用,充分发挥其优势,英美法改变了曾经实行的完全由当事人及其代理律师

---

① [日]谷口安平:《程序的正义与诉讼》,王亚新、刘荣军译,中国政法大学出版社1996年版,第24页。
② 白绿铉:《美国民事诉讼法》,经济日报出版社1996年版,第2页。
③ 白绿铉:《美国民事诉讼法》,经济日报出版社1996年版,第2页。
④ [日]兼子一、竹下守夫:《民事诉讼法》,白绿铉译,法律出版社1995年版,第68页。

支配和控制审前程序的做法，引进了对案件的司法管理制度。其重要表现在美国为治安法官和主事法官制度，在英国为历史悠久的主事法官制度。

治安法官和主事法官之制度的构设，有三个现实因素的考虑：其一，审前程序必须管理，但管理者不能是当事人及其律师，以防止滥用。其二，负责管理的法官与负责审理的法官不宜合一，以防止偏见。其三，英美职业法官的数量十分有限，不可能由职业法官来管理审前程序。基于这三点，英美立法创设了来源于非职业法官的、专门负责管理审前程序的治安法官和主事法官制度。当然，由审理案件的法官主持和管理审理前程序在美国的立法与司法中也是认可和存在的。正是由于这一点，并鉴于大部分案件在开庭前已告解决，有的学者认为美国民事诉讼的重心已经前移，且由此加快了它向大陆法接近或趋同的步伐。

"治安法官"（magistrate）是美国的概念，又译为"下级法官""补助法官"等，与之相仿，还有一个概念叫"和平法官"或"和平绅士"（justice of the Peace）。它是从具备一定条件的平民百姓中选任出来的、供职于联邦地区法院的、全日制的非职业法官，由政府供给经费和报酬，依法监督发现程序的进行并主持审理前会议。由于立法规定比较原则，各地法院的做法也不尽一致。

总的来看，治安法官的权限可以分为两类：一是解决处置性事项（dispositive matters）的权限，二是解决非处置性事项（nondispositive matters）的权限。处置性权力是指诉讼中能够处置全部或部分案件的权力，如驳回案件或请求的动议。根据《美国联邦民事诉讼规则》第72条第2款的规定，未经当事人双方的同意，治安法官不得就处置性事项作出最终的决定，但必须向地区法官提出报告和建议。非处置性权力则指对诉讼中不决定全部或部分案件的事件进行处置的权力，例如《美国联邦民事诉讼规则》第16条规定的审理前会议和发现程序中的事项。这些事项可由治安法官不经双方当事人同意加以处理。此外，《美国联邦民事诉讼规则》第73条还规定，当双方当事人同意时，治安法官可以独立行使民事审判权。对于治安法官的决定，当事人除可提出异议外，还可提起上诉。

意大利于1991年修改《民事诉讼法》（1993年生效）时也引进了治安法官制度，这样就产生了4700名参审法官，这些法官是法律系毕业的，年龄在50岁以上。

除治安法官外，美国还从英国引进了主事法官（master）制度。这规定在《美国联邦民事诉讼规则》第53条中。依此规定，主事法官是由审理案件的联邦地区法院委任的某一方面的专家，包括鉴定人、审计师、调查官和估价师等。治安法官也可被指定为主事法官。这时，此人便具有双重身份。但是，指定主事法官是例外而非原则。在陪审团审理的诉讼中，只有在争点复杂时才作出指定；在非陪审团审理的诉讼中，除关于账目和损害赔偿额的计算困难的事项外，只有在表明有例外情况要求时才作出指定。如果当事人同意，治安法官可以被指定为特别主事法官，而不受前述情形的制约。主事法官最后要对受委托的事项提出书面报告。在陪审诉讼中，主事法官对其被提出的争点事实的认定，被允许作为基础事实的证据，可以向陪审团宣读。在非陪审诉讼中，除非有明显的错误，法官应当接受主事法官对事实的认定。由此来看，主事法官尽管可以由治安法官来兼任，但毕竟不能取而代之。

英国只有主事法官而无治安法官。主事法官（master）是英国法最早使用的职称之一，在1867年以前，主事法官是法官的副手，1867年之后，主事法官便不再作为法官的副手，而在法官的管辖权范围内取代了法官的某些职能。事实上，审理法官在非公开开庭时能够行使的除审判权以外的所有权力，主事法官都享有。具体言之，在审前阶段，英国的主事法官监督当事人提出的诉讼文件和发现程序，确定争执点，安排诉讼进度的时间表，作出某些处理案件的裁定等。这样，就使审理法官从当事人的中间问题争执中摆脱出来，并使审理法官不受诉讼的初步阶段发生的一些问题的影响。可见，同为主事法官，在英、美两国迥异其趣。相较而言，英国的主事法官接近于美国的治安法官，只是，前者比后者的职权要大。就英国的主事法官制度而言，美国学理认为，英国使用的主事法官，具有将审理前和审理两种程序有效分开的功能，并且建议引进英国的主事法官主持全部审理前程序。

随着职业法官和治安法官在美国审理前程序中的作用的日益显著和强化，学理上出现了一个"管理型审判"（managerial judge）的概念。此一概念的产生及其实际意义的不断扩大，已导致美国民事诉讼程序结构的某些重组和调整，并标志着美国民事诉讼新观念与传统观念的某种分化。

（二）司法委员

这是日本创设的既有别于陪审员又相异于治安法官或主事法官的另一种巡回法官。司法委员每年从各地方法院辖区的市民中选举出来，他们都列在一个名册中，专供简易法院使用。日本《民事诉讼法》第358条之5规定："司法委员的人数就各个案件分别为一人以上。"也即，简易法院审理民事案件，至少要配置一个司法委员。司法委员由法院视审理案件的需要指定。司法委员与专职法官一起，参与案件审理的全过程。其职责主要有两个：一是辅助法院进行试行和解的活动；二是列席审理，在法官有此要求时，发表对处理案件的看法。日本《民事诉讼法》第358条之6规定："对司法委员应按最高人民法院的规定给付旅费、津贴及住宿费。"截至1992年1月，日本全国大约有5540名司法委员，1999年日本选任了约6000名司法委员，他们来自各行各业，职业大都是律师、公认会计师、不动产鉴定师、医生、法院退休职员等。简易法院有13.3%的案件使用了他们。

日本除司法委员外，还有一种调解委员会制度，这也是公众参与司法的重要途径。调解委员会的成员是每两年从各地方法院辖区的居民中选举出来的。由至少两名调解委员会的成员和一名法官构成调解组织，负责调解解决提交给他们的民事案件。调解协议达成后，经过登记，便产生与判决相等的效力。截至2007年2月，日本全国有民事调停委员14009人、家事调停委员12635人，其职业分布为律师、医生、大学教授、公务员、公司职员、制造业、宗教人士等。

（三）法官助理

法官助理除速记员（stenographers）和法院秘书（court secretaries）外，主要指法院书记官（court clerks）。在日本，法院书记官是从受过法律训练的人中任命的专业人士。书记官参加法院事务的部分管理，并以自己的名义行使部分的司法权。依法能够由自己处理的事项书记官固可独自处理，对于只能法官处理的事项，也能在法官的要求下研究法律的规定，探讨案件的处理方案，此外还可进行必要的调查，充任调查官。在最高法院和高等法院，已经通过日本司法资格考试的、富有经验的调查官，可以替法官履行职责。地方法院也有调查官负责进行有关工业产权和税收事务的必要调查。美国法院的书记官的职权更加广泛，承担着案件管理的重要任务，而法官仅对案件的实质问题进行审判。

奥地利不仅有书记官，而且有法院助理。法院助理有权就支付命令、案件受理登记、令状的执行以及裁定的修改等事情作出决定。对此决定，当事人若有异议，可要求法官进行听审。

三、民事诉讼中的鉴定人与证人之比较

（一）鉴定人

无论古今，在民事诉讼过程中，法官与当事人均有可能遇到他们力所不及的专门化问题与

技术性问题，而这些问题又往往是解决案件的关键和基础，因此需要得到正确的解决，这使得鉴定人成为各国诉讼程序中不可或缺的诉讼角色。但由于传统的缘故，鉴定人在两大法系民事诉讼中的地位与作用，以及从事活动的程序和将面临的询问者等方面是很不一样的。

鉴定人与专家证人的职能分化与角色配置，起始于对他们的选任方式。作为原则，英美法的专家证人由当事人分别选任，法院一般不代行其事。当然，在例外和必要的情形下，法官也有指定专家证人之权。如美国《联邦证据规则》第706条（a）规定："法院可以自行决定或根据当事人的申请，作出一项指令以说明为什么不能指定专家证人的原因，也可以要求当事人提名。法庭可以指定经当事人同意的任何专家证人，也可以根据自己的选择指定专家证人。如专家证人本人不同意，则法庭不能指定。"但法院的这项权力基本上不予行使。人们对法官为何不行使指定专家证人的权力总是感到困惑和不解，学理上喜欢把此现象归结为根深蒂固的对抗制法文化传统。而且，法院指定的专家证人仍要接受双方当事人的交叉询问。德国除通常由法官指定鉴定人外，从立法上说，当事人对于鉴定人在诉讼中的引入并不总是无能为力，而是有发挥其能动性的法律途径的。这些途径包括：第一，法官可视审理案件的需要，要求当事人指定适合于做鉴定人的人选；第二，当事人双方对鉴定人的人选有一致意见时，法院应受此拘束，听从当事人的意见；第三，当事人自己另行指定鉴定人并提出鉴定结论，可以成为法院拒绝接受法院鉴定人鉴定意见的原因。① 与美国一样，德国法上的此一例外规定，亦未发挥应用作用。

鉴定人选任方式的不同，引发出对鉴定人付费制度的区别。在美国，鉴定人由当事人寻找并选任，自然只有当事人来付费，鉴定人的费用因案、因事、因时等因素而分别有异。费用一般较高。在德国，对鉴定人由法院依据《关于证人和鉴定人请求补偿的法律》予以费用的补偿，② 费用按固定的标准支取。

在美国，专家证人既然属于证人的范畴，因而也像证人一样分为原告方的专家和被告方的专家，诉讼中的一个涉及专门问题的争点，往往有两个相对立的专家提供相反的专家意见。这就不可避免地出现"专家论战""专家对抗"的诉讼现象。专家之间的争论构成为人们所熟识的诉讼过程中的几乎必不可缺组成部分。观点越辩越明，这是其积极面。但是，实践中也不乏有一些专家证人，受到金钱的诱惑，出于为己方当事人提供有利证词的目的，而刻意扭曲专家意见。尤其是，专家一般是由律师选定的，而且在出庭发表意见之前要受律师的训练与准备。因此，律师实际上操纵着专家证人，专家证人按律师的要求与愿望发表专家意见。这是受人们经常诟病的一点，有的人讥之为"萨克斯管"，用此俚语来暗示：专家证人如同一件乐器，律师用它来演奏令人满意的、悦耳的曲调。有人为这种带有诉讼偏向的专家进行辩解，宣称专家证人的中立性与公正性是不可能存在的，因而注定是有偏向的和不公正的，而且有着为其偏颇性的观点进行辩解的强烈动因。③ 美国审理律师协会杂志曾刊登一则关于专家证人的广告，广告词有这样一句："这是拥有20年全球经验的专家，迄今保持100%的成功率。"④

专家之间的论战会使审判者尤其是陪审团感到迷惑不解，莫衷一是。如果各方专家意见的说服力旗鼓相当，那么，具有更加巧妙辩论和应答技巧的一方专家将占据优势。这使得对专家

---

① 德国《民事诉讼法典》第404条。
② 德国《民事诉讼法典》第414条。
③ Diamond, "TheFallacy of the Impartial Expert", 3 Archives of Crim. Psychodynamic, 221 – 229, 1959.
④ Trial, Feb. 1985, at92.

证人的交叉询问变得非常重要,当然也易致滥用。一个被告方律师在侵权案件中对原告辨认专家实施反询问是这样吹嘘其诉讼技巧的:"富有潜力的成熟的攻击方式是追问一连串的问题,通过这些问题的形式以及陪审团对证人反应的刻意观察,将该证人置身于'职业证人'的境地。依此方式从事诉讼活动,会使交叉询问者从社会态度——当然其中也包括陪审团的成员——中获益,即认为几乎像商品一样,偏见是可以购买来的。"① 对此,郎班教授作了这样的评说:"我们诉讼程序中存在的歪曲专家意见的系统化动机导致了对专家意见的全面信任危机。除非完全禁止对专家的使用,我们或许不能设计出更适当的程序来降低专家意见的这种影响。"②

与美国一样,德国民事诉讼中也非常重视鉴定人的意见。只是,德国有一个基本认识是,可予信赖的鉴定人必须是恪守中立的鉴定人。因此,德国立法把选择和通知鉴定人的责任加在法院身上,并同时对当事人的利益施以重要的保护。当事人对法官选择的专家,可以基于法官回避的同一原因,申请回避。③

专家一旦被法官指定为鉴定人,除非有与证人拒绝作证的同样原因,否则都无权拒绝从事鉴定工作。鉴定人对法院负责,对案件事实的真实性负责。所以,鉴定人在德国被称为"法官的助手"。如果负有鉴定义务的人在开庭审理时不到场,或者拒绝作出鉴定,则负担由此而产生的诉讼费用,并可同时对他处以违警罚款。④ 这与美国专家证人的自由决定权形成对照。

鉴定人在鉴定后一般应当提出书面的鉴定结论。法院在收到该结论后,应将它发给各当事人。诉讼当事人可以作出书面评论,在必要时,鉴定人应对此评论作出答复。法院可依职权要求鉴定人进一步阐明其看法。如果当事人对鉴定人的意见仍存争议,法院可以安排听审。听审时,对鉴定结论不满意的一方当事人的律师可以向鉴定人质证。如果法院认为鉴定不能令人满意时,可以要求鉴定人重新鉴定,也可以更换鉴定人。⑤ 可见,与美国相比,德国民事诉讼中一个争点性事项一般只有一个鉴定人,此鉴定人主要是由法官加以控制的。

当然,一方当事人也可以让自己挑选的鉴定人参加诉讼,以反驳法院指定的鉴定人。这也可能引起专家之间的争论。但法官一般不会直接把当事人自己找的鉴定人意见作为判案的根据,而是将其意见作为反证,成为法院更换鉴定人的原因或理由。

(二) 证人

美、德两国民事诉讼程序对待证人的态度和方式,与对待鉴定人一样,也大不相同。在德国,除非有拒绝作证的特权,任何知道案件情况的人都有接受法院的传唤到庭作证的义务。否则,经合法传唤而不到场的证人,法院可以不经申请而命令其负担因不到场而生的费用;同时可以对他处以违警罚款,不缴纳罚款时,可对他科以违警拘留。⑥ 证人作证的费用,由法院依据《关于证人和鉴定人请求补偿的法律》予以补偿。⑦ 所以,德国的法院把当事人与证人区别

---

① Ryan, "Making the plaintiffs Expert Yours", For the Defense, Nov, 1982, at12-13.
② Johnh h. Langbein, "The German Advantage in Civil Procedure", The University of Chicago Law Review, Vol. 52, Number4, Fall l985, at836.
③ 德国《民事诉讼法典》第 406 条。
④ 德国《民事诉讼法典》第 409 条。
⑤ 德国《民事诉讼法典》第 412 条。
⑥ 德国《民事诉讼法典》第 380 条。
⑦ 德国《民事诉讼法典》第 401 条。

开来，证人对法院负责，而不依当事人的诉讼地位区分原告方的证人和被告方的证人。证人的派性或当事人化在德国是闻所未闻的。但是，证人可以由当事人申请和指明。当事人申请证人，应表明证人姓名，并提出将向证人询问的事实。① 申请证人是19世纪的传统，但长期以来，该传统的实际意义并不突出，因为当事人对证据范围的划定，在很大程度上会遵循法官的建议。1976年的改革以加快诉讼进程为目标，加强了法官不依赖于当事人证据声明而从事事实调查的权力。这一点已受到律师界的抱怨。律师在开庭前一般不接触证人。律师与证人的庭外接触，不仅被认为是违反职业道德的行为，而且也对自己代理的当事人一方不利。德国学者孔茨（kotz）写道："德国的律师极不情愿与未来的证人交谈。这部分是因为德国律师协会明文规定的职业准则。该准则规定：'法庭外询问证人只有在具备正当理由的特殊情形下才是允许的。在这种询问中，对证人企图有所影响的外观甚至都是必须避免的'。如果有任何律师对此佯装不知（这是可疑的），那么他们不得不考虑进一步的事实，德国法官对先前曾经与律师讨论过案件的证人的可信赖性将持极其隐晦的态度。"②

律师的工作仅限于对证人的提名，开庭时对证人的询问是法官的事，正是法官而不是律师，主导着对证人询问的全过程。在德国，对证人的主询问和交叉询问等概念是不存在的。当然，为了阐明案件或证人的各种关系，当事人在认为适当时，有权向证人发问；审判长可以准许双方当事人直接向证人发问。如果律师有此要求，经审判长许可，也可向证人补充发问。但是，德国学理承认，把证人的询问完全信托给法官来完成是有风险的，即容易导致诉讼中的偏见，以致法官的询问依其主观性偏离案件的事实真相。司法实践表明，在法官进行过询问后，律师并不过多地探求证词。或许，他们担心过多的补充提问会开罪法官，好像法官做的提问工作尚不充分似的；或许，他们只是相信，这类努力并不属于他们的工作范围。因为，本质来说，立法允许律师进行某种形式的补充询问，是对法官询问之无能或有失公正的制约。

德国法上的此一弊端在美国法中得到了有效的克服。克服的方法便是其闻名于世的交叉询问制度。这一制度把证人分为原告方证人和被告方证人两派。证人证言之是否可靠与真实，通过对方当事人及其律师的反询问便可测定和判断。当事人是案件事实的亲身经历者，对证词的客观程度最能加以判断，并确知其不真实之处。这个工作由深谙诉讼策略和询问技巧的律师来做，更有成效。Frankel法官曾辩证地作过解释："诉讼者的策略使我们明白，在验证不诚实的证人、查获谎言，从而揭示真实上是具有功效的。但与其它有力的武器一样，在相当的程度上，这些策略对英雄和恶棍都可能是致命的。"③ 威格摩尔教授曾对交叉询问的发现真实克服偏见之功能作出高度评价："交叉询问是迄今为发现真实而发明的最伟大的武器。"④ 当然，由于交叉询问给律师以过多的策略性自由，当它用来对付真实的证人证言时，又会成为新的歪曲事实的缘由。

四、民事诉讼中的律师作用之比较

律师参与诉讼是司法民主化的重要表现，现代各国民事诉讼制度一般都允许律师代理当事

---

① 德国《民事诉讼法典》第373条。
② Kotz, Civil Litigation and the Public Interest, I civ, Just. Q241, 1982.
③ 转引自 Johnh h. Langbein, "The German Advantage in Civil Procedure", The University of Chicago Law Review, Vol. 52, Number4, Fall l985, at833。
④ John H. Wigmore, Evidence, at29, 3d ed. 1940.

人参加诉讼。但两大法系国家在立法例上不尽一致，表现出来的律师功能和作用也有所区别。在德国、意大利、奥地利等，除标的额较小的案件外，律师代理诉讼是必需的，否则，诉讼程序就无以开始和存在，此为律师强制代理主义。例如，奥地利的立法规定，超过3万奥地利先令（约2500美元）的普通案件、特别管辖案件以及上诉案件均要求律师代理。此一立法例的好处是不言而喻的，司法的公正性与效率性均能得到保障。但是，缺点是如果法律援助制度不充分或不健全，则难以确保诉权的实现。日本和韩国便缓和这一做法，实行了任意代理主义，即无论在何审级，当事人不一定非委托诉讼代理人实施诉讼行为不可，如果不委托，当事人可以亲自诉讼。但是如果要委托诉讼代理人，则必须委托律师，不具有律师资格的公民不得成为诉讼代理人。当然，在日本，简易法院是例外。我国的做法与前两种都不同。其特点是：是否委托诉讼代理人，立法不作强制规定，概由当事人决定，而且，委托诉讼代理人时，既可委托律师，也可委托一定范围内的普通公民。美国的做法与我国接近。此为本人诉讼主义。

律师的性质在两大法系也有所不同。在大陆法系，律师是普通百姓和自由职业者，而法官和检察官是官吏，学生从法学院毕业后，经过实习通过司法资格的考试，在选择职业的一开始就要走不同的路。英美则实行司法官员和律师的一元化（"法曹一元化"），律师既可成为控方代理人，又可成为辩方代理人，将来欲做法官，必须先做好律师，律师到法官属于晋升（当然要通过选举等程序）。这里最典型的例子是传统的律师学院（Inns of courts）。这是中世纪产生的具有行会性质的自治组织，律师、法官都隶属于它，具有考试、授予资格、惩戒等职能，以前甚至担负着现在已转至大学的法学教育职能。这个传统一直延续至今。日本在战后也在一定程度上引进了此做法。

律师执业的范围和法院级别的资格各国也有区别。法国、德国、意大利、荷兰、西班牙等国的立法是不允许律师跨地区执业的，英国、比利时、丹麦、卢森堡、葡萄牙等国则无此地域范围的限制。在德国，最高法院只允许很少数量的律师参与诉讼，而律师要在上诉法院执业，一些地方也要经过5年的实践。希腊则规定，取得律师资格后执业4年才能到上诉法院执业，而到最高法院执业则需在上诉法院执业4年后才有资格。葡萄牙要求律师从低一级到高一级取得执业资格，每一级需花18个月的时间在低级法院执业。

律师收费制度各国有很大的区别。美国广泛实行胜诉取酬制，即不胜诉不收费，收费数额依胜诉的标的额而定。希腊也实行此一制度，但律师胜诉后的收费最高不得超过请求额或胜诉额的20%，主要适用于劳动纠纷案件，包括劳动者因工伤残案件。英国和其他大陆法国家不实行胜诉取酬制。因为，学理认为，美国式的胜诉取酬制不可能在人身伤害案件中达到保障诉权的目的。具体原因有四个：其一，与美国不同，英国及欧陆国家实行败诉人承担对方律师费用的制度。既然是败诉人负担，律师费用就不能允许当事人自己约定，而应有立法统一规定。其二，基于败诉方负担律师费用的原则，即使原告与律师约定胜诉取酬，获得起诉权的保证，但如果原告败诉，仍要承担被告的律师费用，贫困的原告仍无力支付。其三，在人身伤害案件中，欧洲各国立法规定的损害赔偿额并不高，原告即使胜诉，拿出其中一部分来支付律师的费用，也不见得对业务繁忙的律师有很大吸引力。其四，欧洲各国大多建立了比较完善的法律援助制度，真正有理由能够获得胜诉的当事人是容易取得资助的。

但是，在英格兰和威尔士，学术界也在探讨在人身伤害案件中有限度引进胜诉取酬制的做法。欧共体的商事法院使用者委员会也在考虑把某种意义上的胜诉取酬制引进商事法院内部。

应当指出，胜诉取酬制在一定类型的案件中，如人身伤害劳动争议等案件，对保障贫困的当事人行使诉权是有好处的，律师也很有积极性，但弊端在于律师可能会利用它来约定昂贵的费用，损害当事人的合法权益，并且也可能为了胜诉而不择手段。实行此一制度需要有更多的律师，美国的人口仅占世界的5%，但律师却占70%。希腊的人口与律师之比在欧洲也是最高的。总之，无论是胜诉取酬制还是协商收费制，都需结合本国国情，与律师费用的负担原则联合起来加以考虑，并要规范化，完善律师惩戒制度。

五、对案件的过滤与对庭审的规划：审前程序之比较

从广泛的意义上说，民事诉讼的程序结构可谓纷繁复杂，不一而足。民事案件的性质决定民事诉讼的程序结构，非讼案件与诉讼案件、简易案件与普通案件、上诉案件与一审案件、案件的审判与案件的执行等，各有不同的诉讼程序与之相适应。民事纠纷的复杂化是社会生活的客观现象，诉讼程序的多样化则是司法过程适当性的必然要求。这里仅从一般意义上比较探讨两大法系民事诉讼审前程序结构的区别和联系。

如果说，英美法的民事诉讼是分阶段进行的，各阶段之间有明确甚至严格的界标，那么可以认为，大陆法的民事诉讼则是由若干环节构成的一个整体结构。有学者把它比喻为"像火车那样从一个站徐徐地开向另一个站，直到抵达终点站为止"①。这一区别植根于当事人主义与职权主义的对立和陪审团制度的有无，表现为集中审理主义与连续审理主义的不同原则。在英美，传统的诉讼程序缘于普通法上的习惯做法，以陪审团审判为基本特征。构筑诉讼程序的出发点与归宿就是适应陪审团审判。陪审团审判只能实行集中开庭审理的原则，具体要求是一个案件开一次庭就告解决，而不得久拖不决，多次开庭。当然，这仅是理念与目标，是立法者的原则要求，具体的，则有许多例外存在。为了达到集中审理的目的，审前准备就显得很重要，而且是必经程序。通过审前的准备程序，案件的争点以及用来论证争点的证据臻于明确并准备就绪后，才能开庭审判。这样，诉讼程序至少分为两个前后衔接的阶段，过了此阶段便义无反顾地进入彼一阶段，要想回过头来重走程序之老路，一般已无可能。从英美法民事诉讼程序结构的演变来看，起初以至以后的很长时间都是以起诉阶段或审前阶段和开庭审判阶段两阶段构成的。但后来在起诉阶段与审判阶段之间又增加了一个收集、准备证据的发现阶段，这样，诉讼程序便由"二阶段"变成了"三阶段"。现在我们看到的英美民事诉讼程序，就是由诉答、发现和审判组成的三阶段结构。这是它区别于大陆法系的特点。

大陆法系的民事诉讼程序，从起诉到判决是统一的、有机联系的、无明确界线的、可以来回往复的整体阶段，当事人可以随时增加新事实，提出新证据。法院主导诉讼程序的进行，时机成熟或认为有必要就把双方当事人召集来开庭，开庭中如果出现未曾预料的情况，或认为有必要，便宣布暂停开庭，待当事人分头准备提出补充性资料、观点和证据后，再继续开庭，恢复辩论。这种过程或开庭状况可以一直继续下去，直至法官认为下判条件已经具备。由此看来，两大法系的民事诉讼程序存有重大区别，这个区别在程序构筑上，首先是从审理前的程序开始的。具体而言，有以下几个方面：

（一）起诉与答辩：诉讼程序的开始

无论何一法系，民事诉讼程序的开始均有赖于当事人的起诉，没有起诉便没有程序也便无所谓判决。这是因为民事诉讼实行私权自治的缘故，检察机关等其他国家权力机构以及社会团体和个人，原则上均无代他人起诉或强制起诉的权利。

---

① 沈达明编著：《比较民事诉讼法初论》（上册），中信出版社1991年版，第170页。

起诉导致诉讼程序的开始，并同时产生一系列实体法上和程序法上的后果。这一点，各国皆同。例如，美国《联邦民事诉讼规则》第3条规定："民事诉讼从原告把诉状提交给法院时开始。"德国《民事诉讼法》第261条也规定："诉讼案件于起诉后即发生诉讼系属。"

尽管如此，起诉的性质及其与答辩的关系两大法系仍有所区别。在大陆法系，起诉一般以起诉状的形式表现出来，起通知对方起诉事实的作用。因而，起诉状的内容通常是概括笼统的，其要求不如英美法严格，其地位也没有那么显著。因为，根据大陆法国家的民事诉讼法，民事诉讼实行口头审理主义，只有当事人在公开法庭上作出的陈述才是真正有效的。而且，只要与原来起诉状的内容有关联，当事人可以随时补充新的事实，提供新的法律论据，并加以修改。法院收到起诉状后，诉讼程序就开始，至于对方是否提出答辩以及答辩的内容如何，都不影响诉讼程序的进行。在大陆法上，起诉与答辩是两个相对独立的环节，二者之间交错作用的意义并不突出。决定诉讼程序是否开始以及如何进行的因素是起诉，而不是答辩，在这对矛盾范畴中，与居于主导地位的起诉相较，答辩处于从属状态。

英美法受日耳曼诉讼传统的影响，一向很重视起诉阶段以及起诉与答辩的内在关系。起诉引起诉讼程序的开始，但诉讼程序是否有继续进行的必要，不是取决于起诉者的意志，而是由被告人的答辩意愿决定。被告人若不答辩，法院则依原告的诉求作出不应诉判决，诉讼程序至此告终。被告人答辩后，若双方无事实争议而仅在法律见解上有歧见，法院则因一方当事人的申请作出简易判决，诉讼程序就不进入开庭阶段。只有被告的答辩与原告的起诉形成了事实问题的实质争点，诉讼程序才继续向前推进。在此过程中，双方当事人通过交换补充诉状或答辩状，或者通过对证据的发现程序，继续缩小争议范围。此一范围越小，诉讼程序越无继续存在的意义，最终，争点何时消失，程序则何时停止。可见，与大陆法以起诉支配诉讼程序的特点相比较，英美法则以起诉与答辩的内在关联与相互作用来控制诉讼程序的内容与方向。所以，在英美法，起诉与答辩是联在一起考虑的，统称为"诉答"（pleading）。

（二）传票与送达

法院受理民事案件后，就应以某种形式将原告起诉的事实通知给被告，使被告有所准备，并提出答辩及出席开庭。传票只能由法院加盖印章后签发，其内容概括而简单，一般有固定的形式。英美法的传票（summons）起源于普通法历史上的开审令状（writ）。当时，只有受侵害的权利有相应的令状可资适用时才享有诉权，因此传票的基本意义是原告人有权获得救济，被告对此负有出席法庭的义务。被告如果违反这个义务拒不到庭，法院则作出对他不利的、肯定原告诉讼请求的判决。所以，对被告来说，合法地被告知诉讼，是他行使应诉权和抗辩权的前提，否则即为诉不合法，由此所作出的裁判是无效的。

传票在英美法上是与起诉状分别存在的，传票告知被告起诉的事实，起诉状告知被告起诉的内容，二者有不同的功能与意义。传票既可与起诉状同时送达给被告，也可先送达传票，再在法定时限内送达起诉状。

大陆法系国家也有传票，只是传票经常和陈述原告起诉内容的说明合并成一个文件。此外，还有一些法定的手续要办理。例如，在意大利，文件上必须加贴税票，在法国，文件的副本必须送交税务机关作为征税的"登记"。在这里，传票的性质是法院行使公权力的标志，通知被告是它的次要意义。

传票、起诉状、答辩状等是诉讼中的重要文书，此外，还有裁定书、判决书等诉讼文书。这些文书都要送达，这一点，各国皆然，所区别的，是在送达主体上实行的原则或主义不同。

在大陆法系国家，送达的原则是法院依职权送达为主，当事人申请送达为辅。例如，德国

《民事诉讼法》第 270 条第 1 款和日本《民事诉讼法》第 160 条均规定:"如果没有其他的规定,送达依职权为之。"只有在立法明定应由当事人申请送达时,法院的职权送达才有例外。例如,德国《民事诉讼法》第 922 条和第 936 条分别规定,命令假扣押或假处分的裁定,应当由申请假扣押、假处分的当事人送达。值得注意的是,在德国,职权送达还可由律师来完成,即所谓的"律师向律师的送达。"德国《民事诉讼法》第 198 条第 1 款规定:"双方当事人都由律师代理时,书状的送达可以由送达的律师把应交付的书状转交给另一方律师。依本法的规定应依职权送达的书状,如果法院没有同时向对方当事人发出命令,也可以不依职权送达,而由律师向律师送达。在书状中应说明该书状是由律师向律师送达的。如果法院必须在送达后才能作出裁判,此种送达必须通知法院。"

与大陆法相较,英美法更注重当事人送达主义,但此外也有大量的职权送达。以美国法为例,美国《联邦民事诉讼规则》第 4 条规定,对起诉状及传票实行当事人送达,除此而外的其他任何诉讼文件均由联邦执行官、联邦副执行官或者为此目的而特别委任的人实施送达。可见,即使在英美法国家,职权送达主义也有很大优势。所不同的是,美国的当事人送达是由当事人本人或其他公民实施的。在德国,其《民事诉讼法》第 166 条则规定:"因当事人的申请而为的送达,由法院执达员实施之。"公民个人不具有实施送达的权利。

此外,还有一点区别值得注意。在大陆法国家,当事人不能放弃受送达的权利,放弃了也不产生免除对方当事人申请送达或法院依职权送达的义务。但美国不同,美国《联邦民事诉讼规则》第 4 条规定,原告可以请求被告放弃传票的送达,但起诉状还是要送达的。如果被告声明放弃传票的送达,则可节省送达费用,而且还可获得更长的答辩期。这种放弃送达的制度,有一定可资借鉴的意义。

(三) 确定争点程序

确定争点就是明确双方当事人在案件事实(要证事实)的主张和认识上的真正存在歧见或争议的问题。多数案件之所以产生纠纷,原因就在于事实问题上的对立。事实问题上的对立导致法律问题上的对立,解决案件的主要矛盾在于解决事实问题。当然,也有一些案件,事实问题比较清楚,双方当事人也无实质性的争议,只是在法律认识上有分歧。这种案件在大陆法尚需开庭处理,在英美法,便不具备进入开庭审判的条件,而在开庭前就作为法律问题以简易判决的形式加以解决。

如果案件的形成缘起于事实上的争议,那么争议焦点之确定便很有必要,否则,如果双方主张的事实毫不相干,审判就无从着手。争点的存在与确定,是解决民事案件的必要前提。这在各国皆无二致,有区别的在于,这个争点应当在何时、怎样确定。此为确定争点程序,是民事诉讼的有机组成部分。

确定争点程序在英美法上有大的演变过程。最初,在美国于 1938 年制定《联邦民事诉讼规则》以前,确定争点程序是与诉答(pleading)程序融合在一起的,诉答机制本身就有确定争点的功能。此为普通法上的诉答制度。依此制度,原告的起诉状和被告的答辩状是以阐明双方所依据的法律理论,并缩小争论点以供裁判为主要目的的。为达此目的,起诉状与答辩状往往需要交换多次。每交换一次,争点便缩小一次,最终要缩小为一个真正的争点,才能提交法院裁判。"没有争点便没有裁判"的说法,便渊源于此。起诉状与答辩状的每一轮交换各有自己的名称,例如,除起诉状与答辩状为第一轮诉答名称外,第二轮叫反驳书(由原告发出)和复辩书(由被告发出)。通过这些不同的名称,就知道诉答的层次以及争点停留在何方。这些文件加起来,统称为"诉答文书"或"状辞"。确定争点程序有两个规则要遵循,一是原告和被告交错递交诉答文书，每一后交的文书必须针对前一文书作出回答。只有这样，才能达到缩小争点范围的目的。二是双方当事人不得选择各不相容的或对立的事实进行诉答，而且被告每次只准就一项问题作出答辩。

到19世纪，美国纽约州进行民事诉讼程序的法典化运动，结果产生了1848年的《菲尔德法典》。据此法典，诉答程序有了一定的变化，双方当事人不再需要进行法律理论上的诉答，而仅需把诉答集中在事实问题上即可。原告把引起诉讼的事实经过讲清楚，被告把答辩所根据的事实说明白，诉答的任务就完成了。争点在这个过程中便已形成。较之以前，这时候的争点确定程序具有事实化、简单化和一次性的特点。至于诉答规则，也有两个：一是禁止在起诉状或答辩状中插入证据。这样，事实与证据便按法律意义截然区分开来，为后来发现程序的产生奠定了基础。二是真实义务，当事人必须保证诉答文书中提出的事实都是真实的，没有虚假的成分。否则，一经查出，便以败诉论。学理对此真实义务的评论一般都说，这个要求太高，当事人很难达到，因为，撇开利己心的驱动不说，在诉讼之初当事人往往不能明确弄清究竟发生了什么事。

旧制度中的这些不尽公正之处，到了近代法制改革之时，便被大力地纠正开来。1938年，美国《联邦民事诉讼规则》颁布，其规定诉答的目的只是告诉对方起诉和答辩的事实，起通知诉讼事件和诉讼态度的作用，因而称为"告知诉答"。在告知诉答中，往昔所具有的确定争点的机能，现在已全然失却。但是，争点仍需确定。为此，美国立法增加规定了"发现程序"，吸收了原来融合于诉答程序中的争点确定程序。发现程序的功能之一便是确定争点。此外，它还有收集证据的功能。这样，发现程序便以独立的姿态介入诉讼程序，成为诉答程序和审判程序之间的中间程序，英美民诉程序的"三阶段构成"或"三阶构造"便告完成。

大陆法上的确定争点程序走的从来就是另外一条路线，其特征是"一边审理案件，一边确定争点"，确定争点被认为是法院的职责，是法院行使审判权的组成部分，而不寄希望于或依靠当事人来完成。但是，在历史上，大陆法系国家的确定争点程序与制度是经历过曲折的演革的。

1877年德国《民事诉讼法》制定时，有鉴于法国民诉法上的当事人容易滥用审理前的准备程序，采取了"一步到庭"或"直接到庭"的做法。所谓"一步到庭"，便是实行随时提出主义，案件来了不经准备便马上开庭，然后一边审理，一边确定争点，一边提供证据。"一步到庭"这一做法避免了当事人在事先做拖延诉讼的文章，但又产生了在诉讼中搞突袭性诉讼的策略。为保护公平，法院不得不重复开庭，审理当事人临时主张的事实和提供的证据。这样，诉讼的进程依然很慢。这是极好的走极端的例子。诉讼的弊端有待克服。1895年，奥地利颁布了《民事诉讼法》，一改罗马教规式诉讼程序的传统，实行口头主义、准备主义和职权主义。受此影响，从1905年开始，德国《民事诉讼法》进行了一系列的修改，其中，1977年通过的《简化并加快诉讼程序法》，步伐迈得最大。德国有了不同于法国法意义上的审理前的准备程序。这是"否定之否定"的发展结果。其现行《民事诉讼法》第272条第1款规定："诉讼通常应该在一次经充分准备的言词辩论期日（本案期日）结束。"准备程序成为开庭审理的前置程序或必经程序，其主要的功能除收集证据外，便是确定争点。在此阶段，当事人有什么事实要陈述，必须作出陈述，否则，这一事实可能得不到法院的考虑。德国《民事诉讼法》第283条规定："法院在裁判时，对于按期提出的陈述，应当考虑，而对于逾期提出的陈述，可予考虑，可不予考虑。"可见，德国的确定争点程序是作为审前准备程序的一个组成部分加以规定的，具有相对的独立性。

日本也是如此。在 1891 年以前的日本《民事诉讼法》中，准备程序是作为例外而规定的，只在需要计算的特别复杂的案件，才适用由受命法官负责进行整理争点的程序。之后，在制定现行《民事诉讼法》之际，为了减轻合议庭的负担并促进诉讼，就把这一程序原则上作为地方法院一审口头辩论之前的前置程序。由于参与诉讼的有关人员对准备程序不习惯，而且受命法官不具备认真地实施这一程序的能力和经验，致使准备程序虚设。"二战"以后，根据日本《法院组织法》，一审法院以实行独任制为原则，所以不存在减轻合议庭负担的问题。准备程序成为在特殊情形下合议庭审判时采用的例外程序。但是，为了加快诉讼的进行，并使开庭审理能够集中进行，1956 年日本《最高人民法院规则》明确规定了有关准备程序的立法意图，修改了原来的规定，规定可以随时任意地进行准备程序，并且规定受命法官为准备程序法官。1995 年，日本又一次修改《民事诉讼法》，突出了确定争点的准备程序。至其效果，日本《民事诉讼法》第 254 条规定："当事人在口头辩论中应当陈述准备程序的结果。"该法第 255 条并进而规定："在口头辩论中不得主张在笔录或可以替代笔录的准备书状上所没有记载的事项。"

奥地利《民事诉讼法》上的"明确陈述规则"具有确定争点之功效。同样的规则也存在于意大利，而且，自 1990 年修改《民事诉讼法》以来，此一规则在实践中得到更严格的遵守。现在，意大利要求开庭前必须进行预备性听审，所有的诉讼请求、答辩、事实及主张均需在此阶段确定下来。

（四）发现程序

发现程序（discovery）是英美民事诉讼中的概念，意指当事人可以通过这一手段和程序向对方及他人收集和发现证据或有关信息。这样，双方当事人就可以尽量准备证据，弄清事实，知己知彼，胸有成竹地应付开庭审判，而不致遇到对方突然提出自己全然不知的证据，措手不及，对己不利。所以，发现程序作为开庭前收集证据的专门诉讼阶段，对法院是开展集中性审判的需要，对当事人是公平诉讼的保障。

但是，从历史上看，发现程序到 19 世纪中叶才开始产生并逐渐臻于完备。在此以前的普通法诉讼史上，当事人和法院都无在开庭前预先了解双方证据的程序可资使用。当事人只能从诉答文书中得知有关对方当事人案件情况的材料和信息。那时，对此做法有一种理论这样解释：使对方出其不意是正当的策略，在开庭审判前，不使对方获得信息，可防止对方当事人不择手段地制作伪证或妨害举证。衡平法院为了保持公平，允许采取有限度地获知对方材料的措施。

长期沿袭的此一做法到 1848 年纽约州制定《民事诉讼法典》时有了改变。依该法典，一方当事人可递交给对方一份书面调查，强制对方在开庭前出示文件，并在一定情形下取得任何证人的口头证词，而无论其是否为案件当事人。到 1938 年，美国制定《联邦民事诉讼规则》，此一规则扩大了纽约州立法的发现范围，增加了发现方法，形成了相对稳定的发现程序制度。发现程序的确立，使得确定争点的机能从原来的诉答程序中分离出来，形成了与发现程序融而为一的边确定争点边收集证据的新机制。

美国为什么要规定发现程序？其原因根本在于实践的需要。通过长期的司法实践，美国人意识到，不赋予当事人收集、调取或获得证据的手段和权利，当事人就难以履行沉重的举证责任，就会导致当事人之间的不公正，诉讼过程也会拖拉而漫长，而且，经过此一程序，双方会更清楚地认识各自的起诉事实和抗辩事实，从而增大了和解的可能性。

"发现"有五种手段，即笔录证言、书面质问、要求提出文书和物证、要求自认、要求检查身体和精神状态。这些措施由当事人或其代理律师直接采取，不必取得法院的许可或命令。对方当事人或案外第三人必须配合，否则，要求"发现"的一方当事人或其代理律师可以向法院申请"发现命令"。此"发现命令"一经发出，被要求发现的人或单位若还不服从，法院则可视情况对他采取罚款、视为自认等制裁措施。如果情节严重，还可绳之以"藐视法庭罪"。可见，发现程序尽管是由当事人或律师进行的，却是以国家权力和制裁措施为后盾的。当然，被要求发现的个人或单位，如果认为对方在滥用发现手段，则可向法院申请"保护命令"。此"保护命令"一经发出，要求发现者立即停止采取发现措施，否则，对方可以置之不理。

英格兰和爱尔兰也有发现程序，但范围没有美国广，意义也没有美国大。大陆法系国家一般没有发现程序，其理论根据在于：强迫一方提供有利于对手的材料、信息和证据是不公平的，刑事诉讼中也有反对自证其罪的规则；既然审判因不用陪审团而不实行集中审理主义，那么，把所有的证据一次性全部收集并提供，便无甚必要；如果上诉，上诉审法院还要重新审查案件事实及其证据，证据的提供应采取随时提出主义；法官负有查明案件事实真相的义务，在调查、获取证据上，法官起较大作用。双方当事人针对什么事实提供什么证据，是由法官根据审理案件的需要来决定的。当然，绝对说大陆法国家一点也没有英美的发现程序也是不对的。例如，在法国宣告破产及与之有关的商业案件中，需要将文件提供给对方查阅；其他商业案件一般需要把账簿提供法院查阅。再如，希腊有"Anton piller"规则，法院可以允许当事人向对方当事人取得有被毁灭危险的特定文件；韩国在1990年修订《民事诉讼法》后，引进类似于美国"笔录证言"的发现制度（第281.2条）。但毕竟，发现程序在大陆法上是一种陌生的制度。

发现程序在欧洲大陆始终被辩证地看待。发现程序的优点是能够尽量展示为当事人或他人所占有、管理或权力控制下的相关文件及其证据，更可能揭示真实并导致公平结果。但发现程序也难以避免地存在易致滥用、耗费大、时间长的缺点。这些缺点在英美固然是促使完善发现程序的动因，但在大陆法系，则成为拒绝接受它的因素之一。当然，大陆法系逐渐认识到了审理前整理争点和收集证据的重要性，但那是循着另一种思路进行制度构设的。即审前的准备程序或制度。

（五）审理前的准备

大陆法多数国家长期实行"一步到庭"的做法，开庭前鲜有准备之过程。但后来意识到做好开庭前的准备是保证诉讼公平与提高司法效率的重要前提，因而必须在立法中有所规定，并健全其内容。德国从20世纪初开始的对民事诉讼法进行的多次修改，迎合了此一趋势，审理前的准备程序变得日益重要。

德国的审理前准备有书面和口头两种形式。通常的民事案件一般用书面形式准备，但如果案件非常复杂，法院不知如何要求当事人进行准备，则可以命令直接进行口头准备，即预备的言词辩论。预备的言词辩论结束后，法院再要求当事人有的放矢地进行书面准备，向法院提交书状。这样，实际上便由口头准备转化为书面准备。书面准备程序依然是基础性程序。这两种准备程序立法并没有规定适用的严格标准和界限，究竟采取哪一种，一般说来，取决于法官的自由裁量权。据1978年对巴伐利亚州法院的调查，绝大多数法院对这些准备程序均能加以充分利用；就法院的偏好而言，独任制的初级法院倾向于使用书面的准备程序，而合议制的州法院更喜欢运用口头的准备程序。从目的上看，准备程序既可以用来为一次终结的言词辩论服务，也可以不以此为目的。但双方当事人都必须把各自的事实主张和攻击、防御方法用书状方式提交于法院。

为了进行审理前的准备，受诉法院的审判长或他所指定的法院成员可以发出以下命令或采取以下措施：(1) 命令当事人对其准备书状加以补充或解释，命令当事人提出文书并将其他适当的标的物交存于法院，特别是定一期间命当事人对应予说明的一定争点加以说明。(2) 嘱托官厅或担任公职的人使其向法院说明文书的内容或提出官方报告。(3) 命令当事人本人到场。(4) 传唤当事人所举出的证人、鉴定人，进行言词辩论。无论采取何种准备措施，法院都要将各种命令通知双方当事人。可见，德国准备程序的目的与美国的发现程序一样，均在于整理争点和收集证据。但它们为达此目的所采取的方法是不同的，这从前面对发现程序的介绍中可以看出来。除此之外，德国的审理前准备程序与美国的发现程序还有以下几个大的不同：

首先，二者的程序主体是不同的。在德国，准备程序是不是要进行，若要进行，是口头还是书面进行，进行之后采取什么样的准备措施，以及准备过程中的各种期间或期日的确定，都是由法院依职权决定的。在准备程序中，法院起主导、指挥和组织的作用。美国则有异，发现程序完全在双方当事人（有时包括案外人）之间展开，是否要发现、发现什么证据或信息、向谁发现，以及采取什么措施去发现等，由当事人决定，法院不予干涉。但是，为了防止当事人及其律师对发现程序的滥用，1983年全面修改美国《联邦民事诉讼规则》第16条，扩大了审理前会议的机制，加强了法院对发现程序的管理和控制作用。审理前会议有各种各样的目的，法官可以在适当时机召开，一般至少开两次：一次是诉讼开始不久召开的最初审理前会议，旨在为发现程序的进行制定日程；另一次是在发现程序结束之后、开庭审理进行之前召开的最后一次审理前会议，目的是作出审理前的命令。这一命令规划了开庭审理的主要内容和方案。通过召开审理前会议，法官便以积极的姿态介入发现程序之中，改变了原来当事人主义下的法官的消极形象。此一形象一般称为"管理法官"。尽管如此，这也不改变发现程序的主体为当事人与律师的事实，发现证据并进行开庭前的各种交涉，始终是当事人及其律师的事情。

其次，二者的范围与措施不同。美国的审理前的程序（pre-trial practice）是含义更广的范畴，它除主要包括发现程序外，还包括当事人在审理前提出的各种申请和异议的处理过程，例如，简易判决的申请以及召开审前会议、发布审前命令等。德国的审理前的准备程序仅指法院为了开庭审理案件，应当事先作出的准备，例如，命令当事人向法院提交准备书状，进行预备的言词辩论等，内容涉及争点之整理、证据之收集及日程之安排等。而且，发现程序所采取的措施比准备程序所能运用的方法在范围上要广。

最后，二者的效果不同。美国在发现程序结束后，要由法官制定一个审前命令。这个命令中所没有列上的事实和证据，当事人在开庭审理中不能提出来。当事人违反审前命令提出新事实，法官可以拒绝审理或限制当事人的证明活动。在审理前会议上，当事人对事实和文书制定的真实性所作的自认，开庭时一般产生拘束力。可见，审前命令既是对发现程序的总结，又是对开庭审理的规划，起承前启后的作用。德国目前也加强了审前准备程序的作用，其立法原则上规定，双方当事人应按照法律的要求，在开庭前的准备过程中，提出所有准备在审理时要依靠或引用的攻击、防御方法，包括事实和证据。如果逾期不提出，除非符合法定条件，一般受排除规则的制约。但是，德国立法以客观真实为诉讼目标，非常重视保障当事人的听审权，其联邦宪法法院还对法院就排除规则的适用加以严格的监督和控制，法院若在这方面稍微发生一点差错，便可能成为宪法性复核的事由。

（六）举证时限与举证能力

举证时限是内含于举证责任中的概念。举证责任的要求是"谁主张、谁举证""不举证、则败诉",是行为责任与结果责任的统一。举证时限则在举证责任履行过程中,规定证据必须在何一诉讼阶段提供出来。及时举证是举证责任的要求之一。

但问题是,这里的"时限"或"及时"应当如何理解,这在历史上及现代各国均有不同的做法。

在德国普通法时代,受罗马教规式诉讼程序的影响,民事诉讼实行书面审理主义,诉讼程序在双方当事人之间以向法院提交书状的方式逐步进行,具有严格的阶段性。为了配合书面主义,在举证责任的履行和举证时限上实行法定顺序主义,同时提出主义和证据公开主义。按照这些主义,当事人应当严格依据诉讼阶段提供相应的证据。在主张阶段,原告提供证明其事实主张的证据;在抗辩阶段,被告提供证明其抗辩事由的证据;在再抗辩阶段,原告对被告的抗辩提供反驳的证据;等等,依此类推。如果当事人在该举证的阶段错失了举证的时机,该证据则产生失权效果,之后永远不能复出当作证明该事实的证据使用。这种做法的好处是诉讼程序能够处于稳定状态,当事人也不害怕对方突然袭击。但是,当事人为了避免失权效果的发生,往往提出不必要的预备性的主张和抗辩,以及相关的证据,使诉讼资料堆积如山,审理过程由此失去活力而变得僵化,诉讼拖延也难以避免。

为了改变这一状况,资产阶级革命胜利后颁布的法国《民事诉讼法》采取相反的措施,实行口头审理主义,与此相应,举证时限制度也宽松化,实行随时提出主义和证据结合主义。根据这些主义,当事人可以按照审理的进度调整辩论的焦点,适时地提供诉讼资料和证据,使诉讼程序的进行既集中关键,又自由活泼。可见,较之以往,随时提出主义对激活诉讼的氛围是有进步意义的。因而,后来大陆法系各国的立法大多效仿法国的做法。例如,德国《民事诉讼法》第282条第1款规定:"当事人各方都应该在言词辩论中,按照诉讼的程序和程序上的要求,在为进行诉讼所必要的与适当的时候,提出他的攻击和防御方法,特别是各种主张、否认、异议、抗辩、证据方法和证据抗辩。"

但是,随时提出主义也有易被当事人滥用从而导致诉讼混散的弊病,因而各国又同时为它的适用作出了限制。其重要表现便是为"随时"视其为事实或是证据而规定了两个原则性的时间界标,一是准备程序结束之前,二是开庭审理结束之前。具体地说,在准备程序结束之前,当事人必须把所有的案件事实主张出来;在开庭审理结束之前,当事人必须把所有的证据提供出来。否则,过了这个时间界限,如果没有正当理由,当事人便丧失了主张事实或提供证据的权利。例如,日本《民事诉讼法》第254条规定:"当事人在口头辩论中应当陈述准备程序的结果。"第255条第1款接着规定:"在口头辩论中不得主张在笔录或可以替代笔录的准备书状上没有记载的事项。但该事项是法院应依职权调查的或不致使诉讼显著延迟的,或者经释明不能在准备程序中提出并非由于重大过失的,不在此限。"这是关于事实主张的时限规定。关于举证时限,其《民事诉讼法》在第137条规定:"攻击或防御方法,除另有规定外,可以在口头辩论终结前提出。"德国《民事诉讼法》第296条之一也规定:"在作为判决基础的言词辩论终结后,再不能提出攻击和防御方法。"

当事人在一审中没有提供的证据在二审中能否继续提供?这在大陆法曾有"辩论更新说"和"限制更新说"的对立。依前说,二审与一审是形成一体的,二审是一审的继续,当事人在二审中可以主张新事实,提供新证据;依后说,应当把审理的重点放在一审,二审只进行补充性的审理,当事人若要主张新事实,提供新证据,必须要有更加严格的正当事由。目前,"限制更新说"被认为是正确的。例如,日本《民事诉讼法》第380条规定:"在第一审所为的准备程序,对于控诉也有效。"也就是说,一审中所没有提供的证据若无正当事由,或者逾期提出已受法院的排拒，二审中仍有此失权效果。德国《民事诉讼法》第527条、第528条也规定了类似的内容。

至于再审，无论何国，均不得因发现新证据而重新发起，从而将原判推翻。举证时限在这里有绝对效力。这从德国《民事诉讼法》第579条、第580条以及日本《民事诉讼法》第420条关于再审理由的列举式规定中，可以明显地看出。

英美关于举证时限的规定是蕴含在审理前命令中的。审前命令一经作出，除非后来经过修改，便对诉讼程序的进行产生制约作用。当事人不得逾此范围另行主张新事实或提供新证据。但是，与大陆法系的排除规则并不绝对一样，英美的审前命令也仅有相对性效力。美国《联邦民事诉讼规则》第16条第5款规定："这个命令控制随后进行的诉讼进程，除非它被随后发出的命令修改。只有为了防止明显的不公正，最后一次审理前会议的命令才可被修正。"这体现了原则性与灵活性、稳定性与公正性的结合。举证时限制度的构设，正是要体现这种结合。

（七）简易判决

对案件的实体问题作出判决，通常应经过开庭审理。因为出席法庭并取得公正听审，被认为是一项宪法性权利，是确保法律的正当程序所必需的，在英美国家，也是为了保障公民获得宪法规定的陪审团审判权利的需要。但是，在某种情形下，立法允许可以不经开庭审判而作出实体判决。此一判决被称为"简易判决"（summary judgment）。立法之所以规定简易判决，其旨在避免开庭审理仅仅流于形式，或者避免不必要的麻烦和拖延审理，而且，有些前提问题也可通过它先予确定。此外，一方当事人还可采用申请作出简易判决的方法，迫使相对方披露他的事实和法律点。

原、被告均可申请法院作出简易判决，但必须负担提供证据证明具备简易判决条件的责任。对于申请人提供的这些证据，法官一般作出有利于对方的评估。这个条件是：通过诉答程序和发现程序，双方并没有在案件的重要事实上形成真正的争执点。对方不能仅说他不同意申请简易判决的一方的事实陈述来反对简易判决，而必须提供证据表明有真正的争执点，而且，对与争执点无关的不重要的事实也不能阻止法院作出简易判决。如果满足此一条件，而且，法官认为申请人根据案件使用的准据法有权取得胜诉的判决，法官则作出简易判决。简易判决如果是对前提问题的中间判决，诉讼则在此基础上继续进行；如果是对案件全部问题的终局判决，诉讼则就此终止。简易判决由此揭示了开庭审理的本质：解决案件的事实问题的争议。如果案件在事实问题上不存在争议，或者说虽然存在争议，但不具有实质意义，那么，法院就可在当事人的申请下，把案件当作法律问题的争议加以解决，使当事人不经过全面的审理就取得终局性的、有拘束力的判决。

简易判决制度并非各国均予认可。英美法系大多承认简易判决制度，而且非常重视；大陆法系有的认同，有的则不加规定。认同者有法国、卢森堡、葡萄牙等，未加规定者有德国、比利时、丹麦、希腊、意大利、荷兰、西班牙、爱尔兰等。但从立法建议和发展趋势来看，欧洲大陆各国对简易判决制度的采纳表现出了一致的倾向性。

（八）缺席判决

缺席判决制度古往今来大多有之，但对其含义的理解以及作出的条件不尽相同。在古罗马时期，实行强制应诉制度，缺席判决不可能存在。例如，《十二铜表法》第一表"审判引言、审判条例"第1条便规定："若有人被传出庭受讯，则被传人必须到庭。若被传人不到，则传讯人可于证人在场时，证实其传票，然后将他强制押送。"并且第2条规定："若被传人托词拒不到案或企图回避，则传讯人得拘捕之。"后来，教会法废除了强制应诉制度，采用"否定性的争点决定"之做法，如果原告缺席，则驳回诉讼，但原告可以再次提出诉讼；如果被告缺席，则视为对原告主张的事实存有争执，法院根据原告的证明作出裁判。但是，普鲁士的一般裁判法则采取相反的做法，实行"承认性的争点决定"原则，规定被告若缺席，则视为自认原告所主张的事实，并以此为基础作出裁判。至于原告缺席，则同样驳回诉讼。

普鲁士的立法例为1806年的法国《民事诉讼法》所承继，规定被告缺席时，则根据原告的请求认为其主张的事实是正当的，如果其事实符合法定要件，法院则对被告以缺席判决宣告败诉。对此缺席判决，被告可以提出不附条件的异议申请，使其缺席判决失去效力。德国1877年制定的《民事诉讼法》，采用与法国相似的做法。它首先区别原、被告缺席的不同处理。原告于言词辩论期日不到场，应依申请为缺席判决，驳回原告之诉。被告在言词辩论期日不到场，原告申请缺席判决时，视为原告的事实主张得到被告的自认。但这并不意味着作出原告胜诉的判决。原告能否胜诉，还要看这些视为自认的事实是否能够表明原告的请求是有法律根据的，即是否具备能够满足其请求的法律构成事实要件。如果答案是否定的，法院则驳回其申请。除缺席判决外，如果一方当事人在言词辩论期日不到场，另一方当事人还可申请根据"现存的记录"作出判决。如果案情已经清楚，则依其申请作出判决，否则驳回申请。缺席判决作出后，受此判决宣示的当事人可以提出不附理由的异议。此异议一经合法作出，诉讼程序即自动恢复到不应诉事实发生之前的状态。但因此引起的费用，由不应诉当事人承担。如果不应诉当事人又一次缺席，法院则对他作出终局性的缺席判决。此后，该当事人不得再提出异议。

在美国，缺席判决是针对被告作出的败诉判决，共有四种情况：一是被告从不到案或不对原告的起诉书作出答辩。在此情形下，如果原告请求的数额是确定的，则由法院书记官作出缺席判决；如果原告请求的数额不确定，则由法官进行听审，原告不必证明被告的责任，但应当证明损害赔偿的金额。这种听审不要通知被告出席。二是被告曾经到案，但未提交正式的答辩书。此时，只有法官才能作出缺席判决，而且就损害赔偿金额尚需听审，听审的期日应提前三天通知被告，否则将成为撤销缺席判决的理由之一。三是如果被告提交答辩书但以后开庭不出席，则说明他已提出自己的事实主张和法律观点，不能认为他承认自己有责任。对此，法院应要求原告就被告所应负的责任和赔偿金额承担举证责任。当然，对这个问题，法院的理解并不相同。四是被告在审理前程序中不服从法院的某项裁定，法院作为处罚而予以缺席判决。

比较德、美法制，可知两大法系在缺席判决立法上的不同：一是原因不同。在德国，缺席判决的原因是当事人于言词辩论期日不到庭。至于已过答辩期间而不提交答辩状或其他诉讼文件，则不成为缺席判决的事由。因为德国《民事诉讼法》认为除起诉状外，所有诉讼文件中供准备言词辩论之用。美国则以被告人在规定期限内不提出答辩状为缺席判决之事由。二是性质及后果不同。在德国，缺席判决产生当事人对事实自认的效果，但不一定等同对被告的败诉判决。美国则将缺席判决视为当事人对请求认诺的败诉判决。三是能否作为制裁手段不同。美国在广义上看待缺席判决，凡当事人不服从法院的审前程序作出的裁定，法院可对该当事人作出缺席判决，作为对其制裁措施。德国立法不承认这一意义上的缺席判决。四是申请撤销缺席判决的理由不同。在德国，当事人申请撤销缺席判决是不需要提出理由的，而美国则有理由的限制。

（九）和解与调解

由于现代民事诉讼制度暴露出了难以克服的诸多弊端，如诉讼迟延、法律职业工作者人数跟不上实际需要、诉讼费用昂贵等，人民对法院的利用率日益下降，即便纠纷被诉诸法院，也往往到不了审判阶段便告解决。提前解决纠纷的机制主要就是和解与调解。和解与调解作为解决民事纠纷的传统方法发展到现代社会，无论在何一法系、何一国家，无论是在立法层面还是司法层面，都受到了前所未有的重视，其重要性不断增大，通过它们解决纠纷的比例与日俱增，表现形式也逐步多样化。美国是"诉讼大国"，但是，据统计，现在美国95%的民事案件经过和解在法院内附设的强制仲裁或调解等代替诉讼解决纠纷程序（Alternative Dispute Resolution）得到解决，只有不到5%的案件才进入法庭审理阶段。① 在丹麦，根据对它的东部地区的调查，其海事法院和商事法院受理的案件最终到开庭审理的，只有30%到40%。在英格兰和威尔士，据官方统计，1988年，在已经发出令状的案件中，只有4.5%的案件走完全部审理的过程；到1990年，发出的令状的数量增加了，但是，完全审理的案件数量减少了。根据英国枢密大臣（1990年度司法统计报告）反映，这一年，郡法院共受理案件350万起，但是，举行了审理的案件仅占2.1%；高等法院受理的案件有37万起（较之前年多了10万起），只有3500起案件进入开庭，占的比例不到1%（另有一部分在法院开始的案件转移到了郡法院）。在爱尔兰，据估计，进入审理的案件不会超出10%。② 日本通过调停解决的案件占总数的53%到54%；诉讼中经和解解决案件达35%。德国的和解率最低，其案件总数的75%是通过判决解决的。③ 诉讼中的和解又有两种形式：一是由双方当事人自主协商，或者在法官、律师等人的参与下协商一致，就其争议中的权利义务关系达成协议，从而解决其纠纷，结束其诉讼。这种和解因为没有反映到判决或类似的法律形式中来，所以称之为裁判外的和解。二是当事人要求把他们对解决纠纷协商一致的方案或者说内容以法院裁判的形式体现出来，或者确认在其他法律形式中，使之产生与判决相等或相似的效力，这便是裁判上的和解。这两种和解有许多差别，各国对它们在要求、程序和效力等方面的规定也不尽相同。

首先看裁判外的和解。美国法律规定，在民事诉讼的任何阶段，即使是判决后的上诉阶段，当事人之间都可以和解。和解是在律师之间进行的，法官也可以在审理前的会议中，或者专门召开和解会议主持进行和解。为避免法官先入为主、产生偏见，美国法要求参加、主持和解的法官与开庭审理的法官一般应当分开。有的法院还设有专事和解的法官。当然，其他人比如退休的法官或律师等皆可以适当的方式加入进来，敦促和解的进程与成功。此外美国还有申请判决方案制度，此一制度是由美国《联邦民事诉讼规则》第68条加以规定的。依此制度的规定，在开庭审理10日之前的任何时候，被告人都能提出对该案的判决方案。如果原告对此表示拒绝，而经过开庭审理得到的判决结果还不如被告的提案时，则由原告承担此后多出来的诉讼费用，包括律师费用。这样规定的目的也是促使当事人尽快达成和解。不管和解是如何达成的，都视为以新契约代替了旧契约。在这新达成的和解协议中，当事人可以约定以后能否再行起诉。如果当事人没作此约定，一方不履行和解义务，另一方可以再次向法院提起诉讼，要求对方执行和解协议，并承担由此而生的诉讼费用。如果当事人作了不得起诉的约定，则应照

---

① 参见［日］滨野惺等：《关于美国民事诉讼的运营情况》，日本法曹会1994年版，第105页。转引自［日］兼子一、竹下守夫：《民事诉讼法》，白绿铉译，法律出版社1995年版，译者前言，第22页。
② 参见［英］大卫·万克特史等：《欧洲经济共同体各国民事诉讼法》，伦敦出版社1991年版，第7页。
③ 参见［英］大卫·万克特史等：《欧洲经济共同体各国民事诉讼法》，伦敦出版社1991年版，第7页。

此办理。但事实上,当事人至少也要协定,凡因执行和解契约所发生的纠纷将交付仲裁解决等。英国法也规定裁判外的和解实质上等于成立一个新合同取代原先的诉讼原因。但是,如果和解合同的一方当事人违反合同,对方只有根据新合同提起诉讼。《法国民法典》从第2044条到第2058条规定了诉讼和解制度,依此规定,和解是双方当事人相互让步的结果。如果一方放弃了一部分诉讼请求,在此范围内,对方当事人便取得无诉讼原因的抗辩权,即能阻止前者就这部分请求重新起诉。德国、日本等国的民事诉讼法仅规定了撤回诉讼的制度,没有规定裁判外的和解。

其次看裁判中的和解。各国大都就此作了较为详细的规定。英国法规定,当事人为了加大和解的效力,可以通过裁判的方式把它确立下来,这叫合意判决。在一般情况下,双方当事人必须来到法院才能取得合意判决。但是,现在,在许多情况下,只要具备一定的条件,仅需把合意判决记录在法院的案卷上,便告生效。此外,依英国法,当事人还可申请"Tomlin 裁定"。这种裁定可以容纳原诉讼请求范围外的内容。但是,如果一方当事人不按照和解协议办事,执行程序需要分两步进行:(1)对方先向法院申请作出裁定,要求另一方履行和解协议中的义务;(2)如果该当事人依然拒绝执行,则申请法院强制执行。美国法也规定,当事人的和解可以反映在法院作出的合意判决中。此一合意判决以原告为胜诉方,以协议金额为内容。如果当事人不愿意泄露和解内容,可申请法院以象征性金额为名义作出合意判决。有时,被告作为和解条件,也可以要求法院以他为胜诉方作出合意判决。英美这种合意判决具有与一方胜诉判决一样的效力,除强制执行力外,还有"一事不再理"的既判力。但是,合意判决有没有"附随不得否认"的效力?这在学术上存在争论。

对于裁判上的和解,大陆法系国家一直非常重视。德国1877年的《民事诉讼法》规定了起诉前的任意和解制度,1924年把它改为强制和解,视和解为起诉前的必经程序,1950年又废除了强制和解。经1976年修订的现行德国《民事诉讼法》第279条规定:"不问诉讼进行到何程度,法院应该注意使诉讼或各个争点得到和好的解决。法院为了试行和解,可以把当事人移交受命法官或受托法官。"日本《民事诉讼法》第136条也作了相同的规定。但是,与英美不同的是,德、日不把和解方案吸收进法院的裁判中,变成所谓合意判决,而是直接把它记录在法院的卷宗里,作为合同予以登记。其性质具有双重性:一方面,它是一个诉讼行为,必须符合民事诉讼法的规定,比如必须在法庭上公开宣读,并经过当事人的同意。由此决定,和解一旦达成,便产生与判决相等的强制执行力。另一方面,它又是一种民事实体行为,也要符合民法的规定,比如意思表示一致等。但是,和解是否需要双方让步?这在学界有不同意见。此外,实体法和程序法上的哪些原因可以导致和解无效?是通过宣告无效的判决还是撤销之诉来解决无效问题?还是继续进行诉讼,把无效原因作为初步争点先行解决?等等这些问题都没有解决。

六、法官与律师的角色配置:庭审程序之比较

开庭审理无论在何一法系的民事诉讼中,都不失为重要的程序环节,尽管有相当比重的民事案件在此之前便告消解。自民事诉讼程序的整体上看,庭审不仅承前一审理前的程序,而且启后一法院判决的作出,诉讼当事人中的孰胜孰败便在此阶段得到决定。因为,庭审的本质规定是解决案件的争议,此争议一般是事实上的,但也可能是法律观点的对立。无争议便无庭审,争议的解决一定要经过庭审,这是民事诉讼程序的公正价值所要求的。争议的解决如果不是实质上依赖庭审来完成的,那么,即便它有可能是真实的、客观的,但也不能说它是民主

的、公正的。所以，立法规定庭审程序的首要一步，便是在程序的系统构设中，保证它有实质意义和决定作用，而不使它产生"先定后审""审、判分离""庭审走过场"等现象。

庭审程序是把案件的解决过程最直接、最完整、最公开披露于社会一般公众的环节和阶段，因而它最受关注，最能集中地体现诉讼制度的本质与特征。所以，庭审是民事审判的关键，是民事诉讼的聚焦点。我们说两大法系的民事审判方式，一为当事人主义，二为职权主义，其明显的特征主要在庭审程序中显现出来。

在美国，民事案件的审判分为陪审团审判和法官单独审判两种。其民事诉讼程序的对抗制性质在形成上是与陪审团制度分不开的，后来陪审团制度尽管在使用的范围上日渐狭窄，法官单独审判的案件日益增多，但历史上形成的对抗制却根深蒂固，并没有因为法官单独审判案件而有所演化或萎缩。对抗制作为民事诉讼观念的组成部分已深入人心，已为美国诉讼制度所不可或缺。

德国没有实行陪审团审判的历史传统，其民事案件的解决历来与法官单独审判联结在一起。既然案件由法官单独审判，而法官在理论上又被假定为正义的化身和法律知识的载体，那么在庭审过程中，就没有理由不由他来主导庭审程序的进行，他就不可能允许庭审的方向和内容依双方当事人及其代理律师的意志来决定，换言之，对抗制理论在德国没有产生的必要与扎根的理由。可见，正是陪审团制度上的区别，成为美、德民事诉讼庭审程序之区别的重要因素。

就美、德民事诉讼立法规定来看，两国庭审程序的构成大致相同，均由案情陈述、事实证明和法庭辩论三大阶段构成。所不同的不是程序阶段的构成，而是：第一，庭审程序是谁来主持或主导进行；第二，庭审以何为标准作为进行的顺序；第三，庭审所营造的氛围是和平式还是对抗式的；等等。这些不同在三大阶段皆相应地呈现出来。

首先看案情陈述。案情陈述就是我们所理解的事实陈述。在美国，案情陈述的目的是各方当事人从对自己有利的角度从头到尾叙述一下案件事实的产生和发展过程，以使审理案件的法官或陪审团对案件形成初步印象。先由原告方当事人或其代理律师作案情陈述，再由被告方当事人或其代理律师作案情陈述。双方所作的案情陈述都是一个完整的"故事"，全面而生动，但内容却往往不同。

德国不一样，其案情陈述的主体是法官。法官当然不是向当事人及其代理律师讲"故事"，而是就其对案情经过准备阶段的了解，开门见山地把案件的焦点或症结所在、本案所涉及的法律问题以及可能会产生的诉讼结果等观点表达出来，随后听取当事人及其律师的意见和反应。这个过程被称为"法律对话"或案情讨论。德国《民事诉讼法》第278条第1款对此作了规定："法院在本案期日就案件与争议情况进行处理。此时应听取到场的当事人本人的意见。"

案情陈述完毕后，庭审进入关键性的证明阶段。在美国，这一程序在性质上是由律师主持的以证据说服事实认定者的证明活动，是当事人在尽说服责任。证明依严格的主体顺序进行，一般是"先原告、后被告"，双方当事人皆需把对己有利的证据依案情进展过程相继地全部提供出来。原告及其代理律师首先对己方证人进行询问，并提供有利于本方的其他证据；被告及其代理律师分别进行反驳或提供足以削弱对方证明力的证据。前者称为"主询问"，后者称为"反询问"或"交叉询问"。原告方把证据提供完毕、完成自己的证明活动后，由被告方从事相同的证明活动。在此过程中，被告方进行的证人询问是"主询问"，原告方对证人实施的询问则是"反询问"或"交叉询问"。

美国的此一证明过程体现在德国法上,称为"证据调查",调查证据的主体为法官,发生于当事人或其代理律师相互之间。德国《民事诉讼法》第278条第2款规定:"双方辩论后应该随即调查证据。"所以,从实质上看,调查证据的过程是法官为了对案件的争议事实与法律适用作出判断而收集资料、形成心证的过程。在询问证人时,法官首先要核对证人的自然情况,并告知证人如实提供证言。根据案件证明的情况和需要,法官可能要求证人在某些内容上说得详细、深入一点,而在另一些方面则可能要求他点到为止甚或不必提及。法官始终掌握着调查证据的主动权,控制着法庭调查的实际范围,而不是像美国一样,法官们只起着交通规则解说者的作用。德国法官密切注意争点内容及范围的变化,从而不断调整证据调查的方向与内容。在德国,凡是法官认为没有争议的,或争议曾经有过但情况已告明确,均不可能被纳入证据调查的范围。有人比喻,德国的法官是在不断地寻找案件的"颈静脉"。德国这种以争点为鹄的的取证过程与美国那种以当事人为顺序的证明过程无论是在程序理念、价值取向还是在制度设置上,都是大相径庭的。前者偏重于实体上的法律逻辑,后者偏重于程序上的机会均等。

在德国,法庭调查是一个灵活度极高的事实探知过程,它不仅不要求形式上的面面俱到,甚至也不迫使当事人把所有的证据集中性地全部提供,而鼓励他们视案情进展及所需状态有所选择,即实行证据随时提出主义。这在前引其《民事诉讼法》第282条第1款有明确规定。当然,这种允许随时提出证据的做法是有可能产生所谓"突袭性裁判"的问题的,但这不要紧,德国《民事诉讼法》为避免此一现象设定了三大补救性和辅助性措施:一是对方当事人不预先了解就无从对之有所陈述时,要求当事人在庭审前把有关的声明以及攻击和防御方法,以准备书状的方法通知对方当事人,使对方当事人能得到必要的了解。[①] 二是为举证划定了最后时限,规定在作为判决基础的言词辩论终结后,一般再不能提出攻击和防御方法。[②] 三是原则上实行连续审理原则,基本上排拒集中审理主义。在法庭上,如果一方当事人提出始料不及的证据声明或事实主张,受不利威胁的另一方当事人则可以期待他在下一次听审中给出他的答复或相反证据。所以,实质上的"突袭裁判"在德国立法上是不存在的,或者说,其可能性被降到了最低限度。美国法重视审前程序与审理程序的严格划分,并十分倚重集中审理主义。这造成证据成批量地提出和有突袭可能的局面,而且,庭审的顺序规则也失之僵化。

法庭调查或证明活动结束以后,在程序构筑上自应使双方当事人及其代理律师就案件的事实认定与法律适用问题有发表意见和要求的机会。这在美国法上表现为"最终辩论"或"总结性辩论"。在此庭审的最后阶段,双方律师概括所提出的证据并叙述被证明的事实,以此作为说服陪审团或法官的最后一次努力。在美国,最终辩论是庭审程序宣布结束的标志,之后就是事实认定者的评议与裁决。同样的机制与过程反映在德国法上,便是所谓"法庭辩论"。其《民事诉讼法》第285条第1款规定:"当事人双方应就证据调查的结果,进行辩论以阐明诉讼关系。"但是,此一法庭辩论不是在律师之间以对抗方式开展的,而是以讨论和协调的方式进行的,法官并不仅仅是消极的听者,更是辩论过程的积极参与者。其《民事诉讼法》第278条第2款规定:"调查证据结束后,应就案件情况与争议情况再与当事人讨论。"此又称为"辩论兼讨论"。英美学者之所以称德国的民事审判方式为"会议式审判"或"谈判式(协商式)审判",其原因主要就在这里。

"会议式审判"的优点是显而易见的。首先,它使法官真正走下神坛,揭开了蒙在法官身

---

① 德国《民事诉讼法典》第282条第2款。
② 德国《民事诉讼法典》第296条。

上的神秘面纱,对克服法官的官僚主义形象是有裨益的。而且,从审判过程的公正性保障来看,法官在从事实陈述到法庭辩论的整个庭审过程中的积极参与和不断阐明、亮出、公开自己对案件的看法或初步意见,不仅使庭审符合经济原则,避免不必要的程序过程,而且也由于它同时是其阐明权的行使过程,有利于保证双方当事人辩论能力在实质上的平等,并便于当事人及其代理律师了解法官心证的变化与波动,从而避免事实认定过程中的突袭与法律适用推理过程中的突袭。尤其是,会议式审判能够营造出一种诉讼主体参与型的宽松氛围,收到严肃但不紧张的效果。正是这种氛围与效果,使得诉讼中的和解自始至终能够与判决相伴相随,法官主持、促进当事人之间的和解成为其审判权的内在的组成部分,和解被誉为司法审判的王冠,一个健康的法制不断追求的目标。法官倡导和解在德国是司空见惯的现象。贯彻此一过程中的程序原则,学理上称之为法官与当事人的"协同主义"。正是此一主义,淡化了诉讼中的戏剧色彩,强化了它的生活性与严肃性。

七、本土化法律传统与国际化诉讼制度的冲突与契合

通过以上描述可知,两大法系民事诉讼制度呈现出的性质与特点有着根本性差异,用抽象的术语表达,可谓一是职权制或纠问制,二是对抗制或对审制,前者以法官为程序的主导者,后者以当事人及其代理律师为程序的主导者;前者实行集中审理主义,使诉讼分阶段地进行,后者实行连续审理主义,诉讼的诸环节之间不存在严格的分界;前者以客观真实为诉讼的价值追求,后者以程序公正为诉讼的价值追求。它们是历史的产物,也是现实中不争的事实。实践也表明,在现代社会,它们皆在一定程度上表现出了自己的缺陷和不足。例如,职权制容易造成法官对事实的预断和偏见,司法过程中的民主主义色彩比较黯淡,权力制衡的原理未能彻底贯彻;对抗制容易造成诉讼迟延和律师对诉讼权利的滥用,司法成本过大,证人作伪证的现象并非罕见,诉讼效率低下。从法文化角度来比较观察,两大法系民事诉讼制度的这些差别乃根植于它们本土化的法律传统当中。

英美国家的法源主要是判例法。尽管以1848年纽约州为发端的民事诉讼法典化运动结束了英美法系普通法历史上民事诉讼非成文法的历史,而且从形式上看,民事诉讼的成文法渊源实际上已占据主导地位。但是,无论如何,其民事诉讼法是对相对成熟的司法判例规则的总结,自身并不具有如同大陆法那样既有总则又有分则的规则体系,而且此外还存在大量的司法惯例。这样的法源传统规制了它的法官造法的特殊角色,与大陆法以立法为中心的司法观恰成对照。在英美,司法较之立法具有优越地位。这种地位是"法官造法"这一命题的必然派生,而且决定英美法始终坚持诉讼法中心主义。这与大陆法以实体法为中心的法律传统显然有别。

法官造法和诉讼法中心主义的英美传统,为其法官在国家权力结构中的职能分配及其行使审判权的方式赋予了与大陆法法官不同的意蕴。在英美,法官的地位比学者高,法官享受优厚物质待遇的传统先于大陆法而形成,法官和律师实行一元化,法官一般产生于有多年执业经验的律师。所有这些,都是为了确保法官的公正无私和独立的地位。在民事诉讼中,法官刻意保持中立,始终把自己视为争议当事人之间的仲裁者,而不是决定事实主张真实性的行政官员,因为他们坚信,使法官介入案件事实的调查之中容易导致武断和偏见。尤其是,在陪审团审判的诉讼中,法官主动询问证人和调查证据,很难避免对陪审团在事实认定上的不当影响。

大陆法以法典法主义为法源基础,主张法不是由法官发现、法官宣布的,而是由立法者或立法机关制定和创造的,在那里,"法官造法"的概念是闻所未闻的,法官的唯一职责是严格

执法。孟德斯鸠提出的所谓"自动售货机"式的法官形象，便是以法官的此一职责为法治理想而塑造的。法官执法采取的逻辑方法是三段论式或涵摄模式的演绎方法。法官有认知法规的义务，为了忠实于立法本旨，并求得立法规定在具体案件适用上的妥适性与正确性，他必然负起探知案件事实真相的职责和任务。因为事实一误，结论必错，严格执法的目的便不可能达到。既如此，法官在诉讼中的关注焦点便是案件事实的客观性，法官的注意力与精力也由此投入此一客观性的发掘和展示过程中。这是以法官认知能力的高度自信为前提的。

可见，我们现在见到的两大法系民事诉讼制度，之所以一为法官主导型，一为当事人或律师主导型，是有深层的、多方面的历史原因的。此历史原因自文化角度观察便是法律传统。但历史唯物主义告诉我们，法律文化传统也不是绝对凝固、一成不变的，随着社会的发展、文明的进化，各民族的法文化传统也在悄悄地变化。此变化体现在两大法系民事诉讼制度之中，便是学者们观察到的诉讼程序的趋同现象。

两大法系民事诉讼制度之间存在的传统差距，正日渐缩小，其原因主要在于：

第一，诉讼价值观的逐渐认同，在程序公正与客观真实的传统价值依然为它们所分别刻意保持的同时，诉讼效率价值得到它们同时的重视和强调。这是因为法院都面临着负荷增大、积案沉重的难题的缘故。

第二，在英美法国家，普通法与衡平法二元对立的法制状态已基本告终，普通法诉讼程序与衡平法诉讼程序合而为一。其结果，衡平法的诉讼原理占据主导地位。

第三，从法源上说，尽管英美法系恪守的判例法主义和大陆法系坚持的法典法主义依然有传统上的对立意义，但不可否认的是，英美法中成文法的比重不断增大，大陆法中判例法也日益有了补充、解释成文法的一席之地。"法官造法"的概念在两大法系中有了比较靠拢的理解与实践。

第四，司法实践表明，随着诉讼纠纷的日益增多，大量案件均在诉讼外，通过和解等替代诉讼的解决方法得到化解。诉讼外的解决纠纷方法在原理和程序构造上，无论在何一法系，都是基本相似的。

由于以上原因，德、美相继采取重大立法措施，进行司法改革。其结果，德国确立并增强了集中审理主义，诉讼由连续进行开始向分阶段进行转化；美国出现了"管理型审判"的概念和制度，认同并强化了法官在诉讼中尤其在审前阶段的作用，法官在传统意义上的消极形象开始改变。

为了克服德国民事诉讼法推行直接开庭制度所产生的重复开庭、诉讼拖延等弊病，到20世纪70年代，德国学者韦因可夫和波埃分别发表两篇论文——《为什么以及如何进行司法改革》和《走向言词辩论的集中》，力倡以集中原则对民事诉讼制度进行改革。其结果，在实践中产生了"斯图加特模式"。"斯图加特模式"主张将诉讼分为书面准备程序和主辩论两个阶段，增大集中审理主义的力度与效果。这个模式能够减少开庭次数，提高诉讼效率，实践证明是成功的。基此模式，1977年7月1日德国施行《简易化修正法》，对民事诉讼法典进行大规模修改。修改后的德国民事诉讼程序向集中审理、口头审理、分阶段审理等方面迈出了一大步。

在美国，"管理型审判"首先运用于复杂诉讼或重大疑难、涉及公益的诉讼中，例如，反托拉斯诉讼、证券诉讼、重大事故诉讼、产品责任诉讼、集团诉讼和多方当事人诉讼等，现在也有逐渐扩展到其他诉讼的迹象。其特点是为了加强对发现等审前程序的监督和管理，增大法官的权力，通过一系列相互联系的方法，实现法官对双方当事人收集证据过程的控制。具体的做法包括：第一，召开审前会议，与律师探讨案件的争点；第二，敦促双方进行和解；第三，限制发现证据的方法，加强对发现程序的管理；第四，确立并加强法官对专家证人的选任权和控制权。可见，美国"管理型审判"在法官对诉讼程序的控制和证据收集的监督方面，与德国的职权制做法是有诸多相近之处的。这一点，在不进入开庭审理便告解决的案件中，表现得更加明显。

当然，美国的"管理型审判"仅体现于审前阶段，庭审程序仍由对抗制理论来支配，而且一般仅适用于联邦法院系统审理的复杂诉讼。尤为重要的是，与德国的集中审理主义始终未得到彻底贯彻一样，由于司法习惯的作用，"管理型审判"概念中的许多含义，都是借诸立法规定加以解释的，实践中，"管理型法官"的形象远未树立起来。换言之，如果说，两大法系民事诉讼制度正在逐渐靠拢这一命题是能够成立的话，那么不可否认的是，这一命题中的纸面意义和理论意义远远大于它的实践意义和现实意义，恐怕在本土化法律传统与国际化诉讼制度这个联号中，蕴含于前者中的生命力是永远超出派生于后者的。换言之，存在于两大法系国家民事诉讼模式上的差异在相当长的历史时期内乃是无法消除的。

第九节　诉权论

一、诉

（一）诉的概念和特点

在谈诉权之前，首先必须知道何为诉。诉是用来解决当事人之间所发生的民事纠纷的最后途径，一般在利用其他手段无法解决其纠纷时而最终使用诉的方法来寻求司法救济。诉，指的是特定的纠纷主体针对另一方纠纷主体向法院提出的请求法院解决其间民事纠纷的一种法律行为。从该定义可见，诉具有以下特点：

首先，诉是一种法律行为。诉是当事人依据实体法的规定和程序法的规定而提出的，合法性是它的基本要求。

其次，诉是一种请求。诉是指向法院并对法院提出的一种请求，法院根据当事人提出的诉而开始代表国家行使审判权。

再次，诉是当事人维护自己合法权益、寻求纠纷解决的一种手段和方法。在当事人可以寻求的各种解纷方法中，诉是其中的一种，而且是最终的手段，同时也因此是最重要的手段。从该意义上说，诉是当事人维权的最后一道防线。

最后，诉还是一种法律制度的结合体。尽管微观意义上的诉是一种行为，但宏观意义上的诉却是一种法律制度的综合运用，在诉的行为结构中，既有实体法的运用，又有程序法的运用，正是国家的实体法和程序法两相结合，构成了诉的保障体系。

（二）诉的制度功能

诉的本质应当界定为当事人的制度性行为，由此所产生的功能也为制度性功能，包括：

其一，诉是诉权的运用过程。诉权来自抽象的法律赋予，抽象的诉权要化为具体的诉权，中间需要通过诉这一制度性桥梁。如果说诉权是宪法层面的概念，那么诉，则更多是具体实体法和具体程序法层面的概念，诉是实现诉权的推动力，诉权是诉的保障力。

其二，诉将触发审判权的运用。静态意义上的审判权需要借助诉的概念使之变为动态意义上的审判权，正是在诉的作用下，审判权由被动性转变为主动性，在诉之前，审判权处在消极不作为状态，不告不理是其基本原理；在诉之后，审判权便进入积极作为状态，将诉中所包含的纠纷加以妥适、公正、高效的化解，成为其基本的法律使命。

其三，诉的目标在于解决民事纠纷。法律制度的总体功能在于调整法律关系，维护法律秩序，在纠纷发生后，通过诉来加以化解乃是法律制度的题中应有之义。实体法为纠纷的解决提供标准，程序法为纠纷的解决提供保障，二者共同作用于诉的运行，诉的出发点在于解决纠纷，诉的归宿也在于解决纠纷，解决纠纷是包含于诉的概念中的本质含义和目标指向。

其四，实体法权威需要依靠诉来维护。实体法遭到破坏后，其所调整的法律关系陷入扭曲状态，为了使这种被扭曲的法律关系得以重新恢复，从而使被破坏的实体法得以重塑权威，诉便是不可或缺的制度性手段。

其五，新兴的实体权利需要依靠诉来生成。实体法总是存在滞后性等缺陷的，弥补此一缺陷的法律方法就是诉；通过诉，新兴的实体权利得以在司法权的运用后自然生成，实体法的缺陷获得了补救，实体法进而更趋完善。

（三）诉的双层含义

诉具有程序意义上的诉和实体意义上的诉双层含义。程序意义上的诉是指当事人根据程序法的规定所实施的诉讼行为的总和，实体意义上的诉是指当事人根据实体法的规定所实施的诉讼行为的总和。程序意义上的诉和实体意义上的诉不能截然分开，离开实体意义上的诉，程序意义上的诉就异化为毫无实体内容的纯粹程序行动；离开程序意义上的诉，实体意义上的诉便无法化为现实。因此，程序意义上的诉是实体意义上的诉的形式，实体意义上的诉是程序意义上的诉的内容，前者保障后者的实现，后者是前者的目标。尽管诉的两层含义不能截然分开，但二者的重点仍有侧重：在诉讼开始之初，直至开庭审理之前，程序意义上的诉占据主导地位，法院的审判权重在确定诉的程序要件；在开庭审理之后，诉进入实体审理阶段，实体意义上的诉占据主导地位，法院的审判权重在确定诉的实体要件。

将诉分为程序意义上的诉和实体意义上的诉具有重要意义。一方面，表明诉的完整内容是同时由实体法和程序法予以提供的，实体法和程序法对诉而言乃不可或缺，具有同等重要的意义；另一方面，无论是当事人实施诉讼活动抑或是法院实施审判行为，都应当根据诉的双层含义确定行为内容和行为重点；此外，将诉分为程序意义上的诉和实体意义上的诉，还有助于民事诉讼立法的规则安排和程序构建，有利于对当事人的诉讼行为和法院的审判行为提供指引。

（四）诉的要素

诉的要素也称诉的构成要素，是指要构成一个诉所不可缺少的最低限度的元素。诉的构成要素分别体现为诉的主体要素、诉的客体要素和诉的事实要素三个方面，诉的主体要素是指当事人，诉的客体要素是指诉讼标的，诉的事实要素是指诉讼理由。

1. 当事人

当事人是诉的发动者和承受者，诉的发动者为积极的当事人，指的是原告或者与原告地位相等的人，如有独立请求权的第三人；诉的承受者是消极的当事人，指的是被告或在特殊情形下与被告地位相等的人，如被法院判决承担法律责任的无独立请求权的第三人。

2. 诉讼标的

诉讼标的有新旧不同的学说，在我国，通常认为，诉讼标的是指双方当事人争议的需要法院行使审判权加以判断和解决的实体法上的权利或法律关系。任何一个诉，都必须要有诉讼标的，否则诉就失去了对象和目标。诉讼标的来源于实体法的规定，因而其本质上属于实体法上的范畴。实体法上的请求权是否存在，一旦在当事人之间发生争议，只要该争议被纳入法院加以解决，其便演变成了诉讼标的。但有时，实体法会有缺漏，纠纷所争议的请求权或法律关系并不存在于实体法之中，因而就需要依据诉的利益为诉讼标的，该诉的利益来源于案件事实以及抽象的法律评价。

3. 诉讼理由

诉讼理由是指当事人进行诉讼所依赖的事实根据，包括正常的事实依据和非正常的事实依据，前者比如订立合同的事实，后者比如违约的事实。当事人在诉中尽管也要提出相应的法律根据，但由于法律根据是所有的同类诉所共享的，因此抽取公因式不将其视为诉讼理由之中。

有观点认为，诉讼请求也是诉的构成要素。笔者认为，诉讼请求是建立在诉讼标的之上的具体诉讼要求，是由诉讼标的所决定的，单纯依赖诉讼请求无法对诉进行识别，因而诉讼请求仅仅是诉讼标的的形式化体现，不足以构成诉的要素。

（五）诉的意义

诉的意义实际上是指诉的构成要素的意义，确定诉的构成要素具有的意义主要是：

1. 决定诉能否被法院接受

法院接受诉的前提条件是诉具备诉的构成要素，具体表现在起诉的条件之上，《民事诉讼法》第122条规定的起诉所必须具备的四个条件以及第124条所规定的起诉状所必须记载的内容，就是按照诉的构成要素来确定的。

2. 决定法院行使审判权的范围

诉对法院的审判权具有制约力，法院行使审判权只能在诉的范围内进行，否则便构成越权裁判，违反了诉讼中的辩论原则和处分原则。

3. 是法院判断是否构成重复起诉的依据

"一事不再理"的原则禁止当事人重复起诉，是否构成重复起诉，其判断标准存在于诉的构成要素之中；如果诉与诉之间的三个构成要素完全相同或实质等同，则构成了重复起诉，反之则不构成重复起诉。

4. 是判断诉是否合并以及诉是否发生变更的依据

在一个诉讼程序中，如果诉的构成要素中的任何一个存在两个或两个以上，则形成了诉的合并，包括诉的主观合并和诉的客观合并；如果诉的构成要素中有任何一个发生了变更，则构成了诉的变更。是否允许进行诉的合并与诉的变更，取决于实体法和程序法的具体规定。

5. 生效判决的既判力范围是由诉来决定的

生效判决作出后便发生既判力，既判力的范围包括主观范围和客观范围，均是由诉的要素加以决定的。诉的主观要素决定既判力的主体范围，诉的客观要素决定既判力的客观范围。

（六）诉的类型

诉根据不同的标准可以进行不同的类型划分，比如可以将诉划分为人身关系之诉和财产关系之诉、国内之诉和涉外之诉、现代之诉和传统之诉、民事之诉和商事之诉、私益之诉和公益之诉、简单之诉和复杂之诉等，但作为一种基础性划分，通常将诉按照其目的之不同，划分为给付之诉、确认之诉和形成之诉这三种。

1. 给付之诉

给付之诉是指原告请求被告履行某种给付义务的诉讼，包括财物给付之诉和行为给付之诉，也包括现在给付之诉和将来给付之诉。给付之诉以民事实体法上的给付请求权为依据，通过给付之诉所产生的给付判决，将成为法院强制执行的根据。从历史上看，在诉的三种类型中，最初产生的诉即为给付之诉，这是从古罗马法以来一直被认可的诉的类型。

2. 确认之诉

确认之诉是指当事人请求法院确认他们之间是否存在某种法律关系或者原告是否享有某种权利的诉讼，包括积极的确认之诉和消极的确认之诉两种，前者如确认合同关系的存在，后者如确认合同关系的不存在。单纯的事实不能成为确认之诉的对象，比如当事人不能请求法院确认某一书证究竟是原件还是复制件。确认之诉所确认的法律关系或权利必须是现实存在的法律关系或权利，而不能确认过去的法律关系或不复存在的权利是否存在，将来可能产生的法律关系也不能成为确认之诉的对象。确认之诉必须要有确认利益，也就是相应的法律关系或权利发生了争议，因而具有通过司法加以确认的必要性，那种没有发生现实争议的法律关系或权利不能成为确认之诉的对象。基于确认之诉所产生的确认判决不能成为强制执行的根据，其一旦生效便产生法律效力，当事人之间不得再生争端。

3. 形成之诉

形成之诉也称变更之诉或形成变更之诉，是指原告请求法院通过审判权依法改变或者消灭其与被告之间存在的某种法律关系的诉讼。形成之诉的主要特点是它的法定性，只有法律存在明文规定时，当事人才能提出形成之诉。比如《民法典》规定当事人在符合条件时有权解除合同或撤销合同，婚姻关系的当事人可以请求解除婚姻关系，财产共有人可以请求分割共有财产等，基于这些实体法上的形成权，当事人可以提起相应的形成之诉。形成之诉的前提是当事人之间对其现存的法律关系或权利状态不存在争议，所存在争议的是他们要不要改变这种法律关系或者权利状态。如果当事人对其现存的法律关系或权利状态存在争议，则其所提起的诉之类型应当是确认之诉而不是形成之诉。形成之诉依据其所存在的法律领域，又可分为实体法上的形成之诉和程序法上的形成之诉两种类型，前者数量较多，如解除合同之诉、解除婚姻关系之诉、变更股东登记之诉等均属于实体法上的形成之诉；后者数量较少，如第三人撤销之诉、案外人异议之诉、再审之诉等。基于形成之诉所作出的司法裁判为形成判决，形成判决一旦生效就自动发生变动法律关系或权利状态的效果，无须强制执行。

二、诉权的概念和特征

诉权是指国家通过宪法赋予人民的、请求法院保护权利或利益并由此解决纠纷的权利。据此可见，诉权具有以下特征：

独立性。诉权是来源于宪法的独立权利，它与实体权利相对。

程序性。诉权虽然与实体权利一道来源于宪法的规范，但它本身不是实体性权利，而是用来保护实体权利的权利，因而从其内容上看，它不具有实体的权利义务内容。

法定性。诉权是宪法所规定的公民所享有的一种独立权利，它也有可能在其他法律规范中得到体现，因而它是一项法定的权利，而不仅仅是学理上的概括和抽象。

司法性。诉权是一种特殊性的法定权利，它不是在日常生活中得以行使的权利，而是指向法院寻求司法保护的权利，因而它是启动国家行使司法权的权利，而不是启动诸如仲裁权、人民调解权等其他解纷机制的权利。

三、诉权的法律性质

诉权的法律性质可以从以下方面加以理解：

（一）诉权是基本人权

人权既是宪法赖以产生的前提，又是由宪法加以确认的。宪法所规定的权利体系，代表了该宪法效力范围内的人们所拥有的全部权利。这种权利体系，按其内容和性质划分，可分为两类：一类是实体性权利，如生存权、人身权、人格权、财产权、知识产权等；另一类是程序性权利，如向法院提起诉讼的权利、享有律师代理或辩护的权利、获得公开审判的权利等。这些权利的集中表达，便为诉权。可见，诉权是人权的组成部分，缺少诉权的人权，必然是残缺不全的人权，甚至可以说不是真正意义上的人权。

（二）诉权是宪法性权利

宪法是国家的根本大法，宪法所确认的权利，是其他具体法律部门所确认的权利的"母体"，因而可以称为根本权利。这种根本性权利，是不能通过立法或其他任何方式加以剥夺或限制的，否则就构成违宪行为，此种行为只有通过立法审查、司法审查、宪法诉讼等形式加以救济。诉权属于宪法性权利，这是现代宪法的基本特征，也正因为它属于宪法性权利，所以宪法应当对它加以直接或间接的规定。

（三）诉权是程序性权利

前已述及，人们依法所享有的权利，大别可以分为两种类型，即实体性权利和程序性权利。诉权虽然是用来保护实体性权利的权利，但它不是实体权利的派生物，也不是实体权利在一定条件下的转化或变种，而是与实体权利平行共存的权利。程序性权利相对于实体权利而言，它是工具性权利，它应当能够有效地保障实体性权利的实现；但相对其自身而言，它又是独立存在的权利，它的存在具有独立的意义或价值。

（四）诉权是救济性权利

诉权的行使，与实体性权利不同，它不是面向对方当事人的权利，而是首先面向法院的权利，这种权利，首先要求获得法院的尊重；法院的尊重是诉权获得满足或得以实现的关键环节。正是在诉权的行使下，法院开始启动正式的法律程序对特定的纠纷加以解决。没有诉权的行使，诉讼程序无以开始。

四、诉权的法律功能

实体性权利有实体性权利的功能或用处，程序性权利也自有程序性权利的用处或功能，否则便不称其为权利了。诉权是宪法性的权利，其功能既有宏观方面的，也有微观方面的，具体包括以下方面：

（一）诉权是对私力救济的否定，同时诉权也表征着公力救济制度的存在

在私力救济的原始社会，纠纷发生后完全依靠纠纷主体的私人力量加以解决，该私人力量的矛头所指乃是纠纷的对方当事者，它是对纠纷的直接解决，而不是诉诸第三人加以间接的解决，因而无所谓起转成作用的诉权概念。诉权仅仅存在于公力救济社会，因为只有在公力救济社会，国家才垄断解决纠纷的强制权力，纠纷主体抑制自己的强制性权力，而诉求国家动用其强制性权力，这种诉求的权利就是诉权。可见，只有在公力救济的国家社会，才有诉权的概念

和制度；同时，只要实行公力救济，就离不开诉权这个中介性概念。其实，诉权与公力救济是互为因果的。

（二）诉权是民事诉讼制度或审判制度赖以形成的基础和前提

诉权来源于宪法的公权利，它的根据存在于宪法之中，民事诉讼法并不是赋予公民以诉权的本源性法律，相反，民事诉讼法是奠定在诉权的基础上的，是对诉权保障的立法体现，或者说是诉权的具体化表现，诉权从宪法中来，落实到民事诉讼法中。我国《民事诉讼法》第1条就开宗明义规定，其立法是以宪法为根据的，而以宪法为根据，实际上就是以宪法中关于诉权的规定为依据。诉权是产生民事诉讼法的权利，其公法性质首先是立法意义上的，民事诉讼法的各项具体内容，必须反映宪法中诉权的规定和原则要求，否则该民事诉讼法便脱离了诉权的宪法性质，需要加以修改。

（三）诉权的性质决定民事诉讼模式的性质

如前所述，诉权对民事诉讼法具有前在的规制意义，诉权的性质如何，决定着民事诉讼法的性质如何，民事诉讼法的一切内容，除技术性规范外，概由诉权所演绎而生，这二者之间有着相互对应的关系。民事诉讼模式也是由诉权所决定的。诉权的性质与内涵如何，直接决定审判权的性质与内涵，由此也决定了诉权和审判权的关系。换言之，是诉权决定审判权抑或是审判权决定诉权，这个问题，是由诉权的性质所确定的，正是诉权的性质，决定了审判权的性质，同时也决定了与审判权的关系。诉权与审判权的关系是诉讼模式的内在表现，民事诉讼模式的本质内容就是诉权和审判权的关系。在此意义上，完全可以认为，诉权的宪法性质决定了民事诉讼模式的性质归属。

（四）诉权是启动审判程序的权利

诉权首先具有立法意义，其次具有司法意义。在民事诉讼法根据诉权而实定化之后，民事诉讼法就作为诉权的载体而获得了相对的稳定性。纠纷主体在纠纷发生并需要付诸司法解决之时，便向法院提出诉求，请求法院适用民事诉讼法对该特定的纠纷加以解决，这种向法院提出的就特定纠纷加以解决的权利，也是诉权的作用和表现。诉权表现在民事诉讼法中，在纠纷被提交于法院之前，它还是一般性的、抽象的、静态的权利，只有在特定纠纷被实际地提交于法院之后，抽象的诉权才变为具体的诉权，静态的诉权才变为动态的诉权，一般化的诉权才变为特定化的诉权，进而，立法上的诉权才变为司法上的诉权。所以，诉权可以在一般意义和具体意义两个层面加以理解，这两个层面的诉权含义是诉权从宪法的规定到民事诉讼法的规定再到民事诉讼具体活动的演变和推进，表现为最抽象到抽象再到具体化的过程。诉权是统一的，它来源于宪法并经过民事诉讼法而落实于司法，在落实到司法的第一环节，便表现为对审判程序的启动。

五、诉权的理论模式

诉权是民事诉讼中的重要范畴，诉权理论也是民事诉讼法学理论体系中的重要内容。诉权学说，以为什么可以提起诉讼这个问题为对象，是一切诉讼理论出发点的中心理论，涉及诉讼法的整个领域，影响波及一切诉讼理论的构造。对诉权概念的不同界定，直接关系到：其一，民事诉讼法学理论体系的建构逻辑。民事诉讼法学理论体系是与时而俱进的，在不同的国家以及相同国家的不同时期，人们对诉权概念的解说不会一致，而诉权概念是民事诉讼理论体系的逻辑起点，由此所导致的民事诉讼法学理论体系也有所不同。其二，诉权概念的相异界定，也会导致诉讼主体行为模式的差异。各国民事诉讼法所体现出的模式之所以不同，在相当大的程度上乃是与诉权的概念内涵的不同设定有关的。正因为诉权概念的重要性，所以民事诉讼法学界对它始终给予高度重视，甚至视之为民事诉讼法学中的枢纽性范畴，并由此展开其民事诉讼法学理论体系的建构和阐述。

然而，诉权的概念是极其抽象和概括的，对它的准确把握需要胸怀民事诉讼法学理论体系的全局，乃至对特定国家全部法律体系以及法治秩序的形成方式有透彻的了解和把握。实际上，对诉权的概念界定，需要把握特定国家的法的精神。正因为研究诉权理论之不易，所以有学者甚至将它称为"歌德巴赫猜想"型的课题，也有人将它描绘为一座学术上的真正的迷宫。虽然有学者基于此提出了"诉权不要论"，然而理论研究的实践决定这种简单的态度是不可行的。诉权是人们了解并步入民事诉讼法学殿堂的入门钥匙，诉权概念不同，民事诉讼法学理论体系的面貌也有所不同。

在英美国家，虽然没有"诉权"这个简洁的概念，然而也有类似的一个重要术语，这就是：接近正义（access to justice）或接近法院（access to court）。接近正义也是一种诉权性质的基本程序权利。程序正义的理论是其悠久的历史渊源。接近正义的运动最初源于1971年在意大利佛罗伦萨召开的关于民事诉讼核心价值的国际会议。会议成果体现为《民事诉讼中当事人基本权利的保障》一书。以此为契机，西方诸主要国家开始了民事诉讼制度改革的现代化步伐。在美国，一个被称为"替代性纠纷解决机制（ADR）"的概念应运而生，以此作为保障当事人接近正义的重要制度性举措。在德国，也进行了诸如小额程序、简易程序、独任制审判等内容的改造，以此作为对诉权的保障措施。最值得注意的乃是英国，英国从1994年开始了由沃尔夫勋爵领导的民事司法制度改革，并于1996年7月发表了名为《接近正义》的最终报告。该报告提出了以下几点改革的内容：（1）尽可能减少诉讼；（2）降低诉讼的对抗性，增强合作性；（3）简化诉讼程序；（4）缩短诉讼时间；（5）更加合理地完善诉讼收费制度；（6）确保经济上的贫困者能够平等地进行诉讼。在该报告的指导下，1999年初，英国新民事诉讼规则出台施行，其修改的内容充分体现了对当事人"接近正义"的保障理念。比如，其将民事诉讼程序分为小额索赔程序、快捷审程序以及多轨审理程序三个类型，以体现程序适应性原理，这就是为了切实保障诉权的实现。

诉权的概念在不同的诉权理论下有不同的界定。诉权理论是大陆法国家学者孜孜以求的着力研究的基础性理论，大陆法学者对诉权理论的研究兴趣至今依然没有衰减。大陆法学者对诉权的研究形成了各具特色的诉权学说。对大陆法国家诸诉权学说的介绍和评论，以苏联学者顾尔维奇的《诉权》一书为经典著作。该著作不仅评介了流行于或曾流行于大陆法系国家民事诉讼法学舞台上的各种学说，而且还提出了对此后包括我国在内的许多国家产生重大影响的诉权理论，这就是学界所熟悉的"二元诉权说"。

然而诉权理论还在发展，目前最为流行的乃是"宪法诉权说"。笔者认为，以往的各种诉权学说，包括二元诉权说在内，都可以概括为"传统诉权理论"，而宪法诉权说则具有完全不同的时代特征，因此不妨称之为"现代诉权理论"。以下做出简单介绍和比较。

六、传统诉权理论

对传统诉权理论的评介是我国民事诉讼法学理论中的一个必要内容，应该说这方面的介绍也是非常成功的，可谓既精确又全面。通常认为，传统诉权理论首先并主要是指"近代三大诉权学说"，包括诉权私权说、抽象诉权说以及具体诉权说。其流行的时间段分别从19世纪的前期到中期到后期,目前具体的诉权说仍很有市场。我国有学者将这三种学说又分为两大派别:实体权益根据说和公法行为根据说。前者从主体所享有的实体权益中为诉讼行为寻求根据;后者则主张主体的诉讼行为纯粹产生于行为的公法性质。笔者赞成这种分类:诉权私权说属于实体权益根据说的范畴,而抽象诉权说和具体诉权说则应归属于公法行为根据说的领域。

(一)诉权私权说

诉权私权说也成为实体诉权说,认为诉权是基于私法而产生的一种私权,也就是说,诉权就是实体权利本身的一种演化,或者是实体权利的一个组成部分,或者就是实体权利的一个属性。在这方面,有许多精彩的论述,值得好好品味。

比如,德国法学家萨维尼认为,诉权并不是实体权利以外的其他权利,而是实体权利在诉讼中的特定表现。在提起诉讼前,诉权已经作为某种潜在的能力而内含于实体权利之中,作为债的法律关系的胚胎;在提起诉讼后,这种潜能即成为真正的债。苏联法学家高尔敦将这种含义上的诉权进一步解析为:"从这种观点来看,诉权就其主观倾向来看,自然只能是对付对方当事人、对付被告,对付侵犯某一主体权利的人的权利。"对于萨维尼的这种观点,我国有学者将之概括为"发展阶段说",意指这种意义上的诉权是由实体权利整体地发展演变过来的,诉权就是实体权利的一种特殊阶段的表现。

与之稍有差异,另一种相类似的学说被称作"组成部分说"。这个学说是由温德雪德在其著作《从现代法的观点看罗马诉权》中提出来的。该学说认为:"诉权对于我们来说充其量只是权利的影子——一种完全溶化在权利之中的东西。"也就是说,诉权是实体权利的一个组成部分,实体权利中就包含了诉权。在此基础上,民事权利的"三要素"随之产生。据此,民事权利是由基础权、请求权和诉权组成的。诉权乃是权利主体在诉讼中强制不履行义务的债务人或侵权人履行义务或放弃侵权行为的权利。这三个要素共同组成了一个完整的民事权利,它们在不同的阶段中显示其各自的内容。

此外,在诉权私权说中,还有一种分支性的学说,称为"属性说"。该说是由德国学者翁格提出的,他认为:"起诉的能力并不是和权利不相干、从外面添附到权利上来的东西,而是权利固有的天然属性。权利按照它本来的概念来说就包括着通过审判实现自己的可能性,它在原则上是可诉的权利。由此可见,诉权并不是某种与实体权利不同的、独立存在的权能,也不是实体权利以外的附属品或补充物,诉权乃是与权利两位一体的东西。"

可见,私权诉权说,无论学者们从何种视角做出解释,其基本含义乃是诉权是与实体权利紧密关联的一种权利,其本身不具有独立的渊源。

(二)抽象诉权说

抽象诉权说也被称为抽象的公权说,认为诉权是当事人所拥有的提起诉讼并请求法院作出裁判的权利。该学说之所以被称为抽象的诉权说,实际上是与后来的具体的诉权说相对而言的,原因就在于:当事人只要提起诉讼,就实现了诉权;至于法院如何对待他的诉讼,尤其是胜诉还是败诉,甚至是否被受理,一概不予过问,而均被认为业已实现了诉权。这种意义上的诉权是空洞的,完全没有任何实体性质的内涵在其中,因而被冠之为"抽象诉权"这种说法。不难看出,这种抽象的诉权理论,强调的实际上是起诉的自由权。起诉是人人享有的一种自由,这种自由如果不问如何对待它的结果,是无意义的,或者说其意义是微弱的。但是该学说在历史上提出来却具有重大的理论价值,这就是它宣布了诉权具有不依赖于实体权利的根本属性,就此而论,该学说具有里程碑式的历史意义。

(三) 具体诉权说

具体诉权说也被称为具体的公权说，认为诉权是当事人要求获得胜诉裁判的权利。可见，具体诉权说之所以被认为是"具体的"，就是因为此一学说为诉权的概念赋予了实质性的内涵，即要求获得胜诉裁判的权利。这一方面使之与私权诉权说区别开来，因为它强调诉权是一种公法上的权利，是一种面向法院的请求权，而不是直接面向对方当事人的实体请求权；另一方面具体诉权说又与抽象诉权说有所区别，也就是说，诉权的拥有与实现都不是不计后果的，如果当事人所提出的诉讼被裁定驳回或者被判决败诉，则该当事人均被认为不享有诉权。因此，诉权不是诉讼程序开始的前提条件，而是诉讼程序结束后在当事人取得胜诉裁判的情形下方产生的某种有利的法律状态。该学说在方法论上具有综合私权诉权说和抽象诉权说两大学说优势的特点，因而颇具理论魅力，以致长期成为大陆法国家的通说；迄今为止，可以说，大陆法国家的民事诉讼法学理论体系基本上乃是以具体的诉权说而构筑起来的。然而具体的诉权说将胜诉的结果作为诉权的内涵之一，有颠倒因果之嫌，同时认为败诉方没有诉权也与事实不符。

(四) 本案判决请求权说

有鉴于具体诉权说中固存的显而易见的片面性和逻辑上的难以自恰性，日本学者提出了一种修正性的学说，被称为"本案判决请求权说"。根据此说，所谓诉权，就是当事人提起诉讼并获得法院作出本案判决或实体判决的一种权利。该说的特点在于强调，诉权未必如同具体诉权说所主张的那样，一定要获得胜诉裁判方能享有或实现，当然也不是按照抽象诉权说所声明的那样，只要当事人提起了诉讼就实现了诉权，而是两者之间的某种折中：当事人提起诉讼，并且法院做出了实体性的裁判，当事人便享有或实现了诉权。因此，本案判决请求权说中的诉权，其实现的时点既不在诉讼程序的起端，也不在诉讼程序的终端，而在诉讼程序的中间。依据此说，胜诉权是双方都享有的，而起诉权与应诉权是相对应的，也是等值的。应当说，本案判决请求权说较之具体诉权说是一个进步和发展。

(五) 二元诉权说

二元诉权说是苏联学者提出来的，该说认为，诉权具有程序意义上的诉权和实体意义上的诉权之分，也就是说，诉权具有程序诉权和实体诉权双重含义，是双重含义的统一体。具体而言，程序意义上的诉权是指当事人所享有的提起诉讼的权利，实体意义上的诉权是指当事人所享有的要求获得有利诉讼结果的权利。前者被简称为起诉权，后者被概称为胜诉权；诉权就是由起诉权和胜诉权组合而成的。诉权的实现也分为两个方面的要件：起诉权的实现要具备诉讼成立要件；胜诉权的实现要具备权利保护要件。这几乎就是二元诉权说的全部内容。

二元诉权说在各种因素的作用下被很自然地引入了我国，在我国民事诉讼法学理论体系中，二元诉权理论至今还有很大影响。应该说，从理论谱系和学术源流上看，二元诉权说与具体诉权说并无本质上的分野，或者干脆说，二元诉权说就是具体诉权说在苏联的一种翻版，二元诉权说中的核心内容，也就是说起诉权和胜诉权的统一以及与之相对应的诉讼成立要件和权利保护要件的一体化，在具体诉权说中都得到了淋漓尽致的阐述和解析，其基本的要义就在于，它既在抽象的层面将诉权看作程序含义和实体含义的观念统一体，又在具体的层面将诉权看作随着诉讼阶段的更迭而相继呈现程序含义和实体含义的过程统一体。因此，诉权既有双重含义之说，也有二层含义之别。二元诉权说的主要贡献在于，它更明确地提出了诉权的阶段性含义，而不是像具体诉权说那样将重点置于胜诉裁判的给出。

(六) 综合诉权说

综合诉权说是我国学者在通说之外提出的一种新观点。[①] 该观点认为，实体权利根据说与公法行为根据说的共同缺陷在于各自狭隘地固守于某一本位。事实上，冲突主体实施诉讼行为的根据是多方面的，它体现着国家、冲突主体的共同意志以及实现这种意志的技术性要求。国家维护社会秩序的需要、冲突主体维护自身利益的愿望以及这种需要与愿望双向实现的技术性要求，共同构成了冲突主体实施诉讼行为的根据。该学说对通行的二元诉权说提出质疑，并提出统一的诉权概念，这是有启发意义的。但是该学说实际上还是偏重于实体法上的根据理论，而对诉权的独立依据以及它的程序含义则重视不够。

上述可以看作传统的诉权理论。传统的诉权理论所具有的显著特征是：其一，将诉权始终与实体法或者实体权利紧紧联系在一起，缺乏彻底的程序法特征的理论品格。其二，均未能将诉权置于宪法乃至法治秩序形成的高度加以审视，因而其理论的研究视野较狭窄，思维的层次偏低。其三，在概念的理论逻辑上往往与诉讼程序的运行逻辑相脱离，理论上看似圆满，实际上是像黑格尔哲学那样"头足倒置"的。可以说，传统诉权理论已经不能满足现时代诉讼实践的需要，现时代的诉讼实践呼唤一个更加辩证、内涵更加丰富的诉权理论的诞生，于是"宪法诉权说"应运而生。

七、宪法诉权说：现代诉权理论

(一) 宪法诉权说的基本特征

宪法诉权说是最新提出的学说，它认为，诉权是一项由宪法所直接确认和保障的基本程序权。据此，诉权从来源上说，它既不来源于实体法或实体性权利，也不来源于民事诉讼法这一公法本身，而是来源于作为民事实体法和民事诉讼法的共同上位法的宪法。宪法成为诉权赖以存在和发展的高级法背景。宪法诉权说的基本要义就在于将诉权的概念与作为根本大法的宪法联结起来，有的甚至认为，宪法的主要功能之一就是对诉权进行确证。毫无疑问，宪法诉权说提升了诉权的理论品位和立法等次，使诉权成为一种由宪法重点关照和呵护的基本人权。诉权成了宪法的宠儿，宪法成为诉权的保护伞。将诉权上升到宪法高度加以审核的观点和理论，是与包括私法诉权说和公法诉权说在内的传统诉权理论有着截然区别的。因此，我们称宪法诉权说为现代诉权理论。

现代诉权理论，指的是按照与传统诉权理论不同的思维方式所建构的诉权理论和观点。利用现代诉权理论，构建现代诉讼程序；利用现代诉讼程序，构建现代法治秩序，这是表现于其中的基本逻辑与功用。毫无疑问，现代诉权理论体现着现代人们对于诉权问题的崭新思考，体现着人们对于现代法治秩序生成模式的新探索。具体地说，与传统诉权理论相比较，作为现代诉权理论的宪法诉权说具有这样几个特征：

1. 宪法诉权说的理论基础是人权学说，规范基础是宪法化文件

人权是现代法治国家赖以构建和运转的关键概念和核心价值，可以说，现代法治国家最为重要的使命就是张扬人权概念的最为丰富的内涵，并采取种种制度性的措施，将这种内涵最大化的人权概念付诸实践。我国 2004 年的《宪法修正案》第 24 条也明确规定："国家尊重和保障人权。"这就是我国法制发展史上的首次"人权入宪"，其意义十分重大。人权入宪，为人

[①] 参见顾培东：《诉权辨析》，载《西北政法大学学报》（创刊号）1983 年第 1 期。

权含义的类型化发展提供了最高的法律保障和最为可靠的法律渊源。这其中，有一层含义显然是包含在人权概念中的，这就是诉权。诉权就是人权的一种，是人权中的保障性、救济性含义。如果我们将人权分为实体性人权和程序性人权的话，那么，诉权就是其中的程序性人权。程序性人权的最高抽象就是诉权，诉权是程序性人权的集中表达。在此意义上，我们完全可以认为，现代诉权的理论基础乃是人权学说，现代诉权的规范基础是作为根本法的宪法。将诉权放置到宪法的高度加以认知和规范，乃是现代诉权理论的伦理特征。

2. 宪法诉权说所指的诉权具有独立的程序指向性

前已述及，人们依法所享有的权利，大致可以分为两种类型，即实体性权利和程序性权利。诉权虽然是用来保护实体性权利的权利，但它不是实体权利的派生物，也不是实体权利在一定条件下的转化或变种，而是与实体权利平行共存的权利。程序性权利相对于实体权利而言，它是工具性权利，它应当能够有效地保障实体性权利的实现；但就其自身而言，它又是独立存在的权利，它的存在具有独立的意义或价值。诉权是请求司法救济的权利。诉权的行使，与实体性权利不同，它不是面向对方当事人的权利，而首先是面向法院的权利，这种权利，首先要求获得法院的尊重；法院的尊重是诉权获得满足或得以实现的关键环节。正是在诉权的行使下，法院开始启动正式的法律程序对特定的纠纷加以解决。没有诉权的行使，诉讼程序无以开始。摆脱了实体法的思维羁绊，而以独立化的程序性对其内涵深加发掘，并以之带动实体权利及其体系的生成和完善，乃是现代诉权理论的功能特征。

3. 宪法诉权说所形成的诸种现代诉权构成了统一的程序权利体系

长期以来我们习惯了这样的分类，也就是将诉权按照其所存在的法律领域分为三种：刑事诉权、民事诉权和行政诉权。这样的分类在传统诉权理论体系中是有效的，因为它反映了三大诉权的不同特性以及实现这三种诉权的不同程序机制。但是不能不看到，诉权的这种传统分类在现代已经不可避免地遭到了挑战，这种挑战集中表现在两个层面：一方面，三大诉讼机制逐渐趋同化，使诉权的不同内涵也逐渐地消除了差异。比如，三大诉讼机制所体现出来的诉讼原则日益一致，诉讼中的诚信机制、合作机制、协同机制、制衡机制、监督机制、参与机制等在三大诉讼中日益靠拢。另一方面，三大诉权理论中不断增多的共性因素，都以程序基本权的名义上升到宪法高度。在宪法层面上，三大诉权的运行模式、保障机制以及功能效用等，均表现出日益广泛的等值性。因此，三大诉权理论分而治之的割据状态，在现代诉权理论的背景下，业已犹如逢春之冰雪，渐次消融而化；出现在我们面前的乃是三大诉权理论的统一化面貌。这种统一化的诉权理论体系，正是现代诉权理论的制度性又一特征。

4. 宪法诉权说所展现的现代诉权是一种国际化的基础性权利

诉权的国际化是民事诉讼国际化的重要标志，正是因为诉权国际化了，对诉权保护的法律规范也出现了国际化的迹象。这种迹象集中表现在：诉权被大量地规定在国际性文件中，也就是说，诉权成为国际法中的重要内容。1948年12月联合国第三次大会通过的《世界人权宣言》第8条规定："任何人当宪法和法律所赋予他的权利遭受侵害时，有权由合格的国家法庭对这种侵害行为作有效的补救。"第10条规定："人人完全平等地有权由一个独立而无偏倚的法庭进行公正的和公开的审讯，以确定他的权利和义务并判定对他提出的任何刑事指控。"《公民权利及政治权利国际公约》第14条第1款也规定："所有的人在法庭和裁判前一律平等。在判定对任何人提出的任何刑事指控或确定一件诉讼案件中的权利和义务时，人人有资格由一个依法设立的合格的独立和无偏倚的法庭进行公正和公开的审讯。"同时，各国国内法，尤其是宪法，也对诉权的内容作了详略不等的规定。所谓最低限度的程序公正标准，也大量出现在国际文件中。由此可见，诉权具有丰富的内容，而不是单纯的人权口号。对诉权进行有效的保障业已成为国际社会的共识，并日益成为国际立法和国内立法的重点所在。

（二）宪法诉权说的基本功能

作为宪法诉权说的现代诉权与传统诉权有一定的共性功能，比如，诉权具有否定私力救济、弘扬公力救济的纠纷解决方式选择的指导功能、诉权具有启动并使当事人参与诉讼程序的宣示功能等，这些基本功能的存在是诉权制度存在的基本价值，因而无论是现代诉权抑或传统诉权，均具有这些功能，立法者也要首先肯定这些功能的存在并采取立法措施使之实定化。笔者这里是从现代诉权的视角重新审视和解说诉权制度的功能含义。现代诉权的功能是奠定在传统诉权功能基础之上的，凡传统诉权所具有的功能，现代诉权均占而有之；然而，现代诉权又具有传统诉权所不具有的特殊性功能；正是这些特殊性功能的存在，使现代诉权与传统诉权区别了开来。现代诉权的特殊功能有两个方面的表现：一是对传统诉权功能的现代化诠释；二是对传统诉权功能的现代化超越。以下就作出一体化的论述。

1. 现代诉权具有特殊的理念功能

理念是行为的前导，有什么样的诉权理念，就有什么样的民事诉讼立法以及民事司法的实践运作形态。现代诉权内含并传播着至少这样的三个理念：一是反绝对主义的理念。现代诉权不认为诉讼的结果可以达到绝对的客观真实和绝对的公平正义，相反，诉讼的结果应当用相对论的观点去看待它。二是反实体本位主义的理念。在实体法与程序法的关系上，现代诉权认为程序本位更具有合理的存在依据，从实体法的角度推演诉权并给诉权进行功能定位的思维方式，已经不适合现时代的法治发展需要，因而应予摒弃。与此同时应当弘扬程序本位主义的理念，确立诉权本位的观念。三是诉权保障具有决定性的理念。诉权保障在现代诉讼机制和诉讼背景下具有基础性、关键性和决定性的意义，民事诉讼立法应当从多视角、多层面切实加强对诉权的有效保障；不仅如此，对诉权的充分保障应当成为整个法治建设的中心任务，所有法律制度的完善首先要考虑的就是对诉权是否做到了有效和充分的保障。

2. 现代诉权具有崭新的理论功能

诉权是民事诉讼法学理论体系中的一个指标性范畴，对诉权概念及其本质的界定和认识是构建民事诉讼法学理论体系的原始出发点，民事诉讼法学理论体系的方方面面均要在原理上能够在诉权的定义和性质界说中找到最初的胚胎和源头。从这个意义可以认为，诉权是民事诉讼法学理论体系大厦的核心支柱；因此，对诉权概念可以作出相异的解说，但是绝不可以采取简单的回避态度，而选择所谓的"诉权不要说"。如前所述，现代诉权在核心的内涵方面已经迥异于传统或往昔，因此，现代民事诉讼法学理论体系的更新和发展也要以现代诉权理论为指导和灵魂而进行。在这个方面我们要做的工作几乎是全新的脱胎换骨的工作，比如对诉讼目的观、诉讼价值观、诉讼模式观的重新解释和调适；对具体的诉讼制度，如管辖制度、当事人适格制度、当事人诉讼权利保障制度、证据制度等，均要做出与现代诉权理论相适应的重新界定和确立。可以说，我们现在所面临的此一重大理论课题是无法回避的，也是现代诉权理论对民事诉讼法学理论研究提出的时代性要求。

3. 现代诉权具有重要的立法功能

包括两层含义：一是现代诉权具有立法准据功能。这一点在传统诉权理论中是不明显的，因为传统诉权并不直接与宪法挂钩。诉权是来源于宪法的公权利，它的根据存在于宪法之中，民事诉讼法并不是赋予公民以诉权的本源性法律。二是现代诉权具有立法指引功能。诉权是产生民事诉讼法的权利，其公法性质首先是立法意义上的，民事诉讼法的各项具体内容，必须反映宪法中诉权的规定和原则要求，否则该民事诉讼法便脱离了诉权的宪法性质。当然，民事诉讼实践中提出的现代诉权要求，也要及时地反映到宪法规范中去，这对宪法规范的完善也起反向推动作用。不同的诉权观有不同的诉讼模式观。如果说私权诉权说是古典的当事人主义诉讼模式的概念基础，公法诉权说是近代的职权主义诉讼模式的概念基础，那么，现代诉权理论，即宪法的诉权说，则可以视为协同主义诉讼模式的概念基础。现代民事诉讼模式以及具体的制度构建，理应在现代诉权观的指导下设定和配置。现代民事诉讼立法必须能够充分而准确地体现现代诉讼理论的基本要求。

4. 现代诉权具有独特的司法功能

首先，现代诉权具有交涉对话功能。现代诉权理论是从程序本身的独立价值出发的，它依托于公正的诉讼程序本身，公正的诉讼程序是现代诉权的栖息之地。诉讼程序的公正性不仅体现在当事人作为诉讼主体的自治性上，同时还体现在诉讼行为方式的交互性和理性沟通性上，程序参与权和诉讼对话权是现代诉权的基本诉求。其次，现代诉权具有权力制衡功能。与传统诉权所配置的诉权与审判权的关系模式有异，现代诉权所配置的诉权与审判权的关系模式是一种双向式的相互制衡、相互配合协作的平面模式，而不是要么诉权从属于审判权，要么审判权完全听命于诉权。这种在传统诉权观指引下所形成的主从关系式的诉讼模式，显然不符合现代诉权的基本取向；现代诉权的基本取向是诉权和审判权的有机配套，各司其职，相互协调，共同服务于诉讼纠纷的妥适化解。最后，现代诉权还具有民主监督的功能。因为现代诉权特别强调诉讼当事人对诉讼程序的实质参与，而这种参与除了具有表述诉讼意见的充分权能与契机的功能外，再就是对法院行使审判权可以发挥较为有效和充分的监督功能。这就是现代诉权的民主监督功能。这一功能内含在现代诉权所昭示的程序参与权以及其他类似权能之中。

八、诉权与相邻概念的辨析

（一）诉权与宪法性权利

前已述及，诉权来源于宪法，没有宪法，诉权就成为无源之水、无本之木。宪法性权利是抽象的、概括的，而诉权则除此属性外，还具有实定化或具体化的内在倾向，民事诉讼法或民事诉讼制度便要充分体现诉权的宪法意义，民事诉讼法与宪法之间的联结点便是诉权，否则民事诉讼法规定的以宪法为根据，便缺少了针对性和目标性。同时，诉权还需要现实化，还需要与具体的纠纷联系起来，只有在具体纠纷及其解决中，诉权才具有最终的实际价值，同时实体性的宪法权利才有所保障。可见，诉权不仅是程序性宪法权利的落脚点，同时也是实体性宪法权利的实现工具。

（二）诉权与民事实体权利

作为程序性权利的诉权，是与实体权利相对而言的概念。宪法同时规定了实体性权利和程序性权利，这种在宪法层面存在的实体性权利和程序性权利分别成为实体部门法和程序部门法的形成依据，然后，在社会主体的行为作用下，诉权与民事实体权利分别具体化，落实到实实在在的社会生活之中。可见，诉权与实体权利既有区别，也有联系。其区别在于：

其一，内容不同。实体权利的内容具有实质性，表现为具体的实体权利义务关系；诉权的内容具有形式性，表现为一定的行为方式和过程。

其二，所针对的主体不同。实体权利针对实体义务相对人，或者针对不特定的任何人；诉权则主要针对国家设立的专门以解决纠纷为己任的法院。

其三，性质不同。实体权利属于私权，是否行使该项权利以及如何行使该项权利，由权利主体自由决定，实行私权自治原则；诉权则属于公权，其行使具有一定的程序和规矩，纠纷主体也不能一般地抛弃这种权利。

其四，功能不同。实体权利能够满足人们日常生活需要，是与生存权直接关联的。比如财产所有权就是典型的实体权利，有了这个权利，人们就可以处分、使用相关的财产。诉权的内容与人们的日常生活没有直接关联，它只是在非正常的情形下，才成为一种现实化的需求。实体权利的功能是自我满足的，或者说是内在的，诉权的功能主要在于实现实体权利，具有外在性。

当然，诉权和实体权利也是有密切的联系的，主要表现在：

其一，诉权和实体权利是人权的"两大支柱"。诉权与实体权利同源于宪法性权利，也是人权的两个分支系列，它们功能不同，互为依赖。诉权离不开实体权利，离开实体权利，诉权就失去了基本的意义；实体权利也离不开诉权，离开诉权，实体权利就缺少了有力的保障。通常说"权利是受法律保护的"，就反映了实体权利和诉权之间的这种密切关联，离开诉权保障的实体权利，是一种缺乏法律强制力的权利，也就不是一种真正的权利。

其二，诉权和实体权利是诉讼的"两个车轮"。就解决特定的民事纠纷而言，诉权和实体权利均不可或缺。没有诉权，诉讼程序就不能发动起来；在诉讼的程序被发动以后，如果缺少了诉权，则该特定的诉讼程序就难以为继，就必然停滞不前。诉讼程序是依赖诉权来推动的，没有诉权，也就没有诉讼程序本身。但是，在诉讼程序中，就解决特定的纠纷而言，缺少实体权利或权益也是不能取得实际的结果的。纠纷主体行使诉权的基础是实体权利，没有实体权利，他就不会去行使诉权，行使诉权的目的在于实现实体权利。因此，实体权利是行使诉权的意义所在。

其三，诉权和实体权利互为"桥梁"。实体权利是诉权由抽象转化为具体的中介和基础。诉权是抽象的，但在纠纷主体提起诉讼之时，这种抽象的诉权便转化为具体的诉权。而抽象的诉权能否成功地转化为具体的诉权，关键取决于实体权利是否发生了争议及其所处的存否状态。

由上可见，诉权和实体权利是并行的两种类型的权利，它们的功能不同，但就解决特定纠纷而言，它们缺一不可。

（三）诉权与诉讼权利

诉权是宪法性权利，根据诉权这个宪法性权利，立法者制定了民事诉讼法，民事诉讼法规定了各种诉讼权利。可见，诉讼权利归根到底是从诉权中来的。如果宪法中没有诉权的规定，则诉讼权利也就无从谈起。但诉权和诉讼权利是两个相对独立的概念，诉权不是诉讼权利的简称。具体而言，它们之间的区别可以这样理解：

其一，二者的存在根据不同。诉权存在于宪法之中，它直接成为宪法规定的客体或对象，而宪法是人权的产物，因而诉权也是人权的内涵之一；诉讼权利依存于民事诉讼法的规定，任何一种诉讼权利都能够而且也应当在民事诉讼法中找到根据。诉权是民事诉讼制度的依据，诉讼权利则是民事诉讼制度的产物。

其二，二者的抽象度不同。诉权是抽象的，它需要向具体化方向转化；诉讼权利则是具体的，它需要借助于具体的诉讼行为化为现实。

其三，二者的主体范围不同。诉权是纠纷主体拥有的权利，诉讼权利则除纠纷主体外，还可以为其他的参加诉讼程序的主体所享有，而其他主体所享有的诉讼权利，从源泉上说，有的与诉权有关，有的则与审判权相关。

其四，二者的生成逻辑不同。诉权是集合性权利，诉讼权利则属于特定性权利；诉权是本原的，而诉讼权利则是派生的。

诉权与诉讼权利是有非常紧密的联系的：

其一，诉权决定着诉讼权利。诉讼权利的多少以及样态，是由诉权决定的，诉权从本质上决定了诉讼权利的性质、内容以及功能，然后以民事诉讼法的形式将它们表达出来。民事诉讼法之所以要这样而不是那样规定诉讼权利，这在民事诉讼法本身是找不到依据和答案的，其依据或答案存在于由宪法所规定的诉权之中。诉权发生了变化，诉讼权利迟早会发生变化；诉讼权利发生了变化，也必然反映到诉权的概念结构中去。

其二，诉权需要借助于诉讼权利获得具体的内容和实现的途径。诉权要获得实现，首先需要借助于民事诉讼制度或法律这个工具或中介，然后再由民事诉讼制度或法律将诉权的内容来具体化或实定化，其结果便为各种具体的诉讼权利。诉讼权利虽然源于诉权，诉权相对诉讼权利占有主导位置，但诉权必然要落实到诉讼权利之中，否则便只能是空谈。因此，诉讼权利是实现诉权的工具或手段。影响了诉讼权利就是影响了诉权，滥用了诉讼权利，也就是滥用了诉权。诉权不是独立于诉讼权利之外的又一种权利，对于当事人所实施的某一种诉讼行为，我们不能说这是当事人在行使诉权，而在该当事人实施另一种诉讼行为时，我们又说该当事人行使的是诉讼权利。任何诉讼行为，其根据只要不存在于审判权中，就是存在于诉权中，二者必居其一。在此意义上，可以认为，诉权包含了诉讼权利，任何诉讼权利，除依赖于审判权而产生者外，都可以还原为诉权；但诉权又不仅仅限于实定的诉讼权利，除此之外，它还根据实际需要生成着诉讼权利。尤其是，诉权是联结宪法和民事诉讼法的概念，它具有诉讼权利所不具有的立法上的功能，而诉讼权利则完全是民事诉讼法上的概念，它是某些诉讼行为的合法根据。诉讼权利的行使，将导致诉权的实现；诉权的实现，将导致实体性权利的实现。可见，诉权又是联结实体性权利和诉讼权利的桥梁或中间环节。

九、诉权入宪与诉权的"四化"趋势

如果说，19世纪是"民法时代""私法自治时代"，20世纪是"行政法时代""国家本位时代"，那么，21世纪则应被认为是"宪法时代""人权保障时代"。在私法自治时代，我们看到的是私法诉权说；在国家本位时代，我们看到的是公法诉权说；而现在，我们讨论得更多的则是宪法诉权说。宪法诉权说在现时代的出现并不是偶然的，而有其必然性，是诉权理论与时俱进的结果。

（一）诉权入宪的重要意义

首先，诉权入宪是人权保障的需要。2004年《宪法修正案》增加规定了"国家尊重和保障人权"的条款，这一举措被称为"人权入宪"。然而同时又要看到，"人权入宪"后，我国宪法至今仍未对诉权作出系统的规定。诉权是公民实体性权利遭受侵害时所诉诸的救济权；如果缺乏这种救济权，则实体性权利就失去了保障。从权利的层次上说，在人权的统帅下，程序性的诉权和实体性的权利是相伴相随、相辅相成的，犹如车之两轮，鸟之两翼，缺一不可。

其次，诉权入宪是国际斗争的需要。我国目前已签署加入《公民权利及政治权利国际公约》等国际公约，这些国际公约多有关于公民诉权的详尽规定。除国际公约外，世界上多数国家在宪法中均有关于诉权的规定。这些共通性的规定并非偶然，其反映了现代法治的基本规律。这对我国宪法的进一步完善是有借鉴意义的。同时"诉权入宪"还为我们与其他攻击我

国人权状况的国家进行斗争提供最高规范性的依据。

再次,诉权入宪是依法治国的需要。随着我国法治建设的深化推进,人们越来越意识到程序正义在实现全社会公平正义中的重要作用和地位。程序正义对司法公正的实现具有决定意义,然而程序正义的源头在诉权,只有公民拥有了确有保障的充分的诉权,程序正义才有可能实现和落实;如果没有充分而可靠的诉权,程序正义便无从谈起,一个良好的法治秩序也难以形成。而诉权要充分可靠,只有提高诉权的立法位阶,将它上升到宪法的高度,作为公民的基本权利规定下来。与此同时,"诉权入宪"也有助于改观我国宪法的实体倾向,推动中国特色社会主义程序法治建设,建立健全具有我国新时代的法律体系,并由此改变人们"重实体、轻程序"的传统观念,形成一个人人重程序、事事靠程序的法治新传统。

最后,诉权入宪是司法救济的需要。司法实践表明,我国目前尚存在一定的"起诉难""申请再审难""执行难"等诉讼难题,这些难题的形成,有一个不可忽视的原因便是诉权保障不力。诉权之所以保障不力,与诉权未受到足够重视、没有被当作一项重要的宪法性权利加以对待有一定的关系。要对诉权进行充分保障,宪法应当先行,应当首先将诉权纳入公民宪法性权利的体系之中,然后其他具体的诉权保障立法和保障措施才能跟上,从而以宪法为依据,展开对诉权的理念保障、立法保障、司法保障和社会保障,构建诉权保障的系统工程,并在此基础上构建诉权的宪法救济制度。与此同时,"诉权入宪"将极大地提升诉权的宪法地位,扩大法院受理案件的范围,指引"以人为本"的司法改革,发挥诉权的民主监督功能和权力制衡功能,确保审判权在公正与合法的轨道上运行。此外,在宪法中规定诉权,便可以将公民提起公益诉讼的权利,纳入诉权规范的体系之中,从而成为民事诉讼法和行政诉讼法详细规定公益诉讼的法源性依据。

(二) 关于诉权的"四化"趋势

诉权在现代社会发生了诸多变化,这些变化可以概括为诉权的"四化"趋势,即诉权的人权化趋势、诉权的宪法化趋势、诉权的国际化趋势以及诉权的实效化趋势。

1. 诉权的人权化

将诉权与人权联结起来考虑,是现代诉权理论的一个显著特征。人权首先是一个政治学上的概念,其次才是一个法学上的概念。人权是神圣不可剥夺的,人权具有稳定的内涵构成,人权是人类文明发展的必然产物。人权具有丰富的内涵,诉权是人权的组成部分,它体现为人权的程序侧面,具有对人权实体内涵的保障功能。从这个意义上说,诉权又是一种核心的人权,没有诉权,人权就会停留在空洞层面,而缺乏可靠的保障性,也匮缺赖以实现的具体途径和方法手段。在现代社会,更加强调和重视人权的诉权含义。一方面,从人权高度来看待诉权,提升了诉权的品格;另一方面,从诉权的角度来看待人权,也丰富了人权的内涵,使人权概念实现了现代化的转向。

诉权人权化的具体含义主要包括:其一,诉权是一种根本性的权利,具有神圣不可侵犯的特性。其二,诉权是一种平等性的权利,无论何人,都平等地享有诉权。其三,诉权是一种基础性的权利,它是公民、法人、非法人组织所享有的全部程序性权利的最高抽象和终极渊源。其四,诉权是一种不可动摇的权利,任何侵犯诉权的行为都要受到法律的制裁。公民、法人、非法人组织的诉权受到损害,不仅要有补偿机制和赔偿机制,同时还要有补救机制,使之尽快恢复原状。

提出诉权的人权化命题具有重要的意义。首先,在人权的理论研究中,要将诉权作为一个题中应有之义的内容加以研究,并注意从诉权的视角拓展传统人权理论的研究视野和领域,从而使人权理论带上鲜明的现代特征。其次,在有关人权的立法中,应特别注意诉权内涵的实定化和具体化。人权绝不是空洞的口号，也不是人类理性和崇高愿望的一种倡导和声明，而是具有实在内容的制度性、规范性和程序性的概念。在对人权的有关立法中，尤其在宪法规范中，应细化诉权的内涵，拓展诉权的外延，使诉权成为人权制度化的主要途径。最后，在人权制度的司法实践中，应加强对诉权的保障，要将诉权保障提升到人权保障的高度加以认识。应当意识到，凡是对诉权的侵害，或者所设定的障碍，都是对人权的损害和对人权实现的阻碍。应当加强对诉权的宪法化保护，使诉权救济成为一项宪法性的事业。

2. 诉权的宪法化

诉权宪法化的理论形态集中表现为宪法诉权说，然而二者的侧重点有所不同。宪法诉权说重在强调诉权的宪法来源和宪法依据，而诉权的宪法化除此层含义外，还有两层含义：其一，宪法可以成为诉权行使的终极根据。诉权总是有指向的，这种指向或者体现在明定的实体权利上，或者体现在概括的宪法利益上。这就大大拓宽了诉权的实体涵义的外延。其二，诉权救济手段的宪法化。也就是说，对诉权的侵犯需要有特殊的救济手段和救济机制，而不能满足于一般的公法的保护或者私法上的救济，甚至在法律程序以及提供救济的司法机构上也要有特殊的设计。虽然如此，诉权宪法化的主要含义也是首要的含义依然是将诉权具体地规定在宪法规范上，使诉权成为宪法规范文本中的有机内容。这在诸多外国宪法中可以显然见到。

美国《宪法》虽然没有明文规定诉权的字样和条款，但美国《宪法修正案》第5条和第6条规定了民众享有接受裁判的权利；第7条规定了公民有接受陪审团审判的权利；第8条和第14条规定了正当程序条款，而这个条款隐含了诉权的含义。这些规定均可视为诉权的具体化内容。除此之外，美国《宪法》第3条还规定了可由联邦法院进行判决的案件或争议的三个条件。只要某个案件或争议具备这三个条件，就可向联邦法院提起诉讼。这就更加具体地规定了公民所享有的司法救济权。

日本《宪法》第32条规定："任何人在法院接受审判的权利不得剥夺。"其第76条则明确地对一般的接近法院的权利予以补充规定："一切审判权归于依法设立的法院，任何组织或行政机构皆不享有终审权。"

意大利《宪法》第24条规定："任何人为保护其权利和合法利益，皆有权向法院提起诉讼。"其第25条第1款进一步规定："任何人皆有权获得由法律预先设立的自然（natural）法官的审判。"

德国《德意志人民基本权利法》第19条第4款规定："如权利遭受公共机构侵犯，任何人有权向法院提起诉讼。如普通法院之外的其他法院对此无管辖权，可向普通法院提起诉讼。"其第103条第1款规定："任何人有请求法院裁判的权利。"

葡萄牙宪法规定了民众诉讼权，任何人均得依法亲自或通过有关社团行使民众诉讼权，特别是有权对于损害公共卫生、恶化环境与生活素质、损害文化财物等违法行为加以预防、制止及提出司法追究，并有权要求损害者赔偿。

可见，诉权不仅是程序性宪法权利的落脚点，同时也是实体性宪法权利的实现工具。

3. 诉权的国际化

诉权的国际化有两层含义：一是诉权内容的国际化。即通过国际公约、国际条约等国际性文件对诉权的主要含义及其表现形态加以确认。缔约国以及参约国应当遵守国际文件中的有关诉权的规定，并通过内国法将这些内容具体化和国内化。《世界人权宣言》第8条、第10条，《公民权利及政治权利国际公约》第14条第1款等前已有述的规定已表明。二是诉权保障的国际化。如果某个国内立法或司法机构没有按照国际文件的规定和要求，对诉权作出有效的规定和保障，则有关的诉权受损者可以通过国际机构提出诉权保障的诉愿。如1950年的《欧洲人权公约》第6条第1款规定："在确定当事人的民事权利与义务或审理对被告人的刑事指控时，人们有权获得依法设立的独立、公正的法院在合理的期限内公平、公开的审理。"第13条规定："当公约所规定的权利和自由遭受侵犯时，人们有权从国家机构获得有效的救济，即使该损害系由执行公务的人所为。"绝大多数成员国皆赋予该公约以国内法的地位，可直接在国内法院适用。并且该公约还建立了一种全新的司法审查机制，在成员国个人利益受影响时，可对成员国行为与公约是否保持一致性进行超国家的司法审查。另外，《欧洲人权公约》还允许个人直接向欧洲人权理事会提起诉讼。当然，诉权的国际化目前还具有相当程度上的理想色彩，具有局部性和倡导性。

诉权之所以会出现国际化的趋向，原因主要在于：其一，这是人权保障的国际化的必然需求。人权保障的国际化成为日益强劲的思潮和运动，作为人权题中应有之义的诉权，自然也成为国际化的重要内容。其二，这是法律全球化的表征之一。人类发展到现代社会，在法律价值观、文化观、本质观等诸多方面逐步趋同，出现了法律全球化的趋势，这其中就包含了诉权的国际化；诉权的国际化正是为了迎合法律全球化的发展需要。法律全球化中的重要内容便是诉权国际化。其三，这是法治现代化的必然产物。法治现代化是人类法律文明发展的必然结果，法治现代化中包含着与传统法治截然有别的诸多新型理念和诉求，现代诉权观便是法治现代化中的一个重要体现。

4. 诉权的实效化

诉权概念向来以抽象性及其高度概括性而闻名，然而诉权又不能停留在抽象的层面，否则其意义是有限的。因此，诉权理论是抽象的，然而诉权制度又要是具体的。这就是诉权的实效化问题。诉权的实效化，具体而言，至少包含这样几层含义：其一，诉权要有可能性。如果诉权仅仅是空洞的口号，而完全不适合某个国家、某个阶段、某种状态的国情，那么，它也毫无实际价值。因此，对诉权的内涵设定，并不是越理想越好，而是越务实越好，要做到务实性和理想性的统一；唯其如此，诉权方具有实现的可能性。这对诉权立法是一个指南。其二，诉权要有具体性。也就是说，诉权虽然是抽象的，但对诉权的内容则要具体化，比如起诉的权利、获得律师代理的权利、获得法律援助的权利、申请再审的权利等。没有具体的诉讼权利作为其实在化的环节，则抽象的诉权徒具价值的宣示性。其三，诉权要有现实性。如果说前二者说的是诉权的定位与立法设计的话，那么，诉权的现实性则是指实现诉权的具体途径和方法。比如，关于诉权的程序保障、司法机关对诉权的行使应当起保障作用等，这些都是诉权现实化的问题。其四，诉权要有可救济性。诉权的可救济性是诉权实效性的最终表达，其基本要义是立法应消除妨碍诉权行使的各种负面因素，并对损害诉权的行为予以有效的救济。

诉权的人权化、宪法化、国际化和实效化是现代诉权从理想到现实的四大环节，其中诉权的人权化是其时代内涵和本质规定，诉权的宪法化和国际化是诉权人权化的必然体现和自然归属，而诉权的实效化则是诉权赖以实现的基本作业和现实保障。

十、诉权保障

其一，诉权的宪法保障。诉权的宪法保障目前在我国基本上处在缺位状态。宪法的进一步完善应在诉权的保障上着力进行。诉权的宪法保障首先应表现在宪法文本上，宪法文本应有大量的诉权规范，改变过去那样重实体宪法权利的规定，而轻程序宪法权利规定的立法模式。另外，应当完善宪法诉讼、违宪审查等宪法诉权救济制度。比如对有损诉权保障的法律法规应当如何进行违宪审查,对司法机关等公权力机构侵犯诉权的行为应当如何予以宪法性救济等,均应予以立法完善。

其二,诉权的程序保障。诉权是一种程序性权利,对诉权的保障,首先体现在对诉权的程序保障。对诉权的程序保障分为两个环节:一是对当事人接近法院的程序保障,也就是对起诉权的保障。二是对各种具体诉讼权利的保障。这两个方面同样重要,目前我国应着力解决第一层意义上的诉权保障,也就是对起诉权的有效保障。

其三,诉权的实体保障。诉权虽然是程序性权利,但它通常与实体权益的保障相伴相随。诉权的保障也需要落实在实体法之中,实体法完善与否的一个重要标尺乃是诉权的实体保障是否到位。比如,实体性的权利类型应尽量齐全细密,实体法的立法结构要科学合理,未表现为权利的利益应受保护,实体规范要关注权利主体诉权的实现,实体权利的类型化保护应与程序相适应,等等,这些均与诉权的实体保障有紧密关联。

其四,诉权的社会保障。应当完善诉权的社会保障机制,提供充分的法律援助,积极采行诉讼费用保险制度,从而使诉权的享有者得以实现诉权。与此相对应,我国目前迫切需要制定社会救助法,完善法律援助法,修改保险法。

其五,诉权的司法保障。在具体司法实践过程中,应当改善司法环境和司法条件,采取可行措施,便民诉讼,确保诉权的最终兑现。

其六,诉权的国际保障。诉权的保障不仅仅是某个国内法所能全部涵盖,从国际合作的视角进行诉权保障也是不可或缺的组成部分。

第四章 民事诉讼法及其法律渊源和效力范围

第一节 民事诉讼法概述

一、民事诉讼法的概念

民事诉讼法是指国家制定或认可的、用以规范和调整民事诉讼行为和民事诉讼法律关系的各种法律规范的总称。民事诉讼的过程是一个充满冲突和争议的过程,当事人对于如何进行他们的诉讼活动很难达成一致意见,国家通过统一的立法对该过程进行强制性调整便是不可缺少的步骤和法治工程,调整该过程以及由该过程所产生的结果的法律便是民事诉讼法。

民事诉讼法这一概念可以在广义上和狭义上两个层面加以理解。从广义上说,凡是用来调整民事诉讼活动及其法律关系的法律规范以及司法解释等规范性文件,都属于民事诉讼法的范畴,具体包括:其一,以民事诉讼法这样的名词加以命名的法律,如我国现行《民事诉讼法》。二是民事诉讼法的关系法规,如《海事诉讼特别程序法》《人民调解法》《人民陪审员法》《企业破产法》《仲裁法》《公证法》《诉讼费用交纳办法》等。有的国家具有的《强制执行法》《调解法》《保全法》《民事证据法》《家事诉讼程序法》等,也属于广义上的民事诉讼法。三是民事诉讼法的司法解释。司法解释中又分集中性司法解释和分散性司法解释两种,集中性司法解释是关于适用民事诉讼法的具有专门性和全面性的司法解释,目前我国的《民诉法解释》就属于此一范畴;分散性的司法解释比如《证据规定(2020年)》等,这些司法解释仅仅是针对民事诉讼法的某些条款或部分内容所进行的解释,并不涵盖民事诉讼法的全部内容。根据最高人民法院《关于司法解释工作的规定》第6条,最高人民法院所发布的所有的规范性文件中,只有"解释""规定""规则""批复"和"决定"五种文件才属于具有法律效力的司法解释,其他均非司法解释,因而不具有法律效力。司法解释不得与《民事诉讼法》及其所依据的其他相关法律规定相冲突,否则为无效解释。最高人民检察院通过的与民事诉讼法相关的司法解释也属于广义民事诉讼法的领域。四是其他法律中有关民事诉讼法的规定。如《民法典》第997条规定:"民事主体有证据证明行为人正在实施或者即将实施侵害其人格权的违法行为,不及时制止将使其合法权益受到难以弥补的损害的,有权依法向人民法院申请采取责令行为人停止有关行为的措施。"该条规定即为民事诉讼中的保全条款,本质上属于民事诉讼法的制度。五是指导性案例。最高人民法院《关于案例指导工作的规定》(法发〔2010〕51号)第7条规定:"最高人民法院发布的指导性案例,各级人民法院审判类似案例时应当参照。"最高人民检察院《关于案例指导工作的规定》(高检发办字〔2019〕42号)第15条规定:"各级人民检察院应当参照指导性案例办理类似案件,可以引述相关指导性案例进行释法说理,但不得代替法律或者司法解释作为案件处理决定的直接依据。"这里的"应当参照",应解释为具有一定的法律效力或拘束力,指导性案例尽管不得直接作为审案和判案依据,但对民事诉讼也具有调整功能,因而属于广义的民事诉讼法范畴。

狭义上的民事诉讼法仅指以民事诉讼法命名的法律部门,我国现行《民事诉讼法》即为狭义民事诉讼法。

由于广义上的民事诉讼法只问内容不问形式,因此也被称为实质意义上的民事诉讼法,与之相对应,狭义上的民事诉讼法则被称为形式意义上的民事诉讼法。

二、民事诉讼法的性质

民事诉讼法的性质是指民事诉讼法区别于其他法律的内在规定性,法律与法律之间之所以区别开来,表象上看可能会存在多种多样的识别标准,但本质地看,法律的性质是对法律加以划分的根本标准。民事诉讼法的性质也被称为民事诉讼法的特征,有时也与民事诉讼法的地位和作用相关联。民事诉讼法的性质是从内在视角进行观察所得出的结论,民事诉讼法的特征则是从外在视角进行观察所得出的结论,有什么样的性质就有什么样的特征,二者概念相异但本质相同,基于民事诉讼法的性质和特征的动态观察,则应为民事诉讼法的地位和作用。民事诉讼法的性质可以从以下方面加以界定:

(一) 民事诉讼法是基本法

这是从民事诉讼法的地位上说的,在整个法律体系中,民事诉讼法与民法、行政法、行政诉讼法、刑法、刑事诉讼法等法律的重要性和法律位阶是相等同的,民事诉讼法是与民法相配套的概念和法律,其地位与民法典完全相同。《立法法》第8条规定:"下列事项只能制定法律:……(十)诉讼和仲裁制度……"因而对包括诉讼收费在内的诉讼制度均不得通过行政法规等形式表现出来。《立法法》第7条第2款规定:"全国人民代表大会制定和修改刑事、民事、国家机构的和其他的基本法律。"可见,无论是制定还是修改《民事诉讼法》的权限均属于全国人民代表大会。同时,根据《立法法》第7条第3款的规定,在全国人民代表大会闭会期间,全国人民代表大会常务委员会对全国人民代表大会制定的法律有权进行部分补充和修改,但是不得同该法律的基本原则相抵触;据此规定,《民事诉讼法》的局部修改而非全面修改在全国人民代表大会闭会期间可以由全国人民代表大会常务委员会进行。说民事诉讼法是基本法还有一层含义,这就是民事诉讼法与其他程序法的关系法规相比,它又处在母法的位置,其他法律,如《海事诉讼特别程序法》等,要么是民事诉讼法在特殊领域中的派生法,要么是为民事诉讼法提供服务和保障的下位法,它们与民事诉讼法一起构成了民事诉讼法的规范体系。

（二）民事诉讼法是部门法

民事诉讼法是专门用来调整民事诉讼法律关系这一特殊社会关系的法律,其有独立的调整对象和调整方法,因而民事诉讼法属于独立的部门法。

（三）民事诉讼法是民事法

民事诉讼法和民法是解决民事纠纷同时需要使用的法律,民法提供解决民事纠纷的实体标准,民事诉讼法提供解决民事纠纷的程序标准,二者相辅相成,缺一不可,基于民事纠纷的内在属性,民事诉讼法必然与民法一样都属于民事法范畴。

（四）民事诉讼法是公法

公法与私法相对,公法调整的是公权力的法律,私法是调整私权利的法律,尽管同属民事法,民法属于私法,民事诉讼法乃属于公法。民事诉讼法之所以是公法,乃是因为它调整的主要的民事诉讼法律关系是存在于法院和当事人以及其他诉讼参与人之间的法律关系,调整当事人之间的诉讼法律关系仅仅是附随的结果,因而其性质应当划归公法的范畴。民事诉讼法作为公法,主要调整法院应当如何行使审判权以及执行权,当事人对法院行使审判权的结果必须接受而没有拒绝接受的余地,否则法院就进行强制执行。这种体现在民事诉讼过程以及民事诉讼结果上的强制性,是民事诉讼法为公法而非私法的基本依据。当然,民事诉讼法与刑事诉讼法乃至行政诉讼法有所不同,它解决的对象为私权纠纷,而私权纠纷是可以由当事人自由处分的,自由处分又属于私法属性,因而,说民事诉讼法为公法,仅仅是从矛盾的主要方面着眼的;从矛盾的次要方面看,民事诉讼法也具有私法色彩。尤其是,随着公法私法化运动的发展,民事诉讼法的私法特征变得日益凸显。

（五）民事诉讼法是程序法

程序法与实体法是相对而言的,民事诉讼法属于程序法而非实体法。从我国民事诉讼法来看,其所规定的程序包括审判程序和执行程序两大类,其中审判程序又有诉讼程序和非诉讼程序之别。民事诉讼法虽然是程序法,但其中也有一些内容属于实体法的范畴,比如《民事诉讼法》第121条关于诉讼费用的规定等。

（六）民事诉讼法是强制法

与民法属于任意法不同,民事诉讼法为公法的属性所派生,属于强制法。民事诉讼法作为强制法必须得到法院和当事人的一体遵循,即法院和当事人都必须严格按照民事诉讼法的规定进行诉讼活动,否则便构成违法,违法的诉讼行为除非属于例外情形,原则上无效;甚至,如果当事人或案外人触犯了民事诉讼法所确定的诉讼秩序,则构成妨碍民事诉讼的行为,将产生诉讼制裁的后果。禁止任意诉讼的原则和程序安定的原则就是直接派生于民事诉讼法作为强制法的内在属性之原则。然而,随着民事诉讼法公法私法化的发展,民事诉讼法的任意法因素也在不断增多,这主要表现在两方面:一是程序选择权不断增强,如当事人可以选择普通程序或者简易程序的适用等;二是反映当事人合意的诉讼契约条款也有所增多,如管辖协议、仲裁条款等。

三、民事诉讼法的规范种类

民事诉讼法是由种种行为规范组成的,对这些行为规范从不同的角度可以做出不同的分类。主要有：

（一）效力规范和训示规范

效力规范是指规定民事诉讼行为效力的规范，这种规范一旦被违反，其相应的诉讼行为则构成无效行为。民事诉讼法上的效力规范居多，如《民事诉讼法》第68条关于举证时限的规定就是对当事人举证这一诉讼行为提出的效力要求，如果当事人无故逾期举证，轻则产生训诫、罚款等后果，重则产生证据失权的后果。效力规范通常属于义务性或负担性规范。训示规范一般都属于权利性规范，是指法院和当事人可以据此行使诉讼权利的规范，如《民事诉讼法》第79条规定，当事人可以就查明事实的专门性问题向人民法院申请鉴定。这就是训示性规范，实际上是立法者授权和提醒当事人可以实施某种诉讼行为。

（二）强行规范和任意规范

强行规范和任意规范是对效力规范的进一步划分。强行规范是指必须被严格遵守的诉讼规范，如《民事诉讼法》第40条和第41条关于一审合议庭、二审合议庭、再审合议庭、重审合议庭的组成人员以及人数必须是单数的规定，第34条关于专属管辖的规定，第85条关于期间计算规则的规定，第112条关于必须到庭的被告进行拘传的规定等，则属于强行规范。任意规范则是指如果当事人不提出异议则违反这种诉讼规范也不影响其效力的规范，如《民事诉讼法》第130条关于管辖权异议的规定、第232条关于执行异议的规定等均属任意规范。

第二节　民事诉讼法的法律渊源

我国民事诉讼法的渊源是指民事诉讼法的各种表现形式。具体说来有以下几种。

一、《宪法》

《民事诉讼法》开宗明义第1条便规定："中华人民共和国民事诉讼法以宪法为根据，结合我国民事审判工作的经验和实际情况制定。"宪法是国家的根本大法，在我国中国特色社会主义法律体系中，宪法居于法律金字塔的顶端，属于母法，其效力高于其他任何法律。国家制定的《民事诉讼法》以及所有的关系法规，均不得与《宪法》的内容和精神相冲突；《民事诉讼法》的全部内容都从《宪法》中派生而来，是《宪法》规定的具体化表现，在该意义上说，《民事诉讼法》是《宪法》的动态化表现，是被适用的《宪法》，是《宪法》的车轮。与此同时，《民事诉讼法》在实践中提出的要求，如诉权保障、公民的基本程序权利、诉讼中的人权保障、诉讼中的公众参与、及时审判请求权等，也要体现在《宪法》之中。

二、《人民法院组织法》和《人民检察院组织法》

《人民法院组织法》在1954年9月21日第一届全国人民代表大会第一次会议通过，此后历经1979年7月、1983年9月、1986年12月、2006年10月和2018年10月多次修改。《人民法院组织法》是规范人民法院的设置、组织和职权，保障人民法院依法履行职责的宪法性法律，《民事诉讼法》的制定和适用都要符合《人民法院组织法》的规定和要求。如《人民法院组织法》第4条规定"人民法院依照法律规定独立行使审判权，不受行政机关、社会团体和个人的干涉"、第5条规定"人民法院审判案件在适用法律上一律平等，不允许任何组织和个人有超越法律的特权，禁止任何形式的歧视"、第 6 条规定"人民法院坚持司法公正，以事实为根据，以法律为准绳，遵守法定程序，依法保护个人和组织的诉讼权利和其他合法权益，尊重和保障人权"、第 7 条规定"人民法院实行司法公开，法律另有规定的除外"等内容，在《民事诉讼法》的基本原则部分均有体现。《民事诉讼法》第 40 条至第 43 条关于一审、二审、重审、再审审判组织的规定，直接来自《人民法院组织法》第 29 条至第 34 条关于"人民法院的审判组织"的规定。《人民法院组织法》第 37 条对审判委员会职权的规定，尤其是"讨论决定重大、疑难、复杂案件的法律适用……讨论决定本院已经发生法律效力的判决、裁定、调解书是否应当再审"的规定，在《民事诉讼法》中都有相应的体现。

《人民检察院组织法》最早于 1954 年 9 月 21 日由全国人民代表大会颁布；1979 年 7 月 1 日第五届全国人民代表大会第二次会议重新制定通过，此后历经 1983 年 9 月、1986 年 12 月、2018 年 10 月多次修改。人民检察院是国家的法律监督机关，《民事诉讼法》第 14 条关于检察监督基本原则、第 58 条关于公益诉讼、第 215 条至第 220 条关于审判监督程序中的检察监督的规定、第 242 条关于执行程序法律监督的规定等，均直接来自《人民检察院组织法》的规定。《人民检察院组织法》第 20 条规定了人民检察院所行使的八项职权，其中与《民事诉讼法》相关联者有三项。为了使人民检察院更好行使各项的法律监督职权，《人民检察院组织法》第 21 条赋予了人民检察院进行调查核实，并依法提出抗诉、纠正意见、检察建议等权力。

三、《民事诉讼法》

《民事诉讼法》是最高权力机关制定、颁布的关于民事诉讼的专门性法律。我国现行的《民事诉讼法》是 1991 年 4 月 9 日第七届全国人大第四次会议通过，根据 2007 年 10 月 28 日第十届全国人大常委会第三十次会议《关于修改〈中华人民共和国民事诉讼法〉的决定》第一次修正，根据 2012 年 8 月 31 日第十一届全国人大常委会第二十八次会议《关于修改〈中华人民共和国民事诉讼法〉的决定》第二次修正，根据 2017 年 6 月 27 日第十二届全国人大常委会第二十八次会议《关于修改〈中华人民共和国民事诉讼法〉和〈中华人民共和国行政诉讼法〉的决定》第三次修正的。1999 年 12 月 25 日第九届全国人大常委会第十三次会议通过的《海事诉讼特别程序法》也属于民事诉讼法的组成部分。

四、民事实体法中有关民事诉讼程序的规定

其他法律中有关民事诉讼的规定也是我国民事诉讼法的重要来源，这里所说的法律是狭义的、严格意义上的法律，即由全国人民代表大会及其常务委员会制定的法律。这些法律如《民法典》等。《民法典》中关于民事诉讼的规定如：被宣告死亡的人重新出现或者确知他没有死亡，经本人或者利害关系人申请，人民法院应当撤销对他们的死亡宣告；人民法院审理离婚案件，应当进行调解。我国有学者称民法中的民事诉讼条款为"民事实质诉讼法"[①]。

五、行政法规和国务院所属部门制定的有关规章

行政法规是国务院为领导和管理国家各项行政工作，根据宪法和法律，并且按照《行政法规制定程序条例》（2002 年 1 月 1 日起施行）的规定而制定的政治、经济、教育、科技、文化、外事等有关行使行政权力、履行行政职责的规范性文件的总称。行政法规一般以条例、办

---

① 陈刚：《民事实质诉讼法论》，载《法学研究》2018 年第 6 期。

法、实施细则、规定等形式组成。行政法规的效力仅次于宪法和法律，高于部门规章和地方性法规。如前所述，按照《立法法》第 8 条的规定，有关民事诉讼制度的事项只能由全国人大或者人大常委会制定法律加以调整。从该意义上说，行政法规本身并非《民事诉讼法》的渊源。但也有例外，如国务院制定的自 2007 年 4 月 1 日起施行的《诉讼费用交纳办法》，规定了诉讼费用的交纳范围、交纳标准、交纳和退还、诉讼费用的负担和司法救助等内容。《民事诉讼法》第 121 条第 3 款规定："收取诉讼费用的办法另行制定。"《诉讼费用交纳办法》即据此而定。

此外，有关民事诉讼的行政法性质的渊源还有一些行政规章，主要集中在两个方面：其一，为了解决司法实践中出现的问题，国务院有关部门会同最高人民法院发布了一些行政规章。如 1986 年 8 月 14 日外发〔1986〕47 号最高人民法院、外交部、司法部《关于我国法院和外国法院通过外交途径相互委托送达法律文书若干问题的通知》，1992 年 6 月 11 日外发〔1992〕18 号最高人民法院、外交部、司法部《关于我国法院接受外国法院通过外交途径委托送达法律文书和调查取证收费的通知》。其二，为了保证有关我国加入的国际公约在我国的执行，国务院有关部门会同最高人民法院制定发布了一些行政规章。如 1992 年 3 月 4 日外发〔1992〕8 号最高人民法院、外交部、司法部《关于执行〈关于向国外送达民事或商事司法文书和司法外文书公约〉有关程序的通知》，1992 年 9 月 19 日司发通〔1992〕093 号司法部、最高人民法院、外交部《关于印发〈关于执行海牙送达公约的实施办法〉的通知》等。

六、民族自治地方的变通或补充规定

根据《民事诉讼法》第 17 条的规定，民族自治地方的人民代表大会根据宪法和本法的原则，结合当地民族的具体情况，可以制定变通或者补充的规定。《民事诉讼法》的这一规定，是自治机关自治权的具体体现。民族自治地方的变通或者补充规定，虽然只在本行政区域内有效，但也属于我国民事诉讼法的渊源。

七、最高人民法院和最高人民检察院的司法解释

司法解释，是指国家最高司法机关在适用法律过程中对具体应用法律问题所作的解释，包括审判解释和检察解释两种。根据 1981 年 6 月全国人大常委会《关于加强法律解释工作的决议》规定，全国人大赋予司法机关司法解释权，最高人民法院和最高人民检察院分别就审判工作和检察工作中具体应用法律的问题进行解释。根据《立法法》第 104 条的规定，最高人民法院、最高人民检察院做出的属于审判和检察工作的具体应用法律的解释属于司法解释，司法解释是有效解释，是我国民事诉讼法的渊源。最高人民法院《关于司法解释工作的规定》确定"解释""规定""规则""批复""决定"为司法解释的形式。对民事诉讼法来说，最高人民法院的司法解释无疑具有重要地位。最高人民法院和最高人民检察院所作的有关适用民事诉讼法的司法解释，是人民法院长期适用民事诉讼程序和人民检察院对民事诉讼实施法律监督的经验总结。这些司法解释包括《民诉法解释》，最高人民法院、最高人民检察院联合制定的司法解释《关于检察公益诉讼案件适用法律若干问题的解释》（2021 年 1 月 1 日起实施，以下简称《检察公益诉讼解释》）等。

八、我国缔结或参加的国际条约

《民事诉讼法》第 267 条规定："中华人民共和国缔结或者参加的国际条约同本法有不同

规定的，适用该国际条约的规定，但中华人民共和国声明保留的条款除外。"因此，我国缔结或参加的有关民事诉讼程序的国际条约也是我国民事诉讼法的渊源。

我国民事诉讼法的各种渊源在整个法律体系中处于不同的位阶，具有不同的法律效力，有的适用于全国，有的只适用于一定的行政区域。总体来说，我国的民事诉讼法是以《宪法》为依据，以《民事诉讼法》为核心，由各种法律、法规、规章、司法解释等组成的规范体系。

第三节 民事诉讼法的效力范围

民事诉讼法的效力，是指民事诉讼法的规范作用所及的范围。可以从四个方面来界定民事诉讼法的效力，即其空间效力、时间效力、对人效力和对事效力。

一、民事诉讼法的空间效力

民事诉讼法的空间效力，是指民事诉讼法适用的地域范围。《民事诉讼法》第4条规定："凡在中华人民共和国领域内进行民事诉讼，必须遵守本法。"该条表明，我国民事诉讼法的空间效力及于中华人民共和国整个领域，包括领土、领海、领空，以及领土的延伸部分，如我国驻外使领馆、我国飞行器或船舶等。在这一领域内进行的民事诉讼活动，都应遵行我国《民事诉讼法》。

二、民事诉讼法的时间效力

民事诉讼法的时间效力，是指民事诉讼法在什么时间范围内具有效力，包括何时生效、何时失效，以及对民事诉讼法生效以前的民事案件有无溯及力等。

我国《民事诉讼法》于1991年4月9日公布施行，正式生效。在没有被全国人大明令废止之前，该法将一直有效。该法此后历经2007年、2012年、2017年三次修正。

根据最高人民法院1991年5月发布的《关于学习、宣传、贯彻民事诉讼法的通知》，人民法院在民事诉讼法施行前受理的案件，已按《民事诉讼法（试行）》进行的程序活动有效；在民事诉讼法施行后受理的案件，一律按照《民事诉讼法》进行审理。据此，在民事诉讼法施行前受理的案件，尚未审结的，应当按照《民事诉讼法》进行审理。所以，《民事诉讼法》有溯及既往的效力。

三、民事诉讼法的对人效力

民事诉讼法的对人效力，是指民事诉讼法适用于哪些人。根据《民事诉讼法》第4条的规定，诉讼当事人不论国籍，只要是在我国领域内进行民事诉讼，都必须遵守我国的民事诉讼法。具体说来，我国民事诉讼法适用于：中国公民、法人和其他组织；居住在中国领域内的外国人、无国籍人，以及在中国的外国企业和组织；申请在中国进行民事诉讼的外国人、无国籍人，以及外国企业和组织。

根据《民事诉讼法》第268条的规定，对享有外交特权与豁免的外国人、外国组织或国际组织提起的民事诉讼，应当依照我国有关法律和我国缔结或参加的国家条约的规定办理。可见，一般情况下，这些人员和组织具有民事司法豁免权，但有以下例外：享有司法豁免权者的所属国明确宣布放弃司法豁免的；享有司法豁免权者因私人事务与对方当事人发生民事纠纷的；享有司法豁免权者提起民事诉讼而被反诉的；等等。

四、民事诉讼法的对事效力

民事诉讼法的对事效力，是指法院依据民事诉讼法审判民事案件的范围。在我国，民事诉讼法的对事效力即我国人民法院的民事诉讼主管范围。《民事诉讼法》第3条规定："人民法院受理公民之间、法人之间、其他组织之间以及他们相互之间因财产关系和人身关系提起的民事诉讼，适用本法的规定。"此外，选民资格案件虽非上述平等主体之间的民事争议，但根据法律的规定，也由人民法院根据《民事诉讼法》来解决。

第五章　民事诉讼法与相邻法律的关系

第一节　民事诉讼法与民事实体法的关系

民事诉讼法与民事实体法的关系最为紧密，二者仿佛同胞兄弟。无论是在中国古代还是在西方法制史的早期，我们都可以见到"诸法合体、程序与实体不分"的基本特征。《汉谟拉比法典》（The Code of Hammurabi）是中东地区的古巴比伦国王汉谟拉比（约公元前1792—前1750年在位）大约在公元前1776年颁布的法律汇编，是最具代表性的楔形文字法典，也是世界上现存的第一部比较完备的成文法典。《汉谟拉比法典》由序言、正文和结语三部分组成，正文包括282条法律，对刑事、民事、贸易、婚姻、继承、审判等制度都作了详细的规定。其有关诉讼程序的内容比如：倘自由民宣誓揭发自由民之罪，控其杀人而不能证实，揭发者应处死；自由民在诉讼案件中提供罪证，而所诉无从证实，倘案关生命问题，应该处死；倘法官审理案件做出判决后又更改，则应揭发其罪行，并撤消法官席位，终身不再录用。《汉谟拉比法典》建立在两个原则的基础上，即"以眼还眼，以牙还牙"（同态复仇）和"让买方小心提防"。前一个是诉讼原则，后一个是实体原则。《十二铜表法》也是如此。《十二铜表法》也叫十二表法，是古罗马国家立法的纪念碑，也是最早的罗马法文献。马克思主义经典作家对其有这样的评价：罗马法是"简单的商品生产即资本主义前的商品生产的最完善的法"。《十二铜表法》的内容分别为：传唤、审判、求偿、家父权、继承及监护、所有权及占有、房屋及土地、私犯、公法、宗教法、前五表之补充、后五表之补充十二篇。其中前三表全部为诉讼程序和执行程序的规定。

战国时期改革家李悝所制定的《法经》是我国历史上第一部比较系统的封建成文法典，从产生的时代来看，《法经》与《十二铜表法》都产生于公元前5世纪。《法经》共六篇：《盗法》《贼法》《网（囚）法》《捕法》《杂法》《具法》。《盗法》是涉及公私财产受到侵犯的法律；《贼法》是有关危及政权稳定和人身安全的法律；《网（囚）法》是有关审判、断狱的法律；《捕法》是有关追捕罪犯的法律；《杂法》是有关处罚狡诈、越城、赌博、贪污、淫乱等行为的法律；《具法》是规定定罪量刑的通例与原则的法律，相当于现代刑法典的总则部分。

可见，程序法与实体法混而不分，是世界上古代法律的一大共通特征。

然而，这一局面到了自由资本主义时期有了改变。在该时期，民法典开始如雨后春笋般问世。拿破仑于1804年3月15日由立法院通过，3月21日拿破仑签署法令，正式颁布施行。《拿破仑法典》（Napoleonic Code），又称《法国民法典》或《民法典》（Civil Code）。《拿破仑法典》总共分为三大部分，2281条法律条文。第一部分是人法，其中都是有关民事权利的规定；第二部分是物法，是有关各类财产所有权和其他物权的规定；第三部分是获取各类所有权的方法的规定，具体包括继承、遗嘱、还债、赠予、夫妻共同财产等相关法律条文。

这部法典是资本主义国家最早的一部民法法典，它破除了封建的立法原则，成为欧美各国资产阶级的立法规范，推动了资本主义的发展。1900年1月施行的《德国民法典》是继《法国民法典》之后，大陆法系国家第二部重要的民法典。它继承罗马法的传统，结合日耳曼法的一些习惯，并根据19世纪资本主义经济发展的新情况而制定，因而在内容上超出了自由资本主义时期法律原则的范围，在一定程度上适应了垄断资本主义时期的需要。1907年12月瑞士联邦议会全体一致通过《瑞士民法典》，该法于1912年1月起施行。

2020年5月28日，第十三届全国人大第三次会议表决通过了《民法典》，自2021年1月1日起施行。婚姻法、继承法、民法通则、收养法、担保法、合同法、物权法、侵权责任法、民法总则同时废止。《民法典》被称为"社会生活的百科全书"，是新中国第一部以法典命名的法律，在法律体系中居于基础性地位，也是市场经济的基本法。《民法典》共7编、1260条，各编依次为总则、物权、合同、人格权、婚姻家庭、继承、侵权责任，以及附则。通篇贯穿以人民为中心的发展思想，着眼满足人民对美好生活的需要，对公民的人身权、财产权、人格权等作出明确详实的规定，并规定侵权责任，明确权利受到削弱、减损、侵害时的请求权和救济权等，体现了对人民权利的充分保障，被誉为"新时代人民权利的宣言书"。

民法典的纷纷制定，使其一开始就具有包罗万象的气概和特色，致使民事诉讼法被视为是民法的自然延伸，在二者的关系中，民事实体法被认为是内容，民事诉讼法则属于形式，形式由内容决定，内容是形式的基础，"重实体、轻程序"被视为理所当然。这也是诞生私权诉权说的时代，私法自治和私法至上被奉为神圣。就实体法和程序法的关系而言，在以法国、德国等为代表的大陆法系，认为实体法居于主导地位，是主法；程序法是为了保证实现实体法的，具有手段和工具的性质，因而是助法，或者称为"附带性规范"。形成这种观念的理论前提是，社会拥有完美无缺的实体法，程序仅仅是以判决的方式产生出其结果来的机械性过程。学者们称这种思维方式为"实体法一元论"。英国边沁的功利主义法学思想所主张的法学理论就是典型例证。

然而，"重实体、轻程序"的传统仅仅存在于欧洲大陆，在英美国家，"程序优先论"则是12世纪以来一贯的传统。这种思维被称为"程序法一元论"。

"实体法一元论"是大陆法系国家的主导理论，因为它们采用"权利出发型"司法模式，实体法为大前提，事实为小前提，得出结论为裁判。"程序法一元论"是英美法系国家的主导理论，其最早实行令状制度，"融权利在程序的缝隙之中"（梅因语），推行"程序优先论"，因为其采用"事实出发型"司法模式。在该模式中，当事人先主张事实并加以证明，法官对此进行价值论上的评价，然后作出判决，该判决即为判例，法产生于裁判之后而不是之前，法官造法即此之谓。因此，大陆法实行制定法主义或成文法主义，英美法实行判例法主义。然而不能不指出的是，这两种理论路径和司法模式都是不完整的，不能反映现时代的法治实践之需要。

辩证地看，程序工具主义和程序本位主义都有以偏概全的弊端，都具有这样或那样的片面性和极端性，因而到现时代，实体法和程序法"并重论"登上历史舞台。该理论认为，民事诉讼是实体法和诉讼法共同作用的"场"，两者在这一领域具有解决民事纠纷的共同目的，是相互协作的关系；民事诉讼法和民事实体法如同一辆车的两个轮子，对诉讼都起作用，在它们之间不可能存在主从关系。

一、诉讼法是实现实体法的工具

实体法虽然在历史上产生于诉讼法之后，从历史的视野看，实体法确为诉讼法之子，诉讼法为实体法之母。然而历史毕竟是历史，现实是：实体法后来居上，现在虽然不能说其已臻于尽善尽美之境地，但其蔚为大观，诚为人类法治文明之结晶，诉讼法在制定和修改时，一个重要的指针就是反映实体法的精神和内容，背离实体法、无视实体法的诉讼法根本无法行得通。诉讼法的内容和精神是由实体法加以决定和规定的，诉讼法的基本使命和立法初心便在于保障实体法的实现。毛泽东曾经指出："我们不但要提出任务，而且要解决完成任务的方法问题。我们的任务是过河，但是没有桥或没有船就不能过。不解决桥或船的问题，过河就是一句空话。不解决方法问题，任务也只是瞎说一顿。"① 实体法是提出任务的法，诉讼法是实现任务的"桥"和"船"。实体法是世界观，诉讼法是方法论，程序工具主义有其存在的价值。

二、实体法和诉讼法缺一不可

在民事纠纷的司法解决过程中，当事人要依靠诉讼法实施诉讼活动，同时要依靠实体法寻求司法救济；法院要依靠诉讼法行使审判权，同时要依靠实体法作为裁判的依据，其他诉讼参与人也要依循诉讼法和实体法参与诉讼，协助诉讼，监督诉讼。诉讼法为各个诉讼主体提供行为准绳，实体法为各个诉讼主体提供衡量标准，诉讼法是调整诉讼活动的动态的法，实体法是调整诉讼活动的静态的法，二者相辅相成，缺一不可。诉讼法和实体法的关系就像一车之二轮，一鸟之二翼，相伴相随，水乳交融，共同作用于民事纠纷的司法解决。司法裁判的最终结果，就是诉讼法所产生的程序合成和实体法所产生的实体合成之综合体。司法裁判是诉讼法和实体法相结合的"产儿"。

三、诉讼法对实体法有能动作用

辩证唯物主义告诉我们，内容决定形式，形式对内容具有反作用。实体法决定诉讼法，这是从整体上或原则上而言的，也是从应然意义上说的，而不是在任何方面都是如此。这是因为，人类法治实践反复证明，实体法不可能完美无缺、包罗万象，不可能为民事诉讼中的每一个纠纷都提供正确无误的裁判标准，此时便需要发挥诉讼法对于实体法的续法补法作用。比如，民事诉讼中有一个诉的利益理论，就是为了填补实体法的漏洞而创设的；再如，民事诉讼中的证明责任分配原则不能完全依靠罗森贝克的"规范说"，此外，还要以"证据距离说""利益衡量说"等实质性分配标准作为补充；又如，即便依照实体法不具有民事权利能力的非法人团体，在诉讼法上，只要符合一定条件，也承认其诉讼权利能力；等等。概括地说，诉讼法对实体法的能动作用具体表现在：

其一，填补漏洞。在实体法有漏洞时，诉讼法起补充作用，通过公正程序将抽象的实体法

---

① 毛泽东：《关于群众生活，注意工作方法》（1934年1月27日），载《毛泽东选集》（第1卷），人民出版社1991年版，第134页。

基本原则和精神转化为具体的实体法规则。诉的利益也在此时发挥作用，通过法院对诉的利益之肯认，作出生效裁判，将因社会需求而产生的法律利益上升为法律上明确无误的权利。实体法由此得以更新和发展，诉讼法发挥出了推动实体法发展的功能。

其二，矫正错误。在实体法有错误时，诉讼法起纠正作用，通过正当程序防止"恶法亦法"体现在个案裁判之中。

其三，选择良法。在实体法相互之间发生冲突时，诉讼法起磨合作用，选择最适当的实体规范作为裁判依据。

第二节　民事诉讼法与其他诉讼法之间的关系

就我国现行法律来看，由于同为诉讼程序法，民事诉讼法与刑事诉讼法、行政诉讼法在形式上自然有许多共同之处，比如有一些共同的原则和制度，如公开审判、两审终审等；都规定了当事人的诉讼权利义务和法院的公正审判职责等；还有着一些共同的程序阶段，如一审程序、二审程序、审判监督程序、执行程序等，且都有起诉、开庭审理、作出裁判等环节。三者存在紧密的联系，有互相借鉴、参照之处。但是由于三者所解决纠纷的性质不同，因此它们也存在不少差异。

一、民事诉讼法与刑事诉讼法之间的关系

二者之间的共性如上述，其差异主要有：

诉讼任务不同。刑事诉讼法以惩罚犯罪、保障人权、维护社会稳定和国家安全为己任，民事诉讼法则以公正解决民事纠纷为使命。

诉讼主体不同。刑事诉讼法除行使审判权的人民法院外，还有行使公诉权的人民检察院、行使侦查权的公安安全机关以及行使执行权的监狱等执行机关，民事诉讼法则主要是人民法院在行使审判权，人民检察院对民事诉讼实行法律监督。

诉讼原则不同。刑事诉讼法中具有辩护原则、无罪推定等特有原则，民事诉讼法中则具有处分原则等特有原则。

诉的形式不同。刑事诉讼法有公诉和自诉之分，民事诉讼法则仅有民事主体提起民事诉讼一种形式，此外，还有公益诉讼作为补充形式。

能否调解与和解不同。刑事诉讼法尽管有"当事人和解的公诉案件"之规定，但原则上，刑事诉讼法不适用调解与和解，而调解与和解则是民事诉讼法的重要解纷形式。

诉讼阶段不同。除执行外，刑事诉讼法规定了侦查、公诉和审判三大诉讼阶段，民事诉讼法则规定了起诉和受理、审理前的准备以及审判三个诉讼阶段。

证据制度不同。在刑事诉讼法上，除极少数情况外，举证责任由控方承担；在民事诉讼法上，举证责任由双方当事人分担。刑事诉讼法所确定的证明标准为排除合理怀疑，民事诉讼法所适用的证明标准为盖然性的优势。刑事诉讼法规定仅有被告人的自认不能定罪，民事诉讼法上的自认则对法院有较强的拘束力。

执行不同。刑事诉讼法上的执行是由专门的执行机构进行的，其与人民法院的审判在机构上分别独立；民事诉讼法上的执行则是由行使审判权的人民法院负责。

二、民事诉讼法与行政诉讼法之间的关系

行政诉讼法与民事诉讼法的关系非常密切。可以说,行政诉讼法是建立在民事诉讼法的基础之上的。现行的行政诉讼法只是就解决行政诉讼的特殊问题而作的特别规定,人民法院对于在行政诉讼中出现而行政诉讼法及其司法解释未作出规定的问题,可以参照民事诉讼的有关规定。例如,民事诉讼法中有关回避、证据、期间、送达、第一审程序和第二审程序,以及执行程序中的有关规定,人民法院在审理和执行行政案件时可以适用。民事诉讼法与行政诉讼法存在如下主要区别:

调整对象不同。民事诉讼法的调整对象是平等主体之间因财产关系和人身关系发生争议所形成的诉讼法律关系;行政诉讼法的调整对象是公民、法人或者其他组织认为,行政机关和行政机关工作人员的行政行为侵犯其合法权益,向人民法院提起诉讼所形成的诉讼法律关系。①

诉讼目的不同。民事诉讼法的目的主要在于依法公正地解决民事纠纷,并在此基础上为和谐的经济社会秩序提供保障;行政诉讼法的目的主要在于保证人民法院公正、及时审理行政案件,解决行政争议,保护公民、法人和其他组织的合法权益,监督行政机关依法行使职权。②

主体地位不同。民事诉讼中的当事人地位具有平等性,包括基础法律关系的平等性和诉讼法律关系的平等性。虽然《行政诉讼法》第8条规定"当事人在行政诉讼中的法律地位平等",但行政诉讼的主体之间在基础法律关系上具有行政隶属关系,原告是对行政机关作出的具体行政行为不服的公民、法人或其他组织,被告则只能是作出具体行政行为的行政机关或行政复议机关。这种基础法律关系上的不平等性必然影响诉讼法律关系上所宣称的平等性,因而需要立法增设特别规定予以矫正。

诉讼基本原则不同。民事诉讼法规定了处分原则、调解原则等,而在行政诉讼中,除行政侵权损害赔偿诉讼之外,不适用处分原则、调解原则等。但行政诉讼法又有自身的独有原则,例如,对具体行政行为的合法性进行审查原则。

证明责任负担规则不同。民事诉讼法按照当事人所主张的事实在实体法上的效果对证明责任的负担者进行确定,不因原告或被告的诉讼身份的不同而区别对待。而在行政诉讼中,证明责任原则上由作为行政机关的被告负担,原告不负担证明具体行政行为违法的责任。③

---

① 《行政诉讼法》第2条规定:"公民、法人或者其他组织认为行政机关和行政机关工作人员的行政行为侵犯其合法权益,有权依照本法向人民法院提起诉讼。前款所称行政行为,包括法律、法规、规章授权的组织作出的行政行为。"

② 《行政诉讼法》第1条规定:"为保证人民法院公正、及时审理行政案件,解决行政争议,保护公民、法人和其他组织的合法权益,监督行政机关依法行使职权,根据宪法,制定本法。"

③ 《行政诉讼法》第34条规定:"被告对作出的行政行为负有举证责任,应当提供作出该行政行为的证据和所依据的规范性文件。被告不提供或者无正当理由逾期提供证据,视为没有相应证据。但是,被诉行政行为涉及第三人合法权益,第三人提供证据的除外。"第37条规定:"原告可以提供证明行政行为违法的证据。原告提供的证据不成立的,不免除被告的举证责任。"

第三节　民事诉讼法与其他民事程序法的关系

一、民事诉讼法与仲裁法的关系

首先需要说明的是，我国的仲裁法在广义上有三部，包括《仲裁法》（2017年9月1日第二次修正）、《劳动争议调解仲裁法》（2007年12月29日通过）、《农村土地承包经营纠纷调解仲裁法》（2009年6月27日通过）。狭义上的仲裁法仅指第一部，第一部与后两部构成了一般法与特别法之间的关系。① 本书对民事诉讼法与这三部仲裁法之间的关系将分别作出介绍。

在以预防民事纠纷和解决民事纠纷的法治系统工程或制度体系中，《仲裁法》与民事诉讼法的关系非常紧密，主要表现在：

其一，或裁或审。仲裁与诉讼的关系曾经几经变迁，现在已由过去的"既裁又审"的关系模式演变成了"或裁或审"的关系模式。所谓或裁或审，是指当事人对其民事纠纷，只能在仲裁与诉讼之间选择其一，而不能在仲裁结束后如有不服仍可向法院提起诉讼；反之，当事人选择了诉讼，也就放弃了仲裁。仲裁实行一裁终局制度，当事人对仲裁不服只能向人民法院申请撤销或申请不予执行，而不得另行诉讼。对此，《民事诉讼法》第127条规定："依照法律规定，双方当事人达成书面仲裁协议申请仲裁、不得向人民法院起诉的，告知原告向仲裁机构申请仲裁……"《仲裁法》第5条有类似规定；第9条规定："仲裁实行一裁终局的制度。裁决作出后，当事人就同一纠纷再申请仲裁或者向人民法院起诉的，仲裁委员会或者人民法院不予受理。裁决被人民法院依法裁定撤销或者不予执行的，当事人就该纠纷可以根据双方重新达成的仲裁协议申请仲裁，也可以向人民法院起诉。"可见，当事人之间达成的有效的仲裁协议可以排除法院对民事案件的管辖，该案件只能由仲裁机构受理。当事人达成仲裁协议，一方向人民法院起诉未声明有仲裁协议，人民法院受理后，另一方在首次开庭前提交仲裁协议的，人民法院应当驳回起诉，但仲裁协议无效的除外；另一方在首次开庭前未对人民法院受理该案提出异议的，视为放弃仲裁协议，人民法院应当继续审理。②

其二，司法对仲裁的支持与保障。仲裁在性质上毕竟是社会救济方式，具有民间性和非国家性的特点，然而仲裁又被国家立法赋予了重任，使仲裁具有了准司法的特征，因而在仲裁中，其往往需要人民法院通过民事诉讼程序的适用而对它给予支持与保障，这主要体现在仲裁所涉及的三个活动中：一是保全，二是强制措施，三是裁决执行。这三个方面的仲裁活动都需要获得民事诉讼的支持与配合，否则仲裁程序就无法有效进行下去，或者致使仲裁裁决难以实现。《仲裁法》第28条规定了仲裁中的财产保全："一方当事人因另一方当事人的行为或者其他原因，可能使裁决不能执行或者难以执行的，可以申请财产保全。当事人申请财产保全的，仲裁委员会应当将当事人的申请依照民事诉讼法的有关规定提交人民法院。"不仅如此，当事人在申请仲裁前，如认为情况紧急，不及时采取保全措施将会导致不可弥补的损失，尚可向人民法院申请仲裁前的财产保全。③《仲裁法》第46条规定了仲裁中的证据保全："在证据可能

---

① 《仲裁法》第77条规定："劳动争议和农业集体经济组织内部的农业承包合同纠纷的仲裁，另行规定。"
② 《仲裁法》第26条。
③ 《民事诉讼法》第104条。

灭失或者以后难以取得的情况下，当事人可以申请证据保全。当事人申请证据保全的，仲裁委员会应当将当事人的申请提交证据所在地的基层人民法院。"就证据保全而言，按照《民事诉讼法》第84条的规定，在当事人申请仲裁前，还可以向人民法院申请进行仲裁前的证据保全。《仲裁法》第62条规定："当事人应当履行裁决。一方当事人不履行的，另一方当事人可以依照民事诉讼法的有关规定向人民法院申请执行。受申请的人民法院应当执行。"

其三，司法对仲裁的监督。仲裁要接受司法的监督，具体包括两种监督方式：一是当事人向人民法院申请撤销仲裁裁决；二是当事人向人民法院申请不予执行仲裁裁决。根据《仲裁法》第58条的规定，当事人提出证据证明裁决有下列情形之一的，可以向仲裁委员会所在地的中级人民法院申请撤销裁决，包括：没有仲裁协议的；裁决的事项不属于仲裁协议的范围或者仲裁委员会无权仲裁的；仲裁庭的组成或者仲裁的程序违反法定程序的；裁决所根据的证据是伪造的；对方当事人隐瞒了足以影响公正裁决的证据的；仲裁员在仲裁该案时有索贿受贿，徇私舞弊，枉法裁决行为的。人民法院经组成合议庭审查核实裁决有前述规定情形之一的，应当裁定撤销。人民法院认定该裁决违背社会公共利益的，应当裁定撤销。根据《民事诉讼法》第244条的规定，被申请人提出证据证明仲裁裁决有下列情形之一的，经人民法院组成合议庭审查核实，裁定不予执行，包括：当事人在合同中没有订有仲裁条款或者事后没有达成书面仲裁协议的；裁决的事项不属于仲裁协议的范围或者仲裁机构无权仲裁的；仲裁庭的组成或者仲裁的程序违反法定程序的；裁决所根据的证据是伪造的；对方当事人向仲裁机构隐瞒了足以影响公正裁决的证据的；仲裁员在仲裁该案时有贪污受贿，徇私舞弊，枉法裁决行为的。人民法院认定执行该裁决违背社会公共利益的，裁定不予执行。裁定书应当送达双方当事人和仲裁机构。仲裁裁决被人民法院裁定不予执行的，当事人可以根据双方达成的书面仲裁协议重新申请仲裁，也可以向人民法院起诉。《民事诉讼法》第281条对我国涉外仲裁机构作出的裁决，也规定了裁定不予执行的类似制度。

就《民事诉讼法》与《劳动争议调解仲裁法》的关系而言，二者是一般法和特别法的关系。根据《劳动争议调解仲裁法》第5条的规定，劳动争议案件仲裁是劳动争议诉讼的必经程序；当事人对劳动争议仲裁裁决不服的，可以向人民法院提起诉讼。

就《民事诉讼法》与《农村土地承包经营纠纷调解仲裁法》的关系而言，二者也是一般法和特别法的关系。二者的联系在于农村土地承包经营纠纷是实行可裁可审、裁后可诉制度。根据《农村土地承包经营纠纷调解仲裁法》第4条的规定，仲裁并非农村土地承包经营纠纷提起诉讼的必经程序。当事人就农村土地承包经营纠纷既可以直接向有管辖权的基层人民法院起诉，也可以在仲裁裁决后向有管辖权的基层人民法院起诉。

二、民事诉讼法与公证法的关系

公证法调整的是公证机构的证明活动，具有非讼性，是一种以预防纠纷的发生以及便利纠纷的解决为目的的民事程序法。《公证法》（2017年9月1日第二次修正）与《民事诉讼法》的关系主要表现在以下三个方面：

一是公证文书具有法律上推定的证明效力。经公证的民事法律行为、有法律意义的事实和文书，应当作为认定事实的根据，但有相反证据足以推翻该项公证的除外。[①] 提供公证文书作为证据的当事人无须继续提供证据，公证文书上所记载的事实推定为真，其合法性也受同样的

[①] 《民事诉讼法》第72条，《公证法》第36条。

推定；对公证文书的真实性或客观性、合法性提出质疑的当事人，负有推翻它的证明责任；在公证文书的真实性、合法性处在真伪不明状态之时，提出质疑者承担不利的诉讼后果。

二是赋强公证文书具有强制执行效力。对经公证的以给付为内容并载明债务人愿意接受强制执行承诺的债权文书，债务人不履行或者履行不适当的，债权人可以依法向有管辖权的人民法院申请执行。但该债权文书确有错误的，人民法院裁定不予执行，并将裁定书送达双方当事人和公证机构。①

三是人民法院对公证活动有权进行监督。主要表现在：其一，人民法院通过解决公证争议对公证实施监督。《公证法》第40条规定："当事人、公证事项的利害关系人对公证书的内容有争议的，可以就该争议向人民法院提起民事诉讼。"其二，赋予强制执行效力的公证债权文书确有错误的，人民法院裁定不予强制执行。其三，人民法院可以向公证机关发出司法建议。

除证明和执行的功能外，公证还有一些作用与民事诉讼的关系比较密切，包括证据保全公证、公证调解纠纷等。证据保全公证，是公证机构根据公民、法人或其他组织的申请，在诉讼发生之前，依法对日后可能灭失或难以提取的证据加以验证提取、收存和固定的活动。② 这里所说的"证据保全公证"与《公证法》第36条所规定的公证文书的证明作用不完全相同。前者是对纠纷事实的公证，如侵权行为或违约行为等，后者则是对正常法律事实和文书的公证，比如合同公证、遗嘱公证等；前者的目的在于解决纠纷，后者的目的在于预防纠纷。因而前者称证据保全公证，后者称公证文书证据。

公证调解，是指经过公证的事项在履行过程中发生了纠纷，原公证处根据当事人的请求对该纠纷进行的调解。公证机构的调解属于民间调解，不具有法院调解的效力，因为公证机构的职责是办理公证，调解不是其法定职责，而是向社会提供的一种法律服务。在目前致力构建的多元化纠纷解决机制中，公证调解占有一席之地，发挥公证在化解社会纠纷矛盾中的作用，从而使预防纠纷和化解纠纷集于一身，融为一体，是公证机关在现代强化职能作用的重要表现。

三、民事诉讼法与破产法的关系

破产法是处理破产纠纷的法律，是有关破产案件的实体问题如破产原因、破产财产等，以及破产程序问题的法律规范的总和，其中的破产程序规范从性质上说，就属于民事诉讼法的特别法，属于广义民事诉讼的范畴，其性质属于非讼程序，与民事诉讼法所规定的各种非讼程序形成一个程序系统。我国最早的破产立法是适用于全民所有制企业的《企业破产法（试行）》（1986年12月2日通过，1988年11月1日实施），1991年4月9日修改《民事诉讼法》增设第十九章规定，确立了适用于非全民所有制企业的破产还债程序。2006年8月27日制定并于2007年6月1日实施《企业破产法》，形成了包括全民所有制企业和非全民所有制企业在内的企业法人破产法。《民事诉讼法》与《企业破产法》有密切的关系，主要体现在：

第一，一般法和特别法的关系。《企业破产法》第4条规定："破产案件审理程序，本法没有规定的，适用民事诉讼法的有关规定。"2006年制定独立的《企业破产法》，将"企业法人破产还债程序"从《民事诉讼法》中分离出去，使民事诉讼法与破产法形成了分别独立的立法体例。然而，这仅仅是形式上的分离，在实质上，破产法依然属于民事诉讼法的组成部分，破产程序依然属于民事诉讼程序体系的有机内容，所需注意者仅仅是，破产程序是非讼程

---

① 《公证法》第37条，《民事诉讼法》第245条。
② 《公证法》第11条第1款第9项。

序，而不是争讼程序。

第二，破产程序对民事诉讼程序的管辖会产生影响。《企业破产法》第21条规定："人民法院受理破产申请后，有关债务人的民事诉讼，只能向受理破产申请的人民法院提起。"根据民事诉讼法有关管辖的规定，有关债务人的诉讼要么是根据一般地域管辖确定管辖法院，要么是根据特殊地域管辖确定管辖法院；如果有管辖协议，则按管辖协议确定管辖法院；在法院对受理的案件无管辖权时，债务人没有提出管辖异议，并且做出了实体性答辩，则产生应诉管辖的效果。诸如此类关于管辖的法律规定，在债务人遭遇破产时，均无法适用；有关债务人的诉讼，无论是债务人为原告抑或为被告，均由受理破产申请的人民法院管辖，其他法院无管辖权。这种管辖权，就其性质而言，属于专属管辖。这是由特别法所规定的专属管辖，是对《民事诉讼法》第34条规定的专属管辖的补充。①

第三，破产程序对民事诉讼产生诉讼中止和更换当事人的效果。《企业破产法》第20条规定："人民法院受理破产申请后，已经开始而尚未终结的有关债务人的民事诉讼或者仲裁应当中止；在管理人接管债务人的财产后，该诉讼或者仲裁继续进行。"有关债务人的诉讼程序或者仲裁程序在人民法院受理破产申请后必须中止，之所以要中止诉讼程序或仲裁程序的进行，是因为债务人受破产宣告后便丧失了当事人能力，需要由破产管理人来接替债务人成为诉讼程序或仲裁程序中的当事人。②破产管理人作为法定的诉讼担当人，在破产程序中具有当事人能力和当事人适格。

第四，破产程序启动后，有关债务人的保全措施解除，执行程序中止。《企业破产法》第19条规定："人民法院受理破产申请后，有关债务人财产的保全措施应当解除，执行程序应当中止。"人民法院受理破产申请后，有关债务人财产的保全措施之所以要解除，是因为破产程序一旦启动，债务人的全部财产均自动处于冻结状态，任何人不得动用，这本身就具有保全效力；在破产管理人产生后，债务人的全部财产由破产管理人接管，也无须另外实施保全措施。破产程序启动后，执行程序之所以需要中止，是因为破产程序是整体的执行，执行程序是个别的执行，个别要服从整体；执行程序之所以是中止而不是终止，这是因为破产程序虽已启动，但债务人是否会被宣告破产，尚未确定；在债务人被宣告破产后，所有中止的执行程序就转化为执行终止，个别的执行程序自此消灭。

四、民事诉讼法与人民调解法的关系

人民调解法是专门调整人民调解委员会调处民事纠纷和轻微刑事纠纷的法律。它在我国的发展演变有一个过程。1954年，政务院颁布的《人民调解委员会暂行组织通则》，在全国范围内统一了人民调解制度，有力地推动了人民调解工作的普及与发展。1982年，公布施行的《宪法》和《民事诉讼法（试行）》，进一步确定了人民调解委员会的法律地位。为了适应我国政治经济形势发生的巨大变化，1989年，国务院颁布了《人民调解委员会组织条例》，该条例是在1954年颁布的《人民调解委员会暂行组织通则》的基础上修改制定的，它对人民调解委员会的性质、任务、组织以及调解工作应当遵守的原则等作了明确的规定。2010年8月28日颁布了《人民调解法》（2011年1月1日实施），标志着人民调解制度的基本构架正式形成。

---

① 《企业破产法》第58条的规定，也属于破产衍生诉讼的专属管辖规定。

② 《民事诉讼法》第153条。该条第1款第3项不能直接适用于债务人破产时的诉讼中止之情形，只能适用该条第6项兜底条款。《仲裁法》对此未加规定，应直接适用《企业破产法》的规定。

按照《人民调解法》的规定，人民调解委员会是依法设立的调解民间纠纷的群众性组织。① 人民调解委员会在基层人民政府和人民法院指导下进行工作。我国的人民调解活动，具有历史传统，早在民主革命时期，各革命根据地和解放区就曾普遍建立过人民调解组织，调解了大量的民间纠纷和轻微刑事案件，这对于减少人民讼累，增强人民团结，促进生产发展起了积极作用。中华人民共和国成立后，全国农村以乡、镇为单位，普遍建立了调解组织。设立人民调解委员会应当取得司法行政机关批准，有权设置人民调解委员会的主体主要有：村民委员会和居民委员会；企业事业单位根据需要设立人民调解委员会②；乡镇、街道以及社会团体或者其他组织根据需要可以参照《人民调解法》有关规定设立人民调解委员会③。目前，全国共有人民调解委员会 76.6 万个，村（社区）人民调解委员会 65.7 万个，行业性、专业性人民调解组织 4.3 万个，派驻有关部门调解室 1.6 万个。近年来，全国人民调解组织每年调解各类矛盾纠纷达 900 万件左右，调解成功率在 96% 以上。④

《民事诉讼法》与《人民调解法》的关系主要表现在以下方面：

首先，人民调解法是广义民事诉讼法的组成部分。广义上的民事诉讼法不仅包括人民法院解决民事纠纷的程序法，也包括其他法定主体解决民事纠纷的程序法，人民调解法属于广义民事诉讼法，其与民事诉讼法不仅在原则、制度和程序上具有相似之处，而且尤为重要的是，人民调解法与民事诉讼法具有内在的密切关联，它们都属于我国立法机关制定的解决民事纠纷的具有体系性的程序规范。

其次，人民法院对人民调解委员会具有指导、引领、扶持和监督职责。《人民调解法》第 5 条第 2 款规定："基层人民法院对人民调解委员会调解民间纠纷进行业务指导。"人民法院根据民事诉讼法审判民事案件是解决民事纠纷的最后一道防线，人民调解委员会根据人民调解法调处民事纠纷则是解决民事案件的第一道防线。作为解纷渠道的第一道防线，人民调解所发挥的作用越大，民事诉讼的纠纷负荷则越轻，因此，为了使人民法院将更多的人力物力和财力投放到重大、复杂、疑难的案件之中，有必要充分发掘人民调解在解决民事纠纷上的潜力和机能，筑牢第一道防线，将大量民事纠纷解决在基层、化解在前沿，而不是前松后紧，增加法院裁判负担，增加当事人的诉讼烦累。为此，人民法院对于人民调解委员会的成立、运行以及人员培训等，便不能袖手旁观，而必须将其纳入自己的司法管理范围之中加以统筹推进。

再次，人民调解不是民事诉讼的必经的前置程序。《人民调解法》第 26 条规定："人民调解员调解纠纷，调解不成的，应当终止调解，并依据有关法律、法规的规定，告知当事人可以依法通过仲裁、行政、司法等途径维护自己的权利。"民事纠纷发生后，纠纷主体既可以将民事纠纷提交给人民调解委员会，申请其调处解决；也可以直接向人民法院起诉，而不经过人民调解委员会的调解；也可以在人民调解委员会调解失败后，再向人民法院起诉解决；甚至在人民调解委员会成功调解达成协议后，当事人如果反悔，也可以无视人民调解协议的存在而就原纠纷向人民法院提起诉讼。人民法院对该民事纠纷的审判不受人民调解委员会所达成的调解协议的影响，调解协议中的事实认定、证据采用以及结果确定，对人民法院的司法审判不产生拘

---

① 《人民调解法》第 7 条。
② 《人民调解法》第 8 条。
③ 《人民调解法》第 34 条。
④ https://baijiahao.baidu.com/s? id = 1598901118525654516&wfr = spider&for = pc，访问日期：2020 年 10 月 10 日。

束力。①

最后，人民法院对人民调解委员会所达成的调解协议，在当事人的共同申请下，有权进行司法确认，使之具有强制执行力。根据《人民调解法》第33条的规定，经人民调解委员会调解达成调解协议后，双方当事人认为有必要的，可以自调解协议生效之日起30日内共同向人民法院申请司法确认，人民法院应当及时对调解协议进行审查，依法确认调解协议的效力。人民法院依法确认调解协议有效，一方当事人拒绝履行或者未全部履行的，对方当事人可以向人民法院申请强制执行。人民法院依法确认调解协议无效的，当事人可以通过人民调解方式变更原调解协议或者达成新的调解协议，也可以向人民法院提起诉讼。《民事诉讼法》第十五章"特别程序"第六节"确认调解协议案件"对司法确认的制度和程序作出了与《人民调解法》相一致的规定②。

第六章　民事诉讼法的基本原则

《民事诉讼法》第一章规定了"任务、适用范围和基本原则"。"基本原则"是我国民事诉讼法的有机组成部分，也是其不可或缺的内容之一。了解民事诉讼法的基本原则不仅具有理论意义，而且具有重要的实践意义。

第一节　民事诉讼法基本原则概述

一、原则论

查《新华词典》，"原则"为"观察和处理问题的准则"，其中的"原"，含有"最初的""本来""未加工""宽广平坦的地方"等义。《辞海》解释："原"，乃"源"的古字，有根本、推求、察究、原来、起初之意。在拉丁文中，"原则"（principium）有"开始、起源、基础、原理、要素"等含义③。可见，作为法律原则，也应有以下基本含义：其一，法律原则是法律所规定的根本行为准则，具有重要性；其二，法律原则是其他行为规则的基础和来源，具

---

① 2002年9月5日由最高人民法院审判委员会第1240次会议通过，并自2002年11月1日起施行的司法解释最高人民法院《关于审理涉及人民调解协议的民事案件的若干规定》（以下简称《涉调解协议案件规定》）第1条规定："经人民调解委员会调解达成的、有民事权利义务内容，并由双方当事人签字或者盖章的调解协议，具有民事合同性质。"该一司法解释并无上位法的依据，尤其是该一规定将妨碍人民调解的功能发挥，使当事人缩手缩脚不敢轻易涉足人民调解，同时，该一规定与证据法上"调解不产生偏见（without prejudice）"通行的规则相悖。制定在后的《人民调解法》事实上否定了最高人民法院的上述司法解释，其第31条规定："经人民调解委员会调解达成的调解协议，具有法律约束力，当事人应当按照约定履行。人民调解委员会应当对调解协议的履行情况进行监督，督促当事人履行约定的义务。"第32条规定："经人民调解委员会调解达成调解协议后，当事人之间就调解协议的履行或者调解协议的内容发生争议的，一方当事人可以向人民法院提起诉讼。"上述规定并没有任何将人民调解协议视为合同的含义。

② 《民事诉讼法》第201条、第202条。

③ 彭泰尧主编：《拉汉词典》，贵州人民出版社1986年版，"pricipium"条。

有本原性；其三，法律原则体现了法律的基本原理，是基本法律原理在法律中的直接反映，具有真理性和相对的稳定性；其四，法律原则表达了法律的基本内容，具有整体性和综合性。要而言之，法律原则是立法所规定或体现的、反映该特定法律基本内容和性质的、具有相对稳定性的根本行为准则和基础行为准则。

任何法律都有其赖以建构的基本原则，缺乏基本原则的法律仅仅是规则的简单累加，而非真正意义上的法典。民事诉讼法也不例外，各国民事诉讼法一般均通过这样或那样的方式确立或设定其基本原则，民事诉讼法的基本原则是民事诉讼法的应有内容之一，也是其有机联系的组成部分。依据上述法律原则的定义，可以将民事诉讼法的基本原则界定为：民事诉讼法所确立或体现的，反映特定国家、特定时期民事诉讼法的本质和基本内容的根本行为准则。据此定义，可以得出民事诉讼法基本原则的特点：

一是规范性。民事诉讼法的基本原则是民事诉讼法中能够直接发挥作用的规范性条款，具有行为规范的基本要素，法院可据此行使审判权，当事人及其他诉讼参与者可据此行使程序性权利。这一点使民事诉讼法的基本原则与民事诉讼法的目的、任务、价值等纯抽象性和纯理念性内容区别开来。后者不具有规范性。但民事诉讼法基本原则所具有的规范性与具体程序规则的规范性还不完全相同：前者是概括的规范性，是诸多规范性的总和；后者是具体的规范性，是各个规范性的特定化表现。

二是本原性。民事诉讼法的基本原则不仅自身是行为规范，而且它还是其他具体行为规范的源泉，其他具体行为规范是从基本原则中派生出来的，是基本原则的具体化表现。这说明民事诉讼法基本原则具有双重功能：作为行为准则的功能和作为生成行为准则的功能。对前一个功能，可以看作基本原则的根本准则性；对后一个功能，可以看作基本原则的基础性。这两个方面合在一起，则为民事诉讼法基本原则的本原性。

三是始终性。由于民事诉讼法基本原则具有基础性和根本性，因此它便获得了效力上的全面渗透性和贯彻始终性。民事诉讼法基本原则是其他具体规则的源泉性规则，在它派生其他规则的过程中，其效力便随之伸展、蔓延、渗透，依据某项特定的基本原则所派生的具体规则扩展到哪里，基本原则的效力便延伸到哪里。由于诉讼程序是依赖于具体规则而型构的，具体规则是联接诉讼程序的纽结，因此诉讼程序便因具体规则的密布而使得基本原则的效力覆盖了其全部范围。当然，对于基本原则的始终性或效力的扩张性不能作机械的理解，认为基本原则的效力必定完整地贯穿始终而绝对不能有所中断。事实上，基本原则在效力上的始终性一方面表明它是诸多具体规则的本源，另一方面又表征着它的分量性或重要性。重要的程序规则必然表现为它的规则集合性，而规则的集合性就是基本原则始终性的全部含义。就基本原则与具体规则的关系而言，有的基本原则从诉讼程序的一开始便发挥作用，直到诉讼程序终结为止；有的基本原则等到诉讼程序的中间阶段方起而发挥作用，该作用力一直持续到诉讼程序的终结；有的基本原则则起始于诉讼程序的开端，而在诉讼程序的中间便丧失其调整力；还有的基本原则其作用力产生于诉讼程序的中间，也消失于程序的终结之前，等等不一而足。发挥作用的时间或阶段的长短无关紧要，要紧的是基本原则必须是规则的规则，而且具有重要性。

四是指导性。民事诉讼法基本原则是具体规则的源泉，对具体规则而言，基本原则为指导性规则；同时，在具体规则未被设定的领域或地带，基本原则起着调整行为者行为的作用，这对行为者而言，便为基本原则的指导性。

五是概括性。民事诉讼法基本原则是诸多具体规则之源，其必定是抽象的、概括的。正因为基本原则具有概括性，它才有较为广泛的覆盖性，它能够在诉讼程序的全部阶段或重要阶段发挥实际的作用。同时，因为基本原则是概括的，所以它也是相对模糊的，其内容具有较大的弹性和伸缩性。基本原则的这个属性或特点，不仅为它继续生成具体规则提供余地和可能，同时还为法院灵活司法提供了契机和依据。

六是稳定性。基本原则是民事诉讼法基本性质和实质内容的负载者，只要民事诉讼法的基本性质和实质内容不变，基本原则也不会发生变化。基本原则发生变化了，就说明民事诉讼法的构架和本质发生了变化；民事诉讼法的构架和本质欲发生变化，必然要体现在其基本原则的变化上。

对于上述基本原则的特征，有两点值得说明：

其一，民事诉讼法基本原则是否具有规范性。有一种相反的观点认为它没有规范性，理由是民事诉讼法基本原则是抽象的、不确定的，因而只有指导性，而不具有可操作性，其本身不是法律规范，所以不具有规范性的特点。[①] 虽然这种观点是针对民法基本原则来说的，但具有典型性。笔者认为这种看法值得商榷。基本原则已经有了具体的内容，它具有了诉讼权利或诉讼义务的明确含义，它也蕴含着相应的诉讼后果，对诉讼法律关系的主体行为有着实际的影响和作用，因而它不失为一种行为规范。尤其是，这种行为规范的属性还不仅仅局限于司法领域，对于立法行为而言也有规范性的作用。只是有的基本原则的抽象性程度较高，规范性不明显。比如当事人地位平等原则，它对保障当事人诉讼地位的平等性并无明显的规范作用，它所能提供的主要还是当事人应当平等的理念和精神。有的基本原则在规范性程度上则较高，比如辩论原则，当事人据此享有辩论权利，任何限制或剥夺当事人辩论权的行为都是违反该原则的。规范性程度的高低，反映了基本原则之间的层次差异和涵盖面的不同。但无论其规范性程度如何，都不能否认其基本原则的属性；反过来，只要是民事诉讼法的基本原则都应有一定的规范性。缺少规范性，它就不是民事诉讼法基本原则；规范性过强，它便沦为具体规则了。所以，基本原则虽然具有规范性，但也仅有概括的规范性和模糊的规范性。

其二，民事诉讼法基本原则是否具有强制性。从理论上说，既然基本原则具有规范性和可调整性的特点，同时既然基本原则属于民事诉讼法的构成内容之一，那它具有强制性就是必然的。但基本原则需要辩证地理解。基本原则可以从不同角度作出不同的分类，对法院的审判行为而言，基本原则对它具有较强的或较明显的强制性。法院对基本原则所提出的要求不能拒绝和违背，否则法院的审判行为就是无效的或至少是有瑕疵的。但基本原则对当事人而言，则无论是直接地对当事人予以调整的基本原则抑或间接地对当事人予以规范的基本原则，并不都具有强制性，毋宁认为它们一般具有授权性，具有强制性的基本原则对当事人而言毕竟是少数。当然，这种分析仅适用于现代民事诉讼制度的理论构架。所以，在这个意义上，没有必要将"强制性"设定为基本原则的一个基本属性。

以上所述是民事诉讼基本原则的基本特征。这些基本特征是民事诉讼法基本原则的外在表现，同时也是判断基本原则的标准。

二、民事诉讼法基本原则的功能

从民事诉讼法基本原则的特征可以看出，民事诉讼法基本原则具有以下功能：

[①] 参见徐国栋：《民法基本原则解释——成文法局限性之克服》，中国政法大学出版社1992年版，第19页。

（一）立法准则的功能

民事诉讼法基本原则确立了民事诉讼法的基本性质、基本内容和基本框架，民事诉讼法的具体内容就是依据民事诉讼法的基本原则而展开的。立法者在立法时应首先确立其基本原则，然后在科学设定基本原则体系的基础上，逐渐展开其内容，形成民事诉讼法的各项制度和程序。任何一个国家其民事诉讼法律体系的构建都是在一定的指导思想、基本任务和价值理念统率之下所形成的规范系统，其基本的立法思维逻辑是：首先确定"原则"，然后将原则具体化为"制度"和"规则"，最终将其连续化为"程序"。这说明，在民事诉讼立法中，基本原则必须率先得到确立，然后再由此演绎出制度、规则和程序等。可见，民事诉讼法基本原则对立法者而言具有指导意义。

（二）行为准则的功能

如前所述，民事诉讼法基本原则具有规范性的特点，它是诉讼法律规范体系的一个有机组成部分，因而具有行为准则的功能，当事人、法院和其他诉讼参与人依据基本原则可以实施相应的诉讼行为，这种相应的诉讼行为不会因为缺乏具体规则的调整而变得无效。

（三）表征民事诉讼基本模式的功能

众所周知，各国民事诉讼模式不尽一致。民事诉讼模式不尽一致，根本的原因在于其所赖以存在的政治、经济、文化等背景和基础的不同，但直接的原因在于各国民事诉讼法所确立的基本原则相异。基本原则及其所构成的体系不同，民事诉讼程序的结构模式便有所区别；民事诉讼模式不同，必然落实和体现在基本原则的区别之上。民事诉讼基本原则发生了变化，而且这种变化达到了一定的程度，民事诉讼程序的基本模式便也相应地发生了变化。基本原则和基本模式是互为决定、相互影响的，从立法逻辑上说，是基本原则决定了诉讼模式，正是在基本原则既定的前提下，民事诉讼模式才成为特定的样式；但民事诉讼模式作为一种观念形态的预设，也为民事诉讼法基本原则的确立提供了框架。虽然不是每一项基本原则都直接与民事诉讼模式相关，但真正意义上的基本原则应当能够在一定程度上有助于民事诉讼模式的建构。

（四）创造性司法的功能

就民事诉讼法的立法模式而言，在"规则模式论"中，基本原则并无一席之地，法官必须严格依规则而司法。但在"原则－规则模式论"中，基本原则发挥着重要的作用，其中突出的一点便是它为司法者能动地司法或创造性司法提供了广阔的领域和空间。成文法具有天然的局限性，实体法是这样，程序法也是如此，各国民事诉讼法繁简程度的不同以及篇幅大小不一的状况，本身就说明民事诉讼法必然有程度不同的漏洞存在。在民事诉讼具体规则未能为特定的民事诉讼行为提供合法与否的依据时，唯一能补充该程序体系漏洞的便是其基本原则。具体程序规则发生冲突或出现盲点的地方，正是基本原则发挥作用的场所。有了基本原则的指导，法院方能在具体规则发生冲突时作出正确的、适当的选择；也正是由了基本原则的指导，法院才能在缺乏具体规则调整的情形下仰赖基本原则以济其穷。同时，任何程序规则相对于个案而言都是一般性的规范，将这种一般性的规范适用于个案当中从而形成最为适当的个案规则，法院也要依赖于基本原则的指引。

（五）监督司法的功能

法院行使审判权，当事人行使诉权，其过程及其结果是否与民事诉讼法相符合，除依赖具体的程序规则加以监督与审核外，就是按照基本原则实施审判的监督权。上级法院和最高人民法院实施审判监督是如此，人民检察院对民事诉讼实施法律监督也是如此。尤其是，作为监督司法的民事诉讼法基本原则不仅包括该法所确立的基本原则，而且还指宪法性基本诉讼原则。有时，国际法上的基本诉讼原则也成为实施司法监督的根据。司法水准的高低，在相当大的程度上是由司法者对基本原则的把握和运用来决定的。

（六）弘扬司法理念的功能

司法理念是司法文化的积淀，它具有主流性、前瞻性和开拓性的特征，这些理念是依赖民事诉讼法的基本原则来表现和弘扬的。每一个基本原则，都体现或负载着一个或若干特定的司法理念与司法价值。由这些基本原则，不仅诉讼法律关系的主体，而且社会中的一般公众均可不同程度地理解和评价特定民事诉讼法的内容和性质。

三、民事诉讼法基本原则的体系化与类型化

（一）民事诉讼法基本原则的体系化

民事诉讼法基本原则在数量上往往是由多数构成的，这些多数基本原则便构成某一个特定国家民事诉讼法的原则体系。民事诉讼法各项基本原则虽然视角、功能和调整的主体与事项不完全一致，但由于它们组织在一起共同反映和体现了民事诉讼法的性质和基本内容，因此它们在内容上和本质上是一致的，它们从不同的侧面作用于民事诉讼法的整体功能，形成了具有内在联系的原则系统。民事诉讼法基本原则体系具有内在协调、相互依赖、相互说明和印证、方向一致等特点。原则体系本身建构得是否科学与合理，直接决定着民事诉讼法的制定与实施是否能够取得理想的效果或预期目标。原则体系若建构失败，民事诉讼法的起草、修订和贯彻等，都将不可能取得成功。前述基本原则所具有的立法准则的指导功能，在这里首先表现为其体系建构是否成功。

民事诉讼法基本原则体系反映了特定国家民事诉讼法的基本精神面貌，在一定时期内它具有相对的稳定性。但是，民事诉讼法的变化、发展和更新乃是一个永恒的趋势，其内在的规律性是不可抗拒的。民事诉讼法的动态变化特性反映到其基本原则上来，便是首先在一个或若干个基本原则上发生逐渐变化，然后发生急剧的变化，最后带动基本原则体系的整体性变更。因此，民事诉讼法基本原则体系既具有相对的稳定性，又具有绝对的变动性。对于民事诉讼法的基本原则体系的研究，既要在其实定法的范围内予以分析与理解、把握，又要将它置于审判制度改革和应然法的层面予以前瞻的思维和领会。尤其在像我国这样的发展中国家，更要看到民事诉讼法基本原则体系的动态一面。

民事诉讼法基本原则体系是一个由若干原则组成的整体或统一体，它形成一个如同板块结构式的制度框架，在特定价值目标的支配下相互牵制、支持、制约着。对于特定的一项基本原则，在其含义和性质解说上，既要单独地看它的内容和运作方式，也要将它置于原则体系的高度去审视观察其内在特点和完整含义。也就是要用个别性和整体性相结合的方法，对民事诉讼法基本原则作出理解，加以运用。个别的基本原则如果将它放在国际背景下会是一种含义和性质，如果将它放在我国民事诉讼法基本原则体系中又会是另一种含义和性质。就基本原则发展的内在动因而言，经常利用统一性和分离性的辩证方法对其进行解析和考察，是相当有裨益的，在我国尤具意义。

《民事诉讼法》也设定了其基本原则的体系，具体包括第5条（同等原则和对等原则）、第6条（法院独立审判原则）、第7条（法院审判原则）、第8条（当事人平等原则）、第9条

（法院调解原则）、第 10 条（审判基本制度）、第 11 条（使用本民族语言文字进行诉讼原则）、12 条（辩论原则）、第 13 条（诚信原则和处分原则）、第 14 条（检察监督原则）、第 15 条（支持起诉原则）、第 16 条（在线诉讼原则）、第 17 条（变通规定原则）等。以上即为我国民事诉讼法立法者所确立的基本原则体系。

这些基本原则从立法渊源上说乃直接从 1982 年新中国首部《民事诉讼法（试行）》转承而来，而《民事诉讼法（试行）》所确立的基本原则又具有较为悠远的历史传统以及复杂的来源渠道。可以说，民事诉讼法上每一项基本原则的起落、沉浮及其塑造和再塑造，背后都有其深沉的立法背景和缘由，它们的产生绝非偶然与任性的产物。它们组合在了一起，映现了我国民事诉讼法的基本性质和基本特征，同时反映了我国民事诉讼法发展的历史阶段及其时代特色，也预示着它的发展趋向和规律。

与《民事诉讼法（试行）》相比，现行《民事诉讼法》在基本原则的确立上发生了这样几点变化：其一，将同等和对等原则确立为基本原则。对等和同等原则原来是规定在"涉外民事诉讼程序的特别规定"中的，立法者并未将它作为"基本原则"看待。但历经多年后，立法者认为该原则应当作为"基本原则"。

其二，将原来作为基本原则对待的"巡回审理，就地办案"删除，与此同时，在《民事诉讼法》第 138 条专门规定："人民法院审理民事案件，根据需要进行巡回审理，就地办案。"这说明，同属"巡回审理，就地办案"，在试行法中，它是一项基本原则，而在现行法中，它仅为一个阶段性的具体原则，其地位的重要性有所降低。

其三，对调解原则予以再塑造，将原来试行法中的"应当着重进行调解"原则改变为"根据自愿和合法的原则进行调解"。这意味着法院调解原则虽未改变，但规制调解原则的原则发生了变化，调解在诉讼中的地位与此同时也发生了微妙的变化。

其四，对检察监督原则作出新的表述，将作为监督对象的"审判活动"改为"诉讼活动"，扩大了检察监督的范围。

其五，增设了诚信原则。

其六，删除了人民调解原则。

以上六种表现在民事诉讼法"基本原则"体系中的变化，也是立法者惯用的调整基本原则体系的手法：或者创设一种"基本原则"，或者将"具体原则"提升为"基本原则"；或者将"基本原则"贬降为"具体原则"；或者保留"基本原则"的名义，对其内涵予以调整，使之成为新原则体系中的"老原则"。我国民事诉讼立法这种对基本原则和具体原则的依其重要性程度而进行的杠杆式的调整方式，对理解"基本原则"在我国民事诉讼中的特殊地位和功能，具有特殊的启发意义。

（二）对民事诉讼法基本原则的质疑

没有学术的批判，就没有学术的进步。近年来，我国民诉学界对立法所规定的基本原则体系展开了深入的研究，进行了广泛的批判和检讨，并提出了诸多有价值的见解，这对我国民事诉讼法基本原则体系的健全和完善无疑具有推动作用。但有些批评也不尽合理，其视角往往是纯理论的或纯西方的，没有充分考虑到"基本原则"在我国民事诉讼法中的特殊调整意义和特有的含义与功能。就其要点，这些批评意见有：

1. 基本制度与基本原则相混淆

《民事诉讼法》第 10 条列举了四项制度：合议、回避、公开审判和两审终审制度。有学者据此认为，既然立法者已经明示这四项内容为"制度"，那它们自然不能作为"基本原则"

对待。至少将这些内容规定在以"基本原则"为题的条文群下是有问题的。① "基本原则"和"基本制度"是从不同视角、以不同标准所得出的相异说法,二者并不处在截然对立的状态。不能认为既然为"基本制度",则必不能为"基本原则"。"制度"是要求成员共同遵守的按照一定程序办事的规程。"基本原则"既可针对当事人而适用,也可针对法院而适用。只要"基本制度"符合"基本原则"的构成要素以及判断标准,它们当然可以同时成为"基本原则"。它们成为"基本原则"并不否认它们所具有的"基本制度"的特性。典型的例子可以举"公开审判"。"公开审判"是民事诉讼法明定的"基本制度",从其所调整的主体以及必然属性来看,公开审判固然为"基本制度",但公开审判同时还制约着诉讼程序的基本性质和运行方式,是否实行公开审判往往是鉴别相异的程序制度的显著标志。同时它也是"开庭审理""言词辩论"等诸多程序规则的派生源泉。在此意义上,否认"公开审判"的基本原则性质是难以成立的。其他也有类似的例子。总之,"基本原则"和"基本制度"并非是对立的、不相容的,而是有所交叉、重合的。

2. 一般原则和基本原则相混淆

一般原则也可称为"具体原则",也就是不是贯彻始终的,而是在诉讼程序的某个阶段或某个特殊的程序类型中发挥作用的"原则"。毫无疑问,无论是"具体原则"还是"基本原则",它们均为"原则"则是一定的。既然同属"原则"的范畴,则它们之间共同拥有"原则"所具有的属性是必然的。这就使得"基本原则"和"具体原则"之间的界限处在模糊地带。比如说法院调解原则,这种评论意见指责它应为"具体原则"而不属于"基本原则",因为它的适用是附条件的。适用是否附条件不能成为划分"具体原则"和"基本原则"之间界线的标准或要素,相反,适用是否附条件是在"具体原则"抑或"基本原则"业已确定的前提下才涉及的一个问题。当然,适用于涉外诉讼程序中的"同等和对等原则",因为它仅仅在涉外诉讼中才发挥作用,对整体的诉讼程序并不产生制约性或决定性的影响,所以将它们作为民事诉讼程序的"基本原则"在逻辑上是存在问题的。因为在非涉外诉讼程序中,无论是同等原则还是对等原则均不予适用,适用的是作为它们本源的平等原则,所以同等原则和对等原则皆非"基本原则"。

3. 立法技术上存在的问题

毋庸讳言,我国民事诉讼立法在"基本原则"的规定中存在一些技术性瑕疵。比如,《民事诉讼法》第一章以"任务、适用范围和基本原则"为题,这是一个列举式的标题,外延是受限定的。作为逻辑分析的结果,该章中除"任务""适用范围"之外,其他的内容应均划归"基本原则"的范围。但事实上,该章还包括了立法依据(第1条)、民事诉讼法的适用规则(第4条)等内容。不仅如此,在看上去应为"基本原则"的部分,还附带着与民事诉讼程序没有直接关联的内容,如民族自治地方制定变通或补充规定的立法准则等。这就显得内容逾越了标题,出现了立法逻辑问题。这些评论不无道理。但这些意见中有一点,笔者认为是值得商榷的,这就是"基本原则"的确立标准问题。这种观点认为,作为基本原则的标准应当同时具备内容的根本性、普遍的指导性等要素。用这些严格的标准来衡量,前面所述的各项基本原则规定,只有极少的内容够得上"基本原则"的资格,有的甚至说民事诉讼法的基本原则只

---

① 参见廖中洪:《我国民诉法基本原则规定的问题及其重构设想》(上),载《河南省政法管理干部学院学报》2002年第5期。

有一个,即平等原则。① 现在学术界普遍趋势是认为基本原则越少越好,至少不能像现在这么多。笔者认为这种观点不一定妥当。"基本原则"虽然不能说越多越好,但是其应当有一定的数量;而且,"基本原则"的确立标准应当是多元化的,应当允许从不同的视角设定相异的"基本原则"。

(三) 民事诉讼法基本原则的类型化

对民事诉讼法基本原则进行类型化研究,具有多方面的意义:其一,可以较为清楚地明确各项基本原则的来源,从而明确其在法律规范中的地位和作用。其二,有利于准确认识各项基本原则的特点和功能,从而做到正确运用。其三,通过分类研究,可以扩展学术研究的视野,更加辩证而全面地对待我国现行法所确立的各项基本原则,从而完善和充实民事诉讼法基本原则的体系,并由此推动民事诉讼法基本原则的发展。

对于民事诉讼法基本原则可以从不同的视角进行各种形式的分类,主要的分类有:

1. 共有原则和特有原则

我国学界通说认为可以以由什么样的法律加以规定为标准对基本原则进行分类。以此为标准,民事诉讼法基本原则可以分为两大类型:

一是共有原则。即由《宪法》《人民法院组织法》《人民检察院组织法》所确立的适用于民事诉讼法的基本原则,包括:其一,民事案件的审判权由人民法院行使的原则;其二,人民法院依照法律规定对民事案件独立进行审判的原则;其三,以事实为根据、以法律为准绳的原则;其四,对于诉讼当事人在适用法律上一律平等的原则;其五,检察机关对诉讼活动实施法律监督的原则;其六,使用民族语言文字进行诉讼的原则;其七,民族自治地方制定补充或变通规定的原则。以上原则由于是由《宪法》《人民法院组织法》《人民检察院组织法》加以规定的,因此适用于人民法院行使审判权所审理的所有案件及其程序,包括刑事诉讼程序、行政诉讼程序和民事诉讼程序。正因如此,理论上将它称为"诉讼法上的共有原则"。对于这些共有原则,三大诉讼法分别根据各自的特点又予以了具体的规定和表述,形成了各有特色的共有原则。《民事诉讼法》对于以上原则均加以了重申和再述。

二是特有原则。由民事诉讼法所规定的仅适用于民事诉讼的基本原则被称为民事诉讼法中的特有原则。民事诉讼中的特有原则包括:其一,诉讼权利平等原则;其二,法院调解原则;其三,辩论原则;其四,处分原则;其五,诚信原则;其六,支持起诉原则。但是事实上,严格地说,以上所谓民事诉讼法的特有原则仅仅是与刑事诉讼法相比较而体现出来的,对于民事诉讼法和行政诉讼法而言,其中诉讼权利平等原则、辩论原则等原则又属于它们之间的共有原则。显而易见,以法律规定的层次和异同为标准来划分基本原则的类型,是有重大意义的:《宪法》《人民法院组织法》《人民检察院组织法》所规定的基本原则一般是从法院行使审判权和人民检察院行使法律监督权的角度加以规定的,因此多为审判活动和检察监督活动的调整原则;而且,由于《宪法》《人民法院组织法》《人民检察院组织法》均为法律效力位阶最高或较高之法,因此它们所确立的基本原则对三大诉讼法而言更具有立法准则的功能,任何诉讼法均要当然地接受这些基本原则的调整,而无论其是否在本法中有明文规定。同时这些共有原则还往往成为最高人民法院对地方各级法院、上级法院对下级法院行使审判监督权以及检察机关对审判机关行使法律监督权的最终依据。

---

① 参见占善刚:《对民事诉讼法基本原则之初步检讨》,载《法学评论》2000年第3期。

2. 立法明定的基本原则和学理概括的原则

这是依基本原则是否具有法律的明文规定性为标准而进行的分类。关于民事诉讼法基本原则的立法模式，各国所作的选择不完全一致。英美法系国家偏重于在民事诉讼法中规定其价值目标，而对其基本原则则通常不作规定。例如美国《联邦民事诉讼规则》第1条仅规定："对本规则的解释和执行，应当以确保公正、迅速并经济地处理诉讼为目的。"后面就是关于民事诉讼程序规则的具体规定，故其立法对民事诉讼法的基本原则未作规定。不仅如此，其学理也通常不提"民事诉讼法的基本原则"这种说法。英国《民事诉讼规则》第1条的规定也是类似的。不过与美国有所不同的是，英国除了明确规定法院审理案件的基本目标外，还进一步规定了实现这些基本目标的具体措施，如法院具有管理案件的职责、当事人具有协助法院实现立法目标的义务等。就这些具体措施而言，其中含有基本原则之意是显而易见的。大陆法国家和地区的做法不尽一致。德意志联邦共和国《民事诉讼法》开篇就规定法院的管辖，没有"基本原则"之类的规定。但是它在诉讼程序等具体规定中，也会提及若干基本原则，如其第128条便规定了言词主义的原则、第138条规定了当事人的真实义务等。这些内容显然有基本原则的意蕴。日本《新民事诉讼法》与德国稍有不同，它专辟一章规定了"通则"，"通则"中的第2条规定了诉讼的价值目标以及调整当事人诉讼行为的诚信原则。法国《民事诉讼法典》则有别，其第一编"序则"第一章"诉讼的指导原则"便专门规定了各项用以调整诉讼程序的基本原则，共分"诉讼""系争标的""事实""证据""法律""两造审理""辩护""调解""辩论""克制态度"等方面。俄罗斯联邦共和国《民事诉讼法典》第一章专门规定"基本原则"。我国《澳门民事诉讼法典》第一编"基本规定"部分共12条，其中多数条款皆为基本原则内容。我国内地民事诉讼法自也不例外，规定了诸多基本原则。虽然德、日等国并没有明确规定较多的基本原则，但其学理并不认为民事诉讼法就因此而不存在基本原则。依其学理解释，诸如当事人进行主义与职权进行主义、辩论主义与干涉主义、言词审理主义与书面审理主义、公开审理主义与秘密审理主义、直接审理主义与间接审理主义、法定顺序主义与自由顺序主义、本人诉讼主义与律师诉讼主义以及自由心证主义与法定证据主义等诉讼原则，均被界说为"指导诉讼过程之诸原则"[①]。这些解说虽然有一定局限，但它们乃是大陆法系学理长期积淀的产物，对某一个特定侧面而言，它们无疑具有"基本原则"的作用。我国学界也有学者提出，民事诉讼法所规定的基本原则和学理上所概括的基本原则是有所区别的，[②] 有的法律明文规定的所谓"基本原则"并非真正的"基本原则"，而真正的"基本原则"立法却未必予以明定。典型的例子比如公正原则和效益原则，它们就是学理概括的原则而非立法规定的原则。在理论上提出学理上的基本原则是有意义的。这实际上是立法主义和概括主义的结合，意在强调突破现行法的明确条款对基本原则进行创造性解释，无疑，这对推动现行法的发展具有积极效应。当然，依该观点所概括的学理原则是否确当，其本身能否成为一项基本原则，以及这些原则是否在现行民事诉讼法中有映现，存在讨论的余地。

有的学者认为，法律原则的确立有两种方式，一种是通过显性的方式将原则明文载入法典之中，另一种方式是通过隐性的手段将原则内涵分配到具体的规则中去；立法者究竟以哪种方

[①] 陈计男：《民事诉讼法论》，三民书局1994年版，第243页及以下。[日] 中村英朗：《新民事诉讼法讲义》，陈刚、林剑锋、郭美松译，法律出版社2001年版，第170页及以下。

[②] 参见柴发邦主编：《中国民事诉讼法学》，中国人民公安大学出版社1992年版，第77页。

式确立基本原则,并非是习惯问题,而是反映出立法技术的优劣程度和法律体系的完善程度。① 基于此分析,该观点将诉讼法的基本原则分为实然性原则与应然性原则。② 这种理解与前述分类是一脉相承的。

3. 公理性诉讼原则和政策性诉讼原则

公理,指的是经过人类长期反复实践的考验,不需要再加证明的命题。依此定义,公理性诉讼原则应当是反映现代民事诉讼基本规律和本质的、为各国所普遍遵循的基本原则。正是由公理性原则决定了各国民事诉讼制度所具有的共同特点和内在要素。应当说,对于特定时期、特定历史阶段的民事诉讼法而言,其公理性原则乃是一个定性的原则,应为诉讼原则的主流或主体内容。比如,诉讼权利平等原则、处分原则、辩论原则等,皆应属公理性诉讼原则。政策性原则是对立法机关一定时期内在各种可能方针中所作选择的反映。③ 政策性诉讼原则反映了特定国家于特定时期的民事诉讼法的特殊要求,是该国民事诉讼法特殊性的集中性体现。如支持起诉原则、调解优先原则、职权干预原则等,便可以看作我国民事诉讼中的政策性原则。与公理性原则具有本质性和稳定性有异,政策性诉讼原则往往并不反映民事诉讼法的内在本质和规律性要素,而是对民事诉讼法某些外部特征的反映和强调,虽然其意义对特定的国家而言并不一定逊于公理性原则,但毕竟不具有如同公理性原则那样的稳定性和生命力。对于我国民事诉讼法而言,长期以来以政策性诉讼原则为主流的基本原则体系应逐渐增强公理性诉讼原则的比重。

4. 决定民事诉讼模式的基本原则和不决定民事诉讼模式的基本原则

民事诉讼法的基本原则与其基本模式往往有一定的关联,但并不是所有的基本原则都直接地与民事诉讼的基本模式有关。诉讼权利平等原则、辩论原则、处分原则、检察监督原则、诚信原则等便与诉讼模式相联系,而诸如法院依法独立行使审判权的原则,以事实为根据、以法律为准绳的原则,使用民族语言文字原则,支持起诉原则等,便与基本模式不直接相关联。因此,就原则的功能而言,可以将民事诉讼法的基本原则分为决定民事诉讼模式和不决定民事诉讼模式两大类型。这两类基本原则同时并存,各具机能,并不互相排斥,反而是相得益彰的。

5. 实体真实主义原则与正当程序主义原则

实体的真实性保障和程序的公正性保障是民事诉讼程序的两大价值目标,基本原则作为民事诉讼法的基础性内容,在对其价值目标的实现上会有不同的侧重。我国完善民事诉讼法基本原则的基本方面就是辩证地看待实体真实主义原则,同时强化正当程序主义原则。

6. 核心原则、基本原则和具体原则

能够直接体现程序价值要求的标准构成了诉讼法中的核心原则,该核心原则又决定了基本原则,基本原则又派生出了具体原则,具体原则又成为诉讼程序或诉讼规则的基础和前提。

---

① 参见李文健:《刑事诉讼原则论》,载《法学研究》1996年第1期。
② 参见李文健:《刑事诉讼原则论》,载《法学研究》1996年第1期。
③ 参见徐国栋:《民法基本原则解释——成文法局限性之克服》,中国政法大学出版社1992年版,第15页。

第二节 人民法院依法独立行使审判权原则

一、独立审判的含义

《宪法》第131条规定:"人民法院依照法律规定独立行使审判权,不受行政机关、社会团体和个人干涉。"这是我国根本大法对审判独立原则的明确认可;法院依法独立行使审判权,法院在行使审判权时应当以法律和事实为基本依据。不仅如此,我国法院组织法和三大诉讼法对法院审判独立行使审判权原则也在各自领域作出了重申,使法院独立行使审判权原则有了具体的落实措施。三大诉讼法对该原则的重申是极其有其必要性的,这说明,我国全部的法律体系都尊重和贯彻宪法所确立的法院独立行使审判权原则,我国法律对它的规定和体现是一以贯之的。《民事诉讼法》第6条规定:"民事案件的审判权由人民法院行使。人民法院依照法律规定对民事案件独立进行审判,不受行政机关、社会团体和个人的干涉。"

法院独立行使审判权原则不仅受到我国宪法和诉讼法的保障,同时在国际性文件中,这一原则也得到切实的体现。比如,1985年联合国《关于司法机关独立的基本原则》、1982年国际律师协会《司法独立最低标准》、1995年亚太地区首席大法官会议《司法机关独立基本原则的声明》以及1994年国际法学家委员会《关于新闻媒体与司法独立关系的基本原则》等国际文件,都关注审判独立基本原则的倡导,将它视为保障人权的重要法律制度。以《关于司法机关独立的基本原则》为例,司法机关的独立具有以下基本含义:

其一,尊重独立。各国应保证司法机关的独立,并将此项原则正式载入其本国的宪法或法律之中。尊重并遵守司法机关的独立,是各国政府机构及其他机构的职责。

其二,不受干涉。司法机关应不偏不倚、以事实为根据并以法律规定来裁决其所受理的案件,而不应受任何约束,也不应为任何直接、间接不当影响、怂恿、压力、威胁或干涉所左右,无论其来自何方或出于何种理由。

其三,管辖裁决。司法机关应对所有司法性质问题享有管辖权,并应有绝对权威就某一提交其裁决的问题按照法律是否属于其权力范围作出决定。

其四,司法监督。不应对司法程序进行任何不适当或无根据的干涉,法院作出的司法裁决不应加以修改。此项原则不影响由有关当局根据法律对司法机关的判决所进行的司法检查或采取的减罪或减刑措施。

其五,接受庭审。人人有权接受普通法院或法庭按照业已确立的法律程序的审讯。不应设立不采用业已确立的正当法律程序的法庭来取代应属于普通法院或法庭的管辖权。

其六,尊重诉权。司法机关独立的原则授权并要求司法机关确保司法程序公平进行以及各当事人方的权利得到尊重。

其七,履职保障。向司法机关提供充足的资源,以使之得以适当地履行其职责,是每一会员国的义务。

以上可见,审判独立原则不仅要得到宪法的明确认可,而且对该原则中包含的基本要求也应当在宪法中得到体现或规定。同时这个原则,不仅涉及法院独立行使审判权、不受任何非法干涉或不当影响的问题,还涉及法院的充分管辖权和法院行使管辖权的正当法律程序以及实质性保障。法院独立行使审判权在国际性文件中还涉及法官独立问题。《司法独立最低标准》第

1条就规定："法官应享有身份之独立及实质之独立。"身份独立，指的是"法官职位之条件及任期有适当保障，以确保法官不受行政干涉"。实质独立，指的是"法官执行其司法职务时，除受法律及其良知之拘束外，不受任何干涉"。

一般认为，在我国民事诉讼中，人民法院独立行使审判权原则，包含以下三项内容：

一是审判权由人民法院统一行使。在我国只有人民法院对于民事案件具有审判权，除此之外，任何其他机关、团体、组织和个人均无权行使审判权，对民事案件进行审判。另外，外国的法院及外国的其他组织也无权对我国的民事案件进行审判。根据宪法的规定，我国国家权力存在分工，例如，各级人民代表大会是权力机关，主要行使立法权；各级人民政府行使行政权；监察委员会行使监察权；各级人民法院行使审判权；各级检察机关行使法律监督权。对民事案件的审判权由人民法院行使而且只能由人民法院统一行使。除诉讼外，仲裁机构也可以行使对部分民事案件的裁决权。根据我国《仲裁法》第2条、第5条和第9条的规定，对于因合同以及其他财产事项引起的民事纠纷经当事人双方的协议可以提交仲裁机构进行仲裁，仲裁和诉讼实行或裁或审的原则，并体现为解决民事纠纷的主要双轨机制。这也不影响人民法院依法独立行使审判权。仲裁和诉讼都是解决民事纠纷的方式和手段，当事人对此有选择的权利。只有当事人选择了诉讼的方式来解决民事纠纷才涉及审判权的问题。也就是说，如果当事人选择司法途径解决纠纷，人民法院就享有统一的审判权对此纠纷作出裁判。同时，人民法院对仲裁裁决具有司法监督的职能，这也体现了作为审判独立原则内涵之一的司法最终解决原则。

二是审判权由人民法院独立行使。人民法院依照宪法和法律的有关规定，独立行使审判权，而不受任何行政机关、社会团体和个人的干涉。在民事诉讼进行过程中，任何行政机关、社会团体和个人都不能对人民法院施加压力进行非法干涉，以影响最后的裁决。法律虽然仅仅规定法院独立行使审判权不受行政机关、社会团体和个人的干涉，但这并不意味着未被立法涵盖在其中的任何主体有权对法院行使审判权进行非法干涉。《人民法院组织法》第52条规定："任何单位或者个人不得要求法官从事超出法定职责范围的事务。对于领导干部等干预司法活动、插手具体案件处理，或者人民法院内部人员过问案件情况的，办案人员应当全面如实记录并报告；有违法违纪情形的，由有关机关根据情节轻重追究行为人的责任。"法院行使审判权，也有职责捍卫其独立性，法院应采取一切合法措施排除外界干涉；法院行使审判权，只服从宪法、法律以及职业道德和良知；法院独立行使审判权，体现在审判的每一步骤、每一环节和每一领域之中。

三是人民法院依法独立行使审判权。人民法院独立行使审判权并不是赋予人民法院任意进行审判的权利，人民法院审判民事案件必须依照法律的相关规定。人民法院审判各类民事案件必须严格遵循国家的法律。程序法、实体法、司法解释是审判活动的法律依据，司法解释不得与上位法相冲突。

在我国法学理论研究中，有些学者将《民事诉讼法》第6条规定解释为两项基本原则，即民事案件审判权由人民法院行使原则和人民法院依法对民事案件独立进行审判原则。我们认为这种观点人为地割裂了民事诉讼法的这条规定，审判权由人民法院行使和人民法院独立行使审判权是一个问题的两个方面，不能截然割裂，否则内容就不完整，也显得单薄。这两个方面应当联系起来看，才能对人民法院的审判权问题认识全面。换言之，审判权由法院行使与审判权由法院独立行使，在我国宪法中具有相同的含义。

二、我国审判独立的特点及完善

(一) 我国审判独立的特点

1. 法院独立与法官独立并重

在法院独立和法官独立的关系中，我国法律比较强调法院独立，而法官独立所受到的强调则尚不充分。由前所引用的法律条文可以看出，我国宪法、法院组织法以及三大诉讼法都仅仅规定法院作为一个整体对外独立行使审判权，而没有明确地、深入地规定作为法院组成人员的法官在行使审判权时是否也具有独立的地位。一般认为，我国的审判独立不是法官个人独立，而是人民法院作为一个整体所表现出来的独立。在我国，人民法院实行民主集中制，设立审判委员会，讨论决定审判工作中的重大问题以及对重大、疑难案件作出处理决定；审判委员会的决定，独任法官或合议庭必须遵照执行。

然而，除法院独立外，法官独立也受到了立法的日益重视和强调。《人民法院组织法》第8条规定："人民法院实行司法责任制，建立健全权责统一的司法权力运行机制。"该规定暗含着法官独立的要求。从《法官法》的规定来看，法官独立行使审判权是有着较为充分的体现和保障的。《法官法》第3条规定："法官必须忠实执行宪法和法律，维护社会公平正义，全心全意为人民服务"；第6条规定："法官审判案件，应当以事实为根据，以法律为准绳，秉持客观公正的立场"；第7条规定："法官依法履行职责，受法律保护，不受行政机关、社会团体和个人的干涉"；第8条第2款规定："法官在职权范围内对所办理的案件负责。"我们可以注意到，"依法审判案件，不受行政机关、社会团体和个人的干涉"，这种表述与法院独立原则的表述完全相同，由此可以认为，在我国，已经实现了由法院独立向法院独立与法官独立并重的局面转换，审判独立这个大原则中，不仅含有法院独立之意，也含有法官独立之意。从司法实践以及司法改革来看，法官独立原则虽然不能说已经完全实现了，但它也在不断的深化落实之中。从审判方式改革初期提出的"还权给合议庭"到"审判长负责制"到目前司法改革中所实行的"司法责任制"，从审判委员会职能的不断弱化到请示汇报制的逐渐取消，都可以看出法官独立原则在我国现代的孕育和发展。

2. 我国的审判独立具有相对性

我国宪法和相关法律在规定审判独立原则时，都规定"人民法院依照法律规定独立行使审判权，不受行政机关、社会团体和个人的干涉"。在我国宪法的发展史中，对审判权独立原则的表述确实发生过较大的变化。新中国第一部宪法，也就是1954年9月20日由第一届全国人大第一次会议通过的《宪法》对法院独立原则是这样表述的："人民法院独立进行审判，只服从法律"，到1978年的《宪法》以及现行《宪法》就发生了上述的转变。但任何人、任何组织和机关团体，都必须在宪法和法律范围内活动，其行为都不能凌驾于宪法和法律之上，法律面前人人平等。同时，法院独立与法官独立无论在何种意义上说，都不可能是绝对的，而只能是相对的，其相对性的一个重要表现，就在它们必须受到权力机关和国家检察机关的监督，同时也要受到各项诉讼原则和诉讼制度的规范和制约。

3. 我国审判独立的司法实践

从司法实践中看，我国审判独立原则的贯彻并非十分理想，审判的独立性会受到法院内外各种因素的影响。例如，法院审判有时会受到行政机关的非法干涉；上下级法院之间请示汇报制度影响了法院的独立性；由于司法责任制落实尚不到位等因素，即便在实行员额制后，法官的个人独立仍没有完全实现；等等。由此来看，法院依法独立行使审判权的原则还有待于在内涵上进一步深化、在实践中进一步落实。

(二) 完善途径

面对这些问题，我们应当从以下几方面对这一原则进行进一步的完善：

1. 强化法官独立的制度保障

由于审判委员会及向上级法院请示汇报制度的存在，加之法院行政管理制度的局限性等，法官个人的独立性难以存在。法官不能独立，法官与法官之间的地位不平等，是我国法院独立审判制度所存在的局限性之一。因此，要完善我国的法院独立审判原则及其制度，唯有真正地实行法官的独立审判。法院独立审判是法官独立审判的前提和基础，法官独立审判是法院独立审判的最终归属和切实保障，这就需要我们在法律中进一步确立和完善法官独立审判和中立审判的原则与制度。

2. 建立独立于地方行政权力支配的地方法院体制

地方保护主义是影响我国审判独立实现的一个重要的障碍，这和我国法院管辖范围同行政区划相一致和法院经费由本级财政各自负担的制度是分不开的。改革现行司法体制的关键是打破按照行政区划设置地方各级法院的现行体制，使司法管辖区域不与行政管辖区域重合。如何从法院组织的设置上摆脱地方行政的制约和影响，这是我国法院实行审判独立的关键所在，也是司法权和行政权实行彻底分化的重要步骤。同时要相应建立完善独立的法院经费体制，使法院能够在物质上脱离地方机关的制约。

2013年党的十八届三中全会提出要推动省级以下地方法院、地方检察院人财物统一管理，中国司法经费管理体制改革开始从"经费多少"转向"制度变革"，从工作机制转向更深层次的管理体制改革。推动省以下地方法院检察院人财物统一管理，与完善司法人员分类管理、完善司法责任制、健全司法人员职业保障一起，被称为司法改革的四项基础性工程，具有牵一发而动全身的作用。2014年以来经过三轮改革试点，省以下法院、检察院财物统一管理改革逐步向全国推开，形成了省级司法部门统管和省级财政部门统管两种模式。此一改革目前还在深化推进之中。

3. 严格法官的任职资格和选用程序，提高法官的整体素质

严格法官的任职资格，实现法官的专业化、职业化，提高法官的专业素质和法律意识水平。设立法官推选和任免的民主化程序，坚持任人唯贤，加强对法官的民主监督。实现审判独立，还必须健全、完善法官职业保障制度，使法官没有后顾之忧，合理确立法官任职的届数制度，加强法官执业的物质保障，等等。

4. 理顺审判监督制度与审判独立之间的关系

审判独立并不是一种绝对的超然的不受任何制约的独立，法官审理民事案件还要受到监督，包括诉讼程序自身的监督、人大的监督、检察机关的监督和社会舆论的监督等。诉讼程序自身的监督，应当着重于完善诉讼程序本身，通过贯彻辩论原则、回避制度和审判公开制度等来对法官加以制约。人大的监督应当更加切实有效。检察监督主要是赋予检察机关以事中、事后的法律监督权来实现。社会舆论监督是不同公权力相联系的监督形式，也是参与性最为广泛的监督形式，应当鼓励对司法活动进行社会监督，但是也要制定相应的规则，对社会监督予以规范，尤其对媒体监督而言更是如此，使其在法律规定的范围内发挥监督作用。

第三节 以事实为根据，以法律为准绳原则

以事实为根据，以法律为准绳原则是我国实事求是的思想路线和司法法治原则在诉讼中的具体体现。这也是我国三大诉讼法都确立的诉讼的基本原则。《民事诉讼法》第 7 条规定："人民法院审理民事案件，必须以事实为根据，以法律为准绳。"这就明确将"以事实为根据，以法律为准绳"规定为我国民事诉讼法的基本原则之一。

一、"以事实为根据，以法律为准绳"原则的基本含义

（一）以事实为根据

在民事诉讼中，以事实为根据，要求人民法院在审理案件中，只能以法院认定的客观事实为根据、基础，而不能以与案件无关的事实作为审判根据，更不能以主观想象、主观臆断的事实为依据进行审判。认定事实是审理案件的前提和基础，如果不能够正确地认定事实，就不可能做到对案件的正确处理。案件事实的准确认定，是法院正确地审判民事案件从而实现全社会公平正义的基石。正确地认定事实，最主要的就是正确地认定证据，因此人民法院应当对当事人收集的和法院依职权收集的证据进行分析研究，只有经过双方当事人充分论证并经人民法院查证属实的证据才能作为认定案件事实的根据。

（二）以法律为准绳

要求人民法院在审理民事案件中必须依照民事实体法和民事程序法的有关规定作出裁决。符合民事程序法，主要是指人民法院在认定事实和适用法律要严格依据诉讼法规定的程序、期间和权限审理民事案件，不能越权违法办案。符合民事实体法，主要是指人民法院在适用法律以确定当事人的民事权利义务关系时，必须严格按照实体法的相关规定办事。当然，由于民事案件千差万别，新型的案件层出不穷，法律未必对所有案件所涉及的情况都作出事无巨细的调整，法律的欠缺或盲点在所难免，因此，法院有时需要创造性司法，同时需要发挥主观能动性，权衡各种利益关系，作出适合具体案件解决需要的自由裁量。在这种情况下，更加需要法院严格按照民事诉讼法所确定的正当法律程序，恰当地行使审判权。

（三）二者的关系

"以事实为根据，以法律为准绳"二者之间是相辅相成的辩证关系。对于解决任何一个案件来说，法院都要在事实的基础上，恰当地运用法律规范作出正确的裁判。因此，对法院公正司法而言，它们二者是缺一不可的。以事实为根据是以法律为准绳的前提，以法律为准绳是以事实为根据的落实。查明案件事实的真相离不开以法律为准绳，尤其离不开以民事诉讼法为准绳；严格按照民事诉讼法处理案件，是法院查明案件事实的程序保障。法院在查明案件事实后，如果不严格适用法律，也不能得出正确的裁判结论，公正司法的目标也不能实现。但相对而言，查明事实较之适用法律更加重要。

二、客观真实与法律真实

客观真实是我国民事诉讼法最为根本的价值目标，也是贯穿于民事诉讼法全部内容的总灵魂，是中国特色社会主义司法制度的基本要义。回顾历史，在诉讼中把"客观真实"作为一

项重要原则,是十月革命胜利后苏联的学者首先提出来的,是在批判资本主义国家民事诉讼中"形式真实"学说的基础上,作为"形式真实"的对立物和替代物提出的。苏联和东欧学者在民事诉讼法教科书和证据法著作中一般都会用较多的篇幅来论证这一原则。① 诚如苏联民事诉讼法学者克列曼所言:"客观真实原则就是要求法院采取它所能做到的一切办法来确定在客观现实上曾经发生过的案件实际情况,要求法院的判决确实是以从案件的真实情况中查明的当事人间真正的相互关系为基础的。"② 客观真实是靠扎实的证据来支撑的。"证据制度同真实问题有着极其密切的联系。在苏维埃民事诉讼中,法院的任务就是要发现实质真实,即实际的真实,苏维埃刑事诉讼和民事诉讼中的证据学说都服从这个目的。"③ 原民主德国教授克利纳等也认为:"举证和必要的证据对审判员的认识过程具有决定性意义。这一点将最终决定能否落实客观真相,而客观真相则是作出符合客观实际和社会主义法权实质的正确判决的起码前提。"④

在具体个案中体现客观真实是人民群众在每一个司法案件中感受到公平正义的基本保障,离开客观真实,我国民事诉讼法便会成为如同飘浮在空中的气球,变得茫无目的。事实上,客观真实的意义已经超越了证据法的领域,而成为了一项极其重要的诉讼原则,并认为该一原则是"统辖其他民事诉讼原则的一条原则"⑤,是原则之王,是派生其他所有原则的核心原则或者母体原则。"在最足以说明民事诉讼的社会主义性质的那些基本原则中间,首要的一条应当是客观真实原则,这条原则的内容在于:法院在审理案件的时候应当正确查明实际案情和由争议的法律关系中产生的当事人的权利和义务。社会主义国家的所有其他民事诉讼原则,目的都在于达到案件的客观真实。"⑥

作为其理论概括,我国通说认为民事诉讼能够达到客观真实的理由有四点:其一,马克思主义存在第一性、意识第二性的认识论为查明案件事实提供了科学的理论依据;其二,案件事实发生后必然会留下这样或那样的证据材料;其三,我国有一支忠于人民利益、忠于法律、忠于事实真相的司法队伍;其四,民事诉讼法规定的各项制度和措施为查明案件的客观真实提供了法律上的保障。⑦ 第一点是客观真实的哲学前提,我们予以接受;第二点是常识问题,无须赘述;第三点是司法队伍的建设问题,与这里的主题无关;第四点是立法问题,与我们这里所论有关,以下细述。

综观我国民事诉讼法的规定,直接规定或间接体现客观真实的条款可谓比比皆是。《人民法院组织法》第6条规定:"人民法院坚持司法公正,以事实为根据,以法律为准绳,遵守法定程序,依法保护个人和组织的诉讼权利和其他合法权益,尊重和保障人权。"将"以事实为根据,以法律为准绳"视为实现"司法公正"的基本保障。《民事诉讼法》第7条重申:"人

---

① 参见张永泉:《客观真实价值观是证据制度的灵魂——对法律真实观的反思》,载《法律评论》2012年第1期。
② [苏] 克列曼:《苏维埃民事诉讼》,法律出版社1957年版,第89页。
③ [苏] 克列曼:《苏维埃民事诉讼中证据理论的基本问题》,西南政法学院诉讼法教研室1984年编印,第8页。
④ [德] 克利纳等:《德意志民主共和国民事诉讼》,刘家辉译,西南政法学院诉讼法教研室编印,第58页。
⑤ [匈] 涅瓦伊等:《经互会成员国民事诉讼的基本原则》,刘家辉译,法律出版社1980年版,第40页。
⑥ [匈] 涅瓦伊等:《经互会成员国民事诉讼的基本原则》,刘家辉译,法律出版社1980年版,第37页。
⑦ 参见陈一云主编:《证据法》,中国人民大学出版社2000年版,第116页。

民法院审理民事案件，必须以事实为根据，以法律为准绳。"尤其是，《民事诉讼法》第 2 条将"保证人民法院查明事实，分清是非，正确适用法律"作为民事诉讼法的首要任务加以规定。《民事诉讼法》第 13 条规定的"民事诉讼应当遵循诚信原则"，本身就包含对客观真实的追求。

《民事诉讼法》第 66 条在规定证据的 8 种形式后强调规定："证据必须查证属实，才能作为认定事实的根据。"第 67 条在规定当事人的证明责任后，接着规定："当事人及其诉讼代理人因客观原因不能自行收集的证据，或者人民法院认为审理案件需要的证据，人民法院应当调查收集。人民法院应当按照法定程序，全面地、客观地审查核实证据。"第 70 条规定："人民法院有权向有关单位和个人调查取证，有关单位和个人不得拒绝。人民法院对有关单位和个人提出的证明文书，应当辨别真伪，审查确定其效力。"第 79 条规定："当事人未申请鉴定，人民法院对专门性问题认为需要鉴定的，应当委托具备资格的鉴定人进行鉴定。"人民法院之所以依职权调查取证或实施鉴定，其目的也在于确保诉讼案件解决的客观真实。

不仅如此，《民事诉讼法》还特别将妨碍民事诉讼中的客观真实的行为视为妨碍民事诉讼的行为，施加强制措施加以司法上的制裁。其第 114 条规定："诉讼参与人或者其他人有下列行为之一的，人民法院可以根据情节轻重予以罚款、拘留；构成犯罪的，依法追究刑事责任：（一）伪造、毁灭重要证据，妨碍人民法院审理案件的；（二）以暴力、威胁、贿买方法阻止证人作证或者指使、贿买、胁迫他人作伪证的……"

为了实现客观真实，《民事诉讼法》原则上实行证据随时提出主义。其第 142 条规定："当事人在法庭上可以提出新的证据。当事人经法庭许可，可以向证人、鉴定人、勘验人发问。当事人要求重新进行调查、鉴定或者勘验的，是否准许，由人民法院决定。"这是典型的证据随时提出主义的立法体例；尽管我国《民事诉讼法》也注重效率价值，于其第 68 条中规定了举证时限和证据失权制度，但逾期举证所产生的后果主要是训诫和罚款，证据失权只是在当事人逾期举证主观上有严重过错时尤其有拖延诉讼的主观恶意时才会发生。立法之所以对举证时限制度作出如此严格之限定，其目的也在于确保诉讼中客观真实的实现。

在二审法院对上诉案件的四种处理方式中，其中有三种都与客观真实的衡量有关。《民事诉讼法》第 177 条规定："第二审人民法院对上诉案件，经过审理，按照下列情形，分别处理：（一）原判决、裁定认定事实清楚，适用法律正确的，以判决、裁定方式驳回上诉，维持原判决、裁定；（二）原判决、裁定认定事实错误或者适用法律错误的，以判决、裁定方式依法改判、撤销或者变更；（三）原判决认定基本事实不清的，裁定撤销原判决，发回原审人民法院重审，或者查清事实后改判……"不仅如此，《民事诉讼法》第 207 条所规定的十三项再审事由中，与案件事实相关的有五项之多[①]，占三分之一。这也充分说明，立法者非常看重案件中的客观真实之查明。

客观真实是一种哲学理念，也是辩证唯物主义认识论应当坚持的基本态度，离开这个方向，人们的认识必然陷于不可知论、怀疑论的泥潭之中，如果不承认客观真实，诉讼中就会出现这也正确、那也正确的投机主义、和稀泥的现象，诉讼的正确航向就会偏离。美国橄榄球明

---

① 这五项再审事由是：（1）有新的证据，足以推翻原判决、裁定的；（2）原判决、裁定认定的基本事实缺乏证据证明的；（3）原判决、裁定认定事实的主要证据是伪造的；（4）原判决、裁定认定事实的主要证据未经质证的；（5）对审理案件需要的主要证据，当事人因客观原因不能自行收集，书面申请人民法院调查收集，人民法院未调查收集的。

星 O.J. 辛普森双重杀人案就是一个典型的例子，全美国人都不怀疑的一级谋杀犯居然被宣告无罪释放；离奇的是，同样的案件，在民事诉讼中却作出了截然相反的判决，辛普森赔偿受害者家属 3000 万美元。这种极其矛盾的判决，虽然从证明标准的视角，作为专业人士能够理解，但在现实生活里，这种结果很难令人信服。如果美国诉讼法承认客观真实的诉讼价值，而不是偏执于所谓的程序真实，则诉讼监督者会站出来从诉讼的外部实施监督，这种离奇的结果或许就不会发生。

辩证唯物主义认识论告诉我们，绝对真理和相对真理是辩证统一的一个整体，绝对真理寓于相对真理之中，离开相对真理，绝对真理无法实现；同时，相对真理也包含绝对真理的因素，相对真理永远趋向于接近绝对真理，只要相对真理充分客观，达到一定限度，绝对真理是可以实现的。世界上绝对真理的例子数不胜数。恩格斯在其著《反杜林论》中曾经在"论永恒真理"这一章中举了一个绝对真理的例子："拿破仑死于 1821 年 5 月 5 日这个命题就是绝对真理。"[①] 对此，列宁做了阐述："如果你不能断定'拿破仑死于 1821 年 5 月 5 日'这个命题是错误的或不确切的，那么你就得承认它是真理。如果你不能断定它在将来会被推翻，那么你就得承认这个真理是永恒的。诸如此类的有关永恒的、绝对的真理的例子，像恩格斯在举'巴黎在法国'这个例子时所说的那种只有疯子才会怀疑的真理的例子，任何人都能够轻而易举地提出几十个。"列宁并且强调说："当一个唯物主义者，就要承认感官给我们揭示的客观真理。承认客观的既不依赖于人和人类的真理，也就是这样或那样地承认绝对真理。"[②] 比如说，发生在大庭广众、众目睽睽之下的驾车乱撞行人案，对于这样一个案件事实，应当说客观真实是能发现和认知的；如果不认可这一类案件事实的客观真实性，那么，人类基本的理性就不复存在，一切都无从说起、也无从做起了。

当然，对于客观真实本身我们也要辩证地去看，而不能绝对地机械地形式地去看。我们说客观真实观是我国民事诉讼法的价值基础，并不意味着它就排除或否定了人们所主张的法律真实观，事实上，法律真实观正是客观真实观在诉讼中的落实，离开法律真实观，客观真实观就不能落地，就不能从哲学理念转化为法学范畴。在诉讼中强调法律事实观，其意义在于：其一，强调认定案件事实的法律程序；其二，强调诉讼中的效率和效益；其三，强调发现案件事实真相过程中的人权保障；其四，强调诉讼结果的稳定性。

无论如何，客观真实是法律真实的基础和底蕴，法律真实是诉讼中竭尽一切可能和手段所达到的客观真实。确信案件事实真实存在，是客观真实；确信案件事实并不存在，是客观真实；确信案件事实真伪不明，也是客观真实。客观真实观在诉讼中的意义主要是：

其一，客观真实观要求司法审判人员尽可能地发挥职权主义的能动作用和积极作用，最大限度地还原案件事实的本来面貌。

其二，客观真实观要求民事诉讼的立法者确定一个高度的证明标准，而不能满足于西方国家，尤其是英美国家所谓的盖然性优势的低度证明标准，比如不能仅仅要求达到 51% 的证明程度就认为已经达到了证明标准。

其三，客观真实观反对"案件事实的正确答案有多个而不是只有一个"的说法。达到证明标准的案件事实只能是一种存在状态，要么存在，要么不存在，要么真伪不明，这三者必居其一；如果你得出被告没有借款的结论是正确的，我得出被告借款的结论也是正确的，那么，

---

① 转引自刘金友：《客观真实与内心确信——谈诉讼中的证明标准》，载《政法论坛》2001 年第 6 期。
② 转引自刘金友：《客观真实与内心确信——谈诉讼中的证明标准》，载《政法论坛》2001 年第 6 期。

这两种结论必有一个是错误的。

最后我们不能不指出的是，现在诉讼理论和司法实践中存在一种过度强调法律真实、有意贬低客观真实、以致割裂法律真实和客观真实之间辩证联系的观点、倾向和做法。一方面，这种观点、倾向和做法离开我国民事诉讼法的文本和中国实际国情需要，盲目地套用西方国家基于单纯的法律真实观所确立的证明标准，放低了证明标准的要求，使案件事实的审查判断满足于一知半解、似是而非、模棱两可，而不是满足于完全的内心确信、确然的心证、高度的自信；另一方面，这种观点、倾向和做法基于上述理解，又弱化了诉讼中法院职权的能动作用，放低了对法院查明案件事实真相的要求、标准和门槛，无节度地推行所谓当事人主义，使当事人诉讼责任重、诉讼权利少，最终在案件事实真伪不明时，接受法官按照证明责任规范所做出的"谁举证，谁败诉"的判决。上述两方面的观点、倾向和做法都或多或少失之偏颇。

三、"以法律为准绳"与法官的自由裁量权

法律包括实体法和程序法两大类型，"以法律为准绳"要求人民法院在审理民事案件中必须依照民事实体法和民事程序法的有关规定作出裁决。但法律具有概括性和模糊性的局限，同时也具有不周延性的局限，因此，有时法院会面临无法可依的状况，同时也可能面临对概括性的法律内容作出具体解释并赋予其特定含义的任务。这就是法院在民事诉讼中的自由裁量权的问题。问题于是变成：法院或法官享有自由裁量权，是否与"以法律为准绳"的原则相冲突，或者说，以法律为准绳的原则是否排斥法院或法官行使自由裁量权？

在我国民事诉讼活动中，法官应当享有自由裁量权，司法实践中法官也确实在运用自由裁量权。但是，正如美国学者德沃金所言，一个官员享有自由裁量权，并不意味着他可以不诉诸情理和公平的准则随心所欲。法官有权行使自由裁量权，也绝不意味着他们可以任性与恣意地对案件进行审理和裁判。相反，诉讼中法官行使自由裁量权必须受各种诉讼原则和诉讼制度以及相关程序的规制，只有这样才能保证自由裁量权的良性行使并防止其被滥用，从而符合对公平正义的价值追求。

以法律为准绳原则要求法官在法律规定不完备或存在漏洞时以法律的基本原则和价值追求为基本标准，尽与立法者同样的注意义务以探求法律实质上的公平与正义为目标，实现个体利益和社会利益之间的最佳平衡，从而能动地进行司法补充并由此推动法律的健康发展。另外，以"法律为准绳"原则还对法官能动地进行诉讼程序和诉讼活动有指导和规范作用。法官的具体审判行为必须依照法定的诉讼程序要求来实施。在民事诉讼中法官对于民事实体法律的发展与补充主要通过对具体的审判程序来实现，因此具体的诉讼程序也要遵循"以法律为准绳"，才符合法治的要求。①

因此我们认为，在我国法官享有自由裁量权同"以法律为准绳"的原则并不矛盾，法官行使自由裁量权也要遵循"以法律为准绳"原则。

---

① 参见蔡彦敏：《对"以事实为根据、以法律为准绳"原则的重新释读》，载《中国法学》2001年第2期。

第四节 使用本民族语言文字进行诉讼原则

一、该原则的法律根据

使用本民族语言文字进行诉讼原则是我国诉讼制度中一项重要的原则,体现了我国一贯的民族政策,在宪法与民事诉讼法中都有体现。它是少数民族在政治上、经济上、文化上以及社会生活各个方面一律平等在民事诉讼中的重要体现。

《宪法》第4条规定:"各民族都有使用和发展自己的语言文字的自由,都有保持或者改革自己的风俗习惯的自由。"同法第139条规定:"各民族公民都有用本民族语言文字进行诉讼的权利。人民法院和人民检察院对于不通晓当地通用的语言文字的诉讼参与人,应当为他们翻译。在少数民族聚居或者多民族共同居住的地区,应当用当地通用的语言进行审理;起诉书、判决书、布告和其他文书应当根据实际需要使用当地通用的一种或者几种文字。"作为对这种宪法性原则和权利的进一步具体的规定,《民事诉讼法》第11条规定:"各民族公民都有用本民族语言、文字进行民事诉讼的权利。在少数民族聚居或者多民族共同居住的地区,人民法院应当用当地民族通用的语言、文字进行审理和发布法律文书。人民法院应当对不通晓当地民族通用的语言、文字的诉讼参与人提供翻译。"这就是使用本民族语言文字进行诉讼原则的法律依据。使用本民族语言文字进行诉讼原则也体现了我国民事诉讼法的一个重要特征。

二、确立该项原则的意义

我国是多民族的社会主义国家,一贯奉行民族平等、民族团结、民族区域自治的原则,各民族在经济生活、政治生活中一律平等。在民事诉讼中享有使用本民族语言文字的权利体现了各民族的平等地位,对于实现民族团结,推动民事诉讼活动的顺利进行有着十分重要的意义。具体如下:

贯彻实施这一原则,有利于切实维护和实现各民族诉讼参与人的合法权利与合法利益。

贯彻实施这一原则,有利于人民法院查清事实,适用法律,作出公正的审判。

贯彻实施这一原则,有利于对各民族群众进行法治教育,提高他们的法律意识,实现依法治国的最终目标。

贯彻实施这一原则,同我国已经加入的联合国《公民权利及政治权利国际公约》相一致,有利于保护人权。联合国《公民权利及政治权利国际公约》第27条规定:"在那些存在人种的、宗教的或语言的少数人的国家中,不得否认这种少数人同他们的集团中的其他成员共同享有自己的文化、信奉和实行自己的宗教或使用自己的语言的权利。"

三、该原则的含义和具体要求

根据以上法律的规定,各个民族的公民参加民事诉讼都有权使用本民族的语言文字。使用本民族语言文字进行诉讼原则包含以下内容:

各民族公民都有用本民族语言文字进行诉讼的权利,无论他是民事诉讼的当事人还是作为其他的诉讼参与人。

各民族公民都有权使用本民族的语言回答法官的询问,在法庭上进行辩论,发表意见,使用本民族语言文字书写证人证言、鉴定意见、上诉书、申诉书及其他诉讼文书等。

如果诉讼参与人不通晓当地通用的语言文字，人民法院有义务免费指定或者聘请翻译人员为他们翻译，以保证各民族诉讼当事人参与人在诉讼中消除语言文字障碍，平等地行使诉讼权利，维护自己的合法权益。

在少数民族聚居区或者多民族共同居住的地区，对案件的审理，应当用当地通用的语言进行，起诉书、判决书、布告及其他诉讼文书，应当使用当地通用的一种或几种文字，对于不通晓当地通用文字的诉讼参与人，在条件允许的情况下，向他们送达的诉讼文书应当用他们所通晓的文字或者聘请翻译人员，向他们翻译诉讼文书的内容。

人民法院有保障各民族使用本民族语言文字进行民事诉讼的义务。用本民族语言文字进行诉讼，是各民族公民依法享有的诉讼权利，司法机关不仅不能随便予以剥夺，而且有义务为各民族公民享有此项权利创造条件和提供保障。最重要的是，在少数民族聚居区或多民族共同居住区，人民法院应当培养或者吸收足够的通晓当地通用语言文字的少数民族司法干部（双语法官）或专职的翻译人员，以保证本原则的切实实现。违背该项原则所实施的诉讼活动，应当视为属于程序严重违法的行为，相应的审判活动应当被宣布为无效。

第五节　检察监督原则

一、民事检察监督的立法依据及其意义

《宪法》第134条规定："中华人民共和国人民检察院是国家的法律监督机关。"《人民检察院组织法》第2条对《宪法》第134条的规定予以了重申，并在第20条中规定了三项与民事诉讼相关的检察职权，即"（四）依照法律规定提起公益诉讼；（五）对诉讼活动实行法律监督；（六）对判决、裁定等生效法律文书的执行工作实行法律监督……"按照《宪法》对检察机关法律性质的定位，并按照《人民检察院组织法》对检察机关职权的具体规定，《民事诉讼法》第14条规定："人民检察院有权对民事诉讼实行法律监督。"《民事诉讼法》第215条至第220条以及第242条对人民检察院在民事诉讼中实施法律监督的具体程序以及方法方式、法律效果等作出了具体规范。检察机关对民事诉讼实施全面监督的原则得到了确立，检察监督成为民事诉讼法所设立的监督体系的重要组成部分。

简要回顾历史，可知检察监督在民事诉讼法上并不是一步到位的，而是有一个发展的曲折过程。早在1982年《民事诉讼法（试行）》中，检察监督只有一个孤独的条文，这就是其第12条，该条规定："人民检察院有权对人民法院的民事审判活动实行法律监督。"除此以外，对于检察院在民事诉讼中的监督职能及其行使程序等内容，均未加规定。这样一个只有总则规范而没有分则规范，只有原则性规范而没有具体性规范的立法规定，很难在司法实践中立足，更不用说大规模地开展监督，并收到理想之效果了。

这个立法上极不健全的局面，到了1991年全面修订《民事诉讼法》时有了极大改观。该法第14条仍然维持原状，在总则中确立了检察监督的基本原则，规定："人民检察院有权对民事审判活动实行法律监督。"然而所不同的是，该法从第185条到第188条用四个条文将抽象的基本原则予以了具体化，使之获得了可操作性。该法第185条规定了检察监督的四项法定事由。第186条规定了检察院抗诉的法律效力："人民检察院提出抗诉的案件，人民法院应当

再审。"第 187 条规定了检察监督应当采用抗诉书的方式:"人民检察院决定对人民法院的判决、裁定提出抗诉的,应当制作抗诉书。"第 188 条规定检察机关出席法庭的权力和职责:"人民检察院提出抗诉的案件,人民法院再审时,应当通知人民检察院派员出席法庭。"

然而,司法实践很快发现,检察机关实施法律监督的法定事由不够明确,实践中易生争执和歧见,不利于检察监督的顺利开展,不利于当事人"申诉难"问题的切实化解,2007 修改《民事诉讼法》细化了检察院实施法律监督的法定事由,使之与当事人申请再审的法定事由统一了起来。该法第 187 条规定:"最高人民检察院对各级人民法院已经发生法律效力的判决、裁定,上级人民检察院对下级人民法院已经发生法律效力的判决、裁定,发现有本法第一百七十九条规定情形之一的,应当提出抗诉。地方各级人民检察院对同级人民法院已经发生法律效力的判决、裁定,发现有本法第一百七十九条规定情形之一的,应当提请上级人民检察院向同级人民法院提出抗诉。"该法第 179 条规定了 13 项再审事由。

难能可贵的是,上述 13 项再审事由中,有许多项再审事由属于程序违法的程序性再审事由,这不仅扩大了人民检察院进行事后抗诉监督的范围,而且,由于程序违法一般是发生在诉讼过程之中的,这也启发了检察机关实施法律监督的时点向前推移,于是,以程序违法为监督客体或监督对象的全面监督理论由此萌生。

以全面监督理论为指导,2012 年再次修改《民事诉讼法》,首先在检察监督的基本原则上做出了调整,将对"审判活动"的法律监督改变成为对"诉讼活动"的法律监督。该法第 14 条规定:"人民检察院有权对民事诉讼实行法律监督。"这一改变具有里程碑式的历史性意义,局部监督的诉讼原则从此改而变成了全面监督的诉讼原则。为了贯彻落实全面监督的诉讼原则,《民事诉讼法》在分则中除抗诉这种监督方式外,还规定了检察建议这种新型监督方式,这种监督方式主要用于全面监督中的程序违法监督,包括诉讼过程监督、调解监督、执行监督等。根据该法第 208 条的规定,检察机关不仅可以针对生效法律文书实施实体性法律监督,而且可以针对诉讼过程中、调解过程中、执行过程中以及其他所有法律程序中的违法行使审判权的行为,实施程序性法律监督。

《民事诉讼法》发展到了这里,检察机关对民事诉讼活动及其结果实施法律监督的制度正式构建起来了。人民检察院对民事诉讼活动实施监督,是我国民事诉讼法的显著特征,也是由我国国情所决定的。在民事诉讼中确立检察监督原则具有重要的意义。首先,实行检察监督原则有利于法院依法客观高效地行使审判权和执行权。其次,由检察机关对民事审判活动实行监督,有利于当事人诉讼地位的平等,从而有助于实现程序公正的价值目标。最后,检察机关介入民事诉讼,也有利于维护社会公益,保障案外人的合法权益。总之,在我国实行检察监督,不仅具有理论基础,而且具有现实的必要性。

二、民事检察监督原则的适用对象和内容

根据民事诉讼法的规定,检察监督的对象是人民法院的民事审判活动,而不是当事人的诉讼行为。对法院行使审判权实施监督,所针对的主要是法官的审判行为,同时对民事审判活动中发现的其他违法犯罪行为也有监督的权利。具体说来,检察监督主要包括以下几方面的内容:

其一,对审判人员在民事诉讼中的违法犯罪行为进行监督。检察院在行使监督权的过程中,如果办案法官有贪污受贿、徇私枉法等违法犯罪行为或者其他的严重违法行为的情况,检察机关可以按照法定程序追究其法律责任。

其二，对法院审理民事案件的过程和审判结果进行监督。法院行使审判权解决民事纠纷，既要达到程序公正的要求，也要达到实体公正的要求。如果法院行使审判权在法定程序的遵循上或者在实体法的适用上存在明显错误，检察机关就有权提出纠正意见，责令法院按照法定程序予以纠正。

其三，对民事诉讼审判活动中的其他违法犯罪行为实行监督。主要是对诉讼当事人及其他诉讼参与人妨害诉讼情节严重的行为进行监督，对虚假诉讼进行监督，督促法院予以处罚。构成犯罪的，检察机关可以代表国家提起公诉。

检察监督的原则贯彻民事诉讼的全过程。在不同的过程或阶段中，检察机关的监督方式是不尽一致的。《民事诉讼法》第208—213条全面规定检察机关对民事审判活动的监督方式，并在原有的抗诉方式的基础上，规定了检察建议，丰富了检察监督的手段，使得检察监督方式不局限于事后监督。

检察机关有权通过行使抗诉权引起再审程序，从而纠正法院作出的已发生法律效力的裁判中的错误。检察机关通过抗诉引起再审程序的具体内容如下：一是最高人民检察院对各级人民法院已经发生法律效力的判决、裁定，上级人民检察院对下级人民法院已经发生法律效力的判决、裁定，发现有《民事诉讼法》第207条规定情形之一的，或者发现调解书损害国家利益、社会公共利益的，应当提出抗诉。二是地方各级人民检察院对同级人民法院已经发生法律效力的判决、裁定，发现有《民事诉讼法》第207条规定情形之一的，或者发现调解书损害国家利益、社会公共利益的，可以提请上级人民检察院向同级人民法院提出抗诉。三是人民检察院提出抗诉的案件，人民法院应当再审，应当自收到抗诉书之日起30日内作出再审的裁定。四是人民检察院提出抗诉的案件，人民法院再审时，应当通知人民检察院派员出席法庭。

检察机关有权通过发出检察建议的方式，纠正法院作出的已发生法律效力的裁判中的错误或者审判程序中审判人员的违法行为。检察建议分为两类，一类是再审检察建议，另一类是一般检察建议。再审检察建议以提醒法院自身审查生效裁判有无错误并决定是否启动再审程序为目标，具体内容为：地方各级人民检察院对同级人民法院已经发生法律效力的判决、裁定，发现有《民事诉讼法》第207条规定情形之一的，或者发现调解书损害国家利益、社会公共利益的，可以向同级人民法院提出检察建议，并报上级人民检察院备案。人民法院对人民检察院的再审检察建议逾期不予回应、不予采纳且不说明理由或理由不成立，人民检察院可向上级人民检察院提请向人民法院提出抗诉。一般检察建议是对人民法院在包括立案、审判、调解、执行在内的民事诉讼中，就其不构成再审事由的违法行为，由人民检察院向人民法院提出，敦促其纠正的检察监督方式。具体内容为：各级人民检察院对审判监督程序以外的其他审判程序中审判人员的违法行为，有权向同级人民法院提出检察建议。

三、民事检察监督制度的特征

（一）在监督的目标上，以确保法制统一和程序公正为任务

人民检察院是国家的法律监督机关，对法律的执行和实施进行监督，是检察机关的宪法使命，也是对其所有权能进行性质界定的根本渊源。议行合一的人民代表大会制度决定了检察机关法律监督权的合理性、必然性和规律性。我国目前法治改革以及全面依法治国方略的提出，在一定程度上调整了检察机关传统的监督模式，维护法制的统一、确保依法司法和司法公正成为检察监督的目标所在。

(二) 在监督的内容上，以实体监督和程序监督并重

2007年以前，我国的民事检察监督一直偏重于实体性质的监督，2007年修订的《民事诉讼法》在再审事由方面做出了诸多程序方面的改造。其新增加的再审事由比如合议庭的组成不合法、审判不公开、剥夺当事人的辩论权等。2012年修订的《民事诉讼法》增加的检察建议监督方式也强调了对审判过程中违法行为的监督。这些规定显然带有较为明显的程序特征，意味着我国民事检察监督在监督的内容上开始了程序化的转向，做到了实体监督和程序监督的并重。

(三) 在监督的时点上，以事后监督与事先监督齐进

检察监督作为一项基本原则被确立了下来，就其具体规定而言，检察机关对民事诉讼的介入点并不限于在法院裁判生效之后，在生效裁判做出之前，检察机关对任何程序性错误以及司法的廉洁性均有权监督。事后监督重在通过再审程序纠正生效裁判的错误，事先监督重在对法院的审判过程实施监督；事后监督重在实体监督，包括事实认定错误的监督和法律适用错误的监督，事先监督重在程序监督，尤其对重要的程序节点和程序事项，如立案、法院调查取证、法院对当事人诉讼权利的保障、回避制度的落实、司法公开、上诉权和申请再审权的保障、执行程序的依法进行等，实施法律监督。

四、民事检察监督的基本原则

目前，民事诉讼法规定的监督具体表现方式有抗诉和检察建议两种。检察机关在进行监督时应当遵循下列原则：

(一) 法定原则

法定原则要求检察机关对民事诉讼的参与和监督必须基于法律的明文规定，立法上应当对检察机关的检察监督作出尽可能具体详尽的规定。其具体含义包括：一是权力法定，即检察机关所享有的民事检察权不仅应当被包含在概括性和授权性的基本原则当中，同时还应当有具体的立法规范加以明确规定。二是客体法定，即检察机关对可以监督的裁判形式应当有明确的规定。三是事由法定，即检察机关进行法律监督的具体事由应当有法律的明文规定，具有可操作性。四是手段法定，即检察监督可以采用哪些手段或方式，应当在立法上明确加以规定。五是程序法定，即各种不同的监督方式应当设定相应的程序规则，严格按照法定程序进行监督。六是责任法定，即检察机关在行使检察权上显有过失甚至有故意滥用职权的情形存在，应承担相关法律责任。

(二) 客观原则

检察机关对生效裁判实施监督，并不是任何一方当事人的诉讼代理人或代言人，不是基于私权利益的目的，而是以法律监督者的身份进行的，其目的在于通过检察权的行使确保法律的统一实施和解释，并进而通过对法律适用过程的参与，推动法治的进步和发展。因此，检察机关在监督程序中，乃是以中立者的身份介入其中的，它具有相对独立的诉讼地位，承载着确保法律得到正确或正当实施的任务。检察机关的此一角色和地位，不仅体现在对生效裁判抗诉的诉讼环节，而且还在检察机关提起民事诉讼以及参与民事诉讼的环节和阶段体现出来。即便检察机关是以国家利益或社会公益代表人的身份提出和参与诉讼，或者对相关的裁判提出抗诉监督，此一客观原则也同样适用。

（三）谦抑原则

检察权是一项单独的、典型的国家公权力，检察权在行使过程中，应当体现出谦抑原则。据此原则，检察机关对民事诉讼的介入和监督应当有所节制，确保其监督权在法定范围内并以法定的方式行使。不仅如此，检察机关对民事诉讼活动实施监督，还受到民事诉讼自身性质的制约。民事诉讼主要是关涉私权利益的纷争，如果不涉及国家利益、社会公共利益以及法律的正确适用等问题，作为公权力的检察权通常不宜主动介入和干涉。此外，检察机关对民事诉讼的介入和监督，尚应受到时代主流意识和价值观念的制约。检察机关对生效裁判的抗诉或者以其他形式对民事诉讼活动的介入和参与，应当遵循与时俱进的现代诉讼价值理念，以适当的方式和谦抑的姿态，积极融入诉讼过程之中，履行法律监督职能。

（四）检察一体化原则

检察一体化原则，又称检察一体制原则，是指检察机关在民事诉讼中行使法律监督权时，应当恪守检察官上下级领导和被领导的关系，同时检察机关各个职能部门应当相互协同行使职权。经过司法改革，检察官的独立性有所增强，检察责任制度成为检察官行使法律监督权的重要保障和约束，但检察机关上下左右总体上是作为一个整体进行活动的。在上下级检察机关之间以及同一检察机关的内部，存在一定的领导和被领导的关系，上级检察首长就下级检察官处理的检察事务，不但有指挥监督权，同时也有职务收取权和职务转移权，下级检察官则有相应的服从义务和报告义务。在我国，检察一体制具体表现为检察长负责制，以及下级检察机关向上级检察机关的请示、报告制度、指令纠正、备案制度和报批等制度形式。广义上的检察一体化原则还包括检察机关内部各个职能部门互相移转案件线索等工作协作关系。

（五）终局监督原则

终局监督原则是针对生效裁判的错误进行监督而言的。终局监督原则，乃指检察机关只能对法院作出的足以结束诉讼程序继续进行的裁判实施再审监督，而不得对诉讼过程中所出现的不具有终局性的裁判实施再审监督。以此而论，所有的实体判决都符合终局性的要求，因而均可以进行再审监督；而裁定则要分别情形而论。因为有的裁定是终局性的，有的裁定是中间性的，对前者可以再审监督，对后者则不宜进行再审监督。民事诉讼法所规定的可以上诉的裁定有不予受理的裁定、驳回起诉的裁定以及管辖权异议的裁定，这些裁定均有上诉纠错的机会，因而应属于可以再审监督的范围。对于不允许通过再审程序进行监督的裁定事项，检察机关可以提出检察建议，来提示法院纠正相应的程序性错误。法院对此应当依法定程序审核复议，若法院接受该项检察建议，检察院的监督就达到了目的；若法院对此项建议不予采纳，则检察机关可以作出意见保留的决定，此项保留性决定，便可成为再审监督的事实依据。

五、我国民事检察监督制度的改革

从实践运行上看，民事检察监督纠正了许多错案，有效维护了民事诉讼当事人的合法权益与国家法制的统一，但仍存在力度不够、内容空泛、权能模糊、结构失衡等制度弊端，导致检察监督在目前的实际运行中困难重重、争议颇多。欲使民事检察监督制度发挥实效，必须切实实现检察监督的转向。民事检察监督应当实现三大"转向"：

（一）从有限监督到全面监督

在检察机关所担负的民事监督职能上，有全面监督和有限监督两种不同的原则主张。有限监督的原则主张认为，检察院对民事诉讼所实施的法律监督，应当坚持有限主义，而不是无所限制。其表现在两个方面：一是监督的程序阶段是有限的，检察院仅能进行事后的再审监督。二是即便是再审监督，也仅仅只能就重要类型的案件实施监督。所谓全面监督的原则，就是检察院对民事诉讼应当从立案到执行实施全部领域内的监督。其基本内涵在于：检察监督的触角应当分布于民事诉讼的全过程；哪里有审判权和执行权的运行，哪里就应有检察院的法律监督。具体包括四大领域的监督：诉前监督，包括对诉前保全的监督、提起公益诉讼的监督等；诉中监督，对诉讼全过程所实施的监督；诉后监督，对生效裁判实施的再审监督；执行监督，对法院执行活动所实施的监督。检察监督不仅包括对诉讼程序的监督，也包括对非讼程序的监督。2012 年修改的《民事诉讼法》扩大了检察监督的范围，修改了民事检察监督的基本原则，增加了检察监督方式，体现了全面监督的转向。

（二）从实体监督到程序监督

传统上的法律监督强调和偏重实体监督，即结果监督，但实体监督遭遇到了多方面困境，比如监督时点滞后、监督客体单一、监督效能不佳、监督陷于被动等，因而单纯进行实体监督无法达到检察监督的全部目的，需要同时兼顾程序监督。2007 年修改《民事诉讼法》后，再审事由增加了诸多程序性事由，2012 年修改《民事诉讼法》后，程序监督贯彻了民事诉讼全过程。程序监督是基于其与实体监督的辩证关系而形成的新型监督领域。程序监督的制度性导入，引起了多方面的制度变迁，主要表现在：

一是使诉中监督成为可能和必要。诉中监督的基本逻辑是：在诉讼过程中，当程序性再审事由出现之后，没有理由要求检察院等到生效裁判既成事实后，再实施再审性法律监督，而应当许可其实施即时的同步监督。这样便可以大大节省监督成本，并最大化地维护了司法的权威性和裁判的稳定性。

二是有利于塑构平和理性的监督理念。程序性监督就其实质而言乃是将集约化的实体性监督分散化，使检察监督的力量消融于整个诉讼过程中，将点滴的审判错误或程序瑕疵消除在诉讼结果最终定型之前。这样，接受监督的审判机关也容易接受监督意见，及时纠正错误的审判行为，从而有利于缓和监督者与被监督者之间的紧张关系，构建协同性监督机制和监督模式。

三是有利于发掘、拓展新型监督功能。检察院通过对诉讼程序的参与，不仅对法院公正司法起监督作用，对其独立行使审判权也起保障作用，而且也保障当事人双方平等、诚信地行使诉权，同时还积极发表对于纠纷解决的各种意见，以收取司法裁判的法律效果、社会效果和政治效果的综合统一之效。不仅如此，检察机关通过程序性监督，也往往可以发现单纯进行实体监督所不能或难以发现的制度性宏观问题，从而提出有助于司法体制和机制进一步趋于完善的检察建议，实现超出个案监督的一般性监督价值。

四是使检察监督由外在模式转变成了内在模式。如果检察监督仅仅局限于事后的再审监督，那么，在司法审判的监督体制和体系中，检察监督便只能划分在外在监督的模式范畴中；如果实行了以诉中监督为主要场域的程序监督，则这种监督便成为一种服务于生效裁判生成的内在监督，它成了生效裁判最终形成的推动力和合成力之一，从而使生效裁判内化了检察监督的因素。

（三）从诉讼监督到社会监督

宪法确立的检察机关作为国家法律监督机关的地位，并没有仅仅限定于诉讼监督层面，而是要求通过诉讼监督，走向社会监督，实现最广义的全面监督。表现在这里的基本演进逻辑乃是：第一阶段，实行再审监督，确证检察监督之效果。第二阶段，在再审监督取得经验的基础上，达成诉讼领域内的全面监督。第三阶段，从诉讼监督迈向社会监督。社会监督是完善社会治理的监督，包括对依法行政的监督，也包括其他领域的社会监督。检察监督权呈现出了由点到面的蔓延特性，其价值范畴首先表现为抽象的宪制价值，继而落实为诉讼价值，最终表述为具体的宪制价值。检察建议所担负的职能就是社会性的，只不过这种社会性职能是通过诉讼监督职能来实现的而已。督促起诉、支持起诉也体现了检察监督的社会功能。检察院提起公益诉讼所展现的社会功能更加凸显。检察机关所肩负的社会监督功能还表现在其服务于社会管理制度完善以及多元化纠纷解决机制的构建与运行的格局中。

第六节　民族自治地方制定变通补充规定原则

一、该原则的立法依据

《宪法》在序言中就指出："中华人民共和国是全国各族人民共同缔造的统一的多民族国家。"第4条规定："各少数民族聚居的地方实行区域自治，设立自治机关，行使自治权。"第116条进而规定："民族自治地方的人民代表大会有权依照当地民族的政治、经济和文化的特点，制定自治条例和单行条例。自治区的自治条例和单行条例，报全国人民代表大会常务委员会批准后生效。自治州、自治县的自治条例和单行条例，报省或者自治区的人民代表大会常务委员会批准后生效，并报全国人民代表大会常务委员会备案。"基于此规定，《民事诉讼法》第17条规定："民族自治地方的人民代表大会根据宪法和本法的原则，结合当地民族的具体情况，可以制定变通或者补充的规定。自治区的规定，报全国人民代表大会常务委员会批准。自治州、自治县的规定，报省或者自治区的人民代表大会常务委员会批准，并报全国人民代表大会常务委员会备案。"这一条规定确立了我国民事诉讼的一项基本原则，就是民族自治地方制定变通补充规定原则。民事诉讼法确立民族自治地方制定变通补充规定原则具有重要的意义，也是我国民事诉讼法的一个特色。

《民事诉讼法》规定的民族自治地方制定变通补充规定的原则体现了我国的民族区域自治制度的精神。我国有55个少数民族，在居住上呈现大杂居、小聚居的特点，因此我国建立了155个民族自治地区，其中自治区5个，自治州30个，自治县（旗）120个。各个自治民族保持着自己相对独立的民族习惯。这些民族习惯是各民族在生存、发展的漫长过程中逐渐形成的，是民族历史及地理的产物。它记录着各民族的社会政治法律制度，灌注着民族思想情感，体现着民族文化心理素质。民族习惯经过长期的发展、积淀形成具有相对稳定性和广泛适用性的习惯法。这些习惯法是各民族维护生活秩序，调整处理民族关系的准则和方法。这些准则和方法往往与国家法律不尽一致。尤其在传统的民事诉讼领域，诸如婚姻、继承、抚养等案件中，更加要注意适用当地的处理民事纠纷的各种方法、程序和惯例。在一些具体的程序上，如果不管当地民族的特点，完全按照民事诉讼法的规定，不仅可能达不到顺利进行民事诉讼的目的，反倒可能因此伤害了民族感情，不利于民族团结。少数民族自治地方制定的变通规定，有利于促进国家法制的协同进步，丰富国家法制的内容，这也是司法现代化目标的题中应有之义。

二、该原则的含义

从主体上说，只有民族自治地方的人民代表大会才能对民事诉讼法制定变通和补充规定。换言之，只有民族自治地方的权力机关才能对民事诉讼法作出变通规定，其他机关包括民族自治地方的政府等任何机关都不能作出变通规定。

从内容上说，该原则所包含的民族自治地方的人民代表大会所享有的权力，包括两个方面：一是制定变通规定的权力；二是制定补充规定的权力。变通规定就是说民事诉讼法对某个问题已经有了具体的规定，但是同民族自治地方的特点不相一致，从而使民族自治地方的人民代表大会作出同原有规定不同的规定。这是法律的灵活性的体现。补充规定是指民事诉讼法对某个问题没有作出具体的规定，民族自治地方的人民代表大会根据本民族的特点作出进一步的具体规定。这实际上是立法解释权的具体运用。

从程序上说，民族自治地方作出的变通或补充规定，需要经过有关机关批准或者备案。这分两种情况：其一，自治区作出的变通和补充规定，须报全国人民代表大会常务委员会批准。其二，自治州、自治县的规定，须报省或者自治区的人民代表大会常务委员会批准，并报全国人民代表大会常务委员会备案。"批准"是指某特定的法案经过某机关制定以后，必须经过法定机关的批准程序，法案才能生效。而"备案"是指某机关的法案制定以后，除要经过有关机关的批准程序外，还应该报送法律规定的有关部门存档备查，备案并不影响法案的生效。

从性质上说，民族自治地方所制定的变通和补充规定，必须体现出民族特点，并不得同民事诉讼法的性质和基本原则、精神相抵触。民族特点是指当地民族主要是自治民族与非自治民族之间长期形成的比较固定的差异，包括政治、经济和文化等各个方面。民族自治地方制定变通和补充规定必须同本民族的特点相结合，否则就达不到宪法和民事诉讼法赋予民族自治地方变通补充权的目的。民族自治地方制定的地方性民事诉讼规则，不能完全另起炉灶，不得在基本原则和精神上与民事诉讼法形成显著的冲突。比如，当事人平等原则，以事实为根据、以法律为准绳的原则等这些反映民事诉讼程序基本性质和文明状态的原则，必须要在变通或补充的地方性规范中获得体现。与此同时，地方性规则更不得与国家宪法、立法法以及民族区域自治法相抵触。

第七节 诉讼权利平等原则

一、该原则的立法依据和理论来源

《民事诉讼法》第8条规定："民事诉讼当事人有平等的诉讼权利。人民法院审理民事案件，应当保障和便利当事人行使诉讼权利，对当事人在适用法律上一律平等。"这就是当事人诉讼权利平等原则的立法依据。

当事人诉讼权利平等原则是民事诉讼中的一项基本原则，也是最为基础的原则，同时也表现出了民事诉讼法的鲜明特征，显示出了与其他诉讼尤其是与刑事诉讼的重大区别。当事人诉讼权利平等原则，是指民事诉讼中当事人具有相同的诉讼地位，并具有相同或相等诉讼权利和诉讼义务的诉讼原则。从理论上说，该项原则具有以下几个方面的理论来源：

其一，民事诉讼法上平等原则是宪法上平等原则的具体体现。《宪法》第33条规定："凡具有中华人民共和国国籍的人都是中华人民共和国公民。中华人民共和国公民在法律面前一律平等……任何公民享有宪法和法律规定的权利，同时必须履行宪法和法律规定的义务。"宪法是我国的根本大法。它规定了公民的最基本的权利和义务。作为宪法在具体法律制度上的具体化，民事诉讼法规定了平等原则以实现"公民在法律面前的一律平等"。没有诉讼权利的平等，适用法律的平等便难以最终实现。可见，宪法上的平等原则是民事诉讼法上的平等原则之根本依据。

其二，民事实体法上的私权平等和主体地位平等。平等原则是各国民法的基本原则，民事主体的地位平等，民事主体所享有的权利与承担的义务一律平等。《民法典》第4条规定："民事主体在民事活动中的法律地位一律平等。"任何自然人、法人在民事法律关系中都平等地享有权利，其权利平等地受到保护。作为民事实体法的自然延伸，平等原则也是民事诉讼法的基本原则。作为程序法的民事诉讼法应当反映和体现民事实体法的内在精神和基本要求，民事诉讼法的一个十分重要的功能就是保障当事人民事实体权利的切实实现。如果在民事诉讼中当事人不平等，那么民事实体法上的平等就是一句空洞的口号，不可能得到实现。因此，民法上的平等原则是民事诉讼法上的平等原则的实体依据。

其三，民事诉讼法上的当事人平等原则是程序公正的基本要求。程序公正是司法公正的重要指标，程序不公正，司法也就不可能公正。要实现程序公正，必须要满足能够确保程序公正实现的要素。当事人在诉讼中保持地位上的平等性，是程序公正的基本要素之一；缺少了当事人之间地位上的平等性，程序公正就无从谈起，司法正义也就无法实现。可见，当事人诉讼地位平等原则是实现程序公正的前提条件和基本保障。

二、该原则的含义

（一）民事诉讼当事人具有平等的诉讼地位

民事诉讼中当事人的地位平等首先体现为一种平等理念。即无论是原告、被告还是第三人，无论是实体权利的享有者还是实体义务的承担者，也无论是本国人还是外国人及无国籍人，不管其民族、性别、职业、社会出身、政治背景、宗教信仰、文化程度、经济状况等差异，在民事诉讼中一律平等。民事诉讼中的原告和被告是诉讼中相互对立的双方，但是二者只是称谓上的不同，在诉讼地位上并没有优劣之分。原告与被告的确定与区分只是一种假定，是根据谁先起诉加以确定的，与实体权利的真正享有尚不能画等号，原、被告双方都可能最后胜诉。因此，在民事诉讼法中，双方当事人应当享有平等的诉讼地位。法院对双方当事人应当一视同仁，不应存有偏见或采取区别对待的态度。

（二）诉讼当事人双方所享有的权利和所承担的义务是同等的或对等的

这包括两方面含义：其一，诉讼中双方当事人享有相同的诉讼权利。比如，双方当事人都享有辩论权、委托代理权、提供证据权、查阅案件材料权、进行和解权、请求调解权、上诉权和申请执行权等。其二，当事人双方享有对等的权利。由于原告和被告在诉讼中具有身份上的差异，他们之间的诉讼地位虽然是平等的，但诉讼权利在表现上可能不完全一致，比如起诉权由原告享有，而被告则不享有，但被告人享有答辩权和提出反诉的权利，而这种权利原告又不享有。再如，原告在确定管辖法院上有一定的选择自由，相应的被告就有提出管辖权异议的权利。原、被告诉讼权利虽然不一致，但却是对等的，因而决定其诉讼地位是平等的。

（三）对当事人双方在适用法律上一律平等

在民事诉讼活动中，不管他有何社会地位，属于何种民族、种族，在适用法律、作出裁决时，都只能依据法律的规定，而不能考虑任何其他因素。只有这样，才能保证最后的结果符合实体公正的要求，真正保证当事人平等地位的实现。适用法律上的平等性包括适用诉讼法上的平等和适用实体法上的平等。

（四）人民法院应当保障诉讼当事人双方平等权利的实现

民事诉讼法上的双方当事人诉讼地位、诉讼权利义务的平等只是书面上的规定，为双方当事人的平等提供了法律前提。但是现实中双方的平等必须要有制度的现实保障。如果只停留在书面上的规定，则只能是一种价值的追求，而不具有现实的意义。法院首先要为当事人双方的平等提供充分行使诉讼权利的环境，提供充分的制度保障。其次，法官在审判案件过程中，必须保持中立，对双方当事人的主张给予同等重视，才能实现诉讼当事人的平等。法院的保障是当事人地位平等原则的内涵之一。

三、该原则的立法完善

我国民事诉讼法虽然规定了诉讼当事人双方权利平等原则，但是在现实中的确还有很多地方同这一基本原则相背离。比如，立法上对该原则的落实和贯彻本身就不够彻底，双方当事人的诉讼权利和诉讼义务有失去平衡之处；同时，立法上也缺乏法院保障双方平等权利实现的具体规定与措施，使平等原则难以落到实处。随着程序公正观念的不断深入，平等原则的重要性也与日俱增，而且当事人对平等的要求也越来越高。将来修改民事诉讼法，在平等原则的具体制度建构和贯彻落实机制上应重点关注以下几个方面。

（一）完善法律的相关规定，使当事人双方在诉讼中切实享有平等的地位与权利

比如，在民事诉讼立法中，应当规定被告有及时答辩的义务，逾期答辩应当产生失权效果，以保证原告有针对性地行使诉讼权利，防止发生来自被告的诉讼突袭。再如，民事诉讼法应当规定，原告撤诉应当取得被告的同意，从而确保被告能够充分地行使诉讼防御权，要求法院驳回原告提出的轻率之诉或无理之诉。而且基于撤诉视同自始未起诉这一诉讼原则的规制，原告在撤诉后就同一争议再次向法院起诉的，法院仍须受理从而开始新的一轮诉讼，显而易见，这对被告来讲又意味着要支出一笔新的诉讼成本，自然于其极为不公。尽管撤诉要取得法院的批准，但法院的批准显然不能代替被告的同意权，二者所考虑的因素是不相同的。又如，同样属于缺席法庭，对被告则缺席判决，尤其是，对必须到庭的被告还要拘传，而对原告而言，仅仅是视为撤诉。这样规定致使民事诉讼法在具体的内容上无法贯彻体现诉讼权利平等原则，应当予以完善。

（二）完善民事诉讼法上的各项保障性制度，确保当事人诉讼地位平等原则得到真正落实

我国虽然在法律的规定上确立了平等原则，但是事实上由于当事人经济状况、对法律知识的了解程度以及有无律师代理等方面的不同，在现实中，他们的权利与地位存在很大的不平等状况。比如有的当事人经济状况十分困难，他们有时就会因负担不起律师代理费用，而不能获得律师的帮助，这样他们很可能在诉讼当中处于不利地位。因此，为保障平等原则的实现，必须加强配套制度建设，例如，法律援助制度和诉讼费用缓、减、免制度等。另外，法官在审判案件当中，要合理地行使诉讼指挥权与司法阐明权，以提示当事人注意某些事实问题与法律问题，使当事人不至于因为缺乏相应的诉讼技能而导致最后的败诉。法院适度行使阐明权不会导致平等原则的丧失，恰恰相反，这是为了使平等原则获得切实的贯彻和体现。这就是说，当事

人之间诉讼地位的平等，不是形式意义上的平等，而是实质意义上的平等。只有做到实质意义上的平等，当事人地位平等原则才具有实际的意义和价值。我们所要的当事人平等，是实质意义上的当事人平等，而不是仅仅局限于形式上的平等。

第八节　同等与对等原则

《民事诉讼法》第5条规定："外国人、无国籍人、外国企业和组织在人民法院起诉、应诉，同中华人民共和国公民、法人和其他组织有同等的诉讼权利义务。外国法院对中华人民共和国公民、法人和其他组织的民事诉讼权利加以限制的，中华人民共和国人民法院对该国公民、企业和组织的民事诉讼权利，实行对等原则。"这一条规定确立了我国处理涉外民事诉讼的一项重要原则，即同等与对等原则。将适用于涉外民事诉讼领域的同等和对等原则作为一项基本原则在民事诉讼法的总则部分加以规定，说明我国民事诉讼立法对涉外民事诉讼的重视，并体现了我国民事诉讼立法对外国当事人诉讼地位的充分尊重。同等与对等原则对贯彻我国改革开放政策、改善投资环境和司法环境，具有重要的意义。这一原则可以分解成两个部分，即同等原则和对等原则，以下分别加以介绍。

一、同等原则

一般而言，现代各国在涉外民事诉讼中都遵循同等原则，即在诉讼地位上给予外国人、外国组织以国民待遇。我国也不例外，该项原则表明，在我国涉外民事诉讼中，外国的当事人与我国的当事人具有相同的诉讼地位；外国当事人之间也具有相同的诉讼地位。

同等原则是保障人权的重要措施之一，是各国立法为外国人提供的一项基本的人权保障。《公民权利及政治权利的国际公约》第14条规定了这一人权保障措施，即"在法庭和法院面前，一切人是平等的。任何人有权受依法设置的有管辖权、独立和公正的法庭，衡平和公开地审理其案件"。我国在1998年10月加入该公约，并也将该公约的上述要求在民事诉讼的同等原则中予以了强调和重申。同等原则为外国人和外国组织在我国寻求民事司法保护提供了保障，使他们能够有保障地进入我国法院进行起诉或应诉，并在诉讼中受到与我国公民、法人或非法人组织同等的待遇和地位保障。

为了保障同等原则能够得到切实实现，《民事诉讼法》在以下方面作出了具体的特殊规定：其一，在语言文字方面提供方便。根据《民事诉讼法》第269条的规定，外国当事人在诉讼中要求提供翻译的，可以提供，费用由当事人承担。其二，在律师代理方面提供保障。根据《民事诉讼法》第270条的规定，外国人、无国籍人、外国企业和组织在人民法院起诉、应诉，需要委托律师代理诉讼的，必须委托中华人民共和国的律师。其三，诉讼期间较为宽缓。根据《民事诉讼法》第275条的规定，被告在中华人民共和国领域内没有住所的，其提出答辩状的时间为收到起诉状副本后30日内，比国内当事人的答辩期长15日。根据《民事诉讼法》第276条的规定，被告在中华人民共和国领域内没有住所的，其提出上诉状的时间为判决书、裁定书送达之日的30日内，比国内当事人的上诉期长15日。根据《民事诉讼法》第277条的规定，人民法院审理涉外民事案件的期间，不受该法第152条、第183条规定的限制，即涉外案件的审理期间不受限制。诸如此类的规定还有许多，这些规定都是为了从制度上确保涉外诉讼中平等原则的真正贯彻。虽然有些规定似乎对外国人更加有利，但这是从外国当事人到中国进行诉讼的实际情况出发的，是为了从实质上保证其诉讼地位与我国当事人平等，而不是对我国当事人采取不公平的立法政策，这也符合国际惯例。

二、对等原则

《民事诉讼法》第5条第2款规定："外国法院对中华人民共和国公民、法人和其他组织的民事诉讼权利加以限制的，中华人民共和国人民法院对该国公民、企业和组织的民事诉讼权利，实行对等原则。"从我国法院的视角来说，对等原则，是指外国法院在民事诉讼中对中国公民、法人或非法人组织的诉讼权利加以限制或者增加其诉讼义务的，我国法院对该国公民、法人或非法人组织的民事诉讼权利也加以同样限制或者增加其诉讼义务的原则。如果说平等原则是一项积极的诉讼原则，那么，对等原则就是一项消极的诉讼原则。对等原则是国际法中互惠原则在涉外民事诉讼中的体现，是为了维护国家主权和尊严的一种自我保障形式。一般而言，现代各国在涉外民事诉讼中都能遵循同等原则，在诉讼地位上为外国人、外国企业和组织提供国民待遇。但国际关系十分复杂，国与国之间的关系处在不断变化之中，因此一国对他国公民、组织的民事诉讼权利做出限制的可能性始终存在。当这种情形出现时，他国为了维护国家主权和尊严，为促使取消限制性规定以保护本国公民、法人或非法人组织的利益，需要对该外国的公民、法人或非法人组织的民事诉讼权利给予同样限制。

对等原则不仅表现在诉讼领域，而且表现在执行领域，尤其是在对外国法律文书进行司法协助时，该一原则常常会发挥实际的作用。司法协助既可能是根据国家间缔结或者参加的双边或多边条约而进行，也可能是基于事实上的互惠关系而进行。基于条约而进行的司法协助通常不会发生对等原则的适用问题，但基于互惠关系则往往会引发对等原则的适用。《民事诉讼法》第283条至第290条对司法协助作了明确规定，在没有共同加入有关公约或签订条约的情况下，如果我国与其他国家并不存在互惠关系，若对方不承认和执行我国生效裁判，我国也不承认和执行对方国家生效裁判。但根据推定互惠关系，我国法院也可在缺乏对方承认我国民事判决效力先例的情况下，先行承认和执行相对方国家的司法裁判。

虽然我们以上分开来介绍同等原则与对等原则，但是两个原则还是具有密切关系的。同等原则是目的所在，尤其是在整个世界全球化的今天，实现同等原则，保证外国人的国民待遇是现代各国民事诉讼制度的一个趋势。我国当然也不例外。但国际风云变幻莫测，国际形势充满了可变因素，仅仅高举同等原则有时仅仅是单方面的良好愿望，其他国家未必就愿意以平等的司法态度对待我国的当事人，在这种情形下，就必须举起对等原则的旗子来作出针锋相对的处理。可见，我们对待涉外民事诉讼的基本态度应当是同等原则的推行，但在必要的时候应当辅之以对等原则。对等并非目的，但它却是通向目的之路径。

第九节 辩论原则

《民事诉讼法》第12条规定："人民法院审理民事案件时，当事人有权进行辩论。"这一条规定确立了我国民事诉讼的辩论原则。辩论原则是指民事诉讼中当事人就争议的事实问题和法律问题有权在法院主持下进行辩论，说明和论证本方主张的真实性和合法性，并反驳和质疑对方当事人意见与主张，以维护其合法权益的原则。辩论原则一方面确立了当事人在诉讼中的辩论权，使当事人通过行使辩论权，证明自己的主张，反驳对方的主张，保护自己的权益；另一方面，辩论原则也要求人民法院承担保障当事人行使辩论权的义务，这是审判公正性与合理性的内在要求。

一、我国民事诉讼辩论原则的含义

（一）辩论原则存在的前提是当事人辩论权的享有

辩论权是民事诉讼中当事人享有的一项基本诉讼权利，它指的是当事人为维护自己的权益，就案件争议的事实和法律问题，各自提出自己的主张和依据，互相进行论证、反驳和答辩的诉讼权利。在现代民事诉讼制度当中，一般都保证当事人享有辩论权，但是在中世纪的教会式诉讼程序中，由于实行职权探知主义，当事人并不享有辩论权，法官依职权收集证据，探知事实。

（二）辩论原则贯穿于民事诉讼的各个阶段，包括一审程序、二审程序和再审程序

民事诉讼中除了特别程序之外，都适用辩论程序。从诉讼一开始，双方当事人就有权就事实的认定与法律的适用问题，收集提供证据，陈述事实，说明理由，从而论证本方诉辩请求的合法性与正当性，反驳对方的诉辩请求。辩论原则最集中体现在法庭辩论阶段，但是当事人之间的辩论并不局限于此阶段。在诉讼的各个阶段，当事人都可以进行辩论。

（三）当事人辩论的内容包括实体和程序两个方面

实体事项主要是指当事人之间民事法律关系本身的事实问题以及相关的法律适用问题，例如民事法律关系成立与否、是否存在免责事由、应当适用何种法律等。实体方面的问题往往是辩论的中心事项。程序性事项也是辩论内容的重要事项，例如当事人是否具有诉讼行为能力、代理人的授权委托书是否存在瑕疵、主审法官以及其他相关人员是否需要回避、法院对本案是否享有主管权或管辖权等，也可能成为当事人的辩论主题。

（四）辩论可以由本人行使也可以由代理人行使，可以通过口头的方式也可以通过书面的方式进行

无论是当事人本人还是法定代理人或诉讼代理人，都可以按照法律的规定行使辩论权，以保障当事人的合法权益。在法庭辩论阶段，当事人主要是通过言词的方式来行使辩论权。而在其他诉讼阶段，当事人行使辩论权主要是通过书面的形式，例如原告的起诉状、被告的答辩状都是书面形式的辩论。书面方式和口头方式的辩论各有优缺点，应当相互结合进行。由于现代诉讼制度实行言词审理主义，因此辩论主要通过口头的形式进行。

（五）人民法院必须保障当事人双方充分进行辩论

一方面法院应当保持中立，让当事人在平等的基础上，充分表述他们的观点及见解，另一方面法院应当为当事人辩论权的行使提供客观的物质条件与机会。对辩论权的保障是法院的一项重要审判职责，法院应当充分行使阐明权和诉讼指挥权，确保当事人辩论权的全面实现。如果法院违背了此项保障义务，使当事人难以行使辩论权，则应被认定为程序严重违法行为，当事人可以以此为由提出上诉或申请再审。

二、我国辩论原则与大陆法系辩论主义的区别

辩论原则在古罗马帝国时期就已经出现，它要求法院审理民事案件时，应容许当事人相互辩论，法官根据辩论情况作出判决。在中世纪欧洲的罗马教会式诉讼制度中，因采取秘密和书

面审理的方式，基本上不存在当事人之间的辩论，也就谈不上将辩论作为民事诉讼的一项基本原则了。随着资本主义革命的爆发，人权保护的重视，西方国家逐渐以辩论式诉讼替代了先前的纠问式诉讼，辩论也被确立为民事诉讼的一项基本原则，并不断地得以完善。大陆法系将此原则称为"辩论主义"。辩论主义是同职权探知主义相对应的一项基本原则，是当事人主义民事诉讼模式的必然结果。辩论主义主要包括以下三项内容：

其一，直接决定法律效果发生或消灭的事实必须由当事人主张，法院必须依照当事人所主张的事实作出判决。法院不得随意变更或补充当事人的主张，不得将当事人未在辩论中提出的事实作为最后裁判的依据。

其二，当事人一方所主张的事实，如果为另一方当事人所承认，法院必须予以认定并作为裁判的依据。

其三，法院只能对当事人在辩论过程中提出的证据进行调查，以确认当事人之间所争议的事实。

我国民事诉讼法上的辩论原则秉承的是苏联和东欧各国民事诉讼法的规定。1923年制定的《苏俄民事诉讼法典》中的许多条文规定了当事人行使辩论权以及人民法院保证当事人辩论权的行使，并通过辩论查明案件真实情况的内容。[①] 苏联和东欧国家的辩论原则是一种针对当事人的抽象的权利性规范，局限于对当事人的辩论权的认可。辩论权更主要地被看成维护当事人合法权益的手段和体现社会主义民主的形式。苏联和东欧的诉讼法学者认为，辩论主义原则是建立在资产阶级生产资料私有制之上的，认为"资本主义国家的辩论原则体现着资产阶级的民主，是为资产阶级的利益服务的"[②]，因而从社会主义国家民主原则出发，在维护社会主义公有制的基础上确立了辩论原则。我国现行民事诉讼法中的辩论原则就是借鉴苏联和东欧的法律制定的，其含义也没有本质的突破，同大陆法系的辩论主义有很大的区别，主要体现在：

第一，二者所依附的诉讼模式不同。大陆法系的辩论原则依附于当事人主义的诉讼模式，是当事人的主导作用在审理对象问题上的反映。我国的辩论原则最初规定在1982年颁布的《民事诉讼法（试行）》中，是职权主义诉讼模式下产生的基本原则，现行《民事诉讼法》虽然弱化了职权因素，但与当事人主义诉讼模式提出的要求仍有差距。

第二，大陆法系的辩论主义是约束性的辩论主义，而我国的辩论原则是非约束性的辩论原则。[③] 大陆法系的辩论主义要求法官作出的裁判必须以当事人在辩论中提出的诉讼资料为基础，法官必须尊重当事人对审理对象所作的选择，不得在当事人所主张的证据与事实之外，主动收集证据提出事实。我国的辩论原则是一种非约束性的原则，它没有规定当事人的辩论对法官作出裁判的效果，也没有规定法官审理的对象只能以当事人在辩论中提出的事实和证据为

---

① 参见［苏］克列曼：《苏维埃民事诉讼法》，王之相、王增润译，法律出版社1957年版，第84—87页。
② 柴发邦主编：《民事诉讼法》，法律出版社1987年版，第89页。
③ 有学者认为我国民事诉讼法规定的辩论原则仅仅是让当事人能够实施辩论行为，而没有让当事人的辩论结果形成对法院裁判的约束，因而我国的辩论原则是一种非约束性或非实质性原则，称之为"非约束性辩论原则"。其认为德国、日本、韩国及我国台湾地区民事诉讼中的辩论原则与我国大陆有本质区别，是"约束性辩论原则"。张卫平：《民事诉讼法》，法律出版社2016年版，第44页。笔者认为，我国民事诉讼法并没有规定辩论主义，将来民事诉讼法修改时应就此加以完善，但这并不意味着我国民事诉讼法所规定的辩论原则就要删除或者改为辩论主义，辩论原则要同时保留，辩论原则与辩论主义的功能不同。辩论原则是从权利（right）的角度规定的，辩论主义是从权力（power）的角度规定的，二者应当并存。

限。我国台湾地区学者杨建华在《大陆民事诉讼法比较与评析》中指出,"大陆民事诉讼法第12条规定:'人民法院审理民事案件时,当事人有权进行辩论。'乃系赋予当事人与案件审理之时有辩论之权,着眼于当事人在诉讼上之权利,与上述辩论主义系限制法院关于事实认定,应以当事人主张为准之意义尚非完全相同"①。在我国,当事人辩论只不过是法院察知案情的一个手段;法院是诉讼的主导者,当事人辩论是为法官服务的一个手段。

三、我国辩论原则的完善

完善我国的民事诉讼辩论原则就是要吸收大陆法系辩论主义的合理内核,并根据诉讼制度的现代发展,完善我国的法律规定。

首先,明确规定法院的裁决只能根据双方当事人辩论的请求和事实作出,不能超越当事人辩论的内容作出裁决,即规定当事人辩论内容对法院裁决的约束性。只有这样,才能体现当事人对于民事诉讼进行的主导地位,而不仅仅是法院了解案件情况的一个信息渠道。

其次,诉讼中的证据原则上只能由当事人自行收集,法院不得主动依职权收集证据。法院只能对当事人提出的证据进行调查和认定。对于当事人无法收集到的证据,可以申请法院收集,但是这种情况要受到严格控制,不得随意使用。

再次,民事诉讼中要承认自认的效力,建立自认法则。自认法则是指当事人认可了对自己不利的事实,那么这一事实便可作为裁判的根据。这是大陆法系辩论主义的基本要求,而我国现行的民事诉讼法对自认法则未作出规定,只是从免除举证责任的角度对当事人的陈述作了规定,即一方当事人对另一方当事人陈述的案件事实或提出的诉讼请求,明确表示承认的,可免除当事人的举证责任,而且对这些陈述的事实也必须经过查证属实,才能作为认定事实的根据,而没有规定自认对当事人和法院的约束力。建立自认法则,既尊重了当事人的诉讼主体地位,又符合诉讼效益原则。

最后,对辩论原则的完善不能局限于传统的辩论主义,应当吸取西方当事人主义的先进成果。社会在逐步的现代化,法律亦如此,西方的辩论主义也是在不断进化的。传统的辩论主义完全强调当事人的主导作用,法院是完全消极的。这就难免出现两个弊端:一是当事人恶意诉讼,违背真实义务;二是法院过于消极,完全任由当事人控制,可能导致诉讼拖延,并可能会导致诉讼结果违背实体正义。所以现代的辩论主义补充了新鲜的内容,就是强调当事人的诚信义务、合作义务与法官的阐明权。诚信义务要求当事人进行诉讼,不得滥用法律赋予的诉讼权利,不允许其基于恶意目的,故意作虚伪陈述,以迟延诉讼,或以投机心理获取胜诉结果,违背诚信的要求。合作义务是指当事人相互间以及当事人与审案法官之间应当是相互配合的协作关系,而不是对抗或对立关系,其尤其体现在当事人相互之间,如文书提出义务就是合作主义的要求。法官的阐明权则是指在当事人主张的事实不明确时,法院可以令当事人作适当的解释或补充陈述,或者令当事人举证。

---

① 杨建华:《大陆民事诉讼法比较与评析》,三民书局1991年版,第8—9页。

第十节 处分原则

一、处分原则的法律依据及其含义

《民事诉讼法》第13条第2款规定:"当事人有权在法律规定的范围内处分自己的民事权利和诉讼权利。"据此,处分原则是指民事诉讼当事人有权在法律规定的范围内自由处置自己的民事实体权利和民事诉讼权利的诉讼原则。相对于刑事诉讼与行政诉讼,处分原则是民事诉讼的特有原则。民事诉讼之所以实行处分原则,是由民事法律关系的特点和民事权利的性质决定的。民事法律关系是平等主体之间关于财产和人身方面的权利义务关系,民事权利义务一般同国家利益和社会公共利益没有直接的关系,属于私的关系。立法允许民事主体自由处分自己的民事权利,体现了对当事人主体地位的尊重,体现了私权自治的精神。民事诉讼权利是法律从民事诉讼的实际需要出发赋予诉讼当事人在诉讼中实施特定诉讼行为的可能性。民事诉讼权利是民事权利在诉讼中的延伸,也是其实现的手段。强化当事人的诉讼权利并尊重当事人行使诉讼权利的自由,也是诉讼民主的一个要求。

二、处分原则的内容

(一) 处分的对象包括民事权利和民事诉讼权利

对民事权利的处分主要体现在三个方面:

一是原告在提起诉讼时可以自由地确定请求司法保护的范围,并有权选择保护的方法。比如当事人因合同纠纷向法院起诉要求保护其权利时,当事人既可以选择要求继续履行,也可以选择要求对方支付违约金或者予以赔偿,还可以同时提出几种请求;既可以对其全部损失要求赔偿,也可以只就其中的部分损失要求赔偿,这种选择权在当事人手中。

二是对于诉讼请求,原告一方可以作出放弃、变更,也可以扩大或缩小诉讼请求的范围,被告一方可以全部或部分承认对方的诉讼请求,也可以决定是否就此提起反诉。

三是在诉讼进行当中,双方当事人可以对各自的诉讼主张做出让步,进行和解或者接受法院的调解。

对诉讼权利的处分主要体现在以下几个方面:

一是诉讼启动权。这是指实体争议发生之后,是否选择诉讼程序解决纠纷提起诉讼,完全由当事人来决定。当事人的起诉是诉讼程序开始的前提。

二是攻防决定权。这是指民事诉讼过程中,采取什么样诉讼策略、手段,由当事人自主决定。比如当事人可以选择在诉讼中提出哪些证据,提出什么事实,如何进行辩论。这些都是处分权的处分对象。

三是提前息诉权。在诉讼进行过程中,当事人可以通过撤诉、进行和解、申请法院调解等方式终结诉讼程序。

四是救济实现权。这是指在一定诉讼程序结束之后,当事人可以决定是否提起上诉,是否申请再审,是否申请强制执行等。

当然,对民事权利和民事诉讼权利的处分并不是截然分开的,很多时候都是相互关联的。在民事诉讼中处分实体权利都是通过处分诉讼权利实现的,但是诉讼权利的处分却并不一定会导致实体权利的处分。例如，当事人选择提出某项证据以证明其诉讼请求，是对诉讼权利的处分，但是这本身并不导致其民事权利的处分。

（二）当事人处分权的行使必须是其真实意思的表示

任何违背当事人真实意思做出的处分行为，都不能产生行使处分权的效力。这些情形包括：当事人被强迫、受欺诈或者重大误解等。

（三）民事诉讼中当事人行使处分权并不是绝对的

如果当事人处分权的行使违反国家利益、社会公共利益或者损害他人利益，则不得行使。

三、当事人处分权与法院审判权的关系

（一）当事人处分权是对法院审判权的合理制约

从以上对于处分权对象的论述，即可看出，诉讼程序的开始、法院审判权的行使取决于当事人的起诉行为，法院审判权行使的具体范围局限于当事人提出的请求事项和争议的事实，而且法院的审判权也会因当事人的撤诉行为而终止。这都体现了处分权对审判权的制约。处分权对审判权的制约并不是都具有同样的效果，而是存在程度上的差异。某些处分行为对于审判权的制约具有绝对性，比如当事人是否起诉，是否接受调解，是否提起上诉，是否申请执行等都对法院的审判权具有绝对的制约作用。而另一些处分权的行使则不具有绝对性，虽然在通常情况下能够决定审判权的运作。比如当事人选择撤诉，要经过法院的准许才能产生终止诉讼的效果，如果法院不同意当事人撤诉，则不能撤诉。而在再审程序中，如果法院认为原审生效判决有错误，即使当事人没有申请再审，也可以主动提起再审程序。

（二）审判权应当指导、监督处分权的行使

人民法院在行使审判权之时，对当事人处分权的行使也具有指导和监督的作用，一是为了保障当事人的合法权益，二是为了保证诉讼活动的顺利进行。处分权的不当行使，可能会损害到对方当事人的合法利益，最主要的是当事人行使处分权有时会损害社会公共利益和国家利益，这时法院就不能坐视不管，要通过行使审判权来指导和监督处分权的行使，保证诉讼公正和社会公正的实现。例如，当法院发现双方当事人恶意串通，一方为逃避法院的强制执行而承认另一方主张的虚假债务时，应不受这一处分行为的限制而依法作出判决。

（三）审判权应当保障处分权的实现

由于在我国的民事诉讼中，法院的审判权仍居于主导地位，而且当事人的权益的实现最终也要通过法院行使审判权作出判决得以实现，那么审判权对处分权的保障作用就十分的重要。审判权的不当行使会侵犯到当事人的处分权，例如，当事人双方并不自愿进行调解，而法院为了片面追求调解结案率强迫当事人接受调解的方式结案，这就严重侵犯了当事人的处分权。审判权应当保障处分权的实现，而不能干涉处分权的行使。

四、我国民事诉讼处分原则存在的缺陷与完善

处分原则虽然是我国民事诉讼的基本原则，但是我国的处分原则同西方传统上的处分原则还是有着很大的区别的。在我国，处分原则的含义一般是指，当事人有权在法律规定的范围内处分自己的民事权利和诉讼权利。而大陆法系国家的处分主义一般是指"当事人有权决定诉讼的开始、诉讼的对象及终了诉讼的诉讼原则"，从各国的理论与立法规定来看，二者在涵义

上的最大区别在于，前者仅从当事人"权利"的角度来定义，而后者不仅从当事人权利的角度还从该权利的行使效果之角度予以解读。就是说在我国，当事人的"处分权"，仅仅是当事人的一种权利，而这种处分权对法院却未必具有约束力。也就是说，我国民事诉讼法虽然规定了当事人"有权"处分自己的民事权利和诉讼权利，但却没有规定相应的法律后果，因而其处分行为对人民法院往往并没有约束力。对此，我国台湾地区陈荣宗曾指出："……规定的法条，大部分都是要提供当事人去遵守，好像不是针对法官应该如何遵守而规定。此种规定的结果，使法官是否遵守民事诉讼法之规定，变成不重要。对于法官所做的规定，几乎都相当于……所谓的'训示规定'，而不是'效力规定'。"①

相比较而言，在西方国家，当事人的处分行为对法院具有约束力，否则即为违法。这种效力不仅表现在诉讼程序的启动、审判对象及其范围的确定、诉讼的终了等各方面，而且体现在诉的变更与追加、诉讼上的和解、撤诉、认诺等具体制度之中。②

正是存在上述区别，我国民事诉讼法所规定的处分原则被称为非约束性的处分原则，而将其他大多数国家和地区的相应原则称为约束性的处分原则。这种缺陷体现在具体的制度中主要有以下几种表现：

其一，诉讼的提起并不完全取决于当事人的意思，法院上门揽案的情况在实践中屡有发生，侵犯当事人的处分权。另外，法院可以依职权提起民事案件的再审程序，而不以当事人申请再审为必要条件，也是对当事人处分权的侵犯。

其二，人民法院作出的裁决并不局限于当事人所提出的诉讼请求范围。法院如果认为确有主动保护当事人合法权益的必要，可以依职权将当事人在诉讼中没有主张的实体权利纳入审判范围。因此，一审法院有权超出原告的数额进行审理和判决。③

其三，对于认诺和放弃诉讼请求的法律效力没有明确规定。民事诉讼法虽然规定了"原告可以放弃或变更诉讼请求；被告可以承认或者反驳诉讼请求，有权提起反诉"，但是对于当事人的放弃或承认对法院最后作出裁决有无约束力却没有规定。

完善我国的处分原则应该针对以上缺陷作出改革，核心就是规定当事人处分权对法院审理案件的约束力。比如在诉讼的提起上，就要杜绝法院上门揽案的情况，是否提起诉讼由当事人自己决定，法院不能左右当事人对自己权利的处分；在再审提起的程序上，应当限制甚至取消法院依职权启动再审的权力。对于法院作出裁决的范围应当规定只能局限于当事人提出的诉讼请求范围之内，而不能超越之。当事人对诉讼请求作出的放弃或认诺，人民法院应当将其作为裁判的基础判令该当事人败诉。

可见，处分原则的改革与完善对于整个诉讼制度的现代化与合理化有着至关重要的意义。

第十一节　支持起诉原则

《民事诉讼法》第 15 条规定："机关、社会团体、企业事业单位对损害国家、集体或者个人民事权益的行为，可以支持受损害的单位或者个人向人民法院起诉。"对于这一条规定理论

---

① 民事诉讼法研究基金会：《民事诉讼法之研讨》（四），三民书局 1993 年版，第 278 页。
② 参见刘学在：《我国民事诉讼处分原则之检讨》，载《法学评论》2000 年第 6 期。
③ 参见顾培东、王莹文、郭明忠：《经济诉讼的理论与实践》，四川人民出版社 1988 年版，第 33 页。

界将之确定为支持起诉原则。支持起诉原则也是我国民事诉讼法所独有的基本原则，是针对我国国家的具体情况所作出的规定，也是在苏联社会干预原则的影响下所形成的基本原则。

一、确立支持起诉原则的意义

民事纠纷是民事主体之间的私权纠纷，民事诉讼通常也只能由具有利害关系的诉讼当事人提起，以保护其合法权益。是不是提起民事诉讼由当事人自主作出决定属于民事处分权的范畴。但是民事权利的私权性质又不是绝对的，有时候当事人的私权还会涉及社会公共利益甚至国家利益。随着社会的发展，出现了大量的现代性诉讼，以环境污染与消费者权益保护诉讼和大面积的侵权诉讼为代表。现代诉讼的被告大多是从事社会公共事业的团体或大型的社会集团，而原告是一般的单个自然人。原、被告双方的力量悬殊，由于这层原因，原告（利益受害者）很可能不向人民法院起诉，不仅放弃了他们自身的权利，而且放纵了侵害人的违法行为，损害了社会公共利益。而且当前我国一部分公民和法人的法律素质较低，掌握的法律知识很少，对自己的合法权益以及怎样保护合法权益缺乏正确的认识，有必要由有关的机关社会团体和企业事业单位支持他们提起民事诉讼保护其合法权益。此外，弱者保护理念也对支持起诉原则提出了要求。正是基于以上原因，我国建立了支持起诉原则。

立法规定支持起诉原则的意义在于：一是有利于维护国家、集体和个人的合法权益，鼓励各种社会力量同侵犯民事权益的违法行为作斗争使其不逃脱法律的制裁，维护社会主义法制的尊严；二是有利于发扬社会主义道德风尚，建设社会主义精神文明，扶助弱小，扶持正义，使合法的民事权益能够受到法律的保护，体现了我国社会主义社会人与人之间的新型关系。

二、支持起诉的条件和方式

（一）支持起诉的条件

支持起诉的原则并不是在任何时候都适用的，它的适用也要具备特定的条件：

其一，支持起诉的案件必须是侵权行为引起的民事案件，也就是说加害人的行为必须是侵犯了国家、集体或者个人的民事权益，构成了侵权行为。如果不是民事侵权案件，仅仅是一般的民事争议，当事人可以自行处分自己的诉权，无须机关、团体、企事业单位支持其起诉。

其二，有权支持起诉的只限于机关、团体企事业单位，不包括个人。个人不能成为支持起诉的主体。检察机关是支持起诉的主要主体。

其三，支持起诉的前提条件是利害关系人没有提起诉讼。如果利害关系人已经起诉，则不存在支持起诉原则的适用了，也没有支持起诉的必要了。当然，广义上的支持起诉，除启动性支持外，也包括诉讼过程中介入性支持。

（二）支持起诉的方式

我国的民事诉讼法并没有规定支持起诉的具体方式，可以说支持起诉原则在具体规定上并没有体现。实践中，支持受害者起诉的方式主要是启发和鼓励受损害的单位或个人向法院起诉。同时，当被支持者决定起诉后正式起诉前，支持的单位可以从道义上、物质上和法律上给予帮助。例如，可以指引受害者到有关部门和人民法院反映情况，支持妇女、儿童、老人、残疾人等弱势群体提起诉讼，选派有法律知识的人充当被支持者的诉讼代理人，为其提供法律帮助，检察机关可以支持农民工提起讨薪诉讼等。

三、支持起诉原则的理论争议

支持起诉原则是我国民事诉讼中一项饱受争议的原则。许多学者对这一原则提出质疑。有的学者认为，首先，民事诉讼法关于支持起诉的规定对民事诉讼全过程并无指导作用。既然立法把"支持"限定于"起诉"，那么最多也只是在起诉和受理阶段有一定的意义。其次，我国民事诉讼法关于支持起诉的规定不具体。对于支持起诉的条件、方式、程序、支持人的诉讼地位等都未作任何规定，其可行性、操作性不强。所以支持起诉原则不能成为我国民事诉讼的基本原则。[①] 应当认为，对支持起诉原则的质疑观点是有着一定道理的，我国在民事诉讼法中对支持起诉原则进行规定之时主要是考虑到民事诉讼现实的需要，为了保障当事人能够依靠法律实现自己的权益，而缺少理论上的论证。而且，在民事诉讼的分则中也没有作出具体规定以保障这一原则得到切实的贯彻，所以在实践中所起的作用不太显著。民事诉讼的理论学者和立法者必须要加强理论研究，为支持起诉原则提供理论支持并完善具体的规定，保障这一原则能够在实践中切实起到作用，否则这一原则就会受到更大的争议。完善的基本方向是：其一，明确支持起诉的适用范围，列举性规定支持起诉主要针对哪些诉讼案件可以适用。其二，确定支持起诉的具体程序和规则，使之具有可操作性。通过完善支持起诉原则，可以发掘其援助弱者、匡扶正义、捍卫公益、实现法治的重要意义。

四、支持起诉原则与法律援助

法律援助制度，又称为法律扶助制度，是国家为了保证法律赋予公民的各项权利在现实生活中切实得以实现，对需要采用法律救济手段捍卫自己的法定权利不受侵害，但又因经济困难无力支付诉讼费和法律服务费用的当事人（如残疾人、妇女、儿童、老人、智力低下者等）以及某些特殊案件的当事人提供免费、减费法律服务或者减免诉讼费用以保障其司法权利得以实现的一项法律制度。法律援助制度的本质是，国家以为被援助对象提供经济帮助为途径，达到保证法律赋予每位公民的合法权利真正得以实现，保障法律面前人人平等的宪法原则得以切实实现。法律援助既是一项重要的法律制度，也是完善社会保障法律体系的重要措施。

民事法律援助的内容主要规定在《律师法》和有关的司法解释上。《律师法》第42条规定："律师、律师事务所应当按照国家规定履行法律援助义务，为受援人提供符合标准的法律服务，维护受援人的合法权益。"1999年4月12日司法部与最高人民法院联合发布的《关于民事法律援助工作若干问题的联合通知》规定："公民在赡养费、抚养费、抚育费、劳动报酬、工伤等方面提起民事诉讼，符合下列条件的，可到有管辖权的人民法院所在地的法律援助机构申请法律援助：1. 有充分理由证明为保障自己合法权益需要法律帮助；2. 本人及家庭经济状况符合当地政府部门规定的公民经济困难标准。请求发给抚恤金和请求国家赔偿的案件参照前款规定办理。"

从上面的规定可以看出，法律援助制度同支持起诉原则在范围上有着交叉的关系。民事法律援助制度主要针对的是赡养费、抚养费、抚育费、劳动报酬、工伤等案件，有一定的限定性，范围小于支持起诉原则所包括的范围，另外，法律援助制度当然不局限于支持起诉，还包括起诉之后的诉讼的各个阶段的援助活动。

---

① 参见何文燕：《调解和支持起诉两项民诉法基本原则应否定》，载《法学》1997年第2期；王琦：《民事诉讼法基本原则若干问题的思考》，载《海南大学学报》2003年第2期。

完善民事法律援助制度，有利于完善支持起诉原则。最主要的就是加大律师事务所对民事权利受害人在物质和法律上的帮助，比如减免律师代理费用、提供法律咨询、代拟法律文书等。完善民事法律援助制度对于支持起诉原则有着十分重要的意义。

第十二节　两便原则

一、两便原则缘起

两便原则，指的是民事诉讼法的制定和运用，要便利人民群众进行诉讼，便利人民法院进行审判。其中，前者是根本，后者是前者的保障。如果便利了人民群众进行诉讼，便利人民法院的审判便自然蕴含于其中。

两便原则既是一个传统的概念，又是一个现代的概念，它的内涵既处在变动和更新之中，也处在不断丰富和完善之中。早在新民主主义革命时期，以陕甘宁边区为代表的革命根据地处于特殊的战争环境下，经济文化的发展十分落后。经济上以农业为主，生产力极不发达。为适应战争时期需要，共产党领导的革命根据地和解放区制定和颁布的有关司法工作的法规、条例中就强调要简化诉讼程序，方便群众诉讼。起诉可以口头起诉，也可以书面起诉。口头起诉与书面起诉的效力相等。当事人要求司法机关代写书状的，司法机关应当指派专人无条件代写。司法便利化的思想在根据地得到了淋漓尽致的体现。

根据地时期的司法便利化思潮凝聚成后来影响巨大的马锡五审判方式。以"马锡五审判"为代表的审判方式正是两便原则的雏形。

二、两便原则的体现

纵观我国《民事诉讼法》自始至终的内容，不难发现，两便原则是一条贯穿始终的核心原则，也正是由于两便原则的存在，司法为民变成了民事诉讼法的立法指导理念，同时也成为司法审判的行为指针。我们还是用条款加以说明。

（一）任务上体现两便原则

《民事诉讼法》第2条规定了"中华人民共和国民事诉讼法的任务"，在一连串的诉讼任务中，"保护当事人行使诉讼权利"是排序第一的任务，因而也是首要任务。"保护当事人行使诉讼权利"是便民原则的基本体现，如果当事人的诉讼权利得不到切实保障，所谓便民诉讼，便无从说起。

（二）主管上体现两便原则

《民事诉讼法》第3条规定了法院对诉讼案件的主管制度，据此规定，我国法院受理民事案件的范围涵盖了平等主体之间因财产关系和人身关系所产生的所有民事纠纷，其范围具有广泛性，主管范围上的广泛性，使人民群众到法院打官司不会遭到告状无门的困难，由此体现出便民诉讼的原则。

（三）保障上体现两便原则

根据《民事诉讼法》第8条的规定，"保障和便利当事人行使诉讼权利"是人民法院行使审判权的重要职责，人民群众进行诉讼是否感到便民，立法上的保障固然重要，司法上的保障更为重要。

（四）语言文字上体现两便原则

诉讼中利用何种语言文字进行，在我国这样一个由56个民族组成的统一的多民族国家，对于便民原则的落实是非常重要的。我国《宪法》第139条、《民事诉讼法》第11条对此有所规定，特别是在少数民族集中聚居的地区，人民法院还专门配备了少数民族语言和汉语兼通的双语法官，就地立案、就地开庭、就地执行，及时有效解决矛盾，以案释法加强宣传，既贴近基层司法需求，又有效参与了社会治理。

（五）支持起诉上体现两便原则

根据《民事诉讼法》第15条的规定，机关、社会团体、企业事业单位对损害国家、集体或者个人民事权益的行为，可以支持受损害的单位或者个人向人民法院起诉。支持起诉使当事人行使诉权更为便利和有保障。

（六）管辖上体现两便原则

根据《民事诉讼法》第18条的规定，第一审民事案件原则上由基层人民法院管辖。两便原则是我国民事诉讼法确立管辖制度的一项基本原则，当事人进行诉讼，绝大多数案件均由基层人民法院管辖，而基层人民法院距离当事人较近，便于当事人进行诉讼。管辖中许多规定都体现了两便原则，比如，《民事诉讼法》第23条规定的"原告可以在原告所在地进行诉讼的特别规则"、第37条规定的"移送管辖"等，均属于便民诉讼的管辖规定。

（七）群体诉讼中体现两便原则

《民事诉讼法》第56条规定了代表人诉讼。人数众多的诉讼日益增多，但这类诉讼一般是小额分散型诉讼，人多、标的额小是其基本特征，如果让每个受害者提起诉讼，则必然增加诉讼烦累和诉讼成本，也必然会有大量的受害者放弃诉权，忍气吞声，不愿意到法院打这种得不偿失的官司。为此，我国《民事诉讼法》与时俱进，借鉴其他国家有益经验，采其众长，避其所短，规定了别具一格的"代表人诉讼"，以充分体现便民诉讼的需求。

（八）公益诉讼上体现两便原则

《民事诉讼法》在其第58条中规定了公益诉讼制度。公益诉讼旨在保护公益，但同时也保护了公民的合法权益，通过公益诉讼所确定的裁判，对相关公民进行私益救济也提供了前提性保障，并加快了私益诉讼的进程，节省了诉讼成本，便利了人民群众进行诉讼维权。

（九）司法救助上体现两便原则

《民事诉讼法》第121条规定了诉讼费用缓交、减交或者免交制度。便利人民群众进行诉讼，要扫除人民群众接近法院、进入法院、使用法院的各种障碍，使当事人告状有门，而不是被拒绝司法。横亘在当事人进入法院之途的一大障碍，就是贫困的当事人缺乏经济力量、物质保障，打不起官司，为消除此一障碍，民事诉讼法上述条款专设诉讼费用"缓交、减交或者免交"制度，此即司法救助制度，也是司法制度带给人民群众的司法福祉，是便民原则的体现。

（十）起诉方式上体现两便原则

在我国，尤其是农村、边远地区等相对落后的地区，有些人文化素养相对较低，要他们起诉写具有专业性要求的起诉状，无疑是强人所难，因而为了便利人民群众能够顺畅地去法院进行诉讼，《民事诉讼法》第123条在规定书面起诉外，还专门规定了口头起诉制度。据此制度，当事人只要到法院向书记员口头陈述案件事实，口头提出诉讼请求即可，书记员将其陈述如实记录在卷，由起诉的当事人签字盖章或捺手印，即完成了起诉之要求，诉讼程序由此开始系属于法院。此外，我国《民事诉讼法》第十三章从第160条到第170条所规定的简易程序和小额诉讼程序，均规定了当事人可以口头起诉。起诉方式上的口头化，不仅有利于法院审判查明案件事实，而且有利于当事人行使诉权。

（十一）先行调解体现两便原则

《民事诉讼法》第125条规定了优先调解原则。调解是解决纠纷又好又快又省的方式，相机进行调解是我国《民事诉讼法》所规定的一项基本原则，先行调解或审前调解更加能够使案件纠纷得到及时化解，当事人为此可以免除讼累之苦。显然，调解尤其是先行调解，使两便原则得到最大限度的体现。

（十二）法院释明义务上体现两便原则

当事人的起诉有时难免会因不懂法或者未聘请律师而失之盲目，对于这种带有盲目性的起诉，如果人民法院予以简单地裁定驳回或者裁定不予受理，甚至将当事人的起诉拒之法院大门之外，则属于一种简单主义、机械主义、形式主义的司法，这种司法是违反两便原则的。为此，《民事诉讼法》第127条规定了诉讼引导制度，对不具备起诉条件的诉讼案件，法院通过行使释明权或者诉讼指导权，使当事人知道下一步该怎么做，到哪个部门去寻求法律上的救济，这样当事人便会感受到司法温暖，也便于其服判息诉。

（十三）繁简分流上体现两便原则

诉至法院的民事诉讼案件有繁有简、有难有易、有大有小，不尽一致。这些形形色色、林林总总的民事案件鱼贯而入，进入法院后，法院的首要之事就是进行一番繁简分流的工作，使各个民事案件各就其位，各进其轨，有序化解。为此，《民事诉讼法》第136条对繁简分流制度作出了规定。督促程序、小额程序、简易程序、普通程序、调解程序，还有其他各种非讼程序，对于繁简分流而来的各种案件，能够一一对应，对号入座，使人民群众打官司能够便捷地找到最适合自己案件的法律程序，这些法律程序，恰如其分地对应着各类民事案件，使当事人进行诉讼既不浪费程序，也不感到程序不足，程序与案件相合相称。

（十四）巡回审判上体现两便原则

我国民事司法上的两便原则之所以著称于世，深得民心，一个非常重要的体现是我国在传统上就习惯于巡回审理，或者设置派出法庭进行固定的巡回审判，或者由人民法院派出临时的流动的审判庭进行巡回审判。《民事诉讼法》第138条规定了"巡回审理，就地办案"原则。《人民法院组织法》第26条规定人民法庭的设置原则，甚至最高人民法院也可设立巡回法庭，同法第19条规定："最高人民法院可以设巡回法庭，审理最高人民法院依法确定的案件。"人民法庭是固定的巡回法庭，巡回法庭是流动的人民法院。最高人民法院设置六个巡回法庭，被称为"开到老百姓家门口的最高人民法院"，深受赞誉。不仅一审法院可以巡回审判，而且二审法院乃至再审法院，在必要时也实行巡回审判，《民事诉讼法》第176条第2款对此作出了规定。

在地广人稀、交通不便、诉讼成本较高的地区，各类巡回法庭因地制宜，把司法服务送到群众家门口。为方便群众诉讼，各类"马背法庭""车载法庭""田间法庭""假日法庭""夜间法庭"等层出不穷。人民法院巡回审判民事案件，不仅使当事人足不出户，在家门口就可以进行诉讼，同时也送法下乡，使人民群众通过诉讼接受活生生的法治宣传教育，一举而多得,实为便民诉讼之范例。

(十五)司法确认上体现两便原则

当事人进行诉讼,到法院打官司,往往是迫不得已的无奈之举,只要有可能,当事人会选择对抗性较弱、合作性较强,又省钱省时的解纷之道。由本土本乡本社区的人民调解委员会进行调解,便是人民群众乐于选择的优先渠道。然而,人民调解所达成的协议并无强制执行的法律拘束力,这一短板一直制约着人民调解制度的作用发挥。为改此弊,2012年修改《民事诉讼法》增设了司法确认调解协议程序,经过法院审查确认后的人民调解协议,具有强制执行力,当事人可以据此向法院申请强制执行。该法第201条、第202条规定了该一程序。通过司法确认程序,当事人可以收到两利:一是不伤和气解决了纠纷,二是不必诉讼获得了执行。无疑,司法确认程序是具有中国原创性的便民原则的最新体现。

以上所述,是我国民事诉讼法中较为明显体现两便原则的条款;当然,两便原则是民事诉讼法的核心原则,也是彰显我国民事诉讼法基本特征的标志性原则,它的精神和内容体现在整个民事诉讼法之中。

第十三节 诚信原则

一、诚信原则的立法缘起

《周易·乾·文言》中记载"修辞立其诚",要求人们发表言论,必须建立在诚信的基础上,要有事实基础。所谓"不精不诚,不能动人""精诚所至,金石为开"等,说的也是类似的意思。在古人信奉的"仁、义、礼、智、信"五常中,其中有一常即为诚信之"信"。可以认为,"诚信"乃是中国传统文化的一个有机组成部分,也是人们安身立命的支柱性准则之一,其重要性是不言而喻的。

将"诚信"这个道德范畴转译到法律当中,使之成为一项法律原则和法律规范,从而实现"道德规范法律化"的,首先是在古代罗马法中。我国民法学研究表明,诚信原则乃起源于罗马法中的"诚信契约"和"诚信诉讼"。[①] 诚信契约是与严正契约相对而言的,在严正契约中,当事人只须严格依契约办事即可,无须承担契约文字以外的更多的义务;而依诚信契约则不然,当事人除需要依契约的文字承担相应的义务外,还需要承担该契约中未加明定的补充性义务,而这种义务是仰赖当事人按诚实和善意的要求履行的。在由此所发生的诉讼中,也即诚信诉讼中,法官可以根据公平原则对当事人所约定的权利和义务予以职权化的调整,使之符合公平正义的抽象理念。可见,诚信原则最早发生在实体法中的合同领域,其目的不仅为当事人履行其合同义务课加额外的诚信义务,同时还据此赋予法官对实体问题的自由裁量权,而这两个方面的内容又是对立统一的。

萌发于古罗马法上的诚信原则发展到现代社会,其内涵不断地扩大和丰富,它越出债法领域,扩及到了所有的民事法律部门,以至于许多国家民法均开宗明义将它作为一项民法基本原则加以规定。如作为现代民法样板之一的瑞士《民法典》就在其第2条中明文规定:"任何人都必须诚实、信用地行使其权利并履行其义务。"《民法通则》也确立了该一原则的基本规范

[①] 参见徐国栋:《民法基本原则解释》,中国政法大学出版社1992年版,第79页。

地位，其第 4 条规定："民事活动应当遵循自愿、公平、等价有偿、诚实信用的原则。"《民法典》第 7 条对此也作出了规定。由此来看，诚信原则作为一项基本法律原则在民事实体法中已得到完全的确立。

那么，民法中的诚信原则能否延伸适用于民事诉讼领域并成为民事诉讼法中的一项基本原则呢？对此，大陆法国家的学者曾发生过激烈的争论，形成了"肯定说"和"否定说"的分歧。①

日本学界在战后对于民事诉讼法中引进诚信原则是持反对态度的，反对的理由主要有这样几条：第一，处理繁杂的民事诉讼程序应客观地适用明确的基准、遵循具体的规范，而体现在一般条款中的诚信原则有违反制度目的之虞。第二，具有诚信原则的价值判断已具体在民事诉讼法的规定之中，因而无须在此以外再规定一条抽象的诚信原则，这样不仅没有必要，而且也是有害的。第三，诉讼是当事人之间的对立性抗争活动，只要双方当事人按照民事诉讼法的具体规定去进行就可以了，而不必要在法律规则之上再加上一条伦理规则。②

但是，诉讼立法的实践为这种争论给出了答案，并画上了句号。1895 年颁布的奥地利《民事诉讼法》第 178 条规定："当事人据以声明所必要的一切情事，必须完全真实且正确地陈述之。"这可以看作真实义务的立法先河。该法并且规定，当事人所作的不真实的陈述属违法行为，如果是出于故意或过失，当事人应负损害赔偿的义务。不仅如此，该法第 377 条还规定，当事人宣誓后故意作的虚伪陈述可构成犯罪。1911 年的匈牙利《民事诉讼法》也规定："当事人或代理人以恶意陈述显然虚伪之事实，或对他造陈述之事实为显然无理由之争执或提出显然不必要之证据者，法院应科以定额以下之罚款。"我国 1922 年《民事诉讼条例》也借鉴了此一立法例，规定了诚信原则："当事人故意陈述虚伪之事实，或对他造提出之事实或证据故意妄为争执者，法院得科以 300 元以下之罚款。"德国最高法院 1921 年 6 月 1 日下达判例，在判例中这样论述："我们不得不承认，当事人的诉讼关系与他们在实体法上的关系同样受诚实信用原则的支配。"③ 基于这样的认识，德国 1933 年修改民事诉讼法，明确规定了当事人的真实义务。其第 138 条规定："当事人应就事实状况为完全而真实的陈述。"此外，该法对真实义务的违反还规定了承担诉讼费用等方面的后果责任。真实义务是诚信原则的核心内容。受德国法的影响，意大利 1942 年新《民事诉讼法》第 88 条也规定："当事人关于事实上之状况，应完全且真实陈述之。"日本 1996 年新《民事诉讼法》第 2 条则明确将诚信原则规定为统帅一切的基本原则："法院应为民事诉讼公正并迅速地进行而努力；当事人进行民事诉讼，应以诚实信用为之。"同时该民事诉讼法还规定了大量的与诚信原则相关的内容，作为对诚信原则在具体诉讼环节上的落实和体现。我国台湾地区"民事诉讼法"也采用德国立法例，于其第 195 条规定："当事人就其提出之事实应为真实及完全之陈述。"我国澳门特别行政区《民事诉讼法》则别具一格，它将诚信原则分解为三大原则加以规定，其第 8 条规定了合作原则："在主导或参与诉讼程序方面，司法官、诉讼代理人及当事人应相互合作，以便迅速、有效及合理解决争议"；其第 9 条规定了善意原则："当事人应遵守善意原则；当事人尤其不应

---

① 参见聂明根：《民事诉讼法上诚实信用原则研究》，载陈光中等主编：《诉讼法论丛》（第 4 卷），法律出版社 2000 年版，第 330 页。

② 参见［日］谷口安平：《民事诉讼中的诚实信义原则》，载［日］谷口安平：《程序的正义与诉讼》（增订本），王亚新、刘荣军译，中国政法大学出版社 2002 年版，第 166 页。

③ 杨建华主编：《民事诉讼法论文选缉》，五南图书出版公司 1985 年版，第 20 页。

提出违法请求，也不应陈述与真相不符之事实、声请采取纯属拖延程序进行之措施及不给予上条规定之合作"；第 10 条规定："所有诉讼参与人均负有相互间行为恰当之义务，而律师与司法官之间有以礼相待之特别义务；当事人于文书或口头陈述中不应在不必要或不合理之情况下使用侵犯他方当事人名誉或名声之言词，或使用不予有关机构应受尊重之言词。"这是对诚信原则的扩大理解，也是诚信原则的一个新发展。我国《民事诉讼法》原来并没有明定诚信原则，但其第 49 条第 3 款规定："当事人必须依法行使诉讼权利，遵守诉讼秩序，履行发生法律效力的判决书、裁定书和调解书。"这三大诉讼义务，实际上都是诚信原则的具体内容，尤其是第 1 项"依法行使诉讼权利"，理论上把它解释为"诉讼权利不得滥用的原则"，而权利不得滥用乃是诚信原则的一个有机组成部分。2012 年修改《民事诉讼法》，我国增设了诚信原则，其第 13 条第 1 款规定："民事诉讼应当遵循诚实信用原则。"至此，我国《民事诉讼法》正式确立了诚信原则，所有关于要不要规定诚信原则的争论告一段落。① 《2021 年民诉法修改决定》将第 13 条中的"诚实信用"修改为"诚信"。不仅如此，我国《民事诉讼法》中其他的明显与诚信原则相关的具体内容亦为数众多，集中体现在《民事诉讼法》第 114 条、第 115 条和第 116 条之中。由此看来，诚信原则作为一项基本原则也已经为现代各国民事诉讼法所普遍确认。

二、民事诉讼法规定诚信原则的理论依据

前已述及，诚信原则由伦理规范转化为法律规范，再由民法中的法律原则演化为民事诉讼法中的法律原则，可以说是现代法律制度发展的规律性表现和必然产物。那么，具体地设问：原本作为私法领域中的基本原则为什么能够在民事诉讼这一公法领域发挥作用呢？对此必须要在两个层面上进行分析。

第一个层面，民事诉讼法中之所以要规定诚信原则，这是因为民事诉讼法和民法之间存在着内在精神上的关联性或一脉相承性。这里照例要引用一下马克思的论断："审判程序和法二者之间的联系如此密切，就像植物的外形和植物的联系，动物的外形和血肉的联系一样。审判程序和法律应该具有同样的精神，因为审判程序只是法律的生命形式，因而也是法律的内部生命的表现。"民事实体法和民事诉讼法应当具有相同的内在精神，民事实体法中的诚信原则也应当体现在民事诉讼法中。如果民事诉讼法中没有诚信原则的要求，则民事实体法中的诚信原则就不可能得到真正的落实和贯彻。这是由民事诉讼法所具有的工具性价值决定的。因为，民事实体法中的诚信原则具有两个功能：首先，它是对当事人进行民事活动时必须具备诚实、善意的内心状态的要求，对当事人进行民事活动起着指导作用；其次，诚信原则是对法官自由裁量权的授予。② 后一个功能是对法官而言的，不属于对当事人的行为准则要求，因而与民事诉讼法不直接发生关联。但前一个功能，直接与当事人的民事行为相关，因而与民事诉讼发生联系。对当事人民事行为的诚信要求，必然延伸到民事诉讼行为领域。如果前者不能扩及于后者，则前者所具有的功能必定是残缺不全的。所以，民事实体法上的诚信原则，若在解释论上涵盖对当事人的行为准则要求，那么，从立法的一贯性和体系性上着眼，必然要在立法上认可民事诉讼中的诚信原则。而民事诉讼中的诚信原则，首先就成为对当事人诉讼行为的诚信要

---

① 在 2012 年修改《民事诉讼法》之前，对于诚实信用原则应不应该成为我国民事诉讼的基本原则，有学者持异议，认为在我国当前的诉讼制度下，不适合确立诚实信用原则。黄娟：《对在我国民事诉讼法中确立诚实信用原则的冷思考》，载《法商研究》2001 年第 6 期。

② 参见徐国栋：《民法基本原则解释》，中国政法大学出版社 1992 年版，第 78—79 页。

求。这种诚信要求乃是从民事实体法上直接转承而来,而非属民事诉讼法上的独创。这反映了民事诉讼法对民事实体法的保障功能以及隶属性质。

另外一个层面,在民事诉讼法中确立诚信原则是为了适应新型诉讼模式的需要。诉讼法的立法史表明,诚信原则并不是在任何一种诉讼模式中都有存在的可能和必要的。就职权制模式而言,法官在民事诉讼程序中占有主导地位,因而诚信原则主要是针对法官恰当地行使职权来说的,其对当事人的规制意义较为微弱。而法官恰当地行使职权,在一定意义上说乃是审判制度所要求的,是由审判法或法院组织法来规范的,因而民事诉讼法对之可以不作规定。可见,诚信原则在职权制模式中并不具有必然性。事实上,诚信原则乃是在对抗制诉讼模式的基础上发展而来的,对抗制诉讼模式的预先存在是诚信原则赖以生成的逻辑前提。在对抗制或当事人主义诉讼模式下,当事人是诉讼程序的主导者,当事人的诉权对法官的审判权具有最大限度的制约作用,与此同时,当事人拥有最大范围的诉讼权利,当事人自治和当事人控制是该诉讼模式的基本表现形态和运作方式。凡属权利,均易致滥用。当事人在拥有充分诉讼权利的同时,其对诉讼权利的滥用也就成为不可避免之现象。滥用诉讼权利,不仅容易导致当事人诉讼地位的不平衡,而且也影响法院的司法权威性,同时对诉讼效率的提高也带来了负面效应。为了克服此种诉讼流弊,现代国家的民事诉讼法都不约而同地引进了本属私法领域的诚信原则,使私法原则公法化。诚信原则在民事诉讼中得以确立的结果,乃是减缓了当事人主义诉讼模式中固有的对抗性色彩,加强了当事人在行使诉讼权利过程中的合作和协同。以德国为例,在德国,人们已不再把民事诉讼视为当事者之间对立抗争的关系,而是将其作为协同关系来把握并使这种思想崭露头角,造成债权法上概念的信义原则与诉讼发生了结合。① 可见,诚信原则之在民事诉讼法中的确立,其目的主要在于纠正当事人主义的过头之处,使诉讼程序的过分当事人化倾向得到遏制。但这种遏制并非简单地向职权制模式回归,而是通过强化当事人诉讼义务的途径使当事人主义能够正常地发挥作用。到了这里,人类民事诉讼制度的发展和演变充分地表现出了其自身规律和辩证逻辑。如果说当事人主义或对抗制诉讼模式是对职权主义或职权制诉讼模式的否定,那么,由诚信原则所造成的程序模式的变化则是对当事人主义或对抗制诉讼模式的再次否定。其结果是,一种脱胎于当事人主义同时又受职权主义启迪的新型诉讼模式由此得以形成。此种在诚信原则支配下所形成的诉讼模式可以姑且称为"协同型诉讼模式"或"协同主义诉讼模式"。在否定之否定的层面上,协同主义诉讼模式较之当事人主义和职权主义诉讼模式而言乃处在更高的境界,毋宁认为,前者乃是后二者的优势综合的产物。就程序公正的价值而论,它较职权主义为优;就诉讼效率价值而言,它较当事人主义为佳。可见,诚信原则之在民事诉讼中的引入,所造成的结果绝不止步于当事人诉讼权利义务的增减,而是一个新型诉讼模式的诞生,因而,其意义乃是深刻而久远的,它反映了诉讼文明在现时代的新发展和新要求。

三、实体法上的诚信原则与诉讼法上的诚信原则

既然诉讼法上的诚信原则来源于实体法上的诚信原则,那这二者间存在紧密的联系自然不言而喻。这种联系集中表现在诚信原则对民事法律行为和民事诉讼行为的统一调整之上,反映了民事实体法和民事诉讼法之间的内在联系。但是,民事实体法毕竟属于私法范畴,而民事诉

---

① 参见[日]谷口安平:《民事诉讼中的诚实信义原则》,载谷口安平:《程序的正义与诉讼》(增订本),王亚新、刘荣军译,中国政法大学出版社2002年版,第168页。

讼法则属于公法范畴。私法领域发挥作用的基本原则延伸到公法领域，便使诚信原则发生了诸多的变异，并使之带上了诸多不同于民事实体法诚信原则的特征。这些特征可以从以下几个方面予以认识：

其一，二者的功能不同。实体法上的诚信原则既是当事人进行民事活动的行为准则，又是法官享有自由裁量权的依据。前者要求当事人权利不得滥用，后者则意味着承认法官的创造性司法活动，允许法官在法无明文规定时依据公平的要求进行裁判。可见，实体法上的诚信原则在本质上乃是交易道德的基础和利益平衡的结合，它具有行为准则和裁判规范的双重机能。就规范的性质而言，诚信原则对当事人乃属义务性规范，它要求当事人按诚信的要求行使权利，履行义务；对法官而言，诚信原则乃属授权性规范，它授权法官以此对裁判结果予以具体的平衡，使之符合公平正义的要求。正是在这个意义上，诚信原则在实体法上方有"帝王条款"之称，它才因此而有凌驾于其他原则之上的特殊功效。作为民事诉讼法基本原则之一的诚信原则也可以在两个意义上理解，一是行为意义上的诚实信用；二是实质意义上的诚实信用。前者指的是当事人或其他诉讼参与人在诉讼过程中实施诉讼行为时，以及法官在履行国家审判权实施审判行为时，均应当诚实和善意；后者指的是法院、当事人以及其他诉讼参与人在诉讼过程中需维持当事人双方利益平衡和当事人与社会利益的平衡，其实质乃是公正与衡平。[①] 可见，诉讼法上的诚信原则具有三重机能：对当事人而言，诚信原则是当事人行使诉讼权利、履行诉讼义务的行为准则；对法官而言，诚信原则既是法官行使审判权、履行审判义务的行为准则，同时也是其平衡各种诉讼利益的基准。对于前两个功能比较好理解，但对诚信原则所具有的诉讼利益衡平功能则需要稍加解释。诉讼利益既具有独立的价值，又具有确保实体利益得以实现的作用。法官应当确保诉讼利益在双方当事人之间始终处在平衡状态。这种诉讼利益的平衡状态一旦因为当事人一方的行为而受到影响，法官则需依诚信原则对这种扭曲了的诉讼利益关系进行矫正。可见，与实体法上的诚信原则相比较，诉讼法上的诚信原则多了一个机能，并同时改变了一个机能。所多出来的功能表现为诚信原则对法官行使审判权也起着行为准则的作用；所改变了的功能表现为它由原本的实体利益衡平功能转而变为诉讼利益的衡平功能。这便是实体法上的诚信原则发展到诉讼法领域后所发生的功能上的转化。甄别或判断诚信原则是属于实体法律原则还是属于诉讼法律原则的分水岭，乃在于诚信原则的利益衡平功能的性质归属及其是否具有裁判准则的功能，而不在于究竟是什么样的法律规范对它加以规定。举例言之，在证明责任的分配上，法官有时会使用诚信原则。这时所出现的"诚信原则"，从性质上看，应属实体性原则，而不属于程序性原则。

其二，二者所规范的主体和行为领域不同。如前所述，民事实体法上的诚信原则既然对当事人起行为准则的作用，而对法官起裁判规范的作用，那么，其规范的主体自然包括当事人和法官两个方面。尤其是，它对当事人所起的规范作用乃是在正常的民事活动领域，而对法官所起的规范作用乃是在对纠纷解决过程中的裁判阶段，因此，实体性的诚信原则是跨领域而发挥作用的，在时序上有着严格的先后性。与之有所不同的是，诉讼上的诚信原则仅仅在诉讼程序发生和发展的过程中发挥作用，诉讼程序产生前以及诉讼程序结束后，它皆没有发挥作用的余地。不仅如此，诉讼法上的诚信原则除继续调整当事人之间的诉讼行为关系外，还调整法院和当事人双方之间的诉讼法律关系，此外还对其他诉讼参与人，如证人、鉴定人、翻译人员等的

---

① 参见聂明根：《民事诉讼法上诚实信用原则研究》，载陈光中等主编：《诉讼法论丛》（第4卷），法律出版社2000年版，第328—329页。

诉讼活动起调整作用。因此，诉讼法上的诚信原则在规范的主体上具有多元性的特征。诉讼法上的诚信原则所规范的主体，涉及所有的诉讼法律关系的主体，它实际上是对所有的诉讼法律关系主体实施诉讼行为、从事诉讼活动所提出的普遍性要求。当然，诉讼法律关系的主体不同，由诚信原则所产生的拘束范围和内容便有所不同。由于当事人和法院是民事诉讼中的主要主体，他们所享有的诉权和审判权构成了诉讼程序赖以存在和推进的主要权利渊源，他们违反诚信原则对诉讼程序所产生的影响也最大，因而诚信原则主要对当事人和法院产生规范作用。需要指出的是，从国外诉讼理论以及相关立法例来看，诚信原则的规范主体一般仅及于当事人，最多涉及其他诉讼参与人，而往往不扩及于行使审判权的法院。将诚信原则的规范主体扩展到法院，使之成为对法院行使审判权的一个约束性原则，这是我国诉讼法学理论的创造和发展。在规范主体上将诉讼法上的诚信原则作普适化的理解和把握是有其必要性的，这不仅因为法院需要借助诚信原则对诉讼利益关系作出动态的平衡，同时从司法监督机制上说，也需要利用诚信原则对法院恰当地行使审判权予以规范和制约。

其三，违反诚信原则的行为所侵害的客体不同。对当事人而言，其违反实体上的诚信原则所侵害的客体仅仅限于实体法律利益，对法院而言，其违反诚信原则所损害的客体则既有实体性利益也有程序性利益。其实体性利益表现在法官滥用自由裁量权，必定会损害当事人的实体权利，或者会使当事人之间实体权利义务关系失去平衡；其程序性利益表现在由于法官滥用自由裁量权损害了当事人的实体利益，而这种损害的后果依法又可以、并且在一定的条件下必须通过法定程序予以补救或纠正。此一过程的完成势必要影响诸如程序效率、诉讼经济等诉讼价值的实现，这便又造成了程序利益的受损。可见，实体上的诚信原则既规范当事人的民事法律行为，又调整法院的民事审判行为，违反它所侵害的法律利益主要表现为实体利益，但也会间接地损害诉讼利益。

而违反诉讼上的诚信原则其情形恰好相反，它所损害的主要是或直接是诸如诉讼公正、诉讼经济等诉讼利益，但间接也会影响当事人的实体利益。比如，对当事人来说，如果一方违反诚信原则主张了虚伪的事实且提供了虚假的证据对该事实进行了证实，并由此取得了胜诉的结果，在这种情形下，诉讼公正直接受到损害，但同时其实体利益也遭到了间接的影响。再如，当事人一方滥用申请回避权，其目的是拖延诉讼的进程，为法院行使审判权设置障碍性因素，这种违背诚信原则的行为显然影响了诉讼效率和审判者权威，妨害了诉讼利益的实现。但与此同时，此种行为也给当事人诉讼标的外的实体利益造成了损害，比如增加了诉讼费用、延长了诉讼周期，等等。而这种实体利益的损害便成为违反诉讼上的诚信原则的间接客体。再如，对法院而言，如果法院违背诚信原则作出了突袭性裁判，使当事人觉得此一裁判结果的形成不可信赖，则法院的此种行为便损害了当事人所应当具有的诉讼结果可预测性的诉讼利益。同时，由于法院作出了突袭性裁判，当事人原本可以提供的诉讼资料或证据材料由于预测错误而未能提供，从而有可能影响该裁判的实体结果的正确性，这又使其实体利益存在间接受损的潜在可能。可见，无论是对当事人还是对法院，甚或是对其他诉讼参与人，他们违反诉讼上的诚信原则，其结果不仅直接地损害了诉讼利益，而且还连带地或间接地影响了当事人的实体利益的实现或保障。

由此可见，无论是违反实体上的诚信原则还是违反诉讼上的诚信原则，也无论是当事人违反诚信原则还是法院违反诚信原则，或是其他诉讼参与人违反诚信原则，其结果往往损害了实体利益和程序利益这双重法律利益，所区别的只是，违反了实体上的诚信原则所侵害的客体主要是为法律所保护的实体利益，而违反诉讼上的诚信原则所侵害的客体则主要是为法律所保护的程序利益,只是它们都兼及影响其他利益的充分实现。这既说明两个领域中的诚信原则具有独立存在的价值,它们不能互相替代,而都有必要在各自的法律部门中得到确立或体现,同时也说明实体法和诉讼法存在内在的、紧密不可分的联系,违反了任何一个领域的诚信原则,一般都必然损及另一个领域所存在着的法律利益。两个领域中的诚信原则所存在的这种紧密联系,又证明了诚信这种道德规范法律化之后所产生的普遍性和一体性影响。

最后,违反诚信原则所产生的后果是不同的。违反实体法上的诚信原则实际上包括两个方面的内容:一是民事主体违反诚信原则行使实体权利或履行实体义务,此时所产生的后果是实体法上的责任,如侵权责任或违约责任等;另一是法官违反诚信原则行使实体上的裁量权,此时所产生的后果乃是判决被改变或撤销以及由此所导致的国家赔偿责任或对法官个人的错案责任追究等。但是违反程序法上的诚信原则所产生的后果就要复杂得多了:首先对当事人而言,如果其诉讼行为违反诚信原则,则不仅有可能导致程序法上的后果,如罚款、承担诉讼费用、被裁判承担不利的诉讼后果等,同时还会产生实体上的法律后果,如侵权责任等,如果情节严重,则还可能产生刑事法律上的责任,如伪证罪、虚假诉讼罪、妨碍司法罪等。其次对法院而言,如果法官违反诚信原则,则可能导致因程序严重违法而被宣布审判无效,从而引起发回重审或再次审理的诉讼后果;情节严重者,也可能会因为被认定为错案而产生国家赔偿责任或错案责任之追究。最后对其他诉讼参与人而言,他们若违反诚信原则而实施诉讼行为,直接的后果便是会导致相关的诉讼行为被宣布为无效,如证词无效、鉴定无效或翻译无效等;此外,对他们实施这种违反诚信的行为,法院还可以根据具体情形对他们施加相应的强制措施,如罚款、拘留等,若情节严重,还可能构成刑事犯罪。

四、滥用起诉权:违反诚信原则的诉讼表现之一

如果说诚信原则已成为当今世界各国民事诉讼法中的一项普遍性原则,当非夸张之语。诚信原则已经内化在民事诉讼程序之中,成为民事诉讼程序建构时必须考虑的主要指针之一。在此意义上可以认为,民事诉讼程序中的绝大部分内容都可以说是诚信原则的展开。对我国民事诉讼制度的立法完善而言,应按照诚信原则的普遍性要求,拾遗补阙,在某些重要的诉讼阶段或环节上规定用以确保诚信原则得以实现的具体制度或程序规则。基于此目的,笔者拟就诚信原则在民事诉讼中的具体要求和内容作一较为系统的论述。

从违反诚信原则的主体来看,可以将违反诚信原则的行为分为四个方面来理解,即当事人违背诚信原则的行为;法院违背诚信原则的行为;其他诉讼参与人违背诚信原则的行为;案外人违背诚信原则的行为;等等。但从诚信原则的历史起源和前面介绍的立法例来看,诚信原则主要是对当事人的约束性规范,当事人违背诚信原则实施诉讼活动具有普遍性、根本性和深刻性的特点,因此这里的探讨主要集中于对当事人违背诚信原则的客观表现的描述和分析之上,并同时就其预防机制和责任补救机制作出探讨。

学者们一般认为,当事人违反诚信原则的行为主要表现在以下方面:其一,禁止反悔及矛盾举动;其二,诉讼上的权能丧失[①];其三,滥用诉讼权利,故意或者重大过失延滞诉讼;其

---

① 诉讼上的权能丧失指的是长时间不行使诉讼上的权能时,为了保护与不行使的行为有利害关系的对方当事者持有的信赖,可以不再允许当事者行使该权能。[日]谷口安平:《民事诉讼中的诚实信义原则》,载谷口安平:《程序的正义与诉讼》(增订本),王亚新、刘荣军译,中国政法大学出版社2002年版,第175—177页。

四,有利的诉讼状态的不当形成;其五,虚伪陈述、提供虚假证据或与他人同谋为虚假诉讼以获确定判决;等等。① 显而易见,这是司法实践表明的当事人违反诚信原则的典型形态。这些表现形态,有的属于当事人对纯属诉讼权利的滥用,有的则兼有滥用实体权利和诉讼权利的内容。当然,对当事人违反诚信原则的这些列举性描述尚欠全面和系统。何况,在不同的国家以及同一国家不同的历史时期,当事人违背诚信原则的客观表现乃是不尽一致的。结合我国司法实践,当事人违反诚信原则的行为主要表现在两个方面:一是对起诉权的滥用;二是对诉讼权利的滥用。前者发生在诉讼启动之初,后者发生在诉讼过程之中。当事人违背诚信原则滥用诉讼法所赋予的程序性权利,无非表现在这两个领域。

除特殊情况下可能出现的诉前保全程序被滥用而成为当事人违反诚信原则的最初表现形式外,从逻辑上说,当事人违反诚信原则最初表现乃是对起诉权的滥用,由此使得诉讼诚信机制从一开始便处在被扭曲的状态。如果说滥用诉讼权利所产生的诉讼负效应仅仅局限在诉讼的某个环节,而一般不至于损坏整个诉讼程序诚信价值,从而对诉讼程序的全过程形成否定性的评价,以致诉讼结果的有效性尚可补救的话,对起诉权的滥用则往往从根本上否定了诉讼程序存在的合法性价值。在此意义上可以认为,当事人违反诚信原则的最为严重的表现形态便是对起诉权的滥用。

当然,滥用起诉权从滥用者主观状态来看也有程度不同的各种表现,而不是全然一致的。具体地看,滥用起诉权的表现形态主要包括以下几种:

(一) 诈欺性诉讼

诈欺性诉讼是原告在捏造事实和伪造证据的基础上提起的诉讼,其目的是借助诉讼技能获得法院的信赖,从而作出满足其诉讼请求的胜诉判决。它既可以表现为原告针对被告所实施的诈欺性诉讼行为,也可表现为原、被告恶意串通,共同实施损害第三人合法权益的诈欺性诉讼行为。可见,诈欺性诉讼是典型的侵权行为,只不过与一般的侵权行为不同的是,它不是直接向作为被侵权者的相对方当事人实施侵权行为,而是通过法院行使审判权的行为来助成其侵权行为。如果将通常意义上的侵权行为看作是直接的侵权行为的话,那么,诈欺性诉讼则属于间接的侵权行为。尤其是,与一般的侵权行为所侵害的是单一的法律客体即相对方的合法权益有别的是,诈欺性诉讼行为所侵害的客体是复杂客体,它不仅侵害了对方当事人的实体权益,而且还侵害了诉讼程序中所必须具备的司法权威性,司法机构的信誉和尊严受到了挑战,诉讼中应有的公正价值基础和效率价值等都受到损害。因此,诈欺性诉讼所产生的后果应当是多重的:一方面,它应受民事侵权行为法的调整,应被认定为侵权行为使之产生侵权责任;另一方面,它又构成了妨碍民事诉讼正常进行的行为,应对行为实施者科加相应的强制措施,同时由其承担败诉的诉讼费用以及对方当事人为应对此等诉讼所花费的合理费用,此外,情节严重的,对其伪证行为还应以构成伪证罪进行处罚,也就是说,刑法中应增加民事伪证罪的罪名。我国台湾地区曾有一判例涉及诈欺性诉讼所产生的损害赔偿责任问题。在该判例中,某人执有系争支票,只持有支票影本,且明知其不享有该支票权利,但他竟以该支票影本取得支付命令并申请强制执行。法院对此认为,该欺诈行为是为了故意不法侵害对方的权利,应负侵权行为

---

① 参见[日]谷口安平:《民事诉讼中的诚实信义原则》,载谷口安平:《程序的正义与诉讼》(增订本),王亚新、刘荣军译,中国政法大学出版社 2002 年版,第 175—177 页。汪安亚等:《论民事诉讼中的诚实信用原则》,载《武汉科技大学学报(社会科学版)》2001 年第 3 期。

损害赔偿责任，受侵害者可提起侵权损害赔偿之诉。① 德、法、英、美等国均认可此种滥用司法救济的侵权责任。② 应当指出的是，诈欺性诉讼并不构成刑法中的诈骗罪，后者所侵害的客体不涉及正常的司法秩序，同时诈骗行为也是直接向对方当事人实施的，对方当事人一直处在被蒙骗的状态，而前者虽然也涉及欺骗这个行为要素，但它所欺骗的是行使审判权并由此使其诈骗行为能够获得成功的司法机关，相反，对方当事人对此心知肚明，不存在被蒙骗的心理状态，因而与诈骗罪的客观表现完全不同。但是，诈欺性诉讼不仅虚构了事实，而且还伪造了证据，这就为审判权的行使设置了客观上的障碍，审判权出现了错误行使的实际风险。这就与单纯虚构事实产生了性质上的区别。如果不伪造证据而单纯虚构事实，法院不会认定该虚构事实的存在，也就不会判决满足原告提出的诉讼请求，原告虚构事实的目的未能达到。这种情形下所产生的后果一般不应扩及于刑事犯罪领域。可见，对诈欺性诉讼的构成来说，它不仅要有实际的诉讼行为和故意的心理状态，同时更关键的还要有虚构事实、伪造证据的客观行为。至于其诉讼标的额有多大以及能否得逞，则仅属情节问题，原则上不影响诸法律后果的形成。

（二）骚扰性诉讼

骚扰性诉讼是指原告在缺乏事实根据和法律根据的基础上向被告提起诉讼，以给被告造成诉讼烦累或给被告带来名誉上的损伤为目的的诉讼行为。骚扰性诉讼与诈欺性诉讼的区别主要有两点：一是骚扰性诉讼在心理状态上并不以追求胜诉的后果为目的，其目的主要在于给被告带来诉讼中的麻烦，使被告被无谓地卷入诉讼之中空耗时间、精力与金钱，或者使被告在充当被告的过程中受到名誉上或商誉上的损害；另一是在骚扰性诉讼中，原告并不实施伪造证据的行为，或者更准确地说，除了自己的陈述外，他并不制作虚假证据。这一点与前一点是相连的，因为原告本身并不以获得胜诉为目的。比如，原告作为申请人向法院提出宣告作为被申请人的被告企业为破产企业的申请。该申请要得到法院的接受和认可，必须要具备被申请人存在破产原因这一条件；如果不具备该一条件，法院则拒绝作出宣告被申请人破产的裁定。但虽然如此，被申请人的商誉可能会因此而遭到极大损伤，就这一点而论，申请人的目的也达到了。这就是典型的骚扰性诉讼。再如，一个公司员工因不满公司经理对她的工作安排，便捏造事实向法院控告该公司经理实施了性骚扰行为。在该诉讼中，原告除自己的陈述外别无其他任何证据证明被告人实施了所控行为。这便有可能构成骚扰性诉讼。当然，是否构成骚扰性诉讼，尚需要提供证据对原告恶意诉讼的心理状态予以证明。骚扰性诉讼除产生诉讼上的不利后果外，还应将之视为侵权行为追究行为者的侵权责任。

（三）盲目性诉讼

盲目性诉讼，又称轻率性诉讼，是指原告在起诉前不作冷静的分析和调查，便向法院提起一个毫无事实根据和法律根据的诉讼。从定义上可以看出，盲目性诉讼与骚扰性诉讼在形式上是相似的，原告所提起的都是无根据的诉讼，同时也都没有伪造证据，并且都要遭受败诉裁判。但是二者却有实质性的差异：盲目性诉讼的提起者在主观心理状态上并不存在故意使相对方遭受不当损害的目的。他之所以提起一个毫无根据之诉，主要的原因在于他缺乏对诉讼的事实关系或法律关系的正确认识和判断。比如说，原告向被告张三提起一个环境污染之诉，但实

---

① 转引自聂明根：《民事诉讼法上诚实信用原则研究》，载陈光中等主编：《诉讼法论丛》（第4卷），法律出版社2000年版，第339—340页。

② 参见沈达明编著：《比较民事诉讼法初论》（上册），中信出版社1991年版，第252—253页。

际侵权者是李四，而原告只要稍作调查便可知侵权者不是张三而是李四，对张三而言，原告向他提起的诉讼便是一个盲目性诉讼。再如，原告诉被告还款，被告提出欠款已还的抗辩，原告此时才认真核对账目并恍然大悟，承认被告确已还款的事实。这些诉讼都属于盲目性诉讼。由于原告提起盲目性诉讼都是由于事先未作合理调查而引起的，并且如果作出合理的、必要的调查和分析，便会避免此种诉讼的发生。因此，这里不仅需要将盲目性诉讼与骚扰性诉讼乃至诈欺性诉讼等恶意诉讼区别开来，而且还要将它与其他合理败诉的情况区别开来。所谓合理败诉，就是原告在诉前作了合理调查，而且也相信自己提起的诉讼能够获得胜诉的后果，但由于客观上不具备事实理由或法律理由，或者由于举证不能而遭到了败诉判决。所以，败诉判决仅仅是盲目性诉讼得以构成的必要条件，但不是充分条件。除败诉判决这个客观结果的条件外，要构成盲目性诉讼，还需具备提起诉讼者在主观上具有重大过失的心理状态这一主观性条件。美国《联邦民事诉讼规则》第11条就规定了对轻率性诉讼的制止，它要求律师或当事人在向法院提交的诉答文书中签名确保诉讼并非轻率之举。当然，对轻率诉讼的判断也非易事。美国学者波恩教授对轻率诉讼是这样界定的："当原告提起诉讼的时候，知道事实依据在客观上完全或者实际上完全不符合所主张的法律原理对事实的实质要求；或者，当原告未经合理调查即提起诉讼，而如果其进行调查，则案件的情况将如同前者的描述。"[①] 此一标准可供我们借鉴。

（四）多余性诉讼

当事人滥用诉权提起民事诉讼，大致可分为两种类型：一是非善意地提起无理由之诉，二是非善意提起有理由之诉。这里所谓"有无理由"，乃是从实体法上的事实根据和法律根据上说的。前面所述三种情形，均属这里的第一种类型。这里的第二种类型即指"多余性诉讼"。多余性诉讼指的是原告在起诉前没有尝试与被告协商解决的可能，或者拒绝接受被告对其法律义务或责任的履行，在被告毫不知情或者愿意履行义务的情况下即提起诉讼。这种诉讼的基本特征有两个：一是原告所提起的这个诉讼在实体上是有理由的，也就是说，被告确实对原告负有法律上的义务或责任，原告通过此一诉讼也的确可以获得胜诉的裁判结果；另一是原告并无必要提起该一诉讼，因为被告对其所负有的法律义务或责任并不否认，只是基于种种原因未能及时履行该项义务或责任；换言之，原告提起的该一诉讼缺乏应有的必要性，是多余的诉讼，原告行使其起诉权主观上具有非善意的目的。正是由于原告行使诉权的动机不良，因而该类诉讼也属于滥用诉权的范围。在实践中，这种类型的滥用起诉权主要有两种表现形式：一种表现形式是，原告在起诉前没有通过其他非诉讼的途径寻求与被告解决起纠纷。比如，被告欠原告借款已届履行期，原告没有提醒被告还款，也没有通过第三人与被告交涉还款事宜，而直接向法院提起诉讼，被告在接到被诉通知后立即予以认可而未加否认或争执，并同意立即还款。这便是典型的缺乏必要性的诉讼。另一种表现形式是，原告有可能不通过法院而得到圆满的解决，但是他拒绝接受被告实际所作的履行。比如被告欲还欠款但原告拒绝接受，反而向法院提起诉讼，意欲被告承担违约的还款责任。这种诉讼对被告而言也是在不经意之中形成的，因而也属多余的诉讼或突袭性的诉讼。这种诉讼的危害性在于滥用国家的司法资源，并给对方当事人增加诉累。一般来说，提起诉讼是当事人寻求解决纠纷的最后途径，依实体法律关系享有权利的当事人在提起诉讼前，虽然不是必须寻求和解或调解等非诉讼机制化解其纠纷，但为了使

[①] Robert G. Bone, Modeling Frivolous Suits, 145 University of Pennsylvania Law Review 519, 533 (1977). 转引自［美］史蒂文·苏本、玛格瑞特（绮剑）·伍：《美国民事诉讼的真谛》，蔡彦敏、徐卉译，法律出版社2002年版，第109—110页。

诉讼产生其必要性，或者使诉讼程序的启动具有诉讼利益，立法要求行使起诉权的原告证明其纠纷或冲突的实际存在或客观存在，从而使之产生诉讼动机。《民事诉讼法》第122条规定，起诉必须要有"事实、理由"。这里的"事实、理由"就包含了发生纠纷的非正常的事实、理由，也就是义务主体拒绝履行义务从而引发冲突的事实；如果缺少非正常的事实、理由，诉讼便被认为是缺乏必要性的诉讼，缺乏必要性的诉讼就可被界定为多余性诉讼或突袭性诉讼。前述两种情形，一种是不知道对方会否履行义务，因而是否会发生纠纷尚处在不确定状态；另一种是拒绝接受对方履行义务，从而使本不会发生的纠纷在形式上具有了纠纷的外观。实际上，无论是何种情形，其本质都是纠纷未实际发生，而纠纷的实际发生是当事人行使诉权的正当化根据。缺少正当化根据行使诉权自然便属于对诉权的滥用。这种情况下的滥用诉权行为在程序上应如何处理尚需深入讨论，但无论在程序上如何处理，有一点是不会改变的，这就是，原告的起诉行为已经构成了侵权行为，对此，他要承担相应的侵权责任，赔偿对方的实际损失。至于原告（即便胜诉）对本案诉讼费用的负担就更是自然之理。

（五）重复性诉讼

重复性诉讼是指在法院作出生效裁判后，当事人依然以同一诉讼标的向同一当事人提起诉讼。重复性诉讼是违背一事不再理原则的诉讼行为，也是违背诚信原则的诉讼行为，其实质是对起诉权的滥用。《民事诉讼法》第127条第5项规定："对判决、裁定、调解书已经发生法律效力的案件，当事人又起诉的，告知原告申请再审，但人民法院准许撤诉的裁定除外……"这一条规定便是对"一事不再理"原则的肯定。在生效裁判作出后，当事人如果认为生效裁判确有错误，可以向法院申请再审。但对于申请再审权的行使也必须符合诚信原则。为了限制当事人违背诚信原则的任意申诉，最高人民法院于2002年8月发布了《关于人民法院对民事案件发回重审和指令再审有关问题的规定》，其第3条规定："同一人民法院根据民事诉讼法第一百七十八条的规定，对同一案件只能依照审判监督程序审理一次。"这一规定，其目的主要在于限制诉讼的反复进行或重复进行，从而将当事人对生效裁判的错误救济行为纳入诚信原则的轨道中去。同时，对于两个以上人民法院都有管辖权的诉讼，当事人如果向两以上法院同时或先后提起诉讼，则立案在后的法院不得重复立案，或者在立案后发现其他法院已先行立案的，则将案件移送到先立案的法院处理。这一规定也是为了防止重复诉讼的出现，也是诚信原则的具体体现。另外，在涉外诉讼中，如果某个诉讼正在另一个有管辖权的法院进行，那么，当事人的任何一方均不得在其他有管辖权的法院提起诉讼，这也是诚信原则在处理涉外诉讼竞合时的一个具体表现。

（六）琐碎性诉讼

琐碎性诉讼是指没有必要提交法院处理的日常生活中的小纠纷。比如，某人在公共汽车上被人踩了一脚，或者与人发生了口角受到了微小损害，便到法院"告那家伙"。这些诉讼往往可以被界定为"琐碎性诉讼"。在市场经济条件下，人们认真地对待自己的权利是值得肯定的，但是如果对权利过于敏感，以致违背诚信原则滥用权利给法院或对方当事人造成诉讼烦难，则此种行为也不受倡导和鼓励。相反，此种行为应被归结为滥用诉权的行为，应当受到诉讼中的不利益判断，承担诉讼上的不利后果。从原理上说，这可以看作是具有独立价值的程序法对实体法律规范的反作用或制约作用。当然，琐碎性诉讼并不能等同于小标的额诉讼，但小标的额诉讼可以演变为琐碎性诉讼。二者之间的分水岭在于诉权的行使者在主观上是否存在违背诚信原则的恶意。为了防止琐碎性诉讼的频繁出现，不仅有必要在现行的诉讼法构架内完善有关机制,以避免琐碎性诉讼得以顺畅地进入诉讼轨道,同时也需要完善简易诉讼程序,建构小额诉讼程序制度。只有这样,才能既确保小额权利救济渠道的顺畅性,又能够有效地防止滥用诉权的现象发生。

五、滥用诉讼权利:违背诚信原则的诉讼表现之二

当事人违背诚信原则的行为既表现在诉讼程序开始之初,也即滥用起诉权,使不该发生的诉讼程序得以发生,同时,在诉讼程序得以启动以后,当事人也可能在诉讼的某个局部环节或诉讼的某个特定层面实施违背诚信原则的行为。同属违背诚信原则,但它们所发生的领域不同,其所产生的危害后果也不尽一致。如果将前者简称为"滥用诉权的行为",那么,后者则可被称为"滥用诉讼权利的行为"。前者具有全局性、根本性和原发性的特点,后者具有局部性、特定性和后发性的特点。当事人违背诚信原则的行为,或者表现为滥用诉权的行为,或者表现为滥用诉讼权利的行为。滥用诉权的行为在表现形态上前已述及,这里再具体分析一下滥用诉讼权利的行为及其表现形式。

(一)对真实义务的违反

真实义务,是指当事人在诉讼过程中违背诚信原则故意对案件事实作出虚伪陈述的行为。在民事诉讼中,当事人进行诉讼中的对抗或者攻击和防御,其中有一个重要的内容便是对案件事实的主张和陈述;当事人之所以发生纠纷,产生争议,以致诉讼成为实际可能,一个极其重要也极为常见的原因便是对纠纷事实存在着分歧性认识。比如说,原告主张被告借款尚未清偿,而被告则抗辩该借款已经清偿。这就使案件事实的陈述形成了相反的或者对立的状态。这种案件事实上的认识分歧是形成纠纷的主要原因或根本原因,若不存在此种分歧,则纠纷一般不会发生。这种事实主张上的分歧就其成因而言无非有两种:一是双方当事人对案件事实的发生均存在记忆上的错误,二是双方当事人或其中任何一方有意识地掩盖事实的真相。因前一种原因所发生的事实分歧,可以看作是"客观上的事实分歧";因后一种原因所发生的事实分歧,可以称为"主观上的事实分歧"。对于客观的事实分歧,双方当事人无论如何主张,均不可能构成对真实义务的违反;对于主观的事实分歧,则有意识地掩盖事实真相的当事人对事实所作的陈述即可能构成对真实义务的违反。可见,是否违反真实义务,其区别的界限并不在于当事人所作的事实陈述是否在客观上符合案件事实的真相,而在于作出违反事实真相陈述的当事人对此在主观上是否明知而为。因而对真实义务的违反有两个不可缺少的构成要件:一是当事人所作的事实陈述在客观上违背了事实真相;二是当事人在作出此一虚假陈述的过程中持故意的心理态度。前一个构成要件说明是否违反真实义务要等到法院作出最终的裁判时方能予以判断;后一个构成要件的判断则也往往需要转化为客观的标准,比如一般的情况下,普通理智的人们是否会忘却案件事实,在提出该事实主张前,当事人是否经过了合理的调查和分析,等等,这些都可以在整个诉讼过程中加以判断。如果同时符合了此两个构成要件,则应当被认定为真实义务的违反。违反了真实义务,则要产生诉讼上的不利后果,如承担诉讼费用、罚款等。当然,真实义务能否产生,则取决于特定国家民事诉讼法对此是否有明文规定。前引德、日、美等国均有此等规定;而我国则除诚信原则并无真实义务的具体规定。《民事诉讼法》第78条规定:"人民法院对当事人的陈述,应当结合本案的其他证据,审查确定能否作为认定事实的根据。当事人拒绝陈述的,不影响人民法院根据证据认定案件事实。"由此可见,当事人是否作出陈述,以及作出何种陈述,皆一任其自由,而无必须符合真相之义务。既然当事人不负有真实陈述的法定义务,法院也就不能以当事人违背真实陈述之义务而对之施加诉讼上的制裁。

(二) 举证突袭

案件事实通常情况下是依赖证据加以证明的，提供证据对案件事实加以证明或者反证，就构成了当事人在诉讼过程中的主要矛盾行为，查明案件事实的真相便成为诉讼的主要使命之一。举证是当事人的重要诉讼权利。但是举证这个诉讼权利极有可能成为滥用的客体，而滥用举证的权利将会给法院的司法秩序造成混乱，同时也会对另一方当事人造成诉讼中的被动和烦累，使双方当事人的诉讼地位在实质上失去平衡。滥用举证的权利有多种表现形式，其最为常见的一种便是举证突袭。举证突袭，指的是当事人有证据故意不在该举证的诉讼阶段举证，而等到另一个诉讼阶段或另一种诉讼程序再提供证据。比如说，当事人在庭审前不提供证据却在开庭时再提供证据，或者在庭审时不提供证据而在庭审后提供证据，或者在一审中不提供证据而在二审中提供证据，甚至在二审中也不提供证据，却到裁判生效后以提供新证据为由申请再审，等等，不一而足。无论举证突袭的表现形态如何，它的构成都有两个要件：一是客观要件，即有证据不在适当的诉讼阶段提供；二是主观要件，即迟延举证者在主观上存有拖延诉讼或期望突袭取胜的心理状态。显而易见，举证突袭是违背诚信原则的客观表现形式之一，也是在立法上要予以制止的非正当现象之一。

(三) 举证妨碍

举证妨碍是指通过故意毁损关键性证据的方法，阻止对方完成举证行为或给对方的举证活动设置障碍的行为。可见，举证妨碍也是典型的违反诚信原则的行为。按照《民事诉讼法》第114条的规定，举证妨碍的行为包括两种类型：一是伪造、毁灭重要证据，妨碍人民法院审理案件的行为；另一是以暴力、威胁、贿买方法阻止证人作证或者指使、贿买、胁迫他人作伪证的行为。这里的"证据"包括各种类型的证据，如书证、物证、视听资料等。各种证据都有可能成为举证妨碍的对象。但是《民事诉讼法》并没有规定举证妨碍的实体法律后果。《证据规定（2020年）》第95条对此作出了一定程度的弥补，该条规定："一方当事人控制证据无正当理由拒不提交，对待证事实负有举证责任的当事人主张该证据的内容不利于控制人的，人民法院可以认定该主张成立。"据此规定，一方当事人所需要提供的证据处在另一方当事人的控制之中，另一方当事人便有义务提供该证据，该义务便是基于诚信原则所生。如果拥有证据的一方当事人有义务提供该证据而拒不提供，则构成了举证妨碍。举证妨碍所产生的后果是双重的：一方面，它能够产生诉讼法上的后果，如罚款、拘留等制裁措施，这说明举证妨碍的行为首先是一种妨碍民事诉讼的行为；另一方面，举证妨碍也会产生实体法上的后果，如举证责任倒置、推定事实的成立等。

(四) 滥用权利

民事诉讼法为了保护当事人的合法权益，赋予了他们大量的诉讼权利，但是这些诉讼权利都有可能背离其本来目的而被滥用，如滥用申请回避权、滥用管辖异议权、滥用申请财产保全权、滥用上诉权、滥用申请再审权等。当事人滥用这些诉讼权利，其目的可能是拖延诉讼的进程或者为法院行使审判权设置人为的阻碍，也可能是为了给对方当事人增添诉讼负担，增加相对方的诉讼成本，迫使对方放弃对诉讼手段的有效使用，等等。显然不能让这些滥用诉讼权利的行为达到非正当的目的。对此，《民事诉讼法》已经设立相关的条款予以规范。如根据该法第103条的规定，人民法院在采取保全措施前，可以视情形责令申请人提供担保；该法第108条继而规定，申请保全发生错误的，申请人应当赔偿被申请人因财产保全所遭受的损失。显而易见，设置这些规范的目的是督促当事人依诚信原则行使财产保全的申请权，并对当事人违反诚信原则申请保全所导致的后果予以补救。当然，对于其他诉讼权利的滥用，立法上也应当予以相应的规制和约束，从而形成一个在不同诉讼阶段或环节发挥作用的诚信机制，并将它们贯穿起来形成一个有机联系的整体。

（五）禁反言

禁反言又称"禁止反悔及矛盾举动"，或称"不得否认"，意指若一方当事人实施某种行为后使对方当事人有理由相信该行为，并基此而实施了其他相应的行为，但该当事人又否认以往行为的合法基础，从而试图否认对方当事人行为的有效性。禁反言缘起于英国衡平法上的一项法律规则，其理论基础便是依诚信原则所获得的信赖利益要受法律保护。禁反言作为一项法律规则存在于实体法、程序法和证据法等三大领域，因而又相应地分为实体法上的禁反言规则、程序法上的禁反言规则和证据法上的禁反言规则。证据法上的禁反言规则，比如，《证据规定（2020年）》第5条第2款规定："当事人在场对诉讼代理人的自认明确否认的，不视为自认。"这一规定便是禁反言规则的具体体现。在自认作出后，对方当事人便获得了无须举证的程序信赖利益。诉讼法为了维护这种信赖利益的稳定性，便明确规定作出自认的当事人不得随意撤回其自认。① 学理上认为，禁反言规则的适用必须具备三个条件：当事人前后实施了矛盾的行为；对方当事人相信了前一行为；如果认可了后一矛盾行为，对方当事人则必受利益上的损失。可见，禁反言的实质乃是要求当事人实施法律行为必须基于诚信原则，而不得"说话不算数"。

（六）扰乱诉讼秩序

纠纷的产生在一定意义上意味着对一定范围内社会秩序的破坏，意味着某种无序状态的产生，因而解决纠纷需要有序的过程和方式，利用法院行使审判权来解决纠纷更加需要有一个良好的司法秩序。如果司法秩序本身混乱不堪，不仅当事人之间的纠纷难以解决，尤其还严重影响司法的权威性和法院的尊严。因此各国诉讼法都赋予法院以足够的维护诉讼秩序的权力，该权力内在地包含在审判权之中，同时又成为审判权得以正常行使的保障机制。而当事人通过诉讼手段的利用进行对抗性的攻击和防御，为了追逐有利的诉讼结果而进行着诉讼中的"战争"，法庭在一定意义上便成为当事人角逐利益的"战场"。但现代意义上的诉讼制度只允许当事人依法行使诉讼权利，不得违背诚信原则扰乱诉讼秩序。这也是协力型诉讼模式所要求的。有鉴于此，《民事诉讼法》第十章专门规定了"对妨害民事诉讼的强制措施"，这也是诚信原则在民事诉讼中的具体体现和保障机制。

以上所述，是诚信原则对当事人实施诉讼行为的主要要求所在，但如前所述，当诚信原则由民法领域发展到民事诉讼法领域之后，在接受规范的主体上出现了多元化的现象。诚信原则除规范当事人的诉讼活动外，还对法院行使审判权的活动以及其他诉讼参与人乃至案外人参与诉讼、协助诉讼的活动起调节作用，这可以视为诚信原则由私法实现公法化以后所发生的波及效应。诚信原则要求法院公正、及时、准确地行使审判权，要求法官在认定事实和适用法律作出最终的裁判之前以适当的方式公开自己的内心判断和心证，防止滥用自由裁量权，从而确保当事人接受公正裁判的权利，避免突袭性裁判的出现。不仅如此，诚信原则对行使法律监督权的检察机关也同样适用，要求其诚信、善意地行使法律监督权，在监督过程中恪守客观义务。诚信原则对其他诉讼参与人和案外人也有相应的要求，如要求证人如实作证、鉴定人如实鉴

---

① 《证据规定（2020年）》第9条。

定、翻译人如实翻译、案外人依法提供协助等。为了保证诚信原则得到真正落实和贯彻，我国民事诉讼法有必要建立宣誓制度。宣誓制度是一种确保陈述真实的预防性制度，它既适用于当事人，也适用于证人、鉴定人、翻译人员等诉讼参与人。同时，还要加强对违反诚信原则的行为予以制裁的法律责任制度建设，比如在刑法上增加规定民事伪证罪和藐视法庭罪的罪名，在侵权行为法上应明确规定恶意诉讼或滥用起诉权属于一种特殊的侵权行为，在诉讼法上要完善各种类型的惩治措施，包括诉讼费用的恰当配置、强制措施的适当运用以及诉讼上的推定制度等。此外还应当明确规定对违反诚信原则的行为进行处理的程序机制，比如当事人提出动议的程序、法院依职权主动实施制裁的程序、违反者的补救机会及程序等。总之，唯有在树立、强化全民诚信观念的基础上，在实体和程序、刑事和民事、预防和惩治等多个层面进行系统化的制度建设，诚信原则方能在民事诉讼中切实地发挥应有的作用。

第十四节　在线诉讼原则

根据《2021年民诉法修改决定》第1条之规定，《民事诉讼法》增加一条，作为第16条，规定了在线诉讼原则："经当事人同意，民事诉讼活动可以通过信息网络平台在线进行。民事诉讼活动通过信息网络平台在线进行的，与线下诉讼活动具有同等法律效力。"该条规定，便在以线下诉讼为基本立法背景的基础上，新增了在线诉讼这种新兴的诉讼方式及其调整规则，赋予了我国民事诉讼法与时俱进的新的时代特征。

2021年5月18日由最高人民法院审判委员会第1838次会议通过，自2021年8月1日起施行了《人民法院在线诉讼规则》（以下简称《在线诉讼规则》）。《在线诉讼规则》共39条，内容涵盖了在线诉讼法律效力、基本原则、适用条件、适用范围，以及从立案到执行等主要诉讼环节的在线程序规则，首次构建了在线诉讼规则体系。上述民事诉讼法的修改便是立基于该在线诉讼规则所致。《民事诉讼法》第16条新修增的在线诉讼规则，主要涉及在线规则适用的自愿性原则和相同效力原则两个方面的内容。以下结合《在线诉讼规则》，针对《民事诉讼法》新增第16条之规定，就在线诉讼规则的系统性内容简介如下。

一、在线诉讼的概念与意义

在线诉讼是司法与现代技术相结合的产物，也是司法领域顺应第四次工业革命发展潮流的结果。在线诉讼，也称电子诉讼、网上诉讼等，是指依托于互联网技术和信息化、智能化技术，通过互联网进行局部或全部诉讼活动的一种诉讼形态。广义的在线诉讼还包括在线执行。

在线诉讼的意义主要表现在：

（一）便民诉讼

大数据、云计算、人工智能、区块链、5G等现代科技全方位应用于诉讼服务、诉前调解、案件审理、审判管理等各领域。全国法院普遍推行网上跨域立案、在线举证质证、庭审语音识别、电子卷宗应用、文书电子送达等。很多诉讼活动就可以足不出户在网上实施和完成，节省了当事人的诉讼成本，极大地方便了当事人进行诉讼。近年来，对于"云庭审""微法院"，很多老百姓并不陌生，特别是新冠肺炎疫情防控期间，在线诉讼成为当事人进行诉讼维权的新常态，实现了"审判执行不停摆，公平正义不止步"。

（二）提高审判效率

文书智能生成、类案识别推送、裁判偏差提示、区块链电子存证、智能合约执行等技术日益成熟，"在线诉讼"越来越多地出现在司法实践中。2020年1月1日至2021年的5月31日，全国法院在线立案1219.7万件，占全部立案数的28.3%；在线调解总次数651.3万次、诉前成功调解614.29万件；在线开庭128.8万次，在线庭审平均用时42分钟；电子送达3383.3万次，占总送达次数的37.97%。截至目前，全国已有3500多家法院接通"中国移动微法院"在线诉讼平台，累计访问量超过12.65亿次。经过全国法院的不懈努力，在线诉讼适用规模和质量不断提升，线上线下双轨并行、有序衔接的诉讼模式已初步形成。

（三）促进司法改革

在广泛推行在线诉讼后，我国民事诉讼制度的现代化水平大大提升，民事诉讼制度体系不断趋于完善和健全，在线诉讼成为互联网时代司法改革的重要方式和途径，成为与司法体制改革相携并行的又一改革轴心，极大地促进了司法改革向纵深推进的步伐。

自2017年8月以来，杭州、北京、广州相继成立互联网法院。《人民法院信息化建设五年发展规划（2016—2020）》提出，建设智慧法院，必须着力在线诉讼建设。《人民法院信息化建设五年发展规划（2019—2023）》提出，以全国法院的信息化建设为中心，多方面推动在线诉讼的建设工程。2019年12月，经全国人大常委会授权，最高人民法院正式开展民事诉讼程序繁简分流的改革试点工作。最高人民法院于2020年1月，就繁简分流改革正式颁行相应的试点方案和实施办法，在线诉讼是其中的重要内容之一。

从推动裁判文书全面上网，到电子卷宗同步生成、跨域立案全面推广、移动微法院一网通办，再到设立互联网法院、探索区块链存证和智能合约履行，人民法院推动互联网司法在技术应用、程序规则、实体裁判等领域全方位转型升级。在一定意义上说，我国互联网司法在世界范围内已处领先水平，形成了具有中国特色、世界领先的互联网司法新模式。

二、在线诉讼的适用范围

在线诉讼的适用范围可以在两个层面得以确定，一是在诉讼类型的领域，二是在诉讼环节的领域。

（一）在线诉讼的诉讼类型

根据《在线诉讼规则》第3条的规定，人民法院综合考虑案件情况、当事人意愿和技术条件等因素，可以对以下案件适用在线诉讼：（1）民事、行政诉讼案件；（2）刑事速裁程序案件，减刑、假释案件，以及因其他特殊原因不宜线下审理的刑事案件；（3）民事特别程序、督促程序、破产程序和非诉执行审查案件；（4）民事、行政执行案件和刑事附带民事诉讼执行案件；（5）其他适宜采取在线方式审理的案件。

（二）在线诉讼的诉讼环节

《在线诉讼规则》第1条规定，人民法院、当事人及其他诉讼参与人等可以依托电子诉讼平台，通过互联网或者专用网络在线完成立案、调解、证据交换、询问、庭审、送达等全部或者部分诉讼环节。

三、在线诉讼的基本原则

根据《在线诉讼规则》第2条的规定，人民法院开展在线诉讼应当遵循以下原则：

（一）公正高效原则

严格依法开展在线诉讼活动，完善审判流程，健全工作机制，加强技术保障，提高司法效率，保障司法公正。

（二）合法自愿原则

尊重和保障当事人及其他诉讼参与人对诉讼方式的选择权，未经当事人及其他诉讼参与人同意，人民法院不得强制或者变相强制适用在线诉讼。

（三）权利保障原则

充分保障当事人各项诉讼权利，强化提示、说明、告知义务，不得随意减少诉讼环节和减损当事人诉讼权益。

（四）便民利民原则

优化在线诉讼服务，完善诉讼平台功能，加强信息技术应用，降低当事人诉讼成本，提升纠纷解决效率。统筹兼顾不同群体司法需求，对未成年人、老年人、残障人士等特殊群体加强诉讼引导，提供相应司法便利。

（五）安全可靠原则

依法维护国家安全，保护国家秘密、商业秘密、个人隐私和个人信息，有效保障在线诉讼数据信息安全。规范技术应用，确保技术中立和平台中立。

四、在线诉讼的法律效力

《在线诉讼规则》第1条第2款规定："在线诉讼活动与线下诉讼活动具有同等法律效力。"之所以要确立在线诉讼活动与线下诉讼活动具有相同的法律效力，原因主要在于：

（一）基础性

《在线诉讼规则》开宗明义强调："为推进和规范在线诉讼活动，完善在线诉讼规则，依法保障当事人及其他诉讼参与人等诉讼主体的合法权利，确保公正高效审理案件，根据《中华人民共和国刑事诉讼法》《中华人民共和国民事诉讼法》《中华人民共和国行政诉讼法》等相关法律规定，结合人民法院工作实际，制定本规则。"因此，在线诉讼活动与线下诉讼活动相比较，二者仅仅在诉讼场域和诉讼方式上存在差异性，它们作为民事诉讼活动本身并无差别。线上诉讼同样要遵守《民事诉讼法》的各项规定，包括平等原则、处分原则、辩论原则、诚信原则、检察监督原则在内的民事诉讼基本原则、包括合议制、回避制、公开审判制和二审终审制等基本诉讼制度、包括管辖、当事人、证据、诉讼保障等诉讼制度、包括第一审程序、二审程序、再审程序等基本诉讼程序，等等。因此，基于线上诉讼程序这种程序保障的基础性，线上诉讼活动的法律效力与线下诉讼活动应当不具有区别对待的实质性理由。

（二）自愿性

是否同意在线上进行诉讼，是当事人的程序选择权之表现，当事人只要不同意在线上实施诉讼活动，法院便不得强制其在线上进行诉讼。《在线诉讼规则》第4条第1款规定："人民法院开展在线诉讼，应当征得当事人同意，并告知适用在线诉讼的具体环节、主要形式、权利义务、法律后果和操作方法等。"第10条第1款规定："案件适用在线诉讼的，人民法院应当通知被告、被上诉人或者其他诉讼参与人，询问其是否同意以在线方式参与诉讼。"这种自愿性必须贯彻始终，在诉讼进行中，如果当事人改变意愿，不同意继续进行线上诉讼，则法院应当将线上诉讼改为线下诉讼。线上诉讼的活动继续有效。如果一方当事人同意进行线上诉讼，而另一方当事人不同意进行线上诉讼活动，则同意的一方可以在线上实施诉讼活动，不同意的一方可以在线下实施诉讼活动，二者的诉讼效力相同。

（三）保障性

线上诉讼活动具有一套完整的技术性规范和技术性标准对诉讼活动的真实性加以保障，使其与线下诉讼活动在产生法律效力的本质规定上完全或基本一致。如《在线诉讼规则》第7条第1款规定："参与在线诉讼的诉讼主体应当先行在诉讼平台完成实名注册。"第15条规定："当事人作为证据提交的电子化材料和电子数据，人民法院应当按照法律和司法解释的相关规定，经当事人举证质证后，依法认定其真实性、合法性和关联性。未经人民法院查证属实的证据，不得作为认定案件事实的根据。"可见，无论当事人实施的诉讼活动是事实性、证据性活动，抑或是程序性、法律性活动，其法律上、技术上的保障性均是可靠的，其产生的法律效力也具有可靠性和保障性。

基于上述三方面的理由，立法上认可线上诉讼活动与线下诉讼活动具有法律效力上的等同性和等值性，应当被认为是具有正当性依据的。

第七章　中国民事诉讼法的发展趋势

第一节　从法律体系看中国民事诉讼法

从新中国成立后宣布废除"六法全书"，到现在中国特色社会主义法律体系的形成，弹指一挥间，70多年过去了。这70多年间，我国的立法事业曲折前进，到如今，取得了骄人成绩，使国人振奋，令世人瞩目。而今，我们站在法治建设的一个新起点上，继续坚定不移地朝依法治国的目标迈步跃进。

我国的法律体系，大而言之，乃是一个以宪法为龙头、为母体，以法律为主干，同时也包括行政法规、地方性法规和单行条例在内的有多种层次、有内在逻辑的法律系统。这个法律系统，是汲取中国传统法律文化的有益养分，吸收外国尤其是两大法系国家法律体系中的合理内核，根据中国国情和特点，而创造性地形成的。这是一个属于现代中国的法律体系，它深刻地凝聚了中华民族的法制智慧。从它一诞生，就注定要在人类法律文明的历史上树立起一块耀眼的丰碑。

中国特色的社会主义法律体系既有宏观体系，也有微观体系。我们的法律体系，首功在宏观体系的构建。我们有了宪法以及与宪法相关的法律，有了民法典、商法、经济法、社会法、行政法、刑法，此外，在程序法制中，我们有三大诉讼法，这就是民事诉讼法、刑事诉讼法和行政诉讼法。此外，我们还有大量的非诉讼程序法，如人民调解法、仲裁法、劳动争议调解仲裁法、农村土地承包经营纠纷调解仲裁法和公证法等；我们不仅有纠纷解决的非讼程序规范，而且有预防纠纷发生的程序性规范。如果将法律体系看成是一座大厦的话，那么，上述七大法律部类便构成了这座大厦的七根支柱。在宏观体系中，我们的法律已不再缺位，所有需要用法律调整的领域和角落，我们的法律之光均已洞照无遗。

在法律体系的微观层面，立法也处在细密化的不断完善之中。以民事诉讼法为例，现行《民事诉讼法》来自1982年《民事诉讼法（试行）》，中间经过1991年的整体修改，又历经2007年的重点修改和2012年的全面修改，到目前，其内在结构和程序体系已趋严密和完整。民事诉讼法的原则已经形成了别具一格的体系，比如它强调法院调解原则、检察监督原则，强调相对性的处分原则与辩论原则等。与此同时，民事诉讼法构建了包括管辖、审判组织、回避、诉讼参加人、证据、期间和送达、法院调解、保全和先予执行、对妨碍民事诉讼的强制措施、诉讼费用等在内的基本制度体系，其周延性与任何国家的民事诉讼法相比毫不逊色。尤值关注的是，《民事诉讼法》虽仅有284条，然而它所构建的程序规范体系已非常完整，不仅包括审判程序，还包括执行程序；在审判程序中，不仅涵盖一审程序、二审程序和再审程序等诉讼型程序，还涉及非诉讼事件的处理程序。除此之外，我国民事诉讼法就涉外程序所作的集中性规定，因其立法例的独特性而备受国际称誉。由此可见，我国法律体系的中国特色，不仅表现在它的立法指导思想、基本原则等伦理层面，在立法技术层面也同样地有所体现。

总结起来，我国的法律体系之所以取得令人瞩目的成就，原因是多方面的。以民事诉讼法为例，其原因可以从以下方面加以认识：

其一，注重从中国实际出发。《民事诉讼法》第1条就开宗明义，"结合我国民事审判工作的经验和实际情况制定"。比如说，我国民事诉讼法规定了法院的诉讼调解制度，并且将法院调解放在优先的位置加以强调，这就是从中国国情出发的。实践证明，通过调解来解决纠纷，并且通过调解来发展法律，是具有中国特色的法治路径。不仅如此，我国还有大量的社会调解规定。2009年最高人民法院为此发布了《关于建立健全诉讼与非诉讼相衔接的矛盾纠纷解决机制的若干意见》（以下简称《诉与非诉衔接意见》），将各种调解制度形成有机联系的整体。

其二，注重借鉴人类法治文明成果，大胆移植，为我所用。善于法律移植，是中国法律体系得以快速形成的一条宝贵经验。就民事诉讼法而言，其中有大量的规定取材于西方法制，比如，《民事诉讼法》在1991年修改时增设的督促程序、公示催告程序和破产程序等，就主要是从大陆法系国家的法典中借鉴、改造和移植而来的。目前我们正在讨论起草的强制执行法、家事诉讼程序法、民事证据法等，也同样需要参考外国法制的先进因素。当然，适度的法律移植并不意味着全盘的法律照抄。

其三，国家立法与地方立法共同推进。在诉讼程序立法方面，除国家层面立法外，地方性立法还有大量涉及，这也构成了我国诉讼制度建设上的独特风景。如迄今目前为止，几乎所有省级人大常委会均通过了关于加强检察机关法律监督的决议。这在相当大的程度上反映了地方性立法对全国性立法的推动作用。

其四，立法的集中性与立法的分散性相结合。法律体系的形成绝不限于主干性法律的形成，主干性法律仅仅是法制大厦的支架，还不是其全部。除主干性法律外，还要有大量的分支性法律或关系法规体系。比如，民事诉讼法即为主干性法律，但民事诉讼法发展的规律不断地突破单一性立法或集中性立法的藩篱，而出现了民事诉讼法的"大分家"趋势。比如，破产法就率先从民事诉讼法中分离而出，海事诉讼程序法也随之分化出来独立发展，人民调解法也是如此。目前，强制执行程序也被纳入单独立法的规划。除此之外，可以预料能够单独立法的还有调解法、证据法等，这些立法为民事诉讼法的法典化提供了准备和基础。这反映了我国立法机关对立法规律的尊重。

法律体系业已形成，法治体系的建设也得到了有识之士的强调。在法律体系向法治体系转变发展的过程中,程序法治的建设乃是重中之重,应该受到格外关注。我们有理由期待通过包括民事诉讼法在内的诉讼法制的不断修订,我国的程序法制建设将更上一层楼,中国特色的社会主义法律体系由此更趋完善。

第二节 我国民事诉讼法的基本特征

客观真实、职权主义、两便原则、调判结合以及检察监督这五点构成了我国民事诉讼法的基本特征。客观真实是价值目标,民事诉讼法所规定的一切内容,都是为了客观真实这一诉讼目标的实现,因为只有实现了客观真实,民事纠纷才能得到妥善解决,社会秩序才能得到有效保护,法治中国的建设才有保障。为了实现客观真实这个价值目标,民事诉讼法设置了职权主义的诉讼体制和诉讼模式,因为立法者深知,司法实践也反复表明,在中国,只有实行职权主义的诉讼体制和诉讼模式,才能使客观真实的价值目标得到有效的实现。然而,在现代诉讼中,推行职权主义的诉讼体制和诉讼模式,并不是要法院唱独角戏,更不是要法院回归到过去的超职权主义的老路上去,而是要同时发挥诉讼当事人在诉讼中的积极性和能动性,为此就必须使当事人能够便利地接近法院、使用法院,便利地进行诉讼,这就产生了两便原则。两便原则旨在发挥当事人和法院两个方面的积极性和能动性,其效果类似于现代诉讼理论所说的"协同主义"诉讼体制和诉讼模式,标志着由"自由的民事诉讼"向"社会的民事诉讼"靠拢。在这种接近"协同主义"诉讼体制和诉讼模式的两便原则中,由于诉讼便利性的增强,诉讼民主性的提升,当事人之间的沟通性机会也随之增多,诉讼调解的可能性有所提高,调判结合得以在民事诉讼的全部过程得到体现。然而,客观真实也好,职权主义也罢,包括两便原则和调判结合的贯彻落实,均有赖于人民法院审判职能的恰当发挥,有赖于人民法院依法独立公正高效地行使审判权,而这一切,离开作为国家专门法律监督机关的检察机关对民事诉讼全过程实施有力的监督,是不可能或者很难实现的。因此之故,检察监督便在中国民事诉讼法的历次修改中得到不断强化和充实。由此可见,客观真实、职权主义、两便原则、调判结合、检察监督这五大特征是关联在一起的,它们层层递进,相互佐证,形成了一个具有内在紧密结构关系的概念和范畴系统。五大范畴,五大特征,它们内在关系的不断优化,表征着中国民事诉讼法的发展规律,指引着中国民事诉讼法的发展趋势。

第三节 民事诉讼法修改再出发

由于时代的局限所造成的先天性缺陷,从1991年《民事诉讼法》颁布不久,对于该法的修改便成为理论上的一个重要研究课题,也是长期以来理论研究的热点问题。可以说,几乎每一项关于民事诉讼法的理论研究,均直接或间接涉及或落脚到民事诉讼法的修改问题。

我国民事诉讼法从1982年以来已历尽了4次规模不等的修改,长期以来,理论上通常认为,由于基本的诉讼理念、诉讼体制、诉讼结构等存在无法调适的缺陷,我国民事诉讼法应当实现一个全盘的更新,使之适应新时代民事诉讼的实际需要。1991年《民事诉讼法》所进行全面的革命性改革,使中国民事诉讼法制迈开了现代化步伐,可以说,在这一时期,对民事诉讼法进行全面性"大改"已基本成为理论上的共识。2007年《民事诉讼法》修改仅针对问题突出的再审和执行进行了修改，以期解决社会上反应强烈的再审难和执行难的问题。人们寄予很高希望的2012年《民事诉讼法》的修改也没有起到"大改"的作用。这次修改是解决现实问题的对策性举措，其内容除公益诉讼、小额诉讼、司法确认以及担保物权的实现程序外，亦主要局限于具体的技术性操作层面，并没有从根本上改变中国民事诉讼法的基本理念和体制结构，是一次中等范围的修补。尤其是，改动比较多的再审和执行这两个程序都处在诉讼程序全过程的尾部，期望以尾部的局部微观调适来转变诉讼体制，在逻辑上是困难的，甚至是不可能的，即便是针对具体问题的技术改革，亦会因为整个诉讼体制的约束而无法达到希望的目的。对于民事诉讼法的修改，除去具体的法律内部的直接理论问题之外，还应当关注民事诉讼法修改的起点、范围、层次、步骤等如何修改法律的立法层面的理论问题，而这一理论问题相对于具体的民事诉讼法律的内部理论来讲，在修法的角度上具有统领性和先决性。如果不对民事诉讼法进行系统化改革，那么就无法从根本上解决中国民事诉讼法制的痼疾，理论上对于民事诉讼法律具体问题的探究，则可能会因为修改范围、应对目标等局限而无法体现在修改后的民事诉讼法中，使诸多的理论探讨失去其应有的现实意义。因此，在涉及民事诉讼法的修改理论研究中，人们在关注民事诉讼法内部理论问题如诉讼指导理念、基本理论、程序结构等问题之外，开始并逐渐将更多的目光投入推动民事诉讼法全面修改的理论方面。

总体来说，对民事诉讼法再次进行全面修改的条件已经臻于成熟。一方面，中国社会经济已发生了根本性的变化，全面建成小康社会的目标已经实现，人们已经很不习惯现行立法所塑造的程序范式；另一方面，学界为民事诉讼法的全面修改所做的具体的理论准备也十分充分，可以说，几乎所有的民事诉讼法的具体问题，均有学者进行过理论上的研究和探索，并没有实质性理论空白点。而且从最高人民法院近几年来连续性地发布的诸多司法解释来看，也较为充分地吸收了理论的研究成果，说明众多的理论研究成果基本适合中国国情，具有相当强的立法转化性和现实操作性，民事诉讼法修改再出发已成为新时代中国民事诉讼法治建设所面临的重要课题。

第四节　中国民事诉讼法修改与完善的指导理念

一、程序价值的本位主义理念

程序本位主义是一个新型概念，它是在法律本位论的讨论中受其启发，同时受西方程序正义论的影响，而逐步形成并广为使用的。顾名思义，程序本位主义是一种偏重、强调程序独立价值的程序哲学观，认为诉讼程序具有不依赖于实体法的独立价值，如人格、尊严、公正、效益等，而将真实、正确适用法律等价值视为外在价值、工具价值或附随的价值。程序本位主义的含义集中表现在程序正义和实体正义的关系中。在此项关系范畴中，程序本位主义认为，是程序正义决定着实体正义，而不是实体正义决定着程序正义。其原因乃在于，实体正义不具有可以明确把握的特质，具有概括性、模糊性和任意性，很难寻找到一个绝对正确的化解冲突的答案，因此所谓的实体正义乃是不可靠的正义观，是一种似是而非的正义观，为此而进行的司法，必然陷于权力之争的泥潭之中，同时必然导致程序的虚无主义现象，其结果最终必然影响司法的权威性和公信力。与之有别，程序正义却是可以把握的、刚性的、可理解的，因之也可以通过人们的理性运用而加以妥当的设计和规制，因此程序正义是眼前的正义，是可靠的正义,是可以依赖的正义,是优先于实体正义并说明、解释和决定实体正义的正义。这深刻地提出了一个重大课题:我们必须要以程序本位主义为切口,强化纠纷解决过程的自身正义性,并以此为契机和内在指针,指导和进行我们的司法改革。可以说,程序本位主义的理念既是指导民事诉讼法修改的哲学指针,也是指导我国宏观司法改革的哲学指南,我国宏观的司法改革,一定要依循程序本位主义的内在诉求和发展规律,以司法的过程正义性和正当性为核心和中轴,演绎出具体的改革内容和举措。

民事诉讼法修改中高高树起程序本位主义的旗子,具有极为重要的立法指导价值,该指导价值表现在程序本位主义的内涵构成之中:其一,程序本位主义首先要求承认诉讼程序自身的独立价值。诉讼程序的独立价值,是指诉讼程序赖以体现人权的内在价值和固有价值,这种价值不以实体法的内容或精神为转移。无论实体法的表现形式和内容构架如何,这些独立的价值都是要体现出来的。比如说,当事人的人格尊严要受到肯认和尊重,当事人的诉讼自由权要受到认可,当事人的诉讼话语权要受到保障,当事人的在场见证权要得到体现,当事人的申诉控告权以及程序救济权要受到重视,当事人的宪法性权利不因诉讼的实施而受到负面的实质性影响,当事人的隐私权受到充分保障,等等,这些价值都要得到充分的落实和体现。可见,程序本位主义是诉讼文明的体现,是人类诉讼文化的进步的表征。

其二,程序本位主义要求所设定的程序制度必须是科学的、正当的、合理的,因而是正义的程序。程序正义既然要决定和规制实体正义,则必然要有优越于实体正义的内在品格。在我国民事诉讼法的修改中,要充分考虑程序自身的正义性诉求。

其三,程序本位主义要求纠纷的解决者和程序的参与者,都要充分尊重程序法的明文规定性,包括审判行为在内的任何诉讼活动,均要体现出严格的法定性。正义的程序必须得到正当的实现,唯其如此,事先所设定的正义的程序方能体现其应有的价值,否则程序的正义性仅仅是停留在字面上的文本抽象,而不具有实定的意义。由此所派生,程序本位主义内在地呼唤程序主持者和参与者的独立性。

其四,程序本位主义要求极度重视程序所产生的结果。公正的程序在严格执法的保障下必然产生公正的结果,这个结果的公正性是毋庸置疑的,是由程序的正义性和执法的严格性所规定了的;任何人要怀疑这个结果的正当性或正义性,就必须回溯性地质疑程序的正当性以及执法的严格性。否则,由公正程序所产生的实体结果,就具有法律上的正当性和合理性,就具有高度的权威性和不可动摇性,就必然要得到完全的实现。程序本位主义的这层含义,对反思我国的审判监督程序以及执行程序是非常具有启发价值的。

二、程序主体的自治主义理念

首先需要指出的是,程序主体的自治性理念有别于通常所谓程序自治的概念。"程序自治"说的是一种法律秩序的型构和生成方式与途径,是指通过包括诉讼程序在内的法律程序来构筑正当的法律秩序。① 可见,程序自治是一个范围较为宽泛的概念,与程序本位主义的概念处在同一个层面,映现的是程序与实体的关系模式。我们这里所言的程序主体自治性理念或原则,则是一个含意更加特定的范畴,它是指在程序本位主义的实定化过程中,要充分重视程序主体的自治功能。程序主体在程序过程中要具有高度的自治地位,鲜明的主人翁角色,同时

---

① 参见吴泽勇:《从程序本位到程序自治——以卢曼的法律自治理论为基础》,载《法律科学》2004年第4期。

也要体现出充分的责任意识。

总体上说，程序主体的自治性理念要求程序法的塑造者牢牢恪守以当事人为本的理念，当事人是诉讼程序的基本主体、正当主体和权利主体。在所构建的诉讼程序中，当事人占据程序的中心位置，其他一切主体，包括法官、诉讼代理人、诉讼监督者等在内，都必须围绕着当事人的主体角色和主体职能而配置、而活动。这要求摒弃传统的职权主义的程序构筑思维，彰显当事人主义的程序构建理念。我们应当以当事人主义为程序基本原理和程序基本体系的最高概括，在程序的各个领域和环节，充分地体现出当事人主义的基本要求和内在规律。[①] 凡是与当事人主义合拍的程序制度，我们都要保留和坚持；凡是与当事人主义相冲突或不相和谐的程序制度，我们都要持怀疑态度，并在实证的基础上加以改进。当事人主义应当成为我国民事诉讼法修改发展和完善的一根红线或者指南针。

当事人主义的要旨就在于承认当事人对诉讼程序的自治地位，具体而言其含义主要包括：其一，在民事诉讼法的立法视角上，应当以当事人为出发点进行程序规则的构建。我国长期以来视民事诉讼法为法院处理和解决民事案件的操作规程，将"民事诉讼法"简约为"审判法"，应予摒弃。民事诉讼立法应当以当事人作为诉讼舞台上的主角加以规制，应当充分体现出以当事人为本位的立法精神和立法倾向性。对法院行使审判权规则的设定，应当是派生的，是为当事人行使诉讼权利服务的。

其二，在立法本位上，民事诉讼法应当以当事人的诉讼权利为本位，而不是以当事人的诉讼义务为本位。民事诉讼立法应当充分体现和保障当事人的程序性权利。法哲学上一度发生过的关于权利义务何者为本位的争论，在稍晚的时点上于民事诉讼法学领域也发生了，只是相比较而言，并不那么剧烈而已。稍经争论，人们便认同，民事诉讼法应当以当事人的诉讼权利为本位，而诉讼义务仅仅是配合和保障诉讼权利的恰当行使加以设定的，因此它不是本原的，而是派生的；与诉讼权利的普遍性有别，民事诉讼法对当事人诉讼义务的设置在数量上仅占少数，尤其是对违法诉讼义务所施加的诉讼责任或诉讼制裁也始终被控制在一定的必要的限度内。在立法方式上，诉讼权利是本原的，因而可以从基本原则上加以推定；毋宁认为，民事诉讼法的基本原则就是当事人诉讼权利的根本渊源，创设和推定当事人的诉讼权利，应当成为民事诉讼法基本原则的主要功能。与之有所不同，民事诉讼的义务或责任由于是派生的，而非本位的，因而必须在立法上有明确的规定性；立法没有明定的，通常应被解释为此种诉讼义务或诉讼责任的不存在。

其三，当事人对民事诉讼程序的进行应当具有充分的参与权、控制权、主导权、选择权和变更权。民事诉讼是当事人之间私人纷争的化解过程，其中"私"的色彩极为浓厚。当事人可以自由地行使其充分享有的诉讼权利，根据诉讼中所出现的各种信息，选择相应的诉讼行为，并使之确定地产生预期中的诉讼效果。对当事人诉讼行为的调控能力的强化以及对诉讼效果的预测能力的提升，应当成为修改民事诉讼法的一个重要指针。这就要我们始终明确，民事诉讼程序是当事人自己的诉讼程序，或者原则上、主要地是属于自己的诉讼程序，他们可以对诉讼程序的全部过程，以理性人的利益衡量，考虑诉讼中和诉讼外的方方面面的利益，进行有效的、具有深度的参与和调控。为此，民事诉讼立法在技术上要大量增加弹性条款，使当事人可以在条款的框架范围内塑构、设定对己最为有利的诉讼程序和诉讼方式，从而产生诉讼活动

[①] 参见唐力：《当事人程序主体性原则——兼论"以当事人为本"之诉讼构造法理》，载《现代法学》2003年第5期。

正面效果的最大化。

其四，当事人的程序自治理念还包含有一层重要的含义，这就是当事人自我负责的原则。权利义务是相对应的，当事人享有了充分的诉讼权利，由此使得当事人在诉讼程序中的自由空间和可选择余地都获得了最大化的和最优化的安排，当事人真正成为了诉讼中的主人或主角，那么，作为其对应的逻辑结果，当事人对其行为的诉讼后果应当无条件地全部承担和消受，即便这种效果对其可能并非理想，甚或事倍功半，其诉讼付出远远大于其诉讼收入。这就是民事诉讼法上的"自己责任"原则，这个原则是当事人主义诉讼模式题中应有之义，也是我们这里所推论出的当事人程序自治理念中的必然含义。这一点其实也是我们通常所谓正当的诉讼程序具有释放当事人抱怨、吸收当事人不满的机能表征。

三、程序结构的契约主义理念

诉讼契约化理念是一个新兴的理念。这个理念在传统民事诉讼法中几乎没有任何生存的空间，比如说在我国最早的《民事诉讼法（试行）》中，就找不到任何一个可以用诉讼契约理论来解释和说明的条款，诉讼法的公法特性得到了无以复加的强调，诉讼中的强制性条款远远超过任意性条款，即便是任意性条款，也无例外均是指向作为审判者的法院或法官而被适用的。然而随着经济条件的发展变化，诉讼契约化的概念开始在理论上出现，并在修改后的1991年《民事诉讼法》中率先获得体现和确证，此即关于管辖权的协议或者说是协议管辖。协议管辖的出现，无疑表征着诉讼契约理论开始在民事诉讼立法中运用，诉讼契约理论开始了实定化的步伐。理论研究表明，诉讼契约论蕴含着巨大的发展潜力，以至于以其理念的前瞻性而成为民事诉讼法修改的导向原则之一，民事诉讼法的修改应以大量的条款和篇幅体现和负载诉讼契约论的制度性成果，如管辖协议的扩大化、证据契约、证据交换协议、举证时限协议、审级协议、程序选择协议、放弃上诉权的契约、陪审员的选择契约、执行契约等。

民事诉讼程序之所以能够契约化，乃是因为：其一，这是诉讼程序"公法私法化"的实际结果之一。"公法私法化"和"私法公法化"业已成为现代社会法制发展的两个交错性命题，也是现代法治国家进行法制建设必须经常注意的重要时代特征。其中公法私法化命题对于我国民事诉讼程序法治的完善无疑具有极为重要的指导意义。民事诉讼法处在公法领域，国家权力在其中发挥着无可替代的作用；但是，民事诉讼所针对的纠纷对象乃是私权性质的纠纷，这种解决对象的私权特性不能不在实质的层面上影响乃至左右其纠纷解决程序的公法化程度。与刑事诉讼乃至行政诉讼程序相比较，民事诉讼的私法性质无疑是最为明显的，甚至在一定意义上可以认为，民事诉讼法的私法特性乃是其区别于刑事诉讼法和行政诉讼法的根本之处；更何况，在和谐社会构建的哲学背景下，刑事诉讼法和行政诉讼法也都受民事诉讼法的影响，在一定程度上开始了私法化的过程，或者被打上了私法化的烙印。① 因此，在公法私法化的法治进程中，民事诉讼的契约化理论有了存活的空间，并由此获得了进一步现代化的不竭动力。可以说，从立法技术上来说，用私法的原理来改造民事诉讼程序，乃是民事诉讼程序现代化的一个重要方法论，也是收获理论成果的一条捷径。

其二，民事诉讼程序的契约化是程序正当性原理所必须借助的哲学范畴。程序正当性原理成为民事诉讼法制完善的重要指针，如何使实定的程序正当化起来，乃是程序法治建设者必须要考虑的技术性问题。程序正义论主要解决这个问题。程序正义论解决如何方能使所设定的诉

---

① 如现在广为讨论的刑事和解、行政诉讼中的调解原则等，就是公法私法化的结果。

讼程序变成或被评价为正当化的诉讼程序，其要诀乃是：将解决个案的具体程序的设定权下放，使之交由当事人来视具体诉讼情景而加以妥适的安排和设置。在诉讼程序条款中留有空白，大量增设模糊性条款和选择性条款，通过授权性条款和任意性条款的设定，授权和鼓励当事人（往往通过其诉讼代理人）通过契约化的形式构设具体的最能够适应眼前案件解决需求的诉讼程序。诉讼契约制度就是这种契约型条款的概括性称谓。可以合理地推论，诉讼立法中这种技术运用得越是广泛、其数量越多，则诉讼契约化理论的实定化程度就越高，该部法律的契约化色彩就越浓，同时也表征该部作为公法的程序法便越具有私法的特征，也即公法私法化的步骤就越大。

在民事诉讼领域实现公法私法化具有极为重要的程序正当化意义。这集中表现在：通过诉讼契约条款的设定，使当事人获得了前所未有的充分的构筑具体程序的权利，这种权利的赋予极大地提升和强化了当事人诉讼程序主人翁的地位和角色，原本被动使用诉讼程序规则的角色在诉讼契约条款的授权和保障下，变成了诉讼程序的双重角色：当事人既是诉讼程序规则的设定者，又是诉讼程序规则的使用者；尤其是这种设定在不违反强制性条款的前提下还对行使审判权的法院或法官具有拘束力。这就使当事人与诉讼程序规则之间的距离大大缩短了，甚至变成了"零距离"。这种与诉讼程序规则之间的近距离或零距离所造成的一个自然结果便是当事人被其所适用的诉讼规则内在化了。当事人不仅创设了重要的诉讼规则，同时还直接使用这些规则来追逐对己有利的诉讼效果。这既增强了当事人的诉讼动力，又强化了当事人对诉讼结果的认同感，这种动力机制和认同感的同时增强，便意味着诉讼程序的正当性得到了同步的提升。可见，诉讼契约化既是公法私法化的一个要求和体现，同时也是诉讼程序获得正当性的重要举措和中介。

四、程序运行的协同主义理念

程序的协同化理念是在后现代哲学背景下提出来的一种社会关系模式，其含义基本的就在于参与程序的各方主体都应该被调动出最大化的积极性和能动性，并在诚信和善意的基础上竭诚合作，取得共赢的程序效果。这个概念首先在经济领域企业管理中被运用，后来发展到包括程序法治建设在内的其他社会领域，到如今，程序的协同主义或协同原则以及协同理念，业已毫无疑义地成为诉讼法治建构的重要因素或指针。在诉讼法中，程序的协同化理念有特定的内涵所指，这就是在当事人主义和职权主义的传统诉讼模式的两个对极之间，求得一个适中的或中庸的兼有二者优势的综合型诉讼体制，这种诉讼体制被称为"协同主义的诉讼模式"。利用协同性理念来构建诉讼模式，其结果自然会出现一个既有别于大陆法国家的职权主义诉讼模式、又相异于英美法国家的当事人主义的第三种诉讼模式，即协同主义的诉讼模式。① 协同主义诉讼模式在理论上对我国民事诉讼法的将来修改具有极为重要的借鉴意义。

我国民事诉讼法修改和完善的一个总体思路应当是：摒弃超职权主义，越过职权主义，迈向当事人主义，兼顾协同主义。最没有争议的可能是摒弃超职权主义和迈向当事人主义，需要解释的是协同主义的兼顾，会引发争论的恐怕要数"越过职权主义"的提法。

超职权主义必须要被抛弃，其原因简单地在于这种高度职权化的诉讼模式是计划经济下的产物，在市场经济条件下，法院或法官对民事诉讼程序进行大规模的职权干预乃至权力干涉，

---

① 参见田平安、刘春梅：《试论协同型民事诉讼模式的建立》，载《现代法学》2003年第1期；肖建华：《构建协同主义的民事诉讼模式》，载《政法论坛》2006年第5期。

不仅会遭遇到包括当事人在内的各种有关主体的抵制，甚至对法院或法官本身而论也失却了往日实施干预的必要性和热情。将来我国民事诉讼法的修改，一个基本的历史使命应是与超职权主义彻底脱钩。

摒弃超职权主义的天然凭借，便是迈向当事人主义；当事人主义的基本原理应当成为我国未来修改民事诉讼法的体系化的指导思想。通常可以断言，利用当事人主义的要素和精神来改造我国的民事诉讼制度，从宏观到微观，基本上不会发生方向性的错误或偏差。当然，在此过程中要防止对西方民事诉讼法制尤其是英美式的法制的全盘照抄，在这里提一下法理学中讨论的"法治建设与本土资源"，还是有必要的。对国情的尊重是我们学习借鉴西方法制的底线，也是一根红线。

但这并不意味着我们会赞同另一种观点：这就是，我国的民事诉讼法应当向大陆法系国家学习，采用其"职权主义"的诉讼模式。因为大陆法国家的职权主义原本也是在当事人主义的诉讼体制下逐步演化而来的，当事人主义的诉讼模式是大陆法系国家民事诉讼制度构建的原点或出发点，此后由于社会经济发展的原因以及诉讼效率的目标追求，其中不断增加职权主义的因素，以至演变至今，形成了与同出一源的英美法体制大异其趣的独特诉讼体制，也就是我们通常所言的职权主义诉讼模式。在大陆法国家，在一定意义上说，这种职权主义模式还处在不断的强化之中。我国的诉讼模式显然不能受此影响而以一种逆向的思维，实施所谓的变革：在大陆法系国家，当事人主义的因素在相当大的程度上已被掩盖在职权主义的阴影之中了，作为以当事人主义为导向而实施程序变革的我国来说，在葱茏的职权主义因素之堆中寻求当事人主义的因素无疑是困难重重，乃至误解重重的。当事人主义诉讼模式是非常纯粹的，其后来虽然增加了若干职权主义的因素，但依然是少数，并且是可以辨认的，因此我们以当事人主义为鹄的，用以作为我们实施程步改革的重要借鉴，是一个事半功倍的较佳选择。

这是问题的一方面。另一方面也要看到，我国民事诉讼法制的发展目前处在现代化、全球化的背景之中，而究非可以孤立封闭式地进行；相反，其改革步骤必然经常地观照世界范围内民事诉讼法发展的主流倾向，这个主流倾向就是强调诉讼中的多方主体的合作主义或协同主义，注意多种诉讼模式或诉讼体制的相融相合。这就是我们所说的"兼顾协同主义"。综合起来说，便是：我们的民事诉讼法改革，应当以当事人主义为主，兼顾协同主义的某些因素或精神。

具体而论，协同主义在民事诉讼法的修改中主要体现在以下方面：其一，在立法中明确规定诚信原则实施机制和当事人的真实义务以及合作义务。现代社会的民事诉讼活动乃是奠立在真实基础上的公平竞争性的特殊社会活动，唯其如此，民事诉讼的过程方能体现出公平正义的价值和诉讼效率的价值，并同时兼顾社会利益的合理需求。协同主义的此一要求乃是对古典当事人主义的辩证扬弃：当事人之间既要竞争，也要合作，合作的基础便是诚信和真实。

其二，民事诉讼立法要大量增加诉讼制裁的条款，以确保当事人及其诉讼代理人能够在诚信与真实的基础上展开公平竞争。诉讼是当事人追逐有利结果的"角力场"，虽然规定诚信原则和真实义务，也不能确保当事人以及其他诉讼参与者能够始终恪守此项原则，相反，其行为背离此项原则要求的可能性是客观存在的。为此就需要立法加大诉讼制裁的力度，惩罚和制裁违反诉讼诚信原则和真实义务的行为，并由此产生良好的导向作用，为构建诚信社会提供制度保障。

其三，重视和解、调解以及其诉讼代替性的纠纷解决机制的运用。协同主义为诉讼当事人由诉讼对抗主义转向诉讼合作主义奠定了基础，并提供了确保诉讼合作性的诉讼文化氛围和诉讼条件。当事人之间依然存在对抗，但对抗主要是面向事实的，而更多的则是合作，合作是对相互间法律关系的重新安排。无论在当事人主义抑或职权主义诉讼模式中，和解、调解等裁判外的纠纷解决制度受到程序结构的巨大制约，而难以发挥大的作用。① 与之形成对照，在以当事人平等对话和理性沟通为基础的诉讼环境中，和解与调解等裁判外的解纷机制，得到了最大限度的运用。与此同时，诉讼外的纠纷解决机制与诉讼机制之间的传统壁垒或制度鸿沟也由此得到极大弥合，使二者间得到了高度契合、兼容乃至交错。

其四，转化法官的职能作用，弱化法官的职权干预作用，同时强化法官的职权指导作用。简单地主张我国的民事诉讼法应当弱化法官的职能作用并不妥当，同时也不符合国际性的诉讼发展趋势和规律；法官的职能普遍受到强调，但所强调的这种法官职能是以诉讼管理为常规目标的崭新职能，比如法官的协助证据调查权、阐明权等制度，均与此种司法职能的调整密切相关。

综上所述，我国民事诉讼法的修改应当以理念的整体变迁为先导；正是理念的预设决定了民事诉讼法修改的基本走势和支柱性内容。前面的论述多少已涉及了具体内容的构建，这些具体内容的构建又是落实上述诸理念的必要环节或步骤。就关系而论，这些理念是关联在一起的，它们之间既有相对的独立性，又具有相互的依赖性。程序本位主义理念最为重要，也是一个定性的理念；没有程序本位主义对程序正义重要性的哲学肯定，便谈不上程序主体自治理念；没有程序主体的自治性理念，便失去了谈论程序契约化的前提条件；程序本位主义得不到落实，空谈程序的协同主义便毫无价值，而程序协同主义是对程序本位主义的必要的反向制约。只有同时实现了程序本位主义、程序自治主义、程序契约主义以及程序协同主义的理念，中国的民事诉讼法的现代化目标才能最终实现。

第五节　中国民事诉讼法学的现代化转向

一、现代化转向之一：程序哲学观的二元并存

为把握程序哲学观的二元并存观，首先需借用一个概念，此即"法制现代化"。法制现代化是中国法制建设中所提出的一个时代性命题，其实质在于对不符合中国现代社会发展需要的传统法制进行革故鼎新的范式转换，这种转换通常具有整体性和结构性的特征。中国民事诉讼法面临着法制现代化的转向问题，同样，中国民事诉讼法学也面临着法学现代化的转向课题，二者实为一物两面的关系。经过法制现代化的改造，中国民事诉讼法学就带上了现代法学的鲜明色彩。中国民事诉讼法学现代化转向是共性与个性相统一的概念，其特征必然既具有世界性，也具有中国的国别性。"中国法制现代化是中国人在本国的历史条件下所进行的一切法律变革运动，有其特殊的历史运动轨迹，具有独特的发展道路。即使在进入所谓'地球村'时代以后，世界变得更加互相依赖，法律发展中的共同性日益增多；但是，世界法制现代化进程并不是由此而变得呆板划一，而是更加多样化。中国法律发展的特殊性，恰恰显示了中国法制现代化的世界性意义。"② 中国民事诉讼法学现代化面临着复杂而又特殊的背景：既有本身根

---

① 美国的 ADR 制度改变了这一现象，也可反向佐证这里的论点。
② 参见公丕祥：《法哲学与法制现代化》，南京师范大学出版社1998年版，第552页。

深蒂固的法律传统，又有外来的变革法律的强大压力；在本土因素中，既有古代法律的孑遗，又有近代以来各个思想流派各家政治势力直至当下中国人民变革法律的努力；在外来的文化中，既有英美法系、大陆法系对中国的传播，也有苏联法制的深刻影响。[①] 在这样的背景下，中国民事诉讼法学的现代化转向需要设定一些特殊的目标。

任何法学的研究都需要有一个确定的哲学观作为指导，民事诉讼法学的研究也不能例外。在中国，支配民事诉讼法学研究的哲学观先后经历了两种形态：一是程序工具主义的哲学观，另一是程序本位主义的哲学观。程序工具主义的哲学观产生于先，程序本位主义的哲学观发展于后。目前这两种哲学观处在并存状态，而且在今后相当长的历史时期内，这种并存状态不会有实质性改变；所变化的，只是两种哲学观所分布的领域以及所呈现的比例。

程序工具主义的哲学观是在哲学本质主义（近代哲学）的支配下形成的。从历史上看，程序工具主义是在法律发展到一定历史阶段后产生的，其理论上的集大成者首推英国哲学家边沁。边沁曾对程序工具主义做出过至今仍被人们不断引述的经典表达。他说："审判活动的直接目的在于实现判决的正确性和准确性，即正确地将法律适用到已得到证明的事实之上；程序法作为附属法，程序相对于它所要达到的审判结果而言，反具有工具或手段的意义。"[②] 与程序工具主义相对应的是实体本位主义。实体本位主义意味着人类的法典化努力已达至理性的顶峰。马克思在其辩论词"关于林木盗窃法的辩论"中所说过的一段名言，就其实质而言也属于程序工具主义的范畴。马克思说："使诉讼和法律获得生命的应该是同一种精神，因为诉讼只不过是法律的内部生命的表现。"[③] 现在我们将程序工具主义贴上贬义词的标签其实是有失公允的。程序工具主义的理论优势在于：它认真地对待了案件事实和实定化的法律，它要求司法者精准地认定案件的客观事实，并在客观事实的基础上严格地适用实体法律，从而获致正确的裁判结果；由此形成了涵摄型司法三段论，甚至积淀成了大陆法系国家的司法传统。我国民事诉讼法深受程序工具主义的影响。例如，《民事诉讼法》第 7 条规定的基本原则"人民法院审理民事案件，必须以事实为根据，以法律为准绳"就是典型的正面例子。

然而，程序工具主义作为一种程序理论是有其内在缺陷的，集中表现在它极度地忽视了程序法的独立价值以及程序法对实体法的能动作用。"人们致力于塑造一部作为最高立法智慧而由法官机械运用的法典，忽视了司法在实现公正中的作用。"[④] 程序工具主义最终遇到了难以克服的哲学困境。这就是现代哲学或后现代哲学对以黑格尔哲学为代表的传统哲学理论进行了全面的、深刻的反思和质疑，批判其中的绝对主义、本质主义和形而上学，使相对主义、非本质主义和反形而上学的哲学思潮开始抬头并迅猛发展。哲学范式的上述转向，也反映到了程序法和实体法的关系之上，直接催生了程序本位主义的哲学观。以日本为例，在进入 20 世纪 50 年代后，以程序中心论为基本特征、以程序保障为基本内容的民事诉讼法学"第三波"理论应运而生，备受关注。被誉为日本"民事诉讼法学之父"的兼子一就是一个突出的代表。兼子一先后提出了诉讼目的论上的"纠纷解决说"、关于既判力本质的"权利实在说"、关于诉权论的"本案请求权说"、关于辩论主义根据的"实质说"等理论主张，这些就是程序本位主

---

① 参见徐永康：《交汇与融合：中国法制现代化的主旋律》，载《法学》2003 年第 9 期。
② 陈瑞华：《程序正义的理论基础——评马修的"尊严价值"理论》，载《中国法学》2000 年第 3 期。
③ ［德］马克思：《关于林木盗窃法的辩论》，载《马克思恩格斯全集》（第 1 卷），人民出版社 1995 年版，第 287 页。
④ 陈兴良：《刑事司法公正论》，载《中国人民大学学报》1997 年第 1 期。

义的某种映现。① 美国学者罗尔斯在"完善的程序正义"和"不完善的程序正义"两种理论模型的基础上提出了代表其理论核心理念的"纯粹的程序正义"命题,该命题在内涵上与程序本位主义同构。② 其实,英美法上的"正当的法律程序",即可视为程序本位主义的制度化反映。事实上,在相当大的程度上,程序本位主义业已成为现代社会构建法治秩序的重要指南,中国民事诉讼法的修订在立法任务中强调对诉讼权利保障、在再审事由中创设独立的程序违法情形等方面,也反映了程序本位主义的某种诉求。③

然而,在强调程序本位主义哲学观的同时,是否就意味着,程序工具主义已被送至历史的博物馆里去了呢?当然不能这样看问题。程序工具主义所产生的足以贬降程序法地位尤其是轻视程序法的思维因素,固应排除。但程序工具主义也有其理论优势和法治贡献,不能一笔抹煞。尤其在现代的中国,程序工具主义对人们在司法中树立实体法的权威、尊重诉讼事实的真实判定、强调结果正义的不可偏废性等,均具有不容忽视的理论功能。为回应程序多元化的制度构建,程序工具主义在某些诉讼案件的处理中,如人事诉讼程序、非讼案件的处置程序以及其他实体法被公认为较完备的讼案处理过程中,仍有其广阔的适用空间和较强的司法指导性。

因此,在中国当下民事诉讼法学的研究中,既要摈弃传统程序工具主义的负面意涵,又要防止对程序本位主义做绝对化、单一性的理解与恪守。更加符合中国国情以及发展趋势的做法应当是将程序工具主义与程序本位主义有机结合起来,而不是各持一个极端。中国民事诉讼法学现代化转向的最为重要的指标性特征便是树立程序哲学观的二元并存论,辩证地理解与坚持程序工具主义与程序本位主义的理论旨趣和功能依归。当然,尚需指出的是,与民事诉讼法学国际化趋势相适应,程序本位主义的原则和精神在此二种哲学观中所占的比重将日益增长,最终将取代程序工具主义的哲学观。

二、现代化转向之二:从注释法学走向理论法学

(一)注释法学及其利弊

1982年3月8日颁布的《民事诉讼法(试行)》,揭开了中国民事诉讼法学研究注释法学时代的序幕。注释法学以实定规范的既存为前提,在中国民事诉讼法首次以系统化规范文本呈现后,一个以阅读、诠释、解析、界分为基本研究方法论的注释法学便逐渐形成。民事诉讼法注释法学既有别于此前的普法法学,也相异于此后的理论法学、实践法学等,而有其自身鲜明的特征,主要而言包括:其一,在研究对象上,民事诉讼法学主要研究民事诉讼法的规范文本,以规范文本的实存性作为其研究视野的最大化界域。民事诉讼法规范文本以外的内容便不在其研究范围中。当然,这里的规范文本既包括民事诉讼法本身,也涵盖具有法律效力的诸如司法解释等文本规范。其二,在研究方法上,主要采取概念分析、含义界定、范畴异同、演绎推理、归纳提升、注意问题等方法。这就是典型的我们所熟识的教科书的方法。著述的结构体系和知识系统乃千篇一律,它形成了民事诉讼法学的"八股文"特色,其内容主要由概念、

---

① 参见[日]兼子一、竹下守夫:《民事诉讼法》,白绿铉译,法律出版社1995年版,"译者前言",第16页。

② 参见[美]约翰·罗尔斯:《正义论》,何怀宏、何包钢、廖申白译,中国社会科学出版社1988年版,第80页。

③ 分别参见《民事诉讼法》第2条关于"立法任务"的规定和《民事诉讼法》第207条关于"再审法定原因"的规定。

文义、结构与体系组成。就其分类而言，民事诉讼法注释法学可以分为体系化的注释法学和专题性的注释法学，也可以分为宏观的注释法学和微观的注释法学、内在的注释法学与外在的注释法学等。

注释法学方法论为中国民事诉讼法学的繁荣昌盛做出了重大贡献，不仅在既定的范围内巩固了普法法学的知识系统，同时也使国人对民事诉讼立法加深了认知和理解，尤其是为民事诉讼法的贯彻落实提供了知识层面的助推力，一系列民事诉讼法学的概念和理论成为人们挂在嘴边的司法话语，如起诉权与胜诉权、起诉与受理、审理前的准备与庭审、证据与证明、期间与送达、普通程序与简易程序、一审程序、二审程序与再审程序、执行程序与涉外程序等。与此同时，中国的民事诉讼法学教育也在注释法学的支配下形成了稳定的模式。

然而注释法学存有严重的局限性：其一，注释民事诉讼法学具有严重的封闭性或自闭性特征，其开放性不足。在注释法学研究方法论的支配下，民事诉讼法学研究完全奉民事诉讼法的立法规定和相关司法解释为圭臬，凡是未被民事诉讼法纳入文本中表述的内容，概不属于民事诉讼法学研究的范畴。长此以往，民事诉讼法学研究的视野受到了严重局限。一个集中的表征乃是，民事诉讼法学的知识系统几乎完全来自苏联理论以及与此稍相关联的大陆法系理论，对于英美民事诉讼法的理论体系则基本未有涉及。其二，注释民事诉讼法学在功能结构上显失偏颇，其服务性功能有余，而批判性功能不足。在注释法学思维惯力下，所谓"现行法不得批判"成为学者间代代相传的学术训条。故而，民事诉讼法学研究中便匮乏足以推动其进步的反思性机制，民事诉讼法学研究由此长期处在低谷的徘徊状态。其三，注释民事诉讼法学天然地带有与实践阻隔的理论特征，显得实践性不够。所谓实践性不够，就是用民事诉讼法规范和指导司法实践的支配力不够，从而形成理论与实践"两张皮"的现象。因而，在注释法学思维方式的支配下，民事诉讼法学脱离实践的倾向愈益严重，实践与理论各说各话的局面日益形成，民事诉讼法学的理论因未能经常地接上司法实践这个"地气"而显得苍白乏力，其给人们阅读上所带来的美感体验和心灵震撼庶几不存。因此，早期曾一度蓬勃发展的注释民事诉讼法学进入后期，其正当性与合理性便受到了理论上的普遍质疑。

（二）理论法学及其特征

德国法学家萨维尼曾言："法学家必当具有两种不可或缺的素质，即历史素养，以确凿把握每一时代与每一法律形式的特性；系统眼光，在与事物整体的紧密联系与合作中，即是说仅在其真实而自然的关系中，省察每一概念与规则。"[①] 结合民事诉讼法学来理解，萨维尼的这一段话告诉我们，民事诉讼法学的理论研究，一方面要强调其历史性，另一方面要注重其系统性。历史性与系统性其实便是民事诉讼理论法学的基本要义，离开民事诉讼法学的历史性与系统性，便无民事诉讼法学的理论法学之素养。

反观中国民事诉讼法学的发展历程，在世纪之交，人们开始意识到从注释法学走向理论法学的必要性和重要性，突破注释法学之藩篱，构建具有中国特色的理论法学成为中国民事诉讼法学要求自我提升的目标所向。自此肇始，民事诉讼的理论法学开始大幅度地发展。置重于民事诉讼法学的理论素养，表达出了民事诉讼法学界对注释法学局限性的深刻认知，显示出了中国民事诉讼法学要求实现自我升华的理论自觉。可以说，中国民事诉讼法学正是从跨入理论法学的行列后，才开始其自主发展的新阶段。

---

① 转引自李龙、周刚志：《论法律家与法学家的思维范式》，载《法制与社会发展》2002年第6期。

民事诉讼理论法学的指标或特征：

其一，批判性与建构性的统一。理论天生就是批判的武器，理论的落脚点虽然是建构主义，但是其出发点却是解构主义；解构就是立足于现在，用未来的标准对过去进行检讨和反思，从而实现过去与现在、现在与未来的交接与转换。即此而言，理论法学一般产生于社会变迁的结合部，其预示和标志着过去的民事诉讼法理论业已难以解释和指导当下的司法实践和法治进程，因而必须实现否定之否定的扬弃。比如说，程序本位主义的理论就是对程序工具主义理论的否弃与超越，程序法与实体法关系的"母子颠倒说"就属于对程序法乃实体法之附庸法的颠覆性理论，诉讼契约论就是对诉讼法定论的跨越，举证责任分配的实质标准说就是对罗森贝克"规范说"的更新，等等。理论之间的更替与学说的推陈出新就是通过学术质疑或批判而得以实现的。

其二，前沿性与本质性的统一。理论研究就是以"理论"或者说"思想"的获取为研究旨趣和目的的研究，也就是通过逻辑化的方式揭示事物的"规律"、阐释其所包含的"道理"的一种思想（或者思维）活动。[①] 同样，民事诉讼理论法学研究的主要使命也在于揭示民事诉讼的发展规律和内在本质。比如说，当下中国民事诉讼法学研究主要揭示诉权和审判权、法律监督权与审判权、调解权与审判权、执行权与审判权以及陪审权与审判权的辩证交错关系。宏观地对上述关系命题进行系统化研究所获得的学术成果，即可划归理论法学的范畴。

其三，整合性与体系性的统一。理论法学比较忌讳对民事诉讼法的各个部分进行割裂式的研究，尤其在进行某个局部问题研究时，不顾及民事诉讼法学其他领域的关系处理与照应。比如说，诉权学说、诉讼法律关系论、诉讼标的论、举证责任分配论、既判力的本质论等论题其实都是相互关联的。在对其中任何一个论题进行理论化探讨时，应当与其他论题的本质观相互呼应。在分支性的理论命题之间，不宜存在相互冲突、龃龉之处。这就是理论思维与工程思维的差别之处。工程思维重在落实理论命题，理论思维首在消除思维矛盾。

其四，多元性与一体性的统一。这里的多元性，乃指研究主体上的多元性以及由此所规定的理论话语体系上的多元性。民事诉讼法学的理论研究应当在两个层面显示其多元性：一是法学内部的多元性，也即民事诉讼理论法学的研究应当从其他学科中汲取学术营养，而不宜做自我封闭式的研究。尤为关联的乃是法哲学以及各个公法学科的知识系统，比如宪法学、行政法学以及作为其学科近邻的刑事诉讼法学和行政诉讼法学，此外当然还包括民事实体法学。民事诉讼理论法学唯有在和这些知识学科交错互动、碰撞启迪中方能充分展示其理论色彩，从而与其他学科齐头并进。二是法学外部的多元性，也就是在更广阔的视野和领域中引领、涵养和审视民事诉讼理论法学的发展。这其实是交叉学科的研究方法论的要求。德国法学家阿尔弗里德·比勒斯巴赫对此曾指出："法学研究与各种社会科学（当务之急是与政治学、社会学和国民经济学）的交叉合作是必要的，以便全面地使理论知识转变成实践行动。出于持续的社会变迁，社会的、技术的、科学的发展和必然性等理由，在法律领域也恰当地反映出这种发展同等重要。"[②] 中国民事诉讼法学要摆脱"法学幼稚症"，在研究方法上实现上述双重多元性乃是必然之路。唯有实现了多元性，方能体现其一体性；民事诉讼理论法学的一体性意味着它已获致跻身于整个社会科学并与之并存共进的内在力量。

---

① 参见姚建宗：《法学研究其及思维方式的思想变革》，载《中国社会科学》2012年第1期。
② [德] 阿尔弗里德·比勒斯巴赫：《法学与社会科学》，载 [德] 阿尔图·考夫曼、温弗里德·哈斯麦尔主编：《当代法哲学和法律理论导论》，郑永流译，法律出版社2002年版，第479—480页。

（三）理论民事诉讼法学的生成路径

其一，理论民事诉讼法学应当尊重学术传统。民事诉讼法学与任何学科一样，均有其昨天、今天和未来；今天的民事诉讼法学是在昨天的民事诉讼法学的肩膀上发展而来，明天的民事诉讼法学则是对今天的民事诉讼法学的传承。割断历史的传承性，就窒息了民事诉讼法学赖以发展的气脉；一个学科是否臻于成熟，其重要的衡量标志之一乃是其对学术传统的认可度和传承度。这也对理论民事诉讼法学提出了特别的规范性要求，也是其区别于工程民事诉讼法学的一大特点。① 当然，这里的民事诉讼法学传统并不仅指中国的民事诉讼法学传统，同时也包括外国民事诉讼法学的学术传统。

其二，理论民事诉讼法学要有敏锐的问题意识。虽说理论法学远离具体的司法实践和立法实践，但理论法学之根还是在实践的土壤之中，离开实践中提出的诸问题以及由问题所形成的问题意识，则所谓民事诉讼的理论法学便不能是一种真正的科学理论。诚如孙正聿先生所言："观察渗透理论，观察才有科学意义。在这个意义上，也可以说是科学始于问题。"② 正是有了问题意识，才将注释法学、实践法学和理论法学区别开来。比如说，《民事诉讼法》第9条规定了法院调解原则："人民法院审理民事案件，应当根据自愿和合法的原则进行调解；调解不成的，应当及时判决。"据此规范文本，注释法学对法院调解原则进行了定义界定、性质描述、范畴异同解析以及程序构成等方面的逻辑分析。注释法学只对规范文本和立法者宗旨负责，不需要有问题意识。而实践法学则对法院调解原则在司法实务运作中存在的诸问题进行了调查和了解，借此发现法院调解存在诸如强迫调解、违法调解、调解申诉率高、调解进入强制执行的比率也高等问题。③ 发现了这些问题则完成了实践法学的使命，而针对这些问题进行深层的理论分析，并提出和论证由传统型调解制度向现代型调解制度转变的理论命题，这便构成了理论法学的内容。可见，理论法学的基本旨趣便在于通过学科知识的范畴改写和命题转换，实现特定学科或某一学科的特定方面的新旧更替。

其三，理论民事诉讼法学要有交叉学科的理论涵养。交叉的理论法学将民事诉讼法学的理论根须导向诸如哲学、政治学、社会学、经济学、心理学、人类学、民俗学等其他相关学科，从而形成了一株枝繁叶茂的"理论之树"，其特点是"树"而不是"木"。交叉理论法学是运用其他学科的范畴、命题、方法、话语来审视、解读、诠释、究问、检阅、求证民事诉讼法学所关涉的诸问题。它具有两方面的基本功能：一方面，借助交叉理论法学的研究，通过范畴启迪、话语体系的转换、内涵蜕变等思维中介，可以在瞬间实现民事诉讼法学的知识增量。另一方面，它推动民事诉讼法学的传统范畴、本域命题、内生定义等涵养于现代范畴、跨界命题以及外生内涵等宽阔的话语体系中，并历经它们相互间的碰撞、博弈、砥砺、磨合而生成崭新的民事诉讼法学理论体系。④ 比如说，美国学者波斯纳有一本书为《证据法的经济分析》，若要对该书进行研究范式的归类，那它基本上属于理论证据法学的范畴，因为他在证据法的分析中

---

① 有学者认为："从根本性的研究旨趣及其思维方式的不同与差别来看，法学研究在事实上确实可以分为两种类型：法学中的法律理论研究和法学中的法律工程研究。"姚建宗：《法学研究其及思维方式的思想变革》，载《中国社会科学》2012年第1期。

② 孙正聿：《哲学通论》，辽宁人民出版社1998年版，第247页。

③ 参见李浩：《当下法院调解中一个值得警惕的现象——调解案件大量进入强制执行程序》，载《法学》2012年第1期。

④ 参见汤维建：《民事诉讼法学研究方法的多元递进》，载《法学研究》2012年第5期。

导入了系统的经济学理论和方法,从而使证据法学的研究创制出了诸如"统计证据""概率证明"等新范畴,并对证据的分析提出了两种经济学模型:搜寻模型和成本最小化模型。[①] 这就大大扩大了民事诉讼理论法学的研究范围。

这里需要做一个总结:上述各种法学研究范式之间存在何等关联性?对这个问题的解答便呈现出了中国民事诉讼法学现代化转向的一个重要维度。应当首先指出,上述各种研究范式在中国民事诉讼法学研究历程上均发挥了重要的历史性作用,以在后的研究范式否定在先的研究范式并不符合历史唯物主义的基本观点;况且,这多种研究范式在中国民事诉讼法学研究的相当长的历史时期内,都具有不可替代的、等量齐观的独特价值和理论功能。但另外也要看到,就历史演进的逻辑机理而论,由一种研究范式向另一种研究范式的转变,确实标志着中国民事诉讼法学的进步和发展。注释法学相对于普法法学而言无疑是一种进步,实践法学对注释法学也无疑是一种超越,而理论法学的诞生则在相当大的程度上意味着中国民事诉讼法学走上了现代化发展的成熟之路。中国民事诉讼法学能否实现现代化转向,关键取决于研究范式及其蕴含于其中的方法论的现代化转变,由注释法学所铺垫、实践法学所催生的理论法学便彰显了中国民事诉讼法学的独立性、自主性和主体性。只有到了理论法学成为一种成熟的研究范式后,中国民事诉讼法学方能谓迈出了现代化转型的坚实步伐,方能谓在世界民事诉讼法学的学术殿堂中有了不可轻忽的立足之地,也方能一改我国民事诉讼法学被动的附庸地位和追随者角色。自主性乃现代性的基本要义,而理论性又是自主性的应有之义,就此而言,说理论法学是中国民事诉讼法学趋于成熟并且步入现代化轨道的指标性特征并不为过,或者说乃恰如其分。在中国民事诉讼法学多元研究范式并存的现今,应当更加强调和置重理论法学的建构和发展,从而形成独树一帜的民事诉讼法中国学派。唯其如此,方能前瞻性地引领中国民事诉讼法治的进步与发展,也方能参与性地为世界民事诉讼法学的繁荣昌盛做出应有的中国贡献。

---

① [美]理查德·A. 波斯纳:《证据法的经济分析》,徐昕、徐昀译,中国法制出版社2001年版,第37、92、99页。

第二编

诉讼制度论

第八章 民事审判的基本制度

第一节 民事审判基本制度概述

民事审判基本制度指的是民事诉讼法所确立的用以规范人民法院行使审判权的基本准则和基本操作规程。根据《民事诉讼法》第10条、第40条、第137条的规定，我国民事诉讼中实行的基本制度包括合议、回避、公开审判和两审终审[①]，外加人民陪审员制度[②]和巡回审判制度[③]。

一、民事审判基本制度与民事诉讼基本原则的区别

无论是民事审判基本制度还是民事诉讼基本原则，都主要地规定在《民事诉讼法》的第一编"总则"第一章"任务、适用范围和基本原则"之中，这说明两点：其一，在立法者的眼中，民事审判基本制度在重要性上与民事诉讼基本原则等量齐观，不分上下，都是民事诉讼立法中决定当事人和法院角色分配的重要规范。其二，民事审判基本制度与民事诉讼基本原则本身就密不可分，有的甚至很难说是基本制度还是基本原则，如公开审判制度，也可以说是公开审判原则。

然而，从法解释论视角而言，民事诉讼基本原则与民事审判基本制度还是存在以下区别：

（一）抽象度不同

民事诉讼基本原则较为抽象，它直接来源于民事诉讼法的基本任务，在逻辑上，基本原则在基本制度之先；基本制度是建立在基本原则基础上的，也是对基本原则的某种深化。比如，以事实为根据、以法律为准绳是民事诉讼法所确立的基本原则，合议制、回避制则是民事诉讼法所确立的基本制度，显然，合议制、回避制的确立是为了贯彻落实以事实为根据、以法律为准绳的基本原则。而较之以事实为根据、以法律为准绳的基本原则，合议制、回避制等这些基本制度就更加直观具体。因此说，民事诉讼基本原则更为抽象，民事审判基本制度更为具体。

（二）立法视角不同

民事诉讼基本原则是从当事人和法院之间的关系之视角加以规定的，它反映的是诉权和审判权之间的关系，因而与民事诉讼模式有密切关系，通过民事诉讼基本原则，可以概括出民事诉讼的基本模式。与之不同的是，民事审判基本制度则是从法院单方面视角加以规定的，比如合议制，它要求法院行使审判权不能独断专行，而要实行民主集中制，发挥集体的智慧和力

---

① 《民事诉讼法》第10条。
② 《民事诉讼法》第40条。
③ 《民事诉讼法》第138条。

量，因而，民事审判基本制度不直接反映民事诉讼模式。

（三）发挥作用的领域不同

民事诉讼基本原则是贯彻始终的，在整个民事诉讼全过程无间断地发挥作用，不留死角和盲区。比如，平等原则、处分原则、辩论原则、检察监督原则等，无论在民事诉讼的哪一个阶段，它都不会不发生作用。然而，民事审判基本制度通常仅发生在民事诉讼的某个阶段，而不是贯彻始终的。如合议制、回避制、二审终审制乃是在审判阶段法院开庭审理进行之时以及裁判作出后集中在某个阶段或环节发挥作用的，并不是始终会有基本制度的存在。

二、民事审判基本制度与民事审判具体制度的区别

民事审判的具体制度，是指规范民事审判某一方面、某个阶段、某一环节的具体操作规程。民事诉讼法是程序法，其主要的使命是规定诉讼程序；但诉讼程序不能存在于真空之中，而必须以各种民事诉讼具体制度为前提和基础。如果将民事诉讼程序视为舞台的话，那么，民事诉讼或民事审判的各项具体制度则是托起该舞台的四梁八柱。民事诉讼法的立法规范主要由三个板块组成：民事诉讼基本原则和基本制度规定在先，为民事诉讼提供基调；民事诉讼程序规定在后，为民事诉讼提供平台；介于二者之间的中间领域，则属于民事诉讼具体制度。民事审判具体制度包括的内容非常广泛，按民事诉讼法之规定，依次主要有：管辖、当事人、诉讼代理、证据、期间期日、送达、调解、保全和先予执行、妨碍民事诉讼的强制措施、诉讼费用等。

民事审判基本制度与具体制度的共同点，表现在它们都属于民事诉讼法所规定的制度，而制度与原则有所区别，原则侧重于当事人的诉权，制度侧重于法院的审判权。因此，无论是基本制度还是具体制度，它们均有别于原则，包括基本原则和具体原则，在这种区别中，显示出了民事审判基本制度和具体制度的共性和相同点。然而，民事审判基本制度与民事审判具体制度也还是存在区别，主要有：

（一）重要性程度有别

民事审判基本制度的重要性要大于民事审判具体制度，违反了民事审判基本制度属于严重违法，构成二审、再审和法律监督的法定事由，比如，该实行合议制而却实行了独任制、该回避而未回避、该公开审判而不公开审判、该让当事人上诉而却剥夺了当事人的上诉权等，这些违法情节和违反民事诉讼基本原则一样，具有严重性，人民法院所作出的相应裁判和决定，要依法被撤销。与之稍有区别的是，对民事审判具体制度的违反虽然也往往会导致裁判的无效或者需被撤销，但也有可能仅仅构成瑕疵案件，案件中的这种瑕疵虽然也要被纠正，但是其结果不一定要被根本否定。比如，对于任意管辖而非专属管辖的案件，没有管辖权的法院行使了管辖权，只要结果无误，一般不予纠正。

（二）具体化程度不同

作为民事诉讼中的制度，相较于民事诉讼中的基本原则或具体原则而言，其具体化程度都有所提高，然而在民事诉讼制度的内部，作为基本制度的规范相较于作为具体制度的规范要稍微抽象一些。比如，公开审判制度就比较抽象。什么样的审判才属于公开审判？其判断标准是什么？在多大范围公开？等等。这些问题的判断有一定的弹性和伸缩余地，要因案而异加以确定。与之有别，民事诉讼中的具体制度则相对具体得多了。比如说管辖，原告就被告为一般地域管辖，特殊情况下被告就原告，这种立法的规定可操作性非常强，只需要对照条文对号入座

即可，法院的裁量空间比较小，相应地，法院违反了民事诉讼中的具体制度，也比较容易发现和监督。

（三）规范的诉讼主体不完全相同

民事诉讼中的基本制度规范的对象主要是行使审判权的人民法院，它们是对人民法院如何行使审判权发号施令的制度；民事诉讼中的具体制度规范的对象则往往包括两个方面，一是当事人和其他诉讼参与人，另一是人民法院。比如证据制度，当事人据此负有提供证据证明案件事实的责任，法院则有依法审查判断证据从而正确认定案件事实的责任；再如保全制度，当事人据此有权申请法院采取保全措施，人民法院有责任对当事人的申请进行审查并决定是否采取保全措施。

第二节 合议制

一、合议制的概念和优势

合议制，是指由三名以上的审判人员，或者由审判员和陪审员共同组成审判庭代表人民法院行使审判权，对案件进行审理和裁判的诉讼制度。根据合议制所形成的审判组织形式为合议庭。合议制是合议庭的法律依据，合议庭是合议制的组织形态。与合议制相对应的诉讼制度为独任制，独任庭则与合议庭相对应。合议制和独任制是我国民事诉讼中实行的两种审判组织形式制度，其中，合议制是原则，独任制是例外。

合议制是民主集中制原则在民事诉讼中的反映，在民事诉讼中实行合议制在我国业已形成长久的传统。实行合议制的优势是显而易见的：

其一，实行合议制是司法民主化的表征之一。司法民主化在我国民事诉讼中有多方面的体现，在审判组织方面，实行司法民主化的结果就是实行由多数人组成的审判组织行使审判权，从而在政治上体现出民主化价值。

其二，实行合议制有利于发挥审判人员的集体智慧。司法审判是一个技术性、专业性极强的活动，尤其是随着重大复杂疑难案件的大量出现，司法审判的难度日益增加，更需要由多个审判人员取长补短发挥出集体力量，使案件事实得到更加准确的认定，使法律规范得到更加恰当的运用，从而确保诉讼案件得到正确的解决。

其三，实行合议制有利于形成审判组织内部的监督机制。独任制的主要缺点之一就是一个人审判案件缺乏必要的监督，容易导致司法专断，也容易带来司法腐败；合议制则恰好可以克服独任制的此一弊病。合议制中的每一个成员，无论是职业法官还是人民陪审员，它们都有相同的审判权限，也有相同的接触案件的机会，通过合议和讨论，将会对存在偏见的合议庭成员起矫正作用，同时对可能存在的腐败因素起到遏制与防患作用，从而有助实现司法廉洁和司法公正。

二、合议庭的组成形式

在我国，除依法实行独任制审判的案件外，其他所有的案件均实行合议制，由人民法院组成合议庭行使审判权。具体而言包括：一审普通程序案件；二审案件；再审案件；选民资格案件；重大或疑难的非讼案件；公示催告程序中作出除权判决的案件。值得注意的是，根据

《2021年民诉法修改决定》第2、3、4、5条的规定，并不是所有的一审普通程序案件和二审案件均一概适用合议制，而存在例外情形，下详。

（一）第一审合议庭

第一审合议庭，是第一审民事案件中合议制的组织形式。《民事诉讼法》第40条规定："人民法院审理第一审民事案件，由审判员、陪审员共同组成合议庭或者由审判员组成合议庭。合议庭的成员人数，必须是单数。适用简易程序审理的民事案件，由审判员一人独任审理。基层人民法院审理的基本事实清楚、权利义务关系明确的第一审民事案件，可以由审判员一人适用普通程序独任审理。陪审员在执行陪审职务时，与审判员有同等的权利义务。"根据这一规定，在我国的民事诉讼中，第一审合议庭的组成有两种情况：一种是由审判员和人民陪审员共同组成合议庭；另一种是仅仅由审判员组成合议庭。根据《人民陪审员法》第15条的规定，人民法院审判第一审刑事、民事、行政案件，有下列情形之一的，由人民陪审员和法官组成合议庭进行：其一，涉及群体利益、公共利益的；其二，人民群众广泛关注或者其他社会影响较大的；其三，案情复杂或者有其他情形，需要由人民陪审员参加审判的。人民法院审判前述规定的案件，法律规定由法官独任审理或者由法官组成合议庭审理的，从其规定。根据该法第16条的规定，人民法院审判下列第一审案件，由人民陪审员和法官组成七人合议庭进行：一是可能判处10年以上有期徒刑、无期徒刑、死刑，社会影响重大的刑事案件；二是根据民事诉讼法、行政诉讼法提起的公益诉讼案件；三是涉及征地拆迁、生态环境保护、食品药品安全，社会影响重大的案件；四是其他社会影响重大的案件。除上述立法规定必须由人民陪审员参加合议庭的情形外，其他民事案件的合议庭组成，是否由人民陪审员参加，取决于案情需要，同时也要参考当事人的意愿。

（二）第二审合议庭

第二审合议庭，是第二审民事案件中合议制的组织形式。根据《民事诉讼法》第41条的规定，人民法院审理第二审民事案件，由审判员组成合议庭。合议庭的成员人数，必须是单数。发回重审的案件，原审人民法院应当按照第一审程序另行组成合议庭。审理再审案件，原来是第一审的，按照第一审程序另行组成合议庭；原来是第二审的或者是上级人民法院提审的，按照第二审程序另行组成合议庭。但根据《2021年民诉法修改决定》，中级人民法院对第一审适用简易程序审结或者不服裁定提起上诉的第二审民事案件，事实清楚、权利义务关系明确的，经双方当事人同意，可以由审判员一人独任审理。

由于第二审民事案件的审理对象不同于第一审，第二审法院除了对当事人上诉的请求进行审理、作出裁决外，还负有对第一审裁判的事实认定、法律适用的正确性进行审查的任务。此外，第二审裁判是终审裁判，一旦作出并经送达即产生法律效力，当事人不能再行上诉，因而在合议庭的组成上，其要求要高于第一审，即审理第二审民事案件，由审判员组成合议庭，人民陪审员不得参加二审合议庭。

（三）再审、重审合议庭

再审、重审合议庭，是再审、重审民事案件中合议制的组织形式。按照《民事诉讼法》第214条的规定，再审案件的审级取决于作出原生效裁判的法院的审级，原来是第一审的，再审按照第一审程序审理，合议庭则按照第一审程序的要求组成；原来是第二审的，再审按照第二审程序的要求审理，合议庭按照第二审的要求组成。同时，再审时合议庭需要另行组成，原来参加裁判的独任法官或者合议庭成员不得参与再审审判。上级人民法院发现生效裁判确有错误而提审的案件，应当按照第二审程序的规定组成合议庭。第二审法院发回重审的案件，仍然是一审案件，合议庭按第一审程序的要求组成；原来一审案件实行独任制审判的，发回重审后，人民法院可以另组合议庭审理，也可以仍然实行独任制审判，但原来实行独任制审判的法官以及原来合议庭成员均不得参加重审合议庭，也不得独任审判，以落实回避制度，确保公正审判。

三、合议庭的职责

根据最高人民法院《关于人民法院合议庭工作的若干规定》第5条的规定，合议庭承担下列职责：（1）根据当事人的申请或者案件的具体情况，可以作出财产保全、证据保全、先予执行等裁定；（2）确定案件委托评估、委托鉴定等事项；（3）依法开庭审理第一审、第二审和再审案件；（4）评议案件；（5）提请院长决定将案件提交审判委员会讨论决定；（6）按照权限对案件及其有关程序性事项作出裁判或者提出裁判意见；（7）制作裁判文书；（8）执行审判委员会决定；（9）办理有关审判的其他事项。

四、合议庭的相关成员

（一）合议庭的审判长

根据《民事诉讼法》第44条的规定，合议庭的审判长由院长或者庭长指定审判员一人担任；院长或者庭长参加审判的，由院长或者庭长担任。审判长是法院合议庭审理案件时，负责组织审判活动的审判人员。审判长不是固定职称，是在审理案件时临时指定或担任的。最高人民法院发布的《人民法院审判长选任办法（试行）》对审判长的产生方式进行了规定，即由各级法院在本院审判员进行综合考核的基础上，把某些审判员确定为"审判长"，从而使得"审判长"成为一个具有常设性质的职位，并且规定对审判长实行年度考核；年度考核不合格的，应当免去审判长职务。这里所谈及的"审判长"是一种固定的审判职务，与主持合议庭工作的临时性的审判长有所不同，不可混为一谈。

审判长职责主要包括：（1）担任案件承办人，或指定合议庭其他成员担任案件承办人；（2）组织合议庭成员和有关人员做好庭审准备及相关工作；（3）主持庭审活动；（4）主持合议庭对案件进行评议，作出裁判；（5）对重大疑难案件和合议庭意见有重大分歧的案件，依照规定程序报请院长提交审判委员会讨论决定；（6）依照规定权限审核、签发诉讼文书；（7）依法完成其他审判工作。

（二）人民陪审员

人民陪审员在人民法院执行职务期间，除不能担任审判长外，同法官有同等的权利义务。人民陪审员职责主要包括：一是审阅所陪审案件的材料；二是参加案件调查；三是参加合议庭开庭审理案件或案件的调解；四是参加案件评议；五是行使监督权。

人民陪审员遇有下列情形，有权向院长或审判委员会提出意见和建议：其一，审判活动违反法定程序的；其二，认为案件的事实认定或处理确有错误或者显失公正而在合议庭未能解决的；其三，审判人员未能依法履行职责的；其四，审判人员有其他违法违纪行为的。《人民陪审员法》对此作了规范。

（三）书记员

书记员是人民法院司法工作人员之一，是人民法院内担任办理案件的记录工作和有关事项的人员，并协助办理一系列司法辅助工作。书记员虽然不是合议庭的成员，但其工作对合议庭的运转发挥着重要作用。而且在传统上，他们往往是审判员的后备军，大多数审判员（法官）都是从书记员做起。在司法改革实行司法人员分类管理后，书记员属于单独管理系列，不再晋升为审判员。书记员（委任制）一般属于国家公务员（政法专编行政编制），但有些地区也有聘任制、聘用制、劳务派遣制的书记员。根据《人民法院聘任制书记员管理办法（试行）》第2条的规定，书记员履行以下职责：（1）办理庭前准备过程中的事务性工作；（2）检查开庭时诉讼参与人的出庭情况，宣布法庭纪律；（3）担任案件审理过程中的记录工作；（4）整理、装订、归档案卷材料；（5）完成法官交办的其他事务性工作。

五、合议庭的活动原则

一是共同负责的原则。合议庭成员必须共同参加对案件的审理，同时对案件的事实、证据、定性及责任的认定，适用法律以及处理结果等共同负责。按照最高人民法院《关于进一步加强合议庭职责的若干规定》第10条的规定，合议庭组成人员存在违法审判行为的，应当按照《人民法院审判人员违法审判责任追究办法（试行）》等规定追究相应责任。合议庭审理案件有下列情形之一的，合议庭成员不承担责任：其一，因对法律理解和认识上的偏差而导致案件被改判或者发回重审的；其二，因对案件事实和证据认识上的偏差而导致案件被改判或者发回重审的；其三，因新的证据而导致案件被改判或者发回重审的；其四，因法律修订或者政策调整而导致案件被改判或者发回重审的；其五，因裁判所依据的其他法律文书被撤销或变更而导致案件被改判或者发回重审的；其六，其他依法履行审判职责不应当承担责任的情形。

二是依法行权的原则。合议庭评议案件，必须坚持以事实为依据、以法律为准绳的原则，做到案件事实清楚、证据充分、程序合法、适用法律正确。

三是始终参与的原则。合议庭成员必须自始至终参与审判活动，中途不得退出或者更换。

四是民主集中制原则。合议庭评议案件，在审判长的主持下，按照少数服从多数进行表决。

五是少数意见保留原则。合议庭成员在评议中发表的不同意见必须如实记入笔录；将来追究错案责任时，发表的少数意见正确的，不承担错案责任。

六、合议庭的评议规则

合议庭的成员应认真地参与案件的审理并进行评议，合议庭评议案件应在庭审结束后5个工作日内进行，并且全体合议庭成员均应参加案件评议。按照最高人民法院发布的《合议庭评议规则》的规定，合议庭评议案件应当遵循以下规则：

一是主审法官先发表意见。合议庭评议案件时，先由主审法官发表意见，审判长最后发表意见。审判长作为主审法官的，由审判长先发表意见。

二是不得弃权规则。合议庭组成人员都应发表自己明确的意见，不得沉默或在表决中弃权。

三是独立裁判规则。合议庭对各类案件进行审理和评议，除需提交审委会讨论的案件外，对其评议的案件有决定权，可径行裁判。

四是评议签名规则。评议应当制作笔录，由合议庭成员签名，评议中的不同意见必须如实记入笔录。

合议庭应当在作出评议结论或审判委员会作出决定后5个工作日内制作出裁判文书。

七、合议制中存在的问题及其完善

（一）人民陪审员制度的实质作用之问题

人民陪审员制度是指国家审判机关吸收非司法职业的公民作为陪审员参与案件审判的制度。我国人民陪审员除不能担任审判长外，在审判中享有与审判员完全相同的地位。从世界范围来看，陪审制度包括两种：一种是英美法系国家的陪审团制度；另一种是大陆法系国家的参审制。我国的人民陪审员制度在平民化方面与英美法系的陪审团制度相同，在合议制方面与大陆法系国家的参审制相同，具有混合型特征。我国对陪审员的遴选采取的是随机抽取的方式，在开庭前7日便需进行此项工作。如果需要有专业的陪审员参加陪审，则在专家陪审员名册中进行随机抽取。大陆法系参审制存在如何保障广大国民有效参与的问题，我国陪审员制度也存在公民参与陪审的案件不广泛、陪审员职业化、陪审员职权虚化等问题，将来的改革方向应当充实人民陪审员制度的内涵，使之发挥出实质化作用。该话题实属重大，本书对此另有专论，此不赘述。

（二）合议制的形骸化问题

合议制的趣旨在于发挥集体智慧，确保公正审判。然而，实践中合议制的功能有时并没有得到很好的发挥，致使合议制存在形式主义的弊端，也即徒见其形、难见其实的"形骸化"困境。这个现象的造成，与法院案多人少的矛盾有关，也与司法责任制落实不到位有关，因而如何完善多元化繁简分流机制，强化司法责任制的贯彻落实，从而切实发挥合议制的公正审判作用，是需要研究克服的重大课题。

八、独任制及其适用范围

独任制为"合议制"的对称，是指由一名审判员独自对案件进行审判，并对自己承办的案件负责的审判制度，是人民法院审判组织形式之一。根据《民事诉讼法》的相关规定以及《2021年民诉法修改决定》，民事诉讼中的独任制适用于以下案件范围：（1）基层人民法院及其派出法庭适用简易程序审理的一审案件；（2）基层人民法院审理的基本事实清楚、权利义务关系明确的第一审民事案件，可以由审判员一人适用普通程序独任审理；（3）中级人民法院对第一审适用简易程序审结或者不服裁定提起上诉的第二审民事案件，事实清楚、权利义务关系明确的，经双方当事人同意，可以由审判员一人独任审理；（4）特别程序（选民资格和重大疑难案件除外）；（5）非讼程序（公示催告程序中的除权判决程序除外）。人民法院审理下列民事案件，不得由审判员一人独任审理：（1）涉及国家利益、社会公共利益的案件；（2）涉及群体性纠纷，可能影响社会稳定的案件；（3）人民群众广泛关注或者其他社会影响较大的案件；（4）属于新类型或者疑难复杂的案件；（5）法律规定应当组成合议庭审理的案件；（6）其他不宜由审判员一人独任审理的案件。

人民法院在审理过程中，发现案件不宜由审判员一人独任审理的，应当裁定转由合议庭审理。当事人认为案件由审判员一人独任审理违反法律规定的，可以向人民法院提出异议。人民法院对当事人提出的异议应当审查，异议成立的，裁定转由合议庭审理；异议不成立的，裁定驳回。

九、审判委员会

（一）审判委员会的职能

审判委员会是人民法院内部领导审判工作的组织。按照《人民法院组织法》第36条的规定，各级人民法院设审判委员会。审判委员会由院长、副院长和若干资深法官组成，成员应当为单数。审判委员会会议分为全体会议和专业委员会会议。中级以上人民法院根据审判工作需要，可以按照审判委员会委员专业和工作分工，召开刑事审判、民事审判、行政审判等专业委员会会议。审判委员会履行下列职能：（1）总结审判工作经验；（2）讨论决定重大、疑难、复杂案件的法律适用；（3）讨论决定本院已经发生法律效力的判决、裁定、调解书是否应当再审；（4）讨论决定其他有关审判工作的重大问题。[①] 审判委员会召开全体会议和专业委员会会议，应当有其组成人员的过半数出席。审判委员会会议由院长或者院长委托的副院长主持。审判委员会实行民主集中制。[②]

（二）审判委员会的议决规则

最高人民法院《关于改革和完善人民法院审判委员会制度的实施意见》明确了审判委员会讨论决定案件的程序规则，主要有：

1. 列席会议

审判委员会讨论案件时，合议庭全体成员及审判业务部门负责人应当列席会议。对本院审结的已发生法律效力的案件提起再审的，原审合议庭成员及审判业务部门负责人也应当列席会议。院长或者受院长委托主持会议的副院长可以决定其他有必要列席的人员。审判委员会讨论案件，同级人民检察院检察长或者受检察长委托的副检察长可以列席。

2. 主持会议

审判委员会会议由院长主持。院长因故不能主持会议时，可以委托副院长主持。

3. 听取汇报

审判委员会讨论案件按照听取汇报、询问、发表意见、表决的顺序进行。案件由承办人汇报，合议庭其他成员补充。审判委员会委员在听取汇报、进行询问和发表意见后，其他列席人员经主持人同意可以发表意见。

4. 发表意见

审判委员会应当充分、全面地对案件进行讨论。审判委员会委员应当客观、公正、独立、平等地发表意见，审判委员会委员发表意见不受追究，并应当记录在卷。审判委员会委员发表意见的顺序，一般应当按照职级高的委员后发言的原则进行，主持人最后发表意见。

5. 表决

审判委员会讨论案件实行民主集中制，审判委员会委员发表意见后，主持人应当归纳委员的意见，按多数意见拟出决议，付诸表决。审判委员会的决议应当按照全体委员1/2以上多数意见作出。

[①] 《人民法院组织法》第37条。
[②] 《人民法院组织法》第38条。

(三）合议庭与审判委员会的关系

1. 合议庭独立行使审判权

审判委员会应当尊重合议庭独立行使审判权，除合议庭认为确有必要提交审判委员会讨论决定者外，绝大多数案件由合议庭独立裁断，不受审判委员会干涉。

2. 提请决定

合议庭认为案件需要提交审判委员会讨论决定的，由审判长提出申请，院长批准。根据《民事诉讼法》第205条的规定，各级人民法院院长对本院已经发生法律效力的判决、裁定、调解书，发现确有错误，认为需要再审的，应当提交审判委员会讨论决定。

3. 各有分工

审判委员会主要决定案件的法律适用问题，审判委员会讨论案件，合议庭对其汇报的事实负责，审判委员会委员对本人发表的意见和表决负责。

4. 必须执行

审判委员会的决定，合议庭应当执行。[①]

审判委员会讨论案件的决定及其理由应当在裁判文书中公开，法律规定不公开的除外。

（四）审判委员会的存废之争

在审判委员会的问题上理论界长期存在"存、废、改"的争论。审判委员会对民事案件的讨论决定权曾经在1982年《民事诉讼法（试行）》中有所规定，该法第39条规定："重大、疑难的民事案件的处理，由院长提交审判委员会讨论决定。审判委员会的决定，合议庭必须执行。"但到了1991年正式颁行《民事诉讼法》时已经删除该条，至今该条在《民事诉讼法》上一直没有恢复。这说明，至少在立法上，审判委员会的存废问题是有争论的。《人民法院组织法》中依然有审判委员会讨论决定重大疑难案件的规定，因此可以说，审判委员会至今处在"废而未除"之状态。当然，按照《人民法院组织法》之规定，审判委员会讨论决定案件的范围有所缩小，并且只负责决定法律适用问题，不再讨论决定案件事实问题，同时审判委员会也具体划分为民事审判委员会、行政审判委员会、刑事审判委员会等专业审判委员会，并尽量改善其程序，确保其程序正当性。可以说，审判委员会制度依然处在讨论改革完善之中。

第三节 回避制度

一、回避制度的概念、特点和意义

（一）回避制度的概念

回避制度是指在民事诉讼中，审判人员及其他有关人员遇有法律规定特殊的情形时，应当退出对某一案件的审理或与审理有关的活动的制度。

（二）回避制度的特点

从上述概念可以看出，回避制度具有以下特点：

---

① 《人民法院组织法》第39条。

1. 主体上的特定性

民事诉讼中的回避是指审判人员以及与审判相关的其他人员的回避，而不是指证人或诉讼代理人的回避。

2. 事由上的法定性

回避的事由是由法律所明文规定的，尽管这种规定，有的属于具体性的列举性规定，有的属于概括性的弹性规定，但在法解释论上，它们均属于法定事由，而非属于司法上的裁量事由。符合法定事由的，则必须回避；不符合法定事由的，则不必回避。没有处在可回避、可不回避的两可状态的裁量回避，也没有如同英美法系国家那样的不说回避理由的无因回避。

3. 时间上的全程性

需要回避的事由有可能发现在后，发现后当事人可以随时申请回避，相关人员也要自觉回避，院长或审判委员会也可责令其回避。有的回避事由是在诉讼过程中才产生的，何时产生，何时回避，不受诉讼阶段的限制。而且，我国目前的民事诉讼在广义上还包括执行程序，在执行程序中，也如同诉讼程序一样，只要符合法定回避事由，均须回避。

4. 制度上的绝对性

回避的方式有多种，而不仅仅是像英美法系国家那样只有申请回避一种，当事人不申请，审判人员和其他相关人员就无须回避；在我国，只要具备法定的回避事由，首先是审判人员和其他相关人员必须自动回避，如果他们不自动回避，当事人就可以申请他们回避；如果当事人不申请他们回避，院长、审判委员会也可以责令他们回避；如果上述人员都没有使该回避的人员回避，则即便裁判生效后，检察机关发现了也可以通过法律监督推翻该判决，使该回避者回避。因此，违反回避的规定属于绝对的上诉事由、绝对的再审事由、绝对的监督事由，当事人无权放弃之。

（三）回避制度的意义

实行回避制度的意义在于：

1. 保障正当程序的需要

正当的法律程序是现时代所有国家民事诉讼法所一体尊奉的司法理念，是指导民事诉讼法不断趋于完善的指针和方向，目的在于使民事诉讼程序尽可能地符合公正程序的要求和标准。回避制度在我国古代即已有之，然而现代意义上的回避制度乃起源于英美法系自然正义（natural justice）原则。按照自然正义原则，其一，任何人均不得担任自己案件的法官；其二，法官应听取双方的陈述。前一项内容即为回避制度之要求。回避制度的内涵后来不断发展，我国民事诉讼法及其司法解释所确立的回避制度，在内涵上是丰富的。

2. 公正审判的要求

回避制度的本质在于防止和禁止有可能影响案件公正审判的审判人员和其他相关人员参与到司法审判之中，从而使司法审判者始终处在中立客观的立场和位置，不至于偏听偏信，更不至于扭曲事实真相，曲解法律含义，作出颠倒黑白的枉法裁判，从而有违公正审判的要求。因而事实上，回避制度已经超出国界，成为了世界各国以及国际文件所崇奉、遵行的基本诉讼准则，成为了最低限度司法公正的标准之一。

3. 获得当事人司法信赖的需要

当事人是诉讼中最为重要的参与者，其与案件结果有密切关联，因而最渴望司法审判者具有公正的立场、公正的意识、公正的观念、公正的行为，他们对于司法者的不公正乃至于任何偏离公正轨道的倾向最为敏感，而一旦司法者失去了公正中立的基本属性和起码要求，他们便会对司法审判失去应有的信赖感，司法审判的结果便难以做到使他们心服口服、诚悦接受和履行。当事人的司法信赖是司法公正的基本元素，回避制度的切实贯彻则是保证这种司法信赖和司法纯洁的过滤装置。

二、回避制度的类型

从不同的角度可以对回避做出不同的划分：

（一）关系回避、行为回避和审判回避

根据《民事诉讼法》第47条第1款的规定，审判人员有下列情形之一的，应当自行回避，当事人有权用口头或者书面方式申请他们回避：一是本案当事人或者当事人、诉讼代理人近亲属的；二是与本案有利害关系的；三是与本案当事人、诉讼代理人有其他关系，可能影响对案件公正审理的。依据该条第2款的规定，审判人员接受当事人、诉讼代理人请客送礼，或者违反规定会见当事人、诉讼代理人的，当事人有权要求他们回避。上述第1款规定的是"关系回避"，第2款规定的是"行为回避"。关系回避，指的是审判人员和其他相关人员因为与案件或案件中的当事人、诉讼代理人有某种利害关系，以致难以保证作出公正审判，因而需要退出对本案的审判和其他与审判相关的活动。《民诉法解释》第43条对关系回避的事由予以了细化，该条规定："审判人员有下列情形之一的，应当自行回避，当事人有权申请其回避：（一）是本案当事人或者当事人近亲属的；（二）本人或者其近亲属与本案有利害关系的；（三）担任过本案的证人、鉴定人、辩护人、诉讼代理人、翻译人员的；（四）是本案诉讼代理人近亲属的；（五）本人或者其近亲属持有本案非上市公司当事人的股份或者股权的；（六）与本案当事人或者诉讼代理人有其他利害关系，可能影响公正审理的。"

行为回避，是指因审判人员和其他相关人员违反民事诉讼法以及审判纪律相关规定，致使其难以公正行使审判权或其他相关权力的，应当退出对本案的审判和其他与审判相关的活动。《民诉法解释》第44条对行为回避的事由予以了细化，该条规定："审判人员有下列情形之一的，当事人有权申请其回避：（一）接受本案当事人及其受托人宴请，或者参加由其支付费用的活动的；（二）索取、接受本案当事人及其受托人财物或者其他利益的；（三）违反规定会见本案当事人、诉讼代理人的；（四）为本案当事人推荐、介绍诉讼代理人，或者为律师、其他人员介绍代理本案的；（五）向本案当事人及其受托人借用款物的；（六）有其他不正当行为，可能影响公正审理的。"

审判回避指的是审判人员因参与过本案的审判而不得参与本案的其他程序的审判所产生的回避。具体包括：参加过本案一审的审判，不得参加该案的二审审判；参加过本案二审的审判，不得参与该案发回重审的审判；参加过本案一审、二审的审判，不得参加该案再审的审判；参加过本案的任何审判，不得参与该案的执行等情形。《民诉法解释》第45条规定："在一个审判程序中参与过本案审判工作的审判人员，不得再参与该案其他程序的审判。发回重审的案件，在一审法院作出裁判后又进入第二审程序的，原第二审程序中审判人员不受前款规定的限制。"

（二）自行回避、申请回避和责令回避

自行回避是指审判人员和其他相关人员在存在需要回避的法定事由时，应当自觉回避，不参加或退出对本案的审判以及其他与审判相关的活动。自行回避是审判人员以及其他相关人员

的法律义务，如果该回避不回避，或者不回避而等待当事人申请回避或者被责令回避，也属于法律义务的违反，应当承担审判纪律等方面的法律责任。

申请回避是指当事人或其诉讼代理人在审判人员和其他相关人员存在需要回避的法定事由时，向人民法院提出申请，由人民法院决定其不参加或退出对本案的审判以及其他与审判相关的活动。申请回避是当事人及其诉讼代理人的诉讼权利，该权利受到民事诉讼法的严格保护。

责令回避，是指审判人员有应当回避的情形，没有自行回避，当事人也没有申请其回避的，由院长或者审判委员会决定其回避。人民检察院发现审判人员有应当回避的情形，没有自行回避，当事人也没有申请其回避的，可以向人民法院提出检察建议，由人民法院责令其回避。

自行回避、申请回避和责令回避相互之间并无先后顺序，只要存在需要回避的法定事由，审判人员及相关人员就有自行回避的义务，当事人及其诉讼代理人就有申请回避的权利，法院院长及其审判委员会就有责令其回避的职责，检察机关就有行使法律监督权确保回避制度得到落实的责任。①

（三）任职回避和诉讼回避

任职回避亦称"职务回避"，是指公务员不得担任与其法定亲情关系有直接关联的职务的制度。任职回避古已有之，东汉桓帝时期，中国第一个关于任官回避的成文法规"三互法"正式出台，就是"婚姻之家"和"两州之士"不得"对相监临"。宋代被细化为籍贯回避、亲属回避、职务回避以及科举回避四类。明清时期的回避制度更加严格。明朝规定"南人官北，北人官南"，只要想做官，就只能穿越半个中国。清朝法律略有缓和，只规定不得本省为官。《公务员法》也规定了任职回避和公务回避。②《法官法》第23条规定："法官之间有夫妻关系、直系血亲关系、三代以内旁系血亲以及近姻亲关系的，不得同时担任下列职务：（一）同一人民法院的院长、副院长、审判委员会委员、庭长、副庭长；（二）同一人民法院的院长、副院长和审判员；（三）同一审判庭的庭长、副庭长、审判员；（四）上下相邻两级人民法院的院长、副院长。"第36条规定："法官从人民法院离任后两年内，不得以律师身份担任诉讼代理人或者辩护人。法官从人民法院离任后，不得担任原任职法院办理案件的诉讼代理人或者辩护人，但是作为当事人的监护人或者近亲属代理诉讼或者进行辩护的除外。"不仅《法官法》有任职回避之规定，而且最高人民法院也通过司法解释《关于对配偶子女从事律师职业的法院领导干部和审判执行岗位法官实行任职回避的规定（试行）》（失效）对此加以规定。该规定第1条规定："人民法院领导干部和审判、执行岗位法官，其配偶、子女在其任职法院辖区内从事律师职业的，应当实行任职回避。本规定所称法院领导干部，是指各级人民法院的领导班子成员及审判委员会专职委员。本规定所称审判、执行岗位法官，是指各级人民法院未担任院级领导职务的审判委员会委员以及在立案、审判、执行、审判监督、国家赔偿等部门从事审判、执行工作的法官和执行员。"《检察官法》、最高人民检察院《检察人员任职回避和公务回避暂行办法》对任职回避作了类似规定。

---

① 《民事诉讼法》仅规定了申请回避和自行回避两种回避形式，但最高人民法院的司法解释确定了责令回避这种回避形式。《民诉法解释》第46条规定："审判人员有应当回避的情形，没有自行回避，当事人也没有申请其回避的，由院长或者审判委员会决定其回避。"

② 《公务员法》第74条、第75条、第76条、第77条、第78条。

任职回避和诉讼回避既有联系，也有区别。其区别表现在：其一，任职回避是一种概括的回避，而诉讼回避则是一种具体的回避。其二，任职回避与职务相关，而诉讼回避则与案情相关。其三，任职回避仅仅产生于一定范围内的亲缘关系，而诉讼回避则除一定范围内的亲缘关系外，还包括其他密切的诸如同学、股民等关系，此外还包括行为回避和审判回避两种事由，诉讼回避的法定事由在范围上要宽于任职回避。其四，任职回避有内外之别，诉讼回避只有外部关系，而没有内部关系。比如，法官的任职回避在内部表现为一定关系内的亲属不得在一定系统内同时担任法官或法院内其他相关职务，在外部则表现为一定关系的亲属相互之间不能在一定区域内有的做法官或担任法院内其他相关职务，有的做律师。然而，任职回避与诉讼回避均属于回避制度这一大范畴，其基本含义是一致的，二者之间也存在事实上的联系，集中表现在：凡属于任职回避之情形的，一定属于诉讼回避的法定事由。比如，丈夫在法院做法官，妻子在法院管辖范围内做律师，妻子在某案件中担任一方当事人的诉讼代理人，尽管审理案件的法官并非其丈夫（不属于法定的诉讼回避之事由），但对方当事人仍可以提出回避申请，理由是：该妻子在该法院管辖范围内执业，违反了任职回避之规定，因而在本案中需要回避，否则任职回避就会被规避。可见，任职回避在事实上乃扩大了诉讼回避的法定事由之范围，二者应当配合起来运用，不可分割。

三、回避制度的构成要素

回避制度的构成要素由回避主体、回避事由、回避决定者以及回避后果组成。

（一）回避主体

回避主体是指回避制度的调整对象，即哪些人在符合回避条件时应当回避。按照《民事诉讼法》第47条以及《民诉法解释》第48条和第49条的规定，应当回避的主体范围包括：审判人员、书记员、执行员、翻译人员、鉴定人、勘验人等。审判人员包括参与本案审理的人民法院院长、副院长、审判委员会委员、庭长、副庭长、审判员、助理审判员和人民陪审员。[①]《民事诉讼法》第82条规定的有专门知识的人，目前最高人民法院《民诉法解释》将其意见解释为"视为当事人的陈述"[②]，这样，有专门知识的人就无须回避。然而笔者认为，此类人员也应纳入回避的对象范畴，原因在于，此类人员也应当保障其中立性和客观性，其也并非诉讼中不可替代的诉讼角色，也存在着影响司法审判公正的可能性。

除此以外，由于检察机关在民事诉讼中起着法律监督作用，而法律监督也需要立足于客观中立的立场进行，检察官在法律监督过程中肩负着客观义务，如果检察官违背了这种客观性和中立性，而变成了当事人的代言人或代理人，那么，回避制度就应当予以适用，当事人及其诉讼代理人有权申请他们回避，检察机关查证属实的，应当更换实施法律监督的检察官。最高人民检察院《检察人员任职回避和公务回避暂行办法》第11条第2款规定："应当回避的检察人员，本人没有自行回避，当事人及其法定会代理人也没有要求其回避的，检察长或者检察委

---

① 《民事诉讼法》第47条规定："审判人员有下列情形之一的，应当自行回避……前三款规定，适用于书记员、翻译人员、鉴定人、勘验人。"《民诉法解释》第48条规定："民事诉讼法第四十七条所称的审判人员，包括参与本案审理的人民法院院长、副院长、审判委员会委员、庭长、副庭长、审判员和人民陪审员。"第49条规定："书记员和执行员适用审判人员回避的有关规定。"

② 《民诉法解释》第122条规定："具有专门知识的人在法庭上就专业问题提出的意见，视为当事人的陈述。"

员会应当决定其回避。"

至于审判委员会委员是否处在回避之列？《人民法院组织法》《民事诉讼法》均无规定，《最高人民法院审判委员会工作规则》（失效）也没有涉及审判委员会委员是否要回避的问题。笔者认为，既然审判委员会具有讨论决定疑难复杂重大案件的权限，而且其讨论决定的结果合议庭或独任审判的法官必须接受和服从，而没有置之不理的权力，那么，就应当认为审判委员会是一种特殊的审判组织，代表人民法院行使审判权，既然如此，审判委员会的委员如果遇到需要回避的法定情形，则当然需要回避。其回避的决定权应当由审判委员会决定，被申请回避的委员不得参与该审判委员会的决定过程。同理，检察委员会委员在同样的情形下，也需要回避。

（二）回避事由

回避有需要陈明理由和无须说理由两种，多数国家采用有因回避制度，我国也是如此。其回避事由必须在立法上有明文确定，以防止回避制度的落实陷入似是而非的模糊状态，因而回避事由具有法定性、具体性、可操作性、可判断性、可监督性等特点；不仅如此，回避事由的主体部分虽具有相对稳定性，但其补充部分则具有动态性，因时而变。如审判人员购买被告公司股票之事由，在古代则无，在现代则需将其规定在立法或司法解释之中。因此之故，对于回避事由的立法规定，需要不断地根据实践经验予以创新，不可凝滞不变；尤为重要的是，虽然法无明定，但根据其案情和具体需要回避事由的裁量判断，其回避乃符合回避制度之精神者，仍处在需要回避之列。我国民事诉讼法及其司法解释所确立的回避事由已臻全面精当，关键在于贯彻落实。

（三）回避决定者

无论是自行回避、申请回避抑或责令回避，都不是自动发生的，而需要经过法定程序，由法定主体予以审核决定，这就是回避的决定主体问题，也即回避决定者问题。回避决定者实际上就是对回避享有决定权的人。自行回避的决定者与申请回避的决定者相同；责令回避的决定者是该院院长及其审判委员会。对于申请回避而言，回避决定者包括两种情形：一是对回避申请的决定者，二是对回避复议的决定者。《民事诉讼法》第49条规定："院长担任审判长或独任审判员时的回避，由审判委员会决定；审判人员的回避，由院长决定；其他人员的回避，由审判长或独任审判员决定。"可见，对回避申请享有决定权的人有三种：一是针对院长的审判委员会，二是针对审判长或独任审判员的院长，三是针对其他人员的审判长。这说明，审判委员会对院长具有司法管理权，院长对审判长或独任审判员具有司法管理权，审判长或独任审判员对书记员、鉴定人、勘验人、翻译者具有司法管理权。执行人员的回避应由院长决定；检察官的回避由检察长决定，检察长的回避由检察委员会决定，其他人员的回避由承办案件的检察官决定。

对回避申请的决定不服，相对方当事人不享有申请复议权；对驳回回避申请的决定不服，提出申请的当事人享有申请复议权。《民事诉讼法》第50条对此作出了规定。复议的决定者应如何确定呢？民事诉讼法与司法解释均无明文规定。笔者认为，复议决定权的主体应当上提一级加以确定。具体而言，对审判长做出的驳回回避申请的决定，当事人应当向本院院长申请复议；对院长做出的驳回回避申请的决定，当事人应当向审判委员会申请复议；对审判委员会做出的驳回回避申请的决定，当事人应当有权向上级人民法院申请复议。前二者仅需通过解释论即可解决，后者则需通过立法论加以完善。检察机关的复议决定者也应当做相同解释。

（四）回避后果

回避的后果包括两种情形：一是在回避决定期间，被申请回避者应当暂停本案的工作。被申请回避的人员在人民法院作出是否回避的决定前，应当暂停参与本案的工作，但案件需要采取紧急措施的除外。① 二是在回避决定后复议期间，被申请回避的人员，不停止参与本案的工作。②

值得讨论的是，被申请回避、自行回避或者责令回避后，被回避的审判人员及其相关人员自然退出对本案的审判及其他相关工作，然而，如果诉讼已经进行了一段时间，那么，这一段时间内所实施的审判活动以及其他相关诉讼活动是否还有效力呢？比如说，该审判人员已经进行过一次庭审活动，对此当事人已经进行过法庭调查和法庭辩论，证人和鉴定人等也已接受询问，相关的诉讼记录已经形成，那么，在该审判人员被决定回避后，这所进行过的一切是否还有法律上的效力呢？这要区分情况而定，不能一概而论。具体而言，要分两种情形分别处理：一是审判人员的回避，将导致其整个的诉讼活动全盘无效，包括当事人、证人、鉴定人所提供的证据材料、有关陈述以及相关处分行为，均归于无效。其原因在于，若审判人员存在需要回避之情形，其不公正性或偏颇性因素极有可能混杂其中，影响当事人、证人、鉴定人等的诉讼活动之公正性或客观性，尤其是，由该回避而尚未回避的审判人员所主持的诉讼程序在纯洁性上已受影响，理应将其从诉讼记录中涂销和撤清，使诉讼程序重新来过，进行更新辩论。二是书记员、鉴定人、翻译人员、勘验人员等其他人员的回避，不至于使整个诉讼程序变得无效，其无效仅为相关之部分，而非全部。例如，鉴定人需要回避，则将鉴定人所做出的鉴定意见全部撤回，重新鉴定即可；翻译人员需要回避，仅需将翻译人员翻译的部分内容撤回，重新来过即可；勘验人员的回避，仅需将勘验人员的勘验笔录撤回，重新进行勘验即可。比较复杂的是书记员的回避。由于书记员的主要任务是将诉讼活动的全过程用文字形式记录下来，因而书记员的记录行为是贯彻诉讼程序之始终的，书记员若存在需要回避的事由，则该书记员的所有记录一概无效，所有的诉讼程序也应当重新进行。然而，在现在的庭审电子化条件下，书记员的记录在重要性上大大不如以前，需要书记员记录的内容也大大减少，庭审过程均有同步录音录像作为自动记录器，无须人工为之，且其精准性远较人工记录为甚，因而书记员即便回避，也无须使诉讼程序整体归于无效，而仅需将书记员记录部分的内容，进行相应订正即可。

四、回避制度的程序保障

回避制度的落实需要周密的、可行的、切实的程序保障，否则回避制度难免会沦于形式主义，难以发挥出确保司法公正的机能。为此目的，《民事诉讼法》重视回避制度的程序保障，用若干个条文从不同视角对回避制度的程序保障做出了系统化设计。

第一，在当事人的诉讼权利清单中，回避申请权是其中之一。《民事诉讼法》第52条规定："当事人有权委托代理人，提出回避申请，收集、提供证据，进行辩论，请求调解，提起上诉，申请执行。"将回避申请权作为当事者权加以明定，凸显了立法者对回避制度的重视。

第二，在当事人的权利告知书中，申请回避权虽未明定，但显然包括于其中。《民事诉讼法》第129条规定："人民法院对决定受理的案件，应当在受理案件通知书和应诉通知书中向

---

① 《民事诉讼法》第48条。
② 《民事诉讼法》第48条。

当事人告知有关的诉讼权利义务，或者口头告知。"第131条规定："审判人员确定后，应当在三日内告知当事人。"将审判人员提前告知当事人的重要目的就是让当事人行使回避申请权。

第三，开庭前再次提醒当事人是否要申请回避。根据《民事诉讼法》第140条的规定，开庭审理前，书记员应当查明当事人和其他诉讼参与人是否到庭，宣布法庭纪律。开庭审理时，由审判长或独任审判员核对当事人，宣布案由，宣布审判人员、书记员名单，告知当事人有关的诉讼权利义务，询问当事人是否提出回避申请。

第四，通过延期审理确保回避申请的正确裁断。根据《民事诉讼法》第149条的规定，当事人临时提出回避申请的，可以延期开庭审理。在整个诉讼过程中，当事人随时发现需要回避的情形，随时可以提出回避申请，该权利的行使是没有阶段限制的。

第五，该回避而不回避，属于再审事由。根据《民事诉讼法》第207条第7项的规定，审判组织的组成不合法或者依法应当回避的审判人员没有回避的，当事人有权申请再审，人民检察院也有权据此提出再审监督意见。

第六，当事人申请回避的方式具有灵活性。按照《民事诉讼法》第47条之规定，当事人申请回避的方式既可以是书面方式，也可以是口头方式。

第七，被申请回避者在回避决定作出前，暂停参与本案工作，以使回避申请的效果立竿见影。《民事诉讼法》第48条第2款对此作出了规定。

第八，将申请复议权规定为回避救济的重要手段。根据《民事诉讼法》第50条规定，人民法院对当事人提出的回避申请，应当在申请提出的3日内，以口头或者书面形式作出决定。申请人对决定不服的，可以在接到决定时申请复议一次。复议期间，被申请回避的人员，不停止参与本案的工作。人民法院对复议申请，应当在3日内作出复议决定，并通知复议申请人。

中国回避制度的改革主要不是在程序方面，而是在条件方面；主要不在立法方面，而主要在司法方面。在这方面，不妨借鉴仲裁制度中的相关做法。在仲裁制度的实际操作中，在仲裁员被选定之前，仲裁委员会（秘书处）便发给候选仲裁员一张表格，表格上列明各种与当事人、与案件有实际影响的各种可能的关系，也就是诉讼中的回避的各种法定情形（还要更宽泛些），由候选仲裁员打勾选择，候选仲裁员必须如实选择，否则，该仲裁员将承担相应的法律责任，甚至有被除名的可能，同时所进行过的仲裁程序也将失去效力，仲裁程序需要重新进行。这一做法值得司法制度借鉴。同时尚需将司法公开进一步深化实施，将法院的各个法官的信息全面公开，以使当事人能够更好地判断在诉讼中是否要行使回避申请权，从而使回避制度真正落到实处。

第四节 公开审判制度

一、公开审判制度的概念及其法律依据

公开审判制度是指民事诉讼法所规定的民事诉讼的过程，除例外情形外，应当向社会公开、审判的结果应当一律向社会公开的诉讼制度。公开审判是相对于秘密审判而言的，实行公开审判制度和原则是诉讼制度进步和文明的标志，现代各个法治国家均无例外地一体奉行审判公开原则和制度，公开审判也是国际法所确定的程序公正底线标准之一。《宪法》第130条规

定:"人民法院审理案件,除法律规定的特别情况外,一律公开进行。"《人民法院组织法》第7条规定:"人民法院实行司法公开,法律另有规定的除外。"《人民检察院组织法》第7条规定:"人民检察院实行司法公开,法律另有规定的除外。"《民事诉讼法》第10条将"公开审判"作为四项基本制度之一加以重申。此外,最高人民法院也颁布了若干司法解释诠释了公开审判的意义,采取了保障公开审判制度得以深化落实的具体举措,例如:《关于严格执行公开审判制度的若干规定》(1999年3月8日发布)、《关于人民法院执行公开的若干规定》(2007年1月1日实施,以下简称《执行公开规定》)、《关于加强人民法院审判公开工作的若干意见》(2007年6月4日发布)、《关于司法公开的六项规定》(2009年12月8日发布)、《关于人民法院在互联网公布裁判文书的规定》(2016年8月29日发布)、《关于人民法院通过互联网公开审判流程信息的规定》(2018年3月4日发布)等。

二、公开审判制度的意义

(一) 审判公开是程序公正的保障

审判公开不仅本身是法定的正当程序,而且也与其他法定程序的公正机制密切关联。比如,当事人有权申请回避,申请回避权如果失去了审判公开的保障,就难以落实。再如,当事人有权在法庭上进行举证、质证、辩论等,有权要求法院及时公正行使审判权,有权要求法院公开宣告判决,这些诉讼权利和诉讼程序如果缺乏审判公开的保障势必流于形式,难以切实发挥作用。公开审判作为程序公正的基本元素渗透到了诉讼程序和诉讼制度的每个环节和每个方面,离开公开审判,诉讼程序的公正性便无从说起。因此可以认为,审判公开或司法公开是任何一个公正的审判制度或司法制度的核心和灵魂。

(二) 公开审判是正确裁判的基础

法院为了作出正确的裁判,必须认真贯彻落实审判公开的原则和制度,因为只有通过审判公开,才能变司法的暗箱操作为公开操作,才能防堵一切影响司法公正和正确裁判的司法腐败等非正当因素向司法裁判的过程及其结果的渗透和蔓延。同时,审判公开也有利于加强司法者与广大人民群众之间的经常性沟通和联系,使司法审判的过程及其结果始终处在人民群众的密切监督之下,由此使正确裁判成为可能。此外,审判公开也有利于司法机关广开言路,听取人民群众的社情民意,使司法裁判的结果能够为人民群众所接受和认同。

(三) 公开审判是树立司法权威的基本路径

公开审判使司法审判的过程披露在众目睽睽之下,一方面使司法审判接受社会的监督,有利于输出公正的司法产品,从而树立司法的权威性;另一方面也使司法审判者有机会向社会彰显法官和法院讲理、公正、廉洁的形象,由此使司法审判获得社会公众的信赖和服从。不仅如此,审判公开也对法院和法官的司法能力提出了挑战和更高的要求,迫使司法机关和司法人员不断提高司法审判水平和司法能力,由此夯实司法权威的基础。

(四) 公开审判是社会参与司法的必要条件

随着司法社会化程度的日益提升,人民群众对司法审判的知情权之重要性与日俱增,他们也更加强烈的愿望接近司法、感受司法、参与司法和监督司法。公开审判有助于保障公民对司法审判的基本的知情权,有利于他们发表对于司法审判的监督意见,也有利于他们通过旁听审判、参与陪审等途径参与司法。通过审判公开,司法与人民的距离得以缩短,司法与人民的联系更加紧密,这样不仅有助于人民群众知法懂法守法用法,提升法律意识,充分发挥出审判的教育作用，扩大办案的效果和影响，减少和预防纠纷的发生，同时也有利于密切法院同群众的关系，增强审判人员的责任感，防止发生违法乱纪现象。

三、公开审判制度的基本内容

公开审判制度的基本内容是：公开审判是原则，不公开审判是例外。《民事诉讼法》第137条对公开审判制度作出了符合客观实际的辩证的规定："人民法院审理民事案件，除涉及国家秘密、个人隐私或者法律另有规定的以外，应当公开进行。离婚案件，涉及商业秘密的案件，当事人申请不公开审理的，可以不公开审理。"依据本条规定，就原则而言，如果不存在特殊的立法所明定的例外情形，那么，民事诉讼的所有审判活动，包括争讼案件的审判、非讼案件的审判、普通程序案件的审判、简易程序案件的审判、小额诉讼案件的审判、二审案件的审判、再审案件的审判均须公开进行。而且，从广义上，公开审判制度也适用于执行过程。不仅如此，民事诉讼中的各个重要环节也都必须公开进行，包括法院的登记立案过程、双方当事人的证据交换过程、庭前会议、诉讼保全、先予执行、开庭审理、宣判等，均需公开进行。

然而，凡原则必有例外，公开审判制度作为一项民事诉讼法所确立的基本原则也有其例外。其例外情形包括两个方面：一是案件不公开，二是环节不公开。

案件不公开是指整个案件的审判均不向社会公开，这些案件包括两类：一类是绝对不公开的案件，包括涉及国家秘密、个人隐私或者法律另有规定的案件；另一类是相对不公开的案件，包括离婚案件和涉及商业秘密的案件。绝对不公开的案件，是法定的不公开案件，无论其案件复杂疑难程度如何，只要案件中涉及国家秘密和个人隐私，一律不公开审理。这主要出于保护国家秘密不被泄露和保护个人隐私权不受损害的需要，国家秘密和个人隐私的宪法价值较之于公开审判的宪法价值处在更高的位阶，因而国家立法特别明定，这两类案件不实行公开审判，这是绝对不公开审判的案件，无论当事人的意愿如何均属如此。对于绝对不公开审判的案件，由法院依职权调查和判断，也由法院依职权决定采用不公开审判的方式进行审判，无须当事人申请。对于绝对不公开审判的案件，如果法院违背之而实施了公开审判，则属于严重程序违法，该案的审判结果要通过二审程序、再审程序和法律监督程序予以推翻。当然，这并不意味着法院对于哪些案件属于绝对不公开审判的案件之判断就不会发生错误，就不接受任何外在和内在的监督；如果法院对于绝对不公开审判的案件只进行表面审查，而不进行实质审查，同样可能会发生错误，同样需要监督和纠正。另一类是相对不公开的案件，包括离婚案件和涉及商业秘密的案件。这两类案件之所以属于相对不公开审判的案件，是因为这两类案件中所涉及的需要保密的事项不具有严格的公益性或者说公益性不强，相反它们往往涉及是否需要保护的私人利益，而这是可由当事人进行处分的。当事人提出这类案件不公开审判的，人民法院应当斟酌相关案情，基于公开审判的公益与维护私益之轻重加以综合权衡，既要高度尊重当事人的意愿，也要考虑到公开与不公开审判所带来的正反效果，进行裁量决断。这类案件的不公开审判，依赖于当事人提出不公开审判的申请，法院不主动依职权加以适用；如果当事人未提出不公开审判之申请，法院则不得依职权决定不公开审判。此外，对于这类裁量性、相对性不公开审判的案件，法院也可以决定部分公开，部分不公开，而不是必须全面不公开或者全面公开。

环节不公开指的是审判过程中的某些环节，由于涉及审判的独立性，立法规定不予公开。这个环节指的就是合议庭评议的环节，这个环节是不公开的，世界各国皆是如此。比如，美国陪审团审判的案件中，陪审团退庭评议和裁决时，是不公开的。我国《人民法院组织法》《民事诉讼法》》① 和最高人民法院《合议庭评议规则》及其关于合议庭的司法解释，均无关于合议庭评议不予公开之明定，然而这是否意味着合议庭评议不予公开便缺乏法律上的依据呢？笔者认为不能这样解释。因为合议庭或陪审团评议不予公开乃各国之通例，② 毫无例外可言，在我国自也不能例外，因此，合议庭评议这个诉讼环节不实行公开原则，而实行秘密评议原则。评议的纪录和结果，除其统一的结论和多数人的意见记载于裁判文书予以公开者外，其余皆不公开，也正因如此，包含合议庭评议之副卷（正卷乃公开）是不予公开的。这里的不予公开，是对社会不公开，对当事人及其他诉讼参与人不公开，但对行使法律监督权的检察机关则无保密之正当理由，理应对之公开，否则无法实施有效的法律监督，同时这也可弥补副卷不公开所带来的局限性，也可防止司法专断主义之出现。

审判不公开是指对社会不公开，包括不允许外人旁听，不允许媒体采访，不允许同步网络直播，总之，除审判人员、书记员、当事人及其诉讼代理人等必要人员在庭审时在场外，其他任何人员，含证人、鉴定人、专家辅助人等，均应退场。但是，这里有一个例外必须指出，此即审判不公开不能针对当事人本人实施，对社会不公开不等于对当事人不公开，对当事人仍应公开。

这里需要区别公开审判的两层含义：一是一般公开主义，要求司法审判向社会公开，另一是当事人公开主义，要求即便不实行一般公开主义，也要实行当事人公开主义。之所以如此要求，其原因主要在于当事人有在场见证权，当事人是诉讼主体，案件胜败结果与之紧密攸关，其理应对审判人员如何审判案件、如何认定案件事实和如何判断证据，以及如何适用法律，均有完整的知情权、参与权、发表意见权、监督权，否则法院的事实认定、法律适用以及裁判结果突然出来，当事人不知其就里，就会形成突袭性裁判，就有违程序公正之基本要求，司法裁判的正确性就难以保障。因此，原则上而言，凡法官和诉讼监督者知悉之事，当事人均有权知悉。这是当事人公开主义的题中应有之义，是诉讼程序获得当事人信赖之基本保障，理应贯彻。然而，涉及国家秘密的案件事实会有例外，这类事实事关国家安全和重大利益，审判案件的法官知悉以及监督案件的检察官知悉，是为公正审理案件所必需，其保密性不成问题，原无弊端；当事人对此类信息并无知悉之权，因此当事人公开主义本身也有例外。

除此之外，至于个人隐私、离婚案件、商业秘密等，若对当事人也采保密主义，则当事人的诉讼权利必受极大限制，其辩论权难以保障，因而对于此等对外不公开之事项，对当事人也无不公开之理，当事人公开主义也有适用之余地。然而，由于此等事项关系到个人隐私和商业秘密等重要私权，原本不知悉内情的对方当事人知悉该等事项后，应当保密，否则要承担相应法律责任。在实际操作中，可以由法院责令当事人签署保密书，违者担责。诉讼代理人和当事人既有相同的一面，也有不同的一面。当事人与案件结果关系紧密，其诉讼权利之保障理应最大化和充分化，而诉讼代理人（法定代理人除外）则在相应案情知悉权上有所限制，上述对于当事人应当公开的秘密事项，根据法官的裁量，可以对诉讼代理人予以限缩。日本民事诉讼法上所谓"密室中的审判"（trial in camera）和保密命令制度，对保障诉讼中的秘密事项具有

---

① 《民事诉讼法》第 45 条。
② 此可谓民事诉讼法之习惯法。

一定的意义。①

四、公开审判制度的程序保障

公开审判制度是贯彻始终的,当事人行使诉讼权利,人民法院行使审判权,人民检察院行使法律监督权,都是在人民群众的监督之下进行的,民事诉讼中的任何案件、任何内容和任何环节,除法律明定需要保密者外,一律要公之于众,一律要在阳光下进行,一律要接受社会的监督、媒体的监督和其他监督,这是现代司法的共通要求,这是司法公正的基本保障,这是当事人对司法产生信赖感的基本途径,这也是司法文明的基本体现。按照我国《民事诉讼法》的规定,公开审判制度的程序保障主要体现在以下方面:

(一)发出开庭公告

根据《民事诉讼法》第139条的规定,人民法院审理民事案件,应当在开庭3日前通知当事人和其他诉讼参与人。公开审理的,应当公告当事人姓名、案由和开庭的时间、地点。人民法院发出开庭公告的主要目的是让人民群众来旁听案件的开庭。人民群众来法庭旁听他们所感兴趣的案件,是他们所享有的为宪法所保障的政治权利,宪法所规定的"人民法院审理案件,除法律规定的特别情况外,一律公开进行",这是法律授予人民群众旁听案件的宪法依据,任何人和单位,包括人民法院在内,均不得剥夺人民群众的旁听权。人民法院为了便利人民群众行使旁听权,应当采取切实措施使之落到实处,不应产生人民群众想旁听而无法获得旁听证的情形。

(二)公开开庭

公开审判尽管是贯彻始终的,但开庭阶段的公开是最为重要的一环,因为正是在开庭阶段,当事人全力以赴提出事实和证据,进行法庭调查和法庭辩论,并努力驳斥对方当事人的无理观点和主张,从而促使法官形成对己有利的心证和判断,最终作出对己有利的裁判。因而对当事人而言,开庭阶段可谓胜败在此一举;对法院而言,开庭阶段也是作出最终裁判的最后阶段;对监督者而言,开庭阶段也是监督的关键阶段;证人、鉴定人、专家辅助人、技术调查官等诉讼参与者,也纷纷于开庭阶段亮相发声。因此之故,《民事诉讼法》第71条规定:"证据应当在法庭上出示,并由当事人互相质证。对涉及国家秘密、商业秘密和个人隐私的证据应当保密,需要在法庭出示的,不得在公开开庭时出示。"该条虽然规定的是质证公开,但实际上,该条更为重要的意义乃在于庭审公开。当事人在公开的法庭上公开举证、公开质证,法官在公开的法庭上公开认证、公开裁判,所有的一切都在公开的法庭上进行,这样就能使胜诉者胜得清清楚楚,败诉者败得明明白白。目前正在推行的以审判为中心的诉讼制度改革,在民事诉讼中便集中体现为以庭审为中心的改革,使庭审发挥出实实在在、切实有效的作用,努力克服审与判的脱节,克服庭审形式主义,使庭审与司法裁判真正直接挂起钩来,发挥出庭审的实质化机能,确保司法公正和司法权威。而这一切,离开公开审判就无从说起。

---

① 在日本,有所谓"违反保密命令罪"一说。法院依据当事人的申请,可以向当事人等、诉讼代理人或者辅佐人发出命令,禁止他们在诉讼目的之外使用其从诉讼中获得的当事人所持的商业秘密,或者向未获保密命令的其他人开示这种商业秘密。这种保密命令不仅存在于专利法、实用新型法、防止不正当竞争法中,创意法、商标法、著作权法中也有相关规定。违反保密命令罪属于亲告罪,处3年以下有期徒刑或300万元日元以下的罚金。[日]新堂幸司:《新民事诉讼法》,林剑锋译,法律出版社2008年版,第339—340页。

（三）公开宣判

无论是否公开审判，宣告判决是必须要公开的；如果说公开审判制度是有例外的话，而宣告判决制度则毫无例外可言。《民事诉讼法》第 151 条规定："人民法院对公开审理或者不公开审理的案件，一律公开宣告判决。"判决之所以要公开宣布，其意义不仅仅在于使当事人获知判决的结果，还在于使社会周知判决的结果，以便对判决的结果实施监督。判决结果确有错误，人民群众会通过社情民意、媒体反映、网络舆情、上访申诉等表现出来，从而促使监督机关及时行使法律监督权，通过再审等程序使法院纠正错误的判决。只有经得住社会考验的判决，才是真正正确的判决，才是应当维持其既判力的判决。

（四）当事人有权查阅卷宗材料

《民事诉讼法》第 52 条第 2 款规定："当事人可以查阅本案有关材料，并可以复制本案有关材料和法律文书。查阅、复制本案有关材料的范围和办法由最高人民法院规定。"从内容上看，审判公开首先是过程公开，也就是行为公开，将所有相关主体的诉讼行为暴露在光天化日之下，要接受社会的监督，从而使诉讼过程纯洁起来；其次是痕迹公开，也就是卷宗材料公开，卷宗材料是诉讼过程的记录本，诉讼程序怎样进行的，各诉讼主体在诉讼过程中说过什么话、做过什么事、实行过什么行为，均在其中一清二楚记录在卷。卷宗材料是法院作出裁判的依据，法院作出裁判，无论是事实证据还是辩论观点、各种主张意见，均要在卷宗材料上能够找到依据，否则法院作出的裁判就是错误的，至少构成了程序严重违法。此外，公开审判的内容还包括裁判结果公开。过程公开和结果公开前已有述及，但卷宗公开尚未涉及。卷宗材料具有一定的保密性，不实行一般公开主义，也就是不对社会公开，新闻媒体非经法院许可不得查阅，但对当事人而言，卷宗材料是公开的，当事人有权查阅、复印、摘抄以及用其他经法院许可的适当方式复制、拍摄卷宗材料。当事人获得这些卷宗材料是为了研究其中的内容，以便于提出上诉、申请再审或申请监督，但不得上网公开，也不得在微信上传播，因为上网公开、微信传播等就是向社会公开，而卷宗材料除非经法院特别准许，是不得向社会公开的。目前法院在司法电子化的背景下，为了庭审所制作的录音录像，也具有诉讼卷宗的性质（电子卷宗），因此，当事人也有权查看、复制。与过程公开会受到一定限制一样，卷宗材料的公开也有一个保密与否的问题，这一问题的判断标准和具体做法与过程公开相同。

（五）公众有权查阅裁判文书

人民群众是公开审判的受益者，公开审判就是赋予人民群众对于司法审判的知情权、参与权和监督权。为此，人民群众除可以旁听司法审判之外，还有权查阅人民法院生效的裁判文书。《民事诉讼法》第 159 条规定："公众可以查阅发生法律效力的判决书、裁定书，但涉及国家秘密、商业秘密和个人隐私的内容除外。"该条是 2012 年修改《民事诉讼法》新增的内容，反映了公开审判制度的深化实施。需加说明的是，查阅裁判文书是公众中的任何一员所依法享有的民主权利，这一权利的行使，除保密者外，是不附带任何条件的，是要无条件地得到保障和实现的，人民法院为此必须提供必要的条件和可能，确保公众能够自由查阅任何他们感兴趣的裁判文书。目前，裁判文书公开上网，公众固然可以上网查阅，但《民事诉讼法》第 159 条所规定的公众查阅权，并非指公众上网查阅，而是到法院查阅纸质的裁判文书，法院不能以该文书已经上网为由拒绝公众对裁判文书的查阅。所需注意者有两点：一是调解书不在公众查阅之列。因为调解书往往涉及当事人不愿公开的隐私或私事，因而调解书未经当事人许可也不上网，公众要查阅调解书也是不可能的。二是民事诉讼法仅规定了公众对裁判文书的查阅权,而没有赋予公众如同当事人一样,不仅可以查阅,而且可以复制、摘抄等的权利。

(六) 违反公开审判制度的后果

最高人民法院《关于严格执行公开审判制度的若干规定》明确规定,依法公开审理的案件,案件事实未经公开调查不能认定;应当公开审理而未公开的案件,当事人提起上诉的,二审法院应当撤销原判、发回重审;当事人申请再审的,法院可以决定再审,人民检察院提起抗诉的,法院应当决定再审。

五、公开审判制度的司法改革

《中共中央关于全面深化改革若干重大问题的决定》(以下简称《全面深化改革决定》)在第九部分中将公开审判制度改革作为"推进法治中国建设"的重要任务提了出来。该决定指出:"推进审判公开、检务公开,录制并保留全程庭审资料。增强法律文书说理性,推动公开法院生效裁判文书。"这就为审判公开的改革指引了发展方向。2013年11月21日,最高人民法院印发《关于推进司法公开三大平台建设的若干意见》(法发〔2013〕13号,以下简称《司法公开意见》)。《司法公开意见》指出:"为贯彻党的十八届三中全会精神,进一步深化司法公开,依托现代信息技术,打造阳光司法工程,全面推进审判流程公开、裁判文书公开、执行信息公开三大平台建设。"并指出:"人民法院应当通过建设与公众相互沟通、彼此互动的信息化平台,全面实现审判流程、裁判文书、执行信息的公开透明,使司法公开三大平台成为展示现代法治文明的重要窗口、保障当事人诉讼权利的重要手段、履行人民法院社会责任的重要途径。通过全面推进司法公开三大平台建设,切实让人民群众在每一个司法案件中都感受到公平正义。"《依法治国决定》提出:"构建开放、动态、透明、便民的阳光司法机制,推进审判公开、检务公开、警务公开、狱务公开,依法及时公开执法司法依据、程序、流程、结果和生效法律文书,杜绝暗箱操作。加强法律文书释法说理,建立生效法律文书统一上网和公开查询制度。"将审判公开改革推到了新的高度。审判公开制度的司法改革向纵深不断推进。

(一) 审判流程信息公开

最高人民法院发布了《关于人民法院通过互联网公开审判流程信息的规定》(2018年2月12日通过,2018年9月1日起施行)。据此规定,作为三大平台之一的审判流程信息公开主要有以下内容:

1. 流程信息公开的范围

人民法院审判刑事、民事、行政、国家赔偿案件的流程信息,应当通过互联网向参加诉讼的当事人及其法定代理人、诉讼代理人、辩护人公开。人民法院审判具有重大社会影响案件的流程信息,可以通过互联网或者其他方式向公众公开。

2. 流程信息公开的原则

人民法院通过互联网公开审判流程信息,应当依法、规范、及时、便民。

3. 流程信息公开平台

中国审判流程信息公开网是人民法院公开审判流程信息的统一平台。各级人民法院在本院门户网站以及司法公开平台设置中国审判流程信息公开网的链接。有条件的人民法院可以通过手机、诉讼服务平台、电话语音系统、电子邮箱等辅助媒介,向当事人及其法定代理人、诉讼代理人、辩护人主动推送案件的审判流程信息,或者提供查询服务。

4. 人民法院的告知义务

人民法院应当在受理案件通知书、应诉通知书、参加诉讼通知书、出庭通知书中，告知当事人及其法定代理人、诉讼代理人、辩护人通过互联网获取审判流程信息的方法和注意事项。

5. 公开的内容

下列程序性信息应当通过互联网向当事人及其法定代理人、诉讼代理人、辩护人公开：收案、立案信息，结案信息；检察机关、刑罚执行机关信息，当事人信息；审判组织信息；审判程序、审理期限、送达、上诉、抗诉、移送等信息；庭审、质证、证据交换、庭前会议、询问、宣判等诉讼活动的时间和地点；裁判文书在中国裁判文书网的公布情况；法律、司法解释规定应当公开，或者人民法院认为可以公开的其他程序性信息。

(二) 裁判文书网上公开

最高人民法院于2016年8月29日发布了《关于人民法院在互联网公布裁判文书的规定》(2016年10月1日起施行)。该司法解释对裁判文书的网上公开制度作出了规定。裁判文书公开上网是强化司法公开、增强司法透明度的重要举措。裁判文书公开上网的意义主要有三点：第一，为人民群众了解司法、监督司法提供了有益途径，有效地保障了人民群众的知情权，是落实审判公开原则的重要表现。第二，对司法审判工作而言，裁判文书公开上网能够倒逼裁判文书说理机制的改革，是提升法官素质、推动司法专业化发展的重要方式。第三，裁判文书公开上网还为法学研究和学习打开了一扇大门，使法学研究者和学习者能够充分利用实践中的案例资源和素材，更好地将理论研究和司法实践结合在一起。其主要内容有：

1. 公开的原则

人民法院在互联网公布裁判文书，应当依法、全面、及时、规范。

2. 公开的平台

中国裁判文书网是全国法院公布裁判文书的统一平台。各级人民法院在本院政务网站及司法公开平台设置中国裁判文书网的链接。

3. 公开的范围

人民法院作出的下列裁判文书应当在互联网公布：刑事、民事、行政判决书；刑事、民事、行政、执行裁定书；支付令；刑事、民事、行政、执行驳回申诉通知书；国家赔偿决定书；强制医疗决定书或者驳回强制医疗申请的决定书；刑罚执行与变更决定书；对妨害诉讼行为、执行行为作出的拘留、罚款决定书，提前解除拘留决定书，因对不服拘留、罚款等制裁决定申请复议而作出的复议决定书；行政调解书、民事公益诉讼调解书；其他有中止、终结诉讼程序作用或者对当事人实体权益有影响、对当事人程序权益有重大影响的裁判文书。

4. 不予公开的情形

人民法院作出的裁判文书有下列情形之一的，不在互联网公布：涉及国家秘密的；未成年人犯罪的；以调解方式结案或者确认人民调解协议效力的，但为保护国家利益、社会公共利益、他人合法权益确有必要公开的除外；离婚诉讼或者涉及未成年子女抚养、监护的；人民法院认为不宜在互联网公布的其他情形。

5. 人民法院的告知义务

人民法院应当在受理案件通知书、应诉通知书中告知当事人在互联网公布裁判文书的范围，并通过政务网站、电子触摸屏、诉讼指南等多种方式，向公众告知人民法院在互联网公布裁判文书的相关规定。

6. 公开的时间

发生法律效力的裁判文书，应当在裁判文书生效之日起 7 个工作日内在互联网公布。依法提起抗诉或者上诉的一审判决书、裁定书，应当在二审裁判生效后 7 个工作日内在互联网公布。

7. 保密的事项

人民法院在互联网公布裁判文书时，应当对下列人员的姓名进行隐名处理：婚姻家庭、继承纠纷案件中的当事人及其法定代理人；刑事案件被害人及其法定代理人、附带民事诉讼原告人及其法定代理人、证人、鉴定人；未成年人及其法定代理人。

8. 不予公开的信息

人民法院在互联网公布裁判文书时，应当删除下列信息：自然人的家庭住址、通讯方式、身份证号码、银行账号、健康状况、车牌号码、动产或不动产权属证书编号等个人信息；法人以及其他组织的银行账号、车牌号码、动产或不动产权属证书编号等信息；涉及商业秘密的信息；家事、人格权益等纠纷中涉及个人隐私的信息；涉及技术侦查措施的信息；人民法院认为不宜公开的其他信息。至于裁判文书网上公开所涉及的相关理论问题，在后文还要涉及，这里不赘。

（三）执行信息公开

根据《司法公开意见》和《执行公开规定》之规定，执行信息公开的主要内容有：

1. 执行信息共享

人民法院应当规范执行信息的收集、交换和使用行为，在确保信息安全的前提下，实现上下级法院之间、异地法院之间、同一法院的立案、审判与执行部门之间的执行信息共享。

2. 执行文书公开

人民法院对执行过程中形成的各种法律文书和相关材料，除涉及国家秘密、商业秘密等不宜公开的文书材料外，其他一般都应当予以公开。当事人及其委托代理人申请查阅执行卷宗的，经人民法院许可，可以按照有关规定查阅、抄录、复制执行卷宗正卷中的有关材料。

3. 向当事人公开的范围

人民法院应当整合各类执行信息，方便当事人凭密码从执行信息公开平台获取以下信息：执行立案信息；执行人员信息；执行程序变更信息；执行措施信息；执行财产处置信息；执行裁决信息；执行结案信息；执行款项分配信息；暂缓执行、中止执行、终结执行信息等。

4. 向公众公开的范围

人民法院应当通过执行信息公开平台，向公众公开以下信息：执行案件的立案标准、启动程序、执行收费标准和根据、执行费缓减免的条件和程序；执行风险提示；悬赏公告、拍卖公告等。

5. 执行案件的全程公开

人民法院应当对重大执行案件的听证、实施过程进行同步录音录像，并允许当事人依申请查阅。有条件的人民法院应当为执行工作人员配备与执行指挥中心系统对接的信息系统，将执行现场的视频、音频通过无线网络实时传输回执行指挥中心，并及时存档，实现执行案件的全程公开。

6. 对失信被执行人的信用惩戒

人民法院应当充分发挥执行信息公开平台对失信被执行人的信用惩戒功能，向公众公开以下信息，并方便公众根据被执行人的姓名或名称、身份证号或组织机构代码进行查询：未结执行实施案件的被执行人信息；失信被执行人名单信息；限制出境被执行人名单信息；限制招投标被执行人名单信息；限制高消费被执行人名单信息等。

第五节 两审终审制度

一、两审终审制度的概念及其采行理由

（一）两审终审制度的概念

两审终审制度是审级制度的表现形态之一，而审级制度又是司法制度和诉讼制度的重要内容。审级制度，是指一个案件经过几级法院的审判就告终结的制度，具体而言，其指的是法律规定的审判机关在组织体系上设置的等级，当事人可以上诉或检察机关可以抗诉几次，一个案件经过多少级法院审判后，判决、裁定即发生法律效力的一种诉讼法律制度。古今中外的民事诉讼制度，有的采两审终审制，有的采三审终审制，也有的采其他种类的审级制度，不一而足。我国原则上采两审终审制，例外情形下采一审终审制。我国《宪法》和《人民法院组织法》均未对审级制度加以规定，审级制度是由三大诉讼法加以规定的，属于诉讼制度。《民事诉讼法》第10条规定："人民法院审理民事案件，依照法律规定实行合议、回避、公开审判和两审终审制度。"

两审终审制，是指一个案件最多经过两级人民法院的审判即告终结的一种审级制度。由于我国在法院结构上设置基层人民法院、中级人民法院、高级人民法院和最高人民法院四级，[①]因而我国的审级制度也被称为四级两审制。我国目前所实行的四级两审制，在历史上有一个简单的演变过程。

早在新民主主义革命时期，各革命根据地的诉讼程序中已设有上诉制度，并在有关的法令和条例中作了明确的规定。1934年颁布的《中华苏维埃共和国司法程序》中规定："如区为初审机关，则县为终审机关；县为初审机关，则省为终审机关；省为初审机关，则最高人民法院为终审机关。最高人民法院在审判程序上，为最后的审判机关。"

抗日战争时期，各抗日根据地基本上仍实行两审终审制的上诉制度。有的根据地曾实行三审终审制的上诉制度。如陕甘宁边区于1942年一度改为三审制，即以边区审判委员会作为第三审级，受理不服边区高等法院一审或者二审之刑事民事上诉案件。

解放战争时期，各解放区继续实行两审终审制的上诉制度。有的地区规定，在特殊情况下，有些案件准许进行第三审。

中华人民共和国成立后，1951年颁布的《人民法院暂行组织条例》中规定："人民法院基本上实行三级两审制，以县人民法院为基本的第一审法院；一般案件以二审为终审，但在特殊情况下，得以三审或一审为终审。"由此可以看出，这一时期的审级制度是以两审终审为主体，以一审终审和三审终审为例外的审级制度。1954年颁布的《人民法院组织法》取消了特殊性规定，明确规定人民法院审判案件，一律实行两审终审制。这就以正式的法律制度废除了三审终审和一审终审的例外情况。从此，两审终审制作为正式的法律制度得以确立。

---

① 《人民法院组织法》第12条、第13条。

(二) 两审终审制度的采行理由

对于为什么采用两审终审制，学界主流观点以及司法界一般这样解释：

1. 符合我国国情

我国是一个地域辽阔的国家。县区、市、省三级法院相距甚远，不宜把过多的案件集中到省级法院终审。如果实行三审终审，一个案件从县、市再到省里，势必使当事人和其他诉讼参与人出席法庭，来往奔走，长途跋涉，影响生产和工作。

2. 符合两便原则

便利群众诉讼，便利法院审判，是我国人民司法的宝贵经验，这在审级制度上也需体现出来。根据《民事诉讼法》第18条的规定，基层人民法院管辖第一审民事案件是基本原则。据此，大多属民事案件均由基层法院管辖，当事人不服上诉后，一般到中级法院就告终结。实行两审终审制，使大多数案件可以在县、市两级法院得到解决。一般来说，县与市比较靠近，办案人员依靠群众进行调查核实案情，传唤当事人和证人接受询问，出席法庭都比较方便，也有利于审判公开，向群众进行法制教育和接受群众监督。

3. 有利于及时解决民事纠纷，维护当事人的合法权益

实行两审终审制的上诉制度，既保障了当事人的上诉权利，又简化了诉讼程序，减少了重复审理。当事人的上诉，无论是法律适用问题还是事实认定问题，抑或是程序违法问题，经过上级法院的审查判断，基本上都能纠正错误，维持正确的裁判。我国二审程序既是事实审又是法律审，通过二审程序，对于案件中所存在的事实错误和法律适用错误，可以同时纠正。这样通过两个审级的审判，可以最大限度地平衡民事诉讼的公正价值和效率价值，使民事纠纷尽快得到化解。

4. 有利于将矛盾纠纷解决在基层

现阶段我国处在社会转型期，社会利益格局发生深刻变化，矛盾纠纷大量增加，法院每年的收案量急剧攀升，如果审级过多，势必将大量矛盾纠纷往上挤压，造成审判案件的"倒三角"现象，这不利于民事案件的及时化解，也不利于将矛盾纠纷解决在基层的司法政策导向，还不利于社会秩序的安定与和谐。

5. 有利于高级人民法院和最高人民法院减轻审判具体案件的负担，将精力集中在总结审判经验和指导司法审判上

高级人民法院和最高人民法院除审判重大复杂疑难案件之外，其职能主要在于通过调查研究和解决下级法院审判案件中反映出的问题，总结出本地区和全国范围内的司法审判的基本规律，对案件进行类型化分析，找出解决各类民事案件的共性和个性，制定司法解释，答复疑难问题，形成司法政策，找出典型案件形成审判指导案例，探索司法改革，研究司法审判理论，进行司法培训，提升办案水平，因而其在审判具体案件上的负担就要减轻，否则难以完成其主要职能。

6. 我国的审判监督程序能够在一定程度上弥补缺乏第三审的缺憾

三审终审制度的功能之一就是有利于纠正错案，而我国的审判监督程序在这方面的功能较为强大，不仅法院自身可以依职权发动审判监督程序纠正错案，而且当事人可以通过再审申请促使法院启动审判监督程序寻求司法救济，纠正裁判中存在的错误，检察院也可以通过行使法律监督权启动审判监督程序监督法院依法行使审判权，确保法院司法审判的正确性和统一性。

二、两审终审制度的例外：一审终审

(一) 最高人民法院审理的一审案件，实行一审终审制

与大多数国家不同的是，根据《民事诉讼法》第21条的规定，最高人民法院有权管辖在全国有重大影响以及认为应当由其审理的案件第一审民事案件。《民事诉讼法》第158条规定："最高人民法院的判决、裁定，以及依法不准上诉或者超过上诉期没有上诉的判决、裁定，是发生法律效力的判决、裁定。"最高人民法院的判决裁定，无论是按照一审程序形成的，还是按照二审程序抑或再审程序形成的，一旦形成，就产生最终的法律效力，当事人不得上诉，也无法上诉。如果当事人对此不服，可以申请再审或向人民检察院申请进行法律监督，通过审判监督程序寻求救济。

(二) 小额诉讼案件实行一审终审制

2012年修改《民事诉讼法》新增小额诉讼程序，根据其第165条的规定，当事人对小额诉讼案件的裁判不服，不可上诉，但可以申请再审，也可以申请检察院监督。

(三) 按特别程序审理的案件，实行一审终审制

《民事诉讼法》第185条规定："依照本章程序审理的案件，实行一审终审。""本章程序"即为《民事诉讼法》第十五章规定的"特别程序"。至于该特别程序适用的范围，共有六种案件。按照《民事诉讼法》第184条之规定，这六种案件是：选民资格案件、宣告失踪或者宣告死亡案件、认定公民无民事行为能力或者限制民事行为能力案件、认定财产无主案件、确认调解协议案件和实现担保物权案件。

(四) 按督促程序产生的支付令，实行一审终审

根据《民事诉讼法》第223条的规定，支付令一经生效，就发生强制执行效力，当事人不得上诉，也不可申请再审，只可向法院申请重启支付令程序，将之予以撤销。当事人也可向检察院申请法律监督，该申请并无《民事诉讼法》第216条前置程序之适用，检察院可以向法院发出检察建议，由法院重启支付令程序，将之予以撤销。

(五) 按公示催告程序所形成的除权判决，实行一审终审制

根据《民事诉讼法》第229条的规定，宣告票据无效的判决是在非讼程序中形成的，缺乏对立的当事人，因而不能也无须适用上诉制度。若该除权判决确有错误，可通过另行起诉的方式解决。

(六) 按破产程序所形成的裁定书，原则上实行一审终审制

破产程序属于非讼程序，一般非讼程序中的裁定乃至判决，均不可上诉。然而破产程序具有特殊性，因为破产申请是否被受理，对于申请者而言关系重大，如果法院对破产案件该受理不受理，则当事人就会遭遇"告状无门"之命运，而这绝非破产法治所允许，因而《企业破产法》第12条规定，对于破产申请被驳回之情形，允许当事人提出上诉，实行二审终审制；但对于受理破产案件的裁定或通知，对方当事人不得声明不服，其无上诉权。除此以外的所有

破产中的裁定,均实行一审终审制。对于破产衍生诉讼①的判决,则按照诉讼程序实行二审终审制。

三、关于两审终审制度的讨论

如前所述,我国实行四级两审制的审级制度有其历史上的必然性和合理性,然而,这种两审终审制的审级制度在目前是否适应司法实践的需要,是否需要与时俱进进行改革?理论界和实务界都有不同的看法和观点。

对两审终审制进行反思,辩证地看,两审终审制虽有其利,也有其弊。其利已如前述,其弊主要表现在以下方面:

(一)两审终审制不利于司法的统一性

我国目前实行的这种四级两审制,其特征是:每一级别的法院都有初审管辖权。其导致的结果便是:由基层法院管辖的一审案件,中级法院便为终审法院;由中级法院管辖的一审案件,高级法院便为终审法院。只有高级法院管辖的一审案件,才能上诉到最高人民法院,使最高人民法院成为案件的终审法院。其结果造成了终审法院的数量过多,而且过于分散,法律统一适用的终审功能受到极大抑制,终审裁判在适用法律方面不够统一乃至相冲突的现象难以避免,有时甚至还相当严重。大多数民事案件的终审法院为中级法院,中级法院在法院系统中级别较低,致使有错误的裁判难以通过上诉得到纠正,同时也造成了适用法律因地而异,不利于法律的统一适用。终审法院级别偏低,终审裁判的权威度不高,加剧了终审不终的弊病。

(二)两审终审制不利于满足当事人对程序保障不断增长的需求

随着程序公正观念的不断强化,同时随着案件复杂程度的日益提高,再加之干扰司法审判的因素始终存在,当事人对两审终审制提供的审级保障越来越感到不够充分,大量当事人基于对二审裁判的不信任,通过申请再审或者信访、上访寻求纠纷的公正解决。结果,再审程序担当了弥补审级不足的功能,成为事实上的"三审"。

(三)两审终审制不利于上级法院对下级法院的审判监督

一审法院的法官与二审法院的法官在情感距离上较为接近,二审法院的法官在审理上诉案件时容易先入为主地轻信一审法院的处理,尤其是一审在作出裁判前向二审法院作过请示汇报的案件,更无法通过上诉纠正其错误。实行两审终审使终审法院靠近案件发生地、当事人所在地,终审法院的法官在处理案件时容易受到人情关系的干扰,不利于公正审判。同时终审法院级别低,法院的人财物又受到地方权势的影响,容易造成司法的地方保护主义。不仅如此,两审终审制还导致上下级法院之间的功能混同,难以实现法院功能相对稳定和功能自治的目标,影响了各级法院专业化水平的提高。

(四)两审终审制不利于司法解释制度和判例制度的健康发展

两审终审制使最高人民法院的司法解释权与个案的终审权相脱钩。离开个案的审判行为进行司法解释,势必导致其精准度的下降,最终损及其正当性,并对判例制度的生成与发展构成掣肘。最高人民法院所肩负的终审法院应有的推动法律发展的使命感,因终审法院的多元结构

---

① 所谓破产衍生诉讼,是指在破产程序中相关利害关系人关于破产债权、破产财产、破产分配表等所发生的派生性争讼案件。如根据《企业破产法》第48条规定,职工向法院提出的清单更正之诉便属于破产衍生诉讼。

而难以强化起来。

四、三审终审制度的建议及其构想

我国现行的两审终审制产生于独特的历史背景下，有其合理性和必然性；随着我国经济社会条件的变迁，单一的两审终审制越来越不适应司法实践的需要，构建以三审终审制为主，以一审终审制和两审终审制为补充的多元化审级制度，已经成为摆在我们面前的一项重要任务。

（一）实行三审终审制的条件已经成熟

1. 法制的完备

中国的法制已经初步形成了体系，包括民事实体法和民事诉讼法尤其是证据制度都具备。多元化审级制度需要其他制度的配合，否则，其不但无法发挥应有的作用，反而可能造成负面效果。首先，多元化审级制度需要完善的民事实体法。缺乏民事实体法的配合，即使民事案件事实清楚，也有可能出现法律规定不明确的情况。这对我国民事实践来说并不陌生。目前，我国已经制定了民法典，再加之其他各种法律渊源相融合，民事实体法基本实现了有法可依。其次，多元化审级制度也需要民事诉讼法上的其他制度的配合。比如完善的审前程序可以避免相当一部分民事案件进入审理程序，从而保障法官审理其他案件。我国目前的审前程序已日趋完善，其分流案件的功能日益凸显。

2. 法官素质的提高

多元化审级制度对法官素质提出了很高的要求。一审终审制要求一审法官有较强的认定事实的能力和解释与适用法律能力；两审终审制要求法官不但具有纠正一审法官错误裁判的能力，而且在某些情况下还必须具有统一解释与适用法律的能力；三审终审制下的法律审要求法官必须具有统一解释与适用法律、填补法律漏洞的能力。尽管我国法官队伍建设仍然存在问题，但已经基本能够适应审判工作的需要，保障法官队伍质量不断改善的机制已经建立，改善的途径也已经形成。① 通过法学教育与司法实践的积累②等各种方法，可以进一步加强我国法官队伍建设，为实行多元化审级制度提供人才保障。

3. 域外制度的借鉴作用

西方国家在多元化审级制度建设，已经有了比较成熟的经验和做法。在一些西方国家，普遍实行了三审终审的审级制度、特殊情况下可越级上诉、区分事实审与法律审、审级多元化等制度。虽然因为国情不同，这些国家的审级制度未必完全适合我国，但是，针对同样的问题，域外的审级制度有一定的借鉴作用。

4. 理论的准备工作已经基本完成

近几年，我国民事审级制度的研究一直是理论界关注的热点问题之一。最高人民法院民事诉讼法调研小组在其《民事诉讼程序改革报告》中认为，三审终审制符合各国审级制度的惯例。从世界各国的情况看，无论设置三级法院的国家，还是设置四级法院的国家，审级制度基本上都实行三审终审制。这从一个侧面表明，对一个案件的三级审判，是保证这个案件获得公正审理的基本条件。无论是从社会基础，还是从技术层面看，三级审判均具备其存在的科学原理。三审终审是法治发达国家多年来形成的基本审级结构模式，是各个国家民事诉讼审级制度

---

① 参见姚莉：《中国法官制度的现状分析与制度重构》，载《法学》2003 年第 9 期。
② 参见苏力：《法官素质与法学院的教育》，载《法商研究》2004 年第 3 期。

方面的经验结晶,其先进性毋庸置疑。借鉴和引进三审终审制度是我国民事诉讼改革和发展进程中不可或缺的一个里程碑。①

5. 司法解释批复具有改造为法律审的可行性

目前,最高人民法院的司法解释可以分为立法性司法解释与统一解释、适用法律的司法解释。立法性司法解释存在,是由于我国法律制度不完善。随着我国民事实体法的完善,立法性司法解释应当回归立法机关。而司法解释批复,则可以改造为法律审。一个司法解释批复出台,可能经历了基层法院向中级法院、中级法院向高级法院、高级法院向最高人民法院请示的过程。在此过程中,任何上级法院认为民事案件在法律适用上不存在需要请示的问题时,都不可能产生司法解释批复。从这个角度上讲,上级法院在司法解释批复的出台过程,亦发表了自己的意见,即哪些民事案件存在法律漏洞,哪些民事案件只是由于下级法院法官把握不准而不应当进行请示。从这个角度来看,上级法院尤其是高级法院至少在统一解释与适用法律方面具备了相应的能力。②

(二) 三审终审制对法院体制的影响

毫无疑问,随着纠纷量的不断增多,上下级法院的分工日益紧迫地需要明晰化和定型化,同时金字塔式的法院结构也愈益地产生了层次化的需求。在这种情势下,对法院的体系结构加以适当调整,可以说是势在必行了。法院结构及其功能的变迁,在三审终审制的催化下,显得更加直观,更有必要。

三审终审制对法院系统提出来的变迁要求主要是:

1. 将目前基层法院的派出法庭改为小额法院

小额法院主要解决小额纠纷,同时解决其他的微型民事案件,如违反治安管理条例的罚款纠纷、日常的邻里纠纷等。小额法院可以由非正式的法官运作,如调解法官、特聘法官、退休法官、治安警官、社会法官等。小额法院的裁判实行两审终审制,当事人不服可以上诉到基层法院。

2. 将基层法院改为简易法院

简易法院受理简单的民事案件,其所适用的程序为简易程序。简易法院实行两审终审制,对简易法院作出的裁判不服可以上诉到中级法院。

3. 将中级法院改为初审法院

除立法特别规定由简易法院和小额法院管辖的初审案件外,其他所有的初审案件概由中级法院转变而来的初审法院管辖。该初审法院除受理来自简易法院的二审案件(也是终审案件)外,仅受理初审案件。因此,初审法院的基本功能是审理一审普通型案件。

4. 将高级法院改为上诉审法院

由高级法院转变而来的上诉审法院仅仅受理来自初审法院(中级法院)的上诉审案件,而不受理任何性质的初审案件。这样一来,高级法院就专门审理上诉审案件,由此可以总结提高审理上诉案件的水平,从而实现功能自治。

5. 明确最高人民法院为唯一的终审法院

简易法院和初审法院虽然也受理某种一审案件,但它们仅仅是特殊意义上的上诉审法院,

---

① 参见最高人民法院民事诉讼法调研小组编:《民事诉讼程序改革报告》,法律出版社 2003 年版。转引自董少谋主编:《民事诉讼法》(第 3 版),中国政法大学出版社 2015 年版,第 77 页以下。

② 参见邓修明:《论我国司法解释模式的重塑》,载《社会科学研究》2007 年第 1 期。

而不是严格意义上的终审法院,因为其不执行终审法院的统一法律适用、形成法律政策、推动法律发展等司法功能,其功能限定于化解纠纷。相较而言,最高人民法院是真正意义上的终审法院,这样就可以将终审法院和上诉法院在理论上区分开来,而不致产生概念混乱。

(三) 三审终审制对再审程序的影响

由于两审终审制的缺陷,再审程序的功能被扩大,以致产生了如前所述的"程序异化"现象。三审终审制构建后,再审程序的功能将进一步趋于纯化,毫无疑问,由此导致的结果必然是再审程序适用范围的缩小,再审程序的例外性质将更加凸显。原因非常简单,就是原本需要通过再审程序所实现的功能,诸如当事人的程序权利的保障、法律适用的统一化等,均可以通过三审程序得以实现。也正因如此,无论在英美法国家还是在大陆法国家,再审程序都是作为极端例外的程序来对待的,其在适用的案件数量上仅占很小一部分。在英美法国家,再审程序几乎就是一个程序性摆设,是一种备而不用的非常规程序,数年内的再审案件寥寥无几;而且凡引起再审程序适用的案件,往往会在社会上产生相当大的影响力,通常会暴露出其司法制度的较大缺陷,并由此成为司法制度和程序改革的契机。从这个意义上说,推行我国曾经出现过、而世界各国几乎普遍实行的三审终审制,其最为明显的效果便是:再审程序的适用面将大幅度地变小。这种制度性效果,可以称之为"程序功能的回归"。

当然,三审终审制不能取代甚或消灭再审程序。这是因为,受正常的审级制度约束和规范的程序制度,无论是二审程序抑或是三审程序,其所执行的仅仅是正常的程序机能,如程序的保障、效率的提高、纠纷的化解、法律的统一等。虽然层级位于上端的程序对于下级法院的裁判结果,也有纠错功能,但这种纠错仅仅是程序内的纠错,其所考虑的因素是常态形式下的利益衡量,具有较大的局限性;同时,终审程序自身的错讹也必须诉诸具有外在属性的再审程序来加以纠正。因此,再审程序的存在乃是一个必然的现象,无论何种审级制度的遂行,均离不开充当非常救济手段的再审程序的配合运用,就像在英美国家的普通法外,一定要伴随着衡平法一样。要而言之,三审终审制不会导致再审程序的废除,其所产生的变化,仅仅是再审程序特殊功能的强化和适用范围的相应缩小。

第九章 主管和管辖

第一节 主 管

一、主管的概念及意义

(一) 主管的立法规定和概念界说

主管有法律纠纷的主管和民事纠纷的主管之别。如当事人提出了一个行政诉讼,因其属于法律纠纷,因而属于法院主管范围;但因为行政诉讼不同于民事诉讼,因而行政诉讼不属于民事纠纷的主管范围。前者称为法院主管,后者称为民事诉讼中的主管。法院主管是上位概念,民事主管是下位概念;法院主管的范围除去刑事诉讼和行政诉讼外,其他的均为民事诉讼,均属于民事诉讼中的主管。

民事诉讼中的主管并不是民事诉讼法所确定和使用的概念，然而其实质内容在民事诉讼法中有许多表现，而且具有极为重要的意义。我们梳理一下我国《民事诉讼法》上有关主管的规定，可将其条款缕列如下：

《民事诉讼法》第3条规定："人民法院受理公民之间、法人之间、其他组织之间以及他们相互之间因财产关系和人身关系提起的民事诉讼，适用本法的规定。"这是民事诉讼法的对事效力范围，也是人民法院对民事纠纷的受案范围，同时也是民事诉讼上的主管制度。

《民事诉讼法》第122条规定："起诉必须符合下列条件：……（四）属于人民法院受理民事诉讼的范围和受诉人民法院管辖。"这里"属于人民法院受理民事诉讼的范围"为主管，属于"受诉人民法院管辖"为管辖。这是主管制度在起诉条件中的体现。

《民事诉讼法》第127条规定了人民法院7项"分别情形，予以处理"的案件，其中前3项属于主管的内容，乃从反向界定了主管概念，包括：其一，依照行政诉讼法的规定，属于行政诉讼受案范围的，告知原告提起行政诉讼；其二，依照法律规定，双方当事人达成书面仲裁协议申请仲裁、不得向人民法院起诉的，告知原告向仲裁机构申请仲裁；其三，依照法律规定，应当由其他机关处理的争议，告知原告向有关机关申请解决。

《民事诉讼法》第184条规定了人民法院对特别诉讼程序和非诉讼程序的案件主管，与《民事诉讼法》第3条关于诉讼程序的案件主管之规定相辅为用，共同构成了审判权意义上的主管概念。

《民事诉讼法》第231条规定了执行意义上的主管概念。

通过上述罗列，我们不难发现，在我国民事诉讼法上，主管这个概念具有多层含义：

1. 广义上的主管

广义上的主管是指人民法院行使审判权和执行权的范围和界限，它划分的是人民法院和其他国家机关、社会团体和组织在解决民事纠纷、处理民事事件和执行民事案件上的权力界限。具体包括人民法院对三类案件的主管：一是对诉讼案件的主管，前列《民事诉讼法》第3条、第122条、第127条所规定的即为人民法院对民事诉讼案件的主管范围。二是对非讼案件的主管，前列《民事诉讼法》第184条所规定的即为人民法院对非讼案件的主管范围。三是对执行案件的主管，前列《民事诉讼法》第231条即为人民法院对执行案件的主管范围。

2. 中义上的主管

中义上的主管指的是人民法院对诉讼案件和非讼案件的主管，而无论是诉讼案件还是非讼案件，都是人民法院行使审判权的对象。因此，中义上的主管也被称为审判权意义上的主管，以区别于执行权意义上的主管。

3. 狭义上的主管

狭义上的主管指的是人民法院对诉讼案件行使审判权的界限。通常所言之主管，为狭义上的主管，但有时也将非讼程序的主管包括在内，也即在中义上使用。本书在狭义上使用主管这个概念，即民事诉讼中的主管，是指人民法院依照法律规定受理一定范围内民事纠纷的权限，亦即确定人民法院与其他国家机关、社会团体之间解决民事纠纷的分工。

（二）主管制度的成因及意义

主管这个概念意味着民事纠纷的解决权限并不为人民法院所垄断行使，除人民法院外，还有行政机关、仲裁机关、调解机构以及其他社会组织和团体也在一定程度上分享着民事纠纷的解决权。之所以会产生民事诉讼中的主管制度，原因在于：

其一，民事纠纷的数量极其庞大，如果全部集中到法院去解决，恐怕法院无能为力，因而必须由其他国家机关或社会团体予以分担，目前所着力构筑和倡导的多元化纠纷解决机制，便源于主管的这层基础含义。

其二，民事纠纷的性质多种多样，有的交由法院通过行使审判权解决并非最优选择，相反，将这些民事纠纷分配给行政机关或仲裁机关、调解机构等来解决，较之法院而言，更能够显示出解决民事纠纷的优势，更能够有针对性地解决民事纠纷。

其三，当事人对于民事纠纷解决的需求不尽一致，有的追求慎重而正确的处理，有的追求快捷而妥适的处理，有的追求温和而秘密的处理，不一而足，因此，民事纠纷的主体被赋予了程序选择权，他们可以在国家和社会提供的各种解纷方式之间进行选择，这种选择机制便由主管制度予以提供。

在民事诉讼中明确和规定主管制度具有重要意义：

其一，有利于保障当事人行使诉权。明确了主管的范围，当事人就可以很明确地知晓发生了民事纠纷，到哪里去寻求救济和解决，主管便为当事人行使诉权或其他纠纷申请解决权提供具体指引，使之告状有门，同时也能利用主管制度与法院拒绝受理案件进行交涉，对法院登记立案受理案件实施监督。

其二，有利于保障当事人选择最佳的纠纷解决机制和渠道。主管制度的设置不仅仅在于国家机关以及社会团体之间的分工和权限划分，更主要的是为了通过主管制度的合理布局，为当事人提供更多的解纷渠道，使纠纷主体能够权衡各种利害关系，选择到最为有效、最符合其自身利益的解决纠纷的方式和途径。

其三，有利于人民法院行使审判权。保障人民法院行使审判权是主管制度的重要功能之一，人民法院是国家宪法所确立的国家审判机关，有权对民事纠纷行使审判权加以解决，任何机关、团体和个人均不得干涉。因此，人民法院要充分运用主管制度确定好审判权的边界，既不越界行使，也不懈怠行使或推诿审判权，由此确保宪法所赋予的审判职责之完整实现。人民法院通过司法解释限缩审判权的范围，是与主管制度相违背的，也是与人民法院的宪法职能相违背的，应予纠正和监督。

其四，有利于明确人民法院和其他国家机关、社会团体在解决民事纠纷上的职权分工。主管制度对民事纠纷的解决权进行了合理划分，有的专属于人民法院主管，有的专属于行政机关主管，有的专属于社会团体主管，有的则先由行政机关或社会团体主管，后由法院主管，有的则属于法院和行政机关、社会团体平行主管，其形态多种多样，然而其制度性界限是清晰可辨的。这就需要在主管制度的执行中，分清各种主管的性质，将其主管范围内的民事纠纷事项处理好，防止出现界限不清、相互推诿或相互争抢主管权等流弊，尤其防止民事纠纷当事人投诉无门状况的出现。

二、民事案件主管的标准

一个民事案件是否属于法院主管的范围，需要进行司法判断，通常仅需进行形式判断，有时也需要实体判断。归根到底，主管问题乃是一个程序问题，法院对于不具有主管权的案件，应当裁定不予受理或者驳回起诉。对于此一裁定，提起诉讼的当事人具有上诉权，可以向上一级人民法院提出上诉；对上诉维持原裁定的终局裁定，当事人还可以申请再审，也可以申请检察院进行法律监督。

那么，法院对民事案件是否属于其主管范围进行判断的标准何在呢？我国《民事诉讼法》第3条给出了一个抽象的定义，该条规定："人民法院受理公民之间、法人之间、其他组织之间以及他们相互之间因财产关系和人身关系提起的民事诉讼,适用本法的规定。"据此规定,并结合民事诉讼法关于主管的其他规定,参酌民事诉讼发展的新情况、新需要,可将民事诉讼中的主管之判断标准解析如下:

(一) 主体标准

属于人民法院主管的民事案件,在其相互的主体地位关系上一定具有平等性的属性和特征。主体地位的平等性与不平等性是区分民事案件与非民事案件的显著标志,民事案件的主体之间法律地位是平等的,而非民事案件,包括行政诉讼案件和刑事诉讼案件,其主体之间的法律地位是不平等的。民事案件的主体相互之间具有四种排列组合方式:一是公民之间发生的民事案件;二是公民和法人之间发生的民事案件;三是公民和其他组织之间发生的民事案件;四是法人、其他组织相互之间发生的民事案件。无论上述哪一种民事案件,只要是发生在公民、法人和其他组织之间的民事纠纷,通过起诉所形成的均属于平等主体之间的民事案件。行政诉讼案件发生在行政行为相对人,包括公民个人、法人和其他组织,与做出具体行政行为的行政机关之间,而他们之间是管理和被管理的关系,二者之间不具有平等性。刑事诉讼案件发生在国家和犯罪嫌疑人之间,国家由公诉机关作为代表,追诉犯罪嫌疑人的刑法责任,二者之间所形成的是追诉和被追诉的关系,相互之间的关系也不平等。当然,民事案件主体之间的平等地位,从其是否属于公民个人、法人和其他组织上,只能进行形式上的判断,而他们之间是否果然属于平等主体之间的法律关系,关键还要看其法律关系所具有的内容。①

(二) 内容标准

属于法院主管的民事案件,其所争议的法律关系在内容上一定属于民事法律关系,具有内容上的民事性。民事法律关系的内容有两种:一种是财产型民事法律关系,比如原告诉被告返还借款,便是基于财产型民事法律关系;另一种是人身型民事法律关系,比如原告诉被告离婚,便是基于人身型民事法律关系。除此之外,还有一种民事法律关系是混合型法律关系,其既具有人身型法律关系,又具有财产型法律关系,典型的例子如继承纠纷。在继承纠纷案件中,原告诉被告分割遗产或继承遗产,这是财产型法律关系,但这个财产型法律关系不是独立存在的,而是依附于人身型法律关系的,如果没有人身型法律关系,所谓的财产型法律关系便无从产生;但是如果离开财产型法律关系,则继承案件便成为单纯的身份关系之判断,而不再具有财产关系的诉讼标的之内容,因此,财产型法律关系也不可或缺。既不属于人身型法律关系,也不属于财产型法律关系,一般情况下不能构成民事案件,但特殊情况下可以。特殊情况主要有二:一是法律特别规定,将其纳入民事诉讼法的主管范围。比如《民事诉讼法》第188条和第189条规定的选民名单案件,其所争议的法律关系,既不属于人身型法律关系,也不属于财产型法律关系,而是属于政治型的选举法律关系,因该法律关系所发生的争议,理应属于《行政诉讼法》主管范围,但出于历史性缘故或立法惯习,立法者将其一直规定在《民事诉讼

---

① 学术界对民事主管的平等性争议比较大的是公司企业、事业单位及有关团体内部争议是否属于人民法院主管的问题。过去一般认为,民事案件必须是平等主体之间的争议,而单位内部争议,尤其是单位与个人之间的争议,则属于非平等主体之间的争议,对于这类纠纷,人民法院不应受理。笔者认为,单位内部纠纷要看其内容和性质而定其是否属于民事案件的主管范围。究其原因,乃是内容决定关系的性质,关系的性质决定主体之间是否具有平等性。因此,是否属于民事案件的主管范围,不能以纠纷主体是否属于单位内部还是单位外部为标准,只要其具有民事性质的法律关系之内容,他们之间就构成了平等的法律关系,平等性标准需要结合内容性标准加以确定,而不能单独孤立地进行形式上的判断。

法》之中，因而其也属于民事诉讼案件的主管范围。二是具有确认利益的事实法律关系，也可以成为民事诉讼主管范围内的案件，例如某证书是否为真，双方存有争议，该证书是否为真并不具有人身型法律关系或财产型法律关系，但因其是否为真，对当事人而言具有确认利益，故作为例外，也属于民事诉讼主管的案件范围。

（三）利益标准

利益标准是指作为民事案件主管范围内的纠纷必须具备有法院加以审判解决的理据。这是基于诉的利益之理论所产生的主管判断标准。没有诉的利益，就没有法院的主管。诉的利益来源于两个渠道：一是直接来源于立法规定，此为权利型纠纷，该类纠纷之所以具有诉的利益，乃是因为立法规定民事权利之时就赋予了权利享有者以起诉保护自己权利的可能性。二是间接来源于立法规定，此为利益型纠纷，该类纠纷之所以具有诉的利益，乃是导源于立法上的原则性规范和立法精神、立法宗旨。值得注意的是，我国民事诉讼主管制度所概括或列举的民事纠纷（包括案由规定），都属于权利型纠纷，而尚未将利益型纠纷纳入其中。权利型纠纷仅指民事实体法所调整的法律关系所发生的争议，也就是《民事诉讼法》第3条所确立的平等主体之间因财产关系和人身关系所发生的纠纷，这类纠纷的解决都可以在民事实体法上找到裁判的标准，法院仅需严格依法办案即可；但从现实中看，当事人起诉到法院的民事纠纷，并不仅仅是权利型纠纷，还有大量的利益型纠纷，这类纠纷的解决并不能在民事实体法上找到确定无误的现成的标准，而需要法院发挥司法能动主义的精神创造性司法，最高人民法院指导性案例的发布便有这一部分功能。因此，在法院主管民事纠纷的范围上，除权利型纠纷外，还有利益型纠纷，不断呈现的新类型纠纷、疑难纠纷以及各种现代性纠纷，多属于此一范畴。正是在该意义上可以认为，人民法院主管民事纠纷的范围具有不断扩大的趋势，司法的造法功能或政策形成机能通常表现在法院主管范围的不断扩大之上；法院主管范围扩大得越多，法院在国家治理体系中的地位就越高，司法在法治实践中的作用就越凸显。随着我国法治向前推进，我国法院根据这一标准逐步扩大受理民事案件的范围，把那些原来因条件不成熟而未受理但本质上又符合这一标准的案件列入了受理范围。例如，我国法院原先不受理因证券市场虚假陈述引发的损害赔偿纠纷、不受理企业改制过程中引起的民事纠纷，现在已开始受理。可见，《民事诉讼法》第3条确定的这一概括性标准在与时俱进扩大法院的主管范围这一点上是具有优势的。

（四）消极标准

上述三个标准均为积极标准或肯定性标准，除此之外，法院主管范围的确定还需要符合消极标准或否定性标准，据此，法院对某特定民事案件的主管，需要不具备某项条件的存在。这主要包括两个方面：一是立法规范并没有将该类民事案件排除在法院主管的范围外。这主要指立法并没有将该类纠纷作为行政机关主管的民事案件对待，如商标权、专利权的确权纠纷，立法规定是由行政机关进行行政裁决的，这类案件便排斥法院对它们的主管权。二是双方当事人订立仲裁条款，同意将他们之间的特定纠纷交由仲裁机构仲裁解决，法院对该类纠纷也无主管权。

上述四个民事主管范围判断标准，在实践操作中一般可按先后步骤进行：首先判断主体标准，主体标准符合要求，则尚需判断内容标准；同样，主体标准不符合要求，则也不能立即排除其为民事主管范围内之案件，因为国债纠纷、政府作为民事主体之纠纷也大有所在，其也属于民事主管范围的案件。若一、二、四项标准完全符合，但该案并不属于权利型纠纷，则还需判断其是否具有诉之利益，若属于利益型纠纷，法院也可将其作为新类型案件予以受理。

三、人民法院对民事纠纷的主管范围

人民法院对民事纠纷的主管范围实际上就是人民法院行使审判权的权力清单，凡属权力清单范围内的事项，均属于人民法院主管，人民法院均有权行使审判权解决该等事项；反之，如不属于该权力清单范围内的事项，人民法院则无权对其行使审判权。据此，可将人民法院对民事纠纷的主管范围分为两种情形：一是正面清单，凡属该范围之内的民事纠纷，人民法院均可行使审判权加以解决；二是负面清单，凡属该范围之内的民事纠纷，人民法院无权加以解决。以下分别介绍。

(一) 正面清单

最高人民法院于1997年4月21日发布《关于人民法院立案工作的暂行规定》，规范了人民法院对民事案件主管的立案程序。根据2011年2月18日最高人民法院《关于修改〈民事案件案由规定〉的决定》，对2007年10月29日最高人民法院审判委员会第1438次会议讨论通过《民事案件案由规定》第一次修正。2018年12月12日，最高人民法院发布《关于增加民事案件案由的通知》。2018年12月28日，最高人民法院发布《关于补充增加民事案件案由的通知》。根据2020年12月14日最高人民法院审判委员会第1821次会议通过的《最高人民法院关于修改〈民事案件案由规定〉的决定》，对《民事案件案由规定》第二次修正。这些民事案由的规定，究其实质而言，乃是民事案件主管范围的细化规定，也是人民法院受理民事案件的范围规定。具体包括以下纠纷类型：

(1) 人格权纠纷。包括：生命权、身体权、健康权纠纷；姓名权纠纷；名称权纠纷；肖像权纠纷；声音保护纠纷；名誉权纠纷；荣誉权纠纷；隐私权、个人信息保护纠纷（隐私权纠纷、个人信息保护纠纷）；婚姻自主权纠纷；人身自由权纠纷；一般人格权纠纷；平等就业权纠纷。

(2) 婚姻家庭纠纷。包括：婚约财产纠纷；婚内夫妻财产分割纠纷；离婚纠纷；离婚后财产纠纷；离婚后损害责任纠纷；婚姻无效纠纷；撤销婚姻纠纷；夫妻财产约定纠纷；同居关系纠纷（同居关系析产纠纷、同居关系子女抚养纠纷）；亲子关系纠纷（确认亲子关系纠纷、否认亲子关系纠纷）；抚养纠纷（抚养费纠纷、变更抚养关系纠纷）；扶养纠纷（扶养费纠纷、变更扶养关系纠纷）；赡养纠纷（赡养费纠纷、变更赡养关系纠纷）；收养关系纠纷（确认收养关系纠纷、解除收养关系纠纷）；监护权纠纷；探望权纠纷；分家析产纠纷。

(3) 继承纠纷。包括：法定继承纠纷（转继承纠纷、代位继承纠纷）；遗嘱继承纠纷；被继承人债务清偿纠纷；遗赠纠纷；遗赠扶养协议纠纷；遗产管理纠纷。

(4) 不动产登记纠纷。包括：异议登记不当损害责任纠纷；虚假登记损害责任纠纷。

(5) 物权保护纠纷。包括：物权确认纠纷（所有权确认纠纷、用益物权确认纠纷、担保物权确认纠纷）；返还原物纠纷；排除妨害纠纷；消除危险纠纷；修理、重作、更换纠纷；恢复原状纠纷；财产损害赔偿纠纷。

(6) 所有权纠纷。包括：侵害集体经济组织成员权益纠纷；建筑物区分所有权纠纷（业主专有权纠纷、业主共有权纠纷、车位纠纷、车库纠纷）；业主撤销权纠纷；业主知情权纠纷；遗失物返还纠纷；漂流物返还纠纷；埋藏物返还纠纷；隐藏物返还纠纷；添附物归属纠纷；相邻关系纠纷（相邻用水、排水纠纷、相邻通行纠纷、相邻土地、建筑物利用关系纠纷、相邻通风纠纷、相邻采光、日照纠纷、相邻污染侵害纠纷、相邻损害防免关系纠纷）；共有纠纷（共有权确认纠纷、共有物分割纠纷、共有人优先购买权纠纷、债权人代位析产纠纷）。

（7）用益物权纠纷。包括：海域使用权纠纷；探矿权纠纷；采矿权纠纷；取水权纠纷；养殖权纠纷；捕捞权纠纷；土地承包经营权纠纷（土地承包经营权确认纠纷、承包地征收补偿费用分配纠纷、土地承包经营权继承纠纷）；土地经营权纠纷；建设用地使用权纠纷；宅基地使用权纠纷；居住权纠纷；地役权纠纷。

（8）担保物权纠纷。包括：抵押权纠纷（建筑物和其他土地附着物抵押权纠纷，在建建筑物抵押权纠纷，建设用地使用权抵押权纠纷，土地经营权抵押权纠纷，探矿权抵押权纠纷，采矿权抵押权纠纷，海域使用权抵押权纠纷，动产抵押权纠纷，在建船舶、航空器抵押权纠纷，动产浮动抵押权纠纷，最高额抵押权纠纷）；质权纠纷（动产质权纠纷、转质权纠纷、最高额质权纠纷、票据质权纠纷、债券质权纠纷、存单质权纠纷、仓单质权纠纷、提单质权纠纷、股权质权纠纷、基金份额质权纠纷、知识产权质权纠纷、应收账款质权纠纷）；留置权纠纷。

（9）占有保护纠纷。包括：占有物返还纠纷；占有排除妨害纠纷；占有消除危险纠纷；占有物损害赔偿纠纷。

（10）合同纠纷。包括：缔约过失责任纠纷；预约合同纠纷；确认合同效力纠纷（确认合同有效纠纷、确认合同无效纠纷）；债权人代位权纠纷；债权人撤销权纠纷；债权转让合同纠纷；债务转移合同纠纷；债权债务概括转移合同纠纷；债务加入纠纷；悬赏广告纠纷；买卖合同纠纷（分期付款买卖合同纠纷、凭样品买卖合同纠纷、试用买卖合同纠纷、所有权保留买卖合同纠纷、招标投标买卖合同纠纷、互易纠纷、国际货物买卖合同纠纷、信息网络买卖合同纠纷）；拍卖合同纠纷；建设用地使用权合同纠纷（建设用地使用权出让合同纠纷、建设用地使用权转让合同纠纷）；临时用地合同纠纷；探矿权转让合同纠纷；采矿权转让合同纠纷；房地产开发经营合同纠纷（委托代建合同纠纷，合资、合作开发房地产合同纠纷，项目转让合同纠纷）；房屋买卖合同纠纷（商品房预约合同纠纷、商品房预售合同纠纷、商品房销售合同纠纷、商品房委托代理销售合同纠纷、经济适用房转让合同纠纷、农村房屋买卖合同纠纷）；民事主体间房屋拆迁补偿合同纠纷；供用电合同纠纷；供用水合同纠纷；供用气合同纠纷；供用热力合同纠纷；排污权交易纠纷；用能权交易纠纷；用水权交易纠纷；碳排放权交易纠纷；碳汇交易纠纷；赠与合同纠纷（公益事业捐赠合同纠纷、附义务赠与合同纠纷）；借款合同纠纷（金融借款合同纠纷、同业拆借纠纷、民间借贷纠纷、小额借款合同纠纷、金融不良债权转让合同纠纷、金融不良债权追偿纠纷）；保证合同纠纷；抵押合同纠纷；质押合同纠纷；定金合同纠纷；进出口押汇纠纷；储蓄存款合同纠纷；银行卡纠纷（借记卡纠纷、信用卡纠纷）；租赁合同纠纷（土地租赁合同纠纷、房屋租赁合同纠纷、车辆租赁合同纠纷、建筑设备租赁合同纠纷）；融资租赁合同纠纷；保理合同纠纷；承揽合同纠纷（加工合同纠纷，定作合同纠纷，修理合同纠纷，复制合同纠纷，测试合同纠纷，检验合同纠纷，铁路机车、车辆建造合同纠纷）；建设工程合同纠纷（建设工程勘察合同纠纷、建设工程设计合同纠纷、建设工程施工合同纠纷、建设工程价款优先受偿权纠纷、建设工程分包合同纠纷、建设工程监理合同纠纷、装饰装修合同纠纷、铁路修建合同纠纷、农村建房施工合同纠纷）；运输合同纠纷（公路旅客运输合同纠纷、公路货物运输合同纠纷、水路旅客运输合同纠纷、水路货物运输合同纠纷、航空旅客运输合同纠纷、航空货物运输合同纠纷、出租汽车运输合同纠纷、管道运输合同纠纷、城市公交运输合同纠纷、联合运输合同纠纷、多式联运合同纠纷、铁路货物运输合同纠纷、铁路旅客运输合同纠纷、铁路行李运输合同纠纷、铁路包裹运输合同纠纷、国际铁路联运合同纠纷）；保管合同纠纷；仓储合同纠纷；委托合同纠纷（进出口代理合同纠纷，货运代理合同纠纷，民用航空运输销售代理合同纠纷，诉讼、仲裁、人民调解代理合同纠纷，销售代理合同纠纷）；委托理财合同纠纷（金融委托理财合同纠纷、民间委托理财合同纠纷）；物业服务合同纠纷；行纪合同纠纷；中介合同纠纷；补偿贸易纠纷；借用合同纠纷；典当纠纷；合伙合同纠纷；种植、养殖回收合同纠纷；彩票、奖券纠纷；中外合作勘探开发自然资源合同纠纷；农业承包合同纠纷；林业承包合同纠纷；渔业承包合同纠纷；牧业承包合同纠纷；土地承包经营权合同纠纷（土地承包经营权转让合同纠纷、土地承包经营权互换合同纠纷、土地经营权入股合同纠纷、土地经营权抵押合同纠纷、土地经营权出租合同纠纷）；居住权合同纠纷；服务合同纠纷（电信服务合同纠纷、邮政服务合同纠纷、快递服务合同纠纷、医疗服务合同纠纷、法律服务合同纠纷、旅游合同纠纷、房地产咨询合同纠纷、房地产价格评估合同纠纷、旅店服务合同纠纷、财会服务合同纠纷、餐饮服务合同纠纷、娱乐服务合同纠纷、有线电视服务合同纠纷、网络服务合同纠纷、教育培训合同纠纷、家政服务合同纠纷、庆典服务合同纠纷、殡葬服务合同纠纷、农业技术服务合同纠纷、农机作业服务合同纠纷、保安服务合同纠纷、银行结算合同纠纷）；演出合同纠纷；劳务合同纠纷；离退休人员返聘合同纠纷；广告合同纠纷；展览合同纠纷；追偿权纠纷。

(11) 不当得利纠纷。

(12) 无因管理纠纷。

(13) 知识产权合同纠纷。包括：著作权合同纠纷（委托创作合同纠纷、合作创作合同纠纷、著作权转让合同纠纷、著作权许可使用合同纠纷、出版合同纠纷、表演合同纠纷、音像制品制作合同纠纷、广播电视播放合同纠纷、邻接权转让合同纠纷、邻接权许可使用合同纠纷、计算机软件开发合同纠纷、计算机软件著作权转让合同纠纷、计算机软件著作权许可使用合同纠纷）；商标合同纠纷（商标权转让合同纠纷、商标使用许可合同纠纷、商标代理合同纠纷）；专利合同纠纷（专利申请权转让合同纠纷、专利权转让合同纠纷、发明专利实施许可合同纠纷、实用新型专利实施许可合同纠纷、外观设计专利实施许可合同纠纷、专利代理合同纠纷）；植物新品种合同纠纷（植物新品种育种合同纠纷、植物新品种申请权转让合同纠纷、植物新品种权转让合同纠纷、植物新品种实施许可合同纠纷）；集成电路布图设计合同纠纷（集成电路布图设计创作合同纠纷、集成电路布图设计专有权转让合同纠纷、集成电路布图设计许可使用合同纠纷）；商业秘密合同纠纷（技术秘密让与合同纠纷、技术秘密许可使用合同纠纷、经营秘密让与合同纠纷、经营秘密许可使用合同纠纷）；技术合同纠纷（技术委托开发合同纠纷，技术合作开发合同纠纷，技术转化合同纠纷，技术转让合同纠纷，技术许可合同纠纷，技术咨询合同纠纷，技术服务合同纠纷，技术培训合同纠纷，技术中介合同纠纷，技术进口合同纠纷，技术出口合同纠纷，职务技术成果完成人奖励、报酬纠纷，技术成果完成人署名权、荣誉权、奖励权纠纷）；特许经营合同纠纷；企业名称（商号）转让、使用合同纠纷；特殊标志合同纠纷；网络域名合同纠纷（网络域名注册合同纠纷、网络域名转让合同纠纷、网络域名许可使用合同纠纷）；知识产权质押合同纠纷。

(14) 知识产权权属、侵权纠纷。包括：著作权权属、侵权纠纷（著作权权属纠纷、侵害作品发表权纠纷、侵害作品署名权纠纷、侵害作品修改权纠纷、侵害保护作品完整权纠纷、侵害作品复制权纠纷、侵害作品发行权纠纷、侵害作品出租权纠纷、侵害作品展览权纠纷、侵害作品表演权纠纷、侵害作品放映权纠纷、侵害作品广播权纠纷、侵害作品信息网络传播权纠纷、侵害作品摄制权纠纷、侵害作品改编权纠纷、侵害作品翻译权纠纷、侵害作品汇编权纠纷、侵害其他著作财产权纠纷、出版者权权属纠纷、表演者权权属纠纷、录音录像制作者权权属纠纷、广播组织权权属纠纷、侵害出版者权纠纷、侵害表演者权纠纷、侵害录音录像制作者权纠纷、侵害广播组织权纠纷、计算机软件著作权权属纠纷、侵害计算机软件著作权纠纷）；商标权权属、侵权纠纷（商标权权属纠纷、侵害商标权纠纷）；专利权权属、侵权纠纷（专利申请权权属纠纷，专利权权属纠纷，侵害发明专利权纠纷，侵害实用新型专利权纠纷，侵害外观设计专利权纠纷，假冒他人专利纠纷，发明专利临时保护期使用费纠纷，职务发明创造发明人、设计人奖励、报酬纠纷，发明创造发明人、设计人署名权纠纷，标准必要专利使用费纠纷）；植物新品种权权属、侵权纠纷（植物新品种申请权权属纠纷、植物新品种权权属纠纷、侵害植物新品种权纠纷、植物新品种临时保护期使用费纠纷）；集成电路布图设计专有权权属、侵权纠纷（集成电路布图设计专有权权属纠纷、侵害集成电路布图设计专有权纠纷）；侵害企业名称（商号）权纠纷；侵害特殊标志专有权纠纷；网络域名权属、侵权纠纷（网络域名权属纠纷、侵害网络域名纠纷）；发现权纠纷；发明权纠纷；其他科技成果权纠纷；确认不侵害知识产权纠纷（确认不侵害专利权纠纷、确认不侵害商标权纠纷、确认不侵害著作权纠纷、确认不侵害植物新品种权纠纷、确认不侵害集成电路布图设计专用权纠纷、确认不侵害计算机软件著作权纠纷）；因申请知识产权临时措施损害责任纠纷（因申请诉前停止侵害专利权损害责任纠纷、因申请诉前停止侵害注册商标专用权损害责任纠纷、因申请诉前停止侵害著作权损害责任纠纷、因申请诉前停止侵害植物新品种权损害责任纠纷、因申请海关知识产权保护措施损害责任纠纷、因申请诉前停止侵害计算机软件著作权损害责任纠纷、因申请诉前停止侵害集成电路布图设计专用权损害责任纠纷）；因恶意提起知识产权诉讼损害责任纠纷；专利权宣告无效后返还费用纠纷。

（15）不正当竞争纠纷。包括：仿冒纠纷（擅自使用与他人有一定影响的商品名称、包装、装潢等相同或者近似的标识纠纷，擅自使用他人有一定影响的企业名称、社会组织名称、姓名纠纷，擅自使用他人有一定影响的域名主体部分、网站名称、网页纠纷）；商业贿赂不正当竞争纠纷；虚假宣传纠纷；侵害商业秘密纠纷（侵害技术秘密纠纷、侵害经营秘密纠纷）；低价倾销不正当竞争纠纷；捆绑销售不正当竞争纠纷；有奖销售纠纷；商业诋毁纠纷；串通投标不正当竞争纠纷；网络不正当竞争纠纷。

（16）垄断纠纷。包括：垄断协议纠纷（横向垄断协议纠纷、纵向垄断协议纠纷）；滥用市场支配地位纠纷（垄断定价纠纷、掠夺定价纠纷、拒绝交易纠纷、限定交易纠纷、捆绑交易纠纷、差别待遇纠纷）；经营者集中纠纷。

（17）劳动争议。包括：劳动合同纠纷（确认劳动关系纠纷、集体合同纠纷、劳务派遣合同纠纷、非全日制用工纠纷、追索劳动报酬纠纷、经济补偿金纠纷、竞业限制纠纷）；社会保险纠纷（养老保险待遇纠纷、工伤保险待遇纠纷、医疗保险待遇纠纷、生育保险待遇纠纷、失业保险待遇纠纷）；福利待遇纠纷。

（18）人事争议。包括：聘用合同纠纷；聘任合同纠纷；辞职纠纷；辞退纠纷。

（19）海事海商纠纷。包括：船舶碰撞损害责任纠纷；船舶触碰损害责任纠纷；船舶损坏空中设施、水下设施损害责任纠纷；船舶污染损害责任纠纷；海上、通海水域污染损害责任纠纷；海上、通海水域养殖损害责任纠纷；海上、通海水域财产损害责任纠纷；海上、通海水域人身损害责任纠纷；非法留置船舶、船载货物、船用燃油、船用物料损害责任纠纷；海上、通海水域货物运输合同纠纷；海上、通海水域旅客运输合同纠纷；海上、通海水域行李运输合同纠纷；船舶经营管理合同纠纷；船舶买卖合同纠纷；船舶建造合同纠纷；船舶修理合同纠纷；船舶改建合同纠纷；船舶拆解合同纠纷；船舶抵押合同纠纷；航次租船合同纠纷；船舶租用合同纠纷（定期租船合同纠纷、光船租赁合同纠纷）；船舶融资租赁合同纠纷；海上、通海水域运输船舶承包合同纠纷；渔船承包合同纠纷；船舶属具租赁合同纠纷；船舶属具保管合同纠纷；海运集装箱租赁合同纠纷；海运集装箱保管合同纠纷；港口货物保管合同纠纷；船舶代理合同纠纷；海上、通海水域货运代理合同纠纷；理货合同纠纷；船舶物料和备品供应合同纠纷；船员劳务合同纠纷；海难救助合同纠纷；海上、通海水域打捞合同纠纷；海上、通海水域拖航合同纠纷；海上、通海水域保险合同纠纷；海上、通海水域保赔合同纠纷；海上、通海水域运输联营合同纠纷；船舶营运借款合同纠纷；海事担保合同纠纷；航道、港口疏浚合同纠纷；船坞、码头建造合同纠纷；船舶检验合同纠纷；海事请求担保纠纷；海上、通海水域运输重大责任事故责任纠纷；港口作业重大责任事故责任纠纷；港口作业纠纷；共同海损纠纷；海洋开发利用纠纷；船舶共有纠纷；船舶权属纠纷；海运欺诈纠纷；海事债权确权纠纷。

（20）与企业有关的纠纷。包括：企业出资人权益确认纠纷；侵害企业出资人权益纠纷；企业公司制改造合同纠纷；企业股份合作制改造合同纠纷；企业债权转股权合同纠纷；企业分立合同纠纷；企业租赁经营合同纠纷；企业出售合同纠纷；挂靠经营合同纠纷；企业兼并合同纠纷；联营合同纠纷；企业承包经营合同纠纷（中外合资经营企业承包经营合同纠纷、中外合作经营企业承包经营合同纠纷、外商独资企业承包经营合同纠纷、乡镇企业承包经营合同纠纷）；中外合资经营企业合同纠纷；中外合作经营企业合同纠纷。

（21）与公司有关的纠纷。包括：股东资格确认纠纷；股东名册记载纠纷；请求变更公司登记纠纷；股东出资纠纷；新增资本认购纠纷；股东知情权纠纷；请求公司收购股份纠纷；股权转让纠纷；公司决议纠纷（公司决议效力确认纠纷、公司决议撤销纠纷）；公司设立纠纷；公司证照返还纠纷；发起人责任纠纷；公司盈余分配纠纷；损害股东利益责任纠纷；损害公司利益责任纠纷；损害公司债权人利益责任纠纷（股东损害公司债权人利益责任纠纷、实际控制人损害公司债权人利益责任纠纷）；公司关联交易损害责任纠纷；公司合并纠纷；公司分立纠纷；公司减资纠纷；公司增资纠纷；公司解散纠纷；清算责任纠纷；上市公司收购纠纷。

（22）合伙企业纠纷。包括：入伙纠纷；退伙纠纷；合伙企业财产份额转让纠纷。

（23）与破产有关的纠纷。包括：请求撤销个别清偿行为纠纷；请求确认债务人行为无效纠纷；对外追收债权纠纷；追收未缴出资纠纷；追收抽逃出资纠纷；追收非正常收入纠纷；破产债权确认纠纷（职工破产债权确认纠纷、普通破产债权确认纠纷）；取回权纠纷（一般取回权纠纷、出卖人取回权纠纷）；破产抵销权纠纷；别除权纠纷；破产撤销权纠纷；损害债务人利益赔偿纠纷；管理人责任纠纷。

（24）证券纠纷。包括：证券权利确认纠纷（股票权利确认纠纷、公司债券权利确认纠纷、国债权利确认纠纷、证券投资基金权利确认纠纷）；证券交易合同纠纷（股票交易纠纷、公司债券交易纠纷、国债交易纠纷、证券投资基金交易纠纷）；金融衍生品种交易纠纷；证券承销合同纠纷（证券代销合同纠纷、证券包销合同纠纷）；证券投资咨询纠纷；证券资信评级服务合同纠纷；证券回购合同纠纷（股票回购合同纠纷、国债回购合同纠纷、公司债券回购合同纠纷、证券投资基金回购合同纠纷、质押式证券回购合同纠纷）；证券上市合同纠纷；证券交易代理合同纠纷；证券上市保荐合同纠纷；证券发行纠纷（证券认购纠纷、证券发行失败纠纷）；证券返还纠纷；证券欺诈责任纠纷（证券内幕交易责任纠纷、操纵证券交易市场责任纠纷、证券虚假陈述责任纠纷、欺诈客户责任纠纷）；证券托管纠纷；证券登记、存管、结算纠纷；融资融券交易纠纷；客户交易结算资金纠纷。

（25）期货交易纠纷。包括：期货经纪合同纠纷；期货透支交易纠纷；期货强行平仓纠纷；期货实物交割纠纷；期货保证合约纠纷；期货交易代理合同纠纷；侵占期货交易保证金纠纷；期货欺诈责任纠纷；操纵期货交易市场责任纠纷；期货内幕交易责任纠纷；期货虚假信息责任纠纷。

(26) 信托纠纷。包括：民事信托纠纷；营业信托纠纷；公益信托纠纷。

(27) 保险纠纷。包括：财产保险合同纠纷（财产损失保险合同纠纷、责任保险合同纠纷、信用保险合同纠纷、保证保险合同纠纷、保险人代位求偿权纠纷）；人身保险合同纠纷（人寿保险合同纠纷、意外伤害保险合同纠纷、健康保险合同纠纷）；再保险合同纠纷；保险经纪合同纠纷；保险代理合同纠纷；进出口信用保险合同纠纷；保险费纠纷。

(28) 票据纠纷。包括：票据付款请求权纠纷；票据追索权纠纷；票据交付请求权纠纷；票据返还请求权纠纷；票据损害责任纠纷；票据利益返还请求权纠纷；汇票回单签发请求权纠纷；票据保证纠纷；确认票据无效纠纷；票据代理纠纷；票据回购纠纷。

(29) 信用证纠纷。包括：委托开立信用证纠纷；信用证开证纠纷；信用证议付纠纷；信用证欺诈纠纷；信用证融资纠纷；信用证转让纠纷。

(30) 独立保函纠纷。包括：独立保函开立纠纷；独立保函付款纠纷；独立保函追偿纠纷；独立保函欺诈纠纷；独立保函转让纠纷；独立保函通知纠纷；独立保函撤销纠纷。

(31) 侵权责任纠纷。包括：监护人责任纠纷；用人单位责任纠纷；劳务派遣工作人员侵权责任纠纷；提供劳务者致害责任纠纷；提供劳务者受害责任纠纷；网络侵权责任纠纷（网络侵害虚拟财产纠纷）；违反安全保障义务责任纠纷（经营场所、公共场所的经营者、管理者责任纠纷，群众性活动组织者责任纠纷）；教育机构责任纠纷；性骚扰损害责任纠纷；产品责任纠纷（产品生产者责任纠纷、产品销售者责任纠纷、产品运输者责任纠纷、产品仓储者责任纠纷）；机动车交通事故责任纠纷；非机动车交通事故责任纠纷；医疗损害责任纠纷（侵害患者知情同意权责任纠纷、医疗产品责任纠纷）；环境污染责任纠纷（大气污染责任纠纷、水污染责任纠纷、土壤污染责任纠纷、电子废物污染责任纠纷、固体废物污染责任纠纷、噪声污染责任纠纷、光污染责任纠纷、放射性污染责任纠纷）；生态破坏责任纠纷；高度危险责任纠纷（民用核设施、核材料损害责任纠纷，民用航空器损害责任纠纷，占有、使用高度危险物损害责任纠纷，高度危险活动损害责任纠纷，遗失、抛弃高度危险物损害责任纠纷，非法占有高度危险物损害责任纠纷）；饲养动物损害责任纠纷；建筑物和物件损害责任纠纷（物件脱落、坠落损害责任纠纷，建筑物、构筑物倒塌、塌陷损害责任纠纷，高空抛物、坠物损害责任纠纷，堆放物倒塌、滚落、滑落损害责任纠纷，公共道路妨碍通行损害责任纠纷，林木折断、倾倒、果实坠落损害责任纠纷，地面施工、地下设施损害责任纠纷）；触电人身损害责任纠纷；义务帮工人受害责任纠纷；见义勇为人受害责任纠纷；公证损害责任纠纷；防卫过当损害责任纠纷；紧急避险损害责任纠纷；驻香港、澳门特别行政区军人执行职务侵权责任纠纷；铁路运输损害责任纠纷（铁路运输人身损害责任纠纷、铁路运输财产损害责任纠纷）；水上运输损害责任纠纷（水上运输人身损害责任纠纷、水上运输财产损害责任纠纷）；航空运输损害责任纠纷（航空运输人身损害责任纠纷、航空运输财产损害责任纠纷）；因申请财产保全损害责任纠纷；因申请行为保全损害责任纠纷；因申请证据保全损害责任纠纷；因申请先予执行损害责任纠纷。

(32) 选民资格案件：申请确定选民资格。

(33) 宣告失踪、宣告死亡案件。包括：申请宣告自然人失踪；申请撤销宣告失踪判决；申请为失踪人财产指定、变更代管人；申请宣告自然人死亡；申请撤销宣告自然人死亡判决。

（34）认定无民事、限制民事行为能力案件。包括：申请宣告公民无民事行为能力；申请宣告公民限制民事行为能力；申请宣告公民恢复限制民事行为能力；申请宣告公民恢复完全民事行为能力。

（35）指定遗产管理人案件。

（36）认定财产无主案件。包括：申请认定财产无主；申请撤销认定财产无主。

（37）确认调解协议案件。包括：申请司法确认调解协议；申请撤销确认调解协议裁定。

（38）实现担保物权案件。包括：申请实现担保物权；申请撤销准许实现担保物权裁定。

（39）监护权特别程序案件。包括：申请确定监护人；申请指定监护人；申请变更监护人；申请撤销监护人资格；申请恢复监护人资格。

（40）督促程序案件：申请支付令。

（41）公示催告程序案件：申请公示催告。

（42）公司清算案件：申请公司清算。

（43）破产程序案件。包括：申请破产清算；申请破产重整；申请破产和解；申请对破产财产追加分配。

（44）申请诉前停止侵害知识产权案件。包括：申请诉前停止侵害专利权；申请诉前停止侵害注册商标专用权；申请诉前停止侵害著作权；申请诉前停止侵害植物新品种权；申请诉前停止侵害计算机软件著作权；申请诉前停止侵害集成电路布图设计专用权。

（45）申请保全案件。包括：申请诉前财产保全；申请诉前行为保全；申请诉前证据保全；申请仲裁前财产保全；申请仲裁前行为保全；申请仲裁前证据保全；仲裁程序中的财产保全；仲裁程序中的证据保全；申请执行前财产保全；申请中止支付信用证项下款项；申请中止支付保函项下款项。

（46）申请人身安全保护令案件：申请人身安全保护令。

（47）申请人格权侵害禁令案件：申请人格权侵害禁令。

（48）仲裁程序案件。包括：申请确认仲裁协议效力；申请撤销仲裁裁决。

（49）海事诉讼特别程序案件。包括：申请海事请求保全（申请扣押船舶、申请拍卖扣押船舶、申请扣押船载货物、申请拍卖扣押船载货物、申请扣押船用燃油及船用物料、申请拍卖扣押船用燃油及船用物料）；申请海事支付令；申请海事强制令；申请海事证据保全；申请设立海事赔偿责任限制基金；申请船舶优先权催告；申请海事债权登记与受偿。

（50）申请承认与执行判决、仲裁裁决案件。包括：申请执行海事仲裁裁决；申请执行知识产权仲裁裁决；申请执行涉外仲裁裁决；申请认可和执行香港特别行政区法院民事判决；申请认可和执行香港特别行政区仲裁裁决；申请认可和执行澳门特别行政区法院民事判决；申请认可和执行澳门特别行政区仲裁裁决；申请认可和执行台湾地区法院民事判决；申请认可和执行台湾地区仲裁裁决；申请承认和执行外国法院民事判决、裁定；申请承认和执行外国仲裁裁决。

（51）与宣告失踪、宣告死亡案件有关的纠纷。包括：失踪人债务支付纠纷；被撤销死亡宣告人请求返还财产纠纷。

（52）公益诉讼。包括：生态环境保护民事公益诉讼（环境污染民事公益诉讼、生态破坏民事公益诉讼、生态环境损害赔偿诉讼）；英雄烈士保护民事公益诉讼；未成年人保护民事公益诉讼；消费者权益保护民事公益诉讼。

（53）第三人撤销之诉。

（54）执行程序中的异议之诉。包括：执行异议之诉（案外人执行异议之诉、申请执行人执行异议之诉）；追加、变更被执行人异议之诉；执行分配方案异议之诉。

（二）负面清单：不属人民法院主管的民事纠纷

民事诉讼的主管所涉及的纠纷是平等主体之间的民事纠纷，但某些民事纠纷，尽管表面上看符合民事主管的范围和条件，但出于传统、政策、惯例、可行性等诸方面的原因，这些纠纷被排除在民事主管的范围之外。属于这类情形的情况主要有：

（1）当事人订立有效仲裁协议的，该相应的民事纠纷不属于人民法院主管。对于这类民事纠纷，虽然在抽象的意义上法院和仲裁机构均可以主管，但在具体的意义上最终由谁主管，取决于当事人的选择；当事人一旦选择了法院主管，仲裁机构就无权主管；当事人一旦选择了仲裁机构主管，法院就无权主管，这样就形成了排斥性主管态势，也即民商事仲裁和民事诉讼相互排斥。《民事诉讼法》第127条规定："……（二）依照法律规定，双方当事人达成书面仲裁协议申请仲裁、不得向人民法院起诉的，告知原告向仲裁机构申请仲裁……"《仲裁法》第5条规定："当事人达成仲裁协议，一方向人民法院起诉的，人民法院不予受理，但仲裁协议无效的除外。"可见，人民法院的主管范围受到仲裁机构的削减和制约，在当事人选择仲裁机构进行仲裁时，人民法院不得对相应的民事纠纷行使审判权。但值得注意的是，上述所言之仲裁，为普通仲裁，不包括劳动争议仲裁、人事仲裁、农村承包合同纠纷仲裁等专门性仲裁，这些仲裁与诉讼的关系有别于普通仲裁与民事诉讼的关系。

（2）因土地所有权和使用权所发生的争议，不属于人民法院民事案件主管范围。《土地管理法》第14条规定："土地所有权和使用权争议，由当事人协商解决；协商不成的，由人民政府处理。单位之间的争议，由县级以上人民政府处理；个人之间、个人与单位之间的争议，由乡级人民政府或者县级以上人民政府处理。当事人对有关人民政府的处理决定不服的，可以自接到处理决定通知之日起三十日内，向人民法院起诉。在土地所有权和使用权争议解决前，任何一方不得改变土地利用现状。"可见，关于土地所有权和使用权的争议，当事人不得向人民法院提起民事诉讼加以解决，而只能向相关人民政府申请行政裁决解决；对人民政府裁决的决定不服的，则向人民法院提起行政诉讼。因此，关于土地所有权和使用权的争议，不属于人民法院民事案件主管范围。

（3）因自然资源的所有权或者使用权所发生的争议，不属于人民法院民事案件的主管范围。《行政复议法》第30条规定："公民、法人或者其他组织认为行政机关的具体行政行为侵犯其已经依法取得的土地、矿藏、水流、森林、山岭、草原、荒地、滩涂、海域等自然资源的所有权或者使用权的，应当先申请行政复议；对行政复议决定不服的，可以依法向人民法院提起行政诉讼。根据国务院或者省、自治区、直辖市人民政府对行政区划的勘定、调整或者征收土地的决定，省、自治区、直辖市人民政府确认土地、矿藏、水流、森林、山岭、草原、荒地、滩涂、海域等自然资源的所有权或者使用权的行政复议决定为最终裁决。"据此，如果公民、法人或者其他组织认为其他主体侵犯了其自然资源的所有权或者使用权，应当向有关行政机关申请确权；当事人不服行政机关确权决定的，可向人民法院提起行政诉讼。

（4）专利权确认无效纠纷不属于人民法院民事案件主管范围。《专利法》第46条规定："国务院专利行政部门对宣告专利权无效的请求应当及时审查和作出决定，并通知请求人和专利权人。宣告专利权无效的决定，由国务院专利行政部门登记和公告。对国务院专利行政部门宣告专利权无效或者维持专利权的决定不服的，可以自收到通知之日起三个月内向人民法院起诉。人民法院应当通知无效宣告请求程序的对方当事人作为第三人参加诉讼。"可见，当事人及任何人如果认为专利权无效，不得向人民法院提出无效确认之诉，而只能向国务院专利行政部门提出宣告专利权无效的请求，由国务院专利行政部门作出决定；对该决定不服的，可以向人民法院提出行政诉讼。

此外，专利权侵权纠纷，在当事人选择由行政机关裁决时，人民法院无民事诉讼主管权。《专利法》第65条规定："未经专利权人许可，实施其专利，即侵犯其专利权，引起纠纷的，由当事人协商解决；不愿协商或者协商不成的，专利权人或者利害关系人可以向人民法院起诉，也可以请求管理专利工作的部门处理。管理专利工作的部门处理时，认定侵权行为成立的，可以责令侵权人立即停止侵权行为，当事人不服的，可以自收到处理通知之日起十五日内依照《中华人民共和国行政诉讼法》向人民法院起诉；侵权人期满不起诉又不停止侵权行为的，管理专利工作的部门可以申请人民法院强制执行。进行处理的管理专利工作的部门应当事人的请求，可以就侵犯专利权的赔偿数额进行调解；调解不成的，当事人可以依照《中华人民共和国民事诉讼法》向人民法院起诉。"可见，对专利侵权纠纷，对当事人提出停止侵权的请求，当事人可以选择直接向人民法院起诉，也可以选择向专利管理机构请求作出裁决；选择向专利管理机构请求作出裁决的，专利管理机构的裁决为有效裁决，当事人不服的，可以向法院提出行政诉讼。然而，当事人对专利侵权纠纷提出损害赔偿请求的，专利管理机构可以应当事人的请求进行调解，调解不成的，或当事人对调解结果反悔的，可以向人民法院提起民事诉讼；当事人也可以就这部分请求内容，直接向人民法院提起民事诉讼。

（5）确认商标无效纠纷，人民法院无民事案件主管权。《商标法》第44条规定："已经注册的商标，违反本法第四条、第十条、第十一条、第十二条、第十九条第四款规定的，或者是以欺骗手段或者其他不正当手段取得注册的，由商标局宣告该注册商标无效；其他单位或者个人可以请求商标评审委员会宣告该注册商标无效。商标局做出宣告注册商标无效的决定，应当书面通知当事人。当事人对商标局的决定不服的，可以自收到通知之日起十五日内向商标评审委员会申请复审。商标评审委员会应当自收到申请之日起九个月内做出决定，并书面通知当事人。有特殊情况需要延长的，经国务院工商行政管理部门批准，可以延长三个月。当事人对商标评审委员会的决定不服的，可以自收到通知之日起三十日内向人民法院起诉。其他单位或者个人请求商标评审委员会宣告注册商标无效的，商标评审委员会收到申请后，应当书面通知有关当事人，并限期提出答辩。商标评审委员会应当自收到申请之日起九个月内做出维持注册商标或者宣告注册商标无效的裁定，并书面通知当事人。有特殊情况需要延长的，经国务院工商行政管理部门批准，可以延长三个月。当事人对商标评审委员会的裁定不服的，可以自收到通知之日起三十日内向人民法院起诉。人民法院应当通知商标裁定程序的对方当事人作为第三人参加诉讼。"这里的"向人民法院起诉"，指的是行政诉讼而非民事诉讼。可见，确认商标权无效纠纷，人民法院无民事主管权，其主管权归属于商标行政管理机关。宣告商标权无效的请求是如此，请求撤销商标权的纠纷也是如此。《商标法》第54条规定："对商标局撤销或者不予撤销注册商标的决定，当事人不服的，可以自收到通知之日起十五日内向商标评审委员会申请复审。商标评审委员会应当自收到申请之日起九个月内做出决定，并书面通知当事人。有特殊情况需要延长的，经国务院工商行政管理部门批准，可以延长三个月。当事人对商标评审委员会的决定不服的，可以自收到通知之日起三十日内向人民法院起诉。"

此外，商标权侵权纠纷，当事人请求行政机关处理的，人民法院无民事主管权。《商标法》第60条规定："有本法第五十七条所列侵犯注册商标专用权行为之一，引起纠纷的，由当事人协商解决；不愿协商或者协商不成的，商标注册人或者利害关系人可以向人民法院起诉，也可以请求工商行政管理部门处理。工商行政管理部门处理时，认定侵权行为成立的，责令立即停止侵权行为，没收、销毁侵权商品和主要用于制造侵权商品、伪造注册商标标识的工具，违法经营额五万元以上的，可以处违法经营额五倍以下的罚款，没有违法经营额或者违法经营额不足五万元的，可以处二十五万元以下的罚款。对五年内实施两次以上商标侵权行为或者有其他严重情节的，应当从重处罚。销售不知道是侵犯注册商标专用权的商品，能证明该商品是自己合法取得并说明提供者的，由工商行政管理部门责令停止销售。"但对侵犯商标专用权的赔偿数额的争议，当事人可以请求进行处理的工商行政管理部门调解，也可以依照《民事诉讼法》向人民法院起诉。经工商行政管理部门调解，当事人未达成协议或者调解书生效后不履行的，当事人可以依照《民事诉讼法》向人民法院起诉。

除上述《专利法》《商标法》有关于行政机关与审判机关对相关纠纷的主管权分工的规定外，其他还有诸多类似的规定，比如《植物新品种保护条例》第37条规定："自审批机关公告授予品种权之日起，植物新品种复审委员会可以依据职权或者依据任何单位或者个人的书面请求，对不符合本条例第十四条、第十五条、第十六条和第十七条规定的，宣告品种权无效；对不符合本条例第十八条规定的，予以更名。宣告品种权无效或者更名的决定，由审批机关登记和公告，并通知当事人。对植物新品种复审委员会的决定不服的，可以自收到通知之日起3个月内向人民法院提起诉讼。"

（6）基于夫妻忠实义务所提起的诉讼以及解除同居关系纠纷，不属于法院民事主管范围。根据最高人民法院《关于适用〈中华人民共和国民法典〉婚姻家庭编的解释（一）》（以下简称《民法典婚姻家庭编司法解释》）第4条规定："当事人仅以民法典第一千零四十三条为依据提起诉讼的，人民法院不予受理；已经受理的，裁定驳回起诉。"《民法典》第1043条规定："家庭应当树立优良家风，弘扬家庭美德，重视家庭文明建设。夫妻应当互相忠实，互相尊重，互相关爱；家庭成员应当敬老爱幼，互相帮助，维护平等、和睦、文明的婚姻家庭关系。"《民法典婚姻家庭编司法解释》第3条规定："当事人提起诉讼仅请求解除同居关系的，人民法院不予受理；已经受理的，裁定驳回起诉。当事人因同居期间财产分割或者子女抚养纠纷提起诉讼的，人民法院应当受理。"

需加说明的是，正面清单是原则性规范，负面清单是例外性规范；正面清单是为了实践中的实际操作，负面清单是立法规范的明确列举；正面清单虽然详尽，但也难免挂一漏万，负面清单虽未必列举详尽，但查阅法规便可对号入座；正面清单无须法律明文规定，负面清单必须要有立法的明文规定作为依据；不在正面清单中的民事纠纷，不一定不属于法院主管，不在负面清单（以立法为准）中的民事纠纷，一定属于法院主管；正面清单有待司法解释发挥作用，负面清单则由立法规范审慎确定，司法解释原则上没有创设负面清单的权限；正面清单会不断增多，负面清单会不断减少。此其一。

其二，除了正面清单肯定法院的主管权和负面清单否定法院的主管权之外，还有一种介于二者之间的清单，可称之为混合清单。劳动争议案件是典型的例证。《劳动争议调解仲裁法》第5条规定了"劳动争议处理的基本程序"，具体为：发生劳动争议，当事人不愿协商、协商不成或者达成和解协议后不履行的，可以向调解组织申请调解；不愿调解、调解不成或者达成调解协议后不履行的，可以向劳动争议仲裁委员会申请仲裁；对仲裁裁决不服的，除该法另有规定的外，可以向人民法院提起诉讼。人事争议也是如此。在人事争议发生后，当事人首先可以通过自我协商加以解决，自我协商解决不了，则可向上级主管部门提出调解申请，由上级主管部门进行调解解决；不愿调解或者调解不成的，则可以人事争议仲裁委员申请仲裁解决。

对仲裁裁决不服的，可以在收到裁决书之日起5日内向法院提出诉讼；逾期未提出诉讼的，则仲裁裁决书或仲裁调解书发生法律效力，享有权利的一方当事人可以向法院申请强制执行。可见，属于该混合清单中的民事案件，仲裁机构具有前置性的主管权，人民法院具有后置性的主管权，对于仲裁机构作出的裁决不服，当事人可以向人民法院提起民事诉讼。

其三，除上述三种清单外，其他的民事纠纷，均属于人民法院可以主管、其他机构也有权处理的案件。也就是说，绝大多数民事纠纷，除了负面清单和混合清单中的民事纠纷法院没有主管权或没有直接的主管权外，均属于法院主管；但均属于法院主管，并不意味着这些民事纠纷只能由法院通过民事诉讼的形式加以解决，相反，几乎所有的法院主管的民事纠纷，其他机构或部门都有或多或少的主管权，这就构成了主管的竞合状态。典型的表现乃是人民调解委员会的调解。《人民调解法》第7条规定："人民调解委员会是依法设立的调解民间纠纷的群众性组织。"因此，凡是民间纠纷，人民调解委员会均可以调解，而且，根据《民事诉讼法》第194、195条之规定，人民调解委员会调解达成的协议，还可以在双方当事人的申请下进行司法确认，并由此获得强制执行的效力。《农村土地承包经营纠纷调解仲裁法》第4条规定："当事人和解、调解不成或者不愿和解、调解的，可以向农村土地承包仲裁委员会申请仲裁，也可以直接向人民法院起诉。"第48条规定："当事人不服仲裁裁决的，可以自收到裁决书之日起三十日内向人民法院起诉。逾期不起诉的，裁决书即发生法律效力。"可见，对于农村土地承包经营纠纷，人民法院和农村土地承包仲裁委员会享有并行的主管权。对于这些并行主管的民事案件，当事人都可以选择向人民调解委员会、相关仲裁机构、相关行政机构请求或申请解决，也可以直接向人民法院提起民事诉讼，通过司法审判加以解决。然而，对于这些并行主管的民事纠纷，当事人选择人民调解、仲裁或者行政解决，其解决结果均不具有终局性，对其解决结果当事人不服的，均可以继续向人民法院提起民事诉讼，此前解决的结果以及出现的证据等材料，对民事诉讼的进行不产生任何影响。这便是司法最终解决原则的体现。司法最终解决原则在正面清单和混合清单中乃不言而喻，在负面清单中则不予适用，而在并行主管的范围内，司法最终解决原则得到了切实有效的体现。可以说，正是在并行主管的民事案件上，司法最终解决原则方有用武之地，才具有真正的制度性价值和意义。

第二节 管 辖

一、管辖的概念及意义

（一）管辖的概念

管辖的概念承接主管而来。主管与管辖具有紧密的关系：主管是管辖的前提，管辖是主管的落实；主管在先，管辖在后；主管和管辖都是人民法院受理民事案件的法定条件；二者相辅相成，缺一不可。然而，同时也要看到主管和管辖也有重要的区别：主管是从法院整体而言的，管辖是从法院个体而言的；主管是概括的，管辖是具体的；主管描述的是抽象的审判权，管辖描述的是具体的审判权；主管刻画了法院审判权的外在界限，管辖刻画了法院审判权的内在界限；主管是法定的，管辖原则上是法定的，但司法权在管辖的确定上具有能动作用；主管有不断扩大的趋势，管辖只有落实的问题；违反主管，诉讼程序一定违法，违反管辖，诉讼程序不一定违法；主管无法约定，管辖可以约定；主管无异议不产生应诉主管问题，管辖无异议则可能产生应诉管辖问题；主管不存在移送问题，管辖则存在移送问题。存在于主管和管辖之间的区别是显而易见的，明确这种区别，有利于我们加深对主管制度和管辖制度的了解和把握。

管辖，是指人民法院对民事案件的具体审判权。广义上的管辖，包括诉讼案件的管辖、非诉讼案件的管辖，一审案件的管辖、二审案件的管辖、再审案件的管辖，保全案件的管辖、执行案件的管辖等；但狭义上的管辖仅指诉讼案件的管辖，其含义是：确定同级人民法院和上下级人民法院在受理第一审民事案件上的分工和权限。通常的管辖概念，是从狭义上理解的。除特别说明者外，本书也在狭义上使用管辖的概念。

（二）管辖的意义

1. 没有管辖制度，人民法院就无法知晓当事人起诉来的案件是否属于自己的职权范围

我国有四级法院，上到最高人民法院，下到基层法院，中间有高级法院和中级法院，法院为数众多。在这些法院中，除最高人民法院只有一个外，其他法院均有多个。除最高人民法院和法庭外，其他的人民法院都有一个管辖权分工的问题。如果缺乏管辖权分工上的明确指引，人民法院面临众多的当事人起诉来的形形色色的民事案件，就无从判断自己是否有管辖权，就会出现推诿管辖权或争抢管辖权甚至重叠行使管辖权等弊端，民事诉讼制度便从源头上陷入混乱状态，纠纷解决功能无法得到正常发挥。可见，管辖制度对法院而言是其受理案件的指南针。

2. 没有管辖制度，当事人就不知道到哪一级、哪一地的法院去进行诉讼

当事人进行诉讼，只能到一个特定的法院去进行，不可能盲目地、随意地选择一个法院进行诉讼。有了管辖制度，当事人对到哪一个法院进行诉讼，就可以很容易地根据案情、依据法律进行对号入座予以确定。有了完善的管辖制度，便不会贻误当事人的诉讼时机，也不至于使当事人病急乱投医到处诉讼而浪费时间和金钱。

3. 没有正确的管辖，就没有正当的程序

联合国《关于司法机关独立的基本原则》对司法管辖权作出了高规格的规定："司法机关对所有司法性质的问题享有管辖权，并应拥有权威就某一提交其裁决的问题按照法律是否属于其权力范围作出决定。"管辖权的正确确定，构成了正当法律程序的基石。一个法院没有管辖权而行使了管辖权，或者有管辖权而拒绝行使管辖权，都构成对正当法律程序的违反。如果属于没有管辖权而行使了管辖权的情况，则相应的裁判应当予以撤销；如果属于有管辖权而拒绝行使管辖权的情况，则对相关的法院应当予以问责。

4. 没有管辖制度，民事诉讼制度体系就失去了根基

民事诉讼制度是一个由多个具体制度构成的严密的体系结构，在这个体系中，管辖制度是一个根基，缺乏管辖制度，民事诉讼制度的体系就无法形成。这是因为，管辖制度是一个入门式的制度，只有当事人通过管辖制度进入了法院的门槛，民事诉讼的全部内容才能发生和渐次展开，如果当事人因为管辖制度的欠缺而无法将案件起诉到特定的法院，则民事诉讼后续的内容，包括审理前的准备、开庭审理、作出裁判、进行执行等，便均无从说起。在制度构建上，管辖制度无疑成为民事诉讼制度体系的第一块砖，通过管辖制度这块砖，逐层构建起民事诉讼制度体系的高楼大厦。

可见，管辖制度在民事诉讼中具有重要的意义，它是正当法律程序的切实保障，不仅关系到当事人进行诉讼，而且关系到人民法院行使审判权。它是构建民事诉讼制度体系的起点，在诉讼制度逻辑上处于优先位置。

二、确定管辖的价值考量和原则

（一）确定管辖的价值考量

管辖制度具有鲜明的价值导向，任何管辖制度都具有丰富的价值蕴含，价值问题是衡量管辖制度设置得是否科学合理的重要标尺，管辖制度中所包含的价值取向应当与民事诉讼法所具有的总体价值取向保持一致，民事诉讼法的价值结构规定着管辖制度的价值结构，管辖制度的价值内涵是民事诉讼价值内涵的具体表征之一。因此，考虑和设定管辖制度的价值取向，必须要以民事诉讼法的整体价值取向为基础和前提，并始终以民事诉讼法的价值取向来检验和识别管辖制度的价值取向。我国民事诉讼法的基本价值是公正与效率，基于此，管辖制度的价值取向应当具体地表现在以下诸方面：

1. 公平性

公平公正是诉讼程序的灵魂，诉讼程序一旦失去了公平公正，则其价值势必荡然无存。诉讼程序的公平公正是由许多要素和环节组成的，其中管辖制度便是重要的构成元素。管辖制度是提供给当事人进行诉讼公平对抗的论坛和平台的诉讼制度。如果所诉讼的法院失去了公平公正性，那么，当事人对继续进行诉讼便失去了信心，诉讼程序也就不可能真正切实化解当事人之间的纠纷。理论上说，当事人无论到什么法院进行诉讼都是一样的，然而实际情况并非如此，法院与当事人之间的距离，包括地理的距离、情感的距离和心理的距离有远有近，法院所受到的各种干预性因素有多有少、有弱有强，法院的法官们对于案件的审判能力则有高有低，同时这些法官们对各种不同的案件所存在的价值观也不尽一致，因此，法院的管辖确定对当事人具有切身利害关系。只有按照刚性的、公正的规则确定管辖法院，当事人才有可能安然接受司法裁判的结果。如果管辖规则本身就失去公平公正性，则诉讼程序的公平公正性就失去了依托和依附。因此，管辖制度的首要价值是公平。

2. 便利性

诉讼要便利，如果当事人感到诉讼极其不便，就会放弃诉讼的念头，而转向诉诸其他方式来解决其纠纷。因此，诉讼的便利性是当事人在公正价值之余所考虑的又一重要价值。而且一定意义上说，便利性也是公正性的重要内容。一个诉讼制度给当事人的观感是极其不便，那么，该诉讼制度的公正性也必然大打折扣，甚至于当事人会认为，诉讼不便利就是诉讼不公正。因此，选择一个便利诉讼的法院，对当事人而言是至关重要的考量因素。当然，诉讼的便利性是一个两面的概念，便利不仅对当事人必要，对法院也必要。法院对诉讼案件行使审判权，要便于调查取证，便于保全，便于了解民俗民情，便于走访当事人四邻做调解工作，便于最后的判决执行，等等。因此，便利性也被称为"两便性"，两便原则是其法理基础。如果能够兼顾当事人的诉讼便利和法院的审判便利那当然尽善尽美，但如果两种便利发生冲突，则应当以当事人的便利为主，因为诉讼是为当事人而实施的，当事人是诉讼中矛盾的主要方面，法院是为当事人提供审判服务的，不能为了自己审案的便利而牺牲当事人的便利。

3. 明确性

管辖至关重要，在我国，有的当事人甚至认为打官司就是打管辖，选择一个好的法院就是成功胜诉的一半。为了避免管辖上的争议和纠缠，立法应当防患于未然，在条文层面就将管辖问题规定得清清楚楚，当事人一旦发生纠纷需要诉讼，只需要打开条文按图索骥、对号入座即可，无须颇费周章。这就给民事诉讼的立法者带来了立法上的高要求，民事诉讼法的立法者应当以明确性、刚性、无争议性、非含糊性、易操作性的要求和标准制定管辖规则，使管辖多而不乱，烦而不杂，简单而易辨别。也正因为明确性是管辖的内在要求，各国关于管辖的规定在条文上是最多的，而且往往规定在民事诉讼法的开篇第一章，单刀直入，直奔主题；同时也正因为管辖的明确性要求，民事诉讼法的强制性规范特征得到了强化。唯有将明确性作为管辖制度的立法价值，管辖制度确保司法公正的诉讼任务才能顺利完成。

4. 比例性

比例性的价值元素来源于比例原则，比例原则在民事诉讼中主要体现在诉讼程序与诉讼案件应当成比例的要求上。这是程序的合比例性，程序的合比例性之中包含着管辖的合比例性，管辖的合比例性是程序的合比例性的一个组成部分和重要体现。管辖的合比例性主要有两方面的体现和要求：一是同级法院之间的管辖合比例性，在同一层级的法院之间，应当通过管辖制度的妥善安排，使同一层级法院之间所管辖的案件大体上保持均衡，防止案件偏多或案件偏少。民事诉讼法上的裁定管辖具有这方面的调节功能。二是上下级法院之间的管辖合比例性。上下级法院虽然都可以受理第一审民事案件，但上下级法院之间的职能分工有侧重点上的区别，层级越高的法院受理一审案件应当越少，层级越低的法院受理一审案件应当越多，因此，一审案件的管辖重点在基层法院和中级法院，而不在高级法院，尤其不在最高人民法院。这就要求在立法确定级别管辖时，科学合理地确定级别管辖的标准，使合比例性的要求成反比地体现在各级法院之间，从而使管辖在上下级法院之间得到合理布局。

（二）确定管辖的原则

管辖的原则来源于管辖的价值，有什么样的管辖价值就有什么样的管辖原则。管辖原则服务于管辖价值，管辖价值决定着管辖原则。从上述公平性、便利性、确定性和比例性的价值出发，我国民事诉讼法所确定的管辖贯穿着以下诸原则：

1. 密切联系原则

管辖法院要与诉讼案件有密切的联系，如果诉讼案件在一个完全没有关系的法院进行审判，则不仅当事人会感到不方便，法院也会感到审判的困窘。可见，密切联系原则来源于便利性价值，同公平性价值也有关联。世界各国在民事诉讼管辖制度上大同小异，或者说共性远大于个性，共同点远多于差异点，其原因之一就在于都将密切联系奉为管辖的基本原则。密切联系原则虽然在级别管辖上也有所体现，比如基层法院与诉讼案件的联系要比中级法院、高级法院、最高人民法院更加紧密，因而基层法院成为级别管辖一审案件主力军和主阵地，然而密切联系原则主要体现在地域管辖上。比如，全世界奉为通例的"原告就被告"原则，体现的就是密切联系原则，因为被告在法院的管辖区域，法院与该诉讼案件联系就更加密切，比较容易送达文书、采取保全措施、强制执行等。其他地域管辖方面的规定，如合同纠纷案件由合同履行地法院管辖、侵权纠纷案件由侵权行为地法院管辖等，这些规定，均来源于密切联系原则的贯彻落实。

2. 防止地方保护主义的原则

地方保护主义是司法公正的大敌，管辖制度在设置时要发挥出克服地方保护主义的机能和作用，通过恰当安排，使所确定的具体的管辖法院与地方保护主义形成一个隔离带，防止地方保护主义渗透到诉讼案件的解决过程之中，从而影响司法公正和司法权威。民事诉讼法主要通过两种技术和机制来对付地方保护主义：一是管辖权异议制度。通过被告行使管辖异议权，矫正原告所选择的带有地方保护主义因素的管辖法院。在世界各国，主要是通过不方便管辖法院的异议制度来实现这一目标的。根据不方便法院原则，被告人如果认为原告基于共同管辖选择了对被告极其不利、同时对法院审判也不利的法院，则有权提出管辖权异议，请求法院将案件移送到更加方便的法院进行管辖。然而,我国民事诉讼法规定了共同管辖制度,却未能同时规定不方便法院管辖抗辩制度,按照《民事诉讼法》第130条规定的管辖异议制度,被告人并不能以管辖法院不方便或易受地方保护干扰为由提出管辖异议。这有待于将来立法修改完善。二是裁定管辖制度。其中又包括管辖权的转移和指定管辖两种制度。根据管辖权的转移制度,如果上级法院认为下级法院的审判面临着地方保护主义的威胁和干扰,则可以通过裁定将案件从下级法院转移到上级法院进行管辖。①《民事诉讼法》第38条规定的指定管辖也有阻却地方保护主义干预的功能。虽然指定管辖按其立法本旨主要适用于管辖权有争议或管辖权不明的情形,但是,司法实践早已对指定管辖的适用范围作出了扩大化解释和运用,这主要体现在集中管辖、交叉管辖、异地管辖等新型裁定管辖的各种机制和制度之中。应该说,司法实践中所创设的这些新类型的指定管辖,对于克服民事诉讼中的地方保护主义实乃与有功焉,应当给予积极评价。基于此,从立法论视角而言,将来立法修正时应对指定管辖的适用范围和运用条件做出适度调整。需加指出的是,克服地方保护主义的原则与密切联系的原则在某些场合会出现一定程度上的冲突,因为密切联系的原则如果落脚到对被告或原告具有地方保护倾向的法院,则该原则就有必要做出让步,克服地方保护主义的原则便取而代之,成为确定管辖的主要原则;同时,法院也不能以克服地方保护主义为借口,任意扩大管辖权转移或指定管辖的范围,从而以裁定管辖威胁法定管辖,并由此使密切联系的原则归于无意义。这就需要人民法院根据具体案情,对密切联系原则和克服地方保护主义原则做出恰当的平衡,使管辖制度既便民又公正。

3. 程序选择权原则

程序选择权原则在诉讼程序上发挥着愈益重要的作用,这个作用将不断增强,这是当事人诉讼自治理念的具体体现,是符合民事诉讼法发展规律的基本原则。程序选择权原则也体现在诉讼管辖制度的构建上。《民事诉讼法(试行)》没有规定协议管辖制度,1991年制定正式的《民事诉讼法》时,将协议管辖制度写入其中,然而其适用范围较为狭窄,仅限于合同纠纷案件可以适用协议管辖,对于其他财产类诉讼案件不得适用协议管辖制度。② 2012年全面修改《民事诉讼法》,将协议管辖的范围扩大到所有的财产关系的诉讼案件,协议管辖已然由例外性规范发展成了原则性规范,③ 协议管辖优于法定管辖,改变了过去那种以法定管辖为主、协议管辖为辅的立法体例。不仅如此,在协议管辖之外,我国民事诉讼法还规定了应诉管辖制度,应诉管辖就其本质而言乃属于默示的协议管辖,从而使协议管辖的范围进一步扩大。协议管辖和应诉管辖制度的全面确立,标志着程序选择权原则在管辖制度上的正式确立,完全有理由认为,程序选择权是确定法院管辖的一项基本原则。

4. 有利于法院职能分工的原则

《人民法院组织法》第16条、第18条、第21条、第23条、第25条对各级人民法院的职能确定了基本的分工。《依法治国决定》也指出:"完善审级制度,一审重在解决事实认定和法律适用,二审重在解决事实法律争议、实现二审终审,再审重在解决依法纠错、维护裁判权威。"管辖制度需要配合落实《人民法院组织法》关于各层级法院职能分工的规定,使一审民事案件的管辖重心下移,让基层法院和中级法院在一审案件的审判上发挥基础性作用,而使高级法院和最高人民法院腾出更多的时间和精力管辖二审和再审案件,并对下级法院进行业务指

---

① 《民事诉讼法》第39条。
② 1991年《民事诉讼法》第25条。
③ 《民事诉讼法》第35条。

导和审判监督。

5. 原则性和灵活性相结合的原则

原则性和灵活性相结合的原则是辩证唯物主义在民事诉讼管辖制度中的具体运用。辩证唯物主义告诉我们，民事诉讼的情况是纷繁复杂的，各种民事诉讼案件对于管辖的需求也不尽一致，尤其是，这种需求还始终处在变化的动态状态，民事诉讼的立法者只能根据当时的阶段性情况的基本判断，作出管辖的一般规定；然而同时又必须承认，这种管辖的一般规定并不能确保每一个案件均能如愿实现管辖制度的初衷和任务，因此，民事诉讼法就需要在原则性规范的基础上，授权司法者根据案件具体情况做出变通处理，这就是司法管辖的灵活性原则。民事诉讼上的法定管辖是原则性的体现，裁定管辖则是灵活性的体现。管辖上的原则性和灵活性是辩证统一的，原则性是基础，灵活性是例外；法院对于灵活性的变通处理，不能违反诉讼管辖制度的立法原则和价值取向，也要受到监督。

三、管辖的分类

管辖有多种多样，有法定的管辖，有裁定的管辖；有专属的管辖，有协议的管辖；有地域管辖，有级别管辖，不一而足。对于这林林总总的管辖，需要进行条理化的梳理，以分门别类，从而了解各种管辖的特点以及各种管辖相互之间的关系，这样不仅有利于指导管辖的立法，从而使管辖制度不断趋于完善，而且有利于指引管辖的司法，从而使管辖的确定符合立法的规定和精神，也有利于当事人利用管辖制度为营造有利于自己的公正程序而实施诉讼活动。

对管辖的分类可以依据两个标准进行：一是根据法律的规定进行分类，二是根据理论标准进行分类。法律上的管辖分类是为了更好地进行管辖制度的立法，理论上的管辖分类是为了更好地指导司法实践如何正确地运用管辖制度来确定管辖。以下分别阐述。

（一）管辖的法律分类

我国《民事诉讼法》第二章从第18条至第39条专章规定了"管辖"。其所涉及的管辖类别有：

1. 级别管辖

级别管辖是划分上下级人民法院受理第一审民事案件的权限和分工的管辖。《民事诉讼法》第18条规定了基层人民法院的管辖范围，第19条规定了中级人民法院的管辖范围，第20条规定了高级人民法院的管辖范围，第21条规定了最高人民法院的管辖范围。级别管辖是确定一个案件管辖的第一步骤。

2. 地域管辖

地域管辖是划分同一层级人民法院受理第一审民事案件的权限和分工的管辖。在地域管辖中，又进一步划分为一般地域管辖、特殊地域管辖、专属管辖、协议管辖、共同管辖、选择管辖、牵连管辖等。《民事诉讼法》第22条和第23条规定了一般地域管辖，第24条至第28条规定了合同纠纷的特殊地域管辖，第29条至第33条规定了侵权纠纷的特殊地域管辖，第34条规定了专属管辖，第35条规定了协议管辖，第36条规定了共同管辖和选择管辖。至于牵连管辖，民事诉讼法并无明文规定，其内容隐含规定在《民事诉讼法》第54条关于变更诉讼请求、反诉，第55条关于共同诉讼，第56条、第57条关于代表人诉讼，第58条关于公益诉讼，第59条关于第三人参加之诉，第234条关于案外人执行异议之诉等条款之中。

3. 移送管辖、指定管辖和管辖权的转移

这些管辖可以概括为裁定管辖。裁定管辖是指人民法院用裁定的形式所确定的管辖。法定管辖仅需确定即可，法院无须作出裁定；需要法院作出裁定的，是法定管辖无法落实时的特殊情形，包括《民事诉讼法》第37条规定的移送管辖、第38条规定的指定管辖、第39条规定的管辖权的转移。《民事诉讼法》第130条规定的管辖权的异议以及由法院对该异议所作出的裁定，本质上属于移送管辖的范畴，不能独立形成一种裁定管辖。

（二）管辖的理论分类

1. 法定管辖与裁定管辖

以是否通过法律明文规定为标准，可将管辖分为法定管辖和裁定管辖。法定管辖是立法明定的管辖，裁定管辖是法院确定的管辖。法定管辖存在于立法层面，垂直地落实于司法层面；裁定管辖存在于司法层面，曲折地移动于法院和法院之间。法定管辖包括级别管辖和地域管辖，裁定管辖包括移送管辖、指定管辖和管辖权的转移。法定管辖是原则，裁定管辖是例外。落实法定管辖无须说明理由，形成裁定管辖必须说明理由。法定管辖是概括的，裁定管辖是具体的。法定管辖的确定只有正确与否之分，裁定管辖却有正当与否之别。立法上应当不断完善法定管辖，司法上应当尽量减少裁定管辖。

2. 专属管辖与协议管辖

以管辖的规范性质为标准，可将管辖分为专属管辖和协议管辖。专属管辖是指当事人不能通过协议加以改变的管辖，属于强制性管辖。与专属管辖相对立的，则为协议管辖。协议管辖是当事人通过协议加以确定的管辖，属于任意性管辖。《民事诉讼法》第34条和第273条规定的是专属管辖，第35条规定的是协议管辖，第130条规定的应诉管辖本质上也属于协议管辖。原本，专属管辖与协议管辖是正相反对的匹配范畴，不属于专属管辖的，一定可以协议管辖；不可以协议管辖的，必然属于专属管辖。但在我国，除专属管辖和协议管辖外，还有处在二者之间既不属于专属管辖，也不属于协议管辖的第三种管辖，例如人身关系的案件（如离婚案件），既不属于协议管辖的范围，也不属于专属管辖的范围，而属于独立的管辖类型。因此，在我国，专属管辖和协议管辖并不构成管辖的完整圆圈，这在立法技术上有待改进。

3. 共同管辖与选择管辖

以管辖法院的数量为标准，可分为共同管辖和选择管辖。共同管辖是指两个或两个以上的法院对某特定的民事案件都具有管辖权，从而形成了管辖权的竞合状态。然而，某特定民事案件的当事人却不可能同时或先后到两个或两个以上的法院去进行诉讼，因为一事不可以二诉，否则法院不予受理，受理后也要予以撤销，因此共同管辖必然需要同时确定一个制度加以落实，此即选择管辖。选择管辖，是指在共同管辖的情形下，由提起诉讼的原告在若干共同具有管辖权的法院之间进行选择，确定其一作为管辖的法院。可见，选择管辖和共同管辖既相互依存，也相对独立。没有共同管辖，就没有选择管辖；离开选择管辖，共同管辖就无法落地；共同管辖是法律层面的概念，选择管辖是司法层面的概念；共同管辖一定是多数，选择管辖必然是单一的。因此，在管辖的理论分类中，将选择管辖遗漏不计，乃是不恰当的；同时，将共同管辖和牵连管辖这两种既不具有内在关联也不具有相互排斥关系的管辖制度作为一对分类范畴，也失之妥当。我们的这种分类具有立法上的依据。《民事诉讼法》第36条规定："两个以上人民法院都有管辖权的诉讼，原告可以向其中一个人民法院起诉；原告向两个以上有管辖权的人民法院起诉的，由最先立案的人民法院管辖。"一个条文，两种管辖，既相对独立，又密不可分，恰成天然一对管辖分类范畴。

4. 原始管辖和牵连管辖

以管辖权的来源为标准，可将管辖分为原始管辖和牵连管辖。原始管辖是诉讼案件依据法律的规定或当事人的协议或法院的裁定所取得的管辖权。法定管辖、协议管辖和裁定管辖均为原始管辖，因为对于特定的诉讼案件而言，无论是法定性、协议性抑或裁定性，均为其管辖权获得的直接依据，具有原始性或本原性的特点。原始管辖使诉讼案件获得管辖的"第一桶金"以后，由于诉讼案件的性质以及诉讼变化等缘故，而使牵连管辖成为必要与可能。牵连管辖，是指对某一特定诉讼案件具有管辖权的法院，基于有管辖权的案件与无管辖权的案件之牵连关系，对无管辖权的案件也因此而获得了管辖权。牵连管辖也称连带管辖、合并管辖，又由于它是派生于原始管辖的管辖，因而也可称之为派生管辖。牵连管辖的管辖权依据不具有独立性，而具有依附性和派生性。原始管辖是根本，原始管辖一旦消失，牵连管辖也随之消失。原始管辖乃因法定管辖、协议管辖和裁定管辖的落实而形成，牵连管辖则寄生于原始管辖之上；先有原始管辖，后有牵连管辖；原始管辖是管辖制度得以实施的结果，牵连管辖则是共同诉讼制度、第三人诉讼制度、代表人诉讼制度和反诉制度等诉讼制度得以实施的结果；原始管辖是真正的管辖，牵连管辖虽具管辖之名，但却不是真正的管辖，而是特殊诉讼制度所内含的非真正管辖。《民诉法解释》第39条规定："人民法院对管辖异议审查后确定有管辖权的，不因当事人提起反诉、增加或者变更诉讼请求等改变管辖，但违反级别管辖、专属管辖规定的除外。"其中管辖不因反诉而改变，即为牵连管辖之规定。

四、管辖恒定

（一）管辖恒定概述

管辖恒定是指人民法院在受理案件时依法具有管辖权的，不因此后确定管辖因素的变化而发生变化。据此定义，可以分析出管辖恒定的以下特点：

其一，管辖恒定的前提条件是人民法院对特定的诉讼案件具有管辖权。如果人民法院在受理案件时不存在管辖权，或者存在管辖权的争议，管辖恒定则不会发生。比如，原告诉被告违约，在既不是被告所在地也不是合同履行地的合同签订地提起诉讼，依据《民事诉讼法》第24条之规定，该合同签订地的法院对该案便无管辖权。然而该法院还是受理了该案，管辖恒定是否发生作用呢？回答是否定的。原因在于，该法院原本对该案就缺乏管辖权，这种状态不会因为其强行受理案件而有所改变，① 管辖恒定不具有产生管辖依据的作用，而仅具有固化管辖法院的功能。

其二，管辖恒定以确定管辖的因素发生变化而发生。如果确定管辖的因素始终未变，则无所谓管辖恒定之问题。

其三，管辖恒定自动发挥作用，无须当事人提出申请。对方当事人（一般为被告）可能会以管辖权确定因素发生变动为由提出管辖权的异议，对该异议，法院将以管辖恒定为由予以驳回。

其四，管辖恒定的存续时间为人民法院对诉讼案件的受理或者应诉管辖确定之时，直至法院审判完毕。这里需要注意的是，管辖恒定发生的基准时是法院对诉讼案件的受理之时。如果当事人在起诉时法院具有管辖权，但受理时已无管辖权，则该法院仍无管辖权，自不发生管辖恒定。

---

① 当然，如果发生了应诉管辖，则另当别论，但这属于应诉管辖的恒定问题，与这里所论管辖恒定以法院具备管辖权为前提并不矛盾。

（二）管辖恒定的意义

管辖恒定是各国民事诉讼法之通例，我国民事诉讼法虽未直接规定管辖恒定原则，但在最高人民法院的司法解释中已有系统规定[①]。之所以民事诉讼法要规定管辖恒定主义或管辖恒定原则，其原因主要在于：

1. 诉讼安定的要求

诉讼程序需要安定，如果诉讼程序处在经常变动之中，则法院便无从解决民事纷争，民事诉讼法的任务就无法完成。诉讼安定原则体现在诉讼全过程之中，管辖恒定就是程序安定的一种表现。缺乏管辖恒定，程序安定便无从说起。

2. 诉讼经济的要求

诉讼经济是民事诉讼所应贯彻的一项原则，其基本含义在于节约司法资源，反对诉讼浪费，排斥诉讼程序无谓地反复进行。管辖恒定正是适应诉讼经济原则的要求，使已经进行过的诉讼程序不因管辖因素的变动而归于消灭，从而保全当事人所实施的所有诉讼行为的成果，当事人的事实主张和所提供的证据资料都能继续发挥作用而无须另行更换法院从头再来，法院的审判成果，包括卷宗记录等，也得到保留，诉讼经济得到了彰显。

3. 诉讼效率的要求

诉讼案件要高效率地了结，如果因为管辖问题而使诉讼案件时常往后推延或重新来过，则诉讼效率便将大受影响，纠纷案件也难以得到解决，当事人对此必生抱怨之意，难以使当事人对诉讼程序寄予信赖。

4. 减少诉累的需要

当事人提起一个诉讼需要做大量准备，其实施诉讼活动也需要有大量付出，如果诉讼案件因管辖因素而颠簸不定，当事人的诉讼付出必然成倍增加，为了一个诉讼案件，可能会被迫到若干个法院起诉或应诉，当事人的诉讼疲惫感乃至司法厌倦心将不可避免会产生，这对当事人鼓起勇气进行维权诉讼极为不利。

5. 维护司法权威的需要

司法缺乏安定性必然有损司法的权威性，司法的权威性产生于司法的安定性。如果法院对诉讼案件刚刚受理进来却马上又要让出去由别的法院审理，或者已经审理了一段时间现在却又要退出对该案的审理，那么，这对受理该案的法院而言无疑有损其司法权威性。这种损害不仅表现在其所实施的所有司法行为均付诸东流，乃至功亏一篑，从而影响司法权威，而且还表现在其在先的司法行为如果与在后的司法行为形成矛盾，则也有损司法权威。

可见，管辖恒定原则在民事诉讼中颇有必要，其对维护当事人既得的诉讼利益、减少其诉讼烦难、保持诉讼程序的相对稳定性、维护司法的尊严与权威均有重要意义。

（三）管辖恒定的类型

管辖恒定分为三种类型：一是级别管辖恒定，二是地域管辖恒定，三是牵连管辖恒定。分述如下：

1. 级别管辖恒定

级别管辖是确定上下级法院之间审判分工所产生的管辖，级别管辖的强制性和专属管辖的

[①] 《民诉法解释》第37条、第38条、第39条。

强制性处在同一个序列，立法上经常运用"不得违反级别管辖和专属管辖"这样的表述。① 因此，级别管辖恒定较之地域管辖恒定而言，其所要求的条件更加严格，管辖的恒定力稍弱。级别管辖恒定，是指按级别管辖确定法院后，不再因为确定级别管辖的因素发生变动而发生变动。分析言之，级别管辖的确定因素有两类：一类是刚性因素，主要指诉讼标的额，但有时也兼指参与诉讼的人数多寡和主体性质，比如再审案件的级别管辖就是如此。② 另一类是软性因素，主要是案件影响大小，包括案件复杂程度等因素在内。③ 软性因素取决于司法者的主观判断，客观性难以把握，因此，如果以案件影响力大小的主观判断为标准确定级别管辖，则下级法院的相应判断只能由上级法院的判断取而代之，这就会导致管辖权的转移，而管辖权的转移是对级别管辖恒定原则的一个突破；但这与其说是管辖权的转移，不如说是管辖权的确定，因为下级法院的判断被上级法院认为是错误的，因而以重大影响为标准实行的管辖权的转移，并不是真正的管辖权的转移，而是管辖权的确定和管辖案件的移送。按照刚性因素也即诉讼标的额来确定级别管辖，也会遇到上级法院管辖权转移的冲击，从而影响级别管辖恒定原则的贯彻落实。从这个意义上说，既然我国民事诉讼法上存在管辖权的转移制度，那么，所谓级别管辖恒定原则的意义便大大削减；级别管辖恒定只有在管辖权转移制度不发挥作用时方得以成为可能。

因此，严格意义上的级别管辖恒定仅存在于诉讼标的额发生变化的情形之下。诉讼标的额是当事人起诉时在起诉状上载明的要求被告给付多少金钱或财物的声明。金钱作为诉讼标的额容易确定，但财物作为诉讼标的额则需要换算，比如原告诉被告返还被其侵占的房屋一间，这房屋究竟值 100 万还是 200 万，需要按照当时的市场行情评估确定，还有一些财产性的权益，比如股权、债券等，也需要评定。诉讼标的额在诉讼过程中不会一直保持不变，其发生变化或涨落的情况是常见的。主要有两个原因会导致诉讼标的额的变化：一是当事人自己增加或减少了诉讼标的额，二是财物、财产性权益本身随行就市发生了价值波动，如房价大涨或大跌，股价大增或大减。一般而言，后者的变化乃在预期之中，或属于规律性变化，其对级别管辖的变化不宜产生影响，但前者的变化乃是人为为之，情况有所不同。就金钱的诉讼标的额而言，如果当事人减少诉讼标的额，则无论其主观上是恶意为之还是善意为之，级别管辖不宜发生变动，上级法院的管辖权不因此而受影响，因为这并没有影响或损害当事人的管辖利益；如果当事人增加诉讼标的额，则要区分其主观上是恶意为之还是善意为之做出分别对待。如果当事人增加诉讼标的额是出于规避级别管辖的规定，先提出一个较小诉讼标的额的案件，使之由较低级别的法院管辖，然后又在诉讼中增加诉讼标的额，从而使增加后的诉讼标的额远远超过了下级法院的级别管辖数额标准，则其级别管辖法院要做出调整，管辖恒定原则不发挥作用。因为管辖恒定保护的是善意的当事人，而不保护恶意的、违反诚信原则的当事人。但如果当事人增加诉讼标的额并非出于恶意，而是情势发生变迁之所需，比如，原告诉被告赔偿因交通事故所造成的人身损失，原先起诉之时，损失尚未扩大，故而提出的诉讼标的额较小，属于下级法院

---

① 如《民事诉讼法》第 35 条对协议管辖的规定。
② 参见《民事诉讼法》第 206 条。
③ 《民事诉讼法》第 19 条规定的中级人民法院管辖的"重大涉外案件"和"在本辖区有重大影响的案件"、第 20 条规定的"高级人民法院管辖在本辖区有重大影响的第一审民事案件"、第 21 条规定的最高人民法院管辖"在全国有重大影响的案件"。可见，"重大影响"这四个字反复出现在中级以上法院的级别管辖之中，尤其在立法层面而言，"重大影响"可谓确定一审案件级别管辖的唯一因素。"诉讼标的额"的因素是最高人民法院通过司法解释加以确认的，立法并无规定。

管辖范围，但此后诉讼中损失进一步扩大，需要增加诉讼标的额，从而使该增加了的诉讼标的额超出了下级法院的级别管辖数额标准，此时便应适用管辖恒定原则，级别管辖的法院不宜再作变动，否则就会损及级别管辖的制度价值。最高人民法院《关于审理民事级别管辖异议案件若干问题的规定》第3条规定："提交答辩状期间届满后，原告增加诉讼请求金额致使案件标的额超过受诉人民法院级别管辖标准，被告提出管辖权异议，请求由上级人民法院管辖的，人民法院应当按照本规定第一条①审查并作出裁定。"

问题在于，何谓恶意为之抑或善意为之，是一个难以判断的问题，该问题应由处理管辖权异议的法院裁量。此外尚需说明的是，级别管辖恒定一般是指一审案件的管辖恒定，但在特殊情况下，也可能会产生二审案件管辖恒定的问题。比如，原来知识产权的二审案件由高级法院管辖，但在该高级法院受理二审案件后，最高人民法院成立了知识产权法庭，规定知识产权二审案件当事人直接向最高人民法院知识产权法庭提出，此时便产生二审案件的管辖恒定的问题。笔者认为，级别管辖恒定同样适用于二审案件。还可能产生一种情况：受理某特定案件的法院在受理后被立法或司法解释确定不再享有对某类案件的级别管辖权，那么，该法院是否受管辖恒定原则的制约？比如，受理民事公益诉讼的基层法院在司法解释通过后，它不再享有民事公益诉讼案件的级别管辖权，②只有中级法院才有权管辖民事公益诉讼案件，此时，也适用级别管辖恒定原则，该基层法院无须将案件移送给中级法院。

2. 地域管辖恒定

地域管辖恒定是管辖恒定的主要内容，主要有两种情形：一是案件受理后，受诉人民法院的管辖权不受当事人住所地、经常居住地变更的影响。③ 二是有管辖权的人民法院受理案件后，不得以行政区域变更为由，将案件移送给变更后有管辖权的人民法院。④ 此外，应诉管辖一旦成立，也产生管辖恒定之效果。实践中还可能会出现这样一种情况：法院在作出一审判决或二审判决后，原一审法院或二审法院被撤销或合并，所形成的二审案件或再审案件应当由接管该被撤销和合并法院的审判机构管辖。比如，一审法院被撤销，案件被另一法院接管，二审法院发回重审，应当发回到接管该案件的法院；二审法院被撤销，案件被另一法院接管，当事人申请再审，应当向接管案件的法院申请再审，人民检察院也应当向接管案件的法院提出检察建议或者向其上一级法院提出抗诉。

需要探讨的问题是，诉讼请求的类别发生变化，是否会影响案件的地域管辖。诉讼请求标的额的变化有可能会影响级别管辖的确定和调整，已如上述。这里要探讨的是，诉讼请求的性质发生了变化，是否要调整地域管辖。比如，当事人提出违约之诉后，改变诉讼请求的性质，将其改为合同欺诈侵权之诉，那么，此时是否需要将《民事诉讼法》第24条所规定的违约之诉的管辖法院改为《民事诉讼法》第29条所规定的侵权之诉的管辖法院？笔者的答案是肯定的。因为这已不是诉讼请求标的额的调整，而是诉讼性质的变化，作为诉讼基础的诉讼标的本

---

① 最高人民法院《关于审理民事级别管辖异议案件若干问题的规定》第1条规定："被告在提交答辩状期间提出管辖权异议，认为受诉人民法院违反级别管辖规定，案件应当由上级人民法院或者下级人民法院管辖的，受诉人民法院应当审查，并在受理异议之日起十五日内作出裁定：（一）异议不成立的，裁定驳回；（二）异议成立的，裁定移送有管辖权的人民法院。"

② 《检察公益诉讼司法解释》第5条规定："市（分、州）人民检察院提起的第一审民事公益诉讼案件，由侵权行为地或者被告住所地中级人民法院管辖。"

③ 《民诉法解释》第37条。

④ 《民诉法解释》第38条。

身发生了质的变更。这里涉及两个问题：一是是否允许做出诉讼标的之变更；二是如果允许做出诉讼标的之变更，那么，是否要调整地域管辖法院，地域管辖恒定原则是否适用于这种诉讼标的发生变更的情形。应当说，地域管辖恒定原则不能适用于诉讼标的发生变更的情形，诉讼标的之变更将导致受理案件法院之变更。① 其原因在于，诉讼标的发生变更，实际上就是当事人撤回了一个诉，同时又提出了一个诉，撤回了一个诉产生使诉讼程序消灭的结果，提起了一个诉，必须要向有管辖权的法院提出，否则任何人都可以先提出一个诉由某法院管辖，然后又改变这个诉的性质，仍然由该法院进行管辖，从而达到规避地域管辖之目的，而这是与管辖恒定原则的制度初衷相违背的，也会滋长违反诚信原则的滥用管辖制度的行为，因而应当受到禁止。

3. 牵连管辖恒定

如前所述，牵连管辖是派生于原始管辖的管辖，就其来源而言，管辖法院之所以对牵连的诉讼案件，包括共同诉讼案件、第三人诉讼案件、代表人诉讼案件、反诉案件等，享有管辖权，原因在于落实这些特殊的诉讼制度，而不是对这些牵连案件具有独立的管辖权依据。然而，牵连管辖一旦产生，便获得了相对独立性，即便原始管辖的诉讼案件归于消失，牵连管辖也不受影响。比如，本诉案件的原始管辖使受理本诉的法院获得对反诉案件的管辖权，此后本诉撤回，也不影响该受理本诉的法院对反诉继续行使管辖权。这就是牵连管辖的恒定。牵连管辖之所以会发生恒定现象，主要的原因在于牵连管辖的诉讼案件不因原始管辖的诉讼案件之消失而消失，要使牵连案件不消失，只有同时使牵连管辖不消失，因而牵连管辖恒定的理论依据不同于级别管辖、地域管辖等恒定，其理论依据来源于相应的诉讼制度，而不是来源于管辖恒定的诸多价值。

五、级别管辖

（一）级别管辖概述

确定管辖通常按照这样的顺序进行：级别管辖，专属管辖，协议管辖，特殊地域管辖，一般地域管辖。可见，级别管辖是确定管辖的第一个环节，如果不首先确定级别管辖，就无法确定后面的各种地域管辖，管辖最终就无法确定。

级别管辖，在国外也称"事物管辖"，是划分上下级法院受理第一审民事案件的分工和权限的管辖。在我国，按照《人民法院组织法》的有关规定，人民法院分为：最高人民法院，地方各级人民法院，专门人民法院。② 地方各级人民法院分为高级人民法院、中级人民法院和基层人民法院。③ 专门人民法院包括军事法院和海事法院、知识产权法院、金融法院等。④ 在最高人民法院、高级人民法院、中级人民法院和基层人民法院所进行的一审案件管辖权的划

---

① 《民诉法解释》第39条规定："人民法院对管辖异议审查后确定有管辖权的，不因当事人提起反诉、增加或者变更诉讼请求等改变管辖，但违反级别管辖、专属管辖规定的除外。"其中管辖不因"增加或者变更诉讼请求"而发生变化，也即管辖产生恒定效果，这里仅指诉讼请求标的额的增加或诉讼请求的形式变更，比如原告提出违约损害赔偿请求，在诉讼中将其变更为继续履行合同，这并没有改变诉讼请求的权利基础，也就是说，诉讼标的并未因此而发生变化，这种诉讼请求的变更不影响管辖恒定。

② 《人民法院组织法》第12条。

③ 《人民法院组织法》第13条。

④ 《人民法院组织法》第15条。

分,即为级别管辖,而在各专门法院之间划分的一审管辖权,为专门管辖,专门管辖是一种职能管辖,与级别管辖不同。

就国际上的通行做法而言,对于级别管辖,一般分为两种类型的立法模式:第一种是单一制级别管辖模式,规定所有的案件,无论复杂疑难程度,都由基层法院管辖,其他法院原则上不管辖第一审民事案件。美国的做法就是如此,其基层法院被称为"审理法院",专门受理一审案件;其二审法院被称为"上诉审法院",专门受理二审案件;三审案件则由联邦最高法院受理。当然,在特殊情形下,比如涉及州与州之间、国与国之间的民事纠纷,则由联邦最高法院进行一审管辖。第二种立法模式为双层制立法例,将所有的民事案件按其复杂简单、影响大小程度确立简易法院和基层法院两级法院作为级别管辖的法院,大陆法系国家基本上采用此种模式。

与国外不同,我国民事诉讼法所确定的级别管辖颇具特点,主要有三点:

一是我国所有级别的法院,上至最高人民法院,下至基层人民法院,均有第一审民事案件的管辖权。

二是基层人民法院是受理第一审民事案件的主要法院。所有的一审民事案件,除另有规定外,原则上由基层人民法院管辖。

三是级别管辖的标准较为抽象,更注重案件的实质性影响力的大小。

(二) 确定级别管辖时考虑的因素

从《民事诉讼法》第18条至第21条关于级别管辖的规定看,立法上确定的决定级别管辖的主要因素就是影响力大小。影响力大小是一个极具概括性同时又很难把握的概念,其主观色彩极浓,实践操作中往往具有弹性,刚性约束力不强。从理论上说,影响力大小主要包含以下判断因素:

1. 案件的性质

案件的性质就是案件所具有的内在规定性,其性质可以划分为很多种,比如,按照案件的疆界性为标准,可将案件划分为国内案件和涉外案件;按照案件所涉及的利益为标准,可将案件划分为私益性民事案件、公益性民事案件和混合性民事案件;按照案件所涉法律领域为标准,可将案件划分为专业性强的民事案件,如专利纠纷案件、著作权纠纷案件、海事海商案件、破产案件、金融纠纷案件等,和专业性不强而属于普通性的民事案件,如普通合同纠纷案件、一般侵权纠纷案件等。案件性质对级别管辖具有重大影响,比如,涉外案件,尤其是重大涉外案件,一般由较高级别的法院管辖,专业性较强的案件,也通常被分配在较高级别的法院管辖。之所以将涉外案件、公益案件、专业性较强的案件配置在较高级别的法院管辖,原因主要在于以示重视,审慎处理,同时也由于较高级别的法院配置有专门性人才,一般更胜任此类案件的审判。

2. 案件的繁简程度

案件有繁有简,在确定级别管辖时,就需要将疑难复杂烦琐的案件配置给较高级别的法院管辖,而将简单的民事案件配置在基层法院管辖。现在法院实行案件繁简分流,这既包括通过级别管辖进行繁简分流,也包括在同一法院进行繁简分流。尤其我国目前实行案例指导制度,将一些争议较大、案情复杂的案件分配给较高级别的法院管辖,有利于案例指导制度发挥实际的作用。中级人民法院、高级人民法院和最高人民法院具有总结审判经验、指导下级法院进行案件审判的职能,将疑难复杂案件分配给它们进行管辖,也有利于它们对疑难复杂案件进行精细化审判,从而总结经验,提升审判理论水平。从实践中看,在所有的民事案件总量中,真正复杂疑难的案件所占比重并不大,因此,我国绝大多数民事案件都分配在基层法院一级,因案情复杂等因素而分配在较高级别法院管辖的案件不是很多。

3. 案件的影响范围

案件的影响范围,是指案件处理的结果对社会产生影响的范围大小。案件的影响范围有的仅局限于案件发生的区域,有的则越出案件发生地的区域,扩展到更宽的范围,甚至有的案件在全省市、全国都会产生重大影响。然而从实践中看,案件影响范围广的案件未必就由较高级别的法院管辖,而仍然是按诉讼标的额来确定级别管辖。尤其在我国,强调法律面前人人平等,有些案件虽然涉及大官要员、社会名流或者明星网红,其影响范围瞬间扩大,但我国民事诉讼法强调当事人平等原则①,这些知名人物作为诉讼当事人的民事案件,也不会被提到较高级别的法院去进行级别管辖,如果所涉诉讼标的额不大,也基本上被确定在基层法院管辖。可见,影响范围大小作为级别管辖的因素,虽然是法定的因素,但实际操作极为困难,因而基本上不作为级别管辖的主要因素看待。

4. 诉讼标的额大小

诉讼标的额就是当事人在诉状中提出的诉讼请求的数额,当事人同时提出多个诉讼请求且均具有数额内容的,则应当合并计算作为一个总的诉讼标的额来确定管辖法院。如在当事人双方或一方全部没有履行合同义务的情况下,发生纠纷起诉至人民法院,当事人在诉讼请求中明确要求全部履行合同,应以合同总金额加上其他诉讼请求额作为总的诉讼标的额,以此确定级别管辖;如当事人在诉讼请求中要求解除合同的,应以其合同总金额来确定诉讼标的额,并据以确定级别管辖。但一方提出本诉,另一方提出反诉,或者第三人提出参加之诉,其诉讼标的额分别计算,不能合在一起确定级别管辖法院。

外国民事诉讼法一般将诉讼标的额作为级别管辖的重要标准乃至唯一标准,但我国在《民事诉讼法》中没有提及诉讼标的额的确定标准,而司法解释却又将诉讼标的额作为重要的乃至是唯一的级别管辖标准。我国民事诉讼法的这种规定有待完善。

最高人民法院于 2008 年 2 月 3 日发布了《关于调整高级人民法院和中级人民法院管辖第一审民商事案件标准的通知》②,依照诉讼标的额、诉讼标的额结合案件类型及其他因素两个标准,调整了第一审民商事案件的级别管辖标准。对各高级人民法院辖区内的中级人民法院立案标准,原则上划分了发达地区、一般地区和经济落后地区三个档次。这次调整的范围主要是普通民商事案件,不包括实行专门管辖的海事海商案件、集中管辖的涉外民商事案件和知识产权案件。

以诉讼标的额为级别管辖的标准有优点也有缺点。优点是:诉讼标的额以当事人主张者为准,数额明确,易于操作和判断,而且一旦判断下来,各方也不会产生争议,提出管辖权异议的比较少,诉讼程序会进展得快一些。但是,以诉讼标的额作为级别管辖判断标准的缺点在于:诉讼标的额大的案件并不一定复杂疑难,诉讼标的额小的案件并不一定简单易解。如果绝对以诉讼标的额为标准来确定级别管辖,有时会产生管辖法院的审判能力和审判权威与诉讼案件不相适应的弊端。因而,我国司法解释这种以诉讼标的额为经济纠纷案件级别管辖唯一标准的做法,也值得商榷,需要改进。

---

① 《民事诉讼法》第 8 条。
② 截至 2021 年 10 月 1 日,该通知最新版为 2015 年版本,2008 年版和 2015 年版名称完全相同,都现行有效。

综上所述，我国民事诉讼法是将案件的性质、繁简程度、影响大小三者结合起来作为划分级别管辖之标准的，诉讼标的额被包含在影响大小之中，在确定民事案件的级别管辖时，应当将这三个因素通盘考虑，而不是唯数额是从。

(三) 地方各级人民法院管辖的第一审民事案件

1. 基层人民法院管辖的第一审民事案件

基层人民法院是级别最低的地方法院，包括县、自治县、旗人民法院；不设区的市人民法院；市辖区人民法院。基层人民法院审理第一审案件，法律另有规定的除外。基层人民法院对人民调解委员会的调解工作进行业务指导。基层人民法院根据地区、人口和案件情况，可以设立若干人民法庭；人民法庭是基层人民法院的组成部分；人民法庭的判决和裁定即基层人民法院的判决和裁定。

《民事诉讼法》第18条规定："基层人民法院管辖第一审民事案件，但本法另有规定的除外。"依照该规定，除了《民事诉讼法》规定由中级人民法院、高级人民法院和最高人民法院管辖的第一审民事案件外，其余第一审民事案件一律由基层人民法院管辖。

可见，之所以将绝大多数（约占80%）的一审民事案件均分配给基层法院管辖，主要是因为：其一，基层法院法官人数占全国法官的大多数，因此大多数案件应当分配给他们审理。其二，基层法院处在纠纷的第一线，距离纠纷发生地较近，当事人与证人等诉讼参与人也通常在基层法院的管辖区内，参与诉讼比较便利，法官审起案件来也比较容易进行调查取证，访谈调解、执行起来也较方便。其三，上下级法院职能分工的缘故，基层法院下面再无其他法院，人民法庭本身不具有独立性，它就是基层法院的组成部分和派出机构，因此，基层法院除了需要指导人民调解委员会进行调解工作外，再无其他职能，它无须指导下级法院办案、做出司法解释、进行案例指导制度的相关工作，可以心无旁骛地办案，职能比较纯粹。

最高人民法院《关于调整高级人民法院和中级人民法院管辖第一审民商事案件标准的通知（2015）》规定，婚姻、继承、家庭、物业服务、人身损害赔偿、交通事故、劳动争议等案件，以及群体性纠纷案件，一般由基层人民法院管辖。将矛盾纠纷解决在基层，有利于维护稳定。

2. 中级人民法院管辖的第一审民事案件

中级人民法院包括省、自治区、直辖市的中级人民法院；在直辖市内设立的中级人民法院；自治州中级人民法院；在省、自治区内按地区设立的中级人民法院。其所管辖的案件有：其一，法律规定由其管辖的第一审案件；其二，基层人民法院报请审理的第一审案件；其三，上级人民法院指定管辖的第一审案件；其四，对基层人民法院判决和裁定的上诉、抗诉案件；其五，按照审判监督程序提起的再审案件。

中级人民法院承上启下，既要大量受理一审案件，又要受理第二审和再审案件，任务十分繁重。按照《民事诉讼法》第19条之规定，中级法院管辖的第一审民事案件包括：重大涉外案件；在本辖区有重大影响的案件；最高人民法院确定由中级人民法院管辖的案件。

(1) 重大涉外案件。

涉外案件是指具有涉外因素的民事案件。这里的涉外因素，指的是民事法律关系在主体、内容和客体这三个构成要素上具有涉外性，具体包括主体涉外，也就是诉讼当事人一方或双方是外国人、无国籍人、外国企业和组织；内容涉外，也就是当事人之间的民事法律关系的设立、变更、终结的法律事实发生在外国；客体涉外，也就是诉讼标的物在外国。涉港澳台不属于涉外案件,但在具体处理上,其程序比照涉外程序进行。①

对于涉外民事案件的管辖标准先后有个变化。1982年《民事诉讼法(试行)》采用的标准为"涉外案件"②,没有"重大"二字之限定。司法解释对何谓"重大涉外案件"进行了解释,认为重大涉外案件包括三种情形:一是争议标的额大的案件,二是案情复杂的案件,三是一方当事人人数众多的案件。③

最高人民法院《关于涉外民商事案件诉讼管辖若干问题的规定》(以下简称《涉外管辖规定》)第1条规定:"第一审涉外民商事案件由下列人民法院管辖:(一)国务院批准设立的经济技术开发区人民法院;(二)省会、自治区首府、直辖市所在地的中级人民法院;(三)经济特区、计划单列市中级人民法院;(四)最高人民法院指定的其他中级人民法院;(五)高级人民法院。上述中级人民法院的区域管辖范围由所在地的高级人民法院确定。"上述法院对下列案件实行集中管辖:"(一)涉外合同和侵权纠纷案件;(二)信用证纠纷案件;(三)申请撤销、承认与强制执行国际仲裁裁决的案件;(四)审查有关涉外民商事仲裁条款效力的案件;(五)申请承认和强制执行外国法院民商事判决、裁定的案件。"④但是,发生在与外国接壤的边境省份的边境贸易纠纷案件,涉外房地产案件和涉外知识产权案件,不适用该规定。⑤

需要说明的有三点:其一,仅仅是部分涉外案件实行集中管辖,对于集中管辖的涉外案件则无所谓重大与否,或者说,凡属于该列举案件范围的均属重大涉外案件。其二,在这些所列举的法院中,除国务院批准设立的经济技术开发区人民法院属于基层法院外,其他均属中级法院。其三,未被列举在内的涉外案件,视其重大与否还是由通常的中级法院管辖或基层法院管辖,如果案情特别重大,也可由高级法院或最高人民法院管辖。

最高人民法院《关于明确第一审涉外民商事案件级别管辖标准以及归口办理有关问题的通知》为合理定位四级法院涉外民商事审判职能,统一裁判尺度,维护当事人的合法权益,保障开放型经济的发展,就第一审涉外民商事案件级别管辖标准以及归口办理的有关问题,作出规定如下:

关于第一审涉外民商事案件的级别管辖标准。北京、上海、江苏、浙江、广东高级人民法院管辖诉讼标的额人民币2亿元以上的第一审涉外民商事案件;直辖市中级人民法院以及省会城市、计划单列市、经济特区所在地的市中级人民法院管辖诉讼标的额人民币2000万元以上的第一审涉外民商事案件,其他中级人民法院管辖诉讼标的额人民币1000万元以上的第一审涉外民商事案件。天津、河北、山西、内蒙古、辽宁、安徽、福建、山东、河南、湖北、湖南、广西、海南、四川、重庆高级人民法院管辖诉讼标的额人民币8000万元以上的第一审涉外民商事案件;直辖市中级人民法院以及省会城市、计划单列市、经济特区所在地的市中级人民法院管辖诉讼标的额人民币1000万元以上的第一审涉外民商事案件,其他中级人民法院管辖诉讼标的额人民币500万元以上的第一审涉外民商事案件。吉林、黑龙江、江西、云南、陕西、新疆高级人民法院和新疆生产建设兵团分院管辖诉讼标的额人民币4000万元以上的第一

---

① 最高人民法院《关于涉外民商事案件诉讼管辖若干问题的规定》第5条:"涉及香港、澳门特别行政区和台湾地区当事人的民商事纠纷案件的管辖,参照本规定处理。"
② 《民事诉讼法(试行)》第17条规定:"中级人民法院管辖下列第一审民事案件:(一)涉外案件;(二)在本辖区有重大影响的案件。"
③ 《民诉法解释》第1条。
④ 《涉外管辖规定》第3条。
⑤ 《涉外管辖规定》第4条。

审涉外民商事案件；省会城市、计划单列市中级人民法院，管辖诉讼标的额人民币 500 万元以上的第一审涉外民商事案件；其他中级人民法院管辖诉讼标的额人民币 200 万元以上的第一审涉外民商事案件。贵州、西藏、甘肃、青海、宁夏高级人民法院管辖诉讼标的额人民币 2000 万元以上的第一审涉外民商事案件；省会城市、计划单列市中级人民法院，管辖诉讼标的额人民币 200 万元以上的第一审涉外民商事案件，其他中级人民法院管辖诉讼标的额人民币 100 万元以上的第一审涉外民商事案件。各高级人民法院发布的本辖区级别管辖标准，除于 2011 年 1 月后经最高人民法院批复同意的外，不再作为确定第一审涉外民商事案件级别管辖的依据。

下列案件由涉外审判庭或专门合议庭审理：①当事人一方或者双方是外国人、无国籍人、外国企业或者组织，或者当事人一方或者双方的经常居所地在中华人民共和国领域外的民商事案件；②产生、变更或者消灭民事关系的法律事实发生在中华人民共和国领域外，或者标的物在中华人民共和国领域外的民商事案件；③外商投资企业设立、出资、确认股东资格、分配利润、合并、分立、解散等与该企业有关的民商事案件；④一方当事人为外商独资企业的民商事案件；⑤信用证、保函纠纷案件，包括申请止付保全案件；⑥对第①项至第⑤项案件的管辖权异议裁定提起上诉的案件；⑦对第①项至第⑤项案件的生效裁判申请再审的案件，但当事人依法向原审人民法院申请再审的除外；⑧跨境破产协助案件；⑨民商事司法协助案件；⑩最高人民法院《关于仲裁司法审查案件归口办理有关问题的通知》确定的仲裁司法审查案件。上述规定的民商事案件不包括婚姻家庭纠纷、继承纠纷、劳动争议、人事争议、环境污染侵权纠纷及环境公益诉讼。

（2）在本辖区内有重大影响的案件。

如前所述，"在本辖区有重大影响"是我国民事诉讼立法采用的级别管辖的主要标准，然而这个标准很难把握，弹性很大。一般来说，所谓有重大影响，无非是从人数多不多、案情复杂不复杂、诉讼标的额大不大、所涉及的法律问题难不难等几个方面去考量，这其中，只有诉讼标的额较好把握，最高人民法院也聚焦这个标准先后做了若干司法解释，其结果就把诉讼标的额与影响大小实质性地挂起钩来了。

最高人民法院《关于调整高级人民法院和中级人民法院管辖第一审民商事案件标准的通知（2015）》分两种情况规定了中级人民法院管辖的一审民商事案件。

第一种情形是：当事人住所地均在受理法院所处省级行政辖区的第一审民商事案件。北京、上海、江苏、浙江、广东高级人民法院，管辖诉讼标的额 5 亿元以上一审民商事案件，所辖中级人民法院管辖诉讼标的额 1 亿元以上一审民商事案件。天津、河北、山西、内蒙古、辽宁、安徽、福建、山东、河南、湖北、湖南、广西、海南、四川、重庆高级人民法院，管辖诉讼标的额 3 亿元以上一审民商事案件，所辖中级人民法院管辖诉讼标的额 3000 万元以上一审民商事案件。吉林、黑龙江、江西、云南、陕西、新疆高级人民法院和新疆生产建设兵团分院，管辖诉讼标的额 2 亿元以上一审民商事案件，所辖中级人民法院管辖诉讼标的额 1000 万元以上一审民商事案件。贵州、西藏、甘肃、青海、宁夏高级人民法院，管辖诉讼标的额 1 亿元以上一审民商事案件，所辖中级人民法院管辖诉讼标的额 500 万元以上一审民商事案件。

第二种情形是：当事人一方住所地不在受理法院所处省级行政辖区的第一审民商事案件。北京、上海、江苏、浙江、广东高级人民法院，管辖诉讼标的额 3 亿元以上一审民商事案件，所辖中级人民法院管辖诉讼标的额 5000 万元以上一审民商事案件。天津、河北、山西、内蒙古、辽宁、安徽、福建、山东、河南、湖北、湖南、广西、海南、四川、重庆高级人民法院，管辖诉讼标的额 1 亿元以上一审民商事案件，所辖中级人民法院管辖诉讼标的额 2000 万元以上一审民商事案件。吉林、黑龙江、江西、云南、陕西、新疆高级人民法院和新疆生产建设兵团分院，管辖诉讼标的额5000万元以上一审民商事案件，所辖中级人民法院管辖诉讼标的额1000万元以上一审民商事案件。贵州、西藏、甘肃、青海、宁夏高级人民法院，管辖诉讼标的额2000万元以上一审民商事案件，所辖中级人民法院管辖诉讼标的额500万元以上一审民商事案件。

最高人民法院《关于调整部分高级人民法院和中级人民法院管辖第一审民商事案件标准的通知》对上述规定又做出了部分调整，也分两种情形。

第一种情形是：当事人住所地均在受理法院所处省级行政辖区的第一审民商事案件。贵州、陕西、新疆高级人民法院和新疆高级人民法院生产建设兵团分院管辖诉讼标的额3亿元以上一审民商事案件，所辖中级人民法院管辖诉讼标的额3000万元以上一审民商事案件。甘肃、青海、宁夏高级人民法院管辖诉讼标的额2亿元以上一审民商事案件，所辖中级人民法院管辖诉讼标的额1000万元以上一审民商事案件。

第二种情形是：当事人一方住所地不在受理法院所处省级行政辖区的第一审民商事案件。贵州、陕西、新疆高级人民法院和新疆高级人民法院生产建设兵团分院管辖诉讼标的额1亿元以上一审民商事案件，所辖中级人民法院管辖诉讼标的额2000万元以上一审民商事案件。甘肃、青海、宁夏高级人民法院管辖诉讼标的额5000万元以上一审民商事案件，所辖中级人民法院管辖诉讼标的额1000万元以上一审民商事案件。

最高人民法院《关于调整高级人民法院和中级人民法院管辖第一审民事案件标准的通知》对中级法院的级别管辖标准做出了重大调整，具体内容如下：其一，中级人民法院管辖第一审民事案件的诉讼标的额上限原则上为50亿元（人民币），诉讼标的额下限继续按照《关于调整地方各级人民法院管辖第一审知识产权民事案件标准的通知》《关于调整高级人民法院和中级人民法院管辖第一审民商事案件标准的通知》《关于明确第一审涉外民商事案件级别管辖标准以及归口办理有关问题的通知》《关于调整部分高级人民法院和中级人民法院管辖第一审民商事案件标准的通知》等文件执行。其二，海事海商案件、涉外民事案件的级别管辖标准按照该通知执行。其三，知识产权民事案件的级别管辖标准按照该通知执行，但《关于知识产权法庭若干问题的规定》第2条所涉案件类型除外。

（3）最高人民法院确定由中级人民法院管辖的案件。

由最高人民法院根据实际需要确定哪些案件由中级人民法院管辖，这一内容在1982年《民事诉讼法（试行）》并无规定，1991年《民事诉讼法》增加规定了此内容。由最高人民法院确定的管辖，既不是严格意义上的法定管辖，也不是严格意义上的裁定管辖，而是具有裁定性质的法定管辖，属于准法定管辖。其案件主要包括：

①知识产权民事案件。

为进一步加强最高人民法院和高级人民法院的知识产权审判监督和业务指导职能，合理均衡各级人民法院的工作负担，根据人民法院在知识产权民事审判工作中贯彻执行修改后的民事诉讼法的实际情况，就调整地方各级人民法院管辖第一审知识产权民事案件标准问题，最高人民法院发出《关于调整地方各级人民法院管辖第一审知识产权民事案件标准的通知》，其内容如下：高级人民法院管辖诉讼标的额在2亿元以上的第一审知识产权民事案件，以及诉讼标的额在1亿元以上且当事人一方住所地不在其辖区或者涉外、涉港澳台的第一审知识产权民事案件；对于上述标准以下的第一审知识产权民事案件，除应当由经最高人民法院指定具有一般知识产权民事案件管辖权的基层人民法院管辖的以外，均由中级人民法院管辖；经最高人民法院指定具有一般知识产权民事案件管辖权的基层人民法院,可以管辖诉讼标的额在500万元以下的第一审一般知识产权民事案件,以及诉讼标的额在500万元以上1000万元以下且当事人住所地均在其所属高级或中级人民法院辖区的第一审一般知识产权民事案件,具体标准由有关高级人民法院自行确定并报最高人民法院批准;对重大疑难、新类型和在适用法律上有普遍意义的知识产权民事案件,可以依照《民事诉讼法》第39条的规定,由上级人民法院自行决定由其审理,或者根据下级人民法院报请决定由其审理;对专利、植物新品种、集成电路布图设计纠纷案件和涉及驰名商标认定的纠纷案件以及垄断纠纷案件等特殊类型的第一审知识产权民事案件,确定管辖时还应当符合最高人民法院有关上述案件管辖的特别规定;军事法院管辖军内第一审知识产权民事案件的标准,参照当地同级地方人民法院的标准执行;本通知下发后,需要新增指定具有一般知识产权民事案件管辖权的基层人民法院的,有关高级人民法院应将该基层人民法院管辖第一审一般知识产权民事案件的标准一并报最高人民法院批准。

以上是关于知识产权案件级别管辖的一般规定,此外,最高人民法院还通过司法解释确定了知识产权案件级别管辖的某些特殊规定。兹分述如下。

一是关于专利纠纷案件的级别管辖。专利纠纷案件有两类:一类是专利行政案件,属于行政诉讼的受案范围;另一类是专利民事案件,属于民事诉讼的受案范围。后者主要有专利申请权纠纷案件;专利权权属纠纷案件;专利权、专利申请权转让合同纠纷案件;侵犯专利权纠纷案件;假冒他人专利纠纷案件;发明专利申请公布后、专利权授予前使用费纠纷案件;职务发明创造发明人、设计人奖励、报酬纠纷案件;诉前申请停止侵权、财产保全案件;发明人、设计人资格纠纷等专利纠纷案件。专利纠纷案件由各省、自治区、直辖市人民政府所在地的中级人民法院和各经济特区的中级人民法院作为第一审法院。① 近年来,随着专利纠纷案件的增多,一些中级人民法院经最高人民法院批准获得了专利纠纷案件的管辖权。以福建省为例,福州、泉州、厦门三个中级人民法院均有权管辖专利纠纷案件。

专利纠纷案件的管辖,大致经历了如下过程:

根据1985年最高人民法院《关于开展专利审判工作的几个问题的通知》② 中的规定,由北京市中级人民法院管辖的专利纠纷案件有:关于是否应当授予专利权的纠纷案件;宣告授予发明专利权无效或者维持发明专利权的纠纷案件;实施强制许可的纠纷案件;实施强制许可使用费的纠纷案件。由省、自治区、直辖市人民政府所在地的中级人民法院和各经济特区的中级人民法院管辖的专利纠纷案件有:关于专利申请公布后、专利权授予前使用发明、实用新型、外观设计费用的案件;专利侵权的纠纷案件;转让专利申请权或专利权的合同纠纷案件。这三类案件,各省、自治区高级人民法院根据实际需要,经最高人民法院同意,可以指定本省、自治区内的开放城市或者设有专利管理机关的较大城市的中级人民法院管辖。青岛市、连云港市等地中级人民法院已获准对上述三类专利纠纷案件行使管辖权。

1992年《民诉法意见》(失效)规定第一审专利纠纷案件由最高人民法院确定的中级人民法院管辖。

2001年最高人民法院《关于审理专利纠纷案件适用法律问题的若干规定》(已被修改)

---

① 最高人民法院《关于审理专利纠纷案件适用法律问题的若干规定》第1条、第2条。2013年,最高人民法院增加如下规定:"最高人民法院根据实际情况,可以指定基层人民法院管辖第一审专利纠纷案件。"

② 该司法解释发布于1985年,已被《最高人民法院予以废止的2000年底以前发布的有关司法解释目录(第四批)》(2001年12月28日起实施)废止。

规定，专利纠纷第一审案件，由各省、自治区、直辖市人民政府所在地的中级人民法院和最高人民法院指定的中级人民法院管辖。最高人民法院指定的中级人民法院作为第一审管辖专利纠纷案件的城市有：深圳、珠海、汕头、佛山、东莞、江门、中山、厦门、泉州、温州、金华、宁波、台州、苏州、南通、镇江、盐城、无锡、常州、青岛、烟台、潍坊、淄博、东营、株洲、绵阳、景德镇、宜春、大连、葫芦岛、包头等。除此以外，最高人民法院确定的基层人民法院专利纠纷案件也可管辖。

2015年最高人民法院《关于审理专利纠纷案件适用法律问题的若干规定》第2条规定："专利纠纷第一审案件，由各省、自治区、直辖市人民政府所在地的中级人民法院和最高人民法院指定的中级人民法院管辖。最高人民法院根据实际情况，可以指定基层人民法院管辖第一审专利纠纷案件。"《民诉法解释》第2条规定："专利纠纷案件由知识产权法院、最高人民法院确定的中级人民法院和基层人民法院管辖。"

二是涉及商标保护的纠纷案件之级别管辖。此类案件包括：其一，驰名商标保护民事案件。2009年最高人民法院发布的《关于涉及驰名商标认定的民事纠纷案件管辖问题的通知》规定，涉及驰名商标认定的民事纠纷案件，由省、自治区人民政府所在地的市、计划单列市中级人民法院，以及直辖市辖区内的中级人民法院管辖。其他中级人民法院管辖此类民事纠纷案件，需报经最高人民法院批准；未经批准的中级人民法院不再受理此类案件。其二，普通商标民事纠纷案件。依照2020年最高人民法院发布的《关于审理商标案件有关管辖和法律适用范围问题的解释》的有关规定，商标民事纠纷第一审案件，如商标专用权权属纠纷案件、侵犯商标专用权纠纷案件、商标专用权转让合同纠纷案件、商标许可使用合同纠纷案件、申请诉前停止侵犯商标专用权案件及其他商标案件，由中级以上人民法院管辖。各高级人民法院根据本辖区的实际情况，经最高人民法院批准，可以在较大城市确定1—2个基层人民法院受理第一审商标民事纠纷案件。此外，2020年最高人民法院《关于商标法修改决定施行后商标案件管辖和法律适用问题的解释》也有相关规定。

三是关于著作权民事纠纷案件的级别管辖。著作权民事纠纷案件，由中级以上人民法院管辖。但有例外，即各高级人民法院根据本辖区的实际情况，可以确定若干基层人民法院管辖第一审著作权民事纠纷案件。著作权纠纷案件亦包括民事案件与行政案件两类，其中民事案件包括：著作权及与著作权有关权益、权属、侵权、合同纠纷案件；申请诉前停止侵犯著作权、与著作权有关权益行为，申请诉前财产保全、诉前证据保全案件；其他著作权、与著作权有关权益纠纷案件。①

四是涉及域名侵权纠纷案件的级别管辖。最高人民法院《关于审理涉及计算机网络域名民事纠纷案件适用法律若干问题的解释》规定，涉及域名的侵权纠纷案件，由侵权行为地或者被告住所地的中级人民法院管辖。

五是植物新品种民事纠纷案件的级别管辖。根据最高人民法院《关于审理植物新品种纠纷案件若干问题的解释》，由北京知识产权法院作为第一审人民法院受理的植物新品种民事纠纷案件主要有：植物新品种申请驳回复审行政纠纷案件，植物新品种权无效行政纠纷案件，植物新品种权更名行政纠纷案件，植物新品种权强制许可纠纷案件，植物新品种权实施强制许可

---

① 最高人民法院《关于审理著作权民事纠纷案件适用法律若干问题的解释》第2条规定："著作权民事纠纷案件，由中级以上人民法院管辖。各高级人民法院根据本辖区的实际情况，可以报请最高人民法院批准，由若干基层人民法院管辖第一审著作权民事纠纷案件。"

使用费纠纷案件；由知识产权法院，各省、自治区、直辖市人民政府所在地和最高人民法院指定的中级人民法院作为第一审人民法院受理的植物新品种纠纷案件主要有：植物新品种申请权纠纷案件，植物新品种权权利归属纠纷案件，转让植物新品种申请权和转让植物新品种权的纠纷案件，侵犯植物新品种权的纠纷案件等。

六是集成电路布图设计纠纷案件的级别管辖。最高人民法院《关于开展涉及集成电路布图设计案件审判工作的通知》规定，由各省、自治区、直辖市人民政府所在地，经济特区所在地和大连、青岛、温州、佛山、烟台市的中级人民法院作为第一审人民法院审理的集成电路布图设计的民事案件有：布图设计专有权权属纠纷案件；布图设计专有权转让合同纠纷案件；侵犯布图设计专有权纠纷案件；诉前申请停止侵权、财产保全案件以及其他涉及布图设计的案件。

②垄断民事纠纷案件。

垄断民事纠纷案件是指因垄断行为引发的民事纠纷案件，也即因垄断行为受到损失以及因合同内容、行业协会的章程等违反反垄断法而发生争议的自然人、法人或者其他组织，向人民法院提起的民事诉讼案件。根据最高人民法院《关于审理因垄断行为引发的民事纠纷案件应用法律若干问题的规定》，第一审垄断民事纠纷案件，由知识产权法院，省、自治区、直辖市人民政府所在地的市、计划单列市中级人民法院以及最高人民法院指定的中级人民法院管辖。

③期货纠纷案件。

根据最高人民法院《关于审理期货纠纷案件若干问题的规定》第 7 条规定，期货纠纷案件由中级人民法院管辖。高级人民法院根据需要可以确定部分基层人民法院受理期货纠纷案件。

④证券纠纷案件。

根据最高人民法院《关于受理证券市场因虚假陈述引发的民事侵权纠纷案件有关问题的通知》之规定，虚假陈述民事赔偿案件，是指证券市场上证券信息披露义务人违反《证券法》规定的信息披露义务，在提交或公布的信息披露文件中作出违背事实真相的陈述或记载，侵犯了投资者合法权益而发生的民事侵权索赔案件。人民法院受理的虚假陈述民事赔偿案件，其虚假陈述行为，须经中国证券监督管理委员会及其派出机构调查并作出生效处罚决定。当事人依据查处结果作为提起民事诉讼事实依据的，人民法院方予依法受理。对于虚假陈述民事赔偿案件，人民法院应当采取单独或者共同诉讼的形式予以受理，不宜以集团诉讼的形式受理。各直辖市、省会市、计划单列市或经济特区中级人民法院为一审管辖法院；地域管辖采用原告就被告原则，统一规定为：对凡含有上市公司在内的被告提起的民事诉讼，由上市公司所在直辖市、省会市、计划单列市或经济特区中级人民法院管辖；对以机构（指作出虚假陈述的证券公司、中介服务机构等）和自然人为共同被告提起的民事诉讼，由机构所在直辖市、省会市、计划单列市或经济特区中级人民法院管辖；对以数个机构为共同被告提起的民事诉讼，原告可以选择向其中一个机构所在直辖市、省会市、计划单列市或经济特区中级人民法院提起民事诉讼；原告向两个以上中级人民法院提起民事诉讼的，由最先立案的中级人民法院管辖；有关中级人民法院受理此类案件后，应在三日内将受理情况逐级上报至最高人民法院。

⑤不正当竞争民事案件。

最高人民法院《关于审理不正当竞争民事案件应用法律若干问题的解释》第18条规定，《反不正当竞争法》第5条、第9条、第10条、第14条规定的不正当竞争民事第一审案件，一般由中级人民法院管辖。各高级人民法院根据本辖区的实际情况，经最高人民法院批准，可以确定若干基层人民法院受理不正当竞争民事第一审案件，已经批准可以审理知识产权民事案件的基层人民法院，可以继续受理。

⑥确认仲裁协议效力的案件。

根据最高人民法院《关于适用〈中华人民共和国仲裁法〉若干问题的解释》第12条之规定，当事人向人民法院申请确认仲裁协议效力的案件，由仲裁协议约定的仲裁机构所在地的中级人民法院管辖；仲裁协议约定的仲裁机构不明确的，由仲裁协议签订地或者被申请人住所地的中级人民法院管辖。申请确认涉外仲裁协议效力的案件，由仲裁协议约定的仲裁机构所在地、仲裁协议签订地、申请人或者被申请人住所地的中级人民法院管辖。涉及海事海商纠纷仲裁协议效力的案件，由仲裁协议约定的仲裁机构所在地、仲裁协议签订地、申请人或者被申请人住所地的海事法院管辖；上述地点没有海事法院的，由就近的海事法院管辖。

⑦证券登记结算纠纷。

最高人民法院《关于中国证券登记结算有限责任公司履行职能相关的诉讼案件指定管辖问题的通知》规定："根据《中华人民共和国民事诉讼法》第三十七条和《中华人民共和国行政诉讼法》第二十二条的有关规定，指定中国证券登记结算有限责任公司及其分支机构所在地的中级人民法院分别管辖以中国证券登记结算有限责任公司或其分支机构为被告、第三人的下列第一审民事和行政案件：1. 中国证券登记结算有限责任公司或其分支机构根据法律、法规、规章的规定，进行证券登记、存管、结算业务或对结算参与人及其他相关单位和人员作出处理决定引发的诉讼；2. 中国证券登记结算有限责任公司或其分支机构根据法律、法规的授权和国务院证券监督管理机构的依法授权，进行证券登记、存管、结算业务或对结算参与人及其他相关单位和人员作出处理决定引发的诉讼；3. 中国证券登记结算有限责任公司或其分支机构根据其章程、业务规则的规定以及相关业务合同、协议、备忘录的约定，进行证券登记、存管、结算业务或对结算参与人及其他相关单位和人员作出处理决定引发的诉讼；4. 中国证券登记结算有限责任公司或其分支机构在履行证券登记、存管、结算职能过程中引发的其他诉讼。"

⑧民事公益诉讼案件。

根据《民诉法解释》第283条的规定，公益诉讼案件由侵权行为地或者被告住所地中级人民法院管辖，但法律、司法解释另有规定的除外。因污染海洋环境提起的公益诉讼，由污染发生地、损害结果地或者采取预防污染措施地海事法院管辖。对同一侵权行为分别向两个以上人民法院提起公益诉讼的，由最先立案的人民法院管辖，必要时由它们的共同上级人民法院指定管辖。市（分、州）人民检察院提起的第一审民事公益诉讼案件，由侵权行为地或者被告住所地中级人民法院管辖。①

⑨撤销仲裁裁决案件。

《仲裁法》第58条规定："当事人提出证据证明裁决有下列情形之一的，可以向仲裁委员

---

① 《检察公益诉讼司法解释》第5条。

会所在地的中级人民法院申请撤销裁决：（一）没有仲裁协议的；（二）裁决的事项不属于仲裁协议的范围或者仲裁委员会无权仲裁的；（三）仲裁庭的组成或者仲裁的程序违反法定程序的；（四）裁决所根据的证据是伪造的；（五）对方当事人隐瞒了足以影响公正裁决的证据的；（六）仲裁员在仲裁该案时有索贿受贿，徇私舞弊，枉法裁决行为的。人民法院经组成合议庭审查核实裁决有前款规定情形之一的，应当裁定撤销。人民法院认定该裁决违背社会公共利益的，应当裁定撤销。"《劳动争议调解仲裁法》第49条规定："用人单位有证据证明本法第四十七条规定的仲裁裁决有下列情形之一，可以自收到仲裁裁决书之日起三十日内向劳动争议仲裁委员会所在地的中级人民法院申请撤销裁决：（一）适用法律、法规确有错误的；（二）劳动争议仲裁委员会无管辖权的；（三）违反法定程序的；（四）裁决所根据的证据是伪造的；（五）对方当事人隐瞒了足以影响公正裁决的证据的；（六）仲裁员在仲裁该案时有索贿受贿、徇私舞弊、枉法裁决行为的。人民法院经组成合议庭审查核实裁决有前款规定情形之一的，应当裁定撤销。仲裁裁决被人民法院裁定撤销的，当事人可以自收到裁定书之日起十五日内就该劳动争议事项向人民法院提起诉讼。"

3. 高级人民法院管辖的第一审民事案件

根据《人民法院组织法》第20条的规定，高级人民法院包括省高级人民法院、自治区高级人民法院、直辖市高级人民法院。目前全国共有高级人民法院31个。高级人民法院在级别上仅次于最高人民法院，其主要任务是对全省、自治区、直辖市内基层人民法院和中级人民法院的民事审判工作实行监督；总结和交流民事审判工作的经验，指导所辖区内基层人民法院和中级人民法院的审判工作。根据《人民法院组织法》第21条的规定，高级人民法院审理的案件有：其一，法律规定由其管辖的第一审案件；其二，下级人民法院报请审理的第一审案件；其三，最高人民法院指定管辖的第一审案件；其四，对中级人民法院判决和裁定的上诉、抗诉案件；其五，按照审判监督程序提起的再审案件；其六，中级人民法院报请复核的死刑案件。

《民事诉讼法》第20条规定："高级人民法院管辖在本辖区有重大影响的第一审民事案件。"高级人民法院管辖在本辖区内有重大影响的案件，是指就全省、自治区、直辖市范围而言，案情重大复杂疑难、涉及面广人多、影响大、社会关注度高的案件。

高级法院级别管辖的案件分为两类：一类是软性标准所确定的级别管辖，比如影响大等，另一类是刚性标准所确定的级别管辖，比如诉讼额等。以前者确定的级别管辖较少，以后者确定的级别管辖居多，而后者根据诉讼标的额确定高级法院的级别管辖与中级法院的级别管辖往往联系在一起加以规定，在一定界限以下属于中级法院管辖，在该一定界限以上则属于高级法院管辖，级别管辖一般到高级法院就封顶了，最高人民法院一般不会受理第一审民事案件。因此，为避免重复，关于高级法院级别管辖的数额标准可参阅中级法院级别管辖部分内容。

（四）最高人民法院管辖的第一审民事案件

最高人民法院是国家最高审判机关，其职能主要包括：

一是监督职能。最高人民法院监督地方各级人民法院和专门人民法院的审判工作。

二是制定司法解释、发布指导性案例的功能。

三是汇报工作。最高人民法院对全国人民代表大会及其常务委员会负责并报告工作。

四是司法行政管理。包括管理最高人民法院的法官以及其他工作人员、协同管理编制以及机构设置；组织对外司法交流；指导地方各级法院和专门法院进行司法行政管理等。

五是审理案件。根据《人民法院组织法》第 16 条的规定，最高人民法院审理的案件包括：其一，法律规定由其管辖的和其认为应当由自己管辖的第一审案件；其二，对高级人民法院判决和裁定的上诉、抗诉案件；其三，按照全国人民代表大会常务委员会的规定提起的上诉、抗诉案件；其四，按照审判监督程序提起的再审案件；其五，高级人民法院报请核准的死刑案件。

与民事诉讼有关的内设机构主要有：立案庭、民事审判第一庭、民事审判第二庭、民事审判第三庭、民事审判第四庭、审判监督庭、执行局等，巡回法庭也是其中的组成部分。

根据《民事诉讼法》第 20 条的规定，由最高人民法院管辖的第一审民事案件有两种：在全国有重大影响的案件；认为应当由自己审判的案件。

最高人民法院设立巡回法庭，是最高人民法院下属机构，主要审理跨行政区域重大行政和民商事案件。中共中央十八届三中全会提出，探索建立与行政区划适当分离的司法管辖制度。中共中央十八届四中全会提出，探索设立跨行政区划的人民法院，办理跨地区案件。2014 年 12 月 2 日，中共中央全面深化改革领导小组第七次会议审议通过了《最高人民法院设立巡回法庭试点方案》，2015 年 1 月 28 日、1 月 31 日，最高人民法院第一巡回法庭和第二巡回法庭分别在深圳、沈阳正式成立。2016 年 11 月 1 日，中央深改组第二十九次会议，同意最高人民法院在深圳、沈阳设立第一、第二巡回法庭的基础上，在重庆、西安、南京、郑州增设巡回法庭，目前共有 6 个最高人民法院巡回法庭。

按最高人民法院《关于巡回法庭审理案件若干问题的规定》第 1 条之规定，最高人民法院设立巡回法庭，受理巡回区内相关案件。第一巡回法庭设在广东省深圳市，巡回区为广东、广西、海南、湖南四省区。第二巡回法庭设在辽宁省沈阳市，巡回区为辽宁、吉林、黑龙江三省。第三巡回法庭设在江苏省南京市，巡回区为江苏、上海、浙江、福建、江西五省市。第四巡回法庭设在河南省郑州市，巡回区为河南、山西、湖北、安徽四省。第五巡回法庭设在重庆市，巡回区为重庆、四川、贵州、云南、西藏五省区。第六巡回法庭设在陕西省西安市，巡回区为陕西、甘肃、青海、宁夏、新疆五省区。最高人民法院本部直接受理北京、天津、河北、山东、内蒙古五省区市有关案件。第 3 条确定了巡回法庭审理或者办理的案件范围："（一）全国范围内重大、复杂的第一审行政案件；（二）在全国有重大影响的第一审民商事案件；（三）不服高级人民法院作出的第一审行政或者民商事判决、裁定提起上诉的案件；（四）对高级人民法院作出的已经发生法律效力的行政或者民商事判决、裁定、调解书申请再审的案件；（五）刑事申诉案件；（六）依法定职权提起再审的案件；（七）不服高级人民法院作出的罚款、拘留决定申请复议的案件；（八）高级人民法院因管辖权问题报请最高人民法院裁定或者决定的案件；（九）高级人民法院报请批准延长审限的案件；（十）涉港澳台民商事案件和司法协助案件；（十一）最高人民法院认为应当由巡回法庭审理或者办理的其他案件。巡回法庭依法办理巡回区内向最高人民法院提出的来信来访事项。"第 4 条规定，知识产权、涉外商事、海事海商、死刑复核、国家赔偿、执行案件和最高人民检察院抗诉的案件暂由最高人民法院本部审理或者办理。

关于最高人民法院的一审管辖权问题，理论界质疑声不断，但我国《民事诉讼法》从 1982 年制定试行法至今，中间经过 1991 年、2007 年、2012 年、2017 年历次修改，一直没有改变这个条款。理论界对最高人民法院管辖一审案件提出来的质疑是：第一，最高人民法院是最高级别的法院，在其上已无任何更高级别的法院或机构能够监督、审核其所审一审案件，因而最高人民法院所管辖的一审案件实际上就是终审案件，本质上实行了一审终审制，而《民事诉讼法》第10条规定的却是二审终审制,最高人民法院受理一审案件违反了审级制度。第二,与第一点有关,当事人的审级利益受到了损害。当事人根据二审终审制对一审裁判不服可以向上级法院提出上诉,通过上级法院的上诉审,有望纠正一审法院的错误裁判。然而,最高人民法院行使了一审管辖权,使当事人原本应当享有的通过行使上诉权而获得的审级利益遭到了牺牲,在当事人之间造成了人为的不平等。第三,使最高人民法院失去了应有的审级监督。上级法院监督下级法院是确保司法公正的重要保障,最高人民法院管辖第一审案件,没有更高级的法院对其实施监督,再加之现在又力推司法责任制,法官独立审判一般无须院庭长或审判委员会监督和审批,该法官也没有更高级别的法院去请示汇报,因而造成的结果实际上就是,该案件由该一个法官说了算,再也没有其他的更高级别的法官对其实施审判监督,这难免会产生司法专断和冤案错案。第四,就程序正当性而言,在全国范围内有重大影响的案件,或者诉讼标的额特别巨大的案件,按照程序相称性法理或比例性原则,其所需的程序应当更加正当和充分,而由最高人民法院管辖一审案件,却使程序正当性向相反方向逆转,不是增加审级,如实行三审终审制,而是减少一个审级,使原来就感到比较匮缺和紧张的二审终审变成了一审终审,其逻辑就变成:越是重要的案件,审级越少。有趣的是,在诉讼范围内实行一审终审制的案件只有两类:一是小额诉讼案件,二是最高人民法院管辖的特别重要的案件;一个是最重要的案件,另一个是最不重要的案件,两种案件实行一种程序,其不妥当性和反逻辑性显而易见。

上述对最高人民法院行使一审管辖权的质疑不无道理,但笔者并不完全赞同取消论的观点,而持创新论的观点,也即在最高人民法院内部创设两种类别的审判庭,一是初审庭,二是上诉庭(此外还有一个再审庭)。事实上,问题不在于最高人民法院要不要有第一审案件的管辖权,而在于:第一,如何激活最高人民法院的一审管辖权,而使之不处在虚设状态,成为睡眠条款(正因为成为睡眠条款,才遭到学界的抨击和质疑);第二,如何确保二审终审制的贯彻和落实,不使当事人的审级利益遭受损失,确保程序的公正性和正当性。司法改革的顶层设计创设最高人民法院巡回法庭受理跨省级区域的重大民商事案件,以克服地方保护主义之弊。巡回法庭是最高人民法院的派出机构,是最高人民法院的组成部分,它受理跨区域的重大民商事案件,就是最高人民法院自己受理跨区域的重大民商事案件。因此,如果将巡回法庭确定为最高人民法院的一审审判庭,或者说有权受理第一审民商事案件,那么,可以将最高人民法院本部相关审判庭确定为二审审判庭,所有的一审案件由巡回法庭受理和审判的,当事人不服可以上诉到最高人民法院本部,这样一来就两全其美了,一方面改革向前推进了一大步,另一方面也消除了立法上最高人民法院一审级别管辖权所天然具有的诸多理论和实践障碍。

六、地域管辖

(一)地域管辖的概念

民事诉讼中的地域管辖是指划分同级人民法院之间受理第一审民事案件的权限和分工的管辖制度。地域管辖也称为土地管辖、区域管辖或地区管辖等。地域管辖的产生需要具备两个前提:一是制度上的前提。地域管辖必须同时存在两个或两个以上的同一级别、同一性质的法院，对最高人民法院而言，便无地域管辖一说，① 但对高级人民法院、中级人民法院和基层人民法院则有地域管辖的划分和确定问题。在基层人民法院内部，尽管在各个人民法庭之间也有按地域划分受理案件的制度和做法，但这仅仅是法院内部的划分，由各基层法院根据实际情况确定，违反了这种内部划分而受理和审判案件，也不构成对地域管辖的违反，当事人对此无权提出管辖权的异议。知识产权法院、互联网法院、金融法院、跨区划法院等专门性法院，也有地域管辖之分。

地域管辖和级别管辖既相伴相随，又先后接续。级别管辖确定在先，在确定级别管辖后，地域管辖随后方得以确定；如果级别管辖尚未确定，那么，要确定地域管辖则是徒劳的，因为地域管辖根本无法确定。因此，如果将级别管辖比喻成纵向坐标的话，那么，地域管辖则为横向坐标，在确定管辖时，先要在纵向坐标上确定一个管辖点，然后在横向坐标上确定一个管辖点，将这两个管辖点连接起来便可以确定特定的管辖法院。

地域管辖的本质规定性在于某一地方的某一法院为什么能够对某一民事案件行使管辖权，也就是说，地域管辖是为地方各级法院行使管辖权寻找正当化的依据，这种正当化的依据集中表现为案件中某些重要的因素落入特定地方法院的司法辖区范围之内，这些因素主要包括四种：一是当事人的住所地或经常居住地在特定法院的司法辖区内，二是案件事实发生在特定法院的司法辖区内，三是双方当事人争议的诉讼标的物处在特定法院的司法辖区内，四是案件的关联事实出现在特定法院司法辖区内。比如《民事诉讼法》第33条规定的船舶最先到达地、共同海损理算地或者航程终止地，这些区域既不是当事人的住所地，也不是案件事实发生地，也不是标的物所在地，而是与案件有关联的事实所在地。这些因素均为确定地域管辖的联结因素，在大陆法系国家被称为"审判籍"，包括人的审判籍、事的审判籍、物的审判籍和关联审判籍。上述四种因素是确定地域管辖的客观因素，除此以外，确定地域管辖还可以根据主观因素进行，这就是协议管辖；协议管辖在有效的条件下，能够最终确定地域管辖。

(二) 确定地域管辖的模式

我国民事诉讼法确定地域管辖的标准采取了两个模式：一是单一模式，二是综合模式。

单一模式是指确定地域管辖只有一个联结因素，其管辖权的确定是单纯的，当事人没有选择的余地。比如《民事诉讼法》第22条规定的"一般地域管辖"就是如此。该条规定："对公民提起的民事诉讼，由被告住所地人民法院管辖；被告住所地与经常居住地不一致的，由经常居住地人民法院管辖。对法人或者其他组织提起的民事诉讼，由被告住所地人民法院管辖。"再如，《民事诉讼法》第27条规定："因公司设立、确认股东资格、分配利润、解散等纠纷提起的诉讼，由公司住所地人民法院管辖。"《民事诉讼法》第34条规定："下列案件，由本条规定的人民法院专属管辖：（一）因不动产纠纷提起的诉讼，由不动产所在地人民法院管辖；（二）因港口作业中发生纠纷提起的诉讼，由港口所在地人民法院管辖；（三）因继承遗产纠纷提起的诉讼，由被继承人死亡时住所地或者主要遗产所在地人民法院管辖。"其中（一）（二）均属单一模式。

综合模式是指采用两个或两个以上的联结因素确定地域管辖的方式，如《民事诉讼法》

---

① 最高人民法院目前创设了6个巡回法庭，这6个巡回法庭也有管辖区域的划分，但这仅仅是最高人民法院内部工作的划分，不属于地域管辖的调整范围，最高人民法院可以自行加以确定，违反这一规定而受理和审判案件，也不构成违反地域管辖的规定。

第 24 条规定合同纠纷诉讼，被告住所地或者合同履行地的两个地方的人民法院均有管辖权。特殊地域管辖基本上采用的均是综合模式。其中，综合模式又包括两种组合方式：一是包含一般地域管辖联结因素的组合方式。在这种组合方式中，其中有一个管辖的联结因素是当事人的住所地或经常居住地，其他的联结因素为事的审判籍、物的审判籍或关联审判籍等。如《民事诉讼法》第 29 条规定的"侵权诉讼管辖"，就包含了侵权行为地或者被告住所地两个人民法院，而被告所在地则属于一般地域管辖的联结因素。这种包含一般地域管辖联结因素的综合模式，实质上是对一般地域管辖范围的扩大，它和一般地域管辖之间的关系乃是特殊性和一般性的关系，一般性寓于特殊性之中，特殊性是一般性的扩展。这种综合模式在民事诉讼法上居多数，属于特殊地域管辖的常态性规范。二是不涵盖一般地域管辖所形成的特殊地域管辖。这种特殊地域管辖并不是名副其实的特殊地域管辖，因为它与一般地域管辖之间并没有形成特殊性和一般性的辩证关系。属于这种情形的主要有《民事诉讼法》第 32 条关于海难救助管辖的规定、第 33 条关于共同海损管辖的规定以及第 34 条关于专属管辖的前两项规定。这种综合模式实际上是排除了被告所在地的法院管辖。

（三）地域管辖的种类

地域管辖有狭义和广义之分，狭义的地域管辖就是指一般地域管辖和特殊地域管辖两种，广义的地域管辖则除了一般地域管辖和特殊地域管辖两种管辖外，还包括协议管辖、应诉管辖、专属管辖、共同管辖、选择管辖和牵连管辖，因为这些管辖都是为了确定地域管辖而存在的，它们既然与级别管辖无关，那一定属于地域管辖。不过，一般而言，除非有特别说明，地域管辖的概念是在狭义上说的。

1. 一般地域管辖

一般地域管辖，又称普通管辖、普通地域管辖或一般管辖，是指根据当事人的住所地或经常居住地确定的地域管辖。一般地域管辖又分为一般规则和特别规则两种，一般地域管辖的一般规则是按照"原告就被告"原则确定的一般地域管辖，这是一般地域管辖的常态。如果不加特别说明，一般地域管辖就是指"原告就被告"所确定的由被告住所地或经常居住地的法院管辖。而一般地域管辖还有一种特别规则，就是实行"被告就原告"的原则，由原告住所地或经常居住地的法院管辖。

一般地域管辖具有重要的意义：一方面，一般地域管辖是特殊地域管辖的基础，特殊地域管辖是一般地域管辖的演变；另一方面，一般地域管辖所适用的范围极为广泛，除了适用人身关系的案件外，在多数的财产关系案件中，也适用一般地域管辖，一般地域管辖贯穿于特殊地域管辖的始终（当然也有前述之例外）。

（1）之所以在一般地域管辖中，要普遍地采用"原告就被告"原则，其原因主要在于：

其一，防止原告滥诉。原告是诉讼的发动者，如果原告可以在自己所在地的法院就近进行诉讼，其诉讼成本必然降低，其滥诉可能性必然增长，而如果让原告到被告所在地的法院进行诉讼，有助于使其三思而后行，从而减少滥诉，防止诉讼中的盲动主义和冲动主义。

其二，平衡被告的诉讼利益。被告是被动应诉者，管辖法院是原告采取主动的姿态而进行确定的，被告只有应诉的责任。诉讼中已经被动，如果管辖的确定还要被动，则被告完全处在被动状态，民事诉讼法的立法重心就明显倾斜在原告一方。无论原告还是被告，其在诉讼中的地位是平等的，其诉讼利益以及为了保障该诉讼利益的诉讼制度之安排也要体现出当事人之间的平等性，原告主动诉讼，被告可以就近应诉，这样就使诉讼中的地位和管辖的地位两相结合起来趋于平衡，而不致发生偏颇。

其三，便于法院审判案件。如果说"两便"原则在一般地域管辖的确定中，对当事人主要体现在便于被告应诉上，而对原告的起诉则无法体现出便利性的话，那么对法院审判而言，便利原则获得了充分体现。原告就被告，使得被告所在地的法院容易接近被告了解案情，方便法院询问被告和走访群众，方便法院调查取证和保全财产，也方便法院强制执行，同时还方便法院进行法治宣传教育。

其四，国际惯例普遍如此。"原告就被告"的原则具有普适性，各国皆采用该原则确定地域管辖的基础，其他管辖均是原告就被告原则的适用或变形，我国采用该项原则符合国际惯例。然而，民事案件如此确定地域管辖问题不大，商事案件、经济纠纷案件等如果还是按照该项原则确定地域管辖的话，必然出现地方保护主义等不利影响。为克服此弊，建立在一般地域管辖基础上的特殊地域管辖就成了必要，特殊地域管辖的出现正是为了补足一般地域管辖的缺陷，从而使管辖制度的确定兼顾方方面面的利益，而不致失去平衡。

（2）一般地域管辖分为以下两种情形：

①一般地域管辖的一般规则。《民事诉讼法》第22条关于一般地域管辖的一般规则有三项规定：一是对公民提起的民事诉讼，由被告住所地人民法院管辖；被告住所地与经常居住地不一致的，由经常居住地人民法院管辖。二是对法人或者其他组织提起的民事诉讼，由被告住所地人民法院管辖。三是同一诉讼的几个被告住所地、经常居住地在两个以上人民法院辖区的，各该人民法院都有管辖权。这三项内容中，前二项是关于一般地域管辖一般规则的描述，后一项内容则为共同管辖的规定。共同管辖虽也为地域管辖之范畴，但其不属于一般地域管辖的一般规则之组成部分，因而该项内容不在这里的阐述范围。

可见，一般地域管辖的一般规则乃为"原告就被告"的原则，原告必须到被告所在地的人民法院进行诉讼。这里又因被告的身份分为三种情形：

一是被告为公民个人。被告为公民个人时，作为被告所在地的法院，立法上提出了两个概念：一是被告住所地，二是被告的经常居住地。被告的住所地是指被告的户籍所在地。① 《民法典》第25条第一句规定："自然人以户籍登记或者其他有效身份登记记载的居所为住所。"对于公民而言，除了住所地外，还有一个经常居住地，公民的经常居住地是指公民离开住所地至起诉时已连续居住一年以上的地方，但公民住院就医的地方除外。② 《民法典》第25条第二句规定："经常居所与住所不一致的，经常居所视为住所。"当事人的户籍迁出后尚未落户，有经常居住地的，由该地人民法院管辖；没有经常居住地的，由其原户籍所在地人民法院管辖。③ 被告被注销户籍的，依照《民事诉讼法》第23条规定由原告所在地的法院管辖；原告、被告均被注销户籍的，由被告居住地人民法院管辖。④ 双方当事人都被监禁或者被采取强制性教育措施的，由被告原住所地人民法院管辖。被告被监禁或者被采取强制性教育措施一年以上的，由被告被监禁地或者被采取强制性教育措施地人民法院管辖。⑤ 不服指定监护或者变更监护关系的案件，可以由被监护人住所地人民法院管辖。⑥ 夫妻双方离开住所地超过一年，一方

---

① 《民诉法解释》第3条。
② 《民诉法解释》第4条。
③ 《民诉法解释》第7条。
④ 《民诉法解释》第6条。
⑤ 《民诉法解释》第8条。
⑥ 《民诉法解释》第10条。

起诉离婚的案件,由被告经常居住地人民法院管辖;没有经常居住地的,由原告起诉时被告居住地人民法院管辖。① 双方当事人均为军人的民事案件由军事法院管辖。②

二是被告为法人。被告为法人时,法人或者其他组织的住所地是指法人或者其他组织的主要办事机构所在地。③《民法典》第63条规定:"法人以其主要办事机构所在地为住所。依法需要办理法人登记的,应当将主要办事机构所在地登记为住所。"对于法人而言,如果登记注册的地方与主要办事机构所在地不一致的,以主要办事机构为法人的住所地,但法人或者其他组织的主要办事机构所在地不能确定的,法人或者其他组织的注册地或者登记地为住所地。④

三是被告为其他组织。对没有办事机构的个人合伙、合伙型联营体提起的诉讼,由被告注册登记地人民法院管辖。没有注册登记,几个被告又不在同一辖区的,被告住所地的人民法院都有管辖权。⑤

②一般地域管辖的特别规则。一般地域管辖的特别规则是一般中的特别,而不是特别中的特别,说它是一般,是因为它是按照当事人住所地这个原则来确定地域管辖的;说它是特别,因为它不适用"原告就被告"的原则,而适用"被告就原告"的原则。被告为什么要到原告所在地应诉,原告又为什么能够一反常规在自己的所在地就可以"足不出户"起诉远在他方的被告?原因就在于,这类案件比较特别,如果按照"原告就被告"的原则确定地域管辖,则不仅原告极不方便,而且法院也很不方便,有时甚至被告也不方便,这样于己于人皆不利的管辖规则,在立法上显得论据不足,在司法上显得不合常理。于是,立法上进行权衡,按照两害相权取其轻、两利相权取其重的生活经验,确定了"被告就原告"的一般地域管辖的例外法则。该特别规则对外相对于特殊地域管辖具有一般性,对内相对于"原告就被告"的原则又具有特殊性,该特殊性属于第二层次的特殊性,与特殊地域管辖属于第一层次的特殊性有所不同,因此,不能将"被告就原告"的一般地域管辖特别规则混同于特殊地域管辖。

按照《民事诉讼法》第23条的规定,下列民事诉讼,由原告住所地人民法院管辖;原告住所地与经常居住地不一致的,由原告经常居住地人民法院管辖:"(一)对不在中华人民共和国领域内居住的人提起的有关身份关系的诉讼;(二)对下落不明或者宣告失踪的人提起的有关身份关系的诉讼;(三)对被采取强制性教育措施的人提起的诉讼;(四)对被监禁的人提起的诉讼。"最高人民法院司法解释对此做出了补充和细化规定:追索赡养费、抚养费、扶养费案件的几个被告住所地不在同一辖区的,可以由原告住所地人民法院管辖;⑥ 双方当事人均为军人或者军队单位的民事案件由军事法院管辖;⑦ 夫妻一方离开住所地超过一年,另一方起诉离婚的案件,可以由原告住所地人民法院管辖;⑧ 在国内结婚并定居国外的华侨,如定居国法院以离婚诉讼须由婚姻缔结地法院管辖为由不予受理,当事人向人民法院提出离婚诉讼

---

① 《民诉法解释》第12条。
② 《民诉法解释》第11条。
③ 《民诉法解释》第3条。
④ 《民诉法解释》第3条。
⑤ 《民诉法解释》第5条。
⑥ 《民诉法解释》第9条。
⑦ 《民诉法解释》第11条。
⑧ 《民诉法解释》第12条。

的，由婚姻缔结地或者一方在国内的最后居住地人民法院管辖；① 在国外结婚并定居国外的华侨，如定居国法院以离婚诉讼须由国籍所属国法院管辖为由不予受理，当事人向人民法院提出离婚诉讼的，由一方原住所地或者在国内的最后居住地人民法院管辖；② 中国公民一方居住在国外，一方居住在国内，不论哪一方向人民法院提起离婚诉讼，国内一方住所地人民法院都有权管辖。国外一方在居住国法院起诉，国内一方向人民法院起诉的，受诉人民法院有权管辖；③ 中国公民双方在国外但未定居，一方向人民法院起诉离婚的，应由原告或者被告原住所地人民法院管辖；④ 已经离婚的中国公民，双方均定居国外，仅就国内财产分割提起诉讼的，由主要财产所在地人民法院管辖。⑤

2. 特殊地域管辖

（1）特殊地域管辖的概念。

特殊地域管辖是指不是单纯地按照当事人的住所地，而是由包括案件事实发生地、诉讼标的物所在地等在内的多种因素所确定的地域管辖。《民事诉讼法》从第24条到第33条用10个条文规定了特殊地域管辖，具体包括合同纠纷管辖、保险合同纠纷管辖、票据纠纷管辖、公司纠纷管辖、运输合同纠纷管辖、侵权诉讼管辖、交通事故管辖、海损事故管辖、海难救助管辖、共同海损管辖共10种。特殊地域管辖之所以特殊，主要表现在三个方面：一是管辖的法院数量多。一般地域管辖要么是原告就被告，要么是被告就原告，无论是谁就谁，其管辖的法院只有一个，不会有多个法院同时管辖一个案件；特殊地域管辖则不然，其所确定的管辖法院，除极个别的情形外（如涉公司纠纷，为公司所在地法院管辖），均为两个或两个以上的法院进行管辖。二是特殊地域管辖往往与共同管辖和选择管辖联系在一起。特殊地域管辖是为了克服一般地域管辖给原告所带来的偏颇性和非便利性而产生的，如果说一般地域管辖的价值取向重在保护被告的话，那么，特殊地域管辖的价值取向则重在保护原告，因为案件的特殊性导致原告选择管辖法院的特殊性。三是管辖的法院除包含案件发生地法院、诉讼标的物所在地法院等这些特殊的法院外，还一般地包含被告住所地法院。对于第三点，这里稍作讨论。

我们知道，被告住所地法院是一般地域管辖的管辖法院，属于一般地域管辖的范畴，但为何在特殊地域管辖中还将其包含在里面呢？原因就在于特殊性与一般性的关系，因此特殊地域管辖在应然意义上应当必然地、不言而喻地包括一般地域管辖，从立法技术上说，特殊地域管辖只需要规定特殊的管辖法院即可，无须重复规定一般地域管辖的一般规则。然而，我国民事诉讼法并没有完全遵循这种一般性和特殊性的辩证关系，而只是在大多数特殊案件中体现了这种关系，在少数案件中（如海难救助案件和共同海损案件）并没有将被告所在地包括在内。这就使特殊地域管辖出现了两种模式：一是包含被告住所地的特殊地域管辖，二是不包含被告住所地的特殊地域管辖。两种模式的出现在适用上给审判机关带来了司法上的困惑：对于不包含被告住所地的特殊地域管辖，原告向被告所在地的法院起诉，被告所在地的法院是否享有管辖权？从一般地域管辖和特殊地域管辖的应然关系上说，被告所在地的法院有管辖权；但从民

---

① 《民诉法解释》第13条。
② 《民诉法解释》第14条。
③ 《民诉法解释》第15条。
④ 《民诉法解释》第16条。
⑤ 《民诉法解释》第17条。

事诉讼法关于特殊地域管辖的差异性规定来说,被告所在地的法院则无管辖权,因为立法并无被告所在地法院管辖的规定,而其他的特殊地域管辖则有此规定。笔者认为,我国民事诉讼法关于特殊地域管辖的规定,就立法技术而言乃有改进之空间,改进的内容包括两个方面:一是将特殊地域管辖中的被告住所地法院作为公因式予以剔除;二是明确特殊地域管辖的规定不妨碍当事人按照一般地域管辖选择被告住所地法院进行管辖。

(2) 特殊地域管辖的分类。

根据《民事诉讼法》第24条至第33条的规定,特殊地域管辖有以下10种:

①因合同纠纷提起的诉讼。

特殊地域管辖涉及的都是财产关系的民事纠纷,人身关系的民事纠纷一般不会进入特殊地域管辖的范畴。① 财产关系的民事纠纷主要有两类:一是合同纠纷,二是侵权纠纷。合同纠纷又分为两类:一是通常的合同纠纷,二是特殊的合同纠纷。侵权纠纷也分为两类:一是通常的侵权纠纷,二是特殊的侵权纠纷。

对于通常的合同纠纷,《民事诉讼法》第24条规定了特殊地域管辖中的一般规则:"因合同纠纷提起的诉讼,由被告住所地或者合同履行地人民法院管辖。"所有的合同纠纷,如果无特别规定,则均按此条规定确定管辖法院。被告住所地的含义前已述及,这里不再重复。关键的问题在于:何谓合同履行地?

合同履行地,是指当事人履行合同约定义务的地点,具体而言是指合同规定履行义务和接受义务的地点,主要包括合同标的物的交货地点、付款地点、施工地点、运输地点等。合同约定履行地点的,以约定的履行地点为合同履行地。合同对履行地点没有约定或者约定不明确,争议标的为给付货币的,接收货币一方所在地为合同履行地;交付不动产的,不动产所在地为合同履行地;其他标的,履行义务一方所在地为合同履行地。即时结清的合同,交易行为地为合同履行地。合同没有实际履行,当事人双方住所地都不在合同约定的履行地的,由被告住所地人民法院管辖。② 财产租赁合同、融资租赁合同以租赁物使用地为合同履行地;合同对履行地有约定的,从其约定。③ 以信息网络方式订立的买卖合同,通过信息网络交付标的的,买受人住所地为合同履行地;通过其他方式交付标的的,收货地为合同履行地。合同对履行地有约定的,从其约定。④

《民法典》"合同编"中有关合同履行地的特别规定。《民法典》第650条规定:"供用电合同的履行地点,按照当事人约定;当事人没有约定或者约定不明确的,供电设施的产权分界处为履行地点。"《民法典》第656条规定:"供用水、供用气、供用热力合同,参照适用供用电合同的有关规定。"据此,供用水、供用气、供用热力合同所发生的纠纷,应由供用水、供用气、供用热力设施的产权分界处为履行地点。

②因保险合同纠纷提起的诉讼。

因保险合同纠纷提起的诉讼,由被告住所地或者保险标的物所在地人民法院管辖。⑤ 保险

---

① 但财产关系的民事纠纷可能会进入一般地域管辖领域,如依据《民法典》第535条和第539条之规定,债权人提起代位权、撤销权诉讼的,由被告住所地人民法院管辖。
② 《民诉法解释》第18条。
③ 《民诉法解释》第19条。
④ 《民诉法解释》第20条。
⑤ 2020年《民事诉讼法》第24条。

标的物,也称保险对象,是指投保人与保险人订立保险合同、收取保险费用所指向的对象,包括财产、人身、以其他表现形式反映出来的财产利益等。因财产保险合同纠纷提起的诉讼,如果保险标的物是运输工具或者运输中的货物,可以由运输工具登记注册地、运输目的地、保险事故发生地人民法院管辖。因人身保险合同纠纷提起的诉讼,可以由被保险人住所地人民法院管辖。①

③因票据纠纷提起的诉讼。

因票据纠纷提起的诉讼,由票据支付地或者被告住所地人民法院管辖。② 票据一般包括汇票、本票和支票三种。汇票是出票人签发的,委托付款人在见票时或者在指定日期无条件支付确定的金额给收款人或者持票人的票据。本票是出票人签发的,承诺自己在见票时无条件支付确定的金额给收款人或者持票人的票据。支票是出票人签发的,委托办理支票存款业务的银行或者其他金融机构在见票时无条件支付确定的金额给收款人或者持票人的票据。票据纠纷,是指因行使票据权利或者票据法上的非票据权利而引起的纠纷。当事人因此类纠纷向人民法院提起诉讼,凡符合《民事诉讼法》第122条规定条件的,人民法院都应当受理。因票据纠纷提起的诉讼,依法由票据支付地或者被告住所地人民法院管辖。票据支付地是指票据上载明的付款地,票据上未载明付款地的,汇票付款人或者代理付款人的营业场所、住所或者经常居住地,本票出票人的营业场所,支票付款人或者代理付款人的营业场所所在地为票据付款地。代理付款人即付款人的委托代理人,是指根据付款人的委托代为支付票据金额的银行、信用合作社等金融机构。③ 因非票据权利纠纷提起的诉讼,人民法院应当依法受理。④

④因公司设立、确认股东资格、分配利润、解散等纠纷提起的诉讼。

《民事诉讼法》在2012年修改时增设规定:"因公司设立、确认股东资格、分配利润、解散等纠纷提起的诉讼,由公司住所地人民法院管辖。"根据《公司法》第10条之规定,公司以其主要办事机构所在地为住所。关于该条的适用范围,最高人民法院司法解释确定,因股东名册记载、请求变更公司登记、股东知情权、公司决议、公司合并、公司分立、公司减资、公司增资等纠纷提起的诉讼,依照《民事诉讼法》第27条规定确定管辖法院。⑤ 当然,并不是说所有的公司诉讼均按《民事诉讼法》第27条规定确定管辖法院,对于不在立法及司法解释列举范围内的公司诉讼,如请求股东履行出资义务之诉、股权转让之诉等,则应根据合同纠纷的管辖规定,确定管辖法院。

⑤因铁路、公路、水上、航空运输和联合运输合同纠纷提起的诉讼。

运输合同纠纷是指货物运输或者旅客运输过程中,对托运货物、行李、包裹等物品自接受承运时起到交付时止发生的灭失、缺少、变质、污染或者损坏,或者因承运人的过错未按规定的期限将货物运送到交货地点,或者因托运人或收货人的过错造成承运人的运输工具、设备或者第三人货物损坏等引起的纠纷。因铁路、公路、水上、航空运输和联合运输合同纠纷提起的诉讼,由运输始发地、目的地或者被告住所地人民法院管辖。⑥ 运输始发地,是指客运或者货

---

① 《民诉法解释》第21条。
② 《民事诉讼法》第26条。
③ 最高人民法院《关于审理票据纠纷案件若干问题的规定》第6条。
④ 最高人民法院《关于审理票据纠纷案件若干问题的规定》第1条。
⑤ 《民诉法解释》第22条。
⑥ 《民事诉讼法》第28条。

运合同载明的出发地；运输目的地，是指根据运输合同载明的客运、货运的最终到达地。对于水上运输或水陆联合运输合同纠纷，发生在我国海事法院辖区的，由海事法院管辖，即由运输始发地、目的地或者被告住所地的海事人民法院管辖。例如，远洋运输，含有海运区段的国际多式联运、沿海和内河运输，以及水水联运、水陆联运等水上货物运输合同纠纷案件，水上旅客和行李运输合同纠纷案件等，由始发地、目的地、被告住所地的海事法院管辖。对于铁路货物运输合同纠纷案件、铁路旅客和行李、包裹运输合同纠纷案件、由铁路处理的多式联运合同纠纷案件、国际铁路联运合同纠纷案件等由运输始发地、目的地或者被告住所地的铁路法院管辖。

⑥因侵权行为提起的诉讼。

因侵权行为提起的诉讼，由侵权行为地或者被告住所地人民法院管辖。① 如前所述，侵权纠纷的地域管辖也有一般规则与特殊规则之分。这里介绍的是侵权纠纷特殊地域管辖的一般规则。因侵权行为提起的诉讼，是指受侵害的一方当事人向人民法院起诉要求赔偿损失等发生的诉讼。侵权行为包括侵害人身权利、财产权利和其他合法权益的行为。《民事诉讼法》第29条规定的侵权行为地，包括侵权行为实施地、侵权结果发生地。② 侵权行为实施地，是指实施侵权行为的地方或者侵权行为连续进行的地方。侵权结果发生地，是指侵权结果出现的地方。如果侵权行为发生在我国领域外，但其损害后果发生在我国境内，则侵权结果发生地的我国法院对由此引起的诉讼有管辖权。信息网络侵权行为实施地包括实施被诉侵权行为的计算机等信息设备所在地，侵权结果发生地包括被侵权人住所地。③ 因产品、服务质量不合格造成他人财产、人身损害提起的诉讼，产品制造地、产品销售地、服务提供地、侵权行为地和被告住所地人民法院都有管辖权。④ 当事人申请诉前保全后没有在法定期间内起诉或者申请仲裁，给被申请人、利害关系人造成损失引起的诉讼，由采取保全措施的人民法院管辖。当事人申请诉前保全后在法定期间内起诉或者申请仲裁，被申请人、利害关系人因保全受到损失提起的诉讼，由受理起诉的人民法院或者采取保全措施的人民法院管辖。⑤

最高人民法院通过司法解释对知识产权侵权纠纷的地域管辖做出了特别规定，具体如下：

根据最高人民法院《关于审理专利纠纷案件适用法律问题的若干规定》，因侵犯专利权行为提起的诉讼，由侵权行为地或者被告住所地人民法院管辖。侵权行为地包括：被诉侵犯发明、实用新型专利权的产品的制造、使用、许诺销售、销售、进口等行为的实施地；专利方法使用行为的实施地，依照该专利方法直接获得的产品的使用、许诺销售、销售、进口等行为的实施地；外观设计专利产品的制造、许诺销售、销售、进口等行为的实施地；假冒他人专利的行为实施地。⑥ 原告仅对侵权产品制造者提起诉讼，未起诉销售者，侵权产品制造地与销售地不一致的，制造地人民法院有管辖权；以制造者与销售者为共同被告起诉的，销售地人民法院有管辖权。销售者是制造者的分支机构，原告在销售地起诉侵权产品制造者制造、销售行为的，销售地人民法院有管辖权。⑦

---

① 《民事诉讼法》第29条。
② 《民诉法解释》第24条。
③ 《民诉法解释》第25条。
④ 《民诉法解释》第26条。
⑤ 《民诉法解释》第27条。
⑥ 最高人民法院《关于审理专利纠纷案件适用法律问题的若干规定》第2条。
⑦ 最高人民法院《关于审理专利纠纷案件适用法律问题的若干规定》第3条。

因侵犯注册商标专用权行为提起的民事诉讼，由《商标法》第13条、第57条所规定侵权行为的实施地、侵权商品的储藏地或者查封扣押地、被告住所地人民法院管辖。侵权商品的储藏地，是指大量或者经常性储存、隐匿侵权商品所在地；查封扣押地，是指海关等行政机关依法查封、扣押侵权商品所在地。①

因侵犯著作权行为提起的民事诉讼，由《著作权法》第47条、第48条所规定侵权行为的实施地、侵权复制品储藏地或者查封扣押地、被告住所地人民法院管辖。侵权复制品储藏地，是指大量或者经常性储存、隐匿侵权复制品所在地；查封扣押地，是指海关、版权、工商等行政机关依法查封、扣押侵权复制品所在地。②

侵害信息网络传播权民事纠纷案件由侵权行为地或者被告住所地人民法院管辖。侵权行为地包括实施被诉侵权行为的网络服务器、计算机终端等设备所在地。侵权行为地和被告住所地均难以确定或者在境外的，原告发现侵权内容的计算机终端等设备所在地可以视为侵权行为地。③

涉及域名的侵权纠纷案件，由侵权行为地或者被告住所地的中级人民法院管辖。对难以确定侵权行为地和被告住所地的，原告发现该域名的计算机终端等设备所在地可以视为侵权行为地。涉外域名纠纷案件包括当事人一方或者双方是外国人、无国籍人、外国企业或组织、国际组织，或者域名注册地在外国的域名纠纷案件。在中华人民共和国领域内发生的涉外域名纠纷案件，依照《民事诉讼法》第四编关于涉外程序的特别规定确定管辖。④

⑦因铁路、公路、水上和航空事故请求损害赔偿提起的诉讼。

因铁路、公路、水上和航空事故请求损害赔偿提起的诉讼与因铁路、公路、水上、航空运输和联合运输合同纠纷提起的诉讼，是两种性质不同的诉讼。前者属于侵权诉讼，后者属于合同诉讼，两种诉讼管辖有所不同。"事故发生地"是指事故发生的具体地点。"车辆、船舶最先到达地"是事故发生后该车辆、船舶首次到达的地点。"航空器最先降落地"是指事故发生后航空器首次降落的地点或因事故而坠毁的地点。因铁路、公路、水上、航空事故引起的损害赔偿纠纷，事故发生地、车辆最先到达地、船舶最先到达地、航空器最先降落地、被告住所地人民法院都有权管辖。⑤

⑧因船舶碰撞或者其他海事损害事故请求损害赔偿提起的诉讼。

因船舶碰撞或者其他海事损害事故请求损害赔偿提起的诉讼，由碰撞发生地、受碰撞船舶最先到达地、加害船舶被扣留地或者被告住所地人民法院管辖。⑥"船舶碰撞"是指船舶与船舶发生碰撞所造成的损害事故，包括船舶之间的碰撞，如海船与海船、海船与河船的碰撞，还包括在航船碰撞锚泊船的锚链，甚至碰撞准备打捞的沉船也属撞碰事故。船舶碰撞在满足两只或两只以上船舶有接触式冲撞以及接触或冲撞的结果导致损害结果发生两个条件时得以构成。船舶在航行中触礁、触岸、搁浅、浪损、失火、爆炸、沉没或者失踪等，也构成海事损害事故。我国人民法院对发生在我国领海领域内的船舶碰撞或者其他海损事故都有管辖权。这里有

---

① 最高人民法院《关于审理商标民事纠纷案件适用法律若干问题的解释》第6条。
② 最高人民法院《关于审理著作权民事纠纷案件适用法律若干问题的解释》第4条。
③ 最高人民法院《关于审理侵害信息网络传播权民事纠纷案件适用法律若干问题的规定》。
④ 最高人民法院《关于审理涉及计算机网络域名民事纠纷案件适用法律若干问题的解释》第2条。
⑤ 《民事诉讼法》第30条。
⑥ 《民事诉讼法》第31条。

几个概念需要稍加解释：碰撞发生地，是指船舶碰撞的侵权行为发生的具体地点；碰撞船舶最先到达地，是指船舶碰撞事故发生后，受害船舶最先到达的港口所在地；加害船舶被扣留地，是指加害船舶实施侵权行为后继续航行，后被有关机关扣留的具体地点；被告住所地，是指加害船舶的船籍港所在地，即该船舶进行登记，获得航行权的具体港口。因船舶碰撞或者其他海损事故造成财产、人身损害，原告提出损害赔偿的诉讼，可以在上述法院中选择一个管辖法院。

⑨因海难救助费用提起的诉讼。

因海难救助费用提起的诉讼，由救助地或者被救船舶最先到达地人民法院管辖。[①] 救助地是指实施救助行为地或者救助结果发生地，被救助船舶最先到达地即被救助船舶经过救助脱险后首先到达的地点。通过外力对遇难的船舶及船上的人员和财产的救助，被称为海难救助，救助实施者可以是从事救助的专业单位，也可以是邻近或经过的船舶。至于此种救助发生在何水域则在所不问。救助人经过努力使被救财产全部或部分脱险，被救财产所有人应当支付适当的救助报酬，称为海难救助费用。因海难救助费用发生的诉讼，由救助地或被救助船舶最先到达地人民法院管辖，便于查清实施救助的实际情况，确定报酬数额，有利于我国法院对某些救助行为地在公海的案件行使司法管辖权。这也是各国立法之通例。

⑩因共同海损提起的诉讼。

共同海损，是指在同一海上航程中，船舶、货物和其他财产遭遇共同危险，为了共同安全，有意地合理地采取措施所直接造成的特殊牺牲、支付的特殊费用。例如，为灭火而引海水入舱；为避免全船覆没而将全部或部分货物抛进大海；为进行船舶紧急修理而自动搁浅等。共同海损的牺牲和费用经过清算，由有关各方按比例分担。如果共同海损的全体受益人对共同海损的构成与否及分担比例等问题发生争议而诉诸法院，就是共同海损诉讼。对于因共同海损提起诉讼，只要共同海损发生在我国领域或者我国管辖的其他领域，共同海损的理算是在我国进行，或者发生共同海损船舶的航程终点为我国港口的，共同海损发生地、共同海损理算地或者航程终止地人民法院均有权管辖。共同海损理算地，是处理共同海损损失，理算共同海损费用的工作机构所在地。我国共同海损理算机构是中国国际贸易促进委员会，地点在北京，理算适用的规则是1975年1月1日公布的《中国国际贸易促进委员会海损理算暂行规则》（简称《北京理算规则》）。因共同海损提起的诉讼，船舶最先到达地、共同海损理算地或者航程终止地人民法院都有管辖权。[②] 船舶最先到达地，是指对遇难船舶采取抢救措施，继续航行后最先到达的港口所在地；航程终止地，是指发生共同海损船舶的航程终点。因共同海损提起的诉讼，由海事法院专门管辖。

上述关于船舶碰撞诉讼、海难救助诉讼和共同海损诉讼的管辖规定，除《民事诉讼法》有相关规定外，《海事诉讼特别程序法》第二章（第6条至第11条）、最高人民法院《关于适用〈中华人民共和国海事诉讼特别程序法〉若干问题的解释》、最高人民法院《关于审理发生在我国管辖海域相关案件若干问题的规定（一）》等法律和司法解释中也有具体规定。

3. 专属管辖

（1）专属管辖的概念。

法律规定必须由一定地区的法院管辖、其他法院无权管辖，也不允许当事人协议变更的管

---

① 《民事诉讼法》第32条。
② 《民事诉讼法》第33条。

辖，称为专属管辖。专属管辖和专门管辖有类似之处，但不完全相同。专门管辖是法律将某些种类的民事案件确定由专门法院进行受理和审判所形成的管辖，如海事法院对海商事案件的管辖、军事法院对涉军案件的管辖等均属于专门管辖。专属管辖和专门管辖都属于法律规定的强制性管辖，当事人不得通过管辖协议加以改变，法院也不得任意改变，但专属管辖是在普通法院产生的管辖现象，专门管辖是在专门法院产生的管辖现象，二者所处的法院领域不同。

（2）专属管辖的特点。

专属管辖具有三个特点：一是排他性。凡属专属管辖的案件，不仅一般地域管辖不能适用，特殊地域管辖也不得适用。专属管辖是特殊的特殊，它不属于特殊地域管辖，而是特殊地域管辖中的特殊管辖。二是阻却性。专属管辖范围内的案件，当事人不得通过协议管辖另选其他法院管辖，协议管辖不得违反专属管辖的规定；反诉的案件若属于专属管辖，而受理本诉的法院不属于该专属管辖法院，则反诉不得提起，只能另诉。三是强制性。违反专属管辖属于违反民事诉讼法的强制性规范，法院违反专属管辖的规定受理了民事案件，当事人即使没有提出异议，法院也应当依职权调查，并依职权移送给有管辖权的法院管辖；一审违反专属管辖，二审要发回重审；二审违反专属管辖，再审要撤销原判，责令原审法院移送管辖。

（3）专属管辖的适用范围。

《民事诉讼法》关于专属管辖的规定有两条。一是第34条："下列案件，由本条规定的人民法院专属管辖：（一）因不动产纠纷提起的诉讼，由不动产所在地人民法院管辖；（二）因港口作业中发生纠纷提起的诉讼，由港口所在地人民法院管辖；（三）因继承遗产纠纷提起的诉讼，由被继承人死亡时住所地或者主要遗产所在地人民法院管辖。"二是第273条："因在中华人民共和国履行中外合资经营企业合同、中外合作经营企业合同、中外合作勘探开发自然资源合同发生纠纷提起的诉讼，由中华人民共和国人民法院管辖。"前者规定了国内案件的专属管辖法院，后者规定了涉外案件的专属管辖法院。此外，《海事诉讼特别程序法》第7条规定："下列海事诉讼，由本条规定的海事法院专属管辖：（一）因沿海港口作业纠纷提起的诉讼，由港口所在地海事法院管辖；（二）因船舶排放、泄漏、倾倒油类或者其他有害物质，海上生产、作业或者拆船、修船作业造成海域污染损害提起的诉讼，由污染发生地、损害结果地或者采取预防污染措施地海事法院管辖；（三）因在中华人民共和国领域和有管辖权的海域履行的海洋勘探开发合同纠纷提起的诉讼，由合同履行地海事法院管辖。"海事诉讼的专属管辖实为专门管辖，其内涵被包含在专门管辖中，因而不做另论。涉外专属管辖在涉外程序部分加以介绍，这里仅介绍国内的专属管辖。国内的专属管辖有三种情形：

①不动产纠纷。

因不动产纠纷提起的诉讼，由不动产所在地人民法院管辖。不动产是指不能移动或者移动后其性能或者价值会降低或者丧失的财产，主要包括土地、房屋、草原、河流、滩涂等。土地、附着于土地的建筑物及其他定着物、建筑物的固定附属设施，均属不动产。从广义上说，因不动产提起的诉讼包括涉及不动产的所有权确认、买卖、抵押、典当、互易、赠与、征用拆迁、侵权损害等方面的诉讼案件。但这种学说容易扩大不动产纠纷的管辖法院范围，因而应采狭义说。狭义说认为，这里所称的不动产纠纷主要是指因不动产的权利确认、分割、相邻关系等引起的物权纠纷。① 比如，甲区公民与乙区房地产开发公司签订购买位于丙区的商品房，房屋购买后发现房屋有质量问题，要求退房或者赔偿，此时发生的纠纷诉诸法院后所形成的就不

---

① 《民诉法解释》第28条。

属于专属管辖的不动产纠纷，而属于涉及不动产的合同纠纷，应当按照合同纠纷案件确定管辖法院，由被告所在地的乙区法院或者合同履行地的丙区法院行使管辖权，而不是由不动产所在地的丙区法院专属管辖。

对不动产诉讼，立法之所以要规定专属管辖，其原因主要在于：由不动产所在地法院进行管辖，便于法院调查收集必要的证据，便于法院到现场进行勘验、查看和鉴定、评估，也便于法院采取查封等保全措施，同时还便于法院执行案件；在涉外案件中，不动产诉讼由不动产所在国行使管辖权，其之所以作为一项国际惯例被各国普遍奉行，其原因除上述者外，还有一个维护国家司法主权的重要原因，因为不动产案件涉及重大的公民利益，有时甚至涉及国家利益、社会公共利益。农村土地承包经营合同纠纷、房屋租赁合同纠纷、建设工程施工合同纠纷、政策性房屋买卖合同纠纷，按照不动产纠纷确定管辖。不动产已登记的，以不动产登记簿记载的所在地为不动产所在地；不动产未登记的，以不动产实际所在地为不动产所在地。①

②港口作业中发生的纠纷。

因港口作业中发生纠纷提起的诉讼，由港口所在地人民法院管辖。因港口装卸、搬运、理货发生纠纷提起的诉讼，以及因船舶在港口作业中违章操作损坏港口设施而提起的诉讼，均属港口作业中发生纠纷提起的诉讼。由于这类案件发生在港口，由港口所在地法院专属管辖，对调查证据、查明案情有利。根据最高人民法院《关于海事法院受理案件范围的规定》，港口作业纠纷属于海事海商纠纷案件，应由海事法院管辖。

③继承遗产纠纷。

遗产继承纠纷是指继承人或者受遗赠人之间因为遗产继承而发生的争议。因继承遗产纠纷提起的诉讼，依法由被继承人死亡时住所地或者主要遗产所在地人民法院管辖。

遗产纠纷从性质上说有两类：一是身份关系纠纷，争议的焦点是当事人有无继承权；二是财产关系纠纷，争议的焦点是遗产继承的份额及种类。这两类纠纷的管辖法院在确定时应有所区别：前者比较适合由被继承人死亡时住所地的人民法院管辖，因为便于查明案情；后者比较适合由被继承人主要遗产所在地的人民法院管辖，因为便于执行。

这里有两个问题需要注意：一是如何确定主要遗产所在地。一般而言，遗产中既有动产又有不动产的，以不动产作为主要遗产所在地；动产有多项的，应以价值为标准，将价值高的动产所在地确定为主要遗产所在地。二是继承案件的专属管辖和不动产纠纷案件的专属管辖有时会发生竞合。如果继承案件继承的主要遗产是不动产，应当作为不动产纠纷还是作为遗产纠纷来确定管辖法院？在该种情形下，应当由主要遗产所在地人民法院来管辖案件，因为不动产案件涉及的公共利益更加突出。但若遗产中既有动产又有不动产，而动产的价值高于不动产的价值，此时应当按照价值高的动产所在地确定管辖法院，因为价值高的动产所在地为主要遗产所在地。当然，被继承人死亡时最后住所地法院也有管辖权。

4. 共同管辖与选择管辖

同一诉讼，依照法律规定两个以上法院都有管辖权的，称为共同管辖。从当事人来看，对两个以上人民法院都有管辖权的诉讼案件，允许原告选择其中一个法院起诉，接受起诉的人民法院就是本案件的管辖法院。所以，共同管辖是选择管辖的基础，有共同管辖才有选择管辖；而选择管辖则是对共同管辖的落实。《民事诉讼法》第36条规定："两个以上人民法院都有管辖权的诉讼，原告可以向其中一个人民法院起诉；原告向两个以上有管辖权的人民法院起诉

---

① 《民诉法解释》第28条。

的，由最先立案的人民法院管辖。"该规定旨在防止有管辖权的两个以上的人民法院在受理民事案件时互相争夺或互相推诿，致使当事人不能及时行使诉讼权利。两个以上人民法院都有管辖权的诉讼，先立案的人民法院不得将案件移送给另一个有管辖权的人民法院。人民法院在立案前发现其他有管辖权的人民法院已先立案的，不得重复立案；立案后发现其他有管辖权的人民法院已先立案的，裁定将案件移送给先立案的人民法院。①

共同管辖与选择管辖实际上是一个问题的两个侧面。比如就合同纠纷案件而言，从法院的角度来看这个合同纠纷，被告住所地法院与合同履行地法院就形成了两个以上法院对同一案件的共同管辖。从当事人的角度来看就是选择管辖，即由当事人在两个以上的有管辖权的法院之中选择一个作为本案的管辖法院。如果当事人选择了两个以上的法院，即由最先立案的法院行使管辖权。立案是法院的内部行为，而受理案件则是法院对当事人的行为。如果发生管辖权争议，应由有关法院协商解决；若协商不成，由共同上级法院指定管辖。

共同管辖可以分为三种情况：一是因诉讼主体的牵连关系发生的共同管辖。如同一诉讼的几个被告住所地、经常居住地在两个以上人民法院辖区内，各该人民法院都有管辖权。二是因诉讼客体的牵连关系发生的共同管辖。如同一案件的标的物分散在两个以上法院辖区或者侵权行为地跨越两个以上法院辖区的，各该人民法院都有管辖权。三是特殊地域管辖中产生的两个或两个以上法院同时享有管辖权的情形。专属管辖中也可能会出现共同管辖，如《民事诉讼法》第34条第3项关于继承遗产诉讼的管辖规定。在几个人民法院对同一案件都有管辖权的情况下，就形成了管辖权的积极冲突。根据《民事诉讼法》第36条的规定，在出现管辖权积极冲突时，将赋予原告选择权，也就是原告可以向其中任一法院起诉。如果原告向两个以上有管辖权的人民法院起诉，则由最先立案的人民法院管辖。

5. 协议管辖

（1）协议管辖的概念。

协议管辖，又称合意管辖或者约定管辖，是指双方当事人在纠纷发生前或发生后，通过书面协议的方式，选择解决其纠纷的管辖法院的管辖制度。协议管辖是1991年修订1982年《民事诉讼法（试行）》时增设的规定。当时针对国内民事诉讼只规定了明示的协议管辖，仅在涉外民事诉讼中规定明示和默示两种方式的协议管辖，对国内民事诉讼的协议管辖，范围上也仅限于合同案件。2012年修订《民事诉讼法》，协议管辖制度再度被修改，将协议管辖的适用范围扩大到其他财产权益纠纷，同时也扩大了当事人可供选择的法院范围。

（2）规定协议管辖的原因。

民事诉讼法规定协议管辖，以作为法定管辖制度的有益补充，具有立法上的正当性。其一，规定协议管辖，是民事诉讼程序正当化的需要。该制度是诉讼契约化和程序选择权的具体表现，体现了对当事人意愿的尊重，也体现了司法民主化程度的提升，有利于强化诉讼程序的正当化，符合民事诉讼法发展的趋势。其二，规定协议管辖，是弥补法定管辖制度不足的需要。法定管辖在大多数情况下都能公平合理地确定管辖法院，但是在某些情形下，按法定管辖制度确定管辖法院，未必能最大限度地契合特定诉讼案件的审判需要，其产生的结果，可能既不便于当事人诉讼，也不便于法院行使审判权，而通过协议管辖则有助于克服法定管辖的弊端，使当事人能够选择一个最为恰当的法院行使管辖权。其三，规定协议管辖，有助于减少乃至消除因管辖而产生的诉讼争议。实践表明，依法定管辖确定管辖法院，往往容易引发当事人

---

① 《民诉法解释》第36条。

之间的争议，形成大量的管辖权异议案件，法院要处理这些管辖争议，必须花费大量的时间和精力，这对集中精力解决本案纠纷非常不利，也拖延了诉讼进程，加剧了当事人之间的对抗性，使本案纠纷的解决陷入程序的"泥潭"之中。实行协议管辖制度，有利于使当事人提前在管辖法院问题上达成一致意见，有效避免了管辖争议的发生。其四，规定协议管辖制度，有助于民事诉讼目的之实现。民事诉讼的目的重在纠纷解决，而作为解决私权纠纷的民事诉讼，将解决纠纷的主导权交给当事人行使有助于促进解决纠纷的进程，也有助于调动当事人在民事诉讼中的积极性和能动性，推动民事纠纷的及早化解。

（3）管辖协议的性质。

管辖协议是一种诉讼上的合同，是诉讼契约的组成部分和一种具体的表现形态，其一般规定在实体法的合同之中，是实体合同的一个条款，被称为管辖条款，同时，管辖协议从时间上说是发生在诉讼开始之前，而不是在诉讼程序开始后产生的协议，因而与通常的诉讼契约又有区别。正是因为管辖协议的这些特性，导致了理论上对其法律性质的争论。对管辖协议性质进行争论的实际意义在于，判断管辖协议存在与否、有效与否以及可否撤销的标准何在，违反管辖协议导致的法律后果是什么，当事人对违反管辖协议的行为有何种救济手段，等等诸如此类的问题，均与管辖协议的性质有关。

管辖协议的性质，是指对管辖协议究竟是属于实体法上的制度还是属于诉讼法上的制度的理论认知。对此大体有三种观点：

一是实体法说。认为管辖协议既然存在于诉讼发生前，其行为只能由民事实体法进行调整，其是否存在、是否成立、是否有效、是否能被撤销等判断均与一般的民事合同无异。比如说，代理人获得订立签订民事合同的代理权后，不需另外的依据，即可订立管辖协议。因而管辖协议是民法上的制度，其性质为"私法契约"，该学说因此也被称为"私法契约说"。

二是诉讼法说。该说认为管辖协议是诉讼法上的协议，其效力发生在诉讼法领域而不是实体法领域，其目的在于确定法院的管辖权而不是确定当事人之间的实体权利义务关系，因而其有效与否，应当根据诉讼法的标准加以判断，而不是根据实体法的标准进行判断。

三是混合说。该说认为协议管辖兼具诉讼契约与私法契约的性质。

笔者赞同诉讼法说，认为管辖协议是诉讼法上的制度，其性质是诉讼契约而不是实体合同。理由在于：其一，协议管辖制度是民事诉讼法规定的一项诉讼制度。如果民事诉讼法没有规定协议管辖制度，则实体法无论如何不可能确定管辖协议制度，换言之，实体法不具有规定管辖协议的法律资格。既然管辖协议是根据民事诉讼法产生的协议，那自然属于诉讼法上的协议，而不可能是实体法上的协议。这是从管辖协议的准据法而言的。其二，从管辖协议的判断标准来看，管辖协议是否有效，应当根据民事诉讼法关于管辖协议的要件规范加以判断。比如说，所选择的管辖法院是否属于法定范围内的法院，所选择的管辖法院是否具有特定性和明确性等，这些决定管辖协议是否有效的标准都是由民事诉讼法提供的，因而管辖协议的性质也只能属于诉讼法上的协议，而不可能属于实体法上的协议。其三，从违反管辖协议的救济手段来看，其救济手段也只能在诉讼法上寻求，而不可能从民事实体法上寻求。一般的民事合同如果被违反，所产生的法律责任是继续履行、承担违约责任、赔偿损失等，而管辖协议如果发生有效性争议，或者管辖协议被违反后，当事人不得向法院提出确认之诉或提出违约之诉，而只能在诉讼中通过管辖权的异议制度寻求解决。这些都充分说明，管辖协议是诉讼法上的制度，而与实体法无关。

可见，一项制度是否属于诉讼法上的制度，关键不是看它是在诉讼前发挥作用还是在诉讼后发挥作用，也不是看它是形成于诉讼前还是形成于诉讼后，而是要看它是否根据诉讼法而产生，其法律效果是诉讼法上的效果还是实体法上的效果，其救济手段是实体法上的救济还是诉讼法上的救济。根据这些标准，有理由认为管辖协议是诉讼契约的一种，与诉讼中产生的自认契约、和解契约等完全具有相同性质，应当将其界定为诉讼法上的制度。事实上，在诉讼前发生的诉讼行为大有所在，如诉前保全、仲裁协议等，均是诉讼法对诉讼前的诉讼行为进行规范所产生的行为或协议，这些行为或协议都属于民事诉讼中诉讼行为的有机组成部分，而不因为它存在诉讼前便成为实体法上的行为，也不带有任何实体法上的属性，因而实体法说和混合说均不可取。

（4）管辖协议的效力。

①管辖协议的一般效力。

管辖协议符合法定要件后即产生确定管辖法院的法律效力。根据《民事诉讼法》第35条的规定，当事人通过管辖协议选择的被告住所地、合同履行地、合同签订地、原告住所地、标的物所在地等与争议有实际联系的地点的人民法院，只要其不违反级别管辖和专属管辖的规定，则均对争议案件具有管辖权。如果当事人选择两个或两个以上法院的管辖法院，管辖协议仍属有效，由原告在管辖协议确定的管辖法院中，选择其一进行诉讼，原告所选择的法院即为最终确定的管辖法院。① 经管辖协议确定的管辖法院，不得移送管辖，也不得拒绝行使管辖权。

②管辖协议的特殊效力。

一是管辖条款的附随性。《民诉法解释》第33条规定："合同转让的，合同的管辖协议对合同受让人有效，但转让时受让人不知道有管辖协议，或者转让协议另有约定且原合同相对人同意的除外。"管辖协议属于主合同的附随性合同，根据"从随主"的原则，在合同转让时，如果当事人没有特别声明废止管辖条款，则该管辖条款对合同受让人有效。

二是管辖协议的恒定性。《民诉法解释》第32条规定："管辖协议约定由一方当事人住所地人民法院管辖，协议签订后当事人住所地变更的，由签订管辖协议时的住所地人民法院管辖，但当事人另有约定的除外。"管辖协议恒定原则与管辖恒定原则既有联系也有区别。其联系在于，它们均属于管辖恒定，而管辖协议的管辖恒定从属于管辖恒定原则，管辖恒定原则包含了管辖协议的恒定规则。但二者也有区别：管辖协议恒定确定管辖法院的时间点是在管辖协议形成后、诉讼开始前，而管辖协议恒定则发生在诉讼开始后。之所以管辖协议在诉讼前也能发生管辖恒定的效果，原因就在于要尊重当事人的真实意思表示，如管辖协议确定的管辖法院为合同乙方公司所在地法院，然而在签署管辖协议后，乙方公司所在地发生了转移，此时仍由乙方公司签订管辖协议时的所在地法院为管辖法院，而不是由变更后的乙方公司所在地法院为管辖法院，因为变更后的乙方公司所在地法院并没有获得管辖协议另一方当事人的认可，故而产生管辖协议恒定效果，但如果另一方当事人对此予以认可，或者不持异议进行应诉，则视为管辖协议确定的管辖法院发生了变更。

（5）格式合同中的管辖协议。

《民诉法解释》第31条规定："经营者使用格式条款与消费者订立管辖协议，未采取合理

---

① 《民诉法解释》第30条规定："根据管辖协议，起诉时能够确定管辖法院的，从其约定；不能确定的，依照民事诉讼法的相关规定确定管辖。管辖协议约定两个以上与争议有实际联系的地点的人民法院管辖，原告可以向其中一个人民法院起诉。"据此，协议管辖并不排斥选择管辖。

方式提请消费者注意，消费者主张管辖协议无效的，人民法院应予支持。"据此，格式合同中的管辖协议，如果经营者没有采取合理的方式提醒消费者注意，则只要消费者主张该管辖协议无效，人民法院就应当裁定宣告该管辖协议无效。至于经营者是否采取合理方式提醒消费者，应由经营者负担举证责任。司法解释之所以如此规定，其原因主要在于保护消费者的合法权益，不使经营者利用其强势地位和专业优势造成管辖协议对处在弱势状态的消费者不利或诉讼不便。

（6）并存的协议管辖。

并存的协议管辖也称为竞合性管辖协议，在日本称为追加性管辖协议，我国台湾地区则称为附加的合意，① 是指当事人通过管辖协议确定了管辖法院，同时表示并不排除法定管辖，此时法定管辖和协议管辖具有同等位阶的法律效力，原告可以任意选择其一进行诉讼的管辖制度。并存的协议管辖就其本质而言乃是在法定管辖之外增添了可供选择的管辖法院，扩大了当事人选择管辖法院的范围，是当事人通过管辖协议对法定管辖做出的适当调整，只要这种调整不违反专属管辖或级别管辖即属有效。

（7）排他的协议管辖。

排他的协议管辖，是指当事人在管辖协议中确定了管辖案件的法院，同时表示排除法定管辖的适用。其实，管辖协议的本意就是排除法定管辖的适用，因此，只要当事人没有在管辖协议中表示可以同时适用法定管辖，则均推定协议管辖为排他的协议管辖。协议管辖中的排他性是不言而喻、无须明示的，这是由协议管辖自身的性质决定的，无须立法特别明定。

（8）协议管辖的分类。

①明示的协议管辖和默示的协议管辖。

意思表示有明示和默示两种形式，协议管辖的形成也有明示协议管辖和默示协议管辖之分。明示的协议管辖，是指当事人在诉讼前以书面形式就管辖法院达成的一致的意思表示，包括在合同中附设的管辖条款和在纠纷发生之前或之后专门为了确定管辖而形成的管辖协议。明示的协议管辖必须是书面形式的，不得是口头形式或其他形式的，如录音录像等，均属无效协议。但如果表达为电子形式，则应视为书面形式，为有效协议。默示的协议管辖，是指在诉讼开始后，当事人对无管辖权的法院并不提出异议，反而应诉进行实体性答辩，由此推定所形成的协议管辖。默示的协议管辖，虽然当事人并无书面的形式形成管辖的一致意思表示，但其却通过自己的实际行动表达了对于管辖法院的一致意思表示，原告向无管辖权的法院起诉，被告对该无管辖权的法院没有异议，默示的协议管辖便得以构成。事实上，默示的协议管辖就是后面要介绍的应诉管辖，应诉管辖是从协议管辖中分离出去所形成的一种独立的管辖制度，在该意义上说，将协议管辖分为明示的协议管辖和默示的协议管辖乃是从协议管辖的广义上而言的，如果从狭义上说，协议管辖应当仅指明示的协议管辖，而不包括默示的协议管辖，因而这种分类具有局限性。

②法定性协议管辖和扩张性协议管辖。

根据协议管辖选择的法院是否属于法定管辖的法院，可将协议管辖分为法定性协议管辖和扩张性协议管辖。法定性协议管辖，是指当事人所选择的管辖法院本来就属于法定管辖，当事人只是对法定管辖进行了协议性重申而已。如合同纠纷案件的管辖，依《民事诉讼法》第24条的规定，其法定管辖法院为合同履行地法院和被告所在地法院。当事人的管辖协议所确定的

---

① 参见孙邦清：《民事诉讼管辖制度研究》，中国政法大学出版社2008年版，第238页。

管辖法院也为合同履行地法院和被告所在地法院，或者为其中之一，这种协议管辖就其本质而言，仅仅是对法定管辖的重复确定，或者是在法定管辖范围内的限定性确定，由于其所选择的法院与法定管辖全部重合或部分重合，因而称之为法定性协议管辖。如果属于与法定管辖全部重合的协议管辖，则该管辖协议相当于不存在，其意义为零；因为与法定管辖全部重合的协议管辖，既不会出现根据管辖协议提出管辖异议的问题，也不会产生默示性协议管辖的问题，不具有协议管辖的基本功能，故而不属于真正的协议管辖。如果属于与法定管辖部分重合的协议管辖，则该管辖协议具有存在的价值，对原告起诉选择管辖法院具有约束力。因而不能笼统地认为法定性协议管辖为非真正的协议管辖，与法定管辖具有部分重合性的协议管辖也是真正的协议管辖，《民事诉讼法》第35条所确定的协议管辖法院范围就表明了这一点。扩张性协议管辖完全属于真正的协议管辖，其也是协议管辖制度的原本宗旨。

③国内民事案件的协议管辖和涉外民事案件的协议管辖。

从协议管辖存在的诉讼领域来划分，可将协议管辖分为国内民事案件的协议管辖和涉外民事案件的协议管辖。国内民事案件的协议管辖，是指在国内民事案件中，当事人就管辖法院所达成的协议。涉外民事案件的协议管辖，是指在涉外民事案件中，当事人就管辖国家和管辖法院所达成的协议。可见，涉外民事案件的协议管辖较之于国内民事案件的协议管辖内涵更加丰富，它不仅包括对管辖法院的协议选择，而且包括对管辖国家的协议选择。就此而言，可将涉外民事案件的协议管辖分为两种：一种是关于管辖国家的协议管辖，另一种是关于管辖法院的协议管辖。前者是指当事人在争议发生前或发生后，以协议的方式约定由他们共同选择的某特定国家的法院管辖其案件，如一个美国的当事人和一个中国的当事人在所签合同中约定，争议发生后，由中国的法院管辖，这就是对管辖国家的协议选择，属于协议管辖的一种表现形式。后者是指当事人在争议发生前或发生后，以协议的方式约定由他们共同选择的某特定国家的特定法院管辖其案件，如一个美国的当事人和一个中国的当事人在所签合同中约定，争议发生后，由中国的北京某法院管辖，这就是对管辖法院的协议选择，属于协议管辖的又一种表现形式。由于选择了某外国法院管辖必然包含对某外国国家的选择，因而后一种涉外协议管辖更为彻底，它包括了对外国国家的选择和外国国家某特定法院的选择，属于双重选择；而前一种涉外协议管辖虽然也属于涉外协议管辖的一种，但它仅完成了协议管辖的一半内容，另一半内容尚需在选择外国国家的基础上，由当事人继续进行特定法院的选择，或者在选择外国国家的前提下，按照法定管辖确定具体的管辖法院。

值得注意的是，在2012年修改《民事诉讼法》之前，国内民事案件的协议管辖和涉外民事案件的协议管辖具有重大的区别，因为国内民事案件的协议管辖范围非常有限，仅限于合同纠纷案件，而且可选择的法院数量也非常有限，仅限于双方当事人的所在地法院、合同签订地和合同履行地法院以及标的物所在地法院五种法院可供选择，在修法后，国内民事案件的协议管辖在适用的案件范围上扩展到了所有的具有财产内容的民事案件，而且当事人可以选择的管辖法院的范围也大大增加，除上述法院可供选择外，当事人还可以选择与争议有实际联系的地点的人民法院管辖，这种关于协议管辖的规定，与涉外案件的协议管辖规定完全趋同了，因而2012年修改后的《民事诉讼法》将涉外民事案件的协议管辖之规定予以删除，与国内民事案件的协议管辖合并规定，因此，在该意义上说，似乎将协议管辖再进一步区分为国内民事案件的协议管辖和涉外民事案件的协议管辖就失去了必要性。这确实不无道理，但这种观点忽视了涉外民事案件的协议管辖还有选择外国国家这一层含义，因而是不够全面的看法。换言之，将协议管辖划分为国内民事案件的协议管辖和涉外民事案件的协议管辖仍有其意义。

(9) 协议管辖的适用条件。

《民事诉讼法》第 35 条规定:"合同或者其他财产权益纠纷的当事人可以书面协议选择被告住所地、合同履行地、合同签订地、原告住所地、标的物所在地等与争议有实际联系的地点的人民法院管辖,但不得违反本法对级别管辖和专属管辖的规定。"据此,协议管辖的有效成立必须具备以下诸要件:

一是审级要件。协议管辖只能协议选择一审法院,而不得选择二审法院或再审法院。除知识产权案件外,二审法院只能是一审法院的上一级法院,该上一级法院是依法确定的,而不能由当事人选择,因为如果二审法院也由当事人选择的话,那么,上级法院对下级法院的审判监督功能就无法实现了。再审法院也是如此。

二是形式要件。协议管辖只能采用书面形式,而不得采用口头形式或其他非书面化的形式,电子形式视为书面形式。之所以对协议管辖的形式有较高的要求,其原因在于协议管辖所涉及的不仅仅是双方当事人之间的诉讼法律关系,而且还涉及人民法院受案负担的内部分工,因而应当采用较为慎重的书面形式。

三是联结点要件。协议管辖虽然扩大了当事人选择管辖法院的范围,但这种扩大并不是无限制的,仍然有一定范围的限制,为此,《民事诉讼法》第 35 条采用了列举主义和概括主义两种方法对此进行了规制。就列举主义而言,当事人可以选择的法院主要是被告住所地、合同履行地、合同签订地、原告住所地和标的物所在地的法院。但列举主义的立法方式将协议管辖的法院范围限制得过严,不能充分展示出协议管辖的自由灵活性,限制了该项制度的价值功能。为补其穷,2012 年修改后的《民事诉讼法》在列举主义之外,还采用了概括主义的立法方式。按照概括主义的立法方式,当事人除了可以选择上述五种法院外,还可以根据案件的具体特性和需求,选择这五种法院以外的"与争议有实际联系的地点的法院",而所谓"与争议有实际联系的地点的法院"乃是一个弹性很大的表述,是否有实际联系,取决于法院的判断,这实际上是一个授权法院加以确定的裁量性条款,通过法院的裁量和当事人的选择,共同确定了协议管辖的最终效力。因而,概括主义的立法方式所确定的协议管辖,并不完全取决于当事人的自由选择,此外还需要法院的裁量判断。

四是案型要件。适用协议管辖的案件类型只能是两类:一类是合同纠纷案件,另一类是其他财产权益纠纷案件。这两类纠纷案件其实指的是同一种类的民事案件,也就是具有财产内容的民事案件,如果民事案件中不具有财产内容,不涉及财产关系,而仅涉及人身关系,如离婚案件、抚养关系案件等人事诉讼案件,则不适用协议管辖,而只能适用法定管辖,因为人身关系的案件往往涉及公益或他人利益,因而在管辖上要实行国家管控原则,不得适用由当事人自主决定的协议管辖。同理,公益诉讼案件也不适用协议管辖。值得注意的是,既涉及人身关系又涉及财产关系的案件,其所涉及财产关系的那部分内容,仍可以分离开来作为独立的案件适用协议管辖制度。《民诉法解释》第 34 条规定:"当事人因同居或者在解除婚姻、收养关系后发生财产争议,约定管辖的,可以适用民事诉讼法第三十四条规定确定管辖。"

五是禁止性要件。协议管辖不仅在范围和案型上有限制,而且对于法定管辖的变通也仅限于第一审民事案件的地域管辖,而不能触及第一审民事案件的级别管辖,也不能触及第一审民事案件中的专属性地域管辖,级别管辖和专属管辖都只能依法加以确定,而不得任由当事人通过协议加以变更。比如,按照诉讼标的额的标准,当事人的诉讼案件如果在级别管辖上只能确定为基层法院管辖,当事人不得通过协议管辖将基层法院的管辖提升为中级法院乃至更高级别的法院管辖。对于专属管辖也是如此,如涉及不动产的民事案件依法由不动产所在地的法院实行专属管辖，当事人不得通过协议管辖将相应的民事案件确定为其他非专属法院进行管辖。除此之外，协议管辖也不得改变专门管辖。比如，某一案件如果属于海事海商案件，依法只能由相应的海事法院行使专门管辖权，当事人对此不得通过协议排除特定专门法院的管辖权，将案件选择由普通法院或其他专门法院进行管辖。之所以协议管辖不得变更级别管辖、专属管辖和专门管辖，其原因主要在于这类管辖涉及国家司法制度的公共利益，这些公共利益不能由当事人通过协议管辖予以处分。

需要指出的是，协议管辖选择的法院是否必须具备唯一性这个问题在最高人民法院两次司法解释前后采取了不同的态度。在1991年《民事诉讼法》后制定的《民诉法意见》第24条规定："合同的双方当事人选择管辖的协议不明确或者选择民事诉讼法第二十五条规定的人民法院中的两个以上人民法院管辖的，选择管辖的协议无效，依照民事诉讼法第二十四条的规定确定管辖。"据此规定，协议管辖选择的法院必须是明确的，而且是唯一的。明确性的要求现在还在坚持，因为如果协议管辖选择的法院不明确，则无法确定所管辖的法院，但是，前已述及，唯一性的要求现在已经放弃，在2012年修改《民事诉讼法》后制定的《民诉法解释》中已经废除了该一条款，代之以相反的规定，该司法解释第30条规定："根据管辖协议，起诉时能够确定管辖法院的，从其约定；不能确定的，依照民事诉讼法的相关规定确定管辖。管辖协议约定两个以上与争议有实际联系的地点的人民法院管辖，原告可以向其中一个人民法院起诉。"因此，应当认为协议管辖的唯一性要求已经不复存在，当事人选择的法院在两个或两个以上者，只要不违反《民事诉讼法》第35条有关选择法院范围的规定，则应当认为均属有效约定，对方当事人不得对此提出异议，法院不得认定此种管辖协议为无效，原告可据此选择其中一个法院提起诉讼。因此，共同管辖也可以约定，约定的共同管辖与法定的共同管辖不一致时，以约定的协议管辖为准。

6. 应诉管辖

（1）应诉管辖的概念。

应诉管辖也被称为默示协议管辖、拟制协议管辖、拟制合意管辖、默示管辖、默认管辖、推定管辖等，是指被告对原告向无管辖权的人民法院起诉未提出异议并且进行了实体性答辩，从而使该无管辖权的法院获得了管辖权的诉讼制度。由于应诉管辖是由原告的起诉行为和被告的应诉行为相结合而构成的，其实质是通过双方当事人的行为形成一种事实上的合意而被法律推定其进行了管辖法院的协议选择，因而应诉管辖是广义的协议管辖的一种表现形态，在该意义上，称之为默示的协议管辖并无不妥。

（2）规定默示协议管辖的原因。

规定应诉管辖主要是从三个方面考虑的。其一，从当事人的角度考虑，管辖权应当得到及时的确定，从而减少当事人基于管辖权争议所发生的诉累。有了应诉管辖制度，就使当事人及早断念于管辖权争议，从而将主要精力集中在案件的实体问题上，当事人因解决纠纷的时间、精力、财费付出便因此有所减少。其二，从程序安定的角度考虑，如果在当事人进行实体性答辩后，仍有机会进行管辖权的争议，则诉讼程序必然导致回转，已经进行过的实体审理会变得无效，这样就浪费了司法资源，人为地增加了争议，诉讼程序由此失去了应有的稳定性。其三，从经验法则的角度考虑，如果当事人经过法院阐明仍对管辖权无争议，并且进行了实体性答辩，则有理由认为，当事人在法院管辖权问题上已经有了一致性的意见，当事人不准备在管辖权问题上纠缠争议，因而推定双方当事人形成了管辖合意，并通过默认的形式行使了程序选择权。基于上述三个理由，可以认为应诉管辖制度的确立是有正当性的，它是一项对当事人、对法院和对诉讼程序均有利的诉讼制度。

然而需要注意的是，有了应诉管辖制度，并不意味着以下几点：其一，法院在审查受理时就可以不审查管辖权问题，在无管辖权时，法院仍然需要裁定不予受理。其二，移送管辖制度因此失去了意义。在法院受理案件时或受理案件后，发现本院对本案无管辖时，仍需依职权按照《民事诉讼法》第37条之规定实行移送管辖。其三，只要当事人不提出管辖权异议，法院就一定获得了管辖权。法院是否获得管辖权，关键不是看当事人是否提出管辖权异议，而是看当事人是否进行了实体性答辩。当事人即便没有提出管辖权异议，若其一直拒绝进行实体性答辩，则法院也无法获得管辖权。

（3）应诉管辖的适用条件。

在2012年《民事诉讼法》修改前，也就是在1991年制定的《民事诉讼法》中，应诉管辖仅存在于涉外民事诉讼中。[①] 2012年修法后，《民事诉讼法》将应诉管辖制度的适用范围扩大到了国内民事案件，从而使应诉管辖成为既适用于国内民事案件、又适用于涉外民事案件的统一的管辖制度，也正因如此，涉外民事诉讼中关于应诉管辖的特别规定也就失去了继续存在的必要，原来规定涉外应诉管辖的条款（第245条）已被删除，并增设了第127条第2款之规定："当事人未提出管辖异议，并应诉答辩的，视为受诉人民法院有管辖权，但违反级别管辖和专属管辖规定的除外。"据此规定，可将应诉管辖的适用条件解析如下：

其一，原告向无管辖权的法院起诉。原告起诉应向有管辖权的人民法院提出，但是由于种种原因，原告所起诉的法院对本案可能不具有管辖权，此时便产生应诉管辖的可能性。如果原告所起诉的法院对本案具有管辖权，则不可能构成应诉管辖。

其二，法院受理了无管辖权的案件并且没有实行移送管辖。如果法院发现本院对本案无管辖权后裁定不予受理，并按照《民事诉讼法》第127条之规定告知原告向有管辖权的法院起诉，或者法院在受理后，按照《民事诉讼法》第37条之规定实行移送管辖，将案件依职权主动移送给依法享有管辖权的法院，则应诉管辖也没有形成的机会。换言之，法院对于其不享有管辖权的案件既可以裁定不受理案件，也可以在受理案件后移送管辖，还可以在受理案件后等待被告答辩，根据被告答辩的情况分别作出处理。如果被告进行了管辖权异议的答辩，法院审查后异议能够成立的，则裁定移送管辖；原告不同意移送管辖的，法院裁定驳回起诉。[②] 如果被告参与诉讼进行实体性答辩，而没有提出管辖权异议的，则视为受理案件的法院享有了管辖权，应诉管辖得以构成。可见，法院对于没有管辖权的当事人的起诉，究竟采取何种处理方法具有裁量权。

其三，被告人对原告向无管辖权法院起诉的行为没有提出反对意见。根据《民事诉讼法》第130条之规定，被告对原告向无管辖权的法院的起诉行为享有异议权，他可以向法院表示反对法院受理和审判该案。但是，如果被告没有行使管辖权的异议权，并且还进行了实体性答辩，则法院就有充分的理由认为被告对本法院受理本案已经用实际行动表示了认同和接受，

[①] 1991年《民事诉讼法》第245条规定："涉外民事诉讼的被告对人民法院管辖不提出异议，并应诉答辩的，视为承认该人民法院为有管辖权的法院。"

[②] 《民事诉讼法》第37条虽未规定法院移送管辖需要获得原告的同意，但由于原告具有撤诉权，其有权在没有管辖权驳回起诉前选择撤回诉讼，继而向有管辖权法院重新起诉，为尊重原告的此一程序选择权，从解释论出发，应当认为法院在移送管辖前应当征求原告的意见，原告不同意移送管辖又不撤回起诉的，受诉法院可以裁定驳回起诉。

无管辖权的法院受理该特定案件便具有了合法性和正当性,应诉管辖由此得以成立。这里需要注意的是,所谓实体性答辩是指针对原告的起诉,被告就案件中所涉及的事实认定问题、证据可采性问题、法律适用问题以及判决结果预测问题等进行的答辩或陈述。比如,被告答辩称"原告起诉缺乏事实依据""原告所主张的事实没有证据支持""原告的诉讼请求于法无据""原告无法获得胜诉结果"等;被告提出反诉,由于其旨在抵消、吞并原告的诉讼请求,因而也属于实体性答辩;被告提出诉讼上的抵消,如"原告也欠我一笔租金,我请求与本案的欠款予以抵消",这也属于实体性答辩。只要被告不仅不提出管辖权异议,反而无视受诉法院对本案无管辖权的事实,而进行了上述性质和类型的实体性答辩,则意味着被告根本不在乎法院对本案有没有管辖权的问题,因而推定或拟制其同意受诉法院对本案行使管辖权,也不违反其真实意愿,应诉管辖的成立获得了正当性。① 最高人民法院对此解释道:当事人在提交答辩状期间提出管辖异议,又针对起诉状的内容进行答辩的,人民法院应当依照《民事诉讼法》第130条第1款的规定,对管辖异议进行审查。当事人未提出管辖异议,就案件实体内容进行答辩、陈述或者反诉的,可以认定为《民事诉讼法》第130条第2款规定的应诉答辩。② 如果被告没有进行实体性答辩,也没有提出管辖权的异议,却提出了其他程序性答辩,如本案不属于法院主管范围,或者双方当事人之间存在仲裁协议,或者原告与本案没有直接的利害关系,认为当事人不适格,或者原告的起诉不具有诉之利益,或者被告不适格等,这类答辩从性质上说是程序性答辩,而非实体性答辩,因而其暗含了受诉法院不得受理该案的意思,该意思表示与主张受理案件的法院缺乏管辖权虽不具有同一性,但具有功能上的一致性和含义上的同质性,在解释论上应倾向于做出对被告有利的解释,故而应当认定应诉管辖不得成立。

其四,应诉管辖不得违反级别管辖和专属管辖的规定。由于应诉管辖本质上属于协议管辖,或者是协议管辖的一种特殊化适用,因而《民事诉讼法》第35条关于协议管辖的规定,也适用于应诉管辖,不符合协议管辖要求的,也不得成立应诉管辖,而协议管辖不得违反级别管辖和专属管辖的规定,应诉管辖自也不能例外。

同时具备以上四个条件的,应诉管辖便能成立;缺少其中任何一个条件,应诉管辖均不得成立。

值得注意的是,应诉管辖并不等同于无异议管辖权。所谓无异议管辖权,是指法院对于其无管辖权的案件,只要被告无异议,则因此获得管辖权。美国的不应诉判决所确定的便是无异议管辖权,只要被告人不应诉或应诉后对管辖权不提出异议,法院则获得了管辖权。但无异议管辖权在我国民事诉讼法上不能成立,也就是说,被告人没有应诉,或者应诉后没有提出管辖权异议,并没有提出实体性答辩,或者提出了其他程序性答辩,也不构成应诉管辖。此时,法院应当以无管辖权为由裁定驳回原告的起诉,或者裁定移送管辖。如果被告既提出了管辖权异议,又进行了实体性答辩,则仍然构成管辖权异议,不构成应诉管辖。

---

① 在德国、日本和我国台湾地区,答辩专指针对案件实体问题,如仅就程序问题提出答辩(如提出案件不属于法院主管范围,存在仲裁协议等),尚不能构成默示协议管辖。参见[德]罗森贝克等:《德国民事诉讼法》(上),李大雪译,中国法制出版社2007年版,第229—230页;[日]新堂幸司:《新民事诉讼法》,林剑锋译,法律出版社2008年版,第82—83页;姚瑞光:《民事诉讼法论》,中国政法大学出版社2011年版,第35—36页。

② 《民诉法解释》第223条。

七、专门法院的管辖

专门法院是我国在特定部门或地区设立的审理特定案件的法院,不按行政区划设立,亦不受理一般刑事案件。专门人民法院是我国统一审判体系——人民法院体系中的一个组成部分,它和地方各级人民法院共同行使国家的审判权。根据《人民法院组织法》第 15 条的规定,专门人民法院包括军事法院和海事法院、知识产权法院、金融法院等,此外,森林法院、农垦法院、石油法院等也属于专门法院。专门人民法院的设置、组织、职权和法官任免,由全国人民代表大会常务委员会规定。专门人民法院与地方法院的区别主要在于如下几个方面:一是专门人民法院是按特定的组织或特定范围的案件建立的审判机关,而地方人民法院是按照行政区划建立的审判机关。二是专门人民法院管辖的案件具有专门性,即专门人民法院审理的案件的性质不同于地方人民法院,受理案件的范围具有特定的约束。三是专门人民法院的产生及其人员的任免不同于地方人民法院。如军事法院院长并不是经过人大选举产生的,而是由最高人民法院同中央军事委员会任命的。以下就若干重要的专门法院的管辖做出介绍。

(一)铁路运输法院[①]的管辖

铁路运输合同纠纷以及与铁路运输有关的侵权纠纷,由铁路运输法院管辖。铁路运输法院的管辖权是根据案件性质确定的,而不是依诉讼当事人来确定。例如,某铁路局因公路运输合同与某公司发生纠纷,该案件即不属于铁路运输法院管辖。根据中央关于铁路运输法院管理体制改革的要求,全国 17 个铁路运输中级人民法院、56 个铁路运输基层法院进行改制,于 2012 年 6 月全部移交地方管理,整体纳入国家司法体系。2012 年 7 月 17 日,最高人民法院公布《关于铁路运输法院案件管辖范围的若干规定》(以下简称《铁路法院管辖规定》)。

在我国,铁路运输法院分设两级,即铁路运输中级法院和铁路运输基层法院。铁路运输中级法院的审判活动受所在地高级人民法院监督。根据《铁路法院管辖规定》第 3 条的规定,下列涉及铁路运输、铁路安全、铁路财产的民事诉讼,由铁路运输法院管辖:"(一)铁路旅客和行李、包裹运输合同纠纷;(二)铁路货物运输合同和铁路货物运输保险合同纠纷;(三)国际铁路联运合同和铁路运输企业作为经营人的多式联运合同纠纷;(四)代办托运、包装整理、仓储保管、接取送达等铁路运输延伸服务合同纠纷;(五)铁路运输企业在装卸作业、线路维修等方面发生的委外劳务、承包等合同纠纷;(六)与铁路及其附属设施的建设施工有关的合同纠纷;(七)铁路设备、设施的采购、安装、加工承揽、维护、服务等合同纠纷;(八)铁路行车事故及其他铁路运营事故造成的人身、财产损害赔偿纠纷;(九)违反铁路安全保护法律、法规,造成铁路线路、机车车辆、安全保障设施及其他财产损害的侵权纠纷;(十)因铁路建设及铁路运输引起的环境污染侵权纠纷;(十一)对铁路运输企业财产权属发生争议的纠纷。"

根据《铁路法院管辖规定》,铁路运输基层法院就本规定第 1 条至第 3 条所列案件作出的判决、裁定,当事人提起上诉或铁路运输检察院提起抗诉的二审案件,由相应的铁路运输中级法院受理。省、自治区、直辖市高级人民法院可以指定辖区内的铁路运输基层法院受理本规定第 3 条以外的其他第一审民事案件,并指定该铁路运输基层法院驻在地的中级人民法院或铁路运输中级法院受理对此提起上诉的案件。此类案件发生管辖权争议的,由该高级人民法院指定管辖。省、自治区、直辖市高级人民法院可以指定辖区内的铁路运输中级法院受理对其驻在地

---

① 关于铁路运输法院的性质变迁问题,见"七、专门法院的管辖"倒数第二段论述。

基层人民法院一审民事判决、裁定提起上诉的案件。省、自治区、直辖市高级人民法院对本院及下级人民法院的执行案件，认为需要指定执行的，可以指定辖区内的铁路运输法院执行。各高级人民法院指定铁路运输法院受理案件的范围，报最高人民法院批准后实施。

（二）海事法院的管辖

海事法院审理海事和海商案件的专门法院。根据1984年11月全国人民代表大会常务委员会《关于在沿海港口城市设立海事法院的决定》和最高人民法院《关于设立海事法院几个问题的决定》等规定，目前我国设有大连、天津、青岛、上海、宁波、武汉、厦门、广州、海口、北海和南京海事法院共11个海事法院。海事法院的性质为中级专门法院，海事法院内设海事审判庭和海商审判庭，管辖第一审海事和海商案件。为方便当事人诉讼和解决海事纠纷，各海事法院陆续在沿海各大港口设立派出法庭。海事法院对所在地的市人民代表大会常务委员会负责，受所在地的高级人民法院监督，并由该高级人民法院管辖其上诉案件。1999年12月15日，全国人大常委会通过了《海事诉讼特别程序法》。该法于2000年7月1日起施行。2002年12月3日，最高人民法院制定了《关于适用〈海事诉讼特别程序法〉若干问题的解释》。

海事、海商诉讼管辖，是指海事法院与同级人民法院之间，以及各海事法院相互之间，受理第一审海事、海商案件的分工和权限，也即确定哪些第一审海事、海商案件由海事法院或者同级人民法院受理，哪些第一审海事、海商案件由哪个地方的海事法院受理。为了避免与民事诉讼法的规定重复，《海事诉讼特别程序法》第二章对海事、海商诉讼的管辖作了专门规定，未作规定的，可以参照适用《民事诉讼法》的相关规定。《海事诉讼特别程序法》第4条对海事法院的受案范围作了明确规定。2016年3月1日起施行的《关于海事法院受理案件范围的若干规定》确定的海事法院收案范围分为6大类，共计108种案件（含行政诉讼案件7种）。海事法院管辖的案件主要有：海事侵权纠纷案件；海商合同纠纷案件；其他海事海商案件；海事执行案件；海事请求保全案件。

根据海事案件的性质、标的以及社会影响程度等方面的不同，海事法院所在地的高级人民法院和最高人民法院可以受理第一审海事案件。

（三）军事法院的管辖

中国人民解放军军事法院是中华人民共和国在解放军中设立的最高审判机关，属专门人民法院，受中华人民共和国中央军事委员会领导。1955年8月，中华人民共和国国防部根据《宪法》和《人民法院组织法》的规定，将全军各级军法处改为军事法院，纳入国家审判机关的体系。军事法院分三级设置，中国人民解放军军事法院为一级，军区级单位的军事法院为一级，兵团和军级单位的军事法院为一级。各级军事法院的审判工作受最高人民法院监督，下级军事法院的审判工作受上级军事法院监督。

1992年10月，最高人民法院作出的《关于军事法院审理军内经济纠纷案件的复函》最早确定了军事法院的管辖权。依据该函，军事法院办理双方当事人都是军队内部单位的经济纠纷案件。2001年6月，最高人民法院作出《关于军事法院试行审理军内民事案件问题的复函》。2002年12月《2002年中国的国防》白皮书这样载述："为维护改革开放中的国防利益和军人合法权益，中国对军事司法制度进行了改革。根据最高人民法院授权，军事法院开始审理军队内部包括合同、婚姻家庭、房地产、知识产权、医疗事故损害赔偿纠纷及申请军人失踪或死亡等在内的民事案件，履行军队内部民事审判职能。"

根据最高人民法院《关于军事法院管辖民事案件若干问题的规定》，下列民事案件，由军事法院管辖："（一）双方当事人均为军人或者军队单位的案件，但法律另有规定的除外；（二）涉及机密级以上军事秘密的案件；（三）军队设立选举委员会的选民资格案件；（四）认定营区内无主财产案件。"下列民事案件，地方当事人向军事法院提起诉讼或者提出申请的，军事法院应当受理："（一）军人或者军队单位执行职务过程中造成他人损害的侵权责任纠纷案件；（二）当事人一方为军人或者军队单位，侵权行为发生在营区内的侵权责任纠纷案件；（三）当事人一方为军人的婚姻家庭纠纷案件；（四）民事诉讼法第三十三条规定的不动产所在地、港口所在地、被继承人死亡时住所地或者主要遗产所在地在营区内，且当事人一方为军人或者军队单位的案件；（五）申请宣告军人失踪或者死亡的案件；（六）申请认定军人无民事行为能力或者限制民事行为能力的案件。"当事人一方是军人或者军队单位，且合同履行地或者标的物所在地在营区内的合同纠纷，当事人书面约定由军事法院管辖，不违反法律关于级别管辖、专属管辖和专门管辖规定的，可以由军事法院管辖。军事法院受理第一审民事案件，应当参照民事诉讼法关于地域管辖、级别管辖的规定确定。当事人住所地省级行政区划内没有可以受理案件的第一审军事法院，或者处于交通十分不便的边远地区，双方当事人同意由地方人民法院管辖的，地方人民法院可以管辖，但最高人民法院《关于军事法院管辖民事案件若干问题的规定》第1条第2项规定的案件除外。军事法院发现受理的民事案件属于地方人民法院管辖的，应当移送有管辖权的地方人民法院，受移送的地方人民法院应当受理。地方人民法院认为受移送的案件不属于本院管辖的，应当报请上级地方人民法院处理，不得再自行移送。地方人民法院发现受理的民事案件属于军事法院管辖的，参照前款规定办理。军事法院与地方人民法院之间因管辖权发生争议，由争议双方协商解决；协商不成的，报请各自的上级法院协商解决；仍然协商不成的，报请最高人民法院指定管辖。军事法院受理案件后，当事人对管辖权有异议的，应当在提交答辩状期间提出。军事法院对当事人提出的异议，应当审查。异议成立的，裁定将案件移送有管辖权的军事法院或者地方人民法院；异议不成立的，裁定驳回。

（四）知识产权法院的管辖

知识产权法院是在《全面深化改革决定》中提出的为了加强知识产权运用和保护，健全技术创新激励机制而设立的审判机构。2014年8月31日，第十二届全国人大常委会第十次会议表决通过全国人大常委会《关于在北京、上海、广州设立知识产权法院的决定》；2020年12月26日，第十三届全国人大常委会第二十四次会议通过全国人大常委会《关于设立海南自由贸易港知识产权法院的决定》。据此规定，目前我国有4个专门的知识产权法院。知识产权法院审判工作受最高人民法院和所在地的高级人民法院监督。知识产权法院依法接受人民检察院法律监督。

知识产权法院管辖的民事案件有：（1）专利侵权纠纷案件。（2）著作权侵权纠纷案件、商标侵权纠纷案件。（3）涉及计算机网络著作权的侵权纠纷案件。（4）涉及计算机网络域名的侵权纠纷案件。（5）植物新品种侵权纠纷案件。（6）集成电路布图设计专有权侵权纠纷案件。（7）其他知识产权侵权纠纷案件。（8）知识产权权属纠纷案件。（9）知识产权合同纠纷案件。

根据全国人大常委会《关于专利等知识产权案件诉讼程序若干问题的决定》，当事人对发明专利、实用新型专利、植物新品种、集成电路布图设计、技术秘密、计算机软件、垄断等专业技术性较强的知识产权民事案件第一审判决、裁定不服，提起上诉的，由最高人民法院审理；对已经发生法律效力的上述案件第一审判决、裁定、调解，依法申请再审、抗诉等，适用审判监督程序的，由最高人民法院审理；最高人民法院也可以依法指令下级人民法院再审。这就首先在知识产权案件中创设了飞跃上诉制度。

(五) 新疆生产建设兵团法院的管辖

根据全国人大常委会《关于新疆维吾尔自治区生产建设兵团设置人民法院和人民检察院的决定》，新疆维吾尔自治区设立新疆维吾尔自治区高级人民法院生产建设兵团分院，作为自治区高级人民法院的派出机构；在新疆生产建设兵团设立若干中级人民法院；在生产建设兵团农牧团场比较集中的垦区设立基层人民法院。新疆维吾尔自治区人民检察院在生产建设兵团设置下列人民检察院，作为自治区人民检察院的派出机构：（1）新疆维吾尔自治区生产建设兵团人民检察院；（2）新疆维吾尔自治区生产建设兵团人民检察院分院；（3）在农牧团场比较集中的垦区设置基层人民检察院。新疆维吾尔自治区生产建设兵团人民检察院领导生产建设兵团人民检察院分院以及基层人民检察院的工作。在新疆维吾尔自治区生产建设兵团设置的各级人民法院和各级人民检察院的案件管辖权，分别由最高人民法院和最高人民检察院依照有关法律予以规定。

最高人民法院《关于新疆生产建设兵团人民法院案件管辖权问题的若干规定》规定，兵团人民法院管辖以下民事案件：（1）垦区范围内发生的案件；（2）城区内发生的双方当事人均为兵团范围内的公民、法人或者其他组织的案件；（3）城区内发生的双方当事人一方为兵团范围内的公民、法人或者其他组织，且被告住所地在兵团工作区、生活区或者管理区内的案件。对符合协议管辖和专属管辖条件的案件，依照民事诉讼法的有关规定确定管辖权。

(六) 金融法院的管辖

2018年8月20日，上海金融法院成立。2021年3月18日，北京金融法院成立。根据最高人民法院《关于上海金融法院案件管辖的规定》（2018年7月31日通过，2021年3月1日修正）和最高人民法院《关于北京金融法院案件管辖的规定》（2021年3月1日通过），上海金融法院和北京金融法院管辖的民商事案件主要有：（1）上海市和北京市辖区内应由中级人民法院受理的下列第一审金融民商事案件。包括：证券、期货交易、营业信托、保险、票据、信用证、独立保函、保理、金融借款合同、银行卡、融资租赁合同、委托理财合同、储蓄存款合同、典当、银行结算合同等金融民商事纠纷；资产管理业务、资产支持证券业务、私募基金业务、外汇业务、金融产品销售和适当性管理、征信业务、支付业务及经有权机关批准的其他金融业务引发的金融民商事纠纷；涉金融机构的与公司有关的纠纷；以金融机构为债务人的破产纠纷；金融民商事纠纷的仲裁司法审查案件；申请认可和执行香港特别行政区、澳门特别行政区、台湾地区法院金融民商事纠纷的判决、裁定案件，以及申请承认和执行外国法院金融民商事纠纷的判决、裁定案件。（2）境内投资者以发生在中华人民共和国境外的证券发行、交易活动或者期货交易活动损害其合法权益为由向上海金融法院或北京金融法院提起的诉讼；境内个人或者机构以中华人民共和国境外金融机构销售的金融产品或者提供的金融服务损害其合法权益为由向上海金融法院或北京金融法院提起的诉讼。（3）以住所地在上海市或北京市并依法设立的金融基础设施机构为被告或者第三人的与其履行职责相关的第一审金融民商事案件。（4）当事人对上海市或北京市基层人民法院作出的涉及第一审金融民商事案件和涉金融行政案件判决、裁定提起的部分上诉案件和申请再审案件。当事人对上海金融法院或北京金融法院作出的第一审判决、裁定提起的上诉案件，由上海市高级人民法院或北京市高级人民法院审理。

关于专门法院，需加说明的有二：一是关于铁路运输法院的性质变迁问题。铁路法院初建于1954年3月，到1956年初，铁路运输法院的各级机构普遍建立。主要受理涉及铁路运输、铁路安全、铁路财产的民事诉讼和刑事诉讼。2009年7月8日，中央下发关于铁路公检法管理体制改革的文件，要求铁路公检法整体纳入国家司法体系，铁路法院整体移交驻在地省（直辖市、自治区）党委、高级人民法院管理。截至2012年6月底，全国铁路法院完成管理体制改革，整体纳入国家司法体系。最高人民法院《关于全面深化人民法院改革的意见——人民法院第四个五年改革纲要（2014—2018）》指出，根据中央司法改革精神，铁路法院将改造为跨行政区划法院。即以科学、精简、高效和有利于实现司法公正为原则，探索设立跨行政区划法院，构建普通类型案件在行政区划法院受理、特殊类型案件在跨行政区划法院受理的诉讼格局。将铁路运输法院改造为跨行政区划法院，主要审理跨行政区划案件，重大行政案件，环境资源保护、企业破产、食品药品安全等易受地方因素影响的案件，跨行政区划人民检察院提起公诉的案件和原铁路运输法院受理的刑事、民事案件。因而，目前铁路运输法院已经不属于专门法院，《人民法院组织法》第15条没有将铁路运输法院列为专门法院。

二是关于互联网法院的定性问题。2017年6月，中央全面深化改革领导小组第三十六次会议审议通过了《关于设立杭州互联网法院的方案》。会议强调，设立杭州互联网法院，是司法主动适应互联网发展大趋势的一项重大制度创新。2017年8月18日，杭州互联网法院正式揭牌，成为中国首家互联网法院。2018年9月9日，北京互联网法院挂牌成立。2018年9月28日，广州互联网法院正式挂牌成立。但互联网法院目前定性不明，《人民法院组织法》也未将其列为专门法院。

八、裁定管辖

管辖除一般情况下根据法律的直接规定而予以确定外，还可以在特殊情况下根据人民法院的裁定加以确定。根据法院的裁定而不是根据法律的规定所确定的管辖，称为裁定管辖。根据《民事诉讼法》第37条、第38条和第39条的规定，我国的裁定管辖包括移送管辖、指定管辖和管辖权转移等三种。

（一）移送管辖

1. 移送管辖的概念、特点和本质

移送管辖，指的是受理民事案件的法院发现本院对本案无管辖权，或者不具有第一顺位的管辖权，从而依法将案件移送至有管辖权的法院或具有第一顺位管辖权的法院进行管辖的诉讼制度。据此概念，可将移送管辖的特点分析如下：

其一，移送管辖是管辖的矫正，而不是管辖的创设。

其二，移送管辖是法院的职权行为，无须当事人的申请。在该移送时，法院必须移送。法院该移送而不移送，属于违法行为，当事人有权提出异议，在一审裁判作出后，有权以此为由提出上诉。

其三，移送管辖是单向行为，而非双向行为。实施移送管辖的法院进行移送管辖时，无须取得被移送法院的同意，也无须征求当事人的意见，而只是依法进行移送。

其四，移送管辖一般发生在同级法院之间，例外时可以发生在上下级法院之间。也就是说，移送管辖以地域管辖为主，以级别管辖为辅。

根据上述特点，可知移送管辖的本质并不是管辖权的转移，而是案件的转移，其以受诉法院无管辖权为前提，以实现管辖权的回归为目的，是管辖权从无到有的变化，而不是从有到无的变化。

2. 立法规定移送管辖制度的理由探析

其一，司法便民的需要。当事人对诉讼法一般不够熟悉，他们向无管辖权的法院提出诉讼也是经常会出现的事情。法院对此不能采取简单主义的态度,不能因为本院对本案依法不具有管辖权,就裁定不予受理或裁定驳回起诉,而应当将案件依法移送至有管辖权的法院,这样便节省了当事人另行起诉的成本和时间,而且也预防了当事人再次向无管辖权的法院起诉之事的发生,从而做到了便民司法、便民诉讼,反映了我国社会主义国家民事诉讼制度的人民性特征。

其二,司法经济的需要。当事人起诉到法院之后,诉讼程序能够连续无中断地进行,不仅有助于诉讼行为之间的连贯性,而且有助于诉讼效力之间的累积性,从而有助于避免诉讼行为之间的割裂状态。移送管辖的优点在于能够将当事人在无管辖权法院的起诉行为和此后的诉讼行为与在有管辖权的法院的诉讼行为实现无缝对接,而且这个过程是在法院的控制下完成的,有助于程序效果的保真性,防止在此过程中诉讼信息的遗漏和扭曲,这样就使得无管辖权法院中的诉讼行为与有管辖权法院中的诉讼行为浑然一体,使诉讼程序实现了经济原则的要求,节省了当事人的诉讼成本,也节省了法院的司法成本,有助于诉讼程序的快捷运转,提高诉讼的效率。

其三,实体保护的需要。当事人起诉会产生诉讼时效中断以及除斥期间遵守的效果,原告即便向无管辖权的法院起诉,如果诉讼程序处在延续之中,则这种效果将得以保持,但如果当事人向无管辖权的法院起诉行为被不予受理或被驳回,而不予受理或驳回起诉所产生的效果又视同无起诉,则当事人另行起诉将有可能遭遇诉讼时效已过或除斥期间未被遵守的困境。这样不利于保护当事人的合法权益,使当事人的实体法上的权益因其程序行为的瑕疵而遭到根本性否定。这种因程序行为的瑕疵而遭遇实体权益被消灭的不利益,究其实质而言,并非可归咎于当事人自身的原因造成,而是由于立法上不够周延所致,因而民事诉讼法有必要规定移送管辖制度。

3. 移送管辖的适用条件

根据《民事诉讼法》第37条的规定,移送管辖必须具备三个条件:

其一,受诉法院已经实际地受理了案件。受诉法院对于当事人起诉的案件,如果没有管辖权,在受理前发现的,应当裁定不予受理;在受理后发现的,应当裁定移送管辖。如果受诉法院还没有受理案件,则其可以作出不予受理的裁定,而不是受理后裁定驳回起诉。因此,从主观要件说,移送管辖客观上存在受诉法院判断失误这个因素,对于无管辖权的案件,受诉法院究竟是不予受理还是移送管辖,从时间上说有一个先后问题,从审判组织上说,不予受理发生在立案部门,移送管辖发生在审判部门。

其二,受诉法院对移送的案件依法不享有管辖权。移送管辖的本质在于实现管辖权的回归,对特定民事案件依法不享有管辖权的法院原本就不能行使管辖权,其行使管辖权作出的司法裁判具有违法性,应予废弃。为避免这种无效诉讼结果的发生,立法规定受诉法院对特定案件若无管辖权,其采取的正确的处理方式便是实行移送管辖。反之,若受诉法院对特定案件享有管辖权,则移送管辖便失去了适用的前提条件,受诉法院不得以任何理由实行移送管辖。值得注意的是,受诉法院对移送的案件不享有管辖权在程度上存在两种情形:一是受诉法院绝对无管辖权,二是受诉法院相对无管辖权。前者是指受诉法院依法根本不享有管辖权,包括法定管辖权和协议管辖权;后者是指受诉法院依法享有共同管辖权,包括法定的共同管辖权和协议的共同管辖权,但由于起诉的原告已经先行向其他有管辖权的法院起诉,又向受诉法院提起诉讼,则根据《民事诉讼法》第35条之规定,受理在后的受诉法院应当将案件移送给受理在先的法院。这种情形实际上为重复起诉的情形,包括形式上的重复起诉和实质上的重复起诉两种情况;无论何种情形,受诉法院均应实行移送管辖。

其三,受移送的法院对本案具有管辖权。人民法院实行移送管辖,应当进行正确的判断,确定依法或按照管辖协议究竟哪一个或哪几个法院享有管辖权,然后作出向某特定法院进行管辖移送的决定，被受诉法院决定要移送管辖的法院便是受移送的法院。因而，受移送的法院之决定，并不取决于受移送法院本身，也不是取决于提起诉讼的当事人或者提出管辖权异议的当事人，而是取决于受诉法院。受诉法院在决定受移送法院时，主要应考虑以下因素：一是立法关于管辖的规定；二是如果有协议管辖的话，考虑协议管辖的内容；三是当事人提出的管辖权异议，提出管辖权异议的当事人希望案件被移送到哪一个法院；四是案件的具体情况，综合各种因素，包括当事人便利诉讼、取证保障等因素，确定最为适合的法院进行管辖案件的移送。

为了防止移送管辖反复多次进行从而造成法院之间"踢皮球"推诿管辖问题的发生，《民事诉讼法》第37条规定受移送的法院不得再行移送管辖，也就是移送管辖在次数上只能实行一次。这样就有可能会发生一种情形：受移送的法院对移送来的案件依法或按照管辖协议并不具有管辖权，或者不具有第一顺位的管辖权。此时，立法规定受移送的法院也不得再行移送，而只能报请上级法院指定管辖。上级法院可以指定受移送的法院管辖，也可以指定其他有管辖权的法院管辖。①

4. 移送管辖的适用范围

移送管辖通常适用于地域管辖，是在确定级别管辖的前提下在确定地域管辖时发生的现象，但是，在特殊情形下，移送管辖也适用于级别管辖。最高人民法院《关于审理民事级别管辖异议案件若干问题的规定》第3条规定："提交答辩状期间届满后，原告增加诉讼请求金额致使案件标的额超过受诉人民法院级别管辖标准，被告提出管辖权异议，请求由上级人民法院管辖的，人民法院应当按照本规定第一条审查并作出裁定。"据此，移送管辖不仅可发生在级别管辖之中，而且在诉讼全过程均有可能会出现移送管辖。其第5条规定，被告以受诉人民法院同时违反级别管辖和地域管辖规定为由提出管辖权异议的，受诉人民法院应当一并作出裁定。也就是说，在原告起诉的法院既违反地域管辖也违反级别管辖时，受诉法院应当同时进行地域管辖和级别管辖的移送。比如说，A 基层法院受理案件后，发现该案应当属于 B 中级法院管辖，则应当向该中级法院移送管辖。即便当事人并没有提出级别管辖的异议，但受诉人民法院发现其没有级别管辖权的，应当将案件移送有管辖权的人民法院审理。② 对于将案件移送上级人民法院管辖的裁定，当事人未提出上诉，但受移送的上级人民法院认为确有错误的，可以依职权裁定撤销。③

5. 移送管辖的程序

（1）受诉法院作出移送管辖的裁定。受诉法院认为其对本案不具有管辖权或第一顺位管辖权时，应当由合议庭或独任审判员提出移送管辖的意见，经院长批准后作出移送管辖的裁定。移送管辖固然属于法院的职权事项，但这并不意味着移送管辖就属于法院的内部事项，因为移送管辖既可能由法院依职权进行，也可能是基于当事人的管辖权异议而进行，后一种情形在司法实践中更为常见，因此，移送管辖通常是在法院就管辖权异议作出裁定的同时做出处理，属于管辖权异议裁定的一个组成部分，同时，移送管辖是关系当事人诉讼权利的重要事项，出于慎重，也应当作出裁定。

（2）将案件材料以及移送管辖的裁定发送给受移送的法院。并同时将移送管辖的裁定发送给原告和被告，告知原告和被告以及其他相关利害关系人到受移送的法院进行诉讼或实施其

---

① 《民事诉讼法》第37条。
② 最高人民法院《关于审理民事级别管辖异议案件若干问题的规定》第6条。
③ 最高人民法院《关于审理民事级别管辖异议案件若干问题的规定》第8条。

他诉讼行为。

（3）受移送法院接受移送。在受移送法院收到受移送的案件材料和移送裁定后，审查确定是否具有管辖权，如果有管辖权，则接受移送管辖，并确定案号，续行诉讼程序。

（4）报请上级法院指定管辖。如果受移送法院认为本院对本案并不具有管辖权或不具有第一顺位的管辖权，则报请上级法院指定管辖。上级法院指定管辖的裁定，对下级法院具有拘束力，下级法院不得再次移送管辖。

6. 移送管辖需要处理好的几个关系

（1）移送管辖与应诉管辖之间的关系。当事人对于法院无管辖的态度无非可通过四种表现予以表达：一是拒绝应诉；二是应诉后提出管辖权异议；三是应诉后不提出管辖权异议，而提出其他程序性答辩，拒绝进行实体性答辩；四是不提出管辖权异议，并进行实体性答辩。在这四种情况下，只有最后一种情形构成应诉管辖，在其他三种情形下，法院均应实行移送管辖。《民诉法解释》第35条规定："当事人在答辩期间届满后未应诉答辩，人民法院在一审开庭前，发现案件不属于本院管辖的，应当裁定移送有管辖权的人民法院。"这里需加注意的是，该司法解释规定在一审开庭前发现不属于本院管辖的，则裁定移送管辖，这是否意味着法院在一审开庭后发现本院无管辖权，就无须移送管辖了呢？不能这样解释。法院在一审开庭后，如果被告人依然拒绝进行实体性答辩，则法院仍然要移送管辖。法院要不要移送管辖，不是取决于是否进行了一审开庭，也不是取决于当事人在一审开庭时是否出席了法庭，而是取决于当事人（被告人）是否进行了实体性答辩。是否进行实体性答辩，是移送管辖和应诉管辖的分水岭。

（2）移送管辖与管辖恒定之间的关系。管辖恒定包括地域管辖恒定和级别管辖恒定两种情形。对于地域管辖而言，只要在受理案件时法院具有地域管辖权，则诉讼一开始便产生恒定效果，其管辖权不因此后确定管辖的因素发生变化而产生动摇。因此，地域管辖恒定排除移送管辖。然而，级别管辖恒定则有所区别。级别管辖在诉讼开始时便一般地得到了确定，此后不会因确定级别管辖的因素发生变化而产生变动，但是，如果当事人恶意对待级别管辖，在起诉时有意抬高或降低诉讼标的额，从而使级别管辖确定有误，则法院可以依职权或者根据当事人的申请实行移送管辖，将案件移送到依法享有管辖权的法院进行管辖。

（3）移送管辖前与移送管辖后的关系。移送管辖涉及两个法院之间的双重关系：一是两个法院之间管辖权关系，二是两个法院之间的程序衔接关系。对于两个法院之间的管辖权关系，很明显的，实施移送管辖的法院因此确定性地"丧失"了对案件的管辖权，接受移送管辖的法院因此确定性地"获得"了对案件的管辖权，特定案件的管辖权得到了最终的确定。但两个法院之间的程序衔接关系则相对较为复杂。移送管辖前诉讼案件已经进行了一定的诉讼活动，也相应产生了一定的诉讼效果，这些诉讼活动以及诉讼效果是否能够全盘地移植到移送管辖后的诉讼程序之中？对此，理论上存在两种观点：一种观点是效力维持说，认为移送管辖前的诉讼行为对移送管辖后的诉讼程序自然有效；另一种观点则为效力不维持说，认为移送管辖前的诉讼行为对移送管辖后的诉讼程序不发生任何效力。效力维持说的理由是诉讼经济原则，效力不维持说的理由是直接言词原则。笔者认为，上述两种观点均有偏颇之处，不如采取折中主义更有说服力。按照折中主义的观点，在移送管辖前所实施的诉讼行为，如果属于纯粹的程序性行为，则其效力一直延伸至移送管辖后的诉讼程序；反之，移送管辖前所实施的诉讼行为，如果属于实体性行为，则其效力不能延伸到移送管辖后的诉讼程序。其理由在于：其一，移送管辖制度之所以有必要，就是为了使无管辖权的法院和有管辖权的法院在诉讼程序上有机衔接起来,而不是将无管辖权的法院的诉讼程序从效力上全部否定。如果移送管辖前后的诉讼程序无法衔接,则移送管辖制度便失去了价值。比如,在移送管辖前当事人所实施的足以使诉讼时效发生中断效果的起诉行为、法院向被告的送达行为、被告进行应诉提出答辩状的行为、证据交换等,均对后续的诉讼程序发生效力。其二,移送管辖前所实施的除构成实体性答辩以外的实体性诉讼行为,如当事人举证、证人作证等行为,对移送管辖后的诉讼程序不宜发生当然的效力。这些实体性诉讼行为如果要发生法律效力,还需要在后续的诉讼程序中重新实施,因为,移送管辖后的审判者并没有亲历这些诉讼活动,而这些诉讼活动将会影响法官的心证,法官的心证只能自然产生,而不能移植产生。因此,移送管辖前的实体性诉讼行为,如果当事人希望维持其效力,需要在新的裁判者面前重新实施,以使其符合直接言词原则的诉讼要求。

(4)移送管辖与共同管辖之间的关系。共同管辖有两种情形:一种是对单一的诉讼案件产生的共同管辖,另一种是对复杂的诉讼案件产生的共同管辖。对于前者,所采取的原则是,哪个法院先立案,就由哪个法院行使管辖权,后立案的法院负有移送管辖的义务,先立案的法院反而不具有移送管辖的权力。后者是指在复杂的诉讼案件中,有的当事人向具有管辖权的一个特定法院提起诉讼,有的当事人则向具有管辖权的另一个法院提起诉讼,此时仍应按照立案时间之先后关系确定最终有效的管辖法院,其处理原则仍然是,立案在后的法院应当将案件移送至立案在先的法院行使管辖权。

(5)移送管辖与当事人诉权保护之间的关系。移送管辖是法院的职权行为,法院实施移送管辖无须征求当事人的意见,移送到什么法院也无须听取当事人的意见,移送管辖后当事人也没有任何表示不服和救济的机会和手段,可知在移送管辖制度的构建和运作中,当事人的诉权保护显得十分不够。当事人诉权保护不够会导致以下几个问题:其一,法院对是否需要移送管辖以及向何法院移送管辖有时会判断错误。其二,体现在移送管辖始终的程序有欠公正。其三,当事人对移送管辖会心存不满。这三个方面的问题是关联在一起的,其关键性的原因是将当事人排除在移送管辖制度构建之外,而没有将当事人吸收于其中并赋予其应有的救济权。为此,在立法论上,将来民事诉讼法修改时,应当规定三项制度:一是听证制度,通过听证,听取当事人双方关于受诉法院是否享有管辖权,以及哪一个法院才是应当移送的正确的法院或最为妥当的法院。被告人提出管辖权异议,算是发表了意见,但原告人的意见尚未听取,通过听证制度,可以弥补这一程序漏洞。二是上诉制度。在受诉法院作出移送管辖的裁定后,应当赋予当事人以不服裁定的上诉权,通过上诉程序,引入上级法院的监督机制,有助于移送管辖制度的正确适用。三是异议制度。在受移送法院接受移送的诉讼案件后,如果认为其本身也无管辖权,则须报请上级法院指定管辖,而上级法院的指定管辖也有可能错误或失之妥当,此时若赋予当事人异议权,有助于上级法院纠正指定管辖的失误,从而使指定管辖权得到正确的运用。

需要指出的是,实践中,移送管辖制度若被异化会成为地方保护主义的"有力武器"。为克服此弊,有必要对移送管辖制度进行重构,重构的一个重要的方面就是强化当事人在移送管辖中的参与权、表达权、异议权、监督权、上诉权等,强化当事人在移送管辖中的诉权保护,从而使移送管辖制度真正起到便民诉讼、高效司法和权益保障等作用。

(二)指定管辖

1. 指定管辖的概念和特点

指定管辖是指在下级法院因故不能行使管辖权或者下级法院之间发生管辖权的争议而无法

协商解决时，由上级法院通过指定的形式确定管辖法院的诉讼制度。《民事诉讼法》第38条规定："有管辖权的人民法院由于特殊原因，不能行使管辖权的，由上级人民法院指定管辖。人民法院之间因管辖权发生争议，由争议双方协商解决；协商解决不了的，报请它们的共同上级人民法院指定管辖。"可见，指定管辖具有以下特点：

其一，关系特征。指定管辖发生在上下级法院之间，是上级法院通过指定的形式确定下级法院管辖权的过程，其所形成的诉讼法律关系具有纵向性的特点，而不是发生在同级法院之间的诉讼法律关系。在这种法律关系中，下级法院只能被动地接受上级法院的指定，而不得将案件再行移送管辖或者再次指定其下级法院管辖。

其二，行为特征。指定管辖是上级法院指定下级法院管辖。与移送管辖不同，移送管辖行使的是法院的审判权，目的是审判权的正确回归，而指定管辖行使的是法院的行政权和监督权，是上级法院对下级法院通过指定的形式赋予其管辖权的司法管理行为，而不是司法审判行为。

其三，前提特征。指定管辖的前提条件是被指定行使管辖权的法院依法并不具有管辖权，或者其是否享有管辖权由于客观原因而处在模糊状态，以致其是否享有管辖权并不明确，这一点与移送管辖有区别。

其四，功能特征。指定管辖是使无管辖的法院取得管辖权的制度。被指定行使管辖权的法院对被指定的案件原本依法不享有管辖权，或者其是否享有管辖权处在真伪不明的状态，因而通过上级法院的指定行为，使不享有管辖权的法院取得了管辖权，或者使处在模糊状态的管辖权消除了模糊性，从而使不确定的管辖权变成了确定的管辖权。因而指定管辖具有赋权和确权的双重功能。

2. 指定管辖的类型

指定管辖从不同的标准可以做出不同的分类，如可以分为最高人民法院的指定管辖和中级以上地方法院的指定管辖，区域内的指定管辖和区域外的指定管辖，个案性的指定管辖和类案性的指定管辖，法律性的指定管辖和政策性的指定管辖，普通法院内部的指定管辖、专门法院之间的指定管辖和横跨普通法院与专门法院之间的指定管辖，等等。但其中最有意义的一种分类乃是依其指定的原因所进行的分类，这也是《民事诉讼法》第37条和第38条以及最高人民法院司法解释所采取的一种分类，这里做一个简单介绍。

其一，障碍型指定管辖。障碍型指定管辖指的是由于法律上或事实上出现了特殊情况，以致有管辖权的人民法院无法行使管辖权，从而必须由上级法院所进行的指定管辖。法律上的原因是指由于法律规定的原因而无法行使管辖权，比如本法院与公民、法人或社会组织发生纠纷，而自己就是当事人一方，因而无法行使管辖权；再如，所有的法院审判人员均遭到了回避申请，也无法行使管辖权。事实上的原因是指由于客观原因致使有管辖权的法院无法行使管辖权，比如，该法院其专业能力有限，以致无法审理该特殊类型的案件，如知识产权案件、破产案件等；再如，有管辖权的法院发生了严重自然灾害，以致无法正常办案或者因为交通陷入严重困境以致短期内无法恢复正常运营，使当事人或其他诉讼参与人难以参与诉讼，等等。发生了这些法律上或事实上的障碍，下级法院就有必要报请上级法院行使指定管辖权，指定其他适合的法院行使管辖权，上级法院也可主动实施指定管辖。

其二，争议型指定管辖。争议型指定管辖，是指在由哪一个法院行使管辖权的这个问题上，两个或两个以上的法院发生了争议，通过协商也无法达成解决问题的一致意见，因而报请上级法院由其进行的指定管辖。对于某一特定的民事案件，由于立法上规定的概括性，更由于实际情况的复杂性，法律上清晰画然的管辖制度，在具体判断和落实时，往往会遭遇认识上甚至人为的争议。这种因管辖权而发生的争议，称为管辖争议。这种发生在法院与法院之间的管辖争议，与发生在当事人相互之间的管辖争议有所不同。前者只能通过协商或指定管辖解决，后者则通过管辖权的异议制度加以解决。法院与法院之间的管辖争议具有两种形态：一种是积极的争议，另一种是消极的争议。积极的管辖权争议，是指两个或两个以上的法院对于同一诉讼案件都在争夺管辖权，它们都希望自己能够行使管辖权，而排除其他法院对该案的管辖权。消极的管辖权争议，其情形恰好与积极的管辖权争议相反，是指两个或两个以上的法院对于同一诉讼案件都在推诿管辖权，它们都希望别的法院来行使管辖权，而自己拒绝对该案行使管辖权。[①] 无论是积极的管辖权争议还是消极的管辖权争议，都有可能存在以下三种情形：一是它们中的所有法院均有管辖权；二是它们中的所有法院均无管辖权；三是它们中的某一或部分法院有管辖权，而某一或部分法院无管辖权。在上述三种情形中，在适用指定管辖制度时，首先要排除的是第二种情形，所有的法院均无管辖权，如果这是确定无疑的，那么，就不能适用指定管辖确定其中一个法院行使管辖权，而应当将案件移送给其他有管辖权的法院行使管辖权。这是因为，这不符合指定管辖适用的前提条件，指定管辖适用的前提条件只能是两个之一：一是各个法院均有管辖权，双方争执不下。比如，在合同纠纷案件中，一方法院主张以被告所在地为由行使管辖权，另一方法院主张以合同履行地法院行使管辖权，双方协商不成，此时需要指定管辖；二是两个或两个以上的法院均有可能存在管辖权，而究竟哪一个法院具有真正的管辖权，由于客观原因难以判断，因而需要指定管辖。比如，由于行政区划分界不清，导致在附近发生的侵权行为究竟处在哪一个行政区划，无法判断，此时需要指定管辖。但是，如果某一法院或部分法院确定无疑不具有管辖权，则不在指定管辖范围之列，其只能按照移送管辖制度办理。如在合同纠纷之诉中，A 法院作为合同履行地法院对某特定案件行使了管辖权，B 法院作为被告所在地法院也主张了对某特定案件行使管辖权，而既非合同履行地亦非被告所在地的 C 法院，如果依法根本不具有管辖权，则不能因为其争抢管辖权而申请指定管辖而使 C 法院取得管辖权。根据同样的理由，上述第三种情形一般也不发生指定管辖问题。真正发生指定管辖问题的只有第一种情形，也就是各方法院都具有管辖权或都有可能具有管辖权时，才有指定管辖问题。

其三，集中型指定管辖。集中型指定管辖，是指根据一定的标准，将某一类型、某种性质的案件，比如知识产权案件、公益诉讼案件、未成年人案件、涉外案件和涉港澳台案件等，由最高人民法院通过司法解释或者颁布其他政策性司法文件的形式，确定由某一特定或某一种类的法院行使集中的管辖权，未被指定的法院因此被排除行使管辖权的制度。集中型指定管辖在民事诉讼法上并无依据，它是由最高人民法院根据司法实践的需要而行使管辖指挥权的产物。在司法改革中，最高人民法院为了探索司法改革方案，在特殊领域的某些种类的案件中，探索实行了《民事诉讼法》第 38 条规定之外的指定集中管辖。比如，2013 年 1 月 4 日，最高人民法院发布《关于开展行政案件相对集中管辖试点工作的通知》，对行政案件进行集中管辖的局部试点。在改革中，为了司法公正和司法的专业化，在一定时期内，这种指定管辖有其合理性和正当性。但这仅限于最高人民法院基于改革的目的而做出的探索和试点，地方各级法院，除获得最高人民法院授权外，不具有这种集中型指定管辖的权限。实践中，若高级法院在没有取

[①] 《民事诉讼法》第 38 条规定的指定管辖是在管辖权消极争议的情形下发生的，因而不具有积极争议和消极争议之外的独立性。

得最高人民法院的授权或批准，也没有在最高人民法院进行备案的情况下，就下发"集中管辖通知"，将涉及某一民事主体（某公司）的所有案件，集中到区域内某法院进行管辖，这种做法在制作"通知"的主体上、目的上以及程序上均不具有合法性。

尤其需要指出的是，地方高院的这类"集中管辖通知"所针对的不是某一类型、某种性质的案件，而是针对某一个特定的民事主体（某公司以及关联公司），这种以特定当事人为标准所确定的集中管辖有欠妥当性，最高人民法院行使该权限都慎之又慎，只能出于特殊目的偶尔行使，而一个地方法院，并无此权限。否则的话，无视民事诉讼法关于管辖的规定，任何与该公司及其关联公司发生民商事争议的外地当事人，都要到被指定的法院进行诉讼，这就违反了民事诉讼中的平等原则，对另一方当事人甚至双方当事人构成不利影响，也违反了确定管辖所必须遵循的"两便"原则，增加了当事人的诉讼成本和诉讼烦累。不仅如此，由于这种集中型指定管辖还没有期限的限制，如果放任这种集中型指定管辖，无异于为特定民事主体（某公司及其关联公司）专门"开设"了法院，使被指定的法院专门为该公司及其关联公司提供司法服务。可以说，该类"集中管辖通知"开设了危险的先例，如果各地法院纷纷效仿，不仅会使民事诉讼法上的管辖制度成为一纸空文，而且会导致管辖权的混乱局面。试想，如果该公司及其关联公司的对立方当事人所在地的高级法院也如法炮制，对其本地的当事人实行集中管辖，势必在各个行使集中型指定管辖权的法院之间形成管辖权的冲突，这种管辖权的冲突将因各地争抢管辖权而形成司法僵局，严重影响司法形象和司法权威。由此可见，集中型指定管辖只能由最高人民法院为了司法改革的目的而作为探索改革的手段加以有限地使用，不得任意扩大，否则民事诉讼法所确立的管辖制度必然会被掏空，成为具文。

3. 指定管辖的程序

其一，有权指定管辖的法院。有权指定管辖的法院只能是管辖权发生争议的法院的共同上级法院，因为只有该共同的上级法院才同时具有对争议法院各方的审判监督权，并通过该审判监督权行使指定管辖权。对此，《民诉法解释》第40条规定："依照民事诉讼法第三十七条第二款规定，发生管辖权争议的两个人民法院因协商不成报请它们的共同上级人民法院指定管辖时，双方为同属一个地、市辖区的基层人民法院的，由该地、市的中级人民法院及时指定管辖；同属一个省、自治区、直辖市的两个人民法院的，由该省、自治区、直辖市的高级人民法院及时指定管辖；双方为跨省、自治区、直辖市的人民法院，高级人民法院协商不成的，由最高人民法院及时指定管辖。依照前款规定报请上级人民法院指定管辖时，应当逐级进行。"据此规定，有权实施指定管辖权的法院有三种类型：一是争议法院的共同上一级法院。比如，A基层法院和B基层法院同在C中级法院的辖区内，C中级法院为行使指定管辖权的法院；A中级法院和B中级法院同在C高级法院的辖区内，C高级法院为行使指定管辖权的法院；A高级法院和B高级法院若发生管辖权争议，则最高人民法院为行使指定管辖权的法院。二是争议法院的共同上两级法院。比如，A基层法院在甲中级法院辖区内，B基层法院在乙中级法院的辖区内，甲中级法院和乙中级法院同处在丙高级法院辖区，则A基层法院和B基层法院之间的管辖权争议，由丙高级法院实行指定管辖。三是最高人民法院。比如，A基层法院在甲高级法院辖区内，B基层法院在乙高级法院的辖区内，则A基层法院和B基层法院之间的管辖权争议，由最高人民法院实行指定管辖。但在跨级进行指定管辖时，必须按照逐级报请的原则进行，而不能越级报请进行指定管辖。比如，A基层法院在甲高级法院辖区内，B基层法院在乙高级法院的辖区内，则A基层法院和B基层法院之间的管辖权争议，首先报请各自的中级法院进行管辖权的协商；协商不成，再由各种法院报请其共同的高级法院进行管辖权的协商；协商不成，再由各自的高级法院报请最高人民法院，由最高人民法院实行指定管辖。之所以采取指定管辖逐级报请的原则，其原因主要在于尽量通过协商的方式解决管辖权的争议，而尽可能避免指定管辖制度的适用，这样也有助于维护上下级法院以及同级法院之间的和谐合作关系；同时，逐级报请的原则也有助于减少管辖权矛盾争议上交高级法院乃至最高人民法院的案件负担，将纠纷尽可能地解决在基层。

其二，指定管辖的适用条件。指定管辖的适用条件有二：一是有管辖权的法院因为特殊原因无法行使管辖权，或者两个或两个以上的法院因管辖权而发生争议，该争议又无法协商解决。二是被指定管辖的法院对争议的诉讼案件具有管辖权或者可能具有管辖权。此外，在两个或两个以上均具有管辖权的法院之间发生哪一个法院行使管辖权更为方便的争议，如果不能根据先立案法院管辖规则确定管辖权，则也可以作为管辖权争议适用指定管辖。

其三，指定管辖的运作过程。指定管辖由管辖权发生争议的任何一个法院提出请求，请求必须逐级提出，请求应当采用书面形式。上级法院指定管辖应当采用裁定的形式，对报请上级人民法院指定管辖的案件，下级人民法院应当中止审理。指定管辖裁定作出前，下级人民法院对案件作出判决、裁定的，上级人民法院应当在裁定指定管辖的同时，一并撤销下级人民法院的判决、裁定。[①] 指定管辖的裁定作出后，应当发送给请求指定管辖的下级法院，该下级法院对指定管辖不服，是否有权提出异议？《民事诉讼法》和司法解释均未涉及，笔者认为，管辖权发生争议的各下级法院以及相关当事人均应有权提出指定管辖的异议。上级法院通过审查，认为指定管辖的异议确有理由的，应予以纠正，重新指定管辖。

其四，被指定管辖的法院范围。被指定管辖的法院存在两种类型：一是在特定法院因特殊原因无法行使管辖权而进行指定管辖时，所有的适合行使管辖权的法院均在被指定之列。比如，某基层法院因为集体回避的原因而无法行使管辖权，则由其上级法院即中级法院在其辖区范围内指定任何一个基层法院行使管辖权，究竟指定哪一个法院行使管辖权，由该中级法院综合确定管辖的各种因素而定。二是在两个或两个以上的法院因为管辖权发生争议而需要进行指定管辖时，则由其共同的上级法院在各争议的法院之间指定其中一个行使管辖权。但上级人民法院不能指定其他的人民法院行使管辖权。因为在管辖权发生争议时实行指定管辖的目的是解决争议，而不是扩大争议，其他法院既然没有牵涉该案的管辖权争议，上级法院就没有必要指定其为本案的管辖法院。尤其是，如前所述，在发生管辖权争议的情形下，指定管辖的前提条件是各争议法院具有或有可能具有管辖权，如果根本不具有管辖权，法院则不得指定管辖。不仅如此，指定管辖只能在当事人所选择起诉的法院之间进行，如果当事人未做选择，即便其具有管辖权，也不能被指定为管辖法院，否则就违反了处分原则。

（三）管辖权转移

1. 管辖权转移的概念

管辖权不仅可以在平行的法院之间进行移动，还可以在垂直的法院之间进行移动，在垂直的法院之间移动管辖权的制度，即管辖权转移制度。《民事诉讼法》第 39 条规定："上级人民法院有权审理下级人民法院管辖的第一审民事案件；确有必要将本院管辖的第一审民事案件交下级人民法院审理的，应当报请其上级人民法院批准。下级人民法院对它所管辖的第一审民事案件，认为需要由上级人民法院审理的，可以报请上级人民法院审理。"这就是管辖权转移制

[①]《民诉法解释》第 41 条。

度。具体而言，管辖权转移，是指上级法院将由其行使管辖权的案件转移给下级法院管辖，或者相反，下级法院将由其管辖的案件转移给上级法院管辖。前者被称为管辖权的下调型转移，也被称为指令管辖；后者被称为管辖权的上调型转移，也被称为提级管辖。这里需要注意的是，提级管辖与提审的概念有所不同，不能将上调型管辖权转移称为"提审"，因为提审主要发生在审判监督程序中，是指上级法院将下级法院终审裁判并且当事人也没有向上级法院提出再审申请的案件，提上来自己进行再审的制度。提审的主要功能在于实施法律监督，而管辖权的上调型转移则是根据上级法院所认为的审理案件之需要而发生的，与审判监督无关，因而提级管辖不能以提审加以另称。

2. 管辖权转移的立法原因探析

（1）管辖权转移制度是缓和级别管辖制度严苛性的需要。级别管辖是在上下级法院之间分配第一审民事案件的管辖制度，确定级别管辖的因素有的具有弹性，如案件疑难复杂、影响重大、具有法规创设价值等；有的具有刚性，如按照诉讼标的额的大小来确定级别管辖往往会产生非此即彼的截然界限。对于根据弹性标准确定的级别管辖，本身就内含允许进行管辖权转移的含义，此时，管辖权转移名为转移，实为确定，只不过表明，级别管辖的最终确定权在上级法院，而不在下级法院，下级法院只有级别管辖的初步确定权。因此，管辖权转移制度对于依弹性标准确定的级别管辖意义不大。但是，对于依刚性标准确定的级别管辖，管辖权转移则意义重大，因为如果没有管辖权转移制度，级别管辖确定后，则无法发生变动，而级别管辖一旦确定就绝对固定不变，虽然在大多数情形下与管辖制度的司法目的之实现无碍，但在少数特殊情况下，则这种机械确定的级别管辖会妨碍管辖制度立法宗旨的实现，是以需要通过裁量的方式加以调整，管辖权转移制度由此成为必要。

（2）管辖权转移制度是上级法院实行法律监督和法律指导的需要。上级法院与下级法院之间存在监督和被监督的关系，这种关系除在二审程序和再审程序中表现出来外，还在一审程序中表现出来。如果上级法院认为下级法院管辖和审理某一特定民事案件有所不便，比如易受到地方保护主义的干预或其他各种主客观因素的影响和制约，从而难以做到独立审判、中立审判、公正审判，则可以实行管辖权转移。再如，有管辖权的下级法院在所管辖的该一特定案件中具有利害关系，或者其中的主要领导，包括院庭长等在内，与案件的审判结果存在千丝万缕的联系，而单纯用回避制度难以奏效；或者上级法院认为下级法院审判该特定案件的人才储备不足，审判能力勉为其难甚至不能胜任；等等。诸如此类的原因，都可能会触发上级法院在管辖确定阶段就提前介入，将案件的级别管辖予以调整。因此，管辖权转移虽然包括上调型转移和下调型转移两种形式，但实践中主要出现的是上调型转移，其原因就在这里。通过管辖权的转移，使上级法院对下级法院的法律监督权更加充实，司法指导权得以落到实处。

（3）管辖权转移制度是下级法院克服审判困境的需要。下级法院根据级别管辖制度所获得的对于特定案件的管辖权，多数情形下，下级法院均能胜任，确保全面履职。但有时下级法院在管辖和审判特定民事案件时会遇到各种困境，如审判具有专业技术性的诉讼案件之能力不足；或者案件所涉及的领域广泛，需要高级法院层次的司法协调能力；或者案件所涉影响面广，经风险预判，下级法院审判中会遇到阻扰甚或哄闹法庭、阻碍审判之非常情势，下级法院风险防控能力显然不足以应对；或者案件涉及的法律问题极其复杂，政策性强，敏感性强，需要创造性司法方能圆满兼顾各种诉讼目标之达成，而下级法院的权威性不够，能力有限等。总而言之，下级法院管辖和审判案件往往面临着诸多困境，需要实行管辖权转移以济其穷。因此，下级法院报请上级法院实行管辖权转移的案件一般为管辖权的上调型转移，而通常不会是管辖权的下调型转移。下级法院希望实行管辖权下调型转移，一般理由不会十分充分；下调型转移通常是由上级法院主动提出，由下级法院管辖和审判原本应由上级法院管辖和审判的案件。发生下调型转移的情形，多是上级法院苦于案多人少，难以应对各种应由其管辖和审判的案件，并考虑到将案件管辖权进行下放，也不至于使下级法院遭遇审判难题，在此种情形下，下调型转移方有可能。

可见，管辖权转移制度就像是一种"润滑剂"，使硬直的级别管辖制度得以柔性地发挥作用，从而使级别管辖制度的功能得到最大化实现，其克服了级别管辖制度中的不利因素，由此成为级别管辖制度的有益补充。

3. 管辖权转移与移送管辖、指定管辖的区别

（1）管辖权转移与移送管辖不同：

①发生变动的客体有所不同。管辖权转移是管辖权的变动，管辖权是该制度的调整对象，根据该制度，无管辖权的上级法院或下级法院取得了从下级法院或上级法院那里转移过来的管辖权，因而，管辖权的转移，无论是上调型转移还是下调型转移，其本质上乃是无管辖权的法院变成了有管辖权的法院，有管辖权的法院变成了无管辖权的法院，管辖权的归属发生了变动。而移送管辖本质上乃是管辖权的回归，是无管辖权的法院将案件移送至原本就享有管辖权的法院，因此，移送管辖发生变动的客体不是管辖权，而是案件的归属。

②变动的法院级别不同。管辖权的转移仅发生在上下级法院之间，是上下级法院之间在级别管辖上的调剂，体现的是法院上下级之间的内部司法行政管理关系。移送管辖则不仅体现在纵向的上下级法院之间，而且也体现在横向的同级法院之间，不仅涉及级别管辖的摆正，也涉及地域管辖权的摆正，体现的是法院相互之间的司法审判关系，是当事人所享有的管辖权的应然归属。

③上级法院所发挥的作用有所不同。在管辖权的转移中，上级法院发挥着决定性的作用，下调型转移需要取得上级法院（实为上上级法院）的批准，是否实行下调型转移，不是取决于下级法院，而是取决于上级法院以及上级法院的上级法院；实行上调型转移虽然下级法院有报请权，但是否接受转移的管辖权，依然取决于上级法院的意志。移送管辖则无须取得上级法院的许可或批准，不仅横向的同级性移送管辖无须征得上级法院的同意，而且纵向的级别性移送管辖也无须征得上级法院的同意，因此，在移送管辖中，上级法院几乎不发挥任何作用。

④当事人在其中的诉权保障不同。在因当事人动议而实行的移送管辖中，当事人基于诉权保障提出管辖权异议，法院根据管辖权异议进行移送管辖，法院移送管辖的结果体现为当事人的诉权在这个环节得到了保障。即便在法院依职权所实行的移送管辖中，法院也是基于通过管辖权的正确落实而使当事人诉权获得应有保障的考虑。反之，如果当事人对无管辖权的法院受理和审判案件不持异议，则在其做出实体性答辩的前提下便产生了应诉管辖，而是否会产生应诉管辖，显然是当事人的程序处分权在其中发挥了作用。与之有所区别的是，在管辖权转移中，是否实行转移以及相应的上级法院是否接受转移，则无须征求当事人的意见，虽然实行下调型转移下级法院必须接受，同时也要取得上级法院的上级法院的批准，但当事人的意见并不在考虑之列。因此，可以得出结论认为，管辖权的转移制度与当事人诉权保障基本无关。之所以会出现如此差异，根本原因在于管辖权转移和移送管辖的制度目的不同，前者在于上下级法院之间内部调整管辖负担，后者在于确保当事人管辖利益的实现，而与法院之间调整管辖负担无关。

（2）管辖权转移和指定管辖既有联系也有区别，其联系主要表现在：

①二者都涉及上下级法院之间的管辖关系。管辖权转移发生在上下级法院之间，指定管辖

则需要上级法院指定下级法院进行管辖。

②二者都使法定的管辖权发生了变动。管辖权转移是有管辖权的下级法院或上级法院将管辖权转移到无管辖权的上级法院或下级法院，而指定管辖则分为两种情形：在行使管辖权确有困难的情形下，指定管辖使无管辖权的法院取得管辖权；在管辖权发生争议的情形下，指定管辖有可能使无管辖权的法院取得管辖权，也有可能使笼罩在管辖权上的迷雾得以澄清，使管辖权得到正确的适用。

③二者的性质有相似之处。管辖权转移是上级法院运用司法行政管理权的结果，指定管辖也是上级法院通过司法审判监督权来加以实现的。司法行政管理权和司法审判监督权在行政权的程度上有所不同，但均与司法审判权有性质上的区别，移送管辖则是司法审判权发挥作用的结果。

然而，管辖权的转移和指定管辖也存在明显的区别：

①前提不同。管辖权转移是无到有的转移，而指定管辖则存在有与无两种情形。

②功能不同。管辖权转移的功能是调整了管辖权的归属，改变了法定管辖；指定管辖的功能则是解决管辖权争议，摆脱管辖权的困境。

③方向不同。管辖权转移包括向下转移和向上转移两种方向，指定管辖则只有自上而下一种方向。前者具有双向性，后者具有单向性。

④领域不同。管辖权的转移所调整的是级别管辖，指定管辖所调整的是地域管辖。如果最高人民法院行使指定管辖权，将某高级法院管辖的案件指定由某中级法院管辖，这也属于管辖权的转移，而不属于指定管辖。指定管辖所导致的管辖权变化，一定是在同级别的法院相互之间，只要涉及上下级法院之间的管辖权调整，则均属于管辖权转移。

4. 管辖权转移的适用条件

《民事诉讼法》第39条规定："上级人民法院有权审理下级人民法院管辖的第一审民事案件；确有必要将本院管辖的第一审民事案件交下级人民法院审理的，应当报请其上级人民法院批准。下级人民法院对它所管辖的第一审民事案件，认为需要由上级人民法院审理的，可以报请上级人民法院审理。"据此规定，管辖权的转移需要具备以下诸条件：

（1）实行管辖权转移的法院已经受理了特定的民事案件。如果该特定民事案件尚未受理，则所谓管辖权转移便失去了适用的前提。不仅如此，受理该特定民事案件的法院依法具有对本案的级别管辖权，如果其本身就没有级别管辖权，则所谓管辖权转移便无从说起，其所产生的便只能是移送管辖，而不是管辖权转移。

（2）接受管辖权转移的法院对该特定民事案件不享有管辖权。如果其本身享有管辖权，则只能产生指定管辖或移送管辖，而不可能产生管辖权转移。

（3）管辖权转移只能发生在具有监督和被监督关系的上下级法院之间。只有存在上下级隶属关系的法院之间，才有管辖权转移一说，在没有上下级隶属关系的法院之间，不会产生管辖权的转移，但有可能发生移送管辖或指定管辖。比如，受理特定案件的某中级法院，认为该案件属于另一省高级法院管辖，则可以实行移送管辖。最高人民法院也可将某中级法院管辖的特定案件，指定给另一省的某中级法院管辖（但仅限于行使管辖权确有困难的情形）。

（4）管辖权的转移必须取得上级法院的同意。下调型转移固然是上级法院作出管辖权转移裁定的结果，同时其也需取得其上级法院的批准；上调型转移虽由下级法院报请，但该报请是否会获得准许，取决于上级法院的同意。因而，上级法院如果不予同意，则无论何种的管辖权转移均不可能发生。

5. 管辖权转移的种类

根据《民事诉讼法》第 39 条的规定，管辖权的转移可分为两种类型，一种是上调型转移，也即向上转移；另一种是下调型转移，也即向下转移。以下分别述之。

（1）上调型转移。上调型管辖权转移，是指级别管辖权由下级法院向上级法院转移。这种上调型管辖权转移由于并没有损害当事人的级别管辖利益，相反更加重视了其管辖利益，因而推定当事人不会有不同意见，故而无须征求当事人的意见，同时也无须取得上级法院的批准。上调型管辖权转移的产生原因分为两种：一是下级法院认为自己行使该特定民事案件的级别管辖权确有困难，因而报请上级法院行使管辖权；二是上级法院认为由下级法院行使特定案件的管辖权不如由自己直接行使其管辖权更为妥当，因而决定将案件上调至本法院，由上级法院亲自行使管辖权。由于上级法院往往难以获得下级法院受理特定案件的具体信息，上调型管辖权的转移一般都是由下级法院报请上级法院提级管辖。但是，如果下级法院行使管辖权有地方保护主义之嫌，则上级法院可以行使管辖转移权，实行对特定民事案件的提级管辖。需要注意的是，上调型转移通常发生在上一级法院和下一级法院之间，但也不局限于此，上两级乃至最高人民法院根据需要，均可对各下级法院的管辖案件实行管辖权的转移。比如，某基层法院行使对某特定案件的管辖权，不仅作为其中级法院的上级法院可以实行管辖权的转移，而且相隔两级乃至三级的高级法院或最高人民法院均可以直接跨越式地行使管辖权的转移权。其所以如此的基本依据在于最高人民法院对地方各级法院、上级法院对下级法院享有司法行政管理权和审判监督权，提级管辖、实行管辖权的转移乃是最高人民法院或上级法院行使司法行政管理权和审判监督权的具体体现。

根据最高人民法院《关于规范上下级人民法院审判业务关系的若干意见》第 3 条和第 5 条的规定，基层法院和中级法院受理的下列第一审案件，必要时可以根据相关法律规定，书面报请上一级①人民法院审理；上级人民法院认为下级人民法院管辖的第一审案件，属于以下所列类型，有必要由自己审理的，可以决定提级管辖：其一，重大、疑难、复杂案件；其二，新类型案件；其三，具有普遍法律适用意义的案件；其四，有管辖权的人民法院不宜行使审判权的案件。

最高人民法院《关于调整高级人民法院和中级人民法院管辖第一审民商事案件标准的通知》第 5 条规定："对重大疑难、新类型和在适用法律上有普遍意义的案件，可以依照民事诉讼法第三十八条的规定，由上级人民法院自行决定由其审理，或者根据下级人民法院报请决定由其审理。"

最高人民法院《关于调整地方各级人民法院管辖第一审知识产权民事案件标准的通知》第 4 条规定："对重大疑难、新类型和在适用法律上有普遍意义的知识产权民事案件，可以依照民事诉讼法第三十九条②的规定，由上级人民法院自行决定由其审理，或者根据下级人民法院报请决定由其审理。"

（2）下调型转移。下调型管辖权的转移是指上级法院将有管辖权的案件转移给下级法院管辖。可见，下调型管辖权转移是以牺牲当事人的级别管辖利益为代价的，这种转移尽管是可能的，但必须受到严格的限制。在 2012 年修改《民事诉讼法》前，下调型管辖权的转移可以如同上调型管辖权的转移一样，任意地进行而无须具备限定性的条件，并无须经过上级法院的

---

① 笔者认为与《民事诉讼法》第 39 条的规定有所不合，这里的"一"字应当删除。
② 现对应《民事诉讼法》第 38 条。

批准。这样所导致的弊端就是有的地方法院为了实现地方保护主义的目的，有意将案件的级别管辖法院调低，由此使该案的终审法院被控制在本区域范围之内，从而使受到不利裁判的当事人难以寻求公正的司法救济。实践中的这种恶意利用管辖权转移从而达到地方保护之目的的做法，引起了学界和立法界的关注，在 2012 年修改《民事诉讼法》时，对下调型管辖权转移作出了与上调型管辖权转移相区别的立法规定，主要增加了两个限定性规定：一是提出了"确有必要"这个条件。立法所提出的这一"确有必要"的条件，从立法用语及其制度宗旨而言，显然提出了非常高的要求，显示出并不鼓励甚至严加限制实行此种转移的立法者意图。二是实行下调型管辖权转移需要取得上级法院的批准。上级法院认为确有必要实行下调型管辖权转移的，应当由上级法院提出理由，报请其上级法院批准。这里的上级法院是指享有管辖权的法院的上级法院，而不是指接受管辖权转移的上级法院，比如某中级法院欲将其管辖的案件下调给其辖下的基层法院管辖，则需要报请该中级法院的上级法院，也即高级法院进行批准，该中级法院本身不具有实行下调型管辖权转移的决定权。根据《民诉法解释》第 42 条的规定，上级法院所管辖的下列第一审民事案件，在取得上级法院批准后，依照《民事诉讼法》第 39 条第 1 款之规定，可以在开庭前交下级人民法院审理：其一，破产程序中有关债务人的诉讼案件；其二，当事人人数众多且不方便诉讼的案件；其三，最高人民法院确定的其他类型案件。

6. 管辖权转移的程序

（1）管辖权转移的启动程序。从现行立法上看，管辖权转移的启动主体为人民法院，而不包括当事人在内，也就是说，管辖权转移实行职权进行主义，而不实行当事人进行主义，当事人不享有决定抑或申请实施管辖权转移的诉讼权利。具体而言，管辖权的向上转移既可以由上级法院决定启动，也可以由下级法院报请启动；上级法院决定启动管辖权的向上转移时，其决定权行使之时便是管辖权发生转移之时；下级法院报请管辖权向上转移时，管辖权不是在报请时发生转移，而是在上级法院决定接受转移时发生转移。管辖权的向下转移则只有上级法院可以决定启动，下级法院不得报请将上级法院的管辖案件转移给自己管辖和审判。最高人民法院《关于审理民事级别管辖异议案件若干问题的规定》第 4 条规定："对于应由上级人民法院管辖的第一审民事案件，下级人民法院不得报请上级人民法院交其审理。"这里需要探讨的一个问题是，当事人在管辖权转移制度的启动方面应否享有一定的权限。笔者的答案是，对于管辖权的向上转移是肯定的，对于管辖权的向下转移则是否定的。因为，当事人如果感知到诉讼案件由下级法院管辖会有地方保护主义的干扰因素渗透，同时也担心下级法院是否有足够的抗干扰能力，甚至也担忧下级法院是否有足够的审判能力对该特定的民事案件公正正确地审判，在这种情形下，当事人应当有权向下级法院提出报请上级法院审判本案的申请或动议，或者直接享有向上级法院提出管辖权转移的申请或动议。这样有助于扩大管辖权向上转移制度的适用范围，从而使其制度性功能更得以彰显出来。至于管辖权的向下转移，当事人则无法说出正当性的理由，因而其不应享有该项申请性权利。当然，这是立法论上的建言，有待于立法予以确认。

（2）管辖权转移的听证程序。民事诉讼法并没有规定管辖权转移的听证程序，其忽视当事人程序参与权和程序选择权的立法模式有待完善。管辖权转移的听证程序分为两种类型：一种是适用于管辖权向上转移的听证程序，另一种适用于管辖权向下转移的听证程序。前者重在听取当事人的意见，而当事人提出的同意或不同意管辖权向上转移的意见，对于法院而言不具有拘束力，仅供法院决策时参考。后者重在征求当事人的意见，当事人如果不同意实行管辖权向下转移,则法院不得作出管辖权转移给下级法院的决定,否则该决定便是违法决定,当事人有权向其上级法院提出上诉,上级法院应当将该管辖权向下转移的裁定予以撤销。因而,同属听证程序,对于管辖权的上调型转移和下调型转移,其内容和意义并不尽一致,需加甄别。此外尚需提及的是,如果管辖权向上转移的程序是由当事人的申请或动议而启动的,则这种听证程序便无须进行,法院仅需征求对方当事人的意见即可,这样可以缩短时间,提高效率。

(3) 作出裁定。管辖权转移既然为裁定管辖,以与法定管辖相区别,则其作出的决断必然采用裁定的形式,不仅管辖权向下转移需要法院作出裁定,而且管辖权向上转移也需要法院作出裁定。作出裁定的法院,无论是管辖权向上转移抑或向下转移,均为上级法院,也即,在管辖权向上转移时,由接受转移的法院作出裁定,在管辖权向下转移时,由转移案件的法院作出裁定。上级法院作出的管辖权转移的裁定,下级法院均必须遵从,而不得拒绝转移案件或拒绝接受案件的转移。

(4) 救济。管辖权转移涉及当事人的管辖利益,是当事人重要诉讼权利受到影响的一项制度,因而应当赋予当事人以相应的救济权。当事人在管辖权转移中所享有的救济权应当区别两种情形分别对待:在管辖权向上转移之中,由于当事人的管辖利益没有受到根本性的影响,甚至在一定意义上可以说其管辖利益受到了更好的保障,因而赋予其救济手段的强度有所下降,此时,仅需要赋予其向接受移送管辖的法院以异议权即可,无须赋予其上诉权;然而,与之有别的是,管辖权向下转移涉及当事人管辖利益的整体性下降的严重问题,而且该问题的背后又往往与制约司法公正的地方保护主义密切勾连,因而法院实行管辖权的向下转移不仅需要有严格的条件限制和上级法院审批的制约,而且需要取得当事人的同意。如果当事人没有表示同意或者只有一方表示同意,法院依然实行了管辖权的向下转移,对于该项裁定,当事人应当有上诉权。由于管辖权的向下转移是取得上级法院批准而实施的,此时当事人的上诉理应向上级法院的上级法院提出,这样才有利于保障当事人的上诉权得以产生实效性。如果这样,似乎又加重了上级法院尤其是最高人民法院的负担,但为了保障当事人的诉权,立法只能做出这样的选择。最高人民法院《关于审理民事级别管辖异议案件若干问题的规定》第7条规定的"对人民法院就级别管辖异议作出的裁定,当事人不服提起上诉的,第二审人民法院应当依法审理并作出裁定",没有考虑到实行管辖权向下转移需要取得上级法院批准这一因素,因而其所谓"第二审人民法院"在现在应当改为"实行管辖权转移的上级人民法院"。

7. 简评

旨在调整级别管辖的管辖权转移制度,其优点是有利于级别管辖制度的灵活运用,防止级别管辖制度因机械性适用而导致管辖法院确定的偏颇,从而使管辖制度用来确保司法公正的目的无法实现。然而还要看到,管辖权转移制度仍存在一些有待完善的方面。为使该问题的讨论更有针对性,笔者这里将管辖权转移制度一分为二分别加以探讨。

首先看管辖权向上转移的正当性问题。在管辖权转移这个问题上,应当说管辖权的向上转移的正当性要强于管辖权的向下转移。因为管辖权向上转移,毕竟提高了特定案件的审判级别,由更高级的法院审判一般而言总比由级别较低的法院进行审判能力更强,水平更高,与地方保护主义的联系更为薄弱,其抗干扰的能力显然较强,因而案件由上级法院提级管辖后有望得到更好的审判,这对当事人而言应当是一种司法的福利,理应获得肯定性评价。但即便如此,对于管辖权的上调型转移仍然可以提出以下理论上的质疑。这就是:上调型管辖是否真的提升了当事人的管辖利益?当事人的管辖利益是根据管辖制度所确定的适当的管辖法院而产生的诉讼利益,这种管辖利益表现为所确定的管辖法院是最好的法院。因此管辖利益的真谛在于管辖法院的适当性或恰到好处,就级别管辖而言,管辖利益的要求是该由级别低的法院管辖就由级别低的法院管辖,该由级别高的法院管辖就由级别高的法院管辖,如果该由级别低的法院管辖而改由级别高的法院管辖,或者该由级别高的法院管辖而改由级别低的法院管辖,则都是对当事人管辖利益的一种牺牲和损伤。因为,案件确定由较低级别的法院管辖,当事人进行诉讼比较便利,诉讼费用能够节省,诉讼精力能减少耗费,法院调查取证以及做调解工作更有保障,如果实行了管辖权的向上转移,则由级别管辖所确定的管辖利益及诉讼优势便不可避免地受到损伤。因此,如果要调整级别管辖,将由较低级别法院管辖的案件调整至较高级别的法院管辖,必须要有更加充分的理由才具有正当性。而是否具有更为充分的正当化理由则不仅需要斟酌法院自身的判断性因素,更需考虑来自当事人的判断性因素。这就需要在法院决定实施管辖权的向上转移时听取当事人的辩论意见,经过适当的听证过程,使管辖权是否果真需要实行向上转移的判断更为正确一些。因此,就立法完善的视角而言,管辖权的向上转移虽然就其正当性而言基本上可获得积极性评价,但其程序设计显得过于简单,完全将其决定权和判断权交由法院单方面行使,忽视了当事人的程序参与性以及相应的监督权、异议权和救济权,因而使之在程序正当化方面有所欠缺,这需要在将来立法修改时予以完善。通过这种程序正当化完善的作业,不仅有助于管辖权向上转移在制度上进一步趋于完善,而且从诉讼观念上说,也有助于司法去行政化改革,毕竟,由法院单方面决定是否实行管辖权的向上转移,是司法程序行政化的残留,是需要改革的对象。

其次看管辖权的向下转移。管辖权的向下转移在立法的正当性上存在颇多疑问,这不仅因为它损害了当事人的管辖利益,而且因为其程序构成中没有体现出对当事人应有的尊重。当事人在某一特定民事案件中所依法享有的管辖利益,在这里主要表现为级别管辖利益,乃是当事人的诉讼权利之所在,这一诉讼权利是由民事诉讼管辖制度所直接地赋予给当事人的,这是当事人所应得的诉讼利益,包括法院在内的任何主体均应予以尊重。然而,管辖权的向下转移却不经当事人同意,直接剥夺了当事人依法所享有的由更高级别法院进行管辖和审判的诉讼权利以及由此所体现的诉讼利益。如果这种做法不加限制而使之广泛推行的话,则无异于否定了级别管辖制度的存在价值。因此,管辖权的向下转移只有在取得双方当事人的同意后才具有正当性,当事人如果不予同意,则管辖权不得向下转移。当事人同意这个因素之所以能够赋予管辖权向下转移以制度上的正当性,其原因就在于当事人对其所享有的级别管辖利益有权进行处分,当事人处分其管辖利益后,加之法院斟酌其自身需要向下实行管辖权转移的职权性因素,便可以使管辖权的向下转移获得充分的正当性。《民事诉讼法》在2012年修改后,意识到了管辖权向下转移和向上转移所具有的性质上的区别,因而在制度构建上予以差异化设置,对管辖权的向下转移设定了"确有必要"的理由限制以及"上级批准"的程序制约,使原本的管辖权向下转移制度有了相当程度上的完善。然而,无论是"确有必要"的理由限制抑或"上级批准"的程序制约,这些都是法院内部的权力控制机制,仅凭借这两项制度的加入仍然难以使管辖权向下转移制度获得充分的正当性,为使之充分正当化,尚需要在修法论上增设当事人同意的成立要件,通过当事人同意这一程序选择权和程序处分权的行使,管辖权的向下转移制度便能够在当事人意志的作用下得以正当化地构建和运行。

要而言之,管辖权转移制度作为调剂级别管辖的活性化机制确有其存在的必要性,然而有其必要性并不意味着其制度无论如何构建均有其正当性,无论是向上转移还是向下转移,管辖权转移制度的正当性都有所欠缺,但二者所欠缺的程序正当性的程度有所不同。作为完善论上的改进方式,对于管辖权的向上转移而言,需要增设听证制度,听取当事人的意见,将当事人的意见作为决定是否实行管辖权向上转移的主要考量因素对待，如果当事人的意见未被听取或吸收，则应当赋予当事人以提出异议权，从而使当事人在管辖转向上转移中的程序保障获得充分的考虑。管辖权向下转移尽管也有其必要性，不过其程序的正当性保障应当更加充分和完善，主要的方式便是引入程序选择权和程序处分权原理，将当事人的同意或选择作为管辖权向上转移的必要条件，如果当事人双方或一方不予同意，则管辖权的向下转移不得实施。

九、管辖权异议

（一）管辖权异议的内涵

管辖法院的正确确定是实现程序正义的前提条件，如果管辖法院没有得到正确的确定，则诉讼程序的公正性便无从说起。为此，民事诉讼法一方面规定了作为起诉方的原告具有依法选择管辖法院的诉讼权利，另一方面又规定了作为被诉方的被告具有对原告所选择的法院提出不同意见的诉讼权利，这就是管辖权的异议制度所要解决的问题。管辖权的异议，是指当事人在人民法院受理民事案件后，就其管辖权提出反对意见，认为其无权管辖并希望其将案件移送到有管辖权的法院进行审判或者裁定驳回原告起诉的制度。我国1982年《民事诉讼法（试行）》并未规定管辖权异议制度，1991年修改《民事诉讼法》，首次规定管辖权异议制度。该法第38条规定："人民法院受理案件后，当事人对管辖权有异议的，应当在提交答辩状期间提出。人民法院对当事人提出的异议，应当审查。异议成立的，裁定将案件移送有管辖权的人民法院；异议不成立的，裁定驳回。"2012年修改《民事诉讼法》，全盘保留了1991年《民事诉讼法》关于管辖权异议制度的规定，并增加应诉管辖的内容，同时取消了涉外民事诉讼程序中关于应诉管辖的特别规定，合并成为单独的一条，此即现行法的第130条，该条规定："人民法院受理案件后，当事人对管辖权有异议的，应当在提交答辩状期间提出。人民法院对当事人提出的异议，应当审查。异议成立的，裁定将案件移送有管辖权的人民法院；异议不成立的，裁定驳回。当事人未提出管辖异议，并应诉答辩的，视为受诉人民法院有管辖权，但违反级别管辖和专属管辖规定的除外。"据此规定，管辖权异议包括管辖异议权和放弃管辖异议权的法律后果两方面内容。

（二）管辖权异议的外延

管辖权异议的外延则包括三个层面的问题：一是哪些诉讼主体有权提出管辖权异议，也即，管辖权异议的权利主体及其范围问题；二是针对哪些管辖权诉讼主体可以提出管辖权异议，也即管辖权异议的客体或对象问题；三是管辖权异议可以适用于法院的哪些程序之中，当事人在哪些程序中有权提出管辖权异议。第一个问题涉及管辖权异议的主体外延，第二个问题涉及管辖权异议的客体外延，第三个问题涉及管辖权异议的程序外延。概括起来就是，管辖权异议的外延，指的是在哪些程序中，哪些诉讼主体可以针对哪些管辖权问题有权提出异议。以下分别述之。

1. 管辖权异议的主体外延

管辖权异议的主体外延后文将有详述，这里仅仅概括地指出，管辖权异议的主体外延可以在狭义和广义两层含义上予以理解。从狭义上说，管辖权异议的主体仅指被告方当事人；从广义上说，管辖权异议的主体除被告外，还包括原告和第三人。

2. 管辖权异议的客体外延

管辖权异议的客体外延指的是管辖权异议可以针对哪些管辖权问题予以提出。对此可以做出以下分析：

（1）地域管辖是管辖权异议的主要客体。对地域管辖提出管辖权的异议乃是管辖权异议制度的原始出发点或曰制度初心，一般在司法实践中，如果人们不加特别说明，所谓管辖权的异议，指的就是地域管辖异议。《民事诉讼法》第130条的规定便是从该意义上规定管辖权异议制度的，根据该条规定，人民法院受理案件后，当事人对管辖权有异议的，应当在提交答辩状期间提出。人民法院对当事人提出的异议，应当审查。异议成立的，裁定将案件移送有管辖权的人民法院；异议不成立的，裁定驳回。当事人未提出管辖异议，并应诉答辩的，视为受诉人民法院有管辖权，但违反级别管辖和专属管辖规定的除外。该规定中，当事人可以提出管辖权异议的客体显然被限定在地域管辖之中，至于级别管辖等其他管辖，并不受该条管辖权异议制度的统辖。

（2）级别管辖是司法解释所确立的管辖权异议的客体。关于地域管辖，被告有权提出管辖权的异议，理论界、立法界和实务界一般都没有争议。但是对于被告能否提出级别管辖的异议，则存在解释论和实践论上的争议。从《民事诉讼法》第130条第2款关于应诉管辖及其除外条款的内容看，在解释论上似乎可以得出结论认为，《民事诉讼法》第130条所规定的管辖权异议，其语义背景应当就是地域管辖，而不包括级别管辖在内，因为当事人未提出级别管辖异议，并不使受诉法院获得应诉管辖权，从可以产生应诉管辖的逻辑上推，应当认为被告的管辖权异议针对的就是地域管辖，而不包括级别管辖。既然级别管辖是法院职权调查事项，当事人是否提出管辖权异议，均不影响法院对级别管辖的调查核实，当事人不提出级别管辖异议，也不使法院当然取得级别管辖权，因而从《民事诉讼法》第130条规定本身无法得出级别管辖可以成为当事人提出管辖权异议的客体或对象之结论。换言之，《民事诉讼法》所规定的管辖权异议，指的仅是地域管辖异议，而不包括级别管辖异议在内。

然而，司法实践对级别管辖异议提出了制度性要求，最高人民法院于1995年7月3日做出《关于当事人就级别管辖提出异议应如何处理问题的函》（失效），指出："级别管辖是上下级法院之间就一审案件审理方面的分工。各高级人民法院根据经济纠纷案件诉讼标的金额分级确定管辖法院的规定，虽不是法律规定和司法解释，但一经我院批准，即应当认真执行。当事人就级别管辖权提出管辖异议的，受诉法院应认真审查，确无管辖权的，应将案件移送有管辖权的法院，并告知当事人，但不作裁定。受诉法院拒不移送，当事人向其上级法院反映情况并就此提出异议的，上级法院应当调查了解，认真研究，并作出相应的决定，如情况属实确有必要移送的，应当通知下级法院将案件移送有管辖权的法院；对下级法院拒不移送，作出实体判决的，上级法院应当以程序违法为由撤销下级法院的判决，并将案件移送有管辖权的法院。同时还应以违反审判纪律对有关人员作出严肃处理。"该函对级别管辖异议首次做出了肯定性答复，级别管辖异议制度虽然没有入法，但事实上在司法实践中已经作为一项诉讼制度开始执行。

然而，最高人民法院的函件毕竟不属于具有法律效力的司法解释，依据该函所认可的级别管辖异议制度虽然具有事实上的效力，但却不具有法律上的效力，级别管辖异议制度尚未正式形成。2009年7月20日最高人民法院通过《关于审理民事级别管辖异议案件若干问题的规定》，对级别管辖异议制度做出了全面系统的规定，其主要内容包括：其一，被告在提交答辩状期间提出管辖权异议，认为受诉人民法院违反级别管辖规定，案件应当由上级人民法院或者下级人民法院管辖的，受诉人民法院应审查，并在受理异议之日起15日内作出裁定：异议不成立的，裁定驳回；异议成立的，裁定移送有管辖权的人民法院（第1条）。其二，提交答辩状期间届满后，原告增加诉讼请求金额致使案件标的额超过受诉人民法院级别管辖标准，被告提出管辖权异议，请求由上级人民法院管辖的，人民法院应当按照本规定第1条审查并作出裁定（第3条）。其三，被告以受诉人民法院同时违反级别管辖和地域管辖规定为由提出管辖权异议的，受诉人民法院应当一并作出裁定（第6条）。其四，当事人未依法提出管辖权异议，但受诉人民法院发现其没有级别管辖权的，应当将案件移送有管辖权的人民法院审理（第7条）。其五，对人民法院就级别管辖异议作出的裁定，当事人不服提起上诉的，第二审人民法院应当依法审理并作出裁定（第8条）。此外，该司法解释还就管辖权的转移作出了细化规定。比较该司法解释和前函所确立的级别管辖异议制度的内容可以发现，前函所确立的级别管辖异议制度，虽然肯定了当事人对错误级别管辖的异议权，但当事人的此异议权还不是真正意义上的诉讼权利，而仅是向法院提出的一种申诉意见，仅仅为上级法院审查和处理级别管辖问题提供了案件线索，上级法院对此所做出的处理，就其行为模式而言乃是行政性质的，而不是司法性质的，上级法院对当事人提出的级别管辖权异议，无须作出裁定，当事人对其处理结果也无进一步的救济权，如申请复议权或上诉权，当事人对上级法院就级别管辖异议所做出的最终处理，只能接受而别无申诉渠道。这对当事人诉讼权利的保障极为不利，同时也说明，级别管辖异议作为一项完整的诉讼制度尚未构筑就绪，这一"造法性"任务便由最高人民法院《关于审理民事级别管辖异议案件若干问题的规定》得以最终完成。从该规定颁行开始，基础意义上也是严格意义上的管辖权异议制度得以正式形成。不过，从立法论视角而言，由于规定级别管辖异议制度的毕竟不是正式的法律，而是司法解释性的规范性文件，因而其效力位阶的层次相对较低，将来修法时，应当将级别管辖异议制度连同地域管辖异议制度一起，在《民事诉讼法》上作出完整的规定，由此使我国的管辖权异议制度臻于完善。

（3）裁定管辖也应属于管辖权异议的客体。裁定管辖包括移送管辖、指定管辖和管辖权转移三种，这三种管辖均有可能出现错误，因而均有赋予当事人管辖异议权的必要。不过，这是站在立法论的视角所得出的应然性结论，至于在解释论上，现行《民事诉讼法》对此并未加规定，需要将来立法完善时补充。后面对此有详论，这里从略。

（4）主管也是管辖权异议的客体。主管是管辖的前提，管辖是主管的落实，如果单纯从定义上说，管辖权异议制度并不适用于主管错误，主管错误应当设立一个单独的主管异议制度予以救济和矫正，但如果这样，不仅会导致诉讼制度的叠床架屋，而且会因过于限制管辖权异议的范围而割裂了主管与管辖的内在关联，同时也势必制约管辖权异议制度功能的充分发挥。事实上，就其本质而言，主管也是一种管辖，不过它指的是法院整体的管辖，而不是法院个体的管辖。如果法院整体没有管辖权，那么，法院个体也必然无管辖权，反之，当事人对所有的具体法院的管辖权都提出了异议，这就相当于对法院整体提出了管辖权异议。因此，对法院整体提出管辖权异议就是对法院主管提出异议，对法院主管提出异议就是对法院整体的管辖权提出异议。完全可以合乎逻辑地得出结论认为，对法院的主管异议被包含在对法院的管辖异议之中，或者干脆说，对法院主管的异议是对法院管辖异议的一种特殊化表现形式。更何况，《民事诉讼法》也没有采用"主管"这个概念，因此，单独设立主管异议制度也师出无名，尤为重要的是其必要性并非很大。如果当事人提出了一个诉讼，不属于法院主管范围，当事人完全可以提出管辖权异议，通过管辖权异议，使受诉法院将案件移送其他适格机关或部门进行处理，或者裁定驳回起诉，告知当事人向其他相关机关或部门寻求解决途径。基于上述分析，可以认为，《民事诉讼法》第130条所规定的管辖权异议制度，本身便包含了当事人对主管的异议。

3. 管辖权异议的程序外延

管辖权异议的程序外延指的是当事人在哪些程序中可以提出管辖权异议。为此，首先有必要确定在哪些程序中存在管辖权的问题。从理论上说，只要存在管辖权的问题，就有可能会出现管辖权的错误确定；存在管辖权的错误确定，便有可能会出现管辖权的异议制度，因为管辖权异议制度是用来矫正管辖权错误确定的法律武器。俯瞰《民事诉讼法》之规定，可知人民法院行使审判权和行使执行权都有管辖权这一前提性问题，没有管辖权的法院，便不得行使审判权；没有管辖权的法院，也不得行使执行权，因此审判程序和执行程序中均有管辖权的确定制度，也有管辖权异议制度。在审判程序中所存在并发挥作用的管辖权异议制度，为审判管辖权异议制度；在执行程序中存在并发挥作用的管辖权异议制度，为执行管辖权异议制度。在审判管辖权异议制度中，又可依其性质分为诉讼管辖权的异议制度和非讼管辖权的异议制度。《民事诉讼法》第130条的规定即诉讼管辖权的异议制度。非讼管辖权的异议制度《民事诉讼法》并无规定，《民事诉讼法》第130条的规定不能当然地适用于非讼案件管辖权的救济需要，非讼管辖权的异议制度必须另辟蹊径，寻求法解释论上的救济渠道，为此，有必要首先了解一下《民事诉讼法》规定了哪些非讼案件的管辖制度，然后再来分析对这些非讼案件的管辖，当事人是否可以行使异议权。

《民事诉讼法》及其关系法规有多个条文规定了非讼案件的管辖权，如第188条规定了选民名单案件由选区所在地基层人民法院管辖、第190条和第191条规定了宣告死亡案件和宣告失踪案件由下落不明人住所地基层人民法院管辖、第194条规定了认定公民无民事行为能力或者限制民事行为能力案件由该公民住所地基层人民法院管辖、第198条规定了认定财产无主案件由财产所在地基层人民法院管辖、第201条规定了申请司法确认调解协议案件调解组织所在地基层人民法院管辖、第203条规定了实现担保物权案件由担保财产所在地或者担保物权登记地基层人民法院管辖、第221条规定了督促程序案件由有管辖权的基层人民法院管辖、第225条规定了公示催告程序案件由票据支付地的基层人民法院管辖，《企业破产法》第3条规定了破产案件由债务人住所地人民法院管辖，等等。

那么，对于非讼案件，当事人是否享有管辖权的异议权呢？非讼案件从定义上说是不存在民事权利义务争议的民事案件，其包括无相对方当事人的非讼案件和有相对方当事人的非讼案件两种类型，前者如宣告公民死亡、宣告公民失踪案件、认定财产无主案件等，后者如认定公民无民事行为能力、限制民事行为能力案件、督促程序案件、破产案件等。对于前者而言，由于不存在相对方的当事人，那么，以相对方存在为前提条件的管辖权异议自然不存在适用的制度性空间与可能，但对于后者而言，则由于其存在相对方的当事人，管辖权异议制度则具有适用的可能性。比如，《民事诉讼法》第194条规定的申请认定公民无民事行为能力或者限制民事行为能力的案件，在其利害关系人或者有关组织向该公民住所地基层人民法院提出诉讼后，其他的近亲属或者被申请认定公民无民事行为能力或者限制民事行为能力的人本人，都有可能也应有权提出管辖权的异议，被申请认定公民无民事行为能力或者限制民事行为能力的人本人在被法院依法宣判为无民事行为能力或者限制民事行为能力的人之前，除非法院认为该被申请人显然不具有民事诉讼行为能力，应当被假定为有提出管辖权异议的诉讼行为能力或意思能力。再如，《民事诉讼法》第203条规定的申请实现担保物权案件，在担保物权人以及其他有权请求实现担保物权的人依照物权法等法律，向担保财产所在地或者担保物权登记地基层人民法院提出申请后，被申请人应当有权提出管辖权的异议。又如，《民事诉讼法》第221条规定的督促程序案件中，债权人向有管辖权的基层人民法院申请支付令后，被申请人也即债务人应有权提出管辖权异议。债权人或债务人按照《企业破产法》第 3 条的规定，在债务人住所地人民法院提出破产申请后，其相对应的债务人或债权人应有权提出管辖权异议，等等。因此，我们可以得出结论认为，在非讼程序中，并不能一概说管辖权异议制度并无适用的余地，相反，非讼程序中的管辖权异议有时显得非常重要，而且颇有争议。当然，非讼案件与诉讼案件有性质上的区别，非讼案件更加强调法院的职权主义，诉讼案件则倾向于当事人主义，因而，在诉讼案件中如果当事人不提出管辖权异议，法院则在不违反级别管辖和专属管辖的前提下产生应诉管辖的法律效果，而在非讼案件中，当事人尽管应当有权提出管辖权的异议，但即便当事人不提出管辖权的异议，也不产生应诉管辖问题，法院仍然应当依职权探知查明本院对本案是否确有管辖权，如果法院认为本院对本案确无管辖权的，则应当实行移送管辖。是否存在应诉管辖这一点，是非讼程序中的管辖权异议制度与诉讼程序中的管辖权异议制度的实质区别所在。

（三）提出管辖权异议的条件

《民事诉讼法》第 130 条第 1 款规定："人民法院受理案件后，当事人对管辖权有异议的，应当在提交答辩状期间提出。人民法院对当事人提出的异议，应当审查。异议成立的，裁定将案件移送有管辖权的人民法院；异议不成立的，裁定驳回。"据此，提出管辖权异议应当具备以下条件：

1. 必须是本案的当事人提出

《民事诉讼法》明确规定提出管辖权异议的主体为当事人，而当事人包括原告、被告、有独立请求权的第三人、无独立请求权的第三人、共同诉讼人、公益诉讼起诉人、诉讼代表人等，但并不是每一种当事人都享有管辖权的异议权。后详。

2. 人民法院已经受理了民事案件

人民法院受理了民事案件，但对本案却无管辖权，因此，当事人享有管辖权的异议权，以使法院裁定驳回起诉或进行移送管辖。如果法院对案件尚未受理，则当事人便无从提出管辖权的异议，因为法院有可能会经过审查以无管辖权为由不予受理案件从而使管辖权异议的提出成为无必要。值得注意的是，受诉法院对案件进行了实体审理并不是其获得管辖权的充分条件，无管辖权的法院是否获得管辖权，并不取决于其是否进行了实体审理，而是取决于被告是否进行了实体性答辩。如果受诉法院在被告答辩期届满后进入实体审理阶段，但被告既没有提出管辖权异议，也没有进行实体性答辩，则受诉法院也不当然获得管辖权，其在查明无管辖权后，仍有义务移送管辖。而且，该问题与管辖恒定原则也无关系。

3. 当事人对管辖权的异议，应当在提交答辩状期间提出

提交答辩状的期间是被告进行答辩的有效期间（15 日），被告在进行答辩时，应当就法院是否享有管辖权发表意见，若认为受诉法院对所受理的案件无管辖权，则应当及时提出管辖权的异议，逾期则丧失提出管辖权异议的诉讼权利，产生失权后果。

4. 管辖权异议只能对第一审法院提出，对于第二审法院不得提出管辖权异议

管辖权异议只能针对一审案件提出，对于二审案件，由于其管辖权为法定的上一级法院，因而无所谓提出管辖权异议之问题。对于再审案件，当事人也无管辖权的异议权。

5. 管辖权的异议必须采用书面形式提出

当事人提出管辖权异议必须采用书面形式，而不得采用口头形式。至于其书面形式，既可以在答辩状中提出答辩的同时提出管辖权的异议，也可以单独提出管辖权的异议书。之所以要用书面形式提出管辖权异议，其原因主要在于强调它的重要性，同时如果当事人不提出管辖权

异议而进行了实体性答辩，则将产生应诉管辖，应诉管辖一旦产生，管辖权不再发生变动，而应诉管辖的反向证明则是书面的管辖异议，一旦有了书面的管辖异议，应诉管辖便不得构成。

（四）管辖权异议的主体

哪些诉讼主体有权提出管辖权的异议？这就是管辖权异议的主体问题，对于这个问题，理论界和实务界既有高度的共识，也有严重的争论。共识主要表现在被告有权提出管辖权异议，被告是提出管辖权异议的当然主体和必然主体。争论主要表现在两个方面：一是原告是否具有管辖权的异议主体资格，二是第三人尤其是其中的无独立请求权的第三人是否能够对管辖权提出异议。以下做一简评。

1. 原告是否具有提出管辖权异议的主体资格

先从立法层面加以分析。在立法上，民事诉讼法是否赋予其提出管辖权异议的权利，或者说，民事诉讼法是否排除了原告提出管辖权异议的法律资格？回答这个问题还需回归到民事诉讼法的文本之中。《民事诉讼法》第130条规定："人民法院受理案件后，当事人对管辖权有异议的，应当在提交答辩状期间提出。"对于这里的"当事人"所包含的范围可以做两种解释：一种解释是字面解释，当事人自然包括原告和被告两方，立法者并没有明确规定只有被告可以提出管辖权的异议，因此，从解释论的角度出发，理论上就无法排除原告所具有的管辖异议权。另一种解释是体系解释。从体系解释的角度看，这里的当事人所指，似乎应仅限于被告，原因有二：第一，该立法条款所称"应当在提交答辩状期间提出"，而只有被告才有提交答辩状之说，对于主动提起诉讼的原告而言，并无所谓提交答辩状的说法与可能，除非是原告作为反诉被告，才具有提交答辩状的可能。然而作为反诉被告的原告，如果要提出异议，则也是针对反诉能否成立、反诉是否具备法定的各项要件而提出异议，而无单独提出反诉的管辖权异议之可能与必要。因此，这里的当事人，应当作出限缩性解释，将其解释为提交答辩状的被告。第二，《民事诉讼法》第130条所规定的诉讼制度，既有管辖权异议制度，又有应诉管辖制度，而这两项制度是关联在一起的。正是因为被告人在答辩期内不仅不提出管辖权异议，而且还进行了实体性答辩，所以才构成了应诉管辖，应诉管辖仅适用于被告放弃管辖权异议并作出实体性答辩的情形，这样反推上去，管辖权异议也应仅限于被告才有资格提出，原告并无资格提出管辖权异议，因为原告不提出管辖权异议，不存在后续的因进行实体性答辩而构成应诉管辖之说。结合上述两个理由，可以合理地得出结论认为，尽管民事诉讼法没有将管辖权异议的主体明确限定为被告，但从体系解释上说，提出管辖权异议的主体只能是被告，而不可能是原告。由于体系解释的法律之力大于字面解释，在文义解释与体系解释相冲突时，文义解释应当服从于体系解释，故而，对于《民事诉讼法》第130条所规定的有权提出管辖权异议的"当事人"，应当解释为被告，原告应被排除在管辖权异议的适格主体之外。

然而，上述结论是在体系解释层面得出的，原告是否享有管辖异议权恐怕不能一概而论，应当分情形区别对待。对原告是否享有管辖异议权的争议主要发生在三种情形之下：一是原告起诉后，发现其误向无管辖权的法院提起了诉讼，原告是否享有管辖异议权；二是诉讼开始后，被追加的共同原告是否能够主张受诉法院无管辖权，从而提出管辖权的异议；三是原告对移送管辖、指定管辖和管辖权的转移等裁定管辖不满意，是否有权提出管辖权的异议。这三种情形应当分别论之。

其一，原告误向无管辖权的法院起诉，不得享有管辖权的异议权。因为，如果原告误向无管辖权的法院提起了诉讼，他可以撤回起诉，另行向有管辖权的法院提起诉讼，而无须提出管辖权的异议。原告是诉讼程序的主动发动者，原告具有选择管辖法院的权利，原告所选择的管辖法院无非有两种类型：一是原告选择起诉的法院依法具有管辖权，二是原告起诉的法院依法不享有管辖权。前者自不待论，原告在该情形下无管辖权的异议权，后者也无须由原告提出管辖权的异议。因为原告选择了起诉的法院，就意味着他认同了该法院的管辖权，如果此时允许原告就自己所选择的法院提出管辖权的异议，则无异于原告实施了自我否定的行为，其实质为自己对自己提出异议，这不仅有违诚信原则，而且也有对待法院不够严肃之嫌，因为原告可以轻率地向任何一个法院提起诉讼，然后由法院加以判断，法院认为无管辖权的则实行移送管辖，有管辖权的则驳回异议，这样原告在起诉前就可以对其所欲起诉的法院不做出任何判断，而将该判断的负担转移给法院承受，这显然是对法院的轻率之举，失去了对司法应有的尊重。对被告而言，原告向无管辖权的法院起诉，实际上他就同时向被告发出了默示协议管辖或应诉管辖的"要约"。该要约在原告撤回前，被告对此有权进行应诉，并作出实体性答辩，而放弃管辖权的异议权，此为被告同意原告所选择的管辖法院之"承诺"。这是在原告选择管辖法院后被告所应享有的诉讼权利，该诉讼权利，也即通过自身的实体性答辩行为赋予受诉法院以最终管辖权的权利，为被告所专享，属于被告依法获得的诉讼利益，非经被告同意，或者非经过法定的被告有权表达意见的程序，不得受到影响和损害。这是平等原则在管辖法院确定时的一个表现，如果允许原告提出管辖权的异议，则其情形便成为：选择法院的权利由原告行使，提出管辖权异议的权利还是由原告行使，被告毫无权利可言，这就难免使原被告诉讼地位失衡，有违诉讼当事人地位平等原则。因此，我们可以得出结论认为，原告向有管辖权的法院起诉，其不享有管辖权的异议权，其理由至为明显，无待多论。原告误向无管辖权的法院起诉，包括地域管辖选择错误和级别管辖选择错误两种情形。级别管辖发生错误，由受诉法院进行调整，无须原告提出管辖权的异议，其论证理由与地域管辖选择错误相同，故无须另论。

其二，关于被追加的共同原告是否享有管辖权的异议权之问题。在法院受理案件后，在审理前的准备阶段，根据《民事诉讼法》第135条之规定，对必须共同进行诉讼的当事人没有参加诉讼的，人民法院应当通知其参加诉讼。被追加的共同被告自其被追加之日起15日内应当有权提出管辖权的异议，但被追加的共同原告是否享有管辖权的异议权呢？笔者认为，被追加的共同原告应当享有管辖异议权。这是因为，先行起诉的部分原告关于起诉的管辖法院并没有和被追加的共同原告进行商量，取得一致意见，因而仅仅代表该起诉原告的意见，不能代表被追加的共同原告的意见。起诉原告关于管辖权的判断有可能是正确的，也有可能是错误的，正确的管辖法院对被追加的共同原告具有法律效力，这是具有正当性的，但如果起诉原告所选择的管辖法院本身就是错误的，受诉法院对本案不具有管辖权，则被追加的共同原告被追加进入诉讼后，应当享有一定期间内的异议权，这个期间应当参照被告的答辩期间予以确定（15日），否则对被追加的共同原告而言就失之公平。因为被追加的共同原告在起诉之初没有能够享有对管辖权发表意见或者做出选择的机会和权利，在被追加后如果其认为受诉法院对本案不具有管辖权而没有异议权，则无异于强制他接受无管辖权的法院的管辖和审判，这是违反正当法律程序的基本要求的。根据《民事诉讼法》第55条第2款的规定，共同诉讼的一方当事人对诉讼标的有共同权利义务的，其中一人的诉讼行为经其他共同诉讼人承认，对其他共同诉讼人发生效力。可见，必要共同诉讼的原告所实施的诉讼行为，包括向无管辖权起诉的法院从而有可能形成应诉管辖的诉讼行为，也要取得其他共同诉讼人的同意方能对其他共同诉讼人产生法律效力，而对于被追加的共同原告而言，其对在先的起诉原告选择管辖法院的诉讼行为，也应有表示同意或不同意的诉讼权利。其表示同意固不在话下，但如果其表示不同意起诉原告所选择的管辖法院，其应有发表不同意见的机会和权利，其不同意的诉讼行为若为纯粹的诉讼行为，则由法院依照民事诉讼法的规定加以判断，其不同意的诉讼行为若为含有实体内容的诉讼行为，则该诉讼行为对其不发生法律效力。起诉原告所实施的选择管辖的诉讼行为，是纯粹的诉讼行为，在被追加的共同原告提出异议后，其异议是否成立，由受诉法院加以判断；受诉法院认为本院对本案确无管辖权的，应当实行移送管辖，将案件移送至有管辖权的法院进行审判。因此，我们说原告不享有管辖权的异议权，仅限于起诉的原告，包括起诉的共同原告，但不包括被追加的共同原告。需加注意的是，如果必要共同诉讼的共同原告不是被法院依法追加的，而是主动申请加入的，则其与起诉原告同性质，也不享有管辖异议权，因为其主动加入诉讼的行为本身，便意味着他接受了法院的管辖权，而接受了法院的管辖权再提出异议，便自相矛盾了，因而不应允许其提出管辖权的异议。

其三，原告对移送管辖、指定管辖、管辖权转移以及牵连管辖是否享有异议权。当事人选择法定管辖有可能会发生错误，因而需要有管辖权的异议予以救济；同样，法院裁定管辖也有可能发生错误，也需要有管辖权的异议予以救济。具体而言，对移送管辖来说，对于所受理的案件，法院认为自己没有管辖权，或者认为被告提出的管辖权异议确有道理能够成立，因而实施移送管辖，将案件的移送给有管辖权的法院进行管辖和审判，接受移送的法院依法必须接受移送，不得再行移送。然而，法院的移送管辖应当依法向有管辖权的法院进行移送，或者向首先受理案件的法院移送，或者向更加方便的法院进行移送，但是由于各种原因，实施移送的法院可能并没有向有管辖权的法院移送。此时，虽然接受移送的法院从便民和程序安定角度不得再行移送，但这并不妨碍原告人提出管辖权的异议，原告人如果认为接受管辖移送的法院依法对本案不享有管辖权，则可以对接受移送的法院提出管辖权的异议，接受移送的法院应当审查。审查的结果如果认为接受移送的法院确无管辖权，则应报请其上级法院进行指定管辖。指定管辖的结果，既可能是接受移送的法院，也可能是其他具有管辖权的法院，对于该指定管辖，当事人再无异议权。《民事诉讼法》第37条虽没有明确规定原告具有对移送管辖的异议权，但其所规定的报请指定管辖，便包含了管辖权异议的含义，报请指定管辖既可以由受移送的法院主动为之，也可以在原告管辖权的异议下被动为之。同样的道理，指定管辖是由上级法院在特殊情形下通过指定权所确定的管辖，这种管辖也有可能是错误的，或者说所指定的管辖法院并非最佳的法院，此时允许当事人提出管辖权的异议，有助于指定管辖得到正确的运用，并接受当事人的监督，防止指定管辖被滥用。管辖权的转移是管辖权在上下级法院之间的流动，这种流动并非要取得当事人的同意，其事先缺乏必要的程序保障，该缺陷应当在事后予以弥补，赋予当事人，包括原告和被告，对于管辖权转移的异议权颇有必要，这对于遏制上级法院滥用管辖权的转移权从而确保管辖权的转移被控制在合理的必要限度内有重要意义。即便将来在修法时强化了当事人对于管辖权转移的听证权和选择权，赋予当事人以事后的管辖异议权也有其必要，因为管辖权的依法合理确定对于程序保障的整体意义而言非常重要。至于牵连管辖，如因为反诉而导致的受理本诉的法院对反诉的牵连管辖，由于只要符合法定的反诉构成要件，则牵连管辖必然成立，此时再赋予当事人以管辖权的异议权已无必要。

2. 第三人是否有权提出管辖权异议

根据《民事诉讼法》第59条的规定，第三人分为有独立请求权的第三人和无独立请求权的第三人两种类型。由于有独立请求权的第三人的诉讼地位为原告，前述关于原告不应享有管辖异议权的观点和论述也可移植到有独立请求权的第三人身上，因而应当认为有独立请求权的第三人不享有管辖异议权。但对无独立请求权的第三人是否享有管辖异议权则不能一概而论。

从类型上说，无独立请求权的第三人分为辅助型第三人、被告型第三人和诈害防止型第三人三种形式。辅助型第三人由于仅仅辅助一方当事人进行诉讼，而不至于因诉讼的进行而产生实体性的不利后果，因而其无论是自己申请参与诉讼还是被法院通知参加诉讼，均不宜享有管辖异议权。但被告型第三人以及诈害防止型第三人应当享有管辖异议权，以下分别阐述。

被告型第三人是有可能被法院裁判决定承担一定法律责任的人，根据《民事诉讼法》第59条第2款的规定，人民法院判决承担民事责任的第三人，有当事人的诉讼权利义务。既然在法院判决承担法律责任后享有当事人的诉讼权利义务，那么，在有证据显示法院将有可能判决其承担法律责任时，应当提前使之享受当事人的诉讼权利，其中就包括管辖异议权，而不是机械地将其当事人化的诉讼权利义务确定在法院判决之后；法院判决其承担法律责任之后，木已成舟，为时已晚，无独立请求权的第三人已经不可能提出管辖异议。因此，这种有可能被法院判决承担法律责任的无独立请求权的第三人，应当享有管辖异议权，否则，对其程序保障就有欠周全，而且会给法院滥用无独立请求权第三人的追加权以及与此相伴的司法地方保护主义留下制度性空隙。完善无独立请求权的第三人制度，充分保障无独立请求权的第三人的诉讼权利，其中包括管辖异议权，一个适当的管辖法院对于保障无独立请求权的第三人的合法权益，防止地方保护主义借此肆虐，极为重要。因此，赋予无独立请求权的第三人以管辖异议权具有必要性。至于其操作模式，可以考虑在受诉法院形成第三人有可能承担法律责任的法律见解后，行使阐明权，由法院告知无独立请求权的第三人可以行使管辖异议权。这样处理可能会使参加之诉前功尽弃，影响司法的效率，增加司法的成本，但为了司法公正，为了使无独立请求权的第三人制度能够顺畅运行，这样的制度性选择似乎乃不二法门。

对于诈害防止型第三人而言，其虽然属于无独立请求权的第三人，但却处在原告地位，根据原告无管辖异议权的一般规则，似乎应当得出结论认为诈害防止型第三人也不享有管辖异议权的结论。但如果这样势必与诈害防止型第三人制度的初衷相悖。对于诈害防止型第三人而言，由于原被告双方旨在合谋诈害第三人，为阻却该诈害进程，该第三人必须参加该诉，否则原被告合谋诈害第三人的目的就有可能得逞，而既然原被告双方意在合谋诈害第三人，其所选择的法院也必定是有助于其合谋成功的法院，此时，如果不赋予第三人以管辖异议权，则难以使该参加之诉获得充分足够有力的程序保障。第三人如果选择不参加诉讼，则可能会因明知该诉讼的存在而不符合"因不能归责于本人的事由未参加诉讼"的条件，而不能提出第三人撤销之诉；退一步说，即便可以提出第三人撤销之诉，也无法改变对其不利的管辖法院。可见，诈害防止型第三人是必须参加诉讼而无选择另诉的余地，如果不赋予其管辖异议权，则管辖法院的确定极可能对其不利。因此，诈害防止型第三人应当具有管辖异议权。①

（五）管辖权异议的程序

1. 管辖权异议的启动

管辖权异议的启动在主体上已如前所述，缺乏管辖权异议权的主体不得提出管辖权异议，即便其提出，也要被法院裁定驳回，因此，享有管辖权的异议权是启动管辖权异议程序的前提条件。同时，虽然管辖权问题是法院职权调查事项，但法院不可以依职权提出管辖权的异议，法院不能成为管辖权的异议主体，其只能成为管辖权异议的审查和裁定主体，从该意义上说，

---

① 《民诉法解释》第82条："在一审诉讼中，无独立请求权的第三人无权提出管辖异议，无权放弃、变更诉讼请求或者申请撤诉，被判决承担民事责任的，有权提起上诉。"笔者认为，该司法解释限缩了无独立请求权的第三人的诉讼权利，使立法所规定的"人民法院判决承担民事责任的第三人，有当事人的诉讼权利义务"，被缩小成为一个简单的"上诉权"，剥夺了无独立请求权第三人的管辖异议权以及其他诉讼权利。

管辖权异议程序实行的是当事人主义原则，而非职权主义原则。应当将管辖权异议和法院对管辖权存否的审查判断程序区别开来。在管辖权异议的启动程序上所需注意者乃为其时间问题，也就是说，当事人何时有权提出管辖权的异议。这个问题《民事诉讼法》并没有规定周延，而有必要做出具体分析。

管辖权异议的期限指的是当事人所具有的管辖权异议权的存续期间，在该期间内，当事人有权提出管辖权的异议，逾越该期间，当事人便失去了管辖权的异议权，也就是产生了所谓的"失权效"。根据《民事诉讼法》的相关规定，并参酌前述管辖权异议的外延部分的论述，不妨将管辖权的异议期间分为两个种类加以把握：一类是管辖权异议的原则性期间，另一类是管辖权异议的特殊性期间。

管辖权异议的原则性期间是指当事人在答辩阶段提出管辖权异议所应遵循的时间要求。管辖权异议通常发生在审前准备阶段的答辩时期，正是在答辩期间内，当事人被赋予了提出管辖权异议的权利。《民事诉讼法》第130条规定："人民法院受理案件后，当事人对管辖权有异议的，应当在提交答辩状期间提出。"而当事人的答辩期间，乃是由《民事诉讼法》第128条所规定的，该条规定："人民法院应当在立案之日起五日内将起诉状副本发送被告，被告应当在收到之日起十五日内提出答辩状。"据此，管辖权异议的原则性期间应当为被告收到法院送达的起诉状副本之日起的15日内，逾期被告人即无提出管辖权异议的诉讼权利。

管辖权异议的特殊性期间，指的是当事人所拥有的管辖异议权不是在答辩期间，而是在诉讼程序的某个阶段，这种特殊的管辖权异议期间，在《民事诉讼法》上主要有以下几种：

其一，因原告增加或减少诉讼请求的数额而导致的被告人的管辖异议期间。在诉讼进行过程中，原告根据《民事诉讼法》第54条的规定，有权根据诉讼进行的具体状态而向法院申请调整诉讼请求的标的额，包括增加诉讼请求额和减少诉讼请求额两种情形。如果原告增加诉讼请求额以致超出受诉法院的级别管辖的金额标准，法院应主动依职权调整级别管辖，将诉讼案件移送给有管辖权的上级法院进行审判；如果法院没有主动依职权进行移送管辖，则被告人有权提出管辖权的异议，促使法院实施移送管辖。反之亦然。如果原告减少诉讼请求额以致低于受诉法院的级别管辖的金额标准，法院应主动依职权调整级别管辖，将诉讼案件移送给有管辖权的下级法院进行审判；如果法院没有主动依职权进行移送管辖，则被告人有权提出管辖权的异议，使法院通过管辖移送将级别管辖予以调整。

其二，被追加的共同诉讼人和有权提出管辖权异议的第三人，其所提出管辖权异议的期间具有特殊性。如前所述，被追加的共同诉讼人有权提出管辖权异议，包括共同原告提出的管辖权异议和共同被告提出的管辖权异议，其提出管辖权异议的期间应当是被追加进入诉讼之日起的15日内，这个期间实际上是管辖权异议的原则性期间的移植，这种移植具有正当性。与之相同的是，第三人，包括被告型第三人和诈害防止型第三人，提出管辖权异议权异议的期间也应当被确定为其提出参加之诉或被通知参加诉讼之日起的15日内。

2. 对管辖权异议的处理

当事人提出管辖权异议后，法院应当对其进行审查，并在接受异议之日起15日内作出裁定。如果当事人的管辖异议确有理由、能够成立，则作出支持该异议的裁定，并将案件依职权移送到具有管辖权的法院进行审判；反之，如果当事人的管辖异议并无理由，或者依据不足，法院则应作出驳回管辖权异议的裁定，诉讼案件继续进行，当事人对该裁定不服提出上诉或申请复议的，不影响法院对诉讼案件的继续审判。当事人提出的管辖权异议未处理完毕前，诉讼案件不得进入实体审理阶段。在受诉法院对管辖权异议作出裁定之前，原告申请撤诉并获得法院认可的，法院应当停止对管辖权异议的处理程序，并在同意原告撤诉申请的裁定上载明管辖权异议的情况。当事人同时提出地域管辖异议和级别管辖异议的，受诉法院应当合一作出裁定，在该裁定中一并处理地域管辖异议和级别管辖异议。当事人在提交答辩状期间先行提出了管辖权异议，此后又对本案进行实体性答辩的，不构成应诉管辖，法院仍应当将其作为有效的管辖权异议处理。①

3. 管辖权异议的救济

根据《民事诉讼法》第157条的规定，对管辖权异议的处理应当采用裁定的形式，对该裁定，当事人有权提出上诉；但小额诉讼程序的管辖权异议除外。② 这里的"当事人"既包括提出管辖权异议的当事人，也包括其相对方当事人。当事人对管辖权异议的裁定不服提出上诉的期间为当事人收到裁定之日起的10日内。上级法院的处理结论为最终结果，当事人对此不得单独申请再审。但是，当事人如果认为管辖权确有错误需要再审纠正的，可以在裁判生效后就管辖权异议的裁定和生效判决一并提出再审申请，法院经过再审，认为生效判决并无错误，单纯仅为管辖权存在错误的，管辖权的错误不再纠正，当事人提出的再审申请应当予以驳回；但经过再审，如果再审法院认为原生效裁判确有错误，同时管辖权也存在错误，再审法院则应作出判决撤销原生效裁判，并将案件移送至有管辖权的法院进行审判。再审法院决定将案件发回重审或者按照一审程序进行再审，当事人又提出管辖权异议的，一审法院也不得进行审议和审查③。

4. 管辖权异议和法院职权调查之间的关系

这个问题在应诉管辖部分已经有所涉及，这里仅补充说明如下。在我国，根据《民事诉讼法》的相关规定，在管辖权的确定问题上虽然导入了当事人主义的某些因素，尊重了当事人在其中所应享有的诉讼权利和诉讼参与机会，但是，并不实行绝对的当事人主义，而依然实行的是职权主义为主、当事人主义为辅的混合型模式，当事人不提出管辖权的异议，法院认为本院对本案确无管辖权的，仍需实行职权性移送，即便当事人反对移送也在所不问。当事人不提出管辖权异议，并进行了实体性答辩，依法视为应诉管辖，该应诉管辖对受诉法院有拘束力，受诉法院不得再行移送管辖。因此，只要当事人不进行实体性答辩，包括不应诉、应诉后仅仅提出管辖权异议或者其他程序性答辩意见，或者在提出管辖权异议后提出实体性答辩，则均不构成应诉管辖，受诉法院均有权也有职责进行移送管辖。因此，在当事人提出的管辖权异议以及所提出的相关上诉被驳回后，虽然当事人失去了"异议+上诉"的组合救济权，但依然保留发表意见权，该权利类似于当事人失去再审申请权之后仍然享有的申诉权，该管辖申诉权不影响法院对案件所进行的实体性审判，但受诉法院仍有可能会受其影响而中断案件的实体审判并实行移送管辖。换言之，与应诉管辖具有截然程序界限（实体答辩做出之时即为应诉管辖成立之时）不同，移送管辖是贯彻诉讼始终的。虽然这种贯彻始终的移送管辖权会影响程序的安定性，因而移送管辖权的行使应当受到一定的限制，但无论如何，移送管辖权的存在，意味着管辖权问题主要属于职权调查事项，具有公的性质，而不完全受制于当事人的私的处分。

---

① 《民诉法解释》第223条。

② 《民诉法解释》第276条规定："当事人对小额诉讼案件提出管辖异议的，人民法院应当作出裁定。裁定一经作出即生效。"

③ 《民诉法解释》第39条第2款。

5. 管辖权异议的监督机制

管辖权是法院的基石性权利，管辖异议权是当事人为了选择一个正确的法院审判其案件所享有的保障性诉讼权利，也是当事人所享有的基本诉讼权利之一，当事人的管辖异议权应当得到切实的保障。也正因如此，我国《民事诉讼法》将管辖权异议的裁定列为可以上诉的三种裁定之一，由此可见其重要性。2007年修改《民事诉讼法》时，曾将"违反法律规定，管辖错误"列为再审事由之一，只是到2012年修改《民事诉讼法》时才又将该规定删除，但该规定尽管被删除了，也并不意味着管辖权的正确确定就显得无关紧要，事实上，其重要性在司法实践中丝毫未受到影响，这在管辖权异议的监督机制的严密设置上可以充分显现出来。

对于管辖权异议的监督，可分为两种情形予以论述。第一种情形是，当事人提出了管辖权异议，法院的监督如何进行；第二种情形是，如果当事人没有提出管辖权异议，法院能否以及如何实施监督。

首先谈第一种情形下的法院监督。当事人对管辖权提出了异议，如果其异议得到了法院的支持，则所谓法院的监督便不在话下；但是，如果当事人的管辖异议没有得到法院的支持，当事人提出上诉后，上诉审法院也予以维持，在这种情形下，如果上级法院维持一审法院的管辖权异议裁定后，发现管辖权确有错误的，能否依职权撤销自己所作出的维持裁定，对下级法院的管辖错误实施纠正？对此，最高人民法院《关于上级法院对下级法院就当事人管辖权异议的终审裁定确有错误时能否纠正问题的复函》① 有明确的规定。该复函载明："根据《中华人民共和国民事诉讼法》第一百七十七条②第二款'上级人民法院对下级人民法院已经发生法律效力的判决、裁定，发现确有错误，有权提审或者指令下级人民法院再审'的规定，并参照我院法（经）复〔1990〕10号批复的精神，当下级法院对当事人提出的管辖权异议作出裁定且发生法律效力而对案件尚未作出判决之前，上级法院如果发现该管辖权异议的终审裁定确有错误时，可以依照审判监督程序处理，即依职权裁定撤销该错误裁定并将案件移送有管辖权的人民法院处理。"据此，下级法院对当事人提出的管辖权异议作出否定性裁定，当事人提出上诉，上诉审法院作出终审裁定，后又发现该终审裁定确有错误的，有权按照审判监督程序依职权撤销该错误的裁定，并将案件移送给有管辖权的法院审判。

再谈第二种情形下的监督。如果当事人对一审法院就管辖权异议所作出的一审否定性裁定没有上诉，上级法院发现该裁定确有错误的，也有权按照审判监督程序提审该管辖权异议案件，并将其撤销后实施移送管辖。不仅地域管辖是如此，对于级别管辖也是如此。最高人民法院《关于审理民事级别管辖异议案件若干问题的规定》第6条规定："当事人未依法提出管辖权异议，但受诉人民法院发现其没有级别管辖权的，应当将案件移送有管辖权的人民法院审理。"第8条规定："对于将案件移送上级人民法院管辖的裁定，当事人未提出上诉，但受移送的上级人民法院认为确有错误的，可以依职权裁定撤销。"据此规定，只要上级法院认为下级法院受理的案件不符合级别管辖的规定，无论当事人是否提出上诉，均有权依职权加以撤销，并责令其纠正。

---

① 该复函是针对河北省高级人民法院经济庭提出的冀高法经请〔1992〕1号《关于上级法院对下级法院就当事人管辖权异议的终审裁定确有错误时能否纠正的请示报告》而做出的。

② 现为第205条。

第十章 当事人

第一节 当事人概论

一、当事人的概念

当事人的概念是通向当事人制度的起点，当事人概念不同，当事人制度的内涵和外延也会有所不同。确定当事人的概念具有重要意义：一方面，当事人概念的科学界定对于正确构建科学的诉讼程序有指导和规范价值；另一方面，不同的当事人概念，也会影响当事人所享有的诉讼权利和所承担的诉讼义务。

确定当事人的概念主要受以下几个因素的影响：一是实体法和程序法的关系。如果实体法占主导地位，程序法起配合作用，则实体当事人概念必然占主导，程序当事人概念隐而不彰。反之，如果程序法占主导，实体法反而是程序法被运用的结果，则程序当事人概念将占主导，实体当事人概念将会退避三舍。二是起诉受理制度。如果起诉受理制度采取的是立案审查制，则实体当事人会成为与之相配套的概念；如果起诉受理制度采取的是立案登记制，则程序当事人概念势必与其同时产生。三是诉讼程序的起点制度。如果以当事人的起诉为诉讼程序的起点，则程序当事人概念必然由此生成；如果以法院对当事人的起诉进行审查后立案受理为诉讼程序的起点，则实体当事人的概念势必由此产生。

也正是因为受到上述诸因素的影响，我国民事诉讼上的当事人概念也一波三折，历经了多次变动。就这些变动的基本轨迹而言，诉讼中的当事人概念乃沿着从实体主义到程序主义的路径发展和演变，而每一次的发展和演变，都在一个重要的侧面映现和反映着民事诉讼法的进步和更新。以下对当事人概念的变化做简要描述。

（一）实体当事人概念

实体当事人概念是指从实体法角度理解和把握当事人概念内涵的理论学说，与程序当事人概念相对而言。值得注意的是，形式上的当事人与程序上的当事人并不等同，实质上的当事人与实体上的当事人也有区别。因为，程序上的当事人并不仅仅是形式上的当事人，实体上的当事人也不仅仅是实质上的当事人，形式上的当事人和实质上的当事人这对范畴，应当限定于使用在正当当事人的类型化这个领域。对于正当当事人而言，如果其诉讼实施权来源于当事人与本案的直接利害关系，则为实质上的当事人；如果其诉讼实施权来源于实体法上的特别规定，其属于非权利主体而成为当事人的情形，如破产管理人、遗产管理人、遗嘱执行人等，则为形式上的当事人，形式上的当事人实际上就是诉讼担当人。其所以为"形式"，乃是因为其仅具有正当当事人之名，而无正当当事人之实，诉讼之结果与其仅有形式上的关联，而无实质上的关联。

在当事人制度的发展史上，实体当事人概念长期占据民事诉讼法学理论界，成为人们解释和界定当事人概念的思维定式。就实体当事人概念本身而言，其内部也有一个发展过程，形成了两种分支性学说，以下分别做介绍和探讨。

1. "直接利害关系人"当事人概念

这是最早出现的当事人概念，据此概念，理论上将当事人界定为提起诉讼的直接关系人及其相对人，具体而言，按照"直接利害关系人说"，所谓当事人，是指因自己的民事权利义务发生争议，并以自己的名义提起和进行诉讼，最终受法院司法裁判拘束的直接利害关系人。该定义至今在我国民事诉讼法上仍有残留，其法律依据是《民事诉讼法》第122条，该条规定，起诉必须符合四个条件，其中与当事人有关的条件是"（一）原告是与本案有直接利害关系的公民、法人和其他组织；（二）有明确的被告"。

"直接利害关系人"当事人概念的重点是原告，原告必须是与本案有直接利害关系的公民、法人和其他组织，反之，不是与本案有直接利害关系的公民、法人和其他组织，就不能成为原告，该主体就要退出诉讼，由与本案有直接利害关系的公民、法人和其他组织参加诉讼，这被称为当事人的更换。对于被告而言，其也必须是与本案有直接利害关系的公民、法人和其他组织，否则，该主体也要退出诉讼，被更换为与本案有直接利害关系的公民、法人和其他组织。然而，该"直接利害关系人"当事人概念越来越暴露出其内在的弊端和矛盾。

其一，"直接利害关系人"当事人概念在实践中具有逻辑上的矛盾。当事人是不是直接利害关系人，并不是在诉讼之初就能够加以确定的，而需要到诉讼结束之时，中间经过法庭审判才能最终确定，因而直接利害关系人的概念出现的时间点是在诉讼的尾部，而不是在诉讼的头部。这就造成了概念与现实的脱节。现实是，当事人在整个诉讼过程中都客观地存在着，其从诉讼一开始到诉讼结束，当事人须臾不可或缺，离开当事人，诉讼程序就无法开始，也无法进行。然而，根据"直接利害关系人"当事人概念，是否真正存在符合条件的当事人要到诉讼结束之时方能呈现出来，而在当事人被最终确定前，整个诉讼程序中却没有当事人的存在，这不仅自相矛盾，而且与诉讼的实际状况以及人们对诉讼的经验性感知完全不符，因而"直接利害关系人"的当事人概念有因果颠倒之嫌，将原本应当作为诉讼前提的事项确定为诉讼的结果事项，犯了逻辑上的倒果为因的错误。

其二，"直接利害关系人"的当事人概念与实体法的最新发展也不相吻合。在实体法上，并非实体法律关系的主体在一定的情形下也被赋予支配其实体权益的权能，也就是说，并不是所有的实体法上的权利义务主体都属于直接利害关系人，直接利害关系人的概念在外延上要窄于实体权利义务关系主体的概念，在一定的情形下，直接利害关系人与实体权利义务关系主体可以发生分离。比如，破产管理人并不是破产财产的直接利害关系人，但其却是有权处置破产财产的实体权利义务关系主体，遗产管理人、遗嘱执行人等也是如此。这种直接利害关系人与实体权利义务关系主体发生分离的实体法现象，反映到民事诉讼法上，就出现了诉讼实施权和诉讼担当等概念。不是直接利害关系人可以具有诉讼实施权，因而成为诉讼担当人进行诉讼，这种诉讼担当人也是实体意义上的当事人。也就是说，即便采取实体当事人的概念，"直接利害关系人"当事人概念也显得过窄，无法反映实体法的全部要求。

其三，"直接利害关系人"当事人概念反映了"重实体、轻程序"的滞后观念。"直接利害关系人"当事人概念直接脱胎于实体法，其将实体法上的民事法律关系主体直接投射到民事诉讼法上，从而在民事实体法律关系主体与诉讼当事人之间划上等号，使二者成为完全等值的概念。显而易见，这是实体法统帅程序法的必然结果，程序法被认为是实现实体法的单纯的工具，而并无独立的诉讼价值可言，其程序工具主义的价值观占据主导地位。按照这种程序工具主义的价值观，只要当事人与案件的处理结果不具有直接的利害关系，就不应当参与民事诉讼，其在民事诉讼中的行为就毫无意义。然而，这种无视诉讼程序内在价值的"重实体、轻程序"的观念，显然不能适应民事诉讼法发展的现代需要，应当予以摒弃。

2. "权利保护说"当事人概念

"权利保护说"当事人概念是为克服"直接利害关系人"当事人概念的缺陷而形成的，该说主张，所谓当事人，应当是指在民事纠纷发生后，依据实体法规定，以自己的名义提起和进行诉讼，从而引起民事诉讼程序发生、变更和消灭的人。该说相对于"直接利害关系人"当事人概念而言具有两点不同：一是提起和进行诉讼的人不必是直接利害关系人，而只需要是依据实体法规定有权实施诉讼行为从而保护特定民事权益的人，这就将非民事权利直接主体的诉讼担当人包括进了当事人的概念之中。二是提起和进行诉讼的人不是必然受到司法裁判最终拘束的人，提起诉讼和进行诉讼的人是诉讼担当人，受裁判实际拘束的人为实体权益的真正主体。

"权利保护说"当事人概念相较于"直接利害关系人"当事人概念具有进步性，因为"权利保护说"当事人概念扩大了实体法上具有诉讼实施权的范围，将那些虽非直接利害关系人但却被立法授权实施一定实体行为的人，也纳入具有诉讼实施权的范围，这就在实体法层面克服了将实体权利的最终归属与实体权利的行使主体之间绝对等同化带来的非周延性弊端，从而有助于实现实体法的目的，并使得民事诉讼程序中对当事人的判断标准有所拓宽，使民事诉讼服务于民事实体法的功能有所增强。然而"权利保护说"当事人概念仍有局限，其局限性在本质上与"直接利害关系人"当事人概念并无二致，因为它仍然立足实体法层面探求当事人概念，其思维定式仍然是将实体法上的主体移植为诉讼法上的当事人，其所形成的当事人概念，在数量上只有少量增加，在诉讼阶段上仍具有滞后性，更为重要的是，它仍然没有割裂实体法对诉讼法的支配作用，使诉讼法上独立的当事人概念受到了严重束缚，程序意义上的当事人概念无法为其所涵盖和容忍，因而"权利保护说"当事人概念仍有待于发展和完善。

（二）程序当事人概念

如前所述，无论是"直接利害关系人"当事人概念抑或是"权利保护说"当事人概念，它们都是从实体法的视角出发来理解和界定当事人概念的，因而不妨将其统称为"实体当事人说"。随着当事人制度的发展，"实体当事人说"逐渐被"程序当事人说"取代。"程序当事人说"，是指从程序法视角出发来理解和描述当事人概念所形成的一种当事人概念理论。"程序当事人说"与"实体当事人说"是相对立的两种当事人的概念理论，按照"程序当事人说"，所谓当事人，指的是以自己的名义提起诉讼和进行诉讼的人及其相对人，提起诉讼的人为原告，被提起诉讼的人为被告。可见，程序当事人概念完全是立足程序法层面观察当事人所产生的概念，只要按照诉讼法的规定，具有诉讼权利能力，并且以自己的名义实际地进行了诉讼，就构成了当事人；至于该当事人是否与本案有直接的利害关系以及最终是否实际地受司法裁判的拘束，则在所不问。

具体而言，程序当事人与实体当事人具有以下几个重要的区别：其一，成为当事人的依据不同。实体当事人是根据实体法的规定而成为诉讼中的当事人的，其是否为当事人，判断标准在实体法而不在程序法；程序当事人则相反，程序当事人是根据诉讼法的规定、满足了诉讼法上的要求而得以成为当事人的，其是否能够成为当事人的判断标准在程序法而不在实体法。其二，成为当事人的时间点不同。实体当事人的形成时间为法院的实体审判之时，通过对案件实体问题的司法审判，法院才能最终确定谁是诉讼中的当事人、谁不是诉讼中的当事人；程序当事人的形成时间为法院对起诉要件的形式审查阶段，法院通过对起诉要件的形式审查，认为提起诉讼的人和被提起诉讼的人符合了诉讼法上的当事人标准，则对其当事人诉讼资格予以认定，否则就裁定驳回其起诉。其三，后果不同。实体当事人如果无法成立，法院则实施当事人更换，使符合条件的当事人进入诉讼，不符合条件的当事人退出诉讼，如果不能更换，则作出判决驳回当事人的诉讼请求；程序当事人如果无法成立，法院则释明补正，如果不能补正，法院则裁定驳回原告的起诉。

总之，当事人概念从实体当事人概念发展为程序当事人概念是民事诉讼当事人制度的一大进步，目前，可以说程序当事人概念已经被广泛接受而成了通说。程序当事人概念的确立，丰富了当事人的概念内涵，扩大了当事人的外延范围，强化了对当事人诉讼权利的保障，提升了当事人在民事诉讼中的地位，增强了诉讼法对实体法的能动作用。

最后尚需补充说明的是，当事人概念从程序发展到实体，并不意味着实体当事人概念就被完全抛弃了，事实上，实体当事人概念并没有被抛弃，其合理内核被保留了下来。尽管当事人的概念从严格意义上加以解释，应当将其界定为程序意义上的当事人，但成了程序意义上的当事人，还不是诉讼的全部目的，诉讼的全部目的尚需实体意义上的当事人加以补充。当事人在程序意义上成立后，尚需进一步探究其是否为实体意义上的当事人；如果具有程序资格的当事人不具备实体资格，则仍要遭到诉讼中的不利结果，因而实体意义上的当事人概念就蜕变为正当当事人概念或当事人适格的概念，其作为广义当事人概念的一个有机组成部分，与狭义当事人概念，即程序当事人概念，遥相呼应，在不同的层面共同发挥当事人的制度性作用。

(三) 我国立法上所采用的当事人概念及其完善

我国《民事诉讼法》对当事人的概念并没有做出一个定义式的规定，但其相关的一些条款也可显示出立法者所采用的当事人概念究竟属于上述学说的哪一种。作为当事人概念最直观依据的条款有两个。一是《民事诉讼法》第51条第1款，该款规定："公民、法人和其他组织可以作为民事诉讼的当事人。"二是《民事诉讼法》第122条，其就起诉条件规定了两项：原告是与本案有直接利害关系的公民、法人和其他组织；有明确的被告。应该说，从《民事诉讼法》上述这两个条款所得出的当事人概念是不尽一致甚至是截然相反的。《民事诉讼法》第51条规定的是当事人能力，如果将当事人能力理解为当事人的实质要件，则可以认为从该条款得出的当事人概念，应为程序当事人概念，据此，凡是具备当事人能力并提起和进行诉讼的人即为当事人。然而，这样的理解并不全面，对当事人概念的界定应当超越《民事诉讼法》第51条关于当事人能力的规定，进入《民事诉讼法》第122条及其他相关规定。《民事诉讼法》第122条由于是对当事人起诉条件的规定，而起诉条件是当事人进入诉讼的门槛性条件，因而其对当事人提出的要求，应当成为界定当事人概念时必须参酌的实质性要件。该实质性要件是对行使起诉权的原告提出的，此即"与本案有直接利害关系"。据此，在探求立法者意旨、给当事人下一个立法上的定义时，必须将"与本案有直接利害关系"这个实质性要件涵盖在内，由此得出的当事人概念，则是前述"直接利害关系人"当事人概念。我们这样理解还可以找到"旁证"。例如，《民事诉讼法》第59条规定："对当事人双方的诉讼标的，第三人认为有独立请求权的，有权提起诉讼。对当事人双方的诉讼标的，第三人虽然没有独立请求权，但案件处理结果同他有法律上的利害关系的，可以申请参加诉讼，或者由人民法院通知他参加诉讼。人民法院判决承担民事责任的第三人，有当事人的诉讼权利义务。"《民事诉讼法》第59条第1款规定的是有独立请求权的第三人，第2款规定的是无独立请求权的第三人。有独立请求权的第三人提起参加之诉的前提条件是"对当事人双方的诉讼标的，第三人认为有独立请求权"，显然，该独立请求权是从实体法视角对第三人提出的实质性要求，此即为实体法上的独立请求权，实体法上的独立请求权属于"与本案有直接利害关系"的范畴，因而有独立请求权的第三人是"直接利害关系人"，其概念应被界定为"直接利害关系人"的当事人范畴。不仅有独立请求权的第三人是如此，无独立请求权的第三人也是如此。根据《民事诉讼法》第59条第2款的规定，无独立请求权的第三人参与诉讼的前提条件是"对当事人双方的诉讼标的，第三人虽然没有独立请求权，但案件处理结果同他有法律上的利害关系"，这里所称"法律上的利害关系"也是从实体法视角出发提出的实质性要求，这种"法律上的利害关系"不一定是"法律上的直接利害关系"，但一定是实体法上的利害关系，因而可以合理地得出结论，认为无独立请求权的第三人参与诉讼的当事人条件虽然突破了"直接利害关系人"当事人概念的范畴，但也没有超出"权利保护说"当事人的概念范围，因而也属于实体当事人的概念领域。尤其明显的是，《民事诉讼法》第59条第2款后半句规定的"人民法院判决承担民事责任的第三人，有当事人的诉讼权利义务"更是凸显了当事人概念与承担民事责任、享有民事权利这一实质性内涵的关联性，也可衬托出"直接利害关系人"当事人概念或"权利保护说"当事人概念的立法者意旨。

综上可见，我国《民事诉讼法》对当事人的概念之规定，乃是从实体法视角出发确定的实体当事人概念，而没有涉及程序当事人概念，《民事诉讼法》第51条之规定，仅为当事人诉讼权利能力之规定，而非对当事人概念之规定。需加注意的是，从《民事诉讼法》第122条的规定看，其对原告和被告的要求看上去有所不同，其实二者是相同的。因为当事人的概念是配套产生的，对原告的要求与对被告的要求具有一致性而不可能区别对待。尽管从立法上看，对被告的要求仅仅是"明确性"，而非"直接利害关系性"，但透过现象看本质，对被告明确性的要求乃是底线要求，是对被告的特殊性要求，对被告的一般性要求，已经在对原告的要求中加以规定，被告如果与本案不具有直接利害关系，则也就同时意味着原告与本案不具有直接利害关系，因为这个利害关系不是单纯地表现为与案件结果之间的客观的利害关系，更表现为与对方当事人之间的对立性的利害关系，这种利害关系是主观的利害关系，主观的利害关系离开客观的利害关系便无法产生，客观的利害关系离开主观的利害关系也无法产生。比如，原告诉被告离婚，如果所诉的被告与原告不具有婚姻关系，原告所诉并非其人，对象错误，则原告被认定为与本案无直接利害关系，被告也被认定为与本案无直接利害关系；如果被告与本案无直接利害关系，那么，对错诉的被告而言，原告也无直接利害关系。因此，被告如果与本案无直接利害关系，按照实体当事人说，被告则应当予以更换，如无法更换，则作出驳回原告之诉的裁定，这种结果，与原告不具有直接利害关系，而被告看上去与本案有直接利害关系，所导致的结果完全一样。可见，《民事诉讼法》第122条对原告和被告的要求采用的都是实体当事人说，而不是对原告采取实体当事人说、对被告采取程序当事人说。

完善我国当事人概念的一个基本方向就是导入程序当事人概念，使之取代并包容实体当事人概念。

二、当事人的确定

（一）当事人确定的概念及意义

当事人的确定是指法院对当事人的识别。在当事人中，有假的当事人和真的当事人之分，当事人的确定，就是将真的当事人找出来，将假的当事人剔除出诉讼，从而使诉讼在真正的当事人之间展开和进行，防止诉讼在错误的当事人之间进行和运转，因为在错误的当事人之间进行诉讼，实际上并非真正的诉讼，而是徒具诉讼外表的一种"游戏"，一个理性的诉讼制度应当避免此种无实益的诉讼之发生和进行，这就是当事人确认制度所应发挥的作用和功能。

事实上，当事人的确定也是法院行使审判权的题中应有之义，法院行使审判权包括的客体层面内容非常丰富，层次很多，对当事人的确认是其中重要组成部分和重要内容，因此之故，当事人的确定在任何诉讼制度中都是不可避免要进行的诉讼内容，当事人确定也是法院裁判制度的重要内容。

同时，当事人的确定对被告的意义非同寻常。因为被告是被动地卷入诉讼中的，而原告是诉讼的始作俑者，掌握着诉讼当事人确定的主动权，谁是原告、谁是被告，概由原告在主观上进行确定，被告只能被动应对，而无矫正错列当事人之力。因此，被告就容易受到原告滥诉或任性诉讼的伤害，为此，立法上有必要赋予被告一个程序上的"盾牌"，使错列当事人的原告尽早承受因不合格的原告或不合格的被告所造成的诉讼不利结果，从而使被告免遭因原告错诉所带来的诉讼不利益。可见，当事人的确定制度实质上是一种诉讼平衡制度，也是一种诉讼保护制度，是被告人所享有的重要诉讼权利。

(二) 确定当事人的模式

当事人的确定是民事诉讼中的重要内容，影响当事人确定的因素主要有以下三点：其一，当事人的概念。在实体当事人概念理论范式中，确定当事人的标准必然为实体性标准，按照程序当事人的概念理论来确定当事人，则当事人的确定标准必然为程序性标准。其二，诉讼阶段。诉讼是分阶段进行的，在不同的诉讼阶段，所需要完成的诉讼任务有所不同。在诉讼开始阶段，对当事人所提出的主要是程序方面的要求；在诉讼结束阶段，对当事人提出的要求则更多体现为实体方面的要求。其三，诉讼受理制度。在立案审查制下，当事人的确定标准一定有别于立案登记制下的当事人确定标准，前者更偏重于当事人确定时的实体性因素，后者则更侧重于确定当事人的程序性因素以及阶段性因素。

参酌以上三方面的因素，可将确定当事人的模式分为五种类型：一是实体模式，二是程序模式，三是混合模式，四是区分模式，五是二阶模式。以下分别阐述。

1. 确定当事人的实体模式

确定当事人的实体模式注重从实体法上寻求当事人是否符合要求的标准，凡属于实体法律关系的主体，或者依法享有实体法上的实体权益，均属于适格的当事人；反之，如果不属于实体法律关系的主体或者依法不享有实体法上的实体权益，则均非适格的当事人。因此，依照实体模式所确定的当事人，均为适格的当事人，故该模式也被称为"适格说"。确定当事人的实体模式强调了当事人的实体价值，对于其程序价值则相对忽视，因而与实体当事人概念学说一样，具有历史的局限性。

2. 确定当事人的程序模式

确定当事人的程序模式是完全根据诉讼程序上的标准确定谁是诉讼中的当事人，而不考虑该当事人在实体法上的地位和作用。在大陆法系国家长期存在并有争议的意思说、行动说和表示说等学说，基本上都属于确定当事人的程序模式之范畴。根据意思说，确定当事人的标准应当是原告的内心意思，原告起诉时，在其内心必然有一个意思判断，究竟谁应当成为原告、谁应当成为被告，原告的内在意思最为清楚，而当事人又是根据原告的意思加以确定的，是原告选择和确定的结果，因此，应当根据原告的意思确定诉讼中的当事人。根据意思说，如果原告将被告张三误写为李四，则被告仍为李四而非张三，法院应当根据原告的真实意思提示原告订正其误写的姓名；或者反过来，如果起诉的原告是张三，但张三的意思实际上是代李四起诉，而将自己误写为原告，其则也应将起诉状中的原告姓名加以订正，以符起诉者的真实意思。根据行动说，应当根据进入诉讼领域实施的具体诉讼行为来确定谁是原告、谁是被告。凡是看上去像原告一样进行诉讼的人，或者被人们认为是原告的人，他就是原告；凡是看上去被原告像被告一样对待的人,则为被告。例如,在冒名诉讼中,冒充他人之名进行诉讼的人,可能不是真正的原告,但也被认为是原告;被原告误认为是被告的人,可能不是真正的被告,也被认为是被告。根据表示说,其认为应当根据原告起诉状中的记载来确定谁是原告、谁是被告。被诉状记载为原告的人即原告,被诉状记载为被告的人即被告。表示说还可细分为形式表示说和实质表示说两种学说。形式表示说仅仅根据起诉状的表示为标准确定当事人,而实质表示说则除诉状的记载外,还要结合请求原因等其他记载事项综合地确定当事人。目前,在日本,实质表示说为学界的通说。

3. 确定当事人的混合模式

混合说认为,对于当事人的确定,既应当考虑程序性因素,如意思说、表示说、行动说等,也应同时考虑实体性因素,如直接利害关系、权利保护等。该说进而认为,确定当事人要分别考虑原告和被告的情况,适用不同的标准。原告的确定应采取行动说,被告的确定应综合意思说、表示说和当事人适格说来确定。① 由于该说强调的是各因素同时采用,综合判断,因而也被称为"并用说"。

4. 确定当事人的区分模式

该说从我国《民事诉讼法》第122条有关起诉条件的规定出发,认为立法者在原告和被告方面采取了相异的要求,对原告的判断标准应采用适格说,只有与本案有直接利害关系的公民、法人和其他组织才能成为原告;但对于被告而言,则适格说无法适用,因为立法者仅要求被告具有明确性而已,因此对被告采取的应当是表示说。

5. 确定当事人的二阶模式

二阶模式认为对当事人的确定应当分阶段适用不同的标准。在立案阶段,应当采用表示说等程序性标准;在审判阶段,则应当采用适格说等实体性标准。该模式也被称为"规范分类说",主张当事人的确定在诉讼的初始阶段,适用的是行为规范,以表示说等确定当事人;在诉讼终结阶段,适用的是评价规范,应当以已经参与诉讼并具有适格性的当事人为诉讼上的当事人。

对于以上诸说及由诸说所产生的确定当事人的诸模式,首先,笔者不同意所谓"区分模式",而认为无论原告抑或被告,其所采取的判断标准应当是一致的,而不宜采取区别对待的方式,其原因已在前有所述及,此略而不论。其次,关于混合说,笔者也认为不妥,因为对当事人的确定标准,要么按照程序性因素加以确定,要么按照实体性因素加以确定,而不宜将程序性因素和实体性因素结合起来加以综合地确定;如果将其结合起来综合地确定当事人,则对当事人的要求未免过于苛刻,而且究其本质而言,该说最终的效果乃与实体模式说无异,因而也带有实体模式说的弊端。最后,笔者也不同意单纯的程序模式说和实体模式说,因为这二说均将当事人的确定时点限定于一个绝对的程序阶段,而缺乏对当事人确定的全程视野。

笔者认为,确定当事人的二阶模式有其道理,表现在,该学说根据当事人在诉讼阶段中的相异作用,对其确定标准做出了区别对待,从而使当事人的确定标准具有了动态性和变异性,符合民事诉讼程序从程序到实体的深化逻辑。事实上也是如此,在诉讼全过程中,民事诉讼法对当事人的要求首先是从宽,然后逐步从严。从宽表现在诉讼的起始阶段,此阶段中当事人仅需根据程序法的标准即可加以确定,而无须考虑当事人的实体性因素。虽然《民事诉讼法》第122条规定了具有实体性质的"直接利害关系",但从解释论上说,这应当被解释为是形式

---

① 参见王福华:《民事诉讼法学》(第2版),清华大学出版社2015年版,第115页。

上而非实质上的直接利害关系,在立案受理阶段,法院对当事人的资格判断应当仅仅进行形式审查,而非实质审查;实质审查的做法,是实践中民事诉讼法之规定被异化的结果,而非民事诉讼法的固然要求。尤其在实行立案登记制后,诉讼开始阶段的当事人标准更应被限定于程序性标准,实体性标准在此阶段无法发挥作用。但诉讼是分阶段、按层次进行的,诉讼程序进入实体审判阶段后,民事诉讼法对当事人的要求也相应地变更为实体性标准,只有适格的当事人才能顺利进入司法裁判的最后阶段,非适格的当事人将被提前排除出诉讼,而无法获得法院的实体性裁判。由此可见,只有确定当事人的二阶模式才能全面地描述和刻画当事人的判断标准,也正是在该二阶模式中,民事诉讼法对当事人提出的要求逐步深化和提高,呈现出了明显的阶段性和层次性的特征。

需要进一步说明的是,在上述二阶模式中,当事人的实体性判断标准为适格说,但当事人的程序性判断标准则主要地存在三说,即表示说、意思说和行动说,在这三说之中,应当采取哪一学说对当事人在诉讼开始阶段进行判断?这个问题的分析可分两个步骤来进行:第一步骤是看立法的字面规定,第二步骤是看立法的实质要求。

首先看第一步骤。《民事诉讼法》第 124 条规定:"起诉状应当记明下列事项:(一)原告的姓名、性别、年龄、民族、职业、工作单位、住所、联系方式,法人或者其他组织的名称、住所和法定代表人或者主要负责人的姓名、职务、联系方式;(二)被告的姓名、性别、工作单位、住所等信息,法人或者其他组织的名称、住所等信息……"据此规定,原告在起诉时应当分别"记明"原告本人以及他意欲起诉的相对方也即被告的自然状况等信息。就该规定而言,我国《民事诉讼法》对当事人在起诉和受理阶段所采取的判断标准应当是"表示说",正是通过原告在起诉状中的记载表示出究竟谁为原告、谁为被告。"表示说"意味着确定谁为原告、谁为被告的权利由原告行使,而不是由法院决定,也不是由其他人行使,更不是由被告人确定,这是原告的专属权利,也是原告之为原告的题中应有之义和天然权利,该权利源出于诉权理论上的"抽象诉权说",属于原告的起诉自由之范畴。但就该"表示说"而言,笔者也不赞成所谓日本的通说"实质表示说"[①],而认为应采"形式表示说"。因为"实质表示说"已经打上了法院的判断烙印,已经变成了法院的意思,而不是原告的意思。但"表示说"仅为立法在字面上所确定的判断当事人的程序性标准,这是从解释论上得出的初步结论,还不是最终结论,最终结论应当将该解释论进行到第二步骤。在第二步骤中,法院的因素开始出现。法院在接受原告的起诉状后,经过阅读,如果认为原告的起诉状在记载当事人的身份上有所含混,尤其是原告所记载的当事人,包括原告本人和被告人,如果与原告所意欲起诉的原告人和被告人有所不符,法院则需要透过现象看本质,在必要时尚需行使释明权,澄清当事人的真实意图,以辨别究竟在起诉者的心目中,谁是真正的原告、谁是真正的被告。这种判断需要衡之以记载的内容、实际行动者的外在表现等因素,综合地加以探求,以确定原告的真实意思。因而,"意思说"在各种程序性标准学说中有比较优势,最终成为程序阶段确定当事人的应然理论。

---

① 日本学者新堂幸司叙述道:表示说认为,不仅仅依据诉状中当事人栏的表示,还需要"通过诉状全趣旨来判断何人向何人提起诉讼,如果从诉状的当事人栏表示所做的判断与从诉状全趣旨获得的判断不一致,那么也允许进行更正",而且,"这种更正无损当事人的同一性"。这一学说便是所谓的实质表示说。[日] 新堂幸司:《新民事诉讼法》,林剑锋译,法律出版社 2008 年版,第 93 页。

三、当事人的范围

当事人的范围是指哪些诉讼参与人可被归纳在当事人这个概念之下。通说对此有广义说和狭义说两种表述。按照狭义说，当事人仅指原告和被告，因为正是原告和被告构成了诉讼中不可或缺的对抗关系，缺少任何一方，诉讼均无法构成，原告和被告在诉讼中有一方归于消灭而无人继承或依其性质不能继承，或者作为法人组织或非法人组织的原、被告合二为一，则诉讼便宣告终结。因此，狭义的当事人概念具有对抗性和不可或缺性两大特征。

与狭义的当事人不同，通说认为，广义的当事人包括共同诉讼人、诉讼代表人、公益诉讼人、第三人。对此需要讨论的问题是：共同诉讼人、诉讼代表人、公益诉讼人和有独立请求权的第三人在当事人的概念中究竟有无特殊性？为什么它们就属于广义的当事人而不是狭义的当事人？笔者认为，共同诉讼人、诉讼代表人就其本质而言，均属于原告或被告的范畴，公益诉讼人则必然属于原告，有独立请求权的第三人也属于原告，因此，它们本身就被原告或被告这两个概念所吸收，不具有独立性。在笔者看来，当事人的广义和狭义之分是有必要的，但在划分标准上笔者的看法与通说有所不同。原告和被告属于狭义的当事人，共同诉讼人、诉讼代表人、公益诉讼人、有独立请求权的第三人、诈害防止型无独立请求权的第三人也属于狭义当事人的范畴，广义的当事人则除了狭义的当事人外，还包括被法院判决承担法律责任的无独立请求权的第三人，即被告型无独立请求权的第三人。因为被告型无独立请求权的第三人在被法院判决承担法律责任之前，不享有当事人的诉讼权利义务，因而不能称之为严格意义上的当事人，但该无独立请求权的第三人在被法院判决承担法律责任后，根据《民事诉讼法》第59条第2款的规定，则享有当事人的诉讼权利义务，自此该无独立请求权的第三人就成为真正的当事人。因此，被告型无独立请求权第三人的当事人地位是不稳定的，其以是否被法院判决承担法律责任为界标，在此之前为非当事人，在此之后为当事人，因而只能算半个当事人或者准当事人，故而其不属于狭义的当事人，而属于广义的当事人。至于辅助型无独立请求权的第三人，其只能被涵盖在广义当事人的范畴之中。

四、当事人的诉讼权利能力

（一）诉讼权利能力的概念、特征和功能

1. 概念

诉讼权利能力是成为民事诉讼中当事人、获得当事人诉讼资格的能力，也称为当事人资格、当事人能力。《民事诉讼法》第51条规定："公民、法人和其他组织可以作为民事诉讼的当事人。"这是《民事诉讼法》关于诉讼权利能力的明文规定，据此规定，具有民事诉讼权利能力的主体包括：公民、法人和其他组织三种类型。

2. 特征

诉讼权利能力具有四个主要的特征：一是抽象性。诉讼权利能力是适用于所有的诉讼主体的一种抽象法律资格，它是一种概括的能力，只要符合其条件的主体均被涵盖其中。二是平等性。任何具有诉讼权利能力的人在民事诉讼上都具有平等的诉讼地位，并据此享有平等的诉讼权利、负有平等的诉讼义务，任何具有诉讼权利能力的主体都不凌驾于他人之上享有特权，他们在程序面前人人平等。三是程序性。诉讼权利能力完全是诉讼法上的概念，享有它将会产生诉讼法上的利益，不享有它则将会产生诉讼法上的不利益，而与诉讼外的实体权益无关。四是前提性。诉讼权利能力是任何主体通向民事诉讼场域的"入门券"，法院对于进入民事诉讼场

域的各类主体首先要进行资格性审查,具备诉讼权利能力者,无论其实体权益如何,均可进入诉讼场域实施诉讼活动,反之,若不具备诉讼权利能力,则即便其具有实体权益,也被排除在诉讼门槛之外。

3. 功能

民事诉讼法之所以要规定诉讼权利能力,原因主要在于:

其一,诉讼权利能力是司法文明程度的衡量标尺之一。从历史上看,并非所有的自然人均享有诉讼权利能力。在奴隶社会,奴隶是奴隶主的私人财产,是会说话的工具,是法律调整的客体,而不是法律上的主体,其在民事诉讼中不享有诉讼权利能力,其发生纠纷,只能由其主人作为当事人进行诉讼,其本人不能成为诉讼中的当事人。在有的国家和社会阶段,子女是父母的私有财产,其也不具有独立的诉讼权利能力,其与他人发生民事争端,只能由其父母作为当事人提起诉讼或被提起诉讼。在有的国家和社会阶段,妇女不享有诉讼权利能力,其所发生的纠纷,只能由其丈夫作为当事人提起诉讼或被提起诉讼。外国人在某内国进行诉讼,也并不总是与内国当事人一样享有诉讼权利能力或平等的诉讼权利能力,而有可能会遭到歧视性待遇,甚至被剥夺在他国进行诉讼的全部诉讼权利能力。可见,诉讼权利能力并不是每一个自然人当然地享有的,它作为一种诉讼上的法律资格,首先是作为一种政治上或宪法上的公民权利而出现的,在一个落后和奉行等级社会的国家,享有诉讼权利能力被认为是一种法律上的特权,而并非当然的天赋人权。在我国,由于我国民事诉讼法的社会主义性质,所有的自然人,包括本国人和外国人、无国籍人,不分种族、民族、性别、年龄、财产状况、受教育程度、家庭出身等,均享有相同的诉讼权利能力,都能够参加诉讼作为当事人实施诉讼活动,维护己身的合法权益。每一个自然人都享有平等的诉讼权利能力,是我国民事诉讼法的一大优势和特点,表征着我国民事诉讼法的进步性和文明性。

其二,诉讼权利能力是当事人成为诉讼主体,享有诉讼权利和承担诉讼义务的前提条件。当事人成为诉讼主体,在民事诉讼中发挥着诉讼主体的作用,对民事诉讼程序的产生、变更和消灭起到决定性作用,当事人享有丰富的诉讼权利,同时也负有必要的诉讼义务,正是这些诉讼权利和义务以及由此所规定的诉讼主体资格,使当事人与其他诉讼参与者区别开来,如当事人与证人、鉴定人、翻译人员等,均有性质上的不同,因而其在法律资格的要求上也具有显著的差异。诉讼权利能力是否必须具备,乃是区别当事人和其他诉讼参与人的基础性标准,同时当事人在民事诉讼上所享有的诉讼权利和所承担的诉讼义务,归结到原点予以观察,皆为诉讼权利能力的有序展开,诉讼权利能力是诉讼权利和诉讼义务的源泉。

其三,诉讼权利能力是联结民事实体法和民事诉讼法的桥梁。民事实体法规定了公民、法人和其他组织的民事权利能力,然而,民事权利能力仅仅是实施民事行为、形成民事权利义务关系的能力,而不能直接成为民事诉讼中当事人的能力和资格,要使民事主体能够顺利地过渡到民事诉讼领域从事民事诉讼活动,并使之产生民事诉讼法律效果,则必须要有一个中介性概念作为过渡,这个中介性概念就是诉讼权利能力;正是有了诉讼权利能力这个概念,具有民事权利能力的民事主体才转变身份,变成了享有诉讼权利和负担诉讼义务的诉讼主体,与此同时,作为诉讼主体,他们便能够在民事诉讼中实施各种诉讼活动,追逐于己有利的诉讼结果,从而保护自己在民事实体法领域依据民事权利能力所获得或具有的民事权益。可见,将民事主体和诉讼主体联结起来的关键性概念正是诉讼权利能力,如果缺乏诉讼权利能力这个桥梁,民事实体法和民事诉讼法就无法对接,形成一个完整的民事法律体系。

其四,诉讼权利能力是法院控制诉讼流量、对诉讼程序进行有序管理的需要。诉讼权利能力是任何主体意欲成为民事诉讼主体的门槛性条件，经过这个条件的过滤，大量的形形色色的社会主体就因缺乏诉讼权利能力而被排除在法院诉讼之外，具备诉讼权利能力的诉讼主体便易于进行类型化调节和管理，从而建构起类型化的诉讼程序模型对各种诉讼主体的诉讼行为进行有序调整，诉讼程序被纳入定型化的轨道平稳向前推进。如果缺乏诉讼权利能力这个"闸门"，各种社会组织和团体以及各种人的组合便会鱼贯而入，使法院难以应对乃至使诉讼失控，陷入被动和混乱。可见，诉讼权利能力是使诉讼程序类型化、定型化、有序化的基石性机制，其重要性不言而喻。

（二）诉讼权利能力的性质定位

诉讼权利能力的性质定位也可以看作是诉讼权利能力的程序机能，是指诉讼权利能力应当作为民事诉讼的什么要件来对待。从诉讼权利能力的内在固有特征来看，诉讼权利能力是存在于诉讼程序的层面经由诉讼法加以调整的当事人资格，如果缺乏诉讼权利能力，民事诉讼则无法开始，开始后诉讼程序也会因诉讼权利能力的缺乏或消失而告终。因此，诉讼权利能力应当作为当事人的起诉条件加以对待。《民事诉讼法》第122条规定的四项起诉的条件中，其中有两项是与当事人的诉讼权利能力相关的。其第1项规定"原告是与本案有直接利害关系的公民、法人和其他组织"，原告必须是公民、法人或其他组织，这一条件的规定，与《民事诉讼法》第51条关于"公民、法人和其他组织可以作为民事诉讼的当事人"遥相呼应，完全一致，属于对原告的诉讼权利能力之规定。其第2项规定"有明确的被告"，虽然该项规定中没有明示被告必须是"公民、法人和其他组织"，似乎采取了与原告不相一致的规定，但对此不能孤立地看，而要结合《民事诉讼法》第51条的规定做出体系化解释，既然《民事诉讼法》第51条的规定已经对当事人的诉讼权利能力做出了限定性规定，那么，《民事诉讼法》第122条第2项中的"明确的被告"自然必须受第51条关于当事人诉讼权利能力的一般性规定的制约，因而，这里的"被告"与原告一样，必须是"公民、法人和其他组织"，只能在三者中居其一，而不可能为其他的任何主体。因此，我们可以合理地得出结论认为，诉讼权利能力应当作为起诉条件对待，如果起诉者或被诉者不具有诉讼权利能力，法院则应裁定不予受理，或者在受理后裁定驳回起诉。

在这里有三个概念需加斟酌。一为起诉要件，二为诉讼要件，三为实体判决要件。其实，所谓起诉要件、诉讼要件和实体判决要件乃是等值的概念，这三个概念表述的意思本质上具有一致性，都是指当事人的起诉必须首先具备诉讼法上的条件，当事人的起诉只有在诉讼法上成立了，才有资格进入民事诉讼的实体审判阶段，当事人才能获得法院的实体性裁判，否则，当事人只能被阻挡在实体裁判的门槛之前，其所获得的也仅仅是诉讼法上的程序性处理结果，也即裁定驳回原告的起诉或者裁定不予受理其起诉。从其对起诉者的视角看，诉讼权利能力是对起诉的原告提出的要求，故而可称其为"起诉要件"；从其诉讼法上的整体要求上看，诉讼权利能力又是诉讼得以成立的要件，因而可恰当地称之为"诉讼要件"或"诉讼成立要件"；从其作为法院作出实体判决的前提性这个视角看，诉讼权利能力乃是法院作出实体性判决的先决性条件，因而称之为"实体判决要件"也不为过。

（三）诉讼权利能力与民事权利能力的关系

诉讼权利能力与民事权利能力关系最为密切，它们有诸多共同点但也有性质上的区别，同时二者之间也有内在的关联。首先看诉讼权利能力与民事权利能力的共同点：其一，抽象性。诉讼权利能力和民事权利能力都属于法律上的抽象资格，它们并不专属于某个人或某个组织，而是为所有的自然人以及符合条件的组织所共同享有,因而它们与具体的诉讼权利或具体的民事权利有所不同。其二,不可处分性。无论是诉讼权利能力抑或民事权利能力,它们均来源于宪法性规范,都属于公民权的组成部分,具有政治属性和社会属性,均不可能成为其享有主体的处分对象;任何通过自我决策或契约行为处分自己诉讼权利能力或者民事权利能力的行为,均为无效行为,无法得到法律的保护和支持。其三,平等性。法律面前人人平等的宪法性原则表现在诉讼权利能力和民事权利能力上更为突出,任何人均无条件地依法享有同等的诉讼权利能力和民事权利能力。其四,民事性。无论是诉讼权利能力还是民事权利能力,都是公民、法人和其他组织在民事法律领域所具有的权能和法律资格,都在民事法律领域发挥前提性作用。

其次看诉讼权利能力和民事权利能力的区别点:其一,所属的法律领域不同。诉讼权利能力属于诉讼法上的概念,其在民事诉讼程序中发挥基础性作用;民事权利能力属于实体法上的概念,其在日常的民事生活中发挥基础性作用。其二,功能不同。诉讼权利能力的功能在于纠纷解决和维持实体法律秩序,同时在特殊情形下具有政策形成功能,带有公益目的;民事权利能力则重在其所具有的规范功能,其在赋权的同时也起到预防纠纷发生的作用。其三,能否受到限制不同。诉讼权利能力只有有和无的区分,而没有限制性诉讼权利能力这种中间状态;民事权利能力则要加以区分,对于作为自然人的公民而言,其民事权利能力平等地为每一个公民所同享,① 但对于法人和非法人组织而言,其民事权利能力则受到诸如章程、登记授权等事业目的之限制,超出该批准的范围,则法人和非法人组织的民事行为无效。对于法人和非法人组织而言,其民事权利能力虽受到一定范围的限制和制约,但一旦其发生纠纷,无论其民事纠纷是否因其超越事业目的而所致,其诉讼权利能力则不受到任何限制和制约,它们可以在任何诉讼中成为当事人。其四,开放性不同。诉讼权利能力具有开放性或能动性,它具有尽可能扩大其范围的内在冲动,从而显示出民事诉讼法以化解纠纷为己任的强大功能;民事权利能力则具有保守性或封闭性,它在授予社会主体以民事权利能力方面尽可能保持谦抑和克制的姿态,非经司法实践反复证明,以及非确有必要,民事实体法不会轻易打开民事权利能力的大门,纳入新成员扩大其阵容;之所以如此的根本原因在于,民事权利能力以预防纠纷为己任,诉讼权利能力则以解决纠纷为使命,二者之目的不同。

最后谈谈诉讼权利能力和民事权利能力之间的内在关联。

日本兼子一教授认为,一般而言,在私益纠纷的解决中,法院将"私法上的权利主体作为诉讼法上的当事人并对其作出判决"是一种最为直接、最具效率的做法。② 这是一种从实体法指向程序法的思维路径,体现了实体法的决定性作用。但也有一种思维路径是从程序法指向实体法,从纠纷解决的实效性观察民事权利能力和诉讼权利能力之间的内在关系。新堂幸司教授采取的就是后一种思维路径,他认为,"当事人能力之观念也是一个选择当事人的道具性概念,即将那种纵使法院对其做出本案判决,也不能有效且妥当地解决纠纷之人从当事人中剔除出去,一旦发现当事人是上述这种人,法院将就此终结审理,以避免进行无谓的本案审理及裁判"③。这两种观察视角带有传统和现代之分,在传统观念中,有民事权利能力者,必有诉讼

---

① 胎儿的民事权利能力仅在继承遗产方面有其存在,在其他方面则无民事权利能力可言,因而,胎儿的民事权利能力是有限的,由此所决定,其诉讼权利能力也是有限的,这是诉讼权利能力受到限制的例外。

② 参见[日]兼子一:《民事诉讼法体系》,酒井书店昭和29年,第109页以下。[日]高桥宏志:《民事诉讼法——制度与理论的深层分析》,林剑锋译,法律出版社2003年版,第146页。

③ [日]新堂幸司:《新民事诉讼法》,林剑锋译,法律出版社2008年版,第98—99页。

权利能力,诉讼权利能力是民事权利能力在延长线上的观察,也是民事权利能力在诉讼法上的投影和折射。兼子一教授代表的就是此观念。但这种观察仅仅得出民事权利能力对诉讼权利能力具有决定作用的结论,而忽视了诉讼权利能力对民事权利能力具有反作用的可能性。新堂幸司教授代表的就是后一种观念,这后一种观念无疑是一种更加重视诉讼法独立价值的立场,英美国家就是这种立场。其实,上述两种观念应当结合起来观察,一方面,实体法上的权利能力在主要的方面能够决定诉讼法上的权利能力;另一方面,诉讼法上的权利能力也有自己的独立的生成逻辑,其反向地对实体法上的权利能力具有更新和完善作用。在这样双重视角的观察下,可以获知诉讼权利能力和民事权利能力具有辩证的内在关联性,具体表现在:

其一,诉讼权利能力和民事权利能力之间存在决定和被决定的关系。就近现代法治而言,应当认为是民事权利能力决定着诉讼权利能力,任何具有民事权利能力的人都无一例外地享有诉讼权利能力,民事权利能力规定在先,诉讼权利能力规定在后;有民事权利能力,必有诉讼权利能力;民事权利能力生成正常的民事法律秩序,诉讼权利能力为正常的民事法律秩序保驾护航;民事权利能力是目的,诉讼权利能力是手段。

其二,诉讼权利能力对民事权利能力起能动的反作用。诉讼权利能力不是简单地适应民事权利能力的需要而产生和存在,诉讼权利能力在民事权利能力的空白处,通过纠纷的衡平解决,发挥着填补空白的作用。诉讼权利能力在司法实践中被反复运用的结果,将在民事权利能力的立法清单中增添新的内容,由此不断丰富民事权利能力的内容,从而推动民事实体法不断趋于健全和完善。从历史上看,其实诉讼权利能力是先于民事权利能力产生的概念,在没有实体法以及实体法不健全的历史发展阶段,诉讼权利能力不能不在事实上首先赋予诸多社会主体,这些社会主体逐步定型化而上升到实体法层面,被赋予了民事权利能力,在该意义上说,一如诉讼法是实体法之母一样,诉讼权利能力也是民事权利能力之母,民事权利能力正是诉讼权利能力的运行效应不断被累积的结果。尽管诉讼权利能力在实体法日益健全的今天不可能如同往昔那样发挥全面的能动作用,但由于实体法自身固有的局限性所制约,诉讼权利能力在局部领域对民事权利能力依然发挥着能动的推动作用。

需加讨论的问题是,形式的当事人概念是否以民事权利能力为前提。

日本高桥宏志教授认为:"有必要对将形式的当事人概念贯彻于所有有关当事人的理论问题是否可行、是否妥当的课题重新进行审视。"并认为在这些情形中,诉讼上的当事人并不是诉讼标的之权利义务归属主体,因而并未贯彻"诉讼当事人必须具有实体法上的权利能力根据"这一要求。[①] 笔者认为此一观点是值得商榷的。因为,形式上的当事人虽然与案件不具有直接的利害关系,因而其不是实质上的当事人,但其能够作为诉讼中的形式当事人,如作为诉讼担当人,前提也是其具有民事权利能力,如果其不具有民事权利能力,如某一个不具有"其他组织"资格的人的组合体或集合体,不能成为诉讼担当人。诉讼担当人在诉讼中要行使诉讼权利、履行诉讼义务,恪尽职守,否则就有可能被判决承担民事侵权法律责任,如诉讼担当人与对方当事人恶意串通,侵害被担当人的合法权益,甚至实施虚假诉讼,或者滥用诉讼权利构成诉讼侵权,其都要承担相应的法律责任,而该法律责任的承担无疑是以其具有民事权利能力或刑事责任能力为前提的,在这种情形下,如果否认诸如诉讼担当人这样的形式当事人也以民事权利能力为前提获得诉讼权利能力的基本逻辑,则是不妥当的。高桥宏志教授的论述中

---

① 参见[日]高桥宏志:《民事诉讼法——制度与理论的深层分析》,林剑锋译,法律出版社2003年版,第147页。

忽视了民事权利能力和诉讼权利能力是一般性抽象概念和一般性抽象资格这一大前提，而陷入了具体化、个案性思维的泥潭之中。形式上的当事人虽然在本案中不具有直接的利害关系，但作为一般的抽象诉讼资格，其还是不能摆脱受民事权利能力之制约的逻辑前提。

（四）诉讼权利能力和民事权利能力的范围之辩

诉讼权利能力与民事权利能力的范围问题在理论界和实务界长期存在争论，主要形成了三种学说，即一致说、包含说和交叉说。

1. 一致说

认为诉讼权利能力与民事权利能力在范围上是保持一致和同步的，凡是有民事权利能力的人，才有诉讼权利能力；反之，无民事权利能力的人，也无诉讼权利能力，在诉讼权利能力和民事权利能力之间不可能出现无民事权利能力而有诉讼权利能力的人，或者有民事权利能力而没有诉讼权利能力的人。比如说，人们经常用来论证非法人组织或其他组织就是无民事权利能力而却有诉讼权利能力的例证，其实是一种误解，因为非法人组织只要是依法成立、具有一定的组织机构和财产、具有管理人或负责人，它就在实体法上被赋予了民事权利能力，如合伙组织、分公司等，均是如此，正因为这些非法人团体具有民事权利能力，故而在诉讼法上方被赋予诉讼权利能力，因而诉讼权利能力与民事权利能力具有一致性。

2. 包含说

认为凡是具有民事权利能力者，必有诉讼权利能力；不具有民事权利能力者，有时也有诉讼权利能力。也就是说，民事权利能力的范围要小于诉讼权利能力的范围，诉讼权利能力的范围要大于民事权利能力的范围，诉讼权利能力包含了民事权利能力又不局限于此。包含说为我国民事诉讼法学界的通说，赞成者甚众，几乎是众口一词，相沿成说。包含说所举的典型例证就是非法人团体，其认为，非法人团体在实体法上并不都被赋予了民事权利能力，合伙组织等具有民事权利能力仅是其中局部情形，而不是其全部情形，有一些社会团体，如分公司、公司筹备组等，它们都没有被赋予民事权利能力，但是这些不具有民事权利能力的非法人团体为了开展工作，事实上在进行着交易行为，如购买办公用品等，有时这些交易行为会导致民事纠纷，如果因其不具有民事权利能力而否认其具有诉讼权利能力，则无异于拒绝解决纠纷，或者容易导致纠纷复杂化，因而为了充分发挥民事诉讼的纠纷解决功能，有必要赋予这些不具有民事权利能力的非法人团体以诉讼权利能力，使之能够提起诉讼和被提起诉讼，从而成为诉讼中的当事人。因此，包含说得出的结论是，一般情形下，民事权利能力的范围和诉讼权利能力的范围具有一致性，但特殊情形下，诉讼权利能力的范围要宽于民事权利能力的范围，二者之间存在包含和被包含的关系。

3. 交叉说

认为诉讼权利能力的范围和民事权利能力的范围孰大孰小的问题不能一概而论，不能认为诉讼权利能力的范围一定大于民事权利能力的范围，而应当具体问题具体分析，有时诉讼权利能力的范围大于民事权利能力，有时则是民事权利能力的范围大于诉讼权利能力。[1] 具体而言有四种情形：一是对胎儿而言，其民事权利能力是有限的，但其诉讼权利能力是完全的，因而，胎儿的诉讼权利能力范围大于其民事权利能力，其结论与包含说一致。二是对死者而言，死者具有民事权利能力，但却不享有诉讼权利能力。比如死者有名誉权、著作权等，但死者的

---

[1] 类似观点参见齐树洁主编：《民事诉讼法》（第9版），厦门大学出版社2015年版，第133页以下。

这些民事权利遭人侵犯、发生纠纷，必须由其近亲属或其他依法具有诉讼权利能力的人提起诉讼，因而死者无诉讼权利能力。在该情形下，民事权利能力大于诉讼权利能力，其与包含说有所不同，形成了一种反包含的关系。三是对法人而言，法人的民事权利能力是受到限制的，但是法人的诉讼权利能力则是不受限制的，因而，法人的诉讼权利能力大于其民事权利能力，该情形与包含说又保持了一致。四是对其他组织而言，其他组织必须具备一定的条件才具有民事权利能力，也才因此具有诉讼权利能力，但该说似乎认为不具有民事权利能力的其他组织不具有诉讼权利能力，其又与一致说相近。因此，交叉说认为民事权利能力和诉讼权利能力在范围上具有交叉关系，谁大谁小要具体分析，不能"一刀切"。

对于以上诸说，笔者首先对交叉说不能赞同，因为其论据最核心的是死者具有民事权利能力但不具有诉讼权利能力。但主张死者具有民事权利能力乃是一个值得怀疑的提法，死者有名誉权、著作权等，但这是否能够反推出死者具有民事权利能力呢？答案是否定的。因为具有民事权利是一回事，具有民事权利能力又是另一回事，如果认为死者具有民事权利能力，则意味着死者可以实施民事行为、从事民事活动，而这是不可能的；如果不能实施民事行为、从事民事活动，而依然说该主体具有民事权利能力则存在逻辑问题。事实上，依笔者之见，死者所具有的名誉权、著作权等，与其说是一种权利，不如说是一种法律上的事实更为妥当，而事实是不需要建立在能力之上的，因此该说通过死者具有民事权利推导出死者具有民事权利能力是站不住脚的。

在剩下来的二说中，笔者赞同包含说，而认为一致说显得过于保守，其理由在前述诉讼权利能力和民事权利能力的辩证关系中已经做出了探讨，关键的一点就在于，一致说仅仅看到了事物的常态方面，而没有关注到事物的异态方面，在通常的情形下，民事权利能力和诉讼权利能力能够保持一致性，但是在特殊情形下这种一致性会发生裂变，形成了民事权利能力和诉讼权利能力之间的脱节，而这种脱节的表现永远是诉讼权利能力大于民事权利能力。这种具有诉讼权利能力而不具有民事权利能力的现象尽管仅仅属于偶然和例外，在司法实践中不会经常碰到，但其意义却非同小可，因为它确证着诉讼法对于实体法的能动作用，正是通过诉讼权利能力范围上的这种"差额"，通过司法能动性实践，推动着民事实体法不断地弥补其缺陷和不足，从而促使其发展完善，否则，诉讼法便永远只能充当实体法的工具，而无法彰显出其独立的内在价值。因此，认为诉讼权利能力来源于民事权利能力但又反作用于民事权利能力的包含说，在诸说竞争中具有明显的比较优势，值得肯认。

这里追加探讨一个问题：太阳岛、鲟鳇鱼、松花江是否可以成为松花江污染案的原告？

2005年12月7日，北京大学法学院师生向黑龙江省高级人民法院提起了国内第一起以自然物（太阳岛、鲟鳇鱼、松花江）作为共同原告的环境民事公益诉讼，要求法院判决被告赔偿100亿元人民币用于设立松花江流域污染治理基金，以恢复松花江流域的生态平衡，保障鲟鳇鱼的生存权利，保护松花江、太阳岛的环境清洁权利以及自然人旅游、欣赏美景和美好想象的权利。同时，鉴于本案标的额巨大，且涉及环境公益诉讼，原告方同时提出了减免诉讼费用的申请。

该诉讼未被受理，其原因有二：一是太阳岛、鲟鳇鱼、松花江作为原告不具有当事人能力。因为《民事诉讼法》第51条规定的具有当事人能力或诉讼权利能力的主体有公民、法人和其他组织，动物、植物、自然界均不得作为原告方当事人，当然也不能成为被告方当事人。二是其他4个自然人原告，因为他们与案件没有直接的利害关系，根据《民事诉讼法》第122条之规定，他们所提出的诉讼也不能被受理，即便公益诉讼也不例外。甚至《民事诉讼法》第58条公益诉讼制度已经在2012年修法时写入法律，但公益诉讼的主体资格依然局限在法律所规定的机构和社会团体，作为公民个人，也无提起公益诉讼的权限。

在日本，也发生过一起以奄美大岛的黑兔子为共同原告的案例，该案例在日本的媒体上广为报道。这并非绝无仅有的一例，在这以前，日本就存在过将动物作为诉讼当事人的案例，日本学者给它起了一个名称，叫"动物裁判"①。

不仅动物权受到了高度关注并尝试性地作为诉讼中的当事人进入了诉讼领域，而且非生物的大自然能否作为当事人来进行诉讼，也受到了学者们的关注和讨论。日本学者认为可以考虑提起诸如以富士山为原告的环境保护诉讼。当人们提起这些诉讼时，实际的诉讼活动可以由富士山的法定代理人来进行，诉讼费用也可以由该法定代理人来承担（对于《日本民事诉讼法》第 69 条的扩张解释）。的确，如同可以提起动物裁判一样，进行这种形式的诉讼也不是不可能的。但是，这里出现的疑问之一是，究竟应当由谁来作为富士山的法定代理人；疑问之二，以富士山为原告作出的判决，判决的效力究竟及于何人；疑问之三，在法院从实体上驳回以富士山为原告的诉讼后，其他人也可以在实质上提出相同的再诉，这样一来，就会使纠纷无法得到终局性解决，进而使得被告也不得不进行多重的应诉，这对被告而言也不公平，同时也会造成司法资源的浪费。从实际情况看，在这种情形下，往往是由诸如"富士山景观保护委员会"等组织为法定代理人作为起诉的主体。不过仍有疑问的是，在富士山作为原告的情形下，这种情形姑且是可行的，但如果将富士山作为被告，恐怕也会面临原告胜诉后如何申请强制执行的问题。如果原告提出的是不作为请求，原告可以对"富士山景观保护委员会"等组织进行强制执行。

（五）诉讼权利能力与诉讼标的之关系

诉讼标的是一个具体化的概念，只有到了诉讼已经现实地发生并且已经进入实体审判阶段，诉讼标的的概念方得以显露，当事人围绕着诉讼标的展开诉讼中的激烈论辩和竞争，因而诉讼标的被称为诉讼中的"靶心"，当事人双方的火力点从四面八方都聚焦在诉讼标的这个"靶心"之上，那么一个必然产生的问题是：作为抽象诉讼资格的诉讼权利能力这个概念，与具体化的诉讼标的有关吗？

有观点认为，一般而言，诉讼权利能力与诉讼标的无关，但在例外时，诉讼权利能力的确定却与诉讼标的之考虑有关，甚至毋宁说，之所以赋予某些特殊的主体以当事人能力，在思维逻辑上，正是考虑到这些主体与诉讼标的有一定关系。比如，伊藤教授认为，立法者会赋予胎儿诉讼权利能力，原因在于立法者考虑到了胎儿与诉讼标的的关系，因此，通说认为的"当事人能力是与诉讼标的无关的一般性资格"之命题也包含某种例外。而且，关于诉讼权利能力判例的典型例子也承认无权利能力的社团具有当事人的能力，之所以赋予这种社团以诉讼权利能力，也正是因为考虑到这种社团是能够成为诉讼法律关系结合点的团体，或者是因为其作为全国性组织一部分的下属组织之缘故。此处所谓的"究竟是作为集体还是作为成员来把握，以及究竟是作为中央组织还是作为下属组织来把握"的问题，实质上可以归结为"是否属于独立的主体"之判断问题。这种判断类似于，"在遗嘱执行人和继承人之间，让何者成为诉讼当事人可以使纠纷获得更有效且适当的解决"之当事人适格的判断。例如，某一学校与其周边居民团体之间达成"学校不能使用屋顶平台"的协定，后来学校违反该协定发生了使用该

---

① [日] 井上治典：《纠纷与程序——民事裁判及其周边》，放送大学教育振兴会平成 5 年，第 11 页以下。[日] 高桥宏志：《民事诉讼法——制度与理论的深层分析》，林剑锋译，法律出版社 2003 年版，第 147 页。

屋顶平台的行为，然后该居民团体向法院提起诉讼，要求学校遵守协定。此时发生的问题是：该居民团体是否具有诉讼权利能力？法院在判断时遵循了这样的逻辑：该纠纷一定要得到解决，而解决该纠纷要找到适格的当事人，该案中适格当事人应当为该居民团体，因而该居民团体应当具有诉讼权利能力。这显然是一种从当事人适格反推诉讼权利能力的思维路径，这种思维路径表明，诉讼权利能力与当事人适格从而与诉讼标的有内在关联。

笔者认为，上述观点有待商榷，因为，这种观点犯了倒果为因的错误。胎儿之所以被赋予有限的诉讼权利能力（在继承、遗赠、损害赔偿等案件中），确实是从实践中积累了大量的素材才反映到立法上来，从而在实体法上赋予其诉讼权利能力，这是实践在先，理论居中，立法在后，而一旦在立法上确定胎儿的诉讼权利能力后，它就成了一个抽象的概念，从而可以以不变应万变，而不再与具体的个案有关。在发生个案时，司法者对胎儿诉讼权利能力的判断，只需要看本案是否属于继承、遗赠、损害赔偿等有限的案件种类，如果属于其中一种，则认可胎儿的诉讼权利能力，否则就否定胎儿的诉讼权利能力。这种判断完全是法律上的抽象判断，与具体的个案之诉讼标的无关。胎儿如此，其他的诸如无权利能力的社团、居民团体等也是如此。如果先判断其是否具有当事人适格，再反推其具有诉讼权利能力，则就变成毫无意义的概念游戏，诉讼权利能力这个概念就可以被当事人适格的概念所取代了，显然，这并不符合诉讼进行的基本逻辑顺序，也不符合诉的内在结构，因而是不可取的观点。

这个问题其实与实体法与程序法的关系有点类似。在诉讼早期，实体法并不存在，只是由于程序法被不断运用，才慢慢就其结果累积成了实体法，实体法一旦产生，便对程序法反过来起支配作用。诉讼权利能力也是如此，诉讼权利能力在产生的早期，也是根据司法实践不断解决个案，从当事人适格的角度考虑问题，然后逐步上升到诉讼权利能力的层面，诉讼权利能力一旦成为立法上的概念，便开始支配其进入诉讼门槛的资格，然后才有所谓当事人适格问题产生。比如，胎儿起初并无诉讼权利能力，只是在实践中人们逐步发现，如果一概排除胎儿的诉讼权利能力，并不利于对胎儿合法权益的保障，因而逐步提出诉求，最终在实体法层面将胎儿的诉讼权利能力加以确定。如果我们清楚了立法的产生以及立法的运用之间的逻辑关系，那么，在考虑诉讼权利能力和诉讼标的之关系时，就不会陷入"诉讼权利能力与诉讼标的并无关系"这个命题还有例外的思维泥潭之中了。

（六）诉讼权利能力和当事人适格的判断逻辑

用"网眼说"① 来形象地比喻，对诉讼权利能力的判断是一张网眼较大的网，通过这个网眼的人或主体才有诉讼权利能力，但具有了诉讼权利能力，还不见得一定具有当事人适格，因而对当事人适格还需要进行第二张网的"筛选"。第二张网是网眼较密的网，它是一张用实体法编织的网，而与用程序法编织的诉讼权利能力之网有所不同。通过了第二张网的过滤，适格的当事人得以进入诉讼程序的第二个阶段，也即实体审判阶段，本案判决随之形成。如果我们再向后说，诉讼中还有第三张网，这就是对适格的当事人再次进行是否确有理由、能否获得胜诉结果的筛选，这第三张网的网眼就更细密了。贯穿在第一张网中的网线是当事人的抽象身

---

① 日本学者伊藤真教授提出一个"筛子说"的观点，他认为，诉讼权利能力与当事人适格并不能融合在一起，它们是处在两个不同层面的"筛子"。诉讼权利能力是一个"筛眼"较粗但规模较大的"筛子"，而当事人适格却是一种"筛眼"较细致的"筛子"，这两个概念之间具有一种存续的关系。参见［日］伊藤真：《民事诉讼的当事人》，弘文堂昭和53年，第80页以下。［日］高桥宏志：《民事诉讼法——制度与理论的深层分析》，林剑锋译，法律出版社2003年版，第149页。

份,贯穿在第二张网中的网线是当事人的具体利害关系和诉讼的利益,贯穿在第三张网中的网线则是当事人在实体法上的理由支撑。由此可以看出,当事人一旦进入诉讼领域,就要受上述这三张网的分阶段过滤,当事人只有"过五关斩六将",一道防线一道防线去突破,过滤到最后的才是胜诉的当事人。

（七）其他组织的诉讼权利能力

按照《民事诉讼法》第51条的规定,在我国具有诉讼权利能力的主体有三种:一是公民个人,二是法人,三是其他组织。《民法典》第102条将其他组织称为"非法人组织",非法人组织是不具有法人资格,但是能够依法以自己的名义从事民事活动的组织;非法人组织包括个人独资企业、合伙企业、不具有法人资格的专业服务机构等。鉴于《民事诉讼法》目前尚未改称"非法人组织",因而这里依然沿用"其他组织"的说法。

对于公民个人和法人的诉讼权利能力,无论在理论还是实践中争议和困惑基本上不存在,但其他组织的诉讼权利能力则一直是问题的焦点。因为其他组织是不具有民事权利能力而赋予其以诉讼权利能力的特殊性主体,也被称为民事诉讼中的第三类主体。其他组织具有诉讼权利能力的存在,非常有力地说明和证明了民事权利能力和诉讼权利能力的分离状态,赋予其他组织以诉讼权利能力,从而许可其参与诉讼,被认为是程序法对实体法能动作用和补充作用的体现,因而其不仅具有重要的实践意义,而且具有重要的理论价值,是一个值得重视的理论课题。

《民事诉讼法》第51条仅仅概括地授予其他组织以诉讼权利能力,但是对于何为其他组织,其他组织有哪些表现形态,其他组织参与诉讼程序的特殊规则,以及法院针对其他组织所作出的司法裁判之效力是否具有既判力的扩张性等诸如此类的问题,均有待于进一步研究和探讨。

《民诉法解释》第52条首先给出了一个关于其他组织的定义,其次又列举了司法实践中常见的其他组织的存在形态。其他组织,是指合法成立、有一定的组织机构和财产,但又不具备法人资格的组织。其他组织主要包括:"（一）依法登记领取营业执照的个人独资企业;（二）依法登记领取营业执照的合伙企业;（三）依法登记领取我国营业执照的中外合作经营企业、外资企业;（四）依法成立的社会团体的分支机构、代表机构;（五）依法设立并领取营业执照的法人的分支机构;（六）依法设立并领取营业执照的商业银行、政策性银行和非银行金融机构的分支机构;（七）经依法登记领取营业执照的乡镇企业、街道企业;（八）其他符合本条规定条件的组织。"

在日本,其他组织被称为"无法人格的社团与财团",也即,对于某些主体,尽管其没有民法上的权利能力,但在诉讼法上仍然承认其具有当事人能力。《日本民事诉讼法》第29条规定:"非法人团体或财团中有代表人或管理人时,其可以以该社团或财团的名义起诉或应诉。"[①] 之所以认可无民事权利能力的其他组织以当事人能力,日本学者给出的解释是:不容否认的一个事实是,在现实的社会生活中存在一些虽然未具备法人格上的构成要件,但仍然开展社会活动的团体（包括社团或财团,也即人的集合体或财产的集合体）;这些团体在展开自己的社会活动时有可能遭遇纠纷,为了解决这种纠纷,将该团体本身也作为诉讼当事人对待的做法是较为便利的;如若不然,对方当事人就不得不在摸清该团体的所有成员后才能提起诉

---

① 参见《日本民事诉讼法典》,曹云吉译,厦门大学出版社2017年版。

讼,而且,在提起诉讼后,一旦判明还缺少部分的该团体成员,那么就会产生诉讼系属与判决效力遭到否定的危险;对于团体的成员来说,由于这些成员是以团体的名义来进行诉讼活动的,因此以团体的名义进行诉讼也是较为便利的做法。①

对于其他组织具有诉讼权利能力这个一般性的命题已经被世界各国民事诉讼法普遍接受,问题在于,如何为其他组织的成立确定合理的构成要件。因为社会生活领域中存在的既非个人也非法人的组织性人的结合,形式极其多样,有的成员比较分散,如同乡会、同学会、联谊会、兴趣小组、活动小组等,有的成员比较紧密,如合伙组织以及我国民事诉讼法上述司法解释所列举的那些其他组织,然而这两者之间的界限往往不是十分清楚,被列举在司法解释中的其他组织在判断和适用上一般不会发生特别的困难,但要知道,这些被司法解释列举的"其他组织"不仅不够齐全,甚至还仅仅是冰山一角,大量的其他组织处在立法和司法解释的视野之外,然而这些组织发生纠纷也是难免的,因而在诉讼时,往往会遇到这些争议的组织是否属于立法和司法解释所规定的其他组织的疑难和困惑。

比如说,如果将一些成员关系比较分散的社团作为其他组织赋予其诉讼权利能力后,诉讼的结果是该其他组织败诉,并被责令承担法律上的责任,然而,该其他组织在接到法院判决后却树倒猢狲散,其成员从此解散各走各路,这就使获得胜诉的当事人无法获得充分的保障。在这种情况下,即便对方当事人获得胜诉,也无法使该判决化为现实,甚至付出的诉讼费用也难以收回。这就是对其他组织不慎赋予其当事人能力的后果,这不能不说是一种诉讼上的无用功,司法资源徒遭浪费。因此,被赋予诉讼权利能力的其他组织必须是即便团体的成员发生一些变动,团体仍然在某种程度上继续存在的主体。也就是说,作为团体的其他组织必须具有一定的人员紧密性和组织稳定性。不仅如此,如果赋予那些成员关系并不紧密、组织结构并不稳定、内在机构并不完善的组织以诉讼权利能力,则有可能会发生这种诉讼中的风险,这就是,其他组织以代表人为诉讼行为能力的承载主体在实施诉讼活动,但其成员的意志却无法反映到诉讼之中去,这就会使得所谓代表人为所欲为,背离团体成员的总体利益,这种其他组织被赋予诉讼权利能力就会产生适得其反的效果,其成员当事人的程序保障权未能获得体现。因而,在这种情形下,与其赋予其他组织以独立的诉讼权利能力,不如将团体的各个成员作为一个诉讼团体来看待,通过固有的必要共同诉讼来解决其纠纷,这样当事人的诉讼权利能够获得更周全的保障。因此,只有诉讼权利能力经过严格的控制,仅仅赋予那些具有恒常基础并且能够独立于其构成人员的其他组织以诉讼权利能力才是恰当的。然而,我国《民事诉讼法》第51条仅仅规定"其他组织由其主要负责人进行诉讼",就其他组织的构成要件来说,我国立法仅仅提示了"其他组织应当有主要负责人"这个要件,但对其他组织的其他要件则语焉不详。从前引我国司法解释来看,其对其他组织的构成要件相对于立法较为细致,包括合法成立、有一定的组织机构、有一定财产三个积极要件,以及"不具备法人资格"这一个消极要件。

我们与《日本民事诉讼法》第29条做一个比较,可知其特别强调"代表人或管理人"这个要件,"代表人或管理人"这个概念实际上是以合法成立、有一定的组织机构为前提的,可以说这个要件本身就包含了合法性和组织性这两个要件,但是是否需要有一定的财产作为要件,在"代表人或管理人"这个概念中却无法呈现出来,因而也引发日本学者关于是否需要将"独立的财产"作为其他组织之要件的广泛争议。在这个方面,伊藤真教授写的《民事诉

---

① 参见[日]高桥宏志:《民事诉讼法——制度与理论的深层分析》,林剑锋译,法律出版社2003年版,第150—151页。

讼中的当事人》一书所提出的观点具有代表性。① 在该书中，伊藤真教授提出，非法人团体（其他组织）应当具备以下几个要件方能成立：一是团体成员是明确的；二是为了保持团体的同一性，团体不因成员的加入与退出行为而发生变化，此为对内的独立性；三是代表人是确定的，并且现实地实施代表人的行为；四是与其他的法律主体相互独立（对外的独立性）；五是对于组织的运作作出规定；六是通过大会等手段使团体成员的意思反映到团体的意思形成之中（内部组织性）。然而，对于财产的独立性是否为非法人团体的要件之一，伊藤真教授并没有给出一个绝对的划一的答案，而是认为，在通常的情形下，"被告的无财力"并不会作为一个考虑的因素，也就是说，一般而言，非法人团体的构成要件中应当不需要"独立的财产"这一要素。但是，在给付之诉中，如果非法人团体作为被告而却无独立的财产，则这样作出的判决并不具有实效性，因而在给付之诉中，在非法人团体作为被告之时，应当将财产的独立性作为是否赋予该非法人团体以当事人资格的一个要素看待。因此，给付诉讼被告的财产独立性虽然没有必要上升到诉讼权利能力不可或缺的要件之地位，但将其定位于诉讼权利能力判断诸因素中的一个还是有必要的。但福永有利教授在其《无权利能力社团的当事人能力》一文中对此提出了质疑，② 他认为，"当事人能力是与请求的种类及内容无关的一般性资格"这一点是应当予以维持的。他进一步指出，诉讼权利能力与当事人适格的界限的确有可能是流动的，但是，如果在对诉讼权利能力做出判断的过程中，过分地顾及请求的种类及内容之因素，那么就会产生将诉讼权利能力与当事人适格两种概念合并化的危险，因此这种过分顾及诉讼请求的种类及内容之因素，乃是不可取的。新堂幸司教授认为："民事诉讼法第29条所谓社团，是指具有该团体活动所需的必要财产基础、并从其成员中独立出来的被管理的人的集合体。"③ 可见，新堂幸司教授是在一般性资格的意义上，将财产的独立性作为非法人团体的构成要件，相对于伊藤真教授的观点，新堂幸司教授更加重视财产独立性作为非法人团体的构成要件。日本最高裁判所昭和39年10月15日的判决，④ 对非法人团体的构成要件给出了明确的答案：一是具备作为团体的组织，二是实行少数服从多数的表决原则，三是团体的存续不随团体成员的变更而变动，四是确立诸如"该组织中的代表方法、大会的运作、财产的管理"等作为团体的其他要点。可见，日本最高法院并没有将独立的财产作为非法人团体的一个构成要件对待，但它确实提到了"财产的管理"。

非法人团体作为一个组织，当然应当有一个固定的组织、相对稳定的人员和管理人员，至于是否需要具有一定的独立财产，应当放在两个层面考虑：一是任何非法人团体的运转都需要有一定的财产，如办公用房、办公设备、必要的流动资金等，如果没有这些物理性因素，则所谓团体或组织根本无法成立。因此，从该意义上说，具备或多或少的财产就成为非法人团体或其他组织的必要前提。然而需要注意的是，非法人团体具有的这些财产是为其存在或生存所必要的，而不是对外承担法律责任的责任财产，如像公司一样，必须有一定的注册资金或认缴资金，以对外承担法律责任，并作为其信誉的担保。非法人团体无须具备对外承担责任的责任财

---

① 参见［日］伊藤真：《民事诉讼的当事人》，弘文堂昭和53年，第26页以下。［日］高桥宏志：《民事诉讼法——制度与理论的深层分析》，林剑锋译，法律出版社2003年版，第151页。
② 参见［日］福永有利：《无权利能力社团的当事人能力》，载《木川统一郎博士古稀祝贺论文集——民事裁判的充实与促进（上）》，判例时代社平成6年，第305页以下，尤其是第329页。
③ ［日］新堂幸司：《新民事诉讼法》，林剑锋译，法律出版社2008年版，第100页。
④ ［日］《最高裁判所民事判例集》，第18卷第8号第1671页以下。

产，原因就在于非法人团体要么由它的设立者（如分公司的母公司、银行分支机构的上级法人机构等）承担最终的责任，要么由它的成员承担最终的责任（如合伙），因此其是否具备财产，并不是必要的因素和条件，如果非法人团体无法以团体的财产承担责任，则其设立者或团体成员要以自己的财产承担无限的连带责任，既然有其设立者或团体成员的无限连带责任财产作为担保，则非法人团体本身就无须具备责任财产，这是逻辑的结果。如果要求非法人团体也需要具备独立的财产，则无异于抹煞了非法人团体存在形式的灵活多样性，而与法人组织相混同，这终究不符立法上确立非法人团体这种介于自然人与法人之间的第三主体的出发点和考虑。因此，我国司法解释对非法人团体或其他组织要求的财产因素，只能从前述组织生存财产的意义上来理解，而不宜扩大解释为包括责任财产在内的全部财产。

伊藤真教授的给付之诉另当别论的观点是无法赞同的，因为他在这里，又将当事人适格乃至执行可能性的因素混入诉讼权利能力这个抽象概念之中了，如果我们过多地将案件的具体因素纳入诉讼权利能力的判断之中，则必然会导致诉讼权利能力与当事人适格乃至执行能力的混淆，显而易见，这种观点是不可取的。

（八）合伙的诉讼权利能力

在讨论其他组织或非法人团体作为当事人的法律资格时，有一个问题始终与之纠缠但至今尚未有明确答案并且争议不断，这就是合伙是否具有诉讼权利能力。从逻辑上说，如果将合伙界定为其他组织，而其又符合其他组织的构成要件，那么，合伙当然具有诉讼权利能力。然而，问题的复杂性在于，并非所有被命名为合伙的组织，都能够被纳入其他组织或非法人团体的范畴之中，有些合伙可以作为其他组织，有些合伙则不符合其他组织的定义和要求，因而就不具有如同其他组织一样的独立的当事人能力。

《日本民事诉讼法》第29条对于无权利能力的社团当事人能力之规定，是否适用于民法上的合伙？日本实务界和理论界的观点分歧极大。以日本最高法院为代表的日本实务界对此持肯定性态度。[①] 然而，日本学术界以兼子一教授为代表对此则提出相反的意见，反对将《日本民事诉讼法》第29条适用于民法上的合伙。诚然，典型的民法上的合伙，一般都属于团体成员的个人色彩较浓，而团体的组织性较弱，团体反映成员意志来运作的集合体，因此，《日本民事诉讼法》第29条确实无法适用到民法上的合伙之中。然而，现实生活中，还有大量在性质上介于上述典型的民法上的合伙与典型的社团之间的团体，这些团体如果符合非法人团体的诸要件，那么就应当赋予其当事人能力。再从《日本民事诉讼法》第29条的立法宗旨来看，该条之所以将当事人能力赋予非法人团体，其主要的出发点就在于"减轻与团体进行交易的对方当事人起诉之负担"，也就是使对方当事人不必要针对团体成员提起一个一个分别的诉讼，这样有助于维护交易安全，同时也有利于实现诉讼经济。因此，《日本民事诉讼法》第29条应当适用于合伙组织。通过上述的分析可以看出，《日本民事诉讼法》第29条规定的所谓团体，其实不是从实体法视角来看待的，也即不是实体法上的社团，而是诉讼法上的社团。日本学术界的通说大概就相当于我国理论上关于个人合伙当事人能力的折中说或者区别说，而不是对合伙的当事人能力一概而论。

由于民法上的合伙不同于民法上的法人，法人的成员对法人的债务不承担连带责任，而是

---

① [日]《最高裁判所民事判例集》（第16卷第12号），第2423页以下。收录于[日]新堂幸司、青山善充、高桥宏志编：《民事诉讼法判例百选》（第一卷），有斐阁平成10年，第42号案件。

由法人承担完整的法律责任，但对于合伙而言，合伙对外所负担的法律责任，则不仅由合伙组织以其财产负担其责，而且其合伙人对合伙组织无法清偿的债务，也要承担清偿责任，因而这就存在一个合伙判决的效力扩张问题。在这个方面，日本学界也存在争议。一种观点认为，法院在诉讼审判时，无须对该团体是否属于民法上的合伙或者社团进行判断，而且即便做出这种判断也不对执行过程形成拘束，只是到了执行之时，执行机构要对合伙成员进行强制执行，才需要对其是否属于民法上的合伙进行判断。如果属于民法上的合伙，则准用《日本商法》第81条第1款有关合名公司（实质上属于民法上的合伙）之规定，以反射效为理论基础，将判决的执行力扩张到合伙的成员，从而对合伙的成员进行强制执行，合伙的成员也不得对此进行争执（当然，其可以提出自己不是合伙成员的固有的防御方法，否则就不能拒绝针对其所进行的有关合伙债务的强制执行）。甚至有观点（如新堂幸司教授）认为，债权人在获得胜诉判决后，可以向法院直接申请授予针对合伙成员的执行文[1]。新堂幸司教授认为，提出执行文授予申请的方法与针对合伙成员提起新的给付之诉，在实质上并无二致，因此，虽然针对合伙的判决对于合伙成员仅仅产生反射效，但从反射效的理论视角出发，也能够得出应当授予债权人针对合伙成员执行文的结论，尤其是，债权人能够提出执行文授予之诉，这也是根据《日本民事执行法》第33条所得出的结论。与上述针对合伙判决的执行力直接扩张或通过反射效进行扩张的观点有所不同的是，在日本，还有一种相反的观点认为，只有在判决执行力发生扩张的情形下，才能进行执行文的授予，而如果针对合伙的裁判仅仅产生反射效，则执行力并不发生扩张，执行文不能授予获得胜诉的当事人，因此，结论是，如果仅仅根据《日本商法》第81条第1款的规定，基于反射效之原理，赋予债权人以执行文是不妥当的。此外还有一种相对折中的观点认为，针对合伙的裁判效力能否扩张到合伙成员不能一概而论，而应当看其在诉讼过程中对合伙成员所提供的程序保障如何而定。这种程序保障又有内部视角和外部视角之分，就内部视角而言，如果合伙组织的团体色彩较为浓厚，团体成员能够通过内部完善的组织结构充分表达意志，也可以对合伙的诉讼进行有效的监督，那么，针对合伙的裁判在既判力上应当扩张于合伙成员，反之，如果合伙组织的团体性色彩并不浓厚，而是一个分散的团体，那么，针对合伙组织的裁判在既判力上就不能扩张到合伙成员身上，除非该合伙成员获得了诉讼中的充分的程序保障，也就是"知悉诉讼系属"等程序保障；就外部视角而言，如果合伙团体在进行诉讼中，其成员获得了充分的程序保障，则针对合伙的裁判，其既判力能够扩张到合伙成员。可见，外部视角得出的结论与内部视角针对松散性合伙所强调的程序保障乃殊途同归。折中说所强调的是一种区别方法，认为执行文的授予只能限定在典型的民法上的合伙之情形，如果合伙组织较为松散，其组织性不强，那么，就会导致合伙成员这样的想法，针对合伙团体及其代表人所作出的裁判，其既判力不会扩张到他们身上，但是如果一旦进入执行领域，其执行力却能够扩张到他们身上，则他们会在程序上感觉到这是一种突然袭击，对他们而言有不公平之嫌。

从日本后续的裁判发展来看，也有越来越多的判例采用了"任意的诉讼担当"理论来对待非典型的民法上的合伙之团体，因此，至少在合伙作为原告的情形下，采用任意的诉讼担当理论，可将合伙组织的代表人视为任意的诉讼担当人，法院也将诉讼事项通知给所有的合伙成员，使其有机会参与诉讼或对诉讼担当人进行诉讼中的推选和监督，这样，诉讼结束后，其裁

---

[1] [日]新堂幸司：《新民事诉讼法》，弘文堂平成10年，第122页。[日]高桥宏志：《民事诉讼法——制度与理论的深层分析》，林剑锋译，法律出版社2003年版，第155页。

判的既判力及执行力就能顺理成章地扩张到所有的合伙成员。比如，日本最高法院于昭和37年12月18日曾作出一个判例，在该案中，原告是一个由三个银行成立的典型的民法上的合伙，其为了回收债权而提起了诉讼，法院认为，该案可以否定对原告合伙组织适用《日本民事诉讼法》第29条的规定，拒绝赋予其独立的当事人能力。这种情形下，原告三个银行完全可以作为必要共同诉讼人进行诉讼，采用诉讼担当理论进行诉讼的简化处理，有其正当性。对原告采用这种方法固然比较保险，也不失便利性，但如果对被告合伙组织而言，采用任意的诉讼担当则会给原告增加证明上的负担，原告必须对任意诉讼担当的构成要件进行主张和举证，而如果适用《日本民事诉讼法》第29条的规定直接赋予被告方当事人以合伙组织的当事人能力，则诉讼程序要简单一些，原告的诉讼负担也要轻一些。

概括上述，可知在日本，对于合伙的当事人能力基本上采取"两分法"的折中观点。以合伙的组织性强弱为标准（而不是如同我国以合伙组织是否起字号为标准），将合伙组织分为两种类型：一是组织性较强的合伙组织，则根据《日本民事诉讼法》第29条的规定赋予其当事人能力，其判决的既判力和执行力均能够扩张到合伙成员。二是组织性较弱的合伙组织，则不适用《日本民事诉讼法》第29条的规定赋予其当事人能力，而采用诉讼担当的原理，适用共同诉讼的制度加以应对；或者，赋予其当事人能力，但其既判力或执行力不予扩张至合伙成员。

其实，合伙的当事人能力以及既判力、执行力扩张问题在日本，无论是在理论上还是在立法上、实践中，均是一个颇有争议的问题，其形成共识的方面和领域相对较少，而且，有些学者的学说梳理和概括，也显得有些摇摆，甚至前后有些矛盾。

关于合伙是否具有诉讼权利能力，在我国一直存在争论。主要有三种观点：一是肯定说，认为合伙就是其他组织的一种，属于独立于公民、法人之外的第三民事主体，因而其在程序上具有独立的民事主体资格。二是否定说，认为合伙不是独立的民事主体，也不是独立的民事诉讼主体。三是折中说，认为合伙是否具有诉讼权利能力不能一概而论，应当不同情况区分对待，如果属于简易合伙，则不具有独立的诉讼权利能力；如果属于合伙企业，则具有独立的诉讼权利能力。事实上，在笔者看来，关于合伙是否具有独立的诉讼权利能力问题，我国的司法解释一直是清晰和一贯的，而不是有些学者所认为的那样是存在内在矛盾的[①]。

最早关于合伙诉讼权利能力的规定见于1988年1月26日通过的最高人民法院《关于贯彻执行〈中华人民共和国民法通则〉若干问题的意见（试行）》（通常所说的"民通200点意见"，以下简称《民法通则意见》）。《民法通则意见》第45条将个人合伙分为两种形式分别赋予其不同的诉讼权利能力：一是起字号的个人合伙，在民事诉讼中，应当以依法核准登记的字号为诉讼当事人，并由合伙负责人为诉讼代表人；合伙负责人的诉讼行为，对全体合伙人发生法律效力；二是未起字号的个人合伙，合伙人在民事诉讼中为共同诉讼人；合伙人人数众多的，可以推举诉讼代表人参加诉讼，诉讼代表人的诉讼行为，对全体合伙人发生法律效力；推举诉讼代表人，应当办理书面手续。可见，《民法通则意见》一开始就将个人合伙分别情形区别对待，并以是否起字号为标准，对起字号的个人合伙赋予独立的诉讼权利能力，对不起字号的个人合伙，则通过必要共同诉讼的形式进行处理，并且还提出了一个诉讼代表人的概念，以区别于诉讼代理人。应该说，《民法通则意见》的基本思路是正确的，其对个人合伙进行类型化区分的二元化模式对此后合伙的当事人能力的规范调整有奠基性意义。然而《民法通则意

---

① 参见江伟、王国征：《合伙不具有民事诉讼主体资格》，载《法商研究》1999年第1期。

见》也存在不足之处,这就是它为个人合伙诉讼权利能力设定的划分标准有所不妥,是否起字号并非个人合伙诉讼权利能力区别对待的实质性标准,有许多起字号的个人合伙并不一定具有独立的当事人能力,当然,如果不起字号,则这种个人合伙一定不具有独立的当事人能力。因而,司法解释关于合伙的诉讼权利能力之规定还有待于发展和完善。《民诉法意见》第40条规定:"民事诉讼法第四十九条规定的其他组织是指合法成立、有一定的组织机构和财产,但又不具备法人资格的组织,包括:(1)依法登记领取营业执照的私营独资企业、合伙组织;(2)依法登记领取营业执照的合伙型联营企业……"。第47条规定:"个人合伙的全体合伙人在诉讼中为共同诉讼人。个人合伙有依法核准登记的字号的,应在法律文书中注明登记的字号。全体合伙人可以推选代表人;被推选的代表人,应由全体合伙人出具推选书。"可见,《民诉法意见》与此前的《民法通则意见》的区别在于:一是将合伙分为两种,即符合其他组织之要求的合伙企业,包括合伙组织和合伙型联营企业;不符合其他组织条件的个人合伙。二是对于不符合其他组织条件的个人合伙,无论其是否起字号,均不具有独立的诉讼权利能力,而只能作为共同诉讼人进行诉讼。从《民诉法意见》发布后,关于合伙的诉讼权利能力便不再以是否起字号为区分的标准,而是以是否依法登记领取营业执照为标准,以是否符合其他组织的构成要件为标准。应该说,《民诉法意见》为合伙诉讼权利能力所设定的区别标准抓住了问题的实质,从而使合伙的诉讼权利能力之判断进入正确的轨道,具有重要的意义。《民诉法解释》基本上是萧规曹随,遵循了《民诉法意见》关于合伙当事人的规范模式,将其一分为二做出了分别处理。《民诉法解释》第52条规定:"民事诉讼法第五十一条规定的其他组织是指合法成立、有一定的组织机构和财产,但又不具备法人资格的组织,包括:……(二)依法登记领取营业执照的合伙企业……"其第60条规定:"在诉讼中,未依法登记领取营业执照的个人合伙的全体合伙人为共同诉讼人。个人合伙有依法核准登记的字号的,应在法律文书中注明登记的字号。全体合伙人可以推选代表人;被推选的代表人,应由全体合伙人出具推选书。"可见,比较《民诉法意见》和《民诉法解释》,二者在合伙诉讼权利能力方面的规定只有一个差异,即后者取消了前者关于合伙型联营企业的这个说法,而仅保留了合伙企业和个人合伙两种形式。

1997年2月23日通过、2006年8月27日修订的《合伙企业法》对合伙企业进行了界定和规定,其第2条规定:"本法所称合伙企业,是指自然人、法人和其他组织依照本法在中国境内设立的普通合伙企业和有限合伙企业。普通合伙企业由普通合伙人组成,合伙人对合伙企业债务承担无限连带责任。本法对普通合伙人承担责任的形式有特别规定的,从其规定。有限合伙企业由普通合伙人和有限合伙人组成,普通合伙人对合伙企业债务承担无限连带责任,有限合伙人以其认缴的出资额为限对合伙企业债务承担责任。"第38条规定:"合伙企业对其债务,应先以其全部财产进行清偿。"第39条规定:"合伙企业不能清偿到期债务的,合伙人承担无限连带责任。"可见,根据《合伙企业法》成立的合伙企业具有独立的诉讼权利能力,其属于《民事诉讼法》第51条所规定的"其他组织"之范畴。

从理论上来看,判断一个合伙组织是否属于"其他组织"关键看三点:一看其是否合法成立,二看其是否有一定的组织机构,三看其是否具有一定的财产。

在明确了合伙的两种诉讼权利能力形态后,还要进一步解决其诉讼中的程序构成及其裁判效力是否扩张的问题。

在合伙作为其他组织而具有独立诉讼权利能力的案件中,应当以合伙的名义进行诉讼,合伙的主要负责人为诉讼代表人,其所实施的诉讼行为对合伙组织直接产生法律效力,其具有完整的诉讼权利，包括和解、调解、承认和放弃、变更诉讼请求等诸如此类的实体处分性诉讼权利均由合伙的诉讼代表人独立行使，而无须取得合伙人个人的同意或特别授权。同时，在以合伙为当事人的诉讼中，全体合伙人并不能被追加为当事人，他们置身于诉讼之外，不成为诉讼中的当事人或第三人。法院关于合伙组织作出的司法裁判在法律效力上并不扩张于全体合伙人，债权人或胜诉人不得直接向法院申请对合伙人个人财产进行强制执行。然而，由于合伙人对合伙债务承担无限连带责任，除有限合伙人以及在特殊情形下无过错的合伙人外，所有的普通合伙人均有可能成为法院强制执行的候补对象，在合伙财产不足以清偿债权人的债权时，法院应当根据债权人的申请追加合伙人个人为被执行人，合伙人个人可以提出本人并非合伙人的固有的抗辩，必要时通过《民事诉讼法》第234条所规定的第三人执行异议之诉来加以解决。但若合伙人的身份已经得到确立，则在执行过程中可以追加合伙人为被执行人。可见，在合伙为当事人的诉讼案件中，法院判决的既判力不予扩张，但其执行力是进行扩张的。

如果合伙属于简易合伙，而不构成其他组织，则应由全体合伙人为必要共同诉讼人作为当事人进行诉讼，合伙组织不具有当事人能力。在以全体合伙人为共同诉讼人的诉讼中，如果属于人数众多（10人以上）的共同诉讼，则应由全体合伙人按照《民事诉讼法》第56条关于人数确定的代表人诉讼的规定推选诉讼代表人进行诉讼，诉讼代表人所实施的实体性处分行为，包括承认、放弃、变更诉讼请求、和解、接受调解等，需要获得被代表的其他合伙人的同意或特别授权。法院作出的裁判对全体合伙人发生法律效力，在执行时也以全体合伙人为申请执行人或被执行人。

五、当事人的诉讼行为能力和辩论能力

（一）诉讼行为能力

诉讼行为能力也称诉讼能力，是指当事人亲自实施诉讼行为、从事诉讼活动所必须具备的能力。当事人具有诉讼权利能力是当事人具有成为当事人的资格，并因此而具有当事人的身份、地位和名义，但即便如此，当事人仍可能因缺乏诉讼行为能力而无法亲自实施诉讼行为、从事诉讼活动，如不能独立判断要不要提出诉讼、不能自主决定在何范围内围绕何问题针对何人提起诉讼、不能独立判断在何法院进行诉讼、不能独立选任诉讼代理人、不能在法庭上正确表达辩论意见、在法院作出裁判后不能独立判断要不要提出上诉等这类重要的诉讼事项。如果听任无诉讼行为能力者在诉讼中任意实施诉讼行为，则诉讼结果必然对其不利，诉讼程序也必然陷入混乱，诉讼的公正性和诉讼的效率性均无法确保。在这样的情形下，就需要诉讼代理人代为进行诉讼，诉讼代理制度就是与当事人诉讼行为能力制度相匹配的制度。

当事人的诉讼权利能力和诉讼行为能力之间的关系，大体上相当于民事实体法上民事主体的民事权利能力和民事行为能力的关系，对于诉讼行为能力的理解，基本上可以沿着民事行为能力的理路进行，由此也体现出了民事实体法对民事诉讼法的规制意义。然而，与民法上将民事行为能力划分为完全民事行为能力、限制民事行为能力和无民事行为能力不同，民事诉讼法对诉讼行为能力的划分仅采取二分法，而不采取三分法，其将诉讼行为能力划分为有诉讼行为能力和无诉讼行为能力两种情形，而没有限制诉讼行为能力之说。之所以如此，其原因主要在于，诉讼行为与民事行为有所不同，民事行为根据其行为对象的重要性程度，在有和无之间存在中间状态，而诉讼行为则均含有高度的技术性和强烈的规范性，其心智不发达到一定程度无法理解其行为的含义与后果，同时诉讼行为不论内容如何，其对诉讼后果均直接产生同质性法律效果，任何诉讼行为对诉讼结果而言都具有不可或缺的作用力，此外，诉讼程序还有安定性

要求，诉讼行为一旦实施，就不得随意撤回与否认，否则就会影响诉讼的稳定性和可预期性，因而其对诉讼行为的能力要求较之民事实体法对民事行为的能力要求更高。

我国民事诉讼法并没有从正面规定作为自然人的当事人的诉讼行为能力制度，而是从反面引出了诉讼行为能力的概念。《民事诉讼法》第60条规定："无诉讼行为能力人由他的监护人作为法定代理人代为诉讼。法定代理人之间互相推诿代理责任的，由人民法院指定其中一人代为诉讼。"据此，可将诉讼行为能力划分为有诉讼行为能力和无诉讼行为能力两种类型。除有诉讼行为能力之外的均为无诉讼行为能力，有诉讼行为能力的人有以下三种形态：

1. 自然人的诉讼行为能力

《民法典》第17条规定："十八周岁以上的自然人为成年人。不满十八周岁的自然人为未成年人。"第18条第2款规定："十六周岁以上的未成年人，以自己的劳动收入为主要生活来源的，视为完全民事行为能力人。"因此，年满18周岁或者不满18周岁、16周岁以上以自己的劳动收入为主要生活来源的未成年人、精神正常的公民具有诉讼行为能力。① 外国人的诉讼行为能力，按照国际惯例，由其本国法决定，但若依其本国法无诉讼行为能力，但依据我国民事诉讼法具有诉讼行为能力时，也视为具有诉讼行为能力。② 公民的诉讼行为能力在其死亡时或依据《民事诉讼法》第194条至第197条的规定被宣告为无民事行为能力人或限制民事行为能力人时终止。上述之外的未成年人和被宣告为无民事行为能力或限制民事行为能力人不具有诉讼行为能力，其不能独立实施诉讼行为，他们作为诉讼当事人进行诉讼时，应由其法定代理人或依法被指定为诉讼代理人的人代为实施诉讼活动。

2. 法人的诉讼行为能力

《民事诉讼法》第51条第2款规定："法人由其法定代表人进行诉讼。"这是对法人的诉讼行为能力之规定。法人的诉讼行为能力开始于其成立之时，终止于其消灭之时。法人是一个抽象的实体，其虽具有诉讼行为能力，但具体的诉讼行为却只能由其法定代表人代为实施。法定代表人所实施的诉讼行为，即为法人的诉讼行为。法定代表人更换的，不影响其在诉讼中所实施的诉讼行为之效力，更换后的法定代表人在原法定代表人实施诉讼的基础上继续进行诉讼活动。法定代表人可以委托诉讼代理人进行诉讼，也可以由本人亲自进行诉讼。

3. 其他组织的诉讼行为能力

其他组织的诉讼行为能力与法人类似，其产生于其他组织成立之时，结束于其他组织消灭之时。由于其他组织不具有法人资格，因而其诉讼行为能力由其管理人等主要负责人代为享有，其诉讼行为由其主要负责人代为实施。

诉讼行为能力是诉讼行为有效的成立要件，无诉讼行为能力人所实施的诉讼行为或者针对无诉讼行为能力人所实施的诉讼行为均属无效。例如，无诉讼行为能力人所提起的诉讼不发生效力，人民法院应以诉讼要件不具备为理由裁定不予受理或在受理后裁定驳回起诉。在诉讼进

---

① 有的国家规定，未成年人已经取得营业许可或者已经结婚的，也具有诉讼行为能力，如《日本民法》第6条第1款和第753条之规定。我国台湾地区也有类似规定。此外，有的国家规定，在人事诉讼程序中，只要未成年人和准禁治产人具有意思能力，可自己为诉讼行为，如《日本人事诉讼程序法》第3条、第26条、第32条之规定。我国无此规定。

② 《民事诉讼法》第5条规定："外国人、无国籍人、外国企业和组织在人民法院起诉、应诉，同中华人民共和国公民、法人和其他组织有同等的诉讼权利义务。外国法院对中华人民共和国公民、法人和其他组织的民事诉讼权利加以限制的，中华人民共和国人民法院对该国公民、企业和组织的民事诉讼权利，实行对等原则。"此为外国人的诉讼权利义务对等原则之规定，其对诉讼能力之适用，具有参照价值。

行过程中，原来有诉讼行为能力的人后来变成了无诉讼行为能力人，其之前所实施的诉讼行为之效力不发生影响，其之后实施的诉讼行为当然无效。比如，有诉讼行为能力的被告人在诉讼开始后即认诺原告的诉讼请求，此认诺行为仍具有法律效果，不得因其后被宣告为无诉讼行为能力人而溯及性地使之归于无效。人民法院如果没有发现当事人为无民事行为能力人，因而允许其独立实施诉讼行为，该行为为无效行为，法院基于此所作出的裁判也是无效裁判，应当予以再审撤销。但如果该无效行为此后获得了其法定诉讼代理人的追认，则该无效行为的效力仍得维持，不予撤销。同样的道理，如果无诉讼行为能力人所实施的诉讼行为，此后经恢复诉讼行为能力的本人予以追认，也为有效的诉讼行为，其效力无须也不得撤销。

诉讼行为能力属于可补正的诉讼要件，人民法院对于无诉讼行为能力人所实施的诉讼行为，应当确定一个使其能够补正的机会和时间，由其法定代理人参加诉讼并由其法定代理人对无诉讼行为能力人的行为效力进行表态，如果其认可无诉讼行为能力人所实施的诉讼行为，则为有效；如果其不认可无诉讼行为能力人所实施的诉讼行为，则为无效。这对诉讼行为的效力而言乃为追认，对有欠缺的诉讼要件而言乃为补正。补正是当事人的一项诉讼权利，人民法院应当行使阐明权，使其尽可能对瑕疵诉讼行为予以补正，而不宜径直宣布该无诉讼行为能力人所实施的诉讼行为为无效。在当事人采取补正措施前，如果诉讼情况紧急，需要立即采取财产保全、行为强制令或证据保全等紧急临时措施的，则应当一边采取紧急措施，一边等待其补正行为，而不宜机械等待补正行为以误诉讼时机。

当事人的诉讼行为能力属于法院职权调查事项，即便对方当事人没有提出另一方当事人欠缺诉讼行为能力的抗辩或异议，法院也必须依照职权主动进行调查核实。如果法院因疏于明察而未能及时发现无诉讼行为能力人的能力欠缺情形，而作出了裁判，则该裁判为无效裁判，当事人对此可以提出上诉使之无效，也可以申请再审使之被撤销。

在诉讼过程中，当事人被发现为无诉讼行为能力人或者被宣告为无诉讼行为能力人，此时诉讼程序应当中止，由法院依职权通知其法定代理人参与诉讼。如果无诉讼行为能力人是原告，而且是自始即为无诉讼行为能力人，其法定代理人既可以否定其整个诉讼行为，使整个诉讼程序失效，也可以追认其诉讼行为，在其诉讼基础上继续进行诉讼活动，也可以追认部分诉讼行为，否认部分诉讼行为，其被否认的部分为无效行为，法定代理人可以重新实施相应的诉讼行为。如果无诉讼行为能力人是被告，其法定代理人只能在认可或否认其诉讼行为上进行选择，而对整个诉讼的有效性无权否定。

需要指出的是，诉讼行为能力是对当事人实施有效的诉讼活动所提出的诉讼要件，但当事人的身份具有复合性，有时当事人并不是作为诉讼主体出现的，而是作为证据来源出现的，此时，诉讼行为能力的欠缺并不影响其证据行为的有效性。比如，无诉讼行为能力人在诉讼中做出的关于案件事实的陈述，尤其是其接受法庭询问后做出的回应性应答，其属当事人陈述，是对案件事实的客观叙述，无须具有诉讼行为能力即可实施，因而无诉讼行为能力人的事实陈述行为是有效的。但是，如果当事人陈述的是对自己不利的事实，尤其是事实自认，则应当认为实施该类诉讼行为需要具备诉讼行为能力，因为究其本质而言，该类行为已不属于单纯的提供诉讼资料的行为，而是产生诉讼后果的诉讼行为。

(二) 辩论能力

当事人具有诉讼行为能力后，在诉讼法上便获得了实施诉讼行为、从事诉讼活动，使之产生诉讼效果的法律能力。然而，诉讼行为的形态多种多样，有的诉讼行为无须具备特殊的知识和技能即可实施，如接受法律文书和诉讼文书的送达、申请回避等，但有些诉讼行为则需要特殊的知识和技能，如法庭辩论、对证据的质证等。因此，在各种诉讼行为之间，对所需要的诉讼行为能力就有了层次性要求，为此可以将诉讼行为能力划分为两类：一是一般性的诉讼行为能力，二是特殊性的诉讼行为能力。一般性的诉讼行为能力为人普遍共享，特殊性的诉讼行为能力则通常需要一定的诉讼知识、诉讼经验和诉讼技能，前者即为诉讼行为能力，后者则为辩论能力。辩论能力，是指能够在法院进行有效辩论的能力，[1] 或者是指在法庭上实际实施诉讼行为，尤其是进行辩论的资格。[2]

就诉讼行为能力与辩论能力的关系而言，有诉讼行为能力不一定具有辩论能力，有辩论能力一定具有诉讼行为能力，辩论能力是在诉讼行为能力基础上对当事人提出的更高要求。当事人的诉讼行为能力具有一致性，而辩论能力则具有差异性。诉讼行为能力属于诉讼要件，无诉讼行为能力则不得实施任何诉讼行为，否则其诉讼行为无效；辩论能力则不属于诉讼要件，无辩论能力则将被法院制止实施辩论行为，法院该制止而未制止所实施的辩论行为仍然有效。诉讼行为能力作为一项诉讼制度，其趣旨主要在于保障当事人亲自实施诉讼行为的权能，由此彰显当事人的诉讼主体特性；辩论能力作为一项诉讼制度，其趣旨主要在于保障诉讼程序的顺畅运转，由此谋求司法制度的效益最大化实现。诉讼行为能力广泛适用于所有的诉讼场域，诉讼程序的每一个角落都会出现诉讼行为的身影；辩论能力则一般仅限于在法庭上尤其是在法庭辩论阶段发挥作用。辩论能力作为一种制度存在，其内容可以从以下几方面加以认识。

其一，辩论能力是一种资格制度。有辩论能力才能有效地实施辩论行为，无辩论能力则被排除实施辩论的机会和权利。然而，辩论能力不是一般的诉讼当事人都能获得的，而且辩论能力的有无及大小，也无法进行个案衡量，而只能进行划一处理，因而与辩论能力相配套的诉讼制度便是律师强制代理主义，通过律师强制代理主义，将诉讼中的辩论能力专项地赋予具有律师代理资格的专业人士，而且不同层级的律师资格，其辩论能力也被限定在相应级别的法院诉讼中。因此，要推行辩论能力制度，一般就有必要实施律师强制代理制度；律师强制代理制度赖以建立的理论基础便是辩论能力制度。可见，辩论能力制度往往与律师强制代理制度相伴随，不实行律师强制代理制度，从逻辑上说，一般不会提出辩论能力的要求，也不会出现辩论能力的诉讼制度。

其二，辩论能力是一种职权调查事项。在诉讼进行中，如果参与诉讼和辩论的当事人，包括当事人本人及其诉讼代理人，无法就案件事实及其法律适用展开有效且充分的辩论，以致人们感到诉讼程序因为当事人缺乏辩论能力而难以顺利推进，此时，法院就应当依职权作出裁定，制止缺乏辩论能力的当事人及其诉讼代理人进行所谓的辩论和陈述，受此裁定者则被认为丧失辩论能力，该当事人及其诉讼代理人应退出辩论领域。

其三，辩论能力的缺乏往往会引起法院重开辩论程序。法院在作出制止当事人及其诉讼代理人继续进行辩论活动的裁定后，并不是就此终结辩论程序，更不是在没有形成心证的情况下率尔作出裁判，而是必须以保障当事人的辩论权为要旨，从当事人诉讼权利保障的角度善待当事人的辩论权。因此，法院在禁止当事人及其诉讼代理人辩论后，需要重新确定辩论期日，使具有辩论能力的诉讼代理人进入诉讼，行使辩论权。若被禁止陈述者在新的辩论期日再次出庭，法院既可以将其排除出诉讼，也可以无视其诉讼行为。当法院没有将其排除，进而默认被

---

[1] 参见［日］中村英郎：《新民事诉讼法讲义》，陈刚、林剑锋、郭美松译，法律出版社2001年版，第64页。

[2] 参见［日］新堂幸司：《新民事诉讼法》，林剑锋译，法律出版社2008年版，第113页。

禁止陈述者参与诉讼时，其实施的诉讼行为有效，基于此作出的判决也不构成违法。之所以对缺乏辩论能力的当事人采取如此的态度，乃是因为若在事后将其辩论行为认定为无效，反而有违诉讼经济原则，尤其是，辩论能力制度的直接目的并不在于保护当事人，因而也没有赋予对方当事人提出异议或不服申请之权利的必要性。①

《民事诉讼法》第52条规定："当事人有权委托代理人，提出回避申请，收集、提供证据，进行辩论，请求调解，提起上诉，申请执行。"当事人实施上述行为，均只需要一般的诉讼行为能力即可，唯独进行辩论，需要有辩论能力。我国民事诉讼法并没有像德国等国家一样实行律师强制代理主义，而实行当事人本人诉讼主义，因而可以说我国民事诉讼法并没有德国、日本等大陆法系国家所谓辩论能力的制度性概念，不具有辩论能力的当事人依旧享有辩论权，可以参加法庭辩论以及实施其他辩论行为。但是，由于法院享有诉讼指挥权和程序管理权，在诉讼中如果法院认为当事人虽有诉讼行为能力但却无辩论能力，则除行使阐明权引导当事人实施辩论行为外，在特殊情形下，从维护诉讼秩序这个视角而言，应当认为有权制止无辩论能力者实施辩论行为。然而，法院不得一制止即了之，而应当谋求对其实施法律援助，或者责令当事人聘请律师代理诉讼，或者通过指定代理权的行使，使其得以通过律师等专业人士的诉讼代理表达辩论意见。更为根本的建议则是，将来应当适度导入律师强制代理主义，以保障当事人平等地、充分地行使辩论权。当然，这些都仅仅是立法论上的构想，要做到这些，还有待于立法及配套制度的健全和完善。

六、当事人的名称及构造

（一）当事人的名称

当事人是一个概称，其内涵相对固定，其外延则复杂广泛。对于诉讼中出现的林林总总的当事人，如果不给他们在诉讼中的地位和身份贴上标签，形成一个个对他们能够精准识别的名称，则难以管理好诉讼，诉讼程序有可能会因此混乱。名不正则言不顺，给当事人起恰当的名称是必不可少的作业。当事人的名称之确定要考虑到三个方面的因素：一是积极性与被动性的因素，有的当事人是积极的、主动的，属于进攻一方；有的当事人则是消极的、被动的，属于防御一方。二是审级因素，一审中的当事人与二审中的当事人不尽相同，正常审级中的当事人与非常救济程序中的当事人也有所区别。三是程序性质因素，诉讼程序中的当事人不同于非讼程序中的当事人，审判程序中的当事人有别于执行程序中的当事人。基于上述因素考虑，可将当事人的名称确定如下：

1. 一审中的当事人

一审中的当事人分为原告和被告。原告是积极的诉讼方，被告是消极的诉讼方。正是因为原告的起诉，被告才被引入诉讼之中。原告和被告在诉讼中始终处在对立的地位，如果这种对立性消失了，则原告和被告的身份混同，诉讼程序就告终结。

2. 反诉中的当事人

原告起诉后，作为对等的诉讼手段，被告可以提出反诉，这样就形成了反诉中的当事人。反诉中的当事人分别称为反诉原告和反诉被告。反诉原告是由本诉中的被告转变而来，反诉被告是由本诉中的原告转变而来。这样一来，本诉和反诉就形成了一种诉讼程序的叠合现象，原

---

① 参见［日］新堂幸司：《新民事诉讼法》，林剑锋译，法律出版社2008年版，第113页。

告和被告在本诉中和反诉中互易身份,其诉讼地位恰好相反,其名称也分别带上了积极当事人和消极当事人的特质。

3. 二审中的当事人

二审程序是因当事人不服一审而引起的,二审中的当事人分别被称为上诉人和被上诉人。上诉人是提出上诉的当事人,被上诉人则是被上诉人提出上诉的当事人,他们可以是一审中的原告或被告,也可以是一审中被法院判决承担法律责任的无独立请求权的第三人。

4. 再审中的当事人

再审程序是因当事人的再审申请、检察院的法律监督或法院依职权而发动的,当事人在这三种再审程序中的称呼有所区别。在因当事人的再审申请而引起的再审程序中,分别称之为再审申请人和再审被申请人,并同时注明原审原告和原审被告(按一审程序再审时)或原审上诉人和原审被上诉人(按二审程序再审时)。在因检察院的法律监督而引起的再审程序中,则称检察院为抗诉人或再审检察建议人,当事人则分别按照一审或二审的地位列明。在因法院依职权而启动的再审程序中,再审当事人分别称为原审原告和原审被告(按一审程序再审时)或原审上诉人和原审被上诉人(按二审程序再审时)。

5. 非讼程序中的当事人

非讼程序有两种类型:一是具有相对应的双方当事人,如宣告公民失踪、宣告公民死亡案件,认定公民无民事行为能力、限制民事行为能力人案件,担保物权的实现程序案件,督促程序案件,破产程序案件,等等,在这类非讼程序中,将当事人分别称为申请人和被申请人。执行程序中的当事人则被称为申请执行人和被申请执行人(或简称"被执行人")或者债权人和债务人。二是只有一方当事人而不存在相对应方当事人的非讼程序,如宣告财产无主案件、申请司法确认案件、申请公示催告程序案件等,这类非讼程序中,只列明申请人即可。

6. 分支程序中的当事人

在民事诉讼中会因程序性事项而出现多种多样的分支程序,由于这些分支程序基本上都是因为当事人的申请或异议而形成的,因而,这些分支程序中的当事人原则上被称为申请人和被申请人(如有的话),或者异议人和被异议人(如有的话)。比如,在财产保全和行为禁令程序中,分别称之为申请人和被申请人;在先予执行程序中,分别称之为申请先予执行人和被申请先予执行人;在执行异议程序中,分别称之为异议人和被异议人等。

7. 非常程序中的当事人

在发回重审的案件中,分别称之为重审原告和重审被告;在因妨碍民事诉讼而采取强制措施的案件中,被处罚的当事人被称为被罚款人、被拘留人等。司法协助程序分为一般司法协助程序和特殊司法协助程序,在一般司法协助程序中,只有一方当事人,被称为申请司法协助人;在特殊司法协助程序中,其当事人分别被称为申请承认和执行人、被申请承认和执行人。

(二) 当事人的构造

当事人的构造是指当事人在诉讼程序中得以组合起来的具体方式,其包括两层含义:一是当事人的实质构造,二是当事人的形式构造。

1. 当事人的实质构造

当事人的实质构造指的是在民事诉讼中,当事人无论千变万化,都处在一种对立统一的辩证关系之中。当事人的对立性表现在:民事诉讼中必有一方处在原告或实质原告的地位,另一方处在被告或实质被告的地位;民事诉讼中的当事人,无论被冠以何种名称,究其实质而言,要么属于原告,要么属于被告,不可能处在既非原告也非被告的中间状态,也就是说,民事诉讼中的当事人是有派性的，这就是当事人实质构造中的对立性的含义。当事人实质构造中除了对立性的含义外，还有统一性的含义。当事人实质构造中的统一性，指的是在民事诉讼中，原告和被告互相依赖，缺一不可；原告离不开被告，被告离不开原告；离开被告，原告则瞬间消失；离开原告，被告则即刻遁形。原告和被告这种统一性的事实基础在于他们是纠纷和矛盾的两方面，其理论基础则在于他们虽然在民事诉讼中都是为了自己的胜诉利益而斗争的，但归根到底的目标在于纠纷的公正解决；正是在民事纠纷的公正解决这个崇高目标中，双方当事人走到了一起；一如在对立性中当事人所披露出的主要是利己心一样，在这个诉讼的统一性中，则呈现出了当事人在诉讼中的利他心元素。从民事诉讼程序自身的结构来看，正是因为诉讼中有原告和被告两方的对立主体，民事诉讼方得以构成。缺乏被告，原告的起诉就不能成立，法院对此不会受理或者在受理后将驳回其起诉。原告不能针对自己提起诉讼，而必须针对一个利益关系具有对抗性的主体进行诉讼。诉讼中一方当事人如果消失，而无继承人承继诉讼，则诉讼程序即宣告终结。这种必须有原告和被告作为对立性主体而存在的民事诉讼原则，被称为"二当事人主义"。具体而言，二当事人主义，指的就是民事诉讼必须以相对立的双方当事人为结构形态的基本原理和诉讼原则，也被称为当事人对立主义，我国古代法律称为当事人的"二造"。一句话，二当事人主义就是当事人构造中的实质性含义。

2. 当事人的形式构造

当事人的形式构造是指当事人在民事诉讼中有多少种排列组合的方式。虽然在当事人的实质构造上我们看清了当事人诉讼地位的本质，也就是说，无论当事人形式上如何变幻，其本质上要么属于原告的阵营，要么属于被告的阵营，但是，如果我们局限于看到当事人的实质构造，而不进一步探讨当事人的形式构造，则也很难做到具体问题具体分析，很难使简单的程序形式适应复杂的诉讼需要，因而，在把握当事人实质构造的基础上，需要进而将当事人的形式构造呈现出来。

从诉讼当事人的视角看，民事诉讼有简单和复杂之分。简单的民事诉讼即为原告和被告一对一的诉讼，一个原告诉一个被告即构成了民事诉讼的原型。这种简单的诉讼结构比较容易处理，立法上容易调整，司法上容易应对，因为简单诉讼所形成的诉讼法律关系较为单纯，其只有相互间的外部关系，而没有当事人一方的内部关系，同时，这种诉讼法律关系也没有主线、副线、明线、暗线之分，更没有纵横交错的复杂结构。

然而，虽然简单型诉讼长期为数居多，但实践中出现的复杂型诉讼也不在少数，尤其是随着实体法律关系日益复杂化的发展，复杂型诉讼形态大量出现。复杂型诉讼，是指一方或双方当事人在二人以上的诉讼形态，其又分为平面的复杂型诉讼、立体的复杂型诉讼以及交错的复杂型诉讼三种形态。平面的复杂型诉讼指的就是共同诉讼，是指一方或双方当事人的人数在二人以上的诉讼形态，其中包括一方或双方人数特别众多的群体诉讼、集团诉讼、代表人诉讼、团体诉讼等聚合性诉讼形态；立体的复杂型诉讼，指的是诉讼中的当事人由两个或两个以上的对立性诉讼结构所形成的诉讼形态，如作为第三人诉讼的三面诉讼构造即为立体的复杂型诉讼，其中包括原告诉被告、被告诉第三人等形成的连环诉讼形态；交错的复杂型诉讼是指在相对立的双方当事人之间，其中一方或双方的内部当事人相互之间又存在诉讼所形成的诉讼形态，如因共同诉讼人内部纠纷所形成的诉讼与外部诉讼处在共存状态所形成的诉讼形式。这些复杂的诉讼构造仅仅是比较常见的几种，从比较法整体的视野看，当事人的形式构造还有其他一些非典型形态，如美国民事诉讼中的互争权利诉讼（interpleader suit）① 等。

七、当事人的诉讼权利和诉讼义务

当事人制度是一个立体性的制度，透过当事人制度的全部内容，将展示出民事诉讼的主要内容；民事诉讼的主体性部分内容，就其本质而言，乃是当事人制度的扩大版和延伸版。因此，对当事人制度应当做出全面的考察。对当事人制度的全面考察应当划分视角进行：第一个视角，也是形式化视角，乃是对当事人在民事诉讼中的各种表现形态进行描述，由此刻画出当事人在民事诉讼中形成的各种阵势、布局和格调。前面关于当事人的构造部分对此已经做出了论述。第二个视角则是实质性视角，通过这个视角，要能够透过现象看本质，看一看当事人在民事诉讼全过程中究竟有何作为以及能够有何作为。该视角所涉及的问题便是当事人的诉讼权利义务问题。

当事人应当是诉讼中的主角，其之所以应当是主角，是因为诉讼程序的整个目的就是解决他们的纠纷，他们是纠纷主体，因而也自然是诉讼中的主要主体，当事人在诉讼中起着核心的决定性基础作用。当然，当事人应当是诉讼中的主角是一回事，其能否成为诉讼中的主角则是另一回事。要使当事人成为真正的诉讼主角，必须使当事人享有最为充分的诉讼权利，同时使之负有最为沉重的诉讼义务，如此才能显现出当事人的主角地位。然而，当事人的诉讼主角特征并不是在所有的诉讼体制和诉讼制度中都能得到彰显并得到切实保障的，在纠问主义的诉讼体制和诉讼制度中，当事人是诉讼中的客体和配角，而不是诉讼中的主体和主角；在职权主义的诉讼体制和诉讼制度中，当事人的诉讼主体地位得到了基本的体现，但是其主角性特征仍不够稳定，带有随时滑入诉讼配角的风险；唯独在当事人主义诉讼模式下，当事人的诉讼主体地位得到了充分的重视和凸显，当事人的主角性特征得到了稳定的体现和保障。因此，谈到当事人的诉讼权利和诉讼义务，不能不将该问题置于诉讼体制、诉讼制度和诉讼模式中加以观察和探讨，离开具体的诉讼体制、诉讼制度和诉讼模式谈论当事人的诉讼权利和诉讼义务，难免会陷入抽象与空洞，最终于实际无补。

（一）当事人的诉讼权利

我国民事诉讼中当事人的诉讼权利义务始终处在波动和变化之中，在1982年《民事诉讼法（试行）》之中，由于民事诉讼奉行职权主义诉讼模式，法官在诉讼中处在支配地位，他们是诉讼中的主角，当事人反而处在被动的配角地位。到了1991年修订并正式制定《民事诉讼法》时，这种以法官为主角、当事人为配角的诉讼模式发生了根本性变化，民事诉讼的立法本位开始由法官职权本位主义向当事人诉权本位主义转变，当事人在民事诉讼中的主体地位和主角特征逐步彰显。此后《民事诉讼法》的诸次修订都是沿着强化和巩固当事人诉讼地位及其主角特征而展开的，当事人诉讼权利和诉讼义务的合理化配置始终成为我国民事诉讼制度发展和完善的主旋律。

如果说在法院职权与当事人诉权二者之间以当事人诉权为本位，从而实行当事人诉权本位主义的话，那么，在当事人诉讼权利和诉讼义务二者之间，则应当以当事人的诉讼权利为本位，以当事人的诉讼义务为派生；正是在当事人充分享有诉讼权利的基础上，诉讼义务的施加

---

① 该诉讼形态来源于争夺誓金之诉，由誓金保管人作为原告提起诉讼，凡是主张对该誓金有权益的人均可作为被告加入诉讼，被告不是由原告点名而介入诉讼，而是自己主动介入诉讼，被告相互之间也会发生争执，最后的胜诉人只能是其中部分或全部被告，原告永远是败诉人。

才有正当化基础，离开诉讼权利的充分赋予和切实保障而片面强调当事人的诉讼义务乃是本末倒置的。因此，在规定和课加当事人的诉讼义务之前，必须将当事人的诉讼权利予以先行确定，当事人的诉讼义务是为了当事人能够更加充分和更加有效地行使诉讼权利而配置和设定的。

当事人的诉讼权利应当成为民事诉讼立法的重点内容，当事人的诉讼权利源于诉权，以扇形状向四处扩张和蔓延，整个诉讼程序便是由诉讼权利作为网眼连接起来的网络，诉讼权利的体系化构建是民事诉讼立法的核心工程。民事诉讼权利不仅数量繁多，而且层次多样，整个诉讼程序的大厦便建立在诉讼权利这种纵横交错的网格化工程之中。

从不同的角度可以对众多的诉讼权利进行类型化划分。比如，从诉讼主体的身份来看，可将诉讼权利分为原告的诉讼权利和被告的诉讼权利，此外还有第三人的诉讼权利等；从诉讼阶段上划分，可将诉讼权利划分为诉答阶段的诉讼权利、审前程序的诉讼权利、庭审阶段的诉讼权利、庭审后的诉讼权利等；从审级上划分，可将诉讼权利划分为一审中的诉讼权利、二审中的诉讼权利、再审中的诉讼权利等；从诉讼程序的性质上划分，可将诉讼权利划分为审判程序中的诉讼权利、非讼程序中的诉讼权利、调解程序中的诉讼权利和执行程序中的诉讼权利等；从诉讼程序的主次关系来看，可将诉讼权利划分为主诉讼程序中的诉讼权利和子诉讼程序中的诉讼权利；从主动、被动的视角看，可将诉讼权利划分为主动性诉讼权利，如起诉等，和被动性的诉讼权利，如应诉等；从诉讼权利所关联的内容来看，可将诉讼权利划分为与法律适用相关联的诉讼权利和与事实认定相关联的诉讼权利等；从诉讼权利的动力源上看，可将诉讼权利划分为来源于民事诉讼法上的诉讼权利、来源于民事实体法上的诉讼权利、来源于司法技术法上的诉讼权利、来源于宪法上的诉讼权利等；从诉讼权利的方向性来看，可将诉讼权利划分为向前推进诉讼程序的诉讼权利，如提供证据等，和向后退出诉讼程序的诉讼权利，如撤诉、申请和解等；从诉讼权利有无法律明定的依据来看，可将诉讼权利划分为有法律明文规定的诉讼权利和无法律明文规定的诉讼权利，前者如变更诉讼请求的诉讼权利等，后者如在场见证权、责问权等；从诉讼权利的指向来看，可将诉讼权利划分为指向对方当事人的诉讼权利、指向案外第三人的诉讼权利、指向证人等其他诉讼参与人的诉讼权利、指向人民法院的诉讼权利、指向检察院的诉讼权利等；从诉讼权利是否为双方当事人所共享的角度看，可将诉讼权利划分为专属于一方当事人的诉讼权利，如反诉等，和为双方当事人所共享的诉讼权利，如申请回避等；从诉讼权利是否具有涉外因素来看，可将诉讼权利划分为国内当事人所享有的诉讼权利、外国当事人所享有的诉讼权利等。然而对诉讼权利最有意义的一种划分是在诉的构造中，按照诉讼权利所处的领域对其所作出的划分，具体而言，就是将各种诉讼权利划分为处分权主义层面的诉讼权利、辩论主义层面的诉讼权利以及程序进行主义层面的诉讼权利三大领域进行观察和描述，具体可概括如下：

1. 处分权主义层面的诉讼权利

处分权主义层面的诉讼权利是指对诉讼程序的启动、范围以及开始后的诉讼程序是否提前终结等具有实体意义的事项所享有的诉讼权利，主要包括：起诉权、反诉权、诉讼请求提出权、诉讼请求放弃权、诉讼请求变更权、诉讼请求承认权、诉讼请求追加权、和解申请权、调解申请权、调解签字权、财产保全申请权、行为禁令申请权、先予执行申请权、上诉权、申请再审权、撤诉权、非讼程序申请权、申请执行权、执行和解权、执行担保权、代位执行申请权、参与分配申请权、执行回转申请权、执行承受权、追加被执行人权、变更被执行人权、提出执行异议之诉权、撤回执行申请权、申请承认和执行外国法律文书权等。

2. 辩论主义层面的诉讼权利

辩论主义层面的诉讼权利是指当事人在事实认定方面所享有的诉讼权利，主要包括：答辩权、事实主张权、证据声明权、收集证据权、申请法院调查取证权、提供证据权、申请提出文书权、申请证人出庭权、申请鉴定权、申请勘验权、举证权、质证权、法庭辩论权、申请心证公开权、自认权等。

3. 程序进行主义层面的诉讼权利

程序进行主义层面的诉讼权利是指当事人在诉讼程序的推进和运行方面所享有的诉讼权利，主要包括：使用本民族语言文字进行诉讼的权利，申请检察院进行法律监督的权利，接受支持诉讼的权利，协议管辖权，管辖异议权，申请移送管辖权，申请指定管辖权，申请管辖权转移权，申请回避权，申请陪审员审判权，申请独任制审判权，申请不公开审判权，申请对妨碍民事诉讼的行为采取强制措施的权利，申请顺延期间权，接受送达权，指定代收人权，送达地址确认权，申请公告送达权，诉讼费用缓交、免交、减交申请权，司法救助申请权，委托律师代理权，代理行为更正权，诉讼代表人推选权，申请共同诉讼权，申请第三人参与诉讼权，当事人更换申请权，证据交换申请权，视为撤诉申请权，缺席判决申请权，诉讼中止申请权，诉讼终结申请权，诉讼承继申请权，在场见证权，异议权，申请复议权，诉讼程序变更申请权，查阅诉讼资料权，卷宗阅览权，庭审笔录签字权，庭审笔录更正权，诉讼资料复制权，申请司法协助权，等等。

以上为当事人所享有的主要的诉讼权利，事实上，由于诉讼权利源于民事诉讼立法的本位主义，民事诉讼法主要就是为了规定当事人的诉讼权利而制定的，因而，诉讼权利的清单具有开放性而非封闭性，立法虽无明文规定，但若依具体的诉讼情景，某项诉讼权利可以推定出来，则仍不妨碍其具有的诉讼权利性质。由于诉讼权利在历史上欠账较多，故而对于诉讼权利的保护应当成为我国民事诉讼近期的重中之重。学理上应当大量阐发、发掘诉讼权利，丰富诉讼权利的清单内容，立法上应不断完善诉讼制度，使当事人所享有的诉讼权利得以具体化、充实化，并日益拓宽诉讼权利的清单范围，人民法院应当因应实践之需，立足当事人主义诉讼模式之完善，通过司法解释强化诉讼权利的可操作性和受保障性，并适时添付诉讼权利的细目，使之能动地反作用于立法，促进立法完善。

（二）当事人的诉讼义务

诉讼权利和诉讼义务是关联在一起的，没有无诉讼权利的诉讼义务，也没有无诉讼义务的诉讼权利。民事诉讼法规定诉讼义务的目的主要在于保障诉讼权利的实现，而不是减损诉讼权利的规范内容。与诉讼权利为本位主义不同，诉讼义务具有法律的明定性，法律没有明文规定的诉讼义务应当解释为不存在。《民事诉讼法》第52条第3款规定："当事人必须依法行使诉讼权利，遵守诉讼秩序，履行发生法律效力的判决书、裁定书和调解书。"据此规定，当事人在民事诉讼中所要负担的诉讼义务主要有三项：

1. 当事人必须依法行使诉讼权利

诉讼权利是当事人实施诉讼行为、影响诉讼结果的可能性，当事人正是通过行使诉讼权利追逐着对自己有利的诉讼结果，诉讼权利是当事人维护自己合法权益的盾牌和武器，然而，如刀刃之两面，诉讼权利既可为当事人造福，也可为当事人用来制障，如果当事人滥用诉讼权利，则该诉讼权利的行使必然会给对方当事人乃至给司法审判带来损害乃至障碍。因此，诉讼权利本身就附带诉讼义务，依法行使诉讼权利而不得滥用诉讼权利是其基本要求。比如，管辖权异议是当事人的重要诉讼权利，其目的在于使管辖法院的确定符合立法的规定，保障法院能够公正高效地行使审判权,同时保障当事人便利地充分地进行诉讼;但如果当事人以拖延诉讼、为司法制造人为障碍为目的,甚或为了使地方保护主义的非法目的能够得逞,则管辖异议权便遭到了异化,其给诉讼带来的不是公正公平,而是障碍和负担。再如,申请回避是当事人所享有的确保司法审判纯洁性的重要诉讼权利,但如果当事人不是为了真正达到回避的目的,而是为了拖延诉讼、损害司法权威的目的而行使回避申请权,则该诉讼权利便被认为是在滥用。为了防止诉讼权利被滥用,同时为了使诉讼程序更加依法依规及时高效运行,《民事诉讼法》在2012年修改时特别增加了诚信原则作为一项民事诉讼法的基本原则(第13条)。诚信原则入法更加加重了当事人依法行使诉讼权利的义务性和责任性,诉讼权利在不断增强和扩大的同时,强化对其行使过程的合法性、正当性和善意性,实具有必要性。

2. 当事人具有遵守诉讼秩序的诉讼义务

诉讼秩序既是诉讼赖以顺畅进行的前提条件,也是诉讼程序顺畅进行所达到的一种结果性状态,为了保障诉讼有序进行,《民事诉讼法》第十章规定了妨碍民事诉讼的强制措施制度。其实,当事人所具有的这种遵守诉讼秩序的诉讼义务从根本上说是从依法行使诉讼权利这一更高位阶的诉讼义务中延伸而来的;如果当事人依法行使诉讼权利,其结果必然形成良好的诉讼秩序,当事人遵守诉讼秩序的诉讼义务便被包含于其中。

3. 当事人具有履行生效法律效力的判决书、裁定书和调解书等法律文书所确定的法律义务的诉讼义务

"义务"在这里出现了加重的叠合现象,履行生效法律文书的法律义务本身也是当事人应当负担的重要诉讼义务,生效法律文书所确定的法律义务必须得到当事人的履行,否则,将会产生诸如承担翻倍利息、被强制执行、被纳入黑名单等惩罚性、强制性后果。

八、当事人适格

(一) 当事人适格的概念及特征

当事人适格也称为当事人正当,反过来称便是适格当事人或正当当事人,是指在具体的诉讼中,对于作为诉讼标的的民事权利或民事法律关系具有以自己的名义实施诉讼并受其裁判结果拘束的当事人。并不是所有的当事人都能成为适格的当事人或正当的当事人,只有经过法院的实体判断具备诉讼实施权的人才具有当事人适格。由此可以概括出当事人适格的主要特征如下:

1. 当事人适格是诉讼当事人的发展

一个人首先只有成为诉讼当事人,才谈得到当事人适格的问题;如果一个人连诉讼当事人的资格都不具备,则无所谓当事人适格与否的问题。因此,当事人适格是诉讼当事人在更高阶段上的体现和发展,诉讼当事人是当事人适格的必要前提。

2. 当事人适格是根源于实体法上的范畴

当事人是否适格,单纯地局限于程序法领域是无法加以判断的,判断某一诉讼当事人是否为适格的当事人,需要突破程序法的限制,进入实体法领域寻找答案。只有根据实体法享有一定实体权利或负有一定实体义务的诉讼当事人,才可以转变身份,成为适格的当事人,成为真正的有实际意义的当事人。

3. 当事人适格是决定当事人胜败的关键

当事人要赢得诉讼,需要通过自身的努力满足各种胜诉要件,包括事实要件和法律要件等,但最为关键的胜诉要件是主体适格要件。因为如果诉讼主体不适格,当事人并非其人,则

所谓事实要件和法律要件均无从说起，事实要件和法律要件都不能建立在空中楼阁的基础上，而必须建立在正当的当事人之间，如果当事人发生了错误，则对提起诉讼的原告而言，事实再正确，法律再有利，也与他无缘，因而他必然要败诉，所以说，决定诉讼胜败的关键一步，是通过当事人适格这一关口，否则，所有努力都会前功尽弃，败诉的结果势必难以避免。

4. 当事人适格是诉讼的原动力

诉讼程序需要依靠当事人来推动，当事人推动诉讼程序需要有原动力，而真正的原动力来自于当事人适格这一要求。因为只有适格的当事人才最关注诉讼的胜败结果，才最有动力为诉讼朝着有利于自己的方向而努力；如果诉讼的结果与己漠不相关，则任何人都不会为了诉讼的结果而奋斗。从诉讼程序的全过程来看，在当事人适格得到最终确定前，诉讼程序的进行就像在例行公事，当事人提供的一系列文件都是为了满足诉讼程序的形式要求；然而，一旦到了诉讼程序的实体审判阶段，当事人的适格性大关已过，则当事人为了胜诉结果而全力以赴进行诉讼的时机已经来到。

（二）正当当事人与诉讼当事人的区别与联系

在实体当事人概念发展到程序当事人概念的历史阶段，当事人的概念就由原来与正当当事人概念的一致性中分离而出，形成了诉讼当事人与正当当事人相对应的两个概念。因此，对正当当事人概念的理解，首先有必要将其与诉讼当事人（或简称为当事人）的概念区分开来，具体而言，正当当事人和当事人具有以下几个区别：

其一，就概念所处领域而言，正当当事人是处在实体法层面上的概念，当事人是否为正当当事人，需要经过实体法的检验和判断，凡是符合实体法标准的当事人，即为正当当事人；凡是不符合实体法标准的当事人，即为非正当当事人。当事人的概念则处在程序法的领域，符合程序法标准和要求的起诉人和被诉人就得以成为当事人，当事人概念中只有程序内涵，而不具有实体内涵。

其二，就概念的内涵而言，正当当事人表达的是当事人与特定诉讼案件之间的内在关联性和实质联系性，凡是与特定诉讼案件只有表面上的关联而无实质上的关联的人，均被排除在正当当事人的内涵之外；当事人则恰好相反，其描述的是从诉讼的外观看，谁在形式上被识别为当事人，而无论当事人是否与案件具有实质性联系。

其三，就概念的外延来看，当事人的概念外延要宽于正当当事人，正当当事人仅仅是当事人中的一种，当事人除了正当当事人外，还有非正当当事人，非正当当事人是当事人，但却不具有当事人的适格性，因而可以说并不是真正的当事人。

其四，就概念的功能上看，正当当事人概念的主要功能在于明确谁经过诉讼的大浪淘沙成为真正的当事人，谁不是诉讼中的真正当事人因而应当被提前出局，同时，谁应当接受诉讼裁判的最终拘束，只有正当当事人才能成为诉讼裁判既判力所拘束的主体，既判力的主观范围便是按照正当当事人来加以确定的。因此，正当当事人具有过滤网的功能，其将非正当的当事人经过法院严密的判断而排除在最终的实体审判之外。当事人概念的主要功能则是凭借它可以判断出谁是诉讼程序的实际推动者，诉讼程序中活跃着的那个主体便是当事人。诉讼当事人这个概念的功能就在于满足诉讼程序的形式要件，从而使诉讼程序能够成立。

其五，就法律后果而言，如果当事人不适格，所导致的法律后果是诉讼在实体上被驳回，但如果诉讼中缺乏当事人或当事人不合法，所导致的法律后果是诉讼不能成立或者在程序上被驳回。因此，当事人适格是当事人获得实体裁判的要件，诉讼当事人则是诉讼得以成立的要件。

(三) 当事人适格的判断标准

当事人是否适格，其判断标准来源于实体法，已如前述。然而这个判断标准在历史上并非一成不变，而是与时俱进的。概要地说，当事人的判断标准经历了实体利害关系标准到实体权益保护标准再到诉的利益标准的发展和转变。以下分别述之。

1. 实体利害关系人标准

实体利害关系人标准是最早出现的判断标准，据此标准，凡是在实体法律关系中作为直接的民事主体的当事人，便是正当的当事人，反之，如果不是实体法律关系的民事主体则非正当的当事人。之所以采用实体利害关系人的判断标准，是因为如果不是实体法律关系的直接主体，则诉讼以及由此所作出的裁判均不具有实际的意义。不同的诉该标准有不同的体现。在给付之诉中，依据实体法律关系具有给付请求权的原告具有适格性，而被原告诉求给付并为实体法律关系一方主体的人，为适格被告。比如，在违约之诉中，基于合同法律关系提起诉讼的人为适格原告，其合同的相对方为适格被告。确认之诉中，对于需加确认的实体法律关系具有确认利益的当事人为适格的当事人，主张某种实体法律关系存在或不存在的人为适格原告，与其发生争议的对方当事人为适格被告。例如，在确认亲子关系之诉中，主张存在或不存在亲子关系的人为适格原告，其相对方为适格被告。在形成之诉中，依法具有形成权的人为适格的当事人，而形成权是否具有，取决于立法的明确规定。例如，在离婚之诉中，具有婚姻关系的一方当事人提起诉讼者，为适格原告，其配偶一方则为适格被告。

2. 实体权益保护标准

实体权益保护标准是指根据实体法的规定或当事人的赋权所产生的、为获得保护他人合法权益提起和进行诉讼的权能之标准。这种根据立法的特别规定或当事人的赋权而成为正当当事人的制度，被称为诉讼担当制度。诉讼担当分为法定的诉讼担当和任意的诉讼担当两种形式。

法定的诉讼担当，是指根据法律的明文规定，基于实体法律秩序管理上的目的或者基于职务上的原因，由第三人就他人之间的实体权利义务关系以自己的名义进行诉讼，该第三人具有当事人适格。例如，破产管理人对于破产人所发生的纠纷，在破产财产的范围内，有权以自己的名义代表破产人进行诉讼；此外，遗嘱执行人、遗产管理人，公司企业的清算组，失踪人的财产代管人，胎儿的法定代理人或继承人等所进行的诉讼，也属于法定的诉讼担当。政府提出的生态损害赔偿诉讼、检察机关提起的公益诉讼以及依法具有保护国家利益和社会公共利益职能的国家机关所提起的诉讼等，均属于法定的诉讼担当。除法定的诉讼担当外，还有任意的诉讼担当。任意的诉讼担当是指根据实体权利义务关系的主体的赋权意思表示，代表其合法权益提起和进行诉讼的诉讼制度。比如，在代表人诉讼中，人数众多的一方当事人将实施诉讼的权能赋予其中一个或部分当事人，由其以自身的名义提起诉讼，其他的当事人则退出诉讼，该被赋权进行代表人诉讼的人，就是任意的诉讼担当人。在这种诉讼中，以自己的名义提起和进行诉讼的人为诉讼担当人，其对于整体的诉讼而言也是适格的当事人。

3. 诉的利益标准

诉的利益，乃原告谋求判决时的利益，即诉讼追行利益。这种诉讼追行利益与成为诉讼对象的权利或者作为法律内容的实体性利益以及原告的胜诉利益是有区别的，它是原告所主张的利益面临危险和不安时，为了祛除这种危险和不安而诉诸于法的手段即诉讼，从而谋求判决的利益及必要，这种利益由于原告主张的实体利益现实地陷入危险和不安时才得以产生。① 可见，诉的利益标准是在直接利害关系人标准和实体权益保护标准均无法适用但其纠纷又确有解决之必要时才予以适用的。公益诉讼是诉的利益标准被适用的典型例证，任何人对于公共利益的损害都可以提起诉讼，这种"任何人"并不是直接利害关系人，也不是法律特别规定的对他人实体权益的保护者，因而前两个关于当事人适格的判断标准均不能适用，这类纠纷如果放任不管，或者机械地适用直接利害关系人标准或实体权益保护标准，则该类纠纷无法被诉诸法院，这究非保护权益和纠纷解决之道，因而，立法导入诉的利益这一标准，扩大适格当事人的范围，使对特定纠纷既非直接利害关系人，也不是法律特别规定的对他人实体权益的保护者，也得以向法院提起和进行诉讼，从而获得正当当事人的法律资格和诉讼身份。除公益诉讼外，其他新类型的纠纷也是借助诉的利益方得以进入诉讼轨道，并最终通过司法裁判使这种利益上升到权利新类型的高度，由此推动实体法的发展完善。

综上所述，当事人适格的判断标准在历史上先后产生了直接利害关系人标准、实体权益保护标准和诉的利益标准三种主要的判断标准。需要说明的是，这三个用以判断当事人适格的标准并不是一个简单的以新代旧的过程，产生于后的判断标准并没有彻底取代此前存在的判断标准；它们的关系实际上是包含与被包含的关系，当事人适格的范围是一个不断扩张的过程，当事人是否适格的判断应当同时采用直接利害关系人标准、实体权益保护标准和诉的利益标准三种标准进行，而不是仅存其一而废其余。

（四）当事人适格的权利基础

当事人适格的权利基础与当事人适格的判断标准具有密切的关系，当事人适格的判断标准实际上是当事人适格的权利基础的具体化表现和实际运用，当事人适格的权利基础是上位概念，其是当事人适格的判断标准产生的统一性依据。从当事人适格的判断标准而言，无论是直接利害关系人标准、实体权益保护标准抑或诉的利益标准，它们都指向统一化的权利基础，这就是诉讼实施权，诉讼实施权是当事人适格的权利基础。

诉讼实施权指的是当事人所具有的能够恰当地以自己的名义作为诉讼中的原告或被告而实施诉讼的权能。以自己的名义而提出诉讼和进行诉讼的人，仅仅意味着具有当事人的能力或法律资格，但在实践中，以自己的名义提出诉讼并进行诉讼的人有时并不一定与诉讼的结果具有利害关系或者管理保护关系或者诉的利益关系，如果缺乏这后三种关系，则这种当事人虽然是以自己的名义提起并实施了诉讼，但仍不被认为具有诉讼实施权，因为他们与诉讼只有程序上或形式上的联系，而不具有实体上或实质上的联系，这种与诉讼不具有实体上或实质上联系的当事人，被认为是不具有诉讼实施权的当事人；不具有诉讼实施权的当事人即为当事人不适格。反之，具有诉讼实施权的当事人，则为适格的当事人。因此，当事人适格与诉讼实施权实际上是一而二，二而一的关系。而适格的当事人又等值于正当的当事人，因而，正当当事人、适格当事人和具有诉讼实施权的当事人，这三种说法只有形式上的差异，究其实质而言，三者

---

① 参见［日］谷口安平：《程序的正义与诉讼》，王亚新、刘荣军译，中国政法大学出版社2002年版，第188页。

并无差别。①

1. 诉讼实施权与处分权

对民事实体法律关系所涉及和规定的诉讼标的具有处分权,是诉讼实施权产生的最早根源,诉讼实施权最初完全依附于实体处分权以及由实体处分权所决定对诉讼标的的程序处分权,正因为当事人对诉讼标的具有处分权,是否提起诉讼以及在何范围内提起诉讼均由当事人自主决定,故而其实施诉讼的权能获得衍生。可见,处分权是诉讼实施权的坚实基础,也是最为广泛的基础,民事诉讼绝大多数案件当事人所享有的诉讼实施权,都是渊源于当事人对诉讼标的所具有的处分权。处分权作为诉讼实施权的基础和前提具有一般性和通用性,其深层的理论基础是诉讼实施权具有对处分权的保障功能,单纯地具有实体法上的处分权和诉讼法上的处分权,若无诉讼实施权与之配套,则这种所谓的处分权并不具有彻底性和牢固性,在某些场合下,诉讼实施权若被架空,处分权则变成有名无实的权利,最终失去其存在的价值。在该意义上说,处分权与诉讼实施权处在形影不离的紧密状态,二者的统一性反映了民事诉讼私权保障属性的基础性和稳固性。

2. 诉讼实施权与管理权

"管理权"原本是行政管理学上的概念,后来被德国学者运用到诉讼法中,作为诉讼实施权的权利基础加以解说。管理权这个概念之所以有必要,是因为处分权这个概念遇到了特殊性这个例外,在一般情形下,处分权直接转变为诉讼实施权,但在特殊情形下,这种将处分权和诉讼实施权相等同的观念便遇到了不够周延的困惑。在一定的情形下,某些对诉讼标的不享有处分权的人,被法律特别赋予了诉讼实施权,这样便产生了诉讼实施权和处分权的脱节问题,表现在有诉讼实施权的人,不一定全部都享有对诉讼标的的处分权,对诉讼标的不享有处分权的人,也可能获得诉讼实施权,也就是说,诉讼实施权的范围比处分权的范围要广,处分权不足以说明诉讼实施权的全部来源。于是,立法只有另辟蹊径,将源于处分权又广于处分权的管理权概念导入诉讼实施权的权利基础之中。与处分权一样,管理权指的也是对来源于民事法律关系的诉讼标的之管理权,这种管理权是根据民事实体法和民事诉讼法的明文规定,并结合其他的相关因素而得以产生。依据民事实体法所产生的管理权,为法定的诉讼担当,如破产管理人对破产人的法定诉讼担当、遗产管理人对遗产诉讼的法定诉讼担当等;依据民事诉讼法所产生的管理权,为任意的诉讼担当,在群体性纠纷中,所有潜在的当事人根据《民事诉讼法》第53、54条之规定,选任诉讼代表人代表他们行使诉讼实施权,这种诉讼实施权是通过具体的授权行为产生的,而不具有一般的适用性,因而只能以任意的(不确定的)诉讼担当的面目出现在诉讼领域。可见,管理权这个概念导入诉讼实施权这个问题领域,其初衷只是为了弥补处分权在支撑诉讼实施权上的不足,从而扩大诉讼实施权的范围,并由此连带产生了形式当

---

① 在德国民事诉讼法理论中,既有诉讼实施权的概念,也有当事人适格的概念,学者们公认这是两个完全不同的概念。诉讼实施权,是指以自己的名义作为原告或者被告对以诉的形式主张的权利实施诉讼的权利。诉讼实施权与程序当事人概念有密切的联系,诉讼实施权是诉讼合法性的前提条件,如果缺少诉讼实施权将使得诉不合法。对于诉不合法,由于其所提之诉违背了程序性要件,德国用诉讼判决驳回起诉。当事人适格涉及的问题是,原告是否依照实体法享有他所主张的权利以及该权利是否针对被告。当事人适格属于诉讼的正当性,如果缺少当事人适格,则应视所提之诉(或诉讼请求)不符合实体法规定,即诉无理由,而以判决驳回其诉讼请求。参见〔德〕汉斯-约阿希姆·穆泽拉克:《德国民事诉讼法基础教程》,周翠译,中国政法大学出版社2005年版,第84页;〔德〕罗森贝克、施瓦布、戈特瓦尔德:《德国民事诉讼法》,李大雪译,中国法制出版社2007年版,第286页。

事人（不具有处分权但有诉讼实施权）和实质当事人（具有处分权因而具有诉讼实施权）的分野，丰富了正当当事人的概念内涵。然而，随着诉讼理论研究的深入，学理界一改德国普通法末期还在奉行的狭义管理权概念，而改采了广义管理权学说。①

按照广义管理权学说，诉讼实施权的统一的基础就在于纠纷当事人对于纠纷本身具有管理权，至于这种管理权是来源于实体上的直接利害关系还是来源于实体法和诉讼法上的特别授权，则在所不问。因而，管理权便成为一个上位性概念，其将原本作为诉讼实施权之基础的处分权也统摄于其中（有处分权者必有管理权），处分权不再成为诉讼实施权所赖以形成的独立依据，在说明诉讼实施权的权利基础时，处分权不再具有独立的意义，甚至于作为一个独立的学说理论也被管理权学说吞并了。于是问题就变为：凡是对纠纷标的具有管理权的当事人，对诉讼就有诉讼实施权，也就具有当事人的适格性；反之，如对纠纷标的不具有管理权，则该当事人即为无诉讼实施权的人，也就是非适格的当事人。可见，广义管理权说是诉讼实施权理论上的一次飞跃，有了广义管理权或者纠纷标的管理权，诉讼实施权在更高层面上又一次实现了其权利基础的统一性。需加特别指出的是，这里所介绍的纠纷标的管理说与后来在日本发展起来的纠纷管理说并非完全相同的概念。日本伊藤真教授率先提出了纠纷管理说。该学说认为，从起诉前开始的纠纷过程中，若某人在与对方进行交涉、组成交涉团体等发挥了重要作用，基于该事实，可以认可其纠纷管理权。将当事人适格之基础，从实体权的管理处分权能中解放出来，并替换为主张利益的认真行动，在这一点上，纠纷管理说具有丰富的启迪意义。②伊藤真教授提出的纠纷管理说，虽然没有得到其后判例的肯定，但其"以纠纷管理权论作为正当当事人的选拔基准，是具有实践性及合理性的"③。可见，纠纷管理说是对纠纷标的管理说的发展，纠纷标的管理说还是实体法层面的概念，其功能主要体现在对处分权理论的突破，而纠纷管理说则已处在程序法层面，其以"诉讼行动说"摆脱了实体法的束缚，是一种独立于实体法学说的诉讼法学说，其实际的效果已经比较接近于诉的利益理论。④

3. 诉讼实施权与诉的利益

无论是处分权说还是管理权说，其对诉讼实施权依据的寻找都停留在实体法领域，然而，实体法为诉讼实施权提供权利基础的范围是有局限性的，实体法总是会存在这样或那样的漏洞和缺陷，而纠纷的发生是不以实体法的明文规定为转移的，当所发生的纠纷在实体法领域寻找不到诉讼实施权的依据然而该纠纷又不能不纳入诉讼轨道加以解决时，人们必须转移寻找纠纷解决的诉讼实施权的根源渠道，这个渠道就是诉的利益。诉的利益，是指根据每一个具体的诉讼请求的内容，来考量作出本案判决的必要性以及其实际上的效果（实效性），其中"诉的必要性"，指的是有无必要通过本案判决来解决当事人之间的纠纷；"诉的实效性"，指的是通过

---

① 参见汤维建主编：《民事诉讼法学》（第2版），北京大学出版社2014年版，第121页以下。
② 参见［日］伊藤真：《纠纷管理权再论》，《判例时报》第1181号，第77页。转引自［日］新堂幸司：《新民事诉讼法》，林剑锋译，法律出版社2008年版，第207页。
③ ［日］新堂幸司：《新民事诉讼法》，林剑锋译，法律出版社2008年版，第207页。
④ 纠纷管理说立足于诉讼上的实际行动，并通过该实际的诉讼行动借助纠纷管理这个概念的假定，赋予当事人以适格的权利基础，从而使之能够正当化地以当事人的名义实施诉讼行为并获得法院的实体性裁判，应该说，纠纷管理说已经脱离了实体法上的判断标准，具有了独立的诉讼法意义，而这样一种结果，客观上与后面所说的诉的利益具有异曲同工之妙。因为诉的利益也是立足于诉讼法上的概念而形成的，其着力点也在使当事人适格之判断从实体法的规定乃至解释中解放出来，因而纠纷管理说虽然借助传统管理说的思维方式，但其内容完全不同，而与诉的利益形成了实质等同的内在关联。

本案判决能否使纠纷获得解决的问题。可见，诉的利益是一个含义较为复杂的概念，与这里有关的问题乃是有无必要赋予当事人以诉讼实施权的问题。如果某特定纠纷需要赋予当事人以诉讼实施权，则其便被认为该当事人对该诉讼具有诉的利益。因此，与以处分权或管理权为诉讼实施权的权利基础有所不同的是，以诉的利益为诉讼实施权的权利基础需要司法审判的创造性裁量。通过法院对特定案件的具体审判和裁量，如果认为当事人对请求所保护的法律权益没有管理权或处分权，但当事人具有诉的利益，因而可赋予其诉讼实施权，该当事人仍被认为具有当事人适格，可以在诉讼中作为正当当事人对实体权益保护和生成的事实进行举证和论辩，从而获得法院有利的司法裁判，推动实体法的发展和完善，推动新型权利类型的生成和塑造。可见，诉的利益概念一导入诉讼法上，诉讼当事人的适格基础得到了大大的扩张，正当当事人的范围得到了极大地拓展，诉讼法对于实体法的能动作用也与此同时得到了彰显和强化。

诉的利益对当事人适格所具有的功能主要有二：一是补充性功能，通过诉的利益，在处分权和管理权之外拓展了当事人适格的范围；二是一般化功能，通过诉的利益，可在理论上将处分权、管理权等当事人适格的权利基础全部涵括到诉的利益范畴之中。前一个功能已有所论证，后一个功能之所以成为可能，乃是因为，从诉的利益之视角观察，对诉讼标的具有处分权或管理权者，必定被同时赋予诉的利益，因为基于处分权或管理权所提出的诉讼具有解决上的必要性和实效性，因而可认为，处分权或管理权本身就内含着诉的利益，从处分权或管理权推导出诉的利益乃是必然逻辑。这样一来，就可以将当事人适格的实体法上的依据和诉讼法上的依据予以统合化处置，将其纳入到诉的利益中加以集中化理论概括。这样得出的结论必然是，诉的利益成为当事人适格的统一化的权利基础（更准确的表达应为"权益基础"），其和当事人适格之间的关系便简单地变成：凡具有诉的利益者，必有当事人适格；凡当事人被认定为适格者，该当事人对该特定之诉必具有诉的利益。

综上可见，当事人适格的权利基础从实体法上的处分权和管理权发展到诉的利益，标志着当事人适格的权利基础从实体法领域转变为诉讼法领域、从多元化基础转变为单一性基础、从实定法的明定性转变为司法上的裁量性、从纯粹私法领域的诉讼转变为私益诉讼和公益诉讼的并存状态，当事人制度的诉讼功能发生了根本性的变化。

（五）当事人适格与否的判断及其处理

当事人适格与否需要法院加以判断，判断的标准已如前述。对当事人适格与否的判断，就其结果而言无非有二：一是判定当事人适格，诉讼继续向前运行，实体性司法裁判的结果将由法院给出；二是判定当事人不适格，这需要法院提前作出司法裁判，诉讼中实体性裁判结果无法产生。问题在于在当事人不适格时，法院应当如何提前作出裁判或作出其他适当处置。对于这个问题的回答，需要分两个层次进行，第一个层次是，根据当事人的意愿，当事人不适格是否可以通过当事人的更换加以补救；第二个层次是，如果当事人不同意对不适格的当事人进行更换，则法院该如何处理。

先说第一个层次的问题。如果当事人不适格，法院不是必须立即做出司法上的处置，而是可以通过当事人的更换使不适格的当事人退出诉讼，并同时引入适格的当事人，从而实现当事人从不适格到适格的身份转变。具体而言，当事人不适格有两种情形：一是原告不适格，二是被告不适格。原告不适格是指提起诉讼的原告错将自己当作正确的当事人而提起诉讼，但客观上以自己名义提起诉讼的原告并非正当的原告，从而发生了错列原告的情形。比如，某未成年人受到侵权伤害，其父母以自己的名义提起了侵权损害赔偿诉讼，而就正确的原告而言，应以该未成年人为原告，其父母只能作为法定诉讼代理人代理进行诉讼活动。原告发生错误，原告不适格该如何处理呢？这里首先运用到的诉讼原则是处分原则。被告因为原告的起诉而被引入诉讼，并且已经对诉讼进行了准备和答辩，诉讼程序的进行已经使被告获得了相应的诉讼利益，尤其是获得胜诉结果的期待利益，此时如果仅仅是对错误的原告进行更正，让错误的原告退出诉讼，使正确的原告进入诉讼，则必然会致使业已获得一定诉讼利益的被告前功尽弃，被告为了诉讼所付出的所有努力都将付诸东流，因此为了保护被告既得的诉讼利益，有必要在诉讼程序上设置一个征求被告意愿的环节，听取被告关于更换原告的意见。征求被告关于要否更换原告的意见，其结果也无非有二：一是被告同意更换不适格的原告，并同意由其认为适格的原告进入诉讼取代不适格的原告；二是被告不同意更换不适格的原告，此时原告的不适格问题便不得通过当事人相互之间的诉讼行为获得解决，法院出面解决原告不适格的问题已不可避免。在上述第一种情形下，不适格的原告得以被更换，适格的原告进入诉讼，原告不适格的当事人瑕疵由此获得治愈，诉讼程序继续前行。在第二种情形下，法院面临的问题是通过什么样的方式来解决原告不适格的诉讼障碍。在回答这个问题之前，先将第一层面当事人更换的问题介绍完毕。

前述关于原告不适格的更换问题的分析，也基本适用于被告不适格时的情形处理。比如，子公司欠钱不还，原告却告了母公司，此时被告便为不适格的被告，也就是原告错告了被告。对于不适格的被告也需要征求被告的意愿，根据其是否愿意退出诉讼而决定被告是否能够被更换。如果不适格的被告不愿意被更换，问题则留给法院司法裁判处置；如果不适格的被告愿意退出诉讼，原告则仅需将其所认为的适格被告引入诉讼即可，被告更换程序即此得以完成。不适格的被告通过当事人的更换程序加以解决，问题固不在话下。问题在于，如果该不适格的被告不同意退出诉讼，而坚持要法院作出司法裁判的处理结果，则法院该如何处理。这个问题与前述原告不适格的问题便被归结到了一起，成为：当事人不适格，法院该如何处理？

对于当事人不适格应如何处理这个问题的回答，与当事人适格的性质认定密切相关。当事人适格的性质认定，是指当事人适格究竟是诉讼成立要件还是权利保护要件。如果属于诉讼成立要件，则应认为当事人适格与当事人能力、诉讼行为能力一样，都属于程序事项；当事人如果不适格，则应当以诉不合法为理由作出不予受理诉讼或驳回原告起诉的裁定。如果当事人适格属于权利保护要件，则当事人不适格，法院应以原告之诉在实体上无理由作出驳回原告诉讼请求的判决。

究竟是用裁定抑或用判决解决当事人不适格问题，或者说，在理论上，究竟是将当事人适格看成是诉讼成立要件抑或看成是权利保护要件？这是一个极有分歧和争议的问题，两种观点皆有，两种做法并存。笔者的观点是，应当将当事人适格看作为权利保护要件，对于当事人不适格，法院应当用判决而不是用裁定作出处理，法院判决的结果应当就是驳回原告的诉讼请求。理由是：

1. 从判断标准来看，当事人适格的判断标准具有实体性质

无论是直接利害关系标准还是权利保护标准抑或诉的利益标准，其均是或本质上均是存在于实体法领域的判断标准，直接利害关系标准和权利保护标准自不待言，即便诉的利益标准，虽然其已进入到诉讼法层面而委诸法院加以裁量判断，但就其本质而言，诉的利益仍然属于实体法领域中的问题，因为诉的利益的最终功能在于补救实体法的欠缺与不足，并由此推动实体法的新陈代谢，所以，诉的利益是基于诉讼法层面的现象而观察到的实体法层面的实质。既然关于当事人适格的判断标准均源出于实体法，则当事人适格问题乃是一个实体问题而非程序问题，应是自明之理。既然当事人适格是实体问题而非程序问题，则将其归属于作为实体问题的

权利保护要件而非作为程序问题的诉讼成立要件便是合乎逻辑的必然结果。

2. 从要件事实的功能上看，当事人适格与其他实体性权利保护要件事实具有功能等同性

权利保护要件是主体要件、主观要件、客观要件和后果要件等相结合的要件体系，这些要件必须同时存在和具备，才能使当事人获得胜诉裁判，否则当事人只能接受败诉裁判。在这组合型的权利保护要件中，如果缺乏主体要件，则该要件体系就不够完整，尤其是，主体要件与其他要件处在密不可分的关系状态，如侵权损害赔偿诉讼中，过错是主观要件，对于过错的判断不能孤立地进行，而必须将其置于主体要件的关系中方能加以最终的判断，从而形成究竟谁之过错这样完整的事实陈述。因此，主体要件与过错、因果关系等要件实际上是无法分开考察的。比如，法院最终做出的被告不欠原告的款（借款的事实要件）和欠原告款的人并非被告（被告不适格）的判断有无本质上的区别呢？应当说二者实际上是一个意思。因此，应当将当事人适格归属于实体性权利保护要件事实的体系中。

3. 从能否成为举证责任的对象之角度看，当事人适格也应属于权利保护要件

权利保护要件与诉讼成立要件的一大区别就在于前者为当事人的举证责任之客体，后者为法院调查取证应依职权加以探知的客体，当事人适格与否，因为涉及案件的实体问题，显然应当由当事人负主张责任和举证责任，法院对此不负有调查取证之职责。比如，在违约之诉中，原告应举证证明被告即为合同相对方，被告因此是适格的当事人，被告即为合同相对方这一事实，显然不能交由法院依职权加以探知。然而，与此相对照，当事人能力以及诉讼行为能力则属于法院依职权调查之程序性事项。因此，如果当事人适格的事项未得到证明，或者当事人被认定为不具有适格性，则法院应当认为原告诉讼请求的权利保护要件有欠缺，应当判决原告败诉。

4. 从当事人适格的判断时间点上看，当事人适格应当属于权利保护要件

《民事诉讼法》第122条虽然规定原告起诉的条件之一便是原告与本案有直接利害关系，似乎应当在法院受理时予以查明和认定，然而，必须看到，在起诉和受理阶段，原告是否与本案有直接利害关系是无法查明的，原告是否与本案有直接利害关系，必须要经过案件的实体审判（也就是大陆法系国家普遍所说的"言词辩论"）方能查明和判断，因此在起诉时直接利害关系仅需要在形式上予以查明即可，也就是从原告起诉的语词表达上如果能够看出或判断出原告是为了自己的合法权益而诉讼，而不是为了他人的合法权益而诉讼，这就应被认定为起诉时原告具备了直接利害关系，被告只要明确，也具备了直接利害关系。因此，当事人适格的判断时点和程序阶段不可能是起诉受理阶段，而只能是法庭审理阶段，在法庭审理结束后，在法院作出最终的实体裁判时，法院方才对当事人适格问题作出最终的判断。① 从当事人适格的判断时间和程序阶段上看，其也只能被归属于权利保护要件之中，而不可被归类在诉讼成立要件之中，因为诉讼成立要件是权利保护要件获得法院判断的逻辑前提，其判断时点和程序阶段一定是在法院作出最终的司法裁判之前，尤其是应当在诉讼程序的起诉受理阶段，至少是在诉讼程序的前半段，而不可能延至最后法院作出实体裁判之时。

综上所述，无论是从当事人适格判断标准的实体性来说，还是从当事人适格的功能等同性来说，抑或从举证责任的对象以及法院判断的时间点和程序阶段来看，我们都能得出结论认为，当事人适格作为诉讼一要件，其不应被视为诉讼成立要件，而应被视为权利保护要件，在

---

① 对当事人适格的判断时点，就大陆法系国家立法例看，"言词辩论时说"是通行做法。王福华：《民事诉讼法学》（第2版），清华大学出版社2015年版，第126页。

其不具备时，法院应当判决驳回原告的诉讼请求，而不是裁定不予受理或驳回原告的起诉。

(六) 当事人适格的案例评析①

1. 基本案情

2007年11月，甲房产开发有限公司（以下简称甲公司）登记设立。为开发某市某房产的房地产项目公司，甲公司多次对外借款。2010年1月，因甲公司无力清偿债务，某市中级人民法院受理债权人对甲公司提出的破产申请。在乙发展有限公司（以下简称乙公司）提供5000万元破产重整保证金后，相关债权人于2011年5月撤回破产清算申请。2011年8月，某市丙投资企业（有限合伙）（以下简称丙企业）与甲公司、某市丁房产开发有限公司（以下简称丁公司）、陈某某、乙公司签订《投资合作协议》及补充协议，约定丙企业以2000万元受让丁公司持有的甲公司100%股权，并向甲公司提供1.48亿元委托贷款，甲公司以案涉国有土地使用权等为丙企业的债权投资提供担保，丁公司、陈某某、乙公司亦提供连带责任担保。

2011年8月9日，甲公司的股东变更为丙企业和陈某某，其中丙企业占股东出资额的99.9%。2011年8月10日，丙企业委托中国建设银行股份有限公司某分行将其1.48亿元款项借给甲公司，用于甲公司某项目运作和甲公司运营，甲公司和丁公司依约提供抵押担保。同日，1.48亿元委托贷款和2000万元股权转让款转入甲公司。款项到位后，2011年8月至2012年4月，为完成破产重整程序中债务清偿及期间发生的借款、担保等相关衍生事宜，甲公司依照合同约定及乙公司、债权人陈某乙等人指令，先后向丁公司、戊公司、己公司等多家公司转账，款项共计1.605亿元。

2012年11月1日，诸某某将其持有的对甲公司债权中的800万元转让给赵某某，并通知债务人。2012年11月5日，赵某某向某市人民法院起诉，要求甲公司归还欠款800万元，丙企业承担连带责任。

某市人民法院一审认为，丙企业是甲公司的绝对控股股东，其滥用公司法人独立地位和股东有限责任，对甲公司进行不正当支配和控制，且未将贷款用于房地产开发，其转移资产、逃避债务的行为严重损害公司债权人利益，应当对甲公司的债务承担连带责任，遂判决甲公司归还赵某某800万元借款，丙企业承担连带责任。丙企业不服，上诉至某市中级人民法院。二审判决驳回上诉，维持原判。丙企业申请再审，某省高级人民法院裁定驳回其再审申请。

2. 检察机关监督情况

围绕丙企业是否存在滥用公司法人独立地位和股东有限责任逃避公司债务的问题，检察机关依法调阅原审案卷，核实相关工商登记信息，并对本案关键证人进行询问，相关证据可以证实甲公司于2011年8月至2012年4月的对外转款均具有正当事由，而非恶意转移资产，逃避债务。某市人民检察院就本案向某省人民检察院提请抗诉。某省人民检察院经审查认为，丙企业并未支配控制甲公司的资金支出，在丙企业受让股权后，甲公司仍然由原股东丁公司派人进行管理，公司管理人员未发生变化；甲公司向丁公司等公司多次转款均具有明确用途，而非恶意转移资产；丙企业与甲公司、丁公司等企业之间不存在人员、业务、财务的交叉或混同。因此，终审判决认定丙企业利用法人独立地位和股东有限责任逃避债务，属于认定事实和适用法律错误。2016年11月25日，某省人民检察院依法向某省高级人民法院提出抗诉。2018年1月31日，某省高级人民法院作出（2017）民再116号民事判决，认定案涉委托贷款以及股权

---

① 深圳市丙投资企业（有限合伙）被诉股东损害赔偿责任纠纷抗诉案（检例第77号）。

转让款的对外支付有合理解释，现有证据不足以证明丙企业有滥用公司法人独立地位和股东有限责任逃避债务的行为，判决撤销一、二审判决有关丙企业对案涉债务承担连带责任的判项，驳回赵某某对丙企业提出的诉讼请求。

3. 法理评析

（1）当事人适格的实体法基础。程序法与实体法有着紧密的关联，一定意义上说，程序法就是实体法的延伸、折射和投影，二者始终要保持精神上的一致性和内容上的协同性。程序法和实体法的这种紧密关联性尤其表现在当事人领域，当事人适格与否的判断，其依据不在程序法，而在实体法。本案涉及当事人适格与否的判断，其关键点是丙公司是否对甲公司的对外债务承担连带清偿责任，而这一点又取决于丙公司作为甲公司占99.9%股权的控股股东，是否落入公司人格否认制度的规范项下，这成为本案的争议焦点。反映到诉讼法之中，本案的正当当事人究竟是甲公司一个还是也包括丙公司，丙公司是否为本案的正当当事人，这又决定于丙公司是否需因公司人格否认而承担连带清偿责任。本案检察机关紧紧抓住了这一争议焦点，立足从实体法上深挖赖以进行法律监督的法律依据，如果在实体法（公司法）上能够确认甲公司和丙公司没有发生公司人格混同情形，则丙公司就不属于本案的正当当事人，法院将其作为正当当事人判决其承担连带清偿责任就存在错误，检察机关精准地把握住了对本案进行法律监督的法律支点和操作突破口。

（2）以实体法为依据，与指导性案例相对照，寻找法律监督的立足点。本案法律监督的立足点是，公司法是如何规定公司人格否认制度的，最高人民法院的指导性案例对公司人格否认制度的适用提出了什么样的具体化标准；对照本案，本案的案情要素和特征要点是否与公司法的精神吻合以及是否与最高人民法院的指导性案例相一致。检察机关通过上述分析步骤，最终得出结论认为，本案不能适用公司人格否认制度，丙公司不宜成为本案的正当当事人。具体分析如下：首先看《公司法》第20条的规定："公司股东应当遵守法律、行政法规和公司章程，依法行使股东权利，不得滥用股东权利损害公司或者其他股东的利益；不得滥用公司法人独立地位和股东有限责任损害公司债权人的利益。公司股东滥用股东权利给公司或者其他股东造成损失的，应当依法承担赔偿责任。公司股东滥用公司法人独立地位和股东有限责任，逃避债务，严重损害公司债权人利益的，应当对公司债务承担连带责任。"检察机关根据该条规定，认为公司人格否认制度虽然在公司法中是存在的，但其适用条件非常严格，对公司法人格的否认需要秉持严格、谨慎、慎重的态度，而不得以似是而非、模棱两可的模糊态度，造成公司人格否认制度的扩大化适用，否则将会动摇公司法的有限责任基础，造成实践中追责秩序的紊乱，损害利害关系人的合法权益。检察机关透过现象看本质，在纷乱的案情中，抽丝剥茧，理出了公司法人格否认的"三要件"，即人员混同、财产混同、经营混同。在对立法内容和司法精神予以切实把控的基础上，对照指导性案例，便不难发现本案与指导性案例存在实质性的区别。将本案与最高人民法院指导案例15号"徐工集团工程机械股份有限公司诉成都川交工贸有限责任公司等买卖合同纠纷案"相对照，即可发现二者之间存在实质差异。该指导案例在裁判要旨中指出：川交工贸公司与川交机械公司、瑞路公司人格混同。一是三个公司人员混同，三个公司的经理、财务负责人、出纳会计、工商手续经办人均相同，其他管理人员亦存在交叉任职的情形，川交工贸公司的人事任免存在由川交机械公司决定的情形。二是三个公司业务混同，三个公司实际经营中均涉及工程机械相关业务，经销过程中存在共用销售手册、经销协议的情形；对外进行宣传时信息混同。三是三个公司财务混同，三个公司使用共同账户，以王某礼的签字作为具体用款依据，对其中的资金及支配无法证明已作区分；三个公司与徐工机械公司之间的债权债务、业绩、账务及返利均计算在川交工贸公司名下。因此,三个公司之间表征人格的因素(人员、业务、财务等)高度混同,导致各自财产无法区分,已丧失独立人格,构成人格混同。相对照不难看出,本案丙公司与甲公司并不存在上述"三同"现象,因而不构成公司人格混同,不能适用公司人格否认制度。

(3)判决驳回诉讼请求。本案经过检察院的法律监督,法院改判驳回了针对丙公司承担连带责任的诉讼请求,驳回原告诉讼请求的理由无他,就是丙公司不属于本案的正当当事人,因而无须承担连带法律责任。这种用判决驳回诉讼请求而不是用裁定驳回起诉的做法值得肯定。本案清晰地显示出,当事人不适格与当事人适格时起诉无理由本质上并无二致,因而用判决驳回原告的诉讼请求是正确的。

第二节 共同诉讼基本法理

一、共同诉讼的概念及其特征

一般而言,民事诉讼以一对一的形式较为普遍,也就是一个原告对一个被告进行单打独斗式的诉讼是诉讼中的常态,然而,随着纠纷形态的日趋复杂化,诉讼中也会出现多个原告对一个被告或一个原告对多个被告或多个原告对多个被告的形态,这种诉讼形态因为一方或双方当事人人数在2人或2人以上,理论上和立法上就给它们起了一个专门的名称"共同诉讼"。之所以称这种诉讼为共同诉讼,是因为人数较多的一方当事人必须在诉讼中采取共同的行动,而不得各行其是,仿佛他们的手脚被捆绑在一起;如果人数较多的一方当事人各行其是,则诉讼程序必乱了阵脚,共同诉讼的调子也难以奏成,因此,共同诉讼就其本质而言乃是人数较多的一方当事人或双方当事人在诉讼中必须采取共同的诉讼行为、共同推进诉讼的诉讼形态。共同诉讼相对于简单的诉讼也就是单一诉讼而言,因为其复杂性而被称为复杂诉讼[①]。

从理论上说,共同诉讼在概念上渊源于诉的合并制度。诉的合并制度是共同诉讼的上位概念,正是因为有了诉的合并制度,共同诉讼制度才有存在的可能性。诉的合并制度,指的是在诉的构成要素中,其中有一个或多个因素为两个或两个以上立法许可其在同一个诉讼程序中一并加以解决的诉讼制度。由于诉具有当事人、诉讼标的和诉讼理由三个构成要素,而这三个构成要素均有可能在两个或两个以上,从而形成了复合形态。由于当事人是诉的主观要素,而诉讼标的和诉讼理由是诉的客观要素,因而,当事人为复数或多数时,称之为诉的主观合并;诉讼标的或诉讼理由为复数或多数时,称之为诉的客观合并;当事人和诉讼标的或诉讼理由均为复数或多数时,则称之为诉的混合合并。诉的主观合并反映到诉讼形态上,其中一种表现即为共同诉讼,除共同诉讼外,群体诉讼也是诉的主观合并之诉讼形态。

由上可见,共同诉讼,乃是当事人一方或双方在2人或2人以上但同时没有达到群体诉讼之规模的诉的主观合并形态。据此定义,可知共同诉讼的主要特征如下:

(1)共同诉讼是一种诉的合并形态,属于复杂之诉。
(2)共同诉讼的一方或双方当事人在2人或2人以上。
(3)共同诉讼的人数规模没有达到群体诉讼的程度。

[①] 复杂诉讼除共同诉讼外,还有第三人诉讼、群体诉讼等,这里仅指共同诉讼。

(4) 当事人在共同诉讼中必须共同行动，法院必须共同裁判。

二、共同诉讼的发展简史

民事诉讼具有漫长的历史，可以说，民事诉讼的历史与人类社会国家制度的发展历史同样古老，但作为民事诉讼的一种形态的共同诉讼，却并不是从来就有的，民事诉讼制度的发展历史上，长期存在的只是一对一的单一诉讼，而当事人一方或双方为2人以上的共同诉讼却仅有相对短暂的历史。

据考证，在古罗马法上，我们所能见到的只有单一型诉讼，而没有现在常见的复合型诉讼，共同诉讼在罗马法的词典中不能找到。到了欧洲中世纪（始于公元476年西罗马帝国灭亡，结束于1492年哥伦布发现了美洲），人们发现，无论是在大陆法国家还是在英美法国家，其共同诉讼都因为当事人人数增多会导致诉讼复杂化而被拒绝，综观整个欧洲中世纪的民事诉讼法，其程序法的形式极为简单，只有单一的原告、单一的被告以及单一的诉讼标的会被认可，而超出此范围的复杂诉讼一概处在被否定的状态。

早期的日耳曼法中，团体的观念特别发达，甚至影响了诉讼的方式。例如，某些诉讼并不是单个人能够进行的，对于团体的权利，必须由该权利的总有人或合有人一起提起，诉讼才能进行，否则当事人就不适格。[①] 开始于19世纪初的德国普通法时代，在其初期，共同诉讼以及诉的客观合并等复杂诉讼形态仍被否定，此时只允许进行共同的团体诉讼，也就是说，仅仅承认多数人作为一个团体或整体而在诉讼中具有单一的诉讼主体地位，团体或整体的各个成员则不得独立进行诉讼，这在司法实践中带来了一定的困难，团体中只要有人不愿意参加诉讼或者属于下落不明人，则诉讼无法进行。从德国普通法中期开始，民事诉讼制度逐步完善，团体型的共同诉讼开始突破团体的范围，认为只要民事权利义务的主体之间在诉讼标的上具有共同性，则允许将多数的权利义务关系主体予以合并处理，从而形成现在所见到的必要共同诉讼。必要共同诉讼是首先出现的共同诉讼形态，此后诉讼制度逐步允许在诉讼标的属于同种类的情形下，多数的当事人之间虽然不具有共同的权利义务关系，但也允许合并进行，这就是现在所见到的普通共同诉讼。[②] 至此，一个渊源于个别诉讼但又迥异于个别诉讼的共同诉讼制度正式宣告诞生。

三、共同诉讼的制度价值

共同诉讼的制度价值指的是民事诉讼法为何要确立共同诉讼制度，其理论根据何在。从前述关于共同诉讼的产生和发展简史上，我们可以看出，共同诉讼作为一个独立存在的制度，在民事诉讼法发展的相当长的历史时期内，都是遭到立法者们排拒的，其原因主要在于共同诉讼加剧了诉讼的复杂性，使民事诉讼的管理变得更为困难，因而不如将共同诉讼予以分解，化为单一诉讼进行分别处置。然而，后来的民事诉讼制度发展历史表明，共同诉讼制度作为一种必

---

① 参见肖建华：《民事诉讼当事人研究》，中国政法大学出版社2002年版，第195页；李祖军：《民事诉讼法·主体篇》，厦门大学出版社2005年版，第134页。
② 参见江伟主编：《民事诉讼法》，高等教育出版社2000年版，第113页。关于共同诉讼制度的产生顺序，在罗马法系，乃先有普通共同诉讼，后有类似的必要共同诉讼，最后产生的是固有的必要共同诉讼；然而，在日耳曼法系则相反，其首先产生的是固有的必要共同诉讼，其次产生的是类似的必要共同诉讼，最后产生的则是普通共同诉讼。杨建华等：《就若干诉讼实例谈民事诉讼法第五十六条第1项的适用》，载《民事诉讼法之研讨》（二），台湾民事诉讼法研究基金会1998年出版，第104页。

然的趋势,在民事诉讼法中不仅产生了,而且日具体系化并催化了更为复杂的诉讼制度的产生和发展,民事诉讼当事人制度由此臻于完善。考察共同诉讼制度的产生原因,立法者不外乎看重了以下共同诉讼制度的内在价值。

(一)共同诉讼有助于实现民事实体法的立法价值和制度宗旨

实体法在形成完整的体系后,便对诉讼法发出了一个基本的要求,这便是诉讼法要有助于实体法的实现,实体法的实现有赖于诉讼法的工具性更新。回顾历史,之所以在古罗马法时期以及此后的欧洲中世纪缺乏共同诉讼制度,深层的原因其实不在诉讼法层面,担忧导入共同诉讼会加重诉讼程序的烦琐性仅仅是立法者和司法者排斥共同诉讼的表象原因,真正的原因还在于实体法并无催生共同诉讼制度的内在需求,共有财产制度未得到认可,合伙等团体制度也未进入人们的生活领域,一句话,实体法上内在地需要有共同诉讼与之相匹配者甚少甚至根本没有,这样的话,在诉讼法层面,如果要考虑共同诉讼,那也只有现在所说的普通共同诉讼,这是一种为合并而合并的共同诉讼,其产生完全是为了诉讼的便利和高效,并同时防止发生司法裁判之间的龃龉和冲突,而在诉讼并未爆炸的时代,共同诉讼制度的此种现实需求并不迫切,相反,共同诉讼的程序繁杂性这一弊端,则被立法者和司法者无限放大,因此,在实体法发展的初级阶段,共同诉讼制度的产生并不具有必然性,其道理便显而易见了。然而,实体法的发展步伐并没因为共同诉讼制度的阙如而放慢脚步,相反,为了适应日趋复杂化的民事社会生活的需要,民事实体法关于必须要有共同诉讼制度与之相配套的一系列制度相继产生了,其中财产共有制度和连带责任制度就是适例,共同侵权制度、财产继承制度、公司法律制度等的渐次形成,也内在地呼唤民事诉讼立法拓展视野,更新诉讼形式,完善当事人制度,容纳共同诉讼形态,促进诉讼程序服务于民事实体法的基本功能的升级换代。可见,实体法决定着诉讼法,共同诉讼制度的产生,最为深刻的原因就是为了适应实体法的发展,并能动地推动实体法的不断完善,从而确保实体法的制度目的之完整实现和实体法律秩序的新陈代谢。

(二)共同诉讼有助于纠纷的一次性解决,符合诉讼经济原则

民事纠纷林林总总,有的纠纷相互割裂,并无内在关联;有的纠纷则相互之间有着这样或那样的内在联系,对于这种有内在联系的复数或多数民事纠纷,如果也像并无内在关联的民事纠纷一样,分别地加以司法解决,则难免会使诉讼程序有重复之虞,从而造成诉讼资源的浪费。为了使这种有关联性的民事纠纷能够相对集中地加以司法处置,民事诉讼制度中逐渐形成了纠纷一次性解决的理念和原则,并据此原则形成和完善了诸多相关的诉讼制度,共同诉讼制度就是其中的一个。通过共同诉讼制度,将那些紧密联系型、半紧密联系型、松散联系型的多个关联纠纷纳入统一的诉讼程序之中加以一次性、一体化解决,这样就有助于各种相关联的纠纷之间能够分享具有共性部分的诉讼程序,同时在事实主张、证据声明、法庭辩论、法律适用论点等方面能够实现共享共有共通,从而使诉讼程序能够产生出同频共振、同步前行、相互启迪、相互协同、相互助推等边际诉讼效应,并由此减少重复性的事实陈述、举证活动、法律观点论证等诉讼活动,化分散性诉讼程序为集约性诉讼程序,使诉讼程序在外延保持不变的前提下,丰富其内涵,强化其功能,将关联性纠纷在同一的诉讼程序中一举加以解决,充分彰显诉讼经济原则的基本诉求。

(三)共同诉讼有助于防止法院作出矛盾裁判,从而有助于保障司法的统一性和司法的权威性

统一司法、同案同判、类似案件作出类似处理乃是民事诉讼程序公正性和权威性的必然要

求,这一目标有赖于民事诉讼制度的系统化构建和一体性推进,共同诉讼制度就是达到这一目标的有力有效常规工具。通过共同诉讼制度,将具有关联性并相互之间有高度相似性的民事纠纷集中起来统一解决,共同诉讼的各个组成部分在同一个诉讼程序中并肩齐行,相互之间的司法解决会产生一种比附效应,同时各个诉讼纠纷之间也会产生一种程序间的监督和制约,使各个诉讼程序基本保持同步调发展并一起走向诉讼程序的终点站;多种关联诉讼程序的这种同方向、同层次、同力度、同节奏的并联性发展和推进,有助于各个司法裁判之间的协调一致,矛盾裁判的可能性被降到最低。

(四)共同诉讼有利于司法便民

在司法实践中,有许多民事纠纷,标的额小,利益分散,如果提起诉讼,将会面临着举证困难、诉讼行为能力不足、司法知识欠缺、参与诉讼的氛围不浓等现实困难,诸多难题聚合起来会使当事人失去提起诉讼维权的内在能动性,工于计算的纠纷主体往往会临讼而止步,这样一种懈怠诉讼的心态不利于司法功能的充分发挥,为此有必要在诉讼制度上设置消除此种诉讼障碍、解除诉讼束缚的诉讼机制,共同诉讼制度就是其中一种。通过共同诉讼制度,使纠纷主体能够借助诸如主张共通原则、举证共通原则、辩论共通原则等便利诉讼的资源,解除其提起诉讼和参与诉讼的顾虑,减轻其诉讼压力。同时,共同诉讼制度也有一种抱团取暖的司法效应,借诸这种效应强化提起诉讼和参与诉讼的共同诉讼人之间的司法凝聚力,从而强化共同诉讼的胜诉者力量,使单独进行诉讼胜算较低的状态转变为共同进行诉讼胜算较高的状态,由此使便民司法在诉讼制度的实质层面得到彰显。

四、共同诉讼的分类

共同诉讼是民事诉讼中的复杂现象,无论是民事诉讼立法抑或民事诉讼的司法实践,对共同诉讼进行制度构建及其适用,其重点也是制度的出发点乃在于厘清共同诉讼的种类,并根据其不同的种类进行不同的立法调整和司法适用,因此,对共同诉讼进行类型化考察,便成为其制度构建中的逻辑起点。

《民事诉讼法》第55条第1款规定:"当事人一方或者双方为二人以上,其诉讼标的是共同的,或者诉讼标的是同一种类、人民法院认为可以合并审理并经当事人同意的,为共同诉讼。"依此规定,可将我国民事诉讼中的共同诉讼分为必要共同诉讼和普通共同诉讼两种类型。

第三节 必要共同诉讼(一):固有的必要共同诉讼

一、必要共同诉讼概述

必要共同诉讼,是指当事人一方或双方在2人以上,同时又没有达到代表人诉讼的人数规模,其诉讼标的具有共同性,人民法院必须合并进行审理和裁判的共同诉讼。据此定义,可将必要共同诉讼的特征解析如下。

(一)必要共同诉讼是当事人一方或双方在2人以上但其人数规模又没有达到代表人诉讼的程度的复合民事诉讼

这其实是共同诉讼的共通性特征,普通共同诉讼也具有此特征,在这里之所以将该人数特征也列入其中,主要是从特征体系和完整性这个角度着眼的。值得注意的是,如果共同诉讼人数规模过大,以至于达到了共同诉讼制度所不能容纳的程度,共同诉讼制度发展到其边界线,以致发生制度性质变,一跃而变成另一个复杂性诉讼制度,此即代表人诉讼。共同诉讼与代表人诉讼既有联系也有区别,人数规模大小不一,应当是二者之间区分的明显标志。正因如此,在共同诉讼的定义中,包括必要共同诉讼在内,也要将人数在 2 人以上 10 人以下(我国代表人诉讼的人数底线)这一点体现出来,否则就会混淆共同诉讼与代表人诉讼之间的界限。

(二)必要共同诉讼的诉讼标的是共同的

诉讼标的是指诉讼中基于当事人的诉讼请求而出现和存在并需要人民法院行使审判权加以判断的客体或对象。诉讼标的有新旧二说之分野,按照旧说,诉讼标的指的就是法院裁判的实体法上的请求权;按照新说,诉讼标的指的是诉讼请求(诉之声明)或诉讼请求和纠纷事实的结合体。笔者认为,诉讼标的理论无论是采取旧说还是新说,都不影响必要共同诉讼之诉讼标的具有共同性的特征分析。比如,采一分支说,诉之声明为诉讼标的,原告甲提出一个诉之声明,原告乙提出一个诉之声明,如果两个诉之声明是相同的,则为必要共同诉讼;采二分支说也是如此。因此,这里还是基于传统诉讼标的理论对此加以分析和阐述。

在必要共同诉讼中,对"诉讼标的是共同的"这一要件的理解和阐释在我国采取广义说,其包括两种形态。其一,诉讼标的是同一的。这主要是根据实体法的规定,无论当事人有多少,只要其主张的法律权益在实体法上具有一体性,则他们在诉讼中所提出的诉讼标的必然是单一的,整个庞大的诉讼中,无论当事人之间的关系如何纵横交错,他们进行诉讼所指向的诉讼标的却只有一个,因而,对于这类诉讼立法上只有必要共同诉讼一条路可走,如果分开进行诉讼或分开进行裁判,则诉讼根本无法进行,裁判也无法作出。举例言之,在财产共有制关系中,对同一财产权利人可能会有很多,他们就同一财产提出的诉讼或者被他人提出的诉讼只能是一个,而不能是多个,如财产共有人之一提起财产所有权的确认之诉,其他的财产共有人也必须参加到诉讼中来,成为共同原告,否则,当事人就不适格,法院就要依职权追加当事人。继承案件也是如此,将所有主张继承权的人或就继承遗产发生争议的人合在一个诉讼中加以解决,就是基于继承法上的继承关系的合一性或同一性特点,因为如果分开诉讼和分开裁判,难免会出现继承法律关系无法在任何一个单一诉讼中加以判断和解决的困境。

其二,诉讼标的具有连带性。与诉讼标的具有同一性不同,诉讼标的具有连带性是指在必要共同诉讼中诉讼标的不是单一的,而具有多个诉讼标的,只不过这多种诉讼标的之间的关系非常紧密,以至于无法将其分开进行诉讼和裁判。典型的例子就是担保法上的连带性担保法律关系,债权人起诉担保人,必须同时起诉主债务人,否则担保法律关系的基础事实无法查明,同时基于担保法律关系所产生的权利义务就无法实现。在这样的诉讼中,诉讼中存在的诉讼标的既包括债权人诉主债务人所基于的基础债权债务关系,也包括债权人诉担保人所基于的担保法律关系,前者为主法律关系,后者为从法律关系,无论法律关系是主或从,其在诉讼中作为诉讼标的则均具有相对的独立性,但又由于这两种法律关系必须同时加以判断,否则无法单纯就担保法律关系作出裁判,因此,这两种法律关系作为诉讼标的具有连带性,形成了诉讼标的之不可分的紧密关系,因而,其相关纠纷必须纳入统一的诉讼程序加以解决,这就形成了必要共同诉讼的状态。可见,因诉讼标的连带型所产生的必要共同诉讼,从诉的合并来说,其既是诉讼主体的合并,也是诉讼客体的合并,实为诉讼的混合合并形态,这一点与诉讼标的具有同一性而仅仅属于诉讼主体合并的必要共同诉讼形成了区别。需加指出的是,诉讼标的具有连带性所形成的必要共同诉讼,与诉讼标的具有同一性所形成的必要共同诉讼还有一点不同在于,诉讼标的具有同一性完全取决于实体法的明文规定，与所发生的案件事实无关，而诉讼标的具有连带性，则不仅产生于实体法的明文规定，如作为共同被告的合伙人之间的连带责任，而且还有可能产生于同一个法律事实，如共同侵权人所实施的共同危险侵权行为，由于不知道谁是真正的侵权人，原告只有将所有的共同侵权人作为共同被告诉诸法庭，此时所产生的必要共同诉讼，便是基于同一个法律事实所产生的。基于同一个法律事实所产生的必要共同诉讼，共同诉讼人之间的实体法律关系不是前在地存在于实体法的规定之中，而是后发地产生于纠纷事实之中。鉴于此，理论上有观点将前者称之为权利义务共同型必要共同诉讼，将后者称之为原因共同型必要共同诉讼。①

（三）必要共同诉讼属于不可分之诉

必要共同诉讼中的"必要"二字，说的是这种共同诉讼不是可以合并就合并、分开就分开的，而是必须要合并进行的，如果分开进行就会导致实体和程序上两方面的风险：实体上的风险是，法院不可能就完整的实体法律关系作出裁判，而只能就该整体法律关系的某个片段或某个侧面作出裁判，而这种裁判要么无法作出，要么作出后会损害其他人的合法权益。比如，三个合伙人对某一房屋共同共有，后因该房屋被人非法侵占而发生争议，在该争议中，如果只有其中一个或两个合伙人提起损害赔偿之诉，则另一个合伙人的权益必然受损，因此，法院必须要对三个合伙人同时作出裁判。程序上的风险是，如果仅有部分当事人起诉或被诉，则会导致当事人的不适格，法院将有可能会因当事人不适格而难以进一步推进诉讼程序，从而使诉讼程序遭遇障碍。

（四）必要共同诉讼的范围是有限的

必要共同诉讼在范围上与普通共同诉讼有根本的区别。对普通共同诉讼而言，其范围是无限制的，只要符合普通共同诉讼的构成要件，均可被司法认可为共同诉讼的形态。然而，必要共同诉讼是有限的，其范围的有限性是由其种类的法定性所决定的，前述已表明，无论是诉讼标的具有同一性的必要共同诉讼还是诉讼标的具有连带性的必要共同诉讼，它们之所以能够以必要共同诉讼的形态出现，根本原因是其诉讼标的的这种特殊性所决定的，但其表象上的原因都是因为它们具有法律的明文规定性，如果没有法律明文规定作为依据，则所谓必要共同诉讼是无法产生的，换言之，必要共同诉讼的存在不是取决于司法裁量的原因，也不是取决于当事人自愿选择的结果，而是取决于立法上的明确要求。所以，与普通共同诉讼主要是由于诉讼法上的原因所致不同，必要共同诉讼主要是由于实体法上的原因所致，必要共同诉讼是实体法的规定在诉讼法上的直接投射，更为根本地说，必要共同诉讼就其本质而言乃是实体法上的制度，而不是诉讼法上的制度，诉讼法只不过将实体法上的必要共同诉讼制度予以直观的反映而已。这告诉我们，必要共同诉讼在司法实践中不得随意做出扩大化解释和扩张性适用，其是否能够作为必要共同诉讼对待，必须要拿出实实在在的实体法上的依据。

二、固有必要共同诉讼的适用范围

如前所述，必要共同诉讼的适用范围具有有限性的特点，其适用范围的有限性根源于其法

---

① 该观点认为，可以将必要共同诉讼分为两种基本类型：（1）权利义务共同型必要共同诉讼，即共同诉讼人之间本身对作为诉讼标的的实体法律关系有着共同的权利义务；（2）原因共同型必要共同诉讼，即共同诉讼人之间原本并不存在任何共同的权利义务关系，只是因为同一事实或法律上的原因，才使他们之间有了共同的权利义务。王福华：《民事诉讼法学》（第2版），清华大学出版社2015年版，第136页。

律的明定性,只有实体法有明文规定的必须通过必要共同诉讼来进行的诉讼,方能作为必要共同诉讼将其付诸实施。① 然而,实体法对于必要共同诉讼的适用毕竟不能予以直接地规定,而只能依其实体法的立法逻辑将必要共同诉讼的适用必要性蕴含于其中,将实体法的规定转化为必要共同诉讼必须要借助法律解释这个桥梁,因此,司法解释和学理解释在其中发挥了重要的概念明晰化的作用。以下仅根据最高人民法院的司法解释,就必要共同诉讼的适用范围做一简要介绍。

（一）个体工商户诉讼

《民诉法解释》第59条规定:"在诉讼中,个体工商户以营业执照上登记的经营者为当事人。有字号的,以营业执照上登记的字号为当事人,但应同时注明该字号经营者的基本信息。营业执照上登记的经营者与实际经营者不一致的,以登记的经营者和实际经营者为共同诉讼人。"据此规定,当事人若以登记的经营者和实际经营者为共同诉讼人提起诉讼,则为必要共同诉讼（固有的）。

（二）合伙人诉讼

《民诉法解释》第60条规定:"在诉讼中,未依法登记领取营业执照的个人合伙的全体合伙人为共同诉讼人。个人合伙有依法核准登记的字号的,应在法律文书中注明登记的字号。全体合伙人可以推选代表人;被推选的代表人,应由全体合伙人出具推选书。"据此规定,未依法登记领取营业执照的个人合伙的全体合伙人如果作为原告,则为共同原告人;如果作为被告,则为共同被告人。无论个人合伙人是共同原告抑或共同被告,其诉讼形态均为必要共同诉讼（固有的）。

（三）法人分立诉讼

《民诉法解释》第63条规定:"企业法人合并的,因合并前的民事活动发生的纠纷,以合并后的企业为当事人;企业法人分立的,因分立前的民事活动发生的纠纷,以分立后的企业为共同诉讼人。"据此规定,企业法人合并的,因合并前的民事活动发生的纠纷,以合并后的企业为当事人,由此所构成的诉讼为单一诉讼;企业法人分立的,因分立前的民事活动发生的纠纷,以分立后的企业为共同诉讼人,由此构成的诉讼为必要共同诉讼（固有的）。

（四）继承诉讼

《民诉法解释》第70条规定:"在继承遗产的诉讼中,部分继承人起诉的,人民法院应通知其他继承人作为共同原告参加诉讼;被通知的继承人不愿意参加诉讼又未明确表示放弃实体权利的,人民法院仍应将其列为共同原告。"继承遗产的诉讼只要继承人在3个或3个以上则其所构成的必然是必要共同诉讼（固有的）。因为继承人如果仅仅为2人,则它们之间关于遗产继承的诉讼所形成的是一对一的格局,不构成共同诉讼;但若继承人在3人以上,则继承人之间所发生的继承遗产的纠纷,除有可能会发生第三人诉讼外,必然有一方为2人以上,由此所构成的诉讼结构必然为必要的共同诉讼。此时,法院应当依职权追加其他未参加诉讼的继承人参与诉讼,视其诉讼立场,分别将其列为共同原告或共同被告（而不是仅仅只有共同原告

---

① 由于必要共同诉讼分为固有的必要共同诉讼和类似的必要共同诉讼两种类型,其适用范围各有不同,后面还要就类似的必要共同诉讼之适用范围进行探讨,为避免重复,这里先就固有的必要共同诉讼之适用范围进行阐述。

一种选择①），被通知的继承人不愿意参加诉讼又未明确表示放弃实体权利的，仍然列为共同原告或共同被告。

（五）共有人诉讼

《民诉法解释》第72条规定："共有财产权受到他人侵害，部分共有权人起诉的，其他共有权人为共同诉讼人。"共有人诉讼分两种情形：一是共有人为原告的情形，二是共有人为被告的情形。该司法解释没有同时指出这两种情形似有欠缺。如果共有财产遭到他人侵害，仅有部分共有权人起诉的，应将其他共有权人列为共同原告，此时构成的是必要共同诉讼；如果因共有财产与他人发生争执，他人作为原告起诉部分共有人的，应将其他共有权人列为共同被告，此时构成的是必要共同诉讼。就其性质而言，这两种共同诉讼均为固有的必要共同诉讼，当事人必须合一起诉或被诉，法院必须合一裁判。

（六）婚姻无效诉讼

《民法典婚姻家庭编司法解释》第9条规定："有权依据民法典第一千零五十一条规定向人民法院就已办理结婚登记的婚姻请求确认婚姻无效的主体，包括婚姻当事人及利害关系人。其中，利害关系人包括：（一）以重婚为由的，为当事人的近亲属及基层组织；（二）以未到法定婚龄为由的，为未到法定婚龄者的近亲属；（三）以有禁止结婚的亲属关系为由的，为当事人的近亲属。"第15条规定："利害关系人依据民法典第一千零五十一条的规定，请求人民法院确认婚姻无效的，利害关系人为原告，婚姻关系当事人双方为被告。"据此规定，近亲属等提出请求宣告婚姻无效诉讼的，应当以夫妻双方为共同被告，当事人才具有适格性，由此所形成的诉讼为必要共同诉讼（固有的）。② 同理，养父母或成年养子女为解除收养关系而提起诉讼时，养父母应当是共同原告或共同被告，此时所构成的诉讼也是必要共同诉讼（固有的）。

需要探讨的是监护人诉讼。《民诉法解释》第67条规定："无民事行为能力人、限制民事行为能力人造成他人损害的，无民事行为能力人、限制民事行为能力人和其监护人为共同被告。"据此规定，在无民事行为能力人、限制民事行为能力人造成他人损害所导致的损害赔偿诉讼中，似乎必须要将无民事行为能力人、限制民事行为能力人和其监护人列为共同被告，由此形成固有的必要共同诉讼。然而，衡之以民事实体法的规定，司法解释的此一规定未必是确论。《民法典》第1188条规定："无民事行为能力人、限制民事行为能力人造成他人损害的，由监护人承担侵权责任。监护人尽到监护职责的，可以减轻其侵权责任。有财产的无民事行为能力人、限制民事行为能力人造成他人损害的，从本人财产中支付赔偿费用；不足部分，由监护人赔偿。"由此可知，无民事行为能力人、限制民事行为能力人造成他人损害的，只需列监护人为被告即可，由此形成的并非共同诉讼，更非固有的必要共同诉讼，而是单一诉讼。③ 因此，如果依照实体法上的归责原则，可直接将监护人作为当事人，没有必要将无民事行为能力

---

① 列为共同被告的情形比如：在家的兄弟二人已经将遗产分割完毕，此时在外的第三个兄或弟闻知消息，交涉不成，向其中一个兄弟提起遗产继承诉讼，另一个未被起诉的兄弟应当被列为共同被告，而不是共同原告。因而，该司法解释仅规定列为共同原告一种情形，似不够周延。

② 本规定中也包含类似的必要共同诉讼，据此规定，如果有两个或两个以上的适格主体提起确认婚姻无效之诉，则该数主体皆为共同原告，所形成的诉讼为必要共同诉讼（类似的）。因此，在该类诉讼中，则形成了对原告而言是类似必要共同诉讼，对被告而言是固有的必要共同诉讼的混合形态。

③ 当然，如果监护人为复数，如父母皆为监护人，则列父母为共同被告，由此构成的是必要共同诉讼，但这一必要共同诉讼是同一水平线上的必要共同诉讼，而不是跨层次的必要共同诉讼。

人、限制民事行为能力人和监护人作为共同被告,徒增诉讼的复杂性,不利于权利的救济。[1]

以上所列举的主要是根据司法解释的规定对必要共同诉讼的存在形态及其案件类型所做出的例证式的介绍,事实上,从民事实体法的规定看,必要共同诉讼的形态及其案件类型还有很多,这些均有待于司法实践中进一步在适用时予以具体化解释,从而使之获得正确运用。然而,无论如何,这里尚需强调的一点是,必要共同诉讼一定是根据实体法形成的,诉讼法本身并无创设必要共同诉讼的权能。

三、固有必要共同诉讼人的行为模式

必要共同诉讼制度中有一个较为特殊的问题为其他的共同诉讼制度所没有,这就是其所谓的内部关系问题。也就是说,必要共同诉讼的人数较多的一方当事人,其不仅要发生外部关系,而且要发生内部关系,因此,我国学理上相沿成说的一个重要的理论命题便是必要共同诉讼人之间的内部关系。然而这种"内部关系说"理论存在偏颇性,表现在必要共同诉讼人之间不仅有内部关系,还有外部关系,而且后者较之前者更为重要,因而单纯的探讨和描述必要共同诉讼人之间的内部关系,不能全面地刻画出必要共同诉讼人在诉讼中所实施的诉讼行为之全貌,而仅能及于其某些侧面,从而失去了理论的全面性。尤为重要的是,所谓必要共同诉讼人之间的内部关系显得过于抽象,不如直接针对必要共同诉讼人所可能实施的诉讼行为进行类型化描述,从而为每一类型的诉讼行为设定诉讼规则,这样有利于民事诉讼立法和司法对必要共同诉讼进行全面的规范和调整。本此考虑,笔者拟从行为模式的角度,对必要共同诉讼人之间的行为类型进行探讨和描述。

根据必要共同诉讼人在民事诉讼中所可能实施的各种诉讼行为,可以将其划分为四种模式进行诉讼规则的设置,即一致模式、准一致模式、独立模式和认可模式。以下分别述之。

（一）一致模式

一致模式指的是必要共同诉讼人按照民事诉讼法的规定,必须要采取一致行动才能实施的诉讼行为,否则,如果必要共同诉讼人单独实施该类诉讼行为,则其行为便因其不适格或不合法而无法产生其所期待的相应的诉讼效果。比如,必要共同诉讼人作为原告方当事人,若要提起诉讼,必须所有的必要共同诉讼人都要一致性地向法院提起诉讼,并在提交给法院的起诉状中共同签名或盖章,否则,其诉讼当事人便会遭到不适格或非正当的负面评价,其起诉便不能成立或者其诉讼请求就会被驳回。如果必要共同诉讼人有所欠缺,法院则应依职权予以追加,其不愿意参加诉讼但又不放弃实体权利者,也要被强制性追加。立法之所以会有对必要共同诉讼人强制追加的诉讼规则,其原因就在于必要共同诉讼人对这些特别重要的行为必须采取一致行动。这种需要必要共同诉讼人采取一致行动的诉讼行为主要存在于处分权主义层面,这些诉讼行为决定着诉讼程序要不要启动,在什么范围内启动,提出何种诉讼请求,诉讼请求是否要变更或放弃,要不要对于己方不利的事实主张进行自认,要不要认诺对方当事人的诉讼请求,要不要接受对方当事人的和解要约,要不要接受法院的调解方案,要不要撤诉从而提前结束诉讼程序,要不要申请强制执行,在执行程序中要不要与对方当事人达成执行和解协议,要不要提前撤回执行申请,等等。必要共同诉讼人这种一致性的诉讼行为其性质完全等同于单一诉讼,就相当于一个当事人作出的诉讼行为,基于这种诉讼行为与相对方当事人形成有效的诉讼

---

[1] 参见张卫平：《民事诉讼法》（第 4 版），法律出版社 2016 年版，第 147 页。

法律关系。必要共同诉讼人对上述这些诉讼行为之所以要采取一致行动，表象上的原因是这些行为在诉讼上具有重要性，实质的原因则是这些行为乃根植于实体权利义务关系的一体性之中，是实体法上的原因致使必要共同诉讼人不得单独采取诉讼行动而必须采取一致性的诉讼行为。[①] 正是基于这种必须采取一致行动的必要共同诉讼人之间的诉讼法律关系，一致模式得以产生。一致模式的检验标准是如果不采取一致行动，必要共同诉讼人所实施的单独的诉讼行为是否会产生诉讼效果。如果答案是肯定的，则该诉讼行为属于一致模式所调整的行为类型；反之，则该诉讼行为不属于一致模式所规范的行为对象。

（二）准一致模式

准一致模式是指必要共同诉讼人虽然对某些诉讼行为不是必须采取一致行动才能使之产生诉讼效果，而可以单独实施该类诉讼行为，但该行为所产生的诉讼效果等同于全体必要共同诉讼人一致所实施的同类诉讼行为的诉讼效果。准一致模式与一致模式的相同点在于，部分或个别必要共同诉讼人所实施的诉讼行为，与全体必要共同诉讼人所实施的诉讼行为，在诉讼效果上具有相同性，二者之间的差异存在于诉讼行为实施的主体有所不同，准一致模式中的诉讼行为主体仅为部分甚至个别必要共同诉讼人，而一致模式中的诉讼行为主体则为全体必要共同诉讼人。之所以部分甚至个别的必要共同诉讼人所实施的诉讼行为能够产生与全体的必要共同诉讼人所实施的诉讼行为相同的诉讼效果，原因在于该被实施的诉讼行为本身具有以点带面的波及效应。例如，必要共同诉讼人为被告一方当事人，有甲、乙、丙三个合伙人，在法院受理案件后，其中甲提出了管辖权异议，乙和丙并没有提出管辖权的异议，法院不能以该管辖权异议不是由甲、乙、丙三个必要共同诉讼人一并提出的而不加审议，或者以甲不具备提出管辖权异议的主体资格而裁定驳回其管辖权异议。此时，甲具有双重身份，一方面他是必要共同诉讼人的一员，另一方面他又是独立的诉讼主体，他能够独立地行使民事诉讼法专属于每一个独立诉讼主体的诉讼权利，对于这些诉讼权利，必要共同诉讼人与单独的诉讼主体都无条件地享有，此时即便其他的必要共同诉讼人乙和丙反对提出管辖权的异议，也不能妨碍甲有提出管辖权异议的权利，甲提出的管辖权异议就相当于所有的必要共同诉讼人所提出的管辖权异议，其诉讼效果完全相同而无区别。必要共同诉讼人中的任何一员均可独立实施对全体必要共同诉讼人产生诉讼效果的诉讼行为还有许多，除管辖权异议外，再如申请回避、申请保全、申请先予执行、申请延期、申请调查取证、申请公告送达、申请排除非法证据、申请因对方举证妨碍而适用推定规则、申请诉讼中止、提出执行异议、申请检察院进行法律监督等均属此类"以偏概全""以点带面""由此及彼"的诉讼行为。需要提及的是，提出上诉、申请再审等这些与处分权主义密切相关的诉讼行为，原本应当划归一致模式的行为范畴，但由于这些行为重在引起具有监督意义的诉讼程序，而不直接关涉实体权益的处置事项，因而也属于这里的准一致模式范畴中的诉讼行为。如果说一致模式适用于紧密型诉讼利益之诉讼行为类型的话，那么准一致模式则适用于半紧密型诉讼利益之诉讼行为类型，前者可引喻为以法人名义所实施的诉讼行为，后者可引喻为法人中一职员所实施的表见代理行为。

（三）独立模式

独立模式是指必要共同诉讼人中任何一个成员可以完全自主地实施对己有利而对必要共同

[①] 需要注意的是，一致模式是针对固有的必要共同诉讼而提出的，对于类似的必要共同诉讼，则不能一概适用。如在基于担保法律关系提出的连带责任之诉中，主债务人对原告主张的借款基础事实表示自认，无须取得担保人的同意，但这一自认对担保人不发生效力。

诉讼人整体不一定有利的诉讼行为。独立模式之所以能够成为可能，是因为任何一个必要共同诉讼人，都是一个独立的诉讼主体，都有独立实施诉讼行为、从事诉讼活动，使之产生诉讼效果的能力，他们不是单独的一个主体，有多少共同诉讼人，就有多少独立的诉讼主体，他们之间所存在的必要共同诉讼关系，并不影响其诉讼主体地位的独立性。必要共同诉讼人所实施的一致性或准一致性（利他性）诉讼行为固不成问题，问题在于，必要共同诉讼人除了有一致性或准一致性（利他性）意志外，其还有特殊性意志或个别性意志。之所以必要共同诉讼人除一致性或准一致性（利他性）意志外还有特殊性或个别性意志，乃是因为：其一，从实体上说，各必要共同诉讼人之间既有利益的一致性，也有利益的对立性，而并不总是处在利益共同体之中，这种利益的对立性表现在诉讼中，便是必要共同诉讼人会实施特殊的诉讼行为，以追求对己利益的最大化。比如说，在一起遗产纠纷案件中，原告持有遗嘱向三个具有法定继承权的被告提起诉讼，三个被告在其一致对外反对原告的继承权时，他们的诉讼利益是一致的，但在他们内部，也存在一个有无继承权以及继承权份额大小的矛盾性法律关系，他们相互之间所实施的诉讼行为具有独立性，一个或部分被告可能会实施对其他必要共同诉讼人不利的诉讼行为。其二，从程序上说，尽管必要共同诉讼人在内部其手脚都被捆绑在一起，但在外部，任何一个必要共同诉讼人出现在诉讼程序中，包括出现在法庭上，他都是一个独立的诉讼主体，① 他可以独立提出和发表对案件的各种主张、意见和观点。比如说，必要共同诉讼人中的每一个人都可以独立地委托诉讼代理人参与诉讼、都可以以自己的名义聘请专家辅助人为其提供诉讼协助、都可以在接受法庭询问时独立地回答问题、都可以根据自己的判断提供证据、都可以根据自己的理解发表辩论意见等。我们不能要求必要共同诉讼人在回答法庭询问时要征求其他必要共同诉讼人的意见，也不能要求必要共同诉讼人在提供证据时必须获得其他共同诉讼人的同意，否则即不产生效力。同样，必要共同诉讼人所实施的这些独立诉讼行为，无论在形式上抑或客观上是否对必要共同诉讼方整体产生有利或不利的诉讼效果，都不影响其行为的有效性。因此，这类行为完全是必要共同诉讼人以独立的诉讼主体之身份实施的，其彰显和表征的是必要共同诉讼人的独立的诉讼人格。

（四）认可模式

认可模式是指必要共同诉讼人中的一个或部分实施了应当由全体必要共同诉讼人实施的诉讼行为，该诉讼行为原本不该产生应有的诉讼效果，但由于该行为被其他必要共同诉讼人予以追认或认可，也可产生如同全体必要共同诉讼人一并实施诉讼行为所产生的那种诉讼效果。由此可见，认可模式是对一致模式的必要补充。之所以在一致模式之外还要辅之以认可模式，原因在于必要共同诉讼人在诉讼中实施诉讼行为并不总是协商在前，而往往是"先斩后奏"。比如，必要共同诉讼人之一在法庭调查时对相对方所主张的事实予以认可或承认，这一承认由于会对整体的必要共同诉讼人产生致命的诉讼效果（败诉），与实体权益紧密关联，因而需要由全体必要共同诉讼人实施，或者得到全体必要共同诉讼人的认可。如果个别或部分必要共同诉讼人实施了此类必须由全体必要共同诉讼人实施方为有效的诉讼行为，则除非其他必要共同诉

---

① 必要共同诉讼人的当事人适格也分两个步骤进行确定：第一个步骤是确定各个必要共同诉讼人的当事人适格；第二个步骤是确定必要共同诉讼人整体的当事人适格。这可被称为必要共同诉讼当事人适格的双重性或二阶性。

讼人事后予以追认或被获得同意,不产生原本固有的诉讼效果。① 自认是如此,和解、调解、诉讼请求的放弃与变更、认诺等,均是如此。

以上四种模式,应以一致模式、准一致模式和独立模式为必要共同诉讼人的主要行为模式,其处在第一层次;认可模式仅是作为对一致模式的补救模式而发挥作用的,因而处在第二层次。我们回到立法上来看看民事诉讼法是如何对必要共同诉讼的内部关系进行调整的。《民事诉讼法》第55条第2款规定:"共同诉讼的一方当事人对诉讼标的有共同权利义务的,其中一人的诉讼行为经其他共同诉讼人承认,对其他共同诉讼人发生效力……"我国民事诉讼法采用的是协商一致原则,其所涉及的内容仅为上述诸模式中的认可模式,而认可模式是对一致模式的补充,因而该规定中也隐含规定了一致模式,事实上,一致模式是必要共同诉讼中的普适性模式,其存在于必要共同诉讼之中乃是不言而喻的。因此,可以认为,我国民事诉讼法所确立的必要共同诉讼的行为模式仅有上述诸模式中的两个,即一致模式和认可模式。然而,如前所述,必要共同诉讼人的行为模式应有四个,除一致模式和认可模式外,还有准一致模式和独立模式,而这两个模式在我国民事诉讼法上均未涉及,应当认为这是立法上的缺陷,应当予以补充。

再看大陆法系国家,其对必要共同诉讼内部关系的调整采用的乃是有利原则。以日本为例,根据日本民事诉讼法的规定,必要共同诉讼中任何一人的行为,如果对所有的必要共同诉讼人是有利的,则其行为的效力及于全体必要共同诉讼人;反之,如果必要共同诉讼中的一员所实施的诉讼行为对整体的必要共同诉讼人不利,则其行为的效力不及于其他必要共同诉讼人。至于必要共同诉讼人的诉讼行为对全体是否有利,不是看其结果,而是看其形式,不是在诉讼结束时加以判断,而是在诉讼行为实施之时进行判断,也就是说,所谓有利无利,其所采用的判断标准是外观主义或形式主义,而不是客观主义或实质主义。比如说,一个必要共同诉讼人提出了上诉,从上诉这一外观看,其对全体必要共同诉讼人是有利的,因而对全体产生效力;但就上诉的结果来看,其客观的效果并不一定对全体必要共同诉讼人有利,如果上诉无理由而被驳回,必要共同诉讼人不仅从上诉中得不到任何好处,而且还要承担诉讼费用,就其客观效果而言,该上诉行为对全体必要共同诉讼人造成了不利,然而,尽管如此,民事诉讼法也不否定其效力。从有利原则②的内容及其客观效果来看,其对必要共同诉讼人内部关系的调整就其本质而言实际上采用的就是笔者前面概括的第二种模式,即准一致模式,因为根据准一致模式,任何一个必要共同诉讼中的成员都可以毛遂自荐地、独立自主地实施诉讼行为,而其所实施的这种诉讼行为,如果在外观上或形式上是对全体必要共同诉讼人有利的,便可转化为全体共同诉讼人的一致行为,其所产生的客观效果等同于一致模式,因此,只要必要共同诉讼人中的一个或部分成员所实施的诉讼行为对全体必要共同诉讼人有利,则该行为就视为是必要共同诉讼人全体所为。在这里,"有利"是"视为"的前提,如果"不利",则该单独的必要共同诉讼人的行为便成为独立模式中的利己行为,而不对全体的必要共同诉讼人产生效力。可

---

① 在部分必要共同诉讼人实施自认行为的情形下,该自认行为虽然未经其他必要共同诉讼人的认可而无效,但并不意味着其不能产生证据上的效应,这部分的内容便划归为独立模式之中。

② 承认原则与有利原则容易混淆。必要共同诉讼的一人或部分成员所实施的诉讼行为分为对全体有利和对全体不利两种情形,对全体有利的,其与承认原则相竞合;对全体不利的,则与承认原则不相符合,必要共同诉讼人一般不会承认对其不利的诉讼行为。承认原则的存在,正是为了弥补有利原则的空缺,因此,不能认为有利原则与承认原则本质上是一致的。

见，大陆法国家民事诉讼法对必要共同诉讼人内部关系所采用的乃是而且仅是准一致模式。衡之以笔者前述概括的必要共同诉讼人的四种行为模式，大陆法系国家的民事诉讼法在调整的立法规范上也有缺漏。一致模式是推定存在的，准一致模式是其"有利"原则所表征和承载的主要行为模式，然而，大陆法系国家的民事诉讼法缺乏了独立模式和认可模式，尤其是其中的认可模式，更加凸显了我国民事诉讼立法的优势和大陆法系国家民事诉讼法的劣势所在。因为，必要共同诉讼人中的部分或个别成员独立地实施诉讼行为就现象而论乃是常态，而这种独立实施的诉讼行为如果有利于全体必要共同诉讼人，则对全体必要共同诉讼人产生效力；如果对全体必要共同诉讼人不利，如自认等，则需要获得其他必要共同诉讼人的一体同意，才能对全体必要共同诉讼人产生效力，而这种具有处分意义的诉讼行为在诉讼中并非鲜见，因而认可模式不可或缺。我国民事诉讼法学界所提出的"承认"原则应改为"有利"原则的观点[①]并非确论，"承认"原则正是我国民事诉讼法关于必要共同诉讼人内部关系调整的优点，我们需要补充的是"有利"原则所代表的准一致模式，同时，我国民事诉讼法尚应认可独立模式并使之具体化，使必要共同诉讼人在一致模式、准一致模式和认可模式（利他性）的基础上有独立实施于己有利（利己性）的诉讼行为的机会和权能。

第四节　必要共同诉讼（二）：类似的必要共同诉讼

一、从二分法到三分法：类似必要共同诉讼的制度缘起

《民事诉讼法》第55条规定："当事人一方或者双方为二人以上，其诉讼标的是共同的，或者诉讼标的是同一种类、人民法院认为可以合并审理并经当事人同意的，为共同诉讼。"据此规定，我国通说将共同诉讼一分为二：一是必要共同诉讼，二是普通共同诉讼。如前所述，必要共同诉讼，又称不可分之诉，是指当事人必须共同起诉或共同应诉，人民法院必须将其合并进行审理和裁判的共同诉讼，其特征是诉讼标的具有共同性；普通共同诉讼又称可分之诉，是指人民法院可以将其合并审判也可将其分开审判的共同诉讼，其特征为其诉讼标的具有同种类性。必要共同诉讼和普通共同诉讼这两种共同诉讼各有其自身的规则特点，二者在当事人适格、司法管辖、诉讼程序是否具有可分性、共同诉讼人的对内对外关系、法院的裁判方式及其既判力的拘束范围等方面均有着相当程度上的差异。

共同诉讼制度的此种类型化划分，长期以来在我国相沿未改，但近年来人们越来越明显地感觉到，我国的必要共同诉讼制度存在问题，该问题集中表现在其表现形式过于单一化，法院追加当事人的职权过于强大，当事人在必要共同诉讼上的选择权受到了极大制约，民事实体法的制度宗旨难以真正得到贯彻落实，等等。于是人们从两个方面对该问题进行了反思：一是从司法实践出发，如何针对必要共同诉讼制度所存在的缺陷和弊端，设置出更具弹性、更加多样化的必要共同诉讼形态；二是放眼全世界范围，从比较法视角看两大法系国家是如何对待必要共同诉讼以及如何整体地构建共同诉讼制度的类型的，以此反观我国民事诉讼中关于共同诉讼

[①] 这种观点（基本为我国之通说）认为，我国民事诉讼中现有的处理必要共同诉讼人内部关系的协商一致原则在操作上很不方便，应借鉴大陆法系的做法，将有利原则作为处理内部关系的准则。董少谋主编：《民事诉讼法》（第3版），中国政法大学出版社2015年版，第163页。

的制度类型存在的问题及其改进路径。

其实,从世界各国的比较法视角看,民事诉讼立法上对共同诉讼的划分主要采用两种立法例进行调整:一是采用"二分法",二是采用"三分法"。所谓"二分法",就是将共同诉讼划分为必要共同诉讼和普通共同诉讼;所谓"三分法",就是在将共同诉讼划分为固有必要共同诉讼、类似必要共同诉讼和普通共同诉讼。其实,"三分法"实际上就是对共同诉讼采用两层面、三类型的划分。所谓两层面,就是将共同诉讼首先划分为普通共同诉讼和必要共同诉讼;所谓三类型,就是在必要共同诉讼内部,再对其进行二次划分,将必要共同诉讼划分为固有的必要共同诉讼和类似的必要共同诉讼。如前所述,我国民事诉讼法采用的划分模式为"两分法",但从世界上多数国家的立法例来看,对共同诉讼采用"三分法"的划分模式是立法上的通例,也即,除将普通共同诉讼作为一种普适性共同诉讼类型外,多数国家皆对必要共同诉讼进行二次性划分。比如,在德国,其早期学者也将必要共同诉讼分为两种,但就其用语而言,其使用了"固有"的用语而没有使用"类似"一词,他们将必要共同诉讼划分为"真正的必要共同诉讼"和"偶然的必要共同诉讼",前者为"固有的必要共同诉讼",后者为"非固有的必要共同诉讼"或"非真正的必要共同诉讼",也有的将前者称为"共同为诉讼追求之必要",将后者称为"统一为确定之必要"。现在其理论上普遍接受了Fritz Baur教授的观点,将必要共同诉讼划分为因诉讼法原因之必要共同诉讼和因实体法原因之必要共同诉讼。① 奥地利学者Fasching根据《奥地利民事诉讼法》第11条第1项、第2项,第14条之规定,将必要共同诉讼分为"实体的共同诉讼""形式的共同诉讼"和"统一的诉讼当事人"三种。日本承袭德国的划分方式,也将必要共同诉讼划分为两种,不过在名称上稍异于德国,其将之分别称为固有的必要共同诉讼和类似的必要共同诉讼,此为通说;在少数情形下,在日本,也有的学者采纳某些德国学者说法,将类似必要共同诉讼称为"特殊共同诉讼""偶然的必要共同诉讼""非真正必要共同诉讼",甚至还有个别有影响力的学者对"类似的必要共同诉讼"持否定意见。② 此外,日本还有少数学者(如山田正三、中村英朗等)使用"准必要共同诉讼"这个名称,③ 但含义与类似的必要共同诉讼不完全相同。我国台湾地区也仿照日本,将必

---

① 德国学者目前通说这样认为:所谓实体法上的必要共同诉讼,是指基于实体法上的原因所产生的必要共同诉讼;所谓诉讼法上的必要共同诉讼,则是指基于诉讼法上的原因所产生的必要共同诉讼。前者如共同诉讼人对以诉主张的权利只共同拥有诉讼实施权限的情形,后者涉及的是"某个共同诉讼人的独立合法的诉讼的判决的既判力延伸到其他共同诉讼人"这一情况。[德]罗森贝克、施瓦布、戈特瓦尔德:《德国民事诉讼法》(上),李大雪译,中国法制出版社2007年版,第308页及以下。[德]汉斯-约阿希姆·穆泽拉克:《德国民事诉讼法基础教程》,周翠译,中国政法大学出版社2005年版,第139—140页。然而这种必要共同诉讼的新名称,笔者认为并不如老名称来得准确。因为,类似的必要共同诉讼有相当一部分也是基于实体法上的原因而形成的,基于诉讼法上的原因所形成的必要共同诉讼仅是其中一部分而已,不可以偏概全;同时,普通共同诉讼也是基于诉讼法上的原因而形成的,因此,将必要共同诉讼划分为实体法上的必要共同诉讼和诉讼法上的必要共同诉讼,其界限不够明确,因此,笔者并不赞成我国学者也效仿这种说法,以免误解。

② 当然,日本也有学者指出,类似必要共同诉讼因为可以选择,因此就不能作为必要共同诉讼的一种。[日]三月章:《民事诉讼法》,弘文堂1979年版,第57页。

③ 据中村英郎教授介绍,在1931年的德国民事诉讼法修改草案公布后,日本的民事诉讼法学界也随之而动,山田正三教授提出准必要的共同诉讼理论。但是,因为德国民事诉讼法的修改草案最终没有成案,山田教授在其后也撤回了该理论。[日]中村英郎:《新民事诉讼法讲义》,陈刚、林剑锋、郭美松译,常怡审校,法律出版社2001年版,第80—81页。

要共同诉讼分为固有的必要共同诉讼和类似的必要共同诉讼①。

与大陆法系国家类似，英美国家的共同诉讼也有两大类三小种，它们同样将共同诉讼一分为二，包括当事人的许可性合并（permissive joinder）和强制性合并（compulsory joinder）。此外，它们还有介入诉讼（intervention）和互争权利诉讼（interpleader）等这些当事人合并的诉讼形态。无论从名称还是内容上看，英美的当事人的许可性合并和强制性合并分别相当于大陆法国家和我国的普通共同诉讼和必要共同诉讼，所区别的是它们没有直接使用"共同诉讼"这个概念，而是用的"当事人合并"这个说法。然而，强制性合并与任意性合并相比，乃是一个饱受争论的话题。以美国为例，在18世纪末叶以前，作为衡平法而非普通法产物的当事人强制合并制度，虽然一直都在寻求将与诉讼案件有利害关系的所有人均并入同一个诉讼程序之中使纠纷得到一体化解决，但司法实践中，在有关利害关系人并入诉讼不具有可能性或现实性，或者一旦并入诉讼会使诉讼程序变得更为复杂之时，法院往往能够容忍利害关系人残缺不全，其原因在于，法官们认为："在诉讼中，不彻底总比什么都不做要强。"至18世纪末叶，法官们关于强制性合并的态度发生了急剧的变化，他们开始主张，在有的情况下，某些人与诉讼案件的关系是如此的紧密，以致如果缺乏他们，法院便无法也不应当继续进行诉讼，这是因为，他们坚信，如果不这样做的话，"完全正义"（doing perfect justice）和"彻底裁判"（making complete decrees）便无法实现。②

到了19世纪，在Shields v. Barrow（希尔德诉巴罗）一案中，柯蒂斯（Curtis）法官对衡平法上的当事人形态做出了"三分法"的划分。他认为，衡平法上的当事人包括三种，一是形式的当事人（formal parties），二是必要的当事人（necessary party），三是必不可缺的当事人（indispensable party）。③后二者即为当事人的强制合并，也就是必要共同诉讼，必要的当事人合并相当于类似的必要共同诉讼，必不可缺的当事人合并则相当于固有的必要共同诉讼。当事人强制合并制度的上述结构被1938年指定的《美国联邦民事诉讼规则》接受。然而尽管如此，在司法实践中，人们对何为必要的当事人合并以及何为必不可缺的当事人合并缺乏统一的理解和运用，以致人们认为"必要"这个术语是不适当的，而"必不可缺"这一概念则被描绘成是一个"幽灵"。④

为了克服当事人强制合并制度在实践中运用的混乱状况，1966年《美国联邦民事诉讼规则》修改，在其第19条中放弃了诸如"共同的（joint）""联合的（united）""可分的（separable）"等这些抽象的用语，并放弃了当事人强制合并的"二分法"，将当事人的强制合并称为"为作出公正裁判而必要的当事人合并"（Joinder of Persons Needs for Just Adjudication）。⑤据此规定，当事人的强制合并必须具备三个条件：一是服从令状的约束，二是当事人的合并不会导致法院丧失对诉讼标的之管辖权，三是如果不进行当事人的合并，就不可能给现有的当事

---

① 此为我国台湾地区通说，但也有个别意见对此持怀疑态度。如我国台湾地区学者陈荣宗、林庆苗认为："其实，将普通共同诉讼与必要共同诉讼对比之后，再将必要共同诉讼细分为所谓固有必要共同诉讼与类似必要共同诉讼两种，于用语之学理上并无特别意义可言，盖所谓必要，于类似必要共同诉讼而言，实无必要可言。"陈荣宗、林庆苗：《民事诉讼法》（第4版）（上），三民书局2005年版，第195—206页。

② Hazard, Indispensable Party: The Historical Origin of a Procedural Phantom, 61 COLUM. L. REV., 1961, pp. 1268 – 1275.

③ 参见汤维建：《美国民事诉讼规则》，中国检察出版社2003年版，第96—98页。

④ Ernst J. Cohn, International Encyclopedia of Comparative Law, Volume XVI: Parties, Chapter 5, p. 43.

⑤ Federal Civil Judicial Procedure and Rules, West Publishing Co., 1995, p. 87.

人提供完整的司法保护，并有可能使他们冒着承担双重、多重或相互矛盾的法律义务的风险，或者将会损害该缺席当事人保护自己合法权益的能力。这就是迄今为止，当事人强制合并制度在美国民事诉讼法上的主要演变轨迹。

由上述对两大法系国家必要共同诉讼制度的简介可以看出，必要共同诉讼制度是各国民事诉讼法所普遍规定的诉讼制度，同时，必要共同诉讼制度中也有不同类型的划分，总的趋势是类似必要共同诉讼（裁量性必要共同诉讼）的适用范围在不断扩大，固有的必要共同诉讼（法定性必要共同诉讼）的适用范围在不断缩小。这对完善我国的必要共同诉讼制度、构建类似的必要共诉讼制度具有重要的参考价值。

可见，无论从比较法视角抑或从司法实践的角度，都可以较为明显地看出，我国的共同诉讼制度在立法上的类型划分确实存在有待改进的缺陷，该缺陷集中表现在我国缺乏一种被称为类似必要共同诉讼的共同诉讼类型。与此同时，我国的必要共同诉讼有待于进一步分化为固有的必要共同诉讼和类似的必要共同诉讼两种，这样再外加普通共同诉讼的类型，我国的共同诉讼类型就发生了从"二分法"向"三分法"的发展和转向。如果这样，共同诉讼制度的类型化将变得更加精细和丰富，共同诉讼制度的立法将进一步趋于完善，共同诉讼制度的司法实践也将变得更具针对性和实效性。

二、类似必要共同诉讼的概念与特征

类似的必要共同诉讼，实际上是一种介于固有必要共同诉讼和普通共同诉讼之间的一种共同诉讼，其指的是当事人既可以分别诉讼，也可以合并诉讼；但如果合并诉讼，法院则必须合一裁判的必要共同诉讼形态。据此定义，可以将类似必要共同诉讼的特点概述如下：

其一，在类似必要共同诉讼中，原告具有程序选择权。对于涉及具有紧密关联性的多个原告或多个被告的复杂性纠纷，是否将其作为必要共同诉讼诉诸法院，允许原告（含潜在原告）自行斟酌裁量决定，而被告只有应诉之份而无决定是否形成共同诉讼之力。

其二，类似必要共同诉讼在程序结构上具有二阶性的特点。类似必要共同诉讼在程序上是由两个截然有别的阶段构成的，其在前半段，诉讼程序的性质属于普通共同诉讼，原告是否会合其他当事人一并起诉，以及是否将所有的关联性被告一并合并起诉，取决于原告（含潜在原告）的意愿，民事诉讼法并无强制性要求；其在后半段，诉讼程序的性质属于必要共同诉讼，原告一旦以共同诉讼的形式而非以单一诉讼的形式提起诉讼，则该诉讼便被纳入必要共同诉讼的轨道进行推进。因此，类似必要共同诉讼前后两段的程序特点是完全不同的，前阶段以任意性为基本要义，后阶段以强制性为基本要义，任意性和强制性这两种完全不同的程序属性在类似的必要共同诉讼中得到了有机融合，并由此形成了必要共同诉讼的特殊门类，强化了必要共同诉讼制度的司法适应性。

其三，类似必要共同诉讼要求法院合一裁判。类似的必要共同诉讼具有双重的类似性，就其诉讼的可分性而言，类似于普通共同诉讼，但就其裁判的不可分性而言，又类似于固有的必要共同诉讼。在类似的必要共同诉讼中，是否分开诉讼，取决于当事人的意愿；然而，一旦当事人决定合并诉讼，则法院必须作出共同的合一性裁判，而不得分而判之。合一裁判指的是法院既不得分开进行审理，也不得分开进行判决，诉之分离制度在类似必要共同诉讼中无法适用。之所以在类似必要共同诉讼中要求法院合一裁判，其根本的原因在于实体法要求和防止两歧裁判之出现。比如说，原告同时起诉主债务人和担保人请求其承担连带清偿责任，法院如果不在同一个法律文书中一并作出裁判，则可能会发生一个判决认定主债务人无须承担偿债责任、另一个判决认定担保人应当承担偿债责任或者刚好相反的矛盾判决。为避免此种矛盾裁判的作出,法院作出合一裁判便在裁决机制上提供了保证。

其四,类似必要共同诉讼的裁判在既判力上具有扩张效应。类似的必要共同诉讼在既判力上既不同于普通共同诉讼,普通共同诉讼的既判力相互独立,不具有任何扩张性;也不同于固有的必要共同诉讼,固有的必要共同诉讼在既判力上完全竞合,无所谓扩张性的问题。正是在既判力扩张这一点上,显现出了类似必要共同诉讼的本质特征。然而,类似必要共同诉讼的既判力扩张问题要具体问题具体分析,不可一概而论,其情形较为复杂,后面详述,这里存而不论。

三、类似必要共同诉讼与固有必要共同诉讼的比较

基于上述类似必要共同诉讼的特点,可以分析出其与固有的必要共同诉讼之间的共同点和差异点,从而使类似必要共同诉讼作为一种独立的诉讼制度具有更为深厚的理论基础。

首先就其共同点而言,由于类似必要共同诉讼是从必要共同诉讼中分离出来的,固有的必要共同诉讼只是为了配合类似必要共同诉讼的这种分离和独立才产生的概念,因而二者在制度的核心层面依然保持着一致性,这就是法院对于类似必要共同诉讼和固有的必要共同诉讼都必须进行同时审理,作出合一裁判。作出合一裁判而不得进行分离裁判以避免矛盾裁判的发生,是类似必要共同诉讼和固有必要共同诉讼之间的最大共同点。同时,类似必要共同诉讼和固有必要共同诉讼在一定条件下会发生相互转变。比如,在一般保证之诉中,原告既可以针对主债务人单独起诉,也可以同时起诉保证人。在原告单独起诉主债务人时,所形成的诉讼为类似的必要共同诉讼,法院不得强制性追加保证人为共同被告;但若原告同时起诉保证人,此时所构成的便是固有的必要共同诉讼,不仅如此,原告如果单独起诉保证人,法院则应依职权追加主债务人为共同被告,此时所形成的也为固有的必要共同诉讼。可见,在某些诉讼中,当事人究竟是提起类似的必要共同诉讼还是固有的必要共同诉讼,概由当事人选择决定,类似必要共同诉讼在当事人改变诉讼主体时,便转化为固有的必要共同诉讼;反之,在固有的必要共同诉讼中,如果原告人撤回可撤之被告,则固有的必要共同诉讼便转化为类似的必要共同诉讼。可见,在类似的必要共同诉讼和固有的必要共同诉讼之间并无绝对不可逾越的鸿沟,在一定情形下,二者可以相互转变。

然而,类似必要共同诉讼毕竟是"类似"的而非"真正"的必要共同诉讼,其从必要共同诉讼的阵营一经分离而出,便内在地具有了扩大适用范围的制度性冲动和趋势,从而使类似的必要共同诉讼与其母体固有的必要共同诉讼渐行渐远,越来越具有其独立性的特征,而与固有的必要共同诉讼形成了诸多区别,主要有:

其一,二者能否分别起诉不同。类似的必要共同诉讼是否能够最终形成,乃取决于原告的程序选择,原告可以单独起诉,也可以由部分原告或全部原告一并起诉,同时,原告可针对一个或部分被告起诉,也可针对所有的被告起诉,因此,各个诉讼是分是合,决定权在当事人自己,法院并不干预。固有必要共同诉讼则不然,其当事人适格缺一不可,无论是共同的原告抑或共同的被告,如果缺少其中一个或部分,则当事人均为不适格,固有必要共同诉讼便无法成立,法院必须裁定驳回起诉。

其二,诉讼标的不同。在固有的必要共同诉讼中,其诉讼标的具有同一性或单一性,一个诉讼中只有一个诉讼标的,因而固有的必要共同诉讼仅仅是诉讼主体的合并,其诉讼客体并不具有合并或竞合的形态;与之有别,类似的必要共同诉讼在诉讼标的上则不是那么单纯,其形

态具有多样化的特点。具体而言,类似的必要共同诉讼有时诉讼标的是单一的,有时诉讼标的是复合的,前者如一个或部分原告提出的撤销股东会决议之诉,此为类似的必要共同诉讼,其诉讼标的是单一的,与固有必要共同诉讼没有区别,此种情形下的类似必要共同诉讼是真正的也是原始意义上的类似必要共同诉讼;后者如原告基于保证合同提起的连带责任之诉,其中便包含主债务法律关系和从法律关系两个诉讼标的,此种情形下的类似必要共同诉讼,是升级版或扩张版的类似必要共同诉讼,与原始的或真正的类似必要共同诉讼已经有了差异,但其仍属类似的必要共同诉讼,而非固有的必要共同诉讼,亦非普通共同诉讼。

其三,诉讼行为的效力规则有别。在固有的必要共同诉讼中,每一个共同诉讼人的诉讼行为都不是独立的,而是一体的,其行为如果有利于全体共同诉讼人或得到全体共同诉讼人的承认,则对全体共同诉讼人生效,否则即为无效行为。但在类似必要共同诉讼中,共同诉讼人的诉讼行为之效力则要区别两种情形分别而论:如果类似必要共同诉讼的诉讼标的是同一的,则其行为效力规则与固有的必要共同诉讼相同;如果类似必要共同诉讼的诉讼标的有多个,则其行为效力规则既有一致性的一面,也有独立性的一面。比如,在因保证法律关系而产生的诉讼中,主债务人提出的主债务关系无效的主张,对于保证人也适用,这是其一致性的方面;但若保证人提出保证关系的形成系出于被欺诈因而无效,则该诉讼行为仅对保证人有效,无须取得主债务人的同意,这是其行为效力规则的独立性一面。

其四,法院的职权不同。在固有的必要共同诉讼中,法院的职权比较强大,法院对于当事人适格负有依职权进行调查的职责,在当事人不适格时,法院首先不是简单地裁定驳回诉讼,而是行使阐明权,使当事人申请追加必要共同诉讼人参与诉讼;如果当事人不主动提出当事人追加之申请,法院则依职权主动予以追加。不仅如此,法院这种对当事人的职权性追加还具有强制性,被追加的当事人必须服从法院的职权追加参与诉讼。如果作为原告的被追加者不愿参与诉讼,除非其放弃实体权益,则强制列其为原告,甚至在必要时列其为被告;被追加者若为被告,则该被告必须参与诉讼而无选择的余地,否则法院进行缺席判决。但在类似的必要共同诉讼中,法院的职权要弱得多。在类似的必要共同诉讼中,法院对于原告是选择单一诉讼抑或共同诉讼应当予以尊重,法院可以向原告行使阐明权,提示原告可以申请追加共同的原告或共同的被告,以使纠纷得以一次性解决,但是否提出追加之申请,则由原告决定,法院不得干预。如果原告不提出追加当事人的申请,法院也不得依职权强制追加当事人;不仅如此,即便法院根据申请或依职权追加当事人,被追加者如果不愿意参与诉讼,则法院也必须尊重该案外人的自由选择,法院无权将不愿意参与诉讼的潜在当事人追加进入诉讼中成为类似必要共同诉讼的共同原告或共同被告。

其五,既判力是否扩张有所不同。在固有的必要共同诉讼中,其既判力无所谓扩张问题;但在类似必要共同诉讼中,则有既判力扩张之问题,甚至在一定意义上说,是否有既判力扩张,成为类似必要共同诉讼的显著识别标志。但类似必要共同诉讼的既判力扩张并不是清一色的,而有着复杂的表现形态,后文有详述,这里存而不论。

四、类似必要共同诉讼与普通共同诉讼的比较

与类似必要共同诉讼和固有的必要共同诉讼具有显而易见的差异不同,类似必要共同诉讼与普通共同诉讼往往有着"剪不断、理还乱"的纠缠和交错关系。具体而言,类似必要共同诉讼与普通共同诉讼主要有两点联系:一是它们都可以分别起诉或分别应诉,而不是如同固有必要共同诉讼那样,必须一并起诉、一并应诉。二是法院的职权在两种诉讼中相差不大,基本

上都属于法院不干预主义的范畴。

与普通共同诉讼和固有的必要共同诉讼存在鸿沟般的区别有所不同的是，普通共同诉讼和类似的必要共同诉讼之间虽然也有着性质上的区别，但二者之间的差异性距离要缩短了许多，也正因如此，我们才说类似的必要共同诉讼乃是介于固有的必要共同诉讼和普通共同诉讼之间的一种中间形态。普通共同诉讼与类似必要共同诉讼之间的共同点集中表现在类似必要共同诉讼的前半截程序，或者说，类似的必要共同诉讼在开始阶段与普通共同诉讼看上去并无二致，原告可以由一人起诉，也可以由多人合并起诉，被告可以是一个单独的被告，也可以是多个被告一并被诉，当事人这种可多可少、可增可减的程序性特征，在类似的必要共同诉讼和普通共同诉讼之间并无差异。然而，毕竟，类似的必要共同诉讼本质上还是倾向于固有的必要共同诉讼，其与普通共同诉讼之间存在许多重要的差别，主要有：

其一，二者的形成依据不同。普通共同诉讼的形成依据在诉讼法，正是从诉讼法而不是实体法的视角方诞生了普通共同诉讼，普通共同诉讼是诉讼法的创造而没有受到或仅仅受到实体法微弱的影响，而类似的必要共同诉讼与固有的必要共同诉讼一样，其都是实体法上的产物，是实体法上的要求垂直地向诉讼法领域的"灌输"，诉讼法并无能动的创造之功，而唯有照单全收的适应之力。可见，二者的制度来源和形成依据迥然有别。

其二，诉讼标的之独立性程度不同。普通共同诉讼的诉讼标的虽具有同种类性，但它们都具有相对的独立性，法院对各成员之诉的诉讼标的进行独立判断，不发生诉讼标的之间相互依存或相互交错的关系；而类似必要共同诉讼的诉讼标的或者具有单一性，或者具有交错性，不是如同普通共同诉讼那样具有平行性或独立性。比如，A、B、C 三个公司分别侵犯原告公司的专利权，原告公司与 A、B、C 三个公司之间形成的专利侵权之诉则为普通共同诉讼，法院可能会判决原告全胜或全败，也可能会判决原告部分胜诉、部分败诉，法院对其诉讼标的之判断完全是独立的，相互之间尽管会适用主张共通、证据共通等原则，但其作为法院的判决对象相互并不发生牵连、制约、预决等关系。但若 A、B、C 三个公司合作经营共同侵犯了原告公司的专利权，原告公司与 A、B、C 三个公司之间形成的专利侵权之诉则为类似的必要共同诉讼，因为这三个被告公司依法需要对原告公司承担连带侵权责任，法院对诉讼中所涉及的三个诉讼标的要么判决原告全胜，要么判决被告全胜，不得发生部分胜诉、部分败诉的情形，也即它们的诉讼标的具有相互牵连的关系，而不是相互独立的关系。

其三，程序构造不同。普通共同诉讼所形成的程序构造是单一型结构，所有诉讼程序的来龙去脉非常清晰，各个不同的成员之诉在各自的轨道上运行，其间会有一定程度上的"相互感染"（适用主张共通、证据共通、抗辩共通等原则），但这种影响也仅仅是外在的、量的、偶然的影响，而不存在内在的、质的、必然的影响关系。与普通共同诉讼不同，类似的必要共同诉讼在程序构造上具有非常复杂的结构。从纵向的维度看，类似的必要共同诉讼在前半段按普通共同诉讼的原理来构建，诉讼的管辖、当事人的识别、当事人的适格等均加以独立的判断，其完整的诉讼案件既可以在诉讼之初形成，也可以在诉讼过程中形成，尤其是，法院对当事人的"欠缺"均无权实行职权主义的追加，其后半段则按照必要共同诉讼的原理来构建，法院对此必须作出合一性裁判；从横向的维度看，类似的必要共同诉讼在各成员之诉之间，或具有同时推进的并行关系，或具有先行后继的先后关系，前者如共同侵权连带责任之诉，后者如一般保证之诉。不同的类似必要共同诉讼，其程序构造不完全相同。

其四，诉讼行为的效力规则不同。在普通共同诉讼，各共同诉讼人所实施的诉讼行为完全具有独立性，其行为的做出无须取得其他共同诉讼人的同意，其行为的效力也仅仅及于己身而不会对其他共同诉讼人发生直接影响，因而适用于普通共同诉讼人内部关系的行为准则是独立性原则。与之有别的是，在类似必要共同诉讼，共同诉讼人实施的诉讼行为则需要分两个阶段来分别考察和判断其效力，在诉讼启动之时，共同诉讼人的诉讼行为分别独立，相互不发生影响，所适用的原则与普通共同诉讼无异。如一个原告起诉，不能对那些不愿意起诉的潜在原告发生影响，其他的潜在原告如果要变成真正的原告，则还需要独立地向法院提起诉讼，而不是默认或承认即可济事。在类似必要共同诉讼形成后，其诉讼行为的效力规则基本上准用固有的必要共同诉讼，实行一致行动、有利生效或承认生效等原则，但他们也可以基于个人关系实施独立的诉讼行为。比如，在一般保证之诉的类似必要共同诉讼中，保证人提出保证合同因其主体不适格而无效，该抗辩是基于其个人关系也即保证法律关系而产生的，因而其效力仅及于保证人自身，而对主债务人无效。但若是主债务人提出主债权债务关系因违法而无效的抗辩事由，则该抗辩事由的效力及于全体被告，因为若主债权债务关系无效，则保证法律关系也随之无效，该抗辩事由并非基于主债务人个人关系所产生，因而在诉讼行为的效力规则上应采用一致行动、有利生效或承认生效等原则，而不是采用如同普通共同诉讼那样的共同诉讼人的独立原则。

其五，是否需要合一裁判不同。在普通共同诉讼，由于各成员之诉相对独立，其相互间的交错影响关系较为薄弱，它们虽然合并在一起同进同出地进行，然而它们却各有打算，都是按照独立之诉的原则、规则和程序运行，它们的所谓"共同"完全是形式上的，它们的"普通"才是实质性的，因此，法院对每一个普通共同诉讼的成员之诉，均需要独立作出裁判，即便这个裁判可能会出现在同一个裁判文书中也不例外，也即，各个普通共同诉讼的成员之诉，有可能有的胜诉，有的败诉，而没有同胜同败的一定之理。然而，与之相比，类似的必要共同诉讼则以"合一裁判"为内在趣旨。所谓合一裁判，一方面是指必须在通过一个裁判文书中对各个共同诉讼人同时作出裁判，另一方面是指共同诉讼人受到的裁判结果是一体化的，对他们的裁判必须恪守胜者全胜、败者全败的一致性原则。比如，连带债务人被判决承担连带责任，该连带责任便将各连带债务人的手脚捆绑在一起了，他们必须对连带债务一起负责，这是其败者全败的情形；反之，如果连带债务人被判决无须承担连带责任，则所有的被告均不负担任何债务，这是其胜者全胜的情形，在类似必要共同诉讼中，法院的最大忌讳就是作出相互矛盾的裁判。

其六，既判力扩张不同。这一点区别非常显然，普通共同诉讼的既判力并无扩张可言，但类似必要共同诉讼的既判力则在不同程度上发生扩张，在此不赘。

五、类似必要共同诉讼的制度价值

我国民事诉讼法缺乏类似必要共同诉讼被认为是一种缺陷，在我国的共同诉讼制度的"家族"中引入类似必要共同诉讼是我国学界已经形成共识的立法呼声，民事诉讼法的下一步完善理应将类似必要共同诉讼纳入其中加以调整。之所以我国民事诉讼法应当导入两大法系国家尤其是大陆法系国家的类似必要共同诉讼，其制度性意义和价值在前面的介绍中已有所涉及，这里再申述如下：

（一）类似必要共同诉讼制度的确立是为了适应实体法立法宗旨的需要

诉讼法为实体法服务，诉讼法是实现实体法的工具，实体法的规定需要诉讼法加以保障方得以最终实现，因而，诉讼法要始终保持与实体法的内在精神相一致，诉讼法只是在例外的情形下才独立于实体法并为实体法的发展开辟道路。因此，类似必要共同诉讼制度之所以有确立的必要，其基本的根据就在于实体法向诉讼法发出了"指令"，要求诉讼法在必要共同诉讼制度上实现与时俱进。这集中表现在实体法关于连带之债的立法精神发生的变化之上。传统以观，实体法上的连带之债呼唤的是诉讼法上的必要共同诉讼制度（固有的）与之相匹配，因此，只要是实体法上的连带之债，无论是连带债权抑或连带债务，均一概表现为必要共同诉讼的原告或必要共同诉讼的被告，如果当事人有所欠缺，则法院依职权追加，当事人不愿意追加的法院也强行为之，其结果，在必要共同诉讼领域我们所能够见到的，就是单纯的固有必要共同诉讼，类似必要共同诉讼则闻所未闻。① 如今，实体法关于连带之债的制度精神和内在机理发生了性质上的变迁，连带之债的多数债权人并非要一并主张权利，连带之债的多数债务人并非要一并被主张债务，而可以由部分债权人主张权利或部分债务人被主张债务。这样一种立法精神在《民法典》中得到了鲜明昭示。《民法典》第178条规定："二人以上依法承担连带责任的，权利人有权请求部分或者全部连带责任人承担责任。"据此规定，在连带责任之诉中，权利人不是非要将连带债务人均作为被告一并起诉，而可以只针对其中一个或部分连带债务人进行起诉，如果选择其中一个连带债务人进行起诉，所产生的诉讼形态则不是共同诉讼，而是单一诉讼；如果选择部分（2个以上）或全部连带债务人进行起诉，其所构成的诉讼则为必要共同诉讼。由于这种连带债务人不是必须作为共同被告而被起诉，其是否可以作为共同被告被一并起诉，取决于原告的起诉意愿，而立法并无强制的要求，由此所形成的共同诉讼，在性质上便区别于传统上的必要共同诉讼，也就是有别于大陆法国家所谓固有的必要共同诉讼。为适应此种立法变迁之需要，民事诉讼法有必要在传统必要共同诉讼（固有的）之外，另外增设一种必要共同诉讼，此即类似必要共同诉讼。由此可见，类似必要共同诉讼制度要不要确定，其理论基础不在诉讼法，而在实体法，正是为了适应实体法发展的需要，民事诉讼法需要确立类似的必要共同诉讼，以实现实体法的立法规定和制度价值。

（二）类似必要共同诉讼是尊重当事人自我选择的需要

民事诉讼是解决私权纷争的诉讼，在不妨碍实体法目的实现之范围内，应当尽可能尊重当事人私权自治权，其表现在民事诉讼上，便是要尊重当事人的实体处分权和程序处分权，谁作为原告、谁作为被告，由谁来主张诉讼法上的权利，由谁来承受诉讼法上的责任和义务，概由当事人的自由意志来决定。随着当事人主义诉讼模式在我国民事诉讼中不断深入地被导入，当事人在民事诉讼中的主体地位日益增高，当事人对于诉讼中的一切重大事项都在不断地增加话语权，该一特征表现在诉讼当事人领域，便是当事人对谁为当事人的确定权，包括原告的确定权和被告的确定权，在不断地增强。类似必要共同诉讼将当事人程序自治这个表征当事人诉讼地位的理念和因素注入到了当事人的确定领域，包括积极当事人的确定和消极当事人的确定。固有必要共同诉讼要求所有的共同诉讼人必须一并起诉应诉所带来的紧张关系，由于类似必要共同诉讼的产生而得以缓解。类似必要共同诉讼仿佛润滑剂，使原本僵硬的当事人制度变得更加松软和灵活，当事人在该制度的缝隙中有了更加充沛的自主权和决定权，由此充分彰显了当事人的程序主体地位，适应了民事诉讼当事人主义诉讼模式的转向和变迁之内在需求。

---

① 在我国，多将类似的必要共同诉讼作为固有的必要共同诉讼，违背了相应的实体法原理。比如，连带之债的诉讼，应当把全部连带债权人列为共同原告，或者把全部连带债务人列为共同被告，方为当事人适格，这种做法违背了连带之债的原理和规定。邵明：《民事诉讼法学》（第2版），中国人民大学出版社2016年版，第117页。

（三）类似必要共同诉讼制度有助于弱化当事人领域的职权主义色彩，遏制法院滥用职权追加必要共同诉讼人

前面从当事人的视角观察了类似必要共同诉讼给当事人灵活地进行诉讼决策、精准地确定诉讼对象所带来的程序上的益处，这里再从法院的视角看，类似的必要共同诉讼能够给法院公正司法带来什么样的好处。类似的必要共同诉讼制度给法院公正司法带来的好处，集中表现在能够有效地消除法院滥用职权任意扩大追加当事人的案件范围从而影响司法公正的弊端。由于只有固有的必要共同诉讼之一种形态，法院追加当事人从而使之形成必要共同诉讼以扩大管辖权、搞地方保护、将无辜的当事人拉近诉讼等，就变得非常容易。因为当事人在必要共同诉讼人的确定上失去了制衡力量，只要诉讼可以排除普通共同诉讼形态，其他凡有关联者，均在必要共同诉讼制度的射程之内，法院均可依职权追加当事人，当事人不得以本案属于类似必要共同诉讼而当事人并未将其列为共同被告而提出有效的抗辩，这样就使得法院追加当事人的职权失去了应有的控制，从而造成了滥用和扩大化、任性化的弊端。实践表明，缺乏类似必要共同诉讼作为二级分类的、单一化的必要共同诉讼制度，在稍微复杂一些的案件中，就会造成乱列当事人的混沌局面，只要排除普通共同诉讼的可能性，其能在必要共同诉讼的名义下追加共同原告或共同被告，使诉讼中人无可奈何，使诉讼外人难以脱身。由于法院拥有了任意追加当事人的职权，诉讼中的职权主义倾向和色彩更趋突出和尖锐化，以当事人主义为基本趣旨的诉讼体制改革在当事人制度领域便不能不受阻，因而从诉讼制度的当事人主义化的改革视角而言，也内在地要求改革必要共同诉讼制度，将当事人主义的因素和精神贯注其中，设立类似的必要共同诉讼形态，强化当事人的程序选择权，控制法院在罗列当事人上的职权膨胀倾向，确保司法公正在确定当事人这个诉讼程序的源头上得以实现。

（四）类似的必要共同诉讼有助于司法实践更加精准化

由于我国匮乏类似的必要共同诉讼，司法实践长期便只能在必要共同诉讼（实为固有必要共同诉讼）和普通共同诉讼之间做选择，选择的基本路径是，凡是共同诉讼，如果不属于普通共同诉讼，则必然属于必要共同诉讼；凡是必要共同诉讼，当事人如有欠缺，法院必须依职权予以追加，直至将当事人逼到被迫放弃实体权利的角落为止。于是诉讼中往往会出现一种奇观，就是既不愿参与诉讼又不承诺放弃实体权利的民事主体仍然被法院依职权强制性地列为共同原告（如连带债权人），因而就出现了所谓的被动性原告或僵尸性原告，该原告一直被必要共同诉讼制度裹挟着在诉讼的全部过程"奉陪到底"，但其本人的身影却一直不出现在诉讼程序之中，尤为令人难解的是，该原告到最后还能够获得他所不愿见到的需要强制执行方能实现的实体权利。[①] 对于共同原告是如此，对于共同被告也是如此。原告仅状告连带责任的一方当事人，如原告仅起诉主债务人，而没有将担保人列为共同被告，但由于缺乏类似的必要共同诉讼制度，法院依然基于连带责任制度将原告并不情愿起诉的被告也列为共同被告，以致使具体的诉讼目的偏离了原告的初衷，并反向地制约和影响了原告与潜在被告之间的实体法律关系的综合利益考量和计算，这不能不看作是诉讼法对实体法所产生的副作用和负效应。不仅如此，由于缺乏类似的必要共同诉讼，也导致了最高人民法院在做出司法解释和进行司法指导时

---

① 如《民诉法解释》第74条规定："人民法院追加共同诉讼的当事人时，应当通知其他当事人。应当追加的原告，已明确表示放弃实体权利的，可不予追加；既不愿意参加诉讼，又不放弃实体权利的，仍应追加为共同原告，其不参加诉讼，不影响人民法院对案件的审理和依法作出判决。"

的摇摆性和含糊性。比如,《民诉法解释》第66条规定:"因保证合同纠纷提起的诉讼,债权人向保证人和被保证人一并主张权利的,人民法院应当将保证人和被保证人列为共同被告。保证合同约定为一般保证,债权人仅起诉保证人的,人民法院应当通知被保证人作为共同被告参加诉讼;债权人仅起诉被保证人的,可以只列被保证人为被告。"这里分连带保证和一般保证两种类型的诉讼。在连带保证诉讼中,该司法解释仅规定债权人向保证人和被保证人一并主张权利的,人民法院应当将保证人和被保证人列为共同被告;但没有规定债权人如果仅仅起诉保证人或被保证人时,应当实行单一诉讼,而不是共同诉讼,法院不得追加被保证人或保证人作为共同被告。由于缺乏类似必要共同诉讼制度的规定,该司法解释便只解释出必要共同诉讼一种形式,而没有解释出连带保证诉讼中的单一诉讼这一形式。再就一般保证而言,因保证合同纠纷提起的诉讼,债权人向保证人和被保证人一并主张权利的,人民法院应当将保证人和被保证人列为共同被告,此为必要共同诉讼;但是后半句的"可以"在实践中就显得似是而非,在解释上,似乎在债权人仅起诉被保证人时,既可以只列被保证人为被告,也可以将保证人一并列为被告,显然这样解释是不妥当的,也就是说,如果债权人仅起诉被保证人时,只能列被保证人为被告,而不得将保证人一并列为被告;只有在债权人仅起诉保证人时,人民法院才应当通知被保证人作为共同被告参加诉讼,此时方构成必要共同诉讼。因此,该条中的"可以",应当改为"应当",而之所以出现司法解释上的含混性,其原因还在于类似必要共同诉讼制度未在民事诉讼法上得到确立。此外,该司法解释中的第54条关于挂靠人诉讼、第59条关于个体工商户的诉讼、第65条关于借用合同章诉讼、第71条关于代理人诉讼等,均有类似的问题,这里不一一展述。一句话,由于欠缺类似的必要共同诉讼制度,使我国的司法实践在当事人的罗列上出现了一些混乱和误区,在民事诉讼法确立类似必要共同诉讼制度后,这一现象有望获得改变,从而使司法实践更具精准性。

六、类似必要共同诉讼的类型

类似必要共同诉讼是从必要共同诉讼中分离出来的一种新类型的共同诉讼,目的在于克服单一的必要共同诉讼与实体法规定的脱节现象,从而增强必要共同诉讼制度的司法适应性,因此,类似必要共同诉讼作为一种制度的产生表征着诉讼制度的进步。然而,为什么要研究类似必要共同诉讼的类型?其意义主要在于:其一,通过类似必要共同诉讼的类型化研究,描述类似必要共同诉讼的历史发展阶段。类似必要共同诉讼自从在大陆法系国家产生以后,便一直处在不断地发展变化之中,以致有的学者称它为"流动的概念"或者说"类似必要共同诉讼的流动性",每一个历史发展阶段,类似必要共同诉讼体现出来的类型不尽相同,这不同类型的类似必要共同诉讼横贯在一起,也表征着类似必要共同诉讼的概念内涵在不断丰富,其外延相应地在不断扩大,现在的类似必要共同诉讼的适用范围较之于其刚产生时期的适用范围要广泛得多。其二,有利于对类似必要共同诉讼进行有针对的司法运用,防止类似必要共同诉讼与固有必要共同诉讼或普通共同诉讼相混淆,从而避免司法实践在运用类似必要共同诉讼制度时所容易出现的混乱和各行其是。其三,有利于我国民事诉讼法相应规定的完善并有利于对最高人民法院司法解释提供指导性意见。

通览民事诉讼法学研究现状,我们发现无论是大陆法系国家还是英美法系国家,其对类似必要共同诉讼的研究和探讨均聚焦于概念的提出、要件及其特征的分析以及实践中常见案例的列举,对于类似必要共同诉讼的类型化研究和条理化概括则鲜有所见,我国学界对此更无涉及。以日本为例,学者们对类似必要共同诉讼的探讨由来已久,如兼子一教授就将类似必要共同诉讼的适用情形概括为五种案件：一是数人提起的要求确认公司设立无效的诉讼；二是要求取消股东大会决议或确认股东大会决议无效的诉讼；三是数人要求确认破产债权的诉讼；四是多个债权人基于代位权所提起的诉讼；五是数人提起的股东代表诉讼等。[①] 新堂幸司教授也基本认同兼子一教授的观点，同时认为类似必要共同诉讼的范围还可以稍加扩大，如各个共有人提出的共同所有关系确认之诉等也属于类似的必要共诉讼。[②] 这些概括性列举大体反映了大陆法系国家的通说，差异仅在个别案件类型上有所增减而已。

从上述大陆法系国家的学者对类似必要共同诉讼的案件种类进行的列举可知，其视野中的类似必要共同诉讼有这样几个特点：一是类似必要共同诉讼基本上都集中在公司法等少数法律之中，其范围非常狭窄。二是类似必要共同诉讼基本上都是以原告为主的共同诉讼，被告方为多数的类似必要共同诉讼并未受到应有关注。三是类似必要共同诉讼基本上都是形成之诉和确认之诉的诉讼案件，给付之诉的诉讼案件很少见到。然而，在我们看来，对类似必要共同诉讼进行简单的案件类型的列举是不够的，因为这无法满足指导司法实践的需要，同时也无法指引出民事诉讼法共同诉讼制度的发展趋势和完善方向。尤其是，这种将既判力是否扩张作为检验和测试是否属于类似必要共同诉讼的观点也是成问题的，至少是片面的。这一点，在我们对类似的必要共诉讼进行分类研究后会看得很清楚。

（一）诉讼标的同一性类似必要共同诉讼和诉讼标的牵连性类似必要共同诉讼

对类似必要共同诉讼可以从以下视角进行类型化考察：

以诉讼标的为标准，可将类似必要共同诉讼划分为诉讼标的同一性类似必要共同诉讼和诉讼标的牵连性类似必要共同诉讼。诉讼标的同一性类似必要共同诉讼是指在这种类似必要共同诉讼中，其涉及的诉讼标的只有一个，各个共同诉讼人围绕着相同的诉讼标的进行同向性诉讼活动，其诉讼结果对所有参与诉讼和未参与诉讼的利害关系人均一体有效。可见，诉讼标的同一性的类似必要共同诉讼和固有的必要共同诉讼只有一纸之隔的区别，就是前者不是所有的共同诉讼人都实际参与了诉讼，后者则是所有的共同诉讼人都作为一个不可分割的团体参与了诉讼，并因此具有了当事人适格。比如，公司股东提出的撤销股东会决议之诉中，如果立法要求全体持有异议的股东均参与诉讼，则该诉讼形态便为固有的必要共同诉讼。但如果这样，有时有的股东基于种种考虑不一定会实际地参与诉讼，同时要求所有的股东参与诉讼也会产生诸如增加诉讼成本、拖延诉讼进程、影响法院的统一诉讼管理等弊端，因此立法特别规定这类诉讼仅需要一个或数个股东即可合法地提起，而无须全体股东一并诉讼。这便是类似必要共同诉讼的特殊性所在，也是其制度优势所在。因此，很自然，诉讼标的同一性的类似必要共同诉讼的既判力具有扩张效果，它能够将其既判力扩张到所有可参与诉讼但又未参与诉讼的全体利害关系人，相当于他们也实际地参与诉讼。存在于诉讼标的同一性的类似必要共同诉讼之中的诉讼原理实际上乃是诉讼代表理论，参与诉讼的利害关系人代表着全体利害关系人进行着共同诉讼，其结果自然对全体利害关系人发生法律上的拘束力。

诉讼标的牵连性的类似必要共同诉讼则是指在这种类似的必要共同诉讼中，其所涉及的诉讼标的不止一个而是多个，这些诉讼标的既具有相对的独立性又相互关联在一起，形成了多个

[①] ［日］兼子一等：《条解民事诉讼法》，弘文堂1986年版，第169页。转引自张卫平：《民事诉讼法》（第4版），法律出版社2016年版，第150页。

[②] ［日］新堂幸司：《新民事诉讼法》，林剑锋译，法律出版社2008年版，第546—547页。

独立之诉纵横交错的复杂态势，法院对这些交织在一起的诉讼必须合一裁判，而不得分别裁判，以避免产生冲突性或不兼容的司法裁判。至于诉讼标的牵连性的具体表现形式，后文有涉及，这里从略。

将类似的必要共同诉讼划分为诉讼标的具有同一性的类似必要共同诉讼和诉讼标的具有牵连性的类似必要共同诉讼具有重要意义。因为，从类似必要共同诉讼制度的发展历程来看，其最先产生的正是诉讼标的具有同一性的类似必要共同诉讼，所谓"类似"这一用语所表达的含义也是指这类的必要共同诉讼。这一类的类似必要共同诉讼的本质特征乃是既判力扩张，合一裁判仅仅是其外在表现而已，而不是最终的目的，最终的目的在于将既判力扩张到未参与诉讼的其他利害关系人。然而，如果局限于这一层面认知和规范类似的必要共同诉讼，类似的必要共同诉讼之制度性功能无法得以实现，横亘在固有必要共同诉讼和普通共同诉讼之间的巨大鸿沟无法填平，共同诉讼制度的空缺依然存在。为了使共同诉讼制度形成一个完整的规范体系，民事诉讼立法不仅有必要导入类似必要共同诉讼制度，而且有必要突破类似必要共同诉讼制度的传统藩篱，拓宽其内涵，扩展其外延，使类似的必要共同诉讼从狭义走向广义，从传统走向现代，从同一走向连带，连带性类似必要共同诉讼乃应运而生。从同一性类似必要共同诉讼发展到连带性类似必要共同诉讼是共同诉讼制度的一个巨大飞跃，如果说同一性类似必要共同诉讼尚处在该制度的萌芽状态的话，那么，连带性类似必要共同诉讼则进入了该制度的蓬勃发展期，类似必要共同诉讼制度的局面为之一新。

（二）原告型类似必要共同诉讼和被告型类似必要共同诉讼

以人数较多的一方当事人之诉讼地位，可将类似必要共同诉讼分为原告型类似必要共同诉讼和被告型类似必要共同诉讼。如前所述，类似必要共同诉讼能否最终形成，在原告和被告两方面，其决定权在原告，而被告只有被动应诉之力，而无决定诉讼究竟应采单一之诉抑或是共同诉讼之权。对于原告的选择，又可分为两种情形：一是原告方具有多数的利害关系人存在，二是被告方具有多数的利害关系人存在。在前者之情形，原告可以决定自己提出诉讼，但无法左右其他的利害关系人也一并与之提起诉讼，如在撤销股东大会决议之诉中，既可以由其中一个股东提起该诉，也可以由部分股东提起该诉，意欲提起该诉的股东只能决定自己是否提起该诉，其他股东是否提起该诉，其并无决定权，但其他股东可以参加到意欲提起该诉的原告一方，作为共同原告提起该诉，此时，若其作为共同原告提起该诉，则构成类似必要共同诉讼，法院不得分开审判，而必须作出合一裁判。在被告具有多个利害关系人的情形下，是否将所有的关联性被告均纳入诉讼中作为被告提起诉讼，这是由实际提起诉讼的原告所决定的，如果原告决定就状告其中一个被告，则构成单一诉讼，法院不得依职权追加被告；如果原告决定状告其中部分乃至全部被告，则构成类似的必要共同诉讼，法院必须作出合一裁判。典型的例证可以举因共同侵权所造成的连带责任之诉，在数人共同侵权的案件中，如果这些侵权行为人依据实体法的规定承担连带赔偿责任，则是否将这些侵权行为人全部或部分（2人以上）纳入诉讼中作为被告抑或仅起诉其中一个，原告具有决定权。原告如果将全部或部分共同侵权人作为被告一并提起诉讼，则构成了类似必要共同诉讼，法院对此必须作出合一裁判。我们不妨将原告方有多数利害关系人的类似必要共同诉讼称之为原告型类似必要共同诉讼或积极的类似必要共同诉讼，同时将被告方有多数利害关系人的类似必要共同诉讼称之为被告型类似必要共同诉讼或消极的类似必要共同诉讼。

将类似必要共同诉讼划分为原告型和被告型，其意义主要在于：一是能否转化为固有的必要共同诉讼不同。原告型类似必要共同诉讼在原告人数齐全之时，其形态便进入固有的必要共同诉讼领域,法院作出的裁判在既判力上自然适用于所有的原告,而无所谓既判力扩张问题。与此同时,能够给立法者带来启发的是,是否要将固有的必要共同诉讼作为类似的必要共同诉讼加以规定,并没有一定之理,而立法政策在其中起着重要的作用;同时,司法者在司法之时,也有将原告型类似必要共同诉讼通过行使阐明权等职权行为转变为固有的必要共同诉讼之余地。与之有别,被告型类似必要共同诉讼则无论如何均不可能转变为固有的必要共同诉讼。二是原告型类似必要共同诉讼一般属于传统型类似必要共同诉讼,其产生的时间要先于被告型类似必要共同诉讼。因此,从发展前途上看,原告型类似必要共同诉讼尽管最符合类似必要共同诉讼的原始含义,但其适用范围的扩充余地是有限的,与之有别,被告型类似必要共同诉讼尽管产生在后,但其适用范围将变得越来越广阔。其原因在于,原告型类似必要共同诉讼直接来源于实体法的规定,是对实体法上的固有必要共同诉讼的剥离和分解,它只能从固有的必要共同诉讼中通过立法的松动而不断"蚕食",其主要存在于形成之诉和确认之诉中,而被告型类似必要共同诉讼则不受制于实体法的明文规定,而主要是因应于司法实践统一司法、纠纷一次性解决等需要而不断形成和扩大的,其主要存在于给付之诉的领域。三是原告型类似必要共同诉讼具有既判力全面扩张的效果,而被告型类似必要共同诉讼则一般没有既判力扩张的效果。比如,宣告公司决议无效之诉,作为股东的参与诉讼的原告方无论人数多少,其生效裁判的既判力均全面扩张于所有的利害关系人,而被告型的类似必要共同诉讼如连带责任之诉,原告如果仅仅起诉其中部分被告,则其既判力不扩张于未实际参与诉讼的被告。四是二者赖以形成的决定权由谁行使不同。原告型类似必要共同诉讼的形成,其决定权不在提起诉讼的原告,而在诉讼之外的其他利害关系人,其他利害关系人如果响应原告的"号召"而参与诉讼,则类似的必要共同诉讼便能因案外人的"加盟"而形成;被告型类似必要共同诉讼的形成,其决定权则操之于原告之手,原告如果仅状告一个被告,则诉讼形态为单一诉讼,不构成类似的必要共同诉讼;只有原告状告两个或两个以上的被告,类似的必要共同诉讼方得以构成。因此,如果法院要将单一之诉"改造"成为类似的必要共同诉讼,则对于原告型类似必要共同诉讼,主要应向诉讼之外的其他利害关系人行使阐明权,使之自愿地参与诉讼,从而使类似必要共同诉讼得以形成,但法院不可依职权追加利害关系人"强制"他们成为共同的原告;而对于被告型类似必要共同诉讼,法院则应针对提起诉讼的原告行使阐明权,使之尽可能将关联性的被告均申请追加进诉讼,成为类似必要共同诉讼,从而使诸多交织在一起的关联性纠纷得以一举解决,而不致发生后续的诉讼。

(三)既判力全面扩张的类似必要共同诉讼和既判力局部扩张的类似必要共同诉讼

以既判力是否扩张为标准,可将类似必要共同诉讼划分为既判力全面扩张的类似必要共同诉讼和既判力局部扩张的类似必要共同诉讼。在谈到类似必要共同诉讼时,免不了要就其关键性特点做出介绍和探讨,这就是类似必要共同诉讼具有既判力扩张的特点。比如,新堂幸司教授指出"即便一名共同诉讼人单独起诉,该判决的效力也扩张至其他共同诉讼人与对方当事人之间",这是因为"在这种情形下,如果每个共同诉讼人与对方当事人之间的胜败结果分别予以决定,那么将出现如下这种无法收拾的结果,即一名共同诉讼人所承受判决的效力,将与其因承受其他共同诉讼人判决扩张所产生的效力发生矛盾、冲突"[①]。新堂幸司教授的这一段话代表了类似必要共同诉讼的通说观点,其要点在于类似必要共同诉讼的既判力,乃扩张到那

---

① [日]新堂幸司:《新民事诉讼法》,林剑锋译,法律出版社2008年版,第546页。

些有权参加诉讼成为共同诉讼人但由于种种原因而没有参加到诉讼中的人,相当于他们参加了诉讼。笔者认为这段论述显得过于笼统与划一,因而失之简单化和绝对化。从定性上说,说类似必要共同诉讼的既判力具有扩张性这是对的,但是从定量上说,概括地、不区分情形地说类似必要共同诉讼的既判力全面扩张至未参与诉讼的潜在当事人,则是不妥当的观点。进而言之,随着类似必要共同诉讼从狭义转向广义、从传统转向现代、从一元转向多元,类似必要共同诉讼的既判力也一改传统上的"既判力全面扩张说",而变成了"既判力扩张二元说",也即,在类似必要共同诉讼中,有时既判力发生全面扩张的效果,有时既判力仅发生局部扩张的效果,均不可一概而论。具体而言,类似必要共同诉讼的既判力扩张有以下两种情形:

1. 既判力全面扩张的类似必要共同诉讼

在给付之诉、确认之诉和形成之诉这三种类型的类似必要共同诉讼中,只有确认之诉和形成之诉的类似必要共同诉讼的既判力会发生全面扩张,而且它们的既判力一定会发生全面扩张。其原因主要有二:其一,从确认之诉和形成之诉的性质来看,其类似必要共同诉讼的既判力必然会发生扩张。确认之诉与形成之诉都涉及实体法律关系的确定和变更问题,不涉及法院的强制执行,再加之法律关系一体性的特征,使得这两种诉讼类型具有更加紧密的内在关系,并使之与给付之诉区别开来。由于确认之诉和形成之诉具有内在关系的紧密性乃至一体性特征,其诉讼标的也具有单一性而非多元性,因此,其类似的必要共同诉讼产生既判力全面扩张的法律效果。其实,从传统上看,大陆法系国家所着重强调的类似必要共同诉讼就是确认之诉和形成之诉两种形态。确认之诉的情形比如确认公司设立无效之诉、确认股东大会决议无效之诉、多名异议人之间的确定破产债权异议之诉、数人提起的确认婚姻关系无效之诉等,形成之诉的情形如撤销公司股东大会决议之诉、数人提起的撤销婚姻之诉等。无论是确认之诉抑或形成之诉,在存在数个适格当事人可以提起同样的诉讼的情形下,如果仅仅只有一个适格当事人提起该诉,则其所获得的生效裁判对其他没有参加诉讼的潜在当事人也有效。比如,在法院判决确认公司设立无效之后,其他的适格当事人就不得再次提起确认公司设立无效之诉,因为其受既判力的拘束而受"一事不再理"原则的调整;反之,如果法院作出的判决是否定性的,其内容是驳回原告所提出的确认公司设立无效之诉讼请求,则该判决的既判力也扩张至其他没有参加诉讼成为共同原告人的潜在当事人,因为如果不这样而允许其另行诉讼,法院可能作出与前诉相冲突的判决,这种情形对于司法而言是不能容忍其发生的,为此就必须将生效裁判的既判力作为一个制度性屏障横亘在其他的利害关系人之前,使之被迫接受他人的生效裁判之拘束。[①] 确认之诉是如此,形成之诉也是如此。既判力的这种扩张,是确认之诉和形成之诉类似必要共同诉讼的必然要求。这是确认之诉和形成之诉的类似必要共同诉讼之既判力发生全面扩张的客观原因和实质依据。

[①] 还有一种观点认为,确认之诉和形成之诉的类似必要共同诉讼的既判力是否发生全面扩张,要根据原告是胜诉还是败诉两种情况分别而论之:如果原告胜诉了,则既判力全面扩张;如果原告败诉了,则不发生既判力扩张,其他的利害关系人还可以另行诉讼,此时不发生"一事不再理"的阻却效果。[德]汉斯-约阿希姆·穆泽拉克:《德国民事诉讼法基础教程》,周翠译,中国政法大学出版社2005年版,第140页。我国台湾地区也有学者认为,对于部分共有人提起的共有物返还之诉,其判决效力是否扩张至其他共有人,应当区别而论,即"仅在胜诉判决时效力及于其他共有人,败诉时则不及"。杨建华:《部分共有人请求回复共有物之判决及于他共有人之效力》,载杨建华:《问题研析民事诉讼法(二)》,三民书局1995年版,第209—211页;沈冠伶:《固有必要共同诉讼之原告适格与民事诉讼法第56条之一规定之适用》,载许士宦等:《新民事诉讼法实务研究(一)》,新学林出版股份有限公司2010年版,第164页。

其二，从确认之诉和形成之诉的原告身份来看，其类似必要共同诉讼的既判力的全面扩张是题中应有之义。在确认之诉和形成之诉的类似必要共同诉讼中，实际进行诉讼的原告人究竟以一种什么身份在进行诉讼？对此，日本学者新堂幸司将其解释为诉讼担当人。他这样叙述道："通过扩张既判力，使判决的效力相互地及于权利义务归属人（被担当人）之间，故而应当将其纳入这种类似必要共同诉讼中。"① 对此笔者需要补充说明的是，这种诉讼担当并非法定的诉讼担当，如破产管理人、遗产管理人那样，而是如同诉讼代表人那样的任意的诉讼担当，因为诉讼担当人本身也是案件的直接利害关系人。但任意的诉讼担当是由其他未参与诉讼的人或参加诉讼又退出诉讼的人推举产生的，而类似必要共同诉讼中的诉讼担当人则是原告人自我赋权形成的，其他未实际参加诉讼的利害关系人只不过通过自己的不参加诉讼而默认这种授权罢了，因此，类似必要共同诉讼中的原告当事人其实是兼具诉讼代表人性质的诉讼担当人，除人数规模有别外，其实际上类似于美国集团诉讼中的诉讼代表人。因此，类似必要共同诉讼中的原告人具有双重身份，一方面他本身就是直接利害关系人，是适格的原告人，另一方面他又是其他未参加诉讼的人的诉讼担当人，是代表他们进行诉讼的诉讼代表人，因而其生效裁判不仅对实际进行诉讼的原告有效，而且对未实际进行诉讼的其他利害关系人也有效。其他利害关系人虽然没有实际地参与诉讼，但诉讼的结果对其也有拘束力，便形成了类似必要共同诉讼的既判力扩张的法律效果，这从主体视角解释了为什么类似必要共同诉讼的既判力会发生扩张。

2. 既判力局部扩张的类似必要共同诉讼

既判力局部扩张的类似必要共同诉讼指的是在这种类似的必要共同诉讼中，法院所作出的生效裁判，其既判力不向未参与诉讼的任何利害关系人进行扩张，但将来法院所作出的关联裁判不得与之相冲突，也即既判力的主观范围不发生扩张，但客观的裁判效果会发生扩张。与既判力全面扩张的类似必要共同诉讼主要体现在确认之诉和形成之诉之中不同，既判力局部扩张的类似必要共同诉讼则主要体现在给付之诉中，包括原告型给付之诉和被告型给付之诉两种情形。

首先看原告型的类似必要共同诉讼。有一种观点认为，类似必要共同诉讼的裁判具有既判力扩张效应，如法院作出公司分配利润的判决后，未参加诉讼的有利润分配请求权的股东可以据此申请强制执行。② 笔者认为这一观点值得商榷，没有参加诉讼的股东不能成为法院裁判上的当事人，因为其股东身份没有获得裁判认可，不具有当事人身份的任何案外人均不得向法院申请强制执行，非当事人作为申请执行人必然遭遇申请人不适格的认定，其申请执行权无法获得执行机构的支持。如果人数达到一定的规模，此时所采用的诉讼形式其实不应当是类似的必要共同诉讼，而应当是代表人诉讼，经法院释明不登记参与代表人诉讼的股东，其如果要获得利润分配，必须要另行起诉，通过法院的裁定将代表人诉讼的裁判移植到该另诉裁判之中。然而，这仅仅是代表人诉讼的情形，如果采用类似必要共同诉讼的形式，则既判力无法扩张至未参与诉讼的股东。如果未参与类似必要共同诉讼的股东另行起诉，则前诉的既判力能够扩张到后诉之中，后诉不得作出与前诉相矛盾的裁判。

在原告型的类似必要共同诉讼中，其既判力之所以不能全面扩张到未参与诉讼的潜在原告人，其根本的原因乃在于，根据私权自治原则，潜在的原告人具有私权处分权，经法院通知，

---

① ［日］新堂幸司：《新民事诉讼法》，林剑锋译，法律出版社2008年版，第546—547页。
② 参见邵明：《民事诉讼法学》（第2版），中国人民大学出版社2016年版，第117页。

其不参与诉讼的事实即表明,至少在该诉中,潜在的原告人并不希望获得任何实体性权益保障,既然如此,法律就没有通过既判力的扩张将生效裁判的结果强加给他的必然理由,相反,法律应当尊重潜在原告人的实体权益处置权,因而既判力的主观范围无法也不必扩张到潜在的原告人。但这并不排除潜在的原告人可以另行起诉。如果潜在的原告人另行起诉,则前诉所作出的生效裁判,其既判力的客观效果能够扩张于他,该潜在的原告人有权在后诉中援引前诉之裁判,作为后诉裁判的前提和基础,后诉裁判不得与前诉裁判相冲突。

再看被告型的给付之诉的案件。被告型的类似必要共同诉讼基本上都属于给付之诉的案件,典型的例证是连带责任之诉。在连带责任之诉中,原告如果状告全部的连带责任人,则生效裁判的既判力无论胜败皆全部及于所有的连带责任人,但这不属于既判力的扩张,而是既判力的适用和落实。只有在原告仅仅起诉部分连带责任人时,其既判力才有扩张之可能;然而,这里的既判力扩张并非全面扩张,而是局部扩张。原告获得生效裁判后,其既判力的主观范围仅仅限制在被原告起诉的诸被告人之中,未被原告列为本案被告的其他连带责任人并不受该生效裁判的拘束,该生效裁判的既判力不得直接适用于诉讼中的潜在当事人,原告不能凭借生效判决对其他的连带责任人主张权利、进行强制执行。然而,这并不是说既判力中所有的效力均不予扩张,其不扩张的效力为主观的效力和执行的效力,其所扩张的效力是既判力的积极效果,在原告此后就其他的连带责任人提起诉讼之后,法院应当受前诉判决效力的拘束,而不得作出与前诉相矛盾的裁判。比如,在一般保证之诉中,原告先就主债务人提起诉讼,获得胜诉后,并不妨碍原告此后继续向保证人提起诉讼,在此后向保证人所提起的诉讼中,前诉关于主债权债务关系有效的司法判断对后诉具有拘束力,后诉只能在前诉的基础上继续进行,而不得另起炉灶无视前诉的既判力。既判力这种积极效果的扩张正是类似必要共同诉讼所带来的效果。

综上可见,既判力是否具有全面扩张性曾经长期作为是否构成类似必要共同诉讼的试金石,同时也被视为类似必要共同诉讼的内在的本质规定性;然而,随着类似必要共同诉讼制度的扩大化发展,这种以既判力是否具有全面扩张性作为检验类似必要共同诉讼是否能够构成的标准的学说和理论有必要进行修正,根据诉讼标的之性质和种类,类型化地观察和确定类似必要共同诉讼的既判力之扩张形态颇有必要,将类似必要共同诉讼划分为既判力全面扩张的类似必要共同诉讼(确认之诉和形成之诉)和既判力局部扩张的类似必要共同诉讼(给付之诉)两种形态,具有重要的意义。

七、类似必要共同诉讼的识别标准

前面已就类似的必要共同诉讼与固有的必要共同诉讼、普通共同诉讼的区别和联系做出了介绍,把握了这些区别和联系,类似必要共同诉讼的识别就有了一个基本的保障;然而,仅有这些宽泛的论述,尚不足以有效地指导司法实践精准地识别类似必要共同诉讼,从而适用类似必要共同诉讼的特殊规则对其进行审判和处理,因此有必要对类似必要共同诉讼的识别标准提供一个公式化的理论框架,并在此基础上确定类似必要共同诉讼的适用范围。

类似必要共同诉讼的识别标准主要有二:一是看共同诉讼中所涉及的诉讼标的是否具有同一性或牵连性,这是识别类似必要共同诉讼的客观标准;二是看实体法对诉讼案件所涉及的民事法律关系是否具有非合一处理不可的立法者意旨,这是识别类似必要共同诉讼的实体标准。

(一)识别类似必要共同诉讼的客观标准

《民事诉讼法》第52条第1款为我国的共同诉讼提供了两个识别标准:一是诉讼标的是

共同的,二是诉讼标的是同一种类的。前者为必要共同诉讼的识别标准,后者为普通共同诉讼的识别标准。然而,如前所述,我国民事诉讼法并没有对必要共同诉讼进行进一步细化分类,其结果就是将必要共同诉讼完全等同于固有的必要共同诉讼,类似的必要共同诉讼被排除在共同诉讼的范围之外,因而造成了司法实践中对固有的必要共同诉讼在适用范围上过于扩大化的弊端,为此有必要在立法论上增设类似必要共同诉讼这种诉讼类型。类似必要共同诉讼有一部分是从固有必要共同诉讼中分化出来的,其诉讼标的与固有必要共同诉讼一样,都是诉讼标的具有同一性或相同性。对于这部分类似必要共同诉讼,如果单从诉讼标的上看,是无法将其与固有必要共同诉讼区分开来的,要将其与固有必要共同诉讼区别开来,还需借助识别类似必要共同诉讼的实体标准。从固有的必要共同诉讼中分化出来的类似必要共同诉讼在整个的类似必要共同诉讼中的比例并不高,而且带有与时俱进的动态性或流动性;类似必要共同诉讼中的绝对多数是另辟蹊径而创造性形成的诉讼标的不是具有同一性而是具有牵连性的类似必要共同诉讼,这是我国立法和司法实践中更应当关注和重视的类似必要共同诉讼之新类型。

诉讼标的具有同一性这一客观标准比较容易理解,无须过多展开,而诉讼标的具有同种类性这一客观标准则形态多样,需要稍加阐述。

具体而言,诉讼标的之牵连性主要有以下形式:一是并列型牵连关系。并列型牵连关系,是指在类似的必要共同诉讼中,所涉及的各个诉讼标的处在平行或水平的状态,它们相互之间性质相同、地位平等,没有谁高谁低之分。典型的例证是连带责任之诉,原告诉多个被告因共同侵权而承担连带责任,其所涉及的诉讼标的便是并列型牵连关系的诉讼标的,法院作出原告胜诉的判决后,原告可以选择其中任何一个被告申请强制执行,也可以同时对部分或全部被告主张权利或申请强制执行,履行全部债务的连带责任人可以向其他连带责任人追偿。① 二是主从型连带关系。主从型连带关系,是指在类似必要共同诉讼中,其所涉及的诉讼标的在两个以上,其中一个诉讼标的是主要的诉讼标的,而其他的诉讼标的是次要的诉讼标的,次要的诉讼标的从属于主要的诉讼标的,法院首先要对主要的诉讼标的进行审理和判断,在对主要的诉讼标的审理和判断后,再对次要的或从属的诉讼标的进行审理和判断,其审理和判断的逻辑关系不能颠倒。其典型例证便是担保责任之诉。在担保责任之诉中,主债权债务关系为主要的诉讼标的,担保法律关系是次要的也是从属的诉讼标的,前者被判断有效后,后者才有可能被判断为有效;若前者无效,后者一定无效。三是选择型牵连关系。选择型的牵连关系,是指在类似必要共同诉讼中,所存在的两个或两个以上的诉讼标的,在性质上是并行的,但在判断和满足上却只能二者居其一,而不能兼得。比如,原告诉被告履行买卖合同给付货款,但同时对被告的代理人提出诉讼,主张若买卖合同无效,则追究其无权代理的法律责任。这两个诉讼原告只能满足其中一个,而不可能两个均获得胜诉(当然可能两个诉讼均归于败诉),这就是选择型的类似必要共同诉讼,法院对此必须合一裁判,否则就可能造成矛盾裁判(如既判决前诉被告给付货款,又判决后诉代理关系无效,代理人应当承担赔偿责任)。这种选择型类似必要共同诉讼,在大陆法国家也被称为"同时审判申请共同诉讼"②;又因为这种选择型之诉具有先

---

① 民法上的债务加入所形成的也是连带性法律责任,原告所提起的诉讼亦属类似必要共同诉讼。吴峻雪:《债的一揽子加入之诉的性质》,载《人民司法》2019 年第 23 期。

② [日]三木浩一:《日本民事诉讼法共同诉讼制度及理论——兼与中国制度的比较》,张慧敏、臧晶译,载《交大法学》2012 年第 2 期。

后的预备和被预备之关系，因而也有学者称之为预备的主观合并之诉①。四是连环型牵连关系。连环型牵连关系，是指在类似必要共同诉讼中，一个原告诉若干个被告为了实现一个目的，其诉讼标的相互之间环环相扣，具有手段和目的之关系，前面的各个诉皆是手段，后面的诉才是目的。比如，甲从丁处购买房屋一套，付款后丁说房屋无法过户，因为他从丙处购得也没有过户，甲找到丙交涉，丙说他从乙处购得，也没有过户，因此甲基于代位权和自己的请求权起诉乙、丙、丁，主张该房屋所有权过户登记，要求法院判令乙将房屋过户给丙、丙将房屋过户给丁、丁将房屋过户给甲。从诉讼标的之独立性来看，该诉是若干独立之诉的简单合并，其诉讼标的属于同一种类，所构成的似乎是普通共同诉讼，法院对各诉可以分别裁判；但如果这样，就有可能出现矛盾裁判的现象，如法院判令丙将房屋过户给丁、丁将房屋过户给甲，但驳回乙将房屋过户给丙的请求，这样，甲的诉讼请求则从根本上无法得到实现，前两个裁判内容也无法执行，法院作出的这种裁判便是错误的。法院之所以会发生错误，便是因为法院没有将该诉作为类似必要共同诉讼对待，如果法院作出合一裁判，则上述现象便可获得避免。

概而言之，如果共同诉讼中所涉及的诉讼标的既不是同一的，也不是同种类的，而是牵连的，则只要满足实体标准，基本上就可以认定其为类似必要共同诉讼；从数量上看，诉讼标的具有牵连性的类似必要共同诉讼占据绝大多数，因而应当成为司法实践的重点关注对象。

需加说明的是，诉讼标的具有牵连性的共同诉讼尽管基本上均可归入类似必要共同诉讼的范畴，但仍有一种情形需加排除，这就是基于先诉抗辩权所产生的先诉型的牵连关系。比如，在一般保证之诉中，原告单独起诉保证人而没有起诉主债务人，此时法院应当依职权追加主债务人为共同被告，因为除非在连带保证关系中，主债务人对清偿其债务负有在先的法律责任，其诉讼形态则为固有的必要共同诉讼；之所以这类诉讼标的具有牵连性的共同诉讼作为例外要归入固有的必要共同诉讼之中，而不是常规地归入类似的必要共同诉讼之中，其根本原因在于其诉讼标的之连带性属于先诉性关系，而不属于前述并列性、主从性、选择性以及连环性牵连关系，此不可不察。除了一般保证法律关系外，其他诸如《民法典》"侵权责任编"上的先付责任、补充责任等均属同类性质的法律责任关系，基于这些法律关系所发生的纠纷，如果原告仅仅起诉履行法律责任在后的当事人，法院均应追加在先的法律责任人为共同被告，此时所构成的诉讼形态为固有的必要共同诉讼而非类似的必要共同诉讼。

（二）识别类似必要共同诉讼的实体标准

该标准主要在诉讼标的具有同一性的案件中适用，因为诉讼标的具有同一性的共同诉讼，绝大部分都属于固有的必要共同诉讼，只有一小部分才在立法有明文规定或符合实体法的立法精神时属于类似必要共同诉讼。前述所有的原告型类似必要共同诉讼均是按照该实体标准而从固有的必要共同诉讼阵营中分解出来的。为了说明该一标准，笔者再举一个日本民法上有关

---

① 参见范光群：《主观预备合并之诉在台湾地区的发展》，载《法学家》1999年第5期。主观的预备合并之诉不仅包括被告为多数的情形，也包括原告为多数的情形，无论原告为多数抑或被告为多数甚或原被告均为多数，法院只能判决其中之一为胜诉，而不可能均判为胜诉（当然均为败诉是可能的），这就是合一裁判的诉讼机理，因而属于类似的必要共同诉讼。

共有财产方面的例证。① 一般而言，不动产共有关系之诉属于固有的必要共同诉讼，《日本民法》第 428 条规定，部分共有人对第三者提起的给付之诉中，共有物的返还请求、排除妨害、注销登记请求等，都具有使共有物免受第三者侵害的保存行为之性质，因此，各共有人单独提起诉讼时，其作为一种物权保护请求而被许可。这便是其不可分债权理论。② 同理，根据不可分债务理论，在被告方为共有关系之诉中，日本有很多法院的判例，根据《日本民法》第 430 条之规定，否定这种情形下必须进行固有必要共同诉讼。比如，在土地所有人对其土地上建筑物的共有人中的一人提起诉讼，请求撤除建筑物交还土地的案件中，也被认为不属于固有的必要共同诉讼。③ 既然不属于固有的必要共同诉讼，那么，在原告或被告或原被告双方在 2 人以上时，其诉讼形态便为类似的必要共同诉讼。可见，该实体标准在诉讼标的具有单一性或同一性的共同诉讼中发挥着划分固有必要共同诉讼和类似必要共同诉讼的作用；原本属于固有必要共同诉讼的案件类型，基于实践的需要，实体法网开一面将其降为类似必要共同诉讼乃至单一诉讼，从而致使原有的固有必要共同诉讼的"地盘"大大缩小，并由此呈现出了一种发展趋势。

综上所述，在上述识别类似必要共同诉讼的两个标准中，第一个标准也即诉讼标的具有同一性或牵连性的客观标准具有决定性意义；如果诉讼中所涉及的诉讼标的不具有同一性或牵连性，则类似必要共同诉讼根本没有产生的前提。因此，客观标准应当是判断和识别类似必要共同诉讼的第一步骤。在此基础上，如果诉讼标的具有同一性或牵连性，则还要看实体法上是否将其作为固有必要共同诉讼对待，此时需要适用第二标准也即实体标准。在诉讼标的具有牵连性的共同诉讼中，按照实体标准，只有在实体法律责任具有明确的先后关系之时，诉讼形态方

---

① 《民法典》第 307 条规定："因共有的不动产或者动产产生的债权债务，在对外关系上，共有人享有连带债权、承担连带债务，但是法律另有规定或者第三人知道共有人不具有连带债权债务关系的除外；在共有人内部关系上，除共有人另有约定外，按份共有人按照份额享有债权、承担债务，共同共有人共同享有债权、承担债务。偿还债务超过自己应当承担份额的按份共有人，有权向其他共有人追偿。"据此，因共有财产被他人损害或者共有财产使他人遭受损害，共有人对外享有连带债权或承担连带责任，对于这样的连带性的共同权利或共同责任，是否任何一个或部分共有人都可以独立行使权利或承担责任，而无须全体共有人共同为之？法律规定并不明朗。我国司法解释对此给出了否定性答案。《民诉法意见》第 56 条规定："共有财产权受到他人侵害，部分共有权人起诉的，其他共有权人应当列为共同诉讼人。"《民诉法解释》第 72 条规定："共有财产权受到他人侵害，部分共有权人起诉的，其他共有权人为共同诉讼人。"该司法解释尽管将前一司法解释"应当列"三个字删除，但从文义解释上看，其仍将其作为固有的必要共同诉讼对待，而尚未引入类似必要共同诉讼的解释范式。我国台湾地区则在该方面有明显变化。我国台湾地区学者认为，共同共有物返还请求权之诉属于固有的必要共同诉讼，但在台湾地区"民法物权编"于 2009 年 1 月 23 日修正后，鉴于"民法"第 828 条第 2 项准用第 821 条关于按份共有物返还请求之规定，因而在诉讼中，共同共有物返还请求权之诉也随之转变为类似必要共同诉讼。刘明生：《共同诉讼之研究》，载《辅仁法学》2012 年第 44 期。

② 我国司法实践中已经出现共有关系部分人诉讼的案例。比如，在"吴某根与吴某成财产损害赔偿纠纷"中，该案争议的房屋属于五人共同共有，在其中两个共有人擅自改建房屋而侵害其他共有人的共有权时，其中一个共有人单独针对一个侵害人提起损害赔偿诉讼，法院认可了该单一诉讼，而没有将其作为固有必要共同诉讼将其他共有人追加为共同原告和共同被告。参见上海市第二中级人民法院（2008）沪二中民一（民）再字第 6 号民事判决书。

③ 在"丁某萍、丁某花、丁某珍与何某良、丁某尊共有权确认纠纷"中，其中三个共有人对共有房屋的拆迁补偿款向其他部分共有人提起诉讼主张分配其应得之份额，法院并没有将其他三个共有人追加为共同被告。参见上海市高级人民法院（2016）沪民（申）字第 1442 号民事裁定书。

为固有的必要共同诉讼，此外所有的共同诉讼，均属类似的必要共同诉讼。与之恰好相反，在诉讼标的具有同一性的共同诉讼中，按照实体标准，除非实体法明文规定或其立法精神和立法原则允许实行类似的必要共同诉讼外，其诉讼形态一般均属固有的必要共同诉讼。

八、类似必要共同诉讼的适用范围

明白了类似必要共同诉讼的识别标准，也就比较容易确定类似必要共同诉讼的适用范围。基于前述识别标准，我们可将类似必要共同诉讼的适用范围确定为两个方面：一是诉讼标的具有同一性的诉讼案件，原则上适用固有的必要共同诉讼，例外时适用类似的必要共同诉讼；二是诉讼标的具有牵连性的诉讼案件，原则上适用类似的必要共同诉讼，例外时适用固有的必要共同诉讼，而诉讼标的为同种类的诉讼案件其只能适用普通共同诉讼，不适用类似必要共同诉讼或固有必要共同诉讼。

无论如何，以识别标准来确定类似必要共同诉讼的适用范围，只能为其划定出大体的框架，而难以获得具体性和可操作性。要进一步明确类似必要共同诉讼的适用范围，必须在识别标准的指引下采用法律解释学对各项实体法的相关规定进行具体的法条阐释方能奏效；然而，实体法的相关规定可谓浩如烟海，在这里一一做出列举性解释，不仅不可能也无必要。尤其值得一提的是，我国的司法解释对于类似必要共同诉讼也做出了诸多探索性规定，这些都为我们进行类似必要共同诉讼适用范围的明晰化作业和反思性检讨提供了丰富的素材。以下仅就某些典型的类似必要共同诉讼作一例示性的说明。

（一）制定法上的类似必要共同诉讼

1.《民法典》物权编上的类似必要共同诉讼

《民法典》第280条规定："业主大会或者业主委员会的决定，对业主具有法律约束力。业主大会或者业主委员会作出的决定侵害业主合法权益的，受侵害的业主可以请求人民法院予以撤销。"业主请求法院撤销业主大会或者业主委员会作出的决定之诉，属于类似的必要共同诉讼。《民法典》第286条第2款规定："业主大会或者业主委员会，对任意弃置垃圾、排放污染物或者噪声、违反规定饲养动物、违章搭建、侵占通道、拒付物业费等损害他人合法权益的行为，有权依照法律、法规以及管理规约，请求行为人停止侵害、排除妨碍、消除危险、恢复原状、赔偿损失。"第287条规定："业主对建设单位、物业服务企业或者其他管理人以及其他业主侵害自己合法权益的行为，有权请求其承担民事责任。"据此，业主、业主大会和业主委员会对于上述侵害业主合法权益的侵权行为，可以提起诉讼，他们不必全部作为共同原告起诉，而可以由其中一个或部分主体提起诉讼，业主中也可以由部分业主而不必由全体业主提起诉讼，因而这类诉讼既可以是单一诉讼也可以是共同诉讼，如果人员规模众多，还可以是代表人诉讼。如果属于共同诉讼，其性质为类似的必要共同诉讼。《民法典》第388条第2款规定："担保合同被确认无效后，债务人、担保人、债权人有过错的，应当根据其过错各自承担相应的民事责任。"据此，债务人、担保人、债权人中的其中一个起诉其他人，若其他人为多数，也是类似必要共同诉讼。

2.《民法典》合同编上的类似必要共同诉讼

《民法典》第518条第1款规定："债权人为二人以上，部分或者全部债权人均可以请求债务人履行债务的，为连带债权；债务人为二人以上，债权人可以请求部分或者全部债务人履行全部债务的，为连带债务。"据此规定，部分连带债权人针对债务人提起的诉讼或债权人针对部分连带债务人均具有当事人适格，为类似必要共同诉讼。从比较法的视角看，《民法典》

第535条第1款的规定属于典型的类似必要共同诉讼条款："因债务人怠于行使其债权或者与该债权有关的从权利，影响债权人的到期债权实现的，债权人可以向人民法院请求以自己的名义代位行使债务人对相对人的权利，但是该权利专属于债务人自身的除外。"如果债权人有多数，则该条款便为多数债权人代位权之诉，属于类似必要共同诉讼。①《民法典》第538条的规定也具有典型性："债务人以放弃其债权、放弃债权担保、无偿转让财产等方式无偿处分财产权益，或者恶意延长其到期债权的履行期限，影响债权人的债权实现的，债权人可以请求人民法院撤销债务人的行为。"债权人为多数时，其提起的撤销之诉亦为类似必要共同诉讼。②《民法典》第539条的规定应当做相同解释。《民法典》第688条规定："当事人在保证合同中约定保证人和债务人对债务承担连带责任的，为连带责任保证。"由此形成的诉讼属于类似必要共同诉讼。但《民法典》第687条规定的一般保证，若债权人先行或同时状告保证人的，则属于固有的必要共同诉讼。《民法典》第932条规定："两个以上的受托人共同处理委托事务的，对委托人承担连带责任。"若委托人对两个以上的受托人提起诉讼，则为类似必要共同诉讼。

3.《民法典》侵权责任编上的类似必要共同诉讼

侵权责任编上的类似必要共同诉讼比较多，凡是规定诸侵权人承担连带责任者，原则上均属于类似必要共同诉讼的范畴。比如，《民法典》第1168条规定的共同侵权责任，第1169条规定的教唆、帮助他人实施侵权行为的责任，第1171条规定的无意思联络共同侵权连带责任，第1172条规定的按份侵权责任，第1194条、第1197条规定的网络用户、网络服务提供者利用网络侵害他人民事权益的连带责任，第1211条、第1214条、第1215条等规定的机动车事故的连带责任，第1241条规定的遗失、抛弃高度危险物侵权责任，第1242条规定的非法占有高度危险物侵权责任，第1252条规定的建筑物、构筑物或者其他设施倒塌造成他人损害的侵权责任，等等，除被告具有先诉抗辩权者外，其相关诉讼均属于类似必要共同诉讼。③

4.《民法典》婚姻家庭编上的类似必要共同诉讼

《民法典》第1051条规定了婚姻无效的情形。根据《民法典婚姻家庭编司法解释》第9条之规定，有权依据《民法典》第1051条规定向人民法院就已办理结婚登记的婚姻申请宣告婚姻无效的主体，包括婚姻当事人及利害关系人；利害关系人包括当事人的近亲属及基层组织

---

① 1999年12月发布的《最高人民法院关于适用〈中华人民共和国合同法〉若干问题的解释（一）》（失效）第16条规定："债权人以次债务人为被告向人民法院提起代位权诉讼，未将债务人列为第三人的，人民法院可以追加债务人为第三人。两个或者两个以上债权人以同一次债务人为被告提起代位权诉讼的，人民法院可以合并审理。"本条第二句中的"可以"，应当改为"应当"，因为这不是可分可合的普通共同诉讼，而是可分必合的类似必要共同诉讼，当事人可以分别起诉，但一旦合并起诉，法院必须合一裁判。

② 前注司法解释第25条规定："债权人依照合同法第七十四条的规定提起撤销权诉讼，请求人民法院撤销债务人放弃债权或转让财产的行为，人民法院应当就债权人主张的部分进行审理，依法撤销的，该行为自始无效。两个或者两个以上债权人以同一债务人为被告，就同一标的提起撤销权诉讼的，人民法院可以合并审理。"该规定同样存在问题：在两个或者两个以上债权人以同一次债务人或同一债务人为被告提起撤销权诉讼的，人民法院不是"可以"而是"应当"合并审理。

③ 《民法典》第1170条规定："二人以上实施危及他人人身、财产安全的行为，其中一人或者数人的行为造成他人损害，能够确定具体侵权人的，由侵权人承担责任；不能确定具体侵权人的，行为人承担连带责任。"据此规定，二人以上实施危及他人人身、财产安全的共同危险行为责任，应属固有的必要共同诉讼，在原告仅起诉一个或部分被告时，法院应当依职权追加其他共同行为人为共同被告，因为若缺少部分被告，则案件事实无法查明。这可以视为侵权连带责任中属于类似必要共同诉讼的一个例外。

等。据此规定，如果有两个或两个以上的适格主体提起确认婚姻无效之诉，则该数主体皆为共同原告，所形成的诉讼为类似的必要共同诉讼。由于在该类诉讼中被告也为复数，这就形成了对原告而言是类似必要共同诉讼，对被告而言是固有的必要共同诉讼的混合形态。

5. 公司法上的类似必要共同诉讼

公司法上的诉讼可谓类似必要共同诉讼的发源地和大本营，主要有《公司法》第 22 条规定的股东提起的撤销公司股东会或者股东大会、董事会的决议之诉，第 151 条规定的股东派生诉讼和第 152 条规定的股东直接诉讼。①

6. 票据法上的类似必要共同诉讼

票据法上的类似必要共同诉讼主要指的是其第 68 条之规定，该条规定："汇票的出票人、背书人、承兑人和保证人对持票人承担连带责任。持票人可以不按照汇票债务人的先后顺序，对其中任何一人、数人或者全体行使追索权。持票人对汇票债务人中的一人或者数人已经进行追索的，对其他汇票债务人仍可以行使追索权。被追索人清偿债务后，与持票人享有同一权利。"据此，持票人可以针对汇票的出票人、背书人、承兑人和保证人中的任何一人和多人提起追索权诉讼，在被告为多人时，该诉讼形态为类似必要共同诉讼。

(二) 司法解释上的类似必要共同诉讼

我国最高人民法院通过大量的司法解释有意无意地也是不同程度地导入了类似必要共同诉讼制度的元素，从而缓和了单一机械的固有必要共同诉讼在实际运用中所产生的诸多困境，并在相同程度上缩小了诉讼制度与实体规范之间的差距，客观上推动了我国共同诉讼制度的发展和完善。这里仅以《民诉法解释》为例加以说明和检讨。通观《民诉法解释》，可知其对类似的必要共同诉讼是划分为两大类型予以导入和规范的：一类是明示的类似必要共同诉讼，另一类是暗含的类似必要共同诉讼。

1. 明示的类似必要共同诉讼

明示的类似必要共同诉讼是指司法解释的遣词造句乃采用了类似必要共同诉讼的表达方式，通过文义解释便可确定其为类似必要共同诉讼。比如，《民诉法解释》第 58 条规定："在劳务派遣期间，被派遣的工作人员因执行工作任务造成他人损害的，以接受劳务派遣的用工单位为当事人。当事人主张劳务派遣单位承担责任的，该劳务派遣单位为共同被告。"据此规定，原告若以接受劳务派遣的用工单位为被告，则属于单一诉讼；但原告若主张劳务派遣单位承担责任的，该劳务派遣单位为共同被告，此时所构成的为必要共同诉讼。由于原告可以在单一诉讼和共同诉讼之间进行选择，而不是必须将劳务派遣单位和用工单位作为共同被告，因而其在性质上属于类似必要共同诉讼，而非必要共同诉讼；但是，若原告单纯选择劳务派遣单位起诉的，法院则必须依职权追加用工单位为共同被告，此时所构成的则为固有的必要共同诉讼（因为劳务派遣单位的法律责任是以用工单位存在法律责任为前提的）。再如，《民诉法解释》第 66 条规定："因保证合同纠纷提起的诉讼，债权人向保证人和被保证人一并主张权利的，人民法院应当将保证人和被保证人列为共同被告。保证合同约定为一般保证，债权人仅起诉保证人的，人民法院应当通知被保证人作为共同被告参加诉讼；债权人仅起诉被保证人的，可以只列被保证人为被告。"这是该司法解释中最为典型的类似必要共同诉讼之表述。据此规定，

---

① 《公司法》第 152 条规定："董事、高级管理人员违反法律、行政法规或者公司章程的规定，损害股东利益的，股东可以向人民法院提起诉讼。"

如保证合同为一般保证,而非连带保证,则因保证合同纠纷提起的诉讼,原告有三种选择:一是原告仅起诉被保证人的,只列被保证人为被告,此时为单一诉讼;二是原告仅起诉保证人的,人民法院应当通知被保证人作为共同被告参加诉讼,此时所构成的为类似必要共同诉讼;三是向保证人和被保证人一并主张权利的,人民法院应当将保证人和被保证人列为共同被告,此时也为类似的必要共同诉讼。又如,《民诉法解释》第64条规定:"企业法人解散的,依法清算并注销前,以该企业法人为当事人;未依法清算即被注销的,以该企业法人的股东、发起人或者出资人为当事人。"据此规定,未依法清算即被注销后发生的诉讼,原告可以在该企业法人的股东、发起人或者出资人中进行选择确定作为被告的当事人,原告既可以状告其中之一或部分股东、发起人或者出资人,也可以状告其全部,该司法解释中的"或者"一词便已昭示其为类似必要共同诉讼而非固有必要共同诉讼。

2. 暗含的类似必要共同诉讼

暗含的类似必要共同诉讼指的是司法解释从表述结构上看似乎是固有的必要共同诉讼,但其实其中也包含类似必要共同诉讼的这种诉讼形态。比如,《民诉法解释》第54条规定:"以挂靠形式从事民事活动,当事人请求由挂靠人和被挂靠人依法承担民事责任的,该挂靠人和被挂靠人为共同诉讼人。"据此,原告可以在单独起诉挂靠人或被挂靠人和既起诉挂靠人又起诉被挂靠人之间进行选择,如果选择前者固无不可(此为单一诉讼),如果选择后者,则法院必须合一裁判,而不得分开裁判,在该意义上说,该诉讼形态应为必要共同诉讼,只不过与原告必须一并起诉共同被告人的固有必要共同诉讼有所不同的是,原告具有程序选择权而已,因而实属类似必要共同诉讼。再如,《民诉法解释》第65条规定:"借用业务介绍信、合同专用章、盖章的空白合同书或者银行账户的,出借单位和借用人为共同诉讼人。"该条规定表述不够精准,其实其所规定的也应当是类似的必要共同诉讼,原告可以单纯起诉借用单位或借用人,使诉讼形成为单一诉讼,但若其同时起诉出借单位和借用人,该诉讼则为类似必要共同诉讼。又如,《民诉法解释》第71条规定:"原告起诉被代理人和代理人,要求承担连带责任的,被代理人和代理人为共同被告。"据此规定,原告如果单纯起诉被代理人或代理人,则为单一诉讼;但如果同时起诉被代理人和代理人,要求承担连带责任的,被代理人和代理人为共同被告,此时所构成的为类似必要共同诉讼。

九、类似必要共同诉讼的程序设置

类似必要共同诉讼是一个介于固有的必要共同诉讼和普通共同诉讼之间的中间形态的共同诉讼,其兼有两种共同诉讼的特点而形成别具一格的运作程序。《民事诉讼法》第55条并没有设置出类似必要共同诉讼这种诉讼形态,而仅仅局限于固有共同诉讼和普通共同诉讼的双轨制共同诉讼模式,而实践中一般均是将类似必要共同诉讼的案件类型纳入固有的必要共同诉讼之中进行调整和规范,因而造成了固有必要共同诉讼的"肥大化"现象,并造成了诉讼形式与实体规范相脱节的现象。为克服此弊端,有必要从立法论上提出修法建言,使将来类似必要共同诉讼在实践中有所遵循,为此笔者根据前面之分析研讨提出以下几个条款以作为立法之参考。第1款:在共同诉讼中,如果诉讼标的是共同的或者具有牵连关系,除固有的必要共同诉讼外,为类似的必要共同诉讼。类似的必要共同诉讼,原告可以单独或部分起诉,也可以共同起诉;被告可以单独或部分被诉,也可以共同被诉。第2款:如果原告单独或部分起诉,或者被告单独或部分被诉,人民法院应当向原告释明,告知原告可以申请追加其他利害关系人为共同原告或共同被告。原告不申请追加的,人民法院可以通知其他利害关系人参加诉讼,但原告不同意追加被告的除外。经人民法院合法通知,其他利害关系人拒绝参加诉讼的,不影响人民法院对案件的审理。第3款:除给付之诉外,人民法院对类似必要共同诉讼所作出的生效裁判或调解书,其效力及于未参与诉讼的其他利害关系人。第4款:因不能归责于本人的原因而未参与诉讼,但有证据表明生效裁判或调解书确有错误,损害其合法权益的,可以按照本法第59条第3款之规定,提起第三人撤销之诉。第5款:本条未规定的,适用本法第55条(关于固有必要共同诉讼)之规定。

在这里不可能也无须对上述类似必要共同诉讼的条款做出条文释义般的解读,前面之阐述已经对这些条款的理论来源和制度背景基本上有了一个交待,这里笔者仅拟结合上述条款,就类似必要共同诉讼的程序结构做一重点式勾画,并就前面所未涉及之内容做适当补充。

类似必要共同诉讼的程序结构中有四个重点问题需要解决:一是当事人的追加问题,二是共同诉讼人的行为模式问题,三是案外人的程序保障问题,四是生效裁判的既判力扩张问题。最后一个问题前面已有详论,这里不再重复,以下仅就其他三个问题做出简扼阐释。

(一) 类似必要共同诉讼中的当事人追加

长期以来,类似必要共同诉讼被淹没在固有的必要共同诉讼之中,而未能获得独立性,其一个重要的"帮手"就是当事人追加制度。《民事诉讼法》第135条规定,必须共同进行诉讼的当事人没有参加诉讼的,人民法院应当通知其参加诉讼。类似必要共同诉讼一向被认为是法院应当依职权进行当事人追加的诉讼类型,其诉讼标的之特殊性虽在实践中早已被感知和认识,但其仍被融合于诉讼标的之同一性中,使法院依职权追加当事人成为理所当然、相沿未改的办案模式,当事人追加的强制性和职权性适用使类似必要共同诉讼与固有必要共同诉讼的基本区别被抹煞,职权主义诉讼体制在类似必要共同诉讼中找到了扩大化的栖息之地。不仅如此,《民事诉讼法》的后续两个条文还进一步加剧了类似必要共同诉讼当事人追加制度的牢固性和硬直性,从而使类似必要共同诉讼的当事人追加成为自始至终皆有可能的常规举措。《民事诉讼法》第177条第1款第4项规定,原判决遗漏当事人或者违法缺席判决等严重违反法定程序的,裁定撤销原判决,发回原审人民法院重审。《民事诉讼法》第207条第8项规定,"应当参加诉讼的当事人,因不能归责于本人或者其诉讼代理人的事由,未参加诉讼的",成为当事人申请再审、检察院监督再审以及法院依职权再审的法定事由。可见,要使类似必要共同诉讼从固有必要共同诉讼中分离出来,一个必要的制度性步骤就是重新审视当事人追加制度的合理性与科学性,法院对当事人实行强制性追加的制度必须退出类似必要共同诉讼的领域。

法院之所以不得对类似必要共同诉讼实行当事人的职权性、强制性追加,其根本的原因还要在类似必要共同诉讼的定义、性质和特点中寻找。类似必要共同诉讼虽然属于必要共同诉讼的大范畴,但其适用的前提却是是否共同时起诉或共同应诉,也即是否构成必要共同诉讼,原告具有处分权和程序选择权,法院不得任意干预,这里所适用的诉讼原则是当事人的处分权主义,而不是国家的干预主义。

然而,在类似的必要共同诉讼中,法院不进行职权性的当事人强制追加,并不意味着法院也不进行任何意义上的当事人追加,在当事人提出类似的必要共同诉讼时,法院如果认为具有直接利害关系的原告方或被告方有权参加诉讼或者与本案有关联最好被引入诉讼,法院则仍然可以根据当事人的申请或者依职权进行当事人的追加,只不过,法院的这种当事人追加并非强制性的,而是任意性的,被通知参加诉讼的当事人有机会表示其是否参与诉讼的意愿,如果其不愿意参与诉讼,则法院不得强制性追加其为诉讼中的当事人。同时,基于"不告不理"原则,如果原告不同意追加被告,则法院不得追加被告为诉讼中的当事人。

法院之所以在类似必要共同诉讼中尚保留一定程度的当事人追加之权，其原因主要在于，没有参与诉讼的原告方利害关系人依据实体法的规定，与实际提起诉讼的原告人一样，也有权提起诉讼；在他们因各种原因（如未知悉诉讼之发生）未提起诉讼从而成为诉讼程序的原始启动者时，法院应当为其提供机会在诉讼进行过程中加入诉讼，成为共同诉讼中的原告人。不仅如此，类似必要共同诉讼的生效裁判将会在不同程度上扩及于他们，他们或者受生效裁判的直接拘束，或者受生效裁判的间接约束，因而出于程序保障的正当性原则，立法理应为他们参与诉讼提供机会，以使既判力或裁判其他效力的扩张获得正当性依据。值得注意的是，法院的职权追加通知所起到的作用主要是案件线索的信息告知，法院并以适当的方式行使释明权，使程序保障尽量趋于严密和完善，而是否愿意参加诉讼，则是利害关系人私权自治和诉权处分范围内的事项，法院并不强行干预。对于当事人这样一种既可以追加又不强行追加的特征，恰好与类似必要共同诉讼介于固有必要共同诉讼与普通共同诉讼之间的中间性特征相符，同时对传统上以强制性为唯一内容的当事人追加制度而言，任意性的当事人追加也丰富了其内涵，强化了它的司法针对性。

（二）类似必要共同诉讼人的行为模式

在类似必要共同诉讼中，与固有必要共同诉讼一样，必要共同诉讼人所实施的行为也可以归入四种模式之中，即一致模式、准一致模式、独立模式和认可模式，但二者存在一定的差异。在一致模式中，与固有共同诉讼不同的是，在类似必要共同诉讼中，原告方当事人无须协商一致共同提起诉讼，他们中的任何一个或部分均可独立提起诉讼，从而启动诉讼程序。由于准一致模式采用的是有利推定原则，因而其既适用于固有必要共同诉讼，也适用于类似必要共同诉讼，二者之间基本上不存在差异。就独立模式而言，相对于固有的必要共同诉讼，类似必要共同诉讼中的当事人实施独立行为的空间更为广阔。比如，原告方共同诉讼人在诉讼过程中可以自主地决定退出诉讼，而无须取得其他共同诉讼人的同意；被告方共同诉讼人可以对原告所主张的不利于己的事实予以自认，而无须取得其他共同诉讼人的同意。比如在侵权连带之诉中，被告中的一人可以自认原告所主张的侵权事实，该自认不对其他共同被告生效；被告之一提出的诉讼时效抗辩，其他被告如果不加援引，对其他被告也不生效力。认可模式不仅适用于固有的必要共同诉讼，而且适用于类似的必要共同诉讼。

（三）案外人的程序保障

案外人的程序保障问题在大陆法国家未受到应有的关注和探讨，但该问题不仅客观存在，而且十分重要。这是因为，类似必要共同诉讼具有既判力扩张的效果，其生效裁判对未参与诉讼的其他利害关系人也会发生不同程度上的约束力，尤其是对形成之诉和确认之诉的类似必要共同诉讼而言，其既判力则进行全盘性扩张，那些没有实际参与诉讼的"潜在"共同诉讼人也受生效裁判的拘束，并在"一事不再理"原则的支配下，他们失去了继续提起诉讼的任何可能。类似必要共同诉讼的这一特征就为该程序的设置提出了特殊性要求，此即对案外人提供充分和必要的程序保障，以使生效裁判的既判力向其扩张获得正当化依据，这是程序正义性原则在类似必要共同诉讼中的具体体现。

对案外人的程序保障无非有以下几种形式，即参诉保障、辅助保障、再审保障、监督保障、撤销保障五种形式。参诉保障体现在诉讼程序的早期阶段，由当事人申请或法院依职权通知其参加诉讼，改变其身份，使其由案外人变为诉讼当事人，这是最佳保障形式。然而，由于各种原因受通知人可能无法参加诉讼，尤其是这种通知对下落一时无法确定的案外人乃无济于事，因而这种保障留有死角，不够完整。辅助保障是将案外人追加为无独立请求权的第三人参加诉讼，协助共同诉讼人实施诉讼活动，这种保障同样具有参诉保障的局限性，而且力度反而削弱，因而不可采。再审保障是案外人在生效裁判确定后认为对其不利，因而申请再审试图将其推翻，从而使自己摆脱受其羁束。这种保障虽不失为一种选择，但囿于再审之诉的主体适格性在我国严格限定于案件当事人①（执行异议之诉除外），因而案外人申请再审也有障碍。监督保障主要指检察院的法律监督，而检察院的法律监督不仅难以面面俱到，而且也很难深入，因而其虽然不可或缺，也不可作为唯一的保障力量予以仰赖。剩下来的撤销保障相比之下最为理想。所谓撤销保障，是指案外人因不可归责于自己的原因而未能参与诉讼，而生效裁判的既判力或积极效果的扩张使其遭受到了合法权益的损害，因而按照《民事诉讼法》第 59 条第 3 款之规定，向法院提起第三人撤销之诉，以谋求法院的公正裁判。撤销保障是诉讼程序结束后所提供的程序保障，是事后性保障而非事前性也非事中性保障，因而在类似的必要共同诉讼中，无论当事人是否齐备，也无论法院的通知是否到位，法院均可无顾虑地迅速推进程序的进行，以确保类似必要共同诉讼的效率性价值之实现，而将程序保障重点放在程序结束后，这样便有望类似必要共同诉讼的公正性价值和效率性价值的"双丰收"。如果在类似必要共同诉讼的前期或中期过于强化对案外人的程序保障，势必使类似必要共同诉讼的独特优势丧失殆尽，以致混同于固有的必要共同诉讼，最终将会取消类似必要共同诉讼的存在价值。因此，置于诉讼末端的撤销保障在诸保障方案中脱颖而出，成为类似必要共同诉讼保障程序正义的首选机制。需强调指出的是，在类似必要共同诉讼中，只有那些没有实际参与诉讼同时又未收到法院的参诉通知的案外人，才享有在生效裁判确定后的撤销诉权，那些有证据表明知悉诉讼的进行而又拒绝参加诉讼的案外人不得提出撤销之诉②。

第五节　普通共同诉讼

一、普通共同诉讼的概念和特征

共同诉讼中除了包括前述必要共同诉讼以及必要共同诉讼中包括固有的必要共同诉讼和类似的必要共同诉讼外，还有一种更为常见的共同诉讼的形态，这就是普通共同诉讼。普通共同诉讼，是一个与必要共同诉讼相对而言的概念，指的是当事人一方或双方在 2 人以上并且未达

---

① 案外人执行异议之诉是一个例外，按照《民事诉讼法》第 234 条之规定，案外人对执行标的提出的异议之诉，如果与生效裁判有关，则可以通向再审程序。但类似必要共同诉讼的既判力扩张主要集中在形成之诉和确认之诉之中，一般不会引起执行程序。只有在给付之诉的类似必要共同诉讼中，案外人方可通过执行异议之诉进入再审程序，这可以看作再审救济的特殊通道。

② 根据《民事诉讼法》第 59 条第 3 款的规定，提起撤销之诉的适格当事人为"前两款规定的第三人"，也即有独立请求权的第三人和无独立请求权的第三人。类似必要共同诉讼中未参与诉讼的潜在共同诉讼人，虽然从文义解释上看其不属于提起第三人撤销之诉的适格当事人，但衡之以本条的立法宗旨，基于目的解释，应当认为其为适格之第三人撤销之诉的当事人，本质上等同于有独立请求权的第三人。如果不赋予其第三人撤销之诉的诉权的话，则个别或部分共同诉讼人与对方串通或基于不正当目的所提起的虚假诉讼则无法被撤销了，其显然非属本条立法宗旨之恰当阐释。熊跃敏、梁喆妮：《原审被遗漏的必要共同诉讼人能否提起第三人撤销之诉——基于民事诉讼法第 56 条第 3 款的法解释学分析》，载《法治现代化研究》2019 年第 6 期。

到代表人诉讼的人数规模、诉讼标的属于同一种类，经当事人同意，法院认为有必要，从而将各个单一之诉合并进行的复杂诉讼形态。据此定义，可知普通共同诉讼的主要特征是：

(1) 普通共同诉讼是诉的主体的合并之诉，当事人一方或双方在2人以上。
(2) 普通共同诉讼的诉讼标的有多个，其中包含着相应个数的单一之诉。
(3) 普通共同诉讼能否最终形成，取决于当事人的意愿和法院的裁量。
(4) 普通共同诉讼是可分之诉，法院不是必须将其合并审判。

二、普通共同诉讼与必要共同诉讼的区分

普通共同诉讼与必要共同诉讼皆为共同诉讼之大家族之成员，二者在外观上是一致的，其都是一方当事人在2人或2人以上的复合诉讼，法院一并推进着整体的共同诉讼，并往往在一个裁判文书中作出所有的裁判，与此同时，当事人的诉讼步调也呈一致状态，诉讼的经济性和高效性以及裁判相互之间的协调性和一体性这些诉讼价值都能够从共同诉讼中得到实现。然而，如果我们透过现象看本质，则就会看到，普通共同诉讼和必要共同诉讼事实上存在着本质性的差异。必要共同诉讼分为固有的必要共同诉讼和类似的必要共同诉讼，普通共同诉讼与类似的必要共同诉讼之间的差异前已论及，在此不赘述，下面讨论普通共同诉讼与固有的必要共同诉讼之间的差异。

普通共同诉讼与固有必要共同诉讼之间的主要差别有四：

其一，诉讼标的不同。普通共同诉讼因为是由若干个可分离的单一之诉组合而成的，因此，其中有多少个单一之诉，就有多少个诉讼标的，诉讼标的的数量越多，普通共同诉讼的规模就越大。而固有的必要共同诉讼则仅存在一个单一的诉讼标的，从诉讼标的这个角度看，固有的必要共同诉讼实际上就是一个诉讼，只不过与单一诉讼有所区别的仅仅是其附着于诉讼标的之上的诉讼主体有多个或为复数而已。与普通共同诉讼之规模的衡量标准不同的是，固有必要共同诉讼的诉讼规模主要看人数，而普通共同诉讼的诉讼规模主要看标的。

其二，形成共同诉讼的时间点不同。普通共同诉讼既可以在诉讼开始之初通过当事人的起诉行为而"原始地"形成，也可以在单一诉讼进行的过程中通过诉之合并"后天地"形成；固有的必要共同诉讼则仅能在诉讼之初一次性形成完毕，如当事人有欠缺，则当事人为不适格，固有的必要共同诉讼无法成立。

其三，作出裁判的形式不同。普通共同诉讼的裁判形式有两种，一是在一个裁判文书中统一作出，另一是在多个裁判文书中分别作出，究竟是统一作出还是分别作出，由法院视情形裁量决断，而固有的必要共同诉讼则必须在一个裁判文书中一体性作出，而不得分开作出。

其四，能否由法院依职权追加当事人不同。普通共同诉讼是一种任意性也是非强制性的共同诉讼，其在程序上进行合并诉讼是偶然的结果，并无内在的必然之理，因而其当事人无所谓欠缺与否，也因此不存在法院依职权予以追加的可能性；固有的必要共同诉讼则属于法定性也是强制性的共同诉讼，其内在的关联性达到了可能达到的最高限度，其共同的当事人必须合一进行诉讼，法院也必须合一进行裁判，对此不仅当事人无选择权，而且法院也无裁量的空间，因此，在固有必要共同诉讼当事人有所欠缺时，无论诉讼中的当事人或被追加的潜在当事人是否同意，法院都应当依职权予以追加，使当事人由不适格的状态变为适格的状态。强制性地依职权追加必要的共同诉讼当事人是固有必要共同诉讼的显著特征。

三、普通共同诉讼的构成要件

普通共同诉讼尽管与必要共同诉讼相比其构成要件并不是十分严格，然而同样重要的是，普通共同诉讼也需要具备一定的构成要件，否则无法成立。就其构成要件的性质而言，可将普通共同诉讼的构成要件从实体到程序分为两个层面加以认知，以下分别述之。

（一）普通共同诉讼的实体要件

前已指出，与必要共同诉讼不同，普通共同诉讼主要是得之诉讼法上的价值支撑而获得诉讼法认可的，因而普通共同诉讼与实体法上的关联度几乎没有，如果说有关联，那也是极微薄的关联，这种微薄的关联表现在实体要件上具体有两个方面：

1. 普通共同诉讼的当事人一方具有共同性

这是从诉讼主体的角度提出的普通共同诉讼的实体性要件，其意指普通共同诉讼的一方当事人，无论其是否为多数或复数一方当事人，也无论是原告方抑或被告方，必须为同一个当事人。因而其当事人的程序结构无非有两种：一是原告方相同，被告方不同。比如，在收取租金之诉中，出租方为原告，承租方为被告，承租方有多个，原告可以将多个拖欠租金的承租人作为共同被告诉诸法院，此时所形成的是原告方相同型普通共同诉讼。二是原告方有多个，被告方相同。比如，一个化工厂排放的污水导致三个渔民受到损失，三个渔民联合状告被告，此时所形成的便是被告方相同型普通共同诉讼。如果原告方或被告方都是各异的当事人，则普通共同诉讼根本没有成立的必要，这种毫无关联性的所谓普通共同诉讼产生不出任何合并诉讼的价值，其负面的效果是诉讼不经济、当事人不便利、裁判矛盾防止之无必要等。举例言之，如果三个乘客在公共汽车A上受伤，而另外三个乘客在公共汽车B上受伤，A、B公共汽车属于不同的汽车运输公司，这两个诉讼可以单独形成普通共同诉讼，但不能将它们合起来形成一个统一的普通共同诉讼，原因就在于原告不同、被告也不同，合起来诉讼毫无益处可言。因此，普通共同诉讼的一方当事人必须具有相同性。

2. 普通共同诉讼的诉讼标的具有同种类性

必要共同诉讼的诉讼标的具有同一性（固有的必要共同诉讼）或牵连性（类似的必要共同诉讼），诉讼标的之这些特征直接来源于实体法的明文规定，这种诉讼标的将必要共同诉讼人紧紧地捆绑在一起，一赢俱赢，一输俱输，形成了一个紧密型的诉讼利益共同体；与之有别，普通共同诉讼在诉讼标的上并没有实体性的内在关联，而仅仅是基于同一事实关系而偶然地具有相同的属性而已，因而普通共同诉讼的诉讼标的相互之间只有外观上的相似性，而没有实质上的一体性或连带性。诉讼标的具有同种类性需要具备两个构成要素：一是事实关系具有同一性或相似性。事实关系具有同一性自不待言，如三个消费者在某一商场的电梯上因电梯发生故障同时受伤，这三个消费者可以提起普通共同诉讼；事实关系具有相似性则是指纠纷事实不是一次性形成，而是多次形成，但各个纠纷事实之间具有相同的构成特征，比如前例中，三个消费者先后在同一商场的同一电梯上受伤，则也构成普通共同诉讼的事实基础，但是若三个消费者分别在电梯上受伤、在潮湿的地面上滑倒受伤、在购物时被物品砸伤，则不构成普通共同诉讼的事实基础，因为它们之间的事实关系既没有同一性也没有相似性，合并共同进行诉讼不具有共享证据资料等优势，因而无法构成普通共同诉讼。二是法律关系具有同质性。比如职工A向公司提出拖欠工资之诉，职工B向公司提出交纳保险金之诉，职工C向公司提出恢复劳动关系之诉，则这三个诉无法构成普通共同诉讼，因为它们之间的诉讼标的不具有同质性，但若职工ABC三人均提出拖欠工资之诉，则该三诉可以构成普通共同诉讼，因为它们之间的诉讼标的具有同质性，因而属于诉讼标的之同种类范畴。只有事实关系具有同一性或相似性以及法律关系具有同质性，诉讼标的之同种类性方得以构成，二者缺一不可。需加说明的是，普通共同诉讼中当事人基于同质性的诉讼标的所提出的诉讼请求未必具有同质性，比如说，三个消费者在同一商场的同一电梯上因同一故障同时受伤，消费者 A 提出的诉讼请求是停止侵权，消费者 B 提出的诉讼请求是赔礼道歉，消费者 C 提出的诉讼请求是损害赔偿，则该诉中事实关系为同一性，法律关系也具有同质性，因而诉讼标的属于同种类，尽管诉讼请求有所不同，但不妨碍其构成普通的共同诉讼。

（二）普通共同诉讼的程序要件

普通共同诉讼的程序要件是指民事诉讼法而不是民事实体法对普通共同诉讼提出的成立要件。如前所述，普通共同诉讼是源自诉讼法上的制度性产物，因而其程序要件相对于必要共同诉讼偏重于实体要件有所差异。根据《民事诉讼法》第 55 条第 1 款以及其他相关规定，普通共同诉讼的程序要件主要有：

1. 法院对每一个普通共同诉讼的成员之诉都要具有管辖权

与必要共同诉讼能够产生牵连管辖不同，普通共同诉讼并无牵连管辖之说，法院对每一个组成普通共同诉讼的诸诉均要有独立的管辖权依据。其所以如此的原因就在于，法院的管辖制度处在诉讼价值的更高层面，普通共同诉讼所内含的价值在位阶上要低于管辖制度，普通共同诉讼所收获的诉讼价值即是诉讼经济、诉讼效率、矛盾裁判的防止等，而管辖制度则直接关系到法院案件的均衡负担之分配，关系到当事人的诉讼便利性，关系到整个司法秩序的平衡维持等，前者处在诉讼制度领域，后者处在司法制度领域，因而如果仅在诉讼法层面寻找超越管辖制度的更高价值非常困难，要突破管辖制度的现有秩序，只有从实体法层面进行更高位阶的价值预设，否则，管辖制度优先于共同诉讼制度。

2. 每一个普通共同诉讼的成员之诉实行的是同种类的诉讼程序

普通共同诉讼所致力于追求的是程序的同频共振和同步同调，而如果各成员之诉所遵行的诉讼程序各不相同，各个当事人各唱各调，则法院对这毫无共同性或共同性甚少的各个成员之诉根本无法进行统一管理，庭审也无法统一进行，裁判无法协同作出，诉讼的协同性、经济性、效率性以及矛盾裁判的防止性等诸诉讼价值便无从说起。因此，普通共同诉讼要求实行同种类的诉讼程序。所谓同种类的诉讼程序指的是诉讼程序在民事诉讼法上的类型是相同的。具体言之，同种类的诉讼程序的含义有：

一是普通共同诉讼的各成员之诉均实行简易程序、小额诉讼程序或普通程序的审理，而不能有的诉讼实行普通程序，有的诉讼实行简易程序，甚至有的诉讼实行的还是小额诉讼程序。值得注意的是，如果部分普通共同诉讼的成员之诉实行的是普通程序，而部分成员之诉依法应当实行简易程序或小额诉讼程序，那么，这种情形是否就不能形成普通共同诉讼呢？对此不能简单地做出否定性回答。此时应当在诉讼程序上实行"就高不就低"的原则，经当事人同意以及法院许可，可将简易程序或小额程序的成员之诉纳入普通程序中进行合并审理，从而形成普通共同诉讼的形态。但是，不能反过来将普通程序的成员之诉纳入简易程序或小额程序中进行合并审理，因为，普通共同诉讼承载的诉讼价值更多，将多个成员之诉进行合并审理，内在地要求更加完备、程序公正性更强的诉讼程序予以程序性统摄，因而在各个成员之诉依法不实行相同类型的诉讼程序时，应当牺牲简易程序和小额程序中的效率价值，追求和维持普通诉讼程序中的公正价值。但这丝毫不意味着简易程序和小额程序就不能实行普通共同诉讼，如果各成员之诉均符合简易程序或小额程序的标准和要求，同时考虑到将它们合并在一起进行诉讼不会给诉讼程序带来过多的复杂性，则仍不妨碍其构成普通共同诉讼的形态，换言之，普通共同诉讼不仅仅适用于普通程序之中，而且也适用于简易程序和小额程序之中。然而需要同时考虑到的一个因素是，程序的复杂性会随着成员之诉的增加而增加，如果成员之诉的增加和介入导致了简易程序和小额诉讼程序的复杂程度之增加，以致达到了该程序所能承载的极限，则量变变成了质变，诉讼程序的类型就要随之实行更迭和升级，若干个简易之诉合在一起就要变成普通程序，若干个小额之诉合在一起就要升级为简易程序乃至普通程序。当然法院也可综合各种因素，不实行这种简易程序或小额程序的普通共同诉讼的诉讼形式，而依然将其限定于单一之诉的适用。这是小额程序、简易程序和普通程序在遇到普通共同诉讼时在适用上的流变性特征。

二是同种类的诉讼程序指的是第一审诉讼程序，而非第二审诉讼程序或再审程序。普通共同诉讼之能否构成，仅在一审程序中方成为问题，如果一审程序没有实行普通共同诉讼，那么，在整个诉讼程序的长流程中就不可能再次出现普通共同诉讼，包括二审中和再审中均无普通共同诉讼之可言。换言之，二审中和再审中的普通共同诉讼，都是一审中的普通共同诉讼发展过去的，缺乏一审中的普通共同诉讼，二审中和再审中无法产生普通共同诉讼。一审程序结束后，如果普通共同诉讼的人数较多的一方提起上诉，则集体进入二审程序，在二审程序中继续保持普通共同诉讼的形态；如果仅有一个普通共同诉讼人提出上诉，则一审的普通共同诉讼形态就此结束，二审程序变为单一之诉；同理，若二审程序为普通共同诉讼，诉讼程序结束后，如果全体或部分普通共同诉讼人提出再审申请，则再审中的普通共同诉讼由此开始形成；如果仅有一个普通共同诉讼人提出再审申请，则普通共同诉讼的形态自此结束，再审中的诉讼形态变为单一之诉。

三是诉讼程序的同种类性还指普通共同诉讼仅适用于诉讼领域，而不适用于非讼领域，包括执行领域。这是因为，普通共同诉讼之所以有必要，主要在于各个成员之诉相互之间有一定的关联性，它们并肩进入同一个诉讼程序合并进行诉讼活动，可以共享诉讼中的诸多优势，对当事人的诉讼和法院的审判都能够带来益处，而非诉讼案件则无论在事实关系上抑或法律关系上均具有高度的独立性和鲜明的程序个性，将非讼案件合并进行不仅缺乏事实基础和法律基础，同时在处置程序上也有害无益，因而非讼案件不适用于普通共同诉讼。基于同样的道理，除案外人执行异议之诉等诉讼形态外，执行程序也无普通共同诉讼之适用余地。

3. 当事人同意

普通共同诉讼带有"人合性"，如果成员之诉的当事人不愿意与其他人合并进行诉讼，则普通共同诉讼的合并进行就缺乏必要的伦理基础和心理基础。比如，甲公司和乙公司平时在生产经营中就处在激烈竞争的紧张状态，如果不是非进行合并诉讼不可，它们是不会愿意在一个诉讼程序同进同出并在法庭上同坐一张板凳的，而无论它们是共同的原告还是共同的被告。这是一方面的理由。另一方面的理由则是，普通共同诉讼之所以合在一起进行，其还带有一种相互支援、协同作战、抱团取暖的合力诉求和规模效应，而这种利己性的合力诉求和诉讼规模效应（也是"诉讼边际效应"）首先要得到共同诉讼人的认知和认可，如果他们根本不将这种合并进行诉讼的所谓益处放在眼里，则将这种带有"福利"性质的诉讼制度强加给诉讼当事人无异于强人所难。此外，普通共同诉讼还有利他性的一面，因为在普通共同诉讼中奉行主张共通原则和证据共通原则，法庭中的辩论和表现也会对整体的诉讼利益共同体产生推动力和影响力，这需要共同诉讼人具有利他的合作精神乃至奉献精神，显然，这种利他心理和精神的产生必须源于当事人内心的自愿，而强制性在这里并不具有存在的制度性空间。可见，在普通共同诉讼中征求当事人的意愿是具有必要性的。

尚需探讨的是，普通共同诉讼是否成立需要当事人的同意，这里的当事人是指双方当事人还是指共同诉讼人一方的当事人。《民事诉讼法》第55条第1款仅仅规定"经当事人同意"，而没有给出究竟是一方当事人抑或双方当事人的明确答案，但从立法的文义解释上看，既然立法没有限定为一方当事人抑或双方当事人，就应当将其解释为"双方当事人的同意"。但是对于这样一种解释应当具体问题具体分析，而不宜一刀切地认为无论在何种情形下，普通共同诉讼均需获得双方当事人的同意才能构成。具体分析如下：

普通共同诉讼可分为两种类型，一是双方当事人均在两人以上的普通共同诉讼，另一是一方当事人为一人、另一方当事人在两人以上的普通共同诉讼。前一种情形我们无须分析，双方当事人的意见都应当征求，任何一方当事人反对进行共同诉讼，则普通共同诉讼均无法构成；我们这里仅需分析后一种情形，即一方当事人为一人、另一方当事人在两人以上的普通共同诉讼。对此，我们可以设例将其分为原告方为多数、被告方为多数两种情况具体探讨。

首先，原告方为多数，被告方为一人的普通共同诉讼。在这种情形下，如果普通共同诉讼为原始形成，原告为起诉方，其一并起诉的行为本身就表明他们是同意共同诉讼的，因而其同意的意思表示无须另外做出；如果普通共同诉讼为后发形成，也即是由法院依职权将各个单一之诉予以合并审理的，法院则应征求各方原告的同意，如有一个原告不同意合并诉讼，则普通共同诉讼无法成立。

问题不在原告而在被告，此时是否需要征求被告的同意，多数原告的诉讼才能合并进行呢？笔者认为没有这个必要。因为被告是被动地被引入诉讼之中的，无论原告方内部是何种关系，只要有人状告他，他就要应诉答辩介入诉讼，这种应诉答辩介入诉讼的负担并没有因为原告方人员合并而在总量上有所增加，原告分别进行诉讼，被告要分别进行答辩；原告合并进行诉讼，被告也要分别进行答辩，对于被告而言，其答辩的负担完全相同。既然没有因原告的人员合并而增加被告的诉讼负担，相反有可能会因其搭共同诉讼的便车而减轻了诉讼负担，因此对单一的被告而言，普通共同诉讼的形成便无须征求被告的意见。

再看另一种相反的情形，即原告为一人，被告为多人的情形。在这种情形下，普通共同诉讼之形成需要获得被告的同意，原因就在于前述普通共同诉讼所赖以成立的伦理基础和心理基础；原告为起诉方，如果普通共同诉讼是原始形成的，其将各个被告列为共同被告进行合并诉讼，本身已表明了他的同意的意愿；如果普通共同诉讼是后发形成的，法院依职权将多个被告合并进行诉讼时，不仅需要取得共同被告的同意，也需要取得单一原告的同意。因为原告没有原始地将各个被告合并进行诉讼，必然有其考虑的因素在，而现在法院依职权将各个被告合并在一起，从表面上看，显然是违背原告的意愿的，因此应当推定原告不予同意；原告不予同意，普通共同诉讼无法成立；如果法院硬性为之，原告则可以撤回对部分被告的诉讼，从而使诉讼一一地进行，也就是说，原告如果不想进行共同诉讼，他作为诉讼中的能动一方当事人，是有这个权利和能力使普通共同诉讼这种诉讼形式瓦解的，因而原告的意愿对普通共同诉讼之形成至关重要。

综上可见，在多数原告对多数被告的情形下，所有的当事人的意见都应当获得同意，普通共同诉讼方能成立；在多数原告对单一被告的情形下，只需要原告方同意，普通共同诉讼即可构成，而无须获得被告的同意；在单一原告对多数被告的情形下，则所有的当事人的意见都应当获得同意，普通共同诉讼方能成立。简言之，普通共同诉讼要获得成立，原告的同意是必须的，被告的同意仅需要在多数被告时才需要获得其同意，对于单一的被告则无须取得其同意。

4. 法院认为有必要合并审理

由于普通共同诉讼是裁量性的共同诉讼，而非法定性的共同诉讼，因而普通共同诉讼是否能够构成，最终的决定权操之于法院之手；前述所有的构成要件，包括实体性要件和程序性要件，即便都具备了，法院也有对普通共同诉讼之是否能够成立的最终否决权。然而即便如此，法院也不得任意行使其裁量权，法院行使裁量权从而决定普通共同诉讼是否确有必要形成，应当考虑以下诸因素：

一是人数规模。从现在的司法解释来看，一方当事人的人数在10人以下的共同诉讼便升级为代表人诉讼，不再受普通共同诉讼规则的调整。然而，普通共同诉讼就其本质而言乃是若干个并无密切关联的单一之诉的简单合并，之所以将这些单一之诉合并进行，所看重的主要是其解决纠纷的效率和速率价值，寄望于通过一个诉讼程序一举解决多个纠纷，从而节约司法资源，减少矛盾裁判。但要实现普通共同诉讼的此一价值，需要将其人数规模控制在适度范围之内，一般而言，普通共同诉讼的人数规模在5人左右是比较适当的，如果人数过多，则人多口杂，各人诉求多不一致，其对他人之诉也漠不关心，这样的普通共同诉讼在意义和价值上就要减损许多。当然，究竟将多大规模人数的关联诉讼合并进行，由法院斟酌各方面的因素综合考量，人数规模仅仅是参酌因素之一，而不是唯一的因素。

二是复杂程度。案件越复杂，越不适合作为普通共同诉讼进行处理。这是因为，单一之诉原本就很复杂，处理起来所涉及的事实关系和法律关系盘根错节，如果将这样复杂的若干个单一之诉合并进行，则其整体的复杂度必然随之上升，这种复杂性中，不仅有单一之诉本身所带来的复杂性，而且有处理单一之诉相互之间关系所带来的复杂性，这两种复杂性遇到一起，必然给管理诉讼程序和行使司法审判权的司法者带来应对上的难度，这种难度的存在客观上减损了合并进行诉讼所带来的正价值，因而使合并诉讼有得不偿失之感，故而案件越复杂，越不适合进行普通共同诉讼；反之，案件越简单，则越适合按照普通共同诉讼的形式进行合并审判。

三是级别管辖。级别管辖是反映案件影响程度的晴雨表，级别管辖越高，越不适合进行普通共同诉讼；反之，级别管辖越低，越适合进行普通共同诉讼。原因在于，普通共同诉讼追求的案件处理效果主要是从数量上着眼的，而从级别管辖来看，大量的案件集中在基层法院和中级法院，尤其是在基层法院，大约有80%的民事案件集中在基层法院，因而在基层法院的司法中，普通共同诉讼有广阔的用武之地，通过普通共同诉讼，可以有控制地将民事案件批量地消耗掉，从而减轻上级法院的审判负担。与之有别，级别管辖高的法院则主要追求案件处理效果上的质量，这不仅是那些较为复杂案件的内在的诉求，而且也是上级法院指导下级法院进行司法审判的题中应有之义，而为了追求司法审判的质量，就需要个案解剖麻雀般地实行精细化审判，显然，这种精细化审判的要求在单一诉讼中较之在共同诉讼中更能获得满足，因而级别管辖越高，则越不适合进行普通共同诉讼；级别管辖越低，越适合进行普通共同诉讼，就是因为这个缘故。

四是案件的关联度。普通共同诉讼需要有一定的内在关联性，方能将若干个单一之诉合并进行诉讼，然而，具体地分析，各个普通共同诉讼之间的内在关联度则有高低之分，而不是清一色的。比如，在同一个交通事故中受伤，各受害人所共同提起的诉讼就是内在关联度较高的普通共同诉讼，因为他们共享同一个事实关系，在事实主张和证据声明上，他们都有很多的共同语言；然而，在同一个出租公司出租房屋所产生的收取租金之诉中，其出租的法律事实在各个单一之诉之间只具有类似性而不具有同一性，因而这种普通共同诉讼尽管考虑其他的因素也能勉为其难地成立，但其必要性相对于交通事故案件中的共同诉讼之必要性就相对降低了许多。因而,如果法院鉴于其审判工作的实际情形,要在各个普通共同诉讼之间进行取舍,则诉与诉之间关联度较低的案件首先应当被淘汰,而反之,诉与诉之间关联度较高的案件则应当优先考虑。

五是当事人的同意度。普通共同诉讼以当事人同意为前提或要件之一,然而,当事人的同意也有程度上的差异。这主要分两种情形:第一,当事人主动提起诉讼,将普通共同诉讼进行了原始合成,这种情形下的当事人同意度是很高的,法院在决定行使普通共同诉讼裁量权时对此应当予以高度尊重,一般情形下,法院不宜否决当事人进行普通共同诉讼的愿望;第二,当事人并没有原始地、主动地提出普通共同诉讼,而是作为若干单一之诉分别起诉的,此时法院如果认为有必要,可以在征求当事人同意后进行诉的合并,从而使普通共同诉讼后发地形成。这种后发形成的普通共同诉讼,实际上是法院的意志占主导,当事人的意志是被动地形成的,而且当事人这种合并进行诉讼的意志(同意)也与其初衷有悖,因而当事人尽管接受法院的职权型诉讼合并的程序安排,但其同意度相对较低,对于当事人这种同意度相对较低的诉之合并,法院应当慎重行权;尤其是,这种法院认为有必要在先、当事人表示同意在后的程序结构,更加凸显了当事人同意的被动性,也因此削减了其同意度。换而言之,当事人主动性的普通共同诉讼较之于当事人被动性的普通共同诉讼更值得倡导,这也应当成为法院考虑是否有必要进行普通共同诉讼时的参考因素之一。

四、普通共同诉讼的特殊规则

普通共同诉讼与单一诉讼不同,它由许多主体合并在一起进行诉讼,而不是单独的一个诉讼主体可以毫无顾忌地自主采取诉讼行动;普通共同诉讼与必要共同诉讼也有所不同,其各个诉讼主体之间的诉讼关系较为松散,而不是要紧密得像一个诉讼主体那样整齐划一地实施诉讼行为。事实上,就诉讼活动的外观而言,普通共同诉讼是一种介于单一诉讼和必要共同诉讼之间的具有混合型特征的复合诉讼,其在某些方面类似于单一诉讼,其在某些方面又与必要共同诉讼有一脉相通之处,这种特点,在普通共同诉讼的特殊规则中集中表现出来。

(一)可分可合的规则

普通共同诉讼属于可分之诉,而非如同必要共同诉讼那样是不可分之诉。所谓可分之诉,就是若干单一之诉不是必须合并进行,其可以单独进行,也可以合并进行;不仅如此,在单一之诉合并进行后,如果当事人有分开诉讼的愿望,或者法院认为有必要进行分开审判,也可以在法院的裁量下将已经合并的诉讼分开来进行;分开进行后,如果认为有必要,还可以再次合并进行,如此往复多次,只要审理案件有此必要,皆有可能允许。这就是普通共同诉讼较之于必要共同诉讼的一大区别,此即其程序构成的高度灵活性,正是从这一普通共同诉讼的高度灵活性中,产生了普通共同诉讼灵活多变、适应性极强的制度优势。当然,普通共同诉讼究竟是分还是合,这完全是诉讼客观需要之使然,而非率性诉讼或任性司法之借口。

(二)一致行动的规则

普通共同诉讼虽然"普通",但也是共同诉讼;既然属于共同诉讼,那就要求共同诉讼人采取一致行动。这里的"一致行动",更主要的是指程序上而非实体上的一致行动,主要包括共同起诉、共同应诉、共同答辩、共同进行审前准备、共同进行庭审活动、共同裁判等,至于实体上的诉讼行为,如自认、和解、接受调解等则采取分别行动的原则,重要的程序行为,如反诉、提出上诉、申请再审、申请执行等,也采取分别行动的原则。

(三) 相对独立的规则

相对独立的规则是指普通共同诉讼人的内部并不是铁板一块、密不透风的紧密利益共同体，而是各有各的利益、各有各的打算、各有各的诉讼方略，究不可以抹煞他们之间的相对独立性。普通共同诉讼人的相对独立性主要表现在他们独立地提出各自的事实主张、独立地提供各自的证据、独立地进行诉讼中的庭审活动、独立地行使诉讼中的各项处分权，包括但不限于要不要提出管辖权的异议、要不要提出回避申请、要不要申请延期、要不要出席庭审活动、要不要聘请代理人进行诉讼、要不要申请鉴定、要不要传唤证人以及要传唤证人的话传唤何人为证人等，均由普通共同诉讼人独立行使其诉讼权利、履行其诉讼义务。这是其相对独立性的表现之一，可称之为诉讼内容上的独立性。其相对的独立性的表现之二是其效力上的独立性，普通共同诉讼人各自在诉讼中自己独立实施自己想实施的诉讼行为，无须征求其他普通共同诉讼人的同意，其行为的效力也仅仅及于自己，而不波及其他必要共同诉讼人。比如其中一个普通共同诉讼人提出了管辖权异议，该异议若成立，也仅仅将该普通共同诉讼人的单一之诉从普通共同诉讼中移出，而不影响其他普通共同诉讼的继续存在。我国《民事诉讼法》第55条第2款规定："对诉讼标的没有共同权利义务的，其中一人的诉讼行为对其他共同诉讼人不发生效力。"该规定即为普通共同诉讼人行为效力相对独立性的规则。一句话，如果说一致行动规则重在普通共同诉讼人的外部关系的话，那么，相对独立性的规则则偏重于普通共同诉讼人的内部关系；前者重在程序的外观或形式，后者重在程序的内容和实质。

(四) 互利共通的规则

前面我们说到普通共同诉讼能够形成，一个重要的因素就是其具有"人合性"的特点，如果多数单一之诉的当事人无法合拢在一起，则他们就不会同意普通共同诉讼的成立与存在。如果说，普通共同诉讼在形成时期需要具备"人合性"这个特点，那么，在普通共同诉讼形成后，其主观上的"人合性"特点又衍生出了其客观上的"物合性"（形象说法而已）特点。普通共同诉讼人在实施独立的诉讼行为时，会在客观上产生对其他共同诉讼人的边际效应，从而形成各个普通共同诉讼人诉讼行为之间的优势互补关系，此即所谓普通共同诉讼的"物合性"。当事人是否会同意普通共同诉讼的形成及存在，看重这种"物合性"优势是其重要的原因所在。如果普通共同诉讼合在一起进行而不能使其当事人获得任何程序上的好处，当事人则不会同意进行这种普通共同诉讼，而这种好处集中地看，就是基于普通共同诉讼这种"物合性"所产生的诉讼的边际效应，正是基于这种诉讼边际效应，产生了这里普通共同诉讼人相互之间的互利共通规则。普通共同诉讼的互利共通规则，实际上更准确应当称之为互利共通原则，是指共同诉讼人在诉讼中所实施的诉讼行为如果在客观上对其他的共同诉讼人也有利，则该诉讼行为对其他共同诉讼人也有效；反之，若共同诉讼人所实施的诉讼行为仅对自己有利甚至对自己也无利，则该诉讼行为对其他共同诉讼人不产生效力。这个原则，形象一点说，可以将其描述为"有利相吸、无利相斥"的诉讼法则。之所以在普通共同诉讼中会基于"有利相吸、无利相斥"这个法则产生互利共通规则，其原因主要有：

其一，从客观基础上看，普通共同诉讼的共同点较多，共同的利益产生共同的主张。普通共同诉讼本身就是一个求同存异的诉讼。普通共同诉讼是诉讼标的属于同种类而且往往产生于同一个纠纷事实的诉讼，因而各个普通共同诉讼人相互之间有许多共同语言，他们的事实主张往往类似，法律观点基本相同，追逐胜诉的愿望也具有同向性，能够在诉讼中取长补短、相互启发、协力共进，在普通共同诉讼中能够寻找到诉讼利益的最大公约数。这样，普通共同诉讼人便能够从不同的角度对其诉讼利益共同体做出贡献，强化其诉讼能力，积累其诉讼效应，使诉讼程序达到其预想中的目的。这便形成了该法则的客观基础。

其二，普通共同诉讼人之间的互利共通原则也是诉讼经济原则所要求的。因为有了互利共通原则，普通共同诉讼人便可以有相对分工地实施诉讼活动，比如有的重在进行完整的事实主张，有的重在进行证据的收集，有的重在证据价值的发掘和利用，有的重在法律适用论点的形成和辩论等，这样就可以有效地避免诉讼中的重复劳动，从而形成诉讼中的合成力和助推力，使普通共同诉讼人一方的诉讼能力呈现出最大化效果，同时节约诉讼成本，加快诉讼进程，提高了诉讼效率，因而与诉讼中的经济原则完全吻合。

其三，该法则的形成符合经验法则的要求。从经验法则的角度看，普通共同诉讼人所实施的有利于其他人的诉讼行为自然会被他人利用为己服务，同样的道理，其他普通共同诉讼人所实施的对己有利的诉讼行为，自己也会认同其对本人的有效性，所谓"利益均沾""利己利人"均可成为这里的经验性佐证。

其四，该法则有助于减轻法院的司法负荷，因而能够获得来自法院的支持。该有利互通法则的形成，有助于减少和降低法院在普通共同诉讼中管理上的障碍和难度，并由于诉讼资料减量生产和诉讼行为的高度趋同，法院的审判负担也因此而获得了减轻。

就其内容而言，普通共同诉讼中的互利共通规则主要体现在三个方面：

其一，主张共通原则。该原则是大陆法系国家的学者首先提出来的，在其理解中，主张共通原则，指的是在普通共同诉讼中，其人数较多的一方当事人中的任何一个人或部分人所实施的事实主张行为，若该事实主张对其他的普通共同诉讼人有利，则无须其他普通共同诉讼人的援引，也对其他普通共同诉讼人有效。这是因为，在普通共同诉讼中，各共同诉讼人所主张的事实均为包含于实体法规定之中的要件事实，而这种要件事实的主张，因其具有抽象性和普适性，应当推定各个共同诉讼人在一般的情况下均会为之，正是基于这种推定，事实主张的共通原则才获得正当性。比如在交通事故案件中，普通共同诉讼人之一提出被告在主观上有过失的事实主张，即便其他普通共同诉讼人没有主张该事实，该事实主张也视为其他普通共同诉讼人同意提出的事实主张。不仅对于抽象的要件事实主张是如此，对于包含于抽象要件事实中并能够推导出该要件事实存否的间接事实之主张，也属于主张共通原则的涵盖范围。比如，在交通事故案件中，作为受害方的普通共同诉讼人之一主张被告属于疲劳驾车、酒后驾车或超速驾车的事实主张，对其他普通共同诉讼人也一并适用。但是，普通共同诉讼人如果在诉讼中提出了相反的事实主张，或者明确否认普通共同诉讼人所提出的事实主张，则其他普通共同诉讼人所提出的事实主张效力不及之。需加说明的是，诉讼上的主张从广义看不仅包括事实上的主张，而且还包括法律上的主张和程序上的主张，而从大陆法系国家传承过来的主张共通原则说的主要是事实上的主张，而不包括法律和程序上的主张。其实，这里的"主张"也可以在广义上理解和运用，因为举重以明轻，既然具有个性化的事实主张都可以在普通共同诉讼人之中共享共通，那么，更加具有共性化的法律主张和程序主张也没有理由不可以共享共通。

其二，证据共通原则。证据共通原则是主张共通原则的进一步深化，指的是普通共同诉讼人之一或部分提出的证据，如果对其他普通共同诉讼人有利，则对其他普通共同诉讼人也有效力。比如在交通事故案件中，其中一个共同诉讼人提出了鉴定意见作为证据材料，则该鉴定意见对其他的普通共同诉讼人都有效，他们就无须重复提出此一鉴定意见。这种证据共通原则有利于当事人在普通共同诉讼中共享证据资料，从而减少诉讼中重复证据资料的提出，同时还有利于证据资料最大化。证据共通原则中所称的"证据"是指各种证据，包括书证、物证、视听资料、电子数据、证人证言、鉴定意见和当事人陈述。但当事人陈述中的自认,由于是对其他共同诉讼人不利的证据,因而对其他普通共同诉讼人不产生效力。比如,在前举交通事故案件中,其中一个共同的原告人提出他横穿马路也有过错,对方当事人予以援引,因而构成自认,该自认仅对做出该事实陈述的当事人有效,对其他普通共同诉讼人无效。证据共通原则中的"证据",不仅指直接证据,而且指间接证据,所有的证据,无论其性质如何、种类如何,均包括在其中。

其三,辩论共通原则。辩论共通原则指的是普通共同诉讼人在诉讼过程中所发表的各种辩论意见,如果对其他普通共同诉讼人有利,则该辩论意见对其他普通共同诉讼人也有效。辩论共通原则其实是从主张共通原则和证据共通原则中派生出来的,因为既然事实主张是共通的,证据声明或证据资料也是共通的,则对这种主张和证据的说明、解释和连贯起来的运用,也应当是共通的,前二者是静态的共通,后者则是动态的共通。不仅如此,从法官形成心证和法律观点的过程来看,其也是从全辩论意旨和诉讼整体着眼的,各共同诉讼人的辩论意见在诉讼中浑然一体,它们交错交融在一起,形成一个难分难解的信息共同体,对法官的司法裁判发挥集体性的作用。因而,尽管大陆法国家的学者并没有专门将辩论共通原则拎出来作为一个单独的原则,但该原则的存在乃是客观的,因而通过理论的阐述将其独立化有其必要性。

上述关于普通共同诉讼的四项规则,有的是蕴含于普通共同诉讼的制度原理之中的,如可分可合的规则和一致行动的规则,有的则需要民事诉讼立法加以明文规定,如相对独立的规则和互利共通的规则。我国《民事诉讼法》仅仅规定了普通共同诉讼人之间的相对独立的规则,没有规定互利共通的规则,而互利共通的规则是距离普通共同诉讼性质较远并同时承载着立法价值的规则,其重要性更大,理应在立法中补充规定。①

最后尚需说明的是,普通共同诉讼中的互利共通规则与大陆法国家必要共同诉讼中的有利原则虽然在有利即有效这一点上具有共同点,而且在核心的内容上也一脉相通,但二者并不完全相同。前者在范围上要窄于后者,普通共同诉讼中的互利共通规则仅适用于主张共通、证据共通和辩论共通,但不适用于程序行为上的共通,如管辖权异议等,大陆法国家必要共同诉讼中的有利原则则适用于所有的诉讼行为,包括主张共通、证据共通和辩论共通,也包括程序行为上的共通;前者的效力具有分别性,普通共同诉讼的当事人拒绝承认其效力后,该行为的效力对实施者仍然独立存在而不受影响,后者的效力则有时具有分别性有时具有不可分性,在固有的必要共同诉讼中,共同诉讼人之一所实施的诉讼行为如果遭到其他共同诉讼人的否定,则该行为整体地不发生效力,对行为实施者而言也不例外,但在类似的必要共同诉讼中,共同诉讼人之一所实施的诉讼行为如果遭到其他共同诉讼人的否定,则该行为的效力仅仅对该否定者不发生,而对行为的实施者依然有效。② 比如,主债务人对债权人提出的和解协议予以认可和接受,而担保人不予同意或拒绝,则该和解协议仅对担保人不发生效力,对主债务人依然生效。

---

① 我国《民事诉讼法》仅仅明确承认普通共同诉讼人独立原则,并没有任何关于普通共同诉讼人牵连性的规定,明显存在不足之处。齐树洁主编:《民事诉讼法》(第9版),厦门大学出版社2015年版,第150页。

② 类似必要共同诉讼与固有必要共同诉讼的区别不仅在共同诉讼形成之前存在,而且在共同诉讼形成之后也存在,类似必要共同诉讼内部关系的处理原则更多的是接近于普通共同诉讼,而不是固有的必要共同诉讼,其与固有的必要共同诉讼之间的相同点集中体现在"合一裁判"上,而不在其他。

第六节 第三人

一、第三人制度概述

"第三人"这个概念是法律上常用的,其既可以在实体法上使用,也可以在程序法上使用。如《民法典》第150条规定:"一方或者第三人以胁迫手段,使对方在违背真实意思的情况下实施的民事法律行为,受胁迫方有权请求人民法院或者仲裁机构予以撤销。"此为实体法上的第三人。程序法上的第三人最为典型的使用场景便是民事诉讼法上的第三人。《民事诉讼法》第59条规定:"对当事人双方的诉讼标的,第三人认为有独立请求权的,有权提起诉讼。对当事人双方的诉讼标的,第三人虽然没有独立请求权,但案件处理结果同他有法律上的利害关系的,可以申请参加诉讼,或者由人民法院通知他参加诉讼。人民法院判决承担民事责任的第三人,有当事人的诉讼权利义务。前两款规定的第三人,因不能归责于本人的事由未参加诉讼,但有证据证明发生法律效力的判决、裁定、调解书的部分或者全部内容错误,损害其民事权益的,可以自知道或者应当知道其民事权益受到损害之日起六个月内,向作出该判决、裁定、调解书的人民法院提起诉讼。人民法院经审理,诉讼请求成立的,应当改变或者撤销原判决、裁定、调解书;诉讼请求不成立的,驳回诉讼请求。"根据该条规定,民事诉讼法上的第三人包括有独立请求权的第三人、无独立请求权的第三人和提起撤销之诉的第三人三种,但由于提起撤销之诉的第三人是2012年《民事诉讼法》修改时新增加的,因而传统上的第三人概念,并不包括提起撤销之诉的第三人。尤其是,提起撤销之诉的第三人,就其本质而言,或者属于有独立请求权的第三人,或者属于无独立请求权的第三人,而在概念的外延上并不具有独立性,因而在第三人的分类上,提起撤销之诉的第三人不宜包括在其中。第三人概念仅仅在诉讼程序上使用,在执行程序中,第三人被称为利害关系人或案外人。前者如《民事诉讼法》第232条规定:"当事人、利害关系人认为执行行为违反法律规定的,可以向负责执行的人民法院提出书面异议。"后者如《民事诉讼法》第234条规定:"执行过程中,案外人对执行标的提出书面异议的,人民法院应当自收到书面异议之日起十五日内审查,理由成立的,裁定中止对该标的的执行;理由不成立的,裁定驳回。"特别程序和非讼程序中,无第三人的概念。

第三人,是指在他人之间正在进行的民事诉讼中,认为自己对该诉讼的诉讼标的具有独立的请求权,或者虽无独立请求权,但其诉讼结果将对其产生法律上的利害关系,因而参与诉讼维护自己合法权益的人。第三人分为两种:一是有独立请求权的第三人,是指对他人诉讼标的具有独立请求权的人;二是无独立请求权的第三人,是指对他人诉讼标的不具有独立请求权,但其诉讼结果与其有法律上的利害关系的人。在第三人参加的诉讼中,事实上同时存在着两个独立的诉:一是他人之间正在进行着的诉讼,称为原诉①;二是基于第三人的诉讼参加而形成的派生之诉,称为参加之诉。原诉和参加之诉构成了诉讼程序的三面结构,底线为原诉,两边为参加之诉。当然,由于参加之诉又有独立的参加之诉和辅助的参加之诉之分,因而在三面诉

---

① 人们习惯称他人之间正在进行的诉为"本诉",而不是称之为"原诉",笔者认为采用"原诉"的说法较之于"本诉"的说法更为妥当。其一,在原诉和参加之诉之间可以看出诉讼的先后关系。其二,本诉通常与反诉相对而言,如果在第三人诉讼中又出现一个本诉,容易导致混淆,而原诉这个概念则不存在这个问题。

讼结构中，两边的长度并不相同。在独立的参加之诉中，所形成的是等边三角形结构；在辅助的参加之诉中，所形成的是不等边的三角形结构。如果第三人所辅助的为原告，则原告之边长大于被告之边长；如果第三人所辅助的为被告，则被告之边长大于原告之边长。边长不同，第三人之诉的诉讼地位之均衡度不同，为保持诉讼均衡，法院的诉讼指挥权应发挥调节作用，其他的诉讼因素也有发挥作用的空间，如检察院的法律监督。

现在，第三人作为一种诉讼主体和诉讼结构的制度已经普遍地存在于两大法系国家。回溯历史，第三人诉讼制度缘起于古罗马法。"罗马法承认对他人的诉讼有利益关系的第三人，可以独立申请参加诉讼以及上诉或声明不服。"① 在大陆法国家，如德国、法国、日本等，均有层次清楚、分类明确、结构严谨、程序完整的第三人制度，不过在称谓上，大陆法国家一般称之为"诉讼参加"，包括主参加和从参加，其相关的利害关系人被称为"诉讼参加人"。就概念内涵而言，大陆法国家的主参加相当于我国的有独立请求权的第三人，从参加相当于我国的无独立请求权的第三人。英美法系国家的第三人制度也非常健全和发达，一般称之为第三人诉讼（third party suit）、诉讼介入（intervenor）或"追告参加"。我国、俄罗斯等国家与英美法国家一样，称之为"第三人"。新中国成立后，1956年最高人民法院颁布了《各级人民法院刑、民事案件审判程序总结》，其中包含有第三人诉讼的内容，标志着我国第三人诉讼制度的萌芽。在1982年《民事诉讼法（试行）》颁布前，理论界普遍使用"诉讼关系人"称呼参加诉讼的第三人。②《民事诉讼法（试行）》的颁布和此后的一系列司法解释，确立了我国现行的第三人诉讼制度。

第三人制度中分为有独立请求权的第三人和无独立请求权的第三人是我国法学传承下来的基本范畴之一，其有明确的指代内涵和适用对象，功能有别，同时又相互补足，构成了严密的保护案外人合法权益的体系性概念和制度，二者如同制度的双胞胎、缺一不可。事实上，正在进行中的诉讼对案外人的影响程度由深到浅呈现出差异性和阶梯性，用有独立请求权的第三人和无独立请求权的第三人这两个概念然后再在两个概念内部进行细分，能够全面、精准地刻画出诉讼对第三人的影响程度以及第三人参与诉讼的深入程度，同时也能描绘出第三人参与诉讼参差有异、错落有致的完整图景。

二、第三人的诉讼地位

第三人的诉讼地位是指第三人在民事诉讼中处在什么样的位置，据此位置，其享有何种诉讼权利，负担何种诉讼义务，法院能够对其作出何种司法裁判。对此，可以对第三人的诉讼地位做出如下层次的分析：

其一，第三人是不是民事诉讼法律关系的主体？回答是肯定的。第三人，无论是有独立请求权的第三人还是无独立请求权的第三人，他们都实际地参与到民事诉讼之中来，在民事诉讼中担负着一定的诉讼角色，与诉讼中的原告方当事人、被告方当事人、证人、鉴定人等诉讼参与人以及人民法院、人民检察院都发生着一定的诉讼法律关系，享有一定的诉讼权利，负担一定的诉讼义务，同时，在其违背诉讼义务时，承担相应的诉讼责任；在其滥用诉讼权利时，承担一定的法律责任，他们在民事诉讼中的所作所为，自他们一进入民事诉讼时起，便受到民事

---

① 江伟、单国军：《论民事诉讼中无独立请求权第三人的确定》，载《中国人民大学学报》1997年第2期。
② 参见柴发邦、刘家兴、江伟、范明辛：《民事诉讼法通论》，法律出版社1982年版，第171页；谭兵主编：《民事诉讼法学》，法律出版社1997年版，第179页。

诉讼法的调整和规范，成为民事诉讼法律关系的主体一分子。

其二，第三人是不是民事诉讼的主体？第三人是民事诉讼法律关系的主体，说的是第三人与任何其他参与民事诉讼的主体一样，要一体性地接受民事诉讼法的规范和调整；第三人作为民事诉讼的主体，这个问题所追问的是第三人在民事诉讼中起到何种作用。对于第三人是否能够作为民事诉讼的主体这个问题，需要结合第三人的种类加以具体的回答。第三人中的有独立请求权的第三人，其在诉讼中的地位就相当于提起诉讼、实施诉讼进攻的原告，其享有与原告一样的诉讼地位，也能决定诉讼程序的发生、中止和消灭，并能左右诉讼程序的范围、内容和方向，因而其诉讼地位具有独立性，被划归当事人的范畴，属于诉讼主体。但对第三人中的无独立请求权的第三人，则要具体问题具体分析，不可一概而论。后面的介绍将会表明，无独立请求权的第三人可分为诈害防止型第三人、被告型第三人和辅助型第三人。其中，诈害防止型第三人和被告型第三人属于诉讼主体，前者相当于原告，后者相当于被告。辅助型第三人则不属于诉讼主体，因为其不能决定诉讼程序的进程和内容，而只能参与到当事人的一方，协助该方当事人行使诉讼权利、履行诉讼义务，不能独立地实施诉讼权利、履行诉讼义务，不具有诉讼地位上的独立性。辅助型第三人的诉讼地位具有依附性，因而其不能作为诉讼主体，只能作为诉讼法律关系的主体，其诉讼地位与证人、鉴定人等类似，与严格意义上的当事人有实质性区别。

三、第三人的分类

第三人的分类是指对民事诉讼中各种各样的第三人，按照一定的标准所进行的类型划分。对第三人进行分类的目的和意义在于，对不同类型的第三人，分别设定不同的诉讼规则和诉讼程序进行调整，同时便于司法实践中正确地罗列第三人，不仅防止第三人内部的概念混淆，同时防止第三人外部的概念混淆，使之与原告、被告尤其与共同诉讼人等区分开来，在具体的诉讼中恰当其位，避免诉讼角色的混乱。

对于第三人这一集合性概念，可以进行不同层次的划分：

第一层次，从第三人与诉讼中的诉讼标的之间的远近关系，可以将其划分为有独立请求权的第三人和无独立请求权的第三人。独立请求权，是指对诉讼标的，第三人是否享有实体法上的请求权，包括全部请求权和部分请求权两种。比如双方当事人争执的诉讼标的为房屋究竟属于何人所有，原、被告各执一词，第三人此时从诉讼外介入诉讼，主张其对该房屋的部分或全部享有所有权，因而向法院提出确认该房屋全部或部分归其所有的请求，该请求权便是独立的请求权，它依据实体法独立产生，不受包括原告或被告在内的任何人所左右或影响。外在于原始的诉讼而对诉讼标的主张有独立请求权的人为有独立请求权的第三人，反之，其参与诉讼只能作为无独立请求权的第三人。将第三人划分为有独立请求权的第三人和无独立请求权的第三人具有重要的意义。只有对有独立请求权的第三人，法院才能将作为诉讼标的之权利的部分或全部判决给他。

第二层次，对无独立请求权的第三人按其参与诉讼的动机和目的可以划分为诈害防止型第三人、被告型第三人和辅助型第三人。相对于有独立请求权的第三人具有稳定的内涵和特征有所不同的是，无独立请求权的第三人这一概念内涵始终处在不稳定状态，它似乎像一个筐，什么都可以往里装，这种笼而统之的说法无疑限制了其在实践中的指导价值，因而需要具体化进一步进行划分。在我国的民事诉讼法学上，无独立请求权的第三人的概念在内涵和外延上先后有两个阶段上的变化：第一阶段，认为无独立请求权的第三人就是大陆法国家的从当事人，也就是辅助型第三人，属于诉讼辅助人，这是最原始意义上的无独立请求权的第三人。此后该概念发展到了第二阶段，认为无独立请求权的第三人不仅包括辅助型第三人，而且包括被告型第三人，其基本的依据就是我国《民事诉讼法》第59条第2款所规定的"人民法院判决承担民事责任的第三人，有当事人的诉讼权利义务"。据此规定，这种无独立请求权的第三人原本是辅助一方当事人进行诉讼的，但诉讼进行的结果后来发生了变化，法院据此变化判决其承担法律责任，法院的这一判决使无独立请求权的第三人之性质发生了颠覆性的变化，因为按照民事诉讼法的基本理论，只有被告才有可能被法院判决承担法律上的责任，被告以外的任何诉讼主体，均不可能被法院判决承担法律上的责任。因而，此时的无独立请求权的第三人就变成了被告型的第三人，其本质是被告的被告，但不是共同被告。这是无独立请求权的第三人概念内涵发展的第二阶段。目前其已进入了第三阶段。在该阶段，人们发现，有些当事人进行诉讼，目的不在于赢得对方的诉讼，而在于侵犯案外人的合法权益，比如虚假诉讼就是如此。此时，案外人为了防止诉讼当事人的诉讼阴谋得逞，其在得知该诉讼事实之后，便申请法院加入诉讼，以揭穿原被告之间的诉讼合谋，防止其诉讼诈害行为达到目的。该案外人对该诉讼的介入，并不对原被告之间正在进行着的诉讼标的享有独立的请求权，因而不符合《民事诉讼法》第59条第1款对有独立请求权第三人的法律界定，不属于有独立请求权的第三人。不属于有独立请求权的第三人，那只能划归为无独立请求权的第三人之范畴，这样一来，在原有的无独立请求权第三人二分法的基础上，又增加了一个新成员，这便是诈害防止型第三人。诈害防止型第三人的诉讼地位属于原告，而不属于辅助型第三人，更不属于被告型第三人。可见，引入诈害防止型第三人这一概念后，原来将有独立请求权的第三人与原告实质等同的关系表述就要加以修正，在第三人中，有独立请求权的第三人属于原告型第三人，但原告型第三人除有独立请求权的第三人外，还有诈害防止型第三人。笔者认为，诈害防止型第三人不宜被划归为有独立请求权的第三人范畴，根本的原因在于诈害防止型第三人参与诉讼的依据不在于对其诉讼标的享有独立的请求权，而在于避免诉讼的结局产生对其不利的效果，这与辅助型第三人具有类似的诉讼功能，将其划归无独立请求权的第三人之范畴更为妥适。此外尚需补充说明的是，如果我们采用大陆法国家的主参加和从参加的概念模式，则第三人的分类就会有大的变化。原告型第三人、被告型第三人以及诈害防止型第三人均属于主参加的范畴，只有辅助型第三人的诉讼地位才能被界定为从参加。

第三层次，是将辅助型第三人进一步划分为辅助原告型第三人和辅助被告型第三人。辅助原告型第三人参加诉讼的目的在于协助原告方当事人进行诉讼活动，辅助被告型第三人参加诉讼的目的则在于协助被告方当事人进行诉讼活动，他们在诉讼地位上均属于无独立请求权的第三人，所区别的仅仅是参与诉讼的具体目的以及由此所决定的被协助方当事人的诉讼身份而已。

除上述外，还可将第三人划分为参与诉讼的第三人和提起诉讼的第三人两种。前述无论是有独立请求权的第三人还是无独立请求权的第三人，都是参与到他人正在进行中的诉讼的第三人，他们对于诉讼的原始启动并没有发挥出任何作用，属于中途介入型第三人；然而，从2012年修改《民事诉讼法》后，除参与型第三人外，又出现了一种提诉型第三人，此即《民事诉讼法》第59条第3款规定的撤销之诉的第三人。根据《民事诉讼法》第59条第3款的规定，就撤销之诉的第三人与原诉的关系而言，既可以是有独立请求权的第三人，也可以是无独立请求权的第三人，由于他们因不可归责于自己的原因，该参加诉讼而未参加诉讼，致使其合法权益遭受侵害，因而作为特殊的补救手段，立法赋予其提起第三人撤销之诉的权利，该第三人即为提起诉讼的第三人，与参与诉讼的第三人有别，可以在更大的范围上成为独立划分的一种第三人类型。

四、有独立请求权第三人

（一）有独立请求权第三人的概念界分

有独立请求权的第三人最初由中世纪的意大利立法所规定，以后为德国民事诉讼法所仿效，并进一步加以完善。大陆法系各国又借鉴德国的立法作了类似的规定，并将有独立请求权的第三人称为"主参加人"。我国从1982年《民事诉讼法（试行）》迄今，一直规定并保留着有独立请求权的第三人制度。根据《民事诉讼法》第59条第1款的规定，有独立请求权的第三人，是指对当事人双方的诉讼标的认为有独立请求权从而通过提起诉讼的方式参与诉讼的人。据此定义，有独立请求权的第三人具有以下三个特点：其一，有独立请求权的第三人是参与到正在进行的诉讼中的人，而不是原始发动诉讼的人。其二，有独立请求权的第三人是对他人正在进行的诉讼针对其诉讼标的主张独立诉讼请求的人，而不是仅仅与其诉讼有法律上的利害关系的人。其三，有独立请求权的第三人参与诉讼的方式是以原诉中的原、被告作为共同被告提起独立诉讼的人。从上述特点可见，有独立请求权的第三人与无独立请求权的第三人和共同诉讼人等均存在重要的区别。

1. 有独立请求权的第三人与无独立请求权的第三人之联系与区别

有独立请求权的第三人与无独立请求权的第三人都属于第三人的下位概念，他们的共同点或联系在于：其一，他们均属于参加诉讼的人，而非原始提起诉讼的人。其二，他们参与诉讼都是为了直接或间接维护其自身的合法权益，因而一定意义上说他们都与当事人这个概念有关联。其三，他们都是以自己的名义参与诉讼，因而与诉讼代理人不同。

其区别主要在于：其一，他们参与诉讼的依据不同。有独立请求权的第三人参与诉讼的依据是其对正在进行着的诉讼之诉讼标的有独立的请求权，无独立请求权的第三人参与诉讼的依据是正在进行着的诉讼将对其合法权益产生一定的法律上的影响。其二，他们参与诉讼的方式不同。有独立请求权的第三人参与诉讼的方式是提起诉讼，无独立请求权的第三人参与诉讼的方式是参加诉讼。其三，他们在诉讼中的诉讼地位不同。有独立请求权的第三人在诉讼中处在原告的地位，无独立请求权的第三人在诉讼中并非独立的当事人，而依附于当事人一方，既不属于原告，也不属于被告。其四，他们参与诉讼的主动性不同。有独立请求权的第三人参与诉讼是主动的，其提起诉讼完全具有自主性而非被动性；无独立请求权的第三人参与诉讼的方式既可能是主动的，也可能是被动的，有时即便其不愿意参与诉讼，法院也可以根据一方当事人的申请，强制性地将其引入诉讼。

2. 有独立请求权的第三人与共同诉讼人之间的联系与区别

相对而言，无独立请求权的第三人比较容易识别，其与共同诉讼人之间的界限比较清晰，但有独立请求权的第三人与共同诉讼人之间的关系则容易混淆，并非在诉讼进行中加入诉讼的人都为第三人，有时他们也可以是共同诉讼人，包括普通共同诉讼人和必要共同诉讼人，究竟将参与诉讼的人列为共同诉讼人抑或有独立请求权的第三人，需要对其概念进行界分。

（1）有独立请求权的第三人与普通共同诉讼人之间的区别。

其一，二者参与诉讼的诉讼标的不同。有独立请求权的第三人参与诉讼的诉讼标的具有派生性，它是对原诉的诉讼标的主张独立的诉讼请求权，并以此为内容形成其参与诉讼的诉讼标的；普通共同诉讼人则具有自身原始性的诉讼标的，其被合并进入诉讼是基于其诉讼标的与他人诉讼的诉讼标的具有同种类的关联性。

其二,二者所形成的诉讼法律关系不同。有独立请求权的第三人参与诉讼所形成的诉讼法律关系具有纵横交错的特点,既有原诉的诉讼法律关系,也有参加之诉的诉讼法律关系,而且这两种诉讼法律关系具有交叉性;普通共同诉讼人进行诉讼所形成的诉讼法律关系具有平行共进的特点,各个普通共同诉讼所形成的诉讼法律关系具有自存性,而不具有交叉性。

其三,二者所形成的诉讼立场不同。有独立请求权的第三人参与诉讼是其对正在进行中的诉讼之诉讼标的主张独立的诉讼请求权,因而其既与诉讼中的原告相对立,也与诉讼中的被告相对立,其只能独立地居于诉讼中的单独一面,与原被告同时相抗衡;普通共同诉讼人参与诉讼,是自己本身就享有独立的诉讼请求权,其与共同诉讼人站在同一的诉讼立场,形成诉讼中的同盟关系,而与对方当事人处在相对立的立场上进行诉讼抗衡。前者所形成的诉讼立场均具有对抗性,后者所形成的诉讼立场则既有统一性又有对抗性。

其四,二者是否具有可分性不同。有独立请求权的第三人参与诉讼后,就形成了两个交叉之诉的合并,法院必须合一裁判,当事人也不得主张分开审理和裁判,否则就会造成矛盾裁判。普通共同诉讼则属于可分之诉,当事人可以主张分开审判,法院也可以依职权将其分开审判,而不是必须合一裁判。

(2) 有独立请求权的第三人与必要共同诉讼人之间的关系。

有独立请求权的第三人与必要共同诉讼人的关系最为接近,因而易致混淆。为了明确其间的差异,有必要首先举一个典型的例证来加以说明。比如,A 诉 B 分割遗产,此时 C 也主张分割遗产,则 C 可加入 A 一边成为共同的原告人,A 与 C 便是必要共同诉讼人;如果 A 主张分割遗产,B 反对,C 也反对,则 B 与 C 为共同被告,也属必要共同诉讼人;如果 A 主张分割遗产,B 反对,C 拿出遗嘱,既反对 A 分割遗产,也反对 B 分割遗产,则 C 为有独立请求权的第三人。从理论上说,有独立请求权的第三人与必要共同诉讼人之间的区别主要表现在:

其一,基础法律关系不同。有独立请求权的第三人与原诉中的原被告之间并无共同性的基础法律关系,相反,他们之间存在相互对立的基础法律关系,原诉中的原被告之间所主张的基础法律关系,恰好是有独立请求权的第三人所要否定的基础法律关系,这两种基础法律关系处在不能两立或并存的矛盾状态,就法院的裁判而言,二者只能取其一而必然要否定另一者。必要共同诉讼人之间的基础法律关系则具有同一性,它们共损共荣,无法分割。

其二,诉讼标的不同。诉讼标的之不同来源于基础法律关系之差异,在有独立请求权的第三人之参与之诉中,其诉讼标的始终存在两个,一是原诉所指向的诉讼标的,二是参加之诉所指向的诉讼标的;而在必要共同诉讼中,其诉讼标的有时为一个,即当其属于固有必要共同诉讼时,有时为两个或两个以上,即当其为类似的必要共同诉讼时。尤其是,原诉的诉讼标的与参与之诉的诉讼标的在其内容上是相互对立的。

其三,诉讼立场不同。在必要共同诉讼中,必要共同诉讼人相互之间的诉讼立场是相同的,他们站在同一条战线上与相对方当事人进行诉讼中的对抗,他们相互之间不存在根本利益上的对立性;在有独立请求权第三人的参与之诉中,有独立请求权的第三人在诉讼立场上既有别于原诉原告的诉讼立场,他不同意原告的诉讼观点和主张,也有别于原诉被告的诉讼立场,他也不同意被告的诉讼观点和主张,无论是原告胜诉或被告胜诉,其结果都会损害有独立请求权的第三人之合法权益。

其四,行为模式不同。在必要共同诉讼中,所有的必要共同诉讼人都要采取一致行动,部分共同诉讼人所实施的不一致行为,只有在有利于全体必要共同诉讼人时方才有效;在有独立请求权的第三人之诉中，第三人的诉讼行为与原诉中的原被告的诉讼行为呈现出对立的状态，同时，原诉中的原被告之间的诉讼行为在其内部而言乃是相互对立的，在其外部而言，又具有一致性。

其五，参诉时间不同。对必要共同诉讼人而言，其既可以在诉讼之初原始地参与诉讼，也可以在诉讼进行中后发地经过诉讼加入或诉讼追加而参与诉讼，而且，其不仅一审可以参与诉讼，二审、再审均可参与诉讼。对有独立请求权的第三人而言，其只能在诉讼发生系属后参与诉讼，而且，原则上，有独立请求权的第三人只能在一审中参与诉讼，在二审原则上不得参与诉讼（调解为例外），在再审中绝对不可参与诉讼。

其六，参诉方式不同。必要共同诉讼人参与诉讼，既可以原始地通过提起诉讼的方式参与诉讼，也可以在诉讼产生后主动加入诉讼或者被法院通知参与诉讼；如果属于固有的必要共同诉讼，则法院必须依职权强制性追加必要共同诉讼人参与诉讼。有独立请求权的第三人参与诉讼，只能通过在诉讼过程中提起诉讼的方式加入诉讼，法院可以行使释明权通知其参与诉讼，但不可强制性地追加其为有独立请求权的第三人。

与必要共同诉讼属于不可分之诉一样，有独立请求权的第三人的参与之诉也属于不可分之诉，法院虽然不能强制性地追加有独立请求权的第三人参与诉讼，但是，一旦有独立请求权的第三人参与了诉讼，则法院不得分开审理和裁判，而必须作出合一裁判，否则就会造成参与之诉与原本之诉之间的裁判矛盾。在该意义上说，有独立请求权的第三人参加诉讼后所形成的诉讼复合现象，其性质较为接近类似必要共同诉讼，而与固有的必要共同诉讼有别。

（二）有独立请求权第三人参加诉讼的根据

有独立请求权第三人参加诉讼的根据，是指有独立请求权的第三人参与到他人正在进行的诉讼之中并且享有与起诉的原告一样的诉讼地位的法律上的理由。对此，《民事诉讼法》第59条第1款提出了"有独立请求权"的基本依据。从解释论上说，"有独立请求权"有以下几层含义：

其一，"有独立请求权"是一个实体法上的依据。有独立请求权的第三人参加诉讼，是一个以实体法为出发点，又以实体法为归属点的过程，实体法上的独立请求权是有独立请求权的第三人参与诉讼的根本依据。如果案外人对正在进行中的诉讼标的不享有独立请求权，则其不能以有独立请求权的第三人之身份参加诉讼，否则其参加之诉将被驳回。

其二，"有独立请求权"既包括物权上的请求权，也包括债权上的请求权。前者比如原告诉被告返还租赁房屋，第三人主张对该房屋拥有所有权因而该房屋应当返还给他而非原告，该第三人参加诉讼所主张的实体法上的依据就是物权请求权；后者比如在交通事故发生后，保险公司对受害人予以了保险理赔，此后受害人起诉侵权人损害赔偿，保险公司以其享有代位请求权参与诉讼，此时该保险公司参与诉讼的实体法依据即为债权请求权。其他诸如不当得利之诉、无因管理之诉也都会出现有独立请求权第三人参与诉讼之问题，其参与诉讼的依据均为实体法上的独立请求权。

其三，"有独立请求权"是与正在进行中的诉讼之诉讼标的相对抗的请求权。他人的诉讼正在进行之中，对该他人之间的诉讼所针对的诉讼标的，第三人享有独立的请求权，第三人参与诉讼所形成的诉讼标的与原诉中的诉讼标的在是否能够获得司法满足上不能同时并存，原诉的诉讼标的如果能够成立，则有独立请求权的第三人的参加之诉的诉讼标的必不能成立；原诉的诉讼标的如果不能够成立，则有独立请求权第三人的参加之诉有可能成立，有可能不成立。如果原诉的诉讼标的与参加之诉的诉讼标的互不交集，则该二诉必无任何交叉领域，有独立请求权的第三人的参加之诉无法形成。比如,原诉的原、被告之间正在进行房屋所有权归属之争的诉讼,第三人对原诉中的原告或被告或他们二者提出给付房款或支付租金的请求权,则由于前者属于物权诉讼,后者属于债权诉讼,二者诉讼标的并无排斥关系,因而无法成立有独立请求权的第三人之参加之诉,该第三人只能另诉寻求司法救济。

其四,"有独立请求权"包括有部分的独立请求权和全部的独立请求权两种类型。前者比如对原诉中原被告正在争议的房屋所有权主张其中一部分既不属于原告所有,也不属于被告所有,而属于第三人所有;后者比如在同样的例子中,第三人主张原诉中原被告正在争议的房屋所有权既不属于原告所有,也不属于被告所有,而属于第三人所有。可见,有部分的独立请求权和有全部的独立请求权仅仅是量上的区分,在质的问题的定性上,二者并无本质的差异,问题的关键在于第三人对他人正在进行中的诉讼之诉讼标的是否具有独立的请求权,独立性是其要义所在。

(三) 有独立请求权第三人制度的创设目的

《民事诉讼法》第59条第1款之所以创设有独立请求权的第三人制度,其立法者的意图在于实现以下目的:

1. 维护案外人的合法权益

任何事物相互之间都是有联系的,正在进行中的诉讼往往不仅与双方当事人有利害关系,而且与没有进入诉讼的案外人也会有这样或那样的利害关系。如果正在进行中的诉讼与案外人的关系如此密切,以致不引入该案外人进行诉讼中的进攻或防御,其合法权益就会被该诉讼中的当事人所侵害,法院的裁判就会发生错误。如果纠错于既然,则纠错的成本必然大大提升,而且还会影响司法的权威性和公信力。为了防患于未然,避免法院作出错误的裁判,有必要将潜在的利害关系人引入诉讼之中,以维护其合法权益。

2. 防止矛盾裁判的作出

司法公信力和司法权威性的维持有赖于正确裁判的作出和矛盾裁判的避免,同案不同判固然是矛盾裁判,关联案件的冲突裁判也是矛盾裁判。比如,原告诉被告返还房屋,法院判决原告胜诉,责令被告返还房屋给原告,但该房屋实际上是案外第三人所有;如果案外第三人另行以前诉原告或被告为被告提起返还房屋的诉讼,则法院就不知如何判决是好,因为如果判决原诉被告返还房屋,前诉判决已判决其向前原告返还,被告已无法返还该房屋;如果法院判决原诉原告返还该房屋,前诉判决已将房屋所有权判决归他,该判决已产生既判力,通过一个新诉无法推翻已生效的裁判;如果该第三人申请再审,则由于其不是原生效裁判的当事人而不具有再审当事人的适格性。剩下来的唯一途径就是根据《民事诉讼法》第59条第3款的规定提起第三人撤销之诉,而这在2012年修法之前乃不可能,在修法之后也会面临着诉讼成本问题,并容易导致诉讼法律关系的复杂化和诉讼程序的烦琐化。因而,引入第三人参加诉讼是最佳选择。

3. 贯彻诉讼经济原则

诉讼经济是民事诉讼的重要价值,民事纠纷不仅要得到解决,而且要以最节约的成本、最快捷的速度得到解决,缺乏诉讼经济的诉讼也是不公正的诉讼。实行有独立请求权第三人制度,有助于将各种相关联的诉讼并联在一个诉讼程序中加以协同解决、一并化解,这样不仅有助于避免错误裁判或矛盾裁判的形成,从而增加错误成本,而且可以共享诉讼中的证据材料,使各种证据材料在更大的范围上形成一个完整的体系,有助于节约调查收集证据的成本,有助于避免重复证据的提供,有助于诉讼进程的加快,最终,有助于诉讼经济原则的贯彻和落实。

4. 纠纷一次性解决原则

该原则是诉讼经济原则和防止矛盾裁判的原则之派生物，之所以将其独立阐述，原因在于它主要不是强调纵向上的诉讼逻辑性，而在于强调横向上的诉讼规模性。现代民事诉讼制度的一大发展趋势就是将有关联的各种纠纷尽可能地囊括在统一的诉讼程序中加以解决，传统的单一性诉讼和继而发展出来的共同诉讼的藩篱日益被突破，复杂度较高的三角形诉讼以及多边形诉讼是其新的形式和载体，有独立请求权的第三人制度在诉讼程序形态增量意义上具有独具一格的价值，使得纠纷一次性解决原则在新的诉讼格局中得以寻找到用武之地。

（四）有独立请求权第三人的程序结构与诉讼地位

就有独立请求权第三人参加诉讼的程序结构，学术界有两种观点：一种观点认为，有独立请求权的第三人参加的诉讼，仍然是一对一的二面诉讼（本诉中的原告与被告的诉讼，第三人作为原告人一方与本诉中的原、被告为另一方的诉讼）；另一种观点认为，有独立请求权的第三人参加诉讼所形成的是三面对立关系的特殊诉讼结构，即第三人与本诉中的原、被告各自具有独立的地位，并且在诉讼中相互对立。前者为"两面关系说"，后者为"三面诉讼说"。"三面诉讼说"逐渐成为通说。①

"两面诉讼说"的局限性在于：其一，"两面诉讼说"仅仅看到了有独立请求权的第三人参与诉讼后所形成的两诉之合并，而没有揭示出两诉之间的内在关联性。其二，"两面诉讼说"对被告诉讼地位的描述存在片面性。在有独立请求权第三人参与诉讼后，原诉原、被告之间的诉讼地位便具有了双重性：一是对立性诉讼地位，他们相互之间存在对立的诉讼法律关系，同时他们在与有独立请求权的第三人之间也存在相对立的诉讼法律关系；另一是统一性诉讼地位，在原诉原、被告与有独立请求权的第三人之间，他们又处在同一条战线共同对抗第三人的诉讼地位。"两面诉讼说"仅仅描绘出了两个对立性诉讼法律关系，而没有刻画出其间所存在的统一性的诉讼法律关系，因而是不全面的看法。

与"两面诉讼说"有所不同，"三面诉讼说"能够揭示出有独立请求权的第三人参与诉讼后所形成的复杂的诉讼结构及其本质，有独立请求权的第三人参与诉讼后，在外观上就形成了以有独立请求权的第三人为原告一方，以原诉中的原、被告为被告一方的新的诉讼格局。在这种新的诉讼格局中，"三面诉讼说"具有以下三大特点：

其一，贯彻"两个纠纷、一次解决"的理念。在有独立请求权的第三人参与诉讼后，原来的原被告之间的单一诉讼就变成了复合诉讼，一个是原诉，一个是参与之诉，两个诉合并在一起，集合于统一的诉讼程序中加以一体化解决，这样就扩大了诉讼程序解决纠纷的机能，增大了诉讼程序的解纷容量，丰富了诉讼制度形态。

其二，其诉讼法律关系既存在对立性又存在统一性。无论是单一诉讼还是共同诉讼抑或集团诉讼，其诉讼结构的特征都是双面性质的，其中一方为原告，另一方为被告，原被告处在对立状态；然而，有独立请求权的第三人参与诉讼后所形成的诉讼格局，改变了常态诉讼的简单结构形式，变成了对立性和统一性交错胶合的复杂形态，其复杂性表现在有独立请求权的第三人之一方，其既与原诉中的原告为对手，又与原诉中的被告为对手，第三人同时面临着两个"敌人"，与此同时，原诉中的原、被告也处在对立状态。这是第三人诉讼中对抗性矛盾的表现。在第三人诉讼中，除对抗性的三重矛盾外，还有统一性的一对关系，这就是原诉中的原、

---

① 参见江伟主编：《民事诉讼法专论》，中国人民大学出版社2005年版，第206—207页。

被告之间在他们共同对付第三人之时,又具有对外的统一性,他们必须结成统一战线,将第三人的诉讼请求给驳回,然后才能回过头来解决他们之间的原有的对抗性矛盾。那种认为原诉中的原、被告之间不构成共同被告的说法是片面的,他们没有看到原诉原、被告之间共同"对敌"所形成的统一性关系;那种认为原诉中原、被告之间构成共同被告的说法也是片面的,他们没有看到原诉原、被告之间在其相互之间依然存在着有待解决的纠纷,共同被告之间是不会存在独立的纠纷形态的。因此,正确的说法应当是,在有独立请求权第三人的参加之诉中,原诉中的原、被告既是共同被告型的共同诉讼人,又是对立的当事人,其具有诉讼地位上的双重性。

其三,第三人之诉属于不可分之诉。是否通过提起诉讼的方式介入诉讼,从而成为诉讼中的第三人,这是由第三人独立决断的,属于其自由处分权的范畴,法院不得强制追加有独立请求权的第三人参加诉讼;但是,一旦有独立请求权的第三人以原诉中的原、被告为共同被告提起了第三人参与之诉,则除非该有独立请求权的第三人撤回诉讼,该第三人参与之诉便与原诉形成了不可分之诉的诉讼格局,包括第三人、原诉中的原告或被告在内的任何诉讼当事人,均不得要求法院分开审理和分开裁判,法院也不得依职权将案件分开审理和分开裁判,而必须合一裁判,因为不然的话,就会造成裁判之两歧,违背了第三人诉讼制度的初衷和立法宗旨。这种必须合一裁判的程序特征与必要共同诉讼相同,因此,在第三人参与之诉中,原诉的原被告作为共同被告与第三人所形成的诉讼形态为特殊的必要共同诉讼,属于不可分之诉。

(五) 有独立请求权第三人参加诉讼的时间

有独立请求权的第三人参加诉讼的时间以一审为原则,二审为例外,由于再审程序也分别适用一审程序和二审程序,因而其所适用的原则与例外和一、二审相同。

1. 原则:有独立请求权的第三人在一审程序中有权参与诉讼

在法院受理原诉的案件后,任何案外人如果认为原诉当事人所争议的诉讼标的侵犯了其合法权益,其对该诉讼标的具有全部或部分的独立请求权,为了保护自己的合法权益不受他人之诉的侵害,有权通过参加诉讼的方式加入诉讼,以避免侵害的事实化为现实。这种以参与他人之诉来维护自己之权的诉讼即为诉讼参与;同时,这种以对他人的诉讼标的主张独立请求权为理由的诉讼,即为有独立请求权的第三人的参与之诉。既然有独立请求权的第三人参与诉讼的目的是防止他人之诉损害自己利益,因而从逻辑上说,有独立请求权的第三人参与诉讼的前提条件是他人之诉正在进行之中。如果他人之诉尚未开始,所谓有独立请求权的第三人参与诉讼便无从说起;如果他人之诉业已结束,则所谓有独立请求权第三人的参与诉讼便失去了程序的载体和依附。因此,有独立请求权的第三人之参与诉讼的时间界限应当确定为他人之诉开始后、结束前。需要解释的是,这里所谓他人之诉开始后,其标志不是他人之诉向法院提起之时,而是法院对该诉进行立案受理之后,因为如果他人之诉尚未被法院立案受理,则该诉讼仅具有程序意义而尚无实体意义,既然他人之诉的实体意义尚未逻辑地形成,那么,他人之诉的诉讼标的也就没有对案外人产生现实威胁的可能性,因而案外第三人没有参与诉讼的必要;换言之,只有在他人之诉获得法院立案受理后,其诉讼所涉诉讼标的对案外人产生来自诉讼的现实威胁之时,案外人才能以有独立请求权的第三人之身份参与诉讼,以防止这种诉讼的现实威胁得到法院司法裁判的最终确认。需要进一步解答的问题是,一审中有独立请求权第三人参与诉讼的结束之时点如何确定。如果笼统地说一审程序结束之时尚不够明确。

有独立请求权的第三人参与一审诉讼的最迟时间可分为三个时间来讨论:一是一审程序法庭辩论结束之时;二是一审程序法院裁判形成之后,宣告之前;三是一审程序法院裁判宣告之后，上诉期间结束之前。首先，第一个时间点为法定辩论结束之时或之前，笔者认为这个时间点不够确当，也就是说，在法庭辩论或最后一次法庭辩论结束之后，有独立请求权的第三人仍应当有权参与诉讼，其原因在于，如果此时不允许其参与诉讼，他到二审中仍可以申请参与诉讼，二审法院经调解不成仍需将案件发回重审，发回重审后案件还是要重新进行法庭辩论，这样反而浪费时间，增加诉讼成本，不如在一审辩论结束后允许其参与诉讼，然后重新进行法庭辩论。其次，将第三人参与诉讼的终止时间确定在法院一审裁判作出后、上诉期间届满前也不可取。因为此时一审裁判已经生效，对该生效裁判不服只有参与诉讼的当事人或者被法院确定为承担民事责任的无独立请求权的第三人才有权提出上诉，案外第三人既然在生效裁判中不具有任何诉讼地位，因此赋予其上诉权有所不妥，这样也会导致上诉审法院对案外人上诉身份的适格性之判断陷入实体审查的困境。最后，因此之故，有独立请求权的第三人参与诉讼的最为恰当的时间点应当是一审法院正式宣告裁判之前。虽然一审法院已经作出了裁判，但在根据《民事诉讼法》第151条的规定将其公开宣告前（也即宣判前），有独立请求权的第三人参与诉讼应当还有机会，此时法院应当审查其参与诉讼的实质性理由，如有此理由，则应当停止宣告判决的程序，恢复案件的审理，重新进行法庭辩论。因此，有独立请求权的第三人参与诉讼的时间段应当确定为一审法院受理原诉之后、宣告判决之前。

2. 例外：有独立请求权的第三人在二审中可以附条件地参与诉讼

从逻辑上说，有独立请求权的第三人参与诉讼的时间既然已经被限定在一审裁判宣告之前，那么，一审裁判宣告之后案外人就失去了参与诉讼的权利，以此推论，案外人在二审程序中也应当没有参与诉讼的权利。因为我们说，有独立请求权第三人参与诉讼的方式是提起诉讼，其身份相当于原告，或者就是原告，而在二审程序中，案外人参与诉讼就不是通过提起诉讼的形式参与诉讼，其身份也不是原告，而只能是上诉人，而其作为上诉人又没有提出上诉的实际行为，在一审裁判宣告后上诉期间，案外人的上诉权已经受到了排除，这样一来，理论上说，案外第三人到二审程序开始后已经没有了参与诉讼的诉讼权利。尤其是，如果让案外人在二审程序中以有独立请求权第三人的身份参与诉讼还会遭遇审级制度的障碍，按照《民事诉讼法》第10条、第165条等规定，除小额程序外，任何民事诉讼的案件，包括有独立请求权的第三人参与诉讼的案件，都有获得二审终审制度审级利益保障的权利，如果允许有独立请求权的第三人在二审中参与诉讼，即便其自己愿意放弃审级利益的保障，愿意接受二审法院的一次性裁判，也不能因此排除原诉当事人获得二审终审的权利。因为虽然原诉的当事人相互之间已经经过了一审，但对有独立请求权第三人的参与之诉，原诉的当事人仍然处在一审状态，如果因此而失去上诉权，则无疑是对其依法享有的诉讼权利之剥夺，因而也不具有妥当性。

鉴于上述理论和制度上的障碍和困难，二审程序中原则上应当排除有独立请求权的第三人参与诉讼的权利。然而这样一来，如果绝对地排除有独立请求权第三人参与二审程序的机会和权利，则又会使有独立请求权的第三人在二审中可以绕开审级制度和上诉利益保障而具有的参诉机会被剥夺，这就是他可以通过与原诉当事人的和解或调解来解决纠纷，无须通过裁判的方式解决纠纷，而如果通过和解或调解的方式解决有独立请求权的第三人参与诉讼后所形成的整体性纠纷，则既可以使其纠纷得到解决，又不会损害当事人的审级利益，可谓一举两得的有益之举，立法上没有排除此种机会与可能性的理由。为此，二审程序中就应为有独立请求权第三人参与诉讼敞开大门，并在有独立请求权的第三人参与诉讼后通过促进和解或主持调解的方式来解决纠纷。如果和解成功，则有独立请求权的第三人退出诉讼，纠纷在原诉当事人之间继续进行诉讼，原诉当事人也可以通过撤诉等方式解决其纠纷；如果调解成功，则法院做出涵盖全部纠纷的一揽子调解书,从而彻底解决纷争。如果和解或调解不成,二审法院则只有将案件发回一审法院进行重审,该发回重审的理由还是程序上的违法,因为一审法院理应通过审判发现具有有独立请求权的第三人之存在,而因其疏忽没有意识到该第三人的存在,或者虽然意识到该第三人的存在,但却因职权懈怠没有行使释明权使之参与诉讼,或者通知其参与诉讼。如果一审法院已经尽到了必要的注意义务而仍无法发现有案外第三人的存在,或者一审法院发现有案外第三人的存在并已经行使了释明权或履行了通知义务,而案外第三人拒绝参与诉讼,此时二审法院的发回重审就纯粹是为了诉讼程序公正性和经济性价值的缘故,而不能认定为一审法院的程序违法。因此,现在笼统地将发回重审视为一审审判违法的观点和做法有所不妥。需加注意的是,如果一审法院行使了释明权或履行了通知义务,而有独立请求权的第三人仍然拒绝参与一审诉讼,其在二审中也没有权利参与诉讼,上述以通过和解或调解解决纠纷为条件允许第三人在二审中参与诉讼的制度和程序,不适用此类情形下的有独立请求权的第三人,这种第三人并且不能根据《民事诉讼法》第59条第3款的规定提起第三人撤销之诉。

(六) 诉讼的审理与裁判

有独立请求权的第三人之参与诉讼的审理和裁判直接关系到该参与之诉的法律定性,也就是说,有独立请求权的第三人参与诉讼后所形成的诉讼格局应当属于何种诉讼,是可分之诉抑或不可分之诉。对此可做以下分析:

其一,有独立请求权的第三人的参与诉讼是否属于诉的合并?答案是肯定的。诉的合并,是指诉的主观要素或客观要素处在两个或两个以上的复数状态。诉的合并有主观的合并、客观的合并和混合的合并之分。有独立请求权的第三人参与诉讼后,使原来存在于原诉当事人之间的单纯之诉变成了复杂之诉,其复杂性表现在两个方面:一是诉讼的主体变得更为复杂。在第三人参与之诉中,诉讼主体一方为参与之诉的原告,也即有独立请求权的第三人,其诉讼主体的地位和数量没有发生变化,但被告一方的诉讼主体在诉讼地位和数量上均发生了变化,原诉的一个被告(以一个被告为例加以说明)变成了参与之诉的两个被告,原诉的原告变成了被告,原诉的被告则变本加厉,成为复合的被告,而这两个被告之间既具有诉讼地位和诉讼立场上的对立性,又具有诉讼地位和诉讼立场的统一性,其对立性存在于原诉之中,其统一性存在于参与之诉之中,他们只有在参与之诉中一致对外,获得胜诉后才能继续在原诉中一决雌雄,因此在参与之诉中,我们所能见到的被告必定是具有共同诉讼立场的共同被告,这是诉的主观合并之结果。既然在第三人参与之诉中,被告具有共同性,那么其在诉的分类中自然属于主观的诉讼合并形态;既然属于诉的主观的合并形态,那么它一定属于共同诉讼。因此,从该意义上说,第三人参与之诉是一种特殊的共同诉讼。

其二,有独立请求权的第三人之参与诉讼是可分的抑或不可分的?有独立请求权的第三人之参与诉讼是否具有可分性,也就是说,当事人能否申请法院将原诉和参与之诉分开审理,这个问题的回答取决于第三人参与之诉的内在属性。笔者给出的答案是否定的,理由在于:如前所析,第三人参与之诉是一种复合的诉讼结构,它实际上是由原诉和参与之诉组合而成的,二者之间有一个先行后继的逻辑关系,尽管参与之诉产生于原诉之后,但其在解决的逻辑上却后来居上,需要先于原诉而得到判断,只有在法院对参与之诉进行判断后,才能继而对原诉进行判断,因此,从逻辑上说,二者似乎具有可分性。但必须明白的是,这里的判断逻辑仅仅是观念上的先后,而不是时间上的先后,也就是说,法院在对第三人参与之诉进行判断时,只是从观念上对参与之诉进行先行判断,然后才对原诉进行判断,而在形成判决的时间上,二者必须同时为之,也就是说,这两个判断必须同时加以表述,因而在最终所形成的判决上二者应当同时出现。既然在判决结果上二者必须同时出现，那么，我们回溯该判决所形成的程序之法律属性，应当得出结论认为，原诉和参与之诉属于不可分之诉；只有不可分之诉才能形成法院必须同时作出判决的结论。该诉之所以是不可分之诉，根本的原因还在于参与之诉中的共同被告对原告第三人所提出的抗辩，在其所奠基的诉讼标的上与原诉的诉讼标的具有共同性或同一性，从而使得原诉和参与之诉形成了二诉共享同一个诉讼标的之复合状态。正是原诉和参与之诉共享同一个诉讼标的，才使得第三人参与诉讼形成了不可分的诉之形态。法院在作出判决时，必须就该两个诉同时作出判决，方能回应二诉共享同一诉讼标的之客观诉求，否则就会造成原诉的判断和参与之诉的判断相互割裂之状态，从而导致矛盾裁判的形成。比如，原诉的原、被告之间正在进行法定继承的诉讼，此时有一子女手拿被继承人的书面遗嘱主张遗嘱继承，请求继承全部财产。该参与之诉的子女便是有独立请求权的第三人，其所提出的有独立请求权的第三人的参与之诉为遗嘱继承诉讼，其与原诉的法定继承诉讼共享同一个诉讼标的——继承遗产请求权。这两个诉如果分开审理和分开裁判，就会导致这样一种矛盾裁判的出现，一方面法院判决遗嘱有效，由该子女继承全部遗产，另一方面法院又判决法定继承诉讼中原、被告依比例分割遗产，这两种判决无法并存。之所以会导致这样一种矛盾裁判之结果，原因在于法院将其分开审理和分开裁判。如果法院将其合并审理和合并裁判，这种矛盾的结果就可避免，法院或者判决参与之诉原告胜诉，遗产全部归有独立请求权的第三人继承；或者判决参与之诉的原告败诉，遗产在原诉原被告之间进行分配；或者驳回原诉原告的诉讼请求。

  基于上述分析，我们可以将有独立请求权的第三人参与诉讼所形成的诉讼规则归纳如下：第一，有独立请求权第三人的参与之诉为不可分之诉。第二，在有独立请求权第三人的参与之诉中，当事人不得申请法院分开审理，法院也不得将其依职权分开审判。

  最后尚需讨论的一个问题是，有独立请求权的第三人能否另诉。对此我们分析如下：首先，有独立请求权的第三人的诉讼地位相当于原告，而原告有起诉的自由，因此，有独立请求权的第三人是参与诉讼还是另外诉讼抑或根本不诉，这是由其自由处分权所决定的事项，法院不得依职权强行干预，也就是说，法院对有独立请求权的第三人可以行使阐明权或通知权，但是否参与诉讼，法院不得勉为其难，其选择权由有独立请求权的第三人行使。其次，如果有独立请求权的第三人另诉，法院能否合并审判？笔者认为法院应当有权进行合并审判，但是不是必须进行合并审判；如果当事人任何一方不同意合并审判，法院应被认为不具有合并审判的权限。从该意义上说，有独立请求权第三人参与诉讼又有普通共同诉讼的某些特征。最后，如果有独立请求权第三人分别诉讼，会不会造成矛盾裁判？答案是一定会。既然一定会造成矛盾裁判，那么，应当如何防止法院矛盾裁判的作出？合并审判固然是上策，但合并审判又取决于当事人的意愿，因而其不能作为防免法院作出矛盾裁判的唯一途径对待。此时便需另寻程序上的出路，该程序上的出路应当是诉讼中止。在"有独立请求权第三人"另行提起诉讼后，为防止矛盾裁判的形成，法院应当根据《民事诉讼法》第153条关于诉讼中止的规定，以"有独立请求权第三人"的诉讼是本案诉讼的前提条件为由，中止本案诉讼的进行，等待"有独立请求权第三人"的诉讼出现结果后，再恢复本案诉讼的进行。当然，这是法院已经发现了"有独立请求权第三人"的诉讼之情形，如果法院没有发现"有独立请求权第三人"的诉讼之情形，相关当事人也未告知另诉之事实，此时法院只能在当事人的申请下或检察机关的监督下，基于二诉矛盾之理由，按照再审程序处理。如果"有独立请求权第三人"在收到法院的阐明书或参加诉讼的通知书后无正当理由不参与诉讼，而坚持另诉从而造成矛盾裁判的，应当对其科以司法上的制裁责任，责令其承担相关诉讼费用。

五、无独立请求权第三人

（一）无独立请求权第三人的概念与特征

《民事诉讼法》第 59 条第 2 款规定："对当事人双方的诉讼标的，第三人虽然没有独立请求权，但案件处理结果同他有法律上的利害关系的，可以申请参加诉讼，或者由人民法院通知他参加诉讼。人民法院判决承担民事责任的第三人，有当事人的诉讼权利义务。"这是我国民事诉讼法上的无独立请求权的第三人制度的法律依据。无独立请求权的第三人，指的是与有独立请求权的第三人相对应的第三人，这种第三人对即将发动的诉讼或正在进行中的诉讼，就其诉讼标的虽然没有独立请求权，但本案的处理结果与其有法律上的利害关系，因而被当事人列名参加、申请参加或被法院通知参加该诉讼进行诉讼活动的案外人。据此定义，无独立请求权的第三人具有以下特征：

其一，无独立请求权的第三人属于案外人。这是其诉讼身份上的特征。无独立请求权的第三人无论以何种方式参与诉讼，也无论他们是原始地参与诉讼还是后发地参与诉讼，他们都是以案外人的身份参与诉讼的。这里的案外人是指与主诉讼相对而言的从诉讼人，主诉讼的当事人如同诉讼中的"主人"，无独立请求权的第三人犹如诉讼中的"客人"，他们在诉讼中起着辅助性或被动性的作用，对于主诉讼而言，他们犹如若即若离的局外人，在诉讼中起到配角而非主角的作用。也正是因为他们属于案外人，因而他们介入诉讼皆带有"参与"的意味，其在诉讼中不具有主导性。

其二，无独立请求权的第三人对诉讼标的不具有独立请求权。这是其诉讼客体特征。对诉讼标的是否具有独立请求权，是划分有独立请求权的第三人和无独立请求权的第三人之间界限的基本依据。同属案外第三人，他们与正在进行中的诉讼所具有的紧密关系的程度有所不同，对诉讼标的有独立请求权的人，与诉讼的关系更为紧密，因而充当有独立请求权的第三人之诉讼角色；对诉讼标的不具有独立请求权的人，与诉讼的关系较为松散，因而充当无独立请求权第三人的诉讼角色。

其三，无独立请求权的第三人与主诉讼的诉讼结果有法律上的利害关系。这是其根据特征。不是任何人都可以随意地参与诉讼的，案外人要参与诉讼，必须要符合一个条件，此即他与案件的结果将会存在法律上的利害关系，如果案外人与本案的诉讼结果不具有法律上的利害关系，他则无权参与诉讼，或者不得以无独立请求权的第三人的身份参与诉讼。换言之，无独立请求权的第三人之所以被允许参与诉讼，其也有参与诉讼的动因，其原因在于他与正在进行的诉讼或将要进行的诉讼具有法律上的利害关系，是否与主诉讼具有法律上的利害关系，成为能否获得无独立请求权的第三人之诉讼身份的分水岭和衡量标尺。那么，这里的关键就在于要解释，何谓法律上的利害关系。

法律上的利害关系不同于事实上的利害关系。比如，张三诉李四还款，张三同时也欠王五的钱，张三胜诉有钱了，可以偿还王五的款，此时王五与案件则只有事实上的利害关系而不具有法律上的利害关系，王五不能获得无独立请求权的第三人的诉讼身份，其无法参与诉讼。但是，如果张三诉李四还款，王五是该款的保证人，其若被张三起诉，则其与李四一起成为共同被告；但其若未被张三起诉，其则可作为无独立请求权的第三人参与诉讼，他站在李四一边共同对付作为原告的张三。是否具有法律上的利害关系，其判断标准在于主诉讼所针对的法律关系是否与从诉讼的法律关系之间存在因果关系。法律上的利害关系可以有多种表现方式，主要有责任承担预防型利害关系、义务避免型利害关系、权利受损预防型利害关系、权利义务并存型利害关系、诈害预防型利害关系等。

上述可见，无独立请求权的第三人参与诉讼所显示出的法律上的利害关系既可以有所倾斜，也可以保持独立，在有所倾斜时，既可以倾斜在原告一边，主张自己的权利或防止自己的权利受损，也可以倾斜在被告一边，与被告一起进行诉讼中的防御，以避免自己将来遭到被告的责任追究。由此可见，无独立请求权的第三人参与诉讼背后的利益动因是不尽一致的，但无论其表现形式如何不一致，其利益动因都与主诉讼的成败得失有关，尤为重要的是，这种关联性还是法律上的一种利益关联，而不仅仅是事实上的利益关联。

其四，无独立请求权的第三人原则上不受判决结果的拘束。这是其结果特征。一般而言，无独立请求权的第三人参与诉讼，仅仅对诉讼起到辅助的作用，其在诉讼中不享有如同有独立请求权的第三人那样的完整当事人的诉讼权利和诉讼地位，因而从诉讼结果形式上看与他基本无关，法院不得对无独立请求权的第三人进行强制执行。当然，这一规定也有例外。

（二）我国的无独立请求权第三人制度与大陆法系国家民事诉讼中的参与制度之比较

与我国无独立请求权的第三人制度相类似的立法例在大陆法国家比较容易寻得，在英美法国家，则如前所述，其虽然也有介入诉讼（intervenor）等第三人参加诉讼的形式，但对此究竟属于有独立请求权的第三人还是无独立请求权的第三人，其性质并不明朗，因而难以比较。这里仅以大陆法国家的相关做法为参照，与我国的无独立请求权的第三人制度进行一个简单的比较。

1. 共同点或相似点

（1）定义和地位相似。在大陆法国家，其无独立请求权第三人被称为"辅助参加"①。辅助参加，是指在诉讼系属中，第三人为了使一方当事人获得胜诉，而参加到诉讼中，并辅助该当事人实施诉讼的程序形态。该第三人被称为辅助人，被辅助的原告或被告被称为被参加人或主当事人。辅助参加人的地位可以从以下方面进行认识：辅助参加人并非是就自己请求或针对自己请求提出审判申请之人，其所参加的诉讼之判决也不针对辅助参加人作出，就这个意义而言，辅助参加人不属于真正的诉讼当事人。我国所称的无独立请求权的第三人与辅助参加名称虽有不同，但性质基本相同，其表达的均是案外人对诉讼的辅助性介入，与案外人对诉讼的主诉讼参加相对应。

（2）要件相似。辅助参加的要件有：第一，他人间的诉讼处在系属中。第二，一个人不能同时作为对立当事人双方的辅助人。第三，只要是诉讼系属中，即便在上诉审也可以辅助参加。就该要件而言，其与我国的无独立请求权的第三人参加诉讼的要件并无实质性差异，所不同的是，辅助参加在二审中案外人也有机会，而在我国，立法上对此并无明文规定，在解释论上，应当认为在二审乃至再审中，无独立请求权的第三人均有参加诉讼的机会和权利。

（3）对"法律上利害关系"的理解和界定基本一致。在大陆法国家，作为参加人的第三人必须对诉讼结果具有法律上的利害关系，是否具有这种利害关系，其考虑的因素有：一是参加人遭受影响的地位必须是法律上的地位。二是无须要求诉讼的判决效力直接及于参加人，只要在参加人的法的地位之判断中，本诉讼主要争点的判断在逻辑上构成前提即可。三是纵使被参加人所承受判决的判断，有可能对辅助参加人法律上的地位产生不利的影响，但如果判决的

---

① 本段中关于日本辅助参加方面的知识来源，后文不一一注明，请参见［日］新堂幸司：《新民事诉讼法》，林剑锋译，法律出版社2008年版，第560—575页。

判断与辅助参加人法律上地位之间的关系,不属于一种法逻辑上的关系,那么也不允许辅助参加。即便参加人被赋予其他的旨在维护其利益的诉讼上手段,也不妨碍其选择辅助参加之途径。对辅助参加所必须具有的法律上的利害关系,在解说上,上述阐述也适用于我国无独立请求权的第三人之判断。

(4)诉讼权利和诉讼义务相似。在日本,辅助参加人既具有从属性性质,也具有独立性性质的一面。辅助参加人是享有独立权能的诉讼参与者,应当单独对辅助参加人进行期日之传唤、诉讼文书之送达。参加人已经实施的诉讼行为,如果被参加人予以援用,那么将保有其效力。辅助参加人是以自己的计算来参与他人诉讼中的人,有关其所支出的费用,应当在其与对方当事人的关系上接受有关费用负担之裁判。参加人具有随时撤销自己参加申请的权能。但是一旦进行了诉讼参加,在参加人与非辅助一方的对方当事人之间便形成了判决生效的基础,此时辅助参加人的撤销申请,需要获得对方当事人的同意。即便参加人撤销了参加申请,其仍然具有与受到诉讼告知者一样的地位,因此并不免受判决的参加性效力。辅助参加人原则上可为一切诉讼行为,并具有等同于被参加人实施的效果,但是,为了保护被参加人的利益,辅助参加人不能实施重要的诉讼行为,包括行使私法上的权利、处分及变更诉讼的行为、不利于被参加人的行为、撤回被参加人不能撤回的自认、提出被参加人已经错过提出时机的攻击防御方法、不得实施与被参加人行为相抵触的行为等。这些关于辅助参加人诉讼权利和义务的描述,尽管在我国缺乏明文规定性,但从解释论上说,上述的内容基本均可适用于我国无独立请求权的第三人。

(5)判决的效力相同。在大陆法国家,判决对辅助参加人产生的效力是"参加性效力",这种效力与既判力有别,其基本的含义是,在其与被参加人之关系中,辅助参加人不能主张判决不当。在我国,虽然关于无独立请求权的第三人参加诉讼后的裁判效力之扩张并无规定,但理论上一般认为其具有与辅助参加类似的"参加效"。

2. 差异点

(1)范围不同。我国的无独立请求权第三人的概念在内涵与外延上并不完全等同于辅助参加,在我国,无独立请求权的第三人除了有辅助参加这一含义外,还有被告型参加和原告型参加两种类型,可见,我国的无独立请求权第三人制度所涵盖的范围更加广泛。但辅助参加除第三人辅助参加外,还有所谓共同诉讼辅助参加。共同诉讼辅助参加,是指当本诉讼判决的效力及于对方当事人与第三人之间时,该第三人进行辅助参加之情形。共同诉讼辅助参加,不同于"原本旨在保护承受判决效力之参加人利益"的一般辅助参加,而是一项基于"赋予准必要共同诉讼人之诉讼实施权能"之必要而获得认可的制度。通过共同诉讼辅助参加,参加人可以对试图侵害自己利益的本诉讼之进行加以牵制。共同诉讼辅助参加人的地位,近似于必要共同诉讼人的地位,包括可以实施与被参加人相抵触的行为;参加人的上诉期间与被参加人相互独立;如果参加人被排除在本诉讼进行过程之外,被认定为有损参加人的利益,那么法院应当命令中止本诉讼。我国无独立请求权第三人制度中并不包含共同诉讼辅助参加这种含义和类型。

(2)诉讼告知不同。与辅助参加相配套的制度是诉讼告知制度。诉讼告知,是指在诉讼系属中,当事人以法定之方式,向作为第三人的利害关系人,做出诉讼系属的通知。可见,对于告知人而言,诉讼告知的主要现实意义在于,通过告知可以将诉讼判决的参加性效力及于被告知人。诉讼告知的要件是:第一,处在诉讼系属中,即便在上诉审也可以进行诉讼告知。第二,可进行告知的人,是该诉讼的当事人、辅助参加人以及受到这些人告知的第三人。第三,受告知人是具有诉讼参加之利害关系的第三人。至于诉讼告知的方式,只能是书面形式,该告知书中要记载告知理由以及诉讼程度。受到告知的人，并不当然地成为参加人，是否参加，取决于被告知人的意思。被告知人应当及时参加诉讼，否则不影响判决的参加性效力。而我国当事人对案外人的诉讼参加，并没有告知的权利和义务，如果需要案外人参加，当事人则向法院提出申请，由法院通知案外人参加诉讼。

（3）参诉的方式不同。在我国，根据《民事诉讼法》第59条第2款的规定，无独立请求权的第三人参加诉讼，可以通过三种形式进行，即申请参加、通知参加、自动参加。辅助参加只能由当事人告知后申请参加，法院并不能依职权通知参加，第三人也不能自动参加。

（4）能否兼任证人、鉴定人以及能否上诉不同。作为辅助参加人，第三人具有成为证人或鉴定人的能力。辅助参加人在被参加人的上诉期间内可以提起上诉。我国的辅助型第三人并不享有同时成为证人或鉴定人的资格，辅助型第三人也没有上诉权。

（5）能否提出异议不同。至于辅助参加的程序，首先必须由辅助人提出辅助参加申请，在当事人提出异议时，由法院调查决定是否允许其辅助参加。对于申请的方式或参加理由的有无，只有在当事人提出异议时，法院才进行调查；不过，对于申请行为作为诉讼行为的有效要件，例如诉讼能力、代理权的存在与否等，法院可以依职权进行调查。如果当事人未提出异议，并与参加人一起或针对参加人进行答辩，那么将丧失异议权。当出现异议时，参加申请人应当疏明作为参加理由的事实，是否允许参加，由受到参加申请的法院以决定作出裁判。对于允许参加的决定，已经陈述过异议者或者可陈述异议者可以提出即时抗告；对不允许参加之决定，被参加人或参加人可以提出即时抗告。对参加申请提出异议，并不导致本诉讼程序的停止。在我国，对无独立请求权的第三人之参加诉讼，当事人并无异议权，即便其提出异议或反对意见，法院也可置之不理，法院无须作出是否认可异议的裁定，对该裁定，当事人更无上诉权。

3. 启发

通过上述简单比较，我们可以获得以下启发：

（1）处理好一元化诉讼参加和多元化诉讼参加之间的关系。大陆法国家与我国均将诉讼参加分为主诉讼参加和从诉讼参加两种，但与大陆法国家不同的是，我国立法上所确立的无独立请求权的第三人并非仅仅只有辅助参加一种形式，除辅助参加外，我国还有被告型第三人。同时笔者还建议增设原告型第三人这种独立参加形式。将来留给民事诉讼法修改者的任务是，将这三种无独立请求权的第三人之制度设计进行完善的规定，而不是将其简单地归为一种类型进行粗放性规制，否则将会使制度的效用受到制约和影响。

（2）处理好法院的职权干预和当事人的私权处分之间的关系。我国民事诉讼法规定了无独立请求权的第三人的申请参加和职权追加两种形式，申请参加在原理上固无窒碍，但法院的职权追加却有干预私权之嫌，违反了《民事诉讼法》第13条第2款所规定的处分原则，因而需要改革。改革的思路有二：一是弱化法院职权追加或通知第三人参加诉讼的权限和效力，将法院的职权追加或通知参加限定为向案外第三人提供参加诉讼的案件线索，至于是否依其通知参加诉讼，则应由该第三人自主决定。不过其不参加诉讼不影响诉讼的结果产生参加效力而已，同时该第三人将来也不能提出第三人撤销之诉。二是赋予法院对当事人的阐明权或释明权，规定法院对需要第三人参加诉讼的情形，可以并在一定条件下应当向当事人进行诉讼参加的释明，由当事人提出诉讼参加的申请，法院对该申请进行审查判断从而决定是否准允。与此同时，还应当完善当事人的诉讼告知制度和异议制度，以确保当事人的诉讼权利，强化程序保障在第三人制度中的适用范围。

（三）无独立请求权第三人的制度功能

1. 维权功能

无独立请求权的第三人参与诉讼的首要目的是维护案外第三人的合法权益，他参与诉讼后，就可以站在所辅助的一方当事人一边提出各种诉讼观点和诉讼资料，并进行辅助性、补充性辩论，强化其所辅助一方当事人的诉讼力量，在诉讼中使所辅助的一方当事人获得胜诉或降低败诉比例，从而最终使自己免于责任追究或者减少这种责任追究，这就是无独立请求权的第三人参与诉讼的基本目的，也是立法上设置该项制度的基本出发点和基本制度功能。因此，在诉讼中，司法者便不得因为无独立请求权第三人诉讼地位的从属性、协助性、被动性而忽视其诉讼权利的保障。使无独立请求权第三人在权利受限的范围内和基础上，尽可能充分地行使诉讼权利，履行诉讼义务，是该项制度最终能否发挥出应有作用的决定性因素。

2. 预防功能

预防功能表现在两个方面：一是预防虚假诉讼的功能。诉讼并不是在真空中孤立进行的，而是在纵横交错的社会关系网络中截取一段聚焦进行的，因而任何诉讼的进行都与案外人有这样或那样的关系，而有的案外人与诉讼的进行关系非常紧密，以致如果不创设机会让他参与诉讼发表观点，揭露当事人之间的诉讼合谋，其合法权益必致损伤。为了避免这种因诉讼而侵权的事情发生，立法上创设了无独立请求权第三人制度，使这种利害关系密切者得以在程序中寻找到一个通道能够参与诉讼之中，使不该发生的诉讼侵权之事被消灭在萌芽状态，从而实现立法的预防功能。二是预防潜在纠纷的功能。比如原告提供技术与被告合作，原告诉被告支付技术使用费，但被告抗辩说该技术存在瑕疵，拒绝支付使用费，法院支持被告的抗辩，驳回原告的诉请；诉讼结束后，原告会对转让技术给他的人提起诉讼，要求损害赔偿。为了避免这种事后诉讼的发生，向原告进行技术转让的人以无独立请求权第三人的名义参与诉讼，站在原告一边辅助原告进行诉讼，提供证据表明该技术并不存在瑕疵，并通过参与辩论说服法官判决被告败诉，这样来避免自己将来被原告诉追其法律责任，由此减少了诉讼的发生，实现了预防纠纷的功能。

3. 解纷功能

社会纠纷处在相互关联的交织状态，一个纠纷的解决可能会遏制另一个纠纷的发生，也可能为其他纠纷的发生提供导因和契机，前者体现为无独立请求权第三人制度的预防纠纷功能，后者体现为无独立请求权第三人制度的纠纷解决功能。如果主诉讼中的原告败诉，他可能向其上游者提起诉讼；如果主诉讼中的被告败诉，他可能向其下游者提起诉讼。如果属于前者，原告只能另诉；如果属于后者，被告则可将案外人作为"被告的被告"或者对原告直接承担法律责任的第三人引入诉讼，以使法院得以在一个诉讼中解决多个连环性纠纷，从而避免了法院裁判之间的相互矛盾，也避免了多个连锁型诉讼的渐次发生，而可以将纵向上多个纷争纳入同一个诉讼程序中加以一体化解决，由此体现出了无独立请求权第三人制度的解纷功能。

4. 民主功能

民事诉讼如果局限在简单的三角形构造之中而绝对排斥任何关联主体的介入，可能会遮蔽诉讼的民主特性，使那些"有话要说"的案外人无缘走进诉讼行使其话语权，这样就会窒息诉讼的民主空气，使诉讼走进双方当事人绝对对立的狭窄胡同之中而导致诉讼的僵局。为此，就有必要在诉讼程序的设置中适度开辟向社会敞开大门的通道，使那些利益相关者得以进入诉讼发表意见，由此增强诉讼的民主氛围，活跃诉讼空气，使当事人之间的交流话语变得更为开阔，也使当事人得以寻找到缓和诉讼紧张气氛的台阶，从而有助于诉讼对话平台的拓展以及诉讼话语的柔性多元，使民事诉讼法的民主功能在当事人制度领域得以展示出来。

5. 司法功能

司法者对案情的判断有时也会陷入"兼听也暗"的境地，在民事诉讼中这种情形主要会发生在两种场合：一是双方当事人进行虚假诉讼，法官被蒙在鼓里；二是双方当事人各执一词，其说服力处在相持均衡状态，令到法官无所适从，不知如何下判是好。在前一种情形，无独立请求权的第三人参与诉讼，有助于揭示当事人之间的诉讼阴谋，使法官免坠诉讼陷阱；在后一种情形，无独立请求权的第三人参与诉讼后，将从诉讼的第三视角为法官寻找到解纷之策提供启迪，使法官在双方当事人难解难分的诉讼僵持中得以摆脱出来，为司法天平的倾斜性定位获得了新的支点，精准的司法答案在第三人的参与下自然生成。因此，在该意义上说，无独立请求权的第三人既是当事人一方的"辅佐人"，又是法官公正司法的"参谋官"，由此展现出该项制度的司法功能。

（四）无独立请求权第三人的诉讼地位

无独立请求权第三人的诉讼地位是指，无独立请求权第三人在民事诉讼中处在何种诉讼立场、享有何种诉讼权利、履行何种诉讼义务以及诉讼结果对其有何拘束力等问题的综合。对此学理上的观点颇多，分歧较大。概括而言，以下学说常被人们提及：

1. 诉讼参加人说

该说认为，无独立请求权的第三人在民事诉讼中的诉讼地位既不同于原告，也不同于被告，而是具有独立诉讼地位的诉讼参加人，属于广义的当事人或者非独立的当事人。① 该说揭示出了无独立请求权的第三人的非当事人属性，同时又认为它具有独立的诉讼地位，并不完全从属于一方当事人。但该说有两个缺点：一是没有表述出无独立请求权第三人的多样性。二是诉讼参加人这一说法也显得过于概括，其只能作为上位概念，而不宜作为刻画无独立请求权的第三人性质和属性的下位概念来使用。诉讼参加人之中包括原被告当事人，也包括与当事人诉讼地位相同或相似的人，如法定代表人、诉讼代表人、法定代理人、共同诉讼人、第三人。因此，说第三人是诉讼参加人是毫无疑问正确的，但问题还需要进一步回答，它是何种诉讼参加人。

2. 从诉讼参加人说

该说认为，他人诉讼中，从诉讼参加人是广义的当事人（因为"案件处理结果同他有法律上的利害关系"，不同于证人），但又不是原告和被告，其诉讼地位就是从诉讼参加人。② 该说与前说的表述基本相同，所不同者是在诉讼参加人之前加上了一个"从"字。依照该说之逻辑，诉讼参加人可分为主诉讼参加人和从诉讼参加人，这就在诉讼参加人中分出了层次，应当说，无独立请求权的第三人在诉讼参加人之中，显然不属于主诉讼参加人，因而将其划为从诉讼参加人不无道理。问题在于，该说与前说一样，都有划一笼统之嫌，没有表达出无独立请求权第三人的内部差异。

3. 诉权受限的当事人说

该说认为，无独立请求权第三人既不是原告，也不是被告，不属于本诉的当事人，属于"诉权受限的当事人"。③ 该观点将无独立请求权第三人的两个特征揭示了出来，一方面无独立请求权第三人属于广义当事人范畴，另一方面无独立请求权第三人又不属于通常意义上的当事

---

① 参见田平安主编：《民事诉讼法》（第4版），中国人民大学出版社2013年版，第141页。
② 参见邵明：《民事诉讼法学》（第2版），中国人民大学出版社2016年版，第126页。
③ 参见汤维建主编：《民事诉讼法学》（第2版），北京大学出版社2014年版，第138页。

人，两个方面相结合，遂成为诉权受限的当事人。

4. 准当事人说

该说认为，无独立请求权的第三人一般应当属于当事人，但是由于其在诉讼中的诉讼权利受到一定的限制，所以常常处于准当事人的地位。① 该说的优点在于刻画出了无独立请求权的第三人的"准"当事人属性，说明它不是真正意义或完整意义上的当事人，但又与当事人非常接近，因而用"准"字来描述之，比较精准；然而问题在于，无独立请求权的第三人并不仅仅限定于准当事人一种，其还有其他类型，该说也有遗漏之处。

5. 程序主体说

该说认为，在现有概念下无法合理解释当事人与第三人的关系，可以引入"程序主体"概念为上位概念，其包含当事人、第三人和利害关系人。② 该说的创新之处在于将无独立请求权的第三人作为程序主体来对待，并且将其与当事人、利害关系人并列，同享程序主体之地位。但该说也仅仅在上位概念上表述无独立请求权第三人的法律属性，因而也不够具体和确定。

6. 参加之诉之被告说

该说认为，无独立请求权第三人参加的诉讼中，存在本诉和参加之诉，无独立请求权第三人是参加之诉的被告。该说进一步认为，在无独立请求权第三人参加的诉讼中，实际上存在着两个诉：一个是原被告之间的本诉讼，另一个是第三人与原被告某一方之间的参加之诉。无独立请求权的第三人不是本诉讼的当事人，而在参加之诉中他是当事人，并且永远只能是被告。③ 该说认为无独立请求权的第三人属于参加之诉中的当事人，将无独立请求权第三人的当事人地位限定于参加之诉的范围，这是正确的见解。但该说认为无独立请求权的第三人参与诉讼皆为参加之诉，这就混淆了诉讼参加与参加之诉的界限，无独立请求权的第三人有时为诉讼参加，有时为参加之诉，而不是只有参加之诉；同时该说认为无独立请求权的第三人永远只能是被告，也显得过于绝对。

7. 地位待定说

该说认为，无独立请求权的第三人是不确定的当事人，如果他在判决中承担义务，他是当事人；如不承担义务，他就不是当事人。该观点的主要依据是《民事诉讼法》第59条的规定——人民法院判决承担民事责任的第三人有当事人的诉讼权利义务。④ 该观点直接源自民事诉讼法的立法规定，具有法律上的依据；但该观点也存在不够确定的困惑，完全承袭了立法上的缺陷。

无独立请求权的第三人之诉讼地位，应当放在两个层面加以描述：一是他对本诉讼不具有独立请求权，因而不属于严格意义上的当事人，其不享有如同当事人那样的诉讼权利，也不履行如同当事人那样的诉讼义务，法院作出的司法裁判对其也不具有法律上的拘束力（参加效除外），这种意义上的无独立请求权的第三人可将其表述为"准当事人"或"权利受限的当事人"，也就是说，他接近当事人，但又不是完整意义上的当事人；二是他对本诉讼不享有独立的请求权，并不意味着本诉讼的当事人不向他提出独立的诉讼请求，在本诉讼当事人（一般为被告）向他提出独立的诉讼请求时，他便成了真正意义或完整意义上的当事人，享有当事

---

① 参见陈桂明主编：《民事诉讼法》（第2版），中国人民大学出版社2013年版，第73页。
② 参见董少谋主编：《民事诉讼法》（第3版），中国政法大学出版社2015年版，第175页。
③ 参见刘家兴、潘剑锋：《民事诉讼法学教程》（第4版），北京大学出版社2013年版，第120页。
④ 参见江伟主编：《民事诉讼法》，中国人民大学出版社2004年版，第135页。

人的全部诉讼权利，也负有当事人的全部诉讼义务。前者为诉讼参与或诉讼参加，后者为参与之诉或加入之诉。因而无独立请求权的第三人之诉讼地位具有双重属性，一方面他可能以准当事人的身份参与诉讼，另一方面他又可能以独立当事人的身份被提起或者提起参与之诉，两相结合，对无独立请求权第三人诉讼地位的理论概括应当是"准当事人和独立当事人"的双重地位说。

（五）无独立请求权第三人的类型

无独立请求权的第三人是第三人的下位概念，然而对无独立请求权第三人本身尚需作出进一步的划分，也就是将无独立请求权第三人依照其在诉讼中的地位进行类型化区分。之所以要对无独立请求权第三人进行再次甚至再再次划分，根本原因当然在于，诉讼法律关系的复杂性以及诉讼的进行对案外人影响的深浅程度有差异；直接的原因在于，通过这种对无独立请求权第三人的进一步细分，有助于立法上对其作出更具针对性的规范和调整，从而进一步完善我国的第三人尤其是无独立请求权第三人制度，同时也有利于司法实践更加精准地对待不同类型的无独立请求权的第三人，而不是概括笼统地进行模糊化、含混化操作，这样会有损诉讼程序的科学合理性，有损案外第三人诉讼权利和实体权益的保障。

无独立请求权的第三人依照其在民事诉讼中的诉讼地位和所担负的诉讼角色，可以进行三个层次的划分：第一层次，依照其是否享有当事人的地位可将其划分为辅助型无独立请求权的第三人（为表述简洁起见，以下简称"辅助型第三人"）和当事人型无独立请求权的第三人（同样，以下简称"当事人型第三人"）；第二层次，对当事人型第三人，可以依照其处在原告的位置还是处在被告的位置，将其划分为原告型无独立请求权的第三人（以下简称"原告型第三人"）和被告型无独立请求权的第三人（以下简称"被告型第三人"）；第三层次，对被告型第三人，依其是向被告承担责任抑或向原告承担责任，可将其划分为第三被告型第三人和代位被告型第三人。以下具体阐述。

1. 辅助型第三人

辅助型第三人是指站在原告一边或被告一边，辅助其进行诉讼，意在使该被辅助的当事人获得胜诉结果的无独立请求权第三人。可见，辅助型第三人不具有独立的当事人的地位或身份，而具有从属性、依附性、非独立性、协助性的特点，其在民事诉讼中并不享有当事人那样的全部诉讼权利，也不负当事人那样的全部诉讼义务，因而他是权利受限的当事人或者为从当事人、准当事人。

进一步划分，辅助型第三人又可分为原告辅助型第三人和被告辅助型第三人。原告辅助型第三人是辅助原告进行诉讼的第三人，被告辅助型第三人是辅助被告进行诉讼的第三人。前者如A诉B交通事故损害赔偿，理由是B酒后驾车，C是B车的保险公司，酒后驾车不属于理赔范围，其参与诉讼，加入到A一边共同对付B，此时的C就是义务避免型利害关系人，为了避免其将来承担理赔责任，因而参与诉讼中来，成为与原告立场一致的无独立请求权的第三人，此为原告型无独立请求权的第三人。后者如A对B享有一笔债权，A用这笔债权向C设定权利质押，B诉A不存在债权债务关系，C参加诉讼，辅助被告A进行诉讼，目的是防止确定债权不存在，从而损害自己的权利质押利益，由此所形成的法律上的利害关系为权利受损预防型利害关系，该第三人是被告辅助型第三人。再如，在撤销权诉讼中，A向B提出撤销权诉讼，C参与诉讼，站在B的立场主张A无权撤销其与B之间订立的合同关系，这也是为了防止自己权利受损的法律上的利害关系，由此所构成的也属被告辅助型第三人。在连环购销产品合同法律关系的纠纷中，A诉B产品质量有瑕疵请求损害赔偿，C加入诉讼，维护B的抗辩主张,声明产品质量无瑕疵,因为该产品是 C 供应给 B 进行销售的。此时,C 就是责任承担预防型的法律上利害关系人,也属被告辅助型第三人。实践中,被告辅助型第三人较之原告辅助型第三人要多得多。

需加说明的是,辅助型第三人只能在原告型和被告型之间二者居其一,而不可能同时成为原、被告双方的辅助型第三人。但尽管如此,也不排除在诉讼中有时会发生二者转移的现象。如 A 越过主债务人 B 向 C 提出代位权诉讼,B 参加诉讼,其既可以站在 A 的立场反对 C,支持 A 行使诉讼代位权,也可以站在 C 的立场反对 A,支持 C 行使债务不存在的抗辩主张;在其站在 A 的一边时,其参与诉讼的依据是其拥有对 C 的债权,在其站在 C 的一边时,其参与诉讼的依据是其不负有对 A 的债务,因而其身份处在权利义务的不定状态,故而称之为权利义务并存型利害关系。在 B 参加诉讼时,他便要确定站在原告一方还是站在被告一边进行诉讼,这是其确定性的一面,但有时,在诉讼过程中,原先站在原告 A 一边进行辅助性诉讼的第三人,可能会因为主诉讼被告 C 的抗辩使案情发生逆转,作为无独立请求权的第三人,B 可能会改变立场,转移到被告 C 一边主张 A 的代位权不能成立,这是无独立请求权的第三人诉讼地位不够确定的一面。从无独立请求权第三人制度产生的缘起及初衷而言,辅助型第三人是其原型,也是各国无独立请求权第三人制度的共性内容,其他的无独立请求权第三人之形态,都是在该基础上,融入当事人的元素而发展所致。

2. 当事人型第三人

(1) 原告型第三人。原告型第三人类似于有独立请求权的第三人,但与有独立请求权第三人不同的是,该人参加诉讼并不对主诉讼当事人所争议的诉讼标的具有独立请求权,而是案件的处理结果与其有法律上的利害关系,因此,他不是有独立请求权的第三人,而是无独立请求权的第三人;但该无独立请求权的第三人也有别于前述辅助型第三人,其既不站在原告一边辅助原告进行诉讼,也不站在被告一边辅助被告进行诉讼,而是站在独立的当事人立场,既反对原告的诉请,也反对被告的抗辩。典型例证就是虚假诉讼的当事人参加。虚假诉讼分为两种形式,一种形式是第三人对诉讼标的有独立请求权的虚假诉讼,另一种形式是第三人对诉讼标的无独立请求权的虚假诉讼。前者如 A、B 串通进行某房屋所有权的确认之诉,C 对该诉讼标的主张独立请求权而参与诉讼,此时他是诈害防止型诉讼的有独立请求权的第三人;后者如 A 诉 B 返还借款若干,B 的配偶 C 参与诉讼,主张该笔借款根本不存在,A 与 B 涉嫌虚假诉讼,目的在于为 B 设定虚假债务,使其在与 C 的离婚诉讼中增加消极财产(夫妻共同债务)的数量,达到损害 C 的合法权益之非法目的。此时,C 对主诉讼所争议的诉讼标的不享有独立的请求权,因而不属于有独立请求权的第三人,同时其也不站在主诉讼原被告任何一方进行辅助性诉讼,而具有诉讼地位上的独立性,实际上处在原告的位置,因而其属于诈害防止型诉讼的无独立请求权的第三人,即原告型无独立请求权的第三人。可见,诈害防止型诉讼所产生的第三人诉讼,既可以是有独立请求权的第三人诉讼,也可以是无独立请求权的第三人诉讼,其横跨第三人的两大领域。

(2) 被告型第三人。被告型第三人是有可能被判决承担法律责任的无独立请求权的第三人,其之所以可能被法院判决承担法律责任,原因在于他对主诉讼原、被告纠纷的发生负有法律上的责任。这种法律上的责任有可能处在潜在状态,在本案中不会显性化,但也有可能在本案中就化为现实。是否在本案中一并提出案外第三人的法律责任之问题,取决于原、被告的主观意愿。具体而言,又分两种情形:一是第三被告型第三人,二是代位被告型第三人。第三被告型第三人,这个概念脱自英美法上的第三被告人制度 (the third party defendent),简单地说,就是被告的被告。该第三人被主诉讼的被告引入诉讼，意在让其承担法院将判决的被告对原告所承担的法律责任，这就形成了一种诉讼连环现象，原告诉被告承担法律责任，被告诉第三人承担法律责任，这种诉讼形态实际上是将两个分别独立的诉合并在一起统一解决。这样做的好处在于其有助于避免法院作出矛盾裁判，同时也符合诉讼经济原则。第二种是代位被告型第三人，其指的是对主诉讼的原告直接承担法律责任的无独立请求权的第三人，这种第三人并不是共同被告，因为他与主诉讼的原告之间不存在发生纠纷的民事法律关系，但在被告的请求下，并经原告同意，可以经由法院判决使该第三人对主诉讼被告所承担的法律责任向主诉讼的原告承担，以替代主诉讼被告对主诉讼原告所承担的法律责任。举例言之，如 A 诉 B 交通事故损害赔偿，B 认为之所以发生该交通事故，与修理该汽车的 C 是有关系的，C 没有修理好汽车，因此造成了本次交通事故的发生，因而申请追加 C 参与诉讼。此时，C 在本案中有可能出现三种状态：一是单纯地辅助 B 进行诉讼，在本案中他是辅助型第三人；二是在被告的请求下，成为被告的被告，在被告对原告承担法律责任后，法院判决其对被告承担法律责任，此为被告型第三人；三是在被告的请求下，并经原告同意，第三人直接向原告承担法律责任，主诉讼的被告无须承担法律责任，此为代位型第三人。第一种第三人与第二种、第三种第三人比较容易区分，其区分的标准是，主诉讼的被告是否向其提出了独立的诉讼请求，如果答案是否定的，其则属辅助型第三人；如果答案是肯定的，其则属于第二种或第三种责任承担型的第三人。第二种与第三种无独立请求权的第三人都属于被告型第三人，其被引入诉讼是为了承担主诉讼所产生的法律责任，所不同的是，第二种无独立请求权的第三人也即第三被告型第三人是直接被主诉讼的被告诉追承担法律上的责任，这种法律上的责任乃承接其对主诉讼的原告之法律责任而来，但这两种法律责任并不完全等同，第三被告型第三人所承担的法律责任可能大出主诉讼被告所承担的法律责任，也可能小于主诉讼被告所承担的法律责任，其法律责任之大小，由法院根据案情基于被告之请求进行具体判断；第三种无独立请求权的第三人也即代位型第三人则是对主诉讼原告直接承担法律责任的人，法院判决主诉讼的被告对主诉讼原告承担法律责任，同时判决第三人对主诉讼的被告承担法律责任，由于这两种法律责任相等，因而主诉讼被告可以提出请求，由第三人直接向主诉讼原告承担法律责任，这样主诉讼的被告便无须承担另外的法律上的责任，这就形成了一种责任上的代位现象，与权利上的代位现象相映成趣。尚需解释的是，为何第三人向主诉讼原告承担法律上的责任不仅需要经过主诉讼被告的请求，而且要获得主诉讼原告的同意。其原因类似于债务的转移要取得债权人同意的法理，因为，原告并没有也不能直接向第三人提出诉讼请求，第三人也并非主诉讼的原告引入，为了债务的履行更加简捷起见，主诉讼的原告同意被告提出的责任转移的请求，基于处分原则，法院便可直接判决第三人向主诉讼原告人承担法律责任，与此同时，第三人向主诉讼被告人以及主诉讼被告人向主诉讼原告人所承担的法律责任均被免除。

将被告型第三人划分为第三被告型第三人和代位被告型第三人具有重要的意义。最重要的一点是其符合处分原则的要求。无独立请求权的第三人被引入诉讼是否需要承担法律上的责任，以及向谁承担法律上的责任，概由主诉讼中的被告所决定，因为正是该第三人造成了其对主诉讼原告的纠纷事件并将在该事件的处置中可能被判决承担法律上的责任，同时如果主诉讼的被告请求该第三人直接向主诉讼的原告承担法律责任，则须取得该原告的同意，这也是其处分权行使的表现。反之，如果不经被告请求，或者未取得原告同意就直接判决第三人向其承担法律责任，则无疑违反了民事诉讼法上的处分权主义，殊有未妥。

（六）适用无独立请求权第三人的几种主要情形

无独立请求权第三人尤其是被承担法律责任的无独立请求权第三人在实践中容易导致扩大化乃至滥用化的适用，从而损害了案外第三人的合法权益。为了避免这种弊端的发生，最高人民法院通过司法解释对无独立请求权的第三人之适用场景做出了某些典型性指引，这里简介如下：

1. 授权性指引

授权性指引，指的是司法解释提示并授权具体的司法者可以追加无独立请求权第三人之情形。根据 2001 年 3 月 22 日最高人民法院颁布并于同年 4 月 30 日实施的《关于审理劳动争议案件适用法律若干问题的解释》（失效）第 11 条之规定，用人单位招用尚未解除劳动合同的劳动者，原用人单位与劳动者发生的劳动争议，可以列新的用人单位为第三人；原用人单位以新的用人单位侵权为由向人民法院起诉的，可以列劳动者为第三人；原用人单位以新的用人单位和劳动者共同侵权为由向人民法院起诉的，新的用人单位和劳动者列为共同被告。根据 1999 年 12 月 1 日通过并于同年 12 月 29 日实施的最高人民法院《关于适用〈中华人民共和国合同法〉若干问题的解释（一）》（失效）的规定，债权人以次债务人为被告向人民法院提起代位权诉讼，未将债务人列为第三人的，人民法院可以追加债务人为第三人（第 16 条）；债权人依照《合同法》第 74 条的规定提起撤销权诉讼时只以债务人为被告，未将受益人或者受让人列为第三人的，人民法院可以追加该受益人或者受让人为第三人（第 24 条）；债权人转让合同权利后，债务人与受让人之间因履行合同发生纠纷诉至人民法院，债务人对债权人的权利提出抗辩的，可以将债权人列为第三人（第 27 条）；经债权人同意，债务人转移合同义务后，受让人与债权人之间因履行合同发生纠纷诉至人民法院，受让人就债务人对债权人的权利提出抗辩的，可以将债务人列为第三人（第 28 条）；合同当事人一方经对方同意将其在合同中的权利义务一并转让给受让人，对方与受让人因履行合同发生纠纷诉至人民法院，对方就合同权利义务提出抗辩的，可以将出让方列为第三人（第 29 条）。根据《民诉法解释》第 249 条的规定，在诉讼中，争议的民事权利义务转移的，不影响当事人的诉讼主体资格和诉讼地位。人民法院作出的发生法律效力的判决、裁定对受让人具有拘束力。受让人申请以无独立请求权的第三人身份参加诉讼的，人民法院可予准许。受让人申请替代当事人承担诉讼的，人民法院可以根据案件的具体情况决定是否准许；不予准许的，可以追加其为无独立请求权的第三人。

需要指出的是，上述条款的适用具有可选择性，而不是必须适用，是否追加相关案外人为第三人，由法院根据审理案件的需要斟酌决定。同时，即便法院追加案外人为无独立请求权的第三人，该第三人也不是必须被判决承担法律责任。尤为重要的是，这里所谓的"追加"，就其性质而言，乃属任意性追加，而不属于强制性追加，被追加者是否参加诉讼，由该第三人决定。

2. 禁止性指引

为了防止实践中对无独立请求权的第三人的任意追加从而损害第三人合法权益的情形之频发，最高人民法院通过了若干司法解释对此予以了禁止性指引。例如，最高人民法院于 1994 年 12 月 22 日颁布的《关于在经济审判工作中严格执行〈中华人民共和国民事诉讼法〉的若干规定》（失效）在其第二部分专门以"关于无独立请求权的第三人"为题，作出了明文规定。主要内容包括三条：受诉人民法院对与原被告双方争议的诉讼标的无直接牵连和不负有返还或者赔偿等义务的人，以及与原告或被告约定仲裁或有约定管辖的案外人，或者专属管辖案件的一方当事人，均不得作为无独立请求权的第三人通知其参加诉讼（第9条）；人民法院在审理产品质量纠纷案件中，对原被告之间法律关系以外的人，证据已证明其已经提供了合同约定或者符合法律规定的产品的，或者案件中的当事人未在规定的质量异议期内提出异议的，或者作为收货方已经认可该产品质量的，不得作为无独立请求权的第三人通知其参加诉讼（第10条）；人民法院对已经履行了义务，或者依法取得了一方当事人的财产，并支付了相应对价的原被告之间法律关系以外的人，不得作为无独立请求权的第三人通知其参加诉讼（第11条）。尽管该司法解释自2019年7月20日起已不再适用，但该司法解释对司法操作不无指导意义。

（七）无独立请求权第三人的诉讼权利和诉讼义务

如前所述，无独立请求权的第三人在我国实际上是一个概称，其包含了辅助型第三人和当事人型第三人两大类型，其诉讼地位用准当事人和当事人的双重说较能全面刻画其面貌和性质，因而，我们在探讨无独立请求权的第三人的诉讼权利和诉讼义务时，就应当分别而论，不可划一进行。具体而言，依照无独立请求权的第三人之类型，其诉讼权利和诉讼义务可以分别述列如下：

1. 辅助型第三人的诉讼权利和诉讼义务

辅助型第三人因为与诉讼的结果只具有间接的法律上利害关系，而不受司法裁判的直接拘束，因而在诉讼中，其地位被定性为"辅助"，这是其实质所在，因此，其诉讼权利和诉讼义务都要围绕着"辅助"两个字展开，超出这个范围就构成越权，小于这个范围就构成不足。

（1）为了使无独立请求权的第三人能够有效地辅助当事人进行诉讼，他必须具有以下诉讼权利：其一，接受法院通知参加诉讼的权利。辅助型第三人在获知诉讼后，既可以自己提出申请加入诉讼，也可以在被告的告知下参加诉讼，还可以在法院的通知下加入诉讼。但是否参加诉讼，是辅助型第三人的诉讼权利，而非诉讼义务，法院的诉讼通知仅具有诉讼告知的效力和意义，而不具有强制辅助型第三人到庭参加诉讼的效力。其二，聘请诉讼代理人的权利。之所以允许辅助型第三人聘请诉讼代理人参与诉讼，原因就在于司法裁判会对其产生法律上的利害关系，如果不在本案诉讼进行中就使其所辅助的当事人获得有利的胜诉结果，从而防患于未然，其在将来的诉讼中便很难翻身，对其不利的诉讼结果迟早要发生。其三，提供证据的权利。辅助型第三人参加诉讼辅助当事人进行诉讼活动，其主要的优势是具有案件事实的相关信息，他不是依据其对本案专业知识上的优势，因而不是专家辅助人；也不是无民事行为能力人或限制民事行为能力人的监护人，因而不是法定代理人；也不是被当事人聘请参与诉讼进行法律服务的人，因而不是诉讼代理人；也有别于大陆法系国家所谓的诉讼辅佐人，因为诉讼辅佐人与当事人具有一定的身份联系。辅助型第三人之所以参与诉讼，是因为他了解相关案情，能够协助当事人提供证据将相关案件事实查清弄实，因而提供证据的权利是辅助型第三人的重要诉讼权利。其四，参与法庭调查，进行法庭询问的诉讼权利。在法庭调查中，辅助型第三人经法庭许可，可以向对方当事人发问，也可以向证人、鉴定人、专家辅助人、技术调查官等进行发问。其五，进行法庭辩论的权利。根据《民事诉讼法》第144条第1款第3项的规定，第三人有权进行法庭辩论。其六，发表对案件最终陈述意见的权利。其七，查阅卷宗并在卷宗上签字的权利，同时如果认为法庭记录中与其相关的部分确有错讹，其有权进行订正或要求书记员进行修改。其八，在二审或再审中继续参与诉讼的权利。如果辅助型第三人在一审中参与了诉讼，那么，到二审或再审中，他就能够自然而然地参与诉讼，法院应当向其发送任何参与诉讼的通知。其九，辅助型第三人依照其性质和诉讼地位应当享有的其他诉讼权利。

(2) 列举并保障辅助型第三人的诉讼权利是一个重要的方面，同样重要的是，立法和司法也要明确哪些诉讼权利只能由当事人行使，而不能由辅助型第三人行使，这些辅助型第三人不能行使的诉讼权利主要有：其一，提出管辖权异议的权利。辅助型第三人是在诉讼系属中参与诉讼的，此时诉讼的管辖权业已确定，管辖恒定原则已经发挥作用，因而辅助型第三人无法行使管辖异议权。尤为重要的是，从实质层面看，管辖权的确定是由本案诉讼的诉讼标的决定的，比如说合同纠纷诉讼，由被告住所地或合同履行地法院管辖（《民事诉讼法》第24条），而辅助型第三人参与诉讼并无独立的诉讼标的之可言，因而无法确定管辖权的连接点，即便其提出管辖权的异议，也无法指示法院将案件移送到何地法院管辖，故此，尽管管辖的确定与辅助型第三人不无利害关系，然而在法律上仍不具有赋予其管辖异议权的充分理由。其二，辅助型第三人不能申请撤诉、不能与对方当事人和解或接受法院的调解，不能变更、追加诉讼请求或放弃诉讼请求。在处分权层面，辅助型第三人不享有任何诉讼法意义上的处分权，处分权对辅助型第三人无法适用，其原因就在于，辅助型第三人参与诉讼的目的仅仅在于辅助当事人进行诉讼，而不得对诉讼的范围、诉讼的进程以及诉讼的结果行使实质性的处置权，其理至为显然。

(3) 这里需要探讨的问题主要有四个：一是辅助型第三人与所辅助的当事人之间的关系问题；二是辅助型第三人对于调解的同意权问题；三是辅助型第三人应不应享有反诉权问题；四是辅助型第三人是否应当享有上诉权的问题。

第一，关于辅助型第三人与所辅助的当事人之间的关系问题。首先应当明确，既然辅助型第三人是以辅助该方当事人为诉讼的基本使命的，那么，他们之间的关系应当是统一性占主导的协作与被协作、辅助与被辅助的关系。在这种关系中，辅助型第三人所实施的诉讼行为，除完全与己有关的外，如聘请诉讼代理人参与诉讼、接受法院参与诉讼的通知书等，其他的与诉讼具有实质联系的诉讼行为，尤其是在辩论主义层面的各种诉讼行为，如提供证据、发表辩论意见等，原则上应当在方向上与所辅助的当事人保持一致，有时甚至需要商量着实施诉讼行为。但这并不意味着，辅助型第三人实施诉讼行为需要取得被辅助的当事人的同意甚至授权。辅助型第三人是具有独立诉讼地位的诉讼参与人，其诉讼权利虽然受限，但其诉讼人格与当事人无异，因此，对辅助型第三人所实施的诉讼行为，被辅助的当事人无权否决，法院也无须征求其准否意见。不仅如此，辅助型第三人有时所实施的诉讼行为可能并不与所辅助的当事人之诉讼利益保持一致，有时甚至是矛盾的，比如，在前述因第三人修车瑕疵所引起的交通事故案件中，辅助型第三人可能修车并无瑕疵，相反，造成交通事故的原因是被告操作失误，此时，该辅助型第三人就有可能改变诉讼立场，转而辅助原告进行诉讼。可见，辅助型第三人与所辅助的当事人之间的诉讼关系既有统一性的一面，也有对立性的一面；既有静态性的一面，也有动态性的一面；既有确定性的一面，也有不确定性的一面。正是在辅助型第三人的这些特性中，我们才说辅助型第三人是独立的诉讼参与人。

第二，关于辅助型第三人对于调解的同意权问题。辅助型第三人在诉讼中并没有被任何一方当事人提出诉讼请求，在当事人进行调解时，一般而言，辅助型第三人由于与该调解协议中的实质性内容无关，因而无须取得其同意，也无须其在调解协议上签字或盖章。然而实践表明，辅助型第三人往往会与该调解协议有千丝万缕的联系，调解协议的内容经法院调解书确认后将具有既判力，基于该调解书负有义务的一方当事人将会据此向辅助型第三人求偿或追偿，而辅助型第三人在后诉中将无力或难以推翻前诉的调解书的效力，因而，为了防患于未然，立法应当允许辅助型第三人对与己没有直接关联但却有间接关联的调解书发表意见，法院在宣告该调解书之前应当征求辅助型第三人的意见，调解书应当送达给辅助型第三人，在调解书形成后、生效前，辅助型第三人应有异议权。

第三，关于辅助型第三人应不应享有反诉权问题。与调解问题相同，由于当事人的任何一方都没有向辅助型第三人提出诉讼请求，因而作为相反诉讼请求的反诉便不会发生，辅助型第三人不应享有反诉权。然而，这个基于现行民事诉讼法以及法理所得出的结论是否真的切合实际需要，不无疑问。比如说，在上述交通事故案件中，被告基于汽车刹车可能修理不善因而导致了交通事故的发生，引入该汽车修理商作为辅助型第三人参与诉讼，辅助型第三人参与诉讼的目的是辅助该当事人向原告提出汽车刹车无瑕疵的抗辩，但该被告当事人却当庭自认了原告的事实主张，而辅助型第三人无法抵御该自认及其法律效果的发生，他也无法转变诉讼立场站在原告一边辅助原告进行诉讼，被告的败诉不可避免，被告对第三人的责任追究之诉即将发生，此时如果允许辅助型第三人主动转变为被告型第三人提出先行性反诉，比如向本案被告提出给付所拖欠的修理费用之诉，从而诱导出被告的损害赔偿之后继性本诉，并将该二诉同时解决于同一的诉讼程序之中，这可能较之另诉是更好的选择。之所以赋予辅助型第三人以先行性反诉权，其目的在于制衡被辅助的当事人反而实施对辅助型第三人不利的诉讼行为。即便在辅助型第三人提出先行性反诉后，被辅助的当事人不提出后继性本诉，也不妨碍其诉的独立存在，不过在解释论上此时应当称之为诉而不是反诉。

第四，关于辅助型第三人是否应当享有上诉权的问题。从解释论上说，《民事诉讼法》第59条第2款既然规定判决承担民事责任的第三人有当事人诉讼权利，因而具有上诉权，那么，对法院没有判决承担民事责任的第三人应当不享有上诉权。然而，从应然意义上说或从立法论上说，辅助型无独立请求权的第三人是否绝对不享有上诉权这个问题尚有探讨空间。其理论依据有二：一是诉讼的结果既然与其有法律上的利害关系，而这种利害关系的判断对其将来的诉讼又具有预决效力（学理亦称"参加效"），为了推翻该不利的诉讼结果，其理应有机会向上级法院提出上诉的请求，否则对其有不公之嫌。二是《民事诉讼法》第59条第3款规定的第三人撤销之诉就包含了有独立请求权的第三人和无独立请求权的第三人两种第三人，而并没有将辅助型第三人排除在外。既然辅助型第三人有权提出第三人撤销之诉，那么，举重以明轻，也没有理由排除其上诉的权利。

（4）当然，诉讼权利和诉讼义务是相统一的，辅助型第三人在诉讼中享有诉讼权利的同时，也负有诉讼义务。至于辅助型第三人的诉讼义务则完全根据民事诉讼法的规定加以确定，比如诚信参与诉讼的义务、遵守诉讼秩序的义务、服从法庭指挥的义务、协助法院裁判执行的义务等。辅助型第三人聘请律师的，由其自身负担律师费用；其申请证人作证或鉴定的，由其垫付证人费用或鉴定费用，该费用最终纳入诉讼费用中由败诉方负担。

2. 当事人型第三人的诉讼权利和诉讼义务

如前所述，当事人型无独立请求权的第三人又分为原告型第三人和被告型第三人两种类型。

（1）对于原告型第三人而言，其除不享有管辖异议权外，其他的诉讼权利和诉讼义务与当事人无异。之所以原告型第三人不享有管辖异议权，其原因在于，原告型第三人既然以本案诉讼的原、被告为共同被告提起了诈害防止性诉讼，则其主动提起诉讼的行为就意味着他接受了法院的司法裁判权，因而其提出管辖权的异议与其主动提起诉讼的行为是矛盾的；从实质性法律关系的角度分析，虚假诉讼属于侵权行为，因而第三人提起的诈害防止性诉讼实际上是一种侵权诉讼，按照《民事诉讼法》第29条关于侵权诉讼管辖的一般规定，其应由被告所在地或侵权行为地的法院管辖，而虚假诉讼的侵权行为地法院与虚假诉讼的系属法院恰好处在竞合状态，因而其提出管辖异议也与法有所不合。事实上，本案诉讼毕竟属于主诉讼，无独立请求权的第三人提出的诉讼则属于从诉讼，其管辖权理应按照"从随主"的原则加以确定，故结论是，原告型无独立请求权的第三人没有提出管辖权异议的权利。

（2）被告型第三人的诉讼权利和诉讼义务在表现形态上与原告型第三人不完全一致。被告型第三人既然被本诉讼中的被告引入诉讼将直接或间接承受其对本诉讼原告所承担的法律责任，那么，被告型第三人与当事人无异，其享有当事人的全部诉讼权利，负有当事人的全部诉讼义务；与原告型第三人有所不同的是，原告型第三人对本诉讼不享有管辖异议权，而被告型第三人应当享有管辖异议权。原因在于：第一，从诉的构成来看，被告型第三人的参加之诉实际上是由两个独立的诉构成的，一是原本之诉，二是参加之诉。法院对这两个诉都要具有独立的管辖权依据，否则就意味着法院对无管辖权的案件行使了管辖权，而这违背了管辖制度的基本规定。因此，如果法院对参加之诉不享有管辖权，则不应追加该第三人参与诉讼，在追加后也应允许其提出管辖权的异议，这是其作为独立当事人所享有的重要诉讼权利之一，不可因与其他诉讼并联而被剥夺。反向地看，即便本诉讼中的被告不追加第三人为被告的被告，他仍有机会另行诉讼，其另行诉讼之机会的被保留，佐证了被告型第三人应享有管辖异议权。第二，从《民事诉讼法》第130条的规定来看，凡是被告皆有管辖异议权，被告型第三人也是被告，因而也享有管辖异议权。第三，从诉讼重心的转移来看，由于被告型第三人被引入诉讼是为了对本诉讼的原告或被告承担法律上的责任，因而诉讼的重心就由原本之诉转移到了参加之诉一边，参加之诉在二阶结构的后期，乃是诉讼程序的全部焦点所在，在原本之诉确定了主诉讼被告承担法律责任后，诉讼的矛头便指向被告型第三人，法院对被告型第三人的审判便需要获得最为充分的程序保障，而享有管辖权则是其中之要者。第四，从司法实践看，主诉讼中的原、被告为了实现自己的权利或推卸自己的责任，往往将案外人导入诉讼作为化解其矛盾或转移其矛盾的"牺牲品"，此时如果不赋予被告型第三人以管辖异议权，在地方保护主义或司法偏颇主义的作用和影响下，该被告型第三人必然沦为被人任意宰割的"羔羊"，对其不公平乃显而易见。

（八）无独立请求权的第三人参加诉讼的程序

1. 时间阶段

无独立请求权的第三人参加诉讼，应当在诉讼程序开始后，诉讼程序结束前；诉讼程序如果尚未开始，或者诉讼程序业已结束，则均无所谓无独立请求权的第三人参与诉讼的问题，无独立请求权的第三人参与诉讼以既存的程序为前提条件。具体而言，无独立请求权的第三人参与诉讼的时间阶段可以分为以下层次。首先，可以分为一审程序、二审程序和再审程序，无论在哪一程序阶段，无独立请求权的第三人均可参与诉讼。原则上而言，无独立请求权的第三人应当在第一审程序中参与诉讼，这样诉讼程序的进行最为顺畅，也最为经济；然而，一审中未能参与诉讼的无独立请求权的第三人到二审中仍然可以参与诉讼。辅助型第三人固不在话下，原告型第三人和被告型第三人也可以在二审中参与或被参与诉讼，不过法院对其参与后的纠纷，只能通过调解解决，调解不成应发回重审。如果无独立请求权第三人对此负有过错，如在一审中其知悉诉讼的发生或已被通知参与诉讼，却依然拒绝参与诉讼，则应当对主诉讼当事人因此所造成的诉讼成本损失给予赔偿。再审程序复制一审和二审程序，一审和二审程序中无独立请求权的第三人参与诉讼的问题已经解决了，其在再审程序中参与诉讼的理论论证便迎刃而解，无须赘述。其次，就一审程序而言，只要主诉讼被法院登记立案，无独立请求权的第三人便可参与诉讼。实践中，有时原告会在起诉状中就将第三人罗列其中，这仅仅只能被视为原告提出的第三人参加诉讼的申请，该申请是否被法院接受，由法院决定。在诉讼正式开始后，无独立请求权的第三人在任何诉讼时点均可参与诉讼，包括在审判前的程序阶段、庭审阶段以及法院裁判正式宣告前的任何阶段，法院一旦根据《民事诉讼法》第151条的规定宣告了判决，则该判决在送达后便生效，无独立请求权的第三人便失去了参与诉讼的机会和权利。

2. 参诉方式

无独立请求权的第三人参诉方式因其类型不同而异，辅助型第三人、原告型第三人和被告型第三人参与诉讼的方式不尽一致。具体而言，首先，对辅助型第三人来说，诉讼中的当事人，包括原告和被告，均可申请法院通知其参加诉讼，是否通知，由法院决定；通知后是否参加，由该辅助型第三人决定。但是经法院通知其参与诉讼，而该第三人拒绝参与诉讼的，根据"禁反言"的原则，他以后在别的诉讼中不得否定该诉所产生的客观效果，也不得根据《民事诉讼法》第59条第3款的规定提出第三人撤销之诉。其原因在于，辅助型第三人是一种权利性参加，目的是避免诉讼的结果对其造成危害，因而预防性地参与诉讼，防止出现对其不利的后果，这是第三人的诉讼利益所在，而对该诉讼利益，其拥有处分权，其他人可将诉讼的信息告知他，有时也有这种责任告知他，但是否参与诉讼，则由其决定，其他任何主体，包括法院在内，均无权强制辅助型第三人参与诉讼。除由诉讼中的当事人提出申请，然后由法院通知其参加诉讼以外，辅助型第三人还有两种参诉方式：一是主动参诉，二是法院依职权通知其参诉。主动参诉的前提是第三人已经知悉了诉讼发生的事实，并认为该诉讼与其有法律上的利害关系，因而，为了预防性维护自己权益，他有权主动向法院提出参诉申请；是否接受该申请，当然还是由法院决定。如果其申请遭到法院驳回，他可提出第三人撤销之诉，或者在另外的诉讼中，提出相反证据将此前诉讼中对其不利的诉讼效果予以推翻。在没有当事人提出申请或者第三人也没有主动提出参诉申请的情况下，法院如果认为审理案件有必要，也可以依职权通知第三人参加诉讼，是否参加诉讼，也由该第三人自主决定。

其次，对原告型第三人而言，其参诉方式原则上是由其本人主动提起诉讼从而参与到他人之间的诉讼中来。这是因为，原告型第三人本质上仍是原告，根据"不告不理"的诉讼原则，是否提起诉讼，由该原告型第三人决定，其他任何主体，包括法院，均不得强制原告型第三人提起诉讼。如果法院发现正在进行中的诉讼有可能属于虚假诉讼，但法院也无足够的理据下此判断（否则法院就可直接驳回其诉），因而可以依职权通知第三人参与诉讼，同理，是否参与诉讼由该原告型第三人决定。

最后，关于被告型第三人的参诉方式。如前所述，无论是辅助型第三人还是原告型第三人，其是否参与诉讼，均由其本人决定，他人无权干涉，但对被告型第三人而言，其是否参与诉讼，则不是取决于他的意愿，而是取决于主诉讼被告的意愿，当然是否最终能够参与成功，尚取决于法院对参与诉讼条件的审查判断。其原因简单地在于，被告型第三人参与诉讼是将可能对主诉讼的法律责任承担最终的责任，该最终的责任是否要由被告型第三人承担，当然就不能取决于该被告型第三人本人，其决定权应当由主诉讼中的被告行使，因为主诉讼的被告相对于被告型第三人而言，就相当于原告，只有他才可以将被告型第三人导入诉讼，主诉讼的原告因为其与被告型第三人并无直接的法律上的利害关系，因而无权越过主诉讼的被告将被告型第三人引入诉讼，其相关意愿只能传递给主诉讼的被告，由主诉讼的被告加以表达。实践中，有时原告在起诉状中就将被告型第三人记载其上，这只能被解释为其向主诉讼被告表达的请求、将被告型第三人追加进诉讼的意愿，是否接受该意愿，由主诉讼的被告决定。

3. 异议权

异议权是指对无独立请求权第三人参加诉讼，主诉讼中的当事人所具有的反对权。由于原告型第三人参加诉讼，是其基于处分原则的主动行为，因而主诉讼中的任何当事人，包括原告和被告，均不得提出异议。同时，被告型第三人是由主诉讼的被告引入诉讼的，这也是主诉讼被告行使处分权的表现，主诉讼的原告也无异议权。然而，对于辅助型第三人，由于其参加诉讼会加大一方当事人的诉讼力量，而对另一方当事人将会产生不利效果，因而主诉讼的当事人应当享有异议权。主诉讼当事人对辅助型第三人参加诉讼的异议权具体分为两种：一是主诉讼原告所享有的异议权。在辅助型第三人参加到主诉讼被告一方进行辅助性诉讼时，主诉讼的原告应享有异议权，他可以向法院提出不允许该第三人参加诉讼的请求。二是主诉讼的被告所享有的异议权。当辅助型第三人参加到原告一边进行诉讼时，主诉讼的被告有权提出异议。异议的基本理由是该所谓辅助型第三人与本案并无法律上的利害关系，因而不符合参加诉讼的条件。对于该异议，人民法院应当及时予以审查，审查的结果认为异议成立的，则裁定该辅助型第三人不得参与诉讼；反之，则允许其参与诉讼。对于该裁定，任何当事人均不得提出复议申请，其一经作出便发生确定的法律效力。

4. 判决及其效力

对无独立请求权的第三人参与诉讼，法院应当分为三大类型分别作出判决：一是对原告型第三人的参与之诉而言，法院应当通过审理判断其参与之诉的理由是否能够成立，如果成立则判决认可其诉讼请求，同时驳回主诉讼原告的诉讼请求。二是对被告型第三人的参与之诉而言，法院经过审理，如果认为主诉讼的被告对主诉讼的原告负有法律责任，同时认为被告型第三人对主诉讼的被告负有法律责任的，则判决该两项法律责任分别成立。这是对被告型第三人而言的判决；对代位被告型第三人而言，则法院应当在判决主文中直接判决被告型第三人对主诉讼的原告承担法律责任，至于主诉讼被告对主诉讼原告的法律责任则无须在判决主文中出现，仅需在判决理由中加以阐述即可。三是对辅助型第三人的诉讼参与而言，由于辅助型第三人在诉讼中仅起到协作配合作用，其在诉讼中不承担任何实质意义上的法律责任，因而法院判决时不得对辅助型第三人判决承担任何法律责任。

需要探讨的是，无独立请求权的第三人参与诉讼后法院作出的判决的法律效力问题。对原告型第三人和被告型第三人的无独立请求权第三人的参与之诉，法院作出的裁判对其具有完整的法律效力，包括既判力、确定力、形成力、执行力以及程序上的羁束力等，具有特殊性的是法院作出的裁判对辅助型第三人的法律效力。由于辅助型第三人参与诉讼并非以原告身份或被告身份而实施诉讼活动，因而法院作出的裁判对其不具有既判力、确定力、形成力、执行力以及程序上的羁束力等法律效力，然而这并不意味着辅助型第三人不受法院裁判的任何拘束，这种拘束力被概称为参加效。参加效，是指第三人因参加了诉讼而产生的法院司法裁判对其所具有的拘束力。基于该效力，如果被辅助的当事人败诉，从诉讼参加人不得主张相反的观点，即如果进行了充分的诉讼，本案就不可能是败诉。比如，在代位权诉讼中，法院裁判作出后对作为辅助型第三人的主债务人将视判决的结果而产生不同的效力。如果法院判决驳回代位诉讼，则主债权人对主债务人、主债务人对次债务人可以另行提起诉讼，先前的裁判对其不具有拘束力；但如果法院判决满足了原告的代位请求，则主债权人对主债务人不得另行提起诉讼，主债务人对次债务人也不得另行提起诉讼。再如，在债权人对债务人提起的诉讼中，保证人作为辅助型第三人参加诉讼，辅助债务人进行诉讼，如果法院的裁判满足了债权人的诉讼请求，则在此后债权人对保证人提起的保证责任之诉中，前诉所确定的主债权债务关系的成立对后诉具有拘束力，在后诉中，保证人不得提出与前诉裁判结果相反的抗辩请求，否则将被驳回。这就是前诉对后诉的参加效在发挥作用。可见，法院裁判的参加效是因案而异的，没有统一的模式。是否具有参加效的判断标准是前后诉是否会出现矛盾裁判，参加效的主要功能就在于避免矛盾裁判的作出。

（九）对《民事诉讼法》第 59 条第 2 款规定之批判

《民事诉讼法》第 59 条第 2 款规定："人民法院判决承担民事责任的第三人，有当事人的诉讼权利义务。"该规定在学理上备受诟病，在实践中滋生的弊端丛丛。为了完善我国的第三人诉讼制度尤其是无独立请求权的第三人制度，有必要首先对该条款进行剖析和批判。其理由如下：

1. 破坏了诉讼定律

法院的裁判只能针对当事人而作出，对于证人、鉴定人、非当事人性质的第三人等，均不得作出针对其的裁判，裁判其享有实体权利或负有实体义务，这是民事诉讼法必须恪守的基本定律。然而，我国《民事诉讼法》第 59 条第 2 款打破了此诉讼定律，对非当事人型的无独立请求权的第三人直接判令其承担法律责任，其不妥至为显然。

2. 违反了诉讼逻辑

诉讼逻辑是当事人确定在先，法院裁判在后，而不能倒过来，法院裁判在先，当事人确定在后。之所以当事人要确定在先，原因在于法院裁判所指向的实体法律关系，只能建立在具体的当事人身上，如果当事人尚未确定，法院即对实体法律关系进行了判断，这就构成了法院超前裁判，违反了基本的诉讼逻辑。

3. 违反了程序保障原则

法院之所以能够对当事人作出裁判，是因为当事人作为诉讼主体已经享受了充分的程序保障，他该主张的事实全部进行了主张，他该提的证据全部提供完毕，他该发表的辩论意见全部发表完毕，因此，对行使裁判权的法官而言，他对案件事实已经能够判断清楚，对法律适用也能够正确解释和选择，对裁判的结果已确然无疑，此时作出判决的时机已经趋于成熟，他所作出的裁判对当事人而言就不会产生突袭性裁判之类的不公不当，当事人接受裁判也理所当然，水到渠成。法院对无独立请求权第三人在不赋予其完整的当事人诉讼权利的基础上便先行作出判决，显然违反了程序保障的基本原则。

4. 违反了程序安定原则

程序安定的一个基本要求就是当事人恒定主义，也就是说，当事人一旦得到确定就不能随意变动，否则诉讼程序无法安定。在无独立请求权第三人的诉讼制度中，在诉讼的全过程中，无独立请求权的第三人的诉讼地位都处在可能是当事人、也可能不是当事人的不安定状态，这样诉讼中的很多事项都无法确定，比如法官要不要回避，这是取决于法官与当事人的关系之事项，当事人不确定，回避与否就不好确定；再如，诉讼中的自认制度，也只适用于当事人，无独立请求权的第三人做出的自认能否得到认可？也无法确定；等等。这样便导致诉讼中很多因素均因无独立请求权第三人的身份模糊而变得不够确定，从而使整个的诉讼程序因渗入了不安定因素而处在飘忽不定的游移状态，诉讼安定原则大打折扣。

鉴于上述弊端，可以得出结论认为，我国《民事诉讼法》第 59 条第 2 款需要修改，不仅如此，整个无独立请求权第三人制度均需要修正和重塑，基于前述分析，笔者概括出立法完善的建议如下：

其一，确立被告型第三人制度。修改《民事诉讼法》第 59 条第 2 款，将其改为："人民法院对当事人请求承担民事责任的第三人,在赋予其当事人应有的诉讼权利后,可以判决其向被告或者向原告承担民事责任。"

其二,确立原告型第三人制度。在《民事诉讼法》第59条中增加一款规定:"对当事人双方的诉讼标的,第三人虽然没有独立请求权,但案件涉嫌虚假诉讼的,该第三人可以申请参加诉讼,或者由人民法院通知他参加诉讼。"

其三,完善辅助型第三人制度。对《民事诉讼法》第59条第2款进行补充性修改,在"对当事人双方的诉讼标的,第三人虽然没有独立请求权,但案件处理结果同他有法律上的利害关系的,可以申请参加诉讼,或者由人民法院通知他参加诉讼"后,增加一句"是否参加诉讼,由该第三人决定"。

其四,规定第三人异议制度。在《民事诉讼法》第59条中增加一款规定:"第三人参加诉讼辅助一方当事人实施诉讼行为的,对方当事人有权提出异议,法院对该异议应当即时作出裁定,对该裁定,当事人不得再次提出异议。"

第七节 第三人撤销之诉

一、第三人撤销之诉的概念和特征

第三人撤销之诉是指案外第三人因不可归责于自己的原因而未能参与诉讼,但有证据表明该诉讼的结果损害了他的合法权益,因而向法院提出的撤销该生效裁判或调解书中的全部内容或部分内容的诉讼。第三人撤销之诉是2012年修改《民事诉讼法》新增的程序,从此,我国《民事诉讼法》对第三人权益保障的诉讼制度就包括了第三人参加之诉、案外人申请再审制度、案外人执行异议之诉和第三人撤销之诉四种形态,第三人保障制度趋于系统化和完整化,标志着我国第三人诉讼保障制度发展到了新的阶段。第三人撤销之诉的特征如下:

(1)第三人撤销之诉是事后救济程序。这与有独立请求权的第三人和无独立请求权第三人制度有所区别,它们是事前救济制度。在案外人获知诉讼事实后,只要诉讼程序尚未结束,无论是在一审还是在二审,案外人均应以有独立请求权的第三人或无独立请求权第三人的身份参与诉讼,而不得于事后提出第三人撤销之诉。第三人撤销之诉是对第三人未能参与诉讼的一种补救性程序,而非可任意选择适用的程序。

(2)第三人撤销之诉是诉讼法上的形成之诉,其目的在于撤销生效裁判或调解书中对第三人不利的部分。生效裁判或调解书有可能全部涉及第三人的权益,有可能部分涉及第三人的权益,如果属于前者,则法院通过裁判全部撤销生效裁判或调解书;如果属于后者,则法院通过裁判部分撤销生效裁判或调解书。至于第三人提出的其他诉讼请求,则属于第三人撤销之诉的关联诉讼,与第三人撤销之诉本身并非一回事。第三人撤销之诉获得胜诉后,其效力仅及于与第三人相关的部分,原生效裁判或调解书涉及原当事人之间的内容不受影响。

(3)第三人撤销之诉适用统一的普通程序。第三人撤销之诉具有一定的复杂性,因而不属于简单的民事案件,不能按照《民事诉讼法》第160条至第170条的规定适用简易程序或小额诉讼程序,而应适用《民事诉讼法》第122条至第159条所规定的普通程序进行处理。尤为重要的是,第三人撤销之诉有别于申请再审程序,申请再审程序则依照《民事诉讼法》第214条的规定,根据生效裁判的形成审级,分别适用一审程序或二审程序进行再审,对调解书的再审则适用一审程序进行,但对第三人撤销之诉,则只能适用一审程序进行审理,即便该生效裁判是基于二审程序所形成的也不例外。这是因为,对该第三人而言,其并未经历一审或二审程序,为保障其审级利益,第三人撤销之诉只能适用一审普通程序。

(4) 第三人撤销之诉的裁判效力仅限于审判程序,而不及于执行程序。第三人提出撤销之诉后,并不自动产生停止该生效裁判或调解书强制执行的效力,如果其要停止执行,尚需根据《民事诉讼法》第232条或第234条之规定另行向执行机构提出执行异议或执行异议之诉,方能达其目的。法院作出第三人撤销之诉之裁判后,第三人可以据此提出执行异议使法院中止执行或终结执行。

二、第三人撤销之诉的构成要件

(一) 主体要件

哪些人享有第三人撤销之诉的诉权?《民事诉讼法》第59条第3款明确规定为"前两款规定的第三人",也即有独立请求权的第三人和无独立请求权的第三人。如前所述,有独立请求权的第三人也会遭遇虚假诉讼,该虚假诉讼将损害其合法权益,因而其有权作为提出第三人撤销之诉的诉讼原告。无独立请求权的第三人包括被告型第三人、原告型第三人和辅助型第三人三种,原告型第三人参与诉讼是为了防止损害其权益的虚假诉讼化为现实,因此,他如果没有参与诉讼,也能作为第三人撤销之诉的适格原告,而且第三人撤销之诉的启动主体大多属于此类原告型第三人。辅助型第三人与诉讼的结果有法律上的利害关系,自然也能提出第三人撤销之诉。值得探讨的是,被告型第三人因其未参与诉讼却被法院生效裁判或调解书施加了法律责任,其是否有权提出第三人撤销之诉?从立法的文义解释来看,毫无疑问,被告型第三人是被包含在第三人撤销之诉的适格原告之中的;而且,既然辅助型第三人皆可提出第三人撤销之诉,那么,被告型第三人当然应当可以提出第三人撤销之诉。但具体地分析,被告型第三人因为没有参加诉讼就被法院裁判承担了法律责任,其情形无非有二:一是经法院合法通知其参加诉讼,而遭到了被告型第三人的拒绝;二是法院没有通知其参与诉讼,却判决其承担了法律责任。前一种情形下,被告型第三人是因可归责于自己的原因该参加诉讼而未参加诉讼,因而不符合第三人撤销之诉的主观要件,其最终不得采用第三人撤销之诉来维护自身的权益,而必须另辟蹊径。后一种情形下,被告型第三人根本没有参加诉讼,但法院的生效裁判或调解书却为其施加了法律责任,这严重违反了正当的法律程序,相关的生效裁判或调解书应被撤销。至于撤销的途径,在提出第三人撤销之诉和第三人申请再审之间,应当允许被告型第三人进行程序选择,被告型第三人可以选择其一,但不能二者皆选。因此结论依然是,凡是第三人,包括有独立请求权的第三人、原告型无独立请求权的第三人、被告型无独立请求权的第三人和辅助型无独立请求权的第三人,均具有第三人撤销之诉的当事人适格。

(二) 主观要件

第三人撤销之诉是一种事后的补救性程序,因而只能作为备位的程序而被运用,而不能作为常规的救济程序而被适用,否则,就会导致第三人对该撤销之诉的滥用,也会架空第三人参与诉讼制度的功能和价值,为此,有必要将第三人撤销之诉限定于"因不能归责于本人的事由未参加诉讼"(《民事诉讼法》第59条第3款)这种法定情形。这里的"因不能归责于本人的事由",是指第三人没有参与诉讼从而预防对其不利的诉讼结果之发生,不是因为其本人主观上的过错所致,而是因为他根本不知道该诉讼的发生,或者申请参与诉讼遭到了法院驳回,或者虽然知道该诉讼的发生，而由于客观原因未能参与诉讼。所谓客观原因，指的是不可抗力或受到威胁恐吓等犯罪事由的阻却事由①。

(三) 客体要件

所谓客体要件，是指第三人撤销之诉所针对的法律文书，只有针对特定的法律文书，第三人才能提出撤销之诉，否则，第三人只能寻求其他的法律救济途径。《民事诉讼法》第59条第3款将第三人撤销之诉的客体范围限定于三种，即"发生法律效力的判决、裁定、调解书"②。为此，《民诉法解释》第295条规定："对下列情形提起第三人撤销之诉的，人民法院不予受理：(一) 适用特别程序、督促程序、公示催告程序、破产程序等非讼程序处理的案件；(二) 婚姻无效、撤销或者解除婚姻关系等判决、裁定、调解书中涉及身份关系的内容；(三) 民事诉讼法第五十七条规定的未参加登记的权利人对代表人诉讼案件的生效裁判；(四) 民事诉讼法第五十八条规定的损害社会公共利益行为的受害人对公益诉讼案件的生效裁判。"③

值得探讨的问题有二：其一，生效裁判文书中的错误，是仅限于裁判主文或调解结果的错误，还是也同时包括裁判理由或调解理由中的错误？一种观点认为，这里的错误应当仅限于主文错误或结果错误，而不包括理由错误，《民诉法解释》第294条将其限定于"判决、裁定的主文，调解书中处理当事人民事权利义务的结果"。但这一限定似值商榷，因为调解理由不产生预决效力，第三人可不予置问，对其不会产生实质影响，但裁判理由产生预决效力，第三人需要通过在他诉中提供相反证据将其推翻，这给第三人增加了负担和风险，因而该裁判理由对其有法律上的利害关系，应当可以提出第三人撤销之诉加以推翻。其二，裁定书能否成为第三人撤销之诉的客体或对象？由于裁定仅仅针对程序事项（如不予受理、驳回起诉、管辖权异议、移送管辖等）或者针对临时性的实体事项（如先予执行、财产保全等），前者因为不涉及实体结果，不存在对第三人合法权益造成损害的情况，因而无须提出第三人撤销之诉予以撤销；后者因为不涉及裁判的最终结果，法院尚未作出最终的裁判，此时不存在需要提出第三人撤销之诉的对象，因而不能提出对第三人撤销之诉。故而结论是，裁定书不能成为第三人撤销之诉的对象或客体，《民事诉讼法》第59条第3款将裁定书笼统地与判决书和调解书规定在一起作为第三人撤销之诉的适用对象，似需修改。

(四) 证据要件

《民事诉讼法》第59条第3款规定，"有证据证明发生法律效力的判决、裁定、调解书的部分或者全部内容错误"，方能提出第三人撤销之诉。有证据表明生效裁判或调解书存在错误，是第三人提出撤销之诉的前提条件之一。第三人撤销之诉的证据要件显示出了其与其他通常诉讼的区别，其他通常诉讼在提起诉讼之时无须提出证据证明相关的诉讼事实之存在，提供

---

① 《民诉法解释》第293条规定："民事诉讼法第五十九条第三款规定的因不能归责于本人的事由未参加诉讼，是指没有被列为生效判决、裁定、调解书当事人，且无过错或者无明显过错的情形。包括：(一) 不知道诉讼而未参加的；(二) 申请参加未获准许的；(三) 知道诉讼，但客观原因无法参加的；(四) 因其他不能归责于本人的事由未参加诉讼的。"

② 《民诉法解释》第294条将其限定于"判决、裁定的主文，调解书中处理当事人民事权利义务的结果"，据此规定，这里的错误应当仅限于主文错误或结果错误，而不包括理由错误。

③ 在法国，根据《法国民事诉讼法》第583条第2项规定，对于非讼案件，未受送达的第三人可以对非讼案件的判决提起撤销判决的诉讼。外国也有学者主张非讼程序也适用第三人撤销之诉。刘君博：《第三人撤销之诉撤销对象研究——以〈民事诉讼法〉解释》第296、297条为中心》，载《北方法学》2016年第3期。

证据并非通常诉讼程序的起诉要件，但对于第三人撤销之诉而言，则需要起诉者具备证据要件，借此证明生效裁判或调解书存在着损害其合法权益的错误，因而需要予以撤销。需要说明的是，该证据要件属于初步证据的范畴，其在证明标准上仅要求达到使法院相信相关的生效裁判或调解书有存在错误的可能性即可，而无须达到盖然性的优势程度，后者属于胜诉要件中的证明，而非起诉要件中的证明。

具备了上述四个要件，法院即可受理第三人撤销之诉，反之，则裁定不予受理或驳回第三人撤销之诉的起诉。

三、第三人撤销之诉的程序构成

第三人撤销之诉的程序构成与通常案件的程序构成在本质上是一致的，比如，在起诉和受理阶段，都适用《民事诉讼法》第122条关于起诉条件的规定、第123条关于起诉方式的规定、第124条关于起诉状要求的规定以及第127条关于起诉消极要件的规定。在审理前的准备阶段，都适用《民事诉讼法》第128条至第136条的规定。一审程序适用《民事诉讼法》第137条至第159条的规定；二审程序适用《民事诉讼法》第171条至第183条的规定；再审程序适用《民事诉讼法》第205条至第220条的规定；等等。由于第三人撤销之诉为形成之诉而缺乏给付内容，因而不适用《民事诉讼法》关于执行程序的规定。然而，第三人撤销之诉的程序构成仍在以下几个方面具有特殊性：

（一）关于第三人撤销之诉的起诉期间

根据《民事诉讼法》第59条第3款的规定，第三人撤销之诉的起诉期间为"自知道或者应当知道其民事权益受到损害之日起六个月内"。这里的"知道或者应当知道"主要包括两个时间节点：一是生效裁判宣告之时。根据《民事诉讼法》第151条的规定，裁判文书应当公开宣告，公开宣告之时应当被认定为应当知道之时，因为这是向社会公开宣告，作为社会一分子的受害人也应被推定为知道此事。调解书由于不向社会公开宣告，其自送达之日起生效，因而难以适用该项推定，因此就需要适用第二个时间节点的规则。二是当事人客观上知道裁判文书或调解书发生法律效力之时。对裁判文书而言，原则上从宣告之时起计算第三人撤销之诉的起诉期间，但如果第三人有证据表明，他并非在宣告之时即知晓该生效裁判文书，而是在此之后的某个时点方才知晓此事，如果他能够拿出证据来证明此主张，则应当按照其所证明的时点作为第三人撤销之诉的起诉起算时间。与生效裁判文书原则上从宣告之时即推定第三人知道或应当知道不同，调解书的知道或应当知道则应以证据表明的第三人客观上知道或应当知道的时间为准。前一个时间点为一般规则，后一个时间点为特殊规则，在一般规则与特殊规则相冲突时，按特殊规则处理。

（二）关于第三人撤销之诉的管辖法院

《民事诉讼法》第59条第3款对第三人撤销之诉的管辖法院作出了明文规定，即第三人应当"向作出该判决、裁定、调解书的人民法院"起诉。据此规定，哪一个法院作出了损害第三人利益的判决、裁定或调解书，哪一个法院就对此具有法定的管辖权。需要探讨的是，该管辖权是否属于专属管辖权，当事人能否根据《民事诉讼法》第35条的规定进行协议管辖，法院能否根据《民事诉讼法》第38条的规定进行指定管辖，以及，法院能否根据《民事诉讼法》第39条的规定实行管辖权的上下转移。对此应当认为，《民事诉讼法》第59条第3款所规定的第三人撤销之诉的管辖并不属于专属管辖，因为专属管辖已经由《民事诉讼法》第34

条作出了集中性规定,该规定中并不包含第三人撤销之诉的案件,而专属管辖的法律规范属于强制性规范,具有强烈的公益色彩,包括法院在内的任何诉讼主体均需服从遵守而不得随意改变,其所适用的法解释规则也应当是严格的文义解释,而不得任意扩大或缩限解释。因而,由此可得出结论认为,第三人撤销之诉不属于专属管辖,而属于一般的法定管辖。既然不属于专属管辖,如果案件的内容涉及合同关系或其他财产权纠纷,那就可以按照《民事诉讼法》第35条由当事人进行协议管辖,也因此会产生《民事诉讼法》第130条规定的应诉管辖。对于法院而言,作出损害第三人合法权益的生效裁判或调解书的法院的上级法院,也可以根据案件的实际需要,通过《民事诉讼法》第38条规定的指定管辖,将第三人撤销之诉的案件指定给其辖区内其他同级的法院进行管辖;不仅如此,受理第三人撤销之诉的案件的法院还可以根据《民事诉讼法》第39条的规定,将案件向上进行转移[①]。之所以笔者倾向于对第三人撤销之诉的管辖法院做出较为宽泛的解释,其主要原因在于,第三人撤销之诉类似于再审案件,再审案件原则上由上级法院管辖,其原理在于要对下级法院实行监督,而同样的道理,如果第三人撤销之诉的案件绝对地限定于作出生效裁判或调解书的原审法院,则必然遭遇自己撤销自己的案件的心理性和制度性困境,当事人也很难信服这种管辖制度的公正性,因而在立法上保持目前这种规定的基础上,应当有更为灵活的管辖规则对之予以变通适用,如此方能使第三人撤销之诉的案件获得公正合理解决。[②]

(三)提起诉讼

第三人提起撤销之诉需通过起诉的方式进行,该起诉应当符合双重要求:一是一般性要求,也就是按照《民事诉讼法》第122条、第123条和第124条的规定,符合起诉的各项一般条件和规定。二是特殊要求,即第三人撤销之诉的特殊起诉条件。结合二者而论,第三人撤销之诉的起诉状应当载明以下内容:一是第三人及原裁判或调解书的当事人、第三人的自然情况。二是提出的改变或撤销原裁判文书或调解书的哪些内容之诉讼请求。三是原生效裁判或调解书错误在什么地方的理由。四是自己为什么没有参与诉讼,不可归责于自己的原因何在,同时在起诉状中还要附带相应的证据材料,以满足法院将进行的起诉实质性审查之要求。

(四)关于第三人撤销之诉的审查与受理程序

在第三人将案件起诉到法院后,接受案件的法院就要进行有关第三人撤销之诉是否符合起诉条件的审查。审查包括起诉的一般要件和特殊要件,一般要件适用《民事诉讼法》第122条的规定,包括原告是否与本案有直接的利害关系、被告是否具有明确性、是否提出了明确的诉讼请求和事实理由、是否属于法院主管和管辖范围等;特殊要件包括提出第三人撤销之诉的原告是否具有适格性或正当性、起诉的期间是否被遵守、是否有证据表明第三人撤销之诉所针对的生效裁判或调解书存在错误并且损害了该第三人的合法权益等。[③] 经过法院的审查,如果认为第三人的起诉符合《民事诉讼法》第59条第3款所规定的各项条件或要件,法院则应根

---

① 虽然《民事诉讼法》第39条的规定,并不排除经过上级法院准许后,将案件向下级法院进行管辖权的转移,但对第三人撤销之诉的案件而言,由下级法院撤销上级法院的生效裁判或调解书违反基本的审级制度规定,因而不可行。

② 有学者将第三人撤销之诉制度分为再审型、上诉型、复合型、独立型案外人撤销之诉四种类型。胡军辉、廖永安:《论案外第三人撤销之诉》,载《政治与法律》2007年第5期。这一讨论对我国完善第三人撤销之诉的管辖制度具有启发意义。

③ 《民诉法解释》第290条。

据《民事诉讼法》第 126 条的规定予以受理，否则，便裁定不予受理或驳回起诉。① 对第三人撤销之诉所作出的不予受理或驳回起诉的裁定，根据《民事诉讼法》第 126 条以及第 157 条的规定，该第三人具有上诉权。

需要探讨的问题是，《民诉法解释》第 208 条规定的立案登记制是否适用于第三人撤销之诉。笔者的回答是肯定的。第三人撤销之诉也是起诉，第三人也享有与其他原告一样的起诉权，其起诉权受到与其他诉讼一样的法律保护，不能因为他提出的是第三人撤销之诉，就否定立案登记制对其的适用。但在法院立案登记后，进行诉讼要件的审查时，其较之于一般的诉讼有更高的实质性要求，也就是说，第三人仅主张案件事实尚属不够，他还需要提供相应的证据来证明其所针对的生效裁判或调解书中有可能存在错误，法院对此应当进行一定程度上的实质性审查，以避免裁判文书或调解书受到轻易的动摇，也防止第三人滥诉给原诉讼当事人带来负担和烦累，但这不影响立案登记制的适用，实质性审查与立案登记制是两个层面的问题，不可混为一谈。

（五）关于第三人撤销之诉的裁判方式与裁判内容

根据《民诉法解释》第 298 条的规定，对第三人撤销或者部分撤销发生法律效力的判决、裁定、调解书内容的请求，人民法院经审理，按下列情形分别处理：其一，请求成立且确认其民事权利的主张全部或部分成立的，改变原判决、裁定、调解书内容的错误部分；其二，请求成立，但确认其全部或部分民事权利的主张不成立，或者未提出确认其民事权利请求的，撤销原判决、裁定、调解书内容的错误部分；其三，请求不成立的，驳回诉讼请求。对前款规定裁判不服的，当事人可以上诉。原判决、裁定、调解书的内容未改变或者未撤销的部分继续有效。

这里需要探讨的问题有三：一是人民法院对第三人撤销之诉的裁判方式是否一概为判决而不得是裁定。从理论上说，凡是针对诉讼请求作出的裁判结论，应当采用判决书而不得采用裁定书，因为判决书针对实体问题，是对诉讼请求的回答；裁定书针对程序问题，是对诉讼要件等程序事项的回答。以此为逻辑，针对诉讼请求的裁判结论应当一律采用判决书而非裁定书。然而出现的问题是，针对裁定书提出的第三人撤销之诉，法院是否仍然用判决书改变、撤销原裁定书的内容，尤其是，是否采用判决书驳回针对裁定的撤销请求。笔者认为，此时似不宜采用判决书，而应当采用裁定书的形式对第三人撤销裁定书的诉讼进行处理。原因在于，针对裁定书，只能用裁定书进行回答，而不能采用判决书的形式进行回答，否则就会出现用判决书解决程序问题的悖论，有违裁判文书的职能分工和适用规则。

二是处分原则在第三人撤销之诉中的适用及其限度问题。《民事诉讼法》第 13 条第 2 款规定的处分原则是民事诉讼中的基本原则，法院应当尊重当事人的实体处分权和程序处分权，不得任意干涉当事人对处分权的行使。然而，一方面，在我国，处分原则并非绝对；另一方面，第三人撤销之诉犹如再审或上诉，具有一定的特殊性。法院在处理第三人撤销之诉时，如果在第三人诉讼请求的范围外还发现原生效裁判或调解书确有错误，而该错误又与公益有关，

---

① 《民诉法解释》第 293 条规定："人民法院应当在收到起诉状和证据材料之日起五日内送交对方当事人，对方当事人可以自收到起诉状之日起十日内提出书面意见。人民法院应当对第三人提交的起诉状、证据材料以及对方当事人的书面意见进行审查。必要时，可以询问双方当事人。经审查，符合起诉条件的，人民法院应当在收到起诉状之日起三十日内立案。不符合起诉条件的，应当在收到起诉状之日起三十日内裁定不予受理。"该司法解释中所规定的期日除"五日内"向被告送达起诉状等材料与《民事诉讼法》第 128 条规定相一致外，其他的期日规定均与《民事诉讼法》的规定不符，被告答辩期应为 15 日（《民事诉讼法》第 128 条）而非 10 日，法院立案的时间应为 7 日（《民事诉讼法》第 126 条）而非 30 日。

则法院应当依职权加以纠正或撤销,不受第三人诉讼请求范围的限制。

三是对调解书提出的第三人撤销之诉应当如何处理。如果调解书确有问题,第三人的合法权益因此而受损,则法院应当首先适用调解原则进行处理,如果调解成功,则就第三人、原当事人之间的实体法律关系做出一揽子的调解协议,并据此作出新的调解书,以彻底解决纠纷,原调解书在新调解书生效后自动失效,法院无须作出撤销原调解书的判决或裁定。但如果调解不成功,且调解书确实存在损害第三人合法权益之缺陷,法院则作出判决撤销该调解书中损害第三人利益的部分,作出新的判决,原调解书中未被撤销的部分依然有效。

四、第三人撤销之诉与其他相关诉讼程序的关系

第三人撤销之诉是整个保障第三人或案外人合法权益的制度体系的一个组成部分,其与其他的相关诉讼程序具有密切的关联,分别而言,有以下体现:

(一) 第三人撤销之诉与第三人参与诉讼之间的关系

第三人参与诉讼具有有独立请求权第三人的诉讼参加和无独立请求权第三人的诉讼参加两种,其与第三人撤销之诉的关系是:

其一,相互协同的关系。第三人参与诉讼发生在诉讼过程之中,如果第三人有机会参与诉讼,以防止损害其利益的诉讼结果之发生,他则应当首先选择该渠道捍卫自己的权益,而不应等待诉讼结果发生后通过第三人撤销之诉寻求救济,届时其救济可能为时已晚,或者即便能够通过法院再审、检察监督再审等程序寻求救济,但诉讼成本极高,而且不一定能够获得成功。因此,相对于第三人撤销之诉这种继后性的救济手段而言,第三人参与诉讼是预防性的救济手段,凡事应当预防在先、救急于后,因而第三人参与诉讼处在优先适用的地位,第三人撤销之诉是第三人无法参与诉讼时,由立法所提供的非常救济手段,二者处在先行后继的关系,也处在相互补充的制度状态。

其二,相互排斥的关系。第三人参与诉讼的制度既然具有优位适用的在先性优势,因而第三人如果未能抓住诉讼中的机会及早参与诉讼,而这种机会的丧失其又具有主观上的过错,比如知道了诉讼的发生而拒绝参与诉讼,那么,其则丧失此后提出第三人撤销之诉的权利,换而言之,第三人程序上的错讹和误判,将有可能导致其实体权利的受损事实难以纠正。其原因在于,一方面诉讼程序具有安定性要求,诉讼的结果不得无故被推翻;另一方面在于诉讼诚信的要求,根据禁反言规则,当事人既然此前已放任或默认对其不利结果的发生,就不得出尔反尔寻求事后救济。此外还有一个推定法则在其中发挥作用,这就是,对一般的理性第三人而言,见到或听闻于己不利的诉讼正在进行中,一般都会寻求机会参与其中阻挡该诉讼结果的发生,而该第三人却听之任之,则从一般经验法则来说,他业已放弃了对诉讼不利结果的救济权,这也是处分权主义的表现之一。也正因如此,《民事诉讼法》第59条第3款对第三人撤销之诉的适用门槛提出了一个主观上的要件,这就是"因不能归责于本人的事由未参加诉讼",换而言之,如果未参与诉讼是因可归责于其本人的原因所致,该第三人则失去了利用第三人撤销之诉寻求救济的诉讼权利。当然,这并不是说第三人一旦错过了参与诉讼的机会并因此连带地错过了提出第三人撤销之诉的机会就在诉讼程序上再也没有救济的机会了,他还可以向法院申请职权启动再审程序或申请检察院的法律监督,同时还可以在执行阶段提出执行异议并继而提出执行异议之诉,甚至,在执行异议之诉阶段,如果提出的异议与裁判文书或调解书所记载的执行标的有关,其则还可以根据《民事诉讼法》第234条的规定,提出再审申请以寻救济。当然,程序越往后,救济越困难,这是因为其适用的条件越来越严格的缘故。

（二）第三人撤销之诉与第三人申请再审的关系

根据《民事诉讼法》第 206 条的规定，申请再审的适格主体仅限于原生效裁判或调解书所记载的当事人，包括承担责任的无独立请求权的第三人。因此，未参与诉讼的案外人不具有申请再审的主体资格，如果案外第三人认为原生效裁判或调解书对其合法权益造成了损害，他只能提出第三人撤销之诉，而不得申请再审。这是二者之间关系的基本原则，然而，有原则必有例外，《民事诉讼法》第 207 条第 8 项就规定了这种例外，据此规定，"应当参加诉讼的当事人，因不能归责于本人或者其诉讼代理人的事由，未参加诉讼的"，可以申请再审。换而言之，"应当参加诉讼的当事人，因不能归责于本人或者其诉讼代理人的事由，未参加诉讼的"，案外第三人享有两种寻求救济的途径，一是根据《民事诉讼法》第 59 条第 3 款的规定提出第三人撤销之诉，二是根据《民事诉讼法》第 207 条第 8 项的规定提出再审申请，究竟选择何种途径寻求救济，由该第三人自主决定。这是在审判程序中唯一一种立法为第三人寻求救济所提供的程序处在竞合状态的情形。除此以外，如果第三人提出撤销之诉后，案件当事人、法院或检察院又启动了再审程序，则该第三人撤销之诉应当终止，相关的法院应当将第三人撤销之诉移送到再审管辖法院，由再审管辖法院统一处第三人撤销之诉中提出的诉讼请求。这就形成了再审程序和第三人撤销之诉的合并形态，法院在该合并之诉中应当同时处理再审案件和第三人撤销之诉的案件，并在裁判文书中同时就此作出裁判。之所以要将第三人撤销之诉的案件并入再审程序之中一并加以解决，原因在于，第三人撤销之诉所诉称的也是原生效法律文书中的错误，不过这种错误聚焦于对第三人的那一部分内容而不是指向裁判文书的全部内容（当然也有可能指向全部内容），而再审程序无论启动机制如何，其均可能会与第三人撤销之诉有一定程度上的关联，因而将其合并处理有助于节省司法资源，并防止矛盾裁判的形成。根据《民诉法解释》第 300 条之规定，第三人诉讼请求并入再审程序审理的，按照下列情形分别处理：按照第一审程序审理的，人民法院应当对第三人的诉讼请求一并审理，所作的判决可以上诉；按照第二审程序审理的，人民法院可以调解，调解达不成协议的，应当裁定撤销原判决、裁定、调解书，发回一审法院重审，重审时应当列明第三人。①

（三）第三人撤销之诉与案外人执行异议之诉的关系

案外第三人的合法权益因遭到生效裁判文书或调解书的侵害，其只能通过第三人撤销之诉或特殊情形下的再审程序寻求救济；但有时，案外第三人由于种种原因，比如说不知悉诉讼程

---

① 《民诉法解释》第 299 条规定："第三人撤销之诉案件审理期间，人民法院对生效判决、裁定、调解书裁定再审的，受理第三人撤销之诉的人民法院应当裁定将第三人的诉讼请求并入再审程序。但有证据证明原审当事人之间恶意串通损害第三人合法权益的，人民法院应当先行审理第三人撤销之诉案件，裁定中止再审诉讼。"对此规定，就其前半段而言，笔者予以认同，但对其后半段，则似乎值得商榷。因为"有证据证明原审当事人之间恶意串通损害第三人合法权益的"，正是第三人提出撤销之诉的适用条件，其与《民事诉讼法》第 59 条第 3 款所规定的"有证据证明发生法律效力的判决、裁定、调解书的部分或者全部内容错误，损害其民事权益"并无本质上的区别，这里增加的所谓"恶意串通"恰恰是损害案外第三人权益的常态主观形式，如果当事人之间不存在恶意，则通常不会发生损害案外第三人权益的诉讼，第三人撤销之诉的基本功能就在于将虚假诉讼或恶意诉讼的法律效果从根本上予以消除。因此，将"恶意串通"这种情形单独列出，使之成为处理第三人撤销之诉和再审程序之间关系的特殊事由，尽管不乏理论意义，但实践价值甚微。就程序功能而言，通过再审程序来对当事人之间的恶意串通进行否定性评价也同样能够达到目的，无须中止再审程序，通过第三人撤销之诉来做出相同的评价。而且尤为重要的是，在第三人撤销之诉和再审程序的关系处理上形成这种二元制也会增加适用上的复杂性和争议性，因此是一种弊大于利的制度安排，并不足取。

序的发生、因不可抗力无法及时提出第三人撤销之诉，或者受到威胁恐吓等犯罪性质的原因而不敢提出第三人撤销之诉等，未提出第三人撤销之诉，也未申请再审或加入再审程序力图消除生效法律文书中对其产生的不利影响，此时他只能根据《民事诉讼法》第234条之规定寻求救济。根据该条规定，案外人有四种方法可以获得救济：一是提出执行异议。执行过程中，案外人对执行标的提出书面异议的，人民法院应当自收到书面异议之日起15日内审查，理由成立的，裁定中止对该标的的执行；理由不成立的，裁定驳回。二是通过提出案外人执行异议之诉。三是转为再审程序。案外人、当事人对执行异议裁定不服，认为原判决、裁定错误的，依照审判监督程序办理。四是另行诉讼。案外人、当事人对执行异议裁定不服，但该不服的理由与原判决、裁定无关的，可以自裁定送达之日起15日内向人民法院提起诉讼。可见，一旦案件进入执行阶段，案外第三人就不能再行提出第三人撤销之诉，而只能按照执行异议、执行异议之诉、再审程序、另行诉讼的途径寻求救济。但如果第三人提起撤销之诉在先，执行程序启动在后，第三人提供担保，执行程序应当中止进行，等待第三人撤销之诉的结果出来后，再根据情形决定是否恢复执行程序。如果第三人未提供担保，执行程序并不中止进行，此时，应当将第三人撤销之诉的请求视为第三人根据《民事诉讼法》第234条提出的执行异议（第三人撤销之诉同时存在），执行异议成立的，裁定中止执行；执行异议不成立的，裁定驳回执行异议。基于执行异议裁定中止执行后，等待第三人撤销之诉的结果决定是否终结执行或恢复执行。法院裁定驳回执行异议后，案外第三人可以根据《民事诉讼法》第234条的规定提出案外人执行异议之诉，原有的第三人撤销之诉并入案外人执行异议之诉一并处理，该第三人不得根据《民事诉讼法》第234条的规定，针对执行标的之错误申请再审，也不得基于与第三人撤销之诉的同样理由而另行诉讼。①

第十一章　代表人诉讼

第一节　代表人诉讼的产生与发展

一、代表人诉讼的产生

1982年《民事诉讼法（试行）》仅规定了两种诉讼形式，一是单一诉讼，二是共同诉讼，并没有规定作为复杂诉讼形态的代表人诉讼。然而，没有规定代表人诉讼以及类似的群体诉讼制度，并不意味着大规模的群体性纠纷就不会发生，事实上，群体性的纠纷随着市场经济的发展和社会生活条件的变化也在逐步产生。1985年3月，四川省安岳县人民法院审理了四川省

---

① 《民诉法解释》第301条规定："第三人提起撤销之诉后，未中止生效判决、裁定、调解书执行的，执行法院对第三人依照民事诉讼法第二百三十四条规定提出的执行异议，应予审查。第三人不服驳回执行异议裁定，申请对原判决、裁定、调解书再审的，人民法院不予受理。案外人对人民法院驳回其执行异议裁定不服，认为原判决、裁定、调解书内容错误损害其合法权益的，应当根据民事诉讼法第二百三十四条规定申请再审，提起第三人撤销之诉的，人民法院不予受理。"该司法解释总体上是正确的，但缺乏对第三人撤销之诉并入案外人执行异议之诉的规定，应予补充。

安岳县元坎乡、努力乡1569户稻种经营户与安岳县种子公司水稻稻种购销合同纠纷案，这被称为我国群体诉讼第一案，也是我国最早、最为典型的群体性诉讼案件。① 法院面对这一群体性纠纷并没有因为《民事诉讼法》没有规定代表人诉讼而停止探索的步伐，而是创造性地通过选择代表人的方式，成功地解决了这起人数规模很大的群体性纠纷，为司法实践总结处理复杂的群体性纠纷积累了经验，此后又陆续发生了几起类似的群体性纠纷处理事件，《人民日报》等权威媒体对此进行了报道，引起了中央决策层和立法者的高度重视，理论界也以此为契机开展了富有成效的理论研究。终于，在1991年制定正式的《民事诉讼法》时，用两个条文在共同诉讼之外，规定了代表人诉讼。1992年《民诉法意见》的司法解释对代表人诉讼制度作出了进一步的细化规定，我国用以解决群体纠纷的诉讼形式自此诞生。

二、代表人诉讼的发展

我国1991年修改后的《民事诉讼法》第53条规定了起诉时人数确定的代表人诉讼，第54条规定了起诉时人数不确定的代表人诉讼。但由于立法规定过于粗疏、可操作性不强等原因，代表人诉讼制度基本上处在"休眠"状态，而未能发挥出应有的制度价值。下面以最具有典型意义的证券领域的代表人诉讼为例加以说明。

最高人民法院2002年1月15日发布了《股东告上市公司虚假陈述案可以受理的通知》（以下简称《1.15通知》），并于2003年1月9日发布了《关于审理证券市场因虚假陈述引发的民事赔偿案件的若干规定》（以下简称《1.9规定》）。在诉讼方式上，《1.9规定》第12条规定："本规定所涉证券民事赔偿案件的原告可以选择单独诉讼或者共同诉讼方式提起诉讼。"第14条规定："共同诉讼的原告人数应当在开庭审理前确定。原告人数众多的可以推选二至五名诉讼代表人，每名诉讼代表人可以委托一至二名诉讼代理人。"可见，该规定从导向上说，虽然代表人诉讼可以被法院受理，但人数不确定的更具有代表性意义的代表人诉讼仍被排斥。其结果导致了众多投资者因为提起单独诉讼或共同诉讼成本过高而不得不放弃诉讼救济途径，即便提起规模性诉讼也因法院分拆案件而致使诉讼程序格外烦琐。以《1.9规定》颁布一个星期后的首件大型案件——烟台东方电子案为例，人民法院采用了单独诉讼和共同诉讼立案，一共受理了6989个投资者提出的2716件案件，② 司法资源极大浪费，证券诉讼的门槛被人为抬高。从数据统计来看，2003年以来的虚假陈述起诉率基本都维持在50%以下，部分年份甚至只有两成，③ 相对于我国公民维权意识不断提高的现状而言，如此低比率的证券诉讼量显然难言理想。

2019年9月11日通过的《全国法院民商事审判工作会议纪要》（以下简称《九民纪要》）在第六部分"关于证券纠纷案件的审理"中指出，"在认真总结审判实践经验的基础上，有条件的地方人民法院可以选择个案以《民事诉讼法》第54条规定的代表人诉讼方式进行审理，逐步展开试点工作"（第80条）。证券纠纷领域的代表人诉讼进入了试点阶段。2019年《证券法》修改，在我国代表人诉讼的发展史上，《证券法》本次修改具有里程碑的历史性意义。该法第95条第1款规定："投资者提起虚假陈述等证券民事赔偿诉讼时，诉讼标的是同一种类，且当事人一方人数众多的，可以依法推选代表人进行诉讼。"第2款规定："对按照前款

---

① 参见《中华人民共和国最高人民法院公报》1986年第3号，第28—31页。
② 参见谢嘉晟：《我国虚假陈述索赔第一案东方电子案历时8年结案》，载《法制与经济》2011年第3期。
③ 参见杨旭、何积华：《证券虚假陈述民事案件裁判规则研究》，北京大学出版社2018年版，第41页。

规定提起的诉讼,可能存在有相同诉讼请求的其他众多投资者的,人民法院可以发出公告,说明该诉讼请求的案件情况,通知投资者在一定期间向人民法院登记。人民法院作出的判决、裁定,对参加登记的投资者发生效力。"第3款规定:"投资者保护机构受五十名以上投资者委托,可以作为代表人参加诉讼,并为经证券登记结算机构确认的权利人依照前款规定向人民法院登记,但投资者明确表示不愿意参加该诉讼的除外。"

将《证券法》上的该条规定与《民事诉讼法》有关代表人诉讼的规定相比较,不难发现其发生了两点主要的变化:一是规定了机构诉讼或团体诉讼。二是规定"投资者明确表示不愿意参加该诉讼的除外"。

2020年7月30日,最高人民法院发布《关于证券纠纷代表人诉讼若干问题的规定》(以下简称《证券代表人诉讼规定》),用42个条文分"一般规定""普通代表人诉讼""特别代表人诉讼""附则"四个部分,就证券纠纷代表人诉讼的类型、管辖、基本原则、运行机制等问题进行了细化规定。于今,一个具有中国特色的证券纠纷代表人诉讼制度已经基本形成,这对我国代表人诉讼制度的整体性完善具有奠基意义。

三、《证券代表人诉讼规定》的创新之处

(一)将代表人诉讼划分为普通代表人诉讼和特别代表人诉讼,丰富了我国代表人诉讼的类型

普通代表人诉讼是依据《民事诉讼法》第56条、第57条,《证券法》第95条第1款、第2款规定提起的诉讼;特别代表人诉讼是依据《证券法》第95条第3款规定提起的诉讼。值得一提的是特别代表人诉讼。投资者保护机构受50名以上投资者委托,可以作为代表人参加诉讼。相对于普通代表人诉讼而言,特别代表人诉讼有两个重要特点:一是投资者保护机构受50名以上投资者委托,可以作为代表人参加诉讼,这便通过任意的诉讼担当制度,赋予了投资者保护机构以诉讼代表人的诉讼资格,团体诉讼的制度因素被导入其中,这就解除了困扰代表人诉讼、成为代表人诉讼束缚的推选代表人之制度性桎梏。二是规定"投资者明确表示不愿意参加该诉讼的除外",该除外规则的内涵是"明示退出、默示加入",这样就免除了众多投资者的烦琐的登记手续,释放出了代表人诉讼制度的内在优势,由此将我国代表人诉讼制度推到了历史发展的新高度。

(二)规定了证券保护机构作为诉讼代表人的制度

无论是《民事诉讼法》第56条规定的人数确定的代表人诉讼,还是第57条规定的人数不确定的代表人诉讼,其诉讼代表人都必须是具有原告资格的直接利害关系人,而不能是其他的任何个人或团体。然而《证券法》的本次修改改变了此立法模式,规定普通的代表人诉讼由投资者个人成为诉讼代表人,特别的代表人诉讼由投资者保护机构作为诉讼代表人,这样就使我国的代表人诉讼兼有了两大法系国家群体诉讼制度的综合优势。从比较法视角看,以美、德为例,美国的证券代表人诉讼属于集团诉讼范畴,德国的证券代表人诉讼属于团体诉讼,而我国的特别代表人诉讼则融合了德国的团体诉讼和美国的集团诉讼两方面的制度元素,一方面,从程序构造上看,其类似于美国的集团诉讼;另一方面,从代表人的身份来看,其类似于德国的团体诉讼。用公益性团体作为代表人诉讼的代表人具有诸多优势:其一,证券投资者保护机构具有公益性色彩,其介入代表人诉讼成为代表人不会或者很少会导致滥诉现象。其二,证券投资者保护机构具有专业性优势,由其作为诉讼代表人可以有效地从专业视角聘请专业律

师进行代理服务，也可以精准地对诉讼律师的代理活动实施诉讼监督，避免被专业律师"绑架"或操纵，从而损害中小投资者的合法权益。其三，由证券投资者保护机构作为代表人诉讼的代表人可以免除众多诉讼成员登记之苦和推荐之累，证券投资者保护机构在经50人委托授权后，就可以根据诉讼担当原则代替众多的投资者进行成员资格的登记，同时也就自然而然成为代表人诉讼中的代表人，诉讼成员无须在互不相识的情形下推荐其他多少有一些利益冲突的投资者成为诉讼代表人，更免去了推荐不成反而要诉诸法院职权指定或商定的尴尬过程。这一点正是德国团体诉讼的制度优势和程序价值所在，同时也巧妙地避开了美国集团诉讼中挥之不去的诉讼代表人与诉讼代理人进行恶意勾兑、坑害众多投资者利益的制度负面因素，因而实属跨法系制度移植且具有复合优势的代表作。

（三）规定了"明示退出、默示加入"的原告确定规则

我国的代表人诉讼之所以长期处在休眠状态而没有释放出应有的制度效应，其中一个重要的原因就是它采取了登记加入制而没有采取默示加入制，这一进一出的成员进退安排决定了代表人诉讼制度的命运和价值。有鉴于此，《证券法》第95条第3款引进了"明示退出、默示加入"的成员进退机制，使该代表人诉讼制度的面貌焕然一新。按照"明示退出、默示加入"的进退规则，根据《证券代表人诉讼规定》第6条的规定，在特别的代表人诉讼中，凡是属于法院以"裁定的方式确定具有相同诉讼请求的权利人范围"之内的证券投资者，只要没有明确向法院声明退出，就成为该代表人诉讼中的当然成员，享有诉讼成员的诉讼权利，承担诉讼成员的诉讼义务，最终无论诉讼胜败，均接受法院裁判的拘束而不得另行诉讼。当然，这仅适用于以投资者保护机构为诉讼代表人的特别代表人诉讼，对于普通投资者作为诉讼代表人的普通代表人诉讼，则依然采用"登记加入制"，而不适用"默示加入制"。可以预料，由于普通代表人诉讼和特别代表人诉讼的成员确定机制有所差异，特别代表人诉讼将更显优势，其诉讼功能更为强大。

（四）规定了默示特别授权规则

《民事诉讼法》第56条和第57条均规定"代表人变更、放弃诉讼请求或者承认对方当事人的诉讼请求，进行和解，必须经被代表的当事人同意"。此可谓"明示特别授权规则"。但这一规则是建立在诉讼代表人为利害关系人的基础之上的，其目的是防止诉讼代表人"假公济私"，滥用这些特殊的诉讼权利谋取私利，损害其他众多利害关系人的合法权益。然而，这一规定在保护众多利害关系人的合法权益之同时，也产生了诉讼代表人诉讼权利受限，诉讼效率偏低，诉讼成本增加等弊端，最终制约了代表人诉讼制度的适用比例。《证券代表人诉讼规定》第7条在《证券法》创设投资者保护机构作为特别诉讼代表人的基础上，创造性地将明示特别授权规则改变成了默示特别授权规则，规定代表人的诉讼权限包括代表原告参加开庭审理，变更、放弃诉讼请求或者承认对方当事人的诉讼请求，与被告达成调解协议，提起或放弃上诉，申请执行，委托诉讼代理人等，参加登记视为对上述权限进行特别授权。这就免去了众多投资者对上述事项一一授权之烦累，也强化了诉讼代表人的诉讼权能，增强了诉讼代表人的诉讼责任感。与此同时，《证券代表人诉讼规定》强化了众多投资者对诉讼代表人实施上述重要诉讼行为的知情权、异议权、监督权和退出权，人民法院对诉讼代表人实施上述重要诉讼行为也被赋予了审查权、批准权和否决权，因此，将明示特别授权规则改为默示授权规则并没有违反《民事诉讼法》的立法宗旨，更没有弱化对众多未参与诉讼的中小投资者合法权益的有效保障。

第二节 代表人诉讼的概念和特征

一、代表人诉讼的概念

代表人诉讼在我国《民事诉讼法》上自从1991年出现后直至现在一直没有作任何修改，规定在《民事诉讼法》第56条和第57条上，第56条规定的是起诉时人数确定的代表人诉讼，第57条规定的是起诉时人数不确定的代表人诉讼。无论是人数确定的代表人诉讼还是人数不确定的代表人诉讼，其概念统一为：代表人诉讼，指的是载在诉讼标的是共同的或同一种类的共同诉讼中，当事人一方或双方为多数时，可以从其中选出一人或数人作为诉讼代表人，进行起诉或应诉的诉讼制度。

二、代表人诉讼的特征

从上述概念中可以分析出，代表人诉讼具有以下几个重要特征：

（一）人数众多

这是代表人诉讼在诉讼主体方面的特征。代表人诉讼之所以从共同诉讼中分化出来成为一项独立的诉讼制度，其根本的原因在于，由于代表人诉讼中的一方或者双方的人数规模过大，以致按照共同诉讼让所有的当事人都亲自进行诉讼已经具有实际的困难，因而只能通过推选代表人来进行诉讼。对于人数众多的标准，我国司法解释界定为10人以上，一方当事人的人数在10人以上的，就可以按照代表人诉讼来进行诉讼，人数在10人以下的，则只能按照共同诉讼办理。一般而言，人数众多的一方当事人为原告，被告为人数众多的情形比较少见，但被告一方若为10人以上，也不排除代表人诉讼的适用。当然，即便当事人一方人数在10人以上，法院也不是必须采用代表人诉讼的方式进行审判，是否采取代表人诉讼的方式进行审判，由法院参酌当事人的意愿综合衡量各方面的因素加以确定。

（二）由代表人负责实施具体的诉讼行为

代表人诉讼的关键因素就在于"代表人"三个字，正是依法产生的诉讼代表人代替所有的利害关系人进行诉讼，其他的不属于代表人的利害关系人，虽然也是名义上的原告或被告，但他们并不亲自参加诉讼，而是退居于诉讼之后，并不实施具体的诉讼活动。但退居于诉讼之后的利害关系人对代表人实施诉讼行为有知情权、监督权以及对特殊的重要诉讼行为的批准权等。诉讼代表人实施的诉讼行为分为两种：一种是通常的诉讼行为，如接受送达、出庭诉讼、提供证据、进行辩论、提出案件的处理意见等，这些诉讼行为由诉讼代表人全权实施，无须由其他的利害关系人进行特别授权；另一种是特殊的诉讼行为，如撤诉、承认对方的诉讼请求、变更诉讼请求、放弃诉讼请求、进行和解、达成调解等，这些诉讼行为由于涉及众多利害关系人的实体利益和重大的程序利益，因而诉讼代表人没有自主决定的权利，而必须事先取得利害关系人的特殊授权。诉讼代表人必须勤勉尽职，否则利害关系人有权申请法院进行撤换。

（三）诉讼结果对全体利害关系人都有效

诉讼代表人是代表全体众多的利害关系人进行诉讼的，因而由其诉讼活动所产生的诉讼结果，就不仅仅对其本人有效，而且对所有的被代表人均有效，这被称为代表人诉讼的既判力扩张。代表人诉讼无论人数众多的一方当事人是胜诉还是败诉,其效力均及于所有的利害关系人,这些利害关系人不得基于相同的事实和理由另行提出诉讼,包括单独诉讼、共同诉讼和新的代表人诉讼。不仅如此,对于未经过登记成为诉讼成员的其他利害关系人,或者曾经登记参加诉讼后来又退出诉讼的人,他们此后在诉讼时效内提出的诉讼,法院也将裁定适用代表人诉讼的裁判结果。但如果代表人诉讼是通过调解结案的,该调解结果对此后的诉讼仅有参考效力而无拘束力。

第三节 代表人诉讼与其他类似诉讼的比较

代表人诉讼作为一种复杂诉讼形态,与共同诉讼、选定当事人诉讼、集团诉讼和团体诉讼等均有密切的联系,同时又有显著的差异。由于团体诉讼主要属于公益诉讼范畴,在后面的公益诉讼部分会有专门论述,这里仅就代表人诉讼与共同诉讼、选定当事人诉讼以及集团诉讼做出比较研究。

一、代表人诉讼与共同诉讼

代表人诉讼和共同诉讼相对于单一诉讼而言,均属复杂诉讼,它们不仅有内部关系,还有外部关系;不仅有一致性关系,还有矛盾性关系;通过一个诉讼程序,都可以同时解决多个纠纷,诉讼程序的功能由此得到强化;法院都要同时作出裁判,并且在裁判相互之间要消除显在或潜在的冲突或分歧,确保裁判的和谐一致性。但是,代表人诉讼毕竟是在共同诉讼的基础上发展起来的一个更加复杂的诉讼形态,其在很多方面显示出了与共同诉讼的差异。主要而言,代表人诉讼和共同诉讼的差异表现在:

(一)人数规模不同

代表人诉讼的人数规模要大于乃至远远大于共同诉讼,一个成百上千乃至成千上万人的人数规模的纠纷,只能通过代表人诉讼来应对,而共同诉讼则显得无能为力。因此,共同诉讼的人数容量具有天花板式的瓶颈,其只能解决小规模的多人纷争,对于大规模的多人纷争,则不能不让位于代表人诉讼来解决。当然,在缺乏代表人诉讼制度之前,人数规模较大的诉讼,法院不能不将其拆分为多个共同诉讼来解决,此时共同诉讼与共同诉讼之间的联结,也能勉强发挥与代表人诉讼一样或近似的作用,但毕竟程序更加烦琐,诉讼成本更加高昂,当事人参与诉讼也更加不便捷。代表人诉讼则突破了共同诉讼的人数藩篱,使共同诉讼的功能翻倍地发挥出来。各国对代表人诉讼和共同诉讼之间的人数界限一般缺乏明确的立法规定,其适用由法院根据具体的案情斟酌决定,我国则通过司法解释将二者之间的人数界限确定在 10 人,凡一方或双方当事人的人数在 10 人以上的,适用代表人诉讼;反之,一方或双方当事人的人数在 10 人以下的,则适用共同诉讼。因此,以人数为标准,就可以将代表人诉讼和共同诉讼直观地区别开来。

(二)分类不同

代表人诉讼是在共同诉讼的基础上加上人数规模扩大化这个因素而演变形成的独立诉讼制度,因而其在分类上既包容了共同诉讼的类别,又有所发展和丰富。根据共同诉讼分为必要共同诉讼和普通共同诉讼这一标准,代表人诉讼作为共同诉讼的放大版,也可以复制为必要共同诉讼型的代表人诉讼和普通共同诉讼型的代表人诉讼。据此分类，代表人诉讼不是属于必要共同诉讼的扩大版，就是属于普通共同诉讼的扩大版，不可能存在其他类型的代表人诉讼。除了在共同诉讼的基础上对代表人诉讼进行分类外，代表人诉讼还有自己独有的分类，这就是人数确定的代表人诉讼和人数不确定的代表人诉讼。人数确定的代表人诉讼在诉讼标的上既可以是相同的，也可以是同种类的，但人数不确定的代表人诉讼在诉讼标的上则只能是同种类的，而不可能是相同的。正因如此，《民事诉讼法》第57条方规定"诉讼标的是同一种类、当事人一方人数众多在起诉时人数尚未确定的"代表人诉讼。因为如果诉讼标的是相同的，则当事人的人数在起诉时都可以也应当予以确定。诉讼标的相同的代表人诉讼，乃是必要共同诉讼的扩大化表现，因而必要共同诉讼的升级版一定是人数确定的代表人诉讼；人数不确定的代表人诉讼则必然是普通共同诉讼的升级版。

（三）是否需要当事人亲自参与诉讼不同

在共同诉讼中，无论是必要的共同诉讼还是普通的共同诉讼，凡属于共同诉讼人，均需亲自参与诉讼，成为诉讼中的实际当事人，而不可退出诉讼，成为诉讼的"局外人"，当然他们可以聘请代理人代理实施诉讼活动。代表人诉讼则不然，对普通共同诉讼型和类似必要共同诉讼型的代表人诉讼而言，代表人诉讼只要求代表人亲自参与诉讼，非代表人的其他利害关系人，也即被代表人，则不得亲自参与诉讼，而必须退出诉讼，成为坐享其成的"诉讼局外人"。如果他们中的少量利害关系人无法推选出适格的诉讼代表人，或者对其他人推选出的或通过法院商定或指定的诉讼代表人表示不满意，则他们只能退出诉讼，普通共同诉讼型的利害关系人可以另诉，类似必要共同诉讼型的利害关系人则不得另行诉讼，而必须同受裁判之拘束。但对固有必要共同诉讼型的代表人诉讼来说，非代表人的其他利害关系人如果对诉讼代表人不够满意，则有权亲自参与诉讼，因为他们无法退出诉讼，否则代表人诉讼则会失去当事人适格。

（四）诉讼代理机制的复合程度不同

在共同诉讼中，每一个共同诉讼人都可以委托诉讼代理人进行诉讼，无论其为必要共同诉讼人还是普通共同诉讼人，接受他人尤其是专业律师的诉讼代理是他们作为诉讼当事人所享有的一项诉讼权利，因此，在共同诉讼中所出现的诉讼代理机制，会存在两种情形，一是诉讼代理机制独立存在（普通共同诉讼），二是诉讼代理机制统一存在（必要共同诉讼）。但在代表人诉讼中，并非每一个诉讼中的利害关系人均可委托诉讼代理人进行诉讼，只有作为诉讼代表人的利害关系人才可以委托诉讼代理人进行诉讼；诉讼代表人所委托的诉讼代理人，不仅是他本人的诉讼代理人，而且也是其他退出诉讼的人的诉讼代理人，该诉讼代理人必须代理整个的利害关系人进行诉讼，而不能仅仅代理部分利害关系人进行诉讼。因此，无论是必要共同诉讼型的代表人诉讼还是普通共同诉讼型的代表人诉讼，其诉讼代理机制只有统一存在的一种形式，而不可能出现独立存在的形式。因此，所选任或聘请的代表人诉讼中的诉讼代理人，人数为2—5人，这2—5人的诉讼代理人是代理全体利害关系人的诉讼代理人的统一体，他们必须共同行动，而不得分别行动。不仅如此，诉讼代表人本身也具有当事人和诉讼代理人的双重身份，他们对自己的利益而言，是当事人；对他人的利益而言，又是诉讼代理人。正是诉讼当事人和诉讼代理人两种因素的融合，形成了诉讼代表人这种独特的诉讼主体；在他们聘请诉讼代理人进行诉讼时，他们是以诉讼主体的身份，而不是以诉讼代理人的身份，因此，被诉讼代表人所聘请的诉讼代理人，不属于转代理或复代理。这样我们就能够观察到代表人诉讼中的诉讼代理机制实际上是两个代理机制的联结,构成了诉讼代理机制的双层结构或复合结构,诉讼代表人对其他的被代表人而言是诉讼代理人,而整个代表人诉讼又有自己的诉讼代理人,后者又是由前者所实际地聘请的。

(五) 管辖不同

必要共同诉讼型的代表人诉讼在管辖上与必要共同诉讼并无本质上的区别,法院对该类代表人诉讼拥有完整的管辖权依据;但对普通共同诉讼型的代表人诉讼而言,法院则往往需要采用牵连管辖作为管辖权的成立依据。尤为重要的是,无论属于何种类型的代表人诉讼,由于其人数规模较大,因而影响力也相应增大,故而其管辖权的级别一般较高,比如,证券纠纷代表人诉讼案件,由省、自治区、直辖市人民政府所在的市、计划单列市和经济特区中级人民法院或者专门人民法院管辖。① 同时,代表人诉讼往往具有专业性审判的要求,因而会出现集中管辖的问题。如特别代表人诉讼案件,由涉诉证券集中交易的证券交易所、国务院批准的其他全国性证券交易场所所在地的中级人民法院或者专门人民法院管辖。② 而在共同诉讼中,通常不会出现集中管辖制度的适用问题。

(六) 行为效力不同

在共同诉讼中,共同诉讼中的行为效力因不同类型的共同诉讼而异。对必要共同诉讼人而言,共同诉讼中的行为效力在其他共同诉讼人的承认下对其他共同诉讼人有效;对普通共同诉讼而言,共同诉讼人所实施的诉讼行为,其效力对其他人并不直接发生。但在代表人诉讼中,无论其为必要共同诉讼型的代表人诉讼抑或普通共同诉讼型的代表人诉讼,诉讼代表人的行为在其权限范围内对其他被代表人均具有当然的效力。

(七) 裁判效力不同

在共同诉讼中,法院作出的裁判或出具的调解书,对所有的共同诉讼人当然产生法律效力,不存在既判力的扩张问题;但对代表人诉讼则存在既判力的扩张问题,包括由诉讼代表人向所有的被代表人的效力扩张,即内部扩张,和向诉讼时效范围内提起相同或相似诉讼的未登记者的效力扩张,即外部扩张这两种形式。

二、代表人诉讼与选定当事人诉讼

如果说代表人诉讼与共同诉讼的比较不在同一个诉讼制度的平台的话,那么,代表人诉讼与选定当事人诉讼以及后面将要涉及的集团诉讼、团体诉讼等,则处在同一个诉讼制度的层次,它们都是适用来解决群体性纠纷的复杂诉讼制度,只不过,由于各大法系国家对群体性纠纷的实体性构造认知不同,因而形成了解决群体性纠纷的方法和机制的不同。我国的代表人诉讼有人数确定的代表人诉讼和人数不确定的代表人诉讼两种类型,这两种类型从制度移植或制度借鉴的视角看,似乎是跨法系的制度构造,学者们普遍认为,人数确定的代表人诉讼在构成机理上与选定当事人制度相接近,人数不确定的代表人诉讼在构成机理上则与集团诉讼、团体诉讼等诉讼制度有相似的因素,以下分别进行比较研究。

(一) 选定当事人制度的主要内容

选定当事人制度是日本所采用的一种多数当事人诉讼制度,其基本的含义是指,在一方当

---

① 最高人民法院《关于证券纠纷代表人诉讼若干问题的规定》第 2 条第 1 款。
② 最高人民法院《关于证券纠纷代表人诉讼若干问题的规定》第 2 条第 3 款。

事人为人数众多以致进行共同诉讼多有不便时，由众多的当事人选择一个或若干的当事人为选定当事人，代表所有的人数众多的一方当事人进行诉讼，诉讼的后果及于全体利害关系人的诉讼制度。具体而言，选定当事人制度的内容主要包括①：

其一，选定的条件。选定当事人是指在试图共同就共同利益进行诉讼的多数人中获得选任，并为了全体利益取代全体成为当事人之人。是否利用选定当事人制度，是当事人的自由。选定当事人是全体选定人诉讼实施权的受信托人，通过选定当事人为选定人进行诉讼，属于任意诉讼担当的一例。

选定当事人的适用条件有三个，一是当事人的一方或双方人数众多。如果不属于人数众多，则通过单一诉讼或共同诉讼即可解决。但具体的人数规模，规定选定当事人制度的《日本新民事诉讼法》第30条并没有明确，从理论上说，选定当事人制度要求在人数预设上具有相当的数量，但由于法律上没有特别的限制，因此就实际而言，只要两人以上即可。可见，对选定当事人制度适用的人数限制并不十分严格。选定方当事人一般为原告，但被告为多数时，也可以进行选定。如果众多的人形成了一个社团，并将共同的利益作为社团的目的之时，该社团本身就是当事人，因而无所谓选定当事人的问题。二是共同利益。多数当事人的内部或相互之间应当具有共同的诉讼利益，所谓共同的诉讼利益，是指基于多数人各自的诉讼请求或者针对其提出的诉讼请求，在主要的攻击防御方法上存在共通性，以至于在人们的观念上，将多数人作为一个整体与对方当事人形成一种对立状态具有妥当性，这样便有望使整个的诉讼程序化繁为简，达到简化诉讼程序的目的。例如，基于同一交通事故提出损害赔偿请求的多数受害人、主张地震条款无效的多数保险金请求权人、共同被土地所有人请求让出土地的房屋所有人与房屋承租人等，均属有共同利益的多数当事人。三是内部选任。也就是说，只能在具有共同诉讼利益者相互之间进行当事人的选定，而不得选任其他任何个人或团体作为选定当事人。因为否则的话，会出现规避律师代理制度被适用的风险。②

其二，关于选定行为。选定，是选定人就自己权利利益授予被选定人以诉讼实施权的行为。选定行为具有类似于授予代理权的效果，通常采用制作选定书的方式进行。选定不实行少数服从多数的表决原则，每一个人都有权按照自己的意思来进行选任，不同意多数人选定的人，可以自己亲自实施诉讼活动，也可以选定他人作为选定当事人实施诉讼行为。选定必须是无条件的，也可以限定审级进行选定。无论在诉讼开始前还是开始后，当事人均可实施选定行为。只有选定当事人留下作为当事人，而选定人则自动退出诉讼。

其三，关于选定当事人的地位。对于全体选定人及自己的诉讼而言，选定当事人作为诉讼当事人，享有实施诉讼的资格。对于该诉讼，选定当事人可以实施所有的诉讼行为，而不存在像诉讼委托代理人那样的限制。在选定当事人的权限中，当然也包含诉讼上和解的权限，即便选定人对此予以限定，也是无效的。选定当事人可以做出实施诉讼所必需的私法行为。如果选定当事人为数人，则该数名选定当事人构成必要共同诉讼的关系，法院对此必须做出合一裁

---

① 关于选定当事人制度的内容介绍，参见［日］新堂幸司：《新民事诉讼法》，林剑锋译，法律出版社2008年版，第557页以下。

② 我国台湾地区"民事诉讼法"在2003年修改时新增规定，多数有共同利益之人如为同一公益社团法人之社员者，为求诉讼经济并便利各社员行使权利，应许其于法人章程所定之目的范围内，选定该法人为其起诉。从其立法结构看，属选定当事人之特例。参见董少谋主编：《民事诉讼法》（第3版），中国政法大学出版社2015年版，第166页以下。

判。选定当事人所承受的判决效力及于所有的选定人；若是给付之诉，胜诉方则可以基于此为选定人或对选定人进行执行。

（二）代表人诉讼与选定当事人的类似之处

基于上述内容的简介，我们可以发现，我国的代表人诉讼与选定当事人诉讼制度相比较，二者之间的类似之处主要有：

其一，二者都是为了适应多数当事人诉讼而建立的诉讼制度，以济共同诉讼制度之不足。

其二，二者都属于共同诉讼的扩展与延伸，其诉讼原理与共同诉讼类似。

其三，二者都仅有部分利害关系人参与诉讼，多数利害关系人并不实际地参与诉讼。

其四，诉讼的结果无论是否有利，都对所有的利害关系人有效。

（三）代表人诉讼与选定当事人的区别

代表人诉讼与选定当事人制度存在诸多区别，主要体现在：

其一，适用的前提条件不同。对代表人诉讼而言，其适用的前提条件既可以是人数确定，也可以是人数不确定，因而其适用范围更为广泛；对选定当事人而言，其只能适用于人数确定的群体诉讼之中，对人数不确定的群体诉讼，则无法适用，因为其无法推选当事人，现有的利害关系人不得代表其他未确定的利害关系人选定当事人。

其二，二者的类型不同。选定当事人制度并不再加以区分，其类型就只有单独的一种，而代表人诉讼则分为人数确定的代表人诉讼和人数不确定的代表人诉讼两种类型，其制度功能更为强大。

其三，选定代表人或当事人的方式不同。在代表人诉讼中，诉讼代表人的产生渠道具有多元性，在当事人无法通过自主推选的方法选出诉讼代表人时，法院会出面进行干预，与登记的当事人进行商定代表人，商定不出的，也能够依职权进行代表人的指定；而在选定当事人制度中，选定当事人只能由利害关系人推选产生，法院并不进行任何形式的干预或介入。

其四，是否必须退出诉讼不同。在选定当事人的诉讼中，被选定为当事人的人承受全部的诉讼实施权，其以诉讼担当人的身份和地位代表全体选定人进行诉讼活动，所有的选定人将退出诉讼，不再作为诉讼当事人对待。在代表人诉讼中，其若属于必要共同诉讼型的代表人诉讼，则所有的利害关系人均属于诉讼中的当事人；若属于普通共同诉讼型的代表人诉讼，所有登记的利害关系人均视为诉讼中的当事人，未登记或退出诉讼的利害关系人则不属于诉讼中的当事人，也就是说，在代表人诉讼中，除诉讼代表人为诉讼当事人外，其他的登记利害关系人均为诉讼中的当事人。不过，与诉讼代表人有权实施诉讼行为不同，登记的非代表人的其他利害关系人只是名义上的当事人，而不得实施具体的诉讼行为。

其五，诉讼行为者权限不同。在代表人诉讼中，诉讼代表人只拥有一般的诉讼代理权，"代表人变更、放弃诉讼请求或者承认对方当事人的诉讼请求，进行和解，必须经被代表的当事人同意"（《民事诉讼法》第53条、第54条）。也就是说，所有登记成为代表人诉讼中的当事人的人，尽管不得实施具体的诉讼行为因而仿佛退出了诉讼，但他们实际上是"退而未出"，他们对诉讼代表人所实施的诉讼行为具有监督权，同时对诉讼和解等重要的诉讼行为行使同意权，诉讼代表人的诉讼权限是不完整的。但在选定当事人诉讼中，被选定的当事人实施诉讼行为具有完整的诉讼权限，他们可以像当事人那样行使所有的诉讼权利，实施诸如诉讼和解之类的特殊诉讼行为也无须取得选定人的特别授权，因此，选定人在选定当事人后实际上就彻底退出了诉讼，除非发生特殊情形，原则上不再对诉讼行使任何权限。

通过代表人诉讼和选定当事人制度的简单比较，我们可以得到两个最基本的启示，可将之概括为"一得一失"：我国代表人诉讼之"得"在于，将代表人诉讼分为人数确定的代表人诉讼和人数不确定的代表人诉讼两种类型加以规定，表现出了我国解决群体性纠纷诉讼机制的针对性和开放性，尤其是人数不确定的代表人诉讼，更是具有极大的制度潜质，有助于多数人纠纷通过一个诉讼程序加以一体化解决，显示出了代表人诉讼的相对优势；与之相比较，选定当事人诉讼则属于封闭性的制度系统，是共同诉讼制度的简单扩张，难以应对群体性纠纷的有效化解。然而，与选定当事人制度相比，我国的代表人诉讼也有其"失"，这就是，选定当事人制度中的当事人一旦被选定，除选定当事人留在诉讼程序之中外，其他的所有选定人均干脆利落地退出诉讼程序，选定当事人本人也具有完整的当事人权限，可以像当事人一样行使所有的诉讼权利，包括实体性处分权和程序性处分权，而不再受制于拖泥带水的特别授权。与之相较，我国的诉讼代表人则没有选定当事人那样充分的诉讼权限，选定当事人制度的此规定对完善我国的代表人诉讼具有启发价值。

三、我国的代表人诉讼与美国的集团诉讼

（一）美国集团诉讼的起源与发展

在美国，与我国的代表人诉讼相接近的用以解决群体性纠纷的诉讼机制是集团诉讼。按照《布莱克法律词典》的定义："集团诉讼也称代表人诉讼，是指当一个大规模的群体与一事实有利害关系，一人或数人可以作为代表而不必联合集团中的每个成员起诉或应诉的一种诉讼方式。"《哥伦比亚法律词典》给出的定义是："在法律上允许一人或数人代表其他具有共同利害关系的人提起诉讼，诉讼的判决对所有共同利益人有效。"可见，在美国民事诉讼中，集团诉讼，是指由一人或者一小部分共同诉讼人代表自己，并且同时代表具有共同利益的一大批人或者全体共同诉讼人进行诉讼的一种诉讼制度。① 集团诉讼具有的法律特征主要有：其一，集团的拟制性。集团诉讼中的"集团"并不是实体意义上的集团，而是为了方便进行诉讼所拟制的一个程序意义上的集团，诉讼结束之后，该集团便不复存在。其二，运作的代表性。在集团诉讼中，并非所有的集团成员都必须或有权参与诉讼，其诉讼的进行由诉讼代表人全权负责。其三，效力的扩张性。集团诉讼的裁判或和解对所有的集团成员均有效，而无论其是否实际地参与了诉讼。

从发展历程上看，作为一种程序机制，集团诉讼在英美法系有着非常悠久的历史。一般认为它源于17世纪英国的息讼状（the Bill of Peace），是司法便捷理念与法学理论共同作用的产物。Stephen C. Yeazell 教授则把现代集团诉讼的起源整整向前推进了五个世纪。他认为，现代集团诉讼是中世纪英国团体诉讼（group litigation）——由团体中的一人或数人代表整个团体起诉或应诉——传统的一部分，始自1199年的坎特布雷教会法院，大致经历了中世纪（12—15世纪）、近代（16、17世纪）和现代（18世纪至今）三个时期的历史发展。② 到19世纪中叶，集团诉讼传播到了美国。

美国曾用三个立法文件推行英国衡平法上的代表诉讼：一是1848年的纽约州《菲尔德民事诉讼法典》，该法典规定，在多数人有共同或普遍利益的场合下，允许进行代表诉讼。这一

---

① 参见汤维建主编：《美国民事诉讼规则》，中国检察出版社2003年版，第118—119页。
② 参见曹伟：《论我国代表人诉讼制度正当性基础的应然选择——美国集团诉讼的历史考察与现代启示》，载《法学杂志》2012年第1期。

立法使集团诉讼在美国获得了法律上的确认。但该规定十分简略，基本上是将其作为共同诉讼来对待的，且实践中的案件也比较少。二是1938年的《美国联邦民事诉讼规则》，该规则规定，关于集团诉讼所作的判决，无论所给予的司法救济是普通法上的救济还是衡平法上的救济，都具有约束力。该规则依然是将集团诉讼当作共同诉讼来处理，其适用范围也不够广泛。三是1966年修改后的《美国联邦民事诉讼规则》。① 这次立法，使集团诉讼在美国社会生活中开始发挥越来越重要的作用，有力地推动了美国法院司法职能的政治化步伐，使法院在更为广阔的领域，介入了制定社会政策的舞台。②

为了改变集团诉讼被滥用的情形，美国国会先后于1998年、2003年对集团诉讼的法律规定进行了修改。特别是2005年2月，美国国会两院以罕见的高票一致通过了新的《集团诉讼公平法》(Class Action Fairness Act of 2005, CAFA)。该法是继1966年的集团诉讼修改以来最为全面的一次修改。制定《集团诉讼公平法》目的在于：(1) 确保集团成员的合法请求得到公平和及时的救济；(2) 通过赋予联邦法院对具有全国影响的跨州案件的管辖权，使美国宪法制定者创制异籍管辖的意图得以实现；(3) 通过鼓励革新和降低消费者成本从而使社会受益。③

集团诉讼是由具有足够的利益相关性的、数量众多的个人或组织提起或者针对个人或组织提起的诉讼，因而它与一系列或者单个的诉讼相比更富于效率，能够在一次单一的诉讼当中就多数人的权利或者责任进行判决。在现代，尽管具有争议性，但集团诉讼还是成为一种极其受欢迎的程序。在联邦法院，它被广泛用于反托拉斯诉讼、证券诉讼、环境诉讼、以及反对种族和性别歧视诉讼、涉及政府利益的诉讼当中；并且，在20世纪90年代，集团诉讼在产品责任案件以及毒品侵权案件当中运用的频率不断上升。④

（二）美国集团诉讼的类型化

一是立法上的分类。根据《美国联邦民事诉讼规则》第23条第2款的规定，美国联邦的集团诉讼可以分为三大类型，各自在一般条件的基础之上提出了更加具体的限制条件：其一，必要的集团诉讼。必要的集团诉讼，是指法院必须将其作为集团诉讼对待，不得分开来进行审理的集团诉讼。对于必要的集团诉讼，一旦该集团诉讼形成，那么所有的集团诉讼的成员不可以选择退出该集团诉讼，必须受该集团诉讼及裁判结果的拘束。其二，寻求禁令的集团诉讼。如果集团诉讼所寻求的救济为发出禁止令、要求集团的相对方当事人基于普遍适用于整个集团的理由而作为或者不作为，或者寻求的救济为宣告性救济，那么该集团诉讼即构成寻求禁令的集团诉讼。该诉讼也必须符合有关集团诉讼的一般条件，而且一旦该集团诉讼形成，那么该集团诉讼的成员便无权选择退出该集团诉讼，必须作为集团成员参加诉讼，法院对该集团诉讼的审理和裁判对每一个集团成员都有拘束力。其三，普通的集团诉讼。所谓"普通"，是相对于"必要的"集团诉讼而言的。要构成此类集团诉讼，除了符合一般条件以外，还必须符合以下条件，即法院判断认为，集团成员的共同法律问题和事实问题也个别地影响和支配集团成员的

---

① 参见汤维建主编：《外国民事诉讼法学研究》，中国人民大学出版社2007年版，第389页。
② 参见汤维建：《美国民事司法制度与民事诉讼程序》，中国法制出版社2001年版，第390页。
③ 参见章武生：《论群体性纠纷的解决机制——美国集团诉讼的分析和借鉴》，载《中国法学》2007年第3期。
④ [美] 弗兰德泰尔等：《民事诉讼法》（第3版），夏登峻等译，中国政法大学出版社2003年版，第718页。

所有问题,而且,利用集团诉讼解决纠纷优于利用其他方法,显得既公平又有效。这类集团诉讼的集团成员可以选择退出集团诉讼,法院对这类集团诉讼的裁判就不会对退出者产生拘束力。①

也有学者根据《美国联邦民事诉讼规则》第23条第2款的规定将其理解为以下四种类型:不相容标准的集团诉讼、限制基金集团诉讼、禁令性或宣告性救济集团诉讼、优势或优越集团诉讼。其一,不相容标准的集团诉讼必须使初审法官相信,"如果对所有的当事人分开起诉会造成判决结果不确定和不一致,最终会使判决产生矛盾,或者不同的审判为对方当事人提供不相容的行为标准"。其二,限制基金的集团诉讼必须说服法官,被告的财产不足以支付所有的请求,而限制基金集团诉讼是最好的处理机制,能够保证对所有当事人平等对待。其三,禁令性或宣告性救济集团诉讼,其特别适用于民权诉讼"一方当事人由于对集团诉讼当事人非法歧视,而该集团的成员数通常无法计量"的情况。其四,优势或优越集团诉讼是最富争议性的诉讼,它要求发现"法律或事实问题对于集团成员的共同性相对于影响个体成员的问题占据优势地位,而且集团诉讼要比其他解决争议的方法更加公正有效"。②

二是从原被告的身份来划分,可将美国的集团诉讼分为原告型集团诉讼和被告型集团诉讼。美国的集团诉讼一般都是原告型集团诉讼,也就是原告方为人数众多的一方当事人,但也有少量的被告型集团诉讼。被告集团诉讼是美国集团诉讼中与原告集团诉讼并列的一个基本类型,但二者在实际适用范围、诉讼风险、律师在诉讼中的作用和诉讼代表人的产生等方面却存在明显差异。在美国的司法实践中,被告集团诉讼案件主要适用在专利侵权诉讼和民权诉讼等领域,被告集团诉讼代表人须具有充分的代表性,并且应符合管辖的规定。被告集团诉讼被冷落的主要程序原因包括:其一,集团成员所面临的诉讼风险及通常容易采取的诉讼对策不同。其二,集团律师在诉讼程序中的实际作用不同。在被告集团诉讼中,被告的委托代理律师并没有很多机会和充足理由获得比其在个案诉讼代理中明显更多的律师费,也缺乏促使其发挥更大作用的外部机制和内在动力。其三,集团代表的产生方式不同。在被告集团诉讼中,被选定或指定代表很可能并不愿意作代表,甚至会极力反对将人数众多的被告通过诉讼程序拟制确认为一个集团。其四,程序的启动、结束和运行中法院司法干预的强度不同。被告集团诉讼的主要问题可能存在于初审法院无法控制或不便影响的那些程序环节之中。③

三是将集团诉讼分为私益型集团诉讼和公益型集团诉讼。集团诉讼原本是为了救济私人利益而产生的,但在1966年美国全面修改《美国联邦民事诉讼规则》第23条关于集团诉讼的规定之后,美国集团诉讼的主要着眼点不是利用集团诉讼来挽回受害者的损失,而是依靠法院的禁止令状或宣言性判决来影响和改变公共政策,以制裁加害者和保护社会公共利益。④ 尤其是在2011年美国联邦最高法院就"Wal-Mart Stores, Inc. v. Dukes"一案作出裁判后,美国的集团诉讼便与公益诉讼更加紧密地联系在了一起。⑤ 在该案中,代表150万曾经和现在供职于沃尔玛超市的女雇员的指定原告提起诉讼,声称在招聘和晋升方面存在涉及整个群体的性别

---

① 参见汤维建主编:《美国民事诉讼规则》,中国检察出版社2003年版,第119—121页。
② [美]斯蒂文·N. 苏本等:《民事诉讼法——原理、实务与运作环境》,傅郁林等译,中国政法大学出版社2004年版,第839—840页。
③ 参见罗健豪:《美国被告集团诉讼制度及对我国的启示》,载《法学》2007年第9期。
④ 参见廖斌、郭云忠:《群体诉讼模式研究》,载《西南民族大学学报(人文社科版)》2005年第2期。
⑤ David Marcus, "The Public Interest Class Action, Georgetown Law Journal", Vol. 104, Issue 4 (April 2016), pp. 777-834.

歧视。除禁制令救济外，原告还提出了5100亿美元的赔付请求。地区法院认定了这一集团，而存在明显分歧的第九巡回法院最终以全员判决的形式维持了该决定。最近的监狱集团诉讼包括对密西西比州少年拘留制度、亚拉巴马州HIV阳性囚犯监禁制度以及亚利桑那州监狱马里科帕县整体状况的诉讼。重大的残疾人权利诉讼也不例外地选择以集团诉讼的形式进行。寄养制度改革诉讼不仅数量众多而且影响深远；自1995年起，集团诉讼已经使得许多州的几十个儿童福利机构受到了司法监督。一些学者质疑公益集团诉讼的生命力，但大量的公法诉讼案件已经经验地证明其持续的生命力，《美国联邦民事诉讼规则》第23条持续地发挥着重要作用。

四是将集团诉讼分为和解型集团诉讼与裁判型集团诉讼。近年来，《美国联邦民事诉讼规则》第23条所规定的集团诉讼实际上只有少数是以审理结案的。如同美国学者威廉·鲁本斯坦所言，和解而不是审理后的判决，成了绝大多数以集团为基础审理的案件的最终结果。鉴于集团诉讼突出的和解问题，有学者专门对"和解集团诉讼"进行研究。和解集团诉讼是源于集团诉讼的一种司法创造，美国自20世纪80年代中期大众侵权诉讼开始运用和解集团的方法后，这种诉讼方式很快就流行开来。和解集团诉讼是一种先天不足的制度，导致了在集团成员利益的保护、律师费用等方面的许多问题。但从美国理论与实务界的主流观点来看，问题在于如何进一步完善和发展和解集团诉讼，而不是发展新的制度来取代它。①

（三）集团诉讼中的代表机制

在美国的集团诉讼中，代表机制发挥着重要作用。集团诉讼中的代表机制，是指在集团诉讼中，由诉讼代表人代表全体集团成员实施诉讼行为，其行为的效果归于全体成员的机制。诉讼代表人是代表整个集团成员实施具体诉讼行为的人，诉讼代表人本人必须是集团成员，同时对其他集团成员而言，他又是诉讼中的代理人，因而他具有当事人和诉讼代理人的双重身份，其代理权的获得并不需要有关当事人的授权，其是毛遂自荐而成的诉讼代表人。诉讼代表人的成立仅需得到法院的认可即可。其他不同意该代表人的集团成员可以另选代表人，或者自己委托律师参加诉讼，或者亲自参加诉讼。除了诉讼和解与撤诉以外，诉讼代表人的代理权得到全面的认可。法官对诉讼代表人行使自始至终的监督权，如果认为诉讼代表人不能尽其职守，或者能力不足，可以中途停止其代表人的身份，另行确定诉讼代表人。在立法上，对于代表人的资格要求就是"充分代表"。至于何谓"充分代表"，法院通常要具体考虑代表人的经济实力、代表人的利益与集团利益是否相互抵触、代表人与集团其他成员是否公平对待等问题，从而结合具体个案来确定集团诉讼的代表人。②

成为集团诉讼中的诉讼代表人，必须要具备以下几个条件：其一，排除利益冲突。集团的代表人要完全满足正当程序、完全善意和信任条款的要求，其底线则是代表人和集团成员之间不得存在利益冲突。至少，集团代表人在共同争点上、身份上以及诉讼行为上不能与集团成员发生利益冲突。其二，代表的充分性。集团进行诉讼中，集团成员不能亲自参与庭审活动并有效地影响诉讼结果，形成了集团成员听审权缺失的状况，这要求代表必须具备充分性，唯有如此才会弥补集团成员听审权不足的程序缺陷。综合普通法立法例，代表充分性主要集中于代表人的诉讼能力和品行两个方面进行考虑。其三，代表的典型性。代表的典型性，是指诉讼代表人提出的诉讼请求或抗辩对于所有集团诉讼成员来说应具有"典型性"，即便是集团成员们单

---

① 参见杨严炎：《论美国的和解集团诉讼》，载《环球法律评论》2006年第4期。
② 参见汤维建主编：《美国民事诉讼规则》，中国检察出版社2003年版，第125—126页。

独起诉寻求救济，也会提出同集团诉讼一样的诉讼请求。①

美国集团诉讼以默示方式认可代表人，即具有共同利益的多数人中的一人或数人会在尚未有全体共同利益人明示委托的情况下，提起旨在维护全体共同利益人的集团诉讼，只要集团成员没有向法院声明退出该集团，判决就对其有拘束力。当然，法院必须首先确定提起集团诉讼是必要的，还要确定自告奋勇的集团成员是否充分代表了整个集团，以及他们的律师所提供的帮助是否足够。②

（四）集团诉讼中的退出机制

美国集团诉讼原初实行的是加入机制，即"选择加入"（Opt-in），只有相关的利害关系人明示加入集团方能成为集团成员，受到法院裁判的拘束；但1966年，《美国联邦民事诉讼规则》第23条进行了修改，改加入制为退出制，即"选择退出"（Opt-out），只要被起诉者描述在集团诉讼中的成员不明确表示退出集团，则均为集团诉讼的当然成员，法院的裁判对其有拘束力，这便是集团诉讼的退出机制。

支持退出制的人认为：其一，被告可以更具体地知道自己在以后的单独诉讼中可能要面对多少集团成员。其二，退出制为那些因为在社会上、智力上或心理上处于劣势的，因此不能采取积极的措施加入诉讼的人提供了接近司法救济的机会。其三，增加了效率、避免了重复诉讼。其四，保护措施可以阻止"强制加入"。其五，沉默的意义是不明确的，并不意味着不关心或缺乏兴趣，因此集团成员不应该因为没有在诉讼的早期行动而被否定本应从集团诉讼中得到的利益。

支持加入制的人认为：其一，一个人可以不经过他人的明确授权就代表他人进行诉讼的做法是不可思议的。其二，缺席的集团成员可能因获知诉讼的情况太晚以至于不能退出诉讼，在此情形下不论他们是否愿意都要受到诉讼结果的约束。其三，退出制产生了一个难以管理的庞大的集团，其中的集团成员不能一一明确，也很难和解协商，这增加了对被告的不公正性。③

比较而言，在集团诉讼中，与加入制相比，退出制是确定集团成员范围时必须将选择退出的意愿予以明示的程序义务，它将沉默的含义推定为同意成为集团成员，追求群体性纠纷的统一解决；与禁止退出制相比，退出制是集团成员享有的排除集团诉讼裁判约束力的程序权利，它突出了对集团成员个体利益的保护和对诉讼自主权的尊重；在对集团成员的聚集能力方面，退出制高于加入制、低于禁止退出制；在对个体利益的特殊保护方面，退出制高于禁止退出制、低于加入制。④

就退出的时机而言，集团成员既可以在集团被确认之时选择退出，也可以在法院批准集团和解方案之前选择退出，这后一种退出被称为"二次退出制"。1966年颁行的《美国联邦民事诉讼规则》规定选择退出的期间是：接到法院通知后、指定期限届满前，一般是在法院通知

---

① 参见王福华：《集团诉讼代表人资格研究——基于普通法国家的比较分析》，载《中外法学》2009年第2期。

② 参见廖斌、郭云忠：《群体诉讼模式研究》，载《西南民族大学学报（人文社科版）》2005年第2期。

③ 参见章武生：《论群体性纠纷的解决机制——美国集团诉讼的分析和借鉴》，载《中国法学》2007年第3期。

④ 参见章武生、罗健豪：《退出制的本质及集团成员的确定方法之分析》，载《政治与法律》2008年第6期。关于加入制与退出制的利弊分析，参见汤维建主编：《民事诉讼法学》（第2版），北京大学出版社2014年版，第141页以下。

发布或寄出后 30—60 天的时间。如果确有必要，法院还可以把选择退出的时间指定得更长一些。但是，超过选择退出期间，集团成员一般不得再选择退出。所谓"二次退出制"，指的是 2003 年美国国会批准的《美国联邦民事诉讼规则》第 23 条（e）（3）规定：在根据第 23 条（b）（3）批准的集团诉讼中，如果集团成员在诉讼初期有权申请退出但是未请求退出，除非和解方案给予集团各个成员一次新的请求退出机会，法院可以拒绝批准和解协议。这样，二次退出制就正式成为美国集团诉讼中的一种程序机制，这也是美国集团诉讼退出制自 1966 年以来的最大一次修改。二次退出制的优势在于：其一，二次退出制有利于诉讼集团成员在恰当的时间以有意义的方式行使退出权。其二，二次退出制可以尽量克服信息缺乏，使集团成员的退出选择建立在理智判断的基础之上。一般认为，法院可以从如下两个方面考虑是否应准许适用二次退出制：一是首次选择退出期限届满时是否存在选择信息缺乏的情况。二是请求金额是否过小以至于不足以单独提起个案诉讼。[①]

（五）代表人诉讼与集团诉讼之比较

我国的代表人诉讼与美国的集团诉讼有诸多相似之处，主要表现在：其一，都属于群体诉讼。我国的代表人诉讼与美国的集团诉讼都是旨在通过以一个诉讼程序一举解决涉及众多人纠纷的诉讼制度，诉讼程序的内部结构比较复杂，诉讼的解纷功能比较强大，诉讼的社会影响度比较高，对司法政策乃至立法政策都会产生不同程度的效应。其二，都具有诉讼代表人这种装置。无论是我国的代表人诉讼还是美国的集团诉讼，其中的主角都是诉讼代表人，诉讼代表人代表着整个集团成员或群体成员进行诉讼，诉讼的结果归属于全体成员。其三，既判力都具有扩张性。无论代表人诉讼或集团诉讼是通过何种方式结束的，包括法院的裁判或和解与调解，其结果对所有的集团成员或群体成员都具有拘束力，这被称为既判力的扩张。

然而，与此同时，我们不能不看到，我国的代表人诉讼与美国的集团诉讼其实是形同而实不同的两种类型的群体诉讼制度，它们之间的差异要远远大于它们之间的共性，主要表现在：

其一，类型不同。我国的代表人诉讼分为人数确定的代表人诉讼和人数不确定的代表人诉讼两种类型，两种类型的代表人诉讼所适用的诉讼程序和制度存在很大差异；美国的集团诉讼则仅有一种形态，类似于我国的人数不确定的代表人诉讼，用集团诉讼的规则解决人数确定的群体性纠纷显得并非妥当。

其二，诉讼代表人产生的方式不同。在我国的代表人诉讼中，诉讼代表人主要是通过登记成员的推选而产生的，如果推选不出，法院可以介入和干预，通过商定乃至指定的方式确定诉讼代表人。在美国的集团诉讼中，其诉讼代表人则是由集团成员主动提出而形成的，无须他人推选，法院也不干预（当然可以监督）；凡是不同意诉讼代表人的人，可以选择退出诉讼，或者亲自参加诉讼。

其三，诉讼代表人的授权不同。在我国的代表人诉讼中，诉讼代表人仅有一般的代理权，而没有特别的代理权；其如果要实施诸如和解、撤诉、变更诉讼请求等重大的诉讼行为，必须分别取得群体成员的特别授权。而在美国的集团诉讼中，其诉讼代表人具有全权代理的权能，实施特别的诉讼行为无须经过特别的授权。

其四，诉讼成员的确定机制不同。在我国的代表人诉讼中，诉讼成员的确定采取的是明示

---

① 参见张大海、肖建红、罗健豪：《美国集团诉讼二次退出制及对我国的启示》，载《南京师大学报（社会科学版）》2009 年第 1 期。

登记的方式，任何一个利害关系人若要参与诉讼，其必须向法院进行书面形式的登记，否则其不被纳入群体成员的范围之内，代表人诉讼的结果无论胜败对其均不产生拘束力。与之不同，在美国的集团诉讼中，其诉讼成员或集团成员的资格或身份，并不是通过积极的明示行为而获得的，而是通过消极的默示形式而自动取得的，也就是说，与我国采用的"明示加入制"不同，美国采用的是"默示加入制"。

其五，既判力扩张的方式不同。在我国的代表人诉讼中，法院作出的裁判在法律效力上具有内部扩张和外部扩张或直接扩张和间接扩张两种形式，对登记但未实际参与诉讼的诉讼成员而言，法院裁判的既判力当然扩张于他们，不因为他们没有实际地参与诉讼而有所不同；与此同时，对未登记或登记后又退出的利害关系人而言，他们在诉讼时效范围内提起个别诉讼或其他形式的诉讼，法院裁定其适用代表人诉讼的裁判，此为既判力的外部扩张或间接扩张。但在美国的集团诉讼中，其裁判只有内部扩张或直接扩张，而无外部扩张或间接扩张，退出诉讼的利害关系人即便单独起诉或提起其他形式的诉讼，此前集团诉讼的裁判效力均不能扩张于他们。

通过上述比较可知，我国的代表人诉讼最大的优势是类型化，这是美国的集团诉讼所不及的；然而，美国的集团诉讼有两点对我国的代表人诉讼之完善不乏启发意义：一是诉讼代表人的自我推荐机制，有利于调动诉讼代表人的诉讼积极性；二是"明示退出、默示加入"的诉讼成员确定机制，有利于扩大代表人诉讼的规模，保护小额分散众多利害关系人的合法权益，同时增强代表人诉讼的威慑效应，预防群体侵权行为的发生。此外，美国集团诉讼中的激励机制也值得借鉴。

第四节 代表人诉讼的类型

一、人数确定的代表人诉讼和人数不确定的代表人诉讼

根据《民事诉讼法》第56条和第57条的规定，我国的代表人诉讼可分为人数确定的代表人诉讼和人数不确定的代表人诉讼。这里的"人数确定"，具有三层含义：其一，从诉讼标的来看，围绕该诉讼标的所形成的实体权利义务关系主体是确定的。一般而言，诉讼标的具有同一性的群体诉讼案件，其人数是确定的，因为，根据该诉讼标的之同一性特征，可以按图索骥找到所有的利害关系人。诉讼标的具有同种类性的群体性诉讼案件，则有人数确定和人数不确定这两种可能性。比如，空难案中，受害人的人数往往是确定的；环境损害案件中，受害人的人数往往是不确定的。因此，人数确定是由案件的法律问题和事实问题两方面的因素共同决定的。其二，人数确定的基准时为起诉时。人数确定的判断以起诉时为准，因为只有在起诉之时，其诉讼标的才得以明确，其后诉讼标的一直处在恒定状态，直到诉讼终结，诉讼标的不会发生变更。如果诉讼标的在特殊情形下经法院批准要发生变更，则当事人的人数客观上会发生变化，此时，人数确定的代表人诉讼和人数不确定的代表人诉讼会发生相互转变。因此，一般情况下，从诉讼安定角度出发，诉讼标的，尤其是代表人诉讼中的诉讼标的，不得轻易发生变更。但建立在诉讼标的之上的诉讼请求是可以发生变更的，诉讼请求的变更不影响代表人诉讼中当事人的人数。其三，人数确定与否与利害关系人是否进行登记无关。无论是人数确定的代表人诉讼还是人数不确定的代表人诉讼，凡要成为代表人诉讼中当事人的人，都要经过登记程

序向法院进行书面形式的登记，登记后代表人诉讼中的人数就都变成确定的了；然而，这并不意味着人数确定的代表人诉讼和人数不确定的代表人诉讼因此而混同了。对人数确定的代表人诉讼而言，其仍有可能有相当一部分利害关系人出于种种考虑而没有进行登记，他们滞留在诉讼之外，这与人数不确定的代表人诉讼未进行登记者并无二样，但所不同的是，人数确定的代表人诉讼对于那些未登记的利害关系人是明确的，而人数不确定的代表人诉讼对于那些未登记的利害关系人则是不明确的，这就是存在于二者之间的差异。可见，人数确定与否，是一个客观的概念，而不是主观的概念，其根据诉讼的性质在诉讼被启动之初就能够加以判断，与当事人的人数多寡、当事人是否知晓诉讼的发生、当事人是否愿意参与诉讼、当事人的登记与否、诉讼进程无关。

人数确定的代表人诉讼和人数不确定的代表人诉讼主要具有以下差异：

其一，立法模式不同。人数确定的代表人诉讼本质上更接近于共同诉讼，因而其内部关系和外部关系较为单纯，除人数规模并因此而具有的诉讼代表人代表全体利害关系人实施诉讼外，其他的方面与共同诉讼基本无异；人数不确定的代表人诉讼则在本质上更接近于美国的集团诉讼，其程序中有管辖、公告、既判力扩张等特别规则。

其二，制度功能不同。人数确定的代表人诉讼主要是为了诉讼高效，节省诉讼费用，形成统一裁判，防止出现矛盾的诉讼结果。人数不确定的代表人诉讼则主要是为了形成司法政策和立法政策，通过纠纷解决化解社会矛盾，维护社会秩序。

其三，诉讼性质不同。人数确定的代表人诉讼一般具有私权救济性质，而人数不确定的代表人诉讼则往往具有公益因素。

其四，程序的开放程度不同。对人数确定的代表人诉讼而言，如果其诉讼标的具有同一性，则所有的人数众多一方当事人，均应参与诉讼，否则法院应当追加其为当事人（放弃实体权利者除外），诉讼结果对所有的当事人均有效；如果其诉讼标的具有同种类性，则诉讼结果仅对登记的当事人有效，未登记的利害关系人在诉讼时效内提起诉讼的，法院应裁定适用代表人诉讼的裁判，因而人数确定的代表人诉讼在程序上具有半开放性。对人数不确定的代表人诉讼而言，其诉讼程序则具有完全的开放性，代表人诉讼结束后，未登记的利害关系人在诉讼时效内提起诉讼的，法院裁定适用代表人诉讼的裁判。

二、普通的代表人诉讼和特别的代表人诉讼

将代表人诉讼划分为普通的代表人诉讼和特别的代表人诉讼，是由《证券代表人诉讼规定》基于《证券法》的规定所创设的，这一分类仅仅适用于证券领域的代表人诉讼，对其他领域的代表人诉讼则不予适用。《证券代表人诉讼规定》第1条规定："本规定所指证券纠纷代表人诉讼包括因证券市场虚假陈述、内幕交易、操纵市场等行为引发的普通代表人诉讼和特别代表人诉讼。"《证券代表人诉讼规定》进而解释：普通代表人诉讼是依据《民事诉讼法》第53条、第54条，《证券法》第95条第1款、第2款规定提起的诉讼；特别代表人诉讼是依据《证券法》第95条第3款规定提起的诉讼。也就是说，普通的代表人诉讼是《民事诉讼法》上的代表人诉讼，而特别的代表人诉讼，则是《证券法》上的代表人诉讼，《民事诉讼法》本身并没有规定特别的代表人诉讼这种诉讼形式。二者相比较，它们具有以下几点区别：

其一，法源依据不同。普通的代表人诉讼是根据《民事诉讼法》的规定而产生的，特别的代表人诉讼则是根据《证券法》的规定而产生的。

其二，适用的范围不同。普通的代表人诉讼适用于所有类型的民事案件，只要符合一方当

事人人数众多的特点和要求，均可适用普通的代表人诉讼；特别的代表人诉讼则仅适用于证券领域的群体性纠纷，在别的法域，则无特别代表人诉讼适用之空间。代表人诉讼之被称为"普通"或者"特别"，其原因就在于适用范围不同。

其三，诉讼代表人不同。根据《证券法》第95条第3款的规定，投资者保护机构受50名以上投资者委托，可以作为代表人参加诉讼。投资者保护机构并非代表人诉讼中的利害关系人，但它却可因50人以上的投资者委托而成为诉讼代表人，这就打破了诉讼代表人必须是诉讼当事人的一致性规则，而使非当事人或利害关系人的投资者保护机构这一社会团体获得了诉讼代表人的资格。就此而言，特别的代表人诉讼已经脱离了代表人诉讼的原意，而进入了团体诉讼的领域，变成了另一种群体诉讼制度。这也是其特殊之处。

其四，是否需要登记不同。普通的代表人诉讼，除人数确定的诉讼标的具有同一性的代表人诉讼外，所有的利害关系人要参与诉讼，成为诉讼中的当事人，都必须向法院进行书面登记，否则，其就被排斥在代表人诉讼之外，不受代表人诉讼结果之拘束。也即，普通的代表人诉讼实行的是"明示加入制"的诉讼成员确认机制。但对特别的代表人诉讼而言，《证券法》第95条第3款规定："投资者保护机构受五十名以上投资者委托，可以作为代表人参加诉讼，并为经证券登记结算机构确认的权利人依照前款规定向人民法院登记，但投资者明确表示不愿意参加该诉讼的除外。"可见，特别的代表人诉讼实行的诉讼成员确定机制与普通的代表人诉讼恰好相反，其实行的是"明示退出、默示加入"的规则。通过与集团诉讼一比较，我们就能容易发现，特别的代表人诉讼所实行的该"默示加入制"诉讼成员确定机制与集团诉讼基本一致，所不同的是，特别的代表人诉讼有一个投资者保护机构代为登记的规定，集团诉讼则无此规定。

综上可见，与普通的代表人诉讼相比较，特别的代表人诉讼已经融入团体诉讼和集团诉讼两方面的因素，从诉讼主体的角度看，特别的代表人诉讼类似于团体诉讼；从诉讼成员的确定方式看，特别的代表人诉讼接近于集团诉讼。因此，可以说，特别的代表人诉讼是一个融代表人诉讼、团体诉讼以及集团诉讼于一炉而创设的新型群体诉讼制度，具有重要的制度创新价值。

第五节 代表人诉讼的程序构成

代表人诉讼从类型上看可分为人数确定的代表人诉讼、人数不确定的代表人诉讼以及特别的代表人诉讼三种，这三种代表人诉讼在程序构成上就其基本的内容而言大致相同，但仍有诸多差异性存在于其中，这些差异性需要在每一个程序构成的具体环节和阶段体现出来。

一、代表人诉讼的管辖

代表人诉讼的管辖比较复杂，主要表现在：

（一）级别管辖

一般而言，代表人诉讼属于社会影响度较高的诉讼，按照级别管辖的标准，代表人诉讼案件的影响范围通常超越于基层法院的管辖范围，因而基层法院不适合作为代表人诉讼案件的级别管辖法院。代表人诉讼的级别管辖法院确定在中级法院比较适合，如果案件影响更大，则由高级法院一审较为妥当。比如，《证券代表人诉讼规定》第2条就采取了该观点，将证券纠纷代表人诉讼的级别管辖确定为中级法院,而且一般的中级法院尚无管辖权,其中级法院必须是"省、自治区、直辖市人民政府所在的市、计划单列市和经济特区中级人民法院或者专门人民法院"。当然,关于证券代表人诉讼的此规定,不必然适用于其他类型、其他领域的代表人诉讼,但由中级法院管辖一审的代表人诉讼案件,是可以作为一项管辖原则加以确定的。这里需要探讨的一个问题是,如果按照诉讼标的额来确定级别管辖,那么,该诉讼标的额是一个案件的诉讼标的额还是所有案件的诉讼标的额的总和。对此,笔者认为应当是所有案件的标的额的总和,这一点与共同诉讼有所不同。因为,代表人诉讼的诉讼标的额与其社会影响程度具有内在的关联性,诉讼标的额越大,社会影响程度就越大;反之,诉讼标的额越小,社会影响程度就越小。代表人诉讼如果分散地看,每一个个案的诉讼标的额一般都不会很大,如果按照诉讼标的额分别计算管辖标准指数,则显然几乎所有的代表人诉讼的级别管辖法院都只能确定为基层法院,但基层法院管辖具有如此重大社会影响力的复杂案件显然难以胜任,因而只有将代表人诉讼中每一个案件的诉讼标的额相加,才能确定更高级别的法院进行管辖,其社会影响程度才能进行量化衡量。

（二）地域管辖

在代表人诉讼中,如果原告为多数,则一般可确定在被告所在地的法院进行地域管辖;如果原告分散向多个侵权行为地法院提起诉讼,则应当实行管辖权的合并,不宜将案件分散为多个代表人诉讼进行管辖;如果被告为多数,则有可能会出现许多法院均有管辖权的情况,此时应当根据牵连管辖的规则,根据《民事诉讼法》第37条有关移送管辖的规定,将案件移送至统一的法院进行管辖,而不宜分散进行若干个代表人诉讼,否则会影响代表人诉讼的制度效果,也会造成矛盾裁判。

（三）专门管辖

有一些代表人诉讼具有实体法上的专门性,比如涉及海事诉讼的代表人诉讼,由海事法院管辖;涉及铁路运输的代表人诉讼,由铁路运输法院管辖;涉及森林资源方面的代表人诉讼,由森林法院管辖;涉及金融证券方面的代表人诉讼,由金融法院管辖;涉及知识产权方面的代表人诉讼,由知识产权法院管辖;涉及互联网方面的代表人诉讼,由互联网法院管辖;等等。《证券代表人诉讼规定》第2条第3款规定:"特别代表人诉讼案件,由涉诉证券集中交易的证券交易所、国务院批准的其他全国性证券交易场所所在地的中级人民法院或者专门人民法院管辖。"目前我国有三家证券交易所,即1990年11月26日成立的上海证券交易所、1990年12月1日成立的深圳证券交易所和2021年9月3日成立的北京证券交易所。因此,在上海证券交易所发生的特别的代表人诉讼由上海金融法院管辖;在深圳证券交易所发生的特别的代表人诉讼由深圳中级法院管辖;在北京证券交易所发生的特别的代表人诉讼由北京金融法院管辖。

（四）集中管辖

代表人诉讼最容易产生集中管辖,即将所有的与代表人诉讼有关的案件集中在某个法院进行管辖,其他的法院无管辖权。这种集中管辖在《民事诉讼法》上并无规定,但可以由法院根据实际需要依照《民事诉讼法》第38条规定的指定管辖进行集中管辖,最高人民法院也可以通过司法解释等形式实行对某类代表人诉讼的集中管辖。《证券代表人诉讼规定》第2条第3款规定的"特别代表人诉讼案件,由涉诉证券集中交易的证券交易所、国务院批准的其他全国性证券交易场所所在地的中级人民法院或者专门人民法院管辖",前者的中级法院管辖为集中管辖，后者的专门法院管辖为专门管辖。专门管辖本质上属于集中管辖，集中管辖不一定属于专门管辖。

二、起诉

代表人诉讼开始于当事人的起诉，任何一个代表人诉讼中的当事人或利害关系人向法院提起诉讼，只要其通过描述案情指明为代表人诉讼，代表人诉讼的起诉行为就已完成，法院就应当以代表人诉讼登记立案。立案登记是代表人诉讼的起点。但这并不意味着该案就一定能够作为代表人诉讼而被法院确认成立，要被法院确认成立，尚需法院经过对代表人诉讼的条件或成立要件进行审查，审查符合条件的方构成代表人诉讼。

三、成立要件

根据《民事诉讼法》第56条和第57条的规定，代表人诉讼的成立要件有二：一是形式标准，即诉讼一方当事人或双方当事人的人数众多；二是实质标准，即诉讼标的是同一的或同种类的。何谓人数众多？世界上的主要立法例都没有见到人数众多的具体标准，但人数众多确实是衡量和确定一个诉讼是否属于群体性纠纷的重要标准，因而人数众多一般是留给司法者自由裁量结合具体案件审理的实际情形予以具体确定。《民诉法解释》第75条规定："民事诉讼法第五十六条、第五十七条和第二百零六条规定的人数众多，一般指十人以上。"可见，我国的代表人诉讼的人数规模原则上确定为10人以上。对此，可做以下理解：一是如果一方当事人的人数在10人以上，则通常就符合代表人诉讼的人数标准。二是10人以上仅仅是一个原则性标准，而不是绝对性标准。有时当事人一方的人数在10人以上，法院可能认为按照共同诉讼的规则进行审判更加适合，则可以排除代表人诉讼的适用；反之，有时当事人一方的人数在10人以下，但法院认为本案按照代表人诉讼进行审判并无不妥，则也可以按照代表人诉讼进行处理。当然，10人以下是否应有一个下限？毫无疑问应当有一个下限，这个下限可以确定为5人。因为一般的诉讼案件在5人以上，诉讼秩序的维持便是一个难题，法院审判也会遭遇莫衷一是的困境。三是对于人数不确定的代表人诉讼而言，通常不宜要求人数规模在起诉时就达到10人以上，因为通过后续的诉讼公告、诉讼合并等程序和规则，加入诉讼的人数还会有所增加，尤为重要的是，该类案件一方面重在解决显在的纠纷，另一方面还意在为潜在的纠纷确定处理的基准，因而过分要求达到一定的人数规模有时会显得事与愿违，有悖制度之初衷。

关于代表人诉讼的实质标准，诸立法例对此表现出了差异性做法。主要有：

第一，必要共同诉讼标准。日本最早将选定当事人诉讼限定于必要共同诉讼的范围，后来随着公害案件、环境污染案件以及其他类型的涉及公益纠纷的案件的不断增多，日本遂扩大选定当事人诉讼的适用范围，强化选定当事人诉讼的功能和价值，允许当事人利用选定当事人制度来解决一方当事人人数特别众多的诉讼。[①] 这种将作为群体诉讼一种形式的选定当事人仅仅局限于必要共同诉讼的做法已不多见。

第二，共同利益标准。在我国台湾地区，一般认为，选定当事人制度乃是共同诉讼的自然延伸，符合必要共同诉讼条件的共同诉讼，由于其显著的关联性，自然可以适用选定当事人制度；而对普通共同诉讼是否能够适用选定当事人制度则有争议。一种观点认为："必须多数人

---

① ［日］谷口安平：《程序的正义与诉讼》，王亚新、刘荣军译，中国政法大学出版社1996年版，第202页。

有共同利益,可从两个角度了解,一是可以成为共同诉讼人之要件,通常即可认为有共同利益。其二,虽不属于共同诉讼,但多数人之攻击防御方法系共同情况的,也可以适用。"① 还有一种观点认为:选定当事人制度应当在普通共同诉讼范围内加以限制,也即,只有其诉讼请求具有同样形式的多个案件才有选定当事人制度适用的空间。"关于共同利益,依法不得为共同诉讼之多数当事人,虽有共同利益,仍不得为选定当事人。"② "共同利益,是指多数人,有得为共同诉讼人之关系,且其主要之攻击防御方法相同者而言。若非得为共同诉讼之人,即无选定当事人之实益与必要,虽合于共同诉讼之情形,如其主要攻击防御方法各异,仍无法达成选定当事人制度之目的。质言之,多数人得依本法选定一人或数人为全体起诉或被诉者,必须有共同之应受判决事项之声明,而法院本于该诉之声明所为判决主文,亦必须为全体可通用始可。"③

第三,共同的事实问题与法律问题标准。这是英美法系国家所采用的标准,《美国联邦民事诉讼规则》第 23 条第 1 款规定了适用集团诉讼的 4 个条件,其中第二个条件即是"存在对整个集团而言的共同的法律问题或事实问题"。也就是说,美国的集团诉讼所采用的实质性标准便是共同的法律问题或者共同的事实问题,二者居其一即可。事实上,有共同的事实问题,即有共同的法律问题,共同的法律问题是建立在共同的事实问题基础之上的,法律问题是事实问题在法律层面的映现,因而实质的标准是共同的事实问题,而非共同的法律问题。英国的群体诉讼也称为代表人诉讼,其适用的条件是众多的主体之间具有共同的利害关系,而所谓共同的利害关系,指的是存在共同或相关的事实问题和法律问题。这一标准与美国并无二致。可见,较之于大陆法国家和地区,英美法国家的群体诉讼适用更为宽泛的标准。

反观我国,《民事诉讼法》第 56 条规定的人数确定的代表人诉讼为诉讼标的具有同一性或同种类性,第 57 条确定的人数不确定的代表人诉讼则为诉讼标的具有同种类性。二者结合起来说,我国代表人诉讼就是共同诉讼的扩大和延伸。这样一种实质标准的限定是否符合代表人诉讼的实际情况?比如,在消费者维权诉讼中,有的消费者可能基于违约之诉提起诉讼,有的消费者则基于侵权之诉提起诉讼,有的要求退货,有的要求赔偿损失,有的要求换货等不一而足,此时能否将其作为一个整体形成代表人诉讼进行一体化处理呢?按照诉讼标的具有同一性或同种类性的标准,无疑,这类的消费者诉讼并不属于诉讼标的具有同一性的案件,同时,其也不是严格意义上的诉讼标的属于同种类性的诉讼案件,因为有的诉讼标的是违约损害赔偿请求权,有的诉讼标的是侵权损害赔偿请求权,有的诉讼请求的满足需要根据《民法典》中的"合同编",有的则需要根据《民法典》中的"侵权编","众口难调",但这是否妨碍其为代表人诉讼呢?笔者认为不能,这类案件仍然不妨适用代表人诉讼,后面的叙述将表明,代表人诉讼中可以分门别类,将规模巨大、众口难调的复杂型代表人诉讼分为若干个小组,分别加以处理,这样就在一个代表人诉讼的总体框架下,将各分支性代表人诉讼分别而又一体化解决,从而既能够实现整体的司法正义,又能实现具体的司法正义,一举而多得,何乐而不为?然而为达此目的,就需要对我国代表人诉讼的立法逻辑以及立法基础做出调整,调整的基本思路是将诉讼标的之实质标准改为案件事实的实质标准,只要案件事实具有同一性,尽管当事人的诉求及其法律依据具有相异性,但仍不妨碍其构成代表人诉讼,换言之,在代表人诉讼中,

---

① 邱联恭:《口述民事诉讼法讲义》(一),许士宦整理,2004 年笔记版,第 392 页。
② 吴明轩:《中国民事诉讼法》(第 6 版),三民书局 2004 年版,第 162 页。
③ 陈计男:《民事诉讼法论》(上)(第 3 版),三民书局 2004 年版,第 182—183 页。

应当用新诉讼标的理论和确定规则取代传统的诉讼标的理论和确定规则。

四、前置程序

前置程序，是指法律规定的不经过一定的先行程序，如行政处罚或刑事有罪认定，则以追究民事责任为内容的民事诉讼，包括代表人诉讼在内，均不得启动。对通常的代表人诉讼而言，该前置程序一般不作规定，前置程序到目前为止主要运用在证券领域的诉讼之中。前引《1.9规定》第6条第1款规定："投资人以自己受到虚假陈述侵害为由，依据有关机关的行政处罚决定或者人民法院的刑事裁判文书，对虚假陈述行为人提起的民事赔偿诉讼，符合民事诉讼法第一百零八条规定的，人民法院应当受理。"据此规定，凡是对虚假陈述证券侵权纠纷提起诉讼（包括单独诉讼、共同诉讼和代表人诉讼）的人，均需要获得证券监管机关的行为处置决定或者法院的刑事裁判文书，只有在侵权行为人被行政处罚或刑事处罚后，相关的受害投资者才能提起证券民事赔偿诉讼。这样一种规定实际上不仅违背了基本的法律原则，而且尤为重要的是，证券侵权诉讼尤其是证券代表人诉讼被因此而大受制约，导致这类的案件在实践中鲜有所闻，广大中小投资者的司法救济大门实际上被无端关闭，其不妥当性不证自明。《九民纪要》第80条指出："在认真总结审判实践经验的基础上，有条件的地方人民法院可以选择个案以《民事诉讼法》第54条规定的代表人诉讼方式进行审理，逐步展开试点工作。"《九民纪要》并没有重申《1.9规定》的前置程序，理论上能否解释为该前置程序已被取消？回答是不能。因为，《九民纪要》并非属于司法解释，而《1.9规定》属于司法解释，非司法解释的规范性文件无法替代和改变司法解释中的有效规定。然而这样一种状况，到《证券代表人诉讼规定》出台已经发生了一定的变化，该规定第5条第1款第3项在规定代表人诉讼的启动条件时做出了相应的调整，规定："原告提交有关行政处罚决定、刑事裁判文书、被告自认材料、证券交易所和国务院批准的其他全国性证券交易场所等给予的纪律处分决定或者采取的自律管理措施等证明证券侵权事实的初步证据。"据此规定，原告提起证券代表人诉讼，不再以行政处罚决定、刑事裁判文书为前提条件，而是将其作为一种"初步证据"，与证券交易所和国务院批准的其他全国性证券交易场所等出具的纪律处分决定或者自律管理措施、被告自认材料等一起，作为证明证券侵权事实发生的证据材料对待。没有行政处罚决定、刑事裁判文书，但是具有其他的相关证据材料，法院也将认为其满足了该项起诉条件，尤其是，该规定中的"等"字还可以基于制度目的和宗旨做出扩大解释。该条第2款还规定："不符合前款规定的，人民法院应当适用非代表人诉讼程序进行审理。"据此，在单独证券诉讼或共同证券诉讼中，所谓前置程序的规定已被完全取消。

五、审查确定

法院对代表人诉讼的审查确定是指通过对当事人起诉的审查，确定其是否符合代表人诉讼的条件，如符合则作为代表人诉讼进行审判；如不符合则按照其他的诉讼程序，包括单独诉讼、共同诉讼等，进行审判。这里实际上包含两个环节的审查：一是代表人诉讼作为一般的诉讼案件是否符合通常的起诉条件的审查；二是代表人诉讼作为特殊的诉讼案件是否符合特别的起诉条件的审查。前者是根据《民事诉讼法》第122条、第123条、第124条以及第127条的规定，就起诉的积极条件和起诉的消极条件进行审查，这是对任何诉讼案件都必须进行的审查，包括原告是否与本案有直接的利害关系、被告是否具有明确性、是否提出了具体的诉讼请求及其事实理由、是否属于法院主管和管辖的范围。后者主要审查是否符合人数众多的条件、众多的当事人提出的诉讼请求是否具有诉讼标的的同一性或同种类性、是否经过了法定的前置程序等。从逻辑上说，前者的审查应当先行，只有在法院审查认为当事人的起诉符合一般的起诉条件后，才继而审查其是否符合代表人诉讼的特殊条件；如果当事人的起诉连一般的起诉条件都不具备，则一般性不复存在，特殊性也无由产生，法院将裁定驳回其起诉，而根本不会审查其是否符合代表人诉讼的条件。如果经过法院对当事人的起诉进行审查后，认为其符合一般的起诉条件，法院则进一步审查其是否符合代表人诉讼的条件。审查的结果如果认为当事人的起诉符合代表人诉讼的条件，则作为代表人诉讼进行审判，此时从国外的立法例上看，法院还需作出一个裁定确定代表人诉讼的成立。《民事诉讼法》第56条和第57条并无此规定，从理论上说法院应当作出一个确认代表人诉讼能够成立的裁定，对此裁定，当事人不得声明异议，更不得上诉。但是如果相反，法院通过代表人诉讼的条件审查，认为其不符合代表人诉讼的条件，法院则应作出代表人诉讼不予确认的裁定，对该裁定，相关的起诉人可以上诉，因为其否定了当事人的代表人诉讼的诉权，虽然与否定当事人提起通常诉讼的诉权不在同一层次，但就其性质而言，二者并无不同。因此，提起代表人诉讼的当事人在起诉的环节上有两次上诉的机会：一次是在否定其起诉条件时的上诉，一次是在否定其为代表人诉讼时的上诉。需加说明的是，当事人的代表人诉讼被裁定不予确认后，并不意味着当事人的起诉权从根本上被否定了，其否定的是按照代表人诉讼进行诉讼的特殊的起诉权，而并未否定当事人的一般起诉权，在代表人诉讼被否定后，法院应当按照其他的诉讼程序，包括单独诉讼和共同诉讼进行处理。

《证券代表人诉讼规定》第5条规定："符合以下条件的，人民法院应当适用普通代表人诉讼程序进行审理：（一）原告一方人数十人以上，起诉符合民事诉讼法第一百一十九条规定和共同诉讼条件；（二）原告中有二至五人申请担任诉讼代表人且符合本规定第十二条规定的代表人选任条件；（三）原告提交有关行政处罚决定、刑事裁判文书、证券交易所和国务院批准的其他全国性证券交易场所等出具的纪律处分决定或者自律管理措施、被告自认材料等证明证券侵权事实的初步证据。不符合前款规定的，人民法院应当适用非代表人诉讼程序进行审理。"根据该条规定，无论何种类型的证券代表人诉讼均需符合以下条件。一是人数众多。原告一方人数在10人以上。二是诉讼标的具有同一性或同种类性。证券代表人诉讼的诉讼标的一般是同种类性，也即其属于普通共同诉讼的放大版，必要的共同诉讼尤其是固有的必要共同诉讼，很难出现证券代表人诉讼的情形。三是诉讼代表人具有充分的代表能力，并且具有公正性。投资者保护机构作为诉讼代表人时，被推定具有诉讼代表人的适格性，其他投资者要作为诉讼代表人，则需要提出证据予以表明其具有适格性。四是存在着能够显示出被告实施证券侵权行为的初步证据。其主要目的是防止滥诉，平衡保护被告的合法权益。但该初步证据在证明标准上要低于法院最终确认证券侵权事实成立的证明标准。投资者保护机构提出的特别代表人诉讼，则需要同时向法院提交有50个潜在原告人授权的书面委托书。法院经过对代表人诉讼的要件审查，如果认为其缺乏必要的代表人诉讼构成要件，则应作出不按代表人诉讼进行或驳回原告起诉的裁定，对此裁定，当事人应有上诉权。尚需指出的是，法院在审查证券代表人诉讼的成立要件时，还要同时进行综合考量，如果认为单一诉讼或共同诉讼更适合该特定个案的审判和处理，则也可以按该条第2款的规定，裁定不按代表人诉讼进行。

六、公告程序

《民事诉讼法》第57条第1款规定："诉讼标的是同一种类、当事人一方人数众多在起诉时人数尚未确定的，人民法院可以发出公告，说明案件情况和诉讼请求，通知权利人在一定期间向人民法院登记。"据此规定可知,公告程序仅适用于人数不确定的代表人诉讼,对人数确定的代表人诉讼则不适用公告程序。之所以立法上对此作出不同的规定,原因在于,对人数确定的代表人诉讼而言,有多少人将包括在代表人诉讼范围之内,起诉人是清楚的或者容易查明的,因而其仅需要通知相关的利害关系人参与诉讼即可,无须由法院发出公告。公告的目的在于让法院无法掌握、同时实际起诉人也无法确知的不特定的利害关系人知晓代表人诉讼已被发动的事实,同时根据自己的需要和判断,确定是否参与诉讼,通过登记程序成为诉讼中的当事人,接受法院最终处理结果的拘束。因此,公告的功能主要有:其一,广而告之,让社会上的不特定的公众知晓代表人诉讼的情况。其二,引起社会的监督。其三,使利害关系人登记参与程序,成为案件的当事人。其四,使那些不来法院登记的利害关系人行使程序选择权,采取相应的措施实施维权行动。

公告是否为必经程序?据上引《民事诉讼法》第57条第1款的规定,其使用的是"可以"一词而不是"应当",无独有偶,《证券法》第95条第2款也规定:"对按照前款规定提起的诉讼,可能存在有相同诉讼请求的其他众多投资者的,人民法院可以发出公告,说明该诉讼请求的案件情况,通知投资者在一定期间向人民法院登记。"这说明,无论是《民事诉讼法》还是《证券法》,都是将公告程序视为可选择的程序来对待的,法院对此可以进行公告,也可以不进行公告,是否公告由法院决定。这里出现两个问题:第一,完全剥夺了当事人的公告申请权,有违当事人的诉讼参与权原则,没有对代表人诉讼中的当事人给予应有的程序尊重。第二,立法规定的选择性公告程序不符合代表人诉讼的功能目的。代表人诉讼的基本功能和目的在于通过一个诉讼程序解决尽可能多的纠纷,将多个利害关系人的同种类的纠纷合并在统一诉讼程序中解决有助于诉讼经济原则的实现,有助于司法裁判的统一性保障,有助于扩大诉讼程序解决纠纷的功能。因此,法院应当对每一个人数不确定的代表人诉讼都进行公告,以使相关的利害关系人知晓诉讼并参与诉讼。因此,该立法规定中的"可以"用语不妥,应当改为"应当",唯其如此,方能切实充分保障被代表人的诉讼知情权、参与权和监督权,因此,立法应将该公告通知程序规定为必经程序,将其性质确定为强制性公告而非任意性或裁量性公告的范畴。在这方面,《证券代表人诉讼规定》第7条规定有所不同:"人民法院应当在权利人范围确定后五日内发出权利登记公告,通知相关权利人在指定期间登记。"这就通过司法解释的方式弥补了立法上的缺陷,值得肯定。

公告是通知的一种形式,但通知除公告的形式外,还有书面通知、口头通知、电子通知等方式。通知的形式有三种:一是个别通知,二是集体通知,三是公告通知。狭义的通知并不包括公告。对《民事诉讼法》第56条规定的人数确定的代表人诉讼而言,因为其人数确定,故而无须进行公告,但仍需进行通知。

公告的内容各有不同,最初的公告是登记权利的公告,中间的公告是代表人的信息告知,稍后的公告是和解方案或调解方案的公告,继之的公告应当是裁判的公告,后续还有执行分配赔偿金额的公告。公告的次数立法上没有明确规定,总的原则是,立法上明定的公告不可缺少,立法上没有明定的公告,法院认为审理案件有必要,也不妨碍其采取的权力。据此而论,可将代表人诉讼中的公告划分为法定的公告和裁量的公告两种类型。

公告一般应在代表人诉讼的利害关系人可以获知相关信息的媒体上发布,如果属于特殊领域的代表人诉讼,也应在相应的电子交易系统中进行公告,传统的在法院门前的公告栏上进行公告的做法,虽然可以保留,但不能代替其他适当形式的公告。至于公告的时间,立法上没有规定,从《民事诉讼法》关于公告送达的时间来看,国内案件的公告送达为30日(《民事诉讼法》第 95 条），当事人在我国境内没有住所的涉外案件的公告送达为 3 个月（《民事诉讼法》第 274 条）。代表人诉讼的公告能否套用该规定？对此不可一概而论，对于权利登记的公告而言，其结果将直接关系到相关的利害关系人是否能够成为诉讼中的当事人，以及法院裁判最终的结果对其是否有拘束力的原则性问题，因而应当采用与公告送达一致的方式进行公告，其周期应当二者保持一致。但对其他事项的公告或者初次公告以后的公告而言，由于公告事项相对次要或者因为已经进行过公告，相关利害关系人已经知晓诉讼并参与了诉讼，他肯定会比较关注诉讼的进程，因而公告的时间相对而言就可以缩短一些，以追求代表人诉讼的效率价值，加快代表人诉讼的处置进程。对国内代表人诉讼案件而言，初次公告以后的公告时间可以确定为 15 日，对涉外代表人诉讼而言，初次公告以后的公告时间可确定为 30 日。

公告发出后将会产生相应的法律后果。如果属于登记公告，利害关系人未在公告期间内到法院进行登记的，则不属于代表人诉讼的当事人，法院作出的裁判或调解书对其不产生拘束力。如果属于代表人信息公告，不同意该诉讼代表人的利害关系人可以另选诉讼代表人，也可以亲自参与诉讼，或者，如果他愿意的话，也可以退出诉讼程序。如果属于和解或调解方案的公告，不同意的利害关系人可以提出异议，异议被驳回的，可以退出代表人诉讼。如果属于裁判公告，相关利害关系人不同意该裁判的，可以提出上诉。如果属于执行分配赔偿金的公告，则其仅有告知作用，被确定在代表人诉讼中的当事人可以到法院申请分配其相应的赔偿份额，届时不来进行分配的，法院应当对其份额进行提存。

七、权利登记

代表人诉讼中的权利登记指的是在法院公告的权利人范围内的利害关系人，在法定的或指定的时间内，向法院提供相关信息，并表示愿意成为诉讼成员的诉讼行为。权利登记的基本意义在于：确定利害关系人为代表人诉讼的合法成员，经法院确认为有效登记的利害关系人，自此成为代表人诉讼的当事人，享有当事人的诉讼权利，承担当事人的诉讼义务，法院最终的裁判结果或和解、调解结果对所有参加登记的群体成员有效。反之，如果在确定的时间里没有进行登记，或者虽然申请进行登记，但由于不符合条件未被法院确认为有效登记，则该利害关系人无法成为代表人诉讼的当事人，该诉讼的结果与之无关，他可以寻求另行诉讼等方式进行救济。

我国《民事诉讼法》是将登记规定在第 57 条人数不确定的代表人诉讼之中的，人数不确定的代表人诉讼固然需要进行登记，登记是人数不确定代表人诉讼的必经程序，但从法解释论上说，是否意味着《民事诉讼法》第 56 条规定的人数确定的代表人诉讼就不适用登记程序？人数确定的代表人诉讼分为必要共同诉讼型的代表人诉讼和普通共同诉讼型的代表人诉讼两种形式。对必要共同诉讼型的代表人诉讼而言，登记程序是无必要的，因为其既然属于必要共同诉讼，则所有的人数众多一方的成员都是确定的，而且他们依法均需参与诉讼，除非他们明示放弃实体权利，他们都是代表人诉讼的当然成员，法院只需将诉讼发生的事实通知他们即可，而不必他们亲自来法院进行登记以取得诉讼成员资格。但是对普通共同诉讼型的代表人诉讼而言，其是否参与诉讼是具有程序选择权的，登记就是其行使程序选择权的法定方式，如果利害关系人不在法定和指定的时间里到法院登记，就意味着他们不准备参与该代表人诉讼，就是对他们诉讼成员资格的放弃，因而登记与否对他们而言意义重大。因此，《民事诉讼法》第 56 条虽未规定登记程序，在解释论上，应当认为普通共同诉讼型的代表人诉讼与第 57 条规定的人数不确定的代表人诉讼一样，均需要经过登记程序确定其诉讼成员资格。

登记原则上应当采取书面的形式进行,通过书面的形式进行登记以示慎重。但书面的形式也有局限性,因而不是绝对的,如果利害关系人在确定的时间里确有困难不能及时进行书面登记,如在期间届满前最后一日知晓该登记公告,而无法及时进行书面登记,应允许其先进行电话或微信等形式的登记,然后再转化为书面登记的形式。同时,在当下的信息化时代,应当广泛采用电子登记的方式进行,以减轻利害关系人的登记负担,电子登记与书面登记的效果相同。《证券代表人诉讼规定》第 8 条第 2 款规定:"权利登记可以依托电子信息平台进行。权利人进行登记时,应当按照权利登记公告要求填写诉讼请求金额、收款方式、电子送达地址等事项,并提供身份证明文件、交易记录及投资损失等证据材料。"利害关系人本人固然可以登记,但也不妨碍其委托诉讼代理人进行登记,委托代理人在权限范围内所进行的登记与本人的登记具有同等效力。

值得关注的是,登记原则上应当采取直接登记的方式进行,但有时登记也可采取间接或推定的形式进行。间接登记,是指由特别的诉讼代表人依法代替利害关系人进行的登记,只要利害关系人不加反对,这种登记就是有效的。《证券代表人诉讼规定》第 35 条规定:"投资者保护机构依据公告确定的权利人范围向证券登记结算机构调取的权利人名单,人民法院应当予以登记,列入代表人诉讼原告名单,并通知全体原告。"这实际上就采取了集团诉讼的默示加入制规则,改变了一般的代表人诉讼中所实行的登记加入制规则。

如果利害关系人在法定或指定的期间内未能进行登记,则其还享有补充登记权。《证券代表人诉讼规定》第 8 条规定:"权利人应在公告确定的登记期间向人民法院登记。未按期登记的,可在一审开庭前向人民法院申请补充登记,补充登记前已经完成的诉讼程序对其发生效力。"补充登记的时间还可以延长,如果利害关系人具有正当理由的,应允许其在实际知晓登记公告之日起 15 日内、在法院作出最终裁判或形成调解书之前,进行补充登记。这种加长版的补充登记权有助于扩大代表人诉讼的规模,强化其化解纠纷的功能,而且只要认可此前的诉讼行为对此后的登记人自动有效,则不会对诉讼程序的安定性产生不利影响。

八、诉讼代表人

(一) 诉讼代表人的含义及意义

诉讼代表人,是指在代表人诉讼中代表所有的利害关系人进行诉讼的人。诉讼代表人是当事人和诉讼代理人的角色竞合,对他自己而言,他是当事人,对其他被代表的人而言,他是诉讼代理人,也被称为诉讼担当人。可见,从含义上说,诉讼代表人不同于当事人,因为他同时还有诉讼代理人的身份;诉讼代表人也不同于诉讼代理人,因为他同时也是诉讼中的当事人,因而他兼有当事人和诉讼代理人的双重身份,他的诉讼身份不是单一的,而是复合的。同时,诉讼代表人也不同于法定代理人,法定代理人也是诉讼代理人,其诉讼地位虽然几乎等同于当事人,但毕竟在性质上他不属于当事人,而诉讼代表人是当事人;法定代理人产生于特定的身份关系或实体权限,诉讼代表人则完全属于诉讼法上的概念,与实体法无关。诉讼代表人也有别于法定代表人,法定代表人是法人组织的全权负责人,他的行为就代表着法人的行为,因而其诉讼权限与作为当事人的法人无异;诉讼代表人对自己而言虽然是完全意义上的当事人,但他同时还是其他被代表人的诉讼代理人,而诉讼代理人的权限是受限制的,其诉讼行为也会被被代表人否决,这与法定代表人有明显区别。

诉讼代表人的意义在于:诉讼代表人是代表人诉讼中最重要的诉讼主体或诉讼角色,没有诉讼代表人,所谓代表人诉讼便无从说起,因而在立法上和司法上,应当高度重视诉讼代表人的立法规制和实施机制。

（二）诉讼代表人的条件

诉讼代表人分为两种，一是普通的诉讼代表人，另一是特别的诉讼代表人。前者适用所有的代表人诉讼，后者仅在证券代表人诉讼中出现；前者是根据《民事诉讼法》第56条和第57条的规定而产生的，后者是根据《证券法》第95条第3款的规定产生的；前者产生的方式多元，后者产生的方式单一，只有在证券代表人诉讼中，经50人以上的投资者委托，方能由投资者保护机构担任特别的诉讼代表人。以下未特别注明者，皆为一般的诉讼代表人。

诉讼代表人面临的问题首先是条件问题。要符合哪些条件方能成为合格的诉讼代表人，方有可能被利害关系人推举为诉讼代表人，或者，将会被法院指定或确认为诉讼代表人？对此我国《民事诉讼法》并未作出明文规定，根据相关司法解释以及比较法上的参考，诉讼代表人的条件可以确定以下几个：

其一，诉讼代表人必须是利害关系人。也就是说，诉讼代表人本身必须具有当事人的资格，如果缺乏当事人的资格，则无法成为诉讼代表人，当事人推举诉讼代表人也仅仅限定于利害关系人的范围。之所以要将诉讼代表人限定于利害关系人的范围，主要是因为诉讼代表人在代表人诉讼中实为举足轻重之诉讼主体，如果不是利害关系人，不利于最大限度地维护全体利害关系人的合法权益。

其二，诉讼代表人的诉讼利益必须具有典型性。也就是说，诉讼代表人在代表人诉讼中所能够通过胜诉获得的利益或分配的赔偿金要达到一定的份额或比例，如果其数额过小，则难以保证其全身心投入于诉讼之中，也难以保证其公正性和客观性，因此，诉讼代表人的个人诉讼请求额要达到一定的标准。当然，这个标准在立法上只能提供一个原则性的指引，而无法对代表人诉讼确定一个普适性标准。大体上，该诉讼代表人在代表人诉讼中所占的份额要达到中等水平，在此基础上，当然越高越好。司法实践表明，一般而言，诉讼代表人都是那些请求份额最高或接近最高的人来担任，这样有助于维护全体被代表人的利益。这一点，与选定当事人有所不同。对于"选定当事人必须是有共同利益的当事人之一"的认定，只需根据原告请求的事实，判断是否存在共同利益，不能以判决结果为标准。也就是说，不能因为判决结果认定选定人自己所主张的权利不存在，不是共同利益人，就认为其代表人不适格。①

其三，诉讼代表人必须具备一定的诉讼能力。诉讼代表人要代表全体利害关系人进行诉讼，而且该诉讼还不是一般的普通诉讼，而是具有复杂性、影响力、规模性的群体性诉讼，所涉及的法律问题极为复杂，实体法规范的解释和适用混杂公益性因素和私益性因素，程序法规则技术性极强，虽然诉讼代表人可以委托诉讼代理人进行诉讼，但他如果缺乏必要的诉讼能力，根本无法驾驭诉讼代理人，无法使诉讼效果达到最优化，因而，诉讼代表人具有一定的诉讼能力是必要的。比如说，诉讼代表人必须具有一定的文化水准，必须擅长表述观点，必须具有一定的辩论能力，必须具有一定的面对复杂问题解决问题或应对问题的能力，必须具有与诉讼代理人等合作共事的能力，等等。诉讼代表人的能力由利害关系人推举时加以检验，同时法院也予以把关，法院认为不符合诉讼能力要求的，可以提示、释明利害关系人重新推举。

其四，诉讼代表人必须对该代表人诉讼具有奉献精神，勤勉尽职。诉讼代表人所做的事情一定意义上说是为全体利害关系人服务的公益事业，因此他必须有奉献精神，必须不计较个人

---

① 参见陈计男：《民事诉讼法论》（上）（第3版），三民书局2004年版，第184页。

得失，而且对诉讼的胜诉结果充满信心，对诉讼的进程充分关注，对诉讼的活动全身心投入，对其他被代表人的利益视同自己的利益，他要将整个代表人诉讼中所涉及的所有的利害关系人，视为一个利益共同体，与自己的利益紧紧捆绑在一起，既有"主观为自己客观为他人"的内在动力，又有"主观为他人客观也为他人"外在形象。唯其如此，诉讼代表人方能为代表人诉讼争取到最大化利益和最佳化结果。与此同时，诉讼代表人必须具有良好的群众基础和一定的组织能力。诉讼代表人是代表人诉讼中全体利害关系人的"掌舵人"或"领航者"，诉讼代表人如果与对方当事人里外勾结，或者被对方当事人收买，这对代表人诉讼而言无异于一场灾难，因此，诉讼代表人不能唯利是图。

符合了以上条件，利害关系人就可以推举其为诉讼代表人；丧失了这些条件，利害关系人就可以中途对其进行撤换，诉讼代表人还将因此而承担必要的法律责任。

《证券代表人诉讼规定》对证券诉讼代表人的担任条件在第12条中作了以下规定："代表人应当符合以下条件：（一）自愿担任代表人；（二）拥有相当比例的利益诉求份额；（三）本人或者其委托诉讼代理人具备一定的诉讼能力和专业经验；（四）能忠实、勤勉地履行维护全体原告利益的职责。"司法解释关于证券诉讼代表人担当条件的规定与前面所列举的诸条件相比，基本相符合。

（三）诉讼代表人的产生方式

那么，诉讼代表人如何产生呢？《民事诉讼法》第56条规定："当事人一方人数众多的共同诉讼，可以由当事人推选代表人进行诉讼。"《民事诉讼法》第57条第2款规定："向人民法院登记的权利人可以推选代表人进行诉讼；推选不出代表人的，人民法院可以与参加登记的权利人商定代表人。"第56条规定的是人数确定的代表人诉讼，其诉讼代表人的产生方式是"推选"；第57条规定的是人数不确定的代表人诉讼，其诉讼代表人的产生方式包括"推选""商定"两种。《民诉法解释》第76条规定："依照民事诉讼法第五十六条规定，当事人一方人数众多在起诉时确定的，可以由全体当事人推选共同的代表人，也可以由部分当事人推选自己的代表人；推选不出代表人的当事人，在必要的共同诉讼中可以自己参加诉讼，在普通的共同诉讼中可以另行起诉。"第77条规定："根据民事诉讼法第五十七条规定，当事人一方人数众多在起诉时不确定的，由当事人推选代表人。当事人推选不出的，可以由人民法院提出人选与当事人协商；协商不成的，也可以由人民法院在起诉的当事人中指定代表人。"与《民事诉讼法》相比较，在人数不确定的代表人诉讼中，诉讼代表人的产生方式多了一种法院"指定"的形式。这就给理论解释带来了一个需要研究的问题，这就是，人数确定的代表人诉讼和人数不确定的代表人诉讼在代表人产生方式上应不应当存在巨大的差异。

对《民事诉讼法》第56条和第57条应当作出体系化、一体化的解释，而不能做出割裂的解释，不能认为第57条规定的所有内容都不能适用于人数确定的代表人诉讼。比如，代表人诉讼作出的裁判对未登记的利害关系人在诉讼时效内提起诉讼的，应当裁定予以适用，这一内容是规定在第57条之中的，但在解释论上也应适用于第56条规定的人数确定的代表人诉讼，否则，便会在代表人诉讼和另行诉讼之间产生矛盾裁判。同样的道理，第57条规定的诉讼代表人产生的方式，虽然在第56条中未加规定，也不能排除其具有可适用性。原因在于，对于法律解释，不能停留于形式逻辑的外在结构，而应基于目的解释和体系解释，从司法适用的现实逻辑出发，具体地根据实际情形确定其含义和内容。就第56条而言，在人数确定的代表人诉讼中，除必要共同诉讼型的代表人诉讼推选不出代表人或对推选出的代表人持有异议的，可以亲自参加诉讼外，对普通共同诉讼型的代表人诉讼而言，推选不出代表人时，法院应当可以商定产生代表人乃至指定产生代表人，对于不同意诉讼代表人的人，可以退出诉讼、另行诉讼。这就能够在尊重被代表人的基础上保障代表人诉讼的效率性，而不致因为产生不了诉讼代表人而使代表人诉讼胎死腹中或功能受限。因此，无论是人数确定的代表人诉讼还是人数不确定的代表人诉讼，除必要共同诉讼型的代表人诉讼外，诉讼代表人的产生方式应当保持一致，均包括推选、商定和指定三种方式。

其实，商定是法院和不同意推选的已经登记的权利人进行商量确定诉讼代表人，与已然表示同意的权利人则无所谓商量之余地，因而商定就其本质而言乃是加上了法院的协调性力量，化解权利人之间的分歧，形成妥协性意见，最终确定诉讼代表人的过程，因而，商定仍属于选定或选任，仍是权利人真实意思的表示。所有别的是司法解释所创设的而未被立法所确认的所谓"指定"诉讼代表人。指定诉讼代表人是在所有的权利人均无法推选出合适的诉讼代表人，法院通过与权利人商定诉讼代表人也无济于事时，由法院通过职权指定行为所产生的诉讼代表人。指定诉讼代表人是基于对法院的充分信任而加以规定的，同时也是为了提高代表人诉讼的效率，维护代表人诉讼的成立和存在，充分发挥出代表人诉讼的内在价值，因而指定诉讼代表人具有一定的合理性。然而，指定诉讼代表人要具备三个配套机制加以保障：一是经过努力，确实无法通过推选或商定的方式确定诉讼代表人；二是允许权利人提出异议或申请复议，法院对此意见应当充分考虑，认为异议成立的，应当重新指定诉讼代表人；三是赋予权利人退出诉讼的权利，如果权利人对指定的诉讼代表人无法接受，通过异议等程序也无法使之满意，那么，为了保持代表人诉讼成立之故，只能是由权利人退出代表人诉讼另寻救济来化解此僵局。

《证券代表人诉讼规定》第12条第2款规定："依照法律、行政法规或者国务院证券监督管理机构的规定设立的投资者保护机构作为原告参与诉讼，或者接受投资者的委托指派工作人员或委托诉讼代理人参与案件审理活动的，人民法院可以指定该机构为代表人，或者在被代理的当事人中指定代表人。"这种在投资者保护机构或其代理的当事人之中指定诉讼代表人的做法适用于普通的证券代表人诉讼，特别的证券代表人诉讼则无所谓指定诉讼代表人可言，其诉讼代表人是由50人以上的投资者委托授权而形成的。此外，《证券代表人诉讼规定》第13条还规定了无异议时代表人的推选方式，该条规定："在起诉时当事人人数确定的代表人诉讼，应当在起诉前确定获得特别授权的代表人，并在起诉书中就代表人的推选情况作出专项说明。在起诉时当事人人数尚未确定的代表人诉讼，应当在起诉书中就拟任代表人人选及条件作出说明。在登记期间向人民法院登记的权利人对拟任代表人人选均没有提出异议，并且登记的权利人无人申请担任代表人的，人民法院可以认定由该二至五名人选作为代表人。"无异议推选和通常的推选存在差异，无异议推选接近于美国的集团诉讼，因而是一种新型的诉讼代表人的产生方式。这样合在一起，在我国代表人诉讼中，诉讼代表人的产生方式有推选、商定、指定、委托和无异议默认五种。

需加讨论的是，诉讼代表人的推选是否需要实行一致同意制，抑或可以实行多数决规则，甚至可以实行简单多数规则。《证券代表人诉讼规定》第14条第2款规定："代表人的推选实行一人一票，每位代表人的得票数应当不少于参与投票人数的50％。代表人人数为二至五名，按得票数排名确定，通过投票产生二名以上代表人的，为推选成功。首次推选不出的，人民法院应当即时组织原告在得票数前五名的候选人中进行二次推选。"该规定确定的推选诉讼代表人的表决规则为参加投票者的二分之一简单多数规则。在代表人诉讼中，尤其在规模庞大、人数众多的代表人诉讼中，诉讼代表人的推选要取得一致同意甚或绝对多数同意，其难度是很大的，原因在于各个利害关系人相互之间并不很熟悉，甚至有时还有利害冲突，比如在被告可能要陷于破产境地时，利害关系人的受偿顺位和比例的确定就可能会产生利益上的矛盾。因此，理论上最优的推选代表人方式在实践中往往行不通，因而需要规则的让步和重构，其中最为重要的就是保障利害关系人的亲自参诉权和迫不得已时的退出权。基于如此考虑，所说的推选比例是高还是低，其实意义并不很大；换而言之，实行明示退出、默示加入制规则后，凡未明示退出代表人诉讼的权利人，均被推定为同意诉讼代表人的代表权，因而其实行的是100%同意规则，也即一致同意规则。《证券代表人诉讼规定》第14条第2款规定的50%通过规则，与其同时所实行的退出制规则是有冲突的。

（四）诉讼代表人的授权机制

诉讼代表人在代表人诉讼中居于枢纽地位，其能动性、积极性以及诉讼活动的有效性直接关系到代表人诉讼最终的结果，代表人诉讼之能否以多数人一方的当事人胜诉而告终，很大程度上取决于诉讼代表人的诉讼努力。诉讼代表人具有双重身份，其对己而言是当事人，对他人而言是代表人，然而，由于代表人诉讼是一个紧密的板块和利益共同体，诉讼代表人不能在当事人身份一边单独行动，而必须与所有的被代表人采取集体行动，小我被融入大我之中，大我处在矛盾的主要方面，因而诉讼代表人必须获得被代表人的授权方能代表所有的利害关系人进行诉讼活动。这种用来授予诉讼代表人以诉讼实施权的机制便是代表授权机制，代表授权机制是代表人诉讼中的重要机制，各国对此所采取的授权模式有所不同。

《民事诉讼法》第56条对人数确定的代表人诉讼和第57条对人数不确定的代表人诉讼不惜篇幅重复规定了对代表人的授权范围，二者均规定："代表人的诉讼行为对其所代表的当事人发生效力，但代表人变更、放弃诉讼请求或者承认对方当事人的诉讼请求，进行和解，必须经被代表的当事人同意。"从立法技术上看，对于同一性质的代表人诉讼规定两个完全相同的授权法则似无必要，但也在一定程度上反映了立法者对诉讼代表人授权机制的谨慎态度。我们将这两个条款与《民事诉讼法》第59条第2款规定的特别代理条款作一比较即可发现，代表人诉讼中的授权范围基本上接近于一般授权，诉讼代理人需要特别授权而诉讼代表人无须特别授权的事项仅仅有两个：一是上诉，二是反诉。一般而言，诉讼代表人为原告，故反诉的授权对其并无意义，剩下来的无须特别授权而在诉讼代表人身份中固有的特殊权限就是上诉。因而，从总体上说，诉讼代表人所具有的诉讼代理权限仅为一般代理，而非特别代理；诉讼代表人如果意欲实施特别授权范围内的事项，则须获得被代表人的特别授权。诉讼代表人的这种只有一般授权而无特别授权的授权机制对于保障被代表人的合法权益是有利的，然而，其存在两大弊端：一是难以调动诉讼代表人的诉讼能动性，二是诉讼缺乏效率。诉讼代表人因为没有足够的授权，其实施诉讼行动势必有一种手脚被捆绑的不自由感，而且往往显得有双重限制之桎梏。比如说，实施和解，一方面，和解前要获得被代表人的授权，否则不得实施促进和解的行动；又一方面，和解成功后尚需获得被代表人的同意，否则依然无效。而且，即便部分被代表人同意进行和解，仍有部分被代表人反对进行和解，这样和解的步伐依然难以迈开；而要取得所有被代表人的同意，似乎是一件极为困难的事情，诉讼和解的努力很难获得成功。可见，这种"一般授权＋特别授权"或"限制在前，授权在后"的代表人授权模式存在很大的弊端，需要改进。

《证券代表人诉讼规定》第7条第2款规定："公告应当以醒目的方式提示，代表人的诉讼权限包括代表原告参加开庭审理，变更、放弃诉讼请求或者承认对方当事人的诉讼请求，与被告达成调解协议，提起或放弃上诉，申请执行，委托诉讼代理人等，参加登记视为对代表人进行特别授权。"这就确定了一种新的代表人授权模式，该模式可以概括为"特别授权＋登记推定"或"授权在前,异议在后"的模式,凡是代表人诉讼的成员进行登记,则可推定其同意特别授权,在诉讼代表人实施特别授权的行为后,持有不同意见的诉讼成员可以提出异议,异议成立的,由法院裁定否决其行为效力,异议被驳回的,该诉讼成员可以退出诉讼另行寻求救济。这种代表授权机制有其积极意义,一方面有助于给诉讼代表人注入充分的诉讼动能,使其能调动一切可调动的诉讼资源为被代表人谋取诉讼中的最大化利益;另一方面,因为有了被代表人的一揽子、概括性、"批发性"的事先授权,代表人诉讼中将省却因分别授权或"零售式"授权而造成的诉讼迟延和程序耗费,有利于提高代表人诉讼的效率价值。因而这种"事前授权+事后异议"的代表授权机制值得肯定。需加指出的是,《证券代表人诉讼规定》第7条第2款所确立的代表人授权模式尚有一个不足之处,此即,它将特别授权的时点确定在了登记之时,而非代表人的产生之时,显得有些违背逻辑。因为,权利人进行权利登记,仅仅意味着他同意成为诉讼成员,同意将其纷争纳入代表人诉讼中进行一体化解决,但并不意味着他同意诉讼代表人的人选,此时诉讼代表人为谁尚属未知数或还处在不确定状态,诉讼代表人最终的产生还有赖于推选、商定、指定等过程;在诉讼代表人产生后,如果被代表人不同意该代表人,可以提出异议或退出诉讼,此时他继续保留在代表人诉讼的集体之中,就可以合理地推定他同意了对代表人的特别授权。这种知道了代表人为谁之后基于信任关系所进行的推定更符合实际的逻辑,这与登记之时尚不知晓代表人为何人就进行这种特别授权的推定相较而言更加科学合理。

(五)诉讼代表人的监督机制

诉讼代表人的监督机制与授权机制有密切的关联,在对诉讼代表人改一般授权为特别授权后,对诉讼代表人的监督机制更需强化。对诉讼代表人的监督就主体而言主要有三个:一是当事人或曰被代表人的监督,二是法院的监督,三是检察院的监督。

首先,当事人的监督最为重要。因为当事人是与代表人诉讼成败利益联系最为紧密的主体,因而由他来监督诉讼代表人的诉讼行为最为有效,也最有动力。当事人对代表人诉讼的监督主要表现在当事人所享有的诉讼权利之上。如前所述,被代表人在诉讼代表人产生后并不真正彻底退出诉讼,被代表人在代表人诉讼中其诉讼地位可谓是"隐而不退""或隐或显""若隐若现",在关键时他就会浮出水面,行使当事人该有的诉讼权利,对诉讼代表人乃至法院的诉讼行为实施监督,以维护自己的合法权益。当然,被代表人作为当事人的诉讼权利是受到严格限制的,其诉讼权利主要有:

其一,知情权。诉讼代表人和法院要将诉讼的进程以及诉讼中的重要事项,尤其是属于特别授权范围内的事项,以切实可靠的方式通知给被代表人,使被代表人有机会行使诉讼权利。为了了解诉讼进展情况,被代表人有权查阅诉讼卷宗材料,有权要求诉讼代表人解释相关问题和事项,有权向诉讼代表人提出问题并要求回答。

其二,参与权。被代表人在诉讼代表人产生后退出诉讼程序是其诉讼权利,但并非诉讼义务,被代表人在退出诉讼后仍有权参加诉讼,实施不影响诉讼代表人进行独立诉讼活动的"剩余行为",比如旁听诉讼的庭审活动,向代表人发表关于庭审的建议和意见,向法院提供相关信息或证据,向法院提出本人对本案的看法和意见,等等。这些诉讼行为只要未对代表人的诉讼行为以及良好的诉讼秩序构成障碍,而是一种必要的、有益的、善意的补充,则应当是被允许的。

其三,建议权。作为被代表人的当事人有权向诉讼代表人提出建议,建议其如何采取诉讼行动以及确定何种诉讼策略,注意哪些诉讼事项,这些有益的建议应当是允许当事人提出的。

当然，是否接受这些建议，由诉讼代表人自由斟酌决定，作为被代表人的当事人无权进行干涉。

其四，异议权。在诉讼代表人实施需要特别授权范围内的事项时，如承认、放弃、变更诉讼请求，进行和解，接受调解、提出反诉或上诉，如果被代表人持有不同的看法和意见，则有权提出异议，该异议应向法院提出，法院对被代表人提出的异议应当作出裁定；法院不同意该异议裁定驳回的，异议人应当可以申请复议一次。

其五，罢免权。诉讼代表人是由被代表人选任或通过其他途径产生的，无论通过何种途径产生，诉讼代表人的职责是为被代表人服务，受被代表人监督；如果诉讼代表人的行为表明其已不能胜任诉讼代表人的任务，或者他已经发生了信任危机，被代表人对诉讼代表人代表他们实施诉讼活动已经不寄予必要的信任，则该诉讼代表人便失去了作为诉讼代表人的根基和基础，被代表人就可以行使罢免权，撤换诉讼代表人，推举产生或通过其他途径产生新的诉讼代表人。当然，撤换诉讼代表人并非由少数被代表人说了算，而应当达到一定的比例，比如达到诉讼总人数的五分之一，方能行使罢免权，否则，不同意诉讼代表人的人，只能行使消极的监督权，也即退出诉讼的权利。当这种退出诉讼或对诉讼代表人表示不满的利害关系人达到一定的比例，他们就可以"反戈一击"，变被动为主动，联合在一起行使对诉讼代表人的罢免权了。行使罢免权应当在法院的主持下按照程序投票进行，其结果在法院的认可下发生法律效力。《证券代表人诉讼规定》第17条规定了代表人撤销制度："代表人因丧失诉讼行为能力或者其他事由影响案件审理或者可能损害原告利益的，人民法院依原告申请，可以决定撤销代表人资格。代表人不足二人时，人民法院可以补充指定代表人。"上述这些诉讼权利，是代表人诉讼中被代表人所拥有的诉讼权利，其中最为重要的是对诉讼代表人的监督权。

其次，法院对诉讼代表人的监督。放眼各国的群体诉讼，尤其是集团诉讼，法院的监督权获得了空前的增长，法院的监督成了群体诉讼制度的一个标志，实行职权主义而非当事人主义乃是群体诉讼的鲜明特征。我国也不例外，虽然《民事诉讼法》第56条和第57条对法院就诉讼代表人的监督权未加明定，但需要被代表人特别授权的事项本身就蕴含了法院的监督权限在内，这些事项不仅需要获得被代表人的特别授权，而且须经法院的审查和批准，否则无法生效。《证券代表人诉讼规定》第22条规定了对诉讼代表人重大诉讼事项的审查："代表人变更或者放弃诉讼请求、承认对方当事人诉讼请求、决定撤诉的，应当向人民法院提交书面申请，并通知全体原告。人民法院收到申请后，应当根据原告所提异议情况，依法裁定是否准许。"可见，当事人的监督和法院的监督是相互融合的，当事人提出监督性的申请或异议，法院对此进行审查判断，决定是否同意这种申请或异议，这既是法院的职权行使，也是法院的职权监督。当然，除特别授权范围内的事项需要法院格外进行监督外，其他任何诉讼事项，只要法院认为有必要，其均可以进行职权性的监督，无须被代表人提出申请或异议。从该意义上说，法院的监督相对于当事人的监督范围更加广泛，效果也更加突出，因而立法上应当细加规定。

最后，检察院的监督。检察院的监督在代表人诉讼中并无特别规定，其仍适用《民事诉讼法》第14条关于检察监督基本原则的规定。有鉴于代表人诉讼往往是具有社会重大影响的规模性案件，而且会在不同程度上涉及社会公益，因而，检察院应当全程参与其诉讼过程，进行全方位的监督。法院应当将代表人诉讼的信息告知检察院，检察院应当派员专门负责代表人诉讼的法律监督事宜。

（六）诉讼代表人的激励机制

诉讼代表人应当是品性良好的人，否则他就会利用代表人诉讼赋予给他的机会寻租，最后损害被代表的众多当事人的合法权益,代表人诉讼的制度大厦也将陷于瘫痪。然而,诉讼代表人的品德或公信力是其作为诉讼代表人的条件之一,这并不意味着立法就无须为诉讼代表人设定激励机制。一个公信力强、冷静灵活、业务水平高的代表人,不仅能为多数当事人最大限度地争取利益,还可以积极协调好内部关系,协助法院顺利地审理案件。① 诉讼代表人对代表人诉讼的顺利进行作出了重要贡献,也有大量的劳力心力付出,其理应得到相应的回报。反观我国《民事诉讼法》第56条和第57条的规定,其之所以在司法实践中很少被运用,制度的不健全和土壤的不适宜固然是其要因,但其中一个不可忽视的原因就是诉讼代表人的激励机制不够健全。一方面,诉讼代表人要大量付出;另一方面,诉讼代表人又分文不得,这样权利义务完全脱节的"纯自愿性"行为,多少与现实有些脱节。实践中很多代表人诉讼之所以发动不起来,就是因为缺乏这样的"毛遂自荐者"从中斡旋联络,使处在松散状态的小额多数当事人得以最终形成一个相对稳定的诉讼集合体,更多的人是愿意"搭便车",附和于其中行使监督权最终分享诉讼的成功果实。美国的集团诉讼之所以蓬勃发展,能够保护多数人的合法权益,原因之一就是他对诉讼代表人的激励机制较为健全,其诉讼代表人往往就是代理律师,他能够根据胜诉取酬制分得胜诉金额或和解金额的三分之一左右。当然,美国的激励机制也稍显过了头,走向了一个极端。而我国的代表人诉讼则全然匮乏任何意义上的激励机制。理想的选择应当是走一条中间道路,通过立法肯定诉讼代表人激励机制存在的合理性,同时又对其进行严格的限制,防止将发动代表人诉讼异化为谋生乃至发财致富的手段。诉讼代表人和代理律师的激励机制应当捆绑在一起进行设计,他们在诉讼中应当成为一个利益共同体。具体而言,他们最终应当能够从诉讼中得到以下补偿和回报:其一,他们在诉讼中的实际花费,包括交通成本、误工成本以及餐饮补贴等。他们在诉讼中的实际花费是为了代表人诉讼的进行而支付的,应当由所有的被代表人按其受偿额的比例负担。其二,在最终获得胜诉的赔偿金或和解金中按一定的比例提成作为报酬。诉讼代表人及其代理律师的报酬应当在选任诉讼代表人时进行预定,并发出公告,在法院主持下通过竞争机制确定最终的诉讼代表人。

九、代表人诉讼的分组

代表人诉讼中的分组是指将代表人诉讼按照一定的标准划分为若干个小组,既分别又协同处理的群体诉讼技术手段。代表人诉讼因为人数规模庞大,各个诉讼成员情形不一,常有众口难调之情况出现。代表人诉讼是一个融追求多种功能于一体的政策实施型诉讼,不能因为其内部有技术性问题难以处理而使之功亏一篑,相反,应当在程序规则的设计上因应这种技术性难题而使代表人诉讼总体上取得协同推进的效果。这种用来解决代表人诉讼技术难题的一种常用方法就是"分组"。分组,就是分门别类,其目的是化繁为简。代表人诉讼的分组就其本质而言乃是由若干个小代表人诉讼组合成一个大的代表人诉讼,这可以视为代表人诉讼的合并形态。从比较法视角看,对群体诉讼进行分组化处置是一个被经常运用到的程序规则技术手段。《美国联邦民事诉讼规则》第23条第3款第5项规定:"如果适宜的话,一个诉讼集团可以分为若干个子集团,而这些子集团根据本规则也被视为各别的诉讼集团。"我国台湾地区2003年修正后的"民事诉讼法"第41条也对多数当事人分别选定当事人作出了规定。以下以《证券代表人诉讼规定》为例,对我国代表人诉讼的分组进行探讨。

第一,以诉讼标的之性质为标准,可将代表人诉讼分为不同诉因的小组。如《证券代表

---

① 参见王福华:《代表人诉讼中的利益诉求》,载《法学》2006年第6期。

人诉讼规定》第 1 条第 1 款规定："本规定所指证券纠纷代表人诉讼包括因证券市场虚假陈述、内幕交易、操纵市场等行为引发的普通代表人诉讼和特别代表人诉讼。"证券代表人诉讼中，被告人可能往往实施多个侵害投资者权益的侵权行为，比如先后实施了证券市场虚假陈述、内幕交易、操纵市场的行为，投资者因此所造成的损害并不相同，投资者加入诉讼的侵权事由也不相同，但他们都具有共同的法律问题，也具有共同的被告，因此，可以构成一个统一的代表人诉讼，在该统一的代表人诉讼中，法院根据审理案件的需要，可以而且也应当将各个投资者按照侵权事由分为若干小组进行处理，如虚假陈述组、内幕交易组、操纵市场组等。这样分成若干小组，即便合并庭审，也可以分别举证和质证，分别进行法庭调查和法庭辩论，但也可以分别庭审。

第二，按诉讼代表人的性质，可以将代表人诉讼分为普通组和特别组。《证券代表人诉讼规定》第 1 条第 2 款规定："普通代表人诉讼是依据民事诉讼法第五十三条、第五十四条、证券法第九十五条第一款、第二款规定提起的诉讼；特别代表人诉讼是依据证券法第九十五条第三款规定提起的诉讼。"据此规定，如果投资者保护机构获得 50 人以上的投资者委托，其就可以作为当然的诉讼代表人提起代表人诉讼，那些未加委托者既可以不表示异议而视为加入诉讼，也可以声明退出诉讼；如果声明退出诉讼的投资者达到一定的规模，甚至超过了委托给投资者保护机构的投资者数量，则没有理由仅仅因为其不同意该投资者保护机构作为诉讼代表人而将其排除在代表人诉讼的大门之外，代表人诉讼作为接近正义第二波理论的主要内容，理应作为诉讼之福利能够为众多的证券受害者所利用。这些投资者可能会委托其他的投资者保护机构作为诉讼代表人，也可能会通过推选等形式产生他们自己的诉讼代表人，前者会产生两个或两个以上的特别代表人诉讼，后者会产生普通的代表人诉讼与特别的代表人诉讼相并行的情形。法院将这些相同或相关联的代表人诉讼合并在一起，构成一个大的代表人诉讼进行，是必要的，也是可行的。

第三，以诉讼请求是否具有典型性为标准，可以分为示范组和普通组。《证券代表人诉讼规定》第 23 条规定："除代表人诉讼案件外，人民法院还受理其他基于同一证券违法事实发生的非代表人诉讼案件的，原则上代表人诉讼案件先行审理，非代表人诉讼案件中止审理。但非代表人诉讼案件具有典型性且先行审理有利于及时解决纠纷的除外。"在代表人诉讼中，法院可以将其一分为二：一是示范组，二是普通组。对代表人诉讼中的诉讼请求标的额较大，同时该诉讼请求所基于的事实基础和法律基础与代表人诉讼中多数成员具有一致性，此时，法院为了简化代表人诉讼的诉讼程序起见，可以挑选一个或若干个诉讼成员作为示范组成员，先行对他们的诉讼请求作出处理。处理的结果可以通过裁定直接适用于普通组的诉讼成员。这就是示范诉讼。示范诉讼必须在代表人诉讼构成后方有意义，因为其诉讼结果对代表人诉讼的主体部分具有拘束效力。如果代表人诉讼尚未构成，则所谓示范诉讼意义并不很大，它仅仅对其他诉讼的调解具有示范作用，对诉讼裁判并无拘束价值。

第四，以解决纠纷的方式为标准，可将代表人诉讼分为调解组和裁判组。《证券代表人诉讼规定》第 21 条第 2 款、第 3 款规定："人民法院准备制作调解书的，应当通知提出异议的原告，告知其可以在收到通知后十日内向人民法院提交退出调解的申请。未在上述期间内提交退出申请的原告，视为接受。申请退出的期间届满后，人民法院应当在十日内制作调解书。调解书经代表人及被告签收后，对被代表的原告发生效力。人民法院对申请退出原告的诉讼继续审理，并依法作出相应判决。"在代表人诉讼中，如果其诉讼成员在是通过调解还是通过判决来解决其纠纷这一点上产生根本性分歧，则法院应当将赞同调解和赞同判决的诉讼成员分为两个小组，分别进行代表人诉讼的最终处理，而不宜简单地将不同意调解的诉讼成员排除在外，责令其退出代表人诉讼。

第五，以是否同意上诉为标准，可将代表人诉讼分为一审生效组和二审生效组。代表人诉讼一审结束后，有的诉讼成员不服一审结果坚持上诉，有的诉讼成员表示对诉讼结果满意无须上诉，除必要共同诉讼型的代表人诉讼各诉讼成员必须采取一致行动外，其他类型的代表人诉讼则可以分组行动，同意上诉的分为一组，不同意上诉分为另一组。不同意上诉的，一审判决对其直接生效，并可以提前进入执行程序；同意上诉的，一审判决对其不发生效力，其权利义务由二审判决确定。《证券代表人诉讼规定》第 27 条规定："一审判决送达后，代表人决定放弃上诉的，应当在上诉期限届满前通知全体原告。原告自收到通知之日起十五日内未上诉，被告在上诉期间内亦未上诉的，一审判决在全体原告和被告之间生效。原告自收到通知之日起十五日内上诉的，应当同时提交上诉状，人民法院收到上诉状后，对上诉的原告按上诉处理。被告在上诉期间内未上诉的，一审判决在未上诉的原告和被告之间生效，二审裁判的效力不及于未上诉的原告。"

需加讨论的是，代表人诉讼能否像破产案件那样，将所有的债权人分为大债权人组和小债权人组、有担保的债权人组和无担保债权人组等。笔者认为，在代表人诉讼中，一般情形下不会产生有担保的债权人组和无担保债权人组这种分类，也不会产生诸如职工组和非职工组等分类。这是因为，代表人诉讼一般为侵权诉讼，所谓担保、职工等问题通常不会发生。不仅如此，在代表人诉讼中，将代表人诉讼的各成员按其标的额大小进行分类也无实际意义。因为与破产案件不同，代表人诉讼并不实行少数服从多数的表决规则，而是实行一致表决规则，不同意诉讼代表人的人选或调解方案的人可以退出诉讼，这种退出诉讼的权利对于诉讼成员无论大小均一体适用，而不是由大标的额的诉讼成员做出诉讼决策，由小标的额的诉讼成员来服从，既然如此，分组表决也就失去了程序性价值和制度性价值。

十、诉讼成员的退出权

代表人诉讼的诉讼成员是否享有退出诉讼的权利？我国《民事诉讼法》第 56 条和第 57 条均无明确规定，而仅规定"代表人变更、放弃诉讼请求或者承认对方当事人的诉讼请求，进行和解，必须经被代表的当事人同意"。但更深层次分析，该规定中实际上是蕴含诉讼成员的退出权的。如果大多数代表人诉讼的诉讼成员均同意代表人的特殊性、实体性处分行为，而仅有少数诉讼成员对此不予同意，对此矛盾的解决只有实行退出机制一种途径较为妥当。这是因为，一方面，对不同意诉讼代表人实体处分行为或重要诉讼行为的诉讼成员，如果不允许其退出诉讼，而使之被迫接受在其看来对其不利的诉讼结果，则显然有失公平；另一方面，如果仅有少数诉讼成员对诉讼代表人的诉讼行为表示不同意而就使该诉讼行为效力被否决或者使诉讼处在僵局状态，则也显然是对多数诉讼成员的非公正对待，对代表人诉讼整体而言，也不符合效率和经济原则。可见，我国《民事诉讼法》由于立法之粗疏而未明定诉讼成员的退出权，但在解释论上应当认为其包含此项规定。

在代表人诉讼或集团诉讼这类的群体诉讼中，诉讼成员的退出权和诉讼成员的加入权是关联在一起的，它们既有联系也有区别：其联系在于，诉讼成员的加入权在逻辑上优先或在先，只有在诉讼成员加入代表人诉讼后，才有所谓诉讼成员的退出权；反之，有诉讼成员的退出权，必然先有诉讼成员的加入权；尤其是，无论是诉讼成员的加入权还是退出权，其权利基础都是自愿原则和处分原则，是诉讼成员的重要甚至可以说是最重要的诉讼权利，诉讼成员所拥有的其他所有的诉讼权利,都是建立在其加入权和退出权的基础上的。有了加入权,诉讼成员享有了所有的诉讼权利;有了退出权,诉讼成员切断了与代表人诉讼的联系和纽带。可见,在代表人诉讼中,无论是诉讼成员的加入权还是退出权,都要在立法上有明确细致的规定,都要受到立法和司法的切实保障。

从各国关于群体诉讼的加入制来看,其无非采用两种模式,一是明示加入制,如我国,只有利害关系人进行登记才能成为诉讼成员;二是默示加入制,如美国,利害关系人如果不声明退出,则自动成为诉讼成员。然而,无论是采取明示加入制还是采取默示加入制,诉讼成员的退出制实行的都是明示退出制,也就是说,在利害关系人被确认为代表人诉讼的成员后,其如果意欲退出诉讼另辟救济渠道,则必须向法院明确表示该退出诉讼的意思,方能达到彻底退出诉讼的目的,否则,即便诉讼成员不断地提出异议或反对意见,而只要其未明确表达退出诉讼的意思表示,则其仍被保留在代表人诉讼的整体之中,诉讼的结果对其仍具有拘束力。

从性质上说,退出权是诉讼成员在诉讼全过程中都始终享有的一项基本诉讼权利,因而在诉讼的全过程中,诉讼成员只要愿意,他可以随时退出诉讼。从诉讼节点和退出事由上看,诉讼成员的退出行为一般会在以下三个节点予以实施:

其一,在法院宣布代表人诉讼成立之时。代表人诉讼的成立,意味着法院将按照代表人诉讼的程序规则来行使审判权,不愿意按照代表人诉讼来维权的利害关系人就有可能会退出诉讼。这种在代表人诉讼成立之初就宣布退出诉讼的现象在我国不会发生,因为我国实行的是成员加入制,在诉讼代表人成立之初,利害关系人并不当然成为代表人诉讼的成员,其欲成为诉讼成员,尚须向法院明确表示和进行登记,如果其未进行诉讼成员的登记,则其从一开始就不具有代表人诉讼的成员资格和身份,因而无所谓退出诉讼的问题。但这个问题在美国是存在的,因为美国的集团诉讼实行的是默示加入制,所有的利害关系人只要不声明退出诉讼,都自然地成为诉讼成员,因而如果有利害关系人不想成为集团诉讼的成员,他只有向法院声明退出诉讼。与此相应,我国的登记加入制反过来也可以说是默示退出制,但默示退出制仅适用于代表人诉讼的起初或成立阶段,在其他阶段或诉讼节点中,诉讼成员的退出均为明示的方式。值得注意的是,根据《证券代表人诉讼规定》第32条第2款关于"不同意加入特别代表人诉讼的权利人可以提交退出声明,原诉讼继续进行"的规定,在证券特别代表人诉讼中,在代表人诉讼成立之初,诉讼成员的退出行为仍然是明示行为,而不是默示行为。换而言之,对证券特别代表人诉讼来说,其诉讼成员的退出权一律实行明示制而非默示制,这与美国的集团诉讼相同。

其二,在诉讼代表人产生之时,诉讼成员可以声明退出。诉讼代表人是通过推选、商定、指定等方式产生的,无论诉讼代表人以何种方式产生,通常都很难保证每一个利害关系人或诉讼成员均表示满意,尤其是商定和指定代表人,这本身就说明有部分甚至相当一部分的诉讼成员对所产生的诉讼代表人难言满意或者能够寄予充分的信任。如果利害关系人或诉讼成员对作为代表人诉讼主角的诉讼代表人都无法产生基本的信任,那么,要将其硬性保留在代表人诉讼中无疑是勉为其难,因此,应当允许这些对诉讼代表人持有异议的诉讼成员行使退出权。

其三,在代表人诉讼进行和解或调解之时,诉讼成员应当享有退出权。与其他普通诉讼一样,代表人诉讼既可以通过判决宣告结束,也可以通过和解或调解来结案。通过判决为一般的诉讼结束模式,诉讼成员并无选择权利,因而,诉讼成员不能基于法院将作出判决而非调解的理由宣布退出诉讼;但通过和解或调解来结束案件,会对诉讼成员的诉讼利益,包括程序利益和实体利益带来一定的影响,因而需要获得其明确表示的同意,否则将违背诉讼中的处分原则和支配调解与和解的自愿原则。因此，对代表人诉讼通过和解或调解解决的，理应得到每一个诉讼成员的认可和同意，而不得按照少数服从多数的原则将和解或调解的结果强加于诉讼成员之上。故而，诉讼成员不同意和解或调解的，有权声明退出代表人诉讼。《证券代表人诉讼规定》第21条第3款规定："申请退出的期间届满后，人民法院应当在十日内制作调解书。调解书经代表人和被告签收后，对被代表的原告发生效力。人民法院对申请退出原告的诉讼继续审理，并依法作出相应判决。"这一规定具有规则创新价值，据此规定，不同意和解或调解的代表人诉讼的诉讼成员，不是必须退出诉讼（他固然可以选择退出诉讼），如果他愿意保留在代表人诉讼中，法院可以对他或他们作出单独判决或共同判决。

之所以赋予诉讼成员以宽泛的退出权，是因为这是诉讼成员程序保障的最后砝码和最终依赖，否则代表人诉讼的程序正当性便会存在瑕疵或出现危机。为了尽可能使诉讼成员被保留在代表人诉讼之中而不致被纷纷退出，诉讼代表人及其代理律师竭诚热心履职尽责就是题中应有之义。如果诉讼成员纷纷退出以至于诉讼成员少于其成立的标准数（10人），法院则应裁定宣告代表人诉讼终止，同时将代表人诉讼转换为其他诉讼形式，包括单一诉讼和共同诉讼进行。值得关注的是，《证券代表人诉讼规定》第36条规定："诉讼过程中由于声明退出等原因导致明示授权投资者的数量不足五十名的，不影响投资者保护机构的代表人资格。"笔者认为，这一规定原则上无问题，也有这样规定的先例（如我国台湾地区），但如果退出的成员达到一定的标准，比如接近10人甚至更少，而绝大多数诉讼成员均退出了代表人诉讼，则维持这样的代表人诉讼已无意义，尤其是，成员退出的人数越多，说明诉讼代表人的公信力越低，此时仍然维持该诉讼代表人的代表资格，有违正当性原理，实不足取。

十一、代表人诉讼中的举证

代表人诉讼中的举证从总体上看与单一诉讼、共同诉讼这些普通的诉讼并无性质上的不同，一般都是按照举证责任分配的规则，通常由原告负责就案件事实的构成要件负担举证责任或者证明责任，被告从相反的方向进行反证和反驳，最终由法院对双方的证据之分量进行权衡，对证明力占优势的一方当事人的事实主张予以认可，并在此基础上适用法律作出判决。但尽管如此，由于代表人诉讼往往人数众多，同时其案件类型有时较为特殊，尤其是在整个诉讼中会存在作为代表人的显性当事人和作为被代表人的隐性当事人，他们对诉讼中的证明发挥着各自不同的作用，因而，代表人诉讼中的证明或举证存在某些特殊性，就其要者而言，其特殊性有如下诸端：

（一）同时并存着整体的举证和分别的举证

对整个的代表人诉讼而言，诉讼代表人要对代表人诉讼所赖以构成的要件事实负责举证和证明，在该证明活动中，被代表人无法发挥显在的作用，其只能对诉讼代表人的诉讼证明提供证据线索、证据材料等，同时也可以提供证明思路、商量证明策略、确定证明路径，从而助力诉讼代表人完成整个代表人诉讼中依法课加于其上的证明责任。但潜在的当事人即被代表人只能在代表人诉讼中协助诉讼代表人履行提供证据意义上的证明责任，而对于说服意义上的证明责任其则无能为力，因为他们不能参与到具体的庭审活动之中，他们不能就证据的利用和反利用行使诉讼权利、履行诉讼义务，否则就会造成诉讼角色的紊乱。需加注意的是，在诉讼代表人和被代表人之间就证据的提供和证明的活动发生冲突时，应当以诉讼代表人的意见为准。这是代表人诉讼中的一方面情景，另一方面的情景是，各个被代表人在代表人诉讼的"分会场"上仍然需要就其自身的受害事实、损失程度、因果关系等用以构成其诉讼请求权的要件事实负担证明责任。这种证明通常发生在两个环节，一是在被代表人进行诉讼登记之时，他们要登记成为诉讼中的当事人，必须要提供相应的证据证明其为该代表人诉讼中的权利受害者范围的成员之一，否则，其无法成为代表人诉讼中的成员，代表人诉讼与其不会发生关联；二是在代表人诉讼进行胜诉后的分配时，被代表人（实际上也包括诉讼代表人本身）必须提供证据证明其具体的损失数额以及法律性质，从而决定其分配的比例以及顺位。在前一个环节，也即登记环节，被代表人的证明行为重在性质上确定为代表人诉讼的合法成员，在后一个环节，也即分配环节，被代表人的证明行为重在数量上确定其参与分配的份额，前者定性，后者定量，当然这二者仅是侧重点上的区别，实际上往往不能截然分开。可见，在代表人诉讼中，其举证或证明的行为场景既有"主会场"上的"做蛋糕"之斗，也有"分会场"上的"分蛋糕"之争。

（二）前置程序

前置程序有利有弊，其弊在于限制了当事人的诉权，其利在于减轻了当事人的举证负担。我国证券代表人诉讼中有该前置程序之说，其他性质的代表人诉讼中并无此说，因而前置程序作为减轻当事人举证负担的法律装置并不具有普遍意义。

（三）初步证据

《证券代表人诉讼规定》第5条第1款第3项规定："原告提交有关行政处罚决定、刑事裁判文书、被告自认材料、证券交易所和国务院批准的其他全国性证券交易场所等给予的纪律处分或者采取的自律管理措施等证明证券侵权事实的初步证据。"将初步证据作为证券代表人诉讼是否成立的要件之一。初步证据，实际上即为初步证明，也就是说，虽然对证券侵权事实在诉讼成立之初无须提供充分的证据将其证明到法定的证明标准之程度，但也要有一定量的证据对此予以大致的证明，其证明标准大体上与当事人证明程序性要件事实的证明标准相同或相接近。其实，从世界各国关于群体诉讼的规定来看，其成立要件往往都有初步证据这一项，尽管其名称或说法不一。比如在美国，其集团诉讼要能够被法院确认成立，提起集团诉讼的诉讼代表人必须首先拿出一定量的证据来证明侵权事实大体上是成立的，否则法院不会确认其为集团诉讼，当事人只能以其他的诉讼形式进行诉讼。加拿大的魁北克省所规定的集团诉讼，更是要求对集团诉讼的成立应当进行实质性审查，审查其是否存在相应的侵权事实。之所以在代表人诉讼中要提出一个较之于普通诉讼更为严格的诉讼成立要件，或者说要将胜诉要件中的关键事实的证明降低一定标准提前到诉讼成立的环节，并将之作为诉讼成立要件来对待，其原因主要在于代表人诉讼往往具有公益色彩，甚至某些案件本身就是公益性的代表人诉讼，其社会影响度非常高，其审判程序比较特殊，诉讼成本相对较高，一旦确定错误，所造成的程序性损失较大，司法资源会遭到严重浪费，因而其进入程序的门槛相对较高，对代表人的诉权限制更严。故而在其诉讼成立要件的设定上，除一般的程序性要件外，还会将关键性的实体要件掺入其中，从而实现实体要件程序化的改造，将代表人诉讼的重心由庭审向前移动，致使代表人诉讼一旦被确认成立，往往就使原告胜券在握，后续的程序就是代表人诉讼的和解谈判，真正通过庭审来证明案件事实的案件少之又少。从一定意义上说，代表人诉讼既有某种职权主义的倾向，也有诉讼程序非讼化的色彩。

（四）举证倒置

代表人诉讼一般都属于特殊种类的侵权诉讼，比如环境侵权诉讼、损害消费者权益的诉讼、证券诈骗诉讼等，这一类的诉讼一般分布在《民法典》上的侵权责任编，并且集中在特别的侵权责任领域。其特点通常是证据偏在，也就是说，证明侵权行为和损害与行为之间因果关系的证据材料，通常不掌握在原告受害者的手中，而往往被实施侵权行为的被告人所控制。因此，受害人的诉讼请求，要想得到法院的认可，将会在权利主张和立证方面遇到巨大的困难。例如，在公害人身伤害的损害赔偿诉讼中，存在着证据偏在和新颖的科学证明等难以克服的障碍；在机场噪音和新干线噪音诉讼中，还必须围绕着轻微的难以捕捉的侵害或微妙的精神损害来展开主张和立证，而对于果汁含量标示不当诉讼或因避免被动吸烟引起的嫌烟权诉讼而言，这种困难显得格外突出。①为了减轻原告受害者的举证困难，立法上一般采取通过法律明定的方式将通常的举证规则予以适度变通，根据案件的实际情形，将某些原本应当由原告负担的证明责任在原告提供一定的表面证据使之处在表面可信状态后，不强求原告进一步继续举证，而将其相反事实的证明责任倒置给被告负担。例如，在证券侵权代表人诉讼中，被告人的虚假陈述究竟在多大的程度上造成了投资者的损失，投资者自己的失误在其中占据何种比例等问题，诉讼中往往成为争议焦点。对此，受害者原告只要提供了被告虚假陈述的证据就算完成了证明责任，被告要就原告自己主观上存在何种失误以及这种失误在所造成的损失中的成因比进行举证。这样，实行举证责任倒置，使当事人的举证责任得到缓和，当事人只要对自己主张的因果关系的盖然性举证证明就算是完成了举证。②

（五）降低证明标准

在代表人诉讼中，有时证明责任无法进行倒置或转换，而必须由原告受害者来进行证明，比如损害事实的造成以及损害程度及其范围的确定等要件事实就是如此。此时，就有必要降低原告的证明标准，只要原告提供一定的证据表明存在某种损害，或根据经验法则以及通常的生活经验这种损害一般会产生，则法院应当根据自由裁量权"估算"或"估推"这种损失，而不是必须要原告拿出票据之类的证据对损失一一进行精准的数目字证明。有时，也可采取平均损失的确定方式，对那些能够证明自己确实是受到了损害，但无法证明自己究竟损失了多少的当事人，不妨实行平均值赔偿的方式简化证明程序。当然，在信息化时代，有的损失是可以通过大数据、区块链存证等方式计算或"呈现"出来的，而无须受害者亲自举证。在诸如证券侵权之类的代表人诉讼中，投资者的损失往往是可以通过电子化交易系统统计出来的，这也可以大大减轻甚至免除了受害者的证明责任。

十二、和解与调解

在代表人诉讼中，和解调解机制发挥着比判决更为重要的作用，原因在于，代表人诉讼往往旷日持久，诉讼成本极高，诉讼中不确定因素随时可能出现，诉讼结果的胜败尤其是胜败比例难以预先绝对地肯定，因而诉讼中双方当事人的协商与妥协便往往成为诉讼中双方当事人的理性选择。从美国等国家的集团诉讼的经验来看，通过和解来了结的集团诉讼案件占比相当之高，而将诉讼坚持到最后以获得法院的判决而结案者仅占一成左右。由于我国缺乏代表人诉讼的足够实证数据，和解调解占绝对优势的情形是否会在我国出现尚难以预料。《民事诉讼法》第9条、第53条、第56条、第57条等条文均规定了和解调解机制在包括代表人诉讼在内的民事诉讼中的适用条件和适用机制，因此有理由相信和解调解机制也将在代表人诉讼中继续发

---

① 参见［日］小岛武司：《诉讼制度改革的法理与实证》，陈刚、郭美松等译，法律出版社2001年版，第169—170页。

② 参见王红岩、王福华：《环境公害群体诉讼的障碍与对策——从环境公害诉讼看我国代表人诉讼制度的完善》，载《中国法学》1999年第5期。

挥作用。与美国等国家不同的是，在我国，和解并不能成为法院独立的结案方式，当事人达成和解协议后，要么撤诉，使诉讼程序复归于无；要么经由法院通过自愿性、公平性与合法性审查使之转化为调解书，以调解书的形式记载双方当事人之间的权利义务关系，并使之产生与生效裁判相同的法律效力。法院对代表人诉讼和解协议的审查和监督显得至关重要，审查的内容应主要包括：和解协议是否公平、合理和适当；和解金与诉讼请求中赔偿总额的差距；律师报酬在和解金中的占比情况；诉讼成员对和解协议内容的异议情况；人民法院认为可以通过和解结案的其他因素。需要指出的是，鉴于美国等国家集团诉讼的和解金往往偏低，从而有损众多分散性集团成员的合法权益并引起集团成员不满和舆论诟病的教训，我国立法和司法中应当明确和解金的最低比例制度，比如和解金不得少于诉讼成员损失总额的70%。《证券代表人诉讼规定》第20条创造性地规定了诉讼成员对调解方案的异议和法院听证制度，这样更加有助于保护证券代表人诉讼中中小投资者的合法权益。

有一种观点认为，在起诉时人数尚未确定的代表人诉讼案件，不应适用调解。原因有三：其一，《民事诉讼法》第57条规定的代表人诉讼效力扩张，适用法院已作出的判决、裁定，没有规定适用生效的调解书。其二，如果以调解方式结案，未参加登记的权利人起诉的，应当适用已生效的调解书，但若权利人不同意调解书中所确定的权利义务而强行要求其适用，就违反了调解的自愿原则。其三，此类集团诉讼，涉及面广，影响范围大，损害后果一般也很严重，以判决结案，更有利于受害者合法权益的保护。① 这一观点虽有一定道理，但仍值得商榷。因为，人数不确定的代表人诉讼能够调解加以解决，这是诉讼当事人根据《民事诉讼法》第9条有关诉讼调解基本原则规定所享有的基本诉讼权利，不能因为该诉讼中一方当事人的人数尚未确定就剥夺当事人所享有的此基本诉讼权利。其实，这个问题之所以产生而且有一定道理，原因在于《民事诉讼法》第57条对人数不确定的代表人诉讼的既判力扩张的立法规定本身不够周延，其仅仅规定了裁定和判决的既判力扩张，而没有涉及调解书的既判力扩张问题。事实上，裁定和判决的既判力扩张并不具有绝对性，此后起诉的当事人对此应当享有异议权和反驳权，从而使自己有摆脱对己不利的裁定和判决之可能途径，这一点对于调解书效力的既判力扩张更是如此。既然根据《民事诉讼法》第9条、第96条、第99条之正面规定以及第208条关于调解违反自愿原则构成再审事由之反面规定，调解以自愿为基本原则，在代表人诉讼中，调解达成协议仅仅代表已经确定的参与诉讼登记的当事人的自愿，而对于尚未确定的处在诉讼之外的当事人而言，便不宜使之直接发生既判力扩张的效果，起诉在后的当事人只有通过自愿原则表示自己愿意接受代表人诉讼中的调解书，该调解书才能通过既判力扩张对他们产生法律效力；反之，如果起诉在后的当事人明确表示不愿意接受此前代表人诉讼中的调解书，法院则应继续进行审判，通过判决或另行调解解决该案。

调解是我国民事诉讼中的基本原则，在任何纠纷案件的解决过程中，都要优先考虑适用调解的方式解决案件，这一点在代表人诉讼中更为凸显和突出，也即，在代表人诉讼中，调解具有更加广阔的适用空间和更加重要的适用价值。其原因主要在于：其一，代表人诉讼往往比较复杂，通过调解来解决能够化繁为简，节省诉讼中的劳力时间费用，有助于诉讼案件的快速经济高效解决。其二，代表人诉讼通常涉及新类型纠纷，通过调解更加有助于加强沟通、形成共识、广纳民意，从而使司法政策的形成更加具有正当性。其三，代表人诉讼一般与地方性利

---

① 参见熊跃敏：《对法院调解程序进行法律规制的几个具体问题》，载《辽宁教育学院学报》1998年第6期。

益、部门性利益有盘根错节的关联性，通过调解来解决有助于将地方阻力和部门障碍消除在最低限度，甚至可以化消极因素为积极因素，将地方政府或部门政府的协助配合纳入代表人诉讼的调解方案之中，从而为调解书的贯彻落实开辟通道。当然，代表人诉讼也并不总是能够调解成功，调解不成，则通过判决解决就成为必然选择。

十三、判决与上诉

在调解无法达成的情况下，代表人诉讼便进入判决阶段。与通常的判决相比较，代表人诉讼的判决具有以下特点：其一，代表人诉讼的判决书中，不仅要记载当事人及其代理人，也要记载代表人及其所代表的当事人的范围。其二，代表人诉讼的判决有可能是一阶结构，也有可能是二阶结构。在一阶结构中，法院作出的判决不仅针对诉讼中的共性问题，也针对每一个当事人的权利义务关系作出处理，当事人仅需根据判决受领权利份额即可，其后法院无须再次作出裁判进行胜诉额的分配；在二阶结构中，法院仅仅就代表人诉讼的共性问题，包括共同的事实问题，如被告是否构成侵权的事实以及被告应当承担何种法律责任，进行裁判，而不对具体的当事人的权利义务进行判断，或者法院仅仅对被告应当赔偿的财产总额进行裁判，而不对每个原告人具体的受偿数额进行判断，原告人具体的受偿数额需要在该判决生效后针对争议的部分进行二次判决或裁定。其三，在普通共同诉讼型的代表人诉讼中，法院有可能对部分当事人作出胜诉的判决，对部分当事人作出败诉的判决，判决的结果之间会出现不一致的情形。其四，代表人诉讼对整个纠纷而言可能仅仅是其中一部分，除此以外还有不愿意参与代表人诉讼的当事人另行提出的单独诉讼和共同诉讼同时并存的现象，这相互之间的判决也有可能会出现不一致的情形。其五，代表人诉讼的判决可能不仅仅涉及判断，还会涉及执行，执行的内容及其方式可能并不是当事人所主张的那种内容，甚至根本与当事人的主张无关。其六，法院对判决的方式在主观能动性上更强，虽然判决的主文内容必须被控制在当事人诉讼请求的范围之内，但在具体的判决方式上法院则不受诉讼请求的限制。比如法院不仅可能判决满足原告的赔偿请求，还可能会判决被告必须履行有关法律义务，防止以后再次发生类似侵权事件等内容。总的来说，代表人诉讼的判决在格式上与《民事诉讼法》第155条所规定的判决格式基本相同，其内容更加细化和丰富，而且创造性裁判和因案而异的特点也非常明显。

对于代表人诉讼的判决，当事人如有不服则将会提出上诉，然而与一般的案件不同，代表人诉讼由于人员成分并不单纯，因而对于上诉与否可能会出现不同的意见和声音，主要有以下情形：

其一，如果代表人诉讼属于必要的代表人诉讼，包括固有的必要代表人诉讼和类似的必要代表人诉讼，由于人数众多的当事人一方构成一个完整的整体，其中一人的上诉将对全体当事人生效，代表人诉讼的全部内容均将因一人或部分当事人的上诉而阻断生效，案件完整地进入二审程序产生移审效果，二审程序应当就整个案件进行审查和判断。当然，上诉审法院仍然要根据《民事诉讼法》第175条所规定的有限审查原则在当事人的上诉请求范围内进行二审判决。

其二，如果属于普通的代表人诉讼，由于人数众多一方的每一个诉讼当事人都是相对独立的当事人，他们对于代表人诉讼的裁判是否要上诉都有独立表达意见的机会和权利。具体又分为两种情形：一是代表人有上诉的愿望，被代表人不愿意上诉，此时，代表人上诉的效力仅限于其本人以及他所代表的那一部分当事人，代表人诉讼的一审判决对其他未上诉的当事人产生确定的法律效力；二是被代表人有上诉的愿望，但代表人没有上诉的愿望，此时，一审的代表人诉讼的判决在上诉的当事人之间不发生确定的效力,该部分案件的内容及其相关材料产生移审效果,代表人诉讼的判决中其他未被上诉所覆盖的部分在上诉期间届满后产生既判力。

以上的分析是建立在普通代表人诉讼所具有的当事人诉讼行为相互独立的原则基础上的,其分析的结论与普通共同诉讼一致。但问题还在于,这种部分上诉的情形会产生诉讼中不平衡的现象,因而涉及后续的诉讼程序如何设置的问题。具体而言分两种情形:

其一,代表人诉讼的被告针对人数众多的一方当事人中的部分当事人提出上诉。上诉结果如果是驳回被告的上诉请求,那一切不在话下,但如果是满足了被告的上诉请求,也就是说,对该部分原告造成了比一审更不利的诉讼结果,那么问题便成为:该部分的原告能否基于一审判决和二审判决的比较,根据"同案不同判"的理由申请再审?

其二,代表人诉讼中的被告没有上诉,但人数众多的原告一方有部分人提出上诉,部分人没有提出上诉,如果部分上诉的原告提出的上诉请求被驳回,则问题还不会产生,但如果上诉的部分当事人获得了比一审更好的诉讼结果,问题便成为:其他未上诉的当事人能否基于二审判决与一审判决的比较,根据"同案应同判"的原则对属于自己那一部分的案件申请再审?

对于第一种情形,该部分原告固然享有申请再审权,但不得基于同案不同判的理由进行再审,原因在于被告未对部分原告提出上诉是其行使处分权的结果,而不是原审裁判或二审裁判的问题;对于第二种情形,该部分原告的申请再审权应当受到尊重,但如果没有特别的新情况、新理由或新证据,其再审申请不应获得支持,因为否则的话,便会滋长二审"搭便车"的倾向。

十四、判决的效力扩张

《民事诉讼法》第 57 条第 4 款规定:"人民法院作出的判决、裁定,对参加登记的全体权利人发生效力。未参加登记的权利人在诉讼时效期间提起诉讼的,适用该判决、裁定。"该条款被称为代表人诉讼的既判力扩张条款。从广义上说,既判力的扩张具有广狭二义。广义上的既判力扩张为内部扩张,是指在代表人诉讼中,无论法院是以调解结案还是以裁判结案,也无论人数众多的一方当事人在诉讼结果上是胜还是败,其法律效力都具有扩张的效果,被涵盖在代表人诉讼中的全体成员,只要其没有声明退出该诉讼,包括诉讼代表人、实际参与诉讼的原告成员、未参加诉讼的诉讼成员等,均一体化受代表人诉讼结果之拘束。根据《民事诉讼法》第 127 条、《民诉法解释》第 247 条等有关禁止重复诉讼的规定,他们不得另行就同样的案件进行单独诉讼、共同诉讼或代表人诉讼。这也被称为既判力主体扩张。其实就其本质而言,代表人诉讼的诉讼结果对所有的登记者或视为登记者而言,均无既判力扩张的问题,仅仅是既判力的适用和落实,如果说扩张,也仅仅是相对于诉讼代表人或实际参与诉讼的原告人而言的内部扩张,而不是真正意义上的既判力扩张。真正意义上的既判力扩张是狭义上的扩张,是指在代表人诉讼中未登记的权利人或虽然登记但又声明退出诉讼的权利人,如果他们在诉讼时效内提起诉讼,且其所主张的事实和理由与代表人诉讼生效判决、裁定所认定的案件基本事实和法律适用相同的,人民法院审查具体诉讼请求后,裁定适用已经生效的判决、裁定。适用已经生效裁判的裁定中应当明确被告赔偿的金额,裁定一经作出立即生效,当事人不得上诉。之所以要对未登记的或声明退出的权利人仍要裁定适用代表人诉讼的裁判结果,其原因主要在于防止矛盾裁判的作出,此外也是为了提高诉讼效率,符合诉讼经济原则的要求。因此,未登记或退出诉讼的权利人在代表人诉讼进行的同时也提起了单独诉讼或共同诉讼,则该单独诉讼或共同诉讼应当根据《民事诉讼法》第 153 条的规定中止进行,等待代表人诉讼结束后再恢复进行。

这里需要探讨几个问题：

(一) 既判力扩张的管辖问题

《民事诉讼法》第 57 条第 4 款后一句仅仅规定代表人诉讼的裁判之适用规则，但未涉及管辖规则，问题在于：如果起诉在后的利害关系人在代表人诉讼管辖和审判法院的其他法院进行诉讼，该其他法院能否适用该条款规定，使代表人诉讼的既判力扩张到该后诉之中？对此笔者认为，起诉在后的当事人如果到另外一个有管辖权的法院进行诉讼，该有管辖权的法院不得将案件移送至代表人诉讼的管辖法院，因为它具有独立的管辖权依据。该后诉法院不仅地域管辖可能有别于代表人诉讼的管辖法院，而且级别管辖也有可能相异于代表人诉讼的管辖法院，这样就使问题变得非常复杂。因而应当分三种情形区别对待：一是后诉案件与前诉案件属于同一法院管辖，后诉案件可以裁定适用前诉案件的生效裁判。二是后诉案件与前诉案件不属于同一法院管辖，但后诉案件的管辖法院处在前诉案件的管辖法院之下，后诉案件也可以裁定适用前诉裁判。三是后诉案件的管辖法院与前诉案件的管辖法院完全平行或没有交集，则后诉法院不得裁定适用前诉案件的裁判结果，而只能以前诉案件的裁判结果为基础另行作出裁判。这是因为，后诉法院的诉讼程序由于管辖的阻隔而无法与前诉法院的诉讼程序形成一体化关系，因而只能独立做出裁判。换言之，《民事诉讼法》第 57 条第 4 款规定的代表人诉讼之既判力扩张，仅仅适用于代表人诉讼所系属的管辖法院或其下级法院，而不适用于其他具有独立管辖权依据的法院，这是法院独立行使审判权的原则所决定的，该原则不能因为代表人诉讼的既判力扩张而遭到否定。

(二) 既判力扩张的程序保障问题

《民事诉讼法》第 57 条第 4 款仅仅规定后诉的案件适用前诉案件的生效裁判，从解释论上说，后诉案件的当事人似乎并无选择余地。笔者认为，这样解释过于绝对，忽视了对后诉当事人的程序保障权。后诉当事人之所以没有登记，原因有很多种，有可能是他没有及时看到公告或通知，从而错过了登记的机会，也有可能是他根本不想参与代表人诉讼，或者因为选不出自己满意的代表人因而拒绝参与代表人诉讼，还有可能因为其他原因而没有登记参与代表人诉讼。既判力扩张应当以自愿为前提，如果后诉的当事人不愿意接受前诉裁判，则应当允许其进行独立诉讼，或者与其他利害关系人一起进行共同诉讼，甚至另辟蹊径进行另外的代表人诉讼，在这种情形下，将前诉代表人诉讼的裁判强加给他们显然有悖程序保障的基本原则，因而是不妥当的。如果后诉当事人不愿意接受前诉裁判，后诉法院则不得裁定适用前诉裁判，而只能进行独立审判，当然，前诉裁判的结果以及所认定的共同事实及相关证据，将对后诉裁判产生预决、免证等证据效力，这就不是当事人的意愿所能够决定的了。

(三) 既判力扩张的裁定能否上诉的问题

《民诉法解释》第 80 条规定："未参加登记的权利人提起诉讼，人民法院认定其请求成立的，裁定适用人民法院已作出的判决、裁定。"据此，后诉法院拟适用前诉裁判的，采用的裁判方式是裁定而不是判决。采用裁定方式而不是采用判决方式是妥当的，因为这不是单独做出的实体处理结果，而是通过程序上的衔接使后诉案件融入于前诉案件的裁判结果之中，这是程序问题的处理而不是实体问题的处理，因而用裁定而不用判决是正确的。问题在于：对于该裁定，当事人能否提出上诉？根据《民事诉讼法》第 157 条的规定，在可以上诉的三种裁定中并没有这种既判力扩张的裁定，也就是说，该既判力扩张的裁定不具有可上诉性。然而，如果这样解释就会出现对后诉当事人程序保障不足的问题。如果是法院强制性依职权作出裁定适用代表人诉讼的裁判,则这里可能会出现后诉当事人不服的情形。原告有可能不同意适用前诉代表人诉讼的裁判,而希望法院独立进行审判,法院作出的适用前诉代表人诉讼裁判的裁定,后诉原告可能会不服,而依据《民事诉讼法》第 157 条第 2 款的规定,原告不得对此裁定提出上诉。当然,如果按照笔者前面所述,法院必须征求原告的意愿后才能进行代表人诉讼裁判的既判力扩张,则不发生上述问题。但另一个问题依然是存在的,这就是被告的上诉权问题。对于代表人诉讼裁判的既判力扩张到后诉,被告可能会产生不满问题,因为被告可能不认同后诉原告的诉讼请求以及其所依据的事实基础和证据材料。此时,被告也应当享有上诉权。否则就会造成前后诉讼程序保障不对称的弊端,如果后诉原告及时登记成为代表人诉讼的原告,被告对此是享有上诉的机会的,而现在被告却丧失了上诉权。这显然有违当事人诉讼权利平等原则,对后诉当事人来讲是极不公平的。① 因此,对于代表人诉讼的既判力扩张的裁定,应当纳入可上诉的范畴之中加以规范。

(四) 既判力扩张的前提与限度问题

代表人诉讼的既判力扩张必须具备的前提是,前诉代表人诉讼的诉讼请求与后诉的诉讼请求具有同一性,如果二者的诉讼请求不一致,那么,通过后诉法院的"适用"裁定是无法确定后诉裁判的内容的。也即,在诉讼请求不相一致的情况下,如果人民法院认定未参加登记的权利人的诉讼请求成立的,则应当作出新的判决,而不应裁定适用原裁判。② 在以下情形下,前后二诉的诉讼请求会存在一致性:一是确认之诉和变更形成之诉,二是给付内容相同的给付之诉。在给付内容相同的给付之诉中,单纯的行为给付在诉讼请求上是一致的,如在消费者代表人诉讼中,请求法院判令召回违法商品就是如此。但是,如果涉及损害赔偿的财产给付之诉,则各个当事人之间的诉讼请求的个性就会凸显出来,比如在环境侵权的损害赔偿之诉中,各个原告的请求赔偿数额往往是不相同的,这样就会造成前后诉讼之间诉讼请求的差异性。在前后二诉的诉讼请求存在差异的情形下,还要看前诉代表人诉讼的裁判方式如何。如果前诉不仅裁判了代表人诉讼中的共性问题,而且也就损害赔偿的个性问题作出了裁判,则后诉无法适用前诉的裁判结果,后诉必须重新裁判,代表人诉讼的既判力无法扩张;如果前诉仅仅解决了代表人诉讼中的共性问题,而对损害赔偿的个性请求留存于二阶结构的后续程序加以解决,则在后续程序开始前,后诉的诉讼请求可以适用代表人诉讼的既判力扩张,后诉法院仅需裁定后诉的解决方案等同于前诉即可;但如果后续程序业已结束,则后诉仍不得适用代表人诉讼的既判力扩张规则,而只得另行作出裁判。可见,代表人诉讼的既判力是否会发生扩张,并不是无条件地一概适用的,而是因案而异的,这表现出了代表人诉讼的既判力扩张之限度。

(五) 调解书的既判力扩张问题

《民事诉讼法》第 57 条第 4 款仅仅规定代表人诉讼的裁定或判决产生既判力扩张的问题,而没有提及调解书的既判力是否扩张的问题。其实,这并非立法者的疏漏,而是调解书的性质使然。调解书的达成以当事人自愿为前提,前诉代表人诉讼通过调解结案,并不意味着后诉一定能够通过调解结案,是否同意法院裁定适用前诉的调解书,取决于后诉当事人的意愿,如果后诉的原告或被告不同意适用前诉的调解书,则后诉法院只能通过判决解决该案,而不得通过裁定将前诉调解书的既判力扩张于后诉之中。值得指出的是,调解书的既判力扩张并不需要具

---

① 参见刘学在:《代表人诉讼之裁判效力扩张的几个程序问题》,载《法学》1999 年第 2 期。
② 参见刘学在:《代表人诉讼之裁判效力扩张的几个程序问题》,载《法学》1999 年第 2 期。

备前后诉的诉讼请求具有一致性或相同性这一前提,前后诉的诉讼请求不一致,只要后诉的当事人双方自愿,也可以通过裁定适用前诉代表人诉讼的调解书,从而实现代表人诉讼调解书的既判力扩张之效果。反之,即便前后诉的诉讼请求具有一致性或相同性,只要后诉的原告或者被告任何一方不同意接受前诉代表人诉讼的调解结果,则后诉法院均只能作出判决,而不得裁定适用前诉的调解书,当然也可独立地形成新的调解书。

(六) 二审中的既判力扩张问题

如果代表人诉讼进入二审,而未参与诉讼的当事人要参与诉讼,该如何处理呢?此时仍仅需通过登记程序加入诉讼即可,该追加登记的当事人意味着放弃了一审的诉讼权利,二审法院不必如同通常的诉讼案件那样通过调解解决,或在调解不成时发回重审,而仅需继续审判即可。这是一种情形。另一种情形是,未登记的当事人选择另行诉讼而不是加入诉讼,此时应当尊重该当事人另行诉讼的诉权,只不过,法院在代表人诉讼结束之前,应当中止后诉的进行,在代表人诉讼有了确定的结果后,再恢复后诉的进行,此后的程序与前述代表人诉讼既判力扩张相同。有一种观点认为,在这种情况下,基于诉讼经济之考虑,第一审人民法院应当将未参加登记的权利人所提起之诉移送给第二审人民法院,第二审人民法院在征得当事人同意的情况下,可以一并予以调解结案,调解不成的,则应当发回重审。这样处理,不仅与审级制度相协调,有利于全面保护当事人的合法权益,而且也可以避免上下级法院之间裁判上的不一致。[①]笔者认为该观点没有考虑到代表人诉讼具有整体性的特殊性,而仅仅将其当作普通的共同诉讼对待了,如果未参与代表人诉讼的当事人只要有一个登记参与诉讼或另行提起诉讼,法院就要调解或发回重审,则徒增诉累而已,并无此种必要性。

十五、赔偿金的分配

代表人诉讼实现和解后或获得胜诉裁判后,如果需要执行,则随即进入对诉讼和解金或赔偿金的分配阶段,在该阶段,所有诉讼成员,包括显在的和潜水的,都将汇聚在一起,共享代表人诉讼带来的胜利果实。在代表人诉讼结束之际,人民法院应当向所有的诉讼成员发出通知和公告,通知其参加代表人诉讼的分配与受领程序。法院在分配和解金或赔偿金时的主要职责是:其一,接收和解金或赔偿金,设置统一的银行账号进行集中管理。其二,确定参与分配的诉讼成员,审查核实其提供的证据材料。其三,召开代表人诉讼成员代表大会,将提前拟定的分配方案提交大会讨论表决通过。其四,解决诉讼成员提出的分配异议,解决不了的,由法院裁定解决。其五,按照法院批准的分配方案实施分配。其六,有诉讼成员未参与分配的,对其应分配份额予以提存。其七,和解金或赔偿金在分配结束后,若有必要,恢复分配程序进行分配。《证券代表人诉讼规定》第30条规定:"人民法院在进行分配时,可以通知证券登记结算机构等协助执行义务人依法协助执行。"

十六、法院的职权控制

代表人诉讼不仅人数多、规模大,而且还涉及法律秩序维护、众多利害关系人的合法权益等公益性因素,法院在其中发挥职权干预、职权管理、职权探知和监督作用对代表人诉讼的有序开展不可或缺,私益诉讼中的处分原则、辩论原则以及程序自治原则等诉讼原则必然要受到

[①] 参见刘学在:《代表人诉讼之裁判效力扩张的几个程序问题》,载《法学》1999年第2期。

一定的限制，职权主义的诉讼模式在代表人诉讼中具有存在的空间。以证券领域的代表人诉讼为例，根据《民事诉讼法》《证券法》及《证券代表人诉讼规定》的相关规定，法院的职权作用主要表现在以下方面：其一，法院对证券代表人诉讼的权利人范围进行预先审查。其二，法院对证券代表人诉讼的成立要件进行职权调查。其三，法院对诉讼代表人的确定具有最终决定权。其四，法院对诉讼代表人的诉讼行为始终有权进行监督和干预，诉讼代表人实施特别授权范围内的诉讼行为要事先取得法院的批准。其五，对和解协议或调解方案进行审查和批准。其六，对原告的代理律师进行监督。其七，对执行款项进行分配。其八，其他必要的权限。

第十二章　公益诉讼

第一节　公益诉讼概述

一、公益诉讼的立法概览

2012年修改《民事诉讼法》，增设了第55条关于公益诉讼的规定："对污染环境、侵害众多消费者合法权益等损害社会公共利益的行为，法律规定的机关和有关组织可以向人民法院提起诉讼。"该条的规定标志着我国公益诉讼制度的正式建立。与此同时，最高人民法院、最高人民检察院相继出台了一系列司法解释，如《检察公益诉讼解释》等，进一步细化和完善了公益诉讼制度的实施细则，公益诉讼的司法实践开启了新征程。

《英雄烈士保护法》于2018年5月1日起施行，该法第25条规定，检察机关可以依法对侵害英雄烈士的姓名、肖像、名誉、荣誉，损害社会公共利益的行为向人民法院提起诉讼。2020年10月17日修订、2021年6月1日开始实施的《未成年人保护法》第106条规定："未成年人合法权益受到侵犯，相关组织和个人未代为提起诉讼的，人民检察院可以督促、支持其提起诉讼；涉及公共利益的，人民检察院有权提起公益诉讼。"2021年8月20日，第十三届全国人大常委会第三十次会议表决通过《个人信息保护法》，自2021年11月1日起施行。该法第70条规定："个人信息处理者违反本法规定处理个人信息，侵害众多个人的权益的，人民检察院、法律规定的消费者组织和由国家网信部门确定的组织可以依法向人民法院提起诉讼。"检察机关提起公益诉讼的案件范围进一步扩大。《环境保护法》《消费者权益保护法》相继修改，环保组织和消费者协会等社会团体被赋予了提起公益诉讼的法律资格。2017年8月，中央全面深化改革领导小组第三十八次会议审议通过了《生态环境损害赔偿制度改革方案》。2019年6月，最高人民法院《关于审理生态环境损害赔偿案件的若干规定（试行）》（以下简称《生态环境损害赔偿案件规定》）发布实施，政府提出生态损害赔偿制度，丰富了公益诉讼的类型和内容。2021年1月1日实施的《民法典》第1235条规定："违反国家规定造成生态环境损害的，国家规定的机关或者法律规定的组织有权请求侵权人赔偿下列损失和费用：（一）生态环境受到损害至修复完成期间服务功能丧失导致的损失；（二）生态环境功能永久性损害造成的损失；（三）生态环境损害调查、鉴定评估等费用；（四）清除污染、修复生态环境费用；（五）防止损害的发生和扩大所支出的合理费用。"公益诉讼的制度日趋深化和完善。

二、公益诉讼的概念界定

公益诉讼的定义简单地说,就是为了保护公共利益而提出和进行的诉讼,与其相对应的概念是私益诉讼,公益诉讼是私益诉讼的发展,人类历史上的诉讼形态,从私益诉讼发展到公益诉讼,从而成为二元并存的诉讼形态,乃是历史上的巨大进步。在现代社会,公益诉讼的意义更加突出。

回溯历史,公益诉讼最早可追溯到古代罗马法时代。但在古罗马法上,公益诉讼至多只有概念的萌芽,而且其含义与现今的理解有相当大的差距。古罗马法将法或市民法分为公法和私法。这一区分在罗马人中具有双重意义。乌尔比安在《法学阶梯》中指出,公法调整政治关系以及国家应当实现的目的,有关罗马国家的稳定;私法调整公民之间的关系,为个人利益确定条件和限度,涉及个人福利;它们有的造福于公共利益,有的则造福于私人。① 可见,在古罗马法,所谓公法诉讼与今天所说的行政诉讼相似,其中虽也不乏公益诉讼的内涵,但二者并不相等。

法国法学家、社会连带主义法学派首创人莱昂·狄骥(Léon Duguit,1859—1928),接受和承袭了孔德实证主义哲学和杜尔克姆社会连带主义思想,把社会连带主义思潮系统化,并首次将其带入法学研究领域,与法学尤其是宪法学直接结合,创立了社会连带主义法学。其全部学说的理论基石就是"社会连带关系",根据该理论,狄骥创立了主观诉讼和客观诉讼的概念。② 其客观诉讼被我国学者认为指的就是公益诉讼。后经大陆法系学者的研究,这对概念被广泛传播,为大陆法系国家公益诉讼制度奠定了理论基础。客观诉讼是与主观诉讼相对的概念。主观诉讼是解决私人权益问题的诉讼,客观诉讼是解决公共利益问题的诉讼,客观诉讼以维护社会公共利益或客观法律秩序为目的,这是二者的区别之一;区别之二是原告资格有所不同,主观诉讼要求原告必须与诉讼标的有利害关系,客观诉讼则不要求原告与诉讼标的有利害关系,但必须有法律的明文规定;区别之三是判决效力不同,主观诉讼的判决效力,包括一般的民事诉讼、刑事公诉和行政诉讼,判决内容的实施和执行只能对当事人产生影响,不会影响到当事人以外的人,而客观诉讼则与多数的、不确定的公众有关,判决效力不限于诉讼当事人,而及于与公共利益相关的任何人。③

公益诉讼的定义既然被界定为维护公共利益的客观诉讼,那么,这个概念中的核心问题是理解和确定何谓公共利益。《布莱克法律辞典》中对公共利益的界定包括两层含义:一是经认可和保护的普遍的公共福利;二是与全体社会公众有利害关系的事情,特别是能够证明行政法规正当性的某项利益。因此,公益诉讼是指公众作为一个整体参与的为了其提高普遍福利而进行的诉讼。正如 Joseph 所言,公益诉讼是用法律武装人民使之突破通向正义道路上的专制与压迫的障碍的诉讼;是使大多数人重获社会正义的诉讼;是抨击镇压和否定人民权利的诉讼;是人民赢回尊严以及其他相关权利的诉讼;公益诉讼是让法官和律师为了集体利益而非个人或私人利益,运用法律而进行斗争的诉讼。因此,公益诉讼是促进社会变革与进步的工具,是保护社会群体利益的重要制度。④

---

① 参见[意]彼德罗·彭梵德:《罗马法教科书》,黄风译,中国政法大学出版社1992年版,第9—10页。
② 参见 https://baike.so.com/doc/7558708-7832801.html,2020年10月1日访问。
③ 参见张雪樵:《检察公益诉讼比较研究》,载《国家检察官学院学报》2019年第1期。
④ 参见胡云红:《比较法视野下的域外公益诉讼制度研究》,载《中国政法大学学报》2017年第4期。

公益诉讼是一个上位概念，位于其下的包括三种类型的公益诉讼，即民事公益诉讼、行政公益诉讼和刑事公益诉讼，其中后二者又派生出行政附带民事公益诉讼和刑事附带民事公益诉讼这种更为细化的形式。本书所谈及的公益诉讼，如无特别说明，即指民事公益诉讼。民事公益诉讼在各国的定义也不尽一致，在我国，根据《民事诉讼法》第58条的规定，民事公益诉讼，指的是对污染环境、侵害众多消费者合法权益等损害社会公共利益的行为，法律规定的机关和有关组织向人民法院提起的诉讼。因此，在我国目前，民事公益诉讼是从狭义上理解的，其不包括公民个人基于私权纠纷提出的带有公益性质的民事诉讼，而将后者包括在内，则构成了广义上的民事公益诉讼。至于公民提起纯粹的公益诉讼，这是将来立法需要完善的工程，目前我国的公益诉讼主体尚不包括公民个人在内。

三、公益诉讼的特征

（一）主体的法定性

从提起诉讼的主体来看，公益诉讼原告是与案件不存在法律上利害关系的有关机关和社会组织。有关机关又包括行政机关和人民检察院，社会组织包括环保组织、消费者权益保护组织等社会团体。私益诉讼的起诉原告必定与案件有直接的利害关系，《民事诉讼法》第122条规定的起诉必须符合的条件之一即"原告是与本案有直接利害关系的公民、法人和其他组织"，这便是针对私益诉讼所作出的规定，而不适用于公益诉讼的原告资格之规定，公益诉讼的原告资格首先由《民事诉讼法》第58条加以一般化规定，其次由《环境保护法》《消费者权益保护法》《英雄烈士保护法》等实体性法律作出具体化规定，最后由最高人民法院和最高人民检察院的司法解释为公益诉讼的主体资格添付更加细化的要求。如果说私益诉讼的原告资格是根据直接利害关系这个抽象原则加以个案判断的，那么，公益诉讼的原告资格则是根据法律的规定离开个案而被一般地赋予的。法定性而非裁量性乃是公益诉讼主体资格的基本要求。

（二）范围的有限性

从诉讼的客体来看，公益诉讼的范围具有有限性的特点。诉讼的客体即指诉讼所指向的法律关系，与私益诉讼的客体具有广泛性和一般性不同，公益诉讼的客体具有限定性或有限性。具体言之，能够被纳入公益诉讼范围进行司法保护的法律关系，都是被相关立法所特定化的法律关系，如《民事诉讼法》第58条所列举的环境资源生态法律关系、消费法律关系以及英烈名誉侵权法律关系等，没有被立法所特定化的公益法律关系，无法成为公益诉讼的客体，也即司法审判所指向的对象。一般而言，将公益诉讼与私益诉讼区分开来的不是所涉及的法律关系，而是这种法律关系所承载的公共利益。比如环境污染，它有可能侵害私人利益，导致私人的人身、精神损害，也可能同时产生破坏生态环境的公共后果，导致生态环境恶化或受损，同样是环境法律关系，前者则为私益诉讼的适当客体，后者方为公益诉讼的应然客体。《民事诉讼法》第58条在列举环境污染、侵害不特定多数人消费者权益等社会公共利益之后，还用了一个"等"字，表现出我国公益诉讼客体所具有的开放特性。

（三）目的上的公益性

与私益诉讼不同，公益诉讼的目的不在于保护原告个人的合法权益，而在于保护社会公共利益。保护社会公益是贯彻于公益诉讼始终的一根红线，它不仅限定了公益诉讼的原告资格，而且决定了公益诉讼的模式和基本的诉讼法律关系，同时还制约着公益诉讼的诉讼请求，影响着公益诉讼的既判力范围。

（四）模式上的职权性

公益诉讼既然在诉讼目的上以追求公益的实现为己任，因而其所依循的诉讼模式也有别于私益诉讼，法院的职权主义以及检察机关的法律监督在其中发挥着更为重要的作用。

四、公益诉讼的类型

（一）环境公益诉讼、消费公益诉讼和英烈名誉侵权公益诉讼

从公益诉讼所分布的法律领域看，可将公益诉讼划分为环境公益诉讼、消费公益诉讼以及英烈名誉侵权公益诉讼。这一分类的意义在于，确定公益诉讼所处于的实体法领域，有助于在公益诉讼中发挥实体法对程序法的指导作用，从而使公益诉讼中的实体法与程序法配套运行。

（二）机关公益诉讼和团体公益诉讼

《民事诉讼法》第58条第1款将公益诉讼的诉权资格授予给"法律规定的有关机关和组织"，这就依其起诉者的身份产生了"机关公益诉讼"和"团体公益诉讼"的分别。这里的机关公益诉讼，包括行政机关提起的公益诉讼和检察机关提起的公益诉讼两种，因为其他的任何机关，包括立法机关、审判机关、军事机关等在内，均因其性质之故被排除了对公益诉权的享有。除国有资产流失案件等少数案件外，行政机关提起公益诉讼在我国也不能成立，唯有检察机关才与公益诉讼有紧密的关系，检察机关提起公益诉讼具有诸多优势。[①] 因此，这里所言"机关公益诉讼"在广义上固然可将行政机关包括在内，但在狭义上即指检察机关提起的公益诉讼。因而《民事诉讼法》第58条第1款和第2款在"机关"所涉及的范围基本上是一致的，检察机关是提起公益诉讼的主要国家机关。与机关公益诉讼不同，团体公益诉讼目前在法律上已经有多元化的适格主体出现，如《消费者权益保护法》所规定的"消费者协会"等。可以预料，诸如此类的公益诉权主体将会不断出现。这样就有必要将机关公益诉讼和团体公益诉讼的关系问题提出来加以解决。它们之间的关系主要表现在三个方面：一是二者的适用范围不同。团体公益诉讼的范围受其职能及其章程等制约，其所享有的公益诉权是有限的，而检察机关提起公益诉讼则涵盖所有的公益诉讼。二是二者的先后顺位不同。发生了需要提起公益诉讼的情形，首先应由相关组织或团体提起诉讼，只有在相关组织或团体拒绝提起公益诉讼或者相关公益诉权的主体缺位时，检察机关才能提起公益诉讼。因此，机关公益诉讼发生在团体公益诉讼之后，团体公益诉讼应当先行发挥作用。三是二者对公益诉讼的参与程度有别。有关团体或组织对于公益诉讼的参与在形式上是有限的，它们主要以提起公益诉讼的形式进行参与。但检察机关对于公益诉讼，则具有多元化的参与形式，比如直接诉讼、督促起诉、支持起诉、诉讼监督、提起附带诉讼等。尤为重要的是，即便公益诉讼是由有关组织或团体发动的，检察机关原则上均应参与诉讼，对公益诉讼实施全程监督。

（三）普通的公益诉讼和特殊的公益诉讼

公益诉讼依其法律属性有普通与特殊之分。普通的公益诉讼产生于普通的民事法律，由普通的人民法院审理；特殊的公益诉讼产生于特殊的民事法律，由特殊的或专门的人民法院审理。公益诉讼一般属于普通的公益诉讼，只有法律有明文规定时才有特殊的公益诉讼产生。相较于普通的公益诉讼而言，特殊的公益诉讼主要有这样几个特点：一是管辖特殊。比如，按照

---

① 参见汤维建：《论检察机关提起民事公益诉讼》，载《中国司法》2010年第1期。

《民诉法解释》的规定，因污染海洋环境提起的公益诉讼，由污染发生地、损害结果地或者采取预防污染措施地的海事法院管辖。据此规定，该类公益诉讼的地域管辖不同于普通的公益诉讼。二是程序特殊。比如，由海事法院管辖的公益诉讼，在程序规则上，则应适用《海事诉讼特别程序法》的有关规定，包括保全、禁止令等。三是法院特殊。特殊的公益诉讼由专门的人民法院管辖。除《民诉法解释》涉及的海事领域公益诉讼由海事法院管辖外，其他的特殊公益诉讼也由特殊的专门法院管辖。如涉及铁路运输合同纠纷或铁路侵权纠纷所产生的公益诉讼，由铁路运输法院管辖；涉及知识产权方面的公益诉讼，由知识产权法院管辖；等等。特殊的公益诉讼若无特别规定，则适用普通公益诉讼的程序规则。将来有必要时，最高人民法院可考虑效仿环境资源公益诉讼，就其他公益诉讼制定专门的司法解释。

（四）纯粹的公益诉讼和非纯粹的公益诉讼

从公益诉讼所涉及的公益属性可将其划分为纯粹的公益诉讼和非纯粹的公益诉讼。纯粹的公益诉讼是指该公益诉讼所涉及的公益具有绝对性和排他性，其不与私益相交叉。如不对特定的个人产生直接损害或影响的大气污染、沙漠污染、地下水污染等所产生的公益诉讼，这样的公益诉讼不会出现私益诉讼的问题。非纯粹的公益诉讼则是指与私益诉讼相交叉的公益诉讼，如消费公益诉讼，其在损害公益的同时，必然造成私益损害，基于私益损害有可能会产生私益诉讼。非纯粹的公益诉讼又可根据规模程度将其划分为大规模侵害公益诉讼和小额分散性侵害公益诉讼。该分类的意义在于，有助于揭示出公益诉讼中的动力机制，非纯粹的公益诉讼可能会因私益诉讼而引发，其中，大规模侵害公益诉讼的动力机制主要可以借助于私人执法，小额分散性侵害公益诉讼的私人执法动力机制趋弱，需要公权力或社会权力的执法动力机制予以补强，而纯粹的公益诉讼，则通常有赖于社会组织和检察机关主动作为，如生态环境诉讼，其动力机制则委诸国家公权力执法机制，社会性动力机制只能起着补充性作用，私人执法机制基本上不复存在。此外，该种分类还与公益诉讼和私益诉讼的关系有关。对纯粹的公益诉讼而言，一般不会产生与私益诉讼的关系问题，但对非纯粹的公益诉讼来说，则有一个与私益诉讼的关系问题。

（五）预防性公益诉讼、制止性公益诉讼、补偿性公益诉讼和惩罚性公益诉讼

从公益诉讼所存在的发展阶段，可将其分为预防性公益诉讼、制止性公益诉讼、补偿性公益诉讼和惩罚性公益诉讼。该分类的意义在于，指导公益诉讼的起诉人以及司法裁判者确定和判断相应的诉讼请求，诉讼请求不同，公益诉讼的功能也就有所差异。

（六）单一的公益诉讼和联合的公益诉讼

单一的公益诉讼是指仅有一个适格主体所提起的公益诉讼，也即公益诉讼的原告只有一个；联合的公益诉讼则是指有两个或两个以上的适格主体所形成的公益诉讼，在该类公益诉讼中，原告有两个或多个。《民诉法解释》第285条规定："人民法院受理公益诉讼案件后，依法可以提起诉讼的其他机关和有关组织，可以在开庭前向人民法院申请参加诉讼。人民法院准许参加诉讼的，列为共同原告。"公益诉讼中，有权提起公益诉讼的诉讼主体可能而且往往会有多个，此时就涉及公益诉讼的主观合并或主体合并问题。公益诉讼的主观合并，是指有两个或两个以上的适格原告同时或先后提起公益诉讼，法院将其合并处理的诉讼制度。因此，诉的主观合并不仅表现在私益诉讼之中，在公益诉讼中也有其存在空间。但与私益诉讼的主观合并有所不同的是，在公益诉讼中，诉的主观合并必定属于必要共同诉讼型的合并，而不可能出现普通共同诉讼型的合并，这是因为公益诉讼中的诉讼标的，即要求法院通过司法审判权加以保

护的社会公共利益具有唯一性，各个适格原告提起公益诉讼的目的都是维护相同的公共利益，因而无论有多少公益诉讼的主体提出相同的公益诉讼，其本质上都是一个公益诉讼，而并不是多个公益诉讼的合并。多个公益诉讼的合并乃是诉讼标的为复数的公益诉讼，这便是公益诉讼的客观合并，公益诉讼的客观合并虽然在理论上也有存在的空间，但实践中这种可能性几乎不会存在，而且在公益诉讼中认可诉的客观合并只会徒增诉讼的烦累，不适合公益诉讼的处理需求，因而诉的客观合并在公益诉讼中不宜得到认可。因此之故，在公益诉讼中，尽管有多个原告提起了同一起公益诉讼，由于其诉讼标的具有紧密的关联性或同一性，因而必须合并进行处理，当事人不得要求法院分开审判，法院也不得依职权进行分开审判。

如前所述，在我国，公益诉讼的适格原告具有多元性的特点，法律规定的行政机关、检察机关以及相关社会组织等都享有提起公益诉讼的权利，因而在某一主体既可以与其他主体共同或联合提起公益诉讼，也可以在某一主体提起公益诉讼后，由其他的主体申请参与公益诉讼，也可以由各个主体分别或先后提起公益诉讼，由法院依职权或根据其申请将这多个公益诉讼合并进行。联合的公益诉讼无论是原始形成的还是参与、合并形成的，其程序规范基本上是一致的，共同诉讼原告人应当协商采取一致行动，在协商不成以致所实施的诉讼行为有冲突时，由法院根据最大化保护公益和有利于诉讼的原则进行裁断取舍，其内部关系原则上按照类似必要共同诉讼的诉讼规则进行处理。

然而，参与公益诉讼除列为共同诉讼人外，还可以根据其意愿列为支持起诉人，究竟是列为共同诉讼人还是列为支持起诉人，由参与诉讼的主体决定，法院可以行使释明权，但法院不宜行使决定权。共同诉讼人和支持起诉人的诉讼地位有所区别，前者所享有的诉讼权利和义务与提起诉讼的主体完全相同，后者所享有的诉讼权利和义务是有限的，在其意愿和诉讼行为与公益诉讼人或提起公益诉讼的主体相冲突时，以后者为准，前者只能辅助后者实施有必要辅助的诉讼行为。

公益诉讼的诉讼加入必须被限定在诉讼阶段的某一时点，而不可能成为一项贯彻始终的诉讼权利，否则难以保证公益诉讼的程序安定性，影响诉讼效率。但这个时点确定在诉讼程序的何一阶段？司法解释之间出现了矛盾。发布在先的 2015 年最高人民法院《关于审理环境民事公益诉讼案件适用法律若干问题的解释》（以下简称《环境公益诉讼司法解释》）第 10 条将其确定在法院受理环境公益诉讼发布公告后的 30 日内，否则，逾期申请参与公益诉讼将被法院驳回。但颁布在后的《民诉法解释》第 285 条则将参与公益诉讼的时间点确定在"开庭前"①。显然，后一个时点要长于前一个时点，二者不一致，根据后法优于前法的法律适用规则，并根据《民诉法解释》第 550 条关于"最高人民法院以前发布的司法解释与本解释不一致的，不再适用"的规定，公益诉讼的诉讼参与时间应当确定在法院第一次开庭前。

那么，如果有适格的公益诉讼主体错过了开庭前这一时间点而又希望加入诉讼应当如何处理呢？司法解释对此仅仅规定予以驳回或不予准许，而对后续的处理方案未作规定，笔者认为，应当在征求其意愿的基础上将其列为支持起诉人，而不是不允许其参与诉讼或者将其参与公益诉讼的申请一驳了之。

司法解释应当作出一项除权程序的规定。依此规定，人民法院在受理公益诉讼案件后，应当发布公告，使社会公众周知公益诉讼的启动与发生，并在公告中载明参加公益诉讼的权利主

---

① 最高人民法院《关于审理消费民事公益诉讼案件适用法律若干问题的解释》（以下简称《消费公益诉讼司法解释》）第 7 条也是将参与公益诉讼的时间点确定在"一审开庭前"。

体和时间,逾期则不得参加公益诉讼;与此同时,人民法院对于已知的对本案也同样享有公益诉权的适格主体应当发出通知,通知其参加诉讼。社会公众在公告发出后以及适格主体在收到通知后,逾期没有声明参加公益诉讼,则产生失权效果,不仅在本诉讼中不得参加,在本诉讼结束后,也受"一事不再理"原则的制约和拘束,不得另行提出同一件公益诉讼。

五、公益诉讼的立法

(一) 公益诉讼地方立法探索

公益诉讼条款自2017年入法以来,各级检察机关办理了大量的公益诉讼案件,对维护国家利益和社会公共利益、提升国家治理体系和治理能力现代化水平做出了积极贡献。然而,公益诉讼中也同时暴露出了一些问题,如公益诉讼范围过窄、公益诉讼案件的线索受限、公益诉讼类型偏向于行政公益诉讼、检察机关调查核实权疲软乏力、公益赔偿金难以有效管理和使用、公益诉讼与其他相关法律机制的衔接协同机制不够健全等,这些问题的形成与我国《民事诉讼法》和《行政诉讼法》对公益诉讼的规定过于简陋粗疏不无关系,一个体系化的公益诉讼制度如果仅仅只有一个诉讼条款予以支撑,这势必严重制约公益诉讼这种新型诉讼形态的功能发挥,公益诉讼的立法供给成为制约公益诉讼公正高效进行的制度短板,这一局面亟待改变。在国家层面统一完善公益诉讼法治工程之前,各地方立法机关积极探索,纷纷制定了调整和强化公益诉讼的地方性立法,截至2021年1月1日,全国已有21个省级人大常委会出台了《关于加强检察机关公益诉讼工作的决定》(以下简称《某某公益诉讼决定》),包括河北、内蒙古、辽宁、吉林、黑龙江、上海、江苏、浙江、安徽、河南、湖北、广东、广西、海南、重庆、云南、陕西、甘肃、青海、宁夏、新疆等。其发布的时间集中在2019年和2020年两年之中。所涉及内容包括公益诉讼的立法指导理念、公益诉讼的范围、公益诉讼的运行机制、公益诉讼的保障体系等多方面的规定,形成了具有高度共识的制度规范体系。当然,由于各地的地域特点、公益诉讼制度发展水平等不完全一致,所作出的公益诉讼决定也不尽然相同。就其主要规定介绍如下:

1. 拓展公益诉讼受案范围

公益诉讼范围的拓展是十九届四中全会提出的改革要求,根据实际需要积极稳妥拓宽公益诉讼的受案范围成为公益诉讼地方立法的重要任务。尽管各地所拓展的公益诉讼范围幅度不尽一致,但从立法技术上看,一般都是采用三结构的形式进行。以江苏为例加以说明。《江苏公益诉讼决定》将公益诉讼范围设定出三个层次的结构:第一层次为现行立法授权的重申与明晰,将法定的公益诉讼范围明晰为生态环境和资源保护、食药品安全、国有财产保护、国有土地使用权出让保护、英烈名誉保护以及未成年人保护6个领域,形成了"4+2"的立法格局(第3条第1款)。第二层次为对《民事诉讼法》第58条规定的"等"字进行等外解释,将其确定为安全生产、公共安全、文物和文化遗产保护以及个人信息安全4个领域(第3条第2款)。第三层次为通过地方政府、监察机关、审判机关以及检察机关不定期召开的公益保护联席会议,通过公益保护信息交流所形成共识的公益诉讼领域,除上述"6+4"10个领域外,还包括水利、市场监管、公共卫生等领域(第5条)。这样就形成了有序拓展公益诉讼范围的既积极稳妥同时又兼具地方特色的层次性、差异性梯形拓展模式,体现了原则性与灵活性的有机统一。

2. 开辟公益案件线索多元渠道

公益诉讼的立法仅仅规定检察机关在履职中发现损害公益案件线索一种情形,但这种公益案件线索发现渠道显得较为单一化和被动化，不利于检察机关能动地履行公益诉讼职能，实践中普遍存在公益诉讼案件线索发现难的问题。为克服此局限性，各地公益诉讼立法采用了多种模式或平台拓宽公益诉讼案件的线索来源渠道。比如，《江苏公益诉讼决定》用3个条款（第5条、第6条、第7条）设置了三种公益案件线索发掘路径：一是共享模式，通过多部门联席会议常态化地交流公益保护的相关信息，检察机关从中可以得到启迪，提炼案件元素，顺藤摸瓜，发现各种公益受损情况，最终使公益案件线索趋于成形，同时也可发挥预防性公益保护的制度外溢机能。二是移送模式，检察机关公益诉讼部门与行政机关、监察机关以及刑事检察部门形成案件线索双向移送常规机制，共同发挥公益保护的制度性合力。三是举报模式，检察机关单独或联合其他相关部门（如司法行政部门、财政部门等）采取各种形式的激励举措和机制，打造公益案件线索汇聚高地和平台，激发和调动人民群众参与公益保护的热情和公益心，使公益侵权行为始终处在人民群众的密集监督之中，从而增加公益案件线索的来源渠道，同时打造出公益诉讼的群众参与机制。《宁夏公益诉讼决定》第15条规定，鼓励社会公众通过12309检察服务热线、12309网站、12309检察服务中心等渠道举报公益诉讼案件线索，并且将其与物质奖励联系起来。《广西公益诉讼决定》第17条规定，检察机关应当加强公益诉讼案件线索举报受理平台建设，建立公益诉讼案件举报奖励和隐私（信息）保护制度，对经核实采用的线索，给予举报人必要奖励。重庆等地还创设了收集公益案件线索的公益巡查制度。《重庆公益诉讼决定》第14条规定，大力提高信息化、科技化水平，积极运用科技装备和技术手段进行公益巡查，不断提升公益诉讼办案能力。

3. 公益查证模式三管齐下

公益诉讼的最终效能取决于公益查证的实际效果，因而公益查证模式的合理构建便成为公益诉讼制度宏观构建中的必要之举，在这方面，各地公益诉讼立法较大篇幅地规定了系统化的公益查证机制，使公益诉讼的证据收集机制趋于完善。例如，《江苏公益诉讼决定》打造出了三种公益查证模式，从而使公益诉讼中的证据收集有了切实保障。一是独立型查证模式，检察机关自身立足该模式为公益查证奠定扎实基础（第9条第1款、第2款）。二是协助型查证模式，检察机关为了使公益诉讼卓有成效地得以开展，可以要求行政机关收集、提供证据（第9条第2款）。检察机关之所以能够要求行政机关提供与公益诉讼相关的证据材料，根本的原因在于这本身就是检察机关对行政机关依法行政的一种监督形式，为此，收到检察机关公益查证协助通知的行政机关必须按照要求及时全面准确提供相关证据，否则这便成为检察机关继而提起行政公益诉讼的成因。三是附带型查证模式，检察机关为了避免重复查证，其刑事检察部门在相应的刑事诉讼程序中可以提前介入公安侦查程序之中，通过检察指导侦查加长刑事查证的公益"板凳"，再根据检察一体化原则将所收集的公益证据转递给公益诉讼检察部门加以使用，也可以商请刑事侦查机关在收集刑事证据的同时一并收集公益诉讼证据（第9条第4款）。这第三种公益查证模式更值得一提。根据《内蒙古公益诉讼决定》第9条的规定，公安机关在办理破坏生态环境和资源保护、食品药品安全等领域刑事犯罪案件时，应当及时邀请检察机关提前介入侦查，在依法搜集刑事犯罪证据的同时，协助检察机关收集、固定犯罪嫌疑人涉嫌侵害国家和社会公共利益的相关证据。广西则通过检察建议形式变被动为主动，促使公安机关通过刑事侦查程序收集公益诉讼的证据。根据《广西公益诉讼决定》第14条的规定，检察机关提出引导侦查建议的，公安机关应当按建议内容收集、固定相关证据。《甘肃公益诉讼决定》第5条第4款则规定，对重大复杂敏感公益诉讼案件的调查取证，公安机关应当派员协助检察机关进行。《海南公益诉讼决定》第8条规定，公安机关在相关行政执法与刑事侦查中发现公益诉讼案件线索应当及时移送检察机关,并协助开展检察公益诉讼证据收集等工作。通过借助公安机关、行政机关的力量扩大公益诉讼证据收集渠道和途径,是公益诉讼地方立法的鲜明特征。

4. 为调查核实权设置三重保障,强化其刚性约束效果

调查核实权是检察机关开展公益诉讼的前提性也是保障性权力,调查核实权已经写入《民事诉讼法》和《人民检察院组织法》之中。然而调查核实权这种简单型立法规定在实践中难以有效推行,为了使调查核实权行之有效,公益诉讼地方立法不约而同以此为核心条款加以了详细规定。如《江苏公益诉讼决定》用 2 条 6 款 7 项的篇幅对此作出了详细规范(第 9 条和第 10 条),使各种调查核实具体方法方式得以明定化,使之具有了可操作性,尤其是对调查核实权的有效运行提供了诸多保障性措施,主要包括由弱到强的三重保障:一是提出检察建议,二是采取训诫和制止等强制性措施,三是移送监察机关或公安机关进行纪律监察或刑事责任的追究。《上海公益诉讼决定》第 5 条则从调查核实权行使的人员参与角度确保了调查核实权的有效运行,其规定,根据调查核实工作需要,检察机关可以指派司法警察、检察技术人员协助检察官履行调查核实职责,也可以委托、聘请其他专业机构、人员参与调查核实工作。《浙江公益诉讼决定》则对行政机关履行调查核实的配合义务作出了明确规定,其第 5 条第 2 款规定,调查核实时,检察机关可以请行政机关依法办理必要的证据保全措施,行政机关应当予以协助。有了这三重保障以及其他配套措施,调查核实权的刚性约束效果便可以彰显出来,公益诉讼证据的独立型查证模式获得了坚固的制度支持。

5. 将生态损害赔偿程序挺在前面

生态损害赔偿程序是根据《生态环境损害赔偿制度改革方案》、最高人民法院《关于审理生态环境损害赔偿案件的若干规定(试行)》所形成的由政府部门对一定范围内的生态环境损害提起公益诉讼的又一制度安排,然而,该制度与检察机关公益诉讼之间的衔接关系并不十分明朗。为了使生态损害赔偿诉讼更加充分地发挥其前置性作用,同时也为了体现出检察机关行使法律监督权的谦抑性原则,《江苏公益诉讼决定》为此设置了两大补充性和中间性制度:一是支持磋商或支持起诉制度,二是督促起诉制度(第 8 条)。根据前者,政府部门与生态损害赔偿义务人进行诉前磋商时,检察机关认为有必要则可以应邀或主动介入其中依法提供法律支持,同时为后续提起民事公益诉讼做好准备。如果政府部门因磋商失败而提起生态损害赔偿诉讼,检察机关则可以参与其中履行支持起诉义务。但是,如果政府部门面对生态环境损害既不磋商也不提起诉讼,检察机关则可以督促其启动磋商和起诉程序。在行政机关拒绝接受检察机关督促起诉的检察建议后,检察机关应当提起行政公益诉讼,因为该行政机关面对生态环境受损事件经检察机关督促提醒仍无动于衷,足以说明其对公益受损事实的造成或存续未能尽职履职。设立督促起诉程序的好处是可以充分激活生态环境赔偿诉讼的制度潜能,防止政府有关部门选择性执法,致使该项诉讼制度陷入摆设或"睡眠"状态。

6. 完善和充实行政公益诉讼诉前程序

立法对行政公益诉讼所规定的诉前程序较为简单,检察机关认为行政机关未依法履职或者违法行使职权从而导致公益受损的,则向该行政机关提出检察建议,行政机关应当在检察建议所确定的期限内积极履职,否则检察机关应当提起行政公益诉讼。然而,行政公益诉讼诉前程序的这种简单化规定,难以确保诉前检察建议的效果。为填补和充实行政公益诉讼诉前程序的内容,公益诉讼地方立法几乎完全一致采取了三个步骤的补充措施。一是履职证明制度,规定行政机关在检察建议规定的期限内应当书面回复办理情况,并且要附上履职证明材料;二是整

改方案制度,规定行政机关如果因为客观原因无法在检察建议规定的期限内整改完毕的,则应当以书面形式说明情况,并附整改方案;三是整改督查制度,对行政机关的整改情况,检察机关不能流于书面形式的审查,而应当深入行政执法的内部进行深度督查。这三项制度是层层递进、步步深入的,它们结合在一起,有助于克服行政公益诉讼诉前程序空洞化和隔离化的弊端,从而使行政公益诉讼能够精准发力。

7. 推行公益检察建议宣告送达机制

《人民检察院检察建议工作规定》第18条规定了检察建议书的宣告送达制度,各地方公益诉讼立法采用该规定,将宣告送达机制引入公益诉讼的诉前检察建议之中。如根据《河北公益诉讼决定》第7条的规定,检察机关发出检察建议时,除法律规定的送达方式外,还可以采取宣告送达。宣告送达检察建议书商被建议单位同意,可以在检察机关、被建议单位或者其他适宜场所进行。有的地方立法则规定无须同被建议单位进行商量,检察机关可以依职权决定进行公益检察建议的宣告送达,如根据《内蒙古公益诉讼决定》第4条第2款的规定,检察机关可以对检察建议进行宣告送达和公告送达。宣告送达可以在检察机关、行政机关或者其上级部门办公场所进行,必要时可以邀请人大代表参加。公告送达可以通过新闻媒体以及其他便于行政机关和公众知晓的途径进行。《广西公益诉讼决定》第8条第2款规定,检察机关可以宣告送达检察建议,宣告可以在检察机关、被建议单位或者其上级行政机关办公场所进行。

8. 构建民事公益诉讼诉前和解机制

立法规定了民事公益诉讼的诉前程序,但那是针对法律规定的有关机关和社会组织进行的,目的在于提示、敦促其先行提起民事公益诉讼,在民事公益诉讼的诉前程序中,并无检察机关与公益侵权人之间的磋商和解、提前化解纠纷的机制和程序。《江苏公益诉讼决定》在民事公益诉讼中补充了一个诉前和解机制,据此,检察机关在决定提起民事公益诉讼之前,可以采取三个步骤进行和解磋商:一是督促侵权人采取修复公益的措施,二是与公益侵权人就公益修复和损害赔偿进行磋商谈判,三是如果磋商谈判取得预期效果,则申请法院就和解协议进行司法确认,该司法确认具有强制执行的效力。无独有偶,《上海公益诉讼决定》第3条第2款也规定,侵权行为人自行纠正违法行为,采取补救措施,或者承诺整改的,检察机关可以就民事责任的承担与侵权行为人进行磋商;经磋商达成协议的,可以向审判机关申请司法确认;经磋商未达成协议的,检察机关应当及时提起民事公益诉讼。民事公益诉讼的该诉前和解机制具有重要的创新价值,它有利于更加充分地发挥民事公益诉讼的制度功能,有利于协商性司法和恢复性司法理念在民事公益诉讼中的贯彻和体现。

9. 强化行政公益诉讼中行政负责人出庭制度

根据最高人民法院《关于行政机关负责人出庭应诉若干问题的规定》第4条第1款的规定,对于涉及食品药品安全、生态环境和资源保护、公共卫生安全等重大公共利益,社会高度关注或者可能引发群体性事件等的案件,人民法院应当通知行政机关负责人出庭应诉;其第4条第2款规定,在行政公益诉讼的情形之下,需要行政机关负责人出庭的,人民法院可以通知行政机关负责人出庭应诉。公益诉讼的地方立法大多有此规定,如《甘肃公益诉讼决定》第4条第2款规定,被诉行政机关负责人应当出庭应诉,积极支持公益诉讼审判工作,及时认真执行审判机关作出的生效裁判。《云南公益诉讼决定》第14条规定,积极做好行政公益诉讼出庭应诉工作,行政机关负责人应当出庭应诉,不得拒绝或无正当理由延迟答辩举证,依法执行公益诉讼生效判决。在行政公益诉讼中,强制推行行政机关负责人出庭应诉制度有利于强化行政公益诉讼的功能效果,同时对公益诉讼的教育宣传也不乏意义。

10. 塑造"三合一"公益检察机制

公益保护需要多管齐下，使公益侵权人同时受到民事责任、行政责任和刑事责任的追究，行政机关如果对公益受损也有行政失职等方面的过错，则也应通过统一化公益诉讼机制使之承担相应的法律责任。这就形成了融民事公益诉讼、行政公益诉讼和刑事附带民事公益诉讼于一体的"三合一"公益诉讼机制。对此，有的地方公益诉讼立法有所涉及，如根据《内蒙古公益诉讼决定》第12条的规定，检察机关应当积极推动公益诉讼专门机构和队伍建设，建立配置科学、运行高效的公益诉讼专门机构，建立健全涉及公益诉讼的刑事、民事、行政案件统一由公益诉讼部门办理的"三检合一"办案模式。

11. 导入恢复性司法机制

随着"绿水青山就是金山银山"的生态保护理念深入人心，检察机关依托检察职能，充分发挥法律监督作用，以恢复性司法理念为指导，运用多种司法手段，开展生态检察工作。通过生态检察，法院将恢复性司法理念引入公益诉讼司法领域，改变了以往"一判了之"的做法，全面贯彻生态环境修复理念，积极引导公益侵权人修复受损害的生态环境，将公益侵权人修复生态环境的情形作为对其从宽处理的依据，实现对公益侵权人惩罚、教育和生态环境修复的统一。恢复性司法理念体现在公益诉讼法律责任中，法院更多的是运用补植复绿、增殖放流、土地复垦、矿山修复等替代性公益救济方式进行裁判，而不是简单地判决支付公益赔偿金，这样有利于将公益修复和行为矫正有效衔接起来，确保公益修复工作落到实处。公益诉讼的地方立法大多有此规定，如《河北公益诉讼决定》第15条规定，审判机关审理生态环境和资源保护领域公益诉讼案件，应当增加补植复绿、土地复垦、增殖放流、替代性修复等恢复性司法裁判内容，确保生效裁判执行；对需要组织生态修复等协助执行事项的，应当及时通知相关行政机关。

12. 建立公益修复管理人制度

为探索"恢复性司法实践＋社会化综合治理"公益审判结果执行机制，在公益诉讼地方立法中，有的省市以涉生态环境修复民事公益诉讼案件的执行为契机，推出了生态修复管理人的制度安排，具体是将专业机构作为生态修复管理人引入执行过程之中，以专业主导生态环境修复，这样不仅能提高环境修复效率，而且能提高环境修复水平。《广东公益诉讼决定》第5条第4款规定，探索建立公益诉讼案件生态环境修复管理人制度。河北等地也有类似规定。

13. 探索公益诉讼惩罚性赔偿适用机制

中共中央、国务院《关于深化改革加强食品安全工作的意见》明确要求，"探索建立食品安全民事公益诉讼惩罚性赔偿制度"。《民法典》第1232条规定："侵权人违反法律规定故意污染环境、破坏生态造成严重后果的，被侵权人有权请求相应的惩罚性赔偿。"上述意见或规定，为检察机关提起公益诉讼主张惩罚性赔偿提供了探索性依据，为此，有许多地方公益诉讼立法对此作出了规定。如《安徽公益诉讼决定》第2条规定，落实生态补偿和生态环境损害赔偿制度，依法支持被侵权人请求相应的惩罚性赔偿；认真实施相关法律规定，依法适用食品药品安全民事公益诉讼惩罚性赔偿制度，依法严惩食品药品安全领域严重侵害众多消费者合法权益的违法行为。河北、湖南、广东、上海、浙江、海南、陕西等地多个公益诉讼地方立法均有类似规定。

14. 设置公益损害赔偿金财政代管机制

在公益诉讼中，公益损害赔偿金的管理机制一直是一个难题，公益诉讼的地方立法对此问题高度关注，基本上都设置了相应的条款对此进行规范。各地的做法基本上都是依托于财政管理系统设立财政专户对公益赔偿金进行管理和使用,如《云南公益诉讼决定》第 17 条规定,公益诉讼损害赔偿资金应缴入责任地所在财政部门,实行专款专账管理,按照一案一议的原则申领并组织生态修复。《江苏公益诉讼决定》则借鉴了各地的经验性做法,对此做出了区别对待:公益损害赔偿金属于非税收入的,则纳入预算进行管理;反之,如果公益损害赔偿金不属于非税收入的,则可以纳入财政代管资金专户进行管理,并且明确规定,公益损害赔偿金应当用于公益修复、赔偿和保护等。设置公益损害赔偿金的财政代管机制有两个益处:一是有利于借助行政管理的资源和权威对公益损害赔偿金进行专款专用的管理,二是有利于使公益损害赔偿金保持相对的独立状态,从而有利于将它使用于公益恢复的价值目标之上。

15. 打造区域性公益诉讼协同机制

打造区域性的公益诉讼协同机制是公益诉讼地方立法的重要目标之一,与公益诉讼中的其他内容有所不同的是,区域性公益诉讼协同机制往往被许多地方立法所共享,而且从整体上看,呈现出了区域性公益诉讼协同机制的若干主要板块。如上海、江苏、浙江、重庆等打造的则是长江流域公益诉讼的协同机制。根据《上海公益诉讼决定》第 17 条的规定,上海市检察机关应当加强与长江经济带、长江三角洲区域检察机关的协作配合,积极探索完善检察公益诉讼协作机制,加强信息共享、线索移送、调查协作、联动办案等工作,推动跨区域系统化治理。再如,河南等省所打造的则是黄河流域公益协同机制,根据《河南公益诉讼决定》第 6 条的规定,河南省人民检察院应当深入探索实践"河长+检察长"等依法治河新模式,注重与跨区域河流省内外有关部门的交流与合作,协商构建信息共享、线索移送、联合专项行动、联席会议等协作机制,促进全流域生态环境和资源保护等工作。广东、广西等省所打造的则为粤港澳大湾区公益诉讼协同机制。根据《广东公益诉讼决定》第 2 条的规定,完善跨区域检察公益诉讼协作机制,重点建立健全重大跨界破坏生态环境和自然资源案件会商和联合办理机制,加强粤港澳大湾区及周边地区跨区域海洋、河流、湖泊、森林等的综合治理和保护,促进生态环境共建共护、污染防治联防联控,推动美丽湾区建设。《新疆公益诉讼决定》第 15 条规定,各级检察机关在开展检察公益诉讼工作中应当探索建立与周边省区的跨区域公益保护协同机制;会同军事检察机关开展涉军公益诉讼工作;新疆生产建设兵团检察机关在依法开展公益诉讼工作中,与地方检察机关相互配合。通过区域检察公益诉讼的信息共享、线索移送、调查协作、联动办案等方面进行协作配合,使公益诉讼的区域司法保障进入良性化、常态化和一体化建设的新阶段。上述各区域公益诉讼协同机制的建设,为区域性公益诉讼的全国范围内的协同机制提供可供借鉴的范本和模板。

16. 构筑公益诉讼支持系统

公益诉讼的绩效不仅取决于公益诉讼体制、机制和程序建设的内在系统,而且与公益诉讼的社会环境和保障系统也有密切关系。《江苏公益诉讼决定》第 1 条开宗明义就将全省各级国家机关、社会团体、企业事业单位、其他组织和个人对检察机关提起公益诉讼的活动应当给予支持和配合的原则予以明确昭示,使之成为公益诉讼制度建设的系统工程中的重要组成部分;正是基于该立法总原则,该决定第 16 条、第 18 条、第 19 条、第 20 条和第 21 条分别就该支持系统的必要内容做出了原则性规范,如禁止对公益诉讼的开展进行干预、过问、插手的规定,将公益诉讼的必要费用纳入财政预算的规定,对司法鉴定和律师服务进行规范和监督的规定,同级人大常委会对相关司法机关和行政机关进行法律监督的规定,相关机关和新闻媒体对公益诉讼进行宣传的规定,等等,都是公益诉讼支持系统的基本支撑。其中,关于公益诉讼鉴定的支持服务保障制度引人关注。如《广东公益诉讼决定》第 6 条第 3 款规定,司法行政机关应当会同有关部门培育具备生态环境损害鉴定资质的司法鉴定机构。鼓励和支持高等学校、科研院所等单位设立生态环境损害司法鉴定机构。鼓励和支持有关机构或者专家为生态环境公益诉讼案件提供鉴定服务、专业咨询和技术指导。推动有条件的地级以上市检察机关建设快速检测实验室。加强对公益诉讼鉴定工作的监督管理，规范鉴定行为和收费标准，探索推行检察公益诉讼案件先鉴定、后付费的工作保障措施。几乎所有的公益诉讼地方立法均有类似或相同规定。

17. 支持社会组织提起民事公益诉讼

根据《民事诉讼法》第58条的规定，社会组织有权提起民事公益诉讼。但社会组织提起民事公益诉讼面临着诉讼经验不足、组织结构松散、专业人才短缺、诉讼成本过高、行政部门不配合等多方面困境，这制约了社会组织提起民事公益诉讼的制度功能。为此，地方公益诉讼立法采取相应对策，支持社会组织提起民事公益诉讼。如《浙江公益诉讼决定》第13条第4款规定，积极培育社会公益组织，鼓励推动社会公益组织、科研院所、企事业单位和专业知识人员等社会力量共同参与维护国家利益和社会公共利益。《上海公益诉讼决定》第15条规定，承担环境保护、消费者权益保护、特殊群体权益保护等职责的社会组织，应当积极履行公共利益保护职责。检察机关应当为相关社会组织提起公益诉讼提供必要的支持，加强与相关社会组织的信息沟通和案件线索交流，推动形成多元主体共同维护公共利益的工作格局。《海南公益诉讼决定》第13条规定，鼓励社会组织参与公益诉讼，检察机关应当为社会组织提起公益诉讼提供必要的支持和保障。有的地方则从法律援助等方面对社会组织提起和参与公益诉讼提供支持，如《甘肃公益诉讼决定》第5条第5款规定，司法行政机关应当建立完善公益诉讼法律服务、法律援助和司法救助制度。

18. 构建公益诉讼人才供给机制

公益诉讼涉及的问题专业性较强，为了推进好公益诉讼，有必要在人才培养上下功夫。公益诉讼人才供给机制除了在检察机关内部加强培养和引进外，还要关注和重视外部人才供给机制的建设。公益诉讼地方立法不仅强调了检察机关内设机构专门化建设和集中管辖制度的采用，而且还有关于外部人才储存和使用方面的规定。如《广东公益诉讼决定》第3条第2款规定，各级检察机关应当加强办案专业化建设，优化办案组织，加强办案力量，加强公益诉讼专家智库建设，充分运用信息化、科技化手段，提高公益诉讼办案能力和水平。《河北公益诉讼决定》第23条规定，审判机关、检察机关应当加强公益诉讼队伍建设，配齐配强公益诉讼办案力量，建立公益诉讼专家人才库，组织开展公益诉讼业务培训，规范自身执法活动，提高公益诉讼能力和水平。《广西公益诉讼决定》第19条规定，检察机关应当积极建立检察公益诉讼专家辅助人制度，组建公益诉讼专家人才库，选聘相关领域专业人员协助办案，为检察公益诉讼工作提供智力支持。这样，通过人才库这一"外脑"的引入，有助于检察人员不断提高和夯实在线索发现、调查核实、案件汇报、出庭公诉等方面的综合素质能力，从而助推检察公益诉讼取得更为理想的制度性效果。

总体上看，公益诉讼的地方立法对公益诉讼机制的完善进行了有益探索，体现了问题意识、前瞻意识、创新意识、协同意识、系统意识和法治意识，亮点较多，具有地方特色，对将来公益诉讼的全国性立法也不乏一定的启发价值。

（二）制定独立的《公益诉讼法》

前述关于地方公益诉讼的立法介绍业已有说服力地表明，在我国制定独立的《公益诉讼法》乃大势所趋，也为全国性的公益诉讼立法提供了必要的准备和素材。从比较法的角度看，公益诉讼的立法有的表现为专门性立法，比如美国、巴西等国家，也有的表现为分散性立法，我国目前处在后一阶段。我国的公益诉讼规范主要由《民事诉讼法》第 58 条供给，但该条款仅仅是原则性规范，其所涉及的内容仅仅是公益诉讼的范围、公益诉讼的发动主体、公益诉讼的前置程序以及对公益诉讼的支持起诉这四方面的规定，而对于公益诉讼的基本原则、公益诉讼的程序构成、公益诉讼的和解与调解、公益诉讼的辩论主义和处分权主义所受到的限制、公益诉讼的公众参与、公益诉讼的诉讼监督、公益诉讼的执行规则、公益诉讼的费用机制和激励机制、公益诉讼的特别程序法则、公益诉讼中的证明规则等，均在立法上付诸阙如。除《民事诉讼法》对公益诉讼的程序性规范作出相应的规定外，作为其配套规定的，是《海洋环境保护法》《环境保护法》《消费者权益保护法》《英雄烈士保护法》等实体性规范，实体性规范的主要内容包括两个方面：一是主体性规范，也即规定哪些主体享有相应领域的公益诉权，二是请求权基础规范，从该请求权基础规范中派生出相应的公益诉权，这是公益诉权的立法前提。无论是《民事诉讼法》关于公益诉讼的程序性规定，还是《环境保护法》等法律对公益诉讼的实体性规定，就其内容本身而言均不够全面细致，其可操作性程度较弱，尚不足以保障公益诉讼的有效规范开展和进行，因而需要司法解释作出进一步的细化规定。为了规范公益诉讼的程序事项，《环境公益诉讼司法解释》《消费公益诉讼司法解释》《检察公益诉讼解释》等对公益诉讼的原告资格、管辖、法院的释明、支持起诉、证据、公告、附带公益诉讼、执行等问题作了具体规定。2015 年 1 月最高人民法院发布的《民诉法解释》从第 284 条（现第 282 条）到第 291 条（现第 289 条）对公益诉讼的实施程序作出了具体规定。

然而，公益诉讼的上述立法规范依然存在缺陷：一是立法规范比较分散，而且各项规定之间的重复性乃至冲突性条款也时有存在；二是立法内容较为松散，其内容尚不能构成严密或较为严密的规范体系，实际运行时存在立法空白；三是司法解释的规定效力位阶较低，有许多认识分歧的问题无法通过司法解释求得共识。因而，公益诉讼的立法完善在我国依然是一项重要的任务。

公益诉讼的立法完善应当通过专门的《公益诉讼法》来实现。目前的《民事诉讼法》主要适用于私益诉讼，在《民事诉讼法》中只能对公益诉讼作出一个原则性的规定，《民事诉讼法》不可能就涉及公益诉讼的诸多程序和制度作出系统化的规定，其他的法律，尤其是实体法，如民法、经济法等，由于其性质的缘故，也不可能对公益诉讼的程序事项作出过多的周密的规范，而只能规定一些实体性的事项。而公益诉讼制度既涉及大量的程序问题，又涉及较多的实体问题，是实体和程序兼顾的综合性法律制度，有点类似于"破产法"，因而应当作出单独的立法规定。行政公益诉讼也是如此。单独制定《公益诉讼法》还有一个好处，就是可以强化对公民、社会组织以及检察机关等国家机构等公益诉权的切实保障，从而使公益诉讼制度能够充分发挥作用，确保国家利益和公共利益不受损害，或者在受到损害后能够获得有效的司法救济。事实上，制定独立的《公益诉讼法》不仅有助于完善公益诉讼程序规范和实体规范，而且对我国诉讼制度的科学分类也极有价值。《公益诉讼法》独立制定后，我国的诉讼法就形成了包括《刑事诉讼法》《民事诉讼法》《行政诉讼法》《公益诉讼法》在内的四大诉讼法，这标志着我国的诉讼制度至少在形式上将臻于完善。

第二节　公益诉讼的原告资格

公益诉讼的原告资格是具有提起公益诉讼的权利能力主体，也是公益诉讼的主观范围问题。如前所述，公益诉讼的原告资格具有限定性、法定性的特点，只有经过法律特别赋权的法律主体才能成为公益诉讼的原告，才具有原告资格。我国公益诉讼的原告资格是由《民事诉讼法》《环境保护法》《消费者权益保护法》以及相应的司法解释共同加以确定和明确的。依据上述规定，我国公益诉讼的原告资格包括以下三种情形：

一、社会组织

（一）环境保护组织

《环境保护法》第58条规定："对污染环境、破坏生态，损害社会公共利益的行为，符合下列条件的社会组织可以向人民法院提起诉讼：（一）依法在设区的市级以上人民政府民政部门登记；（二）专门从事环境保护公益活动连续五年以上且无违法记录。符合前款规定的社会组织向人民法院提起诉讼，人民法院应当依法受理。提起诉讼的社会组织不得通过诉讼牟取经济利益。"根据《环境公益诉讼司法解释》第2条、第3条、第4条和第5条的规定，依照法律、法规的规定，在设区的市级以上人民政府民政部门登记的社会团体、民办非企业单位以及基金会等，可以认定为《环境保护法》第58条规定的社会组织。设区的市、自治州、盟、地区、不设区的地级市、直辖市的区以上人民政府民政部门，可以认定为《环境保护法》第58条规定的设区的市级以上人民政府民政部门。社会组织章程确定的宗旨和主要业务范围是维护社会公共利益，且从事环境保护公益活动的，可以认定为《环境保护法》第58条规定的专门从事环境保护公益活动。社会组织提起的诉讼所涉及的社会公共利益，应与其宗旨和业务范围具有关联性。社会组织在提起诉讼前5年内未因从事业务活动违反法律、法规的规定受过行政、刑事处罚的，可以认定为《环境保护法》第58条规定的无违法记录。

（二）消费者权益保护组织

根据《消费者权益保护法》第47条的规定，对侵害众多消费者合法权益的行为，可以向人民法院提起公益诉讼的消费者组织包括两类：一是中国消费者协会，二是在省、自治区、直辖市设立的消费者协会。

二、行政机关

行政机关是否具有公益诉讼的起诉权，取决于立法上是否有明确规定。目前，根据有关立法规定，可以提起公益诉讼的行政机关主要包括：

（一）国家海洋局

根据《海洋环境保护法》第89条的规定，造成海洋环境污染损害的责任者，应当排除危害，并赔偿损失；完全由于第三者的故意或者过失，造成海洋环境污染损害的，由第三者排除危害，并承担赔偿责任。对破坏海洋生态、海洋水产资源、海洋保护区，给国家造成重大损失的，由依照本法规定行使海洋环境监督管理权的部门代表国家对责任者提出损害赔偿要求。其提出损害赔偿要求的形式自然也包括提起公益诉讼的形式。

（二）省级、市地级人民政府及其指定的相关部门、机构，或者受国务院委托行使全民所有自然资源资产所有权的部门

生态损害赔偿诉讼是公益诉讼的一种形式。根据最高人民法院《关于审理生态环境损害赔偿案件的若干规定（试行）》第 1 条的规定，省级、市地级人民政府及其指定的相关部门、机构，或者受国务院委托行使全民所有自然资源资产所有权的部门，因与造成生态环境损害的自然人、法人或者其他组织经磋商未达成一致或者无法进行磋商的，可以作为原告提起生态环境损害赔偿诉讼。

三、人民检察院

人民检察院是提起公益诉讼的法定主体。根据《民事诉讼法》第 58 条第 2 款的规定，人民检察院在履行职责中发现破坏生态环境和资源保护、食品药品安全领域侵害众多消费者合法权益等损害社会公共利益的行为，在没有法律规定的机关和组织或者法律规定的机关和组织不提起诉讼的情况下，可以向人民法院提起诉讼。法律规定的机关或者有关组织提起诉讼的，人民检察院可以支持起诉。此外，根据《英雄烈士保护法》第 25 条的规定，对侵害英雄烈士的姓名、肖像、名誉、荣誉的行为，英雄烈士没有近亲属或者近亲属不提起诉讼的，检察机关有权依法对侵害英雄烈士的姓名、肖像、名誉、荣誉，损害社会公共利益的行为向人民法院提起诉讼。

第三节 公益诉讼的特别规则

一、公益诉讼的起诉条件

公益诉讼的起诉条件是指，法律规定的机关或有关组织为了维护公共利益向法院提起诉讼时所应当具备的各项程序性要件。《民诉法解释》第 282 条之中，该条规定："环境保护法、消费者权益保护法等法律规定的机关和有关组织对污染环境、侵害众多消费者合法权益等损害社会公共利益的行为，根据民事诉讼法第五十八条规定提起公益诉讼，符合下列条件的，人民法院应当受理：（一）有明确的被告；（二）有具体的诉讼请求；（三）有社会公共利益受到损害的初步证据；（四）属于人民法院受理民事诉讼的范围和受诉人民法院管辖。"与《民事诉讼法》第 122 条所规定的私益诉讼的起诉条件相比较，可以发现其有以下几点变动和不同：其一，公益诉讼的起诉条件中取消了"原告是与本案有直接利害关系的公民、法人和其他组织"这一原告资格的严格要求，凡是法律规定的机关或有关组织均有权提起公益诉讼。其二，取消了"事实和理由"的要求，而仅需要提出具体的诉讼请求即可。其三，增加了"有社会公共利益受到损害的初步证据"的要求。为什么取消"事实和理由"的要求？因为增加了"有社会公共利益受到损害的初步证据"的要求，后者取代了前者。用确切的初步证据取代了主观的事实和理由，不是降低了公益诉讼的起诉门槛，而是提高了公益诉讼的起诉门槛。回顾《民事诉讼法（试行）》的规定，其第 81 条曾在规定起诉条件时提出过"事实根据"的要求，后来因为实践中普遍抱怨起诉门槛过高，有碍当事人起诉权的顺利行使，因而到 1991 年正式颁行《民事诉讼法》便用"事实和理由"取而代之，该项规定沿用至今。目前已普遍推行了立案登记制，公益诉讼也同样适用立案登记制，上述关于起诉条件的规定是公益诉讼的诉讼成

立要件,是法院在立案登记后对公益诉讼进行程序审查时所应具备的条件,与立案登记制的实行并无冲突。

需加阐述者有二:一是如何处理公益诉讼的起诉条件和私益诉讼的起诉条件之间的关系。应当认为,这二者是一般性和特殊性的关系,私益诉讼的起诉条件属于一般性规范,在与公益诉讼性质不相冲突的范围内,也适用于公益诉讼,然而公益诉讼除了需要具备一般性起诉条件外,还要满足特殊性的起诉条件,二者如果发生了冲突,特殊性优先于一般性,应当将公益诉讼的特殊起诉条件予以优先适用。二是公益诉讼的起诉门槛较之于私益诉讼而言是更高好还是更低好。对该问题的回答会形成逻辑与事实之间的矛盾,就逻辑而言,公益诉讼的起诉门槛应当更低,因为它涉及公益保护,宁可让不符合条件的公益诉讼进入程序,也不要让符合条件的公益诉讼被排除在司法的门槛之外;但就事实而言,如果公益诉讼的起诉门槛较低,则会造成公益诉讼的泛滥,而公益诉讼的泛滥对于司法资源的浪费以及对社会经济的正常发展会造成负面影响。为妥善处理公益诉讼起诉条件的适度标准,不妨借鉴美国集团诉讼中所采用的"合理起诉标准"(plausible standard)。据此标准,只要原告主张的事实具有充分性以及其所提出的诉讼请求具有救济法上的合理性,其起诉的相关条件就应被认为获得了满足。以此相观照,我国司法解释所确定"初步证据"标准不仅包含了"合理起诉标准",而且有所超越,公益诉讼中的证据通常需要在法院立案受理后借助司法职权方能有效收集,在起诉之时要求当事人提供初步证据有时会遭遇困难,这对公益诉讼的立案受理有所不利,因而该标准应当予以调整。

二、公益诉讼的管辖

公益诉讼的管辖在立法上并无明确规定,其主要由三大司法解释加以规定。一是《民诉法解释》第283条的规定。根据该条规定,公益诉讼案件由侵权行为地或者被告住所地中级人民法院管辖,但法律、司法解释另有规定的除外。因污染海洋环境提起的公益诉讼,由污染发生地、损害结果地或者采取预防污染措施地海事法院管辖。对同一侵权行为分别向两个以上人民法院提起公益诉讼的,由最先立案的人民法院管辖,必要时由它们的共同上级人民法院指定管辖。二是《环境公益诉讼司法解释》第6条和第7条的规定。根据该条规定,第一审环境民事公益诉讼案件由污染环境、破坏生态行为发生地、损害结果地或者被告住所地的中级以上人民法院管辖。中级人民法院认为确有必要的,可以在报请高级人民法院批准后,裁定将本院管辖的第一审环境民事公益诉讼案件交由基层人民法院审理。同一原告或者不同原告对同一污染环境、破坏生态行为分别向两个以上有管辖权的人民法院提起环境民事公益诉讼的,由最先立案的人民法院管辖,必要时由共同上级人民法院指定管辖。经最高人民法院批准,高级人民法院可以根据本辖区环境和生态保护的实际情况,在辖区内确定部分中级人民法院受理第一审环境民事公益诉讼案件。中级人民法院管辖环境民事公益诉讼案件的区域由高级人民法院确定。三是《消费公益诉讼司法解释》第3条的规定。根据该条规定,消费民事公益诉讼案件管辖适用《民诉法解释》第283条的有关规定。高级人民法院可以根据本辖区实际情况,在辖区内确定部分中级人民法院受理第一审消费民事公益诉讼案件。

根据以上规定,可以概括出公益诉讼管辖上的特殊规则如下:

(一) 公益诉讼的级别管辖

所有的民事公益诉讼,如果法律或司法解释别无另行规定,原则上均由中级人民法院为第一审案件的管辖法院。如果受理案件的中级人民法院认为确有必要,可以报请高级人民法院批准后,由高级人民法院裁定将其管辖的一审公益诉讼案件转移由基层法院管辖。前者是基于

《民事诉讼法》第 19 条"在本辖区有重大影响的案件"和"最高人民法院确定由中级人民法院管辖的案件"作出的规定。因此,公益诉讼案件既属于有重大影响的案件,也属于最高人民法院基于司法政策考虑通过司法解释确定的管辖,它们均属于级别管辖的法定管辖。后者是根据《民事诉讼法》第 39 条"上级人民法院有权审理下级人民法院管辖的第一审民事案件;确有必要将本院管辖的第一审民事案件交下级人民法院审理的,应当报请其上级人民法院批准"所作出的规定,在性质上属于管辖权转移的裁定管辖。前者具有一般的适用性,无须法院就个案的管辖做出裁定;后者具有特定的适用性,需要法院就个案的管辖做出裁定。最高人民法院《关于互联网法院审理案件若干问题的规定》第 2 条规定:"北京、广州、杭州互联网法院集中管辖所在市的辖区内应当由基层人民法院受理的下列第一审案件:……(九)检察机关提起的互联网公益诉讼案件……"该条规定是公益诉讼级别管辖的特别规定,应当优先适用。

(二)公益诉讼的地域管辖

环境公益诉讼本质上属于侵权纠纷性质,应根据《民事诉讼法》第 29 条的规定由侵权行为地或被告住所地人民法院管辖。侵权行为地既包括侵权行为发生地,又包括损害结果发生地。与环境公益诉讼地域管辖相对单一有所不同,消费公益诉讼虽然大多数属于侵权类公益诉讼,但也有少数属于合同类公益诉讼,后者比如确认侵害不特定多数消费者权益的格式条款无效之诉即为如此。侵权性的消费公益诉讼由侵权行为地或被告住所地的人民法院管辖;合同性的消费公益诉讼根据《民事诉讼法》第 24 条的规定,由合同履行地或被告住所地法院管辖。最高人民法院《关于审理侵害信息网络传播权民事纠纷案件适用法律若干问题的规定》第 15 条对网络侵权案件的地域管辖作出了特别规定,该条规定:"侵害信息网络传播权民事纠纷案件由侵权行为地或者被告住所地人民法院管辖。侵权行为地包括实施被诉侵权行为的网络服务器、计算机终端等设备所在地。侵权行为地和被告住所地均难以确定或者在境外的,原告发现侵权内容的计算机终端等设备所在地可以视为侵权行为地。"该条规定也适用于网络侵权公益诉讼案件的管辖。

(三)公益诉讼的专门管辖

《人民法院组织法》第 15 条规定:"专门人民法院包括军事法院和海事法院、知识产权法院、金融法院等。"据此规定,海洋环境污染公益诉讼案件、有关知识产权的公益诉讼案件、证券金融侵权公益诉讼案件,应当由海事法院、知识产权法院和金融法院进行专门管辖,而不由普通的法院管辖。根据《环境公益诉讼司法解释》第 6 条的规定,污染海洋环境的公益诉讼,由污染发生地、损害结果地或者采取污染防治措施地的海事法院管辖。

(四)公益诉讼的共同管辖与指定管辖

根据相关法律及上述司法解释的规定,无论是环境公益诉讼抑或消费公益诉讼还是英烈名誉侵权公益诉讼,也无论是侵权类的公益诉讼还是合同类的公益诉讼,其有权管辖的法院一般都在两个或两个以上,此时就存在《民事诉讼法》第 35 条共同管辖的问题,在共同管辖的情形下,同一原告或者不同原告对同一的公益诉讼案件向两个或两个以上的法院起诉的,由最先立案受理的法院行使管辖权;必要时由共同上级人民法院指定管辖。

(五)公益诉讼的集中管辖

公益诉讼的集中管辖在《民事诉讼法》中无法找到直接的依据,其集中管辖是由最高人民法院通过司法解释加以确定的,目前对集中管辖有明确规定的公益诉讼案件只有环境公益诉讼案件。根据《环境公益诉讼司法解释》第 7 条的规定，经最高人民法院批准，高级人民法院可以根据本辖区环境和生态保护的实际情况，在辖区内确定部分中级人民法院受理第一审环境民事公益诉讼案件。中级人民法院管辖环境民事公益诉讼案件的区域由高级人民法院确定。立法之所以对环境公益诉讼的地域管辖根据需要设定集中管辖的规定，其原因主要有二：一是环境污染公益诉讼案件通常是跨区域的侵权案件，集中管辖有利于消除地方保护主义的干扰；二是环境污染公益诉讼案件通常具有极强的专业特性，集中管辖有助于对该类案件实行专业化审判，从而确保司法公正。此外，集中管辖也有利于消除同案不同判的现象，有利于节约司法资源。

三、公益诉讼中的处分原则

（一）公益诉讼中的和解与调解

《民诉法解释》第 287 条规定："对公益诉讼案件，当事人可以和解，人民法院可以调解。当事人达成和解或者调解协议后，人民法院应当将和解或者调解协议进行公告。公告期间不得少于三十日。公告期满后，人民法院经审查，和解或者调解协议不违反社会公共利益的，应当出具调解书；和解或者调解协议违反社会公共利益的，不予出具调解书，继续对案件进行审理并依法作出裁判。"《环境公益诉讼司法解释》第 25 条对此也有类似规定，《消费公益诉讼司法解释》对此未加规定。

公益诉讼涉及国家和社会公共利益，而该利益与提起公益诉讼的主体不具有直接的关联，因而在公益诉讼中始终存在一种危险，就是如果法院把关不严，则有人便可能利用公益诉讼通过和解或调解的合法形式，达到损害公益补助私益的目的。因此，在公益诉讼中应当同时并重两大原则：一是法院职权干预的原则，二是和解与调解严格限制适用的原则。这两项原则是有关联的。法院职权干预的目的不仅仅在于探求公益诉讼的客观真相，更为重要的还在于防止诉讼中当事人双方进行暗中利益勾兑从而达到损公肥私的目的。因此，如果公共利益受到侵权损害，则该公共利益应当受到司法救济的完全回复，而不应基于任何目的对此做出让步；反之，如果公共利益确未受损，则也应明确诉讼所指之行为有继续存在的法律权利，而无妥协的法之空间。这是其一。其二，从理论上说，和解与调解涉及实体权益的处分问题，在私益诉讼中，该权利应当由直接利害关系人行使；而在公益诉讼中，公益诉讼的客体涉及公益保护问题，而公益保护是无法由非直接利害关系人的公益代表人进行处分的。其三，公益诉讼中包含着重要的司法政策，关系到人们的行为导向，对公益性预防性行为的实现具有极重要的社会价值和普适价值，如果通过和解或调解就将这些价值予以消解或者予以折扣式的处置，这无疑是对公益诉讼功能的削减与萎缩，不符合公益诉讼的制度宗旨。基于上述理由，公益诉讼中原则上不宜进行和解或调解，和解或调解在公益诉讼中的适用只能作为一种例外看待，而且要附加严格的适用条件。

然而，绝对的否定论一味排斥公益诉讼中和解与调解的适用也似有矫枉过正之处，公益诉讼中也有适用和解与调解的少量空间，如置换性责任承担方式应当允许和解与调解。实践中，通过异地植树补绿的方式来代替恢复原状的公益修复责任、通过公益管护和义务劳动来代替损害赔偿的给付责任等，考虑到被告的履行能力以及履行法律责任的可能性限度而与被告商量确定履行法律责任的方式应当是被允许的。

除上述情形外，其他的公益诉讼请求应当得到判决的严格保护，而不得通过和解与调解进行让步或妥协。比如，停止侵权、消除危险、排除妨害、恢复原状、赔礼道歉等诉讼请求都应当得到法院的司法保障，和解与调解等适用于私益诉讼中的解纷形式在公益诉讼的这些诉讼请求中不宜适用。

如果公益诉讼中的和解与调解能够获得运用，则严格其程序的适用显得格外重要。首先，和解与调解的方案应当予以公告，公告应当以确实的方式使相关的公众能够知晓其信息，必要时法院应当发出征询意见函，征询具有代表性乃至具有专业性的人士的意见。其次，法院应当举行听证会，听取双方当事人以及人大代表、政协委员、特邀监督员、民意代表、社区代表等相关人士的意见。最后，法院在拟批准和解与调解之前，应当将和解调解方案发送检察机关进行法律监督，并必要时将和解与调解方案报送同级人大常委会予以备案。

（二）公益诉讼中的撤诉

《民事诉讼法》第148条规定："宣判前，原告申请撤诉的，是否准许，由人民法院裁定。"该私益诉讼中的撤诉制度是否适用于公益诉讼之中？《民诉法解释》第288条给出了答案："公益诉讼案件的原告在法庭辩论终结后申请撤诉的，人民法院不予准许。"《检察公益诉讼解释》第19条规定："民事公益诉讼案件审理过程中，人民检察院诉讼请求全部实现而撤回起诉的，人民法院应予准许。"《环境公益诉讼司法解释》第27条对此有所规定，《消费公益诉讼司法解释》对此未作规定。可见，与私益诉讼相比，公益诉讼中的撤诉在程序上只有一个特别之处，即撤诉的时间点被控制在法庭辩论结束之前，而不是如同私益诉讼那样被确定在宣判前。

公益诉讼中尽管仍有撤诉制度之适用，但其含义以及相关程序已经有很大变化，集中表现在：公益诉讼中的撤诉受到了更加严格的程序控制，一般情形下，当事人申请撤诉，法院应当进行严格审查，包括自愿性审查，审查公益诉讼原告撤诉是否出于自愿；合法性审查，审查公益诉讼的撤诉是否违反法律的禁止性规定，是否有损公序良俗；公益性审查，审查公益诉讼的撤诉是否有损公益保护的目标之实现，原告的诉讼请求是否具有事实依据，原告的诉讼请求是否已经获得了满足；等等。那么，需要探讨的问题是，将公益诉讼的撤诉时点限定在法庭辩论结束之前是否具有妥当性。应当认为这一限定并不科学。理由是，从司法实践看，公益诉讼的撤诉通常发生在当事人双方和解之时，而和解的达成可以是法院主持调解的结果，也可以是双方谈判协商的结果，而无论是和解还是调解，都应当发生在案件事实基本清楚、法律评价意见基本形成之后，而经过法庭调查和法庭辩论，公益诉讼的和解或调解的时机才最终成熟，因而撤诉的时间点不是控制在法庭辩论结束之前，而是应当控制在法庭辩论结束之后，原则上应当禁止在法庭辩论结束之前进行撤诉。法庭辩论结束后，法院宣判前，应当是公益诉讼撤诉的最佳时间段，因而司法解释确定的时间点并不正确，而应当取代以一个相对合理的时间段。此外尚需指出的是，如果说公益诉讼中的调解在确保严格的适用范围和程序保障的前提下尚有一定的适用空间的话，那么，通过和解使公益诉讼按照撤诉的形式结案，则是应当尽量避免的处置方式，换言之，公益诉讼中的撤诉基本上应当是一种备而不用的制度。之所以如此，原因主要在于，公益诉讼中的起诉有别于私益诉讼中的起诉，其含义更多带有提供案件线索的意味，一旦公益诉讼的案件被诉诸法院，原则上，这就不是一件当事人自己可以控制的事项了，其如何处理，应当由法院根据职权基于事实依照法律进行客观判断，而留给当事人主观处分的制度空间已几乎不存在了。

（三）公益诉讼中的反诉

《民事诉讼法》第54条规定："被告可以承认或者反驳诉讼请求，有权提起反诉。"第143

条规定:"原告增加诉讼请求,被告提出反诉,第三人提出与本案有关的诉讼请求,可以合并审理。"可见,在私益诉讼中,反诉是被告所享有的一项基本诉讼权利,其目的在于平衡原告的起诉。然而,被告所享有的此基本诉讼权利到了公益诉讼中则被取消了。《环境公益诉讼解释》第17条规定:"环境民事公益诉讼案件审理过程中,被告以反诉方式提出诉讼请求的,人民法院不予受理。"《消费公益诉讼司法解释》第11条、《检察公益诉讼司法解释》第16条也有相同规定。《民诉法解释》对此未作规定。学理上一般认可最高人民法院的司法解释,普遍认为公益诉讼中的被告没有反诉权。

公益诉讼中的被告之所以不宜享有反诉权,原因主要在于:其一,公益诉讼法律关系所使然。公益诉讼中所争议的公益法律关系具有单向性、单维度的特点,原告永远不可能在同一个法律关系中成为公益的损害者,因而被告无法基于同一个法律关系向原告提出公益诉讼。其二,公益诉讼中的反诉会导致诉讼程序烦琐化,从而影响公益保护的效率性价值。公益诉讼的原告有可能会滥用公益诉权而导致被告的损失,同时还可能滥用诉前保全、诉中保全、先予执行等措施损害被告的合法权益,原告最终的诉讼请求也有可能会被法院全盘驳回,此时,被告应当享有请求原告给予损害赔偿的实体性权利,但该实体性权利可以通过另行诉讼加以实现,而无须通过反诉的方式加以解决。如果允许被告提出公益诉讼中的反诉,则会导致公益诉讼程序的过于复杂,同时会扰乱法院司法审判的聚焦点,从而影响公益诉讼的公正高效解决;同时,被告在本诉中提出公益诉讼的反诉,还存在一个逻辑上的问题,也即原告是否确实滥用了公益诉权,需要等待公益诉讼的最终结果出来才能加以确切的判断,而公益诉讼的最终结果要由生效的法院裁判加以确定,法院的最终裁判一旦形成,公益诉讼的整个程序已告结束,被告提出反诉的事实基础无法在诉讼过程中产生,而只能产生于公益诉讼结束之后,被告如因公益诉讼的无理性而受到损失,则应另行启动诉讼程序寻求司法救济,而无法利用反诉制度在公益诉讼的同一程序中寻求同步救济。

(四)公益诉讼中的诉讼请求不具有绝对的制约性

《民事诉讼法》第122条将"有具体的诉讼请求"确定为原告起诉的条件之一,第51条、第142条、第207条第11项等都显示出了诉讼请求对司法审判范围的制约作用,法院只能在诉讼请求范围内有针对性地作出裁判,既不能超出诉讼请求的范围进行超判,也不能缩小诉讼请求的范围进行漏判,超判和漏判都是当事人申请再审、法院依职权发动再审以及检察机关进行监督再审的法定事由。这反映了诉权与审判权的相互制衡关系。

反观公益诉讼,其诉讼请求对司法审判范围的划定作用这个基本功能依然是存在的,法院同样不得超出公益诉讼原告提出的诉讼请求范围自作主张地进行裁判,换言之,公益诉讼中尽管职权主义的因素较强,但这种职权主义因素主要限定在案件事实和证据调查以及程序控制方面,在关涉实体权益的处分权主义方面,私益诉讼与公益诉讼并不存在本质的区别。所不同的主要有两点:一是在诉讼请求的细化裁判方面,法院有一定的裁量空间。《环境公益诉讼司法解释》第20条规定:"原告请求修复生态环境的,人民法院可以依法判决被告将生态环境修复到损害发生之前的状态和功能。无法完全修复的,可以准许采用替代性修复方式。人民法院可以在判决被告修复生态环境的同时,确定被告不履行修复义务时应承担的生态环境修复费用;也可以直接判决被告承担生态环境修复费用。"据此,如果公益诉讼的原告仅仅提出诸如赔偿损失、恢复原状等概括性诉讼请求,法院不得以诉讼请求不够具体化为理由裁定驳回起诉。换言之,公益诉讼的诉讼请求允许以概括性、抽象性的形式予以提出,而不是非要达到一定的具体化程度不可。由此看来,《民诉法解释》第282条对公益诉讼的起诉条件套用"有具体的诉讼请求"这一规定是有问题的,它忽视了私益诉讼与公益诉讼的差异,公益诉讼的诉讼请求往往难以在起诉之时就能够以一种具体化、精准化的方式表述出来,而需要在诉讼进展中逐步使之明晰,因而公益诉讼中诉讼请求的变更、明确化等制度更为常用。二是法院对诉讼请求的释明权成为一项常规性的诉讼机制。《环境公益诉讼司法解释》第9条规定:"人民法院认为原告提出的诉讼请求不足以保护社会公共利益的,可以向其释明变更或者增加停止侵害、修复生态环境等诉讼请求。"《消费公益诉讼司法解释》第5条、《检察公益诉讼解释》第18条也有类似规定。《民诉法解释》对此未加规定。事实上,对诉讼请求的释明权在私益诉讼中也是适用的,但二者不同的是,在私益诉讼中,法院对诉讼请求的释明范围极为有限,而且释明的方式也非常含蓄而不宜过于直白,同时私益诉讼中法院该释明而未释明的,通常不构成严重的程序违法,不得成为当事人提出上诉或申请再审的法定事由,上诉法院或再审法院一般也不得据此将原裁判从根本上予以推翻。然而,公益诉讼中诉讼请求的释明有所区别。一方面,法院对诉讼请求的释明已经不是一项简单的审判权力,而是一种具有重要意义的审判职责,是法院职权主义中的题中应有之义,因而法院该释明而未释明者,构成严重的程序违法,当事人可以据此作为上诉或申请再审的法定事由,上诉审法院或再审法院也应据此将原裁判从根本上加以推翻;另一方面,法院对公益案件诉讼请求的释明在所采用的方式上更加直截了当,而无须顾忌当事人之间的诉讼地位平衡保障采用隐晦曲折的方式进行释明。

需要探讨的问题是,经过法院释明,公益诉讼的原告依然坚持不变更或增加诉讼请求,该如何处理。笔者认为,即便在公益诉讼中,法院也只能在公益诉讼的诉讼请求范围内行使审判权,违反原告意志超越诉讼请求或遗漏诉讼请求进行裁判是违反基本的程序原则或程序法理的,因而应受禁止。在经过法院行使释明权后,公益诉讼的原告坚持原来的诉讼请求不变更或不增加的,法院只能依照其诉讼请求进行裁判。这样进行裁判的结果可能对公益保护不利,但诉讼程序的底线规则在公益诉讼中仍无法突破。此时一个可以利用的变通措施是通知检察机关参与公益诉讼进行法律监督,如果公益诉讼的原告拒绝接受检察机关的监督意见,法院则可根据检察院的监督意见进行裁判。

四、公益诉讼中的辩论原则

《民事诉讼法》第12条规定:"人民法院审理民事案件时,当事人有权进行辩论。"我国的辩论原则尽管与辩论主义有所差异,但其差异主要表现在其所具有的对法院事实认定的约束力方面,其内涵所包括的三个方面则是基本上一致的,也即包含着主张责任、证明责任以及自认三大诉讼制度。辩论主义在私益诉讼中是一种具有基石性和定性意义的基本诉讼原则,其核心的内核在于强调当事人对案件事实的主张和证明责任,排斥法院的职权探知主义的适用。然而,公益诉讼事关公益保护,完全托付当事人进行事实主张和证据提供的辩论主义有其局限性,一方面容易掩盖案件的事实真相,另一方面容易导致诉讼中的懈怠和腐败,因而在公益诉讼中恰好要实行辩论主义的对立面原则,此即职权探知主义。

职权探知主义是指法院应当充分发挥其职权作用,确保案件事实达到客观真实的程度,防止诉讼案件在案件事实真伪不明的模糊状态下进行主观的司法,从而偏离公益诉讼作为客观诉讼的应然轨道。为此,就有必要根据公益诉讼的性质和特点,对适用于私益诉讼中的辩论主义进行限定式的改造,通过对辩论主义核心含义的限制,使之与职权探知主义形成对接,从而使职权探知主义而不是辩论主义成为公益诉讼探求事实真相所应恪守的基本原则。为此,最高人民法院通过司法解释对此做出了修正和限定。《环境公益诉讼司法解释》第14条规定:"对于审理环境民事公益诉讼案件需要的证据，人民法院认为必要的，应当调查收集。对于应当由原告承担举证责任且为维护社会公共利益所必要的专门性问题，人民法院可以委托具备资格的鉴定人进行鉴定。"第16条规定："原告在诉讼过程中承认的对己方不利的事实和认可的证据，人民法院认为损害社会公共利益的，应当不予确认。"《消费公益诉讼司法解释》第12条对此有类似规定。《民诉法解释》和《检察公益诉讼解释》对此未作规定。尽管环境公益诉讼的司法解释和消费公益诉讼的司法解释对法院职权探知主义的范围以及对辩论主义的限定领域在表述上有所差异，但这不应看作其内在的不同所致，而是司法解释技术上的缺陷所致，对此，我们从理论上进行阐述可以忽略不计。

根据上述司法解释的规定，并参之以司法实践和诉讼理论的做法与观点，可将公益诉讼中的辩论主义之限定领域和范围以及由此所衍生出的职权探知主义的适用空间及其含义概括和阐述如下：其一，在公益诉讼中，当事人的主张责任与法院的释明义务相关联。当事人未主张的事实，法院认为对保护公益有必要，应当行使释明权促使当事人对有缺陷的事实主张进行修改和补充。比如，当事人如果仅仅主张土壤污染而没有主张污染行为对周边环境的影响这一事实，法院通过其他证据材料发现此事实后应当提示当事人对此进行补充性事实主张。再如，当事人仅仅主张被告滥砍林木30亩，法院根据案件中的证据材料发现被告毁坏林木50亩，法院可以释明当事人进行修改性事实主张。因为如果法院发现被告侵害公益的事实而不促使当事人进行补充性或修改性事实主张，则必然使建立在事实基础上的法律评价以及由此对被告法律责任的确定产生偏误，造成对公益保护不周的缺陷。

其二，在证明责任上，不仅公益诉讼中的原告负有基本的证明责任，而且法院也负有补充的证明责任。如果公益诉讼中的原告认为收集相关证据确有困难，比如这些证据材料处在行政机关的职权控制之下，或者由被告所掌握，法院不必等待原告的证据调查申请而可以乃至应当依职权主动调查收集为探知案件事实客观真相所需要的一切证据。同时，法院如果认为案件中的专门性问题需要通过鉴定加以判别，则可以而且应当依职权主动委托相关专业机构进行司法鉴定。法院在法庭调查中所调查的证据范围，也不限定于当事人双方所提供的那些证据，而可以越出此范围进行必要的证据调查。

其三，当事人对案件事实的自认对法院的事实认定不具有拘束力。在我国，尽管事实自认在私益诉讼中也不具有拘束力，但相对于公益诉讼而言，私益诉讼中的自认更容易得到法院的认可，除非有明显的证据表明当事人的自认与客观事实相悖或者是出于非自愿的行为，而公益诉讼中的自认不仅受到与私益诉讼同样的限制，它还有更深一层次的要求，即公益诉讼中的自认必须有证据的明确支持，否则该自认是无效的。因此，在公益诉讼中，自认便不具有特别的证据效力，而与通常的证据并无差异，自认也仅仅是当事人陈述的一种，需要法院结合其他证据材料对其真实性进行独立的判断。

五、行政机关在公益诉讼中的地位和作用

《民诉法解释》第284条规定："人民法院受理公益诉讼案件后，应当在十日内书面告知相关行政主管部门。"《环境公益诉讼司法解释》第12条也有相同规定。这被称为法院的通知义务或公益诉讼的告知程序。公益诉讼的发生，与相关的行政主管部门都会存在或多或少的关联，这种关联性主要表现在行政执法存在不到位、乱作为或执法错位等因素之中，正是这些因素的客观存在，致使相应的社会公共利益遭受到损害，最终引发公益诉讼。因此，法院在受理公益诉讼后，应当及时（在10日内）通过书面的形式通知相关的行政主管部门。在收到法院

书面通知告知其公益诉讼业已发生的情况和信息后,行政机关便负有参与公益诉讼的法律义务。[①] 这是因为,行政机关对国家利益和社会公共利益负有监管和保障之责,公益诉讼的造成,与行政机关的履职状况往往相关。在社会团体或检察机关提起公益诉讼后,行政机关不能游离于诉讼之外而坐视诉讼不管。相反,行政机关对于任何一起相关的公益诉讼均应参与。行政机关参与公益诉讼的作用和功能主要体现为:

其一,促使相关行政主管部门行使行政管理职权,对损害公益的公益诉讼被告采取相应的行政措施。行政机关参与公益诉讼有助于其发现公益侵权者所存在的违法情节,从而及时执法,比如责令被告停止侵害、进行行政罚款、责令被告修复被损害的公共利益等,制止违法行为,使受损害的国家利益和社会公共利益得以尽快恢复原状。这实际上是将行政执法手段和司法执法手段联合使用,其效果比单纯的行政执法和司法处理要强。实践表明,如果行政机关在公益诉讼中及早发现问题,并积极针对问题采取相应的行政执法措施,致使公益诉讼的诉因不复存在,公益诉讼则可由此提前结束。这样也节省了司法资源,维护了行政机关的执法权威。

其二,敦促行政监管部门采取积极措施对遭受损害的公益进行补救和修复。行政监管部门对相关领域的社会公共利益具有保护和救济职责,对于公益的损害,行政监管部门不得因为公益诉讼的发生而推诿行政职责,或者甚至将公益保护的职责转嫁给司法机关,公益诉讼不能成为行政机关不作为的法定借口。

其三,提供相关证据。因为行政机关对相关公益诉讼所涉纠纷,一般均会存有相关证据。如在环境诉讼中,所涉被告企业是否具有项目环评记录;在环评达标后,是否有相关证书;在此后的生产经营过程中,是否有环境污染投诉、举报等;以及,环保行政机关对被告企业进行定期不定期的检查、检测是否合格;诸如此类问题,均需要行政机关提供相应证据,并在必要时接受法院和检察院的询问。尤其是,行政机关在公益诉讼中还具有专业知识方面的优势,对公益诉讼中所涉及的专门性问题,有责任提供专业意见,必要时提供鉴定意见。同时,若人民法院和人民检察院需要调查收集相关证据,行政机关理应予以配合和支持。

其四,通知相关的行政监管部门使其参与诉讼,有助于其履行诉前程序。民事公益诉讼与行政公益诉讼并非二选一的关系,而往往是并存的或先行后继的关系。民事公益诉讼的先行发动并不意味着行政机关就可以高枕无忧,如果在公益诉讼中发现公益诉讼的形成确与行政履职不当有干系,则该行政机关应当成为行政公益诉讼的被告,法院可以同时在民事公益诉讼中启动并行的行政公益诉讼,使之合并处理,或者演变成为行政附带民事公益诉讼,也可以在民事公益诉讼结束后,继而启动行政公益诉讼,以该被通知参与民事公益诉讼的行政机关为被告继续进行行政公益诉讼。

其五,改进行政执法。行政执法机关通过对公益诉讼全过程的介入和参与,全面了解公益诉讼的成因,由此查找行政机关在执法中存在的制度性和机制性弊端和漏洞,在此基础上,采取相应的整顿措施,完善制度和机制,改进工作作风,预防类似案件再次发生。

既然行政机关在收到法院的诉讼告知书后必须参与公益诉讼,那么,行政机关在公益诉讼中具有何种诉讼地位和身份呢?这需稍作分析:

首先,行政机关在公益诉讼中既非原告,亦非被告,不属于诉讼中的当事人。既然不属于

[①] 关于行政机关能否提起公益诉讼,笔者认为,涉及国有资产流失案件、海洋环境保护案件和生态损害赔偿案件,相关的行政机关可以依法提起公益诉讼;但是对于其他社会公共利益受损的案件,行政机关则不宜提起公益诉讼,而只能参诉。其理由参见汤维建:《公益诉讼的主体资格》,载《中国审判》2012 年第 6 期。

诉讼中的当事人，那自然不享有当事人的诉讼权利，也不负有当事人的诉讼义务。比如，它不能申请撤诉、决定和解与调解、改变诉讼请求、提出上诉等。

其次，行政机关在公益诉讼中也不是单纯的证人或鉴定人。行政机关提供证据、接受询问、提出鉴定意见等，仅是其参与诉讼的功能之一，而非其全部作用之体现，因而不宜将其与证人、鉴定人等同视。比如证人作证按司法解释要签署保证书，这一规定便不适用于参与公益诉讼的行政机关。

最后，公益诉讼中的行政机关也不是第三人。诉讼中的第三人包括有独立请求权的第三人和无独立请求权的第三人两种。行政机关对公益诉讼的标的不享有任何实体法上的请求权，同时其也不享有公益诉讼的独立启动权，因而不能以有独立请求权的第三人身份参加诉讼。涉及国有资产流失等案件，相关行政管理部门在公益诉讼启动后只能参诉，而不宜以有独立请求权第三人的身份提起诉讼。同时，公益诉讼的案件处理结果与其也缺乏实体上的利害关系，因而也不宜视为无独立请求权的第三人。

其实，行政机关参与公益诉讼是在我国公益诉讼制度设计中所出现的特殊主体，以私益诉讼为原型的民事诉讼制度不宜简单照搬于公益诉讼中。在公益诉讼中，行政机关应当具有独立的诉讼参与人的地位和身份，据此，立法应对其所享有的诉讼权利和负有的诉讼义务做出特别安排和规定。

需补充说明的是，上述情形所涉及的是行政监管机关对公益诉讼的一般性参与，这是行政监管机关的通常职责，在任何公益诉讼中一般都会存在。但除此以外，在特殊情形下，行政监管机关还可能成为公益诉讼中的共同原告，有时也可以成为诉讼支持人。前者存在于公益诉讼与生态环境损害赔偿诉讼发生竞合时的情形下，后者则出现在行政监管机关做出如此选择且也不存在障碍性因素（如不是原告人也不是被告人）的情形下。

六、公益诉讼中的证明规则

相对于私益诉讼而言，公益诉讼中的证明具有更高的要求，其不仅证明标准更高，而且证明的程序也更加严格，因为只有严格的更高标准的证明活动才能真正通向公益诉讼的客观真实。为此，公益诉讼中所实行的证明规则具有有别于私益诉讼的某些特殊性，主要表现在证明责任的分配规则上具有特殊性。公益诉讼中的证明责任分配规则根据其原告身份而有差异。对于国家机关，如行政机关、检察机关提起的公益诉讼，由于它们具有特别的证明手段，同时它们也肩负着保护公益的特殊责任，因而它们对证明责任的承担与普通私益诉讼中的原告基本保持一致，也即实行"谁主张谁举证"的一般证明规则；但如果公益诉讼是由公益性社会组织发动的，由于它们在收集证据的能力上较弱，同时证明责任负担过重也不利于调动它们提起公益诉讼的积极能动性，再加之它们调查收集证据的经济支持能力也跟不上实际需要，因而，其证明责任的分配一般采用特殊规则，由此减轻其责任负担。

此外，为了减轻公益诉讼中的原告的证明责任负担，立法上还应采用诸如证明责任转移、差异化的证明标准、表见证明、盖然率比较、大数据、区块链、推定规则、病疫学上的证明等特殊证明规则进行证明。如《环境公益诉讼司法解释》第13条规定："原告请求被告提供其排放的主要污染物名称、排放方式、排放浓度和总量、超标排放情况以及防治污染设施的建设和运行情况等环境信息，法律、法规、规章规定被告应当持有或者有证据证明被告持有而拒不提供，如果原告主张相关事实不利于被告的，人民法院可以推定该主张成立。"这就是举证妨碍所产生的特殊的推定规则在公益诉讼中的适用，被告对该事实上的推定提供证据进行反驳的，则承担相应的主观证明责任。不仅如此，法院在公益诉讼中的自由裁量权也发挥着某种证据规则的作用。《环境公益诉讼司法解释》第 23 条规定："生态环境修复费用难以确定或者确定具体数额所需鉴定费用明显过高的，人民法院可以结合污染环境、破坏生态的范围和程度，生态环境的稀缺性，生态环境恢复的难易程度，防治污染设备的运行成本，被告因侵害行为所获得的利益以及过错程度等因素，并可以参考负有环境保护监督管理职责的部门的意见、专家意见等，予以合理确定。"

七、公益诉讼的既判力

公益诉讼裁判的效力是指公益诉讼在程序上、事实上、法律上和执行上对后续法律程序所产生的影响力。程序上的影响力是指，公益诉讼的裁判生效后所产生的"一事不再理"的法律效果；事实上的影响力是指，公益诉讼的裁判生效对此后所发生的私益诉讼在事实上所产生的预决力；法律上的影响力是指，公益诉讼裁判生效后在法律效果上所产生的给付法律关系、确认法律关系以及形成法律关系；执行上的影响力是指，公益诉讼裁判生效后将作为法院强制执行的法律根据，也即其所具有的执行力。这里仅就公益诉讼裁判生效后所产生的程序效力加以阐述。

《民诉法解释》第 289 条规定："公益诉讼案件的裁判发生法律效力后，其他依法具有原告资格的机关和有关组织就同一侵权行为另行提起公益诉讼的，人民法院裁定不予受理，但法律、司法解释另有规定的除外。"《环境公益诉讼司法解释》第 28 条对此有类似规定。《消费公益诉讼司法解释》和《检察公益诉讼解释》对此未作规定。根据上述规定，公益诉讼裁判生效后所产生的程序效力主要是禁止再诉的效力。公益诉讼的裁判生效后，即产生"一事不再理"的法律效果，也即，针对同一个公益诉讼，公益诉讼原告人不得再次发动该同样的公益诉讼，其他有权提起公益诉讼的机关、团体也不得提出相同的公益诉讼。可见，该效力与私益诉讼基本一致，所不同的是公益诉讼裁判在主观范围上具有天然的扩张性，无论其他有权提起公益诉讼的机关或团体是否作为共同原告提起或参与公益诉讼，也无论它们是否作为诉讼支持人参与诉讼或监督诉讼，它们的公益诉权都因公益诉讼裁判的生效而归于消灭。原因在于，公益诉权是根源于公益保护所产生的程序性基本权利，一个特定的公益保护需求只能产生一个公益诉权，而这个公益诉权在法律主体上可能会有诸多的主体共同分享，也即公益诉权具有一体性、共有性、一次消耗性的特点。但是，如果其他公益诉权的享有者认为公益诉讼裁判对公益保护未达到最佳效果，而对此抱有不满，则可以作为再审诉权的享有者申请再审。不仅公益诉讼的裁判会产生全面的既判力，而且调解书也产生同样的效果，公益诉讼如果通过调解结案，也产生"一事不再理"的法律效果。

但"一事不再理"的诉讼原则在公益诉讼中的适用存在例外，主要表现在：

其一，前案原告的公益诉讼的起诉被裁定驳回的。《环境公益诉讼司法解释》第 28 条对此作了规定。公益诉讼的起诉如果不符合法定条件，并且经过法院行使释明权仍无法补正其缺陷，法院则可裁定驳回起诉。驳回起诉的裁定不具有阻却原告再次诉讼的效力，原告在具备公益诉讼的起诉条件后可以再次向法院提起诉讼。

其二，前案原告申请撤诉被裁定准许的。根据《民事诉讼法》第 148 条的规定，撤诉后视同起诉未曾发生，因而公益诉讼的原告仍可再次起诉。这种情形也包括《民事诉讼法》第 146 条规定的视为撤诉之情形。《环境公益诉讼司法解释》第 26 条规定："负有环境保护监督管理职责的部门依法履行监管职责而使原告诉讼请求全部实现，原告申请撤诉的，人民法院应予准许。"该条的规定存在两个问题：一是错位问题。公益诉讼请求在行政机关依法履行监管职责而得到全部实现之时，如果属于行政公益诉讼，则其诉讼请求已经得到实现，法院应当允许原告撤回公益诉讼；但如果属于民事公益诉讼，被告的侵权法律责任仍有可能没有完全履行，有些诉讼请求通过行政监管职责是无法实现的，如功能损失、赔礼道歉等，这些诉讼请求只能通过司法裁判才能最终实现。尤其是，即便行政履职致使原告诉讼请求得到满足，在法律表述上也不能这样措辞，否则就会给人造成因行政履职而使被告免除法律责任的印象和感观，正确的表述应当是，被告通过积极履行法律责任致使原告诉讼请求全部实现的，原告申请撤诉，法院可以（而不是应当）准许。需加指出的是，即便在被告通过积极补救行为使得原告诉讼请求全部实现的情形下，如果原告拒绝申请撤诉，法院也不宜径直驳回诉讼请求，因为只要被告侵害公益的事实客观存在，尽管其后果已经修复，但其过错仍应得到法律的确认，而撤诉致使这种法律评价成为不能，法院直接驳回诉讼请求也仿佛原告的起诉毫无根据似的，显属不妥。二是逻辑问题，因为诉讼请求全部实现是一个实体问题，而起诉是程序性权利，用实体性结果阻却程序性权利有违程序法和实体法辩证关系的基本法理，而且诉讼请求是否全部实现也需经过法定程序进行判断，在程序审查环节便先入为主进行此种判断，有违程序的先后顺序和展开逻辑。

其三，环境民事公益诉讼案件的裁判生效后，有证据证明存在前案审理时未发现的损害，有权提起诉讼的机关和社会组织另行起诉的，人民法院应予受理。《环境公益诉讼司法解释》第28条第2款对此作了规定。需加注意的是，"有证据证明存在前案审理时未发现的损害"并非前案审理时已经发现某种损害而只是未提出相应的诉讼请求之情形，如果属于公益诉讼的损害事实业已发生，而只是在诉讼请求上有所遗漏，从而造成公益保护有所欠缺的情况，则相关的公益诉权主体只能申请再审或由人民检察院实施法律监督加以纠正或补救，而不得另行提起诉讼。

其四，生态环境损害赔偿诉讼案件的裁判生效后，有权提起民事公益诉讼的机关或者社会组织就同一损害生态环境行为有证据证明存在前案审理时未发现的损害，并提起民事公益诉讼的，人民法院应予受理。民事公益诉讼案件的裁判生效后，有权提起生态环境损害赔偿诉讼的主体就同一损害生态环境行为有证据证明存在前案审理时未发现的损害，并提起生态环境损害赔偿诉讼的，人民法院应予受理。最高人民法院《关于审理生态环境损害赔偿案件的若干规定（试行）》第18条对此作了规定。政府部门提出的生态环境损害赔偿诉讼本质上也属于公益诉讼的范畴，其与法律规定的机关以及有关组织提出的公益诉讼相互之间可能会存在相互补足的关系，该关系的本质与前述第三种情形并无区别。

八、公益诉讼中的执行

（一）执行启动上的职权主义

根据《民事诉讼法》第243条的规定，在私益诉讼中，其执行程序的启动对法院的裁判而言既可以根据当事人的申请而进行，也可以根据法院的职权主动而为之，也即实行申请主义和职权主义相结合的混合原则。同时，对调解书及其他法律文书的执行则实行单一的申请主义，而不实行法院的移送执行制度。从原则上说，私益诉讼中的执行程序启动双轨制也同样适用于公益诉讼中的执行。不过有所差别的是，公益诉讼的执行因为关涉社会公益保护这个大问题，而不仅仅是私人权利保障问题，因而在执行程序的启动上，尽管其也不排斥当事人申请主义的适用，但法院职权移送执行主义是其必备的保障，也就是说，只要被告没有自动履行生效法律文书的内容，公益诉讼的强制执行程序的启动具有必然性，而不具有可选择性或自由处分性，因而私益诉讼中的以申请为主、职权移送为辅的执行程序启动原则发展到公益诉讼之中，就演变为职权移送为主、申请为辅的执行启动原则，公益诉讼中的执行职权主义成为一项基本原则。为此，《环境公益诉讼司法解释》第32条规定："发生法律效力的环境民事公益诉讼案件的裁判，需要采取强制执行措施的，应当移送执行。"《检察公益诉讼解释》第12条对此有相同规定。《消费公益诉讼司法解释》和《民诉法解释》对此未作规定。对此笔者认为上述规定基本上没问题，但仍有美中不足之处，主要是：

其一，司法解释中没有涉及调解书以及其他法律文书的执行问题。公益诉讼中的调解是司法解释所明确肯认的，而且在司法实践中也常有出现，其执行问题也是客观存在的，但司法解释对此保持缄默，留下了法律适用规范上的空白。没有司法解释的特别规定，就必然要适用《民事诉讼法》对执行启动规则的一般性规定，根据《民事诉讼法》第243条第2款的规定，调解书的执行实行单一的申请主义，法院不依职权进行移送执行，然而这样一种规定是否同样适用于公益诉讼中的调解书的执行呢？答案是否定的。在公益诉讼中，调解书如果未得到被告的有效履行，法院同样应当实行职权主义，主动依职权将调解书移送给执行机构进行执行。至于其他法律文书作为公益诉讼执行根据问题，由于公益诉讼中的仲裁、公证等尚未纳入人们考察的视野（尽管应当考察，这种考察的必要性是存在的），因而可以存而不论。进而言之，假如将来出现了公益诉讼的仲裁裁决书、调解书、赋予强制执行效力的公证文书等非讼性法律文书，则公益诉讼的强制执行仍有必要。由于这些法律文书均是生成于法院之外，因而法院的移送执行难以实现，此时只能适用申请主义，而不得适用职权主义。但是，检察机关对于这种应当申请执行而未申请执行的案件，有权实行法律监督；通过检察机关法律监督移送执行的案件，法院应当纳入执行程序进行强制执行。

其二，司法解释中没有规定生态环境损害赔偿裁判文书的执行职权主义。《关于审理生态环境损害赔偿案件的若干规定（试行）》第20条规定："经磋商达成生态环境损害赔偿协议的，当事人可以向人民法院申请司法确认。人民法院受理申请后，应当公告协议内容，公告期间不少于三十日。公告期满后，人民法院经审查认为协议的内容不违反法律法规强制性规定且不损害国家利益、社会公共利益的，裁定确认协议有效。裁定书应当写明案件的基本事实和协议内容，并向社会公开。"第21条规定："一方当事人在期限内未履行或者未全部履行发生法律效力的生态环境损害赔偿诉讼案件裁判或者经司法确认的生态环境损害赔偿协议的，对方当事人可以向人民法院申请强制执行。需要修复生态环境的，依法由省级、市地级人民政府及其指定的相关部门、机构组织实施。"据此规定，生态环境损害赔偿司法确认的裁定书也是公益诉讼的执行依据，按照该司法解释的规定，对于生态环境损害赔偿司法确认的裁定书，当事人不自动履行或履行不到位的，由原告方申请法院强制执行。但值得讨论的是，对于此种生态环境损害赔偿程序中出现的裁判文书和司法确认裁定书是否只能实行申请执行主义。笔者认为答案是否定的，因为这类法律文书也是在法院的审判机构生成的，如果被告不自动履行该生效法律文书的内容，法院的审判机构应当实行职权主义，主动将案件移送给执行机构进行强制执行。

其三，司法解释中没有就消费公益诉讼以及其他公益诉讼的强制执行作出规定。如前所述，《消费公益诉讼司法解释》中对公益诉讼的强制执行之规定付诸阙如，作为一般性司法解释的《民诉法解释》对此也未作规定，这样，从法律适用上说，消费公益诉讼以及其他类型的公益诉讼在执行程序的启动上就只能适用《民事诉讼法》第243条的规定，而前已分析，该条的规定仅仅适用于私益诉讼的执行,对公益诉讼的执行碍难适用,因而此漏洞将来也有待于司法解释加以弥补。笔者建议,在一般性的司法解释《民诉法解释》中增加一条对公益诉讼的执行启动机制作出通用性规定,这样就可以避免其他专门性公益诉讼司法解释对此作出难免会挂一漏万的规定。

(二) 执行程序上的能动主义

公益诉讼的执行虽然以生效法律文书为执行根据,但公益诉讼的执行根据与私益诉讼相比有很大差异,其差异集中表现在两方面:一是其执行根据在执行的内容上有时并不具有确定性。比如恢复原状或修复环境,这种概括性和非确定性的执行根据需要执行程序中根据具体的情形,形成具体的执行措施和执行方法,确定执行方案。执行根据只能提供一个执行的框架,需要执行机构会同有关机构或部门具体地填补执行内容。二是执行根据虽然具有确定性,但有时会面临着客观因素而需要执行机构进行变通处理。比如,补植林木,如果气候等客观情况正常,则执行机构可以正常执行完毕;但如果气候等客观因素突然发生变化,则这种执行往往就难以进行下去而不得不改变执行措施,或者采取替代性执行方式以取代原法律文书所确定的执行方式。再如,执行过程中,如果被执行人原来选择的责任承担方式,如修复环境,被证明不可行或者该种责任承担方式已超越其履行能力,执行机构则也需要采取变通措施,采用等值化、替代性等方式改变责任承担方式,从而使执行变得现实可行。

(三) 执行效果上的检验主义

公益诉讼的执行还有一点与私益诉讼的执行有所不同,就是前者需要验收,后者则没有这个必要。比如公益环境的修复,在被告采取修复措施后,公益环境是否达到了修复的应然状态和程度,这往往不是通过直观就可以看出来的,甚至也不是通过简单的专业检测就可以敷衍了事的,而必须有一个正规的程序,通过专家的参与,按照科学的程序,经过一定的过程,采用合理的方式,确定严密的方案,才能检验出公益执行的效能。有时甚至还要通过执行结果的听证,广泛听取民意反映,才能有一个确定的判断和结果。如果检验过关了,则执行程序结束,否则,执行程序还需要延续下去,直至达标为止。如有必要,公益诉讼的执行还要形成执行结案报告制度,由执行机构编写执行报告,公之于众,接受社会的监督,并同时报送有关组织和机构进行备案或使之知晓执行结束的最终结果。

(四) 执行过程的监督主义

公益诉讼中的执行具有周期长、复杂程度高、涉及面广、社会关注度高等特点,因而在公益诉讼的执行中有一个不可或缺的主体必须被纳入程序的设置之中,这就是公益执行的监督。公益执行的监督者可以是参与诉讼的支持者或其他参与者,也可以是诉讼程序之外的其他主体,尤其是相关行政机关,它们可能没有参与公益诉讼的全过程,但该公益执行与其职能息息相关,或者处在它的行政管辖范围之内,如果不发生公益诉讼,它们必然要肩负起修复公益的法定职责。不仅相关的行政职能部门要承担起公益执行的监督职责,而且相关的社会组织甚或大众媒体等也可自愿承担起监督公益执行的任务和工作,自愿者组织在这个方面可以发挥出很重要的作用。尤其值得注意的是,根据《民事诉讼法》第14条和第242条的规定,检察机关对公益诉讼有权实施法律监督,对公益的执行过程,检察机关履行法律监督职责更属义不容辞。在笔者看来,鉴于公益执行的重要性和广泛的社会价值,检察机关对公益执行的法律监督不仅仅应当被视为一项职权,更应当被视为一种责任,对任何一起公益诉讼的执行案件,检察机关的法律监督都不宜缺席。

九、公益诉讼中的费用机制

公益诉讼中的费用机制指的是因程序性支出而形成的诉讼机制，包括诉讼费用的缴纳与豁免机制、代理费用的转移支付机制、鉴定费用的垫付机制、执行费用机制以及其他合理费用机制等，不包括公益诉讼的损害赔偿费用、修复费用、障碍物或危险物处置费用以及在公益诉讼处理过程中伴随着公益修复所产生的各种救济费用。《环境公益诉讼司法解释》《消费公益诉讼司法解释》对此有所规定，《检察公益诉讼解释》以及《民诉法解释》对此未作规定。

《诉讼费用交纳办法》第 2 条规定："当事人进行民事诉讼、行政诉讼，应当依照本办法交纳诉讼费用。"目前公益诉讼分别规定在《民事诉讼法》和《行政诉讼法》之中，因而，从逻辑上说，公益诉讼的诉讼费用问题也应当接受该《诉讼费用交纳办法》的调整。然而，从性质上说，公益诉讼与私益诉讼有根本的区别，《诉讼费用交纳办法》在制定和修改之时，我国的公益诉讼制度尚未形成，因而该办法所针对的是私益诉讼，而非公益诉讼，对于公益诉讼的费用机制，该办法事实上并无任何直接的规定。对此，从长远来看，固然应当修改《诉讼费用交纳办法》，将公益诉讼的特别收费规则在其中加以规定，以供司法实践遵循。在该办法修改之前，唯有通过司法解释对此做出特别安排，以下的介绍便是根据司法解释的相关规定，参酌《诉讼费用交纳办法》的有关内容而进行的。

（一）公益诉讼费用的预交与缓交机制

《诉讼费用交纳办法》第 20 条规定："案件受理费由原告、有独立请求权的第三人、上诉人预交。"按照该项规定，公益诉讼的原告人，包括检察机关在内，都要预交诉讼费用。但如果这样，未免不妥，公益诉讼的诉讼费用将会成为公益诉讼制度实施的拦路虎，不利于公益诉讼的全面展开，也不利于公益保护目标的司法实现。为此，《环境公益诉讼司法解释》第 33 条规定："原告交纳诉讼费用确有困难，依法申请缓交的，人民法院应予准许。"《人民检察院提起公益诉讼试点工作实施办法》（失效）第 55 条规定："提起公益诉讼，人民检察院免缴诉讼费。"然而，对于上述两项司法解释的规定，笔者认为仍有进一步完善的空间：其一，原告交纳诉讼费用确有困难的，方能适用申请后的缓交制度，这对原告行使公益诉权仍有不利。正确的规定应当是原告提起公益诉讼的，应当缓交诉讼费用，但原告明显滥用诉权的除外。其二，检察机关提起公益诉讼不是免缴诉讼费用，而是无须预交诉讼费用，因为诉讼费用如果免缴，则公益诉讼中根本就不会出现诉讼费用这一说，检察机关公益诉讼胜诉后，被告也被免除了诉讼费用，这显然不是该司法解释的本意，但其措辞容易引起人们的此种解释，正确的规定应当是，人民检察院提起公益诉讼，无须预交诉讼费用；人民检察院在公益诉讼中败诉的，无须交纳诉讼费用。

（二）败诉原告的减免申请权

《环境公益诉讼司法解释》第 33 条第 2 款规定："败诉或者部分败诉的原告申请减交或者免交诉讼费用的，人民法院应当依照《诉讼费用交纳办法》的规定，视原告的经济状况和案件的审理情况决定是否准许。"该司法解释并没有将检察机关免交诉讼费用的内容规定于其中，应予补充。

（三）合理费用的转移支付

《环境公益诉讼司法解释》第 22 条规定，原告请求被告承担检验、鉴定费用，合理的律师费以及为诉讼支出的其他合理费用的，人民法院可以依法予以支持。《消费公益诉讼司法解释》第 18 条规定："原告及其诉讼代理人对侵权行为进行调查、取证的合理费用、鉴定费用、合理的律师代理费用，人民法院可根据实际情况予以相应支持。"公益诉讼中的合理费用是指为了进行公益诉讼而实际支出的费用，包括调查证据的费用、鉴定费用、律师代理费用、专家辅助人费用、差旅费用等，这些费用在私益诉讼中实行当事人自负原则，但公益诉讼不宜实行该原则，而应当实行合理费用转移支付制度，由败诉的被告方负担；但如果原告败诉的，上述费用应当由原告自己承担。为了弥补公益诉讼原告人的费用负担较重带来的缺陷，《环境公益诉讼司法解释》第 24 条规定："人民法院判决被告承担的生态环境修复费用、生态环境受到损害至修复完成期间服务功能丧失导致的损失、生态环境功能永久性损害造成的损失等款项，应当用于修复被损害的生态环境。其他环境民事公益诉讼中败诉原告所需承担的调查取证、专家咨询、检验、鉴定等必要费用，可以酌情从上述款项中支付。"

（四）先鉴定后收费机制

高昂的鉴定费用往往成为公益诉讼的巨大障碍，鉴定费用又属于社会性的市场费用，而不属于国家性的司法费用，因而无法适用《民事诉讼法》第 121 条的诉讼费用减免缓制度，司法救助的门槛也较高，难以成为司法救助的支出对象。为了解决此困境，司法部办公厅《关于进一步做好环境损害司法鉴定管理有关工作的通知》推出了一项先鉴定后收费规则，根据该规则，"要全面梳理本省份已登记环境损害鉴定机构情况，主动与鉴定机构对接沟通，鼓励引导综合实力强、高资质高水平环境损害司法鉴定机构在不预先收取鉴定费的情况下，能够及时受理检察机关委托的环境公益诉讼案件，依法依规开展鉴定活动，出具鉴定意见，未预先收取的鉴定费待人民法院判决后由败诉方承担。对于积极主动承担环境公益诉讼业务且不预收鉴定费的鉴定机构，各地要在政策、资金等方面给予扶持。每个省份原则上至少报送 1 家在检察公益诉讼中不预先收取鉴定费的环境损害司法鉴定机构"。实行先鉴定后收费，目前仅仅适用于检察公益诉讼，对于其他主体提出的公益诉讼无法适用，将来应当探讨实行全面的涵盖所有公益诉讼原告主体的公益鉴定"先鉴定后收费"规则。

第四节 公益诉讼的推进模式

首先看以下数据：以检察机关提起公益诉讼为例，两年试点期间，从 2015 年 7 月至 2017 年 6 月底，各试点地区检察机关共在履行职责中发现公益案件线索 11226 件，办理公益诉讼诉前程序案件 7903 件，向人民法院提起公益诉讼 1150 件。在所提起的公益诉讼案件中，从诉讼类型看，民事公益诉讼 94 件，占 8.17%；行政公益诉讼 1029 件，占 89.48%；行政公益附带民事公益诉讼 2 件，占 0.18%；刑事附带民事公益诉讼 25 件，占 2.17%。从案件领域看，生态环境和资源保护领域 783 件，占 68.09%；国有土地使用权出让领域 115 件，占 10%；国有资产保护领域 230 件，占 20%；食品药品安全领域 22 件，占 1.91%。人民法院共审结 458 件。其中，检察机关因行政机关整改到位或出现其他适格主体而撤回起诉 15 件，调解 6 件，判决 437 件。[①]

试点结束后，检察机关提起公益诉讼制度写入民事诉讼法和行政诉讼法之中，其所提起的

---

① 《全国检察机关公益诉讼办案工作 2017 年 6 月份情况通报》（高检办字〔2017〕178 号）。

公益诉讼案件大幅增长。2017 年 7 月至 12 月，全国检察机关共立案公益诉讼案件 9918 件，提出检察建议和发布公告等诉前程序案件 8937 件，向人民法院提起公益诉讼 233 件。在所立的公益诉讼案件中，从诉讼类型看，行政公益案件 9624 件，占 97.04%；民事公益案件 294 件，占 2.96%。[1]

2018 年 1 月至 9 月，全国检察机关共立案 54688 件。其中，从诉讼类型看，民事公益案件 2939 件，占 5.37%；行政公益案件 51749 件，占 94.63%。2018 年 1 月至 9 月，全国检察机关共提起公益诉讼 1663 件。从诉讼类型看，民事公益诉讼 86 件，占 5.17%；行政公益诉讼 333 件，占 20.02%；刑事附带民事公益诉讼 1244 件，占 74.8%。从案件领域看，生态环境和资源保护领域 1121 件，占 67.41%；食品药品安全领域 410 件，占 24.65%；国有土地出让领域 20 件，占 1.20%；国有财产保护领域 110 件，占 6.61%；英雄烈士名誉荣誉保护领域 2 件，占 0.12%。[2]

由以上四组数据，我们可以很容易地概括出检察机关提起的公益诉讼，自 2015 年 7 月 2 日试点至 2017 年 6 月 27 日检察机关提起公益诉讼被正式写入民事诉讼法和行政诉讼法实施到今，呈现出了"三多三少"的特点：一是行政公益诉讼多，民事公益诉讼少；二是环境公益诉讼多，消费者权益保护及其他公益诉讼少；三是诉前程序多，诉讼程序少。[3] 这三个方面的特征其实是关联在一起的，而第一个特点即"行多民少"的特点是矛盾的主要方面，它制约着其他特点的产生和发展，它们构成了一个具有内在联系的整体特征或曰组合特征。

公益诉讼的制度价值在世界各国都具有共性，保护公益是其核心价值。我国所确立的检察机关提起公益诉讼制度，在其价值追求上，除公益保护外，还有督促行政机关依法行政的目的。这就需要我国所设计和运作的公益诉讼制度，要能够自始至终兼顾"护权"和"督政"这双重制度价值，只顾其一而不顾其二的价值观是失之偏颇的，也是与我国公益诉讼的实际需要不相吻合的。之所以"行政优先论"在某些场合实不可取，其根本的原因就在于单纯地发动行政公益诉讼，在公益诉讼价值实现上确有不周延的弊端。行政公益诉讼有助于监督行政机关依法行政，从而能做到对公益实施间接保护的目标，然而对公益的直接保护则难免乏力。因此，上述特点需要加以适度调整，将"行多民少"的公益诉讼实态结构转变为"民行并重"的公益诉讼实态结构。为此可考虑按照以下推进模式确定公益诉讼形式的选择机制：

一、"行政优先"型推进模式

"行政优先"型推进模式应当受到必要的限定。检察机关在以下情形的考量下可考虑优先提起行政公益诉讼：其一，公益损害极其严重，产生了广泛的社会影响。其二，公益损害的事实造成，与行政机关的乱作为或不作为有密切关系。其三，在公益受损的原因结构中，掺杂行政官员贪污受贿、玩忽职守、侵权渎职等违法犯罪因素，而后者这些因素的存在，与公益受损的事实之间存在必然的内在因果关联。其四，经过与党政部门的沟通协调，检察机关认为党政部门非常支持和配合甚至希望检察机关提起行政公益诉讼。除在上述条件下检察机关应当首先考虑提起行政公益诉讼外，其他的情形下应当考虑"民事先行"的推进模式。

---

[1] 《全国检察机关公益诉讼办案工作 2017 年 12 月份情况通报》（高检办字〔2018〕4 号）。
[2] 《全国检察机关公益诉讼办案工作 2018 年 9 月份情况通报》（高检办字〔2018〕250 号）。
[3] 上述特点的概括，不包括刑事附带民事公益诉讼在内。

二、"民事先行"的单轨制模式

"民事先行"的单轨制模式指的是在该模式下，只需要提起民事公益诉讼一种公益诉讼，而无须提出行政公益诉讼。采取这一模式的前提条件是对于公益受损的事实，行政机关并无法律上的责任。具体而言有以下情形：其一，公益受损的事实之发生具有突发性，而不具有时间上的长期性。比如，某船舶在深夜向湖里或河中倾倒固体废物而被发觉，行政机关及时予以查处，检察机关为了使公益得以回复便可以提起民事公益诉讼。其二，公益受损的事实发生，与行政机关的许可职能不具有任何关联性。比如，某公民雇佣若干人未经许可从事清洗油漆桶活动，致使周边土壤受到严重污染，此种污染事实经人举报便受到了行政机关查处，此时，检察机关便可以提起民事公益诉讼。其三，污染企业虽然经过行政许可排放污染物，但其却非法偷排污染物严重超标，行政机关因客观原因对此并不知晓。其四，公民或企业实施了严重污染环境或其他损害公益的行为构成犯罪，已被追究刑事责任，此时检察机关可以直接提起民事公益诉讼。

在上述情形下，行政机关对公益受损事实的造成被认为不具有法律上的责任，也就是说"行政无责"。如果检察机关在拟提起公益诉讼时，能够明确地得出"行政无责"的结论，则应当提起民事公益诉讼。然而，实际情况往往是，检察机关对于行政机关是否构成"行政无责"在拟提起公益诉讼之初往往难以判断，而陷入模糊认知状态，此时，检察机关也应当先行提起民事公益诉讼，而不宜径直提起行政公益诉讼。在民事公益诉讼进行中，检察机关通过诉讼过程将获得更多的信息，以便判断行政机关是否对公益受损的事实负有行政上的法律责任。如果确信行政机关存有行政责任，则可追加行政机关作为公益诉讼中的被告，使单轨制公益诉讼转变成为双轨制公益诉讼，而这已然属于后述第三种模式。

三、"先民后行"的递进制模式

"先民后行"的递进制模式指的是检察机关先行发动了民事公益诉讼，在民事公益诉讼进行过程中，检察机关发现有必要追加行政机关为被告，继而又提起了行政公益诉讼。该模式的特点在于：在发动的时间上，民事公益诉讼先于行政公益诉讼，行政公益诉讼是在民事公益诉讼的基础上被追加进入的，在性质上属于诉之追加；同时由于行政公益诉讼的加入，使检察机关所发动的公益诉讼由单一形态变成了复合形态，在该复合形态中，检察机关既是民事公益诉讼的诉讼主体，又是行政公益诉讼的诉讼主体，而公益诉讼中的被告人则分别为民事公益侵权主体和相应的行政机关；人民法院的同一审判组织同时审理民事公益诉讼和行政公益诉讼，并作出合一的或分别的公益裁判。

该模式倡导检察机关先行提起民事公益诉讼，将民事公益诉讼作为检察机关提起公益诉讼的首要选择，是除例外情形外所有公益案件的必要选择。在民事公益诉讼进行中，检察机关在以下情形下应当追加提起行政公益诉讼：一是行政机关对公益损害事实的造成确有责任，而且通过诉前程序的检察建议，行政机关并没有采取有效措施，依法积极履职，并使公益得以修复。二是行政机关在民事公益诉讼过程中，未能积极参与其中，发挥出诸如提供证据、配合诉讼等职能，而依然消极对待，甚至拒绝参加民事公益诉讼之中。上述两个条件必须同时具备，检察机关才能追加提起行政公益诉讼。

四、"民行转换"型交叉模式

"民行转换"型交叉模式与前述"行政优先"型推进模式和"民事先行"的单轨制模式有所不同,前者是由一种性质的公益诉讼转变为另一种性质的公益诉讼,后者则始终是一种性质的公益诉讼;该模式与"先民后行"的递进制模式也有所区别,"民行转换"型交叉模式所产生的是诉的变更,"先民后行"递进制模式所产生的则是诉的追加。民事公益诉讼和行政公益诉讼可以互相转换或转化,其基本的依据就在于它们同属公益诉讼,所区别的仅仅是诉讼主体不同,也就是被告不同,并由此决定行政机关在公益诉讼中所扮演的角色和所发挥的作用有所差异。民事公益诉讼和行政公益诉讼之间所发生的转化有两种形式:一是由民事公益诉讼向行政公益诉讼转变。在民事公益诉讼中,公益侵权人采取积极的补救措施使受损公益得到了修复或部分修复,并且其提供的赔偿方案以及其他责任方式也得到了公益诉讼人的认可,民事公益诉讼的目的已经达成;但与此同时,公益诉讼人发现行政机关在公益受损的该案中难辞其咎,并且在民事公益诉讼中也是消极应付,未能纠正其违法因素,认为有必要继续向其提出行政公益诉讼,此时则可以通过公益诉讼的转换机制实现该目的。二是由行政公益诉讼向民事公益诉讼转变。如果所发生的情况相反,相关行政机关在行政公益诉讼中积极采取补救措施,以致可以确定公益受损的原因主要在于实施侵权行为的企业或个人,此时便有必要在相关行政机关的申请或动议下,经法院批准,将行政公益诉讼转变为民事公益诉讼。发生这种转变的实质原因在于:行政公益诉讼的诉因已经不复存在,继续进行行政公益诉讼已无必要。比如,在因环境污染而产生的行政公益诉讼中,相关行政机关已对污染企业采取罚款、关停整顿甚至注销企业资格等行政措施,行政机关的职责已经履行,行政处置手段业已穷尽,行政机关对此所具有的主观过错已经消除,但被告企业污染环境的侵权行为并没有停止,相关的补偿、恢复生态等问题也没有解决,此时就有必要将原本的行政公益诉讼改变为民事公益诉讼。可见,民事公益诉讼和行政公益诉讼之间所发生的转化是与公益诉讼的主要矛盾的变动息息相关的,这种转化不仅具有理论的正当性,而且具有实践的必要性。

五、"民行同时"型双轨制模式

"民行同时"型双轨制模式指的是在检察机关提起公益诉讼之初,即已确认公益损害事实,是公益侵权和行政违法两方面的因素综合作用下的产物,二者对于公益受损事实的客观形成缺一不可,具有同样的可责性,因而检察机关同时针对公益侵权者和相应的行政机关提起了公益诉讼。该模式的特点在于:在发动民事公益诉讼和行政公益诉讼的时间上,二者具有同时性;公益诉讼的被告具有公私复合性,既有公益侵权人作为公益诉讼的民事被告,又有行政机关作为公益诉讼的行政被告;检察机关同时对这两种公益诉讼进行诉追,法院同时对这两种公益诉讼进行审理和判决。该模式与递进型模式相比,其区别主要在于产生民事和行政公益诉讼这种复合形态的时间点上,递进型模式是先有民事公益诉讼的产生,然后通过诉之追加,方有行政公益诉讼的继而加入,由此形成民事和行政公益诉讼的复合状态;而"民行同时"型模式则从诉讼伊始即以民事公益诉讼和行政公益诉讼的复合形态出现于诉讼系属之中,这种复合形态将持续地存在于诉讼的全过程,直至法院作出合一的或分别的公益裁判为止。两个模式相比而言,"先民后行"递进制模式更有优势,因为相对于"民行同时"型模式而言,采用"先民后行"的公益诉讼推进路径有助于发挥行政机关在民事公益诉讼中的能动作用,也有助于通过更加柔和的谦抑的检察建议的方式,督促行政机关依法履职,从而构建起行政机关与检察机关的既相互制约又协作配合的新型关系。

六、"三诉合一"型一体化模式

"三诉合一"型一体化模式也可称为多轨制模式，指的是由民事、行政和刑事公益诉讼合并在同一个诉讼程序中，由检察机关进行"三合一"检察，由法院进行"三合一"审判。该模式的特点是"三诉合一""三检合一"以及"三审合一"；通过一个诉讼程序，同时解决三个种类的公益诉讼案件，使因损害公益而产生的民事责任、行政责任和刑事责任同时得到法律的追究。其产生的前提条件是：公益侵权行为已经严重到构成刑事犯罪的程度，需要对其行为追究相应的刑事责任，同时行政机关对该公益侵权事实的造成也负有监管责任。这种模式通常产生的过程应当首先是民事公益诉讼和刑事公益诉讼同时提起，在诉讼过程中，若发现行政机关对该公益侵权的发生与有过错，则通过诉之追加，使行政公益诉讼得以加入既已存在的民刑公益诉讼之中，从而形成"三诉合一"的立体结构。当然，这种模式也不排除通过其他两种途径使之形成：一是先行提起民事和行政公益诉讼，然后在诉讼中再行追加刑事公益诉讼；二是先行提起刑事公益诉讼，然后在诉讼中同时追加民事公益诉讼和行政公益诉讼，由此形成"三诉合一"的一体化公益诉讼体制。

一体化公益诉讼体制是将来我国公益诉讼发展的基本趋势，我国的公益诉讼制度只有发展到一体化阶段，才能说基本上臻于定型和成熟。一体化公益诉讼体制从传统诉讼理论的视角看，它是由两个或多个公益诉讼合并而形成的混合共同诉讼形态，然而，究其本质来说，一体化公益诉讼体制就是应然意义上的单一公益诉讼，在这个公益诉讼上，同时解决对公益损害负有责任的各种主体的责任归属问题，因此，将公益诉讼划归传统的两大或三大诉讼类型范畴之内所形成的两种或三种公益诉讼类型，其实并非公益诉讼的本意，这是从传统视角看待公益诉讼的初级阶段的观念和产物，公益诉讼一体化体制才是公益诉讼内在结构和外在表现的本质表述。

从上述六种模式中我们可以概括出一个关键词，这就是"民事优先"。"民事优先"的检察公益诉讼推进模式具有这样几层含义：一是在检察机关提起的公益诉讼中，民事公益诉讼应当放在优先的地位考虑，在公益诉讼的总量上，民事公益诉讼应当多于或不少于行政公益诉讼。二是在任何一起公益受损的公益案件中，如果检察机关要提起公益诉讼，且只能选择其一进行，那么，除少数特别情形外，应当优先选择民事公益诉讼。三是在复合型公益诉讼形态中，民事公益诉讼是基本原型，行政公益诉讼和刑事公益诉讼乃是在民事公益诉讼基础上所增添的公益诉讼形态，旨在实现公益诉讼制度的全面价值。然而，这并不意味着民事公益诉讼是公益诉讼的唯一形态，也不意味着其他公益诉讼形态在重要性上一定劣于民事公益诉讼，更为常见的形态是，民事公益诉讼、行政公益诉讼和刑事公益诉讼交织交叉，在相当多的情形下，需要同时推进，它们对于公益诉讼制度的完整价值的实现均不可或缺。然而，"民事优先"更符合检察公益诉讼的逻辑诉求：

首先，"民事优先"的公益诉讼推进路径更符合证明逻辑。检察机关先行提起民事公益诉讼，其需要证明的核心要件事实是公益是否受到实际的损害，然后在此基础上再行追问，造成公益损害的成因是否存在行政违法因素；如果造成公益受损的原因具有行政违法的因素，公益受损的事实是由公益侵权行为和行政违法行为综合作用而形成的产物，那么，检察机关再继而考虑是否追加或提起行政公益诉讼。这种"先民后行"的证明逻辑也内在地要求"先民后行"的诉讼逻辑。反之，如果违背这种"先民后行"的证明逻辑，检察机关置民事公益诉讼于不顾而径直提起行政公益诉讼,则必然面临着证明责任的双重负担:一是公益受损的事实需要检察机关提供证据加以证明;二是行政机关不作为或乱作为的事实需要检察机关提供证据加以证明。①虽然这一事实,按照行政诉讼举证责任分配的一般原则,有可能会倒置给行政诉讼中的被告负担,但即便如此,检察机关为满足起诉条件和要求,对该事实先行负担提供证据的责任则是必需的。这是检察机关举证负担重的一方面原因。举证负担重的另一方面原因是检察机关难以在证据收集和提供上获得行政机关的配合和支持。比如,对于公益受损的事实(如水环境遭到污染的事实),行政机关掌握着污染企业是否排污、此前有多少次违规排污、曾经受到何种处罚、污染企业的排污设备是否更新等证据材料。检察机关固然可以要求行政机关提供相关证据材料,但行政机关若不加配合,则这些现成的证据材料检察机关便难以获得。检察机关为了证明公益受损的事实,就必须另起炉灶,开辟新的证据收集渠道,如聘请专业鉴定机构进行专业鉴定,或者委托专家辅助人提供专业知识上的协助,或者向相关机构或单位进行专业咨询等。而这势必增加检察机关劳力时间和费用的负担。实践中检察机关所面临的"鉴定贵"难题,与这种公益诉讼的抉择路径不无关联。

其次,"民事优先"的公益诉讼推进路径符合程序逻辑。通过民事公益诉讼的进行,从中有助于发现行政机关是否依法行政的种种问题和症状,从而便于检察机关更有针对性地向行政机关提出检察建议。检察机关在民事公益诉讼的全部过程中,如果认为行政机关对于公益受损的事实负有不可推诿的法律责任,或者认为行政机关在公益诉讼中依然不积极作为履职,对于公益受损的事实依然听之任之,对于法院正在进行中的公益诉讼依然漠不关心,既不积极参与其中,也不按照法院和检察院的要求,积极提供其所占有中的各种证据资料及其他相关资料,一句话,如果检察机关认为行政机关对公益依然处在受损状态未尽法律职责,仍然可以提起行政公益诉讼;检察机关率先提起民事公益诉讼并没有堵塞其提起行政公益诉讼之路径。这样对于行政公益诉讼的进行就有了一个可靠的前提和基础,有了比较扎实的证据基础。同时行政机关也比较能够接受检察机关提出的检察建议。而且这就将行政公益诉讼和民事公益诉讼天然地衔接起来了,民事公益诉讼的结果自然地成为行政公益诉讼的诉前程序。二者相互贯通,浑然一体。

再次,"先民后行"的公益诉讼推进路径符合成本逻辑。这主要表现在两个方面:一方面,先行提起民事公益诉讼,有助于最大限度地发挥行政机关的支持配合作用。行政机关为了免于将来被提起行政公益诉讼,必然积极提供证据材料和相关资料,甚至在必要时配合检察机关的要求进行相关鉴定,以供检察机关提起民事公益诉讼之用。这样对于检察机关来说,不仅赢得了行政机关的支持和配合,减少了检察机关提起公益诉讼的障碍,为检察机关顺畅地实施和推进公益诉讼开辟了道路;而且还为检察机关调查收集证据提供了极大的便利条件,使检察机关在公益诉讼中减轻了举证负担。这对检察机关而言,便省却了一大笔调查取证的费用,有效地利用和盘活了基于公权力而产生的存量证据资源,并且由于借助于行政机关的专业知识、专业人员以及专业设备等优势,使得这种调查收集的证据资料质量更高,证明力更强。另一方面,按照"先民后行"的推进模式,使检察监督的触角直接逼入公益的实质保护,公益司法保护得以一步到位,而无须等待行政作为,以及在行政不作为或作为不到位后,再提起政公益诉讼,这就极大地节省了公益保护的时间成本。此外,从伦理成本的视角看,检察机关先行

---

① 按照《检察公益诉讼解释》第22条的规定,检察机关提起行政公益诉讼,在起诉时就需要提出"被告违法行使职权或者不作为,致使国家利益或者社会公共利益受到侵害的证明材料"。

提起民事公益诉讼，并没有因此而放松检察机关对行政机关依法行政的法律监督，事实上，这种对行政机关的法律监督从检察机关提起民事公益诉讼一开始便在同步进行了。由于检察机关恪守了权力行使的谦抑原则，真正体现出了"双赢多赢共赢"的监督效果，公益得到了切实保护，依法行政受到了有效监督，检察机关的法律监督职能得到了全面彻底的实现。

最后，"民事优先"的公益诉讼推进路径符合执行逻辑。与私益诉讼一样，公益诉讼中也存在着"执行难"的问题。然而相较而言，行政公益诉讼中的"执行难"更加严重。因为在民事公益诉讼中，公益裁判的执行对象是公益侵权的私人主体，而且就其执行内容来看，民事公益裁判的内容主要包括赔偿损失以及修复公益。赔偿损失的强制执行与私益诉讼并无二致，修复公益的执行也具有可强制执行的特质，如果被执行人拒绝执行，还可以采用替代执行的方式，由其他人实施公益修复的行为，由此所产生的费用由被执行人负担。不仅如此，在单纯的民事公益裁判的执行程序中，还有望获得行政机关的监管和支持，使民事公益裁判的执行更有保障。然而，假如行政机关在行政公益诉讼中受到了败诉裁判，那么，下一步就是将该行政公益裁判付诸实施和贯彻落实。对行政机关行政行为的违法确认属于确认之诉，确认之诉的裁判内容在确认判决作出并生效后便自动得到实现，原无付诸强制执行的必要性；因而需要执行或强制执行的是行政公益裁判的所谓"责令行政机关依法履职"的内容。对于该判项，行政机关理应采取一定的履职行为，然而，行政机关如何积极履职或依法行政，是由其自身决定的，而没有受到司法裁判的具体指引。这势必会产生一个在诉前程序中已经提出但尚未解决的问题：行政机关是否已经充分、完全、及时、有效履职的判断标准如何确定？行政机关的履职只能接受抽象的强制，而不能接受具体的强制，也就是说，法院可以通过司法裁判责令行政机关履职，但在行政机关不履职时，法院不能也无法强制行政机关履职，更不能代替行政机关履职。这是此种行政裁判的特殊性所在，也是其局限性所在。这是检察机关先行提起行政公益诉讼不能不经常遇到的常态结局。可见，行政公益裁判的执行更加复杂、难度更大，也更容易滋生争议，而民事公益裁判的执行则能够有效地回避这些难题。

第五节 公益诉讼和私益诉讼的关系

公益诉讼和私益诉讼的关系可分为以下五种情形：

一、在公益诉讼之外，另行提起私益诉讼

私人当事人目前不具备提起公益诉讼的原告资格，因此他们若提出公益诉讼，人民法院不会受理。但损害公益的侵权行为也可能损害了相关公民的私益，比如，环境污染行为不但破坏了环境，损害了公益，同时还可能损害了公民的身体健康，损害私益，而且这两种情形往往相互混杂，同时存在。在人民法院受理公益诉讼案件后，因损害公益的行为而受损的私人当事人是否可以另行提出私益诉讼呢？答案应当是肯定的。《民诉法解释》第286条规定："人民法院受理公益诉讼案件，不影响同一侵权行为的受害人根据民事诉讼法第一百二十二条规定提起诉讼。"《环境公益诉讼司法解释》第29条和《消费公益诉讼司法解释》第16条也有类似的规定，《检察公益诉讼解释》对此未作规定。据此可见，公益诉讼与私益诉讼是处在两条并行轨道上的不同性质的诉讼，公益诉讼追求实现公益诉讼的功能和目标，私益诉讼追求私益诉讼的功能和目标。其中又可分为两种情形：一是公益诉讼尚未结束，私益诉讼便已启动。此时

私益诉讼应当根据《民事诉讼法》第 153 条的规定实行诉讼中止，等待公益诉讼的结果出现后，私益诉讼在公益诉讼的基础上继续进行。二是公益诉讼业已结束，私益诉讼应当以公益诉讼为前提和基础进行。

二、私益诉讼加入公益诉讼

在公益诉讼进行中，私益诉讼既可以另行启动，也可以搭公益诉讼的便车，加入公益诉讼之中，与公益诉讼合并进行。与私益诉讼另行开辟诉讼"战场"有所不同，这种加入型诉讼应当被视为程序的常态，但这种情形以私人当事人自愿参加公益诉讼为前提，如果私人当事人不愿意参加公益诉讼，则法律上并无强制之理。[①] 在私益诉讼加入公益诉讼后，对同一损害公益的侵权行为便出现了公益诉讼与私益诉讼的并存局面，此时应协调处理好二者的关系。从诉讼逻辑上说，公益诉讼应当先行处理，在公益诉讼处理有了诉讼结果后，私益诉讼方能在此基础上继续进行，在此之前，私益诉讼应当裁定中止进行。因为公益诉讼中所涉及的侵权事实是否能够得到确认，是私益诉讼得以进行的前提条件，而不是相反。《民诉法解释》第 286 条仅仅规定私益当事人可以另行诉讼的一种程序选择权，而没有规定此种私益诉讼加入公益诉讼的情形。衡之以上述分析，该条规定存有可质疑之处。因为据此规定，因侵害公益行为而同时受损的私人当事人只能另行提起诉讼，而不得加入公益诉讼中寻求私益救济。这样的规定徒增私人当事人的诉讼成本而已。虽然私人当事人不能提起公益诉讼，然而此私人当事人与其他同公益诉讼没有任何直接利害关系的公民个人是有区别的，该区别就在于，他们的私益保障与将要启动或正在进行中的公益诉讼有密切关系：公益诉讼所要处理的基础事实关系，如是否存在侵害公益的行为和事实，是与私益诉讼所依赖的基础事实关系完全一致的。如果在同一个诉讼程序中既解决公益诉讼的诉讼标的，也解决私益诉讼的诉讼标的，则符合通过一个诉讼程序彻底化解纠纷的司法理念，同时它简化了程序，也符合诉讼经济原则，还可以避免在公益诉讼和私益诉讼之间发生裁判冲突，也有利于实现公益保护价值的全面性。不过，如前所述，如果私人当事人愿意并在法院行使释明权后仍坚持另行诉讼，则另当别论。因此，立法和司法解释应当确立一个类似刑事附带民事公益诉讼那样的特殊复合型或附随型诉讼程序，该诉讼程序不妨称之为"公益附带私益诉讼"。当然，公益诉讼讲求诉讼效率，如果在公益诉讼中附带解决私益诉讼，将导致诉讼程序过于复杂化和烦琐化，从而严重影响诉讼的效率和进程，人民法院也可以裁定实行诉的分离，或者指引私人当事人撤诉后另行诉讼，将公益诉讼与私益诉讼分别处理。

通常而言，在公益诉讼附带解决私益诉讼中不会发生裁判相冲突的问题，但要另行提起私益诉讼，则公益诉讼与私益诉讼在裁判结果上发生冲突之情事实难避免。为此，需要强调公益诉讼对私益诉讼的制约力和预决力。具体言之，应当认为公益诉讼的裁判具有既判力扩张的积极效果，据此，任何在公益诉讼产生生效裁判后所提出的相关的私益诉讼，均不能无视公益诉讼结果的存在，相反，公益诉讼的结果应当成为私益诉讼赖以进行的事实起点和法律起点。在公益诉讼中所出现的事实和证据以及法院的相关认定，对私益诉讼的进行具有证据上、事实上和法律上的拘束力。

[①] 有学者根据《环境公益诉讼司法解释》所阐述的私益诉讼可搭公益诉讼的"便车"，依其第 29 条和第 30 条的规定，也是在另行诉讼中利用公益诉讼的既判力而已，没有达到私益诉讼"加入"或"融入"公益诉讼"搭便车"的制度优化效果。

根据《环境公益诉讼司法解释》第30条的规定，已为环境民事公益诉讼生效裁判认定的事实，因同一污染环境、破坏生态行为依据《民事诉讼法》第122条规定提起诉讼的原告、被告均无须举证证明，但原告对该事实有异议并有相反证据足以推翻的除外。对于环境民事公益诉讼生效裁判就被告是否存在法律规定的不承担责任或者减轻责任的情形、行为与损害之间是否存在因果关系、被告承担责任的大小等所作的认定，因同一污染环境、破坏生态行为依据《民事诉讼法》第122条规定提起诉讼的原告主张适用的，人民法院应予支持，但被告有相反证据足以推翻的除外。被告主张直接适用对其有利的认定的，人民法院不予支持，被告仍应举证证明。根据《消费公益诉讼司法解释》第16条的规定，已为消费民事公益诉讼生效裁判认定的事实，因同一侵权行为受到损害的消费者根据《民事诉讼法》第122条规定提起的诉讼，原告、被告均无须举证证明，但当事人对该事实有异议并有相反证据足以推翻的除外。消费民事公益诉讼生效裁判认定经营者存在不法行为，因同一侵权行为受到损害的消费者根据《民事诉讼法》第122条规定提起的诉讼，原告主张适用的，人民法院可予支持，但被告有相反证据足以推翻的除外。被告主张直接适用对其有利认定的，人民法院不予支持，被告仍应承担相应举证证明责任。

三、先有私益诉讼，后有公益诉讼

前述两种情形都是先有公益诉讼、后有私益诉讼，或者公益诉讼和私益诉讼同时产生，除此以外，实践中还有一种情形即为私益诉讼先于公益诉讼发生。此种情形又可分为两种具体情况：一是私益诉讼结束前，公益诉讼便又启动。此时，只要私益诉讼的结果尚未确定地产生，私益诉讼均应中止进行，等待公益诉讼的结果出现后，在公益诉讼的基础上恢复进行，这样做有利于避免私益诉讼和公益诉讼在基础事实认定上出现矛盾，同时也有利于私益诉讼节省诉讼成本。二是在公益诉讼发动前，私益诉讼已经结束。此时，私益诉讼的结果对公益诉讼不产生决定性的影响，公益诉讼独立地进行；在公益诉讼出现结果后，如果公益诉讼和私益诉讼发生根本性的矛盾对立，而且这种对立对私益诉讼的原告当事人并非有利，私益诉讼的当事人可以根据公益诉讼的结果申请再审或法律监督。

四、公益诉讼和代表人诉讼的关系

如果被侵权的人数众多，当私人当事人另行启动诉讼程序寻求权利救济时，其所采取的诉讼形态应为代表人诉讼；如果私人当事人人数众多，而其硬要单独诉求，则根据司法资源合理使用原则，立法应不予允许此种单独诉讼的行为选择。当然，在此类纠纷中，直接利害关系人的人数不满人数众多的法定标准则另当别论。可见，在公益诉讼之外，另行启动代表人诉讼不仅在立法上是许可的，在实践中也是有裨益的，因为尊重当事人程序选择权和诉权独立行使的结果，更容易使其服判息诉，从而化解冲突。因此，公益诉讼与代表人诉讼往往可处在并存状态。这是其关系的一种表现。另一种表现乃是：在代表人诉讼中，有时也会涉及公益诉讼问题。代表人诉讼主要是用来解决私权纷争的，只是因其人数众多，故而立法特别设置了代表人诉讼来简化程序，协调地解决纠纷。但是，从纠纷性质来看，代表人诉讼极容易发展成为公益诉讼，因为众多人数所代表的利益，如果上升到了公共利益的程度，则该诉讼便带有了公益诉讼的性质。在此种情形下，对代表人诉讼可以采用两种做法以维护社会公共利益：一是将代表人诉讼实行整体转换，从而使之转入公益诉讼的制度轨道加以解决。在此公益诉讼中，可以一并解决私权救济问题。二是将代表人诉讼中的私益内容继续保留，使代表人诉讼在维护私益的范围内继续进行，同时将其中带有公益保护的内容进行剥离，另启独立的公益诉讼程序加以解决。不仅如此，在公益诉讼附带私益诉讼的结构中，如果私益诉讼人数众多，则也适用代表人诉讼的制度形式。在此情况下，公益诉讼和代表人诉讼按照各自的制度规范和诉讼原理运作，互不影响。可见，对于代表人诉讼和公益诉讼的关系，既要看到其有关联的一面，也要始终保持其内在的界限和区别，不能将它们相互混同，乃至相互替代。

五、私益诉讼和公益诉讼的执行关系

根据《环境公益诉讼司法解释》第31条的规定，被告因污染环境、破坏生态在环境民事公益诉讼和其他民事诉讼中均承担责任，其财产不足以履行全部义务的，应当先履行其他民事诉讼生效裁判所确定的义务，但法律另有规定的除外。据此，私益诉讼的执行应当优先于公益诉讼。①

第六节　社会团体提起公益诉讼

《民事诉讼法》第58条第1款规定："对污染环境、侵害众多消费者合法权益等损害社会公共利益的行为，法律规定的机关和有关组织可以向人民法院提起诉讼。"据此，由有关组织提起的公益诉讼，我们可以称之为"社会团体提起公益诉讼"。但社会团体提起的公益诉讼不能被简称为"团体诉讼"，因为团体诉讼既包括公益性的团体诉讼，也包括私益性的团体诉讼，笔者在这里拟就广义的团体诉讼进行探讨，但侧重点还是在社会团体提起的公益诉讼。

"团体诉讼"与"集团诉讼"的概念几乎是相伴相随的，在理论界主要将精力集中于探讨美国式的集团诉讼之时，似乎也未忘怀德国式的团体诉讼。确实，美国式的集团诉讼因为其代表人的诉讼力度而广为人知，由此也显示其制度的独特魅力；德国式的团体诉讼则因为其所称团体的诉讼谦和也受人称道，以使其在民事诉讼主体制度的发展历史上、同时也是在群体诉讼制度的发展历史上独树一帜。如果说，美国式的集团诉讼是粗放型的群体诉讼制度的典型例证的话，那么，德国式的团体诉讼则可被视为集约型的群体诉讼制度的杰出代表。它们的各自出现及其存在，反映了两大法系国家不同的诉讼文化以及实体法的背景，实际上是两大法系法律制度诸多区别中的一个自然环节；探根寻源，不难发现美国之所以有集团诉讼而德国之所以有团体诉讼的深层原因。在我国群体诉讼制度的构建中，除集团诉讼被纳入理论视野引起了学界乃至实务界极大兴趣外，团体诉讼也备受关注。团体诉讼是否能够导入我国的法制体系中？团体诉讼制度的利弊如何？团体诉讼在大陆法国家乃至在英美法国家出现了何种发展趋势？它主要在哪些法律领域中发挥作用？诸如此类的问题，均需要深入而系统地加以考证和探讨，然后才能给出符合中国实际和法律制度发展需要的答案。为此需要以前瞻性的视角，将它与社会自治、社会与国家的关系模式、市民社会的功能及其生成逻辑、法治国家的建设等诸多因素结合起来探讨，方能产生有针对性的理论成果。

---

① 最高人民法院《关于审理船舶油污损害赔偿纠纷案件若干问题的规定》第27条规定："油污损害赔偿责任限制基金不足以清偿有关油污损害的，应根据确认的赔偿数额依法按比例分配。"然而本条规定仅适用于私益诉讼相互之间，对公益诉讼并不适用。

一、团体诉讼的制度边界

在法律的意义上,"团体"的概念有多种用意,不同的法域中,如民法、商法、经济法、行政法、国际法等,都经常地涉及"团体"二字,如商业团体、行政团体、国际团体等,这些都可以称为"实体性团体";在诉讼法领域,团体也时有可见,如法人团体、非法人团体、诉讼支援团体、陪审团的团体、破产债权人团体等,这些则可相应地称为"程序性团体"。团体诉讼所指的团体,则是程序性团体。程序性团体可以直接依据程序法而产生,也可以按照实体法而转换得来。团体诉讼中的团体(以下简称"诉讼团体"),则是从实体法领域转换而来的程序性团体。可以说,程序性特征是诉讼团体的首要特征。另外,诉讼团体这个概念是诉讼当事人制度中的有机内容,诉讼团体的导入,扩大了诉讼当事人的固有范围,增加了诉讼当事人的种类,丰富了当事人制度。[①] 可见,主体性和制度性是诉讼团体的又一个特征。

(一) 团体诉讼的概念辨证

在团体诉讼的理论框架中,首先遇到的一个问题便是对团体诉讼下定义。团体诉讼作为一项当事人制度能否独立实存,一个很重要的方面乃至是决定性的因素,便是团体诉讼的定义或概念界定中,是否包含着一定量的特殊因素,这些特殊因素的存在,使它区别于其他多数当事人诉讼形态并由此而获得独立存在的制度性价值;否则,团体诉讼便只能消化在复数当事人制度的解说之中。相对于集团诉讼乃至选定当事人制度而言,人们对团体诉讼的定义性认识似乎并没有给予应有的重视,而且在制度的考证上也有人云亦云的明显痕迹。目前可以见到的典型的团体诉讼的定义主要有:

(1) 德国的团体诉讼(Verbandsklage),是一种赋予某些团体诉讼主体资格和团体诉权(当事人适格),使其可以代表团体成员提起、参加诉讼,独立享有和承担诉讼上的权利义务,并可以独立作出实体处分的制度。[②]

(2) 团体诉讼,是指为了使某一团体组织成员的利益能够得到司法保护,法律规定该团体组织有权代表其成员起诉或应诉,其判决对团体组织的成员有拘束力的一种诉讼制度。[③]

(3) 德国的团体诉讼,它并非民事诉讼法中的一项正式制度,而是指在特别的经济立法中赋予有关的行业自治组织(如环境保护团体)以诉权,准许其在涉及社会公共利益的诉讼中作为原告提起诉讼。[④]

(4) 德国的团体诉讼,就是制定法律,规定一定领域中具有法人资格的某些团体享有当事人适格,可以作为原告提起诉讼。这一制度的特点在于形式上由单一的法人而不是多数当事人来充当原告,但是因原告是由多数个人或法人组成的团体,所以诉讼就具有了集团的

[①] 当事人制度在内涵上的不断丰富化以及在外延上的不断扩充,是诉讼制度不断趋于发达化的表征,也是诉讼制度的功能扩大的表现,现代民事诉讼制度的一个标志性因素,乃是诉讼当事人的制度复合化和类型多元化,与此同时,民事诉讼程序也出现了空前的繁复特征,一个原本不断趋于简化的诉讼程序制度因为当事人制度的多样化特征而复归于复杂化。

[②] 参见章武生:《论群体诉讼的表现形式》,载《中外法学》2007年第4期。

[③] 参见张卫平:《民事诉讼:关键词展开》,中国人民大学出版社2005年版,第110页。

[④] 参见常怡主编:《比较民事诉讼法》,中国政法大学出版社2002年版,第380页。

性质。①

（5）德国的团体诉讼，系指有权利能力的公益团体，以法律的规定就他人违反特定禁止或无效的行为，得向法院请求命令他人中止或撤回其行为的民事诉讼。②

从上述所列举的有关团体诉讼的典型定义来看，不难看出，这些定义既存在诸多共性，也有着相当程度上的差异或个性。

上述定义的共性在于：

（1）团体具有独立的当事人名义。在团体诉讼中，团体本身就是当事人，它既不像集团诉讼那样，是一个虚拟的组织，而是一个实实在在的组织，它有名称、人员、经费、组织、机构、章程、场所等，本质上它就是一个法人实体；又不像非法人团体或其他组织那样，是一个独立的民事主体，享有当然的单一型诉权，而是具有复合性质的组织——它可以提起诉讼，但也可以不提起诉讼，在它不提起诉讼之时，其成员可以提起诉讼。也就是说，团体诉讼中的团体，其所享有的诉权，与其成员所享有的诉权，实际上是重叠的。团体享有的诉权属性，并不排斥其成员的享有。尤其是，在损害赔偿请求权的诉讼中，其诉权的获得尚需通过成员的特别授权。

（2）团体诉讼的存在形式，是个别性的，而不是一般性的。换言之，团体诉讼并非所有的团体均可以提起；能够提起团体诉讼的团体，需要有立法的明确授权，同时也受制于团体章程的特别约定。

（3）团体诉讼的效果具有双重性。团体诉讼是代表其成员提起的，法院最终裁判的结果，一般情形下直接对成员发生效力；其成员可以援用团体诉讼的裁判结果，并因此而受其拘束，同时，裁判的结果对团体本身也有拘束力，比如说，它也要受"一事不再理"原则的拘束。

然而，上述定义也存在着一定的差异，主要表现在：

（1）在团体诉讼的宗旨上表述不同。有的定义认为，团体诉讼就是为了某种公共利益的实现，比如定义（3）就是如此看问题的；然而有的定义却认为，团体诉讼的宗旨是为了保护其成员的合法权益，实际上偏重于团体诉讼的私权救济功能，比如定义（2）就是这样认识的。这对团体诉讼的适用范围以及救济形态具有相当重要的意义。

（2）在团体能否成为被告上不同。集团诉讼中的集团，是既可以充当原告、也可以充当被告的。然而能否如法炮制，认为团体诉讼中的团体，也是可以充当原告和被告的呢？定义（2）认为"团体组织有权代表其成员起诉或应诉"，也就是说，团体既可以成为民事诉讼中的原告，也可以成为民事诉讼中的被告。其他定义或者没有提及其可能的诉讼地位，或者认为它只能作为原告出现。如定义（4）就是这样看待的。

（3）在团体诉讼所能够实现的司法救济上有不同看法。定义（5）认为，作为原告的团体能够向法院提出的司法救济只能是"向法院请求命令他人中止或撤回其行为"，也就是只能是行为救济，而不能提出财产救济或金钱救济等损害赔偿救济。据此，团体诉讼所可能实现的功能是有限的，而不是如同其他诉讼主体那样，可以全面地实现实体法中规定的各种责任形态的救济。其他定义中均没有明示团体诉讼的救济形态，换言之，它们似乎都认为团体诉讼在所可能实现的救济形态上不具有特殊性或限定性。

---

① 参见［日］谷口安平：《程序的正义与诉讼》，王亚新、刘荣军译，中国政法大学出版社1996年版，第258页。

② 参见陈荣宗：《美国群众诉讼与西德团体诉讼》（上），载《法学丛刊》1985年第2期。

(4) 在团体诉讼的存在领域上有不同描述。定义 (3) 对团体诉讼所能够存在或出现的领域似乎是最为保守的，它认为"特别的经济立法中赋予有关的行业自治组织（如环境保护团体）以诉权，准许其在涉及社会公共利益的诉讼中作为原告提起诉讼"，据此，团体诉讼只能存在于经济法领域中，而且仅仅局限于公益诉讼。其他定义没有限定其所适用的领域，据此可以推断认为，这些定义实际上是将团体诉讼看成任何诉讼形式中均可能出现的一种诉讼形态。

为了给出笔者所认同的团体诉讼的定义，有必要首先描述一下团体诉讼的基本特征。

(二) 团体诉讼的制度特征

团体诉讼的制度特征是其受法律调整应关注的特殊制度安排之处，也是其在制度层面获得独立存在并且区别于其他类似制度的根本之点。就其制度性特征而言，主要有：

其一，提起团体诉讼的原告只能是公益性质的社会团体，或者其他类似的公益性组织，而不是任何社会团体均可以成为团体诉讼的原告人。换而言之，团体诉讼本质上属于公益诉讼，而不能将它作为追逐私益诉讼的程序形式来使用；否则便会与法人诉讼、非法人团体的诉讼、代表人诉讼等混淆起来，同时也使之丧失了独立实存的特殊价值。

其二，团体诉讼的司法救济形态在固有的意义上仅仅限定于行为救济，也就是说，它只能请求被告做出一定的行为，或者不做出一定的行为。但是在特殊情形下，团体诉讼也可以提出财产权益的救济，以作为附带的救济形态，或者作为授权下的救济形态。

其三，团体诉讼是以自己的名义提出诉讼的，提起诉讼的团体就是诉讼中的原告。这一点与法人诉讼或非法人团体诉讼有相似之处，它们在诉讼中都只能形成单一的当事人主体，而不属于诉的主观的合并形态，也就是说，团体诉讼所形成的诉讼形态，在主体上说，只能是单一型诉讼，而不是复合型诉讼，不适用共同诉讼的程序规则。团体诉讼的诉权具体实施者，乃是诉讼团体的法定代表人或者主要负责人。团体诉讼的此特征，使之与代表人诉讼、集团诉讼、选定当事人诉讼等诉讼合并制度区别开来。

其四，团体诉讼是在特定法律领域存在的一种诉讼形式，而不具有普适性。某一个社会团体能否提出团体诉讼，关键在于立法是否将此种诉权特别地授予给它。只有立法特别授权的社会团体，方能提出团体诉讼；反之，没有授权的社会团体，不用说它不属于公益性质的组织，即便是公益性质的社会团体，也不能提起团体诉讼。换言之，被授权提起团体诉讼的社会团体，是立法者选择用来推行某种公益政策的，这种社会团体肩负起了某种特殊的社会使命，使之有了准政府组织的意蕴；利用团体诉讼的目的，是协助政府机关从事法律的执行，团体诉讼是通过司法形式来执行法律的特殊的公益诉讼。

可见，团体诉讼，乃是经立法授权具有特殊诉讼权利能力的公益性质的社会团体，依法请求法院发出禁令，责令被告实施一定的行为或不得实施一定的行为并在特殊情形下予以损害赔偿的民事公益诉讼。此定义与前述定义 (5) 相近。

(三) 团体诉讼与非法人团体诉讼

团体诉讼作为一项当事人制度能否独立实存，其关键在于两个方面：一方面，对团体诉讼的内涵能否界定得清楚，也就是说，其在诉讼制度中的特定地位能否获得理论上的确证；另一方面，对团体诉讼与其他类似诉讼形态的边界能否清晰地划定。与团体诉讼一起，种种复杂型的诉讼形态形成了一个较为严密的制度体系，它们在这个巨大的制度体系中，各有一席之地，同时均有独特的无可替代的诉讼机能。这些复杂型诉讼制度的体系化以及其内在关系的清晰化，是民事诉讼法在现代化转型中的重要课题；民事诉讼法由传统走向现代，一个非常重要的制度性指标是各种复杂型诉讼制度的合理构建。这当中，就有团体诉讼的一份特殊的制度空间。为了使团体诉讼的制度空间清晰化，一个必要的理论步骤是：团体诉讼与其他类似诉讼形态的概念界分。这里首先谈谈团体诉讼与非法人团体诉讼的概念界分。

能够提起团体诉讼的团体，通常是法人团体，而且这种法人团体又是公益性质的法人团体，如环保组织、消费者权益保护组织等。因此，如果全面地描述，团体诉讼应当是"公益法人团体诉讼"。这样一来，与非法人团体诉讼就有必要做出概念上的区分。非法人团体的诉讼，又称其他组织的诉讼，是指具有非法人资格的民事主体以自己的名义提起的民事诉讼；非法人团体是第三类当事人，它既不同于法人组织，又不同于自然人，也不是自然人的诉讼组合，而是独立的民事主体，介于法人和自然人之间。据此定义，团体诉讼和非法人团体诉讼之间的联系或共性在于：二者均属于单一主体的诉讼。也就是说，无论是团体诉讼抑或非法人团体的诉讼，它们在诉讼中都属于单一的当事人形态，所形成的诉讼状态，乃是单一之诉或曰简单型的诉讼，而与复合之诉有所不同。复合之诉有主观意义上的复合之诉和客观意义上的复合之诉的区分，此外还有二者的混合形态，称混合的复合之诉。客观的诉讼合并不属于这里的考察范围，在单一型的主观之诉中，也有客观的诉讼合并。就主观的诉之合并而论，团体诉讼和非法人团体诉讼并无区别。然而，二者在其他方面的区别是非常明显的，主要表现在：

1. 是否需要立法的特别授权不同

团体诉讼需要立法（实体法）的特别授权，如果立法没有明文规定，团体诉讼则不得提起。换而言之，某个团体是否能够提起团体诉讼，不是由司法者决定的，而是由立法者预先设定的；立法上没有赋予团体公益诉权的社会团体，司法者不能为之创设诉讼权利能力，从而使之获得当事人能力。因此，司法机关在决定是否受理团体诉讼之时，通常要分两个步骤来判断其当事人能力：第一步是判断它是否为法人团体，第二步是判断它是否属于立法授权能够提起团体诉讼的团体。与诉讼团体所具有的特殊的当事人能力不同，非法人团体则具有一般的当事人能力，也就是说，某个非法人团体一旦具备了立法为其所确立的一般构成要件，如有自己的名称、设有代表人或者管理人、有相对独立的财产等，它就具有诉讼当事人能力，就可以提起任何为立法所许可的诉讼；司法机关对其当事人能力的判断，一次性就可以完成，而无须分两个步骤。

2. 能够提出的司法救济形式有所不同

非法人团体在诉讼中可以提出救济形态，取决于《民法典》上的责任形式以及具体的案件需求；团体诉讼则需要根据《环境保护法》《消费者权益保护法》《英雄烈士保护法》等具体的单行法提出相应的司法救济和诉讼请求；后者较之前者范围要窄。

3. 既判力主观范围不同

在团体诉讼中，其既判力具有片面的扩张性，团体诉讼的胜诉判决，团体成员可以在援用后受其拘束；团体诉讼的败诉判决，则不拘束其团体成员。如果是在团体成员授权情形下的团体赔偿诉讼，而不是前述情形下的团体作为或不作为诉讼，则团体诉讼的结果无论胜败，均自然地拘束团体成员。因此，团体诉讼的既判力主观范围是因情形而异的，不具有一体性或一致性。当然，团体诉讼的结果无论怎样，对团体本身都具有拘束力。而非法人团体的诉讼，则无论结果的胜败，均一体地拘束所有的团体成员，同时也拘束非法人团体本身。

（四）团体诉讼与集团诉讼

团体诉讼与集团诉讼看上去如同孪生姐妹一样，它们在诉讼中都以一个团体的名义出现，都涉及众多的利益主体，都对社会产生相当重要的影响，都是典型的集合诉讼形态，在民事诉讼制度发展史上，都因别具一格而享有盛誉；然而它们实际上是形似而神不似，它们之间的差异性远远大于其共同点。主要而言，其差异性表现在：

1. 诉讼性质有别

团体诉讼是单一型诉讼，其诉讼中的当事人就是团体一个，其成员在诉讼中不以任何方式出现，除非在损害赔偿之诉中，在对团体进行诉权信托之时会有所表现。集团诉讼则是复合型诉讼，它是众多当事人构成的一个集团，"集团"是众多当事人汇集在一起的形象性说法，"集团"本身不是当事人，"集团"成员才是真正的当事人。

2. 当事人名义不同

在团体诉讼，当事人就是某某特定的团体本身，比如说某某环境保护组织、动物友好协会等，团体的成员不是当事人，在诉讼中也始终不出现。在集团诉讼，当事人是众多的集团成员本身，集团并非当事人，集团是一个拟制的概念，是一个虚拟的组合，而并非实存的组织。因此，在团体诉讼中，当事人只有一个；而在集团诉讼中，当事人则具有多个，有时甚至是不确定的。

3. 能否充当被告不同

在团体诉讼，由于提起诉讼的团体通常肩负着维护公益的目的，因而，它只能充当诉讼的发动者，而不能被其他主体起诉，从而成为被告。同时由于团体诉讼中的团体不是行政机构，其不具有行政执法的权力，因而它不能成为行政诉讼中的被告。而集团诉讼，其多数方当事人则不仅可以成为原告，在特殊情形下其尚可以成为被告。当然，集团诉讼中的集团，一般乃是以原告身份出现的。

4. 当事人适格基础不同

在团体诉讼，团体成为正当当事人的理论基础乃是实体法上的请求权；正是实体法的明确规定和授权，团体才具有特殊救济形态的诉权，才因此而成为正当的当事人。集团诉讼是由其诉讼代表人作为正当当事人的，其他的成员虽然也是诉讼中的当事人，但在其成为诉讼代表人之前，或者在其决定亲自参加诉讼实施诉讼行为之前，其诉讼当事人的权能是受到限制的，他们拥有监督权、特殊事项授予权等，但他们一般只能以潜在当事人的形式出现。诉讼代表人的诉讼实施权一方面来源于自己就是集团成员的一分子，另一方面来源于其他集团成员的明示或默示的授权；这后者，在理论上称为诉讼担当。因此，集团诉讼中诉讼代表人的当事人适格的基础乃是当事人身份（实体法上的请求权）和代理人身份的结合体。

5. 既判力主观范围不同

对团体诉讼而言，其既判力主观范围的确定分两种情形：一是如果属于团体不作为诉讼，其既判力的主观范围则看诉讼结果而分别确定：如果团体胜诉，则扩及所有的团体成员；如果团体败诉，则仅仅限定于特定团体本身。二是如果属于团体赔偿请求诉讼，其既判力的主观范围则扩及所有授权的团体成员。对集团诉讼来说，其既判力的主观范围则涉及所有的集团成员，而无论诉讼的结果如何。

6. 适用范围不同

团体诉讼的适用范围是有限的，仅在法律有明文规定之时方予适用；而集团诉讼，则只要一方人数众多，均可以适用。

由上可见，团体诉讼和集团诉讼看上去都属于集合型诉讼，但却是一个属于单一型诉讼，另一个属于复合型诉讼，由此所带来的程序安排形成了截然的区别。团体诉讼的特殊之点集中表现在诉讼开始之初，法院对当事人的身份进行认定之时；一旦团体诉讼的当事人身份获得了认定，则此后的诉讼程序与一般的诉讼程序完全相同，别无特殊之处。集团诉讼则是多数诉讼的结合体,涉及集团内部的关系和集团外部的关系,涉及集团的共性问题,也涉及集团的个性问题,在诉讼的全部过程中,每一个环节均有其特殊性。因此,立法上对集团诉讼的技术性要求较高,而对团体诉讼的立法则相对简单。

至于团体诉讼与我国代表人诉讼、日本的选定当事人诉讼等诉讼形式的区别,其分析框架基本上等同于上述与集团诉讼的界分,这里略而不论。

二、团体诉讼的制度优势

在构建团体诉讼制度的问题上,有一个问题首先必须得到有力的论证,这就是:团体诉讼制度在立法和司法上有何独特的优势呢?这也是团体诉讼制度的立法目的问题,由此表征着团体诉讼制度的功能,也即通过团体诉讼能够给我们带来何种制度性利益。对这个问题的认识直接关系到团体诉讼制度的立法模式及程序安排问题。是限制团体诉讼的运用还是扩大对它的运用范围?对此问题的科学回答,需要对团体诉讼制度的立法目的有一个明确的认知。

(一)社会公益:团体诉讼制度的本质目的

如前所述,团体诉讼中的团体一般是公益团体,维护公共利益是这些团体的法定使命。德国制定团体诉讼制度的目的,是保障自由经济制度的正常发展,维护公平竞争的机会,避免市场被不法垄断或独占,防止同行业的企业之间进行恶性竞争。因此,德国的团体诉讼制度最早基本上都规定在经济法上,如《不正当竞争防止法》(UWG)、《普通交易约款法》(AGBG)、《贩卖折扣法》(RABATTG)、《贩卖附奖法》(ZUGABEVO)、《发明专利法》(PATG)、《新型专利法》(GEBMG)、《商标法》(WZG)等。举例言之,《不正当竞争防止法》(UWG)的立法目的在于禁止工商业者利用违反善良风俗或其他不正当方法实施恶性竞争的行为。[①] 该法规定,凡违反这些规定的,有权利能力的促进工商业利益团体以及以公益为目的的消费者团体法人,均可以提起团体诉讼。《贩卖折扣法》(RABATTG)的目的在于禁止工商业者之间利用价钱折扣方法实施恶性竞争,因而从该法的第1条到第11条规定了各种折扣的限制,如果有某工商业者违反此种限制性规定,则有权利能力的促进工商业团体便可以提起团体诉讼。《贩卖附奖法》(ZUGABEVO)的目的在于禁止从业者利用奖品赠与的方法实施恶性竞争,在该法的第1条中规定了各种变相的奖品赠与方法应受禁止,第2条便规定了团体诉讼:有权利能力的公益团体可以对违法的从业者提起团体诉讼。《普通交易约款法》(AGBG)的立法目的在于,防止在与多数人大量订立相同契约之时,预先印就对订约人极不公平的统一的契约条款。该法第9条至第11条规定这些条款的无效情形,第13条规定,如果有违反这些规定者,有三种类型的团体可以提起团体诉讼:有权利能力、其章程目的在于提供消息、接受咨询保护消费者利益而为工作的团体,或者至少有75名自然人为会员的团体;有权利能力的促进工商业利益的公益团体;工商业公会或手工业工会。[②] 由此来看,团体诉讼制度的立法目的是维护良好的经济秩序和社会秩序,其运作的结果有时偏重于惩戒不法行为,有时偏重于预防不法行为的可能发生,而无论如何,它都不是为了追求案件背后的经济利益。一般而言,基于公益的目的而提起的团体诉讼,即便获得了某些赔偿,也不在团体成员间进行实际的分配,而是用来维护团体的发展,从而更好地实现特定团体的公益目的。这一点,连集团诉讼都自叹弗如,因为集团诉

---

① 该法第1条、第3条、第6条、第7条、第8条、第10条、第12条规定了各种所禁止的不正当竞争行为。

② 参见陈荣宗:《美国群众诉讼与西德团体诉讼》(上),载《法学丛刊》1985年第2期。

讼有时是为了实现纯粹的私人利益,而公益的实现即便在客观的层面有所体现,亦非其直接的追求目标。

(二) 避免滥诉:团体诉讼制度的实践功效

德国之所以出现团体诉讼,一个制度性的根本原因便是,德国没有美国那样的集团诉讼。美国的集团诉讼具有诸多功能,也正是这些强大的功能,使之在诉讼法制度史上独树一帜,散发着独特的制度魅力;在这种种强势功能中,有一个功能格外引人瞩目,这就是它能够积微小之力成社会之力,以对抗强势的企业行为、政府行为乃至立法行为。这种功能可以说是发动群众的功能。在现代社会,国家异常强势,对社会生活的方方面面行使着虽说不可缺少但往往却容易引起争议的干预作用。面对于此,集团诉讼能够以群众之力,来济政府之弊。这个功能是社会自我救助的功能,也是人民自卫的功能,同时也是社会民主化发展的功能。如果缺少这种诉讼机制,则上述功能便很难实现。集团诉讼是应运而生的,在此意义上说,集团诉讼在美国这样的社会里能够产生,尤其是在现时代产生,是有其必然性理由的,这绝对不是某个立法者或司法者的突发奇想。那么,同样的问题也存在于德国;德国是如何解决这一问题的呢? 德国没有采用美国的集团诉讼模式,因为,美国式的集团诉讼机制需要有诸多的配套制度加以辅助。德国的法学家正是考虑到了这一层,同时也有鉴于美国式的集团诉讼机制所内含的种种积弊,故而至今为止,德国的立法者依然拒绝接受美国式的集团诉讼模式。为济其穷,取而代之的乃是团体诉讼制度的形成。团体诉讼制度在德国的出现,有其客观的基础,因为德国有较为发达的社会组织系统,也有社会自治的悠久的历史传统。每个社会团体均负载着一定的社会价值,由社会团体来实现和检阅社会政策,从而推动社会政策系统的完善,在德国业已成为根深蒂固的传统。因而在美国由个人及其组合——集团诉讼来完成的功能和社会事项,在德国便很自然地交付给密布于社会各个领域的社会团体来完成。团体诉讼完成了集团诉讼可以完成的大部分功能,尤其在公益捍卫方面,其功能的完成在一定意义上乃有过之无不及。这是一方面。另一方面,团体诉讼也可以很好地克服集团诉讼的流弊,其中最为严重的一个流弊乃是集团诉权的滥用。集团诉讼有着多方面的激励机制,比如在实体法上有大量的惩罚性赔偿的条款,在程序法上有诉讼费用、代理费用的胜诉酬金乃至胜诉奖励制度,此外还有修改"美国规则"的律师费用转移支付制度。这些过头的激励机制导致了集团诉讼制度的滥用,以至于影响了经济实体的正常发展,损及了法人组织的竞争能力。有鉴于此,美国立法界和司法界频频出现反弹集团诉讼制度的声音。在德国,这个弊端被有效地防止住了,因为团体诉讼并不是遍地开花的,能够提起团体诉讼的社会团体是有限的,而且必须事先经过立法者的认同,甚至要在营业章程上有特殊的记载和认可,有的甚至要获得有关部门的具体批准,这就极大地预防了团体诉讼制度的滥用。与此同时,团体诉讼所能够提出的救济形式往往是务虚的,比如说,停止侵害、排除妨碍、消除污染源、取消合同中的标准条款等,而不是务实的,也就是说,通过团体诉讼一般不能得到现实的实惠,比如经济赔偿、财产转移等,因而团体诉讼的现实动力较之集团诉讼相对较弱;团体诉讼程序通常都是团体本身基于高尚的情操,为着社会的公益而义无反顾地提起的。相对而言,团体诉讼是一个相对于集团诉讼更为崇高的诉讼机制。实体法等其他方面的激励机制也显然不如美国,因而团体诉讼能够有效地避免滥诉;恰恰相反,团体诉讼所面临的问题或困境却在于其启动机制的内在动力不够充分。可见,德国的团体诉讼制度有着美国集团诉讼所不具备的独特优势;正是这些独特优势的存在,成了德国形成团体诉讼制度并同时排斥集团诉讼制度的直接原因。

(三) 配合行动：团体诉讼制度的边际效应

团体诉讼制度可以有效地配合政府的执法行动，并同时与其他执法机制协调合作。团体诉讼中的"团体"被称为"非政府组织"（non-government organization，"NGO"），又称为"非营利组织""公益组织""民间非营利组织"等。① 成为非政府组织的理论根据的有三种主要的学说，这就是市场失灵与政府失灵理论、契约失灵理论和第三者政府理论。② 史密斯将民间非营利组织的功能归纳为：提供社会创新的实验场所；弥补社会道德的不足；提供娱乐的场所；提高社会整合的水准；社会缓冲的作用；提倡志愿精神；为个人潜能的发挥提供机会；监督社会整体结构的发展；对经济体系的支持；为社会发展储备能量。③ 美国学者莱斯特·萨拉蒙指出，非政府组织有六大特征：一是正规性——有一定的组织机构；二是私立性——从组织机构上分离于政府；三是非利润分配性——不是为了其拥有者积累利润；四是自我治理性——能控制自己的活动；五是志愿性——无论是实际开展活动还是在管理组织的事物中都具有显著程度的志愿参与；六是公共利益性——服务于某些公共目的和为公众奉献。④ 可见，非营利组织介于民众和国家之间，是一种中间型组织，一定意义上说，非营利组织具有准政府机构的效能。尤其是，非营利组织是一个可控的组织，其公益目的首先在立法中得到确认，在具体运作过程中，政府还始终对它的运作实施监督、调控，同时给予有力的支持。非营利组织的这一身份性特征，使它两边都能讨好，民众拥戴它，政府也支持它。在执法方面，如环境保护法的执行和实施，政府认为没有必要亲自介入的事项，可以放手让非政府组织去协调、管理和处置，甚至在必要时提起团体诉讼，以获得司法解决。通过司法解决行政机构职能范围内的事项，经由非政府组织的团体诉讼是最佳选择。这也是政府执法部门将某些棘手事情的处理交由司法解决的最好渠道。由此来看，团体诉讼可以有效地配合政府的执法行动，在政府执法和司法执法之间起着必不可少的桥梁作用，同时也可以缓和行政执法和司法执法之间的冲突和矛盾，在团体诉讼中，将政府的意见以适当的形式表述出来，从而成为司法裁判的有机内容。因此，不难看出，团体诉讼有助于配合政府的执法行动，宣传政府的执法政策，缓解政府的执法压力，甚至为政府执法解困。

(四) 政治参与：团体诉讼制度的延伸功能

与此同时，团体诉讼还有利于与其他执法机制形成相辅相成的配合关系。比如说，团体诉讼的存在有助于敦促执法中的私人行动，促使该提起诉讼的个人能够顺畅地启动诉讼机制，并给予独特视角下的支持，体现出民事诉讼法所规定的支持起诉原则的功效。同时，对行政诉讼尤其是行政公益诉讼的运用不足，也可以起到弥补作用。公共利益的其他执法机制，如调解、仲裁等，团体诉讼的客观存在，也有助于这些社会救济手段的正常化运用，并由此产生理想化的解纷效果。此外，我国在检察机关提起民事公益诉讼的制度正式确立之前，团体诉讼制度的

---

① 参见范丽珠：《民间非营利组织的社会文化支持》，载范丽珠主编：《全球化下的社会变迁与非政府组织》，上海人民出版社2003年版，第231页。
② 参见范丽珠：《民间非营利组织的社会文化支持》，载范丽珠主编：《全球化下的社会变迁与非政府组织》，上海人民出版社2003年版，第232—234页。
③ 参见范丽珠：《民间非营利组织的社会文化支持》，载范丽珠主编：《全球化下的社会变迁与非政府组织》，上海人民出版社2003年版，第234页。
④ 参见刘世洪、曹茂：《NGO视野下的中国行业协会》，载范丽珠主编：《全球化下的社会变迁与非政府组织》，上海人民出版社2003年版，第318页。

先行也在客观上催化了检察公益诉讼制度的产生。

三、团体诉讼的制度劣势

团体诉讼制度的优势已如上述，正是这些独特优势的存在，使团体诉讼制度得以在大陆法国家长期存在，并且有向英美法国家发展蔓延的趋势；事实上，在英美法国家，团体诉讼制度也或多或少地存在，这些现象都印证着团体诉讼制度的生命价值。然而，另一方面又不能不同时看到，团体诉讼制度在显示其优势的同时，也难以掩饰地暴露出了它的制度性劣势，主要表现在：

（一）行政干预：影响了团体诉讼的自治性功能

团体诉讼是由特定团体提起的民事诉讼，按理来说，团体提起诉讼由团体自己决定，这是"不告不理"原则的应然含义。然而团体在提起诉讼之时，有时甚至往往会受到行政的干预。非营利组织在设立、组织、经费和运作方面，都是独立于政府的，以此来避免政府对其执法性公益活动的不当影响，这原本是团体诉讼的一大优势和基本特质；然而，这样一种愿望是难以实现的。尤其在非营利组织的草创阶段，其情形更是如此。

根据有关学者的研究，当前中国非营利组织存在的问题之一就是"缺乏自治"。因为，中国相当一部分非营利性组织是通过获取自上而下的资源建立和发展起来的，它们或者由各级党政机构转变过来，或者由原党政官员及与党政关系密切的知名人士所创办。这些组织，不仅其主要的资源来源于党政机关，而且在观念上、组织上、职能上、活动方式上、管理体制上等各个方面，都严重依赖于政府，甚至依然作为政府的附属机构发挥作用。即使民间自发建立的非营利组织，由于要挂靠在业务主管单位上，也会受到政府各方面的限制和干涉。[①] 团体提起诉讼有时甚至要取得政府部门或者上级主管单位的批准或同意。这对团体诉讼的功能发挥显然是一种制约，而不能像集团诉讼那样，完全按照起诉者的自由判断行事。

这是对非营利组织的诉讼行为的干预困境；此外，在提起诉讼的条件保障以及信息获取方面，团体诉讼也面临着政府消极不配合的难题。以韩国为例。韩国于 1994 年 9 月成立了非营利性组织"参与民主人民联盟"（People's Solidarity for Participatory Democracy，PSPD），该组织的行动很少受到监管机构的帮助。在上市公司重大丑闻爆发并受到监管机构的调查以后，PSPD 索取政府调查报告的努力几乎从未成功，这为该组织向法院提起针对丑闻公司的诉讼平添了许多麻烦。此外，PSPD 每年向监管机构提出的政策建议、制度检讨意见，也很少得到政府的积极回应。如今，PSPD 要争取政府的支持，不得不寄希望于法律的修改，而这种修改目前看来还是遥遥无期。[②] 这种观点继续分析道：PSPD 与监管机构之间紧张关系的原因可能在于两者之间的角色冲突。随着 1997 年金融危机爆发以后公司丑闻陆续曝光，社会对于韩国监管当局的怨言日益增加，而 PSPD 的身份决定它不仅是"揭盖者"和"麻烦制造者"，而且本身就对金融监管当局颇多微辞。在韩国监管当局眼中，PSPD 是对监管者权威的挑战，PSPD 的成功即意味着监管当局的失职。在这种情况下，PSPD 要和监管机构建立互助、协调的关系已

[①] 参见王名、贾西津：《中国非营利组织：定义、发展与政策建议》，载范丽珠主编：《全球化下的社会变迁与非政府组织》，上海人民出版社 2003 年版，第 274 页。

[②] 参见吴风云、赵静梅：《证券市场投资者保护的韩国经验及启示》，载《改革》2005 年第 7 期。转引自汤欣：《私人诉讼与证券执法》，载《清华法学》2007 年第 3 期。

然十分困难。① 由此来看，特定团体要提起团体诉讼，以希望实现公益目标，实际上有一点理想化色彩，其现实的基础并不是十分牢固。

（二）目标偏离：作为公益的团体却追逐了私利

如前所述，团体诉讼本质上属于公益诉讼，它与集团诉讼相比较所优胜之处，乃在于集团诉讼有时可以服务于私人利益，其服务于私人利益乃是天经地义的，不会因此而受到责备。但是团体诉讼却应当完全地臣服于公益的目标，而不可以此谋取私利，即便在其接受委托行使损害赔偿权之时，其也应当将公益的维护放在优先的位置。然而在司法实践中，团体诉讼却可能被利用来谋取私利，其具体表现乃是：其一，被执法机构所收买，使之怠于执法（提起团体诉讼）的行动。如前所述，公益团体在执法中，往往形成与行政机构的尖锐矛盾。其执法的成功，会导致政府机构受到负面的评价。为此，通常会出现的情形是，或者公益团体在诸多必要的方面受制于政府机构，从而难以发动团体诉讼，即便发动了团体诉讼也要遭受败诉裁判；或者，政府机构会竭尽全力，采用各种优惠乃至利诱的手段，说服或者致使公益团体最终打消提起团体诉讼的念头。这是公益团体与政府机构在执法利益上出现矛盾时的一种私利化选择，这种私利当然是团体机构工作人员的私利，牺牲的却是团体背后的共同利益，甚至是更大范围内的公共利益。其二，被潜在的被告当事人所收买，从而使业已酝酿的团体诉讼胎死腹中。团体诉讼由于本质上属于公益诉讼，因而其所能够产生的道义力量极强，诉讼的公开度较高，通常属于影响性诉讼，被告对于此类诉讼会产生本能的恐惧，尤其是，这种诉讼一旦成功发动，被告方的败局基本已定。为了防止这种不利结果的发生，潜在的被告人会在此前千方百计乃至不择手段，收买公益团体的影响性人物，从而使团体诉讼的路程变得格外艰难，甚至于根本就不可能化为现实。这也是一种团体诉讼的私益化表征，从而也是公益目标的沦丧和迷失。团体诉讼的这种公益目标的异化现象，对团体诉讼机制的作用发挥乃至制度性生存都是一个实实在在甚至是无时不有的威胁，也是团体诉讼的脆弱之处。除上述两种典型的团体诉讼目标偏离的现象外，还可以设想有其他的种种形态，比如说，团体诉讼的成员主动寻租或者在诉讼过程中团体成员内讧等，都是团体诉讼公益目标私人化的表现形式。

造成团体诉讼公益目标私人化演变的原因是多个方面的，既有内部原因也有外部原因，但主要是内部原因，具体表现在：

1. 内部治理处在困境中

希望借助非营利组织来帮助提高公司的治理水平，首先要确保该种组织内部的治理达到基本水准。但由于非营利组织的本质特征，其先天就具有严重的代理人问题（agency problems）。正如有的学者所洞察的那样，非营利组织所有人不明确；他们的投票权或者尚有争议或者根本就不存在；公益目标模糊不清，或至少难以量化；剩余索取权人无法实施有效监督或者并无意愿进行监督；没有公司的控制权市场；没有代理权的争夺；没有股东的代表诉讼；也极少有市场竞争。② 内部治理难以达到理想的水平可能成为非营利组织的致命缺陷，由于缺乏治理措施，可能导致该种组织偏离公益目标，转而寻求经济利益，甚至可能被执法目标所收买，最终导致其信誉遭受广泛质疑，执法活动的可信度也遭遇重大挫折。③

---

① 参见吴风云、赵静梅：《证券市场投资者保护的韩国经验及启示》，载《改革》2005年第7期。转引自汤欣：《私人诉讼与证券执法》，载《清华法学》2007年第3期。
② 参见汤欣：《私人诉讼与证券执法》，载《清华法学》2007年第3期。
③ 参见汤欣：《私人诉讼与证券执法》，载《清华法学》2007年第3期。

2. 缺乏有效的社会监督机制

公益团体的作用发挥也离不开外部的或社会的监督机制，然而对公益团体的外部监督机制却始终难以真正形成。举我国为例。我国目前监督管理非营利组织的体制有双重：一是登记机关的监督，二是业务主管单位的监督。资产来源属于国家资助或者社会捐赠、资助的，还要接受审计机关的监督。但事实上，尽管年检工作消耗大量的时间和精力，面对成千上万各式各样的非营利组织，有限的管理人员很难通过年检真正达到对非营利组织的有效监督。这样做不仅成本很高，而且假借公益之名谋取私利的组织往往并不能被发现。因为仅凭年检报表是不足以判断非营利组织的非营利性和对之实行监督的。从国际经验看，社会监督是一个不可替代的机制。社会监督机制的首要原则是公开。非营利组织必须向社会公众公开其财务、活动、管理等方面的信息，包括被动公开和主动公开两种形式。① 但是，非营利组织的这种公开性程度是极低的，即便公开了，也难以实施有效的监督，或者说，外部监督的动力机制不足的现状是难以改变的。

可见，公益团体在市民社会中的产生、存在和发展是需要一个过程的，它从不成熟到成熟、从行动的不自觉到行动的自觉、从私益的诱惑到公益的崇尚，确乎需要一个相当漫长的过程，团体诉讼制度的发展乃是与这个过程相伴随的；不能将成熟的团体诉讼寄望于建立在不成熟的或者粗糙的公益团体形态之上。由此来看，发展和推动团体的公益诉讼的过程，实质上就是发展和推动诉讼的公益团体的过程。唯有公益团体的发展臻于一定程度上的完善状态，团体诉讼的公益目标才能被始终保持在其应然的轨道上，而不至有所溢出乃至异化，从而为纯粹的或者半纯粹的私人利益所侵占。

（三）激励匮乏：团体诉讼的动力困境

众所周知，提起诉讼是需要有动力机制的，否则诉讼程序就没有被启动的可能与必要。在执法的私人行动中，这个动力机制的问题是被宣布为早已获得了解决的，因为诉讼的有形和无形的有利结果完全归属于个人或者诉讼的发动者，这就在根本上解决了私人诉讼的动力机制问题。如果说执法的私人行动有动力困境的话，那也局限在所谓的公益诉讼上，此外还有诸如股东派生诉讼之类的诉讼形态上；但那是另一个问题，因为它们已不纯然是私益诉讼的问题了。诉讼动力机制常常成为问题的诉讼领域乃是集合性的诉讼形态，如集团诉讼、团体诉讼、选定当事人诉讼等。集团诉讼和选定当事人诉讼在动力机制上已经获得了较好解决。选定当事人本身就是当事人，诉讼的结果与之有紧密关系，因而诉讼的动力不成问题。集团诉讼从理论上说也面临着诉讼动力困境问题，因为代表人发动诉讼程序和实施诉讼行为是需要付出代价的，而诉讼的收益又不完全归属于他，甚至他从诉讼中所得的收益仅仅是很少一部分。然而，诉讼动力困境问题是可以通过立法机制的完善来化解的。集团诉讼的动力机制就是通过诸如惩罚性赔偿条款、胜诉取酬制以及诉讼费用转移制度等的运用，而获得圆满地解决的，甚至立法已然矫枉过正，造成了激励机制的相反面状态——激励过度，乃至诉讼滥用已成为严重问题。

与之有所不同，团体诉讼的激励机制问题始终未能获得圆满解决，其中的原因主要有：

1. 非营利组织自身的理念匮乏

理念或使命是非营利组织存在和发展的灵魂。当前中国非营利组织存在的诸多问题，除有

---

① 参见王名、贾西津：《中国非营利组织：定义、发展与政策建议》，载范丽珠主编：《全球化下的社会变迁与非政府组织》，上海人民出版社2003年版，第281—282页。

一定客观因素外,都与非营利组织自身的动力不足、定位不明确有很大关系,根本在于缺乏理念和使命感。换言之,中国非营利组织的真正困难,并不在于缺乏资金、人才、管理和专业技术,甚至不在于外部环境的好坏,而在于缺乏明确的理念和强烈的使命感,这使得它们难有拔地而起的能动性、创新性和艰苦创业的自觉性,并从而带来被动、盲目、短视、缺乏坚忍不拔的精神和动力不足,使组织发展难有后劲。①

2. 经济激励机制的严重匮乏

理念和精神固然是重要的,甚至可以将它们视为公益团体的内在生命,也可以将之看作公益团体的本质特征;然而心理学研究、社会学研究尤其是司法的实践雄辩地告诉我们,公益团体的存在和运作不能不考虑它的激励机制,这个激励机制不能仅仅停留在精神的层面上,同时甚至更为重要的要体现在物质层面上。缺乏物质层面的激励机制,轻者会软化其提起诉讼实施诉讼的动因,使团体诉讼步履维艰,行程困难;重者甚至会根本取消公益团体存在本身,因为激励机制也包含着成本机制。不能奢望某个高尚人士会自己贴钱提起团体公益诉讼,即便有也不属于常态。

目前我国立法尚未就团体公益诉讼的激励机制做好准备,具体包括:其一,缺乏充分的赔偿救济手段。团体诉讼固然以提起不作为的给付之诉为主,但立法上也应当给损害赔偿的团体诉讼留出足够的空间。因为,这样做虽然增加了程序的复杂性,但通过一个团体诉讼解决众多的赔偿请求事项,也符合诉讼经济之道。尤其是,这种诉讼样式除了给团体成员带来了诉讼上的便利、节省了诉讼中的成本支出外,还可以设定一个制度,使提起诉讼的团体获得一定比例的提成,形成团体的公益基金,服务于团体本身的发展壮大,同时也有助于公益团体将来的诉讼努力,从而形成良性循环。其二,缺乏诉讼奖励制度。对于团体诉讼的积极推动者,应当给予适当比例的奖励。这样,团体的成员便有寻找案源、提供案件线索的积极性和内在动因了。其三,缺乏诉讼费用的减免制度。诉讼费用减免制度的适用范围较为狭窄,其适用的依据主要是提诉主体的经济状态,而一般不考虑提诉主体的法律属性以及所提诉讼的法律性质。这样的话,对团体诉讼无论胜败结果如何,能否适用诉讼费用的救助制度,就成为问题。其四,缺乏律师代理费用的转移支付制度。我国实行律师费用的自我负担制,无论当事人所获得的诉讼结果如何,他们都是各自律师费用各自负担。这样的话,团体提起诉讼无论胜败,都要承受高昂的律师费用。这对本来就不以营利为目的公益团体来说,无疑是一个难以接受的负担,甚至根本就负担不起。既然如此,公益团体又为了什么而提起诉讼呢?仅依赖精神的支持是不可靠的。因此,一如集团诉讼有集体行动的困境,团体诉讼则也有团体行动的困境,这些困境是相应诉讼制度是否具有实效性的根本性障碍;如果立法仅规定团体诉讼制度,而不同时化解这些现实困境,则无异于从前门导入了团体诉讼,又从后门将它放跑了。

如前所述,团体诉讼最早产生于德国,而且仅仅局限于两个领域的公益诉讼,一是反不正当竞争诉讼,另一是消费者保护诉讼。英国则扩展到"平等机会委员会"和"种族平等委员会"提起的诉讼。②法国作为群体性权利保护的先驱在1884年即确立了团体诉讼制度。③希腊在1914年的反不正当竞争法中引入了团体诉讼制度,并在1994年的消费者保护法改革中对团

---

① 参见王名、贾西津:《中国非营利组织:定义、发展与政策建议》,载范丽珠主编:《全球化下的社会变迁与非政府组织》,上海人民出版社2003年版,第277页。
② 参见张卫平:《民事诉讼:关键词展开》,中国人民大学出版社2005年版,第110页。
③ 参见章武生:《论群体诉讼的表现形式》,载《中外法学》2007年第4期。

体诉讼进行了重大修改，赋予了消费者团体损害赔偿请求权，也即，消费者团体据此可以提起损害赔偿责任的团体诉讼。① 近年来，团体诉讼制度在欧洲大陆得到了迅速发展。韩国和日本发展出了有影响力的团体诉讼制度。② 我国台湾地区在2002年的"民事诉讼法"修改中，也增设了团体诉讼制度。③

通过上述介绍和评析，可以得出结论认为，团体诉讼具有独特的制度优势，在全世界范围内，它正呈现出强劲的发展势头，具有旺盛的生命力。我国应当修改《民事诉讼法》的规定，在第58条导入团体诉讼制度的同时，完善立法上的配套规定，以克服其制度性弊端，发挥该制度所具有的最大化功能，从而完善我国的复杂当事人制度体系和集合型诉讼机制。

第七节 检察机关提起公益诉讼

《依法治国决定》提出"探索建立检察机关提起公益诉讼制度"。为了贯彻落实这一部署，2015年最高人民检察院会同有关部门制定了《检察机关提起公益诉讼试点方案》，同年5月5日，中央全面深化改革领导小组第12次会议通过了《检察机关提起公益诉讼改革试点方案》。2015年7月1日，在第十二届全国人大常委会第十五次会议上，通过了《关于授权最高人民检察院在部分地区开展公益诉讼改革试点工作的决定》。同年7月2日，最高人民检察院印发了《检察机关提起公益诉讼试点方案》，试点工作正式启动。据此规定，拟试点地区包括北京、内蒙古、吉林、江苏、安徽、福建、山东、湖北、广东、贵州、云南、陕西、甘肃等13省（区、市）检察院，覆盖沿海和内陆，东、中、西部地区。试点期限为两年，自授权决定公布之日起算。民事公益诉讼的案件范围是检察机关在履行职责中发现的污染环境、食品药品安全领域侵害众多消费者合法权益等损害社会公共利益的案件。行政公益诉讼的案件范围是生态环境和资源保护、国有资产保护、国有土地使用权出让等领域，负有监管职责的行政机关违法行使或不作为，造成国家和社会公共利益受到侵害的案件。检察机关将提起公益诉讼提上了议事日程，进入了制度化发展的轨道。2017年6月27日，试点结束，全国人大常委会修改《民事诉讼法》，在其第55条中增加第2款，明确了检察机关提起公益诉讼的主体资格，该款

---

① 参见章武生：《论群体诉讼的表现形式》，载《中外法学》2007年第4期。

② 韩国的"参与民主人民联盟"（People's Solidarity for Participatory Democracy，PSPD）成立于1994年9月10日，是韩国最为著名的非营利组织。该组织有一个下设机构"参与经济委员会"（Participatory Economy Committee，PEC）。该委员会从1997年开始致力于维护少数股东权益的运动，以保护股东权益，并促进公司经营的透明化。1996年1月8日，日本"股东权益巡视员"（Kabunushi Ombudsman，KO）组织在大阪成立，其性质是由律师、会计师、学者、散户投资者和其他公民组成的非营利组织，而且是有史以来第一个对日本的商业企业进行监督的民间组织。参见汤欣：《私人诉讼与证券执法》，载《清华法学》2007年第3期。

③ 台湾地区于2002年7月17日通过了"证券投资人暨期货投资人保护法"（简称"投资人保护法"）。该法将所设立的"保护机构"（财团法人证券投资人及期货交易人保护中心，简称"投资人保护中心"）从证券基金会中独立出来，其任务之一就是为投资人提起集体诉讼。此前，台湾地区证券市场多年来一直存在执法不足的问题，为克服民事诉讼机制中可能存在的"集体行动困境"，台湾地区于1984年1月发起成立了"财团法人证券市场发展基金会"，由台湾证券交易所、14家专业证券经纪商及14家银行兼营证券经纪商，自证交证券交易经手费及手续费收入中依比例提拨基金。台湾地区证券市场发展基金会（台湾"证券基金会"）在每一家上市（上柜）公司中持有1000股股票（一个交易单位），使其可以作为每一公司的股东来行使公益权。参见《求偿成功仅正义食品与还隆电器2件案例》，载台湾地区《经济日报》2002年6月3日。

规定:"人民检察院在履行职责中发现破坏生态环境和资源保护、食品药品安全领域侵害众多消费者合法权益等损害社会公共利益的行为,在没有前款规定的机关和组织或者前款规定的机关和组织不提起诉讼的情况下,可以向人民法院提起诉讼。前款规定的机关或者组织提起诉讼的,人民检察院可以支持起诉。"检察机关提起公益诉讼得到了立法的正式确立。

一、比较法视野:公益诉讼及其借鉴价值

(一) 美国的公益诉讼

公益诉讼在美国也称为"公共诉讼"(Public Law Litigation)、"公民诉讼"或"民众诉讼"。美国的公益诉讼主要有两种形式:

1. "私人检察官"制度

检察官是公共的,是国家官员,但是,美国法律将每一个提起公益诉讼的个人,称为"私人检察官",意指私人当事人在公益诉讼中,可以而且应当像政府检察官那样采取行动。《美国联邦地区法院民事诉讼规则》第17条是"私人检察官"制度的总规定,该条规定:"在法定情况下,保护别人利益的案件也可以用美利坚合众国的名义提起。"其他单行法中也有分散的规定。典型的有相关人诉讼、职务履行令请求诉讼和禁止令请求诉讼。美国州立法也有大量的相关规定。① 为此,美国立法规定了多种激励形式,比如,胜诉的原告将可以获得律师费,并可取得一定数量的返款赔偿额。1986年修订的《反欺骗政府法》规定,任何个人或公司在发现有人欺骗美国政府索取钱财后,有权以美国政府的名义控告违法的一方,并在胜诉之后分享一部分罚金。

2. 检察官提起公益诉讼

根据《美国法典》有关规定,检察官在涉及联邦利益等七种民事案件中,有权参加诉讼,其中包括检察官有权对所有违反《谢尔曼法》或《克莱顿法》而引起的争议提起公诉。

在美国,早期的公益诉讼始于为取消学校种族隔离而展开的诉讼,全国有色人种协会的律师和其法律辩护基金早在20世纪30年代就开始了此项运动。公益诉讼的大发展则在20世纪60年代,当时美国经历了剧烈的社会变革,诸多社会制度均面临挑战,出现了各种尝试改革的方案,设立了众多的公益法律机构及类似的倡导制度,公益倡导者为了有色人种、女性、消费者、未成年人、环境以及各种公共利益而开展活动。自20世纪70年代后,美国和欧洲都有一个显著的动向,就是筹备一些官方或民办机构来保护消费者、环境保护主义者或者以前没有给予权利主张机会的其他团体的利益,包括为贫困者谋求整体利益。如公共辩护人项目、法律援助制度等。

(二) 英国的公益诉讼

与美国相仿,英国的公益诉讼虽说稍嫌保守,也有两种形式:

1. 检察总长提起公益诉讼

按照英国法规定,检察总长(Attorney General)代表国王,有权阻止一切违法行为。与其他普通法国家一样,在英国,只有检察总长能够代表公众提起诉讼以倡导公众权利,阻止公共

---

① 例如,在环保诉讼方面,美国除联邦法律规定了公益诉讼外,从20世纪70年代以来,一些州的立法机关也颁布了很广泛的公民诉讼法来具体实施联邦环境法中的公众执行机制。夏云娇:《西方两大法系环境行政公益诉讼之比较与借鉴》,载《湖北社会科学》2009年第5期。

性不正当行为,即可以代表公共利益主动请求对行政行为实施司法审查,可以在私人没有起诉资格时帮助私人申请司法审查。而私人没有提起诉讼的权利,只有在不正当行为已直接使自己的利益受损或很有可能受损的情况下,私人才可寻求救助。

2. "检举人诉讼"

"检举人诉讼"(relator action)是英国立法上的一个特色制度,据此,任何个人和组织可针对正在越权行事或有越权行动危险的公共机构而提起公益诉讼;除此以外,任何个人或组织也可针对制造公害或以别的方式触犯法律的私人或私人机构提起公益诉讼。这种诉讼是基于个人的"检举",或者说是基于个人的通报并通过检察总长提起的。在这里,公民为告发人,检察长是原告,"为公共利益而采取行动是检察总长的专利,他的作用是实质性的、合宪性的,他可以自由地从总体上广泛地考虑公共利益。因而他可自由地考虑各种情形,包括政治的及其他的"。在英国,为公民用来寻求环境等公益司法救济的检举人诉讼制度,被认为是公益诉讼的一种过渡性形态。①

(三)印度的公益诉讼

一般认为,现代公益诉讼制度产生于20世纪50年代的美国,而印度则是第一个引入该制度的国家。自20世纪70年代末以来,印度法院奉行积极的司法能动主义,扩张了司法审查权,以促进司法公正和社会正义,使法院由"有钱人进行法律辩论的场所"变为"被压迫者最后求助的场所"。在印度,一般认为公益诉讼的法律基础是宪法第39条A的规定,该条要求国家以适当的立法或计划或者其他方式提供免费的法律援助,以确保任何公民不会因为经济的或其他的能力缺陷而被拒绝获得司法保护的平等机会。

公益诉讼的概念早在1976年就由Krishna Iyer法官在Mumbai Kamgar Sabha v. Abdulbhai案中提出了,但作为原告资格分水岭的案件公认是1981年的"法官更换案"(Judges' Transfer Case)。在此案中,最高法院裁定律师界联合会有权起诉反对由首相英吉拉·甘地宣布的"紧急状态"下的法官更换。在该案的判决中,确定了印度公益诉讼主体资格扩大的两种情形:代表性诉讼资格和公民诉讼资格。代表性诉讼资格是指个人或者组织代表其他人或者组织提起诉讼,而无须证明他们与案件有利害关系;公民诉讼资格是指公民或者组织即使没有遭受具体的违法侵害,也可以以公民的身份提起诉讼。②

1986年印度制定《环境法》,规定除行政机关外,个人或组织也可以在满足法定条件的情况下,对污染企业提起诉讼。③ 目前,印度的公益诉讼主要涉及童工人权、妇女人权、奴役劳动人权以及环境人权等人权领域。值得指出的是,印度公益诉讼制度还体现出其便民特性,确立了一个被称为"信函司法权"的公益诉讼形式。在台拉登采石案中,一位律师给法院写信,指控非法的石灰石开采活动正在破坏某地的生态环境,法院据此启动了公益诉讼程序。在另一起案件中,法院把一名新闻记者写来的信直接看作公益诉讼令状申请。④ 从此,印度最高法院决定法律制度再也不只是为"有钱人"服务的。按照P. N. Bhagwati大法官所言,"公益诉讼

---

① 参见王名扬:《英国行政法》,中国政法大学出版社1987年版,第202—203页。

② 参见栾志红:《印度公益诉讼制度的特点及其启示》,载《北方交通大学学报(社会科学版)》2006年第1期。

③ 印度《环境法》第19条。

④ 参见蒋小红:《通过公益诉讼,推动社会变革——印度公益诉讼制度考察》,载http://www.iolaw.org.cn/showarticle.aspx?id=1449,访问日期:2020年9月23日。

是法律援助运动的战略性兵种（strategic arm），目的在于将公正带给那些穷苦大众和不公正的受害者"。

（四）德国的公益诉讼

德国的公益诉讼有四种形式：

1. 民众诉讼

在德国，民众诉讼（Popularkrklage）又被称为"宪法诉讼"，属于公益诉讼的范畴。任何公民只要认为某项法律侵犯了宪法保障的基本权利或其他权利，无论侵权案件是否发生，也不论是否涉及本人的利益，都能向宪法法院提出诉讼，要求宣布该法律违宪而无效。

2. 团体诉讼

德国的"团体诉讼"在全世界都是有名的，据此，原则上允许公益团体向法院提起诉讼，请求他人作为和不作为。如前所述，团体诉讼制度起源于1908年的《防止不正当竞争法》，后来扩展适用于环境法等领域。如2002年发布的《联邦自然保护法》第61条规定，一个根据第59条联邦环境、自然保护和核安全不认可或根据第60条州认可的组织，可以根据《行政程序法》提起关于自然保护区、国家公园、生物圈保护区和其他的环境保护区内的禁令或许可的免责许可以及规划许可或项目批准等提起诉讼。

3. 公益代表人诉讼

德国《行政法院法》确立了行政诉讼的公益代表人制度，即分别把联邦最高检察官、州高等检察官、地方检察官作为联邦、州、地方的公益代表人。公益代表人在行政诉讼中是参加人，为捍卫公共利益，可以提起上诉和要求变更行政行为。而行政诉讼的提起，在联邦或州的法律有特别规定时，也可不以原告个人权利受到损害为要件。

4. 检察机关提起公益诉讼

德国《民事诉讼法》规定，检察机关作为社会公共利益的代表，对涉及诸如婚姻无效案件、申请禁治产案件、雇佣劳动案件、重大环境污染案件、重大侵犯消费者权益案件等都可提起或者参与民事诉讼。同时，德国1976年《民事诉讼法》第637条还规定，检察官败诉时，法院判定国库补偿胜诉方的诉讼费用。

（五）法国的公益诉讼

法国的公益诉讼在大陆法系国家是非常著名的，其表现形式主要有两种：

1. 检察机关提起公益诉讼

1804年《拿破仑法典》规定，检察官可以为了社会公益提起或参与诉讼。1806年《民事诉讼法典》及后来的《法国新民事诉讼法》也都有相应规定。如后者第422条规定："法律专门规定的案件中，检察机关作为主要当事人提起诉讼。"第423条则更明确规定："在公法秩序受到损害时，它（检察机关）可以为维护公法秩序而提起诉讼。"第425条规定下述案件检察机关应当得到通知作为案件的从当事人参加诉讼：涉及亲子关系、未成年人监护安排、成年人监护的设置与变更案件；现行中止追诉程序、集体核查负债程序、个人破产程序或其他制裁；涉及法人时，裁判清理或财产清算程序、裁判清算与裁判重整程序以及有关公司负责人金钱方面的案件；检察机关应当提出其意见的所有案件。

2. 越权之诉

它是指当事人的利益由于行政机关的决定受到侵害，请求行政法院审查该项决定的合法性并予以撤消的救济手段。只要申诉人认为某种利益受到行政行为的侵害就可提起，并不要求是申诉人个人的利益。法国最高法院认为，法律中排除一切申诉的条款，不能剥夺当事人提起越权之诉的权利。只有在法律中明确规定不许提起越权之诉时，当事人的申诉权才受到限制。不仅行政决定的直接相对人可以提起越权之诉，如果第三人因为违法的行政决定而受到直接的利益侵害时，亦可提起。各种团体的作用尤其广泛和活跃，当他们的集体利益受到行政决定的直接影响时，一般也可以自己的名义提起越权之诉。[1]

（六）日本的公益诉讼

1962年日本制定的《行政案件诉讼法》第5条将行政诉讼分为抗告诉讼、当事人诉讼、民众诉讼和机关诉讼四种。其中的民众诉讼被认为是公益诉讼。据此规定，原告可以不涉及自己法律上的利益而提起诉讼，其目的不是直接保护、救济国民私人的权益，而在于使公民以选举人的身份通过诉讼手段制约国家机关或公共性权力机构的行为。日本典型的民众诉讼有依据公职选举法的选举诉讼或当选诉讼、依据地方自治法规定的住民诉讼等。

除上述外国公益诉讼制度外，我国台湾地区也确立了公益诉讼制度。其公益诉讼始于"行政诉讼法"的修改，台湾地区1998年修订的"行政诉讼法"第9条规定："人民为维护公益，就无关自己权利及法律上利益之事项，对于行政机关的违法行为，得提起行政诉讼。但以法有特别规定者为限。"第35条规定："以公益为目的之社团法人，得为公益提起诉讼。"1999年修订的"空气污染防治法"规定："公私场所违反本法或依本法授权制订之相关命令而主管机关疏于执行时，受害人或公益团体得叙明疏于执行之具体内容。"

（七）结论与借鉴

通过两大法系有关公益诉讼制度的对比，可以获得以下结论和启发：

1. 公益诉讼立法模式存在差异

有关公益诉讼原告制度的立法模式，很多国家采用制定法的模式，且将其规定在单行实体法规中的居多，如美国等，而将其纳入诉讼法典的只有大陆法系的德国、法国等少数国家。另外，一些国家选择判例法的模式或者从判例上升到成文立法的模式，即便是法国这样的有着悠久的成文法传统的国家也是如此。我国可考虑在单行法规上首先分别规定公益诉讼制度，同时附之以案例指导制度，对公益诉讼的实践进行适时的总结，从而推动公益诉讼制度逐渐发展。

2. "原告资格的多元化"模式之确立

自罗马法创始公益诉讼以来，无论大陆法系还是英美法系，各国立法规定能够代表公共利益提起诉讼的原告范围是十分广泛的。相对而言，英美法国家对原告资格的规定更加宽泛一些。公益诉讼原告资格的确认并非采取只能由直接利害关系人提起诉讼的一元化，而采取多元化，即除了直接利害关系人外，非直接利害关系人也可以充作原告。除个人外，社会公益性团体也可以提起公益诉讼。我国立法也应如此规定，政府应当大力扶持公益组织的发展。

3. 检察机关提起公益诉讼是各国通例

无论在英美法国家还是在大陆法国家，作为行政机关或司法机关的检察机关，都具有提起公益诉讼的权利。各国几乎都规定由享有国家公权力的检察机关代表利益受损的国家或公民提起公益诉讼是通常形式，而赋予与案件没有利害关系的普通公民、组织、团体和机构以特定情况下的公益诉讼原告主体资格为补充。这一点对完善我国检察机关公益诉讼制度，有重要的借鉴和启发意义。

---

[1] 参见王名扬：《法国行政法》，中国政法大学出版社1988年版，第667—681页。

4. 在程序制度的设计上，应当倾向于保护公益诉讼的原告

自古罗马法以来，对公益诉讼的原告向来持支持和鼓励的态度。如古罗马法规定，如果原告的起诉属实，被告要承担罚金，原告则可以获得一定的奖励；美国更进而规定败诉的被告将被处以三倍于实际损失的罚金，并承担合理的律师费和起诉费，而诉讼原告在胜诉以后分享一部分罚金。此外，各国在证据制度上也对公益诉讼的原告实行倾斜政策，主要的表现形式是举证责任的倒置规则、降低证明标准规则、法院职权调查规则等。如美国针对公益诉讼的特殊性便设计了特殊的举证责任分配制度，如在环境公害案件中，提出原告只需提供表面证据（或称为初步证据），证明污染者已经或很有可能有污染行为即完成了举证责任。

5. 应当注意防止公益诉权被滥用

由于公益诉讼放松了对原告资格的要求，因而在实践中也难免会被人恶意利用，这就形成了对公益诉权的滥用现象。为了制止这种滥用现象，确保公益诉讼被善意使用，同时保护被告的合法权益，有的国家的法律对原告的诉权行使进行了一些限制。其限制的方式主要有：设定公益诉讼的前置程序，比如通过适当的行政程序等；在环境公害案件中只针对"主要的违法行为"才能提起公益诉讼；团体诉讼的采用应当符合一定的条件；对滥用公益诉权的严重行为进行法律制裁等。

二、制度构建：检察机关提起公益诉讼的立法及其完善

（一）检察机关提起公益诉讼的立法与实践探索

我国立法对检察机关能否提起民事公益诉讼这个问题，先后曾有过不同的考虑和取舍。1949年12月制定的《中央人民政府最高人民检察署实行组织条例》第3条规定，检察机关的职权之一，是"对于全国社会与劳动人民利益有关之民事案件及一切行政诉讼，均得代表国家公益参与之"。该条例第10条规定，最高人民检察署第三处掌管之一，就是"关于全国社会与劳动人民利益有关之民事案件参与事项"。1951年5月《中央人民政府最高人民检察署暂行组织条例》第3条和《各级地方人民检察署组织通则》第2条规定，最高人民检察署、各级地方人民检察署"代表国家公益参与有关全国社会和劳动人民利益之重要民事案件与行政诉讼"。1954年9月通过的《人民检察机关组织法》第4条规定，地方各级人民检察机关的职权之一是"对于有关国家和人民利益的重要民事案件有权提起诉讼或参加诉讼"。

从实践中看，地方各级检察机关在20世纪50年代就开始了参与民事诉讼的活动。在1954年部分统计中可以看到，辽宁、安徽、江西、山东、河南、山西、陕西、甘肃和北京9个省市，检察机关办理民事案件2352件，既有起诉的公益诉讼案件，也有参与诉讼的民事案件。1956年，黑龙江省的检察机关共办理民事案件80件，其中提起诉讼的民事案件55件。1956年5月至11月，南京市检察机关受理23件民事案件，其中涉及国家和公共利益的案件14件，占61%；办结17件，起诉的3件。①

1982年制定《民事诉讼法（试行）》，1991年将《民事诉讼法（试行）》修改为《民事诉讼法》。在这两部民事诉讼法中，检察机关对于公益诉讼的启动职能，均无规定。不过后法较之前法有所进步，也就是除了基本原则对规定检察机关对法院的审判活动实施法律监督外，还

---

① 参见杨立新：《我国改革开放以来第一件公益诉讼案件及重要意义》，载 http://bbs.tianya.cn/post-law-142906-1.shtml，访问日期：2020年9月23日。

就法院作出的生效裁判进行事后抗诉,作出了具体的规定。虽然民事诉讼法没有规定公益诉讼制度,但对于公益诉讼的必要性认识却在与日俱增,同时实践中的探索也一直没有停止。

1997年5月,南阳市检察机关民事行政检察处接到群众举报,反映方城县某镇工商所将价值6万余元的门面房,以2万元的价格卖给了私人,随即指示方城县检察机关调查此案。通过调查,确认该工商所确实低价转让了国有资产。1997年7月1日,方城县人民检察机关作为原告,以方城县工商管理局和某个人为被告,向方城县人民法院递交了民事起诉状,要求确认二被告之间的买卖协议无效。方城县法院赞同检察机关的意见,确认该买卖合同违反国家强制性法律规定,合同无效,依法判决该买卖合同无效,支持了检察机关的起诉。据此,改革开放以来的第一件公益诉讼案件终于诞生。该案得到了最高人民检察机关的支持。① 此后,检察机关提起和参与民事公益诉讼在实践中不断深化,形式也日趋多样化。

(二)检察机关参与公益诉讼的多种形式

检察机关提起公益诉讼,从严格的意义上说,仅仅是指由检察机关作为诉讼原告而提起的公益性质的民事诉讼。然而,检察机关无论在实践中还是在理论上,其参与公益诉讼的方式可以是多样化的,而不仅仅限定于提起诉讼。除了提起诉讼外,检察机关参与民事公益诉讼还可以表现为督促起诉、提起附带诉讼、支持起诉等形式。

1. 检察机关督促提起公益诉讼

督促起诉,就是检察机关并不直接提起公益诉讼,而是敦促其他具有公益诉权的主体提起公益诉讼。如前所述,对于公益诉讼,检察机关保留最终的启动权。但这并非意味着检察机关对于任何公益诉讼均要亲自以原告的身份发动诉讼;检察机关是否以原告身份提起公益诉讼,取决于其多方面的考虑。通过各方面因素的衡量,检察机关如果认为首先可以敦促其他主体发动公益诉讼,则可以向其发出督促起诉的指令,受到该项指令的主体应当启动诉讼程序。从目前公益诉讼的实践来看,督促起诉是检察机关参与公益诉讼的最初表现形式之一,也是检察机关直接提起公益诉讼实践的前奏。督促起诉为检察机关直接提起公益诉讼积累了丰富的实践素材和经验,可以预见,该种形式在检察机关参与公益诉讼的诸多形式中,将依然发挥积极的作用。

2. 检察机关提起附带民事诉讼

在检察机关提起的刑事诉讼中,可以就涉及公益问题提起公益诉讼;此时,公益诉讼乃是在刑事诉讼中一并获得解决的。例如,被告郭某驾驶一辆半挂车沿京福高速行驶至齐河出口处时,因疲劳驾驶撞坏中心防护栏,驶入西侧车道内,与对面行驶的两辆轿车相撞,致使这两辆轿车内共7名驾乘人员中的5人死亡。同时,撞坏高速公路护栏、路面等路产而造成路产直接损失3万余元。事故发生后,被害人亲属均通过诉讼程序维护自己的权益,但是高速公路管理单位却未提出要求郭某进行经济赔偿的民事诉讼请求。基此,齐河检察机关向齐河县人民法院提起诉讼,要求该案肇事司机、车主及挂靠单位共同赔付因被告人行为所造成的高速公路路产经济损失。齐河县人民法院依法受理了此案。经过庭审调查,法院认为郭某在该次交通事故中负全部责任,对因其犯罪行为给附带民事诉讼原告人和高速公路造成的经济损失应依法赔偿。

3. 检察机关支持起诉

支持起诉是民事诉讼法所规定的一项基本原则。《民事诉讼法》第15条规定:"机关、社

---

① 参见杨立新:《我国改革开放以来第一件公益诉讼案件及重要意义》,载http://bbs.tianya.cn/post-law-142906-1.shtml,访问日期:2020年9月23日。

会团体、企业事业单位对损害国家、集体或者个人民事权益的行为，可以支持受损害的单位或者个人向人民法院起诉。"该原则的直接措辞并没有提到"检察机关"，但通常认为，该条中的"机关"一词，就包括了"检察机关"。《民事诉讼法》第58条第2款对检察机关支持公益诉讼作出了明确规定。举例来说，1996年，在佳木斯市，检察机关发现了一起国有资产流失的案件，一个国有企业放弃自己的利益，放任该国有资产流入个人的口袋。检察机关进行了详细的调查，确认事实的准确性，向法院提起了诉讼。法院确认这个案件应当依法支持，但是以检察机关作为原告的做法不妥，建议有关部门作为原告，检察机关作为支持起诉的单位，法院判决该案原告胜诉。

4. 检察机关独立诉讼

检察机关独立提起公益诉讼，是其参与公益诉讼最为完整的一种形式。在这种形式中，检察机关享有诉讼中原告人所能够享有的一切权能，同时还拥有一般的诉讼原告人所不具有的特殊权能，这就是对诉讼审判过程的监督权。这种监督权是客观存在的，正是这种监督权的客观存在，构成了检察机关独立诉讼与其他主体提起公益诉讼之间的本质区别。2007年底，周某和10多个村民一起向附近污染企业讨要"灰尘费"时，因未找到公司负责人，一怒之下打碎了公司一楼大厅价值3600元的花瓶。该案作为刑事案件到了望城县检察机关以后，检察机关经过详细查看案卷，发现事出有因，对此，望城检察机关不但没有起诉周某，反而为村民讨要污染损失，并以原告的身份，向法院提起了环境污染侵权公益诉讼。通过望城县法院的调解，望城县检察机关和该污染企业达成和解协议。协议规定，该企业对花扎街村的49户村民，包括因灰尘、振动、噪声污染带来环境问题，予以每年补偿62538元。

（三）检察机关提起民事公益诉讼的优势

需要指出的是，公益诉讼并非只有检察机关才有权提起，除检察机关外，相关的社会公益性组织以及法律规定的行政机构等，都有权依法提起公益诉讼。但检察机关提起民事公益诉讼是最为重要的，因为它具有以下优势：

1. 检察机关提起公益诉讼具有宪法上的最高依据

宪法规定，检察机关是国家的法律监督机关。任何主体对于公益的损害，都是违法行为的表现；对此违法行为，检察机关拥有监督权，提起诉讼即为该监督权的行使形式之一。这在理论上被解说为一般监督权，以与作为特别监督权的诉讼监督权相区别。

2. 检察机关提起公益诉讼，享有证据调查权

其他主体在提起公益诉讼的问题上，通常会遇到调查事实的取证难的问题。但这一点对于检察机关来说并非障碍。因为检察机关对于违法情节是否存在，享有为宪法所保障的证据调查权。因为倘若无此职权，则其法律监督职能便无法实现。在此意义上说，检察机关提起民事公益诉讼，更容易克服诉讼中的技术性障碍，更容易获得胜诉的结果，从而更有利于社会公益的司法保护。

3. 检察机关提起民事公益诉讼，通常不会滋生其他主体提起公益诉讼时可能会产生的问题

比如，在公益诉讼上，由于其本质特征的缘故，其诉讼主体资格较为宽松。这有利于公益诉讼的开展，但同时也容易滋生滥用公益诉权的问题。滥用公益诉权势必走向该制度的初衷之反面。检察机关作为公益诉讼的发动者，乃是以宪法所赋予的法律监督权为出发点的，监督法律的遵守与实施是其唯一的追求，此外别无任何其他利益存在于其中，因此也不存在滥用公益诉权的任何动因。此外，检察机关提起民事公益诉讼，也无须考虑诉讼激励机制的问题。

4. 检察机关拥有诉讼主体地位上的特殊身份

在诉讼过程中，由于检察机关是国家的法律监督机关，它在诉讼中，不可能是简单的原告身份，同时它还具有法律监督者的特殊身份。这两种身份的竞合，特别适合公益诉讼的领域。一方面，双方当事人地位的平衡关系更容易确保；另一方面，在公益诉讼中，也需要司法机关发挥积极的能动作用。法院审判需要发挥能动性，同时，检察机关的监督也内在地含有能动因素，共同的诉讼目标和司法使命将检、法两种能动性高度融合在一起了，由此也更加直观地呈现出我国二元司法机制的特征。

5. 检察机关提起民事公益诉讼，有助于公共政策的有效生成

公益诉讼不同于私益诉讼的一个很重要的方面，就是通过公益诉讼，能够形成适应于将来社会发展的公共政策，同时也有利于对现行的实定法进行修改完善，从而促进法制的进步。因为与仅仅关注实体权利的救济的私益诉讼不同，公益诉讼的主要功能在于为将来立法。检察机关提起公益诉讼，有助于更加直接地、更加明确地彰显此功能，由此突出诉讼中的重点内容和主要目标。同时，由于检察机关具有专业知识方面的优势，并且与行使审判权的人民法院同属于法律共同体，拥有共同的政策理解力和法律把握力，因而更加容易在公共政策方面达成高度一致的共识，而不致使公益诉讼陷入私益纷争的纠缠之中。

由上可见，检察机关提起公益诉讼，具有其他主体提起公益诉讼所不及的诸多比较优势。基于此点可以认为，检察机关提起公益诉讼的正当性乃是毋庸置疑的。

（四）具体的立法建议

1. 明确检察机关提起公益诉讼的原则

1954年《人民检察院组织法》第4条规定，对于有关国家和人民利益的重要民事案件，地方各级检察机关有权提起诉讼或者参加诉讼。该条规定虽已失效，但对现今确定检察机关提起公益诉讼的案件类型和范围仍具有启发意义。公益诉讼纷繁复杂，覆盖领域广，检察机关并非对于所有的公益诉讼都要包揽提出，而是有所限定的。为对检察机关提起公益诉讼的范围予以合理确定，以下四条原则应予遵循：

（1）尊重私权原则。公益诉讼与私益诉讼往往相互混杂，如果通过私益诉讼能够达到公益保护之目的，则应实行公民诉权优先的原则，鼓励、支持和推动因公益侵权而受损的直接利害关系人优先起诉。检察机关可以对该类诉讼进行全程监督。

（2）谦抑审慎原则。检察机关在决定提起公益诉讼前，应当首先尝试其他解决途径。如向有关行政机关发出检察建议，促使其积极履职，从而使公益得以恢复和保护，避免行政公益诉讼的发动。再如，在决定提起民事公益诉讼前，可以督促或支持其他社会团体、组织率先提起公益诉讼，只是在无主体提起公益诉讼时，检察机关才最终提起公益诉讼。即便公益诉讼业已启动，若行政机关积极作为，采取了有效保护公益的举措，检察机关则也可撤回诉讼。

（3）循序渐进原则。公益诉讼所跨领域广泛，就民事公益诉讼而言，就有狭义民事、经济、社会保障等领域所产生的公益案件。对于检察机关而言，目前只能根据实际情况和条件，按照轻重缓急，采取典型突破、逐步深入、循序渐进的原则，有重点地进行公益诉讼的改革和试点。

（4）最终守护原则。检察机关提起公益诉讼责无旁贷，如果其他适格主体受制于各种缘故而没有提出公益诉讼，则检察机关不能坐视公益受损的事实而不顾，而必须肩负起提起公益诉讼的最终职责。在此意义上说，检察机关是公益诉讼的"守护神"和"最后堡垒"。

2. 确立检察机关提起公益诉讼的标准

基于上述原则，应当为检察机关提起公益诉讼设定几项标准：

（1）公益性标准。检察机关应当紧紧围绕公益诉讼中的"公益"二字展开法律监督，提起公益诉讼。习近平总书记在中央全面深化改革领导小组审议检察机关提起公益诉讼试点方案时强调指出，检察机关要牢牢抓住公益这个核心。因为如果偏移了这个核心，就容易导致作为公权力机关的人民检察院"入侵"私人利益甚至公权私用等弊端，就会使该制度走样变形。同时还必须要有损害国家利益和社会公共利益的行为和事实存在，检察机关通常不提起预防性的公益诉讼。

（2）重大性标准。检察机关所提起的公益诉讼，必须涉及重大的国家利益和社会公益，由相关侵权行为导致国家利益和社会公益遭受了重大损失。

（3）典型性标准。检察机关提起的公益诉讼，应当具有典型意义，通过该案的诉讼解决将对相应的国家立法、公共政策、执法机制、治理系统的完善产生推动作用，以达到"通过一案解决一片"的效果。

（4）必要性标准。如果通过检察机关督促起诉、支持起诉、检察建议等监督手段能够达到维护公益的目的，则不宜径直提起公益诉讼，检察机关提起公益诉讼应保持在"非这样不可"的限度内。

3. 建立"民事公诉人"制度

在检察机关内部，通过考核等程序，确立民事公诉人的资格制度。根据该制度，凡被赋予民事公诉人资格的检察官，在符合法定条件下，可以独立提起公益诉讼，同时在必要时，也可以在涉及弱势群体保护的案件中参与诉讼，支持诉讼，监督诉讼的公正处理。

4. 充分发挥检察建议的作用

通过公益诉讼的提起和进行，检察机关会发现很多涉及社会公共政策、公共管理以及公共立法等方面的问题，对于这些问题，检察机关应当本着通过一案、解决一片的原则，积极提出检察建议，以促进立法完善和行政管理机制的完善。

三、检察公益诉讼中需要关注的几个理论问题

在检察机关提起公益诉讼入法后，需要注意以下几个问题：

（一）检察机关提起公益诉讼的"制高点"

公益诉讼在我国是一项崭新的制度，其发展历史相对短暂，我国到2012年修改《民事诉讼法》时，才在立法上首次确立了公益诉讼制度，而检察机关作为主体提起公益诉讼，是在经过两年试点后，到2017年6月才在《民事诉讼法》和《行政诉讼法》上得到确立。检察机关作为公权力主体，尤其是作为国家的法律监督机关提起公益诉讼更是空前的，虽然此前在我国历史上检察机关介入公益诉讼已经有所萌芽，但作为一项完整的司法制度，毕竟尚未正式确立，更没有得到实际的执行。我国所确立的检察机关提起公益诉讼是放在司法改革、政治改革这样一个大格局中加以设计和考虑的。因此，在研究和探讨检察机关提起公益诉讼时，就不能仅仅局限于公益诉讼程序的构建和完善，不能仅仅停留于微观制度和程序的构建。检察机关提起公益诉讼制度的构建，既涉及公益诉讼制度的完善，也涉及检察机关职能体系的调整，还涉及国家权力的优化配置，它具有诉讼法上的意义，具有行政法等实体法方面的意义，还具有宪法方面的意义。对检察机关提起公益诉讼制度，要从多维度进行理论的解读和阐释，掌握好检察机关提起公益诉讼的这样一个理论制高点和制度话语权。这是《依法治国决定》赋予检察机关的权限和职能，也是经过两年的试点，由立法加以确认的权限和职能。这既然是检察机关所享有的全新的权限、全新的职能，那么，检察机关就应当通过这种权限和职能的行使，贡献

出一种全新的理论、全新的制度。唯其如此，我们方能构建出具有中国特色的检察公益诉讼的制度，并使之在实践中取得应有的理想效果。

(二) 检察机关提起公益诉讼的"牛鼻子"

检察机关提起公益诉讼的制度构建和理论创设，要紧紧地抓住该项制度的"牛鼻子"，也就是它的出发点或者理论和制度的原点，这就是检察机关在公益诉讼中的法律地位问题，包括身份问题、角色问题、权限问题以及由此所规定的称谓问题、与法院的关系问题、与对方当事人的关系问题等。检察机关提起公益诉讼何以成为必要？它与社会组织提起的公益诉讼有何不同？这些问题必须首先得到确切的、正确的回答。在笔者看来，检察机关提起公益诉讼与社会组织以及其他任何主体所提起的公益诉讼具有本质的不同。因为检察机关是宪法所规定的国家的法律监督机关，它提起公益诉讼是履行宪法所赋予的法律监督权，检察机关在性质上属于司法机关，在宪法所确定的国家权力构架中，检察机关具有崇高的地位。因此，如果在公益诉讼的地位上，将其定性为普通的原告人，这就贬低了检察机关在公益诉讼中的地位了，这种种的不恰当的定性，都无法体现出检察机关的完整的职能，无法体现出检察机关通过提起公益诉讼要实现的各种制度性目标。其实，检察机关在公益诉讼中就是公诉人，在民事公益诉讼中就是民事公诉人，在行政公益诉讼中就是行政公诉人，与刑事诉讼中的公诉人，本质上并无二致。

(三) 检察机关提起公益诉讼的刚性元素

检察机关提起公益诉讼与其他公益诉讼不可同日而语，一定意义上说，它是检察机关将公益案件做扎实了，然而经过诉讼的过程，由法院加以确认。因此，检察机关提起的公益诉讼，并不是通常意义上的"诉讼"，事实上，究其本质而言，它已超出了诉讼的含义，而是有诉讼之名、但无诉讼之实的带有非诉讼性质的司法活动。对其性质的理解，不是向诉讼的方向靠，尤其不是向以当事人主义为基本取向的私益诉讼的方向去靠，也不是向通常意义上的公益诉讼的方向去靠，而是要向以职权主义为基本取向的非诉讼事件处置程序这个方向去靠，向检察机关和人民法院合力处置公益事件这个角度去探究其内在本质和内在属性，否则的话，检察机关提起公益诉讼在理论体系的构建上就会陷于被动，甚至陷入"误区"。因为，如果用通常诉讼的思维来思考、构建检察机关提起公益诉讼的理论体系、制度体系和程序体系，我们就难以挖掘出检察机关提起公益诉讼的中国特色和制度特色。诉讼的基本特征是两造对抗、法院居中裁判，也就是通常所谓等腰三角形的程序构造。在这样的程序构成中，检察机关一定会陷入原告当事人一方的传统定位之中，而这样一个定位，无法体现出检察机关的宪法属性，无法体现出检察机关作为司法机关的本质规定，也无法体现出检察机关提起公益诉讼和其他主体所提起的公益诉讼之间的本质差异，甚至也无法体现出检察机关提起公益诉讼与通常私益诉讼之间的差异。如果这样进行理论思维，那么，检察机关提起公益诉讼的制度构建将会归于失败，其制度功能无法彰显出来，后面一系列的制度构建就会在不同程度上遭遇理论困惑。比如说，检察机关提起公益诉讼的调查核实权问题，这本身应当是无争议的问题，检察机关行使法律监督权，并基于此而提起公益诉讼，理应享有调查核实权和调查取证权，这是检察机关独有的也是其内在享有的权能，是与法律监督权相伴随的权能，是法律监督权的有机组成部分。如果缺乏应有的必要的调查核实权和调查取证权，检察机关如何进行法律监督，又如何提起公益诉讼呢？因此，检察机关行使调查核实权和调查取证权应当得到立法的切实保障，对检察机关行使该项权力不予配合、支持和协助的，应当使之承担相应的法律责任。这就是检察机关提起公益诉讼的刚性因素。再如，检察机关提起公益诉讼，在必要时应当有权直接采取强制措施，比如发出禁止令，责令侵害公益的行为立即停止，或者采取查封、扣押等措施，防止公益继续受损，而无须像普通诉讼主体那样，向法院提出申请，由法院审查判断后采取强制措施，甚至还要提供担保。因为，检察机关属于司法机关，它对妨害公共利益的行为有权采取必要的司法措施，这些司法措施中就包括了采取强制措施的权力，而且也无须提供担保。当然，如果所采取的措施有误，造成了相关利害关系人不必要的损失，则也需要实行国家赔偿，然而这属于另一方面的问题。这方面问题的存在，不宜成为检察机关享有直接采取强制措施的制度性障碍。总的来说，检察机关提起公益诉讼的制度应当有不同于一般诉讼的刚性因素，唯其如此，才能使之切实发挥应有的作用。

（四）检察机关提起公益诉讼的社会化

检察机关提起公益诉讼不是在孤岛中进行的，它需要方方面面的配合与支持，尤其要取得社会中广大人民群众的理解和协助，优化检察机关提起公益诉讼的环境。具体包括这样几部分内容：一是要取得地方各级党委的支持与配合。检察机关提起公益诉讼往往涉及地方经济利益和地方环境保护的权衡，涉及的政策性问题较强，检察机关提起公益诉讼首当其冲的就是要争取地方党委的理解和支持，要在检察机关与地方党委之间形成常态的沟通机制。当然，检察机关提起公益诉讼也要保持相应的独立性和自主性。二是要取得地方各级政府的配合和支持。检察机关提起公益诉讼，尤其是提起行政公益诉讼往往涉及地方政府的执法状况，地方政府的履职状态往往成为检察机关提起公益诉讼的评价对象，其结果，可能会导致行政问责。因此，检察机关提起公益诉讼需要在地方党委的支持下，取得地方政府的配合和协助。这也需要在各级检察机关和地方政府及其职能部门之间形成常态的协作机制。三是要取得人民法院的配合与支持。检法配合的关键在于形成检察机关提起公益诉讼的性质共识。四是最为重要的一点，就是要发动广大人民群众在公益诉讼中的积极性和能动性。公共利益的保护既与人民群众很远，又与人民群众很近，关键在于通过检察机关提起公益诉讼，拉近公益诉讼与人民群众之间的距离，通过公益诉讼，广泛发挥人民群众在公益诉讼中的参与作用，具体包括公益损害的信息提供作用、公益举证的证人作用、公益诉讼的监督作用、公益案件的宣传作用、公益执行的协作作用等。比如说，现在检察机关提起公益诉讼所遇到的瓶颈之一就是案件线索少，案源不足。这个问题与人民群众没有被发动起来有密切关系。在试点中，有的检察机关建立了公益诉讼举报中心，让人民群众可以很便利地提供公益受损的案件线索，取得了很好的效果。

（五）检察机关提起公益诉讼的制度创新

公益诉讼是一项崭新的司法制度，需要在一片空白的基础上大力推进机制建设。而就检察机关提起公益诉讼而言，其所涉及的机制建设无疑要由检察机关主导。比如说，鉴定机制在公益诉讼中就非常重要，这涉及检察机关所提起的公益诉讼是否有充分的证据加以支持的问题。然而，公益问题的鉴定与私益问题的鉴定有所不同，检察机关无法直接利用私益型鉴定机构为公益服务，也不能直接套用刑事鉴定机制，而需要独创公益型鉴定机制，包括公益鉴定机构、公益鉴定管理体制、公益鉴定收费机制、公益鉴定参与机制、公益鉴定监督机制、公益鉴定救济机制等。这些机制建设目前基本上都是空白，需要创设。检察机关提起公益诉讼在制度上已经先行一步，在鉴定等机制建设上也不能等靠要，而必须自成体系，另辟蹊径，从而在此基础上，为整个公益诉讼提供鉴定等司法服务，同时与社会领域的其他公益鉴定机制形成对接。这样，整体的公益诉讼鉴定机制才能逐步形成。再如，在检察机关提起公益诉讼中，一个始终存在而尚未解决的问题是公益赔偿基金的构建、管理和使用等问题。检察机关通过提起公益诉讼，获得了公益赔偿金，该赔偿金应当采用"源于公益、用于公益"的原则加以使用。然而公益赔偿金的使用有其特殊性，首先，它的使用需要一个过程，而不是一次性在短时间内使用完毕。其次，它也不一定用于本案中所涉及的公益，而具有使用上的混同性和同质性，可以根据需要使用在其他类型的公益保护上。比如土壤污染的赔偿金可以用在空气污染的治理上，而不是说非要用在土壤尤其是案件所涉及的土壤污染治理上。因此，这就需要对公益赔偿金进行统筹规划和科学使用，从而就需要对公益赔偿金进行管理。而管理的方式首推公益基金的形式。检察机关通过提起公益诉讼所获的赔偿金应当由检察机关负责建立基金加以管理和使用。

（六）构建网格化的公益诉讼衔接机制

检察机关提起公益诉讼的制度构建不能孤立地进行，而必须按照"多方协力、有机联系"的原则进行系统化、一体化的构建，这其中，公益诉讼的衔接机制建设是重中之重。检察机关提起公益诉讼的衔接机制包括外部衔接机制和内部衔接机制两方面。外部衔接机制包括与人民法院的衔接机制、与司法行政机关的衔接机制、与行政机关及其职能部门的衔接机制、与社会组织或团体的衔接机制等。比如说，检察机关提起公益诉讼需要有足够的信息可资使用，而信息不畅通、信息不对称是目前检察机关提起公益诉讼的实际障碍，这需要通过与各方面的信息衔接机制建设加以克服。现在我们已进入大数据时代，要按照大数据时代的要求，形成检察机关提起公益诉讼的信息衔接机制，构筑公益诉讼大数据库，通过大数据的分析获得案源，收集证据，形成解决方案与对策等，从而实现公益保护的价值最大化。内部衔接机制包括很多内容。比如，要构建好诉前程序与诉讼程序的衔接机制。在该机制中，既要防止诉前程序走过场，变成虚化的、不管用的、仅仅用来满足法定要求的程序，也要防止过分突出诉前程序的功能，使诉前程序实际地替代了整个公益诉讼程序，从而造成诉前程序与诉讼程序之间的失衡。再如，要构建好民事公益诉讼、行政公益诉讼和刑事公益诉讼之间的衔接机制，一方面，这三种公益诉讼是相互独立并存的；另一方面，也是更为重要的方面，这三种公益诉讼往往是关联在一起的，要通过三大公益诉讼衔接机制的构建，实现民事法律责任、行政法律责任和刑事法律责任的内在联动，使损害公益的法律责任既能实现到位，也能避免责任空缺或责任重叠。因此，应当探讨三大公益诉讼或其中两大公益诉讼的"三合一"或"二合一"公诉机制，而不是采用简单的附带诉讼模式。

四、检察公益诉讼的实践运作：案例评析[①]

（一）基本案情

某县检察院在履行职责中发现，某县村民廖某某在未办理国土、环保、工商等手续的情况下，在本村租用土地 86.44 亩兴建选矿厂，从 2006 年底至 2017 年 4 月持续非法选矿生产。该厂无任何污水处理设施，其中多个尾砂库无防渗措施，生产过程中排放的废水、废渣致使所占用土地产生了污染，发生了质变。某县环境保护局（以下简称县环保局）作为环境保护主管部门，对其违法排污行为一直怠于履行监管职责，虽对该厂作出了行政处罚，但该厂始终未能完全履行生效行政处罚决定。直到中央环保督查组督查后，县环保局才于 2017 年 4 月 28 日联合某县镇政府等部门，将该选矿厂强行关停并拆除生产设备及厂房。该厂虽被取缔，但厂内的

[①] 某县环境保护局不依法履行职责案，案例来源：http://wx.jsjc.gov.cn/tslm/tszs/201803/t20180306_296974.shtml，访问日期：2020 年 9 月 26 日。

废水未进行无害化处理，尾砂也未作进一步处置，存在持续对周边环境造成污染的状况和危险，国家利益及社会公共利益仍然处于被侵害状态。

（二）诉前程序

某县检察院调查核实后，于2017年10月19日向县环保局发出检察建议，建议县环保局立即采取有效措施，对环境损害责任方廖某某选矿厂的废水、废渣进行处置，防止废水、废渣逸散，避免对环境造成进一步的污染；依法履行环境监管责任，责令相关人员尽快制定污水处理方案及土壤污染修复方案，并监督相关责任人员依方案实施。

（三）行政机关整改情况

县环保局收到检察建议后，积极督促廖某某对被污染环境进行治理，与某环保股份有限公司签订了技术服务合同，委托制定了《某县非法选矿厂环境污染应急处置方案》，并监督廖某某按处置方案实施。截至2017年12月6日，已恢复可利用土地面积约4000平方米，完成总量约70%；污泥池用地恢复面积约2500平方米，完成总量约25%；已沉淀处理污水约600立方米（未中和），现厂区剩余污水量约15000立方米。至此，该起案件已通过诉前检察建议取得了实质效果。

（四）法理评析

某县人民检察院在诉某县环保局不依法履行职责案的办理过程中探索出一些成功做法，比如它借力中央环保督察积极拓展了案源线索，使公益诉讼中经常遇到的发现线索难，或者在发现线索后成案难得到了有效克服；再如，它积极利用公益诉讼中的合力机制，与政府的各相关部门紧密合作，协同努力，成功利用行政资源，使公益诉讼的最终效果得到了最大化体现；而且，本案的处理，也显示出了检察机关在作为新生事物公益诉讼面前并没有怯场或乱了阵脚，而表现出了控制局面的检察监督能力，使公益诉讼案件在预期目标的指引下，有理有节地展开，取得了"双赢共赢多赢"的积极效果；又如该案中检察建议的实质化贯彻效果也较为理想，从而使后续的诉讼程序变得不再必要；案件中"一案三查"的办案模式也有创新之处；此外，值得一提的是，本案的处理在节约司法资源、提升司法效率方面也令人印象深刻。笔者在这里仅就本案中提出来的公益保护的取证模式、公益保护的协力机制以及公益保护的检察职责三个问题做出评析。

1. 公益保护的取证模式

在公益诉讼中，无论是在民事公益诉讼抑或在行政公益诉讼中，检察机关都肩负着重要的举证职责或证明职责，它们不仅要证明公共利益受到了损害，而且要证明谁是公益损害事实的造成者，同时在公益受损的过程中，有哪些行政因素掺杂于其中，致使行政违法与公益侵权乃至与公益犯罪相伴相随。不仅如此，检察机关还要证明公益受损害的程度以及修复公益所需要的成本。只有将这些因素全部予以查清，使检察机关全盘掌握了上述证据，才能圆满完成立法赋予检察机关的公益保护使命。

由于立法的局限，目前检察机关在公益诉讼上还缺乏足够充分有力的调查取证权。事实上，检察机关作为宪法所确定的国家专门的法律监督机关，为履行其监督职责，其职能中本身就内含着丰富的调查取证权能，其所缺乏的仅是强制调查权，或者说为调查取证所必需的强制保障权和强制措施权。

本案中检察机关没有在繁重的调查取证任务和羸弱的调查取证权限的矛盾面前踯躅不前，而是斟酌本案具体情形，采取了多元化的调查取证模式。

一是刑事取证模式。按照这种模式，检察机关民行部门借力刑事侦查权，调查为公益诉讼所需的证据。本案中，检察机关发现案中有案，一方面，因环境污染而使公共利益受损，形成了公益诉讼案件；另一方面，该案中，环境之所以受损，究其原因，有部分原因乃是环境保护机关的相关负责人没有依法履行环境监管职责，构成了环境监管失职罪和玩忽职守罪，形成了刑事诉讼案件。有了刑事诉讼案件就需要侦查，通过侦查，公益诉讼案件中所需要的证据，比如环境污染的客观事实、造成环境污染的行为者甚至于环境被破坏的程度、修复环境所应采取的方式以及所需要的代价等相关证据，均通过搭刑事侦查这个"便车"而得以收集。这样就免除了公益诉讼案件单独调查收集证据的部分投入，节省了诉讼成本，加快了诉讼进程，使公共利益得到及时回复和保护。

二是行政取证模式。行政取证模式就是通过行政机关调查收集与公益案件相关的证据。与刑事取证模式相比，行政取证模式比较复杂，也比较微妙。作为公益捍卫者的检察机关与作为公益受损相关者的行政机关存在着潜在诉讼利益上的对立和矛盾，检察机关要行政机关积极配合公益案件的证据调查和收集，客观上存在一定的难度。这是因为，检察机关调查收集的证据，可能不仅证明公共利益受损的事实，而且也会附带地证明行政机关违法失职的事实，而且这二者之间往往存在一定程度上的因果关联。正是因为行政机关或其工作人员违法失职，才导致公益侵权行为的实施者有机会为了私益而不惜损害公益；反之，如果行政机关积极履职，及时而适当地履行了环境监管职责，那么，环境侵权的行为就会被消灭在起始阶段甚至在萌芽状态，公益就不至于受到损害或者不至于受到如此严重的损害。正是因为存在取证结果上的这种利害关系，行政机关一般不会积极配合调查取证，否则无异于自证其罪或自证其责。因此，采用行政取证模式往往成功率不高。理论上探讨的和实务界主张的检察机关应当具有强制性的调查取证权，一个重要的针对对象就是行政机关；通过这种强制性的调查取证权，行政机关必须将与本案有关的证据和相关信息资料和盘托出，不得有任何隐瞒或改编，否则行政机关就应承担相应的法律责任。本案中难能可贵的是，相关行政机关积极配合检察机关对受损害的环境进行检测，并形成了相关环境污染检测报告。这一报告在本案中不仅证明了环境受损的事实，而且也佐证了相关行政失职的事实。可见，检察机关向行政机关调查取证并不是绝对不可能，关键在于如何在公益证据调查收集和公益案件办理中，利用检行之间既对立又统一的辩证关系，寻求与行政机关合作配合的最大公约数，最大限度地调动其行政机关在公益案件办理过程中的积极性和能动性，同时也不丧失检察机关对行政机关应有的法律监督立场，这是需要在司法实践中不断总结积累经验的，当然更需要的是立法尽快完善，使行政机关不得不积极配合检察机关的调查取证活动。

三是民事取证模式。根据这一模式，检察机关享有不依靠暴力和强制力而和平地调查取证的权能，它有别于刑事取证模式。刑事取证模式已有刑事诉讼法等法律予以确认；行政取证模式有赖于公益诉讼立法的赋权；民事取证模式中的调查取证权则是天然的，它是检察机关根据宪法所赋予的法律监督职能所必然具备的权能，这一权能无须立法明定，属于检察机关的固有权能或内在权能，其正当性和必然性在宪法和法律赋予检察机关法律监督权的同时就具备了。

目前而言，检察机关所采用的主要是民事取证模式。根据这种模式，检察机关可以询问公益侵权者，录取其相关陈述，以作为公益诉讼的证据之用；检察机关也可以询问相关证人，由此所形成的证人证言也属于公益诉讼中具有可采性的证据；检察机关还可以向有关机关和单位调查收集证据，比如到工商行政管理机关查阅、复印企业登记档案，有关机关和单位应予配合；等等。按照这种模式调查取证，通常情况下不会遭遇困难，但特殊情况下会遇到障碍，比如公益侵权者不接受检察机关的询问、相关证人不接受检察机关的询问、有关单位和机构不配合检察机关的调查取证等。在这种情形下，检察机关就缺乏应有的权力实施强制性取证，或者对妨碍取证者采取诸如罚款、拘留等强制措施。这是民事取证模式所存在的固有缺陷和不足，也正因如此，才需要完善公益立法，从而赋予检察机关强制调查取证权。

四是公益取证模式。公益取证模式是检察机关可资利用的第四种调查取证模式；根据这一模式，检察机关为了保护社会公共利益，有权采取强制性手段和措施调查取证，若有妨碍者，检察机关可以采取诸如罚款、拘留等措施对妨碍取证者实施司法制裁，排除妨碍。从性质上说，公益取证模式已比较接近于刑事取证模式了。可见，相对于行政诉讼或民事诉讼而言，公益诉讼和刑事诉讼更加接近。但这一模式需要诉讼法或公益诉讼立法加以确定。

需要指出的是，上述四种模式在逻辑上并不是并列的关系。检察机关在公益诉讼中天然地、不附带条件地可以利用的是民事取证模式，这是检察机关调查取证的当下常态；但这一模式仅具有一般性，而不具有特殊性，作为公益诉讼中的特殊取证权，检察机关将在立法的完善下采用公益取证模式，这是检察机关调查取证的未来常态。在公益取证模式成为现实的情形下，行政取证模式就不言而喻包含于其中，而被公益取证模式吸收了；而刑事取证模式则是在目前缺乏公益取证模式的情形下，同时又是在公益诉讼案件中卷入刑事犯罪因素时，检察机关借助外力所采取的"搭便车"行动。此时，刑事取证模式所起到的作用，实际上就相当于公益取证模式所起到的作用。

然而，刑事取证模式毕竟不能取代公益取证模式，因为它具有两个局限：一是刑事取证模式只是在公益诉讼案件具有刑事犯罪因素时才得以采用，若无刑事犯罪因素卷入其中，该模式则没有适用的可能；二是刑事取证模式在目的上服务于刑事侦查，因而在调查取证的范围上不如公益取证模式广泛，比如说公益诉讼中作为主要争点的公益修复以及期间功能损失问题，在刑事诉讼中不会成为主要争点，因而通过刑事取证模式无法查明这些公益事项。因此，本案虽然在刑事取证模式和行政取证模式上取得了积极效果，但毕竟都属于偶然效果，而不具有必然的可适用性，将来努力的方向应当是通过立法完善打造别具一格的公益取证模式。

2. 公益保护的协力机制

公益保护的一个显著特点就是寻求各方协力，共同完成对公益保护的职责。这就是说，在任何一个公益诉讼案件的办理过程中，欲使之取得预期的理想效果，一个不可或缺的特别诉讼机制就是公益保护的协力机制或曰协同机制。这是检察机关办理公益诉讼案件有别于办理其他类型案件的一个明显标志。检察机关在公益诉讼案件办理过程中必须力戒孤军奋战，单刀直入，毋宁说，检察机关在公益诉讼案件办理过程中，至少有一半的劳动和努力都要放在寻求合力之上。

公益保护协力机制可以分为内外两个维度予以构筑，使之纵横交错，综合发力。本案在公益保护协力机制方面做得比较成功。

一方面，在检察机关内部，也是在横向方面，检察机关综合运用对刑事检察、公益监督以及行政监督三大领域的监督职能，使之聚焦公益保护，同向施策，做到了"一案三查"，既查公益案件中所涉及的刑事犯罪问题，又查行政机关在公益监管方面的失职渎职问题，同时查处公益侵权者所应承担的民事责任以及刑事责任。实际上可以说是"一案四查"。这种内部横向协力机制的好处在于，尽管检察机关民行部门或者公益保护部门不具有直接的侦查权，但借助刑事侦查权却可以克服公益调查疲软发力的弊端。尤其值得一提的是，该检察院为了办理公益诉讼案件，还抽掉了原反渎职、民行部门的骨干力量组成了一个公益诉讼的专案组，这样便为公益诉讼的办理提供了组织上和人力上的保障。这实际上非常符合公益诉讼的"三合一"机制的要求,也就是将公益诉讼中的刑事检察、民事检察和行政检察合在一个办案体制中一并推进。这一做法为公益诉讼"三合一"检察机制的形成和推广提供了可复制的经验。这是内部协力机制的形成。

另一方面,本案中公益诉讼协力机制还同时在外部着力打造。外部协力机制可以分三个层次予以构造:一是政府配合,二是部门介入,三是社会协作。本案中,检察机关发出公益诉讼诉前检察建议后,并不是一发了事,而是充分利用检察建议这个柔性监督形式,在检察机关正式提出公益诉讼之前,就积极与政府机关及相关职能部门沟通协调,赢得支持与配合。该案检察建议发出后,检察机关就如何落实诉前检察建议内容、如何对选矿厂的污染进行有效治理等问题与县环保局进行了沟通协调。一般而言,要取得政府尤其是负有责任的行政部门的配合会有一定难度。因为检察机关提起行政公益诉讼,主要矛头针对的就是相关行政机关,相关行政机关在行政公益诉讼中将可能要承担相应的法律责任,尤其是在败诉以后,行政机关的各种法律责任均会相继产生。因此,要行政机关配合检察机关向它本身提起行政公益诉讼,势必存在多方面的困难。然而,检察机关不能在困难面前却步,而要积极寻求与行政机关合作配合的契机和共性。因为检察机关通过公益诉讼固然首先是对行政机关实施法律监督,督促其积极履职,防免公益受损,但检察机关与行政机关在履行国家法律所赋予的职责,在通过履职保护社会公益这一个根本目标上具有一致性。检察机关提起公益诉讼,从一定意义上说,是帮助、协助、支持行政机关履行法定职责。因此,检察机关在向行政机关提起公益诉讼的过程中,不仅要以公益保护监督者、依法行政督促者的身份进行,而且尤其要以行政机关依法行政的积极支持者、协力配合者的身份进行,在对立中寻求统一,在统一中实施监督,在监督中体现配合,在配合中实现共赢。

可见,对于检察机关而言,提起公益诉讼不仅仅是一个技术性问题,也甚至不仅仅是一个法律操作问题,而更多的是一种公权力相互制约、相互协同从而依法履职、保护公益的理念问题。坚持"双赢多赢共赢"理念,落实民事诉讼法、行政诉讼法等相关规定,完善检察机关提起公益诉讼工作机制。因此,检察机关提起公益诉讼,一方面是做诉讼的工作,另一方面,也是更为重要的方面,是在做思想教育工作,教育相关行政机关、社会组织和公民个人遵守法律,维护公益。在教育的功能上,如果检察机关工作做到位了,诉讼的工作便迎刃而解,而且诉讼的效果将会持续性改善;反之,如果教育功能未能跟上,单纯地强调诉讼至上的诉讼主义,其结果往往不甚理想,有时虽然也会胜诉,但这种胜诉也仅是纸面意义上的胜诉,而在实际效果上未必就是胜诉。

本案中在寻求行政机关积极配合方面做得很到位,效果很好。在检察机关提出检察建议后,某县政府成立了《某县非法选矿厂生态环境恢复治理工作领导小组》,专门负责该选矿厂的生态环境恢复治理工作,并制定了监管方案,从环保、国土、林业、安监、水利、镇政府等部门抽调人员组成监管小组,对该选矿厂环境污染治理工程的质量、进度、安全等方面进行监督管理。

部门介入主要是指政府的各个相关职能部门积极介入公益诉讼中,检察、公安、环保等多部门内外联动,互相配合,各司其职,有效地推进办案进度,某县环保局收到诉前检察建议后积极履职,邀请检察机关参与执法监督过程,以最快的速度责成违法行为人廖某某在监督之下委托第三方治理修复生态环境,彻底解决公益受侵问题,既节约了司法成本,又提升了办案效率。

值得一提的是，本案中，作为政府部门的环保机构，在行政公益诉讼中，原本是诉讼中的被告，本来它的抵触情绪应当最为强烈，然而由于检察机关工作做到位了，行政机关这个公益诉讼中的消极因素就转变为积极因素，而且反过来邀请检察机关积极开展法律监督，最终使生态环境得到了最大限度的保护和恢复。

因此，我们说本案的亮点或成功之处，其实不在诉讼中，公益诉讼的正式程序还没有开始就结束了，诉前检察建议发挥了全部的作用，通过检察建议达到了政府依法行政、公益受到保护的目的；目的既已达到，那么，再提起公益诉讼就是多此一举了。虽然提起公益诉讼，检察机关也并非没有理由，只要检察机关认为行政机关履职还未到位，社会公共利益尚处在受侵害状态，检察机关就可以理直气壮地提起行政公益诉讼，从而通过公益诉讼，获得一个胜诉裁判。然而，检察机关以推动问题解决而不是以简单地获得胜诉为目标，把检察建议与提起公益诉讼、检察监督与促进行政机关自我纠错有效衔接起来，善于化阻力为合力，促进行政机关积极履职、主动整改，增强了保护生态环境的整体效能。

可见，公益诉讼有其自身的发展规律，检察机关提起公益诉讼也自有其规律可循，其中一个非常重要的规律就是检察机关要善于在公益诉讼的前前后后乃至在整个过程中，多方开拓，积极寻求外援、外力、外脑，既善于同统一性的因素打交道，又善于同对立性的因素打交道；既善于同检察机关内部各职能部门讲合作，也善于同检察机关外部各国家机关、企事业单位、社会组织乃至公民个人讲合作。这样纵横交错两方面同时聚焦，协同发力，将围绕着本案妥善处理自觉不自觉地形成公益诉讼协力办理机制，这个机制的形成之时，就是公益诉讼获得成功之点。

3. 公益保护的检察职责

检察机关对公共利益进行司法保护的底线何在？也就是说，衡量检察机关是否完全履职的标准如何确定？这个问题与行政机关的履职标准密切相关。行政机关履职到位，同时公益保护到位，检察机关的公益保护职责就应被认定为履行到位了，二者缺一不可。本案中提出了一个普遍性问题，也是本案承办检察官提出的一个困惑性问题，这就是：对行政机关履职到位的标准把握不明，行政机关积极履行职责如制定了整改方案、作出了行政决定就算履职到位，还是要求行政机关执行到位使受侵害公共利益得到恢复或修复才能算履职到位？在全国各地有不同的标准，有待于顶层设计。

其实，这一困惑既是理论困惑，也是实践困惑。《行政诉讼法》第25条第4款规定："人民检察院在履行职责中发现生态环境和资源保护、食品药品安全、国有财产保护、国有土地使用权出让等领域负有监督管理职责的行政机关违法行使职权或者不作为，致使国家利益或者社会公共利益受到侵害的，应当向行政机关提出检察建议，督促其依法履行职责。行政机关不依法履行职责的，人民检察院依法向人民法院提起诉讼。"关键的问题在于：行政机关在接到检察建议后，积极履职，究竟履职到什么程度就算是履职到位？

我们知道，检察机关之所以给行政机关发出检察建议，其一个事实前提便是行政机关失职渎职，致使公共利益受损，而且在发出检察建议之时，公共利益依然处在受损状态。那么，检察机关提出来的检察建议在内容上势必包括两方面的内容：一方面，指出行政机关失职渎职之处；另一方面，要求行政机关积极履职，最终的落脚点是恢复受损的社会公共利益。行政机关在接到检察建议后，积极履职一般是不会成问题的，因为这是一个基本态度问题，党委、人大、政协以及社会公众都在监督。

然而，积极履职的内涵却是极为丰富的，其内在的差异性或程度性有许多，比如完全履职、基本履职、未完全履职、基本未履职、完全未履职等。在这些大的档次下，还可以划分为很多小的档次，比如说，基本履职就可以分为履职到了 90% 以上、80% 以上、70% 以上等。因此对于行政机关是否履职或至少是否基本履职到位，是需要检察机关加以判断的。① 这就给检察机关判断行政机关是否按照检察建议的要求履职或基本履职提供了一个非常宽阔的裁量空间。如果检察机关严格把握，则无论行政机关多么努力积极整改，也可能会落入尚未完全履职的判断式之中；反之，如果检察机关从宽把握，行政机关在履职上即便有不足，检察机关也可以认为行政机关已经积极履职，效果明显，从而决定不再提起行政公益诉讼。

这在理论上必然产生一个困惑性问题：检察机关判断行政机关是否按照检察建议的要求进行履职的标准是什么？应该说，立法上并没有也不可能规定这个判断标准，理论上能够提出的判断标准也只能是检察建议的内容和要求得到了全部实现和满足。然而检察建议本身却是非常概括和抽象的，最终的表述一般都是：积极履职，使公共利益得到恢复。公共利益得到恢复需要一个长时期的过程，不可能一蹴而就，而且公共利益得以恢复的条件，尤其是自然条件，也不是行政机关所能够把控的。

因此，这个标准就可分为两个部分加以把握：一是主观标准，也就是行政机关的主观态度如何；二是客观标准，行政机关履职后的效果如何。后一个标准一般不甚理想，而前一个标准却是可把握的。但前一个标准是主观标准，是否满足该标准，概取决于检察机关的内心判断，因而难免具有主观随意性。由于客观标准弹性很大，无法依靠，因而归根到底只能依靠主观标准，而依靠主观标准的"标准"在合理性上实值商榷。

本案中检察建议的内容是：立即采取有效措施，对廖某某选矿厂的废水、废渣进行处置，避免对环境造成进一步的污染；依法履行环境监管责任，责令违法行为人尽快制定污水处理方案及土壤污染修复方案并监督方案实施。县环保局收到检察建议后，积极履职，责成污染者廖某某治污，促使廖某某与某环保股份有限公司签订了技术服务合同，委托该公司制定了《某县非法选矿厂环境污染应急处置方案》，并监督环境损害责任方廖某某按处置方案实施。截至 2018 年 1 月 23 日，场地内 3000 立方米废弃建筑物、生产设备已被拆除；水泥池已铺设防渗膜防渗，约 15000 立方米废渣已被清挖并运输至厂水泥池填埋，约 95000 立方米污泥已被清挖晾干并运输至厂水泥池填埋；约 1700 立方米废水处理达标后排放，并对厂区内土壤进行修复并补植复绿。也正因为如此，检察机关此后没有进一步提起行政公益诉讼，检察机关对于行政机关履职情况是满意或比较满意的，行政机关按照检察建议所采取的积极补救措施值得首肯。

然而，从法律的标准来衡量，案涉公共利益的保护和恢复状态却并不是令人满意的。首先，受污染的土壤是否被排除了污染？显然这个结果尚未达到，至多尚处在恢复的过程之中，但究竟何时恢复到位还是一个未知数。就此而言，不能认为检察建议的内容和要求已被实现了。废弃物的拆除、废水的净化处理等可视性的公益保护容易实现，但自然生态的恢复等不具有可视性的公益保护却是有难度的，要有一个过程。而本案中这一点被忽略过去了。换言之，严格地把握公益修复的标准，该案中行政机关依然没有履职到位，还有进一步通过行政公益诉讼形成公益裁判督促其继续履职的必要性。

其次，更为明显的是，公益受损理应要进行损害赔偿，对公益侵权行为进行法律追究，要求其承担公益损害赔偿是基本诉求之一，也是公益司法保护的基本目标之一。然而反观本案的

---

① 这个判断权不在行政机关，而在检察机关，行政机关可以提出异议，要求检察机关重新加以判断，但最终的判断权是属于检察机关的。

处置，公益损害赔偿的问题始终未被提出。行政机关没有提出生态环境公益损害赔偿的要求，司法机关也没有机会对其提出生态环境损害赔偿的要求，因此作为公共利益保护的一项重要内容在本案中被一笔带过。

可见，通过本案的办理，公共利益的保护和恢复至多只达到了一半目标，还有一半甚至一大半公共利益依然处在受损害状态。因此，对于公共利益的司法保护不能就此止步，而还需要继续前行。

这里可以兵分两路：一路是继续进行行政公益诉讼，一路是改而提起民事公益诉讼。如果对行政机关积极履职提出最严格的要求和标准，理论上还是要继续提起行政公益诉讼；然而如果这样，就本案而言，对行政机关似有不公平之嫌。因为其态度从头到尾是积极认真、诚恳竭力的，此时理应适用履职的主观标准，认为该行政机关已经基本履职，从而放弃对其提起行政公益诉讼的路径选择。那么，剩下来的就只有民事公益诉讼一途。

检察机关提起民事公益诉讼具有双重意义：一方面，对公益侵权者进行了司法上的法律判断，使之不仅承担了行政上的法律责任，而且承担了司法上的法律责任，这两个法律责任是相辅相成、缺一不可的；另一方面，对生态环境损害赔偿进行法律追究，使之有一个明确的说法和落地，从而使公益司法保护趋于周延。本案中，检察机关因为止步于行政公益诉讼的思维，在检察建议受到主观满足后，就以为行政公益诉讼不必提起了，公益的司法保护也就走到法律救济的尽头了。行政公益诉讼不必提起了，笔者也以为然，但民事公益诉讼要继而跟上。只有通过继起的民事公益诉讼，公益司法保护的完整目标才能实现，至少在法律层面是如此。因此，作为一个必要的选择，本案中检察机关理应提起民事公益诉讼。

检察机关提起民事公益诉讼要依法履行诉前程序，通过诉前程序，看是否有适格的机关或社会组织提起民事公益诉讼。如果有适格的机关或社会组织提起民事公益诉讼，检察机关就退出民事公益诉讼的主战场，按照《民事诉讼法》第58条第2款的要求支持起诉，以支持起诉者的身份继续介入民事公益诉讼，同时行使法律监督权，以最终履行公益司法保护的检察职责。如果没有适格的机关或社会组织提起民事公益诉讼，检察机关则名正言顺地提起民事公益诉讼。

这里需要对此做一个小结，也作为本案评析的结束语：在公益受损后，检察机关作为司法机关，尤其是作为公益诉讼的起诉机关，面临着究竟是优先考虑提起行政公益诉讼还是民事公益诉讼的选择。应该认为，所有公益受损的背后都有或多或少、程度不一的行政失职渎职问题，可以说，公益受损与行政不作为或乱作为是相伴相随的。因此，作为法律监督机关的检察机关，其矛头所向首先指向行政机关是符合检察机关履职的基本逻辑的。毕竟，行政机关是公益保护的责任主体，是公益保护的"牛鼻子"，检察机关进行公益保护的法律监督，率先就是要对行政机关这个公益保护的"牛鼻子"实施法律监督。作为检察机关进行公益保护实施法律监督的第一步，便是依法向相关行政机关发出检察建议。在检察机关向行政机关发出检察建议后，如果认为行政机关已基本履职到位，检察机关便不再向该行政机关提起行政公益诉讼。然而不提起行政公益诉讼并不意味着公益的司法保护已经到位，事实上，在多数公益案件中，公益保护都是一个漫长的过程，为此，检察机关依然要对公益侵权者提起民事公益诉讼。可见，一般而言，在检察机关依法向行政机关发出检察建议后，检察机关提起公益诉讼就是必然的了，所区别的仅仅在于是提起行政公益诉讼还是民事公益诉讼，以及在民事公益诉讼中，是作为公益诉讼的发动者还是作为公益诉讼的支持者而已。

第八节　刑事附带民事公益诉讼：案例[①]评析

2018 年 9 月至 12 月，肖某、颜某某违反《矿产资源法》的规定，在未取得海砂开采海域使用权证和采矿许可证的情况下，雇用张某某、江某某、胡某某等人先后 19 次驾驶采砂船擅自进入海南省西南浅滩海域附近非法盗采海砂。其中，肖某参与盗采海砂 19 次，颜某某参与盗采海砂 16 次，张某某、江某某、胡某某作为管理人员分别参与盗采海砂 15 次、13 次和 1 次。

2018 年 12 月 18 日凌晨，江某某驾驶圣航 001 采砂船、胡某某驾驶海星 1888 采砂船运载盗采的海砂航行至某区水域时被查获，两艘船上共载有海砂 7066.7 立方米。除被缴获的海砂外，另有 47000 立方米海砂已被变卖，其中 45000 立方米被销售到某公司。经公安机关委托，某区物价局价格认证中心对涉案海砂进行鉴定，认定被缴获的海砂单位价格分别为 130 元/立方米、160 元/立方米。

经某区检察院委托，生态环境部某环境科学研究所专家组就肖某等人非法采矿案环境损害评估出具了专家咨询意见，采用基于恢复目标的生态环境损害评估，定性分析因非法开采海砂所导致的底栖生物损失，以拟修复至生态环境基本恢复原状的工程数额作为主要损失额，计算出海洋生态环境损失费用为 8380338 元。

刑事附带民事公益诉讼一审期间，某区检察院与肖某等人达成初步和解协议并公告，肖某等人按照协议内容向法院账户缴纳了第一期赔偿款及专家咨询费用，由法院在刑事生效判决的最终结果确定后，另行制作了调解书。

一、刑事附带民事公益诉讼与刑事附带民事诉讼的辨析

海砂属于国家矿产资源。本案中，被告肖某等人盗采海砂构成了对国家财产的侵害。根据《矿产资源法》第 16 条"开采下列矿产资源的，由国务院地质矿产主管部门审批，并颁发采矿许可证：……（四）领海及中国管辖的其他海域的矿产资源"的规定，在我国领海及其他由我国管辖的海域开采矿产资源的，必须取得采矿许可证。本案中，肖某等人在未取得采矿许可证的情况下，擅自在海南附近海域盗取海砂，其行为已经违反了矿产资源法的上述规定，属于非法采矿。同时，根据《海洋环境保护法》第 24 条"开发利用海洋资源，应当根据海洋功能区合理布局，严格遵守生态保护红线，不得造成海洋生态环境破坏"的规定，在开发利用海洋资源的过程中，不得对海洋生态环境造成破坏。本案中，《肖某等人非法采矿生态环境损害评估专家咨询意见》显示，肖某等 5 人的非法采矿行为导致了采砂点附近海域的海洋底栖生物资源损失，对游泳生物和浮游生物造成负面影响，生态环境遭受较严重的破坏，其生态环境损害价值达到 8380338 元。因此，肖某等 5 人的非法采矿行为已经造成了生态环境的破坏，损害了社会公共利益。可见，肖某等人的非法盗采海沙行为，不仅损害了国家财产，同时还侵害了海洋生态环境，其属于一个行为侵害了两个客体的复合侵权行为。《刑事诉讼法》第 101 条规定："被害人由于被告人的犯罪行为而遭受物质损失的，在刑事诉讼过程中，有权提起附

[①] 某区人民检察院刑事附带民事公益诉讼起诉书［检民公（2019）44070500018］；某区人民法院刑事附带民事判决书［（2019）0705 刑初 226 号之一］；某市中级人民法院刑事裁定书［（2020）粤 07 刑终 149 号］。

带民事诉讼。被害人死亡或者丧失行为能力的，被害人的法定代理人、近亲属有权提起附带民事诉讼。如果是国家财产、集体财产遭受损失的，人民检察院在提起公诉的时候，可以提起附带民事诉讼。"检察机关据此规定，有权对肖某等人在提起公诉的时候，提起附带民事诉讼。由于国家财产属于特殊种类的社会公益，因而也被称为公益性刑事附带民事诉讼。《检察公益诉讼解释》第20条规定："人民检察院对破坏生态环境和资源保护，食品药品安全领域侵害众多消费者合法权益，侵害英雄烈士等的姓名、肖像、名誉、荣誉等损害社会公共利益的犯罪行为提起刑事公诉时，可以向人民法院一并提起附带民事公益诉讼，由人民法院同一审判组织审理。人民检察院提起的刑事附带民事公益诉讼案件由审理刑事案件的人民法院管辖。"由于肖某等人非法采砂的行为同时损害了海洋生态环境，因而也符合《民事诉讼法》第58条和《检察公益诉讼解释》第20条的规定，检察机关有权提起刑事附带民事公益诉讼，也有权单独或另行提起检察民事公益诉讼。这样，检察机关就面临着三种诉讼形式可以选择：一是刑事附带民事诉讼，二是刑事附带民事公益诉讼，三是检察民事公益诉讼和刑事诉讼分别提起。检察机关应当如何进行诉讼形式的选择呢？检察机关当然不得任意选择，其在选择适当的诉讼途径时，应当考虑这样几个因素：其一，实体性因素。哪一种诉讼形式能够最大化地实现实体法的责任目的，包括刑事责任、行政责任以及民事责任？其二，程序性因素。哪一种诉讼形式更加有助于检察机关获得胜诉结果，同时节省诉讼费用，加快诉讼进程，扩大诉讼效果，并最终保障生效裁判的执行？其三，社会性因素。哪一种诉讼形式更有助于全面及时保护国家财产和社会公益？

通过以上因素的综合考量可知，刑事附带民事公益诉讼更有助于同时实现上述目标，因为通过刑事附带民事公益诉讼，能够将民事公益诉讼融合于刑事诉讼程序之中一并审理、一并解决、一并执行。这样不仅有利于国家利益和社会公共利益同时得到司法救济，而且也避免了"两案两诉"所造成的资源浪费、重复劳动、效率低下、裁判冲突、执行困境等难题，是同时实现刑法目的和公益诉讼制度目的的最佳诉讼形式。

其实，分析一下《刑事诉讼法》第101条第2款便可知，其所规定的"如果是国家财产、集体财产遭受损失的，人民检察院在提起公诉的时候，可以提起附带民事诉讼"，从性质上说，原本就是刑事附带民事公益诉讼。刑事附带民事诉讼分为私益性刑事附带民事诉讼和公益性刑事附带民事诉讼两种类型，《刑事诉讼法》第101条第1款规定的是私益性刑事附带民事诉讼，附带民事诉讼的原告主体是被害人或者在被害人死亡或丧失行为能力时，他的法定代理人或近亲属。与之有别，该条第2款规定的则属于公益性刑事附带民事诉讼，附带民事诉讼的原告是检察机关。而所谓公益性刑事附带民事诉讼实际上就是刑事附带民事公益诉讼的原始说法或另一称谓，二者的本质内涵并无差异。这是因为，在我国，所谓国家财产或集体财产，本质上属于国家利益或集体利益的范畴，而这两种利益都属于公共利益或广义上的社会利益，将其与社会公益分别对待并无必要，也与立法规定相悖。《民事诉讼法》第58条第2款规定的"破坏生态环境和资源保护"，本身就包括了国家利益和集体利益在内，因为自然资源的所有权人为国家或集体，此为宪法所明定。《宪法》第9条规定："矿藏、水流、森林、山岭、草原、荒地、滩涂等自然资源，都属于国家所有，即全民所有；由法律规定属于集体所有的森林和山岭、草原、荒地、滩涂除外。国家保障自然资源的合理利用，保护珍贵的动物和植物。禁止任何组织或者个人用任何手段侵占或者破坏自然资源。"因而，破坏为国家或集体所有的自然资源、环境资源、生态资源等，均属于检察民事公益诉讼的范畴。既然如此，《刑事诉讼法》第101条第2款的规定，在解释论上就可以符合逻辑地解释为刑事附带民事公益诉讼。由此也可得出结论认为,在 2018 年《检察公益诉讼解释》乃至在 2012 年《民事诉讼法》规定公益诉讼之前,《刑事诉讼法》第 101 条第 2 款就隐含规定了附带民事公益诉讼。

然而,不能不指出的是,《刑事诉讼法》第 101 条第 2 款所规定刑事附带民事公益诉讼在范围上包括国家财产或集体财产遭到损害时的公益诉讼,而《检察公益诉讼解释》第 20 条所规定的附带公益诉讼的范围不仅包括生态环境和资源保护类的公益诉讼,而且还包括食药品安全领域侵害众多消费者的合法权益的公益诉讼。这二者之间有一定的交叉:生态环境和资源保护类的公益诉讼可以涵盖在国家财产或集体财产遭到损害时的公益诉讼之中,但国家财产或集体财产遭到损害时的公益诉讼又不仅仅局限于生态环境和资源保护类的公益诉讼,同时还包括其他类型的国家财产或集体财产遭到侵害时的公益诉讼。从该意义上说,《刑事诉讼法》第 101 条第 2 款所规定的刑事附带民事公益诉讼的范围要广于《检察公益诉讼解释》第 20 条所规定的附带公益诉讼的范围;但《检察公益诉讼解释》第 20 条所规定食药品安全领域侵害众多消费者的合法权益的公益诉讼又不能被《刑事诉讼法》第 101 条第 2 款所规定的刑事附带民事公益诉讼的范围所涵盖,因此,从该意义上说,《刑事诉讼法》第 101 条第 2 款所规定的刑事附带民事公益诉讼的范围又窄于《检察公益诉讼解释》第 20 条所规定的附带公益诉讼的范围。

那么,《检察公益诉讼解释》第 20 条的规定对《刑事诉讼法》第 101 条第 2 款的规定具有何种解释论上的意义?其一,《刑事诉讼法》第 101 条第 2 款所规定的刑事附带民事公益诉讼的范围不因《检察公益诉讼解释》第 20 条的规定而致使范围变窄。其二,《检察公益诉讼解释》第 20 条的规定将食药品安全领域侵害众多消费者的合法权益的公益诉讼嵌入《刑事诉讼法》第 101 条第 2 款的规定之中,从而扩大了《刑事诉讼法》第 101 条第 2 款公益性附带民事诉讼的范围。可见,《检察公益诉讼解释》第 20 条的规定的主要功能,一方面在于重申生态环境和资源保护类附带民事诉讼的公益诉讼性质,另一方面又借助于《民事诉讼法》第 58 条第 2 款的规定,适度扩大了《刑事诉讼法》第 101 条第 2 款的适用范围,将食药品安全领域侵害众多消费者的合法权益的公益诉讼也纳入公益性附带民事诉讼范围之列,① 同时还保留着其他的非属《民事诉讼法》第 58 条第 2 款规定的公益诉讼范围,但其所涉利益又可归结为国家财产或集体财产的其他公益性附带民事诉讼的案件类型,如文物保护、古村落保护等。

因此,检察附带民事诉讼就是检察附带民事公益诉讼,很难设想属于前者的诉讼而不属于后者,反之亦然。

值得探讨的是,检察附带民事公益诉讼与检察民事公益诉讼的关系。经过《检察公益诉讼解释》第 20 条这个解释性桥梁,可以认为,检察附带民事公益诉讼的范围要宽于检察民事公益诉讼,前者涵盖了后者同时又超越了后者,目前所讨论的拓展检察公益诉讼的范围,对前者而言具有了规范化依据,对后者而言则属于解释论乃至立法论上的问题。

基于上述认识,本案中检察机关提起刑事附带民事公益诉讼完全符合《刑事诉讼法》第 101 条第 2 款、《民事诉讼法》第 58 条第 2 款以及《检察公益诉讼解释》第 20 条的规定,具

---

① 当然,能否通过司法解释将食药品安全领域侵害众多消费者的合法权益的公益诉讼也纳入公益性附带民事诉讼范围之列进行调整,从而实际上扩大了《刑事诉讼法》第 101 条第 2 款的适用范围?理论上有争议。笔者认为,根据《立法法》第 8 条的规定,"诉讼和仲裁制度"只能通过制定法律的形式加以调整和规范,因而司法解释这种扩大化解释有违上位法的规定,似有不妥,有待于将来修改《刑事诉讼法》第 101 条加以完善。

有合法性和正当性。

二、刑事附带民事公益诉讼中诉前公告程序的存与废

本案中检察机关在履行审查逮捕职责过程中发现肖某等5人存在破坏矿产资源、损害社会公共利益的行为后，已于2019年4月在《检察日报》上刊登公告，督促有权提起诉讼的机关或社会组织就肖某等人非法开采海砂的行为向人民法院提起民事公益诉讼。30日的公告期限届满，没有相应的国家机关或社会组织起诉，根据《检察公益诉讼解释》第13条"人民检察院在履行职责中发现破坏生态环境和资源保护，食品药品安全领域侵害众多消费者合法权益，侵害英雄烈士等的姓名、肖像、名誉、荣誉等损害社会公共利益的行为，拟提起公益诉讼的，应当依法公告，公告期间为三十日"和第20条"人民检察院对破坏生态环境和资源保护，食品药品安全领域侵害众多消费者合法权益，侵害英雄烈士等的姓名、肖像、名誉、荣誉等损害社会公共利益的犯罪行为提起刑事公诉时，可以向人民法院一并提起附带民事公益诉讼，由人民法院同一审判组织审理"的规定，检察院作为肖某等人非法采矿案的公诉机关，可以在向法院提起刑事公诉时，一并向人民法院提起附带民事公益诉讼。

可见，本案在提起检察附带民事公益诉讼之前，按照法律的规定履行了诉前公告程序，在诉前公告程序结束后，因为没有《民事诉讼法》第58条规定的"法律规定的机关"或"有关组织"提起民事公益诉讼或刑事附带民事公益诉讼，因而检察机关作为提起民事公益诉讼或刑事附带民事公益诉讼的最终保障主体，有权提起刑事附带民事公益诉讼，当然也可以另行提起独立的民事公益诉讼。看来，在本案中，在诉前公告程序这个环节并不存在任何违法之处。

然而，在理论上颇有争议的是，在检察机关依照《刑事诉讼法》第101条第2款以及《检察公益诉讼解释》第20条的规定提起刑事附带民事公益诉讼之时，是否有必要履行诉前公告程序？对此两种观点相持不下，至今尚未取得理论上的共识。2019年12月6日起施行的最高人民法院、最高人民检察院《关于人民检察院提起刑事附带民事公益诉讼应否履行诉前公告程序问题的批复》（以下简称《批复》）对此给出了确定性回答，其一，人民检察院提起刑事附带民事公益诉讼，应履行诉前公告程序；其二，对于未履行诉前公告程序的，人民法院应当进行释明，告知人民检察院公告后再行提起诉讼；其三，因人民检察院履行诉前公告程序，可能影响相关刑事案件审理期限的，人民检察院可以另行提起民事公益诉讼。可见，在实务层面，至少就"两高"而言，刑事附带民事公益诉讼要否履行诉前公告程序的问题已经达成了一致意见。

笔者并不完全赞成《批复》的意见，也即，在检察机关提起刑事附带民事公益诉讼之时，应当分两种情况分别对待诉前公告程序：其一，如果检察机关提起的刑事附带民事公益诉讼属于《民事诉讼法》第58条第2款规定的范围，也即属于"破坏生态环境和资源保护、食品药品安全领域侵害众多消费者合法权益等损害社会公共利益的行为"，则应根据该条款的规定履行诉前公告程序。其二，如果检察机关提起的刑事附带民事公益诉讼不属于《民事诉讼法》第58条第2款规定的范围，也即不属于"破坏生态环境和资源保护、食品药品安全领域侵害众多消费者合法权益等损害社会公共利益的行为"，则无须根据该条款的规定履行诉前公告程序。这是因为，前者的情形是《民事诉讼法》第58条第2款所明确规定的，而该范围内的刑事附带民事公益诉讼本质上也属于检察民事公益诉讼的范畴，因而应当优先适用《民事诉讼法》第58条第2款的规定，检察机关未经诉前公告程序所提起的刑事附带民事公益诉讼，应当被认定为缺乏必要的程序要件，法院应释明其补正该要件，检察刑事附带民事公益诉讼不因

在法源上源出于《刑事诉讼法》而变成了其他性质的诉讼形式。但是如果检察机关在《民事诉讼法》第 58 条第 2 款之外所提起的刑事附带民事公益诉讼或称公益性的刑事附带民事公益诉讼，则无须履行诉前公告程序，因为该附带民事公益诉讼的法源依据并非《民事诉讼法》第 58 条第 2 款的规定，而是《刑事诉讼法》第 101 条第 2 款规定的本身，而该规定在《民事诉讼法》第 58 条第 2 款规定诉前公告程序之前早已有之，该规定本身并没有规定诉前公告程序，而且《刑事诉讼法》和《民事诉讼法》的法律位阶相同，在解释论上前者并无根据后者作出解释和适用的必然理由，更何况，《民事诉讼法》第 58 条第 2 款的规定也无溯及效力。

需补充指出的是，在检察机关根据《刑事诉讼法》第 101 条第 2 款的规定而不是根据《检察公益诉讼解释》第 20 条这一桥梁以《民事诉讼法》第 58 条第 2 款作为联合依据提起刑事附带民事公益诉讼之时，其履行诉前公告程序也无违法之处，因为检察机关对该条款的适用并不具有垄断性，其他的国家机关或者部门在其权限范围内也可以根据该条之规定提起刑事附带民事公益诉讼，检察机关进行了公告程序而且也确实有适格的主体愿意提起该刑事附带民事公益诉讼，检察机关则可以支持起诉，也可以退出附带民事公益诉讼领域完全由其他适格主体进行该刑事附带民事公益诉讼。如果检察机关愿意，它也可以选择不进行这种诉前公告程序，而径直由自己提起刑事附带民事公益诉讼。

三、刑事附带民事公益诉讼的案件管辖

《检察公益诉讼解释》第 20 条第 2 款规定："人民检察院提起的刑事附带民事公益诉讼案件由审理刑事案件的人民法院管辖。"《刑事诉讼法》第 20 条规定："基层人民法院管辖第一审普通刑事案件，但是依照本法由上级人民法院管辖的除外。"第 21 条规定："中级人民法院管辖下列第一审刑事案件：（一）危害国家安全、恐怖活动案件；（二）可能判处无期徒刑、死刑的案件。"据此规定，通常的附带民事公益诉讼都只能由基层法院管辖，但这样一种规定与《检察公益诉讼解释》第 5 条形成了冲突，该条规定："市（分、州）人民检察院提起的第一审民事公益诉讼案件，由侵权行为地或者被告住所地中级人民法院管辖。"《环境公益诉讼司法解释》第 6 条规定："第一审环境民事公益诉讼案件由污染环境、破坏生态行为发生地、损害结果地或者被告住所地的中级以上人民法院管辖。中级人民法院认为确有必要的，可以在报请高级人民法院批准后，裁定将本院管辖的第一审环境民事公益诉讼案件交由基层人民法院审理。"《消费公益诉讼司法解释》第 3 条规定："消费民事公益诉讼案件管辖适用《最高人民法院关于适用〈中华人民共和国民事诉讼法〉的解释》第二百八十五条的有关规定。经最高人民法院批准，高级人民法院可以根据本辖区实际情况，在辖区内确定部分中级人民法院受理第一审消费民事公益诉讼案件。"

可见，单独的民事公益诉讼案件原则上是由中级法院管辖的，然而，同样的民事公益诉讼案件一旦以刑事附带民事公益诉讼的形式表现出来，就通常要降低一个审级，变成了基层法院管辖。这不仅在司法解释与立法规定之间形成了冲突，尤为吊诡的是，被刑事诉讼所附带的民事公益诉讼通常要较之于单独的民事公益诉讼更为重大，然而前者的审级法院却要比后者的审级法院更低，这样在法理解释上便带来了难题。为解决此难题，笔者认为，在刑事附带民事公益诉讼的案件中，其级别管辖的法院层次应当根据民事公益诉讼案件的管辖级别加以确定，应当实行"刑从民"而不是"民从刑"。原因在于，在刑事附带民事公益诉讼的案件结构上，其决定事物性质的矛盾的主要方面是所附带的民事公益诉讼，保护公益而不是惩罚犯罪是该诉讼形态的基本功能，惩罚犯罪的目的也在于通过特别预防和一般预防以达到保护公益的效果，而

民事公益诉讼案件通常影响较大，在事实认定和法律适用的难度上更大，因而根据《民事诉讼法》第 18 条的规定，其级别管辖的法院通常应被确定在中级人民法院。此外，根据《人民陪审员法》第 15 条和第 16 条的规定，人民法院在审理民事公益诉讼案件时基本上倾向于采用 7 人混合合议庭的形式进行审判，结合《刑事诉讼法》第 183 条关于刑事合议庭规定的立法精神，7 人混合合议庭通常应被确定在中级以上的人民法院采用。因此，刑事附带民事公益诉讼案件的级别管辖确实需要统一，只能择一而行，但其最终的归属应当是按照所附带的民事公益诉讼确定由中级法院作为级别管辖的法院较为妥当。

四、刑事附带民事公益诉讼的审判组织

附带民事公益诉讼不能实行独任制，其理自明，因为附带民事公益诉讼不可能是简单的民事案件，因而不能按照《民事诉讼法》第 163 条的规定适用独任制的审判组织进行审判，其必须按照《民事诉讼法》第 10 条和第 131 条的规定实行合议制审判。然而，适用于附带民事公益诉讼的合议制究竟应当是 3 人合议制还是 7 人合议制？理论上有不同的理解，实践中也有不同的做法。《人民陪审员法》第 15 条规定："人民法院审判第一审刑事、民事、行政案件，有下列情形之一的，由人民陪审员和法官组成合议庭进行：（一）涉及群体利益、公共利益的；（二）人民群众广泛关注或者其他社会影响较大的；（三）案情复杂或者有其他情形，需要由人民陪审员参加审判。人民法院审判前款规定的案件，法律规定由法官独任审理或者由法官组成合议庭审理的，从其规定。"第 16 条规定："人民法院审判下列第一审案件，由人民陪审员和法官组成七人合议庭进行：（一）可能判处十年以上有期徒刑、无期徒刑、死刑，社会影响重大的刑事案件；（二）根据民事诉讼法、行政诉讼法提起的公益诉讼案件；（三）涉及征地拆迁、生态环境保护、食品药品安全，社会影响重大的案件；（四）其他社会影响重大的案件。"根据上述规定，似乎可以得出结论认为，刑事附带民事公益诉讼应当采用人民陪审员和法官组成的混合合议庭进行审判，而且该合议庭的人数规模应当是 7 人。然而这种理解是否正确？值得探讨。笔者的观点是，附带民事公益诉讼应当由合议庭进行审判，但不是必须有人民陪审员参与，更不是必须组成 7 人混合合议庭进行审判。原因在于：

其一，7 人混合合议庭的观点缺乏上位法的依据。《人民法院组织法》第 30 条规定："合议庭由法官组成，或者由法官和人民陪审员组成，成员为三人以上单数。"《民事诉讼法》第 40 条规定："人民法院审理第一审民事案件，由审判员、陪审员共同组成合议庭或者由审判员组成合议庭。"从法律位阶上说，无论是《人民法院组织法》还是《民事诉讼法》，都是由全国人民代表大会通过的，前者属于宪法性法律，后者属于基本法，而《人民陪审员法》则是由全国人民代表大会常务委员会通过的，属于专门法。《立法法》第 7 条规定："全国人民代表大会和全国人民代表大会常务委员会行使国家立法权。全国人民代表大会制定和修改刑事、民事、国家机构的和其他的基本法律。全国人民代表大会常务委员会制定和修改除应当由全国人民代表大会制定的法律以外的其他法律；在全国人民代表大会闭会期间，对全国人民代表大会制定的法律进行部分补充和修改，但是不得同该法律的基本原则相抵触。"可见，无论是由全国人大常委会制定的法律还是其修改的法律，都不得与全国人民代表大会所制定的法律相冲突，在二者发生不一致的规定之时，应当适用由全国人民代表大会所制定的法律，而不是由全国人大常委会制定的法律，而如前所引，全国人民代表大会所制定的无论是《人民法院组织法》还是《民事诉讼法》，其所规定的都是选择性条款，也即，合议庭究竟是由人民陪审员和法官混合组成，还是由法官单独组成，以及其人数规模大小，均由人民法院视审判案件的需要

而定，而不具有必然的适用性，因此那种认为附带民事公益诉讼只能由人民陪审员和法官组成，并且只能是7人混合合议庭的观点是于法无据的。

其二，就《人民陪审员法》第15条和第16条的规定本身看，也不能得出附带民事公益诉讼必然适用7人混合合议庭进行审判的结论。因为该两条的规定，并非所谓强制性规范，而是训示性规范，也即在符合法定情形的前提下，倡导适用7人合议庭，但不是必须适用。无论是《人民陪审员法》第15条还是其第16条的规定，均不包含非如此适用不可的含义，而是指引人民法院最好如此适用。

其三，从现实性和必要性上看，凡是公益诉讼的案件均适用7人混合合议庭进行审判不仅没有必要性，而且也不具有现实性。因为人民陪审员参与司法审判的基本功能在于认定案件事实，法律适用并非其所专长，而公益诉讼的案件事实有的比较复杂疑难，有的比较清楚简单，有的甚至不存在原则性争议，对于简单明了、事实清楚的公益诉讼案件，都一概适用人民陪审员制度进行审判显得并无必要，人民陪审员的功能在这些案件中也难以发挥出来；只有案件事实相对比较复杂、社会影响度较大、具有法治宣传教育意义的公益诉讼案件，才需要适用人民陪审员制度进行审判，尤其是7人混合合议庭，其更是在案情确有必要时方得以采用。

其四，刑事诉讼也不是必须由人民陪审员和法官组成7人合议庭进行审判。《刑事诉讼法》第183条规定："基层人民法院、中级人民法院审判第一审案件，应当由审判员三人或者由审判员和人民陪审员共三人或者七人组成合议庭进行，但是基层人民法院适用简易程序、速裁程序的案件可以由审判员一人独任审判。高级人民法院审判第一审案件，应当由审判员三人至七人或者由审判员和人民陪审员共三人或者七人组成合议庭进行。"《检察公益诉讼解释》第20条规定："人民检察院对破坏生态环境和资源保护，食品药品安全领域侵害众多消费者合法权益，侵害英雄烈士等的姓名、肖像、名誉、荣誉等损害社会公共利益的犯罪行为提起刑事公诉时，可以向人民法院一并提起附带民事公益诉讼，由人民法院同一审判组织审理。"据此规定，刑事附带民事公益诉讼的审判组织与人民法院审理刑事案件的审判组织具有同一性，而刑事案件的审判组织根据《刑事诉讼法》第183条的规定也不是必须采用7人混合合议庭，而可以组成3人合议庭或者7人合议庭，合议庭中可以有人民陪审员参加，也可以没有人民陪审员参加。根据《人民陪审员法》第16条的规定，对刑事诉讼来说，只有"可能判处十年以上有期徒刑、无期徒刑、死刑，社会影响重大的刑事案件"才被倡导适用7人混合合议庭进行审判，对判处10年以下有期徒刑的刑事案件则不适用该条的规定。附带民事公益诉讼案件是否属于有重大影响的案件，其判断权由人民法院行使。只有人民法院认为刑事附带民事公益诉讼案件属于有重大影响的案件，才需要也才有必要适用7人混合合议庭进行审判。正是据此理由，《检察公益诉讼解释》第7条才规定："人民法院审理人民检察院提起的第一审公益诉讼案件，适用人民陪审制。"可见，那种不加分辨认为刑事诉讼附带民事公益诉讼的案件均应适用7人混合合议庭的规定之观点是无法成立的。

五、刑事附带民事公益诉讼中责任主体的认定

在刑事附带民事公益诉讼中责任主体的认定上，有一个问题至今尚存争议，此即刑事附带民事公益诉讼案件中，刑事案件的被告人与附带民事公益诉讼案件的被告是否应当保持一致。从概念上说，既然民事公益诉讼是附带于刑事诉讼之中的，那自然其诉讼主体应当是对应的，原告方均为检察机关，被告方也应保持刑事诉讼与附带民事公益诉讼的一致性。然而，其实被告方的诉讼主体并不是一定要保持绝对的同一性，其原因在于，刑事附带民事公益诉讼之所

以独立成为一种公益诉讼的类型，乃是因为刑事诉讼和附带民事公益诉讼共享同一套案件事实，只不过对这同一性的案件事实同时在进行着刑事法律和公益法律的两种"法之评价"，而在这种法的评价之中，其主体会产生差异性，比如有的被告人根据公益法律的法之评价构成了公益侵权，但根据刑事法律所进行的法之评价则不构成刑事犯罪。相反的情形是难以设想的，也就是说，如果被告人构成了刑事犯罪，那一定能同时成为附带公益诉讼中的被告人，除非公益诉讼起诉人对之不予起诉或者在起诉后撤回起诉。此外，还可能出现的一种情形是，刑事被告人或犯罪嫌疑人逃匿在外，而刑事诉讼中又没有缺席审判制度，因而对该未被抓获的刑事被告人或犯罪嫌疑人就不能作为本案的刑事诉讼主体对待，但由于民事诉讼中存在公告送达和缺席判决制度，因而不妨碍人民法院将其列为附带公益诉讼中的被告人，并对之进行缺席审判，缺席审判后仍可对其财产进行强制执行。此时也发生了刑事诉讼中的被告人和附带民事诉讼被告人不一致的情形。还有一种情形是，刑事被告人到诉讼的最后被法院判决无罪释放，其作为附带民事诉讼被告人的身份不因此而受到影响，法院仍可对其作出附带民事公益诉讼的裁判，并予以强制执行。因此，那种认为刑事诉讼和附带民事公益诉讼的被告主体一定要绝对保持一致，否则就不能构成刑事附带民事公益诉讼的观点，是值得商榷的。

六、刑事附带民事公益诉讼的诉讼请求

本案中，检察机关对肖某等人提出依法应当承担赔偿损失、支付费用以及赔礼道歉等民事责任的诉讼请求，而不是仅仅根据《刑事诉讼法》第101条第2款的规定请求赔偿物质损失，其原因在于，检察机关所提起的该刑事附带民事公益诉讼属于《民事诉讼法》第58条第2款规定的范畴，其诉讼请求的类型和范围不是根据《刑事诉讼法》第101条第2款的规定加以确定，而是根据针对《民事诉讼法》第58条第2款规定所做出的司法解释加以确定的。《环境公益诉讼司法解释》第18条规定："对污染环境、破坏生态，已经损害社会公共利益或者具有损害社会公共利益重大风险的行为，原告可以请求被告承担停止侵害、排除妨碍、消除危险、修复生态环境、赔偿损失、赔礼道歉等民事责任。"本案中，肖某等人非法开采海砂，破坏生态，损害社会公共利益，经鉴定评估造成生态环境损害8380338元，因此，其依法应当赔偿生态环境损失，并就其破坏海洋生态环境的行为公开向社会公众赔礼道歉。至于肖某等人对生态环境损害8380338元的承担方式，根据《民法典》第1165条"行为人因过错侵害他人民事权益，应当承担侵权责任"和第1168条"二人以上共同实施侵权行为，造成他人损害的，应当承担连带责任"的规定，由其承担连带责任。不仅如此，根据上述司法解释第22条，原告请求被告承担检验、鉴定费用，合理的律师费以及为诉讼支出的其他合理费用的，人民法院可以依法予以支持。检察机关为查明肖某等人的非法采矿行为对环境造成的损害，支出专家咨询费用60000元，依法也应由肖某等5人共同承担。

这是在环境资源类公益诉讼的诉讼请求之情形，如果属于消费类公益诉讼，其诉讼请求则根据《消费公益诉讼司法解释》第13条的规定加以确定，该条规定："原告在消费民事公益诉讼案件中，请求被告承担停止侵害、排除妨碍、消除危险、赔礼道歉等民事责任的，人民法院可予支持。经营者利用格式条款或者通知、声明、店堂告示等，排除或者限制消费者权利、减轻或者免除经营者责任、加重消费者责任，原告认为对消费者不公平、不合理主张无效的，人民法院可予支持。"

需强调指出的是，如果检察机关单纯根据《刑事诉讼法》第101条的规定提出刑事附带民事公益诉讼，则其诉讼请求只能被表述为"物质损失"，这里的"物质损失"不仅不包括赔

礼道歉等精神损失，也不包括间接损失，其范围较为狭窄。

七、刑事附带民事公益诉讼案件中的证据转化

刑事附带民事公益诉讼中，民事侵权事实的证明标准低于犯罪事实的证明标准，前者达到"高度盖然性"程度即可，后者则需达到"排除合理怀疑"程度。司法实践中，刑事附带民事公益诉讼中刑事部分证据与民事部分证据会发生转化使用的现象，主要表现在：

其一，证据种类的转化。根据《刑事诉讼法》第50条第2款的规定，刑事诉讼中的证据种类包括：物证，书证，证人证言，被害人陈述，犯罪嫌疑人、被告人供述和辩解，鉴定意见，勘验、检查、辨认、侦查实验等笔录，视听资料、电子数据，而根据《民事诉讼法》第66条第1款的规定，民事诉讼中的证据种类包括当事人的陈述、书证、物证、视听资料、电子数据、证人证言、鉴定意见、勘验笔录。二者相比较，物证、书证、证人证言、鉴定意见、视听资料、电子数据、勘验笔录均为相同的证据类型，但被害人陈述，犯罪嫌疑人、被告人供述和辩解为刑事诉讼中的证据种类，民事诉讼中合称为"当事人陈述"，此外，刑事诉讼中除勘验笔录外，还有检查、辨认、侦查实验等多种笔录，民事诉讼中则仅有勘验笔录一种笔录。在刑事附带民事公益诉讼中，就需要将共同的证据种类概括出来，二者实行证据共通原则，相互可以直接转换和共享；对差异性的证据种类，如民事公益诉讼中的当事人陈述，便需要将其转换为犯罪嫌疑人、被告人供述和辩解，由于民事公益诉讼中不存在被害人陈述，因而当事人陈述中仅有被告人的陈述可以进行证据种类的转化；反之亦然，刑事诉讼中犯罪嫌疑人、被告人供述和辩解到附带民事公益诉讼中，则要转变为当事人陈述。同理，刑事诉讼中的检查、辨认、侦查实验等笔录到附带民事公益诉讼中，则要转化为勘验笔录。

其二，证明标准的转换。刑事诉讼中实行排除合理怀疑的高度证明标准，其所证明的案件事实更具有可靠性，所遵循的证明程序也更加严谨和规范，因而刑事诉讼中得到证明的事实，可以直接转换为附带民事公益诉讼中的案件事实，法院对此无须另行认定。但是，反过来，在附带民事公益诉讼中得到的事实认定，则不能当然地转换为刑事诉讼中的事实认定，要转换为刑事诉讼中的事实认定，尚需通过刑事诉讼证明程序补充证据，提高其证明力的分量，使之达到刑事诉讼中证明标准的程度。由于刑事诉讼和附带民事公益诉讼性质的不同，在刑事诉讼中不构成犯罪的被告人甚至存疑不起诉、犯罪情节轻微而决定不起诉的人，有可能在附带民事公益诉讼中被认定为公益侵权人。

其三，证据规则的转换。刑事诉讼中的证据规则更加严格，如在刑事诉讼中需要按照非法证据排除规则进行证据排除的证据，在附带民事公益诉讼中未必需要排除；在刑事诉讼中奉行孤证不能定案的规则，在附带民事公益诉讼中则不实行该证据规则，有时孤证也可定案；在刑事诉讼中被告的自白仅仅是一种普通证据，但在附带民事公益诉讼中，该被告人的自白则构成自认，其自认的事实无须举证证明就视为当然存在，等等。此外，推定规则、最佳证据规则等也通常仅适用于附带民事公益诉讼之中，举证责任分配规则二者也不尽一致。

八、刑事附带民事公益诉讼中的和解与调解

本案是分而处之，刑事诉讼中部分是通过判决为之，附带民事公益诉讼部分则由法院根据检察机关和附带民事公益诉讼被告人订立的调解协议制作调解书而告终。公益诉讼中能否调解，以及，如果能够调解，应当如何规制和限制调解的范围及其程序？学理上也多有争议。前面已对该问题有所论述，这里仅结合刑事附带民事公益诉讼对此进行补充论述。《人民检察院

提起公益诉讼试点工作实施办法》（失效）第23条规定，民事公益诉讼案件，检察机关可以与被告和解，法院可以调解。和解协议、调解协议不得损害社会公共利益。笔者认为，刑事附带民事公益诉讼应当允许调解，其调解制度应当考虑这样几个因素加以完善：

其一，与刑事诉讼恢复性司法相关联。通过调解，能够使公益侵权人意识到对公益损害的危害性，由此采取积极的补救措施，尽可能地使受损的公益得以尽快恢复原状。因此，刑事附带民事公益诉讼中的和解与调解有助于公益恢复。

其二，与刑事诉讼中认罪认罚制度关联起来。附带民事公益诉讼中的和解与调解有助于刑事被告人认罪悔罪，也是其认罪认罚的实际表现，有助于实现刑事司法的诉讼目标，体现出了刑事司法"宽严相济"的司法政策，同时该制度和做法也与刑事诉讼和解制度具有内在的契合性和等值性，在一定意义上甚至可以认为，刑事诉讼的和解已被融合于附带民事公益诉讼的和解与调解之中。最高人民法院、最高人民检察院2016年联合发布的《关于办理环境污染刑事案件适用法律若干问题的解释》第5条规定，对刚达到构罪标准但积极修复所造成的环境损害的，认为其有悔罪表现，应当从宽处理。

其三，与行政执法相关联。被告人的侵害公益的行为，必然触犯相关的行政法律法规，将受到相应的行政制裁承担相应的行政责任，附带民事公益诉讼中的和解与调解有助于将行政机关导入其中，由行政机关根据和解调解的相关情节，斟酌决定其行政制裁方式和强度，同时也有助于行政机关监督和解调解协议的执行。

其四，与公众参与关联起来。在刑事诉讼中，公众的参与渠道较为有限，但在附带民事公益诉讼中，具有为公众广泛参与开辟通道的制度基础。在刑事附带民事公益诉讼的和解与调解中，应当建立公开听证制度，将人大代表、政协委员、专家学者、社会民意代表人士、相关部门或单位的代表等汇聚在一起，向其全面阐述案情，公开听取其意见和建议，这样不仅有助于和解与调解协议的公平公正形成，而且也导入了社会监督力量，确保了社会公众对附带民事公益诉讼和解与调解方案的知情权、参与权和监督权，是司法民主化在刑事附带民事公益诉讼中的表征和彰显。和解与调解协议达成后，若属和解协议，检察院应当予以公示；若属调解协议，法院应当予以公示，公示期为1个月，在公示期内如果没有收到有关的反对意见或不同观点，或者这些反对意见或不同观点难以成立、不具有典型意义，则和解协议和调解协议生效。如果和解协议生效了，检察院则不再提起附带民事公益诉讼；如果调解协议生效了，附带民事公益诉讼的司法结果由此得到确定，此后就是将和解协议与调解协议加以贯彻落实的问题，也就是执行问题，在执行过程中，检察机关应当继续加大监督力度，确保和解协议与调解协议的完整及时实现。

九、刑事附带民事公益诉讼的审判顺序

刑事附带民事公益诉讼是从刑事附带民事诉讼中脱胎而来，因而其审理顺序上一般奉行"先刑后民"的原则，在刑事诉讼有了确定的结果后，再进行附带民事公益诉讼的审判。这种做法的好处是附带民事公益诉讼可以借助刑事诉讼的事实认定结果"搭便车"进行审判，有助于节省调查收集相关证据的司法资源，提高诉讼效率，维护司法裁判的权威性和统一性。但是弊端也是显而易见的，这就是由于刑事审判在先，无法在刑事审判的结果中融入附带民事公益诉讼的处理结果，从而在实体法律责任上难以形成一体化和排列组合上的最优化，尤其是，在刑事犯罪和量刑确定后，再进行附带民事公益诉讼的审判，往往使诉讼程序难以发掘出对公益侵权者采取积极措施修复公益的激励机制，附带民事公益诉讼的被告人容易产生与司法审判

之间的对立性乃至对抗性，不利于后续的公益执行。笔者认为，刑事诉讼和附带民事公益诉讼应当实行"先民后刑"或者"刑民并行"的审理原则。

首先，采取这一原则，符合司法审判的运行规律。对附带民事公益诉讼的审判一般分为两步骤进行：第一步，先行确定被告人的行为是否损害了公益；第二步，如果损害了公益，其严重程度是否构成了犯罪。因而，是否构成公益侵权的判断在逻辑上优先，正是在构成公益侵权的基础上才进一步进行公益刑事犯罪的审查和判断，刑事附带民事公益诉讼是由浅入深逐步进行的，而不是相反。

其次，采取该原则，有助于敦促、激励刑事被告人积极修复公益，通过"修复折抵刑期"这一激励机制，将刑事被告人履行修复公益义务和积极赔偿公益损失的态度和行为纳入刑事犯罪的定罪量刑之中，有利于刑事责任和民事责任的总体平衡，防止被告所承担的法律责任畸轻畸重，这也符合通常所谓"实体性关联理论"的要求。

最后，采取这一原则也与被告人承担法律责任的先后顺序相适应。《民法典》第187条规定："民事主体因同一行为应当承担民事责任、行政责任和刑事责任的，承担行政责任或者刑事责任不影响承担民事责任；民事主体的财产不足以支付的，优先用于承担民事责任。"如果采取"先刑后民"的原则，刑事审判判决罚金、没收财产等刑罚后，如果立即执行则有违该规定；如果不立即执行，则也不利于维护刑事判决的权威性。反之，如果采取"先民后刑"或者"刑民并行"的审理原则，则附带民事公益诉讼的裁判结果将先于刑事裁判结果而产生，或至少同时产生，这样在强制执行时，就能满足《民法典》第187条所规定的责任履行"先民后刑"的要求。

十、刑事附带民事公益诉讼中的支持起诉

《民事诉讼法》第58条第2款规定："前款规定的机关或者组织提起诉讼的，人民检察院可以支持起诉。"该规定同样适用于刑事附带民事公益诉讼之中。在检察机关就民事公益诉讼的启动问题于诉前程序中发布公告后，有关的国家机关或社会组织出现了并且愿意提起附带民事公益诉讼，检察机关则不得同时为公益诉讼起诉人，法院也不得拒绝它们提起刑事附带民事公益诉讼，但检察机关对此有权以公益诉讼支持起诉人的身份进行支持起诉。检察机关支持起诉在刑事附带民事公益诉讼中更有必要，因为刑事诉讼中的一些活动，比如侦查活动，作为非检察机关的其他机关，如行政机关，或者作为非国家机关的社会组织，如环保组织、消费者权益保护组织，它们都依法不得提前介入侦查阶段之中，而检察机关作为法律监督机关，其对公安机关的侦查活动有权进行监督，并且若有必要还可以提前介入侦查环节，实行检察指导侦查，对侦查机关收集调取证据的活动进行指导和监督。这样一来，检察机关对其他国家机关或社会组织所提起的刑事附带民事公益诉讼，就可以发挥其所长和职能优势，支持它们调查收集与公益诉讼相关的证据及其他相关材料。在检察机关对刑事诉讼进入提起公诉阶段之时，通过检察机关的支持起诉，能够使得其他机关或社会组织更有保障地、更加顺畅地获得检察机关的相关公诉证据，以为其所用，使之转化为附带民事公益诉讼中的证据。此后诉讼进入审判阶段，检察机关的支持起诉作用也同样可以发挥出来。因此，在刑事附带民事公益诉讼中，检察机关的支持起诉功能更加凸显，检察机关的此功能的存在及其充分发挥，也有助于消除那些持"诉前程序否定论者"的顾虑和质疑，诉前公告程序并不会导致刑事附带民事诉讼程序的繁杂化、拖延化以及非协调性，通过检察机关支持起诉功能的发挥，诉前公告程序不仅有助于实现检察机关提起公益诉讼谦抑性和保障性原则的实现，也有助于发挥其他机关或社会组织在附带

民事公益诉讼中的独特优势,二者可以同时兼顾。同时需要指出的是,根据最高人民法院《关于审理生态环境损害赔偿案件的若干规定(试行)》的规定,检察机关在刑事附带民事公益诉讼中,在诉前公告程序阶段,政府有关部门有权提起生态环境损害赔偿诉讼,此时检察机关一般不必重复提起同性质的附带民事公益诉讼,政府有关部门便成了附带性生态环境保护诉讼中的原告人。尤其是,政府有关部门尚应根据诉前磋商程序与公益侵权人进行磋商,如果通过磋商程序能够获得生态损害赔偿或签订相关协议的,则生态损害赔偿诉讼就不必发动,此时检察机关的附带民事公益诉讼通常也被认为没有重复发动的必要性。可见,刑事附带民事公益诉讼依其主体的不同存在三种形态:一是检察机关提起的刑事附带民事公益诉讼,二是其他国家机关或社会组织提起的刑事附带民事公益诉讼,三是政府有关部门提起的生态环境损害赔偿诉讼。那种认为《检察公益诉讼解释》第20条仅规定了检察机关提起刑事附带民事公益诉讼一种诉讼形态的观点并不够全面。

第九节 检察机关对公益诉讼的支持起诉

《民事诉讼法》经过第四次修改,在第55条(现第58条)公益诉讼制度中增加了检察机关提起诉讼和支持起诉两种制度。这是新中国成立后《民事诉讼法》将支持起诉确定其为基本原则以来,首次以法律形式制定了与该原则相配套的制度。《环境公益诉讼司法解释》第11条以司法解释的形式规定了公益诉讼中的支持起诉制度,为支持起诉原则的复兴提供了制度支撑。而2017年修改《民事诉讼法》增设第55条(现第58条)第2款又以法律的形式再次确认了该制度,使支持起诉原则得以制度化。需要说明的是,对公益诉讼的支持起诉,不仅检察机关可以进行,其他社会组织、企事业单位以及相关行政机关也可以进行。这里仅以检察机关支持公益诉讼为例加以探讨。①

一、检察机关在支持公益诉讼中的主体责任

新中国成立后,支持起诉作为民事诉讼法上的一项基本原则,从1982年《民事诉讼法(试行)》直至现今,中间历经1991年、2007年、2012年、2017年多次修改,一直存在于《民事诉讼法》第一编"总则"第一章"任务、基本原则和适用范围"之中。《民事诉讼法》第15条规定:"机关、社会团体、企业事业单位对损害国家、集体或者个人民事权益的行为,可以支持受损害的单位或者个人向人民法院起诉。"2012年修改《民事诉讼法》,增设了第55条(现第58条)关于公益诉讼的规定,从此,支持起诉原则的适用范围从通常的民事诉讼或私益诉讼扩展到了公益诉讼。2017年对《民事诉讼法》再次修改,在第55条(现第58条)公益诉讼条款上加上了一个第2款:"人民检察院在履行职责中发现破坏生态环境和资源保护、食品药品安全领域侵害众多消费者合法权益等损害社会公共利益的行为,在没有前款规定的机关和组织或者前款规定的机关和组织不提起诉讼的情况下,可以向人民法院提起诉讼。前款规定的机关或者组织提起诉讼的,人民检察院可以支持起诉。"在解释论上人们必然要追问:《民事诉讼法》第15条规定的支持起诉原则和第58条第2款关于检察机关支持公益诉讼

---

① 其他主体进行公益诉讼的支持起诉以及它们之间的关系及其限度,可参阅汤维建、王德良:《论公益诉讼中的支持起诉》,载《理论探索》2021年第1期。

的规定之间是一种什么样的关系?

其实,《民事诉讼法》第 58 条第 2 款的规定并不是立法的简单重复,而是支持起诉原则的立法发展和制度进步,表现在:其一,拓宽了支持起诉原则的适用范围。《民事诉讼法》第 15 条规定的支持起诉原则尽管也涉及对损害国家利益和集体利益侵害行为的支持起诉,但它主要是立足于对普通民事诉讼或曰私益诉讼而言的,而《民事诉讼法》第 58 条第 2 款的规定则仅针对公益诉讼的支持起诉,《民事诉讼法》第 58 条第 2 款的规定可视为对《民事诉讼法》第 15 条规定的一个补充和拓展,二者相结合我们可得出结论认为,我国的支持起诉原则不仅适用于传统的私益诉讼案件,而且也适用于现代的公益诉讼案件。其二,检察机关是支持公益诉讼的第一责任主体。《民事诉讼法》第 58 条第 2 款虽然仅规定了检察机关支持公益诉讼的制度,但这并不意味着对公益诉讼的支持主体就只有检察机关一个,此外的任何主体都不具备支持公益诉讼的法律资格。从体系解释的角度看,《民事诉讼法》第 15 条规定的支持起诉主体包括机关、团体和企事业单位都有对公益诉讼的支持起诉资格和权利,就像检察机关对私益诉讼也具有支持起诉的法律资格一样。然而,与其他机关、团体和企事业单位相比,检察机关的支持公益诉讼因具有法律的直接规定而处在突出的位置,可以说,检察机关是支持公益诉讼的第一责任主体,也是第一权利主体。其三,实现了支持起诉从原则到制度的转换和发展。支持起诉长期被人们诟病,认为其不足以构成一个基本原则,甚至有人主张将其从民事诉讼法中废弃,其中一个重要的理由就是凡原则均应有制度和程序的配套,孤零零的一个原则犹如缺乏轮子的车辆无法运转和发挥作用。然而,支持起诉这样一种只有原则而无制度和程序配套的立法尴尬局面在《民事诉讼法》增设第 58 条第 2 款后业已消除,因为第 58 条第 2 款的规定不仅包含主体、范围等制度性因素,而且包含前置程序等程序性因素,因而尽管其仍不够完善和健全,制度性效果仅存在于公益诉讼领域,但毕竟它已拉动《民事诉讼法》第 15 条规定的支持起诉基本原则实现了制度化、规范化、程序化的局部转变,为支持起诉原则进行全面的制度性、规则性和可操作性转变开启了新的篇章。

二、检察机关支持公益诉讼具有的价值与功能

人们自然会提出一个疑问,既然检察机关有了更加完整、更加有力度、更加有效果、更加有影响力、更能彰显检察职能的提起公益诉讼制度,那么,检察机关这种约束力不强、立法规范粗疏、实践中各行其是、理论上饱受争议的支持公益诉讼制度是否还有存在的必要性和重要性?对此应当认为,通过司法实践中出现的大量案例可知,检察机关支持社会组织提起公益诉讼具有重要的功能和价值,甚至在一定意义上说,它还是检察机关维护公益、实现检察公益职能的带方向性、趋势性和规律性并蕴含巨大制度生命价值的主要制度形式。具体理由阐述如下:

(一) 制度创新价值

回溯近 30 年的历史,我国的检察制度一直处在深化发展和制度转型之中,检察改革是其主要的推动力,通过检察改革,在以刑事检察为主导的检察职能体系中,民事检察、公益检察相继产生并强劲发展,如今在公益检察中,除提起公益诉讼外,支持公益诉讼成为检察制度发展的新的支点或增长点,其具有巨大的制度创新价值,表现在:一是职能创新。提起公益诉讼和支持公益诉讼是检察机关所肩负的两种既有关联又有区别的检察职能,从实践逻辑来看,支持公益诉讼的探索在先,为检察机关提起公益诉讼提供了经验基础,目前经过否定之否定,检察机关支持公益诉讼再次焕发出其内在的生命价值,成为与检察机关提起公益诉讼并行发展的

重要制度。二是理念创新。检察机关支持公益诉讼具有谦抑性、嵌入性、平和性和伸缩性等特点，与"双赢多赢共赢"的检察理念相契合。三是模式创新。检察机关支持公益诉讼呈现出来的司法理念具有后现代性的特点，比如它主张多元参与，而非独占公益诉权；它主张沟通、交流、协商、互动、扁平化司法，而非科层、控制、职权化、垂直性司法；它主张公益诉讼应当以多元价值、社会自治、预防侵权、公益恢复为追求的目标，而非对侵权者采取简单的惩罚主义；等等。在检察机关支持公益诉讼中所呈现出来的这些新型诉讼理念，不仅有助于公益诉讼的制度良性发展，而且有助于整个检察制度的现代化转轨。可见，检察机关支持公益诉讼蕴含着巨大的制度创新价值，新时代的检察改革可以从该项看似边缘实则前瞻的制度建设和实践中发掘出指引前进方向的诸多启迪，检察机关支持公益诉讼制度中所蕴含的新职能、新理念、新范式、新引擎和新境界将在整个检察制度体系之中发挥出无法比拟、难以替代的制度功能。

（二）扶持社会组织发展的功能

《民事诉讼法》第58条规定："对污染环境、侵害众多消费者合法权益等损害社会公共利益的行为，法律规定的机关和有关组织可以向人民法院提起诉讼。"就民事公益诉讼而言，与检察机关并肩作战共担公益维护职责和使命的主体主要就是社会组织，立法将社会组织的公益诉权挺在前面，被寄予厚望。然而反观我国社会组织的发展现状，其情形并不容乐观。一般认为，我国的社会组织存在准入门槛高、独立性差，组织不成熟、监管不到位，与有关组织合作欠缺，相关法律法规不健全等问题。① 社会组织提起公益诉讼不仅面临着信息障碍、公益诉讼案件线索发现难的问题，更会面临着举证困难等现实障碍，有时还会遭遇地方保护主义的困扰和阻力，可以说，社会组织提起公益诉讼举步维艰。这既可能表现为社会组织在主观上不愿意提起公益诉讼，也可能表现为社会组织提起公益诉讼心有余而力不足。"据报道，全国大概有700余个社会组织符合法律和有关司法解释规定具备环境诉讼起诉资格。然而，2015年仅有九家社会组织成为环境公益诉讼的原告。"② 为了使社会组织消除提起公益诉讼的各种障碍，克服其困难，检察机关有必要发动职能，支持其提起公益诉讼。通过检察机关支持公益诉讼，使社会组织有勇气走上法庭行使立法赋予其的公益诉权，充分行使诉讼权利，履行诉讼义务，获得应该获得的胜诉判决，实现保护公共利益的最终目标。通过提起公益诉讼，社会组织不仅自身得到了锤炼和提升，而且也有助于其总结经验教训，完善其自身的治理结构，强化其组织能力，更好地通过包括提起公益诉讼在内的各种法律途径维护社会公共利益，实现其组织目标。

（三）解救检察公益诉讼之困

检察机关提起公益诉讼对维护公益做出了极大贡献，但与此同时还应看到，检察机关提起公益诉讼还面临着许多困境：一是覆盖困境。检察机关毕竟机构有限，而损害公益的情形却较为普遍，目前提起公益诉讼的重担主要压在检察机关身上，社会组织提起公益诉讼仅仅是被动响应检察机关的公告号召，基本上流于形式，行政机关提起公益诉讼立法并无明确授权，也只能以实践探索的名义偶尔涉足该领域。检察机关几乎包揽着所有形式的公益诉讼，包括民事公益诉讼和行政公益诉讼，而这实际上是勉为其难的。二是判断困境，某一行为究竟是否损害了

---

① 参见史学瀛等：《基于环境保护的我国非政府组织的现状、问题与完善》，载《怀化学院学报》2016年第7期。

② 李楯主编：《环境公益诉讼观察报告（2015年卷）》，法律出版社2016年版，第262页。

公共利益，这一判断极具有专业特性，检察机关在这方面优势不明显。三是选择困境，面临着公益诉讼，检察机关究竟是提起行政公益诉讼还是民事公益诉讼，其中的选择并无确定性标准可以遵循。四是兑现困境，执行往往难以全面及时有效到位，公益保护有时难免浮于表面。为了解救检察机关走出上述种种困境，有必要反思、更新公益检察职能的排列组合，形同虚设几乎处在抛荒状态的支持起诉原则有重新被拾起的必要。通过检察机关的支持而非提起公益诉讼，使大量的社会公益组织在检察机关的有力扶助和帮助下卓然有序地提起该提起的公益诉讼，并同时开放社会组织提起行政公益诉讼之大门，使社会组织更加精准地选择是提起民事公益诉讼抑或行政公益诉讼，这样检察机关因亲自提起公益诉讼而不能不陷入的上述诸多困境便迎刃而解。尤其是这样做，不仅不影响检察机关实现公益保护的检察职能，而且还产生诸如辅助社会组织、匡扶社会弱者、助力接近正义、接济公益司法等法治副产品，一举而多得。

（四）有助于构筑公益维护的多元模式，从而实现多元共治价值

意大利法学家卡佩莱蒂教授曾对现代社会超个人分散性利益遭遇侵害时的起诉资格问题指出："第一，应赋予个人和社会组织维护普遍或团体利益的起诉权，以激发其主动和热情；第二，应将他们的主动、热情和政府的主动或监控整合起来。"① 就公益保护的司法模式而言，大体上依其主体属性可分为起诉资格私法模式、起诉资格社会模式、起诉资格公私合作模式以及起诉资格公法模式四种类型，公益诉讼的私人起诉资格我国目前立法并未赋予之，因而存而不论，在剩余的三种公益诉讼起诉模式中，依其所占份额或曰起诉的数量比例而言，其最佳组合应当是递减接力关系，社会组织的公益诉权应当发挥出最大效应，其次应当是混合模式，最后才是国家出面的公益诉讼起诉模式。然而，如前所述，我国的社会组织在公益司法上能够发挥的作用极其有限，更多的重担是压在检察机关身上，而检察机关本身对此又面临诸多困境，甚至围绕检察机关在公益诉讼中的地位、权利义务以及保障机制等问题还始终存在剧烈争论，这种局面不能不影响公益诉讼的理想效果之实现。为了改变此局面，变"两输"为"双赢"，我们有必要改变和调整公益诉讼起诉模式的排列组合方式。以社会组织为起诉主体、检察机关为支持诉讼主体的公私混合模式应当成为我国目前公益司法的主导性模式，社会组织的起诉模式和检察公益诉讼模式成为该主导模式的"两翼"。公益司法的这种力量组合具有多方面的优势，其中最为重要的是符合合作共赢的社会治理需求。② 公益诉讼是社会治理的善治方式之一，将公益诉讼中的社会力量和国家力量有效地融为一体整合起来，有助于克服传统公益诉讼模式中存在的以公私分离为特征的非此即彼的直线式、二元化、对立性思维，使社会救济和公力救济在公益诉讼中呈现出最大化的力量组合。检察机关支持公益诉讼制度的内在机理就是让最适合的人在最适合的情境下做最适合的事，它与多中心主义和公法上的辅助性原则相关联；当个人或社团无法完成某项诉讼，或者诉讼任务的完成已经超过他的能力、预期效益等，且当该项诉讼的完成又极具价值，可能影响国家、社会公共利益时，国家以支持起诉的方式去保障不同层次的公益显然必要且富有效率。③ 可见，检察机关支持社会组织提起公益诉讼具有杠杆效应，有助于社会治理体系和治理能力现代化建设水平的提升。

---

① ［意］莫诺·卡佩莱蒂：《比较法视野中的司法程序》，徐昕、王奕译，清华大学出版社 2005 年版，第 389 页。
② 参见张牧遥：《检察机关支持公益诉讼新论》，载《内蒙古社会科学（汉文版）》2015 年第 5 期。
③ 参见黄学贤、张牧遥：《检察机关支持公益诉讼制度论》，载《甘肃社会科学》2016 年第 1 期。

三、检察机关支持公益诉讼应当遵循的原则

（一）公益性原则

公益性原则而非私益救济原则是将检察机关支持私益诉讼和检察机关支持公益诉讼区分开来的标志性原则。由于支持起诉原则覆盖了公私两大诉讼领域，检察机关既可以根据《民事诉讼法》第15条的规定支持私益诉讼，也可以根据《民事诉讼法》第58条第2款支持公益诉讼。这两种诉讼的检察支持或检察介入表面上看比较接近，但实际上二者之间的差异乃是本质性的，具体有：一是目的不同。检察机关支持私益诉讼的目的在于救济弱势群体，为诉讼上的弱者得以行使诉权消除障碍、开辟通道，确保司法公正的实现和私法秩序的维持；检察机关支持公益诉讼的目的则在于确保公益不受损害，而不在于救济弱者。二是依据不同。检察机关支持私益诉讼所依据的原则是社会干预，检察机关支持公益诉讼所依据的原则是国家干预。三是支持的身份不同。在私益诉讼的支持起诉中，检察机关的身份本质上属于"社会机构"或国家机关社会化形态，而不是以国家机构的名义进行诉讼的支持；但检察机关对公益诉讼的支持则是检察机关履行检察职能的具体方式之一。四是诉讼地位不同。在私益诉讼的支持中，检察机关处在原告辅助者的诉讼地位，是否需要这种支持由原告决定，检察机关没有强行干预的权力；检察机关对于公益诉讼的支持则不仅仅是诉讼原告的辅助者，更重要的是公益诉讼的监督者，原告的申请固然是启动检察机关参与公益诉讼进行诉讼支持的动因之一，但原告的申请并不具有决定意义，检察机关依职权进行诉讼的支持并通过这种支持进行诉讼中的监督是其职责所在。基于上述区别，检察机关在启动职权进行诉讼支持之时，首要的任务就是要准确判断所需支持的诉讼之性质如何，如果属于私益性质的诉讼，则检察机关应当根据《民事诉讼法》第15条的规定进行起诉性的支持；如果属于公益性质的诉讼，检察机关则应根据《民事诉讼法》第58条第2款的规定进行诉讼性的支持，二者之间的界限不宜混淆。值得注意的是，公益性原则从严格意义上理解应当局限于公益诉讼，但从广义上理解还可包括具有公益性因素的私益诉讼，① 笔者认为应当从广义上对该原则加以界定。

（二）必要性原则

所谓必要性原则，从反面理解，是指如果公益诉讼能够顺利地被发动并能够有效地达到公益保护的最终目标，则检察机关并无支持诉讼的必要性；反之，如果公益诉讼不能被顺利地发动，或者虽然被发动了但却不能有效地获得胜诉并予以执行，则检察机关便有介入诉讼进行公益诉讼支持的必要性。分解开来看，必要性原则中包含着这样几个要素：一是重要性要素。原则上说，凡公益诉讼均具有重要性，但由于检察机关的支持资源是有限的，在公益诉讼中，检察机关还需分轻重缓急进行选择性判断，而不可能做到来者不拒。二是障碍性要素。根据《民事诉讼法》第58条第2款的规定，检察机关支持公益诉讼的对象包括法律规定的有关机关和社会组织，理论上说，检察机关的诉讼支持应当包括对有关机关的支持和社会组织的支

---

① 最高人民检察院2016年发布的检察机关保护知识产权十大典型案例中的"迅达科技集团股份有限公司因商标权纠纷申请支持起诉系列案"就是这样的一例。在该案中，迅达科技集团股份有限公司向假冒其注册商标的燃气灶销售商和制造商提起侵权诉讼，检察机关支持起诉获得法院支持。黄舟：《关注社会公益，审慎支持起诉》，载《人民检察》2017年第16期。在该案中，原告的私人利益获得了保护，同时广大消费者的合法权益也即公共利益也同时受到了司法保护，因而可称之为具有公益性因素的私益诉讼，这类诉讼在实践中还有许多，检察机关应当同时依据《民事诉讼法》第15条和第58条第2款进行支持起诉。

持。但法律规定的有权提起公益诉讼的有关机关一般是指对公益具有监管权的行政机关,[①] 行政机关提起公益诉讼,包括生态环境损害赔偿诉讼,由于其自身力量强大,检察机关无须进行诉讼的支持,检察机关只需在发现问题时进行法律监督即可。但对社会组织而言,它们提起公益诉讼将会面临各种主客观困难,尤其在当下,检察机关对它们提起公益诉讼原则上予以支持是必要的。但如果社会组织具有足够的诉讼资源、强大的诉讼能力和丰富的诉讼经验,则检察机关仍无支持的必要性。三是穷尽性要素。尽管社会组织提起公益诉讼具有一定的困难,但它若能获得其他来源的诉讼支持,如行政机关的诉讼支持或其他社会组织的诉讼支持,这些诉讼支持如果足以保障和支撑社会组织开展公益诉讼活动,则检察机关也无须进行此类诉讼支持。

(三) 适当性原则

在检察机关决定对公益诉讼进行支持后,适当性原则便成为检察机关实施具体支持行为的指导性原则。所谓适当性原则,是指检察机关应当以最适当的方式来实施支持公益诉讼的行为。检察机关支持公益诉讼有多种手段,这些支持手段有待于检察机关根据个案的需要及支持目标而选择适用,在支持的手段和支持的目标之间要能够形成内在的逻辑关联,手段不足则公益保护的目标无法实现,手段过多、全面包办则影响社会组织的诉讼能动性。

四、检察机关支持公益诉讼的模式选择

(一) 全面支持模式

在该模式中,检察机关不仅全程参与公益诉讼的全部活动领域,而且还采用所有的支持手段对原告进行全方位的支持,该模式中的检察机关实质上等同于检察机关提起公益诉讼,检察机关在所提起的公益诉讼中会怎么做,在该模式的支持诉讼中就会也这么做。该模式类似于共同诉讼的制度,支持者与被支持者尽管名义不同,但诉讼地位并无根本区别。[②] 全面支持模式适用于原告初涉公益诉讼、诉讼能力极为薄弱的情形。

(二) 取代支持模式

检察机关支持公益诉讼不同于行政机关支持公益诉讼或社会组织支持公益诉讼的一大特点在于,检察机关不仅是显的诉讼支持者,还是潜在的诉讼发动者,更为重要的是,它还是自始至终的诉讼监督者。检察机关在支持公益诉讼中这三重角色是统一在一起的。如果检察机关认为社会组织在公益诉讼中存在诸如未能勤勉履职、屈服于外在压力懈怠实施诉讼行为甚至与

[①] 《海洋环境保护法》第89条第2款规定:"对破坏海洋生态、海洋水产资源、海洋保护区,给国家造成重大损失的,由依照本法规定行使海洋环境监督管理权的部门代表国家对责任者提出损害赔偿要求。"中共中央办公厅、国务院办公厅《生态环境损害赔偿制度改革方案》、最高人民法院《关于审理生态环境损害赔偿案件的若干规定(试行)》均规定了"省级、市地级人民政府及其指定的相关部门、机构,或者受国务院委托行使全民所有自然资源资产所有权的部门,因与造成生态环境损害的自然人、法人或者其他组织经磋商未达成一致或者无法进行磋商的,可以作为原告提起生态环境损害赔偿诉讼"。

[②] 《法国民事诉讼法》第421条规定:"检察官可以作为主要当事人进行诉讼或者作为共同当事人参与诉讼";第422条规定:"在法律专门规定的案件中检察官可以作为主要当事人提起诉讼"。这里的"主要当事人"应当是指检察机关提起相关民事诉讼,"共同当事人"应当是指检察机关以当事人的身份支持其他利害关系人提起相关民事诉讼,后者与笔者所提出的"全面支持模式"比较接近,该模式中的检察机关既是诉讼的支持者,也是诉讼的原告人,因而称之为"联合当事人"较为适当,这需要我国民事诉讼法对支持起诉制度做出相应修改才能实现;在修改前,应仍称之为"支持起诉人"。

被告恶意串通损害公益谋取私利等具有道德可责性之情形,检察机关则不能听之任之,而应当行使法律监督权,适时向法院提出司法建议,裁定撤销社会组织在本案中的公益诉讼资格认定,在该建议得到法院认可后,检察机关便成为本案中的公益诉讼人,而不再是诉讼支持人,相应的社会组织则退出公益诉讼。该模式大体上类似于诈害防止型第三人制度。尽管该模式在现行法上找不到明确的依据,但在相关立法和司法解释的字里行间也不难推导出此模式存在的必要性与合理性。《环境保护法》第58条第3款规定:"提起诉讼的社会组织不得通过诉讼牟取经济利益。"《环境公益诉讼司法解释》第34条第1款规定:"社会组织有通过诉讼违法收受财物等牟取经济利益行为的,人民法院可以根据情节轻重依法收缴其非法所得、予以罚款;涉嫌犯罪的,依法移送有关机关处理。"据此可以设想一下,如果有社会组织以牟利为目的而提起了公益诉讼,且在公益诉讼过程中收受来自被告方的贿赂,法院对此进行了处罚,甚至将该案作为犯罪线索移送到了有关机关进行处理,此时若还继续保持该社会组织的诉讼原告资格由其决定性地推进诉讼,则显然不太适宜;如果不允许社会组织继续进行诉讼,法院也不可仅以此为依据裁定或判决驳回原告的起诉或诉讼请求,社会公共利益受损的问题依然未获解决,因而,法院不裁定终结诉讼而是在检察院的建议下实行当事人的更换,乃是更为合乎程序法理的选择。不仅如此,这样做较之于在法院作出不利于公益保护的司法裁判后,通过检察监督启动再审改变该司法裁判从而纠正错误、保护公益而言,更加符合效率和经济原则,同时也有利于对社会组织的诉讼行为实施监督。

（三）辅助支持模式

如果检察机关认为提起公益诉讼的社会组织在诉讼能力和诉讼保障上基本能够胜任,而仅在某些方面存在诉讼短板,则检察机关予以取长补短,通过诉讼支持手段的适当择取强化社会组织的诉讼力量,使之与相对方当事人处在诉讼的平衡状态,由此顺利地实现公益诉讼的预期目标。

上述三种支持公益诉讼的模式由检察机关根据具体案情和实际需要进行选择;需加注意的是,这三个模式并非诉前预定、绝对固定的,而是随诉讼之进展动态地予以适用和调适的。

五、检察机关支持公益诉讼的程序构建

（一）管辖问题

支持公益诉讼的管辖是指对法院受理的公益诉讼案件,应当由哪一个级别和哪一个地方的检察机关出面进行支持,其他主体的支持公益诉讼不在讨论范围之内。一般而言,检察机关支持公益诉讼的管辖是由法院对公益诉讼的管辖来决定的,法院对公益诉讼的管辖确定在先,支持公益诉讼的检察机关的管辖确定在后,这一点,与检察机关提起公益诉讼的逻辑是相反的。用以确定支持公益诉讼的检察机关的管辖的基本规则就是一个,原则上而言,对公益诉讼的支持应当与管辖法院相对应,包括级别上的对应和地域上的对应,不能出现级别上的差异或地域上的差异。其原因主要在于,检察机关的支持公益诉讼是履行法定职责的表现,该职责的履行不是任意的,而是由法律预先规定的,管辖制度由此而产生;更深层次的理据还在于,这是由检察机关法律监督的司法体制和原则所决定的。支持起诉是检察机关履行法律监督权的一种表现方式,法律监督与司法审判存在一一对应关系,上下级的关系不能紊乱,平行的地域关系也不能错位。比如说,位于北京市某区的社会组织在广东省某地提起了公益诉讼,不能由北京市某区检察院或北京市检察院去支持起诉,而应当由广东当地的与法院相平行的区级检察院、市级检察院或省级检察院进行支持起诉。有时刑事诉讼中发现的公益受损案件线索与管辖公益诉

讼的法院并不在同一级别或同一区域，此时，相应的办理刑事案件的检察机关应当将案件线索移送至管辖公益诉讼的法院所在地的同级检察机关进行支持起诉，而不得由异域的低级别的检察机关进行跨行政区划或越级的支持诉讼活动。如果一审结束后当事人提出了上诉，则检察机关应当进行二审支持，此时，支持公益诉讼的检察机关应当调整为与二审法院平级的上级检察机关，参与一审支持的检察机关可以在二审中以协助支持诉讼人的身份继续进行支持。

（二）程序启动

检察机关支持公益诉讼的程序启动应当实行以申请主义为主，职权主义为辅的原则。具体又分两种情形：一是社会组织主动提起公益诉讼，检察机关此时应当依社会组织的申请启动支持公益诉讼的程序。另一是在检察机关发出公益诉讼公告后，社会组织响应检察机关的公告，从而提起公益诉讼，此时，一般而言，只有当社会组织提出申请后，检察机关方启动支持公益诉讼的程序；但如果社会组织没有提出申请，检察机关认为社会组织所提出的公益诉讼案件，不仅影响重大，而且社会组织单独进行诉讼也面临着诸多实际的困难，那么，即便社会组织鉴于种种考虑而没有向检察机关提出支持公益诉讼的申请或请求，检察机关仍然可以主动介入公益诉讼进行公益诉讼的支持活动。检察机关根据社会组织的申请进行公益诉讼的支持无须多论，这是检察机关应负的法律职责；但为何社会组织没有提出支持的申请，检察机关也可以依职权进行公益诉讼的支持呢？原因在于，检察机关具有公益维护的法律监督权，检察机关介入诉讼虽也有支持诉讼的含义和实质内容，但主要的是侧重于进行法律监督。除申请支持和职权支持外，人民法院在审理公益诉讼案件过程中，如果认为有必要，也可将案件线索通报给检察机关，并通知检察机关可以介入诉讼进行支持，检察机关一般应当根据法院的职权通知参与诉讼，对公益诉讼实施具体的支持和监督活动。

（三）诉讼地位问题

行政机关以及社会组织在支持公益诉讼中的地位比较明确和单纯，就是诉讼的支持者、协助者、辅助者，它们的支持行为不得与原告的诉讼行为相冲突。然而如前所述，检察机关支持公益诉讼的地位比较多元，其集诉的支持者、诉讼的监督者以及诉讼的潜在原告人于一身。如果认为检察机关的诉讼地位仅是单纯的诉讼支持者，则无异于抹杀了检察机关的法律监督属性，否定了检察机关支持公益诉讼的特殊性。其实，检察机关之所以能够支持公益诉讼，其根本的原因还在于它是宪法和法律规定的法律监督者，它对公益保护负有法律上的监督职责，正是从其法律监督的性质和地位中才派生出了它的公益诉讼支持者的身份和地位，由此并决定着它在公益诉讼过程中享有特殊的诉讼权利并负有特殊的诉讼义务。如果检察机关不同意社会组织提出的公益请求，则应当提出补充的诉讼请求作为支持的内容，法院应当将其纳入司法审判的对象范围之内进行判断。如果一审败诉后，被检察机关支持的社会组织拒绝提起上诉，检察机关可以提出检察建议促使其提出上诉，如果该检察建议依然被拒绝，则检察机关有权代替它提出上诉；二审如果依然败诉，检察机关可以进行抗诉，通过抗诉启动再审程序对错误的裁判进行纠正。极端的情形则是检察机关取代社会组织成为公益诉讼中的原告人。

（四）支持的方式选择问题

前已述及，检察机关支持公益诉讼的方式选择应当按照适当性原则加以确定，而不可一概而论。主要可分为两种方式的组合：一是辅助性方式，二是监督性方式。辅助性方式包括提供法律咨询、提出法律意见书、协助调查取证、出庭参与法庭调查和法庭辩论等；监督性方式包括建议更改诉讼请求，建议提出上诉，建议申请再审，建议申请执行，对撤诉、放弃诉讼请求、和解与调解等实体性处分行为实施监督,向有关部门提供刑事案件线索追究公益犯罪,建议行政处罚等。监督性方式是贯彻公益诉讼之始终的,因而其程序形态为全程参与;辅助性方式则既可以仅限于诉前程序的支持,也可以扩展至诉讼过程的支持。由于检察机关支持公益诉讼的监督性方式具有贯彻始终性,因而即便其辅助性方式具有阶段性、局部性的特点,但总体上而言,辅助性方式必须依附于监督性方式,监督性方式是检察机关支持公益诉讼的主要方式和主要内容,辅助性方式仅是监督性方式的合理延伸,因而,辅助性方式原则上也应当是贯彻始终的。要而言之,检察机关在社会组织提起的公益诉讼,通过辅助性方式进行协助固然是支持,通过监督性方式进行监督也是一种支持,所谓寓监督于支持之中,说的就是这个意思。许多支持公益诉讼的案件之所以显示出检察机关对公益诉讼的全程参与,其原因就在于此。

(五)参与程度

检察机关对公益诉讼的参与程度因案而异,大体上有如下情形:一是诉前支持,二是一审支持,三是二审支持,四是再审支持,五是执行支持。这五种支持公益诉讼的情形中,检察机关既可以仅参与其中一个程序或某个阶段,也可以从头到尾全程参与,作何抉择概视案件需要以及实际状况而定。如果通过诉前支持,检察机关认为社会组织提起和实施公益诉讼并无大碍,则可以止步于此,而不再进行诉讼中的过程性支持;反之,如果检察机关认为仅诉前支持尚不足以保证社会组织能够游刃有余地从事公益诉讼的后续活动,而有可能中途遇挫,或者检察机关认为进行诉讼程序的全程支持不仅有利于诉讼公正结果的产生,而且有利于诉讼程序的顺畅运行,同时还有利于检察机关择机进行公益诉讼的法治宣传,则检察机关可以参与诉讼进行深度支持。在一审程序结束后,如果原告因败诉而提出上诉,检察机关应当跟踪进行二审的支持,而不宜就此退出诉讼。同理,二审结束后如原告仍为败诉,检察机关仍应坚持再审支持。反之,如果一审结束后被告因败诉而提出上诉,检察机关是否需要进行二审支持,则要视情形而定,而不是必须跟踪进行二审支持。在实践中,有时检察机关并未参与一审实施公益诉讼的支持行为,但其认为二审有必要进行支持,则也可直接进行二审支持;同理,检察机关未参与一审或二审,如果认为有必要,也可以直接进行再审支持。执行支持也是如此。

(六)从支持起诉到支持诉讼

《民事诉讼法》第15条和第58条第2款所采用的说法均为"支持起诉",这一概念的涵盖力和解释力均明显存在不足,从前面关于检察机关支持公益诉讼所涉及的内容以及司法实践中检察机关支持公益诉讼的实际状况而言,支持起诉都是一个有缺陷的概念,存在严重的名不副实之嫌疑。顾名思义,支持起诉仅仅是在起诉环节发挥作用,其着力点在于支持原告当事人行使起诉权,使横亘在原告当事人行使起诉权的"不能""不敢""不愿"等障碍予以消除即达支持之目的,至于原告当事人在支持起诉人将其导入、引入、扶入诉讼程序后如何进行诉讼尤其是诉讼的命运如何则概非所问,也正因如此,基于诉讼原则的贯彻始终之特性使然,有学者质疑支持起诉是否够格成为一项真正的诉讼原则,甚至有人主张将其废除了事。笔者当然不赞同将支持起诉原则予以废除的极端观点,但衡之以检察机关支持公益诉讼的实践,将支持起诉原则改为支持诉讼原则是一个值得认真探讨的课题。支持诉讼原则既包括支持私益诉讼也包括支持公益诉讼,检察机关支持公益诉讼是其内容之一。检察机关支持公益诉讼是一个内涵丰富、外延广泛、功能强大的独立的公益诉讼制度,显而易见,该制度远非一个支持起诉就可以涵盖得了的,因而,作为立法论上的建议,将来民事诉讼法修改时,将《民事诉讼法》第15条和第58条第2款中的"支持起诉"改为"支持诉讼"确有必要。

第十三章 诉讼代理人

第一节 诉讼代理人的概念及特征

一、诉讼代理人的概念和主要特征

诉讼代理人是指根据法律的规定或者当事人的委托，以当事人的名义进行诉讼活动并由当事人承受其诉讼后果的人。因此，诉讼代理人实施诉讼行为包括主动实施诉讼行为以及被动受领诉讼行为两方面。其主要特征是：

其一，诉讼代理人以当事人的名义进行诉讼活动。如果是以自己的名义进行诉讼活动，则属于当事人而不属于诉讼代理人。比如遗产管理人、遗嘱管理人、破产管理人等，他们实施诉讼活动，是以自己的名义而进行的，因而不属于诉讼代理人，尽管他与诉讼代理人一样，诉讼的结果并不归属于自己本人。因此，诉讼代理人与诉讼担当人不同，诉讼担当人本身也可以委托诉讼代理人，但诉讼担当人不可能出现法定诉讼代理人。

其二，诉讼代理人所实施的诉讼行为，其结果归属于被代理人，也即归属于当事人，而不是归属于他们自己。

其三，诉讼代理人代理实施诉讼行为，必须具有代理权。诉讼代理人的代理权要么来自法律的直接规定，要么来自当事人的委托行为，前者为法定诉讼代理人，后者为委托诉讼代理人。法定诉讼代理人的代理权具有全面性，委托诉讼代理人的代理权具有限定性。

其四，诉讼代理人是独立的诉讼参与人。诉讼代理人在代理权的范围内，具有独立实施诉讼行为的资格，其诉讼地位具有独立性，其诉讼代理行为不受包括当事人在内的任何人的制约。诉讼当事人可以解除诉讼代理人的代理权，但不得干预诉讼代理人的代理行为。

二、诉讼代理人与刑事辩护人

诉讼代理人与刑事诉讼中的辩护人有联系也有差别。其联系表现在，他们都是为诉讼当事人提供法律服务的人，因而都具有诉讼代理的属性，也都可以合法地收取相应的费用或报酬。但二者存在诸多差异：

其一，二者所服务的案件性质不同。诉讼代理人服务于民事案件（也有行政诉讼案件等，这里仅指民事诉讼中的诉讼代理人），刑事辩护人服务于刑事诉讼案件。

其二，二者所提供的法律服务的内容不同。诉讼代理人主要在诉讼程序的推进、案件事实的证明或反证以及法律适用等方面提供代理意见，刑事辩护人则集中在刑事被告人是否构成犯罪以及刑罚轻重等方面提供法律上的观点和意见，通常对诉讼过程并不具有实质上的影响力。

其三，诉讼代理人接受民事诉讼法的调整，刑事辩护人接受刑事诉讼法的调整。诉讼代理人违法进行代理活动，可能会产生民事诉讼法上的司法制裁措施；刑事辩护人违法进行辩护活动，也可能会产生刑事诉讼法上的司法制裁措施。

三、诉讼代理人与民事代理人

诉讼代理人与民事代理人也是既有区别也有联系的概念。他们在本质上都属于代理人，他们都是以被代理人的名义进行民事活动，他们的代理活动的结果都归属于被代理人的当事人本人，他们的代理活动都受到一定的法律规则的调整和制约，其代理活动如果出现了损害被代理人利益的情形，他们都要依法承担相应的赔偿责任。

然而，诉讼代理和民事代理毕竟属于不同法律领域的代理活动，前者代理的是诉讼行为，后者代理的是民事行为；前者主要与对方当事人和法院打交道，后者主要与相对方的民事主体打交道；前者活动所根据的法律主要是诉讼法，此外还有实体法，后者活动所根据的法律主要是实体法，一般不会涉及诉讼法；前者的代理行为具有专业性，后者的代理行为专业性并不是很强；前者通常只有具有律师资格的人才能实施代理活动，后者则一般的具有民事行为能力的人都可以实施代理活动；前者的代理行为受到法院和其他诉讼主体的监督，而后者的代理行为一般没有专门的监督主体；前者只能直接代理，后者有间接代理①；前者没有表见代理，后者有表见代理；前者可以代理身份行为，后者不能代理身份行为②；前者可以代理无民事权利能力的人，后者不可以代理无民事行为能力的人；前者的代理费由法律明定，后者的代理费由当事人约定；前者违法代理，产生诉讼法上的后果，后者违法代理，产生实体法上的后果；前者的代理权分为一般代理和特别代理，后者的代理权则无此种分类；前者的代理人只能是个人，后者的代理人可以是个人，也可以是组织；前者有无代理权，随时接受法院的调查和审查，后者有无代理权，只能由相对方的民事主体进行审核把关；前者无效代理并不当然无效，是否无效由法院判断，后者无效代理为当然无效，除非本人予以追认等，诸如此类的差异都显示出应当将诉讼代理人和民事代理人从法律上区分开来分别对待。

第二节 诉讼代理制度的意义

诉讼代理制度是各国民事诉讼法的必需性制度，自古罗马法经过近代民事诉讼法直至现代民事诉讼法，也无论是英美法系国家还是大陆法系国家，或者是我国这样的社会主义国家，诉讼代理制度均概莫能外成为一项重要的诉讼制度，这其中的原因除了具有诸如省时省力等民事代理制度的一般功能外，主要可以从以下方面去看待：

一、维护无诉讼行为能力人的合法权益

无诉讼行为能力人不具有实施具体的诉讼行为使之产生特定的诉讼效果的能力，他们无论是作为原告提起诉讼还是作为被告被提起诉讼，都不得亲自实施诉讼活动，而必须由法定诉讼代理人进行代理。其原因在于，诉讼活动是一个具有法律意义的活动，其结果将会对涉案的当事人形成法律关系产生或变动的法律后果，而这个后果具有动态的生成性，必须在主观意志的

---

① 《民法典》第925条、第926条的规定为间接代理制度的内容，民事诉讼中的代理不存在这种可能性。
② 身份行为是发生身份变动效果的民事法律行为，其中有单方行为，也有双方行为。可分为三类：(1) 使本人身份关系发生变动的行为，如结婚或离婚。(2) 使他人身份关系发生变动的行为，如监护被撤销，收养关系被解除。(3) 帮助他人身份关系形成的行为。

直接作用下形成，否则该法律后果就是一个异己的后果，不具有法律上的正当性。因而无诉讼行为能力人进行诉讼活动只能由其法定代理人代为实施诉讼行为，这种法定代理人参与诉讼的权能以及程序是由诉讼代理制度加以保障的。

二、协助诉讼当事人行使诉讼权利

从诉讼程序本身的特性来看，诉讼程序是一个高度技术化、相当专业化、特别法律化的过程，诉讼代理制度有助于弥补诉讼当事人专业知识的缺陷，从而更加有利于维护他们的诉讼权益。当事人进行诉讼活动会遇到各种这样或那样的障碍和困难，其中一个难以逾越的诉讼壁垒便是诉讼的技术性色彩较为浓厚，一般的人难以游刃有余地涉足其中，充分地实施对己有利的各种诉讼活动，最大限度地通过诉讼中的理性活动追逐最大限度的诉讼权益，获得最佳的诉讼结果，因而他们需要聘请具有专门知识的法律人来代替他们实施诉讼行为，从事诉讼中的几乎所有活动。尽管从历史上看，诉讼程序的通俗易懂、简便易行一直是各国立法所追求的理想目标，然而迄今为止可以说这一目标仍停留在理想层面，还没有彻底化为现实，将来机器人司法有望克服此障碍，使人人在诉讼的专业性面前处在平等的状态，然而目前这个理想还不是现实，现实是，随着现代性诉讼的勃兴和各种复杂化诉讼形态的批量出现，诉讼代理制度正发挥着越来越重要的作用。

三、促进诉讼平等原则的实现

从诉讼程序自身的对抗性特征来看，诉讼代理制度有助于贯彻诉讼中的平等原则，有助于诉讼对抗的公正实现。诉讼程序的动能是双方当事人对诉讼有利结果的追逐，诉讼的过程就是平等竞赛的过程，双方当事人只有处在平等的诉讼地位，这种诉讼竞赛才是公平合理的，其诉讼结果的胜败才具有说服力，才能被当事人双方所接受，而这种平等诉讼地位的保障之一就是诉讼代理制度，诉讼代理制度使双方当事人之间的各种诉讼能力的差异极大地缩小，乃至最终趋于消除，从而使当事人双方真正处在平等诉讼的地位，使诉讼程序内在地含有公正合理的因素，最终体现出诉讼武器装备平等的基本要求。有理由相信，具有充分诉讼代理资源供给的诉讼制度，如律师强制代理主义的实行，较之于诉讼代理资源供给极度贫瘠的诉讼制度更具有公正合理的内在禀赋。也正是这样，《依法治国决定》才明确指出："对不服司法机关生效裁判、决定的申诉，逐步实行由律师代理制度。对聘请不起律师的申诉人，纳入法律援助范围。"

四、有助于司法管理

从法院对诉讼的司法管理来看，诉讼代理制度有助于法院对诉讼程序的动态管理。现代诉讼制度需要应对各种各样复杂多变的诉讼案件，这些诉讼案件内在地需要法院加强对诉讼的过程管理，而法院的诉讼管理需要来自当事人的配合与协作，诉讼代理制度便有助于提升当事人的配合水准和协作效果。比如，证据交换制度的实行，离开诉讼代理人的介入与合作，必定困难重重，甚至无法推进。再如，法院的诉讼释明权的行使，如果面对普通的当事人进行可能事倍功半，但如果针对具有专业素养的律师代理人进行则往往会事半功倍，诉讼的效率将会大大提升。总之，在现代诉讼制度下，原来在传统对抗制下极度依赖诉讼代理人的诉讼制度不仅没有在职权主义逐步抬头之下出现趋弱性的根本转型，反而对它有更为强劲的需求，诉讼代理制度的优势也日益增强。

第三节 民事诉讼代理的分类

民事诉讼代理的分类指的是民事诉讼中的诉讼代理人依照其产生的根据可以分为哪些种类。各国民事诉讼法对此的规定大同小异,大同者表现在各国都众口一词将诉讼代理人分为法定的诉讼代理人和意定的诉讼代理人,前者是根据法律的规定直接产生的诉讼代理人,后者是根据当事人的意愿而通过委托行为产生的诉讼代理人;前者的依据是身份,后者的依据是合同;前者的权限范围广泛,相当于当事人本人,后者权限范围有限,取决于当事人的意愿。因此,意定的诉讼代理人也被称为委托的诉讼代理人,狭义上的诉讼代理人指的就是委托的诉讼代理人,前者在广义上属于诉讼代理人的范畴。然而,大同之外尚有小异,小异者表现在对法定代理人的理解有别。比如,在日本,其法定代理人进一步分为实体法上的法定代理人和诉讼法上的法定代理人,诉讼法上的法定代理人又被称为特别代理人,我国也称之为指定代理人。在日本,意定诉讼代理人也被称为任意的诉讼代理人,分为法令上的诉讼代理人和基于诉讼委托的诉讼代理人。[①] 再如,在我国台湾地区,其将诉讼法上的代理人,依其性质,分为法定代理人、准法定代理人、特别代理人和诉讼代理人四种,[②] 法定代理人和诉讼代理人与我们的理解相同。准法定代理人,实际上就是指法定代表人,其学理认为,法人的代表人原非法人的法定代理人,故而《日本民事诉讼法》第58条使用了这样的措辞——"法人的代表人准用法定代理之规定",因而称之为准法定代理人。但是在我国台湾地区,根据其"司法院"解字第2936号解释,将法人的代表人视同法定代理人而适用法定代理人的规定(但在行政诉讼实务上,不采法定代理人的见解)。至于非法人团体设有代表人或管理人者,虽有当事人能力,但无诉讼能力,其诉讼行为必须由其代表人或管理人实施。该代表人或管理人虽然不是该非法人团体的法定代理人,但其在性质上与法人的董事相似,因而我国台湾地区"民事诉讼法"第52条规定:"本法关于法定代理之规定,于第四十条第三项之代表人或管理人及依法令得为诉讼上行为之代理人准用之。"所谓依法令得为诉讼上行为之代理人,原来属于意定代理人的性质,但也准用法定代理之规定,比如商号的经理人、船舶经理人、公司的监察人或股东会另选代表为公司诉讼的人,都属于准法定代理人。[③] 可见,在我国台湾地区,其准法定代理人包括非法人团体的代理人和法令上的代理人两种。

还有所谓特别代理人一说。特别代理人,是指在当事人缺乏法定代理人或者法定代理人不能行使代理权时,由法院确定的诉讼代理人。可见,所谓特别代理人,与我们所说的指定代理人本质上是一致的。特别代理人的权限与法定代理人的权限基本一致,但未经法院同意不得实施诸如放弃诉讼请求、承认诉讼请求、撤诉、和解等重大的诉讼行为。

我国学术上对诉讼代理人的分类通常认为是将其一分为二,一是法定诉讼代理人,二是委托诉讼代理人,前者是特别的诉讼代理人,后者是一般的诉讼代理人,在这二者之间并无第三种形态的诉讼代理人。然而,我们翻看历史,1982年的《民事诉讼法(试行)》规定的是三种诉讼代理人,即除了法定诉讼代理人和委托诉讼代理人外,还有指定的诉讼代理人,简称指

---

① 参见[日]新堂幸司:《新民事诉讼法》,林剑锋译,法律出版社2008年版,第115页。
② 参见陈计男:《民事诉讼法论》,三民书局1994年版,第111页。
③ 参见陈计男:《民事诉讼法论》,三民书局1994年版,第111页。

定代理人。该法第49条规定:"没有诉讼行为能力的人,由他的法定代理人代为诉讼;没有法定代理人的,由人民法院指定代理人。法定代理人之间互相推诿代理责任的,由人民法院指定其中一人代为诉讼。"据此规定,法定代理人和委托代理人之外,还存在一种介于二者之间的中间形态的诉讼代理人,即指定诉讼代理人。其中,指定诉讼代理人又视诉讼代理人的来源和身份,分为法定代理型的指定代理人和非法定代理型的指定代理人。前者由于是在法定代理人相互推诿时由法院在法定代理人之间确定的,因而本质上属于法定代理人,不具有独立存在的价值;后者是在法定代理人缺位时由法院在法定代理人范围之外确定的诉讼代理人,因而属于独立型诉讼代理人,此种指定的诉讼代理人具有独立存在的价值。然而到1991年修改并颁布正式的《民事诉讼法》时便取消了独立型指定代理人制度,仅仅保留了法定代理型的指定代理人,而法定代理型的指定代理人本质上属于法定代理人,因而原来自成一类的指定代理人制度因此被取消,诉讼代理制度的三分法也被二分法所取代。这一立法模式沿用至今而未变。

然而,指定代理人制度究竟有无存在的价值和必要?《民诉法解释》第83条规定:"在诉讼中,无民事行为能力人、限制民事行为能力人的监护人是他的法定代理人。事先没有确定监护人的,可以由有监护资格的人协商确定;协商不成的,由人民法院在他们之中指定诉讼中的法定代理人。当事人没有民法典第二十七条、第二十八条规定的监护人的,可以指定民法典第三十二条规定的有关组织担任诉讼中的法定代理人。"该规定中事实上包含了法定型指定代理人和独立型指定代理人两种形式,当事人没有监护人的,由法院指定有关组织担任诉讼中的法定代理人,这里的法定代理人其实就是指定代理人,因为这种代理人的代理基础已经不是实体法上的监护制度,而是基于其他法定的依据所指定的诉讼代理人,稍有可议之处在于,该司法解释所规定的其他组织担任的法定代理人,在表述上应当是"特别代理人",该特别代理人有别于法定代理人。

笔者的观点是,我国仍有必要回到《民事诉讼法(试行)》中,将诉讼代理人分为法定代理人、指定代理人和委托代理人三种,也即要恢复我国曾有实施过后被立法所废弃的指定代理人制度。我国之所以要恢复指定代理人制度,其根本理由在于仅仅包括法定代理人和委托代理人的二分法代理制度难以适应司法实践的实际需要,对切实保障当事人的诉讼代理权不利。具体阐述如下:

《民法典》第28条规定:"无民事行为能力或者限制民事行为能力的成年人,由下列有监护能力的人按顺序担任监护人:(一)配偶;(二)父母、子女;(三)其他近亲属;(四)其他愿意担任监护人的个人或者组织,但是须经被监护人住所地的居民委员会、村民委员会或者民政部门同意。"第32条规定:"没有依法具有监护资格的人的,监护人由民政部门担任,也可以由具备履行监护职责条件的被监护人住所地的居民委员会、村民委员会担任。"由此来看,我国的监护人制度非常严密,似乎任何一个需要监护的人都会有相应的监护人出现,而不会出现有监护的必要而缺乏监护人之情形。然而存在以下情形,法院仍有指定代理人的必要:

其一,无法定代理人。监护人制度尽管具有立法上的周延性,但客观上并非所有的无诉讼行为能力人或限制民事行为能力人都相应地具有监护人,否则,最高人民法院的上述司法解释也就不会出现"没有民法典第二十七条、第二十八条规定的监护人的,可以指定民法典第三十二条规定的有关组织担任诉讼中的法定代理人"之规定,对不具有监护人身份的人或组织指定其为诉讼代理人,便属于指定代理人。

其二,有法定代理人,但法定代理人因种种客观原因而无法行使代理权。比如,法定代理人因损害被代理人的合法权益而被法院判令停止监护(监护禁令)甚至被撤销监护,或者法定代理人临时丧失诉讼行为能力而诉讼之时尚未指定监护人从而尚未产生法定代理人，如果不及时指定特别诉讼代理人，诉讼程序就有遭到拖延的可能。再如，法定代理人旅居国外或者被司法扣押或者在监狱服刑等，没有可替代的其他法定代理人代为诉讼，此时就需要法院行使指定权，确定特别诉讼代理人（包括临时的指定代理人）。

其三，有法定代理人，但法定代理人与当事人本人存在利害冲突。比如，在离婚诉讼中，一方为无民事行为能力人或限制民事行为能力人，而另一方又要成为其法定代理人，此时很难指望该法定代理人能够善尽代理职责。再如，无行为能力人或限制行为能力人起诉解除收养关系，而被告却恰恰是原告的法定代理人，此时的法定代理人也无法得到诉讼法上的认可。这样就会出现虽有法定代理人但该法定代理人却无法发挥出法定代理人的作用的背反情形，为妥善保护无民事行为能力人或限制民事行为能力人的合法权益，此时由法院指定代理人具有必要性。

其四，有法定代理人，但当事人本人与其法定代理人失去了联系。如无名氏诉讼就存在此种情形，在交通事故案件中，如果无名氏死亡了，则由相关的社会组织或民政部门为原告提起索赔诉讼，不在话下；但如果无名氏并未死亡，其又是无民事行为能力人或限制民事行为能力人，此种情形下，无名氏提起诉讼则应由法院指定代理人代为诉讼，否则其合法权益就无法得到法律的应有保护。

其五，诉前证据保全时，有指定特别诉讼代理人的必要。我国台湾地区"民事诉讼法"第374条规定："他造当事人不明或调查证据期日不及通知他造者，法院因保护该当事人关于调查证据之权利，得为选任特别代理人。第五十一条第三项至第五项之规定，于前项特别代理人准用之。"学理上有学者称之为"准特别代理人"①。也就是说，在诉前进行证据保全，对方当事人也即被告究竟是谁尚不明了，此时为了使该保全顺利进行，有必要为该潜在的被告指定代理人，以满足证据保全时对方当事人行使在场权的法定要求。

法院指定特别代理人的范围应当是无限定的，既可以在专业人士，如律师中指定，也可以在政府机构有关部门或相关公益组织中指定，也可以在与相关当事人具有某种社会联系的人员中指定，究竟指定何人为特别的诉讼代理人，由法院行使职权，斟酌诉讼的实际需要及相关因素加以综合确定。指定代理人如果被证明不适格或履职不到位的，法院也可根据职权更换指定代理人；在指定代理人担任诉讼代理人的法定条件消失后，法院则应当行使职权解除该指定代理人的代理权限。

关于指定代理人的诉讼权限，由于其缺乏法定代理人那样的与当事人本人具有同质性和同构性的亲缘以及其他法律关系，也由于其缺乏委托代理人那样的具有当事人意愿和自由选择的正当性授权，因而需要立法加以特别规定，而不宜归类于法定代理人或委托代理人的职权或权限范围之中。指定代理人的诉讼代理权限既不是普适的，也不是一般代理性质的，而是介于法定代理人和委托代理人之间的一种中间状态的权限，具体而言，其应当包括一般的代理权限和特定的代理权限两方面。指定代理人的一般代理权限与委托代理人的一般授权一致，凡是指定代理人，应当不言而喻具有一般的诉讼代理权，如提起诉讼、提供证据、出席法庭、进行辩论、发表法律意见、提出上诉等；指定代理人的特别代理权限在量上同于法定代理人，但在质上有别于法定代理人，也就是说，指定代理人可以行使如同法定代理人一样的广泛的特别诉讼权利，如和解、调解、承认或放弃诉讼请求、变更诉讼请求、提出反诉等。但指定代理人所行

---

① 陈计男：《民事诉讼法论》，三民书局1994年版，第113页。

使的这种特别代理权在"含金量"上要逊于法定代理人，他们行使这些特别代理权之后，人民法院应当具有职权性的否定权，如有必要，甚至法院在指定代理人时就通过指令对其代理权进行某种限定。

第四节　法定代理人

一、法定代理人的概念及特征

法定代理人，就是指根据法律的规定直接产生的诉讼代理人，也就是说这种诉讼代理人是法定的，而不是意定的，其产生的根据是法律的规定，而不是法院的指定或当事人的委托。《民事诉讼法》用两个条文从正反两个方面规定了法定代理人制度。第60条规定："无诉讼行为能力人由他的监护人作为法定代理人代为诉讼。法定代理人之间互相推诿代理责任的，由人民法院指定其中一人代为诉讼。"第207条在"再审事由"中规定："（八）无诉讼行为能力人未经法定代理人代为诉讼或者应当参加诉讼的当事人，因不能归责于本人或者其诉讼代理人的事由，未参加诉讼的"。前者从正面规定了法定代理人的产生渠道，后者从反面规定了法定代理人的诉讼地位。

根据上述所论，法定代理人具有两个基本的特征：一是从来源上看，法定代理人直接来源于法律的规定；二是从诉讼地位来看，法定代理人相当于当事人本人。当事人拥有何种诉讼权利，当事人负有何种诉讼义务，法定代理人也都享有和负有，二者在量上绝对没有差异，二者在质上几乎没有差异，所不同的是，当事人本人行使诉讼中的处分权具有任意性和绝对的自主性，只要在法律规定范围内，法院不予干涉；法定代理人则不仅要在法律范围内活动，而且其诉讼活动都要以当事人的最大利益为追求和出发点，因而其诉讼行为始终受到法院的监督。

法定代理人与监护人不同。监护人是实体法上的概念，法定代理人则既是实体法上的概念又是诉讼法上的概念，因此，为了区别两种法定代理人起见，一般称诉讼法上的法定代理人为法定诉讼代理人，我们在诉讼法上使用法定代理人这个概念，实际上是一种简称，指的就是法定诉讼代理人。详而言之，法定代理人和监护人有以下区别：

其一，权利责任的使用范围不同。对无民事行为能力人、限制行为能力人的人身、财产和其他合法权益进行保护或者对其抚养、照顾、管理、教育以及对其造成的损害承担民事责任等法律关系时，使用的是"监护人"；在无民事行为能力人、限制行为能力人实施民事法律行为或者参加诉讼时，则使用"法定代理人"。

其二，身份不同。法定代理人是法律赋予监护人的一种法定身份，以便监护人更好地履行监护人的职责。因此，当未成年人或精神病人给他人造成损害时，法律规定监护人承担责任的根据在于监护人的过错责任，即监护人没有尽到管束被监护人的责任，而不是由于法定代理人的身份形成的责任，也不是监护人在代理未成年人或精神病人承担民事责任。

其三，设定二者的目的不同。监护人的目的是保护被监护人的人身、财产和其他合法权益，解决无民事行为能力和限制民事行为能力人在民事行为能力方面的障碍；法定代理人的目的则在于代理被监护人进行民事行为和诉讼行为，使无民事行为能力人和限制民事行为能力人通过法定代理人的代理，能积极参加民事活动和诉讼活动，实现自己的利益[①]。

法定代理人与法定代表人不同。法定代表人指依法律或法人章程规定代表法人行使职权的负责人。我国立法实行单法定代表人制，一般认为法人正职行政负责人为其法定代表人，公司董事长、执行董事或总经理（《公司法》第13条）、证券交易所的总经理（《证券法》第102条）、全民所有制工业企业厂长或经理等，均为法定代表人。法定代表人在对外关系上以法人名义进行民事活动，其与法人之间并非代理关系而是代表关系。法定代理人与法定代表人相比，具有很多相似性，如他们都不是当事人本人，他们都必须以当事人本人的名义进行活动，其行为的法律后果都归属于当事人本人，他们在诉讼中都无须出具授权委托书，他们的身份本身就是他们具有诉讼权能的依据，也正因如此，大陆法国家一般将法定代表人视为法定代理人的一种，或者直接规定为法定代理人，或者准用法定代理人的规定。可见，法定代理人与法定代表人的概念内涵有很多接近之处。但二者仍不能等同。

其一，二者的范围不同。法定代理人既可以是自然人的法定代理人，也可以是法人的法定代理人。比如，根据法律规定，在特定条件下，通过一定手续或外在表现形式，其行为视为法人的行为，如法人终止时的清算组。清算组不是法定代表人，但它却是法定代理人。法定代表人则只能存在于法人之中，自然人、非法人团体则无法定代表人之说，非法人团体称为主要负责人或管理人。

其二，在诉讼中，法定代表人在代表法人进行活动时，其与法人是一体两面的关系。法定代理人则存在一个被代理人的独立主体，代理人与被代理人的关系受法律的调整和规范，法定代理人违反代理职责，法院有权撤销其代理资格。法定代表人违反代表职责，法院无权撤销其代表人资格，其代表人资格只能由法人机构根据法人章程进行撤换。

法定代理人与诉讼代表人不同。《民事诉讼法》第56条规定："当事人一方人数众多的共同诉讼，可以由当事人推选代表人进行诉讼。代表人的诉讼行为对其所代表的当事人发生效力，但代表人变更、放弃诉讼请求或者承认对方当事人的诉讼请求，进行和解，必须经被代表的当事人同意。"第57条也有相关规定。诉讼代表人是代表人数众多一方当事人进行群体诉讼活动的人，诉讼代表人也有诉讼代理人的部分特征和属性，从这个意义上说，他与作为诉讼代理人之一的法定代理人有类似之处，但二者仍有很大差别：

其一，产生的根据有别。法定代理人是法律直接规定而产生的，诉讼代表人是众多的当事人推选或法院商定产生的。前者根源于实体法，后者则是诉讼法上的概念。

其二，身份的复合程度不同。法定代理人的背后是当事人本人，他们在法律上的人格是相互独立的；诉讼代表人的背后是众多的当事人，但同时他也代表他自己，也就是说，法定代理人无论多么像当事人，他也只是一个代理人，诉讼代表人则除了具有代理人的身份外，还有当事人的身份。

其三，权限范围不同。法定代理人的权限范围极其广泛，以致其权限的边界与当事人本人几乎竞合，诉讼代表人则仅仅具有一般诉讼代理的权限，如果其需要从事特殊的诉讼活动，则需要获得特别的授权，因而诉讼代表人就其代理人的身份而言，相当于一般授权的诉讼代理人，而不是特别授权的诉讼代理人，就此而言，诉讼代表人与法定代理人相差较远。

[①] https://wenda.so.com/q/1363717359060693，访问日期：2020年10月12日。

二、法定代理人的制度构成

（一）法定代理人的产生

根据《民事诉讼法》第60条和《民诉法解释》第83条的规定，法定代理人的产生有三种渠道：一是直接由立法产生，二是由监护人协商产生，三是由司法指定产生。第一种渠道所产生的法定代理人为基本原则，在司法实践中是常态，此时，监护人只需要向法院出具诸如为当事人本人的父母或其他监护人的身份证明，即可获得法定代理人的身份参与诉讼，无须办理其他任何手续。根据我国法律的相关规定，监护人的身份可以基于三种原因而发生：基于身份关系而发生；基于签订扶养协议而发生；基于社会保障经由行政确定而发生。第二种渠道是在第一种渠道无法自动生成法定代理人时，由具有监护权的各个主体相互协商，通过商定的形式而产生。第三种渠道是在前两种渠道都无法行得通的情形下由司法机关指定产生的法定代理人，在此种情形下，由于监护人存在争议，包括相互推诿和相互争抢做法定代理人、以致法定代理人既无法通过立法的规定自动产生，也无法通过各个监护人相互协商而产生，此时就需要司法的介入，通过司法机关对各个监护人的情况及其与当事人本人之间的亲疏远近关系，从最大利益保护无诉讼行为能力人的角度，行使司法裁定权，指定法定代理人。第一种渠道是由监护人直接转换身份而来，后两种渠道则是在监护人的基础上渗入了协商和指定的因素而产生的。但无论是通过何种渠道所产生的法定代理人，其法律的性质以及所享有的权限和所负担的义务都是完全一致的。

（二）法定代理人的身份转换

监护权是实体法上的概念，其可以当然地派生出民事法定代理权，但不能据此就认为在监护权中同时包含了法定诉讼代理权，监护权能否使监护人实现身份转换，由监护人变为法定诉讼代理人，尚需中间环节，此即有监护权人向法院提起诉讼，向法院证明其监护权，表达其成为法定诉讼代理人的意愿，并取得法院的司法审查和认可。只有通过上述的法定程序，监护权人方能在民事诉讼中获得法定诉讼代理人的身份。如果通过上述途径尚不能自动实现监护人向法定诉讼代理人的身份转换，则需加上商定或指定的环节，这样身份转换的过程方能最终完成。因此，那种认为监护人就是法定诉讼代理人、法定诉讼代理人隐含在监护人中的观点是值得商榷的。从时点上说，监护权是先于被代理人的纠纷而先行存在的，但法定诉讼代理权则是后于被代理人的纠纷而存在的。如果被代理人没有发生纠纷，则无所谓法定诉讼代理权；如果被代理人发生了纠纷，但没有通过诉讼的途径加以解决，则也无所谓法定诉讼代理权；只有在被代理人发生了纠纷，并且该纠纷被诉诸法院，法定诉讼代理权方有产生的可能性；具有可能性的法定诉讼代理权在完成必要的法定程序和手续后，方变为现实的法定诉讼代理权，直到此时，法定诉讼代理人的身份乃最终获得。

（三）法定代理人的范围

如上所述，法定代理人的范围与监护人的范围原则上保持一致，但二者并不完全等同。事实上，有的监护人可能仍是监护人，而同时并非法定诉讼代理人，比如父母皆为未成年子女的监护人，在该未成年人成为诉讼中的当事人时，其具有监护权的父母可能都是法定诉讼代理人，也可能仅是其中的父或母一人成为法定诉讼代理人，而未成为法定诉讼代理人的父或母仍是该未成年人的监护人。因此，从范围上说，监护人的范围要大于法定诉讼代理人的范围，是监护人不一定成为法定诉讼代理人，是法定代理人一定是监护人。值得注意的是，法院在具有监护权的人之间进行指定而产生诉讼代理人，所指定的诉讼代理人仍被称为法定诉讼代理人，而不是指定诉讼代理人；但如果法院是在监护人之外指定诉讼代理人，则其便不是法定诉讼代理人，而是另一种形式的与法定诉讼代理人和委托诉讼代理人并存的第三种诉讼代理人，即所谓的指定诉讼代理人。可见，严格意义上的也可被称为狭义上的指定代理人是独立于法定代理人范围之外的，其应当从法定代理人的范围中撤除。

（四）法定代理人的诉讼权利和诉讼义务

法定代理人的诉讼权利和诉讼义务用一句话来概括，就是它等同于当事人本人的诉讼权利和诉讼义务，《民事诉讼法》第52条规定了当事人的诉讼权利和诉讼义务，该条中当事人的诉讼权利，就是法定代理人的诉讼权利；该条中当事人的诉讼义务，就是法定代理人的诉讼义务。《民事诉讼法》对法定代理人的诉讼权利并无明文规定，从立法技术上讲，这种单纯指出法定代理人的身份而没有将其与诉讼当事人的诉讼地位联结起来的规定不无完善的空间，但从法解释论上说，法定代理人的诉讼权利是可以从法律规定的结构中推演出来的，这就是将其与委托代理人进行比较，从而获得法定代理人不受限制的代理权限，也就是所谓全权代理的权限。《民事诉讼法》第62条第2款规定："授权委托书必须记明委托事项和权限。诉讼代理人代为承认、放弃、变更诉讼请求，进行和解，提起反诉或者上诉，必须有委托人的特别授权。"既然法定代理人不属于委托代理人，因而立法对委托代理人的权限限制自然不适用于法定代理人；对委托代理人的权限限制以一般授权为原则、特别授权为例外，因而，与之相反的原则便是，法定代理人的诉讼权限不受与委托代理人一样的限制，故而其代理权限为全权代理。当然这种解释不无牵强之处，最好的办法是将来立法完善时增设一个法定代理人的权限范围规则。

值得指出的是，法定代理人相当于当事人，其诉讼权利等同于当事人，法定代理人可以无限地与当事人相接近，但归根到底其与当事人还是不能画等号。根据《民事诉讼法》第22条和第23条以及其他相关规定以住所地确定管辖时，所依据的是当事人本人的住所地而不是法定代理人的住所地；当事人死亡时引起的可能是《民事诉讼法》第153条规定的诉讼中止，也可能是第154条规定的诉讼终结，法定代理人死亡时引起的则只能是《民事诉讼法》第153条规定的诉讼中止，而不可能是诉讼终结，因为尚有其他潜在的法定代理人可以补充；法院裁判所针对的也是当事人本人，而非法定代理人；在裁判生效后需要强制执行时，当事人本人是执行法律关系中的主体，而非法定代理人。

诉讼权利和诉讼义务是一致的，法定代理人的诉讼权利充分，法定代理人的诉讼义务也重。具体表现在：

其一，所有当事人本人原本要负担的诉讼义务，都要由法定代理人来担负。比如，诚信诉讼的义务、提供证据进行诉讼的义务、出席法庭进行诉讼活动的义务、违反诉讼规则承担法律责任的义务、交纳诉讼费用的义务、履行生效裁判的义务等。

其二，当事人本人不承担的诉讼义务，法定代理人也有可能承担。比如，法定代理人必须接受法院的监督，防止其通过诉讼损害被代理人的合法权益，因而接受法院监督的义务就是法定代理人独特的诉讼义务。

其三，在法定代理人因为诉讼中不慎甚或违法行为导致当事人本人诉讼损失时，当事人本人可以在其他法定代理人的代理下诉求其承担损害赔偿的责任。

当然，有时法定代理人的全权代理的范围也必须受到一定的限制，这尤其表现在身份关系的诉讼中更是如此。比如，在以未成年人为当事人的变更抚养权的诉讼中，如果该未成年人已经有一定的意思表示能力,则对这种抚养权的变更必须征求未成年人本人的意愿,而不得由法定代理人代为表达。在精神病人等智障人士的身份诉讼中,包括在离婚诉讼中,只要这些人能够表达内心的想法,则法定代理人均无权代为表述。

(五) 法定代理人的共同代理

法定代理人有时只有一人,为单独代理,有时为两人或两人以上,为共同代理。单独代理的诉讼规则较为单一,其所代理的诉讼行为具有独立被法律评价的意义;共同代理的诉讼规则较为复杂,其所代理的诉讼行为必须结合在一起并参酌该代理行为的性质和类型而区别对待。法定代理人共同代理应当遵循以下诉讼规则:

其一,商定规则。有多个监护人时,究竟谁为法定代理人,还是他们一起成为法定代理人,比如,是父亲一人成为法定代理人,还是父母一起成为法定代理人,这个问题的决定并不属于法律的领域,而属于家庭的领域,也即属于家事而非"国事",自然首先由他们自己协商确定谁为法定代理人参与诉讼,实施诉讼中的代理行为。这种商定的过程,其实就是表达信任和赋权的过程,对于该法定代理人所实施的诉讼行为,其他的未成为法定代理人的监护人不得持有异议。当然,其他监护人对法定代理人的诉讼行为具有监督权,如果法定代理人的诉讼行为确有不妥,甚至侵害被代理人的合法权益,则有权向法院提出法定代理人更换的意见,法院对此应予以审查确定。然而,通过商定规则,也有可能甚至往往会出现所有的监护人或两个以上的监护人都愿意担当法定代理人的情形,此时就出现所谓的法定代理人的共同代理问题。

其二,一致规则。共同代理人代为实施诉讼行为,他们对外具有一体性,他们应当如同连体人一样进行共同行为,而不得各行其是,否则,法院就会陷入无所适从的状态,而无法决断究竟该听谁的,这样不仅会使诉讼程序延滞加长,而且会使被代理人的合法权益遭受损害。因而他们对内应当在采取诉讼行动之前充分协商达成一致意见,若有分歧,也要消化在诉讼行为实施之前,这是共同代理所必须恪守的一项程序规则。

其三,冲突规则。共同代理人毕竟是两个或两个以上的法定代理人所组成的"团队",他们尽管对外需要保持一致,但往往在内部会发生分歧,各种不同的代理观点和代理意见会呈现出来,这些不同的代理意见或观点一旦表现在外,向法院实施了这种不同观点的代理行为,则形成了代理行为的冲突现象。对于这种代理行为的冲突现象,法院当然首先应当进行必要的调和与斡旋,使之自动消除这些代理中的冲突,从而形成一致性的代理行为;但法院的这种消弭代理分歧的努力并不总是能够获得成功,因而代理行为的冲突状态将变成一种客观的冲突。面对代理行为的客观冲突,法院的选择应当以代理行为本身的性质和类型加以分别对待。如果代理行为为一般的代理事项。比如,申请回避,代理人之一提出回避申请,代理人之二不同意这种申请,法院则应以最有利于被代理人诉讼利益为标准进行取舍,应当认可代理人之一的回避申请。再如,代理人之一提出了某种证据,代理人之二不同意提出这一证据,如果该证据的提供对被代理人有利,法院则采纳之;如果该证据的提供对被代理人不利,则否决之。法院对代理行为是否有利的判断并不是完全主观的,而有其客观的标准,该客观的标准就是多数人的标准,多数普通人的意识也即常理或常情,便是多数人标准的基本内容。比如,上诉,一般认为,上诉是对被代理人有利的诉讼行为,因为根据上诉不利益变更禁止原则,上诉不会导致被代理人更加不利的法律后果,因而该上诉行为就是对被代理人有利的诉讼行为,此时有的法定代理人提出了上诉,而其他的法定代理人不同意上诉,法院则按照上诉的意见办理,不上诉的意见就被弃而不用。这是一种情形。另一种情形是,如果代理人实施的是特别的诉讼行为,也就是在一般的代理关系中,需要有特别授权的诉讼事项,包括承认、放弃、变更诉讼请求、和解与调解、反诉、撤诉等。这些特别的诉讼行为对被代理人更为重要,法定代理人代理实施这些特别的诉讼行为,需要根据一致性原则采取同步行动,如有分歧且协商不成,则也由法院根据有利原则加以决断。比如,代理人之一申请撤诉,代理人之二不同意撤诉,法院在审查批准是否撤诉时,要充分考虑到代理人之二的意见,但也并不是只能按表达在后的代理意见办理。诉讼行为可否撤销并不能作为判断法定代理行为冲突的标准。这根本地是因为除由于行为者受到恐吓威胁欺诈等缘故外,任何诉讼行为不能随意被撤销,否则就会动摇诉讼程序的安定性。比如,我们不能说证据提出后可以被撤销,因而以后者为准,也不能说诉讼请求的放弃是不可撤销的诉讼行为,因而以前者为准。情形可能刚好相反,证据提出后就不能一撤了之,因为证据已经在法官心证中起了作用,代理人不能通过将证据撤回的方式干预法官的心证;代理人之一放弃诉讼请求后,代理人之二不同意这种放弃,显然不能以放弃的意见为准,而应当以不放弃的意见为准,因为不放弃的意见对被代理人更为有利。

(六) 身份竞合

法定代理人是由监护人转换而来的,监护人的监护职责既有代理的一面,也有独立的一面,前者的法律后果由当事人本人承担,后者的法律后果由监护人自己承担。如果因为被监护人的侵权行为导致他人损害,被监护人成为诉讼中的被告,其监护人成为诉讼中的法定代理人,同时该监护人还有可能成为诉讼中的共同被告。《民法典》第34条规定:"监护人的职责是代理被监护人实施民事法律行为,保护被监护人的人身权利、财产权利以及其他合法权益等。监护人依法履行监护职责产生的权利,受法律保护。监护人不履行监护职责或者侵害被监护人合法权益的,应当承担法律责任。"《民法典》第1068条规定:"父母有教育、保护未成年子女的权利和义务。未成年子女造成他人损害的,父母应当依法承担民事责任。"这些规定表明,如果监护人未尽监护职责导致他人受损,则除了被监护人以自己的财产承担法律责任外,监护人同时也要以自己的财产承担单独的监护人责任。因此,在以被监护人为被告的侵权诉讼中,监护人既是被监护人的法定代理人,又是原告诉讼请求所指向的被告人,此时就发生了监护人身份竞合的问题,也即此时的监护人,既是诉讼中的法定代理人,又是诉讼中的被告人,作为法定代理人,他不是当事人;作为被告人,他是当事人,因此,他在以法定代理人身份进行诉讼行为时,其诉讼行为按照法定代理人的规则执行;他在以当事人的身份进行诉讼行为时,其诉讼行为则按照当事人的规则执行。比如,监护人在法庭上抗辩说,原告本身在侵权事件中也有过错,因而应当减轻被监护人的法律赔偿责任,这是其依据法定代理人的身份实施诉讼行为;但如果他在法庭上,抗辩说本人已经尽到了监护职责,因而不应当承担监护失职的法律责任,这就是他在以当事人的身份实施诉讼行为。法院在审理案件时,需要将这两种性质不同的诉讼行为区别开来,并按照不同的诉讼规则加以判断和规范。

(七) 法定代理权的消灭

法定代理人之所以能够成为法定代理人,是因为他具有法定代理权,然而这个法定代理权尽管相对于委托代理权具有相对的稳定性,但它并不是恒定不变的,在诉讼过程中是会发生变化的,也即法定代理权也有消灭的时候。法定代理权的消灭主要是由以下原因导致的。其一,缺乏诉讼行为能力的当事人具有了或恢复具有了诉讼行为能力。比如,未成年人长大成人了,或者精神病患者经治疗精神恢复正常了,法院已经按照《民事诉讼法》第197条的规定作撤销原来的被认定为无民事行为能力人、限制民事行为能力人的原判决,作出了新判决,此时,该被监护人就摆脱了监护人的控制,而成为了诉讼中具有独立诉讼行为能力的当事人,作为法定代理人的基础的监护人资格就被取消，法定代理人也就因此丧失其法定代理权。其二，法定代理人本人丧失了诉讼行为能力。成为法定代理人的前提条件是法定代理人本身具有完全的诉讼行为能力，如果法定代理人本身丧失了诉讼行为能力，则以诉讼行为能力为基础的法定代理权便失去了根基，因而随之消失。其三，法定代理人丧失了监护权。法定代理人是基于监护权而生成的，如果实体法上的监护权消失了。比如，基于收养或婚姻关系而发生的监护权，因为解除收养关系或离婚而致使监护权消灭，则作为程序法上的法定诉讼代理权便随之消失。其四，法定代理人死亡或者被代理人死亡。因为法定代理权具有身份性质，它既不可以转让也不可以继承，因而，如果被代理人死亡，则他与法定代理人之间的身份关系便发生断裂，建立在这种身份关系之上的法定代理权便告消失。同样，如果法定代理人自己死亡了，则其建立在独立人格基础上的法定代理权便失去了依附，其法定代理权也因此而消灭。其五，法定代理权被撤销。法定代理人并不总是能够善尽职责，甚至有时他可能会被发现与被代理人存在某种利害冲突，因此法院根据其他监护人的监督意见，可以裁定撤销其法定代理人的资格，更换其他的监护人为法定代理人继续进行诉讼。其六，其他导致法定代理权消灭的情形。上述所论，是法定代理权的中途消灭或非正常消灭，法定代理权除了这种非正常的消灭外，还有正常的消灭。法定代理权的正常消灭，是指法定代理权因为诉讼的终结而消灭。由于法定代理权是代为实施诉讼行为的权利，其存续的时间长度与诉讼的长度相等同，诉讼一结束，法定代理权也便消灭。

第五节　委托代理人

一、委托代理人的概念

委托代理人是诉讼代理人的一种，而且是主要的种类，在实践中主要是委托代理人在发挥着诉讼代理的作用，以致人们经常将委托代理人代称为诉讼代理人。委托代理人，全称应当是委托诉讼代理人，也称授权代理人或意定代理人，是指经由当事人本人授权委托进行诉讼所形成的代理人。

委托代理人与法定代理人有别，法定代理人的诉讼代理权直接来源于立法的规定，而无须授权委托的过程，而委托代理人的诉讼代理权是根据当事人本人的意思表示而形成；法定代理人的代理权限为全权代理，其诉讼权利和诉讼义务与当事人本人的诉讼权利和诉讼义务相一致，而委托代理人的代理权限则有可能是全权代理，也有可能是非全权代理，也即一般代理，其代理权限由当事人根据诉讼的需要而确定；法定代理人的身份和诉讼地位具有稳定性，在诉讼过程中一般不会发生变动，委托代理人的身份和诉讼地位则有可能会因当事人或委托代理人的意志变化而发生变动；法定代理人一般为实体法上的监护人，其与当事人本人之间具有密切的身份联系，委托代理人则主要是职业性的法律工作者，也即律师，近亲属代理以及有关组织推荐代理仅起补充作用；法定代理人还可以委托代理人，委托代理人不可以再次委托代理人。

委托代理人也不同于指定代理人，指定代理人是根据法院的职权行为而产生，委托代理人是根据当事人的委托行为而产生；指定代理人的代理权限相当于法定代理人，委托代理人的权限则相对有限；指定代理人通常与法律援助相关联，委托代理人则按照约定收取委托人的费用或报酬。

二、委托代理人的立法模式

委托代理人的立法模式指的是立法对委托代理人的来源和范围所作的不同规定。由于诉讼行为具有高度的技术性和专业性，诉讼行为中发生的任何闪失或偏误都有可能造成难以挽回的法律后果，诉讼的胜败往往取决于诉讼能力和诉讼水平的强弱和高低。由于当事人本人的诉讼能力和水平参差不齐，而且他们往往对诉讼的专业性特征不甚了解，因而为了消除横亘在当事人面前的诉讼知识壁垒和诉讼能力局限，为了保障当事人诉讼地位的实质性平衡和诉讼程序的公允性与顺畅性，委托代理人进行诉讼的制度为各国民事诉讼法所共同采用。然而，由于委托代理人的律师供给有别，再加上各国的诉讼技术性程度以及所实施的诉讼模式有所不同，尤其是法律援助制度的发达程度有所差异，各国所实行的委托代理人的立法模式有所不同。具体有以下三种形式：

（一）律师强制代理主义

律师强制代理主义也称律师诉讼主义，是指凡是诉讼，都必须委托律师作为代理人进行；反之，如果没有委托代理人，或者所委托的代理人不是律师，则诉讼程序不得进行，诉就被认为不具备合法要件而被法院驳回。德国是实行律师强制代理主义的典型国家。《德意志联邦共和国民事诉讼法》第78条规定："当事人在州法院必须由初级法院或州法院所许可的律师作为诉讼代理人代为诉讼，在所有上级审法院必须由受诉法院所许可的律师作为诉讼代理人代行诉讼；在家庭事件中，当事人和参加人在家庭法院必须由初级法院或州法院所许可的律师作为诉讼代理人代为诉讼，在所有上级审法院必须由受诉法院所许可的律师进行代理。"[①] 实行律师强制代理主义的好处是不言而喻的，比如它能够适应诉讼专业性的需求，促进诉讼程序的快速运行，提高诉讼效率，同时也有助于法院更加正确地处理案件，而且法院所作出的裁判更容易产生指导案例的效果。然而，同样显而易见的是，实行律师强制代理主义往往只是一种理想的追求，而容易脱离现实。因为如果特定的国家所存在的可使用的律师本身数量有限，律师的供应与诉讼的暴涨之间难成比例，需要有律师代理的案件几乎件件都是，但律师的供应量则往往捉襟见肘，无法应对，这是其一；其二，委托律师代理，尤其是高水平有职业道德的律师代理，诉讼费用往往是高昂的，能够委托优质律师代理的当事人毕竟仅占少数。为此，国家就有必要大力发展公费律师代理以及免费的法律援助代理，而这又与国力相关联，大量的经费开支往往成为国库的沉重负担，因此，经济落后的国家或还处在发展初级阶段的国家，还难以做到对贫困者的诉讼一律提供律师代理，有限的法律援助对于庞大的律师代理需求而言可以说是杯水车薪，司法红利难以充分释放。因此，在我国，尽管学术界和实务界也看到了律师强制代理主义的优势，但其完全的实现尚非一日之功，需要渐进缓图，逐步靠拢。目前可考虑在再审申诉或法律监督的案件中，首先打开律师强制代理主义的一道口子，此后再向公益诉讼代理、最高法院的诉讼代理、高级法院的诉讼代理、二审代理、人事诉讼代理等领域扩展。

（二）任意代理主义

任意代理主义，是指在民事诉讼中是否委托代理人进行诉讼取决于当事人的意愿，但如果当事人要委托代理人进行诉讼，则必须委托具有律师资格的人作为诉讼代理人。也就是说，任意代理主义既包含当事人本人诉讼主义的要素，又包含律师强制代理主义的要素，是介于二者

[①] 《德意志联邦共和国民事诉讼法》，谢怀栻译，中国法制出版社2000年版，第16页。

之间的一种中间形态的代理制度。由于这种代理制度规定当事人所委托的诉讼代理人只能是律师，而不能是近亲属、社会团体推荐的公民等，完全排除公民代理，因而又被称为律师独占主义。日本的立法被认为是实行任意代理主义的典型代表。《日本民事诉讼法》第54条规定："除法律规定能进行裁判上行为的代理人外，非律师不能做诉讼代理人。但是，在简易法院，经法院许可，非律师的人，可以作为诉讼代理人。本条前款规定的许可，可以随时撤销。"可见，任意代理主义相对于律师强制代理主义对于律师的需求有所缓和，显得更加从实际出发，比较符合当事人的选择意愿；但相对于当事人本人诉讼主义，任意代理主义将诉讼代理权完全限定于律师，也是一种矫枉过正的做法，因而也有脱离现实的缺陷。

（三）本人诉讼主义

本人诉讼主义，是指当事人本人具有独立实施诉讼行为的权能，是否委托代理人进行诉讼，以及所委托的诉讼代理人是否为律师，则概非所问。我国采用的就是当事人本人诉讼主义。毫无疑问，当事人本人诉讼主义最接近诉讼的原始状态，诉讼最初就是由当事人自己亲自实施的，诉讼代理制度是诉讼发展到一定的历史阶段方出现的诉讼制度，因而，当事人本人诉讼主义具有天然的正当性。尤其是，当事人本人诉讼主义也能够充分体现当事人的诉讼意志，如果当事人有足够的诉讼能力而仍强制其委托律师作为代理人则无异于强人所难，有时当事人虽然诉讼能力不足，他也不愿意委托代理人进行诉讼；在诉讼调解、人事诉讼、小额诉讼、多元化纠纷解决机制中，当事人本人进行诉讼恰恰具有优势而非劣势，更有利于诉讼纠纷的化解，实践表明，诉讼代理有时不是促进诉讼而是妨碍诉讼。更为重要的是，如果诉讼模式倾向于职权主义的诉讼体制，法官在诉讼过程中发挥出更多的作用，律师的很多作用可以由法官代替完成，则此时实行当事人本人诉讼主义更为适宜。事实上，诉讼中有的环节，当事人本人诉讼主义更有优势，比如必须由当事人本人出庭陈述案情、法官对当事人进行询问时，律师代理基本上发挥不了作用。在一些大规模的诉讼中如群体诉讼、集团诉讼、代表人诉讼、公益诉讼等中，律师代理还有可能会出现与对方当事人勾兑从而谋取法外利益等非职业伦理现象。此外还有一个不可忽视的因素是，当事人本人诉讼主义还有利于节约司法资源，减少当事人的诉讼开支，避免当事人陷入赢了官司输了钱的困境。因此，我国的当事人本人诉讼主义具有一定的制度优势。然而，这并不意味着我国的当事人本人诉讼主义就是尽善尽美的制度，其仍需要改革和完善，而一个基本的方向就是如前所述，将律师强制代理主义以及任意代理主义的合理因素引入我国，从而形成一个综合性的诉讼代理制度。其基本框架可以是：以当事人本人诉讼主义为基调和原则，以部分诉讼实行律师强制代理主义为例外，以法院指定代理主义为补充。

三、委托代理人的范围

委托代理人的范围是指有哪些人可以被当事人委托成为诉讼中的代理人，也即委托代理人的制度界限的问题。《民事诉讼法》第61条规定："当事人、法定代理人可以委托一至二人作为诉讼代理人。下列人员可以被委托为诉讼代理人：（一）律师、基层法律服务工作者；（二）当事人的近亲属或者工作人员；（三）当事人所在社区、单位以及有关社会团体推荐的公民。"这就是我国民事诉讼代理人的范围及其法律依据。对此，《民诉法解释》做了明确性解释，其第84条规定："无民事行为能力人、限制民事行为能力人以及其他依法不能作为诉讼代理人的，当事人不得委托其作为诉讼代理人。"第85条规定："根据民事诉讼法第六十一条第二款第二项规定，与当事人有夫妻、直系血亲、三代以内旁系血亲、近姻亲关系以及其他有抚养、赡养关系的亲属，可以当事人近亲属的名义作为诉讼代理人。"第86条规定："根据民事诉讼法第六十一条第二款第二项规定，与当事人有合法劳动人事关系的职工，可以当事人工作人员的名义作为诉讼代理人。"

如前所述，委托代理人的范围首先是由委托代理人的立法模式所决定的，委托代理人的立法模式所实行的律师强制代理主义、任意代理主义和本人诉讼主义有所不同，委托代理人的范围也就有所不同。因此，对于律师强制代理主义而言，并不存在委托代理人的范围问题，因为只有律师才能成为委托代理人。但在任意代理主义和本人诉讼主义中，由于不仅是律师可以成为委托代理人，不具有律师身份的普通公民也能够成为委托代理人，而普通公民是否涵盖所有的公民，还是仅仅是一定范围内的公民，这就有委托代理人的范围问题。因此，严格意义上的委托代理人的范围这个概念，指的是什么范围内的普通公民能够成为委托代理人的问题。我国民事诉讼法实行当事人本人诉讼主义，因而普通公民能够成为委托代理人是其基本特征。

然而，这里的"普通公民"究竟是何种范围内的普通公民？其身份和资格有没有限制？也就是说，是实行一般意义上的普通公民代理主义，还是实行限定意义上的普通公民代理主义，这在我国民事诉讼立法上先后有个变化，分别形成了一般意义上的普通公民代理主义和限定意义上的普通公民代理主义两种立法体例。《民事诉讼法（试行）》第50条规定："当事人、法定代表人、法定代理人，都可以委托一至二人代为诉讼。当事人的近亲属、律师、社会团体和当事人所在单位推荐的人，以及经人民法院许可的其他公民，都可以被委托为诉讼代理人。"据此规定，律师、当事人的近亲属、社会团体和当事人所在单位推荐的人，以及经人民法院许可的其他公民，都可以在当事人的委托下成为诉讼中的诉讼代理人。尤其是其中的"其他公民"，尽管要取得法院的许可，但就其范围本身而言并无任何限制，"其他公民"实为"任何公民"，因而我们可将其归类在一般意义上的普通公民代理主义的范畴。此后的1991年《民事诉讼法》第58条和2007年修改后的《民事诉讼法》第58条，对此相沿未改，实行的也是一般意义上的普通公民代理主义。

实践表明，这种极为宽泛的一般意义上的普通公民代理主义既有优点，也有缺点。优点是这种立法例有利于普通公民广泛地以诉讼代理人的身份参与诉讼，体现了诉讼的民主色彩，对当事人本人而言，也有利于其在更大更广的范围自由选择诉讼代理人，从而使诉讼代理人的选任更加适应诉讼的需要，同时广泛的公民代理也有利于将某个领域具有专业知识的人引入诉讼，由他们提供技术性协助，助推法院进行精准的事实认定，在一定意义上起到了后来产生的诉讼辅助人的作用。然而，其缺点仍是明显的，这就是法院对普通公民担任诉讼代理人的许可性把关有时不能不流于形式，很难进行有效的实质性审查。

为改变此一无所限制的公民代理主义之做法，2012年修改《民事诉讼法》第58条对此作出了修改和限定，规定除律师外的普通公民中，除"当事人的近亲属或者工作人员"外，只有"当事人所在社区、单位以及有关社会团体推荐的公民"，才能作为普通公民被当事人委托成为诉讼代理人。《民诉法解释》第87条规定："根据民事诉讼法第六十一条第二款第三项规定，有关社会团体推荐公民担任诉讼代理人的，应当符合下列条件：（一）社会团体属于依法登记设立或者依法免予登记设立的非营利性法人组织；（二）被代理人属于该社会团体的成员，或者当事人一方住所地位于该社会团体的活动地域；（三）代理事务属于该社会团体章程载明的业务范围；（四）被推荐的公民是该社会团体的负责人或者与该社会团体有合法劳动人事关系的工作人员。专利代理人经中华全国专利代理人协会推荐，可以在专利纠纷案件中担任诉讼代理人。"这样一限定，普通公民的代理范围就大大受限了，尽管有关社区、单位、社会团体推荐的人也有可能规避立法和司法解释的规定进行法外的公民代理，但这毕竟不是立法和司法解释本身的问题，而是实践操作中的漏洞所致，因而将来的重点应当是监督社区、单位和社会组织所推荐的人，监督他们是否符合司法解释所确定的各项条件，并由法院严格审查把关，从而使立法的规定落到实处，净化司法生态，纯化代理环境，优化诉讼秩序。

当然，虽然2012年《民事诉讼法》修改对公民委托代理进行了限制，但其实际效果却依赖于切实把握司法解释的上述四个条件，即确定被代理人属于该社会团体的成员，或者当事人一方住所地位于该社会团体的活动地域；代理事务属于该社会团体章程载明的业务范围；被推荐的公民是该社会团体的负责人或者与该社会团体有合法劳动人事关系的工作人员，则这种不受管制的公民代理现象就可有效遏制。应当看到，我国诉讼代理制度中存在的这些乱象，深层的因素还是根源于我国的民事司法体制本身存在的缺陷，如果我国的司法公正水平已经很高，法官的中立性和公正性有了切实可靠的保障，异化了的公民代理问题、司法掮客问题等便将迎刃而解。

四、委托代理人的人数

委托代理人的人数是指当事人最多能够委托多少人成为其诉讼代理人。对委托代理人的人数规模在立法上应当有所控制，否则如果人数过多，一方面没有必要，另一方面也会导致诉讼秩序的混乱，影响诉讼的效率性。《民事诉讼法》第61条规定："当事人、法定代理人可以委托一至二人作为诉讼代理人。"对比该条与其前身《民事诉讼法（试行）》第50条的规定可以发现有一个小小的区别，这就是从1991年《民事诉讼法》时，其第58条就将其中的"法定代表人"予以取消了，原因在于，法人是当事人，如果法人可以委托1—2人作为诉讼代理人，而同时法定代表人也可以委托1—2人作为诉讼代理人，显然陷入了逻辑混乱的泥潭之中，有立法重复之嫌，因而将与法人人格混同的法定代表人予以删除是恰当的。

《民事诉讼法》第61条将诉讼代理人的人数确定为1—2人基本上是合理的，有改进空间的是在特殊情况下，应当允许在法院的许可下有所突破。这是因为，有的案件极其复杂，诉讼代理人各有专攻，他们往往不是代理全才，而是代理专才，他们分别在某些领域具有代理优势，在一般的诉讼案件中，以2人为极限的代理人数已经足够应对，但在复杂法律关系所引发的诉讼纠纷中，2人规模的诉讼代理人有时显得具有局限性，因而在法官裁量的基础上进行代理人的人数规模的适度突破是具有必要性的。需要指出的是，这里的当事人是指每一个实际的当事人，而不是当事人一方这种笼统的概念，在共同诉讼中，每一个共同诉讼人，包括必要共同诉讼人，都有权委托1—2人作为诉讼代理人，这是因为，即便是共同诉讼人，他们之间内部也会有所分歧，其代理意见也不尽一致，因而需要在他们各自的诉讼代理人之间进行折中协调，从而最大限度地维护各个当事人的合法权益。作为佐证的是代表人诉讼中的委托代理人的人数规定。《民诉法解释》第78条规定："民事诉讼法第五十六条和第五十七条规定的代表人为二至五人，每位代表人可以委托一至二人作为诉讼代理人。"每一位代表人既然可以委托1—2人作为诉讼代理人，则作为代表人诉讼原型的共同诉讼中的每一个共同诉讼人，也自然可以委托1—2人作为诉讼代理人。需要指出的是，在代表人诉讼中，非代表人的其他当事人，不属于《民事诉讼法》第61条所规定有权委托诉讼代理人的"当事人"的范畴，这是因为他们推选出或通过其他途径产生出诉讼代表人后，他们尽管也有监督权、知情权等权限，但已不享有完整意义上的当事人的诉讼权利，无权单独委托诉讼代理人参与诉讼，否则，如果群体性的纠纷中，众多的当事人均要委托诉讼代理人参与诉讼，则诉讼必然产生难以承受之重，代表人诉讼简化诉讼程序的制度目标就无法实现。

五、委托代理权的产生、变更和解除

委托代理权的产生是指委托代理权是依照何种依据而形成的。顾名思义，委托代理权是根据当事人的委托而形成的，当事人的委托就是当事人的授权，当事人通过授权委托将其本人所具有的诉讼权利赋予律师等被委托人，由他们代替当事人去实施诉讼行为，包括行使诉讼权利、履行诉讼义务等。依据该定义，可将当事人的委托授权分解和概括为以下几个要点或特点来把握：其一，当事人的委托授权仅仅是当事人自己所享有的诉讼权利的某种剥离和共享，而并不意味着权利让与、让渡和转让，当事人在授权委托后，自己仍保留原有的诉讼权利，该诉讼权利不因授权委托而有任何影响或损失。其二，当事人的委托授权是在当事人的意志控制下进行的，当事人只要愿意，他可以随时收回这种委托授权，从而使被委托人的诉讼权利复归于无。其三，当事人的委托授权在内容上具有可分割性，其既可以是一般的授权委托，也可以是特定的授权委托，还可以是全面的授权委托，这种被委托授权的诉讼权利究竟如何进行量的划分，由当事人本人自主决定。其四，当事人的授权委托必须采取书面的形式，也就是采用授权委托书的形式。

授权委托书是指当事人授权委托给律师等人代替自己进行诉讼活动并由自己承担法律后果的具有法律效力的文书。《民事诉讼法》第 62 条规定："委托他人代为诉讼，必须向人民法院提交由委托人签名或者盖章的授权委托书。"授权委托书的特点是：

其一，必须是书面形式。口头的授权委托通常不被允许，只有在小额诉讼等以口头起诉为原则的简易程序中，当事人通过口头的形式进行授权委托，经过法院书记员记录在卷，并由当事人本人签名盖章，这种形式的授权委托才应当是允许的，这符合便利当事人进行诉讼的便民原则，同时经过法院书记员的记录和当事人本人签名盖章或捺手印具有真实性的保障，因而应当视为书面形式。①

其二，授权委托书是单方法律行为的表现。单方法律行为，是与双方法律行为相对而言的一种法律行为，是指一方实施的法律行为，无须对方进行意思表示就产生法律效果的行为。当事人本人一旦进行了授权委托，被委托人即可向法院提交，并据此实施诉讼行为，被委托人无须在授权委托书上签字表示同意接受授权委托。

其三，授权委托书是诉讼法上的概念。这里需要区分授权委托书与委托代理合同之间的关系。委托代理合同是实体法上的概念，一般而言，委托代理合同签订在先，只有在委托代理合同签订后，授权委托书才能做出。因为委托代理合同是当事人委托律师等进行诉讼活动、律师等被委托人表示接受委托代理的契约，这是双方法律行为的结果，一方委托、另一方同意接受委托便构成了相对应的两个法律行为，这两个法律行为融合在一起，便成为了委托代理合同。但委托代理合同仅仅在委托人和被委托人之间发生民事法律方面的效力，而对法院、对相对方当事人都不发生效力，因而当事人仅仅向法院提供委托代理合同尚不能发生授权委托书的法律效果，授权委托书产生的是诉讼法上的公法效果，而不是实体法上的私法效果，二者性质有根本的区别。

---

① 《民诉法解释》第 89 条规定："适用简易程序审理的案件，双方当事人同时到庭并径行开庭审理的，可以当场口头委托诉讼代理人，由人民法院记入笔录。"笔者认为，适用简易程序的案件，应当都可以不分阶段地口头委托诉讼代理人，因为既然简易程序允许口头起诉，则也应允许其口头委托诉讼代理人，当事人在简易程序中口头委托诉讼代理人的权利不限于开庭之时。

其四,授权委托书是诉讼代理权的法律依据。如前所述,委托代理合同尽管也有委托代理范围和权限的约定,但这种约定对外不发生效力,而仅仅对委托代理合同的双方当事人具有拘束力,对于法院而言,其只要看到授权委托书即产生授权委托的法律效果,当事人无须向法院提供委托代理合同。

所需探讨的是,这种授权委托书是否必须当事人亲自提交给法院?对此,《民事诉讼法》未作明确规定,《民诉法解释》第89条规定:"当事人向人民法院提交的授权委托书,应当在开庭审理前送交人民法院。"这里的"送交"也未必指必须是当事人本人去法院进行送交。从保障授权委托书的真实性角度出发,要求当事人亲自向法院提交授权委托书是不无道理的,但是如果从便利当事人的诉讼角度出发,则这种由当事人亲自提交授权委托书的做法和要求有时在实践中未免显得有些麻烦,且无必要性。当事人进行授权委托,有一个重要的原因就是省时省力,有时向法院亲自提交授权委托书对某些当事人而言也显得过于复杂,尤为重要的是,这种亲自提交授权委托书的要求无非是要保障其真实性,而真实性的保障完全可以通过当事人签名盖章的形式来实现,如果仍有欠缺,法律还可以要求当事人对授权委托书进行公证。因而,授权委托书可以由当事人本人提交,也可以由被委托人提交,提交授权委托书的时间应当与被委托人实施诉讼行为的起点保持一致,只有提交了授权委托书,被委托人方能有效地实施诉讼行为,否则,其诉讼行为通常是无效的,除非受到当事人的及时追认。

《民事诉讼法》第63条规定:"诉讼代理人的权限如果变更或者解除,当事人应当书面告知人民法院,并由人民法院通知对方当事人。"据此规定,授权委托书上所记载的委托代理权限和范围有可能会中途发生变动,具体包括诉讼代理权的变更和诉讼代理权的解除两种形式。诉讼代理权的变更,是指在当事人授权委托之后,通过书面的形式将诉讼代理权予以缩小或者扩大的行为。诉讼代理权的范围为诉讼代理人实施诉讼活动划定了最大的范围,超出该范围的诉讼行为原则上归于无效代理的范畴,一般不产生法律应有效果。但诉讼过程中,当事人对律师等诉讼代理人的代理表现可能会发生判断上的变化,同时也可能会根据诉讼的需要而调整自己的诉讼委托策略,这往往在诉讼代理权的范围变动上表现出来。诉讼代理权的变更具有两种表现方式:一是由特别代理变更为一般代理,二是由一般代理变更为特别代理。此外,还有特定代理向一般代理或特别代理的变更或反向变更。无论诉讼代理权的何种变化,当事人本人都必须将这种变更代理权范围的意志准确及时以书面的形式向法院作出表示,否则这种变更不发生法律效力。至于对方当事人,则由法院将诉讼代理权的变更情形告知他即可,当事人无须向其作出诉讼代理权范围变更的通知。但如果当事人仅向对方当事人表示这种代理权的变更,而未同时向法院作出这种变更表示,则这种诉讼代理权范围的变更效果仍无法实现。

广义的诉讼代理权的变更包含了诉讼代理权的解除。诉讼代理权的解除,是指当事人对委托代理人的诉讼代理权予以收回,并表达其诉讼活动不得由其继续实施代理行为的意思表示。诉讼代理权既然有授予,当然也就有解除,无论是诉讼代理权的授予还是解除,都是当事人行使其诉讼权利的表现和结果,其一旦实施便产生相应的法律效果。与诉讼代理权的变更一样,诉讼代理权的解除也需要由作为授权委托人的当事人本人向法院作出书面表示,法院在接到这种意思表示后,应当及时通知相对方当事人,在当事人向法院表示诉讼代理权的解除意思后,诉讼代理人的诉讼代理权便归于消灭。

此外,《民事诉讼法》第62条第3款规定:"侨居在国外的中华人民共和国公民从国外寄交或者托交的授权委托书,必须经中华人民共和国驻该国的使领馆证明;没有使领馆的,由与中华人民共和国有外交关系的第三国驻该国的使领馆证明,再转由中华人民共和国驻该第三国使领馆证明,或者由当地的爱国华侨团体证明。"立法之所以做出如此规定,其根本的原因还在于确保授权委托书的真实性,如果授权委托书有假,则将从根本上使诉讼程序产生釜底抽薪的归零效果,因而必须慎重对待。

六、委托代理权限

委托代理权限是当事人通过授权委托书所确定的诉讼代理人的活动范围,其在该活动范围内所实施的诉讼行为将产生应有的法律效果。《民事诉讼法》第62条第2款规定:"授权委托书必须记明委托事项和权限。诉讼代理人代为承认、放弃、变更诉讼请求,进行和解,提起反诉或者上诉,必须有委托人的特别授权。"根据当事人授权范围的大小,委托代理权限有三种表现形态:一是特定代理,二是一般代理,三是全权代理。特定代理是指明代理事项的代理,比如接受法院送达的诉讼文书和法律文书,代为出庭就某个专业性问题作出说明等均是特定代理。特定代理的范围虽然比较明确和肯定,通常不会因为代理权限而滋生争议,但其一般比较狭小,代理手续非常烦琐,代理成本较高,也不利于诉讼安定性价值的实现,实践中通常不采用此种代理模式。一般代理是指除了需要明确特别授权的诉讼事项外,当事人所享有的其他诉讼权利都可以由诉讼代理人行使。由于一般代理是司法实践中最常见的一种代理模式,因而也称为普通代理或普通委托。特别代理是指在一般代理的基础上,当事人对重要的诉讼事项进行一一列明的代理,学理上也被称为"特别授权"或特别委托。《民事诉讼法》第62条第2款所列举的诉讼事项均属于特别代理事项,包括诉讼代理人代为承认、放弃、变更诉讼请求,进行和解,提起反诉或者上诉等。

特别代理和一般代理不同。一般代理是概括代理,也即它不具体列明所代理的诉讼事项,特别代理是具体代理,它必须列明具体的代理事项;一般代理是肯定性代理,没有被立法通过特别代理所排除的诉讼事项,均在一般代理的范围之列,特别代理是否定性代理,除非被特别授权具体列明的外,凡是未被列明的特殊事项,均属于不得代理的事项;一般代理是诉讼代理的推定形式,凡未被一般代理所排除的诉讼事项,均推定为一般代理的事项,当事人要否定该代理事项,必须提供证据证明,特别代理是诉讼代理的规定形式,只有落在特别代理条款中的诉讼事项才属于代理的对象,因而其代理事项是明确规定的,而无须借助于推定;一般代理具有稳定性,通常在诉讼中自始至终均存在而不会发生变动,特别代理不具有稳定性,当事人可能随时会取消特别代理;一般代理权的行使无须商量,特别代理权的行使通常还需与当事人本人商量。不过,一般代理和特别代理具有紧密的关联:一般代理是特别代理的基础,没有一般代理就谈不上特别代理,特别代理中必定包含一般代理;一般代理是诉讼代理的初级阶段,它有待于发展到特别代理,特别代理是诉讼代理的高级阶段,在特别代理的授权模式下,诉讼代理人与当事人本人只有一步之遥甚至完全等同。

一般代理与特别代理、特定代理的关系是:特别代理是诉讼代理的最广极端,特定代理是诉讼代理的最窄极端,位于中间状态的是一般代理;一般代理向上发展,便为特别代理,一般代理向下发展,便为特定代理。诉讼中究竟采取一般代理模式、特别代理模式还是特定代理模式,概由当事人本人视诉讼的需要而定。

一般代理的范围非常广泛,立法上采用列举主义的方式加以规定显然无能为力,也是多此一举,这是因为,当事人的诉讼权利是民事诉讼立法的本位,正是诉讼权利的广泛性和贯彻始终性方构成民事诉讼的实质内容,因而当事人的诉讼权利在数量上具有非限定性的开放特征,这个特征也带入到了一般代理的范围之中,一般代理的事项难以穷尽,并且它在诉讼中还具有生成性和变异性,事实上,它也是因案而异的,缺乏统一的方式加以规范。就常见的而言,一般代理权包括:代为起诉的权利、代为申请诉前保全的权利、代为应诉和答辩的权利、代为更正诉讼文书的权利、代为交纳诉讼费用的权利、代为提供证据的权利、代为进行证据交换的权力、代为确定案件争议焦点的权利、代为选择诉讼方式的权利、代为申请陪审员审判的权利、代为提出管辖权异议的权利、代为进行协议管辖的权利、代为申请诉讼中的保全之权利、代为申请先予执行的权利、代为接受送达的权利、代为申请进行公告送达的权利、代为申请回避的权利、代为申请复议的权利、代为出庭的权利、代为申请鉴定的权利、代为进行法庭辩论的权利、代为作出最终陈述的权利、代为申请补正裁判文书的权利、代为查阅和复制诉讼卷宗的权利、代为申请更正法庭记录错讹的权利等。

与一般代理所具有的广泛性和非限定性相比,特别代理则具有确定性和限定性的特点,《民事诉讼法》第 62 条第 2 款对特别代理的诉讼事项给出了最大的范围,包括代为承认、放弃、变更诉讼请求,进行和解,提起反诉或者上诉等。调解的本质是和解,因而调解也需要特别授权。这些诉讼事项之所以需要特别授权,而不是一般地包含在通常的授权之中,是因为这些诉讼事项都属于处分权范围内的事项,对诉讼程序的范围确定和进程具有决定性的影响,这些诉讼事项由当事人本人进行特别授权,有助于提醒其慎重行事,防止事后发生不必要的争议。值得注意的是,实践中,当事人往往用"全权代理"这一笼统的说法来表示特别授权,这无法产生特别授权的效果。因为"全权代理"这一说法过于概括,难以真正表达当事人的真实意愿,容易导致当事人的误解、滋生代理权上的争议,因而,这种表述不被法律所认可,《民事诉讼法》第 62 条第 2 款的列举性规定本身,就排斥了概括性表述的正当性与合理性。《民诉法解释》第 89 条为此规定:"授权委托书仅写'全权代理'而无具体授权的,诉讼代理人无权代为承认、放弃、变更诉讼请求,进行和解,提出反诉或者提起上诉。"

需要说明的是,代为进行二审活动,代为申诉或申请再审,代为申请执行或代理参与执行,都需要当事人的另行授权,而不属于特别代理授权范围内的事项;即便特别授权中包含上述事项,也被解释为无效授权,诉讼代理人代为实施上述诉讼行为时,仍需获得当事人的独立授权。这是因为,授权委托书是指向特定法院的授权文书,仅在当事人和特定法院之间发生效力,对于二审、再审以及执行则不发生效力。最高人民法院《关于民事诉讼委托代理人在执行程序中的代理权限问题的批复》指出:"根据民事诉讼法的规定,当事人在民事诉讼中有权委托代理人。当事人委托代理人时,应当依法向人民法院提交记明委托事项和代理人具体代理权限的授权委托书。如果当事人在授权委托书中没有写明代理人在执行程序中有代理权及具体的代理事项,代理人在执行程序中没有代理权,不能代理当事人直接领取或者处分标的物。"

尚需讨论的问题有:

其一,关于重新授权问题。重新授权是指当事人原来授权的诉讼事项已经实施完毕,此后诉讼代理人实施诉讼行为所需要的追加性授权。其主要表现是:从某种特定授权到某种特定授权、从特定授权到一般授权、从一般授权到特别授权、从某特定的特别授权到另外的特别授权以及相反的变动。重新授权需要出具新的授权委托书。诉讼中发生了诉的类型的变更,由确认之诉变更为给付之诉、由给付之诉变更为形成之诉,这既可以是特别授权,也可以是重新授权。

其二,代理事项的释明问题。如果代理事项不够明确,法院应当行使释明权,让当事人进行授权事项的补正,而不宜轻易否定当事人的授权委托。

其三,超越代理权所实施的诉讼行为之效力问题。原则上而言,超越授权范围的诉讼代理行为是无效的，原因在于它缺乏代理基础，该所谓的代理行为已超出当事人本人的意志之外，因而当事人对此不负法律责任。但是，为了尽量不影响诉讼程序的安定性，同时尽可能维护善意相对人的诉讼权益，超越代理权的诉讼行为应当给当事人一个表达追认与否意愿的机会，如果当事人经法院通知在合理的或指定的期间内，没有明确反对超越代理权的诉讼行为，甚或明确表示同意超越代理权的诉讼行为，则该超越代理权的诉讼行为具有法律效力。比如，诉讼代理人未经当事人特别授权就在和解协议或调解协议上签字认可，该和解协议或调解协议并不当然无效，当事人若有追认，则其仍为有效的诉讼行为，同样能够产生相应的法律效果。

其四，关于复代理和转委托的问题。复代理，又称再代理，是代理人为了实施代理权限内的全部或部分行为，以自己的名义选定他人担任被代理人的代理人而进行的代理。转委托是指受托人把本应由自己亲自处理的委托事务交给他人处理的行为。《民法典》第923条规定："受托人应当亲自处理委托事务。经委托人同意，受托人可以转委托。转委托经同意或者追认的，委托人可以就委托事务直接指示转委托的第三人，受托人仅就第三人的选任及其对第三人的指示承担责任。转委托未经同意或者追认的，受托人应当对转委托的第三人的行为承担责任；但是，在紧急情况下受托人为了维护委托人的利益需要转委托第三人的除外。"复代理和转委托的区别就在于代理人是否退出代理，前者不退出，后者退出，后者实际上是代理人的变更。这种存在于实体法上的复代理和转委托的代理制度是否适用于作为程序法的民事诉讼法之中？笔者的观点是否定的。因为，如果属于复代理，则违背了当事人的意愿，其代理行为应当属于无效代理；如果属于转委托，在当事人不同意或不知情的情况下，其代理行为也属无效代理，如果当事人同意，则属于诉讼代理人的变更，而不是所谓的转委托。

七、委托代理人的诉讼地位及其代理原则

委托代理人的诉讼地位有别于法定代理人，它指的是在当事人的授权范围内其所具有的诉讼权利和所负有的诉讼义务，正是委托代理人所具有的诉讼权利和诉讼义务之总和方构成了它的诉讼地位，就其本质而言，它的诉讼地位是由当事人本人的意愿并在法律的规定下而形成的。无论是律师代理还是公民代理，委托代理人的诉讼地位本质上并无区别，所区别的仅仅是律师代理因其特有的法律身份而具有一些为公民代理所不具有的诉讼权利，同时也负有一些为公民代理所不具有的诉讼义务。委托代理人的诉讼地位是由以下几条原则予以体现和保障的：

（一）禁止双方代理原则

禁止双方代理原则是指诉讼代理人只能代理一方当事人进行诉讼活动，而不得同时代理相对方当事人进行诉讼活动。这一原则来自民法上的同名原则，在民事活动中，委托代理人不得同时代理双方当事人实施代理行为。民事诉讼法上的禁止双方代理原则是由民法上的同一原则转换而来，因为民事诉讼活动也是一种特殊的民事交易行为，程序行为是实体行为的自然延续，实体行为是程序行为的基础和前提，二者应当保持同样的原则和精神。但民事诉讼法上的禁止双方代理原则还有独立的依据，尤其对执业律师而言，禁止双方代理也是律师应当恪守的基本职业伦理。《律师法》第39条规定："律师不得在同一案件中为双方当事人担任代理人，不得代理与本人或者其近亲属有利益冲突的法律事务。"不仅律师代理是如此，公民代理也是如此。之所以诉讼代理人不得同时进行双方代理，其原因就在于，双方当事人的诉讼利益处在对立之中，代理人如果双方代理，其代理行为也必然处在相互对立之中，也即矛盾和冲突之中，而不可能同时确保其代理行为对双方当事人都实现利益最大化，其代理行为必然要损害一方当事人的合法权益，甚至双方当事人的合法权益都要遭到侵害，同时双方代理还为诉讼代理

人制造双方当事人之间的矛盾而从中渔利提供了空间和可能。因而，禁止双方代理原则是诉讼代理人应当遵循的第一原则。

（二）有限原则

有限原则是指诉讼代理人的诉讼权利是有限的，同时其诉讼义务也是有限的，也就是说，诉讼代理人的诉讼地位本身并不完整，也不稳定，其在诉讼过程中会发生上下波动。有限原则要求诉讼代理人严格将其诉讼活动控制在授权委托的范围之内，超越委托授权的范围的诉讼代理行为原则上不发生效力，尤其是对当事人本人不发生效力。

（三）一致原则

一致原则是指诉讼代理人的诉讼行为要保持与当事人本人的诉讼行为的相同性或同质性。一致原则根植于诉讼代理制度本身，诉讼代理人在诉讼过程中几乎是唯一的职责就是将当事人本人想表述而又无法表述清楚的诉讼意志予以表述，并通过自己的专业知识和诉讼能力最大化地实现当事人本人的诉讼利益，因而其代理行为应当与当事人始终保持高度一致。这种一致性既包括单独行为的一致性，也包括整体诉讼精神的一致性，归根到底，乃是诉讼立场的一致性。因此，如果诉讼代理人所实施的诉讼行为与当事人本人的诉讼行为相冲突或有抵牾，则应当以当事人本人的诉讼行为为准[①]；当事人对诉讼代理人所实施的与其本人诉讼行为或诉讼意愿不一致的诉讼行为，有权予以撤销或更正。当然，当事人这种撤销或更正代理人行为的诉讼权利必须及时行使，并且要以适当的方式行使。如果当事人可以并且也应当及时行使对代理行为的撤销权或更正权而未及时行使的，则丧失其撤销权或更正权，这是因为要保障诉讼安定性的缘故。

（四）独立原则

诉讼代理人虽然在行动上要保持与当事人本人的一致性，但诉讼代理人毕竟是独立的诉讼参与人，其自从获得当事人授权委托之后，便同时具有了双重身份，一方面，诉讼代理人是当事人的代理人，他要为当事人谋取诉讼利益，甚至以当事人的诉讼利益为最高追求；另一方面，诉讼代理人又是法律上的独立诉讼参与人，他的所作所为也要对法律负责，对事实负责，对公平正义的理念和理想负责，不得为了当事人的利益而不择手段甚至冒违法犯罪的风险，也就是说，诉讼代理人对诉讼当事人而言，既有依附性的一面，也有独立性的一面。其依附性的一面主要表现在前述一致性原则之上，其独立性的一面，根据《民事诉讼法》以及《律师法》的有关规定，主要表现在以下方面：

其一，代理行为的自主性。代理的内容由授权委托书决定，但代理的方式则由诉讼代理人自主决定。比如，申请回避属于代理权的范围，如何申请回避，以什么理由申请回避等则由诉讼代理人自主决定，而不受当事人本人的意志控制，也就是诉讼代理人并不等同于诉讼代言人，更不是诉讼传声筒。只要诉讼代理人没有超出代理权限，当事人不得以代理人的诉讼行为与其未保持一致为由提出上诉或申请再审。

其二，违法行为的拒绝权。比如，当事人要求诉讼代理人提供伪证，诉讼代理人有权也应当予以拒绝；当事人提出的无理代理要求，比如滥用诉讼中的诉讼权利以行拖延战术，诉讼代理人也有权并应当予以拒绝。

[①] 如《证据规定（2020年）》第5条第2款规定："当事人在场对诉讼代理人的自认明确否认的，不视为自认。"

其三，诉讼权利的特殊性。诉讼代理人，尤其是律师作为诉讼代理人，其本身也有独立来源的诉讼权利。比如，向有关单位和个人进行调查取证的权利。这些诉讼权利当事人本人也许没有，但作为律师的诉讼代理人，根据《民事诉讼法》和《律师法》等法律的规定，就可以享有[①]。

其四，诉讼进程的知情权。诉讼代理人有权接受法院的送达等行为，比如开庭通知，法院不仅要向当事人送达，而且要向诉讼代理人送达。

其五，诉讼代理的请辞权。诉讼代理人如有证据表明当事人本人多次提出违法代理或违背诚信原则进行代理的要求，则可以向法院请辞诉讼代理权，在取得法院的批准后，诉讼代理权便告消灭；诉讼代理人也可以向当事人本人提出，要求解除委托代理合同[②]。

在诉讼代理人的代理原则上，还有以下几点需加说明：

第一，在共同诉讼中，共同诉讼一方能否共享一个诉讼代理人。这需要分两种情形加以分析。一是在必要共同诉讼中。通常而言，由于必要共同诉讼的共同诉讼一方当事人具有实质等同的诉讼利益，因而他们原则上可以共享同一的诉讼代理人，他们可以作为一个整体共同委托一个或一个以上的诉讼代理人作为他们的共同诉讼代理人。由于一个单独的共同诉讼人可以委托至多2名诉讼代理人，因此，他们合在一起，便可以根据其人数来确定的整体的诉讼代理人。但在必要共同诉讼中，如果属于类似的必要共同诉讼而非固有的必要共同诉讼，由于类似必要共同诉讼一方当事人之间往往会存在争议或诉讼立场上的分歧，因而如果存在诉讼利益之冲突，他们应当分别委托诉讼代理人，不宜共享同一的诉讼代理人。二是在普通共同诉讼中。由于普通共同诉讼是可分的共同诉讼，再加之各个共同诉讼人之间并无实质等同的诉讼利益，其诉讼立场虽然在某些方面具有一致性，但总体上来说，他们在诉讼中各谋其利，因而虽然理论上他们可以共享同一的诉讼代理人，但在实际操作上说，他们最好分别委托诉讼代理人；如果他们委托共同的诉讼代理人，也仅仅应当限定于不存在诉讼利益的冲突、出于代理经济原则而得到法院允许的情形之下。

第二，共同代理问题。民事诉讼中的共同代理，指的是一个诉讼当事人同时委托两个诉讼代理人进行诉讼代理的情形。根据《民事诉讼法》第58条第1款之规定，共同代理在我国的民事诉讼中是被允许的。之所以允许共同代理，原因主要在于诉讼代理人往往术有专攻，委托两个诉讼代理人有助于弥补其代理能力上的缺陷。共同代理如同共同诉讼一样，同时存在外部关系和内部关系两个方面。就其外部关系而言，他们的诉讼代理行为应当一致对外，并采取共同的代理立场和观点。但有时各个诉讼代理人可能会出现代理观点上的分歧，此时，各个代理人的代理行为均为有效；如果各个代理人的代理行为相互矛盾，则由法院综合诉讼中的各种情形并结合当事人本人的意愿来决定代理行为的最终效力。就其内部关系而言，当事人可能会对各个代理人的代理权限进行一定的分工，这种代理权限上的分工除非在授权委托书上予以载明，否则，如果仅仅在委托代理合同上有所记载，对外也不发生效力，各个代理人的代理行为在授权委托书的授权范围内均为有效。同时，无论其代理权限在内部如何分工，他们在接受对方当事人的诉讼行为上，其效力完全一致，换言之，对方当事人向共同代理人中的任何一人所实施的诉讼行为，都对当事人本人发生效力，其原因主要在于外部人的信赖保护原则在起作用。

---

① 《律师法》第35条。
② 《律师法》第32条。

第三,《律师法》与《民事诉讼法》的关系。律师作为诉讼代理人应当首先遵循《民事诉讼法》的有关规定,《民事诉讼法》是判断律师代理行为是否有效的基本依据。一般来说,符合民事诉讼法规定的律师代理行为,通常也符合《律师法》的规定和要求,但有时二者也可能会发生冲突。比如,《律师法》第38条规定:"律师应当保守在执业活动中知悉的国家秘密、商业秘密,不得泄露当事人的隐私。律师对在执业活动中知悉的委托人和其他人不愿泄露的有关情况和信息,应当予以保密。"如果代理律师在民事诉讼过程中泄露了当事人的隐私或其他当事人所不愿意公开的有关情况和信息,则该律师要按照《律师法》的规定承担相应的法律责任,包括赔偿等民事法律责任,但该律师的代理行为并不一定无效。比如,他提供的证据不慎甚至故意泄露了当事人的隐私或其他当事人所不愿意公开的有关情况和信息,该提供证据的行为依然是有效的,因为该行为受《民事诉讼法》的独立评价,而不因《律师法》的否定性评价而成为无效。再如,《律师法》第39条规定:"律师不得在同一案件中为双方当事人担任代理人,不得代理与本人或者其近亲属有利益冲突的法律事务。"如果律师违反了《律师法》的该条后半句规定而实施了相关代理行为,当事人本人不主张其为无效,则该代理行为依然有效。反之,有时代理律师的行为违反了《民事诉讼法》的规定,其代理行为无效,但却不一定受到《律师法》的制裁。比如,只有一般授权的代理律师实施了特别授权范围内的诉讼事项,该代理行为无效,但《律师法》却无须对此予以制裁或课以其他法律上的责任。总的说来,《民事诉讼法》和《律师法》对律师代理行为的规范效果是一致的,但二者有时也会存在冲突。①

八、委托诉讼代理权的消灭

委托诉讼代理权的消灭是指因为法律上的原因而致使委托诉讼代理权无法继续存在下去的情形。委托诉讼代理权的消灭主要由以下原因导致:

(一)诉讼法上的原因

这指的是诉讼终结。诉讼代理权所能存在的最长时限与诉讼程序等长,不可能出现诉讼程序结束而诉讼代理权依然存在的情况,反之,诉讼程序的长度大于或等于诉讼代理权存在的长度。诉讼一旦终结,无论是通过判决、裁定或调解等方式而表现出的正常的诉讼终结,还是通过撤诉、裁定终结等非正常原因所导致的诉讼终结,只要诉讼终结的法律效果发生了,诉讼代理权均随之消灭。

(二)民法上的原因

委托代理本质上说虽然不是绝对是但首先是并且主要是民事法律行为,因此,一旦发生民法上的相关原因,便将导致诉讼代理权的消灭。这主要包括的具体情形有:一是双方当事人协商解除委托代理合同。二是一方当事人,包括代理人和当事人本人,提出解除委托代理合同,这种解除代理合同的意思表示实行到达主义原则,一旦一方当事人将解除委托代理合同的意思表示通过合法的方式传递给了相对方当事人,则诉讼代理权随之消灭。三是一方主体消灭,导致诉讼代理权的消灭。诉讼代理权既具有程序法上的公法性质,也具有民事法上的私法性质,因而如果当事人本人死亡或者作为法人、其他组织的当事人之主体资格消灭,则诉讼代理权便

---

① 关于违反《律师法》所实施的代理行为之效力问题,详见[日]新堂幸司:《新民事诉讼法》,林剑锋译,法律出版社2008年版,第117页。

无所依附而归于消灭；同时，如果诉讼代理人本身死亡，则其作为诉讼代理权的人格载体便归于消灭，诉讼代理权也随之消灭。四是诉讼代理人变成了无诉讼行为能力人。诉讼代理人必须是有诉讼行为能力人，如果其本身变成了无诉讼行为能力人，则其因无法实施诉讼行为而无法实施诉讼代理行为，故而其诉讼代理权消灭。五是委托代理的期间届满，或者委托代理的任务完成。

在这一部分，需要探讨的问题是当事人本人死亡是否必然导致诉讼代理权的消灭。对此，《日本民事诉讼法》第58条作出了否定性规定。根据我国《民事诉讼法》第153条的规定，一方当事人死亡，需要等待继承人表明是否参加诉讼的，法院裁定诉讼中止。如果继承人承继诉讼，则应由继承人决定是否继续沿用原来的诉讼代理人。如果继承人决定沿用原来的诉讼代理人，则该行为应当被解释为是继承人重新聘请委托代理人，并因这种重新聘请而重构了当事人与诉讼代理人之间的人身信任关系；反之，如果继承人决定不沿用原来的诉讼代理人，则该诉讼代理人的代理资格因原来的人身信任关系未获延续而自动消灭。在这种情形下，当事人死亡后诉讼代理权虽然不立即消灭，但到继承人承继诉讼之时也归于消灭。同时，根据《民事诉讼法》第154条的规定，当事人死亡没有继承人或不可能出现继承人的，诉讼则归于终结，诉讼代理权也随之消灭。因此，结论是，当事人本人死亡的，尽管诉讼代理权归于消灭的时间点会有特殊性，但其归于消灭的性质并无不同。

（三）律师法上的原因

如果在诉讼过程中，代理律师的律师资格被取消，则除非他经有关团体、社区、单位的推荐或者属于当事人的近亲属而可以转化为公民代理，其依附于该律师资格的诉讼代理权也随之消灭。

（四）破产法等特别法上的原因

如果将来我国实行个人破产制度，而代理律师被宣告为破产人，则在该破产宣告做出之时，其诉讼代理权因此而消灭。同样，如果诉讼代理人受到了信用惩戒，如因被强制执行而纳入信誉受限的"黑名单"之中，其诉讼代理权也因缺乏信誉支撑而丧失。

第十四章 民事诉讼中的公众参与

司法的民主化是司法改革的主旋律之一。从第二次世界大战后，全世界范围内便开始了以司法现代化为主旋律的改革历程，其中，司法的民主化是一个重要议题。如何实现司法的民主化呢？各国因于其国情的不同所给出的具体方案也是有异的，但主要的方法不外乎有人民参与对法官的选任、人民参与审判过程、人民参与对法官的弹劾等，其中最为核心、最为直接的司法民主化方法便是人民对司法的参与。这就是通常所言司法的"公众参与"（popular participation）。

司法的公众参与是司法民主化的重要表现形式。司法的公众参与是民主政治在司法领域中的表现，司法在公众的广泛参与下，其面貌业已焕然一新。比如，在传统司法机制下，司法的功能比较单一，主要表现为纠纷的及时而有效的化解；但在司法的公众参与下，司法的政策形成机能得以显现出来，司法造法的正当化机制由此孕育而成。由于人民对司法过程的直接参与，司法的形式主义特征趋于弱化，实质性正义成为司法的主要追求目标，机械司法由此可以避免，司法的神秘主义以及过分的职业化、专业化现象得到了缓和或松动，司法成为人民可理解、可参与、可监督的有机过程，司法与人民之间原本存在的差距被缩短。也正是在司法的公众参与下，司法的公信力得以提升，司法的结果获得了更加普遍的尊重和尊崇，司法的权威得到了强化。这是由于司法公众化带来的正面效应或积极效果。

既然司法的公众化参与成为重要议题，那么自然产生的问题便是：这种司法的公众参与应当采用何种形式？显而易见，该问题的答案取决于或受制于两个层面因素的考察：其一，司法公众参与的比较法考察，也即在世界和历史的视野中，司法的公众参与存在过以及存在哪些主要的形态。其二，司法公众参与的实证考察，按照这种方法，司法的公众参与具体应当以何种形式在特定历史时期的特定国家予以建构。

第一节 审判组织的两种模型：单一制与复合制

审判权的相对独立是陪审制产生的制度前提。人类社会中发生各种形式的纠纷或纷争、冲突和矛盾是一个常态现象，对于这种冲突和纠纷实施有效的化解，对于社会共同体的存在和维持是不可或缺的一个环节，而化解纠纷和冲突的社会机制通常以"审判"一词概括，因而审判机制是人类共同体的机制的组成部分。

然而，从属于国家权力的审判权所表现出来的样态在历史上是不尽一致的：有时审判权隶属于行政权，行政和审判不分，封建时期的审判权就是以这种形式表现出来的，此时的审判权是极端专横的，同时也是神秘化的。显然，处在国家权力中的这种审判权，与民主的原则相去甚远，或者说，根本是反民主的，人民不仅没有直接的司法参与权，同时对于法官的遴选产生也缺乏任何的表决权和审核权；在这种背景下，作为司法民主化装置的陪审制根本就没有产生的任何可能。从这个意义上可以说，陪审制所赖以产生的历史前提和逻辑前提乃是审判权从行政权中分离出来的历史事实。

陪审制仅仅存在于复合型的审判组织中。在审判权从行政权中分离出来之后，审判权的行使主体便产生了单一制和复合制之分。在单一制模式中，审判权是单纯由职业法官行使的，审判权由职业型法官加以垄断，其他任何未经正式渠道被提升为职业法官的公民，均被无例外地排斥在行使审判权的可能性主体之外，也没有陪审制产生的任何土壤和气候。只有在混合制或复合制的审判权行使主体结构模式下，陪审制才有存在的可能性和合理性。

但是我们不能得出结论说，在单一制模式中，司法民主性并不存在；同时也不能说，在复合制模式中，司法的民主性得到了充分的表征和实现。司法的民主性及其成分的不断增多，是司法权运行规律的反映，也是人类文明进步的表现。但是，司法的民主性和审判的陪审制并不能画上等号。不实行审判的陪审制，并不一定意味着司法不具有民主性；实行了审判的陪审制，也不一定意味着司法的民主性。换言之，在现代社会，陪审制是司法民主化的一个可以选择的制度安排，不实行陪审制，也同样可以通过其他渠道和途径达到司法民主化的效果。比如说，法官遴选程序上的民主性在相当大的程度上可以替代庭审组织上的民主性，庭审组织上的民主性也可以在相当大的程度上弥补法官遴选程序上的非民主性。所以，对司法是否民主以及司法民主化程度的评判，不能单独分检出审判的陪审制一项，而应当将陪审制置于诸如法官遴选程序、司法的民主监督机制等诸多制度网络中加以综合衡量和一体评估。

然而，虽然不能将陪审制与司法民主化及其民主化程度等而视之，但陪审制毕竟是司法民主化制度建构中的一项重要配置要素，有了它，司法的民主化通常获得了提升，在司法民主化的制度建设中，陪审制无疑是一项重要的可以考虑的因素或装置。可见，陪审制与司法民主化之间通常有着内在的关联性。

第二节　陪审制的两种类型：陪审团制与参审制

陪审制，首先指的是一种司法制度，或者是司法制度中的一个组成部分，它在不同的司法制度背景下有不同的含义。一种含义指的是英美式的陪审团制度，按照这种制度，在民事诉讼或刑事诉讼过程中，由当事人选择若干普通公民组成一个陪审团，由陪审团负责对案件事实的判定，并在此基础上由法官适用法律作出最终裁判的制度。另一种含义是指大陆法国家的参审制。在参审制中，由法官和陪审员组成同一的审判庭，共同行使审判权，最终作出裁判。[①] 因此可以认为，在当今社会，陪审制有两种基本的表现形式：一是陪审团制度，另一是参审制度。本书所称的"陪审制"，有时特指陪审团制度，有时则兼指二者，其含义要根据上下文确定。

陪审团制度和参审制既有区别也有密切的联系。其联系在于：无论是陪审团制度还是参审制度，其共同特点都在于将普通公民引入审判组织之中，与职业法官一起行使审判权，从而使普通公民分享审判权，构成了对职业法官的制约或制衡，表征了司法的民主性，因而它们都是人类审判制度进步的表现，它们构成了公众参与司法的两种典型形式。但是，深入分析，陪审团制度和参审制具有多方面的相异点：

其一，公众与职业法官的关系不同。陪审制中的公众对职业法官具有较强的制约作用。在陪审团制度中，公众与职业法官是对立统一的关系。公众享有独立的事实认定权，职业法官享有独立的法律适用权，公众与职业法官之间形成了既合作又分工、既对立又统一的辩证关系。而在参审制中，公众作为普通的陪审员，通常依赖于职业法官的职能，因而独立性不强。

其二，职能不同。公众在陪审制中的职能比在参审制中的职能强。陪审团具有独立的职能，它可以独立地认定案件事实，该案件事实的认定，对法官的法律适用具有拘束力，法官不得随意推翻陪审团所作的事实认定。相对于法官的法律适用权而言，陪审团的事实认定权更加重要、也更为基础。因此，陪审团的事实认定权对于法官的法律适用权，具有一定的制衡性；法官的法律适用权对于陪审团的事实认定权也具有指导性和约束力。在参审制中，参审员与职业法官共同行使审判权，包括事实认定权和法律适用权，参审员除不能充任审判长外，其他的权力与法官相同。从这个意义上说，参审员并不具有独立的审判职能。

其三，所依附的诉讼模式不同。陪审团制度依附于对抗制诉讼模式，而参审制则与职权制模式更加亲和。由于组成陪审团的陪审员都是外行法官，他们不懂法律和诉讼程序，因而他们在诉讼过程中只能消极听证，而不可能主动询问证人，调查证据。在对抗制模式中，当事人及其代理律师采取积极的行动，陪审团仅仅是消极的、被动的裁决者。在参审制中，参审员在职业法官的指挥和引导下，可以主动从事证据调查等庭审活动，他们在诉讼过程中的能动性能够

[①] 我国实行人民陪审员制度。按照人民陪审员制度，人民陪审员与审判员共同组成合议庭，行使审判权，作出裁判。可见，人民陪审制与参审制在基本的构成原理上是一致的，因而可以将它们归为一类加以认识。

获得职业法官的保障和支持,尤其是,这些能动性的诉讼活动一般都是由职业法官直接实施的,而参审员仅起配合、补充的作用,因而其相对的消极性在法官的能动作用下,也显现不出来。英美国家之所以实行对抗制诉讼模式,与其实行陪审团审判有密切的关系。陪审制的弱化导致了职权制的抬头。目前在英美尤其是英国的司法改革中,随着陪审制的弱化,对抗制诉讼模式也有了相应改观,法官的职权作用随之获得了强化,这也可以印证陪审制与对抗制之间的天然联系。因此可以说,实行陪审团审判,在诉讼模式上一定要推行对抗制审判,陪审团制度对对抗制模式具有天然的依附性。但是,不能反过来说,对抗制诉讼模式一定要实行陪审团审判。在不实行陪审团制度的国家,也同样可以推行对抗制。参审制则可以融合于职权制诉讼模式,当然,实行参审制审判,在诉讼模式上也可以实行对抗制。大陆法国家原初都采用过陪审团制度,但实行陪审团审判势必要改变大陆法国家一直奉行着的职权制诉讼模式,而职权制诉讼模式在大陆法国家具有悠久的传统,是很难改变的,因而陪审团制度在大陆法国家最终以失败而告终,并以参审制取而代之。

其四,人数不同。陪审制比参审制的人数规模较大。陪审团审判由于具有独立的机能,并且要发挥其制衡法官的作用,因而组成陪审团的人数较多,传统上的陪审团一般由12个公民组成,目前经过改革,陪审团的组成人数规模有所缩小,有的减少到了6人。而参审制审判则有所不同。参审制审判是参审员与法官共同行使审判权,它是职业型法官合议庭的一个变种,因而其人数一般为2个,与法官一起组成3人合议庭。当然,参审员的人数也可以增加,只是在实践中,参审员通常为2人。

从历史上看,陪审团制度具有更加悠久的历史,从12世纪英国萌生司法陪审团制度开始算起,到现在为止已经有800多年的历史了,这800年来,陪审团制度有起有伏,其发展有高峰有低谷,有盛有衰。到现在为止,陪审团制度还在发挥作用,正经历着现代化的改造和考验。而参审制则是在19世纪中叶以后才逐步形成的。尤其是,参审制是在陪审团制度的废墟上,经过凤凰涅槃的过程而产生的,它吸收了陪审团制度的原理,又试图克服其缺点。从这个意义上说,参审制是陪审团制度的新发展,英美式的陪审团制度经过大陆法法律文化的熏陶和改造,便成为了参审制度。参审制变成了大陆法国家的流行制度,一如陪审团制度在英美国家曾经普遍盛行过的那样。陪审团制度虽然在英美国家有衰退趋势,有的领域、有的国家甚至已不实行陪审团制度,但并也没有像大陆法国家形成参审制那样的陪审制度。

两种陪审制具有哪些共性呢?无论是英美法系式的陪审团制度抑或大陆法系式的参审制度,它们都具有这样几个特点:其一,它们都是司法民主的体现。其二,它们都是公众参与司法审判的方式。其三,陪审员作为外行法官参加审判,有助于弥补职业法官行使审判权的知识和能力不足或者缺陷。其四,陪审员或参审员参加审判,都在一定程度上分割了法官的审判权,从而对法官行使审判权产生了一定的制约性。可见,它们所具有的功能是基本相同的,既有政治上的功能,也有司法上的功能。同时它们也都各自存在一定的缺陷。陪审团制度存在的缺陷是:诉讼程序迟延,审判效率低下,陪审员的认定事实能力不足,无法应付现代型诉讼的审判需要。参审制的缺陷是:参审员会在审判中屈从于职业法官的权威,从而难以独立地发挥作用。因此,无论是陪审团制度还是参审制,目前都存在一个如何改革、从而使之适应时代需要的问题。

第三节 陪审制的演变规律

一、陪审制的溯源考察

陪审制在各国的命运相当不同。任何诉讼制度和司法制度都有其萌芽、形成、发展、衰退乃至消亡的基本发展轨迹。当下人们所熟识的陪审制也不例外,陪审制在人类诉讼制度史上的发展也有一个起落的变化过程,这个过程映现出了陪审制的演变规律。研究和探讨陪审制的演变规律是富有现实意义的。人们通常说,现实是历史的积累和自然发展,不了解历史,就难以深刻地把握现实,也就无法获得指导现实变革的理论思路和具体方案。陪审制发展到现在,各国都对它进行过深入的思考、探索,从而做出制度上的选择和建构。英美国家和大陆法国家对陪审制的选择是大起大落的,有时将它奉若至宝,有时则敬而远之;有时大加删改,有时则原封不动;有时大面积推广,有时则将它限制在非常狭窄的范围内使用。这种制度移植和变异现象的出现,自然有其深层次的原因,但有时也与对陪审制的认识深浅有关。比如,大陆法国家在移植英美式的陪审制之时,恰逢资产阶级革命的胜利和成功,在对作为民主堡垒的英美陪审制几乎未加深入思考便全面移植到了本土,随后不久便遇到了"水土不服"的制度排斥问题,于是英美式的陪审制被改造成大陆式的参审制。这个过程既是对陪审制的认识过程,也是制度变迁的规律使然。我国学术界对人民陪审员制度长期多有探讨、审思和塑构,人们见仁见智,从不同视角和侧重点提出了制度改造的各种方案,有的认为要在大陆法模式的基础上进一步完善参审制度,有的则认为不妨借鉴英美式的陪审团制度,还有的提出了各种变异的折中方案。这些方案或模式的提出,从立论者的视角看,无疑各有其道理,但其内在的合理性或生命力究竟如何,还有待于从各个方面加以深入探讨,尤其还需要从陪审制在人类历史上以及我国历史上的发展演化历程的角度加以审视。唯其如此,对我国陪审制的改造才可能提出有针对性的、建设性的观点和意见。为此,我们有必要探讨一下陪审制的演变规律。

古希腊是陪审制的发祥地。据诉讼法史学者考证,陪审制从其萌芽到现在,已经有2500年的历史。从陪审制的起源和发展来看,陪审制与民主思想和民主制度是相伴相随的。古希腊是民主的发源地,因而也成为陪审制可以追溯得最早的历史源头。公元前6世纪,雅典政治家梭伦进行了一系列的改革。其中一项改革就是设立陪审法院。陪审法院从贵族会议中分享司法权力,成为雅典最高的司法机关。每个公民都可以成为陪审员,陪审法院的大门向每一个普通公民开放。[①] 陪审法官从年满30周岁的雅典公民中选举产生,每年选举产生出6000名陪审法官,组成陪审法院,然后按照一定的顺序参加对案件的陪审。陪审法庭一般由陪审法院总人数的十分之一组成。通常而言,这些陪审法庭被称为"discasteris",由501个陪审员或dicasts组成。陪审法庭是单一的审判组织,它既决定审判的结果,也决定具体的适当的刑罚。具体分为两个步骤:首先用蚕豆或卵石投票决定是否有罪,然后作出具体量刑。陪审法官可以获得一定的服务报酬。

古罗马也采用了陪审制,但罗马人对古希腊人的陪审制作出了一定的修改。罗马由最高裁判官从元老院的贵族、骑士和富裕奴隶主中挑选300—450人组成陪审法院,称为"常设刑事

---

① 参见陈盛清主编:《外国法制史》,北京大学出版社1982年版,第39页。

法院",每案通过抽签决定由 30—40 名陪审员审理。① 可见,到古罗马时代,陪审团的规模明显缩小了。尤其是,"对于古罗马皇帝那不断膨胀的专制胃口而言,陪审制显得过分民主了",因而,到公元 500 年,陪审制在古罗马寿终正寝。

陪审制在专制政体下不能生存。陪审制随后的发展历史就不是很确定的了,或者说,随着专制政体的形成和强化,陪审制也被干脆取消了,而被代之以其他的审判形式。在这里,引用一下法国政治思想家托克维尔(Charles D'Alexis De Tocqueville)所说过的一段话,对于我们理解陪审制与民主制之间的关系,是有裨益的。他说:"凡是曾想以自己作为统治力量的源泉来领导社会,并以此取代社会对它的领导的统治者,都破坏过或削弱过陪审制度。比如,都铎王朝曾把不想作有罪判决的陪审员投入监狱,拿破仑曾令自己的亲信挑选陪审员。"② 陪审制消失后,取而代之的是各种验证的方法,包括证人誓证法(trial by witness)、公证昭雪法(compurgation)和神判法(ordeal)。③ 在这些方法中,尤其以公证昭雪法更为著名,也更加与后来的陪审制相接近。到 15 世纪或 16 世纪,这些验证方法停止了使用。

近现代陪审制度最早起源于欧洲中世纪,英国学者认为,在法国卡罗琳统治时期就产生了一种被称为"inquisition"的讯问制度。在 1066 年威廉一世征服英国建立诺曼王朝后,这种讯问制度连同决斗审判被带到了英国。11 世纪时,这种讯问制度首先用于行政管理程序之中,然后又扩展使用于司法程序之中。在此意义上,有人认为讯问制度是现代陪审团之父母。这个过程到亨利二世(King Henry II, 1154—1189)之时已经完成。有观点认为,正是到亨利二世,才将单纯的用于收税、土地管理等行政事务中的陪审团转变成了真正意义上的司法工具。④ 并且认为,存在于英国的传统司法方式,主要是指公证昭雪法,是与陪审团审判相并存的司法方法,陪审团审判并不是从公证昭雪法中产生出来的。作为司法工具的陪审团制度产生后,历经多种变迁,逐步演变为现在所看到的陪审团制度。

二、陪审制的演化规律

陪审制的演化规律可以从以下几个方面看出来:

(一)从行政程序到司法程序

如前所述,作为司法工具的前奏,陪审团首先是在法国作为行政讯问程序或方式而出现的。其主要目的不是体现或表征行政程序的民主性,而是加强中央集权。当这种程序被沿用到英国之后,也首先在行政管理领域发挥作用,1086 年,英王威廉一世时代制作的《末日审判书》(Domesday Book)就是利用陪审团进行行政调查和管理的产物。只是到"伟大而英明的"亨利二世之时,行政中的陪审团才转变为司法中的陪审团。正是将陪审团制度赋予了司法程序性质后,其内在的力量才被充分地焕发出来。

(二)从大陪审团到小陪审团

现代意义上的陪审团制度,首先是一种司法审判制度,其次才是一种检控制度,小陪审团制度更能够体现出陪审团制度的真谛和价值。但是,反观陪审团制度的产生历史,陪审团制度

---

① 参见钱弘道:《英美法讲座》,清华大学出版社 2004 年版,第 257 页。
② [法] 托克维尔:《论美国的民主》(上卷),董果良译,商务印书馆 1988 年版,第 314 页。
③ 参见程汉大主编:《英国法制史》,齐鲁书社 2001 版,第 39 页。
④ The Civil Jury, Harvard Law Review, Vol. 110: 1408, 1997. p. 1415.

最早是作为检控组织而出现的,或者用现代的语言来说,是作为公诉人而出现的。10 世纪所制定的《伊德尔里法》(the Law of Ethelred)便要求在 100 人中选择 12 人到法庭"宣誓检控所有罪犯并保护无辜的人"。1166 年颁布的《克拉伦德法》(Clarendon)规定,任何人如果没有经过公众参与的控诉人控告,不受审判。而公众参与的控告应当由 12 人组成,他们来自 104 个不同的城镇,负责对谋杀、抢劫等重大刑事案件提出控告,这就是大陪审团制度的前身。小陪审团制度是到 1179 年英国颁布《大诉讼程序法令》时才产生的。根据该法的规定,被告有权选择是在王室法院接受陪审团审判还是按照传统方式由地方性法院审判。这就是小陪审团制度的最早记载和规范。从大陪审团制度向小陪审团制度发展无疑是一种历史的进步。

(三)从惩戒主义到不惩戒主义

现在我们见到的陪审团制度,无论是负责检控的大陪审团还是负责审判的小陪审团,都不会因为其履行职务行为而受到法律责任的追究,尤其不会因此而锒铛入狱。但是这种情形在陪审团发展的早期并未出现。与这种不惩戒主义相反,早期对审判陪审团采用的是惩戒主义。在 13 世纪,如果第二个陪审团认定第一个陪审团在所制作的裁决中犯有错误,法官则可以通过一种被称为"剥夺公权程序"(attaint)撤销其裁决,并以伪证罪施加严苛的刑罚。后来该程序被取消了,但法官仍然通过两个途径对陪审团实施控制:一个是如果陪审团对法官提出的问题不加以回答,以致法官怀疑陪审团隐瞒了事实真相,法官就可以将陪审团关闭起来,不给喝也不给吃,直到陪审团做出回答为止。另一个方法是法官对陪审团作出指示。对该指示,陪审团必须遵从,如果陪审团背逆该一指示而认定被告人无罪,则将面临着入狱、巨额罚款或者被公开羞辱等处罚。但是,法官使用这种惩戒的方法控制陪审团也遭到了抵制,最终此一方法也告终结,并为其他方法所替代,比如说重新审判等。陪审团不会因为无视法官的指示而被投进监狱,也不会因此而遭到其他不利后果。其独立性由此而增强。对于大陪审团也是如此。到 17 世纪,负责控诉犯罪的大陪审团,不再具有证明犯罪的责任,陪审团的罚金制度也被废除。如果陪审团决定对被告不予起诉,法官也无权对陪审团实施罚款。

(四)从控审不分到控审分离

陪审团的职能并非一成不变的,对陪审团职能的恰当定位是其产生后很久以后的事情,我们现在通常听说的"陪审团认定事实、法官适用法律",只是在近期才产生的一项基本原则。在陪审团制度的最早期,大陪审团的成员和小陪审团的成员之间可能是流动的:参加大陪审团的陪审员,可能会在以后组建小陪审团之时也参与其中,成为其成员之一。这样便产生了一个现象:从事控诉职能的大陪审团成员,转而变为从事审判职能的小陪审团成员,而这种转变违背了司法公正的基本准则。因为同意提出控诉的陪审团成员自然会倾向于认定被告人有罪,而很容易排斥对被告人无罪的证据和相应的认定。因此,到 1352 年,爱德华三世颁布法令,赋予被告申请提出控告的陪审员不再担任审判陪审员的权利。从此以后,负责控诉的陪审团和负责审判的陪审团开始分离。

(五)从集体作证到集体审判

早期的陪审团并非是不知情的案外人,而是了解案情的证人。这在作为行政调查程序中是如此,在司法程序中也是如此。法院在选择陪审团成员之时,考虑的因素通常有两个:一是他们具有了解争议事实的知识；二是他们具有解决争议事实的专长。① 正因如此，他们才因误判而被认定构成伪证罪。但是由于这样的限定，再加之有这样的处罚，人们都不愿意担任陪审员，因而经常找不到足够的陪审员。此外，随着社会生产的发展，人口的流动性逐渐增大，找到对某一案件知情的12人也确属不易，因此，到亨利四世（1399—1412年）之时，陪审团成员开始和证人相分离，此后的陪审员只能由案件的局外人担任，由他们确认诉讼当事人和证人提供的证据，并作出裁决。② 这样一个转变，其意义非同凡响。因为如果陪审员只是证人，法官的审判权还是统一的、完整的，不存在法官和陪审团之间的权限分工问题。但是，一旦陪审员摆脱了证人身份，而获得了审判者的权限和地位，这便导致了诉讼结构和审判权构成的双重变奏，同时也引发了陪审团和法官之间的这一到现在为止尚存争议的关系问题。

（六）从法律审到事实审

现在我们对于陪审团职能的观念无疑是它负责事实审判，法律问题是由法官担负其责的，陪审团不得涉足于其中。但是这样一种观念在陪审团制度产生的早期却并不存在。相反，陪审团最早既决定事实问题，又决定法律问题。这种传统可以追溯到1215年英国《大宪章》时期。1764年，一位英国学者这样论述："除非经由其同仁的法律判决，任何人不受惩罚。由此可以认为，其同仁才是他们的适当的法官；这种法官不仅仅是部分内容的法官，而是关于全部事项的法官。法官们不仅决定是否存在向他指控的有罪行为，同时还决定这些行为是否构成犯罪。"③

不仅刑事诉讼如此，民事诉讼也复如此。英国学者斯珀纳（Spooner）指出："民事诉讼中可能会出现与刑事诉讼几乎同等程度的压迫。如果国王的法律对民事诉讼中的陪审团是专横的，那么国王将会制定法律，将某一个人的财产给另一个人；或者将它没收为国王自己所有，并且会通过民事诉讼取得对它的占有。"④ 这些论断都充分表明英国早期的陪审团既具有事实认定权，又具有法律适用权。

美国独立后从英国移植的陪审团，也同样具有这样的双重功能。因为美国人相信，这样的陪审团能够保护公民免受专制政府的侵害。除这种传统习惯外，美国还有数州的宪法明确规定陪审团是法律和事实问题的共同裁决者。甚至到19世纪，在法官对陪审团作出的指示中，还承认陪审团决定法律问题的权限⑤。从19世纪开始，陪审团所具有的法律问题的决定权被逐步取消，首先在民事案件中陪审团丧失此一权限，到19世纪末，在刑事诉讼中，陪审团最终也失去了这一权限，从而完成了陪审团的职能由法律审到事实审的转变。

---

① 正因为如此，以致有人认为，在很早的阶段，"特别陪审团"（special jury）似乎已经开始使用了。The Civil Jury, Harvard Law Review, Vol. 110：1408, 1997. p. 1416.
② 程汉大主编：《英国法制史》，齐鲁书社2001版，第82页。
③ Joseph Towers 的论断，转引自 The Civil Jury, Harvard Law Review, Vol. 110：1408, 1997. p. 1418.
④ 转引自 The Civil Jury, Harvard Law Review, Vol. 110：1408, 1997. p. 1418。
⑤ Jeffrey Abramson, We, TheJury: The Jury System and the Ideal of Democracy, 76 - 77, 1994.

第四节 陪审团制度的类型

一、大陪审团制度与小陪审团制度

从陪审团的功能划分，可以将陪审团划分为大陪审团（Grand Jury）和小陪审团（Petty Jury）。

大陪审团又称起诉陪审团，仅适用于刑事诉讼中，是指在刑事诉讼中，决定对被告是否起诉的陪审团。大陪审团的目的在于防止检察官滥行起诉权，从而预防对被告人的名誉造成损失。由于各种罪刑的法律均属于专门化领域的特别知识，大陪审团在实践中往往容易被检察官实际操纵，因而有所谓"橡皮戳"之讥。英国在1948年《刑事司法法》中就废除了大陪审团制度，并以现行的预审制度取而代之。当然，大陪审团制在英国被废除的原因，除上述外，还有经济上的考虑。大陪审团因为需23人组成，人数众多，花费也因此增多，因此从经济上考虑，废除大陪审团制在当时也是一个理性的选择。

目前，全世界只有美国还在实行大陪审团制度。根据《美国联邦宪法修正案》第5条的规定，被告应经过大陪审团的审核才能对之提起诉讼。但联邦最高法院曾通过判例决定，此一规定仅适用于联邦法院系统，对州法院系统而言，犯有重罪的刑事被告可以不经过大陪审团的审核即予起诉。[①] 大陪审团的人数在联邦法院为23人，但在州法院，有的则允许少于23人。通常大陪审团按照多数决定起诉或不起诉，不实行一致表决制。大陪审团的讯问程序是秘密的，在讯问时被告的律师也不得在场。辩护律师也不被告知讯问的内容如何，在讯问其他证人时，被告及其证人也不得在场。

小陪审团是通常意义上的陪审团，也称审判陪审团，本章主要考察小陪审团。因而如不加特别说明，所称陪审团皆为小陪审团。在小陪审团制度中，陪审团负责认定事实，并以此作为法官作出裁判的依据。小陪审团又因其适用领域而被区分为刑事陪审团和民事陪审团。刑事陪审团目前还在普遍运用，但民事陪审团自从英国于1854年颁布《普通法程序法》以后，就趋于衰落。

二、英美陪审团制度、法国陪审团制度与北欧陪审团制度

从陪审团的演变状态划分，可以将陪审团分为英美陪审团制度、法国陪审团制度与北欧陪审团制度，也分别称为英美的一般型陪审团制、法国的中间型陪审团制以及北欧的并用型陪审团制。

如前所述，陪审团制度最早虽然萌芽于欧洲大陆，但真正形成定型的司法审判制度，却是在13世纪的英国。英国可谓陪审团制度的发萌之地或者源头。英国建立陪审团制度后，不断向外扩张版图，同时也将以陪审团制度为核心的司法制度输往国外，陪审团制度因此成为英美法系的一大特征。尤其在美国，陪审团制度自英国引入后，就被视为自由的堡垒，受到至高无上的珍视和尊崇。正是依靠陪审团制度，美国人民积极抵御了英国殖民统治，从而捍卫了自由与民主。美国宪法因此将它作为重要的基本制度之一加以规定，将它视为公民的人权保障武器

---

① Hurtado v. Cal, 110U.S.516, 1884.

之一加以尊奉，有学者这样评价美国的陪审团制度："美国独立革命之后，陪审员被视为自由民主的象征，人民保障自由和权利的最佳方法。"① 这是最为原始的陪审团制度，可以看成是陪审团制度的原型，因而称之为"一般型的陪审团制"。英美的陪审团制均属此类。

英美的陪审团制度不仅在英美法系国家产生重大影响，并被纷纷移植，在欧洲大陆，陪审团制的影响力也曾波及，法国就是一个典型的例子。法国的陪审制是通过1791年的《刑事诉讼法典》而引入的。新的刑事诉讼法典首先引入了大陪审团侦查制度。在大陪审团方面，法国的制度与英国的制度仅仅存在人数上的区别。法国的大陪审团由8人组成，而英国的大陪审团则由23人组成。其他方面，比如功能等方面，二者并无区别。

除大陪审团制度外，法国还同时引入了小陪审团制度。该制度适用于重罪的审判，一审终结，由陪审员9名和法官3名组成。陪审员和法官共同组成单一制的审判组织，共同决定案件中的事实问题和法律问题。实行多数表决制，一般10人同意就可通过。比较法国的小陪审制，不难发现它与英国陪审团审判之间的密切联系，至少在外观上是一致的，但二者间还是存在区别：其一，法官与陪审员并无职能上的分工，他们组合在一起，共同决定案件中所出现的全部问题。就此而论，法国的陪审团制度与后来演变而成的参审制有类似之处。其二，法国的陪审团制度不实行一致表决制，这也可看作为一个区别。但是，法国的陪审员也是临时从开庭期日的名单中随案抽签而选出的，而不实行犹如参审制中的陪审员任期制。这一点，又与英国陪审团制相同。由此可见，法国的陪审团制度，兼有英美陪审团制度和欧陆流行的参审制度的特点，因而被称为"中间型陪审制"。目前这个制度在法国依然实行。

北欧国家则采用陪审团制度和参审制的并用模式。这以瑞典为典型。按照这种模式，诉讼案件的性质决定陪审模式的选用。如果案件涉及出版自由的判断，则实行陪审团制度；如果属于其他的刑事案件或者民事案件，则一般实行参审制。

三、民事陪审团制度与刑事陪审团制度

这是从陪审团制度所适用的诉讼领域来划分的。民事陪审团制度仅限于小陪审团制度，而刑事陪审团制度有大、小陪审团之别。从历史上看，大陪审团制度是先于小陪审团制度而产生的，由此可以得出结论认为，陪审团制度首先在刑事诉讼中发挥作用，然后才扩展适用于民事诉讼之中。就审判陪审团而言，民事陪审团制度在英国几乎已经绝迹，在美国虽然在法律上依然受到保障，但在实践中其适用比率已降到最低点。但无论在英国还是美国，刑事陪审团制度依然具有普遍的适用性。

《美国联邦宪法》第3条第2款第3项规定："一切犯罪案件，除弹劾案外，均应经由陪审团审理"；同法第六修正案又强调规定："在一切刑事诉讼程序中，被告享有由犯罪发生地的州或地区的公平陪审团予以迅速和公开审判的权利。"由此可见，在刑事诉讼中，陪审团审判对被告而言是一项基本诉讼权利，无条件地获得保护。除非被告明确放弃接受陪审团审判的权利，否则这种权利是被推定行使的。与之有别，民事陪审团审判的权利若不加以明确援用，则推定为放弃。美国联邦宪法在其文本中并没有涉及民事陪审团审判的问题，这在当时颇引起了一番争议。其后在宪法修正案第7条规定了民事陪审的问题："在普通法诉讼中，其争执标的额如果超过20美元，当事人就有权要求陪审团审判。"当事人据此可以选用陪审团审判，但如不予明示选用，即视为由法官单独审判。这反映了民事陪审团制度和刑事陪审团制度的又

---

① 蒋耀祖：《中美司法制度比较》，台湾商务印书馆1976年版，第355页及以下。

一个区别。

除此以外,民事陪审团制度和刑事陪审团制度还有两点区别:其一,人数构成不同。在刑事诉讼中,陪审团的人数必须为 12 人;而在民事诉讼中,陪审团的人数可以少于 12 人。其二,评议及表决规则不同。在民事诉讼中,除联邦法院系统外,许多州法规定陪审团评议通常可以实行多数通过制,而在刑事诉讼中,陪审团表决的全票通过制原则上受到恪守。

由上述分类可以看出,陪审团制度的机能有所不同,有的负责控诉,有的负责审判;陪审团制度表现于刑事诉讼和民事诉讼中也会有具体规则上的差异。与此同时,陪审团制度被引入欧洲之后,也有种种的变形,这些都是适应实际需要而生。这种变化和差别,为我国借鉴陪审制度的有益因素提供了思维方式上的模板。

第五节 陪审团制度的价值论争

一、价值的两个方面

托克维尔指出:"将陪审团仅仅看成是一种司法机构,乃是看待事物的相当狭隘的观点,因为它虽然对诉讼的结局产生巨大的影响,但它对社会命运本身却产生大得多的影响。陪审团因而首先是一种政治制度,而且应当始终从这种观点对它作出评价。"[①] 可见,陪审团制度首先是一种政治制度,其次才是一种司法制度。前者所具有的价值为内在价值或民主价值,后者体现的价值为外在价值或工具价值。内在价值的实现表现为一个过程,体现在陪审团评议自身的过程中,而与陪审团所能产生的结果不直接关联;外在价值的实现体现在纠纷的化解、衡平机能以及裁判结果的正当化功能之上,集中体现在陪审团评议所能够产生的理想结果上。陪审团制度所具有的这两种价值,既相对独立,又密切关联。其独立性表现在,对陪审团制度应同时看到它两方面的价值,而不可偏执其一,否定其余。也即,对陪审团的评价应当采取两点论的观点,而不应采取简单主义的方法论。在此方面,尤其要反对功能主义或工具主义的分析方法,这种分析方法仅仅把陪审团制度看作是一种解决纠纷的方法。如果仅仅将陪审团制度看作为一种解决纠纷的司法机制,那么,在把它同法官单独审判相比较时,极容易得出否定性的结论。这种方法论不仅失之片面,而且同陪审团制度所产生的历史动因和所发挥的历史作用都是相冲突的。这就要求我们在对陪审团制度进行评价时,一定要兼顾其各个侧面,而且要根据其历史条件的不同,观察其矛盾的主要方面。托克维尔前面一段话,说明他极看重陪审团制度的内在价值。但是,重视陪审团制度的内在价值,也不应当排斥或取代陪审团所具有的工具性价值。因为,陪审团的内在价值不可能孤立地存在。相反,它始终依附着陪审团的外在价值而得以体现。如果陪审团缺乏解决纠纷的合理价值,那么,所谓陪审团的民主价值都是虚无缥缈的空中楼阁。比如说,如果陪审团是通过投掷硬币的方法来解决案件的,那么,陪审团制度便不可能产生合理性和可预测性的结果,其内在价值便难以体现出来。所以,缺乏司法工具价值的陪审团是无根基的,而缺乏政治民主价值的陪审团最终必然走向贫困和消亡。当然,在陪审团所具有的诸价值中,哪些属于工具价值,哪些属于民主价值,则又是可讨论的。

---

① [法] 托克维尔:《论美国的民主》(上卷),董果良译,商务印书馆 1988 年版,第 313 页。

二、陪审团制度所具有的政治民主价值

(一) 政治参与价值

政治参与价值指的是由于陪审团制度的存在,公民直接参与司法过程所体现的价值。这个价值完全是政治性质的,它与人民主权的原则或学说密切相联。根据人民主权原则,国家的立法机构和行政机构是由人民通过普选权选举出来的代表组成的,同时还通过法定的常规机制参加政府的活动。在前者,人民通过选举权表达了抽象的政治意愿,在后者,人民通过陪审权实现了具体的政治意愿。陪审制和选举制是人民主权原则的两个重要的直接结果,也是它的最终结果;它们两者在实现多数统治的政治理念上具有同等重要的意义,缺一不可。历史表明,在人民主权原则得到真正尊重的时候,陪审制也获得了考虑和重视;在人民主权原则只能得到虚假的肯定或者被抛到九霄云外的时候,陪审制也必将受到削弱、虚化或者摒弃。在《联邦党人文集》(The Federalist Papers) 中,亚历山大·汉密尔顿 (Alexander Hamilton) 告诉我们,美国民主国家的奠基者们非常推崇陪审团审判的价值和优势。当然,其中各人的调子唱得并不是完全相同的,有的高一点,有的低一点。但即使持低调的联邦党人,也认为陪审团审判是对自由的极其珍贵的保障;持高调者更是认为陪审制度对于自由政府是极好的护身符 (palladium)。所有的联邦党人都认为应当利用陪审团这个制度,并认为陪审团审判是美国人民自由的一个不可分割的组成部分。

陪审制是如何体现人民主权的民主价值的呢?就是通过把一部分公民提高到行使审判权的法官的位置,由此使人民感到自己介入政府之中,而将政府看成是与人民相融合的统治机构和形式,不将它看作一种异己的产物。选举制是把人民和政府连接起来的第一道桥梁,陪审制则是使人民和政府处在经常性的沟通状态的另一座桥梁。有了这两道桥梁,人民认为自己是介入到政府中的人民,而政府则认为是存活于人民中的政府。上情得以下达,民意得以上通;人民以政府为依托,政府以人民为源泉。

参加陪审团审判如果成为公民平等享有的宪法性权利,所有选民都同时成为潜在的陪审员。陪审员成为人人可当的一种常规职务。成为陪审员既是人民享有的政治荣誉和政治权能,同时也是表达民意和己见的切实机遇。社会成员复杂多样,层次繁多,陪审员也形形色色,来自各行各业。他们可以代表有产者,也可以代表无产者;他们可以代表工人,也可以代表农民;他们可以代表当权者,也可以代表平民百姓。事实上,他们可以代表全体人民。代表全体人民意志或大多数人意志的国家政府为共和制。所以,陪审团制度有助于建立完美的共和制。从这个意义上讲,陪审制有利于实现社会的长治久安。英国在接受陪审制以前还是一个有待开化的半野蛮民族,但它自从接受了陪审制以后,很快成为世界上最为发达的国家。与此同时,英国殖民地国家纷纷建立陪审团制度,无一例外。也正因此,在美国宪法第七修正案制定之时,反联邦主义者所关心的就是陪审制的内在民主价值,而不是它的工具性价值。在反联邦主义者看来,缺少对陪审团审判的充分规定,不仅仅弱化了对个人权利实施保护的传统堡垒,尤其还致命地弱化了人民在政府管理中的作用。

就政治参与价值的力度而言,刑事陪审制似乎比民事陪审制更有效果。这是因为法律的强制性主要体现在刑法当中,而由公民主持刑事审判更能显示出人民的主人翁地位。正因如此,英美在刑事案件的审判上陪审制审判一直被奉为一项基本原则,不实行陪审制审判仅是例外。如果说陪审制在民事诉讼中有弱化趋势的话,刑事陪审制则依然保持着旺盛的生命力,没有任何迹象表明它已趋衰退。但是,曾任美国最高法院的大法官斯托里先生在其著《美国宪法释

义》中却一再称道民事案件实行陪审制度的好处。他说:"赋予陪审团参加民事案件审理的宝贵特权,完全不亚于陪审团参加刑事案件审理的特权,因为这实质上等于让人人享有政治自由和公民自由。"①

但是,陪审团制度在全球范围内的表现形式和法律意义不尽相同。这种不同在民主政体的范围内是以不同的民主观为前提的。在政治学的意义上,民主观或民主理论有两种:一种是实体主义民主观,一种是程序主义民主观。前者把民主看成是对公民的平等权利进行最大限度保护的某种理想状态。在这种民主观下,促进民主是通过立法和提出相应的政策来实现的,用这些法律和政策来保护平等公民在生命、自由和财产上所享有的权益。这种实体民主观不可能使民众的实际参与成为优先考虑的权利。根据实体民主观,其司法制度只需要自上而下的、精英主义的司法观,它只追求裁判结果的理想化,而不需要民主的大众主义的司法观,也即不需要陪审团制度。美国宪政传统一直采取程序主义民主观,它一直认真对待这种真正的参与性的民主观。在第二种民主观下,陪审团之所以具有价值,不是因为它可以导致某种特定的理想的实体结果,而是因为它是一个民主程序的装置,通过这种装置,普通公民能够参加政府活动。在这个意义上,陪审团的内在价值在于它是民主过程的具体展现和说明。

(二) 权力制衡价值

狭义上看,权力制衡价值是指陪审团对法官行使审判权的过程进行制约所体现出来的价值,它所针对的对象仅为法官。但广义上看,陪审团制度的权力制衡价值则指向以司法机构、行政机构、立法机构等形式表现出来的整个国家机器。在民主国家,国家和人民之间需要一个缓冲地带,否则,权力来势过猛,容易折损民主株苗。陪审团制度就是这样一个精巧装置。它对上可以发挥前述作用,对下则可以成为缓和人民运动的临时团体和机构。这时,它们介于人民和政府之间,成为权力和权利之间不偏不倚的仲裁者。在此意义上,陪审团是社会公众抵御国家压迫的法律武器,它可以保障诉讼当事人不受腐败法官和压迫性法官的审判。陪审团的这个功能在美国独立革命时期涂上了一种油画般的色彩,极为珍贵,因为在那时,美国人将殖民地陪审团视为对英国王室法官的一种制衡。

美国宪法起草人托马斯·杰佛逊(Thomas Jefferson)先生极为推崇陪审制的此一功能。杰佛逊甚至认为,与公民的选举权相比,接受陪审团审判的权利更加重要。这是因为,人民对于代表国家的法官并不寄托过多的希望和信任。他们认为法官的权力如果不通过有效的诉讼机制加以约束,会成为腐败的温床,钱权交易由此必然萌生和滋长。这是包括联邦党人在内的美国人民从英国殖民时期王室殖民法官的历史中亲身获得的感受。他们对这一段经历表示深恶痛绝。问题的关键在于如何对法官的权力加以制约,而不是要不要加以制约。美国宪法的起草者们认为要对法官的权力加以制约,只有通过先后两个步骤才能达其目的:一是按照孟德斯鸠的学说,实行三权分立原则,把国家权力一分为三,即行政权、立法权和司法权分开,划清界限,分别由三个机构去行使,并同时相互制衡。二是在国家权力分离的基础上,进一步对司法权予以分立,将审判权再一分为二——法律适用权和事实认定权,并由不同的诉讼主体加以执行,法官行使法律适用权,陪审团行使事实认定权。事实认定权较之法律适用权处在更为实质的层面,是司法权的实质内容。在这个意义上,并兼之以法官是由人民所选出的事实,可以认

---

① [美] 斯托里:《美国宪法释义》第3卷第38章,第654页。转引自 [法] 托克维尔:《论美国的民主》(上卷),董果良译,商务印书馆1988年版,第312页注解③。

为,"人民司法"这个概念基本上是名实相符的。不仅如此,为了保证司法权实质性地把握在人民的手里,美国宪法还规定了两个补充性的内容:一是陪审团所作出的事实认定,法官不得轻易推翻;要推翻陪审团的事实认定和案件裁决,必须要另行组成陪审团方能为之。二是上诉审法院只进行法律审,不予以事实审理。上诉审法院的功能在于监督下级法院的法律适用权是否正确运用。可见,陪审团的事实认定权和裁决权受到了最大限度的尊重。

这一点尤其表现在刑事诉讼之中。刑事诉讼就其本质而言乃是国家同个人的斗争。为此,法律赋予刑事被告人诸多程序性权利或程序优势(procedural edges),如无罪推定原则、反对自我归罪原则、公诉人负有同时提供对其指控不利的证据之义务等,以捍卫其合法权益。但即便如此,宪法所确保的接受陪审团审判的权利,依然是为刑事被告人提供的使之获得公正审判的最为有效的诉讼机制。杰佛逊曾经说过,陪审团就像一个减震器,可以将来自政府的权力减低到最小限度。统计数字表明,较之法官来说,陪审团更容易开释被告人。在重罪的指控当中,陪审制更具价值。美国联邦宪法和州宪法所规定的陪审团审判条款,"反映了对公权力行使上的一个基本决定,即不将决定公民的生命或自由的权力整个地交给一个法官或一组法官行使。由于唯恐权力不受制衡,所以,联邦政府和州政府在其他方面所体现出的典型做法,也表述在刑法之中,即坚持在决定有罪还是无罪的问题上实行社会参与"①。美国马里兰州(Maryland)的一位农夫在就陪审团审判的宪法性权利进行辩论时,曾对陪审团的这个作用做过精彩的表述。他同意,包含在美国宪法中的对联邦政府所施加的结构性控制,如权利分立和联邦主义等,对防止通过侵犯公民自由权的非正当立法是有必要的。但是,他看出,在地方性层次,正当法律的滥用对自由权造成更大的威胁。对此,宪法上的结构性保护并不起作用。"较之直接的和公开的立法进攻来说,那种悄然挖掘自由精神之根基的司法篡权更加危险。"② 他认为,为防止这种威胁所进行的唯一有效保障就是陪审团审判。③

以上所述,是陪审团制度对司法机构行使审判权的制衡作用。不仅如此,陪审团制度对行政机构行使行政权也起一种类似的制衡作用。

在部分民事诉讼和所有行政诉讼中,实行陪审团审判有利于保护公民在诉讼中免受政府权力的压制。在政府为一方当事人的案件中,政府作为当事人和审理者的双重角色之间的模糊界限,将会导致国家权力的专横行使。所以,如果在诉讼的解决过程中有普通公民的声音,这将有利于形成对政府权力滥用的反向制约机制。

陪审团还可以阻止立法机构所制定的非公正法律的应用。此一作用后面涉及,此略。

以上这三个方面的理由,体现了民事陪审团衡平机能的不同侧面。

(三)特殊的教育价值

任何审判制度都有一定的教育职能,但是,陪审团审判具有特殊的教育价值。这表现在两个方面:一是培育公民的政治道德,二是增长公民的法律知识。前一个功能实质上就是对国民性加以改造。不管陪审团制度如何被运用,它都将对国民性发生重大的影响。因为,陪审制充分并及时地反映了流行于世的社会价值标准,而正是这种价值标准引导着社会发展。陪审制使

---

① Duncan v. Louisiana, 391 U.S. 145, 156 (1968).

② William Burnham, Introduction to the Law and Legal System of the United States, West Publishing Co. 1995, p. 130.

③ William Burnham, Introduction to the Law and Legal System of the United States, West Publishing Co. 1995, p. 130.

法官的思维习惯与普通百姓的思维习惯沟通起来，而法官的思维习惯反映的正是法的精神。所以，法治和法律的精神经由陪审制的实行而渗透到国民的精神中去，并由此塑造着国民性格和行为范式。这种国民性格和行为范式将反过来滋养自由和民主的习惯，并捍卫着这种自由和民主。每个人对自己在深思熟虑后作出的决定都会格外尊重和服从，陪审制也在教导参加陪审团的成员以及那些虽然没有直接参加但却有人代表参加的人们，尊重和服从由此作出的所有判决。判决是对权利义务关系的设定和重申，因而陪审制有利于人民养成权利义务观念，这正是法治社会赖以维系的支柱。陪审制度也有利于养成公平观念。因为，今天你陪审他，说不定明天他就陪审你，只有对人公平，才能使人对你公平。公平观念成为人们的理性追求，并由此普及于全社会。这是法治社会的核心原则。由此原则所派生，任何人都确信自己的行为自己负责，这种责任完全出于己身。所以，陪审制有利于公民养成负责的精神，而这种负责的精神是法治社会的道德基础。

陪审制的实行还有助于公民民主观念的形成。无论从程序上说还是从实体上说，对不同的道德观需要予以现实主义的调和，这种需要成为民事陪审团民主作用的最有力的理由。不仅陪审团评议的过程具有内在的价值，而且对道德和社会的差异问题，陪审团也从实质上产生了理想的共同方案。陪审团是一个临时组成的小团体，它可以对法律决定制作过程中提出的各种不同的见解作出回应。这不是一幅由消极的、架空的或无知的陪审员组成的图画，而是由那些怀有不同的实质理念参与评议对话的人组成的一幅图画。如果说评议民主是对争论和冲突的适当回应的话，那么，陪审团则是解决具有道德意蕴问题的恰当的司法和政治机构。

以上为陪审制在政治道德方面所体现的教育价值，此外，陪审制在对公民的法律知识的增进方面也体现出有益的教育价值。

由陪审团进行审判的法庭，在一定的意义上可以看作为一所临时的、但内容又不断更新的、涉及范围极广的普法课堂。托克维尔极为看重陪审制的这层价值，认为这是它的最大好处。他说："应当把陪审团看成是一所长设的免费学校，每个陪审员在这里运用自己的权利，经常同上层阶级最有教养和最有知识的人士接触，学习运用法律的技术并依靠律师的帮助、法官的指点、甚至两造的责问而使自己精通了法律。我认为，美国人的政治常识和实践常识，主要是在长期运用民事陪审制度当中获得的。"[①] 所以，陪审团能够为公民起一种政府办学的作用，陪审团的教育性质是它们的主要价值和合理性的源泉。

当然，陪审团所具有的教育功能尽管属于内在的价值，但却是附属性的。如果其他机制更适合给人民提供这方面的教育，或者公民认为陪审团工作是一种时间上的浪费，那么，陪审团的这种合理性就不再具有说服力了。尽管大量的研究显示，大多数陪审员倾向于认为他们的陪审团经历是有所裨益的，但是，这一点尚不足以说明公民接受多少法律方面的教育，它仅仅能够反映参与者一般都接受陪审团制度。尤为重要的是，只有极少数人才能被选入陪审团，陪审团的教育效应在范围上是有限的。

（四）维护审判独立和司法权威的价值

陪审团有助于保障审判独立。因为，法院作出的裁判不可能均受到全体人民或大多数人民的欢迎，法院作出不得人心的裁判是在所难免的。这个不得人心的裁判如果是由法官单独制作的，由于法官具有特定化的特征，所以很容易成为公众有时甚至是官方批评的靶子。这对他个

[①] ［法］托克维尔：《论美国的民主》（上卷），董果良译，商务印书馆1988年版，第316—317页。

人、他的家庭和他的职业都会带来负面影响。陪审团由于是"无名小卒",而且案件一经审完,他们便消散于公众的视野,所以由他们来决定那些对法官难于决定的争议案件,更加适合。而且,由于他们无办公室,同政府也没有其他持续性的联系,故而他们是真正独立的。这一点对美国有的州法院来说尤为重要,因为在有的州,法官是通过选举制产生的,被选举产生的法官由于必须面临着再次选举,所以在作出判决时,总是会考虑到选民的要求。这在一定程度上影响了法官的审判独立。而陪审团则是通过抽签等方法随机产生的,整个评议过程又是保密的,陪审团作出裁决也不必说明理由,因而陪审团介入审判显然有利于司法的独立。① 另外,陪审团还有一张为法官所不具有的招牌,这就是遇到不公正的法律有权摒弃不顾。这便是陪审团具有的对法律的否弃权。这个权限法官是不具备的,因为法官必须依法办案。所以,如果法官单独审判必然会作出不受欢迎的裁判(unpopular decision),这时让陪审团介入审判作出同样的裁判,法官则不致遭受公众的抱怨和谴责。在此意义上,可以说陪审团能够起一种避雷针的作用,保护法官免受攻击。陪审团制度在美国之所以能够长期地保存下去,原因正在于它体现着美国独特的价值观:陪审团可以更公正地裁决案件,并由此免却法官的两难困境。

1977 年,美国诉讼律师协会对全美 6544 名法官进行了一次民意测验。其中有 3466 人反馈了问卷。在这些人当中,几乎 90% 的法官皆赞成保留陪审团制度。从陪审团能够为法官提供政治保护这一点上看,民意测验的这个结果是不足为奇的。陪审团帮助法官通过了难关。举例来说,欣克利(John Hinckley)因涉嫌刺杀里根(Ronald Reagan)总统而被指控。在该案的审理中,陪审团基于欣克利患有精神病的原因而对其作出无罪释放的裁决。该裁决作出后,陪审团受到了公众的强烈批评。但是,因为陪审团的成员皆是平民百姓,这种批评缺乏具体的针对性,因而很快就销声匿迹了。反过来设想,如果这个裁决是由法官作出来的话,这个大名鼎鼎的法官就有可能被迫退出审判舞台。

陪审团不仅有助于维护法官的审判独立性,而且还有利于维护法官的司法权威性。

在现代陪审团制度下,法官负责适用法律,陪审团负责认定事实。这是存在于法官和陪审团之间的劳动分工。之所以这样分工,原因主要在于陪审团和法官具有不同的特长和优势,法官精通法律,而认定事实更需要普通常识。但是,事实认定需要法律的指导。法官便成为陪审员的"法律教授"或"临时导师"。在整个审判过程中,陪审员对于法官的各项指示都要洗耳恭听。法官主持审判,指挥诉讼,俨然是法庭大堂上的"神圣教父"。法官引导审判活动走过曲折的诉讼程序,对当事人和律师们提出的各种法律问题和证据问题要当机立断,迅速排除,法官对于陪审员不解的问题要及时给予准确的解答。到诉讼结束之时,法官要给陪审团作出总体的指示,要告诉他们案件的争议焦点是什么,并提醒他们要时刻记住关键的法律规定和法律知识,向他们解释精确的含义。法官在影响着陪审团,陪审团在崇拜着法官。陪审团代表法官宣布裁决,法官的权威通过陪审团对裁决的宣布向四处扩散。此时,法官的声音和陪审团所代表的整个社会的声音是同样的洪亮。正是在这个意义上,托克维尔指出:"表面上看来似乎限制了司法权的陪审制度,实际上却在加强司法权的力量;而且,其他任何国家的法官,都没有人民分享法官权力的国家的法官强大有力。"②

---

① 虽然说联邦法官和其他的任命法官并不是不会受到各种压力的影响,但较之选举产生的法官而言这种压力则要小得多。

② [法]托克维尔:《论美国的民主》(上卷),董果良译,商务印书馆1988年版,第318页。

（五）法律的通俗化价值

陪审团尽管只负责事实认定，但事实认定离不开对有关法律规定和法律知识的理解，而陪审团作出裁决也需要适用法律。所以，陪审团最终必须能够弄懂法律和适用法律，这个事实对不断趋于复杂的法律制度可以起一种积极的制约作用，可以对法律的深奥莫测设定一个可以接受的界限，陪审团可以要求法律规则做到使一般人都能理解。此外，陪审团对律师的通俗化执业也施加了显著的影响。这里有一段话便描述了这种影响："陪审团审判对律师施加了非常严苛的要求。律师必须最终理解案件中的争点和证据，而且要到可以传授的程度，这就迫使律师将大量的复杂信息，组织成一种能够为连初步法律知识都没有的人所能够理解的形式。我们只要观看一下能干的律师是如何对复杂事项实施庭审活动的，就可以明白律师为了使陪审团弄懂辩论意图，作出了多么有力的努力。"①

民事陪审团在促进法律的可理解性方面的价值，既表现在法律的内容上，也表现在审判程序上。首先，法律应当具有清晰易懂的价值，律师的辩论意见也应当如此。其次，保持法律的易懂性有利于促进实体民主价值，如果公民对统治他们的法律不能理解，民主的价值当然要受到阻碍。这两方面的价值是相互关联的。民主所奠基的前提是信任民众能够产生一种集体智慧的政治能力，而对法律的理解是寄予这种信任的条件。

三、陪审团制度所具有的司法工具价值

（一）陪审团能够更好地认定事实

认定事实是陪审团的天职，一如适用法律是法官的天职。既然陪审团的主要甚至在一定意义上可以说是唯一的职能，就是认定事实，那么，从逻辑上说，陪审团在认定事实方面肯定有职业法官所不具备的优势。否则，陪审团的存在便仅有政治意义，而没有程序设计上的技术性价值。因为，审判权的分立并非只有陪审制一途。对此，美国法学者托马斯·库利（Thomas Mcintyre Cooley）是这样解释的："法律之所以设置陪审法庭，原因在于相信，从陪审团的成员、遴选模式以及他们是来自社会各个阶层这个事实来看，陪审团比单个的法官更加善于判断行为的动机，衡量证据的盖然性，而无论单个的法官是如何地英明、睿智。"

与适用法律需要更多的专业化训练不同，认定事实更多地依赖于生活经验和普通常识。在这一点上，陪审员和法官并无不同。不仅如此，陪审团在认定事实上还具有法官所不具备的优势，这就是陪审团具有多数人集合起来的"团体"力量。从横向上看，陪审团能够广泛地反映社会通行的价值观念，从而能够准确地、平稳地表现案件事实的本来面貌。从纵向上看，陪审团能够形成一种认定事实的合力，而这种合力不仅超过单独的陪审员，而且还超出单独的法官。这就是所谓的"部分之和"效应。在这个方面，美国有一些学者进行了实验研究。这种对制作决定的集合动力或合力所作的心理学研究，趋向于支持这种直观的结果。博兰德是告诉我们这项研究的其中一位，他曾就推理能力的合力效应作出过试验。② 这个实验是对大学生所作的，其目的是考察他们的逻辑推理能力。在实验中，博兰德将大学生分为两组，一组是一个

---

① Patrick E. Higginbotham, "Contiinuing the Dialogue: Civil Juries and the Allocation of Judicial Power", 56 TEX. L. REV. 54 (1977).

② ［美］博兰德：《个人、多数人和全体人判断的比较研究》，载《社会心理学杂志》1959年第58卷，第55页。［美］理查德·雷帕特：《揭开"不可分辨的"区别：一个经验的研究与适合陪审团审理的案件》，载《密歇根法律研究》1975年第73卷，第643—708页。

人，这个人是最优秀的，称之为"最佳的单独推理者"。另一组是由若干人组成的，这些人都是差的或较差的，他们形成一组，称之为"最差的组合推理者"。在实验时处理这样一个逻辑推理问题，它的前提和结论是那些容易唤醒强烈情感和价值取向的陈述，诸如拥护某个主义、学校规章制度等，单独推理者较之组合推理者在解决这个问题时表现得差多了。好的单独推理者被他们的情绪性反应导入歧途；与此同时，那一组差的推理者起初也被误导了，但他们却能够重新摆正。所以会发生这种情况，乃是因为该小组的成员有不同的情绪反应：一些人在这个方向上出的偏差，被另一些人在那个方向上出的偏差所纠正或者平衡了。这种合力的运作过程获得了其他研究的支持。这些其他的研究表明，正是通过陪审员的社会化分散而不是提高其平均的受教育层次，提高了陪审团评议的精确性。① 研究陪审团制度的学者海芮·卡温教授也断言："有大量的证据表明，大多数人一经实际地参加审判，就会对其任务变得高度认真和负责，并共同协力，直至评议和作出裁决。"②

但是，这一点，在美国法学界是大有争议的，尤其对于复杂的、科技含量大的案件更是如此。

（二）陪审制有利于审判结果的正当化

陪审团对审判结果所具有的正当化功能与前述审判独立和司法权威的保障功能有一定的联系，但陪审制所具有的这一价值具有独立意义。

民事陪审团除了对司法腐败和司法专横起着制约性的作用外，还对法律判决起正当化的作用。

如前所述，陪审团可以起着一种避雷针的作用，吸收会集中在法官身上的敌意和疑虑。美国学者克拉克曾经说过："陪审团的真正优点似乎是对司法制度起一种安全阀的作用，它可以缓解法官在决定诸如人身伤害诉讼案件中双方当事人势均力敌的案件事实之时，所具有的一种负担以及由此所引起的憎恨。因为在这类案件中，当事人的情绪会变得非常激昂。"陪审团审判提高了公众对裁决的接受程度，这是通过许多种不同的方式来实现的。有的方法属于总体性的和制度性的，有的方法则是特定类型案件中所特有的。

1. 陪审团的一般正当化功能

一般的公众之所以对陪审团制度能够产生和保持一种信任，这是因为两个层次的原因。第一个层次，由于陪审团是由法律外行组成的一个民主性组织，这个组织有助于培育和促进公民的参与观念，这种参与观念又有助于公民对司法制度认同感的形成。市民陪审团由于可以将政府行为同人民的行为统一起来，因而它便将一种正统性或合法性赋予了司法行为。陪审团这种机构可以将社会共同的价值观输送进司法过程之中，而且也正是通过陪审团，法律制度保持了它同公共心理之间的联系。

第二层次，陪审团制度可以消除或中和一些对于裁决的批评意见，因而有助于提高公众对法律制度的接受程度。如前所述，陪审团是一个分散化的团体，他们被召集到法院只是临时的，而不是常设的，因而他们最终对其决定是负不了责的。所以，陪审团便成了一个分散化的靶子，相对法官来说很难对他们加以批评。陪审团是由一组人组成的，这同单个的法官不同，所以他们有助于分散和消解人们对裁决的不满情绪。特别是，陪审团的活动就像"黑箱"一

---

① ［美］弗力德·斯涛贝克、雷塔·杰姆斯、查理士·浩金思：《陪审团评议中的社会地位》，载《美国社会学研究》1957年第22卷，第713页。

② Harry Kalven, Jr., "The Dignity of the Civil Jury", 50 Vo. L. Rev. 1055 (1964).

样,陪审团的裁决是绝对与外界绝缘的,也是非常复杂的,因而外界对陪审团评议的过程是很难进行细节化估计的。对陪审团裁决的接受程度,取决于公众是否把它们理解为是对事件的表述、是对真正发生了什么的表述,或者是否对在审判中提供的证据的表述。裁决的笼统性质或者概括性质创造出了一种人为的模糊性,使人们很难知道裁决是否表述了事件或者证据。陪审团评议过程的与世隔绝性以及对陪审团裁决事后进行弹劾所施加的严格限制,更强化了这种模糊性。因此,不管陪审团是否实际地作出了裁决,法院都将裁决看成是对事件的表述。

2. 陪审团的特定正当化功能

在特定类型的案件中,陪审团的正当化功能显得尤为必要和有效。其中有一类案件包括那些社会价值和社会标准特别神圣的案件,如侮辱和诽谤案件。这个种类的案件还包括人身伤害案件。在这些案件中,陪审团要利用有争议的实证资料,评估和决定损害赔偿数额,并对人的器官和机能,甚至对生命本身作出金钱上的评估。可是,社会标准的导入有可能不会提高陪审团的正当化功能。这种程序性的正当化有时可能会产生不能令人满意的实体性结果。这取决于公众是否仅仅因为这种社会标准存在于社会内部,便不加区别地采纳它们。也就是说,社会标准的采纳有时对陪审团的正当化功能有利,有时则对其正当化功能不利,这是陪审团在正当化功能方面的优势和局限所在。不仅如此,承认陪审团以如此狭窄的形式表现其正当化功能,也会对陪审团制度的整体理论根据产生影响。因为,陪审团是所有民事案件都有可能采纳的司法程序的一个不可缺乏的组成部分,如果强调陪审团在特定类型案件中的正当化功能,自然对该制度的整体性理由不利。

陪审团的正当化功能还体现在那些严格依据现行法的纯粹逻辑所作出的非正当的裁决上。民事陪审团强化了这样一种神话,即民事司法制度已经达到了既广泛又完整的程度,民事司法制度可以提供一种制度性的机制,在其管辖权范围内解决所有的案件。民事司法制度的实体性规范给每个案件都提供了独一无二的正确答案。这是一则神话,而民事陪审团则有助于强化这种神话的继续存在。因为陪审团评议的过程是秘密进行的,这就为它的活动笼上了一层神秘色彩,正是这种神秘色彩为司法制度起到了一种安全阀的作用,它可以使法官免受批评尤其可以使法官在那些似是而非、含糊不清的案件中"逃避"过去。如果法律规则和法律推理提供不了明确的答案,法官们则越需要掩饰这种司法上的任意性,越需要省却仔细辨别各种细微差别的麻烦。所以,当法官们越是接近某种分界点,则越需要召唤陪审团。

陪审团除了可以使法律制度因其不够精确而受到潜在的损害外,它还可以在那些涉及对立的两种方案极难选择的案件中,使裁决正当化。稀缺资源的分配往往难免作出任意性的选择,在这种情况下由代表性的陪审团来作出决定是最理想的。因为在这种情形下,从一大堆可供选择的实体规定中选择其中之一,从不同的法律角度看,都似乎是随意的,非正当的。这时陪审团作出选择就具有特殊的意义了。因为陪审团适用社会标准作出裁决,不用告诉人们他们所适用的社会标准是什么,甚至这些标准是否存在也在所不问。尤其是在那些社会标准的表述极具破坏性的时候,陪审团的这个功能更加突出。

(三)陪审制有利于法律的灵活适用

陪审团可以确保法律适用的灵活性,这是陪审制的又一功能。美国诉讼律师协会(Association of Trial Lawyers of America)曾经就法律适用的问题对法官做过一次范围极广的调查。在调查中有一位法官这样写道:"我以为,十二个人在决定事实时可以做得与任何一位法官一样好。他们常常能够实现案件的正当结果,而不像法官那样受制于考虑法律细节问题的困扰。"这里所说的"细节问题",其中之一便是可资适用的法律(applicable law)。法律可能变得硬直。在特定案件采用这些规则时,其含义可能变得荒谬和非正义。陪审团可以赋予法律以灵活性,确保其适用的方法同社会的要求协调一致。在作出裁决时,陪审团有权置法律于脑后,而不予考虑本来应当适用的法律。这是陪审团所拥有而法官不具有的特权。这项特权称为"陪审团的否弃权"(jury nullification)或者叫"陪审团的不遵守法律之权"(jury lawlessness)。如果在陪审团看来,某法律规范的适用将会导致手头案件的非正当结果,那么,陪审团就可以不管这个法律的现实规定,而作出其认为适当的裁决。立法为了使陪审团能够有效地行使这项权利,特别规定陪审团可以使用概括裁决(general verdict)的方法作出裁决。概括裁决,是指仅写出案件事实的认定结果和处理结果,而无须阐述理由的裁决。既然无须阐述理由,则不必指明导致该裁决结果的法律规定。何以陪审团可以有这样的特权?证据学家威格摩尔这样写道:"法律和正义不可避免地处在经常性的冲突之中。我们向往正义,并且我们认为,实现正义应当通过法律。但如果我们通过法律不能实现正义,我们就谴责之。这就是现在陪审团起作用的场合。退庭后进入保密状态的陪审团,将会调节法律的一般规则,以实现具体案件的个别正义。如此这般,臭名昭著的法律的严格规则便被避免了,而人民对于法律的满意心态得以保全。陪审团要做的就是这些。它提供给我们的是法律的灵活性,而这对实现正义和获得人民的支持是至关重要的。须知,法律的这种灵活性是审理法官永远不可能给出的。法官必须写出他的判决理由,宣布法律,并认定事实。对于这些要求,他不得在公开的记录上偏离任何一点。陪审团以及陪审团评议室的秘密性,乃是人民司法的一个不可或缺的组成部分。"

由此来看,陪审团所具有的独特正义感可以调和过于严苛的法律规定。这不仅对个案实现了正义,而且,陪审团对法律规则的调和能够指出法院或立法机构改变法律的途径。这方面的一个例子是"霍夫曼诉琼斯案"。这是一起佛罗里达州的案例,它将与有过错改变成了比较过错。

美国政治历史上有许多英雄曾因"错误"的陪审团裁决而获得免罪。皮特泽格——一个英国王室批评的出版商,在1734年被纽约殖民地的陪审团无罪开释了。事实上,该人可能犯了煽动诽谤罪。有一些北方废奴主义者,确实在内战以前放走了奴隶,也曾从陪审团的不精确裁决中获得好处。更近期,反越战的示威者抵制服兵役并隐藏来自萨尔瓦多的非法的政治避难者,他们被陪审团释放了。但事实上他们极可能犯了罪。当然,大多数案件并不要求有利于正义而蔑视"客观真相"。但是,如果有这样一个案件要处理的话,在那些真相和正义都指向有罪时,政府有充分的资源和好律师可以使案件由陪审团作出有罪的认定。陪审团也可能基于种族主义的态度,常常宣告被告无罪。如在过去南方陪审团审理的案件中,便释放了被指控谋杀了布莱克的怀耳特。

(四)陪审制有利于判决的执行

陪审团审判有利于社会一般群众和案件当事人对裁判结果的接受、认同和履行。因为,陪审团决定案件的事实部分,而事实部分是决定案件裁判结果的实质方面。在一定意义上完全可以认为,裁判结果是由陪审团来决定和左右的。而陪审团是由社会上的一般群众随机地形成的,所以它代表了社会一般人民的正义观念和对该特定案件的看法。正是通过这种观念的输入和渗透,裁判结果才划定了形状并最终得以形成。这样的裁判结果和一般人民的预期是吻合的,因而在该裁判结果的付诸实现之上,便可以获得社会性的普遍支持,由此化解了所谓"执行难"的问题。裁判结果只有从社会中来,才能到社会中去。其理至为显然。

四、对陪审团制度的批判

（一）批判陪审团的视角

陪审团制度具有各种价值，这是事实；但陪审团制度也同时存在严重的弊端，这也是事实。客观地说，在美国的民事司法制度中，很少有哪种制度或程序像陪审团这样容易并且长久地引起争议了。争议的焦点在于革新甚或存废。而陪审团制度的存废较之任何制度或程序，都更全面和深刻地对美国的民事司法制度和诉讼程序制度产生影响。正因其重要，人们的争议方烈。为什么会产生争议呢，或者争议是从何处引发的呢？后面所列举的争议理由可以容易地看出，争议的缘起在于看问题的角度不同，或者说出发点有异。用不同的标准考察同一个陪审团制度，得出的结论必然不同。如前所述，有相当多的学者在评价陪审团的问题上，采取简单主义的方法论，而不是看到陪审团制度的多个侧面与多种功能。这其中，有一种工具主义或功能主义的分析方法危害尤烈。他们将陪审团制度仅仅看作解决纠纷的一种方法，在此范围内对陪审团的功能进行实证分析，从而得出消极否定的结论。这种方法论不仅最终必然走向贫困甚或消亡，而且，还同美国宪法第七修正案产生的历史背景渐行渐远。这种轻忽或者贬低陪审团制度作为神圣民主法庭的内在价值的思想倾向，在美国的历史上已经由来甚久。在19世纪中叶，这种思想业已盛行于美国法律思想的历史舞台。正是在这种思想的影响下，美国各州的法院和立法机构才将陪审团原有的解决法律问题的权力予以取消。从此以后，陪审团便不再被看成为"自由的保障之神"，而仅是承继而来的法院用来解决事实问题的方法。[①] 有相当一部分学者在考察之时，仅仅将注意力局限于"陪审团审判的实际应用上"，他们仅仅限于探究同法官审判相比，陪审团在获得诉讼程序的结果方面有哪些优点、有哪些弊端。

学者们之所以将陪审团的价值取向定位在纠纷解决这一点上，一个可能的原因乃是，对于陪审团的其他功能，诸如反对专制的堡垒、审判结果的正当化以及民主过程的活动场所等，不太好作定量分析，或者说上述正面的评价难脱空洞的理论推演之讥。这些学者抱怨陪审团的审判是一个负担沉重的过程，它不仅给国家和陪审员自己施加了巨大的金钱方面和实践方面的成本，而且还造成了审判机制的拖延。有的学者，尽管认同陪审制有一定益处，但同时又强调它的成本之高至为明显，并认为美国的司法制度对民事陪审团的情有独钟仅仅是一个盲目崇拜。

陪审团制度所存在的弊端以及由此所引起的争议主要集中在陪审团作为解决纠纷的机制所具有的价值方面，也就是陪审团作为解决纠纷的机制和方法，是利大于弊还是弊大于利。这是一个极其根本的问题。这个问题的解决结果直接关系到陪审制的存废问题。

概括地说，对陪审制的这种批评意见可以概括为陪审团审理案件时间长、花费大、水平低。要对陪审团的这方面价值进行评估，必须在实证分析的基础上将各种衡量指标细化。这些衡量指标或评价标准主要包括以下诸方面：第一，成本效益，指在所获得的审判结果给定的前提下，审判经费和持续时间达至最理想的状态。换而言之，为了达到同样一个理想的结果，陪审团所要花费的物资成本和时间成本是否过大。第二，法律能力，指理解和适用法律规则的能力。第三，事实认定的能力，指理解、回忆所提交的证据并从中得出逻辑结论的能力。第四，精确性和公正性程度，指不带有超越法律或其他制度的偏见，基于法律和事实认定分配责任和计算损失的能力。第五，一致性程度，指不论在州法院还是在联邦法院，无论管辖区域是否相

---

① Note, "The Changing Role of the Jury in the Nineteenth Century", 74 YALE L. J. 170-182 (1964).

同,在类似的案件中,相似的陪审团能否作出相似的裁决。第六,对法律制度的控制力大小。

(二) 陪审团制度导致诉讼成本高昂和程序拖延

20世纪80年代,美国"蓝德民事审判研究机构"(RAND Institute for Civil Justice)曾经做过一项评估,陪审团审判中所产生的额外的行政负担,包括陪审团的遴选和陪审团的报酬在内,就联邦法院的侵权案件而言,平均的费用已从过去的每个案件1740美元,上升到15028美元。① 1993年,联邦法院陪审团的平均审理时间是5.19天,而法官单独审判的平均时间为2.34天。为什么陪审团审判较之法官审判要延续更长的时间呢?因为证据规则的严格执行花去了大量的额外时间。律师必须确信陪审员已经充分地理解了他们的案情,所以他们在提出案件事实之时,需要更加深思熟虑。陪审员由于不是像法官那样的职业"听者",容易变得倦怠,需要更多次的休息。不用说,陪审团制作决定的过程是更加漫长的。纽约州曼哈顿法院的一项研究表明,估计陪审团审判花费的时间比法官审判花费的时间要多出大约40%。

陪审团制度也产生了大量的间接成本,包括:第一,立法成本,必须制定大篇幅的证据法以及其他相关程序规则,以防止陪审团受擅玩技巧的律师的欺骗和鼓煽。第二,司法成本。陪审团审判在美国法律制度的范围内,为律师进行蛊惑人心的宣传提供了一个通径,而这便鼓励律师过分地使用华而不实的言语,从而使实质屈服于风格。第三,机会成本。在审判持续期间,陪审团不得不牺牲大量的从事其他活动的机会,而这些机会可能会取得更大的效益。第四,制度成本。这大概是陪审团制度最大的间接成本,因为,陪审团制度的实行对美国民事诉讼制度的结构施加了诸多制约和限制。陪审团审判使得诉讼程序的间隔运作和非连续进行成为不能。尤其是,陪审团由于必须集中起来,而且要与外界隔绝,这就妨碍了对不断形成的证据的探寻,也不可能根据审判的进展,不断提出新的法律理论。诉讼者必须在单一的、集中的审判中提交所有的辩论意见和证据,因此,就必须有一个漫长的审前阶段,以对证据进行完整的发现和收集,并缩小争议焦点,而这个程序过程造成了显著的迟延。不仅如此,这种制度塑造效应还对其他诉讼过程产生共振性影响,并且影响了审判结果和纷争解决的精确性。

(三) 陪审团审理案件的能力差

在谈及陪审团的能力时,很早就有学者对此提出质疑了。早在1905年,考克斯(Alfred Coxe)就指出:"陪审团不能够表述复杂事项。"1915年,美国学者桑德兰(Edson R. Sunderland)就这样批评陪审团:"从普通生活中临时召集来的这些人,没有经过法律上的训练,除非在极原始的社会,他们是不能够执行好法官的职能的。"② 桑德兰于是被认为是陪审团制度的最早的批评者之一。这种批评后来不仅没有消失,反而越来越烈,尤其到了现代,随着各种现代型的、技术含量高的、复杂案件的大量产生,陪审团在这方面的应付能力,日益变得羸弱。格瑞斯沃德(Erwin N. Griswold)认为:"陪审团审判充其量只是业余者的神话。"③ 陪审团的能力问题,成为现在对陪审团批评最为集中的问题。基于这种批评,有的学者提出这样的看法,即复杂案件是宪法第七修正案陪审团审判权力的例外,有一些法院也接受了这种可能性。陪审团制度的反对者提出了一系列的因素和理由来支持他们的指责,认为陪审团基本而言

---

① 参见[美]理查德·A.波斯纳:《联邦法院:挑战与改革》,邓海平译,中国政法大学出版社1996年版,第203页。
② [美]史蒂芬·耶泽等:《民事陪审团》,载《哈佛大学法学研究》1997年第110卷,第1424页。
③ [美]格瑞斯沃德(Erwin N. Griswold):《1962-63哈佛法学院院长报告》,第5—6页。

不是一个可以胜任的决定制作者。第一，陪审团对原告怀有倾向性的偏见，而且容易受法庭戏剧性色彩的影响，因而往往作出不合理的陪审团裁决。具体表现在，陪审团作出的损害赔偿，尤其是惩罚性的损害赔偿的数额非常高。第二，因为陪审团是由法律外行组成的审判庭，因而他们缺少理解复杂事实以及细致地适用复杂法律规则的知识和能力。第三，由于审判延续的时间越来越长，法律制度对陪审团提出了比过去更高的要求。基于这些原因，陪审团的反对者认为陪审团已经变成了一只批判不得的"神牛"（sacred cow），并认为美国人应当结束对陪审团制度近乎迷信般的崇拜。他们基此提出限制陪审团的人数和审判的案件类型的建议，有的甚至建议废除宪法第七修正案关于陪审团审判的保障。例如，美国学者爱德华·L.德威特（Edward L. Devitt）曾经主张："在联邦法院的民事案件中，陪审团审判应当是非义务性的。"① 美国卡多佐大法官（Justice Cardozo）以及后来的首席大法官伯格（Chief Justice Burger）也都对民事案件中的陪审团审判持批评意见。伯格曾经指出："那种坚持认为没有陪审团，就不会有公平的光明的审判制度的见解，极少不是狭隘的或短视的。"② 被告的律师和保险公司有力地论证说，陪审团给人身伤害案件中的原告判的数额太过分了。这是英国实际上业已废除民事陪审团制度的原因所在。③ 报纸上的醒目大标题倾向于支持这种指责。

（四）陪审团的审判不利于实现对纠纷的预防功能

现在美国，陪审团审判在州法院的案件中只占1%，在联邦法院则仅占2%。但是，陪审团所发挥的作用却不限于这些案件，因为陪审团在美国的"诉讼调解"（litigotiation）制度中，起着重要的调节作用（regulatory function）。陪审团提供信号，使得诉讼调解"游戏"中的游戏者可以对审判的结果形成预期。然而遗憾的是，陪审团对责任规则和损害赔偿的数额容易发出不精确和莫名其妙的信号，致使陪审团对个案作出的裁决，对其他类似案件中的当事人难以形成一个参考，无助于促使他们达成和解或接受调解。所以，陪审团预防纠纷的功能并不显著。

（五）陪审团作为对抗专横权力的衡平价值存在争议

"最终，关于陪审团制度优缺点的争议，应当主要集中在陪审团所具有的衡平观念以及同法律进行温和斗争的价值和妥当性之上，而不是集中于纯粹的能力上。"这是美国研究陪审团制度的学者卡温（Harry Kalven）在1964年所发表的文章"民事陪审团的尊严"中提出来的。④ 的确，学者们在对陪审团评价的问题上最容易忽视的问题，就是陪审团对压迫性官僚主义的制约，以及对反司法腐败的保证等方面的价值。这个方面的功能具有极其重要的历史意义。建立陪审团审判制度，是反联邦主义者在提出宪法第七修正案议案中的一个重要组成部分。如前所述，反联邦主义者提出几点有区别的但又相互联系的理由，支持在民事案件中对陪审团审判提供宪法性保障。首先，民事陪审团有助于保障诉讼当事人不受腐败法官和压迫性法官的审判。其次，陪审团有利于保护公民在诉讼中免受政府权力的压制。最后，法律规则常常变成非正义的，而陪审团通过他们的一般裁决明智地否弃了这些规则，也即，陪审团可以阻止立法机构所制定的非公正法律的应用。

---

① Edward L. Devitt, Federal civil jury trials should be abolished, 60 A. B. A. J. 570 (1974).
② Warren E. Burger, Thinking the unthinkable, 31 LOY. L. Rev. 205, 210 - 13 (1985).
③ 见"瓦德诉杰姆斯"案（1965年）。陪审团现在仅在制定法有规定时或者由法官在"例外的情形"下行使裁量权决定适用。目前每年只有12起左右的民事案件实行陪审团审判。
④ Harry Kalven, Jr., The Dignity of the Civil Jury, 50 VA. L. Rev. 1072 (1964).

联邦主义者不同意上述观点,认为陪审团的衡平作用是多余的。因为,首先,独立战争的胜利已经废除了制作不公平政治性决定的王室主义法官。他们这样推理:如果司法腐败的担忧已经不复存在,或者其他制度性机构更加适合用来监督司法行为,那么,民事陪审团的需要就消失了。而且,大多数州的法官都是选举产生的,因而在一定程度上他们会对人民负责,这就消除了由陪审团来捍卫公平的必要性。再者,总统和议会都是通过直选产生的,由他们来监督腐败的法官更为妥适。陪审员是司法制度的偶然参加者,而总统和议会则既有一种连续性,又有可以制裁的手段。政府其他机构所具有的不断增强的民主合理性,也使得民事陪审团成为多余。

其次,美国独立战争后,用民主的方式选举产生了立法机构,而陪审团对立法机构制定的法律可以进行审查或者可以摒弃不顾,产生了对于民主方面的棘手问题。因而,即便对法律进行不断的民主审查是可以成立的,但是,陪审团也不是实施这种审查行为的最适当的机构。陪审团所享有的对法律可以摒弃不顾的权利或"否弃权"是极有争议的。批评意见认为,由随机选择而出的个人所组成的12人小组,居然可以凌驾于人民选举产生的代表之上,并且可以阻止法律的统一适用,这是不合逻辑的。这种观点一厢情愿地断言,每一个陪审团是由12个人组成的临时立法机构,这个立法机构虽然不是由选举者选出来的,但却被赋予了摧毁那些选举出来的立法者制定或授权的东西的权力。至于说民主的正统性,究竟是立法机构还是陪审团更加能够反映民意,则也是可争议的。无论如何,陪审团所具有的这方面的衡平机能,尤其依赖于特定的陪审团行使法律否弃权的动因。否弃权的行使可能反映陪审团不顾法律的某种偏见或者任性,或者出于对法律的缺乏理解,而不是促进衡平的目标。在这样的情形下,即便陪审团所作出的裁决的确偶然地促进了正义,但作为表达民众正义观的陪审团否弃权的成立理由,似乎是极其脆弱的。

最后,尤有争议的是,陪审团作为衡平工具的价值被渲染得过了头。在实践中,这个问题是不切实际的,因为陪审团已不再具有决定法律问题的权利。最早,陪审团是有决定法律问题之权的,甚至到18世纪末,民事陪审团还有决定法律问题和事实问题的权力。[1] 1794年,美国联邦最高法院首席大法官约翰·杰伊(John Jay)在"乔治亚诉布瑞斯福特"(Georgia v. Brailsford)一案中对陪审团的指示是经常被引用的,该指示明确允许陪审团行使否弃权。该指示的内容是这样的:"先生们,也许这里提醒你们有一个古老的好规则是有失妥当的,此即,在事实问题上,这是陪审团的领域;而在法律问题上,这便是法官决定的领域。但是也必须注意到,根据承认这种管辖职能合理配置的同一法律,你们也是有权对这两者均作出你们的判断的,你们可以决定争议中的法律与事实问题。"可是,到19世纪的早期,法官迅速开始行使对民事陪审团的控制权。起初是通过对违背法律的裁决同意重新审判的方式,之后,法院就增加了可以利用的各种其他的程序机制,比如指示裁决和特别裁决,从而将陪审团限制在事实的审理上。到1895年,联邦最高法院在"史帕弗诉美国"(Sparf v. United States)一案中,拒绝接受陪审团在联邦法院享有否弃权的原则;这时,大多数的州也已经拒绝这项原则了。现在,美国民事诉讼法中存在太多的程序武器,可以宣布不可接受的联邦民事陪审团的裁决不生效力。这样的话,陪审团恐怕就不再能够起衡平作用了。法院和立法机构积极地通过诸如指示裁决、不顾裁决的判决以及同意重新审判等方式,限制了民事陪审团的否弃权。

---

[1] Renee B. Lettow, New Trial for Verdict against LAW: JUDGE – JURY RELATION IN EARLY NINE-TEENTH – CENTURY, AMERICA, 71 notre dame l. rev. 505, 516 – 18 (1996).

综上可见，陪审团制度具有多方面的价值，它不仅执行着政治性的职能，而且还具有特殊的司法功能。在这两类职能中，政治职能曾一度处在主导的位置。但在现代社会，陪审制的政治职能已经有弱化趋势，而司法功能则受到了更加严格的审视。在政治职能不受重视的背景下，陪审团的司法职能暴露出了诸多现实性问题。这些现实性的问题如果不加改善和解决，最终必然影响到陪审制的存在和发展。不同的国家对于陪审制在主流价值倾向上会有不同的态度，因为各国所处的社会发展阶段和历史条件并不一样，它们对于陪审制的价值取向和实际需求也不尽相同。比如，在政治民主和社会自由发展比较成熟的国家，它们对于陪审制恐怕更看重它的司法职能；而在政治民主并不发达的国家，陪审制无疑是一种强化民主观念和社会参与意识的重要途径和政治渠道。但是，即便在同一个国家或法律体系内，人们对陪审制也会从不同的角度作出不尽一致的评价。同在一个美国，有人极为珍视陪审制的政治民主价值，将它视为民主自由的源泉，以及整个社会的希望所在和重要支柱。但也有人从司法的有效性视角对其内在的缺陷进行严苛的剖析，并最终得出应当废弃陪审制的结论。推崇者，如曾任美国联邦最高法院大法官的汤姆·克拉克，将陪审团的优点总结如下："一般认为，陪审团制度改进了被法院削弱了的司法工作质量，因此我们每个公民有责任永远把被要求担任陪审官引以为荣。我们司法界和律师协会必须正视在这个制度中的一些错误做法。我们必须使其适应时代，并减少这一职务所带来的损失。陪审团制度是唯一保留下来的公民可以直接参加的政府职能。因而它是保持司法行政与公众要求标准相协调的唯一手段。丹尼尔·韦伯斯特告诫我们，公正是世人最大的利益，让我们不要割断它的咽喉。"① 否定者则更多地从陪审制所执行的司法职能上立论，前纽约上诉法院首席法官查尔斯·S. 德斯蒙德则代表了另一种观点。他说："著名的权威人士曾赞扬陪审团是一个司法的和社会的结构，并赞扬它给非政府人员以机会，让他们在我们的民主的司法程序中发挥重要的作用，给他们机会以便在作出决定之前进行富有成果的讨论、争论和交换意见。这些评论家告诉我们，陪审团作为一种机构以及他作出的裁决为美国广大的公众所接受，而且他们援引民意测验记录来证明这一点。但事实上这些想法倒是真实地把陪审团当作一个政治机构来看待，作为教育公民的方法来看待。我们大家都知道，作为一个司法机构或工具，它远不能令人满意。它的匿名的、非个人的和无法预言的裁决很可能是武断的。它的裁决常常不是经过慎重研究后作出的结论，而仅仅是一种妥协。所有这些你们都是一清二楚的，但到目前为止，我们尚未实事求是地证实民事陪审团制度耗费了巨额的金钱，消耗了陪审员的时间以及特别是造成了法院里的案件积压和拖延的现象。"② 这种观点还认为："取消民事陪审团对我们的审判工作日程将会造成巨大的良好效果。"③ 美国学者哈罗德·伯曼也持相似的观点，他指出："我们必须承认陪审制度确是劳民伤财的。遴选陪审员可能是一件吃力的工作。向一群门外汉申述证据必然比向法官一人提供证据更为困难和消耗更多的时间。它也拖延了法院日程表上的民事案件处理。除了上述各点外，须知任陪审员的那些人对法律没有认识。他们未受训练，而且往往仅受有限教育，集结起来服务一个短时间，因而不能在判决的技能上

---

① ［美］F. J. 克莱因：《美国联邦与州法院制度手册》，刘慈忠译，周叶谦校，法律出版社1988年版，第83页。
② ［美］F. J. 克莱因：《美国联邦与州法院制度手册》，刘慈忠译，周叶谦校，法律出版社1988年版，第83—84页。
③ ［美］F. J. 克莱因：《美国联邦与州法院制度手册》，刘慈忠译，周叶谦校，法律出版社1988年版，第84页。

获得什么经验。"① 此外还有一种折中的观点认为，与其把所有民事案件的陪审团统统取消，不如在民事和刑事案件中限制陪审团的使用，这将会有力地促进和改善诉讼案件的司法行政工作。

美国的现状是，一方面，要求在某些案件中取消陪审制的意见没有获得积极的响应；另一方面，人们更加关注陪审制的改善和完备工作。从理论上和实验上为改造陪审制的各项方案正处在不断的研究当中，而且有的实验研究已经得出了明确肯定的结论。这些结论表明："时间上节省不了什么，而不值得为了节省点钱而去危害基本的宪法权利和改变裁决的质量。"② 由此可以预知，陪审团制度在美国将会长期地存在下去，同时也可以明确认为，对陪审团制度的改造和完善将成为美国司法制度建设中的一项长期的、重要的和迫切的任务。

第六节 陪审团制度的主要内容构架

一、陪审团制度的适用范围

陪审团制度是一个规则体系。它由诸多的内容构成，虽然这些内容在各国的表现不尽一致，同时也会与时而变动。但其内容所涉及的基本方面则是相对稳定的，任何国家的陪审团制度的构建都无可避免地涉及这些领域，这便是陪审团制度的基本构架问题。

从主要国家的立法例来看，陪审团制度的适用范围一般有这样几个特点：

（一）法律的明定性

接受陪审团审判首先是一项公民的宪法性权利，应当在宪法中明加规定。换言之，陪审团审判的权利是公民的基本诉讼权利，属于人权的组成部分，是用来抵御暴政、捍卫自由的武器。同时，陪审团审判不是一句空洞的人权口号，它还要落实到具体的诉讼制度中去。因此在诉讼法中对陪审团审判的权利应当加以重申。

比如美国，除宪法对之有原则性的规定外，《美国联邦民事诉讼规则》第38条第1款还规定："由美国宪法修正案第7条所宣布的并由美国制定法赋予的当事人要求陪审团审理的权利受到保护，不受侵犯。"其第2款进一步规定了当事人选择适用陪审团审判的具体途径和程序步骤。第3款规定当事人应确定交由陪审团审判的争点。第4款规定如果当事人没有按照规定提交要求陪审团审判的书面申请，则视为当事人放弃要求陪审团审判的权利。第5款规定海事、海商案件不能适用陪审团审判。可见，在美国，陪审团的适用范围是明确的。

合意选择陪审团审判是当事人的权利。《美国联邦民事诉讼规则》第39条第3款规定："在所有无权要求陪审团审判的案件中，法院可以基于申请或依职权在咨询陪审团的参加下审理任何争点。除美国制定法规定对合众国的诉讼不能使用陪审团外，法院根据双方当事人的同意，可以命令由陪审团审判，该陪审团裁决的效力与依权利接受陪审团审判相同。"据此，当事人还可以突破法律的明文规定，在立法授权实施陪审团审判的案件以外，合意选用陪审团

---

① ［美］哈罗德·伯曼编：《美国法律讲话》，陈若桓译，生活·读书·新知三联书店1988年版，第39页。
② ［美］F.J.克莱因：《美国联邦与州法院制度手册》，刘慈忠译，周叶谦校，法律出版社1988年版，第84页。

审判。

(二) 判例的补充性

除立法明文规定外,判例还可以对陪审团审判的法定范围做出适当的扩充或缩小。比如,在美国,在刑事诉讼中,曾通过判例规定,轻罪案件不适用陪审团审判。所称的轻罪案件,指的是判处 6 个月以下徒刑或 500 美元以下罚金,或者并处二者的罪行。①

再如,在民事诉讼中,立法仅规定诉讼标的额在 20 美元以上的普通法诉讼的案件才能适用陪审团审判,但是否除普通法诉讼外,其他的任何案件均不适用陪审团审判?联邦最高法院在 1974 年通过判例做出指示,凡国会制定的法律规定了法律权利,并且规定了一般普通法院对损害行为的相应救济手段,那么,与此有关的诉讼案件可以实行陪审团审判。但陪审团制度虽然原则上适用于所有的民事案件和刑事案件,其适用范围在不断缩小乃是一个不争的事实,这是陪审团审判制度在目前所表现出来的趋势。

二、陪审团的人数规模

陪审团的人数规模在传统上一般为 12 人。但如前所述,民事案件中的陪审团已经缩小了这个传统规模,刑事案件也有所松动。这里且不作具体介绍。这里需要提出的问题是,为什么传统上英美的陪审团成员是由 12 人组成的。对此人数规模的起源,有多种说法。一种说法认为,这种人数规模源于耶稣挑选的 12 个门徒,但此说不能解释为何耶稣仅挑选 12 门徒而不是 10 个或 15 个。② 另一种说法看来比较可信。按照后一种说法,对一方当事人最有力的见解必须要达到相当的人数规模才能有效地形成,再加上,当时的英国人不喜欢十进位,而采用十二进位,陪审团人数的 12 人规模制由此而生。可见,陪审团审判要充分发挥其实效,除赋予其一定的独立职能外,一个极为重要的方面就是为它设定相当规模的人数标准。

三、陪审员的资格

陪审员都有一定的资格要求。就美国而论,在宪法规定的限度内,联邦法院和州法院对于陪审员都有一定的资格要求和限制。这种资格限制就其内容而言可划分为积极的资格限制和消极的资格限制两个部分。

(一) 积极的资格限制

积极的资格限制包括:

一是国籍。几乎所有的州法院及联邦法院都要求陪审员必须是美国公民。

二是性别。在公元 1898 年前,只有男性公民才有资格充当陪审员。目前已取消了性别上的限制,如果无正当理由,在遴选陪审员时,任何方当事人均不得以任何性别上的理由,申请任何人回避或拒绝任何人充当陪审员。

三是年龄。美国大多数州法院及联邦法院均要求陪审员最低年龄要达到 18 岁,还有一些州甚至对年龄有更高的要求。有些州禁止或免除 65 岁或 70 岁以上的人担任陪审员,但《美国律师协会陪审团标准》则建议对陪审员的年龄不应当有最高标准的限制。联邦法院系统没有关于陪审员最高年龄要求方面的限制。

---

① Dolumbiav. Clawans, 1937.

② Stuckey, G. B., 1974, Evidence for the law enforcement officer, McGraw – Hill Book Company, p. 5.

四是居所。在联邦法院系统担任陪审员，必须在该管辖法院居住一年以上。在州法院，大多数的州都要求陪审员为本州的居民，但一般不规定最低居住的年限。

五是教育。在联邦法院，任何人要担任陪审员，必须要有一定的文化，不能读、写、说英文的人，不能担任陪审员；同样，如果不能填写令人满意的陪审员资格表，也不能担任陪审员。

（二）消极的资格限制

消极的资格限制意指凡具备这些条件者就不能担任陪审员或者可以免除担任陪审员的义务，具体包括：

一是职业方面的限制。有些职业与公益有关，从事这些职业的人不得随意脱离工作岗位。这些人可以免于担任陪审员，包括医生、护士、警察、消防人员等。还有一些职业的从事者，也不宜担任陪审员，因为他们担任陪审员会对案件的处理产生不应有的偏见，比如法官、律师、检察官等。

二是犯罪者。美国联邦法律规定，曾触犯刑法经联邦法院或州法院判处一年以上徒刑并且尚未恢复公权的人，不得担任陪审员。州法律通常也规定，凡曾犯有重罪或者特定的罪行者，也不得担任陪审员。因为这类人存有犯罪前科，担任陪审员会对裁判结果造成负面影响。

三是身体状况。如果陪审员身体状况不甚良好，则将会影响案件的公平审判。因此美国法律对陪审员的身体状况以及精神状况也有所要求。这具体分两个方面：一方面是身体上患有疾病者，比如视觉、听觉、语言等方面有障碍的人，不得担任陪审员，另一方面是精神上患有疾病，如精神病患者、弱智或心神衰弱的人，不得担任陪审员。

四、陪审员的遴选

陪审团的成员为陪审员，凡欲成为陪审员者，必须经过正当法律程序的遴选。这种遴选程序也为广义诉讼程序的组成部分。陪审员是从社区中纳税义务人的名单或注册的候选人的名单中选出的，有时甚至也可以从驾驶资格证照名单中遴选产生。各地做法不同。这种遴选候选陪审员的程序，称之为"陪审员召集令"（Venire）。

在审判前，陪审员首先要经过控辩双方的诘问，包括直接询问和交叉询问，然后才能最终确定下来。这样一个过程，被称为"筛选"或"过滤"（Voir Dire）。

在这个阶段，诉讼中的双方当事人，可以依法要求某个特定候选陪审员回避，这被称为对陪审员的"排除"（challenge）。候选的陪审员如果不能通过这一关，就要退出对案件的参与，从而不能成为正式的陪审员。

这种要求回避的理由分为两种类型：一是无因回避，即不要说出任何理由的回避请求；二是有因回避，即要说出充分理由的回避请求。有因回避没有次数的限制，而无因回避则有次数的限制。经选出6—12人的正式陪审员后，还要另外选出1—4人为候补陪审员。候补陪审员是为了防止在审判过程中，陪审员由于身体状况或其他任何理由不能参与审判的全部过程，而填补空缺用的。

陪审员选任后，需要宣誓或发誓效忠陪审员的法定义务，然后正式履行陪审员的职责。陪审团的成员应当互相推选一名发言人，此发言人称为"陪审团团长"（foreman）。陪审团团长仅仅代表陪审团在法庭上宣布陪审团所做出的全部决定。

五、陪审员的权利

陪审员的权利包括的范围较广，这里主要指陪审员获得相应报酬及经济补偿的权利。在美国的多数地区，陪审员可以因为参加陪审团的服务而获得微薄的报酬，至于数额则不一致。通常为每日10—25美元。除此之外，陪审员还可以报销其他实际开销。比如，停车费、公共交通费以及膳食费等。有些州通过立法禁止雇主因为雇员参加陪审团服务而对雇员进行惩罚，并不得因此而减少其工资。

六、对陪审员的指示

陪审员缺乏法律知识。陪审员是外行法官，他们具有临时性的特点。因此，他们参与审判普遍欠缺法律知识。他们的职能虽然是认定事实，但是认定事实离不开法律的指导。这种法律指导的任务就落在了法官的身上。法官对陪审员进行法律指导，是陪审员完成其任务的不可或缺的环节。如果在法律指导上出了问题，那是法官的问题；如果在接受法律指导上出了问题，那是陪审员的问题。问题不同，所发生的法律后果也不同。因此，法官对陪审员要积极地实施法律指导，陪审员对于这种法律指导，要认真地聆听和遵循。

法官对于陪审员的指导从原则上说是贯穿于诉讼审判的全过程的。陪审员需要接受法律指导的关键时期，是他听完了全部庭审过程，在退庭步入陪审团评议室之前。在这个时期，法官对陪审员进行法律指导，在陪审员进入评议阶段，法官已经失去了与陪审员见面的机会，因而也就无法进行指导了。在陪审团评议之时，任何人，包括法官在内，都不得介入和参与，更不能实施所谓的法律指导了。至于法官指导的内容，总体上说就是法律问题的解释，而不包括事实认定如何进行方面的指导。事实认定是陪审团的专属领域，法官不得干预。指导的内容具体分为基本知识的指导、实体法上的指导、证据方面的指导、追加的指导等。

七、陪审团的裁决

（一）陪审团的裁决受到宪法保障

陪审团最主要的任务是依法作出裁决，对案件的最终结果作出决定。作出裁决也是陪审团的主要职责所在，陪审团作出裁决需要有充分的程序保障。陪审团的裁决结果，除非常离奇可以责令重新审理外，一般情况是一锤定音的，这种裁决的结果是受到宪法保障的，不仅一审法院的法官不能更改或否定，即便是二审法院或上诉审法院，也不得改变。因此，可以说陪审团的裁决是神圣的。陪审团的团长对裁决结果的宣布，是法庭上最为扣人心弦的一刻。

（二）陪审团的裁决在刑事诉讼和民事诉讼中有不同的表现

在刑事诉讼中，陪审团仅仅宣布被告人是有罪还是无罪，若无罪，法庭则宣布当庭释放；若有罪，则由法官具体量刑，陪审团并不负责量刑。量刑之轻重，完全是法官的权力，陪审团不得干预。这是表现在刑事诉讼中的陪审团和法官之间的职能分工；在民事诉讼中，情况有所不同。民事诉讼中的陪审团通常使用一般裁决的方式宣布案件的最终结果，这其中既包括了定性的方面，也包括了定量的方面。比如说，陪审团裁决认定，被告人应赔偿原告人1000万美元。这种认定实际上是事实认定和法律适用的综合体，而不单纯是事实认定。由此可见，在民事诉讼中，陪审团拥有较之刑事诉讼中更多的权力。

陪审团裁决通常实行一致表决制，也就是说，如果有一个陪审员投票否决，则多数陪审员的意见依然不能产生最终效力。在这种情况下，法官即宣布本次审判为"失审"（mistrial）。对于失审，法官有两种选择：一是命令陪审团再次评议和表决，看看是否能够取得一致意见；二是直接宣布解散陪审团，另组新的陪审团重新审理。

在陪审团团长宣布有效的结果后，双方当事人的律师以及法官可以逐一询问陪审员，确认该裁决结果是否为他们所真心实意所同意的结果。这个程序被称为"民意测试"（poll）。经确认后，陪审团的任务就宣告完全结束。

第七节　参审制

参审制，是指作为法律外行人的参审员与职业法官一起组成合议庭，共同就法律问题和事实问题行使审判权的制度。参审制是在陪审制的基础上发展演变而来的。它也是公众参与司法的一种形式，所不同的，仅仅是它与陪审团在行使职能方面存在差异。

在参审制中，参审员不能充当审判长，但参审员在其他方面与职业法官是一样的，因此按照参审制作出的裁判，比较能够获得人民的信赖，同时也更容易将民众的意见反映到司法裁判中去。由于一般公众被召唤充当临时审判者，是为了更好地实现司法正义，因而在现代国家，充当参审员通常被视为一种颇为珍贵的"荣誉"，所以参审员又被称为"荣誉法官"[①]。

一、参审制的沿革

（一）日耳曼时代

在日耳曼时代，部族团体的日耳曼人集会，即为法院。诉讼是由部族之长作为审判长所进行的审判。但审判长自己并无自行审判的权限，而必须由集会首先作出判决。在团体中，如果有部分成员提出应当如何判决的方案，这种方案获得了集会认可，审判长则将它作为判决予以宣告。这样的结果是，询问法律的法官与发现判决的裁判者之间相互分离。这就是早期日耳曼人的审判组织。可见，在这种审判组织的分化中，已经包含了陪审制发展的萌芽或雏形。

及至法兰克时代，因为王权逐步确立，除原先的民众法院外，又逐步建立起来皇家法院。皇家法院作出裁判，无须取得集会的同意或认可，该集会也逐步由常任性的集会取代，王权得到扩张。到了卡尔大帝时期，审判制度实行了改革，结果是，全民性的集会每年仅仅召开三次，而从其他形式的集会中选出7名富有者作为裁判者，行使审判权。这种裁判者最早称之为"Scabini"，后来的参审员一词"Schoffe"，即源于此。这说明参审员就是集会中的代表人。

（二）封建时代

在封建时代的初期，各种法院仍然维持前述做法，但是到了15世纪，由于继受罗马法和加农法的历史逐步完成，审判官和裁判者的分野逐步被取消，参审员的地位就被具有法律专家身份的审判官所取代，也就是说，职业法官垄断了审判权。

（三）法国大革命以后

法国大革命后，由于受到自由民主思想的激荡和影响，法国的诉讼制度发生了相当大的改革，尤其在拿破仑占领德国后，从1798年就开始实行具有法国特色的陪审团制度。此一制度

[①] 蔡志方：《论我国采行参审制度之必要性与可行性》，载《律师通讯》1993年第161期。

后来被德国各邦纷纷效法。但是，在德国，由于法国式的陪审制度仅限于重罪案件的审判，一般的轻微刑事案件，人民仍然无权参与实际的审判，由此产生了建构参审制的想法。

1850 年，德国首先在汉诺威实时参审制，其后此一制度便普及到了普鲁士以及其他各邦。根据当时的法律，参审制仅仅适用于轻微的 3 个月徒刑以下的自由刑案件，其后虽然有所有的第一审刑事案件均采用参审制的构想，但 1877 年制定的《法院组织法》规定，参审法院设在区法院，其管辖权仅仅限定于违警罪以及轻罪。于是，一审刑事案件均采用参审制审判的想法并没有实现。这样的话，在德国出现了两种陪审情形：重罪由陪审团制审判，轻罪由参审制审判。介于轻罪与重罪之间的罪行或刑事案件，则人民仍无参与的权利。

（四）第一次世界大战后

第一次世界大战后，德国帝国制度分崩离析，魏玛共和国由此成立。1924 年 1 月 4 日，德国实行了有关法院组织法等改革命令，这个命令一般被称为"严明格政令"（Emminger - Verordung）①。根据该项命令，陪审团制度首先遭到了废除，但是陪审员的名称仍然保留，与此同时，对参审制进行了大的改变，规定陪审法院由 6 名陪审员与 3 位职业法官共同组成，他们形成一个统一的合议庭，共同行使罪责的认定权和量刑权。此时，原来的陪审法院实际上已经演变成"大参审法院"。到了这个时候，原来德国效法法国所实行的陪审团制度，或者说是法国式的陪审团制度，已告消失。

根据此时德国法规定，其第一审刑事案件的管辖权均移归于区法院，其中较重的刑事案件有 1 位职业法官和 2 名参审员组成参审法院管辖，在特殊情形下，根据检察官的请求，也可以扩大参审法院的规模。不仅如此，原来纯粹为第二审的地方法院刑事审判庭，也开始在合议庭中配置 2 名参审员，组成了"大刑事庭"。到 1932 年，前述政令又进行了修改，规定只有严重的刑事案件才能由参审法院审判。不久，纳粹取得政权，1933 年创设了特别法院，该法院在一般刑事案件的管辖权上，完全取代了参审法院和大刑事庭，到第二次世界大战爆发，司法制度日趋简易化和强权化，1939 年 9 月 1 日，正式宣布废除参审制。

（五）第二次世界大战后

第二次世界大战结束后，德国开始推行民主制度，并于 1947 年恢复实行参审制。1975 年 5 月 9 日，德国公布修改后的《法院组织法》，删除了原来为陪审团制度而专门规定的一些条款，但是有关陪审团制度的内容，在其他法律、法规中依然可以看到。根据这些规定，陪审团制度在名义上还是存在的，只是此时的陪审团制度已经名存实亡了，因为它们已经将原来的由 3 位职业法官和 6 名陪审员构成陪审法院的规定，改为由 3 位职业法官和 2 名参审员组成的审判组织，而这种审判组织与大法庭已经完全一样了。

二、参审制的类型

参审制从其产生后，便根据实践的需要多次加以改造，从而形成了多种形式的参审制。这些多种形式的参审制度，可以从不同的视角加以划分，由此形成不同的参审制类型。

首先，从参审员的背景，可以将它们划分为平民参审制、团体代表参审制以及专家参审制。②

---

① 林永谋：《德国参审制度》（上中下），载《司法周刊》1987 年第 336—338 期。
② 参见苏永钦：《从宪法及司法角度看参审及其试行》，载《宪政时代》1995 年第 3 期。

平民参审制，就是指由一般的大众平民作为参审员参加实际审判活动的陪审制。显然，这种陪审制与陪审团制度的陪审员产生的途径或渠道基本一致，前者实际上是后者的一个变种。这种参审制在德国一般在刑事案件中以及行政法院审判的案件中采用。

团体代表参审制，指的是由特定的团体代表参加审判活动的参审制。这种参审制适用于劳动法院（也称劳工法院）以及社会法院。比如说，在劳动法院，参审员是从相关的工会以及雇主中选任产生的；在社会法院，参审员则是由从被保险人以及雇主中选任产生的。

如果是根据专业知识和技能而选任的参审员，这种参审员则被称为专家参审员或专业参审员，由专家参审员所构成的审判组织实施的审判，即为参审制审判，这种参审制具体被称为专家参审制。专家参审制较为广泛地实行于普通法院的商事案件中。这些商业性的案件通常涉及较为复杂的专业知识，比如说专利权纠纷案件、商标权纠纷案件、商业秘密纠纷案件、不正当竞争纠纷案件等。在这些案件中，作为职业性的法官通常不具备审理它们的专业知识，因而在认定案件事实方面甚至在法律解释方面经常会遇到客观上的障碍。在这些专业性较强的案件中，使用专家参加审判，是一种较佳选择。专家陪审制就是适应这种审判的实际需要而产生的。

其次，从参审员所具有的权限来划分，可以将参审制划分为完全参审制和有限参审制。

完全参审制，指的是在这种参审制中，参审员具有与职业法官完全等同的审判权限。还是以德国的参审制为例，在各种参审制中，商事案件所实行的参审制被认为是完全的参审制，因为，在商事案件的审判中，参审员与职业法官具有完全相同的权利和义务。这在德国《法院组织法》第112条中有所规定。根据该条规定，构成商事法庭的名誉法官也就是参审员与职业法官具有完全相同的权利与义务。这种权利与义务，是贯穿于诉讼过程的始终的。包括诉讼程序的准备阶段和审判阶段，以及作出最终裁判的阶段。

但同样也是在德国，其他法院的一些参审制中，参审员的权限与职业法官的审判权限相比，就受到了更多的限制。比如说，在行政法院、财务法院、劳动法院以及社会法院中，作为参审员的荣誉法官除参加开庭审判外，其他的一些权限只能由职业法官享有，参审员并不具备。比如说，对证据的调查权、法庭上的事实调查权、事先的阅卷权等都要受到不同程度上的限制，参审员行使职权，还要受到职业法官的常规性的监督和制约。甚至在行政法院中，参审员还不得在判决书上签名。[①]

尤为值得注意的是，在商事法院以外的参审制中，对不履行义务的参审员，比如说无正当理由不出庭或迟延出庭，作为审判长或合议庭庭长的职业法官甚至还享有对他们的制裁权，如罚款等。在这种情势下，我们很难得出结论认为，在这些参审制中，参审员与职业法官的权限是相等的，因而只能称之为有限的参审制。

事实上，如果我们更加严格地解析，所有的参审制都属于有限的参审制范畴。因为参审员无论其权限如何，都不可能超出职业法官，职业法官的权限也无论如何都不可能小于作为外行法官的参审员。立法上对他们地位平等的直接宣扬就是做出上述结论的有效依据。这是其一。其二，更为重要的是，即便不论职业法官和参审员在法律层面所存在的实际差异，同样可以撇开他们在事实认定层面所存在的可能差异，仅在程序层面而论，参审员与职业法官的权限无论如何也不是可以平等的。因为行使对诉讼指挥权的只能是职业法官，担任审判长或法庭庭长的也只能是职业法官。任何一个参审员，无论其在法律上以及诉讼程序上如何具有娴熟的技能或

---

① 参见苏永钦：《从宪法及司法角度看参审及其试行》，载《宪政时代》1995年第3期。

如何精通，也都必然依赖于职业法官对它们的解释和运用，参审员不可能在这些纯法律的领域与职业法官平起平坐，或者实施有效的制约。这是他们的诉讼地位处在实际不平等的明证。尤其是，只要实行参审制，参审员必然要受到职业法官的各种制约，包括法律知识上的制约和诉讼心理上的制约。

但是，从客观上解析参审员与职业法官的实际不平等性，并不意味着立法上对他们所做的差异性规定就毫无意义，不同的诉讼案件，参审员和职业法官的关系应当有所不同；同样也不意味着立法上对他们形式地位的平等性所做出的公开宣称就毫无意义，因为毕竟，立法上的平等性是实际平等性的基础。参审员充分地发挥作用，以至于达到有效制约职业法官的程度，以及对诉讼案件的解决产生实质性的影响，其最终所依赖的，只能是立法上对参审员地位的平等昭示。

三、参审员的权利义务

前面的论述已多少涉及参审员的权利与义务，这里再做集中性的概括和补充。

在德国等大陆法国家，参审员通常被解释为并非属于宪法上的法官。但是，也同样是一个普通现象，参审员原则上或至少在法律的抽象宣示上，被认为与职业法官的地位相同。我国《民事诉讼法》第40条第3款规定："陪审员在执行陪审职务时，与审判员有同等的权利义务。"这是极其典型的关于陪审员或参审员诉讼地位的规定。在大陆法国家这种规定也是普遍的。尤其在庭审阶段，参审员的平等地位能够更为充分和更为直观地表现出来。以下对参审员的权限作一介绍。

（一）庭审的权限

根据德国《法院组织法》第56条的规定，参审员负有准时出庭的义务。如果参审员没有充分的理由而未准时出庭，或者参审员以其他的方式逃避充当参审员的义务，法官则有权对参审员实施程序制裁。这种规定是否有违法官平等原则，很值得探讨。德国的学术界对此颇有非议。

（二）调查审理时的权限

在诉讼程序进行的过程中，参审员能够询问被告、证人、鉴定人。但是在参审员做这种询问时，如有不当或者询问的问题与案件的处理无关，作为审判长的法官可以制止。除此以外，对于一些程序事项的处置，参审员也享有与职业法官相同的决定权。比如说，如果被告无正当理由不到庭，从而需要实施拘传或者羁押，参审员都可以与职业法官一起做出决定；再如，对于证人是否享有证言拒绝权，参审员也有同样的决定权力。

（三）判决时的权限

参审员与职业法官一起参加对案件最终裁判的评议、决定和制作。根据德国《法院组织法》第197条规定，参审员与职业法官一同为案件的评决时，行使与职业法官相同的评决权，并按照年龄的大小，由小至大的次序，先于职业法官做出评决。其评决权不仅限于事实、罪责问题，同时还及于量刑、保安处分、缓刑等问题。评议和决定根据事项的不同，按照多数原则或半数原则进行，对罪责的决定以及犯罪法律效果的任何不利于被告的裁判，都必须达到三分之二的多数票，方能通过。其余则仅需过半数即可。

（四）获得经济补偿的权利

参审员属于荣誉法官，因而原则上不应领取工资或报酬。但是，客观上，参审员参与审判会花费时间和费用,为了确保其不因经济上的损失而影响参审权的行使,德国在 1913 年颁行了《荣誉法官补偿法》,根据此法,参审员可以请求对差旅费、实际开支的费用以及时间耗费的费用给予实际补偿。

四、平民参审制的利弊分析

(一) 优势

其一,在事实判断上,参审制比单纯的法官审判制更加准确。因为参审员来自民间的各行各业,比较其职业法官而言,更加接近所谓"平均的理性人"或"中等理性人"。不仅如此,由于参审员是外行法官,通常没有职业法官那种在不知不觉中形成的职业偏见,同时也可以避免经验不足的法官容易导致的那种违背经验法则的错误。因而,虽然不属于必然的情形,但一般而言,参审员参加审判,更容易在事实认定上达成正确的结论。

其二,减轻职业法官的审判压力。参审员参加审判,可以减少法官人数上的需求,同时也可以减轻法官审判案件的量的负担。尤其是,由于有参审员参加审判,职业法官那种在审判时通常所具有的唯恐背离常情的心理负担会减轻许多。此外,由于参审员参加审判,也缓和了增加审级求得程序公正的立法设计上的负担。

其三,提升人民对司法公正的信赖。平民参审员参加审判,无论是在事实认定还是在法律适用上,参审员的参加在客观上有助于确保司法的独立性,职业法官可以借助参审员的参与,抵御行政权以及社会不当因素的介入。同时,参审员参加审判,可以将普通百姓的法律意识反映到司法裁判中,从而可以强化人民对于司法的信赖感。

其四,体现国民主权原理。国民主权原理是现代司法应当贯彻的基本原则,它有多方面的体现,其中之一便是吸收民众参加审判。民众直接参与审判是体现国民主权原理的一个重要形式。在这个方面,参审制与陪审团制是一脉相承的,它们都是普通民众参加实际司法的重要途径。尤其是,相较于陪审团制而言,参审制下的参审员在职能上不仅认定事实,而且适用法律,因而似乎更能体现国民主权原理。同时也能够有效地进行法制理念的传播和教育。

其五,强化人民对司法的理解。司法由于其专业性较强,因而很容易与普通百姓形成隔阂,普通百姓也因此很难接近和理解司法,然而,经过参审制,人民对司法的理解有了正常的渠道。参审员在参与司法后,也会很快将这种参与司法的经验和体会加以扩散,从而使更多的人了解了司法。使人民了解司法,是使人民信赖司法的前提条件。如果司法过于神秘,并与人民格格不入,则欲获得人民的信赖是难乎其难的。

其六,有利于强化判决的说理性。判决的说理性是确保司法公正的关键环节之一,正是裁判文书的说理性内容,才使人们以及上级法院获得了对它的监督和复核的可能性。参审员参加审判,与职业法官一起进行评议,在评议过程中,必然会发生与职业法官相左的意见或观点,这些意见或观点即便没有被吸纳成为裁判文书的实质内容,但也有助于职业法官更充分地说理,从而强化了裁判文书的说理性,并由此增强了司法裁判的说服力。

其七,有助于程序的通俗化发展。参审员毕竟是外行法官,他们对充满技术性的诉讼程序不甚了解。对诉讼程序不甚了解,便很难有效地参与诉讼过程,发挥具有实质影响力的作用。因此,为了克服参审员对诉讼程序知之不多的局限,职业法官需要经常地对参审员进行诉讼程序方面的解释和引导,这样便使参审员对诉讼程序有了更为充分的理解和把握,从而使参审员能够更为有效地参与实际的司法审判。与此同时,职业法官也在此过程中,获得了对诉讼程序妥当性和合理性的反思的机会或契机,诉讼程序在本案中的体现因此而更加具有针对性和正当性。

（二）缺点

其一，积极性不高。参审员因为是被临时选任而充当暂时的裁判者的，因而其参与审判的积极性并不是很高。尽管参审员在政治的意味上具有重要的意义，但参审员毕竟是临时性的，而且审判结果的正确与否和他并不直接相关，因而参审员参与审判的意愿实际上不是很强，有时其参与审判甚至是勉为其难的。因此，参审员参与审判通常只是应付一下而已，而并不认真对待。在这样的诉讼参与心态下，参审员在行使职权时，一般容易受职业法官的支配和左右，这样便必然致使参审制流于形式，不能发挥实际的有效的作用。

其二，审判能力不足。参审员参与审判，不仅要行使认定事实权，同时还要行使法律适用权。而参审员作为非法律人士，显然缺乏足够的法律知识和法律训练，因而在法律适用权的行使上，显然处在弱势，难以切实发挥作用。事实上，就法律适用的问题而言，参审员欲真正不受职业法官的影响是困难的。换言之，参审员的法律适用权，基本上是形同虚设的。另外，就事实认定权而言，参审员也同样缺乏足够的参审能力。虽然事实认定不需要像法律适用那样的法律知识，但事实认定也离不开法律规则的指导，尤其是证据规则的指导。而较之职业法官，参审员对这些证据规则的掌握显然稍逊一筹。平民参审员还有一个特点，就是他们参与审判并不是因为他们具有哪一个生活领域的特长或优势，而仅仅是因为他们是社会一分子，这种社会一分子的社会地位，成为他们当选参审员的唯一依据。因此，他们在事实认定上，也不具有优势。就生活经验而言，他们与职业法官相比，并不具有必然胜出一筹的理由。因此，事实认定无优势，法律适用有劣势，从而可得出结论认为，参审员的审判能力并不强。

其三，司法成本有所提高。参审员从被选任到最终实际从事审判，需要经过一个过程，在这个过程中，尤其要对他们进行法律知识方面的灌输和培训。这肯定是要付出成本的。另外，在诉讼过程中，参审员还要不断地接受职业法官的指导、解释和训练，这样势必延长了审判过程，并由此增加了诉讼成本。诉讼成本的增加，不仅意味着本案的经济负担、时间负担以及其他物质耗费负担增加了，同时还意味着法院积案随之增多。因此，参审制对个体诉讼效率以及整体诉讼效率的提高，都是不利的。

其四，参审员的代表性是值得怀疑的。参审员虽然也来自普通百姓，但是与陪审团制度有别的是，参审员并不是宽泛的所有具备一定资格的普通百姓，比如说具有选举权和被选举权的年龄达到一定标准的公民。相反，参审员是由一定的机构，比如说行政机构或者司法机构本身，按照一定的标准而加以个别选任的。因此，要充当参审员，不仅要具备一定的条件，同时更为重要的还要经过特定的遴选程序，而这个程序是具有价值倾向性的。按照这种具有倾向性标准而选任出的参审员，能否具有"民众的代表性"，是颇值怀疑的。从大陆法国家的经验看，参审员的选任，受到政治观点的影响较大，只有具备特定资格的人才能入选参审员的候选人名单。因此，有许多阶层或类别的人，是不可能有代表性人士被选任为参审员的，比如家庭主妇、不具有工会或代表性的劳动人士等。由于参审员的代表性受到了局限，因而参审制能否真正有助于体现国民主权原则还是有疑问的。

其五，参审员的独立性和公正性容易受到冲击。参审员没有经过如同职业法官般的职业伦理的训练，同时在管理上也没有职业法官那样的各种保障制度，比如身份保障制度、职务保障制度等，因此在诉讼过程中容易受到来自各方面的影响，包括来自当事人的、社会的以及新闻媒体方面的影响，这些影响无疑会对其独立性和公正性产生冲击。

其六，公民接受职业法官审判的权利受到剥夺或损害。在刑事诉讼中，被告人缺乏对参审制的选择权，因此，如果被告人不愿意接受参审制而司法者将之强加于被告人的头上，则对被告人的诉讼权利而言，存在被剥夺接受职业法官审判的宪法性权利之嫌。

五、专家参审制

专家参审制是参审制的一种，意指针对专门领域的案件，由该领域的专家充当参审员的参审制。此种参审制的工具性价值位居第一，而政治性价值则退居第二，甚至可以说，专家参审制的基本立足点在于补救职业法官认定案件事实上的专门知识的不足，从而确保案件事实的准确认定。

专家参审制与鉴定人制度既有联系也有区别。其联系在于，鉴定人和参审专家都是具有专门知识的人，他们参与审判的目的都是补救或弥补职业法官在专业知识上的匮缺，同时在客观上也确实都能够在一定程度上发挥精确认定事实的功能。但是，二者之间毕竟存在诸多的差异：

其一，二者的诉讼地位不同。鉴定人向法院提供证据，参审员则行使裁判权。鉴定人是证据材料提供者，参审员则是裁判结果提供者。

其二，二者行为的效力不同。鉴定人提供专家意见，对法院不具有拘束力，而仅是可以考虑的证据材料；参审员提供的裁判意见，具有独立的表决意义，通常可以直接转化为裁判的结果。即便参审员的裁判意见未能成为多数，因而不实际地表现于裁判结果之中，但这种意见必须记录在卷宗材料中，供以后复核之用。

其三，二者发生错误的后果不同。如果鉴定人的鉴定意见发生错误，法院可以不予采纳；法院采纳了错误的专家意见作出了错误的裁判，其责任在法院，而不在鉴定人。当然，如果鉴定人故意提供错误的专家意见，则应承担相应的法律责任。参审员的表决意见如果发生错误，且这种错误业已体现于生效裁判之中，则其应当承担相应的错案责任。

六、对平民参审制的改造

平民参审制是司法民主化的重要表现形式，但参审平民不具有独立的职能，因而影响其积极性的发挥；同时参审平民也不具有专业知识上的优势，因而对职业法官行使审判权难奏协助之功。这便必然致使平民参审制流于形式，而不具有实效性。这种在司法技术上不具有实效性的平民参审制，势必难以在政治上起到司法民主化的作用。若司法民主化价值和司法技术性价值均不能获得实现，则该制度存在的合理性和必要性便值得怀疑。为此，有必要对平民参审制进行改造。

实行陪审团制度虽然在人数上较之平民参审制为多，因而制度成本较高，然而它所具有的司法民主价值是巨大的，同时因为陪审团具有独立的司法职能，因而其参与审判的积极性较高，责任感较强，能够发挥实际作用。可以说，在体现司法民主化、提升裁判的正确率、有效进行法治教育、增强人民对司法的信赖感等方面，陪审团制度都具有难以替代的优势。我国目前有必要在适当的范围内，引入陪审团制度的某些合理因素。

与此同时，实行专家参审制乃是改良人民陪审员制度或平民参审制的又一个较佳也是较为务实的选择。

民事商事案件中所涉及的专门性问题与日俱增。对于这些专门性问题，我国目前主要采用鉴定人制度加以解决。但鉴定人制度不足以帮助职业法官对所涉的专业性案件事实做出准确认定和判断。此时如果有专家参与审判，职业法官就可以在参审专家的协助下完成对案件事实的准确认定。专家参审制所具有的此功能，显然是平民参审制所不及的。而且，参审专家也来自普通百姓，其在性质上与职业法官迥然有异，而与参审平民一致，因而平民参审制所具有的司法民主、法治宣传等价值，专家参审制也同样可以实现。因此，用专家参审制取代平民参审制是一个明智的选择。

根据中央深改组审议通过的《人民陪审员制度改革试点方案》和全国人大常委会通过的《关于授权在部分地区开展人民陪审员制度改革试点工作的决定》，2015年最高人民法院和司法部联合发布《人民陪审员制度改革试点工作实施办法》，决定在北京等省、直辖市、自治区开展人民陪审员制度的改革试点。2017年4月，全国人大常委会决定延长试点期限一年。试点期满，于2018年4月27日通过《人民陪审员法》，用32个条文对人民陪审制度进行了相对系统的规范，相对于2004年8月28日通过的全国人大常委会《关于完善人民陪审员制度的决定》，人民陪审员制度不仅有了专门的立法规范加以调整，而且在内容上也有了极大的完善和提升。当然，该法的通过并不是人民陪审员制度发展的终点站，而是一个新的开始，人民陪审员制度必将随着我国司法实践的发展而不断趋于完善。

七、改"陪审员"为"参审员"

我国立法以及有关司法解释均称参与审判的普通民众为"人民陪审员"，称与之相关的诉讼制度为"人民陪审员制度"。这种称呼究竟源于何时何地？笔者无力考证。但这种称呼确实不利于陪审制度的发展。这是为什么呢？因为：

其一，陪审员容易被直接地理解为"陪他人进行审判的人"，而这种理解与法律的规定并不符合。因为如果这样理解，便出现了两种类型的审判者：一种是正式的审判者，另一种是非正式的审判者。或者将前者称为正规的审判者，而后者则必然属于非正规的审判者。或者将前者称为主要的审判者，后者则必然属于非主要的或次要的审判者。一个为正式、正规、主要，而另一个为非正式、非正规、非主要，这种差等式的概念，便不言而喻地隐含在"陪审员"这个名称的自身逻辑之中。由此势必导致两种后果：一是在法律上，审判员的诉讼地位要高于陪审员，陪审员的诉讼地位则隶属于审判员。而这样一种理解乃是不正确的。因为，依照法律的规定，陪审员除不能担当审判长外，其审判地位与审判员是完全一致的。按照民事诉讼法以及法院组织法等规定，审判长除主持审判、行使诉讼指挥权外，别无特权。全国人大常委会通过的《关于完善人民陪审员制度的决定》(失效)第1条规定："人民陪审员依照本决定产生，依法参加人民法院的审判活动，除不得担任审判长外，同法官有同等权利。"该决定第11条规定："人民陪审员参加合议庭审判案件，对事实认定、法律适用独立行使表决权。"《人民陪审员法》第2条规定："公民有依法担任人民陪审员的权利和义务。人民陪审员依照本法产生，依法参加人民法院的审判活动，除法律另有规定外，同法官有同等权利。"可见，陪审员与审判员在诉讼地位上和审判权力上完全是一致的，不宜使用在字义逻辑上与"主审"相对应的"陪审"二字。换言之，使用"陪审"二字描述公众参与司法审判的活动，容易使人们误解，仿佛陪审员仅仅是陪伴法官审判案件似的，而实际上他们在案件的审判中，丝毫没有"陪伴"之意，他们对案件的事实问题和法律问题与法官一样，都是一人一票，实行少数服从多数的原则。

其二，"陪审员"这个称呼在实践中已造成比较负面的效果。这其中的原因自然是多方面的，其中与"人民陪审员"这个名称的使用也不无关联。在这个概念的字面含义影响下，人们会有意无意地认为，陪审员就是处在次要地位的陪客，而不是法庭上的主人。虽然笔者无意宣扬"名学"，但在大众心理的层面，不可以否认概念名称的暗示效应。"陪审"这个名称，与现在颇为流行的"陪读"等"陪客"角色,在不经意间会造成同构化的解释或误读。这就从概念名称上对公众参与司法这个神圣的司法民主化的制度安排,形成了理解上或心理上的制约。也正是这种状况的形成,促使我们力求为之"正名",或者为之"改名"。当然,制度建设的实质内容是最为重要的,我们显然不可能幼稚地认为一项制度的效用只要通过改一个名称就会颠倒过来,甚或有明显的改善,但笔者认为一个制度的名实相符是极其重要的。"陪审员"相对于法官,既然不是在"陪",为什么一定要将他们的审判活动称为"陪审",而将他们本人称为"陪审员"呢?

其三,从国外来看,"陪审员"的名称也是罕见的。"陪审员"的称法究竟源于何时何地我不得而知,但无论是在英美法国家还是在大陆法国家,它们所用的概念都很难翻译为"陪审员"。众所周知,在英美,"陪审团"的英文单词是"jury",陪审团成员的用语是"juror"。查"jury",其词根为拉丁语"jus",而"jus"这个词的含义是"法""法律""法律的原则"等。显而易见,"jury"这个词与法律团体有关。而相联系的概念为"jurist","jurist"则有"法律专家、法官、律师、法理学家、法律著述家"等含义。[①] 虽然不能确当地找出一个适合"juror"原意的概念来,但可以断言将这个概念翻译成"陪审员"是有问题的,这里面丝毫没有"陪审"的意思。我们还可以找出一个例证,就是在英美有所谓大、小陪审团之分。如果说小陪审团(petty jury)的翻译尚可差强人意、勉强说得过去的话,那么,将"grand jury"翻译成"大陪审团",是极有问题的,因为"grand jury"明明不是"陪审"的组织,而是行使控诉权的公诉组织。这可以反向佐证"jury"一词不是"陪审团"之意。再从大陆法国家来说,在大陆法国家,无论是在德语、法语、意大利语等语种中,还是在其共同的英文翻译中,都没有使用"陪审"的概念。且不说各国的本国语言,这里仅说其英文名称"assessor"。这个"assessor"是"评估师""评定者"的意思。这里也看不出"陪审"的含义。因此,学界正确地将大陆法国家使用的"assessor"这个词翻译为"参审员",而将相关的审判制度翻译为"参审制"。可见,大陆法国家只有"参审制",而无"陪审制"或"陪审员制度"。

由此来看,在我国陪审制度改造的系统工程中,有必要将"陪审员"改为"参审员",将"人民陪审制"改为"人民参审制"。唯其如此,才能使词尽其义,名实相符,全面地改观我国正在蓬勃发展的大众参与司法、司法民主化的形象,才能克服由字面含义不可避免地带来的"陪同审判"的消极观念,才能使公众切实地参与到司法审判之中,发挥实际的有效作用。

综上所述,我们的结论是:我国的人民陪审员制度需要改名,称之为"人民参审制度",同时对我国目前的平民参审制实行现代化的改造;改造的基本方面在于立足我国国情适度引入陪审团(参审团)制度的有益元素,并同时实行专家陪审(参审)制度。参审团制度主要致力于实现司法民主化价值,偏重于追求大众司法的政治价值;专家参审制度则主要致力追求司法的技术性价值,协助职业法官准确认定案件事实,强化其裁判结果的正当性和可接受性。二者在适用上应当按照这样的顺序进行:首先由当事人在法定范围内选择适用参审团制度,采用参审团审判应被视为当事人的一项基本诉讼权利;如果当事人放弃择用参审团制度,则由法官根据案情需要,斟酌决定是否采用专家参审制度。这两种制度相互配合,共同作用,为我国司法民主化的制度建设服务。

[①] 《英华大词典》,商务印书馆2000年版,第832页。

第八节 人民陪审团的制度试点

一、人民陪审团制度的概念辨证

如前所述,司法的民主化是各国司法制度共同追求的诉讼价值,所区别的仅在于民主化的成分及其表现形态而已。英美法系国家以其历史悠久的陪审团制度著称,大陆法系国家则表现为专家协助审判的参审制,我国则实行别具特色的人民陪审员制度。[①] 人民陪审员制度就其平民化而言,其接近于英美的陪审团;就其职能及其行使的方式而论,其则更与大陆法系国家的参审制相似,因此可以认为,我国人民陪审员制度兼有两大法系国家陪审制度的某些因素,带有混合性质。

然而,可能也正因为与这种混合性有关,我国人民陪审员制度在立法层面所显示的优势并未能全面地化为实践效果,甚或可以认为,就实践层面而言,此项制度尚存在形式主义等诸多弊端。因此,完善我国的人民陪审员制度成为我国立法的一个重要工程。作为该项制度完善性的实践前奏,有些地方法院推出的人民陪审团制度的试点,就是一个有益的尝试。

人民陪审团制度,指的是由人民陪审员针对个案的解决,组成一个有一定人数规模的陪审团,来参与庭审活动,就案件中所涉及的事实问题和法律问题,以及最终的处理结果,发表意见、观点和主张,以供作为职业法官的审判者参考的制度。其与目前法律上的人民陪审员制度相比较,有两点主要的不同:一是人数规模不同。人民陪审团的关键之点就在于这个"团"字,这个"团"字不仅意味着其人数较多,比如说有9个或者更多,更意味着它是一个带有审判性质的组织,它对外具有自己独立的名义,比如说,它是某某案件的陪审团,其发挥作用也是以这个"团"的组织名义,而不是以每一组成陪审团的成员的个人的名义。二是人民陪审团在法律上的职能发生了变化,它不再属于合议庭的组成部分,不和合议庭的成员一起共同行使审判权,而是从合议庭中分离出来,构成了一个独立的与合议庭相并存的"准审判组织"。之所以说人民陪审团是一个"准审判组织",就是因为它具有审判组织外观上的权能,比如说它能够就案件的事实问题和法律问题通过庭审和评议做出决断,这和正式的合议庭组织所行使的权能,在外延上和形式上并无二致;但与此同时,人民陪审团却不具有审判组织的实质性权能,也就是说,它所做出的决断,不能直接成为裁判的基础和依据,而仅仅供正式的审判组织在作出裁判时参考。由此可见,人民陪审团制度相较于人民陪审员制度来说,不仅在组织结构上发生了变化,尤其在权能上也发生了变化。

当然,我国的人民陪审团制度与英美国家的陪审团制度也有实质性的差异,集中表现在它的效力上。在英美国家,陪审团制度是作为对法官职权的一种解构机制或分割机制来对待的,其体现的是一种以权利制衡权力的分权模式,在这种模式下,法官原本所享有的完整的审判权被分割了,事实认定权由陪审团行使,而法官仅仅保留行使法律适用权。可见,在英美陪审团制度下,法官的审判权实际上变小了。然而在我国的人民陪审团制度下,法官的审判权依然完整无缺,案件的事实认定权和法律适用权还是由合议庭行使,人民陪审团仅仅只能就案件中的

[①] 关于陪审团制度与参审制之间的差异,参见汤维建:《论民事诉讼中的参审制度》,载《河南省政法管理干部学院学报》2006年第5期。

事实问题和法律问题提出参考意见。此参考意见对合议庭的裁判结果会产生一定的实际影响，也可能会引发审判委员会对案件处理的讨论，但无论如何人民陪审团的"裁判结果"对最终的裁判结果并无拘束力。就其实质而言，我国的人民陪审团制度所试图构建的乃是一种协商司法模式，由此使得审判法官的裁判决策更具有民主性和正确性。与此同时，裁判错误的风险责任依然由审判法官承担。

二、人民陪审团制度的价值蕴含

人民陪审团制度所产生的价值是多方面的，关于陪审团制度的一般性价值前已述及，[①] 这里仅就我国所具有的主要特殊价值而论：

（一）制度变革价值

如上所述，人民陪审员制度在实践层面存在形式化等弊病，其实际功用受到了普遍极大怀疑，人民陪审团制度就是完善此一制度的实践性表现，其目的不在于在人民陪审员制度的基础上再增加一个人民陪审团制度，而在于对人民陪审员制度实行法律上的扬弃。通过人民陪审团制度保存人民陪审员制度的优势成分，比如它的人民性特征就是要保留的；同时要克服人民陪审员制度的固有缺陷，比如它的非独立性特征、形式主义特征等。人民陪审团制度看上去在职能上有所弱化，但实际上它的职能将因其人数规模的扩大以及组织独立化程度的提高而更加强化了。尤其是，目前过渡时期这种弱式效力模式，在将来条件成熟时，为其强式效力模式所替代做好了制度上的准备。因此可以认为，人民陪审团制度乃是由人民陪审员制度向典型陪审团制度发展的初级形态，前者为后者的完成提供了契机和桥梁。

（二）司法民主价值

毫无疑问，较之人民陪审员制度的民主属性而言，人民陪审团制度显然更具有民主特质。一方面，人民陪审团制度因其规模化的人数进入而更加直观、强劲地彰显了司法过程的民主性，并由此强化了诉讼制度的正当性；另一方面，人民陪审团制度又因其代表性的强化，而在更加广泛的领域中为社情民意有序化地进入司法过程提供了制度保障，社会效果和法律效果由分至合，最终水乳交融地混为一体。与此同时，人民陪审团制度还衍生出有力的诉讼监督机制。如果说人民陪审员制度在监督效应上尚不够明显的话，那么，人民陪审团制度则不仅在制度的内容上、尤其在制度的形式上，确然无疑地昭示出诉讼监督效应。事实上，人民陪审团不仅具有工具性的司法价值，更具有伦理性的政治价值，并且通过这个过程，由人民陪审团所负载的法治教育和普及价值还呈现出几何式的、持久性的辐射效应。在此意义上完全可以认为，人民陪审团制度所构建的乃是一个充满活力的法制大学堂。

（三）程序完善价值

我国的诉讼程序制度近年来在发展历史上取得了日新月异的成果，程序面貌焕然一新，其集中表现就在于当事人主义的因素不断渗透和扩张，传统的职权主义乃至超职权主义的惯力日趋式微，与此同时，协同化的诉讼机制也处在渐次构筑之中。然而，这样一种改革效能如果缺乏诸如人民陪审团这样的制度性支柱是极不稳妥的，稍遇挫折就有可能走回头路。人民陪审团制度可以强化、固化这种程序制度改革成果。这不仅表现在对抗制因素必然因此而强化的程序

[①] 关于陪审团制度的一般性价值，参见汤维建：《美国民事司法制度与民事诉讼程序》，中国法制出版社 2001 年版，第 186—206 页。

性结构中，同时还体现于人民陪审团制度的导入，有助于克服先定后审以致庭审走过场的积弊，有利于更加充分地发挥一审程序的基础作用，改变过去那种程序重心不断后移的头足倒置现象，同时还有利于上诉审程序、再审程序等监督性程序的减负、释重。与此同时，大量的涉法上访信访现象有望得到较大幅度的缓解。

三、人民陪审团制度的正当性依据

人类的诉讼制度发展史表明，诉讼制度发展规律的基本表征就是它必然会随着司法实践的需求而不断地处在优化、完善之中，其根本的目标就在于实现司法公正。人民陪审团制度是对人民陪审员制度的某种跨越和改造，是我国诉讼制度优化过程的必然性体现，符合我国诉讼发展规律，其所表现出来的多方面的价值已如上所述。那么，尚需回答的问题是，作为试点中的人民陪审团制度是否与我国宪法、法院组织法以及诉讼法的规定相违背。这就是其合法性和正当性的问题，这个问题需要作出辩证的回答。总体上看，人民陪审团制度是不违反我国的法律规定的，其试点是有正当性依据的，具体理由如下：

（一）人民陪审团制度不具有强制性效力①

通过人民陪审团的庭审活动，其所做出的决断仅具有供法院裁判参考的作用，而不像英美陪审团那样，其所做出的决断具有对法官裁判的约束力。既属参考作用，那么，参考的内容如何，参考的程度如何，甚至于是否参考，概取决于裁判法官的判断、斟酌和抉择，制度上并不将人民陪审团的结论性意见强加给裁判法官，裁判法官的依法裁判权以及由此所产生的裁判责任，并没有因人民陪审团介入审判而稍有减损或弱化，立法上对裁判者的刚性赋权和刚性约束依然如故。简而言之，司法裁判者的裁判权没有因人民陪审团制度的试点而受到任何动摇，审判的独立性原则继续发挥着作用。

（二）人民陪审团的参与庭审不违反法律的规定

人民法院是行使审判权的唯一的合法主体，其根据宪法的规定行使国家审判权。为了行使好国家审判权，人民法院可以根据需要确定诉讼参与主体，比如说邀请专家作为诉讼辅助人参与诉讼，并赋予专家辅助人以诉讼中的适当权限，比如发问权、对质权、发表专家意见权等。是否由专家辅助人参加诉讼，以及专家辅助人参与诉讼到何种程度，其权限如何，等等这些具体操作性问题，则是由人民法院根据审理案件的需要而确定的。② 固然，人民陪审团与专家辅助人并不完全等同，但它们在根据法院的判案需要而应邀参与诉讼发挥一定诉讼职能这一点上是一致的。举该例试在说明，人民法院在保持完整的最终的审判权的前提下，完全可以根据需要邀请专家或民众参与诉讼，听取他们的意见，以更加正确地处理案件，由此产生法律效果与社会效果相统一的诉讼功能。此外，人民陪审员制度与合议庭制度也为人民陪审团的制度化提供了基础。根据合议制度，人民陪审员可以参与合议庭行使审判权，而合议庭的人数立法仅要求3个以上的单数，而无上限的规定。③ 据此规定，人民陪审员的人数就可以增加到6个、8个甚至更多，再由1个或3个甚至更多的单数审判员组成合议庭。至于外在的诉讼格局，则既

---

① 参见河南省高级人民法院《关于开展人民陪审团制度试点工作的意见（试行）》第28条。该条规定："合议庭评议案件时，应当将人民陪审团意见作为重要参考。"

② 《民事诉讼法》第82条就专家辅助人作出了规定。

③ 《民事诉讼法》第40条；这与刑事诉讼中的合议庭人数规定有别。参见《刑事诉讼法》第183条。

可以做出统一的横向型安排,也可以做出分离的组合型安排,究竟如何安排,人民法院有权根据审案的需要酌处,立法对此没有也无须加以规定。人民陪审团的职能表面上有所弱化,但实质上仅仅是其发挥作用的形态发生了变化,而制度的本质并未撼动。

(三)人民陪审团制度所引起的审判委员会启动契机符合法律规定

人民陪审团的一致意见或多数意见,如果和合议庭的意见相对立,而合议庭又不能接受陪审团的意见,则应当将案件交由法院的审判委员会讨论决定。审判委员会的决定,合议庭必须遵照执行。在这过程中,人民陪审团的意见有可能被审判委员会接受,也有可能遭受否定性的评价,或者部分被接受、部分被拒绝,这些情况都是正常的。而通过这样的过程,人民陪审团的意见已经被内化为审判委员会的决策内容了,其表现出来的乃是审判委员会的决定,而非人民陪审团的意见;合议庭必须执行的,乃是审判委员会的决定,而非人民陪审团的意见。至于审判委员会讨论案件的程序机制,立法也仅仅规定在必要的符合法定情形的情况下予以启动,人民陪审团的一致意见或多数意见仅仅成为启动的机制或契机之一,对审判委员会的决策以及决策过程并无实质影响。

综上所述,人民陪审团制度虽然目前尚缺乏明确的立法根据,但在试点的意义上,其既不违反宪法和法律的禁止性规定,也和宪法和法律的司法民主化精神相符,其正当性乃根植于实践的强劲需求及其诉讼制度的发展规律之中。

四、人民陪审团的制度特色

人民陪审团在制度渊源上最为接近的莫过于英美的陪审团制度,表面上看,人民陪审团制度就是我国的人民陪审员制度与英美的陪审团制度的某种混合。其实这种认识未必全面。细究起来,我国的人民陪审团制度具有以下特色:

(一)人数规模上的特色

英美的陪审团在人数规模上通常为12人组成,起控告作用的大陪审团为23人组成。我国的人民陪审团则可以由少于12人的规模组成,比如河南高院在试点中确定的则为9—13人。

(二)诉讼职能上的特色

我国的人民陪审团无论就纠纷的事实问题抑或法律问题,均有参与庭审予以裁断之权,而不是如同英美国家的陪审团,其权限仅限定于事实认定权,而不得染指法律适用权;法律适用权只能由职业法官行使。因此我国的人民陪审团,在权限的外延上要宽于英美的陪审团。

(三)表决机制上的特色

英美陪审团实行一致表决制,据此,只要有其中一个陪审团的成员投相反的票,则均不能构成有效的陪审团意见。除非陪审团再次评议达成一致意见,其所进行的庭审活动将被宣告为失效,诉讼必须重新组成陪审团进行。我国的人民陪审团则不实行一致表决制,陪审团的各位成员可以完全自由地表达其所形成的裁决意见,这些裁决意见既可能形成一致意见,也可能形成多数意见,甚至还可能形成多种并存的意见。这些意见均属于有效意见,均将纳入审判法官参考评议的范围。

(四)效力约束上的特色

英美的陪审团所形成的裁决意见对审判法官具有拘束力,审判法官只能在陪审团所认定的事实基础上适用法律作出裁判。因此,在英美陪审团制度中,陪审团和审判法官都是诉讼中的裁判者，所不同的仅仅是裁判的内容有所分工而已。我国的人民陪审团所形成的裁断意见，对审判法官（含独任制与合议制）不具有约束力，而是仅供参考。如果人民陪审团的一致意见或多数意见未获参考，则审判法官尚应将案件上报审判委员会裁决；如果是多种并存的分散性意见，则案件不一定能够报送审判委员会裁决。可见，我国的人民陪审团制度所采取的乃是效力转换模式以及效力参考模式，而有别于英美陪审团所实施的效力约束模式和效力制衡模式。

（五）资格门槛上的特色

人民陪审团的成员需要具备一定的条件，通常是具有一定文化、享有政治权利的成年公民。但是否凡属成年公民皆可为潜在的陪审团成员，各国所采用的立法模式并不相同，主要有普适主义和限定主义两种。根据普适主义的做法，凡符合条件的公民，皆为潜在的陪审团成员，任何人在法院遴选陪审团成员进行个案审判时，都具有相等的概率，究竟何人最终成为陪审团成员，尚处在未定状态。与之有别，限定主义则在立法规定条件的基础上，还根据一定的程序进行陪审团成员的预定，被预定为陪审团成员的人，才能最终经过遴选程序成为个案的陪审团成员。英美国家采取的是前一种做法，我国陪审团试点中所采用的则属于后一种模式。比如说，河南高院从 2009 年 2 月试点人民陪审团制度以来，迄至 2010 年 3 月已经在两个中级法院、46 个基层法院组建了人民陪审团成员库，在库人民陪审团成员达 24000 余名，全省陪审员在库人数已达 15 万之多。[①]

五、对人民陪审团制度试点的几点述评

（一）理论倡导与实践试点

任何一项诉讼制度在司法实践中运行到一定的历史阶段，都会显露出这样或那样的问题，这些问题出现之时，就是理论反思和理论创新之时。人民陪审团制度现在提出，也是人民陪审员制度的现实困境所致。人民陪审员制度已经发展到了这样一个阶段：要么宣布该制度消亡，要么进行全面更新，因为它所蕴含的固有生命因素已经枯竭，需要寻找新的生命源泉，使之焕发新的活力。通过对英美陪审团制度的研究以及与大陆法系国家参审制度的比较研究，可以得出这样两个基本结论：其一，我国的人民陪审员制度，就其作为司法民主化的实践形态和制度载体而言，是不可能被废除的，废除它甚至淡化它，都必将与我国诉讼制度的现时代发展趋势和基本规律相悖逆。因此，只有保留论和完善论才是正确的观点。其二，我国的人民陪审员制度需要进行分流化改造，用二元制来代替一元制。从我国人民陪审员制度的制度元素和内在构成来看，其实它就是将二元制的优势混合为一元体制，这样产生的结果不是更优，而是正相反对，形成其优势相互抵消的局面。因此，现在对人民陪审员制度进行实效化改造，还是要有还原化思维，将其所兼有的人民性因素和混合制因素分别摘拣而出，再按其制度宗旨，分别形成致力于实现司法民主的人民陪审团制度和立足于实现司法技术的专家陪审制度。

我国人民陪审员制度在司法职能上的弱化和虚化，直接影响了它的政治职能的充分发挥，为了充分发挥我国人民陪审员制度的政治职能，有必要对它进行深刻的和本质的改造，借鉴英美陪审团制度的有益经验，改我国现行的人民陪审员制度为人民陪审团制度，重塑人民陪审团和职业法官之间的职能关系，强化人民陪审团的审判权能，使之既执行独立的事实认定职能，又借此起到对职业法官的制约和监督作用，从而进一步推动审判独立和司法公正的理想之实

[①] 相关数据来源于《法治周末》2010 年 6 月 10 日。

现；人民陪审员和人民陪审团虽仅一字之差，但性质迥异。① 2009 年 2 月 17 日，河南省高级人民法院刑事审判第一庭公开审理梁某某死刑上诉一案。与第一次庭审时相比，旁听席第一排还坐着 8 位神情凝重的特邀代表。这些特邀代表就是此次庭审的"陪审团"，这也是河南省高院首次尝试"陪审团"参与死刑二审。② 笔者认为，我国应当综合吸收两大法系陪审制度的优势，摒弃成规，形成二元化的陪审制度，具体的制度构建以及适用的逻辑如下：一是人民陪审团制度。在任何一个案件中，是否实行陪审团审判，应当首先由当事人选择。如果当事人选择实行陪审审判，则应当采用"人民陪审团"的形式。这种陪审团制度，应当作为我国陪审制度的常规形式看待。二是专家陪审员制度。如果当事人不选择适用陪审制度，而案件涉及专门技术问题的，法院认为有必要，也可实行陪审制度。经过上述改造，我国的人民陪审员制度即由陪审团制度和专家参审制度构成。在制度适用的范围上，除立法明确规定不宜适用陪审团制度的，其余均应允许当事人选择适用陪审团制度；若当事人不选择适用陪审团制度，法院可以根据案情决定采用专家参审制度。而这两种陪审制度，均应由统一的《人民陪审员法》加以确认和规范。

如今，人民陪审团制度现已正式从理论倡导和立法建议层面，走向司法实践，开始了制度化试点过程。这个制度自试点以来，理论界和实务界的反应是有差异的。总的来说，理论界更多的是持审慎态度，有的甚至持直截了当的否定态度，认为它既非英美式的陪审团制度，也不是大陆式的参审制度，而是不伦不类的特殊产品。③ 但是，与理论界不同的是，在实务界，似乎是赞扬的声音占上风，而批评之声很少听到；④ 如果有一些不同的声音，也主要集中在该制度不够完善的方面，而不是全盘否定该项制度。这就形成了对人民陪审团制度评价的两种视角，一种视角可以称为是制度理想型视角，该视角主要立足于历史上曾经出现过或者现在正在实施着的陪审制度，用实有的模式来衡量人民陪审团制度。另一种视角可以称为是功能主义的视角，该视角主要着眼于对人民陪审员制度的务实性改造，从它在实践中所产生的客观效果来评价。应当说，考虑问题的视角不同，得出来的结论肯定是有差异的。笔者认为，这两种视角应当结合起来看，才能称得上全面和辩证，我们在制度改造的过程中，既不能囿于现有的模式或范畴，也不能完全被实践牵着鼻子走。如果囿于现有的制度模式，则极有可能对制度变迁尤其是其中的过程性表现，持否定性评价和排斥性态度。

事实上，对于任何一种源自现实需要，同时又在实践中经受住了一定检验的新生诉讼制度，显然不是一句简单的于法无据或者与现有的国际惯例不合，就可以置于一边的，而是需要正视此种制度的合理性，同时也要辨析其中的非合理性，从而对改造我国的人民陪审员制度提供某种理论上的指导。

(二) 人民陪审团制度的体制结构

我国人民陪审员制度至少可以从陪审团制度的试点中，获得这样几点启示：其一，凡是陪

---

① 参见汤维建：《英美陪审制度的价值论证——简论我国人民陪审员制度的改造》，载《人大法律评论》2000 年第 2 期。
② 参见《河南首试陪审团参与死刑二审》，载《华商报》2010 年 3 月 5 日。
③ 参见汪建成：《非驴非马的"河南陪审团"改革当慎行》，载《法学》2009 年第 5 期。
④ 河南省高级人民法院在《人民陪审团试点工作情况通报》(2010 年 3 月 25 日) 中指出："开封两级法院邀请人民陪审团参加庭审的案件宣判后，无一起引发信访事件，无一起被检察机关抗诉。"此效果显而易见是积极的。

审制度，要发挥其实际的作用，一定要有某种为职业法官所不具备的优势，否则，就不能发挥司法技术作用，也不能体现出司法民主的作用。其二，陪审制度是可以存在多种多样的形式的，而不仅仅就是一种形态或者两种形态。就像诉讼模式可以有多种一样，陪审制度根据其内在要素的相异配置，也可以有多种形式。其三，陪审制度的形式是可以有变化的，而不是一成不变的。陪审制从古罗马法时代开始，就一直处在变化之中。大陆法系国家的陪审制就在陪审团制度和专家参审制度之间多次游移，迄今为止，在欧洲大陆也有不同的陪审制。[①] 英美法国家的陪审团制度也是有变化的，这不仅体现在人数规模上，而且也体现在诸如构成的人员要求方面，现在有一种蓝腰带陪审团，[②] 其实就是专家陪审团，而专家陪审团与传统上的大众陪审团已经有了较多区别。我国的人民陪审员制度也是要与时俱进的。

对我国人民陪审员制度的改造应当抓住三个关键环节：其一，人数规模的环节。有了一定的人数规模，陪审员的职能才能强化起来。因为，职业法官依赖的是法律专业优势，其在法律适用上有预设的优越性，在这方面，陪审员难以企及，也不必攀比。而唯有在人数上占有优势，才能以其数量优势而获胜。其二，职能上的环节。陪审员的职能应主要定位于对案件的事实认定。因为，对于审判而言，法律适用权是法官的专属领域，陪审员不能涉足，更无须染指。但是，事实认定权则主要依赖生活经验、社会阅历和理性良知。在这些方面，职业法官并无天然优势可言。其三，但不是最不重要，就是陪审员的决策要产生一定的法律拘束力。一定的法律拘束力是对陪审员参与审判的作用的认可，没有这种拘束力，就不能产生陪审员参与审判的动力，也不能调动其参与审判的积极能动性。尤其是，这种法律拘束力还不能停留在表象上。

（三）改进的建议

其一，人民陪审团的职能既要具有限定性，又要具有独立性。笔者曾经提出："人民陪审团所享有的独立审判权能是决定事物性质的矛盾的主要方面，是人民陪审团制度在制度体系建构中应当首先奠基的核心。人民陪审团如果不能在实质上享有这种独立的审判权能，那么，对现行人民陪审员制度作再多的修饰和改观也终将无济于事，人民陪审员制度也注定只能从一种形式主义到另一种形式主义，起不了实际的作用。反之，如果赋予了人民陪审团以相对独立的司法权能，我国现行人民陪审员制度的面貌必将焕然一新，人民司法的形式意义和象征意义必将为它的实质意义所替代，司法公正和审判独立的实现也就有了更加切实的基础和保障。"[③] 人民陪审团制度的生命基础在于其职能的独立性。然而，独立的诉讼职能来源于对人民陪审团职能范围的合理限定。人民陪审团诉讼职能的独立性与限定性其实是关联在一起的，应当将人民陪审团的诉讼职能限定在对案件事实的认定上。如前所述，普通人在事实认定的能力上并不必然逊于职业法官。再加上具有一定的人数规模，他们通过合议讨论所产生的事实认定能力会更强。因为，认定事实所依赖的大前提是经验法则，而经验法则的获得来自生活本身，不是法律培训；事实认定所借助的小前提是证据材料，而这个证据材料除有立法上的特殊规则需要遵循外，绝大多数证据材料在认知上与日常生活中的证据材料并无区别。因此，在陪审员制度的

---

① 陪审团制度的演变过程，参见汤维建：《美国民事司法制度与民事诉讼程序》，中国法制出版社2001年版，第174—222页。

② Harry Kalven, JR. Developments in the law: the civil jury, Harvard Law Review, Vol. 110: 1408, 1997.

③ 汤维建：《英美陪审制度的价值论证——简论我国人民陪审员制度的改造》，载《人大法律评论》2000年第2期。

构建上，我们要扬其长而避其短，而不是将他们不分青红皂白地与职业法官混合在一起，由他们共同混合地行使全部的审判权。这样混合在一起的结果是，陪审员在法律上的弱势会掩盖其在事实认定上的优势。

其二，要逐步加大人民陪审团的决策效力。目前所实施的人民陪审员制度，表面上看陪审员的决策是有一定法律拘束力的，因为陪审员与职业法官一样，具有平等的表决权；按照少数服从多数的民主集中制，多数的陪审员的意见似乎能够对职业法官产生拘束力，其意见能够转化为裁判的内容和依据。然而这里存在两个不容忽视的问题：一个问题是，职业法官对陪审员的意见形成过程能够产生主导性影响，因而这种多数的陪审员意见往往难以形成。另一个问题是，即便陪审员形成了多数意见，职业法官仍然可以将案件提交审判委员会讨论决定；审判委员会的决定，合议庭必须遵守。可以说，现行的人民陪审员制度，虽然在法律效力上充分考虑到了陪审员的意见，但在实际操作中，这种效力制度其实是缺乏应有的程序保障的。这是人民陪审员制度流于形式的根本原因所在；我们所构建的人民陪审团制度，就是要在这方面有所突破，效力是根本。对于人民陪审团的陪审效力，可以考虑在陪审的内容上作出效力区分。陪审的内容包括事实认定和法律适用两个方面，这在内容的设定上可以成立，但是在二者的效力上，应当有所区分。对于事实认定的陪审效力，应当要强于对于法律适用的陪审效力。比如说，如果陪审团作出的事实认定，具有高度的一致性，是否可以确定其在一审中的效力要获得尊重，到二审中，也只有通过二审的陪审团审判才能将它推翻。当然，法院在特殊情况下，也应保留对它加以修正的权力。比如，二审的审判委员会作出特别决定，就可以推翻一审的陪审团认定。而对于法律适用的陪审决定，对于法院应不产生硬性约束，而是仅供参考。

其三，要讲求程序的规范性。人民陪审团制度试行伊始，就应当高度重视其程序的规范性，使之一开始就产生先声夺人的正规制度效应。其程序主要包括这样几个环节：首先，陪审团成员库的合理确定。从试点情况看，陪审团成员库的确定采取的是审核与备案的逐一产生方式。这一产生方式是不妥当的，而应当采用符合一定条件概括产生的模式，使每一个符合条件的公民都有同等的参与陪审的机会。这一点是非常重要的，也是人民陪审团制度区别于人民陪审员制度的关键之处。否则就会沦于扩大了的陪审员制度，而不是构建崭新的陪审团制度。因为无论如何一一遴选，其结果都是精英化模式，而不是大众化模式，这与人人都有机会成为陪审员的陪审团制度是大异其趣的。陪审团制度的生命力及其正当化源泉，就首先在于其潜在成员的泛公民化特征。这样一种改变，就使得每一个符合条件的人，都认为陪审团制度与己有关，以至每一个陪审团的审判都与己有关联。当然，在陪审员资格的条件上，应当有别于英美的做法。试点中所设定的五项条件，尤其是初中文化的条件，是比较适当的。其次，关于陪审团审判的启动机制。陪审团审判的启动机制关系到陪审团审判究竟是为谁服务的问题，因而必须慎重对待。目前试点中采用的是职权主义的启动模式，规定人民法院拟邀请人民陪审团参加案件庭审的，由合议庭向庭长报告，经主管院长批准后实施；并且规定人民法院拟邀请人民陪审团参加刑事案件庭审的，由合议庭提前征询案件公诉机关意见。这种职权主义启动方式显然是存在问题的，表现在：一则，它无视了当事人的程序选择权。陪审团审判是一种特殊的审判方式，这种审判方式对当事人来说是有一定风险的，其结果可能对他有利也可能对他不利。无论对他是否有利，如果他选择适用，其结果都由他接受。但是，这样做的前提条件是他选择了陪审团审判这种方式；正是这种程序选择权，保证了审判结果的正当性。而如果当事人不享有陪审团审判的选择权，而陪审团审判的结果最终由他承受，实际上就剥夺了他由职业法官进行审判的宪法性权利，而这种剥夺是不存在正当性理由的。二则，这也增加了司法的任意性。对于某一种特定案件是否实行陪审团审判,仅仅由法院说了算,而法院不实行陪审团审判,既不用说明理由,当事人也无救济权利。如果法院最终决定不实行陪审团审判,则无论结果如何,当事人都会产生不满情绪,因为他没有获得其他案件中当事人能够获得的陪审团审判的权利。这样一来,由法院职权启动陪审团审判程序,当事人满意的概率仅仅只有四分之一。相反,如果实行当事人启动主义,则当事人的满意概率可接近百分之百,这一点尤其表现在双方当事人合意启动陪审团审判的情形中。三则,职权主义的启动方式与所规定的案件范围会产生矛盾。对于人民陪审团审判的适用范围,试点意见已有较为明确肯定的规定。适用范围上的这种规定,在制度逻辑上应当配之以当事人申请的启动机制,而不是法院的职权启动机制。因为,如果符合案件范围的规定,而法院职权否决了陪审团审判的适用,则势必产生职权行使是否正当的问题。符合案件范围的规定而法院不予陪审团审判,这需要特别的理由,而这特别的理由在规定上又付诸阙如。若采用当事人申请主义,则法院可以按照案件范围的规定,判断确定是否要采用陪审团审判。四则,对于是否采用人民陪审团审判,不必听取公诉机关的意见。因为接受人民陪审团审判属于被告人的诉讼权利,如果要听取意见,应当首先听取被告人的意见。法院单方面听取公诉机关的意见,显然有失公正。因此,人民陪审团制度的启动机制应当采用当事人申请主义。若当事人双方申请,在符合法定条件的情形下,法院原则上应予认可;若当事人单方面申请,法院在判断是否同意时,尚需取得相对方当事人的同意。特殊情况下法院虽然可以否决当事人申请的陪审团审判的权利,但要说明理由,对此还要赋予当事人的救济权。

其四,要关注对陪审团成员的权利和义务的合理确定。权利是动力,义务是制约,这两方面对于陪审团恰当地发挥作用都是不可或缺的,因而应当得到明确。陪审团的权利主要体现在三个层面:一是人身保障权。陪审团审判在相当大的意义上为职业法官分担着审判风险,对法官起着一种挡箭牌的作用;但是陪审团制度设计中一个必须考虑的内容是,应当设立严密的诉讼规则,使陪审员免于因参与审判而导致的风险。如果陪审团成员的人身安全缺乏应有的保障,则该项制度最终会功亏一篑。与此同时,也要设定相应的制度使他们免受打击报复。二是诉讼权利,主要包括知情权、阅卷权、参审权、提问权、要求解释权等方面内容。尤其是,其陪审效力应受最基本的尊重。陪审效力受到应有的尊重,其重要性无论如何强调都不为过。反面的现象在同样实行人民陪审员制度的波兰也客观地存在。"每个陪审员都清楚地知道,很多事情取决于主持案件审理工作的职业法官,取决于他是否为社会法官提供全权参加审案的条件,也即他是否在适当的时候为陪审员向证人和双方提问提供方便,以便陪审员能够对案件形成看法,以及他是否在审案过程中,在作出判决前,吸取同他一起审案的陪审员的意见。"[1]由此来看,人民陪审员在审判过程中所起作用的大小,取决于法官是否为人民陪审员与之共同行使审判权提供了实际的条件与可能。三是经济补偿权。适度的经济补偿是有必要的,主要有三部分费用,即交通费、误工费、餐饮费等。同时要规定,凡参加陪审者,陪审员所在单位应当给予支持和配合,不得因此扣减其工资等收入,也不得作为工作评定的负面因素对待。当然,陪审团也负有相应的义务,包括遵守诉讼秩序、接受法院指挥、公正审判、保密等,这些均须加以严密地规定。

---

[1] 汤维建:《英美陪审制度的价值论证——简论我国人民陪审员制度的改造》,载《人大法律评论》2000年第2期。

第十五章 法院调解制度

第一节 法院调解概论

一、法院调解的概念

法院调解，是在法院主持下所进行的诉讼上的调解，通过法院居中调解、斡旋、调和、调处，双方当事人互谅互让、求同存异、达成协议，自愿解决其间的纠纷，法院据此制作调解书或调解笔录，从而结束诉讼程序的诉讼活动。《民事诉讼法》第9条规定："人民法院审理民事案件，应当根据自愿和合法的原则进行调解；调解不成的，应当及时判决。"这一条规定确立了我国民事诉讼程序中的调解原则。《民事诉讼法》第96条至第102条就法院调解的具体原则和程序作出了规定。此外，《民事诉讼法》第125条规定了优先调解原则、第145条规定了一审中的调解、第179条规定了二审中的调解、第208条规定了当事人对调解书的申请再审、第215条规定了检察院对调解书的法律监督。所有上述这些规定，构成了我国的法院调解制度。法院调解原则是前提，法院调解制度是落实，其实二者很难截然分开，因而本书将其合并在法院调解制度中一并加以探讨，不再刻意区分法院调解原则和法院调解制度，也可以说，法院调解原则和法院调解制度在本书的理解上是可以混用的。

法院调解作为一种重要的民事纠纷解决方式，由于其解决纠纷快速、易操作及充分体现当事人自主性等诸多优点，受到法院和当事人的青睐，实践中一半左右的民事案件是通过调解结案的。法院调解是形形色色、多种多样调解中的一种，也是最具有规范性的一种调解形式。

二、法院调解的性质

对于法院调解的性质，我国学界有三种观点：

一是审判权说。认为调解是法院对民事案件行使审判权的一种诉讼活动。

二是自治说。认为法院调解尽管是在法院主持下进行的，但其本质上是当事人在法院的指导下自律解决纠纷的活动。

三是混合说。认为调解是法院对民事案件行使审判权，和当事人对其诉讼权利及民事权利行使处分权的结合体。

笔者认为，在日趋协同化的诉讼体制和诉讼模式下，法院调解更多的是多种角色主体相互交错、多种观点相互博弈和妥协的结果，法院调解既不能回归到职权主义乃至超职权主义的老路上去，由法官"唱独角戏"或始终处在主导决定和支配的地位，也不能忽略法官及其他诉讼参与主体在促使当事人达成调解协议上所起到的同样重要的作用，因而混合说比较能够全面揭示调解制度运行的实际情况。

三、我国调解制度的变迁

自古以来中国就重视道德教化的作用，强调"和为贵"，诉讼制度的建立以化解纠纷为目标，因此调解在我国古代诉讼中有着十分重要的地位。我国现行的诉讼调解制度之直接渊源是新民主主义革命时期的诉讼调解制度。创立于陕甘宁边区后来形成新中国民事审判工作标本的"马锡五审判方式"，就是将调解作为审理民事案件的一种主要方式。后来陕甘宁边区政府提出了"调解为主、审判为辅"的方针，并规定了调解的三条原则，即调解必须双方自愿，不能强迫；调解必须遵守政府政策法令，照顾进步习惯；调解不是诉讼的必经程序。

新中国成立以后，调解在诉讼程序中的作用仍十分突出。1963年，第一次全国民事审判工作会议提出了"调查研究、就地解决、调解为主"的民事审判方针，1964年又将其发展为"依靠群众、调查研究、就地解决、调解为主"的十六字方针。这一审判工作方针，对我国的民事审判活动产生了深远的影响。1979年我国开始起草《民事诉讼法（试行）》，在立法的过程中对"调解为主"的原则进行了反思。反思的结果认为，应当摒弃"调解为主"的说法。因为强调"调解为主"，弦外之音就是"审判为辅"，而在以行使审判权为主要使命的法院强调审判为辅，则显然是不适合的，也是与民事诉讼的内在规律相违背的，所以在1982年颁布的《民事诉讼法（试行）》中对"调解为主"的提法进行了修改，取而代之的表述是"着重调解"。较之"调解为主"的说法，"着重调解"显然有淡化调解之意，因而可以说这是我国民事诉讼改革过程中的一个进步。但是，"着重调解"原则仍有调解优先、调解为主的潜在含义，所以原有的弊端仍没有得到根本解决，实践中仍过分追求调解的结案率。于是到1991年《民事诉讼法》将"着重调解"又改为"根据自愿和合法的原则进行调解"的原则。强调了法院调解的合法性与自愿性，摆正了调解与审判之间的关系。

但是，无论立法上对调解原则如何表述，在实践中，尤其在广大的边远地区，调解依然被看作为解决民事纠纷的重要机制，而且，从将来的发展趋势看，调解制度具有极大的潜力和永恒的魅力。在我国，从历史到现实，之所以如此看重调解、强调调解、依赖调解，是有深层次的原因的。这种原因，既有传统文化方面的原因，也有民族心理定势方面的原因，还有现实制度、体制等方面的原因，原因是各种各样、方方面面的。

首先，从文化的视角看，调解与中国的传统文化、民族心理相联系。中国儒家的纲常伦理深深地渗入社会生活的各个方面，而调处息讼是儒家礼教的要求。这种文化传统使调解的作用经久不衰，在诉讼中实行调解也被当事人视为当然而接受。

其次，从纠纷所处的领域来看，调解与私法自治原则、当事人处分原则的精神是相一致的。在民事诉讼中，法律允许当事人对自己的民事权利和诉讼权利自由处分，从而互谅互让，为调解结案提供可能。在法院主持调解以解决民事纠纷的过程中，当事人可以对所适用的法律形成较为统一的认识，双方就权利义务达成一致，从而形成调解协议。

再次，从民事诉讼目的论上看，调解与民事诉讼目的和任务是一致的。民事争议的解决不仅意味着争议前当事人之间法律关系的简单恢复，而且也意味着确立一种双方当事人认可的新型权利义务关系状态，并消除当事人之间的对抗和紧张。调解无疑有利于此目的的实现。

最后，从调解自身的优势看，通过调解解决纠纷，比通过诉讼或审判解决纠纷，更加彻底、灵活，而且更加节省成本。比如说，通过调解解决纠纷，当事人就失去了继续上诉的必要与可能，再审程序一般也不会被当事人加以利用，尤其是，通过调解解决纠纷，当事人通常都会自觉履行调解的协议，而无须进入强制执行程序，这样就省去了许多道程序，从而节省了诉讼时间和费用。可见，法院调解是非常快捷、经济的处理纠纷的方法和机制，值得推崇。此外，目前诉讼法学理论出现的一个全球性趋势便是程序本位主义，强调程序自身的公正性以及程序公正对实体公正的决定性意义，在这样的理论构架中，法院调解与法院审判达到了融合状态。在此意义上说，调解解决纠纷是符合诉讼理论发展的全球化走势的。在我国民事诉讼法修改过程中，我们应当修改和完善调解制度，而不是将调解制度从民事诉讼法中排除出去。

四、调解原则的理论探讨与完善

法院调解是我国民事诉讼法中一项颇具特色的制度和原则，在我国民事诉讼机制的演变史上曾大起大落，忽冷忽热，其功能和地位始终未能趋于稳定。就理论研究而言，法院调解与其他调解相比，所历尽的争议更多。甚至于，法院调解原则何去何从，也是一个远未达成共识的、需加深入研究和广泛探讨的重大课题。对于调解原则，学术界提出的问题主要有：

（一）法院调解是否属于民事诉讼法的基本原则

有学者认为，调解只是双方当事人在法院主持下自愿协商解决争议的一种具体诉讼活动，并不具有基本原则的概括性和涵盖力。调解的本质属性是自愿，任何一方当事人不同意就不能进行调解。这一本质属性决定了调解的适用具有局限性，既不能适用于所有的民事案件，也不可能对整个民事诉讼起指导作用，更不能统帅其他规则。另外，从学理上分析，调解是诉讼民主原则的体现，是处分原则的具体运用。无论调解是否达成协议，只要双方进行了自愿协商活动，其实质都是当事人对自己的民事权利和诉讼权利的一种处分行为。从这个意义上说，自愿合法的调解实际上已为民事诉讼的处分原则所包容，不具有独立的原则性价值。所以调解不能作为民事诉讼的一项基本原则，只能是一种制度。[①]

（二）调解原则是否与法院行使审判权的性质相冲突

有学者认为，把法院调解作为民事诉讼和民事诉讼法的一项基本原则，与人民法院的职能相悖，这等于从根本上否定了法院是行使审判权的机关这一本质特征。而且，当前的立法对法院调解的规定缺乏科学性，调解不符合我国法律公开审判的原则。因此法院调解本质上只是民事诉讼工作中的一种工作方式，将法院调解上升为民事诉讼法的一项基本原则，法律科学依据尚嫌不足。[②]

（三）调解原则是否与现代社会观念相协调

有学者认为，调解及其他法院外解决纠纷方式或多或少存在着"非法制化"的因素，因而在法制化进程中，应当对调解和审判进行制度上的区分，限制审判中过分注重调解的做法，以免妨碍法律程序的健全。[③]

对于以上对调解原则提出的各种问题或质疑，笔者认为都有一定的道理，但不赞成废除调解原则的观点。因为如前所述，调解原则在我国有丰富的社会基础和深厚的文化底蕴，是与我国主流文化相适应的，公民都普遍接受了这一项基本原则。这是其一。其二，从实践中看，调解原则只要注意其自愿性的贯彻，就能够发挥其积极机能，而自愿性问题是可以通过诉讼程序的科学设置加以解决的。其三，程序公正的理念与调解原则的实行具有天然的契合性，而程序公正是我国民事诉讼机制变革要坚持的至高理念之一。其四，从各国民事诉讼法发展的大趋势看，法院参加和主持调解的做法方兴未艾，也可以说是一个最新的、全球化的趋势。因此，我们的基本观点是对调解制度改革与完善。至于如何完善，则是可以探讨的问题。

---

① 参见何文燕：《调解和支持起诉两项民事诉讼法基本原则应否定》，载《法学》1997年第4期。
② 参见邵俊武：《民事诉讼中法院调解原则的再认识》，载《政法论坛》2000年第1期。
③ 参见季卫东：《法制与调解的悖论》，载《法学研究》1989年第5期。

五、法院调解的种类

（一）按照调解所存在的诉讼阶段划分

调解是贯彻诉讼始终的基本原则，其在诉讼的每个阶段皆有其表现，主要包括：

1. 立案前的调解

法院在收到当事人的起诉状进行审查立案前，根据起诉状所呈现的案情进行的调解，为立案前的调解。严格意义上说，立案前的调解不属于诉讼调解，而是非诉讼调解。法院既可以自己进行这种立案前的调解，也可以将案件在取得当事人同意后转送给人民调解委员会、有关行政机关、有关社会组织等主体进行调解。无论是法院的立案前的调解抑或其他主体所进行的立案前的调解，这种调解所达成的协议，均为普通的民事调解协议，不具有当然的法律拘束力和执行力，要取得此种效力，必须经过法院的司法确认。实践中出现的所谓"预调解"，是典型的立案前的调解。立案前的调解是法院的自愿行为，目的是疏导案源，但法院进行这种立案前的调解，不得违反当事人的意愿，更不得久调不决损害当事人的诉权。

2. 庭审前的调解

《民诉法解释》第142条规定："人民法院受理案件后，经审查，认为法律关系明确、事实清楚，在征得当事人双方同意后，可以径行调解。"据此规定，可知庭审前的调解是指人民法院在受理案件后、正式开庭审理前所实施的调解。此时法院进行调解已经属于诉讼中的调解，但由于法院尚未开庭进行审理，故而对案件事实尚未查明，因而如果此阶段要进行法院的调解，就必须征求当事人的同意，同时还要以法律关系明确、事实清楚为前提。庭审前的调解通常可以在证据交换时进行，也可以由法院根据案情需要另定时日，专门进行庭审前的调解。庭审前调解达成协议后，法院应当制作调解书结案；但是，如果属于小额程序或简易程序，法院则也可以选择将调解协议记录在笔录中，由双方当事人签名盖章，而无须制作调解书就可结案。

3. 庭审中的调解

庭审中的调解是指在法院开庭审理案件时所进行的调解。经过法院开庭时的法庭调查和法庭辩论，案件事实已基本清楚，是非曲直也大致明了，此时法院进行调解应当是最佳时机，也最符合立法的要求。但此时进行庭审中的调解要有一个过程，而不可急于求成，否则调解难以成功。法院进行庭审中的调解，既可以在法庭辩论后、合议庭退庭评议前在庭上进行，也可以在休庭后进行。

4. 庭审后的调解

庭审后的调解是指在法院开庭结束后、作出裁判前所进行的调解。在法院作出裁判正式宣判前，法院均保留着对当事人实施调解的权力，调解成功后，法院就无须制作裁判文书，或者说无须宣告和送达裁判文书。

以上是诉讼调解在一审程序中的阶段划分，在二审程序中，也同样可以划分为上述几种调解。

（二）按照参与调解的人员进行划分

上述种类划分所涉及的法院调解，是清一色的名副其实的法院调解，也就是说，是由审理案件的独任审判员或者合议庭主持双方当事人所实施和进行的调解活动；然而，随着案多人少矛盾纠纷之增多，同时随着司法社会化步伐之加快，法院调解也呈现出新的特点，该特点的集中表现便是主持调解的主体已经不再是单纯的法院,而是各种社会组织以及其他社会人士。这种由社会各种组织和社会各种人士受法院之邀而担负调解之任,从而协助法院实施调解的制度,即为特邀调解制度。具体而言,特邀调解是指人民法院吸纳符合条件的人民调解、行政调解、商事调解、行业调解等调解组织或者个人成为特邀调解组织或者特邀调解员,接受人民法院立案前委派或者立案后委托依法进行调解,促使当事人在平等协商基础上达成调解协议、解决纠纷的一种调解活动。最高人民法院于 2016 年 6 月 28 日发布,自 2016 年 7 月 1 日起施行了《关于人民法院特邀调解的规定》(以下简称《特邀调解规定》)。《特邀调解规定》的出台具有重要的历史性意义,它是为健全多元化纠纷解决机制,加强诉讼与非诉讼纠纷解决方式的有效衔接,规范人民法院特邀调解工作,维护当事人合法权益的重大举措。按照该规定,特邀调解有三种形态:

1. 委派调解

委派调解是指在法院立案前,将当事人起诉到法院的案件委派给符合条件的人民调解、行政调解、商事调解、行业调解等调解组织或者个人所实施的调解。因此,从性质上说,委派调解属于立案前的调解,是法院将诉讼案件作为非讼案件处理的一种调解方式。委派调解达成调解协议,特邀调解员应当将调解协议送达双方当事人,并提交人民法院备案;委派调解达成的调解协议,当事人可以依照《民事诉讼法》《人民调解法》等法律申请司法确认。《特邀调解规定》第 19 条规定,当事人申请司法确认的,由调解组织所在地或者委派调解的基层人民法院管辖;第 21 条规定,委派调解未达成调解协议的,特邀调解员应当将当事人的起诉状等材料移送人民法院;当事人坚持诉讼的,人民法院应当依法登记立案。

2. 委托调解

委托调解是指法院在对当事人起诉到法院的案件予以立案登记后,将案件委托给符合条件的人民调解、行政调解、商事调解、行业调解等调解组织或者个人所实施的调解。委托调解与委派调解虽仅一字之差,但二者性质迥异。委派调解是非诉讼调解,委托调解是诉讼调解。《特邀调解规定》第 20 条规定,委托调解达成调解协议,特邀调解员应当向人民法院提交调解协议,由人民法院审查并制作调解书结案。达成调解协议后,当事人申请撤诉的,人民法院应当依法作出裁定;第 21 条规定,委托调解未达成调解协议的,转入审判程序审理。

3. 协助调解

《民事诉讼法》第 98 条规定:"人民法院进行调解,可以邀请有关单位和个人协助。被邀请的单位和个人,应当协助人民法院进行调解。"最高人民法院《关于人民法院民事调解工作若干问题的规定》(以下简称《民事调解规定》)第 3 条第 1 款对此也有所规定。据此,人民法院进行诉讼调解,无论在何时何阶段,只要认为有必要,均可邀请相关单位和个人对调解活动助一臂之力,促使调解尽快成功。这种调解,性质上仍是法院调解,是法院调解所灵活采取的方式之一。调解成功后,由法院制作调解协议或者制作调解书,使之产生与确定判决相同的法律效力。协助调解与委托调解比较接近,它们在性质上都属于诉讼上的调解,所不同的是,协助调解由法院主持进行,协助调解人在法院的指示、指导、引领下从事调解活动。协助调解人可以是任何专业人士,他们一般在法院的调解室进行各种调解活动。《特邀调解规定》第 9 条规定:"人民法院可以设立家事、交通事故、医疗纠纷等专业调解委员会,并根据特定专业领域的纠纷特点,设定专业调解委员会的入册条件,规范专业领域特邀调解程序。"这种专业调解委员会是由法官和相关专业人士组合而成的,它们所实施的调解,也属于协助调解的范畴。但协助调解与委派调解有性质上的区别,协助调解一定属于法院的诉讼调解,委派调解一定属于法院外的非讼调解,二者不可混同。在《两个一站式意见》所构建的"分调裁审"格局中,即(案件繁简)分流、调解、速裁、审判的一站式解决纠纷的流程和格局中,调解起到极其重要的作用,而这里的调解,指的是委托调解和协助调解,不包括立案前的委派调解。而在委托调解和协助调解中,又以协助调解为主。

六、法院调解的特征

在我国,调解的种类繁多,各种调解之间既有其共性,也有其个性。正因为存在共性,所以诸调解构成一个网络化体系,形成了我国调解制度完整的整体,这个整体会根据社会的发展和实践的需要与时俱进,但总体上在相当程度上将保持稳态化,显示出调解制度的内在生命力;同时,各种调解之间的差异和个性也不能抹杀,这种差异和个性反映了各种调解之间的合理化程度的差异,反映了各种调解制度的进化程度。然而从总的趋势上看,各种调解之间的相同性和共通性将越来越趋多,它们之间的差异性将越来越趋小,最终的态势应当是各种调解在本质上完全一体化,其效力也将趋于一致化。但这种结局的形成需要有一个过程,目前各种调解百花齐放,各种调解之间的衔接机制日益紧密,就是这种发展趋势的征兆和表征。详而言之,法院调解的基本特征以及由这些特征所决定的法院调解与其他调解的区别主要表现在:

(一)法院调解是诉讼调解

从领域上看,法院调解存在于诉讼过程之中,其他的调解则存在于诉讼过程之外。诉讼与非诉讼,这是法院调解与其他调解的性质差别。法院调解是法院的诉讼活动,受民事诉讼法的统一调整,要符合民事诉讼法关于调解的基本原则和基本要求,将产生民事诉讼法所确定的调解效力,也承载着民事诉讼法的目的与价值取向。因此,法院调解的要求高、功能强,是在严格规范控制下的调解活动。

(二)法院调解是法官调解

从主体上看,法院调解的主体是法官,而其他调解的主体则是人民调解员、仲裁员、公证人员、社会团体或组织、社会贤达人士等。发生在法院的调解,均是在法官主持和指导下进行的,离开法官的主持和指导,就不称其为法院调解,而变成别的调解了。凡当事人起诉到法院进行诉讼的案件,法院立案登记后即可开展各种形式的调解活动,包括委托调解、协助调解等。需要指出的是,法官可能不一定亲自进行调解,可以将案件委托给附设于法院的专业化调解组织进行具体的调解活动,但这种调解依然属于法院调解,法官自始至终要对此种调解实行过程控制和结果引导,防止出现偏离法院调解要求的行为和结果。

(三)法院调解是规范调解

从规范性上看,法院调解是一个接近于审判的规范化运作过程,而不是任意性运作过程。法院调解较之于审判虽然具有一定的灵活性,当事人的自治性也有所增强,但无论如何,法院调解与司法审判并无本质上的区别,它们都必须在查明事实、分清是非的基础上,在符合法律的基础上,形成解决纠纷的结论,所不同的是这种规范性的差异和程度。因此,法院调解的过程要合法、调解的结果要不违反强制性规范。

(四)法院调解是司法调解

从性质上看,法院调解是法院行使司法权的表现形式,因而属于司法审判活动,而其他调解则要么属于民间活动(如人民调解),要么属于社会救济的调处活动(如仲裁调解),要么属于行政衍生活动(如行政调解),等等。由于法院调解属于司法审判活动,因而它与司法审判具有内在的关联性，它们相互交融、难解难分，融为一体、相辅相成。

（五）法院调解是有效调解

从效力上看，法院调解具有与生效裁判同样的法律效力。正是因为法院调解是在民事诉讼法宏观调控下进行的，具有严格的规范性和较强的合法性，因而它一旦产生和形成，就具有可供强制执行的法律效力。当事人对于法院调解协议或在调解协议基础上制作的调解书必须自觉遵行，否则，另一方当事人具有申请法院强制执行的权利。

七、法院调解的作用

法院调解在我国民事诉讼法上的地位虽然有过起伏，但其一直是我国民事诉讼法所确立的重要诉讼制度，而且也具有基本原则的属性。[①] 法院调解的作用，一般而言主要表现在：

（一）法院调解有利于彻底解决纠纷

相对于司法审判而言，法院调解不仅治标而且治本，使当事人彻底断念于纠纷，恢复良好的合作关系和生活关系。因此，法院调解也有利于预防纠纷的重新发生，有利于防止纠纷升级矛盾激化，有利于社会和谐因素的增多、不和谐因素的减少，有利于社会良好风尚的形成，有利于社会文明程度的提高。

（二）法院调解有利于缓解法院案多人少的矛盾

法院之所以案多人少，其原因固然很多，其中不可忽视的原因乃是重复性纠纷多、一个纠纷反复利用诉讼程序、法院强制执行的案件不断增多、上诉再审案件不断增多、发回重审案件不断增多等。如果法院更多地是采用调解而不是判决结案，则由于调解不允许当事人上诉，更由于调解往往使案件一了百了，当事人自此服判息诉，不再缠诉缠讼上访信访，法院案多人少的矛盾自然得到缓解，法院就可以腾出更多精力放在重大复杂疑难案件的精准审判之上。

（三）法院调解有利于法治宣传教育，疏减讼源

在一个法治国家，纠纷的发生是必然的，也是正常的，但是纠纷的数量必须被控制在适度的范围之内。纠纷过多说明社会控制纠纷、维护秩序的能力不足；纠纷不足说明当事人对于维权漠不关心，缺乏必要的权利意识和法治意识。法院调解则恰好可以做到二者平衡。一方面，法院调解直面纠纷的解决，并不是回避纠纷，也不是在纠纷的裁断上做表面文章，而是深入纠纷发生的成因和纠纷背景，挖出造成纠纷的根本原因和社会因素乃至当事人的思想根由，使纠纷从根子上彻底化解、化为乌有；同时调解的过程也是对当事人进行法治宣传教育的过程，教育当事人既要善于维权，又要善于妥协，使当事人在实现自身权益的过程中，做到有理有利有节，既不做权利上的"睡眠者"，也不做权利上的"死磕派"。这样，通过法院调解，当事人既受到了必要的法治教育，又使当事人更加辩证地看待纠纷本身，从而预防纠纷的发生。

第二节　法院调解制度的基本内容

法院调解制度是一个规则体系，其主要由四部分内容组成：一是法院调解的范围；二是法

[①] 法院调解和公开审判一样，兼具基本制度和基本原则双重属性。参见《民事诉讼法》第9条。

院调解应当恪守的具体原则;三是法院调解的程序流程;四是法院调解的效力。以下分别述之。

一、法院调解的适用范围

在我国,法院调解的适用范围非常广泛,除适用特别程序、督促程序、公示催告程序的案件,确认婚姻、收养、亲子等身份关系无效的案件,以及其他根据案件性质不能进行调解的案件外,其他一切属于民事权益争议的案件都可能通过调解方式解决。① 但是,除离婚案件外,调解必须征得当事人双方的同意。

根据2020年《简易程序规定》第14条之规定,对于某些适用简易程序审理的民事案件,人民法院在开庭审理时应当先行调解,这些案件包括:其一,婚姻家庭纠纷和继承纠纷;其二,劳务合同纠纷;其三,交通事故和工伤事故引起的权利义务关系较为明确的损害赔偿纠纷;其四,宅基地和相邻关系纠纷;其五,合伙协议纠纷;其六,诉讼标的额较小的纠纷。但是根据案件的性质和当事人的实际情况不能调解或者显然没有调解必要的除外。

二、法院调解的原则

法院调解的原则指的是法院在诉讼过程中,在实施诉讼调解时,应当始终坚持若干基本准则,否则其调解活动就是无效的。《民事诉讼法》有多个条文体现和反映了法院调解应当坚持的具体原则。相对于具体调解的细节而言,《民事诉讼法》更加重视抽象的原则规定,将具体细节让给司法实务去探索和规范。《民事诉讼法》第9条规定:"人民法院审理民事案件,应当根据自愿和合法的原则进行调解;调解不成的,应当及时判决。"第96条规定:"人民法院审理民事案件,根据当事人自愿的原则,在事实清楚的基础上,分清是非,进行调解。"第99条规定:"调解达成协议,必须双方自愿,不得强迫。调解协议的内容不得违反法律规定。"第208条规定:"当事人对已经发生法律效力的调解书,提出证据证明调解违反自愿原则或者调解协议的内容违反法律的,可以申请再审。经人民法院审查属实的,应当再审。"就这四个条文分析,同时涉及自愿原则和合法原则的有三条,仅仅第96条规定了自愿原则和事实清楚、分清是非原则,没有涉及合法原则。因此,探求立法者意旨,综合以观,自愿原则位列第一,是最重要的原则;合法原则次之;排在最后的是事实清楚、分清是非原则。如果法院调解违反了自愿原则,则构成绝对无效之事由;如果法院调解违反了合法原则,则需具体问题具体分析,要看违反的法律规定是何等性质,不能一概而论;如果法院调解违反了事实清楚、分清是非原则,则是否属于无效调解,尚存争论。以下细述。

(一) 自愿原则

自愿就是心甘情愿、真心真意,毫无勉强迁就之意,通过调解解决纠纷要使当事人感到心悦诚服,否则法院调解的目的就不能达到,纠纷就不能真正化解,调解制度的功能就会落空。因此,法院调解的真正生命价值在于当事人自愿,当事人自愿是法院调解的灵魂和精髓。当事人自愿就其上位性基本原则而言,主要来自民法上的私权自治原则和民事诉讼法上的处分原则。正因为当事人对纠纷中所涉及之私权是自治的,所以他可以互谅互让,形成权利义务关系

---

① 《民诉法解释》第143条规定:"适用特别程序、督促程序、公示催告程序的案件,婚姻等身份关系确认案件以及其他根据案件性质不能进行调解的案件,不得调解。"

上的妥协性调整；正因为当事人在民事诉讼中是可以处分其实体权利和诉讼权利的，因而，法院调解能否进行、何时进行、何地进行、何人进行、以何种结果达成协议等诸如此类的问题，均由当事人自己说了算，法院不能包办，其他任何单位和个人也不得干涉。可见，法院调解中的自愿原则包含两个层面的含义：一是程序上的自愿，二是实体上的自愿。

1. 程序上的自愿

程序上的自愿是指法院进行调解，从启动程序到程序进行直至程序结束，都要尊重当事人的自愿，不得强迫调解，也不得久调不决。首先，调解程序要不要开始，取决于当事人的自愿。当事人可以单方、也可以双方共同申请法院进行调解；当事人不申请调解，法院也可以依职权主动开始调解程序。法院依职权主动开始调解程序时，虽然可以对当事人多做调解工作，当事人表示不愿意调解，法院也不是不可以进一步做调解工作；但是如果法院一而再、再而三地劝说当事人进行调解，而当事人依然不肯松口愿意接受法院的调解，法院则应戛然而止，不宜反复调解。不仅如此，即便当事人起初愿意进行调解，但调解进行过程中，当事人改变想法不愿意继续进行调解了，法院则也应尊重当事人的此种意愿。

2. 实体上的自愿

与程序上的自愿属于过程自愿不同，实体上的自愿是结果自愿，也就是说，经过法院调解，在法院主持下达成的调解协议必须是双方当事人自愿同意接受的，否则，违背了法院调解的实体自愿原则，该调解协议也是无效的。为了更加充分地体现出法院调解的实体自愿性，法院有必要推动促使当事人自己拿出调解方案，而不是由法院拿出调解方案强加给当事人。如果由法院拿出调解方案，当事人即便当时表现出自愿接受的意愿，他事后也容易反悔，而反悔的理由往往是该调解方案是由法院强加给他的。当然，这不是说法院就不可以站在中立的立场、兼顾双方利益提出公平合理且切实可行的调解方案，而是说法院应尽可能启发当事人自己拿出调解方案。

自愿原则的两层含义中，最为重要的是实体上的自愿，程序上的自愿是实体上自愿的保障，实体上自愿是程序上自愿的自然结果。没有程序上的自愿，要实现实体上的自愿是困难的，实体上的自愿本身就包含了程序上的自愿。现在我们谈及的强制调解其实说的是程序上的强制，是指对不愿意进入调解程序的当事人仍然实施调解，这种程序上的强制，在必要的限度内是需要的，因为调解就是做工作的过程，而这个过程的本质就是将不愿意调解的当事人转变为愿意进行调解的当事人，如果不经过这个过程，当事人的对立情绪便难以消除，许多案件甚至是大多数案件根本无法进行调解。

自愿原则是法院调解必须恪守的核心原则，实践中违反自愿原则所实施的调解并非鲜见，主要的表现形式有以判压调、以拖促调、以劝诱调等。毫无疑问，这些违反调解自愿性原则的做法是错误的。调解固然要讲求技术和方法，调解方法运用之妙存乎一心，调解达到炉火纯青时也是一种艺术，但这均属于调解的内功，与上述违反调解自愿原则的各种简单粗暴的做法，乃格格不入。

（二）合法原则

合法原则是指法院调解必须依法进行，包括程序上的合法和实体上的合法两层含义。

1. 程序上的合法

程序上的合法是指法院进行调解，要符合民事诉讼法以及其他相关法律对于调解所做出的程序性规范之要求，包括调解主体的合法性、调解过程的合法性、调解方式的合法性、调解书制作以及送达等方面的合法性。

2. 实体上的合法

对于实体上的合法，我国学界存在两种理解：一是认为实体合法性是指在法院的主持下双方当事人达成的调解协议必须符合民法典、商法、经济法、社会法等各有关实体法的规定。二是认为调解协议内容的合法性不同于判决内容的合法性，在内容上不必要求完全符合实体法的严格规定，只需要不违反实体法的强制性规范即可。理论上对实体合法性应当做出较为宽松的解释，只要调解协议不违反强制性立法规定，同时也不损害案外第三人的合法权益，并且也不损害社会公序良俗，就应当认为满足了实体合法性的要求。

（三）查明事实、分清是非原则

查明事实、分清是非原则是指法院调解应当在事实清楚、是非分明的基础上进行。具体包括三个"清楚"：一是案件事实清楚，二是是非问题清楚，三是权利义务关系清楚。比如，在借款纠纷中，法院要查明借款事实是否存在，这是案件事实清楚；同时，法院要表明，被告至今没有还款是不正确的，这是是非问题清楚；最后，法院还要表明，被告在法律上具有还款义务和法律责任，这是权利义务关系清楚。

对于查明事实、分清是非的原则，理论上有争议，有的肯定，有的质疑。质疑者认为，调解应强调自愿，而不应或不必要求查明事实、分清是非。其依据是：其一，查明事实、分清是非是判决的前提条件而不应成为调解的前提条件。调解是当事人行使处分权，是通过当事人互谅互让解决纠纷，是对纠纷的"调和解决"，而"调和解决"本身就包括对某些界限不清的事实的责任问题进行模糊处理。其二，选择调解的目的之一是提高诉讼效率，如果要求所有的案件都必须查明事实、分清是非，调解的效率优势就会丧失，还不如判决快捷。其三，如果双方当事人不计较事实和是非责任，愿意在事实未查清、是非未分明的情况下达成调解协议，也是当事人处分权范围内的事，法院没有干涉的必要。其四，《民事诉讼法》允许法院在包括法庭调查结束前的各个诉讼阶段进行调解，而查明事实、分清是非要等到法庭调查和法庭辩论结束后才能实现，因此允许在法庭调查结束前进行调解本身就意味着在一定范围内可以在事实和是非不清的情况下调解。①

对于上述质疑的观点，笔者认为，我国法院调解应当坚持实行查明事实、分清是非的原则，《民事诉讼法》第96条所规定的此一原则，并无错误，无须删除。其理由主要在于：

其一，从性质上说，法院调解是司法调解，与诉讼外的各式调解有性质上的区别。既然法院调解属于司法调解，是法院行使审判权的一种特殊方式，因而无论是调解还是审判均应恪守以事实为根据，以法律为准绳的基本诉讼原则，如果只有法律结论而缺乏支撑法律结论的事实理由，则显然违背了该一诉讼基本原则，并使法院调解混同于其他非诉讼调解，因而是错误的。

其二，从该一原则与自愿原则的关系来看，法院调解也需要查明事实、分清是非。自愿原则并不是空穴来风，它是建立在案件事实清楚、是非分明的基础之上的；只有案件事实清楚、是非分明，当事人的自愿才有真正产生的可能，这种自愿才是真自愿，否则就是伪自愿，就不是真正的自愿。比如，原告公司状告被告公司实行不正当竞争请求被告赔偿100万元损失，被告公司答辩曰不构成不正当竞争，即便构成不正当竞争也没有造成原告这么大的损失，原告也

---

① 参见李浩：《民事诉讼法学》，法律出版社2016年版，第234页；景汉朝：《经济审判方式改革若干问题研究》，载《法学研究》1997年第5期。

无证据证明其所遭受的 100 万元的损失,此时法院拿出调解方案,让被告赔偿 50 万元,被告公司不予同意,法院反复调解,久调不决,被告公司最终答应赔偿 30 万元。这种调解就会因案件事实不清楚而导致强迫调解,而非自愿调解。

其三,从该一原则与合法原则的关系来看,法院调解也需要查明事实、分清是非。比如说原告诉被告偿还借款 10 万元,被告答辩说这是赌债,原告说不是赌债,而是正常借款。如果法院此时不查明事实,分清是非,就难以判断该债权债务关系究竟是否具有合法性。如果法院笼统地进行调解,让被告给原告 5 万元成立调解,则就可能造成以合法形式掩盖非法目的之情况。

其四,从法院调解的效力上看,法院调解也需要查明事实、分清是非。法院调解一旦达成,就产生了与确定判决相同的效力,当事人既不能上诉也不能另行诉讼,同时也产生诸如既判力这样的实质确定力,这些效力必须建立在案件事实清楚、是非清楚的基础上。比如,原告和被告之间有租赁合同 A、B、C,原告向被告提起诉讼给付租赁款 10 万元,法院能否不查明这租赁款究竟是根据哪一份租赁合同(还是其中两份还是所有的租赁合同)而产生的?如果法院不查明案件事实就开始调解,最后达成调解协议,被告偿还原告租赁款 8 万元,此后原告又另诉被告偿还租赁款 10 万元,被告答辩说一事不再理,法院是一事不再理拒绝受理或驳回起诉,还是继续调解或审判?如果案件事实未能查明,此时就无法加以判断前诉调解书既判力的客观范围,就无法决定原告的另诉是否构成一事二诉。

其五,从法院调解的实质有效性上看,法院调解也需要查明事实、分清是非。如果法院调解无须查明事实、分清是非,那么势必造成大量的法院调解都是模模糊糊的和稀泥式的调解,这样的调解是很难让当事人心服口服的,最终他们会通过申请再审、法律监督等途径来寻求救济,也会造成调解书的执行难问题,而这些现象的产生都是调解制度异化的表现,与调解制度的本质是背道而驰的。为了消除这些现象,就需要正本清源,使调解向审判靠拢,调解与审判所存在区别仅仅在于:在法律结论上,审判是钉是钉、铆是铆,毫不含糊,而调解就可以在当事人的处分下进行变通处理;调解和审判在事实认定问题上并无实质性差异,只是在法律适用和最终实体结果上有所区别而已。

(四) 公开原则

《民诉法解释》第 146 条规定:"人民法院审理民事案件,调解过程不公开,但当事人同意公开的除外。调解协议内容不公开,但为保护国家利益、社会公共利益、他人合法权益,人民法院认为确有必要公开的除外。主持调解以及参与调解的人员,对调解过程以及调解过程中获悉的国家秘密、商业秘密、个人隐私和其他不宜公开的信息,应当保守秘密,但为保护国家利益、社会公共利益、他人合法权益的除外。"这一规定并没有颠覆民事诉讼公开审判原则的适用,审判公开原则也适用于法院调解原则。其理由在于:其一,法院的调解和法院的审判是交叉交错在一起的,难以截然分开。法院审判的过程是公开的,那么,法院随机实施的调解活动也是公开的。其二,法院调解不公开进行属于例外而非原则。法院调解涉及国家秘密、个人隐私或者商业秘密、离婚案件时,固然也与审判一样实行不公开调解。但是,与审判稍有不同的是,调解还增加了一种不公开的情形,这就是当事人不愿意公开的情形。当事人不愿意将调解的过程和结果公之于众,这是当事人行使程序选择权的结果,目的在于促进法院调解的有效实施和法院调解的成功率。但这种情形依然属于例外而非原则,因而需要当事人提出申请,或者在当事人不反对的情形下,由法院依职权决定不公开调解。① 至于主持调解以及参与调解的人员,对调解过程以及调解过程中获悉的国家秘密、商业秘密、个人隐私和其他不宜公开的信息,应当保守秘密,这是对审判纪律和调解纪律的要求,而不是调解不公开或实行保密原则的结果。

(五) 调判结合

从《民事诉讼法》第9条的规定来看,笔者认为该项原则最好概括为"调判结合",因为该项规定的前一句为"法院调解",后一句为"及时判决",调解不成,不能久调不决,这两层含义均为法院调解原则的题中应有之义,称为"调判结合"原则能够在名称上兼顾法院调解的双层含义,有助于防止理解上和适用上的偏僻性和极端性。

事实上,《民事诉讼法》对"调判结合"的后一层含义,也就是"调解不成的,应当及时判决"非常强调,除在上引调解的基本原则的完整表述中体现出来外,在有关调解的具体规范中还多次有所体现。比如,《民事诉讼法》在第一编"总则"第八章中用7个条文(从第96条至第102条)专门对法院调解的组织、程序和效力等作出了规定,其中第102条便规定:"调解未达成协议或者调解书送达前一方反悔的,人民法院应当及时判决。"这是本法中出现的第二个"及时判决"。再如,《民事诉讼法》第145条就第一审程序中的调解作了规定,这是本法中出现的第三个"及时判决"。此外,还有一个隐形的"及时判决",这便是《民事诉讼法》第179条的规定,该条中虽然没有出现"调解不成的,应当及时判决",但是由于第二审程序未加规定的,适用第一审程序的规定,② 因此,我们有理由认为上述第179条第一句规定后省略了"调解不成的,应当及时判决"的规定。这一句完整的表述应当是:"第二审人民法院审理上诉案件,可以进行调解。调解不成的,应当及时判决。"③ 同样的道理,再审程序或审判监督程序也暗含着"调解不成的,应当及时判决"的规定,因为根据《民事诉讼法》第214条的规定,再审程序或审判监督程序并无完整的独立程序,在再审程序或审判监督程序启动后,在本案之诉的审理阶段,它便视生效裁判的形成程序而分别准用一审程序或二审程序,而一审程序和二审程序中均有调解之规定,也都明示或暗含"调解不成的,应当及时判决"的规定。因此我们可以得出结论说,再审程序或审判监督程序中也有"调解不成的,应当及时判决"的规定。这样,整个民事诉讼法中关于调解原则的规定,就有六次"调解不成的,应当及时判决"之规定,纯粹的明示规定就有三次之多,在整个民事诉讼法上还鲜见这样的例子。这充分说明,中国民事诉讼法的立法者其实是对调解的两个方面都给予了同等程度上的重视,既要求法院相机进行调解,重视通过调解来解决民事纠纷,同时又要求法院不得强制调解,不得久调不决,要善于将调解和判决有机地统合起来,不可偏废。根据"调判结合"的原则,任何轻忽判决而片面追求调解率的观点和做法,或者任何轻忽调解而单纯强调判决结案的观念和做法,都不符合民事诉讼法上关于调解原则的规定,因而也都是错误的。

"调判结合"的原则具有两层基本的含义。第一层含义是,在整个民事诉讼的全过程之中,人民法院既可以为了此后的判决结案而行使审判权,也可以为了此后的调解结案而行使调

---

① 《民事调解规定》第5条规定:"当事人申请不公开进行调解的,人民法院应当准许。"
② 《民事诉讼法》第181条。
③ 当然,二审法院在调解不成时,还可以发回重审。因而这里的及时判决,也包括及时作出发回重审的裁定,为准确完整表述起见,应将该句表述为:"第二审人民法院审理上诉案件,可以进行调解。调解不成的,应当及时裁判。"但"及时判决"和"及时裁判"在本质上并无二致,都要求法院不得久调不决。

解权。人民法院在行使审判权的过程中,在调解的时机臻于成熟时,要善于把握住机会对当事人进行调解,力求通过调解来化解纷争。如果调解未能成功,法院则当断则断,应及时下判来了断纠纷。可见,调解是依附于审判的副产品,不是决定法院性质的矛盾的主要方面,而处在矛盾的次要方面,是不决定法院性质的方面。在二者的关系中,判决是法院无法推卸的基本职责,调解是法院在确保判决的基础上,优中选优地解决纠纷的方法;判决是法定要求,调解是政策鼓励。这也就是我们改称该原则为"调判结合"原则的原因所在,在"调判结合"的原则中,调解可以冲锋在先,但判决一定是殿后兜底的。片面追求调解率之所以错误,根本地说是因为这种观点或做法乃颠倒了调解和判决的关系,认为调解是第一位的,判决是第二位的;调解是优质司法产品,判决是劣质司法产品。显而易见,这种理解是错误的,应予纠正。最恰当的理解是"能调则调,当判则判",这是对调判关系理性定位的精准表述。

"调判结合"原则的第二层含义是,在民事诉讼的全部过程中,从事调解的法官或审判组织与从事审判的法官或审判组织是一致的,二者不加区分;同时,调解与审判在时间点上并无先后之分,调解和审判可以随机进行,调解和审判可谓你中有我、我中有你,根本无法加以阶段上的划分。比如,在人民法院受理案件之初,就可以对来起诉的原告进行单方面的调解,也可以将被告通知到法院来,和原告面对面地进行调解。如果调解不成,就继续进行诉讼程序的下一阶段的活动,这就是审理前的准备。在审理前的准备阶段,当事人通过起诉状和答辩状(包括再答辩状)已经明了双方争议之所在,而且通过审前证据调查,当事人双方对于诉讼进行下去谁胜谁败已经心中有底,人民法院此时进行调解时机就比较成熟,调解成功率能够提高。如果经过诉前程序双方还是僵持不下,不愿接受调解,那么,开庭审判已属不可避免之事。开庭审判是诉讼之高潮,诉讼中谁胜谁败马上就要见分晓,此时,《民事诉讼法》第145条虽然还赋予法院调解之权,然而从逻辑上说,同时也从实践上说,双方通过调解来解决纷争的可能性急剧下降,法院调解成功的概率也大大降低。因此,诉讼越往后,调解的工作越难做;到了二审和再审,虽然调解的大门依然敞开,然而调解成功的可能性势必有所下降。无论如何,法院瞄准诉讼的可调缝隙,一有机会就把握住它,一鼓作气将调解推向成功,这种调解上的司法努力,始终是有机会的。

"调判结合"原则的上述两层含义,反映了我国法院调解制度的两大特点:一是调解是贯彻诉讼始终的;二是调解和审判是水乳交融的,它们难解难分,融为一体。

我国法院调解制度的这两个特点,辩证地分析,既有其长,也有其短。就其长而言,调解贯彻始终,为调解当事人之间的纠纷提供了尽可能多的机会,使当事人和平地解决纠纷的愿望能够分布于诉讼的全过程得以实现,而不是局限于审前的某一个短促的阶段。尽管按照我们的分析和判断,诉讼越往后调解就越难,然而全程均可调解这种可能性的存在,足以使当事人哪怕在审前也能从容地应对调解,从而使调解的自愿性有所保障。这是其一。其二,调解的法官和审判的法官相一致,同样的法官或合议庭,在可以调解时进行调解,在不能调解时就进行审判;反过来,同样的法官或合议庭,在审判时发现调解的时机已到,就马上转为调解,不能调解时,再转向审判。法官在调解和审判之间可以来回切换,可以做到调解和审判两不误,使诉讼程序始终处在有张有弛的节奏之中,有利于降低调解的边际成本,提高审判的边际效益。

然而同时也要看到,"调判结合"的浑然一体也有其弊。其弊端也有两个:一是调解的法官也是审判的法官,容易将调解中的偏颇之见或者所形成的成见,带到审判之中去。此外,在诉讼中,当事人为达成调解协议或者和解协议作出妥协而认可的事实,不得在后续的诉讼中作为对其不利的根据,这是一个我国司法解释认可的证据规则。① 然而,在调解的法官继而又进行审判时,该一证据规则无法真正落实。二是审判的法官也是调解的法官,可能出现以审判为潜在的威胁,迫使不愿意接受调解的当事人在拟定好的调解书上签字的情况。这就形成了所谓的"强迫调解",而"强迫调解"与调解自身的本性是相违背的,调解的本性或本质就是当事人自愿让步,化干戈为玉帛。如果法官调解时有意无意或者或明或暗给当事人施加压力,这就造成了人们所俗称的"以判压调"之现象。毋庸讳言,在追求调解率的驱动下,"以判压调"之现象确实存在。"以判压调"的直接后果就是违反了调解的自愿原则,而调解的自愿原则是调解的内在生命之所在,缺乏了自愿,调解就成了远不如判决的解纷方式,这样的调解就是异化了的调解,不是民事诉讼法所希望的调解。于是,2012年修改后的《民事诉讼法》中出现了一种较为特异的制度,② 就是对于调解书,当事人可以申请再审,③ 法院可以依职权发动再审,④ 检察院也可以通过法律监督启动再审。⑤ 之所以会出现调解书进入再审程序或审判监督程序的特异现象,其根本原因就在于我国调解制度上的结构性缺陷所致。这个缺陷概括地说就是调判过于一体化将会导致审判的不公正或者调解的非自愿。因此,上述两个缺陷实际上是一个问题的两面,是同一个问题。

因此,调判结合的模式既有其优点,也有其缺点,问题在于是利大于弊还是弊大于利?

确实,立于解释论的视角,民事诉讼法上目前这种规定有其正当性,然而立法上这种善良愿望在实践中却屡屡碰壁,致使其潜在的缺陷被无数倍地放大,乃至我们考虑该问题时又不能不转向立法论或修法论,就像原来调解不适用再审而现在要适用一样。

从立法论或修法论的视角而言,我国的调解原则、调解模式或者调解体制需要稍作修改,也就是说,通过衡量合与分的利弊,我们认为,在我国的调解体制中,调解的法官或主体和审判的法官或主体要分道扬镳:从事审判的法官不从事调解,从事调解的法官不从事审判,也即将现在的"调判合一"模式改为"调判分离"模式。这样一种由"调判合一"模式向"调判分离"模式的转变,虽然会增加司法成本,然而为了司法公正,支付一些司法成本也势所难免。

三、法院调解的程序

法院调解的程序包括调解的主体、调解的开始、调解的进行、调解方案的提出、调解的结束等因素和环节。

---

① 《民诉法解释》第107条规定:"在诉讼中,当事人为达成调解协议或者和解协议作出妥协而认可的事实,不得在后续的诉讼中作为对其不利的根据,但法律另有规定或者当事人均同意的除外。"

② 此前的《民事诉讼法》,包括1982年、1991年和2007年的《民事诉讼法》均无此规定,能够进入再审程序或审判监督程序的裁判文书只有判决书和裁定书两种,不包含调解书。之所以说调解书进入再审是一种特异现象,原因在于调解本来是双方当事人你情我愿达成的,应当心悦诚服接受它并履行它才属常态,怎么可能还会出现不满不服要再审的问题呢?因而从调解制度的本性而言,我们将这种原本不应进入再审而却制度化地进入再审的调解,称为"民事诉讼法上的特异现象"。调解书的执行难问题乃至执行问题本身,也与调解进入再审一样属于"特异现象"。

③ 《民事诉讼法》第208条。

④ 《民事诉讼法》第205条。

⑤ 《民事诉讼法》第215条。

（一）调解的主体

根据《民事诉讼法》第97条和第98条的规定，调解的主体一般为人民法院的法官。但根据《民事诉讼法》第98条之规定以及《特邀调解规定》《民事调解规定》等规定，法院在调解过程中，可以邀请与当事人具有特定联系或特殊关系的企事业单位、社会团体、有关社会组织、村（居）民委员会、专家学者、亲朋好友等加入调解者队伍。这体现了法院调解的社会化特征，同时也展示出了法院调解与法院审判的差异之处，这有助于提高法院调解的成功率。

（二）调解程序的启动

调解程序的启动有两种情形：一是当事人申请启动，此为调解申请启动主义；二是法院依职权启动，此为调解职权启动主义。法院依职权启动调解程序中，又分两种情形：一是强制启动主义，二是任意启动主义。调解程序的强制启动主义，指的是立法规定某类案件必须首先进行调解，法院对此必须启动调解程序，此外别无选择，否则，法院该调解不调解便构成程序违法。这种强制性的调解启动主义也被称为调解前置主义，《民事诉讼法》目前原则上并无这种调解前置主义的规定。从解释论角度看，《民事诉讼法》第65条的规定含有调解前置主义的意味。该条规定："离婚案件有诉讼代理人的，本人除不能表达意思的以外，仍应出庭；确因特殊情况无法出庭的，必须向人民法院提交书面意见。"《民法典》第1079条第2款规定："人民法院审理离婚案件，应当进行调解；如果感情确已破裂，调解无效的，应当准予离婚。"《民诉法解释》第145条规定："人民法院审理离婚案件，应当进行调解，但不应久调不决。"综合上述各项规定，可以得出结论认为，在我国，只有离婚案件才实行调解前置主义，法院在判决离婚前必须要对双方当事人实行调解。作为立法论，调解前置主义也为学界和实务界所呼吁，在必要的范围内应有其适用性。

（三）调解的实施

调解的实施主要是调解的步骤问题，实践中常用的步骤包括：其一，耐心听取当事人的陈述。弄清纠纷的事实及争执的焦点；其二，了解当事人的个性特征和态度；其三，进行案情深度调查，印证当事人陈述的真实性；其四，分清纠纷当事人的责任；其五，调解方案的适时提出。

（四）调解方案的提出

调解方案的提出是决定调解能否获得成功的关键。一般而言，调解方案的提出分为三种情形：一是调解主体要求当事人各方提出调解方案，然后再行协调；二是由审判人员或其他调解主体提出调解方案，然后做当事人的说服工作；三是当事人在诉讼外自行或者其他相关人员的促和下形成调解方案，然后提交给法院予以确认。上述三种情形的采用，乃因案而异，不可强求一律，关键在于从实际出发，追求调解之实效。

（五）调解的结果

调解的结束具有两种情形：一是调解成功，双方当事人在审判人员和其他调解主体的主持下圆满地达成调解协议，从而导致调解程序的结束。二是调解不成功，由当事人申请调解程序结束，或者由审判人员决定结束调解程序，开始审判程序。当然，由于调解程序并不是只进行一次，而是有阶段性和起伏性的，每一个阶段的调解都由开始、实施和结束三个阶段组成，诉前调解结束后，到了开庭审理前的阶段，法院经过诉前准备程序，条件成熟时，即可启动开庭前的调解程序;开庭前的调解程序结束后,继续开始开庭程序,开庭程序结束前,法院依然可以启动调解程序;如此往复,直至法院作出裁判宣判前,如有必要与可能法院仍然可以实施调解,调解程序在该时点如果依然未能成功,则法院正式宣布调解程序结束。此时的调解程序结束,才是整个一审程序中连绵不断的调解程序的正式结束。所谓调解不成,则及时判决,指的是这个最后阶段的调解,而不是指此前所进行的开始阶段、中间阶段的调解。

四、法院调解的效力

(一)调解协议的效力

法院调解的效力分为两种情形:一是调解协议的效力,二是调解书的效力。这里先说调解协议的效力。调解协议是指在审判人员或其他调解主体的主持下,双方当事人平等协商,就他们争议的民事权利义务关系所达成的协议。调解协议的效力又分为两种情形:一是无须制作调解书时,调解协议的效力;二是需要制作调解书时,调解协议的效力。前者姑且称之为调解协议的独立效力,后者则不妨称之为调解协议的吸收效力,因为在调解书制作后,调解协议本身即失去了独立的效力,其效力被调解书吸收了,成为调解书效力的一部分。

1. 调解协议的独立效力

根据《民事诉讼法》第101条之规定,某些案件调解达成协议后,人民法院可以不制作调解书;对不需要制作调解书的协议,应当记入笔录,由双方当事人、审判人员、书记员签名或者盖章后,即具有法律效力。这些案件包括:(1)调解和好的离婚案件;(2)调解维持收养关系的案件;(3)能够即时履行的案件;(4)其他不需要制作调解书的案件。调解和好的离婚案件以及调解维持收养关系的案件,双方当事人的法律地位并无改变,因而无须制作调解书,调解协议可以发挥独立作用。能够即时履行的案件,是指调解协议达成后,负有义务的当事人当场履行了义务,比如被告人当场偿还了借款,使得案结事了人和,此时已无须制作调解书。因此,这三种类型的案件均无须交付执行,因而调解协议不能成为执行根据,也不能成为当事人申请再审、法院依职权启动再审、检察院法律监督再审的对象和客体。因此,对《民事诉讼法》第101条第1款第4项的规定不宜作扩大化解释,而应严格限制在无须强制执行的调解协议的范围内。《民诉法解释》第151条规定:"根据民事诉讼法第一百零一条第一款第四项规定,当事人各方同意在调解协议上签名或者盖章后即发生法律效力的,经人民法院审查确认后,应当记入笔录或者将调解协议附卷,并由当事人、审判人员、书记员签名或者盖章后即具有法律效力。前款规定情形,当事人请求制作调解书的,人民法院审查确认后可以制作调解书送交当事人。当事人拒收调解书的,不影响调解协议的效力。"该条解释的本旨在于通过程序选择权的正当化过程,使当事人在达成合意的前提下,法院可以超越《民事诉讼法》第101条第1款的列举性规定,通过调解协议结案,而不再另行制作调解书;或者,当事人需要制作调解书的,其效力的产生基准时也依调解协议的达成为准。这样的解释会出现两个问题,一是如果调解协议当事人未能自觉履行,则必然申请强制执行,调解协议则成了执行根据,如前所述,调解协议不能成为执行根据;二是使当事人失去了签收调解书之前的反悔权。[①] 因而该司法解释若与作为其上位法的《民事诉讼法》相冲突,应以《民事诉讼法》为准。

[①] 《民事诉讼法》第102条规定:"调解未达成协议或者调解书送达前一方反悔的,人民法院应当及时判决。"

2. 调解协议的吸收效力

根据《民事诉讼法》第 100 条之规定，调解达成协议，人民法院应当制作调解书。调解书应当写明诉讼请求、案件的事实和调解结果。调解书由审判人员、书记员署名，加盖人民法院印章，送达双方当事人。调解书经双方当事人签收后，即具有法律效力。可见，调解协议的达成，通常只完成调解程序的三分之二进程，还有三分之一是调解程序能否获得最终成功的关键，包括两个具体的环节：一是由法院根据调解协议制作调解书，二是由当事人签收调解书。只有在当事人签收调解书后，整个调解程序才顺利地结束。因此，调解协议被写入调解书后，即成为调解书的一部分，也是调解书的最重要部分。调解书的效力，其核心的载体便是调解书中的调解协议之内容，调解协议的效力被调解书吸收，成为调解书效力的一个组成部分。

调解协议的吸收效力具体而言包括两个方面：一是如果不达成调解协议，则调解书的制作便无可能。因此，调解协议是调解书的必要前提，调解书是调解协议的法律升华。二是调解书的实质内容是由调解协议规定的，只不过，调解协议的效力通过调解书来加以表述而已。

如果调解协议的内容与调解书的内容不一致，则应以调解协议的内容为准，因为调解协议是当事人之间形成的，调解书是法院根据调解协议而形成的，二者形成的主体有所不同，而调解的本质在于当事人之间的意思表示的一致，调解协议才是记载当事人真实意思和形成解决纠纷一致意见的依据。如果调解协议与调解书不一致，而当事人又对调解书不服的话，可以根据调解协议的记载申请再审，法院可据此依职权再审，检察机关也可据此行使法律监督权。

如果再进一步，调解协议本身存在问题，比如说违反了当事人的自愿性或其内容违反了法律的强制性规定，或者调解书根本无视案件事实的客观存在，没有能够分清是非，则可针对调解书而不是调解协议申请再审，法院可依职权再审，检察院可以行使法律监督权使之再审。

（二）调解书的效力

《民事诉讼法》对调解书的法律效力之直接规定只有一句话，这就是"调解书经双方当事人签收后，即具有法律效力"①。然而，由于立法的概括性，这个法律效力具有的意涵却不甚明了。理论界一般认为，生效的调解书与生效的确定裁判具有相同的效力。如果这个等式能够成立，则调解书的法律效力就比较好解释了。

1. 拘束力

拘束力是生效调解书所具有的程序上或形式上的法律效力，指当事人以及法院在调解生效后，就要受到调解的约束，当事人不得对调解不服提起上诉，法院也不能撤销和变更调解协议或调解书的内容。对法院而言，这种拘束力也被称为"羁束力"。但是，第三人如果认为调解书侵害了其合法权益，则有权根据《民事诉讼法》第 59 条之规定，提出第三人撤销调解书之诉。

2. 既判力

既判力也称为实质上的确定力，在这里是指生效的调解书终局地确定了当事人之间争议的实体权利义务关系，当事人双方不得提出与调解书主文所确定的内容相反的主张，法院也不得在其他诉讼中或调解中作出与该调解书主文所确定的内容相反的判断。因此，调解也有既判力，无须将其改称为"实质上的确定力"。此外，调解书中对于案件事实的认定，也具有争点效，对于将来的诉讼或调解具有预决力。

---

① 《民事诉讼法》第 100 条第 3 款。

3. 形成力

形成之诉的调解书，如果原告的诉求获得了调解书的认可，则该形成调解书具有形成力。如离婚诉讼的调解书，如果调解离婚，则具有消灭原有婚姻关系的法律效力，当事人无须到婚姻登记机构进行离婚登记。其他如解除收养关系的调解书、改变股东身份的调解书等，均具有形成力。

4. 执行力

具有给付内容的调解书生效后，即产生与判决书一样的强制执行效力，当事人必须履行调解书所确定的义务，负有履行调解书义务的一方当事人未按调解书的内容履行义务时，权利人可以根据调解书向法院申请强制执行。

5. 确定力

确认之诉的调解书对于争议法律关系的确认，如确认股东会决议无效的调解书，具有确定力。

（三）关于诉讼标的外的调解之效力

法院调解只能针对诉讼标的进行，就像判决只能针对诉讼标的进行一样，否则就构成了诉外裁判或诉外调解，受诉外裁判禁制原则所调整。比如，原告诉请被告给付租赁款10万元，后经法院调解，达成调解协议如下：原告将房屋卖给被告，价金100万元。这就构成了诉讼标的外的调解，该调解协议对于双方当事人仅具有民事合同之效力，据此所形成的调解书不具有强制执行效力。法院调解书的有效范围仅限于原告诉请的10万元租赁费，比如可以分期付款，也可以减额付款，但无论如何不得超过租赁关系这一诉讼标的，将其改变为买卖关系进行调解，① 法院不得以公权力介入民事主体的私权利关系之中。如果调解书中有超出诉讼标的之内容，则应属于民事合同之性质；对此发生争议，当事人应另启诉讼程序加以解决，而不得直接予以强制执行。这是法院调解的司法审判性质所决定的，也是与其他非诉讼调解的区别之处。

（四）关于反悔权问题

当事人达成调解协议后，视情形向两个方向发展：一是符合可以不制作调解书的案件范围的，调解协议在当事人签字、盖章、捺手印后立即生效，自无问题。二是需要制作调解书的情形，则法院要根据调解协议制作调解书，该调解书并且要送达当事人，当事人签收后才正式生效。在后一种情形下，调解协议能否转化为调解书，调解书能否被当事人双方签收，都还存在不确定因素。前一个不确定因素来自法院。法院对于当事人达成的调解协议，除无须制作调解书的情形外，并不是在当事人一旦在调解协议上签章就立即生效，该调解协议是否生效，尚取决于法院的审核判断。法院审查判断的结果认为该调解协议违反法律的强制性规定，或者存在不应予以认可的其他法定事由，则不制作调解书；法院拒绝制作调解书，调解协议就失去效力。法院经审查认为调解协议并无问题，则制作调解书，该调解协议则转化为调解书之一部分。然而，《民事诉讼法》第100条规定："调解书经双方当事人签收后，即具有法律效力。"第102条规定："调解未达成协议或者调解书送达前一方反悔的，人民法院应当及时判决。"这说明，调解书并非一经制作就立即产生法律效力，调解书是否产生法律效力，取决于当事人双方是否均予签收。而当事人是否签收，还是一个未知数。换而言之，在当事人达成调解协议

---

① 《民事调解规定》第7条规定："调解协议内容超出诉讼请求的，人民法院可以准许。"该司法解释所确定者即为诉讼标的外的调解。

至当事人签收调解书这个时间段中,当事人还有反悔权,它可以重新考虑要否签收调解书。这个期间,在学理上称为"犹豫期间"。

那么,当事人究竟应不应该有这个所谓的反悔权?笔者认为,立法所规定的这个反悔权是多余的,而且也是弊大于利的。

法院调解应当坚持自愿原则,自愿原则是法院调解的灵魂与核心,但这个原则的贯彻不在于形式而在于实质,只要法院调解时将案件事实查明清楚,并晓之以利害,公开以心证,适度表明法律见解,为当事人展望未来之和谐合作关系提供参酌意见,当事人的自愿性能够得以保证,因此,将反悔权作为自愿原则得以贯彻的最后一道保险是无必要的。不仅如此,有所谓反悔权的存在还会导致以下问题:

其一,无视调解协议的存在。调解协议毕竟是双方当事人在其上慎重签字画押而形成的,是当事人真实意思的表示,其不仅具有诉讼法上的意义,而且也具有实体法上的意义,它表明在实体法上,双方当事人已经通过合同性质的形式将其双方法律关系予以确定,而一旦当事人行使反悔权,则无异于可以无条件地撤销已经慎重形成的合同法律关系,此不当乃不言而喻。

其二,使调解协议产生了差别性待遇。一种是无须转化为调解书的调解协议,一种是需要转化为调解书的调解协议,这两种调解协议的生效时点和生效条件发生了极大差异,前者一旦签署立即生效,后者则还需经过当事人的签收。前面一个签署,后面一个签收,在意思表示上显属重复,由此使得这两种调解协议变成完全有别的调解协议,而这在理论上难以自圆其说,存在解释上的窒碍。

其三,不利于诉讼诚信原则的贯彻和体现。民事诉讼法的各项制度之设置,应当有助于当事人树立诚信观念,慎重实施诉讼行为,除非确有必要,当事人不得出尔反尔、违反禁反言的原则。为此,《民事诉讼法》第13条第1款业已就诚信原则加以了明文规定。如果有反悔权的存在,其所造成的不良后果便是,当事人会轻率地签署调解协议,因为反正后面还有反悔的机会,这不仅鼓励当事人轻率地签署文件,而且鼓励当事人蓄心乃至恶意否定前已签署的文件。尤其是,这种反悔权的行使是不附带任何条件的,是绝对的权利,这对当事人轻易否定调解协议的效力无疑是一种放纵乃至是"制度上的暗示"。这样的立法本身就值得推敲。

其四,不利于诉讼安定原则的贯彻和体现。诉讼安定或程序安定是诉讼法的基本禀赋,如果程序始终处在前面做、后面否的状态,那么,这样的程序很难取信于民,也很难真正解决民事纠纷,民事诉讼的功能就会丧失殆尽。当事人经过审判人员及其他调解主体的多方斡旋、调和、劝说,终于达成了调解协议,法院等着结案,当事人等着调解书以兑现调解之内容。诉讼程序进展到这一步,应该说来之不易,但这样一种多人长时艰难努力之结果,却因为其中一个当事人说一声"不"就前功尽弃,功亏一篑,使法院的结案期待和对方当事人的履约期待复归于泡影,对法院且不说,对相对方当事人而言显失公平,此后诉讼程序还要从头开始,有违程序安定原则。

我们也不否认,调解协议的达成不一定尽然悉为当事人自愿的结果,也不一定全部均合法合规合理,因而立法上考虑补救措施也有其必要性,这个补救措施只能确定在调解书生效之后,也即通过再审程序予以救济,也就是说,对于已经有充分事前程序保障的调解协议而言,只能提供事后的程序保障,否则调解协议的程序保障便显得过于倾斜,公正与效率价值的平衡点便难免失重。这样一来,当事人在行使反悔权时所考虑的因素和所能提供的理据在其签署调解协议时就会提前考虑,否则事后要推翻已生效的调解书难度必然加大,同时法院应当尽可能地缩短调解协议和调解书之间的时间距离,使调解书成为调解协议的法定化表现形式。

第三节 诉讼上和解

一、诉讼上和解的广狭二义

《民事诉讼法》上关于和解之规定共有两处：一是第53条规定："双方当事人可以自行和解。"二是第237条规定："在执行中，双方当事人自行和解达成协议的，执行员应当将协议内容记入笔录，由双方当事人签名或者盖章。申请执行人因受欺诈、胁迫与被执行人达成和解协议，或者当事人不履行和解协议的，人民法院可以根据当事人的申请，恢复对原生效法律文书的执行。"据此可以将《民事诉讼法》所规定的诉讼上和解制度（或简称诉讼和解制度）分为狭义和广义两层含义：狭义上的诉讼和解指的是双方当事人在诉讼过程中所实施的和解；广义上的和解指的是双方当事人在诉讼和执行程序中所实施的和解。前者通常称为诉讼和解，后者通常称为执行和解。执行和解将在执行程序部分有所论述，这里仅就狭义上的和解也即诉讼和解而论。

二、诉讼和解的立法模式

通观关于诉讼和解之立法例，可知其有三种主要的模式：

（一）确定判决模式

大陆法系国家和地区普遍采取此一模式。按照该一模式，当事人双方达成和解协议后，将该和解协议提交于法院，法院做成和解笔录记录在卷，该和解协议就产生与确定判决相同的法律效力。以我国台湾地区"民事诉讼法"为例，其第377条规定："法院不问诉讼程度如何，如认为有成立和解之望者，得于言词辩论时或使受命推事或受托推事，试行和解。"第380条规定："和解成立者，与确定判决，有同一之效力。"可见，我国台湾地区的此一诉讼和解之规定，与我国大陆的法院调解之规定，并无本质上的区别，二者可以同视。台湾地区"民事诉讼法"除此之外还规定了法院调解制度，而法院调解制度的内容之详尽性，较之大陆有过之而无不及，其有关诉讼和解之规定，条文有4个（从第377条到第380条），其有关法院调解之规定，条文有23条（从第404条到第426条）。① 而且翻遍台湾地区"民事诉讼法"，却找不到其有关法院调解效力之明定，故在解释论上应将其解释为与诉讼和解有同样的法律效力，不过其能否撤销和继续审判等内容有其区别。其诉讼和解制度的特点主要有：一是法院可以介入，试行和解。二是和解贯彻始终，只要有和解之望者，均可促使当事人和解。三是和解与确定判决有相同的效力。四是和解有无效或得撤销之原因者，当事人得请求继续审判。与我国大陆的法院调解相比，其本质上的差异只有最后一点，大陆达成调解协议、制作调解书后，如果调解书有无效或得撤销之原因者，只能通过再审程序获得救济，而无专门的确认调解无效或撤销调解之程序。台湾地区有关诉讼和解的"立法例"，在大陆法系具有典型意义。比如，《日本新民事诉讼法》第203条规定："和解或对请求的放弃及承诺，已经记载于笔录时，该项记载与确定判决具有同等的效力。"《法国新民事诉讼法典》用21个条文规定诉讼和解制

---

① 我国《民事诉讼法》关于法院调解之规定，共有第9条、第96—102条、第136条、第145条、第179条、第205条、第208条、第215条等14条。

度,例如,第 21 条规定:"为当事人和解,属法官之职责范围。"至于诉讼和解之效力,《法国新民事诉讼法典》并无明确规定,其第 832 - 8 条规定:"由各方当事人提出的有关确认和解协议书的请求由和解人向法官转交。和解请求书应当附于请求。请求确认和解协议属于非讼事由。"可见,大陆法系上的诉讼和解与我国的诉讼调解虽表述上有所差异,但实际内涵基本相同。

(二)合意判决模式

在英美国家,诉讼和解可以成为法院作出判决的根据和内容,这种根据当事人诉讼和解所制作出的判决,即为合意判决(consent judgement)。以美国为例,《美国联邦地区法院民事诉讼规则》没有关于诉讼调解(mediation)的规定,但有关于诉讼和解(settlement)方面的规定,共有 3 个条文,包括第 16 条、第 23 条第 5 款、第 68 条。其第 16 条规定了审理前会议,规定:"在任何诉讼中,法院可以以其自由裁量权命令双方当事人的律师或无代理人的当事人出席为下列目的而举行的一次或多次审理前会议:……(5)促进案件和解。"这种和解是宽泛的概念,当事人可以在和解成功后撤回诉讼,也可以要求法院制作合意判决,但美国没有如同我国这样的调解书制度,也没有大陆法国家那样的诉讼和解记录制度。其第 23 条第 5 款规定集团诉讼未经法院许可不可和解。最值得借鉴的是其第 68 条的规定。该条规定了"判决方案要约"制度;据此规定,在开庭审理前 10 日的任何时间,对请求提出答辩的当事人,可以向对方当事人发出判决方案要约,要求作出包括迄今所花费的诉讼费用在内的一定金额或财产的或要约中特指的财物对自己不利的判决。在该要约发出后 10 日之内,如果对方当事人送达书面通知表示接受判决方案要约,则任何一方当事人都可以将判决方案要约和接受要约的通知连同其送达回证一并向法院提交,书记官以此登记判决。该判决即为合意判决,作为该合意判决两步骤的要约和承诺就相同于一个合同,这就是诉讼上的和解或诉讼上的合同。可见,在美国,诉讼和解既可以通过撤诉予以结案,也可以通过判决予以结案。

(三)非独立型模式

我国《民事诉讼法》采此模式。之所以将我国的诉讼和解取名为"非独立型模式",乃是因为在我国,民事诉讼法上以规定诉讼调解为主,法院在整个诉讼过程中,均可"试行调解"而非"试行和解"。我国理论上一致认为,诉讼和解是双方当事人之间的事情,法院不予介入;法院一旦介入,诉讼和解就瞬间变成了诉讼调解。因此,双方当事人通过谈判协商达成诉讼和解协议后,可以有两个选择:一是选择撤诉,使诉讼程序归零,当事人还可以重新起诉;二是选择将和解转化为调解。当事人如果选择"和解转调解"路径,则可以将诉讼和解协议提交于法院,经法院审核认为合法且自愿,则制作调解书予以确认。此时的和解协议,与法院主持调解时所产生的调解协议性质相同。因此,在我国,《民事诉讼法》第 53 条虽然明文规定了当事人可以和解,其实其并未就诉讼和解的独立建制做出安排,而仅是点到为止,不成其为一项可以独立操作的诉讼制度,因而被称为"非独立型诉讼和解制度"。

三、诉讼和解的法律性质

诉讼和解一方面是和解,另一方面这种和解是发生在诉讼中,而不是诉讼外的平时日常生活中。发生在平时日常生活中的和解,人们司空见惯,比比皆是,这种和解,纯属私权性质,与公权无关,国家不会干预;但发生在诉讼中的和解,其性质就不是那么单纯了,笼统地说,它兼有诉讼性质和私权性质,这样说不会产生问题,问题是,决定诉讼和解法律性质的矛盾的主要方面究竟是什么。为此，理论界和实务界产生了纯私法行为说、纯诉讼行为说和私法行为与诉讼行为并存说以及私法行为兼具诉讼行为说等学说。

（一）纯私法行为说

该说认为，诉讼上的和解或曰裁判和解乃是纯粹的私法上的法律行为，也就是说，裁判和解与裁判外的和解在本质上具有一致性，裁判和解属于私法上的和解契约。裁判和解与裁判外的和解仅仅在是否处在诉讼领域有所区别。该说认为，私法性质的和解契约之所以能够产生诉讼法上的效果，尤其是致使诉讼程序终结的效果，原因在于原告提出了撤诉申请，是撤诉导致了诉讼程序的结束，而不是诉讼上的和解本身所导致的，或者说诉讼程序的终结，乃导源于当事人诉讼请求的消灭。因此，根据该说，诉讼上的和解在是否有效以及是否能够被撤销等这些问题的判断上，均根据私法加以判断。但将诉讼上的和解界定为纯私法行为的观点，难以有效解释诉讼终结发生的原因。实体法和诉讼法属于不同的法律体系，诉讼上的和解应当具有独立于私法以外的诉讼法上的成立要件。因此，为了全面把握诉讼上和解的性质，除认为其具有私法上的行为性质之外，还应看到其兼有诉讼法上的行为之性质。诉讼上的和解所具有的撤诉合意，以及在有的国家，赋予诉讼上和解与司法裁判具有同等效力的结果，都说明诉讼上的和解具有诉讼法上的特征，这就导向了后面所介绍的两行为并存说或两行为竞合说。

（二）纯诉讼行为说

该说认为诉讼上的和解与私法上的和解具有根本性质上的差异，对此应从诉讼法的视角加以考察，认为其应属纯粹的诉讼行为。因此，诉讼上的和解是当事人之间互谅互让达成的终结诉讼的合意，或者说，是双方当事人陈述其协商结果的诉讼契约行为。可见，该说乃从诉讼法的角度构建诉讼上和解的构成要件，并且赋予其与生效裁判相同的法律效力。该说是专从诉讼法的视角把握诉讼上和解的观点，其考察的对象是，当事人为了结束诉讼程序而共同向法院实施合意诉讼行为，因而该说所强调的是当事人合意息讼诉讼行为，而将其所具有的实体法属性置于不顾。因此，依据该说，即便诉讼上和解存在根据私法应当予以撤销或者被认定为无效的原因，也不影响诉讼上和解所具有的终结诉讼的效果。然而，诉讼上的和解是当事人针对诉讼标的所达成的息讼合意，诉讼上和解的内容会产生实体法上的效果，因此除了要看到诉讼上和解所具有的诉讼法上的性质外，还要看到其所具有的实体法上法律行为的属性。纯诉讼行为说仅仅从诉讼法的立场看待诉讼上的和解，忽视了其私法性质的一面，因而不能全面把握和解释诉讼上和解的全部内涵。

（三）两行为并存说

该说认为，诉讼上的和解是私法上的和解和诉讼上的合意之结合体，前者针对诉讼标的使实体法律关系发生变动，后者针对诉讼本身使诉讼程序得以终结，这两方面的性质是并行不悖的。在实体法和诉讼法分道扬镳的制度构架下，单纯的私法行为不能产生诉讼法上的效果，单纯的诉讼行为也不能产生实体法上的效果，要认为诉讼上的和解同时产生私法和公法上的效果，就必须承认其同时具有诉讼行为和法律行为的二重属性。两行为并存说能够兼顾诉讼和解的私法效果和公法效果两方面，因而具有合理性。但该说存在的理论困境是，为什么一个行为事实能够被认为同时存在两个行为，这在逻辑上存在解释难题。

（四）两行为竞合说

该说是对两行为并存说的修正，其认为，尽管诉讼上的和解同时包含了私法行为和诉讼行为，但这并不是同时存在的两个行为，而是一个行为的两种性质，它们之间不是并列的关系，而是竞合的关系,因而两行为竞合说也被称为两性说。具体言之,诉讼上的和解只是一个单一行为,一方面,它在当事人相互之间表现为私法上的和解,另一方面,在当事人和法院的关系中又表现为诉讼法上的法律关系。因而该说在认可两行为并存说的基础上,同时从实体法和诉讼法两个层面和视角来考察和解释诉讼上的和解之性质,作为私法上的和解无效或被撤销将导致诉讼法上的效果同时消灭,和解所产生的私法上效力和诉讼法上的效力处在相互依存的状态,因而被认为是较为全面的学说。

四、我国诉讼和解制度的改革与完善

如前所述,我国诉讼和解制度是一种"非独立型诉讼和解制度",这一理论判断实际上同时指出了该制度存在立法技术上的弊端,因而其科学合理的程度有待提升。诉讼和解制度改革和完善的关键需要考虑到两个关联因素:一是诉讼调解制度的同步完善,二是司法裁判制度的属性沿革。我国诉讼调解制度发挥着极其重要的化解纠纷的作用,但是也不可否认该项制度也存在着亟待修正的弱点。如前所述,调判不分所带来的是双重否定负效应:一方面因以判压调而否定或弱化了调解的自愿性价值,另一方面又因调解中所形成的偏见和让步性证据带入审判之中而影响或弱化了审判的公正性价值,因而调判分离乃大势所趋的改革方向。调判分离的改革必然解放诉讼和解制度的内在生命,使其成为具有改革杠杆性的制度元素。诉讼和解制度的改革与完善要考虑到的另一个因素就是司法裁判制度的适时改革。目前裁判观对当事人主义对司法裁判理念和模式的渗透机能重视不够,因而有待于探索性改革。

基于上述两个因素的关联性考虑,可知我国的诉讼和解制度改革要达到三个目标:一是独立性目标。依此目标,诉讼和解制度要改变这种要么转化为撤诉、要么转化为调解的非独立性制度形态,变成一个自给自足的完全独立的诉讼制度,使之焕发出崭新的制度功能。二是并存性目标。依此目标,诉讼和解制度要改造成一个具有中国特色同时又与诉讼调解制度并足而立的诉讼制度,使诉讼和解和诉讼调解相得益彰地在各自领域和范围发挥出独立作用。三是支配性目标。依此目标,诉讼和解制度要能够对司法裁判制度起到一定程度上的支配性作用,使司法裁判在客观地实现立法内容的同时,也能兼顾主观地表述当事人意愿的功能,使司法裁判更多地渗入当事人的自主性价值。

本着上述三个目标,我国诉讼和解制度的改革和完善应当着力建立三大制度或模式。

一是建立调和分离制度。也就是通过改革,使诉讼调解制度和诉讼和解制度从目前这种吸收被吸收的关系状态中分离开来,使之分别在审判前和审判后发挥作用。诉讼调解应当限定于法院开庭审判之前的审前程序阶段和以起诉、答辩为对立运动的诉答阶段,在法院决定开庭审判后,就意味着法院为主导的诉讼调解宣告失败,此后法院就应专注于司法审判,而不应分心去继续实施诉讼调解活动。然而这并不意味着双方当事人不能自主地进行诉讼和解,甚至也不意味着法院就绝对不能为当事人自主地和解提供机会和可能性条件,双方当事人在法院决定开庭后只要有可能就可以实施和解、达成和解协议。当事人达成和解协议后,除撤诉外,还可以有其他适当的选择。

二是建立和解型调解制度。我国的诉讼调解制度,向来以法院在其中进行斡旋、调和、劝说、促成等活动为制度性标志,其实,除此之外,当事人自觉自愿的和解,也可以成为诉讼调解的制度性基础。这就是实践中长期贯彻着的和解转调解制度,然而这种制度没有看到诉讼和解的支配性作用,在定性上被诉讼调解所吸收了,这也是无视诉讼调解作用的表征之一。为改变此弊,我们在理论上应当创建一种独立的和解型调解制度,也就是说,这种调解结果的达

成,重在当事人的自愿,而不在案件事实查明、适用法律正确,这样就在诉讼调解中区分为和解型调解制度和司法型调解制度两种调解形态。① 司法型调解更接近于审判,应当用司法审判的要求衡量之,和解型调解更接近于和解,应当用和解的要求衡量之,二者在有效性要件、适用范围、既判力范围、能否转化为司法判例等方面存在差异。因此,我们说进入开庭审判后法院便不得继续进行调解,而应将该领域让位于诉讼和解,但这并不意味着调解书的产生也只能基于开庭审判前的调解协议,调解书也能基于开庭审判后当事人之间达成的和解协议而形成。

三是建立合意裁判制度。前已述及,合意裁判制度是英美模式的司法和解制度,据此制度,法院作出司法裁判不仅在原则上可以依据事实和法律客观地作出,而且可以在例外时根据当事人共同的真实意愿而作出。当事人通过诉讼和解达成了和解协议,载明了应当如何处理其纷争的当事人自主安排意愿,该自主安排的达成,是当事人双方经过反复衡量所寻找的体现其利益最大化的最大公约数。据此,完全可以认为,基于诉讼和解作出司法裁判具有正当化依据,甚至一定意义上说,基于诉讼和解所作出的司法裁判较之于基于事实认定和法律适用所作出的司法裁判,更具有程序的正当性和实体的妥适性,更有利于当事人服判息诉,更有利于减少上诉案件和再审案件的生成,也有利于减少司法强制执行的阻力。不仅如此,基于司法调解一样的原理,在合意裁判制度的构筑中,甚至可以注入双方当事人合意放弃上诉权的因素而实行一审终审制。

由此看来,诉讼和解制度在我国民事诉讼法上所处的长期虚无主义的状态应当改变,使诉讼和解制度获得再生的关键在于实行调和分离改革,使诉讼调解和诉讼和解各据领域发挥各自独立的诉讼机能,诉讼调解集中发生在审判前的阶段,在开庭审判及审判后的阶段,诉讼和解填补诉讼调解之制度空缺进而发挥独立的主导性作用,诉讼和解的成果既可以通过调解书的形式予以表述,也可以通过判决书的形式予以确认,当事人当然也可以通过撤诉呈现其效力价值,究竟采取何种方式通过诉讼和解结束其诉讼,概由当事人视需要而进行程序性选择以定之,法院只进行自愿性与合法性审查而不加干涉。

第四节 中国调解制度的现代化转型

构建和谐社会,业已成为我国社会发展的主旋律。和谐社会的理想目标并不是消灭各种矛盾和冲突,更不是无视这些矛盾和冲突的存在,而是要建构一个科学的、合理的化解矛盾和冲突的法律机制和社会机制,强化社会和国家消化社会矛盾的能力;一个社会是否和谐、是否健康,关键就看它所具有的解决纠纷的各种机制是否健全、完善。在解决社会纠纷的各种机制中,除司法审判外,各种形式的调解是其重要的形式,因此,完善和构建好各种形式的调解制度,是实现和谐社会的重要途径和步骤。最高人民法院于2007年发布了《关于进一步发挥诉讼调解在构建社会主义和谐社会中积极作用的若干意见》,以具有法律效力的规范性文件形式,指出并强调了调解制度与和谐社会构建之间的内在关联。

调解制度在我国具有悠久的历史传统,也具有深厚的文化基础。众所周知也是毋庸置疑的

---

① 查明事实、分清是非的原则在和解型调解制度中应当予以忽略,但在司法型调解制度中应予坚持,理由在前面已有论述,这里不再重复。

一个事实是，中国是现代各国采行的各种调解制度的发源地和制度与文化摇篮。中国的调解制度以及蕴涵于其中的丰富文化内涵和法治境界，成为包括形形色色 ADR 在内的现代调解制度的不竭灵感和目标指向。新民主主义革命时期，我国形成了别具一格的马锡五审判方式。马锡五审判方式的根本要义就在于通过调解化解纠纷，构建秩序。新中国成立后，调解制度得到了承继，受到了立法和司法上的高度重视。① 《民事诉讼法（试行）》以及1991年及其之后的《民事诉讼法》均详尽地规定了富有中国特色的调解制度，此项规定令世人关注。但是，随着市场经济的发展和人们观念的更新，调解制度遇到了挑战和质疑，立法上的原则也由"着重调解"悄然转变成了"自愿、合法调解"，② 调解在解决民事纠纷的过程中，其地位和作用逐步地趋于淡化，强调审判成为法院诉讼制度改革中的主旋律。然而，实践证明，司法审判制度并不是万能的，相反，司法遭遇到了执行难、申诉难以及上访信访潮等困境。司法困境产生的原因在于优质的司法环境尚未形成、审判制度体系尚不健全以及司法能力不够理想等。在这种司法的现实背景下，人们再一次将目光投向调解制度，调解制度再次受到空前的青睐。但是，我们现在要构建的或重塑的调解制度，与传统的调解制度具有根本性的区别。现在有一种观点，认为要复兴和回归马锡五审判方式，笔者认为这样的提法并不妥当。之所以会出现这样的时代错位的观念和主张，一个极重要的原因便是，混淆了传统调解制度与现代调解制度的根本区别，模糊了本不该模糊的界限。这就难免陷入调解制度的传统泥潭之中去，过去曾经发生过的诸多的调解弊端，又会似曾相识地卷土重来；与此同时，我国经过长期审判方式改革和司法改革所取得的成就，如程序公正原则、当事人自治原则、合法原则、社会参与原则以及由此所形成的逐步走上正轨的司法审判机制等，也将大受影响，有的甚至还要走回头路。应当说，这是机械形而上学观点的体现，没有体现出与时俱进的辩证唯物主义的哲学品格。可见，明确现代调解制度与传统调解制度的联系与区别，是我们构建调解制度体系的逻辑前提和基本出发点，也是我们构建现代型中国特色调解制度的指导方针和行动指南。

一、我国调解制度中的非现代因素：对其局限性的另一种观察

我国目前的调解制度还存在明显的局限性，这种局限性的存在，使之难以适应我国和谐社会构建的需求，难以发挥调解制度的合力和规模效应，当然也不能适应中国特色社会主义司法制度的发展和运作需要，并制约了我国传统调解制度向现代调解制度的转型步伐，因而应当着力解决。主要来看，我国目前调解制度所存在的局限性表现在以下诸方面：

（一）规范性不足

调解制度缺乏应有的规范性，其运作机制存在任意性和随意性。《民事诉讼法》《仲裁法》

---

① 1956年10月17日，最高人民法院发布了具有民事诉讼法意义的《各级人民法院民事案件审判程序总结》。该总结中规定："（四）试行调解。对那些案情已经明确而又有调解可能的案件（不是所有的案件），为增进人民内部团结以利发展生产，受理这种案件的审判人员可以试行调解，当事人也可以随时请求调解。但是，除婚姻案件外，调解不是诉讼必经程序，不是不经调解就不能审判。"

② 1982年《民事诉讼法（试行）》第6条规定："人民法院审理民事案件，应当着重进行调解。"1991年《民事诉讼法》第9条规定："人民法院审理民事案件，应当根据自愿和合法的原则进行调解。"先后立法措辞显有差异。这并非意味着在旧法时期，法院可以违背自愿与合法原则实施调解行为，而仅仅意味着立法者刻意对调解制度的重要性作了不同的规范化表述，据此，调解制度在后法中，较之在前法中，其立法上的地位显然有所下降。

和《人民调解法》对调解虽有规定，但其规定基本上属于原则性的规范，而缺乏细致的调解规则，可操作性程度较低，由此导致了调解缺乏对当事人足够的程序保障，同时也缺乏对调解程序的社会监督机制。其他调解形式，包括行政性调解和民间性调解，则几乎没有任何法律法规加以调整和规范。

（二）体系性不强

各种调解制度之间未能形成有机的统一体，因而缺乏内在的关联性。在目前存在的各种调解机制中，法院所进行的诉讼调解和法院外进行的各种社会性调解，并不存在内在的联系和程序的衔接。比如说，除人民调解可经由司法确认程序对其效力予以强化外，其他的社会性调解，若达成了协议，则其履行完全依赖于当事人的自觉性，诉讼对之并无任何的支持之道或救济之途。如未达成协议，当事人则也只能另行诉讼，而无法使诉讼在调解的基础上继续进行。诉外调解与诉讼调解之间的壁垒森严，其结果必然是诉讼外的调解被束之高阁，无法真正地发挥作用。

（三）稳定性不够

调解在法院解决纠纷过程中的地位和作用始终处在动态的波动之中，有时调解被奉为解决纠纷方式的最佳选择，而备加推崇；有时调解则被认为是一种滞后于时代需要的纠纷解决方式，而备受质疑，其制度角色或上或下、或隐或显，而未曾趋于稳定化。过去人民法院解决纠纷，以追求调解率为目标，因此导致了强制性的调解现象，调解成为与判决在本质上等同的制度安排；曾一度，我们又过分强调和片面理解自愿原则，使调解制度形同虚设。调解制度的运作似乎就在这两种极端之间反复徘徊，而没有寻找到适当的定位。法院的调解制度是如此，其他的调解制度也大抵相似，都在一定程度上表现出了制度性的波动。这是我国法院调解制度始终未能克服的局限性，也是其未能走向成熟的表现。

（四）理念性滞后

调解制度的理念是其灵魂，也是调解制度能否以及是否得到更新的集中表现。我国目前调解制度中体现出的两大理念都是滞后的。一是实质主义的理念或倾向。也就是在调解制度的构建和运作中，过分偏重于实体正义的追求，而相对轻忽了调解制度公正程序的机能和作用。二是功利主义的理念或倾向。也就是说，调解制度的功能未能得到充分的发掘和展现，通常以纠纷的暂时化解和形式解决为直接的依归和追求，而未能利用调解制度，推动法治秩序的有效形成；换言之，在法治秩序的形成机制或路径中，调解制度未能受到应有的重视。

毫无疑问，要实现我国调解制度的现代化改造，势必要首先克服上述制度性局限，使之从形式到内容、从载体到精神、从静态到动态，均呈现出现代特征和中国特色。

二、现代调解制度的指标性特征

欲构建我国的现代调解制度，一个必须要采取的逻辑步骤便是，从理论上寻绎出现代调解制度的内在性构成要素，这些要素是据以区别于非现代调解制度的制度品格。这是在理论上首先要解决的前提性问题，制度构建正是在此基础上得以展开。以现代法治的基本法理为指导，结合现代审判制度的基本要求，参照调解制度较为发达的其他国家的调解制度，可以将理想层面的现代调解制度的指标性特征刻画如下：

（一）当事人的自治性和主导性

在现代调解制度下，当事人是调解程序的主导者，纠纷双方对于要不要调解、在何处调解、由何主体来主持调解、是否同意委托调解以及在调解过程中，应当遵循何种规则等事项具有决定权。这是因为，现代调解制度承认当事人对与其利益攸关的纠纷具有处分权，承认纠纷首先涉及的是纠纷主体之间的私人利益。处分原则贯彻于调解程序的全部过程，对于调解过程中出现的各种各样实体利益和程序利益，当事人均保留最终的处置权。现代调解程序的运作过程，就其实质而言，乃是当事人双方在诸多的实体利益和程序利益面前，进行选择和取舍的过程，调解的结果也因此而水到渠成地形成。

（二）调解程序的本位性与公正性

现代调解制度认可，程序公正决定实体公正，实体公正是由程序公正来说明的，也可还原为程序公正。因此，现代调解制度应当注重程序的公正性建设，尤其要重视当事人在程序中的选择权和创设权。就此而论，现代调解制度与现代审判制度在基本原理上是一脉相承的，强调程序的公正性，以程序公正为本位来建构法律规则的体系。是否重视程序公正、是否将正当的法律程序理念贯穿于调解过程之中，是现代型调解与传统型调解的分水岭。奉行程序的本位主义和程序优先主义是现代调解制度的基本诉求。与审判程序稍有差异的是，调解程序的公正性一方面，来源于立法者的预先构设，另一方面，或许是更重要的一方面，乃来源于当事人视程序情景和利益衡量的自我创设。在这里，程序自治性乃是程序公正性的重要技术性要素和决定性因素。

（三）调解主体的协同性和参与性

调解不同于和解的一个重要之点就在于调解有第三人介入，并由第三人主持调解程序的进行。但调解人在现代调解制度中不再处在凌驾于当事人之上的地位，也不再扮演"善良家父"的角色。这就将现代这种自治性和协同性的调解与传统的压抑性和管制性的调解区分开来。当然，调解人也不是仅仅消极主持而无所作为，相反，他们是以平等者姿态积极参与其中，在纠纷主体之间斡旋、调和、说停、进行意见沟通并穿针引线，同时他们还要借助其专业的法律知识和丰富的社会经验，对纠纷主体适时进行法制宣传和训导，使双方当事人逐渐地缩小乃至消弭其分歧，最终在认识一致的基础上求同而存异，握手言和。调解人的这种职能，在现代调解制度中被称为"协同主义"或"合作主义"。由此可见，现代性调解与现代性审判在协同主义的模式上具有趋同性或一致性，协同主义成了现代纠纷解决机制的根本表征。

（四）调解功能的复合性和前瞻性

传统上的调解在功能模式上较为单一，"息事宁人"或"化解纠纷"是其重要的乃至唯一的目标追求，至于当事人是否实现了权利，法制是否得以长进，主流道德意识是否受到影响，法治秩序是否得到良好构建，等等。诸如此类的目标，并不在其关注之内。而现代调解制度则与之迥异，它在功能上具有复合性和前瞻性：它所关注的不仅是通过调解化解双方当事人之间的纠纷，同时还关注该纠纷的解决是否实现了当事人在法制上的权利和义务，是否促进了现行法律的更新和发展。它并不过分强调当事人通过牺牲自己的权益来苟且求得对纠纷的和平解决。它期待通过调解，使纠纷主体在事实清楚、是非分明的基础上，寻求出双赢乃至多赢、共赢的解决方案。可以说，现代型调解制度较之传统型调解制度，立足点更高，视野更加宽阔，程序的结构也更加复杂。

（五）调解过程的开放性和社会性

与传统调解制度相比较，现代调解制度更加强调调解过程的开放性和社会性。现代意义上的调解不仅在微观上具有化解纠纷的功能，更为重要的是，还在宏观上以形成社会政策和更新法律体系为己任，因此其所负载的使命更加崇高，目标更加多元；这样一个目标的实现，要求调解过程向全社会开放，吸纳社会中的代表人物参加调解的过程，发表他们对于纠纷解决的意见和观点，同时引入社会的监督机制和检察监督机制，使当事人在全社会的关注和监督下进行自由的商谈、沟通和交涉。这种局势下所形成的调解结果，比较接近理性和社会的主流期待。调解的这一特性也有助于当事人双方尽快求同存异，达成化解矛盾和冲突的合意。

（六）调解机制的一体性和协调性

现代调解制度的又一特征是其多样化的表现形态与其一致性的本质特征融为一炉。固然，各种调解制度在作用的范围和运作的方式乃至在法律效果等方面存在程度不一的差异，但与各种形式泾渭分明的传统调解制度不同的是，现代调解制度，无论是诉讼中的法院调解还是诉讼外的社会调解，也无论是行政调解还是民间调解，它们都体现着相同或相似的原则和精神，它们在本质上都属于当事人自我解决纠纷的自治性程序，其所负载的功能大同而小异。因此，我们在构建现代调解制度时，应当将它们作为一个有机统一的体系来对待，要对它们做出统筹安排。与此同时，我们还要意识到各种调解机制之间并不是相互割裂、互不贯通的，相反，它们之间是有内在的联系的。这种联系不仅表现在诉讼外的调解与诉讼调解乃至司法审判之间，同时还表现在诉讼外的调解相互之间。它们结合在一起，构成一个金字塔形、先后呼应、上下承接的有机整体。

三、现代调解制度的崭新功能

现代调解制度与传统调解制度相比，在其所具有的功能价值上，不仅有量的增多，同时更有质的提升。传统调解制度的功能主要体现在其纠纷的化解优势上，比如调解的程序较为简化，解决纠纷的成本较低；调解程序不那么正规，较为灵活，诉讼的技术性不强，当事人能够容易接近，充分地发挥自主作用；调解程序更容易整合当事人之间的人际关系，使当事人彻底摒弃前嫌，重新勾画未来良好合作关系；等等。这些蕴涵于调解制度中的诸多优势，具有内在性和普适性，也是其起码功能的表征。

然而，传统调解制度也有其固有的局限，比如对当事人的主体地位尊重不够，调解者往往以居高临下的姿态进行压服性的劝导；对当事人应有的实体权利不够重视，强调当事人牺牲权利，求得苟且的妥协，而不是在尊重权利的基础上达成合意、化解纠纷；对调解程序自身的公正性重视不够，调解程序的规范化建设裹足不前；不重视通过调解来发展法制，构建良好的法治秩序；在情理和法制之间，更强调情理；等等。

与传统的调解制度相比，现代调解制度一方面包容了传统调解制度中的优势，另一方面又在此基础上有所发展，在更高的层面，立体性地展现了调解制度的诸多功能。结合我国实际，就其要者而言，现代调解制度的崭新功能有：

（一）拯救审判危机的司法功能

调解有利于克服审判的局限性。通过调解解决纠纷，往往是比较彻底的，其成本也较低，程序十分灵活，当事人容易理解调解的全部过程，对调解达成的结果也通常能够自愿接受和履行，这就有效地避免了由审判导致的冲突加剧现象、二次冲突现象以及执行困难现象。这是其一。其二，通过调解程序的法制化、规范化建设，也可以反向地促进司法审判制度的日趋完善。因为，现代调解制度特别强调其合法性操作，这里的"合法性"包括实体合法性和程序合法性。在审判过程中遇到挫折的合法性诉求，可望在调解过程获得新生。调解过程中获得新生的合法性原则，将对司法审判制度的完善起着直接的推动作用和直观的影响作用。

（二）通过深度参与而实现的民主功能和社会功能

现代调解有利于当事人对纠纷解决过程的全面参与和有效参与，从而有利于发挥当事人的积极性和能动性，培育自我管理能力和参与社会管理的能力，养成民主和法治意识。通过调解解决纠纷，势必要求当事人亲自参与，而这个过程，对当事人公民意识和公民素质的提高，都是十分有益的。不仅如此，现代调解中的参与主体除当事人外，还有大量的一般社会人士或普通民众。这些普通民众不仅可以基于调解公开性原则更加便利地接近现代调解的场域和过程，更为重要的是，现代调解制度具有深刻的社会性特征。不仅法院的调解向社会领域敞开了大门，引入了普通民众作为个案中的特别调解人、联合调解人或受托调解人等，尤其是林林总总的社会性调解制度，更是将其所依托的调解力量，仰赖于分布在各领域的社会大众或专业人士。这样，一方面，由于调解的社会性而不能不强化其民主性，另一方面，社会的民主性也必然地拉动了调解的社会性。社会性与民主性在现代调解制度的构设和运作中得到了双向强化。

（三）通过调解发展法律的法治功能

调解解决纠纷，有利于克服成文法的局限性，从而推动法治的逐步完善和我国法治传统的渐次形成。我国目前存在大量的、来源不同的法律文本，有本土文化倾向型的，也有西洋文化倾向型的。这些法律文本存在多种形式上的冲突和矛盾，需要通过个案的解决使之有机地融合起来。而司法审判在这个方面可以作为的余地和空间是十分有限的，因为司法审判必须严格依法进行，法院和法官并无离开法律文本而造法的权限；然而与之相比，调解则可在当事人的合意下，在不违反法律的强制性规定的范围内，进行灵活的纠纷解决。正是在这种灵活解决纠纷的过程中，情、理、法得到了有机的整合和重塑，法律效果与社会效果得到了高层次的统一和兼顾，符合我国国情的、多层次的法律法规以及地方性规范得到了健康的成长，法律体系的更新得以顺畅地完成。可见，在我国法治发展的过程中，我们不能仅仅依赖立法和审判，更重要的还要发挥现代调解的机能和作用。现代调解制度具有将法律效果和社会效果有机融合的天然优势。与西方国家通过审判发展法律的路径不同，我国完全可以寄望于通过调解来发展法律，通过调解来构筑现代法治秩序。这焕发出了调解制度在我国积蓄已久的内在价值，也正是在这一点上，实现了我国传统调解制度的时代跨越。

四、我国调解制度的模式更新

现代调解制度的一个形式上的特征，就是调解形式的多元化。在人类社会步入现代性社会阶段后，世界各国各式各样的调解犹如雨后春笋般呈现在世人面前，各领风骚。与传统调解具有割据性和垄断性有别，现代调解在形式上是不拘一格的，而且各种调解功能独具，在制度上也趋于一体化，而难见明显的优劣。事实上，现代调解制度正是对各种形式的调解制度的一个概括和抽象，表明现代调解制度是整体着眼的；正是从整体着眼的各种调解制度的综合，构成了现代调解制度的独到优势，也成为其与传统调解制度有别的重要之点。然而仅仅这样认识现代调解制度尚嫌不足，对现代调解制度的深层次认识尚有待于对它们进行类型化研究；正是在对现代各种调解制度的分类研究考察中，才能做到对各种调解机制的功能以及制度构建特征有具体的把握和了解，也才能认识到现行各种调解制度所存在的制度性欠缺，并由此提出改进的意见。

从调解的法治发展阶段看，可将调解分为治理型调解、法理型调解和情理型调解。从这种类型化考察中，可以动态地看出调解制度在历史上的沿革规律，同时也可以更加准确地对我国现行调解制度进行历史性定位，并由此预测其发展趋势或方向。

治理型调解是一种通过调解实现国家治理的制度性模式，其要旨在于对国家的治理和对社会的控制。① 这种调解也可以称为"压制型调解"。压制型调解的目标在于息事宁人，利用调解尽快平息纷争，防止它蔓延开来危及社会安定和秩序，从而实现自然秩序中的和谐。我国传统文化所哺育出的纠纷解决机制，最为主要的乃是此种调解。此种调解的特征在于，它无须法制背景，没有法律的指导照样可以进行调解，甚至有时候，它需要在法外进行某种利益调和，而可以根本地无视法律的存在。在调解过程中，裁判官吏惯用的手法乃是动之以情、说之以理，在此基础上发动各方面的力量和因素，促成调解，或者施加某种压力，将他们所认为适宜的调解方案，强加给当事者双方，使之无条件地接受。这种调解所追求的最大价值乃是社会秩序的和谐与安定，其次是纠纷的化解，最后才是当事人的权益保障。

法理型调解也称为法制型调解，其本质特征在于依法实施调解行为，其要求与审判相同。到了近代资本主义时代，压制型的调解让位给了法制型的调解。这一段历史在西方看得最为明显。到了资产阶级革命成功后，他们掌握政权所打出来的一面主要旗子就是"依法审判"。调解在依法审判、审判即为法官天职的背景下，已然失去了独立存在的空间。因此可以解释，为什么我们在两大法系国家的民事诉讼法中都见不到我国法意义上的调解制度。但是，法制型的调解在理论范式上仍具有独立性。按照法制型的调解模式，法院实施调解行为与最终的审判行为，在标准上是一致的。法院通过调解所达成的调解书，也同样要做到依据法律和依据事实这两个审判的标准，依法审判和依法调解成为同一个司法行为，而其表现形式便是依法审判。如果在可依法审判的状态下，当事人愿意调解解决其纠纷，则法院不予介入和干预，而由当事人在相互间自行做出安排和调整，这便表述为"和解"。为此，大陆法系国家，诸如德国、法国、日本等国家，其民事诉讼法均有关于当事人和解以及法院尝试促进和解的立法条款，而这种和解制度，便是我们这里"法制型调解"的另一种说法，二者名称不同，而实质乃同。

情理型调解则是一种通过法制又超越法制的调解，由于该调解重在对社会各种需求进行情景式的回应，因而又可称之为"回应型的调解"。回应型的调解是脱用"回应型立法"的概念而来。盘格尔将历史上存在过的三种法的类型分别称为"压抑型立法""官僚型立法"和"回应型立法"。前面两种立法是否与我们前述两种调解模式相合，似不能确定。但回应型调解则与回应型立法相适应。回应型调解是民事诉讼进入现代社会乃至后现代社会后出现的概念。在现代社会，当事人自主实施诉讼行为，法官参与到当事人自我交涉解决纠纷的过程中来，三方合作，共同解决纠纷。这便产生了回应型司法以及与之相适应的回应型调解。在回应型调解中，法院作为"第三方当事人"，参与到当事人交互行为的过程之中，发挥某种调和作用。法院并不将自己所认可的调解方案强加于当事人，而仅仅从当事人的视角观察纠纷，提出意见和观点，并和当事人适时进行意见沟通和交流，最终寄望于当事人之间能够达成合意，从而形成调解的最终结果。回应型调解不过分强调合法性，但非常注重程序的公正性以及当事人的自主性和自愿性。其实际结果的达成，往往来源于法律但又不囿于现行法的规定。因此，回应型调解具有政策塑造功能，对缓和法的严苛性和促进新型法律的生成，具有能动作用。

在构建和谐社会的背景下，我国目前所强调的调解，应当是回应型的调解，而非压制型的调解，甚至也非单纯的法制型调解。事实上，回应型的调解模式业已涵盖了法制型的调解模式，前者是对后者的某种超越。

---

① 有一种观点认为，马锡五审判方式中的调解，也属于治理型调解。强世功：《权力的组织网络与法律的治理化——马锡五审判方式与中国法律的新传统》，载强世功编：《调解、法制与现代性：中国调解制度研究》，中国法制出版社2001年版，第204页及以下。

·法学名家精论丛书·

民事诉讼法学精论

（下册）

汤维建 著

中国检察出版社

目 录

第一编 诉讼原理论 ……………………………………………………………… 1

第一章 中国民事诉讼法的发展史考略 …………………………………………… 3
第一节 中国古代民事诉讼制度 ……………………………………………… 3
第二节 中国近代民事诉讼法 ………………………………………………… 13
第三节 中国现代民事诉讼法 ………………………………………………… 18

第二章 民事纠纷及其解决机制 …………………………………………………… 33
第一节 民事纠纷产生的必然性 ……………………………………………… 33
第二节 民事纠纷的概念与特点 ……………………………………………… 33
第三节 民事纠纷的类型 ……………………………………………………… 35
第四节 民事纠纷的私力救济 ………………………………………………… 36
第五节 民事纠纷的社会救济：调解 ………………………………………… 39
第六节 民事纠纷的社会救济：仲裁 ………………………………………… 47
第七节 民事纠纷的公力救济：诉讼 ………………………………………… 48
第八节 各种解纷机制之间的关系 …………………………………………… 51
第九节 多元化纠纷解决机制的立法完善 …………………………………… 54
第十节 多元解纷与诉讼服务的融合机制 …………………………………… 58

第三章 民事诉讼法的基础理论 …………………………………………………… 60
第一节 民事诉讼基础理论概述 ……………………………………………… 60
第二节 民事诉讼目的论 ……………………………………………………… 61
第三节 民事诉讼价值论 ……………………………………………………… 70
第四节 民事诉讼程序正义论：价值论的深化 ……………………………… 75
第五节 民事诉讼法律关系论 ………………………………………………… 90
第六节 民事诉讼中的权力配置 ……………………………………………… 96
第七节 民事诉讼程序模式论 ………………………………………………… 98
第八节 两大法系民事诉讼程序比较论：模式论的深化 …………………… 107
第九节 诉权论 ………………………………………………………………… 131

第四章 民事诉讼法及其法律渊源和效力范围 …………………………………… 149
第一节 民事诉讼法概述 ……………………………………………………… 149
第二节 民事诉讼法的法律渊源 ……………………………………………… 152
第三节 民事诉讼法的效力范围 ……………………………………………… 155

第五章 民事诉讼法与相邻法律的关系 ... 156
- 第一节 民事诉讼法与民事实体法的关系 ... 156
- 第二节 民事诉讼法与其他诉讼法之间的关系 ... 159
- 第三节 民事诉讼法与其他民事程序法的关系 ... 161

第六章 民事诉讼法的基本原则 ... 166
- 第一节 民事诉讼法基本原则概述 ... 166
- 第二节 人民法院依法独立行使审判权原则 ... 176
- 第三节 以事实为根据,以法律为准绳原则 ... 180
- 第四节 使用本民族语言文字进行诉讼原则 ... 185
- 第五节 检察监督原则 ... 186
- 第六节 民族自治地方制定变通补充规定原则 ... 192
- 第七节 诉讼权利平等原则 ... 193
- 第八节 同等与对等原则 ... 196
- 第九节 辩论原则 ... 197
- 第十节 处分原则 ... 201
- 第十一节 支持起诉原则 ... 203
- 第十二节 两便原则 ... 206
- 第十三节 诚信原则 ... 209
- 第十四节 在线诉讼原则 ... 223

第七章 中国民事诉讼法的发展趋势 ... 226
- 第一节 从法律体系看中国民事诉讼法 ... 226
- 第二节 我国民事诉讼法的基本特征 ... 228
- 第三节 民事诉讼法修改再出发 ... 228
- 第四节 中国民事诉讼法修改与完善的指导理念 ... 229
- 第五节 中国民事诉讼法学的现代化转向 ... 235

第二编 诉讼制度论 ... 243

第八章 民事审判的基本制度 ... 245
- 第一节 民事审判基本制度概述 ... 245
- 第二节 合议制 ... 247
- 第三节 回避制度 ... 253
- 第四节 公开审判制度 ... 260
- 第五节 两审终审制度 ... 269

第九章 主管和管辖 ... 275
- 第一节 主管 ... 275
- 第二节 管辖 ... 290

第十章　当事人 …… 368
- 第一节　当事人概论 …… 368
- 第二节　共同诉讼基本法理 …… 413
- 第三节　必要共同诉讼（一）：固有的必要共同诉讼 …… 416
- 第四节　必要共同诉讼（二）：类似的必要共同诉讼 …… 425
- 第五节　普通共同诉讼 …… 451
- 第六节　第三人 …… 462
- 第七节　第三人撤销之诉 …… 493

第十一章　代表人诉讼 …… 501
- 第一节　代表人诉讼的产生与发展 …… 501
- 第二节　代表人诉讼的概念和特征 …… 505
- 第三节　代表人诉讼与其他类似诉讼的比较 …… 506
- 第四节　代表人诉讼的类型 …… 517
- 第五节　代表人诉讼的程序构成 …… 519

第十二章　公益诉讼 …… 547
- 第一节　公益诉讼概述 …… 547
- 第二节　公益诉讼的原告资格 …… 561
- 第三节　公益诉讼的特别规则 …… 562
- 第四节　公益诉讼的推进模式 …… 577
- 第五节　公益诉讼和私益诉讼的关系 …… 583
- 第六节　社会团体提起公益诉讼 …… 586
- 第七节　检察机关提起公益诉讼 …… 599
- 第八节　刑事附带民事公益诉讼：案例评析 …… 619
- 第九节　检察机关对公益诉讼的支持起诉 …… 630

第十三章　诉讼代理人 …… 639
- 第一节　诉讼代理人的概念及特征 …… 639
- 第二节　诉讼代理制度的意义 …… 640
- 第三节　民事诉讼代理的分类 …… 642
- 第四节　法定代理人 …… 645
- 第五节　委托代理人 …… 651

第十四章　民事诉讼中的公众参与 …… 664
- 第一节　审判组织的两种模型：单一制与复合制 …… 665
- 第二节　陪审制的两种类型：陪审团制与参审制 …… 666
- 第三节　陪审制的演变规律 …… 668
- 第四节　陪审团制度的类型 …… 672
- 第五节　陪审团制度的价值论争 …… 674
- 第六节　陪审团制度的主要内容构架 …… 689
- 第七节　参审制 …… 693

第八节 人民陪审团的制度试点 ·· 702

第十五章 法院调解制度 ··· 711
第一节 法院调解概论 ··· 711
第二节 法院调解制度的基本内容 ··· 717
第三节 诉讼上和解 ·· 730
第四节 中国调解制度的现代化转型 ······································· 734

第十六章 诉讼证据 ·· 741
第一节 证据：司法理性主义的基石 ······································· 741
第二节 民事诉讼中的证据概念辨析 ······································· 746
第三节 我国民事证据制度的演化轨迹 ··································· 760
第四节 诉讼制度与证据制度的关系 ······································· 776
第五节 我国民事证据制度的改革与完善 ······························· 788
第六节 非法证据排除规则 ··· 808
第七节 民事诉讼中的证据契约 ·· 816
第八节 民事诉讼证据的法定种类与理论分类 ························ 825
第九节 证据交换 ·· 846
第十节 证据保全 ·· 855
第十一节 民事诉讼中的证明原理 ·· 856
第十二节 证明对象 ·· 870
第十三节 民事诉讼中的推定 ··· 880
第十四节 证明责任 ·· 891
第十五节 证明标准 ·· 938

第十七章 民事诉讼保障制度 ·· 955
第一节 期间与期日 ·· 955
第二节 送　达 ··· 960
第三节 保　全 ··· 966
第四节 先予执行 ·· 984
第五节 对妨害民事诉讼的强制措施 ······································· 991
第六节 诉讼费用 ·· 1003

第三编 诉讼程序论 ·· 1019

第十八章 第一审普通程序 ·· 1021
第一节 第一审普通程序概述 ··· 1021
第二节 起诉与受理 ·· 1022
第三节 审理前的准备 ·· 1033
第四节 开庭审理 ·· 1048
第五节 民事庭审程序的优质化改革 ······································· 1062
第六节 审理中的特殊情形 ··· 1086

  第七节 判决、裁定、决定和命令 …………………………………………… 1096
  第八节 审理期限 ……………………………………………………………… 1115

第十九章 简易程序和小额诉讼程序 ……………………………………………… 1122
  第一节 简易程序 ……………………………………………………………… 1122
  第二节 小额诉讼程序 ………………………………………………………… 1135

第二十章 上诉审程序 ………………………………………………………………… 1141
  第一节 上诉审程序概述 ……………………………………………………… 1141
  第二节 上诉的提起 …………………………………………………………… 1146
  第三节 上诉案件的受理 ……………………………………………………… 1154
  第四节 上诉案件的审理 ……………………………………………………… 1155
  第五节 上诉案件的调解、和解与撤诉 …………………………………… 1164
  第六节 上诉案件的裁判 ……………………………………………………… 1169
  第七节 依法改判的运作机理 ………………………………………………… 1176

第二十一章 再审程序 ………………………………………………………………… 1185
  第一节 再审程序概论 ………………………………………………………… 1185
  第二节 当事人申请再审 ……………………………………………………… 1192
  第三节 法院决定再审 ………………………………………………………… 1208
  第四节 因抗诉或检察建议再审 ……………………………………………… 1219
  第五节 检察建议及其规范化建设 …………………………………………… 1240
  第六节 民事诉讼中检察官的客观义务 ……………………………………… 1247
  第七节 检察监督立法 ………………………………………………………… 1261
  第八节 案外人申请再审 ……………………………………………………… 1266
  第九节 再审理由的审查 ……………………………………………………… 1274
  第十节 再审案件的审判 ……………………………………………………… 1279
  第十一节 再审程序的立法进步 …………………………………………… 1302
  第十二节 再审程序的缺陷审视及其修改建言 ………………………… 1307
  第十三节 再审程序体制转型展望 ………………………………………… 1313

第四编 非讼程序论 ……………………………………………………………………… 1325

第二十二章 非讼程序基础理论 …………………………………………………… 1327
  第一节 非讼程序与特别程序的历史考察 ……………………………… 1327
  第二节 特别程序的重要性 …………………………………………………… 1328
  第三节 特别程序与非讼程序的范畴联系 …………………………………… 1328
  第四节 特别程序在民事程序体系结构中的地位 …………………………… 1333
  第五节 非讼案件与诉讼案件的区别 ………………………………………… 1334
  第六节 非讼程序与诉讼程序的区别 ………………………………………… 1336
  第七节 诉讼程序与非讼程序的交错适用 …………………………………… 1340
  第八节 特别程序的共同规则 ……………………………………………… 1345

第二十三章　选民资格案件程序 ········· 1348
第一节　选民资格案件的概念及程序特点 ········· 1348
第二节　解决选民资格案件的程序 ········· 1349

第二十四章　宣告失踪、宣告死亡案件程序 ········· 1350
第一节　宣告失踪和宣告死亡案件概述 ········· 1350
第二节　宣告失踪案件 ········· 1352
第三节　宣告死亡案件 ········· 1352

第二十五章　认定公民无民事行为能力、限制民事行为能力案件程序 ········· 1353
第一节　认定公民无民事行为能力、限制民事行为能力案件概述 ········· 1353
第二节　认定公民无民事行为能力、限制民事行为能力案件程序内容 ········· 1354

第二十六章　认定财产无主案件程序 ········· 1355
第一节　认定财产无主案件概述 ········· 1355
第二节　认定财产无主案件的条件 ········· 1356
第三节　认定财产无主案件程序内容 ········· 1356

第二十七章　确认调解协议案件程序 ········· 1357
第一节　确认调解协议案件程序概述 ········· 1357
第二节　确认调解协议案件程序的制度沿革 ········· 1357
第三节　确认调解协议案件程序的适用范围与程序 ········· 1358

第二十八章　实现担保物权案件程序 ········· 1361
第一节　实现担保物权案件程序概述 ········· 1361
第二节　实现担保物权案件程序环节 ········· 1362

第二十九章　督促程序 ········· 1363
第一节　督促程序的概念和特点 ········· 1363
第二节　适用督促程序的条件 ········· 1364
第三节　督促程序的环节 ········· 1366

第三十章　公示催告程序 ········· 1369
第一节　公示催告程序概述 ········· 1369
第二节　公示催告程序的适用范围 ········· 1370
第三节　公示催告程序的构成 ········· 1371

第五编　执行程序论 ········· 1375

第三十一章　民事执行程序总论 ········· 1377
第一节　民事执行概述 ········· 1377
第二节　执行制度 ········· 1409
第三节　执行程序 ········· 1425
第四节　执行时效 ········· 1446

第五节　执行救济 ·· 1450

第三十二章　民事执行程序分论 ·· 1458
　　第一节　执行措施概述 ·· 1458
　　第二节　给付金钱 ·· 1460
　　第三节　查封、扣押 ··· 1462
　　第四节　拍卖、变卖 ··· 1466
　　第五节　司法拍卖制度的改革与完善 ··· 1474
　　第六节　物之交付 ·· 1489
　　第七节　强制迁出房屋或者强制退出土地 ·· 1490
　　第八节　以物抵债 ·· 1491
　　第九节　强制管理 ·· 1493
　　第十节　对特殊财产权的执行 ··· 1495
　　第十一节　代位执行 ··· 1497
　　第十二节　行为执行 ··· 1499
　　第十三节　惩罚性执行 ··· 1501
　　第十四节　执行转破产 ··· 1505

第六编　涉外民事诉讼程序论 ·· 1509

第三十三章　涉外民事诉讼程序的特别规定 ·· 1511
　　第一节　涉外民事诉讼程序概述 ··· 1511
　　第二节　涉外民事诉讼程序的原则 ·· 1520
　　第三节　涉外民事诉讼的管辖 ··· 1528
　　第四节　涉外民事诉讼的期间和送达 ··· 1540
　　第五节　外国法的查明 ··· 1547
　　第六节　国际司法协助 ··· 1564

第十六章 诉讼证据

第一节 证据：司法理性主义的基石

一、司法证明的理性与非理性

"打官司就是打证据"，这是现今人们耳熟能详、经常挂在嘴边的公式化的命题。这一命题可以说是一个跨越时空的真理性命题，由古及今，概莫能外。这是人类的起码理性的表征。但问题在于，这里所谓的"证据"究竟何指。对于这个问题的回答，古人和今人所给出的答案，可谓大相径庭，迥然有异。

法制史的研究告诉我们，古人判案所采用的"证据"，是诸如神明的启迪、独角兽裁判、水审、火审、决斗、宗教宣誓等方式。这种方式，理论上称之为"非理性的司法证明方式"，由此所形成的证据制度，则便是"非理性的证据制度"。在非理性的证据制度中，证据指的是各种非理性的试验、仪式或角力的结果，这些结果与需要解决的纠纷本身并不存在必然的内在关联，因而这其中充满了任意性、偶然性乃至武断的属性。依据这种结果来裁判案件，期望它能够输送出正义的司法产品，是困难的。这里所依靠的力量，乃是物理力量、自然力量、身体的力量乃至超自然力量——宗教的力量，无论如何，它终究不是依靠人类的理性力量——所谓的非理性的评语，就是因此而生的。

应当看到，在人类历史发展的某个很早的阶段，古人们所能够依赖的，就只能是这样的为今人所不屑的非理性的证明方法。这是历史局限性，这种局限性是由那个时代的人们所处的物质文化生活水平所决定的，是无法摆脱的局限性。在公力救济取代私力救济的早期阶段，非理性的证据制度是人类的唯一的、也是必然的选择。

随着社会的进化和历史的进步，人类的理性逐步丰富和发展，非理性的司法证明方式在人类理性的严格审视下，日益显示出它的固有的弊端，人们最终发现，依赖或完全依赖这种非理性方法来表达和描述决定案件成败结果的关键环节的案件事实的真相，已经失去了可靠的属性和获得信赖的可能。于是，人们的注意视点开始由外在向内在转变，其结果，一种前所未有的以事实求证事实的司法证明方法应运而生了。

"以事实求证事实"，这是一个崭新的司法命题。在这个命题中，前一个事实是已知的因素，后一个事实是未知的因素，用已知的客观因素来推断未知的客观因素，从而发现社会活动真相，达到对社会事实的真理性认识，这就是与过去惯用的非理性的司法证明方法的区别所在，这就是"理性的司法证明方法"。理性的司法证明方法的根本要义就在于从人的认识能力出发，基于已知的客观求证未知的客观。这是一个主观反映客观的过程，这种反映所根据的是人类自身的理性。人们凭借证据能否反映客观的案件事实，最终所诉诸的是人自身的认识能力以及对此认识能力的信念或信仰，这种人的能力以及对这种能力的信仰，结合起来看就是人的理性的全部内涵。

与非理性的司法证明方法相比较，理性的认识案件事实的过程是直接的认识过程，而非理性的认识过程则是借助于外在因素的间接的认识过程；理性的认识过程的出发点和归属点均在人自身，而非理性的认识过程，其出发点在人，而归属点却在非人，即人以外的其他因素。理性的司法证明方法较诸非理性的司法证明方法的优越之处便在于，前者因为是可以验证的，所以它容易获得人们的认同和理解，并由此增进人们对认识事物、确证事物的信念；后者则因无法用除此以外的其他任何方法加以验证，因而人们对它所寄托的信念必将随着人自身理性的增强而与日俱减。在此意义上，非理性的司法证明方法为理性的司法证明方法所取代乃是历史发展的必然。毫无疑问，理性的司法证明方法因为源自人的认识能力的自我扩充以及人的自身价值的确证和实现的过程，故而是一种更具生命力的认识事物的方法，一种为人类所自然接近的方法。

理性的司法证明方法就是以事实求证事实的方法，这是其固有的内涵，而用来求证事实的事实便称为"证据"。利用证据来认识案件事实的真相，并且按照这种已纳入认识范围内的事实适用法律作出裁判，这就是通常所说的"证据裁判主义"。证据裁判主义在诉讼制度中的出现，标志着人类诉讼法律文化的文明程度的提高，同时也意味着人类解决纠纷能力的增强，人类由此步入更加有序和合理的历史阶段。证据裁判主义之在诉讼制度中的确立，使证据制度在诉讼制度的整个体系中获得了重要的一席之地。无论在重演绎法思维方式的大陆法系国家，还是在重归纳法的英美法系国家，其司法逻辑都是以规范为大前提、事实为小前提并由此得出裁判结论的"三段论法"。

三段论法的司法逻辑在诉讼过程中的普遍适用，本身就说明了人类解决纠纷的过程必然是一个理性化程度极高的过程。三段论司法过程的关键在于作为小前提的事实认定。事实认定离不开证据的运用，证据在现代司法制度和诉讼程序中已经无可置疑地占据了枢纽的位置。司法者作出裁判所仰赖的是证据，裁判者以外的主体（如法律监督者）对裁判活动进行评价的依据也主要来源于证据。证据成为人们司法活动的出发点，也成为人们对司法活动进行理性评判的标准之一。司法过程的理性化程度在人们对证据的重视程度中得到晴雨表式的映现。

二、证据裁判主义的确立

《证据规定（2020年）》第85条规定："人民法院应当以证据能够证明的案件事实为根据依法作出裁判。"这一规定包含四层含义：

第一，强调事实认定的重要性。法院裁判案件有三个中心任务，一是认定事实，二是适用法律，三是根据事实和法律作出裁判；作为法院适用法律的基础只能是事实，而不能是任何别的东西；正是事实，成为司法三段论中的核心。

第二，案件事实由法院加以认定。认定事实是法院之权，法院行使审判权中的一个必然含义就是认定事实。认定事实既可以由职业法官进行，也可以由外行法官进行，还可以由职业法官和外行法官混合地进行。但无论由什么样的审判组织进行，认定事实的诉讼任务在本质上是一致的，包含在这个过程中的思维规律和逻辑法则并无二致。

第三，法院认定事实，所依赖的方法或手段只能是证据。正是将证据界定为事实，落实为事实，现代证据制度才有了革命性的含义，才有了理性主义的光芒，才有了种种证据制度和证据规则之发达。如果将证据说成是"根据"，那前面所说的各种形式皆为"根据"；如果说证据是"事实"，那就将近现代证据制度与以往一切唯心主义的证据制度判然划分过来了。在此意义上,我们可将证据从广义上分为两种,一是理性证据,即以事实为内容和归属的证据;二是非理性证据,即以事实外的因素为内容的证据。"以事实为根据,就是以证据为根据",这一论断,只有在将证据的内容界定为事实的前提下才是正确的。

第四,法院所认定的事实为法律事实。法院根据证据所认定的事实,是仰赖于证据之网的事实,是"网上的事实",而与自然界客观存在的事实,即"镶嵌于自然经脉中的事实",至少在概念上、在观念上不可画上等同之号。把这两种事实分别开来,是整个证据法赖以产生的基本出发点。证据法所要做的工作,整个地说来,就是做两件事:第一件事,也是第一个步骤,就是把法律事实与客观事实在观念上分离开来;第二件事,也是第二个步骤,就是努力把所形成的法律事实与客观事实合起拍来。第一件事实质上就是把法律事实从自然界"拣"起来,第二件事实质上就是要求这个被"拣"起来的事实与客观事实相符合。前者为证据法努力之量,后者为证据法努力之质。无论是英美法证据法还是大陆证据法,其内容无非由这两个方面综合地构成的。

以上这四层含义加在一起,就是证据裁判主义的完整内涵。真正意义上的证据裁判主义,说的是由理性的裁判者,按照理性的证据法,获得对争议事实的肯定性认识,从而据此作出判决的诉讼原则。所以,证据裁判主义在严格意义上理解,乃是一种将近现代诉讼制度区别于前近代诉讼制度的一个分水岭。在证据裁判主义下,司法的理性程度获得了极大的提高,司法的文明性得到了空前的强化,司法的准确性有了明显的增长,司法裁判的说服力和人们对裁判的信仰也获得了前所未有的、飞跃式的进步。正是有了证据裁判主义,一切诉讼外的非理性因素、偶然性因素,诸如司法外权力、威势、暴力、蛮横、专断、为所欲为等,都被排斥于事实认定的空间之外,证据成为这些非理性因素的天然屏障。从这个意义上说,依证据司法,是审判独立、司法不受干预的一个有力武器。正是有了证据裁判主义,诉讼审判中任何落后的、野蛮的、幼稚可笑的、令人瞠目的、反理性的、反文明的、反科学的裁判方式,一概被扫除进了历史的垃圾桶里。

证据裁判主义是一项基本的诉讼原则,各现代国家都一致地奉行无疑,不实行证据裁判主义的诉讼制度,不能称之为真正意义上的现代诉讼制度,其相应的证据制度也不能不带有落后、野蛮的因素,这些因素无疑是现代国家应予摒弃的。为什么说现代国家一定以实行证据裁判主义为标志呢?根本原因就在于证据裁判主义是理性主义的表现,认可了这一点,就认可了人类摆脱自然之束缚、从而成为征服自然的主人之观念。这就是人本主义的思想,这种思想表现在诉讼领域,就意味着认定事实方法的根本性变革,就意味着裁判者被赋予了自由的属性,也意味着认定案件事实有了科学的根据。而正是这科学的根据,成为司法公正的核心要素。

证据裁判主义在任何诉讼领域都实行着,刑事诉讼中定罪量刑离不开证据,行政诉讼中对具体行政行为合法性的判断离不开证据,民事诉讼中对民事权利义务的判断也离不开证据。我国三大诉讼法均表明,实行证据裁判主义是一个共通性原则,这反映了我国诉讼制度和司法制度的进步性和文明性。但它们之间基本原则的一致性并不意味着证据制度的完全等同。三大诉讼所针对的、所要解决的纠纷之性质是极不相同的,它们所产生的法律后果也有很大区别,因而它们对证据制度的具体内容的需求也显有差异。比如说,证明责任的负担主体以及负担方式便有所不同,证明标准也有所区别,由此所形成的证据规则及证据程序也有分别。正因如此,对这三大证据制度应当分别加以规定,这也是证据裁判主义的进一步要求。我们以前谈证据,均不分三大诉讼之区别,这就为立法带上了简单主义的弊端,也为司法带上了武断主义的色彩。我国诉讼证据制度的不断发达和进步，昭示着我国证据裁判主义深层含义的渐趋丰富和充实。

各国的诉讼制度不同，所形成的证据制度也有所不同。现代各国诉讼制度主要有对抗制和职权制的对立，这两大诉讼制度现在也出现了趋同的倾向性。这是诉讼规律在现代社会和现代历史阶段的体现。但由于历史的缘故，这两种对立性的诉讼模式目前依然存在，而且在发挥着重要的导航作用。我国目前正处在市场经济条件下和中国国情的作用下的诉讼制度和证据制度塑造阶段，可以说正处在历史和现实的十字路口。对抗制下的证据制度重证据的可采性规则，职权制下的证据制度重证据的调查、判断和监督的程序。我国应当如何设计证据法的内容呢？这便是证据裁判主义所必须研究的课题。结合不同的诉讼模式设定具体的证据内容，这也是证据裁判主义的要求之一。

案件中出现的事实可谓纷繁复杂，变化万端。但大致分开来，无非有程序事实和实体事实、主要事实和次要事实、直接事实和间接事实、与定性有关的事实和与定量有关的事实、与案情有关的事实和与人的品性有关的事实、具有最终意义的事实和具有临时意义的事实等，不同的事实对证据有不同的要求。比如，有的事实，如有保全必要的事实，有的国家可以用宣誓这种主观性表白代替客观事实的证据。再如，对程序性事实，在大陆法国家仅要求疏明即可，而不要求有严格的证明。诸如此类，不一而足。对不同的事实，提出不同的证据要求，也是证据裁判主义的内涵之一。

证据裁判主义在我国具有独特的意义：首先，它要求任何人进行诉讼，都要有证据意识。进行诉讼就是运用证据进行诉讼，离开对证据的运用，诉讼就会变成一种毫无意义的游戏。证据意识是自我意识和理性意识的结合。强化了证据意识，就是强化了当事人的自主意识，就是强化了当事人对诉讼程序和诉讼内容的控制、处分、支配意识，同时也强化了当事人对诉讼结果的承担意识、责任意识。把当事人的主体精神和诉讼过程以及诉讼结果联系起来、融合起来的纽带，就是证据。如果当事人从证据领域自觉、不自觉地退出，实际上就是使自己游离于诉讼之外，产生了隔岸观火的非证据意识。正因如此，最高人民法院的《证据规定（2020年）》开篇第一章就规定了"当事人举证"。当事人举证，用证据说话，用证据说服法官，几乎成了当事人进行诉讼唯一重要的事情。诉讼法的中心在此，证据法的中心更在此。证据不仅在诉讼领域才产生了它的重要性。在诉讼之前，纠纷发生以后，当事人就开始为了诉讼的目的而忙碌于证据的收集与保全，诉讼未来，证据先行。所以，《民事诉讼法》第84条规定了证据的诉前保全制度。与财产保全一样，证据保全也有诉中保全和诉前保全两种。证据保全，除了司法性质的保全外，还有非司法性质的保全，如公证机关进行的保全便是。再往前推，当事人在进行民事交易的时候，就要考虑到交易不成以后的诉讼问题。诉讼问题的焦点，除解决诉讼的方式和管辖外，就是证据问题。比如说，当事人在订立合同之时，就要考虑到对方有无权利或授权的证据，对方有无责任能力的证据，见证人的证据，公证的证据，证据责任的负担，"一式两份、各持一份"用来对质的证据，修改合同注明为意思表示真实的证据，等等。再向前看，实体法的立法者在规定实体法内容的时候，也就自觉、不自觉地考虑到了证据问题。比如，举证责任的配置问题、证明标准问题、证据形式问题、推定和视为问题等。这些问题成为实体立法时必然要考虑的有机内容之一。实体法之所以要规定这些内容，一个根本的原因就是为民事主体将来发生纠纷时打官司做好准备。由此可见，证据裁判主义引申出的含义一直到实体法领域。实体法上对证据的规定、民事交易时对证据的规范、发生诉讼时对证据的收集和使用，这个漫长的领域，都为证据裁判主义这一根红线所覆盖。如果不实行证据裁判主义，就不可能有理性的实体立法、理性的实体交易、理性的诉讼活动。正是证据裁判主义,把实体法、诉讼前的程序法以及诉讼法连接起来了。从这个意义上可以说,证据法既是诉讼法的证据法,也是实体法的证据法,还是既非诉讼也非实体领域的证据法。证据法是一个综合性的法律部门,正是在此意义上,我们说,证据裁判主义是一个综合性的、跨领域的法律原则。

其次,证据裁判主义要求我们改变被告人总是败诉方的先入为主的观念。是原告败诉还是被告败诉,不取决于谁先起诉,谁占有诉讼中的主动,而在于以证据予以"包装"的案件事实。

再次,证据裁判主义要求法官在认定事实之时,完全以证据为根据,而不得以同情心、情理、猜测、估计、"大概齐"等非证据因素认定事实。

最后,它要求裁判者对其作出的裁判充分而详尽地阐述理由。如前所述,证据裁判主义在不同的审判组织结构下有不同的内容表现形式。在复合制审判组织的陪审团制度下,证据裁判主义的内容多体现为证据可采性规则,而在单一制审判组织下,证据裁判主义则更多地侧重于证据程序方面的内容。我国采后者。证据裁判主义要求我国的法官对证据的调查恪尽主动性、全面性、客观性、中立性的职守,要求他们对裁判的理由和心证形成之过程,毫无保留地、周密圆熟地阐释清楚。这样做的目的,是对事实认定的法院行为实施证据法上的制约。英美法证据制度的制约性体现在前,大陆法及我国证据制度的制约性体现在后。无论制约在先还是制约在后,无非是证据裁判主义的体现。正因如此,在我国,庭审笔录和卷宗材料就显得至关重要,因为正是在庭审笔录中,当事人的证据活动得到全面展现,而上级法院对下级法院的证据制约即以此为据。

三、我国的证据传统

中国自古以来就有重理性、求真实的司法传统,这种传统发萌既早,延续也久。当然,这并不是说我国形成了发达的、成熟的证据法学理论,而仅意味着我国具有重证据、重理性的司法传统,现在我们所了解的西方各种各样的非理性的司法证明方法乃至理性主义流派中的机械的法定证据主义,在同时代我国古人的司法思维的逻辑中无疑具有显著的幼稚性。

反观我国现代的司法制度和诉讼程序,不难看出它与社会相脱节的现象存在。司法的过程成为一个封闭式体系的展开过程,造成司法不够理想的根由,乃在于各个参与诉讼过程的主体已经匮缺了启迪理性、沟通心灵和良知的凭借和依托——证据。它们就诉讼结果所进行的程序对话已经不在或主要不在证据的层面,证据对于诉讼活动缺乏了基本的约束力。失去了以证据为主要符号的司法对话,其结果只能导致理性主义的丧失,并同时引起非理性司法逻辑在新的诉讼构架下的复活。运行于司法实践中的诉讼程序如果使证据失去了起码的实质意义,则无疑会使司法机制陷于岌岌可危的境地。司法困境的对内表现是司法过程的松弛和无序,其对外表现则是人们失去了对司法的信任,产生了对司法的隔膜。二者的结合便积淀为对司法不公的麻木和抱怨。摆脱司法困境、克服司法不公、强化司法公信力的现实举措便是审判方式的改革以及由此所引发的司法体制机制的改革、完善与转型,其目标集中体现在司法公正和司法效率之上。

实现司法公正的基本保障乃是弘扬司法理性主义,克服、消除横亘于其中的非理性因素。司法理性主义的基石是证据,贴近证据就是贴近事实。在事实的层面上依法司法,便是司法理性主义的基本要求,也是确保司法公正的坚实领地。这个过程的完成与这个目标的实现,离不开对人们证据法律意识的唤醒,离不开证据法律制度的体系化和规范功能的提高。正是在此司法背景下，人们将目光投向了中国民事诉讼证据制度的历史沿革之理论探索和制度梳理，试图解读中国民事诉讼证据制度的基本特征、发展走势、演变规律等现实性、历史性与未来性课题。

第二节 民事诉讼中的证据概念辨析

一、证据属性的多种表述

证据的属性是证据这个概念的内涵的具体化表现或分解，也是证据赖以构成的诸要素，同时也是判断某物是否为证据的标准，是证据区别于其他非证据事物的标志。所以，证据的属性、证据的特征、证据的构成要素、证据的形成条件、证据的判断标准等，都是等义的说法，都是一个意思。但是，后面的论述将会表明，证据的属性和证据的本质属性乃是两个不尽等同的概念。证据具备了证据的属性，就符合了它的概念模式，证据就成立了，就能对案件事实起证明作用了。可见，证据的属性是一个有待判断的对象，是在审判者行使判断权以后才产生的概念，是否具备证据的属性，是将证据和非证据区别开来的分水岭。但是，证据究竟有哪些属性，这个问题在我国证据法学界一直有争论，到现在为止，争论还在继续。现在有的学者所提出的取消论的观点，某种程度上也正是这种争论的一种反映。证据属性是一个重大的理论问题，相信这个问题的澄清并达成共识，对建设我国的证据法学理论体系并确立其指导性原则，都有着基础性的价值。在证据法学的理论体系中，证据的概念论或属性论，无疑是一个开端性、基石性的理论，也是一个需要加以认真讨论和严肃对待的理论。

我国学者对于证据的属性曾先后提出过数十种概念，如客观性、关联性、合法性、多样性、两面性、制约性、真理性、证明性、可采性、重要性、阶级性等。这些属性概念，有的仅仅是个别学者的一己之心得，并没有获得呼应或赞同，因而很快销声匿迹了。还有的曾在一定历史时期像通说那样流行，但很快也随着历史巨轮的飞驰，逐渐被淡忘了。前者如两面性、制约性，后者如阶级性。经过大浪淘沙，犹如磐石岿然而始终不动的证据属性，当推关联性。不管人们对证据的属性如何争论，也无论证据的属性问题出现在何国、何一历史时期的证据法学论坛，人们对于证据的关联性似乎总是不加争执，体认它为证据属性之中的当然品格。另外，是客观性。人们对于证据应当具有客观性这一点也基本上是无争议的，但证据在具有客观性的同时，是否还有主观性的一席之地，主观性和客观性如何在证据的属性当中求得统一或是否有统一的余地，人们却争论难休。至于合法性，则更加因为它的伦理色彩和内涵的难以捕捉性，而易起论争。这种论争有时甚至与阶级性关涉在一起，而更显示出证据问题的政治气息。笔者在该部分所论及的问题，基本上都是围绕着证据的客观性、关联性和合法性"三属性"这个题目而展开的。

二、证据的客观性

客观性是指证据所反映的内容必须是客观存在的事实。证据必须具备客观性，这是证据最重要的属性，缺乏这个属性，证据便不成其为证据。证据的客观性具有这样几层含义：

第一，证据所反映的内容必须是真正发生过的事实，或者将来必然要发生的事实。比如证人所提供的证词，该证词的内容必须是真的，而不是假的，必须符合客观存在的事实，而不是凭空杜撰或捏造出来的所谓事实。证据的这个特性是外在于人们的主观意志的，是不以人们的意志为转移的。它表明证据事实处在客观自然的领域，而非处在主观精神的领域。

第二，证据的客观性指的是证据的内容必须是客观的。比如说，书证上所反映的内容，必须符合客观真相，必须是确有其事的，而不是指证据内容的载体必须是客观的。证据内容或证据事实的载体只能是客观存在之物，而不可以是单纯的主观的精神。但这种客观存在之物，也混同或渗透主观的精神之物。前者是指物证，后者是指人证。比如说借据是书证，它由两部分构成：一是一张纸或者钢板之类可以书写的东西，二是这张纸上所写的字以及字的含义。字以及字的含义是不可分的，它们构成一个统一体，表达一种意思，这种所表达的意思就是证据事实。比如说张三借给李四若干元钱，这个内容必须符合客观发生过的实际情况，如果张三客观上没有借给李四若干元钱，那么，就可以说这个证据不具有客观性，是伪造的，是违背事物的本来面貌的，法官对此不得采纳为定案根据意义上的证据，从而认定张三借给李四若干元钱的案件事实。也就是说，张三所主张的曾经借给李四若干元钱的事实，不能依靠这个证据来证明，原因就在于该书证不具有客观性。这是指该书证所体现的内容不具有客观性，而不是说该书证本身——这张纸不具有客观性。这张纸是客观存在的，这纸上的字也是客观存在的，只不过是纸上的字的含义不符合客观事实，它所描述的事情从来没有发生过。同样，证人证言也是由两部分构成的：一是证人所讲的话，即证言或证词；二是证人本身，这是一个由有形物和无形物构成的综合体。证人本身也是客观存在的，但不意味着证人是客观存在的，他所发表的证词也符合客观实际。证据所关注的是证人证词的客观性，而不是证人的客观性。

第三，证据的客观性表明案件事实的认定具有可靠性。从人类历史上说，人们认识案件事实的方法并非证据一种，还存在过诸如神明裁判的方法、决斗裁判的方法等。这些方法也能在一定程度上认识案件事实，但往往不够准确、全面，因而具有主观主义、武断主义、片面主义和形式主义的特点。不管是何种方法，只要是证据以外的方法，都是一种游离于案件事实的外在方法，而不是以事实求证事实的内在方法。而证据则是这样一种内在的方法。证据这种方法之所以能够产生并发挥作用，是因为它相信三种因素的存在：一是任何发生过的事实都会以这样或那样的形式，在客观的自然界或人类的精神界留下各种印记或痕迹。这是由物质不灭定律所决定的，也是客观事物的发展和变化的规律所决定的。二是这种印记和痕迹与案件事实之间存在一种客观的、内在的联系。三是人类可以通过精神的力量和逻辑的力量，发现和认识这种印记和痕迹与案件事实之间所存在的这种客观的、内在的联系。也就是说，人类具有将这种已知的事实和未知的事实联系起来，从而以已知的事实推导出未知事实的精神能力。这就是理性的力量，也是逻辑的力量。证据是已知的事实，案件事实是未知的事实，嫁接已知事实和未知事实的中介是理性和逻辑的因素。理性和逻辑是一种毋庸置疑的力量，只有人类才有这种力量。未知的案件事实依靠逻辑的力量奠定于已知的事实基础上，获得了它的极大的可靠性，也就是它的真实性和客观性。所以，与其他任何方法相比，利用证据来认识和确定案件事实是最可靠的，也是最坚实、最有说服力的。这是证据具有客观性的含义的缘故。

三、证据的主观性

证据具有客观性这是无疑义的，但是，对于证据的客观性要作辩证的、唯物的理解，而不可对之加以机械的、形而上学的解释，不能认为证据就是纯粹客观的产物，而与主观性无缘或漠不相关。实际上，证据既具有客观性，也具有主观性，证据的客观性和主观性并不矛盾。毋宁说，证据的客观性既应当在同证据的主观性相对立的背景下理解，又要在同证据的主观性相统一的意义上理解。只有从它们既对立又统一的两个方面予以同时而兼顾性的考察和认识，才能真正揭示出证据的本性和证据的功能。

首先，证据的客观性是在纯粹的客观领域出现的概念，是在人们对它予以认识和把握之前所具有的内涵。

证据的存在和证据的认识是两个不同的概念。证据的存在在证据的认识之先。存在是客观的，是不以人们的意志为转移的，换言之，是人们的主观性尚未触及和渗透的自在之物，具有自在存在性。从性质上说，客观存在的证据尚处在人们的认识的彼岸，属于有待于认识的事物，而不是已经被认识的产物。在此意义上说，客观意义上的证据尚处在未知的领域，人们对它的概念陈述只能是一种猜测，而且是纯粹的猜测。所以，证据的客观性和证据的抽象性是呈同构状态的，是同一个概念的两种相异的说法。柏拉图所谓的理念说和彼岸说，用在这里，恰可以说明证据的客观性。

其次，证据必须过渡到主观性才具有实存的价值。

证据的客观性是他在的，尚未被人们的主观性所把握，因而它所有的价值都潜而不彰，或者说，对具体的诉讼程序而言它是无价值的。没有被利用的东西当然是无价值的，所谓"有用即真理"用在这里是贴切的。为了使客观实存的证据发挥实际的作用，人们必须去认识它。凡被人们认识的东西都具有了主观性，这是不可避免的，被认识之物即是主观和客观的混合物。在此意义上完全可以认为，被人们意识到、把握到、利用来在诉讼程序中发挥证明作用的证据，就是客观的内容和主观的形式的混合产物。如果将尚未被人们的主观意识所接触的证据称作客观证据，那么，被人们认识到从而走进诉讼程序中的具体的证据，便可称为诉讼证据。被用作诉讼中证明之用的证据即为诉讼证据。凡是被人认识到并且被用于一定的目的的，这种证据都不可避免地烙上了主观性的印记，主观性从而与客观性混杂在一起。所以，证据的主观性表明了这样一种意思：证据是在诉讼程序中被用来起证明作用的东西。可见，凡是带着诉讼证明之目的性的证据都具有主观性。

再次，证据的主观性表现为诉讼证据从被发现、阅读、理解、认识、掌握、筛选、塑造、提供、质证、认证到最终被采纳的整个过程。

证据的主观性是一个动态的过程，这个过程贯彻于诉讼的始终。证据的客观性是证据的第一阶段，即正题，那么，证据的主观性则是证据的第二个阶段，即反题，证据从发现到采纳这整个过程，尤其是到了采纳的终点，则表明证据已经到了第三个阶段，即主观性与客观性相吻合的合题。所以，用黑格尔哲学正题、反题与合题这个公式来套，证据的客观性与证据的主观性之间的辩证统一关系可以鲜明地表达出来。证据的主观性是对证据的客观性的否定，如果说证据的客观性为"有"，那么，证据的主观性则为"无"，"无"是对"有"的否定。当然，这里的"否定"或"无"，并不是从内容上实际地否定证据的客观性，而是说证据的主观性完成了对证据的客观性的笼罩。证据的客观性需要在诉讼过程中逐渐地挣脱证据的主观性，从而最终使主观性和客观性完全相符，这就达到了主观对客观的认识和把握。当证据的主观性和客观性完全融合的时候，证据便带着它的全部内容走进了人们的主观领域。

最后，证据的主观性包含有诸多的环节。

证据主观性的第一个环节为证据法的立法者意旨。证据法对证据的形式预先作出了规定，这表明立法者对所有证据的表达方式事先有了统一的要求，这个要求便为证据的产生设定了框架。这个框架的最大限度为证据应然形式的全部。这个命题反过来说，客观的证据通过证据的立法形式表现出来，只能小于至多等于证据的客观实存。这就是说，在证据主观性的第一个环节，当它一经与证据的客观性联结起来，便不能不使证据的客观性缩小了范围。再开明、智慧的立法者也充其量只能够设定使证据的客观性得到充分表达的一般形式，更何况这样的立法者是极难出现的，因为，证据的立法形式天然地存在它的不足性和滞后性。为什么证据的立法形式天然地存在各种缺陷呢？其根本的原因在于人们从事各种活动的形式始终前置于立法对它的反映和规制，一如实体法注定要落后于社会生活条件一样。原来我国诉讼法制中没有视听资料或电子数据这种表达证据的立法形式，而后来根据实践的需要予以增补，即是明证。反过来设想，如果立法者依然不规定视听资料或电子数据这种证据形式，那么，有相当比例的客观证据便会因无恰当的证据形式加以反映和表达，而无从进入诉讼过程。立法者的意志在这里从抽象的角度划定了证据的范围。这是证据的主观性对证据的客观性的第一次作用，作用的结果是，证据客观性的内容有可能缩小了范围。客观性被削减了的诉讼证据，相对自在地存在的客观证据来说，乃是一种局部性、片面性、残缺性的证据。而这种证据形态的成因，全都在于它的主观性。

证据主观性的第二个环节便是证据的形式和证据的客观性的联结。证据的形式是停留在立法层面的抽象的类，每一种证据形式都反映着一个证据表达形式的类，也即普遍性。所以，证据形式是所有同类证据的总和。例如，书证便是所有已经出现或可能出现的各种各样的书证的概称。所有的具体意义上的书证都被涵盖于这抽象意义上的书证之中，换言之，抽象意义上的书证在本质上能够包容所有已经出现或即将出现的具体意义上的书证。但这抽象的书证和具体的书证之间有着一条巨大的鸿沟，因为它们一个处在抽象和立法的层面，一个处在具体和诉讼的层面。而要将这两者联结起来，唯有依靠人的主观性。只有通过人的主观性，才有可能使抽象的证据形式变为具体的证据材料。如果人不在其中起能动的作用，那抽象的证据形式永远是抽象的，不可能变为具体的，而客观存在的证据事实则永远游离于诉讼程序之外，不可能依照证据形式这个中介变为具体的诉讼证据。这里的人的能动作用又包括对证据形式的利用意识、对客观证据的追寻意识，以及具体的发现证据、调查证据、收集证据、筛选证据、判断证据的用途、决定证据的提供和对提供证据的方式的选择等若干环节。在这每一个环节中，人的主观性都毫无遮拦地渗透着，在有的环节，甚至完全以主观性来代替它的客观性。这就不得不使证据的客观性受到主观性的摆布和扭曲，客观性在这里处在被动和无能为力的状态，客观性有可能面目全非，主观性可以任意地塑造客观性。这种状况表现在具体的证据材料上，就有可能是真假相混，证据的客观性被任意割舍，伪证的制作不仅有可能，有时甚至不可避免。在证据概念含义的呈现中，客观证据和诉讼证据有了区别，而诉讼证据的第一个阶段便只能属于证据材料的范畴。因为，它完全是在诉讼主体主观性的支配下塑造和提供的，其客观性的存否以及比重如何，在这个阶段都还是一未知之谜。可以说，这个阶段乃是证据的主观性占主导的时候。证据的主观性占主导，尚不意味着它能直接地起证明作用；它能否起证明作用尚处在可能性的环节，而还未上升到必然性和直接性的层次。在诉讼主体提供证据的时候，我们所见到的并非外在于诉讼程序的客观证据，也不是其客观性最终为人们所把握的真正意义上的、有实际作用的诉讼证据，而是一个主观性支配着它的客观性的主观证据。这个意义上的证据我们可以称之为证据材料。证据材料是一有待于判断、审视从而剔除其主观性、回复其客观性的最初意义上的证据，是证据概念由抽象变为具体、由外在的客观性变为内在的客观性、由自在变为自为的第一个环节。这层意义上的证据，蕴含着诉讼程序的实质性意义；法院行使审判权、当事人行使诉讼权，其主要的目的都是审查判断这层意义上的证据。整个审判过程，是一个"合题"得以形成的过程。这个合题的最终目的，是清除外在的主观性，使人们对证据的认识符合外的客观性,从而使主观性和客观性完全融合,以致实现内在的主观性的过程。内在主观性的实现过程,是诸诉讼主体在客观性的层面达成共识的过程,也是主观性对客观性完全渗透的过程。这个时候的主观性和客观性完全地融合在一起了。外在的客观性,经过诉讼程序的运作,和内在的主观性相遇。这就是人的认识能力对客观真理的把握。法官所谓的"确信",就奠定在这样的一个主客观相符的基础上。

可见,与证据的客观性具有抽象和具体、外在与内在等多层含义一样,证据的主观性也具有这样的多义性。首先,它表现在立法者为证据的表达形式和运作形式所设定的主观性之上;其次,它又表现为诉讼主体外在的主观性之中;最后,它落实为内在的主观性和外在的客观性的统一。此时的证据,已经由抽象的王国进入了具体的王国,并且由必然的王国进入了自由的王国。只有到了自由的王国,证据才能起证明作用,才成为案件的要件事实与实体法律规范相联结的中介。

四、证据客观性和主观性的辩证统一

关于证据的客观性问题,曾先后有过多次讨论。早在 20 世纪 60 年代讨论刑事诉讼证据的概念和本质属性时,就有学者提出"证据是主观、客观矛盾的统一体"的观点。这个观点提出后,遭到了不少学者的反对。最终双方各执一词,未能达成共识。1981 年,《法学研究》杂志第 6 期发表了吴家麟先生的《论证据的主观性和客观性》一文,作者以雄辩的逻辑又一次提出了证据是主观性和客观性相统一的观点。无疑地,这个观点的提出,又一次引起了人们关于证据客观性和主观性关系的讨论。作者在这篇文章中提出了以下主要观点:第一,目前所流行的关于证据的定义,认为"证据是能证明案件事实的客观事实",这是不确切的,因为这将证据和客观事实混淆起来了。第二,证据确有客观性的一面,但也有主观性的一面,证据本身就体现了客观性和主观性的统一。第三,审判人员进行审判的过程就是一个逻辑证明的过程,证据在论证过程中是起着论据的作用的。审判人员一面在审查这些证据的真实性,一面在估量这些证据的证明力。只有具有真实性而且具有证明力的证据,才能作为定案的根据。既然诉讼中的证据相当于逻辑证明中的事实论据,而论据总是以判断的形式出现的,那证据当然也就具有逻辑判断的属性。第四,与逻辑判断的属性一样,证据也具有同样的属性。证据是由有正常思维能力的人提供的;证据对客观事物作出了断定;证据有真假之分。如果证据是事实,而客观事实是无所谓断定问题的,因而也无所谓真假问题,那么,诉讼法为什么还规定"证据必须查证属实,才能作为定案的根据"呢?这是说不通的。第五,从认识论的角度来说,破案和定案的过程就是使人的主观认识逐步符合客观实际的过程,也就是不断解决主客观之间的辩证矛盾的过程。第六,由此可以得出结论认为,证据体现了主观性和客观性的统一。证据的主观性表现在:它不是客观事实的本身,而是客观事实在人的意识中的反映;它是第二性的而不是第一性的;它不是不以人的意志为转移的,而是离不开人的主观意识的,有正常思维能力是提供证据和充当证人必不可少的条件。证据的客观性表现在:这是已经过去的客观事实在思维中的再现,是以客观事实为基础的。

吴家麟先生这个观点提出来之后,遭到了相当一部分学者的反对。反对的意见主要是:应当将证据本身的含义和对证据的运用区别开来。前者是客观存在的事物,是第一性的;后者是人对客观事物的认识,是第二性的。绝不能把两者等同地看待,因而不能认为证据是主观和客观矛盾的统一体。

对于这个问题,前面已有所涉及了,这里只想针对这个讨论中提出的问题,补充谈以下几

点看法：

第一，为什么要讨论证据的客观性和主观性的问题？讨论这一问题，不仅具有理论意义，而且具有实践价值。它的理论意义表现在：在证据法学理论体系中，证据是一个基石范畴，该范畴的内涵及基本要求如何，直接关系到证据法学理论体系的建构及相关的具体内容；证据的主客观关系问题也同证据的关联性的性质和合法性的内容紧密相关。而证据的属性问题实质上就是证据的判断标准问题。从实践上看，证据是一个存在于什么领域的概念，关系到人们对证据的理解和运用。证据是同诉讼法律关系主体有密切联系的基本问题。证据是存在论上的概念还是认识论上的概念？如果是存在论上的概念，那它就是一个纯粹客观的概念，证据就是一个不以人们的主观意志为转移的客观实存。如果是认识论上的概念，那证据就是离不开人的意识的主观范畴。证据究竟是一个客观范畴还是一个主观范畴，这不仅关涉证据本身的真伪可能性问题，尤其关系到诉讼的实际状况和诉讼程序的建构问题。可见，研究证据的客观性和主观性及其相互关系是有实际意义的。

第二，证据的客观论者为什么要坚持证据是客观的，而绝对不具有主观性？证据的客观事实论者认为证据是不以人们的意志为转移的客观实在，这种客观实在不管你认识它也好、不认识它也好，都是外在于人们的主观性而独立自存的。这是从证据的内容上着眼所得出的结论。证据的实质内容，自然是随着案件的发生发展过程而遗留下来的，这种事实一经发生，即不以人们的意志为转移。人们认识它，它存在；人们不认识它，它也存在。从这个意义上讲，纯客观论者是正确的。这里考虑问题的支点是证据的本体论。依照这个观点给证据下定义，并不是不可以。这样的证据概念有这样几个好处：首先，它强调了证据内容的客观性，有利于澄清主观论者容易给人们造成的误解，要求利用证据的人们必须以证据的客观性为依归；其次，根据客观论的证据定义，可以将现代证据制度乃至现代诉讼制度和过去的神明裁判制度和决斗等审判制度区别开来，它说明现代的证据制度是以客观事实求证案件的客观事实的，而不是用宣誓、神示、决斗等外在于案件事实的方法认知案件事实的。从这个意义上说，证据的客观性成为现代证据制度区别于过去非证据裁判主义的本质特征，是实行证据裁判主义的基本要求。这是纯客观论者所能给我们的启发。但是，这种纯客观的证据概念有着先天有余、后天不足的缺陷。这个缺陷主要表现在：首先，在概念上存在一个循环论证的问题。证据既然是客观真实的，那为什么立法上还说"证据必须经过查证属实才能作为定案的根据"呢？学者们提出的这个质疑，的确是有它的道理的。这里至少存在两个证据概念：一个是以客观真实为内容的证据，另一个是需要经过查证属实的证据。从下定义这个角度看，既然有这两种情况，那么，在定义中就都应当给予反映，而不应当只描述其中一种情况。否则，就势必陷入自相矛盾、循环论证的泥潭。这是从概念的周延性上说的。其次，从证据的程序运作中的实际情况来看，证据如果是客观存在的事实，而不具有任何的主观性，那么，它就不需要通过漫长的诉讼程序、由法院行使审判权来进行审查。既然要进行审查判断，那这个被审查判断的对象，肯定有需要审查判断的道理和原因。这个原因就只能从它的主观性上去找。因为，正是证据的这种主观性，才同它的错误性相同构，才同诸如伪证、假证、错证、误证、虚证、片面之证等概念相包容，否则，伪证这些概念又何从产生呢？难道它们是和客观真实的证据并行着走进诉讼程序的吗？显然不是。它们是同证据的客观内容混杂在一起进入诉讼程序的。而这样一个"混杂"，就必然承认有一个中间的环节。这个中间的环节就是所谓的主观性。最后，也是证据的客观论者所面对的一个最大缺陷，就是这种纯客观的证据概念对于诉讼实际毫无用处，纯客观论者所描述的证据概念，始终处在未知的领域，始终处在人们的主观意志以外，也就是说，始终与人这个最活跃的因素无关。这一点就决定客观证据概念对人是毫无价值可言的。原因很简单，因为价值是客体对主体的需要满足。这里的"需要"是主体和客体的内在联系。这种联系是不能割断的，否则就无所谓价值问题了。换言之，主体必须对客体有所认识，有所体悟，客体的价值问题才能被提出来。而客观证据是不以人们的意志为转移的，人们的意志还没有和客观的证据挂上钩，所以，这种客观的证据对人就是无价值的，或者说它的价值还没有体现出来。这种证据对人来说是漠不相关的，人对这种证据来说也是漠不相关的。它们分处在两个异己的领域，中间有着一条不可逾越的鸿沟。这就是客观的证据论者给证据所下的定义中固有的缺陷，这也是过分强调证据的客观性、貌似客观所必然导致的悖论。并不奇怪，国外证据法学者持客观证据说的学者十分罕见，几乎没有。有原因说、方法说、结果说、证明说和综合说，就没有一个事实说。相反，我国学者所主张的诉讼证据概念却是以事实说为通说，这个学说甚至为立法所接受。笔者认为，这种现象不是没有反思的意义的。

第三，证据的主客观之争，究竟是不是针对同一个问题而争？笔者阅读了那个时候争论较多的相关文章，觉得大家的争论实际上是从不同的角度看待证据的属性和特性，而不是从证据的本质属性上争论同一个问题。证据是一个多义词，它的含义随着它所处的时间阶段的不同而有不同的内容。在我们问证据有多少种的时候，这里的"证据"所指的就是证据的形式。证据形式是立法层次的概念，具有抽象性的特点。在案件事实发生之时，证据的内容就已经产生了，也就是证据的质料已经存在了。这种证据的质料是客观地存在的，是不以人们的意志为转移的，有的学者称它为客观证据，这也是可以的。因为这个阶段的证据就只有客观性一个属性，其他如关联性和合法性等属性都是不存在的。这种证据在时间上和观念上都是在诉讼程序之前或者之外而存在的，它还没有能够被人们所把握和理解，更不用说为人们所利用了。这应当说是一个很浅显的哲学常识，不值得过多争论。客观证据和证据形式分别处在证据概念的两个极端，它们之间还需要中间环节将它们沟通起来。这个中间环节就是诉讼的需要和解决案件的实际过程。这里的"需要"和"过程"都是人的主观性在起作用。它表现在一系列的活动之中。首先，它需要被人认识到并被提出来。被认识到并被提出来的证据，无疑是由客观证据转化过来的。但这种转化不是一个简单的过程，而是一个掺杂了主观因素，经过复合加工后，形成一个带主观目的性东西的复杂过程。这个主观目的性的东西就是证据材料。证据材料无疑是主观性和客观性的混合，它有全真、全假、部分为真、部分为假等多种形态。这是需要加以判断的对象。通过诉讼程序的运作，法院判断哪些证据材料可以被接受，作为定案的根据，哪些证据材料不能被接受，不能作为定案的根据。这就是对证据材料进行筛选。筛选的结果，那些被认为具有客观性、关联性和合法性的证据材料被保留，成为为判决所采纳的定案根据。反之，那些不具有证据客观性、关联性和合法性的证据材料被淘汰，在定案的根据中，没有它们的一席之地。作为定案根据的证据材料就发生了性质上的变化，用"证据材料"这个名词已经不能涵盖它的属性了，因而应当改为"定案证据"。这个定案证据体现了人的主观性和客观性的统一。它说明人们的主观性反映了证据的客观性。我们说证据具有客观性和主观性的统一性，说证据是主观和客观的合成物，就是从这个意义上说的。这反映了证据的基本属性。所以，界定证据概念的内涵应当在这个时间点上进行，应当在定案的根据意义上，刻画它的构成要素和基本属性。故而，证据可以作为定案证据的替代性说法，严格意义上所说的证据就应该是定案根据意义上的证据。证据的客观性、关联性和合法性这些构成要素，就是从最终的意义上来描述证据的概念特征的。因为证据是主观性和客观性的结合，而主观性被假定为和客观性完全契合，天衣无缝，所以，在证据的基本特性中就没有必要单独提到证据的主观性，也没有必要说证据是主观性和客观性的统一。证据的主观性是不言而喻的，是必然的，证据的客观性处在矛盾的主要方面，是决定事物性质的方面，因而也是本质的方面。主观性只有和客观性相吻合，才有价值；如果证据的主观性和它的客观性相分离，主观性则毫无价值，因为主观性没有捕捉住客观性。这里又引申出另一个问题，这就是，我们说证据是主观性和客观性的统一体，但是如果主观性没有反映出客观性，定案根据便成了纯粹的主观性的产物。以毫无客观内容或者客观内容不健全的证据作为定案的根据，那肯定是不符合法律对证据的要求的，因而是一个错案，应予纠正。纠正的原因就在于证据的主观性没有能够反映证据的客观性，或者说证据的主观性和证据的客观性产生了分离。

综上所述，在证据是否具有主观性问题的讨论上，我们应当首先确定在何一时间点上使用证据的概念。这是讨论的前提问题。诉讼外的证据不具有主观性，诉讼中的证据必具有主观性。前者为客观证据，后者为诉讼证据。诉讼证据的初级阶段为证据材料，主观性处在矛盾的主导地位；诉讼证据的高级阶段为定案证据，客观性处在矛盾的主导地位。但是，只有主观性和客观性完全统一的证据，才是真正意义上的证据。否则，即为证据的假象，因而本质上不属于证据的范畴。

五、证据的关联性

诉讼证据的关联性是指诉讼证据与案件的待证事实之间有客观的联系。这种关联性要求诉讼证据应该是能够全部或部分地证明案件的有关事实是存在还是不存在。证据的关联性是证据赖以构成的又一个属性，缺乏关联性，证据就不称其为证据。但对于证据的关联性很难下一个确切的可操作性的定义。有人说，关联性容易识别，但却不容易描述。其实，关联性是实质性和证明性的结合。如果所提出的证据对案件中的某个实质性问题具有证明性，那它就具有相关性。美国学者柴尔（Thayer）曾经用两句话对证据的关联性作出了经典性的表述：第一，禁止接受一切无关联性的、不是逻辑上能作证明的东西；第二，一切属于逻辑上能作证明用的东西，除非某项法律原则或规则予以排除，一律应该采纳。①

任何事物相互之间都是有联系的，这种联系的哲学观是关联性概念得以产生的逻辑前提和哲学前提。如果认为世界上的万事万物都是互不联系、互不相关、互不说明的，那么，用证据事实来证明案件事实就是不可能的。这是因为，案件事实与证据事实并不是一回事，一个是抽象事实，一个是具体事实。这中间需要通过逻辑关系才能联结起来。辩证唯物主义承认世界的联系性，同时，这种联系也是客观存在的，是不以人们的意志为转移的，因而是可以认识的。

从宽泛的意义上说，任何事物或事实都与案件事实有一定程度的联系，但这是哲学上的一般联系观，而不是法律上的特殊联系观。法律上所说的证据的关联性必须达到一定的最低限度。但关联性的最低限度立法上又是无法加以规定的。因为，这是一个具体的概念，必须与具体的事实情景联系起来加以界定。既然如此，这便注定不是立法者所能解决的事情，而不得不交给司法者予以具体的定夺。于是，对关联性的判断就不具有立法上的标准，而只能有司法上的标准。司法上的标准便是经验法则、生活常识、直观判断和逻辑标准。所以，关联性的判断是一个法官自由裁量权范围内的事。

事物间联系的紧密程度是不同的，性质上也有区别。有因果联系、非因果联系；有紧密联

---

① 参见沈达明编著：《英美证据法》，中信出版社1996年版，第17页。

系、松散联系；有内在联系、外在联系；有肯定联系、否定联系；等等。但究竟这种关联性应当如何表达，理论上有不同的见解，包括客观联系说、紧密联系说、内在联系说、内在必然联系说、证明需要说等。在这些学说中，只有紧密联系说和证明需要说才揭示了关联性的内在特征，所谓客观联系、内在联系、必然联系等，都是联系概念自身的反复，而没有揭示证据事实和案件事实之间的距离。但是，证明需要说又过于随便，主观性过强，因而也不可采。相对来说，紧密联系说能够表达关联性的基本要求。联系的程度不同，证据的证明力便有所不同。关联性越强，证明力就越大。反之，关联性越弱，证明力就越小。所以，关联性这个概念天然地和证明力联系在一起。正是在这个意义上，关联性又称为证明性。有的学者刻意在证明性和关联性之间寻找差异，这是没必要的。因为，证据事实和案件事实之间距离的远近，就反映了证据事实的证明性。这是同一个事物的不同说法而已。关联性说明了证据事实与案件事实之间的联系，它是一个连接两个相关事物的概念；证明性则是从证据事实对案件事实的诉讼作用这个视角来说的，关联性决定了证明性，而证明性从另一个方面表达了关联性。我们之所以采用紧密联系说，就是从证据事实之于案件事实在证明上具有作用或价值这个角度来说的。

有一种观点认为，证据的关联性和证据的证明性不同。理由是，证据事实的证明性体现在对案件事实既可作出肯定性评价，也可作出否定性评价，既可以用以证明相关的案件事实，又可以反驳与案件事实不相关的情况。[①] 这个观点实际上限缩了证据关联性的内涵，认为证据的关联性只具有对案件事实存在的证明作用，而不具有对案件事实的不存在所起的证明作用。应当认为，这是对证据关联性的一种片面的理解、局部的解释。事实上，如前所述，任何证据既可以用来证明案件事实的存在，也可以用来否定案件事实的存在，前者是证据起正面的、肯定的证明作用，后者是证据起反面的、否定的证明作用。无论证据对案件事实起着什么样的作用，只要它在作证明，只要它对案件的解决具有影响和价值，那都是关联性的表现。不过这里的关联性，有时以肯定的形式、有时以否定的形式加以表达罢了。这种观点还认为，"当证据事实能够充分证明案件事实时，便起到了证明的作用；而当在诉讼过程中，经审查判断而得出认定的证据事实在内心确信的情形下，就可以认为原来被认定为案件事实的结论是错误的，据此，证据事实就起到了反驳的作用。而证据的关联性却无法做到这一点。证据的相关性通常被用来说明案件事实的存在、民事法律关系的产生或变更，在这一前提下，它对案件真实情况的证明作用只有肯定的一面，而不像证据事实的证明性或充分性那样，同时可具有肯定和否定的双重功能"[②]。依此观点，可以得出这样一个结论，即证明性的概念较之关联性而言，含义更加丰富、外延更加广泛。二者之间的关系可以这样表达，即有证明性未必有关联性，有关联性必有证明性。证明性可以说明证据事实与案件事实之间的肯定联系或否定联系，而关联性只能说明证据事实和案件事实之间的肯定联系。这就把证明性和关联性人为地割裂开来。这种理解必然会导致一个弊端或误解，这就是，在证据被认定为与案件事实无关联性的时候，它却可能以其对案件事实具有证明性而被采纳或接受。而事实上，证据事实如果与案件事实无关联性，就从根本上失去了成为证据的特性和资格，因而就绝无可能再以另一种所谓"证明性"的名义而被事实认定者采纳作为定案的根据。所以，对证明性和关联性之间的关系，只能以等义词作为解释而不宜使之分离开来。此外，证明性和充分性是两个既有联系也有区别的概念。证明

---

① 参见毕玉谦：《民事证据法及其程序功能》，法律出版社1997年版，第19页。
② 毕玉谦：《民事证据法及其程序功能》，法律出版社1997年版，第20页。

性不等于充分性，充分性也不等于证明性。前引观点用一个"或称"将证明性和充分性等同起来，① 也是不妥当的见解。证明性是指证据事实同案件事实的关联性程度，是指证据的证明意义或证明价值。它本身尽管有一个大小衡量的标准问题，但这个概念是一个定性的概念，而非定量的概念。它回答的问题首先是有没有证明价值的问题，而不是证明价值的大小问题。充分性则是在证明性的基础上进一步对证明价值总量的追问，它与证明性所指向的单个的证据事实不同，它的实际指向兼容单个的证据事实和证据事实的整体两个方面。单个的证据事实有一个充分性的问题，个案中证据事实之总和更有一个充分与否及其程度的问题。所以，充分性是一个定量的概念，是一个与证明标准直接联系在一起的概念，而定量的概念不言而喻是以定性的概念为逻辑前提的，故而证明性或关联性是充分性的前提条件。一个在先，一个在后，二者是不可能等而化之的。

为了防止出现不公正的偏见，或者避免引起证明上的混乱，立法者根据司法经验的积累，有可能规定一些证据排除规则，排除那些一般不具有关联性的证据，比如相似事实证据、过去事实证据、品格证据、意见证据等，就是如此。根据这些规则，司法者在证据关联性的判断上便失去了自由裁量的余地。当然，这些规则自身又有诸多例外情形。凡是没有关联性的证据皆不具有可采性，但是，有关联性的证据在有的情形下也不具有可采性。例如，属于国家绝对保密性的证据就是如此。这里就提出了一个关于证据可采性的标准问题。证据的可采性是英美法国家在证据法中所采用的一个概念，它的基本含义是指证据必须为法律所容许，才能用于证明案件中待证事实的定案根据。尽管英美学者关于证据的属性有哪些及如何表达等问题，也有不尽一致的观点，但一般认为证据必须具有可采性（admissibility of evidence）。② 可采性是一个反面的、消极的、纯粹法律性的概念。这一概念意味着"排除规则"的存在。按照各种排除规则，如果一项证据之被拒绝，是出自重要性或关联性以外的原因，则此项证据是不可采纳的证据；如果除适用关于重要性与关联性的规则外，不存在加以拒绝的规则，则此项证据是可以采纳的。③ 所以，在英美，"可采性"这个概念是从狭义上加以理解和适用的，它和重要性、关联性等一起构成证据的属性或要素。诉讼中所出现的证据材料具有了重要性和关联性，最终它能否转化为定案的根据或者说真正意义上的证据，还要接受法律关于可采性规则或要求的考验。通过了可采性这一关，具有重要性和关联性的证据材料方最终转化为定案证据，证据材料方产生飞跃性的转变。可见，可采性是同证据排除规则密切地联系在一起的概念。某种意义上可以认为，证据排除规则与可采性是一物两面的概念，法官正是根据各项证据排除规则来决定证据的可采性问题的。证据的可采性与我们所说的证据的采用标准并非一回事。证据的采用标准，是指在司法、监察、执法、公安、仲裁等活动中，决定有关人员提出的证据能否被采用所依据的准则，简言之，就是什么样的证据可以被采用。④ 由此定义可以见出，证据的采用标准是一个涵盖证据的客观性、关联性和合法性等要素或要件的综合性概念。而可采性在英美法国家则仅是证据赖以构成的这些要素之一，充其量在广义上兼及关联性而已，它究非一个我们所理解的证据采用标准的同一范畴。所以说，在英美证据法律制度中，证据采用标准问题被概括

---

① 参见毕玉谦：《民事证据法及其程序功能》，法律出版社1997年版，第19页。
② 参见沈达明编著：《英美证据法》，中信出版社1996年版，第16、21、88、130页。
③ 参见沈达明编著：《英美证据法》，中信出版社1996年版，第21页。
④ 参见何家弘主编：《新编证据法学》，法律出版社2000年版，第103页。

为证据的可采性,这是一个不甚精确的认识和刻画。① 至于说可采性能否与证据资格或证据能力等同,也是一个可以深加探究的问题。

我们同意将证据的采用标准和证据的采信标准区别开来的研究方法和观点。前者解决了一个证据的资格问题,"符合证据的采用标准"是说这个证据可以被法官接受成为定案的根据了,对于这样的证据,法官在判决书中必须予以采纳,而不得予以排除。在这里,"采用"和"采纳"是两个可以换用的概念。但是,证据被采用与证据的分量是两个不同的问题。证据的分量是在证据被采用之后才产生的一个问题,它回答的问题是该被采用的证据究竟有多大的证明价值,究竟能够说明什么样的问题。这显然是一个证据力的问题,而不是一个证据资格的问题。证据资格是证据的关键性问题,证据能否被采纳,这是法官所要解决的第一步问题;只有在该问题解决之后,才有一个证据力的判断问题,而证据力的判断问题,就是证据采信问题。"采信"这个词尽管是由"采"和"信"两个字组成的,而且"采"还在"信"的前头,但这个词的含义全都集中在"信"字上。"信"就是"判断"的意思,而不是相信或不相信的问题。因为,相信与否的问题已经在证据的采用阶段解决掉了,这个时候只剩下一个证据力的衡量问题了。证据的分量是一个事实问题,很多因素可以影响证据的分量。明显的实例如证人的年龄、可靠性、表情、同一事情的几种可能的解释、某事实与调查中的事实在时间上接近性等。② 这些因素的存在并不影响证据的采用,但却影响证据的采信。如《证据规定(2020年)》第 90 条规定:"下列证据不能单独作为认定案件事实的根据:(一)当事人的陈述;(二)无民事行为能力人或者限制民事行为能力人所作的与其年龄、智力状况或者精神健康状况不相当的证言;(三)与一方当事人或者其代理人有利害关系的证人陈述的证言;(四)存有疑点的视听资料、电子数据;(五)无法与原件、原物核对的复制件、复制品。"这些规定不管它们的内容能否站得住脚,能否经得起基本的推敲,但是它们本身却说明了这是一个采信标准的问题。以上所说的所有形式的证据并不是可不可以采用的问题,而是一个证据力的判断问题,即可不可以采信的问题。所以我们说证据规则,既有关于证据采用方面的证据规则,也有关于证据力判断方面的证据规则。若说"非法证据不得作为证据使用",这是指证据的采用规则。若说"原始证据的证明力大于传来证据",这是指证据的采信规则。证据的采用规则是一个定性的概念,证据的采信规则则是一个定量的概念。按理说,这是一个先行后继的关系,无须作逆向的思维。但是,实际上,证据的分量问题和证据的资格问题也是有联系的互动概念。因为如果证据分量过小,达到一定的程度,就可能使证据失去了关联性。于是,采信问题就变成了采用问题。反过来,证据被采用了,就说明它有了真实性及最低限度的关联性,所区别的只是证据的分量大小而已。在此意义上可以认为,凡被采用的证据都具有采信性,凡被采信的证据都具有采用性。我们能够举出一个例子来说明"采用的证据不一定是采信的证据"③吗?回答是否定的。如果说一个法官对当事人说:你的证据被采用了,但是不被采信,也就是一点用也没有。这无异于是对当事人的一种嘲弄。如果法官这样说:你的证据被采用了,但它的证明力极小或证明价值极低,也就是它的采信性不大。这样在逻辑上就可以说得通了,当事人也好理解。与这个问题相联系,采用和采信都属于认证的问题,而不是像有的学者所主张的

---

① 参见何家弘主编:《新编证据法学》,法律出版社 2000 年版,第 103 页。
② 参见沈达明编著:《英美证据法》,中信出版社 1996 年版,第 89 页。
③ 引号中语请参见何家弘主编:《新编证据法学》,法律出版社 2000 年版,第 104 页。

那样,"就诉讼活动而言,采信属于认证的问题"①,仿佛采用证据就不属于认证的范畴似的。事实上,认证作为一种对证据的认识和判断活动及其过程,涵盖了相继进行的两个阶段,一个是对证据"三性"的判断和认识,一个是对证据证明力的判断和认识,后者叫认证,前者也叫认证。如果前者不属于认证,那么,法官在法庭上表示这个证据与本案无关,或那个证据是真实的,这些行为又能够称之为什么呢?现在我们通常所说的"当庭认证"又指的是什么呢?恐怕恰恰相反,认证主要是指证据的属性判断问题或证据的采用问题。

根本的问题还在于:我们能否回避证据的属性或特征问题,而以证据的采用标准取而代之,并且说证据的概念问题和证据的采用标准问题是两个不同的问题呢?有一种观点认为,不能将证据的采用标准问题和证据的概念问题混为一谈,因为"一个材料或者一个东西是否可以被叫作证据,主要取决于它是否被有关人员用作证明的根据,这是证据的概念问题。至于这个证据能否被具体的司法、执法、仲裁、公证、监察等活动采用为证据,则要看其是否具备作为该种证明活动之证据的资格,是否符合该种证明活动所要求的证据采用标准"②。这个观点的正确性也是有待论证和细察的。首先,我们为什么要研究证据的概念和属性或特征问题?它的意义何在?笔者认为,界定和研究证据的概念是证据制度得以建构和定型的出发点,是证据法律体系的支点问题,关系到证据的本体论和方法论问题,关系到证据的判断标准和所涉范围问题,因而,给证据下定义是一个需要特别严谨对待,同时又要用联系的、整体的观点予以解决的重大理论问题。证据的概念是第一位的,证据的属性是由证据的概念中派生出来的,证据的属性是证据能否成立的要件问题,而证据的构成要件问题又转化为证据的判断标准问题,证据的判断标准问题实际上就是证据的采用标准问题。所以,证据的采用标准不是一个从天而降的概念,也不是一个外在于证据概念的概念,而是证据概念的合理衍生,是证据概念的一个具体化表征,它的根据在证据的概念当中。反过来看这个问题,如果证据的采用标准具有外在于证据概念的独立来源和根据,那么,这个采用标准还是不是证据的采用标准,就势必发生了怀疑。证据的采用标准居然还不是从证据的概念中合理地推演出来的,或者说,证据的概念本身还不能包含证据的采用标准的意思,那么,证据的概念和证据的采用标准在概念上就发生了冲突和分裂。这显然轻估了证据概念论本身的作用,也同对概念下定义的规律和要求不相吻合。前引的这种观点进而认为,"多年来我国学者关于证据合法性等问题的争论,归根结底是因为混淆了'什么是证据'和'什么证据可以被采用'这两个问题,也就是混淆了证据概念和证据采用标准这两个问题。如果你说'不具备合法性的也可以叫证据,但是不能被采用',那么人们一般就都会举手赞同了"③。按照这种观点,合法性不是证据的属性,但是,可以成为证据的采用标准,而客观性和关联性则既可以成为证据的属性,又同时可以成为证据的采用标准。这就在证据的采用标准中间分成等级了,证据的客观性和关联性之所以成为证据的采用标准,那是因为它们是证据的属性,而合法性之成为证据的采用标准,那它是从何而来的呢?这还是会造成混乱。总之,证据的属性问题不能和证据的采用标准问题分开来考察,它们始终是一致的概念,所区别的仅仅是描述问题的视角而已。

关联性问题的判断是一个法律问题,而不是一个事实问题,因而,即便双方当事人关于证据的关联性没有发生争议,法官仍应依职权调查排除它的适用性。这一点,同证据的合法性一

---

① 何家弘主编:《新编证据法学》,法律出版社 2000 年版,第 103 页。
② 何家弘主编:《新编证据法学》,法律出版社 2000 年版,第 104 页。
③ 何家弘主编:《新编证据法学》,法律出版社 2000 年版,第 104 页。

样。证据的相关性在直接证据中具有直观性、因果性、折射性的特点,直接证据同案件事实之间存在直接的关联,中间环节只有一个简单的推理。因而,凡是直接证据皆具有关联性,这是毫无疑义的。间接证据则不然,间接证据的范围具有开放性、非限定性和宽泛性的特点,并不是所有的间接证据都同案件事实有关联性,都可以对案件事实起证明作用。所以,间接证据能否构成,要受证据的关联性的制约和调整。毋宁认为,关联性法则就是针对或者主要针对间接证据而起作用的。

关联性反映了证据事实与案件事实之间所存在的一定程度的联系。这种联系是客观的,而不是主观的。与证据的客观性一样,关联性所具有的客观性是外在于人的主观性而客观地存在的,它不依人们的意志而转移。但是,这种客观意义上的关联性仅仅说明证据关联性的内容和基础是客观的,而并不是说它的表现形式也是客观的。相反,证据关联性的表现形式是主观的。这是因为,第一,证据事实与案件事实有无关联性,这是一个需要通过人们的思维形式加以判断的事情。证据事实自身不能表达这种关联性,换言之,证据的关联性没有自我表征的特性。所以,证据的关联性需要开动人的思维去认识它。被人们的意识所把握了的关联性,才具有实在的价值特性。关联性的认识和把握需要发挥人的主观能动性,并在人的主观能动性的支配下转化为它的现实形态。第二,关联性的范围大小,也取决于人的主观意志的划定。案件事实发生后,任何事物或映像在广义上都与案件事实有一定程度上的联系。显然,这种过于宽泛的联系观不适应于诉讼案件化解的目的,因而立法者必须提出一个相关性的证据规则,来调整这种联系范围的大小。就该原则提出的本身来说,这也是主观性的体现。不过,这仅是立法者对关联性提出的原则要求,具体的还需要进一步落实到司法者的主观意志之中。司法者对于关联性的理性认识以及证据事实与案件事实之间的具体联系的认识,对于个案中关联性的决定是最后的主观性因素。从这个意义上讲,证据的关联性也是客观性和主观性的统一。只不过,与证据内容的客观性相比较,证据关联性的客观性是另一种意义上的客观性,它所指向的不是证据自身的内容,而是指证据事实与案件事实之间联系的客观性,是说这种联系是一种客观的联系。

关联性以客观性为前提,而与合法性无关。关联性涉及的是证据的内容或实体,而不是该证据提出的形式或方式。例如,传闻证据可能是相关的,但却不是以适当的形式提出来的,所以遭到了排除。再如,证人的证言对于大宗非即时清结的买卖事实,可能是相关的,但却不是以合法的形式提出来的,所以也要遭到排除。所以,从概念的逻辑层次和观念先后来看,客观性是第一位的,关联性其次,最后才是合法性。

六、证据的合法性

诉讼证据的合法性是指诉讼证据必须是按照法律的要求和法定程序而取得的事实材料。如前所述,关于证据的合法性,我国学界一直存在争论,有的人认为它是证据的本质特征或基本要素之一,合法性与客观性和关联性一起,构成了证据的三属性。此说称为"三性说"。还有一部分人始终坚持认为,合法性不是证据的本质属性之一,证据不需要具备合法性就能发挥证明作用。此说称为"二性说"。我们认为,合法性是证据的本质属性之一,没有合法性,证据不能构成。合法性作为证据的属性之一,包含以下几层意思:

其一,证据材料和定案证据是有区别的,它们存在于不同的诉讼阶段。证据材料是尚待证明的客体,因而它是否有客观性、关联性和合法性都尚不可知,这正是诉讼程序所要解决的核心问题。因而证据材料不具有合法性,而定案证据则具有合法性。

其二，证据的合法性表现在证据的表现形式必须符合证据法律制度所规定的证据的一般表现形式，也即《民事诉讼法》第66条所规定的8种证据。此可称为证据形式的一般合法性。这种合法性为合证据法。

其三，证据合法性表现在证据的表现形式必须符合实体法律规范所要求的证据的特殊表现形式，如书面证据、公证证据、登记证据等。此可称为证据形式的特殊合法性。这种合法性为合实体法。

其四，证据必须符合程序法的要求。这层合法性可称为合程序法。合程序法的内容包括两个层次：一是合程序法的原则规定，二是合程序法的具体规定。前者如任何证据的收集都必须符合法定程序、必须依法收集，非法收集的证据不能成为定案根据，等等；后者如鉴定结论的收集过程、勘验笔录的收集过程、证人证言的收集过程等，都有具体的程序规定。此外，程序法尚对证据的提供程序、证据质证程序、证据的认定程序作了具体规定，这些规定都是证据具有合法性的表现。例如，立法规定未经质证的证据不能作为证据使用。

可见，证据的合法性包括合证据法、合实体法以及合程序法三个层次和方面，是各个相关法律从不同的角度对证据合法性的综合规定和调整。证据是法律的产物，这是诉讼证据不同于普通证据的一个特点。正因为证据是法律调整后的产物，所以，证据才为法律所相容，才能与法律融合在一起，从而产生法律效果，对案件事实起证明作用。这种证明作用即证明力或证明价值，也是在证据进入法律层面之后才产生的概念。证据的三个属性在存在的领域和层次以及时间上并不是相同的或者呈同步状态的，而是有先后顺序的。在观念上或者实际时间上，证据的客观性最先产生，是没有主观性的自在之物，它处在事实领域。证据的关联性其次产生，它是经过人的主观性判断后才产生的，它处在逻辑的领域。证据的合法性是在证据的客观性和证据关联性的基础上产生的，是法律调整后的产物，它处在法律的领域。具有合法性的证据，包容了证据的客观性和关联性，处在了证据的最高层次，因而它是能够直接和实体法相挂钩的证据概念。证据的客观性是基础和内容，是证据的最本质特征和根本属性。这是一个对证据定性的概念。没有证据的客观性，证据根本就不可能产生，证据的关联性和合法性也无产生的可能与必要。证据的关联性为证据的客观性划定范围，是一个对证据定量的概念。事物的性质是事物所固有的，因而可以说它是本质特征或本质属性，而事物的量是外在于事物自身的概念，是人的主观性给它科加的属性，这个属性是可增可减的，具有随意性，因而不可以说它是一个本质属性。如果说它是一个属性，那它也是一个主观属性。所以，关联性是证据的一个外在属性或主观属性。合法性则是在证据具有客观性和关联性的基础上，又增添的一个主观属性。这个属性在关联性的基础上进一步缩小了证据客观性的外延范围。证据的范围越来越小了，但是，证据的法律价值却越来越大了，这两者之间相映成趣。如果说在证据的客观性层面，证据的价值因尚未纳入人们的主观意识范围而为零的话，那么，证据的关联性则因其主观性而赋予了证据客观性以证据的价值。证据的合法性是对证据关联性的进一步强化，证据的证明价值也随之增加。所以，符合证据"三性"的证据，是真正意义上的证据，也是证据力最强的证据。综上所述，如果我们要说证据的本质属性，则应当说它的客观性；如果我们要说证据的属性或构成要件，那么，证据的客观性、关联性和合法性则是构成一个证据的充分条件。这三个条件缺一不可，必须同时具备。

第三节 我国民事证据制度的演化轨迹

一、《民事诉讼法(试行)》时期的证据制度

《民事诉讼法(试行)》受苏联模式的影响较大,在证据制度上确立了超职权主义的模式。法院包揽诉讼中的证据,当事人无真正意义上的举证责任,当事人陈述成为诉讼资料的来源之一,当事人的辩论对法院无拘束力,其处分权也受到极大的限制。比如,《民事诉讼法(试行)》第55条第2款规定:"以上证据必须经过查证属实,才能作为认定事实的根据。"此一规定完全否定了当事人对事实和证据的处分权和辩论主义原则的作用。证据只有经过查证属实才能作为定案根据,这一规定只有在双方当事人就此发生实质意义上的争议时才能适用,否定了当事人对事实和证据的处分权,实际上就否定了当事人在证据和事实领域的主体地位。《民事诉讼法(试行)》第56条第2款规定:"人民法院应当按照法定程序,全面地、客观地收集和调查证据。"也就是说,法院为了查明客观真实,有权也有义务调查取证,而这一调查取证权是无所不包的,是始终存在的,是无任何范围上的制约的,也不必要当事人提出调查取证的申请。法院的调查取证权在该立法模式的支配下无疑具有全面性、主动性、职权性和无条件性。这几个特性合在一起,注定当事人在诉讼程序和证据制度中,既无证明案件事实的诉讼责任,也无必要进行调查取证。调查取证似乎天然地与当事人格格不入,似乎完全是法院职权范围内的事情。这种术语上的影响甚至在现今也还存在。现今我们每每谈及调查取证,似乎不言而喻就是指法院调查取证,当事人收集证据的活动似乎就不能称为调查取证。最高人民法院《关于贯彻执行〈民事诉讼法(试行)〉若干问题的意见》第四节关于"证据问题"的解释说明中,说了一段非常典型的超职权主义的话:"证据是查明和确定案件事实真实情况的根据。掌握充分、确凿的证据,是正确处理案件的基础。全面、客观地收集和调查证据,认真地审查证据,准确地判断证据,对于提高办案质量,具有特别重要的意义。"这一段话有两个要点:一是明确查明案件客观真实是法院办案的最高目标,是确保案件质量的根本和基础。二是法院为了实现这一崇高的任务,有全面调查取证的义务和职责。实际上,这两个问题是一物之两面,二者之间具有因果关联。可见,作为新中国第一部民事诉讼成文法的《民事诉讼法(试行)》在证据理论和证据规范上,所遵循的是苏联的模式,是为计划经济服务的。这样一种证据模式和诉讼结构,和市场经济发展的内在需要是不能并存的。

二、1991年《民事诉讼法》中的证据制度

1978年党的十一届三中全会的召开,将市场经济的机制和因素引入中国的经济活动之中。一些反映市场经济规律的程序规则和证据规则逐渐产生,《民事诉讼法》的修订被提上议事日程。1991年《民事诉讼法》在证据制度上对《民事诉讼法(试行)》作了一些修正。这些修正主要表现在以下四个方面:

第一,改变了当事人举证责任方面的规定。1991年《民事诉讼法》第64条在规定"当事人对自己提出的主张,有责任提供证据"之后,接着规定"人民法院应当按照法定程序,全面地、客观地审查核实证据"。这两款规定相结合,可知立法上对原来要求的法院负责全面查证的制度作出了调整。法院的诉讼任务已经从全面查证向全面核证转化。法院原则上已不具有

调查取证的职权或责任。至少法院的依职权调查取证已经不处在主导地位。但是，这一规定和调整并没有完全否定法院的调查取证权和查证义务。该法在以上两款中间还规定："当事人及其诉讼代理人因客观原因不能自行收集的证据，或者人民法院认为审理案件需要的证据，人民法院应当调查收集"。这充分说明，法院在一定条件下还有调查证据、收集证据、获取证据的职权。只是，相对试行民事诉讼法而言，该民事诉讼法极大地缩小了法院查证的范围。法院查证范围缩小了，法院查证的职权趋于弱化，同时增强了当事人的举证责任。当事人对自己的事实主张有责任提供证据。这就是举证责任制度。举证责任制度第一次被引入我国诉讼法之中，举证责任制度的确立，引起了我国民事诉讼结构以及诉讼制度的深层变化。这种变化从另外一个方面佐证了举证责任制度在整个诉讼体制中的杠杆作用与核心作用。

第二，增加了对证据的质证制度和质证程序。1991年《民事诉讼法》第66条规定："证据应当在法庭上出示，并由当事人互相质证。"而《民事诉讼法（试行）》第58条仅规定证据应当"出示"。在证据出示制度之后加上一个证据的质证，其意义是深远的。因为"出示"仅仅贯彻了公开原则，而"质证"则将对抗制因素引入诉讼程序中。在质证制度的运作中，当事人的诉讼主体地位获得了呈现，当事人由传统上的诉讼客体变成了现代意义上的诉讼主体。不仅如此，质证制度的确立，为我国民事诉讼体制的进一步改造，以及对证人交叉询问制度的引进，都奠定了立法上的基础。

第三，规定了对视听资料的审核程序。视听资料在《民事诉讼法（试行）》中就被确立为一种证据形式。这在三大诉讼证据制度中还是首次，具有领先地位。但是，《民事诉讼法（试行）》仅仅规定了视听资料这种证据形式，而没有就视听资料这种证据形式的真伪判断以及证据力大小作出规定，因而不无欠缺。1991年《民事诉讼法》意识到了这个问题，专门增加一条第69条规定了对视听资料的审核判断程序。该条规定："人民法院对视听资料，应当辨别真伪，并结合本案的其他证据，审查确定能否作为认定事实的根据。"这一规定具有技术性意义。除了表明客观真实理念在这种证据形式中无例外地起作用外，较之其他证据形式，别无更多的伦理色彩。

第四，扩大了证人的范围，规定"单位"可以作为证人。这在1991年《民事诉讼法》第70条有明确规定。这一条自身在学理上是有争论的，争论的焦点在于单位作为一个抽象的人格体或法律拟制物能否感知案件事实，能否作为证人出庭作证。这一点在本书后面关于"证人证言"部分有所论述，故这里略而不论。

与我们这里讨论相关的，主要是前述两点。这两点，一方面说明当事人的举证责任被强化了，法院的查证职权被弱化了，另一方面说明证据的审核应当使用当事人的对抗机制。这两点具有同等重要的意义。这说明，1991年《民事诉讼法》相对《民事诉讼法（试行）》在证据制度的构建上确实进步了许多。这种进步表明现行民事诉讼法在一定程度上反映了市场经济发展的内在需要，具有一定的发展潜力。

但是，由于该法在通过的时候，我国尚未正式提出以市场经济为主体的经济发展模式，所以该法在诉讼结构以及证据制度的基本规定上均没有实质性的突破，因而不可避免地带有时代的局限性以及计划经济的深刻烙印。主要地看，1991年《民事诉讼法》所确立的证据制度以及证据程序模式存在这样几个弊端：

第一，在证据制度的理念上，"客观真实"仍被奉为最高乃至唯一价值追求。客观真实作为诉讼价值之一，各国皆有，非我国独然。但问题在于，如果把客观真实既作为诉讼理念又作为证明标准，则必然会发生诉讼体制畸形化的流弊。其流弊的集中表现便是过分强调法官的职权作用，贬低当事人的诉讼主体地位。因为立法者如果要求司法者在每一个案件中都查明客观真相，否则不得下判，即使下判也要作为错案予以纠正，则必然加重司法者的查证责任，司法者对于案件事实的证明不能不负起最终的责任。法官成为证明的主体，法官负有证明责任。该责任尽管与败诉风险不相关，但却与司法责任相联系。这样一种责任就不能不赋予法官以超职权化的职权。法官查证成为审案中的重要任务。为了完成这种任务，法官需要花去绝大部分的工作时间。法官审案基本上成为法官查案。法官的审判权在查证权的笼罩下行使，查证处在矛盾的主要方面。在这个意义上，法官与警察呈同构状态，民事与刑事呈同构状态，法官被赋予了外在于审判权的行政权和侦查权。这是法官的异化，同时也是诉讼的异化。1991年《民事诉讼法》第2条在规定其任务时就开宗明义地要求"保证人民法院查明事实，分清是非"。整个一部民事诉讼法都是为了这个核心任务而建构的。例如，1991年《民事诉讼法》第7条规定："人民法院审理民事案件，必须以事实为根据，以法律为准绳。"统观民事诉讼法的全部规定，立法者在法律规范的设置上使用"应当"或"可以"字样的居多，而使用"必须"字样的则非常鲜见。这充分说明立法者对该原则的重视。"以事实为根据"，说的就是以客观事实为根据，而这个客观事实是寄托于法官的职权调查基础之上的。该法第13条规定的处分原则也是相对性的处分原则，当事人的处分权必须服从于法院的审判权，受审判权制约和监督。当事人处分事实或证据，只有在接受法院审查许可后才能产生法律后果。其根本原因也在于客观真实和依法办案的要求。所有此类的规定，都说明我国现行证据制度是以客观真实的追求为最高价值和诉讼理念的，其他的诉讼价值，如效率性和公正性等，都是第二位的价值甚或不成其为价值目标。客观真实的保障机制就是法院的职权调查。超职权主义模式实根源于此。

第二，在举证模式上采用的是"当事人举证为主，法院查证为辅"原则，而这个原则不具有可操作性。举证责任制度在西方国家乃是一项与诉讼后果相挂钩的诉讼制度，当事人未尽举证责任要直接承担败诉风险或败诉后果。这种后果的现实可能性被认为是举证责任制度的本质内容。实行这种意义上的举证责任制度，即可证明其诉讼模式是当事人主义。因为处分权主义和辩论主义被认为是当事人主义诉讼模式的核心内容和本质特征。两大法系国家诉讼模式上所具有的一致性也正在于此。它们之间的区别主要在于诉讼规则和证据规则的运作方式。我国民事诉讼法从我国国情出发，没有规定完整意义上的当事人举证责任制度，而是吸收了举证责任制度中的主要内容，即如果案件事实真伪不明，应当由承担举证责任的当事人承担败诉后果，法院并不负其后果责任。但是，法院不得因此而袖手旁观，而必须承担其协助当事人举证的责任。这可以看成法院的帮助职责，也是法院的审判义务。所以，根据1991年《民事诉讼法》所规定的举证责任制度，当事人提供证据的责任可以由法院协助完成，因而减轻了当事人原本应负的责任。有一种观点认为，我国的举证责任制度仅仅规定了行为责任而没有规定结果责任，这是有误解成分的。恰恰相反，我国民事诉讼法规定了结果意义上的举证责任，而没有规定完整意义上的行为责任。结合我国国情和当事人的平均诉讼水平来看，我国民事诉讼法的这种规定应当说是合理的，也是符合实际的。某种意义上甚至可以认为这种立法模式有其先进性。但问题在于当事人举证和法院查证之间的界限不明。首先，何为"客观原因"？立法上未作界定。从司法实践中看，当事人取证难上的"客观原因"，唯有托付给法院具体定夺，斟酌决定。这便不能不扩大法官的自由裁量权，法官可以视情形决定是否存在"客观原因"。法官的这种裁量权，一方面可以说是必然地具有的，立法上无法将"客观原因"全部明确地列举，另一方面又为法官任意司法，任意决定是否动用职权调查手段留下了余地和空间。后一种情况的出现未必是坏事，但它的正面作用的发挥是以司法公正、法官公正以及程序公正为前提条件的。否则，这一条规定从积极的方面看，恰为司法腐败、致使双方地位不平衡提供了条件和便利；从消极方面看，则为法官推诿调查取证职责寻找到了合法的借口。在不甚理想的司法环境中，此规定的任意性是显而易见的，其实践中的负作用也是非常明显的。所以对此规定应作否定性评价。其次，何为"认为需要"？显然，人民法院认为审理案件需要，是一种主观性非常强的弹性规定，这无异于授权法官对此做出任意性解释，以法官的"认为"作为其行使职权或履行职责的终极依据，其基础之脆弱性是可以想见的。所以，这两种情况结合起来看，该条款的规定只能视作为对法院的授权性规范，而不是义务性规范。既然如此，"人民法院应当调查收集"的规定便有了立法上的瑕疵。此外，该条款并没有将当事人的申请作为法院调查取证的程序性要件，也缺少对法院行使职权之制约。

第三，1991年《民事诉讼法》缺少对当事人取证权利和取证程序的规定。程序制度和证据制度是一个有机联系的整体和体系。各种证据制度之间应当互相响应，相互说明，共同作用。如前所述，1991年《民事诉讼法》强化了当事人的举证责任，弱化了法院的查证职责。这样一种变动应当在审前程序中体现出来。但是，该《民事诉讼法》关于审前程序的规定依然是《民事诉讼法（试行）》的旧内容，它所规定的主要是法院调查取证的程序，而没有就当事人及其诉讼代理人如何调查收集证据作出详细的、明确的规定。这就产生了立法上的脱节。当事人的取证程序成为立法上的真空地带。当事人的取证权利如果缺少程序保障，则必然影响他们切实地、有效地履行举证责任。举证责任制度如果没有取证权利制度的配合，则必定是空洞的强加。

第四，1991年《民事诉讼法》没有就证据规则作出应有的规定。证据规则是证据制度的重要组成部分。缺少证据规则的证据制度是可操作程度极低的证据制度。1991年《民事诉讼法》沿袭《民事诉讼法（试行）》，仅就原件、原物规则、公证文书的效力推定规则、调查取证规则等数项证据规则作出规定。但仅此尚不够。实践表明，还有大量的证据规则需要上升到立法高度。比如传闻证据规则、最佳证据规则、意见证据规则、数量证据规则、证据价值衡量规则、非法证据排除规则等，均需作出明文的规定。这些问题的存在，都说明我国的民事诉讼证据制度尚需进一步完善。

三、第一次司法解释中的证据制度

民事审判方式改革代表着先进的司法实践，它是最活跃的因素，并没有因为立法的滞后性而停止探索的步伐。最高人民法院对各地各级法院在审判方式改革中通过尝试出现的做法，经过总结，以司法解释的形式予以发布，从而进一步指导全国的民事审判工作。全国民事经济审判工作在一个新的起点上继续探索前进，继续尝试新的有效的做法。从这个意义上来说，我国的民事证据立法是一个实践性立法，是由实践为龙头而带动起来的立法。这是程序立法和证据立法的科学道路。在《民诉法意见》中，最高人民法院对证据制度作了进一步细化或推进。这种细化或推进主要表现在两个方面：

其一，进一步细化和明确了人民法院调查取证的范围。《民诉法意见》第73条就此作出了规定："人民法院负责调查收集的证据包括：（1）当事人及其诉讼代理人因客观原因不能自行收集的；（2）人民法院认为需要鉴定、勘验的；（3）当事人提供的证据互相有矛盾、无法认定的；（4）人民法院认为应当由自己收集的其他证据。"应当肯定，最高人民法院的这个司法解释具有一定的进步意义，因而它成为各地法院制定地方性证据规则的蓝本，影响很大。但是这个司法解释并没有对《民事诉讼法》中有关内容作出根本性突破，只是将立法中法院调查的两种情形细化为四种情形，增加了"鉴定、勘验"和"互相矛盾"两种情形。同时，该司法解释仍没有改变法院调查取证的启动程序，法院依然可以依职权主动调查证据而无须当事人的申请。另外，该司法解释保留了"客观原因"以及"法院认为"等这样的弹性极大的概念或术语，使得法院对于调查取证权的行使依然享有高度的裁量权。可以说，司法解释较之立法规定弊端依然存在。不仅如此，该司法解释还认为在证据互相矛盾之时法院应当调查取证。这一司法解释相对立法规定来说不仅无进步，反而是退了一步。因为，按照立法规定，在双方当事人的举证互相矛盾、法院无法认定之时，并没有要求法院依职权调查证据。法院在这种情形下完全可以依举证责任制度作出判决。司法解释既然要求法院依职权调查证据，这无异于否定了举证责任制度的裁判功能。

其二，《民诉法意见》首次设立了举证时限制度。其第76条规定："人民法院对当事人一时不能提交证据的，应根据具体情况，指定其在合理期限内提交。当事人在指定期限内提交确有困难，应在指定期限届满之前，向人民法院申请延期。延长的期限由人民法院决定。"举证时限制度在我国的出现可谓首次，该司法解释可以视为举证时限制度的萌芽或雏形。既然是萌芽或雏形，那当然存在一些弊端。这主要表现在两个方面：一是没有规定法定的举证时限，仅有指定的举证时限。法定时限应当是指定时限的制度性前提，没有前者怎么能谈得上后者呢？如果仅仅有指定时限，举证时限制度则仅仅增大法官的自由裁量权而已。二是没有规定举证时限制度的法律后果。举证时限制度的实质意义在于过了举证时限必将产生不利后果。如果不规定逾期举证的法律后果，举证时限制度必将犹如空设，毫无实际意义。因此之故，该条规定仅仅为后来的审判方式改革奠定一个举证时限制度方面的基础而已。

四、第二次司法解释中的证据制度

如果说1992年的《民诉法意见》在改造我国民事证据制度方面有了一点意识，那么，最高人民法院1998年的《关于民事经济审判方式改革问题的若干规定》（以下简称《审判方式改革规定》）则有了系统改造我国民事证据制度的明确目标。《审判方式改革规定》共有6个部分，39条，其中有2个部分专门就证据问题作了规定，涉及证据问题的条文多达22条，占二分之一强。这说明，我国民事审判方式改革主要是围绕证据制度的改革进行的，证据制度的改革取得了丰硕成果。《审判方式改革规定》中确立的许多重要制度，经过实践证明其具有可行性后，都将经过理论化的整理变为证据法中的内容。《审判方式改革规定》在以下几个重要的方面引人注目，颇有特色：

（1）确立了举证须知制度。

（2）人民法院应当告知当事人有举证的义务。

（3）在法院调查收集证据和当事人举证方面，明确规定当事人举证申请制度。当事人有客观原因不能自行收集证据，必须提出法院调查取证的申请并提供证据线索。这相对以往的立法或司法解释来说显然是一大进步。

（4）明确规定法院查证不了的，仍由当事人负举证不能的后果。

（5）规定了证据交换制度。在审前阶段，如果案情比较复杂、证据材料较多，法院可以组织当事人交换证据。证据交换制度的确立具有深远的意义。

（6）明确规定了质证的程序，并明确未经质证的证据不能作为定案的根据。

（7）规定了法院对证据的认证要求及程序。

（8）规定了当事人补充举证制度。

(9) 规定了对证据的审核和认定制度。在这一方面，司法解释迈的步子较大。
(10) 规定了证据力的判断规则。
(11) 规定了不能单独作为认定案件事实之根据的若干情形。
(12) 规定了证人不到庭作证对当事人的不利后果。
(13) 规定了举证妨碍制度。

由上显然可见，此时的民事诉讼证据制度虽然还残存着诸多缺陷，需要随着市场经济的发展和司法实践的需要进一步加以完善、细化，但是它正随着审判方式改革逐步走向成熟，一系列代表市场经济发展最新要求和内在规律的证据制度和证据规则，如雨后春笋，正一批一批破土而出。

五、民事诉讼证据司法解释之大全

《证据规定（2002年）》是我国第一部专门规定证据内容的规范性文件。该规范文件的颁行，从证据立法的视角言，可以说它具有填补空白的意义。因为，我国自古以来从来就没有一部单独的证据规范。新中国成立以后，有关证据方面的内容都分散地规定，而缺乏专门的证据法规范。最高人民法院通过的关于证据方面的司法解释也不可谓少，但也没有出台过一部专门的证据解释。近年来，学理界也开展了草拟证据法的努力。从目前实践需求来看，在我国制定专门的证据法，恐怕是一个不可避免的趋势，这也是完善我国市场经济条件下法律体系的一个必然选择。证据立法对确保司法公正也富于意义。最高人民法院有鉴于这种实践需求，审时度势，及时出台了这部《证据规定（2002年）》。《证据规定（2002年）》的问世，在一定意义上说，为我国将来的证据立法奠定了一个雏形，提供了一个大致的框架。当然，从内容上说，《证据规定（2002年）》还不可能涵盖证据立法的全部方面，比如说，它没有规定证据制度的基本原则，没有规定证据立法的价值目标，也没有规定大量的证据规则。同时，由于《民事诉讼法》的制约，它在许多方面还不可能填补证据制度的空白或盲点。比如说，当事人的取证权利及程序保障、取证手段及其使用程序等，都是证据立法中的极其重要的问题，《证据规定（2002年）》对此也未置一词。这一方面反映《证据规定（2002年）》对现行立法的从属性和受制性，另一方面也体现出它的局限性和创新上的有限性。

最高人民法院能够及时出台《证据规定（2002年）》并非出于偶然。一方面，也是最为重要的方面，得益于民事证据法学的独立化研究。如果没有民事证据法学如火如荼的研究和开拓，要出台该证据解释是有理论上的困难的。有许多问题，比如举证时限、证据交换、优势证明标准、非法证据排除规则等，尽管也有经验的成分，但主要是比较研究的成果体现。众所周知，我国每每谈证据法，主要是或首先是谈刑事证据法，民事证据的内容是"附带"在刑事证据中一并论及的，民事证据的独立性不强，具有个性的因素也不多。比如说，对证据的收集调查，刑、民皆一样，在审判阶段，都由法院负其全责；证明标准都是"案件事实清楚、证据确凿充分"。随着市场经济的发展，民事诉讼的价值目标和刑事诉讼开始分道扬镳，民事证据的特殊性也鲜明地呈现出来。正是在这种背景下，民事证据法学的独立化研究全面地开展起来了。研究的许多成果都体现在《证据规定（2002年）》中。但是，尽管如此，理论与实践相比，仍然是灰色的，实践始终走在理论的前头。20世纪90年代初期，我国就开始了民事审判方式改革。审判方式改革的核心课题是证据制度的完善，比如，举证责任的当事人化，法院查证职能的淡化，举证、质证和认证的规则与程序的建设，等等，无不成为改革的中心问题。作为这种改革的成果，上到最高人民法院下至各地方法院，都纷纷制定出了相应的证据规范和证据方面的程序规范。这些成果,体现出了我国法官的创造性智慧和积极努力、用心探索的精神。无疑,它们是极可宝贵的财富,决不可等闲视之。这些成果的积淀,成为《证据规定(2002年)》的又一理论来源和规范基础。

《证据规定(2002年)》共分6大部分,83条。这六大部分分别是:当事人举证、人民法院调查收集证据、举证时限与证据交换、质证、证据的审核认定、其他。这六个部分涉及证据的调查收集、提供、对质和辩驳、法院对证据的审查判断等证据运行的全过程。从制度创新的视角言,《证据规定(2002年)》较为系统地确立了一系列有内在原理贯穿着的市场经济条件下的新型证据制度,如举证责任、举证时限、证据交换、对立质证、优势证据标准等。这既是对多年来审判方式改革经验的一个系统总结,又为将来证据立法奠定了一个良好的基础。正是在这些新型制度中,我们可以明显地感受到《证据规定(2002年)》所出现的一些新特征。这些新特征在原来的证据制度中并没有或者说是不明显的。主要有两点是值得注意的,也是指导《证据规定(2002年)》的基本指导思想和价值取向。这就是:当事人的主导性和证据制度的效率性。

强调了当事人的主导性,淡化了法院在证据制度中的作用和功能,摆正了当事人和法院在证据领域中的角色和地位,使我们看到,证据制度绝不是像以前那样被狭隘地看作为法院使用的证据制度,建立证据制度的出发点绝不是法院如何查证、如何调查证据,证据制度绝不是以法院为中心而建构的,证据制度的使用主体首先是当事人及其诉讼代理人,其次才是法院和其他诉讼主体。证据制度是当事人用来捍卫自己合法权益的法律武器,只是在次要的意义上,它才是法院用来裁判案件的法律准绳。这里的主次关系是非常明显的。市场经济和对抗制诉讼、诉讼民主性都要求证据制度应以当事人为中心。我们评价《证据规定(2002年)》,也要以此作为重要的价值指标。在这方面贯彻得越好,就越说明我们的证据制度规定的科学、合理、有生命力、前后具有一贯性。从《证据规定(2002年)》中可以看出,当事人在证据制度中的中心位置是获得体现的。比如,《证据规定(2002年)》强调了当事人对证据在诉讼中的出现负有主要的责任。当事人举证为主,法院查证为辅,而且即便是法院查证,一般情况下,法院也不主动进行,而是在当事人有举证的愿望以及有举证的方向性和目标性的前提之下,才启动其查证职权的。当事人成为法院发动职权的钥匙和阀门。这既是对法院无所不包的职权的一个有力限制,也是当事人主导诉讼之原则的一个重要表现。诉讼,包括当事人的诉讼行为、代理人的诉讼行为、法院的审判行为,还有其他诉讼法律关系主体的行为,都要围绕着当事人的诉讼意愿进行。诉讼程序在此意义上成为当事人意愿的一个展开过程。又如,《证据规定(2002年)》规定,当事人可以自行委托鉴定人提供自己的鉴定结论,鉴定权不再由法院垄断,这不仅强化了当事人的举证手段,更重要的意义在于当事人可以在相同的水平线上,在鉴定领域与法院的职权鉴定进行抗衡了,在鉴定这个一直被奉为法院专权的诉讼空间,出现了当事人这一另外的诉讼主体。笼罩在鉴定上空的神秘感顿时化为乌有。再如,举证时限和证据交换,当事人可以商量确定举证时限,当事人可以决定是否要进行证据交换。对自己不利的事实主张和证据资料,当事人可以通过自认权将它们从法院的审判权中排除出去,这种自认对法院行使审判权可以起到拘束作用,法院不得自行否认这种与客观事实相背离的自认行为,在此意义上,诉讼中的真实性完全奠基在当事人的主观愿望之上。当事人能够主导案件事实的真实性,能够划定法院审判权的范围,这不能不认为是诉讼民主的体现,是私法自治的体现,是权利本位的体现。这无疑代表着一种进步,绝不能简单地解释为法院在推卸审判责任,也就是所谓"给法院卸担子,给当事人压担子"。

但是，不能不指出，《证据规定（2002 年）》在贯彻当事人主导原则方面，做得不够彻底，说得具体一点，当事人主导有义务性主导和权利性主导两个方面，现在过多地强调的是义务性主导方面，或者看上去是权利性主导，但实质上是义务性主导。比如，举证时限的确定，当事人可以商量确定，看上去是强调了当事人对诉讼程序和诉讼进程的控制性，但实质上，这也是一种诉讼义务，因为倘若当事人不商量确定时间，法院马上确定一个更短的时间。证据交换也是如此，上面所列举的其他的证据制度大多如此。鉴定是一个例外。更重要的不是这个，而是当事人主导权的根本性短缺或关键性空白。这集中体现在当事人及其诉讼代理人调查收集证据的权利及其程序保障上。权利义务的一致性，是法律应恪守的一项基本原则，在证据制度中也不例外。我们在强调当事人举证责任、强调当事人及时举证、强调当事人合法收集证据、强调当事人当庭质证等，都是在不断地给当事人进行诉讼增加压力和紧迫感，这种压力和紧迫感之消解，需要有诉讼资源上的充分动力。如果一方面给当事人加压，另一方面又不放开对其权利的配套规定，这在实质的效果上与排斥当事人诉讼或者驱赶当事人出诉讼领域呈同构意义。比如说，证据制度要求当事人负举证责任，但当事人用什么手段来确保该责任之履行呢？也就是说，当事人及其诉讼代理人如何取证呢？这个问题在《证据规定（2002 年）》中没有获得应有的解决。当事人及其诉讼代理人缺少查证权和查证的程序保障，必然制约着当事人主导原则的真正贯彻，到最后，法院主导的老做法又会沉渣泛起。这一点在诉讼效率价值目标的设计上也有同样的体现。

六、2012 年《民事诉讼法》对证据制度的修改

2012 年修改《民事诉讼法》，对诉讼证据制度进行了较大篇幅的修改，条文也从 12 条增加到了 19 条。具体修改的内容包括：

（一）在证据种类上出现了三个变化

一是将原本排序在第五位的"当事人陈述"（排在书证、物证、视听资料、证人证言之后）提前到了第一位，从而使法定证据种类的顺序发生了变化。二是增设了"电子数据"这一新的证据种类和形式，排在第六位，使原本的七种证据形式变成了八种，丰富了我国的证据类型，适应了时代的需要。三是将原本的"鉴定结论"这一证据形式的名称改为"鉴定意见"，使之从特殊的证据种类回归到了普通的证据种类。

（二）确立了举证时限制度

根据 2012 年《民事诉讼法》第 65 条的规定，当事人对自己提出的主张应当及时提供证据。人民法院应当根据当事人的主张和案件审理情况，确定当事人应当提供的证据及其期限。当事人在该期限内提供证据确有困难的，可以向人民法院申请延长期限，人民法院根据当事人的申请适当延长。当事人逾期提供证据的，人民法院应当责令其说明理由；拒不说明理由或者理由不成立的，人民法院根据不同情形可以不予采纳该证据，或者采纳该证据但予以训诫、罚款。

（三）规定了证据收据制度

根据 2012 年《民事诉讼法》第 66 条的规定，人民法院收到当事人提交的证据材料，应当出具收据，写明证据名称、页数、份数、原件或者复印件以及收到时间等，并由经办人员签名或者盖章。

(四) 完善了证人证言制度，规定证人原则上应当出庭作证

根据 2012 年《民事诉讼法》第 73 条的规定，经人民法院通知，证人应当出庭作证。有下列情形之一的，经人民法院许可，可以通过书面证言、视听传输技术或者视听资料等方式作证：一是因健康原因不能出庭的；二是因路途遥远，交通不便不能出庭的；三是因自然灾害等不可抗力不能出庭的；四是其他有正当理由不能出庭。第 74 条增加规定了证人作证的费用补偿制度，据此规定，证人因履行出庭作证义务而支出的交通、住宿、就餐等必要费用以及误工损失，由败诉一方当事人负担。当事人申请证人作证的，由该当事人先行垫付；当事人没有申请，人民法院通知证人作证的，由人民法院先行垫付。

(五) 改革司法鉴定体制，强化了当事人在司法鉴定启动以及鉴定人选择上的权限

根据 2012 年《民事诉讼法》第 76 条的规定，当事人可以就查明事实的专门性问题向人民法院申请鉴定。当事人申请鉴定的，由双方当事人协商确定具备资格的鉴定人；协商不成的，由人民法院指定。当事人未申请鉴定，人民法院对专门性问题认为需要鉴定的，应当委托具备资格的鉴定人进行鉴定。

(六) 新设专家辅助人制度

根据 2012 年《民事诉讼法》第 79 条的规定，当事人可以申请人民法院通知有专门知识的人出庭，就鉴定人作出的鉴定意见或者专业问题提出意见。专家辅助人制度的设立，弥补了我国司法鉴定制度的不足，当事人可以聘请专家辅助人为诉讼中所涉及的专门性问题提供咨询意见，也可以利用专家辅助人出席法庭，对鉴定人所发表的鉴定意见当场发表质证、辩驳意见，以动摇鉴定意见的证明效力，促使法院作出有利于该方当事人的事实认定。

(七) 完善了证据保全制度，规定了"诉前证据保全"

根据 2012 年《民事诉讼法》第 81 条的规定，在证据可能灭失或者以后难以取得的情况下，当事人可以在诉讼过程中向人民法院申请保全证据，人民法院也可以主动采取保全措施。因情况紧急，在证据可能灭失或者以后难以取得的情况下，利害关系人可以在提起诉讼或者申请仲裁前向证据所在地、被申请人住所地或者对案件有管辖权的人民法院申请保全证据。证据保全的其他程序，参照适用 2012 年《民事诉讼法》第九章有关保全的规定。尤其值得一提的是，该条第 2 款还增加确立了"诉前证据保全"制度。当事人在起诉前或申请仲裁前，如果符合"情况紧急"这一要件，即可向法院申请采取证据保全措施，以免证据灭失，造成诉讼困扰。这一规定是因实际需要而生，同时也是为了与诉前财产保全制度保持一致，在整体上完善了我国的保全制度。

七、《民诉法解释》中的证据制度

《民诉法解释》第四部分对证据作出了细化规定，从第 90 条到第 124 条，共 35 条，对举证期限、逾期举证责任、证据范围、证人出庭规则、举证责任分配、法官审查判断证据的原则和认定事实等问题均做出了系统性且具有可操作性的解释。以下就其有新意的部分加以简介。

(一) 对证明标准作出了新的表述，且破除了一元化的证明标准模式，实行多元化证明标准

根据《民诉法解释》第 108 条的规定，对负有举证证明责任的当事人提供的证据，人民法院经审查并结合相关事实，确信待证事实的存在具有高度可能性的，应当认定该事实存在。

对一方当事人为反驳负有举证证明责任的当事人所主张事实而提供的证据,人民法院经审查并结合相关事实,认为待证事实真伪不明的,应当认定该事实不存在。法律对于待证事实所应达到的证明标准另有规定的,从其规定。根据其第109条的规定,当事人对欺诈、胁迫、恶意串通事实的证明,以及对口头遗嘱或者赠与事实的证明,人民法院确信该待证事实存在的可能性能够排除合理怀疑的,应当认定该事实存在。该司法解释的这两条规定值得称道:一方面,它明确了我国民事诉讼证明标准是"高度可能性";另一方面,它采纳了多元化的证明标准模式。关于第一点,在证明标准的表述及其内涵上,我国学术界和实务界存在一些共识。比如,我国应当实行多元化的证明标准,对民事诉讼、刑事诉讼和行政诉讼中的证明标准应当分别表述、各别确定,而不宜采取过去的"案件事实清楚、证据确实充分"的统一化表述。再如,相对于刑事诉讼证明标准和行政诉讼证明标准而言,民事证明标准处在最低的层次。但对于民事诉讼证明标准如何表述上,学术界和实务界尚未完全形成共识,有的表述为"盖然性证据标准",有的表述为"优势证据标准",前者具有大陆法色彩,后者具有英美法色彩,都不具有中国特色,理解起来较为困难,适用起来较为混乱。该《民诉法解释》将其确定为"高度可能性",比较精准,易于操作和使用。尤其是,我国的民事诉讼证明标准相对于大陆法系和英美法系而言,应当在要求上更高,因而提出"高度"的要求是妥当的。关于第二点,对于特殊种类的民事诉讼,采用特殊种类的证明标准,也是正确的。

(二) 规定了询问当事人制度

根据《民诉法解释》第110条的规定,人民法院认为有必要的,可以要求当事人本人到庭,就案件有关事实接受询问。在询问当事人之前,可以要求其签署保证书。保证书应当载明据实陈述、如有虚假陈述愿意接受处罚等内容。当事人应当在保证书上签名或者捺印。负有举证证明责任的当事人拒绝到庭、拒绝接受询问或者拒绝签署保证书,待证事实又欠缺其他证据证明的,人民法院对其主张的事实不予认定。当事人是诉讼中的关键角色,这不仅体现在当事人作为诉讼主体的诉讼地位上,而且还体现在当事人作为重要的证据渊源上。当事人是案件事实的亲历者,对案件事实一般会有全盘的感受和记忆,因此通过完善诉讼机制和证明机制,发掘当事人作为证据渊源的价值是一项重要任务。《民事诉讼法》在第66条所规定的八大证据种类中,当事人陈述是其中一种,而且这次立法有意提高当事人陈述的证据地位,将其从序位在后的证据形式改变成了位列第一的证据形式。虽然这种立法变化并不意味着立法者将当事人陈述作为最重要的证据形式来看待,但至少表明立法者更加重视了当事人陈述这种证据形式。然而,如果当事人陈述的程序机制不加变化,则当事人陈述的证据作用依然难以充分发挥。《民诉法解释》的该条规定是对当事人陈述证据价值进行深度发掘的有益尝试,撇开其与上位法的关系不论,单就其内容而言乃值得肯定。将"当事人陈述"改为"当事人询问"具有重要意义。首先,当事人有出庭接受司法者询问的义务,改变了过去当事人可以出庭也可以不出庭的随意状态,强化了当事人的诉讼参与义务和责任。其次,当事人接受司法者的询问必须如实回答问题,这是《民事诉讼法》第13条第1款诚信原则的要求。为此,当事人必须签署保证书。最后,如果当事人在接到法院出庭接受询问的指令后,无正当理由拒不到庭,或者无正当理由拒绝签署保证书,或者到庭后拒绝接受司法者的询问,或者作出虚假陈述,则其事实主张将得不到法庭支持。从理论上探讨,当事人具有服从法庭指挥的诉讼义务,其无视法庭司法命令的指挥,除产生上述不利的事实认定后果外,是否应将其视为妨碍民事诉讼的行为,使其依情节之轻重产生司法上的制裁责任,如罚款、拘留等,这目前尚无立法上的明文规定,需要继续研究和实践探索。

（三）规定了当事人的书证提出义务

根据《民诉法解释》第112条的规定，书证在对方当事人控制之下的，承担举证证明责任的当事人可以在举证期限届满前书面申请人民法院责令对方当事人提交。申请理由成立的，人民法院应当责令对方当事人提交，因提交书证所产生的费用，由申请人负担。对方当事人无正当理由拒不提交的，人民法院可以认定申请人所主张的书证内容为真实。这一条的规定在学理上一般被称为当事人的"文书提出义务"。无论是英美法系国家还是大陆法系国家，其现代证据制度中均有"文书提出义务"之规定，其理论根据在于当事人之间的协同合作进行诉讼的义务。在职权调查证据的诉讼原则下，法院依职权可以责令当事人提供包括书证在内的所有证据，因此，我国法院在职权调查证据过程中，有权责令当事人的任何一方提供其所占有或能够支配使用的证据。然而本条所规定的并非法院职权调查证据的内容，而是当事人一方向另一方提出的要求其提供其所占有的或所能支配使用的书证义务。该一规定有助于推动我国民事诉讼模式从职权主义向协同主义转变，符合民事诉讼法发展的基本趋势，值得肯定。其实，在此前的《证据规定（2002年）》中就包含了该规定的萌芽，《证据规定（2002年）》第75条规定："有证据证明一方当事人持有证据无正当理由拒不提供，如果对方当事人主张该证据的内容不利于证据持有人，可以推定该主张成立。"比较这两个司法解释的规定，可知后者的范围更广，不仅书证，而且其他所有证据，只要在一方当事人的控制之下，其都有在对方当事人请求下予以提供的义务，否则便会受到不利的事实推定。从理论上说，后一司法解释更加妥当。

（四）证人如实作证的义务受到了强化

《民诉法解释》第119条规定："人民法院在证人出庭作证前应当告知其如实作证的义务以及作伪证的法律后果，并责令其签署保证书，但无民事行为能力人和限制民事行为能力人除外。证人签署保证书适用本解释关于当事人签署保证书的规定。"第120条规定："证人拒绝签署保证书的，不得作证，并自行承担相关费用。"随着审判方式和诉讼体制机制由职权主义向当事人主义的转型，尤其是随着对抗性、辩论式庭审方式的深入推行，证据种类中的重要性排序也悄然发生了变化，实物证据尤其是"书证为王"的传统优势地位，逐渐地让位于言词证据尤其是其中的证人证言，证人（广义的证人还包括鉴定人、专家辅助人等）在民事诉讼中的证明地位和证据作用成为重中之重。然而，证人作证制度在我国民事诉讼法上还远未达到完善的地步，其集中表征就是"证人作证难"。"证人作证难"包括证人出庭作证难、证人如实作证难、对证人实施司法保护难等，证人拒绝作证几乎是一个普遍现象，这就极大地制约了民事诉讼中可资利用的证据来源，案件事实的真实查明往往因为证人作证难而受阻。有鉴于此，对证人作证制度的修改与完善就成为我国民事诉讼制度修改与完善的重要组成部分。前述2012年《民事诉讼法》修改中，证人证言制度增加了两大条文，形成了证人作证义务规范、证人出庭作证规范、证人保护规范的制度体系。然而，不能不同时看到，《民事诉讼法》上的证人制度规范总体上还非常粗疏，尤其是证人强制作证和出庭作证的规制力还较为羸弱。《民诉法解释》针对此种情况做出了"证人签署保证书"的规范性调整。据此制度，证人在向法庭作证前，应当根据要求签署如实作证的保证书，否则其就不具备作证的法律资格，这是对证人能力提出的法律层面的更高要求。证人签署保证书制度具有必要性：第一，这是民事诉讼法所确立的诚信原则的要求，证人作证应当负担真实义务。第二，这是构建协同性诉讼模式的需要，证人对于诉讼实施的配合协助义务是协同性诉讼模式的应然之义。第三，这是提升我国司法文明水平的需要，证人提供真实的证词而不提供虚假的证词是司法文明的基本表征。第四，这是提高司法效率、节约司法资源的必然要求,如果证人提供虚假证词而得不到及时遏制,必然致使诉讼的后期(包括二审、再审与检察监督等)对纠正错讹的证词花费大量的人力、物力和财力,司法效率必将受到严重影响。西方国家,无论是大陆法国家还是英美法国家,其对证人作证均无例外地提出了宣誓(有宗教信仰者)或保证、具结(无宗教信仰者)的制度性要求。当然,就证人签署保证书制度的规范正当性而言,作为司法解释理应上升到立法层面,由民事诉讼法加以规定。

八、证据新规:《证据规定(2020年)》

《证据规定(2020年)》有100条,较之《证据规定(2002年)》的第83条有所增加。纵观其内容,应该说,它体现出了四个基本特点:一是更加细密化。使证据制度的可操作性有所增强。如证据保全、鉴定证据、自认等规定,都在原有的基础上有所细化。二是更加现代化。使证据制度跟上了时代发展的需要。如电子数据证据、视听资料证据等均反映了最新的发展成果。三是更加当事人主义化。当事人在证据和证明中的地位有所强化和提升。如当事人的举证责任与法院的查证职责的界限更加清晰,法院调查取证的范围更加限定,自认制度受到更多重视。四是更加协同主义化。现代民事诉讼强调调动当事人的诉讼积极性和法院的审判积极性两个方面的能动作用,《证据规定(2020年)》在该方面吸收了世界上协同主义的有益因素,使我国民事诉讼模式更加具有前沿性。如增加了当事人的询问制度、增加了当事人的事案解明义务、增加了当事人的文书提出义务、增强了当事人的真实义务等,同时还增加了诸如证人、鉴定人等的证据协同义务,强化了他们的证明配合责任。以下就其重要条款以及这些条款中的理论蕴含做出简介。

(一) 起诉证据的高阶化

《证据规定(2020年)》第1条规定:"原告向人民法院起诉或者被告提出反诉,应当提供符合起诉条件的相应的证据。"该条将《证据规定(2002年)》中"证据材料"改为"证据",对当事人提供起诉证据的要求更高了,这形成了一个悖论,一方面在强调立案登记制,另一方面又要求当事人在起诉时就提供更高标准的证据,显然这是矛盾的。[①]

(二) 自认制度的完整化

《证据规定(2020年)》用8个条文(第3—9条、第18条)大篇幅地规定民事诉讼法本身只字未提的自认制度,具有"立法创新价值"。其中第3条的规定尤其值得关注,根据该条规定,在诉讼过程中,一方当事人陈述的于己不利的事实,或者对于己不利的事实明确表示承认的,另一方当事人无须举证证明。在证据交换、询问、调查过程中,或者在起诉状、答辩状、代理词等书面材料中,当事人明确承认于己不利的事实的,适用前款规定。这样便使仅仅适用于庭审中的自认扩大适用到了诉讼的全过程,而且方式上更加灵活多样,同时其他条款对

---

① 关于起诉证据的正当性与否的研讨,可参见张卫平:《起诉条件与实体判决要件》,载《法学研究》2004年第6期;张卫平:《民事案件受理制度的反思与重构》,载《法商研究》2015年第3期;刘敏:《功能、要素与内容:民事起诉状省思》,载《法律科学》2014年第3期;段文波:《起诉条件前置审》,载《法学研究》2016年第6期。

代理人的自认、共同诉讼人的自认、自认的限制与附条件、自认的撤销等均作出了详细规定。①

（三）将免证事由的反证进行类型化处置

《证据规定（2020年）》第10条第2款规定："前款第二项至第五项事实，当事人有相反证据足以反驳的除外；第六项、第七项事实，当事人有相反证据足以推翻的除外。"将当事人对免证事由提供的相反证据作出了"足以反驳"和"足以推翻"的类型化处理，这就改变了《证据规定（2002年）》第9条第2款所确立的"当事人有相反证据足以推翻的除外"之单一性规定。②

（四）电子数据真实性审查方式的特殊化

电子数据作为一种证据新形式，在2012年修改《民事诉讼法》第63条（现第66条）后将其增列为独立的证据种类，不再与视听资料等证据形式相混同。《证据规定（2020年）》在电子数据上不惜笔墨，用5个条文（第14、15、23、93、94条）加以具体规定。③

（五）鉴定证据的体系化和实操化

《证据规定（2020年）》在鉴定证据上所使用的条文数量最多，有21条之多（第24、27、30—42、79—84条），占整个司法解释的五分之一多，这说明司法实践中对鉴定证据的重要性认识在不断提升，鉴定证据的复杂性也在增强，鉴定证据与司法公正的关联度也在提高，"鉴定为王"的司法观念也在强化，同时透过字里行间，不难感觉到司法机关对于鉴定中存在的乱象锐意进行改革与革除的精神和态度。④

（六）证据保全制度的完整化

以前的证据规定，包括各种司法解释，都没有对证据保全如此重视，《证据规定（2020年）》用了5个条文（第25—29条）对此作出了详细规定。值得关注的是其中第27条，依据该条规定，人民法院进行证据保全，可以要求当事人或者诉讼代理人到场。根据当事人的申请和具体情况，人民法院可以采取查封、扣押、录音、录像、复制、鉴定、勘验等方法进行证据

---

① 关于自认的限制性规则的探讨，可参见邱星美、张红娇：《论民事诉讼自认制度之限制性规则》，载《法律适用》2013年第3期；丁宝同：《证明责任规则的华而不实和自认规则的功能缺失——最高人民法院〈关于民事诉讼证据的若干规定〉的理论问题解析》，载《政法论丛》2003年第2期；陈锦红：《论民事诉讼自认规则的完善》，载《法学论坛》2004年第6期；史旭东、王军：《民事诉讼自认及其法律效力——评析〈关于民事诉讼证据的若干规定〉第8条》，载《司法论坛》第5期；霍海红：《我国自认撤销规则的反思与重构》，载《法商研究》2011年第6期。

② 关于已决事实免证力的讨论，可参见李浩：《民事证据的若干规定——兼评最高人民法院〈关于民事诉讼证据的司法解释〉》，载《法学研究》2002年第3期；翁晓斌：《论已决事实的预决效力》，载《中国法学》2006年第4期；邵明：《论法院民事预决事实的效力及其采用规则》，载《人民司法》2009年第15期。

③ 关于如何判断电子数据真实性的论述，可参见李学军、朱梦妮：《电子数据认证问题实证研究》，载《北京社会科学》2014年第9期；刘哲玮：《民事电子数据：从法条独立到实质独立》，载《证据科学》2015年第6期；冀宗儒、钮杨：《论民事诉讼中电子数据的运用规则》，载《证据科学》2016年第4期；倪晶：《民事诉讼中电子证据的真实性认定》，载《北京航空航天大学学报（社会科学版）》2016年第3期。

④ 关于鉴定意见采纳方面的论述，可参见占善刚：《论我国民事诉讼中鉴定人不出庭作证之应有后果》，载《法学家》2014年第2期；胡云红：《鉴定机构出具的撤销决定不属于上诉或再审新证据》，载《人民司法》2016年第5期；[德]彼得·哥特瓦德：《鉴定人及其鉴定意见在德国民事诉讼法中的地位》，曹志勋译，载《证据科学》2020年第2期。

保全,并制作笔录。在符合证据保全目的的情况下,人民法院应当选择对证据持有人利益影响最小的保全措施。该条规定了证据保全时当事人的到场见证权、采取保全措施要征求当事人的意见,并且应当采用对当事人利益影响最小的保全措施,体现了比例原则在证据保全中的运用。①

(七) 文书提出命令制度更趋完善

《民事诉讼法》并未规定文书提出命令制度,但《民诉法解释》第112条对此作出了规定,《证据规定(2020年)》对此用4个条文(第45—48条)进行了细化和完善,其中尤为重要的是其第45条的规定,根据该条规定,当事人根据《民诉法解释》第112条的规定申请人民法院责令对方当事人提交书证的,申请书应当载明所申请提交的书证名称或者内容、需要以该书证证明的事实及事实的重要性、对方当事人控制该书证的根据以及应当提交该书证的理由。对方当事人否认控制书证的,人民法院应当根据法律规定、习惯等因素,结合案件的事实、证据,对于书证是否在对方当事人控制之下的事实作出综合判断。文书提出命令制度的确立,对强化当事人的举证手段,构筑协同主义的诉讼模式,强化诚信原则在证据领域中的运用,具有重要的意义。②

(八) 举证期限制度的进一步弱化

《证据规定(2002年)》将举证期限制度推到了规范化的顶峰,证据失权是举证期限制度中的核心要素,但由于《证据规定(2002年)》中的举证期限制度过于严苛,不适应司法实际情况的需要,因而2012年《民事诉讼法》的修改将其缓和化,规定当事人逾期举证的多元化而非绝对一元化的法律后果。③《证据规定(2020年)》继续沿着该一立法思路,一方面强化了举证期限制度的可操作性,另一方面又突出了罚款在逾期举证中的惩戒功能,进一步淡化了证据失权的刚性效果,同时对举证期限的更改和顺延也做出了更加宽松的解释,法院对逾期举证是否具有客观障碍的裁量权有所强化。

(九) 诉讼标的释明权发生了变化

《证据规定(2020年)》第53条第1款规定:"诉讼过程中,当事人主张的法律关系性质或者民事行为效力与人民法院根据案件事实作出的认定不一致的,人民法院应当将法律关系性质或者民事行为效力作为焦点问题进行审理。但法律关系性质对裁判理由及结果没有影响,或者有关问题已经当事人充分辩论的除外。"将该条款与《证据规定(2002年)》第35条第1款进行比较可知,在当事人所主张的法律关系性质与法院的认识不同时,法院不再行使释明权,而是将其"作为焦点问题进行审理",这样不仅有助于化解法官行使释明权与当事人理解

---

① 关于证据保全的多功能及其程序设置之研讨,可参见占善刚、朱建敏:《证据保全若干问题探析》,载《电子科技大学学报》2009年第4期;毕玉谦:《证据保全程序问题研究》,载《北京科技大学学报》2001年5月;占善刚:《证据保全程序参照适用保全程序质疑——民事诉讼法第81条第3款检讨》,载《法商研究》2015年第6期;段文波、李凌:《证据保全的性质重识与功能再造》,载《南京社会科学》2017年第5期。

② 关于文书提出命令的有关探讨,可参阅张卫平:《文书提出义务的制度构建》,载《法学家》2017年第3期。

③ 举证期限制度的立法变革的相关论述,可参见汤维建:《民事诉讼中证据交换制度的确立和完善》,载《法律科学》2004年第1期;李浩:《举证时限制度的困境与出路》,载《中国法学》2005年第3期;李浩:《论适用举证期限的几个问题》,载《法律适用》2013年第10期;夏璇:《我国民事证据失权制度的适用困境与改革路径》,载《河北法学》2015年第10期。

不一致以及下级法院与上级法院认识不一致所导致的司法尴尬，也有利于弱化法院职权干预作用，强化程序的正当性。①

（十）质证方式的多样化

《民事诉讼法》第71条规定："证据应当在法庭上出示，并由当事人互相质证。"据此规定，庭审质证是唯一的质证形式，但是，经过审前程序的改革，审前程序实质化的趋向日益凸显，在审前程序的庭前会议或证据交换过程中甚至在法院调查询问过程中，当事人也可对证据进行质证，并且还可以书面质证，因此，《证据规定（2020年）》第60条规定："当事人在审理前的准备阶段或者人民法院调查、询问过程中发表过质证意见的证据，视为质证过的证据。当事人要求以书面方式发表质证意见，人民法院在听取对方当事人意见后认为有必要的，可以准许。人民法院应当及时将书面质证意见送交对方当事人。"但尽管如此，庭审中对证据进行口头质证仍是民事诉讼法的基本要求，因为只有庭审质证才能使质证在充分的程序保障下实现较好的质证效果。②

（十一）完善了当事人询问和当事人陈述制度

《民事诉讼法》第78条仅规定了抽象的当事人陈述，致使当事人陈述这种证据形式基本上流于形式，不利于案件真实的发现和判定。③因此，《证据规定（2020年）》将单一的当事人陈述分解为二：一是当事人询问制度，二是当事人真实陈述义务。根据《证据规定（2020年）》第63、64、65条的规定，人民法院认为有必要的，可以要求当事人本人到场，就案件的有关事实接受询问。人民法院要求当事人到场接受询问的，应当通知当事人询问的时间、地点、拒不到场的后果等内容。人民法院应当在询问前责令当事人签署保证书并宣读保证书的内容。当事人故意作虚假陈述妨碍人民法院审理的，人民法院应当根据情节，依照《民事诉讼法》第114条的规定进行处罚。这些规定的进步意义是不言而喻的。

（十二）证人作证的契约化制度

证人作证的契约化主要是指证人作证方式的契约化，根据《证据规定（2020年）》第68条的规定，双方当事人同意证人以其他方式作证并经人民法院准许的，证人可以不出庭作证。据此规定，尽管证人出庭作证是一项基本原则，但如果当事人双方同意证人不出庭作证，而是通过其他方式作证，并且经法院审查许可，则证人可以不出庭作证，这就在证人是否需要出庭作证问题上增加了话语权，更加突出了证明程序的契约化特征。④

---

① 关于诉讼标的释明权方面的论述，可参见曹云吉：《释明权行使的要件及效果论——对〈关于民事诉讼证据的若干规定〉第35条的规范分析》，载《当代法学》2016年第6期；任重：《释明变更诉讼请求的标准——兼论"关于民事诉讼证据的若干规定"第35条第1款的规范目的》，载《法学研究》2019年第4期。

② 关于审前质证方面的论述，可参见汤维建：《论构建我国民事诉讼中的自足性审前程序——审前程序和庭审程序并立的改革观》，载《政法论坛》2004年第7期；汤维建：《论民事诉讼审前程序的模式转变》，载《河南省政法管理干部学院学报》2005年第4期；郝廷婷：《民事诉讼庭前准备程序的归位与完善》，载《法律适用》2016年第6期。

③ 关于当事人陈述制度改革方面的论述，可参见郝晶晶：《我国当事人陈述制度的规则审视》，载《法商研究》2018年第4期。

④ 关于证人保障方面的论述，可参见卢君等：《信任修复：现行民事证人出庭作证制度的完善》，载《法律适用》2015年第6期。

(十三) 确立了证人费用的法院垫付制度[①]

《民事诉讼法》第 77 条规定了证人费用由申请作证的当事人预先垫付的规则，但该规则不利于当事人申请证人作证，《证据规定 (2020 年)》第 75 条对此作出了变通性规定，依据该条的规定，证人出庭作证后，可以向人民法院申请支付证人出庭作证费用。证人有困难需要预先支取出庭作证费用的，人民法院可以根据证人的申请在出庭作证前支付。相比之下，《证据规定 (2020 年)》的此一规定更加凸显了证人作为"法院的证人"之性质，[②] 同时也有助于化解当事人申请证人作证的经费障碍，是司法为民的表现。

(十四) 确立了三层次的证明标准

《证据规定 (2020 年)》第 86 条第 1 款规定了诸如欺诈、胁迫、恶意串通事实、口头遗嘱或赠与等事实的"排除合理怀疑"的刑事证明标准，第 2 款规定了与诉讼保全、回避等程序事项有关的"较大可能性"的民事诉讼最低证明标准。此外，还有一个介于二者之间的一般性的也是基础性的证明标准，即被该《证据规定 (2020 年)》删除了的、《证据规定 (2002 年)》第 73 条所规定的"盖然性优势"证明标准。[③] 三层次的证明标准较之单一化的绝对性的证明标准更加符合司法实际情况，法理上也更加顺畅，因而是科学的。

(十五) 淡化了法定证据制度的色彩

《证据规定 (2002 年)》中有许多关于证据证明力大小的比较性判断规则，比如，《证据规定 (2002 年)》第 77 条所规定的"国家机关、社会团体依职权制作的公文书证的证明力一般大于其他书证""物证、档案、鉴定结论、勘验笔录或者经过公证、登记的书证，其证明力一般大于其他书证、视听资料和证人证言""原始证据的证明力一般大于传来证据""直接证据的证明力一般大于间接证据""证人提供的对与其有亲属或者其他密切关系的当事人有利的证言，其证明力一般小于其他证人证言"等证明力的衡量规则，尽管对司法实践不乏一定的指导意义，但也容易导致形式主义司法的弊端，未必有利于案件事实真相的客观认定，也不利于发挥司法者在证据审查判断上的司法能动性，因而《证据规定 (2020 年)》对这些具有法定证据制度残余表征的、并不具有科学合理性的证据规则予以删除。

除上所述，《证据规定 (2020 年)》中还有一些创新性的规定，这些规定都在不同程度上推动了中国民事诉讼证据制度的发展和进步，当然，我国民事诉讼证据制度中存在的固有缺陷，通过证据的司法解释是难以消除的，而唯有通过《民事诉讼法》的体制性全盘更新方能做到。

---

① 关于证人费用方面的论述，可参见占善刚：《证人出庭作证费用的性质及其给付路径》，载《烟台大学学报 (哲学社会科学版)》2014 年第 5 期。

② 关于证人性质的论述，可参见王亚新、陈杭平：《证人出庭作证的一个分析框架》，载《中国法学》2005 年第 1 期。

③ 关于刑事证明标准在民事诉讼中的运用是否妥当的论述，可参见吴泽勇：《中国法上的民事诉讼证明标准》，载《清华法学》2013 年第 1 期；霍海红：《提高民事诉讼证明标准的理论反思》，载《中国法学》2016 年第 2 期。

第四节 诉讼制度与证据制度的关系

一、诉讼制度对证据制度具有塑造力

广义言之,民事诉讼法是由程序法和证据法相组合而成的,证据法与程序法又是互渗互透、交织在一起的。离开证据法的程序法,与离开程序法的证据法,对解决民事纠纷的法律规范而言,都是难以设想的。现代民事诉讼法实行证据裁判主义,同时又以司法逻辑三段论为行使司法权的基本模型,这就使得证据问题、法律问题与程序问题如水乳般交融于一体,难舍难分。诉讼法实际上就是以这三条线索以及它们的发展逻辑而建构的。就证据制度而言,其动态面,固与程序法合为一体,即便其静态面,也难脱程序法的影响与支配。研究证据制度、型构证据制度,必须将它置于程序法的层面,与程序法的构造同步进行。程序法支配着证据法的样态,证据法中的每一个内容设计,都要自觉、不自觉地考虑到程序法的需求与影响。无论是大陆法还是英美法的立法实践都证明了这一点。本节所希望探讨的,乃是两大法系国家的程序制度是如何影响其证据制度的内容及运作方式的。当然,程序制度涉及的面极其宽泛,这里不可能面面俱到地都予以探讨,这样做也没有必要,尤其是,有一些共通性的程序制度对证据制度的影响也因其同质性而可以忽略不计。笔者只想拿出程序体系中的若干重要装置,来对证据制度的影响作出探讨。这主要包括三个大的方面,一是对抗制模式对证据制度的影响;二是陪审团审判对证据制度的影响;三是集中制审判对证据的影响。对抗制、陪审制与集中制可以说是英美国家诉讼法制度的三大支柱性基本原则。它们在实质的意义上塑造了英美的证据制度。与对抗制相对称的诉讼模式为职权制;与陪审制相对称的民众参与司法的制度为参审制;与集中制诉讼运作模式相对应的乃是间断制审判方式。后三者皆为大陆法所采。同样的道理,职权制、参审制与间断制对大陆法系国家的证据制度产生了极其深刻的影响。也正是在这三对制度的比较中,呈现出了两大法系国家证据制度的基本区别。

二、对抗制诉讼模式对证据制度的影响

(一) 对抗制下的证明模式

英美证据法除对其本国的实际操作者外,对其他任何法系都有一种陌生感。在该证据制度中,调查事实的既定方式与司法外的日常方法有很大的差异。这种差异的根源在于当事人具有对证据收集的主导权。这就是当事人控制原则,也是对抗制诉讼模式的必然体现。

对抗制所形成的司法调查模式与司法外的调查模式是有区别的。在分析这种区别以前,首先应指出,在对证据的有效性进行推理的领域,英美证据法并无太多的特别之处。其特别之处在于:法庭审理中事实认定者的行为方式,以及,程序参与者所使用的将证据信息输送给事实认定者的方式。前者表现为事实认定者的消极性特征,后者表现为程序参与者的主导性特征。事实认定者的消极性特征与程序参与者的主导性特征两项结合,便是英美证据法的对抗制特征。

事实认定者消极性特征主要表现在:其一,事实认定者虽然作为最终决定的制作者,但是,他们制作决定所仰赖的证据信息却完全被动地来源于当事人所选择的证据。在为制作裁判所需要的证据信息方面,事实认定者完全处在无能为力状态。其二,事实认定者在庭审前对案

件事实毫无所知，具有"无知之幕"的特征。他们的认知需求是非常强力的，但却自缚手脚，抑制自己的认知欲望。这一点，也是违背常理的。其三，根据对抗制的原理，法官必须决定何方当事人形成了一个更好的案情。如果法官调查收集证据信息，必然带有倾向于一方当事人的偏颇性。法官尽管可以依职权调查证据，但其过分积极地介入当事人一边，常常会遭到另一方当事人的抗议，理由是，法官这样做，实际上便向陪审团显示出了自己对于证人可信性的观点。所以，法官通常不依职权收集证据，也不依职权询问证人，也不对当事人提供的证据发表评论性意见。陪审团也是如此，他们也不向证人提问。事实认定者这种消极性特征，与大陆法国家的事实调查模式以及日常生活中的事实调查模式皆有区别。在大陆法国家，无论是职业法官还是外行法官，只要他们愿意，都可以参加到证明活动中去。他们之所以可以自由地从事证明活动，主要是因为他们负有作出正确决定、发现客观真实的诉讼责任。在大陆法国家的法律意识中，深深地根植着一种观念，即裁判者应当接受判决的责任，而这种责任应当在考虑其他人提供的信息之基础上予以完成。即使在诸如意大利这样的采用英美模式改进其证据制度的国家，也坚持认为，法官应当保留证明的主动权以及询问证人的权利。

当事人主导性特征主要表现在：其一，当事人主导性特征源起于英美法国家将案件事实一分为二的案情概念。从诉讼一开始，双方当事人即分别主张各自的事实，从而形成各自的案情。这一点就非同寻常。当事人决定何种事实作为诉因事实提出来，并以之为证明对象。这一点很少被学术界论及，并不是因为它不重要，更不是因为它不符合事实，而是因为它往往被默认为诉讼制度的前提。对抗制中其他的含义将它给淹没了。其二，为了使各自的案情获得法院认可，当事人必须积极提供证据从事证明活动。当事人的积极性为其主导性提供了前提和基础。其三，对证人的直接询问和交叉询问，使案件事实的信息从不同的侧面表现出来，交叉询问的范围受直接询问的范围制约。其四，证人作证的过程经常被一些技巧性的异议打断。其五，在终结辩论中，律师必须将整个案件事实贯穿起来，形成一个协调的整体。这样，到最后呈现于法庭的，乃是两组截然不同的案件事实；这两组案件事实如同黑夜中行驶着的汽车，散发出的两柱光亮。法官需要判断的，是这两柱光亮哪一柱更亮。这与大陆法国家完全不同：其一，在大陆法国家，案件事实是单一型的，不分为原告方案情和被告方案情。其二，案件事实的调查由法官主持。其三，证人作证采用叙述性方式，对证人的询问在证人叙述之后进行。当事人对证人的询问只有在法官询问完毕之后，才能进行。其四，大陆法国家所采用的调查事实的模式，所针对的是一种更加笼统的案件事实之光，因而使之与司法外的事实调查模式相接近。在这样一种模式中，证人可以更加自由地叙述他的所知所闻，并且对案件事实可以自由地作出自己的解释，与之相比较，英美法系的证人则似乎被交织于主询问与交叉询问的囚笼之中。大陆法国家的证词的自然连贯性获得了保全。一个证词的自由叙述环境，是与证据异议制度密切地联系在一起的。大陆法国家，证据异议制度一般不具有重要意义，甚至于可以说是不存在的。即使遇到非法证据，当事人一般也是在该证据完全被提供之后提出异议，这种异议对法官的影响力显然便弱了许多。在英美法国家，一个有价值的证据极可能因其提供方式之不妥而受到排除，而这一点，在大陆法国家是不可想象的。

可见，英美法国家和大陆法国家在证据制度上的区别，实际上是一个人为的证据制度和自然的证据制度之间的区别，一个富于技术性的证据制度和一个通常生活中所形成的证据制度之间的区别。区别的结果是，英美法证据制度降低了它的达成正确裁判的功能。现在还不能得出结论认为，英美证据模式较之通常生活中的证明模式是一个改进，但是，存在于当事人控制型证据模式与期望获得客观认识的事实调查之间的差异或距离，是确乎存在的。

（二）对抗制下的证人制度

在对抗制程序中，由于是由律师负责收集证据资料、过滤证据资料、准备证据资料并以一种最能够促进其代理人利益的方式提供证据，因而证据方法与当事人中的某一方有密切的联系。对于这种联系有一种形象的表述，证人"属于"其提供者的一方证人，提供证人的当事人只能以一种非常有限的法定事由对其证人提出异议。现在虽然英美法国家拒绝这种说法，但事实上很难将这种信息的源泉与将它作为其案情一部分而提供的当事人"隔离"开来。这个特点可以概括为证据资料的当事人化。此其一。其二，律师可以准备证人。准备的内容包括证人在法庭上的表现、建议在法庭上应有的态度，以及其他类似的"训练"证人的技术。这是为了应付交叉询问的需要，也是为了使证人所做证词更加有利于己的需要。在专家证人是由诉讼者选择并有诉讼者准备和付费的情形下，这种观察尤为不可避免。其三，英美法法官不愿意依职权传唤证人到庭，这也是由对抗制的理论所决定的。法官依职权传唤证人，在立法上是无障碍的，但在实践中这种立法规定基本上形同虚设，法官一般不愿意依职权传唤证人。为什么呢？原因主要在于法官如果传唤证人，该证明方法的标签就不好贴了，由法官所传唤的证人究竟是原告方证人呢，还是被告方证人？对该证人也不好进行交叉询问。我国所遇到的对法官职权调查的证据不好质证问题，在美国也同样有所表现。能否就此得出结论说，对抗制天然排斥法官的职权调查？答案是肯定的。对抗制使双方当事人之间的关系形成了两极化的紧张，证据资料非此即彼，由当事人自己收集可以顺利地对号入座，由法官收集则难免产生对号的困难。对于法官所收集的证据，处在非当事人化的中间环节，哪一方当事人对他进行主询问，哪一方当事人对他进行反询问，因该证据资料来源上的界限不明而难以确切地划分和处理。其四，敌意证人的窘境。一方当事人所传唤的证人，如果在作证的过程中有意无意地做出了对该方当事人不利的证词，该证人便被视为敌意证人。对敌意证人，如果对方当事人接受了他，便由对方当事人对他进行主询问，传唤方当事人便只能由主询问变为反询问；如果对方当事人不接受他，该证人则既非原告方证人，也非被告方证人，由此处在进退两难的尴尬境地。证人的这种无归属感的窘境，只有在对抗制模式中才有可能出现。

大陆法国家的证明方法与英美法国家有很大的区别。其主要的特征是将发现事实的责任安排给法院来负担。具体表现在：其一，审前对证据的收集主要是落在法官或其他法庭官员肩上的任务。其二，法律虽然不禁止当事人委托的律师从事证据调查工作，但律师与潜在证人的接触是不受鼓励的。如果结果显示出律师与证人接触过了，那么，这种接触便有可能削弱该证人证词之证明力。其三，对证人进行准备或包装是完全不允许的，在有的国家，这种接触甚至与诱导证人紧密地挂起钩来。其四，在法庭上，律师很少对证人进行询问，对证据进行主导型调查是法院的任务。其五，律师虽然也可以"指明"证人，或者建议其他的证明方法，在民事案件中，证明方法几乎完全由当事人垄断，但是，律师或当事人所提出的证明方法之建议，只有在法院接受后才有意义，换言之，当事人及其代理律师所提供的证明方法不能直接发挥证明作用，而只能成为法院调查证据的一个信息来源。其六，专家证人也是由法院指定的，并由法院对他所要做的鉴定意见提出问题。从严格的意义上说，他们并不是真正意义上的证人，而是法官的一种助手或"帮手"。他们所具有的准官员、非当事人化的诉讼地位，在他们所具有的对普通证人进行询问的权限中，反映得更加明显。其七，在庭审中，发现事实又一次成为法官的主要事情。尽管民事案件中这种发现事实的责任主要加在当事人身上，但是，对证据的调查是一个完整的连续性过程，而没有如同英美法国家那样的正式的证明顺序。把事实发现的内容划分为两种相反的案情，即原告的案情和被告的案情，并由当事人各自的律师负责证明，这对大陆法国家来说是完全不可能的。大陆法国家的法官对事实发现过程的深入涉足，缓和了当事人之间证明活动的紧张关系。各种证明方法都具有中性的意义，没有像英美法系那样区分"原告案情"与"被告案情"。当然，两种证明模式之间的差异也不宜过分地夸大。当事人控制型和法院职权型模式之间是存在差异的，但是并非完全迥异。

证明方法是证明案件事实的各种证据材料本身。这种证据材料有真有假，这种客观存在的实际情况，会影响案件的处理结果。案件事实材料虚假性的程度在不同的司法制度中是有不同的表现的。导致这种结果的原因也是多方面的，有主观原因和客观原因两大类型，其中一个方面就是证明方法与当事人的联系程度。证明方法与诉讼者联系越紧，案件事实虚假性的可能性就越大。这种影响无论在何意义上都是负面的，各国证据制度所具有的一个共同作用就是力图克服这种负面影响。克服案件事实的虚假性，便需要消除导致案件事实虚假性的原因。克服这种负面影响的一个重要方法便是对证明方法的检测。

在英美法国家，证据资料的虚假性程度最高，因而其证据法对检测证据材料的各种手段和措施也非常重视。这些方法和措施包括：其一，对方当事人对证据资料的及时异议权和提出反对意见的机会。其二，对证人进行交叉询问。交叉询问对发现客观真实具有重要的方法论意义。威格摩尔对此曾经做出过高度评价：交叉询问是曾经发明出的对发现真实最为有力的动力机器。其三，如果证人因为突然出现在法庭上而使对方当事人毫无准备，无法有效地开展交叉询问，那么，所进行的直接询问则要从法庭记录中删除，甚至，如果作出了裁决，还要被宣布为无效审判。其四，对证人进行弹劾，是英美法庭上的一个常规性辩论内容。这个方面的法庭辩论是异常激烈的。其五，对传闻证据的排斥。证人与当事人的联系越是紧密，派生证据的可靠性就越成问题。立法上确立传闻证据规则的理由有两个：一是防止陪审团对其证明力作出过高的估计；二是出于检测证人可靠性的需要。后者是更重要的理由。为了检验证人的可靠性和诚实性，有必要使目击证人到庭。如果非原始证人到庭，则不可能对证人可靠性进行检验。这一点也说明了，在非陪审团审判的案件中，传闻证据规则依然在发挥作用。传闻证据规则直接决定着英美证据法的范围宽窄。

在大陆法国家，由于法院对事实认定过程的极深的司法介入，其对抗性程度有所缓和。具体表现在两个方面：其一，证据资料一般不会遭到单方面的扭曲。其二，将证据方法交付检验的必要性不是太强。与英美相比，大陆法国家对证据方法的检测有四个特点：其一，一般不会提出对证人可靠性的异议。即使偶尔提出这种异议，一般也仅仅局限于证人对事实的描述本身是否具有可靠性的异议，而不会涉及证人的品格问题。也就是说，大陆法国家对证人证词提出异议，而不是对证人本身提出异议。其二，证人作证的方式是连续性的、不间断的、夹叙夹议型的，而不是一问一答式的。证词的描述一般是相对温和型的，没有各种各样的问题穿插其间。有时甚至在当事人不在场的情况下，由法官对证词的可靠性进行查验证实。其三，对所提供证据不当面提出异议。对证据可以进行争论，争论的方式是赋予其机会提供反驳的证据，以抵消其举证的效果，而不是要求他们在举证之时必定在场。只有在刑事诉讼中，被告人具有对质权是一个例外。其四，传闻证据不像英美法国家那样受到排斥。因为，原始证人一般不被认为是传闻证据反对者的"庭外敌人"。

（三）对抗制下的证明责任

证明责任是一个普适性概念，各国证据法中都涉及对它的规定。西方国家的法学理论中也视之为一个司空见惯的理论范畴。从比较法的角度研究它，可知其概念内涵在职权制和对抗制中的含义并不一致。首先看提供证据的负担。在职权制下，由于事实调查主要是法院的事项，故当事人一般不单独承受这种负担。在刑事案件中这一点表现得更加明显。在刑事案件中法官有责任从事事实调查,而无论控方或辩方持何种态度。如果控方不提供任何一件证据,法官若认为该证据重要,并在控方所指控的罪行范围内,则必须依职权调查证据。甚至在民事案件中,提供证据的责任几乎完全在当事人身上,法官与当事人的这种责任"分享"制度也没有完全抛弃。可见,在大陆法国家,提供证据的责任是由当事人和法官一起分担的,换言之,严格意义上的提供证据的责任是不存在的。在对抗制下,提供证据的责任具有非常重要的意义。因为案件事实被划分为截然相反的两个方面,这两个方面的举证负担均是由当事人的代理律师分别负责履行的,法官参与其中,与当事人任何一方履行提供证据的负担,必然会影响其中立位置,给人一种协助当事人一方进行诉讼的感觉。法官在诉讼中的使命是判断何方当事人提供的证据营造成了一个更好的案情。这样所导致的举证负担两极化现象,使法官很难插足于任何一边。提供证据的责任对当事人而言具有了一种与大陆法国家不同的意义。按照对抗制的要求,当事人任何一方每提出一个案件事实,都要负担提供证据的责任,使之达到表面可信的程度。如果该当事人未能就此提供任何证据或所提供的证据不能达到这个程度,对方当事人不提供任何证据便可获得胜诉。法官据此应当立即驳回原告的诉讼请求。法官之所以可以驳回原告的诉讼请求,并非因为原告未能完成其说服责任,而是因其未能解除提供证据的责任。在大陆法国家,由于案情不分原告方或被告方案情,而是一个案情整体,对于这个整体的、单一的案情,无论由何方当事人主张而形成,双方都同时提供证据,法官也能依职权调查证据,其目的从最初便是证明其存在还是不存在,认识案情的本来面目,所以,提供证据的责任本身并不具有独立意义,而仅仅是说服责任的履行过程。

说服责任是证明责任的含义之一,在英美法国家,称这种责任为说服责任是恰如其分的,因为这是指当事人所负担的用证据说服法官认定案件事实的一种诉讼责任。在大陆法国家,由于法官还可以依职权调查证据,调查证据在某些场合还是法官履行审判职责的要求,当事人提供证据是为了说服法官,法官调查取证是为了说服谁呢?说服责任用来描述当事人提供证据、证明案件事实的责任还差强人意,用来表达法官依职权收集证据的内在法律根据和诉讼行为动因则显然有词不达意的弊端。正因如此,在大陆法国家,举证责任有主观和客观之别,也有形式与抽象之分,但却无提供证据责任和说服责任的说法。在英美法国家,说服责任可以用来表述当事人之所以败诉的直接原因;在大陆法国家,说服责任与败诉后果之间并不直接挂钩,当事人之所以败诉,其原因既在当事人对证据的努力和利用方面,也在法院查证不力或该查证而不查证的方面。前者可用说服责任来解说,而后者则只能用查证责任来说明。在此意义上,说服责任在大陆法国家的意义远不如英美法国家来得明显和直接。

(四) 对抗制下的证据规则

在对抗制中,案情分为两大阵营,原告方案情和被告方案情。原告提供的证据必须与原告方的案情有关,如果与被告方案情有关而与原告方案情无关,对方当事人则可以提出关联性异议,该证据即可被认定为无关联性。如果原告所提出的证据与原告方的案情无关,而与被告方的案情有关,被告可以在提出异议后,自己再次提出该证据。他如果不提出该证据,法院则不能采用该证据作为认定案件事实的根据。在职权制中,由于所有的案件事实被视为一个案情整体而不划分原告方的案情或被告方的案情,故并不存在一个原告方证据或被告方证据之别,原告提出的证据如果对被告有利而对自己无利,被告方不得对它提出关联性异议,法院应当认定该证据与本案有关。可见,大陆法上的证据关联性概念与英美法有所区别。

在对抗制模式中,各方当事人对其案情事实负责举证,各自所举的证据仅对其本方的案情产生效力，而对对方当事人不产生任何效力。这里包括两种情形：一种情形是，一方当事人所举之证对己不利而对对方有利，该证据不得直接对换成对方的证据而被使用，对方如果需要使用该证据，则还需要另行提出证据声明，变他方证据为己方证据。另一种情形是，一方当事人所举证据对己有利而对对方不利，也仅能对己方的案情产生证明力强化之效果，而不得同时作为弱化对方案情之证据。而在职权制模式中，任何一方所举之证，可以作为证明同一案情之用，而无证据的"门户之见"。在此意义上，对抗制较之职权制更加浪费证据资源。同时，从实际操作上看，对抗制下的证据单方提供和限制使用模式，也不切合法官内心判断运作之现实。

传统上看，英美证据法上的证据排除规则在制度渊源上主要是缘起于陪审团审判。但是，事实上，对抗制对证据排除规则也有形成和强化之效。这一点，可以从现代无陪审团审判的案件证据排除规则仍在起作用这个司法现实中获得佐证。这一点对我国证据立法尤有启迪意义。我国目前所实行的职权制，正在逐步地向对抗制过渡。在职权制模式下，证据排除规则几乎闻所未闻。但是，目前诉讼模式转变的现实告诉我们，证据排除规则具有很大的发展潜力或前景。所以出现这种现象的原因，不在于陪审制的实行，而在于对抗制的奉行或转向。当然，此外还有集中制的影响。对抗制与证据排除规则之间的联系可以从以下方面看出来：其一，传闻证据规则。传闻证据不是很可靠，在对抗制模式中，当事人出于诉讼策略的考虑，往往有一种提供传闻证据的内在动因。提供传闻证据使对方当事人失去反驳的机会。传闻证据排除规则为了使当事人之间公平对抗，便排除对传闻证据的使用。在职权制中，法官主动调查收集证据，传闻证据也作为证据来源，被法官纳入考虑的范围之内。尤其在法官寻找原始证人需要耗费较大资源的情况下，法官往往同意放弃对原始证人的寻求。其二，专家证词。专家证词在对抗制中的作用和地位不如职权制中明显，而法官往往排除相互矛盾的专家证词。这是因为专家证人并不居中的缘故。职权制下的专家证词则更有直接的证明力。其三，证据交换规则。对抗制呼唤公平竞争。公平竞争的诉讼条件之一便是证据的互相交换，在对抗制模式中，证据的交换虽然并非自始即有，但却具有一定意义上的必然性。如果证据未经交换或者在开庭前未经开示，作为一种制裁措施，对抗制排除对该证据的使用。在职权制中，证据都集中于法官一处，无论庭前交换与否，都不会对当事人的平等对抗产生实质性的影响，也不会影响法官对各种证据资料的同等注意和平等对待。证据交换制度得以确立的本身，便说明诉讼程序具有对抗制性质。这种因证据的迟到而对有证明价值的证据资料的排除法则，在对抗制中较之在职权制中具有更优的生存环境。反过来说，职权制比较起对抗制来，具有更强的保全证据信息之功能，并因而更具有发现真实之价值。其四，证据异议规则不同。在对抗制中，证据异议由当事人向法官提出来，但其所针对的对象是当事人而不是法官。这样提出的异议不直接指向法官，因而不会使法官生厌，当事人可以随意地提出而不致有心理上的顾虑或障碍。在大陆法国家，由于其所实行的是职权制，当事人对法官调查证据不断提出异议，意味着对法官查证和问证的不满，故当事人提出此类异议必有顾虑。因而在职权制下，很少见到对法官所调查的证据提出异议。对对方所举证据，当事人所提出的异议，是通过质证的形式表现出来的，该质证权的行使不属于严格意义上证据异议的范围。其五，证据删除规则不同。在对抗制下，若有不恰当的证据提出，即使已被记入笔录，也可以在当事人的异议下删除。在职权制下，"证据删除"一说是不存在的。不恰当的证据被记入笔录，无论对方是否提出异议，法官都会在心证形成的过程中考虑到。其实，从心理学角度衡量，这种影响也是不可避免的。

两大诉讼程序模式决定着证据规则适用的机制不同。具体表现在：其一，能否主动适用不同。英美证据法中当事人及其代理律师起着主导性的作用，这种作用的表现之一便是其证据规则的适用取决于当事人及其代理律师的意愿。也就是说，法官并不主动适用证据规则，只有在当事人及其代理律师的触动下，证据规则才发挥作用。无论该证据规则的目的是程序公正、诉讼效率抑或案件事实的真实，其适用机制皆是如此。可见，英美证据规则在适用上具有被动性的特点，这个特点也是对抗制诉讼模式所决定的。法官没有义务排除适用当事人无异议的证据，即使该证据对认定案件事实毫无帮助，也不例外。交叉询问的程序及其规则也是由当事人主动适用的，法官不进行任何形式的交叉询问。对于当事人及其代理律师的诉讼策略选择，法官也不进行是否正确的评估，更不进行主动的纠正。这就是对抗制下证据法的附条件适用。在职权制下，其证据法不仅内容不同于对抗制下的证据法，而且尤为重要的是，其适用机制迥然有别，无论当事人是否主动请求适用某一证据规则，只要法官认为有适用的必要，则均可依职权主动适用。其二，能否合意放弃不同。在对抗制下，当事人双方可以通过共同的意思表示排除对某一项证据规则的适用。比如说，关联性规则，当事人可以通过协商形成合议，对双方提出的证据均不提出关联性方面的异议。在此情形下，法官即使认为某特定证据与案件事实无关联，也不得主动适用关联性规则排除该证据的适用。又如，当事人可以合议决定采用书面形式进行审理。在这样的审判方式中，证人不到庭以口头形式作证，法官审理的案件完全根据预审笔录中所记载的证词及其他证据形式进行。这一点，在大陆法国家也有类似的体现。但是，无论如何，以书面的形式来运作对抗制模式还是很稀奇的。再如，书法专家所做的鉴定意见即使从鉴定技术和鉴定程序上看很不可靠，但当事人可以通过合意的形式认可它的可采性。

三、陪审制对证据制度的影响

（一）陪审制下的自由心证

对证据证明力的衡量，主要有法定评价模式和自由评价模式两种类型。与大陆法国家公开标榜实行自由心证不同，英美法国家无论在立法上还是在实践中，甚至在理论的阐释中，都不明确宣称它是实行自由心证的。相反，它所具有的大量的证据能力规则，似乎都在不同程度上抑制着对证据证明价值的自由衡量。在此意义上，可以认为，英美法国家对大陆法国家公然宣称的自由心证，似乎是持谨慎态度的，这主要的原因，一方面，由于英美法国家在历史上并没有形成与大陆法国家那样的法定证据制度，因而并不需要明确宣称实行自由心证，以作为对法定证据制度负面效应的彻底否定。另一方面，英美的审判制度一向是以陪审团审判为蓝本而建设的，它的证据制度，从原则到规则，从抽象到具体，一概要考虑到陪审团对它的运用能力，看它会不会产生更大的负面作用。同时，还要同其他的陪审团制度联系起来加以综合性的调整。前一个方面，同社会整体的心理学有关，也为人们的常识所认同，故这里不作过多探讨。这里主要探讨陪审团制度对证据衡量模式的影响力。

证据力的衡量规则，包括对具体证据的衡量规则和整体证据的衡量规则，同时还包括对证据推理事实的逻辑规则。所以，自由衡量证据的证明力，必须要服从逻辑思维规则。就这一点而论，两大法系对自由衡量都无法规范。或者说，这已超出了证据法调整的范围，而属于逻辑学的范畴了。因而，自由衡量，只能对证据本身所包含的证明力的自由衡量。而证据本身证明力的衡量又是由证据的关联性及其程度来决定的。对证据关联性的判断及其衡量，应为自由心证的核心和本质内容。英美证据法中大量的证据能力规则，都是对证据的关联性及其排除作出的规范。美国的《联邦证据规则》就是一个典型的例证。美国《联邦证据规则》共有63个条文，规定的证据规则有30个左右，其中与关联性相联系的规则占一半左右。比如说，该规则

第404条规定的品格证据规则、第406条规定的习惯证据规则、第407条规定的事后补救措施规则、第408条规定的和解证据排除规则等，都是对有关联证据的采用或排除规则。这些规则，虽然以证据能力规则的形式表现出来，但却是更彻底的、更大刀阔斧的证明力衡量规则。实际上，证据能力的规则，是证明力的定性规则，也是证明力的前提规则。这些规则的运用是由法官来进行的，是将它作为法律问题来对待的，因而它实际上是用法律问题来瓜分事实问题，并由此削弱陪审团对证据的自由衡量权。证据能力规则增多了，证明力的规则就可以减少了，而证明力规则在证据能力规则增多的前提和背景下变少了甚至或消失了，并不意味着对证据证明力的法定衡量模式便因而告终了。我们在评价英美证据制度的时候，不能不同时考虑到它的证据能力规则。英美学者不认同其为自由衡量模式，其故岂不在此？有人认为，只要不实行法定证据制度，就一定奉行自由衡量模式。这种非此即彼的观点如果说在大陆法国家的司法背景下还有一定合理性的话，而在英美法的背景下，就显得有一定的局限性了。英美恰好处在法定评价模式和自由衡量模式的中间状态，它是通过证据能力的法定性，来表达证据价值的法定性。而这个特性，虽然与经验主义的司法有密切的关系，但直接的原因还在陪审制这种特殊的程序性装置以及它与职业法官的分权制这种关联。要而言之，英美在证据力的衡量法则上，我们只能说它是法定评价模式与自由评价模式的某种结合，不过这种结合具有不同的表现形式而已。

广义上看，自由心证的"自由"表现在两个方面，即无证据能力的规范，证据资料进出自由，大门敞开，对当事人无疑是自由地提出，对法官无疑是自由地将它们纳入视野衡量；对证据的证明价值自由衡量，无证据规则予以制约。究其实质而言，自由心证乃肯定了一项总原则，而否定了几乎一切证据规范。大陆法无证据法，其因宁不在此？英美法有证据法，主要的内容是证据能力的规则体系，但证据能力规则体系背后映显的乃是证明力的衡量规则体系。如果说法定证据制度确立的是证明力的具体衡量规则，那么，英美法所确立的则是证明力的抽象衡量规则。举例言之，有限证据可采性规则，实际上是要陪审团将该特定证据运用到它可以运用的事或人身上，对它所不能运用的人或事则赋予其零价值。这种零价值直接来源于证据能力规则，但间接来源于证据力规则，证据能力规则在一定意义上可以说就是证据力规则。证据能力规则是一种特殊的证据力规则。证据能力规则之设定，往往就是考虑到它的证据力的结果。比如，传闻证据，因为其证据力往往极低，故而不如笼统地排除。再如，意见证据也是如此。当然，有些证据能力规则的确立，不是鉴于其证据力低的缘故，而是立法政策使然。如非法证据排除规则，非法取来的证据不是因为其证据力低故而要排除之，而是因为其非法手段的采取要受到立法的否定评价，而采用该证据则显得对其否定评价不够彻底，故而，通过排除该证据的证据资格的方式表述对其手段之非法性的否定。

如果前面的分析能够成立，那么，我们对英美自由心证制度的有限性或特殊性便有了一个正确认识的开端。为了论述简单起见，我想把前面的结论概括为一个数字式的陈述句，就是，英美只实行一半的自由心证，也即自由心证的二分之一。在此基础上，我们现在要提出的问题是：英美果真能实行二分之一的自由心证吗？我得出的结论依然是否定的。如果说，在大陆法国家，自由心证经历了一个由自由到不自由的历史性变化，那么，英美则一直奉行对自由心证的排拒态度或最大限度的限制性调整方法，其结果，我们很难将英美的证据制度归类于自由心证的行列，或者说，如果说英美证据制度还有自由心证的属性的话，那么，这种属性已经被压抑在法律所无法调整的最低限度的范围之内。这种自由心证的比例，已经到了几乎不存在的边缘了。

其首要原因就是陪审团的人数众多性对自由心证的抑制作用。英美的陪审团审判是由若干个普通公民随机组合而成一个临时的审判组织，对案件事实职司认定职能的。首先一个问题：英美为什么要找出 12 个人组成一个审判组织？最主要的原因恐怕就在于担心少数人的自由心证能力。将各个普通公民的对证据自由衡量的能力聚合在一起，就会形成一种合力。这种集合在一起的心证力量，缘起于个别的自由，终结于整体的不自由。一个一个心证的自由加在一起，为什么会得出一个不自由的结论呢？如果在纯理论的抽象层面谈论这个话题，应当说这个结论的得出是违背基本的逻辑法则的。但我们考虑问题不应停留在抽象层面，而应当深入到陪审团评议以及由此所形成的心证的过程中去分析。陪审团的评议过程是认定事实之心证赖以形成的制度性要件。评议的过程是陪审团公开自己的心证从而交换意见、沟通想法的过程。如果说，不加评议，陪审团各个成员根据法庭上双方当事人所提供的证据以及据此所提出的辩论意见，直接进行投票认定案件事实，这种事实认定的结果如果是一致通过的，那么，我们可以说，这种由个体心证而形成的整体心证，就犹如纯净水那样是绝对自由的。但事实并不是这样进行的，这种由个体心证直接累加成整体的心证而又得出相同的结论，在陪审团审判中似乎是一个神话般的美好想象，但这种神话般的境界是难以攀升到的。即便有，也少而又少。正是因为少而又少，制度设计者干脆不采用直接投票从而直接认定案件事实的做法，而是确立了陪审团的评议制度。陪审团评议的本质在于交换认识、取同存异、达成共识。而陪审团这个评议的过程，又充满了心理学上的、社会学上的、制度学上的等等各种微妙而又复杂的因素。这些因素的介入，都处在立法者的期待之中，而又无一不是对个体心证的限缩性的因素。评议的过程是对心证进行修正的过程，同时也是放弃小我从大我的过程。在陪审团审判的情况下，内心确信的证明标准是一种集合性的内在标准，是每一个陪审团成员内在确信的一种集合。集合性的确信与独立法官内心确信的形成，显然意义不同。陪审团评议是该内心确信形成的程序要件。评议过程中，陪审团意见之间相互渗透、交叉影响是难免的，所以这种评议后的内心确信，并非原始意义上的内在确信，而是互相启发、不断变化的确信。这种确信已失去了原创性。这样，我们就会看到一种非常有趣的辩证现象：参加陪审团审判的人数越多，对个体心证的形成和表达机会的抑制就越有力。这种现象在陪审团第一次评议失败、经过法官的重新指示、甚至于"威胁"地说如果再不形成共同的意见便将宣告审判失败的情况下，获得了催化性的效果。我们可以想象，处在少数意见一边的个体心证，必定会纷纷放弃自己自由地形成的心证，成为制度性调整的"俘虏"。在由此所形成的集体心证中，肯定地会有一定数量的非自由心证。而这种非自由心证，在一定意义上说，恰恰是制度设计者所刻意追求的。在这种程序制度的装置下，我们能说英美法实行的是自由心证制度吗？显然困难。这里可以得出结论：陪审团的人数众多性，是对自由心证制度适用的第一次有力限制，或者说，自由心证制度与陪审团审判制度存在一定的、内在的制度性紧张关系。这一点，在大陆法国家合议制下也有类似的存在。但其一，合议制的人数较少，一般只有 3 个人；其二，它不实行一致表决制，而实行多数通过制。这两点有别于英美的不同因素的存在，保证了自由心证在大陆法上的贯彻。值得提及的是，美国陪审制也在发生变化：一方面，构成陪审团的数量有所减少，有的州规定可由 6 个人构成陪审团；另一方面，一致表决制也开始让位于多数表决制。这两点变化，对自由心证制度也会产生一定影响。但这种影响依然是非实质性的。此外，在英美，对自由心证的限制还有其他独特的程序性因素。如法官对陪审团的指示、集中制审判、法官对陪审团的控制等。

在大陆法国家，法官独立形成心证，无任何特殊意义上的法官对他进行指示。故其心证是完全独立的、不受干预的。对法官心证的影响仅有经验法则、逻辑法则等通常性因素、一般性规则，法律无规则制约，法庭上也无他人施加影响。独任制法官绝对独立心证。合议制法官要经过评议方能形成心证。大陆法系的法官无证据可采性规则的制约，因而他们所能考虑的证据信息较之英美法法官要宽泛得多。法官衡量证据一般无证据力规则的制约，英美法法官尽管一般也无证据力规则，但大陆法法官显然更加自由。自由心证用来描述大陆法法官对证据的采纳和衡量，是贴切的。英美法系之所以不用"自由心证"这个词，并非不知该词以及它在大陆法国家的作用和意义，而是深知他们距离自由心证的要求还甚远。在大陆法国家，心证的结果要书面化。裁判文书中要充分说理，描述其心证形成的过程及其变化起伏。英美陪审团对事实的认定不要说理由，任何人都推翻不了它。绝对的心证有绝对的限制，相对的心证，免却了一切限制。大陆法国实行三审终审制，二审是既是法律审，也是事实审。因此，二审法官对心证有继续形成的可能。心证之间有了等级差别。如果上级法官的心证与下级法官的心证不同，则以上级法官的心证为准。这是对心证的再次限制。越到上级，心证越自由。说心证有自由与不自由的两面性格，只有在说下级法官的心证时才是恰当的。

此外，与英美不同的是，大陆法国家并不实行一致表决制。评议规则上的少数服从多数制，使得大陆法官对证据的衡量更有充分的自由。因为少数的意见必须要屈服于多数，少数意见的存在不会影响多数意见正常发挥作用，所以，少数意见的形成较少有外在的心理压力，它们形成比较容易，形成后保持它也较容易，不会因它们的存在将影响多数意见的效果，判决照样会依多数意见作出。要一致表决通过才能作出判决，会使少数意见的持有者觉得正是因其意见的特异性而致使判决迟迟不能作出，因而不到迫不得已不会轻易发表其业已形成的不同意见。这就对陪审员的心证的自由性产生了束缚和压迫。可以说，一致表决制正是自由心证得以确立和真正发挥作用的枷锁。大陆法国家则不然，其合议庭人数较之陪审团要少得多，而且有时还有外行法官掺杂其中，但它却不因人数较少而实行一致表决制反而实行多数表决制。

（二）陪审制下的证据规则

因为陪审团是外行法官，需要证据规则的指导，所以证据规则具有指导意义。又因为陪审团作出的裁判不用说明理由，故需对其证据的入口，予以严格的把关。如果这一关都没有了，那么，陪审团就可以为所欲为了。因为其产出是不受监督或者是极难受监督的。故证据规则对陪审团的裁判而言具有使之正当化的意义。陪审团裁判的正当化工具有许多，如遴选陪审团成员、陪审团听审的连续性、陪审团评议的秘密性等，其中有一个就是证据规则的详尽性。大陆法国家对证据的入口不予严格关注，因而入口的口径很宽，几乎无限制，但对证据法被运用的结果，却把关较严，上诉法官是一审法官裁判产品的检验员、质量体系认证员。上诉法官对裁判的验收，也不是根据具体的证据法，而是根据抽象的证据原则。证据在大陆法国家主要是通过原则和抽象的正义要求体现出来的。可以说，大陆法国家只有证据法精神，但无具体的证据规则。当然，这样的认识仅仅是粗线条的，说大陆法国家无具体的证据规则和说英美法国家可以完全撇开证据法原则，一样是不精确的，但大致的轮廓就是如此。

在英美法的陪审制下，陪审团与职业法官各司其职，职业法官负责适用法律，这里的法律包括证据法。法官适用证据法主要通过两种方法：一是直接适用，比如，对当事人提出的证据异议或适用程序进行即时裁断；二是间接适用，通过对陪审团的法庭指示将证据规则及其含义表述出来。故证据规则，对法官而言，既是直接适用的依据，又是间接适用的蓝本。一部证据法，就是一部由法官主动适用的对陪审团进行指示的文辞稿件。只要将行使审判权的审判组织一分为二，各具职能，都会因这种必然出现的相互监督和制衡关系，而使证据法的产生和证据规则的丰富具有更大的必要性。在大陆法国家的合议制中，由于每一个参加到合议庭中的法官,无论是职业法官还是外行法官,都混合地行使审判权能,既认定事实,也适用法律,而不使事实认定权和法律适用权相分离,故他们之间不存在形式化的和正式化的法律指导与被指导的关系,因而他们不需要用来进行法律指导的证据法。证据法在大陆法国家,仅具有直接适用的意义,不具有用于指导的像证据法教材那样的间接适用意义。

四、集中制对证据制度的影响

集中制是指庭审过程连续进行而不间断的一种庭审方式,它是与间断制相对而言的。英美法国家实行集中制,大陆法国家实行间断制。这两种程序制度对证据制度的安排有着很大的影响。以历史的视角观察,英美法国家推行集中制是一种必然的选择。这主要与陪审制有关。早期的陪审团具有证人性质,庭审采用法官对陪审团的指示形式。在这样的诉讼体制下,即无必要在庭审前专设以调查事实和准备证据为职守的程序性官员或职业化管理机构。因而这个诉讼阶段乃是完全留给当事人使用的诉讼阶段,当事人是该诉讼阶段的主体。到庭审之时,当事人自己带着所有的证据来到法庭,在法庭上论证自己的事实主张。这种庭审是在一定时间限度内进行的,比较短促而紧凑。上诉的常规机制也是不存在的。因而当事人一般将重点放在一审之中,而且一审中的重点又在开庭审理之时。所以,审理必须连续进行,所有的证据材料都在庭审中提供给事实认定者或裁判制作者。这就是"整天在法院"(a day in court)的庭审方式。这种庭审方式与大陆法国家相比,是完全不同的。在大陆法国家,庭审仅仅是整个诉讼程序的一个阶段,其审理程序是一个连绵不断的过程,包括对证据资料的收集过程、上级法院的复核过程等若干环节。这样一种程序制度上的对比,在基础的层面显示出了两大法系证据制度的区别。

两大法系的诉讼程序在不断发生变化,目前已呈靠拢趋势。具体表现在:大陆法国家力图重新设计其诉讼程序的结构,用阶段论的方法重塑其诉讼程序,从而强化了庭审功能,使传统的最终庭审变为事实认定的高潮阶段。英美法国家则将庭审从其至高无上的宝座上拉了下来。不仅进入庭审的案件在数量上变少了,而且庭审的功能也稍有淡化了。这集中体现在两大程序阶段的充实之上:一是审前阶段的重要意义提高了;二是上诉审程序更加重要了。但是,两大法系国家传统上的程序差异仍然存在。

在所有的诉讼体制下,证据资料都是受到一定范围的限制的。这就是证据应具有关联性的要求。其原因主要有二:一是诉讼审判必须在一定时间内完成,诉讼的时间性要求需要排除一些证据资料,或者说要求对证据资料的外延划定一个特定的范围。二是事实裁判者必须将其有限的精力或注意力集中于关键或重要的证据资料上,否则会无限度地扩散争议焦点。前者是为了诉讼的速度,后者是为了诉讼的质量。因此,各国证据制度皆不约而同具有一个证据关联性的概念或关联性规则。但是,从程度的差异上言,集中制较之职权制更加表现出对证据资料的限制性。为什么呢?其原因在于:其一,在集中制中,用来接纳证据资料的程序阶段只有一次,时间相对较短。在这个短暂的时间里,双方必须将其拟在诉讼中使用的证据资料全面地提供出来。这要求当事人既不能优柔寡断,又必须对诉讼程序的现状及其发展有洞若观火般的判断。其二,集中制不仅意味着收集证据资料的程序的特定阶段性以及时间的短促性,而且还意味着该特定程序的不可逆性,意味着该程序的一次性。如果当事人在特定的诉讼阶段不及时提供证据资料,以后便失去了再次提供的机会。由于这两个特点,集中制下的收集证据资料的功能,至少在量的意义上,是比较弱的。在大陆法国家的间断制诉讼程序中,其证据资料的收集伴随于整个诉讼过程,如果用营销学上的概念来表述的话,集中制于证据资料的接受类似于批发式销售，而间断制则类似于零售。在大陆法国家，证据采用随时提出主义的提供方式。当事人之所以能随时提供证据，在程序的装置上看，就是因为其收集证据的程序能够容易地重新启动或重开，而且，对证据是采纳还是不采纳的决定以及证明力的判断，可以有更高级的审判组织对之予以复核，在这种复核的过程中，证据资料的再次提供或依职权收集又一次成为可能。可见，比较而言，间断制较之集中制对证据资料的接受更具有随意性、便利性以及更大的容量性。

集中制对证据规则的影响主要表现在以下诸端：其一，提供证据的责任。由于实行集中制审判，双方将主要精力都置于庭审阶段。为此，在庭审阶段所要解决的问题必须相对集中，而将一些无关紧要的纠纷或争点都迫使当事人在庭审前加以化解。化解或过滤纠纷或争点的主要机制就是提供证据的责任。提供证据的责任既是一种诉讼制度，又是一种证据规则，该规则的主要目的便是迫使当事人及时地提供证据资料。而这个规则是贯彻程序始终的。举证时限在英美证据法中虽然没有显性地存在，但它客观地存在于提供证据责任这个诉讼机制之中。如果当事人提出一个特定的事实主张后，未能及时地提供足够量的证据使之形成争点或处在可争议状态，他则会因提供证据责任机制的作用而受到诉讼中的不利益，即该事实主张或特定纠纷被提前作为法律问题予以解决。正因如此，在英美诉讼制度上，便有诸如妨诉抗辩制度、驳回诉讼制度、基于诉答文书作出裁判的制度等提前解决纠纷的各种诉讼制度。这些提前解决纠纷的制度都与提供证据的责任机制相联系。其二，基于过分迟延的理由而排除证据的规则。在英美，有一项证据规则专门用于排除那些虽有证明价值，但如果同意提供该证据会造成诉讼程序的过分推延的证据资料。该证据规则不同于举证时限规则，它指的意思是当事人虽然及时提供了该证据，但对该证据的审查判断以及法庭调查会造成诉讼的过分迟延，故而索性排除对该证据的使用。这是为了诉讼效率而不惜牺牲客观真实的又一例证。而这一现象之所以会出现并存在，乃是与集中制审判密切相关的。其三，不得提供外在证据对"间接事实"作出证明的规则。根据这项规则，只有与案件争议中的直接事实或主要事实相关的证据才允许被采纳。比如说，对证人的可信性发生怀疑时，相对方只能提供诉讼中的证据对证人的品性进行攻击，而不得为了证明或反驳证人的可信性另外提供证据，比如另外再传唤证人对之加以证明，甚至再提供其他证人对新证人的可信性加以证明。其四，附条件的可采性证据规则或局部可采性的证据规则。根据该证据规则，某些证据虽允许被提供出来，但在另一事实被证明成就以前，事实裁判者不得考虑或评估该证据的证明价值。这显然是为了节省时间。还有一些证据虽然允许被全面地提供出来，但法律限制它只能基于某些特定的诉讼目的而被使用。比如，有些传闻证据只允许提供来证明陈述者曾经陈述过该事实，但不允许用来证明该争议事实的存否。这也是集中制的要求。可见，在集中制下，证据资料的过滤机制是非常独特的。而这一点，如果再与对抗制或陪审制结合在一起发挥作用，其排除证据资料的功能便强化到了极点。

诉讼程序或审判制度有两个基本任务：一是发现事实；二是适用法律。发现事实中存在的问题是由谁主张事实以及由谁对事实加以证明。前者又派生出两个命题：事实主张由哪一个诉讼主体首先提出；事实主张提出后是否直接成为证明对象。后者派生出的命题包括：谁提供证据；谁利用证据进行证明；谁收集证据；谁对证据提出异议；等等。事实发现模式就是由主张事实的模式和证明事实的模式构成的。事实发现模式是构成一个特定国家诉讼模式的实质内容。

就两大法系而言，事实发现模式有两种，即当事人控制型和职权调查型。同属西方法律文化，就有两种不同类型的证据制度。之所以会有这两种模式，与程序中的变异因素有关。证据制度中只有很少的制度不受程序环境的影响。程序生态会对证据制度产生重大影响。文化相同，宗教相同，人的语言、肤色甚至也相似或相同，为什么程序制度会不同呢？造成程序制度差异的原因有许多，但主要是历史传统、思维习惯。更深层的因素目前尚不可知，究竟从何时产生了这种差异也不可知。

对抗制是一种审判制度。在该审判制度中，当事人控制程序行为，法官基本上处在消极状态。同时，对抗制是一项基本原则，贯穿于诉讼程序的全过程，奉行于诉讼程序的各个层面。在事实领域、法律领域以及程序进行的方式领域，对抗制均有所体现。在事实发现领域，对抗制意味着：当事人及其代理人决定将什么样的事实交于证明，此为主张责任；当事人和他的代理人被赋予寻求证据资料、为庭审中使用这些证据资料作出准备并在法庭中提供它们的权限，也可以说是被课加了责任，包括取证责任、举证责任以及准备庭审责任等。这些含义使对抗制证据制度与日常生活中的证明行为区别开来。在日常生活中，证明活动趋向于追求客观真实或客观知识。这是一种自然的认知倾向，也是一种理想的证明模式。

当事人控制是英美证据制度的一个特点，这个特点来源于英美程序制度的目标。英美程序制度的目标是解决纠纷。解决纠纷说是其诉讼目的论。英美任何诉讼程序，均以解决纠纷为其根本性目标。只要英美法律文化继续坚持这个诉讼价值目标，其证据法都会保持其强大的魅力。

英美证据制度内容纵横交错，体系庞杂，但是，其价值目标又不是为了追求客观真实，而是为了讲求程序；如果将事实目标当作树的主干，而将证据法规范当作枝叶，那么，可以看出，该树的主干是细小的，而枝叶却是繁森的。

以上说明，对英美证据制度影响最为有力的因素是对抗制。对抗制原理不仅支配着其诉讼程序的建构，而且对其证据制度也起着决定性的作用。我们要改变一个国家的证据制度，必须首先改变其程序制度。我们要实质性地领悟和把握一个国家证据制度的精髓和灵魂，首先必须对该国家的诉讼制度有一个实质性的体会和把握。这是影响证据制度的实质性因素。

同时，我们还应看到，对抗制与职权制的选择并不是决定证据制度的全部因素。此外，还有诸如公民参加审判的制度选择、对诉讼程序的结构性安排等因素，在对证据制度起着作用。就英美而言，对抗制、陪审制、集中制乃是决定其证据制度的主要因素所在。然而，这三大支柱性因素之间的关系却是富有辩证意味的。对抗制仅仅意味着双方诉讼者之间有一种斗争关系、竞争关系，这种关系既可以存在于陪审制中，也可以存在于单一的审判组织中；既可以存在于集中制审判程序中，也可以存在于间断制审判程序中。换言之，对抗制、集中制和陪审制并不必然地连接在一起，对抗制可以离开集中制而存在，也可以离开陪审制而存在。比如说，在专业法官组成的单一审判组织中，对抗制也可以发挥作用。我国实行的是单一审判组织，也可以实行对抗制。而陪审制则相对而言更加依赖对抗制，同时陪审制也同样依赖集中制；集中制和对抗制一样，独立性都较强。这就是这三者之间的关联。

第五节 我国民事证据制度的改革与完善

一、我国民事证据制度的缺陷解析

我国民事证据制度目前存在的缺陷可以从形式和实质两个层面加以认识。从形式上看，我国民事证据制度与刑事诉讼证据制度、行政诉讼证据制度一样，存在极度简略、内容粗放的缺陷。《民事诉讼法》所规定的证据条款仅为19条（第66条至第84条），最高人民法院和最高人民检察院颁布的司法解释有关证据部分者也难言自成体系，制度的空白点尚属较多。即便这些条款，也有相当多的重复，同时也存在形式主义的问题，可操作性的程度较低。因此，在一定意义上可以说，我国的证据制度基本上就宣布了两大口号式的内容：一是要以事实为根据，以法律为准绳，而事实的判定要依据证据；二是事实的最终判断，依赖于人民法院的内心的真诚确信。前者为证据裁判主义，后者为超自由心证主义。这样的规定，较之于完全的无法可依，或者相对于落后的神明裁判制度，无疑具有极大的进步意义。然而这种简约式的粗放型证据制度，越来越不能适应司法实践的需求。此外，从形式上看，仅有的数条证据条款，在立法技术上也显得不甚严谨。从实质上看，我国目前的民事证据制度主要存在以下缺陷：

（一）证据制度的价值目标过于单一化

从"以事实为根据"这样一项基本原则出发，证据制度完全将立法的视点聚焦于"客观真实"的发掘，其他法律价值的平衡与协调顾及不够。这样就致使目前的证据制度在操作上存有偏颇性，并由此导致诉讼程序结构上的畸形化，审判机关的职权内涵自然而然获得了不断延伸和膨胀的空间，当事者的诉权话语空间被一再挤压，乃至于由主体性异化为客体性。此外，由于证据制度所追逐的功利目标极为单一，致使证据制度的伦理地位受到了极大的限制，从而使之带上了显而易见的历史局限性。

（二）证据制度的结构过度职权化

民事诉讼法虽然规定了当事人的举证责任，但是对当事人的举证责任如何履行，尤其是为了履行举证责任所需要的证据如何获得，立法却未作具体规定。这样就使得当事人在证据制度中的地位始终处在隐蔽的状态，当事人难以真正成为证据制度的规范主体，实质上成了被纠问的客体。与此相对照的是，审判机关的职权探知行为却未能受到应有的规范约束，这不仅表现在立法为法院职权探知活动所划定的界限较为模糊之上，更重要的乃是表现在客观真实的理念诉求与职权探知行为的内在关联之上。这样就使得法院职权探知行为成为证据制度所规范的本体性行为，而这种本体性行为又因为立法的简约而不能不流于失控状态。

上述两大缺陷原本是关联在一起的：客观真实目标的高高悬挂，使得立法者不能不将此一目标的攀缘者定格在审判者身上，审判者的职权求证行为由此获得了天然的合法性和正当性；在此种合法性和正当性的理念氛围支撑中，法院的职权边界一再扩充，以致超越了立法规范所能驾驭的限度，证据制度的重心因倾斜而失控，证明领域中的无序难以避免，人民对司法证明的理解度因参与度的低层次徘徊而难以提升。这就是我国民事证据制度偏颇性和局限性之所在，也是其需要革故鼎新的根由所在。

二、我国民事证据制度的发展趋势

虽然我国民事诉讼证据制度在传统上存在上述诸多缺陷，然而同时也要看到，我国民事证据制度近年来发生了显著的变化，这种变化集中体现在以下四个"转变"上：

（一）由边缘型向核心型转变

中国自古以来就缺乏重视证据立法的法文化传统，这种传统一直延续到现今。讲求证据必然讲求科学，同时也必然重视程序，而程序法传统在我国向来匮乏和稀薄。曾一度，人们在谈论证据概念的属性时，甚至提出"阶级性"是证据的属性之一，政治性和主观性由此而掩盖了证据的客观性和求真性。"以事实为根据"虽然有强调证据之意，但由于立法缺乏对事实证明手段和证明程序的细密规范，通向事实的途径因而变得模糊，一切任性的、人为的以及法外的因素均有可能鱼龙混杂，渗入事实生成的过程之中，从而凝结为裁判的结果。由于人们对证据究竟属于什么存在模糊意识，因而证据制度在诉讼法制度体系中始终带有边缘化的特征，而未能受到应有的重视。也正因如此，立法对证据制度的规定才极其简单，管用的证据法条文寥寥无几。这种状况目前已有了根本性的改观，"以事实为根据就是以证据为根据"，已然成为较多人的共识；证据在司法实践中的地位和作用得以迅速蹿升，证据制度受到了愈益广泛和密切的关注，证据制度由诉讼中的边缘化状态获得了核心位置。

（二）由粗放型向精密型转变

这一点与上述一点是关联在一起的：由于证据制度的地位和作用日益凸显，原来稀疏的证据制度目前已显然不敷使用，证据制度的各个方面，包括实体内容和程序内容，犹如枯枝逢甘霖，逐渐地得以伸展、蔓延，原有的证据制度盲点也获得补充。这一点同时表现在证据制度的伦理层面和技术层面，如对当事人证据权利的保障规则，当事人的举证责任规则，证人、鉴定人的作证保障规则，等等。证据制度由粗放型转向精密型，充分映现了司法实践对证据制度的需求；证据制度正是因应实践的需要而不断地丰富、发展。

（三）由职权型向诉权型转变

证据制度在传统思维中，向来是为裁判者服务的，是裁判者收集证据、判断证据从而认定案件事实的操作规程，法院的证据职能行为是证据制度的关注重点，证据制度的主体性内容乃是由如何规范法院的证据活动而构成的。这样一种立法关注态势已不能适应司法实践的需要，司法实践提出来的需要日益变成：证据制度应当为当事人实现自己的合法权益服务，当事人应当成为证据制度的规范中心。这就对证据制度的立法模式提出了转轨或转型的诉求和愿望，而这种诉求和愿望也为民事证据立法提供了实践依据和现实契机。

（四）由功能的一元化向功能的多元化转变

在传统的证据法制度系统中，证据立法的功能仅仅是为裁判者发现纠纷的事实真相提供准绳和规范而已，证据制度处在高度的职权化和集约化状态中，发现案件事实真相是其唯一功能；尤其是，这样一个功能的客观实存还处在非封闭状态，诉讼程序向该功能因素的传送者敞开大门，由此也造成了诉讼机能的非自治性。这是证据制度功能一元化的局限性所在。这样的证据立法功能因其单一性和散逸性而难以满足实践的需要，因而证据立法的功能多元化诉求便成为时代的强音。证据制度的多元化功能除了继续体现在为裁判者的事实发现提供依据和规范之外，还体现在：

第一，证据制度的完善化表现，是程序公正的基本要素。程序公正以及由此产生的程序本位主义，内在地需要证据制度不断趋于完善和健全。

第二，证据制度地位的提升及其重要性的强调，也是司法机关依法独立行使司法权的基石性保障。司法权的独立行使，离不开证据制度的保障；证据制度的完善，强化了司法权的独立行使能力。事实上，一个健全的证据法体系，恰好构筑了司法权独立行使的法律屏障。

第三，证据制度的完善，也为民众理解司法、参与司法、监督司法以及最终信赖司法提供了基本的话语参照和规范文本。同时，证据制度的系统化和严密化，也为检察机关等权力主体监督司法提供了必不可少的准据。正是通过证据制度的完善，司法与民众之间的距离变得更近了。

民事证据制度发展所出现的上述趋势，集中到一起，充分说明了一个道理，这就是：民事证据制度的完善及其现代化转型已经非常必要。与此同时，我国民事诉讼证据法学的现代化转向也已势在必行。

三、我国民事证据法学的现代转向

实行证据裁判主义，利用证据来求证案件事实，是现代文明诉讼制度所普遍采用的一种做法。民事证据法学逐步发达起来。民事证据法学从产生到现在，在逐渐转变。转变的过程在有的国家表现得非常缓慢，在诸如我国却非常迅速。主要表现在：

(一) 从职权主义到当事人主义

与民事诉讼模式一样，证据制度也有职权主义和当事人主义的模式分野。我国传统上实行职权主义的证据制度。在此种制度中，法院依职权调查取证、审查判断证据、进行事实判定，当事人仅仅是证据来源之一，其价值集中表现在接受裁判者的询问上；对当事人的询问，成为裁判者形成内心判断从而进行事实认定的一种证据补充形式。职权主义的证据制度在哲学上以客观真实作为认识的目标和基础。寻求客观真实，准确适用法律，是职权主义下裁判者的主要思维轨迹。

职权主义的证据制度具有一定的优势，比如它可以节省诉讼时间，提高证明效率，同时还可以提升证明的真实程度。但职权主义却被实践证明极容易导致证明程序的非正当化评价，对于裁判者所发现或所认定的案件事实，难以得到包括当事人在内的广泛主体的认同，法院的事实认定充满了神秘色彩，其正当性根据显著不足。要而言之，如果说职权主义的证据制度在实体正义的层面能够显示出一定的优越性的话，那么，它在程序正义的层面则显示出了诸多的根本性的缺陷，这些缺陷从根本上掩盖了它的优越性。

于是，以《证据规定(2002年)》为制度性标志，我国的民事证据制度开始向当事人主义转变。当事人主义的证据制度开启了证据的程序维度之序幕，有关证据的程序制度内涵被逐渐展示出来。比如：当事人收集证据制度；举证责任制度；当事人申请法院取证制度；证据交换制度；质证制度；对认证的程序控制制度；等等。这样就将证据制度从封闭状态解放出来，使之被纳入程序化轨道；证据制度运行的轨迹变得逐步清晰并具有可视性。当事人的证据能动性被调动起来了，证据处在当事人的可控范围内，从而与处分原则、辩论原则等紧紧挂上了钩，证据利益与诉讼利益由此内在地联系起来。

(二) 从单一的证据主义到兼采证明主义

证据主义或证明主义，指的是证据立法的重心是在证据本身还是在证明过程。如果证据立法的重心在证据，包括证据能力和证明力，那么这种立法取向便可称之为"证据主义"；如果证据立法的重心在证明，包括证明过程和证明方法等，那么，这种立法取向便可称之为"证明主义"。若采证据主义，其证据立法的量便增大，通常采证据规则主义；若采证明主义，其证据立法的量便减少，通常采证明原则主义。从两大法系的证据法制现状看，英美法显然采证据主义，大陆法则采证明主义。就证据法制的历史发展规律看，从证据主义到证明主义是一个历史的进步，同时也更符合发展的趋势和方向。

就证据主义而言，也有法定证据主义和英美式证据能力主义的分别。法定证据主义虽然兼有证据能力规则和证明力规则，但重点在证明力规则，证据能力规则在数量上是非常之少的。英美式证据能力主义则偏重于证据能力的规范，而对证明力的规定则刻意回避之。在证据主义内部，由证据力主义到证据能力主义的转变也是一个历史的巨大进步。

我国目前乃兼采证据主义和证明主义。《民事诉讼法》和司法解释关于证据判断原则的规定，属于证明主义；关于证明力的比较性规定，则属证据主义立法模式。我国立法应当适当保留有关证据能力的规定，尤其是体现证据可采性外部规则的那些规定，如非法证据排除规则、证据的法定关联性规则、证人作证豁免规则等，因为它们体现了证据立法的伦理价值，而非由于证明力偏低所造成的证据能力空缺规则，因而负载了证据制度的文明价值，应作出系统化规定。

（三）从绝对主义到相对主义

这主要表现在需要证明的程度上，也就是证明标准上。绝对主义要求证明达到客观真实，实现绝对真理的认识。在哲学上主要以符合论和融贯论作为基础。相对主义则仅要求证明达到法律真实，实现相对真理的认识。其哲学基础主要是实用论、合意论、沟通论、对话论等。

从绝对主义到相对主义是一个证明学上的进步。其进步性主要表现在：其一，相对主义容纳了效率的价值，而绝对主义则容忍对效率价值的牺牲。其二，相对主义重视了证明程序的正当性，而绝对主义则容忍对正当程序的牺牲。其三，相对主义使对事实认定的回溯性检阅成为可能，使事实认定的结果具有可检测性，因而使事实认定过程褪去了难以解释的神秘主义色彩，从而强化了事实认定结果的公信力；绝对主义则往往难以对案件事实的形成作出合理化的说明和解释，因而难以摆脱事实认定中的武断主义和神秘主义。

（四）从原子主义到集合主义

这是证据判断过程中体现出来的对立做法。按照原子主义判断证据，裁判者分别判断证据的证明力，最后将诸证据的证明力简单相加，就得出事实认定与否的结论。集合主义则主张对证据的证明力采用整体的观点加以判断，反对孤立进行；证据的证明力及其总和能否认定案件事实，必须置于宏观的集合的层面加以判断。

《证据规定（2002年）》关于证明力的比较规则，实际上更多采用的是原子主义的判断方法。笔者认为，应当将这两种做法结合起来。对证据的集合主义判断应当以原子主义的判断为前提，对原子主义的判断应当上升到集合主义的高度，并接受集合主义的检验。

（五）从直觉主义到分析主义

在1975年，心理学家Tversky和Kahneman提出人类的判断存在启发与偏见；他们认为，除非在偶然或极为个别的情形下，人们的实际决定很少是通过某种正式而精确的演绎推理方式作出的，更为一般的方式是瞬间的直觉——跳跃性地直接得出解决问题的结论，或者是一种对于各种可能的决定展开想象的、连续的心理试验过程，直到发现某个或几个可能的决定具有吸引力为止。

现代证据法学就是要消除这种直觉主义，从而为分析主义提供理论基础。分析主义实际上是程序还原主义，要求裁判者在作出事实认定之前，严格按照程序法的要求进行对证据的分析和判断工作。

按照实质主义认定案件事实，事实认定过程被高度浓缩；将证据的采纳和事实的认定纳入程序主义的范围，则更注重事实认定过程的说理性。

（六）从一元主义到多元主义

一元主义否定案件性质的差异性，而主张无论何种案件，均适用同样的证明标准。多元主义则主张不同的诉讼性质和类型适用有差异的证明标准。这种多元主义不仅表现在刑事诉讼、行政诉讼和民事诉讼在证明标准的差异化设置上,而且表现在民事诉讼范围内部,不同性质和类型的民事诉讼案件也应适用有差别的证明标准。

四、民事证据立法的理论基础及其构想

(一) 民事证据法典化的功能蕴涵

在我国民事证据法学理论研究中,有一个争论至今未息,这就是:我国民事证据制度要不要法典化?也就是说,要不要通过单独立法的形式,将民事证据制度全面地、集中地、细密地表述出来。这里实际上包含两个命题:一是民事证据制度能否或者应否全盘地被包含在一起,从而形成有内在逻辑关联的规则系统;二是民事证据制度要不要细化其内容,从而强化其可操作性。笔者对这两问都是持肯定回答的态度的,也就是说,民事证据制度应当实现法典化。其理由就在于民事证据法典化主要有以下功能蕴涵:

1. 证据规则的体系化功能

我国民事证据制度极度简略,其一个重要的表现乃是,证据规则不仅数量少,而且仅有的数条证据规则还相当分散,未能构成一个有内在关联的规则系统。造成这种立法状况的缘故,一方面在于司法实践对证据规则的需求度不高,另一方面与证据规则缺乏较为宽裕的立法空间不无关系。以《民事诉讼法》为例,总共才284条,其内容涉及方方面面,证据方面的规定仅19条,对于证据规则,立法容量不允许予以充分展开,而不能不使大量的证据规则处在孕育状态,或者处在若隐若现的规则缝隙中。通过民事证据立法的独立化过程,就可以在立法形式上,将诸种证据规则全部囊括其中,而不必担心它与诉讼法其他内容的相称性,更不必受到民事诉讼立法条文总量的谦抑性控制。事实上,某一条证据制度就能够演绎出数条甚至数十条证据规则。例如,证人作证制度,就可以演绎出证人及时作证规则、证人的宣誓规则、询问规则、全面作证的规则、诚信作证的规则、作伪证的惩戒规则等。

2. 证据裁判的一致性功能

证据法的内容涉及程序、实体等多个方面,独特的证据法内容也大量存在,如果不将民事证据制度法典化,则裁判者在适用证据制度时就难免不够方便,有时甚至有所遗漏。尤其是,证据制度的内容分散在程序法和实体法中,裁判者在适用时对其内容所做的解释,往往也难免受到该证据制度所在部门法的性质的影响,而这种影响并不总是积极的,因为证据法有独立的存在价值,它的适用和解释有时被期望能够对实体法乃至程序法本身产生积极的补救作用。这就是证据法的能动作用,这种能动作用的发挥,也需要证据制度法典化。在这种法典化的证据制度中,适用于全部证据法解释的基本宗旨和立法原则,会较多地设定和铺就,而这些基本范畴和基本原则的法典化,显然有助于证据制度的统一化解释以及一致性适用。证据裁判的一致性规则,对于裁判者在相似案件中做出相似的证据判断,包括证据能力的判断和证据力的判断,无疑具有保障作用。

3. 证据规范的可理解功能

与证据制度的严密化相伴随的乃是证据制度的通俗化,正是在证据制度的通俗化中,证据制度才拥有了可理解的价值,为证据制度所具有的上述诸功能才能发挥出来。可以这样说,证据制度越是简约,它就越远离民众,就越为包括裁判者在内的少数精英所垄断,这样的证据制度就越难以发挥其保障当事人合法权益、彰显程序正义和当事人主体地位的功能。因此,证据制度的可理解价值是其自身发展所必然借助的内在价值。而对证据制度的充分理解,不仅需要存在较为详尽的具体的证据规则,同时还需要有一个将这些证据规则融合在一起的框架和体

系。因为，对证据规范的准确理解，不仅需要在字面上理解个别条款，同时更为重要的乃是要对诸证据规则做出体系化的和符合立法宗旨性的解释。证据制度的法典化，就可以将大量的证据规范，包括较为抽象的证据原则和较为具体的证据规则，甚至还有高度概括的证据范畴，逻辑地汇编在一起，体现出较为明显的立法者意旨，并以此意旨为基准，供人们辩证地、动态地理解和诠释证据规范所包含的意蕴之用。

4. 证据意识的强化功能

前已述及，我国自古就缺乏证据法传统，正因为缺乏这种证据法传统，无论在普通的日常生活中还是在专门的司法过程中，抑或在行政过程中，都缺乏明显的证据意识。我国证据意识的普遍而持久性的匮乏，与我国历史上长期不重视证据法制的建设是紧密相关的。证据立法有助于证据制度的完善，证据制度的完善又能够强化人们的证据意识。证据意识是法律意识的一个重要组成部分，要强化和提升人们的法律意识，一个重要的内容便是强化和提升人们的证据意识。我们不否认在诉讼法中规定证据制度也有提升人们证据意识之功用，但相比较而言，将证据制度法典化，无疑更有助于强化人们的证据意识。强化人们的证据意识需要落实在不同的层面：

首先，立法者应当强化证据意识。对立法者而言，有起码的证据意识是促使其认同并加快民事证据法典化步骤的前提条件；加强了民事证据法典化步骤，又有助于强化立法者固有的证据法意识。目前，我国的民事证据立法尚未能纳入立法的议事日程，与立法者或者实际拥有立法权力的当局者不具有足够的证据意识，是有一定关联的。因此，要强化证据意识，首先要从立法者开始。

其次，民事证据法典化也有助于司法者强化证据意识。因为民事证据制度法典化就意味着民事证据制度从民事诉讼法中分离出来，成了司法者需要经常考虑的一个独立法律部门，这对强化司法者运用证据法的自觉意识是非常有必要的。事实认定与法律适用一样，是司法者为了妥善化解纠纷所需要着力解决的两个前提性问题，法律适用有实体法作为依据，而事实认定就需要有证据法作为依据，它们的动态化过程则是程序法存在的基本价值。

最后，民事证据法典化有助于普通民众培养尊重证据法的证据意识。证据制度是为民所用的，人民利用证据制度证明案件事实，维护自己的合法权益，同时利用证据制度规划自己的民事法律行为，预先保留必要的证据，以防止纠纷的发生，这些都需要强化其证据意识。一部独立的证据法典，显而易见更容易达到这样一个法制宣传和法制普及的目的。

5. 证据制度的变革功能

民事证据制度在我国正处在不断增添内容以及不断转轨的过程中，这个过程固然在本质的层面有其自然性，然而同时也不能忽视制度化的拉动和牵引作用。将诸多的证据制度，包括已经为立法所确认的各项制度以及尚在孕育过程中的各项制度，通过法典化形式固定下来，显得非常必要。通过这样的过程，民事证据制度的各个盲区可以得到弥补，同时对民事证据制度的内在精神也可以进行一贯性或一体化的审视和把握。目前在我国，民事证据制度在内容上的完善和在形式上的健全，乃是同步进行的。形式上的健全有助于证据制度在内容上的快速完善，内容上的完善也有助于证据制度在形式上的合理优化，二者是相辅相成的。相较于西方诸国而言，民事证据制度法典化的此价值在我国是独特的，或者说是最为显著的。美国学者也观察到了这一点："中国目前正在制定自己的证据法典，同时也在大幅修改诉讼程序和庭审制度，从以书面证据和大陆法系模式为基础的庭审制度，转向更为紧密地映照普通法的对抗制模式。因为中国不存在牢不可破的普通法传统，并且通过对证据法进行大规模的修改，中国可以避免法典化之前的英美证据法上的根深蒂固的利益所引发的反对。"①

6. 证据法学的整合功能

民事证据制度繁荣局面的形成，是与民事证据法学理论研究的不断深化息息相关的。可以说，没有民事证据法学理论研究的空前盛况，也不可能有包括司法解释在内的大量的证据规范的出现。在证据制度规范出现到一定的程度后，便内在地提出了民事证据制度法典化课题。民事证据制度的法典化，一方面依存于民事证据法学理论研究的雄厚奠基，另一方面也是对民事证据法学理论研究成果的总结、概括和检阅。在一定意义上说，民事证据制度的法典化过程，也就是民事证据法学理论研究深化的过程和表征。在民事证据制度法典化之后，民事证据法学理论研究由此获得新的发展起点，并必将以此为契机，发展到更高的境界，产生出更加令人振奋的理论成果。这些理论研究成果又将反向地推动民事证据法典化的不断完善。

上述乃是民事证据制度法典化所能够带来的诸多价值；这些价值的客观存在，以及若不实行法典化，这些价值的必然受损或者受抑，成为论证民事证据制度法典化的论据体系。民事证据立法的全部根据，在上述的诸价值中都可以寻找得到。

（二）民事证据法典化的难题及其克服

从上述诸功能价值的全面揭示中，已不难就民事证据法典化的法制工程获得共识。然而这仅仅是问题的一方面；问题的另一方面在于，民事证据法典化还面临着诸多难题。这些难题不仅来源于立法技术方面，更多的还在于立法内容的选择上面。具体而言，民事证据法典化的难题主要有以下表现：

1. 立法模式上的抉择难题

民事证据既然要法典化，那么首先要回答的一个问题是，它应该采用怎样的立法模式，是单独进行抑或与其他诉讼证据法典化同时合并进行？对此有两种观点：一种观点认为应当采用"统一证据法"模式，在该模式中，三大诉讼证据法均包括于当中，同时也包括适用于仲裁、调解、公证等领域中的证据法。另一种观点认为，证据立法应当分别进行，尤其是民事证据法与刑事证据法应当分设。笔者赞同后一观点。理由主要在于：

其一，刑事诉讼与民事诉讼的性质不同，其证据制度也不能混同。刑事诉讼是一种公权诉追机制，公、检、法三家在追诉犯罪中既有分工又有合作，它们对证据的各个环节实行分而治之，体现的乃是证据收集和判断上的职权一体化主义。这种机制与民事诉讼以当事人为本位的证据法律制度体系是极不相同的，甚至是冰炭难容的。

其二，证据制度上的个性远远大于其共性。民事诉讼证据与刑事诉讼证据在制度规范上固然存在诸多共同点，如关于证据的种类、某些证据规则等方面，确然有一些相似乃至相同的规定，但是，它们在证明领域存在极大的差异，如关于证明主体、证明责任的配置、证明标准以及免证事由等方面均存有大量差异，采用原则与例外条款的配置模式难以处理。尤其是，在同一个法律文本中，究竟以刑事诉讼证据为主线还是以民事诉讼证据为主线加以规范，不容易做出简单回答。民事诉讼证据的复杂性更加突出，民事诉讼证据的规范性设定要始终关照民事实体法的要求，同时，民事诉讼证据还有大量的民间规则乃至地方性惯例需要遵循。因此，在这一个层面，我国证据立法应当采用英国模式，而不具备采用美国模式的条件。按照英国模式，

---

① ［美］约翰·J. 凯博思奇：《证据法典化、统一立法与分别立法》，封利强译，载《证据科学》2008年第2期。

民事诉讼证据和刑事诉讼证据应当分别立法，不宜混在同一部法典中加以规定。采用此一立法模式的国家还有英美法系的澳大利亚、新西兰等国家。

其三，采用分别立法还可以很容易地将行政诉讼证据、仲裁证据、调解证据、公证证据等合并在同一部民事证据法典中加以规范。因为，行政诉讼证据、仲裁证据、调解证据、公证证据等在法律属性上与民事诉讼证据大同小异，不存在根本性差异，因而具有可合性。与此不同的是，如果采用统一立法模式，则必然会因这些证据制度与刑事诉讼证据之间存在的性质差异，而难以融合；同时，将这些证据规范融合其中，也会冲淡刑事诉讼证据的独特属性。

其四，证据法定化程度不同，决定二者应当分设。刑事诉讼证据的各种规定，因其具有强烈的公权力职能的色彩，而必须采用程序法定主义，将它们的内容具体地加以规定。与之不同的是，民事诉讼证据则可以规定大量的意定条款，如证据契约、证据选择权等，将证据法中的大量内容授权给当事人自己视案件解决需要加以设定。

从现在的刑事证据立法理论研究来看，学者们基本上已经达成共识，认为刑事诉讼证据难以从刑事诉讼法中分离出去；一旦分离出去，刑事诉讼法的内容就被抽空了。因此，虽然有学者提出了"刑事证据专家建议稿"等，① 但基本上还是将它作为对刑事证据做出集中化规定的一种理论倡导，就其实质而言乃是一种研究刑事诉讼证据的方法论，而不是主张将刑事证据的内容从刑事诉讼法中分化出来，更不是主张单独制定"刑事诉讼证据法"。

最后值得一提的是，有的学者目前已经提出了"统一证据法"，② 这无疑对统一证据法的理论研究是一种贡献，一定意义上推动了证据法学理论体系的跨学科整合步伐。但是，制定统一的证据法难度较大，如果说将来有可能化为现实的话，那么现在提出此一立法规划似乎为时过早，条件尚不成熟。事实上，作为最高司法机关的最高人民法院在就证据制度作司法解释时，也放弃了制定统一证据制度的努力，而分别制定了《证据规定（2002年）》和《关于行政诉讼证据若干问题的规定》。这对理论上研究我国的证据立法模式不无启发意义。

2. 民事证据法的可分性难题

民事证据法倘若要制定，首先遇到的一个问题乃是，民事证据法是否具有可分性，以及，民事证据法一旦制定是否民事诉讼法就被架空的理论瓶颈，因此必须要对它做出认真的分析和解答。笔者认为，民事证据法的内容具有可分性，也就是说，将民事证据法的内容从民事诉讼法中分离出来，不仅在理论上是可行的，同时在实践中也有先例可以作为佐证。从理论上说，民事诉讼法固然可以将证据制度的内容作为其一部分规定于其中，大陆法系国家普遍的做法就是如此；然而，将民事证据制度规定在民事诉讼法中的立法成例，并不能作为民事证据法不能独立化的立法障碍和理论障碍，就像大陆法国家的强制执行法原来也规定在民事诉讼法中、后来也随着实践的需要分离了出来一样，民事诉讼法的立法结构和内容组合是可以根据实践情况而加以变动的，这符合唯物辩证法的观点。存在于这里的关键有两个：一是在理论上说，证据制度是否具有独立性或者相对独立性。这个问题必须首先回答。二是独立的证据制度内容是否已在量上多到一定程度，以致产生了分离的必要性。这第二个问题无须做过多的分析，其必要

---

① 参见陈光中主编：《刑事证据法专家拟制稿（条文、释义与论证）》，中国法制出版社2004年版。
② 参见江伟主编：《中国证据法草案（建议稿）及立法理由书》，中国人民大学出版社2004年版；毕玉谦等：《中国证据法草案建议稿及论证》，法律出版社2003年版；张保生主编：《〈人民法院统一证据规定〉司法解释建议稿及论证》，中国政法大学出版社2008年版；汤维建：《中华人民共和国民事证据法（建议稿）》，载汤维建：《民事证据立法的理论立场》，北京大学出版社2008年版，第363—419页。

性是毋庸置疑的。这里仅分析第一个问题。

证据制度是否具有可分性？笔者对此所给出的答案是肯定的。这可以从诉的构成上看。传统上认为，诉具有程序意义上的诉和实体意义上的诉两层含义。这是大陆法国家的传统理论观点，英美法国家并无此种区分。应当说，诉的此种"二分法"理论对于民事诉讼程序的独立化发展起到了重要的历史作用，但是这种理论到了现代社会却有进一步反思的必要。在现代社会的诉讼构架中，程序的本位意义非常突出，程序的正义性决定着实体的正义性。在此种理论背景下，再将程序意义上的诉和实体意义上的诉并列，实际上就贬低了程序的作用。因此，程序法应当具有母法的基础意义，在此基础上，再分出实体意义上的诉和证据（事实）意义上的诉。如果套用传统的诉的分层理论范畴，可以认为，在现代意义的民事诉讼中，诉有三层含义，其中程序意义上的诉具有本位性和基础性，实体意义上的诉和证据意义上的诉都栖息于程序意义上的诉之上，程序意义上的诉乃是实体意义上的诉和证据意义上的诉的母体。民事诉讼法是规范程序意义上的诉，民事实体法是实体意义上的诉，而调整证据意义上的诉的法律规范应当是证据法。从这个意义上说，在现代民事诉讼的程序本位理论背景下，证据法确乎有独立存在的必要。同时，也正是在这个意义上说，大陆法国家将证据法和程序法合二为一的立法模式，所契合的乃是其实体法本位主义的法律体系哲学观。因此之故，在我国倡导单独建立民事证据法，其意义绝非仅仅限定于其篇幅的大小或者内容的繁简，而更在于它昭示着一个新型的法律体系构架的形成，标志着一个迥异于传统的诉讼构架的形成。

3. 立法内容的边界难题

在该法中，哪些内容可以而且应当被包含当中？这是民事证据立法的内容边界问题。对于这个问题，应当从这样几对关系范畴的解析入手作出回答。

其一，民事证据法与民事实体法的关系。粗看之下，民事证据法调整的是纠纷事实的发现问题，民事实体法调整的乃是纠纷处置实体标准的适用问题，在法院裁判的三段论架构中，实体法提供大前提，证据法提供小前提，二者之间可谓泾渭分明。然而这仅仅是表面现象，实质在于民事证据法受到民事实体法的深刻影响，这种影响主要表现在：一方面，实体法中蕴含着大量的要件事实，正是这些要件事实的实体化预先设定，产生了实体法律后果的自然生成。要件事实的主张便转换成需要证据加以证明的证明对象，因此民事证据法中的证明对象就是从实体法中演化出来的，虽然在范围上还要广泛得多。另一方面，作为实体法调整实体权利义务关系的技术手段，证据法的相关内容常常被预先设计。比如，实体法对民事法律行为可能提出特殊的形式性要求，这些形式性要求在进入诉讼后便自然转变为证据的实体合法性要求；不符合实体法的形式要求的证据形式，不具有合法性，因而要受到裁判者的司法排除。裁判者之所以要排除此类证据，否定此类证据的证据能力，其根本的原因乃在于实体法上的预先要求。再如，证明责任的预先分配规则、推定规则、自认规则甚至证明标准的特殊规则等，都可能成为实体法调整具体法律关系的筹码。由此可见，证据法的相当部分内容都是隐含在实体法中的，对实体法中的证据规范的研究，无疑也是证据法学研究中的题中应有之义和当然内容。然而，在单独制定民事证据法时，这些内容如何处置呢？显而易见，这些内容依然故我地存在于实体法的缝隙中，证据的立法者在相当大的程度上仅仅能够适应这些实体证据法内容的诉求，而不能根本地改变之。比如，实体法规定了举证责任的倒置规则，民事证据法不能通过特别的规范改变这种业已存在于实体法中的证据规则。当然，同时也应承认民事证据法对于民事实体法的能动反作用，这个作用类似于程序法对实体法的反向作用和能动效应。比如，证据法可能会授权在特殊情形下，裁判者能够改变法定举证责任分配的规则，而在具体情形下作出特殊的处置,以防止出现"恶法亦法"效应。由此来看,民事实体法中有证据规范乃是理之所归,民事证据法的独立化运动不能改变或者不能彻底改变民事实体法对证据规则的预先占有;反过来,民事实体法对证据规则的偶有规定,也绝不能由此得出结论认为,民事证据法就可以被民事实体法吸收了。有一种观点是难以获得认同的,这就是,民事证据法可以作为民事实体法中的一编加以立法上的安排。这种观点没有看到民事实体法和民事证据法的立法视角和立法内容的重大差异,因而是不可采的。

其二,民事证据法与民事诉讼法的关系。如前所述,民事证据法在理论上是可以从民事诉讼法中分离出来单独立法的,这种理论也有英美法国家的立法成例作为佐证。这里尚需进一步探讨的是:民事证据法中应当规定哪些内容?同时,哪些内容应当依然被保留在民事诉讼法中而不必随着证据制度的法典化而同时分拣而出?这在立法技术层面是难以回避的问题,同时也是民事证据立法的内容边界问题。在回答这个问题时应注意两个倾向,或者说应把握两个原则:

一是要注意证据立法宽泛化的倾向,把握住证据立法与程序立法之间的质的分界。证据制度从广义上说包括证据的实体制度和证据的程序制度,前者规范的是证据能力和证据力的判断标准,以及证明的静态规则,比如有关联的证据方可采纳的规则,便是一个实体性证据规则;证明责任的分配也是一个实体性证据规则。后者规范的是证据运用的方式、方法和过程,如证据交换制度,便是一个程序性的证据制度。民事证据立法仅仅局限于规范证据的实体性内容,对于证据的程序性规则,则依然应当置于民事诉讼法中加以规定。比如在美国的立法中,其规定当事人及其代理律师的收集证据的程序制度,便是一个典型的程序性证据制度,因而它被规定在《联邦民事诉讼程序规则》中,而没有规定在《联邦证据规则》中。英国等其他国家的立法例也表明了这一点。因此,制定民事证据法,其目的主要在于对民事诉讼法中涉及的证据制度从实体内容方面进行合理的扩展,而并不是要将民事诉讼法中凡是涉及"证据"字样的制度和程序,一概抽离出来,并由此而给其命名曰"民事证据法"。如果这样理解民事证据法的立法功能,那反对论者提出的反驳意见确然是有理由的。诚如美国学者所言:"中国最近的证据制度改革包括了及时提供证据、保全证据,以及当事人对于诉因做出承认或否认的表示。在普通法国家的律师看来,这些要求自从有了程序法和实体法的划分,就一直是诉讼程序的一部分。"① 通过民事证据立法的独立化过程,一方面,可以从理论上促使我们进一步思考民事证据制度兼顾实体和程序两方面内容的辩证关系;另一方面,又有助于从立法例上将民事证据制度独立出来进行实体内容方面的深化和细化。后一点是民事证据立法的主要目标和价值所在。

二是要正确处理证据法和证据规则之间的关系,不能将证据法的内容限定得过于狭窄。英美采用的是"规则模式论",其证据法中仅仅规定证据规则,而不规定证据的原则、制度等,尤其是不涉及证明制度方面的内容。美国学者指出:"在普通法看来,证据法基本上只解决案件实际审理过程中在法庭上采纳和排除证据的问题。"② 可见,英美的证据法仅仅局限于证据问题,而基本不涉及证明问题。这种立法例可以称为"狭义的证据立法模式"。我国应采"广

---

① [美] 约翰·J. 凯博思奇:《证据法典化、统一立法与分别立法》,封利强译,载《证据科学》2008年第2期。
② [美] 约翰·J. 凯博思奇:《证据法典化、统一立法与分别立法》,封利强译,载《证据科学》2008年第2期。

义的证据立法模式"。也就是说,在证据法中,不仅要规定证据,包括证据能力的判断和证据力评估规则,而且还要规定证明,包括证明的各个环节,如证明主体、证明责任、证明标准等;不仅要规定证据规则,如非法证据排除规则、书证优先规则等,同时还要规定证据制度和证据原则等规制性和抽象性内容,如证据裁判主义的原则、自由衡量的原则、诚信原则、证据共通原则等。

此外,在确定民事证据法的立法边界时,还应考虑的一个问题是,证明的技术性手段和规则是否要在民事证据法中加以规定。笔者认为,这要视各国证据立法的实践成熟状态而定。在我国目前,民事证据法中应当适当规定证明的技术性内容。比如说,对裁判者业已公开的心证,立法可以提示性规定,当事人可以从哪些方面提出质疑的意见,从而促使裁判者适当调整其心证状态。

4. 证据立法的刚性与柔性的关系难题

民事证据法典化的过程实质上乃是对成文法优势的信念强化的过程。之所以要将民事诉讼证据上升到法典化的高度,最终所看重的依然是制定法所具有的一般优势,比如制定法具有全面性、可预先性、稳定性、可操作性、司法的一致性等优势,这些优势无疑也映现于民事证据法典化之中。当然,民事证据法典化还有其特殊的优势和功能,这在前述价值部分已有充分阐述。这是问题的一方面。问题的另一方面在于,制定法或成文法也固有一些难以克服的内在缺陷,这些缺陷自然在证据制度法典化后的立法形式中,也或多或少地存在;要通过一部制定法完全杜绝与之而俱来的弊端,这恐怕仅仅是立法者和司法者的一种美好愿望,也是法治领域中的一种神话。更为务实的观点和立场乃是,在对民事证据制度法典化从而充分汲取其优势的同时,尽量地通过立法技术和内容的恰当安排,克服其弊端和不足。在笔者所构想的民事证据法典化框架中,对于这些弊端的克服,可以采用的立法技术手段主要有这样几种:

其一,"原则论"与"解释论"。在证据法立法中,我国采用英美的独立法制化的模式,将证据法从诉讼法中分离出来,但是,对于证据法本身所采用的模式却有别于英美,采用的乃是法典化的形态。法典化形态的一个典型特征是,在证据立法中,其内容除具体的刚性的证据规则外,还有较多的抽象性的证据原则与证据制度。这些原则与制度是证据规则赖以生成的母体性规范,其基本功能是作为裁判者适用证据规则的解释指引。因此,"原则论"与"解释论"是一物两面的概念,基本原则就是供裁判者做解释时的准据所用的。这是用来克服证据立法僵硬性和滞后性的重要技术手段。同时,在证据规则缺位时或发生矛盾时,证据原则可以起到填补法律漏洞或者选择适用相宜的证据规则的作用。

其二,"选择论"与"契约论"。在程序公正理论体系的构建中,程序选择权理论是其中的一个重要内容,程序选择论成为程序公正论的构建元素之一。对于证据立法而言,证据规则中也需要利用证据选择权理论来满足当事人在证据适用领域的自主诉求,从而满足其程序公正的愿望。证据选择权理论的适当运用,既是证据立法时代性的需要,同时也是缓和证据立法硬直性的需求。比如说鉴定人的选任,证据立法便可以规定当事人既可以自己选任鉴定人,也可以申请法院选任鉴定人。证据选择论就其实质而言乃是证据契约论(另详)的一个具体表现。

其三,"例外论"与"裁量论"。在民事证据立法中,不可避免地需要使用大量的例外条款。比如证人原则上应当出庭作证,但是在例外情形下,可以不出庭作证,或者可以以书面形式作证。在证据立法中恰当地使用例外条款,无疑是强化证据立法的辩证性和可适用性、从而也是克服证据立法机械性等局限性的重要立法技术。"例外条款"通常都是通过"但书"的形式表现出来。与之相类似,在证据立法中还需要贴切地使用"可以""一般"等字样,这些条款实际上就是弹性条款；依据这些弹性条款，裁判者被立法者授权根据判断证据的具体情形，决定是否采用某一特定证据规则。比如说，在证据力的大小判断中，有时就常常需要使用诸如"直接证据的证明力一般大于间接证据""原始证据的证明力一般大于传来证据"之类的表述。这些条款的较多采用实际上是不可避免的，因为证据判断中的实际情况是千差万别、形形色色的，立法者仅能根据通常情况，按照一定的经验法则和理论抽象，对证据条款进行设定，而不可能采用断然的语句进行绝对性的构设。这也是证据立法中用来克服其绝对主义弊端的常用手法。

此外，民事证据立法中还存在其他的立法难题，如证据立法的平民化与专业化如何权衡的问题、"证据编"与"证明编"究竟何者应优先排列的问题、如何安排事实认定机制及其规则的问题等，这些问题都是在证据立法中会不同程度上遇到的，也是应当认真对待、妥加处理的问题。

（三）我国证据立法的模式设定

"模式论"已经成为法学研究的一种重要的方法论，比如立法模式、司法模式等，甚至在司法模式内部，还有举证模式、鉴定模式、证人作证模式等分支性模式。无疑，模式论是比较研究下的产物，没有比较的研究法学和法律现象的视角和目光，就不可能有各种层面和各种范围的法律模式论。"模式论"被运用的结果就是比较、借鉴和取舍。它既可以在某一法律现象开始萌发的起点上使用，也可以在某个法律现象发展过程中不断地被加以运用。后者比如民事诉讼中的程序模式论，可以说是一种老牌的模式论了，各个国家都在研究，我国现在的研究也是方兴未艾。前者比如我们这里提及的我国证据立法的模式论。证据立法模式论在我国的提出可以说是一个开端性的理论范畴，至今尚无学者提出可以成为雏形的模式论。而这个问题是我国证据立法应当首先解决并明确给出答案的重大理论问题。证据立法的模式论在英美法系国家是很早就提出来的证据法学研究课题，英美证据法学理论沿革的一个核心线索可以说就是证据立法的模式论问题。无论是边沁还是威格摩尔等，他们所关心的主要证据法学理论问题即是证据立法应当采取何种模式来建构。关键的分歧在于，是以证据原则为证据立法的主要内容，还是以证据规则为证据立法的主要内容。这是典型的证据立法模式问题。我国证据立法也应首先回答这个问题。

"模式"（model）一词有两个基本的语义。一是指一个简单的事物与另一个复杂的事物在结构上和关系上具有相似性和同构性，可以用简单的事物来解释复杂的事物。这种意义上的模式带有类比的含义，比如，庞德把社会的复杂系统看作一个工程，就是把工程这个事物比作为社会这个事物，前者便为后者的模式。二是指简化了的形式或要素、元素，或者说是指一个整体的组成部分。这种意义上的模式是由部分和整体两部分构成的，整体为部分之和，对整体的评价是由对部分的评论来取代的。我们这里所说的证据立法的模式是在后一层意义上使用"模式"一词的。可见，证据立法的模式就是在相对抽象的意义上构设或型构证据法的结构和内容。证据立法的模式论的具体分析必须奠定在法的模式论的哲学基础上。法的模式论是法理学中的一个传统问题。[①]在现代西方法理学中，具有较大影响的法的模式论主要有三种：一是律令—技术—理想模式论，二是规则模式论，三是规则—政策—原则模式论。

"律令—技术—理想模式论"是由美国社会法学派人物庞德提出来的。这是法的第一个典

---

① 参见张文显：《二十世纪西方法哲学思潮研究》，法律出版社1996年版，第368页及以下。

型模式。庞德认为，任何一个法都应当由三种成分构成：技术成分、理想成分和律令成分。立法的技术成分，是指解释和适用法律的规定、概念的方法和在权威性法律资料中寻找审理特殊案件的根据和方法。这一点是两大法系国家立法模式的主要差异。立法的理想成分，是指法律在一定时间和地点所追求的社会秩序的理想图画。它回答的问题是，特定的社会秩序应当是什么，通过法律对社会实行控制的目标是什么，等等。在对新奇案件的解决中，往往需要借助立法中的理想成分。所以，立法中的理想成分成为对法律原则进行选择和判断的基础性因素。立法的律令成分，主要是指规则，但同时还包括原则、概念、标准及学说等因素。规则是指对一个具体的事实状态赋予一种确定具体后果的各种律令。原则是一种用来进行法律推理的权威性出发点。概念是一种可以容纳各种情况的权威性范畴。标准是法律所规定的、根据各个案件的具体情况适用的一种行为尺度。庞德还认为，学说也是律令成分。技术、理想和律令相互之间的关系是：律令从发展和适用它们的技术中获得全部生命；技术从法的理想中得到其精神和方向；律令从理想中得到其形式和内容。

第二个法的典型模式为"规则模式论"。规则模式论是新分析法学派提出来的法律模式。其代表人物是哈特。哈特在批评奥斯丁的法的命令模式论的基础上提出了该规则模式。哈特认为，法是一个规则体系。这个规则是由主要规则和次要规则组成的。主要规则是设定义务的规则，次要规则是"关于规则的规则"。根据次要规则，人们可以通过言论和行动引入新的主要规则，取消或修改旧的规则，或以各种不同的方式决定这些规则的作用范围或控制它们的实施。由于次要规则主要是授予权利，所以这些规则又称为"授予权利的规则"。哈特这个规则模式论显然与奥斯丁的命令模式论有了区别。

法的第三种典型的模式理论是由德沃金提出来的"规则—政策—原则模式论"。德沃金认为，英美法系国家法律实践的典型运行模式并不是实证主义的法律模式理论，而是由规则、原则和政策三个主要因素构成的三位一体的模式。根据这个模式论，原则和政策相对于规则而言乃处在同一个抽象的层次。但是，政策是有关必须达到的目的或目标的一种政治决定，一般来说，是关于社会的经济、政治或者社会特点的改善，以及整个社会的某种集体目标的保护或促成问题。而原则是有关个人的权利、正义或公平的要求或其他道德方面的要求。与之不同，法律原则和法律规则在许多方面是有区别的。规则是具体的，它在适用时要么有效，要么无效。但法律原则在适用时具有灵活性。原则与原则之间会发生冲突，此时，应比较各项原则的相对分量。规则与规则之间并无重要或不重要的区别问题。对规则的比较，应在规则外寻求标准，规则本身并不昭示何种标准可以评价它的重要性程度。

以上三种法的模式实质上分别代表了社会法学派、新分析法学派以及新自然法学派关于法的本质的理解和认识。正如这些法学派别皆不可避免地存在这样或那样的缺陷，因而不可能尽善尽美一样，这三种法的模式事实上也各有缺点和优点。庞德的模式论把法律理想视为法律的要素，则有助于克服执法和司法中的概念主义、条文主义或教条主义，增强法的弹性或灵活性，使法律能够更好地适应不断变化着的社会需要和各类形式的案件审判。但是，这种模式运行得不好，可能会导致法与非法的界限的混淆，使法失去确定性，并为法官的自由裁量权的宽泛化打开方便之门。哈特的规则模式论则强调了法的逻辑结构和确定性，但是它把法看作一个封闭式的体系，容易使执法和司法走上法律条文主义和形式主义的极端。德沃金的模式论具有庞德模式论的灵活性的优点，但是它将政策看作法律模式的一个因素，则未必无可斟酌之处。可见，以上三模式皆有其不足之处。为了克服这种不足，我国有学者提出了一个试图取代以上三种模式的新模式论,此即"规则、原则、概念模式"①。笔者原则上赞同这一立法模式。但是,这一立法模式反映到我国证据立法中来,应当再增加一些因素,或者说,需要对规则和原则作出广义或细化的解释。具体言之,我国的证据立法应当由指导思想、价值目标、基本原则、证据制度、证据程序及证据规则等组成。

(四) 我国民事证据立法的指导思想

民事证据立法应当有它的指导思想。这是我国部门立法的一个必备内容,反映了我国立法思维的演绎性质。民事诉讼立法也有其指导思想,这个指导思想可为民事证据立法借鉴,同时二者也应当保持一致。当然,民事证据立法的指导思想可以更具体一点,也可以有若干条予以表现,而不必以一条概之。民事证据立法的指导思想可以包括这样几个内容:第一,以宪法为根据。宪法中的有关内容自然成为证据立法的基本准则,同时宪法中的有些条款也可在证据立法中予以重述或重申。第二,以市场经济的发展规律和内在需求为标尺,尊重诉讼规律,借鉴外国法制,尽量与国际惯例相一致。第三,从中国国情出发,充分利用证据立法的本土资源,充分总结司法实践中涌现出的各种有益经验和做法。这一点,对我国证据立法来说尤为重要。我国证据立法所处的历史背景是,民事审判方式改革和司法改革已经发展到了一个相对稳定、相对成熟的阶段。证据立法只是司法实践发展到这样一个阶段后所出现的自然与必然产物。如果可以这样说的话,这是典型的实践立法或法官立法,理论研究者只是对呼之欲出的证据法予以适当的推动而已。所以,证据立法的理论研究范围,在相当大的程度上应当包括对司法实践经验的总结、概括和提炼。第四,证据立法的统一性和系统性。证据立法应当负有结束政出多门、证据规范地方化、司法割据化等现象的使命。司法统一是证据立法的题中应有之义。当然,司法统一化也是证据立法的内在动因和实践原因之一。此外,证据立法还应当强调它的系统性和完整性,同时强化它的可操作性。证据立法的指导思想本身也是其系统性和完整性的一个必要组成部分。在民事证据立法的指导思想方面,我们尤其要强调民事证据立法和尊重中国国情的关系问题。证据立法无疑要有国际目光,要有前瞻性,要乘这个机会把我国的民事证据制度同国际上先进发达的、行之有效的证据制度挂起钩来。但证据法的实施毕竟要在中国的土壤上进行,为了使之行之有效,真正发挥作用,对中国国情的了解和把握必不可少。在这个方面,有这样几点值得注意:

第一,法官、律师和当事人的素质问题。证据立法中所确立的内容主要是由法官、律师和平民百姓来使用的。所以,我国的证据立法就不可能像专门写给专家看的有些外国立法例那样充满专业性术语。通俗易懂应当是它的立法指导思想之一。尤为重要的是,证据立法中所设立的一些制度,还要看我国法官、律师和平民百姓是否能够恰当使用。比如,法官对证据的自由心证或自由衡量制度,就存在一个我国的法官能否恰当使用的问题,存在一个使用它会不会导致滥用裁量权的问题。

第二,关于本人诉讼主义和律师强制代理制度的问题。我国目前实行的是本人诉讼主义。但是,在将来的证据立法或民事诉讼法的修订中,要不要有选择地实行律师强制代理主义,比如,在二审中、再审中及重大的一审案件中是否可以实行律师强制代理主义,目前尚不可知。然而,这种立法例的选择却是同现在考虑的证据立法中的某些制度甚至是重大制度及程序联系在一起的。比如,举证时效制度、证据交换制度尤其是证据发现和调查令制度等。在这些方

---

① 张文显:《二十世纪西方法哲学思潮研究》,法律出版社1996年版,第388页。

面,有律师代理和无律师代理,其表现形式和表现的力度都是不尽相同的。

第三,调解式诉讼程序与审判式诉讼程序的关系问题。证据立法同诉讼程序的性质和价值取向有紧密的关联。诉讼程序所表现出来的总倾向是调解型的还是审判型的,这同它们对证据法律制度的需求是有关联的。不同性质的诉讼程序,需要不同性质的证据制度与之配合。我国现行民事诉讼法所确立的程序范式基本上是调解型和审判性相结合式的。这种复杂的诉讼程序的性质结构本身对证据立法模式和制度的选择就是一个难以回避的难题。这启示我们,我国证据立法的问题必须要同民事诉讼法的修改问题联在一起考虑,证据立法毕竟不能存活于真空当中,毕竟离不开同民事诉讼程序的关联。

第四,关于客观真实的理性哲学与司法资源的贫瘠化问题。客观真实是我国现行民事证据制度的一个价值目标。民事证据制度被实行的理想状况就是恢复案件的客观真实面目,也就是恢复事实的原状。客观真实这一目标作为证据立法以及诉讼立法的最高理念是未尝不可的,但问题在于,为了实现客观真实这个诉讼目标,我们投入巨大的司法资源值不值得,符不符合社会总的期望?而且,客观真实是不是就是唯一的程序价值目标,除此以外,要不要考虑诸如程序公平、诉讼经济、诉讼效率、诉讼速度等价值?这个由时代提出来的价值观的调整问题在民事证据立法中必须要体现出来。举例言之,举证时限问题,当事人有证不举,到程序已过了应举证的阶段,突然又提出了新证据,法官是应当接受,重复进行诉讼程序,还是考虑到双方当事人的主观因素以及诉讼中的其他价值而予以拒绝,这就涉及一个程序价值的权衡问题。这个问题无疑是由证据立法的指导思想予以总体规划的。

第五,法官的角色使命问题。法官的角色使命以及他在诉讼程序中所处的位置与证据立法有相当大的关系。如果法官在诉讼程序中处在积极能动的位置,证据立法就要体现出法官的这种积极能动性。比如说,法官应当有较大职权调查收集证据、法官应当指导当事人举证、法官应当主动对证据进行法庭调查等。反之,法官如果被定位于消极、中立的位置,法官在诉讼程序中的职权性因素就要大大地减少。这个问题涉及现在法官的总体审判水平、法官的审判理念、如何尊重当事人的人格。证据立法当然也要考虑到我国现行法官体制、法官的遴选机制、法官与行政的关系问题。

第六,关于传统的中国与中国的传统问题。证据立法不仅要考虑到我国的现实国情,还要考虑到我国的历史传统。这主要表现在我国传统的诉讼观念、法律思维、立法本位、纠纷观等问题。长期以来,我国就有以讼为耻、以和为贵的诉讼文化和诉讼观念,这个观念的残余影响不仅关涉到诉讼状况以及诉讼的进程问题,而且还同证据立法有密切的联系。比如说,证人作证问题,我国现行民事诉讼法对于证人作证具有义务性而不具有可选择性是有明文规定的,但是证人作证率尤其是证人出庭作证率极低。这原因主要不在法内而在法外。证人作证这个看上去纯然是一个法律问题的问题,却始终与全民的诉讼意识、对诉讼的看法、对纠纷的理解和评价以及对诉讼后果的意识联系在一起。证人出庭或不出庭作证,他所担心或考虑的不是法律的制裁,而是观念的惩罚以及由行政社会和熟人社会带来的法外制裁。这既是传统的中国,又是中国的传统。

(五)我国民事证据立法的价值目标

民事诉讼程序的价值论研究近来在我国已经引起注意,这个理论的研究把程序价值的多元化观念引入了诉讼程序的建设及评估的范畴之内。我国证据立法无疑也要体现程序价值的多元化理论。而且,这个程序价值体系要通过指导思想或基本原则等方式体现出来。不仅如此,证据立法还要注意程序价值目标的相互关系与孰重孰轻的排序问题。笔者认为,我国民事证据立

法应依序体现如下价值:

1. 公正性价值

程序公正较之实体公正处在更高的层面,程序公正应当成为我国程序法制建设的重点和核心。民事证据立法无疑应当把程序公正作为首要价值目标加以规定。当然程序公正也不可能与实体公正绝无关系,实际上二者具有相辅相成、相互促进的关系。民事证据立法的公正性价值主要在举证责任的分配和倒置、当事人举证和人民法院查证的关系、调查法官和审判法官的分离制度、举证指导与法官阐明权的关系、证据交换和证据固定制度、质证程序的机会均等、当庭认证与法官的心证公开制度、判决理由的程序化及逻辑化等方面体现出来。

2. 效率性价值

效率与公正具有密切的联系。效率价值是民事证据立法所无法回避、无法排斥的重要价值目标,它的最直接体现就是解决案件的速度要快、法官在解决案件的过程中要考虑到经济、效益等。在确立效率价值之时,首先要解决一个重大的理论问题,这就是客观真实和法律真实的关系问题。实现客观真实是诉讼的理念,它是诉讼程序所追求的最高目标,而法律真实是通过诉讼程序、通过对证据的运用设立起来的真实。正是根据法律真实原理,诉讼中的证明标准才有一个多元化的问题,刑事诉讼、民事诉讼和行政诉讼才有一个区别的问题。证明标准是证据立法中所必须规定的一个重要制度。这个制度本身所蕴含的价值取向便是效率性价值。所以,证明标准是一个最低限度的真实性标准,也就是说,案件事实的认定应当有一个最低限度的可能性问题。证明标准是体现效率价值的一个重要方面,但不是效率价值的全部体现。民事证据立法的效率性价值还体现在举证时效制度的设立上。同时,效率价值还对诉讼原则和诉讼结构提出了新的要求,比如必须摒弃我国长期实行的证据随时提出主义,代之以证据限时或及时提出主义;诉讼程序应当分为若干个明确的、相对独立的程序阶段,每一个阶段都应有相对独立的任务;在诉讼程序上应废弃连续审理主义,代之以集中审理主义;并且,要调整上诉审结构,使二审程序对一审程序仅起法律上的监督作用,而一般不再接受新的证据;同时,在申请再审的理由中,对新发现证据而获得理由严加限制;等等。

3. 人权和秩序价值

对于公民的人权保障不仅应当体现在刑事诉讼程序中,而且还应当表现在民事诉讼程序中。民事诉讼中的人权保障与社会秩序的价值、社会公益的价值以及伦理价值等都是联系在一起的。民事证据立法中对人权保障的问题应当提到一个相当高的高度去重视。这种人权保障可以考虑在证人的人身安全保障与经济补偿、证人拒绝作证的特权规则、官方非法证据的排除规则以及取证权利的合理行使等方面予以规定和体现。

4. 真实性价值

无论在何种诉讼程序中,也无论在何国的证据制度中,真实性都是一个重要的价值目标。但问题是,应当把真实性的价值目标确定在一个合理的位置,尽管它是最重要的价值目标,但不要把它看作唯一的价值目标。毕竟,民事诉讼以解决纠纷为唯一的目的,它与以绝对真实为目标的科学研究并不是一回事,尽管它们都涉及一个真实性问题。在民事证据立法中,对于真实性的保障应当体现在强化当事人的举证权利和程序保障、法院负有适当的依职权调查证据的职责、对证明标准的底线的较高设定、对证据自由衡量的限制性法则、对法定证据制度中的合理因素适当汲取等方面。同时,也要肯定并强调"以事实为根据,以法律为准绳"这一司法原则和传统公式。

(六) 民事证据立法的原则

在证据立法中,"原则"是不可缺少的一个重要组成部分。它不仅是一个立法准则,而且也是一个司法准则。原则可以分为公理性原则和政策性原则两个类别。公理性原则就是各国在证据立法中都贯彻的原则,这些原则反映了证据法律制度的发展规律,体现了人类对证据法律制度的基本看法和认同。这些原则我们必须加以接受。比如说,法官对证据的判断应当保持中立和客观的立场,也即证据立法必须贯彻和体现中立性原则,这个原则就是公理性原则,是各国证据立法所无法回避的。此外还有政策性原则。政策性原则是国别性或阶段性的原则,它是基于某个国家在某个特定历史阶段根据特殊的司法政策需要而设立的。例如,在我国证据立法中所应体现的"以当事人举证为主、法院查证为辅"的原则,就是我国特有的一个原则,这个原则就是政策性原则。再如,非法证据应受排除的原则,也属于政策性原则的范畴。我国民事证据立法应当体现当事人主导原则、直接原则、言词原则、集中原则、及时原则、对立互审原则以及中立原则等基本原则。当然,每一个原则还应有它的具体表现。举例来说,依据当事人主导原则,就应当在民事证据立法中规定当事人的主张责任、"以当事人举证为主、法院查证为辅"的证据收集模式、当事人举证责任的后果责任、当事人是质证的唯一主体以及当事人对证据的申请与异议等内容。

(七) 民事证据立法的制度和程序

证据立法模式当中应有证据制度的一席之地。证据制度不同于证据原则,证据原则比较抽象,其中不包含事实情景和权利义务关系,而证据制度则包含具体的权利义务关系,包含着具体的法律后果。所以,证据制度具有证据法律关系权利义务的设定意义。证据制度来源于证据原则,证据原则需要具体化为证据制度。有证据制度不一定有证据规则或证据程序,证据规则是更加具体的概念,它可以有各种各样的分类。证据规则可以同证据制度形成并存的关系,也可以是证据制度的进一步要求和体现。证据程序则是证据制度和证据规则的运作过程。证据制度、证据规则和证据程序之间形成了相对独立、但同时又可能是交叉的关系。在我国的民事证据立法中,我们应当确立举证责任制度、取证权利制度、举证时限制度、证据交换制度、交叉询问制度、当庭质证制度、当庭认证制度、公开心证制度、证据自由衡量制度、特权保密制度、证人作证制度等重要证据制度;并同时确立证据保全程序、证据收集程序、证据调查程序、证据交换程序、证据固定程序、证据提供程序、证据异议程序、证据对质程序以及证据确认程序等证据程序。

(八) 民事证据立法的规则

证据规则可从证据的收集调查、证据的提供、证据的质辩以及证据的确认或采纳四个方面予以构设。在证据调查和收集方面,应当确立录取证词规则、当事人互相询问规则、要求提供书证和物证规则、要求自认规则、鉴定规则、勘验规则、证据保全规则、域外取证规则、证据声明规则以及法院依职权调查证据规则等规则。在提供证据方面,应当确立举证责任的分配规则、举证责任的倒置规则、举证时限规则、补充举证规则、证据交换规则、证据出示规则、传唤证人规则、证人隔离规则、主询问规则和宣誓规则等规则。在质证方面,应当确立交叉询问规则、关联性规则、客观性规则、非法证据排除规则、意见证据规则、品格证据规则、传闻证据规则、最佳证据规则、类似证据规则和补强证据规则等规则。在认证方面,应当确立当庭认证规则、认证纠正规则、自由衡量规则、公开心证规则、推定规则以及司法认知规则等规则。

证据规则无疑是我国民事证据立法的一个重要内容,对于这些证据规则进行细致的进一步研究是有必要的。一般认为，规则是指规定具体权利和义务以及具体法律后果的准则，或者说是一个事实状态赋予一种确定的具体后果的各种指示和规定。从逻辑结构上说，规则一般由假定（行为发生的时空、各种条件等事实状态的预设）、行为模式（权利义务规定）和法律后果（包括否定式后果和肯定式后果）三部分组成。缺少其中任何一部分，都不能构成规则。对证据规则最有价值的理论研究应当包括两个方面：一是判别属于证据规则范围内的各项命题。也就是说，以证据规则的名义体现出来的法律条文，必须是真正意义上的法律规则，而不能是一些其他内容。这就要求我们在证据立法时将证据规则同相邻近的一些概念或内容区别开来，例如，将证据规则同证据制度区别开来，将证据规则同证据程序区别开来，将证据规则同证据原则区别开来，等等。二是对证据规则进行分类。对证据规则进行分类研究，有助于甄别和决定各种证据规则的机能及其使用方法。

证据规则可以从不同的角度进行分类。从内容上分，可以将证据规则分为义务性证据规则和授权性证据规则。义务性证据规则是指直接要求人们从事或不从事某种证据行为的规则。义务性证据规则依照它们所规定的人们的行为方式，又可以分为命令性证据规则和禁止性证据规则。命令性证据规则是要求人们必须从事某种证据活动的规则。禁止性证据规则是禁止人们实施某种证据行为的规则。前者一般用"应当""必须"等字样表示出来，后者一般用"禁止""不得"等字样表达。前者比如举证时限规则、证据交换规则、当庭认证规则、公开心证规则等；后者比如非法证据排除规则、意见证据规则、传闻证据规则等。授权性证据规则是指示人们可以作出或要求他人作出一定行为的证据规则。一般用"可以""有权""不受……干涉""不受……侵犯"等字样表示。例如，录取证词规则、要求提供书证和物证规则、证据保全规则、证据声明规则、职权调查证据规则等。义务性规则和授权性规则的主要区别在于前者具有强制性，后者具有任意性。为义务性规则所规范的证据行为是必须实施的，否则就会产生不利于相关行为者的法律后果，比如失去提供证据的权利、被罚款、视为自认等。为权利性证据规则所规范的证据行为，相关的行为者是可以放弃其权利的，例如当事人可以放弃要求法院调查取证的申请权。

从形式特征上分，证据规则可以分为规范性证据规则和标准性证据规则。规范性证据规则中的"假定""行为模式"以及"后果"都是明确肯定的，它们可以直接适用而无须通过对规则的解释。而标准性的证据规则则具有一定的伸缩性，需要根据具体情况加以解释后才能予以最终的适用。前者比如举证责任的分配规则、证据出示规则、证人隔离规则等，后者比如自由衡量规则、关联性规则、客观性规则等。

从功能上看，可以将证据规则分为调整性证据规则和构成性证据规则。美国语言哲学家约翰·希尔尼在《言语行为》一书中首先提出了这两种规则的分类方法。调整性证据规则的功能在于控制人们的证据行为，使之符合概括出来的证据行为模式。无论是否存在调整性证据规则，人们都有从事或不从事这些证据活动的可能。例如，证据自由衡量规则、经验法则、推定规则、司法认知规则等。构成性证据规则的功能在于组织人们按照该规则所授予的权力或权利从事证据活动，没有构成性规则，人们要从事这些相关的证据活动就是不可能的。例如，要求自认规则、鉴定规则、勘验规则、依职权取证规则等都属于构成性证据规则。

从证据规则的来源来看，可以将证据规则分为制定法上的证据规则和普通法上的证据规则。这是从英美法国家证据规则的演变历史来说的。前面关于英美证据法的发展历史可以看出，证据规则在英美相当长的历史时期内都表现在普通法这个法律渊源上，也就是说表现在判例法上。证据立法对证据规则的确立只是在近代以后才成为一种普遍的现象。这种分类在我国则体现为民事诉讼法上的证据规则和司法解释上的证据规则。

从证据规则的性质来看，证据规则又有实体法性质的证据规则、程序法性质的证据规则和独立性证据规则之分。实体法性质的证据规则，如举证责任的分配规则、推定规则、证据表现形式规则等。程序法性质的证据规则，如取证规则、举证规则、质证规则等。独立性的证据规则意指这类规则就其本质而言不属于实体法或程序法的范畴，而属于证据法的独立领域，如主询问规则、交叉询问规则、传闻规则等。这种分类说明，实体法、程序法与证据法应当具有鼎足而立的并存关系，证据法并不隶属于实体法或程序法。同时也说明，证据法的调整领域可以渗透于实体法和程序法之中。当然，证据法的本体内容是最主要的。

从证据规则的修正与发展的角度看，可以将证据规则分为第一性证据规则和第二性证据规则。第一性证据规则也称主要证据规则，是指要求人们去做或不做某种证据行为，或者规定人们必须从事或不得从事某种证据活动的证据规则，也就是设定相关行为者在证据法律关系中权利义务的证据规则。证据规则中的多数皆属此类范畴。第二性证据规则也称次要证据规则，是指依附于第一证据规则的规则，它规定人们可以通过做某种事情或表达某种意思，引入新的第一证据规则，废除或修改旧的第一证据规则，或者，以各种方式决定它们的作用范围或控制它们的运作。可见，第二性证据规则是创设证据规则自身例外或废弃证据规则适用效力的规则。例如，自由裁量的规则就属于第二性证据规则。

从证据规则的严格程度来看，可以将证据规则分为硬性证据规则和软性证据规则。硬性证据规则比较精确，它所包含的法律原则隐藏很深。例如，质证规则就是硬性规则，依此，任何没有经过质证的证据都不能成为定案的根据。软性证据规则则比较模糊，它所包含的法律原则则隐藏较浅。例如，举证时限规则就属于软性证据规则，依此，当事人逾期未提交证据，在特殊情况下依然允许提供，而不产生失权效果。这个特殊情况，例如不存在故意有证不举或重大过失有证忘举的情形，就是由法官自由斟酌的弹性标准。

依设定证据规则的理由来分，可以将证据规则分为规律性证据规则和政策性证据规则。这种分类与前面将证据原则分为公理性证据原则和政策性证据原则，同出一理。凡是反映证据法律制度以及人们认识事物的规律的证据规则均属此类。例如，证据优势规则、传闻证据规则、最佳证据规则、意见证据规则等，都属于规律性证据规则。其他诸如反对自我归罪、证人拒绝作证的特权规则、非法证据应受排除的规则等，则属于政策性证据规则。

从证据规则发挥作用的领域来看，可以将证据规则分为收集调查证据的规则、提供证据的规则、对证据进行质证的规则以及对证据进行认证的规则。

从证据规则对证据规范的程序阶段来看，可以将证据规则分为规范证据的规则与规范证明的规则。前者属于证据规则的静态调整，后者属于对证据运作状况的动态调整。其中，规范证据的证据规则又可分为规范证据价值的规则、规范证据能力的规则。最佳证据规则、证人证言的排序规则等均属于规范证据价值的规则，意见证据规则、传闻证据规则、非法证据排除规则等则属于规范证据能力的规则。举证责任的分配与倒置规则、推定规则、司法认知规则、质证规则、认证规则等均属于调整证明活动的证据规则。

按证据规则所属诉讼模式来划分，可以将证据规则分为当事人主义下的证据规则和职权主义下的证据规则。前者属英美法系，后者属大陆法系。两大法系在证据规则的立法、性质以及数量上有很大的差异。有的为二者所共同具有，如非法证据的排除规则即是，有的则为各法系所独有，如传闻证据规则只存在于英美法系、大陆法系无之；而自由心证法则为大陆法国家所明定,而英美证据立法则对此置以虚文。①

证据规则还可以从其他角度予以分类,例如,分为粗放型证据规则和细密型证据规则、指导型证据规则和规范型证据规则、法定型证据规则和经验型证据规则等。

以上所述,是我国民事证据立法所可能涉及的内容架构,这些内容主要来自我国民事诉讼法的相关规定、民事审判方式的改革实践以及外国法制的借鉴。对这些内容在理论上进行进一步审视,将它们付之实践的检验,最终将其中行之有效、被实践充分证明是正确的内容上升到立法的高度,是摆在立法者面前的重要课题。

第六节　非法证据排除规则

一、非法证据排除规则的理论基础

先说一个案例。原告高某某为了证明被告侵犯其"表演者权"的事实,在诉讼前经某市某区公证处的公证,在某书店购买了《高某某小品专辑》VCD一套,某市某区公证处就此制作了公证书。必然提出的问题是:原告高某某这样私自取证合法吗?公证处对此行为进行公证有效吗?这个问题涉及诉讼中一个证据规则:非法证据排除规则。本节就此进行专题研讨。

前面我们讨论了证据的概念以及证据概念中所包含着的三大属性:证据的客观性、关联性和合法性。证据的合法性内涵极其丰富,包括证据收集主体上的合法性、证据表现形式上的合法性、证据内容上的合法性、证据实体上的合法性以及证据来源上的合法性等。证据来源上的合法性是指收集证据的程序和过程要符合法律的要求,包括法律基本原则上的抽象性要求和法律具体规定上的特定性要求。前者表现在收集证据不得侵犯他人的合法权益、不得违反公序良俗、不得违反法律的禁止性或强制性规定、不得违反诚信原则等;后者表现在收集特定种类的证据时,如果法律有具体程序上的要求,则必须遵循这种要求。例如,鉴定意见的形成和获取,就要符合民事诉讼法关于鉴定制度的具体规定,包括鉴定启动机制的合法性、鉴定人选任机制的合法性、鉴定主体具有合法的鉴定资质、鉴定过程符合鉴定规则的要求、鉴定意见的书面化、格式化要求等(《民事诉讼法》第79、80、81条)。无论是收集证据的原则性、抽象性要求抑或具体性、特定性要求,一旦被违反,就构成了证据合法性上的欠缺或瑕疵,就会影响该证据的可采性,也即证据能力或证据资格。我们这里探讨的非法证据排除规则,特指的是前者而非后者,也即证据收集的过程因为违反了原则性、抽象性的法律要求,而失去了作为证据有效性的法律资质。可见,从广义的证据合法性角度看,非法证据排除规则是在严格狭义上所体现的证据合法性,证据合法性的要求之一就是排除非法证据。

如果当事人提供的证据,是通过非法手段收集到的,就失去了被接受成为认定案件事实的资格,即不具有可采性。《民事诉讼法》没有明确规定非法证据排除规则,但原则和精神还是存在的。比如,《民事诉讼法》第52条第3款规定:"当事人必须依法行使诉讼权利";第67条第2款规定:"当事人及其诉讼代理人因客观原因不能自行收集的证据……人民法院应当调查收集。"显而易见,《民事诉讼法》之所以规定当事人及其诉讼代理人在收集证据时遇到法律上或其他客观上的障碍时,转而诉求法院启动职权调查证据,其中便隐含着禁止当事人及其

---

① 参见卞建林主编:《证据法学》,中国政法大学出版社2000年版,第455—457页。

诉讼代理人非法取证的意思。基于此精神，对于私自偷拍偷录行为是否合法，最高人民法院《关于未经对方当事人同意私自录制其谈话取得的资料不能作为证据使用的批复》（失效）认为："证据的取得必须合法，只有经过合法途径取得的证据才能作为定案的根据。未经过对方当事人同意私自录制其谈话，系不合法行为，以这种手段取得的录音资料，不能作为证据使用。"在当时的社会背景下，该批复对禁止当事人以偷拍偷录的方式收集证据起到了积极作用，但是一刀切的规定也带来了一系列的负面效应，影响了法律公平的实现，使部分当事人因举证困难或无法举证而承担了不利的法律后果，不利于对他们民事权益的保护。《证据规定（2002年）》中对此问题作出了新的解释。《证据规定（2002年）》第68条规定："以侵害他人合法权益或者违反法律禁止性规定的方法取得的证据，不能作为认定案件事实的依据。"《民诉法解释》第106条规定："对以严重侵害他人合法权益、违反法律禁止性规定或者严重违背公序良俗的方法形成或者获取的证据，不得作为认定案件事实的根据。"可见，关于非法证据排除规则在民事诉讼中的适用问题，目前我国只有司法解释有此规定，立法尚未触及该问题。然而，理论上和实务界都有共识认为，民事诉讼与刑事诉讼、行政诉讼一样，都应当认可并适用非法证据排除规则。只是在具体适用的层面，民事诉讼中的非法证据排除规则究竟应当确定怎样的标准予以适用；其和刑事诉讼、行政诉讼中的非法证据排除规则，尤其与刑事诉讼中的非法证据排除规则在内涵界定上以及司法运用上存在何等差异性；在司法实践的运用中，应当衡量哪些因素，又应当注意哪些问题；诸如此类的问题均有待于理论的探讨和实践的深化。

非法证据排除规则是证据合法性的具体表现之一，不认可证据的合法性属性和元素，非法证据排除规则无以产生和发展。证据概念由客观性和关联性两属性发展到包括合法性在内的三属性，是历史上的巨大进步，也是司法文明化不断提升的表征。因此，对于非法证据排除规则，无论是在民事诉讼抑或刑事诉讼、行政诉讼中，我们都必须要承认它的存在及其价值，而不是简单地否定它。我们需要做的是，研究非法证据排除规则在三大诉讼领域存在的不同含义，并就其适用规则及其限度进行探讨。

非法证据排除规则在证据制度发展史上产生得较晚，它在整个证据法学研究中尚属新兴领域。在漫长的英国普通法历史上，非法证据排除规则虽然有过不同程度的讨论和萌芽，但就其整体而言其并未实际地产生。直到1914年的"威克斯诉合众国案"（Weeks v. United States）的诞生，才宣布非法证据排除规则在美国首先产生。美国是产生非法证据排除规则的第一个国家，而且也是推动该规则蓬勃发展的主要国家，研究非法证据排除规则离不开对美国证据法治发展历史的研究。

非法证据排除规则在美国经历了由无到有、由弱到强、由刑事到民事、由争论较多到逐步形成共识、由联邦到州、由以宪法为依据到以制定法为依据的发展过程。与此同时，非法证据排除规则也正在向全世界其他国家蔓延和推广。在大陆法系国家，德国有"证据禁止"之法则，据此法则，司法者在面对非法收集的证据之时，需要就非法证据之"不利作用"和其本身所具有的"有效价值"进行衡量，最终根据其利弊分析做出取舍之决定；日本对于非法证据排除规则的适用领域及其限度、模式也有争议，但通说认为应当根据利益衡量原则，决定非法证据排除规则在民事诉讼中的适用。可以说，非法证据排除规则已经横跨了刑民领域和两大法系，成为证据规则体系中的重要一员。

由此来看，非法证据排除规则产生既晚，而且产生后又注定是一个充满争议的立法命题、理论命题和司法命题，然而最终它依然强劲地向前发展。不断地丰富非法证据排除规则的实质内涵，并适时适度地扩大其适用领域和范围，应当被看作证据制度发展的基本趋势之一，我国也自不能例外。

二、非法证据排除规则在中国

非法证据排除规则渊源于证据合法性的属性和本质特征之中，而证据合法性的属性又依存于一个科学的证据概念。古今中外学者们给证据下的定义可谓千差万别，林林总总，令人眼花缭乱。但概括地说，可将证据概念划分为两大阵营：一大阵营是"事实说"，另一大阵营是"材料说"。这在前面关于证据概念的论述中已作了介绍。这里只想补充说明，在"事实说"下，非法证据排除规则没有容身之处，也就没有产生的可能；只有在否定"事实说"、采纳"材料说"或其他类似的证据概念学说后，非法证据排除规则方得以萌发产生。反观我国民事诉讼法、刑事诉讼法和行政诉讼法有关证据的规定，可知我国证据法学界长期奉行证据概念的"事实说"，认为"证明案件真实情况的一切事实，都是证据"。1979年《刑事诉讼法》代表三大诉讼法对证据的概念下了一个立法上的定义，这个定义至今仍有重大影响。该法第31条规定："证明案件真实情况的一切事实，都是证据。"1996年第一次修正《刑事诉讼法》，第42条第1款沿用此定义未改。2012年第二次修正《刑事诉讼法》，第48条对"事实说"的定义做了修改，规定："可以用于证明案件事实的材料，都是证据。"用"材料说"取代了"事实说"。2018年第三次修正《刑事诉讼法》，第50条继续沿用"材料说"。《民事诉讼法》和《行政诉讼法》均未对"证据"下定义。正是在证据概念的"材料说"产生后，非法证据排除规则开始如雨后春笋在中国的大地上茁壮成长。

为了对比说明便于直观理解起见，我们且以《刑事诉讼法》的先后规定为例，对非法证据排除规则在中国诉讼制度史上的生成过程做一描述。

1979年《刑事诉讼法》第32条规定："审判人员、检察人员、侦查人员必须依照法定程序，收集能够证实被告人有罪或者无罪、犯罪情节轻重的各种证据。严禁刑讯逼供和以威胁、引诱、欺骗以及其他非法的方法收集证据。必须保证一切与案件有关或者了解案情的公民，有客观地充分地提供证据的条件，除特殊情况外，并且可以吸收他们协助调查。"1979年《刑事诉讼法》是我国第一部刑事诉讼法，此时，《民事诉讼法》（1982年）和《行政诉讼法》（1989年）均未产生，因而关于证据的概念以及对证据合法性的立法界定均有赖于《刑事诉讼法》率先定位。该法第31条采用了证据的"事实说"，第32条对证据的合法性有所描述，集中表现在"严禁刑讯逼供和以威胁、引诱、欺骗以及其他非法的方法收集证据"这一规定之上。应当说，该一规定就其内容而言乃是有关证据合法性的描述，是对证据应当具有合法性的立法认可，然而，这一规定存在一个重大缺陷，就是缺乏违法该项规定、采用非法手段收集的证据之后果规定，这制约了证据合法性属性的充分伸展，也使得非法证据排除规则无法真正形成。因此可以说，1979年的《刑事诉讼法》中虽有非法证据排除规则的萌芽和倡导，但并无非法证据排除规则的确实规定。

1996年《刑事诉讼法》第43条规定萧规曹随，对证据仍采"事实说"，对非法证据排除规则仍未作完整规定。

转机发生在2010年"两高三部"发布实施的"两个规定"。一是最高人民法院、最高人民检察院、公安部、国家安全部、司法部颁布的《关于办理死刑案件审查判断证据若干问题的规定》。该规定第19条规定："采用刑讯逼供等非法手段取得的被告人供述，不能作为定案的根据。"二是最高人民法院、最高人民检察院、公安部、国家安全部、司法部颁布的《关于办理刑事案件排除非法证据若干问题的规定》。该规定用4个条文对非法证据排除规则作出了翔实的规定。第1条规定："采用刑讯逼供等非法手段取得的犯罪嫌疑人、被告人供述和采用暴力、威胁等非法手段取得的证人证言、被害人陈述，属于非法言词证据。"第2条规定："经依法确认的非法言词证据，应当予以排除，不能作为定案的根据。"第3条规定："人民检察院在审查批准逮捕、审查起诉中，对于非法言词证据应当依法予以排除，不能作为批准逮捕、提起公诉的根据。"第14条规定："物证、书证的取得明显违反法律规定，可能影响公正审判的，应当予以补正或者作出合理解释，否则，该物证、书证不能作为定案的根据。"据此规定，非法证据排除规则将证据分为言词证据和实物证据两类：对于非法收集的言词证据，非法证据排除规则予以直接适用；对于非法收集的实物证据，在排除其证据资格之前，允许先行进行补正或者作出合理解释，在无法补正或者不能提供合理解释之时，非法证据排除规则将予适用。"两个规定"不仅全面规定了刑事诉讼证据的基本原则，细化了证明标准，还进一步具体规定了对各类证据的收集、固定、审查、判断和运用；不仅规定了非法证据的内涵和外延，还对审查和排除非法证据的程序、证明责任等问题进行了具体的规范。虽然这"两个规定"还不是正式立法，但它们属于政策性规范文件，也具有司法解释的作用，因而具有重大意义。

在中国非法证据排除规则的产生史上，2012年第二次修正《刑事诉讼法》具有里程碑式的历史性意义。2012年《刑事诉讼法》第50条的规定尽管与此前《刑事诉讼法》的相关规定并无本质差异，然而，其他的条款发生了翻天覆地的变化，非法证据排除规则就是在这些条款的共同作用下，综合地形成的；非法证据排除规则不是一个孤零零的条款，而是由若干条款组成的一个规则体系；正是在这些规则体系中，非法证据排除规则获得了立法上的坚实地位。

2012年《刑事诉讼法》第54条规定："采用刑讯逼供等非法方法收集的犯罪嫌疑人、被告人供述和采用暴力、威胁等非法方法收集的证人证言、被害人陈述，应当予以排除。收集物证、书证不符合法定程序，可能严重影响司法公正的，应当予以补正或者作出合理解释；不能补正或者作出合理解释的，对该证据应当予以排除。在侦查、审查起诉、审判时发现有应当排除的证据的，应当依法予以排除，不得作为起诉意见、起诉决定和判决的依据。"第55条规定："人民检察院接到报案、控告、举报或者发现侦查人员以非法方法收集证据的，应当进行调查核实。对于确有以非法方法收集证据情形的，应当提出纠正意见；构成犯罪的，依法追究刑事责任。"第56条规定："法庭审理过程中，审判人员认为可能存在本法第五十四条规定的以非法方法收集证据情形的，应当对证据收集的合法性进行法庭调查。当事人及其辩护人、诉讼代理人有权申请人民法院对以非法方法收集的证据依法予以排除。申请排除以非法方法收集的证据的，应当提供相关线索或者材料。"第57条规定："在对证据收集的合法性进行法庭调查的过程中，人民检察院应当对证据收集的合法性加以证明。现有证据材料不能证明证据收集的合法性的，人民检察院可以提请人民法院通知有关侦查人员或者其他人员出庭说明情况；人民法院可以通知有关侦查人员或者其他人员出庭说明情况。有关侦查人员或者其他人员也可以要求出庭说明情况。经人民法院通知，有关人员应当出庭。"第58条规定："对于经过法庭审理，确认或者不能排除存在本法第五十四条规定的以非法方法收集证据情形的，对有关证据应当予以排除。"

上述六个条文构成了非法证据排除规则的一个完整的整体：第50条是非法证据排除规则的原则性规范，告诫司法人员应当依法收集证据，该规范属于行为规范和指引规范。第54条是非法证据排除规则的后果规范，规定非法证据将受到排除（包括对言词非法证据的绝对排除和对实物非法证据的相对排除），这是前述"两个规定"成果的直接运用，其实质是将"两个规定"的政策性规范上升到确凿无疑的立法规范,其立法效力大大增强。第55条、第56条、第57条和第58条则分别对检察机关、审判机关以及公安侦查机关在非法证据排除规则适用上的权利义务作出了细化规定,从而使该项规则获得了可操作性。

非法证据排除规则在我国的产生首先是司法政策的极力推动,其次是立法的紧紧跟上,最后又受到司法政策的有力保障。非法证据排除规则在我国立法上产生后,其并未止步于此,而依然在中共中央顶层设计的指引下,继续深化细化贯彻落实。《全面深化改革决定》指出:"健全错案防止、纠正、责任追究机制,严禁刑讯逼供、体罚虐待,严格实行非法证据排除规则。"《依法治国决定》又进一步强调:"完善对限制人身自由司法措施和侦查手段的司法监督,加强对刑讯逼供和非法取证的源头预防,健全冤假错案有效防范、及时纠正机制。"2017年4月18日召开中央全面深化改革领导小组第34次会议。该次会议上通过了《关于办理刑事案件严格排除非法证据若干问题的规定》,会议指出:"严格排除非法证据,事关依法惩罚犯罪、保障人权;要加强对刑讯逼供和非法取证的源头预防,明确公安机关、检察机关、人民法院在各自诉讼阶段对非法证据的审查方式和排除职责,从侦查、审查逮捕和审查起诉、辩护、审判等各个环节明确排除非法证据的标准和程序,有效防范冤假错案产生。"

2018年第三次修正《刑事诉讼法》。该法第52条、第56—60条,以6个条文重申了2012年《刑事诉讼法》的相关规定,非法证据排除规则在我国刑事诉讼立法上得到了长足的发展和进步。

三、民事与刑事非法证据排除规则的比较

就非法证据排除规则的产生时间而言,刑事诉讼中的非法证据排除规则要先于民事诉讼。但非法证据排除规则一经在民事诉讼中形成后,便对非法证据排除规则的原始目的和价值取向产生了改观的作用,推动了非法证据排除规则的发展步伐,使之进入了更高的法治境界。①

民事诉讼非法证据排除规则与刑事诉讼非法证据排除规则有许多差异,主要表现在:

(一) 规范的主体不同

刑事诉讼中,非法证据排除规则所规范的主体是主要是行使侦查权的公权力机构;而在民事诉讼中,非法证据排除规则所规范的主体则是行使私权利的民事主体。

(二) 规范的行为有所区别

刑事诉讼中,非法证据排除规则既制约获得被告人口供的行为,也调整获得其他实物证据的行为;在民事诉讼中,非法证据排除规则主要调整获得实物证据的行为。

(三) 构成非法的标准不同

刑事诉讼中,非法证据中的"非法",主要是从获得证据的程序违法性来判断的,比如说在没有获得搜查证的情况下收集证据或者在没有获准便窃听他人通话等;民事诉讼中,非法证据中的"非法",则主要取决于行为本身的实体违法性,比如说偷窃证据、抢夺证据等。

(四) 后果不同

刑事诉讼中违背法律程序收集证据,除证据受到排除外,就是对行为主体施加纪律制裁或

---

① 有学者指出,证据非法的成因在于收集程序的非法治化,参见魏健:《非法证据:前提、认定机制及排除》,载《河北法学》2003年第1期。刑事诉讼是如此,民事诉讼也是如此。

行政制裁，严重的构成犯罪。民事诉讼中采取非法手段收集证据，除证据受到排除外，其行为主体还要受到民法或刑法上的责任追究。① 可见，民事诉讼中非法证据排除规则是一种相对刑事诉讼证据排除规则更加严格、更加明确，从而更加应当加以规定的司法准则。

四、民事诉讼非法证据的判断标准

民事诉讼非法证据是民事主体通过侵害他人合法权益的方法方式所获取的证据。其非法性的根本特征在于所实施的取证行为侵害了他人的合法权益。最高人民法院对民事诉讼非法证据设定了两个判断标准：其一，看取证行为本身是否侵害了他人合法权益；其二，看取证行为本身是否违反了法律禁止性规定。② 侵害他人合法权益不一定违反法律的禁止性规定，但违反法律的禁止性规定则一定侵害了他人的合法权益。因此，民事诉讼中非法证据排除的根本性标准在于：收集该特定证据的手段与结果是否对他人的合法权益造成了侵害。

诚然，"侵害他人合法权益"是一个含糊笼统的抽象标准，难以落实和操作，但应当明确的是，"侵害他人合法权益"是确定证据非法性的底线，没有侵害他人合法权益，便不构成非法证据。当然，这并不意味着取证行为只要"侵害他人合法权益"，就构成了非法证据。是否构成需要排除的非法证据，还要看该取证行为中的违法因素是否达到了"重大非法"或"严重违法"的程度。③ 换句话说，如果当事人的取证过程中仅涉及轻微的非法因素，则相关的证据无须加以排除。具体而言，民事诉讼中非法证据的排除应当具备以下要件：

从主体上说，非法证据的收集者必须是当事人、诉讼代理人或者受当事人委托、聘请、指使的人。如果非法证据的收集者与当事人无关，则当事人对该证据的收集和使用就不具有非法性。

从客观行为来看，当事人及其相关主体所实施的收集证据的行为已经触犯了现行法的规定，其行为因之而具有了违法性。正是因为其行为具有了违法性，立法和司法才对它作出否定性评价，从而才有排除该证据的可能。至于非法取证行为是发生在诉前还是诉中，则在所不问。

从行为的后果上说，实施该行为的后果是取得了与本案有关的重要证据或关键证据。如果没有取得相关证据，则也不构成非法取证行为。

从侵害的客体上看，非法取证行为既侵害了诉讼外的通常合法权益，又侵害了诉讼中的特殊合法权益。因此，非法取证行为应当产生双重法律后果：一方面，该行为构成了侵权或者犯罪；另一方面，该行为侵犯了诉讼中程序公正的利益。凡具备了以上四个要件，非法证据便得以构成。某一项证据只要被认定为属于"非法证据"，就产生了双重法律责任：一方面，收集该证据的非法行为构成了侵权或犯罪行为，因而产生了侵权责任或刑事责任；另一方面，因该非法行为所收集的证据也触犯了诉讼中的程序正义利益，因而导致了排除使用该非法证据的后果。同一个行为触犯了诉讼外和诉讼中的双重法律规定，因而产生了双重法律后果。

---

① 英国长期以来局限于二分法的思维，认为非法行为可以受到制裁，而非法证据可以使用，并因此得出这样一个不免有些荒谬的结论：不管你如何得到的证据，即使是偷来的，也可以作为证据采纳。杨宇冠：《非法证据排除规则研究》，中国人民公安大学出版社 2002 年版，第 166 页。这个观点显然没有看到非法取证对法治化的危害性，因而不断受到现代司法实践的质疑。

② 《证据规定（2002 年）》第 68 条。

③ 《民诉法解释》第 106 条。

五、民事诉讼中应受排除的非法证据

如果当事人收集证据的行为违法性达到了严重或重大的程度，则应排除对该证据的使用。这主要包括三种情形：

其一，采用刑事违法行为所收集的证据。比如采取抢劫、盗窃、抢夺、侵犯他人住宅等暴力方式所获得的证据；采用非法限制他人的人身自由、威胁、恐吓、打击报复等方法所收集的证据，应受排除。实践中，常见的诸如买断相对方职员盗窃企业重要文件、盗窃他人保险柜获取的证据等，均属此列。根据《证据规定（2020年）》第9条第1款第2项的规定，当事人如果有证据表明其自认是在对方威胁的情况下做出的，则可以撤回，这也是基于取证行为的刑事违法性所作出的规定。

其二，采用侵犯他人人格权、隐私权、商业秘密权等重要民事权益的方式所收集的证据。比如在他人住房或卧室内安装窃听器、摄像机、对他人的通话实施监听、用高倍望远镜偷窥他人住房内或工作室内的隐私、擅自开拆他人信函或其他邮寄物品等收集证据、未经企业许可越墙偷拍企业有关情况等。

其三，违背法律禁止性规定所收集的证据。这里的"法律"应当从广义上理解，包括宪法、法律、行政法规、地方性法规以及司法解释等一切具有法律效力的规范性文件。违反《国家保密法》、违反公序良俗、采用有伤风化的方式所收集的证据，均属于这类情形。

立法除了应列举性规定以上非法取证行为并对其证据予以强制性排除外，还应赋予法官以自由裁量权对证据的合法性进行个案中的判断，从而决定是否采纳具有一定程度违法性的非法证据。之所以要作出如此规定，其主要的原因就在于非法证据的判别标准本身比较含糊、抽象，需要借助个案具体情节将之具体化，这便需要发挥法官的主观能动性和司法创造性。同时，制定法本身不可避免地会存在缺陷和滞后性，需要司法者灵活司法予以补充。司法者所面临的非法证据，如果不属于上述明定情形，则需要运用裁量模式对非法证据的可采性予以判断并决定取舍。司法者在裁量决定是否采纳具有非法因素的非法证据时，应当遵循以下原则：

其一，以重大违法或严重侵权为判断标准。如前所述，非法证据的排除是一种加重责任，也是一种双重责任，因而并不是所有的带有违法因素的非法证据均需要加以排除。如果当事人在收集证据的过程中仅仅只有轻微的违法性，或者只有局部的程序瑕疵，则该证据不必受到排除。

其二，以利益衡量为判断方法。以非法方式收集的证据虽然具有违法性，但结合案件中的各种因素予以综合权衡，如果得出的结论是舍去该项证据的弊端或负面效应更大于采用该证据的不利影响，则可以采纳该非法证据。这些因素包括：案件的重要性；被告违法行为的严重性；收集证据的违法行为的严重程度；当事人可以选择的收集证据的方式，也即，除这种非法方式外，是否还有其他的合法方式或违法程度较低的方式可以采用；司法者采纳这种非法证据所可能导致的示范效应或社会导向作用；等等。按照上述两项原则，司法者如果认为该特定的非法证据虽然不属于法律明定的强制排除之列，但却可以归结于重大违法收集证据的范畴，则应排除该证据的使用。这是一方面。另一方面，如果非法证据不属于重大违法范畴，而属于一般违法或轻微违法的范围，那么，是否排除该项证据由法官综合各种因素权衡决定。换言之，即使非法证据的违法性没有达到重大违法的程度，司法者视具体情形也可以斟酌排除。

六、非法取证的法律后果

非法取证是一个综合行为，它一经实施，便同时触犯多个法律规范，并由此引发多重法律后果，主要包括实体法上的后果和证据法上的后果。实体法上的后果表现为行为者对实体法律责任的承担；证据法上的后果表现为证据受到排除或限制使用。由于非法证据中包含的违法性因素不同，其所产生的法律后果以及相互间的连带关系也不尽一致。具体而言，非法证据的后果主要有这样几种组合形式：

一是承担刑事责任，证据必定受到排除。因违法犯罪所取得的证据，不仅要受到刑事法上的制裁，同时也应在证据法上产生不利后果。如果容忍该类证据的可采性，则必有放纵犯罪之嫌疑。

二是承担民事侵权责任，证据一般要受到排除。如果收集证据的违法行为属于严重的侵权行为，其后果应兼及证据的排除使用。如果属于一般的侵权行为，则侵权责任应予构成，而相关证据可以采纳。

三是轻微的侵权行为，如果侵权责任未能构成，则证据不受排除，但应当对其使用施加限制。比如说限制在一定范围内使用、一次性使用、秘密使用等。至于其程序设置，可以分两种情况处理：其一，如果在民事诉讼中对于证据的合法性判断涉及刑事责任的追究，审理民事案件的司法者则应中止程序之进行，将与非法证据有关的刑事案件报送给刑事侦查机关先行处理。其二，如果属于侵权责任事项，则告知当事人可以另行起诉。如果当事人不予起诉，也不影响审理本案的法院对非法证据做出明确判断，从而排除其使用。

七、几种特殊取证行为的合法性问题

（一）关于"陷阱取证"

"陷阱取证"，是指采取诱惑他人侵权或犯罪的方式收集证据。"陷阱取证"包括动机形成型和机会提供型两种类型。比如在盗版软件侵权诉讼中，如果被告人本来没有盗版侵权的意图，而在原告所提供的利益诱惑下才临时起意，实施了盗版软件的行为，此种行为所转成的证据材料，便是应予排除的非法证据；反之，如果被告一直实施盗版软件的行为，当事人苦于无证据可举，迫于无奈采用购买盗版软件的方式而取证，则此种证据收集行为便不存在违法因素，故而其证据也不受排除。

（二）关于"偷拍偷录"

当事人向法院提交的视听资料，有可能是基于偷拍偷录而形成的。广义上的偷拍偷录是指未经利害关系人的同意而私自拍录，具体包括两种情形：一是未经利害关系人同意但也未侵害其合法权益的私自拍录，比如一方要建房而另一方无理妨碍、双方斗殴而被拍录等，便属此类。二是未经利害关系人同意但又侵害了相对方合法权益的私自拍录，这种类型的私自拍录，乃是真正意义上的偷拍偷录。狭义上的偷拍偷录，指的就是这种情形。偷拍偷录区别于私拍私录的关键之处就在于这种行为是否造成了相对方合法权益的损害。以损害相对方合法权益为特征的偷拍偷录，就其本质而言，乃是一种侵权行为。根据前述分析，基于侵权行为所收集的证据，若属情节严重，是要受到排除的。与偷拍偷录一样，跟踪盯梢也是一种民间侦查手段，它只要没有侵害他人合法权益，也具有合法性。

（三）关于"私人侦探"

根据1993年公安部发布的《关于禁止开设"私人侦探所"性质的民间机构的通知》，任

何单位和个人开办的各种形式的"民事事务调查所""安全事务调查所"等私人侦探性质的民间机构都是违法的,被明令禁止的"业务范围"包括:受理民间民事、经济纠纷,追讨债务,查找亲友,安全防范技术咨询以及涉及个人隐私方面的调查,等等。《刑法》第284条也规定,非法使用窃听、窃照等专用器材,造成严重后果的,处2年以下有期徒刑、拘役或管制。但是,2002年10月,国家工商总局、商标局调整了商标分类注册的范围,将"侦探公司"列入新的《商品和服务商标注册区分表》之中。可见,虽然其审批手续较为严格,但无疑工商管理部门已经将它合法化。事实上,即使明确的"侦探公司"尚未出现,要取得合法登记也较困难,但在各种名目的信息咨询、信息调查公司中,私人侦探的业务实际上是存在的,这是一个不争的事实。对于私人侦探所收集的证据,要进行合法性判断。若其行为侵害了有关人的合法权益或者违反了法律的强制性规定,则该特定证据便属于违法收集的证据,应受排除,不得作为认定案件事实的根据;反之,若私人侦探收集证据的行为本身是合法的,则不因其收集主体为当事人或利害关系人以外的私人侦探而受到排除。

(四) 关于"测谎证据"

众所周知,测谎仪在刑事诉讼中的运用已日趋普遍,[①] 但是在民事诉讼中能否运用测谎仪,到目前尚未见定论。民事诉讼中能否使用测谎仪,这个问题的答案取决于对测谎仪的性质认识。测谎仪实际上是一种心理测量技术,在当事人进行陈述时,运用这种仪器,可以通过对陈述者陈述时的生理参数变化的测试,判断出该陈述者是在说实话还是在说谎话。可见,测谎仪的运用实际上是由两个部分构成的:一是当事人陈述;二是对当事人的生理反应进行科学鉴定。无论是当事人陈述还是鉴定意见,在民事诉讼中都是证据的法定表现形式,测谎仪的使用只是将它们二者结合起来了。可见,只要当事人本人同意使用测谎仪,其合法性就无须怀疑;反之,若当事人不愿意使用测谎仪,法院则不能违背其意志而强行使用,否则即构成对人权的侵犯。因此,民事诉讼中并不排斥对测谎仪的使用,使用测谎仪对当事人陈述的真实性进行判断,是科学证据和法官自由心证的结合。事实上,虽然民事诉讼法对此至今尚无明文规定,但实践毕竟走在了立法的前头,司法实务中,法官在双方当事人同意下使用测谎仪,作为对当事人陈述真实性的判断,已经不是一件稀奇事了。因此,民事诉讼立法应当紧跟形势发展之需要,通过法律规范或司法解释的形式来确认测谎仪使用的合法性,并采取具体步骤,引导和规范对它的使用,使之能够真正发挥科学鉴定证据的作用。

第七节 民事诉讼中的证据契约

一、证据契约与诉讼模式

将证据和契约联结在一起考虑问题,从而形成一个独特的"证据契约"范畴和制度,这

[①] 最高人民检察院1999年9月发布的《关于CPS多道心理测试鉴定结论能否作为诉讼证据使用问题的批复》就刑事诉讼中的测谎仪使用作出如下解释:"CPS多道心理测试(俗称测谎)鉴定结论与刑事诉讼法规定的鉴定结论不同,不属于刑事诉讼法规定的证据种类。人民检察院办理案件,可以使用CPS多道心理测试鉴定结论帮助审查、判断证据,但不能将CPS多道心理测试鉴定结论作为证据使用。"认可测谎鉴定结论作为审查判断证据的功用,实际上便认可了它的合法性。

对长期笼罩在超职权主义诉讼模式之下的我国民事诉讼理论界来说还是比较陌生的。证据问题，包括证据的收集、证据的运用以及对证据的审查判断，从来被认为属于法官的专断领域，并非任何人可以问津，作为诉讼主体和利益攸关者的当事人也概莫能外。相反，当事人只能在诉讼前或诉讼中听凭法官的传唤接受询问，从而根据这种询问做出对事实问题的反应，因此，当事人在诉讼中是被询问的客体，而不是诉讼主体。在这种诉讼生态环境下，以自治性和对法官审判案件产生制约性为特征的证据契约论，对当事人而言无异于一种极不现实的奢望。

随着诉讼模式由职权制向当事人制的转换，当事人在程序中的主体性地位有了极大的提高，当事人在民事诉讼中有了更加充分的自治权、控制权和处分权。民事诉讼的私权属性凸显出来，其公法性色彩受到了淡化，并被控制在一定的范围之内。当事人是诉讼中的主体，对民事纠纷的解决能够自主地进行交涉，法院的审查判断权和纠纷处置权被限定在当事人双方存在争议而无法自主排解的限度之内。当事人是诉讼中的利害关系人，在诉讼进行中，当事人是最擅于也最有动力进行利益衡量的"经济理性人"。诉讼中存在诸多价值可供当事人追求，对于如何避免负面价值或诉讼不利局面的出现，以及如何追求诉讼中的有利结果（包括阶段性有利结果和综局性有利结果），他们始终处在动态的衡量和决策之中。利益最大化原则也同样表现和落实在民事诉讼过程中。如何从最有利于自己的角度追求最大化的诉讼利益，并由此实现最大化的实体性利益，始终是当事人及其代理人的关怀所在。相比之下，法官并不具有较当事人更加优越的环境和条件对此加以判断和选择，因此法官不能在违背当事人意愿和利益的情况下对当事人的程序决策行动加以人为的干预。当事人主义诉讼体制要求充分发挥当事人在民事诉讼中的能动性和自治性，而排斥法官的任意干涉。当事人的能动性和自治性既表现在单方面的行为体系中，如两造对抗，也可以获得其他形式的表现，如形成合意。事实上，这两个方面始终是联系在一起的，这也是矛盾两个方面既对立又统一的具体表现。这种统一性是在对立性的总体局面下形成的，具有微观性和局部性。证据契约就是当事人之间统一性在证据领域中的表现。证据契约这种制度安排是构建当事人主义诉讼体制的有机要素，因此，我们探讨证据契约，实际上就是对当事人诉讼体制的微观探索和深化认识。当事人诉讼体制的进一步发展和完善，也必然提出证据契约这个重要的理论课题。当事人主义以及在此基础上升华而形成的协同主义诉讼体制，在我国代表着诉讼制度发展的基本走势和发展规律，证据契约这一理论命题因此也有旺盛的生命力，该理论命题的重要现实意义和理论意义由此也可窥见一斑。

二、证据契约与诉讼契约

诉讼体制的转换推出了"诉讼契约"这一前所未有的概念。诉讼契约是当事人双方达成的旨在对诉讼中的实体事项、证据事项或事实问题以及程序性事项产生处置性效果的一致意见或合意。诉讼契约达成后，诉讼中所涉及的争议范围、当事人对证据的收集和使用以及程序进程和程序范式，都会产生不同程度的影响，这种影响最终被积淀为诉讼的裁判结果。

从诉的概念可知，诉是一个立体性或综合性概念，它兼跨实体法、证据法和程序法等多个层面。由诉所引起的各个法律层面，都包含着一系列的丰富内容，这些内容都归属于诉讼程序当中，表现为各种形式和各种内容的诉讼法律关系。当事人主义这个上位性概念，其所覆盖的领域也有实体法中的当事人主义、证据法中的当事人主义和程序法中的当事人主义之分。既然当事人诉讼体制中含有诉讼契约的构成要素和构成方式，那么，诉讼契约制度也自然可以分别体现于诉讼中的实体法层面、证据法层面和程序法层面。实体法层面上的诉讼契约根源于诉讼中的处分权原则或主义，如诉讼和解；证据法层面上的诉讼契约以辩论主义为理论根据，如鉴定人的共同选任；而程序法层面的诉讼契约则以当事人进行主义为依据，如普通案件简易审。证据法层面的诉讼契约就是我们这里所要探讨的证据契约。

由此来看，证据契约是诉讼契约的一个组成部分。诉讼契约是一个含义最为宽泛的概念，它包括了证据契约但又不限于此。除证据契约外，诉讼契约还有实体型诉讼契约和程序型诉讼契约两种类型。从诉讼契约产生的逻辑和历史来看，诉讼契约最先在实体法层面产生。它是民事契约在诉讼法领域中的合理延伸，是实体处分权的诉讼化表述。当事人在实体法领域中具有处分权，这种处分权到诉讼领域也不受影响，所不同的仅仅是它们的称谓有所不同，同时其所涉及的复杂性也不尽一致。应当说，民事契约与实体型诉讼契约在本质上是一致的，其有效性的判断标准也并无二样。与实体型诉讼契约相比较，证据契约的公法性色彩更浓，因为证据制度不仅涉及双方当事人，同时还涉及案外人、审判者和监督者。他们对证据事项的处置不得影响案外第三人的合法权益，同时更加不得影响审判者对审判权的恰当行使，也不得违反禁止性规范或强制性规范。加之，诉讼目的是多重的，解决当事人之间存在的纠纷仅仅是其目的之一，而非唯一的目的，在有的案件中或有的场合下，解决纠纷甚至不是诉讼程序的最重要的目的。

因此，证据契约的范围要受到制约。至于程序型的诉讼契约，其范围较之证据契约而言更加狭窄。其原因在于纯粹的程序性事项距离当事人的私权更加遥远，而往往与多数人利用司法资源的合法权益以及法院的审判权威相关。在当事人主义诉讼体制逐步建立的过程中，以诉讼契约来表征其内涵的，首先在实体领域出现，其次在证据领域产生，最后才在程序法层面获得一席之地。单纯从量的意义上看也是如此。表现在实体法层面的诉讼契约最为广泛，也最不受限制，法院对其形成效力的判断最为宽松。《民事诉讼法》第53条所规定的诉讼和解是典型的实体型诉讼契约，当事人通过和解形式来化解其纠纷是其所享有的一项贯彻始终的诉讼权利，甚至在执行领域也不例外，如《民事诉讼法》第237条所规定的执行和解。证据契约触及了更多的公法色调，因而受到较多的限制。其限制主要表现在两个方面：一是证据契约所存在的范围是有限的，它不能对法官或案外人发号施令。二是法官判断证据契约的有效性标准是非常严格的，有的证据事项根本就不容许进行契约化处理。证据契约处在实体型契约和程序型契约之间。如果说程序型契约所面临的障碍较多，而实体型契约又是毋庸置疑、理所当然的话，证据契约则具有较大幅度的可塑性。在限制程序型契约以确保实现诉讼的公益目的和经济目的之前提下，证据契约是用来发掘和彰显当事人主义诉讼体制的最好领域和最佳工具。由此来看，研究证据契约现象和制度具有拓展和演绎当事人主义诉讼内涵的重要意义。

三、证据契约的内涵界定与类型分析

（一）证据契约的内涵刻画与特征描述

有学者认为，关于诉讼上确定事实方法之诉讼契约，谓之证据契约。[①] 事实上，证据契约的概念源于大陆法系，但对此问题的探讨并不多，一个重要原因就是对证据契约包含的内容很难取得统一。"在德国，一般认为证据契约乃为上位或集合概念，一般化定义赋予精确内容并不容易。"[②] 而且证据契约往往与自认、其他类型的诉讼契约等难以划清界线，因此，理解证

---

① 参见王甲乙、杨建华、郑健才：《民事诉讼法新论》，三民书局2004年版，第396页。
② 参见姜世明：《新民事证据法论》，学林文化事业有限公司2004年版，第125页。

据契约,最好从证据契约的常见类型以及证据契约和相关概念的比较入手,进而归纳出证据契约的一般特征。

有学者将证据契约的概念划分为多个层次来理解,认为最狭义的证据契约仅指证据方法契约;狭义的证据契约指代自认、推定与证据方法契约;广义上的证据契约则包含了举证责任契约,而以上所有的具体证据契约类型则构成了最广意义上的证据契约,即所有关于认定事实和如何认定事实的当事人合意。[①] 其实,证据契约概念含义的宽窄不仅可以看出证据契约的各种类型,同时还可以看出证据契约由点到面的渐变过程。最广义的证据契约说比较符合证据契约制度发展的基本趋势。因此,证据契约,是指当事人在证明的各个环节上改变现有法律的规定并能产生实际效果的合意约定。据此,可以将证据契约的特征分析如下:

第一,证据契约的内容涉及举证责任分配、证据方法、证据采纳和证据证明力等"证明"事项。证据契约内容必须和运用证据认定事实有关,如果不涉及证据,则不能构成证据契约。现代证据制度由狭义的证据和证明构成。证据契约既存在于证据领域,也存在于证明领域。前者是静态的证据契约,后者是动态的证据契约。静态的证据契约调整证据形式或证据方法,比如当事人对证人的约定、对鉴定人的约定或者对书面证据这种证据方法的约定等,均属于静态的证据契约;动态的证据契约就是证明契约,包括取证契约、举证契约、质证契约和认证契约。但认证契约要受到较大的限制。

第二,证据契约是当事人互为一致的意思表示。这也是"契约"的应有含义。证据契约关系到诉讼结果,同时证据契约也往往会产生对一方当事人的不利后果,为防止欺诈和重大误解,一般要求采取书面形式,以强化契约的真实性。

第三,证据契约是对一般证明规则的变更。这种变更分两种,一种是逆向的否定性变更,一种是同向的约束性变更。前者是直接改变一般立法的规定,如对举证责任一般分配规则的改变,对超过举证时限的证据的合意适用,都与法律的一般规定相区别。后者则是在法官固有的自由裁量领域划定了一定的范围,约束法官的自由选择空间。法官本有权根据证据规则决定证据是否可以采纳或者是否具有足够的证明力,但契约约定法官只能选择特定行为,如某项证据未提交到法庭,法官本可以在一方当事人的申请下自主决定是否调查,但证据契约约定不容许法官调查证据(法院依职权主动调查的除外)。再如,某项证据能否证明事实,本由法官自由心证决定,但契约约定法官必须采信该证据,比如当事人约定的鉴定,其结果对双方当事人有拘束力,法官认定案件事实也受此拘束。当然,约束性变更也可能构成否定性变更,当契约约定与法官的内心裁量相违背时,就构成了对法官自主权的否定。不过否定性变更针对的是明确的证据规则,否定的结果具有必然性,而约束性变更针对法官的自由心证,既有可能符合法官本意,也有可能相背,否定的结果具有或然性。

第四,证据契约发生的时间不限,既可发生在诉讼前,也可发生在诉讼中,但不能发生在诉讼之后。证据契约之所以可以存在于诉讼发生前,原因在于在当事人依照民事实体法安排其法律地位或法律关系时,会考虑利用证据契约来平衡双方的权利义务关系,同时可能期望通过证据契约的制衡防止纠纷的发生。从这个意义上说,证据契约不仅具有程序性,还具有实体性,事实上,它是兼跨实体法和程序法两大领域的综合性制度。当然,证据契约更多见的情形是发生在诉讼正在进行当中。因为当事人往往在实际发生诉讼后才考虑到证据适用的实际安排,而此时订立证据契约更具有针对性和公平合理性。

---

① 参见姜世明:《新民事证据法论》,学林文化事业有限公司2004年版,第133页。

(二) 证据契约的类型分析

对证据契约类型化的分析旨在加深对证据契约的认识，同时有助于立法对证据契约制度的完善和丰富，也便于法官对证据契约的适用与判断。从大陆法国家对证据契约为数不多的研究来看，对证据契约的类型化分析基本上还处在简单列举的层次，而理论化、系统化的研究相对比较匮乏。大陆法系关于证据契约的学说，大致分如下几种：自认契约，指对某项要件事实双方约定不生争议之谓；推定契约，是指如一事实已被证明者，则将相对事实视为系属真实之谓；证据方法契约，是指以证据提出方法之限制为契约内容，如将特定证据方法予以排除，或仅许可提出某特定之证据方法；举证责任契约，乃指以举证责任分配为契约内容，其乃解决某特定待证事实呈现事态不明情况时之法律适用问题，即事态不明之不利益归属问题；仲裁鉴定契约，为法律关系基础事实之存否及内容，约定委诸第三人判断并予服从之契约。[①] 以下试就证据契约的理论分类做出探讨。

首先，从证据契约是否有法律明文规定的角度看，可以将证据契约分为法定的证据契约和任意的证据契约。证据契约是否必须法定化？在程序公法主义者看来，答案应当是肯定的。只有在立法者认为某种事项完全属于私益的范围或者对程序的公正有效进行不致发生太大影响的幅度内，才明定允许当事人可以通过证据契约安排其证据或证明事项。传统上，立法者对证据契约的容许持谨慎态度。但随着人们对民事诉讼程序自身性质认识的不断深化，尤其随着诉讼模式的当事人主义化乃至协同主义化的改造，证据契约开始步入立法者的视野，并将其作为调节诉讼活动和证明活动的重要媒介或工具来看待。这实际上是市场原理在民事诉讼中的运用和表现。在当事人主义诉讼模式下，当事人的诉讼权利被赋予了本位性意义，除立法明定的义务性质的规范外，当事人的诉讼权利被认为广泛地存在于诉讼程序的各个领域，而不受制于立法是否有明文规定。比如立法并没有规定举证责任分配的证据契约，但举证责任的分配完全是当事人之间诉讼责任的比例性负担，当事人完全有权利对其进行符合其基本判断的约定，这种约定是符合其实体权益和程序权益的目标追求的，法院一般没有干预的必要。比如在建筑施工合同纠纷发生后，双方约定工程质量合格的证明，由施工方负担。当然在特殊情形下，如果这种约定明显有背诉讼公正或诉讼经济原则，法院还是保留最终否决的干预权。承认任意性的证据契约的理论意义在于，证据契约作为当事人诉讼权利的行使方式之一，是普遍地存在于诉讼程序全过程的，立法者可以对其加以明定，但这种明定性并不具有划定范围的限制性意义，而仅具有提示性价值。随着诉讼实践的发展，这种任意性的证据契约还会不断获得立法者的理性认同，从而使之上升到立法层面加以更加有效的规制。

其次，从其所覆盖的领域和调节的客体来看，可以将证据契约划分为证据形式契约和证据运用契约。狭义上的证据概念仅指证据的表现形式，也称证据方法或证据形式。在对抗性的诉讼理论中，证据形式被认为是当事人进行证明活动的、从事诉讼对抗的武器。对于这种诉讼武器，当事人自然可以协商，从而订立证据契约加以限制或扩张。限制性的证据形式契约是指当事人通过约定，对某项争议事实的证明只能运用某一种或数种证据形式加以证明。比如在离婚诉讼中，双方当事人都认可的事实，如分居满两年，法院依照职权调查，试图传唤某知情的第三人出庭，但双方当事人都不愿该第三人牵扯到诉讼中来，因此共同向法官提出不询问此证人。又如，在施工合同中，双方约定工程款由合同确定，不再鉴定或评估，该合同在纠纷诉诸

[①] 参见姜世明：《新民事证据法论》，学林文化事业有限公司2004年版，第128页。

法院后便成为证据方法契约或证据形式契约。这是一种排除性的证据契约。还有的是肯定性的证据契约，比如对某项争议事实，双方约定只能用书证加以证明，而不得用其他证据形式从事证明活动。比如在交通事故中，双方约定只能用摄像头储存的内容作为证据，而不得用证人证言等证据形式加以证明。再如，双方约定公证文书中双方发生纠纷只能用公证文书所指明的录音带加以证明，而不得以其他形式加以证明等均是此类证据契约。大陆法国家立法所认可的仲裁鉴定契约也属于证据方法契约。通过这种契约，当事人只能通过某种特定的鉴定来证明案件事实，这就排除了其他形式的证明方法。比如双方有长期的生意往来，后因账务过多，协议将账本交与第三人来鉴定，该第三人做出的债权债务关系和数额认定双方不允许争议。在英美国家有一条证据规则叫作"口头证据排除规则"（parol evidence rule）。根据这条规则，当事人在书面合同中约定的事实，只能利用该书面证据加以解释性的证明，而不得在此之外利用诸如口头证据加以否认或做出相反的解释。但是，根据这里的证据契约理论，当事人完全有权利通过证据契约做出与该项证据规则相反的约定，这种约定应当得到法院的尊重与认可。证据运用的契约，亦称证明契约，是指当事人对证明程序所订立的契约，主要包括证明对象契约、证明责任分配契约等类型。证明契约可以表现在证明的各个环节之中。当然在有些方面，当事人是不能通过证明契约加以改变的。这些方面有两个基本特征：一是它属于法官对证据加以认定的心证领域，比如当事人不能通过证明契约约定某项与本案争议焦点没有关联性的证据具有关联性；因为有没有关联性属于法院判断的专门领域，当事人做出这种约定对法官心证的形成无济于事。二是它具有法律规范的强制性特征，比如当事人不能就证据的合法性做出约定，因为证据的合法性关涉到社会公益或案外第三人的权益，当事人不能通过约定予以处置，法院对此则应依职权加以调查。证明契约中常见或典型的有两类：一类是关于证明对象的契约。证明对象契约典型的表现形式是自认契约。比如，在一起人身损害赔偿纠纷中，原告提出了7万元的实际经济损失赔偿请求，但缺乏相关的票据支持，如在小诊所看病，没有正规的发票。经过与对方协商，为及时裁判，双方合意，如果法院判决被告赔偿款超过5万元，原告则需提供票据，否则不需要提供票据。自认契约还可以表现为诉讼外的自认契约，比如，双方签订一份合同书，没有经过公证，但合同记载了这样一个条款："双方发生诉讼中，不能就该合同所记载的事实发生争执。"另一类是证明责任分配契约。这种证明责任分配契约可以表现为推定契约，也可以表现为对证明责任分配规则的变通处理。前者比如在不动产租赁合同中，约定如果终止期限届满前3日终止合同的信件已被证明寄送的情况下，推定终止的意思表示已经适时到达，在诉讼中不能抗辩其未收到终止的信件；后者比如合同中约定，当债务是否履行发生争议时，债权人就债务人的违约事实承担举证责任。除上述关于证明对象和证明责任分配的契约外，证明契约还可以表现在证明的其他环节，比如关于证据收集和证据调查方法的契约、关于举证时限和证据交换的契约、关于证据提交方式的契约、关于质证方式的契约等。前述自认契约既可以解释为证明对象的契约，也可以解释为自认的证明力契约。关于仲裁鉴定的契约也属于证明力契约的范畴。

关于证据契约还可从其他视角分类。比如从其约定的内容性质来看，可以将证据契约分为积极的证据契约和消极的证据契约。前者比如举证责任的分配契约就是典型例子，它要求一方当事人积极作为；后者比如不传唤某人为证人的契约，它要求当事人消极不作为。积极的证据契约和消极的证据契约具有同等的重要性和适用面。再如从表现形式上看，证据契约可以是明示的证据契约，也可以是拟制的或默示的证据契约。典型的例子是自认。自认既可以是明示的，也可以是默示的。在证据契约的语境下解释，明示的自认当然属于明示的证据契约，默示的自认则无疑属于默示的证据契约。在以对抗制为基本特征的诉讼体制中，默示的证据契约具有客观存在的必要性和正当性。

四、证据契约的有效性判断

证据契约的效力是一个核心问题，理论上争议很大。证据契约的正当性涉及对形式真实说、实质真实说和信赖真实说的评价与取舍，其理论基础包含私法自治原则、诉讼法上辩论主义、处分权主义及举证责任分配理念与证据调查制度之目的等制度和价值。当价值产生冲突时，选择和倾向就决定了证据契约的适用范围，越强调个人处分与自由者及强调诉讼上辩论主义与处分权主义者，越容易接受证据契约。反之，越强调法院真实探知义务和举证责任之严格性的，对证据契约的效力也就越排斥。

赞成证据契约效力者，主要从辩论主义和处分权主义的角度出发。这一出发点与诉讼契约的基本原理并无二致。"于诉讼上既然有承认当事人举出证据和撤回证据的自由，从而以此契约来限制自由心证的证据而左右审判结果应无不许之理。"[①] 辩论主义和处分主义都赋予当事人在处分自己权利方面的自主性，而对证据的运用无非是要达到认定事实的目的，进而决定案件的实体利益。因此，如果当事人对证据运用有了自身的意志而法院拒绝接受的话，自有违背处分原则的嫌疑，而且法官认定的事实如果违背了当事人在证据方面的意愿，哪怕做出了对一方有利的判决，可能也会侵犯当事人的其他利益，如节约时间和成本的程序利益，这和辩论主义要求的"裁判在当事人主张范围之内"的原则也相背离，因此，哪怕最极端的证据契约否定者，也多多少少会承认某些类型的证据契约的效力。

但是，和其他类型的诉讼契约被广泛肯定不同，承认证据契约效力的困难和阻力要大得多。证据契约不仅在我国民事诉讼领域是一个新课题，即使在大陆法系国家也研究不多，究其原因，大陆法系奉行的自由心证原则是阻碍证据契约产生效力的根本。证据契约是当事人的合意在证据运用方面的体现，而证据的采纳和采信历来被视为法官行使自由裁量权、自由心证的领域。和诉讼中其他领域的契约不同，这种合意不仅对实体结果产生影响，还介入了法官判断证据认定事实的心证领域，而这一领域长久以来被视为法官独立裁判的神圣禁区，外界力量是不能介入干预的。自由心证原则被视为现代诉讼制度的基石。[②] 如果因为当事人之间对证据的运用有约定而导致法官不得不做出与自己心证相反的判断，这种"否定心证"的后果将严重动摇证据制度的根基。以捍卫自由心证为出发点，学界主张严格限制证据契约效力者自然居多。

在德国，20世纪初奉行纯粹的自由心证原则，对证据契约往往加以否定，如罗森贝克认为，举证责任契约在不违背法律强制性规定的情况下有效，但其他的证据契约因为干预法院的判断事实行为，应当无效。但这种无效也不是绝对的，如果证据契约影响证据调查的范围和结果，而这些影响处在辩论主义和处分权主义的范围之内，则应当认定有效。[③] 我国台湾地区有学者认为："证据契约中，只约定限制或特定之证据方法，或以变更举证责任分配原则为目的之合意，此类合意足以影响法官之心证自由形成，违反自由心证主义之原则，应不准许。惟当

---

① 陈荣宗、林庆苗：《民事诉讼法》，三民书局1996年版，第516—517页。
② 参见宋英辉、许身健：《刑事诉讼中法官评判证据的自由裁量及其制约》，载何家弘主编：《证据学论坛》，中国检察出版社2000年版，第367页。
③ 参见姜世明：《新民事证据法论》，学林文化事业有限公司2004年版，第140—142页。

事人既能自由处分诉讼标的之法律内容，则约定以一定之事实为前提，决定其存否之内容，应予准许。"[1] "如果证据契约的内容，限制法院依自由心证判断事实之真伪者，对于法院自不生效力，如果不侵害自由心证主义，且在辩论主义适当领域内的，应视为有效。证据方法契约或证据限制契约，学者间争议较大，不宜承认其效力。"[2]

五、证据契约制度的正当性论证

一般认为，证据契约的价值优势和诉讼契约一致，源自于当事人对自己实体权利的自由处分权。既然处分实体权利应该得到充分的尊重，那么证据契约约定的事项对事实认定产生实际后果，进而影响实体利益，也是当事人自主决定的结果，因此尊重证据契约，不干预当事人意愿，也是处分原则的题中应有之义。这种理解固然不错，但把证据契约的优势仅仅理解为当事人自主决定实体利益的表现形式，还不足以凸现证据契约的价值。对证据契约效力的认可，不仅是辩论主义、处分权主义和自由心证的利益衡量，还有必要深入到当事人合意的动机中去考察，观察证据契约是否具有其他的价值功能。

证据契约并不直接处分当事人的实体权利，否则当事人直接和解即可，它处分的是当事人在诉讼中的"证明利益"，而且这种处分是积极的处分，即主动明确表示放弃部分程序性利益，这和当事人因为消极不行使程序性权利而导致的实体不利益有本质不同。证明利益是指证明程序对当事人产生的有利于其事实主张被法官认定的好处和便利。法官对证据采纳和采信的证明活动，法律往往规定了详细的规则进行规范和约束，一方面总结经验法则，提高认定事实的准确率，另一方面也制约法官的裁量权，防止其滥用权力做出与常识背离的裁判。法律的规定和法官的裁量权的正常行使是证据运用的常态，证据立法中的各种规则从立法本意上都是为了促进法官及时准确地认定事实，"有利于认定事实"对当事人而言就是一种程序法上的证明利益。证据契约多少要和证明规则有不合之处，当事人变更这些本来有利于事实认定的规则，一般而言至少会对其中一方的证明利益产生不利影响，这是对证明利益的积极处分。如约定限制证据使用，使得原本可以得益的一方失去了证明自己主张成立的一次机会，约定举证责任分配，对承担责任的一方而言便加重了负担。

当事人为何要积极处分或放弃程序上的证明利益？最有可能的解释，是因为证据契约可能带来其他类型的价值利益，典型如诉讼效率和案外人隐私权保护。通过证据契约，当事人能够节省时间，避免缠诉，或者避免侵犯他人隐私，造成案外人的不利益。正是这些利益才驱使原本对立的当事人具有订立证据契约的动机。实际上，观察以上证据契约的案例，大部分情况下是当事人基于诉讼效率和保护他人隐私的考虑，如自认契约，诉讼中达到迅速认定事实、不得争议的效果，避免了复杂的举证质证和认证过程。再如证据方法契约，约定证人可以不出庭，也是为了防止诉讼拖延，希望尽快解决争议。因此，如果这些利益确实合情合理，法官没有理由断然拒绝。

正确认定事实，从而公正地维护当事人实体利益，固然是诉讼的首要意旨。但证据契约处分程序上的证明利益并非意味着当事人对实体利益的处分，因为当事人只就证明事项达成契约，表明并不愿意放弃实体利益。证据契约往往基于当事人的其他价值需求而产生，这些价值和利益就成为判断证据契约是否合理的重要指标。对证据契约的效力，不能一概认可和反对，

---

[1] 陈计男：《民事诉讼法论》（上），三民书局1999年版，第445—446页。
[2] 王甲乙、杨建华、郑健才：《民事诉讼法新论》，三民书局2004年版，第396页。

需要借助利益衡量机制加以判断，衡量的方法就是把证据契约给当事人带来的利益、好处与损害严格证明和自由心证的不利益加以比较，利益大于或等于不利益则认可证据契约的效力，否则不予认可。利益衡量本身就是一个主观判断的过程，因此把证据契约的效力判断委于法官，是一个比较现实合理的做法；当然，法官的判断也必须说明理由。

以上从当事人的角度探讨了证据契约的价值所在，而从司法权行使和国家利益的角度，证据契约引起的负面效益也是不可回避的。证据契约特别是证明力方面的契约，的确对法官认定事实的心证构成了干预。如上所述，对自由心证原则的侵蚀，是证据契约被排斥的最主要理由。不过，事实上，不是所有的证据契约都会和法官的主观心证形成冲突。比如双方当事人对超过举证时限提交的证据的可采性的一致认可，法官有了更多证据保证事实认定的准确性。还有对证据的调查程序，虽然证据契约约定的方式不符合法律的规定，如双方约定证人不用出庭，通过电话、微信或远程视频等方式询问证人，但若当事人的意图是提高诉讼效率，避免缠诉，法官也无不认可此种证据契约之理。再如自认契约，如果载明自认契约的证据文书确实证明力很充足，法官做出了肯定的判断，那么究竟是基于证据契约的效力而为此裁判或者法官行使自由心证而得此结论，并无太大区别。

既然对证据契约效力的判断需要进行价值衡量，那么立法应当将之委诸法官进行自由裁断。反对证据契约的最主要理由是其侵犯了法官的自由心证，而是否是真正的侵犯，还有赖于法官自己的判断，法官如果认为证据契约中对证据方法和证据证明力的约定，直接和自己的心证抵触，或者证据契约带来的利益小于维护自由心证的利益，可以宣布不予采信；但如果认为证据契约并没有侵犯自己的权力，或者有其他的较大利益，也可以认定证据契约的效力。这是一种双重授权，一方面，它为法官拒绝证据契约的适用提供了权力来源；另一方面，也为法官适用证据契约而"违反"法定证明程序提供了正当性基础。只有法律允许法官采纳证据契约，法官适用证据契约的行为才是正当的，也并不违背严格证明的法理。

六、证据契约制度的适用原则

在目前普遍奉行当事人主义乃至协同主义诉讼模式的时代背景下，要否定作为当事人自治权重要表征方式的证据契约的有效性，无疑与民事诉讼制度发展的世界性潮流相悖，同时也人为限制了当事人对程序的控制权和对实体的处置权。因此，目前我们在理论的价值取向上应当充分肯定证据契约制度的合理性。这是问题的一个方面。另一个方面也要看到，将当事人对证据事项的控制权和处置权抬高到极端，认为无论在何种情形下都可以产生绝对的拘束力，则也是一种不妥当的观点。恰当的看法应当是以认可当事人订立证据契约的基本权利为基调，为其效力判断设定明确的几项原则供法官予以判断和取舍。为此，我们首先应当将法定的证据契约和任意的证据契约区别开来。对于法定的证据契约，法官比较好判断，只要审核其构成要件即可。较为复杂的是对任意的证据契约的有效性判断。对任意的证据契约有效性的判断应当设定这样几条原则性的标准，供审判法官在裁量时遵循和考虑：

其一，不得违反法律强制性规范的原则。法律强制性规范的设定负载着立法者特殊的价值取向，这种价值取向凌驾于当事人意思自治原则之上，是不容许当事人通过证据契约的订立予以损害的。比如对于证据合法性的契约，我们虽然不能认为凡是关于证据合法性方面的契约都是无效的，但是除证据合法性的争议事项仅仅涉及相对方当事人的情形外，凡是在证据合法性的争议事项上涉及第三人的利益、社会公共利益以及国家利益的，当事人双方则均失去了处置权。当事人所订立的这类证据契约对法官即无拘束力，法官有权宣布其为无效协议。违反公序良俗的证据契约也同样是无效的。

其二，不得对法官的自由心证发号施令的原则。法官对案件事实的判断是自由的，除非法律有明确的证据规则，法官不受法定证据制度的制约。这是现代证据制度的一项基本原则，立法者在立法时也要尊重此项原则的普适性和有效性。既然如此，当事人则无权订立证据契约，将立法赋予给法官对证据的自由判断权予以限制或缩小。当事人固然可以通过证据契约限制证据方法，缩小可供法官自由判断的证据材料范围。但在法官可以考虑的证据材料范围内，当事人即失去了订立证据契约为法官自由心证发号施令的权利。当然，自认的情形是一个例外。

其三，不得显失公正的原则。显失公正是民事实体法中认定民事法律行为无效性的一个法定事由，这个原则在证据契约的效力判断中也是适用的。因为诉讼程序的公正性和公平性是其赖以存活的基本价值，失去了这样的价值，民事诉讼制度就失去了应有的功效，不仅社会政策形成机能丧失殆尽，即便纠纷的化解也往往成为空谈。比如当事人通过举证责任分配契约将案件中所涉及的所有事实的举证责任均归属于一方当事人负担，这样的证据契约即便是双方自愿的，也应被认定为无效。这不仅有实体法上的类似原因，更重要的还有程序法上的独立原因。这就是，如果这样极端地分配举证责任，必然致使诉讼程序的缓慢和滞怠，严重违背了诉讼促进义务和诉讼经济原则。

第八节　民事诉讼证据的法定种类与理论分类

一、民事诉讼证据的法定种类

证据种类即证据的表现形态，也称证据形式。关于民事诉讼证据的立法表现形式问题，各国立法上均有不同程度的规定。当然，由于对证据概念认识不同，对证据种类的规定也有不同的表现。总体上看，英美法系和大陆法系对证据种类没有作出集中的规定，我国对证据种类采取了集中规定的模式。

根据《民事诉讼法》第66条规定，证据有下列几种：（1）当事人的陈述；（2）书证；（3）物证；（4）视听资料；（5）电子数据；（6）证人证言；（7）鉴定意见；（8）勘验笔录。

立法对证据种类加以规定的意义主要在于：

其一，为当事人提供证据和法院审查判断证据提供立法上的依据。在实行证据裁判主义后，立法者有必要在证据法或诉讼法上规定当事人可以采用的证据的类型，从而便于当事人收集证据、提供证据并对证据加以各种目的的利用。对于法院也是如此，证据的法定形式对于法院审查判断证据以及指导当事人收集提供证据，都具有指针的意义。

其二，立法就证据的表现形式作出规定，这也是证据的合法性的要求之一。当事人所提供的证据，首先要符合这些形式要求；如果所提供的证据，处在这些法定形式之外，则不能采用。

其三，有利于区分严格证明和自由证明。对于严格证明，必须适用法律规定的证据形式，而对于自由证明，则可以在此以外使用其他证据形式。

其四，证据种类的先后排序，对于各种证据的重要程度及其在庭审中的使用具有一定的判断意义和指导意义。例如，在英美法国家，因其实行证人中心主义，故对证人采用广义的解释，并在种类上予以强调，而在大陆法国家，尤其在法国等国家，其民事诉讼乃实行书证优先主义,故在规定证据种类时,便自然会突出书证的重要性。

当然,证据的种类应当采用开放性的立法模式,而不是封闭性的立法模式,因为作为纠纷事实的表现形式,在不同的历史阶段,会有不同的载体,立法者对这些新兴的载体,可能在立法时并未预料到,但在纠纷处理中不能因此而无视它们的存在。

(一) 当事人陈述

当事人陈述,指民事诉讼中的当事人就案件的事实向法院所做的陈述。当事人陈述包括作为自然人的当事人本人的陈述,作为法人的当事人的法定代表人的陈述以及诉讼代理人的陈述。在英美法国家,当事人是作为证人对待的,任何一方诉讼代理人,均可将当事人作为证人加以传唤。此时适用有关证人作证的规则。在大陆法国家,其民事诉讼法是将当事人陈述作为独立的证据类型来对待的,和证人证言相区别,称作"当事人询问",作为法官无法形成心证时的补充手段。我国民事诉讼法将当事人陈述作为一种独立的证据形式加以规定,并将其作为第一种证据种类排在首位,别具一格。

当事人在民事诉讼中具有双重身份:一方面,他是诉讼主体,提出诉讼请求并提供证据证明相关事实;另一方面,他又是证据来源,可以就纠纷事实的经过作出客观的陈述,此时,其所做的陈述就是证据材料或证据资料,可以经由法院的判断作为认定案件事实的根据。因此,对于当事人在诉讼中的行为,首先要区分哪些是其作为诉讼主体的行为,哪些是其作为证据来源的行为。当然二者有时会发生竞合。比如,在当事人请求返还借款之诉中,当事人在诉状中所表明的"请求被告返还借款10万元"便是作为诉讼主体所做出的权利主张,该权利主张不得作为证据使用;当事人同时在诉状的事实和理由部分叙述"何年何月被告借款10万元逾期未还",这既是当事人作为诉讼主体作出的事实主张,又是当事人作为证据种类做出的当事人陈述,该陈述与其他证据相印证,可以作为证据使用。

作为证据来源的当事人,其就案件事实所做的陈述均为当事人陈述。这种陈述既包括对其有利的陈述,也包括对其不利的陈述。对其不利的陈述,比如被告对原告所主张的欠款事实的认可性陈述,乃是一种特殊的陈述,此种陈述被称为当事人自认。当事人自认是一种特殊证据,也是证据的替代品,①依赖这种证据,法院可以作出对该当事人不利的事实认定。但是从狭义上说,当事人陈述仅仅是指自认以外的事实陈述,包括简单的否认和积极的抗辩。前者如被告答辩称"并未借款",后者如被告提出"所借款项已偿还"。对当事人有利的陈述是狭义上的当事人陈述,此种陈述,经查证属实,可以和其他证据组合在一起,成为法院判断案件事实的证据,但不能单独成为定案根据。

当事人陈述作为一种证据形式,与其他证据相比较,具有以下几个特征:

其一,亲历性。当事人是纠纷事实的直接经历者和参与者,因此他对纠纷事实的真相最为了解,由当事人亲自陈述案件事实具有其他证据形式所无法比拟的优势。该优势集中表现在,如果当事人本着客观真实的原则作出陈述的话,那么此种陈述最为全面,最具有真实性。

其二,两面性。当事人是纠纷主体,是诉讼案件的直接利害关系人,其所做的陈述如何,直接关系到纠纷的最终处理结果。因此,当事人基于其利害关系性,其所做的陈述极有可能掩

---

① 关于当事人自认的法律性质,理论上存在两种学说,一种学说认为自认是当事人处分自己实体权利的法律行为,称为"法律行为说";另一种学说认为自认是当事人向法院就案情所做的观念通知或观念报告,称为"观念通知说"。笔者持后说。因为在我国,当事人自认的事实若与法院查明的事实不符,则也得不到法院的认可,该规定与"观念通知说"将自认视为一种特殊种类的证据相吻合。

盖事实真相，也就是其陈述极有可能掺假，甚至全然属于虚假陈述。鉴于上述特征，对待当事人陈述既不可完全依赖，也不可完全置之不顾，而应当通过完善的法律程序，充分发挥当事人陈述揭示案件真相的作用。我国民事诉讼法在此方面尚有大量可发掘的空间。

为了确保当事人陈述的真实性，有必要建构和完善相关程序原则和规则，主要包括：

其一，真实义务的原则。立法规定当事人在民事诉讼中就案件事实的陈述负有真实义务，其内容包括两个方面，一方面，当事人对明知虚假的事实不得陈述和主张；另一方面，当事人对明知真实的事实不得否认或反驳。这也是诚信原则的题中应有之义。当事人违背真实义务的，应当承担相应的诉讼责任。《民事诉讼法》第13条第1款所规定的诚信原则，对当事人陈述也具有规范作用，当事人违反诚信原则作出虚假陈述，则要承担对方当事人诉讼费用、赔偿对方当事人因揭示和推翻虚假陈述所造成的损失。情节严重者，若构成虚假诉讼，则需承担相应的司法制裁责任，如罚款、拘留等，甚至构成刑事责任。

其二，宣誓或保证规则。当事人在作陈述前，应当先行经过宣誓或保证的程序。这种程序应当由当事人选择，经过这种程序的意义在于使当事人明确真实陈述的义务。

其三，出庭陈述和接受询问规则。任何一方当事人可以申请法院传唤相对方当事人亲自出庭，就案件的相关事实作出陈述。在该当事人到庭后，对方当事人即可申请法院对他进行有关案件事实的询问，也可以在征求法院许可后亲自对另一方当事人实施询问。询问当事人的顺序可以是法院先询问、对方当事人和第三人后询问，也可以反之，对方当事人和第三人先询问、法院后询问。法院询问时，接受询问的当事人或对方当事人、第三人若认为法院询问的内容和方式不当，如与本案无关联、诱导性询问等，可以提出异议；当事人或第三人询问时，若询问的内容或方式不妥，法院可以制止，或让当事人、第三人重新询问。询问的内容由书记员如实记录在卷，该询问的内容即为证据资料，查证属实后可以作为认定案件事实的根据。

《民诉法解释》第110条规定："人民法院认为有必要的，可以要求当事人本人到庭，就案件有关事实接受询问。在询问当事人之前，可以要求其签署保证书。保证书应当载明据实陈述、如有虚假陈述愿意接受处罚等内容。当事人应当在保证书上签名或者捺印。负有举证证明责任的当事人拒绝到庭、拒绝接受询问或者拒绝签署保证书，待证事实又欠缺其他证据证明的，人民法院对其主张的事实不予认定。"该司法解释涵盖了上述当事人陈述的三大规则。

我国目前需要在理论上和立法上将当事人作为诉讼主体的事实主张和作为证据来源的事实陈述区分开来，在实践中也要善加辨别，不宜混为一谈。立法上已经将当事人陈述作为第一号的证据种类加以规定，司法实践也要完善规则，充分发挥当事人陈述的证据功用。在裁判文书中，法院对当事人陈述了哪些案件事实，要明确列举；当事人陈述是否能够成立要明确表态，并详述理由。同时要将自认制度从当事人陈述中剥离出来，充分发挥自认的作用。此外，要规定当事人亲自出庭制度，法院在传唤状或通知书中载明或注明当事人必须出庭接受询问的，当事人就有亲自出庭接受询问的法律义务，否则法院即可依据上述规则对其实施制裁，或者使其产生不利的诉讼后果。

（二）书证

书证是指以文字、符号、图形等形式所记载的内容或所表述的思想来证明案件事实的物质性证据。书证的构成需要具备两个条件：其一，书证必须是"文字材料"。这里的"文字材料"，其含义比较广泛，包括通常意义的信件、电文、合同、地图、照片，以及现代科技条件下形成的类似文字材料，如X射线胶片等。其二，该文字材料是以其所载内容为证明手段的。如果该文字材料并非以其所载内容为证明手段，则不属于书证。如某著作的盗版书籍，用以证明侵权行为者的侵权行为客观存在时,即为物证,而非书证。再如,散发传单侵害他人名誉,用传单中的内容证明案件事实,此为书证;用传单证明散发行为的存在,则为物证。

在民事诉讼中,书证具有非常突出的作用,在有的国家,如法国,实行"书证优先主义",书证的证明地位具有优势,有"书证为王"之谓。在有的纠纷类型中,比如合同纠纷中,书证的作用是不可替代的;然而在侵权诉讼中,物证往往更为重要。但总体而言,书证在现代诉讼中的证据地位有下降趋势。

我国证据法理论还对书证的分类进行了研究,这对法院审查判断书证的真实性以及对书证的使用都有助益。这种分类主要有三种:

1. 公文书和私文书

从书证制作的依据和主体来看,可将书证分为公文书和私文书。公文书是指公法人(包括国家机关、行使公权力的社会组织和团体、人民团体、事业单位等)或公务员在职务范围内依法定的方式做成的文书。公文书的范围很广,例如,婚姻登记机关发给的结婚证书、法院制作的判决书、行政机关制作的行政决定书、公证机关制作的公证文书、学校颁发的学位证书和学历证书等,都是公文书。企业订立的合同固然是私文书,企业章程、招股说明书、企业规章制度等也属于私文书,对其真实性,企业负证明责任。凡不属于公文书的书证,都是私文书,如私人信件、遗嘱、合同等均是私文书。公文书与私文书在制作文书的主体是否行使法定的职权以及制作程序上存在明显差别。在一般情况下,公文书要比私文书的证明力强。私文书与公文书相结合,会强化和提升私文书的证明力,如经过公证的合同书在证明力上就要强于未经公证的合同书。《证据规定(2002年)》第77条规定,国家机关、社会团体依职权制作的公文书证的证明力一般大于其他书证。在大陆法国家,公文书具有推定为真实的效力,凡伪造公文书,均要另行启动刑事诉讼程序追究相关人员的刑事责任。公文书不适用最佳证据规则,也就是说,当事人提供公文书,可以是复印件,而不一定要原件。对于公文书的真实性发生疑问,法院应依职权主动调查。在英美法国家,公文书是传闻规则的例外情形,具有可采性。但有时,公文书也有可能会发生错误或出现虚假情况,对此持有异议的当事人如欲推翻该公文书,使之失去证据的效力,则要承担本证意义上的证明责任,在公文书真伪不明时,提出异议的当事人承担不利后果。

有时公文书也可能会不正确。举例言之,某小区业主收房后发现公摊面积有误,遂与开发商联系,开发商承认自己当初计算有误,答应进行调整。随后,开发商单方委托某测绘机构进行测绘,并依此对公摊面积作了相应调整,但业主认为,调整后的公摊面积仍有错误,在与开发商协商未果的情况下,业主将开发商告上法院。法庭上,开发商拿出当地国土资源及房屋管理局职能科室出具的说明,以证明自己的主张,但业主认为,该份说明虽然是行政机关作出的公文,但没有反映实际情况,法院不应当采信。业主的主张法院应予支持,即不承认行政公文的先定证明力。公文书有优势证明力,但没有绝对的先定证明力,有足够相反的证据,仍可推翻公文书的证据效力。

在公文书与公文书发生冲突时,以公文书的发文机构或公务人员的级别确定其效力,以级别高的为准。推翻公文书的证明效力可从四个方面着手:一是从其真实性角度,用相反证据推翻其真实性。比如前案中,公文书中所载明的公摊面积与丈量后的实际公摊面积不符,或者房产证上载明的四至,与实际不符。公务人员私自制作的所谓公文书,自然属于无效或可推翻的公文书。二是从其制作的程序和格式要求等方面提出质疑。如加盖公章是失效的、公文号有缺、公文内容前后矛盾等。公文书已经失效,也属于此种情形。三是从权限方面提出疑问。公权力机构或公务人员并无制作该公文书的权限，越权制作的公文书无效。四是从法律依据方面提出异议。如该公文书的内容与立法规定或其他规范性文件不符。当然，如果完全属于私人伪造公文书，则构成刑事犯罪。

书证欲具有证据效力，须满足两个条件：一是书证本身是真实的；二是书证所表达的内容对待证事实能够起到证明作用。据此，可以把书证的证据效力区分为形式上的证据效力和实质上的证据效力。

判断书证有无形式上的证据效力的标准是书证本身是否具有真实性，是否为当事人主张的文书制作者所作。判断书证有无实质上的证据效力的标准则是书证所记载的内容是否真实可靠，与待证事实有无关联性。

书证形式上的证据效力与实质上的证据效力的关系是：形式上的证据效力是实质上的证据效力的前提，有形式上的证据效力，才可能有实质上的证据效力，无形式上的证据效力就不可能有实质上的证据效力。但有形式上的证据效力，未必一定有实质上的证据效力，当书证记载的内容不真实或是与待证事实无关联时，就不具有实质上的证据效力。

作为法院认定待证事实根据的书证，必须既有形式上的证据效力又有实质上的证据效力，是两种证据效力的统一。如在一起借款纠纷案件中，原告主张被告借款若干，提供借条为证；被告答辩说，借条为假，上面的签字属于伪签而非真签。通过鉴定，确定该书证上的签字确是伪签，那么，该书证则无形式上的证明力。或者被告答辩说"欠条上的签字虽为真，但是被迫所签"。若被告所称为真，则该欠条作为书证无形式上的证明力。但若被告答辩说"欠条为真，但借款事实并没有发生"，若被告所言属实，则该书证有形式上的证明力而无实质上的证明力，同样无法证明借款事实的存在。

事实上，不仅书证有形式证明力和实质证明力之分，其他任何证据也有形式证明力和实质证明力之分。如鉴定意见，如果外观并无瑕疵，鉴定机构、鉴定人均有资质，鉴定程序也合法，则具有形式证明力，但有无实质证明力，还要看鉴定意见的内容是否反映了案件的客观真实情况。

这里存在双重事实上的推定：提供书证者只要表明该书证表面可信，如欠条内容清晰完整，上有被告签名，则推定该书证具有形式证明力；被告若反驳该形式证明力，需要提供相反证据加以证明，如申请鉴定等。有形式证明力即推定具有实质证明力。从证明责任角度看，提供证据者只要证明书证具有形式证明力，其举证责任即转移至对方当事人，由对方当事人证明其并无实质证明力。若案件事实处在真伪不明状态，原告败诉。

2. 处分性书证和报道性书证

以书证内容与民事法律关系的联系来分，书证分为处分性书证和报道性书证。二者的区别在于：报道性书证是记载不发生民事法律义务关系的书证，其在一定程度上可证明有争议的案件事实，但不能直接证明民事法律关系的发生、变更与消灭。如会计账簿、医院病历、书信、学历证书等。处分性书证则是具有确立、变更或终止一定民事法律关系的内容和效力的书证，如合同书、结婚证书、欠条、遗嘱、房产证等。如购房时推销人员散发的购房须知、房屋宣传广告等，属于报道性书证，购房合同以及缴纳定金的预购房协议则属于处分性书证。做这种区分的意义在于：处分性书证是反映民事案件主要事实的直接证据，报道性书证则往往仅能从某一个侧面为处分性书证服务或成为处分性书证的佐证，为间接证据。如在一起不当得利诉讼中，原告诉被告不当得利，称原告误打 5 万元至被告账号，被告答辩否认此事。通过查阅被告公司会计账簿，发现某月某日被告公司进账 5 万元，与原告所称一致，法院即可认定被告确实收到原告款项。但会计账簿属于报道性书证，不能直接证明此为不当得利，而仅有此可能。原告尚需提供证据继续证明。若被告答辩称"此款项为委托投资款，该投资已血本无归"，并提供原告向被告发送的委托投资的邮件为证，该邮件即为处分性书证，若其为真，可以证明不当得利事实为假，法院应判原告败诉。

3. 普通书证和特殊书证

根据是否需要具备特定形式或履行特殊手续，又可将书证分为普通书证与特殊书证。普通书证，就是法律不要求必须具备一定形式就能够成立的文书。例如，一般买卖合同等民法上非要式的法律行为，只要双方当事人意思表示一致合同就成立，就发生法律上的效力。特殊书证，就是法律规定必须采用某种特定的形式或履行某种特定的手续制作的书证，如土地使用权证、房产证、经公证证明的债权文书、备案的抵押合同等。特殊书证与普通书证的划分和公文书与私文书的划分有一定的重叠，特殊书证多为公文书，普通书证多为私文书，因此，特殊书证的证明力比普通书证更强。比如，抵押合同本身是普通书证，而一旦到房产管理部门或土地管理部门进行登记备案，则变成了特殊书证，因为登记备案本身带有公文书的要素。再如，遗嘱一旦经过公证，则变成了特殊书证，其证明力大大增强。

（三）物证

物证是指以物质材料的存在、外形、质量、规格、体积等证明案件事实情况的一切物品和痕迹。如购销合同纠纷中质量有争议的标的物，损害赔偿诉讼中受到损坏的物品等。

1. 物证的特征

同其他证据相比，物证有如下特征：

（1）物理属性的稳定性。物证是客观存在的物品或痕迹，所以只要及时收集，用科学的方法提取和固定，就具有较强的稳定性。

（2）证明属性的可靠性。物证是以其自身的客观存在的形状、规格、痕迹等证明案件事实，不受人们主观因素的影响和制约，只要判明物证是真实的，就具有很大的可靠性和较强的证明力。

（3）证明范围的有限性。物证只能证明作案的手段、案件发生的背景和环境、标的物状态等。如在一起因电视天线走电而致人死亡的侵权损害赔偿案件中，原告（死者父母）诉称其女与同学一起在家唱卡拉OK，此时突然电闪雷鸣，其女手握话筒触电死亡。在该案中，原告无法举证证明被告方是销售、生产该电视机的商家和厂家，因而败诉。原告之所以败诉，原因就在于他只有物证，而缺乏发票等书证。作为物证的电视机和话筒都是物证，它们本身不能告诉你谁生产了它，又是谁销售了它。

（4）独立性不强。物证是以外形、属性等证明案件事实的，外形容易观察，如伤口，在法庭上出示给法官看，就可以得到证明；但属性，如上例中，该电视机和话筒是否存在缺陷，是否漏电，这一般是无法看出来的，而需要勘验或鉴定。因此，物证这个本源性证据通常需要与其衍生性证据结合在一起，才能发挥证明作用。

物证与书证是有区别的：物证是以物的存在、属性或性质等来证明案件事实的，而书证则是以文字内容或抽象的观念在证明案件事实。比如盗版的书是否作为书证，就要具体分析。如果以其内容的符合性来证明盗版的成立，则为书证；如以其客观存在来证明盗版行为的事实，则为物证。

2. 物证的功能

（1）通过物证可以发现直接证据。比如提取指纹，可以知道何人为侵权行为主体。

（2）物证可以生成其他证据形式。比如对物证进行鉴定，从而形成鉴定意见，或者对其进行勘验，形成勘验笔录。

（3）物证可以直观地展现纠纷发生的场景。如对事故现场进行实地观察和勘验，就可以对纠纷事实发生的过程形成直接了解。

（4）物证的采用具有较强的说服力。使用物证证明和认定案件事实较能使人信服，因此，实践中，应当重视对物证的恰当使用。

但是，物证也有缺点：物证只能证明案件事实的某个片段，"孤证不能定案"主要讲的是物证；物证属于"哑巴"证据，也有被伪造、篡改的风险，因此"物证也会说谎"；物证对保存有较高要求，保存的成本也较高；物证也会因自然原因（如风吹雨淋、沙埋土掩）而变形扭曲。

3. 物证的使用规则

（1）原物规则。《证据规定（2020年）》第11条规定，当事人向人民法院提供证据，应当提供原件或者原物。

（2）印证规则。物证通常不能单独证明案件事实，对物证的使用一般需要有其他证据的配合和印证。

（3）展示规则。物证在英美法系国家又被称为"展示性证据"（demonstrative evidence），用物证来证明案件事实，不能仅靠描述，而需要拿到法庭上去展示给法官看。

（4）说明规则。提供物证的当事人或证人不能仅仅将物证往法庭上一摆，说"法官，你看吧"，而需要对该物证进行口头说明和解释。如原告拿出皮包样品，要同时说"我所买的皮包与这样品不一样"，并要指出哪些地方不一样。

（四）视听资料

视听资料是指利用录音带、录像带、光盘等反映出的图像和音响及电脑储存的音响、图像来证明案件事实的证据。视听资料包括录音资料和影像资料。视听资料是介于书证和物证之间的一种证据形式，目前世界各国将其作为一种独立证据加以规定的还不多，都倾向于将视听资料划入某种传统的证据形式或证据方法，如英美法系国家通常将其作为书证的一种，而大陆法系国家通常将其作为物证的一种。我国将视听资料单独作为一种证据，算是开创先河。书证是以书面文件记载的内容来证明案件事实的，而视听资料是以音响、图像等所承载的信息来证明案件事实的。在这个意义上说，视听资料与书证有类似之处。

视听资料具有以下特点：

其一，视听资料具有复合性。视听资料可以成为其他所有证据的载体，比如视听的证人证言、视听的鉴定结论等。也正因如此，对视听资料的判断需要层层解剖，分步骤进行。

其二，视听资料具有技术性。视听资料是现代科技的产物，其形成依赖于一定的技术合成手段，比如录音机、摄像机、电脑等。离开这些科技载体，视听资料无法形成。因此，视听资料是真是伪，通常需要鉴定。

其三，视听资料具有直观性。它能再现案件当事人的意思表示、思想感情，以及民事法律行为和法律事实的发生、发展变化的过程，含有丰富的信息量。在现代诉讼中，视听资料作为证据形式变得越来越重要。

其四，视听资料具有双重性。一方面，视听资料具有可靠性和科学性；另一方面，视听资料又容易被篡改、伪造等，容易失真。因此，对视听资料的真实性的判断最为重要。同时，视听资料也容易与严重侵害他人合法权益的偷拍偷录等非法证据相联系，也要注意判断其合法性。

（五）电子数据

电子数据是新出现的一种证据概念，通常称为电子证据。电子证据是以电子形式表现出来的能够证明案件事实的证据，或者借助电子技术和电子设备而形成的能够证明案件事实的证据。一般来说，电子证据主要有以下几种形式存在：其一，应用计算机技术产生的证据，如数据图片、文档、黑匣子记录、智能交通信息卡、电子货币等；其二，应用网络技术产生的证据，如电子邮件、网上聊天记录、博客、微博客、微信短信、BBS记录、电子数据交换、电子签名、域名等，还有应用电报、电话、传真等现代通信技术，以及应用模拟电子技术所产生的各种证据。电子证据有以下特点：

其一，在保存方式上，电子证据需要借助一定的电子介质。

其二，在传播方式上，电子证据可以无限地快速传播。

其三，在感知方式上，电子证据必须借助电子设备，而且不能脱离特定的环境系统。

其四，安全性高。最新的计算机研究结果表明，电子记录任何被删除、复制、修改的痕迹都能够通过技术手段分析确认。

电子数据与视听资料有交叉，但也有区别。存储在电子介质中的录音资料和影像资料，适用电子数据的规定。电脑上的录音、录像，既是视听资料，又是电子数据，在审查判断时，既要遵循视听资料的规则，也要遵循电子数据的特有规则。通常，可以通过载体形式将电子数据识别出来，电脑和网络上的信息，属于电子证据。因此，书证传入电脑，就成为电子书证，属于电子数据。物证等其他证据形式，一旦电子化，就都成了电子证据，于是就有电子物证、电子证词、电子陈述、电子鉴定意见等。

（六）证人证言

证人证言是指自然人对其亲身感知的案件事实向执法司法机关所作的陈述。根据《民事诉讼法》第75条的规定，单位也可作为证人。单位作为证人时，应当由其相关负责人陈述证词。《民诉法解释》第115条对单位作证的要求作了更详尽的规定，首先，单位应当出具由单位负责人及制作证明材料的人员签名或者盖章，并加盖单位印章的证明材料；其次，人民法院可以向单位及制作证明材料的人员进行调查核实；最后，在必要时，可以要求制作证明材料的人员出庭作证。如果单位及制作证明材料的人员拒绝人民法院调查核实，或者制作证明材料的人员无正当理由拒绝出庭作证的，该证明材料不得作为认定案件事实的根据。证人就案件事实提供的证言只能就其感知的内容如实陈述，包括嗅觉、听觉、视觉、触觉等感知印象。原则上，不能在感知的基础上作进一步的推测、判断、评价，否则就不能作为证词采纳。

什么样的人能够成为证人？这是证人能力的问题。证人能力，指的是能够在诉讼中被法院传唤出庭作证或在特殊情况下发表书面证词的法律资格，因而又称为证人资格或证人适格。《民事诉讼法》第75条规定："凡是知道案件情况的单位和个人，都有义务出庭作证。有关单位的负责人应当支持证人作证。不能正确表达意思的人，不能作证。"由此可见，具备证人能力的人必须符合两个条件：一是知道案件情况，二是能够正确表达意志。二者缺乏其一，则均无证人资格。待证事实与其年龄、智力状况或者精神健康状况相适应的无民事行为能力人和限制民事行为能力人，可以作为证人。耳聋者可以就其所视作证，盲人可以就其所听作证，间歇性精神病患者在其神志正常时，可以就其所感知的案件事实作证，儿童证人在一定范围内也是适格的。如在家暴侵权案件中，未成年子女可以就施暴者的所作所为作证。

有这样一个案例：1995年2月的一天，原告李某与被告张某及其他4名儿童（均不满10

周岁）在一起玩过家家，用火烧饭做菜，其间被告张某用木棍来回挑火玩耍，后点着了原告李某身上的衣服，造成原告李某被烧伤并致残，送往医院治疗，共花去各种费用两万多元。一审法院认为，被告张某在挥动带火的木棍当中，点燃原告李某的衣服，给原告身体造成伤害并致残，对原告的医疗等费用应负主要赔偿责任；由于被告张某系无民事行为能力人，应由其监护人即张某的父母承担。被告不服，提起上诉，二审法院认为相关证人均为未成年人，其证言不能直接用做定案的依据，遂发回重审。

该案提出了一个证人能力的问题：儿童年龄小，是否一概不具有证人资格呢？答案是否定的。我国民事诉讼法并没有就证人年龄作出划一性规定，而关键看其是否能够正确表达意志，以及儿童证人所发表的证词，是否与其年龄相称。本案中，儿童作证完全符合其年龄特征，应当具有证人能力，二审法院的理解有误。

1. 证人的义务

（1）证人有作证的义务。证人就其所了解的案件真实情况向法院作出陈述，是证人的首要和基本的义务，此乃证人制度的价值以及证人的诉讼职能之所在。

（2）证人有接受法院传唤到庭作证的义务。这是对前一义务的进一步要求，证人不仅要作证，而且要按照法庭的要求到法庭作证。

（3）证人负有真实作证的义务。证人作证应当恪守诚信原则，不得作虚假证词，为此，证人在作证前要写保证书。在有的国家证人要宣誓或具结。具结的功能与保证书同。证人如果无故拒绝签署保证书，则不得作证，并要接受拒绝作证的法律制裁。

其实，上述证人的三项义务乃是分而论之，实际上是一个义务的三个环节：出庭，作证，真实，概括起来即证人负有依法出庭真实作证的义务。

2. 证人的权利

证人在履行义务的同时，也享有相应的诉讼权利，这些诉讼权利也应得到充分的保障。包括：

（1）证人作证有经济补偿权。作证应受到补偿，证人作证的费用包括交通费、食宿费、误工损失等。对证人费用的补偿，遵循民事诉讼费用负担的方法，由申请方垫付或申请由法院垫付，法院依职权传唤作证的，由法院垫付，败诉方负担。

（2）证人有免受打击报复、确保人身安全的权利。证人作证是为司法公正的实现履行义务，为此，他的人身安全等应受到司法保护，其他机构也应对证人权益进行充分保障。

至于证人是否有拒绝作证的特权，我国立法对此未作明文规定，在外国立法例上一般有此项规定。例如，有下列情形之一的，证人可以拒绝作证：涉及直系血缘、家庭关系，由于职业的原因，由于职务上关系而知悉一定事项的人，从该事项的性质上判断或者依法律规定应当保守秘密的事项等，证人可以拒绝作证。

3. 证人作证的方式

（1）直接出庭作证。证人在法庭上提供证词有三种方式：一是在法官的询问下回答法官提出的问题；二是在当事人、第三人或其诉讼代理人（也包括诉讼监督者）的询问下，回答他们提出的问题；三是证人在法庭的要求下，对案件事实进行叙述。前二者可以称为"问答式作证"，后者可以称为"叙述式作证"。两种作证方式均可由法庭决定采用，当事人也可申请采用。证人在法院组织双方当事人交换证据时出席陈述证言的，可视为出庭作证。这是主要的作证方式。

（2）通过书面证言、视听传输技术或者视听资料等方式作证。这是在特殊情况下运用的方式。《民事诉讼法》第76条规定:"经人民法院通知,证人应当出庭作证。有下列情形之一的,经人民法院许可,可以通过书面证言、视听传输技术或者视听资料等方式作证:(一)因健康原因不能出庭的;(二)因路途遥远,交通不便不能出庭的;(三)因自然灾害等不可抗力不能出庭的;(四)其他有正当理由不能出庭的。"

证人作证应按照法律规定的方式进行。证人不得旁听法庭审理;询问证人时,其他证人不得在场。出庭作证的证人应当客观陈述其亲身感知的事实,不得使用猜测、推断或者评论性的语言。询问证人时,不得采用诱导性询问方法,如"当时你看到被告借原告若干元钱了,是吗""被告当时明显超速驾驶,是吗"。证人也不得发表结论性的法律意见,如"被告确实有过失"。人民法院认为有必要的,可以让证人进行对质。

当事人申请证人出庭作证,应当在举证期限届满10日前提出,并经法院许可。法院对当事人的申请予以准许的,应当在开庭审理前通知证人出庭作证,并告知其应当如实作证及作伪证的法律后果。

对于证人证词的审查判断,应当考虑以下因素:一是证人与双方当事人的关系,这对证词的真实性有较大的影响。二是证人的智力状况以及品德、知识、经验、法律意识和专业技能等。比如证人的观察能力、记忆能力、复述能力等,也都影响证词的可靠性。三是证人感知案件事实的环境。四是证人前后证词是否存在矛盾,如有矛盾,证人对这些矛盾能否合理解释。

目前,我国正在探讨完善证人制度的问题,其中包括:其一,如何确保证人出庭作证,提高证人出庭作证率;其二,进一步合理构建证人费用补偿办法;其三,制定《证人保护法》或保障制度,使证人能够放心地、安全地作证;其四,拒证特权制度的配套构建等。

(七) 鉴定意见

1. 鉴定意见概述

鉴定意见是指鉴定人运用自己的专门知识,根据所提供的案件材料,对案件中的专门性问题进行鉴别、分析后作出的意见。在2012年修改《民事诉讼法》前,鉴定意见被称为鉴定结论。鉴定人就案件中涉及的专门事项发表证词或结论性意见,这在各国诉讼法中均作为一种证据形式来对待。所不同的是,大陆法国家实行职权鉴定主义和中立鉴定人制度,英美法国家则实行当事人鉴定主义和对立鉴定人制度。鉴定人在英美被称为专家证人。其理由是鉴定人与一般证人的区别仅在于知识不同,其陈述在逻辑学、心理学和法学上没有本质的区别。

在我们看来,鉴定人和证人存在重要区别:

(1) 二者认知案件事实的时间点不同。证人是在案件事实发生的同时感受、认知案件事实的,鉴定人是在诉讼过程中认知案件事实的。

(2) 二者作证的依据不同。证人依靠其对案件事实的亲自感受而作证,鉴定人依靠其对案件中所涉及的专门问题有能力予以解答而作证。

(3) 二者是否具有可替代性不同。证人不具有可替代性,鉴定人则具有可替代性。

(4) 二者是否需要回避不同。证人无须回避,回避制度不适用于证人;鉴定人如遇有需要回避的法定事由则需要回避。

(5) 二者是否必须到庭不同。证人原则上必须到庭作证,鉴定人仅在当事人对其鉴定意见存有异议或者法院认为有必要时,才需要到庭提供鉴定意见。

(6) 二者是否必须签署保证书不同。证人必须签署保证书后,方能作证;鉴定人无须签署保证书。

(7) 二者所获得的费用不同。证人费用具有补偿性,鉴定人的费用则具有报酬性。

（8）二者的法律责任不同。证人无故不到庭作证，或者到庭后无故拒绝签署保证书，或者到庭后无故拒绝作证，或者故意作伪证，均需承担相应的法律责任；鉴定人违反鉴定义务，也有法律责任，但其表现形态有所不同，而且，不仅鉴定人个人要承受法律责任，其所在的鉴定机构也要接受行政管理等方面的法律责任，如取消鉴定人的鉴定资质，吊销鉴定机构的执业资格等。

鉴定意见作为一种证据形式具有以下特征：

（1）事实性。鉴定人对案件中应予查明的案件事实中的一些专门性问题所作结论，而不是就法律问题提供意见。

（2）专门性。鉴定人按照案件的事实材料，按科学技术要求，以自己的专门知识，进行鉴定后提出确定性意见。

（3）非终局性。鉴定意见仅仅是证据形式之一，与其他证据一样，都需要接受法院的审查判断，对法院的事实认定没有预定的拘束力。当然，法院不采纳鉴定意见，通常要在裁判文书中说明理由。实践中，司法审判完全依赖鉴定意见的做法，也即"以鉴代审"的做法，应予否定和改变。

2. 鉴定程序的启动

我国目前实行当事人鉴定主义和职权鉴定主义相结合的混合型做法。《民事诉讼法》第79条规定："当事人可以就查明事实的专门性问题向人民法院申请鉴定。当事人申请鉴定的，由双方当事人协商确定具备资格的鉴定人；协商不成的，由人民法院指定。当事人未申请鉴定，人民法院对专门性问题认为需要鉴定的，应当委托具备资格的鉴定人进行鉴定。"

据此规定，鉴定程序的启动有两种方式：

（1）当事人申请启动。案件中涉及专门性问题需要鉴定的，首先由当事人提出申请。当事人提出鉴定申请后，由人民法院审查判断是否有鉴定的必要。法院确定是否需要鉴定应考虑的因素主要是：鉴定的客体事实是否具有重要性、专业性以及必要性。若案件中所存在的证据对于认定案件事实已经足够，法官对此已经形成内心确信，鉴定则无必要。若无必要，则驳回当事人的鉴定申请；对该裁定，当事人不服可以提出异议。

（2）法院职权启动。如果当事人不提出鉴定申请，但人民法院认为有必要进行鉴定的，可以依职权启动鉴定程序，并委托鉴定人进行鉴定。若争议事实处在法院职权调查范围内，而该争议事实具有重要性、专业性，则法院应当依职权主动启动鉴定程序；若争议事实不处在法院职权调查的范围内，法院应当等待当事人的申请启动鉴定程序；当事人该申请不申请的，法院应行使释明权使之申请，若仍不申请，则视为当事人自动放弃鉴定申请权，不利后果由其承担。对于法院的职权启动鉴定程序，当事人认为不当的，如鉴定事项不属于法院职权调查证据的事项范围，或鉴定事项不具有专业性，或鉴定事项与当事人的约定相冲突，则可以提出异议。

3. 鉴定人的选任

鉴定人具有法定性、独立性、专业性、中立性等特征。对于鉴定人的选任，分为两种情形：一是在当事人申请启动鉴定的情形下，我国《民事诉讼法》第76条规定了两种鉴定人选任的方式：（1）当事人协商选任；（2）法院指定选任。当事人协商选任具有优先性，当事人协商不成后，法院依职权指定鉴定人。二是在法院职权启动鉴定程序的情形下，法院依职权委托鉴定人。

4. 鉴定人出庭

无论是当事人申请的鉴定还是人民法院依职权进行的鉴定，对其所形成的书面意见，当事人均有权利表示异议。当事人对鉴定意见提出异议的，人民法院在开庭时应当通知鉴定人到庭，当事人及其诉讼代理人可以对鉴定人进行询问或质疑，也可以聘请专家辅助人对鉴定人进行询问或提出疑问。鉴定人应当回答当事人、诉讼代理人和专家辅助人的提问。

当事人虽然没有就鉴定意见提出异议，但人民法院认为有必要，也可以传唤鉴定人到庭接受询问。鉴定人在收到人民法院的出庭通知后，除非有正当事由，否则必须出庭。为此，《民事诉讼法》第81条规定："经人民法院通知，鉴定人拒不出庭作证的，鉴定意见不得作为认定事实的根据；支付鉴定费用的当事人可以要求返还鉴定费用。"

5. 重新鉴定

人民法院通过对鉴定意见的审查判断，可以做出两种处理：一是全部或部分采纳鉴定意见，二是否定鉴定意见。人民法院否定鉴定意见的，根据当事人的申请或者法院依职权决定，可以进行重新鉴定。

关于当事人申请重新鉴定的理由，根据《证据规定（2020年）》第40条的规定，当事人对人民法院委托的鉴定机构作出的鉴定意见有异议申请重新鉴定，提出证据证明存在下列情形之一的，人民法院应予准许：第一，鉴定人不具备相应资格的；第二，鉴定程序严重违法的；第三，鉴定意见明显依据不足的；第四，鉴定意见不能作为证据使用的其他情形。对鉴定意见的瑕疵，可以通过补正、补充鉴定或者补充质证、重新质证等方法解决的，人民法院不予准许重新鉴定的申请。重新鉴定的，原鉴定意见不得作为认定案件事实的根据。

6. 专家辅助人

在鉴定意见这个证据种类中，还需要提及的是专家辅助人制度。

专家辅助人，是指接受当事人的聘请就案件中专门性问题进行说明，并接受询问或者对质的人。专家辅助人与鉴定人既有联系也有区别。其联系在于，他们都是对专门的事实问题拥有某方面专业知识的专家或具有专门知识的人士。

区别在于，鉴定人要对案件中的专门问题发表结论性意见，而专家辅助人则仅仅提供某种专业方面的知识；鉴定人通常应当出庭，专家辅助人是否出庭，法律并未作强制规定；鉴定人要提供书面意见，专家辅助人则既可以提供书面意见，也可以提供口头意见。在英美法的专家证人范畴中，专家辅助人属于其中之一。而在大陆法国家，专家辅助人则与其鉴定证人有相似之处，但二者并不等同。

《证据规定（2002年）》第61条规定："当事人可以向人民法院申请由一至二名具有专门知识的人员出庭就案件的专门性问题进行说明。人民法院准许其申请的，有关费用由提出申请的当事人负担。审判人员和当事人可以对出庭的具有专门知识的人员进行询问。经人民法院准许，可以由当事人各自申请的具有专门知识的人员就案件中的问题进行对质。具有专门知识的人员可以对鉴定人进行询问。"

2012年修改《民事诉讼法》将专家辅助人制度正式加以了规定。《民事诉讼法》第82条规定："当事人可以申请人民法院通知有专门知识的人出庭，就鉴定人作出的鉴定意见或者专业问题提出意见。"

专家辅助人由当事人自己提出申请，并由当事人自己聘请。《民诉法解释》第122条规定："当事人可以依照民事诉讼法第八十二条的规定，在举证期限届满前申请一至二名具有专门知识的人出庭，代表当事人对鉴定意见进行质证，或者对案件事实所涉及的专业问题提出意见。具有专门知识的人在法庭上就专业问题提出的意见，视为当事人的陈述。人民法院准许当事人申请的，相关费用由提出申请的当事人负担。"第123条规定："人民法院可以对出庭的具有专门知识的人进行询问。经法庭准许，当事人可以对出庭的具有专门知识的人进行询问，当事人各自申请的具有专门知识的人可以就案件中的有关问题进行对质。具有专门知识的人不得参与专业问题之外的法庭审理活动。"

专家辅助人的意见包括两个方面：一是向当事人提供的专业咨询意见，该意见供当事人参考，不属于证据；二是在法庭上通过对鉴定人进行询问或质疑后所形成和提供的意见，如"该鉴定意见的第1条不能成立，理由是……"，这属于证据之一，法院在审查判断鉴定意见时应将专家辅助人的该意见作为证据纳入考虑范围。

可见，专家辅助人虽由当事人一方聘请，但并不是该当事人的代理人或代言人，而是具有中立地位的独立诉讼参与人，其专家意见具有独立性，简单地将专家辅助人的意见视为当事人陈述或将其归属于鉴定意见，均不可取。

7. 单方委托鉴定的法律效力：案例评析[①]

（1）基本案情：2002年8月30日，中国建设银行股份有限公司某支行（以下简称建行某支行）与北京某大学生公寓开发有限公司（以下简称某开发公司）签订2002年房开字第001号《人民币资金借款合同》。合同约定，某开发公司向建行某支行借款4550万元，借款期限为72个月。同日，建行某支行分别与某市某建筑集团有限公司（以下简称某建筑集团）、某市某基础设施投资有限公司（以下简称某投资公司）签订2002年房开字第001号《保证合同》，约定某建筑集团、某投资公司对某开发公司在上述《借款合同》项下的债务提供连带责任保证。上述《借款合同》履行期间，某开发公司于2003年至2005年已偿还借款本金共计2050万元及相应利息。

2006年4月20日，建行某支行向某市中级人民法院起诉，要求某开发公司偿还贷款本金2500万元及至实际给付之日止的利息，同时要求某建筑集团、某投资公司、某大学对上述债务承担连带偿还责任。

（2）原审裁判：一审法院认为，关于建行某支行与某建筑集团签订的《保证合同》的效力问题及某建筑集团的责任问题，某建筑集团主张其从未签订过本案《保证合同》，并向法院提交了某市物证鉴定所对保证合同上印章的鉴定书，用以证明合同上某建筑集团的印章系伪造，同时主张合同上的签字系仿冒。因该鉴定系某建筑集团单方委托送检，其未举证证明用作鉴定检材的比对印章系其在公安部门备案的唯一合法的印章，故对某建筑集团的该抗辩理由不予采信。在本案《保证合同》签订前，某建筑集团向建行某支行出具了其同意为某开发公司提供担保的董事会决议，并在建行某支行的《借款担保核保单》上签字、盖章，上述事实表明，某建筑集团为某开发公司4550万元贷款提供担保的意思表示是连续的、真实的。加之，某建筑集团与建行某支行签订的《保证合同》内容不违反我国法律、行政法规的强制性规定，故应当认定该《保证合同》有效。现由于某开发公司违约，建行某支行根据《借款合同》约定宣布贷款立即到期，某建筑集团应当按照《保证合同》的约定对某开发公司提前到期的债务承担连带清偿责任。遂作出上述内容之判决。某建筑集团不服一审判决，提出上诉，二审判决：驳回上诉，维持原判。某建筑集团不服原审判决，向检察机关申请监督。

（3）监督理由：检察机关审查期间调取了某市公安局某分局对王某某（某开发公司副总经理）涉嫌贷款诈骗罪所作的讯问笔录。检察机关认为，原审判决认定某建筑集团承担连带保证责任缺乏证据证明，适用法律错误。再审遂改判：建行某支行与某建筑集团之间未成立保

[①] 某建筑集团有限公司与中国建设银行股份有限公司某支行等借款合同纠纷再审检察建议案。

证合同关系,仅某投资公司承担连带清偿责任。

(4)法理评析:关于本案,从检察院监督的角度看,有四个重点需加把握:保证合同关系的成立与否问题;鉴定意见的审查判断问题;刑民交叉问题;再审检察建议的运用问题。

①本案所涉的保证合同关系是否可被认定为成立?

根据《民法典》第681条的规定,保证法律关系的形成通常可以由双向性的保证合同形成,如签订单独的保证合同或者在保证条款上签字盖章加以认可。除此之外,还有采用第三人单方以书面形式向债权人出具担保书,债权人接受且未提出异议的方式形成保证法律关系。本案中的争议点就在这里,具体又分为两个分支性焦点:一是争议的《保证合同》是否合法有效成立;另一是如果《保证合同》不成立,那么,曾向原告方表示愿意提供担保的董事会决议和在建行某支行的《借款担保核保单》是否可以证明保证法律关系的成立。在本案中,检察机关对保证合同的成立问题审查得较为扎实。检察机关不仅抓住原审法院对当事人单方委托的鉴定意见以不符合法律规定为由予以简单否认的弱点,而且还借助刑事案件通过行使调查核实权的方式,收集了多份讯问笔录以及刑事鉴定意见等证据,这些证据结合在一起,已足以证明《保证合同》实属伪造。

《保证合同》无效,并不意味着双方保证法律关系就绝无成立的可能。那么,被告方曾向原告方表示愿意提供担保的董事会决议和在建行某支行的《借款担保核保单》是否可以证明保证法律关系的成立呢?如果截取案件事实的此一单纯片段,无疑可以认为原审法院的认定不无道理,也就是说,被告方在主合同形成之前所提供的这两份证据,清晰地证明被告方对将来要签订的主合同单方面地表达过的担保意愿,该意思表示是足以使担保法律关系成立的。此后也无证据表明,被告方向原告方撤销过该意思表示。至于主从合同的先后顺位以及是否签订此后的保证合同,则无关紧要。如果案件的审查判断就止步于此,那么,应当认为原审法院的判决具有正确性。

然而,检察机关在审查判断该案时,并没有局限于这种片段式的法律思维,而是采用辩证的、动态的法律思维进行综合式判断。检察机关通过审查认为,当事人的意思表示是动态的,其原先表达过愿意担保的意思表示,在双方订立保证合同的环节中,已明确表示不再愿意提供担保,这无异于对原有的意思表示的撤回,原有的愿意提供担保的意思表示便不再有效,这也是单方表示形式和双方表示形式之间的差异所在。尤其是,检察机关在审查保证合同这个意思表示环节时,证据收集扎实充分,致使该环节的撤销担保的意思表示足以形成对此前曾表示过的愿意担保的意思表示的有效否定。

②鉴定意见的审查判断。

根据《民事诉讼法》第79条的规定,可知我国《民事诉讼法》迄今尚不认可与公鉴定相对而言的私鉴定,案件中所涉专门性问题,要么由法院依职权启动鉴定程序,要么由当事人申请法院进行鉴定,此外别无任何其他途径。按照这一规定,当事人私自委托鉴定机构所产生的鉴定意见,不具有合法性,原审法院对此予以否定,在该意义上说,具有一定的道理。然而,问题在于,《民事诉讼法》虽对当事人单方面委托鉴定的合法性未予确认,但最高人民法院通过的司法解释《证据规定(2020年)》却对当事人单方面委托鉴定予以了附条件认可。其第41条规定:"对于一方当事人就专门性问题自行委托有关机构或者人员出具的意见,另一方当事人有证据或者理由足以反驳并申请鉴定的,人民法院应予准许。"据此,当事人单方面委托鉴定机构所形成的鉴定意见,如果对方当事人不提出相反证据予以反驳,并申请法院进行重新鉴定,则其可以作为合法的证据予以提供;至于其所包含的证明力,则由法院裁量判断。本案中，原审法院以当事人单方委托所作鉴定而直接否定其证明力，显属不当。此外尚需指出的是，原审法院因该鉴定系某建筑集团单方委托送检，其未举证证明用作鉴定检材的比对印章系其在公安部门备案的唯一合法的印章，故对某建筑集团的该抗辩理由不予采信的做法也有不妥。该举证责任应当转移给对方当事人负担，而不是责令由被告方继续负担。

③刑民交叉中的法律监督。

本案中，由于某建筑集团以某开发公司伪造印章骗取银行贷款为由向公安机关报案，刑事案件已经立案并正在进行中。与此同时，检察机关根据当事人的申请启动了法律监督程序。这就形成了这两个程序之间的关系问题。按照《民事诉讼法》第153条的规定，"本案必须以另一案的审理结果为依据，而另一案尚未审结的"，人民法院应当中止诉讼。那么，这里就要分析，监督案件的处理是否必须以刑事案件的处理结果为依据和前提条件。其实，这个问题早在本案的二审阶段就已发生。在二审中，某建筑集团向二审法院提交了公安机关侦查中所形成的鉴定意见，以否定《保证合同》的客观真实性。然而，某建筑集团所提供的这一证据没有得到二审法院的采信。到了再审阶段，刑事案件还在进行中，伪造印章骗取银行贷款犯罪是否构成尚不得而知，而这个问题与检察机关所实施的以伪造印章为由旨在否定保证法律关系客观存在的法律监督行为密切关联。此时，检察机关固然可以向法院申请中止诉讼，法院也可以依职权中止诉讼，以等待刑事案件的诉讼结果，从而以此结果为依据，继续实施民事案件的纠错监督。然而本案中检察机关并没有采用该一解决问题的路径，而是行使《民事诉讼法》第217条赋予其的调查核实权，径直采用刑事案件进行中所形成的包括鉴定意见、讯问笔录等在内的证据材料，作为民事案件法律监督的事实和依据。这样做一方面有利于检察机关对民事案件独立实施法律监督权，而无须依赖于刑事案件的处理结果，从而有利于提高民事案件法律监督的诉讼效率；另一方面又兼顾了与刑事案件的协同性，直接采用在刑事案件虽然尚未最终确定但已基本稳定且相互之间协调一致的证据体系，用来印证民事案件中当事人业已提供的各种证据，从而保持了民事案件与刑事案件之间在证据材料而不是在诉讼结果上的一致性。等取刑事之结果固然更加强而有力，然而这样做势必要使民事案件的纠错程序等待漫长时期，从而影响当事人权益的及时保护。更为关键的是，本案之法律监督，根本无须先行取得刑事案件的确定结果，并以之为前提而继续进行，而完全可以摘取刑事案件处置的局部成果为民事案件法律监督之用，这是本案值得称道之处。

④本案中恰当运用了再审检察建议。

再审检察建议和抗诉是并列的两种监督方式，检察机关根据情形可以选择其中一种方式行使法律监督权。相比较而言，抗诉和再审检察建议各有优劣，抗诉必然引发再审，但如果监督工作做得扎实，再审检察建议同样具有被法院接受的内在力量，再审检察建议还具有同级监督、效率高、速度快、成本低、有助检法和谐等优点，应当尽可能地加以使用；只有到确有必要之时，再使用抗诉的方式实施法律监督。本案作为某市检察机关在2012年《民事诉讼法》修改后适用再审检察建议进行法律监督的首个案例，在效果上明显，法院接受了检察院的再审检察建议，启动了再审程序，纠正了生效裁判中确实存在的错误。

（八）勘验笔录

勘验是指由司法人员或其委托的人对物证或纠纷发生现场等所进行的一种实际观察、检验、试验和判别的活动。经勘验而制作的笔录，即为勘验笔录。勘验笔录的表现形式多种多样，通常由文字和图形等组成，通过勘验笔录，可以再现或逼真地描述纠纷事实的发生过程。通过勘验，司法人员就会更加直观地、全面地理解和把握纠纷事实的真相，同时对案件中出现的其他证据也可以进行更有效的审核、比较和判断。通过视听资料或其他电子设备进行勘验，也是经常运用的方法。

勘验作为一种证据形式，其功能主要在于：一是可以通过勘验保全证据。比如到现场拍摄照片，或者提取路线痕迹等。二是可以通过勘验发现其他有价值的证据或证据线索。三是可以借助于勘验对其他证据的真实性加以判断或印证。四是勘验是法官形成确定心证的重要途径。

勘验可以由当事人申请进行，但通常是法官依职权进行。因此，勘验是法院职权调查证据的一种重要形式和表现。

法院决定进行勘验，一般应满足以下条件：其一，有关证据不可能在法庭上出示。物证的体积庞大，不便在法庭上出示，如工厂里使用的设备；或者物证本身不可能在法庭上出示，如交通事故的现场。其二，其他可以使用的证据不够充分，法院在证据判断上无法作出明确的结论，有勘验之必要。

勘验笔录就其性质而言，不属于单纯的实物证据，也不属于单纯的言词证据，而具有二者的混合性。如勘验笔录中所描绘的交通事故现场图，具有实物证据属性，它能够直观地反映出现场情况；但勘验笔录中勘验人所作出的有关背景性陈述，如"晚高峰时，车速一般在每小时20公里左右"，便具有言词证据属性。

勘验通常由审理案件的法官进行，但审理案件的法官也可以委托其他人员进行，包括有专业技术知识的鉴定人在内。鉴定人进行勘验，其结果既是鉴定意见，也是勘验笔录。

勘验必须遵循法定程序，按法定规则进行。勘验人必须亮明身份；通知利害关系人到场；必要时由第三方见证；保护好现场或物证，勘验时不受干扰；勘验笔录应当由制作者、见证者等相关人员签字盖章，注明日期。

对于勘验笔录，法庭应当予以展示和宣读，当事人有权对勘验笔录提出质疑，同时也可对进行勘验的人，包括法官，进行提问，勘验者应当出庭并回答当事人的询问。

以上所述，即为我国《民事诉讼法》第66条规定的八种证据形式或证据种类。最后需提及的有两点：一是证据种类的立法规定不是固定不变的，而是会与时俱进的，它具有开放式的结构和特征，而不是封闭性的体系。如专家辅助人，目前立法虽未将其作为独立的证据种类加以规定，但将来经过实践检验，专家辅助人也有可能成为独立的证据种类。二是证据种类的划分并不完全是平面式的，有时则是立体式的。书证、物证、证人证言、当事人陈述这四种证据种类是平面式的划分，之间没有交叉；但视听资料、鉴定意见、电子数据、勘验笔录这四种证据种类，则属于立体式的、叠合式的划分，它们相互之间以及它们同前四种证据种类之间，会发生交叉、重叠。

二、民事诉讼证据的理论分类

我国学界目前普遍接受的分类有：言词证据和实物证据、原始证据和传来证据、直接证据和间接证据、本证和反证等。① 具体如下：

（一）言词证据与实物证据

根据证据的载体及其证明案件事实的形式，可将证据分为言词证据和实物证据。

---

① 参见刘金友主编：《证据法学》，中国政法大学出版社2001年版，第196—224页；何家弘主编：《新编证据法学》，法律出版社2000年版，第119—121页。

1. 言词证据

言词证据是以人的陈述来证明案件事实的证据,包括当事人陈述、证人证言和鉴定意见等,专家辅助人的意见属于言词证据,勘验笔录在勘验人通过陈述的方式来解释和说明时也属于言词证据。

书面证词和鉴定意见等看上去是实物证据,但就其本质而言,则属于言词证据,因为其中包含的均为人的陈述,只是将人的陈述书面化了而已。而且,根据《民事诉讼法》的规定,书面证词只是在例外时才允许提供,鉴定意见在必要时需要鉴定人到庭陈述。

言词证据在对抗制民事诉讼中日益重要,离开言词证据,司法审判中的言词审判主义就无法贯彻落实,司法审判中的二造对立结构就难以保证,案件事实的真相就难以全面客观地被揭示出来。尤其在简易程序、小额诉讼程序中,言词证据更是不可或缺,利用言词证据审理案件和认定事实,有利于提高诉讼效率,增强诉讼活力。同时在司法调解程序中,言词证据较之实物证据更具有灵活性。

言词证据的特点主要有:

(1) 形象生动。言词证据是通过人们的话语形式来证明案件事实的,而话语的表述往往阻碍较少,能够声情并茂地展现案件情节,使审判人员有身临其境之感,从而获得对案件事实活生生的认知和感受。言词证据给审判人员造成的影响往往很难抹去。

(2) 全面系统。言词证据的表述者能够对案情故事的来龙去脉娓娓道来,能够对案件中细枝末节清晰描述,能够有时铺陈有时总结使案情叙述散而不乱,从而能够使司法审判人员获得最大限度的案件信息量。不仅如此,通过言词证据的表述过程以及前后是否存在矛盾等细节,司法审判人员也更能透过案情这个现象,看到当事人、证人等是否诚信、善意等更本质的东西,从而有利于司法审判人员更加精准地从整体上认定案件事实,并妥善选用调解或判决来解决案件。

(3) 夹叙夹议。尽管言词证据的表述者应当专注于案件事实本身的描述,而不对案件事实简单下结论、做评论,但实际情况是,无论是证人作证还是当事人陈述,往往都会对案件事实作出判断性意见。比如证人作证说"此人驾驶车辆横冲直撞,应负全责"。该证词中,前一句为事实描述,属于证人证言,后一句为判断意见,属于应受排除的意见证据,不属于证人证言,不能作为证据使用。但是对言词证据中的鉴定意见而言,恰恰需要这种事实性结论为证据。如鉴定意见说"该医疗事故完全是由医生过失操作造成的",该意见就可以作为定案根据。因此,言词证据中的事实部分和意见部分能否作为证据使用,需要区别当事人陈述、证人证言和鉴定意见,不可一概而论。

(4) 有真有假。言词证据是人表达的证据,因而容易受到人的主观倾向的影响,也会受到人的客观因素的制约。主观倾向的影响主要来自做出言词证据的人与案件处理之间会存在一定的利害关系,如当事人陈述这种言词证据,就是由诉讼中的原告或被告作出的,与案件有密切的利害关系;提供证言的证人有时也会与案件有一定的利害关系,这种利害关系的存在,会影响言词证据的真实表述。客观因素的制约是指提供言词证据的人,在观察能力、记忆能力和表述能力上会存在一定缺陷,这种缺陷的存在,会影响言词证据的正确表述。这种主观和客观因素的存在,使得言词证据尽管有诸多优点,也难免会真假混杂,给司法审判人员审查判断该类证据带来一定困难和障碍。

2. 实物证据

实物证据是通过物的存在形态及其物上文字符号数据图形等所反映的内容来证明案件事实

的证据，包括物证、书证、视听资料、电子数据等，勘验笔录以其记载的内容和图标等来证明案件事实时，属于实物证据。

实物证据具有以下特点：

（1）客观性较强。与言词证据以人的形式表现出来的证据不同，实物证据是以物的形式表现出来的证据。以物为载体的实物证据，不会如同言词证据那样易变、难以捉摸，而具有稳定性、客观性、不易变性，因此实物证据上所承载的信息通常比较可靠。

（2）复合性。实物证据通常需要再次提取，形成二次生的证据。比如，物证有时需要鉴定，鉴定后便出现了鉴定意见这种证据；物证可能需要勘验，勘验后便出现了勘验笔录这种证据；物证需要人证的解说与配合。再如，书证可能需要鉴定，视听资料、电子数据有的需要鉴定，有的需要勘验。当然，实物证据并不都具有复合性特征，直接通过展示而发挥证明作用的实物证据也大量存在。因此，复合性的特征，只是相对于言词证据而言的总的特征，而不是实物证据的固有特征。

（3）间接性。实物证据中的物证具有明显的间接性特征，因为物证通常是以物体的外形、质量、状态、规格、特征来证明案件事实的，只能证明案件事实的某个环节或片段，只能作为间接证据而被使用，往往不能成为直接证明案件事实的主要证据。因此，有了实物证据，往往还需要根据实物证据所提供的线索，去查找直接证据和主要证据。

3. 言词证据和实物证据的关系

在民事诉讼中，言词证据和实物证据具有同等的重要性。言词证据的优点是它一般为直接证据，能够反映案件事实的全貌和本质，但缺点在于言词证据通常不可靠，要善加审察，在审查判断时，要反复询问，刨根究底，找出漏洞，揭示虚假因素，寻觅出真理的颗粒；实物证据的优点是它比较可靠，篡改起来也容易露出蛛丝马迹，但缺点在于它一般为间接证据，只能反映案件事实的局部和片面内容，只能窥见案件事实这个"大象"的一部分，单纯依据实物证据判断案件事实，有时难免会有坐井观天的感觉，因此，司法人员在审查判断实物证据时，需要从实物证据延伸开来看问题，不能局限于实物证据本身。

言词证据和实物证据的关系是：

（1）言词证据是否可靠，往往需要实物证据来佐证。如当事人陈述"对方驾驶车速过快"，则需要摄像头上的测速器这个实物证据来佐证。

（2）实物证据需要言词证据来说明。如当事人在法庭上出示"假药"，同时陈述"该药不顶事"。

（3）实物证据是言词证据的"向导"。通过实物证据有利于发现言词证据，比如通过指纹发现证人。

（4）实物证据需要言词证据将其串起来。

（二）原始证据与传来证据

按照证据的来源分，证据可分为原始证据与传来证据。原始证据是指直接来源于待证事实的证据，传来证据是指经过复制、传抄、转述等中间环节而形成的证据。证人证词若属于传来证据，则称为"传闻证据"，传闻证据是传来证据之一种，二者并不等同。

区分原始证据和传来证据的意义主要在于：

其一，在民事诉讼中，应当尽可能地收集原始证据。因为原始证据直接来源于案件事实，能够准确地反映案件事实的本来面貌，比较真实可靠。只有在原始证据无法取得的情况下才能收集传来证据。当事人提供传来证据来证明案件事实，只有在法律允许的情况下才能成为次优的选择。《证据规定（2002年）》第77条规定，原始证据的证明力一般大于传来证据。这是因为传来证据经过一些中间环节，出现差错的可能性就加大。

其二，要善于发挥传来证据的作用。传来证据可以成为发现收集原始证据的线索，可以对原始证据的真实性起到印证或佐证作用，同时在原始证据缺乏的情况下，也可以成为原始证据的替代品。

对于原始证据和传来证据的审查判断，我国《民事诉讼法》及其相关司法解释提出了一些要求和标准，形成了相应的证据规则，主要有：

1. 原件原物规则

《民事诉讼法》在所规定的八种证据类型中，仅对书证和物证提出了原件原物的要求，此也称为原始证据优先规则。《民事诉讼法》第73条规定："书证应当提交原件。物证应当提交原物。提交原件或者原物确有困难的，可以提交复制品、照片、副本、节录本。"最高人民法院司法解释对此予以了扩展，将电子数据和视听资料也纳入到了原件原物规则之中。《证据规定（2020年）》第23条规定："人民法院调查收集视听资料、电子数据，应当要求被调查人提供原始载体。提供原始载体确有困难的，可以提供复制件。提供复制件的，人民法院应当在调查笔录中说明其来源和制作经过。人民法院对视听资料、电子数据采取证据保全措施的，适用前款规定。"笔者认为，最高人民法院的此一扩展性司法解释似无必要。一是民事诉讼法对此并无规定；二是电子数据和视听资料的原始证据很难取得，同时是否属于原始证据也无法判断；三是从电子数据和视听资料的性质看，对它们提出原始证据规则的要求也无必要，其是否为原始证据，对法院就其真实性判断无益。

当然，原件原物规则属于原始证据优先性规则，并不意味着非原件、非原物就不得作为证据使用。该规则的基本含义是：对于书证和物证而言，如果有原件原物，则应优先提供原件原物。但该规则也存有例外。《证据规定（2020年）》第61条规定："对书证、物证、视听资料进行质证时，当事人应当出示证据的原件或者原物。但有下列情形之一的除外：（一）出示原件或者原物确有困难并经人民法院准许出示复制件或者复制品的；（二）原件或者原物已不存在，但有证据证明复制件、复制品与原件或者原物一致的。"《民诉法解释》第111条规定："民事诉讼法第七十三条规定的提交书证原件确有困难，包括下列情形：（一）书证原件遗失、灭失或者毁损的；（二）原件在对方当事人控制之下，经合法通知提交而拒不提交的；（三）原件在他人控制之下，而其有权不提交的；（四）原件因篇幅或者体积过大而不便提交的；（五）承担举证证明责任的当事人通过申请人民法院调查收集或者其他方式无法获得书证原件的。前款规定情形，人民法院应当结合其他证据和案件具体情况，审查判断书证复制品等能否作为认定案件事实的根据。"可见，在提交原件原物确有困难的情形下以及在原件原物确已丧失不复存在的情形下，当事人陈明理由后可以提交复制件、复制品或其他类似的替代件和替代品。所增加的要求是：当事人对提交这些非原件原物的书证物证，需要疏明两点理由：一是提交原件原物确有困难或者原件原物确已丧失；二是非原件原物的书证物证与原件原物是一致的。在此情况下，对方当事人若对此非原件原物的书证物证之真实性或证明力依然持有异议，则需提供相反证据予以反驳，否则，法院应予采信。基于此，《证据规定（2002年）》第70条规定："一方当事人提出的下列证据，对方当事人提出异议但没有足以反驳的相反证据的，人民法院应当确认其证明力：（一）书证原件或者与书证原件核对无误的复印件、照片、副本、节录本；（二）物证原物或者与物证原物核对无误的复制件、照片、录像资料等……"

2. 佐证规则

《证据规定（2020年）》第 90 条规定："下列证据不能单独作为认定案件事实的根据：（一）当事人的陈述；（二）无民事行为能力人或者限制民事行为能力人所作的与其年龄、智力状况或者精神健康状况不相当的证言；（三）与一方当事人或者其代理人有利害关系的证人陈述的证言；（四）存有疑点的视听资料、电子数据；（五）无法与原件、原物核对的复制件、复制品。"如果原件原物没有丧失而仅仅是提供有困难，则可以通过勘验或者拍摄照片、视频等方式予以核对；然而，如果原件原物不复存在，则无法进行上述核对，该原件原物的替代品也即复印件、复制品虽然也可以作为证据使用，但是其证明力将有所削弱，只能相当于"半个原件原物"，不能构成一个完整的证据，因而不能单独作为认定案件事实的依据。如欠条只有一个复印件，对方当事人不予认可，该当事人又不能提供有力的理由或其他佐证，则该欠条复印件尚需其他证据佐证，比如对该欠条复印件进行专家鉴定，确无篡改变造痕迹或嫌疑；或者，当事人另行提出录音证据予以印证，也可以弥补复印件复制品之缺陷。

（三）直接证据与间接证据

根据证据与案件主要事实之间的关系来分，证据可分为直接证据和间接证据。直接证据是指能够单独证明主要案件事实的证据，间接证据是指不能单独直接证明案件主要事实的证据，它只有与其他证据相结合经过推理才能证明主要案件事实。

1. 区分直接证据和间接证据的意义

（1）要重视直接证据的收集和提供。因为，直接证据本身就是案件事实的组成部分，因而其内容与要件事实是重合的，因此只要直接证据本身的真实性得到了确证，该案件事实就获得了证明。间接证据仅仅只能证明案件事实的某个片段，不能直观地映现主要事实。

（2）间接证据的作用不可忽视。间接证据不仅在缺乏直接证据时可以独立地起到证明的作用，而且通过间接证据也容易发现直接证据，此外，直接证据是否具有真实性，通常需要依靠间接证据加以佐证或印证。

（3）二者在证明的形式和规则上有所不同。直接证据的证明具有直观性，比如根据借条就可以证明借款的事实，法官对此不需要借助于推理、推论、经验法则的使用等环节进行逻辑的思维运作，即可获得对案件事实的确信或判定。而间接证据的运用则需要借助于逻辑推理的功能。运用直接证据所进行的证明称为直接证明，运用间接证据所进行的证明称为间接证明。

（4）直接证据的证明力一般大于间接证据。《证据规定（2002年）》第 77 条规定："人民法院就数个证据对同一事实的证明力，可以依照下列原则认定：……（四）直接证据的证明力一般大于间接证据……"直接证据和间接证据的证明力比较规则是以证据的关联性为标准而得出的。从证关联性角度看，直接证据的关联性更强，它与案件事实（要件事实）之间的距离更近，因而对于案件事实的证明力更强；反之，间接证据则与要证明的案件事实（要件事实）距离更远，其只能证明案件事实体系中的某个或某些片段，而不能直接证明案件事实（要件事实），因而其证明力更弱。例如，欠条就是证明借款这个案件事实（要件事实）的直接证据，而被告人有借款的需要或动机仅是证明借款这个案件事实（要件事实）的间接证据。然而，就真实性而言，直接证据和间接证据并无二致，直接证据，如欠条，可能为假；间接证据，如证人证明被告人有借款的需要或动机，可能为真。如果直接证据为假，间接证据为真，则不能得出结论说"直接证据的证明力一般大于间接证据"。

2. 间接证据的适用规则

直接证据的适用较为单纯，只要判断该直接证据为真，就可以作为认定案件事实的依据。

然而，相对于直接证据而言，间接证据的运用规则比较复杂，理论上通常认为，对于间接证据的使用应当遵循这样几个规则：

（1）数量规则。单独运用间接证据证明案件事实，要达到一定的数量。据此，单个的间接证据不能作为认定案件事实的唯一证据，在缺乏直接证据的情况下，运用间接证据证明案件事实需要达到一定的数量，所谓"孤证不能定案"，主要是针对间接证据而言的。如该人此前曾经向原告借过款，此为"过去事实之证据"，该证据虽然在我国可以采用，但单凭该证据显然不足以证明被告在本案中的借款事实，因为其数量不够。

（2）排他性规则。各种间接证据应当排除其内在的矛盾性。在间接证据之间要不存在合理的矛盾，在间接证据和案件事实之间要存在合理的联系。如果间接证据之间有矛盾存在，则需要追加其他间接证据，来消除这种存在的矛盾。否则，间接证据的使用就会出现错误。

（3）体系性规则。该规则与数量规则相联系。数量规则是底线规则，体系性规则是饱和规则。间接证据的数量究竟要达到多少才算足够？这只能因案而异，概括的要求是诸间接证据要构成一个证据体系。全部间接证据要能够形成一个证明体系，由该体系能够得出较大可能性的事实结论。据此，应将各项间接证据如同拼图一样组合起来，经过逻辑推理，看其能否得出经得起理性检验的可靠结论。

最后，我们看一个运用间接证据认定案件事实的例子：

在陈某涛诉李某楚借款纠纷一案中，陈某涛声称"鉴于我俩关系好，没有写欠条"，但有以下几个证据：（1）陈某涛提供的由李某楚写的拟向陈某涛借款外出旅游的一封书信。该信的主要内容为："想跟陈某涛借款人民币3000元整，一个月内返还。1999年3月20日。"（2）李某楚的同事乔某明的证言。乔某明证明，他在1999年3月26日听李某楚说，李某楚向陈某涛借了3000元，准备到外地去旅游时用。（3）李某楚的朋友张某向受诉人民法院提出证言："李某楚在1999年3月底与张某到五台山旅游时向张某说，这次出来玩的钱是向别人借的。"（4）李某楚在平时经常跟陈某涛借款用，对此李某楚也承认。

本案中，所有孤立的一个间接证据，都无法证明李某楚向陈某涛借款的事实，但四个间接证据联系在一起，李某楚向陈某涛借款的事实便可得到认定。当然，在司法实践中，一般来说，案件中往往既有直接证据，也有间接证据，它们相互印证，共同发挥证明案件事实的作用。

（四）本证与反证

按照证据与证明责任的关系来分，证据可分为本证与反证。本证是指能够证明负有证明责任一方当事人所主张的事实的证据，反证是指由对方当事人为阻止本证举证成功而提出的证据，目的在于证明对方主张和事实不存在。

当事人在民事诉讼中提供的证据，在其证明功能上，不是属于本证就是属于反证。本证和反证的对立是当事人诉讼地位对立的表现，正是因为诉讼中当事人处在相互对立的诉讼地位，他们各自提供的证据也处在对立的地位。不过，并非原告提供的证据为本证，而被告提供的证据为反证；本证和反证划分不在于原告、被告的诉讼身份，而在于负担证明责任的主体归属。

本证直接来源于证明责任，凡是负担证明责任的当事人，无论其为原告、被告，其所提供的用以解除该证明责任的证据皆为本证；反证则间接来源于证明责任，凡是不负担证明责任的当事人，无论其为原告抑或被告，其所提供的用以防止证明责任被解除的证据皆为反证。可见，本证与反证是具体的概念，它们针对具体的事实主张而言，分别从不同的方向作用于证明责任的履行。

区分本证和反证的诉讼意义在于：

1. 本证先行

负责提供本证的当事人应当首先提供证据，只有在本证达到一定程度后，提供反证才有必要。在此意义上，证明责任又可分解为本证责任和反证责任。

2. 本证的证明标准比反证高

负担本证责任的当事人，应当就争议事实提供达到法定要求的证据，证明标准就是针对本证而言的；负担反证责任的当事人，其针对争议事实所提供的证据，只要达到使争议事实处在真伪不明状态即可停止举证。在案件事实真伪不明时，负担本证责任的当事人败诉。因此，本证是进攻性证据，反证是防御性证据。

我们看一个例子：甲诉乙给付加工承揽费用。甲拿出一份协议，该协议写明乙应分期付清承揽费用，金额为 15000 元。乙答辩时拿出另一份协议抗辩，认为金额只有 10000 元，甲同意减免 5000 元。两份协议都是在同一天书写。甲提供的协议上有双方的盖章和签字，乙提供的协议上只有双方的签字，而没有盖章，但是写明"签字后生效"。甲诉称乙提供的协议在先，乙辩称甲提供的协议在先。双方当事人对协议的真实性与合法性均不持异议。

本案涉及本证与反证的关系问题。从证明责任的负担上看，甲对所欠款项 15000 元的事实负担证明责任，其所提供的证据为本证。甲提出协议后，证明责任发生转移，乙开始负反证责任。乙提供的证据为反证，乙的反证已经使案件争议事实处在真伪不明状态。此时举证责任再次发生转移，甲又开始负担本证责任。甲如果没有证据提供，则应对此真伪不明的诉讼状态承担不利后果。甲无证可举，故甲应承担败诉责任。

3. 法院就此可以有针对性地进行证明上的指挥和阐明

有了本证和反证的对立范畴，审理案件的法院可以据此对当事人双方有效地实施证明活动提供指导，从而避免证明次序上的无序，也可以避免当事人在提供证据上的重复或不足。

第九节　证据交换

一、证据交换的含义与特点

证据交换是指当事人相互之间就其准备在法庭上使用的证据彼此互换，从而互通有无、公平诉讼的制度。其实质是一方当事人用自己已有的证据去交换相对方所具有的而自己没有的证据。当事人之所以希望证据交换，乃是因为他在庭审总决战之前想知道对方的证据；只有事先知道了对方的证据，本方才能有充裕的时间补救自己证据的不足，并就对方的证据提出有针对性的反驳和质疑的意见，从而在削弱对方证据证明价值的基础上强化本方证据的证明力，以获得胜诉的结果。由此可见，证据交换是在双方当事人之间展开的证据互换活动，当事人是进行证据交换的诉讼主体；证据交换是一种双向性诉讼活动，是当事人诉讼地位平等原则和公平诉讼原则的表现，体现了程序的公正性；证据交换是当事人充分利用证据论证各自事实主张和法律观点的前提条件，是双方进行激烈的正面交锋的前奏，能否有效地利用证据交换程序为自己服务，在很大程度上决定诉讼的胜负。证据交换对当事人而言，既是其诉讼权利也是其诉讼义务。说它是诉讼权利，指的是一方当事人有权要求另一方当事人向本方公开或出示其所有的证据；说它是诉讼义务，指的是一方当事人要求另一方当事人向自己出示证据之前必须首先向对方出示自己的证据，否则对方当事人没有出示自己证据的义务。换言之，交换是有条件的，即一方向他方首先出示了证据，另一方才有义务来交换证据。

由于我国长期奉行法院依职权全面调查取证制度，双方当事人仅仅是法院调查取证的客体，而不是承担举证责任的主体，因而作为当事人履行举证责任方式之一的证据交换制度没有产生的可能与必要。随着民事审判方式改革的推行，民事诉讼机制和模式的变革，以及当事人举证责任分工负责制度的建立，证据交换制度的构建也被提上了议事日程。最高人民法院通过司法解释的方法首先在《审判方式改革规定》中、继而又在《证据规定（2002年）》中规定了证据交换制度，从而以有效法律文件的方式正式确立了证据交换制度。2012年《民事诉讼法》在第133条中规定了证据交换制度。但是，我国的证据交换制度尚不够健全，还需要进一步完善。

二、证据交换制度的模式类型

从不同的角度可以对证据交换的类型作出不同的划分；正是这各种形式、多种多样的证据交换，构成了现代社会证据交换制度的丰富内涵，展示了证据交换制度的程序价值和演变轨迹。

（一）当事人主导型证据交换和法院主导型证据交换

在不同的诉讼模式中，证据交换制度的运行机理和程序方法是不尽一致的。在当事人主义诉讼模式中，证据交换的过程是由当事人依照民事诉讼法的规定自主地运作的，法院原则上并不介入。法院只在两种情况下才予介入：一种情况是，双方当事人就证据交换问题发生了争议而无法协商解决，在此情况下，法院根据一方当事人的申请对特定的争议加以解决；另一种情况是，在双方当事人交换证据完毕后，法院召集他们举行审前会议以巩固证据交换的成果，将证据交换的结果确定下来，并借此了解和固定争议焦点。这种意义上的证据交换可以称之为"当事人主导型证据交换"。英美法系国家的证据交换大多属于此种类型。与之相对照，大陆法系国家则通常实行"法院主导型证据交换"。比如，德、日等国实行的准备书状的交换，就是通过法院由当事人相互实施的。① 两种证据交换模式各有利弊：当事人主导型证据交换容易导致当事人对证据交换权的滥用；法院主导型的证据交换未必能够确保当事人满意或者获得当事人的信赖。也正因如此，两种证据交换模式目前出现了相互借鉴和互相接近的趋势。

（二）自动型证据交换和被动型证据交换

以证据交换是否根据当事人的要求而实施为标准，可将证据交换分为自动型证据交换和被动型证据交换。自动型证据交换，是指双方当事人主动按照法律的规定向对方当事人交换证据，而无须等待对方当事人提出证据交换的要求。因而这种证据交换是强制性的或义务性的交换，是任何诉讼中任何当事人都必须要进行的。《美国联邦民事诉讼规则》第26条所规定的"出示义务"，所指的就是自动型证据交换。被动型证据交换是根据一方当事人的请求而进行的证据交换，比如一方当事人向对方提出要求其出示特定的书证或物证，而另一方当事人根据该要求出示该证据，此即被动型证据交换。美国的发现程序就属于被动型证据交换。② 被动型

---

① 参见《德意志联邦共和国民事诉讼法》第129条、第132条、第133条；《日本新民事诉讼法》第161条、第162条。

② 参见《美国联邦民事诉讼规则》第26条。

证据交换是当事人收集、发现证据的方法，对于双方当事人而言，这种相互收集证据的过程便是交换各自所拥有的证据的过程。所以，美国的发现程序就包含了证据交换的内容，只不过除此以外它还有向其他人收集证据的功能，而向第三人收集证据则不属于证据交换的范围了。一般而言，自动交换是被动交换的前提性步骤，其目的是减少被动交换的次数，缩短被动交换的过程；被动交换则是对自动交换的补救和保障，同时被动交换也为进一步自动交换提供了内容和素材。仅有自动型交换，证据交换制度乃是残缺不全的，其功能是有限的。

（三）申请型证据交换、裁量型证据交换和法定型证据交换

《证据规定（2002年）》第37条规定了我国证据交换的两种情形：一是"经当事人申请，人民法院可以组织当事人在开庭审理前交换证据"；二是"人民法院对于证据较多或者复杂疑难的案件，应当组织当事人在答辩期届满后、开庭审理前交换证据"。前一种情形的证据交换可称之为"申请型证据交换"，后一种情形的证据交换则可称之为"裁量型的证据交换"。① 申请型证据交换尊重了当事人的意志，是当事人程序选择权运用的结果，有其合理性和正当性；但问题在于当事人往往难以达成证据交换方面的合意，若根据一方当事人的申请就进行证据交换，则对另一方当事人也会有不公正之嫌。因而，这种类型的证据交换缺乏较强的可操作性。裁量型证据交换将是否进行证据交换的权利交付给法官决定，有利于避免申请型交换所带来的不确定性的弊端，但它也会产生法官滥用职权或任意行使职权而无法监督的弊端。依照前引司法解释的规定，首先应当适用申请型证据交换，在申请型证据交换无法进行时，再适用裁量型证据交换，其结果，民事诉讼中是否实行证据交换仍取决于法官的任意性。证据交换制度主要是为当事人收集证据和探知对方证据而使用的，法院并没有从事证据交换的内在动因，因而如果将是否进行证据交换的决定权交给法院行使，其结果无异于否定证据交换制度存在的可能性。因此之故，申请型证据交换和裁量型证据交换都不可靠，唯有法定型证据交换才能切实发挥该制度的作用。法定型证据交换，是指由法律明文规定适用某种诉讼程序的民事案件一律实施证据交换，除非双方当事人合意排除对它的适用。

（四）一次性证据交换和分次性证据交换

证据交换制度本身即隐含着多次证据交换的意思，或者说，证据交换的多次进行是一个常态，因此在证据交换制度的设计中，应当考虑到证据交换在实际运行中的这个普遍性特点。《美国联邦民事诉讼规则》第26条规定证据交换至少分三次进行：第一次是初次交换，交换的内容是与各方在诉答文书中提出的特定争执事实有关的证据信息；第二次是专家证词的交换，专家证词一般是在当事人初次交换证据后根据需要而形成的，因此在第一次证据交换后，需要进行专家证词的专门性交换；第三次是在庭审前30日进行的最后一次交换，这次交换在性质上属于补充性证据交换，也就是当事人准备在庭审中使用的所有证据，如果尚未交换的，应当全部交换。这三次交换是法定的最低限度的交换，如果有必要，当事人可以进行更多次的证据交换。因此，分次性交换是证据交换模式的基本形式。

（五）书面性证据交换和口头性证据交换

如前所述，证据交换往往是分次或多次性地进行的，因而它内在地需要程序的简化和灵活；也正是因为这个原因，各国均将证据交换这个必要的审判环节置于审前程序中完成，而不

---

① 《证据规定（2020年）》对证据交换的这两种类型并无规定，笔者认为规定这两种证据交换的类型具有必要性，从中可以体现出对当事人程序控制权的保障。

是像以往那样通过庭审来实施，或者将证据交换内含于庭审中完成。从逻辑上说，证据交换的方式无非有两大类别：一类是面对面的证据交换，其外观类似于开庭而又区别于开庭；另一类是不见面的证据交换，其主要的表现形态为书面交换，但也不限于书面形式的交换，比如电子形式、视听资料形式、双向视听传输技术手段等，均可被采用来实施证据交换。并且，不同的证据也需要配之以不同的证据交换形式。因此，证据交换的形式越多越好。证据交换的形式越多，就越能最大限度地发挥证据交换制度的功效。从两大法系的通常做法来看，一般而言，书面交换可以用在前期的证据交换上：通过数次书面形式的交换，可以集中性地进行一次口头交换；口头交换一般为最后一次交换，通常可以安排在庭审前的一段时间内实施。尤其是，证据交换与开庭审理之间并没有不可逾越的鸿沟，口头性的证据交换可以直接转换为开庭审理。

三、证据交换的原则和主持者

（一）证据交换应当恪守的原则

1. 当事人自治原则

证据交换主要依存于当事人主义的诉讼模式，其意义在当事人主义诉讼模式中获得最大化的展现，而当事人主义诉讼模式是一种在各个层面均以当事人为主导、法院一般不予干预的诉讼模式。因此，在证据交换中应当实行当事人自治原则，法院则保持最大限度的消极性和中立性。首先，当事人自治原则体现在要不要进行证据交换，由当事人双方决定；当事人可以通过合意的方式排除证据交换程序的适用。而且，在证据交换程序被启动后，任何一方当事人是否交换证据以及交换何种证据，也由当事人自主决定。其次，当事人自治原则体现在证据交换程序及方法方式的灵活运用和选择上。证据交换的方式，包括时间和地点等，应允许当事人自主选择。最后，当事人自治原则还意味着证据交换程序的进行由当事人负责。当然，证据交换程序也是以法院为中心而展开的，未经法院的证据交换是无效的证据交换，不产生相应的法律后果。这在我国是由法院职权送达原则所决定的，也是为了便利法院对证据交换的管理和跟踪；同时，法院通过对证据交换过程的控制及其内容的了解，也可以相机行使阐明权，指导当事人有效地实施证据交换。可见，在现代社会的民事诉讼中，当事人自治原则与法院积极介入、有效管理的保障原则是联系在一起的，两个方面均不可或缺。

2. 对等原则

证据交换是当事人之间的信息互动过程，互惠互利是其题中应有之义。一方当事人依法向另一方披露己方证据之后，便有权要求对方向自己披露其所拥有的证据；这种要求对方披露证据的诉讼权利乃产生于自己首先披露了证据的行为。这便是证据交换的要义，证据交换绝非单向的证据输出，而是双向的证据交流。对等原则要求实行平等的证据交换，或者说在证据交换中保持平等的诉讼地位。原告是诉讼的发动者，一般应当依举证责任配置原则首先向对方交换证据，被告继而有针对性地向原告交换证据。如果一方当事人交换证据后另一方不予交换证据或者不继续进行证据交换，则交换程序就此告终。法院应当采取一定形式将双方交换过的证据固定下来，没有交换的证据将产生相应的法律后果。

3. 诚信原则

对证据交换过程，诚信原则也有规范效力。诚信原则对证据交换提出来的一个最主要的要求是不得滥用证据交换的程序。证据交换应当集中于主要的证据以及主要证据中的核心内容，而不得将真实淹没在证据交换的背后。这里应当强调适用证据的关联性原则。无关联的证据不予交换。实施证据交换的双方当事人，应当恪守真实义务和依法进行的原则，确保所交换的证据均具有真实性和合法性。证据的交换必须适时，在该进行证据交换的阶段或时间点必须进行某种类型的证据交换，而不得逾越证据交换的逻辑或顺序而任意地交换证据。这里的"适时"，并非仅指在证据交换程序结束前必须交换所有的证据，而是指在该实施某个层次证据交换之时，必须实施对该特定证据的交换；如果没有及时地实施证据交换，则会产生不利的诉讼后果。同时，证据交换也是一个公平竞争的证据收集过程，任何一方当事人不得为了收集对己方有利的证据而实施妨碍相对方举证的行为，否则，实施证据妨碍行为的本身即导致对他方证据的全部采信。

（二）证据交换的主持者

《证据规定（2020年）》第57条规定："证据交换应当在审判人员的主持下进行。"但这里的"审判人员"究竟何指？实务中的理解并非一致，有的理解为"主审法官"，有的理解为"法官助理"，还有的理解为"书记官"。尤其是，主持证据交换的审判人员和主持开庭审理的审判人员是否应当一致？观点存在分歧。我们认为，要科学地确定证据交换的主体，必须首先明确证据交换程序的法律属性。在质证制度建立后，证据交换制度便蕴含于其中而产生了制度上的胚胎；只不过，此时的证据交换并非置于庭前相对独立地完成的，而是通过庭审来完成的。只是相对于庭前证据交换来说，庭审证据交换由于具备了全部程序保障的外观而显得实无必要；同时，一次交换不成，还要再次开庭，由此限制了证据交换的多样化形式。正是鉴于此种缘故，各国不约而同地将证据交换这个诉讼活动放到了庭审前去进行。放在庭审前进行证据交换有这样几个好处：第一，庭审前证据交换由于不属于正式开庭，因而其程序相对简化，有的诉讼原则可以不予适用，比如公开原则就是如此。第二，在庭审前交换证据，可以用多样化的方法来进行。第三，庭审前交换证据可以在相对和平的氛围和色彩中进行，当事人之间可以缓和其庭审中往往会出现的对抗性；与此相适应，通过庭前交换证据更容易使当事人之间达成和解。但是，尽管如此，庭前证据交换的性质并没有因此而改变，它仍然属于实体审理的一个有机组成部分，它和庭审程序中对证据的提供和质辩是联为一体的。既然证据交换具有实体审理的性质，那么，用"准备程序"或者"审理前的准备"来解说它的性质便有所不足，甚至将证据交换放在"准备程序"或者"审理前的准备"中论述和规定也有偏误。其实，证据交换属于审前程序，而审前程序中也确有"准备"的内容，但证据交换却不属于"准备"的范畴。证据交换放在审前进行，其本质乃是为了简化程序而实行的庭审程序的前移。① 正因如此，《证据规定（2002年）》第47条规定："当事人在证据交换过程中认可并记录在卷的证据，经审判人员在庭审中说明后，可以作为认定案件事实的依据。"《证据规定（2020年）》第57条第2款规定："在证据交换的过程中，审判人员对当事人无异议的事实、证据应当记录在卷；对有异议的证据，按照需要证明的事实分类记录在卷，并记载异议的理由。通过证据交换，确定双方当事人争议的主要问题。"其第97条第2款规定："对当事人无争议的证据，是否采纳的理由可以不在裁判文书中表述。"这可以作为证据交换实体审理性质的印证。既然如此，证据交换程序的主持者不言而喻必然是享有审判权的法官，而不能是非法官的其他人员。

但对法官而言，还有一个是否由主持庭审的法官来主持证据交换的问题。对此有不同的观点，主要有"分离制"与"合一制"的对立。这两种做法在国内外的司法实践中都可以找到依据，也确实各有优缺点，以致有时难分伯仲。"分离制"主要是担心审理法官提前介入审前

---

① 相似的观点参见高洪宾、何海彬：《庭前证据交换实务问题研究》，载《政治与法律》2001年第1期。

程序会导致先入为主。这种担心其实是没有必要的。因为证据交换的目的之一就是让审理法官提前了解案件事实，明确双方争执所在，做到心中有数。如果审理法官不介入证据的交换过程，这个目的就达不到；这个目的达不到，就意味着审理法官到庭审之时还是要从头开始认识案件事实，明确争议焦点，熟悉证据。这等于是重复劳动，浪费诉讼资源。证据交换制度的功能受到了极大限制：当事人不得继续提供证据，但法官还在继续认识案件事实；而法官继续认识案件事实，可能会需要当事人继续提供证据或补充证据，这势必造成当事人不得继续提供证据和法官需要当事人继续提供证据的矛盾，这个矛盾的存在必然影响程序公正和实体公正目标的实现。为解决该矛盾，审理法官势必同意当事人继续提供证据；同意当事人继续提供证据，无异于全面否定了证据交换所存在的价值，证据交换制度变成了一种形式主义的存在，显得可有可无。这正是"分离制"所必然导致的弊端。其实，证据判断上的所谓"先入为主"这种说法乃是似是而非的。法官对案件事实的认识需要有一个过程，在审前阶段就着手认识案件事实，并使这种认识过程一直延续到开庭审理之中，而且在庭审中使法官对案件事实的认识达至顶峰，形成确定的心证。"先入为主"本身并无过，我们要预防的是非公正性的先入为主，也就是"偏颇之见"。"偏颇之见"的有效克服，需要着重于程序的科学设置，需要法官公正司法的保障机制，而不是通过缩短其介入诉讼程序的时间来求得所谓的公正。事实上，如果诉讼程序设置得不科学，即便法官在庭审时介入案件的审理过程，如果案件不能一次获得解决，大量的影响其公正司法的因素也会在庭后无阻拦地涌入，在此庭审与彼庭审之间的间隔段中，"偏颇之见"照例能够形成。这种"偏颇之见"与在审前阶段审理法官即予介入后所可能形成的"偏颇之见"并不存在本质上的区别。所以，关键不在于是否让审理法官在审前阶段即予介入，而在于通过诉讼机制保障"先入之见"不致演变为"偏颇之见"。因此，"分离制"不具有充分的成立理由。相反，"合一制"具有诸多优势：其一，由审理法官从事证据交换，有利于他们尽早了解案件的争议焦点，熟悉案情，避免由准备法官在证据交换后所形成的认识与审理法官不一致的情况发生，从而避免重复性的证据交换；其二，由审理法官从事证据交换，可以最大限度地调动当事人进行证据交换的积极性和能动性，并且增强他们对案件处理结果的预测力；其三，由审理法官从事证据交换，有利于他们在了解案情的基础上及时行使阐明权，从而确保当事人之间的证据交换能够更加有效地进行；其四，由审理法官主持证据交换，有利于他们及时行使审判权，处理和解决一些实体性问题，比如，和解、调解、撤诉、简易判决、缺席判决等，从而发挥审前程序过滤案件、减轻庭审负担的功能。总之，由审理法官主持证据交换，不仅有利于提高诉讼效率，而且更有利于程序公正和实体公正的实现，因而应当采行"合一制"。

当然，采行"合一制"由审理法官主持证据交换并非意味着所有的证据交换行为都要通过审理法官来实施。事实上，如前所述，证据交换之所以从庭审中分离出去，而划归审前程序的范围，主要的就是看重在审前程序中进行证据交换程序比较简化、方法比较灵活，对于证据交换中的某些活动可以由其他主体代为完成或协助完成，尤其是，诸如书面性证据交换等非庭审性交换，可以在审理法官的指挥和监督下由其他主体来实施。比如，由书记官接受证据交换，并将所交换的证据材料送达给双方当事人，然后将交换的证据整理后交给审理法官，由审理法官审阅证据材料后提出阐明意见，书面告知双方当事人。这样的证据交换，其实质仍然是由审理法官所主持的。

四、与证据交换有关的几个概念及其辨析

证据交换在诉讼行为体系中并非一个孤立的存在，它与周边程序及其制度均有一定的关联；同时正是在这种关联性中，证据交换制度与其他程序制度一起构成一个有机联系的整体。

（一）证据交换与审前程序

审前程序是民事诉讼程序的一个组成部分，它指的是在庭审之前所存在的一个独立的程序阶段，其目的有多个方面，既有程序方面的目的，也有实体方面的目的。就实体方面的目的而论，其核心的任务在于明确争议焦点和整理证据。整理证据包括收集证据、证据交换、固定证据等多方面内容，由此形成了审前程序中丰富的内容，证据交换便是其中一环。因此，证据交换与审前程序之间的关系乃是包含与被包含之间的关系，证据交换是审前程序中的一个内容，审前程序除证据交换外，还有大量的其他内容，因而用审前证据交换的概念来取代审前程序的概念是不妥当的。尤其是，如前所述，证据交换从理论上说未必置于审前程序中加以规定，通过庭审的方式仍然可以达到证据交换的目的。因而，证据交换与审前程序这种种属关系并不是必然的，而是或然的。

（二）证据交换与证据收集

证据收集在英美法国家主要体现为发现程序，在大陆法国家则主要表现为法院依职权调查。在这两种不同的证据收集模式中，当事人主义诉讼模式下的发现程序与证据交换有着更加直接和密切的关联。在职权调查主义的模式下，证据交换仅有局部的意义。证据的收集是证据交换的前提，没有证据的存在就无所谓交换证据，证据交换是证据收集后的另一个层次上的诉讼活动。这是一方面。另一方面，有证据收集也不一定非要规定证据交换，实施证据交换也未必以证据收集为前提，二者具有相对的独立性，它们是两项诉讼制度，而不是一项诉讼制度的两个步骤或两个方面。因此，诉讼法既可以同时规定这两者，也可以仅规定其中之一，这在立法逻辑上是不存在障碍的。但是，在当事人主义的诉讼模式下，这两者通常联系在一起，它们是一对相匹配的制度。正是有了证据的收集，证据交换才富有意义，案件事实才能真正通过证据的收集与交换逐步获得揭示；缺乏证据收集的证据交换，是浅层次的、简单的证据交换。反过来，有了证据收集而缺乏证据的交换，则收集证据的过程未免失之盲目，证据收集也难以有效地深入进行，案件事实真相也往往得不到准确的认识。在英美法国家，当事人具有广泛的证据收集权，他们既可向对方当事人索求证据，也可向案外的任何第三人或单位收集证据。在他们向案外人收集证据时，这种行为与证据交换没有关系，而仅仅是交换证据的前提条件；但当他们向对方当事人收集证据时，则相互之间便有证据交换的意味了。所以，发现程序本身含有证据交换的内容。不过，如前所述，这种证据交换是被动性的证据交换，而不是主动性的证据交换。除发现程序外，英美法各国还规定了证据的强制披露程序，这个强制披露程序在实质上仍是证据交换程序。这就形成了先证据交换，后证据收集的辩证关系。证据收集与证据交换就像揭示案件事实的两个轮子，既具有深刻性又具有公平性，是极科学的配套。我国目前过多地强调了证据交换而忽略了证据收集机制的建设。

（三）证据交换与举证时限

《证据规定（2020年）》第三部分就以"举证时限与证据交换"为题，这说明证据交换与举证时限是密切地结合在一起的。举证时限指的是证据必须在一定的时间范围内提出来，否则就失去了证据的效力或产生其他不利后果；证据交换指的是证据必须经过交换才具有证据的效

力。事实上，证据交换本身就蕴含了举证时限。证据交换结束之时，就是举证时限届满之时；有证据交换，必有举证时限；有举证时限，未必有证据交换。因此，凡是在诉讼程序中实行证据交换的，独立地强调举证时限便是无意义的；立法规定或法院指定何时进行证据交换，便意味着举证时限何时结束。比如，立法规定原告在收到法院立案通知书后的15日内必须将准备在法庭上使用的证据交换给对方。这个15日内便是其举证的时限。立法同时规定，被告在收到法院立案通知书后的15日内必须将准备在法庭上反驳原告主张以及支持己方主张的证据交换给原告方。这里的15日内也属于举证时限。立法继而规定，原、被告双方在收到对方用以交换的证据后必须在15日内将反驳的或补充的证据交换给对方。这也属于举证时限的规定。不过，这里的举证时限是证据交换制度中的一个要素，在证据交换中必然要涉及举证时限这个构成因素，因而举证时限不是一个独立的、与证据交换并存的制度，而是一个从属性的诉讼制度，它被包含于证据交换之中。如果立法上规定任何案件的处理均要经过证据交换的过程，则举证时限对任何诉讼程序而言均无独立存在的价值。举证时限只在不需要证据交换的案件中才有独立发挥作用的意义。

（四）证据交换与举证责任

举证责任对调节当事人双方的举证行为具有诉讼杠杆的机能，它直接决定何方当事人就何种争议事实首先提供证据，并由此规定着其相对方当事人随后提供反驳性的证据。在这个意义上，举证责任制度实际上包含着举证的顺序制度。证据交换也是依一定的顺序有条不紊地进行的，而不是任意地进行的，其中的顺序性便是由举证责任所决定的。对某一个特定的争议焦点而言，应先由举证责任的负担方首先提供证据，并将该组证据交换给对方；相对方收到所交换的证据后，经过审阅，根据需要收集证据，然后将这些证据组合起来再交换给对方。围绕该争议焦点所进行的证据交换，可以持续到双方证据皆告穷尽之时。每一个争议焦点都有这个循环的过程，被告方的抗辩事由以及反诉事由也不例外。由此可见，证据交换的过程便是双方当事人履行举证责任和反驳责任的过程。虽然履行举证责任或反驳责任不一定非要经过证据交换，双方当事人到法庭上完成这个过程也未尝不可；但证据交换的过程必然受举证责任和反驳责任的制约，在这个意义上说，证据交换的责任便是举证责任和反驳责任的另一种表达。对于证据交换和举证责任关系的这种认识，使我们可以得出这样一个结论：立法所能够要求当事人交换的证据，只能是对己方有利的证据；对己方不利的证据，不属于交换的范围，这类证据要被对方获得，唯有通过证据收集机制的保障。可见，证据交换制度被引入诉讼程序之后，对举证责任制度的内涵及其发挥作用的场景都产生了影响。一方面，举证责任的履行时点被提前了，举证责任在实质意义上的履行被置于审前程序中进行了，庭审中双方当事人对举证责任的履行仅是集中性地重复审前阶段已经进行过的过程，具有形式性、演示性和利用性的特点；另一方面，举证责任的履行由于证据交换程序的灵活性和多样性而处在了更加公平的层面，内含于举证责任履行中的技巧性因素被限制甚至被取消了。由此来看，证据交换和举证责任是两项独立的诉讼制度，但证据交换制度对举证责任制度产生了实质性的影响。

（五）证据交换与争点整理

无论在何种诉讼程序中，争议焦点的确定或明确都是法院行使审判权解决案件的逻辑前提，争议的焦点如果不明确，法院就找不到案件纠纷的症结，就难以判断案件事实，并因此而难以适用法律化解纠纷。可见，争点的明确处在民事诉讼程序的核心位置。这是各国民事诉讼的共同性。① 但有所不同的是，对争点进行整理所处的程序阶段不尽一致，有的放在程序启动之初，通过双方当事人起诉状和答辩状的反复交换来整理争点，比如英美法系国家原来所采用的法典式诉答程序就具有这样的功能；有的放在审前程序中，通过准备书状的交换或者通过证据收集和交换的过程，来达到明确争点的目的，两大法系国家目前的做法便是如此；有的则是通过庭审的方式对争点予以确定。我国《民事诉讼法》采用的是混合做法，争点既可以在审前程序中加以明确，也可以在庭审开始时予以明确，二者如果发生冲突，以庭审时所确定的争点为准。

上述各种做法中哪一种做法更好一点？比较而言，应当认为将争点确定的时间安排在审前程序中较为科学、合理。因为，通过诉答程序整理争点，实际上是离开对证据的了解而抽象地主张事实，从而明确争点。通过这种方式整理争点会有偏差，也较肤浅。通过庭审程序来整理争点，可能会反复进行，浪费诉讼资源。唯有通过审前程序来整理争点，一方面结合了证据的收集和交换，有利于在更深刻的层面整理出真正的争点，另一方面又可以设定灵活的方式来整理争点，有利于节约司法资源。证据交换和争点整理是审前程序中要解决的两个实质性问题，从理论上说它们是并存的两条线索，各按照自己的逻辑机理运行。但从实践中看，它们是相互交织在一起的，难解难分。当事人双方在进入审前程序后，首先按照诉答文书主张了相对立的事实，从而形成了初步的争点，在该初步争点的指导下，双方开始了证据交换，经过了证据交换，双方可能会意识到初步争点并非真正的争点，然后便修改诉答文书，重新确定争点，双方再围绕该新确定的争点继续交换证据，交换证据的结果又有可能修改争点，然后再实施新一轮的证据交换。如此往复，不断深入，以致双方均认同了他们之间所存在的真正的争议之处，该争议之处即由法院确定下来，成为本案的具有程序制约力的争点。可见，证据交换与争点整理是辩证地统一在一起的，将它们人为地割裂开来操作，便会抵消它们各自存在的意义。

（六）证据交换与质证

《民事诉讼法》第71条规定了质证制度。质证是法院采纳证据用以认定案件事实的必经步骤，法庭是当事人集中质证的典型场所。当事人质证的过程，也是当事人再次交换证据的过程；质证必定蕴含着证据的交换，不交换证据是无法进行质证的。反过来也是一样，证据交换的过程也是质证的过程，不进行质证的证据交换是难以想象的；正是质证的同时存在，使得证据交换出现了层次性和阶段性，并且也因有了针对性而产生了深刻性。从心理学上说也可以得到印证：人们在收到对方交换过来的证据时，一个必然的反应便是该证据是否有可反驳或质疑之处；若有可反驳或质疑之处，则收集并提供这种用来反驳或质疑的相反方面的证据，并将这些证据交换给对方；对方也是一样，这种过程层层深入下去。可见，在审前程序实施证据交换的过程中，质证是客观地存在的，也是难以避免的，同时也是不可缺少的。由此来看，与证据交换主要发生在审前阶段一样，质证也主要是在审前程序中完成的。但二者的性质是不完全相同的，审前程序中的证据交换具有实质性意义，而质证则仅具形式性意义；这种情形到了庭审之时则呈现出相反的表现，庭审中的证据交换则仅有形式意义，而质证则产生了实质性意义。前一种情形说明，证据交换必须在审前程序中完成，庭审阶段的证据交换则仅仅是重复审前阶段已经进行过的过程而已。后一种情形说明，质证应当在有充分程序保障的庭审中进行，在审

---

① 如《日本新民事诉讼法》第三节就以"争点和证据整理程序"为题，专门在审前准备阶段规定了争点确定程序。

前阶段为了交换证据而进行的质证，仅仅是当事人对证据所发表的初步观点和意见，并不具有最终的意义，最终的质证应当发生在法庭上。正因如此，当事人在审前阶段所认可的证据，到法庭上仍然可以推翻或否认；但当事人在审前阶段尚未交换的证据，到庭审之时一般已没有了交换的余地和机会。

第十节　证据保全

一、证据保全概述

证据保全，是指在证据有可能毁损、灭失或以后难以取得的情况下，法院根据当事人的申请或者依职权采取一定措施，对证据进行固定和保护的制度。证据保全可发生在诉讼开始前，也可发生在诉讼过程中，前者称为诉前证据保全，后者称为诉讼证据保全或诉中证据保全。证据保全究其实质而言乃是法院调查收集证据的形式之一。《民事诉讼法》第84条规定了证据保全制度。

二、诉前证据保全

诉前证据保全，是指有关证据可能灭失或者以后难以取得，利害关系人为避免其合法权益受到难以弥补的损害，就在起诉前申请法院对有关证据予以提取、保存或者封存的措施。在我国，除人民法院外，公证机关也负责进行诉前保全证据。

《民事诉讼法》第84条规定："因情况紧急，在证据可能灭失或者以后难以取得的情况下，利害关系人可以在提起诉讼或者申请仲裁前向证据所在地、被申请人住所地或者对案件有管辖权的人民法院申请保全证据。"诉前证据保全制度正式得到了确认。在此前，《海事诉讼特别程序法》第63条规定："当事人在起诉前申请海事证据保全，应当向被保全的证据所在地海事法院提出。"最高人民法院《关于诉前停止侵犯注册商标专用权行为和保全证据适用法律问题的解释》《关于对诉前停止侵犯专利权行为适用法律问题的若干规定》《关于审理著作权民事纠纷案件适用法律若干问题的解释》均规定了诉前证据保全。

对于当事人或利害关系人的诉前保全证据的申请，法院要进行必要性审查；只有在情况紧急时，诉前证据保全才是被允许的。如果当事人可以在起诉后申请法院进行诉讼中的证据保全，法院则应驳回当事人提出的诉前证据保全申请。在法院采取诉前保全措施后，当事人或利害关系人在法定时间段里如果没有向法院提起诉讼，则此种保全措施应当予以解除，或者将有关证据予以销毁或发还，同时申请人还要就此所造成的损失承担赔偿责任。

三、诉讼中的证据保全

诉讼中的证据保全，是指发生在诉讼过程中的证据保全措施和制度。诉讼中之所以有必要采取证据保全措施，原因就在于证据可能会因各种原因而被毁灭或篡改。对此当事人可以采取合法措施加以保全，也可以申请法院采取保全措施，法院也可以依职权进行证据保全。

证据保全的方法包括查封、扣押、拍照、录音、录像、复制、鉴定、勘验、制作笔录等方法。对证人证言，可以录音或制作询问笔录；对于物证，可以进行勘验或封存原物；对书证、视听资料，可采取复制的方法；等等。

证据保全主要由当事人申请，法院也可以主动采取保全措施。根据《证据规定（2020年）》第25条第2款的规定，当事人根据《民事诉讼法》第84条第1款的规定申请证据保全的，应当在举证期限届满前向人民法院提出。当事人申请证据保全的，法院可以要求其提供相应的担保。

法院进行证据保全，可以要求当事人或者诉讼代理人到场。当事人或诉讼代理人没有到场的，不影响证据保全措施的进行。当事人或诉讼代理人应在证据保全笔录或者查封、扣押的清单上签名或者盖章。拒绝签名、盖章的，法院应在笔录或清单上注明。

第十一节 民事诉讼中的证明原理

一、证明的概念及其制度沿革

"证明"这个概念，其使用的范围极其广泛，有自然领域的证明，如物理学家、化学家、考古学家等从事的相应的证明活动，也有社会领域的证明，如社会发展规律的证明，对某一种社会制度、社会现象、社会活动的合理性的证明等。所以，从最广泛的意义上看，证明是指人类所独有的逻辑思维活动，是人类认识自然界、社会界和人类本身的客观真理的行为过程。证明本身不是目的，为证明而证明只是简单的智力游戏。证明的目的是认识世界，并在此基础上改造世界，实现人类自身的目的。

在诉讼领域中，人们从事特定意义的诉讼活动，也是受理性支配的，也是带着特定的目的的，因而也离不开证明。证明实际上构成诉讼活动的本质内容。诉讼中的主体凭借某种手段或方法，认识案件事实，认识应予适用的法律规范，从而作出有拘束力的判断，这便是诉讼的全部内容，而这个过程的本质部分就是证明。诉讼活动的其他过程，都是为了证明而展开的，证明是诉讼活动的中轴和核心。诉讼领域中离不开证明，无论古今中外，这都是一个无例外的规律，否则，失去了证明，失去了理性活动的可能性，诉讼也不成其为诉讼了。诉讼是公力救济之下的产物，诉讼若不存在，私力救济必然萌生，而在私力救济之下，人类理性必被降至最低点，甚至最终隐而不彰。从这个意义上说，诉讼与证明在本质上是等义的，诉讼中的证明是逻辑思维的运用。在诉讼过程中，各个诉讼主体在诉讼机制的作用下，利用外在于思维自身的力量，来探求案件事实的真相。探求案件事实的真相，发掘纠纷形成过程及其结果的本来面貌，揭示案件事实相互之间的内在联系，这便是证明的目的。任何国家、任何时代、任何类型的诉讼制度，都是以此证明目的为共同规定和普遍属性的。正是证明的这个目的，为诉讼制度的理性化奠定了基础，也由此规制了诉讼规律的基本内容。关键不在证明的目的，甚至也不在证明的过程，而在证明的方法或手段。不同的证明方法，构成了不同证明制度的类型。人类历史上出现的以及现存的各种证明制度，归根到底是与证明手段的差异性联系在一起的。正是证明的手段不同，决定了各种证据制度的性质区别，也呈现出了人类理性的程度差异。现在我们见到的各种现存的证明制度，在证明手段上无不以证据为依托。证据是证明案件事实的事实，而事实是客观的，所以，证据这个证明方法或手段也是客观的。证明在本质上于是成为联结两种客观事实的中介和桥梁；正是证明，把未知的案件事实，即待证事实，和已知的证据事实联系起来了。无论这两种事实中的何一事实，都是实存的事实，因此，把这两种事实联结起来的证明便获得了最为坚实的理性基础。是故，以证据为手段的证明制度，是人类历史上出现的最富于理性、最经得起检验、反证或证伪的证明制度。

但是，证明制度发展到今天这样的理性程度，在人类历史上，并不是一蹴而就的，而是历经了悠久并曲折的演进过程的。

最早的时候，诉讼中的证明首先依靠神的力量，依赖神的启示、神的意志来揭示案件事实。例如对神宣誓等，便是这个时候所依赖的证明手段，此即神示证据制度。由于人们对神的理解和信仰是片面的、形式的、表象的，因而，依靠神明来求证案情，便只能是粗糙的、简单的和充满偶然性的。然后便是依靠自然的力量来证明案件事实，例如水审、火审等；再次便是依赖物理的力量，以之作为证明的手段，希望据此发现真实，如决斗审判等便是如此。不用作过多的分析和论证，便可得知，无论是以神明的力量，还是以自然的力量、物理的力量作为证明的手段，其中所包含的理性因素都是极少的，凭借它们推导出来的事实结果，是极不可靠的。

欧洲的历史进入中世纪之后，一种全新的证明制度应运而生，此即以证据作为证明案件事实的手段，它的最初表现形式便是法定证据制度。法定证据制度，是指法律根据证据的不同形式，预先规定了各种证据的证明力和判断证据的规则，法官必须据此作出判决的一种证据制度。法定证据制度的产生具有重大的历史意义，标志着诉讼中的证明步入理性的、有序的、有章可循的且有可预测性的阶段。但是，法定证据制度具有形式主义、机械主义的缺陷，往往难以实现客观真实，因而，到了资本主义社会，它便为自由心证的证据制度所取代。

自由心证制度，是指证据的取舍和证明力的大小，以及案件事实的认定，均由法官根据自己的良心、理性自由判断，从而形成确信的一种证据制度。法官通过对证据的审查在思想中形成的信念，称为"心证"，心证需要达到的程度视案件性质而有相异的要求。在自由心证制度下，证明是依靠证据来完成的，而证据是客观实存的事实，因而它符合一般理性的要求；但与此同时，诉讼中所出现的证据要累积到什么程度，才算符合证明的实质性要求，才能使证明外在化、客观化，则完全诉诸事实认定者的主观判断，而这个主观判断又源出于个别理性。个别理性的目的在于求得具体案件事实的正确认定。这样，依靠证据对案件事实进行自由的证明，便做到了一般理性和个别理性的结合，一般理性的功能在于防止任性和擅断，个别理性的目的在于发挥主观对于客观的能动性，在于透过现象看本质，从而寻求到案件事实与证据事实之间的内在联系和客观联系，防止形式性、片面性和机械性。但是，自由心证制度有一个难以克服的固有缺陷，它缺乏对于个别理性的调控机制和外在标准。这样，自由心证制度就难免使事实认定者在自由判断证据的领域陷入主观臆断甚至感情用事，从而使以证据为手段，以理性的判断为目标的证据制度，在个人意志的这个环节功亏一篑。因此，自由心证的证明制度仍有待于完善，法官的任性仍有待于克服。中国诉讼法制中所创设的实事求是的证明制度，一方面保留了以证据作为证明手段的理性根据，另一方面又提出了证明要求的外在标准，而这个外在标准又不同于法定证据制度的形式标准，所以，它是一个较为进步的证明制度。当然，该证明制度为限制法官擅断和主观主义所提出的外在标准，即"案件事实清楚，证据确实、充分"还是一个比较笼统、内涵不甚确定和具体的抽象标准。在这个抽象标准中，法官的主观任性仍有复活和发挥作用的余地。

二、证明与查明

在我国，诉讼中的"证明"概念较"证据"而言属新型范畴，在职权主义的诉讼机制中，裁判者习惯于借助证据来"查明"案件事实，对案件事实的揭明似乎仅是裁判权行使主体的单向事务，而与诉讼的利益攸关者不发生直接关联。此一以职权性为内在倾向的诉讼机制以及所伴随的"查明"制度，存在难以逾越的历史性障碍，不能适应现代诉讼机制的构建需要。随着审判方式和诉讼体制改革的不断推进，当事人主义的诉讼机制逐步形成，并日臻完善。在该机制中，"证明"这个概念日显重要，并逐步形成一个制度性体系。传统的证据制度为现代的证明制度所取代，证明法学而不是证据法学成为人们关注和研究的重心。为了推动证明法学理论体系的构建以及相应制度的构建，这里拟就"证明"这个抽象的概括性范畴进行内涵上的具体揭示，并探索其在实践运行中所必须依循的基本法则和规律。

三、证明的构成环节

从宏观上看，证明依其所凭借的手段在历史上经过了较为复杂的演变和发展，证明制度由此形成区别。从微观上看，证明是发生在诉讼领域的一种特殊活动和思维过程，是诉讼行为和思维活动的统一，其目的是说服裁判者作出对己有利的事实判定，从而追求有利的诉讼后果。同时诉讼也是一种特殊的对抗活动和矛盾运动，双方当事人在证明和反证明过程中既对立又统一，这种对立而又统一的证明过程推动了诉讼程序的进行和运转，逐步揭示出案件事实的真相，由此为法官正确地适用法律作出裁判提供事实基础。所以，证明是一个连续的动态推进过程。

然而，诉讼证明不是无止尽地进行的，它一旦完成任务，达到目的，便宣告结束。这一目的从当事人角度讲，是最终说服了法官，使法官形成了确定的心证，对案件事实有了明确的有利于己的判断；从法官角度讲，就是他获得了对案件事实的确定性心证，产生了肯定或否定该特定事实的内心确信，因而认为当事人双方均无须继续进行证明活动了；从案件事实本身来说，该特定的原本存有争议的纠纷事实，在双方当事人举证证明穷尽所有证据后，已无法或不必要继续进行证明，从而使案件事实呈现出真、伪、真伪不明三种状态，在这三种事实状态下，法官司法均属依法而行。

证明过程之所以存在，乃是因为证明的各构成因素或环节持续性地存在；如果构成证明的各因素或环节由于其中一个或多个消失，证明也就停止，证明程序也就结束了。证明程序有正常结束和非正常结束两种情况。证明程序的正常结束，就是指使法官对案件事实形成确信后由法官宣布的结束；证明程序的非正常结束，乃是在证明过程中由于构成证明的某个或某些因素匮乏而不得不宣布的结束，如证明主体死亡而缺少继承人承继诉讼。所以，提出"证明的构成环节"这一命题，不是为了研究证明所涉及的各种因素，而是为了研究其赖以成立的必不可缺的重要因素，实际上是提取证明的一个横截面来加以剖析。因此，这个论题也可以转换成"证明的构成要素"。

证明由五个环节构成：

（一）证明主体

证明主体与接受证明的主体是两个不同的概念。证明主体是用证据进行说服活动的主体，是能动的主体；接受证明的主体是接受证据、形成确信从而做出事实判断的主体，是被动的主体。诉讼证明不同于日常证明的一个重要之点就是它必须存在于三方主体之间，首先是对立的双方当事人，其次是当事人与法官。

证明主体是指负有证明责任、有义务提供证据对案件事实进行证明的当事人，这是占主导地位的证明主体；但另一方当事人在必要时也需要提供证据进行反驳，在产生提供证据进行反驳的责任时，他便成为证明主体，否则他只是潜在的证明主体。

证明主体是证据的收集者、提供者、交换者和质疑者,同时也是对法官实施说服行为的主体,因此,证明主体是一个贯彻始终的概念,他在诉讼伊始便要加以确定,在诉讼过程中则不会发生变化。存在对立的证明主体是诉讼证明的显著特征。证明主体一旦消失,证明活动便告结束。

(二) 证明对象

证明对象是证明的客体,是指当事人提供证据加以证明的案件事实,又称待证事实。证明主体提供证据所针对的是双方当事人发生争议的案件事实,这个案件事实需要有证据使之明晰化,此时它便构成了证明对象。证明对象源于实体法的抽象规定,在当事人起诉和答辩后便成为具体的事实主张,这个事实主张便是证明主体论证或反证的焦点所在。证明对象及其范围在诉讼之初便告确定,并在证明完成后消失,其范围一般随着诉讼的推进而缩小。证明对象虽然在本质上不属于证据法调整的对象,而是由实体法和程序法所共同决定和规制的,但在证明理论及其构成环节中,证明对象却是不可或缺的。

(三) 证明责任

证明责任解决的问题是,从事证明活动、完成证明过程的证据应由何方诉讼主体提供。诉讼中存在相对立的双方当事人,对于某一个特定的事实主张和争议中的案件事实,只能由一方当事人负担证明责任,负担证明责任的当事人为真正意义上的证明主体,其相对方当事人则为进行相反方向证明的主体,在严格意义上应为反证主体。证明责任为当事人从事证明活动施加了内在的诉讼压力,同时也为其举出证据证明案件事实提供了实质性动因。证明责任产生于诉讼之初,存在于诉讼的全过程,消灭于系争事实获得证明之时。

(四) 证明标准

证明标准是指执法司法人员查明案件事实、当事人证明案件事实所应达到的程度,具体表现为对证据的量与质的要求和对全案事实认定的要求。对证据质的要求表现为客观性、合法性和关联性;对证据量的要求是充分性;对全案证据的认定要求是案件事实清楚、排除合理怀疑、占优势的盖然性。证明标准在量的方面为证明责任划定了范围,证明责任的轻重由证明标准来确定。证明责任是初步的负担,最终的负担则由证明标准予以界定。证明责任和证明标准同时产生,同时消灭。证明的目的被认为达到了,或证明的任务被认为完成了,其意是指由于证明主体提供的证据在质与量上达到了证明标准的要求,而解除了证明责任。

(五) 证明手段

证明需要依靠外在的方法和手段,这在近现代文明社会的诉讼制度中,便表现为证据。证据是案件事实的表现形态,与后者是抽象的、观念的不同,前者是具体的、现实的,它们之间的关系既可以是形式和内容的关系,也可以是手段和目的的关系;既可以是直接的联系,也可以是间接的联系;等等。从证据的角度看,这些不同形态的联系,便构成了证据的类型或种类。证据的类型或种类,本身就说明了证据对于证明的作用与方式。

由此看来,证明是由证明主体、证明对象、证明责任、证明标准和证明手段等要素组成。证明主体在证明责任的支配下,利用证明手段,针对证明对象,提供证据达到证明标准的程度,就是诉讼证明的实质内容和运行过程。

四、证明的相对性原理

证据的客观性与证明的相对性并不矛盾。证据的客观性是自在之物,是客观存在的,人们凭借其认识能力，从终极的意义上说，是可以完全地把握和认识它的。这种意义上的认识在哲学上即称之为绝对真理。证据的客观性是人们获得对证据的绝对真理般认识的客观基础。缺乏客观性，人们对证据就永远不可能获得真正的、终极的、真理性的认识。这是唯物主义认识论的观点。这个观点是对唯心主义不可知论的否定，是符合理性的观点，是科学的正确的观点，也是为大多数哲学家所认肯的观点。我们所服膺和依循的也是这个观点。但唯物主义认识论同时也认为，对事物的绝对真理的认识是一个渐进的过程，也是一个由无数相对真理相积累的过程，这个过程在终极的意义上将会一直延续下去。这是从认识的可能性上着眼的，而撇开了诸多现实因素的考虑；这是从时间上着眼的，而略去了空间对认识的影响。其目的主要在于弘扬和肯定认定认识能力，高举人的理性主义、科学主义的旗帜，而不是说任何事物在一定时空内都可以达至真理的绝对性认识。恰恰相反，辩证唯物主义认识论认为，人们在一定时空范围内对事物的认识，都只能达到相对真理的认识程度，而人们对事物的相对真理的认识，就往往可以包含它的全部的现实意义。相对真理的认识在盖然性的意义上有着它的独特的价值，其价值主要体现在它可以兼容其他价值的存在，并且和现实有着天然的接近性。如果说绝对真理观是游离于现实、趋向于未来的，那么，相对的真理观则是贴近于现实、立足于现实的。这一对范畴表现在诉讼制度和诉讼程序中，便具有两方面的意义。一方面，绝对的真理观可以被选择来作为诉讼制度设计的终极理念和最高理想；另一方面，相对的真理观则必然成为任何诉讼制度所接受的现实归宿和当然的立足之点。前一个选择是或然的，后一个选择是必然的。前者是立法层面的指导思想，后者是司法层面的现实描述。之所以说在诉讼的领域，前者的选择具有或然性，乃是因为各国诉讼制度的设计者并没有将绝对的真理观作为立法指导理念的必然理由，立法者是否作出这样的选择，取决于他对诉讼制度所欲追求的价值目标的理解和设定。如果他以客观真实为第一价值追求，而以其他的价值为其次的考虑，那么，他必然以绝对的真理观为其立法指导原则的第一选择。这是因为，如果他所设计的诉讼制度不围绕着这个绝对的真理观进行，那么，以客观真实为第一的价值目标就不可能体现出来。所以，某个特定的诉讼制度如果以客观真实为其首要的价值目标，那么，必然地，奠基于这个价值目标之上的哲学观便为绝对的真理观。如果诉讼制度的设计者不以客观事实，而是以诸如效率、公平之类的目标为首选的价值取向，那么，指导此一诉讼制度建设的哲学原理必非绝对的真理观，而只能是相对的真理观。但无论这里所出现的是绝对的真理观还是相对的真理观，如前所述，都是表达于立法层面的指导理念，而不是对诉讼现实和司法观念及其相关准则的描述。与证据客观性的讨论相关的，是司法层面的真理观。

在立法层面不管采取何种真理观，表现在司法层面，都不能不以相对的真理观为落脚点。这是司法者不能不面临的一个现实。这个现实就是，只要是诉讼中的证明，对于案件事实的认识都只能达到相对真理的程度（尽管这种程度是有别的），而绝不可能达至真理的绝对性。这是为什么呢？其原因主要有：

第一，从逻辑上看，诉讼中的证明是对已经发生过的过去事实的认识，而过去了的事实只能在诉讼程序中作出描述和反映，不可能在本原上再现或重复。这既是一个生活常识，也是一个哲学观点。在这里就出现了两种事实：一为过去的事实，二为现在的事实。过去的事实为客观存在的事实，现在的事实为主观认识的事实；过去的事实为本原意义上的事实，是自在的事实，现在的事实为派生出来的事实，是自为的事实；过去的事实为自然意义上的事实，现在的事实则是诉讼意义上的事实。一个是与法律漠不相关的事实，一个是经过法律所调整的事实。这鲜明地表明，这两种事实在逻辑上和时间上，都是不能等同视之的，它们之间有距离和中间环节。这种距离可以无穷地变小,而且,如果不考虑时空的限制,甚至也可以变为接近于无。但这些对立范畴的客观存在,确然无疑地表明它们在观念上是两个不同的事实。这种观念上的区别,也说明它们在真理的绝对性上只能存一,而不可能共存。主观的事实与客观的事实相比较,客观的事实具有绝对性,而主观的事实必不具有绝对性。不属于绝对的事物,那只能属于相对的事物。可见,在逻辑上看,被证明了的事实,不管其真理性的程度如何,都只能属于相对真理的范畴。

第二,从现实中看,对任何案件事实的证明或认识都受制于诸多的主客观因素。案件事实的证明,完全是一个主观能动性的运作过程,这个过程始终受人们主观意志的支配,它并不是一个机械的运动。人的主观能动性的发挥程度,在一定意义上直接决定着对案件事实的认识程度。而人的主观能动性又是一个由多种因素构成的综合能力,比如人的认识能力、人的认识动因等。常识告诉我们,人的认识能力、认识水平是不尽一致的,人的认识动因也各有差异。这就可以推导出,人在诉讼证明中所表现出的主观能动性是不相一致的,而这种区别存在的自身,就说明诉讼中的证明只能是相对的,否则,如果证明的结果具有绝对性,那么,区别又如何体现呢?同时,科学表明,人的认识能力也取决于人们在认识过程中所凭借的认识手段以及认识环境等客观因素。且不说这些客观因素的历史的局限性,单就这些客观因素的存在,便足以成为人们对案件事实绝对性认识的障碍,同时又说明相对真实标准出现的必然性。

五、证明的种类

（一）证明的本质规定

证明是对案件事实的认识过程和结果。案件事实在抽象的层面乃是蕴含在需加适用的法律规范之中的要件事实。凡是经过证明满足了要件事实的要求,审判者则适用该法律规范,作出认同特定诉辩请求的裁判;反之,则拒绝适用该法律规范,作出驳回特定诉辩请求的裁判。因之,证明所指向的客体是实体法中的要件事实,二者之间能够双向说明。凡言证明,必指实体法上的要件事实,对实体法上的要件事实的认识和肯定,在证据法领域,必以证明相称。可见,证明从严格意义上讲是有固定的含义的,它指的是对实体法要件事实的肯定性认识。这里的"肯定性认识",尽管随实体法的性质之不同而有程度上的差异,但最低限度也要达至盖然性的优势,亦即其肯定的程度较之否定的程度为大。实体法上的要件事实加上最低限度的盖然性,便构成了证明之所以为证明的本质规定。

（二）严格证明与自由证明

从宽泛的意义上看,可以把证明依其对象所属领域分为两个种类:一是针对实体法事实的证明,二是针对程序法事实的证明。前者的完成需要较高的证明标准,因而称为"严格证明",后者则仅需较低的证明标准便可告完成,因而称为"自由证明"。严格证明和自由证明派生于证明客体的性质,体现为不同的证明标准。至于在证明责任、证明主体、证明方法等证明诸环节,二者在原理上没有实质性差异。但是,把证明分化为严格证明和自由证明,从而在外延上把自由证明也纳入证明的概念之中,必然产生一个问题,即降低证明所赖以构成的最低限度的证明标准。因为所谓自由证明,仅需产生薄弱之心证,亦即发生低度之确信、信其大概如此,就可以了。[①] 这里的"低度之确信"或"薄弱之心证",究竟需达何种证明标准,立法

---

① 参见[日]松冈正义:《严格证明与自由证明》,郭布、罗润麒译,载《法学译丛》1981年第5期。

未设规定,学者也鲜有探讨。但有一点是可以肯定的,即必定低于民事诉讼中的盖然性优势之标准。如此的话,自由证明已失去了本来意义上的证明之规定性,而为证明概念所难容。因此之故,有学者把自由证明从证明概念中分离出来,称之为"释明""疏明"或"稀明",与此同时,严格证明则称为"证明"。

证明与释明的概念分化是由事物的内在性质所决定的,是合乎理性的产物。唯其如此,"证明"这一概念的内在规定与它的外在表现才能一体化,方具有协调性,关于证明的理论体系才能健全和完善起来。

六、刑事、民事、行政诉讼中的证明之比较

(一) 刑事、民事、行政诉讼中证明的共同特征

诉讼法的功能之一便是保障实体法的实现。实体法的抽象规定及一般原则落实到具体案件之中的中介和条件,是蕴含在实体法规范中的要件事实获得证明。证明是沟通实体法和诉讼法的纽带,也是横跨两大法域的综合概念。从实体的规定上说,证明源自实体法的要求;从形式的规定上说,证明则是由诉讼法加以调节的。现代文明国家的诉讼制度,在证明的性质意义上,使之与以往任何历史阶段的诉讼制度区别开来。这一点,是刑事、民事、行政三大诉讼法的共同特征,也就是说,在现代社会,三大诉讼法中的证明,在性质的规定上是一致的。

(二) 刑事、民事、行政诉讼中证明的差异

尽管刑事、民事和行政诉讼中的证明具有共同的性质,但是,刑法、民法、行政法等实体法,却各有自己的立法宗旨、内容体系和社会功能。各种实体法为了使自身内容获得实现,它们分别对证明的实体部分提出各自独特的要求,这些要求被立法表达出来,便构成了三大诉讼中证明的区别。三大诉讼法中的证明,相互之间呈现出的主要差异有:

1. 证明责任的承担主体不同

在刑事诉讼中,证明犯罪嫌疑人或被告人构成犯罪以及刑责轻重的责任,立法明定由审判人员、检察人员、侦查人员承担,犯罪嫌疑人或被告人不承担证明自己无罪的责任。《刑事诉讼法》第51条规定:"公诉案件中被告人有罪的举证责任由人民检察院承担,自诉案件中被告人有罪的举证责任由自诉人承担。"第52条规定:"审判人员、检察人员、侦查人员必须依照法定程序,收集能够证实犯罪嫌疑人、被告人有罪或者无罪、犯罪情节轻重的各种证据。"行政诉讼中的证明责任,则由作为被告的行政机关承担,提出诉求的原告人不承担证明具体行政行为违反法律、法规的责任。这一点,从《行政诉讼法》第34条可以明显地看出。该条规定:"被告对作出的行政行为负有举证责任,应当提供作出该行政行为的证据和所依据的规范性文件。被告不提供或者无正当理由逾期提供证据,视为没有相应证据。但是,被诉行政行为涉及第三人合法权益,第三人提供证据的除外。"与前二者皆有所不同,民事诉讼中的证明责任则不以诉讼地位的特定化决定承担的主体,而是根据事实主张的提出,分别由相应的当事人承担。《民事诉讼法》第67条第1款规定:"当事人对自己提出的主张,有责任提供证据。"

2. 用来进行证明的方法即证据形式有所不同

证据具有合法性的属性,合法性的含义之一便是证据的表现形式要合法,只有立法明定的证据形式,才能被证明主体用来作为反映、表达案件事实的手段或方法。否则,以立法所许可之外的形式来表现案件事实,即便可能是客观的和有关联的,也要受到排除,而不会被审判者接纳,作为认定案件事实的根据。对证明来说,除实体法明定证据的形式外,证据的普遍形态

是由诉讼法予以规定的。证据形式与实体法没有必然的联系。诉讼法或证据法对证据形式的规定，纯粹是认知手段科学发展的产物，是证明的技术性规范，而鲜有伦理价值的成分。因此之故，三大诉讼法对证据形式的规定乃大同小异。通常所见到的证据形式，如书证、物证、视听资料、鉴定意见、勘验笔录、证人证言、电子数据等，三大诉讼法均作了规定。所区别的是，行政诉讼较之民事诉讼，多了一项"现场笔录"，而刑事诉讼与前二者相比，则将前二者中的"当事人陈述"，依当事人诉讼地位的不同，分解为"被害人陈述"和"犯罪嫌疑人、被告人供述和辩解"两项，另外加上一项"检查、辨认、侦查实验等笔录"，与"勘验笔录"并存。

3. 证明标准不同

三大诉讼法对于证明标准均未设明文规定，但在一审的判决或二审的处理中，有相关的规定。这些相关的规定，依学理解释，认为便是证明标准的描述和表达。就立法上的规定来看，应当认为三大诉讼法上的证明标准在立法措辞上是不尽一致的。《刑事诉讼法》第200条的相关表达是"案件事实清楚，证据确实、充分，依据法律认定被告人有罪的，应当作出有罪判决"。《行政诉讼法》第89条的相关表达是"认定事实清楚，适用法律、法规正确"，与《刑事诉讼法》相比，少了"证据确实、充分"的要求。根据《民事诉讼法》第177条的规定，第二审人民法院对上诉案件，经过审理，认为原判决认定事实清楚，适用法律正确的，判决驳回上诉，维持原判决。立法用语的不同，显然不是立法者的任性使然，而有其对证明标准的不同考虑在里面。从字面上解释，在三大诉讼法之中，就证明标准而论，刑事诉讼中的证明要求最高，其次是行政诉讼，最低的是民事诉讼。因为"证据确实、充分"中必然包含"事实清楚"，但"事实清楚"的目标除"证据确实、充分"可以达到外，还可以通过证据以外的方法，如自认，加以实现。此外，三大诉讼法中的证明在证明的场所，收集和调查证据的方法和程序以及自认能否成为证明的替代品等方面，也存在不同程度的区别。这些区别在其他的章节有所涉及，这里存而不论。

七、证明的原则

现代证据制度正在实现从以证据为中心到以证明为中心的转移，证明问题正逐步取代证据问题而成为证据科学关注的新重点。在此背景下，证明法学以及证明科学成为需要予以开拓创新的新领域。而证明的原则、证明的方法便是建构新型证明法学、开拓证明科学的重要组成部分。证明程序自古及今，历经了多种具有内在规定性的变革。不同历史时期、不同国家，其证明制度、运行方式及程序均不尽一致。证明制度和程序的各种差异集中表现在其所依循的基本原则之中。

（一）证据裁判原则

用证据来认定案件事实是现代各国证据制度的显著特征，这既是审判独立性和公正性的保证，也是司法文明和司法进步的体现。贯彻和落实证据裁判原则，是理性司法制度的表征。我国证明制度也实行证据裁判主义。《民事诉讼法》第7条规定了证据裁判主义的总原则："人民法院审理民事案件，必须以事实为根据，以法律为准绳。"第六章用19个条文专门规定了"证据"。第66条对证据种类作了规定并要求"证据必须查证属实"；第177条规定了二审对"原判决、裁定事实认定错误"或"原判决认定基本事实不清"，应当依法改判或者发回重审；

第 207 条规定了 13 项再审事由，其中涉及事实和证据的再审事由有 5 项之多。① 可见，用事实来求证事实是证据裁判主义的精髓。如果在证据的采纳和审查判断上发生错讹，则可以成为上诉和再审的事由。这就使法院对诉讼结果的评价和判定完全建立在由证据支持的事实真相基础上。

（二）自由证明与规范证明相结合的原则

自由证明是现代各国普遍奉行的证明原则，其基本含义是当事人可利用所有能够证明案件事实的证据来从事证明活动，而不受立法的严格调整和具体规范。自由证明是针对法定证明提出来的。法定证据制度所确定的法定证明原则不仅对证据能力，而且对证明力都有具体规定。其结果是限制了法官对案件事实认定的能动性和创造性，造成了证明上的形式主义，难以发现案件的客观真实。

但自由证明制度并不意味着排除所有的用来调整证明活动的法律规范，事实上，司法证明不同于司法外证明或自然证明的一个重要之点，就在于诉讼中的证明是一种受规范调整的证明，而不是绝对自由的证明。因此，诉讼中的证明被称为"规范调整下的证明"。

在现代社会，诉讼证明的规范性有三层含义：一是证明程序具有规范性；二是证据能力有一定的规范性；三是在特殊情况下，证明力的衡量也有一定的规范性。证明程序和证据能力的规范性是各国所共同的，但英美法系国家较大陆法国家有更多的关于证据能力方面的规范。

我国与大陆法国家类似，也只有少量的证据能力规范，如《民事诉讼法》第 75 条规定："凡是知道案件情况的单位和个人，都有义务出庭作证。有关单位的负责人应当支持证人作证。不能正确表达意思的人，不能作证。"《民诉法解释》第 102 条规定："当事人因故意或者重大过失逾期提供的证据，人民法院不予采纳。"第 106 条规定："对以严重侵害他人合法权益、违反法律禁止性规定或者严重违背公序良俗的方法形成或者获取的证据，不得作为认定案件事实的根据。"第 107 条规定："在诉讼中，当事人为达成调解协议或者和解协议作出妥协而认可的事实，不得在后续的诉讼中作为对其不利的根据，但法律另有规定或者当事人均同意的除外。"这些均是关于证据能力方面的规定。

证据力的规范性在各国一般都受到极其慎重的对待，因为证据力的判断极少有外部的政策性因素在起作用，而一般受共通的逻辑法则和经验法则支配；而且对证据力的判断是一个非常复杂的思维活动，很难做出划一的调整。因此，无论是英美法国家还是大陆法国家，也无论是诉讼法还是证据法，对证据力的规范虽然不可谓绝对的无，但都相对为少。

我国与英美法国家不同的是，我国证据立法及其完善应在证据能力方面采用较少的规范性约束，而在证明力的衡量方面应发展出更多的约束性规范。我国的诉讼证明在坚持自由证明原则的前提下，应较多地关注证明的规范性建设，实现自由证明与规范证明的有机结合。

（三）当事人自治原则

这是诉讼证明的程序性原则。据此原则，诉讼证明的过程主要应由当事人双方来支配和控制。诉讼证明是当事人为了追求有利的诉讼结果而进行的提供证据和利用证据的努力，当事人

---

① 包括："（一）有新的证据，足以推翻原判决、裁定的；（二）原判决、裁定认定的基本事实缺乏证据证明的；（三）原判决、裁定认定事实的主要证据是伪造的；（四）原判决、裁定认定事实的主要证据未经质证的；（五）对审理案件需要的主要证据，当事人因客观原因不能自行收集，书面申请人民法院调查收集，人民法院未调查收集的。"

进行证明活动具有内在的动力和外在的压力,因而应当以当事人为诉讼证明的主体,审理案件的法官承担对证据进行积极、全面、中立、客观判断的任务。据此原则,当事人相互之间达成的证据契约,在不违反禁止性规定的前提下,应具有优先适用性。《证据规定(2020年)》第2条规定:"人民法院应当向当事人说明举证的要求及法律后果,促使当事人在合理期限内积极、全面、正确、诚实地完成举证。当事人因客观原因不能自行收集的证据,可申请人民法院调查收集。"第3条规定:"在诉讼过程中,一方当事人陈述的于己不利的事实,或者对于己不利的事实明确表示承认的,另一方当事人无需举证证明。在证据交换、询问、调查过程中,或者在起诉状、答辩状、代理词等书面材料中,当事人明确承认于己不利的事实的,适用前款规定。"所列举的这些证据条款,充分表明我国民事诉讼法所确定的证据制度是以当事人为中心和本位的,是为当事人对案件事实进行证明服务的,当事人自治原则得到了充分体现。

(四)遵循自然法则、逻辑法则和经验法则的原则

诉讼证明首先是一个诉讼活动,因而应当遵循诉讼规则,诉讼规则由诉讼法调整。证明还是一个逻辑思维活动,要受逻辑规则的制约,它在诉讼中是作为一个既定的知识前提予以接受的。同时,诉讼证明在前提上也依赖于作为推理出发点的自然法则、公理和经验法则。自然法则和公理等是人们思维的既定前提,无须重复论证;经验法则是人们生活经验的积累和对定型生活事理的确定性认识,它也是进行诉讼证明的逻辑出发点,诉讼证明一般应当依循经验法则,违背经验法则进行证明,除非有特殊的理由,都是无效的。

八、证明的方法

诉讼证明原则是对诉讼证明主体提出的概括性要求,但还不是具体的要求和可以使用的具体方法,具体的证明方法才是完成证明活动所依赖的工具和途径。证明原则决定了证明方法,证明方法是证明原则的进一步延伸和发展。

证明的方法是指,证明主体利用证据对争议的案件事实进行论证,与对方当事人进行论辩并且说服裁判者做出对己方有利认定,所使用的各种方法。证明的方法既可以由法律加以规定,也可以不由法律予以调整,而且通常属于后者;只有在特殊情形下立法才对证明的方法加以明定,如推定、事实自证、公证等。因此,证明的方法以法律不加规定为原则,加以规定为例外。可见,诉讼证据与非诉讼证据的主要区别不在于证明的方法,而在于证据的可采性规则。[①]

诉讼中经常使用的证明方法主要有以下几种:

(一)直接观察法

直接观察法是指证明主体直接将案件事实的某个片断提交给法庭,或者由审理案件的法官亲临案件事发现场,直接观察该片断性的案件事实,从而得出对该部分案件事实的结论。其特点有四:其一,直接观察法是将需加证明的案件事实直接与审理案件的法官联系起来的证明方法,案件事实既是证明对象,也是证明手段。其二,直接观察法是指法官直接观察案件事实本身,法官一边观察案件事实的展示过程,一边形成心证。其三,直接观察法所观察到的案件事实往往是整个案情的一个片段,需要与其他证据结合使用。其四,直接观察法需要法官对自身的感受案件事实的能力予以前提性的判断,有一定风险性。

[①] John Henry Wigmore, Principles of Judicial Proof, Buffalo: William S Hein&Co. Inc., 2000.

直接观察法通常包括这样几种具体方法：一是将案件中的实物证据提交给法庭，由法官观察；二是将照片、地图、设计图等物品提交给法庭，帮助法官了解案件事实；三是引导法官或事实审理者到现场去观看；四是做案件事实再现实验，如美国有所谓"事故再造师"，就是专门用模型等方式展现案件事实全貌的专业人士。直接观察法有利于对证据进行适当的分类，有利于揭示实物证据的特点，使人们重视对实物证据的运用，其结果一般比较客观、真实，同时也难以替代和复核。

在英美传统观点下，证据通常分为三种形式：一是情况证据，二是言词证据，三是实物证据。实物证据就是由审判人员自行视听、依五官感受证明的资料证据，威格摩尔称之为"以实际观察为基础的证据"。由于根据这种证据认定案件事实既不是出于情况证据的推论，也不是基于其他人的言词陈述，而是出于审判人员的亲自感受，因而又被称为"实况观感证据"。在英美法国家，如果案件由陪审团审判，有时法官可以决定让陪审团亲临现场进行勘验，这称为"陪审团观察"。在英美证据法上，有一个证据规则是专门为直接观察法而设的，此即当事人在出示展示性或披露性证据时，不得采用引起陪审团成员感到震惊或刺激的方式进行，否则会影响陪审团对案件事实的理性判断。如受害原告不得在法庭上将受伤的血淋淋的伤口出示给陪审团看，因为这会使陪审团情感战胜理智，从而得出错误的结论。

在《民事诉讼法》第66条所规定的证据的8种形式中，物证、视听资料和勘验笔录等证据形式的使用与直接观察法相关。需要指出的是，勘验笔录虽然是通常意义上的证据，但如果法官是根据勘验笔录而形成对案件事实的判断，则不属于直接观察法范围，而属于其他的证明方法。审理案件的法官只有直接勘验并因勘验而形成心证，才属于这里所讨论的直接观察法的证明方法。如法官在法庭上直接观察电脑演示过程，就属于这种勘验式的直接观察法。可见，直接观察法天然地要求证明程序实行直接审判原则，汇报式的间接审判原则难以采用直接观察法进行证明，因为许多活生生的证据信息无法呈现出来，制约了案件事实认定的精准性。

（二）逻辑推论法

直接观察法有一个很大的局限，就是法官所直接观察的往往只能是案件全部事实的某个局部或片断，而不可能是案件的实质性事实或要件性事实，更不可能是案件的全部事实或完整事实。有关案件处理的主要事实，只能依据推理法则来寻求。按照推理规则，根据证据认定案件事实的方法，便是推论，其典型的公式便是由甲事实推出乙事实。

推论分直接推论和间接推论两种。直接推论来源于直接证据，从该直接证据中可以直接推论案件事实本身。直接推论的环节只有一个，其典型的表述形式是：因为该证据是这样说的，所以案件事实应当便是这样的。只要直接证据是可靠的，据此所得出的案件事实便是可靠的。如根据欠条这个直接证据，就可以推断出被告欠原告款若干的事实，这种推论无须借助中间环节，它就像照镜子一样直射出来的，因而属于直接推论。间接推论来源于间接证据，每一种间接证据都提供一种推论方案，推论虽然是达到证明的途径，但一种推论并不等于证明，任何一种证明的构成，都要有许多间接证据的推论。证明是由每一个证据中所包含的推论之力累加起来实现的；推论是证明的工具和元素，证明是推论的质变。

推论有归纳法和演绎法两种类型。诉讼中的证明多属归纳推论法。归纳法是将多个证据证明价值融合起来的纽带，是诉讼中全部证据发挥集体作用的桥梁。如前引案例中四个间接证据中的任何一个都不能推论出被告借原告款的事实，但将它们归纳在一起，它们的证明力总和就达到了满足法定证明标准要求的程度，法官据此便形成了肯定该事实为真的内心确信，当事人的证明目标便达到了，诉讼中的案件事实就得到了最终的认定。因此，证明中的归纳法就其本质而言乃是对证明力做加法。演绎法也是证明中不可缺少的方法。演绎法的适用都有一个假定的、毋庸置疑的大前提。如果证人证言为真，则证人证言所指称的事实便告成立；按照经验法则，由此便演绎出需要证明的事实。如果说归纳法是着眼于整个案件中全部证据的计算而言的话，那么，演绎法则是对单个证据的证明力进行衡量的法则。如公文书的证明，演绎法先是确定公文书推定为真这个大前提，然后对本证据进行判断，认为它符合公文书的构成要素，因此形成了演绎法中的小前提，基于大前提"公文书推定为真"，嵌入小前提"该证据为公文书"，得出结论"该公文书中所载明的事实为真"。演绎法既可以基于立法上的大前提进行推论，也可以基于经验法则这个大前提进行推论。比如在一起因募捐而产生的诉讼案件中，利用经验法则进行演绎法推论的步骤如下。大前提：募捐来的钱款一般是有的多有的少。小前提：该纸张上记载的钱多达几百元，少仅几元钱。员工诉公司主张该款是公司基于其工伤而募捐来的，应属于他所有；公司答辩说这些钱是公司向员工们借的，属于公司所有。这两种说法哪一种更符合经验法则呢？显然是原告所称更符合经验法则。被告作为一个公司，怎么可能向员工借几元钱呢？因此，结论：该款属于募捐款，应属于原告所有。按照经验法则来做演绎的推理或推论，必须以正确的、可靠的经验法则为基础，如果经验法则这个大前提有漏洞甚或错误，那么，后面的小前提即便正确，其结果也是错误的。如在"彭宇案"中，关于行人搀扶跌倒的老人之情节，作为经验法则的大前提应当是行人搀扶跌倒的老人是学雷锋的行为，然而"彭宇案"中的司法审判人员却错误地将这个大前提改设为从经验法则或生活经验看，行人搀扶跌倒的老人是因为该行人将老人撞倒了。在这个大前提下，该法官嵌入了小前提"彭宇搀扶了跌倒的老人"，基于此得出结论：彭宇撞倒了老人。事实如此认定，法律适用也必然发生错误。

总之，演绎法和归纳法在诉讼证明中是当事人用来证明案件事实离不开的二法，从运用的步骤来看，演绎法先行一步，演绎法的主要功能在于认知和设定各个证据的证明力，演绎法所依靠的大前提通常为经验法则，在例外时为立法明文规定。在演绎法确定各个案件事实的存否后，归纳法将其一网打尽，将各个证据的证明力加在一起，形成一个总的证明力，然后两相比较，看本证和反证哪一方证明力的总和更大，然后基于此得出案件事实存否的结论。最后，再次运用演绎法，以法规为大前提，以案件事实为小前提，得出最终的法律结论。可见，归纳法和演绎法的交错运用，就其完整的过程来看，乃完成了诉讼中最重要的"两个认定"：先是完成了事实认定，后是完成了法律认定，正是在这"两个认定"的基础上，得出了本案的裁判结论。事实认定、法律适用、裁判结论这三个环节任何一个环节出了差错，裁判一定是错误的。可见，就事实认定而言，诉讼中最常使用的逻辑法则是归纳法，演绎法在单个证据中起着前提性作用，归纳法较之演绎法更为重要；然而，就司法裁判的整个过程而言，演绎法则横跨事实认定和法律适用两个领域，较之归纳法又更为重要。这样看来，在司法裁判中，演绎法和归纳法具有同等的重要性，二者不可偏废。

（三）法律嫁接法

证明案件事实，无论采用直接观察法还是逻辑推论法，都是法官根据诉讼中出现的证据和案情得出事实结论的，这是认定案件事实的常规方法。此外，还有一种确定案件事实的方法却是法定的，即推定法则。推定是通过对前提事实的证明，根据法律的规定或经验法则，得出案件事实结论的方法。推定分为法律上的推定和事实上的推定。事实上的推定与推论无异，属逻辑推论法范畴。法律上的推定则属于另一性质的证明方法，这种方法是由立法者直接在法律中加以规定的，司法者只能适用，不能改变，这种法律上的推定，就是法律嫁接法。

综上，诉讼证明的方法可以在两个层面上考察：一是法律的直接规定，二是司法中对证据的运用。司法中对证据的运用又可分为直接的感知和间接的判断两种类型。在间接的判断中，又有归纳和演绎两种推理或推论方法。这些证明方法各有所长，也自然各有局限，在实践中通常需要综合使用，方能准确地得出案件事实的结论。

九、质证

质证是指开庭时双方当事人相互间就其提出的证据进行辩论和质对，以确定证据的客观性、关联性、合法性及其证明力的活动。未经质证的证据，不能作为认定案件事实的依据。这是质证制度具有诉讼价值的基本依据，也是质证制度的实质性内容。质证制度之所以有必要，主要在于这是辩论原则的重要体现，当事人通过质证行使民事诉讼法所赋予的辩论权，由此使得证据的可采性和证明价值得到充分展示和体现，从而为法院审核判断证据以及认定案件事实提供基础。

根据质证的原则，证据应当在法庭上出示，由当事人发表质证意见。质证应当公开进行，但对于涉及国家秘密、商业秘密和个人隐私或者法律规定的其他应当保密的证据，不得在开庭时公开质证。

质证时，当事人应当围绕着证据的真实性、关联性、合法性，针对证据证明力有无以及证明力大小，进行质疑、说明与辩驳。法庭应当将当事人的质证情况记入笔录，并由当事人核对后签名或者盖章。

质证按下列顺序进行：原告出示证据，被告、第三人与原告进行质证；被告出示证据，原告、第三人与被告进行质证；第三人出示证据，原告、被告与第三人进行质证。法院依照当事人申请调查收集的证据，作为提出申请的一方当事人提供的证据。法院依照职权调查收集的证据应当在庭审时出示，听取当事人意见，并可就调查收集该证据的情况予以说明。案件有两个以上独立的诉讼请求的，当事人可以逐个出示证据进行质证。

对不同的证据形式应该设定相异的质证规则。在对实物证据进行质证时，最为重要也经常使用到的规则乃是原件原物规则，也即对书证、物证、视听资料进行质证时，当事人有权要求出示证据的原件或者原物。但有下列情况之一的除外：出示原件或者原物确有困难并经法院准许出示复制件或者复制品的；原件或者原物已不存在，但有证据证明复制件、复制品与原件或原物一致的。在对言词证据进行质证时，最为重要也经常使用到的规则乃是当庭对质规则，据此，对证人证言、鉴定意见、勘验笔录进行质证时，经法庭许可，当事人可以向证人、鉴定人、勘验人发问。询问证人、鉴定人、勘验人不得使用威胁、侮辱及不适当引导证人的言语和方式。

十、证据的审核判断

证据的审核判断是法院对经过质证的各种证据材料证明力的有无和大小作出认定，从而正确认定案件事实的活动。在证明的全部过程中，证据的审核和判断是最为关键、也是最后的环节和阶段。证据审核判断的结果直接关系到证据能否被采纳，同时也关系到证据的证明价值如何以及它们能否证明案件事实。

证据审核判断的主体是审理案件的法院，法院将当事人所提供的各种证据汇拢在一起，根据各种证据的特性以及相互之间的关系，对证据进行审核和判断。审核判断证据的过程，实际上就是法官对证据进行抉择并摄取其证明力的过程，就是法官认定证据的过程，同时也是认定案件事实的过程。法官对证据的审核和判断是其行使审判权的重要内容和有机组成部分。

证据审核与判断的过程分为两个阶段进行：第一个阶段是对证据的可采性进行审核判断，从而决定是否采纳具体的证据。这个过程决定证据能否转化为认定案件事实的根据。其具体内容是审核判断证据的"三性"，即客观性、关联性和合法性。凡是具备证据"三性"的证据材料，法院均应予以采纳，作为判断案件事实的最终根据。第二个阶段是对证据的证明力的审核判断。各种可采纳的证据在证明案件事实的功用上并不一致，有的证明力强，有的证明力弱，而证明力的或强或弱，均在证据的审核判断阶段得出结论。

（一）证据的审核判断原则

《民事诉讼法》第67条第3款规定："人民法院应当按照法定程序，全面地、客观地审查核实证据。"此为人民法院审核判断证据的根本准则。对此，《证据规定（2020年）》第85条第2款规定："审判人员应当依照法定程序，全面、客观地审核证据，依据法律的规定，遵循法官职业道德，运用逻辑推理和日常生活经验，对证据有无证明力和证明力大小独立进行判断，并公开判断的理由和结果。"由此可以看出，证据的审核判断应当遵循以下原则：

其一，依照法定程序对证据进行审核判断的原则。法院对任何证据的审核判断，均应依法定程序进行。比如，在实行合议制的案件中，应当对证据先行经过合议庭的评议，然后按照少数服从多数的规则作出认定的结果。对证据的审核判断应当在裁判文书中说明理由，此种理由并应公开接受监督。按照心证公开的原则，法官对证据的审核判断，应在得出结论之前先行与当事人及其诉讼代理人进行沟通和交流，充分听取当事人的意见，然后综合各方面意见得出一个统一的结论。

其二，全面客观原则。对证据的审核判断应当首先做到全面，对当事人所提供的证据，都要逐项予以分析，采纳与否以及证据力的大小，均要说明理由。同时在证据的审核判断中，应当本着客观的态度实事求是地进行，应当避免主观性和片面性。

其三，独立判断原则。人民法院对证据的审核判断，应当独立进行，不受任何外在干涉和影响。对证据的独立审核和判断是审判独立原则的题中应有之义。

其四，遵循法官职业道德的原则。法官应当恪守应有的职业伦理准则，在事实和法律的基础上，认真勤勉地履行审判职责，本着审判经验和良知、智慧，对证据进行审核与判断。

其五，遵循经验规则和逻辑规则。对证据的审核判断，就其实质而言乃是理性思维和逻辑思维的过程，在此过程中，起前提性作用的乃是经验规则和逻辑规则，只有严格地遵循经验规则和逻辑规则，才能确保对证据的审核判断不致产生错讹或偏误，才能经得起审判监督的考验。

（二）证据的审核判断层次

审核判断证据分为两个层次：一是对证据的逐个审核判断。逐个审核判断证据，可认识某个证据与案件事实之间是否存在联系，存在何种客观联系，由此判断其是否具有证明力及证明力的大小。审判人员对单一证据可以从下列方面进行审核认定：（1）证据是否为原件、原物，复印件、复制品与原件、原物是否相符；（2）证据与本案事实是否相关；（3）证据的形式、来源是否符合法律规定；（4）证据的内容是否真实；（5）证人或者提供证据的人与当事人有无利害关系。

二是对证据的综合审核判断。一个案件往往有多个证据，而且相互之间既可能协调一致，也可能互有矛盾，所以有必要通过当事人庭审质证以及法官核实判断证据，结合全案证据，对所有证据之间存在的客观联系,以及各个证据证明力的大小进行判断,并就案件事实作出符合客观实际的结论,这就是综合判断证据。它要求审判人员对证据材料进行分析、研究和判断,以鉴别其真伪,确定其是否有证明力以及证明力大小。审判人员对案件的全部证据,应当从各证据与案件事实的关联程度、各证据之间的联系等方面进行综合审查判断。综合审查判断证据既包括审核和判断证据与案件事实之间的关联性,也包括审核判断各个证据之间的联系。

在综合判断证据方面,根据《民事诉讼法》和《证据规定(2020年)》的相关规定,并参酌《证据规定(2002年)》的有关合理内容,可以认为我国民事诉讼证据判断规则主要有以下方面:

第一,完全证明规则。一方当事人提出的下列证据,对方当事人提出异议但没有足以反驳的相反证据的,人民法院应当确认其证明力:(1)书证原件或者与书证原件核对无误的复印件、照片、副本、节录本;(2)物证原物或者与物证原物核对无误的复制件、照片、录像资料等;(3)有其他证据佐证并以合法手段取得的、无疑点的视听资料或者与视听资料核对无误的复制件;(4)一方当事人申请人民法院依照法定程序制作的对物证或者现场的勘验笔录;(5)人民法院委托鉴定部门作出的鉴定意见,当事人没有足以反驳的相反证据和理由的;(6)一方当事人提出的证据,另一方当事人认可或者提出的相反证据不足以反驳的;(7)一方当事人提出的证据,另一方当事人有异议并提出反驳证据,对方当事人对反驳证据认可的。

第二,补强证据规则。该规则指在运用某些证明力较弱的证据认定案情时,应当有其他证据来佐证,而且作为佐证的证据必须是独立的和充分的,并与待证事实有一定的关联性。派生证据只有在其他证据的佐证下,才能作为定案证据。证明力弱的证据必须有其他证据的佐证,从而证据必须具有一定的数量,才可做出裁判。《证据规定(2020年)》第90条规定,下列证据不能单独作为认定案件事实的根据:一是当事人的陈述;二是无民事行为能力人或者限制民事行为能力人所作的与其年龄、智力状况或者精神健康状况不相当的证言;三是与一方当事人或者其代理人有利害关系的证人陈述的证言;四是存有疑点的视听资料、电子数据;五是无法与原件、原物核对的复印件、复制品。

第三,证据力比较规则。法院就数个证据对同一事实的证明力,可以依照下列原则认定:(1)国家机关、社会团体依职权制作的公文书证的证明力一般大于其他书证;(2)物证、档案、鉴定意见、勘验笔录或者经过公证、登记的书证,其证明力一般大于其他书证、视听资料和证人证言;(3)原始证据的证明力一般大于传来证据;(4)直接证据的证明力一般大于间接证据;(5)证人提供的对与其有亲属或者其他密切关系的当事人有利的证言,其证明力一般小于其他证人证言。

第十二节　证明对象

一、证明对象的概念与特征

(一)证明对象的概念

如前所述,证明是由若干环节构成的综合概念,在这些环节中,证明对象是其中之一,而且,它是作为证明的最初环节而产生的。正是在观念上首先设定了证明对象,才产生诸如证明责任、证明主体等概念。证明对象和证明标准一起,形成了证明的方向、内容和目标。因此,证明对象既是证明的出发点，又是证明的落脚点。证明，大致说来，是围绕着证明对象来进行的，证明对象是证明的中心环节。

证明对象或证明客体是证明主体的对称范畴，作为证明客体，它始终是证明主体的行为指向，证明主体和证明客体构成了证明的两个极端环节。证明制度的全部内容乃在于证明主体通过自我意识，凭借外在手段，实现证明客体的确定化和客观化。证明对象在近现代诉讼制度中是通过证据来认识、表达和论证的，证据是达到对证明对象的确定性认识的手段。相对于证据中所含有的具体事实来说，证明对象是具有普遍属性的抽象事实，连接具体事实和抽象事实的桥梁是证明。抽象事实是受动的未知事实，在它被证明纳入人的主观意识之前，它尚不具有现实的法律意义；具体事实是能动的已知事实，凭借这个事实，通过逻辑思维，能够推导出抽象事实。只有经过这个过程，抽象事实方能走进人们的主观意识。可见，抽象事实始终是证据所希求探知的标的，因而，证明对象又称为证据标的。

综上所述，我们可以得出一个结论：证明对象，指的是由实体法律规范所确定的、对诉辩请求产生法律意义的、应当由当事人提供证据加以证明的事实。

(二) 证明对象的特征

从以上关于证明对象的定义中可以看出，证明对象有以下几个特征：

1. 证明对象是与当事人的事实主张相联系的概念

在诉讼过程中，当事人依其诉讼地位将提出各自的诉讼请求或者抗辩请求，亦即提出实体法上的权利主张。为了使这些诉辩请求获得满足，当事人首先必须主张足以支持其诉辩请求的实体事实。这是诉讼法对当事人提出的要求，在学理上，它便表现为当事人的主张责任。依照主张责任的分配原则，当事人应当针对各自的诉辩请求分别主张相应的事实。此事实主张是实现其诉辩请求的第一步。但事实主张还仅是单方面的观念上的产物，带有偶然性和主观性，而缺乏必然性和客观性。为了使事实主张实现由偶然性向必然性、由主观性向客观性的转化，便需要依赖证据这个中介。这样，诉讼法就为当事人提出进一步的要求，利用证据证明所提出的事实主张，证明便将证据和事实主张联系起来了，在这个联系当中，事实主张处在接受证据予以认知和论证的被动状态，因而便成了证据标的或证明对象。

2. 证明对象是与证明责任密切地联系在一起的概念

证明对象在诉辩请求的作用下而具体化。具体化了的证明对象在获得确证之前处于真假不明的未决状态，为了化解此一未决状态，有必要把证据的提供落实在特定的诉讼主体身上，此即证明责任。可见，证明责任始终是与证明对象一脉相通的。只有对证明对象而言，才有所谓证明责任，谈到证明责任，必定指向证明对象。二者在范围上恒相一致，所区别的仅是其法律属性。其结果，在判断某一事实是否为证明对象之时，只要问对该事实是否有诉讼主体应当负担证明责任就可以了。反过来，在判别某个诉讼主体所负担的责任是否为证明责任之时，只要看该责任所针对的事实是否为证明对象也就可以了。证明责任和证明对象是紧密地联系在一起的，二者能够双向说明，相互规定。

3. 证明对象是与实体法律规范相联系的概念

当事人为满足其诉辩请求，必然要求法院适用具体的实体法律规范。法院适用实体法律规范以满足诉辩请求的前提条件，是蕴含在实体法律规范中的诸要件事实获得证明。这些需加证明的事件事实在当事人的主张下，便构成了证明对象。任何与诉辩请求无直接关联的事实，都是外在于实体法律规范的事实，都不能成为证明对象。证明对象有着固定的内涵，是有关证明的制度体系中的一个组成部分，并非所有的需要提供证据加以认知或说明的事实，均能构成证明对象。

4. 证明对象是有必要提供证据加以证明的事实

证明对象是实体法规范当中所包含的要件事实，但并非所有的要件事实均当然成为具体的证明对象。这是在具体的诉讼过程中考察证明对象所得出的结论，如果在抽象的实体法规范层面考察，证明对象是不具备这个特征的。如果某一个事实已经因为法定的原故而处在已知状态，那么，它便无须借助于证据这一中介环节使之从未知状态变为已知状态了。因此，已知的事实不能成为证明活动所指向的客体，也即，它自成为已知事实之时起，便与证明领域漠不相关了。可见，证明对象的概念自身含有需用证据加以论证和探知的期待性，因而又称为待证事实或要证事实；同时，由于已知的事实尽管属于能够启动法院适用实体法律规范的要件事实的范围，但由于它本身是法定的，或为主观认同的，或为无须证据加以证明的事实，因而被称为免证事由或不要证事项。

二、程序法事实与证明对象

（一）关于程序法事实能否成为证明对象的几种观点

关于程序法上的事实，例如关于回避的事实、关于主管和管辖的事实、关于耽误诉讼期限是否有不可抗拒的原因等事实、关于是否要采取强制措施的事实、关于申请财产保全和先予执行的事实等，是否能够成为证明对象的问题，学理上有不同的看法。这些看法主要有四种。

1. 肯定说

认为程序法上的事实属于证明对象。理由是：其一，诉讼法是实体法的实施法，查明程序法事实有利于监督司法机关遵守法定的诉讼程序，保证实体法正确而又公正地实施。其二，当事人可能对程序法事实产生争议，从而使程序法事实构成系争事实。其三，诉讼中对有争议的程序事实，有关司法机关特别是人民法院也要在查清的基础上，通过作出决定或裁定的方法解决。其中，有的决定或裁定依法可以申诉或申请复议，有的裁定尚可上诉或申请再审。不仅如此，当事人对程序法事实也负担证明责任。由于以上三个原因，故应把程序法上的事实列为证明对象。①

2. 否定说

认为程序法上的事实不能成为证明对象。理由是：其一，证明对象是一种特殊的诉讼制度，正确地确定诉讼中的证明对象，就是要使整个收集、调查证据的活动过程具有明确的方向，以利于案件事实的切实查明。因而作为诉讼中的证明对象自然是仅指那些具有实体法意义的事实，即只包括那些如不查明就不能对案件正确进行实体处理的事实。只有这样理解证明对象，才有利于司法机关特别是人民法院在诉讼过程中分清主次，将注意力集中于那些如不查明就不可能正确适用实体法律规范的事实。其二，程序法上的事实，特别是一些据以作出决定、裁定的事实，虽然也有一个查明的问题，但是，这与证明对象不能同日而语。因为程序法上的事实有许多是属于不查自明，或者司法机关即可司法认知的事实。同时，程序法上的事实并不是每个案件都会遇到，如果没有发生某些程序问题，就不需要对有关的事实加以证明。基于以上两点理由，这种观点得出结论认为，严格意义上的证明对象，应当是具有实体法意义的事

---

① 参见陈一云主编：《证据学》，中国人民大学出版社1991年版，第137页；高家伟：《行政诉讼证据的理论与实践》，工商出版社1998年版，第142页。

实,而不包括程序法上的事实。①

3. 广义说

认为广义上的证明对象包括对解决案件的实质问题或者个别程序问题具有法律意义的一切情况,并且认为,这种把证明对象作广义和狭义的区分,虽然是解决不同观点的一种折中办法,但对实践来说不无好处。②

4. 折中说

认为证明对象包含着程序法上的事实,但举证责任分担的研究并不涉及所有的证明对象,而仅仅是以实体法上的事实为对象。③ 其理由是:其一,其他事实尽管同样也存在举证责任问题,但应当由谁负举证责任的问题相当简单,根据"谁主张、谁证明"这一分担举证责任的一般原则即可轻而易举地解决,即便是种类繁多的程序法上的事实也不例外。其二,实体法方面的事实是由原告作为诉讼请求根据的事实提出的,或者是由被告作为反驳诉讼请求的根据提出的,这类事实直接关系到当事人之间民事法律关系的产生、变更或消灭。查明这类事实的存在与否,是整个民事诉讼活动的中心环节。以上的观点表明,作为证明对象的程序法事实尽管与证明责任有关,但却与证明责任的研究无关,也就是说,在证明责任的法律制度中,程序法事实有一席之地,但是,在证明责任的理论研究中,程序法事实便被驱逐出去,而失去了存在的余地。

(二) 对各种观点的评析

对于以上所述的四种观点,这里有必要作出适当评析。

首先,第四种观点是值得商榷的。因为既然把程序法上的事实作为证明对象,便不能因其证明责任分担的原理简单而不研究它,证明责任分担的原则在逻辑上当然适用于程序法上的事实。

其次,第一种观点即肯定说也是欠妥当的。因为,程序法上的事实可能存在争议、需要查清、可以复议或上诉等,都属于证明对象赖以构成的外在属性,而未能揭示证明对象的本质规定。证明对象源自实体法律规范,它是否获得证明,是在人民法院对案件作出实体判决之时才显现出来的,并由此规定了实体判决的内容和结果,程序法上的事实仅对诉讼过程中的纯粹程序问题产生意义,而与案件的实体结果无关,因而不属于当事人负证明责任的客体。如果某一项事实主张与证明责任无关,那么它永远不可能纳入证明的环节体系。正如有的学者指出的那样,"在民事诉讼中,举证责任是由双方当事人分担的,这种分担要由证明对象来确定"。

最后,把证明对象分为广、狭二义的学说,也不是一种妥当的见解。因为,证明对象的概念如果没有固定的内涵,那么,在解释上便失之过于随意,这样又将反过来影响对诸如证明责任、证明标准等问题的研究。

我们认为,程序法上的事实不构成证明对象。其中的理由在前面对证明对象的特征分析中已作了充分说明,其要旨是证明对象概念的界定,不能离开证明制度的目的性、诉辩请求的基础性、实体规范的要件性等实质环节。至于集中精力、不查自明等,均不构成否定说的实质理由。如果一定要把程序法上的事实与证明对象联系起来的话,那么,可以用证明与释明的范畴

---

① 参见陈一云主编:《证据学》,中国人民大学出版社1991年版,第137页;高家伟:《行政诉讼证据的理论与实践》,工商出版社1998年版,第142页。

② 参见陈一云主编:《证据学》,中国人民大学出版社1991年版,第138页。

③ 参见李浩:《民事举证责任研究》,中国政法大学出版社1993年版,第135页。

区别，称之为"释明对象"。从理论研究的角度看，不妨以"释明对象"为中心，形成由"释明责任""释明主体""释明对象"等环节构成的释明制度的理论体系。可以想见，释明制度的研究，将有利于撇清和消弭环绕证明制度所形成的种种理论分歧，同时对完善证明制度的理论体系来说，也是一个有力的配合和补充。

三、证据事实与证明对象

（一）关于证据事实能否成为证明对象的几种观点

在证明对象的范围上，有一个与程序法事实能否成为证明对象相同问题的争论，这就是，证据事实能否列入证明对象的范围。对此，学理上的见解同样歧见纷呈。概括起来，主要有三种观点：

第一种观点是肯定说，主张证据事实是证明的对象。因为，任何证据自身不能宣称它是真实的，其真实性唯有依靠其他证据方能确证，而当它成为其他证据确证的客体时，它便由证明手段一跃而变为证明对象。依此观点，在证据事实与案件事实、证据事实与证据事实之间，有一个手段与目的的因果锁链。在这条因果锁链中，处在中间环节的证据事实，有着双重的身份：一方面，它是案件事实的证明手段；另一方面，它又是其他证据事实的证明对象。从逻辑上说，这种关系还可以类推下去。在其他的证据事实又需由新的其他证据事实加以确证时，这其他的证据事实又效法其前身而成为证明手段和证明对象的统一体。

第二种观点认为，证据事实依其与案件事实的证明关系，它可以表现为直接证据，又可以表现为间接证据。直接证据是能够直接反映和证明案件主要事实的证据，因而它与案件主要事实重合，所以它尽管是证明对象，但不必单独列出。与之相反，间接证据不能单独证明案件的主要事实，而必须与其他的间接证据相联系，方能对案件主要事实起证明的作用。因为间接证据需要证明，所以它便成为证明对象。

第三种观点是否定说，认为证据事实只能作为证明手段，而不能列为证明对象。

（二）证据事实不能成为证明对象

在以上的各观点中，我们同意否定说。因为：

第一，证据事实和案件事实从其概念的缘起就被假定为处在特定事实关系的两个极端，证据事实被假定为已知事实，案件事实被假定为未知事实。在这个事实关系中，案件事实是由证据事实来探知、认识和推导的，因而案件事实是证明对象，证据事实是证明手段。证明手段和证明对象之间的界限十分清楚。把证据事实也说成是证明对象，则必然模糊这种界限，从而致使证明理论的混乱化，也会使诉讼失去重心。

第二，证据固然需要查明，但不是凡是需要查明的东西都能成为证明对象。证明对象之所以成为证明对象，其中包含着诸多要素，需要查明只是其要素之一，而并非是充分条件。《刑事诉讼法》第50条第2款规定："证据必须经过查证属实，才能作为定案的根据。"《民事诉讼法》第66条第2款、《行政诉讼法》第33条第2款对此也有相应的规定。但是立法要求证据经过查证属实，并不意味着处在查证属实之中或者之前的证据，便是证明对象。恰恰相反，证据只有经过查证属实，才能作为定案的根据，而这里的"定案根据"，指的就是证明、确定案件事实的手段。反之，没有经过查证属实的证据，连充当定案的根据或手段的资格也没有。因此，这里的问题依然没有超出证据事实作为证明手段的范围。证据事实，无论是直接证据还是间接证据，都需要解决一个能否成为证明手段的资格问题。这种资格就是法律对证据规定出来的构成要件,即包括真实性、关联性和合法性在内的证据"三性"问题。事实上,任何证据最终要成为有效的证明手段,都必须同时具备三个属性或要素,而不仅仅是一个真实性的问题。当证据的三属性之一成为问题的时候,它则均需依赖于其他证据的印证。在此证据与彼证据形成的印证与被印证的关系中,的确有一个目的与手段的问题。但是,在无穷联系的这个环节的关系中,是在本质相同的范围内所形成的目的与手段,它们在性质相异的更高的层面有一个总的目的,即案件的实体事实。对于后者来说,前二者皆为手段,是诸手段的统一体,所区别的只是层次和距离而已。

四、民事诉讼中研究证明对象的意义

在民事诉讼中,不同的实体法律规范形成相异的证明对象体系,从范围上区别这些证明对象体系,对法的适用是有帮助的。例如,在离婚案件中,民法典婚姻家庭编规定或包含了关于离婚条件的证明对象体系;继承、专利、商标、反不正当竞争、合同等法律规范,均对各类相应案件的证明对象体系作出了一般化的规定。这些证明对象体系在范围上达到了诸要件事实的最大化,并且在具体的案件中,根据调节当事人主张责任的辩论主义而得到落实。

即便在同一实体法内部,由于诉之类型有别,相应地,证明对象也产生了区别。因此,便有给付之诉的证明对象、变更之诉的证明对象和确认之诉的证明对象之分别。从诉之类型来考察证明对象,有助于认清诉的内容和意义,从而更有针对性地实施有关证据的收集、调查和应用等诉讼行为。

五、民事诉讼中证明对象的分类

从理论上研究证明对象,其意义主要体现在对它进行的分类考察上。将证明对象依据一定的标准,分成若干种类,从而使不同种类的证明对象产生不同的诉讼意义,这样便有利于诉讼程序的有效展开。

学者们通常使用三个标准对证明对象进行分类,其中一个标准是诉讼理由。从原告提起诉讼所根据的事实和理由,将证明对象分为两个方面:一是引起当事人之间法律关系发生、变更或消灭的事实。如双方当事人订立经济合同的事实、分割共有财产的事实、解除收养关系的事实等。这些正常的法律事实构成当事人诉讼请求赖以获得满足的基础。二是民事权益受到侵害,或者权利义务关系发生争议的事实。如侵权、违约等事实。这些非正常的法律事实是当事人获得司法保护的根据。以上两方面的事实结合在一起,便构成了诉讼理由,并由此规定了具体之诉的特点。可见,以诉讼理由为标准对证明对象所作出的划分,仅是从原告提起诉讼的角度进行考察所得出的结果,其意义在于使原告意识到,提起任何一个诉讼,都必须在两个层面主张构成诉讼理由的事实,并有可能负担对这些事实加以证明的责任。但是,从诉讼理由的角度划定的证明对象,一方面尚不能囊括本案中有可能出现的所有证明对象,另一方面也不必然与证明责任的分担原则相联系。

第二种分类方法是根据所要证明的事实与案件的主要事实之间的联系程度,来划分证明对象。英美法系的学者倾向于采用这种分类方法。他们认为,诉讼中能够作为证明对象的事实不外有四种:一是系争事实或最终事实,是指当事人为了使自己的诉讼主张、辩论理由获得成立所必须证明的事实,即要件事实或主要事实。这类事实构成案件事实的本质部分。有了这类事实,当事人提出的司法救济的请求便应予满足。二是伴随系争事实之发生的情况事实或相关事实。例如系争事实是在何时、何地、何种环境下发生的。这些事实就其本质而言依然属于系争

事实的组成部分,把它们从中分别出来加以认识,有助于更加准确地认识系争事实。三是与系争事实有关的事实。这类事实有别于前一类事实,在本质上属于间接事实或环境事实的范畴。四是用来确定比较标准的事实。例如人们的日常行为习惯、商业惯例等,属于经验法则的范畴。对于这一类事实,有的属于专门领域的事实,这需要当事人加以证明,有的则属于一般生活领域的事实,这可由法官通过司法认知的方式予以探求。① 毫无疑问,在以上四类证明对象中,第一类事实即系争事实构成了证明对象的主体部分,也是诉讼中证明活动的中心内容。

更加富有意义而且也更加普遍地为大陆法系学者所奉行的一种分类方法,便是把证明对象与证明责任的分担原则联系起来,从而对证明对象进行类型化区分,并在此基础上,提出证明责任的分担原则。使用这种分类方法对证明对象进行划分可以从两个不同的角度开展,一是从事实本身的性质出发,把所有的事实主张分为积极事实和消极事实或者外界事实和内界事实两大类别。凡积极事实或外界事实,均相对于消极事实或者内界事实来说容易证明。因而,前者属于证明对象的范围,而后者则不列为证明对象,相应的事实主张便不具有证明意义。可见,这样一种对于证明对象的分类方法,不是仅仅根据事实本身的属性或相互之间的关系进行划分,而是先行分析各种实体法律规范的结构和意义,然后再从实体法律规范中引出相应的要件事实,并使之过渡为证明对象。其结果,证明对象与证明责任的分担挂起了钩。

六、证明对象之外延

(一) 实体法律事实

这是证明对象中的主体部分。具体又分为:其一,权利发生事实,即民事权利发生或者成立的事实,又称为"基本事实""请求权事实"或"通常事实",如合同的订立。其二,权利妨害事实,即导致权利不能成立的事实,如缺乏相应的民事行为能力。其三,权利消灭事实,即使现有的民事权利消灭的事实,如债的履行、免除等。其四,权利受制事实,即限制当事人行使其民事权利的事实,如重大误解、诉讼时效等。

(二) 外国法、地方性法规以及习惯

法官是被假定知晓国内法的,当事人不承担证明国内法的义务,法官即使不知,也可以依职权进行查阅了解。但对外国法、地方性法规和习惯,法官则未必了解,因此若产生争议便成为证明对象。

(三) 经验法则

经验法则,是指人们从生活经验中归纳获得的关于事物因果关系或属性状态的法则或知识。经验法则既包括日常生活中常人所熟知的常识,也包括某些专门性的知识。前者为一般性经验法则,后者为特殊性经验法则。对于一般性经验法则法官应当了解和把握,无须当事人负证明责任,因而不成为证明对象;对于特殊性经验法则,法官对此没有终极性的探知义务,在当事人就此发生争议时,也成为证明对象。

需加说明的是,外国法、地方性法规、习惯和经验法则在通常的情况下不能成为证明对象,因为它们在司法三段论中是作为大前提而出现的,而证明对象只能限定于作为案件事实的小前提。但是,在特殊情况下,如果外国法、地方性法规、习惯和经验法则成为争议问题,则它们就变成了事实问题,演变为证明对象。

---

① 参见高家伟:《行政诉讼证据的理论与实践》,工商出版社1998年版,第144页。

七、免证事由

在诉讼中,有一些事实可以不经过证明而加以确立,这种情形叫作"不需要证据的证明(Proof without Evidence)"。这类事实包括:

其一,众所周知的事实。众所周知的事实属于司法认知的范围。司法认知又称审判上的知悉,即对众所周知的事实或称为显著的事实,无须当事人举证,即可认定其内容效力。司法认知包括事实和法律两个方面。一是事实,包括:(1)显著的事实;(2)政府事项;(3)司法事项,如法例、条令、政府权利组织和措施等;(4)其他容易获知的事项等。二是法律,包括:(1)国内法,包括宪法、法律、行政法规和部门规章,以及地方性法规;(2)国际条约;(3)法官所知晓的外国法、国际惯例等。

其二,自然规律及定理、定律。自然规律和定理、定律已经为人们所认识并反复验证,所以无须加以证明。

其三,推定的事实。推定,是指依照法律规定或者由法院按照经验法则,从已知的某一事实推断未知的另一事实存在,并允许当事人提出反证推翻的证据法则。前一事实称为基础事实,后一事实称为推定事实,一旦基础事实得到证明,法院径直根据基础事实认定推定的事实,无须再对推定事实加以证明。这实际上是一种证明责任的减轻法则,因为当事人还是需要对前提事实进行证明的。

其四,已为法院生效裁判确认的事实。《证据规定(2020年)》第10条第1款第6项将"已为人民法院发生法律效力的裁判所确认的基本事实"规定为当事人无须举证的事实。在本案诉讼中,当事人提出的某个事实业已在其他已经审结的案件中被法院确认。由于法院的裁判具有确定的效力,因而此后法院裁判任何案件均要受此前裁判的拘束。对于民事诉讼中的事实而言,凡是刑事裁判、行政裁判中所确认的事实,均无须再作证明。因为刑事裁判和行政裁判所要求的证明标准相对民事裁判来说更高,因而在民事诉讼中可以直接采用。按照上述规定,已为生效民事裁判所确认的事实在后诉中同样不必举证证明。

其五,已为仲裁机构的生效裁决所确认的事实。已为仲裁机构的生效裁决确认的事实,对诉讼中的事实具有预决效力,其原因和法院裁判的预决效力相似。

其六,已为有效公证文书所证明的事实。公证文书是公证机关依照法定程序对有关法律行为、法律事实以及文书加以证明的法律文书。对于公证文书中所确认的事实,一方当事人不必再提供证据证明。

在上述六类事项中,除自然规律以及定理、定律外,《证据规定(2020年)》第10条第2款都允许当事人通过提出反证将其推翻或者进行反驳,所以主张这类事实的当事人虽然在开始的时候无须提供证据,但并不意味着这些事实就一定不再是证明的对象。

其七,诉讼上的承认。诉讼上的承认,简称自认,指一方当事人主张的对对方不利的事实,对方当事人明确认可该事实的真实性,或者虽未明确认可,但不对其真实性提出争辩。前者为自认,后者为拟制的自认。

对于主张被自认事实的当事人来说,自认具有免除证明的效力。自认的事实免予证明的理由是:(1)对于对方主张的不利于自己的事实,另一方当事人会加以否认或反驳。未否认而予以承认,说明该事实是真实的。(2)法院在诉讼中应审理当事人之间有争议的案件事实,作出自认说明双方对该事实无争议,所以不必再证明。

八、调解书的免证力限度：案例评析[①]

（一）基本案情

2006年12月，某勘地基基础工程有限公司（以下简称某工程公司）与某房地产开发有限公司（以下简称某房地产公司）签订《建设工程施工合同》（以下简称《施工合同》），约定某房地产公司将某市某区六铺炕4#住宅楼基坑支护工程（以下简称涉案工程）发包给某工程公司，合同价款为1990000元。2008年12月，某工程公司与某房地产公司双方签订《关于六铺炕4#住宅楼基坑降水、支护、土方工程结算说明》（以下简称《结算说明》），共同确认结算金额共计2515764.35元，该结算金额为最后审定金额，双方不得找补，没有遗留问题。施工过程中，某房地产公司向某工程公司实际支付了1000000元的工程款。另，2007年11月，案外人某天然气集团公司（以下简称某天然气公司）因财产损失赔偿纠纷一案，将某房地产公司诉至某市中级人民法院，称某房地产公司开发的涉案工程施工造成某天然气公司所有的位于某区旧鼓楼大街18号的一栋二层综合楼房体出现明显裂缝，要求某房地产公司赔偿财产损失。同年9月21日，某房地产公司与某天然气公司共同委托某大学结构工程检测中心对该综合楼进行裂缝检测和安全性鉴定后出具《检测报告》，检测日期为2007年3月9日至4月29日，检测结论为北侧4#住宅楼基坑开挖与降水施工是引起综合楼基础不均匀沉降与水平位移、导致综合楼上部承重墙体普遍开裂的直接原因，综合楼的安全性为D级，为整幢危房。据此，某房地产公司被确认对该综合楼的损毁负有责任。2010年10月，某市中级人民法院出具了第500号民事调解书，确定某房地产公司一次性赔偿某天然气公司全部经济损失2800000元。该民事调解书已经执行完毕。在该案的审理过程中，某市中级人民法院认可了《检测报告》，确认某房地产公司的涉案工程的施工与综合楼的损害之间具有因果关系。

2010年7月，某工程公司起诉至某市某区人民法院，请求判令某房地产公司偿还工程欠款1515764.35元。某房地产公司反诉请求判令某工程公司赔偿其经济损失2810973.25元。

（二）原审裁判

某市某区人民法院一审认为，某工程公司与某房地产公司签订《结算说明》后，某房地产公司应支付中航公司剩余工程款1515764.35元，于法有据，予以支持。已经生效的第500号民事案件中已经认可并采纳了《检测报告》，故应对《检测报告》予以采信。另根据《施工合同》通用条款的约定，在进行土方施工过程中所导致的周边建筑物的损害问题，应由某工程公司承担责任并进行赔偿，由某房地产公司负责协调工作并承担相关的协调费用。综上，判决某房地产公司给付某工程公司工程欠款1510000元；某工程公司赔偿某房地产公司经济损失2810000元。

某工程公司不服一审判决，向某市中级人民法院提起上诉。二审庭审过程中，某工程公司提供了某市住房和城乡建设委员会于2011年10月13日出具的《信访答复意见书》，内容为：某大学结构工程检测中心未在该委申办建设工程质量检测机构资质认定，出具的报告形式不符合该委检测报告、鉴定报告的要求，建议委托有鉴定资质的机构对报告的正确性进行评定。二审法院驳回上诉，维持原判。

[①] 某勘地基基础工程有限公司与某房地产开发有限公司建设工程施工合同纠纷抗诉再审案，案例来源：https://susong.tianyancha.com/a12b694fd88941d2_ba6c6584acafc911，访问日期：2020年10月31日。

某工程公司不服二审判决，向某市高级人民法院申请再审，被驳回。后某工程公司不服，向检察机关申请监督。

（三）监督理由

某市人民检察院认为，原审判决依据《检测报告》结论认定某工程公司应对某天然气公司综合楼损害承担赔偿责任、某房地产公司有权就损失赔偿额向某工程公司追偿，并根据另案调解书确定具体追偿数额为2810000元，属于认定的基本事实缺乏证据证明、适用法律确有错误。再审裁定撤销一、二审判决，发回原一审人民法院重审。

（四）法理评析

本案紧紧抓住两个重点问题展开：一是关联案件《民事调解书》在本案中的效力问题，二是《检测报告》的证据可采性问题。

1. 关联案件《民事调解书》的既判力问题

案涉《民事调解书》是某天然气公司诉某房地产公司损害赔偿案中形成的，理由是某房地产公司的涉案工程造成了与其相临近的某天然气公司的房屋出现裂缝，造成了损失。在案件处理中，双方达成《民事调解书》，由某房地产公司赔偿某天然气公司280万元。某房地产公司正是据此在某工程公司诉其偿还工程款的诉讼中提出了反诉，要求依合同的规定行使追偿权。

然而，该《民事调解书》是在某工程公司不知情的情形下形成的，某工程公司在关联诉讼中既不是被告也不是第三人，根本无法行使抗辩权。因而据此所形成的《民事调解书》对某工程公司不具有约束力，某房地产公司依据该《民事调解书》向某工程公司主张追偿权，缺乏正当性依据。原审法院却采纳该《民事调解书》作为证据，支持了某房地产公司的反诉请求，缺乏事实依据和法律依据，检察机关据此抗诉能够成立。

该案的典型意义主要不在于《检测报告》是否具有可采性，而在于两案之间的关联性，也就是某天然气公司和某房地产公司之间的诉讼结果能否对某工程公司和某房地产公司之间的诉讼产生影响；如果要产生影响，需要具备何种条件。这里稍作延伸分析。

应当认为，本案中的追偿权是可以存在的，因为《施工合同》的通用条款规定，因施工所产生的损害赔偿由施工方某工程公司承担，而某房地产公司作为开发方和相邻方有被某天然气公司单独状告或联合状告的可能，某房地产公司所承担的损害赔偿责任，可以依约向某工程公司追偿。某房地产公司在本案中依据追偿权这一请求权根据提出反诉，在诉讼形式上能够成立。

然而，问题在于，这个追偿权必须建立在实际发生的现实损害的基础上，而不是某房地产公司单方面确定的，相反，在确定该现实损害的诉讼中，作为最终的责任承担者某工程公司必须要有机会作为无独立请求权的第三人参加进去，并且发表其抗辩意见。只有在这种诉讼中所产生的诉讼结果，无论是判决的结果还是调解的结果，才能成为某房地产公司行使追偿权的事实基础和权利基础。本案的问题恰恰出在这里。某天然气公司和某房地产公司所进行的确定损失结果的诉讼，却没有某工程公司的参加，某工程公司未能有任何机会参与诉讼发表观点和看法，提出质疑和抗辩，然而这个结果却要某工程公司予以接受。这对某工程公司而言，无疑是不公平的。从诉讼法理上看，这里涉及既判力和预决力两个问题。就既判力而言，《民事调解书》本身就无既判力的扩张可言；即使是用判决书解决此案，该判决书对某工程公司也不具有拘束力，法院也不得以此为依据作出对某工程公司具有拘束力的判决。这是由裁判文书既判力的主观范围所决定的；按照既判力的原理，生效裁判的裁判主文所约束的主体只能是参与诉讼的当事人，只有在特殊情形下才可以扩张。就预决力而言，虽然在程序保障上它不强调前后诉讼当事人的一致性，但其仅适用于判决书裁判理由中所确定的事实，且当事人可以提供相反证据予以推翻。本案涉及的不是预决力问题，而是既判力问题。原审以此《民事调解书》为依据，将某天然气公司和某房地产公司所确定的法律责任转嫁和强加给某工程公司，违反了既判力主观范围的确定规则，更违反了正当的法律程序，检察机关抗诉所纠正的不仅仅是本案的实体结果，而且还兼指关联案件的程序违法，起到了一箭双雕的作用。

2.《检测报告》不具有证据的可采性

从性质上说，《检测报告》属于鉴定意见，就其证据形式而言，它能够作为证据加以提供。然而，法院对鉴定意见要进行司法审查，审查的第一步，也是前提性的步骤，就是作为鉴定意见的《检测报告》是否具有证据的可采性，也即是否具有客观性、关联性和合法性。该《检测报告》的合法性是首先要加以确认的问题。问题集中体现在：作为鉴定主体，出具该《检测报告》的某大学结构检测中心是否具有房屋安全的鉴定资质？答案应当是否定的。原审法院无视反对方当事人某工程公司提出的诸多相反证据的存在，认为某大学结构检测中心具有鉴定资质，从而认可了该《检测报告》的证据资格，这就在证据审查判断的第一个环节出了差错，以致影响了本案关键事实的正确认定和判断。本案的关键事实是：某天然气公司综合楼的损害是否与某工程公司的施工行为之间存在因果关系，以及如果存在因果关系，其损害的份额或比例是多少。这是某房地产公司提出的反诉中要承担的证明责任，而某房地产公司所提供的该《检测报告》具有证据合法性上的硬伤，在法律上无法被法院采用。原审法院、二审法院和再审法院在该问题上接连出错，从而导致该案在裁判结果上失去了可靠的事实依据。检察机关正是瞄准了这一点，综合运用不利于该《检测报告》成立的一系列相反证据，否定了该关键证据的证明资格，并据此提出抗诉，获得了法院的支持。

第十三节　民事诉讼中的推定

一、推定概述

（一）推定的两层意义及其与证明责任的关系

诉讼法上的推定可以在两层意义上认识：一是司法者认定事实或适用法律的过程，二是司法者认定事实或适用法律的结果。过程意义上的推定，是一种从已知事实求证未知事实的逻辑思维形式，属于推理的范畴，反映了司法者对案件事实或法律适用的认识过程，是动态的概念；结果意义上的推定，是一种由已知事实求得未知事实的立法或诉讼状态，是包含实质内容的程序规则，反映了立法者或司法者对案件事实或法律适用的认识结果，是静态的概念。前一层含义的推定不具有影响诉讼结果或诉讼过程的实质内容，因而属于认识论研究的范畴，不构成证据法的研究对象。证据法上应当研究的是后一层含义上的推定，因为这层含义上的推定与证明责任紧密关联在一起。研究证明责任，首先应当研究推定。正是在推定的前提下，证明责任才成为可能与必要，没有推定这个现实存在与范畴，证明责任的制度设置与程序构建，都将失去了依托和根据。证明责任是基于推定的要求并为推定服务的，它们二者始终形影不离地凝结在一起。

具体来说，推定与证明责任的关联表现在以下三个方面：

其一，决定与被决定的关系。在特定情况下，推定决定证明责任的分配，证明责任之所以是这样分配而不是那样分配，其原因主要在于推定的客观存在。

其二，推定能够改变证明责任所指向的客体。推定能够改变证明责任的事实对象。当事人之所以可对此事实而不是彼事实负证明责任，关键的原因在于在此事实与彼事实之间有推定存在。

其三，推定决定证明责任的转移和变化。在诉讼过程中，证明责任之所以在双方当事人之间来回转移，其原因就在于推定发挥了作用。

(二) 推定的概念学说与特征

1. 推定的概念学说

关于推定的概念，理论界没有一种通行的定义。学者们是从不同的角度对推定下定义的。较为典型的推定定义有下列数种：

(1) 从描述事实间的关系看，认为推定通常系指一种法则或一种推论。使用此种法律术语时，即在描述某一事实或若干事实与另一事实或若干事实之间的关系，某一事实即为基础事实甲，另一事实则为推定事实乙，它仅用以表示若甲事实于诉讼中一经确立，除非或直至另有特殊的条件构成，即必须假定乙事实的存在。

(2) 从推定效果上看，认为推定是指从审判知识或已经证明的事实，或者当它是真的事实，来推断出另一问题的事实结论。

(3) 从推定与证明责任的关系看，认为推定是法理学上的证明法则之一，用以推测未知事实的真相。法官得利用此一法则，以决定诉讼中证责之谁属。

(4) 从事实认定角度看，认为推定是指法律对某种事实或责任所作的，允许当事人举证否认的一种认定。

(5) 从动态过程上看，认为推定就是由甲事实的存在，推演出乙事实存在的诉讼活动。

2. 推定的特征

从以上推定的各种定义可以看出，尽管学者所持考察角度不同而各有侧重，但就推定的实质内容而言，这些概念之间并无区别。我们从这些对推定概念的不同描述中可以归纳、概括出关于推定的特征。

从主要的方面看，推定有以下几个特征：

(1) 推定本身并非证据，亦非证据方法或证据标的，而是一种证明方法或证据法则。换言之，推定是法律所直接认可或间接允许的证明案件事实的一种特殊规则。

(2) 推定既须有前提事实，又须有推定事实，因而是沟通二者关系的法律桥梁，倘若缺乏其一，则均不能构成推定。

(3) 推定应许可当事人提出反证推翻，因而与证明责任紧密关联。反之，若不允许以反证加以推翻，则非真正的推定。

(4) 推定既可依法律规定进行，又可按经验法则进行。前者称为法律上的推定，后者称为事实上的推定。

可见，推定乃指由法律规定或者由法院按照经验法则，从已知的前提事实推断未知的结果事实存在，并允许当事人举证推翻的一种证据法则。

(三) 推定与邻近概念的区别

明确了推定的内涵与特征，便可将它与若干邻近概念区别开来。

1. 推定与假定

首先,推定与假定是两个完全不同的概念。假定,指的是对过去没有,现在也不存在的某种事实进行猜测的一种思维形式。假定是一种不需要任何前提条件的假设,属于思维的范畴,因而不具有任何法律效力,法院应当绝对避免借助假定处理案件。可见,假定是主观意志的产物,它的作用也无须加以限制;推定则是认定事实的特殊方法,一旦被采用后即产生一定的法律效果,因而它的范围和适用条件均需受到严格的限制。推定只有经反证才能被推翻,假定只有经证实才能被肯定;推定无须证明其真,假定无须证明其假。推定只能适用于法院的事实认定,而在侦查阶段则常常使用假定。由此看来,推定与假定有着质的区别,不可混为一谈。

2. 推定与推测

推定亦非推测,推测与假定相比,尽管具备一定的前提事实,然而,这种前提事实与推测结果之间在距离上相隔遥远,在逻辑上无合理关系。因而,推测的结果往往荒诞不经,可靠度极为低小。推测应划归唯心论范畴,推定则属唯物论的运用。《十五贯》中过于执所标榜的推定,其实恰好是推测的适例:"看她艳如桃李,岂能无人勾引?她正值青春,怎会冷若冰霜?二人情投意合,杀父盗款,比翼双飞,人之常情。这案情不问也会明白的。"这是典型的推测。可见,推定与推测是格格不入的两码事,在审判实践中所忌避的应是推测而非推定。

3. 推定与认定

推定与认定也有所不同。认定是一个综合性的概念,包括案件事实的认定和案件性质的认定;推定仅在事实认定领域上发挥作用,与性质认定不发生直接关联。事实认定是法院依靠证据对案件事实的判定,它可以是直接认定,也可以是间接认定;推定则属于间接认定中的一种方法。认定一旦作出,除非通过法定程序加以撤销,当事人无法利用反证将其推翻;推定必须在没有反证或反证不成立时,才能成为认定的对象。

4. 推定与拟制

推定与拟制尽管有一定的联系,但是,推定是法学理论更为发达阶段上的产物,拟制则是因法学理论的贫瘠所作的强行规定,它将会随着相应理论的诞生而被修正。拟制具有两大作用:一是隐藏的引用;二是隐藏的限缩。拟制是立法者法律观点的表现方式之一,在一定的历史阶段,它不失为一种重要的立法技术。使用拟制所形成的法律规范,称为拟制性法条,通常用"视为"术语表现出来。拟制分为表见拟制、应用性拟制、定义性拟制和推定式拟制四种。前三者属于真正的拟制,其特点在于将纯属子虚乌有的事实强行确认其存在,或者将迥然相异的事实强行规定其相同,因而属于立法上的虚构。例如,我国《民法典》第 18 条第 2 款规定的"十六周岁以上的未成年人,以自己的劳动收入为主要生活来源的,视为完全民事行为能力人";第 16 条规定的"涉及遗产继承、接受赠与等胎儿利益保护的,胎儿视为具有民事权利能力";第 25 条规定的"经常居所与住所不一致的,经常居所视为住所"等规定中的"视为",就是拟制规定的典型方式。这种拟制与推定的区别是显而易见的,推定的事实往往符合事实客观真相,而拟制则反其道而行之。推定式的拟制,是指在那些当事人并未为意思表示,或意思表示不明确的情形下,基于规范上的要求,拟制有某种意思表示的存在,或将不明确的意思表示,拟制为有特定的内容。可见,这种拟制主要适用于意思表示的存否,其特征在于法律所拟制的意思表示,通常与当事人的内心意思表示相符,因而属于法律解释的范畴,这一点与其他拟制迥然有别。例如,《民法典》第 1124 条关于接受继承的"视为";《专利法》第 37 条关于申请人在指定期限内无正当理由不答复者,则为撤回申请的"视为";《工矿产品购销合同条例》(失效)第 11 条关于在接受货物一定期限内不提出异议,则为验收无误的"视为"；等等。由此看来，推定式的拟制实际上是一种法律上的推定，其推定的特征在于通过拟制的方式，使之不因反证而被推翻。这种拟制若真以推定术语表示出来，便是"不可反驳的推定"或"绝对推定"。例如，《民法通则意见》（失效）第108条第2款规定："保证范围不明确的，推定保证人对全部主债务承担保证责任。"这就是不可反驳的法律推定。其实，这二者是用语上的不同，在实质内容上则毫无区别。

可见，推定式拟制就其所拟制的法律事实实际上可能与事实相符而论，它和真正的拟制不同；就其不得以反证推翻而言，它和真正的推定不同。因此，推定式的拟制兼具推定和拟制的双重性质。

二、推定的由来与创设推定的理由

（一）推定的由来

推定作为一个专门的法律术语，并非近现代历史的产物。在法学发展的历史长河中，它的源流一直可溯及古罗马时期。罗马法制史告诉我们，罗马法官在审案断狱的过程中，并不单纯借助学理或法条对案件事实进行分析与认定，而往往借助事实自身的内容及相互间的关系，径自斟酌其真伪，并以此推演出定案的结论，久而久之，罗马法注释家从中抽象出一系列基本原理，创立了各种罗马法学说。正因为如此，英国学者斐斯克（Fisk）曾历史性地断言："罗马人首创判例法。"这一论断得到了英国法律史学家梅因（Maine）的赞同："罗马法上的法律解答，乃以拟制为基础而建立。"案件越多，判例亦越多；判例越多，则事物间的关系亦越为明显，二者成正比例的趋势发展。由此看来，罗马法官在审案之前，务必先行探求先例以资遵循。在事实认定领域上，推定法则由是而生。这种推定原理很快为立法所采用。《十二铜表法》第8表第26条即为适例："任何人不得在城市里举行夜间集会"，否则，就可推定为聚众叛国。降及公元6世纪，在查帝主持编撰的《国法大全》中，曾专门论述了推定原理，此可谓推定学说的发端。当然，衡诸现代意义上的推定观，此时的推定立法与理论尚处于萌芽状态，而且与拟制联为一体，缺乏独立性和系统性。嗣后，意大利法学家首先沿用罗马法上的推定学说，并进而将推定依其效力分为三类：一是"强固的推定"，类似于现代的绝对推定；二是"薄弱的推定"，类似于现代的推论；三是"中庸的推定"，类似于现代的相对推定，这就开辟了推定分类学说的先河。到19世纪初，1804年的《法国民法典》全面总结了先前的理论，将推定正式从立法上加以确定。该法第1349条明文界说了推定的含义："推定为法律或法官从已知的事实推论未知事实所得出的结果。"并从第1350条到第1353条按不同的标准，将推定分为两类，一为法律推定和事实推定；二为绝对推定和相对推定。届此，推定学说以其独立的姿态得以完全确立。此后，各国民事立法纷纷效为楷模，都在不同程度上肯定了推定理论。德国1888年公布的民法典第一草案第198条就明确规定"对推定之事实为否认之人，应就其事实为举证。"鉴于诸多因素，德国立法委员会将之从民法典移植到现行《民事诉讼法典》之中："法律上推定的事实，勿用举证"，从而使得推定与证明责任的归宿紧密地挂上了钩。这亦是它较诸法国民法典为精深的表现之一。

英美法上关于推定的学理，原亦滥觞于罗马法源。1743年的"英国诉爱尔兰"一案，首次使用了推定法则。自此英国学者显示出极为浓厚的兴趣，并以推定的分类与效力为中心展开了持久而激烈的论争，至今尚然。

我国古代法律史上同样出现了推定法则。最先适用推定断狱定案者，乃董仲舒的《春秋决狱》。《太平御览》卷六百四十记载："甲父乙，与丙争言相斗。丙以俄刀刺乙，甲即以杖击丙，误伤乙。甲当何论？或曰殴父，当枭首。论曰：臣愚以为父子至亲也，闻其斗，莫不有怵惕之心。扶杖而救之，非所以欲诟也。春秋之义，许止父病，进药于其父而卒。君子原心，赦而不诛。甲非律所殴父，不当坐。"董仲舒从"父子至亲、闻斗而救"的前提出发，推出"子误伤父"并非"诟父"的结论，以此说明此事与法律上的"殴父"不同，从而不能论罪受惩。这是典型的事实推定。《唐律疏议·断狱·狱拷囚限满不首》记载："诸拷囚限满而不首者，反拷告人。其被杀、被盗家人及亲属告者，不反拷。拷满不首，取保并放。违者，以故失论。"就是说，被告人经过刑讯达法定次数而仍不招认，应当取保释放。否则，即可推定刑讯者主观上有过错，并予治罪。这是标准的法律推定。唐宋以后，推定在立法和司法上得到了广泛运用。

（二）创设推定的理由

推定作为证据法上的重要法则之一，自古至今，历经两千多年的历史变迁，经久不衰，日臻完善，这并不是偶然的，而有其必然的原因。从主要的原因来看，创立推定的理论根据有以下几点：

其一，从当事人角度看，推定有利于减轻当事人的举证负担，符合公平原则。根据司法三段论，法律为大前提，要件事实为小前提，据此作出的判决即为结论。案件事实的认定，须借助证据。在特殊情况下，有些案件并无直接证据而只有间接证据可供利用，法律为了避免举证不能或举证困难的现象产生，便允许当事人就较易举证的间接事实提供证据，通过推定来认定案件事实的存否。同时，由于推定的本来含义是"暂定真实"，可反驳性为其固有属性之一，因而与硬直性的拟制大相径庭。富有弹性的推定法则一方面减轻了当事人的举证负担，另一方面则许可当事人提出适当的反证，据以排除推定的法律效果。由此看来，推定具有调和双方当事人证明责任的内在机能，显得公平合理。

其二，从推定的结果看，它往往与事实真相符合，具有高度的盖然性优势。适用推定法则，必须在前提事实和推定事实之间存在必然联系，它既可表现为逻辑上的联系，又可表现为法律上的联系。这种联系则决定了它的可靠性，这亦是推定较之拟制的优越性所在。因为拟制的事实恰好与客观真相不符，具有强不同以为同的特点。

其三，从社会稳定的角度看，推定可以消除民事关系的不稳定状态，因而符合一般社会所期望的结果，有利于生活关系的安定。事实证明，有些案件所依赖的证据由于客观缘故，处于永远不能获取的状态。倘若因此而拒绝下判，既不符合国家创设民事诉讼制度的宗旨，又不能消解民事关系的悬而不决状态。因此，立法者基于政策目的上的考虑，唯有推定某种民事关系的存在或消灭。

其四，从司法实践上看，推定是满足法律运用需要的适当手段。与其他法律规范一样，民法规范也是一种概括性和抽象性的指导规范，并且具有一定的稳定性和时代性。随着社会的发达进步，各种社会关系日益纷繁杂乱，盘根错节，新情况新问题层出不穷。为此，立法者唯有授权司法机关，根据法律的实质精神，按照经验法则和逻辑规律，具体地认定事实适用法律，以弥补法律缺漏，反之，随着推定的与日俱增，修补现行法律的需要则越为迫切。由此看来，一方面，推定能在适用法律上灵活地发挥作用；另一方面，推定又具有改进法律、丰富法律的独特功能。

可见，推定自身固有许多优越性，这使之成为重要的立法技术之一，并为司法实践所不可或缺。

三、法律上的推定

(一) 法律上推定的概念

法律上的推定,就是通过法律明文确立下来的推定。立法上一般以"推定"一词表示,也有许多法条并没有使用"推定"术语,但从其内容和间架结构上分析,仍不失为法律上的推定。在我国民事立法上,后一种情形表现得尤为突出,而直接使用"推定"术语表示推定的,则寥若晨星。具体而言,法律上的推定指的是,当某法律规定 A 的要件事实甲有待证明时,立法者为避免举证困难或举证不能的现象发生,乃明文规定只须就较易证明的其他事实乙获得证明时,如无相反的证明(甲事实不存在),则认为甲事实因其他法律规范 B 的规定而获证明。从内容上看,法律上的推定可以分为法律上的事实推定和法律上的权利推定;法律上的权利推定是指法律根据一定前提事实已经得到证明的情形,直接推定某一权利状态的存在。此外,还有法律上的效力推定。

在上述概念之中,理论上称甲事实为推定事实,若甲为权利,则称为推定权利;乙事实为前提事实,又称基础事实;B 规定为前提规定(或曰基础规定);A 规定则为推定规定。据此,法律上的推定的运行轨迹如下:主张适用法律规范 A 的当事人(一般为原告)应证明要件事实乙;然后适用法律规范 B,在反证不成立时,推定证明要件事实甲;再适用法律规范 A,满足主张适用者的法定权益。由此可见,法律上的推定必须同时具备两个不同的法律规范,并相应存在两项不同的要件事实。缺乏前提规范的推定,则应称为"暂定的真实";缺乏推定规范的所谓推定,则应称为"法定证据法则"。

(二) 法律上推定的本质与作用

法律推定的本质是某法律效果构成要件所必需的事实(推定事实),被与该构成要件无关联的某事由(前提事实)的推论所规定。换言之,前提事实并非当事人所主张适用的法律规范的构成要件,而为其他法律规范的构成要件,但该事实的存在,由于立法者意志因素的介入,同样能适用与其无关的法律规范,这就是法律推定的实质功能。

对于法律推定的实质功能,可以从不同角度进行全方位的考察,从而形成不同的具体功能。此即法律推定的基本作用。它表现在三个方面:

其一,法律推定是以前提事实的证明代替推定事实的证明,因而主张适用推定规范的当事人,仍需对前提事实负举证之责。由此看来,法律推定直接导致了举证主题(或曰证明主题)的变更,从而产生了举证责任的变更问题。

其二,举证主题发生了变更,并不意味着当事人仅能就前提事实举证证明,而是在推定事实和前提事实之间提供了可供选择的余地,从而增强了举证成功的可靠度。因此,法律推定具有减轻举证负担,降低举证难度的功效。

其三,按照举证分配的一般原则,主张适用某法律规范的当事人,应就其所必需的要件事实负担举证责任,对方当事人对它的反面事实没有任何举证负担。但是,这种一般原则因法律推定的介入而产生了特殊变化。对方当事人为排除由法律推定所产生的不利于己的法律效果,不得不就原本不属于自己举证范围的事项负担举证责任。由此看来,就特定的法律规范而言,法律推定使得举证责任的分配构成了倒挂状态,学理上称之为举证责任的倒置。显然,这是对举证分配的一般原则的修正,因而又称为举证责任分配原则的例外或特别规则。

罗马法上有两个关于占有的法律推定:一是"占有人推定为所有人";二是"占有人推定

其为以所有的意思善意、和平及公然占有者"。据此,《日本民法典》第 162 条、《德国民法典》第 937 条均规定了取得时效:"以所有的意思,十年间和平继续占有他人未登记的不动产,而其占有之始为善意并无过失者,得请求登记为所有人。"根据这个规定,十年间继续占有为不动产取得时效要件之一,按照举证分配一般原则,主张时效取得的当事人对此负有举证责任。但是,欲证明十年间一直继续占有并没有片刻中断的事实,则至为困难。在此情况下,如仍拘泥于举证一般原则,这条规定则无异于一纸空文。立法者为了充分发挥该规范的实际价值,乃利用了减轻当事人举证负担的推定规则,《日本民法典》第 186 条、《德国民法典》第 938 条同时规定:"经证明前后两时为占有者,推定前后两时之间继续占有。"据此,当事人只需就十年间的始点与终点皆为其占有的事实举证证明,即可认为十年间继续占有的事实业经证明。反之,对方当事人则须对其主张的相反事实(其间有中断占有的事实)负担举证责任。若对方当事人所提出的证据能对此加以完全的证明,则可排除法律推定的效果,原告应对此承受败诉判决。否则,原告则因法律推定的运用解除了举证负担,法院应对被告作出不利判决。

法律推定不仅适用于法条与法条之间,而且更广泛地适用在某一法条的内部。如果将前者称为连锁推定,后者则可称为单独推定。连锁推定是单独推定的联合运用,它们无论在原理上或者结构上都一脉相承,并无二致。前面所举的例子,则属于继续占有推定和占有权利推定的联合运用;分别来看,均独立构成法律上的推定。

(三) 法律推定的分类

1. 不可反驳的推定与可反驳的推定

从法律推定在诉讼上所具有的法律效力来看,可以将法律上的推定分为不可反驳的推定(Irrebutable Presumption)和可反驳的推定(Rebutable Presumption)两种。这是英美法系的分类。在大陆法系,这种分类又称为绝对推定和相对推定。用词不同,含义则一。但是,由于两大法系在法律结构体制上的传统差别,英美法上的法律推定一般均以判例的形式加以设立,反映在数量上,则显得极为有限,这一点与大陆法相比有所不同。

在英美法上,不可反驳的推定主要有两种:一是知悉法律的推定,二是预料行为当然结果的推定。前者指的是任何人都不得以其不知法律有如此之规定而提出反证请求免责。这个推定源自罗马法谚:"任何人均不容许不知法律",即所谓"任何人皆知法律"。后者仅适用于精神正常的成年人,对于未成年人或心神丧失、精神耗弱者,则不能适用这种推定。这个原则意义上的推定,在具体适用过程中,又派生出四种判例式推定:其一,以书面损害他人名誉者,推定有损害他人的意思。其二,使用凶器或毒物致人于死者,推定有杀人的故意。其三,关于未成年人的推定。未满 7 周岁的未成年人推定无犯罪能力;未满 14 周岁的男子推定无犯强奸罪的性能力;未满 13 周岁的女子推定无承受性交的能力。其四,古文书的推定。三十年间由正当保管人保管且无任何涂改的文书,推定其为合法做成。

比较而言,可反驳的推定在数量上远多于不可反驳的推定。在英美法判例上,较为典型和经常适用的可反驳的推定有以下几种:其一,无罪推定或无责推定(Presumption of Innocence)。这是英美法上最为著名的法律推定。它不仅适用于刑事诉讼,而且适用于民事诉讼。与我国古法谚"与其杀不辜,宁失不经"如出一辙。其二,婚姻的推定。男女在外观上犹如夫妻一般生活时,即推定其为合法婚姻。其三,正当性的推定。一切事物推定为正当并经正确的手续所为。它源自罗马法谚"一切事物推定系被正当为之者"。其四,存续的推定。某种人的关系或事物的状态经证明存在后,在与其相反的关系或状态被证明前,推定其依然存续。其五,对于不正行为人不利益的推定,这个推定源自罗马法谚"一切事物推定为对不正行为人的不利益",它常常适用于举证妨害之中,当事人湮灭或毁损证据时,不得再受无罪或无责的推定,反而应受与此相反的推定,即推定为不正行为人的不利益。

英美法上有关法律推定的大略概貌就是如此。前已述及,推定的本质特征不在于它是实体规范的表现方式,而在这种实体规范引起了程序规范的变化。由于它的出现,影响了举证责任分配的一般原则,导致了举证责任的转换。它的可反驳性是其固有的属性,所谓不可反驳的推定,仅决定了应由何方当事人首先举证,与举证责任的转换无关,因而只能是实体法律规范的一种表述方式。英国19世纪初权威学者奥斯丁(Austin)曾精辟指出:"所谓不可动推定,在罗马法中从未见之,而为后人所捏造。它纯属实体法上而非诉讼法上的问题,即为法律上的设定,其效果等于实体法。"英国学者罗纳德·沃克(Ronald Walker)也肯定地认为:"不可反驳的推定有时被称为结论性的推定。其实它并不是推定,而是以推定术语表达的实体法规则。因此,与其视之为证据规则,毋宁视之为实体法规则。"大陆法上的通说已不承认绝对推定的独立存在,而将其划归拟制的范畴。由此看来,传统证据法理论关于不可反驳的推定与可反驳的推定的划分,已成了历史陈迹,固不待言。

2. 直接推定与推论推定

按照是否需要前提事实为标准,可分为直接推定和推论推定。直接推定,乃指不需要证明前提事实产生的推定。最著名的直接推定是无罪推定及神志正常的推定,这在大陆法上称为"暂定的真实"。这种推定同样也是实体法规则。它的功能在于确定举证责任首先由谁负担。对这种推定效果加以争执的当事人,应就其反面事实负举证责任。这是根据法律直接规定所产生的结果,并非由他方当事人转换而来。因此,直接推定亦并非真正的推定,与之不同,推论推定则建立在前提事实获得证明的基础之上。适用这种推定可将举证责任从一方转换给另一方,完全符合推定的本质特征,因而大陆法学者称之为"真正的法律上的推定"。

反之,如果只有前提事实而无推定事实,则亦非真正的推定,而属于法定证据法则,典型的例子就是关于公证文书效力的推定。例如,主张合同成立的当事人(原告),应就合同成立的要件事实(要约与承诺)负担证明责任,对方当事人(被告)应就合同不成立的要件事实(意思表示不真实、无行为能力、违背公序良俗等)负担举证责任。原告所提供的业经公证的合同书,仅仅提高了要件事实的证明价值,从而起着帮助举证的作用。除此而外,别无其他任何功效。公证事实仍是公证事实,它既非由公证证明而产生,亦不能推导出其他事实的存否。要件事实的客观存在,是由其自身的构成要素所决定的,对方当事人的举证责任乃根据举证原则分配而来,并无转换证责之可言。由此看来,公证文书仅起着公证事实证据力的推定作用,即法律上的效力推定,属于法定证据法则,与本来意义上的推定无缘,我国学界将公证证明的事实与法律推定的事实并列为不要证事实,而没有将之归纳在法律推定之中,从以上的分析来看,应当认为这是正确的。

3. 因果关系的推定、过错推定与责任推定

除上述法律上的事实推定、权利推定和效力推定之外,从推定的效果看,尚有因果关系的推定、过错推定和责任推定三种。其实,广义上的事实推定包括了因果关系的推定和过错推定。在过错责任原则之下,过错推定乃建立在因果关系推定(或认定)的基础上,没有因果关系的推定(或认定),过错推定则失去了存在的可能性和必要性,这个范围内的过错推定与责任推定的含义完全一致。在无过失责任原则之下,因果关系的推定则等同于责任推定。由此看来,在民事责任的确定中,因果关系的推定是第一位的,而过错推定与责任推定则属于第二位。

(四) 对法律推定的反驳

前已述及，基于创设法律推定的诸多因素，立法上允许当事人在前提事实与推定事实之间，抉择其一作为证明主题。同样，为阻碍法律推定的适用或排除其法律效果，对方当事人相应地拥有两种可供选择的反驳主题。

一是为阻碍法院适用有利于对方的法律推定，可针对前提事实提出反证。由于该当事人对前提事实负担举证责任，在它得到完全证实之前，尚处在为适用推定创造条件的阶段，举证责任尚未转换。因而，对方当事人仅需提出反证即达目的。亦即只需使得前提事实处于存否不明状态，就能有效地排除适用法律推定的可能性。这是一般意义上的反证，属于主观举证责任的范畴。

二是针对推定事实提出的反驳。如果前提事实已经被证明是客观存在的，法院则依法适用法律推定，推断推定事实的存在。对方当事人欲排除其法律效果，唯有将与推定事实不可并立的其他事实作为证明主题，负担举证责任，才能达到目的。这时该当事人所提出的证据，是以相反事实为基准的，性质上属于本证，是客观举证责任发挥作用的结果。该当事人提出的证据如果仅使推定事实处于真伪不明状态，尚属不足，而必须达到使得推定事实确实不存在的程度，方能奏效。

对于以上两种反驳，这里试举例来说明。最高人民法院《关于贯彻执行〈中华人民共和国继承法〉若干问题的意见》（失效）第2条规定："相互有继承关系的几个人在同一事件中死亡，如不能确定死亡先后时间的，推定没有继承人的先死亡。死亡人各自都有继承人的，如几个死亡人辈份不同，推定长辈先死亡；几个死亡人辈份相同，推定同时死亡，彼此不发生继承，由他们各自的继承人分别继承。"假设乙、丙、丁分别为甲的子、妻、儿媳，某日，甲、乙父子同时乘船遇难，丙因欲继承甲的全部遗产与丁发生争执，诉诸法院。在这里，其有关证明的情形有两种：其一，如果丙已就甲、乙同时遇难均告死亡的前提事实提出证明，丁对此如果持有异议，则需提出反证。如果丁提出的反证致使法院对甲、乙是否确实同时遇难发生怀疑，则丁的反证即告成功。本案的败诉结果应由负担举证责任的丙承担。其二，如果对已有丙证明的同时遇难的事实无法提出反证，或提出的反证不足使之真伪不明，法院则依法作出同时死亡的推定，丁告败诉。但是，如果丁对同时死亡的推定事实持有异议，并提出证据证明甲确实先于乙死亡，则有关同时死亡的推定效果即被排除，丙告败诉；反之，如果丁提出的证据仅使甲先于乙死亡的待证事实处于真假难断的状态，由于丁对此负担客观的举证责任，故应受败诉判决。

一般地说，因法律推定而受不利益的当事人，在推定事实合乎真实与否成为问题的任何诉讼中，都不可以利用反证来排除其法律效果，但在极少数情形，由于推定事实是由一定法律文书加以确认的，因此，当事人不能仅通过提出证据的方法立即否认其法律效力，而须通过诉讼方式加以撤销，才能达到目的。我国《民法典》第40条和第46条、《民事诉讼法》第190条和第191条作出的关于宣告失踪和宣告死亡的推定，就属于这种情况。

四、事实上的推定

(一) 事实推定的概念及其与相近概念的区别

1. 事实推定的概念及其与法律推定的关系

事实上的推定，又称裁判上的推定或诉讼上的推定，是与法律上的推定相对而言的，是指法律规定法院有权依据已知事实，根据经验法则，进行逻辑上的演绎，从而得出待证事实存否真伪的结论。有无法律明文规定,乃区别法律推定与事实推定的明显标志。从演变过程来看,事实推定在先,法律推定在后。据此可以认为,法律推定是事实推定的法律化、定型化,事实推定是法律推定的初级阶段,有待于上升为法律推定。

事实推定就其本质而言,乃是一个由立法赋予司法者在一定情形下行使自由裁量权,调节举证责任的具体运作状态,从而决定是否认定事实的司法原则。立法者在立法时没有预见到此种推定,或者虽已预见到,但不能肯定其法律效果,难以对所有具体案件作出统一规范。在这种情况下,立法者索性把问题交给司法者去处理,以奏具体问题具体分析、原则性与灵活性相结合之效。可见,事实推定与法律推定有性质上的区别:凡法律推定,司法者必须适用,而事实推定,司法者可以裁量决定是否适用。

2. 事实推定与推论的区别

事实上的推定属于逻辑上的推论或推理范畴,是法院认定事实必不可少的通常方法。但是,推论是一个更为广泛的概念,是另一种从已有判断推出新判断的思维形式。同一前提事实存在若干可能性结果时,仍不妨推论其中的任何一个。因此,推论具有可能性而不具有必然性,当事人可以无视推论的存在,不具有任何反证义务。但对于推定则必须提出反证,否则就有被认定为真的危险。推论可以环环相套地进行,从而形成"推论之推论",环节越多,则可能性越小;推定则仅适用于由间接事实直接推断待证事实存否,而不允许连续推定,因而具有较大的可靠度。推定在认定事实领域内发挥作用,但在收集、调取证据尤其在刑事侦查中,则常常运用推论。如果说推论是毫无根据的假设,那么推定则是带有一定根据的假设。由此看来,推论与事实推定是两个性质相异的概念,推论与举证责任中的任何一层含义无关,事实推定则可引起主观举证责任的转移。尽管从广义上看,事实推定属于推论范畴,但从狭义上看,事实推定与推论分开来认识,意义更大。

(二) 事实推定与经验法则

尽管立法赋予法官以事实推定之权,但并不意味着法官在进行事实推定时,可以随心所欲、主观擅断,而必须依循一定的准则,这个准则就是经验法则。经验法则,系指由一般生活经验归纳得出的关于事物的因果关系或性质状态的知识或法则。英美法称之为"人类的理性与经验"(human reason and experience)或"人类的共同经验"(the common experience of mankind)。这个法则并非由法律加以规定的具体规则,而是从人类生活中抽象出来的事实,是客观的普遍知识,是不需要经过任何证据证明的基本常识。因循经验法则,则与一般人的愿望相符;违背经验法则,则不能为一般人所接受。但是,并非任何生活经验都能成为经验法则,它是经过排除个别差异性再加以一般化的生活经验,这种生活经验足以使法院不必借助鉴定等手段,不需要翻阅任何资料,就能确认某种事实的存否。经验法则在类别上可以分为普通的经验法则与特殊的经验法则两种,但无论何种经验法则,其法律性质都是一致的。构成经验法则的具体要素有三个,一是该生活经验必须是由一再发生的同样的生活现象所导出,即符合典型的生活轨迹;二是该生活经验必须与该种经验的最新发展趋势相吻合;三是该经验法则随时可以清楚地用验证的方式加以描述,它既可以关于自然现象,又可以关于社会现象,其范围极其广泛。试举诸例说明。关于天时方面的经验法则有:一年必有四季,循环往复,其气候则春温夏热、秋爽冬寒等。关于地理方面的经验法则有:东方与西方对立,南方与北方对立;接近赤道地带,风雨恒多,草木茂盛;北极地区,则冰天雪地等。关于人事人情方面的经验法则有:长久禁食者,必致饿死;对于自己不利的行为,通常皆不欲为之;订立不合情理的协议,肯定出于错误所致;权利一旦产生,当然继续存在;等等。由于经验法则的作用,事实推定在不同的领域呈现着不同的形式。如果在交通事故发生之后的瞬间，某人正在驾驶着发生事故的汽车，那么便可推定该人在事故发生的同一时间在驾驶汽车。同样，如果某个人未死，便可由此一事实推定，此人在不久前还活着。再如，占有刚刚失窃的财物的人知道犯罪；如果某人隐匿证据，则可推定出示该证据必定于其不利。

可见，经验法则与事实推定之间存在密不可分、形影相随的关系。言事实推定，必依经验法则；适用经验法则，必为事实推定。倘若法官悖于经验法则而进行所谓的事实推定，则犹如违背法律一样，必予纠正或撤销。

（三）事实推定的成立要件

既然如此，事实推定的成立，必须同时具备下列诸条件：

其一，必须无法直接证明待证事实的存否，因而只能借助间接事实推断待证事实。这是事实推定的必要条件。反之，若能凭借直接证据加以证明，则无适用事实推定的必要。因此，事实推定与间接事实密切关联。

其二，前提事实必须业已得到法律上的确认。这是事实推定的前提条件。这里的"前提事实得到确立"，不外指下列情形之一：一是众所周知的事实；二是法院于职务上所已知的事实；三是判决所预决的事实；四是经公证证明的事实；五是诉讼上承认的事实；六是已由证据认定的事实。

其三，前提事实与推定事实之间须有必然的联系。这种联系或互为因果，或互为主从，或互相排斥，或互相包容。除此之外，均不能成为必然联系。这是事实推定的逻辑条件，亦是最为关键的条件。

其四，许可对方当事人提出反证，并以反证的成立与否确认推定的成立与否。这是事实推定的生效条件。如果说法律推定尚有不得推翻之说，那么，任何事实推定，都是可反驳的推定。对方当事人既可就前提事实提出反证，亦可就推定事实提出反证，其反证程度仅需使得反证对象处于真伪不明状态即为足够，而不因反证对象的不同有所区别。这是事实推定与法律推定的实质区别之所在。

（四）事实推定的分类

从事实推定的结果看，它包括行为推定、状态推定、因果关系推定和过错推定四种，而过错推定具有尤为重要的意义。

在大陆法上，事实推定有一个专门术语，即"表见证明"或曰"大致的证明"，它来源于英美在证据理论上的"不证自明"或"事实本身即足堪证明"原则（Doctrine of resipsa loquitur）。"不证自明"一语原为古罗马雄辩家兼政治家西赛罗（Cicero，前106年—前43年）的常用口语，意思是"事实自证"（the thing speaks for itself）。此后因常被用来论述法律事件，遂演变为法律术语或格言（maxim）。在英国，"事实自证"最早运用于1802年Chiristio v. Griggs一案的判例中。其案由梗概为：某一驿马车的车轴木棒折断致伤乘客。法院对此判决认为，一般运送人，应就乘客的受伤并非引起过失所致的事由，负举证责任，因为运送人有依契约安全运送旅客的特别责任。事实自证的理论业已蕴含其中。迄1865年，在Scott v. lonson and Stkathrime Docks Co. 一案中，法官艾瑞（Chief justice Earle）判示："必须要有合理的过失证据，在加害物显然归于被告或其雇工管理，而且事故通常也不会发生的情况下，只要管理人予以适当注意，他就能够提出合理的证据；而倘若他无法解释时，则事故产生于欠缺注意。它意味着发生的事实是推定过失的根据，但不是强制作出这种推断；在直接证据可能欠缺时，它们提供了要加以考虑的过失的环境证据,而且不必认为其充足时才予以接受,它们可以解释和反驳。"英美法上完整的事实自证理论届此得以完全确立。显而易见,事实自证理论与前述事实推定的实质内容与构成要件完全吻合,并无二致。

第十四节 证明责任

一、证明责任概念

(一) 大陆法系国家的证明责任概念缘起与沿革

举证责任也被称为证明责任,二者是同一实指的概念,在本书的论述中并不做刻意区分。在大陆法系国家,举证责任被学者誉为民事诉讼的"脊椎"(backbone)。举证责任所涉及的内容可谓博大精深,包括概念论、分配论、倒置论、性质论、减轻论、免证论、程序保障论等诸多方面,其中,概念论无疑成为民事举证责任的基石理论。

在自罗马法迄今的漫长历史跨度中,不同时代的不同社会,之所以形成不同的举证责任概念,深层次的原因就在于各法律制度所内含的不同价值取向。在无证据认定事实的诉讼制度中,举证责任就没有产生的可能;在盛行裁判宣誓的诉讼制度中,客观举证责任也没有产生的必要。举证责任内涵的递嬗与演变,同诉讼制度尤其是证明制度的发展变化息息相关。

客观举证责任概念的产生,当之无愧地成为举证责任理论史上的一块丰碑,具有极为重要的历史价值。但是,从客观举证责任诞生的一开始,它的发展就偏离了举证责任的应然(ought to be)轨道,实际上已经脱胎换骨,成了徒有举证责任之名的化解疑案的裁判规则。举证责任概念的这种演化实在是不健康的,也使令人忧虑的,因为它的根基极不牢靠。为了拨乱反正,正本清源,充分发掘举证责任的基础价值,便需要回复或者说揭示举证责任概念的真貌,使之从无序进入有序,从而以客观举证责任的反思为发轫、证明责任规范的融进为契机,构筑一个举证责任概念的崭新体系。

1. 罗马法时代的举证责任概念

与大多数法律术语一样,举证责任概念的源头,亦得追溯到古罗马时代。嗣后有关举证责任概念的各种界说,无不可在博大恢宏的罗马法体系中寻见踪迹。

然而,罗马法注释家们并没有为后世留下一个明确而完整的举证责任概念,因此,欲探求举证责任概念在罗马法上的蕴涵及其特征,唯有借助其有关举证责任的用语例。

罗马法上有关举证责任的用语例主要有五则:(1)"为主张之人有证明义务,为否定之人则无之"(Eiincumbitprobatio, qui dicit, non qui negat);(2)"事务之性质上,否定之人无须证明"(Cum per rerum naturamnegantisnullaprobatio sit);(3)"原告不举证证明,被告即获胜诉"(Actor non probant, reus absolvitur);(4)"原告对于其诉,以及以其诉请求之权利,须举证证明之"(Petitorprobetquotintendit; cum intention act probaverit);(5)"若提出抗辩,则就其抗辩有举证之必要"(Qui exipit, probave debt quodexcipiture)。[①]

从上述用语例中可以窥见,罗马民事诉讼上的举证责任概念,仅仅是指证据提出义务(Beweisführungslast);举证责任所规律的,仅是当事人为发动诉讼和进行诉讼所承担的提出证

[①] 参见林平雄:《租税争讼与举证责任》,五南图书出版公司1981年版,第79页。

据责任，它的全部内容唯有在诉讼的动态意义上，才能得到显现。因受制于法律诉讼和程式诉讼的文书形式，罗马法官所面临的问题，不在当事人均无法证明待证事实时应如何作出判决，而在法官应责令何方当事人提出证据，从而证明其事实主张。如果负有证明义务的当事人，所提出的证据不能证明其事实主张，则应由该当事人负担无法证明的不利后果。可见，在罗马法之下，并无当今所谓的客观举证责任概念（ObjektiveBeweislast），而仅有主观的举证责任概念（SubjektiveBeweislast）。①

2. 德国普通法时代的举证责任概念

自德国继受罗马法时起，直至德国民法典的颁行（1900年），法律史上称之为德国普通法时代（GemeinesRecht）②。这个时代的法律特征是：在德国全境范围内，既没有统一的法典，也没有统一的审判程序；各地方政府各行其是，均以地方法为特别法，特别法无规定时，则以罗马法为补充，由此形成了法律渊源的二元机制；罗马法在客观上起着统一法的作用。德国普通法的这些特征，同当时中央权力的软弱无力，德国境内诸侯分权、群雄割据的分散局面密切相关。因此，从实质上看，此时的举证责任概念与罗马法时代一脉相承，并没有突破罗马法所圈定的范围。但是，自德国于1871年统一后，各种法学理论得到了空前发展，在这种学术氛围里，举证责任的概念也发生了微妙变化，这种变化主要体现在举证责任内涵的界定角度之上。

与罗马法从诉讼活动的视角看待举证责任不同，德国普通法时代的学者在刻画举证责任的内涵时，则是从诉讼后果的视角着眼的。法学家威兹尔（Wetzel）认为，证明义务，是指如果证明失败（Misslingt），待证事实则不应被认定为真实。依雷诺德（Renaud）的见解，证明义务指的是负担证明责任的当事人，如果不能履行义务，就应当承担该待证事实被视为非真实的义务，而这个义务，与案件的性质、待证事实的自身状况以及当事人的诉讼活动等因素有关。可见，这种举证责任概念的侧重点，仍在当事人的行为方面，当事人如果不进行举证活动，则应承担其事实主张不被视为真实的危险。但是，如果当事人进行了举证活动而仍无法充分证明，应当如何解决？威兹尔所称的"证明失败"究竟指的是什么？对此，格鲁克（Gluck）作出了解释。他认为，证明的程度极为薄弱，而又未能提出任何合理的理由时，就是"证明失败"。换言之，证明失败是指负有举证义务的当事人所提出的证据，尚不能致使待证事实真伪已明；反之，则为证明成功。证明失败与证明成功的分界线在于"真伪不明"。这种解释可以从威兹尔的进一步论述中找到佐证。他认为，至终局判决时，法官对原告之诉的或胜或败应当择一下判，若依证明的结果无法鉴别真伪，则应依"宣誓"判定胜负。可见，当法官无法确认待证事实的存否时，宣誓则成为据以下判的法律手段，宣誓权的分配直接左右着诉讼的结果。根据1847年汉诺威（Hannover）王国的一般民事诉讼法第170条的规定，当时盛行着裁判宣誓制度。依此制度，宣誓制度一般被称为"通常必要的宣誓"（nothWendiger Eid）。其中又分为两类：一是补充宣誓；二是雪冤宣誓。前者适用于负担证明义务的当事人；后者适用于不负证明义务的当事人。如果负担证明义务的当事人所提供的证据不充分，但在证明程度上已达一半以上时，即可取得补充宣誓权；经过补充宣誓后，法官则应认定该待证事实为真。另外，就不负证明义务的当事人而言，如果对方当事人的证明程度尚未达到一半，则可取得雪冤宣誓权；经过雪冤宣誓后，法官即应认定该待证事实为假。

---

① 参见陈荣宗：《举证责任分配与民事程序法》，三民书局1984年版，第6页。
② 参见林平雄：《租税争讼与举证责任》，五南图书出版公司1981年版，第80页。

由上可见，在德国普通法时期，尽管举证责任概念的蕴涵与罗马法时代没有根本的不同，但是，化解疑案的宣誓制度的引进，突破了罗马法时代各行其是的做法，为法官断定是非提供了明确可循的统一规则，从而形成了举证责任制度和宣誓制度的双轨机制，使之在不同的领域耦合起来，发挥着各自独特的功效。毫无疑问，这对近现代举证责任概念的实质性变化，起了不可忽略的刺激作用。

3. 德国民事诉讼法制定时期的举证责任概念

德国普通法时代，因民法的颁行而告结束。《德国民法典》起草于1874年，直至1900年才公布实施，前后历时达16年之久。在此期间的1877年，《德国民事诉讼法》制定完毕，并于次年先行生效而通行全国。德国民事诉讼法并未直接规定举证责任的概念或一般原则，但从它的立法草案、议事录以及其他相关规定等资料中，并结合民法制定的经过，完全可以探得此一历史阶段举证责任的实质内容。①

关于举证责任概念，民诉法草案理由这样写道：（1）如果待证事实的存在或不存在，已经得到了完全的证明，则无须依赖举证责任（证明义务）作出裁判，换言之，即不发生举证责任的问题。（2）如果待证事实能够凭借裁判宣誓获得证明，法院的裁判与上述（1）的情形相同。（3）只有在待证事实没有得到证明时，才有适用举证责任作出裁判的必要。因为这时应当适用"原告不能举证证明，被告应被免诉""被告如有抗辩，则成为原告"等原则。同时，在初颁的《德国民事诉讼法》中，依旧规定了裁判宣誓制度。该法第437条规定了宣誓权的分配："斟酌全辩论意旨及调查证据的结果，关于应证事实的真伪，法院仍无法获得充分的确信时，得命当事人一方，就系争事实为宣誓"；第428条规定了宣誓的法律效力："就所宣誓的事实，宣誓即为完全的证据"；第429条第2项规定了拒绝宣誓的法律后果："宣誓之拒绝，即生该应宣誓事实的反对事实，被视为已获至完全证明之后果。"由此看来，在《德国民事诉讼法》制定时期，有关举证责任概念的认识具有这样几个特征：第一，举证责任的功能发挥，以待证事实"未能为证明时"为基准。亦即，如果待证事实已获证明，或待证事实的反对事实已获证明，或待证事实借助裁判宣誓获得了证明，举证责任则均无适用的余地。可见，此时的举证责任内涵不仅已从诉讼后果的视角加以界定，而且已作为裁判规则看待，这一点与先前相比大相径庭。在此，我们已隐然听到了客观举证责任概念的先声。第二，从实质上考察，此时的举证责任概念，仍然没有摆脱主观举证责任的窠臼，因而尚不能与现代举证责任概念相提并论。这是因为，它对于待证事实真伪不明状态的化解，不仅仍然无济于事，而且其作用领域仅囿于"未能为证明时"。这里的"未能为证明时"，包括两种情况：一是当事人没有进行任何举证活动；二是所举出的证据尚不足以致使待证事实真伪不明。仅在上述情形之一时，法官才得依举证责任决断诉讼的胜负。第三，借助裁判宣誓制度，分别将事实真伪不明划归"完全证明"或"未能证明"的范畴。倘若划入"完全证明"，举证责任则不发生作用；倘若划入"未能证明"，则引发了举证责任的适用。

可见，在《德国民事诉讼法》制定时期，宣誓制度依然是一把解决疑案的"金钥匙"，其诉讼作用仍凌驾于举证责任之上，而且制约着举证责任的功能发挥。尽管宣誓制度无论在种类上或宣誓权的归属上，均发生了前所未有的变化，但不容否认的是，正是宣誓制度的存在，成了举证责任概念革故鼎新的有力掣肘。

---

① 参见林平雄：《租税争讼与举证责任》，五南图书出版公司1981年版，第82页。

4. 近代举证责任概念的产生与发展

囿于证据提出责任意义上的举证责任概念,一直延续到19世纪后半叶。在这之前,与宣誓制度相比,举证责任的诉讼作用略逊一筹。但是,随着社会文明的近代化以及宗教色彩的稀薄化,原来据以解决疑案的宣誓制度,不仅弱化了发现真实的诉讼机能,而且也给诉讼程序带来了诸多流弊。有鉴于此,学者们遂将观察的视野转向法律本身,寻求解决疑案的科学而合理的法律手段。

本着如此考虑,德国学者古拉色(Julius Glaser)于1883年率先提出了举证责任概念的分层理论。① 按照古拉色的看法,举证责任的内涵可以解剖为两层:一是形式(主观)上的举证责任,旨在促使当事人提供证据进行诉讼活动,属于行为责任;二是实质(客观)上的举证责任,旨在解决事实真伪不明的疑案,属于结果责任。前者是对历史上原有概念的扬弃与继受;后者则是同宣誓制度针锋相对的崭新概念。结果举证责任的提出,不仅彻底冲垮了行为举证责任的藩篱,开辟了举证责任概念学说的新境地,而且给具有解决疑案功效的宣誓制度画上了一个休止符。概括地看,古拉色的理论趣旨主要表现在:(1)经过对案件的全面审理,如果事实认定的结果出现真伪不明,该待证事实即有直接被认定为不存在的危险,这就是实质的举证责任;(2)立法者在制定法规之际,应当考虑到要件事实存否不明时,是否仍能适用该法规条文;如果无法探求立法真意,原则上以要件事实的确实存在为适用该法规的前提条件,这是实质举证责任的理论依据;(3)原告就其请求或再抗辩所依赖的基础事实,被告就其抗辩或再抗辩所依赖的事实理由,应当主张并且举证;如果仅有主张而不举证,法院则不会采纳该事实主张,这就是形式的举证责任。

继古拉色提出客观举证责任的概念以后,罗森贝克(Rosenberg)和莱昂哈德(Leonhard)两位德国学者相继著书立说,接受并进而完善了客观举证责任的概念理论,使之很快成为德国的通说。② 在日本,自雉本郎造博士的《举证责任的分配》介绍莱昂哈德的学说以后,客观举证责任概念相继为兼子一、中田淳一、斋藤秀夫等学者所采纳,也很快成为了日本的通说。③ 自此,以客观举证责任的基本含义来界定举证责任概念的理论,在大陆法上,一直以通说的面目延续至今。英美法上的举证责任概念,原来也没有严格区分为两层含义,使用起来同样含混不清,直到1898年,美国学者撒耶(J. B. Thayer)首先指出,证明责任(Burden of Proof)是一个多层含义的词,并进而将它剖析为两层意思:第一层意思是主张责任,即"对各方当事人正在争议的问题,有提出主张(Proposition)的责任,如果不提出主张,则会败诉";第二层意思是证据提出责任,即"不论是在案件开始时或在庭审、辩论的全部过程中,有推进辩论或提供证据的责任"。④ 尽管撒耶的证明责任分层理论,在英美法上颇有影响,但与古拉色的理论相比,显然要浅直得多,因为撒耶并没有明确提出说服负担(Persuasive burden)的概念。但笔者也不赞同骆永家先生的结论:"在英美法上,举证责任(Burden of Proof)一语,至今尚以主观的举证责任概念而被使用。"⑤ 依笔者之见,在英美法学者将"证明责任"这一总概念解剖成"说服负担(Burden of Persuasion)"和"举证负担(Burden of Producing Evi-

---

① 参见骆永家:《民事举证责任论》,台湾商务印书馆1981年版,第46页。
② 参见骆永家:《民事举证责任论》,台湾商务印书馆1981年版,第46页。
③ 参见骆永家:《民事举证责任论》,台湾商务印书馆1981年版,第46页。
④ 王以真:《英美刑事证据法中的证明责任问题》,载《中国法学》1990年第4期。
⑤ 王以真:《英美刑事证据法中的证明责任问题》,载《中国法学》1990年第4期。

dence)"两个分概念之后，即与大陆法上的主客观举证责任概念遥相呼应、并驾齐驱了。

（二）大陆法系举证责任概念的内涵构造

1. 主观举证责任的概念

主观举证责任，是指民事诉讼法规制的由双方当事人根据诉讼状态所负担的、提供证据从事诉讼活动的诉讼义务，又称形式的、行为的、二次发生的、必要的、具体的、提出证据的举证责任。主观举证责任必不可缺地成为举证责任的一部分，任何剔除主观举证责任的理论探讨，最终必将使得举证责任失却本来意义，造成举证责任概念的偏移。归纳起来，主观举证责任具有这样几个特征：其一，举证主体的双方性。双方当事人发生了民事纠纷，诉诸法院解决，必定提出相对立的诉讼主张。这种独立的诉讼主张，乃根植于待证事实上的各执己见。因此，为使法院在这种对立的事实主张中，作出有利于己的抉择，双方当事人都必须提供证据。其二，举证命题的唯一性。举证命题是指举证责任所指向的客体，亦即因当事人的诉讼主张而形成的待证事实（应证事实、要证事实）。为肯定待证事实所提供的证据，称为本证；为否定待证事实所提供的证据，称为反证。无论本证或反证，都围绕着同一待证事实而展开，仅在证明方向上背道而驰。其三，举证次序的相继性。负担客观举证责任的当事人，负有先行举证的责任（本证责任）。先行举证并不意味着完全证明，若该当事人所提出的证据，已经达到初步证明（prima facie case）的程度，使得待证事实形成表面可信（大概如此）的态势，诉讼局势就朝有利于该当事人的方向倾斜，该当事人的败诉危险暂时得到了解除，因而可以暂停证据的提出。一方当事人的有利势态即意味着对方当事人的不利势态。对方当事人为了改变这种不利的诉讼境况，就必须提供相反的证据（反证责任），使得诉讼局势朝有利于自己的方向倾斜。如果对方当事人的反证使得诉讼处于平衡态势，诉讼的不利格局则又回归负担本证责任的当事人，该当事人势必再次提出证据（本证）。如此轮流举证，就形成了举证次序的前后相继性。也正是这种前后相继性，呈现出了主观举证责任的动态性，构成了举证程序的阶段性。其四，举证次数的非限制性，无论原告或被告，为使诉讼朝有利于自己的方向发展，都必须根据诉讼状态的客观要求，提出相应的证据。这种交替举证的责任，时隐时现，直至双方当事人均竭尽举证的所有可能，方告结束。这种举证轮回的次数，虽受制于诉讼时限的规定，也因不同的诉讼而有所区别，但原则上没有限制。

2. 客观举证责任的概念

前已述及，到了近代，精确地说，是在1883年以后，客观举证责任的概念，就被学者纳入了举证责任理论的考察视野，并一直成为学者们孜孜矻矻探讨的热点话题。但迄今为止，它依旧是一个模糊不清、混乱不堪的概念。尽管如此，在这里所企图构筑的举证责任概念体系中，客观举证责任仍具有极为重要的枢纽作用，是一个不可或缺的中心概念。因为只有依赖客观举证责任，才能将主观举证责任与证明责任规范或实体法律规范沟通起来，才能真正完成对传统举证责任概念（主观举证责任说）革故鼎新的历史性工程。

在展示笔者的客观举证责任观之前，首先有必要对客观举证责任的现代概念，作一初步的检讨。

骆永家先生在其专著《民事举证责任论》的"前言"部分，就开宗明义地亮出了客观举证责任的现代概念："民事裁判上，事实至最后（言辞辩论终结时）仍真伪不明（non liquet）时，法院亦不得因此而拒下判决，此时为使法院仍得以下判决，以解决当事人间之诉讼事件，乃假定其不利益（败诉）归于当事人之一造而为判决，因此种假定而当事人之一造所受之不利益，即民事诉讼上之举证责任（客观的举证责任）是也。"并进一步阐明："又社会上虽有民事纷争而须有民事裁判,然若不发生事实至最后仍真伪不明之情形时,则举证责任(客观举证责任)之概念亦无必要。"①

从这段有关客观举证责任概念的典型论述中,至少可以得出这样几个结论:第一,客观举证责任仅是在案件结束之时方才显现的概念,在这之前,客观举证责任没有存在的余地。第二,客观举证责任并非于各个诉讼中普遍存在,它以待证事实真假不明为产生前提。反之,在待证事实泾渭分明的民事诉讼中,客观举证责任没有存活的可能。第三,负担客观举证责任与承受败诉后果乃是一物两面的同义语,前者为后者提供法律说明,后者是前者的逻辑派生。深刻地分析,以上三个结论性的判断都站不住脚。

首先,客观举证责任不仅自诉讼程序的产生伊始,即与当事人的事实主张相伴而生,贯穿于诉讼的全过程,而且在起诉前也发挥着一定的作用。客观举证责任的产生,源于举证责任的分配,换言之,举证责任分配原则所调整的对象,乃是客观举证责任,而不是主观举证责任。在诉讼法律关系产生以前,客观举证责任便蕴藏于实体法的各项规定之中,以抽象化的形态独立地存在。一旦诉讼产生,它便随当事人的事实主张而具体化,且由此成为贯穿诉讼始终的主线,直至该事实主张的存否得到法院的确认,方告消失。不仅如此,在诉讼开始前,任何欲发动诉讼的人,都必定考虑到事实主张的能否举证,从而视具体情况预先保全证据、准备证据,或者选择适当的冲突解决途径。这些诉前行为的深层次原因,便是客观举证责任在起作用。在诉讼被提起后的各阶段,当事人无时无刻不在注视待证事实的证明程度,从而预测客观举证责任能否得到解除,由此决定是否有继续举证的必要。言辞辩论结束后,审判人员即根据各当事人提出的全部证据,进行证据力的衡量和评价,从而判定待证事实的明晰度,并据此形成本案判决。这是客观举证责任是否得到解除的具体表现。正因如此,中岛弘道博士毫不含糊地断言:"基本的举证责任原则(客观举证责任——笔者注),从起诉前到起诉后,贯穿于诉讼程序的始终。"②

其次,无论待证诉讼真伪分明还是真伪不明,客观举证责任都自然地发挥了应有作用。这种作用表现为一个客观过程,绝不因诉讼后果而呈现区异。客观举证责任一旦配定于当事人,该当事人就必须为解除客观举证责任而竭力提供证据(本证,主观举证责任),相对方为了妨碍这个过程的完成,也必须设法提供证据(反证,主观举证责任)。可见,客观举证责任是整个诉讼的核心力量,是把持诉讼进程的"总指挥部",它如同一双看不见的手,无声但有力地调节着双方当事人的举证活动,负载着诉讼的全体价值。离开客观举证责任,整个诉讼将会变得苍白无力,毫无生机。

最后,客观举证责任不仅为当事人的败诉后果,而且为当事人的胜诉后果提供法律上的事实说明。当事人所以败诉,乃因客观举证责任的不被解除;当事人所以胜诉,乃因客观举证责任业已解除。

总括上述,客观举证责任的现代概念所以经不起推敲,其根本误区在于:企望凭借客观举证责任的概念,包罗无遗地阐释当事人的举证活动与法院的裁判活动,从而将事实问题与法律问题囊括于同一概念框架之中。不仅如此,后面的分析将进一步表明,这种概念学说在理论构造上何其混乱。

---

① 骆永家:《民事举证责任论》,台湾商务印书馆1981年版,第2页。
② [日]中岛弘道:《举证责任研究》,转引自王锡三:《民事举证责任著作选译》,西南政法大学诉讼法教研室1987年编印,第137页。

笔者认为，客观举证责任，是指根据主张责任的分配原则，就某个要件事实负担主张责任的当事人，应以本证证明其事实主张的责任，又称实质的、结果的、确定的、法定的、抽象的举证责任，中岛弘道则称之为"基本的举证责任"，相当于英美法上的"说服负担"（Burden of Persuasion）。据此定义，客观举证责任概念的基本特征可析得如下：首先，客观举证责任具有抽象性。尽管客观举证责任贯彻于诉讼的始终，但它一直成为主观举证责任的前提和基础，给主观举证责任的变化提供理论注释，而并不表现为具体的责任形态。其次，客观举证责任具有固定性。客观举证责任一旦依主张责任的分配原则得到配定，即自始至终固定于当事人一方，它可因免证事由而免除，亦可因举证成功而消灭，但永不转换。这就是"客观举证责任永不转换"（Burden of proof never shifts）原理。再次，客观举证责任具有本证性。负担客观举证责任的当事人。在诉讼结束之际，唯有居于证据力上的优势，方能解除责任，取得胜诉裁判；倘若证据力处于平衡态势，甚或对方当事人反而拥有证据优势（preponderance of evidence），负担客观举证责任的当事人，则必遭败诉判决。换言之，负担客观举证责任的当事人，较诸相对方的败诉概率偏高，这就是英美法上称"说服负担"为"不说服的危险（Risk of non Persuasion）"①的缘故。最后，客观举证责任具有唯一性。根据举证责任分配的基本原理，一个待证事实只能产生一个客观举证责任，亦即客观举证责任仅存于当事人一方，而不可能出现双方当事人对同一待证事实均负客观举证责任的现象。但这并不等于说一个诉讼只有一个客观举证责任，客观举证责任的数量取决于当事人事实主张的多寡。一定的法律效果，往往基于若干要件事实的综合，这些要件事实随当事人的诉讼主张而形成各个待证事实，从而产生相应的客观举证责任。

由上可得，客观举证责任的基本功能有三个：其一，负担客观举证责任的当事人，负有先行举证的责任和本证责任。在本证获得表面可信之前，反证责任没有产生的可能与必要。因此，客观举证责任成为本证与反证的分水岭。其二，客观举证责任给双方当事人的举证行为施以不同程度的压力。当事人因为客观举证责任而产生了积极举证、摆脱败诉的动力，从而为整个诉讼过程注入活力。其三，在诉讼结束之际，客观举证责任成为待证事实证明程度的内在标记。是真是假或是真假不明，概由客观举证责任给予说明。不仅如此，当待证事实为真时，客观举证责任则得以解除，由此触发实体法规的有利适用；当待证事实为假时，客观举证责任则未得到解除，由此触发实体法规的不利适用；当待证事实真假不明时，客观举证责任能否解除不得而知，由此触发证明责任规范的适用。

3. 主观举证责任与客观举证责任的关系

主观举证责任与客观举证责任，尽管同属举证责任这一母概念下的子概念，但它们毕竟是既有逻辑上联系，又有观念上区别的不同概念。它们之间相互作用，互为表里，共同构成举证责任的完整内容。

前已述及，客观举证责任随诉讼主张的产生而产生，随诉讼主张的变更而变更，随诉讼主张的消灭而消灭。在诉讼结束之时，客观举证责任的解除与否，直接决定着诉讼的胜负。因而，负有客观举证责任的当事人，必须首先提出证据并以优势证据（preponderance of evidence）证明事实主张，为客观举证责任的解除辟下坦途，由此而形成的责任，即为诉讼中的本证责任；对方当事人为防止本证成功，也必须提供证据并以平衡证据（equity of evidence）

---

① Rosemary pattenden, *The Risk of Non - Persuasion in Civil Trials:The Case Against a Floating Standard of Proof*,*Civil Justice Quarterly* , July 1988, Volume7.

反驳事实主张,为客观举证责任的解除设置障碍,由此而形成的责任,即为诉讼中的反证责任。根据诸诉讼阶段的证明状况,产生一系列本证责任与反证责任的交替与转移过程,形成了诉讼中的举证程序。但无论本证责任或反证责任,在性质上都属于主观举证责任的范畴,都是主观举证责任的表现形态。不过,本证责任乃直接导源于客观举证责任;反证责任则间接导源于客观举证责任。二者皆以客观举证责任为鹄的,自相反相斥的方向,触发着当事人从事举证活动的积极性和能动性,由此将诉讼程序推向深入。经过连续不断的举证活动,应该并且可能举出的证据,已全部陈列在执法者面前时,举证程序遂告竣结。此时,倘若主观举证责任落脚在负担客观举证责任的当事人一方,则应由该当事人承担败诉后果;倘若主观举证责任与客观举证责任产生了分离,则相对当事人必为败诉方。

一般而言,存在一个客观举证责任,就意味着引发一连串的主观举证责任。主观举证责任依客观举证责任划定轮廓,二者在范围上恒相一致。如果说主观举证责任是诉讼程序的骨骼,那么,客观举证责任则是诉讼程序的血脉,它们唇齿相依,互为关照。但是,有一般必有特殊,殊相总是伴随着共相。在特殊情形下,当事人虽有客观举证责任,却因实体法上或程序法上的诸种缘故,不需要负担主观举证责任。这些缘故,学理上概称为"免证事由"或"不要证事项"。

实质上看,主观举证责任缘起于程序法上的内在要求,是民事诉讼证据进行主义的必然产物,它要求当事人从事诉讼活动,不能以决斗、宣誓、神意等"无证据认定事实"的方式进行,也不能口说无凭地空言主张,而必须以证据进行,"证据为正义之根本"(Evidence is the basis of justice)。因此,主观举证责任属于民事诉讼法的范畴。客观举证责任则缘起于实体法上的内在要求,意指一定的法律效果,倚赖于相应的法律要件,具备这些法律要件,则产生这个法律效果;反之,则不能产生这个法律效果。客观举证责任与具体的诉讼活动无关,因而属于民事实体法的范畴。由此可见,举证责任乃横跨实体法与诉讼法两大法域,那种偏执一端的程序法说或实体法说,都是肢解举证责任双层涵义的片面观点,都不足以映现举证责任内在属性的全貌。

在理解二者的关系中,有一种观点必须得到澄清,这就是二者能够相互分离而独立存在,否则必然会发生严重的认识偏误。骆永家认为,在采用辩论主义的诉讼程序中,主观举证责任与客观举证责任能够同时并存,并且主观举证责任为客观举证责任通过辩论主义的投影;在采用职权探知主义的诉讼程序中仅存在客观举证责任,主观举证责任没有存活的余地。依笔者之见,这种看法尚停留在表面层次。辩论主义,其根本精神在于法院对于诉讼当事人的处分行为,采取放任与不干涉的态度;反之,职权探知主义则是指法院代表国家对民事纷争的解决,持积极干预的态度,而不听任当事人的自行处置。在民事诉讼中,除人事诉讼事件、破产事件、非讼事件等采用职权探知主义外,其他的均应采辩论主义。在职权探知主义的诉讼程序中,法院负有积极查证发现真实的诉讼义务,不受当事人举证活动的羁束。因而,在很大程度上,当事人的主观举证责任得到了减轻,但这丝毫不意味着主观举证责任因此而悄然隐遁。这是因为,客观举证责任的存在,就意味着败诉风险的存在。这种败诉的可能性尽管因法院的积极查证而降低,但归根到底仍需由当事人承担。既然如此,法院没尽查证职责或查证失败,就不会承担任何不利诉讼后果;当事人为了获得胜诉,也不会坐等法院的"职权探知"。可见,由客观举证责任衍生而出的提供证据的诉讼压力,依旧落在当事人身上,当事人因此而负担的提供证据进行诉讼的责任,就表现为主观举证责任。主观举证责任与客观举证责任的分离性和独立性,仅是观念上的、相对的,而不是实际运作上的、绝对的。举证责任是主观举证责任和客观举证责任的有机融汇，而不是两种责任的简单相加或机械拼凑，客观举证责任是主观举证责任的逻辑起点和原动力，没有前者，后者即成为盲目游移、缺乏根基的空中楼阁；主观举证责任是客观举证责任的具体表现和实现中介，没有前者，后者则成为毫无活力、缺乏生机的僵化之物。因此，无论在辩论主义的诉讼程序或职权探知主义的诉讼程序，主观举证责任与客观举证责任均无例外地并存着，只不过程度不同而已。

（三）大陆法系国家的证明责任规范

1. 举证责任概念的现代通说及其批判

前面所论述的客观举证责任现代概念，同本部分所指的举证责任概念的现代通说并非一回事。举证责任概念的现代通说，乃是由单纯的客观举证责任现代概念所构成的概念理论，它认为举证责任的全部涵义就是客观举证责任，而不承认主观举证责任也构成举证责任涵义的一部分，因此，又被称为客观举证责任说，简称客观说。同时，传统意义上的举证责任则被称为主观举证责任，简称主观说。除此之外，还有一种举证责任概念学说，将传统意义上的举证责任概念和客观举证责任的现代概念糅合在一起，共同构成举证责任的全部内容，因而可称其为折中说或混合说。在当代民事诉讼理论界，主观说、客观说和折中说都占有不同范围的理论市场。但比较而言，主观说的坚持者已为数不多，几乎濒临绝迹；客观说是大陆法上的通说，为大多数学者奉信不疑；折中说的声势仅次于客观说。客观说和折中说虽在理论建构的角度上稍存差别，但在基本精神上并无二致，因而它们之间的理论分野并不为学者所刻意追寻。

在前面对客观举证责任的现代概念的初步检讨中，业已指出其理论价值取向上的偏颇，但尚未过多地涉及理论构造上的内在混乱性。因此，这里专就现代通说的理论构造作一细微解剖，从而点明其所以陷入理论危机的根本症结。

前已述及，现代通说起初乃是针对主观举证责任概念，并作为裁判宣誓制度的对立面提出来的，是证据裁判主义的彻底落实，因而具有开天辟地的历史价值。但任何正面价值的获取，往往会衍生相应的负面价值。从现代通说产生的一开始，就身不由己地同举证责任的性质规定发生了急剧的碰撞，使得举证责任由事实问题领域的概念，一跃而变为法律问题领域的概念；由规制当事人诉讼活动的行为准则，一跃而变为规制法院审判活动的裁判规制。这种概念内涵上的裂变，乃是无法阻挡的。在举证责任的崭新概念（以下姑且称之为"新概念"）脱壳而出，成为另一条轨道上的概念的同时，原有的举证责任概念（以下姑且称之为"原概念"）则必须对自身的内涵进行重新塑造，以充分揭示其内在规定性。这不仅是自我完善、自我丰富的需要，而且也是迎合新概念、给新概念以理论说明的需要。就概念的名称符号而言，既然新概念已从原概念中分化成另一种意义上的概念，那么，就应当另起炉灶，放弃使用原概念的名称符号。倘若硬性套用原概念名称，则非要同时更换原概念的名称不可，此二者必须重新界定各自的内涵，否则必定会造成形式（名称）和内容（内涵）的脱节，造成混乱。莱昂哈德等现代通说的缔造者，走的正是"硬性套用原概念名称"的一条路。既然"举证责任"的原概念名称套用在新概念之上，那么"举证责任"的内涵发生质变，乃是理所应当的事。就此意义上讲，莱昂哈德等给"举证责任"所下的崭新定义，就是无可厚非的。但这仅是新概念的一面变化，还有另外一面的变化必须同步进行：原概念的名称选择和内涵上的深化揭示。明确地说，就是对原概念进行一番里里外外的彻底改造，不仅名称符号有别于先前，而且更为重要的，其内涵的双重结构必须得到充分而明确的揭示。否则，新概念就成了降自天国的怪物，就产生得毫无根由。在此意义上完全可以认为，对原概念内涵进行层次塑造的根本宗旨，即在于为新概念发掘理论根基，使之坚若磐石，成为既有出发点又有归属点的理论范畴。日本的雉本郎造先生在皈依现代通说的同时，意识到原概念名称必须同新概念区别开来，因而他成功地引进了一个新名称——举证作用，并再三叮嘱："举证作用与举证责任，不能够混同。"① 这个新名称的引进所以是成功的，乃是因为它的确将举证责任与举证作用分别对待了，换言之，举证责任的新概念与原概念在这里分道扬镳了。然而，强调二者的分别还仅是第一步，分别不是目的，目的在于使分别的概念再度携手，重新匹配起来。衔接二者的关键步骤，即在于"举证作用"涵义的再刻画。但不无遗憾的是，雉本郎造在此功亏一篑了。因为他根本没有觉察到重新界定原概念的必要性，而是直接沿袭了主观举证责任的概念内涵。他认为："举证作用，应该认为是当事人以证明一定事实的虚伪或真实目的，提出适当的证据方法，使法院取得证据的行为。"显而易见，这个概念并没有触及待证事实的证明归属，因而在举证作用和举证责任之间，留下了一段真空地带。这段真空需要由笔者笔下的客观举证责任加以填补，从而在举证作用与举证责任之间架起一座桥梁，使得二者能够双向说明。

率先洞察现代通说的理论构架，并指明其理论破绽的学者，乃是中岛弘道。其在专著《举证责任的研究》中，专辟一节"雉本博士的学说与批判"，对雉本郎造所皈依的莱昂哈德理论提出了挑战，并进行了一番深刻的检讨。其实，这是一枚朝现代通说发出的信号弹，预示着现代通说的全面崩溃。中岛弘道指出，此种举证责任概念学说乃是将"举证责任分配原则与举证责任本身相混同，从而陷入很大的混乱"。并更明确地认为："在这种混乱思想基础上，展开的举证责任论，潜在着许多的暧昧不明与矛盾，则是当然的。"从而得出结论："在这种基础上建立的举证责任概念论，不能正确地指示举证责任是什么。"中岛弘道这些鞭辟入里的见解，是令人服膺的。

无独有偶，在英美法系也同样出现了上述两种现象。英国学者奥鲁塔逊（Alderson）就 Amos v. Hughes 事件认为："在不能提出任何证据时，败诉的当事人有举证责任。"② 这种倒果为因，将举证责任分配原则同举证责任本身相混淆的举证责任概念界说，与大陆法上的现代通说，有一脉相通之处。同样，这个学说也受到了类似的驳难。威尔斯（Wills）在《证据法的理论与实践》（1907 年）一书中指出："在没有证据的时候，应该以哪个当事人为败诉的标准确定举证责任，不能说明举证责任基础的原则，不如从举证责任原则的效果方面观察。"

不难看出，现代通说所确立的举证责任概念，如同隐藏在黑暗深处的冷箭，在诉讼结束之际，一旦事实陷于真伪不明，这支冷箭便射将出来，置该当事人于败诉境地。反之，若诉讼结束之际，待证事实的真假泾渭分明，这支冷箭便静静地销声匿迹，真可谓"来无影，去无踪"，令人难以捉摸，扑朔迷离。

与雉本郎造全盘沿袭现代通说不同，骆永家在构建举证责任的概念时，一方面对现代通说充满着向往，另一方面又与传统学说藕断丝连，因而将新旧两概念糅合起来，形成了别具特色的第三种学说，即折中说或混合说。折中说其实就是我国台湾地区的通说，也为日本部分学者所奉行。折中说将举证责任的本质属性作出了与现代通说完全相同的界说，认为："当事人的举证责任问题，实际上在系争事实于最后仍真伪不明时，方有意义。故举证责任的本质，以客观的举证责任概念最能表达。"③ 但折中说将客观举证责任离析了出来，使之成为举证责任总

---

① ［日］中岛弘道：《举证责任研究》，转引自王锡三：《民事举证责任著作选译》，西南政法大学诉讼法教研室 1987 年编印，第 13 页。
② 王锡三：《民事举证责任著作选译》，西南政法大学诉讼法教研室 1987 年编印，第 93 页。
③ 骆永家：《民事举证责任论》，台湾商务印书馆 1981 年版，第 47 页。

概念之下的分概念，与主观举证责任一起构成举证责任的完整涵义。因此，客观举证责任仍处于原举证责任概念的保护伞之下，没有脱离原来的举证责任轨道。这一点同另起炉灶的现代通说恰成鲜明对照。然而，这种调和折中的努力，应当认为以失败告终了。因此，此说所称的客观举证责任与现代通说所指的举证责任，此说所称的主观举证责任与现代通说所指的举证作用，乃是同一实指的两对概念，前面所述的有关现代通说将举证责任与举证作用严格区别且置于不同领域加以界定的理论优势，恰好成了折中说的绊脚石和致命伤。折中说中的主观举证责任处于事实问题领域，是当事人进行举证活动的法律依据；折中说中的客观举证责任处于法律问题领域，是法院进行裁判活动的法律依据。将这两种截然有别的法律准则，生硬地捆绑在一个概念框架之中，不言而喻地披露了折中说的理论混乱性。可见，折中之路亦行不通。

出路在哪里？笔者以为，构筑举证责任概念科学体系的出路只有一条，即保留主观举证责任的原概念，改造客观举证责任的旧概念，引进证明责任规范的新概念，使主观举证责任、客观举证责任成为举证责任总概念下的分概念；将证明责任规范与实体法律规范划归同一类别。前者解决事实问题，在事实认定领域发挥作用；后者解决法律问题，在法律适用领域发挥作用。唯有如此，方能使这两类总概念、四个分概念，构成一个既相互有别、各具机能，又相互制约、有机沟通的概念体系。而构建此一概念体系的第一块基石，乃是下文所欲揭明的证明责任规范的来路问题。

2. 证明责任规范的概念

民事诉讼启动于当事人的投诉，它由若干既相联系又有区别的诉讼阶段构成。各诉讼阶段的演进与更迭，都围绕着案件事实这一诉讼轴心展开。案件事实在各诉讼阶段呈不同的表现形态，但总的趋势则是由混沌走向清晰。然而，由于证明过程中存在诸多主客观障碍，不可能使各个案件都能在事实清楚的标题下加以解决，而往往会发生肯定或否定均难以取舍的情形，由此形成事实真伪不明的"疑案"。疑案既不得悬而不决，也不得不分青红皂白来个折中判决，更不得判决真伪不明。因此，唯有借助一个法律规则，将疑案的不利（败诉）后果判由当事人一方承担，这种法律规则就是证明责任规范。证明责任规范，是指确定当事人主张适用的法律规范所蕴含的法律要件事实至诉讼终结之前仍处于真伪不明时，该当事人应承担不利诉讼后果（败诉）的裁判规则。然而，证明责任规范从何而来？它的实质内容及功能价值如何？本部分拟就这些问题作出探讨。

民事诉讼的全部内容在于适用法律解决民事纷争，而法律的适用则倚赖于法律要件事实的存否，从而由执法者依据推论原理形成本案判决，这就是大陆法所特有的判决三段法论（或曰司法三段论法）。在这个三段论中，法规是大前提，小前提是业经确定的并可嵌入抽象法律要件的具体事实关系，据以引出判决的主文，即为本案的法律评价（结论）。作为大前提的法规条文，一般都蕴含着特定的法律要件，该法律要件具有抽象性和定型性的特征，同具体的诉讼无关，也不因案而异。小前提则是本案的具体事实，与抽象的法律要件处于不同的层面。因此，在小前提的领域内，存在两个相继环节，一是主要事实的确定，二是将已确定的主要事实嵌入特定的法律要件之中。尽管这两个环节在实际运行上合二为一，不分彼此，但在理论上分析，前者应当先于后者进行，因而在二者的规定关系上，则表现为事实问题和法律问题的连续性和制衡性。基于如此分析，可将法律适用过程用以下的图示表示出来：

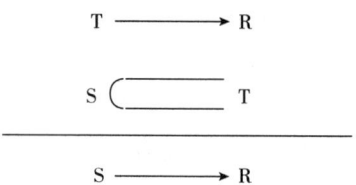

注："T"代表法律要件,"R"代表法律效果,"S"代表主要事实,"("则是蕴含符号。

上面这个图示说明了法律适用过程的三大环节:第一环节为一定的法律效果规制着相应的法律要件,即上图中的"T→R";第二环节为法律要件的存在受制于主要事实的存在,即上图中的"S(T";第三环节主要事实的存在必将产生预期的法律效果,即上图中的"S→R"。不难看出,在法律适用过程的三个环节中,第二环节无疑是中心环节,而在第二环节中,主要事实的确认S,又是整个环节的第一焦点。主要事实被认定的结果,不外有三种可能,即认定存在、认定不存在或存否无法认定。与此相适应,在第二环节的第二焦点中,即将"S"嵌入"T"的蕴含过程中,也存有三种形态:

(1)若主要事实S被认定为存在,则可将"S"蕴含于法律要件"T"之中,法院即适用该法规条文,作出满足诉讼请求的肯定判决(容认判决)。其图如下:

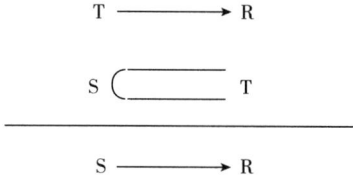

(2)若主要事实S被认定为不存在(non-S),则不能将"S"蕴含于法律要件"T"之中,法院即拒绝适用该法规条文,作出驳回诉讼请求的否定判决(驳回判决)。其图如下:

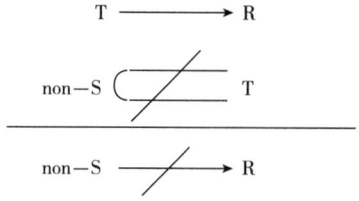

(3)若主要事实S的存否无法得到认定,即事实问题构成了存否不明(non liquet),则对于"S"能否蕴含于"T"中的问题,也发生了疑问,即法律问题也成了存否不明(non liquer)。在法律效果上,这种不明状态就致使法院对于能否适用该法律条文难以决断,由此形成了既不能作出肯定判决,也不能作出否定判决的无判决状态(Nichtentscheidung)。其图如下:

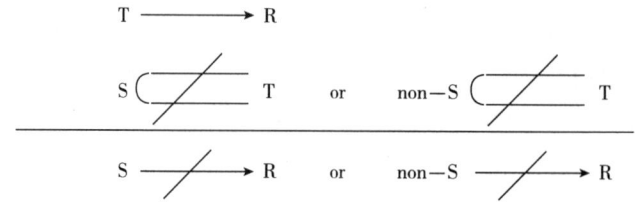

在上述的（1）（2）两种情形，无论主要事实属于存在或者不存在，都可根据实体法决定法律效果的发生或不发生，因而不存在难于下判的问题。唯独在第三种情形，由于诉讼上的主要事实存否不明，造成了实体法上的法律效果能否发生也无从决定的窘境；同时，国家设立民事诉讼制度的宗旨却不容许法院悬置不决或经判真伪不明，也不容许法院作个折中判决或胡乱下判。法院由此陷入了两难境地。为使法院摆脱这种局面，只有从实体法以外另辟蹊径，求得另外一个"特别法则"，在肯定判决（S→R）或否定判决（S↛R）之间，抉择某一从而解决方案。这种所谓的"特别法则"，就是这里所称的证明责任规范。何以如此命名？主要有三个原因：其一，该规范就其实质而言，具有与实体法律规范相提并论的诉讼价值，都属于法院据以裁判的行为准则，故而用"规范"一语显示其性质上的准则性；其二，该规范并不是与实体法律规范毫不相干的降自天国的产物，也不是主观臆造的武断之物，而是凭借证明原理从实体法中提炼出来的裁判规则，故而用"证明"一语标示其产生上的本原性；其三，该规范同客观举证责任的未被解除紧密相关，是自待证事实无法得到确定的诉讼状态衍化而出的裁判规则，故而用"责任"一语突出其内容上的否定性。由此来看，可以将证明责任规范的基本功能概括为两个方面：其一，证明责任规范的出现，已经割断了事实问题的真伪不明到法律问题存否不明的连续关系，使得法院的裁判成为可能；其二，证明责任规范的自身，规制着法院裁判的主要内容，法院据此应当拒绝适用有利于举证责任人的法规条文，从而作出驳回诉讼请求的否定判决。这两个基本功能有机地熔于一炉，构成了证明责任规范的本质内容和存在价值。

然而现在的问题是，待证事实存否不明，应当意味着法律效果的存否各据一半，具有平均的可能性，但根据证明责任规范作出的判决，何以只能是否定的，而不能相反？对此，可以从实体法与程序法两方面作出阐释和论证。

自实体法角度看，实体法律规范一般由两部分构成：一是法律要件，二是法律效果。法律效果的实现，倚赖于法律规范的适用；适用法律规范的事实前提，乃是法律要件的具备；法律要件的具备与否，则受制于蕴含其中的主要事实的存否；主要事实的存否，取决于执法者对之能否产生肯定的确信。确信源于证明，二者实际上是名异实同的概念。事实被认定为伪，固然产生不了肯定存在的确信；事实真伪无法认定，也意味着该要件事实尚未得到完全的证明，以致执法者就此无法产生肯定存在的确信。主要事实的肯定不存在与主要事实的存否不明，尽管在证明领域有着程度差异的诉讼意义，但在法律适用领域，就其所产生的法律效果而言，二者并无性质的分别。这就是大陆法上被普遍奉行的"法规不适用"原理。据此原理，若主要事实处于存否不明的诉讼状态，主张适用该有利法规的当事人，应当成为不利诉讼后果的承担者。换言之，"本于自己在诉讼上之要求，自始希能达到一定法规适用之当事人，就该法规之各要件之实际业已发生，应负举证责任"[①]。简言之，"各当事人应就有利于己之法规的规定之各要件，加以证明"[②]。由此可见，证明责任规范功能价值得以发挥的契机，乃是要件事实的不被证明，或者说，执法者对此不能产生肯定的确信。

自程序法角度看，程序法所以被学者奉为"技术规范"，甚至被讽为"特殊艺术"，原因就在于程序法律制度以发见客观真实，回复冲突事实真相为最高价值目标，因而，设法避免待证事实真伪不明情形的发生，乃是程序技术设置上的题中应有之义。为达此目的，就必须激励当事人竭尽举证之能事，而不能使其敷衍了事，浅尝辄止，从而导致案件事实难臻明了。本着

---

① 陈荣宗：《举证责任分配与民事程序法》，三民书局1984年版，第20页。
② 陈荣宗：《举证责任分配与民事程序法》，三民书局1984年版，第20页。

这一要求，唯有将待证事实真伪不明的不利益，判归主张适用有利法规的当事人承受，方是刺激举证、发见真实的有效措施。倘若作相反的设计，在待证事实存否不明时，反而适用对该当事人有利的法规，使其获得胜诉判决，则该当事人经过适当的举证，达到使待证事实存否不明的程度时，就不会继续提供证据，以揭示待证事实的真正面目；相反，对方当事人不得不想方设法证明该待证事实的不存在。如此设计势必会产生双重负面效应：第一，由于证明待证事实的不存在较诸证明其存在困难得多，从而增加了案件事实真伪不明的概率；第二，它还同经验法则相悖，因为按照一般的社会观念，应当将存否不明的状态认定为事实不存在，而不是相反。

概括上述，源自实体法和程序法的内在要求，基于"法规不适用"原理所产生的证明责任规范，在内容上始终要求法官作出驳回诉讼请求的否定判决。

前已述及，实体法律规范和证明责任规范共同为法院的审判活动提供裁判规则，二者之间具有紧密的联系。既然有了联系，那么肯定会有区别。总体上看，实体法律规范和证明责任规范有这样几个不同：第一，功能发挥的条件不同。实体法的功能发挥，倚赖于要件事实的存在或不存在。要件事实存在，则适用法规作出肯定法律效果的裁判；要件事实不存在，则不适用法规从而作出否定法律效果的裁判。证明责任规范的功能发挥，则倚赖于要件事实的存否不明。在要件事实存否不明状态，借助证明责任规范，法院应作出否定法律效果的裁判。第二，作用的时间不同。诉讼程序结束，法院首先考虑适用的，应当是实体法律规范；唯有在案件事实存否不明无法适用实体法时，证明责任规范作为第二顺位得到适用。可见，在发挥作用的基准时点上，实体法的作用时点总是先于证明责任规范。第三，法律机能不同。执法者就本案的审理对待证事实形成肯定确信的，则适用该法规而作出肯定判决；对待证事实形成否定确信的，则不适用该法规而作出否定判决。无论肯定判决或否定判决，都是执法者依法确信的逻辑产物。然而，蕴含在证明责任规范之中的逻辑机理则是，执法者就待证事实的确信功能已显得力所不逮，不敷使用，以致无法适用实体法律规范作出本案裁判。可见，执法者借助证明责任规范所形成的本案裁判，并非依法确信的产物，恰恰相反，它是依法不能形成确信的当然结果。第四，依赖性不同。在待证事实明确肯定的前提下，实体法律规范独立地发挥作用，无须借助证明责任规范；证明责任规范则不然，它的作用必须由实体法的配合，才能得以发挥，亦即在待证事实存否不明的情形下，首先应当按照实体法确定举证责任之谁属，然后方能适用证明责任规范判定诉讼后果之胜负。第五，有无明文规定不同。与实体法的明文规定性不同，证明责任规范并非由立法机关制定而成的法律规范，而是由学说从实体法律规范与证明原理的有机融合中，概括而出的不成文规范。它缘起于实体法又独立于实体法且服务于实体法，成为实体法律规范的有力补充。

3. 证明责任规范与客观举证责任的关系

从前面的论述中不难看出，证明责任规范应当毋庸置疑地成为既别于举证责任又异于实体法律规范的第三种概念。但不无遗憾的是，诉讼理论界往往将证明责任规范同客观举证责任搅在一起，混杂未分，从而抹煞了客观举证责任的独特性格，以致稍一深入，即有捉襟见肘之感。因此，为使二者根深叶茂地稳固发展，很有必要在它们之间画上一道深刻的分界线。

举证责任的双层涵义均以事实主张为依归，换言之，无论主观举证责任抑或客观举证责任，其锋芒所指都是事实主张的提出者。主观举证责任的全部功能固然在于客观举证责任的解除，然而却不能逆向地认为，客观举证责任的解除，完全倚赖于主观举证责任的功能发挥。除主观举证责任外，当事人之间无争执的事实（事实自认），已为法院所确信的事实（显著事实)、由法律或裁判所确定的事实(推定事实、公证事实、预决事实)等,均不失为客观举证责任的解除渠道。客观举证责任所直接说明的,并非主观举证责任的履行状况,而是它所附随的待证事实在诉讼结束之际处于何种态势。这是客观举证责任全部功能的最终归属。客观举证责任本身,既不能给出所以形成此种态势的原由,也不能给出解决此种态势的法律答案。针对此种态势,确定本案诉讼后果的裁判规范有两个:一是实体法律规范,它在待证事实肯定为真或肯定为假时,指示执法者作出孰胜孰败的裁判;二是证明责任规范,它在待证事实的真假难以决断时,指示执法者作出孰胜孰败的裁判。由此来看,举证责任双层涵义的所有作用在于为执法者提供案件事实的真假态势,至于这种真假态势的实体解决,则仅能委诸实体法律规范或证明责任规范。在全部诉讼活动中,诸诉讼主体的实体行为规范可大别为二:一曰举证责任制度;二曰实体法律规范和证明责任规范。前者解决事实问题,后者解决法律问题;事实问题以当事人的举证活动为中心,法律问题以执法者的裁判活动为中心。但此二者间并不存在不可逾越的鸿沟,相反,它们有着密不可分的关联:事实问题规制着法律问题,法律问题乃由事实问题演化而来。沟通事实问题与法律问题的理论桥梁就是客观举证责任。客观举证责任既是事实问题的终点,它给待证事实以真实与否的诉讼结论,又是法律问题的始点,基于此种诉讼结论,由实体法律规范或证明责任规范给定本案的实体结论。

然而,不论客观举证责任的重要性如何,它毕竟从属于举证责任的总概念,毕竟以事实问题为中心展示着功能,而绝不能僭越事实领域进入法律领域,法律问题的决断只能依据实体法律规范或证明责任规范。非常明显,那种将客观举证责任囿于真实真伪不明,而且直接决定诉讼后果的概念刻画,其悖论之处就在于将指向事实问题的客观举证责任任意扩展到法律问题领域,使之一身兼了"二职"。此种悖论的直接后果不啻是对客观举证责任概念的否定,从而借客观举证责任之名行证明责任规范之实,而且还使得举证责任的总概念丧失了理论上的统一性和彻底性。因此,唯有引入证明责任规范这一概念,方能彻底摒弃此种学说,从而恢复客观举证责任的原本模样。

笔者以为,客观举证责任与证明责任规范之间既有密切联系又有明显区别,不可混为一谈。二者间的相通之处可作如此理解:诉讼程序终结之际,客观举证责任不外处于三种解除点:一是肯定的解除点;二是否定的解除点;三是模糊的解除点。前两个解除点的矛头直接指向实体法律规范,由实体法律规范与之相联,形成事实问题与法律问题的连续关系,证明责任规范没有产生的可能与必要;后一个解除点直接指向证明责任规范,由证明责任规范与之相联,形成事实问题与法律问题的连续关系,实体法律规范则因力不从心而被搁置一边。由此可见,证明责任规范乃由客观举证责任解除与否的模糊态势所触发,只有在这种情形,二者才相继发挥诉讼事件评价与法律评价的功能,强调它们的相通之处,目的在于更透彻地把握它们的实质差别。第一,二者所处的诉讼阶段不同。客观举证责任就其本质而言,乃是待证事实至诉讼结束之时所处诸状态的外在标示,因而处于民事诉讼中的事实认定阶段;证明责任规范就其实质而言,乃是化解待证事实真伪不明的法律手段,因而处于民事诉讼中的法律适用阶段。第二,二者的主体指称不同。客观举证责任反映的是当事人主观举证责任的履行状况(免证事由除外),因而所指向的主体对象为诉讼当事人;证明责任规范反映的是待证事实真伪不明的解决途径,因而所指向的主体对象则为法律适用者。第三,二者发挥作用的时间不同。客观举证责任表征着待证事实的证明程度,其发挥作用的标准时间为事实认定程序的结束,一般即为言辞辩论程序结束之时;证明责任规范则表征着待证事实真伪不明的法律归属,其发挥作用的基准时点为法律适用程序的结束,一般即为裁判宣告之时。第四,二者的涵盖面不同。客观举证责任既然是待证事实证明程度的标示器,因而待证事实的或真或假或真假不明,均可在客观举证责任上得到证明;证明责任规范则是待证事实真伪不明的法律处置手段,因而在待证事实被认定为真或被认定为伪时,证明责任规范即不能适用。可见,客观举证责任的概念蕴涵较之证明责任规范远为丰富,涵盖的面远为宽泛。第五,二者的法律性质不同。客观举证责任所能解决的对象乃是案件事实的证明程度,因而属于程序法领域;证明责任规范则发挥着与实体法律规范相类似的作用,因而属于实体法领域,为执法者解决特殊类型的案件提供法律依据。

(四) 英美法上的证明责任概念

1. 分层理论的提出及其概念名称的使用

英美法上的证明责任概念,在内涵构造上所具有的最大特色即是它的多层次性。最早提出证明责任分层学说的,是19世纪末的美国证据法学者杰·伯·撒耶。撒耶在其著作《普通法上的证据法导论》中率先指出,传统意义上的证明责任概念在使用上绝不止于单层涵义,而有更多的涵义有待发掘。按他的看法,证明责任共有三层涵义。第一层涵义是:"一方当事人提出双方存在争论的事实主张后所产生的危险责任——如果依其所言所为而不能证明其事实主张则将败诉";第二层涵义是:"继续进行争论或者提供证据的义务,这种义务不仅存在于案件的开始阶段,而且贯彻于此后的整个审判或辩论的任何阶段";第三层涵义是:"无论使用这个术语的何种称谓,都较诸其他两层涵义具有更为丰富的意义的主要内容。"对此,英国证据法学家克劳斯认为,撒耶所剖析的三层涵义,前二者同证明责任的内涵构造相关,因而有讨论的必要;但第三层涵义仅涉及概念名称在广义或狭义上的使用,而同其内涵层次构造无关,因而不具有讨论的价值。克劳斯指出,撒耶所说的证明责任的第一层涵义,同现在所说的法定责任或严格意义上的证明责任基本一致。但这种一致性并不意味着完全的相同性,事实上,二者之间的区别乃是显而易见的。因为撒耶所说的证明责任第一层涵义,是针对整个诉讼主张而言的,而不是说任何一个具体的系争事实相应地存在一个说服责任。从司法实务中看,绝大多数案件所涉及的系争事实都不止一个,相应地,案件中所存在的说服责任就不止一个。有多少个独立的系争事实,就有多少个独立的说服责任,这种不同的说服责任,依实体法规则和诉答主张分配于双方当事人之间。比如,双方当事人因合同条款发生争执,原告以被告有过失为由提出损害赔偿请求,被告则以未成年为由提出对方"与有过失"的抗辩。前者的证明责任由原告负担;后者的证明责任则由被告负担。由于案内往往存在多种系争事实,每一种系争事实皆附着相应的证明责任,当事人均因此而具有败诉的"危险"。但是,若一方当事人未能证明其中的某项系争事实,亦不必然导致败诉结局,因为他还有其他的系争事实可资选择地利用。比如说,在某一违约索赔的案件中,被告人可以同时提出"未成年"和"受威胁"两个抗辩事实,对此,被告人均负担证明责任。但倘若他不能证明其中的任何一项,亦不意味着他必将全案败诉。因而,克劳斯认为,撒耶将证明责任的第一层涵义同败诉结果直接相连的看法,同现代理论有不相吻合之处。至于撒耶所说的证明责任的第二层涵义,克劳斯通过研究指出,尽管它部分地含有当今所说的举证责任的内容,但它仍是一个颇为宽泛的概念。从内容上看,它除了含有诉讼辩论和提供证据的意思外,还包括一方当事人依法举出证据提出反证的暂时性义务。由此看来,撒耶所剖析的证明责任的第二层涵义,实际上揉合了现今所称的举证责任和暂时责任的全部内容。

证明责任分层理论的现代学说认为,证明责任这一法律术语具有两层基本涵义。第一层涵义是指,当事人在案件结束之际,就一定的事实主张说服陪审员的义务;第二层涵义是指,当事人一方向法官举出充分证据,以使相对方当事人作出答辩的义务。这两层涵义合在一起,构成了证明责任概念的完整内容。正如凯特教授所概括的:"证明负担(burden of proof)或证明责任(onus of proof)这个词可在数种意义上使用。但是,大多数权威学者认为它有两个基本含义,通常分别指称它们为法定的证明负担(the legal burden of proof)和提供证据的证明负担(the evidential burden of proof)"。

证明责任的两层涵义尽管在学者间已达成共识,但他们就此所给出的称谓则各有不同。证明责任的第一层涵义主要有"法定责任""说服责任""诉辩中的证明责任""固定的证明责任",或者干脆就是"证明责任"等称谓,威格摩尔(wigmore)称之为"不说服的风险"(risk of non-persuasion)。英国上议院在1976年所判的"迪皮皮诉摩根"(D. P. P v. Morgan)一案中俗称它为"证明的负担"(probative burden)。证明责任的第二层涵义则主要有"举证责任""提供证明的责任""推进诉讼的责任"等叫法。提供证据的证明负担,意指提出争议事实并提供充分证据(sufficient evidence)的责任。这里所说的"充分证据",有时人们称之为"表面可信的案件"(prima facie case)。除此以外,还有其他各种说法,不一而足。如此繁盛的术语标示相同的内涵,这在英美证据理论上并不作为一件坏事看待,因为"判例法的开放特性不允许任何教条主义存在"。但是,对这两层涵义的众多术语,究竟何者更能起司法指导作用,进行学理上的评价还是可以的。在这方面克劳斯先生所作的评说颇为精辟和确当,这种评说又因评说者克劳斯本人的声望和权威受到了广泛的重视。

克劳斯认为,丹宁勋爵率先开始使用的"法定责任"是恰当的。因为证明责任的负担就是由实体法规则决定的,因而此种责任即是法定的。但是,其他学者所使用的"诉辩上的证明责任"或者"固定的证明责任"等术语,就有词不达意之嫌了。因为并非所有的诉辩主张都能表明证明责任的负担,举证责任亦经常被认为具有"固定性"。威格摩尔所说的"不说服之危险",同格利佛教授所说的"说服责任"一样,均有可商榷之处。因为,双方当事人对同一系争事实或许都有这种不说服的危险。比如,被告人针对谋杀罪的指控提出正当防卫的抗辩后,被告人就有不能在陪审团心目中引起合理怀疑的危险。尽管被告人举出充分证据证明其正当防卫的抗辩事实后,仍由公诉人负担否定此种抗辩主张的最终责任。

至于证明责任的第二层涵义,克劳斯认为,尼吉尔·普雷吉先生和格利佛教授所使用的"举证责任"一语,同费普森所称的"提供证据的责任"相较,前者显然不如后者来得精确,后者比前者更能全面地说明问题。正因如此,"提供证据的责任"这种说法,与日俱增地为法官们所接受和采用,大有取代"举证责任"一说的趋势。

证明责任概念含义的多层性理论,早就为英美国家的证据立法所采纳。例如,美国早在1832年和1833年,就已在民事诉讼实务中对证明责任的双重含义进行了区分。[①]《美国联邦证据规则》第301条规定:"在所有民事诉讼中,除国会制定法或本证据规则另有规定外,一项推定赋予其针对的当事人举证反驳或满足该推定的责任,但未向该当事人转移未履行说服责任即需承担风险意义上的证明责任。该证明责任仍有在审判过程中原先承担的当事人承担。"[②] 在该条规定中,证明责任的概念显然有提供证据责任和说服责任两种涵义。美国法学会于1942年起草的《模范证据法》也在"对事实的说服责任"和"对事实的提供证据责任"双重意义上使用证明责任一语,并对此作出了明确的界定。在前一种责任的支配下,"应就事实的

---

① 参见陈刚:《美国证明责任法理序说》,载陈光中、江伟主编:《诉讼法论丛》(卷二),法律出版社1998年版。

② 《美国联邦刑事诉讼规则和证据规则》,卞建林译,中国政法大学出版社1996年版,第104页。

存在或不存在作出决定的法院被足够的断定事实存在的证据说服时,负担者就此卸下";在后一种责任的作用下,"当足够的证据已经提出以支持作出该事实存在的断定时,负担就此卸下"①。

在对证明责任分层理论有了概括性了解后,以下的几个问题就自然地产生了:既然证明责任概念以其两层性为基本特色,那么,这两种责任所蕴含的实质内容如何?二者之间的关系如何?除此以外,诉讼程序中是否还存在其他性质的提供证据进行诉讼的责任?对于这些责任又如何从法学理论上予以解说?它们同证明责任的关系怎样?等等。唯有对这些问题作出圆满而科学的阐释,才能真正地把握英美法上的证明责任分层理论,才能对英美法证明责任制度作出中肯的评价。以下分别对这些问题作出论述。

2. 证明责任的第一层涵义:说服责任

说服责任尽管在具体程序上呈现得较举证责任为晚,但理论上一般均将它排列为证明责任的第一层涵义,由此可见说服责任在证明责任概念中的重要性。

说服责任的含义界定,一直颇受学者的重视,尽管在它的基本含义上理论界已形成了统一的认识,但在具体的表述上却仍有不同的侧重。克劳斯认为,说服责任是指当事人就系争事实视案件性质以优势证据或排除合理怀疑的证据加以证明,从而满足法律要求的义务。这种用语也有助于说明一方当事人就另一方当事人已举出充分证据证明某项事实的存在而必须负担的证明责任。比如,被告人在谋杀案的审判中提出了正当防卫的抗辩,并且已举出充分证据使陪审团就此形成了合理怀疑,那么,公诉人就应负担以排除合理怀疑的证据证明被告人的行为并非属于正当防卫的证明责任。由此可见,克劳斯的这一定义,具有两个显著特征。一是将说服责任同证明程度或证明标准相关联;二是说服责任除主要地属本证责任外,还包括特殊情形下的反证责任。海登先生则从另一侧面来描述说服责任的定义。他指出,说服责任是指于案件结束之际,当事人就一定事实主张的真实性所负担的说服陪审员的义务。此定义较诸前者有两个相当突出的特点:一是指出说服责任是在案件结束之际起作用的概念;二是点明说服责任的实际指向是陪审员而非法官。在精确的意义上,这个术语是同特定的争议事实相关联的,而不是同整个案件相关联。因而,说刑事案件中的法定负担存在于公诉人一方,这个说法尽管是有实益的,但却只是一个概括的说法。这意味着,刑事案件中可能产生的绝大多数争议事实,其法定的证明负担存在于公诉人一边。同样,说民事案件中的法定负担存在于原告一方,其含义也有相似的概括性。但相对于刑事案件而言,这种说法却更加不确切,也较少有实益。所应予记住的是,法定负担在同一个案件中,将因不同的争议事实而有不同的配置。特定争点或争议的事实问题(系争事实,fact in issue)的法定的证明负担,存在于当事人一方,这意味着,对于有利于该方当事人的需加决定的事实,如果不存在肯定该事实的、法律认为有充分证明优势的资料,那么,作为法律的结果,就必须作出对该方当事人不利的决定。关于证明总量的规则,就是规定在这种情形下法律所认为的充分的优势是如何成立的。这些规则显示出为了解除法定的负担所要求的说服的程度。在民事诉讼中,盖然性平衡的证明(proof on balance of probabilities)就足够了,而在刑事案件中,要求于公诉人的则是排除合理怀疑的证明(proof beyond reasonable doubt)。

提供证据的负担将因证据的充分性而被解除。证据的充分性允许合理的陪审团对该事实作出肯定性的认定,但并不必然要求陪审团作如此认定。虽然是由法官来决定是否存在这样一个

---

① 沈达明:《英美证据法》,中信出版社1996年版,第204页。

充分性的证明,但是,如果证据是充分的,法官就必须将该争议事实提交给陪审团;反之,如果这是不充分的,则拒绝把它交给陪审团认定。所以,提供证据的责任具有法官控制陪审员职能的功能,而且,还有助于防止对方当事人就无关紧要的事项作出答辩。可见,证据提供负担是同简易判决制度相联的。法定负担之是否满足,是由陪审团或事实审理者决定的;而证据提供负担之能否解除,则完全在法官的职权范围之内。

对于一个相同的争议事实所产生的法定负担和提供证据负担,通常存在于同一方当事人。但是,它们也可能存在于对方当事人。举例言之,如果刑事案件中的被告人希望依赖"挑衅行为"(provocation)的辩护,他就必须提出该争议事实,并必须提供充分的证据保证它能被提交于陪审团认定。但如果他做到了这一步,公诉人就有责任以排除合理怀疑的证据,证明被告人事实上并没有受到挑衅。提供证据的负担或"通过法官"的责任(obligation to pass the judge)存在于被告人一边,而"不说服的风险"则由公诉人负担。

由此可以看出,英美证据法上的说服责任,指的就是当事人于诉讼结束之际就具体事实主张的真实性所负担的以优势证据或排除合理怀疑的证据说服事实认定者(包括陪审团审判中的陪审团以及法官单独审判时的法官)的义务。

3. 证明责任的第二层涵义:举证责任

在证明责任的双层涵义里,举证责任是一个较说服责任远为复杂的概念。最主要的是举证责任的内涵和外延如何界定。这在英美证据法上历来并存着广义和狭义二说。

广义说认为,举证责任意指在审判的任何阶段,当事人为了证明其案情至表面可信程度所负担的提供和继续提供证据的义务,以及相对方为推翻已证实的表面可信案情所负担的类似义务。就此可见,此说所主张的举证责任,不仅包括当事人为使事实主张成为通过法官交陪审团审判的系争事实的责任,而且还包括相对方就此所作的答辩责任。实际上,诉讼中双方当事人就同一系争事实所产生的所有提供证据加以证明或反驳的责任,均被包括于此说当中。

狭义说认为,举证责任意指当事人主张系争事实并且举出足够的证据(有时亦称为"表面可信的证据"),使得系争事实能够由法官提交给陪审团或事实审理者审判的义务。克劳斯、海登等证据法学者均从此说。这里所称的举证责任,除特别表明者外,皆指狭义上的举证责任。

对于举证责任,除了在举证责任的内涵上存在广狭两义的歧见外,有的学者还对举证责任本身能否成为证明责任的涵义之一提出了质疑。海登认为,将此责任亦称为证明责任是会致人混乱的。因为这种责任远不必到"证明"程度就可达解除。凯特亦指出,将举证责任描述为"证明"责任乃是词意相悖的。

4. 说服责任和举证责任的关系

首先应当明确二者的区别。这种区别在英美法上具有特殊的意义,亦是迥异于大陆法相关概念的重要方面。

概括地看,说服责任和举证责任有以下几个不同。第一,先后顺序不同。这种不同不仅体现于抽象的观念上,而且还体现于具体的时间上。从观念上看,说服责任随诉辩主张按实体法规则产生,当事人则应为解除此项责任而提供证据,由此使得举证责任的负担成为必要和可能。换言之,当事人所以承担诉讼上的举证责任,乃是因为首先产生了实体上的说服责任。因此,说服责任在先,举证责任在后。但是,观念上的这种先说服责任后举证责任的顺序关系,一旦落实到当事人实际履行的活动上,则恰好被颠倒地呈现出来。当事人在提出一定的事实主张后,首先需要负担的乃是举证责任。他所提出的证据唯有充分至一定程度,足以使法官认为此项事实主张已经有了让对方当事人作出答辩、解释或者说明的必要,该举证责任方因法官将此项事实主张转交于陪审团审判而告解除。举证责任解除之时，就是说服责任产生之时；若举证责任未得到解除，相关的说服责任则永远不会产生。可见，举证责任和说服责任在时间顺序上，实际上有着一种先行后继的关系。第二，实际指向和目标的不同。由二者的定义可以明显地看出，举证责任是当事人向法官负担的责任，目的在于使法官将事实主张提交给陪审团处理，说服责任则是当事人向陪审团负担的责任，目的在于使陪审团对系争事实作出于己有利的裁判。第三，证明标准不同。英美法上的证明标准，既可用以标示说服责任的法定证明要求，亦可用于表明举证责任的法定证明要求。但是，两种责任的证明标准大相径庭。就说服责任而言，民事诉讼中的证明标准为"盖然性的优势证明"；刑事诉讼中的证明标准为"排除合理怀疑的证明"。与之相比，举证责任的证明标准则要低得多，仅需有"表面可信"的证明即够。①这种表面可信的证明标准，又是以证据的充分性来表达的，它具体表现在使得法官认为此项事实主张有真实的可能性，并由此产生了令相对方作出回应的必要性。第四，可否转移不同。英美证据法学者对于证明责任能否转移历来争议很大。但通说认为，说服责任永不转移，而举证责任则可转移。第五，责任的形成依据不同。说服责任的产生，源于当事人的事实主张；当事人的事实主张如何，则有赖于实体法律规则和诉辩内容。举证责任所赖以产生的直接依据，则在具体的推定法则及诉讼态势。

由上可见，尽管说服责任和举证责任同属证明责任这一总概念下的两个概念，但是，它们却不是对同一责任的两种不同视角中的阐释，而是实实在在的、相对独立的、各具机能的两种责任。这一点，同大陆法系上的证明责任的双层涵义有着显著的差异，不可等同视之。这是一方面。另一方面，尽管说服责任和举证责任在直接目的上有所不同，但它们在最终目的上却殊途同归，二者相互配合地完成证明责任的诉讼使命，使法院对具体的事实主张作出肯定性裁判，从而有助于事实主张者获得有利的诉讼结局。亦正因如此，同一项证据可以为两种责任的解除服务。事实上，于某项既定的系争事实，它的主张者将会举出所有的证据。首先，这些证据会由法官决定该主张者是否能够解除举证责任。倘能如此，在相对方提出自己的案件事实后，同样的证据则会进而由陪审团考虑。倘若相对方不作答辩，或者在主询问和交叉询问中，他和他的证人作了效果不佳的表现，那么，原来证据的证明力就会因此而得到强化。反之，即使相对方缄默不语，亦举不出任何证据，事实的主张者亦可能解除不了说服责任。因为，或许法官认为他已形成了一种要求对方答辩的案件态势，但事实审理者却可能作出其证据的证明力尚不足以解除较举证责任更重的说服责任。

在举证责任和说服责任的关系中，有一个问题是值得强调的，此即举证责任的解除，并不总是同其负担者的举证行为相伴相随，在有些情况下，它可能因对方当事人及其证人等的证明行为自动地解除。对此，克劳斯这样写道："不要以为举证责任的履行非实际地提供证据不可。尽管在绝大多数案件中，举证责任都不得不通过提供证据的方法加以解除，但亦有少数案件仅需凭借相对方的现成证据就足以达到同样的效果。在谋杀罪的公诉案中，控方证人在主询问中或许较多地谈及挑衅问题，以致法官在作庭审总结时认为有义务将它提出来交于陪审团考虑，尽管在该事项被提交陪审团以前一般会对控方证人再行交叉询问，同时，此种证据的证明

---

① 有的学者主张至少要证明到20%或30%，甚至达到50%以上。从正常判例来看，实际上没有明确标准。总的趋势是由过去只要求提出一点证据的微量证据标准向实质性标准转变。但到底法官如何判断，这只能是根据不同案件的情况，根据当事人提出的是直接证据还是情况证据，以及考虑到当事人提出的各种动议（motion），由法官灵活地作出决定。白绿铉：《美国民事诉讼法》，经济日报出版社1996年版，第137页。

力亦会因被告于询问中所提供的证据而增强。"指出这一点的重要价值在于,在刑事诉讼中,无论被告人或其辩护人作何种考虑或者有何种失误,只要客观上存在有利于被告人的事实和证据,法官则有权也有义务主动地将该事实转交于陪审团审判。当然,在民事诉讼中,由于实行严格的当事人主义,其情形则另当别论。

5. "暂时"责任和"最终"责任

丹宁勋爵在1945年于"推定与责任"一文中提出了"暂时"责任和"最终"责任这两个新范畴。丹宁勋爵的这两个范畴的提出,既完全独立于证明责任,又同证明责任多少相关,目的在于解决证明责任能否转移这一格外棘手而又歧见纷纭的难题。克劳斯指出,每当法官们谈到审判过程中责任的"转移"时,他们的脑子里一般存在通常所言的举证责任或说服责任以外的别种概念,此种概念就是丹宁勋爵提出来的暂时责任和最终责任。西蒙勋爵在"检察长诉摩根"一案中恰如其分地称丹宁勋爵提出这对概念为"创举"。

暂时责任也称战术责任,意指主张者解除其举证责任后,由相对方所负的责任。用丹宁勋爵的话来说,相对方必须"举出证据或者利用也许并不具有决定意义的案情"。暂时责任有以下几个特点:其一,暂时责任是由证明责任负担者的相对方当事人负担的责任。其二,暂时责任是证明责任负担者解除他的举证责任以后才得以产生的责任。若主张者的举证责任尚未解除,相对方的暂时责任就无由产生。其三,暂时责任是相对方承担的用以反驳主张者为解除其说服责任提供的证据的责任。换言之,暂时责任所针对的乃是说服责任,而非举证责任。其四,暂时责任是可以于当事人间时时刻刻来回转移的责任。这里所说的"责任转移",并非指暂时责任来回由当事人双方轮流承担,而是指双方当事人各自负担的暂时责任和说服责任,随着案件审理的进展和双方所举证据在证明力上的变化而交替地呈现和降升。

最终责任亦称整个案件的证明责任或者总的证明责任,意指对方当事人因一方当事人就特定的系争事实解除了证明责任以后所负担的证明责任。最终责任同证明责任既有联系也有区别。最终责任是证明责任在特殊情形下的另一种表现形式,其实质仍是证明责任。只不过,此种证明责任乃是对方当事人负担的新事实的证明责任。但证明责任是针对具体的系争事实依据实体法规则而言的,它的解除与否,尽管同诉讼结局有某种程度上的关联,但二者间并无直接的必然联系;最终责任则不然,它的不解除直接意味着它的负担者承担败诉后果。也正因如此,此种责任才被称为是"最终的"。一方当事人承担的最终责任,若通过举证和法庭辩论等方式得到了解除,那么,另一方当事人则必须提出另外的对抗性的事实主张,并负担附于其上的证明责任。此一证明责任亦属最终责任。如此,最终责任就有了来回转移的特质。正是在这层意义上,丹宁勋爵才敏锐地指出:"这种责任来回转移的现象通常被人说成是证明责任的转移云云,实际上,此乃最终责任的转移。"由此看来,最终责任概念的呈现必须要有两个基本前提:其一,本案的系争事实必须在两个或两个以上,亦即存在两个或两个以上的抽象意义上的证明责任。否则,其责任的"最终性"就无以体现。其二,最终责任只能在当事人解除其基本的证明责任后才成为可能,否则,它的"最终性"就无从谈起。可见,暂时责任和最终责任在证明责任内涵构造中的引入,能够对证明责任的这一现象作出科学的解释。

综上所述,举证责任和说服责任的分化、独立与并存,以及暂时责任和最终责任的补充与配合,便构成了英美法系国家证明责任概念的全部内涵。

通过上述介绍可知,大陆法系国家的证明责任概念与英美法国家的证明责任概念存有相当大的区别。这种区别主要表现在:在大陆法国家,学者们是将立法上规定的同一个责任,用形式与实质、手段和目的的关系范畴,将它解剖为两层责任。实际上,它就是一个责任的静态规制和动态运作的结合。当事人所负担的始终是一个责任。但是,在英美则不同。当事人就同一个事实要相继负担两种责任。这两种责任有相异的证明标准,而且面向不同的主体,一个是面向法官,一个是面向陪审团。它们之间的全部联系在于,它们所针对的事实具有同一性,以及,证据的使用有重复和交叉。但这并不影响它们在法律上的独立性和并存性。如果用大陆法学者那辩证的目光作出类似的剖析,那么,英美法上的证明责任就有四层含义了。因为,举证责任和说服责任都有一个行为意义上的责任和结果意义上的责任的问题。但是,至今为止,没有一个英美学者是以这种方法论来研究证明责任的分层理论的。这就是两大法系国家在证明责任内涵构造上的区别。造成这种区别的原因主要在于对抗制和陪审制的构设。

(五) 我国民事诉讼法上的证明责任概念

我国学者关于证明责任问题的研究起步较晚,但是近期以来,随着证明责任制度重要性的日益加强,我国学者展开了对证明责任制度的研究并日趋深入。可以说,这种研究已经就许多问题达成共识,但在某些方面还不可避免地存在一些分歧性认识。证明责任,简单地说,就是指当事人所负担的证明案件事实的法律责任。但在对证明责任概念内涵的理解上,理论上存在三种解释:

1. 关于证明责任的三种学说

(1) 行为责任说。该学说认为,根据我国诉讼法的有关规定和司法实践经验,我国诉讼中的证明责任,可界定为司法机关或某些当事人应当收集或提供证据证明应予认定的案件事实或有利于自己主张的责任;否则,将承担其认定、主张不能成立的危险。其中,当事人提供证据证明有利于自己的主张的责任,又称举证责任。[①] 基于这种理解,该学说认为在我国诉讼中法院、检察机关、公安机关和当事人均是证明责任的主体。[②] 这种观点貌似兼顾了证明责任的双重含义,但实际上仍然坚持诉讼法上的行为责任说,而没有考虑到证明责任的实体法性质。

(2) 结果责任说。证明责任就是由法律预先规定,在案件真假虚实难于确定的情况下,由一方当事人承担风险及不利后果的法律假定。这种观点偏重于当事人的举证后果上面,而不顾及诉讼后果与举证行为之间的连接,因而称之为结果责任说。

(3) 双重含义说。该学说认为,证明责任应当从行为与后果两个方面来加以解说。它实际上包括行为意义上的证明责任和结果意义上的证明责任双重含义。前者指事实主张者应当提供证据的责任,后者指在事实处于真伪不明状态时,主张该事实的当事人所承担的不利诉讼结果。这种不利的诉讼结果既表现为实体法上的权利主张得不到人民法院的确认和保护,又表现为因败诉而负担诉讼费用。由于这种观点兼顾了证明责任的两个方面,因而称之为双重含义说。[③] 双重含义说可以比较全面地揭示证明责任的诉讼价值,也比较符合客观实际,因而多数学者赞同此说。此说也是大陆法系国家的通说。

2. 行为责任与结果责任的联系

行为责任与结果责任尽管是相对独立的,但是它们毕竟统一于证明责任这个大概念下,在诉讼程序的实际过程中,二者发生着非常密切的联系。就其主要的方面来看,它们的联系主要在于:

[①] 参见陈一云主编:《证据学》,中国人民大学出版社1991年版,第149页。

[②] 参见陈一云主编:《证据学》,中国人民大学出版社1991年版,第150—152页。相同的见解如裴苍龄:《证据法学新论》,法律出版社1989年版,第188页。

[③] 参见柴发邦主编:《民事诉讼法学新编》,法律出版社1992年版,第223页。

（1）行为责任和结果责任均是证明责任概念内涵的组成部分，它们在证明责任的外化过程中相继呈现出来。先是结果责任的预先设定，后是行为责任的实际履行。行为责任实际履行后，结果责任有可能出现，有可能不出现。无论结果责任出不出现，结果责任皆已发挥了基本的作用，证明责任制度获得了基本的意义。只是，结果责任倘若出现，证明责任便发挥了它的解决疑案的功能，证明责任的内涵意义达到了最大化。

（2）在行为责任和结果责任相互之间，结果责任是根本的和本质的责任。因为，正是有了结果责任的存在，当事人履行行为责任才有必要。履行行为责任的目的，对证明责任的负担者来说，是解除结果责任；对相对方当事人来说，则是防止结果责任的履行成功。可见，行为责任和结果责任并不是互相隔离、完全不发生关联的两种责任。它们之间一方面是形式和内容的关系，结果责任是内容，行为责任是形式，行为责任是为结果责任服务的；另一方面是先行后继的关系，先在观念上有了结果责任的预设，后在现象上有了行为责任的运作。这种观念的结果责任贯彻于诉讼程序的自始至终，成为行为责任的依据。到案件结束时，如果争议事实处在虚假或者真伪不明状态，法院便以相应的当事人未能解除结果责任为理由，判决该当事人承担败诉的法律后果；如果案件的争议事实最终被认定为真，法院便以该当事人已经解除结果责任为由，判决该当事人胜诉或取得有利的诉讼结果。

（3）行为责任和结果责任相互之间可能影响各自内容的设定。一项事实主张，只会产生一个结果责任。结果责任依其分配原则，不是由原告承担就是由被告承担，而不可能出现双方当事人均不承担或者均予承担的情况。是否承担结果责任，对于行为责任的承担时间和履行程度有影响。承担结果责任的一方当事人总是要先承担行为责任，在该行为责任履行之后，对方当事人才有承担相反的行为责任的必要。从证据的理论分类上来看，有结果责任的一方当事人负担的行为责任为本证，不负担结果责任的一方当事人负担的行为责任为反证。在证明的程度上，本证责任要比反证责任的要求高。另外，立法者、法学理论和司法者在分配结果责任时，也考虑到何方当事人履行行为责任更加容易。一般来说，结果责任由履行行为责任较为容易的一方当事人承担。

3. 行为责任与结果责任的区别

行为责任和结果责任毕竟是同一个总的责任之下的两个分别存在的相对独立的责任。它们之间有着诸多区别：

（1）产生行为责任和产生结果责任的法律根据不同。一种责任的产生都要有一定的法律根据，行为责任和结果责任也不例外。行为责任是诉讼法上的要求，正是诉讼法要求当事人进行诉讼活动，必须提供证据；不提供证据，诉讼活动无以开展。结果责任是实体法上的要求，是从实体法的适用原则中派生出来的。法官适用实体法有两个基本原则：一是当实体法所包含的要件事实全部具备且为真时，法官适用实体法，满足当事人的诉讼请求。二是当实体法所包含的要件事实没有全部具备且为伪时，法官拒绝适用实体法，驳回当事人的诉讼请求。但是，实体法没有解决当案件事实真伪不明时，法官应当如何适用实体法，应当如何对待当事人的诉讼请求的问题？此时，唯有借助于实体法以外的力量加以解决。结果责任便是法官在案件事实真伪不明时对案件作出判决的根据。

（2）在诉讼过程中，能否发生责任转移的现象有所不同。结果责任来自预定的分配标准和原则，它在诉讼开始的同时便告产生，一直到诉讼结束，它均固定于一方当事人，而不会转向另一方当事人。行为责任则来自现实的诉讼状态和过程，它首先由承担结果责任的一方当事人履行。在该当事人提供了一定量的证据，使该事实业已变得清晰明了或即将趋于清晰明了之时，对方当事人便感到推进诉讼的现实压力，或者感到败诉危险。到这个时候，该当事人不仅在心理上，而且在诉讼上皆产生一种负担，该负担是潜在的或现实的诉讼中的不利益，它的外化表现便是行为责任。可见，行为责任的产生，既可能导源于预防性的败诉负担，也可能派生于补救性的败诉负担。无论何种败诉负担，对于行为责任的产生来说，均是其直接原因。这说明，行为责任对不负担结果责任的当事人而言，也是出自有因、来自有源的。这一点，与负担结果责任的当事人所承担的行为责任有所不同。正是为了解释这个不同，理论上称此种行为责任是从对方当事人那里转移而来。转移过来的行为责任，经过当事人的积极举证，到一定的程度，又转移到原来承担该责任的当事人那方去了。行为责任负担上这样来来回回于当事人之间移动的诉讼现象，理论上便称它为证明责任的转移。但从前面的分析可以看出，笼统地说证明责任的转移是不适当的，实际上是证明责任中的一部分责任的转移。而且，严格地看，行为责任的转移，也只是在描述不负担结果责任的那一方当事人的提供证据的责任才基本上是正确的，而对负担结果责任的一方当事人来说，本无行为责任转移之可言。因为其行为责任本来就是从他的结果责任中演化出来的，是他履行结果责任的言中之义，不是从任何方当事人那里转移而来，只是，他有时需要履行此种责任，有时不需要履行此种责任而已。

（3）两种责任存在的时间有所不同。行为责任表现为提供证据的实际行为，结果责任表现为承担败诉后果的风险，一个具体一个抽象，它们在时间上均贯彻始终。它们二者之间的关系像影之于形，须臾不分。结果责任沉潜在诉讼的底面，作为无形之手，调节着双方当事人的行为责任；行为责任是结果责任和诉讼态势混而为一、交错作用的产物。但是，除此以外，结果责任还起一种独特的作用，即在案件事实到诉讼结束之际仍处于真伪不明时，它能够变为法院裁判的特殊实体规范。这个作用是在诉讼结束的时候，而且是在特殊的条件出现后才产生的。在诉讼结束之前，或者在该特殊条件没有产生的情况下，结果责任是没有这层意义上的作用的。但结果责任依然存在，它还有其他的作用需要发挥，而且是必不可缺的作用。

（4）能否由律师和法院协助履行不同。行为责任表现为收集、调查证据和提供证据两个方面，以诉讼行为能力为基础，是诉讼行为能力在证明责任中的具体化表现，是一种动态责任。对此动态责任，立法者一般允许当事人引进外在力量协助履行，以此作为减轻责任、节约时间和精力的方法。律师协助当事人履行行为责任，是各国之通例，也是律师参加诉讼、实施代理行为的重要内容。至于法官能否协助当事人履行行为责任，各国基于不同的考虑有不同的规定。英美法系一般对此持否定态度，大陆法系则允许法官在特定的情况下调查收集证据，协助当事人履行行为责任。我国《民事诉讼法》第67条第2款规定："当事人及其诉讼代理人因客观原因不能自行收集的证据，或者人民法院认为审理案件需要的证据，人民法院应当调查收集。"这是法院协助当事人履行行为责任。可见，行为责任的承担主体可以有多个。结果责任由于其性质和内容的规定，只能由当事人自己承担。无论诉讼过程中的行为责任如何变幻，也无论行为责任实际上是由谁来承担或者如何免除的，只要到诉讼结束之际案件事实尚属真假难辨，当事人均须承担以败诉后果为内容的结果责任。败诉后果只能由与案件有直接利害关系的当事人来承担，而不可能由律师、法官等协助履行行为责任的人来承担。

4. 明确证明责任制度的意义

在民事诉讼中明确证明责任制度具有重要的意义：

其一，在案件事实真伪不明时，基于客观证明责任的含义指引司法者作出实体性裁判。正是负担客观证明责任的当事人，对相应案件事实无法得到确切肯定的认定而需要负担由此所造成的不利后果。

其二，通过主观证明责任的负担，指引当事人提供证据的行为。"谁主张、谁举证"，这首先表现为提供证据的责任，在当事人主张了案件事实后，应当对此提供证据加以证明；当其证明到一定程度时，对方当事人对此就产生了反驳性的提供证据的责任。

其三，证明责任为当事人负担的是本证责任还是反证责任提供判别标准。负担证明责任的当事人应当首先提供证据，并且其所提供的证据要达到证明标准的程度，若案件事实最终真伪不明，其则承担不利的诉讼后果；不负担证明责任的当事人对此负有反证责任，反证责任的主要目的在于防止负担证明责任的当事人证明成功。因此，对某一个特定的案件事实而言，一方当事人在进行进攻，另一方当事人在进行防御，进攻和防御的界限不是根据当事人是为原告还是被告而划分的，而是根据哪一方当事人对此负担证明责任确定的。

由此来看，证明责任具有丰富的内涵。从形式与内容、动态与静态的关系来说，证明责任具有双重含义，即行为责任与结果责任，它们是同一个责任的两个方面。从调整它的法律规范以及能否成为法官的裁判规范上来说，证明责任又是一个包含两种独立责任的总概念。这双重责任或者两种责任既有联系又有区别，而且它们还处在交错作用、相互影响的关系之中。

二、证明责任的法律性质

（一）研究证明责任性质的价值和方法

证明责任的概念，是证明责任全部属性的抽象概括，而证明责任的性质则是刻画证明责任概念的底蕴和背景。探求证明责任的法律性质，本质上不过是对证明责任概念的深化认识和细化考证，二者有着唇齿相依的密切关联。某种程度上甚至可以认为，它们是从不同角度对同一事物的不同命名而已，目的均在揭示证明责任的内在属性。证明责任的概念必须映现着证明责任的性质，证明责任的性质必然规制着证明责任的概念。

更为重要的是，证明责任的性质不仅能够直观地揭示出当事人从事举证活动的最深层动因，而且也是准确把握证明责任制度全部内容的一把钥匙，对诸如证明主体、证明对象、证明程度、证明后果等课题的科学认识，无不同证明责任的性质界定直接相关。

由此可见，研究证明责任的法律性质，不仅具有较高的理论价值，而且具有重要的实践意义。也正因如此，在"殆无一不有争论"的证明责任诸命题中，证明责任的性质乃是仅次于证明责任分配原则的争议较多的问题之一。在证明责任理论这一古老的论坛上，有关证明责任性质的学说流派，可谓纷然杂陈，令人眼花缭乱。就我国民事诉讼理论界而言，大致有权利说、败诉危险负担说、义务说、责任说、需要说、效果说、必要说、权利义务说、权利责任说等，不一而足。理论上的混乱不清必将导致实践中的无所适从，为了结束这种聚讼纷纭、莫衷一是的理论僵局，从而实现对我国民事证明责任性质的相对真理性认识，有必要首先就证明责任性质的研究方法，作一深刻的反思。

证明责任的法律性质，既然是对证明责任这一诉讼制度和诉讼现象的定性认识，那么，确定证明责任性质的逻辑起点，就应当是丰富具体的司法实践活动，后者应当成为前者的最高依据和检阅标尺。任何证明责任的性质理论，都必须源于实践，服务于实践，反映民事诉讼的实质要求。否则，这种性质界说即背离了它的理论使命，成了毫无实际内容和现实价值的纯思辨产物。因此，对于我国民事证明责任的性质确定，应当敏锐而精确地反映我国民事诉讼实践的时代要求，从而加快我国民事诉讼结构的科学化和合理化发展步伐。

任何概念范畴都是确定性与灵活性的统一载体。从证明责任制度产生以来，证明责任的法律性质并非固定地一成不变，相反，它随着诉讼制度的交替更迭而具有不同的蕴涵。因此，对于我国现时代证明责任的法律性质,应当用历史的、辩证的目光去考察,而不是用凝滞的、机械的目光作生硬的搬套。

探求事物的内在联系,揭示事物的客观规律,不仅应就该事物的全部内容进行分析、综合、归纳和提升,而且应将它置于事物的联系网络中,进行开放式的探讨和立体式的透视,否则,很容易犯只见树木、不见森林的毛病。因此,只有将证明责任置于民事诉讼的整体构造中,从动态与静态、行为与结果、程序与实体的有机结合中,才能科学地捕捉它的法律性质。

证明责任的法律性质既然是证明责任内在属性的反映,那么应当以法哲学上的基石范畴为指归,否则,即有进一步界定的可能性与必要性。法学上的基石范畴有两个:一是权利,二是义务,所有法律行为的性质莫不以此二者为最终归属。民事诉讼行为也是如此,依其法律性质可分为两大类:一是基于诉讼权利的诉讼行为,二是基于诉讼义务的诉讼行为。除此之外,没有既不属于诉讼权利又不属于诉讼义务,而凌驾于二者之上的第三种诉讼行为。指出这一点的理论价值在于,围绕证明责任性质所形成的诸如需要说、效果说、必要说,乃至负担说、责任说等芸芸众说,都不是对证明责任本质属性的终极性抽象和一般性概括,都应成为被进一步追问的对象,并使之最终划归权利说和义务说的对峙范畴。

(二)权利说及其驳难理由

权利说的理论根据主要有:其一,人民享有诉讼自由权,自然伴有提供证据进行诉讼的权利。其二,当事人对诉讼标的享有处分权,原告有权放弃诉讼请求,被告有权承认诉讼请求,双方当事人还有进行和解的权利,因而当事人对于自己是否举证证明其诉讼请求,当然也有权自由决定。其三,根据《民事诉讼法》第52条的明文规定,当事人有权收集、提供证据。权利说之所以站不住脚,是因为:

第一,从权利的本质看,证明责任显然不属于诉讼权利。因为,诉讼权利是诉讼利益的法律化、定型化,属于法理上的授权性规范,当事人据此可以行使诉讼权利,也可以放弃诉讼权利。放弃诉讼权利的法律后果,仅限于自身诉讼利益的丧失,不致产生其他不利后果。若证明责任属于权利,那么当事人放弃举证权利,则不能以权利不行使为由,强制其承担不利的诉讼后果,否则就背离了权利的内在规定性。

第二,权利本身虽可放弃,但不能被免除。当事人所承担的证明责任,如果符合法定免证事由,即可得到免除。证明责任被免除后,就不可能因该待证事实的不被证明而遭受败诉后果。如果证明责任属于权利,当事人放弃权利后,绝不可能因此而获得有利的诉讼后果。

第三,权利和义务乃是既对立又统一的矛盾体,二者总是相伴相随,互为关照。如果当事人享有举证权利,那么,这种诉讼权利源于何种诉讼义务?或者,与此相对应的义务主体是谁?对此,权利说无法予以说明。

第四,人民享有起诉自由,是民主法治国家所普遍确认的宪法性权利。但是,起诉自由绝不等同于滥用起诉权,也不意味着任何起诉均能无条件地成立,为了证明起诉的正当性与合法性,当事人应当承担相应的诉讼义务。因此,从起诉自由权推导而出的,只能是举证义务,而非举证权利。

第五,当事人对诉讼标的所享有的诉讼处分权,实质上是实体处分权在民事诉讼中的反映,而不是关于诉讼资料和证据资料的处分。当事人请求司法保护,必须按照民事诉讼法的有关规定,提供必要的诉讼资料和证据资料,否则这种司法保护的请求就不可能得到满足。由此可知,证明责任不具有权利属性。

第六,从法律规定上看,《民事诉讼法》关于当事人收集、提供证据的权利规定(第52

条）和有关证明责任的规定（第 67 条），乃是从两个不同的角度作出的。提供证据的诉讼权利是从当事人指向法院的角度加以规定的，旨在强调法院必须保障双方当事人提供证据的平等机遇和相同条件，并给予不偏不倚的重视，以防止偏袒一方而歧视另一方，从而使诉讼程序失于公正。证明责任则恰好相反，它是从法院指向当事人的角度加以规定的，是与当事人的诉讼主张相对称的概念。诉讼主张是民事诉讼中的中心环节，由此决定了证明责任和诉讼主张成为民事诉讼中的主要矛盾；当事人提供证据的权利和法院保障当事人充分举证的职责，乃是在此基础上引申出来的次要矛盾。可见，提供证据的诉讼权利和证明责任是两个居于不同层次上的概念，提供证据的诉讼权利不仅不能决定证明责任的本质属性，甚至也不能成为证明责任本质属性的组成部分。

在我国，权利说主要盛行于民事诉讼法的试行期间。尽管立法上和理论上都一直强调充分发挥当事人和人民法院的"两个积极性"，但由于权利说的隐秘奉行，当事人往往放弃自己的举证权利，从而"诉状一张，了事一桩"，造成了"当事人依赖法院，法院包揽诉讼"的病态现象。不言而喻，在权利说的支配下，无论办案质量或诉讼效益，都被贬降到了最低限度。后面的分析将明确表明，此种流弊丛生的权利说，业已遭到现行民事诉讼法的彻底否定。

（三）负担说及其驳难理由

负担说认为："主张及举证活动之法律上性质，亦非权利亦非义务，仅是当事人为了得胜诉判决之实际上必要。换言之，不主张、不举证时将导致败诉，如不欲败诉不得不为止负担（last）。"① 负担说是大陆法上的通说，在我国也处于多数说的地位，因而有必要对此说作一番较为细致的剖析。

负担说较诸权利说而言，显然顾及了证明责任所固有的败诉危险属性，因而有一定的合理性和说服力。但是，就大陆法系而言，负担说不仅缺乏理论上的彻底性，而且同现代民事诉讼的发展走向不能相容；就我国而言，负担说根本无法揭示我国民事证明责任的内在属性，因而应当加以摒弃，其理由如下：

首先，负担说不能反映证明责任的全部活动过程。尽管此说将败诉危险的结果责任纳入了考察视野，但却凝滞于此，把败诉危险视作行为责任的唯一依据，似乎当事人承担证明责任的动机和目的，自始至终只有一个：避免败诉危险。反之，若无败诉危险，也就无证明责任；证明责任同败诉危险不可分离。这种论断实际上抹煞了诉讼程序的阶段性和各诉讼阶段的相对独立性。民事诉讼程序是由若干诉讼阶段组成的"锁链"，贯穿于各诉讼阶段并使之有机衔接的生命线，乃是诉权。依诉权的双重涵义，可将民事诉讼程序划分为两大阶段：一是以起诉权为审判对象（诉讼客体）的程序审理阶段，二是以胜诉权为审判对象的实体审理阶段。一般而言，前者包括起诉阶段和受理阶段，后者包括审理前准备阶段和开庭审理阶段。因审判对象不同，两大诉讼阶段所形成的中心任务也就有别：程序审的中心任务，乃是根据《民事诉讼法》第 122 条的规定，审查确定当事人的起诉是否符合起诉条件，从而决定是否立案受理开始受理程序；实体审的中心任务，则是根据《民法典》等实体法的有关规定，审查确定当事人的诉讼请求是否有实体理由，从而决定是否满足诉讼请求。尽管证明责任主要作用于实体审理阶段，围绕着权利保护要件是否具备而展开，但不容否认的是，在程序审理阶段，证明责任仍发挥着不可或缺的作用，它的作用对象乃是诉讼成立要件。也正因如此，证明责任才贯彻于民事

---

① 骆永家：《民事举证责任论》，台湾商务印书馆 1981 年版，第 58 页。

诉讼的始终，才被学者誉为民事诉讼的"脊椎"。因此，在程序审理阶段，原告应依《民事诉讼法》第122条和第124条的规定，就四项诉讼成立要件负担证明责任。若四项诉讼成立要件同时具备，原告的起诉权即得到法院裁判的认可；如有欠缺，法院则根据《民事诉讼法》第126条的规定，作出不予受理的裁定或者在受理后驳回原告的起诉。此一裁定，实质上就是对起诉权的否定，就是原告所遭受的不利诉讼后果。

然而，这种不利诉讼后果，在法律性质上，同驳回诉讼请求的败诉后果有着严格的分界。这是因为，只有在法院立案受理并将起诉状副本发送被告之后，被告才参加诉讼同法院发生诉讼法律关系，胜诉、败诉的概念方能在原、被告所处的对立诉讼地位中得以显现。因此，在程序审理阶段，因诉讼的胜败缺乏相对的承受主体，所以不能将原告所受的不予受理的裁定，称作为"败诉后果"。既然如此，在程序审阶段，原告也就无"败诉的危险负担"。换言之，"败诉危险负担"充其量只能适用于实体审理阶段的证明责任性质界说；对于程序审理阶段的证明责任性质界说，则显得力不从心，无济于事。可见，负担说笼而统之将证明责任的性质概括为"败诉的危险负担"，在逻辑上犯了以偏概全的错误，由此导致理论上的不周延性。

其次，负担说仅能存活于绝对辩论主义的诉讼结构之中。辩论主义的精神在于"放任"或"不干涉"。① 辩论主义诉讼形式所赖以建立的基础，乃是个人主义和自由主义。② 在这种诉讼形式下，民事诉讼的唯一目的，就在于保护和实现"私权"，法院不负发见客观真实的义务，当事人也无所谓真实义务。民事诉讼进程完全听任当事人的控制，除法律明文限制外，当事人在法庭上可使用任何手段，致使诉讼变为"竞技""赌博"或"战场"，民事诉讼法上俯拾皆是的"攻击""防御""争点"等法言法语，就是这种诉讼形式的生动写照。因此，学理上遂将民事诉讼法称为"斗争原则"（kampfregem），将当事人平等原则视为"武器平等原则"（Grundsatzderwaffengleichheit）。③ 在这种诉讼立法、诉讼理论和诉讼现实之下，当事人承担证明责任的唯一动因与压力就是避免败诉。为了避免败诉，可以置客观真实于不顾而不择手段，诚实信用原则没有存在的可能与必要。因而，学者们捕捉证明责任法律性质的视点，理所当然只能从举证结果"逆流而上"，而不会从举证过程"顺流而下"。

连银山先生就直截了当地主张："欲了解其本质，实应当就当事人是否已尽其证明责任所发生之结果观察之。"④ 中岛弘道先生也开诚布公地昭示了"负担"一语的全部涵义："证明责任是对自己的诚实心的负担，对自己的诚实心，乃是为自己谋利益的心，即'利己心'。这种强力的利己心，使诉讼当事人决心不败诉。感到为了不败诉，即有提出证据的必要。"⑤ 非常明显，这种负担说不适于我国民事诉讼的结构形式。尽管理论界迄今尚未对我国民事诉讼形式作出明确的概括，但可以肯定的是，辩论主义显然不具有绝对意义，而职权主义却占很大比重。根据《民事诉讼法》第2条的规定，我国民事诉讼的任务（目的），绝非仅限于民事权利

---

① 参见连银山：《民事举证责任之研究》，载杨建华编：《民事诉讼法论文选辑》（下），五南图书出版公司1984年版，第623页。

② 参见蔡章麟：《民事诉讼法上诚实信用原则》，载杨建华编：《民事诉讼法论文选辑》（上），五南图书出版公司1984年版，第15页。

③ 参见蔡章麟：《民事诉讼法上诚实信用原则》，载杨建华编：《民事诉讼法论文选辑》（上），五南图书出版公司1984年版，第9页。

④ 参见连银山：《民事举证责任之研究》，载杨建华编：《民事诉讼法论文选辑》（下），五南图书出版公司1984年版，第627页。

⑤ 参见王锡三：《民事举证责任著作选译》，西南政法大学诉讼法教研室1987年编印，第97页。

的保护，而且还体现在"维护社会秩序、经济秩序，保障社会主义建设事业顺利进行"之上。亦即，既保护"私权"（主观目的），也维护"公益"（客观目的），"私权"与"公益"并重，不可偏废，由此决定了我国民事诉讼以发见客观真实为价值目标。在这种诉讼目的观的统率下，当事人的败诉危险负担、人民法院的职权探知义务以及当事人的真实义务，得到了高度的契合，成为三位一体的混合物。

反映在诉讼程序上，原告与被告之间并非对立关系，亦非攻击防御关系，而是发现"实质真实"的协力关系。正如蔡章麟先生指出："吾人若以当事人之诉讼关系为发现真实之协力关系，则证明责任必将加重。证明责任之目的在求当事人在诉讼法上之地位平等，并实现诉讼法上正义及衡平。"[①] 基于此种认识，若依旧偏执于"败诉危险"一隅，去界定我国民事诉讼法上之证明责任性质，就显得不合时宜，顾此失彼了。

最后，负担说之在我国民事诉讼理论界，所以为大多数学者所奉行，英文"Burden"一词具有不可低估的影响。在英美证据法上，"证明责任"这一法律术语被表现为"Burden of Proof"，直译为"证明负担"，包含举证负担（Burden of Producing Evidence）和说明负担（Burden of Persuasion）两种。英文"Burden"一词，与拉丁文"onus"、法文"Charge"和德文"last"一样，都含有危险"risk"之意。因为"在诉讼上具有两种负担之一者，若终无法解除其负担，即有受败诉判决之危险"[②]。因此，败诉、危险和负担三词就很自然地联在一起，作为证明责任法律性质的界定词汇。这种望文生义的理解，显得缺乏说服力。因为在英美证据法理论上，表述举证"责任"的英文单词，除"Burden"外，还有 responsibility、liability、obligation、duty 等，若英美证据法改用以上词汇，证明责任的法律性质岂非瞬变为"责任、债务、义务"？即使从负担说实质理由上看，一般都在对权利说和义务说二说作些浮光掠影的质疑后，就不假思索地接纳了负担说，并不进而探求证明责任与诉权、与民事诉讼构造的辩证关系，并在这些关系中对证明责任性质作出科学的阐释与揭示。

持负担说的论者尚有一个论证理由："如果当事人愿意放弃获取胜诉判决之目的，不介意于败诉时，立即可以卸下此负担也"[③]；"换句话说，就是根据证明责任的人本人的心情或意思，不论什么时候，都可以免除证明责任"[④]。由此看来，当事人具有自我免除证明责任的权利，代价乃是承担败诉后果。这种论据显然带有浓厚的诡辩色彩，因为，逾越诉讼本性的范围考察证明责任的性质，不仅使问题本身变得混乱不堪，而且实际上否定了证明责任的存在价值。

按照民事诉讼的本性，无论是原告的起诉或被告的应诉，其参与诉讼的直接目的唯有一个：获取胜诉的法律后果。很难设想当事人提起诉讼或参与诉讼的目的，就是承担败诉后果，因而此种背离诉讼本性的假说，无论如何都不能成为论证证明责任性质的理论根据。考察证明责任性质的第一视点，就必须落在以避免败诉为半径而划定的整圆层面上，并以此为主线，逐渐拓宽考察的视野，由此得出科学的结论。退而言之，对于"断念"胜诉但求败诉的当事人

---

① 蔡章麟：《民事诉讼法上诚实信用原则》，载杨建华编：《民事诉讼法论文选辑》（上），五南图书出版公司1984年版，第37页。
② 连银山：《民事举证责任之研究》，载杨建华编：《民事诉讼法论文选辑》（下），五南图书出版公司1984年版，第622—633页。
③ 骆永家：《民事举证责任论》，台湾商务印书馆1981年版，第58页。
④ 王锡三：《民事举证责任著作选译》，西南政法大学诉讼法教研室1987年编印，第97页。

而言，此种负担压根就没有产生的可能，如此，"卸下"负担一说又自何处言起？

(四) 义务说及其成立理由

笔者以为，我国民事证明责任的法律性质属于诉讼义务。在前面对权利说和负担说的驳难之中，实际上已较多地触及义务说之为笔者所赞同的实质理由，本部分从学理界对义务说的若干质疑处着眼，进一步为义务说的成立进行较为系统的论证。

首先，从权利义务关系的角度看，学理界驳难义务说的实质理由之一乃是，"实则义务之履行，系为权利人之利益为之，故恒有权利人之存在，然证明责任之履行，系为举证人自己之利益，无所谓权利人之存在，当事人不尽其证明责任时，仅对自己不利，于其对造反有利，殊难认负证明责任人之不尽证明责任，系对何人违反义务。且责任为不尽义务所发生之结果，与义务本身根本不同，故证明责任之性质，不能以义务视之"①。这个理由的错误之处，在于它将权利义务的对应关系和权利义务的对立关系等同了起来，机械地而不是辩证地去理解权利义务的内在关系。

权利义务的对立关系固然需要有相对立的承受主体存在，但权利义务的对应关系则除此之外，还可表现为同一主体的权利义务的伴生关系。按照法哲学上的权利义务观，权利义务之间，乃是既对立又相联系的辩证关系，二者互为前提，互为结果。没有无义务的权利，也没有无权利的义务，自一定的权利可推导出与之相对应的义务，反之亦然。权利义务之间永远存在双向对应关系，由此组成权利义务的关系链条，环环相扣，互为参照。诉讼中的权利与义务也不例外，一定的诉讼义务正是与相应的诉讼权利并存于诉讼之中。既然说证明责任属于诉讼义务的范畴，那么，与之相对应的诉讼权利又是什么？为了给出正确的答案，就必须从民事诉讼的基石——诉权谈起。

依我国学界的通说，诉权乃是当事人为保护自己的合法权益而进行诉讼的权利。诉权的享有与诉权的成立并非一回事，前者乃是为公民所普遍享有的抽象权利，后者则是含有一定法律要件的具体权利。与诉权涵义的二重性相适应，诉权成立的法律要件又有诉讼成立要件和权利保护要件之别。前者为诉权的形式要件，决定着程序意义上的诉权能否成立；后者为诉权的实质要件，决定着实体意义上的诉权能否实现。因此，当事人对诉权的主张，即具体化为诉讼成立要件的主张和权利保护要件的主张。这种在诉讼中产生并贯穿于诉讼始终的主张，即是诉讼主张，又称事实主张，相当于英美法上的"诉辩主张"(pleadings)。②

自诉讼地位言，诉讼主张包括请求主张和抗辩主张；自事实性质言，诉讼主张包括程序事实主张和实体事实主张。《民事诉讼法》第67条规定的当事人提出的有责任提供证据的"主张"，指的就是诉讼主张，而不包括诉讼请求的主张。诉讼主张较诸证明理论中的"证明对象"，尽管有着密切的关联，很大程度上二者甚至等同，但从理论上分析，二者之间仍存有微妙的差别。这种差别主要表现在：诉讼主张乃是由当事人根据主张责任的分配原则提出的证明对象，是证明对象的具体表现和最终落实；证明对象借助诉讼主张而成为待证事实。因而，证明对象所追问的直接对象乃是哪些法律要件事实应该具备且得到证明，至于由何方当事人加以证明则不予过问；诉讼主张所追问的直接对象乃是特定的法律要件事实应由何方当事人加以证明。

---

① 连银山：《民事举证责任之研究》，载杨建华编：《民事诉讼法论文选辑》(下)，五南图书出版公司1984年版，第626—627页。

② 参见［美］Edmund M. Morgan：《证据法之基本问题》，李学灯译，世界书局1982年版，第52页。

可见，唯有诉讼主张才与证明责任直接挂钩。诉讼主张是引起证明责任的根据和前提，证明责任是诉讼主张的派生和归宿。任何诉讼主张都必然引起相应的证明责任，任何证明责任都肯定地渊源于一定的诉讼主张，二者如影之于形，须臾不离。此即自罗马法以来一直流传于世的"主张与举证永不分离"的格言法则。此法则之所以历经数千年而颠扑不破，其根本原因就在于它揭示了一对具体的权利义务辩证关系，即诉讼主张的诉讼权利和证明责任的诉讼义务。诉讼主张和举证义务由此成为一对相匹配的对偶范畴，证明责任的义务性质，正是在它与诉讼主张权的对立关系中，得到了雄辩的确证和充分的展现。

其次，从义务和责任的关系角度言，学理界驳难"义务说"的另一个实质理由乃是，"法律上之义务者，义务人如怠于履行，即应受制裁，且借此制度以强制义务人履行。但当事人致力于主张及举证活动，此不过系出于当事人为获胜诉之利己心之驱使，法律上并未加以任何强制"①。

这个理由之站不住脚的致命伤在于，它片面而绝对地理解了违反义务的法律后果，以为凡是法律义务的违反，都会无例外地导致强制性的法律制裁。如此理解法律义务与法律责任的关系是没有根据的。王伯琦指出："责任者，不履行义务时在法律上所处之状态也。"② 这种法律状态固然常常伴生着强制性的制裁，但不能因此而逆向地认为，唯有导致强制性制裁的，方能称得上法律义务。因为法律义务就其本质而言乃是立法者意志要求的体现，而这种意志要求并非千篇一律没有程度差异的，相反，它在不同的法域，不同的时空，有着不同的表现。刑法上的义务就不同于民法上的义务；实体法上的义务也有别于程序法上的义务。即便在程序法领域内，不同的义务违反，所产生的法律后果也不尽一致。比如，《民事诉讼法》第52条规定了"当事人必须依法行使诉讼权利"的诉讼义务。据此，双方当事人在受法院的传票传唤后，即负有准时出庭参加诉讼的诉讼义务，当事人若无正当理由拒不到庭，或者未经法庭许可中途退庭，就违反了该诉讼义务。但法律对此所设置的法律后果（法律责任），则是依当事人的诉讼地位而分别对待的。《民事诉讼法》第146条规定原告违反出庭义务的，可以按撤诉处理；第147条规定被告违反出庭义务的，则可以缺席判决。不仅如此，即便同属被告违反出庭义务，在不同性质的案件中，所产生的法律责任也有区别。《民事诉讼法》第112条规定："人民法院对必须到庭的被告，经两次传票传唤，无正当理由拒不到庭的，可以拘传。"拘传乃是民事诉讼法确定的迫使特定被告人到庭应诉的强制措施之一，也是特定被告人违反出庭义务所产生的法律责任，这种法律责任显然带有强制性裁判的浓厚色彩。

由此可见，同属诉讼义务的违反，其法律责任的表现形式乃是多种多样的，有的表现为强制性制裁，有的则表现为不利的诉讼后果，不可一概而论，不能以是否产生强制性制裁作为鉴别法律义务的绝对标尺。诚如德国学者赫尔维希（Hellwing）指出："当事人一方对于对造当然负有诉讼法上之义务，此义务由法院依照法规或基于法规之授权，因对方利益而认定者，法院对当事人或其代理人，因欲达成诉讼目的，而命其作一定之行为、不作行为，常可发生诉讼法上之义务。由此可知无直接强制或刑罚之规定，不生义务之见解，实非正确。"③ 基于此分析，当事人因不尽证明责任而承担的不利诉讼后果，也属于违反举证义务所产生的法律责任，应当毫无疑义。

---

① 骆永家：《民事举证责任论》，台湾商务印书馆1981年版，第57页。
② 王伯琦：《民法总则》，正中书局1979年版，第30页。
③ 杨建华编：《民事诉讼法论文选辑》（上），五南图书出版公司1984年版，第19页。

最后，从证明责任与真实义务的关系来看，我国民事证明责任始终伴随着真实义务，真实义务成为我国民事证明责任制度的显著特征。民事诉讼法属于技术性法规，旨在保障民法效用的实现，因此，"诉讼法的理论构造，可谓为与其基础之实体法有密切不可分离之关系"①。根据《民法典》第7条的规定，诚实信用原则是民法的基本原则之一。这一原则反映在民事诉讼法上，则主要表现为民事诉讼当事人的真实义务。"诉讼法领域所谓真实义务，有似于私法领域所称诚实信用原则，两者名异而实同。"② 从我国民事诉讼法的规定来看，尽管我国民事诉讼法没有就真实义务作出统一的、一般的规定，但是，我国民事诉讼法的性质、任务、基本原则以及各项具体诉讼制度，毋庸置疑地确定了民事诉讼当事人的真实义务，尤其是，《民事诉讼法》第13条第1款还直接规定了诚信原则，从诚信原则中可以推导出真实义务。

真实义务（wahrheitspflicht）是指当事人及诉讼关系人（法定及意定代理人、证人、鉴定人）在民事诉讼上，负有陈述真实的诉讼义务。③ 就当事人而言，真实义务要求当事人若知某事实为虚伪则不应主张，若知某事实为真实则不应争执。④ 因为，若当事人故意作虚伪的陈述，不仅增加法院的工作负担，有违诉讼简化、诉讼公正的理想，而且引起诉讼程序的烦杂与迟延，有背诉讼经济、诉讼迅速的理念。因而，任何违背真实义务的诉讼行为，都同民事诉讼的本质相抵触，都有害于民事诉讼的技术性。

具体到当事人的举证活动之中，真实义务则突破了证明责任的败诉危险属性所圈定的狭窄框架，给证明责任的内在属性注入了更高层次的涵义——真实举证义务。真实举证义务成了我国民事证明责任的本质属性，并且包容了败诉危险的负担属性。从我国民事诉讼的立法精神及司法实践的客观要求来看，当事人真实举证的义务具体表现在以下四个方面：

其一，完全举证的义务。当事人对各自负担主张责任的事实，不仅应就案情事实作出完整的陈述，而且应将所有相关的证据提供给法院。完全证明责任的义务还要求当事人在履行证明责任的过程中，应当立足于自己，而不能将证明责任转嫁给人民法院。《民事诉讼法》第67条第2款就体现了这一点："当事人及其诉讼代理人因客观原因不能自行收集的证据，或者人民法院认为审理案件需要的证据，人民法院应当调查收集。"自该条款的反面含义看，当事人及其诉讼代理人除客观原因不能自行收集证据外，负有自行收集、提交证据的完全义务。

其二，及时举证的义务。《民事诉讼法》第68条规定了举证时限制度，当事人如果有证据不及时提供，则可能导致罚款、训诫乃至证据失权等不利的法律后果。

其三，诚实举证的义务。诚实举证义务要求负担证明责任的当事人，必须向人民法院提供真实可靠的证据和证据来源，而不得弄虚作假，制造和提供伪证。按照《民事诉讼法》第114条的规定，当事人伪造重要证据，妨碍人民法院审理案件的行为，或者指使、贿买、胁迫他人作伪证的行为，都属于妨碍民事诉讼的行为，依法应受到罚款、拘留的强制措施；构成犯罪的，还应追究刑事责任。这一规定充分表明，当事人负有诚实举证的诉讼义务。

其四，不得妨害举证的义务。这是针对负担证明责任的当事人的相对方而言的，它要求不负证明责任的当事人，不得妨碍他人履行证明责任，否则就构成了举证妨害。民事诉讼上的举证妨害，系指在民事诉讼过程中，负有证明责任的当事人的相对方，因其故意过失行为，致使

---

① 杨建华编：《民事诉讼法论文选辑》（上），五南图书出版公司1984年版，第7页。
② 杨建华编：《民事诉讼法论文选辑》（上），五南图书出版公司1984年版，第16页。
③ 参见杨建华编：《民事诉讼法论文选辑》（上），五南图书出版公司1984年版，第15页。
④ 参见骆永家：《民事举证责任论》，台湾商务印书馆1981年版，第60页。

该诉讼的唯一证据灭失,从而使对方当事人就待证事实无证据可供证明,形成待证事实存否不明的诉讼现象。故意的举证妨害,包括《民事诉讼法》第114条所规定的两种行为:一是毁灭重要证据,妨碍人民法院审理案件的行为;二是以暴力、威胁、贿买方法阻止证人作证的行为。故意的举证妨害,属于妨害民事诉讼的行为,依法应受到罚款、拘留的强制措施;构成犯罪的,还应追究刑事责任。过失的举证妨害,主要指负有证据保存义务的相对方,因其过失致使证据遗弃或灭失的行为。过失的举证妨害,不属于妨害民事诉讼的行为,不在《民事诉讼法》第114条的调整范围内。

但是,无论故意的举证妨害抑或过失的举证妨害,都将影响证明责任的承担。我国民事诉讼法对此未作规定,但司法解释对此有所规定。《民诉法解释》第112条规定:"书证在对方当事人控制之下的,承担举证证明责任的当事人可以在举证期限届满前书面申请人民法院责令对方当事人提交。申请理由成立的,人民法院应当责令对方当事人提交,因提交书证所产生的费用,由申请人负担。对方当事人无正当理由拒不提交的,人民法院可以认定申请人所主张的书证内容为真实。"可见,我国司法实践中对举证妨害采用的是"认定模式",而不是"推定模式"。然而,从比较法视野看,现代各国一般都以立法、学说或司法判例,采取事实推定或法律推定的方式,减轻或者消除举证妨害对举证者带来的举证困难,而不是直接采用"认定模式"。采用事实上的推定,则是利用表见证明的方法,责令妨害举证的当事人负担证据提出责任,从而引起主观证明责任的转移;采用法律上的推定,则直接利用证明责任转换的方法,使妨害举证的当事人负担客观证明责任,从而引起客观证明责任的转换。尽管上述两种方式存有理论上的差别,但在司法实务上,二者有着异曲同工之妙,殊途同归。由此可见,真实举证义务的要旨,就是要求当事人在履行证明责任的过程中,实现避免败诉后果与追求客观真实的有机结合。

综上所述,在我国民事诉讼制度下,证明责任不仅含有实体上的败诉危险属性(内在动力),更重要的还渗透着诉讼上的真实义务属性(外在压力);诉讼上的真实义务较诸实体上的败诉危险,处于更高的理论层次,更贴近于我国民事证明责任的本质属性。因此,我国民事证明责任的法律性质,不容置疑地属于诉讼义务的范畴。

三、证明责任的分配

证明责任关系到谁先举证、谁应当提出更多更有证明价值的证据以及在案件事实真伪不明时应当由谁承担败诉后果等诸多问题,这些问题不仅与当事人的诉讼利益有关,尤其与当事人的实体权益相关,因而必须得到正确、合理、明确的解决。这就是证明责任的分配问题。

现代的证明责任分配学说开始于19世纪末。从研究方法上看,纵然学说林立,然而其研究方法不外乎有两种:

其一,待证事实分类说。它是指专就待证事实本身的性质内容加以研究,而对于待证事实在法律构成要件上处于何种地位则不予考量,凡符合其一定性质内容的待证事实,就该待证事实,当事人不负证明责任。待证事实分类说包括消极事实说、继续事实说、特别例外事实缺乏说和内在事实说等。

其二,法律要件分类说。它是指专就个别具体的法律构成要件的事实,按法律构成要件的性质内容,以不同的价值目标为标准进行分类,凡归属于同一类法律构成要件的事实当事人就该项法律事实负担证明责任的学说和理论。法律要件分类说分为多数说和少数说。多数说认为,主张法律上效果的当事人应当就该效果发生的要件事实中,属于原因性、通常性、特有性者负有证明责任；反之，如果不属于原因性，或为例外的事实，成为一般要件事实欠缺的事实，则由对方当事人负担证明责任。该学说认为，任何实体法的条文都由两个部分构成，一部分是原则规定，一部分是例外规定。但是，如何区分法律效果的要件事实，各学者之间的看法不一，于是又形成了若干分子学说，如因果关系说、通常发生事实说、最少限度事实说、法规分类说、特别要件说等。[①]

罗森伯格的法规范说（Normentheorie）是法律要件分类说中最具有代表性也最具影响的观点。罗森伯格证明责任分配学说产生于《德国民法典》实施之后，因其方法上以民法法条的分析归类和法条用语的表述为核心，主张可以直接从法律条文形式中发现证明责任分配的依据，故被学界称为规范说。罗氏学说由于其内在逻辑性强、实务可操作性强以及能够维持法律形式上的公平，从而有利于增加法律安全适用性等优势，博得许多大陆法系国家在立法、司法以及学理上的认同，并成为德国、日本、我国台湾地区等国家或地区的通说。[②]

但正如成文法具有天然的局限性一样，规范说也有难以克服的局限性，其主要表现在它带有较为严重的形式主义特征，在适用上难免机械主义之弊。因而在有的特殊案件中，尤其在特殊侵权案件中，适用规范说来分配证明责任的负担往往会造成显而易见的非公正性，对弱者保护不力，同时也难以体现实体法的真实意图，鉴此之弊，规范说遭到了理论上的质疑和挑战。其结果，一系列被称为"证明责任分配新说"的理论如同雨后春笋般相继产生，为证明责任的公正而合理的配置机制带来了新思维和新方法，从而推动了证明责任分配理论的创新和发展。这些新理论主要有以下诸端：

其一，危险领域说。危险领域分配证明责任的概念，源自德国的判例并逐渐完善，最后由普鲁斯予以体系化，成为一种独立的学说。就内容而言，危险领域说并非完全排除规范说，即在规范说的前提下，当损害之原因既非发生于被害人本身之危险领域内，亦非发生于第三人之危险领域内，而完全发生于被告之危险领域内时，应由被告人负担相应的证明责任。

其二，盖然性说。盖然性彻底否定了法律要件分类说，是目前各种证明责任分配说中最激进的一种学说。盖然性说主张，当审理案件的法官对某个要件事实的存否不能确定之时，则应比较该要件事实发生的盖然性的高低，盖然性较高的，则主张者不负证明责任；反之，盖然性较低的，则主张者负担证明责任。事实的盖然性高低，应根据人们的日常生活经验和统计资料等加以判断。

其三，损害归属说。该学说主张以实体法确定的责任归属或者损害归属来决定证明责任的分配。根据实体法的立法意图，具体案件的类型化责任归属于谁，就由谁来承担证明责任。在实际运用中，该抽象性原则又落实为若干具体原则，如盖然性原则、弱者保护原则、担保原则、信赖原则、惩罚原则、社会危险分配原则等。法官在决定具体案件的证明责任的分配时，应当视情形分别适用这些原则。

其四，利益较量说。该说认为，在解决具体案件的证明责任分配问题时，应当由法官参考以下三个因素加以决定。一是双方当事人与证据的距离远近，二是举证的难易程度，三是诚实信用原则。参考这三个因素，看哪一方当事人对案件享有更大的利益，再决定由利益较小的那

[①] 参见陈荣宗：《证明责任分配与民事程序法》（第二册），台湾大学法学丛书（十七）1984年版，第6页以下。

[②] 参见陈荣宗：《证明责任分配与民事程序法》（第二册），台湾大学法学丛书（十七）1984年版，第6页以下。

一方当事人承担证明责任。

英美法国家的证明责任分配本质上属于上述新学说的范畴。以美国为例，美国学者普遍主张证明责任的分配应综合考虑各种因素，而不是某一种因素，更不是通过对实体法规范的简单逻辑的分析而做出证明责任分配的结论。这些因素主要包括：（1）政策；（2）公平；（3）证据保持及证据距离；（4）盖然性大小；（5）经验法则；（6）便宜；（7）请求变更现状者，就该事实负举证之责；等等。

证明责任分配的新学说在理论上开辟了一种新思路，其共同的特性乃是远离了实体法的预先控制性，而获得了自身独立的价值标准，从而使证明责任的配置更加贴近于正义的要求。然而新学说也有其弊，集中表现在其可操作性和可监控性甚弱，由此难以避免司法者在配置证明责任上的随意性和主观性，因此之故，上述各种新学说迄至目前均未能成为取代法律要件分类说的通说，其功用仅仅表现为对法律要件分类说的修补而已。

四、证明责任倒置

《证据规定（2002年）》第4条规定："下列侵权诉讼，按照以下规定承担证明责任：（一）因新产品制造方法发明专利引起的专利侵权诉讼，由制造同样产品的单位或者个人对其产品制造方法不同于专利方法承担举证责任；（二）高度危险作业致人损害的侵权诉讼，由加害人就受害人故意造成损害的事实承担举证责任；（三）因环境污染引起的损害赔偿诉讼，由加害人就法律规定的免责事由及其行为与损害结果之间不存在因果关系承担举证责任；（四）建筑物或者其他设施以及建筑物上的搁置物、悬挂物发生倒塌、脱落、坠落致人损害的侵权诉讼，由所有人或者管理人对其无过错承担举证责任；（五）饲养动物致人损害的侵权诉讼，由动物饲养人或者管理人就受害人有过错或者第三人有过错承担举证责任；（六）因缺陷产品致人损害的侵权诉讼，由产品的生产者就法律规定的免责事由承担举证责任；（七）因共同危险行为致人损害的侵权诉讼，由实施危险行为的人就其行为与损害结果之间不存在因果关系承担举证责任；（八）因医疗行为引起的侵权诉讼，由医疗机构就医疗行为与损害结果之间不存在因果关系及不存在医疗过错承担举证责任。有关法律对侵权诉讼的举证责任有特殊规定的，从其规定。"《证据规定（2002年）》该规定的前身是《民诉法意见》第74条。[①]

与《民诉法意见》第74条规定相比较，《证据规定（2002年）》第4条的规定具有两个特点：其一，它扩大了证明责任倒置的案件类型范围，增加了产品缺陷侵权诉讼、共同危险侵权诉讼以及医疗事故侵权诉讼的证明责任负担规则。其二，它不再是笼统地规定"对原告提出的侵权事实，被告否认的，由被告负责举证"，而是对每一种特殊的侵权诉讼就其所要倒置的要件事实分别作出了不同的规定，这样就强化了它的可操作性。从这两点来看，《证据规定（2002年）》较之《民诉法意见》在证明责任倒置方面所作的规定，无疑前进了一步，在立法技术上也更显成熟和科学。我们这里所要讨论的，是关于证明责任倒置的一些基本理论问题，并试图以具体的事例来对最高人民法院的该一司法解释作出一些理性分析，希望能够有助于推动民事证明责任倒置理论研究的发展，并对司法实践提供一些指导。

（一）对证明责任倒置理论范畴的理解

证明责任倒置是大陆法上的一个概念，英美法上由于对证明责任的分配实行个案决定的方

[①] 《证据规定（2020年）》将举证责任倒置的规定予以了删除，但这并不意味着《证据规定（2002年）》的相关规定就一定无效。

式,而不采用证明责任分配的一般原则,所以不存在作为一般原则的例外法则——证明责任倒置规则。早在20世纪五六十年代,为了修正法律要件分类说的缺陷,德国学者提出了证明责任的倒置理论。之所以会在这个时候提出举证倒置学说,原因在于随着社会现代化经济的发展,出现了一些诸如公害、产品责任、医疗事故等新型侵权诉讼案件,这些新型侵权诉讼案件的证明责任分配,如果依然恪守法律要件分类说,就势必会产生对原告人不公平的现象,实际上否定了对这类侵权诉讼纠纷案件中的受害人的司法救济权。于是,罗森伯格于20世纪初提出的"法律要件分类说"在新时代、新需求面前产生了适用上的滞碍,遇到了前所未有的挑战。为了克服此弊,学术界提出了对法律要件分类说的修正理论,这个修正理论便是证明责任的倒置。

证明责任倒置(Umkchrung, Verschiebung, shifting),在德国法上是指"反方向行使",在这个意义上不是说"本来由此方当事人承担的证明责任转换给彼方当事人承担",而是指"应由此方当事人承担的证明责任被免除,由彼方当事人对本来的证明责任对象从相反的方向承担证明责任"①。由此来看,证明责任倒置这个理论范畴在构成因素上有以下几个特点:

1. 基本规范上的前置性

证明责任倒置以证明责任分配的一般原则为前提条件,而证明责任的分配原则在近现代依法律要件分类说为通说,法律要件分类说被称为配置证明责任归属的基本规范。正是在此意义上,法律要件分类说又称为"规范说"。只有依法律要件分类说不能恰当地落实证明责任的负担时,证明责任倒置规则才有发挥作用的余地和必要。所以,证明责任倒置在理论逻辑上乃是以证明责任分配具有一般性原则为前提的,如果缺少这个一般性原则,证明责任倒置则无从谈起。证明责任的分配规范从古罗马法以来,就其方法论而言有三类:(1)以当事人在诉讼中所处的地位来确定证明责任的归属,规定"原告应负证明责任,被告不负证明责任;但是,如果被告提出了积极的抗辩事实,他便成了原告"。(2)以案件事实自身的性质为标准来决定证明责任之归属,认为"凡主张积极事实或外界事实的当事人负证明责任,主张消极事实或内界事实的当事人不负证明责任"。(3)以要件事实的法律效果为标准,认为"主张权利的当事人,应就权利发生规范的要件事实负证明责任,否认权利的当事人,应就权利妨害规范、权利受制规范、权利消灭规范的要件事实负证明责任"。这就是前述"法律要件分类说",该学说为大陆法系国家一直流行于今的通说。从历史上看,证明责任倒置是以法律要件分类说为形成背景的,法律要件分类说为原则、证明责任倒置则为例外。但是,从理论逻辑上说,证明责任倒置这个概念是以证明责任分配的一般原则为前提的,而法律要件分类说仅仅是证明责任分配原则中的一种,所以,不能认为只有法律要件分类说实行,才有证明责任倒置这个概念。前述任何一种证明责任的分配原则,都可以产生证明责任倒置。立法上规范了证明责任倒置这种诉讼现象,并不意味着理论上一定选择了法律要件分类说这个一般原则。但是,立法上认可了证明责任的倒置,的确从理论上否定了证明责任的个案决定模式。由此来看,《证据规定(2002年)》在证明责任配置模式上选择了大陆法国家的思维路线。

2. 倒置对象上的局部性

存在证明责任倒置现象的案件,绝对不意味着所有的案件事实都"倒置"由相对方当事人承担,而仅仅意味着某些特殊案件中的部分要件事实倒置给相对方当事人承担。一般只有在侵权领域才有证明责任倒置的问题。在普通侵权案件中,原告提出的损害赔偿请求要得到法院

---

① 陈刚:《证明责任法研究》,中国人民大学出版社2000年版,第247页。

的判决满足,必须同时主张并证明这样四个要件事实:(1) 被告实施了侵权行为;(2) 原告受到损害;(3) 侵权行为的原因事实与结果事实之间有因果关系;(4) 被告在主观上有过错。原告对此四个要件事实均负证明责任。但是如果原告提起的诉讼属于特殊侵权案件,原告所需要证明的要件事实就可以适当减少,而将一些本应由原告证明的要件事实倒置给被告承担。但是,无论该侵权案件如何特殊,立法者不可能规定将所有的要件事实均倒置给被告承担。按照证明责任倒置原理所实行的倒置事实,只能是某侵权案件要件事实体系中的部分事实。比如,在建筑物责任事故的案件中,按照证明责任倒置原理所实行的倒置,仅仅是被告具有的主观过错。原告无须证明被告在实施该侵权行为时具有主观上的过错,相反,被告应当证明其主观上不存在过错。当然,究竟是多少要件事实实行倒置以及何种要件事实实行倒置,在不同的侵权案件中有不同的表现,这一般由立法者在立法上予以明确,在特殊情形下由司法者根据公平合理原则加以确定。《民诉法意见》第 74 条规定:"在下列侵权诉讼中,对原告提出的侵权事实,被告否认的,由被告负责举证……"据此,原告提出的侵权事实,通常包含上述四个要件事实,对这四项要件事实,被告人否认的,均实行证明责任倒置。但这样理解显然有误。证明责任倒置绝不是指原告毫无证明责任可言,而仅仅是指免除原告人的部分要件事实上的证明责任。有鉴于此,《证据规定(2002 年)》第 4 条便这样规定:"下列侵权诉讼,按照以下规定承担举证责任……"以下的规定分别明确在何种侵权诉讼中,何种要件事实实行倒置。相比之下,后一立法例更符合证明责任倒置原理的理论本旨。

3. 待证事实上的相反性

证明责任倒置之所以称"倒置",原因在于这种对特定要件事实的证明责任承担不仅在主体上发生了变化,而且在证明责任所指向的客体上,即证明对象上,也发生了性质上的变化。所"倒置"的证明责任客体和"正置"情形下的证明责任的客体,在事实的自身性质上恰好呈正反对立关系。比如,在一般侵权案件中,原告需举证证明被告人主观上有过错的事实,而在特殊侵权案件中,由于实行证明责任倒置,被告人便承担起其主观上不存在过错的证明责任。一个是"有过错",一个是"无过错",在证明对象的性质上发生了根本性的变化,呈现出了一种"倒挂""颠倒"的形状和样式,因之而称为"倒置"。正是在这个意义上,"证明责任倒置"这种概念用法比起"证明责任转换"等用语要更加贴切、妥当。

4. 承担主体上的对换性

证明责任倒置与证明责任分配原则的不同之处就在于,被颠倒过来的事实由相对方当事人承担证明责任。这里的相对方是根据证明责任分配的一般规则来确定的。比如,按照证明责任分配的一般原则,对某一个事实主张应由原告负证明责任,但在证明责任倒置的作用下,该事实主张的反面事实便由被告承担证明责任。在证明责任倒置的诉讼杠杆的调节下,不仅证明的客体发生了性质上的颠倒,而且在责任主体的位置上也发生空间上的变化。这里需要特别强调的是,证明责任倒置绝不仅仅意味着由原告向被告的倒置,它有时也意味着由被告向原告的倒置。事实上,民事诉讼中原、被告双方均以一定标准承担各自的证明责任,比如,在一般侵权案件中,原告要证明侵权责任得以构成的要件事实,被告则要证明诸如不可抗力、合法授权、紧急避险等免责事由。被告所承担的这些事项的证明责任,是根据证明责任的一般原则分配而来,而非从原告方"倒置"而来。但是,如果某侵权案件属于特殊侵权案件,比如环境污染案件,则被告不仅要对诸如不可抗力、合法授权、紧急避险等免责事由承担本应承担的证明责任,而且还要承担诸如因果关系不存在等从原告方"倒置"给被告的证明责任。只有后一种情况下的证明责任负担才能称为证明责任的"倒置",前一种情况只能称为证明责任的"分配"。如果根据证明责任的一般原则,某事项的证明责任分配给被告负担,但如果出现了证明责任倒置的因素,则该事项的反面事实也可倒置给原告负担。

(二) 证明责任倒置与相邻概念的辩证关联

1. 证明责任倒置与证明责任转换

证明责任转换是一个多义词,有时它与证明责任倒置含义相同,成为可以互相代用的概念;有时与证明责任转移的概念相同,成为名异实同的概念。日本学者兼子一和竹下守夫曾对此作过解析。他们指出,证明责任转换这个概念作为抽象的法规之间的关系来使用时,一般是指规定过失的证明责任在于原告一方,在特别规定的情况下,无过错的证明责任在于被告一方。比如日本《民法》第709条与《汽车赔偿法》第3条之间的关系便出现了证明责任转换的现象。① 显而易见,他们所称的"证明责任转换"和我们所探讨的"证明责任倒置"是同一个含义。但除此之外,他们还指出,也有人将另一种情形称为证明责任转换,这就是原告对负有证明责任的事实一旦提出有力的证据,被告就应提出反证。他们对这种观点提出了反驳意见,指出证明责任与谁提出什么样的证据毫无关系,并且只有在审理到最终阶段,法官仍达不到心证的情况下,证明责任才起作用。在此情况下,根据原告的举证,法官只要对其所主张的事实得到心证,就不会发生证明责任的问题,就此辩论终结,就等于原告所主张的事实得到认定。因此,被告为了动摇法官对其事实的确信程度,有必要提出反对其事实的反证,并不是因为证明责任转换到被告。② 兼子一他们所描述的原告举证结束后被告提出反证的现象,在理论界一般称为证明责任转移。所以,证明责任转换只有将它在等同于证明责任倒置的意义上使用才是贴切的,也即从理论上可以将证明责任转换的概念与证明责任倒置的概念等同使用。而证明责任转移则完全是另一个理论范畴,既不可与证明责任倒置等同,也不可与证明责任转换等同。

2. 证明责任倒置与证明责任转移

大陆法学者一般在三种意义上使用证明责任倒置的概念。第一种意义上的证明责任倒置,是指在诉讼的审理进行中,承担证明责任的当事人提出本证对要件事实予以证明后,相对方基于使该项证明发生动摇的必要性所承担的提供证据责任。第二种意义上的证明责任倒置,是指法律出于维护法政策或法秩序的需要,特别设置一些让相对方承担证明责任的例外规定。第三种意义上的证明责任倒置,是指法官在具体的诉讼中改变了法定的证明责任分配,通过"造法"方式确定了新的证明责任分配标准。在以上三种涵义中,后两种涵义实质上是一样的,都是真正意义上的证明责任倒置,不过一种属于法定的证明责任倒置,另一种属于裁量的证明责任倒置而已。第一种含义上的证明责任倒置实际上是指证明责任转移。将证明责任转移视为证明责任倒置范畴之列,在理论上有混乱之处。

证明责任转移是在证明责任既定的前提下因当事人举证行为而产生的具体的证明现象。它与证明责任倒置是两个完全不同的概念。首先,证明责任倒置是在证明责任分配领域出现的概念,它是在双方当事人证明责任归属尚未确定的前提下发挥作用的;而证明责任转移则是在证明责任已经确定的状况下,在一方当事人履行证明责任的过程中出现的举证行为变动、来回转移的现象。证明责任倒置是一个静态的概念,证明责任转移是一个动态的概念。证明责任倒置

---

① 参见 [日] 兼子一、竹下守夫:《民事诉讼法》,白绿铉译,法律出版社1995年版,第112页。
② 参见 [日] 兼子一、竹下守夫:《民事诉讼法》,白绿铉译,法律出版社1995年版,第113页。

是一个抽象的概念，它是对类型化的案件作出的统一规划，而一般与个案无关；证明责任转移则是具体的概念，只有在具体的案件进展过程中，才有可能观察到责任转移的现象。在证明责任倒置的情形下，因倒置而承担证明责任的当事人所提供的证据为"本证"，相对方当事人提出的相反证据为"反证"。在证明责任转移的过程中，负担证明责任的当事人提供称作为"本证"的证据后，相对方当事人需要提供称作为"反证"的证据。这种由本证证据向反证证据的变动称为"证明责任转移"。反过来，相对方当事人提供的反证达到一定程度后，负担证明责任的一方当事人则又要提供本证。这种由反证向本证的变动也称为"证明责任转移"。证明责任倒置与客观的证明责任相联系，证明责任转移与主观的证明责任相伴随。证明责任倒置是一次性的，一旦依法确定，在诉讼过程中即不再变化，始终固定于一方当事人；证明责任转移是无次数限制的，它在诉讼过程中随着双方举证力量的对比而来来回回、变动不已。证明责任倒置一般依法事先确定，不因具体案件而变动；证明责任转移则只能在具体的诉讼过程中出现，离开具体的诉讼进程以及双方当事人的举证活动，则不可能产生证明责任转移的概念。证明责任倒置是"确定"而成的，证明责任转移则是"观察"而到的。证明责任倒置与法官对证据的判断无关，证明责任转移则是法官心证发生波动而形成的结果。证明责任倒置在诉讼终结之时，如果法官就具体的案件事实还没有形成确定的心证，则成为法官裁判案件的根据；证明责任转移则不可能成为法官在案件事实真伪不明之时的裁判根据。可见，证明责任倒置与证明责任转移是两个完全不同的概念，不可混为一谈。

3. 证明责任倒置与证明责任免除

证明责任免除是指当事人对其诉辩请求所依赖的要件事实，仅需负主张责任而无须负证明责任。对于免除证明责任的事项，法院不可能因为证明不能而裁判相应的当事人负担不利后果。所以，证明责任的免除与证明责任的倒置一样，都需要有法律的明文规定。

证明责任倒置实际上是由两个环节组成的：一是证明责任的免除，二是证明责任的反方向产生。所以，证明责任倒置可以说是证明责任的相对免除。如果相对方无法就特定要件事实的反面事实提供足够的证据加以证明，原本对该特定事实要负证明责任的当事人即获有利裁判。如若情况相反，原本对该特定事实负证明责任的当事人就要受到不利的事实认定。可见，证明责任倒置是证明责任的一种相对减轻，它免除了一方当事人的证明责任，但使另一方产生了相反事实的证明责任，而被免除了证明责任的一方当事人能否获得被免除的实质效果，还取决于另一方当事人就反面事实的证明情况。

证明责任的免除有两种情况：其一，证明责任的绝对免除。在这种免除情形下，另一方当事人就该被免除证明责任的事实，无论如何提供相反方向的证据，均要承受不利后果，也即法院对该事实要作出对本应承担证明责任的一方当事人有利的认定。其二，证明责任的相对免除。这种意义上的免除，并不排斥对方当事人通过就相反事实负证明责任的途径，使得这种免除产生不了实质效果。《证据规定（2020年）》第10条规定了在7种情况下当事人无须举证证明，这就是证明责任的免除。但该条同时又规定，除"自然规律及定理、定律"这一项事实外，其余诸项事实，如众所周知的事实、根据法律规定或者已知事实和日常生活经验法则能推定出的另一事实、已为人民法院发生法律效力的裁判所确认的事实、已为仲裁机构的生效裁决所确认的事实、已为有效公证文书所证明的事实，对方当事人均可提出相反证据予以推翻或反驳。一经推翻或反驳，被免除了证明责任的要件事实便获得不了法院的有利认定。所以，这种意义上的证明责任免除是一种相对免除。凡是允许对方当事人提供相反证据加以推翻的事项，均不属于真正意义上的证明责任免除，而应将之归纳于证明责任倒置的范畴当中。唯其如此，证明责任的倒置和证明责任的免除才能各得其意,成为并列的两项独立制度。

4. 证明责任倒置与无过错责任、过错推定

证明责任倒置是证据法上的概念,无过错责任是实体法上的概念,二者处在不同的法域层次,但它们之间存在紧密联系。过错推定本质上仍属于过错责任的范畴,过错推定并不免除当事人的主张责任,当事人对加害人主观上存在过错人需负主张责任,过错仍是侵权责任得以构成的要件事实之一。但是,由于这种过错是被推定而成立的,所以,主张过错事实的当事人被暂时免除证明责任,与此同时,相对方当事人承担起了自己主观上并无过错的主张责任和证明责任。一方被相对地免除了证明责任,另一方就该特定事实的反面事实负担起了证明责任。这恰好符合证明责任倒置的理论特征。因而,过错推定能够导致证明责任的倒置。但证明责任倒置并不等于过错推定,除过错推定可以产生证明责任倒置之外,其余还有许多因素会导致证明责任倒置。

(三) 证明责任倒置的分类

对证明责任倒置进行分类化研究,不仅标志着证明责任理论研究的深化,而且对民事司法亦有一定的指导意义。从不同的角度,以不同的标准,可以对证明责任倒置进行不同的分类。

1. 法定的证明责任倒置和裁量的证明责任倒置

从是否有法律的明文规定看,可以将它分为法定的证明责任倒置和裁量的证明责任倒置。证明责任倒置直接关系到当事人的胜败后果,它也是实体法的立法者对实体权利义务进行调整的一种重要方法,再加之它是一种特殊的证明责任分配途径,所以,法律的明定性是规范证明责任倒置的一个特点。这里"法定性"的"法"既包括法律、法规,也包括司法解释和判例,既指实体法,也指程序法。证明责任倒置以法定的倒置为原则。但是,实体法的规定不可能包罗万象,它总有调整不暇的地方存在,需要法院在具体司法时行使裁量权予以适当调整。对证明责任倒置也不例外。在法院对个案确定证明责任配置时,如果认为一般原则不可能达到公平合理的立法目标或者不符合立法精神与原则,则可以斟酌决定实行证明责任倒置。《民事诉讼法》第8条规定:"人民法院审理民事案件,应当保障和便利当事人行使诉讼权利,对当事人在适用法律上一律平等。"实行证明责任倒置无疑是法院用来保障当事人行使诉讼权利的措施之一。《证据规定(2002年)》第7条规定:"在法律没有具体规定,依本规定及其他司法解释无法确定举证责任承担时,人民法院可以根据公平原则和诚实信用原则,综合当事人举证能力等因素确定举证责任的承担。"也就是说,如果按照法定的证明责任分担原则,显然无法达到公平的效果,法院可以行使自由裁量权决定证明责任究竟由哪一方当事人负担。《证据规定(2020年)》对此未作规定,从法解释论上说,应当认为法官目前不享有裁量倒置证明责任负担的权力。但尽管如此,证明责任的裁量倒置仍无法否定其存在的价值。

2. 实体法上的证明责任倒置和程序法上的证明责任倒置

这是从证明责任倒置所产生的法域来划分的。证明责任倒置既可以产生于实体法,也可以产生于程序法。无论何种领域的倒置,其性质均属相同。当然,从数量上看,以实体法上的证明责任倒置为主,以程序法上的证明责任倒置为辅。比如,《证据规定(2002年)》第4条所列举规定的证明责任倒置情形,均属实体法上的证明责任倒置范畴。当然,这里的列举并没有穷尽一切证明责任倒置的情形,因而该条第2款又补充规定:"有关法律对侵权诉讼的举证责任有特殊规定的,从其规定。"这些均属实体法上的证明责任倒置情形。程序法上的证明责任倒置是指根据程序法的规定而产生的证明责任倒置。典型的例证可以举两类:一类是《证据规定(2020年)》第10条规定的"当事人无须举证证明"的几种情形。该条规定:"下列事

实，当事人无须举证证明：（一）自然规律以及定理、定律；（二）众所周知的事实；（三）根据法律规定推定的事实；（四）根据已知的事实和日常生活经验法则推定出的另一事实；（五）已为仲裁机构的生效裁决所确认的事实；（六）已为人民法院发生法律效力的裁判所确认的基本事实；（七）已为有效公证文书所证明的事实。前款第二项至第五项事实，当事人有相反证据足以反驳的除外；第六项、第七项事实，当事人有相反证据足以推翻的除外。"从这一条规定的情形来看，除自然规律及定理、定律这一项事实外，其他诸项事实当事人均可提供相反证据予以推翻或反驳。除事实推定和众所周知的事实外，这里的"相反证据"不是一般意义上的"反证"，而是客观证明责任意义上的"本证"。一方当事人主张了上述诸事项后，另一方当事人如若否定，则需承担相反事项的证明责任。这完全符合证明责任倒置理论的特征要求，因而属于证明责任倒置是无疑的。另一类是《证据规定（2020年）》第95条对举证妨碍的规定。该条规定："一方当事人控制证据无正当理由拒不提交，对待证事实负有举证责任的当事人主张该证据的内容不利于控制人的，人民法院可以认定该主张成立。"这就是说，如果当事人一方主张了某一有利于自己的事实，而证明该事实的关键证据处在对方当事人的控制之下，对方当事人无正当事由而又拒不交出，则可以推定该事实成立。但是这种推定是可以反驳的，对方当事人可以提供相反证据予以推翻，证明该事实的相反事实成立。这也是证明责任倒置。上述两种情形均属程序法上的证明责任倒置。

3. 合同诉讼上的证明责任倒置与侵权诉讼上的证明责任倒置

证明责任倒置主要发生在侵权诉讼领域，在合同诉讼领域，一般只有证明责任的正常分配，而鲜有证明责任的倒置。《证据规定（2002年）》第5条就合同案件的证明责任分配原则作出了明文规定。该条规定："在合同纠纷案件中，主张合同关系成立并生效的一方当事人对合同订立和生效的事实承担举证责任；主张合同关系变更、解除、终止、撤销的一方当事人对引起合同关系变动的事实承担举证责任。对合同是否履行发生争议的，由负有履行义务的当事人承担举证责任。对代理权发生争议的，由主张有代理权一方当事人承担举证责任。"据此规定，在合同纠纷案件中，如果一方当事人主张对方违约，应承担违约责任，则仅需证明合同有效成立即可，对方当事人要就其履行合同义务的行为已经作出负证明责任。这是合同纠纷案件中证明责任分配的一般原则。但是，在特殊情形下，立法者也会规定证明责任倒置。例如《证据规定（2002年）》第6条规定："在劳动争议纠纷案件中，因用人单位作出开除、除名、辞退、解除劳动合同、减少劳动报酬、计算劳动者工作年限等决定而发生劳动争议的，由用人单位负举证责任。"据此规定，在一起劳动者向用人单位追索劳动报酬的案件中，按照证明责任分配的一般原则，劳动者应当证明工资债权成立而用人单位没有按照约定给付工资的事实。但是，劳动者对此很难证明，而用人单位因保存工资表、劳动者在领工资单上的签字等证据而更易举证，故立法者规定，在这种情形下，由用人单位就工资债权不成立的事实负证明责任。这就是证明责任倒置。与侵权诉讼上的证明责任倒置一样，合同诉讼上的证明责任倒置一般也要有法律的明文规定。侵权诉讼上的证明责任倒置又包括因果关系倒置、过错倒置等。因果关系倒置比如环境污染诉讼、共同危险诉讼，过错倒置比如建筑物责任诉讼，既实行因果关系倒置又实行过错倒置比如医疗侵权诉讼。侵权事实能否实行证明责任倒置呢？试举一案例说明。1998年上海市虹口区法院审理了一起备受媒体关注的消费者状告超市非法搜身侵害名誉权案件。而被告则否认有脱衣搜身行为，双方对被告是否有脱衣搜身行为发生了争议。原告对此难以举证，被告也不能证明该事实不存在，一审法院判决被告败诉，二审法院在适当调整赔偿数额后也判决被告败诉。法院作出这样的判决是否正确呢？笔者认为是正确的。但这是否属于证明责任倒置呢？这实际上并非证明责任倒置。因为在本案中，原告由被告带入地下室的事实是得到证明的，根据经验法则，在超市被怀疑偷物而带入地下室，这本身就可推断原告所称属实。被告人对此负有反证责任，他必须提供证据证明他带原告入地下室没有实施搜身行为。被告人对此不能提供证据，因而受法院对他作出的不利的事实推定，受败诉判决。这个案例表明，对侵权事实本身是不能实行证明责任倒置的，最多只能实行表见证明的方法、事实推定的方法减轻原告人对此所负的证明责任。

（四）实行证明责任倒置的原因

证明责任倒置是与证明责任分配原则相对称的概念，它们都是为了通过证明责任的配置达到查明案件真实、实现诉讼公平、追求诉讼效率与经济等诉讼价值。这里所要探讨的是，究竟是什么样的具体原因促使立法者或司法者基于上述价值目标的考虑而需要实行证明责任倒置。就主要的因素而论，有以下因素会导致证明责任倒置：

1. 证据距离

证据距离是指在有可能负担证明责任的双方当事人之间，哪一方距离证据的源泉更近一些。比如说，一方主张另一方借款，主张借款方对借款事实的证据便更接近一点。为什么呢？因为他拥有借据。所以，主张借款的人应负证明责任。根据证明责任分配的一般原则"谁主张、谁举证"，所得出的责任配置结论与证据距离的方法分析所得出的结论是相同的。这就是说，在证明责任分配的一般原则中，通常自身也含有证据距离比较理论在内。但是，在特殊情况下，按证明责任分配的一般原则所得出的结论却与证据距离理论相反。比如，在环境污染案件中，受害人本来必须证明所受的损害与加害人释放的污染源之间有因果关系，这是根据"谁主张、谁举证"这个一般性公式所得出的结论。但是，衡之以证据距离理论，对特定的污染源是否会引起特定的损害后果，被诉称的加害人通常比提起诉讼的受害人要更加了解，或者说更有条件与可能予以判定。类似的案件还有专利侵权诉讼、建筑物责任诉讼、产品缺陷诉讼、共同危险诉讼、医疗诉讼、劳动争议案件等。由此可以看出，证明责任倒置的许多原因都与证据距离有关。证据距离成为实行证明责任倒置的一个主要因素。距离证据近，就说明他更容易提供该证据。让更容易举证的一方负证明责任，不仅公平，而且还更加有效率，更加节省举证成本，举证不能的概率也大大减少。当然，证据距离近是实行证明责任倒置的一个原因，而且证据距离近也不是非要实行证明责任倒置。如中央电视台《今日说法》栏目曾播出一个未成年女孩状告父亲要求给付抚养费的案件，该女孩是非婚生子女，其生母指认被告是其亲生父亲，被告对此予以否认。原告要求进行亲子鉴定，被告不予配合。一审判决驳回原告的诉讼请求，理由是她无法举证证明原、被告之间存在血缘上的父女关系，原告对此不服提起上诉，二审中，上诉人撤回了上诉。① 在本案中，原告对其事实主张应负证明责任，这是根据证明责任分配一般原则作出的分配。因为尽管从证据距离来看，被告人距离证据更近一些，而且对该证据行使控制权。但是，如果每每出现这样的案件均要被告人举证，这对被告人是非常不公平的，因而立法者对此不实行证明责任倒置。虽然这种类型的案件不实行证明责任倒置，但原告对证明责任的履行需要被告的配合，被告人不配合，原告无法完成举证。在这种情形下，被告若无正当理由拒不对原告的举证行为予以合作，立法者又以另外一个标准对此进行了调整，这就是举证妨碍。凡出现了举证妨碍现象的，应由被告人就原告举证事项的相反事项负证明责

---

① 中央电视台《今日说法》2001年4月19日播出节目。

任,这便构成了证明责任倒置。这时出现的证明责任倒置,不是以证据距离为标准的,而是以诚信原则和诉讼的顺利进行为标准的。这在后面还要涉及,此略。总之,证据距离是实行证明责任倒置的一个首要原因,但不是唯一原因,而且也不是必然原因。

2. 举证能力的强弱

举证能力是指收集证据、调查证据、利用证据的能力。《民事诉讼法》第 8 条虽然规定了当事人诉讼地位平等原则,但这仅是法律上的平等,而不是事实上的平等。事实上,由于各种原因的作用,当事人的诉讼地位是不可能完全平等的。不平等的原因有许多,其中有一个就是举证能力的强弱。不同的当事人,其所具有的举证能力是不一样的,比如,重复诉讼者较之偶然涉讼者举证能力一般强一些,单位的举证能力比个人要强一些,大单位比小单位的举证能力一般也要强一些,有专业知识者较之无专业知识者举证能力要强一些,有律师代理的当事人和无律师代理的当事人举证能力也不一样。正是有鉴于此,《证据规定(2002 年)》第 7 条规定:"人民法院可以根据公平原则和诚实信用原则,综合当事人举证能力等因素确定举证责任的承担。"可见,举证能力是法院在确定证明责任分配之时要考虑的因素之一。举证能力往往与证据距离有密切联系。接近证据的一方本身就具有举证方面的优势,举证能力相对而言要强。但是,证据距离是广义的举证能力的一个组成部分,狭义的举证能力是撇开证据距离而论的一种优势条件综合体。比如说,在医患纠纷中,医疗机构对医疗行为与损害结果之间的因果关系以及医疗行为是否尽到了注意义务,具有更强的举证能力,因为它具有相关的医学方面的专门知识、鉴定条件等。所以,在医疗纠纷中让医疗机构就因果关系和过错进行举证,主要的考虑并不是医疗机构更加接近证据,而是因为它是医学知识方面的强者,也是医疗技术方面的强者,让它证明相关的要件事实比起病患者而言不仅方便得多,而且科学得多。再如产品责任案件也是如此,由产品的制造者就肇事产品不存在质量上的缺陷加以证明要比普通消费者容易得多,故《证据规定(2002 年)》特别规定:"因缺陷产品致人损害的侵权诉讼,由产品的生产者就法律规定的免责事由承担举证责任。"可见,举证能力是立法者和司法者在确定证明责任是否实行倒置时必须考虑的一个重要因素。但是同证据距离一样,举证能力的强弱悬殊并非一定要导致证明责任的倒置,它仅仅是确定证明责任是否要实行倒置的因素之一。

3. 实体法上的特别立法政策考虑

实体法在具体构建其内容时受着一系列价值目标的指导。证明责任倒置本身就是实体法的立法者调节各种实体权利义务关系以昭示其特殊立法关怀的工具之一。在实体法没有明文规定倒置的情形下,司法者根据实体法体现出的总体精神和抽象原则,也可以通过对法的解释,创设新的证明责任倒置规则。比如《消费者权益保护法》就体现出对消费者利益的特殊保护,体现出对弱势群体的法律保障,同时也体现出对产品质量、服务质量等方面的严格要求。再如《环境保护法》就体现出立法者对环境的特别保护,《著作权法》《专利法》《保险法》也体现出了对交通安全的特别关怀。在这些法律规范当中,立法者往往采用证明责任倒置的方法表达其立法宗旨和立法追求。

4. 盖然性标准

盖然性就是可能性的意思。按照统计学上的原理,根据对某种事件或某种现象发生的比率高低来确定证明责任的配置。比如说,在某一地段发生了交通事故,但受害人只知道是出租车而不知是哪一个出租公司的汽车。然而现在有一个盖然性数字已经表明,该路段的出租车 80% 都是某某出租公司的,基于此,受害人即可状告该出租车公司,并由该出租车公司证明肇事汽车非属其所有的事实。如果证明不了,即推定是该出租公司的汽车为肇事汽车,由其承担赔偿责任。在这种情形下，盖然性便成为实行证明责任倒置的依据和原因。

5. 举证妨碍

举证妨碍又称证明受阻，它指的是负有证明责任的一方当事人，在相对方因故意或过失行为致使诉讼中存在的唯一证据灭失或者无法提出，以致处于证明不能状态的一种特殊诉讼现象。证明受阻现象的出现显然是诉讼中违背诚信原则和诉讼公平竞争原则的一种表现，这种现象发生后如果无相应的制裁措施而放任不管，则可能使诉讼很难进行下去，诉讼秩序也会因此而产生混乱，诉讼程序的正当性和权威性必受极大损伤。为了防止这种现象发生，并使法院能够尽可能地揭示案件真相，各国诉讼立法和证据立法大多明文规定了各种诉讼措施和手段，以示制裁或惩戒。这些方法和措施尽管形形色色，表现良多，但无非可以分为两大类型：一类是诉讼法上的制裁，这类制裁属于公法领域；另一类是实体法上的制裁，这类制裁属于私法领域。比如，《民事诉讼法》第114条规定，如果当事人或者其他诉讼参与人"伪造、毁灭重要证据妨碍人民法院审理案件的"，"人民法院可以根据情节轻重予以罚款、拘留；构成犯罪的依法追究刑事责任"。这一条规定便属于各国所称的举证妨碍。《民事诉讼法》对举证妨碍所作出的制裁性规定，仅仅属于诉讼法上的公法制裁，而没有使用私法制裁的方法。这种规定在证据来源主要以法院查证为主的立法模式中有其必然性。但是，在证据模式由法院查证转向当事人举证后，对举证妨碍仅仅采用公法制裁已经不够，而且理论上亦有一定滞碍。有鉴于此，《证据规定（2020年）》第95条就此立法模式作出了调整，规定："一方当事人控制证据无正当理由拒不提交，对待证事实负有举证责任的当事人主张该证据的内容不利于控制人的，人民法院可以认定该主张成立。"据此，在举证妨碍事实获得证明后，法院可以推定相关证据所指向的案件事实得到了证明。但是，这仅仅是事实得到了推定，而不是法院的最终认定。因而，实施妨碍行为的对方当事人还可以提供相反证据予以推翻，证明该相关事实不可能存在。这种提供相反证据推翻特定事实主张的举证现象便是证明责任倒置。我国最高人民法院的此一司法解释是与国际惯例相符合的。从此以后，任何当事人如果实施了举证妨碍行为，法院既可以对他采取公法上的制裁措施，也可以对他实行证明责任倒置，让他多承担一些举证上的负担，并多承受一些诉讼中的败诉风险。可见，举证妨碍是实行证明责任倒置的一个原因。

五、履行证明责任的程序保障

在我国民事审判方式改革过程中，证明责任具有独特的意义。证明责任既是审判方式改革的起点，也必将成为审判方式改革的归属之一。因而，深入而广泛地研究证明责任，具有重大的意义。证明责任作为一项诉讼制度，其包含的内容极为广泛，其中，概念论和程序保障论占有重要位置。概念论回答的问题是，证明责任究竟是单一的责任形态，还是复合的责任形态；它在整个诉讼过程中是如何展现其丰富的内涵的；这些含义之间的关联又是如何。这些问题的解答，有助于从本质上或根本上说明各种诉讼主体在诉讼过程中的行为动机；用证明责任的目光来观察诉讼行为、诉讼实态和诉讼走向，容易使我们把握诉讼运作过程中的本质规律。但是，证明责任这个概念中的"责任"二字应当作何种解说，才能充分而准确地描述责任主体所负担的责任的最大外延？这个问题在历史上的答案不是一致的，古罗马时代、近代自由资本主义时期以及现代资本主义时期，在对待证明责任的概念内涵上并不是一成不变的，而有相当大的区别。这种区别的演化历史是同民事诉讼发展的文明历史及其发展规律呈趋同走势的。不仅如此，两大法系国家在证明责任概念内涵结构的认识和界定上，也有较大的区别。这种区别是同它们之间在民事诉讼模式上所存在的区别呈同构状态的。如果说前者与"责任"的性质有关,后者则与"责任"的范式相联。我国学者对证明责任的概念,从名称到内涵,都作出了比较充分的揭示,在一定程度上已经形成了具有特色的理论体系。但是,在我国学者研究证明责任的过程中,过多地强调了证明责任制度的义务方面,而对证明责任制度的权利方面缺乏足够的重视。事实上,证明责任作为一个整体的制度,它不可分割地包含举证义务和举证权利两个方面。这两个方面是从不同角度考察证明责任,所获得的具有同等重要的制度性内容。它们犹如一物之两面,相依相存。举证的义务要履行,但举证的权利也要保障。证明责任的承担者既是责任主体,又是权利主体。偏忽任何一面,都是对权利义务辩证关系和统一关系的割裂,都失之偏颇。证明责任的权利面,就其本质而言,乃是举证过程中的权利设定和程序保障问题。它提出的问题是,民事诉讼法或证据立法应当设定哪些程序性制度和程序性手段,确保证明责任的负担者能够有效地、及时地、顺利地完成证明责任。民事诉讼立法或证据立法应当对证明责任的课加和当事人在履行证明责任过程中所应当有的最低限度的程序保障,给予同等的关注。出于此目的,本部分拟提出证明责任的程序保障这一课题。无疑,证明责任的程序保障论是证明责任理论研究的一个深化。

(一) 程序保障的意义

程序保障这个概念在我国的提出及受到广泛认同,是在依法治国这项治理国家的基本方针提出以后。1979年中共中央在《关于坚决保证刑法、刑事诉讼法切实实施的指示》中指出:"法律能否严格执行,是衡量我国是否实行社会主义法治的重要标志。"随着"依法治国"的提出,程序法的地位有了明显提高。学者们指出"提高执行各种程序法的严肃性是当前需要注意解决的一个重要问题",并指出"实体法好比设计图纸,程序法则好像工厂的工艺流程,没有后者生产不出好的产品",在一定意义上程序法比实体法更重要。[①] 在依法治国的历史背景下,程序法的立法完善和严格执行的任务被提了出来。程序法的立法完善和健全的关键,在于程序正义观念的树立和程序公正的贯彻落实。这就是程序保障的主题。程序保障是一个情景概念,它应当依据问题所处的具体情形确定含义。但它有一个基本的含义,就是指保障当事人在审判中充分进行主张和举证的机会,与此同时,法院也要认真听取双方当事人的意见,并根据案件的事实作出正当的判断。[②] 可见,程序保障与当事人的举证和证明问题有紧密的联系。尤其是现在诉讼的目标已经从"结果志向型"向"程序志向型"的方向转化。在保障审判公正性机能下的程序保障含义,应该是保证当事人双方作为对等的诉讼主体平等地参与诉讼程序,并在程序中提出有利于自己的论据和证据。在这一过程中,除了要求法官根据法律作出判断外,还要求当事人和法官共同支配程序的进程,从而求得纠纷的公正解决。[③] 这说明,诉讼中的程序保障客观上要求健全和完善履行证明责任的程序制度,要求我们不仅将证明当作当事人的诉讼责任看待,而且尤为重要的是,应当将它作为诉讼权利对待,要为当事人有效地、及时地履行证明责任、进行诉讼中的交涉,从而获得胜诉,提供充分的程序资源和程序手段。可以说,充实、健全和完善证明责任的程序保障制度已势在必行。

由此来看,证明作为一种诉讼活动,其自身的法律属性可以从两个角度予以考察:第一,诉讼主体为什么要证明,也即证明的根本动因是什么;第二,诉讼主体如何证明,也即怎样就

[①] 参见李步云:《实行依法治国,建设社会主义法治国家》,载刘海年等主编:《依法治国建设社会主义法治国家》,中国法制出版社1996年版,第69页。

[②] 参见江伟、刘荣军:《民事诉讼程序保障的制度基础》,载《中国法学》1997年第3期。

[③] 参见江伟、刘荣军:《民事诉讼程序保障的制度基础》,载《中国法学》1997年第3期。

可以实现证明的内容。前一个问题的答案可以归结为证明责任，后一个问题的答案可以归结为证明权利。正是有了证明责任的预先设定，诉讼主体才有证明的内在动因，否则，证明活动便无从产生；正是有了证明权利的现实享有，诉讼主体才有证明的条件和可能，否则，证明活动便无从进行。证明责任源自实体法的客观要求，是诉讼主体在诉讼之初便承担的不言自明的诉讼责任或诉讼义务，否则，其诉讼的目的便不可能达到。证明权利源自诉讼法的现实规定，是诉讼主体为了履行证明责任所必须享有的诉讼权利和程序保障，否则，诉讼主体的证明活动便失去了依托和必要条件。证明责任和证明权利是发生在诉讼过程中的矛盾的统一体，它们应当互相配合，互相说明，而不可仅强调一面，忽略另一面。证明责任和证明权利的这种关系反映了实体法和诉讼法的必然联系和各自功能的独立性，证明权利是为证明责任服务的，但是，证明责任的性质制约着证明权利的表现形式和表现程度。实体法上越强调某个诉讼主体的证明责任，诉讼法则应越充分地肯定和保障该诉讼主体的证明权利。否则，二者若有脱节，例如证明责任重而证明权利少，或者相反，证明责任轻而证明权利多，则都有碍法的目的之实现。因此，证明责任是证明的内在法律属性，而证明权利则是证明的外在法律属性。

证明的这两种法律属性在立法上都是有相应的体现和规定的。例如，《民事诉讼法》第 67 条规定："当事人对自己提出的主张，有责任提供证据。"这里的提供证据的责任就是证明责任。诉讼法除了规定举证的责任属性外，还相应地规定了证明的权利属性。例如，《民事诉讼法》第 52 条规定，当事人有权收集、提供证据；第 64 条规定，代理诉讼的律师和其他诉讼代理人有权调查收集证据。这便是对证明的权利属性的肯定和体现。诉讼法中还有一些对证明权利的间接或保障性规定，这些规定也反映了诉讼主体的证明权利。例如，《民事诉讼法》第 75 条规定："凡是知道案件情况的单位和个人，都有义务出庭作证。"证人的义务便是诉讼主体的权利，这也是对证明权利的规定。再如，《民事诉讼法》第 84 条关于证据保全的规定，也体现了诉讼主体的证明行为的权利属性。可见，我们在注重证明责任的同时，应当同等程度地重视对诉讼主体证明权利的程序保障。

（二）履行证明责任所需之程序保障的具体体现

履行证明责任所需要的程序保障首先表现在调查收集证据的程序保障。由于这一问题的重要性，本书另设专章加以讨论。

1. 提供证据的程序保障

诉讼主体调查收集证据之后，应当将该证据向法院提供，否则，不会产生诉讼效果。提供证据的行为只能向法院作出，而且也要根据法定程序，在法定的时间阶段提出，否则也是无效的。对于证据的提供，也应当强化制度保障和程序保障。因为，我国传统的庭审方式曾经存在着证据不是当事人在法庭上出示，而是法官在庭外收集；证据不是通过法庭质证来确认，而是法官在庭前形成"心证"；案件事实不是在法庭调查中查清，而是法官在庭前"定格"；法庭调查不是采取直接言词的方式进行，而是采用间接书面的审理方式。[①] 为了克服这些缺陷，在提供证据上应当建立和健全当庭举证、公开举证制度、证据交换制度、证据固定制度、证人出庭作证制度等。

2. 证据声明的程序保障

证据声明，就是案件参加人、代理人告知存在证明手段，这些人认为必须将这些证明手段

---

① 参见戴兆奕、曹登润：《论法庭调查方式的改革》，载《河北法学》1994 年第 5 期。

归入案件,以便予以调查和判断。这就是我们通常所说的提供证据线索或证据来源。声明证据是一个含义较广的概念。声明证据视诉讼阶段的不同有三层作用和意义:一是表明有一定的证据可以利用,以满足诉讼法所规定的起诉要件;二是表明证据存在的处所,由于自己用尽法律规定的收集调查证据的权利无法收集到该证据,因而申请法院利用职权调查收集证据或者对证据采取保障性措施;三是指法庭调查证据的范围限定。第一层意义上的声明证据,实际上是为当事人进一步提供证据作出准备,并无要求法院调查证据的意味。比如,根据《民事诉讼法》第 124 条的规定,起诉状应当记明"证据和证据来源,证人姓名和住所"。这里的记明"证据来源,证人姓名和住所",便是第一种意义上的声明证据。第二层意义上的声明证据是其主要的含义,所谓的证据声明通常是指这一种意思,又可称之为证据申请。第三层意义指法庭调查应当以当事人提供和指明的证据为限。这是辩论主义的基本要求。"调查证据,本于辩论主义,应以当事人之声明行之。所谓证据声明是也。"① 申请证据意义上的证据声明制度的存在,本身便表明法院可以依职权调查收集证据。法院依职权调查收集证据,是法院根据法律赋予法院的职权所实施的职权行为。它和当事人的声明证据的行为不同,不在证明的行为体系之中。只有当事人的声明证据的行为,才属于证明的行为。这种意义上的声明证据,在民事诉讼法中有所规定。《民事诉讼法》第 142 条规定:"当事人在法庭上可以提出新的证据。当事人经法庭许可,可以向证人、鉴定人、勘验人发问。当事人要求重新进行调查、鉴定或者勘验的,是否准许,由人民法院决定。"这里"要求进行调查、鉴定或者勘验"的行为,便是声明证据的行为。一般来说,当事人不声明证据,法院不予调查收集证据。当事人对证据来源的声明,通常是法院依职权调查收集证据的前提条件。但是,人民法院也保留依职权主动收集调查证据的权利。如《民事诉讼法》第 67 条第 2 款规定:"当事人及其诉讼代理人因客观原因不能自行收集的证据,或者人民法院认为审理案件需要的证据,人民法院应当调查收集。"这一规定的前半段尽管没有明示证据声明之类的字样,但当事人及其诉讼代理人对不能自行收集证据的客观原因的表明,便包含了证据声明或指明证据的意思;此外,声明证据的行为还包括证据保全的申请在内。《民事诉讼法》第 84 条第 1 款规定:"在证据可能灭失或者以后难以取得的情况下,当事人可以在诉讼过程中向人民法院申请保全证据,人民法院也可以主动采取保全措施。"至于鉴定、勘验等证据形式,更与证据声明联系在一起,或者说,这些证据形式发挥作用的本身,往往需要以当事人的证据声明为前提。在这个方面,最主要的问题在于,要正确处理好人民法院依职权调查取证和当事人举证的关系。人民法院依职权调查收集证据,一般来说应当以当事人的证据声明为前提。当事人一经提出证据声明,人民法院便应依法审查,确定该申请是否符合法定条件。如果符合法定的条件,人民法院则必须依职权调查收集,不得推诿。这也是当事人履行证明责任的程序保障体系中的重要内容。

3. 运用证据进行证明活动的程序保障

运用证据进行证明活动是当事人证明的最后一个环节,也是最为关键的诉讼阶段。如果在这个阶段缺少应有的程序保障,当事人则必然前功尽弃,不能达到证明的目的。诉讼证明的主体是双方当事人。开庭审理的主要内容和目的,就是当事人在公开的法庭上从事证明活动。法官正是据此证明活动进行案件事实的判断。当事人运用证据进行证明活动的方式和程序视证据的种类而有所区别,但不管是运用何种证据,其目的都是说服法官形成有利于自己的"心证"。为了使双方当事人能够有效和公正地运用证据进行证明活动,诉讼法上应当从辩论制

---

① 石志泉:《民事诉讼法释义》,三民书局 1987 年版,第 322 页。

度、机会均等原则、法官中立判断原则、直接审理制度、言词审理制度以及法官公开"心证"制度等方面加强程序保障的立法建设。举例来说，在我国，法官一般都不适时适当地公开自己的心证、内心确信的程度以及法律见解，只是到判决下来才公布裁判的结果，由此造成的弊端便是突袭性裁判。司法裁判上的这种突袭性表现在两个方面：一是案件事实是如何认定的，法官对案件事实的认识过程如何，当事人不得而知；二是诉讼进展或促进诉讼的突袭，当事人不知道诉讼进展到何一阶段，以及自己举证的效果如何，是否可以停止举证或还是继续举证等。对此当事人都缺乏明确的意识和判断，因而难免陷入盲目诉讼、盲目举证。这就很难获得值得当事人信赖的真实，程序公正难以实现。如果法官适时适当地就当事人的举证状态公开自己的心证，告知当事人应当如何运用证据进行具体的证明活动，突袭性裁判的弊端就可以避免。《德国民事诉讼法》第278条便规定："法官应当在开庭之初就事实关系和案件的争点问题作出概要说明，听取当事人的意见，并必须与当事人进行案情讨论。"此外，该法还要求法官就当事人所忽略或认为不重要的法律观点，必须在提醒当事人并赋予其陈述意见的机会后，才能作为判决的理由。

第十五节 证明标准

一、证明标准的概念及其与证明责任的关系

"证明标准"这个概念是西方国家诉讼法中的术语，我国习惯用"证明任务""证明目的""证明要求""证明结果"等词，最近几年来，随着我国学者对西方诉讼制度的着力介绍，"证明标准"或"证明程度"这些词遂被引入进来。现在我国学者已经熟悉并接受了这种说法，作者这里也使用"证明标准"一语。从意思上看，这些概念的含义是相同或至少是相近的，刻意寻求它们的区别会失去理论研究的方向，而且会人为地制造理论的复杂性和烦琐性，有害无益。

什么是证明标准？它指的是负担证明责任的人提供证据对案件事实加以证明所要达到的程度。它像一支晴雨表，昭示着当事人的证明责任能否解除。当事人提供的证据达到了证明标准，我们便说，当事人履行完了他的证明责任，这意味着，当事人不可能因为该特定的待证事实的证明问题而受到诉讼中的不利益；反之，如果当事人提供的证据未能达到证明标准，我们便说，当事人的证明责任没有能够履行完毕，这意味着，当事人将因为该特定的待证事实的证明问题而受到诉讼中的不利益。所以，证明标准和证明责任本质上是一物两面的概念，它们是从不同的角度就同一个诉讼现象进行考察所得出来的不同概念。证明责任回答的问题是，就特定的待证事实，应当由谁提供证据加以证明；证明标准回答的问题是，就特定的待证事实，当事人应当提供多少证据加以证明。证明责任确定了提供证据的主体，证明标准确定了提供证据的内容。证明标准是在证明责任的基础上才产生的概念，证明责任在诉讼过程中演变到某个特定的时间点或状态点，便呈现出了证明标准的诉讼价值。没有真正意义上的证明责任制度，便没有真正意义上的证明标准制度。证明责任之所以有实质意义，是因为在观念上有证明标准的概念与之匹配。没有证明标准，证明责任便是毫无目标、毫无约束性的概念空壳。证明责任因为证明标准而充实化，而富有实在性和可操作性。

概括地说，证明标准具有以下特点：

其一，法定性。证明标准是立法者的意志体现，是立法者基于诉讼目的而对具体诉讼提出的证明要求。

其二，裁判性。证明标准之所以称为"证明"标准而非诸如"查明"标准或"探明"标准等，原因就在于这个概念或制度发生在诉讼中的证明阶段，只有到了证明阶段，证明标准制度才发挥作用。

其三，相对性。证明标准是立法者在绝对的真实性和缺乏真实性两个极端所选择和确定的某个点上的真实性标准。

其四，层次性。刑事诉讼证明标准、行政诉讼证明标准以及民事诉讼证明标准便在层次性这个特征上产生分野，并呈鼎足而立的态势。即便在民事诉讼内部，不同性质的民事案件也有不同的证明标准的解释和适用。

二、立法规定证明标准的意义

证明标准是当事人履行证明责任的灯塔，凭借证明标准的衡量，当事人可以知道何时应当举证，何时可以暂停举证；对方当事人也可以知道何时应当提供相反的证据进行反驳，何时可以停止举证性的反驳，而等待负担证明责任的当事人继续提供证据。正是证明标准的客观存在和具体作用，才有了本证责任和反证责任的交替运转。

对于事实认定者来说，证明标准是他决定具体事实能否认定的行为规范。根据当事人提供的证据，如果事实认定者认为这些证据中所包含和体现的证明力达到了证明标准，则认定该事实为真；反之，如果证明责任承担者提供的证据与相对方当事人提供的证据之差未能满足证明标准，则认定该事实为伪。事实之真之伪抑或真伪不明，其分水岭在于证明标准之是否符合。

证明标准是立法上的概念，立法者对此必须作出明文的规定，而不是包括司法者在内的任何人的任性。所以，证明标准具有法定性、明确性、统一性和规范性的特点。

在立法上，证明标准的具体表达依诉讼法所实行的证据制度而有所区别。法定证据制度上的证明标准和自由心证制度上的证明标准，其用来表达的形式不可能一致。我国的证据制度有自己的特色，证明标准的具体表达自应有所不同。

但是，无论证明标准的表达形式如何，立法上只能用抽象的概括性的语汇来作具体的体现，而不可对各个案件的证明标准均作一一列举式规定，这在各国并无不同。立法上对证明标准进行规定的此一特点必然为证明标准的适用烙上主观性、内在性和易变性的特点。证明标准作用的对象或者说证明标准的活动领域只能是人的心灵。正是在人的心灵中，证明标准有了用武之地。这里的"人的心灵"，是双面的和三方的。"双面"是说，证明标准既作用于审判者的裁判行为，也作用于当事人的举证行为。"三方"是说，法官依循证明标准决定事实认定的结果，证明责任的负担者依循证明标准决定提供用来证明的证据，不负担举证责任的当事人依循证明标准来检测自己是否有必要提供用来反驳的证据。三方主体借助于证明标准不断地进行着心灵的交换和心灵的融汇。他们依据证明标准预测相互之间的行为动向和即将采取的程序步骤，同时依据证明标准决定自己将要采取的行动措施。可见，证明标准是程序主体在程序变幻中所经常依赖的行为指针和预测机制。

三、我国民事诉讼证明标准的立法规定

我国三大诉讼法均没有明确规定诉讼过程中所使用的证明标准，因此，对于证明标准的界定和刻画，唯有从相关的立法规定及立法指导思想和原则中寻求。民事诉讼法没有像刑事诉讼

法那样在一审法院作出判决之时作出要求性的规定,而是在二审法院和再审法院对一审案件和生效裁判进行监督审理时涉及了有关证明标准的规定,此即《民事诉讼法》第177条和第207条的规定。根据《民事诉讼法》第177条规定,第二审人民法院对上诉案件,经过审理,按照下列情形,分别处理:其一,原判决、裁定认定事实清楚,适用法律正确的,以判决、裁定方式驳回上诉,维持原判决、裁定;其二,原判决、裁定认定事实错误或者适用法律错误的,以判决、裁定方式依法改判、撤销或者变更;其三,原判决认定基本事实不清的,裁定撤销原判决,发回原审人民法院重审,或者查清事实后改判;其四,原判决遗漏当事人或者违法缺席判决等严重违反法定程序的,裁定撤销原判决,发回原审人民法院重审。《民事诉讼法》第207条规定的再审事由第2项为"原判决、裁定认定的基本事实缺乏证据证明的"。

概括二审法院和再审法院在事实认定方面据以撤销原判或者改判的理由,其相反的方面,就是一审法院和二审法院在作事实认定时所应依循的证明标准。从条文的规定中可以看出,前者的用语是"事实不清,证据不足",那么,它的相反方面便是"事实清楚,证据充足"。证据充足以证据确实为前提,证据确实是证据的构成要素之一。如此这般,我们便可把民事诉讼中的证明标准表达为"案件事实清楚,证据确实、充分。"这与刑事诉讼法和行政诉讼法的相关规定所得出的结论基本一致。

四、我国证明标准的特点与要求

就立法表述而言,我国三大诉讼法所规定的证明标准是基本一致的,都是案件事实清楚,证据确实、充分。这是我国证明标准制度的一个特点,也是我国诉讼制度的一个特点,即实行一元化的证明标准。但是,应当如何去理解这个证明标准?这是学理上讨论的事了。学理讨论的结果,认为我国的证明标准在理解上面应当具体化、公式化,对于它的判断,应当有一个系列的构成要件。这个要件究竟有几个?学者间的认识不尽一致。比较常见的观点是,认为证据确实、充分,既包括对证据质的要求,也包括对证据量的要求。具体地说,它要求:其一,据以定案的证据均已查证属实;其二,案件事实均有必要的证据予以证明;其三,证据之间、证据与案件事实之间的矛盾得到合理排除;其四,得出的结论是唯一的,排除了其他可能性。这种观点并且认为,这四点必须同时具备,也即证据的质和量都符合要求,才能认为证据已达到确实、充分的程度。刑事诉讼、民事诉讼、行政诉讼概莫能外。[①] 应当认为,从我国三大诉讼法的现实规定来看,以上的这些结论和分析是不无道理的。

五、关于证明标准的理论探讨

（一）对统一化证明标准的质疑

统一性是我国证明标准制度的一大特点。也就是说,不管法院面临的案件性质如何,也不管在这种案件中,当事人能够有多大范围的主观意志,只要是需要通过法院行使审判权来解决案件,都必须达到同样的证明标准。撤除任何主观性的真空状态中的客观性,是诉讼过程所追求的唯一理念和目标,也是启动审判权作成结论的唯一契机和可能性因素。可见,客观性是统一性的基础,统一性是客观性在特殊情形下的表达。但是,这种统一化的证明标准制度是否设定得科学、合理与现实,是可以进一步探讨的。

---

① 参见陈一云主编:《证据学》,中国人民大学出版社1991年版,第117—118页。

以民事诉讼为发端，学者们开始对现行的统一标准提出了质疑。① 继之而起，行政诉讼也有人对此附议，认为案件事实清楚，证据确实、充分的标准也不适用于行政诉讼，行政诉讼中的证明标准也应当另起炉灶。②

笔者认为，否定三大诉讼中实行统一的证明标准，提出依诉讼类型不同而实行多元化的证明标准，是符合唯物辩证法的基本原理的，是应当采行的积极主张。其理由如下：

第一，刑事诉讼程序、民事诉讼程序和行政诉讼程序之所以要分别立法，其案件要由不同的审判庭依据不同的诉讼法来处理，就是因为法院面临的案件性质不同。刑事诉讼所要解决的问题是，被告人是否构成了犯罪，以及构成了犯罪应当如何处罚。被告人是否有罪以及罪行轻重，乃是关涉该公民的人身权利、社会权利乃至政治权利的大事，关系到人权保障的基本内容，其后果是严重的，影响是广泛而深远的。民事诉讼的主要目的是解决当事人之间的权利义务纠纷，这种民事纠纷一般只涉及公民的财产权利，而与生命权、人身自由、政治权利关系不大。尤其与刑事案件不同的是，民事案件的错误处理往往是可以获得实质性、完整性的补救的，而刑事案件如果处理错了，这种补救性的救济是难以济事或者是无实质意义的。行政诉讼的客体是被诉行政行为的合法性，直接涉及公共利益和公民、法人或者其他组织的财产权和一定范围的人身权，相比而言，行政诉讼客体对公共利益和个人利益影响的严重程度比民事诉讼高，比刑事诉讼低。③

第二，诉讼案件的性质不同，自然会导致诉讼原则、制度和程序上的差异。刑事诉讼中实行国家追诉原则，主要由人民检察院提起公诉，凡是符合条件的刑事案件，人民检察院必须提起公诉，不得任意处分其公诉权，而且在诉讼过程中，除非自诉案件，是不允许实行和解、调解、放弃诉讼请求等行为的，也不存在反诉制度。在民事诉讼中，是否起诉，完全取决于当事人的意志，国家并不干预；在诉讼过程中，当事人有权在法律规定的范围内处分自己的民事权利和诉讼权利，有权决定诉讼是否要继续进行，双方当事人可以和解或接受法院的调解等。在行政诉讼中，诉讼是否提起也取决于当事人的意志，但是在诉讼过程中人民法院原则上不得就行政案件对当事人进行调解。④

由此来看，诉讼案件的性质不同，决定了法院处理案件所持的慎重性程度以及当事人在诉讼过程中的自由意志的不同。这种不同应当贯彻诉讼程序的始终。在诉讼程序结束之前，它表现在设定和推动诉讼程序的各项原则、制度和程序当中；在诉讼程序结束之际，它便表现在证明标准的规定之上。前者与后者应遥相呼应，能够双向说明，并贯彻相同的诉之目标，而不可首尾各设一套，互不相联。从立法的现实规定中看，应当说，在刑事诉讼中，诉讼程序的这种前后关系是照应得比较好的，二者之间能够贯通地双向解释。但在民事诉讼和行政诉讼中，证明标准的设定显然贯彻了与其诉讼原则、诉讼制度和程序不尽一致的立法原理。换言之，案件事实清楚，证据确实、充分，作为民事诉讼和行政诉讼的证明标准是与其案件性质和诉讼目的不尽吻合的过高要求。正是立足于以上分析，学者们提出了多元化的证明标准理论。

（二）客观真实与法律真实

"案件事实清楚，证据确实、充分"这个证明标准的哲学基础是认识论上的客观真实。基

---

① 参见李浩：《民事举证责任研究》，中国政法大学出版社1993年版，第223—232页。
② 参见高家伟：《行政诉讼证据的理论与实践》，工商出版社1998年版，第172—174页。
③ 参见高家伟：《行政诉讼证据的理论与实践》，工商出版社1998年版，第173页。
④ 《行政诉讼法》第60条。

于"案件事实清楚,证据确实、充分"这一证明标准所形成的证明理论就是"客观真实说"。客观真实说认为,在诉讼中,证明的任务是确定案件的客观真实,裁判中认定的事实必须达到客观真实的程度,这种程度是完全可以达到的。因为,其一,马克思主义存在第一性、意识第二性的认识论为查明案件事实提供了科学的理论根据;其二,案件事实发生后必然会留下这样或那样的证据材料;其三,我国有一支忠于人民利益、忠于法律、忠于事实真相的司法队伍;其四,诉讼法规定的各项制度和措施为查明案件的客观真实提供了法律上的保证。

客观真实说现在已受到了学者们的质疑。质疑者认为,客观真实说貌似符合唯物辩证法,实则带有形而上学的印记,并且与民事实体法和民事诉讼的实际情况相脱节,建议以"法律真实说"取而代之。[1]

客观真实作为诉讼程序应当追求的理念或目标,乃是无可厚非的,方向是正确的,可以把揭示案件的客观真实作为设计诉讼程序的最高理想。但是,把它作为法院解决任何案件的最终标准则是不现实的,也是无必要的。因为,法院处理案件有多重诉讼价值的要求和考虑,例如公正性、效率性、经济性、时间性等,而究与以发现真理为唯一目的的科学研究不同。尤其是,法院认定案件事实只能依靠证据,而证据本身充满了可变因素、偶然性和主观因素。也就是说,依据证据规则和程序规则而由当事人或司法机关发现、提供从而进入诉讼程序的证据,既不可能达至全面、完整,也不能确保绝对与案件的客观真相相符。凭借证据这一现代诉讼制度赖以查明、认定案件事实的唯一方法,所发掘的从而走进判决中的事实只能是残缺不全的和带有主观色彩的,诉讼中的事实可能会最大限度地接近诉讼外的案件事实真相,但永远不可能等同、一致。退一步说,即便诉讼程序不计时间、不计成本、不计技术手段,能够收集到全部的真实的证据来证明案件事实,但从哲学观念上来看,这种情况下出现的事实仍然不能等同于纠纷发生时形成的、业已成为永久过去的"客观事实"。因为包含在这两种事实中并且成为其构成要素的时空和人的主观意识,是永远不可能相同了。这在前面关于证据的概念阐述中已经有了论证。关于事实的这种哲学观告诉我们,诉讼中所呈现的并最终为法院所认定的事实,乃是经过证据法、程序法和实体法调整过的、重塑了的新事实。这种新事实因为不可避免地渗透了人的主观意志,因此可以称之为主观事实;又由于它是在诉讼过程中形成并成立于诉讼法上、仅具诉讼意义的事实,因此也可以称之为诉讼事实或法律事实。

"法律事实"这个概念的提出,为证明标准的多元化提供了理论性基础,也就是说,不同的诉讼案件应当适用不同的证明标准有了理论上的可能。但是这些证明标准应当如何分化,在概念上、措辞上应当如何表达或应当如何将它们体现出来,以及它们各自的内涵应当如何界定,等等这些问题,都有待于深化研究。为此目的,介绍一些英美法系的做法是有必要的,因为在那里,证明标准的概念及其理论研究已经有了极其悠久的历史。

六、英美诉讼法上的证明标准

在英美诉讼法上,证明标准是以多元论为基本特征的。不同的诉讼法实行不同的证明标准,甚至在同一个诉讼法内部,也可能因为案件所涉及的内容不同而适用相异的证明标准,所以,相较而言,英美法上的证明标准显得比较复杂,对于证明标准的理解也不尽一致,所形成的学说也因之而较多。

---

[1] 参见李浩:《民事举证责任研究》,中国政法大学出版社1993年版,第235页。

(一) 英美法系刑事诉讼中的证明标准

英美法系国家刑事案件适用排除合理怀疑的证明标准。但是,"排除合理怀疑"这一证明标准指的是什么意思?应当如何解释?对于这一点,英国法官丹宁勋爵曾经于1951年在他所作的一起案件的判决中有一段经典性的表述,这段话被引用得非常广泛,他说:"诚然,英国法上刑事案件要求比民事案件更高的标准。但必须指出两者都不是绝对的标准。刑事案件中的控诉人必须证明毫无合理程度的怀疑,但是这项标准的内部可能有不同程度的证明。民事法庭考虑诈欺指控时,当然比考虑过失是否成立要求更高程度的盖然性。"[①]

排除合理怀疑的证明标准(proof beyond reasonable doubt)最早产生于18世纪末19世纪初。1824年,英国学者史塔克率先主张,刑事诉讼中的证明标准应当是"具有道德上的确定性以至于排除所有的合理怀疑"。之后,这个标准首先在死刑案件中获得使用,然后逐步扩大到所有的刑事案件,成为英美法系国家刑事案件中的通用证明标准。

但是,应当如何理解排除合理标准的内涵?早在1947年,还是前面所提到的丹宁勋爵对此作出了权威性的解释。他说:"在判决被告人有罪以前,案件事实应当达到真实性的程度;这一点已经得到了很好的解决。该真实性程度不必要达到完全肯定性的程度,但是必须具有高度的可能性。排除合理怀疑的证明并不意味着连怀疑的影子都必须排除掉,如果允许幻想的可能性妨碍司法的过程,法律就不能有效地保护社会。如果证据如此强而有力,以至于某人的利益只有遥远的可能性,当然这是可能的,但却是丝毫不能证明的,就应当予以驳回。因为案件事实已经得到了排除合理怀疑的证明。当然任何缺乏这种程度的证明都是不充分的。"

美国学者布莱克对于排除合理的怀疑作了进一步的解释。他认为,排除合理怀疑,是指全面的证实、完全的确信或者相信、一种道德上的确定性;排除合理怀疑的证明,并不排除轻微可能的或者想象的怀疑,而是排除每一个合理的假设,除非这种假设已经有了根据;排除合理怀疑的证明,是达到道德上的确定性的证明,是符合陪审团的判断和确信的证明,作为理性的人,陪审团成员在根据有关指控犯罪是由被告人实施的证据进行推理时,是如此确信,以至于不可能作出其他合理的结论。

可见,排除合理的怀疑是诉诸内心的一种道德化的高度确信,这种确信在本质上要求贴近客观存在的自然事实,是对客观真实的无穷接近。只是,与客观真实不同的是,排除合理怀疑是由主体指向客体的概念,是主观对客观认识的一种表达,而不是撇开主体性的纯粹客体性的一种描述。在客观真实这个概念中,主体性仿佛是不存在的,是可以不予过问的、外在于证明标准概念的东西。

排除合理的怀疑既是对各个要件事实的证明标准,也是对整体案件事实的证明要求。它既反映在要件事实的展示过程中,也体现在案件事实的汇聚之处。至于这二者之间的辩证关联,在英美,学者的看法不尽一致,这也是一个尚待讨论的理论性和实践性均较强的课题。

(二) 英美法系民事诉讼中的证明标准

英美民事诉讼中的证明标准是"盖然性的优势",它的英文表达是"preponderance of probability",与之并用或换用的词还有许多,如"盖然性的平衡"(balance of probability)、"优势证据"(preponderance of evidence)等。问题不在术语的使用,关键是对概念内涵的解释和描述。在这个方面,英美学者大致有两种做法:一种是用百分比或分量的形象性说法,一种是用

[①] 沈达明编著:《英美证据法》,中信出版社1996年版,第42页。

一段话来加以刻画。前者将证据的证明力比喻为秤盘或者砝码，由事实认定者对当事人双方的证据的总量进行权衡和评估。其结果，如果证明责任的承担者所提供的证据在重量上高出于对方当事人，用百分比来表达的话，也即双方当事人的证据总量形成了51%和49%的关系或状态，那么，证明责任的负担者便解除了他的证明责任。反之，如果双方当事人所提供的证据在重量上相等甚至反证者的证据分量更强，那么，该案的败诉结果则由证明责任的负担者承受。丹宁勋爵则用了以下的一段话来描述此证明标准："盖然性的优势标准业已得到了很好的解决。它必须是一个合理程度的盖然性，但是没有刑事案件所要求的程度高。如果证据处于这种状况，裁判者可以说，我认为这更有可能（more probable than not），证明责任即可解除。但是，如果两种可能性是相等的，证明责任就没有解除。"

英美学者一般认为盖然性的优势证明标准是一种证明标准，而不是若干种乃至无限种证明标准的集合。但是，对此，丹宁勋爵有自己的看法。他认为民事诉讼案件性质不同，证明标准中所包含的盖然性程度便应有所区别，而不是任何案件都是无区别地适用同一个盖然性的程度标准。比如说，诈欺案件的证明程度就应当比过失案件的证明程度要高。这个观点乃旨在求得各个案件的妥适解决，理念是正确的，但是法官在对陪审团作指示时便有表达上的困难，其可操作性程度是不高的。

与英国不同的是，美国除了在刑事诉讼中适用排除合理怀疑的证明标准，以及在民事诉讼中一般适用盖然性的优势证明标准外，还规定对特殊种类的民事案件中应当适用第三种证明标准，即"清楚的、明确的和令人信服的标准"。这种证明标准是美国联邦最高法院在1966年所作的一起诉讼案件的判决中予以确立的。这是一起驱逐出境案。在该案的审理和判决中，联邦最高法院要求美国移民局对它所作出的驱逐公民出境的行为，提供"清楚的、明确的和令人信服的证据"加以证明，也就是说仅仅提供盖然性优势的证明是不够的。对于这样一个低于排除合理怀疑、高于盖然性优势的证明标准，美国联邦最高法院是这样进行解释的："由于该案涉及公民的基本权利的严重剥夺，并会给相关公民的生活造成立竿见影的障碍，如果仅适用较低的盖然性优势标准，则显得有失法律的严肃性，并显得轻率，故而应当适用新的证明标准。"

七、我国民事诉讼证明标准的确定

如前所述，我国民事诉讼证明标准长期以来被混同于刑事诉讼证明标准，都表述为"案件事实清楚，证据确实、充分"。这种证明标准被称为"一元化的证明标准"，实质上是刑民不分的证明标准，更准确地说，是民事证明标准的刑事化标准。这与我国当时超职权主义的诉讼模式有内在的关联性。这样一种证明标准制度过分强调实体真实，而忽略了程序正义的要求，而且容易导致法外因素的渗透。因此，在相对真实和法律真实的哲学理念指引下，一个独立的符合民事诉讼性质要求的证明标准逐步形成。其法律层面的标志便是最高人民法院的司法解释。

《证据规定（2002年）》第73条规定："双方当事人对同一事实分别举出相反的证据，但都没有足够的依据否定对方证据的，人民法院应当结合案件情况，判断一方提供证据的证明力是否明显大于另一方提供证据的证明力，并对证明力较大的证据予以确认。"这就是学理上所概括的盖然性优势的证明标准。

"盖然性优势"证明标准的说法来源于英美证据法。在英美证据法上，就民事证明标准而论，并存着两种说法，一是盖然性标准（standard of probabilities），二是优势标准（standard of preponderance）。这两个说法都是一个意思，可以混用。我国学者将这两种说法合在一起使用，也未尝不可。不过有一点要注意的是，我国的民事证明标准较英美模式来说，要求更高，而不是简单的51%的优势即可。我国学者建议采用70%—80%的较高百分比。因此，更准确的说法应当是"高度盖然性优势证明标准"。该标准含有这样几个属性或要素：其一，实体性。也就是该一证明标准不适用于程序性事实的证明，而仅仅是用于实体性要件事实的证明。对于程序性事实的证明仅能适用"大概如此"或"可能如此"的疏明标准，而不是这里的证明标准。其二，可能性。也就是通过该证明标准所认定的事实是一种可能性而非必然性，换言之，适用此一标准可能导致一定的误判。因此，司法者在运用此一标准时，应当从严掌握。其三，比较性。在诉讼中，双方当事人对某一特定事实均可能提供一定数量和质量的证据，此时法院需要对这种相反力量的证据进行比较。法官通过对证据分量的比较和衡量，看哪一方当事人的证据分量更重，以较重者为判断结果的有利者，也即优胜者。其四，最低性。也就是说，民事证明标准的满足必须达到法律所要求的最低限度，如果没有达到此一程度，即使负担证明责任的当事人提供的证据比对方更多，更有证明力，也不能满足证明标准的要求，因此就不能获得预期的证明效果。在上述几个要素中，最关键的要素是最后一个要素，也就是最低性要求。只有达到最低性要求后，才需要进行证明分量的比较衡量，也就是才谈得上比较性要求，并在可能性的基础上实现实体性的证明要求。

优势证据规则有这样几层含义：其一，该规则所要求的证明标准是一种相对真实，而不是绝对真实。这种相对真实一般要达到"大概差不多"的程度，也即有70%—80%的程度。其二，该规则所表达的证明标准是一种最低限度的标准。也就是说，法院要认定某一事实主张成立，起码要达到这个标准。就具体案件来说，当事人提供的证据很可能超过这个标准，甚至接近100%的准确性。其三，它是当事人解除其举证责任的指示器。它要求负举证责任的当事人提供的证据在质量上或分量上达到"明显优势"，而不是对相对方提出的要求。相对方提供的证据是为了阻碍举证者解除其举证责任，抵消、削弱其所举证据的分量。其四，证据优势是法院对双方当事人所举证据进行比较的结果，但这种比较必须建立在最低限度的标准基础上，而不是简单的比较。比如，原告诉被告借款，原告未能提供借据等有力证据，而仅仅由其配偶作为证人提供证言，在这样的情况下，被告人即使毫无证据可举，原告也不能胜诉。因为原告提供的证据相对被告来说仅有简单的优势，但这种优势还没有达到最低限度的标准。在美国，有一种形象的说法来描述何为证据优势，这就是，将双方当事人提供的证据比喻为砝码，由法院把它们分别放在两边的称盘上，看哪一方当事人提供的证据更有说服力，法院最终判定证据更有说服力的一方获得有利结果。这一形象性说法可以作为参考。

司法实践中有大量的例子表明法院判案是遵循优势证据规则的。我们先看一例。原告在一个浴池洗澡，后声称其放在浴池柜子中的巨款丢失。原告举出的唯一证据是与原告同行的伙伴，他证明原告带去的东西确实丢了。法院据此能否作出原告胜诉的判决呢？这涉及证据证明力的衡量问题。本案中有两个证据：一是原告的陈述，属于当事人陈述证据形式，另一是证人证言。原告与本案的胜败结果有直接利害关系，故他自己所作出的对自己有利的陈述，除非能与其他证据相互印证，一般很难取信于法院。也即其可信性较小，证明力较弱。证人证言是原告同行伙伴，其可信性也值得怀疑。仅凭此两件证据，法院难以作出原告胜诉之判决。尤其是，法院不能仅凭原告之声称，即认可其所丢之数额，否则过于随意，缺乏说服力。此外，从经验法则上说，一般情形下，当事人去浴池洗澡不会丢失东西，如果此事长期绝无仅有，此盖然性程度甚高，受害者仅凭自己陈述或配之以同伴证实，尚难以推翻此一盖然性推定。总之，原告所举证据尚未达到优势程度。但是，本案情况后来发生了一些变化。事隔两月，该浴池发生类似事件，公安机关进行侦查，该浴池中某位服务员最为可疑，但尚不能最终确定。恰在此时，该服务员逃走了。这便又多了一件证据。这样根据经验法则，事件发生以后的类似事件以及该服务员不告而别的事件，均可作为证据使用，认定第一次失窃事件的发生是真实的。也就是说，此后产生的两项证据，加上之前存在的两项证据，虽然不能达到绝对肯定的地步，但已经可以认定原告的事实主张达到了明显优势的程度。因而法院作出了原告胜诉的判决。

再看一例。养鱼人在某天突然发现其鱼塘出现大量死鱼，经观察，发现附近一自行车配件厂电镀车间有污水从阴沟流入鱼塘，因而认定鱼苗是中毒而死，故向法院起诉索赔。在诉讼中，被告抗辩认为，即使鱼是被毒死的，也不能肯定是配件厂的排污所致，具体理由有三点：其一，电镀车间距离鱼塘有1000多米，电镀废水不能直接通达鱼塘。其二，电镀厂从1971年开始生产以来从未发生过类似情况。其三，鱼塘附近还有一个柴油机厂，可能是其污水流入造成的，而且，发现鱼死的当天，靠近柴油机厂的潭水中也发现有死鱼现象。法院委托商品检验处对鱼塘水泽进行鉴定，结果表明水中铬超过渔业水体中有害物质最高容量的46倍。从案件中出现的全部证据来看，虽然还不能绝对地得出结论认为被告人的污染行为与鱼的死亡之间有必然的因果关系，但是，这两者之间的盖然性联系还是可以得到证明的，也就是说，原告人提供的用来证明被告人侵权行为存在的证据已经达到了明显优势的程度，鉴于此，法院判决被告败诉。

值得强调的是，证据优势规则仅仅适用于民事案件，对刑事案件不能适用，刑事案件的证明标准应当达到"排除合理怀疑"的程度。为说明这个问题，我们试举一例。在一个居民小区，有一户人家突然发现失窃，后向派出所报案。派出所备案记明情况，并现场勘察，仅在一窗户发现有一指纹。鉴定人员对该指纹提取并保留在档。后事隔数月，该小区保安发现某一外来打工人员行踪诡秘，有可疑之处，便截留询问，提取指纹，偶然发现与派出所上次提取的指纹一致。遂起诉至法院，对前述盗窃事件进行指控。犯罪嫌疑人对此否认。法院能否认定该盗窃事实？答案应当是否定的。因为，仅留有指纹还不能排除犯罪嫌疑人偶留指纹没有行窃的可能性。例如，该人翻窗但未进屋，就属于这种可能性。《刑事诉讼法》第55条对刑事案件提出的证明标准是"证据确实、充分"。"证据确实、充分"之判断，应当符合以下条件：一是定罪量刑的事实都有证据证明；二是据以定案的证据均经法定程序查证属实；三是综合全案证据，对所认定事实已排除合理怀疑。据此，对刑事案件的定罪，必须要有一定数量和一定质量的证据。刑事案件中还有一个证据规则称为"孤证不能定案"。本案中只有一个证据，不够证据的量，根据数量规则，本案不能作出犯罪嫌疑人有罪的认定。但是，如果本案属于民事诉讼，比如原告诉求被告赔偿被破坏的窗户损失，法院据此一项证据能否认定被告人即为侵权人呢？笔者认为是可以的。因为在受损的窗户下留下唯一指纹，在相当大的程度上可以说明是留下指纹的人实施了侵权行为。用优势证据的标准来衡量，可以认为该一证据所具有的内在分量已经满足了要求。

优势证据规则是《证据规定（2002年）》予以明确的适用于民事案件中的证明标准。该规则的正式确立，表明我国民事诉讼模式由职权制向对抗制的转变，也表明人民法院处理民事案件，既要追求客观真实，又要注重效率和速度。

八、民事诉讼中的刑事证明标准

（一）刑事证明标准的概述

《证据规定（2020年）》第86条规定："当事人对于欺诈、胁迫、恶意串通事实的证明，以及对于口头遗嘱或赠与事实的证明，人民法院确信该待证事实存在的可能性能够排除合理怀疑的，应当认定该事实存在。"这就提出了一个崭新的问题：民事诉讼中能否适用刑事证明标准？这是一个有待研究的重要课题。笔者这里就何为刑事证明标准；以及在比较法的意义上，民事诉讼中能否运用刑事证明标准；如果能够运用，其限度如何；以及我国民事诉讼中所确立的刑事证明标准是否具有正当性等问题做出介绍和探讨。

英美法上的证明标准，在传统上一般分为两大类别：一是民事证明标准；二是刑事证明标准。民事诉讼上的证明，一般适用民事证明标准，但在特定情形下也适用刑事证明标准；刑事诉讼上的证明，一般适用刑事证明的标准，但在特定情形下也适用民事证明标准。由此来看，民事诉讼或刑事诉讼中的证明标准，在概念的内涵或外延上，并不等同于民事或刑事证明标准。

（二）刑事证明标准——"排除合理怀疑"的由来及含义

在英美证据法上，按证明所需的确定性程度划分，证明标准由高而低共有以下几种：(1) 绝对的确定性——任何法律目的均不作如此要求；(2) 排除合理的怀疑——刑事案件中为有罪认定所必须；(3) 明晰且有说服力的证明——适用于某些民事案件以及某些管辖法院对死刑案件中保释请求的驳回；(4) 优势证明——适用于多数民事案件以及刑事诉讼中被告人的肯定性抗辩；(5) 可成立的理由——适用于逮捕令状的签发，无证逮捕、搜查及扣留，控诉书和起诉状的发布，缓刑及假释的撤销，以及对公民逮捕的执行；(6) 合理相信——适用于"阻截和搜身"；(7) 有合理怀疑——无罪释放被告人的充足理由；(8) 怀疑——适用于调查的开始；(9) 没有信息——对任何法律目的均不充分。由此不难看出，在英美刑事诉讼中，不同的程序性措施及实体性处置有不同的证明标准，但刑事证明标准却有其特定内涵，即对被告人的有罪认定，必须具有排除合理怀疑的证明，否则如有合理怀疑，就构成了无罪释放被告人的充分理由。两种性质迥异的证明标准均使用了"合理怀疑"作为界定词汇，使得二者间呈非此即彼的反对关系，而这种关系的形成，是以英美法实行无罪推定的基本原则为理论基础和逻辑依据的。

英美学者一致认为，"排除合理怀疑"术语的提出和形成，具有深刻的历史背景和鲜明的时代烙印。1764年，意大利的启蒙思想家贝卡利亚所著的《犯罪与刑罚》一书出版。他在这本书中猛烈地抨击了封建专制和滥用刑罚，首次提出了无罪推定的思想。在资产阶级革命取得胜利以后，相继在宪法和刑事诉讼法中正式把它确立为一项刑事诉讼中的基本原则。在资本主义国家的立法和理论解释上，无罪推定原则尽管有不同的表述，但它的基本含义则是一致的，即"任何人在经证明犯罪之前，应当推定为无罪"。然而，证据的证明力达到怎样的程度才能称得上"证明"？这一触及无罪推定实质内容的问题，使得资产阶级立法在确立无罪推定的同时，不得不涉及推翻此项推定的证明标准。

但是，以"排除合理怀疑"的用语作为刑事证明标准，并非同无罪推定的确立呈同步状态的，它的形成有一个较长的历史过程。据美国学者威格摩尔（Wigmore）考证，英国最早在判例法上确立"排除合理怀疑"的证明标准，是在18世纪的初期，但那时仅适用于死刑案件，而对其他案件并未作如此要求。在其他的刑事案件中，最初适用的证明标准乃是对被告人的定罪量刑必须具有"明白的根据"。嗣后，又交替使用过各种不同的用语，旨在表示"信念"的不同程度。直到1798年在都柏林（Dublin）所审理的谋逆案件中，才将信念程度落在"疑"（doubt）字上，形成了一直沿用至今的刑事证明标准，即"排除合理怀疑"的证明。正是在此一证明标准正式确立之后，无罪推定才引申出这样一条规则：如果对被告人有罪的证明疑,存在合理的怀疑,则应作有利于被告的推定或解释。由此来看,现代意义上的无罪推定,只有在"排除合理怀疑"的证明标准的配合下,才能展示出完整的内容。

必然提出的问题是:"排除合理怀疑"究竟意味着什么?哪些属于合理怀疑,而哪些不是?古往今来的英美学者对此一直颇为重视,但他们所给出的答案历来存有歧异,迄今尚未统一。总括起来,英美学者在这个问题上主要采取了两种判然有别的考察视角。一是从肯定的立场作出正面界说;二是从否定的立场另辟蹊径,寻求取而代之的表述。前者为多数人所主张,后者仅为少数人所主张。

首先看英美学者对"排除合理怀疑"所作的正面界说。丹宁勋爵在 1947 年的 Miller v. Minister of Pensions 一案中对"排除合理怀疑"一语作出了经典性的界说。他认为:"证明标准必须得到妥适的确定。尽管这种标准不必达到绝对的肯定性,但却必须具有相当高的盖然性程度。排除合理怀疑的证明并不意味着此种证明已没有丝毫可疑的影子。如果不利于某人的证据非常有力,而有利的可能性甚微,那么,此种可能性也可由这样的判决加以消除,即'当然,它是可能的,但一点也不确实'。倘若如此,此案的证明即已达到了排除合理怀疑的程度。但任何小于此种程度的证明都不够充分。"由此来看,"排除合理怀疑"并不是要求排除一切可能的怀疑,而仅要求此种被排除的怀疑,必须能够说出理由、摆出道理、经得起理性论证,不是无故质疑,吹毛求疵。不然,对于任何纷纭的人事,都可能发生想象的或幻想的怀疑。具体地说,以下所列的诸种怀疑,都不属于"合理怀疑"的范畴:(1)任意妄想的怀疑(fanciful doubt);(2)过于敏感机巧的怀疑(ingenious doubt);(3)臆测的怀疑(conjecture);(4)故意挑剔、强词夺理的怀疑(captious doubt);(5)基于无凭证言的怀疑(unwarranted by the testimony);(6)故意为被告开脱罪责的怀疑(to escape conviction)。以上所述的任何一种怀疑,都不是通常有理智的(reasonable)人所作的合理的、公正的、诚实的怀疑。

尽管如此,因"合理怀疑"一语具有极强的主观色彩,它不仅在内容上不够稳定,而且也缺乏可利用的监测手段。一个司空见惯的情形乃是,对同一事实的证明,此一陪审员已产生无合理怀疑的确信,而彼一陪审员却仍持有合理怀疑。因此,此一术语从它诞生迄今不断地受到学理界和实务界的质疑。其中,尤以英国的格达德(Goddard)勋爵的质疑影响最为深远。不仅如此,他还提出了替代办法。1949 年,格达德勋爵在 R v. Kritz 一案中率直地指出:"每当法官开始使用'合理怀疑'一语,并且试图解释哪些属于合理怀疑而哪些又不属于时,往往会使陪审员手足无措,无所适从。与其如此,远不如使用浅明的说法,即'说服你们认定被告人有罪,乃是公诉方的义务'。"在 1952 年 R v. Summers 一案中,他在谈及此一问题时,不仅在措辞上比以前强硬得多,而且明确主张应当禁止法官在庭审总结时使用"合理怀疑"一语。如此,法官将使用什么语汇给陪审员作出指示?格达德勋爵在 1955 年的 R v. Hepworth and Fearnley 一案中提出了解决问题的方案。他的此项方案是由三种语汇按优劣层次组合起来的:第一层次即最优语汇是"你们必须确信被告人有罪";第二层次即次优语汇是"陪审员们,你们必须感到完全满意";第三层次即最次语汇是"你们必须有排除合理怀疑的满意"。显而易见,格达德勋爵实际上只是以"确信"(Convinced)、"满意"(satisfied)这些同样捉摸不定的术语替代"怀疑"(doubt)而已,并没有从实质上解决问题。因此,在英美证据理论界,"排除合理怀疑"的用语,仍然被视作在指示陪审团时描述起诉方责任的最保险方法。

(三)"排除合理怀疑"的具体适用

"排除合理怀疑"的证明,究竟是指向作为犯罪构成的具体系争事实,还是指向对被告人有罪认定的整体性事实,抑或二者兼而有之?此一问题历来是困扰英美证据理论界和实务界的一大难题。从英美证据理论的主要著述来看，英美判例法对此采取了两种截然不同的主张和做法，姑且分别称之为"统一说"和"分离说"。

统一说认为，证明标准的实际指向乃是案件中依当事人的诉辩主张确定的系争事实，陪审团唯有就案件中所有的系争事实都达到了排除合理怀疑的确信，才能使案件的有罪认定得到排除合理怀疑的证明。前者是后者的充要条件，后者是前者的逻辑结果。由此派生出来的一大命题乃是，若系争事实中的任何一个没有得到排除合理怀疑的证明，陪审员都不可能形成被告有罪的确信；整个案件的证明程度只能等于或小于诸具体事实中的最低证明程度。1984年澳大利亚高等法院审判的R v. Chamberlain一案，是适用此说而招致非难的一个例证。澳大利亚高等法院在此案的审判中肯定地认为，刑事案件中的有罪认定，只能依赖于全部都得到排除合理怀疑证明的"基础事实"。波瑞纳（Brennan）法官指出："作出有罪推定所依赖的基础事实，必须首先全部地得到排除合理怀疑的证明。本案结论所具有的说服力，并不比它所依赖的诸具体事实所具有的说服力大些。"对于此种见解，杰伯斯（Gibbs）法官和玛森（Mason）法官予以赞同。他们在R v. Van Beelen一案中认为："这是一个极富逻辑力的说法。如果对作出推论的基础事实之存在尚持有疑问，那么，由此得出的结论就不可能使人对其真实性产生排除合理怀疑的确信。"

统一说尽管具有较强的逻辑说服力，但却因其机械性而遭到了另一说的驳难，此即分离说。

分离说认为，应当将诸系争事实的证明程度同整个案件的证明程度分别对待。它们之间既有内在的关联性，又有相对独立性。对整个案件有罪认定的排除合理怀疑的证明，并不必然要求诸具体事实都得到同等程度的证明；反之，诸具体事实虽未得到排除合理怀疑的证明，但整个案件的有罪认定却可以得到如此程度的证明。

分离说实际上在前引"Chamberlain"一案中业已萌发。在此案的审理过程中，针对多数法官所持的统一说，狄纳（Deane）法官直抒己见，率先提出了分离说的思想。他认为："如果对被告的有罪认定受制于四项要件事实的证明，那么，显而易见，这些事实的每一项皆须证明至排除合理怀疑的程度。但另一方面，如果借于200项事实的任何一项均能作出于被告不利的认定，且它仍均已得到了盖然性的优势证明，那么，如果依然要求陪审团对其中的每个事实都产生排除合理怀疑的确信，否则就不能采信，这实在是极其荒谬的。"到了1989年，诺登（Roden）法官在R v. Shpherd一案中，循着狄纳法官的基本思路，加以扩展和丰富，形成了较为系统的理论。

诺登法官指出，这是一个颇具哲学意味的争论，而欲自此争论中寻找出正确答案，首要的任务就是将两种"证明瑕疵"区别开来：一是案件结论所必需的全部案件事实在证明程度上的瑕疵；二是案件结论所必需的要件事实有所欠缺而产生的瑕疵。为了正确认识具体事实和案件结论之间在证明程度上的辩证关系，有必要针对这两种证明瑕疵，分别情形作出讨论。

首先，在第一种证明瑕疵情形下，系争事实和案件结论之间在证明程度上的关系。如果旨在得出案件结论的基础事实由法律作出了定型化的规定，那么，为了使此项结论得以产生，所有的要件事实都必须加以证实。在这种情形下，应当予以适用的逻辑法则是"链锁类推法"（the links of a chain analogy）。依此法则所得出的案件结论，在证明的盖然度上并不比全部要件事实中的最低盖然度高。相应地，如果对其中任何一项要件事实的证明，尚未达于排除合理怀疑的程度，那么，由此产生的结论也不可能得到排除合理怀疑的证明。不仅如此，如果其中一项要件事实未得到如此程度的证明，那么，它们将会产生一种累叠效应，由此得出的结论较诸全部要件事实中的最低盖然度还要低。假设根据陪审团的决定，本案（有罪）结论必须同时具备三项基础事实才能得出，如果其中有两项已被认定为真，而第三项却仅有 90% 的盖然度，那么，由此得出的结论也只能有 90% 的盖然度；如果其中有两项只有 90% 的盖然度，那么，所得出的结论在盖然度上则不足 73%；如果再加上一项必须具备的基础事实也只有 90% 的盖然度，那么，本案结论的盖然度顶多只有 66%。在这种情形下，统一说是正确的。

其次，在第二种证明瑕疵情形下，系争事实和案件结论之间在证明程度上的关系。如果陪审团通过对案情的评估，认为并非所有的基础事实均须具备，才能得出本案结论。这样，可供选择且得以有效利用的基础事实，就使本案结论的盖然度大于所有基础事实中的最高盖然度成为可能。由此派生的逻辑结果乃是，即便若干甚或全部基础事实尚未得到排除合理怀疑的证明，但基于这些基础事实所产生的本案结论，在证明程度上却可以达到排除合理怀疑的地步。假设公诉方为保险起见提出了十项事实主张，而陪审团认为只需其中的八项得到肯定性证实，就可以得出本案（有罪）结论。如果在这十项事实中，其中有七项已被肯定为真，那么，在所剩的三项事实中只需其中有一项得到证明即可；如果此三项事实主张均得到了 90% 盖然度的证明，那么，由此得出的结论就有 99.9% 的盖然度。这表明，较诸基础事实中的一项或数项甚至全部的盖然度而言，由此得出的本案结论总要高些。如果"排除合理怀疑的证明"不是用来表示数学意义上的绝对肯定性，那么完全可以认为，即便基础事实尚未得到排除合理怀疑的证明，但由此得出的结论完全可以达到如此程度。在这种情形下，统一说就是错误的。这就是分离说的主要内容。

分离说提出之后，有的学者、法官对此发表了较多的批评意见，认为此说所分析的两种情形，实质上不可能分割开来。但多数人认为，诺登法官所阐明的理论乃是证据分析的正统方法，并且进一步提出，认为基础事实与所得结论之间存有绝对的对应关系，并不加分别地适用于所有案件的统一说，已日渐显露了它在理论上的不周延性和实务上的机械性。当然，分离说如何向着科学且可行的目标进一步地发展，则是摆在英美学者面前的一大课题。

（四）被告负担证明责任的证明标准

在英美证据法上，依据无罪推定原则，被告人在原则上是不负担证明责任的。但是，立法者基于种种考虑，在例外情形下，也要求被告人承担证明责任。从英美判例法及成文法的有关规定上看，这种例外主要体现于三方面：其一，被告方主张被告人行为时精神处于错乱状态。这一规定的理论根据是神态正常的法律推定，被告人为推翻此一推定，就须承担相应的证明责任。其二，成文法明文规定被告负有证明责任的情形。英国有许多单行刑事法规明文规定了被告应负证明责任。例如，根据《滥用毒品法》的规定，被告人对他不知道或没有怀疑该物品是毒品的主张应负证明责任。法律作这样规定的理论根据是证明的可能性和便利性。其三，成文法以但书或免责条款间接规定被告负担证明责任的情形。英国 1964 年的《执照法》第 160 条和 1972 年的《道路交通法》第 84 条均属此类规定。如此规定的目的在于使诉讼中的证明责任的分担趋于均衡，便于弄清事实真相。

值得注意的是，被告人就上述例外情形所负的证明责任，在证明标准上，既不同于公诉人所负的证明责任，也有别于被告人所负的提供证据的责任。公诉人负担证明责任时，其证明必须能够排除任何合理怀疑；被告人负担提供证据责任时，其证明仅需对其有罪认定造成合理怀疑；被告人负担证明责任时，其证明则需达到盖然性的优势程度。由此可见，被告人在刑事诉讼中依法负担的证明责任，在证明标准上，同民事诉讼中的证明责任并无二致。英国东南巡回审判区高级律师罗纳德·沃克（Ronald Walder）在其《英国法律制度》一书中指出："无合理怀疑的证明一般被认为是刑事诉讼中的证明标准。然而，只有当起诉方负担证明责任的时候，它才是刑事诉讼中的适当标准。"克劳斯（Cross）认为："为了给陪审员就被告负担的证明责任作出恰如其分的指示，应当确立一项相当妥适的法律规则。"他进而指出了此项法律规则的基本内容："无论是依成文法或普通法，如果某些案件的系争事实出现诸如'除非相反事实得到了证明'这样的不利于被告人的推定时，法官则应当指示陪审员：1. 相反事实是否得到证明只是由他们决定的；2. 此种证明责任的证明标准较诸公诉人的证明标准要低；3. 被告所提供的证据若能使陪审员对相反的事实主张产生盖然性优势的满意，此种责任即告解除。"然而，理论上的简洁明了并不意味着实践中的毫无疑问。诚如克劳斯所言："在相对简短的庭审总结中，能否将公诉人的证明责任和被告人的证明责任在所适用的证明标准上清楚地区别开来，在很多场合都是令人生疑的。"不仅如此，将两种证明标准迥然有别的证明，均用"证明责任"一语表述，似乎很不恰当。

（五）民事诉讼中有关刑事主张的证明标准

当事人在民事诉讼中主张刑事性质的系争事实，乃是屡见不鲜的事。比如，A 诉 B 因诽谤自己犯有重婚罪而请求损害赔偿；保险公司以保险人犯有纵火罪而提出抗辩事实；原告诉称被告合谋诈骗；等等。那么，一个自然而然的问题是：既然刑事诉讼中的刑事主张适用"排除合理怀疑"的证明标准，那么，民事诉讼中的刑事主张究竟应适用怎样的证明标准？此一问题在英美的判例法历史上，所给出的答案是大相径庭的。概括地说，主要有三种认识和做法：一是肯定说。肯定说以事实主张的性质作为证明标准适用的界限，认为不论刑事主张存在于何种性质的诉讼程序，均须以排除合理怀疑的证明加以证实。二是否定说。否定说以诉讼程序的性质作为证明标准适用的尺度，认为凡在民事诉讼中所主张的事实，无论其自身性质如何，一概适用民事标准加以证明。三是折中说。折中说以法律有无明文规定为标准，认为在一般情况下，民事诉讼中的刑事主张应适用民事证明标准，但在诸如成文法明文规定证明标准的婚姻犯罪、藐视法庭罪等刑事主张中，则应适用刑事证明标准。尽管诸说在英美法的不同时期均间杂地存在，但大致而言，主流观点是循着肯定说到折中说再到否定说的脉络演化的。这种演化充分表明民刑诉讼程序之间的分野，日益受到了英美法的重视和强调。在 1939 年的美国，艾塔肯（Atkin）勋爵曾以"枢密院司法委员会顾问"的身份，就"The people of the state of New York v. The Heirs of phillips"一案发表过这样的观点："本案适用刑事证明标准乃是恰当的，这种主张曾由本州法院一而再地予以了肯定，实践证明也是正当的。"直至 1957 年，英国上诉法院在"Hornal v. Neuberger Products, Ltd.,"一案中，坦率地承认英国早期的判例是矛盾的，并且明确表示：在民事诉讼中，对刑事事件的主张，仅需以盖然性的优势证据加以证明即为足够。就本案而言，尽管郡法院的法官对被告是否有欺诈行为尚未被无合理怀疑地说服，但已被盖然性的优势证明说服，因而，上诉法院维持了郡法院所作的给付诈欺损害赔偿费的判决。自此以后，上诉法院的这种论据逐渐被扩展适用于包括非法杀人在内的全部刑事主张。依克劳斯的见解，尽管英国上诉法院并未就先前所作的若干判例进行过讨论和总结，但"Hornal"一案的判决，业已为民事诉讼中刑事主张的证明标准设定了一项法律规则，即在民事诉讼中，任何犯罪行为甚至是谋杀行为的主张，均仅需以盖然性的优势证据加以证明。

但是，这并不意味着刑事证明标准在英美民事诉讼中就没有存在的余地。在英美法上，无论是现行刑事或民事立法抑或居主流的司法见解，都一致肯定在以通奸为由的离婚诉讼中，仍然适用刑事证明标准，即当事人必须以排除合理怀疑的证明，证实通奸事实的存在。这可以视为英美民事诉讼证明标准的一项例外。

此一例外首先肇端于1951年英国的"Preston Jones v. Preston Tones"一案的判决。在此案中,丈夫即原告以通奸为由提出了离婚请求。此项诉讼理由所依赖的事实,乃是他的妻子在同他最后一次性交之后的第360天,生育了一个小孩。承审法官要求原告提供证据,对其事实主张予以排除合理怀疑的证明。此证明要求得到了上议院的认同。所以设立如此之高的证明标准,其理由主要有二:其一,本案出现了有利于被告的合法性的法律推定,即婚姻关系存续期间所生子女被推定为婚生子女,而此项推定唯有以排除合理怀疑的证明方能予以推翻;其二,通奸不仅自身具有准刑事犯罪的性质,而且对社会公益的影响至深且巨,因而为刑法和婚姻法所共同关涉。自此判例问世之后,凡以通奸为由的离婚案件,均须适用刑事证明标准。到1969年,英国通过了《离婚改革法》,将此项证明标准正式以成文法的形式固定了下来。取而代之的1973年《离婚理由法》,在这个方面完全沿袭了旧法规定而未改一字。

(六)刑事证明标准在我国民事诉讼中的适用

理论界对《证据规定(2020年)》第86条的规定有观点持质疑态度,认为这种"排除合理怀疑的证明标准"与刑事诉讼中的证明标准相混同,因而是错误的。笔者认为这种多元化证明标准的立法模式反映了证明标准应当与案件性质相适应的基本原理,是一种辩证而务实的证明标准,是正确的证明标准。因为司法解释中所列举的这几种作为证明对象的行为和事实,有的与当事人的道德品质、伦理评价有关,直接关系到当事人的人格评判,有的与当事人重大的权益相关,在设定证明标准时不可不作出差异性对待。如"欺诈、胁迫、恶意串通",这三种行为与一般的侵权行为,尤其与过失的侵权行为有重大区别,因而需要最高级别的证明标准与之相适应,目的是让主张该类事实的当事人负担更重的举证责任,防止其轻易举证成功,从而使证明的事实与客观事实相悖,使对方当事人不仅受到败诉或不利益裁判,还在社会评价上遭受名誉损失。再如"口头遗嘱或者赠与事实"的证明,涉及当事人之间的重大权益分配,证明成功则获得巨额财产,证明失败则遭受败诉判决,而"口头遗嘱"容易失真,《民法典》虽然承认此种遗嘱的有效性,但并不鼓励。① 至于"赠与事实",《民法典》第657条规定:"赠与合同是赠与人将自己的财产无偿给予受赠人,受赠人表示接受赠与的合同。"第658条第1款规定:"赠与人在赠与财产的权利转移之前可以撤销赠与。"据此规定,如原告提起履行赠与合同之诉,被告则可撤销赠与,因而即便原告证明成功也不可能获得胜诉之结果,是故似无须提出更高证明标准之要求,该一规定值得推敲。

可见,多元化证明标准的立法思维(含法解释思维)值得肯定,这应当成为我国民事诉讼证明标准制度发展的基本方向。然而仍需指出的是,《证据规定(2020年)》第86条作出的列举性规定并不周延,如果有一个诸如"其他法律有类似规定的事实"这样的兜底条款便更加科学。举例言之,在英美国家,如果继承人为了继承遗产而实施谋害被继承人的行为,则其便丧失继承权,而对该谋害行为则需要达到"排除合理怀疑的证明标准",与刑事诉讼的证明标准相同。《民法典》第1125条规定:"继承人有下列行为之一的,丧失继承权:(一)故意杀害被继承人;(二)为争夺遗产而杀害其他继承人;(三)遗弃被继承人,或者虐待被继承人情节严重;(四)伪造、篡改、隐匿或者销毁遗嘱,情节严重;(五)以欺诈、胁迫手段

---

① 《民法典》第1138条规定:"遗嘱人在危急情况下,可以立口头遗嘱。口头遗嘱应当有两个以上见证人在场见证。危急情况消除后,遗嘱人能够以书面或者录音录像形式立遗嘱的,所立的口头遗嘱无效。"乃是将口头遗嘱置于"危急情况"之下的无奈补救之举,因此,诉讼当事人若提出口头遗嘱,当然就要负担更重的举证责任,因而其证明标准的要求便应更高。

迫使或者妨碍被继承人设立、变更或者撤回遗嘱,情节严重。继承人有前款第三项至第五项行为,确有悔改表现,被继承人表示宽恕或者事后在遗嘱中将其列为继承人的,该继承人不丧失继承权。受遗赠人有本条第一款规定行为的,丧失受遗赠权。"其中所列举的"故意杀害被继承人""杀害其他继承人"等行为,势必另有刑事裁判文书作为依据,因而其必然适用刑事诉讼证明标准。然而,该条中所称"遗弃被继承人""虐待被继承人情节严重"以及"伪造、篡改或者销毁遗嘱,情节严重"则未必构成刑事犯罪,如其在民事诉讼中成为争议焦点,则基于前述分析理由,理应适用最高级别的"排除合理怀疑的证明标准"。《民法典》第1079条第3款规定:"有下列情形之一,调解无效的,应当准予离婚:(一)重婚或者与他人同居;(二)实施家庭暴力或者虐待、遗弃家庭成员;(三)有赌博、吸毒等恶习屡教不改;(四)因感情不和分居满二年;(五)其他导致夫妻感情破裂的情形。"本条中所列举的第一、二、三项等行为,基于同样的道理,也应采用最高级别的"排除合理怀疑的证明标准"。这样的例子还可举出许多,有待于将来司法解释修改时予以完善和充实。

九、表见代理的证明标准:案例评析[①]

(一) 基本案情

2011年9月15日,B公司汇给A公司开立在某支行的账户300万元。后其中270万元即被转入某物资有限公司账户。同日,吴某出具给B公司《借条》1张,载明"今借B公司人民币叁佰万元整(3000000),借期六个月,月息两分,到期归还",落款为"借款人:吴某,2011.9.15"。借条上加盖了"A公司"字样印章。

A公司于2006年3月2日登记设立,股东张某某、吴某,张某某任公司法定代表人,吴某任公司监事。吴某、张某于2001年2月22日登记结婚,张某系张某某女儿,吴某系张某某女婿。2009年12月8日,吴某将其持有A公司的股权转让出去,吴某不再是A公司股东,也不再任公司监事。2013年夏,吴某、张某离婚。

B公司所持有借条上加盖的A公司的公章系吴某私刻。2014年5月17日,某公安局对吴某伪造、变造公文证件印章案决定立案,并对吴某依法采取取保候审措施。吴某在一审庭审中陈述:其原系张某某的女婿,2011年9月15日,其向俞某借款300万元,俞某要求接收账户必须为农商行对公账户,其便将A公司的账户提供给俞某,后300万元便打入了A公司账户。一开始出具的借条是以其个人名义所写,未加盖公章。后因其没有还款,对方要求重写借条,为了给对方交代,其便私刻了A公司公章,于2013年五六月重新出具了借条,并加盖了私刻的公章。办理账户转账的具体情况是:其因介绍客户到A公司购买汽车,在陪同付款时知道了A公司网银U盘放在财务办公室抽屉内,抽屉钥匙放在茶叶筒内。其拿钥匙开抽屉将网银U盘拿出来后到外面办理了270万元的转账,剩余的30万元是偿还A公司的购车款。A公司在月底查账时发现该情况后向其询问,其称有笔款项要转给钢材公司,因钢材公司没有账户,借A公司账户用用。

一审法院判决驳回B公司对A公司的诉讼请求。二审法院判决驳回上诉,维持原判。再审判决认为,吴某向B公司借款的行为对A公司构成表见代理,A公司应当向B公司承担还款责任,并应当按照约定支付利息。遂判决A公司归还B公司借款本金300万元及相应利息。

[①] 某汽车销售服务有限公司与某金属材料有限公司企业借贷纠纷案。

（二）法理评析

1. 表见代理的程序法蕴含

表见代理这个概念虽然是实体法上的概念，但其却蕴含着证明标准这一程序法上的重要含义。一方当事人主张表见代理成立，另一方当事人否认表见代理成立，依证明责任的分配规则，由主张者（一般为原告）负担证明责任，被告对此负担反证责任。证明到最后的结局如果表见代理的肯定性主张占据了证据优势，则法院认可表见代理的成立；反之，如果表见代理的否定性主张占据了优势，法院则否认表见代理的成立。本案表面上是表见代理之争，实质上是证明标准之争，双方当事人较量的是各自所拥有的有利于证明己方主张的证据证明力之强弱与大小。

2. 表见代理的证明对象

证明力的比较不仅要综合全案做出总的判断，而且要将其落实到个案的要件事实之中进行分别的判断。如果对本案仅仅进行综合判断，而不首先进行仔细的个别判断，则最终将会陷入人云亦云的摇摆境地，难以形成肯定性的心证。表见代理的构成要件来源于立法上的规范性预设，对任何证明对象的抽离剥析必须首先回归实体法的明文规定之中，通过法解释论的有效运用，将要件事实精准地剥离出来，从而使之形成确定性的证明对象。为此，我们要回到实体法上关于表见代理的规定之中。《合同法》第49条（现为《民法典》第172条）规定："行为人没有代理权、超越代理权或者代理权终止后以被代理人名义订立合同，相对人有理由相信行为人有代理权的，该代理行为有效。"最高人民法院《关于当前形势下审理民商事合同纠纷案件若干问题的指导意见》第13条对此解释道："合同法第四十九条规定的表见代理制度不仅要求代理人的无权代理行为在客观上形成具有代理权的表象，而且要求相对人在主观上善意且无过失地相信行为人有代理权。合同相对人主张构成表见代理的，应当承担举证责任，不仅应当举证证明代理行为存在诸如合同书、公章、印鉴等有权代理的客观表象形式要素，而且应当证明其善意且无过失地相信行为人具有代理权。"第14条继而要求："人民法院在判断合同相对人主观上是否属于善意且无过失时，应当结合合同缔结与履行过程中的各种因素综合判断合同相对人是否尽到合理注意义务，此外还要考虑合同的缔结时间、以谁的名义签字、是否盖有相关印章及印章真伪、标的物的交付方式与地点、购买的材料、租赁的器材、所借款项的用途、建筑单位是否知道项目经理的行为、是否参与合同履行等各种因素，作出综合分析判断。"可见，作为表见代理争议所形成的证明对象有三个：其一，行为人是否以被代理人名义进行。其二，是否存在足以使相对人有理由相信行为人有代理权的权利外观。其三，相对人是否具有善意且无过失，即相对人不是明知行为人没有代理权而仍与之实施民事法律行为，也不是由于自己疏忽大意，没有尽到应有的注意义务而轻易将没有代理权的行为人误认为有代理权。以上三个要件事实构成了本案的证明对象。

3. 表见代理的证明力比较

首先，关于要件事实一也即吴某是否以A公司的名义进行了借款。原告的证据是吴某是A公司法定代表人的女婿，并且担任公司监事职务，且以前也有吴某代表A公司向其借款以及向他人借款的类似行为事实。被告方的证据是，吴某借款时并没有提及以A公司的名义借款，借款当时在所写欠条上，只有吴某个人的签名，后来应B公司的要求，才加盖了私刻的A公司的印章。同时，客观事实也表明，在吴某向B公司借款时，其已经转让了其在A公司的全部股权，不再是A公司的股东，尽管A公司在吴某借款时还为其缴纳个人所得税，但该证据并不能证明吴某仍为A公司的高管。因此，正反两方面的证据比较，应当认为反方证据占有优势。因为，私刻印章的行为本身就足以表明，吴某借款并非以A公司的名义进行，同时，A

公司对吴某借款并无任何授权行为,不属于立法所规定的超越代理权、停止代理后的边缘性代理行为,不足以引起相对人B公司的误解。

其次,借款行为发生时,吴某并不具备足以使B公司相信其有代表A公司借款的权利外观。"吴某曾系A公司股东,且系A公司原法定代表人张某某的女婿","涉案借款行为发生时,吴某虽已不再是A公司股东,但其妻子张某仍是A公司股东",A公司为吴某缴纳个人所得税,等等这些事实仅仅是客观事实,而不是权利外观。权利外观应当是吴某具有A公司的授权委托书或者持有公司印章,然而,这二者于本案中均为缺乏,因而不是A公司法定代表人的吴某不具有代表A公司进行对外交往尤其是借款的权利外观。

最后,B公司在主观上存在疏忽大意或者过于自信的过错。对于这样一笔大额借款,B公司理应格外审慎,尽到应有的注意义务,然而本案中,B公司的一系列行为不能不说其存在主观上的过错。吴某在借款时并没有加盖公司印章,这一点当时就应当引起B公司的怀疑,然而,B公司却轻信了吴某的说辞。该印章是经过一个多月之后才予以补盖,这印证了B公司的放任心理。同时,两个公司的法定代表人非常熟悉,要进行核实轻而易举,而B公司居然对此从未核实查验,也不能说是全无过错。尤为重要的是,两公司同时还发生了另一笔借款,该另一笔借款有合同、有公章、有担保,一应俱全,完全符合正常的商业惯例和借贷行为范式。该笔借款后于争议借款发生、先于争议借款偿还,而并未滋生任何事端,后一笔借款的周延性足以说明,B公司在争议借款中未尽到应有的审慎注意义务,显然不属于"善意且无过失"。因此,本案在主观要件上也不符合表见代理的构成要件。

综上,本案吴某的借款行为不构成表见代理,A公司不应承担还款责任。吴某私刻公章本身就充分说明其借款行为不能代表A公司的意志。B公司完全可以与A公司的法定代表人进行核实,足以证明B公司在该争议借款上的疏忽令人难以理解,其非善意及过失至为显然,对一个有明显过错的行为者法律不应提供保护,否则不利于商事行为的理性、审慎和安定。

第十七章　民事诉讼保障制度

第一节　期间与期日

一、期间的概念和意义

(一) 期间的概念

期间的概念有广义和狭义之别。广义的期间包括期日在内,狭义的期间则仅指期限。《民事诉讼法》是在狭义上使用期间这个概念的,也正因如此,理论界通说也是将期间从狭义上理解,不包括期日。《民事诉讼法》关于期间有两条总的规定,即第85条和第86条。

期间,是指人民法院、当事人、其他诉讼参与人分别实施诉讼行为所应当遵循的时间要求,如被告答辩期间为15日、当事人不服一审判决的上诉期间为15日、法院的一审审限为6个月、二审审限为3个月等,均属期间之规定。与之有别,期日则是人民法院、当事人和其他诉讼参与人汇合实施诉讼行为所应遵循的时间要求,如证据交换期日、调解期日、庭前会议期日、庭审期日、宣判期日等，均属期日之规定。期间和期日是民事诉讼法上的时间概念，具有重要意义。

（二）期间的意义

一是民事诉讼程序有序、高效进行的保障。民事诉讼程序具有内在的规律性、节奏性、阶段性和计划性，通过期间和期日的确定，便能够保障民事诉讼程序的有序化进行，同时能够体现出民事诉讼程序的效率性价值。反之，如果没有期间和期日的要求，民事诉讼程序将会呈现出一盘散沙、无组织、无纪律的涣散状态。如被告可以随时答辩、当事人可以随时上诉、法院可以不受任何时限的限制、当事人可以随时申请强制执行等，诉讼程序就会因其迟延或中断而导致反复进行，诉讼程序的结束就会遥遥无期，诉讼的高效进行就会落空。

二是保障当事人行使诉讼权利的需要。当事人行使诉讼权利需要有一定的时间保障，如果立法所设定的时间过于仓促，当事人的诉讼权利就无法得到切实保障；反之，如果立法所设定的时间过于宽松，则对一方当事人有了保障，对另一方当事人就显得拖延或不公。比如被告的答辩期是被告行使答辩权的时间保障，我国《民事诉讼法》规定的时间为15日。如果答辩期过短，比如5日，则被告很难充分进行准备，也无法有效答辩，同时聘请诉讼代理人也来不及；如果答辩期过长，比如1个月，则原告就会觉得等待1个月的时间过长了，诉讼程序也有拖延之嫌。是故，期间的确定是长是短，要根据实际情况而定，一概以保障当事人充分行使诉讼权利为目标。

三是保障人民法院及时行使审判权的需要。期间对于当事人而言主要在于保障，保障其能够充分行使诉讼权利，确保程序之公正；对于法院而言则主要在于施压，促使法院及时行使审判权，防止诉讼拖延和延滞，从而确保程序之效率。典型的例子是《民事诉讼法》中关于审判期间（审限）之规定，通过审限制度的规定，促使法院在法定的审限内进行案件的审理和裁判，从而使诉讼程序及时了结，保证当事人合法权益的及时实现。

二、期间的种类

《民事诉讼法》所规定的期间多种多样，各种期间的功能和作用不尽一致，对于这些种类繁多的期间，可以从不同的标准进行划分，从而使立法更加精准，司法更有指引性。

（一）法定期间、指定期间和商定期间

根据期间产生的依据，可以将其划分为法定期间、指定期间和商定期间三种。

1. 法定期间

法定期间，是指法律明确规定的诉讼期间。如民事诉讼中规定的立案期间、管辖权异议期间、上诉期间、申请再审的期间、答辩期间、一审期间、二审期间、申请再审期间等都属于法定期间。对于法定期间，除法律另有规定以外，法院、当事人和其他诉讼参与人均不得加以变更。

2. 指定期间

指定期间，是指法院根据案件的具体情况和审理案件的需要，依职权指定当事人及其他诉讼参与人完成某项诉讼行为的期间。指定期间包括法院指定当事人举证的期间、当事人履行判决书所确定义务的期间、法院指定当事人补正起诉状或答辩状的期间、补充证据的期间、提交辩论意见书的期间、交纳诉讼费用的期间，等等。

3. 商定期间

商定期间，是指当事人根据法律或司法解释的规定，协商一致并经法院认可的期间。当事人能否商定期间，取决于立法的授权性规定；在特殊情况下，经法院许可，也可以由当事人商定期间。当事人商定期间的形式可以是口头的，也可以是书面的；无论是口头的还是书面的，都具有合意的性质，因而商定期间也被称为约定期间。

结合起来看，有时一个诉讼制度会同时出现法定期间、指定期间和商定期间三个期间。如《证据规定（2020）》第51条规定："举证期限可以由当事人协商，并经人民法院准许。人民法院指定举证期限的，适用第一审普通程序审理的案件不得少于十五日，当事人提供新的证据的第二审案件不得少于十日。适用简易程序审理的案件不得超过十五日，小额诉讼案件的举证期限一般不得超过七日。举证期限届满后，当事人提供反驳证据或者对已经提供的证据的来源、形式等方面的瑕疵进行补正的，人民法院可以酌情再次确定举证期限，该期限不受前款规定的期间限制。"这里规定的不得少于15日、10日或不得超过7日的期限，为法定期间；法院在该范围内所指定的举证时限，为指定期间；当事人商量确定的举证时限，为商定期间。

（二）不变期间和可变期间

根据期间被确定以后是否可以变更，分为不变期间和可变期间。

1. 不变期间

不变期间，是指经法律规定，除有法定情形外，任何人不得予以变更的期间。如上诉期间、申请再审的期间等。对于不变期间，无论当事人、其他诉讼参与人还是法院，都无权予以延长或缩短。

2. 可变期间

可变期间，是指期间经法律规定、法院指定或当事人商定后，因情况发生了变化，在规定、指定、商定的期间内完成某种诉讼行为确有困难，法院可以根据当事人的申请或依职权变更原定的期间，或者由当事人重新商定期间。如一审、二审的审理期限就属于可变期间，但简易程序的期间就属于不可变期间。

凡是指定期间或商定期间，均属于可变期间，只有法定期间，才有可变期间和不可变期间划分的意义。一般来说，法定期间大多属于不可变期间，如被告答辩期间、当事人的上诉期间等，均属于不可变更的期间，法院无权确定本案的上诉期间为16日或者14日，而只能是法定的15日。但是有的法定期间，如一审、二审的审限，法律均规定，在特殊情形下可以通过一定程序予以延长，这在性质上就成了可变期间。

三、期间的计算

对于期间的计算，《民事诉讼法》第85条做出了具体而明确的规定，主要包括以下几个方面：（1）期间以时、日、月、年为计算单位；（2）期间开始的时和日，不计算在期间内；（3）期间届满的最后一日是法定休假日的，以法定休假日后的第一日为期间届满的日期；（4）期间不包括在途时间，诉讼文书在期满前交邮的，不算过期。

值得注意的是，包括法院在内的任何人均无权确定什么样的活动不计算在期间之内，期间的剔除只有立法明定时才有效，否则就属于违法。

四、期间的耽误和顺延

期间的耽误就是在法律规定或法院指定或当事人商定的期间内未能实施或完成相应的诉讼行为所产生的一种诉讼状态。期间的耽误，有广义和狭义之分。广义的期间耽误，包括法院、当事人和其他诉讼参与人对于期间的耽误，比如法院超审限就属于广义的期间耽误；狭义的期间耽误指的是当事人或其他诉讼参与人未能在期间内实施应该实施的诉讼活动之诉讼状态。《民事诉讼法》第86条规定："当事人因不可抗拒的事由或者其他正当理由耽误期限的，在障碍消除后的十日内，可以申请顺延期限，是否准许，由人民法院决定。"可见，我国立法是在狭义上规定期间耽误制度的，法院超审限审判不构成狭义的期间耽误，但构成广义的期间耽误，会产生司法考核等方面的司法责任，严重超审限则构成程序违法，当事人可以据此提出上诉或申请再审，检察院也可以实施法律监督。

一般而言，期间耽误的法律后果是丧失进行某种诉讼活动的权利，即发生失权的效果；但特殊情况下，期间的耽误并不丧失实施某种诉讼行为的权利，如《民事诉讼法》第68条规定的举证时限，当事人逾期后根据其情节会产生证据失权、罚款、训诫等多种诉讼后果。

期间耽误如果有不可抗拒的事由或者其他正当理由，根据《民事诉讼法》第86条的规定，在障碍消除后的10日内，当事人可以申请顺延期限，是否准许，由人民法院决定。

五、期日

（一）期日的概念

期日是指当事人及其他诉讼参与人与法院汇合进行诉讼行为的时间。民事诉讼中的期日无法列举性叙述，因为法院在审判中随时随地可能会确定某一个期日，以指挥和推进诉讼进程，主要的期日包括审前会议的期日、证据交换的期日、调解的期日、开庭审理的期日、宣判的期日、执行听证的期日等。

（二）期间与期日的区别

期间和期日都属于时间概念，然而二者在诉讼法上存在用法上的区别，具体表现在：

1. 汇合性还是单独性的差异

期间是单独性概念，在期间内，法院、当事人、其他诉讼参与人分别实施诉讼行为，从事诉讼活动，而单独产生诉讼法上的效果。例如，在上诉期间中，原告和被告均在15日内提出上诉，原告的上诉和被告的上诉是分别实施的，他们无须商量，更无须汇合，具有独立实施的特点。原告在15日内没有上诉，原告丧失上诉权；被告在15日内没有上诉，被告丧失上诉权；双方均无上诉，双方均丧失上诉权。可见，其上诉或不上诉的诉讼行为是单独实施的，其诉讼效果也是独立发生的。这是期间的特点。期日则有所不同，在期日内，相关诉讼主体或参与主体均需到场，集中在一起实施诉讼行为，同时也在同一时间结束该阶段或该环节的诉讼行为和诉讼活动。比如，庭审期日中，审判人员、当事人、证人、鉴定人等，均需出席法庭，在法庭上各自从不同的角度实施相应的诉讼行为，如进行举证、法庭调查、法庭辩论、诉讼调解等。

2. 时间线与时间点的区别

期间是时间线，有开始的始点，也有结束的终点，在始点和终点之间，可以划出一条时间线，在这个时间线上，当事人可以实施诉讼行为，法院也可以实施审判活动，其他诉讼参与人，如鉴定人，也可以在一定时间线的期间内，实施司法鉴定活动。期日则不属于时间线，而属于时间点，比如说证据交换期日，该期日的表示为某年某月某日某时在法院进行证据交换，这就是一个时间点的表示方法。该时间点只有开始的时间，比如上午9点开庭，没有结束的时间；期日究竟何时结束，视情形而定。比如开庭期日，有可能开庭半小时，也有可能开庭到中午12点，下午还要继续开庭；今天开庭结束不了，明天还可以接着开庭。因此，期日的终结时间由司法裁判官决定。

3. 有无法定性不同

期间有法定的,也有商定的,还有指定的;期日则只有商定的和指定的两种,而没有法定的期日。因为法律无法细到将具体何时开庭、何时交换证据、何时调解等等加以具体规定,因此,期日的确定主要是法院的职责和事情,当事人可以提出期日确定的申请或建议,但对法院没有拘束力。

4. 能否变更不同

期间有两种,一种是可以变更的期间,称为可变期间,还有一种是不可变更的期间,称为不可变期间。由于期日是审判人员行使司法指挥权所确定的,而司法指挥是与时俱进、因时而变的,所以期日并不是一成不变的,而是可以变更的。当然,期日的变更也不是任意而为的,而是有正当事由作为正当化依据的。

5. 是否具有划一性不同

期间里的诉讼行动不必整齐划一,何时实施具体的诉讼行为,由相应的诉讼主体或参与主体决定,比如在上诉期间内,原告可能在第一时间提出上诉,被告可能会等到原告上诉后才提出上诉,因而当事人的上诉行为在时间上并不是划一同步的,呈现出步调上的差异性。然而期日与之有别。在期日内,各方主体一起到场、一起实施诉讼活动、一起结束退场,体现出行动上的步调一致性特点。

(三) 期日的耽误与补救

期日的耽误是指在法院确定的期日中,当事人或其他诉讼参与人未能到场,因而出现了无法实施某种诉讼行为的现象。期日的耽误分为当事人的期日耽误和其他诉讼参与人的期日耽误。当事人的期日耽误又分为有正当事由的耽误和无正当事由的耽误,有正当事由的耽误,经当事人向法院提出申请,并说明正当理由,法院认可同意后,可以更改期日重新确定期日。例如,《民事诉讼法》第149条规定:"有下列情形之一的,可以延期开庭审理:(一)必须到庭的当事人和其他诉讼参与人有正当理由没有到庭的……"这就是当事人有正当理由未能出席法庭、耽误开庭的法律处理,此种情形下的当事人期日耽误便导致法院延期开庭审理的结果。但是,若当事人缺席期日而未能到场,同时也无正当理由,其所产生的法律后果则截然不同。同样是当事人缺席开庭期日,如果当事人的此种缺席行为无正当理由,或者提出的所谓正当理由不能为法院所采纳,则产生缺席期日的严重后果。对原告而言,若其缺席庭审期日而无正当理由,则产生拟制为撤诉的诉讼后果;对被告而言,若其缺席庭审期日而无正当理由,则产生缺席审判的诉讼后果。[①] 如果对必须出庭的被告而无正当理由缺席庭审期日的,数量达到两次,则构成法院对其实施强制措施的法律情形,法院对此可以拘传被告到庭,以作为对特殊被告无视庭审期日的制裁。[②] 这是对当事人而言。对其他诉讼参与人而言,其也必须遵守法院确定的期日要求,若有违背且无正当理由,则产生其他妨碍民事诉讼进行的法律后果,法院可以对其罚款、训诫等。[③]

---

① 《民事诉讼法》第146条、第147条。
② 《民事诉讼法》第112条。
③ 例如,对证人而言,如果其无正当理由不出席庭审期日出庭作证,则将产生司法制裁的后果。《民事诉讼法》第76条规定:"经人民法院通知,证人应当出庭作证。"《民事诉讼法》第113条规定:"诉讼参与人和其他人应当遵守法庭规则。"

第二节 送 达

一、送达的概念和特征

送达是民事诉讼法上的重要概念,它直接关系到所进行的诉讼程序是否有效这一根本问题。①《民事诉讼法》从第87条到第95条用9个条文规定了我国的送达制度,这些规定形成了一个完整的制度体系。送达,指的是人民法院按照法定的程序和法定的方式,将诉讼文书送交给当事人及其他诉讼参与人,使其知悉相关文书内容的诉讼行为。依照该定义,可以分析出送达具有以下主要特征:

从主体上看,送达是法院所实施的诉讼活动。世界各国在送达的模式上采用两种立法体例,一是职权送达主义,二是当事人送达主义。大陆法系国家通常采用职权送达主义,英美法系国家通常采用当事人送达主义,这种立法模式上的分野,也是与两大法系国家诉讼模式的差异性相关联的。我国采用职权送达主义,送达诉讼文书的行为只能由法院亲自实施,法院不得将诉讼文书交给当事人实施送达行为。比如,法院对原告的起诉状,必须亲自送达给被告,而不得责令原告送达给被告。职权送达主义更注重司法的权威性和诉讼的效率性,而当事人送达主义更注重程序的正当性和当事人的自主性,二者各有优劣,历史上曾发生过由当事人送达主义向职权送达主义发展和演变的过程,例如大陆法系国家的法国等国家,在资产阶级革命后采取自由主义的诉讼观,曾实行过当事人送达主义,后来实践表明,当事人送达主义虽然有助于减轻法院的负担和司法成本,但当事人容易滥用该权利,导致诉讼效率低下,因而后来德国等国家纷纷改采职权送达主义,法国也做了职权化的改革。我国究竟作何选择,理论界和实务界存在争论。

从客体上看,送达的客体是各类诉讼文书。比如,原告的起诉状需要送达给被告,被告的答辩状需要送达给原告,开庭通知书需要送达给双方当事人及其他诉讼参与人(包括证人、鉴定人、翻译人员、专家辅助人等),判决书、裁定书、决定书等需要送达给当事人等。可见,诉讼文书包括两大类别:一类是当事人制作的诉讼文书,如起诉状、答辩状等;另一类是法院制作的诉讼文书,如判决书、裁定书等。后者也被称为法律文书。严格意义上的诉讼文书是当事人制作的用来表述诉辩请求、事实主张和证据声明等内容的文书,广义的诉讼文书则包括法院制作的法律文书。送达是在广义上使用诉讼文书的概念的。

从受送达人角度看,受送达人包括当事人和其他诉讼参与人。只要是法院将诉讼文书送达给其的主体,包括个人和单位,均属于受送达人,其范围非常广泛,立法无法予以限定。如《民事诉讼法》第113条规定的任何旁听者如果不遵守诉讼规则,实施了大闹法庭或其他违反法庭规则的行为,法院可对其实施罚款、拘留等司法制裁,为此法院制作的决定书,就需要送达该人,该人便成为受送达人。再如,《民事诉讼法》第117条所规定的诉讼协助人和执行协助人,法院也需要将协助诉讼通知书或协助执行通知书送达给他们。

从法律的角度看,送达的诉讼行为具有严格的法定性要求。送达的法定性要求包括三个层面的内容:一是送达程序的法定性,送达必须严格按照法定程序进行。比如说留置送达,必须

---

① 送达分为国内送达和涉外送达,涉外送达在涉外诉讼程序中加以论述,这里仅涉及国内送达。

将需送达的诉讼文书留置在受送达人的住处，并且要有一定的见证人或见证方式加以证明，方能完成留置送达的整个过程，才能构成有效的留置送达。① 二是送达方式的法定性。送达的方式具有严格的法定性要求，法院不能在《民事诉讼法》规定之外另外创设送达方式，否则就是无效的。比如，在2012年《民事诉讼法》修改前，送达的方式中并没有电子送达这种方式，如果法院用电子邮件实施送达，就是无效送达；但在《民事诉讼法》修改后，由于其第90条规定了电子送达这种方式，法院即可采用该种送达方式实施送达行为。三是送达顺序的法定性。送达的方式包括直接送达、留置送达、电子送达、邮寄送达、委托送达、转交送达、公告送达等七种方式，这七种方式有先后顺序之别，而不是并行的，法院在实施送达时，必须在尝试顺位在先的送达方式而无济于事时，才能采用顺位在后的送达方式。

二、送达的意义

送达具有极为重要的意义，主要表现在：

（一）送达是保障当事人知情权的需要

当事人是诉讼程序的主体，诉讼成败与之密切攸关，与诉讼结果具有直接的利害关系，因此，当事人对于诉讼程序具有参与权、辩论权、监督权等一系列诉讼权利，这些诉讼权利的行使离不开诉讼知情权这个基础性权利的保障，而送达则有助于当事人诉讼知情权的实现。如果不将原告起诉状送达给被告，被告就无法参与诉讼进行答辩；如果不将开庭传票或出庭通知书送达给当事人或其他诉讼参与人，当事人就不能参加法庭调查和法庭辩论等重要活动，证人等人也就无法出席法庭进行作证或实施其他诉讼活动。

（二）送达是确保诉讼程序正当化的需要

正当的法律程序是现代各国民事诉讼立法者所共同追求的立法目标，因为只有正当的法律程序才具有道德上的善，才能被人们评价为是可接受的程序，也才能产生正当的诉讼结果，而正当的法律程序的一个基本的也是起码的要求和元素就是通过有效的送达使当事人能够及时参与诉讼，并在诉讼的全部过程中，充分实施诉讼活动，行使诉讼权利，主张自己的利益，从而实现有利于自己的诉讼结果。可见，一个完善化的送达制度，是构筑正当法律程序所不可或缺的基石性诉讼制度，正因如此，各国民事诉讼立法都非常重视送达制度的构建和保障。如我国《民事诉讼法》第207条规定了13项再审事由，其中有3项再审事由都与送达相关联，包括："（八）无诉讼行为能力人未经法定代理人代为诉讼或者应当参加诉讼的当事人，因不能归责于本人或者其诉讼代理人的事由，未参加诉讼的；（九）违反法律规定，剥夺当事人辩论权利的；（十）未经传票传唤，缺席判决的。"如此重视送达制度，说明我国民事诉讼法所构筑的法律程序具有的正当化程度较高。

（三）送达是保障人民法院作出正确裁判的需要

整个诉讼程序就是法院调查研究的过程，法院要正确地认定案件事实，并在该基础上正确地适用法律，从而正确地作出裁判，由此公正地解决纠纷，维护社会秩序。法院要实现预期的审判目标，一个必要的前提条件就是让各种有利于司法裁判的信息和材料、观点、主张、意见等，无障碍地、畅通地进入诉讼程序，使诉讼程序的参与者达到最大化、诉讼资料最大化、各种观点最大化，然后在此基础上经过分析研究，作出正确的裁判。这一切均有赖于送达行为的

---

① 《民事诉讼法》第89条。

有效实施,通过送达,使当事人到场发表意见,使诉讼参与人到场发表证词、鉴定意见、辅助意见,使检察机关派员出席法庭发表监督意见,使诉讼支持者出席法庭发表支持意见,等等。正是通过送达,使各方主体云集于诉讼程序这个法律平台之上,使他们得以充分施展诉讼才能,扮演好各自的诉讼角色,法院在广采众智的基础上作出允当而公正的裁判。缺乏有效的送达,能够参与诉讼程序的主体在数量上必将减少,法院所能够获得的诉讼信息也必将减少,法院在不完整的诉讼信息的基础上所作出的裁判,其正确性和正当性都必将受到质疑。可见,送达是法院作出正确裁判的重要支柱。

三、送达的方式

(一) 直接送达

直接送达,是指人民法院派专人将诉讼文书直接、亲自送交给受送达人本人的送达方式。根据《民事诉讼法》第88条的规定,送达诉讼文书,应当直接送交受送达人。受送达人是公民的,本人不在交他的同住成年家属签收;受送达人是法人或者其他组织的,应当由法人的法定代表人、其他组织的主要负责人或者该法人、组织负责收件的人签收;受送达人有诉讼代理人的,可以送交其代理人签收;受送达人已向人民法院指定代收人的,送交代收人签收。受送达人的同住成年家属,法人或者其他组织的负责收件的人,诉讼代理人或者代收人在送达回证上签收的日期为送达日期。直接送达是最正规的送达方式,也是民事诉讼法所推崇的首选送达方式,原则上,法院应当采用直接送达的方式完成送达任务;只有在直接送达确有困难时,作为替代的方式,才能适用其他的送达方式。直接送达的基本特点在于法院工作人员亲自到受送达人的住处或工作单位,将诉讼文书直接交给受送达人签收。由于直接送达要求手把手送达,因而在英美法国家,也被称为"人身送达"或"亲自送达"(personal service)。直接送达原则上要求将诉讼文书亲自送达给受送达人;但民事诉讼法也允许对受送达人以外的一定范围内的人实行直接送达,包括受送达人的同住成年家属、诉讼代理人、代收人;如果受送达人属于法人或其他组织,直接送达则可以向法定代表人、主要负责人以及负责收件的人实施。向作为公民的受送达人实施直接送达,除可以向其住所实施送达外,还可以向其工作单位实施送达;向受送达人工作单位实施送达的,必须送达给其本人,而不得送达给负责收件的人或者其他人代转。此外,直接送达还可以在法院实施,比如在调解期日将开庭通知书或传票直接送达给在法院正在进行诉讼活动的当事人及其他诉讼参与人。送达诉讼文书的法院工作人员在送达途中碰到受送达人的,也可以在途中实施直接送达。按照送达地址确认制度或送达场所告知制度,如果受送达人提前告知法院送达场所,法院则应向该送达场所送达。直接送达的优点是显而易见的,一是正规,二是可靠,三是安全,在送达的同时可以顺便了解一些情况,还可以做调解工作;但缺点是需要法院配置大量的人力,也会耗费大量的物力和财力,时间也相对较长。由于直接送达对正当程序的保障最为有力,法院在这个方面应加大投入,确保直接送达最大化。

(二) 留置送达

留置送达,是指受送达人或与其同住的成年家属无故拒收诉讼文书时,送达人依法将诉讼文书放置在受送达人住所即视为完成送达的送达方式。根据《民事诉讼法》第89条的规定,受送达人或者他的同住成年家属拒绝接收诉讼文书的,送达人可以邀请有关基层组织或者所在单位的代表到场,说明情况,在送达回证上记明拒收事由和日期,由送达人、见证人签名或者盖章,把诉讼文书留在受送达人的住所;也可以把诉讼文书留在受送达人的住所,并采用拍照、录像等方式记录送达过程，即视为送达。留置送达是与直接送达相配套的，在直接送达遭受受送达人或其他有权接受送达的人无故拒绝接受时，法院可实施留置送达。因此，凡是可以直接送达的场所，均可实施留置送达，但不包括途中直接送达之地。留置送达是一种推定送达或拟制送达，是视为送达而不是实际送达，受送达人拒绝在送达回证上签字是法院实施留置送达的前提条件。因此，这种送达方式容易引起争议，法院实施留置送达需要留下证据，以备将来发生争议时作为证明之用。

为此，《民事诉讼法》规定了两种证明留置送达的方式：一是见证人证明。该见证人可以是基层政府组织的人员，也可以是有关单位的代表，还可以是公民居住小区的保安等人员，见证人需要在法院制作的留置送达记录里签字盖章或捺手印。见证人原则上需要2人以上。二是拍照、录像等方式证明。如果法院留置送达找到见证人困难，则也可以变通采用拍照、录像等方式进行证明。这种证明方式是基于对法院的信赖和送达便利而立法于2012年《民事诉讼法》修正时增补的。需要说明的是，留置送达的前提是受送达人拒绝签收送达文书，如果受送达人不在家，家里也没有任何其他成年家属，或者干脆家里的大门锁上、没人，在这种情形下，法院便不得实施留置送达，不得将送达文书从门缝里塞进去留置送达，更不得将送达文书贴在门上留置送达，更不得将留置送达异化为转交送达，比如留置在当地派出所然后通知当事人去领取，或者由派出所去代为送达，这些送达方式是于法无据的，因而也是违法无效的。留置送达不适用于调解书的送达，因为调解书的送达被拒绝，意味着受送达人反悔，法院应当及时判决。支付令可以留置送达，因为支付令被拒绝接受送达，不意味着受送达人提出异议，受送达人若有异议，应当在接受送达后以书面形式向法院提出。①

（三）电子送达

电子送达，是指采用传真、电子邮件、移动通信、微信微博等受送达人能够及时收悉的方式所实施的送达。《民事诉讼法》第90条规定："经受送达人同意，人民法院可以采用能够确认其收悉的电子方式送达诉讼文书。通过电子方式送达的判决书、裁定书、调解书，受送达人提出需要纸质文书的，人民法院应当提供。采用前款方式送达的，以送达信息到达受送达人特定系统的日期为送达日期。"《民事诉讼法》第90条第2款规定的到达受送达人特定系统的日期，为人民法院对应系统显示发送成功的日期，但受送达人证明到达其特定系统的日期与人民法院对应系统显示发送成功的日期不一致的，以受送达人证明到达其特定系统的日期为准。②在实施电子送达时，最主要的条件是受送达人同意采用该种方式送达。受送达人同意采用电子方式送达的，应当在送达地址确认书中予以确认。③

（四）邮寄送达

邮寄送达，是指受诉法院在直接送达诉讼文书困难时，通过将诉讼文书以邮局挂号的方式邮寄给受送达人的送达方式。根据《民事诉讼法》第91条的规定，直接送达诉讼文书有困难的，法院除可以委托其他人民法院代为送达外，还可以实施邮寄送达。邮寄送达的，以回执上注明的收件日期为送达日期。实践中称这种送达方式为"双挂号"方式，一方面用挂号的方式寄送诉讼文书，另一方面又通过挂号的方式向法院寄回送达回证。邮寄送达时，邮寄部门成

---

① 《民事诉讼法》第221条。
② 《民诉法解释》第135条。
③ 《民诉法解释》第136条。

为共同送达人,对此负有法律责任。与委托送达一样,邮寄送达的前提条件是直接送达确有困难,这里的"确有困难"是指送达的路途遥远,送达成本较高,具体是指受送达人不在法院同一个城市,或者在农村,与法院相距较远。在这样的情形下,法院可以选择进行委托送达或者邮寄送达。邮寄送达要写清楚送达地址,并注明电话号码(如有的话)。邮寄送达被退回的,法院要尝试其他送达方式,不得径直实施公告送达。

(五)委托送达

委托送达,是指受诉法院直接送达诉讼文书有困难时,委托受送达人所在地法院代为送达的方式。根据《民事诉讼法》第91条的规定,直接送达诉讼文书有困难的,可以委托其他人民法院代为送达。委托其他人民法院代为送达的,委托法院应当出具委托函,并附需要送达的诉讼文书和送达回证,以受送达人在送达回证上签收的日期为送达日期。委托送达的,受委托人民法院应当自收到委托函及相关诉讼文书之日起10日内代为送达。[①]

(六)转交送达

转交送达,是指人民法院将诉讼文书交受送达人所在机关、单位,由它们转交给受送达人的送达方式。《民事诉讼法》第92条规定:"受送达人是军人的,通过其所在部队团以上单位的政治机关转交。"第93条规定:"受送达人被监禁的,通过其所在监所转交。"转交送达是针对特殊人群所实施的送达,部队有关政治机关以及监所有关部门在送达回证上的签字,视为受送达人本人的签字。

(七)公告送达

公告送达,是指在受送达人下落不明时或者在采用上述送达方式无法送达时,法院以张贴公告、登报、在网络媒体上发布信息等方式告知受送达人诉讼文书的内容,经过法定期间即视为送达的送达方式。公告送达是最后的送达方式,也是拟制的送达方式,因而这种送达方式的正当性保障是至关重要的,最主要的保障是其适用前提条件的严格把握。《民事诉讼法》第95条规定:"受送达人下落不明,或者用本节规定的其他方式无法送达的,公告送达。自发出公告之日起,经过三十日,即视为送达。公告送达,应当在案卷中记明原因和经过。"可见,公告送达的适用前提二:一是受送达人下落不明,二是采用其他送达方式无法完成送达。这两个条件实际上是一回事,因为受送达人下落不明,就无法采用除公告送达以外的任何送达方式实施送达;反过来,如果采用其他各种送达方式均无法实施送达,则该人只能是下落不明,或者该人的下落不明就可以得到认定。受送达人下落不明是法院依职权应当主动调查的程序性事项,法院调查时应当获得受送达人下落不明的确切证据。这里分向自然人公告送达和向法人及其他组织公告送达两种情形:一是向自然人公告送达,实践中多数情况属于此。向自然人公告送达,要取得受送达人住所地和经常居住地的居民委员会、村民委员会、公安派出所出具的此人已下落不明的证明,下落不明的时间标准无法统一,大体上应以离开住所地或经常居住地一年以上为标准。二是对法人或其他组织的公告送达。其下落不明应当由其注册或备案的工商行政管理机关、民政机关或其他行政机关出具相应的证明,包括长期无人办公、办公场所已经腾空等。公告送达可以在法院的公告栏和受送达人住所地张贴公告,也可以在报纸、信息网络等媒体上刊登公告,发出公告日期以最后张贴或者刊登的日期为准。对公告送达方式有特殊要求的,应当按要求的方式进行。公告期满,即视为送达。人民法院在受送达人住所地张贴公告

[①] 《民诉法解释》第134条。

的，应当采取拍照、录像等方式记录张贴过程。① 公告送达应当说明公告送达的原因；公告送达起诉状或者上诉状副本的，应当说明起诉或者上诉要点，受送达人答辩期限及逾期不答辩的法律后果；公告送达传票，应当说明出庭的时间和地点及逾期不出庭的法律后果；公告送达判决书、裁定书的，应当说明裁判主要内容，当事人有权上诉的，还应当说明上诉权利、上诉期限和上诉的人民法院。② 适用简易程序的案件，不适用公告送达。③ 督促程序也不适用于公告送达。

我国公告送达制度在司法实践中存在运用不规范乃至被滥用的弊端和问题，主要的原因是公告送达的条件把握不严，只要法院工作人员去直接送达，家里没人，法院向左右邻居或者向小区保安查询一下此人已多日不见，返回法院即适用公告送达，这种公告送达容易导致使受送达人失去接受送达的机会，从而无法知悉诉讼程序已经开始的事实，无法参与诉讼程序，导致无辜被缺席判决。实践中出现的"被离婚"现象就是典型一例。这对保护当事人的诉讼权利极为不利，应当严格其适用程序予以改变。为了防止公告送达的适用上承办人说了算，致使其被滥用，可考虑对其设立合议、审批制度。④

四、送达的效力与证明

(一) 送达的效力

送达是重要的诉讼活动，其一旦实施，便产生一定的法律效果，这种因送达所产生的法律效果便称为送达效力。送达效力具有法定性、程序性、明确性、基准性等特点。送达的效力是法定的，而不是裁量的；送达的效力是程序的，而不是实体的；⑤ 送达的效力是明确的，而不是含糊的；送达的效力确定了基准，送达后与送达前效果完全不同。具体而言，送达的效力主要表现在：

1. 行为效

送达为当事人开始实施诉讼行为确定时间上的起点。例如，向被告送达起诉状副本后，被告就有在收到原告起诉状副本之日起 15 日内进行答辩的义务和权利。在一审判决书或裁定书送达后，当事人便产生了 15 日内（判决书）或 10 日内（裁定书）向上级法院提出上诉的权利等。这种送达的效力表现在通知、告知、催促当事人实施诉讼行为。

2. 失权效

受送达人受送达以后，如果没有按照所送达的诉讼文书的要求实施特定的诉讼行为，就会产生法定诉讼权利被丧失的法律后果，这被称为送达的失权效。失权效和行为效是一个问题的两个方面，送达后，当事人可以开始实施某种诉讼行为，为行为效；如果当事人该开始行为而不行为，就产生了失权效。失权效是民事诉讼法所规定的确定性效果，这种效果一旦产生，便很难消除。

---

① 《民诉法解释》第 138 条。
② 《民诉法解释》第 139 条。
③ 《民诉法解释》第 140 条。
④ 参见江伟、肖建国主编：《民事诉讼法》，中国人民大学出版社 2015 年版，第 259 页。
⑤ 有一种观点认为，送达的效力可分为程序上的效力和实体上的效力两种，实体上的效力，指产生实体法上的法律后果。如具有给付内容的判决书送达后，债务人就应当按判决书履行给付的义务。参见李浩：《民事诉讼法学》，法律出版社 2016 年版，第 277 页。

3. 关系效

送达后，当事人之间、当事人与其他诉讼参与人之间、当事人与法院之间、其他诉讼参与人与法院之间便形成了某种特定的诉讼法律关系。比如，法院将原告起诉状副本送达给被告，被告就被法院的该送达行为引入到民事诉讼之中，与法院之间以及与原告之间就形成了诉讼法律关系。法院将出庭通知书送达给原告、被告以及其他诉讼参与人后，便在法院和当事人以及其他诉讼参与人之间形成了庭审法律关系等。

4. 要件效

法院制作的法律文书有的一旦制作就发生法律效力，无须送达，比如对违反民事诉讼的强制措施，法院一旦作出罚款决定书，该决定书就产生法律效力，因而送达就只有告知效而没有要件效。但有一些法律文书，尤其是判决书、调解书，只有送达给当事人，有时还要当事人签收（如调解书）才发生法律效力，否则对其不产生法律效力，这就是送达的要件效。

（二）送达的证明

送达具有如上效力，对诉讼进程和诉讼结果影响至巨，因而对送达是否有效实施和完成进行证明就成为关键问题。送达的证明属于严格证明，必须按照《民事诉讼法》所确定的方式进行证明，其方式主要包括四种：一是送达回证，二是电子送达的反馈信息，三是留置送达的笔录，四是公告送达的书证。其中送达回证是最常见的送达证明方式。送达回证，是指法院制作的用于证明受送达人已经收到法院所送达的诉讼文书的书面凭证。《民事诉讼法》第 87 条规定："送达诉讼文书必须有送达回证，由受送达人在送达回证上记明收到日期，签名或者盖章。受送达人在送达回证上的签收日期为送达日期。"采用送达回证证明送达行为的完成，必须提供送达回证的原件，适用书证的原件证明规则，而不得采用复印件或其他代替形式进行证明。

第三节　保　全

一、保全的概念和特点

（一）保全的概念

保全的基本解释有三个。preserve：保护安全，使免受损害、伤害和毁坏，保全领土。save：保持完整无损，保全面子。maintain：保养；维修保全。民事诉讼法上的保全概念，取其第一层含义，即采取措施，保护某一标的物的安全，使其免受损害、伤害、毁坏、灭失、减损等。

《民事诉讼法》上的保全概念在内涵和外延上有一个演化过程。1982 年《民事诉讼法（试行）》采用了"诉讼保全"的表述，此时的保全仅指诉讼中的保全，而不包括诉讼前的保全。而且，此时的保全，规定在《民事诉讼法（试行）》第二编第十章"普通程序"之中，而不是像目前的立法规定在第一编第九章"保全和先予执行"之中。1991 年《民事诉讼法》将其移至第一编第九章，名称改为"财产保全"。2012 年修改《民事诉讼法》将"财产保全"的名称改为"保全"。从诉讼保全到财产保全，再到目前的保全，保全概念的名称越来越简化，但内涵越来越丰富。现在的保全不仅包括诉讼保全，而且包括诉前保全；不仅包括财产保全，而且包括行为强制令，其内涵与外延基本上与国际接轨。

需加说明的是，最广义的保全概念还包括证据保全，证据保全的概念从《民事诉讼法（试行）》一直到现在均存在于民事诉讼法之中，现行《民事诉讼法》第84条对此作出了规定。但证据保全是法院调查收集证据的一种特殊方法，其内容在证据章中加以介绍，因此，这里所言的保全，仅为财产保全和行为强制令两种，不包括证据保全。基于此，我们可以将保全定义为：保全是人民法院为保证生效裁判的顺利执行，或者避免当事人的损失扩大，依申请或者依职权，对被告人的财产、争议标的物采取强制保护措施，或者责令被告人实施或者不得实施一定行为的制度。

（二）保全的特点

1. 主体上的公权性

保全是人民法院实施的一种特殊的强制措施。人民法院在诉讼过程中，可以实施对妨碍民事诉讼的强制措施，可以实施实现法律文书内容的强制措施，可以实施保护财产现状防止其受损的强制措施，等等。保全就是这样一种强制措施。

2. 功能上的保障性

保全的目的是确保此后生效裁判的有效执行。因此，保全具有预防性质。

3. 启动上的双重性

保全既可以根据当事人的申请做出，也可以由法院依据职权做出。申请保全和职权保全是保全得以启动的两种方式，但以申请保全为主，职权保全为辅。

4. 对象上的广泛性

保全的对象主要是财产，也可以是行为。从保全对象来看，它具有广泛性的特点，包括财产和行为两个方面。但在二者方面，财产是主要的保全对象，行为是在特殊情况下的保全的对象，只有法律明文规定时，法院才能对行为采取强制令的保全措施。

二、保全程序的性质

保全程序的性质是指保全程序的本质规定性，它回答的问题是保全究竟是一个什么样的程序，它和诉讼程序是一种什么关系，它在民事诉讼程序结构中处在何种地位，等等。为此，我们可以从以下方面加以理解：

（一）保全是一个附属性程序

民事诉讼的程序结构是多层次构造，从横截面上看，它包括主程序和分程序两个层次。主程序是民事诉讼法所规范的主要诉讼程序，它决定案件事实的认定和法律的适用以及最终的裁判结果；分程序是从主程序中分离出来的程序，它是为了配合保障主程序发挥作用而设置的，也可称之为子程序。比如，保全程序就是一种分程序，对妨碍民事诉讼的行为实施强制措施的程序也是一种分程序。分程序的目的在于配合主程序发挥作用，它具有附属性的特点，一旦主程序结束，分程序便随之消失。如果作为主程序的民事诉讼程序结束，作为分程序的保全程序便无所依附，也要随之而结束；不可能出现诉讼程序业已消失，而保全程序依然故我、继续存在的现象。

（二）保全是一个紧急性程序

保全并不是一个必然发生的程序，也不是一个在平常无事的状态下发生的程序，而是出现了紧急情况不得不采取的紧急措施。在诉讼过程中，被告人（也包括被反诉的原告）感于诉讼结局对其越来越不利，其即将受到败诉判决之命运，为了减少其损失，使将来原告胜诉后难以执行，便会违反诚信原则，冒妨碍民事诉讼之风险，采取非法手段转移财产，或者抓紧时机继续侵权（如侵犯专利权），此时此刻，原告面临着即便胜诉也相当于败诉的诉讼风险，诉讼处在紧急状态，为了保护原告人的期待胜诉利益，也为了保障法院的司法权威性，减少将来执行难的程度，法院在当事人的申请下，或者在特殊情况下依职权采取保全措施。因此，保全是紧急状态下的产物，是诉讼中的非常态现象，而不是任何诉讼程序都会出现的程序。

（三）保全是一个非讼性程序

非讼性程序是相对于诉讼性程序而言的，民事诉讼的主流程序均属诉讼程序，在诉讼程序中，要实施严格的诉讼法理，使双方当事人在公开的法庭上对簿公堂，程序完整而严密，强调诉讼的程序保障性和司法公正性。然而，除诉讼程序外，民事诉讼中还有大量的非讼程序，其中包括独立的非讼程序（如宣告公民死亡、宣告公民失踪的程序等）和非独立的非讼程序。保全就属于非独立的非讼程序，也称附随的非讼程序。在保全的非讼程序中，法院一般不开庭审判，也不实行严格的证明，实行的是快捷迅速的简易性程序，如果需要听证则进行简单的听证，保全程序要讲求效率，否则时过境迁，想保全也保全不了，则为时已晚，损失一旦造成便难以弥补。因此，保全程序虽然也有一个公正、正确、尽量减少错误保全的问题，甚至在国际范围内也出现了一个所谓保全本案化的趋势，但总的来说，其更偏重于效率价值，正是基于效率价值的追求，保全程序便按照非讼法理来进行设置。如单方申请、单方提供证明材料、单方提供担保、法院作出裁定而不是判决等，这些均是非讼程序的建构特征。

（四）保全是一个临时性程序

保全程序是为了应对诉讼的紧急状态而采取的权宜之计，不是决定诉讼胜败的本位性程序，后者从一开始一直持续到结束，直至法院作出胜败判决方才告终，因而主流诉讼程序是贯彻始终的，但保全程序却是临时的，具有暂时性、过渡性、权宜性、可解除性的特点。保全程序因紧急状态而生，也因紧急状态的消失而消失。如果被申请保全的当事人提供了反担保，则意味着保全的必要性和紧急性已经消失，保全就要解除。法院认为保全的必要性业已消失，也可以依职权解除保全措施，申请保全的当事人如果认为紧急状态的风险已经不复存在，则也可以主动申请解除保全措施。因此，保全仅仅存在于诉讼程序中的一段时间，具有临时性的特点。同时，保全既不是从来就有，也不是永远存在，而一般是中间出现，到执行时就转化为执行中的强制措施，保全措施与执行措施实现无缝对接。因此，保全又具有过渡性的特点。

三、保全的种类

保全的种类是指从不同的标准对民事诉讼中可资适用的保全制度进行的一种细分，其目的在于从立法上厘清各种保全之间的界限和适用条件及其程序，同时有利于司法实践中严格而精准地运用各种保全制度为民事诉讼服务，使其能够全面有效地实现保全制度的机能和价值。

（一）诉前保全和诉中保全

以保全的时间为标准，可将保全分为诉前保全和诉中保全。诉前保全是发生在民事诉讼开始前的保全，具体是指在利害关系人提起诉讼前，因为存在特别紧急的情况，利害关系人向法院申请所采取的保全措施。诉前保全的特点就在于这种保全的发生，是在诉讼程序尚未开始之前。诉前保全有非常严格的条件限制，实践中并不常见；实践中最常见的是诉中保全。诉中保全,也称诉讼保全,是指在人民法院受理民事诉讼案件后、作出生效裁判前所实施的保全措施。如前所述,诉讼保全是1982年《民事诉讼法(试行)》时确定的概念和制度,而诉前保全则是1991年《民事诉讼法》确立的概念和制度。诉前保全和诉中保全均具有正当性和必要性,二者相辅相成,在不同的诉讼阶段发挥着大致相同的作用。

(二) 财产保全和行为强制令

以保全的对象为标准,可将保全分为财产保全和行为强制令①。保全的对象分为财产和行为两种,对财产实施的保全,称为财产保全,包括诉前财产保全和诉中财产保全;对行为实施的保全,称为行为强制令,包括诉前行为强制令和诉中行为强制令。如前所述,在2012年修改《民事诉讼法》之前,我国只有财产保全而没有行为强制令,行为强制令是2012年修改《民事诉讼法》之后产生的。《民事诉讼法》第103条规定:"人民法院对于可能因当事人一方的行为或者其他原因,使判决难以执行或者造成当事人其他损害的案件,根据对方当事人的申请,可以裁定对其财产进行保全、责令其作出一定行为或者禁止其作出一定行为;当事人没有提出申请的,人民法院在必要时也可以裁定采取保全措施。"条文中"裁定对其财产进行保全",为财产保全;条文中"责令其作出一定行为或者禁止其作出一定行为",为行为强制令②。

---

① 以德、日为代表的大陆法国家以及我国台湾地区称财产保全为假扣押,行为强制令为假处分。假扣押是指债权人为保全其金钱请求或可以转化为金钱请求的请求权将来得以强制执行,而暂时扣押债务人的财产或权利禁止其处分的强制措施;假处分是指就非金钱请求(包括交付物的请求和作为、不作为请求)的强制执行或为了维持法律关系的现状所作的保全。此外,大陆法系国家还有一个"假执行"的概念,有点类似于我国民事诉讼法上的先予执行,但不完全等同。这里的"假"为临时之意。参见《德意志联邦共和国民事诉讼法》第916条(假扣押请求权)、第917条(物的假扣押的理由)、第918条(人的假扣押的理由)、第938条(假处分的内容)。《日本民事保全法》共65条,分为总则、关于保全命令的程序、关于保全执行的程序、假处分的效力四章,全面规定了民事诉讼中的保全制度。

② 需加说明的是,对于行为强制令这个说法是笔者的概括和主张,学理界有的称对行为所实施的保全为行为保全。"行为保全"这个概念最早是由江伟和王国征在1993年《中国法学》第5期发表的《完善我国财产保全制度的设想》中提出的,该文提出:"我国民事诉讼法的保全制度把行为排除在保全对象之外是不全面的,先予执行制度并不能完全弥补保全制度这方面的不足,建议将行为列入保全对象之列。"但这一概念虽然通俗易懂,却存在着逻辑上的硬伤。财产保全反过来说是保全财产,意指保护财产的完好性或完整性,不使之丧失;行为保全反过来说是保全行为,而行为是不能被保护的,相反,只能对行为施加命令。因而世界各国均无"行为保全"这一说,在英美法系国家,相应的内容为禁止令(injunction),大陆法国家称之为假处分,意思是指临时性处置。然而这两个概念也不能完全移植到我国。"禁止令"在翻译上存在问题,它仅仅翻译出了"injunction"的一层含义,即禁止实施某一种行为,但其另一层含义,即命令实施某一种行为,却未能在翻译过来的概念中表示出来,因而有词不达意或以偏概全之嫌。"假处分"这个概念在理解上也存在困难。相比较而言,"行为强制令"较为妥帖,因为这个概念避免了对行为进行保全的含义弊端,同时又突出了它是一种无形的命令,而不是如同保全那样的查封、扣押等措施,此外它还涵盖了命令作为和禁止作为两方面的含义,尤为重要的是,它还可以将保全的概念与执行的概念统一起来,不至于前面称为行为保全令,后面称为行为执行令,而可以统合在行为强制令这个单一的概念之中,因而比较周全,宜加采用。《海事诉讼特别程序法》第51条的规定可资佐证:"海事强制令是指海事法院根据海事请求人的申请,为使其合法权益免受侵害,责令被请求人作为或者不作为的强制措施。"这里的"海事强制令"其实就是"行为强制令"在海事诉讼中的具体运用,因而笔者建议采用"行为强制令"实际上早在《海事诉讼特别程序法》中有所规定。不仅如此,"行为强制令"除在保全的意义上加以使用外,还可以在独立的意义上使用,《民法典》第997条规定的人格权保护制度,将其概括为人格权行为强制令制度不失为一个妥当的选择。

（三）审判中的保全、仲裁中的保全、执行中的保全和破产中的保全

以保全所存在的法领域，可分为审判中的保全、仲裁中的保全、执行中的保全和破产中的保全。审判中的保全是指为了确保法院行使审判权而实施的保全，民事诉讼法所规定的保全主要是指审判中的保全，包括诉讼程序中的保全和非讼程序中的保全；仲裁中的保全是指仲裁机构在仲裁案件时需要采取的保全，仲裁中的保全一般由法院决定、法院执行；执行中的保全是指在法院作出生效裁判后直至法院采取执行的强制措施之前所实施的保全；破产中的保全是指在法院受理破产案件后直至指定破产管理人接管债务人财产之前所实施的保全。此外，还有公证保全。公证保全是指公证机关根据利害关系人的申请对具有法律意义的证据，如书证、物证、视听资料、电子数据、证人证言等所实施的保全，属于证据保全的范畴。公证机关不得对财产、行为等实施保全或发出行为强制令。在上述这些保全中，审判中的保全最为重要，其相关规定也最为周详。本书中，如未特别指明，所称的保全即为审判中的保全。

（四）概括保全和特定保全

以保全的范围为标准，可以分为概括保全和特定保全。概括保全是指对债务人的全部财产，包括有形财产、无形财产（如商标权、专利权等），也包括债权、股权、期权等财产性权利，全部囊括性地均纳入保全的范围，也称为一般保全、普遍保全。破产中的保全是典型的概括保全。特定保全是指对债务人特定的财产或财产性权利所实施的保全，也称为具体保全。审判中的保全、仲裁中的保全和执行中的保全均属于特定保全。在民事诉讼中，只有法律有明文规定时，才能实施概括保全，否则只能实行特定保全。

四、保全的程序

（一）保全的管辖

保全与诉讼一样，也有一个管辖问题，也就是哪一级法院和哪一地法院具有对保全申请的管辖权。保全虽然属于本案诉讼的附随性程序，但程序附随并不意味着管辖也同时附随，保全管辖具有与诉讼管辖不尽一致的确定原则和标准，其背后也具有不同的价值取向。诉讼管辖要符合两便原则等等，保全管辖则要考虑到保全措施的及时性和将来判决的可执行性。

1. 保全的地域管辖

保全案件的地域管辖分为三种情形：一是诉前保全的管辖，二是诉中保全的管辖，三是执行保全的管辖。诉前保全的管辖具有开放性、多元性和不确定性的特点。按照《民事诉讼法》第104条之规定，诉前管辖的法院有三类多种，三类即被保全财产所在地、被申请人住所地以及对案件有管辖权的人民法院，多种是指除被保全财产所在地、被申请人住所地外，还包括对案件有管辖权的人民法院，而对案件有管辖权的人民法院可能会具有多个。比如《民事诉讼法》第30条规定："因铁路、公路、水上和航空事故请求损害赔偿提起的诉讼，由事故发生地或者车辆、船舶最先到达地、航空器最先降落地或者被告住所地人民法院管辖。"这样一来，对交通事故案件具有保全管辖权的法院至少有被保全财产所在地的法院、被申请人住所地法院、事故发生地法院、车辆或船舶最先到达地法院以及航空器最先降落地法院等五个法院。当事人向采取诉前保全措施以外的其他有管辖权的人民法院起诉的，采取诉前保全措施的人民法院应当将保全手续移送受理案件的人民法院。诉前保全的裁定视为受移送人民法院作出的裁定。[①]

[①] 《民诉法解释》第160条。

除诉前保全的管辖外,还有一个诉中保全的管辖法院。诉中保全的法院一般是本案诉讼系属的法院,当事人通常会在本案诉讼中向管辖本案的法院提出保全申请,事实上,实践中的诉中保全几乎都是按照这种模式确定的,似乎并无争议。但是,从解释论上说,当事人并不是非要向本案法院提出保全申请,如果保全标的物距离本案法院过远,当事人可向保全标的物所在地的法院提出管辖申请,由保全标的物所在地的法院进行保全,保全后可将保全手续移交给本案管辖法院。在这方面,我们参考一下大陆法系国家和地区的做法是有益的。按德国民事诉讼法的规定,其保全程序包括假扣押和假处分两种。德国的假扣押程序,债权人既可向本案管辖法院提出,也可向假扣押标的物所在地法院提出。德国的假处分程序也大致相同,债权人原则上应向本案管辖法院提出申请,但如果遇到紧急情况,债权人也可向假处分标的所在地法院提出管辖申请。日本以及我国台湾地区的规定也相类似。这一点,对我国颇有启发和借鉴价值。法律文书生效后,进入执行程序前,债权人因对方当事人转移财产等紧急情况,不申请保全将可能导致生效法律文书不能执行或者难以执行的,可以向执行法院申请采取保全措施,[①] 此时的保全属于执行保全的范畴。

2. 保全的层级管辖

层级管辖与级别管辖有所不同,级别管辖是对民事诉讼案件在一审法院进行分配所产生的管辖,层级管辖则是划分上下级法院对保全案件之权限的制度;级别管辖取决于标的额以及案件复杂程度等因素,层级管辖取决于保全案件产生的诉讼阶段。保全案件的层级管辖分为四种情形:一是保全案件发生在一审程序之中,保全案件由与诉讼案件级别管辖相对应的一审法院管辖。二是保全案件发生在一审程序和二审程序的结合部,保全案件由一审法院行使管辖权,但需将保全事项及时报送二审法院。[②] 三是保全案件发生在二审程序,应当由二审法院自行采取保全措施,行使保全管辖权。但是,如果保全措施在一审中已经采取,二审法院需要续保或者采取新的保全措施的,可以由二审法院管辖,也可以由二审法院委托一审法院行使管辖权。四是保全案件发生在再审程序中的,无论是续保还是重新实施保全抑或实施初次保全,保全管辖权均由再审法院行使;但是,除实施初次保全的情形外,其他的保全案件管辖权,再审法院可以委托原审法院或者执行法院行使。[③]

(二)保全程序的启动

保全程序的启动分为两种情况:一是诉前保全,二是诉中保全。对于诉前保全,保全程序的启动实行利害关系人申请主义,只有利害关系人提出申请,法院才能实施保全,法院不依职权进行保全。这是因为,在诉讼程序尚未开始前,法院对潜在的案件之案情及其性质并不了解,无法判断是否需要依职权采取保全措施,同时由于民事诉讼实行不告不理原则,法院也不宜干预利害关系人的保全事项。对于诉中保全而言,情况则稍有差别。诉中保全的启动原则上

---

① 《民诉法解释》第 163 条。
② 《民诉法解释》第 161 条。
③ 《民诉法解释》第 162 条。

采取当事人申请主义,在例外时,或者法院认为有必要时,可以采取职权启动主义。[①] 这里所谓的"必要时",主要有这些情形:一是诉讼涉及公益保护,尤其是在公益诉讼中,法院应依职权主动实施保全措施。当然,公益诉讼的原告或发动者也可以提出保全申请。二是诉讼涉及弱者保护,在涉及未成年人权益保障、农民工权益保障、残疾人权益保障、老年人及妇女权益保障等弱者保护案件中,他们如果作为原告没有申请保全措施,法院认为有必要,可以主动实施保全措施。三是诉讼涉及多数人利益保护,在原告方人数众多,如消费者侵权损害赔偿诉讼、环境损害赔偿诉讼中,法院可以依职权启动保全程序。四是人事诉讼程序中,法院可以依职权采取保全措施。五是通常民事诉讼中,法院一般不依职权启动保全程序,但如果案情显示确有必要,法院也可依职权采取保全措施,这些情形,由法院斟酌决定。

(三) 保全程序的适用条件

保全程序的适用条件主要有两个:一是具有保全的可能性。也即案件的种类必须属于给付之诉。因为只有给付之诉才有将来生效裁判的执行问题,确认之诉和形成之诉原无执行问题,因而也无为了执行的保全问题。二是具有保全的必要性。不是原告具有胜诉的可能性乃至必然性就可以成为采取保全措施的正当理由,也不是原告提供了充分的担保就一定能够使法院采取保全措施,是否有必要采取保全措施,关键在于不采取保全措施是否会给将来的胜诉判决之执行带来困难或障碍,这就是采取保全的原因问题。对此,《民事诉讼法》对诉前保全和诉中保全做出了区别对待。《民事诉讼法》第104条规定了诉前保全的原因,此即"利害关系人因情况紧急,不立即申请保全将会使其合法权益受到难以弥补的损害"。这里的"情况紧急"是关键,比如外轮要立即开走,如果不采取保全措施先行对其进行扣押,利害关系人即使进行诉讼获得胜诉,将来的判决也难以执行。为此,就有必要赋予利害关系人先保全、后诉讼的权利。与诉前保全的原因在表述上略有不同,《民事诉讼法》第103条规定了诉中保全的原因,此即"可能因当事人一方的行为或者其他原因,使判决难以执行或者造成当事人其他损害的案件"。相较于诉前保全的原因而言,诉中保全的原因相对宽松,只要当事人有一定的证据表明被告人或者案外人可能会实施一些转移财产等行为,致使将来判决难以执行,或者会造成当事人的其他损害即可,不需要达到"情况紧急"的程度。对于保全原因的证明,无须达到本案证明的标准,只需要达到"大概有此可能"的较低证明程度即可,也就是大陆法系国家所称的"疏明"而非"证明"。同时这种证明也属于自由证明,不属于严格证明。

(四) 保全申请的审查和裁定

对于利害关系人或当事人提出的保全申请,人民法院要依法进行审查,判断其是否符合进行保全的条件。审查的内容主要有:其一,本法院对该保全申请是否有管辖权。其二,提出保

[①] 对于诉中保全,我国民事诉讼法先后有一个演变过程。在1982年《民事诉讼法(试行)》中实行的是法院职权启动主义和当事人申请启动主义并行的原则。但这一启动模式被认为是高度职权化的启动模式,不符合市场经济私权自治的原则和需要,因而到1991年修改《民事诉讼法》时,保全程序的启动模式就被修改为当事人主义启动为主、法院启动为辅的原则。1982年《民事诉讼法(试行)》第92条规定:"人民法院对于可能因当事人一方的行为或者其他原因,使判决不能执行或者难以执行的案件,可以根据对方当事人的申请,或者依职权作出诉讼保全的裁定。"1991年修改《民事诉讼法》第92条规定:"人民法院对于可能因当事人一方的行为或者其他原因,使判决不能执行或者难以执行的案件,可以根据对方当事人的申请,作出财产保全的裁定;当事人没有提出申请的,人民法院在必要时也可以裁定采取财产保全措施。"现行《民事诉讼法》第103条的规定,与1991年修改《民事诉讼法》相同。

全申请的主体是否适格。只有利害关系人或者诉讼中的原告才有权申请保全。其三,保全申请是否在诉讼中、裁判执行前提出。其四,保全是否有必要性和实质理由。诉前保全必须要提供担保,诉中保全是否需要提供担保,由法院裁量决定。法院对保全申请的审查,如果认为有必要,可以采取听证的形式为之,在听证中,由双方当事人进行任意的言辞辩论,法院据此形成是否要实施保全的心证和确信。在该意义上说,保全虽然本质上属于非讼事件,但其也具有本案化的趋势,这就是"非讼程序诉讼化"的倾向。

法院经过审查认为确有必要实施保全,则作出保全裁定。对该裁定,不服的利害关系人或被申请人可以向法院申请复议一次,复议期间,不停止保全裁定的执行。[①] 保全裁定一旦作出,立即产生法律效力,除非作出裁定的法院或者其上级法院决定将保全措施予以解除,保全的效力一直延续到强制执行时为止,保全措施在性质许可的范围内,直接转变为强制执行的措施。如果在进入强制执行程序之前,保全裁定到期了,则需要作出保全延期裁定或续保裁定,以便保全程序与执行程序有机衔接起来。对已经查封、冻结的财产,不得重复查封、冻结,但其他法院可以进行轮候查封。

(五) 保全的担保

1. 保全担保的种类及其法律性质

保全程序中的担保有两种类型:一是申请人提供的保全担保,其目的是使保全程序开始;二是被申请人提供的担保,也称为反担保,目的是使保全程序不得开始或使开始后的保全程序复归于消灭。无论何种保全担保,其均具有诉讼行为和私法行为双重属性,能够同时产生诉讼法上的效果和实体法上的效果。诉讼法上的效果是,保全担保使保全程序赖以启动或者使保全程序归于消灭。实体法上的效果是,如果是申请人提供的保全担保,若其保全错误需要承担赔偿责任,则该保全担保即为其责任财产,在担保范围内承担赔偿责任。如果是被申请人提供的保全担保,则该担保标的或标的物将替代被保全或需保全的标的或标的物,成为新的保全对象。无论是申请人提供的保全担保还是被申请人提供的反担保,它们在设定时均同时产生实体法上的优先受偿权。比如,申请人提供的保全担保是其所拥有的一套房屋,被申请人请求保全错误损害赔偿时,对该担保房屋享有优先受偿权;如果申请人处在破产状态,被申请人就该担保房屋享有别除权。被申请人提供反担保的情形也是一样。比如,本来法院要对其银行账户进行冻结保全,但被申请人提供了一套房屋作为反担保,法院解除对其银行账户的冻结保全措施,或者不实行这种保全措施,申请人胜诉后即可申请对该保全房屋进行执行,并对此享有优先受偿权。

2. 申请人的保全担保

申请人的保全担保分为两种情形:一是诉前保全中申请人的保全担保。按照《民事诉讼法》第104条的规定,利害关系人提出诉前保全申请,申请人应当提供担保,不提供担保的,裁定驳回申请。可见,对于诉前保全而言,无论是财产保全还是行为强制令,申请人均须提供担保,否则,法院不得采取保全措施。二是诉中保全的保全担保。《民事诉讼法》第103条第2款规定:"人民法院采取保全措施,可以责令申请人提供担保,申请人不提供担保的,裁定驳回申请。"可见,对于诉中保全而言,是否需要提供担保,由法院裁量决定,申请人不是必须提供保全担保,这一点与诉前保全有所不同。立法之所以在诉前保全和诉中保全的担保要求

[①] 《民诉法解释》第171条、第172条。

上要做出不同规定，其原因就在于法院对诉中保全所依附的本案诉讼程序已经比较了解，对申请人申请保全是否确有理由较能精准判断，如果法院认为诉中保全的申请人获得胜诉的概率较高，同时认为申请人申请保全有其必要，则可决定无须申请人提供保全担保；然而，诉前保全中，法院对利害关系人是否提出诉讼、其所提起的诉讼是否确有其理等问题均不得而知，故要求其必须提供担保，以保护被申请人的合法权益。

3. 被申请人提供的反担保

《民事诉讼法》第107条规定："财产纠纷案件，被申请人提供担保的，人民法院应当裁定解除保全。"据此，在财产纠纷案件中，被申请人享有反担保权。反担保的目的在于解除财产保全措施，同时代之以担保财产作为保全标的物。《民诉法解释》第167条规定："财产保全的被保全人提供其他等值担保财产且有利于执行的，人民法院可以裁定变更保全标的物为被保全人提供的担保财产。"可见，被申请人提供的反担保，就其本质而言，并不是解除保全的措施，而是保全标的物的更换，是用担保标的物作为新的保全对象，替换法院已经保全的标的物。值得注意的有两点：一是被申请人提供保全反担保的案件范围。《民事诉讼法》将被申请人提供保全反担保的案件类型限定为财产纠纷案件，那么，在人身关系纠纷案件中是否被申请人没有提供反担保的权限呢？比如，在离婚案件中，原告申请对登记在被告名下的一套房产进行保全，防止被告进行转移登记，将该房屋所有权转让给他人，从而减少自己分割共有物的份额，损害自己的合法权益。可见，在人身纠纷案件中，也存在保全制度适用的余地。那么，此时，被申请人是否不能提供反担保解除保全措施呢？对此应当区分情况而定。如果该离婚案件中被申请人具有独立的婚前财产，则可以用独立的婚前财产作为反担保替代物；但如果被申请人不具有独立的婚前财产，则被申请人不得提供反担保以解除保全措施，因为被申请人提供的反担保财产也属于夫妻共同财产。再如，非婚生子女诉请被告给付抚养费，非婚生子女可以申请对被告人实施财产保全措施，被申请人也能提供反担保解除保全措施。因此，立法上这里所规定的"财产纠纷案件"，应当在广义上解释为具有财产内容的纠纷案件，而不是与人身关系案件相对应的财产关系案件。二是案外第三人能否提供反担保以解除保全措施。《民事诉讼法》的立法规定中明确将提供保全反担保的主体限定为被申请人，在解释论上，就应当排除案外第三人提供反担保的权利。但是，在立法论上说，排除案外第三人提供保全反担保的权利值得商榷。比如，原告诉被告偿还借款，并申请对被告的居住房屋进行了查封式保全，被告此时能否由其所管理的公司提供担保从而解除对其个人的房屋的保全措施呢？这应当是可以的。因为有了第三人的保全担保，就不会损害申请人的保全利益，就无须担心将来胜诉判决的执行。可见，解除保全措施的关键在于是否存在有效的反担保，而不在于该担保是谁提供的。

4. 保全担保的范围

《民事诉讼法》对保全担保的范围未作规定。《民诉法解释》第152条规定："申请诉前财产保全的，应当提供相当于请求保全数额的担保；情况特殊的，人民法院可以酌情处理。申请诉前行为保全的，担保的数额由人民法院根据案件的具体情况决定。在诉讼中，人民法院依申请或者依职权采取保全措施的，应当根据案件的具体情况，决定当事人是否应当提供担保以及担保的数额。"据此，申请诉前保全，其保全担保的范围基本上和保全的范围相同，对于诉前行为强制令的保全，由于其不存在标的额，因而担保的数额由法院裁量决定。至于诉中保全，其担保的数额和范围则未必等同于保全的数额和范围，该数额和范围由法院视具体情形裁量决定。

法院裁量决定保全担保的数额和范围时，应考虑以下几个因素：其一，案件性质。人身关系案件一般要求申请人担保的数额要相对小些，否则不利于他们提出保全申请。公益诉讼案件一般不宜要求申请人提供担保，否则会妨碍公益诉讼原告申请保全的积极性，最终造成公益受损。其二，原告胜诉的概率。原告胜诉的概率越高，原告提供保全担保的数额就应越小。其三，可能损失的预估。申请保全人提供保全担保，其目的在于准备赔偿因错误保全而给被申请人所带来的损失，因此，保全担保具有弥补性，而不具有竞合性或覆盖性，实践中要求申请人提供等额担保是无必要的，会妨碍保全制度的恰当运用。比如，保全的对象如果是房屋，而房屋一般不会短时间内急剧贬值，有时可能还会升值，因而其损失的预估要根据当时的房地产行情判断。反之，如果保全的对象是被告公司的机器厂房，被申请人因该保全而被迫停产停工，或者保全的是其产品，该产品的价格在短期内会急剧下降，此时，申请人提供的保全担保应该数额大些，否则难以弥补被申请人因错误保全而可能遭受的损失。还有一些保全标的物，其损失是可以计算出来的，此时的保全担保数额就应当相对精准一些，不宜盲目扩大，也不应机械地确定20%或50%的比例。比如，银行存款的冻结、工资收入的扣留，等等，其损失可以用银行同期利率加以计算。

因此，关于保全担保的数额和范围可以确定几个原则：一是超额担保之禁止原则，二是等额担保不必要原则，三是比例担保合理化原则。此外，前引司法解释第152条规定法院依职权保全的，还有可能责令当事人提供保全担保，对此笔者认为值得商榷，因为法院职权保全是法院的职权行为，该职权行为如果发生错误，需要进行的是国家赔偿，而不是当事人赔偿，因而要求当事人提供保全担保就是无必要的。

5. 保全担保的程序

首先，保全担保由法院依职权书面通知保全申请人。其次，保全申请人提供担保。法院对该担保进行审查确定，然后作出担保裁定。再次，对申请保全人或者他人提供的担保财产，人民法院应当依法办理查封、扣押、冻结等手续。[1] 最后，对于法院确定的保全担保数额和范围，被申请人和申请人均有权提出复议申请。[2]

（六）确定保全范围

《民事诉讼法》第105条对保全的范围做出了明确规定："保全限于请求的范围，或者与本案有关的财物。"这里的"限于请求的范围"，是指被请求保全财产的价值，应当与诉讼请求的金额基本一致。这里的"与本案有关的财物"，是指利害关系人之间争议的即将起诉的标的物，或者当事人之间争议的标的物，也可以是与本案标的物有关的其他财产，如抵押物、质押物、留置物等。[3] 诉讼费用、调查取证费应属请求之范围，但是律师的代理费除立法明文规定由败诉方当事人负担者外，不属于保全的范围。保全原则上不得对案外第三人的财产进行保全，然而，债务人的财产不能满足保全请求，但对他人有到期债权的，人民法院可以依债权人的申请对该到期债权进行保全。[4]

财产保全在请求的范围内，或者与本案有关的财物，行为强制令则必须控制在请求的范围内。比如，原告起诉请求被告停止专利侵权，并赔偿100万元损失。这里原告可以提出两种保全请求：一是请求对被告的财产进行保全，该保全的范围是被告价值100万元的财产或者100

---

[1] 《民诉法解释》第164条。
[2] 《民诉法解释》第152条。
[3] 《民诉法解释》第157条。
[4] 《民诉法解释》第159条。

万元的金钱;二是请求被告立即停止侵犯其专利权。这是行为强制令,要求被告不得做出继续使用其专利权的行为,该行为强制令的范围也在请求的范围内。需加以说明的是,保全的范围由于是临时确定的范围,再加上保全的裁定要在尽可能短的时间内作出,因而保全的范围在确定上有时难免不够精确,对金钱的保全可以做到精确,但对物的保全则往往具有大概如此的属性,而不是要求绝对相等。然而不要求绝对相等,并不意味着可以离谱过远,否则就属于错误的保全,所造成的损失要进行赔偿。

(七) 采取保全措施

《民事诉讼法》第106条规定:"财产保全采取查封、扣押、冻结或者法律规定的其他方法。人民法院保全财产后,应当立即通知被保全财产的人。财产已被查封、冻结的,不得重复查封、冻结。"可见,保全的措施与执行的措施基本相同。查封主要是对土地、房屋等不动产而言的,具体方法是法院贴上封条,任何人未经法院许可不得解封;扣押是异地扣留,主要是针对车辆、设备等动产而言的;冻结主要是针对银行存款等而言的,冻结的账户任何人不得支取。

除此以外,《民诉法解释》还规定了其他一些保全的措施。主要有:(1) 保存价款。人民法院对季节性商品,鲜活、易腐烂变质以及其他不宜长期保存的物品采取保全措施时,可以责令当事人及时处理,由人民法院保存价款;必要时,人民法院可予以变卖,保存价款(第153条)。(2) 指令保管。人民法院在财产保全中采取查封、扣押、冻结财产措施时,应当妥善保管被查封、扣押、冻结的财产。不宜由人民法院保管的,人民法院可以指定被保全人负责保管;不宜由被保全人保管的,可以委托他人或者申请保全人保管。查封、扣押、冻结担保物权人占有的担保财产,一般由担保物权人保管;由人民法院保管的,质权、留置权不因采取保全措施而消灭(第154条)。由人民法院指定被保全人保管的财产,如果继续使用对该财产的价值无重大影响,可以允许被保全人继续使用;由人民法院保管或者委托他人、申请保全人保管的财产,人民法院和其他保管人不得使用(第155条)。(3) 限制支取收益。人民法院对债务人到期应得的收益,可以采取财产保全措施,限制其支取,通知有关单位协助执行(第158条)。(4) 责令不得对债务人清偿。债务人的财产不能满足保全请求,但对他人有到期债权的,人民法院可以依债权人的申请裁定该他人不得对本案债务人清偿。该他人要求偿付的,由人民法院提存财物或者价款(第159条)。

(八) 保全的执行

保全的裁定由法院作出,这是没有例外的(有的国家仲裁机构也能作出,我国原则上不行,紧急仲裁是一个可能的例外①)。但是保全的执行则有两种不同的立法模式:一是实行裁执分离模式。多数国家采用此种模式。比如德、日等大陆法系国家将保全的裁定程序和保全的执行程序分别加以规定,保全的裁定程序由审判法院为之,保全的执行程序由执行法院为之,二者的操作主体分道扬镳。二是实行裁执不分模式。我国实行此一模式。依据该一模式,保全的裁定和保全的执行由同一个审判组织负责,该审判组织既负责保全的裁定,又负责保全的执行,二者的操作主体融为一体。笔者认为,我国目前采用的裁执不分模式存在弊端,该弊端与

---

① 《中国国际经济贸易仲裁委员会仲裁规则》(2015年版)第23条第2款规定:"根据所适用的法律或者当事人的约定,当事人可以根据《中国中国国际经济贸易仲裁委员会紧急仲裁员程序》(本规则附件三)向仲裁委员会紧急仲裁员申请紧急性临时救济。紧急仲裁员可以决定采取必要或适当的紧急性临时救济措施。紧急仲裁员的决定对双方当事人具有约束力。"《中国(上海)自由贸易试验区仲裁规则》(2015版)也有类似的规定。

审执不分的弊端完全一致，将来应当改为裁执分离模式。①

（九）保全的解除

根据《民事诉讼法》第 104 条第 3 款、第 107 条，《民诉法解释》第 166 条之规定，保全措施在以下情形下应当予以解除：（1）诉前保全的申请人在人民法院采取保全措施后 30 日内不依法提起诉讼或者申请仲裁的；（2）保全错误的；（3）申请人撤回保全申请的；（4）被申请人提供担保的；（5）保全的原因已不存在的；（6）申请人的起诉或者诉讼请求被生效裁判驳回的；（7）债权人在法律文书指定的履行期间届满后 5 日内不申请执行的。②（8）人民法院认为应当解除保全的其他情形。解除以登记方式实施的保全措施的，应当向登记机关发出协助执行通知书。

五、保全错误及其赔偿

（一）保全错误之概念与保全赔偿之理由

保全错误是指法院错误地采取了保全措施，并导致了相关当事人或案外人的损失。保全错误在所难免，但因保全错误所产生的后果却需要由相关人员或机构承担赔偿损失的法律责任。《民事诉讼法》第 108 条规定："申请有错误的，申请人应当赔偿被申请人因保全所遭受的损失。"最高人民法院司法解释也确定："当事人申请财产保全错误造成案外人损失的，应当依法承担赔偿责任。"③《国家赔偿法》第 38 条规定："人民法院在民事诉讼、行政诉讼过程中，违法采取对妨害诉讼的强制措施、保全措施或者对判决、裁定及其他生效法律文书执行错误，造成损害的，赔偿请求人要求赔偿的程序，适用本法刑事赔偿程序的规定。"依据上述规定，保全错误不仅当事人要承担赔偿责任，法院在一定的情形下也需要承担国家赔偿责任。因此，保全错误的赔偿责任包括当事人责任和法院责任两个方面。

当事人因保全错误要承担赔偿责任，其原因主要在于这是平衡双方当事人合法权益的需要。确定保全错误的赔偿责任制度，有助于促使当事人审慎行使保全的申请权。因为保全是临时性措施，其目的主要在于防止将来生效裁判无法得到有效的执行，因而防患于未然，未雨绸缪，先行采取保全措施。然而，保全是一把双刃剑，一方面它用得适当，有利于保护权利人的权利；另一方面，它用得不当，甚至于被轻率适用，乃至于被滥用，则势必有损于对方当事人或相关利害关系人的合法权益。因此，立法需要在保护原告的权利和保护被告的权利之间做好保全的平衡，二者需要兼顾。让轻率申请保全的当事人承担必要的赔偿责任，正是这种利益平衡的结果，否则就会导致对一方当事人的不公平，使司法失去正义。

（二）保全错误的判断标准

保全错误需要承担赔偿责任，这一点已确然无疑。有疑问的是，何谓保全错误，保全错误的判断标准如何。这个问题存在不同理解和做法。

---

① 最高人民法院《关于执行权合理配置和科学运行的若干意见》第 15 条规定："诉前、申请执行前的财产保全申请由立案机构进行审查并作出裁定；裁定保全的，移交执行局执行。"第 16 条规定："诉中财产保全、先予执行的申请由相关审判机构审查并作出裁定；裁定财产保全或者先予执行的，移交执行局执行。"保全中的审执分离在实践中已经有所探索，但民事诉讼立法仍未改变。

② 《民诉法解释》第 163 条。

③ 最高人民法院《关于当事人申请财产保全错误造成案外人损失应否承担赔偿责任问题的解释》。

从比较法视野来看，保全错误的判断原则有两种立法例：一是以德国为代表的立法例，其对保全错误的判断采取客观标准，也就是无过错责任原则，只要申请人败诉了，就要承担赔偿责任。我国台湾地区也采此立法例。《民事诉讼法（试行）》也曾经采用客观标准来确定保全是否错误，以及是否要承担赔偿责任。《民事诉讼法（试行）》第94条第2款规定："申请人败诉的，应当赔偿被申请人因诉讼保全所遭受的财产损失。"然而，1991年《民事诉讼法》就改变了这一立法例，采用了另一种表述，其第96条规定："申请有错误的，申请人应当赔偿被申请人因财产保全所遭受的损失。"这一立法例延续至今。二是以法国、日本为代表的立法例，其采用的保全错误标准为过错责任原则，而非无过错责任原则。如前所述，我国目前立法例也属此范畴。

客观标准存在的问题是以胜败论英雄，而不是看保全是否确有其理；即便保全确有道理，然而当事人官司没有打好，举证不能，辩论缺乏说服力，最后落了个败诉的结果，这种情况在实践中并非鲜见。因此，此一时彼一时，当事人在申请保全时是有理有节的，只是到最后败诉了，就责罚其当时的行为属于侵权，则未免过苛。其结果必然会影响保全制度功能的充分发挥，使当事人缩手缩脚，瞻前顾后，不敢提出保全申请或者错失保全申请之良机。不敢申请保全到最后则可能造成执行难，法院为了该案的执行又要付出更多的司法成本，不符合诉讼经济原则，同时还会影响司法的权威。因此，当事人申请保全实际上具有双重功能，一方面是保护自己的合法权益，另一方面是助推司法执行。因此，对当事人申请保全的主观标准不能把握得过严。

（三）保全错误的具体情形

以下情形应当被认定为保全错误，申请人应当承担赔偿责任：

第一，原告败诉，而且案情显示出原告的诉讼是失之轻率的。原告提起了一个根本不可能获得胜诉的诉讼，有违反诚信原则之嫌，至少在主观上对于该诉讼的提起存在冲动性过错，甚至有骚扰性过错。

第二，原告胜诉，但案情显示原告根本没有必要申请采取保全措施，也就是说，保全的必要性根本不存在。比如，被告是开发商，有大量的房产可供执行，原告提起诉讼立即提供担保，要求法院采取保全措施，法院看到有担保也不进行实质审查，就同意原告的申请。原告虽然胜诉了，但其保全却是无必要的，不必要的保全必然给对方当事人造成不必要的损失，这个损失不能因为原告胜诉而被掩盖，被申请人有权要求申请人进行保全赔偿。当然，在这个方面，会涉及法院是否要共负赔偿责任的问题。笔者认为，法院不该保全而保全，从而给当事人造成不应有的损失，也应负担赔偿责任。

第三，原告胜诉，但超标的额实施了保全。保全必须被控制在诉讼请求范围内，超过诉讼请求进行保全，就属于超标的额保全。超标的额保全对于预防执行难毫无益处，因此，这种保全是无必要的，也是错误的，由此造成的损失，申请人难辞其咎，因而应负其责。这里又涉及法院要不要共同赔偿的问题。因为原告申请保全，可能划定范围也可能不划定范围。申请人没有划定范围的，该超标的额保全就完全是法院的责任，法院要负全责；申请人划定范围，比如说，原告诉请被告给付欠款100万元，但他申请保全的是被告的一套房屋，而这套房屋价值1000万元，这就构成了超标的额保全，原告要对超标的额保全给被申请人造成的损失负责赔偿。由于房屋不可分，难以对100万元的部分房屋实施保全，因而应当减轻（但不是免除）申请人的赔偿责任。法院对此也需要共担责任。

第四，原告胜诉，但胜诉的部分远远小于保全的部分。比如原告提出100万元的索赔请求，保全的标的额也是100万元，但原告最后仅仅胜诉了10万元的请求，其余90万元被驳回。这样原告就要按比例承担被告因保全所造成的损失。这是因为，原告提出了扩大化了的请求，对此原告是有过错的，有过错就要承担与其过错相适应的赔偿责任。

第五，原告胜诉，但原告申请保全的对象出现了错位现象，给被告人造成了损失。比如，原告诉被告还款100万元，被告账户上有100万元的存款，原告不申请法院冻结其账户，但却要查封其公司设备，造成被告被迫停产，损失颇大，对于这种损失，虽然原告全胜了，但仍要负责赔偿。如果被告对不当保全提出了异议，法院置之不理，法院也要共担其责。

第六，原告胜诉，但原告得理不饶人，硬要法院死封，给被告人造成了损失。比如，被告欠原告100万元货款，原告诉被告偿还该款，并提出保全被告养殖场，法院对其进行了查封。被告提出异议，要求法院改死封为活封，让被告继续养殖，并将养殖的鲍鱼等海鲜卖掉，将卖掉的欠款用来还债，原告不同意，担心被告将卖掉的款中饱私囊，不用来还款，有的甚至是恶意要求死封，不同意活封。对被告因此所造成的损失，原告要负责赔偿；法院若无故驳回被告的异议，也要共担其责。

第七，诉前保全，申请人没有在法定期限内（30日）提起诉讼或者申请仲裁，要对被申请人的损失无条件负担赔偿责任。因为诉前保全和诉中保全不同，诉中保全是在当事人提起诉讼后实施的，提起诉讼的利害得失原告已经经过了一定权衡，基本上能够胜诉才提起诉讼，因而原告申请保全一般也是有理由的，同时其也有一定的胜诉把握，因此其申请保全的合理性本身就因提起诉讼而得到了部分印证，对保全错误采取主观标准有其必要。但诉前保全有所不同，诉前保全必须审慎，如果采取了诉前保全措施而申请人不起诉也不仲裁，便说明他的这个诉前保全是轻率的，此外很难得到合理解释。如果申请人与对方达成了和解，则诉前保全的错误问题就被涵盖在其中一并解决了。因此，申请诉前保全而又不采取保全后的后续法律行动，则只有一种解释，就是他提起诉讼或申请仲裁必败无疑，由此反推他申请诉前保全确无理由，既然如此，法律上就无须考虑其主观过错问题了，采用客观标准能够成立。

第八，原告撤诉，因申请保全而造成的损失要负责赔偿。原告撤诉就相当于原告申请诉前保全而没有起诉一样，因而也要采用客观标准。

（四）保全错误的国家赔偿

保全错误的赔偿责任，除当事人责任外，还有法院的赔偿责任。法院因保全错误而产生的赔偿责任主要有以下几种形态：

一是因当事人申请保全错误而需要法院承担赔偿责任的情形。原则上，当事人申请保全发生错误，其责任由当事人自己承担，这是当事人自己责任原则的表现。然而，保全错误的事情往往是复杂的。当事人申请保全需要具备一定的法定要件，不是完全取决于当事人单方面的意愿，这个法定要件需要法院行使审判权加以判断，而凡法院行使审判权，就有一个是错误行使还是正确行使的问题。如果正确行使审判权，法院根据当事人提供的事实资料以及其他案情，认为当事人提出保全申请确有其理，那么，因保全错误所发生的对造损失，法院不承担任何赔偿责任。但如果不正确行使审判权，即便当事人要承担保全错误的责任，法院也难辞其咎，也需要共担责任。前述各种需要法院承担责任的情形，就属于法院共担责任的情形。此外，法院对于当事人的保全申请应当责令其提供担保而未要求其提供担保，由此造成被保全人的损失，法院也应共担责任。

二是保全虽因当事人申请而生，但法院需要负担全责的情形。比如，当事人申请保全，法院采取了保全措施，当事人一审败诉、二审依然败诉，到此时法院理应无条件解除保全，但法院以当事人还在申请再审或检察院还在进行法律监督为由，拒绝解除保全，因此给被保全人造成了额外损失,这个额外损失需要法院全部负担。当然,法院仅负担该额外损失的赔偿责任,此前保全的错误,应由当事人承担赔偿责任,但若存在共担责任的情形除外。

三是法院依职权实施保全因错误而导致损失,需要法院负担全部的赔偿责任。如前所述,法院依职权实施保全是例外情形,而不是常态;常态是当事人申请保全。《民事诉讼法》第103条规定:"当事人没有提出申请的,人民法院在必要时也可以裁定采取保全措施。"然而何谓"必要时"?这是由法院裁量决定的事项。《民事诉讼法》及司法解释均没有规定法院依职权主动实施保全的法定情形,因而从解释论上说,是否需要依职权启动保全程序,概由法院裁量决定。由于法院裁量实施保全一旦发生错误会导致国家赔偿,因而司法实践中法院一般很少主动依职权进行保全,而留待当事人提出保全申请,即便当事人不提出保全申请而法院认为确有必要,法院还会行使释明权,促使当事人提出保全申请。但是,这个问题在司法实践中并不能绝对排除,应当在立法论上不断加以完善。这里仅就法院依职权采取保全措施的错误标准作出简单的论述。

法院职权保全究竟是采用主观标准还是客观标准呢?如果采用客观标准,那就意味着只要被保全人取得了胜诉之结果,法院就要负责国家赔偿;如果采用主观标准,则与当事人责任一样,要法院承担保全错误的国家赔偿责任,也需具备主观过错这一要件,也就是法院不该采取保全措施而却错误地采取了保全措施,法院对该保全措施的采取,显属考虑不周,属于错误行使职权,自然要负赔偿责任,并要承担相应的其他司法责任。笔者采主观标准说。因为采客观标准,容易导致法院在保全后实施倾向性乃至偏颇性裁判,使被告原本可以胜诉的案件败诉,因为被告一旦胜诉,就意味着法院要承担赔偿责任,这种立法方法势必会导致法院失去中立立场,导致错误裁判。保全原已错误,为了避免赔偿责任的承担,法院很可能错上加错,索性一错到底,这种诱导法院一再犯错的立法规定显然有问题,因而客观说不可采。

采用主观标准对法院保全错误进行判断要考虑的因素主要有三个:一是案件性质是否适合法院采取职权保全措施,比如是否属于公益诉讼、弱势群体保护诉讼、人数众多影响社会稳定的诉讼等,若属于此类诉讼,则法院可考虑采取职权性保全措施;二是保全是否确有必要,比如被告是否会实施转移财产的行为等;三是保全的措施以及保全的程序是否正确合法。通过这三个因素加以综合判断,法院依职权采取保全措施是否需要负担国家赔偿责任,便能获得正确的确定。

(五)法院依职权保全制度的存废之争

如前所述,法院依职权采取保全措施在我国有一个超职权化到弱职权化的转变,现在,法院依职权保全在立法上仍被保留着。目前理论界和实务界对该项制度的存废问题讨论的不是很多,但这个问题不容回避,而且其制度潜力尚有待发掘。在这里我们有必要首先对"取消论"的观点做出评析。"取消论"主张应废除法院依职权启动保全程序的规定。理由是,在民事诉讼中,法院依职权主动采取财产保全措施,至少有以下几点弊端:第一,一般来说原告会比人民法院更关心、更了解被告的财产状况,若原告得知被告财产状况发生变化而不申请财产保全,法院却依职权主动采取财产保全措施,这事实上是对原告行使处分权的一种过多的干预。第二,因法院错误主动采取财产保全措施而造成的损失,由法院承担责任,这样法院为避免承担责任而宁愿不采取保全措施,这就使法律的此一规定失去了意义。再者,正如诉讼费用不能由国家财政负担一样,为解决当事人之间的民事权益纠纷而造成的损失由国家财政负担,也是不合理的。第三,法院依职权主动采取财产保全措施,很难使被保全人对法院审判的公正性有足够的信任。此外,涉外诉讼中也并没有规定法院可依职权主动采取财产保全措施。[①]

应当说,"取消论"不无道理,尤其是其指出,法院如果依职权采取保全措施,而保全错误还要承担赔偿责任,则对方当事人或者被保全人势必对法院的公正立场产生合理怀疑,因为从逻辑上说,法院一旦依职权采取保全措施,被保全人基本上注定要败诉。但"取消论"仅考虑到传统私权纷争中的保全问题,而没有充分考虑到现代型诉讼中的特殊性问题,也没有考虑到民事诉讼案件的类型化、多元化问题。比如在公益诉讼中,社会组织提起环境污染的公益诉讼,如果其申请保全还需提供担保,这对其无疑是一个巨大的负担,这种负担不仅会造成其申请保全的顾虑,同时还会形成其提起公益诉讼的压力,对于公益诉讼制度功能的全面发挥显然不利。如果规定了法院依职权采取保全措施,便消除或减缓了提起公益诉讼的社会组织(有时也包括检察机关)申请保全和提起诉讼的经济上的顾虑,有利于公益诉讼制度的发展和功能发挥。同时,在公益诉讼中,通常需要经过漫长的诉前程序,经过诉前程序的调查取证,公益损害的事实基本已趋于明了,被告败诉的前景在诉讼起初就已出现在诉讼者和司法者的面前,公益诉讼的问题在很大程度上不是谁是谁非的判断问题,而是如何处置使侵权者承担责任以及如何恢复公益的问题,因此法院依职权采取保全措施,不会给诉讼本身的公正性带来障碍。尤其是诸如环境诉讼、弱者保护诉讼等,本身就具有较强的公益色彩,法院理应更多地发挥职权主义的积极作用,而采取保全措施就是这种职权作用的重要表现。因此,法院依职权采取保全措施的制度有必要加以保留,但同时也要考虑对其适用范围加以一定限缩,一个可以考虑的方案是,最高人民法院通过司法解释将法院应当依职权和可以依职权采取保全措施的具体情形加以列举性规定,使司法实践中能够活用法院职权保全制度,使之发挥出应有功效,而不至于使之束之高阁,流于空文。

(六)保全赔偿的程序

保全赔偿的程序分为两种:一是并入型程序,二是独立型程序。并入型保全赔偿程序,指的是保全错误的损害赔偿程序与正在进行中的本案诉讼程序合并进行,法院可以作出合一裁判,也可以分别裁判。采用并入型程序需要具备两项条件:一是本案诉讼程序还处在系属之中,还没有最终结案,裁判尚未作出,更没有发生确定的法律效力。二是保全错误在诉讼中即被发现,并由司法加以了确认。如原告申请保全,被告或案外人提出复议申请,复议获得法院认可。由于复议期间不停止执行保全措施,因而在复议获得法院认可和被解除之前,保全措施已经存在了一段时间,由此造成了被申请人或案外人的损失。该损失的赔偿可以并入本案诉讼作为诉的客观合并形态予以合并处理。这样有助于减少诉累,防止矛盾裁判的作出,同时也符合诉讼经济原则的要求。当然,如果当事人对保全赔偿刻意另诉,由于诉权是自由的,法院也无法阻止。

采取独立型程序寻求保全赔偿更加常见和普遍,因为,保全是否有错误,需要考虑的诸因素之一就是原告或申请人是否获得了胜诉的结果,而诉讼之胜败只有到诉讼结束时(也即二审终结时)才能最终见分晓。此时,如果被申请人获得胜诉或部分胜诉,同时申请人对于保全申请又确有过错,则由于本案诉讼程序业已结束,只能另诉寻求救济。《民事案件案由规定》第九部分"三十一、侵权责任纠纷"中,规定了与保全赔偿有关的两种案由:一是因申请财产保全损害责任纠纷,二是因申请行为保全损害责任纠纷。

[①] 参见江伟、王国征:《完善我国财产保全制度的设想》,载《中国法学》1993年第5期。

至于另诉的管辖法院,根据《民诉法解释》第 27 条的规定,当事人申请诉前保全后没有在法定期间起诉或者申请仲裁,给被申请人、利害关系人造成损失引起的诉讼,由采取保全措施的人民法院管辖。当事人申请诉前保全后在法定期间内起诉或者申请仲裁,被申请人、利害关系人因保全受到损失提起的诉讼,由受理起诉的人民法院或者采取保全措施的人民法院管辖。

六、超标的额查封及其监督:案例评析①

(一)基本案情

2015 年 5 月 26 日,某市甲小额贷款股份有限责任公司(以下简称甲小贷公司)、某市乙工程总公司(以下简称乙公司)向某市某区人民法院提起民事诉讼,请求判令丙房地产开发有限责任公司(以下简称丙公司)、丁建筑安装工程有限责任公司(以下简称丁公司)、洪某某偿还借款 5589 万元及利息,并申请对价值 6671 万元的房产进行保全。同日,某区人民法院立案受理并作出财产保全裁定,查封丙公司、丁公司及洪某某的房产共计 210 套。丙公司认为查封明显超出标的额,于 2015 年 6 月提出异议,但某区人民法院未书面回复。

2015 年 7 月至 2016 年 10 月期间,某区人民法院对当事人双方的多起借款纠纷作出民事判决,判令丙公司、丁公司、洪某某偿还乙公司、甲小贷公司借款合计 5536.2 万元及利息约 438 万元。在本案执行阶段,丙公司向执行法院提出房产评估申请,经执行法院同意,由丙公司委托鉴定机构进行评估,评估结果为查封的房产市场价值为 1.21 亿元。丙公司提出执行异议,但某区人民法院审查后认定,丙公司提出的执行异议依据不充分,且未在法定期限内申请复议,故不予支持。由于丙公司已建成的 210 套商品房均被执行法院查封,无法正常销售,企业资金断流,经营陷入困境。

(二)检察机关监督情况

受理情况。2016 年 12 月 27 日,丙公司、丁公司以某区人民法院明显超标的额查封为由,向某区人民检察院申请监督。该院予以受理审查。

审查核实。某区人民检察院对案件线索依法进行调查核实。询问了申请人丙公司;前往某区人民法院查阅了审判与执行案卷,收集相关法律文书、价格鉴定报告与其他书证;实地前往被查封楼盘进行现场勘查。经审查核实发现,相关裁判文书确定的债务总额为 5974 万元,且甲小贷公司、乙公司申请查封的标的额仅为 6671 万元,而执行法院实际查封的房产价值为 1.21 亿元,存在明显超标的额查封的问题。

监督意见。某区人民检察院认为,某区人民法院查封的 210 套房产价值为 1.21 亿元,查封财产价值明显超出生效裁判文书确定的债务数额,违反《民事诉讼法》第 242 条规定及最高人民法院《关于人民法院民事执行中查封、扣押、冻结财产的规定》(以下简称《查扣冻规定》)第 21 条规定,存在明显超标的额查封被执行人财产的违法行为。2017 年 3 月 20 日,某区人民检察院向某区人民法院发出检察建议,建议对超标的额查封的违法行为予以纠正。

监督结果。收到检察建议书后,某区人民法院认定本案确系超标的额查封,于 2017 年 4 月 17 日发出协助执行通知书,通知某县住房保障管理局解除对被执行人先期查封的 210 套商品房中 109 套的查封。解封后,丙公司得以顺利出售商品房,回收售楼款,改善资金困境,并

---

① 南漳县丙房地产开发有限责任公司被明显超标的额查封执行监督案(最高人民检察院检例第 79 号)。

及时发放拖欠的农民工工资，积极协商偿还本案剩余债务。

(三) 法理评析

1. 超标的额查封在司法实践中并非鲜见，应当成为检察监督的重要领域

《民事诉讼法》第 105 条规定："保全限于请求的范围，或者与本案有关的财物。"第 249 条规定："被执行人未按执行通知履行法律文书确定的义务，人民法院有权向有关单位查封被执行人的存款、债券、股票、基金份额等财产情况。人民法院有权根据不同情形扣押、冻结、划拨、变价被执行人的财产。人民法院查询、扣押、冻结、划拨、变价的财产不得超出被执行人应当履行义务的范围。"可见，无论是保全型查封还是执行型查封抑或是保全型查封转为执行型查封，其查封的范围都是有限度的，该限度就是当事人提出的诉讼请求的范围或承担执行义务的范围。之所以确定这个范围，是由财产保全或执行保全的制度目的所决定的。超标的额查封所违反的正是保全制度或执行制度的基本目的，其共同的后果便是对当事人合法权益的侵犯。检察院以确保各项诉讼制度依法公正适用为使命，对实践中经常出现的此种超标的额查封实施法律监督，保障了当事人的合法权益。

2. 关注超标的额查封的判断标准

查封应当被控制在请求的范围内或执行标的额的范围内，这是一项基本原则，然而这项原则往往很难把握，这就导致了实践中容易做出超标的额查封的强制措施。《查扣冻规定》第 19 条规定："查封、扣押、冻结被执行人的财产，以其价额足以清偿法律文书确定的债权额及执行费用为限，不得明显超标的额查封、扣押、冻结。发现超标的额查封、扣押、冻结的，人民法院应当根据被执行人的申请或者依职权，及时解除对超标的额部分财产的查封、扣押、冻结，但该财产为不可分物且被执行人无其他可供执行的财产或者其他财产不足以清偿债务的除外。"可见，最高人民法院通过司法解释采用的判断标准是"明显超过"。之所以提出一个概括的具有模糊性的判断标准，原因在于财产保全和司法执行强调的是高效性和有效性，如果对要保全的标的物在采取查封措施前进行科学精准的评估再采取保全措施，可能会导致被查封标的物的转移或丧失，尤其在实物保全的情形下，其标的物价值有时很难精准估计，而只能求其大概如此。然而本案的情况表明，法院查封的 210 套住房价值超过 1.2 亿元，这远超原告诉讼请求和被告执行义务的 5589 万元的范围，尤其是，租房是一套套的可以分开处置，而不是最高人民法院司法解释中所述"该财产为不可分物"，因而该案中的查封显然属于超标的额查封。检察院通过调查核实权的行使查明坐实法院超标的额查封后提出检察建议，法院迅捷改正错误，解除了超额查封部分的强制措施，使当事人减少了损失。

3. 跟踪监督

保全错误的司法救济不仅在于解除错误的保全措施，同时还在于对错误保全给当事人造成的损失进行赔偿。如果当事人此后提出了损害赔偿的请求，检察机关应当继续跟踪监督。之所以检察机关要对保全错误的损害赔偿进行跟踪监督，其原因在于对错误保全的赔偿监督是对保全错误进行法律监督的一个有机组成部分。值得指出的是，保全错误，尤其是明显的超标的额保全，法院往往是存在用权错误或至少是存在简单化行权问题的，法院对于当事人申请的保全，不宜见到担保就直接保全，而应当判断在何范围内进行保全是妥当的，要做到对双方当事人合法权益的兼顾性保护，而不可采取简单的带偏颇性的强制措施，尽量减少因保全而给当事人带来财产损失。因此，对明显的保全错误，检察院在通过检察建议使之纠正错误后，还要考虑两个问题：一是是否存在国家赔偿问题（当然这取决于当事人的申请），二是是否有必要向法院再发出一个工作改进型的检察建议，以避免法院今后重复进行明显的超标的额查封。

第四节 先予执行

一、先予执行的概念、特点和意义

（一）先予执行的概念

先予执行制度这个概念是1991年《民事诉讼法》所采用的，此前，在1982年《民事诉讼法（试行）》称之为"先行给付"①。大陆法系国家称之为"假执行"，英美法系国家对一审判决便可以提供担保申请执行，与我国的先予执行制度有相似之处。先予执行，是指当事人一方因为生活或生产上的急需，在法院受理案件后作出终审裁判前向法院提出申请，要求对方当事人先行给付一定数额的金钱或财物，或者先行停止实施某种行为或者立即实施某种行为的临时救济制度。

（二）先予执行的特点

1. 先予执行制度是一个应急性制度

先予执行制度是在法院尚未作出生效裁判确定原告胜诉前所实施的一项制度，该项制度并不是一项常规性制度，而是一项救急性制度，只有在原告作为权利人面临着生活或生产上的特别困难或危机危急时期才能采用。

2. 先予执行制度是一项临时性制度

先予执行制度并不决定诉讼案件的最终结果，谁胜诉、谁败诉，虽然在决定先予执行时已经有了一个大体的判断，原告胜诉基本上有了一个七不离八的胜算，但这种胜诉判决还仅仅停留在预期阶段，还不是现实的胜诉，因而原告败诉的可能性还是存在的。一旦原告败诉，因先予执行获得财产或金钱就要退回，恢复原状。因此，先予执行制度并非终局性裁判制度，而具有假定性、暂时性的特点。

3. 先予执行制度是一项程序性制度

法院对于先予执行的适用条件的判断，虽然也要求原告负责提供一定的证据，但并不要求这种证据提供到达到实体判决的成熟程度，而仅要求有一定的盖然性即可，因而先予执行重在程序上目标之实现，能够使诉讼当事人渡过难关，从而使诉讼程序顺利进行下去，而不至于因生计而致使诉讼难以为继，并不在于实体上谁是谁非的司法决断。

4. 先予执行制度是一项非讼性制度

先予执行强调程序的快捷和速度，而不全然在于实体的正确无误，因而法院决定先予执行的程序不采用诉讼原则和诉讼法理，而采用职权性较强、对抗性较弱的非讼原则和非讼法理。当然，由于先予执行制度较之于诉讼保全制度而言具有更多的实体判断性，因而在程序构成上，先予执行制度具有更多的诉讼色彩，必要时，法院需要进行听证，甚至往往需要在举行初次开庭后方能决定。

（三）先予执行的意义

先予执行制度具有重要的诉讼意义，主要表现在两个方面：

---

① 《民事诉讼法（试行）》第95条。

其一，先予执行制度能够解救原告当事人诉讼燃眉之急，确保其生活暂时无忧，或者保障其生产上暂时能够渡过难关。比如，就生活关系而言，原告作为父母状告作为子女的被告给付赡养费，因为诉讼尚需时日，而且一审结束后被告还可能会上诉，上诉又要有一个过程。此时，如果等待诉讼最后胜诉并通过强制执行获得原告的救急生活费，则可能于事无补，原告面临生计风险，为此，就有必要通过法院的决定，责令被告先行给付一部分生活费用，使原告渡过生活困境。可见，先予执行制度是一个具有人道主义色彩的诉讼制度，反映了诉讼制度的人性化价值取向。

其二，先予执行制度有助于保障诉讼程序顺利进行。诉讼程序顺利进行的前提条件是诉讼当事人衣食无忧，如果诉讼当事人（这里主要指原告）面临生计困境而难以自拔，此时则应由法院出面在诉讼合理范围内为其提供司法上的救助，使原告当事人摆脱生活困境，从而能够正常出庭、实施各种诉讼活动，否则，诉讼程序便面临两难困境。如果原告不到庭而宣布作为原告撤诉处理，则显然不够人道、诉讼缺乏必要的人情味；如果诉讼程序继续进行下去，原告又因生活困难难以从事诉讼活动。为解决这种两难困境，民事诉讼法采取了先予执行制度。对于生产型原告而言也是如此，如果原告因缺乏必要的流动资金而无法使工厂继续开工，则必然停产，工人失业，甚至还会造成局部混乱，诉讼程序根本无暇顾及。先予执行制度则有助于为危困企业解困，使其生产之轮继续运转下去。在目前保护民营经济为导向的司法政策中，先予执行制度的功能更不容小觑。

二、先予执行的条件

《民事诉讼法》第110条规定了先予执行的法定条件，据此规定，先予执行应当具备四个条件：

（一）本案必须属于给付之诉的案件

只有给付之诉的案件，将来作出的原告胜诉的判决才需要付诸执行。除给付判决外，其他的两种类型的判决，即确认判决和形成判决，均无执行之说，它们一旦作出就立即自动生效，并产生相应法律效果，而无须执行；需要执行的只能是给付判决。因此，作为将执行提前予以实现的先予执行也必须是给付之诉的案件，只有给付之诉的案件，法院才有作出先予执行裁定的必要，确认之诉的案件和形成之诉的案件均不存在先予执行之问题。

（二）当事人之间权利义务关系明确

也即，本案在实体法律关系上，谁能够胜诉、谁将会败诉，基本上没有悬念，之所以法院不能立即作出生效裁判，使原告依据确定性生效裁判行使稳定的权利，乃是因为诉讼必须要有一个过程，而不可能一蹴而就，立即下判。因此，即使权利义务关系明确无误，也需要历经漫长的诉讼周期，这就势必产生了一个需要，让即将胜诉的原告先行满足部分请求，以解燃眉之急。反之，如果原告和被告之间究竟谁将胜、谁将败，由于案情复杂不是一望便知，则法院不得采取先予执行这个非常救济手段，否则会导致对被告方不公，同时会导致将来还要在原告败诉后进行执行回转，此外还要赔偿被告的损失，致使程序越来越复杂，诉讼关系越来越混乱。因此，当事人之间权利义务关系明确，是法院采取先予执行措施的适度平衡之需要。

（三）不先予执行将严重影响申请人的生活或者生产经营

这是立法从反面对先予执行条件的规定。申请人的生活或生产经营处在极度艰难困苦之中，要么是生活难以为继，要么是生产无法持续，无论是对于生活或生产，由于被告人的过错和责任，致使申请人陷入绝境。因此，先予执行对于申请人而言可谓绝处逢生，使之大有柳暗花明又一村的感觉。通俗地说，先予执行来的钱是老百姓的"救命钱"，法院的先予执行可以说是雪中送炭。

（四）被申请人有履行能力

先予执行需要的是立即产生效果，通过先予执行满足申请人的非常之需，而不是旷日持久地陷入执行难之中。如果被申请人缺乏必要的履行能力，其拿不出钱或财产可供先予执行之用，那么，法院即便作出了先予执行的裁定，也相当于一纸空文，无法执行。无法执行搁置在那里，就相当于没有作出该先予执行的裁定一样，这样的先予执行是毫无意义的。因为，与其让一纸空文的先予执行裁定被搁置在那里，还不如等待终局判决进行正式的执行，前者的效果远不如后者的效果。

三、先予执行的案件适用范围

先予执行的案件范围在广义上限定于给付之诉的案件，但并不是所有的给付之诉的案件均可适用先予执行制度，适用先予执行的给付之诉的案件具有这样两个特点：一是给付之诉的案件关系到民生问题或者企业的生存问题。如果给付之诉的案件尚未表明申请人的生活或生产业已届临崩溃的边缘，而是无关痛痒，或者虽关痛痒，但无关大局，尤其不涉及生存问题，不会威胁到生存权或发展权这一基本人权，则不属于先予执行的案件范围。二是先予执行的案件一般存在于特殊的身份关系的人们之间，比如父母和子女之间、夫妻之间、雇工与雇主之间、工人和企业之间等。此外还存在于一定范围内的债权人和债务人之间，但以前者（具有身份关系的自然人之间）为主，以后者（具有债权债务关系的企业之间）为辅，后者不是先予执行制度适用的重点。

根据《民事诉讼法》第109条、《劳动争议调解仲裁法》第44条、《民诉法解释》第170条之规定，先予执行制度适用的案件范围主要包括：一是追索赡养费、扶养费、抚养费、抚恤金、医疗费用的案件。二是追索劳动报酬、工伤医疗费、经济补偿或者赔偿金的案件。三是需要立即停止侵害、排除妨碍的案件。如环境污染案件、消费侵权案件、妨碍通行的相邻案件等。四是需要立即制止某项行为的案件，如侵害专利权的案件、侵害商标权的案件、侵害著作权的案件、侵害商业秘密的案件、侵害植物新品种的案件、侵害网络域名权的案件等。五是追索恢复生产、经营急需的保险理赔费的案件。六是需要立即返还社会保险金、社会救助资金的案件。七是不立即返还款项，将严重影响权利人生活和生产经营的案件。八是因情况紧急需要先予执行的其他案件。

四、先予执行的程序

（一）申请人提出先予执行的申请

先予执行与保全有所不同，诉讼中的保全，可由当事人申请启动，也可由法院依职权启动，尽管是以前者为主，以后者为辅。而先予执行的启动却仅限于当事人申请主义，只有当事人的申请才能启动先予执行程序，法院不得依职权主动发动先予执行程序。之所以有这样的区别，根本的原因在于先予执行的实体性更强，当事人的自治成分所占比例更多；同时，申请人是否生活或生产感到确有困难，法院并无渠道先行预知，也不宜由法院来越俎代庖，因而先予执行不实行职权干预主义。但这并不意味着法院不能在案情显示有此需要时，向当事人进行诉讼中的释明，启发当事人提出先予执行申请，以最大限度地保护自己的合法权益。

（二）责令当事人提供担保

与诉中保全一样，法院可以责令先予执行的申请人提供担保，也可以免除该当事人提供担保的诉讼义务，究竟作何种司法选择，取决于法院视具体案情所进行的综合权衡之结果。然而法院在要求当事人提供先予执行担保的裁定书上要阐述理由，也就是说，法院的这种要求当事人担保与否的选择并不是任性的，而是立足于案情有事实理由的。这是从先予执行制度的解释论视角所做出的观察；然而从先予执行制度的立法论视角而言，这种要求申请人提供担保的做法值得商榷。因为先予执行的申请人本身已陷入生活或生产上的困境，以至于不得不求助于先予执行这种具有人道主义色彩的救急性司法救济制度，而现在却又让其提供担保，否则，其先予执行的申请将被驳回，则势必使申请人又一次陷入困境之中，因为他本身无法提供担保，同时其他人也一般不会为其提供担保。与此同时，责令申请人提供先予执行的担保在理论上与立法对其适用条件的严格性也有难以吻合之处。立法要求先予执行制度的适用以案件中权利义务关系明确为前提条件，既然诉讼中谁胜谁败已基本确然无疑，那为什么还要求申请人提供担保呢？这两个方面在立法思维上存在重叠乃至矛盾之处。此外，先予执行中的担保和诉讼保全中的担保虽然都有弥补对方当事人损失的功能，但二者在数量的要求上还有所不同。诉讼保全中的担保仅需达至保全标的额的一部分即可，一般无须全额担保；但先予执行却需要全额担保，因为先予执行一旦发生错误便是根本性的错误，需要将先予执行来的金钱或财产全盘退回，而申请人有可能已经消费或使用完毕，导致无法全盘退回，难以执行回转，因而就需要等额担保，以防不测。然而，这样一种高要求的担保制度对申请人而言无异于雪上加霜，其贫困之处境根本没有因先予执行而有所改善，至多处在等同状态。综合上述因素以观，笔者认为，先予执行的担保制度存在立法上的技术性危机和正当性危机，需要立法修改时予以摒弃。

（三）法院审查并作出裁定

法院收到先予执行的申请后，应当就其适用条件是否具备进行审查，如果认为其符合法定条件，则作出许可先予执行的裁定；如果认为其不符合法定条件，则作出驳回先予执行申请的裁定。这里值得提及和阐述的有两点：一是法院审查的方式，二是先予执行为什么使用裁定的方式而不是先行判决的方式。法院对于先予执行的审查应当秉持审慎周延的方针，而不得草率行事，更不得像诉讼保全那样，只要当事人一提出申请并附随以担保，就裁定予以认可。因为先予执行虽然与诉讼保全一样也属于诉讼中的临时措施，而不是对本案的最终决断，故其审查方式与本案审理方式不可等值化，但是，先予执行的审查方式应当接近于本案审理。这一点与诉讼保全有所不同。这根本上是因为先予执行的构成要件之一"权利义务关系明确"是一个完全的实体要件，而不是程序要件，其要求与法院作出本案裁判基本一致，因而对于先予执行的审查也要采用开庭审理、两造对抗的庭审模式，其准用的应当是诉讼法理而不是非讼法理。与此相关联的一个问题是，法院对于先予执行是要采用裁定的方式抑或采用判决的方式。目前立法采用的是裁定模式，将其更多地视为一个程序问题而不是实体问题，笔者倾向于采用判决模式，其理由除前述者外，后面的改革论部分还会涉及，这里不予赘述。

（四）先予执行的执行

与保全执行一样，先予执行的执行也实行"审执分离"原则，由审判组织作出先予执行的裁定，并由审判组织依职权移交于执行组织实施执行。之所以不采用申请执行主义而采用移送执行主义，其原因在于先予执行的申请本身就含有申请执行的意思，无须当事人重复表述该意思表示；同时，也是为了追求先予执行的高效率所需要。

五、先予执行的救济

先予执行的救济是指在先予执行程序中，被申请人应当具有因申请人错误申请而致其受到损失的司法补救权。可见，先予执行的救济是针对被申请人而言的，申请人申请先予执行也具有风险，一旦错误发生，就会造成被申请人的损失，对该损失，申请人应当予以赔偿或补救。因此，先予执行的救济制度之基本功能在于平衡申请人和被申请人之间因先予执行所产生的相互利益关系，这也是诉讼当事人平等原则的具体表现。

需要对先予执行的被申请人予以救济的权利主要表现在以下情形：

其一，程序性救济权。被申请人在先予执行中的程序性权利主要表现在三个方面：一是要求申请人提供担保；二是要求法院通过开庭的方式弄清案件事实和法律关系；三是对法院作出的先予执行之裁定申请复议一次，当然在复议期间不停止裁定的执行。

其二，实体性救济权。被申请人的实体性救济权主要发生在申请人败诉的情形之下，申请人败诉，便意味着申请人申请先予执行不具有正当化根据，要么是案件的事实关系发生错误，要么是案件的实体关系发生错误，正是这些错误的存在，使得法院最终未能作出使原告获得胜诉的裁判。因此，原告败诉和原告申请先予执行确有错误实际上是一回事，与诉讼保全的过错判断不同的是，先予执行采用的是客观过错原则，只要原告败诉，原告就有过错，原告就应当赔偿被告的损失。

具体而言，原告因先予执行错误而需要赔偿被告损失的情形主要有三种：

一是原告完全败诉，必须赔偿被告因先予执行而造成的全部损失。

二是原告在获得先予执行后申请撤诉，获得法院许可，必须赔偿被告因先予执行而造成的全部损失。因为原告撤诉意味着原告的诉讼要么在诉讼成立要件上存在缺陷，要么在权利保护要件上存在缺陷，或者原告出于其他考虑而致使其起诉本身被评价为不够慎重，此时，原告需要赔偿被告因先予执行所导致的全部损失。当然，有一种情形应当是例外，这就是原被告双方达成诉讼外的和解，原告同意撤诉，被告此时不能申请原告赔偿其损失，因为先予执行所造成的损失已经被包含在诉讼外和解的考虑之中，而不得再次主张赔偿其损失。

三是原告部分胜诉、部分败诉，需要赔偿被告因先予执行所导致的部分损失。比如原告妻子诉被告丈夫给付小孩抚养费每月3万元，法院根据其申请，先行执行了一年36万元的抚养费，但最终法院判决下来，被告仅需给付原告小孩抚养费每月1万元，并且判决抚养费每月一付，驳回了原告一年一付的请求，此时，原告应当赔偿被告35万元的损失。当然，这仅仅是索赔生活费的案例，如果涉及医疗费、出国留学费等费用，先予执行的数量可以按照实际需要进行裁判。

值得指出的是，先予执行中赔偿被告的损失，与诉讼保全的损失赔偿有别，前者是执行回转，后者是另行赔偿；前者是恢复原状，后者是填补损害。先予执行的裁定如果被诉讼结果所证明确有错误，则法院应撤销之。法院撤销先予执行的裁定后，法院的先予执行便缺乏了合法化根据，如同法院最终的强制执行一样，先予执行的裁定一旦撤销，法院赖以执行的执行根据或执行名义就不复存在，执行程序就要恢复原状，从而需要转换为执行回转的救济程序。《民诉法解释》第173条规定："人民法院先予执行后，根据发生法律效力的判决，申请人应当返还因先予执行所取得的利益的，适用民事诉讼法第二百四十条的规定。"《民事诉讼法》第240条规定："执行完毕后，据以执行的判决、裁定和其他法律文书确有错误，被人民法院撤销的，对已被执行的财产，人民法院应当作出裁定，责令取得财产的人返还；拒不返还的，强制执行。"需要指出的是，先予执行后，原告的生活或生产的燃眉之急已解，诉讼结束之际，因其未能获得胜诉而又需要返还先予执行的全部所得，这不仅在事实上有一定难度，而且又将陷原告于困境之中，这似乎与司法人道主义相悖，因此立法上尚需考虑再补救措施，这便进入司法救助领域，该问题将在诉讼费用一章进行探讨，此不复赘。

六、先予执行制度的改革与完善

（一）先予执行制度所存在的问题解析

在我国，先予执行制度虽然发挥了一定的积极作用，但总体上说，此种作用发挥得依然不够充分，该制度存在的诸多缺陷是造成先予执行现状不够理想化的主要原因。具体而言，我国先予执行所存在的制度性缺陷主要有：

1. 先予执行在立法技术上存在逻辑悖论

如前所述，申请先予执行的首要条件是案件中的实体性权利义务关系处在明确状态，而这里的"明确"，即指确然无疑之谓。既然实体的权利义务关系已经处在明确状态，那么，法院作出本案判决的条件已趋于成熟，此时，再在判决之前增设一个临时性的先予执行制度，必要性已不是很大。

2. 先予执行将造成案件解决程序过于复杂

先予执行裁定作出后，诉讼程序便局部地转换到强制执行程序之中，此时将会出现临时性的执行程序和本案诉讼程序并存的现象，致使案件的处理程序过于复杂，当事人两边都要应付，法院也要同时做好执行工作和审判工作。而且从实际情况看，法院在作出一审裁判前，临时性的先予执行可能还处在进行之中，而尚未完成。如此一来，先予执行的程序可能会延续到二审程序之中，这就大大弱化了先予执行制度的功能。

3. 先予执行的条件过于严苛，使申请人的申请往往难以成功

从先予执行的适用条件看，案件的实体权利义务关系明确是先予执行的适用条件；申请人申请先予执行需要满足的门槛性条件过高，使得先予执行申请权的实现也往往比较困难。这样就会出现一种问题叠加现象，一方面当事人申请先予执行比较困难，另一方面法院适用先予执行比较复杂，这两个问题结合在一起，势必导致先予执行的效率降低，先予执行的制度性功能减弱，这是由先予执行制度所内含的技术性问题所生发的弊端。

4. 先予执行制度的程序定性存在问题

目前我国民事诉讼法是将先予执行制度作为一项临时性的程序制度来对待的，其采用的是程序性的、也是非讼性的裁定模式，而没有采用实体性的、也是诉讼性的判决模式。如前所述，权利义务关系明确是先予执行制度的适用前提，但权利义务关系明确这一实体性结论却只能通过具有严格程序保障的判决模式获得，而不可凭借以追求效率价值为主要目标的裁定模式获得，否则就会存在程序模式与程序结果之间的矛盾。

5. 在制度功能上，先予执行与诉讼保全有部分重合

前已述及，先予执行制度不仅适用于给付金钱或财产的给付之诉，而且还适用于消极不作为和积极作为的行为给付之诉，而后者与诉讼保全的行为强制令具有重合之处。如环境污染案件、消费侵权案件、妨碍通行的相邻案件等需要立即停止侵害、排除妨碍的案件；侵害专利权的案件、侵害商标权的案件、侵害著作权的案件、侵害商业秘密的案件、侵害植物新品种的案件、侵害网络域名权的案件等需要立即制止某项行为的案件，这些案件均属于行为给付之诉的

案件。在这些案件中，当事人既可申请法院发出行为强制令，从而使法院适用保全制度；也可以申请法院作出先予执行的裁定，从而使法院适用执行制度，而由于适用保全制度的门槛条件只是情况紧急（诉前强制令）或者可能影响案件将来的执行（诉中强制令），相对于适用先予执行制度的门槛性条件（权利义务关系明确）要低许多，从证明标准上说，前者只需要较低证明的疏明即可，后者则需要较高程度乃至接近本案证明标准的盖然性优势程度，因而当事人一般会选择适用保全制度，而不会选择证明难度较大的先予执行制度。这样一来，先予执行制度在行为给付之诉这部分内容的范围内，将陷入制度空转的适用窘境，这对先予执行制度而言，无疑有损其权威性。尤其是，同一个问题，实质效果相同的同一种救济，而同时存在两种适用条件并不一致的制度，这本身就有制度设置上的矛盾和重复问题。

（二）先予执行制度的改革

我国的先予执行制度既然存在上述立法层面及司法层面的诸多问题和困惑，因而对其进行修改完善便是必要之举。笔者认为，先予执行制度的改革方向无非有二：一是向下的方向，二是向上的方向。所谓从向下的方向改革先予执行制度，指的是降低先予执行制度的适用门槛，使之保持与诉讼保全适用条件相等同的状态，此种适用条件的表述可以为"不先予执行，将会导致申请人生活或生产上的严重困难"，同时取消"权利义务关系明确"这一前提性适用条件。所谓从向上的方向改革先予执行制度，指的是保持其适用的高门槛条件，以"权利义务关系明确"作为其适用前提，但需要在立法技术上将先予执行制度的非讼特征予以消解，使之成为一项特别的、紧急的实体裁判制度。前一个方向是大陆法的方向，后一个方向是英美法的方向。

对于先予执行制度的这两种修法路径究竟何去何从、作何选择？笔者倾向于采用后一个方向作为我国的先予执行制度的修改路径。其根本原因在于降低先予执行制度的门槛条件不够严肃。先予执行与保全不同，它不是临时性地固化某种状态，而是临时性地转化某种状态，是将被申请人的金钱、财产等实际地转化为申请人的金钱、财产等，这对被申请人而言乃是一种即时的、实质性损失和付出，这种损失和付出必须要有实质性理由，因此，我国目前先予执行制度所要求的"权利义务关系明确"这一要件是正确的、妥当的，这一条件不宜放松或降低。因此，我国先予执行制度修改和完善的基本思路就在于调整其适用程序和适用形式，而不是调整其适用条件。

具体而言，笔者认为应当将我国目前的先予执行制度改造成为先行判决执行制度。据此制度，对于特殊种类的给付之诉的案件，法院在其符合"权利义务关系明确"这一实质性要件时，便作出实体性判决，同时在当事人的申请下赋予该判决具有立即执行的效力。如果法院认为有必要，可以责令申请人提供必要的担保。这种先行判决执行制度就其实质而言，乃是赋予某些一审判决以立即执行的非常效力。该制度与英美模式不完全相同。按照英美模式，凡是一审判决，只要当事人申请强制执行并提供担保，法院则一概予以许可。但在我国，这种一审判决立即执行的制度不能普遍适用，而只能限定性地适用在某些特殊种类的案件上，该案件的范围与我国目前的先予执行制度的适用范围基本可以保持一致，但仅限于给付金钱和财产的某些给付之诉，而不宜适用于行为给付之诉的案件，行为给付之诉的案件如需要先予执行的，可以通过诉讼保全中的行为强制令达其目的，这样也就同时理顺了先予执行和诉讼保全之间的制度关系。

用先行判决执行制度取代先予执行制度具有这样几个优势：一是在适用条件和案件范围上基本保持一致，保障了制度的稳定性和连续性。二是通过判决程序替代裁定程序，使该制度具有更强的程序保障性，其正当性更加充分，当事人的程序参与权获得了更多的保障。三是避免了先予执行的临时性，先行判决执行乃属于正式的执行、终局的执行，与生效裁判的执行所不同的仅仅是将判决执行的时点大大提前了，使部分一审判决具有了可强制执行的属性和效力。四是丰富了我国的司法裁判制度和强制执行制度，使得二者更加趋于完备。我国的司法裁判制度向来实行二审终审制，二审终审制的优点是程序保障比较充分，但缺点是使当事人的权益实现严重滞后，这对某些案件情节比较明确，权利义务关系比较确定，当事人权益实现的诉求比较强烈的当事人而言，确有保护不周以及司法形式主义的弊端。同时我国的强制执行制度在种类上也更加繁多，更加能够适应当事人权益实现的各种不同需求。经过1991年《民事诉讼法》的修改，我国在执行根据上增加了督促程序支付令的形式，使快捷执行成为可能；2012年《民事诉讼法》的修改，我国在执行根据上又增添了司法确认裁定书和担保物权实现程序之裁定书，使快捷执行增加了可能。如果我国《民事诉讼法》在此以外再确定一种一审判决的立即执行制度，则有望大大丰富我国强制执行的根据种类，使繁简分流在执行根据上有所呈现。

第五节　对妨害民事诉讼的强制措施

一、对妨害民事诉讼的强制措施的概念、特征和意义

民事诉讼程序是解决纠纷的程序，也是通过解决纠纷形成新的法律秩序、保障合法权益、理顺社会关系、确保社会和谐的过程，因此，民事诉讼过程本身，也首先必须得到安定性、和谐性、有序性的保证，否则，民事诉讼的权威性便不复存在，民事诉讼的解纷功能便大大减弱，民事诉讼各方面的目的便无法实现。一句话，为了维持外在的秩序，首先必须维护内在的秩序。然而，实践表明，由于民事诉讼是一个复杂的利益衡量过程，在这个过程中，各方主体利益博弈往往会达到白热化的程度，有的当事人甚至有的案外人，为了追逐自己有利的诉讼结果或者尽量扩大己身利益，有时会实施对诉讼过程的干扰甚至破坏行为，从而形成对正常的民事诉讼秩序的损害，这种行为就是妨害民事诉讼的行为。对妨害民事诉讼的行为不能放任自流、听之任之，而必须及时地、有力地予以遏制和排除，这个排除诉讼干扰、惩罚妨碍诉讼行为的措施，便是排除妨害民事诉讼的强制措施。《民事诉讼法》第十章专门规定了"对妨害民事诉讼的强制措施"，从第112条到第120条共9条。用专章规定强制措施是我国民事诉讼法的一个特色，西方国家一般无此立法体例。

（一）对妨害民事诉讼的强制措施的概念

对妨害民事诉讼的强制措施，也称为民事诉讼强制措施，指的是对于所实施的各种妨害民事诉讼的行为实施法律上的制裁，从而排除这些妨害以确保民事诉讼活动和民事执行活动顺利进行的强制性手段。

民事诉讼中有两种强制措施：一种就是这里所说的对妨碍民事诉讼的行为的强制措施，另一种是后面要论及的强制执行程序中的强制措施。这两种强制措施在性质上迥然不同：前者是制裁非法的措施，后者是实现权利的手段；前者存在于民事诉讼全过程，后者仅存在于执行程序之中；前者无需后者作为保障，后者则需要前者作为保障，也即对妨碍民事诉讼的强制措施是对执行强制措施的保障；前者由法院依职权采取，后者由法院根据当事人的申请采取；前者

是拘留、罚款等措施，后者是查封、扣押等措施。因此，这两种民事诉讼中的强制措施需要区别开来，不可混淆。

我国三大诉讼法上均有强制措施的规定，民事诉讼中的强制措施与行政诉讼中的强制措施基本相同，但民事诉讼中的强制措施与刑事诉讼中的强制措施则存在显而易见的区别：民事诉讼强制措施由法院采取，刑事诉讼强制措施由公安机关、检察机关和法院采取；民事诉讼强制措施的目的在于维护诉讼秩序，惩罚妨碍行为，刑事诉讼强制措施的目的在于限制犯罪嫌疑人的人身自由，以使其接受审判；民事诉讼强制措施有拘传、罚款、拘留、训诫、责令退出法庭等，刑事诉讼强制措施有拘传、取保候审、监视居住、拘留、逮捕等；民事诉讼强制措施的适用前提是行为主体实施了妨害民事诉讼的行为，刑事诉讼强制措施的适用前提是犯罪嫌疑人实施了犯罪行为，并具有不同程度的人身危险性；民事诉讼强制措施与裁判结果没有必然关系，刑事诉讼强制措施有的与刑罚有一定关系，比如拘留、逮捕等措施可以折抵所判刑期。

（二）对妨害民事诉讼的强制措施的特征

行为上的针对性。民事诉讼强制措施针对的是妨害民事诉讼和强制执行顺利进行的各种非法行为或不当行为。如果所实施的行为没有产生妨害民事诉讼的结果，则不产生这里所言的民事诉讼强制措施。

性质上的制裁性。对妨害民事诉讼的行为的强制措施，之所以是强制的，就是因为它要排除各种妨害行为，必须要用强制的手段，而这个强制的手段，实际上就是制裁的手段。比如罚款、拘留等，就是典型的司法制裁手段。法律上的制裁分为刑事制裁、行政制裁、民事制裁和司法制裁四种，民事诉讼强制措施就是司法制裁。

对象上的广泛性。妨碍民事诉讼的行为既可以由诉讼当事人实施，也可以由诉讼外的任何主体（包括自然人和法人、非法人组织）实施。民事诉讼强制措施不问行为主体的属性，不问他们是当事人还是不是当事人，不问它们是单位还是个人，只要实施了被民事诉讼法所规定的禁止性的妨害行为，就都要受到民事司法上的制裁，因此，就出现了对象上的广泛性或非限定性的特点。

适用上的职权性。凡出现妨害民事诉讼正常进行的行为，法院均依职权主动采取措施加以制止和惩罚，而无须当事人动议或申请。因为，妨害民事诉讼的行为破坏的是正常的司法秩序，维护司法秩序是法院的基本职责，法院若对妨害民事诉讼的行为坐视不问或置若罔闻，则构成司法失职，相关责任人员应受责任追究。

（三）对妨碍民事诉讼的行为的强制措施的意义

保障诉讼当事人和其他诉讼参与人能够充分地参与诉讼程序，并在诉讼过程中充分地行使诉讼权利。当事人是诉讼中的主体，如果他们的诉讼活动受到了威胁、恐吓等非法行为的妨害，他们就不可能毫无顾虑地参加到民事诉讼之中，就不可能顺利地主张事实、提供证据、进行辩论、提出声明、发表意见，其合法权益就得不到司法的有力保障。其他诉讼参与人对于民事诉讼的顺利进行也是不可或缺的，比如证人受到威胁，就难以提供真实证词；鉴定人受到恐吓，就难以提供正确的鉴定意见。因此，有了强制措施的保障，诉讼当事人以及其他诉讼参与人就可以免除参与诉讼的后顾之忧，就可以安心地、从容不迫地实施各种诉讼活动，推动民事诉讼程序的顺利进行。

保障人民法院顺利地行使审判权和执行权，确保诉讼秩序的安定、稳定与和谐。司法审判的目的在于作出正确的或正当的裁判，这种正确或正当裁判的作出，需要有一个良好的司法秩序作为保障，否则，如果法官审案时人身安全会受到威胁，那么可想而知，在这样的司法环境下，法官如何能够做出正确、正当的裁判？司法审判是如此，强制执行何尝不是如此？有了强制措施，这些妨害法官们正确审判、有效执行的行为就会大大减少，即便偶有发生，也能有效排除。

维护司法权威，捍卫法治之尊严。在实行依法治国的背景下，民事诉讼的过程彰显的是司法的权威和法治的尊严，如果有实施妨害民事诉讼的行为，则势必使司法权威遭受挑战，法治尊严受到亵渎，这对法治的伤害是极为严重的，必须受到法律的严格禁止和司法的严厉制裁。

教育公民自觉遵守法律，维护司法秩序。司法，尤其是我国的司法，离不开人民群众的参与、监督、协助和配合，法院调查证据，需要获得被调查的单位和个人的支持与配合；法院送达文书，需要邮政机关、社区及有关单位的协助；法院强制执行，需要有关部门、有关单位、有关个人给予协助；甚至法院的审判本身，也需要人民群众自觉维护法庭秩序，确保法院能够有序有效解决纠纷。实施强制措施，制裁少数违反法庭秩序和审判秩序、执行秩序的人员，能够收到制裁一个、教育一片的效果，同时也能使实施妨害诉讼行为的人幡然醒悟，意识到自己行为的错误性和危害性，起到行为矫正器的作用。

二、妨害民事诉讼行为的构成要件

民事诉讼强制措施针对的是妨害民事诉讼的行为。妨害民事诉讼的行为，是指当事人、其他诉讼参与人或者案外人所实施的妨害民事诉讼和强制执行顺利进行的各种行为。其构成要件主要有：

其一，妨害民事诉讼的行为必须是现实已经发生的行为，而不是计划中尚未实施的行为。法律不惩罚犯意，而只惩罚行为，这个原则也通行于民事诉讼中的强制措施。比如，当事人准备制造伪证，也串通了证人，但后来还是放弃了这一做法，这种行为便不属于这里的妨碍民事诉讼的行为，因为这种行为还没有化为现实，还没有对民事诉讼或执行程序造成现实的障碍或妨害，因而不受强制措施的惩罚。行为包括行动和言辞，行动比如当事人对法官实施殴打或围攻、尾随行为，言辞比如当事人对法官进行侮辱诽谤或者威胁恐吓，这些均属于行为的范畴，均受强制措施的规范和调整。

其二，妨害民事诉讼的行为必须是故意实施的行为，而不是过失实施的行为。人们的主观过错在法律意义上包括故意和过失两种，过失的行为不构成妨害民事诉讼的行为。比如，收到法院协助执行通知书的银行，由于不慎走漏消息，使被执行人转移了其存款，导致执行困难，这种行为只要有证据表明并非故意而为，即便客观上有妨害民事诉讼的结果，但因其主观上无故意而不受强制措施的责任追究；如有其他方面的法律责任，比如赔偿损失等责任，则不在此限。

其三，妨碍民事诉讼的行为必须是民事诉讼法所明确规定的禁止性行为，而不是立法上未予列举明定的行为。如同对刑事犯罪的惩处奉行罪刑法定主义、法无明文规定不为罪的原则一样，对妨碍民事诉讼行为的惩罚也需要以法律的明文规定为前提条件。值得探讨的是，对妨碍民事诉讼行为的惩罚是否允许有类推的适用。笔者认为，原则上不应当适用类推制度，但在特殊情形下，经过严格的程序保障，比如请示上级法院作出裁定等，应当允许适当的类推存在。比如说，《民事诉讼法》第114条规定"拒不履行人民法院已经发生法律效力的判决、裁定的"，需要接受惩罚。该条款中仅仅规定判决书和裁定书遭到当事人拒绝履行时方构成妨害民事诉讼的行为，才需要加以惩处。但是，类似于判决书、裁定书的法院制作的、需要执行的法律文书还有调解书、支付令、决定书等，当这些法律文书作为执行根据时，如果其遭遇当事人的拒绝是否也有本条款的适用？笔者认为，此时应当适用类推规则，报上级法院批准，也有本条款的适用。

其四，妨碍民事诉讼的行为必须是诉讼过程中发生的行为，而不是诉讼前或者诉讼后的行为。妨碍民事诉讼的行为是以妨碍民事诉讼的顺利进行为目的，因而该行为的实施必须发生在民事诉讼的全过程之中。民事诉讼的全过程，包括民事审判活动的全过程、调解程序全过程、执行程序全过程，也包括一审程序、二审程序、再审程序以及检察监督程序。比如法院调解过程中，法院将案件委托或委派给人民调解委员会或其他社会组织进行调解，在人民调解委员会或其他社会组织进行调解的过程中，当事人或案外人所实施的妨害调解活动的行为，也属于妨害民事诉讼的行为，因为，这些调解活动，是法院诉讼活动的自然延伸，本质上属于民事诉讼范畴。诉前保全也属于民事诉讼范畴，执行程序结束后，需要执行回转的，也在民事诉讼的范围之内，当事人或案外人所实施的妨害民事诉讼的行为，均受到强制措施的禁止。但是，如果诉讼尚未发生，当事人就接到了相对方的恐吓信，说如果要起诉就要当心遭报复等，这些行为（含言辞）发生在诉讼开始之前，不属于妨害民事诉讼的行为，需要惩罚的，依照侵权法、治安管理法、刑法等进行惩处。执行后被执行人对法院的强制执行耿耿于怀，对执行法官实施打击报复行为，这也不属于妨碍民事诉讼的行为，构成其他法律责任或许要惩罚的，则依据侵权法、治安管理法、刑法等进行惩处或追究其相应的法律责任。但是，在执行终结6个月内，被执行人或者其他人对已执行的标的有妨害行为的，人民法院可以依申请排除妨害，并可以依照《民事诉讼法》第114条规定进行处罚。因妨害行为给执行债权人或者其他人造成损失的，受害人可以另行起诉。①

三、妨害民事诉讼行为的种类

由于妨害民事诉讼的行为具有法定性的特点，而且通常比较具体明确，具有较强的可操作性，因而法理上可以阐发的空间比较有限，故而对妨害民事诉讼的行为以列举为主。

根据《民事诉讼法》第112条至第117条之规定，同时结合司法解释的有关阐释，在我国，妨害民事诉讼的行为具有以下种类：

（一）应当到庭的当事人拒不到庭的行为

《民事诉讼法》第112条规定："人民法院对必须到庭的被告，经两次传票传唤，无正当理由拒不到庭的，可以拘传。"《民诉法解释》第174条对何为必须到庭的被告做出了解释，并将拘传的主体范围扩大到了原告。该条规定："民事诉讼法第一百一十二条规定的必须到庭的被告，是指负有赡养、抚育、扶养义务和不到庭就无法查清案情的被告。人民法院对必须到庭才能查清案件基本事实的原告，经两次传票传唤，无正当理由拒不到庭的，可以拘传。"

（二）违反法庭规则、哄闹法庭的行为

《民事诉讼法》第113条规定："诉讼参与人和其他人应当遵守法庭规则。人民法院对违反法庭规则的人，可以予以训诫，责令退出法庭或者予以罚款、拘留。人民法院对哄闹、冲击法庭，侮辱、诽谤、威胁、殴打审判人员，严重扰乱法庭秩序的人，依法追究刑事责任；情节

---

① 《民诉法解释》第519条。

较轻的,予以罚款、拘留。"根据2020年《民诉法解释》第176条的规定,诉讼参与人或者其他人有下列行为之一的,人民法院可以适用《民事诉讼法》第113条规定处理:其一,未经准许进行录音、录像、摄影的;其二,未经准许以移动通信等方式现场传播审判活动的;其三,妨害审判活动进行的其他扰乱法庭秩序的行为。有上述规定情形的,人民法院可以暂扣诉讼参与人或者其他人进行录音、录像、摄影、传播审判活动的器材,并责令其删除有关内容;拒不删除的,人民法院可以采取必要手段强制删除。

(三) 妨碍民事审判和强制执行活动的行为

根据《民事诉讼法》第114条的规定,诉讼参与人或者其他人所实施的以下行为,属于妨碍民事审判和强制执行活动的行为:

第一,伪造、毁灭重要证据,妨碍人民法院审理案件的行为。

第二,以暴力、威胁、贿买方法阻止证人作证或者指使、贿买、胁迫他人作伪证的行为。

第三,隐藏、转移、变卖、毁损已被查封、扣押的财产,或者已被清点并责令其保管的财产,转移已被冻结的财产的行为。

第四,对司法工作人员、诉讼参加人、证人、翻译人员、鉴定人、勘验人、协助执行的人,进行侮辱、诽谤、诬陷、殴打或者打击报复的行为。

第五,以暴力、威胁或者其他方法阻碍司法工作人员执行职务的行为。

第六,拒不履行人民法院已经发生法律效力的判决、裁定的行为。

根据《民诉法解释》第187条的规定,《民事诉讼法》第114条第1款第5项规定的以暴力、威胁或者其他方法阻碍司法工作人员执行职务的行为,包括:

其一,在人民法院哄闹、滞留,不听从司法工作人员劝阻的行为。

其二,故意毁损、抢夺人民法院法律文书、查封标志的行为。

其三,哄闹、冲击执行公务现场,围困、扣押执行或者协助执行公务人员的行为。

其四,毁损、抢夺、扣留案件材料、执行公务车辆、其他执行公务器械、执行公务人员服装和执行公务证件的行为。

其五,以暴力、威胁或者其他方法阻碍司法工作人员查询、查封、扣押、冻结、划拨、拍卖、变卖财产的行为。

其六,以暴力、威胁或者其他方法阻碍司法工作人员执行职务的其他行为。

根据《民诉法解释》第189条的规定,诉讼参与人或者其他人所实施的下列行为,人民法院可以适用《民事诉讼法》第114条的规定处理:

一是冒充他人提起诉讼或者参加诉讼的行为。

二是证人签署保证书后作虚假证言,妨碍人民法院审理案件的行为。

三是伪造、隐藏、毁灭或者拒绝交出有关被执行人履行能力的重要证据,妨碍人民法院查明被执行人财产状况的行为。

四是擅自解冻已被人民法院冻结的财产的行为。

五是接到人民法院协助执行通知书后,给当事人通风报信,协助其转移、隐匿财产的行为。

(四) 虚假诉讼的行为

虚假诉讼是指双方当事人恶意串通,通过诉讼的形式侵害他人合法权益的行为。根据《民事诉讼法》第115条的规定,当事人之间恶意串通,企图通过诉讼、调解等方式侵害他人合法权益的，人民法院应当驳回其请求，并根据情节轻重予以罚款、拘留；构成犯罪的，依法追究刑事责任。虚假诉讼不仅会发生在诉讼领域，而且也会发生在执行领域。根据《民事诉讼法》第116条的规定，被执行人与他人恶意串通，通过诉讼、仲裁、调解等方式逃避履行法律文书确定的义务的，人民法院应当根据情节轻重予以罚款、拘留；构成犯罪的，依法追究刑事责任。

（五）拒不履行法院生效法律文书的行为

根据《民诉法解释》第188条的规定，《民事诉讼法》第114条第1款第6项规定的拒不履行人民法院已经发生法律效力的判决、裁定的行为，包括：

其一，在法律文书发生法律效力后隐藏、转移、变卖、毁损财产或者无偿转让财产、以明显不合理的价格交易财产、放弃到期债权、无偿为他人提供担保等，致使人民法院无法执行的行为。

其二，隐藏、转移、毁损或者未经人民法院允许处分已向人民法院提供担保的财产的行为。

其三，违反人民法院限制高消费令进行消费的行为。

其四，有履行能力而拒不按照人民法院执行通知履行生效法律文书确定的义务的行为。

其五，有义务协助执行的个人接到人民法院协助执行通知书后，拒不协助执行的行为。

（六）违反协助义务的行为

根据《民事诉讼法》第117条的规定，有义务协助调查、执行的单位有下列行为之一的，人民法院除责令其履行协助义务外，并可以予以罚款：

其一，有关单位拒绝或者妨碍人民法院调查取证的行为。

其二，有关单位接到人民法院协助执行通知书后，拒不协助查询、扣押、冻结、划拨、变价财产的行为。

其三，有关单位接到人民法院协助执行通知书后，拒不协助扣留被执行人的收入、办理有关财产权证照转移手续、转交有关票证、证照或者其他财产的行为。

其四，其他拒绝协助执行的行为。

根据《民诉法解释》第192条的规定，有关单位接到人民法院协助执行通知书后，有下列行为之一的，人民法院可以适用《民事诉讼法》第117条规定处理：一是允许被执行人高消费的；二是允许被执行人出境的；三是拒不停止办理有关财产权证照转移手续、权属变更登记、规划审批等手续的；四是以需要内部请示、内部审批，有内部规定等为由拖延办理的。

四、强制措施的种类及适用

（一）采取强制措施的原则

《民事诉讼法》从第112条到第120条共规定了5种强制措施，包括拘传、训诫、责令退出法庭、罚款、拘留。《民事诉讼法》第262条所规定的限制出境、在征信系统记录、通过媒体公布不履行义务信息等措施，是执行程序中为了保障执行而采取的保障性强制措施，本质上属于执行措施，而不属于对妨碍民事诉讼的行为的强制措施。被执行人不履行法律文书确定的义务的，人民法院可以对其采取或者通知有关单位协助采取限制出境，在征信系统记录、通过媒体公布不履行义务信息以及法律规定的其他措施。

人民法院对妨碍民事诉讼的行为人采取强制措施时,应当恪守以下几项原则:

1. 法定原则

法定原则包含三层含义:一是行为法定,凡属妨碍民事诉讼的行为均需要有法律的明文规定;二是措施法定,法院采取的强制措施只能是上述五种强制措施的部分或全部;三是程序法定,法院必须按照民事诉讼法所规定的程序对相关责任人采取强制措施,并且要保障相关责任人向上级法院的申请复议权。

2. 比例原则

比例原则是许多国家行政法上一项重要的基本原则。学界通说认为,比例原则包含适当性原则、必要性原则和狭义比例原则三个子原则。其中,狭义比例原则又称比例性原则、相称性原则、均衡原则,即公权力机关所采取的措施与其所达到的目的之间必须合比例或相称。虽然比例原则缘起于行政法领域,并主要在行政法上发挥作用,但这并不意味着其在民事诉讼法上便无适用余地。从性质上说,民事诉讼中的强制措施具有司法行政属性,是司法机关维护司法秩序所行使的带有行政管理性质的一种权力,其对实施妨碍民事诉讼行为的被管理者在施加强制措施时,理应遵循与行政机关一样的比例原则。比例原则虽然在其具体内涵上阐释不一,但其实质要义便在于公权力的行使要与行为者的行为相适应。具体而言,比例原则在法院施加强制措施时所具有的规范意义在于:一方面重其所重,对于严重违反法庭秩序、妨碍民事诉讼进行的行为,尤其对法官、检察官、证人、鉴定人等打击报复的行为,要从重处理;另一方面轻其所轻,对于妨碍民事诉讼不是很严重的行为,尤其是行为者能够悔改的行为,要从轻处理。比如,拘留期间,行为者表现良好的,应当将其提前释放,恢复其人身自由。这种做法便是重其所重、轻其所轻的比例原则所要求的。

3. 一次性原则

司法制裁上的一次性原则,是指对妨碍民事诉讼的行为,只能进行一次性处罚,一个行为惩罚一次就必须宣告处罚结束,而不得连续处罚或反复处罚。比如,对冲击法庭的人,可以对其进行训诫、责令退出法庭、罚款、拘留等处罚,这些处罚措施可以是单一的,也可以是复合的,还可以是全部,但不得在作出其中一种或部分乃至全部处罚后,对同一行为又实施一次或多次处罚,这就是强制措施一次性原则。立法之所以规定这一原则,主要的原因在于采取强制措施要保持在一定限度内,如果其性质十分严重,以至于已经构成了犯罪,则可以交付刑事诉讼程序进行刑罚追究,但如果其性质尚未严重到构成刑事犯罪的程度,则法院只能在强制措施的限度内采取制裁行动,防止强制措施成为一种司法报复手段,同时也是为了保障受处罚人的人权之需要。

(二) 强制措施的种类

1. 拘传

拘传是指人民法院对于必须到庭而又不愿到庭的被告,派出司法警察强制其到庭接受审判、参与诉讼的强制措施。

根据《民事诉讼法》第112条的规定,人民法院实施拘传必须符合以下条件:

(1) 拘传适用的对象是必须到庭的被告。对于其他当事人,如原告、第三人,或者其他诉讼参与人,如证人、鉴定人等均不得实施拘传。这里的"必须到庭的被告",包括两种情形:一是案件性质决定其必须到庭的被告;二是不到庭就难以查明案件事实的被告。

案件性质决定某些被告必须到庭，主要包括负有赡养、抚育、扶养义务的案件中的被告。① 这三类案件的被告之所以必须到庭，原因就在于，这三类案件中的被告都属于家事案件中的被告，这些被告与原告之间的关系比较特殊，他们或者是拒绝给付赡养费的原告的子女或其他晚辈，或者是拒绝给付抚育费的原告未成年人的父母，或者是拒绝给付扶养费的原告的配偶，这些被告人拒绝给付原告的生活费用、医疗费用、学习费用等使得原告遭遇生活无着、无法就医或难以入学等现实困难，被告人对此不仅负有法律上的责任，而且还负有道德上的责任，因此，如果他们准备以拒绝到庭、避免与原告见面的方式逃避舆论之谴责，立法则通过拘传的方式杜塞他们逃避的通道。将这些被告强制带入法庭，让他们不仅接受法律的审判，而且接受道德的审判，是非常有必要的。审判长、人民陪审员以及其他审判人员有权在法庭上对他们进行法制教育和道德感化，使他们诚心悔过，真正认识到自己的错误。如果他们不到庭，法院对他们最多只能按照《民事诉讼法》第147条之规定进行缺席判决，让其承担法律上的责任，但这些有道德瑕疵的被告如果不从根子上解决问题，则这种法律上的责任承担也不可能是一帆风顺的。我国民事诉讼法有此规定，恰是中国特色社会主义民事诉讼制度性质所使然，是社会主义核心价值观在民事诉讼中的具体表现之一，是我国民事诉讼法的优越性彰显，是值得充分肯定的，不应受到质疑。此外，给国家、集体或他人造成损害的未成年人的法定代理人以及公益诉讼的被告人也属于必须到庭的被告，因为这些人如果不到庭，社会公共利益就不能得到切实有效的保护。至于必须到人民法院接受询问的被执行人或被执行人的法定代表人或负责人，则属于执行程序中的制度，不属于这里必须到庭的被告。

必须到庭的被告还包括不到庭就无法查明案情的被告。笔者对此抱有疑问。因为案情无法查明的案件太多了，如果都将被告拘传到庭，不仅困难也无必要，而且也会影响国际上对我国民事诉讼法的评价，市场经济条件下的民事诉讼如果出现大量被强制到庭的被告，这本身就是不正常的；尤为重要的是，被告即使到庭了，也未必能够强制被告说话，尤其是强制被告说实话，民事诉讼的威力和能够采用的手段毕竟是有限的，与刑事诉讼有很大的不同。此外，还有一点，就是我国民事诉讼法上实行举证责任制度，在案件事实无法查清时，也就是在案情真伪不明时，法院完全可以根据举证责任的客观含义，也就是证明责任规范进行裁判，如果原告负举证责任而举证不力，致使案情真伪不明，原告应当承担败诉的结果；如果被告负举证责任而举证不力，致使案情真伪不明，被告应当承担败诉的结果。根据举证责任制度，完全可以解决案件事实不清的问题，无须强制被告到庭。

不仅如此，最高人民法院的司法解释还走得更远，《民诉法解释》第174条规定："人民法院对必须到庭才能查清案件基本事实的原告，经两次传票传唤，无正当理由拒不到庭的，可以拘传。"原告是提起诉讼的人，按照不告不理原则，只有原告提起了诉讼并且用实际行动坚持了诉讼，他才能获得最终的诉讼结果，否则，他提起了诉讼而又放弃了诉讼，就使诉讼中途流失，法院只需要按照《民事诉讼法》第146条之规定，将原告不到庭的事实拟制为撤诉的意思表示即可，根本无须大动干戈将原告拘传到法庭。法院这样做，恰恰违背了民事诉讼中的最为重要的基本原则，这就是处分原则；原告无正当理由拒不到庭，是原告行使处分权的一种表现形式，否定处分原则强制原告到庭接受审判，乃是与民事诉讼的根本性质相悖逆的。

---

① 《民诉法解释》第174条。

（2）经过两次传票传唤。

（3）无正当理由拒不到庭。

（4）拘传前，应向被拘传人说明拒不到庭的后果，经批评教育仍拒不到庭的，可以拘传其到庭。

拘传必须经院长批准，使用拘传票，送达被拘传人；拘传的具体行动，由司法警察执行。

2. 训诫

训诫，是指人民法院对违反法庭规则的行为人，进行批评教育，并责令其改正，警告其不得再犯，否则将会对其进行驱逐出法庭、罚款或拘留的强制措施。

训诫的适用对象主要是违反法庭规则的当事人、其他诉讼参与人和旁听人员，其违反法庭纪律的行为情节较轻，比如大声喧哗、随便出入次数过多、在法庭上接听电话等。训诫的强制性较弱，一般由审判长实施，通常使用口头警告的方式，对其训诫，如果属于当事人或其他诉讼参与人，则应记载笔录中，以观后效。

3. 责令退出法庭

责令退出法庭，是指人民法院强行责令违反法庭规则的人离开法庭的强制措施。责令退出法庭所针对的情节相对训诫较重，但总体上还属于情节轻微，尚不足以对其进行罚款、拘留。被责令退出法庭的人如果不自觉离开法庭，司法警察可以强行将其带出法庭。只有审判长或独任审判员才有权发出责令退出法庭的命令。当事人和其他诉讼参与人被责令退出法庭的，其情节和经过由书记员记录在案。

4. 罚款

罚款是强令违反民事诉讼的行为者缴纳一定数量金钱的强制措施。罚款的强制性程度较高，仅次于拘留，因而罚款的适用需要取得院长的批准，合议庭或独任审判员只有权提出罚款的建议。同时，法院要制作《罚款决定书》，对该决定书不服，相关利害关系人可以在收到决定书之日起3日内向上级法院申请复议。复议期间不停止执行。罚款的数额对个人为人民币10万元以下；对单位为人民币5万元以上100万元以下。①

5. 拘留

拘留是最严厉的强制措施，是指人民法院对妨碍民事诉讼行为具有严重情节的人所实施的在一定期限内限制其人身自由的强制措施。拘留的对象包括实施了《民事诉讼法》第113条、第114条、第116条、第117条以及第120条所规定的妨害民事诉讼行为的人。拘留需由院长批准，合议庭或独任审判员只能提出拘留的建议。法院必须制作"拘留决定书"，被拘留者对拘留决定书不服的，有权在收到决定书之日起3日内向上级法院申请复议一次。复议期间不停止执行。拘留的期限是15天以下。拘留应在被拘留人所在地执行。被拘留人在作出拘留决定法院辖区内的，由司法警察将被拘留人送交当地公安机关看管。被拘留人在外地的，作出拘留决定的法院应请求被拘留人所在地的法院协助执行并在当地看管。被拘留人在拘留期间认错悔改的，可以责令其具结悔过，提前解除拘留。提前解除拘留的，应报经院长批准，并作出提前解除拘留决定书，交负责看管的公安机关执行。

罚款、拘留可以单独适用，也可以合并适用。但对单一的妨害民事诉讼行为，罚款、拘留不得连续适用。

---

① 按照《海事诉讼特别程序法》第59条之规定，被请求人拒不执行海事强制令的罚款金额，对个人为1000元以上3万元以下，对单位为3万元以上10万元以下。特别法与一般法不一致，特别法优先。

五、对虚假诉讼的法律监督：案例评析

（一）刘某、刘某某等人与破产企业虚假诉讼系列监督案

1. 基本案情

某置业发展有限公司（以下简称置业公司）、某建筑安装工程有限公司（以下简称安装公司）法定代表人、执行董事均为崔某某。2009 年至 2013 年，崔某某及上述两家公司多次向刘某、杨某某、杜某某等人借款。2013 年初，置业公司、安装公司因经营困难面临破产。刘某某等 14 人系刘某、杨某某、杜某某的亲属或利益相关人。为了使自身的高利贷利息能够在破产债权分配中合法化，刘某、杨某某、杜某某与崔某某相互串通，通过伪造借条和银行转账记录，虚构了刘某某等 14 名亲友与房地产公司存在债权债务关系的"事实"。2013 年下半年，刘某某等 14 人陆续向某省某市人民法院、某省某市中级人民法院提起诉讼（其中某市法院有 13 起案件，某中院有 1 起案件），要求崔某某、置业公司、安装公司归还借款。诉讼中，刘某某等人与崔某某、置业公司、安装公司均达成调解协议，法院先后作出 14 份民事调解书对上述债权债务关系全部予以确认。2014 年 7 月 14 日，置业公司申请破产清算，刘某某等 14 人以上述民事调解书为依据向破产清算小组申报债权，金额总计 1.1 亿余元。

2. 检察机关监督情况

受理情况。置业公司破产清算过程中，包括 31 家民营企业在内的上百名债权人认为置业公司的债权申报清单中所列的债务总额畸高，多次要求当地政府进行彻查，甚至引发了难以控制的"信访潮"。2017 年初，某市某镇人民政府在处理上述信访问题时，请求某市人民检察院对反映较强烈的法律文书进行核查。经初步审查，某市人民检察院发现其中一批以法院生效民事调解书作为债权申报依据的债务十分可疑，这些民间借贷案件均存在借条格式一致、庭审无对抗性及调解结案等异常现象。

调查核实。针对这些明显异常情况，某市人民检察院随即进行调查核实。办案人员前往上海、南京、苏州等地，走访了共计 10 余家银行，查询了 50 多个银行账户上万条的历史交易明细，发现刘某某等 14 人账户上转出去的借款均来源于案外人刘某、杨某某和杜某某 3 人，且最终也回到该 3 人的账户。由此可以认定刘某某等 14 人均无真实的借款交付行为。随后，某市人民检察院联合纪委、公安部门，集中力量讯问案涉当事人，最终查明刘某、杨某某、杜某某与亲友刘某某等 14 人相互串通，意图通过虚假诉讼牟取不正当利益的违法事实。

监督意见。2017 年 3 月 24 日，某市人民检察院就案涉 13 份民事调解书向某市人民法院发出再审检察建议，并要求对涉案人员进行司法处罚。同时，某市人民检察院将某中级人民法院作出的民事调解案件移送至某市上级人民检察院，某市上级人民检察院经审查后认为该案系虚假诉讼，向某市中级人民法院发出再审检察建议。

监督结果。2017 年 7 月 20 日，某市人民法院撤销案涉 13 份民事调解书，驳回所有原告诉讼请求。2017 年 12 月 6 日，某市中级人民法院采纳某市检察院建议，撤销案涉民事调解书，驳回相关原告诉讼请求。同时，两级法院对 18 名涉案人员及置业公司、安装公司处以合计 129 万元的罚款，对其中的 7 名首要人员予以司法拘留。

（二）张某民间借贷纠纷再审检察建议案

1. 基本案情

2015 年 12 月 30 日，某市某区人民法院作出刑事判决，认定张某以暴力、威胁的手段强

迫蔡某接收服务等行为,构成非法侵入住宅罪、强迫交易罪。该案宣判后,被告人提起上诉,一审公诉机关提出抗诉。某市人民检察院第三分院公诉部门在审查该案时,发现张某曾在两起民事诉讼当中采取暴力威胁的手段逼迫矿山投资人蔡某当庭认可两笔借款,存在虚假诉讼的嫌疑,遂将案件线索移交民行部门依法进行审查。之后,检察机关充分发挥检察一体化的优势,通过各部门之间的密切配合依法查明:民营企业家蔡某从 2012 年 6 月起向张某借款本金 860 万元,先后还款共计 1000 余万元。在无力支付张某要求的高额利息后,张某以蔡某家属子女的人身安全相威胁,强行将未支付的高额利息计入本金,并两次签订金额为 1300 万元和 500 万元的虚假借条。后张某以借条为由提起两次民事诉讼,逼迫蔡某当庭认可两笔借款的真实性,还指使证人当庭提供虚假证言。法院在误认为双方平等自愿的情况下,以民事调解书的形式确认该两笔借款,并两次向蔡某发出《执行通知书》,将其名下价值 5348.59 万元的煤矿列入执行对象。

2. 检察机关监督情况

某市人民检察院第三分院依职权启动民事监督程序,全面审查张某通过虚假诉讼侵害民营企业的线索。检察机关充分发挥检察一体化办案机制的作用,加强各部门之间的协作配合,先后调取人民法院的刑事判决书、公安机关询问笔录、被害人陈述等相关刑事证据材料,查明了张某使用暴力手段,强行将利息纳入本金,胁迫蔡某签订借条,并提起民事诉讼,后张某在两次民事诉讼中,虚构事实、伪造证据并指使证人当庭提供虚假证言,导致法院以民事调解书的形式确认该两笔借款的事实。

检察机关对上述两起民事案件提出再审检察建议。2017 年 8 月,法院根据检察建议再审后撤销原两份民事调解书,将蔡某需偿还张某 1800 万元本金及利息的内容改判为偿还 493 余万元本金及利息,并驳回张某的其他诉讼请求。

(三) 法理评析

这两个案件虽然有所区别,但都属于虚假调解的虚假诉讼检察监督案件(后一案件是否属于严格意义上的虚假诉讼案件,后面还要做出分析,这里且将其归在虚假诉讼中加以论述),因而放在一起做出共同的评析。

1. 虚假诉讼的定义与构成要件

虚假诉讼是 2012 年《民事诉讼法》修改时,根据其新增的诚信原则(第 13 条第 1 款)所增设的一项诉讼制度。根据《民事诉讼法》第 115 条和第 116 条的规定,虚假诉讼在广义上包括虚假诉讼、虚假调解、虚假仲裁等,狭义上仅指前二者,不包括后者。从立法的规定中可知,构成虚假诉讼,必须具备三个要件:一是双方当事人恶意串通;二是利用诉讼的形式意在获取法院的裁判文书或调解书;三是客观上侵害了国家利益、社会公共利益或案外第三人的合法权益。[①] 因而,虚假诉讼,指的是双方当事人恶意串通,采用虚设诉讼主体、虚构案件事实、虚构民事法律关系等手段,通过提起民事诉讼使法院作出错误裁判或者制作错误的调解书,从而损害国家利益、社会公共利益和案外第三人合法权益的诉讼行为。据此定义,我们要将单方获利型恶意诉讼从虚假诉讼中排除出去,虚假诉讼一定是双方恶意串通型诉讼;同时,还要将不属于双方恶意串通型的一方受到威胁恐吓而被迫进行"虚假诉讼"的形态排除在虚假诉讼之外,后者实际上是一种犯罪或侵权行为。案例二所涉及的正属于后者情形。

---

① 《民诉法解释》第 190 条。

2. 虚假诉讼关涉国家利益和社会公共利益，因而属于检察院依职权启动监督程序的对象

根据《民事诉讼法》第215条的规定，检察机关依职权进行法律监督的调解书必须是"损害国家利益、社会公共利益"的调解书，否则检察机关不得依职权进行调解监督，而必须根据当事人的申请进行监督。然而问题是：虚假诉讼、虚假调解是否损害国家利益或社会公共利益？答案是肯定的。这是因为，虚假诉讼或虚假调解有时会直接侵害国家利益或社会公共利益，比如，为了房地产过户避税而进行的虚假诉讼或虚假调解，或者为了确定驰名商标而进行的虚假诉讼或虚假调解，其所侵害的前者是国家利益，后者是社会公共利益。即便虚假诉讼或虚假调解没有直接侵害国家利益或社会公共利益，其直接侵害的是案外第三人的合法权益，但该虚假诉讼或虚假调解本身却损害了国家司法秩序的安定性和有序性，侵犯了国家的司法权威和司法尊严，而司法利益属于国家利益，就该意义上说，虚假诉讼或虚假调解都具有侵害国家利益的属性；同时虚假诉讼或虚假调解也损害了社会公众对司法制度善意利用的利益，因而也可以说其损害了社会公共利益。由于虚假诉讼或虚假调解都无一例外地损害了国家利益或社会公共利益，检察机关则均可根据《民事诉讼法》第215条的规定，依职权进行法律监督。案例一中，其监督程序是根据利害关系人的申诉、控告、举报乃至上访等行为而启动的，因而可视为根据当事人的申请而启动；案例二中，其监督程序则是检察机关的刑事检察部门在履行刑事监督职能时发现了案件线索而移送民事检察部门得以启动的，属于检察机关的职权启动方式，是检察机关维护国家利益和社会公共利益，同时附带保护第三人合法权益而主动作为的表现，对维护公正有序的司法秩序、净化司法环境、促进司法文明具有重要意义。

3. 虚假诉讼的法律监督无须经过前置程序

《民事诉讼法》第216条规定了检察监督的前置程序；然而，该前置程序不适用于虚假诉讼的法律监督。因为，如前所析，虚假诉讼的法律监督既可以在利害关系人的申请下进行，也可以在检察院的职权发动下进行，如果在检察院的发动下进行，则根本谈不上进行前置程序的问题；如果根据利害关系人的申请进行，该利害关系人也因其作为受害的案外第三人，而无法根据《民事诉讼法》第206条和第208条的规定提出再审申请，根据这两个条文提出再审申请的人必须是生效法律文书的当事人，而案外第三人并非诉讼中的当事人，因而其无权提出再审申请，也就无法完成《民事诉讼法》第216条所要求的前置程序。因而，归结起来说，虚假诉讼的法律监督，无论是检察院依职权进行抑或是当事人申请检察院进行，都无须经过先向法院申请再审的前置程序。

4. 注意将虚假诉讼和虚假诉讼罪相区别

虚假诉讼严重到一定的程度，就演变为虚假诉讼罪，但虚假诉讼罪的含义更广，它不仅包括双方恶意串通型的虚假诉讼，还包括单方获利型虚假诉讼。2015年11月施行的《刑法修正案（九）》增设了虚假诉讼罪。《刑法》第307条之一规定："以捏造的事实提起民事诉讼，妨害司法秩序或者严重侵害他人合法权益的，处三年以下有期徒刑、拘役或者管制，并处或者单处罚金；情节严重的，处三年以上七年以下有期徒刑，并处罚金。"最高人民法院、最高人民检察院2018年9月26日公布了《关于办理虚假诉讼刑事案件适用法律若干问题的解释》，明确了虚假诉讼罪的行为特征和定罪量刑标准等方面问题，为司法实践中准确适用本罪提供了依据。可见，虚假诉讼罪的本质特征在于"以捏造的事实提起民事诉讼"，至于该捏造的事实是由双方恶意串通而为还是单方虚构事实而为，则均不妨碍本罪的构成。案例二虽然不属于严格意义上的虚假诉讼，但其却有可能构成恶意诉讼罪。如果其情节已经严重到构成了虚假诉讼罪的程度，则便产生了"刑民交叉"的监督问题。

在检察机关对虚假诉讼罪进行刑事检察的过程中，其必然要对已经发现的虚假诉讼进行法律监督。问题在于：这种对虚假诉讼的法律监督应当由检察机关的哪个部门来进行？笔者认为，此时如果将案件移送至民事检察部门进行法律监督不仅没有必要，而且还与其法律监督的性质不相吻合。对虚假诉讼的法律监督是检察机关办理虚假诉讼罪这一刑事案件的必然延伸，前者是后者的有机组成部分，就像财产型犯罪要追赃一样，办理虚假诉讼罪的刑事案件，必然要对虚假诉讼的裁判结果予以撤销，并追回当事人的损失，办理虚假诉讼罪的刑事案件和对虚假诉讼进行法律监督从而撤销相关法律文书构成一个完整的办案整体，是先后两个环节的有机组合，二者不可分割。如果将虚假诉讼的案件线索移送到民事检察部门进行处理，则此案便变成了纯粹的民事监督案件，显然，此案并非纯粹的民事监督案件，而是刑事案件中的有机组成部分，因而，对虚假诉讼罪中的虚假诉讼所实施的法律监督，应当由检察机关同一个刑事检察部门办理，不得移送民事检察部门。这样就有必要建立一个刑事附带民事监督程序制度，在检察机关办理刑事案件时，如果需要对与该刑事案件密不可分的民事案件进行法律监督，则可启动该附带型民事监督程序。

然而，案例二显示的情况有所不同，本案是在对构成非法侵入住宅罪、强迫交易罪的被告人进行公诉和审判的过程中，由被告人主动供出的虚假诉讼，该虚假诉讼与被告所犯罪行并无内在关联，因而不属于刑民交叉案件，而只能称其为刑民相关案件。由于被告人的行为尚未构成虚假诉讼罪，因而有关虚假诉讼的法律监督便不能按照刑事附带民事监督程序进行，而只能移送至民事检察部门进行处理。问题又出现了：民事检察部门是否能够将其作为虚假诉讼进行法律监督？这又回到了《民事诉讼法》第115条和第116条所预设的虚假诉讼的定义上来。

犹如前述，虚假诉讼必须是双方恶意串通，恶意串通是构成虚假诉讼的一大要件，也是虚假诉讼区别于单方获利型恶意诉讼的一大特征。而从案例二显示的信息看，原被告双方当事人并没有构成恶意串通，相反，被告是受原告的胁迫而被迫承认了原告的主张和所提供的证据，被告申请出庭作证的证人也作了虚假证词，这完全符合单方获利型恶意诉讼的定义和特征，而不属于恶意串通型的虚假诉讼。这样，检察机关就无法将其如同虚假诉讼那样进行职权型法律监督，对于单方获利型恶意诉讼，应当按照通常的民事诉讼法律监督程序来进行。首先必须由当事人根据《民事诉讼法》第208条的规定主张调解书的形成违反了自愿原则或合法原则，同时尚需经过《民事诉讼法》第216条的前置程序。只有在当事人向法院申请进行再审而没有回音，或遭到驳回或者再审裁判显有错误时，其方能向检察院申请进行法律监督。

第六节 诉讼费用

一、诉讼费用概述

（一）诉讼费用的概念

民事诉讼是一个需要成本的特殊社会活动，这种成本有许多种表现形态，比如时间成本、人力成本、金钱成本、机会成本、道德成本、错误成本等，对当事人而言，最具利害关系的成本有二：一是时间成本，二是金钱成本，或曰经济成本、物质成本。金钱成本的重要组成部分就是这里所论及的诉讼费用。就定义而言，诉讼费用，有广义、狭义之分。广义的诉讼费用，包括当事人在民事诉讼过程中所花费的全部经济代价或金钱支出，由法院的裁判费用和当事人费用两部分组成。法院的裁判费用即为狭义的诉讼费用。当事人的费用是指诉讼中当事人自己需要花费的金钱，包括律师费用、公告费用、鉴定费用、证人作证费用等。《民事诉讼法》第121条规定："当事人进行民事诉讼，应当按照规定交纳案件受理费。财产案件除交纳案件受理费外，并按照规定交纳其他诉讼费用。"据此，《民事诉讼法》不仅要求当事人向法院交纳案件受理费，而且还需要向法院交纳其他诉讼费用，因而《民事诉讼法》是从广义上规定诉讼费用制度的。《诉讼费用交纳办法》也是在广义上使用诉讼费用这一概念的。[①] 因此，在我国，诉讼费用指的就是当事人交给法院的案件受理费及其他相关费用，但不包括律师费用等其他的当事人费用。

（二）诉讼费用的性质

关于是否收取案件受理费的问题，在世界上主要有两种立法例：一是无偿主义；二是有偿主义。采取无偿主义的国家有法国、西班牙等，其他大多数国家实行有偿主义。诉讼费用从性质上说乃是国家规费，具有诉讼税收属性。[②] 当事人作为纳税人，在发生纠纷之时需要使用法院，为什么又要当事人缴纳具有税收性质的诉讼规费？其原因主要在于，并非所有的纳税人均使用法院，让不使用法院的纳税人为使用法院的当事人买单，存在不公平之处，因而当事人依法缴纳诉讼费用具有正当性和必要性。

（三）诉讼费用的意义和功能

诉讼费用的意义也是诉讼费用的功能，具体而言有以下几种：

1. 弥补性

当事人进行诉讼，使用法院的设备和其他硬件设施，法院配备审判人员、书记员、法警以及其他辅助人员从不同的角度在不同的方面用相异的方法，为当事人提供必要的司法服务，诉讼服务中心中电脑、复印机、饮水机等一应俱全，这些都是需要成本的，诉讼费用可以弥补一部分法院投入的成本，减轻国家负担，使司法机关能够具有可持续性发展的资源。

2. 制裁性

诉讼费用由原告预交给法院，最终由败诉的当事人负担。之所以让败诉的当事人负担，而不是固定地由原告或被告负担，或者双方按比例负担，其原因之一就在于诉讼费用具有一定的惩罚功能。被告违约或侵权因而败诉，所以他要承担诉讼费用，让其不仅要对原告承担违约责任或侵权责任，还要承担形成纠纷进行诉讼所支付的费用，这实际上就加重了被告的法律责任，使之将来恪守契约或者谨慎从事，避免侵权，这对被告而言显然具有惩罚之意。当然，如果被告没有败诉，而败诉的是原告，则原告自负诉讼费用，对其也具有制裁性，不过，与被告败诉时所体现的制裁性不同的是，诉讼费用对原告的制裁性主要是程序意义上而非实体意义上的。

3. 预防性

如果说诉讼费用的制裁性功能主要是针对败诉被告而言，那么，对于败诉原告，诉讼费用的制裁性功能便体现为预防性。原告败诉，让其自负诉讼费用，乃是在程序意义上对其实施制裁，制裁其轻率使用法院、轻率起诉他人，乃至滥用诉权。制裁性和预防性是有内在关联的，

[①] 在此之前，法院的收费办法是由法院通过司法解释加以确定的，此即《人民法院诉讼收费办法》（最高人民法院1989年7月12日发布，1989年9月1日起实施，2007年失效）、《〈人民法院诉讼收费办法〉补充规定》（最高人民法院1999年7月28日发布并实施，2007年失效）。

[②] 参见廖永安等：《诉讼费用研究——以当事人诉权保护为分析视角》，中国政法大学出版社2006年版，第28—30页。

制裁不是目的,目的在于预防民事违法行为的发生,预防滥用诉权行为的发生,从而提升国家的法治水平。

4. 主权性

在涉外诉讼中,外国企业和个人在中国进行诉讼,中国法院收取一定的手续费是理所应当的,也是各国所共通的,这个费用既有实质意义,也有象征意义。它象征着国家在行使司法主权,同时也具有维护国家经济利益的实质性价值。

二、诉讼费用的构成

诉讼费用由案件受理费、申请费和其他诉讼费用构成,具体而言包括:

(一) 案件受理费

案件受理费,是指人民法院在决定受理案件后,当事人按照有关规定向法院交纳的国家规费。

根据《诉讼费用交纳办法》第 7 条的规定,案件受理费包括:(1) 第一审案件受理费;(2) 第二审案件受理费;(3) 再审案件中,依照本办法规定需要交纳的案件受理费。

下列案件不交纳案件受理费:依照民事诉讼法规定的特别程序审理的案件;裁定不予受理、驳回起诉、驳回上诉的案件;对不予受理、驳回起诉和管辖权异议裁定不服,提起上诉的案件;行政赔偿案件。①

根据民事诉讼法和行政诉讼法规定的审判监督程序审理的案件,当事人不交纳案件受理费。但是,下列情形除外:当事人有新的证据,足以推翻原判决、裁定,向人民法院申请再审,人民法院经审查决定再审的案件;当事人对人民法院第一审判决或者裁定未提出上诉,第一审判决、裁定或者调解书发生法律效力后又申请再审,人民法院经审查决定再审的案件。②

(二) 申请费

申请费,是指当事人申请启动特别程序、非诉程序、保全程序、执行程序应向法院交纳的费用。

当事人依法向人民法院申请下列事项,应当交纳申请费:③

其一,执行费用。申请执行人民法院发生法律效力的判决、裁定、调解书、支付令,仲裁机构依法作出的裁决书和调解书,公证机构依法赋予强制执行效力的债权文书,申请承认和执行外国法院判决、裁定和国外仲裁机构裁决,需要向法院交纳执行费用。其二,保全费用。申请保全措施,包括证据保全、财产保全、行为强制令。其三,申请公示催告。其四,申请撤销仲裁裁决或者认定仲裁协议效力。其五,申请破产。其六,申请海事强制令、共同海损理算、设立海事赔偿责任限制基金、海事债权登记、船舶优先权催告。

(三) 其他诉讼费用

证人、鉴定人、翻译人员、理算人员在人民法院指定日期出庭发生的交通费、住宿费、生活费和误工补贴,由人民法院按照国家规定标准代为收取。

---

① 《诉讼费用交纳办法》第 8 条。
② 《诉讼费用交纳办法》第 9 条。
③ 《诉讼费用交纳办法》第 10 条。

当事人复制案件卷宗材料和法律文书应当按实际成本向人民法院交纳工本费。[①]

三、诉讼费用的预交

（一）诉讼费用预交的概念及原因

诉讼费用的预交指的是提起诉讼的当事人或提出申请的当事人应当将诉讼费用先行垫付给法院，最终由败诉人负担。在西方国家一般称之为诉讼费用的担保。立法之所以规定诉讼费用的预交制度，主要原因在于提示提起诉讼的当事人或提出申请的当事人慎重行事，一旦诉讼被驳回或申请因败诉而被实质上否定，则要承担相应的诉讼费用和申请费用；同时，预交制度的设置对法院而言也是一个保障，相当于对法院的担保，因为如果不实行预交制度，败诉方可能就会拖延甚至逃避诉讼费用或申请费用的缴纳，最终导致法院的损失或造成执行难。实行诉讼费用预交制度后，即使对方当事人败诉需要承担诉讼费用或申请费用，法院则也可以责令败诉方直接将诉讼费用或申请费用支付给胜诉的预交方当事人，这样法院的诉讼费用或申请费用就不会遭到损失或遭遇执行难。[②]

（二）案件受理费的预交

案件受理费由原告、上诉人或与原告、上诉人地位相等的人预交，具体包括：提起诉讼的原告、提出反诉的被告、提起参加之诉的有独立请求权的第三人、提出共同诉讼的共同诉讼人、申请再审需要缴纳诉讼费用的当事人。双方当事人均提出上诉的，均分别预交上诉费用；双方当事人均申请再审而又需要缴纳诉讼费用的，由双方当事人分别预交。[③]

无须预交案件受理费的情形包括：其一，依照《民事诉讼法》第57条审理的人数不确定的代表人诉讼不预交案件受理费，结案后按照诉讼标的额由败诉方交纳。其二，追索劳动报酬的案件可以不预交案件受理费。其三，按照《民事诉讼法》第58条提出的公益诉讼，无须预交案件受理费。

（三）申请费的预交

申请费由申请人预交。

无须预交申请费的情形包括：其一，申请执行费用无须预交。其二，申请破产费用无须预交。[④] 其三，证人、鉴定人、翻译人员、理算人员在人民法院指定日期出庭发生的交通费、住宿费、生活费和误工补贴，由人民法院按照国家规定标准代为收取。[⑤] 其四，诉讼过程中因鉴定、公告、勘验、翻译、评估、拍卖、变卖、仓储、保管、运输、船舶监管等发生的依法应当由当事人负担的费用，人民法院根据谁主张、谁负担的原则，决定由当事人直接支付给有关机

[①]《诉讼费用交纳办法》第11条。
[②]《民诉法解释》第207条。
[③]《诉讼费用交纳办法》第23条规定："依照本办法第九条规定需要交纳案件受理费的再审案件，由申请再审的当事人预交。双方当事人都申请再审的，分别预交。"《民诉法解释》第202条规定："原告、被告、第三人分别上诉的，按照上诉请求分别预交二审案件受理费。同一方多人共同上诉的，只预交一份二审案件受理费；分别上诉的，按照上诉请求分别预交二审案件受理费。"
[④]《诉讼费用交纳办法》第20条第2款规定："申请费由申请人预交。但是，本办法第十条第（一）项、第（六）项规定的申请费不由申请人预交，执行申请费执行后交纳，破产申请费清算后交纳。"
[⑤]《诉讼费用交纳办法》第11条。

构或者单位,人民法院不得代收代付。① 此外,人民法院依照《民事诉讼法》第11条第3款规定提供当地民族通用语言、文字翻译的,不收取费用。当事人复制案件卷宗材料和法律文书应当按实际成本向人民法院交纳工本费。②

(四) 不预交诉讼费用或申请费用的后果

1. 案件受理费不预交的后果

原告自接到人民法院交纳诉讼费用通知次日起7日内交纳案件受理费;反诉案件由提起反诉的当事人自提起反诉次日起7日内交纳案件受理费。③ 上诉案件的案件受理费由上诉人向人民法院提交上诉状时预交。双方当事人都提起上诉的,分别预交。上诉人在上诉期内未预交诉讼费用的,人民法院应当通知其在7日内预交。当事人逾期不交纳诉讼费用又未提出司法救助申请,或者申请司法救助未获批准,在人民法院指定期限内仍未交纳诉讼费用的,由人民法院依照有关规定按撤诉或撤回上诉、撤回再审申请处理。④

2. 申请费用不预交的后果

申请费由申请人在提出申请时或者在人民法院指定的期限内预交。申请费用不预交而又无正当理由的,驳回申请。

(五) 若干特殊情况之处理

当事人在诉讼中变更诉讼请求数额,增加诉讼请求数额的,按照增加后的诉讼请求数额计算补交;在法庭调查终结前提出减少诉讼请求数额的,按照减少后的诉讼请求数额计算退还。⑤

依照《民事诉讼法》第37条、第38条和第39条之规定,实行移送管辖、指定管辖、管辖权转移的案件,原受理人民法院应当将当事人预交的诉讼费用随案移交接收案件的人民法院。⑥

人民法院审理民事案件过程中发现涉嫌刑事犯罪并将案件移送有关部门处理的,当事人交纳的案件受理费予以退还;移送后民事案件需要继续审理的,当事人已交纳的案件受理费不予退还。⑦

中止诉讼、中止执行的案件,已交纳的案件受理费、申请费不予退还。中止诉讼、中止执行的原因消除,恢复诉讼、执行的,不再交纳案件受理费、申请费。⑧

第二审人民法院决定将案件发回重审的,应当退还上诉人已交纳的第二审案件受理费。⑨

第一审人民法院裁定不予受理或者驳回起诉的,应当退还当事人已交纳的案件受理费;当事人对第一审人民法院不予受理、驳回起诉的裁定提起上诉,第二审人民法院维持第一审人民

---

① 《诉讼费用交纳办法》第12条。
② 《诉讼费用交纳办法》第12条。
③ 《诉讼费用交纳办法》第22条。
④ 《诉讼费用交纳办法》第22条。
⑤ 《诉讼费用交纳办法》第21条。
⑥ 《诉讼费用交纳办法》第24条。
⑦ 《诉讼费用交纳办法》第25条。
⑧ 《诉讼费用交纳办法》第26条。
⑨ 《诉讼费用交纳办法》第27条。

法院作出的裁定的，第一审人民法院应当退还当事人已交纳的案件受理费。①

依照《民事诉讼法》第154条规定终结诉讼的案件，已交纳的案件受理费不予退还。②

四、诉讼费用的负担

诉讼费用的负担是指到诉讼结束或执行结束之时，由法院决定的当事人对诉讼费用的最终分配。因此，诉讼费用负担与诉讼费用预交具有性质上的不同，前者是正式的负担，后者是临时的负担；前者具有实体决断性，后者仅具有程序处置性；前者可由双方负担，后者则只能由一方负担。诉讼费用负担的原则是败诉人负担，从该原则所派生出的诉讼费用负担的规则具有多样性。具体表现在以下方面：

（一）败诉人负担

法院在以判决结案时，应当同时在判决书中决定诉讼费用负担的分配结果，法院的决定所依循的原则就是败诉人负担原则。诉讼费用由败诉人负担是一项基本原则，也是最为重要的原则，其他所有的负担规则均派生于该原则，且不得与该原则相违背，法院的裁量决定权也必须以该项原则为基础，否则就是不正确的。由败诉方当事人负担诉讼费用是多数国家，尤其是实行英国规则的国家所采用的负担准则，美国规则实行当事人各自负担自己的诉讼费用原则，原告起诉所交纳的诉讼规费无论原告胜败，均由原告负担。

按照《诉讼费用交纳办法》第29条之规定，诉讼费用由败诉人负担具体派生出三项规则：一是诉讼费用由败诉方负担，胜诉方自愿承担的除外。二是部分胜诉、部分败诉的，人民法院根据案件的具体情况决定当事人各自负担的诉讼费用数额。三是共同诉讼当事人败诉的，人民法院根据其对诉讼标的的利害关系，决定当事人各自负担的诉讼费用数额。申请撤销仲裁裁决和申请确定仲裁协议效力的案件申请费，由人民法院依照该办法第29条规定，按照败诉方负担原则决定申请费的负担。③人民法院改变原判决、裁定、调解结果的，应当在裁判文书中对原审诉讼费用的负担一并作出处理。④实现担保物权案件，人民法院裁定拍卖、变卖担保财产的，申请费由债务人、担保人负担；人民法院裁定驳回申请的，申请费由申请人负担。申请人另行起诉的，其已经交纳的申请费可以从案件受理费中扣除。⑤承担连带责任的当事人败诉的，应当共同负担诉讼费用。⑥

（二）协商负担

协商负担是法院调解结案时对诉讼费用负担进行分配的原则。因为调解是协商而形成的，其诉讼费用也应当按照协商一致的原则来加以确定，对诉讼费用的协商乃是整个案件协商解决的一个组成部分，因此，对于诉讼费用协商一致的结果，人民法院一般应予尊重。然而，有时调解成功的案件，却在诉讼费用上当事人之间达不成一致意见，此时则需由法院进行决定。⑦同时，根据《诉讼费用交纳办法》第33条之规定，离婚案件即使是法院采取判决离婚结案

---

① 《诉讼费用交纳办法》第27条。
② 《诉讼费用交纳办法》第28条。
③ 《诉讼费用交纳办法》第38条第4款。
④ 《民诉法解释》第196条。
⑤ 《民诉法解释》第204条。
⑥ 《民诉法解释》第203条。
⑦ 《诉讼费用交纳办法》第31条。

的，也可由双方当事人协商负担诉讼费用。① 根据《诉讼费用交纳办法》第38条第2款之规定，执行中当事人达成和解协议的，申请费的负担由双方当事人协商解决；协商不成的，由人民法院决定。法院决定考虑的因素主要有：实体上双方权利义务的客观状况；当事人让步的情况；在调解中的配合协作程度；等等。对于法院决定的诉讼费用负担，当事人如果不服，应有权向上级法院申请复议。

（三）撤诉人负担

民事案件的原告或者上诉人申请撤诉，人民法院裁定准许的，案件受理费由原告或者上诉人负担。②

（四）自行负担

当事人在法庭调查终结后提出减少诉讼请求数额的，减少请求数额部分的案件受理费由变更诉讼请求的当事人负担。③ 当事人因自身原因未能在举证期限内举证，在二审或者再审期间提出新的证据致使诉讼费用增加的，增加的诉讼费用由该当事人负担。④

（五）申请人负担

债务人对督促程序未提出异议的，申请费由债务人负担。债务人对督促程序提出异议致使督促程序终结的，申请费由申请人负担；申请人另行起诉的，可以将申请费列入诉讼请求。⑤ 公示催告的申请费由申请人负担。⑥ 破产程序中有关债务人的民事诉讼案件，按照财产案件标准交纳诉讼费，但劳动争议案件除外。⑦ 保全案件的申请费由申请人负担，申请人提起诉讼的，可以将该申请费列入诉讼请求。⑧

根据《诉讼费用交纳办法》第39条之规定，海事案件中的有关诉讼费用依照下列规定负担：其一，诉前申请海事请求保全、海事强制令的，申请费由申请人负担；申请人就有关海事请求提起诉讼的，可将上述费用列入诉讼请求。其二，诉前申请海事证据保全的，申请费由申请人负担。其三，诉讼中拍卖、变卖被扣押船舶、船载货物、船用燃油、船用物料发生的合理费用，由申请人预付，从拍卖、变卖价款中先行扣除，退还申请人。其四，申请设立海事赔偿责任限制基金、申请债权登记与受偿、申请船舶优先权催告案件的申请费，由申请人负担。其五，设立海事赔偿责任限制基金、船舶优先权催告程序中的公告费用由申请人负担。

依照特别程序审理案件的公告费，由起诉人或者申请人负担。⑨ 依法向人民法院申请破产的，诉讼费用依照有关法律规定从破产财产中拨付。⑩ 依照《诉讼费用交纳办法》第9条第1项、第2项的规定应当交纳案件受理费的再审案件，诉讼费用由申请再审的当事人负担；双方

---

① 《诉讼费用交纳办法》第33条。
② 《诉讼费用交纳办法》第34条。
③ 《诉讼费用交纳办法》第35条。
④ 《诉讼费用交纳办法》第40条。
⑤ 《诉讼费用交纳办法》第36条、《民诉法解释》第195条。
⑥ 《诉讼费用交纳办法》第37条。
⑦ 《民诉法解释》第200条。
⑧ 《诉讼费用交纳办法》第38条第3款。
⑨ 《诉讼费用交纳办法》第41条。
⑩ 《诉讼费用交纳办法》第42条。

当事人都申请再审的，诉讼费用依照该办法第29条的败诉方负担原则之规定负担。①

（六）被执行人负担

申请执行人民法院发生法律效力的判决、裁定、调解书，仲裁机构依法作出的裁决和调解书，公证机构依法赋予强制执行效力的债权文书；申请承认和执行外国法院判决、裁定和国外仲裁机构裁决，申请执行的费用由被执行人负担。拍卖、变卖担保财产的裁定作出后，人民法院强制执行的，按照执行金额收取执行申请费。②

（七）变更负担

第二审人民法院改变第一审人民法院作出的判决、裁定的，应当相应变更第一审人民法院对诉讼费用负担的决定。③ 在再审案件中，原审诉讼费用的负担由人民法院根据诉讼费用负担原则重新确定。④

五、诉讼费用交纳标准

（一）案件受理费的交纳标准

《诉讼费用交纳办法》第13条规定："（一）财产案件根据诉讼请求的金额或者价额，按照下列比例分段累计交纳：

1. 不超过1万元的，每件交纳50元；
2. 超过1万元至10万元的部分，按照2.5%交纳；
3. 超过10万元至20万元的部分，按照2%交纳；
4. 超过20万元至50万元的部分，按照1.5%交纳；
5. 超过50万元至100万元的部分，按照1%交纳；
6. 超过100万元至200万元的部分，按照0.9%交纳；
7. 超过200万元至500万元的部分，按照0.8%交纳；
8. 超过500万元至1000万元的部分，按照0.7%交纳；
9. 超过1000万元至2000万元的部分，按照0.6%交纳；
10. 超过2000万元的部分，按照0.5%交纳。⑤

（二）非财产案件按照下列标准交纳：

1. 离婚案件每件交纳50元至300元。涉及财产分割，财产总额不超过20万元的，不另行交纳；超过20万元的部分，按照0.5%交纳。
2. 侵害姓名权、名称权、肖像权、名誉权、荣誉权以及其他人格权的案件，每件交纳100元至500元。涉及损害赔偿，赔偿金额不超过5万元的，不另行交纳；超过5万元至10万元的部分，按照1%交纳；超过10万元的部分，按照0.5%交纳。
3. 其他非财产案件每件交纳50元至100元。

---

① 《诉讼费用交纳办法》第32条。
② 《民诉法解释》第205条。
③ 《诉讼费用交纳办法》第30条。
④ 《诉讼费用交纳办法》第32条。
⑤ 既有财产性诉讼请求，又有非财产性诉讼请求的，按照财产性诉讼请求的标准交纳诉讼费。有多个财产性诉讼请求的，合并计算交纳诉讼费。《民诉法解释》第201条。

（三）知识产权民事案件，没有争议金额或者价额的，每件交纳 500 元至 1000 元；有争议金额或者价额的，按照财产案件的标准交纳。

（四）劳动争议案件每件交纳 10 元。

（五）行政案件按照下列标准交纳：

1. 商标、专利、海事行政案件每件交纳 100 元；

2. 其他行政案件每件交纳 50 元。

（六）当事人提出案件管辖权异议，异议不成立的，每件交纳 50 元至 100 元。"

诉讼请求中有多个非财产性诉讼请求的，按一件交纳诉讼费。[①]

（二）申请费的交纳标准

《诉讼费用交纳办法》第 14 条规定："（一）依法向人民法院申请执行人民法院发生法律效力的判决、裁定、调解书，仲裁机构依法作出的裁决和调解书，公证机关依法赋予强制执行效力的债权文书，申请承认和执行外国法院判决、裁定以及国外仲裁机构裁决的，按照下列标准交纳：

1. 没有执行金额或者价额的，每件交纳 50 元至 500 元。

2. 执行金额或者价额不超过 1 万元的，每件交纳 50 元；超过 1 万元至 50 万元的部分，按照 1.5% 交纳；超过 50 万元至 500 万元的部分，按照 1% 交纳；超过 500 万元至 1000 万元的部分，按照 0.5% 交纳；超过 1000 万元的部分，按照 0.1% 交纳。

3. 符合民事诉讼法第五十五条第四款规定，未参加登记的权利人向人民法院提起诉讼的，按照本项规定的标准交纳申请费，不再交纳案件受理费。

（二）申请保全措施的，根据实际保全的财产数额按照下列标准交纳：

财产数额不超过 1000 元或者不涉及财产数额的，每件交纳 30 元；超过 1000 元至 10 万元的部分，按照 1% 交纳；超过 10 万元的部分，按照 0.5% 交纳。但是，当事人申请保全措施交纳的费用最多不超过 5000 元。

（三）依法申请支付令的，比照财产案件受理费标准的 1/3 交纳。

（四）依法申请公示催告的，每件交纳 100 元。

（五）申请撤销仲裁裁决或者认定仲裁协议效力的，每件交纳 400 元。

（六）破产案件依据破产财产总额计算，按照财产案件受理费标准减半交纳，但是，最高不超过 30 万元。

（七）海事案件的申请费按照下列标准交纳：

1. 申请设立海事赔偿责任限制基金的，每件交纳 1000 元至 1 万元；

2. 申请海事强制令的，每件交纳 1000 元至 5000 元；

3. 申请船舶优先权催告的，每件交纳 1000 元至 5000 元；

4. 申请海事债权登记的，每件交纳 1000 元；

5. 申请共同海损理算的，每件交纳 1000 元。"

（三）诉讼费用的减半收取

以调解方式结案的，减半交纳案件受理费。[②]

---

① 《民诉法解释》第 201 条。
② 《诉讼费用交纳办法》第 15 条。

当事人申请撤诉的，减半交纳案件受理费。①

适用简易程序审理的案件，减半交纳案件受理费。②

被告提起反诉、有独立请求权的第三人提出与本案有关的诉讼请求，人民法院决定合并审理的，分别减半交纳案件受理费。③

人民法院决定减半收取案件受理费的，只能减半一次。④

适用简易程序审理的案件转为普通程序的，原告自接到人民法院交纳诉讼费用通知之日起7日内补交案件受理费。原告无正当理由未按期足额补交的，按撤诉处理，已经收取的诉讼费用退还一半。⑤

（四）限额收取

对财产案件提起上诉的，按照不服一审判决部分的上诉请求数额交纳案件受理费。⑥

对于需要交纳案件受理费的再审案件，按照不服原判决部分的再审请求数额交纳案件受理费。⑦

（五）诉讼费用的计算基准

诉讼标的物是证券的，按照证券交易规则并根据当事人起诉之日前最后一个交易日的收盘价、当日的市场价或者其载明的金额计算诉讼标的金额。⑧

诉讼标的物是房屋、土地、林木、车辆、船舶、文物等特定物或者知识产权，起诉时价值难以确定的，人民法院应当向原告释明主张过高或者过低的诉讼风险，以原告主张的价值确定诉讼标的金额。⑨

六、诉讼费用的救济

禁止单独上诉。当事人不得单独对人民法院关于诉讼费用的决定提起上诉，但可以在上诉中一并提出对诉讼费用决定不服的申请。

有权申请复核。当事人单独对人民法院关于诉讼费用的决定有异议的，可以向作出决定的人民法院院长申请复核。复核决定应当自收到当事人申请之日起15日内作出。

有权申请更正。当事人对人民法院决定诉讼费用的计算有异议的，可以向作出决定的人民法院请求复核。计算确有错误的，作出决定的人民法院应当予以更正。⑩

---

① 《诉讼费用交纳办法》第15条。
② 《诉讼费用交纳办法》第16条。
③ 《诉讼费用交纳办法》第18条。
④ 《民诉法解释》第206条。
⑤ 《民诉法解释》第199条。
⑥ 《诉讼费用交纳办法》第17条。
⑦ 《诉讼费用交纳办法》第19条。
⑧ 《民诉法解释》第197条。
⑨ 《民诉法解释》第198条。
⑩ 《诉讼费用交纳办法》第43条。

七、诉讼费用的管理和监督

(一) 收支两条线制度

诉讼费用的交纳和收取制度应当公示。人民法院收取诉讼费用按照其财务隶属关系,使用国务院财政部门或者省级人民政府财政部门印制的财政票据。案件受理费、申请费全额上缴财政,纳入预算,实行收支两条线管理。①

(二) 缴费凭证制度

人民法院收取诉讼费用应当向当事人开具缴费凭证,当事人持缴费凭证到指定代理银行交费。依法应当向当事人退费的,人民法院应当按照国家有关规定办理。诉讼费用缴库和退费的具体办法由国务院财政部门商最高人民法院另行制定。

在边远、水上、交通不便地区,基层巡回法庭当场审理案件,当事人提出向指定代理银行交纳诉讼费用确有困难的,基层巡回法庭可以当场收取诉讼费用,并向当事人出具省级人民政府财政部门印制的财政票据;不出具省级人民政府财政部门印制的财政票据的,当事人有权拒绝交纳。②

(三) 费用清单制度

案件审结后,人民法院应当将诉讼费用的详细清单和当事人应当负担的数额书面通知当事人,同时在判决书、裁定书或者调解书中写明当事人各方应当负担的数额。需要向当事人退还诉讼费用的,人民法院应当自法律文书生效之日起15日内退还有关当事人。③

(四) 监督制度

价格主管部门、财政部门按照收费管理的职责分工,对诉讼费用进行管理和监督;对违反规定的乱收费行为,依照法律、法规和国务院相关规定予以查处。④

八、司法救助

(一) 司法救助的概念

司法救助是指人民法院对经济确有困难的当事人,依其申请,决定缓交、减交或免交诉讼费用的制度。司法救助仅适用于作为当事人的自然人。⑤

司法救助不同于社会救助。社会救助是人民政府对生活贫困的公民提供的救济其生活的费用,司法救助则仅适用于人民法院的诉讼活动之中。一定意义上可以认为,司法救助是社会救助的一种特殊化表现。

司法救助也有别于法律援助。法律援助是由律师事务所和国家设立的法律援助机构为经济困难或特殊案件的当事人给予减免收费提供法律服务的一项法律制度。提供法律援助的主体是律师事务所和法律援助机构,司法救助的主体是人民法院。接受法律援助的主体是公民、法人

---

① 《诉讼费用交纳办法》第52条。
② 《诉讼费用交纳办法》第52条。
③ 《诉讼费用交纳办法》第53条。
④ 《诉讼费用交纳办法》第54条。
⑤ 《诉讼费用交纳办法》第44条规定:"当事人交纳诉讼费用确有困难的,可以依照本办法向人民法院申请缓交、减交或者免交诉讼费用的司法救助。诉讼费用的免交只适用于自然人。"

和其他组织，接受司法救助的主体仅为自然人。法律援助既可以针对诉讼案件进行，也可以针对非诉讼案件以至一般的法律咨询事项进行，而司法救助则仅能针对诉讼事项进行，对于仲裁、人民调解以及法律咨询、公证等非诉讼事务则无能为力。法律援助的方式多种多样，既包括免费代理、免费撰写诉状、免费提供法律咨询等一般性服务，也包括代交诉讼费用、代为聘请律师等特殊性服务，而司法救助的表现形式则比较单一，法院只能在诉讼费用的缓交、减交、免交上面提供帮助，法院所提供的法律咨询、书记员记录口头起诉形成起诉记录等服务，均不属于司法救助的范畴，而属于一般性诉讼服务。法律援助有时是完全无回报的援助，但有时仅仅提供附条件的援助，如果胜诉则需要交纳一定费用，如果败诉则分文不取，而司法救助则是单纯的司法付出，属于国家赋予当事人的司法福利。

司法救助也有别于执行救助。执行救助是指执行中因遭遇执行难从而致使申请执行人或权利人生活或生产陷入困境，由法院从所积累的基金中抽出一部分钱援助其以解燃眉之急，使之渡过难关。执行基金制度乃是为了因应执行救助而产生，执行基金是国家财产拨款而形成的专款专用的基金，它专门用于执行程序之中，是对困难的执行权利人所提供的司法援助。可见，执行救助与司法救助都属于法院提供的援助，一个在诉讼的头部发挥作用，使诉讼当事人不至于因无钱打官司而无法进入法院的诉讼门槛；一个在诉讼的尾部发挥作用，使诉讼当事人不至于因法院执行不能而陷入生活或生产窘境。但二者具有性质上的不同，司法救助是"免"（还有"减"与"缓"），执行救助是"给"；司法救助救济的是当事人的诉权，执行救助救济的是当事人的生活或生产；司法救助的作用力发生在诉讼中，执行救助的作用力发生在诉讼外；司法救助完全是法院的事，执行救助则是全社会的事，法院的执行救助仅仅是济贫制度中的一小部分，当事人的生活或生产困难不能完全仰赖执行救助，广泛的社会救助尚需在该领域发挥相应的作用。

司法救助也不同于刑事诉讼中被害人救助。出于人道主义的考虑，在刑事诉讼中，被害人在一定条件下可以获得国家的救助。刑事被告人对被害人实施伤害或者因交通肇事造成被害人残疾等，通过刑事附带民事诉讼被判对被害人进行民事赔偿，但被告人往往一贫如洗，拿不出钱来给被害人进行赔偿，此时被害人就无法就医看病甚至无法生活下去，国家对此出面倾囊相助，给予刑事被害人以救济金，希望他能够看病养伤，渡过难关。这就是刑事诉讼中被害人救助制度。可见，司法救助和被害人救助分处于不同领域，一个在民事诉讼领域，一个在刑事诉讼领域；司法救助是为了贫困的当事人能够打得起官司，被害人救助是为了贫困的被害人能够看病就医、养家糊口；司法救助重在"免"（还有"减"与"缓"），被害人救助重在"给"。可见，被害人救助与执行救助比较相似，都属于执行领域而不是诉讼领域的制度，所区别的仅仅是二者所处的法律领域有所不同而已。

（二）司法救助的适用条件

司法救助不是一项普惠性司法制度，不是诉讼中任何当事人只要提出申请均可以获得司法救助；当事人要获得司法救助，需要具备一定的法律规定的条件，主要包括以下四个条件：

1. 必须是特定的诉讼主体

司法救助的主体要件是指什么样的诉讼主体可以获得司法救助。《诉讼费用交纳办法》第44条第2款规定司法救助只适用于自然人，包括本国公民，也包括外国公民和无国籍人。应当说，司法救助制度发展的早期阶段，其范围限定于自然人有其必然理由；然而，随着市场经济的快速发展，大量中小微企业和民营企业进入市场开展大众创业、万众创新，它们在创业创新过程中，难免会发生诉讼争议案件，这些案件一旦进入诉讼，有的小微企业可能就会面临着缴纳诉讼费用确有困难的局面，如果将其排除在司法救助范围之外，则对其保障诉权显然不利。先予执行制度原来也仅仅适用于一定范围内的自然人，后来根据实践的需要，最高人民法院也通过司法解释将先予执行制度的适用主体范围扩展到了企业法人。司法救助制度与先予执行制度有类似之处，都是为了救急救难，司法救助还往往是先予执行的前提条件，如果不实行司法救助，就无法运用先予执行制度，为了使先予执行制度得以落实，司法救助制度扩大其适用的主体范围有其必要性。

2. 属于特殊的案件类型

司法救助的案件类型要件，是指当事人提出司法救助的诉讼纠纷必须属于特殊类型的案件，属于特殊类型的案件，有望优先获得司法救助。立法分三种情况予以规定。一是当事人申请免交诉讼费用的案件类型，包括：残疾人无固定生活来源的；追索赡养费、扶养费、抚育费、抚恤金的；最低生活保障对象、农村特困定期救济对象、农村五保供养对象或者领取失业保险金人员，无其他收入的；因见义勇为或者为保护社会公共利益致使自身合法权益受到损害，本人或者其近亲属请求赔偿或者补偿的；确实需要免交的其他情形。[①] 二是当事人申请减交诉讼费用的案件类型，包括：因自然灾害等不可抗力造成生活困难，正在接受社会救济，或者家庭生产经营难以为继的；属于国家规定的优抚、安置对象的；社会福利机构和救助管理站；确实需要减交的其他情形。人民法院准予减交诉讼费用的，减交比例不得低于30%。[②] 三是当事人申请缓交诉讼费用的案件类型，包括：追索社会保险金、经济补偿金的；海上事故、交通事故、医疗事故、工伤事故、产品质量事故或者其他人身伤害事故的受害人请求赔偿的；正在接受有关部门法律援助的；确实需要缓交的其他情形。

值得提出的是，上述案件类型的列举，并没有穷尽所有需要法院给予司法救助的案件类型，故而其规定均有一个"其他情形"的兜底条款，该条款实际上就是授权法院司法裁量做出扩大解释之用，法院在适用司法救助制度时，虽然其适用的案件类型和范围主要依据的是《诉讼费用交纳办法》第46条所列举的这些，但并不以此为限。这是第一点需加说明的。第二点需要说明的是，这些案件虽然分为免交诉讼费用、减交诉讼费用、缓交诉讼费用三种形式，但它们之间没有截然划分的界限，列举在减交诉讼费用中的案件，如因自然灾害等不可抗力造成生活困难，正在接受社会救济，或者家庭生产经营难以为继的，法院也可以给予其免交诉讼费用的司法救助，反之亦然。其他相互交叉的情形所在均有，此不一一示例。

3. 必须是生活确有困难

司法救助的前提条件乃是当事人交纳诉讼费用确有困难。[③] 并不是符合上述案件范围和类型的案件，只要当事人提出司法救助的申请，皆可获得法院的许可，除了符合上述案件类型的条件外，申请者还需具备缴纳诉讼费用确有困难的条件。只是因为诉讼当事人缴纳诉讼费用确有暂时的或持续的经济困难，其才能从法院获得司法救助。这里的"确有困难"是指当事人打官司、进行诉讼确有困难，而不是当事人生活或生产确有困难，当事人生活或生产确有困难是社会救助的门槛性条件，这个条件一般被确定在最低生活保障线以下。符合最低生活保障线的条件，是当然的获得司法救助的条件；但高于最低生活保障线，仍有可能构成司法救助的"确有困难"。司法救助的确有困难如何判断？法院在判断是否给予司法救助的确有困难的条

[①] 《诉讼费用交纳办法》第45条。
[②] 《诉讼费用交纳办法》第46条。
[③] 《诉讼费用交纳办法》第44条。

件时，主要应考虑这样几个因素：一是当事人的案件类型；二是当事人申请的是免交诉讼费用还是减交、缓交诉讼费用；三是当事人生活区域最低生活保障水平；四是当事人进行诉讼实际所需要的花费。

4. 申请人存在胜诉之望

申请司法救助的目的是通过诉讼保护自己的合法权益，如果这种通过诉讼要保护的合法权益显然不存在，那么，法院给予司法救助的目的就不能达到，尤其是对于滥用诉权者，不仅不给予司法救助，而且还要给以法律的规制和制裁。然而，在诉讼之初，当事人能否获得胜诉尚难判断，因而此时能够对司法救助提出的要求应当是"有胜诉之望"或"有胜诉的较大可能"，而不是"有胜诉的必然性、绝对性、肯定性"。这体现在诉讼中的证明标准上，原告在诉讼之初申请司法救助之际就要提供一定量的证据向法院表明，其提起诉讼绝非轻率之举，而是确有其理，其证明标准应当达到"有较大可能性的疏明程度"，而无须达到本案判决的盖然性优势程度。

经法院审查，当事人的申请符合上述四项条件的，法院准予司法救助；否则，驳回当事人的申请。

（三）司法救助的适用程序

1. 提出申请

司法救助的程序启动实行的是当事人申请主义，只有当事人提出申请，法院才予以审查，从而决定是否给予司法救助；法院不依职权主动启动司法救助的程序。其原因主要在于，当事人是否生活确有困难，是否具有司法救助的必要性，唯有其本人才最为清楚，法院不能越俎代庖。

2. 提出证明材料

当事人申请司法救助，应当在起诉或者上诉时提供足以证明其确有经济困难的证明材料以及其他相关证明材料。因生活困难或者追索基本生活费用申请免交、减交诉讼费用的，还应当提供本人及其家庭经济状况符合当地民政、劳动保障等部门规定的公民经济困难标准的证明。① 申请司法救助需要提供的证据必须是书证，而不能是其他的证据形式，比如证人证词、视听资料等。这是司法救助对证明形式提出的要式要求，法院不能以自由心证取而代之。

3. 进行审核和调查

法院对司法救助的申请应当进行两方面的审核：一是司法救助的要件审查，判断提出司法救助的人是否属于符合条件的诉讼主体、所需司法救助的案件是否属于法定的救助案件类型范围、申请人是否确有生活生产上的困难、申请人提出的诉讼是否有胜诉可能等。二是对申请人提供的证明其生活困难的证据材料进行审核。法院审核证据材料时，可以进行听证，当面听取申请人的意见和主张，同时对当事人进行询问，了解案件的实体情况，如有必要，法院还可到当事人的生活区域进行情况调查，通过左邻右舍了解申请人的实际生活状况。

4. 做出是否给予司法救助的决定

通过对司法救助申请的审查判断，法院认为其申请符合条件的，则做出给予司法救助的决定；反之，认为其申请不符合条件的，则做出不予司法救助或驳回司法救助申请的决定。法院同意司法救助无须阐述理由，但法院对当事人的司法救助申请不予批准的，应当

---

① 《诉讼费用交纳办法》第48条。

向当事人书面说明理由。① 当事人申请缓交诉讼费用经审查符合相关规定的,人民法院应当在决定立案之前作出准予缓交的决定。② 人民法院对一方当事人提供司法救助,对方当事人败诉的,诉讼费用由对方当事人负担;对方当事人胜诉的,可以视申请司法救助的当事人的经济状况决定其减交、免交诉讼费用。③ 人民法院准予当事人减交、免交诉讼费用的,应当在法律文书中载明。④

(四) 司法救助的救济

司法救助如果未获法院准许,则申请人有权向同一法院提出复议申请;法院对该复议申请做出的决定为终局决定,申请人不得继续申请复议,但如其认为有必要,可向同级人民检察院申请进行法律监督。人民检察院对司法救助之监督,属于程序违法监督,通过审查,如认为法院否定司法救助的决定确有错误,则可向法院发出检察建议,建议法院进行纠正。

---

① 《诉讼费用交纳办法》第48条。
② 《诉讼费用交纳办法》第49条。
③ 《诉讼费用交纳办法》第50条。
④ 《诉讼费用交纳办法》第51条。

第三编

诉讼程序论

第十八章 第一审普通程序

第一节 第一审普通程序概述

一、普通程序的概念

第一审普通程序是指诉讼主体进行民事诉讼活动,在第一审阶段通常适用的审判程序。当事人进行诉讼,首先需要进入的就是第一审程序。第一审程序中包括普通程序、简易程序和小额诉讼程序三种。简易程序和小额诉讼程序都有限定性的适用标准,不符合一定的条件无法适用,普通程序则是兜底性的程序,凡是无法适用简易程序和小额诉讼程序的民事案件,均进入普通程序进行诉讼。凡是谈到普通程序,指的都是第一审普通程序。

二、普通程序的特征

（一）普通程序是最完备的审判程序

说普通程序最为完备,是说其内容形成了一个完整的体系,所有需要有的步骤都可以在普通程序中找到,所有可能出现的异常状态,普通程序均事先考虑得周全,可以说,所有的程序环节、程序阶段和程序制度一应俱全,应有尽有,因而说普通程序是最完备的程序,其他所有的程序,包括简易程序、小额诉讼程序、二审程序、再审程序,都是普通程序的某种特殊化表现以及某种转化,都是从普通程序发展演变而来,都没有普通程序这样完整齐备。

（二）普通程序是整个诉讼程序中的基础程序

正因为普通程序是最为完备、最为齐整的程序,因此它便成为所有其他程序的基础程序,基础程序的性质规定着其他程序的性质,普通程序的模式将制约着其他诉讼程序的构建,普通程序属于当事人主义类型,其他程序也要按照当事人主义诉讼模式及其精神实质加以构建,反之,若普通程序属于职权主义类型,其他程序在建构时也要呼应普通程序的职权主义精神。如果说前一个特点完备性是普通程序的外观的话,那么,基础性则是普通程序的实质内核,是整个诉讼程序体系的基石和支柱。

（三）普通程序具有广泛的适用性

由于普通程序内容上的完备性以及地位上的基础性,因此它在适用上也最为广泛。普通程序在适用上的广泛性,是指普通程序是所有程序的后盾,所有其他的程序,包括简易程序、小额诉讼程序、二审程序、再审程序等,乃至特别程序,如果立法上寻找不到明确的规范和程序,则在适用上应当准用或适用普通程序的相关规定,普通程序的全部内容,除其他程序另有规定者外,均可在其他程序中加以运用。在该意义上说,普通程序乃为程序通则或程序总则,其他程序则为程序分则,分则无规定者,适用通则或总则之规定,因而在其他程序和普通程序之间便形成了特殊性程序和一般性程序的关系。

（四）普通程序具有运用上的独立性或自足性

普通程序在制度构建上做到了自给自足，它形成一个完备的自我体系，它不仅在内容上丰富严密，而且在适用上也完全独立自足，无须依赖其他程序的补充配合，相反，其他程序则需要普通程序补充配合。普通程序在运用上的独立性或自足性决定了其成为诉讼制度改革的大本营和主阵地，诉讼制度改革虽然触及方方面面，所有的诉讼程序均在其改革范围和视野之内，但主要的改革乃集中在普通程序之上，普通程序一旦发生变动，其他程序则迟早要发生变动，因此，我国诉讼制度改革要牵住普通程序这个"牛鼻子"。

第二节　起诉与受理

一、起诉

（一）起诉的概念和特点

起诉，是指公民、法人或者其他组织认为自己所享有的或者依法由自己管理、支配的民事权益受到侵害或与他人发生争议，以自己的名义请求人民法院行使审判权，以解决民事纠纷，保护其民事权益的公法上的行为。起诉是一种诉讼行为，也是一种诉讼活动，其特点主要有：

1. 起诉是公民、法人或者其他组织的行为

民事诉讼实行"不告不理"的司法原则，"民不告、官不纠"是民事诉讼的基本特点，法院不能依职权主动发动诉讼程序，其他的任何机关、团体、法人或个人，也都不能越俎代庖，代替他人去法院起诉。起诉行为必须由当事人自己亲自或者委托诉讼代理人实施，否则，其起诉将会被法院驳回，不能产生预期中的效果。

2. 起诉是一种以诉讼为内容的公法上的行为

起诉不是一般的通常的社会行为或社会活动，也不是民法等私法上的行为，而是一种特别的社会行为和社会活动，属于公法上的行为，它有着自己独特的目的性；起诉的目的就是促使法院行使审判权，来解决其所提出的民事纠纷，从而通过民事纠纷的解决保护其所主张的合法权益。因此，起诉是严肃的司法活动和法律活动，必须依法而为，同时要准备好它会产生一系列法律上的效果。如果起诉者违背法律的规定、违背事实的客观性而实施诉讼活动，那么，其必然会遭到司法上的制裁。

3. 起诉的目的在于解决民事纠纷

起诉是一个目的性极强的特殊社会行为，当事人通过起诉进入诉讼程序之中，目的不是别的，而是解决其所声称的民事纷争；正是当事人对于自己有关的纷争无法加以化解，才需要诉诸法院启动国家的司法权加以强行的解决，所以，如果背离解决纠纷这一目的，则起诉行为的性质便发生了变异，起诉就变成了滥诉，"维权"便成为了侵权。纠纷解决的诉讼目的不仅指引着诉讼当事人的全部诉讼活动，而且也引领着法院的全部审判活动，诉讼者和审判者以及诉讼中的其他主体，来自方方面面，他们聚集到了一起，都是为了一个共同的目的，这就是解决纠纷。

4. 起诉是受严格规则控制的法律行动

起诉将会导致诉讼程序的发生，将会引起法院对审判权的行使，将会致使证人、鉴定人等人员的诉讼参与，将会在社会上产生一定影响力，因而，起诉的行为必须受到法律的严格规则之控制，必须将起诉行为纳入法律的轨道进行严密的调整，也正因为如此，民事诉讼法具有公法性质，民事诉讼法中的法律规则大多数属于刚性规则或强制性规则，当事人必须遵守和依循，不得违背或任意变更，否则不会产生应有的法律效果，甚至还会产生相应的法律责任。当事人是如此，对于行使审判权的法院和行使监督权的检察院而言，也是如此，它们行使国家的公权力，也更加需要依法而行，要尽量压缩自由裁量的空间，要确保当事人和其他诉讼参与人的诉讼权利。

（二）起诉的条件

起诉既是一种自由，也是一种权利。说起诉是一种自由，是指任何人都可以无条件地向法院起诉，这是一种政治意义上的自由，是任何一个公民根据宪法的规定不附带任何条件享有的自由，每一个人，只要他愿意，都可以到法院去起诉，这是他的自由。有一种诉权理论叫抽象的诉权说，主张的就是起诉是自由。起诉的自由具有政治意义，它表明，作为一个公民可以向法院提出诉求，并要求法院给他以保护。但是，起诉的自由还不是真正意义上的权利，起诉的权利是附带条件的，如果不具备这些条件，起诉的权利就不能产生效果。因此，如果说起诉的自由是宪法层面上的概念的话，那么，起诉的权利则是诉讼法层面上的概念，而我们这里所说的起诉，是权利意义上的起诉，不是自由意义上的起诉，因为自由意义上的起诉，除了重申起诉者具有宪法上的权利外，无法在诉讼法层面产生预期的效果。因此，起诉不仅是一种自由，更重要的还是一种权利。

起诉既然是一种权利，那么，为了实现这一权利，就必须符合一定的条件，这个条件就是起诉的条件。起诉如果不具备法定的条件，就不能产生法定的效果，前面我们所说的起诉的法律效果就是指起诉符合条件后所产生的法律效果。

那么，起诉要符合哪些法定条件呢？《民事诉讼法》第122条、第123条、第124条和第127条综合地从正反两个方面规定了起诉的条件。从正面规定的起诉条件，被称为起诉的积极要件；从反面规定的起诉条件，被称为起诉的消极要件。起诉的积极要件必须要具备，缺一不可；起诉的消极要件一个都不能有，有一个起诉就不符合条件。以下分别述之。

1. 起诉的积极要件

通常将起诉的积极要件简称为起诉的条件。根据《民事诉讼法》第122条的规定，起诉的条件有四个：

（1）原告是与本案有直接利害关系的公民、法人和其他组织。这个条件中包含两层含义：一是起诉的原告必须是公民、法人和其他组织这三种主体之一或者是这三种主体的混合形态。如果起诉的原告既不属于公民，也不属于法人或其他组织，那么，他就被认为不具有诉讼权利能力，就不具有起诉的法律资格，因而就不符合起诉的第一个条件。二是起诉的原告必须要与本案有直接利害关系。需注意的是，在起诉时，原告与本案的直接利害关系往往无法得到确实的判断，而需要经过诉讼审判的过程，才能最终加以判断，因而这里仅仅提出形式上的利害关系的要求，而不是实体上或实质上的利害关系的要求。所谓形式上的利害关系的要求，就是仅从原告起诉状的表述进行形式判断，而不是透过起诉状的现象看本质。这是要注意的一点。要注意的第二点是，这里的"直接利害关系"，既有可能是通常意义上的利害关系，也有可能是特殊意义上的利害关系。前者是实体法律关系的直接反映，比如原告就是被侵害的房屋所有权的房主；后者是实体法特别规定的利害关系，比如原告是破产管理人而不是破产企业，原告是遗嘱执行人而不是遗产继承人，等等，这些人因为法律的特别规定，有权代表真正的利害关系人来起诉，因而他属于诉讼担当人，诉讼担当人也具有诉讼实施权，也是符合条件的原告。

（2）有明确的被告。诉讼是两造对抗的博弈，只有一方当事人，诉讼无法发生，原告不能自己告自己，如果诉讼中原告与被告合二为一，则诉讼中就缺乏一个对立的主体，诉讼程序就要宣告结束，因为只有一方主体，诉就不能成立。因此，原告起诉一定要找好被告，如果被告无法确定，那原告就不能起诉，起诉了法院也不能受理。立法对被告的要求是"明确"，这包含这样几层含义：一是被告必须实实在在地存在，如果被告这个人根本不存在，或者虽有其名不见其实，则就不符合被告的条件。二是被告必须要特定化，原告仅仅表明被告的姓名还不够，需要描述被告的自然特征（性别、出生年月、民族等）、身份证号码、住址等，只有这样，被告才能明确。三是被告必须存活，死者不能充当当事人，以死者为被告作出的裁判是无效的。当然，被告有可能会下落不明，被告下落不明不影响原告的起诉，因为被告下落不明，法院可以公告送达，公告送达后被告不出席法庭，法院可以作出缺席判决，执行之时只需要执行被告的财产即可。

（3）有具体的诉讼请求和事实、理由。原告起诉是有目的的，他的目的笼统地说是维权，具体地说，就是要实现他的诉讼请求，因为诉讼请求是原告提出的要求法院通过审判权予以满足的实体权益主张，比如原告诉求被告偿还借款若干，或者原告诉求被告赔偿损失若干，等等，这些都是原告需要在起诉时提出的权利主张，没有这些权利主张或者这些权利主张不够明晰、具体，比如说原告仅仅提出请求法院给予司法保护，那么，法院就会认为其起诉不符合条件。因为如果诉讼请求过于笼统，法院的裁判就无从下手；尤其是法院也难以确定管辖法院，因为诉讼请求额的不同，受理案件的法院级别就有所不同，诉讼费用也不同。这是问题的一方面。问题的另一方面在于，原告在起诉时往往难以判断自己究竟应当提出什么样的诉讼请求，因为"诉讼请求"这个概念，是一个带有法律专业色彩的概念，需要专业人士进行判断和指导，尤其是在诉讼之初，诉讼请求往往难以明确具体，比如因被告交通肇事造成原告人身损失，这个损失究竟有多少，而且还有潜在的损失，在诉讼之初原告难以精准判断，此时就应当辩证地解释这个"具体"标准。一般而言，这种解释以从宽为准。同时，这里的诉讼请求在诉讼过程中也是可以变化的。因此，法院一般不能以诉讼请求不够具体为由裁定不予受理或驳回原告的起诉，这里的"具体"标准是倡导性标准，而不是强制性标准。不仅如此，该条件中还包括"事实和理由"一项，同样的道理，这里的"事实和理由"也只是主张意义上的，而不是客观意义上的，因为"事实和理由"是否确实存在，需要经过司法审判加以判断，而起诉时只要求原告将这些"事实和理由"提出来即可，不要求原告提供证据加以证明，法院也仅仅进行形式上的判断，而不进行实质上的判断。

（4）属于人民法院受理民事诉讼的范围和受诉人民法院管辖。起诉只能向法院提出，但不是任何起诉都属于法院管辖范围内的事情，有的纠纷只能由行政机关解决或首先解决，有的纠纷只能由仲裁机构解决或首先解决，有的纠纷干脆不属于法律上的纠纷，法院根本无权加以解决；原告起诉的事项如果不属于法院的主管范围，法院则不能受理，受理后也要裁定驳回。这是第一步。第二步，如果纠纷属于法院主管范围，还要判断该纠纷属不属于该特定的法院管辖，如果不属于该特定的法院管辖，法院还是不能受理，或者也只能在受理后裁定驳回起诉。因此，原告起诉的纠纷不仅要属于法院主管，而且要属于法院管辖。

上述四个条件,必须同时具备,缺一不可,否则,就会被法院认为起诉不符合条件,就会被法院裁定不予受理或者裁定驳回起诉。

2. 起诉的消极要件

起诉的消极要件是从反面所规定的起诉条件,指的是起诉要成立,就不能具备这些要件或情形,否则,即便起诉符合了积极要件,法院也不能受理或者受理后也要裁定驳回起诉。起诉的消极要件在英美法国家被称为"妨诉抗辩",只有被告人在答辩时提出抗辩主张,法院才能进行考虑和审查。然而在我国民事诉讼法上,起诉的消极要件有的属于妨诉抗辩,有的则属于法院的职权调查事项,对法院的职权调查事项,即使当事人不主动提出抗辩主张,法院也能够而且也应当进行调查核实,如果其消极要件确实存在,则法院不予受理或裁定驳回起诉。《民事诉讼法》第127条的规定即为起诉的消极要件,据此规定,可将起诉的消极要件简释如下:

(1) 依照行政诉讼法的规定,属于行政诉讼受案范围的,告知原告提起行政诉讼。民事诉讼和行政诉讼在我国独立制定《行政诉讼法》(1989年4月4日通过)之前,属于民事诉讼的主管范围,行政诉讼和民事诉讼混而不分;① 直至《行政诉讼法》颁行后,民事诉讼和行政诉讼才分道扬镳,成为两个独立的诉讼形态和诉讼制度,与之相应,民事诉讼和行政诉讼也都分别有自己的主管范围。该要件属于法院依职权调查的起诉消极要件,被告可以提出抗辩主张,声称该案件不属于民事诉讼的受案范围,请求法院拒绝受理或予以驳回;如果被告没有提出该抗辩主张,法院通过职权调查获知该诉讼实为行政诉讼而非民事诉讼,也可裁定不予受理或驳回起诉。

(2) 依照法律规定,双方当事人达成书面仲裁协议申请仲裁、不得向人民法院起诉的,告知原告向仲裁机构申请仲裁。仲裁和诉讼是解决民事纠纷的两种主要方式,在可仲裁的范围内,是选择仲裁还是选择诉讼以解决当事人之间的民事纠纷,这是当事人自己选择和自己决定的事项,法院不予干预,这被称为当事人的程序选择权。然而,除特殊情形外,由于我国原则上实行"或裁或审"的纠纷解决原则,当事人只能在仲裁和诉讼之间二选一,而不能两个都选。当事人一旦选择了仲裁,除非双方合意放弃仲裁,否则就只能按照仲裁程序来解决纠纷,如果一方基于仲裁协议向仲裁机构申请仲裁,而另一方向法院提起诉讼,或者一方向法院提起诉讼,另一方基于仲裁协议提出抗辩主张,法院则应裁定不予受理或者在受理后驳回起诉。这是因为,在当事人选择仲裁和选择诉讼之间,选择仲裁具有优先性,人民法院要秉持谦抑原则,尊重仲裁机构的仲裁权。因此,在存在合法有效的仲裁协议时,当事人置仲裁协议于不顾,向法院提起了诉讼,而另一方当事人对此不予认可,则法院不予受理该案,并且要告知当事人向仲裁机构申请仲裁。只有在双方当事人之间不存在仲裁协议、或者仲裁协议无效、或者一方向法院提起诉讼而另一方没有提出仲裁协议的抗辩之时,法院才能受理当事人的起诉。这是典型的妨诉抗辩条款。

(3) 依照法律规定,应当由其他机关处理的争议,告知原告向有关机关申请解决。法院的司法权是有限度的,并不是所有的法律上的争议,包括民事争议,都是由法院主管的,还有一些民事争议,不属于法院主管的范围,而属于行政机关或其他国家机关主管的范围。对于不属于法院主管范围的民事纠纷,当事人即使向法院起诉,法院也不能受理,法院只能告知其向

---

① 《民事诉讼法(试行)》第3条规定:"凡在中华人民共和国领域内进行民事诉讼,必须遵守本法。法律规定由人民法院审理的行政案件,适用本法规定。"

有关机关申请解决。

（4）对不属于本院管辖的案件，告知原告向有管辖权的人民法院起诉。民事纠纷要起诉到法院，不仅要属于法院主管，而且要属于特定的法院管辖；如果特定的法院根据民事诉讼法关于管辖的规定对特定的民事案件并无管辖权，那么，它就不能受理该案，或者在受理该案后驳回起诉，或者在受理该案后按照《民事诉讼法》第37条之规定，实行移送管辖，将案件移送到有管辖权的法院进行审判。究竟是不予受理、驳回起诉还是受理后移送管辖，由法院根据案件的具体情形以及发现没有管辖权的时间阶段加以决定。如果法院因缺乏管辖权而不予受理或者裁定驳回起诉，则法院应当告知当事人向有管辖权的法院提起诉讼。这是法院的阐明义务，应当履行。

（5）对判决、裁定、调解书已经发生法律效力的案件，当事人又起诉的，告知原告申请再审，但人民法院准许撤诉的裁定除外。如前所述，一个案件只能经过法院一次处理就要宣告结束，如果法院的生效裁判确有错误，则也不得再次起诉，重新开辟一个诉讼程序对该案件再次进行审判，而只能按照纠正错案的特殊诉讼程序进行补救，这就是再审程序或审判监督程序。因此，如果一个案件已经有了生效法律文书，法院则不得再次受理和再次审判，如果当事人坚持诉讼，则应当裁定不予受理或者受理后裁定驳回起诉。但与此同时，法院应当行使阐明权，告知当事人按照再审程序或者审判监督程序向法院提出申请加以救济，而再审程序或审判监督程序具有特殊的规定，也有限定的范围，它不是对一个案件重新从头开始进行审判。在这里存在一个例外，就是当事人起诉后又撤诉的，可以重新起诉或再次起诉，因为原有的诉讼经过当事人撤诉后就视同未发生过一样，当事人自然可以再次起诉。

（6）依照法律规定，在一定期限内不得起诉的案件，在不得起诉的期限内起诉的，不予受理。起诉权人人得而享之，其原则上只需要具备《民事诉讼法》第122条所规定的各项起诉条件，起诉权就能够成立，其行使就无法律上的障碍，然而这个一般性原则存在例外，这就是如果法律，包括实体法和程序法，有明文规定，则这种起诉权可以受到限制。起诉权受到限制的民事案件，在所限制的条件没有解除之前，法院不得受理。比如，《民法典》第1082条规定："女方在怀孕期间、分娩后一年内或者终止妊娠后六个月内，男方不得提出离婚；但是，女方提出离婚或者人民法院认为确有必要受理男方离婚请求的除外。"

（7）判决不准离婚和调解和好的离婚案件，判决、调解维持收养关系的案件，没有新情况、新理由，原告在6个月内又起诉的，不予受理。与前一条不同，该条是由程序法本身对起诉权的行使加以限制，因为，如果判决不准离婚和调解和好的离婚案件，判决、调解维持收养关系的案件，没有新情况、新理由，原告在6个月内又起诉的，法院基本上还是会维持原判或者判决不准离婚、不准解除收养关系，因为在这种短短的时间内，双方当事人还不可能有充分的时间培育感情，当事人维持良好的婚姻关系或收养关系还有努力的空间，如果法院匆忙受理并判决离婚或解除收养关系，则不利于社会生活关系尤其是家庭关系的和谐稳定，这是人事诉讼程序具有公益性质的一大特点，为此，当事人的起诉权要受到一定的限制。当然，如果在法院判决不准离婚和调解和好或者判决、调解维持收养关系后，在6个月内有了新情况或新理由，诉的理由有了新的内容，实际上诉已发生了变更，法院也可以受理再次起诉的离婚案件和收养案件；如果被告提出离婚请求或解除收养关系的请求，则不受6个月不得起诉的限制，因为被告作为原告起诉的案件已经使原有的诉发生了变化，它不再是同一个诉的简单重复，而是另一个诉，因此法院应当受理。

（三）起诉的方式和起诉状的内容

1. 起诉的方式

《民事诉讼法》第123条规定："起诉应当向人民法院递交起诉状，并按照被告人数提出副本。书写起诉状确有困难的，可以口头起诉，由人民法院记入笔录，并告知对方当事人。"据此规定，当事人向法院起诉，可以采用两种方式：一是书面的形式，二是口头的形式。在普通程序中，书面的形式是主要的起诉方式，口头的形式是补充性的、次要的起诉方式。书面的起诉形式即为起诉状，起诉状是当事人提起诉讼、表达诉求的书面形式。普通程序与简易程序、小额诉讼程序不同，普通程序通常涉及的是较为复杂、影响较大的民事案件，因而在要求上更加严格，通过起诉状提起诉讼，有助于精准表述当事人的起诉意愿和事实主张，有助于强化诉讼程序的严肃性和庄重性，使当事人提起诉讼更为慎重，也有助于后续诉讼程序获得一个坚实的诉讼起点，该起诉状将成为此后多个层级诉讼程序的原始依据。因而，普通程序首推起诉的书面形式。然而，在我国，有的当事人书写起诉状确有困难，因为书写起诉状不仅要会识字写字，而且还要懂得起诉的基本格式和内容方面的要求，带有一定的专业色彩，如果当事人不聘请律师或者文化程度不高，书写起诉状会有困难。但如果因为书写起诉状确有困难就影响乃至阻却当事人起诉的意愿和行为，则也非保护诉权之道。因此，为弥补起诉状书写之穷，《民事诉讼法》又特别规定了口头起诉的补救方法。口头起诉，是指当事人可以到法院向书记员口头陈述需要起诉的意愿，并由书记员将其陈述记录在卷，由当事人签字、盖章、捺手印。通过这个过程，口头起诉就得以完成。口头起诉与书面起诉的效力完全相同。值得提及的是，随着现在司法电子化趋势的发展，当事人利用网络、手机、微信、App等电子方式提起诉讼日益成为可能，并日益增多，有成为常态之趋势。通过电子形式提起诉讼，在要求上与起诉状的要求是一致的，事实上，电子起诉是书面起诉电子化的表现方式，与书面起诉本质上相同，所不同的，乃是技术性的要求，比如对原告起诉的身份确认、原告起诉的电子签名、原告起诉的电子送达等。电子起诉就无须按照被告人的人数提出副本了。《民事诉讼法》仅规定了起诉的书面形式和口头形式，而没有规定电子形式，将来需要修法补充。

2. 起诉状的内容

《民事诉讼法》第124条规定："起诉状应当记明下列事项：（一）原告的姓名、性别、年龄、民族、职业、工作单位、住所、联系方式，法人或者其他组织的名称、住所和法定代表人或者主要负责人的姓名、职务、联系方式；（二）被告的姓名、性别、工作单位、住所等信息，法人或者其他组织的名称、住所等信息；（三）诉讼请求和所根据的事实与理由；（四）证据和证据来源，证人姓名和住所。"可见，起诉状的内容包括原告的自然状况、被告的自然状况、诉讼请求及其事实理由和证据及其来源等四个方面的内容，这些内容除主管和管辖这个起诉条件没有明确在起诉状的内容上反映出来外，其他的内容都是起诉条件在起诉状上的直观反映。主管可以通过起诉状所描述的案情加以判断，管辖也可以通过起诉状所提供的被告住所地、合同履行地、侵权行为地等信息加以判断，因而无须当事人在起诉状中予以明示。起诉状应当而不是可以记明上述事项，如果当事人在起诉状中不记明上述事项，则法院无法判断当事人的起诉是不是民事诉讼，当事人的起诉属不属于法院主管范围以及接受该起诉的法院的管辖范围，当事人的起诉是否具备法定的起诉条件，以及当事人是不是在滥用起诉权，等等。因此，虽然我国实行了立案登记制，取代了立案审查制，但这并不意味着起诉状的内容就可以因此而简化，如果不符合起诉的条件，法院同样将裁定驳回起诉，否定当事人的起诉权。

（四）起诉的法律效果

起诉是整个诉讼程序的起点，正是当事人的起诉，使诉讼程序的车轮得以徐徐启动，诉讼程序将从此一站一站地向前开去，一直到纠纷得到彻底解决为止。因此，起诉的意义可谓巨大，起诉的法律效果主要表现在：

1. 起诉使诉讼程序得以启动

诉讼程序的起点在起诉之时。没有起诉就没有诉讼，有了起诉，一定就有诉讼，法院必须要启动诉讼程序作为对当事人起诉的回应。前者被表述为"不告不理"，后者被表述为"一告即理"；前者的依据是国家不干预主义，后者的依据是司法责任主义。

2. 起诉导致诉讼时效中断

引起诉讼程序的发生是起诉在诉讼法上的效果，被称为"程序效果"，起诉除引起程序上的效果外，还引起实体上的效果，这主要是诉讼时效因起诉而中断。诉讼时效届满后，如3年内当事人因纠纷而不起诉，则产生胜诉权被消灭的效果，当事人即使起诉也无法胜诉。因此，遵守诉讼时效对于维权极为重要和关键。起诉则使诉讼时效发生中断的效果，诉讼时效因为起诉而停止计算，当事人的胜诉权获得了保障，否则即便当事人有理也打不赢官司。可见，起诉对保护实体权利至关重要。

3. 起诉导致法院开始行使审判权

法院的审判权具有被动性或消极性，这一点尤其表现在解决私权纷争的民事诉讼之上，"不告不理"是法院应当始终恪守的诉讼法则。一旦当事人起诉，法院处在被动状态的审判权就要被激发，法院必须对当事人的起诉进行合法性审查，如果起诉合法，就要通知受理；如果起诉不合法，就裁定不予受理。无论是否受理，对于当事人的起诉，法院都必须给出一个说法，而且还要充分说理，使当事人对不予受理的案件也心服口服，明明白白。

4. 起诉后当事人就不能再次起诉

当事人向一个法院起诉，实际上就是向所有法院整体起诉，当事人起诉行为只能实施一次，而不能反复、多次实施同一个行为，否则就违反了"一事不二诉"的诉讼戒条。"一事不二诉"是古今中外的法院都一体奉行的基本原则，我国的法院当然也不能例外，因为重复起诉的危害或不良后果很多。比如，重复起诉表示了当事人对法院的不信赖，如果当事人进行诉讼而对法院表示了不信任，则根本失去了进行诉讼的前提和必要，当事人到法院去起诉，一个必要的心理前提就是对法院寄予信赖感，因此重复起诉对法院的权威性是一个伤害，这是其一。其二，重复起诉还会造成法院的矛盾裁判，一旦出现了裁判与裁判之间的矛盾，法院的权威性又一次受到了伤害。其三，重复起诉浪费了宝贵的司法资源，同一个案件使用了两次法院，两次诉讼法院都要耗费大量的司法资源，一个当事人实际上就占了双重的司法资源，这对还在排队进行诉讼的其他当事人而言无异于一种司法侵占，对其他当事人是不公平的。因此，起诉后当事人就只能按照法定程序一步一步走到底，只能在诉讼程序的范围和框架内寻求司法救济，而不能另起炉灶，开辟一个新的诉讼战场。这就是起诉产生的"禁止重复诉讼"的效果。

二、受理

（一）受理的概念及特点

原告起诉后，下一个程序就进入受理。受理，是指人民法院对于原告起诉来的案件，经过形式审查，对符合起诉条件的案件予以立案的司法审查行为。

受理具有以下特点：

1. 受理是法院实施的一种程序性审判行为

法院的审判行为就其内容和对象而言，分为程序性的审判行为和实体性的审判行为，先进行程序性的审判行为，后进行实体性的审判行为，整个诉讼程序就是由当事人的程序性诉讼行为和实体性诉讼行为以及法院的程序性审判行为和实体性审判行为构成的，而受理则是法院对原告起诉所实施的程序性审判行为。

2. 受理是人民法院对原告起诉的回应性行为

起诉是原告的行为，它标志着诉讼程序的开始，但仅有原告的起诉行为，还不足以使诉讼案件直接进入实体审判阶段；为了使诉讼案件进入实体审判阶段，法院必须对原告的起诉行为进行合法性审查，判断是否受理的过程，就是这种合法性审查的过程。

3. 受理是法院对原告起诉所进行的合法性审查行为

法院对原告的起诉要先后经过两次审判权的判断，一是合法性审查，二是合理性审查。合法性审查是根据《民事诉讼法》第122条有关起诉条件的规定所进行的审查，其审查具有形式性、程序性的特点，法院对起诉进行合法性审查所依据的法律规范仅是程序法或具有程序意义的实体法规范。

4. 受理是法院对原告的起诉所实施的一种肯定性行为

受理需要经过审查，审查的结果要么是符合条件因而予以立案，要么是因不符合条件而不予立案。受理案件就是立案，立案就意味着对符合条件的起诉予以受理。如果经过法院的审查，认为原告的起诉不符合起诉的条件，则不予受理；不予受理原告的起诉，就是对原告起诉的案件不予立案。因此，受理与立案是一个行为的两个方面：受理是对当事人的起诉行为而言，立案是对法院的审查行为而言；受理面向当事人，立案面向法院。

可见，受理既是一个过程，也是一个阶段，同时还是一种结果；受理既是动态的概念，也是静态的概念。受理是法院对诉讼案件进行初级阶段审判的重要标志性行为。受理前，当事人的起诉处在未定状态；受理后，诉讼案件便进入实体审判的"深水区"。当事人的起诉只有经法院立案受理后，才真正进入实体意义上的审理程序。

（二）受理的程序

法院对于当事人的起诉，应从起诉手续和起诉条件两个方面进行审查。起诉手续是指原告为了使起诉状能够被法院接受而需要办理的手续或符合的要求，主要包括：一是有书面的起诉状。如果没有书面的起诉状，则要有口头起诉的记录。二是有原告的签名、盖章或手印，这三者只要具备其一即可，无须全部具备。三是诉讼代理人具有合法的代理权。四是预交诉讼费用。起诉条件既包括积极的起诉要件，也包括消极的起诉要件。经过审查，如果法院认为原告的起诉具备起诉手续，并符合起诉条件的，应当根据《民事诉讼法》第126条的规定予以立案并通知起诉的原告，通知必须采用书面形式，对该通知，被告人不服的，不得提出异议或提出上诉。经过审查，如果法院认为原告的起诉不符合起诉条件的，则根据情形分别处理。如果原告起诉不符合起诉条件，且这种欠缺无法补救，比如原告不具有诉讼权利能力，或者起诉的案件不属于法院主管或管辖范围，则直接裁定不予受理；如果法院认为原告的起诉虽不符合起诉条件，但可以补救或补正，则对原告进行阐明，指示原告如何进行补正或补救。比如，原告不属于与本案有直接利害关系的人或者不具有诉讼实施权的人，法院则促使原告更换起诉的原告，使合格的原告进入诉讼，不合格的原告退出诉讼；如果被告不够明确，则提示原告补充被告的自然信息，使其明确并特定化；如果诉讼请求不够具体，而该诉讼请求能够具体化的，则提示原告将笼统的诉讼请求修改为具体的诉讼请求；如果原告起诉状中对案件事实的表述逻辑混乱、不够清晰，或者事实表述虽然清楚，但所附证据空缺或明显不符合证据的要求，则指导原告重新撰写起诉状并列明证据材料；如果原告的起诉具备了起诉的条件但在起诉的手续上有所欠缺，比如原告在起诉书上没有签名、盖章或捺手印，或者原告的起诉是由诉讼代理人代为进行的，而诉讼代理人缺乏代理资格或虽有代理资格但缺乏有效的授权委托书，或者授权不明，或者原告起诉未预交诉讼费用而又未申请诉讼费用的缓交、减交、免交或虽提出申请但法院不予批准的，则告知原告进行起诉手续的补正。无论是起诉条件的瑕疵抑或起诉手续的欠缺，经法院赋予补救或补正的机会而原告又不予补正或补救，或者补正或补救后仍然不合格，或者根本无法补救或补正的，法院则裁定不予受理。法院对于符合条件的起诉应当在收到起诉状或接受口头起诉之日起7日内通知当事人立案；法院对于不符合条件的起诉应当在收到起诉状或接受口头起诉之日起7日内裁定不予受理；需要补正的，在确定补正的期间届满后7日内根据情形通知受理或裁定不予受理。对裁定不予受理的，原告有权在裁定作出后10日内提出上诉，由上诉审法院裁定是否受理；上诉审法院裁定受理的，原审法院必须在收到上诉裁定后7日内通知当事人立案受理。①

司法实践中会出现这样一种情形：法院对于原告的起诉，经过粗略的审查后，既不通知当事人受理，也不裁定不予受理，而是简单地拒绝接受起诉状。应当指出，法院这种拒绝接受起诉状的做法于法无据，应当予以纠正。在法院拒绝接受起诉状后，当事人为了寻求进一步的司法救济，除了向同级法院或上级法院反映情况希望予以纠正外，尚可依法向人民检察院申请进行法律监督，人民检察院收到当事人的监督申请后，经过审查如果认为符合条件的，应当向法院发出检察建议，进行程序违法的法律监督。

（三）受理的法律效果

法院对原告起诉的案件如果裁定不予受理，则诉讼程序自此结束；如果法院对原告的起诉通知受理，则自法院立案之时在法律上产生以下法律效果：

1. 当事人恒定

在原告的起诉被法院受理前，原告对于其本人及其被告的确定可以自由进行调整，但在原告的起诉被法院受理后，则原告和被告的诉讼地位即产生恒定的效果，在诉讼全过程中，除经法定程序进行当事人的更换外，诉讼当事人不再发生变化，即便当事人的实体权利义务关系发生变动，诉讼当事人的诉讼地位和角色原则上也不再发生变动。这就是当事人恒定主义的诉讼原则。之所以民事诉讼法要采用当事人恒定主义的诉讼原则，主要的原因在于维持程序的安定性，是程序安定性原则在当事人层面的反映和体现。

2. 管辖权恒定

法院受理案件之时所享有管辖权，不因此后确定管辖的因素发生变动而变动，法院对该案的管辖除移送管辖、指定管辖和管辖权的转移外，不再发生变动。管辖权恒定原则也是程序安定性原则的具体体现和要求。

3. 诉讼标的恒定

诉讼标的在法院立案受理后就处在恒定不变的状态，这是因为，诉讼标的是当事人提出诉讼请求的基础，是双方当事人争执的焦点，也是法院行使审判权所瞄准的对象，它不能处在游

---

① 《民事诉讼法》第126条。

移不定的状态,否则对方当事人无法行使抗辩权和辩论权,法院无法有针对性地行使审判权,整个诉讼程序就会处在变化不定的状态之中,而这与程序安定性原则相背离,因而诉讼法上有所谓"诉讼标的一成不变"的原则。当然,诉讼标的在符合法定条件时也可按照法定程序予以变动,同时,诉讼标的恒定不变,并不意味着诉讼请求就自始无法变动,事实上,诉讼请求在不改变诉讼标的之基础上是可以发生变更的。

受理的法律效果主要表现为上述诸种,应予指出的是,受理的法律效果与起诉的法律效果不宜混同。起诉的法律效果发生在起诉的时点上,它会继续延伸到受理阶段以及受理后的整个诉讼过程,因此,起诉的法律效果与受理的法律效果看上去有部分处在重合状态,比如起诉产生"一事不二诉"的效果,到受理时,这种效果就变成了"一事不再理",法院不得重复受理同一个诉讼。但"一事不再理"这一法律效果乃是"一事不二诉"的延续和发展,它们是一个事物的两个方面,本质上是一回事,不能认为"一事不二诉"和"一事不再理"是两种不同的法律效果,对当事人提出的要求是"一事不二诉",对法院提出的要求是"一事不再理",它们都是禁止重复诉讼制度的有机组成部分,二者相辅相成,不可分割。因此,在起诉时发生"一事不二诉"法律效果的同时,就发生了"一事不再理"的法律效果,只不过,"一事不再理"的法律效果到了受理阶段方才外化显现出来。

此外,审理期限也是从法院立案受理之时开始起算,不过,这不属于法院受理的法律效果,不具有对外意义,不是当事人起诉所带来的必然效果,而仅是法院受理案件后进行司法管理的起点。

三、立案登记制及其对民事诉讼程序的影响

从《民事诉讼法》第 122 条、第 124 条、第 126 条、第 127 条以及其他相关规定综合以观,我国对于当事人的起诉实行的是立案审查制而非立案登记制。根据立案审查制,法院对当事人的起诉必须要进行起诉条件和起诉手续的审查,符合条件者,方能立案受理,诉讼程序方得以启动和开始。然而,这样一个立案审查制存在诸多弊端:其一,立案审查制人为地提高了当事人起诉的门槛,容易导致对当事人起诉进行实体性审查,加重了当事人起诉时所负担的法律责任,造成了"起诉难"。其二,立案审查制使法院对当事人起诉进行审查和处理的程序变成了行政性质的程序,背离了司法程序的性质和规律,制约了法律正当程序的功能和作用,使我国的民事诉讼程序蒙上了行政程序的阴影。其三,立案审查制限制了当事人对诉讼程序的有效参与,不利于发挥当事人的诉讼能动性和积极性。其四,立案审查制使得对该程序的监督机制难以有效形成。

鉴于立案审查制所存在的种种弊端,我国司法改革中对其进行了修改和调整,改变为立案登记制,用立案登记制取代立案审查制成为我国民事诉讼中立案制度改革的重大举措。《依法治国决定》中提出,要改立案审查制为立案登记制,做到有案必立,有诉必理,以充分保障当事人的诉权。2015 年 4 月 15 日,最高人民法院颁布《关于人民法院登记立案若干问题的规定》(以下简称《立案登记规定》),通过司法解释在实践中先行先试立案登记制。依据该司法解释,立案登记制的内容主要有:

其一,一律接受诉状。对原告提起的诉讼,法院一律接收诉状,出具注明收到日期的书面凭证。

其二,当场登记立案。对符合条件的起诉,法院应当当场予以登记立案;对不符合条件的起诉,应当予以释明。

其三，起诉条件的判断。当场不能判定起诉是否符合法律规定的，应当在收到起诉状之日起 7 日内决定是否立案，对于第三人撤销之诉应当在 30 日内、执行异议之诉应当在 15 日内决定是否立案。

其四，先行立案。超过上述期限仍不能判定的，应当先行立案。

实行立案登记制对保障当事人行使诉权具有极为重要的意义。实行立案登记制后，我国民事诉讼制度发生了结构性的变化，主要表现在：

一是起诉的权利属性发生了变化。原告的起诉首先是一种诉讼自由，其次才是一种诉讼权利。对于原告的起诉，法院必须登记立案，这是无条件的一项立法命令，法院必须遵循照办。此时法院登记的立案，是不附带条件的绝对的立案，其意义在于重申起诉是当事人作为公民的一项自由，是一项基于宪法而产生的政治自由。因此，登记制下的立案并不具有诉讼法上的意义，而具有宪法上的意义。可见，立案登记制与抽象诉权说是一脉相通的。

二是法院对起诉的审查程序发生了变化。法院立案后应当将原告起诉状的副本发送给被告，被告开始介入诉讼程序，对原告起诉之是否符合法定的起诉条件享有了完整的答辩权。法院对立案的原告起诉仍需进行有关起诉条件的审查，只不过，审查的程序不再是行政性质的程序，而是司法性质的程序，原告和被告的对抗和辩论在法院对起诉权的审查和判断过程有了可能和必要。

三是立案庭应当取消，改为立案登记中心或立案登记办公室。原因在于在实行立案审查制下，立案庭具有审判功能，其审判的对象是原告的起诉权是否能够成立。然而经过立案登记制改革，立案部门仅仅办理立案登记制的手续，而不再行使任何意义上的审判权，因而称之为"庭"名不副实。立案部门在办理立案登记制手续后，案件随即转移于审判业务庭进行审判，其审判的对象既包括起诉权的构成要件，也包括胜诉权的构成要件，也就是说，其既要行使程序意义上的审判权，也要行使实体意义上的审判权，原本割裂行使的审判权在实行立案登记制后归于统一化，回归了审判权应有的地位和价值。

四是不予受理制度应予废除。在实行立案审查制下，对于原告起诉的条件之是否具备，要经过两次审查：一次是立案庭的初步审查，如果立案庭审查后认为原告的起诉不符合起诉条件的，立案庭则作出不予受理的裁定；另一次审查是审判庭对原告起诉条件的最终审查，如果审判庭认为原告的起诉不符合起诉条件，则作出驳回起诉的裁定。实行立案登记制后，立案部门不再进行起诉条件的审查，起诉条件的审查和判断权完全归属于审判庭，审判庭经过审查如果认为起诉不符合条件，则作出驳回起诉的裁定，因而立案审查制下对起诉条件的二阶审查结构模式变成了一阶审查结构模式，存在于立案阶段的裁定不予受理的制度因此而消失。

值得提出的是，立案登记制和立案审查制的区别不在于当事人起诉的内容和要求，而在于对当事人起诉审查的程序结构发生了变化。实行立案登记制并不是说原告起诉可以不具备法定的起诉条件，而是说对这种起诉条件的审查程序被推后，由审判庭而不是立案庭来进行审查，审查的程序是原、被告同时参与和对抗辩论的司法程序，而非法院单方面进行书面审查的行政性质的程序。因此，如果原告的起诉不符合起诉的手续和起诉的条件，立案庭的法官可以向原告提出、提示、指导和帮助其进行补正和补救，但若当事人不予补正或补救，或者无法补正或补救，而原告坚持进行诉讼的，立案庭则应当登记立案，将案件移送至审判庭，由审判庭的法官通过听证和庭审程序对此加以解决。

由此可见，立案登记制代替立案审查制其意义不仅仅在于保障了当事人的诉权，而且还改变了诉讼程序的结构模式，并使立审分离的诉讼原则进一步趋于彻底化。

第三节 审理前的准备

一、审理前准备的概念、意义和功能

(一) 审理前准备的概念

法院对原告起诉予以受理后,诉讼程序便进入审理前的准备阶段。审理前准备是指存在于法院受理案件之后与法院举行开庭审理之前的诉讼阶段和诉讼程序。审理前的准备阶段处在民事诉讼程序的中间阶段,它上承起诉与受理程序,下启开庭审理程序,仿佛一座桥梁,连接起民事诉讼程序的两头,它的前头是民事诉讼程序的开始和启动,后头是民事诉讼程序的深化进行和趋于结束。民事诉讼程序就是这样环环相扣,步步为营,一站一站地驶向解决纠纷作出裁判的目的地。

然而,与在先的诉答程序和在后的庭审程序均不可或缺不同,审前程序在民事诉讼结构中的地位并非始终保持平稳和一成不变的。事实上,从审前程序的立法沿革来看,审前程序的地位有时重要、有时次要,有时甚至被根本地取消。比如,在大陆法系国家,对民事案件的审理大致可分为两种情形。一种是不刻意区别审前准备程序与审理程序,法院一次次地开庭,直至案件达到能够作出判决为止。这种审理方式被称为"一步到庭"的审理方式。另一种是把审理过程分为审前准备和开庭审理的集中言词辩论两大阶段。德国民事诉讼法原来采用第一种方式,1976年修订民事诉讼法后,改采用第二种方式。日本原先也采用"一步到庭"的审理方式,1996年通过修订其民事诉讼法,将审理程序分为口头辩论的准备阶段和对争点集中审理以及裁判阶段,审前准备有准备性口头辩论程序、辩论准备程序和书面准备程序等三种。在英美法系国家,审前程序的重要性也处在消长起伏之中,目前其审前程序受到了空前重视。《民事诉讼法(试行)》对审前程序存在过于重视职权化准备的立法偏颇,在实践中导致了"先定后审"的弊端,1991年《民事诉讼法》颁行后,曾在实践中一度推行"一步到庭",然而,"一步到庭"的审判方式改革并没有取得预期的理想效果,相反,省略了审前准备程序的开庭审理难以提高效率,反复开庭成为不可避免之事。因此,审前准备程序再度受到重视,审前准备程序的实质化改革以及模式调整也成为人们所关注的议题。2012年全面修改《民事诉讼法》,在审前程序阶段增添了若干重要制度,使审前程序的样态和功能为之一新,证据交换制度、举证时限制度、程序分流制度、先行调解制度等制度和程序纷纷入法,形成了我国审前程序改革的制度群,它们结合在一起推动着我国审前程序由形式化向充实化方向发展。

(二) 审前准备程序的意义

其一,只有进行充分的准备,才能实现充实的庭审。法院行使审判权解决民事纠纷主要是通过开庭审理来完成任务的,但法院不可能"一步到庭",不实行任何准备就径直举行庭审活动。不实行任何准备活动的开庭审理是不可能取得预期的理想效果的,其结果反而欲速则不达,导致开庭审理反复进行,影响诉讼的效率,增加诉讼的成本,得不偿失。实践反复证明,没有充分有效的审前准备,就不可能有公正高效的开庭审理;为了收取开庭审理的良好效果,必须做好审前准备的功课。须知,必要的准备是成功的一半,匆促的庭审必致庭审的虚化和迟延。

其二,审前准备程序有助于当事人在开庭审理中全力以赴,有效发挥。为了取得理想的庭审效果，法院不仅自己要做好充分的审前准备，而且要创造诉讼条件，使当事人也做好审前准备。只有经过有效的准备，当事人才能从容地进入开庭审理，充分地行使诉权，深入地参与诉讼，完整地发表观点，实质性地影响司法审判。庭审程序对于当事人而言乃是决定诉讼胜负的关键环节，然而，如果不进行充分有效的审前准备，当事人即便确有道理，也很难在庭审这一相对短促的环节将事实和证据等问题展示并阐述清楚，败诉的风险依然存在。因此，对于当事人而言，无论是原告还是被告，要在诉讼庭审中取得良好效果，必要的准备是不可或缺的。

（三）审前准备程序的功能

审前准备的意义是在抽象层面解答为什么民事诉讼法要规定审前准备程序，审前准备的功能则是在具体层面解答实行了这种审前准备程序，会产生何种法律上的效能，这有助于强化人们对审前准备阶段的必要性认知。应当看到，审前准备程序的功能是具有动态性的，不同的历史阶段的民事诉讼法，对于审前准备程序的功能设定并不尽一致，有时审前准备程序的功能较为虚化甚至接近虚无，有时审前准备程序的功能较为强化甚至接近庭审的替代。我国审前准备程序的功能则经历了一个从弱势到强势的转变，目前处在不断地强化之中。关于这一点，本书有专门探讨，这里不再赘述。具体而言，我国审前准备程序的功能主要有以下诸端：

1. 整理诉求

当事人提出的诉讼请求经过双方当事人在审前准备阶段的诉答过程，不断趋于明晰化，原告原先提出的诉讼请求可能未必尽合其权利保障的最大利益和真实意愿，因而在审前准备阶段，应当允许当事人在不改变诉讼标的的基础上进行诉讼请求的调适和变动。同时，被告人也应有权提出相反的诉讼请求以与原告的诉讼请求相抵消或相对抗，审前准备程序也是被告提出反诉的恰当时机。此外，诉讼当事人的合理变动也为审前准备程序所许可。

2. 明确争点

争点就是双方当事人针锋相对地提出方向相反的事实所形成的焦点。比如原告诉称被告借款未还，被告答辩称借款根本没有发生或者虽然借款但业已偿还，这便形成了是否借款或是否还款的争点。民事诉讼的内容看上去庞杂无序，头绪纷纭，但透过现象看本质，其实当事人之间的争执往往就是一个焦点或若干个焦点，并不是全面争议。然而，争点又不是一望便知的，往往隐藏在盘根错节的事实争议背后，这就需要在法院主导下，通过诉答文书来来回回的交换和审前会议等方式逐渐地予以捕捉。审前程序的一个重要功能就是在"事实堆"中将争点予以明确化。争点明确了，纠纷的解决就近在眼前了。

3. 固定证据

证据是事实的载体，争点明确后，证明责任随之产生，对于任何一个争点，均有一方当事人负有证明责任；为了履行证明责任，当事人必须提供证据对案件事实进行证明，而证据的提供主要是在审前准备阶段。因此，当事人在审前阶段，一方面，要利用民事诉讼法所赋予的各种收集证据的手段积极发掘和提供证据，另一方面，如果当事人收集证据确有困难，则要及时申请法院调查取证。无论是当事人自己获得的证据还是法院调查取证获得的证据，均需要按照轻重缓急在审前阶段进行交换并予以固定。固定证据是审前程序要实现的又一功能，当事人在审前阶段该提供的证据如果没有提供，除非符合法定情形，否则相应的证据将产生失权或其他不利诉讼后果。

4. 提前解纷

一般而言，民事纠纷的解决需要经过法庭审理，通过法庭审理认定案件事实、正确适用法律，从而作出裁判，由此达到使纠纷获得解决的诉讼目的。然而，有一般必有特殊，民事纠纷如果在审前阶段提前到了成熟的程度，则法院可以提前解决纠纷，而不是非要经过开庭审理这个形式和过程不可。从世界各国来看，在审前阶段化解民事纠纷主要通过强制解决和自愿解决两种途径。民事纠纷的审前强制解决，指的是如果通过事实主张和证据提供而未能发现当事人之间存在真正的争议，则法院可以通过即决裁判或简易裁判（summary judgement）等方式不经过开庭审理而提前解决纠纷。民事纠纷的审前自愿解决，是指通过审前程序提供的调解、和解等非诉讼纠纷解决机制，在双方当事人的合意下解决民事纠纷。我国目前没有规定民事纠纷的审前强制解决制度，但民事纠纷的审前自愿解决大量存在，而且受到立法的鼓励和倡导。通过审前程序运用调解等方式提前解决纠纷，是我国审前程序的一大新型功能，体现出了审前程序功能由形式到实体的实质性转变。

二、审理前准备的主要内容

根据我国《民事诉讼法》第125条、第128条至第136条及《民诉法解释》的有关规定，我国审理前准备阶段的主要内容包括：

一是向被告发送起诉状副本。人民法院应当在立案之日起5日内将起诉状副本发送被告。①

二是被告提出答辩状。被告应当在收到之日起15日内提出答辩状。答辩状应当记明被告的姓名、性别、年龄、民族、职业、工作单位、住所、联系方式；法人或者其他组织的名称、住所和法定代表人或者主要负责人的姓名、职务、联系方式。人民法院应当在收到答辩状之日起5日内将答辩状副本发送原告。被告不提出答辩状的，不影响人民法院审理。②

三是告知当事人诉讼权利和诉讼义务。人民法院对决定受理的案件，应当在受理案件通知书和应诉通知书中向当事人告知有关的诉讼权利义务，或者口头告知。③

四是解决管辖争议。人民法院受理案件后，当事人对管辖权有异议的，应当在提交答辩状期间提出。人民法院对当事人提出的管辖异议，应当审查。异议成立的，裁定将案件移送有管辖权的人民法院；异议不成立的，裁定驳回。当事人未提出管辖异议，并应诉答辩的，视为受诉人民法院有管辖权，但违反级别管辖和专属管辖规定的除外。④

五是告知当事人合议庭的组成人员。合议庭组成人员确定后，应当在3日内告知当事人。⑤

六是法院调查取证。审判人员必须认真审核诉讼材料，调查收集必要的证据。⑥ 人民法院派出人员进行调查时，应当向被调查人出示证件。调查笔录经被调查人校阅后，由被调查人、调查人签名或者盖章。⑦ 人民法院在必要时可以委托外地人民法院调查取证。委托调查取证，必须提出明确的项目和要求。受委托人民法院可以主动补充调查取证。受委托人民法院收到委托书后，应当在30日内完成调查。因故不能完成的，应当在上述期限内函告委托人民法院。⑧

---

① 《民事诉讼法》第128条。
② 《民事诉讼法》第128条。
③ 《民事诉讼法》第129条。
④ 《民事诉讼法》第130条。
⑤ 《民事诉讼法》第131条。
⑥ 《民事诉讼法》第132条。
⑦ 《民事诉讼法》第133条。
⑧ 《民事诉讼法》第134条。

七是追加必要共同诉讼人。必须共同进行诉讼的当事人没有参加诉讼的，人民法院应当通知其参加诉讼。①

八是程序分流。人民法院对受理的案件，分别情形，予以处理：其一，当事人没有争议，符合督促程序规定条件的，可以转入督促程序；其二，开庭前可以调解的，采取调解方式及时解决纠纷；其三，根据案件情况，确定适用简易程序或者普通程序；其四，需要开庭审理的，通过要求当事人交换证据等方式，明确争议焦点。②

九是先行调解。当事人起诉到人民法院的民事纠纷，适宜调解的，先行调解，但当事人拒绝调解的除外。③

三、民事诉讼审前程序的模式转变

（一）从基本模式到结构模式：我国民事审判方式改革的第二次飞跃

如果说用"当事人主义"的诉讼理念改造我国的民事诉讼程序基本模式是民事审判方式改革的第一次飞跃的话，那么，用"集中审理主义"的诉讼理念改造我国民事诉讼程序的结构模式，便是民事审判方式改革的第二次飞跃。民事诉讼结构模式与民事诉讼基本模式是两个既有联系又有区别的概念。民事诉讼基本模式反映的是民事诉讼程序的性质或本质，体现着当事人和法院之间的辩证关联，有当事人主义和职权主义的对立和分野。民事诉讼结构模式则反映了民事诉讼程序的运作过程，体现着民事诉讼各阶段之间的有机联系，所谓集中审理主义和并行审理主义等，说的都是民事诉讼的结构模式。民事诉讼基本模式所抽象和概括的是诉讼程序中人与人之间的内在关系，是对人的因素的描述；民事诉讼结构模式所刻画和着眼的是民事诉讼程序的先后顺序及其内在制约关系，是对物的因素的描述。民事诉讼基本模式是对民事诉讼程序的横向考察，属于对程序横截面的描绘，具有静态意义；民事诉讼结构模式则是对民事诉讼程序的纵向考察，属于对程序衔接关口的描绘，具有动态意义。一般而言，民事诉讼法应当首先确立民事诉讼的基本模式，只有在基本模式既定的前提下，才能考虑设计其赖以运行的结构模式。前者是定性的因素，后者是定量的因素。前者属于伦理性规范，后者属于技术性规范。技术性规范是为伦理性规范服务的，伦理性规范需要借助于技术性规范得以落实和贯彻。如果某一个诉讼程序是实行当事人主义还是职权主义尚未确定，那么，考虑它是实行集中审理抑或并行审理主义则是缺乏针对性的无本之木。唯有在民事诉讼程序之属于当事人主义或者职权主义的基本模式确定下来之后，考虑是按照集中审理主义还是并行审理主义的模式来推进程序步骤才是有意义的。然而，虽然民事诉讼基本模式和民事诉讼结构模式具有相对的独立性，它们之间所具有的互为影响关系却是不可忽略的。当事人主义的诉讼基本模式既可以采用集中审理，也可以采用并行审理的结构模式，但就其内在的倾向性来说，当事人主义的诉讼基本模式与集中审理的结构模式更具有内在的亲和性，而职权主义的诉讼基本模式则与并行审理主义的结构模式经常地契合在一起。

我国目前司法改革所引导的司法现代化运动已经进入了一个新历史阶段，它正在向体制、机制和程序等各个层面深入推进。司法现代化中的一个应有之义即为程序现代化，民事诉讼程序现代化改造是达成司法现代化的不可或缺的重要内容。民事诉讼程序的现代化并不等同

---

① 《民事诉讼法》第 135 条。
② 《民事诉讼法》第 136 条。
③ 《民事诉讼法》第 125 条。

于全盘西方化，更不等同于英美程序体制或欧陆程序体制的简单移植，它在中国的实质含义是：结合中国国情，实现民事诉讼传统程序模式的变革和更新，以时代化、科学化与合理化为基准，达到民事诉讼程序模式的多元化。因而，以民事诉讼结构模式的多元化为指针，对我国既存诉讼制度进行解析和比较，从而提出各种具有可操作性和现实基础的各种方案，以改造我国民事诉讼法的立法规定，使之达到一个相对理想的境地，便是我国民事诉讼法学理论界和实务界所应共同着力研究的重要课题。

我国传统的司法乃是在程序之外运作的，程序与司法并没有真正地、实质性地联系起来。直到党的十一届三中全会过后3年，1982年我国才出现新中国第一部《民事诉讼法（试行）》。1991年，《民事诉讼法》结束试行时期，甫告订立。之后，《民事诉讼法》便在审判方式改革中历经变迁，与司法解释一起，混同致力于民事诉讼程序的实践运作形态之形成。中国的民事诉讼程序结构模式进入了反思与重塑阶段，民事诉讼程序的集中审理主义原则崭露头角，逐步成为改革的重要指导理念之一。集中审理主义发端于英美，变形于欧洲大陆，是民事诉讼程序革故鼎新的中轴之一。我国民事诉讼程序对集中审理主义原本是排斥的，以客观真实为指导原则的诉讼制度并不需要实行集中审理主义，效率价值未曾受到应有的重视。民事审判方式改革从当事人主义起步，并将在集中审理主义中找到归属。如果说以当事人主义为主旋律的民事审判方式改革代表着我国民事诉讼机制转型的第一次努力，那么，以集中审理主义为目标的民事审判方式改革则属于其中的第二步。当事人主义要求法官放权，这是一次权力和权利的斗争与协调，是一次公权与私权的重新分工与整合，是诉讼制度聚焦于当事人主体资格和诉讼自治权的革命，是一次与传统的告别运动。当事人主义的确立，标志着诉讼公正观念的确立。但仅有公正的观念和公正的程序保障机制尚且不够，现代意义上的公正乃是一个与效率和合理始终配套的概念。缺乏效率的公正并非真正的公正，效率成为公正的应有内涵之一。为了实现诉讼程序的效率价值，并为了使当事人主义能够在程序形式的建构中得到真正的确立和稳固，集中审理主义作为一个新型的程序建构理念被纳入人们的考察视野。集中审理主义要求诉讼程序按照科学合理的原则加以设计，要求诉讼制度的设计者尊重和遵循程序机理的内在规律，要求在立法和司法的层面合理地配置程序资源，使之以最小的成本获得最大的效益。集中审理主义本身就是对程序给予尊重的一种表征。可见，民事诉讼机制的改革重点从程序基本模式到程序结构模式的转变，以及民事诉讼程序的基本原则从当事人主义到集中审理主义的转变，标志着我国民事诉讼程序法治的建设步入了新的历史阶段，同时也意味着我国民事诉讼程序的革新更加贴近了司法现代化的综合要求。正是有鉴于此，本部分拟以比较法的视野对现实民事诉讼程序机制予以评析，并提出多元化的集中审理主义程序模式建构设想。

（二）我国民事诉讼审前准备程序的缺陷解析

《民事诉讼法》从第128条到第136条对"审理前的准备"作出了具体规定，内容涉及送达起诉状、被告人答辩、告知当事人诉讼权利义务以及合议庭组成情况、法院审核证据和调查收集证据，以及追加必要的当事人、程序分流等方面。就这些内容而言，除法院对证据的审核与调查外，其余的皆属于程序性准备，其基本功能乃是为紧随其后的"开庭审理"做好准备。但是，我国审理前准备程序是在计划经济条件下，由1982年《民事诉讼法（试行）》所确立，受苏联诉讼制度模式的影响甚大，尽管其后来经过多次立法修正有所改善，但应当看到其所存在的制度性缺陷是根深蒂固的，需要进行全面的调整和结构性改革。随着审判方式和诉讼体制改革的深入，人们逐步意识到，我国的民事审前准备程序存在诸多潜在的缺陷，已经不能适应司法实践的实际需要，因而亟须改革和完善。其缺陷主要表现在：

1. 审前准备程序的模式过于职权化

从前述立法内容上不难看出，我国民事审前准备程序在立法模式上存在职权本位的显著倾向和色彩，立法所规定的准备程序，实质上就是法院单方面对案件的审判做出准备，当事人似乎无事可做。被告人可以答辩，也可以不答辩，无论如何均不影响法院对案件审判的准备。这样的审前准备实质上乃是法院对案件实施管理的行政程序，具有非程序化的外观。事实上，当事人及其诉讼代理人也还是要进行准备活动的，只不过，他们的这些活动不受法律调整和保护而已。可见，我国的审前程序主要是为法院准备庭审而设置的，法院主导整个审前准备程序的进行，当事人成为审前程序的客体而不是主体，其只能被动地接受法院的询问、告知、追加、分流。过于职权主义的审前程序使之只能单向运行，而缺乏双向运行的交错机制，因而极大地制约了审前程序的功能最大化发挥。比如，证据的调查和收集完全成为法院职权范围内的事项，当事人缺乏必要的手段和程序调查收集为诉讼需要的证据，从而难以履行立法所课加的证明责任。

2. 审前准备程序的功能过于单一化

审理前的准备，顾名思义就是为庭审做准备。这就意味着审理前的准备阶段并不具有事先排解纠纷的机能，即使法院在准备过程中认为化解纠纷的条件成熟，在此阶段，法院也缺少可以利用的制度和程序以在庭审前化解此纠纷。如此，任何纠纷只要当事人坚持诉讼而不撤诉，诉讼程序的齿轮都必然驶向庭审阶段，这样就造成了案件的"进口量"与"出口量"始终保持基本的平衡，其结果，诉讼程序疏导纠纷、排解纠纷的功能受到制约，庭审的负荷无限度地递增，相应地，庭审的质量不可避免地受到了影响。更为奇特的是，由于我国审前程序缺乏独立的化解纠纷的机制和途径，任何纠纷一般均需通过庭审程序加以化解，即便法院在审前调解成功的案件，也通常需要经过庭审才能转化为调解程序，从而制作调解书加以解决。不仅如此，我国民事诉讼法对于那些当事人并不存在实质性争议或者明显缺乏证据加以支持的诉讼案件，也缺乏必要的途径使之提前得以了结。也就是说，我国审前程序在功能结构上偏重于程序性机能而相对忽略其实体性机能，从而使其功能结构失之偏颇，难以满足司法实践不断深化的需求。

3. 审前准备程序匮缺基本的正当性

审前程序是整个诉讼程序的重要组成部分，其正当化程度构成整个诉讼程序正当性程度的重要衡量标尺，然而反观我国民事诉讼法关于审前程序的规定，不能不认可的是，我国审前程序的正当化程度严重不足，具体表现在：其一，公开性不够。审前程序也要贯彻公开审判的原则，然而由于我国审前程序过于职权化，同时其推进的主要方式依赖于书面形式，可谓文来文往有余，而人来人往不足，这就是审前程序的主要内容是在不公开的状态下进行的，充满了神秘主义的色彩。其二，当事人的参与性不足。如前所述，在我国诉讼制度改革日趋当事人主义化的今天，当事人的诉讼参与日益受到强调，然而我国审前程序中，当事人的诉讼参与的机会极其有限，几乎可以忽略不计，而当事人的诉讼参与性不足必然会影响审前程序的正当化程度。其三，监督性不够。由于审前程序的公开性不够，再加之当事人的参与性不足，审前程序被接受监督的程度相应就处在较低水平，当事人无法监督审前程序的有效实施，社会公众缺乏必要的手段实施监督，检察机关也难以介入实施有效的法律监督，各种监督机制几乎均处在空白状态，这就必然制约审前程序的正当化水准。

4. 审前准备程序的标准模糊化

法院在审前阶段进行准备，究竟达到何种程度才算准备"成熟"或"就绪"了呢？立法上没有明文规定，实践中也各行其是。有的充分利用该一灵活度极高的程序，一直准备到使庭审失去必要性的程度，从而用审前程序取代了庭审程序，以致无可避免地出现了"先定后审"的现象，反而使庭审成为"走过场"；有的则视立法所要求的准备程序为虚设，未经必要的审前准备，便直接启动了原本应当奠基于准备内容之上的庭审程序，如此势必导致"反复庭审"或"多次庭审"，庭审效率低下。尤其是，立法对法院就特定案件究竟要准备哪些实质性内容未设具体规定，既不要求明确争议焦点，也不要求将双方当事人持有的、拟在庭审中提交的证据固定化，因而审前准备即使获得了实质内容，也缺乏对后继的庭审程序的制约性与规划性。审前准备程序这种效力虚化的立法规定，自然受不到法院和当事人的应有尊重，也发挥不了实际效能。

有鉴于审前准备程序的诸多弊端及其功能不彰的现实问题，我国民事诉讼法学界及其司法实务界长期以来一直关注审前准备程序的改革与完善之课题，迄今已达成了诸多共识，有的共识已经被写入立法或司法解释之中，成为审前准备程序进一步改革与完善的新起点。

（三）审前准备程序的改革目标

审前准备程序的改革在各国都是被动的或后续的，它是在整个诉讼体制发生变动时作为其中的一环而出现的。美国在1938年制定《美国联邦民事诉讼规则》之前原本只有诉答程序和庭审程序，而没有现在所见到的审前程序；但在这之后，诉答程序和庭审程序受到双重弱化，审前程序的地位和作用顿时凸现出来，以至于现在说审前程序是美国民事诉讼程序的中心环节也不为过。德国在1877年所制定的《民事诉讼法典》中对审判程序所安排的乃是"一步到庭"制度，也不重视对审前程序的规范；而经过多次修正后的现行民事诉讼法则将审前程序作为一个不可或缺的重要环节来对待。两大法系国家这种对审前程序的趋同化对待并非偶然的，而有其内在的必然规律。我国目前也面临着将审前程序改革提上议事日程的任务，对其做出精心设计乃是我国民事诉讼程序能否走上健康发展之路的决定性步骤。为此应当明确改革的以下四个目标：

1. 程序的独立性

我国目前的诉讼程序结构，是一种叠合式的程序结构，审前准备缺乏独立的功能，而仅仅是庭审程序的前奏或投影，因此也可以说它是虚化的，并不具有实在性。这种特征实际上便取消了它独立自存的属性，成为庭审程序虚幻的附庸。因此，立法改革所面临的首要任务就是变这种依附性的审前程序为独立性的审前程序。这种审前程序以其功能的独立性为逻辑前提，同时也表现在它对庭审程序的制约性之上。

2. 当事人的参与性

英美的审前程序与大陆法国家的审理前的准备阶段相比较，其差异就在前者是当事人充分参与的程序，后者是法院主导实施的程序。因此，将我国的审理前的准备改为审前程序的关键性步骤就在于引入当事人对程序的充分参与性，这是由当事人主义诉讼原则所决定的。事实上，真正意义上的审前程序，只有在当事人主义诉讼模式下才具有存在的必要性和可能性。

3. 功能的复合性

"审前程序"较之于"审理前的准备程序"，其所存在的又一个差异乃在于：前者的功能是多元的或者说是复合的，后者的功能则具有单一性。在审前程序中，当事人不仅有充分的机会收集证据，而且通过证据的相互交换或开示，能够深入地感知案件事实的真相，并由此能够整理出案件争议的焦点所在。争议焦点的明晰化和证据的固定化，也促进了当事人对争议或纠纷的合意解决，诉讼程序对纷争的全程消化功能在这里得到了集中表现。

4. 效力上的制约性

审前程序所具有的前述特征，决定其必然具有效力上的制约性。这种制约性就其实质而言乃是对庭审程序的事先计划性和过程规划性，庭审程序不再任意地进行，而必须在审前程序的基础上往前运转。这就消除了程序的反复性和非约束性，强化了程序的安定性和可预测性，由此也提高了诉讼程序的有序性和效率性。

（四）多元化诉讼结构模式的建立

1. 绝对化的集中审理模式

绝对化的集中审理模式，是指法院将其调查证据的时间全部用于特定事件，就该事件的庭审辩论，或集中于一次言词辩论期日完成，或是在时间不间隔的情况下开数次言词辩论期日，且在数次期日之间不审理其他事件，待该事件审理终结后再审理其他事件的程序结构模式。在这种模式下，审判是一个连续的事件，它是在没有打断的情况下持续进行的，除非当时法官有特别重要的事项使得他必须在其他案件中作出判决，①法官只在庭审中接触相关的证据，当事人和律师也是通过在庭审过程中的诉辩，集中对争点进行攻击和防御。总之，把一切的诉讼资源皆集中于庭审这个时间段内以完成对一个事件的审理。

作为一种最能体现审理集中化特点的模式，绝对的集中审理在实现公正和效率价值方面，有其特别的优越性：其一，从人类记忆的规律来看，这种模式可促使法官对审理的诉讼客体之内容记忆尚极清晰时，即行判决。其二，从个案角度来看，这种绝对的审理集中化将可利用的诉讼资源在一个相对集中的时间和空间内，集中用于一个案件的审理，解决个案的争议，案件审理的效率肯定会得到大幅提高。但这种模式也有其固有的缺陷：其一，从认识论的角度看，由于缺乏对诉讼客体的思索沉淀，法官对诉讼客体的认识未必深入准确。其二，个案的效率不一定意味着诉讼的整体效率。如果说庭审效率因为集中于争点进行审理而获得提高的话，那它也是建立在庭审前程序功能发挥的基础之上的。

英美国家采用绝对的集中审理模式，集中审理模式也是以英美司法体制为摇篮的。它们采用这个模式的原因也并非直接出于诉讼公正和效率的提高，而是缘于固有的法律制度和审判模式，是由其特殊的历史和现实因素所决定的。主要有：其一，陪审团审判制度。由于陪审团一旦集中起来，通常是住在一个与外界封闭的场所，一直等到案件庭审结束，②诉讼成本巨大，因此，必须实行集中审理，加快个案的审理进度。其二，对抗制。对抗制除了当事人控制这一层含义外，便是要求实行对审原则，因而其发挥作用的主要场所便是以集中审理为基础的审判法庭。它要求双方当事人和其律师必须集中在庭审中，向陪审团阐明自己的诉辩主张，否则就无法成为真正意义上的对抗制审判。

2. 原则性的集中审理模式

在该模式下，庭审是诉讼的核心阶段和过程，原则上法院要在一次庭审之后将诉讼事件终结，但在主要庭审之前，可以先行准备性的言词辩论，以便让法院掌握争执要点，并听取当事人的陈述。在原则性的集中审理模式中，审前程序具有较强的约束力，任何案件在进入庭审之前通常需经过多元化的审前程序，审前程序所得出的争议焦点对庭审的范围起划定作用。这一点与绝对化的集中审理模式基本一致。但是与后者有所不同的是：其一，法官手中可以同时有

---

① 参见[美]史蒂文·苏本·玛格瑞特·伍：《美国民事诉讼的真谛》，蔡彦敏、徐卉译，法律出版社2002年版，第232页。

② 参见章武生等：《司法现代化与民事诉讼制度建构》，法律出版社2003年版，第540页。

多个案件处在系属之中。这种做法与法官手中只能有一个案件的做法相比,在一定的范围内,更具有效益。其二,法官对某一特定案件的审理,可以一庭结束,也可以多庭结束。庭审次数的多少,没有绝对的硬性限制,一概以案件审判的需要而定。这更有利于发挥诉讼制度探求客观真实的机能。

可见,原则性的集中审理模式相对于绝对化的集中审理有两点优势是显而易见的:一是法官有更多的庭审间隔时间深思熟虑,易于发现客观真实。二是可以充分发挥法官的能动性,合理地配置司法资源。但是与绝对化集中审理模式相比,它对审判独立性和审判直接性的要求较高。如果审判不独立,干预审判的因素较多,则在这种模式的运行过程中,各种对公正审判有害无益的因素便会鱼贯而入,从而动摇审判独立和公正的基础。换言之,绝对化的集中审理模式相对原则性的集中审理模式,更有利于从程序机制的建设角度助益于司法的独立化进程。这一点对我国很有启发意义。

当今世界的立法实践中,采用原则性的集中审理模式的大多是大陆法系国家,其原因在于:一是职业法官审判,二是言词辩论原则,三是直接审理主义。

德国是采取原则性集中审理模式的典型国家。在德国,本没有集中审理的传统,德国1877年的民事诉讼法在审判程序安排上奉行"一步到庭"原则,不区分审前程序和集中开庭程序,但这种做法在实践中造成了一个案件的多次开庭和程序拖延问题。之后,德国对诉讼程序进行了改革,开始推行原则性的集中审理模式。

3. 分别的集中审理模式

这种模式要求法院尽量在争点整理之后,再进行庭审调查,集中就争点调查证据。但在这种模式下,除非案情十分简单,一般并不在一次开庭之时调查完所有证据,而是根据不同的争点,分别进行调查,不同争点的集中调查可以在不同的时间进行。同时,也可以根据证据的不同种类,就争点进行调查,一般情况下是将证人与其他证据种类区分开。

这种审理模式并不具有独立性和自足性,它是在绝对模式或原则模式的基础上发展而来的。在适用这种模式之前,必须首先确定作为其前提的是绝对模式还是原则模式。绝对模式或原则模式均可演化为分别模式。分别模式适用的事实前提是案件中存在较多的、可分别审理的争议焦点。如果案件中争议焦点单一,则所谓分别模式便无适用的必要。可见,分别模式是对绝对化模式或原则性模式的一种变通处理,是民事诉讼结构模式的复杂化表现形态,因而是值得肯定的程序结构设计方法论。分别适用的集中审理模式具有这样几个优势:其一,有明确的审前程序作为制约,诉讼程序严格分阶段进行,确保了它的有序性、安定性和效率性。其二,它不机械地追求一庭审结案件,是否能够一庭审结案件,取决于案件中争议焦点的多寡。如果案件焦点单一化,它可以在绝对化模式下一庭结案,也可以在原则化模式下分庭结案。是一庭结案还是分庭结案,一概视案情需求而定,并无一定之矩。这就保证了解决案件的正当基础和客观基础。其三,在案件争点较多且较为复杂的情况下,采用分别模式可以实现庭审的层次性和阶段性。对于每一个争议焦点而言,一般来说要一庭了断。只有在例外情况下,方能在下一次庭审中继续审理。因而,就单个的争议事实而论,它与绝对的集中模式相接近;而就整体的案情和所有的争议焦点而言,它则更接近于原则性的集中审理。所以,毋宁认为,分别的集中审理模式乃是各种审理模式的某种综合。其优势是理想性的,也正是在这种理想性的优势中,隐含了它的弊端。它的弊端就在于:与案件争议相关的证据,在一般情况下是一个有机的整体,有时很难甚至是不可能被完全分离,即便硬性分开,有时也会影响到争点的独立性和证据的证明力,例如有的争点是依附于其他争点而存在的,如果顺序安排不好,可能会使安排在先的争点无法进行调查，或使后续的争点调查失去意义。同时，证明案件争议的证据本身是一个证据链，缺失或中断一个环节，可能就无法证明案件的争议问题。简而言之，分别的集中审理模式缺乏明显的可操作性。这种模式在日本1998年施行的新《日本民事诉讼法》中有所体现，其新设的第182条规定："对证人和当事人本人的询问，应尽量在争点和证据的整理结束之后集中地予以实施。"

4. 形式化的集中审理模式

形式化的集中审理是集中审理主义进入我国民事诉讼机制后出现的第一种形态。这是由作为民事审判方式改革成果集大成的司法解释《证据规定（2002年）》确立和奠定基础的。该《证据规定（2002年）》的出现，使我国民事审判机制朝集中化审理目标迈进了一大步。这主要表现在这样几个方面：其一，法院职权调查证据的弱化，使集中审理模式的形成有了可能。其二，举证有了时限的要求，这使得证据的调查收集以及提供能够集中在审前进行和完成。其三，在开庭审理前，经当事人申请，法院可以组织证据交换，对于证据较多或复杂疑难案件，法院应当组织证据交换。离开证据交换虽然也可以集中审理，但那是低水平的集中审理，难以保证公正性。我国民事审判方式改革没有专注于举证时限，而是同时关注了证据交换，这便使集中审理主义在我国的实现有了较高的起点，也有了更加坚实的正当化基础。正是有了这三点，我们方得出结论：我国现行的民事诉讼机制乃是采用了集中化审理的运作方式。

但还需要看到，我国现行的集中审理模式尚未真正形成，只能说有了集中审理的雏形。这是因为：其一，争点确定机制尚未形成。《证据规定（2002年）》第39条尽管规定"在证据交换的过程中，审判人员对当事人无异议的事实、证据应当记录在卷；对有异议的证据，按照需要证明的事实记录在卷，并记载异议的理由。通过证据交换，确定双方当事人争议的主要问题"，但是，此一规定仅仅倡导审判人员尽量于证据交换过程中整理争点，整理争点仅仅是证据交换的派生效果，而不是在该程序中必须要整理出争点。整理争点的程序机制还没有从证据交换中独立出来，还不具有自我约束的独立性格。因此，只要证据交换了，即便争点尚不明了，案件依然可以进入庭审程序。在庭审程序中，争点对审判权的约束力依然是软性的，缺乏硬性的约束。所以，"争点"这个概念在我国民事诉讼法中还不能说业已形成，审判权的行使依旧是宽泛的。其二，诉讼请求可以随时变更，使集中审理变得极不现实。《证据规定（2002年）》第35条规定，当事人可以变更诉讼请求，法院也应当告知当事人可以变更诉讼请求。诉讼请求随时变更主义使得集中审理主义根本无法立足。有鉴于此，《证据规定（2020年）》第53条第1款规定："诉讼过程中，当事人主张的法律关系性质或者民事行为效力与人民法院根据案件事实作出的认定不一致的，人民法院应当将法律关系性质或者民事行为效力作为焦点问题进行审理。但法律关系性质对裁判理由及结果没有影响，或者有关问题已经当事人充分辩论的除外。"但其第2款仍然规定："存在前款情形，当事人根据法庭审理情况变更诉讼请求的，人民法院应当准许并可以根据案件的具体情况重新指定举证期限。"其三，创设了"新证据"的概念，使证据关门主义停留在实质空洞的层面。证据不断翻新，案件事实便不断改变，集中审理难以落实。其四，法院查证范围的模糊化倾向不仅使集中审理难以进行，而且使诉讼程序本身的价值还遭到了贬损。其五，虽然有审限的规定，但没有庭审次数的限制，也无庭审之间间隔期间的限制，这与集中审理主义的原理显有不合。其六，在司法管理上远远没有体现出否定并行审理主义的迹象。并行审理有其合理性，但如果所并行审理的案件超过了一定的数量，则会使法官超过必要的审判负荷，造成审判人员精神上的压力和紧张，从而无法体现出集中审理所应有的清晰与果断，这势必造成大量的案件无端挤压，"该出手时难出手"。以上这些问题的存在，一方面造就了我国独特的具有过渡时期特性的集中审理模式，另一方面又使这种集中审理必然带上诸多的局限性，使之不得不停留在形式的层面。正因如此，我们称这种模式为"形式化的集中审理模式"。形式化的集中审理模式所能够给我们提供的启发是：集中审理主义是审判方式改革和诉讼机制变革的方向，但它的实现绝非一蹴而就的，事实上，它是一个渐进的过程。这个渐进的过程，本身就表征着这样一个事实：在我国，需要建立一个多元化的集中审理模式。

（五）审前准备程序的改革与完善：从制度到程序

1. 明确建立争点整理制度和程序

有争议才会有诉讼，所有案件的审理均是针对当事人的争议进行的。无论在何种诉讼程序中，争议焦点的确定和明确是法院行使审判权解决案件的逻辑前提，争议的焦点不明确，法院就找不到案件纠纷的症结，就难以判断案件事实，并因此难以适用法律解决纠纷。争点的明确处在民事诉讼程序的核心位置，这是各国民事诉讼的共性。但有时当事人的争议非常凌乱，如不进行整理，集中审理时，审理方向易发生偏差，不但影响庭审效率，对争议的公正解决也十分不利。在集中审理模式下，要求案件的审理是集中于争点调查证据，争点的整理就显得尤为重要。因为，如未能厘清、掌握争点，即无从就争点集中调查证据，且集中辩论。

根据所处的诉讼阶段，争点的整理可分为两种，一为庭审内的争点整理，一为庭审外的争点整理。前者把争点整理看作是确定案件事实的一个阶段，争点整理的过程就是争点减少的过程，其必然要伴随着法官对相关事实的认定，是法院行使审判权审查判断证据从而认定案件事实的完整过程中的一个环节，具有实体审理性质，因此，应在庭审中进行，以给予当事人以程序保障。德国的先期首次期日制度就是典型的庭审内的争点整理，这种争点整理，实质上是庭审的有机组成部分。后者是把争点的整理放置在庭审之前进行，其出发点在于，庭审只应审理真正的争议以节省审判资源，因此，庭审前应设置相关程序对当事人的争议进行过滤，使庭审成为审理当事人争点的场所。由于美国特殊的陪审团审判制度，在美国民事诉讼中，争点整理程序是设置于庭审之前的，其既有前面所述庭审定位的原因，也有陪审团自身的原因。因为陪审团是由非法律专才组成，能否把握当事人的争点本身就存在疑问，为在程序上保障当事人利益，将争点整理设置于庭审之前，法官、当事人共同参与、共同监督，既有利于诉讼的顺利进行，事实上也是对陪审团的一种制约。实际上，在各国的司法实践中，这两种争点整理的类型并非截然对立的，往往是根据案件具体的情况选择适用的，比如新《日本民事诉讼法》第161—163条、第164—167条、第168—174条、第175—178条，分别在准备书状程序、准备性口头辩论程序、辩论准备程序和书面准备程序中规定了争点整理，除准备性口头辩论程序外，其他三种均不能被认为是庭审。第一种方式是大多案件审理时的必经程序，而后三种则是在第一种方式的基础上，由法官依职权或在听取当事人的意见后自由裁量适用。

2. 建立和完善证据交换制度

证据交换制度是指，双方当事人之间在开庭审理前应当相互交换其所拥有并拟在庭审中予以提供和使用的各项证据，以互通有无，从而使各方所拥有的证据在数量和范围上达至最大化的制度。实行证据交换制度有助于证据资料的充分发掘和利用，有利于保障诉讼当事人诉讼地位的平衡性，有利于法院准确认定案件事实，作出正确的裁判。我国2012年修改后的《民事诉讼法》第133条规定了证据交换制度。证据交换制度一确立，以当事人为主导的审前程序模式的改革被揭开了序幕。

当事人的主张需要证据的支持，争议的对峙实际上就是证据的对峙，要明确当事人之间的真正争点所在，证据交换必不可少。一方面，通过证据出示—交换—再出示—再交换这样一个往复来回、不断深入的动态过程，使当事人在获得对方证据的同时，对案件事实的认识也进入一个更为深刻的层次，因为作为一方当事人，其对案件的认识，毕竟脱离不开自己主观的情绪，难免存在偏颇，经过证据交换之后，当事人可以根据相关证据的客观情况，调整自己的主张或是充实自己的证据，以过滤出真正的争议所在。另一方面，证据交换是通过法院这个中介来进行的，法院对于双方证据交换的过程和结果最为熟悉，通过当事人的证据交换，法院也同步跟踪了案件证据的逐步展示，了解了案件的真实情况，动态地把握了当事人之间的争点所在，有利于提高庭审的效率和质量。

在集中审理模式中，争点整理离不开证据的交换。从理论上讲，这是两个并行的实质问题，各有自身的运行机理，但在实践中，二者又是交互在一起的。首先，在诉讼初期，当事人在诉答文书中主张了相反和对立的事实，从而形成初步的争点，在该初步争点的指导下，双方进行证据交换，经过证据交换，双方可能会意识到初步争点并非真正的争点；其次，修改诉答文书，重新确定诉辩方向，再交换证据，其结果可能是再次的修正诉辩方向，如此往复，不断深入；最后，形成本案具有程序制约力的争点。可见，争点整理的过程实际上也是双方证据交锋的过程，争点从多至少直至固定的过程，也是案件事实渐明的过程。因此，证据交换与争点整理是辩证统一在一起的，如将它们人为割裂开来，便会抵消它们各自存在的意义。

3. 完善举证时限制度

举证时限制度是指当事人必须在法定或指定的时限内提供证据，否则该证据的提供将受到时效的排除，或者，当事人将因此而遭受不利的法律责任或诉讼结果。举证时限制度的主要功能在于敦促当事人及时提供证据，从而提高举证效能，预防举证突袭，强化证明程序的公正性。举证时限制度的确立，使审前准备程序在收集证据、提供证据上的功能得到了强化。从争点形成的视角看，举证时限制度也具有必然性和内在性。争点的形成是一个动态的过程，随着当事人证据的变化，争点有时也会随之改变。因此，争点最终能否明确并被固定下来，一个十分重要的条件就是时间因素，案件不可能无限期地进行下去，争点也不可能等待当事人穷尽所有的证据后再形成。即便是适用证据随时提出主义的国家，证据的提出也要有一个最终的截止日期，否则案件就无法正常审理。

在集中审理模式下，设立举证时限一方面是出于程序安定和诚信的需要，以保证已进行的程序的安定性，防止证据突袭，维护司法的公平公正；另一方面也是为了集中审理的顺利进行。以美国的陪审团审判为例，如果允许当事人在陪审团审理时提出证据，那就必然要对争点进行调整，由于陪审团组成的特殊性，其成员大多并不具备足够法律知识，对重新整理争点的能力不足，因而就可能无法从当事人纷乱的争议中整理出争点，案件也就无法正常进行审理。有了举证时限的制约，争点就可以提前形成。但由于举证时限涉及证据失效问题，直接关系到当事人在实体法上的权利，因此，各国在诉讼程序对此的规定均十分慎重。1976 年修改的《德国民事诉讼法》虽然将证据随时提出主义改为证据适时提出主义，规定当事人应在准备性口头辩论阶段提出证据并通知对方当事人，否则失权，在主辩论期日及其后原则上不准提出新证据，但该法第 356 条规定，在法院依其自由心证，认为不致拖延诉讼时，提供证据的期间可以不经言词辩论定之。[①] 同时，还应看到，德国是将举证时限确定在庭审过程中的准备性口头

[①] 参见李国光主编：《最高人民法院〈关于民事诉讼证据的若干规定〉的理解与适用》，中国法制出版社 2002 年版，第 272 页。

辩论阶段。在《日本民事诉讼法》中，也授予法官以自由裁量权，对迟延提出证据的理由是否正当、法院是否采纳、证据是否失权进行裁量，更是将证人证言放在了最终的言词辩论阶段提出。作为大陆法系国家，案件是由职业法官组成的合议庭审理的，其有能力对案件事实方面的问题做出决定，这也是其审判权中的不可分离的组成部分，因此，各国规定了较长的举证时限，大多截止于庭审阶段，以便维护实体上的公正，同时也便于法官对举证时限进行衡量和监督，增加其规定的灵活性，以弥补可能出现的不合理现象。《民事诉讼法》第68条规定："当事人对自己提出的主张应当及时提供证据。人民法院根据当事人的主张和案件审理情况，确定当事人应当提供的证据及其期限。当事人在该期限内提供证据确有困难的，可以向人民法院申请延长期限，人民法院根据当事人的申请适当延长。当事人逾期提供证据的，人民法院应当责令其说明理由；拒不说明理由或者理由不成立的，人民法院根据不同情形可以不予采纳该证据，或者采纳该证据但予以训诫、罚款。"可见，我国目前的举证时限制度更加切合司法实践的实际情况，具有务实性和可实现性。

4. 建立审前会议制度

审前会议制度，也称庭前会议制度，是指在开庭审理前，由法官主持，双方当事人参与，为开庭审理做出准备的会议制度。根据案件具体情况，庭前会议可以包括下列内容：一是明确原告的诉讼请求和被告的答辩意见；二是审查处理当事人增加、变更诉讼请求的申请和提出的反诉，以及第三人提出的与本案有关的诉讼请求；三是根据当事人的申请决定调查收集证据，委托鉴定，要求当事人提供证据，进行勘验，进行证据保全；四是组织交换证据；五是归纳争议焦点；六是进行调解。① 可见，庭前会议具有多重功能，但庭前会议的核心功能是明确争点，固定证据，并在条件成熟时进行调解。审前会议制度与集中审理主义的诉讼结构紧密关联。为保证能够连续地就当事人之间的争点集中开庭进行审理，在庭审前，法院应当明确在开庭时将调查哪些证据，调查按何种顺序进行，否则，如果法院在开庭前没有具体的计划，法官在开庭时想到哪就调查研究到哪，集中审理就无法实现。由于调查证据的多少、方法甚至是顺序都关系到对最终事实的认定，因此，审理计划的拟订，不能由法院独自进行，应当征求当事人的意见，必要时，法院应当和当事人一起制定。在各国的立法实践中，承担这种功能的一般是审前会议。以美国为例，审前会议是其庭审之前的一个重要诉讼阶段，是在庭审前由法官召集当事人所举行的协商会议，能够鼓励当事人更好地进行诉讼计划和诉讼管理，早期的司法介入或控制将防止案件被拖延并将制止不经济的审前活动，能够帮助所有的程序参加人尽可能清楚地了解纠纷，关注其核心内容，迅速发掘需要了解的信息，促进协商处理或者将事项及时地整个地交给一审法院。我国审前会议制度目前尚停留在司法解释层面，《民事诉讼法》第136条的规定仅仅涉及了证据交换，将来还有待于将审前会议制度纳入立法中加以规范。

从上述内容看，我国审前程序的改革在方向上是正确的，在制度上也能够切中要害、抓住关键，证据交换、举证时限、庭前会议以及由此所派生出的调解、和解机制和提前化解纠纷机制乃是我国审前程序改革的主要环节和实质内容，这一改革将当事人在审前程序中的主导地位凸显出来，同时，强化了审前准备程序的规范和约束功能，使庭审程序能够聚焦审前程序所明确的争点和所固定的证据有针对性地进行，充实了庭审的内容，提升了庭审的有效性，使诉讼程序环环相扣地有计划地向前推进，改变了过去长期存在的庭审涣散化、随意化、重复化、空心化等弊端，提高了我国民事诉讼制度的科学性和正当性层次。

---

① 《民诉法解释》第225条。

然而不能不着力指出的是，我国审前程序的改革尽管取得了实质性成效，但至今仍有一个重大课题尚未破解，这就是当事人收集证据的程序和手段还有待强化，只有当事人具有了充分有效的发掘证据、收集证据、提供证据的手段、措施和程序保障，一个完整的、功能良好的、与时俱进的审前准备程序在我国方得以构筑成功。

四、关于构建答辩失权制度的研讨

关于被告人逾期答辩是否应当产生失权的后果之问题，我国学界有不同的观点。一种观点认为，我国只能倡导和鼓励被告答辩，但不能强制被告答辩或者使逾期答辩产生失权后果，①实际上就是在被告不答辩这个问题上保持立法现状。还有观点认为，在被告有律师代理的诉讼案件中应实行答辩失权制度，而在其他案件中则还是保持立法现状，不加变动。但笔者认为，无论被告是否有律师代理，答辩失权都是大势所趋。②

（一）对被告消极应诉的两种处理模式

同样属于被告的消极应诉，被告的消极应诉也同样有类似的表现形式，但不同的诉讼模式对此所给出的解决问题的方案或答案是不尽一致的，甚至是截然相反的。在以英美法为代表的对抗制诉讼模式中，被告的积极应诉和原告的坚持诉讼对于诉讼程序的存在与延续具有同等重要的意义。在这种诉讼模式中，诉讼程序自始至终都有化解纠纷的机能，诉讼程序的起点可能就是诉讼程序的终点，诉讼程序的终点并不必然地甚至也不普遍地表现为法院通过庭审作出裁判，诉讼程序的每一个环节都可能以"终点站"的形式表现出来，也就是说，诉讼程序可能随时结束。提前结束诉讼程序的因素有两个：一是诉讼双方力量对抗失去均衡，继续进行诉讼已无必要；二是一方当事人弃械投降，自认无力对抗，从而退出诉讼，继续进行诉讼已无可能。前者通过"简易判决""作为法律问题的判决""基于诉答文书的判决"等机制来了结诉讼，后者则通过"不应诉判决"或"缺席判决"等制度来结束程序。

与这种"私权推动式的程序运行模式"不同，部分大陆法系国家（我国也是如此）则采用"职权拉动式的程序运行模式"。在这种模式中，诉讼程序所着力解决的是由原告提出的"事件"，而不是由原、被告双方的分歧立场所形成"争点"，争点并非法院行使审判权的契机或对象，争点整理程序所具有的形式意义大于其实质意义。因此，被告人的答辩不是面向原告而来，而是面向法院而来，它不是助益于争点的形成，而是服从于法院职权调查的需要。正因如此，就不难理解"不答辩不影响法院的审理"，被告不出庭如果对法院的职权调查产生了实质性障碍，以至于"无法查明案情"，则可以对不出庭的被告实施拘传等诸如此类的特殊性程序规制的根由所在。在这种模式中，被告人不答辩，或者答辩后不出庭，所产生的程序后果纯粹是公法上的，它们充其量被视为"妨碍民事诉讼的行为"而采取"强制措施"。基于法院对彻底发掘案件事实真相的能力自信，被告因此而受到"强制措施"者并不常见，于是乎，被告的答辩义务便形同虚设，答辩任意主义由此大行其道。

（二）答辩任意主义对诉讼改革的掣肘

超强的职权制诉讼模式是被告任意答辩权所赖以存活的"温床"。在市场经济条件下，职权制诉讼模式可谓百弊丛生，并因此成为近年来民事审判方式改革的客体，职权制诉讼模式有

---

① 参见王亚新：《我国民事诉讼不宜引进"答辩失权"》，载《人民法院报》2005年4月6日。
② 参见汤维建：《"答辩失权"是大势所趋》，载《人民法院报》2005年4月20日。

了实质性的松动,取而代之的是某种变异的对抗制模式。对抗制模式内在地要求当事人两造始终处在环环相扣的交锋与对抗的链条之中,被告人一贯所享有的答辩过程中的任意性第一次感受到了拘束,答辩任意主义受到了对抗制条件下所未曾预料到的挑战,答辩失权制度由此萌生。

《证据规定(2002年)》此一具有法律效力的司法解释的出台,便是超强的职权制模式向温和的对抗制模式实行转变的明证,其中所包含的诸多新型制度和程序规则,不仅支持和塑构着新型的诉讼机制,同时还有力地宣告答辩任意主义已经失去了存在的合法依据。该司法解释一个最大的功绩或创举乃是举证时效制度的建构,举证时效要切实地发挥作用,势必需要被告人及时地行使答辩权。被告的任意答辩权,必将使举证时效制度形同具文,束之高阁。举证时效制度是责令双方当事人在法定或指定的期间内及时举证的制度,其目的是充实审理前的准备程序,使庭审程序能够卓有成效地、集中化地运转和进行。此一制度的合理性是毋庸置疑的。然而,这一制度不仅仅是对原告的拘束,同时还平等地适用于被告人。

实施举证时效制度的逻辑前提是建构主张时效制度。主张时效包括攻击性的主张时效和防御性的主张时效。如果对作为防御性主张的答辩时效不加限制而任其蔓延,单向地实行攻击性的主张时效无疑将失之公平。主张时效不存,何以谈举证时效?可见,被告的任意答辩权实际上摧毁了举证时效制度乃至集中审理制度的根基,成为了一个具有内在张力的新型诉讼结构模式赖以形成和有效发挥作用的"软肋"。正是举证有了时效限制,证据交换制度和争点整理程序才有了依托和归宿,同时法院行使阐明权才有实存的价值和意义,作为对过分当事人化诉讼模式加以适当修正和限制的协同主义也才有"用武之地",当事人的诉讼促进义务方能有效地形成。

(三)将来的建构

无论是对抗制诉讼机制还是职权制诉讼机制,就其本质而言都是一项需要多方通力合作的社会性事务。迫使被告人积极应诉应当成为我国民事诉讼机制变革的一个重要目标。在笔者看来,要迫使被告积极应诉,必须同时建立两项制度,实行一项原则。这两项制度,一是不应诉判决制度,二是简易判决制度;这一项原则,即为对席判决原则。

不应诉判决有广义和狭义之分。广义的不应诉判决由英美法国家采用,是指在诉讼全过程中,被告人如果停止对抗,原告人就可申请作出不应诉判决。比如,被告人根本不到案或不认可接受送达,或者到案后不作答辩,或者答辩后不出庭等,这些情形中只要出现其中之一,法院即可根据原告的申请作出满足其诉讼请求的判决。狭义的不应诉判决为德国采用。《德国民事诉讼法》第331条第3款规定,如果被告没有及时提出对原告之诉的辩护意见,法院则依原告的申请不经言词辩论而作出裁判。而根据同条第1款规定,被告如果在言词辩论期日不到场,原告可以申请缺席判决,原告所为关于事实的言词陈述,视为得到被告的自认。前者为不应诉判决,后者为缺席判决主义,虽然二者在效果上基本相同,但却为两项独立的程序制度。我国应采用狭义的不应诉判决制度。据此制度,如果被告人在法定答辩期间不予答辩而又无正当理由,法院应根据原告的申请作出不应诉判决,满足原告的诉讼请求。

但仅仅有不应诉判决还不足以充分调动被告答辩和应诉的能动性和积极性,因为被告依然可能选择诸如简单否认、概括反驳这样的抽象答辩形式。被告作出这样的毫无实质内容的答辩,无益于案件争议焦点的明确和证据资料的充分展示,在原告案情占有绝对优势的情况下,诉讼程序在被告简单的口号式的答辩牵引下继续进行已无实益,诉讼程序在审前准备阶段即有彻底结束的必要,为此有必要建立简易判决制度以资配合使用。简易判决,前已提及,这原为英美法上的程序制度，指的是在双方当事人并无关于案件事实实质性争议的情况下，或者明显缺乏证据支持这种实质性争议的存在时，任何一方当事人均可申请法院不经过庭审程序便直接作出实体性判决。这就突破了我们长期以来的庭审价值观：庭审是作出实体性裁判的唯一渠道；任何案件一经启动就必然走向庭审，哪怕被告人一方自始就没有举出抗辩之手或者发出任何辩论声音，或者哪怕双方当事人之间并没有形成任何富有意义的实质性争议。我们应当树立起这样的程序观：诉讼程序是用来化解争议的，没有争议就没有推动程序前行的内在动因，诉讼程序的存在和延续就失去了正当化根据或必要性根据；争议何时停止，诉讼程序何时停止；程序为了争议而存在，争议就是程序存在本身。

如果被告的答辩跨越了不应诉判决和简易判决的门槛，诉讼程序便进入庭审阶段。在庭审阶段，如同我们业已熟识的那样，被告人依然可能不到庭或者到庭后中途退场。对于这样的一种现象，除英美法国家通常按不应诉判决对待外，在大陆法国家流行两种立法体例，这就是通常所说的"对席判决主义"或"一方辩论主义"与"缺席判决主义"。对席判决主义与对席判决不同，正如缺席判决主义与缺席判决不同一样。按照对席判决主义，被告不出庭或出庭后未经许可中途退庭，庭审程序继续在单方面辩论下进行，法院不因此作出对被告不利的裁判。而缺席判决主义则完全模仿不应诉判决制度，在被告人不到庭或退庭的情况下，法院根据原告的申请作出满足原告诉讼请求的裁判，或者将原告所主张的事实视为真正存在而作出判决，而无论被告曾经到案作出了何种有意义的答辩。我国目前采用对席判决主义。笔者认为，对席判决主义有其合理性，应予保留。但保留的基础已经大为改变：经过不应诉判决和简易判决的考验，被告人已提出足够的答辩理由，以致与原告的起诉理由旗鼓相当。在这种情形下以被告不到庭或中途退庭而作出对被告的败诉判决，无异于将原告的程序利益凌驾于被告的实体利益之上，这对被告而言显失公平。当然，在我国诉讼程序完成了犹如上述的结构性转变后，这种对席判决主义的含义和价值已非昔比。

第四节 开庭审理

一、开庭审理的概念和基本原则

（一）开庭审理的概念

开庭审理，又称法庭审理，简称庭审，是指法院在当事人和其他诉讼参与人的参加下，依照法定程序和方法对案件进行审理，并通过审理进行事实认定和法律适用，从而作出裁判解决纠纷的司法审判制度和诉讼活动。据此定义，可知开庭审理具有以下特征：

其一，开庭审理是普通程序的最后一个阶段。普通程序经过起诉和受理以及审理前的准备发展到开庭审理阶段，意味着诉讼程序不断趋于深入，民事纠纷的实质性解决将在开庭审理阶段得以实现。通过开庭审理，法院将作出裁判，对诉讼案件的是非曲直做出最终的判断。因此，开庭审理是关系到民事纠纷如何解决的关键性、决定性阶段，当事人在起诉和受理阶段以及审理前准备阶段所进行的各种诉讼努力，其成效如何，将在开庭审理阶段见一分晓，当事人的诉讼博弈也在开庭审理阶段进入到白热化。

其二，开庭审理是由法院主导、当事人参与、其他诉讼参与人介入的共同合作事业。法院是开庭审理的召集者，正是通过法院发出的出庭通知书或出庭传票，当事人等诉讼参与者从四面八方汇聚到法院开庭的场所。法院居中裁判，在开庭审理中起着诉讼指挥的作用，法官犹如导演或指挥，开庭审理犹如演戏或合唱，各方主体和角色都要在法院诉讼指挥棒的指挥和引领下从不同的角度、立于不同的立场、实施不同的诉讼行为和诉讼活动，他们的共同目的就是解决纠纷，他们对抗而不对立、既有竞争也有妥协，共同服务于民事纠纷的妥善解决。

其三，开庭审理是一个目的指向性极强的专门法律活动。通过开庭审理，总的目标是要依法解决纠纷，并通过解决纠纷维护法治秩序，保护当事人的合法权益。为了达到解决纠纷这一总体目标，开庭审理需要完成三大任务：一是准确认定案件事实，二是正确解释和运用法律，三是作出公正的裁判。开庭审理所要完成的这三大任务是层层递进的，认定案件事实是基础，适用法律是保障，作出裁判是结果，开庭审理中每一项任务的完成都要遵循法定的程序和流程、依照法定的方式和方法、恪守法定的规则和标准，依法庭审是开庭审理能否达到预期目标的根本保证，离开民事诉讼法关于庭审程序的规定进行开庭，其结果必然是南辕北辙，诉讼目标难以实现。

（二）开庭审理的基本原则

开庭审理是一种现代司法的基本方式，其有别于传统的庭审方式，它吸纳了协同司法的基本理念，展现出以人为本的诉讼伦理，扁平式的庭审结构彰显出司法民主的特质和色彩，走下神坛的法官以平等者的姿态与当事人、其他诉讼参与人以及法律监督者展开理性对话，求同存异，寻求司法共识，共同维护法治尊严和司法秩序。为此，开庭审理要遵循以下基本原则：

1. 公开原则

《民事诉讼法》除在第一编"总则"中第10条将公开审判制度作为一项诉讼基本制度予以确认外，还在第二编"审判程序"第十二章"第一审普通程序"第137条中对公开原则在第一审普通程序中的适用进行了具体规定。该条规定："人民法院审理民事案件，除涉及国家秘密、个人隐私或者法律另有规定的以外，应当公开进行。离婚案件，涉及商业秘密的案件，当事人申请不公开审理的，可以不公开审理。"可见，公开原则既是整体的民事诉讼程序的基本原则，也是具体的普通程序应当恪守的具体原则。公开原则对于现代意义上的庭审程序具有重要的保障功能，也是现代意义上的庭审程序的标志性制度，是区别现代司法与非现代司法、民主化司法和非民主化司法的分水岭。公开原则不仅有利于保障当事人及其他诉讼参与者的诉讼权利，而且有利于司法审判机关排除干扰独立司法的障碍性因素进行独立审判和公正审判，同时还有利于广泛导入诉讼监督机制，使司法审判以阳光化的方式深入推进，使公正司法的结果得以顺利形成。除法定情形确有例外之外，法院进行开庭审理必须公开透明，不仅庭审的过程要公开，允许社会公众旁听和新闻媒体采访，而且庭审的依据、材料、证据、记录、流程等均要公开，法官通过庭审所形成的心证和法律见解、法律观点、裁判倾向等，也要以妥适的方式在必要且可能的范围内进行公开，通过公开加强监督，通过公开确保诚信，通过公开实现公正。

2. 巡回审理、就地办案原则

《民事诉讼法》第138条规定："人民法院审理民事案件，根据需要进行巡回审理，就地办案。"巡回审理、就地办案是我国优良的人民司法传统，是指人民法院办理民事案件，进行开庭审判，不能局限于法院的法庭内，如有必要，应当将法庭开出法院的大门，进入当事人的所在地、纠纷发生地或者其他适当的地方进行开庭审理。巡回审理、就地办案这个原则具有中国特色，是人民司法为人民的应有之义，是便利当事人诉讼、便利法院审判的"两便"原则的具体落实，是司法人民性的生动展示。通过巡回审判，就地办案，将法庭开到当事人家门口，不仅有利于当事人就近进行诉讼活动，减少诉讼给当事人带来的诸多不便和烦累，有利于当事人充分有效地行使诉讼权利，同时还有助于人民法院调查收集证据，走访乡邻，了解实情，探知风俗习惯，从而准确认定案件事实，正确适用法律和司法政策，尊重社情民意，作出妥适裁判，调处纠纷，使当事人服判息诉，维护权益，恢复有序的生活和生产。

3. 对审原则

民事诉讼按照两造对抗、居中裁判的格局进行庭审安排。依据对审原则，双方当事人处在平等的诉讼地位，分别从不同的利益角度和诉讼立场实施各不相同的诉讼行为和诉讼活动，形成一对动态的矛盾体，他们既对立又统一，共同推进民事诉讼的发展。无论是法庭调查还是法庭辩论抑或庭审中其他诉讼活动，当事人双方拥有平衡的地位、相同的诉权、均等的机会，行使各种诉讼权利，孜孜以求有利于己的诉讼结果。法官在庭审中的主要任务除了审判外，就是保障双方当事人平等诉讼地位的切实贯彻实现，必要时行使释明权，指导引领诉讼当事人依法行使诉讼权利，理性实施诉讼行为，合理表述自己的诉求和主张，使诉讼中的对抗论辩和举证质证既有效又有序地顺利开展。

4. 言词审理原则

言词审理原则是与书面审理原则相对而言的诉讼原则，指的是当事人实施诉讼行为应当采用口头的而不是书面的方式进行，法院进行开庭审理应当以口头的而不是书面的方式进行，证人应当采用口头的而不是书面的形式提供证词，鉴定人应当接受法庭通知，到法庭用言词形式回答法官、当事人、其他诉讼参与人以及诉讼监督人的提问，等等。诉讼中尤其是开庭审理时之所以要原则上使用言词口头的方式阐述事实主张、叙述案情来龙去脉、解释证据的含义和作用、提供证词和解释鉴定意见等，主要的原因在于言词形式能够更容易地发现案件真实，更能使法官利用新鲜活泼的诉讼资料形成准确的心证，同时也有助于庭审方式的活跃度的提升，强化诉讼中的对抗辩论色彩，也更有利于司法民主性原则在庭审中的贯彻实施。当然，言词审理原则也不是绝对的，有些重要的或特殊的诉讼行为则需要通过书面形式予以表述。比如起诉状、答辩状、诉讼请求变更书、鉴定意见、审计报告等，均应采用书面形式，通过书面形式的表述，使这些诉讼行为更具有稳定性、明确性和可查阅性。

5. 直接审理原则

直接审理原则是与间接审理原则相对而言的，是指审理案件应当由作出裁判的法官亲自进行，包括亲自听取当事人陈述和辩论、亲自听取证词、亲自听取鉴定人对鉴定意见发问的回答，全过程地参与和主持庭审活动，全覆盖地了解和把握诉讼中出现的各种细节和信息，从而根据法律的规定、经验法则、理性伦理法则、审判经验等形成正确的事实判断和法律适用意见，最终作出公正的裁判。可见，直接审理原则强调审理案件的法官亲历亲为，处在审理案件的第一线，直接与当事人接触，与证人、鉴定人接触，而不是官僚式地听取案情汇报，从而主观武断地作出裁判。直接审理原则要求审理者裁判，裁判者负责，要求消除审者不判、判者不审、审与判的分离现象，要求审与判的高度融合统一。因此，凡是与直接审理原则相违背的各种制度或实际做法，比如请示汇报制度、院庭长签发裁判文书制度等，都应当加以改变。审判委员会制度也需要改革完善，使之尽可能符合直接审理原则的需要。直接审理原则一般与口头审理原则相伴相随，间接审理原则一般与书面审理原则成龙配套，因此，前者又常合称为直接言词审理原则，后者又常合称为间接书面审理原则。民事诉讼制度改革与完善的方向应当尽量扩大直接言词原则的适用范围，同时尽量限缩间接书面审理原则的存在空间。

6. 证据适时提出原则

《民事诉讼法》在2012年修法之前长期实行证据随时提出主义的诉讼原则，据此原则，当事人在诉讼全过程的任何一个阶段和环节，只要其愿意，都可以随时提出证据，这些证据的提出无论多么迟延和拖拉，也不会遭受任何不利诉讼后果，更不会因遭遇失权制度而失去证明效力。这种证据随时提出主义的优点是有利于发现案件的客观真实，对当事人诉讼权利的保障也显得更为周全；但其弊端也很明显，这就是，当事人依其所愿断断续续地提供证据，会导致诉讼的迟延和庭审的反复进行，影响诉讼效率，同时相对方往往会因为证据的突然提出而无法有效应对和反驳，因而会遭遇突袭性裁判，对其产生不利结果。因此，为克服此弊，《民事诉讼法》在2012年修改时增设了第65条（现第68条）举证时限制度，据此制度，当事人提供证据必须在法定的或法院指定的期间内进行，否则会导致证据失权或被罚款、承担诉讼费用等不利诉讼后果。在举证时限制度导入后，我国民事诉讼法便一改长期实行的证据随时提出主义的诉讼原则，变为证据适时提出主义的诉讼原则。证据适时提出主义诉讼原则符合民事诉讼制度对公正和效率价值的平衡追求，因而符合民事诉讼法发展的方向，应予坚持和充实。

二、开庭审理的程序

（一）开庭准备

开庭审理前，无论是行使审判权的法院还是行使诉讼权利的当事人，包括证人、鉴定人等，均要做好准备。开庭准备是指人民法院、诉讼当事人以及其他诉讼参与人为了使开庭审理顺利高效进行所实施的各种准备活动。需要指出的是，开庭准备与审理前的准备是两个既有联系又有区别的概念。审理前的准备在先，开庭准备在后。在审理前准备就绪后，法院决定庭审期日，诉讼程序遂进入开庭审理阶段。诉讼程序进入开庭审理后，开庭准备才成为必要。因此，审理前的准备程序是一个独立的诉讼阶段，它处在立案受理与开庭审理之间，属于诉讼程序的第二个独立的阶段；而开庭准备则属于开庭审理这个诉讼阶段的一个环节，属于诉讼程序的第三个阶段的一个组成部分。不仅如此，审理前的准备和开庭准备在内容上还有重大区别。审理前的准备不仅具有程序内容而且具有实体内容，同时还有纠纷化解功能；开庭准备则仅有程序内容而不具有诸如整理焦点、固定证据等实体性内容，尤其是开庭准备还不具有解决纠纷的独立功能。正因审理前的准备和开庭准备具有重要的区别，民事诉讼法将二者分别予以规定，使之分属于两个不同的诉讼阶段，执行着两种不同的程序功能。

根据《民事诉讼法》的相关规定，开庭准备具有以下内容：

1. 发出通知

开庭审理是决定诉讼胜败的关键环节，法庭是当事人进行诉讼博弈的最重要场所，也是当事人以及证人、鉴定人、诉讼监督人等其他诉讼参与人参与诉讼，汇聚一堂，进行观点交锋、探求案件事实真相、寻求法之所在，从而作出裁判解决纠纷的诉讼舞台和沟通平台。因此，当事人及其他诉讼参与人获得庭审信息，从而使之能够从容地参与庭审对于纠纷的公正化解至关重要。因此，法院在决定开庭审理后需要做出的第一件准备之事就是发出传票和通知书。《民事诉讼法》第139条规定："人民法院审理民事案件，应当在开庭三日前通知当事人和其他诉讼参与人。"通知当事人和其他诉讼参与人的方法是不尽相同的。对于当事人而言，应当使用传票的方式进行通知；对于其他诉讼参与人，则使用通知书的方式进行通知。传票，也称传唤状，是指法院向当事人发出的通知当事人出席法庭的司法文书。传票必须采用书面形式，并通过正式的送达方式进行送达。通知书，则是指法院向当事人或其他诉讼参与人发出的要求其实施某种诉讼行为的书面文件。传票只能向当事人发出，通知书则既可以向当事人发出，也可以向其他诉讼参与人发出。《民诉法解释》第227条规定："人民法院适用普通程序审理案件，应当在开庭三日前用传票传唤当事人。对诉讼代理人、证人、鉴定人、勘验人、翻译人员应当用通知书通知其到庭。当事人或者其他诉讼参与人在外地的，应当留有必要的在途时间。"之所以对当事人的通知和对其他诉讼参与人的通知采用不同的方式，其原因主要在于，通知当事人参与庭审活动更为重要，因而也更为正规。同时，使用传票通知当事人还会产生两方面的法律后果：一是对通常的当事人而言，如果经过法院传票传唤无正当理由不到庭的，如果属于原告，则视为撤诉；如果属于被告，则缺席判决。① 二是对特殊的当事人（主要指必须到庭的被告）而言，如果经过法院传票传唤两次无正当理由仍不到庭者，法院可以对其实施拘传的强制措施。② 对于其他的诉讼参与人而言，由于他们是否到庭与案件的结果不具有实体上的利害关系，因而不会产生实体上的不利后果，法院对其进行通知，无须采用具有较强强制色彩的传票形式，而仅需采用观念形态的通知书即可。通知书的效力虽然不如传票强，但其他诉讼参与人如果无正当理由而拒不按照通知书的要求出席法庭参与诉讼，则也会产生对其不利的法律后果。比如证人收到法院出庭作证的通知书后无正当理由拒绝到庭作证，人民法院有权根据《民事诉讼法》有关妨碍民事诉讼的强制措施制度，对其进行罚款等司法制裁。③ 需要指出的是，法院在通知当事人出席法庭进行正式开庭时才需要采用传票的形式，如果不属于正式开庭，则仅仅需要采用较为灵活和简易的通知形式即可，根据情况和需要，有时可以采用通知书的形式，有时可以采用口头通知记录在卷的形式。

2. 发布公告

《民事诉讼法》第139条规定："公开审理的，应当公告当事人姓名、案由和开庭的时间、地点。"民事诉讼法规定了开庭公告制度。开庭公告，是指采用广而告之的方式向社会公众通报相关诉讼信息，以使社会公众得以满足其知情权，从而便于其行使诉讼参与权和监督权，或者使特定诉讼效果得以发生的一种司法行为。法院开庭属于重大司法活动，社会公众有公开审判的原则所包含的诉讼知情权、诉讼参与权和诉讼监督权等权利，其集中表现就是社会公众享有出席法庭进行旁听的权利。为此，法院有必要在庭审开始前3天发出公告，使社会公众获知法院即将开庭审理的信息，以便他们决定是否要出席法庭进行诉讼的旁听。因此，公告是面向社会公众的，这与传票面向当事人、通知书面向其他诉讼参与人有所不同，对当事人和其他诉讼参与人不得利用公告的形式取代传票和通知书。④ 因此，即便法院有证据表明当事人及其他诉讼参与人已经通过公告的形式获知了庭审信息，也不能免除其进行传票或通知书送达的司法责任。至于公告的形式，传统上采用的是在法院门口公告栏中张贴公告的形式，但这种公告的形式受众较少，绝大多数社会公众无法获知公告内容，因而事实上限制了他们所享有的诉讼知情权和旁听权，这种形式应当予以改进。目前，由于网络技术的进步和发达，法院采用网络公告的方式进行公告日益成为新的司法惯例，这种电子化公告的形式值得推广，并需要提升到制度化层面进行规范。无论采用何种形式，公告的内容主要包括当事人姓名、案由和开庭的时

---

① 《民事诉讼法》第146条、第147条。
② 《民事诉讼法》第112条。
③ 《民事诉讼法》第76条规定："经人民法院通知，证人应当出庭作证。"
④ 对下落不明的当事人进行公告送达是一个例外，因为对下落不明的当事人无法进行传票送达，因而只能通过公告的形式对其进行庭审信息的告知。参见《民事诉讼法》第95条。

间、地点。如果开庭的时间和地点临时改变的,要在开庭3日前及时发出新的公告,以使社会公众周知。

3. 查明到庭情况,宣布法庭纪律

《民事诉讼法》第140条规定:"开庭审理前,书记员应当查明当事人和其他诉讼参与人是否到庭,宣布法庭纪律。"开庭准备依照其时间点可分为两种:一是在开庭前进行的准备,前面所说的两种准备均属于开庭前的准备;二是在开庭时进行的准备,这里所说的"查明到庭情况,宣布法庭纪律",以及后面要说的"核对当事人,宣布案由",均属于开庭时的准备。在当事人和其他诉讼参与人汇聚在法庭上,开庭审判即将开始之前,书记员要代表法院查明当事人和其他诉讼参与人是否到庭,宣布法庭纪律。如果有诉讼代理人出席法庭的,书记员还要查明其授权委托书是否合法存在,授权事项是否明了清楚。如果原告未到庭,书记员则应退庭向审判长报告,由审判长决定是否继续开庭或者做出视为撤诉的处理;如果被告未到庭,书记员则应退庭向审判长报告,由审判长决定是否继续开庭或者改期开庭。其他诉讼参与人未到庭的,原则上不影响开庭审理的正常进行。宣布法庭纪律也是不可或缺的准备内容,法庭纪律是民事诉讼法、司法解释等规定的诉讼当事人、其他诉讼参与人都必须一体遵循的参与庭审的要求、规矩和戒条,比如不得大声喧哗、未经准许不得录音录像、不得在法庭上接听电话、不得提问和对案件庭审进行评论等。之所以要规定法庭纪律,主要的原因在于维护法庭秩序,捍卫司法尊严,同时保障当事人的诉讼权利。无论是当事人或其诉讼代理人,也无论是证人、鉴定人等其他诉讼参与人,均无例外地需要遵守书记员所宣布的法庭纪律;若有违反法庭纪律者,行使庭审指挥权的审判长有权予以制止并根据情节之轻重,采取训诫、责令退出法庭、罚款、拘留等妨碍民事诉讼行为的强制措施。情节特别严重触犯刑律者,则移送相关公安司法机关,依照刑事诉讼程序追究其刑事责任。有的国家设有藐视法庭罪,如有触犯者,审理案件的法官或合议庭有权不经侦查和公诉而直接付诸司法审判。这一规定,对维护司法权威和司法尊严是有利的,但也有被滥用的危险,将来是否通过立法予以采行,尚待深入研究。

4. 告知当事人有关的诉讼权利义务,询问当事人是否提出回避申请

《民事诉讼法》第140条规定:"开庭审理时,由审判长或独任审判员核对当事人,宣布案由,宣布审判人员、书记员名单,告知当事人有关的诉讼权利义务,询问当事人是否提出回避申请。"在书记员查明当事人及其他诉讼参与人的到庭情况并宣布法庭纪律后,会请站在后台的审判长及其他合议庭成员来法庭进行开庭。审判长及其他合议庭成员入庭后并不是立即进行开庭审理,而仍有一项开庭准备工作需要做,这就是由审判长核对当事人,宣布案由,宣布审判人员、书记员名单,告知当事人有关的诉讼权利义务,询问当事人是否提出回避申请。审判长作为诉讼指挥者以及法庭上的最高指挥官,对于维护法庭秩序、确保当事人诉权、维护庭审中的公平正义具有重要职责。因此,在开庭前的最后一刻,审判长要亲自进行和完成一系列的准备活动,在这些准备活动中,最为重要的是告知当事人诉讼权利义务,询问当事人是否需要申请回避。回避申请权是当事人所享有的重要诉讼权利,在合议庭组成后3日内法院就应以书面形式告知当事人合议庭的组成状况,以使当事人能够及时行使回避申请权,确保合议庭组成人员的公平公正性。到了开庭审理前,审判长还要重申当事人所享有的此一诉讼权利,使当事人的回避申请权得到最大限度的保障。此时之所以尚需要征求当事人是否申请回避的意见,其原因主要有二:一是在合议庭成员确定后至开庭审理时,可能会因各种原因调整合议庭的组成人员,对于新的合议庭成员,当事人有权及时行使回避申请权。二是合议庭组成人员此前只是通过书面形式告知当事人,当事人可能对合议庭组成人员的信息掌握不够全面,因而无法提

出回避申请的正当事由，然而此时开庭在即，合议庭组成人员与当事人面对面相遇在法庭，当事人申请回避的信息会增多，因此再给当事人申请回避的机会是有必要的，这也是正当法律程序所要求的。事实上，当事人申请回避的权利是贯彻始终的，开庭时重申当事人享有此权，只是凸显了庭审的重要性、宣示了庭审的纯洁性而已。

（二）法庭调查

开庭准备全部完毕后，开庭审理进入实质性的环节，第一个环节就是法庭调查。法庭调查，是指通过法庭上各种主体所实施的诉讼行为和诉讼活动，揭示出案件事实真相的庭审活动。法庭调查有两种模式：一是法官主导型的法庭调查，二是当事人主导型的法庭调查。我国实行法官主导型的法庭调查模式，其基本特征是法官按照事先准备好的庭审计划，就案件中所涉及的证据问题和事实问题要求当事人提供证据，并向当事人提出问题要求其回答，从而使法官逐步探知和明了案件事实的本来面貌。法官主导型的法庭调查模式优点是法庭调查的效率较高，计划性较强，有条不紊，司法能动性得到切实发挥；然而也有弊端，主要表现在，当事人的法庭参与感较弱，诉讼主体地位无法彰显，在法庭调查中处在被动状态，而无法发挥出法庭调查的积极力量，也因此，法庭调查的氛围较为枯燥沉闷，庭审的活跃度不高，法官所收集的证据信息和事实材料有时不够全面，当事人对于法官基于法庭调查所形成的事实心证难以产生应有的信赖感。因此，法官主导型的法庭调查模式有待于改进，改进的基本方向在于导入当事人主导型的法庭调查元素，在保持法官主导型的基础上，充分发挥当事人参与法庭调查的诉讼积极性和能动性。协同主义的法庭调查模式便是致力于发挥法官和当事人两个方面积极性的理想模式，在协同主义的法庭调查模式中，各方主体纵横交错进行庭审中的对话与沟通，最终达成案件事实认定的共识。

法庭调查的主要任务有三：一是当事人提出事实主张，并在对立的事实主张中形成争点；二是当事人举证；三是当事人质证。对于这三项任务，《民事诉讼法》第141条关于法庭调查顺序的规定仅涉及前两项，对于质证，则在《民事诉讼法》第71条等条文中予以规定。这里先谈前两项，然后再谈质证问题。

1. 事实主张和举证

根据《民事诉讼法》第141条的规定，法庭调查按照下列顺序进行：

（1）当事人陈述。法庭调查从当事人陈述案件事实开始，当事人从不同角度立于不同的立场讲述案情故事是当事人陈述的主要内容。当事人陈述分为原告的陈述、被告的陈述以及第三人的陈述。原告应当针对其所主张的事实进行陈述，并在陈述中将其基于主张责任所主张的案件事实串联起来，形成完整的案情故事，呈现出原告方所描述的案件事实图景。被告则针对原告所陈述的案件事实进行相反方向的事实叙述，包括对其认为原告陈述真实的事实予以自认，对其认为原告陈述虚假的事实予以否认，对其负有主张责任的抗辩事实进行主张。第三人的事实陈述分为有独立请求权第三人的陈述和无独立请求权第三人的陈述两种情形。有独立请求权第三人的陈述本质上与原告的陈述相同；无独立请求权第三人的陈述，在被辅助的当事人不予否认的范围内属于其所辅助的原告或被告方的陈述。通过原被告双方的事实陈述，一幅最大化的事实图景便呈现在法官面前，法官在此基础上概括出争议的事实焦点，并针对这些事实焦点，逐个进行证据调查，引导当事人针对所主张的事实进行举证和证明活动。

（2）告知证人的权利义务，证人作证，宣读未到庭的证人证言。当事人陈述是法庭调查的第一阶段，属于事实主张型法庭调查阶段；在当事人陈述后，法庭调查进入出示证据和进行证明活动的第二阶段，即证据出示型法庭调查阶段。事实主张型法庭调查在先，是当事人履行主张责任的阶段；证据出示型法庭调查在后，是当事人履行证明责任的阶段。事实主张责任和证明责任在法庭调查阶段得以集中体现出来，当事人在法庭调查阶段负有的诉讼责任最为沉重，同时其所应有的程序保障也最为重要。法庭调查进入证据出示型阶段后，首先登场的是与当事人陈述同属人证的证人作证。证人作证是任何一个政治国家公民对法治所负有的义务，证人在接受法庭通知传唤后随即产生出庭作证的法律义务。证人在出庭发表证词之时，审判长应当告知证人所享有的诉讼权利和所负有的诉讼义务，并且还要求证人提供如实作证的保证书。证人作证有两种方式：一是叙述式，让证人就案件事实的来龙去脉或者其所知晓的片段进行连贯的陈述；二是问答式，由双方当事人和法官对证人提出问题，由证人作出有针对性的回答。根据案情的需要，作证的证人是否能够坐在法庭上旁听庭审的过程以及如果可以旁听的话，能够旁听庭审的哪一片段抑或可以全程旁听，均由审判长裁量决定。一般而言，作证的证人应当回避庭审的过程，以免其证词受到庭审信息的影响。必要时，审判长可以让对方当事人申请的证人或法院传召的证人出庭与作证的证人进行对质。证人作证完毕，在庭审结束时，有权就其所作证词笔录进行审阅和校对，并在证词笔录上签名盖章。

（3）出示书证、物证、视听资料和电子数据。证人作证完毕后，由当事人出示书证、物证、视听资料和电子数据。先由负担证明责任的当事人出示书证、物证、视听资料和电子数据，后由相对方当事人出于反驳的目的，提供和出示书证、物证、视听资料和电子数据。当事人出示书证、物证、视听资料和电子数据可以反复多次轮回进行。一方当事人出示书证、物证、视听资料和电子数据后，另一方当事人可以就证据的客观性、关联性和合法性提出质疑和反证。当事人出示书证、物证、视听资料和电子数据可以分别进行，也可以分组后一组一组地进行。

（4）宣读鉴定意见。鉴定意见属于人证范畴，在当事人出示书证、物证、视听资料和电子数据后，如当事人对所出示的这些证据的真实性存在质疑，则可以提供鉴定意见进行反证。鉴定人发表鉴定意见有两种方式：一是出庭以口头的形式发表鉴定意见，二是以书面形式提供鉴定意见，由法庭宣读。《民事诉讼法》第141条仅仅规定宣读鉴定意见一种形式，不够全面，而且没有强调鉴定人原则上应当出庭发表鉴定意见的证据规则，与《民事诉讼法》第81条的规定不尽吻合，应当予以修改完善。根据《民事诉讼法》第81条的规定，当事人对鉴定意见有异议或者人民法院认为鉴定人有必要出庭的，鉴定人应当出庭作证。经人民法院通知，鉴定人拒不出庭作证的，鉴定意见不得作为认定事实的根据；支付鉴定费用的当事人可以要求返还鉴定费用。

（5）专家辅助人出庭发表专家意见。对于鉴定人的鉴定意见，当事人因缺乏专业知识难以进行有效的质疑和反驳，因而有必要赋予其聘请有专门知识的人作为专家辅助人协助其质证，或者发表独立的专家意见。《民事诉讼法》第82条规定："当事人可以申请人民法院通知有专门知识的人出庭，就鉴定人作出的鉴定意见或者专业问题提出意见。"专家辅助人的诉讼地位与鉴定人类似。专家辅助人接受法庭或当事人的询问，回答其提出的问题，由此协助法庭对鉴定意见进行科学判断，同时对鉴定意见所未涉及的专业问题，发表拾遗补缺式的专家意见。专家辅助人的意见，无论是以反驳鉴定人意见的形式出现的，还是以独立发表意见的形式出现的，均可作为法院认定案件事实的证据使用。知识产权案件中的技术调查官以及家事案件中的家事调查员在性质上也可归入专家辅助人之列，其出庭发表意见应准照专家辅助人对待之。

（6）宣读勘验笔录。勘验笔录是审理案件的司法人员对各种实物证据和案件发生的现场等进行察看、测量、实验等所形成的笔录。勘验笔录的制作者同时就是审理案件的法官，法官不存在是否需要出庭的问题，而且法官也不能因为制作勘验笔录而成为证人。但如果是法院委托的专业人士所进行的勘验，其勘验笔录除需在法庭上宣读外，如有必要，尚需传唤其出庭就勘验笔录做出说明和解释。

以上所述，是《民事诉讼法》所确立的法庭调查的顺序。法定的法庭调查之顺序，适合于绝大多数案件的司法审判，在绝大多数案件的司法审判中，按照这种由当事人陈述，证人作证，出示书证、物证、视听资料和电子数据，宣读鉴定意见，宣读勘验笔录所形成的先后顺位进行法庭调查，基本上能够满足需要。确定这种顺序的基本依据就在于：其一，先进行事实主张，后进行举证证明。因而，包含当事人事实主张的当事人陈述理应先行，各种证据形式作为支撑事实主张的依据相继登场，可见，立法所设定的这种法庭调查的顺序，具有科学性与合理性。其二，在证据的各种形式中，作为言词证据的人证先于作为实物证据的物证先行提供，也具有一定合理性。因为人证覆盖事实较为全面，先通过人证描绘出案件事实的全景图，然后用物证对人证的证明力加以检验和强化，也符合证明的运行规律。然而需加补充说明的是，民事诉讼法所确立的这种法庭调查的方式和顺序，只是在一般意义上而言具有倡导性和指导性，并不具有强制的规范性和不可调整性，除当事人的陈述应当置前先行外，其他的证据形式究竟孰先孰后，概由审理案件的法官视情形决断之。

2. 质证

以上所述，为法庭调查的事实主张和举证两大内容，除此以外，法庭调查中还有一项重要任务即为质证。

质证，是指一方当事人对另一方当事人提供的证据，针对其客观性、关联性和合法性提出否定性的质疑意见，从而试图动摇其证据能力或削弱其证明价值的诉讼活动。质证随当事人的举证而发生，是当事人相互间对证据是否具有可采性以及证据的证明力之大小所进行的诉讼检验活动。在质证中，双方当事人形成了正相反对的诉讼立场，表现为诉讼中证据领域的对峙状态，通过质证和反质证的交互运行和交错作用，法院得以判断证据之真伪以及证据所内含之力量强弱，由此通过归纳法，将各个证据的证明力累积起来形成事实认定上的判断，最终确定案件事实之是否能够成立。法院正是在认定事实的基础上适用法律作出裁判解决纠纷的。由此可见，质证在整个司法过程中的重要地位。事实上，质证是法院庭审活动的重头戏，是法庭调查的关键环节，是法庭辩论的前奏和准备，由此也透出诉讼胜败之征兆。

质证分为对人证的质证和对物证（广义，或称实物证据）的质证。对人证的质证是指对当事人陈述的事实、证人提供的证词、鉴定人发表的鉴定意见以及专家辅助人发表的专家观点所进行的质疑、反驳、辩解等行为。对人证的质证也称为交叉询问，提供人证的过程则称为直接询问。直接询问和交叉询问的反复进行，便能够揭示出人证的证据能力、人证的客观可靠性及证明力大小。对人证的质证是由相对方当事人对另一方当事人提供的人证所进行的询问和反询问，如有必要，证人与证人、鉴定人与鉴定人、鉴定人与专家辅助人、鉴定人与证人、专家辅助人与证人等相互之间也可以质证，这被称为"对质"。但证人、鉴定人、专家辅助人等不得对当事人陈述进行质证，对当事人陈述的质证应由对方当事人及其诉讼代理人进行。审理案件的法官如有必要，也可以向当事人、证人、鉴定人、专家辅助人等发问，这是法院在调查收集证据，是法官形成心证的过程，不属于质证的范畴。

与人证的质证有所不同的是，对物证的质证则不采用交叉询问的方式。对物证质证的主要方式是向提供物证的当事人、证人、鉴定人、专家辅助人等，就物证的客观性、关联性和合法性进行质疑性询问,或者简单地提出否定性或不予认可性的质证意见。接受质证的当事人等应当就对方当事人提出的质证意见进行回应,从而形成对于证据的一致性认识和分歧性认识。对证据的一致性认识,对法官采纳该证据具有一定的拘束力;对证据的分歧性认识,则视其分歧点有赖于法官对之进行客观性判断、关联性判断和合法性判断。法院依职权收集的证据,包括人证和物证,分两种情形听取当事人的意见:如果是根据当事人的申请而收集调查的证据,则视为该当事人的证据,交由对方当事人质证;如果是法院依职权主动收集的证据,则在庭审时向当事人公开出示,并向当事人作出解释和说明,解释和说明的内容包括但不限于为什么要法院去依职权主动调查收集证据、该调查收集的证据的证明目的为何,然后听取当事人的反馈意见。当事人对法院依职权主动调查收集的证据所发表的意见,不属于质证的范畴,其性质属于特殊类型的法庭调查。但无论其名目如何,法院调查收集的证据也要经过法庭调查听取当事人的意见,否则也视为违反《民事诉讼法》第71条的规定,构成程序严重违法。

对证据的质证既可以发生在法院开庭审判前的证据交换阶段,通过庭前会议进行证据交换,法院根据需要可以要求当事人在交换证据之时即进行证据的质证,也可以单纯进行证据交换而不进行证据的质证。如果进行了交换性证据质证,则该质证意见到法庭调查时,由审理案件的法官予以说明,并听取当事人有无新的质证意见,或者当事人对原来的质证意见予以否认的,要求其说明理由。通过证据交换,对双方当事人就证据的客观性、关联性和合法性不存在争议的证据应当记录在卷,在法庭调查时只需向当事人告知即可;如果在法庭调查时,当事人对证据交换时予以认可的证据又否认的,也有权推翻此前的认可性意见,但需要说明合理的理由,否则合议庭有权不予认可。① 至于当事人没有争议的事实则构成自认,如果该自认不损害国家利益、社会公共利益和第三人利益,也不与案件中已被认定为真实的事实相冲突,则对法院认定案件事实形成拘束力,法院不得作出与自认相反的事实认定,因而也不存在对自认的事实提供证据加以证明及质证的问题。

质证既可以分别进行,也可以综合进行,前者称为"个别质证",后者称为"综合质证",此外,还有介于二者之间的"分组质证"。究竟如何质证,当事人虽然可以提出请求或发表意见,但最终由审理案件的法官决定。对于质证的基本问题在本书证据部分有所涉及,这里不再复述。

质证结束之时,就是法官认证开始之时。法官认证可以在法庭调查阶段进行,也可以在法庭调查和法庭辩论结束后合议庭评议时进行,还可以在裁判文书中进行。1991年《民事诉讼法》颁行后,最高人民法院曾推出以"四个当庭"为内容的审判改革运动,即当庭举证、当庭质证、当庭认证、当庭裁判。这里所说的"当庭",对当事人举证和质证而言,指的就是开庭审理时的法庭调查阶段,对法院的认证而言,指的是开庭审理整个环节,而不仅仅局限于法庭调查阶段,包括法庭调查时的认证、法庭辩论时的认证(如公开心证)、合议庭评议时的认证,但不包括裁判文书中的认证。合议庭评议时的认证,如有结果,应当在评议后恢复庭审时予以宣布,并听取当事人的反馈意见,但不得与当事人进行辩论。应当说,这"四个当庭"的提出,对于强化庭审功能、克服审与判的脱节、落实直接言词原则具有重要意义,值得推广。

此外,在法庭调查环节,还会出现两种特殊情形:

(1)提出新证据。根据《民事诉讼法》第142条的规定,当事人在法庭上可以提出新的

---

① 《民诉法解释》第229条。

证据，当事人也可以要求重新进行调查、鉴定或者勘验，是否准许，由人民法院决定。至于何谓新证据，成立新证据需要具备哪些条件，在本书的举证时限制度的介绍中已有涉及，这里不再重复。

（2）合并审理。根据《民事诉讼法》第143条的规定，原告增加诉讼请求，被告提出反诉，第三人提出与本案有关的诉讼请求，可以合并审理。这里法条中虽然使用的是任意性的"可以"一词，但就该条款的本意而言，其解释应当适当突破字面含义，只要没有不可合并的特殊事由和情形存在，法官均应合并审理，以减少当事人的诉累，防止矛盾裁判的作出，同时也有利于司法经济原则的贯彻，减少司法资源的浪费。

（三）法庭辩论

法庭辩论是指双方当事人在法庭的主持下针对案件的事实问题、法律适用问题以及争议的程序问题发表各自的意见、主张、观点，并相互进行辩驳的法庭审理活动。法庭辩论不同于辩论原则，辩论原则贯彻于民事诉讼程序的始终，属于民事诉讼的基本原则，法庭辩论是辩论原则在开庭审理阶段的具体表现，法庭辩论的制度性依据是辩论原则，辩论原则的具体化表现不仅仅有法庭辩论，还有其他辩论形式。同时，法庭辩论与西方的辩论主义有根本的区别。辩论主义包含有主张责任、证明责任和自认制度等具有内在约束力的丰富意涵，而法庭辩论仅仅是当事人发表意见和观点的权利，其内容对法官原则上不存在拘束力。法庭辩论与辩论式审判方式既有联系也有区别。辩论式审判方式是我国审判方式改革中提出的一种庭审方式，在这种方式中，双方当事人主导着庭审活动的实施和进行，法官仅仅起到维护庭审秩序和解决庭审纷争的作用。辩论式审判方式是当事人主义诉讼模式下的概念，它包含着法庭辩论的内容，但其内涵又远远超越于法庭辩论。法庭辩论既可存在于职权主义的诉讼模式中，也可存在于辩论式审判方式中。法庭辩论仅仅是对法庭上的一种诉讼活动的描述，而与庭审程序是属于辩论式抑或职权式无关。

如果说法庭调查的主角是法官的话，那么，法庭辩论的主角则是当事人。法庭辩论只能在当事人之间展开和进行，当事人不得与证人、鉴定人、翻译人员进行辩论，法官也不得与当事人及其他诉讼参与人进行辩论。法庭辩论针对的对象或客体主要是案件的事实问题，双方当事人针对案件的争议焦点进行事实上的论辩，从而揭示出事实的真相和原貌，以作为法官适用法律作出裁判的客观基础。但法庭辩论也不仅仅局限于案件的事实问题，对于案件的法律适用和解释问题以及裁判方案的形成，包括程序争议事项，当事人相互之间均可以作为辩论的议题进行论辩。然而，有关事实问题的辩论对法官认定案件事实具有较强的拘束力，尤其是辩论中出现的自认等意思表示，在相当大的程度上能够左右法官对案件事实的最终认定，但是双方当事人对法律适用问题、裁判方案的妥当形成以及程序争议问题的辩论意见，对法官仅供参考，而不具有拘束力，因为后面的这三个问题，均属于法律问题，而"法官知法"是一项基本原则，是否将法律问题交付当事人辩论，由法官根据需要决定，而不是必须将所有的争议问题均交由当事人辩论。

法庭辩论一般由原告先做开场，然后被告进行反向辩论，有独立请求权的第三人进行另一个层面的开场辩论，原告和被告进行反向辩论，无独立请求的第三人则站在其所辅助的一方当事人之诉讼立场，协助该当事人进行补充性辩论。法庭辩论并不是必须严格地按照先原告、后被告、再第三人的顺序进行，法官完全可以根据审理案件的实际需要调整辩论的顺序。但无论顺序如何变化，当事人之间的辩论机会和辩论权利是相同的，那种厚此薄彼、倾斜式的辩论安排是错误的；根据《民事诉讼法》第207条第9项的规定，违反法律规定，剥夺当事人辩论权利是法定的再审事由之一。法庭辩论可以反复进行,第一轮辩论往往难以澄清事实,第二轮辩论在所难免,如有必要,第三轮辩论乃至更多次的辩论也是有可能的。

法庭辩论是一个有序的说理过程,所谓"真理越辩越明",这句话用在法庭辩论阶段恰可以说明其功能所在。如果法庭辩论已经将事实搞清,或者法庭辩论背离了其助推纠纷解决的制度初衷,则法官应当宣布法庭辩论结束。

法庭辩论终结,由审判长或独任审判员按照原告、被告、第三人的先后顺序征询各方最后意见。征询各方最后意见,主要是关于他们对法院如何裁判本案所抱有的期待,以及到目前为止他们对本案的最终处理所持有的基本态度。比如原告方当事人或有独立请求权的第三人一般都会说"希望法院判决支持我方诉讼请求",被告方当事人一般都会说"希望法院判决驳回原告的诉讼请求"。有的当事人可能不太了解征询其最后意见这一程序的实质意义何在,因而会继续重复法庭辩论时所说过的辩论意见,或者补充说明案件事实认定、证据认定、规范认定以及程序适用上的处理意见,有的当事人则可能会利用征询最后意见的机会表示对此案发生的遗憾和歉意。无论如何,当事人所发表的这些最后意见对法院裁判一般不会产生实质性的影响。然而,征询最后意见的程序对法院的裁判而言具有象征意义,它明确宣布,这是当事人在法律程序上最后一次发表意见的机会,征询意见程序结束后,民事诉讼程序便进入作出裁判的阶段。①

在结束法庭辩论程序的介绍之前,还有一个新问题需要讨论,这就是《民诉法解释》第230条规定的"人民法院根据案件具体情况并征得当事人同意,可以将法庭调查和法庭辩论合并进行"。笔者认为,法庭调查和法庭辩论虽然关系密切,先后承接,但它们毕竟属于两种不同的程序环节,具有不同的功能和作用,不宜将其混同以致合并进行。法庭辩论必须在事实主张和证据提供均告完成后方能进行;法庭调查程序主要有两个功能:一是主张事实,二是提供证据,并对证据进行质证。法庭辩论是将证据和事实连接起来的说服活动,其目的在于用证据来论证事实,最终说服法官作出对己方有利的事实认定,因此,如果用来辩论的事实主张不明确,则无法进行法庭辩论;如果用来辩论的证据不明确,同样也无法进行辩论。也正因如此,如果事实主张不清楚或者证据还需要补充提供,则有必要回复到法庭调查阶段,使法庭调查最终实现其功能后转入法庭辩论。如果法庭调查和法庭辩论合二为一,则可能会出现两种情况:一是当事人尚未主张其案件事实就开始辩论,或者说通过辩论来主张其案件事实;二是当事人证据尚未提供完毕就开始辩论,或者说通过辩论来提供证据并进行质证。第一种情况的出现,其危害是法庭辩论会流于空洞化,因为事实主张尚未清楚遂进行法庭辩论,法庭辩论必然漫无边际,无法控制;第二种情况的出现,其危害是法庭调查不可能聚精会神地进行,一边提供证据,一边进行质证,同时还要进行将证据和事实连接起来的法庭辩论,则必然影响法庭调查的深入和集中进行。事实上,驾驭庭审的能力关键就在于庭审层次的清晰和庭审逻辑的分明,将法庭调查和法庭辩论合并进行,模糊了二者之间的界限,混同了二者之间的功能,使法定程序失去了内在的控制力,不利于当事人充分地行使诉权,不利于庭审功能的切实发挥,不利于司法审判水平的提高,不利于诉讼程序的科学化构建与合理化运行,因而且不说该司法解释与上位法的冲突,单就其实践效果而言并不足取。

(四)法庭调解

法庭辩论结束后,庭审程序进入法庭调解环节。法院调解原则贯彻民事诉讼程序的始终,

---

① 《民事诉讼法》第145条。

进入法庭审理后，通过法庭调查和法庭辩论，案件事实趋于清楚，法律适用不断明晰，司法裁判的方案呼之欲出，当事人之间的是非曲直业已分明，此时此刻，法院进行调解无疑具有成功的机会。然而，从实践中看，经过法庭调查和法庭辩论，当事人仿佛刚从硝烟弥漫的战场走出来，诉讼中对抗情绪仍在持续，调解的心理基础并非厚实可靠；尤其是，此时此刻，诉讼结果谁胜谁败已到了一望便知、十分了然的程度，法庭要进行调解并通过调解要即将获得胜诉的当事人让步，如果不做好充分的思想教育工作，其难度必然很大，调解成功率必然不会很高。但由于此时的法庭调解是整个普通程序中最后一次调解机会，在这个环节如果调解未获成功，诉讼案件则基本上只能通过裁判来予以化解，因此，为了做出最后的调解努力，法庭应当克服调解走过场或调解形式主义的弊端，重视调解的过程，多做调解的工作，使法院调解原则在最后的环节结出令人满意的果实。

（五）再次开庭

到法庭辩论结束之时，整个庭审活动遂告一个段落，如果该庭审审理达到了事实认定清楚、证据判断明确、法律观点清晰等裁判成熟的程度，则法院作出裁判解决纠纷的时机便顺利到来，这是开庭审理的理想状态。然而实践表明，这种通过一次庭审就作出裁判尤其是当庭裁判的情况极为少见，多数情况或相当多的情况是，一庭结束之时，便是另一庭开始准备之时，再次开庭甚至多次开庭往往成为必需。法庭决定再次开庭的，应当由审判长对本次开庭情况做一个小结，小结的内容主要包括但不限于：其一，本次庭审已经达成共识的证据和事实。其二，本次庭审尚存的争议事实和证据问题。其三，本次庭审已经明确的法律适用问题。其四，本次庭审尚未解决的法律适用问题。其五，需要当事人在庭后所做的准备活动。最后，审判长应当尽可能当庭确定下次开庭的时间和地点，如果不能当庭确定，休庭后尽早确定告知当事人及其他诉讼参与人。法庭确定下次庭审期日时，应当恪守三个原则：一是征求当事人意见的原则。之所以要征求当事人的意见，是因为使当事人能够有充分的时间做好庭间准备。二是合理间隔原则。在此庭与彼庭之间相隔的时间不宜过长，一般应控制在一个星期左右。因为如果庭间相隔时间过长，法官、当事人及其他诉讼参与人对本次开庭所形成的记忆都会不同程度上趋于淡忘，而这不利于下次开庭效率的提高，而且本次开庭所获得的成果也会因此而减损。三是尽量减少开庭次数。开庭次数太多显然会影响诉讼案件解决的速率，也会增加纠纷解决的成本，同时开庭次数太多也说明法院开庭审理的准备工作做得不充分，审理案件的法官的审理能力和水平也相对有限，开庭次数太多（超过三次）会影响司法权威和纠纷解决的正当性。因而，法院在决定下次开庭时，就要考虑到争取一举解决纠纷，而不能一拖再拖，使当事人疲于奔命。在下次开庭时，开庭的基本要求与上次开庭相同，但也有特殊性。由于下次开庭是上次开庭的继续，因而应当在上次开庭的基础上继续进行，而不是从头重新开始。如果上次开庭法庭调查程序尚未结束，则下次开庭继续进行法庭调查；如果上次开庭法庭调查已经结束，而法庭辩论尚未进行或尚未结束，则下次开庭继续进行法庭辩论；如果上次开庭法庭调解未能成功而又有成功之望，则下次开庭继续进行法庭调解。一般而言，不可能因为最终陈述和合议庭评议尚未结束而需要继续开庭，如果合议庭评议确实遇到了卡壳问题，则下次再进行评议，而这种继续进行的合议庭评议在解释论上，可以不作为开庭审理看待，作为专门的合议庭评议对待即可，因而无须确定庭审期日，也无须通知当事人和其他诉讼参与人。

（六）合议庭评议

在经过法庭调解的努力而告失败后，合议庭便面临对诉讼案件作出司法裁判的任务。合议庭需要宣布休庭并退庭进行评议，评议的内容包括三个方面：一是案件事实应当如何认定，二是法律适用如何选定，三是裁判结果如何确定。这三方面的评议具有层层递进的关系，首先要通过证据评议案件事实的认定，在认定事实的基础上讨论法律适用的条款及其含义，最后将法律适用和事实认定结合起来作出裁判。合议庭评议不可能面面俱到，应抓住案件中出现的争议焦点进行评议；评议时实行多数决原则，少数意见要服从多数意见，以多数意见作为裁判的最终依据，但少数意见应当保留记录在卷，以作为将来司法责任追究的依据。合议庭评议由审判长主持，首先由人民陪审员发表意见，人民陪审员发表意见完毕或者没有人民陪审员参与庭审的，由合议庭的其他成员发表意见，最后由审判长发表意见。合议庭评议的意见不对外公开，当事人也没有查阅的权利，以保障合议庭成员进行评议的独立性和公正性。

（七）阅读庭审笔录

书记员应当将法庭审理的全部活动记入笔录，由审判人员和书记员签名。法庭笔录应当当庭宣读，也可以告知当事人和其他诉讼参与人当庭或者在5日内阅读。当事人和其他诉讼参与人认为对自己的陈述记录有遗漏或者差错的，有权申请补正。如果不予补正，应当将申请记录在案。法庭笔录由当事人和其他诉讼参与人签名或者盖章。拒绝签名盖章的，记明情况附卷。庭审笔录是对法庭审理活动的忠实记载，它不仅包含整个庭审的过程记录，而且包含庭审中出现的所有与裁判相关的信息，包括司法裁判中所针对的诉讼请求；当事人提出的各种事实主张；为了证明这些事实主张，当事人分别提供的证据以及对方当事人对证据的质证意见；当事人提出的辩论意见及其分歧点；当事人主张适用的法律条款及其对其含义的理解和解释；当事人提出的裁判方案；庭审中当事人提出的申请、异议以及对申请、异议的处理结果；法院调解的进展情况以及如果有调解结果的话对调解结果的记录；等等。

庭审笔录所具有的意义是：其一，对庭审的全面记载，作为案件审理后留下的痕迹，将来归档作为历史记录。其二，司法裁判的全部依据应当在庭审笔录中能够找到，如果超出庭审笔录作出裁判，则构成严重违法，当事人可以据此提出上诉或申请再审，监督者应予监督。其三，作为上级法院在当事人上诉后对上诉案件进行审理的基础和出发点。上级法院对上诉审案件的审判是在一审基础上的继续审判，庭审笔录便充当上级法院继续审判的桥梁和媒介，上级法院在该基础上形成的上诉审庭审笔录与一审庭审笔录构成一个有机的整体，统一作为生效裁判的形成依据和正当化根据。其四，庭审笔录具有证明作用。关于庭审中的事项如果发生了争议，则该庭审笔录将作为解决相应争议的证据使用。比如，当事人上诉称原审法院开庭审理时违反了公开审判原则或者当事人提出回避申请而不作回应、庭审时法庭赋予当事人的辩论机会严重不均等、当事人提出的庭审异议没有得到及时处理等，诸如此类的争议，均依赖于庭审笔录作为证据加以解决。再如，当事人对自认的事实或对诉讼请求予以认诺后又否认，则庭审笔录可以作为证据证明。

目前，随着司法电子化趋势的发展，庭审记录逐渐被全程录音录像取代，然而，全程录音录像虽然具有客观性和全面性，但也有查阅不便、重点不突出等局限性，因而将来的发展方向应当是将传统的庭审记录形式与全程录音录像的电子化形式结合起来，由书记员根据全程录音录像或者同步语音记录整理出庭审笔录，或者在全程录音录像的同时制作庭审笔录，并对庭审笔录的规范化调整制定相应的规则，使庭审笔录继续发挥出固有的作用。

（八）宣告判决

经过合议庭评议，庭审程序进入作出判决和宣告判决环节。人民法院对公开审理或者不公开审理的案件,一律公开宣告判决。当庭宣判的,应当在 10 日内发送判决书;定期宣判的,宣判后立即发给判决书。宣告判决时,必须告知当事人上诉权利、上诉期限和上诉的法院。宣告离婚判决,必须告知当事人在判决发生法律效力前不得另行结婚。

第五节　民事庭审程序的优质化改革

民事诉讼庭审程序优质化改革这个题目既新又老,说它老,是因为庭审改革作为我国民事诉讼改革、民事审判方式改革的内容,一直占据主导和核心地位;说它新,是因为新一轮司法改革的背景下,民事庭审方式究竟如何改革以适应司法改革的需要,或者现代司法改革对庭审方式的改革、民事庭审程序的改革提出了什么样的要求、标准或价值期待,还在探寻。这就是本节试图探讨和解答的问题。

一、庭审优质化改革的实践逻辑与内涵解读

(一) 庭审改革的实践逻辑

改革离不开"规律"这个关键词,改革因规律而生,为规律而行。改革有其自身规律,诉讼制度也是由低级阶段向高级阶段不断发展的,诉讼制度的生命就在于其不断发展和完善,诉讼制度一旦停止了改革、发展和完善,诉讼制度的生命就停止了。所以我们的司法改革、庭审改革,都自有其内在的逻辑依据和实践的运行轨迹,由此形成了改革的可以划分出来的若干阶段。在我国,庭审方式或庭审程序的改革主要经历了以下三个阶段。

1. 庭审规范化改革

这主要发生在 20 世纪 90 年代初,也就是在 1991 年《民事诉讼法》全面修订后,由最高人民法院启动进行的审判方式改革,其中对庭审方式的改革提出了进行规范化改革的要求。规范化改革的主旋律就是要落实《民事诉讼法》关于庭审的各项规定,使庭审在合法性、规范性、标准化等方面达到一个新的高度。这个改革也是有针对性或者指向性的,因为在 1991 年全面修改《民事诉讼法》以前,我国的庭审程序在规范性、规则性或标准化方面,一直处于贫弱和模糊化状态,庭审方式比较粗疏、粗放化,受法律规制的程度较低,庭审方式、庭审程序没有一个明确的标本或者模型,庭审规范化的程度较低。

因此,1992 年启动的审判方式改革就试图以庭审的规范化改革为主题来推动庭审方式的优化改革。庭审规范化改革的主题,便是将《民事诉讼法》关于庭审程序的阶段性规定,包括审理前的准备、双方当事人的陈述、法庭调查、法庭辩论、合议庭评议以及司法裁判文书的宣判制度等,均纳入规范化层面来进行调整和运作。庭审规范化改革虽然取得了较大的成就,使人们认识到了庭审方式改革的主要意义,庭审的规范化程度也由此得到了提升,但是,此时的庭审规范化改革还停留在初级阶段,主要以形式意义上的规范化为改革的追求目标。庭审在形式上符合民事诉讼法对于庭审的各项规定和要求,但实质意义上的规范化改革还没有真正展开,庭审的规范还停留在形式操作的层面,没有进入实质化层面,庭审走过场、庭审形式化、庭审空洞化这些问题依然存在。所以庭审改革依然要继续进行,由此进入第二个阶段,此即庭审实质化改革阶段。

2. 庭审实质化改革

在 21 世纪初,也就是在 2004 年第一轮司法改革、2008 年第二轮司法改革期间,民事诉

讼程序的改革基本都是以庭审实质化改革为主要追求目标。① 庭审实质化的改革在于强调庭审对于司法裁判的决定性作用，充实庭审内容，使庭审能够在认定事实、调查证据和适用法律上起着基础性、决定性作用，克服庭审走过场、庭审形式主义、庭审虚置等弊端，使庭审回归其应有的本位。庭审实质化改革最为突出的特点，就是提出"当庭举证、当庭质证、当庭认证、当庭裁判"，也就是"四个当庭"，此外还配之以"一步到庭"的改革要求。"一步到庭"加"四个当庭"，构成了庭审实质化改革的主要内容。但是，庭审实质化改革也遇到了一些问题，没有取得预期效果，造成了反复开庭、庭审疲乏、庭审效率低等弊端。因为庭审实质化改革把注意力完全放在庭审阶段，没有能够从诉讼程序的系统性、整体性视角进行改革，而是孤立地、单独地对庭审程序进行改革，尤其是否定了庭前准备的重要意义，使得庭审程序成为"无源之水、无本之木"，庭审很难具有实质效果。

3. 庭审优质化改革

到第三轮司法改革，即2013年11月党的十八届三中全会后实施的司法改革期间，有的法院又提出了从庭审实质化改革向庭审优质化改革迈进的改革目标。② 庭审优质化改革主要是围绕庭审程序应当置于诉讼程序的整体结构中进行改革，而且应当放在司法改革的整体背景下进行，从而使庭审改革能够在真正意义上取得实质化、实效化、非空洞化等改革绩效。因此，庭审优质化改革是一个系统意义上的改革，是宏观意义上的改革和微观意义上的改革之结合。我们现在进行的司法改革，所有的改革成果，归根到底，都要落实到庭审优质化的改革之中。如果庭审优质化改革没有取得应有效果，那么就程序领域而言，我国的司法改革就没有达到原初目标、预期价值和理想效果。伴随着司法体制改革的民事诉讼程序改革之汇聚点，就在庭审优质化改革之中。

(二) 庭审优质化改革的内涵解读

"优质化"的涵义是什么，什么样的庭审可以被评价为"优质化的庭审"？由此产生的问题是，庭审优质化对司法制度、诉讼制度、庭审制度提出了什么要求。这需要对"庭审优质化改革"这一命题的内涵进行解读，这是庭审优质化改革的逻辑起点。这些内涵的制度化就是庭审优质化改革的最终状态。

1. 以审判为中心的诉讼制度改革：制度背景

《依法治国决定》推出了诸多改革举措，其中有一项就是"构建以审判为中心的诉讼制度"。"以审判为中心的诉讼制度改革"是本轮司法改革，尤其是于2016年初启动的本轮司法改革第二阶段的重中之重。前阶段司法改革的成果，要逐渐融合到以审判为中心的诉讼制度改革之中。

以审判为中心的诉讼制度改革，主要是突出法院在纠纷解决中的主导作用，突出审判在纠纷解决中的关键作用，突出庭审在纠纷解决中的核心作用。虽然以审判为中心的诉讼制度改革主要是针对刑事诉讼程序提出的一个改革项目，但是它对民事诉讼制度以及行政诉讼制度的改革都同样具有指导意义。在以审判为中心的诉讼制度改革的大背景下，庭审中心主义的改革凸显其制度价值和实际意义。如果以审判为中心的诉讼制度改革没有落脚到以庭审为中心主义的

---

① 1996年修改《刑事诉讼法》的任务之一就是克服"庭前实体审，庭审走过场"的弊端，实现庭审实质化。参见龙宗智：《庭审实质化的路径和方法》，载《法学研究》2015年第5期。

② 如成都市中级人民法院于2015年10月19日发布了《关于推进民事审判庭审优质化及相关改革工作的实施意见》，该意见有47条。

改革之中，或者以庭审为中心的改革未能实现预期的价值目标，以审判为中心的诉讼制度改革就还带有局限性。以审判为中心的诉讼制度改革的成败，关键取决于庭审程序的改革，庭审优质化改革就是为了适应以审判为中心的诉讼制度改革提出来的，或者说庭审优质化改革就是以审判为中心的诉讼制度改革的题中应有之义。

司法改革的基本逻辑是，司法改革所有的宏观意义上的改革都要落实到中观和微观层面，反过来也是一样，所有的微观和中观层面的改革，都要在宏观层面的司法改革中找到保障和依据。进而言之，法治改革要以司法改革为中心，司法改革要以审判改革为中心，审判改革要以庭审改革为中心。所以，以庭审为中心的改革就提出了庭审程序优质化的价值目标，由此我们也可以看出，庭审程序优质化改革实际上承载了司法改革的全部期待和价值。司法改革的其他内容，归根到底都是为了庭审程序的优质化改革，这是司法改革的临门一脚，是非常核心的改革，也由此敞开了一个制度性窗口，人们由此可以观察到司法改革所有的成果，包括法官自主性审判权、去地方化、去行政化，包括庭审规范化、司法专业化、职业化的水平和程度，包括司法为民、司法民主以及司法公开性、平等性、高效性、文明性等，这些特质和禀赋都是在庭审优质化改革中所要呈现的成果。

2. 庭审在各个程序阶段中最为重要

诉讼程序作为程序的一种，和其他程序一样，都有其自身的阶段性和内在的逻辑性。庭审程序是司法程序的最后一站，也是最为关键的一环，司法程序从启动到准备到最后结出司法果实，形成了许多诉讼阶段，各诉讼阶段相互之间有着内在的逻辑关系，后一个阶段是在前一个阶段的基础上发展、形成起来的，司法的程序也因此得到汇聚，在庭审程序中得到集中展现，并且为裁判文书所认可、固定化，最终予以展示，形成稳定化的司法成果，从而成为推动法治进步、构建法治秩序的"纽结"。庭审既是对诉讼程序所有成果的检阅，又是司法制度、法律制度发展和完善的一个又一个新的起点，庭审处在诉讼程序、司法制度乃至整个法律制度的枢纽地位和源头地位。可见，对庭审程序的改革应当置于相当的高度予以设计。

3. 庭审的内容对司法裁判有实质性意义

庭审之所以重要，不是因为其处在最后，而是因为其内容对司法裁判能产生基础性、实质性、关键性的决定作用。如果司法裁判脱离了庭审过程，庭审不能赋予司法裁判以内容，庭审的价值就会大大贬损，最后就会被自己否定。庭审程序优质化改革的重要性便在于此。

4. 庭审的综合效果达至最优

庭审将会展示司法程序全要素、全方位的效果，它不仅包括事实认定、证据展示、法律适用，还包括庭审营造的司法氛围、司法风格、司法技术、司法能力、司法人员的形象以及司法所产生的普法效果等。所有这些，构成了庭审优质化改革的综合效果。

（三）优质化庭审之内容展开

庭审优质化是可以评估、可以衡量、可以把握的改革目标。主要包括：

1. 案件审判的质量最优化

质量是司法裁判的生命线，低质量就意味着司法裁判缺乏生命力，追求高质量的裁判始终是庭审优质化改革追求的最主要目标。庭审的质量或审判的质量主要包括三方面的内容：一是庭审的实体质量；二是庭审的程序质量；三是庭审的要素质量。庭审的要素质量乃是庭审的所有要素在整体上所呈现出来的制度性质量，也是全要素的庭审质量之总和。要改变单纯以实体质量为标准的裁判评价体系，事实上，离开庭审优质化的程序质量指标和要素质量指标，庭审的实体性质量指标也就失去了依托和支撑。

2. 案件审判的效率最优化

案件审判不仅要快速、及时、省力、节约费用，同时也要效益最大化、效能最大化、效果最大化，在司法投入和司法产出的比例上，要以最小的司法投入获得最优的司法产出，要将经济学上的帕累托最优原理运用和体现在庭审中，要兼顾庭审的程序利益和实体利益，尤为重要的是要确保所生产的司法产品在质量上可靠，没有冤假错案，或者说将冤假错案控制在最低限度。讲效率不能离开公正，只有在公正的基础上，才有效率可言。

3. 当事人的司法获得感最优化

当事人在庭审程序中是否感到满意，对裁判结果是否心悦诚服，其获得感、服从感、信赖感如何，是检验庭审优质化改革是否成功的根本标准，也是检验个案审判质效的根本标准。庭审优质不优质，不是法院说了算，而是由当事人说了算，是否让人民群众在每一个司法案件中都能感受到公平正义，这是需要当事人衡量的事情。为此，需要建立当事人给法官打分的制度，在每次庭审后，尤其在最终的庭审后，要将优质化的具体指标通过表格的形式发给当事人打钩、打分、写评语。这就是司法中的民意测验。比如在有的国家，每当陪审团审判结束，当事人都可获得一张民意测验表来发表对庭审的意见。通过民意测验表达对法官庭审的满意度也是很多国家采用的手法，这是能够直接检验当事人司法满意度的指标。

4. 法官的司法审判水平发挥最优化

法官在不同庭审中所获得的进步动能是不一样的，庭审优质化改革要求法官调动一切积极因素，在庭审程序中最大化地展示出法官的庭审才能、程序技巧、审判水准和司法艺术。庭审优质化最大的考官是当事人和社会，法官是考生，每一次庭审都是法官的一次赶考，能否交出一份令当事人和社会满意的答卷，关键在于庭审中法官能否产生出最优表现，这是法官在诉讼全过程中得分最多的权重所在。

5. 社会公众对司法审判的评价最优化

新时代的司法是开放性司法，现代意义上的庭审是开放性庭审，是当事人及相关利害关系人公开对抗、公平论争的法治论台。司法审判与社会之间要形成有机和谐的互动机制，不能封闭司法，更不能搞司法神秘主义。庭审中既要有序吸纳社情民意，同时也要对社情民意进行反馈，让庭审中所产生的司法价值和司法正能量渗透到人民群众的心灵之中，使社会公众对司法审判能够点头称赞，由此增强司法审判的公信力，提升司法审判的可信赖度，从而形成认同性司法。公众如果对庭审不予信赖，则意味着对整个司法不予信赖，要使整个司法获得社会认同，首先也是最为重要的就是，让庭审获得公众的认可和认同。

二、庭审优质化改革的原因解析

明确了庭审优质化改革的内涵，那么，下一步就要探讨庭审优质化改革何以必要。反向设问，如果不进行庭审优质化改革，民事司法的供给是否还能够满足社会发展提出来的不断增长的需求？庭审制度是否能够与司法改革的其他方面同步前行？对此，我们给出的答案是，我们的司法改革已经到了必须进行庭审优质化改革的阶段。原因是：

（一）诉讼规律之要求

诉讼自有其规律，这主要可分为三个层面加以认识。

1. 司法认识论：由浅入深，由量变到质变的飞跃

诉讼是一种特殊的认知过程，司法三段论的涵摄模式就是哲学上的认识论在司法中的反映和运用，其中大前提是法律规范，小前提是案件事实，结论是司法裁判。司法认识论的基本功

能就是认知案件事实这一小前提。个案之间之所以有所不同,关键不在于法律适用之间存在差异,而在于案件事实这一小前提有所区别。诉讼能否认清这个案件事实,就决定了诉讼水平的高低和层次。这需要按照认识论的原理去构建庭审程序。认识论就是要符合认识的规律,认识的规律是由此及彼、由浅入深、由粗糙到精致、由分散到集中、由感性到理性,最后发生由量变到质变的飞跃,庭审就是由量变到质变进行飞跃从而形成裁判结论的中介和桥梁。对案件事实认知的飞跃过程要恰当地完成,而不致在飞跃过程中遭受挫折,使认识的过程发生阻断或偏移。司法认识论的果实,就是量变到质变的飞跃,这个过程,虽然在庭审前就已经开始,但此前所有的活动都是为庭审中的认识论提供服务和准备的,对案件事实进行认知的主要环节是在庭审阶段。优质化的庭审程序能够保证法官通过庭审活动,实现对案件事实认知的飞跃,形成对案件事实的正确的肯定性认知。反之,如果庭审程序不够优质、不够完善、不够科学,比如庭审次序反复颠倒或者经常被阻断,或者干预性因素能够鱼贯而入,那么,在这样的庭审程序中要做到准确认定案件事实是困难的,甚至是不可能的。

2. 审判逻辑论的要求:由程序到实体

如前所述,从概念上说,司法审判由两个意义上的诉组成,一是实体意义上的诉,二是程序意义上的诉。这两个诉虽然本质上是一个诉的两个方面,不可分割,同时并存,但从诉讼整个过程看,这两个意义上的诉还是有阶段上的差异的。在庭审前的各个阶段,司法审判以程序意义上的诉为主,是明线,实体意义上的诉为辅,是暗线。但到了庭审阶段,情况就发生了变化,实体意义上的诉占据了主导地位,而程序意义上的诉处在相对较次的地位。因此,诉讼的进程就司法审判的重点而言,是一个由程序到实体的过程,而在庭审中,实体性质的司法审判越来越重要,为此,庭审优质化改革就显得更有必要。在该意义上说,庭审优质化与庭审实质化、庭审实体化、庭审实效化等概念是同构的、相近的。我们过去较为重视实体上的诉,轻视程序上的诉,这就使得庭审流于形式,反复庭审的现象严重,乃至形成了程序正义虚无论的观念,认为程序正义无关紧要。此后程序正义论以及由程序正义论引发的程序意义上的诉,受到越来越多的重视,现在形成了程序正义和实体正义并重的格局。目前,我们已经形成了对诉的认识的否定之否定的新的认识成果,也就是程序正义和实体正义并重。从起诉到案件受理,到审理前阶段,再到庭审,是一步一步由程序或在程序伴随下逐步结出实体果实,因此庭审主要是以实体结果的产生为目标的。

3. 诉讼现象论:诉讼是从分散到聚合的过程

各方诉讼主体,各个诉讼参与者都基于其各自在司法程序中的角色和目标任务,各自完成自己的行为,为诉讼进行各种不同的努力。这些不同方向、不同角色、不同努力形成的成果要到庭审中接受检阅,庭审阶段就是各方主体聚合在一起,各自展现出他们诉讼成果的集中性阶段,庭审优质化改革就是使庭审对各方主体诉讼程序的成果能够产生聚合化的效果,最终固化为司法裁判。

(二) 司法规律所使然

1. 司法权为事实判断权:判断需要营造一个优质化的"隔音空间"

案件事实的判断是有一个过程的,同时要有一定的氛围和环境保障,优质化庭审可以为案件事实认定和法官司法判断权的行使营造一个空间,排除杂音干扰,使法官能够捕捉到案件真实所在。案件事实的捕捉是个很微妙的过程,在诉讼法中支配它的原理主要是法官自由心证。法官要自由心证,就需要为其提供一个优质化的思考环境和思考空间,优质化的庭审就是因此营造的。

2. 司法权为规则宣告权：宣告规则需要有一个神圣的制度化场域

庭审中，法官要不断地宣告规则，包括程序规则、证据规则和实体规则。司法审判者是规则的驾驭者、输出者、宣教者。各种与案件有关的规则，都在庭审中经过司法官的口不断按照审理案件的需要呈现出来。庭审是法律规则最为集中的宣告地，规则是神圣的，宣告法律需要神圣的空间，优质化的庭审就是为此而形成的；法官身穿法袍，头顶国徽，在庄严肃穆的法庭中行使国家的司法权，宣告法律规则，当然需要优质化的庭审氛围。

3. 司法权为纠纷解决权：解决纠纷需向社会昭示孰是孰非

纠纷解决是司法审判的最终目标，司法审判归根到底要能够起到解决纠纷的作用，如果纠纷不能得到解决，那么就意味着庭审优质化的目标没有得到实现。解决纠纷需要良好的解决纠纷的氛围，优质化的庭审就是为此而设。

（三）法治规律之所需

1. 法治是法律的统治：法庭为法律规则的"输出与生产车间"

法治是法律的统治，就具体案件而言，法律适用在法庭上，法律解释在法庭上，释法说理也在法庭上。在特殊案件中，经过司法裁判，通过个案的解决，法律规则得以明晰化，有时使法律规则获得更新，陈旧的法律规则为新的法律规则所取代。在该意义上说，法庭就是法律规则的集散地和生产场域，优质化的庭审就是法律规则的加工生产的过程。因此，法庭上必须配备相应的法律规则，法律规则文本应由专门的书记官提供，法官随时可以让其提供解决案件所用的各种法律规则，包括案例，我国还包括司法解释。

2. 法治是理性的治理：作为"对话平台"的法庭

法庭是各方主体汇聚一堂，进行理性沟通、对话交流、求同存异的司法平台。法庭是理性的场域，现代意义上的法治不是官僚性法治，不是科层性法治，不是父爱主义的法治，而是扁平化的法治，庭审就是提供这样的平台，使各方主体汇聚于法庭，立足于各自不同的角色和立场就案件纠纷解决发表各自不同的意见，进行诉审商谈，最终形成共识。这个过程的正当化就是优质化的庭审提供的。

3. 法治是神圣的秩序：庭审具有宣示仪式的价值

庭审固然以实体性价值、程序性价值为主导，但除此以外，庭审还有司法仪式逐渐展开和举行司法仪式的价值。批判庭审走过场、走程序是对的，但是这仅仅是对案件的实质化解而言的，此外，庄严的氛围、必要的仪式、适度的形式也是优质化庭审所必备的要素。

三、庭审优质化改革要解决的"病症"

明确了庭审优质化的内涵，以及为什么要进行优质化改革，第三个问题就自然产生了——庭审优质化改革要解决哪些问题、哪些"病症"。只有这些问题得到了解决，庭审优质化改革的目标方得以实现。非优质化的庭审存在哪些问题？

（一）庭审效果问题

庭审的实质效果不佳，法庭调查走过场、法庭辩论走过场、合议庭评议走过场等现象较为严重地存在。也就是说，庭审往往流于形式，庭审对司法裁判没有发挥实质性作用，这是我们进行庭审程序改革要解决的最大问题。要达到的最上位的目标，就是要使庭审回归到真正的状态，使庭审产生出独立性价值和对司法结果的形成性价值，而不仅仅是工具性价值和形式性价值。

（二）争点问题

法官整理案件事实的争点意识不强、能力稍缺，未能形成以争点为核心的庭审结构。争点是庭审的"牛鼻子"，庭审要紧紧围绕争点进行，如果争点不明确，庭审就漫无边界、不着边际，使得庭审缺乏应有的内聚力、缺乏应有的逻辑性。紧紧围绕争议焦点进行庭审，而不是全面铺开、像摊大饼一样进行审判。优质化的庭审方式就要有争点意识。

（三）庭审界限问题

诉讼请求和审判范围不够明确，诉讼请求对审判范围的约束力体现不明显。民事诉讼实行处分权主义和辩论权主义，当事人提出的诉讼请求，确定了诉讼标的，诉讼标的形成审判对象，审判对象构成了审判范围，审判范围就是本案审判权的界限。优质化的庭审，需要法官严格在审判权界限范围内行使权力。我们现在接触到的庭审，离这个目标还有一定距离。

（四）庭审关联度问题

法官放任无关联的信息进入诉讼，排除和查清案件疑点的手段比较欠缺。通过关联性原则，凝聚庭审资源、汇聚庭审力量的能力比较欠缺，使得庭审任意性增加，所有信息不管轻重主次、与案件关联性的紧密程度和对解决案件的重要性程度，泥沙俱下，很难真正甄别出对案件解决有实质意义的信息和没有实质意义的信息，这样使庭审很难划定明确的界限，效率低下。

（五）举证规则问题

举证责任分配规则运用不熟练。举证责任是非常重要的砝码，它调节着双方当事人的关系，也调整着当事人与法官的关系，左右着诉讼节奏和诉讼步骤。庭审优质化内在的逻辑在实质层面来看，是由举证责任的分配规则来支配的，而举证责任的分配规则，如果运用不熟练，那么举证责任首先由何方当事人承担，在什么时点上进行举证责任的转移，举证责任在什么情况下会倒置，争点判断的内在逻辑就不够清晰。举证责任的分配及对该规则的运用，是法官驾驭法庭、行使诉讼指挥权的有力杠杆。

（六）司法突袭问题

诉讼突袭、裁判突袭等现象较为严重。突袭性审判是一个公正合理的诉讼制度所需要极力避免的，包括来自当事人的诉讼突袭和来自法官的裁判突袭。诉讼突袭中尤为甚者是答辩突袭和举证突袭。如前所述，我国现在还未建立答辩失权制度，被告往往不做事先的答辩，而是到法庭上临时提出答辩意见，这就造成答辩突袭，使原告无法针对答辩进行有针对性的反驳，从而造成庭审质量不高。不仅如此，在庭审过程中，证据的提供往往出乎法官的意料之外或者出乎对方当事人的意料之外，这样的举证在庭审中很难进行有效质证，法官有针对性的认证以及由认证带来的公正的裁判结果无从谈起。所以，答辩突袭、事实主张的突袭、证据提供的突袭、程序步骤的突袭、实体裁判的突袭等问题大量存在。这种突击性的审判在庭审优质化的改革目标下，必须割除，使得庭审能够在公平、有所准备的、实质意义上的平等状态下进行。如果常常出现举证突袭或答辩突袭等，必然会延误诉讼进程，导致诉讼中的不公平和低效率，在严重的情况下还会影响裁判质量。

（七）公开心证问题

法官阐明权行使无章可循，法官公开心证和法律见解严重不足。现代意义上的庭审和过去神秘主义的庭审有很大区别，现代意义上的庭审是透明化的庭审，这不仅是物理意义和过程上的透明化,更重要的是法官心证的透明化以及法官法律观点或法律见解的透明化,法官和当事人始终处在一个平台上,通过相互沟通、共同理解、相互启发、互动互促,共同达到对案件事实的认识并共同形成案件裁判结果。法官在整个过程中需要从神坛上走下来,需要和当事人处在心灵上的平等地位。虽然在法庭上形成了一定的秩序和距离,但是在司法审判的精神层面,需要和当事人处在同质化、均衡性的地位上,不能凌驾于当事人之上,不能故作神秘,要形成一种商谈性、谈心式庭审氛围。优质化的庭审改革不仅对诉讼当事人、诉讼代理人提出一系列要求,更重要的是给司法审判中的主角之一——法官提出了更高的要求。庭审优质化的改革要求法官以阳光化的形象出现在庭审中。

(八) 庭审逻辑问题

法庭调查和法庭辩论之间的制约关系乏力。法庭调查和法庭辩论是庭审中的两个主要的环节,各有自己的使命和任务,互相不能替代,但它们之间的内在关联和内在逻辑没有受到足够的重视,导致法庭调查和法庭辩论产生混同化、空洞化的弊端。如前所述,现在有一种观点认为法庭调查和法庭辩论没有必要划分界限,这种观点就是由此而生的。

(九) 调解虚设问题

法庭调解征求意见形同虚设。法庭调解这个问题,是整个庭审优质化改革中绕不开的问题,庭审优质化改革同时伴随着调解和审判关系模式的调整。后面还要论及这个问题,这里仅仅指法院在庭审中对当事人要不要调解提出问题,由当事人作答,得到否定性回答后,立即终结调解程序,使得这个程序的适用流于形式,这对庭审优质化价值产生的冲击很大,使人们觉得庭审完全是虚化的,调解流于表象。

(十) 最后陈述形式化问题

最后陈述是庭审的最后环节,或者说是由当事人参与的最后一个环节,最后陈述后就是法庭评议,然后宣布判决。最后陈述的意义究竟何在?究竟应该如何进行最后陈述?这些问题都是需要提出来进行反思的。另外,庭审优质化改革要消除一切形式化的阶段,只保留对司法神圣性有价值的部分形式,也就是前面讲的"仪式",比如法官如何走上法庭,法庭整个的格局和庭审中的氛围,等等。

庭审中面临着这么多问题,使得司法公信力、司法权威性、司法效率大打折扣。司法为什么要改革?都是庭审当中存在的这些问题提出来的,所以司法改革无论多么宏观、中观还是微观,都与庭审中存在的特殊病症、问题有这样或那样的关系,针对这些问题,我们需要改革。

四、庭审优质化改革的路径和内容

庭审优质化改革究竟如何进行?可以分为几个方面进行认识。

(一) 庭审优质化改革的层次安排

1. 宏观改革:司法体制改革

要通过司法体制的改革为庭审优质化提供体制保障,也就是要通过去地方化、去行政化改革,保证法院能够独立行使审判权,不受干扰。同时,要通过司法改革,保障合议庭、保证法官个体能够独立审判,使庭审优质化有基本的生存点。反过来,法官不能独立审判,案件审判的结果不是产生于法庭内,那么庭审优质化改革就是一句空话,无从说起。所以,司法体制改革,是庭审优质化改革的必然延伸,庭审优质化改革是司法改革中的必要内容。

2. 中观改革：诉讼制度改革

要通过诉讼制度的改革推进庭审优质化改革，主要是通过诉讼模式、诉讼体制和诉讼机制的改革来达到目的。由职权主义向当事人主义推进，同时司法中的民主制度、公众参与制度等都是改革的重要内容。这些改革将会直接影响庭审优质化改革的成效。其中也涉及民事诉讼法的再次修改问题，所以经过这一轮的庭审优质化改革和司法改革，民事诉讼法的再修改也是必然之义。

3. 微观改革：法官素能养成机制改革

法官是庭审优质化改革落脚的第一主体，庭审是否优质关键取决于主持庭审的法官。庭审程序怎么进行，庭审过程如何安排，当事人的积极性如何调动，怎么排除与庭审无关的信息和外在的干扰，以及如何进行突发性事件应对等方面，均考验着法官的素能。不仅如此，在实质层面，包括在事实材料和法律规范之间往返流转的能力，敏锐捕捉到案件事实真相的能力，查询和解释适用于本案的法律规范的能力，以及综合各种因素进行价值判断和抉择司法导向的能力等，这些都是法官的主要技能。概括来说，也就是认定事实的能力、适用法律的能力、主持庭审的能力、控制局面的能力、驾驭程序的能力等。对于法官在庭审中的能力，司法机关应当形成能力清单，针对这些能力需求进行专题培训和常规评估。同时对于法官在法庭上所能实施的行为，也需要有一个明确的清单，分为正面清单、负面清单和责任清单。法官在法庭上哪些当为，哪些不当为，哪些该说，哪些不该说，哪些行为违反了什么样的规定要承担相应的法律责任，等等，均需加以明确。庭审优质化改革相对法官而言，把法官推到了司法改革的风口浪尖，法官在庭审中以主体性、主观性的形象，活生生地展示出司法改革的成果。

(二) 庭审优质化改革的基本路径

1. 在司法权限上，从司法审批主义向程序内自治的转变

过去习惯的司法仰赖于法庭外的审批，具体来说就是请示汇报，庭审对裁判不具有决定性作用，司法的自治性匮乏。也就是说，庭审缺乏应有的动力机制。现在进行的司法改革，就是要使司法者能够依据庭审这个空间，形成裁判结论，实现程序内的自治。

2. 在纵向诉讼结构上，从诉讼阶段模糊主义到诉讼阶段清晰主义的转变

诉讼程序是分阶段进行的，每一阶段每一环节都有其应该完成的任务、功能和应当起的作用。案件裁判的结果就是各个诉讼阶段功能性的、最终的累积和汇聚。诉讼结果虽然是在庭审的最后阶段产生的，但是它却是从诉讼一开始，就处在裁判因素、裁判因子的形成过程中。每一个诉讼阶段都有其自身的任务和使命，要使每个阶段的作用都能达到优质化。只有每个阶段都能优质化，庭审优质化才有所依托。庭审优质化改革不是完全自给自足的改革，它依赖于诉讼程序的系统性改革，从诉答阶段、审前阶段到庭审阶段以及庭后阶段，四个阶段都要有其明确的界限。每一个阶段都要完成其自身应当完成的功能。目前所看到的是诉讼阶段之间的界限并不是很清楚，庭审和非庭审、庭审内和庭审外没有很明确的界限，法庭内能完成的，法庭外也能完成，没有明确哪些职能应当在庭审前、庭审中或庭审后完成，司法阶段的混沌状态需要通过庭审优质化改革得以消除，使得司法的诉讼资源能够合理进行配置，并起到各阶段功能自治的效果。

3. 在诉讼模式上，从职权主义到当事人主义的转变

庭审优质化改革不是传统诉讼模式的翻版。传统诉讼模式下，法院实行职权主义主导，职权主导的庭审导致庭审程序的虚化和空洞化。在职权主义的诉讼模式下，需要的就是形式化的

庭审，实质性的庭审、优质化的庭审是在当事人主义的诉讼模式下提出来的要求，正是因为在当事人主义下，当事人才真正是诉讼主体，才能在公正公平的平台上，通过其自身努力，追逐对其最有利的诉讼效果。庭审改革离不开诉讼体制、诉讼模式的改革，或者说正是在诉讼模式当事人主义的背景下，才体现出庭审优质化改革的必要性。

4. 在庭审方式上，从卷宗复核主义到卷宗生成主义的转变

卷宗复核主义就是在庭前，在法官的主导下，发挥其职权性作用，收集各方诉讼资料包括证据等材料，形成庭审卷宗，卷宗材料将会成为将来判决的依据。在卷宗材料的形成与判决的生成之间，庭审的作用就被限定为对卷宗既有材料的复核，是一种复核性的审判。实践中过去乃至现在经常看到的裁判方式，就是法官宣布卷宗中的各种材料，宣读各种证据，展示各种证据，由法官一件件就卷宗中的材料进行复核，复核完毕，就进入裁判阶段。但是在庭审优质化改革中，卷宗复核主义要予以消除，要转变为卷宗生成主义，作为裁判依据的所有信息，都应该在正式的庭审中形成，如果没有经过正式的庭审，所有裁判依据的各种材料和信息都不能够生成。这是一个重大的挑战，是一个重大的改革。优质化的庭审不是复核型而是生产型的庭审。

5. 在诉讼性质上，从权力型司法到权利型司法的转变

权力型司法就是法官在司法中，通过运作公权力，进行单向性司法。这种司法容易产生偏断，丧失中立的立场，并且主观主义、片面主义、形式主义的色彩非常浓厚，当事人很难对庭审产生应有的信赖感。这种权力型司法应当予以改变，也就是庭审的主体不再是法官，法官虽然是非常重要的角色，但真正意义上的主角应该让位于双方当事人。法官是司法裁判者，是诉讼秩序的维持者，是法律规则的宣讲者和诉讼过程的指挥者。庭审的实质性内容，应当由双方当事人通过对抗性的互动机制来推进，法官应由管治型的法官变为服务型的法官，这与政府的改革是遥相呼应的。法官在诉讼中，要承担服务型的角色，要耐心地聆听，周全地为当事人充分行使诉权服务，使双方当事人能够通过充分行使诉权，释放纠纷抱怨，使诉讼程序能够产生吸收不满的功能，从而在这个过程中使案件真相、法律争议能够得到确定和化解。所以庭审优质化改革是司法民主主义的产物。

6. 在案管模式上，从多案并存审判主义到一案一审集中审判主义的转变

法官走上法庭把卷宗拿错了，或者法官拿出此前开庭的卷宗材料，花很多时间来重温上次庭审的内容，当上次庭审的内容重温完毕后，所剩下的时间已经不多了，这就使庭审处在遗忘、重温这种恶的循环中，庭审质效极为低下，司法资源极为浪费。需要改变过去案件管理模式和分案模式，使法官手中的案件控制在一定的数量之内，并且原则上要通过一次集中审判来审结案件。

笔者有一个"三三制"的改革设想，也就是一个法官手中最多不超过3个案件，在每次开庭之间的间隔期不得超过3天，最后一次开庭和宣告裁判之间不能超过3天。此外还可以加上，法官对一个案件的庭审次数也不要超过3次。当然这是一种理想的模型或者是期待中的改革愿景。其实，这比较起原本意义上的集中审理主义的要求已经低了许多，在绝对的集中主义审判方式下，一个法官在一段时间内只能审一个案子，审完这个案子才能接另一个。我们目前只能实现相对的或缓和的集中审理主义。法官手中同时审理的数量被控制在3个以下，才能够使司法资源调动到最大化程度，才不至于前面审，后面忘，才不至于反复像贴烧饼一样进行庭审，中间间隔的时间不能太长，不能隔1个月、2个月甚至更长的时间才开下一次庭，这样一方面使得法官保持对案件审判的记忆始终处在清晰状态，同时也能防止各种非正常的因

素、干扰性的因素，趁庭审间隔的期限干扰法官的审判思路，影响法官独立公正审判案件。这虽然距离理想意义上的集中审判主义还有很长的路，但是比起现在的多案并存的分割审理主义模式，应该来说进了一大步。

7. 在裁判模式上，从定期宣判主义到当庭宣判主义的转变

《民事诉讼法》第151条规定了两种宣判模式，一种是当庭宣判，一种是定期宣判，这两种宣判哪种效果更好？比较效果的优劣、高下，当然是当庭宣判的效果更好。当庭宣判，法官的自由心证没有受到污染，法官在庭审中的记忆没有淡忘，法官对案件解决所获得的信息没有遗漏，同时双方当事人对庭审结果的期待也处在最高峰，当事人经过漫长的庭审过程，其盼望法官下判，犹如久旱盼甘霖。所以，庭审优质化改革势必提出一个重大挑战性的课题，就是提高当庭宣判率，从以定期宣判主义为主走向以当庭宣判主义为主。

当庭宣判涉及一个非常重要的问题，就是庭审的结构安排。庭审原则上应是一次庭审主义。一次庭审主义和我们现在所理解的一庭结案主义是不一样的，一次庭审主义不是说只开一次庭，而是说一个案件一次庭审，庭审是一个完整的过程，当中可以根据案件审理需要，进行阶段性划分，形成庭审的间隔，比如第一次庭审就是法庭调查，第二次庭审就是法庭辩论，第三次庭审就是补充辩论、合议庭评议以及当庭宣判，这样就很容易将当庭宣判纳入庭审中，而不是单纯地进行当庭宣判，没有审理内容。稍加改变，我们就可以将定期宣判转化为当庭宣判。在上次庭审结束后，之所以没有当庭宣判，那必然还存在残留问题。残留问题可以在最后一次庭审予以补充性解决，当事人可以补充辩论，补充辩论完毕后，合议庭继续进行评议，然后当庭宣判。当庭宣判不是要求当庭制作完整的裁判文书，而是要当庭宣读裁判文书主文，主文宣读后就不能改变了，法律上就有既判力了，既判力形成就是从这时候开始的。排除了各项干预性因素的庭后影响，使得庭审功能发挥到最大化。

所以，我们不能像过去一样，进行A庭审，两个礼拜后再进行B庭审，B庭审重复A庭审的内容，再补充相关内容，然后进行重复的过程。这样的庭审是一种完全的浪费性庭审，毫无必要。对庭审进行合理的分割，按照庭审的环节、阶段进行，可以先进行程序性庭审，程序性庭审结束后，再进行诉辩性庭审，双方当事人陈述，归纳双方争议焦点，再进行下一次庭审，法庭调查，法庭调查结束后再进行法庭辩论，法庭辩论结束后再休庭，合议庭再行研究，形成比较明确的裁判结果，再进行最后一次庭审，最后一次庭审从补充辩论开始，然后是最后陈述，合议庭评议，评议结束后宣布判决。这样的庭审有一定的紧凑感，同时具有确定性和特定性，而且不会重复。每次庭审前，法官都应宣读或简介上次庭审的结果，在此基础上进行本次庭审。庭审结束后法官应当宣布下次进行庭审程序的哪一个环节，如下一次进行法律问题的辩论，事实问题不再重复。第一次庭审时，法官应当宣布庭审的庭前准备的结果，包括案件的争议焦点，双方的论辩主张。这样使得每一次庭审之间的衔接天衣无缝，没有重叠的程序，所以当庭宣判并不是做不到，稍微转变就可以。

8. 在诉讼准据上，应以诉讼法条主义为主，以诉讼自然主义为补充

从诉讼逻辑上讲，诉讼应当严格按照法律规定按部就班地推进。在庭审中也是如此。这是诉讼的法条主义，也称程序法定主义。但是诉讼法条主义仅仅展现了诉讼一半的逻辑进程，对于具体个案，法条主义需要进行个案化调适。非常典型的就是法庭调查的先后顺序，比如原告先陈述还是被告先陈述，原告先举证还是被告先举证，辩论是谁先谁后，诉讼中是一证一举、一组一举还是综合举证。这些问题在法律框架中应该因案而异，不能机械照搬法条规定。

但是，如前所述，笔者不是很赞同法庭调查和法庭辩论混合进行的方法。① 庭审中逻辑是由三个环节组成的，一是双方当事人宣读起诉状和答辩状，这个阶段是当事人的主张责任在发挥作用，通过这个阶段应当明确双方主张的事实，并且有针对性地形成案件事实争议焦点。根据双方当事人诉答形成双方争议焦点，这是主张责任的作用期间。主张责任履行完毕后，进入法庭调查阶段，法庭调查主要是当事人进行证据展示和对证据进行辩驳，聚焦的问题仍然是案件事实问题，这个事实不是主张意义而是证据意义上的事实。所以，法庭调查应当以证据调查为主要内容。第三个阶段是法庭辩论阶段，法庭辩论阶段的意义如下：在事实层面，把主张责任和举证责任连接起来，通过法庭调查所调查的证据，将双方当事人宣读诉答文书所提出的事实主张连接起来，用法庭调查中认可的具有证据能力的证据，对当事人所主张的事实进行逻辑上的论证，也就是说服责任的履行期间。证据调查阶段当事人履行的是证据提出责任，辩论阶段当事人履行的是举证责任中的说服责任，面向法官将证据和事实有机联系起来，这是法庭辩论的基本意义。由当事人通过辩论，将具有证据能力的证据，针对事实主张，发掘出内在的证明价值或者证明力。这具有对前两个阶段的统合作用，并且承前启后，在事实认定或事实得到统合的基础上，提出法律适用的意见。法律适用的意见在法庭辩论阶段才得以提出，是建立在事实认定的基础上的，如果不是在事实认定基础上，法庭上进行法律适用的辩论就无从谈起。因此，就法庭辩论而言，又应分为事实辩论和法律辩论两个环节，事实辩论在先，法律辩论在后。这便是诉讼的内在逻辑，也是诉讼的理性逻辑主义。

《民事诉讼法》第141条、第144条的规定就是按此逻辑进行设定的，如果将法庭调查和法庭辩论合二为一，会造成两个弊端：一是影响当事人在诉讼中的主观能动性，因为当事人主体性的价值主要呈现在法庭辩论阶段，当事人诉讼能力的高低主要也是在这一阶段呈现。二是会使得诉讼的内在逻辑混乱，调查中有辩论，辩论中有调查，最终会取消当事人的主张权、举证权以及辩论权。当事人在举证时有辩论，辩论时要举证，使当事人在诉讼阶段的应对思路变得很混乱，这也是法院组织庭审驾驭庭审能力低下的表现，是粗放型的司法，不符合优质化庭审改革的取向。优质化的庭审是逻辑思维清晰的庭审，不能诉讼层次不清楚，失去应有的逻辑感。不仅如此，裁判文书写作也要遵循这个基本的逻辑，否则就无法呈现庭审的先后逻辑关系。裁判文书的写作应该直观地对应诉讼全过程，这是诉讼全过程微观的缩影和高度的凝结，裁判文书应当直观并且不失真地反映诉讼过程和全部内容。所以，在诉讼准据上，虽然诉讼自然主义作为辩证司法的原理应容许其存在，但其基础还是诉讼法条主义。

9. 在司法能动的程度上，从控制型庭审到回应型庭审的转变

职权主义的庭审就是控制型庭审，庭审中，当事人被称为法官纠问的客体，这其实是当事人和法官之间关系的颠倒，不符合庭审优质化改革的诉求。法官在改革中要逐渐从主导性角色变成服务性角色，从能动性角色变成回应性角色。优质化的庭审要将诉讼中的主导权交给当事人去行使，诉讼主张和举证、质证、辩论完全是由当事人主导的，法官的责任是维持良好的庭审秩序，给当事人适当阐明和指导，同时对诉讼中需要补充的某些方面进行职权性补充，如补充提问、补充调查等。虽然目前我国还不能完全走向绝对意义上的回应型庭审，但庭审中职权控制型的比重应当相对缩小。

---

① 有关法庭调查和法庭辩论的划分问题的讨论，参见章武生：《我国民事案件开庭审理程序与方式之检讨与重塑》，载《中国法学》2015年第2期；张卫平：《法庭调查与辩论：分与合之探究》，载《法学》2001年第4期。

(三) 庭审优质化改革需要建立的机制

1. 程序分流机制

《民事诉讼法》第136条对此有相应的规定，按照程序对称性原则，复杂程度不一的案件所需要的化解程序应该有不同的处理。有的案件需要进入庭审阶段，有的案件不需要进入庭审阶段，有的案件需要精密化、优质化庭审，有的案件只需要简约化、快捷化庭审，所以在优质化庭审方式改革中，繁简分流是必然机制，是符合案件性质需要的，是符合解决问题的目的的，也不损害当事人的诉讼权利。

但问题在于，在繁简分流机制中，应当如何对待当事人的程序选择权和程序主体权。现在建立的程序很多，有非诉性的程序，如督促程序；有诉讼和非诉讼相结合的程序，如调解程序、司法确认程序；诉讼程序中有普通程序和简易程序，简易程序中还有小额诉讼程序普通程序中还可以做不同的分类，比如单一之诉的普通程序和复合之诉的普通程序、财产型的普通程序和人身型的普通程序等。这需要我们在受案以后、庭审以前，对不同案件进行分门别类，按照不同需要划入不同程序加以处理，在西方这叫作"诉讼程序的多轨道"，也就是我们现在提出的"简案快结、繁案精审"。应该说，这大体上没有问题，需要注意的是，"简案快结"是指不损害当事人诉讼基本权利基础上的快结，是在不损失公正价值基础上的快结，而不是简单的案件就可以无视当事人的诉讼权利，简单案件的处理也有一个优质化的问题。诉讼程序优质化、调解程序优质化、简易程序优质化、小额程序优质化，优质化是对所有案件共同的要求，要实现司法资源和程序资源的分配正义，而不是简单的平均主义。庭审程序的优质化，首先要形成一个良好的、优质化的程序分流机制。

2. 具体诉答机制

诉答是诉讼程序的第一环节，也是诉讼程序的起点，对诉讼程序的范围、诉讼程序的走势和选择适用起到基础性作用。如何发挥诉答机制对庭审优质化的保障作用，这是我们要考虑的又一个问题，我们过去甚至包括现在对于诉答在庭审优质化中的作用重视不够。但诉答不是原告起诉、被告答辩就结束了，因为对诉答程序不够重视，使得后面的庭前准备乃至于庭审程序的进行积重难返，用现在的话说就是"带病庭审"。案件在前一个阶段所要完成的任务没有完成，就进入后一个诉讼程序，这必然导致诉讼程序的阶段性混乱，诉讼的逻辑失调，诉讼的章法紊乱，严重的还可能导致诉讼的方向迷失。所以从诉讼一开始就要进入到优质化的高度紧张状态，而不是前松后紧，前面粗放后面精细，前面劣质后面优质。

诉答阶段最大的职能或任务，就是形成争议焦点。将各方当事人没有争议的事实，没有争议的内容，从案件中标注出来，从此在庭审中不再重复，案件的审判一开始就聚焦到案件的争点中，实行焦点式、争点式审判。争点是庭审优质化的"牛鼻子"，抓住了争点，就能够展现出庭审的魅力，如果没有擒住牛鼻子，案件的解决可能陷入泥潭而不能自拔。所以，要形成具体的诉答机制。

根据具体诉答机制的要求，双方当事人提出起诉状、答辩状后，司法人员要进行审查，看是否符合诉答的要求，如果不符合《民事诉讼法》第119条、第120条、第121条这三条的要求，就应当按照诉答文书修改程序进行修改。只有诉答文书清晰有逻辑的呈现以后，法官对于争议焦点的概括就是水到渠成的事情。良好的诉答就是庭审成功的一半，有许多案件在这个阶段就解决掉了。所以，诉答机制的完善是进行庭审优质化改革的必不可缺的前提条件。

3. 审判预备机制

审理前的准备阶段，是诉讼程序的第二阶段，是承前启后的阶段。承前承的是双方当事人的诉答,启后启的是案件的庭审。诉答的成果要能够制约审理前的准备,审理前的准备要紧紧围绕着诉答阶段后形成的争议焦点进行。争点式的审判就包括了争点式的准备。这里面主要有几项任务:

一是进一步明确争议焦点,对诉答中形成的初步争点,在审前准备时需要重新进行概括。诉讼程序就像一个扇状结构,从诉讼起初,双方的争议问题处在最大化状态,然后逐步缩小,到了庭审时,就形成裁判,化解最后一个焦点。从一定意义上讲,诉讼程序的进行过程,就是争点不断明晰化、不断缩小的过程。这就是争点式诉讼程序、以争点为核心的诉讼程序的基本要领。所以在审判预备机制中,首先要完成争议焦点的再确认。

二是进行证据交换,固定证据。要明确任何不进行证据交换,不按举证期限提出的证据,在法庭上就丧失了证据的资格和能力。证据的固定是庭审之前要完成的一大主要任务。这里特别需要强调庭前会议机制。庭前会议是审理前准备的一种方式。一定意义上讲,也是最主要的方式,改变了过去法院进行庭审准备单方面依职权完成的传统做法,使得审理前的准备产生了在双方当事人的对立之下,通过诉权互动的形式来运作的基本特点。会议式的准备就是其中一种重要方式。通过设定会议的主题,由双方当事人针对该主题进行各项准备工作,从而使法官对进入庭审的各种前提性问题都有个明确性的结论。

庭前会议相继有以下表现形态:首先就是明确争点的庭前会议。在明确争点的基础上双方进行必要的准备,就可以进入证据交换的庭前会议。经过证据交换,双方当事人对于争议问题的认识又得到了进一步深化,双方当事人争议的问题由此得到缩小,继而根据实际情况可以进行调解性庭前会议。这主要是为了调解,提前解决纠纷,提前化解纠纷。如果在庭审之前有一些程序性的问题需要解决,可以举行程序性的庭前会议,包括是否回避、管辖权异议、包括当事人的追加、证据的可采性等问题,可以进行程序性的庭前会议。这是我们进行庭审准备的一个重要方式。在庭前会议的制度中,最为重要的是要明确庭前会议的结果对此后的庭审具有拘束力。

除此以外,审判的预备机制中必须要完成的事项就是法官的职权调查。我国法官的职权调查是有所保留的,不能完全消除,也不能任意扩张,走向任何一个极端都是错误的,不仅要从中国的国情宏观层面考虑问题,并且要从个案解决,追求实质正义的层面来考虑这个问题,要因案而异来确定法官职权调查的范围。以上这些就构成了为优质化庭审做准备的审判预备机制。

4. 争点整理机制

如前所述,争点在诉讼中是由大而小不断变化的,而且争点是有层次的,有一级争点、二级争点、三级争点等。一级争点就是法律要件事实,二级争点就是要件事实下的具体事实,三级争点就是证据事实,四级争点就是辅助事实。是否善于明确争点以及使争点层次得以清晰化,这是考验法官司法能力的重要试金石。要把握好争点,一要有扎实的实体法知识,二要吃透案情。

具体来说,怎么确定争点呢?我们要善于画一个争点图,将一级层次、二级层次、三级层次、n级层次的争点,都用箭头画在图上,像抽丝剥茧一样,形成一个金字塔形的争点结构图。举例说明,比如在一起因欠款所产生的违约之诉中,原告主张被告欠款不还,被告可能就简单地答辩说根本没有借款这回事。如果这样,本案的争点就比较单一,容易概括,法官就可以在庭审时宣布"本案的争议焦点是借款事实是否发生"。但是,如果被告提出一连串的答辩事实,比如:没有借过款;原告所提供的欠条是虚假的;关于签字真伪的鉴定意见不合法;用于鉴定的检材样本并非被告的笔迹；即使借了钱，时效也已过了；原告曾表示过该笔钱不用还了；等等。在这种情况下，法官应当如何概括争议焦点呢？有的法官将本案争议焦点就概括为一句话："被告是否需要向原告还款？"这不属于争点，这是双方诉讼请求和答辩请求的焦点，而不是事实争议焦点。正确的做法应当将本案的事实概括为三个争点：争点之一是借款事实是否存在；争点之二是诉讼时效是否已过；争点之三是债务是否已被免除。这三个争点都是根据实体法上的要件事实而确定的，这属于一级争点。本案中的争议焦点就概括出这三个，就可以了。但是，在庭审时，更为具体的争议焦点还会不断产生。法官对这三个一级争议焦点，应当依序进行审理，先审第一个争议焦点。第一个争议焦点是借款事实是否发生过。原告为此提供欠条作为证据，被告答辩时声称这个欠条是假的，因为上面的签字不是被告本人的，属于伪签。这又形成了一个争议焦点，就是欠条上的签字是否真实。这是第二级争点。原告为此提供鉴定意见作为证据，证明该签字为真实的；被告对此又提出答辩意见，声称鉴定所使用的检材样本有错误，被告为此当场提供自己的笔迹。该检材样本是否有错误就成了第三级争议焦点。争议焦点还可能更多、更细。这是由事实主张所形成的。在证据调查和举证时，次序刚好相反，是从最后一级争议焦点开始举证质证，这是最为关键的环节。解决了最后的争点，上位的争点便迎刃而解。比如在本案中，由于检材样本无误，且无其他错误，所以得出结论鉴定意见是正确的；鉴定意见是正确的，因而签字是真实的；签字是真实的，欠条就是真实的；欠条是真实的，欠款事实就是存在的，原告在该争点上应当获得法官的有利的事实认定。解决了第一个争议焦点，再解决第二个争议焦点，解决了第二个争议焦点，再解决第三个争议焦点，以此类推。同样的道理，在对第二个、第三个乃至第 n 个争议焦点的庭审时，同样可能发生它们内部第二级、第三级等争议焦点，举证质证时还是自下而上、自小而大。这样审理起事实问题，就显得层次非常清楚，当事人也能心服口服。总的来说，我们要洞悉实体法对于实体法律关系的各种规范性的结构，按照要件事实、直接事实、间接事实、次要事实以及原因性事实、损害性事实、过错性事实、因果性事实等标准来确定案件争议焦点。

在诉讼中要明确几个确定争议焦点的时间节点，先是诉答阶段结束后，法官要通过诉答会议来明确双方的争议焦点是什么，告知当事人应当如何进行后续的准备活动，举证责任应当如何分配。然后经过证据交换进行第二次争议焦点的确定，通过庭前会议确定进入庭审中的争议焦点。进入庭审之中双方当事人经过起诉状和答辩状的宣读，法官要重申庭审前所概括的争议焦点事实，并且征求双方当事人的意见，然后进行举证质证，包括局部的认证。法庭调查结束后，再次概括争议焦点，这个争议焦点是用来制约法庭辩论范围的，并且要告知当事人要完全根据法庭调查中的证据，针对诉答中的争议焦点进行法庭辩论，这就是法庭调查对法庭辩论的制约作用，在此基础上进行法庭辩论。法庭辩论结束后，根据法庭辩论的状况，法官要再次概括争议焦点，这是第四次概括争议焦点，也是为后续是否调解划定一个范围。

明确了争议焦点，证据也清晰无疑，能否调解就是自然而言的事情。一般来说，如果前面的程序完全公正、事实证据清楚，此时的调解率是非常高的。换言之，如果在此阶段没有形成调解，说明前面还有审判的死角盲点，还有没有到位的地方，形成了当事人心目中的疑点保留。原告方当事人的判断和法官的判断以及被告方当事人的判断三方判断没有汇合到一起，形不成共识，调解由此无法达成。如果是优质化的庭审，三方的判断本质上是一样的，求同存异才有可能。如果各方主体对案件事实认识大体一致或本质一致，那么调解就是瓜熟蒂落、水到渠成的事情。为什么说调解是"审判的审判"，是"优质的审判"，法谚所谓"瘦的调解胜过胖的判决"就是这个意思，而判决是次优的选择，因为判决本身就意味着双方当事人之间以及他们与法官之间对案件的某种分歧依然存在,所以强制力才有出现的空间。

二审也是这样,也有争议焦点。二审是续审,法官要宣读一审判决,由双方宣读上诉状、答辩状,紧接着概括二审的争议焦点。二审是一审的继续,不是一审的重复,我们说的一、二审审级职能分离,是二审做二审的事,一审做一审的事,各自负责,一审认定事实错误导致二审认定错误的,责任应由一审法官承担。如果是二审法官没有审判到位,应当处理而没有处理的,二审应该承担相应的司法责任。司法责任要点对点、量对量的评估,不能实行最后的责任主义。具体来说,如果在诉答阶段没有完成诉答任务,从而出现错误的,应当由主持诉答的法官承担责任,比如合议庭委托法官进行诉前准备,就是所谓的受托法官,如果他发生了错误,就应该由其负责,要定岗到人,责任到位。所以,现代意义上的庭审,优质化意义上的庭审,是界限十分清晰、权利和责任十分明确的一种庭审。

5. 平等保障机制

优质化的庭审内含着平等保障机制,通过该机制,双方当事人主观能动性得以充分发挥,包括双方代理人能动性的充分发挥。如前所述,法官的定位,概括来说是程序意义上的角色,是裁判者而不是运动员。但是双方当事人如何进行平等对抗,能否形成平等对抗机制,是法官的责任,法官要恰当行使阐明权,进行诉讼指导,采取必要的措施,保证当事人的地位平衡。在平等保障上,既要慎重又要勇为,包括对弱势方当事人在适当的时候要指定代理人。《民事诉讼法》目前没有规定指定代理人制度,但这完全可以通过制度的转换达成目的,如对当事人进行法律援助,由当事人进行委托,将指定代理变为委托代理,这是完全可以的。法院要善用法律援助制度,将法律援助导入庭审之中,使法律援助制度成为调节双方当事人的诉讼地位、实现司法公正、提高诉讼效率的重要武器。

6. 法庭对审机制

实行对审主义是民事诉讼的基本原则,当事人充分调动诉讼能动性进行诉讼中的平等对抗,这是庭审能否达到优质化的根本保障。如果当事人能动性没有调动起来,处于消极应对状态,那么所谓的对审机制就不可能形成。应当考虑建立对当事人在庭前进行适当培训的机制,使其具备起码的诉讼常识从而做到有备而来。

7. 裁判说理机制

裁判文书改革是司法改革的重要内容,裁判文书改革的关键就是裁判要说理。理从何而来,理从法庭而来,从庭审而来,而不是庭后闭门造车造出来的。裁判文书中说理要像镜子一样,将审判的全过程反映出来。如果不进行认真的庭审和庭前准备,不进行认真的诉答准备,那最后裁判文书在说理方面就会显得很干瘪。不充分说理的裁判文书就像鸡肋一样,读不出味道,也反映不出庭审中法官做了什么,当事人有什么样的言和行,以及整个诉讼的演进轨迹如何。高超的裁判文书应该非常形象地反映整个庭审过程。

为什么说诉答文书要有修改机制,因为要将诉答主张、诉辩意见从起诉状、答辩状中摘录出来,使之原汁原味地成为裁判文书的一个组成部分。这是裁判文书的基石。裁判文书既要具有描述性,又要具备说服力,要夹叙夹议,生动活泼,深入浅出,要使社会公众、后来的人们、上级司法机关、任何监督者,都能够从裁判文书中看到双方当事人在诉讼中表现出的精神状况、对立程度,法官做了什么工作,法官的工作责任心、投入的工作热情以及法官水平如何,而不是像八股文一样,将"原告诉称"概括地说一说,"被告辩称"概括地说一说,"证据如下"列一列,"本院认为"三言两语,就算是认定了案件事实,最后依据法律规定作出"裁判如下"。这种简单的三段论没有任何说服力,不符合优质化庭审的要求。

裁判文书不仅要把双方当事人的诉辩对立观点呈现出来，同时要把举证过程中的所有证据，不管是否有关联性、合法性、客观性，都要写入裁判文书中，法官不能任意剪裁。在判断部分可以否定它，但在描述部分却必须尊重它。同时，对方的反映，对方的质证意见，不管有没有道理，也要全部写入裁判文书中。这对诉讼代理人也是一个约束，使其不能任意而为，不能让其任意否定本有真实性、合法性、关联性的证据，任意制造诉讼中的麻烦，严重丧失诉讼诚信原则，违反真实义务，因为后来者的评判会给予其一定负面评价，使其有所畏惧。然后再根据以上举证质证情况，撰写法官如何认证的理由，包括事实认定的理由、结论及整个过程。事实认定要像讲故事一样呈现出整个案件的全貌。在事实认定的基础上，再写如何进行法律评价和进行法律适用。在适用法律的基础上，形成判决的主文，判决主文要照应当事人的诉辩请求。裁判文书是最终的司法产品，这种司法产品将产生多方面的意义，一方面，使当事人服判息诉，个案得到了解决；另一方面，社会公众得到了法制宣传教育。另外，这也为法学理论研究者提供了充分的研究素材，法治秩序、法律体系的完善由此也得到了推动。

（四）庭审优质化改革的制度保障

1. 独立审判制度

优质化的庭审是一种倒逼机制，为了使庭审达到最优质化的程度，就必须发挥出法官的最大限度的能动性；要发挥出法官的能动性，就必须使其有权有责；要使其有权有责，就必须确保法官能够不受任何干预地独立审判；法官要独立审判，法院必须首先要能够独立。因此，机构独立要先行，其次是法官的个体化独立。反过来说也是一样，没有法院的独立就没有法官的独立；没有法官的独立，就没有法官的司法能动性和司法责任心；没有法官的司法能动性和司法责任心，优质化的庭审方式和高层次的庭审水平就无从谈起。所以，独立审判，尤其是法官独立审判，是优质化审判的前提因素。

2. 司法责任制度

"谁审判谁负责"，只有在优质化庭审中才可以提出这个要求。如果审判是流水线的一个环节，那么"谁审判谁负责"中的"谁审判"就是模糊的，"谁负责"也是模糊的，司法责任制的追究就是一句空话。优质化的庭审不仅需要动力机制和激励机制，也需要压力机制和重力机制，使庭审既要快步前进，又要踏石留痕、抓铁留印。只有这样的庭审，才有可能成为优质化的庭审。如果庭审中，法官漫不经心，松垮拖拉，整个庭审就会变得非常枯燥乏味，不仅效率低下，而且质量也不会高。

3. 公开司法制度

庭审是面向整个社会、向社会展示公平正义、展示法律规则、展示各种社情民意、汇聚各种社情民意的领域，现代的庭审一定是公开的、透明的、开放的。这就要求：第一，司法庭审要贯彻言词审判主义，要尽量地要让当事人多说话、尽量地让代理人多辩论、尽量地让证人和鉴定人多到庭、尽量地敞开法庭的大门让社会公众来旁听、尽量地让新闻媒体来监督和宣传报道。第二，法官要消除神秘主义司法的心理和色彩。现代的庭审是协同主义下的庭审，既不是传统意义上的职权主义的法官唱独角戏，也不是当事人主义下的法官消极裁判，而是既要发挥出当事人及其代理人在庭审中的能动性、积极性，也要发挥出法官在庭审中的高度职权作用，要同时调动出两个积极性，这两个积极性一个都不能少，少一个积极性就不能称为优质化庭审。优质化庭审下的法官，不仅要独立公正，而且要善于沟通和调控，既入乎当事人其中，又出乎当事人其外；既要与当事人保持心灵上的零距离，显示出司法的亲和性、温暖性，使司法尽可能人性化，又要像"不粘锅"一样，超脱于当事人的案情，始终保持着独立性、中立性，居中裁判。这个就叫作法官心证的公开和法律见解的公开，这种公开是司法公开这个原则和概念中的最新含义，这是对历史上的法官两个极端的否定之否定，法官过于职权化和过于消极化都无法适应优质化庭审的需要。这就要求法官不仅要学习和积累实体法知识，更要学习和积累程序法知识，只有真正掌握了现代程序法精神和程序正义理论、能够娴熟地运用民事诉讼法的各项规定的法官，才能适应庭审优质化的需求。

4. 人民陪审制度

在庭审优质化改革中，人民陪审员制度的作用是不可小觑的，它对赋予庭审优质化的正当性以及庭审结果的可接受性具有至关重要的意义。可以预断人民陪审员制度的改革将成为我们将来司法改革的也是庭审制度改革的一个非常重要的内容，预示着司法改革和庭审优质化改革的方向。庭审是否优质，人民的口碑最重要，人民陪审员在法庭上的形象和作用的发挥，直接关系到人们对庭审是否优质的评价。目前司法实践中提出的大合议制，对于司法公正的保障很有必要。要增加合议庭的人数，增加人民陪审员参与审判的人数，使其达到一定人数规模，形成其发挥作用的正当化基础。要善于发挥群众参与司法的力量，群众参与司法的力量发挥得越充分，庭审就越优质。

《依法治国决定》提出人民陪审员制度改革重在事实认定而不是法律适用，但这不是人为限制或缩小陪审员发挥作用的空间。现在有一种看法认为，人民陪审员不能对法律适用发表意见，只能对事实认定发表意见，这种理解是偏颇的。人民陪审员重点对于事实认定发表意见，这要求我们充分尊重人民陪审员对事实认定的意见，这种尊重要有一定的拘束力，需要后续的制度保障。人民陪审员对法律适用不是不能发表意见，而是没有对事实认定发表的意见那么有拘束力而已，不能剥夺或者限制人民陪审员对法律适用发表意见的权利。[①] 法律是反映人民意志的法律，人民对法律如何理解本身就是其意志的体现，何来没有权利之说？更何况，法律的理解离不开社情民意，要把社情民意有效导入司法中，主要就是通过对法律的理解和适用，而不是通过事实认定。事实认定需要从陪审员那里获得经验法则，法律适用需要从陪审员那里获得社情民意。陪审员要为司法审判提供两方面营养，一是经验法则，二是社情民意。

5. 法律援助制度

法律援助如何走进法庭，法官如何运用法律援助制度来为平等保护当事人行使诉权服务，是摆在我们面前的课题。法律援助不仅是司法行政机关的责任，司法行政机关提供了法律援助的可能性，供给法律援助的力量，如何利用法律援助力量为司法服务，则是法官的任务。要建立法律援助的诉内与诉外的衔接机制，在尊重当事人意愿的前提下，要确保法律援助落实到位，做到应援尽援、应助尽助。只有法律援助切实发挥作用了，当事人的诉讼地位就有望保持平衡了；当事人诉讼地位平衡或趋于平衡了，庭审优质化的目标才能够达成。

6. 证人鉴定人出庭制度

庭审优质化对两个诉讼原则提出了特别的要求：一是直接审理原则，也就是判案的法官应当直接审案，不审案就不能判案，通常所谓没有调查就没有发言权，说的就是这个道理。没有亲自审理案件，没有亲自询问证人、鉴定人，没有亲自询问当事人，没有亲自参与主持法庭调查和法庭辩论，就不可能对案件事实有真切的感受，也就不可能对案件事实做出准确的判断。

---

① 《人民陪审员法》第 21 条规定："人民陪审员参加三人合议庭审判案件，对事实认定、法律适用，独立发表意见，行使表决权。"第 22 条规定："人民陪审员参加七人合议庭审判案件，对事实认定，独立发表意见，并与法官共同表决；对法律适用，可以发表意见，但不参加表决。"

自由心证的证据制度就是建立在这个原则基础之上的。二是口头言词原则，也就是庭审应当采用口头表达的方式，而不得采用书面审理的方式。要体现口头主义的审理方式，就要求当事人、证人和鉴定人尽量出庭接受询问，用口头的形式来表述案情、证词和鉴定意见。优质化的庭审必然以口头主义和直接主义为主，以书面主义和间接主义为辅。而证人、鉴定人通过口头形式提供证据，才能最大程度地实现案件的真实，才能最大程度地活跃庭审气氛，才能最大程度地克服司法中的形式主义和官僚主义作风。

7. 严格规则主义

优质化的庭审是一种用规则化的秩序编织而成的过程，其所进行的每一步都要有规则的支撑，都要有规则化的依据；按照各项法律规则按部就班地进行的庭审，才是有说服力的庭审，才是高水平的庭审，也才能够称说是优质化的庭审。法官在庭审中固然有一定的裁量权，但这种裁量权只能栖息于规则的缝隙中，而不能脱离规则任意驰骋。这里的"法律规则"，主要是指程序规则、证据规则和带有程序内容的实体规则，如举证责任分配规则、推定规则。在证据规则中，优质化的庭审有特别关注传闻规则、举证规则、心证公开规则。除此以外，对庭审有序化起保障作用的法庭规则也十分重要。

五、庭审优质化改革应当注意的几个问题

（一）做到几个"否定"

1. 先定后审，庭审虚无主义

要实现庭审的充实化、实效化乃至优质化，充分的庭前准备是不可或缺的。庭前要做足准备，需要做到心中有数，到条件成熟、非开庭不可时，才能进行开庭。没有做好充分的准备就匆匆走上法庭，这种庭审就是不结果实的庭审。庭审的资源不能轻耗，庭审是神圣的，庭审一定要富有意义地进行。因此，这里似乎存在一个矛盾或悖论，一方面要做好审前准备，另一方面又不能先定后审。这其实是不矛盾的。我们要否定"先定后审"，否定的是先请示领导或上级，领导或上级给出案件的处理结论后，再进行开庭，从而导致庭审走过场，使庭审完全成了形式主义的产物。庭审优质化所需要的审前准备是排除请示汇报的审前准备，是法官主导下由双方当事人参与进行的审前准备，而不是先形成案件的结论。经过这样的准备，法官对案情已熟稔于心，也有了对案件处理的大致意见，但这个意见是得之于程序内而不是程序外，是正当的意见，也是优质化庭审所需要的意见。法庭是社会化的场域，法官在开庭前需要形成一个确定性、有指向性的意见。但这些意见都要拿到法庭上经受公开检验，这些意见是可以调整修正的。"先请示汇报"认可后的庭审没有意义。

2. 反复庭审，庭审无限主义

庭审不能机械地规定次数，但是理想的庭审或优质化的庭审一定不能多次开庭、反复开庭，庭审的次数要少，庭审的质量要高，质高量少的庭审才是我们通过庭审方式的改革和司法改革所要追求的。在这方面我国的庭审具有深刻的教训，也有许多值得汲取的经验。教训在于：其一，对庭审的重要性认知不足。庭审是解决案件、当事人行使诉权、法院行使审判权、其他诉讼参与人行使诉讼参与权、人民检察院行使法律监督权的关键阶段，它与此前的审前程序和诉答程序以及此后的裁判文书的形成程序等均有显著的差异，其重要性和价值性是最突出的。因此应当对庭审怀有敬畏之心，不能将它与其他诉讼环节和诉讼阶段同视，应当审慎地对待开庭审理。其二，庭审的内部是分环节的，不同的环节具有不同的任务和功能，它们之间具有相互制约和相互支撑的关系，不能混作一团，不分彼此，来回颠倒。其三，庭审的结果直接

塑造裁判的结果，不能将庭审与裁判在结果上分割开来，也就是不能"你辩你的，我判我的"或者"你审你的，我判我的"，从而造成辩与审的分裂、审与判的脱离。但是我国的庭审也有可以总结和传承的经验，其中最为主要的就是法官和当事人及其诉讼代理人在庭审中都有所作为，而不是单纯地强调法官的职权或当事人的诉权。因此，庭审优质化的改革虽然不能机械地为庭审规定一个次数，但至少要提出一个要求，就是每次庭审的内容都不能重复，每次庭审后都应当有一个成果汇总，确认本次开庭究竟解决了什么问题，将这些问题和成果记录在卷，从而成为下一次开庭的起点，没有特别的理由，不能轻易否定上次开庭的结果和所提出的下次庭审要解决的问题。在本次庭审与下次庭审之间要形成一个内在制约关系，而不是一次又一次重复过去的"故事"。概括地说，优质化的庭审不排斥多次开庭，但非常忌讳重复开庭、随意开庭。

3. 审而不判，庭审不结果主义

在司法实践中有时看到，法院开庭进行得轰轰烈烈，最后审判长一敲法槌，不宣布任何庭审结果就休庭了，当事人对此很是失望。当然，这里说庭审要有结果，并不是一定指诉讼案件的最终结果，而还包括阶段性的结果。每次庭审完结后，主审法官或审判长应当向当事人当庭概括一下本次开庭所取得的成果。比如："本次庭审进行了法庭调查，明确了双方的争议焦点如下……同时对以下证据的真实性、关联性和合法性进行了确认……下次开庭进行法庭辩论。"这也是庭审的成果，不过这不是形成判决主文的最终成果，而是庭审的阶段性成果。庭审的最终成果，也就是双方当事人谁胜谁败的诉讼结果，是由庭审的阶段性成果拼接而成的，前一次庭审的成果成为后一次庭审的逻辑起点，后一次庭审是在前一次庭审的基础上继续前行的，庭审的这种先行后继的关系，构成了庭审的逻辑结构，也形成了庭审的一体化状态。

4. 先审后定，庭审降格主义

先审后定与先定后审一样，都否定庭审的实际作用和实质效果，庭审仍然是走过场，审判依然流于形式主义，诉讼的结果还是通过请示汇报或庭审外的阅卷等活动而形成的。先审后定的本质在于，没有经过充分的准备就一步到庭，获得了一个没有开庭前形成预断的"美名"，但是却换来了庭审后请示汇报或者阅卷"补课"的否定性评价。因为如果不做充分的审前准备而实行一步到庭的话，无论法官如何富有经验，只要案情稍微复杂一些，就难以达到通过一次庭审当庭宣判的效果，这样的庭审一定是粗糙的，且一旦当事人临时提出新的证据或新的主张等，主审法官一定会陷入被动状态。这种庭审其实就是浪费时间、精力和费用。正所谓"庭前不努力，庭中乱阵脚"，又所谓"庭审空洞化，庭后忙阅卷"。若庭审没有实际效果，要形成裁判便常有三种途径：一是请示汇报，将案件的审判权推诿出去；二是再次开庭，徒增开庭次数和成本；三是庭后"补课"，通过非常规的询问、调查、阅卷来弄清案件事实。这三种做法都是错误的。请示汇报不符合司法改革的要求，谁裁判谁负责的制度因此难以落实；前面的基础打得不好，再次开庭的效果纵好也有限；通过庭后"补课"来裁判，这是常规的做法，而正是这种常规的做法，使庭审降了格，也就是淡化了庭审的意义和价值，对庭审的"声誉"造成了负面影响。因此，我们既要反对先定后审，也要反对先审后定，而要提倡庭审裁判主义，裁判的结果理应形成于法庭，法庭就是生产裁判文书这一司法产品的"加工厂"或"车间"。

（二）避免几个误区

1. "司法白板论"

现在有一种观点，认为法官开庭前，脑子里对于案件事实应当一无所知，就像一块白板一样。这种观点是错误的。前已说过,我们反对先定后审,反对的是还没有开庭就已有了定案的结果,并不是反对在开庭前对案件事实要有所了解,对证据材料要有所熟悉,对适用于本案的法律问题要有所把握。通过这种庭前准备,或许法官已经心中有数了,但也不属于先定后审,因为这种结果是自然而然形成的,是法官自己形成的而不是上级确定的,是内在的判断而不是外在的判断,也是通过庭审可以改变的结果。事实上,优质化的庭审恰恰要做好充分的庭前准备,反对一片空白地走上法庭。如果法官对案件事实不甚了了,就不应当仓促开庭;只有到法官对案件事实基本清楚时,才能做到从容的审判、优质的庭审。在20世纪90年代我国民事审判方式改革时,就曾提出过"一步到庭论"。这个观点后来遭到质疑,现在已经基本认识到这是不科学的理论。"司法白板论"就是"一步到庭论"的翻版,也是错误的。

2. 程序法官和实体法官"分离论"

诉是统一的诉,程序问题和实体问题是不容易分离的,法官不能轻易分离,将程序法官和实体法官人为地分割开来是不妥的。在同一个合议庭内,不能将案件的程序事项交给一个法官处理,而将实体事项交给其他法官处理。对于案件的解决而言,程序事项和实体事项具有相等的意义和价值,不能厚此薄彼,认为程序事项可由某一个法官处理,而实体事项由合议庭处理;也不能认为程序事项不必通过庭审解决,而只有实体事项才必须通过庭审来解决。比如当事人适格问题,这本身就不能说是一个纯粹的程序事项,也不是一个纯粹的实体事项,应当通过庭审来处理。

3. 卷宗依据论

有种观点认为,裁判的内容都要在卷宗中找到依据,这个观点有其正确的成分,也有错误的地方。正确的部分在于,法院最终的判决,其争点如何、事实主张如何、证据如何、法律观点如何等,都必须在卷宗中找到依据,凡是未经庭审的材料,均不得进入卷宗;凡是不在卷宗中的材料,均不得成为判决的依据,这就是卷宗的基本价值和主要功能所在。尤其是现在电子卷宗要更全面、客观、完整,保存着庭审的最大化信息,其对司法裁判的支撑作用更加明显突出。但是,这些由文字记载下来的庭审信息是有限的,法官要依据庭审呈现出来的完整信息来裁判案件,而不是依据卷宗中的文字符号来裁判案件。法官判决错误了,要自己负责,而不能说卷宗错了所以出现偏差,将责任推向卷宗。司法责任制不在于追究卷宗中的错误,而在于追究判决中的错误。

(三)配套几项改革

1. 法院调解制度改革

庭审优质化改革有一个绕不过去的话题,这就是法院调解和法院审判的关系问题。总的来说,目前关于这个问题有"调审分离论"和"调审合一论"之争。如本书所述,笔者主张"调审分离论"。实现调审分离后,庭审直指判决,就使庭审一直处在严格规则主义的控制下进行,而不致因调解的出现使诉讼规则和其他法律规则"软化"。须知,诉讼规则和其他法律规则一旦"软化",所谓庭审优质化就难以实现了,也难以衡量了。

2. 代理制度改革

诉讼代理制度的完善与否,直接关系到庭审能否达到优质化及其优质化的程度高低。如果当事人一方或双方缺乏足够的参与庭审的能力以及相应的辩论能力,那么,他们就不可能正确地提出诉讼请求、正确地选择诉讼标的、正确地主张事实、正确地提出法律观点和法律意见,到了庭审时,就不能正确地应对法庭调查、正确地进行法庭辩论、正确地行使诉讼权利,因此,虽然当事人有诉讼行为能力,他们能够亲自进行诉讼,但是他们却不能胜任参与优质化庭审的任务。庭审优质化不仅对法官提出高要求，对当事人也提出了高要求，对当事人的高要求最终只能落实到诉讼代理人身上。目前庭审优质化改革需要考虑两个与代理有关的制度：一是强制代理主义，也就是在庭审优质化的主阵地——普通程序中，要逐渐实现律师强制代理主义；不实行律师强制代理主义，庭审优质化一般而言只能是一个理想的目标而已。二是指定代理制度。在目前不实行律师强制代理主义的阶段，作为过渡性制度措施，应当确立指定代理人制度。也就是说，当事人没有聘请律师作为诉讼代理人，而由其本人亲自进行诉讼，但实践表明，该当事人缺乏足够的能力进行有效的诉讼，尤其不能有效地进行庭审活动，也就是其缺乏辩论能力。在当事人缺乏辩论能力时，应当赋予法官为其指定诉讼代理人的权限和职责，必要时通过法律援助来指定代理。

3. 失权裁决制度改革

诉讼中，要规定失权制度，一旦当事人没有认真行使诉讼权利，法官也尽到了足够的阐明义务，该失权就失权，尤其是证据失权。树立一个规则必须有所牺牲，如果对迟来的证据总是迁就，那庭审的优质化目标永远达不成。

（四）解决几个矛盾

1. "案多人少"与庭审优质化之间的矛盾

"案多人少"的矛盾在庭审优质化改革中会变得尖锐起来，因为庭审优质化改革始终要控制一定的案件量，案件量过多，势必影响庭审优质化目标的实现，比如集中审理主义的目标是庭审优质化的题中之义，而集中审理主义反对一个法官同时审理多个案件；一个法官同时审理多个案件，就不能做到连续审理和不间断审理，而只能采用间断式审理方式。因此，在庭审优质化改革中，有两项工作是必须要做的：一是实现对案件的总量控制，使进入法院处理的案件量保持在合理的限度内；二是在诉讼程序自身范围内，要做好程序分流工作。对案件总量的控制涉及法院在解决民事纠纷的各种机制中的定位问题，法院只能解决一定量的民事纠纷，而不可能对所有的民事纠纷大包大揽、全盘垄断。目前所提出的"大调解格局"就旨在解决这个问题。要充分发挥对民事纠纷的司法前处理机制的作用，包括人民调解、仲裁解决、各种社会化调解以及民事纠纷的行政解决。这种多元化纠纷解决机制是一个系统工程，属于国家治理体系和治理能力现代化中的课题。一个国家法治发达程度如何，关键不是看法院能办多少案件，而是看社会救济能够提前化解多少案件。社会救济是司法救济的第一道防线，这道防线对提前解决民事纠纷、减少民事纠纷的案件总量起着重要作用。社会救济对民事纠纷提前解决和过滤这个作用发挥得好不好，与法院有密切关系。法院越公正，社会救济的作用发挥得就越充分；法院的权威性和公信力越低，民事纠纷的社会化解决的功能就越差。社会救济和司法救济这二者之间的关系是非常辩证的，二者一损俱损、一荣俱荣，对民事纠纷的全面解决起连带作用。民事纠纷的社会救济工程构筑成功了，那么，作为自然而然的结果便是进入法院需要进行司法救济的案件就是"必须诉讼"的案件，这种必须进行诉讼的案件量应当是较为稳定的，相对而言也是可控的。法院这个稀缺的资源、审判这块宝贵的好钢，就要用在这相对少数的复杂疑难案件上。

但即便如此，对于进入法院大门的案件仍需要进行程序分流，我们现在惯于称之为"繁简分流"。其实，与社会救济的"大调解格局"相对而言，司法救济则需要形成一个"大诉讼格局"。《民事诉讼法》第136条对此新增加了一个规定，这就是程序分流机制。按照程序分流机制，对法院受理的案件，应当有一个初步的职权性判断，看看这些案件进入什么程序较好，如普通程序、简易程序、小额程序、督促程序、调解程序、司法确认程序、直接申请执行程序等。这是诉讼案件的内部分流，此外还有诉讼案件的外部分流。诉讼案件的外部分流就是对进入法院的案件，进行初步审查后，如果认为比较适合通过社会救济来解决，则还可以将案件分派出去，比如进行委托调解，由商事组织进行调解，或者在当事人的同意下，直接转交人民调解来调解解决，或者通过行政机关的调处来解决，甚至于通过当事人双方的协商、通过仲裁来解决等。要改变一个观念，就是进入法院的案件，都只能通过法院来解决，而且由法院来解决，就只能通过庭审来解决，通过庭审来解决，就只能通过判决来解决。留在庭审中解决的案件，一定是数量较少的具有典型意义或有一定复杂度的案件。只有对这些经过适当的程序分流机制留下来的案件，才有可能进行优质化的庭审。

因此，优质化的庭审是一个倒逼机制，它倒逼此前的所有程序都是优质化的，它倒逼其他的纠纷解决机制也是优质化的，甚至它也倒逼社会救济也是优质化的。法院要成为一个纠纷解决中心，变成"案件批发站"，保留重大复杂疑难案件进行优质化庭审。优质化的庭审不仅解决个案，还要推动诉讼机制和整个法律秩序的完善。可见，优质化的庭审是多元化解纷机制这片绿叶扶出来的"红花"，它本身不可能独善其身。

2. 庭审优质化与审案法官司法能力尚待提高之间的矛盾

庭审优质化对参与诉讼的方方面面主体都提出了新的更高的要求，尤其是，对法官提出了极高的要求和挑战。这里也存在一种辩证的关系：一方面，庭审优质化一定能够不断推动法官司法能力的提高，法官由此将得到很大的进步。在过去的审判中法官水平难以有进步，归根到底是因为庭审的低质化并由此所导致的请示汇报办案模式。现在由于庭审优质化而产生的压力变大了，挑战变多了，法官的进步也更大了。法官通过审案得到进步是对法官最大的回馈，掌握法的精神，在法的精神中实现自我价值，这才是法官自我价值的实现。另一方面，目前我国法官的普遍审案水平还处在需要不断提升的阶段，在这个新旧庭审方式转换期间，法官从事优质化庭审的水平亟待提高，而这种处在较低层次的法官审案水平也在相当大的程度上制约着庭审优质化的改革。这就要求我们：第一，庭审优质化改革必须要深化推进，这个改革的方向不能动摇。第二，庭审优质化改革要由点到面逐渐展开，不宜不分地区差异、不分审级差异、不分案件类型差异等一刀切。这里是否可以提出一个"非均衡的庭审优质化改革模式"的命题，在这种非均衡的改革模式中，在一审程序和二审程序中，二审程序的庭审优质化改革应当先行一步；在基层法院和中级以及中级以上法院的庭审优质化改革中，中级及其以上的法院应当先行一步；在发达或较为发达的区域与落后或相对落后的区域之间，较为发达的区域法院应当首先展开庭审优质化改革；在商事案件和传统民事案件之间，商事案件更加容易推行庭审优质化改革；在人身关系型案件和财产关系型案件之间，财产关系型案件应当率先进行庭审优质化改革；等等。从而在庭审优质化改革中，呈现出一种阶梯式推进的制度态势，最终达到民事诉讼庭审全面优质化的理想目标。与此同时，在通过员额制对法官进行遴选和配置的过程中，也要考虑到庭审优质化的新需求，将优质的法官优先配置到优质化的庭审之中去，由此产生出一种示范效应，促使庭审优质化改革全面开花结果，最终使新型的庭审模式完全取代传统的相对滞后的庭审模式，实现我国民事庭审模式的新陈代谢和时代更迭。

3. 庭审优质化与司法行政化有所保留之间的矛盾

庭审优质化是在司法去行政化改革的基础和前提下提出来的后续改革目标。如果司法去行政化不够彻底，比如说，还是实行以前那样的庭审前请示、庭审后汇报、判决时审批的做法，那么，庭审优质化改革就基本上是一句空话，因为庭审优质化改革缺乏内在的动力机制。

2014年党的十八届四中全会后启动的司法改革以"两去"为总的目标,去地方化是为去行政化开辟道路的,归根到底要去行政化,因此,司法的去行政化改革又是改革的重中之重。但是,我国的去行政化司法改革需要有一个过程,不可能一步到位,比如,作为集体行权的审判委员会还是要适当介入具体个案的司法审判,有一些重大复杂疑难的案件,还是需要提交给审判委员会进行把关、定夺;再如,有一些案件,虽然不需要提交审判委员会裁断,但仍需要向院庭长汇报,并由他们审批,签发裁判文书。此外,还有大量的案件需要通过专业性的法官会议来讨论参谋,这虽然与审判委员会的决策制和院庭长的审批制有所不同,但毕竟表明,有一些案件的答案不是在庭上形成,而是在法官会议上或法官会议后形成的,这也在一定程度上弱化了庭审优质化的指标性效果。这样就在庭审优质化改革与传统的行政化的司法裁判方式之间形成了一定的冲突,行政化的司法裁判方式制约了优质化的诉讼庭审方式的最终形成和全面实现。

为此,笔者提出以下建议,用以解决或缓和司法行政化必要残留对庭审优质化改革所产生的负面影响:第一,尽量扩大无须提交审委会决策的案件范围,将审委会对司法个案的决策权范围尽可能地缩小。第二,改革审判委员会讨论决定司法个案的程序结构,对审判委员会讨论决定司法个案的程序也来一个优质化改造。比如,实行专业化的审判委员会制度,取代过去普适化的审判委员会制度;[①] 尽量使审判委员会的成员亲自旁听案件,减少制约庭审优质化改造的书面审理,使直接言词原则最大化地适用于审判委员会讨论决定个案领域,等等。第三,应当逐渐取消院庭长的实质性审批权,改而成为程序性审批权,最终实现全面取消院庭长个案审批权的目标。因为如果案件确属重大复杂或影响广泛,那么可将案件提交审委会讨论决定,而不必保留院庭长的传统意义上的个案审批权。尤其值得注意的是,即便案件被提交审判委员会讨论决定,也不意味着合议庭审判案件就无须按照优质化庭审的目标来要求自己,审判委员会也要发挥对合议庭的监督指导作用,如果认为合议庭的庭审没有达到优质化的目标要求,审判委员会则不仅应当对合议庭的庭审提出指导性纠正意见,同时在必要时,比如案件事实尚未查清时,可将案件"发回"合议庭重审。审判委员会重在对法律适用问题进行把关决策,而不宜对事实和证据问题进行讨论决定,要按照司法改革提出的要求,将审判委员会的职权限制在法律层面,而不得渗透到事实认定层面。换句话说,在事实认定层面,庭审优质化对合议庭审判提出的要求并没有因为案件要提交审判委员会讨论决定而取消或有所弱化,在衡量和评估的指标上,其与完全独立性审判是一样的。

总体来看,庭审优质化改革在庭审规范化改革和庭审实质化改革的基础上,又提出了诸多新的改革要求,实际上它包容了此前所进行的各种改革的积极成果,更加深刻地揭示了诉讼规律、司法规律和法治发展规律的客观要求。与此同时,庭审优质化改革的逐步深入推进,也将不断地提出新的改革诉求,更加融贯地汇聚和整合着各项改革举措和各种改革元素,各种传统的、新创的、本土的、外来的审判方式和诉讼观念,都要相继被提出,接受庭审优质化改革的拷问和检验,在中国特色庭审优质化的改革面前走向各自去留的命运。

[①] 《人民法院组织法》第 36 条。

第六节　审理中的特殊情形

一、撤诉

（一）撤诉的概念和特点

起诉是当事人的自由，撤诉也是当事人的自由。撤诉，是指提起诉讼的原告或实质上处在原告地位的当事人通过申请或自己的行为，使已经开始并正在进行中的诉讼程序归于消灭的诉讼现象。据此定义，撤诉的特点是：

1. 撤诉的主体是原告

法院不能成为撤诉的主体，撤诉的行为只能由当事人实施。同时，撤诉不可能是被告的行为所导致的，而只能由原告的行为所导致。因为，原告是诉讼的发动者，他可以凭借自己的诉权发动一个本不存在的诉讼，也可以消灭一个已经存在的诉讼；而被告是诉讼的被动应对者，诉讼本不是因被告而生，当然也不能因被告而灭。有独立请求权的第三人相当于原告，他可以提起第三人参加之诉，也可以使这种诉讼归于消灭。必要共同诉讼人如果属于原告方，则其中一人的撤诉申请，其他的共同诉讼人明知而不反对，也可以导致诉讼的消灭。但是，必要共同诉讼人不能通过不到庭或者提前退庭等方式，拟制地使诉讼归于消灭，只有所有的必要共同诉讼人都没有正当理由而拒不到庭，或者到庭后没有正当理由而中途退庭，方能使已经开始的诉讼程序通过默示的行为归于消灭。代表人诉讼的诉讼代表人在取得被代表的当事人同意后可以申请撤诉。《民事诉讼法》第57条规定："代表人的诉讼行为对其所代表的当事人发生效力，但代表人变更、放弃诉讼请求或者承认对方当事人的诉讼请求，进行和解，必须经被代表的当事人同意。"虽然据此规定，代表人诉讼中诉讼代表人的撤诉行为无须取得被代表的当事人的同意，但这是根据文义解释所得出的简单结论，从该条规定的本旨解释来看，所有重大的涉及诉讼程序存续和变动的行为均需要取得被代表的当事人同意，撤诉显然属于重大的诉讼决策行为，事关诉讼程序的存亡，因而理应取得被代表的当事人同意；不仅如此，该条规定和解必须取得被代表的当事人的同意，而撤诉一般都会伴有诉讼外的和解行为，而这里的和解也不限于诉讼中的和解，因而将撤诉解释为如同和解那样需要取得被代表的当事人同意，也符合立法的实质要求。诉讼代表人的默示撤诉行为是否会得到认可，由法院裁量决定。公益诉讼的撤诉由公益诉讼的发动者行使其权利，但在检察机关支持起诉的公益诉讼中，由于检察机关既是诉讼的支持者，又是诉讼的监督者，因而公益诉讼人要撤诉，需要取得检察机关的同意。同样，在检察机关支持起诉的公益诉讼中，公益诉讼人无正当理由拒不到庭或者未经许可中途退庭，是否视为撤诉，由法院裁量决定，但法院在决定前，应当征求作为诉讼支持者的检察机关的意见；检察机关反对按照撤诉处理的，法院不宜按撤诉处理，但可以将检察机关更换为公益诉讼人继续进行诉讼。[①]

[①] 参见汤维建：《检察机关支持公益诉讼的制度体系——东莞市人民检察院支持东莞市环境科学学会诉袁某某等三人环境污染民事公益诉讼案评析》，载《中国法律评论》2020年第4期。

2. 撤诉的行为既可以是明示的，也可以是默示的

撤诉是当事人通过行使程序处分权消灭诉讼程序使之复归于无的意思表示，属于取效性诉讼行为，这种行为既可以公开地明确表述，也可以含蓄地行而不语。明示的撤诉就是指申请撤诉，默示的撤诉包括两种行为：一是无正当理由拒不到庭，二是到庭后未经法庭许可中途退庭。明示的撤诉是明白无误地由原告方当事人表述的意思表示，这种意思表示如果不是由于受到对方当事人威胁、恐吓、误导等原因所致，则均属撤诉的自愿行为，在符合条件下其正当性毋庸置疑；但默示的撤诉是通过消极不到庭或积极退庭而造成的，其是否确为原告的撤诉真实意思表示还很难说，但法律在这种情况下不再探求原告的真实意思，而是从其行为的外观，根据盖然性的经验法则，认为其如果不是撤诉一定会积极地到庭，到庭后也不会无故退庭，而现在原告一反常态拒不到庭却又无正当理由，或者中途退庭又未经法庭许可，法院将这种行为和表现拟制为原告具有撤诉的意思表示，这样的拟制不是没有道理。同时，这种视为撤诉还带有一定的制裁含义，因为其作为原告理应遵守法院的传票通知积极到庭或者到庭后未取得法庭许可不中途退庭，而现在原告居然这样公然违反了法院的诉讼安排和诉讼指挥，起到了很不好的反面示范作用，因而拟制其行为就是撤诉具有正当性。无论是明示的撤诉还是默示的撤诉，其消灭诉讼程序的法律效果都是一样的。

3. 撤诉有狭义和广义之分

狭义的撤诉就是指原告撤回一审诉讼，包括撤回一审普通程序的诉讼、一审简易程序的诉讼和一审小额程序的诉讼三种。广义的撤诉不仅指原告人撤回一审诉讼，而且指反诉人撤回反诉、有独立请求权第三人撤回参加之诉、上诉人撤回上诉、申请再审人申请撤回再审，这五种情形均属广义撤诉的范畴。通常，撤诉是在中义上使用的，包括原告人撤回一审诉讼、反诉人撤回反诉、有独立请求权第三人撤回参加之诉三种，这三种撤诉都属于撤回一审之诉，在实践中如果概念中仅有"撤诉"二字，则不言而喻应包括这三种情形，至于撤回上诉、撤回再审申请，一般都会在概念上用全称表述，而不会简称为"撤诉"。但无论是广义、狭义还是中义，撤诉的本质和基本要求则均无二致。

4. 撤诉是法院的结案方式之一

撤诉的法律效果主要表现为它能使正在进行中的诉讼程序复归于消灭，而通过解决纠纷消灭已经开始的诉讼程序正是法院行使审判权的目标之一。虽然撤诉在实质意义上并不包含纠纷解决之意，但至少在形式上已经提到法院议事日程上的纠纷因为撤诉而不复存在，因此，法院通过对撤诉的审查和认可也可以结束案件的审判过程，撤诉是法院结案的方式之一，与通过裁判解决案件一样计算工作量。实践中，有的法官为了追求办案量，或者回避办案的困难，有时会劝使当事人撤诉（俗称"劝撤"），但这种情形下，当事人撤诉未必真正消弭了纷争，因而此举具有掩耳盗铃之嫌，是不妥当的审判行为，检察机关应加强监督。

（二）撤诉的条件

《民事诉讼法》第148条第1款规定："宣判前，原告申请撤诉的，是否准许，由人民法院裁定。"据此规定，撤诉应当具备以下诸条件：

1. 主体要件

撤诉必须是原告或与原告地位实质等同的当事人，无独立请求权的第三人无权撤诉。

2. 主观要件

撤诉必须是当事人真实意思的表示，如果撤诉是受到威胁、恐吓等外在强制性因素而违背其真实意愿做出的，则撤诉无效，或者应被撤销，撤诉的后果无法发生，发生后也要归于消灭。

3. 合法要件

撤诉必须具有合法性，如果通过撤诉掩盖其不法行为，或者撤诉会导致国家利益、社会公共利益受损，法院则不予批准。①

4. 时间要件

撤诉必须在法院宣判前提出，宣判后提出撤诉无效。宣判前是指，法院还没有将已经起草好的裁判文书正式通过法庭公开宣判出去之前。因此，撤诉所赖以存在的时间段，是法院受理原告起诉以后、法院宣判之前。在原告起诉后、法院受理起诉前，原告如果不想继续进行诉讼，可以向法院申请将起诉状取回或者将口头起诉的记录宣布作废，法院无须进行审查和批准，法院也不得裁定不同意原告将起诉状取回的行为。因为，此时原告的起诉还处在自由阶段，还不是起诉的权利被认可的阶段，被告尚未被引入诉讼程序，被告的诉讼利益没有受到原告起诉的影响，原告起诉的诉讼费用还未缴纳（撤诉要减半缴纳诉讼费），此时，原告的起诉来回自由，尚未到需要使用撤诉制度的诉讼阶段。一旦法院宣判，则判决裁定就产生拘束力，当事人就不能通过撤诉使已经产生法律拘束力的裁判失去效力，因此法院宣判后当事人就失去了撤诉权。

以上四个要件必须同时具备，撤诉方能获得法院的认可与批准。法院在审查、批准原告撤诉申请或裁量决定是否按撤诉处理时，应当征求被告的意见，因为被告的诉讼利益因此而受到了影响乃至损害，被告参加诉讼已经有了较多的花费，尤其是对有可能获得胜诉的被告而言，其胜诉的前景更是因为原告的撤诉而化为泡影，因此，原告撤诉虽然不需要像许多国家所规定的那样要取得被告的同意，但法院应当代替被告进行把关，征求被告的意见就是对被告诉权的尊重和诉讼利益的维护。当然，被告是否同意原告撤诉的意见仅供法院参考，对法院没有绝对的拘束力。② 同时，法院对原告撤诉申请的审查也仅仅进行形式审查，而不进行实质审查，只要符合撤诉的法定要件，法院就应当批准撤诉。无论原告是书面起诉还是口头起诉，法院批准撤诉都应当采用裁定书的方式，而不能采用口头裁定记录在卷的形式，因为撤诉裁定标志着诉讼案件的正式结束，理应采用更显慎重的裁定书方式。对该裁定，当事人没有上诉权，也不能申请复议，但检察机关有权进行监督。

（三）按撤诉处理的情形

按撤诉处理，也称拟制撤诉、视为撤诉或默示撤诉，是指人民法院依照法律的规定，对于原告或类似于原告的当事人的拒不出庭或中途退庭行为，通过裁定的形式，使之产生与申请撤诉相同法律后果的司法处置。如前所述，按撤诉处理带有某种司法制裁的意味，因为原告无正当理由拒不到庭或未经许可中途退庭都是民事诉讼法所禁止或至少是所不倡导的诉讼行为，因而按撤诉处理带有对其行为进行否定的含义。③ 依照《民事诉讼法》及最高人民法院司法解释

---

① 《民诉法解释》第238条。

② 《民诉法解释》第238条规定："当事人申请撤诉或者依法可以按撤诉处理的案件，如果当事人有违反法律的行为需要依法处理的，人民法院可以不准许撤诉或者不按撤诉处理。法庭辩论终结后原告申请撤诉，被告不同意的，人民法院可以不予准许。"

③ 《民诉法解释》第174条甚至规定："人民法院对必须到庭才能查清案件基本事实的原告，经两次传票传唤，无正当理由拒不到庭的，可以拘传。"因此，如果原告经两次传票传唤，无正当理由拒不到庭，而该原告的到庭对查清案件基本事实乃是不可或缺的，法院则不能按视为撤诉处理，而应当进行拘传，强制其到庭。当然，笔者在这里引用该司法解释并不意味着笔者赞同该司法解释，仅想以此表明，视为撤诉或按撤诉处理带有司法制裁的含义，虽然它较之拘传要轻得多。

的相关规定,按撤诉处理的情形主要有以下诸种:

其一,原告经传票传唤,无正当理由拒不到庭的,或者未经法庭许可中途退庭的,可以按撤诉处理。①

其二,无民事行为能力的当事人的法定代理人,经传票传唤无正当理由拒不到庭,属于原告方的,比照《民事诉讼法》第146条的规定,按撤诉处理。②

其三,有独立请求权的第三人经人民法院传票传唤,无正当理由拒不到庭的,或者未经法庭许可中途退庭的,比照《民事诉讼法》第146条的规定,按撤诉处理。③

其四,原告没有按照人民法院的通知预交诉讼费用,或者申请减、缓、免未获批准而仍不预交的,裁定按撤诉处理。④

需要注意的是,即便原告无正当理由而拒不到庭或者未经许可中途退庭,也不是非要按撤诉处理不可;与法院对申请撤诉需要进行合法性审查一样,对视为撤诉处理的情形也需要进行合法性审查,如果不符合合法性要件或其他要件,法院则也不裁定按撤诉处理。⑤

(四) 撤诉的法律后果

1. 撤诉引起诉讼程序的消灭

这是撤诉带来的最直观的法律效果,如果发动诉讼的当事人有鉴于种种原因,如主观原因——原告和被告希望和平解决其纠纷,原告不想将诉讼进行到底以损害其与被告的良好合作关系,等等;客观原因——原告所做的诉讼准备严重不足,证据不够充分,或者草率诉讼,败诉的可能性极大,等等,希望使业已开始、尚未结束的诉讼程序从此归于消失,则可向法院申请撤诉。撤诉的目的无非有二:一是"停战",此后也不想再启诉讼程序;二是"休战",等到准备好以后再启诉讼程序。基于前一种目的之撤诉应受鼓励,基于后一种目的之撤诉不应倡导。但在法律上,无论原告撤诉是出于"停战"抑或"休战",皆无妨碍。

2. 撤诉视同未起诉

撤诉将消除因起诉所发生的诉讼系属,当事人可以另行起诉;当事人撤诉后另行起诉不受"一事不再理"原则的制约。从理论上说,只要当事人愿意交纳一半诉讼费用,他就可以对同一个诉讼反复撤诉、起诉,这样无异于纵容当事人滥用诉权,殊非司法保护诉权之道,因此,对同一个诉讼,当事人撤诉不宜超过两次,否则法院应不予批准。

3. 撤诉导致诉讼时效开始重新计算

诉讼时效因原告起诉而中断计算,在原告撤诉后,这种导致诉讼时效的法定事由已经消失,诉讼时效从法院裁定准予撤诉或者按撤诉处理之日起重新计算。这是撤诉带来的一个对原

---

① 《民事诉讼法》第146条。
② 《民诉法解释》第235条。
③ 《民诉法解释》第236条。
④ 《民诉法解释》第199条规定:"适用简易程序审理的案件转为普通程序的,原告自接到人民法院交纳诉讼费用通知之日起七日内补交案件受理费。原告无正当理由未按期足额补交的,按撤诉处理,已经收取的诉讼费用退还一半。"据此可以推断出,原告不预交诉讼费用按撤诉处理具有司法解释的依据。《诉讼费用交纳办法》第22条规定:"当事人逾期不交纳诉讼费用又未提出司法救助申请,或者申请司法救助未获批准,在人民法院指定期限内仍未交纳诉讼费用的,由人民法院依照有关规定处理。"原告交不起诉讼费用而按撤诉处理应当立法加以规定。
⑤ 《民诉法解释》第238条。

告有利的法律后果。①

4. 原告减半交纳诉讼费用

《诉讼费用交纳办法》第 15 条规定："以调解方式结案或者当事人申请撤诉的，减半交纳案件受理费。"撤诉后原告减半交纳诉讼费用是合理的：一方面，原告起诉又撤诉，责任在原告，原告应当交纳诉讼费用，而不是被告交纳诉讼费用，也不是免交诉讼费用；另一方面，原告撤诉减轻了法院的审判负担，理应减少其诉讼费用，同时减半交费也有鼓励、倡导原告撤诉之意，因为原告撤诉，表明纠纷有可能获得了诉外解决，而通过诉讼外的途径和机制解决纠纷是诉讼制度所肯定的。

在撤诉制度上，还有三个需要指出的问题：

第一，有独立请求权的第三人参加诉讼后，原告申请撤诉，人民法院在准许原告撤诉后，有独立请求权的第三人作为另案原告，原案原告、被告作为另案被告，诉讼继续进行。② 有独立请求权的第三人提起独立的参加之诉后，它就是第三人之诉的原告，原诉的原、被告合在一起成为第三人之诉的被告；与此同时，原诉还继续存在，原诉中的原告一旦撤诉，原诉就随之消失；原诉消失，并不必然导致第三人之诉也因此而消失，第三人之诉还会继续存在。

第二，人民法院准许本诉原告撤诉的，应当对反诉继续审理；被告申请撤回反诉的，人民法院应予准许。③ 原告提起诉讼后，被告有权针对原告提出反诉；在被告提出反诉后，反诉和本诉便处在竞合状态，反诉与本诉合并在同一个诉讼程序中共同进行。然而，在本诉与反诉合并进行的竞合之诉中，本诉的原告和反诉的原告均具有撤诉权，本诉的原告申请撤诉并获得法院准许后，本诉消失，而反诉依然故我，反诉不因本诉的消失而消失。同样，反诉的原告撤诉后，反诉消失，而本诉依然故我，本诉不因反诉的消失而消失。之所以如此，是因为虽然本诉和反诉具有内在的关联性，然而它们均属于独立之诉，都不因对方的消失而消失。

第三，无独立请求权的第三人经人民法院传票传唤，无正当理由拒不到庭，或者未经法庭许可中途退庭的，不影响案件的审理。④ 这是因为无独立请求权的第三人是协助、辅助原告或被告进行诉讼的，其诉讼地位不具有独立性而具有附属性，如果其辅助的是原告，原告撤诉，无独立请求权的第三人也只能顺应原告的撤诉而从诉讼中退出；如果其辅助的是被告，被告经法院传票传唤无正当理由拒不到庭或者未经法庭许可中途退庭，法院则作出缺席判决，无独立请求权的第三人即使出席法庭，也无法阻挡法院作出缺席裁判。反之，如果无独立请求权的第三人经人民法院传票传唤，无正当理由拒不到庭，或者未经法庭许可中途退庭的，则不影响案件的审理。

二、缺席判决

(一) 缺席判决的概念和立法模式

缺席判决是指在一方当事人经法院合法传唤无正当理由拒不到庭或者未经法庭许可中途退庭时，法院依法对诉讼案件所作出的裁判。缺席判决所适用的情形与视为撤诉类似，所不同的

---

① 但这样做也会纵容原告滥用起诉权和撤诉权，应予限制为妥。限制的基本方法乃是将原告再次起诉权限定于原诉讼时效范围内，诉讼时效应恢复计算，而不是重新计算。

② 《民诉法解释》第 237 条。

③ 《民诉法解释》第 239 条。

④ 《民诉法解释》第 240 条。

是，视为撤诉是对原告缺席法庭而言，缺席判决一般是对被告缺席法庭而言，但有时也对特殊情形下的原告适用。

如前所述，各国对缺席判决有三种处置模式：一是将被告的缺席法庭视为不应诉，从而作出被告败诉、原告胜诉的判决，这被称为不应诉裁判主义，英美法国家采此模式。二是将被告的缺席法庭视为对原告事实主张的自认，在此基础上作出裁判，这被称为缺席审理主义，大陆法系国家采此模式。三是将被告的缺席法庭视为出席，在出席原告一方当事人的辩论下作出裁判，我国采此模式。① 英美法模式将被告的缺席视为诉讼对抗权的放弃，因而单纯因为被告的缺席而判其败诉，这种做法过分强调诉讼的对抗色彩，同时也将被告的缺席法庭视为违法行为予以制裁，其做法显然对被告过苛，有失公正之嫌。大陆法模式将被告的缺席法庭视为对原告主张事实的自认，虽然较之英美法模式在法律后果上有所缓和，视为自认并不意味着被告必然败诉，如果原告所主张的事实在法律要件上有所欠缺，则原告仍有可能会遭遇败诉结果。但该模式无视被告答辩状的存在和作用，对提交答辩状的被告和未提交答辩状的被告未加区分做出划一处理，对于提交答辩状的被告而言有失公平。我国模式遵守"以事实为根据、以法律为准绳"的司法原则，不因被告的缺席法庭而作出对其不利的裁判或事实认定，而是实事求是，依然通过出席当事人的单方面辩论，客观全面地认定案件事实，在此基础上作出客观正确的裁判。

（二）我国缺席判决的适用情形

其一，被告经传票传唤，无正当理由拒不到庭的，或者未经法庭许可中途退庭的，可以缺席判决。② 无民事行为能力的被告的法定代理人经合法传唤，无正当理由拒不到庭，或未经法庭许可中途退庭的，可以缺席判决。

其二，原告经传票传唤，无正当理由拒不到庭的，或者未经法庭许可中途退庭的，可以按撤诉处理；被告反诉的，可以缺席判决。③

其三，宣判前，原告申请撤诉的，是否准许，由人民法院裁定。人民法院裁定不准许撤诉的，原告经传票传唤，无正当理由拒不到庭的，可以缺席判决。④

其四，无民事行为能力人的离婚诉讼，当事人的法定代理人应当到庭；法定代理人不能到庭的，人民法院应当在查清事实的基础上，依法作出判决。⑤ 无行为能力人的离婚诉讼中，无论该无行为能力人是原告、被告还是双方当事人，其法定代理人经传票传唤无正当理由而未到庭或中途未经许可而退庭，人民法院不宜作出视为撤诉的裁定，而要在查明事实的基础上作出缺席判决。

其五，无独立请求权的第三人经人民法院传票传唤，无正当理由拒不到庭的，或者未经法庭许可中途退庭的，不影响案件的审理。法院据此作出的判决，对于将被判决承担责任的无独立请求权的第三人而言，也属于缺席判决。⑥

---

① 《民诉法解释》第 241 条。
② 《民事诉讼法》第 147 条。
③ 《民事诉讼法》第 146 条。
④ 《民事诉讼法》第 148 条。
⑤ 《民诉法解释》第 234 条。
⑥ 《民诉法解释》第 240 条。

（三）我国缺席判决制度的完善

我国缺席判决制度相对而言是一个较为完善、较为科学合理的诉讼制度，但其也有缺点：其一，将原告和被告的缺席法庭区别对待，违反了当事人平等原则。同样的收到法院传票传唤而无正当理由缺席法庭，同样的未经许可中途退庭，如果发生在原告身上，则视为撤诉，原告还保留着再次诉讼的可能；如果发生在被告身上，则缺席判决，被告则也没有发表辩论意见的机会，这就在原告和被告之间造成了不平等待遇。其二，我国的缺席判决制度模式不将被告的缺席法庭视为违法行为而作出对其不利的制裁性裁判或事实认定是其优点，但这种模式不区分被告是否提交答辩状而一律进行一方辩论的裁判，对违反诚信原则、视答辩若儿戏的被告而言无疑有放任其缺席法庭行为之嫌，因而对原告有失公平，同时对法院的权威性考虑有所不周。其三，将缺席判决的时间点仅仅局限在法院开庭审理阶段，而没有将缺席判决作为贯彻诉讼始终的一项诉讼制度对待，因而不够周延。同时，缺席判决完全根据实事求是的原则作出裁判，使之失去了起码的制裁作用，不利于督促当事人守纪出庭。至于将来的立法完善，笔者在前面已就"答辩失权"问题做出探讨，在此仅提出补充性观点如下：

（1）无论是原告缺席法庭还是被告缺席法庭，也无论是原告未经法庭许可中途退庭还是被告未经许可中途退庭，法院均应作出缺席判决，而不是对原告视为撤诉，对被告缺席判决。这样有助于保障诉讼当事人的地位平等，也有助于防止原告滥用缺席法庭视为撤诉的权利，确保诉讼诚信原则的贯彻落实。

（2）区分被告是否提交答辩状而对缺席判决做出不同处理。如果被告提交了答辩状，表明其没有放弃答辩权，则对其缺席法庭应当根据其答辩状所提出的反驳性事实和抗辩性事实，根据其所提供的证据进行裁判；如果被告既没有提交答辩状，也不出席法庭进行口头答辩，除非有正当理由，否则应推定其放弃答辩权，将原告所主张的事实视为真实，法院基于此作出本案裁判。

（3）规定不应诉判决制度。在法院受理原告的起诉后，如果被告在收到起诉状副本后在法定期间（15日）内没有提交答辩状而又无正当理由，则应基于原告的起诉状中所主张的事实作出判决。若原告所主张的事实完全符合实体法要件事实的要求，则作出原告胜诉、被告败诉的判决，诉讼程序无须继续进行下去。

三、延期审理

延期审理是庭审期日的变更，具体包括两种情形：一是在开庭审理前，因为特殊原因的出现，使得原来确定的庭审日期不得不延后、改期进行。二是在开庭审理过程中，由于临时出现了未曾预料的突然事由，使得开庭审理不能不停止进行，从而另定日期再次开庭。根据《民事诉讼法》第149条的规定，有下列情形之一的，可以延期开庭审理："（一）必须到庭的当事人和其他诉讼参与人有正当理由没有到庭的；（二）当事人临时提出回避申请的；（三）需要通知新的证人到庭，调取新的证据，重新鉴定、勘验，或者需要补充调查的；（四）其他应当延期的情形。"

在理解延期审理这个概念时，有两个概念与之相近，需要加以甄别。一是延期审理与休庭有所区别。休庭是在开庭过程中，由审判长基于审理案件的需要而决定暂时停止开庭，并即将恢复开庭的庭审制度。休庭一般时间比较短，通常在开庭中间进行休庭，延期审理则一般时间较长，通常在决定延期审理后立即休庭，何时恢复审理难以立即确定；休庭是基于正常事由而发生，比如合议庭需要讨论争议问题，或者开庭时间较长需要中途休息等，而延期审理往往基于突然发生的事情而使开庭难以为继，必须另定期日再次开庭。《民事诉讼法》并未就休庭制度加以规定，因而休庭是司法惯例，延期审理则属于诉讼制度。二是延期审理与诉讼中止有所不同。其一，二者适用的程序阶段不同。延期审理发生于确定开庭期日后或者开庭审理过程中，而诉讼中止则可能发生于审判程序的任一阶段。其二，二者的时间长短不同。延期审理相对于休庭时间较长，但相对于诉讼中止则时间较短。其三，二者的法定事由不同。发生延期审理的事由一般比较常见，比如庭审期日交通严重堵塞以至于无法按期开庭，审理案件的法官、拟参加庭审的当事人或诉讼代理人、关键证人、鉴定人等因身体不适无法正常开庭等，均属于延期审理的法定事由，而诉讼中止则往往因不可抗力等难以克服的事由而发生，这些事由何时消失常常难以确定。其四，二者的性质不同。延期审理仅仅是庭审期日的改变或延后，诉讼中的全部活动可以正常进行，而诉讼中止期间，则任何诉讼行为均处在冻结状态，法院、当事人以及其他诉讼参与人均不得实施任何诉讼活动。在实践中，要防止延期审理制度被滥用。

如果属于法院的原因需要延期审理，则由法院依职权决定，该决定要提前及时通知当事人及其他相关诉讼参与人；如果属于当事人及其诉讼代理人的原因而需要延期审理，则由当事人及其诉讼代理人提出延期审理的申请，是否准许，由法院裁量决定；如果属于证人、鉴定人等其他诉讼参与人需要延期审理，则也由其向法院提出申请，法院斟酌情形决定是否需要延期审理。需要指出的是，延期审理属于法院的诉讼指挥行为，法院应当采用决定而不是裁定的形式加以处理。对该决定，当事人有权提出异议；对该异议，由审判长作出处理。

四、诉讼中止

（一）诉讼中止的概念

诉讼中止是指在诉讼过程中，由于出现了法定事由而使诉讼程序的进行难以为继，因而不得不暂时停止进行、待中止的事由消失后再行恢复诉讼程序的诉讼制度。诉讼中止是临时停止诉讼程序的进行，诉讼程序之所以必须停止进行、以观后效，其原因在于诉讼程序的进行遇到了障碍，而该障碍的存在短时间内尚难以消除。在理解"诉讼中止"这个概念时，需要对其与邻近的两个概念进行区分：一是诉讼中止与延期审理的区别，二是诉讼中止与诉讼终结的区别。诉讼中止与延期审理的区别前已述及，这里仅简述一下诉讼中止与诉讼终结的区别：

其一，二者性质不同。诉讼中止是法院对诉讼程序的临时措置措施，属于法院诉讼指挥权的范畴；诉讼终结则是法院结案的非常方式之一，属于法院行使裁判权的范畴。诉讼中止仅具有程序意义，诉讼终结则除程序意义外，还有实体意义。

其二，二者能否恢复不同。诉讼中止是诉讼程序的暂时停顿，以后还要恢复；诉讼终结则是诉讼程序的永久消失，以后再也不能恢复。

其三，二者的事由不同。诉讼中止的事由是暂时存在但不具有不可克服性；诉讼终结的事由一旦发生便难以挽回，诉讼程序的存续就失去了可能与必要。而且，诉讼中止的事由法院难以列举穷尽，因而立法上会有一个兜底条款；诉讼终结的情形则相对固定和稳定，立法者在立法时便可将其一网打尽，因而立法上没有出现兜底条款。有兜底条款意味着法院具有一定的裁量空间，无兜底条款意味着法院只能严格按法条办事，没有裁量的余地。

其四，法院能否有所作为不同。诉讼中止虽然使诉讼程序处在冻结状态，但这并不意味着法院就完全无所作为，事实上，法院仍然可以就案件的事实问题、证据问题、法律适用问题等事项进行探求，法院解决该纠纷的任务并未结束；诉讼终结一旦裁定生效，诉讼程序完全告竣，法院的审判任务也因此而宣告完成。

(二) 诉讼中止的法定事由

根据《民事诉讼法》第153条的规定，当诉讼中出现以下情形之一，便构成诉讼中止的法定事由，法院即可以且应当裁定诉讼中止。

1. 一方当事人死亡，需要等待继承人表明是否参加诉讼的

无论是原告抑或被告，一旦在诉讼中死亡，其便丧失诉讼权利能力，当事人资格随之消失，诉讼中便缺乏必要的当事人，而诉讼中一旦出现一方当事人乃至双方当事人不存在的情形，诉讼就不能进行下去。然而，当事人一方或双方虽然已经死亡，诉讼程序并不因此而彻底终结，诉讼程序是否终结，还要看是否有继承人承继诉讼。如果有继承人承继诉讼，诉讼程序则予以中止，等待继承人承继诉讼后，恢复诉讼程序的进行，诉讼程序在原有的基础上继续进行。如果没有继承人承继诉讼，或者作为原告的继承人明确表示放弃诉讼，作为被告的继承人明确表示放弃继承，诉讼程序则走向终结，人民法院不得裁定诉讼中止，而必须裁定诉讼终结。

2. 一方当事人丧失诉讼行为能力，尚未确定法定代理人的

诉讼行为能力是当事人实施诉讼行为、进行诉讼活动、产生诉讼效果的必要条件，如果一方乃至双方当事人丧失了诉讼行为能力，都需要依法确定其监护人，并由其监护人作为法定诉讼代理人参加诉讼，代理其进行诉讼活动，而这个过程的完成需要一定的时间，在数人之间究竟由谁充当适格的法定诉讼代理人有时可能还会存在争议，诉讼行为能力的存否或监护人的确定如有争议尚需通过《民事诉讼法》第194条至第197条有关认定公民无民事行为能力或限制民事行为能力的特别程序进行确定，此时则需要裁定中止诉讼程序的进行。

3. 作为一方当事人的法人或者其他组织终止，尚未确定权利义务承受人的

这种情形与上述第一种情形类似，所不同的是第一种情形说的是自然人死亡，这种情形说的是法人"死亡"。法人或其他组织如果遇有法定事由，比如被宣告破产、被宣布解散、被注销关闭、被其他公司收购合并等，则其诉讼权利能力遂告消灭，其诉讼主体地位，无论是原告抑或被告，都需要由权利义务承受人承继，这也属于诉讼承继。如法人被宣告破产后，便由破产管理人承继诉讼；法人被宣告解散或注销关闭后，则由清算人承继诉讼；法人被合并的，由合并后的法人承继诉讼。

4. 一方当事人因不可抗拒的事由，不能参加诉讼的

一方或双方当事人因为不可抗拒的事由在一定期间内无法参加诉讼，则诉讼程序必须中止进行，等待不可抗拒的事由消除后再恢复诉讼程序的进行。导致诉讼中止的不可抗拒事由容易与导致延期审理的"必须到庭的当事人和其他诉讼参与人有正当理由没有到庭的"法定事由相混淆，因为二者都产生于当事人主观愿望以外的客观事由，所不同的是，导致诉讼中止的不可抗拒法定事由相对比较严重，规模较大，历时也较长，一时难以消除，恢复诉讼的进行尚需时日，典型的例子可以举地震、山洪暴发、战争、外交断交、疫情流行等，这些因素的客观存在，使法院难以正常办公、当事人难以正常实施诉讼行为、诉讼代理人难以正常履行代理职责、证人难以作证、鉴定人难以鉴定等，因而诉讼程序不能不被迫中止，待不可抗拒的事由消失后再恢复诉讼程序的进行；而导致延期审理的正当事由则容易克服，无须等待数月乃至逾年的时间，很快就会消失，因而只需改变庭审期日即可，无须中止诉讼的进行。

5. 本案必须以另一案的审理结果为依据，而另一案尚未审结的

诉讼案件与案件之间一般各自依法定程序运行而不会发生相互影响和交叉，然而有时这种情形却会发生。如果一案的处理以另一案处理的结果为前提条件，则该案的进行就要

中止，等待另一案诉讼结果的产生，然后以此为依据恢复诉讼程序，继续该案的审判活动。以民事诉讼为轴心，其情形可概括为三种：第一种是"民民交叉"，也就是该民事案件的处理以另一民事案件的处理结果为前提。比如在继承诉讼中，如果发生了继承人适格的争议，则需要等待另行诉讼的继承人适格争议的最终解决，才能恢复继承诉讼的进行。比如亲子鉴定诉讼还在进行中，继承诉讼则需要中止进行。再如，在民事案件中如果因当事人一方的诉讼行为能力产生了争议，该争议则必须通过另行启动确认公民无民事行为能力或限制民事行为能力的特别程序加以解决，该民事案件需要中止进行。第二种是"民行交叉"，如果民事案件的处理涉及行政程序或行政诉讼程序的前置问题，则必须等待该行政程序或行政诉讼程序结束产生出结果后，方能恢复进行。比如，一方当事人向另一方当事人提出了专利侵权损害赔偿之诉，然而该专利究竟是否属于原告方的，目前还在行政处理或行政诉讼之中，则该专利侵权损害赔偿之诉必须中止进行。再如，在证券侵权损害赔偿诉讼中，如果起诉者尚未经过相应的行政程序便径直起诉，则该诉讼要么被裁定驳回，要么在受理后裁定中止诉讼程序的进行。第三种是"民刑交叉"，即民事案件的处理需要以刑事案件的处理为前提，通常称之为"先刑后民"。比如究竟是合同诈欺侵权还是合同诈骗犯罪，有时界限难以分清，如果当事人已经提起了合同诈欺侵权之诉，而原告或案外人此时又向公安机关报警，涉嫌合同诈骗犯罪的刑事诉讼程序已经被立案启动，合同诈欺侵权之诉则必须中止进行；如果涉嫌合同诈骗犯罪的刑事诉讼程序最终判决犯罪成立，则合同诈欺侵权之诉必须终结进行，相应的损失通过刑事附带民事诉讼或刑事追赃程序来解决。当然这个问题比较复杂，不能一概而论，在上述案件中，实行"刑民并行"模式似也可以，如果这样，则民事诉讼程序就无须中止，可以继续进行。

裁定中止诉讼的原因消除，恢复诉讼程序时，不必撤销原裁定，从人民法院通知或者准许当事人双方继续进行诉讼时起，中止诉讼的裁定即失去效力。[①]

五、诉讼终结

诉讼终结，是指在诉讼过程中出现了法定事由，使得诉讼程序无法继续进行下去，或者进行下去也毫无意义，法院裁定结束本案诉讼程序的诉讼制度。可见，诉讼终结与诉讼中止不同，诉讼终结一旦作出裁定，整个诉讼案件就此了结，法院就可以结案了。结案，就是结束案件，也即在法院案件审理完毕后作出最终裁判或进行最后处理。结案分为两种情形：一是正常结案，如法院作出判决结案，法院裁定驳回起诉结案，法院通过调解结案等；二是非正常结案，诉讼终结就是非正常结案。之所以称诉讼终结为非正常结案，原因就在于它并不是法院通过对案件的实质性审理而结束案件，而是因为出现了法定事由使得诉讼程序不得不永久性终结，以后再也不会恢复。

根据《民事诉讼法》第154条的规定，在发生以下情形之一时，法院裁定诉讼终结：

1. 原告死亡，没有继承人，或者继承人放弃诉讼权利的

原告是诉讼的发动者，也是诉讼的积极推动者，没有原告就没有法官，也就没有诉讼，诉讼程序就此告终。因此，原告死亡后，除非有继承人承继诉讼，从而以承继人为诉讼中的新原告继续进行诉讼，否则诉讼程序由此终结。原告如有继承人并且继承人不放弃诉讼权利，则诉讼程序继续进行。

---

① 《民诉法解释》第246条。

2. 被告死亡，没有遗产，也没有应当承担义务的人的

被告是诉讼中与原告相对立的当事人，也是诉讼责任的最终承担者，如果没有被告，诉讼程序就不能成立；诉讼中被告死亡，诉讼程序将就此告终。但被告死亡后，如果有遗产，或者没有遗产但有继承人或其他人承受义务，诉讼程序则应当继续进行下去。

3. 离婚案件一方当事人死亡的

与前两种情形不同，离婚案件是身份关系诉讼，一方当事人死亡后，婚姻关系自动结束，离婚诉讼不仅失去了诉讼主体，也失去了诉讼目的，离婚诉讼就此告终，不存在继承人承继诉讼的问题。

4. 追索赡养费、扶养费、抚养费以及解除收养关系案件的一方当事人死亡的

追索赡养费、扶养费、抚养费的案件虽然具有财产内容，但该财产内容依附于人身关系，其实体请求权只能由特定的具有一定身份关系的人享有和行使，不具有可继承性，也不具有可转让性，因而诉讼中的原告死亡，诉讼终结；诉讼中的被告死亡，诉讼也终结。解除收养关系案件与离婚案件一样，都属于纯粹的身份关系诉讼，一旦一方当事人死亡，则收养关系自动结束，整个诉讼就宣告终结。

有一种情况需要探讨，即诉讼中止如果经过很长时间（比如若干年）尚未恢复进行，导致诉讼中止的原因难以克服，则诉讼不应无休止地冻结在那里，法院应当实行程序转换，作出裁定将诉讼中止转为诉讼终结。

诉讼终结的裁定一旦作出，即发生法律效力，诉讼程序自此结束。对该裁定，当事人无权提出上诉或申请复议，但确有错误的，法院可以依职权予以撤销，检察机关也可以实施法律监督。

第七节 判决、裁定、决定和命令

一、判决

(一) 判决的概念和特征

当事人提起诉讼，使自己获得胜诉判决，使对方当事人遭受败诉判决，是其追逐和要实现的直接目的；如果当事人提起的诉讼满足了法院作出判决的程序要件，他则可以获得一个判决；如果当事人所提起的诉讼不仅满足了法院作出判决的程序要件，而且还满足了法院作出判决的实体要件，他则可以获得一个胜诉判决，因此为了获得胜诉判决，当事人在诉讼过程中要通过诉讼努力，满足法律所需要的程序要件和实体要件。

判决，是指人民法院通过诉讼程序或非诉讼程序对案件的实体问题所作出的对当事人具有约束力的权威性判定。基于该定义，可知判决的特征如下：

1. 法院是作出判决的法定主体

民事案件的审判权由法院行使，法院行使审判权所产生的结果主要就是判决，法院通过审理案件后认定事实和适用法律作出判决。法院必须是以整体的名义作出判决，而不是以合议庭的名义或独任法官的名义作出判决。除法院外，任何组织和个人均无权作出判决，也不得干涉法院独立作出判决的权力，通过审理作出判决是法院的专属权限，也是法院的主要工作所在。

2. 判决是针对案件的实体问题所作出的判定

诉讼案件分为两个层面的问题：一是程序问题，二是实体问题。法院通过解决程序问题逐

步到达实体问题的解决阶段,法院解决程序问题的方式是裁定,法院解决实体问题的方式是判决,如果该用判决而使用了裁定,或者该用裁定而使用了判决,则属于违式裁判;违式裁判不是必然无效,但法院应当加以纠正。法院对实体问题作出判定,需要分两个步骤进行:一是认定案件事实,二是适用法律作出判决,这就是"司法三段论"的运用。与程序问题的处理可能发生在诉讼全过程有所不同,法院对实体问题作出的判定一般发生在诉讼程序终结之时,实体判决一旦作出并宣告,则诉讼程序就此终结。

3. 判决必须依法作出

法院制作判决不得任意而为,而必须依法而为,必须严格按照民事诉讼法的规定,正确认定案件事实,准确解释和适用民事实体法,按照司法三段论的规律,尊重经验法则和逻辑法则,进行正确的推理和思维,基于客观公正的立场和职业伦理,最终作出符合事实和法律的判决。只有这样的判决才是合法的判决,否则就是不合法的判决,不合法的判决是要被推翻的判决,对当事人不产生应有的法律约束力。可以说,合法性是判决的灵魂,离开了合法性,判决就是一纸空文,毫无价值。

4. 判决是具有约束力的权威性判定

判决就其本质而言乃是法律在个案中的具体化表现,对个案而言判决就是法律,当事人应当像尊重法律那样尊重判决,判决也像法律那样对当事人具有约束力。正因为判决是法律的化身,因而它也像法律一样具有高度的权威性,任何人都有尊重法院判决的法律义务,判决不仅对当事人有拘束力,对作出判决的法院自己也具有拘束力,法院一旦作出判决,它就无权随意更改判决的内容,如果判决确有错误需要推翻,则必须通过上诉审程序或者再审程序加以纠错或改判。判决之所以具有权威性,形式上的原因是它来自于法律本身,实质上的原因在于它具有公平正义性;如果判决失去了公平正义性和基本的道德伦理性,它则根本不配称为判决,这样的判决就要通过法定程序予以撤销。

(二) 判决的种类

根据不同的标准,可以将判决分为不同的种类。具体而言可分为以下几类:

1. 给付判决、确认判决和形成判决

在谈到诉的时候,我们说诉有三种,即给付之诉、确认之诉和形成之诉,相应地,判决也有给付判决、确认判决和形成判决三种。对给付之诉所作出的判决,如满足原告的诉请,则为给付判决,若否定原告的诉请,则为确认判决。之所以否定原告的诉请就变成了确认判决,是因为法院通过判决否定了原告的诉讼请求,实际上就是确认原告不具有给付请求权,因而这种以否定原告给付请求权为判决内容的判决,已经不具有任何给付的内容,而只具有确定的内容,因而变成了确认判决。其深层次的原因在于,确认之诉是所有诉的原型,给付之诉和形成之诉中都包含确认之诉,给付判决是对给付请求权的确认,并在此基础上对被告下达满足原告该给付请求权的指令,因而构成了给付判决。确认之诉所产生的判决,无论是肯定性判决抑或是否定性判决,均属于确认判决。形成之诉所产生的判决,如果是肯定性的判决,则属于形成判决,如果是否定性的判决,则属于确认判决,其原理与给付判决同,不复赘述。将判决划分为给付判决、确认判决和形成判决具有重要意义:只有给付判决才能进入执行程序,成为执行根据,其他的判决,包括确认判决和形成判决,均不得成为执行根据,它们一旦作出就自动实现法律效果,无须执行。

具体而言,给付判决,是指确定当事人之间实体权利义务关系并责令被告履行一定义务的判决。给付判决按照给付的时间点可分为现在给付判决和将来给付判决,按照给付的标的可分为财产给付判决和行为给付判决。其中财产给付判决又分为金钱给付判决和财物给付判决，财物给付判决又分为特定物给付判决和种类物给付判决；行为给付判决又分为积极的作为给付判决和消极的不作为给付判决。无论是何种给付判决，均具有执行力，在义务人不履行义务时，权利人可以申请强制执行。确认判决，是指确定当事人之间的实体法律关系是存在还是不存在的判决，确定当事人之间的实体法律关系存在的判决为积极的确认判决，如确认亲子关系存在的判决；确定当事人之间的实体法律关系不存在的判决为消极的确认判决，如确认婚姻关系不存在的判决。形成判决，也称变更判决或变更形成判决，是指对当事人之间原有的法律关系进行变更，从而以一种新的法律关系取代旧的法律关系的判决，比如离婚判决、解除合同关系判决、所有权登记变更判决等均属形成判决。形成判决依其所存在的法领域，分为实体性的形成判决和形式性的形成判决，前面所举之例均属实体性的形成判决，该类形成判决是对当事人所享有的实体形成权所进行的肯定；再审之诉、第三人撤销之诉、针对执行根据所提出的案外人执行异议之诉等则是形式性的形成之诉，所形成的判决即为形式性的形成判决。这类的形成判决之所以是形式性的，原因在于其形成请求权不是来自实体法，而是来自程序法，而程序法属于形式法，因而称之为形式性的形成判决，也可以称之为程序性的形成判决。

2. 对席判决和缺席判决

按照当事人是否在法院开庭时均出席法庭为标准，可将判决划分为对席判决和缺席判决。对席判决，是指法院在双方当事人均出席法庭进行审理后作出的判决；缺席判决，是指法院仅在一方当事人出席法庭进行审理后作出的判决。可见，对席判决和缺席判决是以当事人是否出席法庭为标志的，而并不必然意味着诉讼中的胜败结果，缺席判决不一定是缺席者败诉的判决，对席判决也不一定意味着是对出席者有利的判决。由于法院开庭审理案件可能会有多次，这里的对席判决和缺席判决是以最后一次开庭为标准而言的。

3. 全部判决和部分判决

根据判决内容是覆盖全部的诉讼请求还是仅仅覆盖其中一部分为标准，可将判决划分为全部判决和部分判决。全部判决是指，对原告或反诉原告提出的所有诉讼请求或反诉请求均一体性作出的判决；部分判决则是指，法院仅对原告或反诉原告提出的全部诉讼请求或反诉请求中的部分所作出的判决。全部判决是判决的最终归宿，作出全部判决后诉讼程序就宣告结束。但有时要作出全部判决需要旷日持久、费时费力，而当事人的诉求如果等待全部判决作出后才能获得满足，则不利于保护当事人的合法权益，并会给其生活和生产造成困难，同时法院要一体化作出全部判决，有时也会显得无能为力，难度颇大，此时对事实问题和法律问题均弄清的部分请求先行作出判决便成为理性选择。因此，《民事诉讼法》第156条专门规定："人民法院审理案件，其中一部分事实已经清楚，可以就该部分先行判决。"实践中，司法人员比较普遍的做法是作出全部判决，而不习惯也不善于作出部分判决，这种倾向应予改变。

4. 中间判决和终局判决

根据判决所针对的诉讼请求，可将判决划分为中间判决和终局判决。中间判决是指对支撑诉讼请求的前提性法律关系所作出的判决，如在违约之诉中先行对合同有效性作出确认判决，这就是中间判决。终局判决是指法院针对诉讼请求所作出的判决，可以是部分判决，也可以是全部判决；可以是生效判决，也可以是未生效判决；可能是一审判决，也可能是二审判决或再审判决。同样，中间判决尽管属于先行判决，但其不同于部分判决，中间判决并不对诉讼请求直接作出判决，而部分判决则是对诉讼请求或反诉请求所作出的判决。中间判决具有以下特点：其一，中间判决属于确认判决，因而中间判决不具有执行力。其二，中间判决是为终局判决服务的判决，因而中间判决只具有前提性而不具有最终的意义，终局判决对中间判决具有吸收性，终局判决一旦形成，中间判决便消融其中而不复存在，因而中间判决只具有争点效而不具有既判力。其三，当事人对中间判决不能提出独立的上诉，若其对中间判决不服，只能等待终局判决作出后与终局判决一并提出上诉。其四，中间判决对终局判决具有拘束力，终局判决必须在中间判决的基础上形成，而不得作出与中间判决相冲突的终局判决。

5. 生效判决和未生效判决

根据判决是否发生确定性法律效力，可将其划分为生效判决和未生效判决。生效判决是指，已经发生确定的法律效力、当事人不得继续上诉表示不服的判决；未生效判决则是指，尚未发生确定的法律效力、当事人可以继续上诉表示不服的判决。我国实行二审终审制，除特殊情形外，任何一审判决作出后均属于未生效判决，当事人均可以上诉寻求进一步的救济，以推翻或改变对其不利的未生效判决。二审判决、已过上诉期当事人放弃上诉权的一审判决、按照特别程序和非诉讼程序作出的判决、最高人民法院作出的判决，均属于生效判决，其他判决则属于未生效判决。

需要指出的是，所谓判决的生效与未生效，与判决的有效与无效不能画等号。一审判决作出后即为有效判决，它对法院有拘束力，法院不得任意变更其所作出的判决。有效判决可以是生效判决也可以是未生效判决，无效判决则是对判决效力进行否定的判决，是不具备有效要件的判决，不存在生效与未生效的问题。

大陆法系国家将生效判决称为"确定判决"，将未生效判决称为"未确定判决"，确定判决只能通过再审程序加以推翻或修改，未确定判决可以通过上诉审程序加以推翻或修改；只有生效判决才产生法律效果，给付判决才具有执行力，确定判决才具有确定力，形成判决才具有形成力。

6. 诉讼判决和非诉讼判决

以判决所产生的程序之性质为标准，可将判决划分为诉讼判决和非诉讼判决。诉讼判决是通过诉讼程序所形成的判决，非诉讼判决是通过非诉讼程序所形成的判决。无论是诉讼判决抑或非诉讼判决，它们都是对实体问题所形成的司法判断，就此而言，二者并无本质区别。所不同的是，诉讼判决与非诉讼判决所形成的程序有所区别：诉讼判决是法院在双方当事人通过公开辩论而作出的，当事人之间存在对立的利益主张，法院在这种对抗性利益主张之间择一或综合进行判决，因此，诉讼判决是对双方当事人之间争议解决的结果；非诉讼判决则是法院根据一方当事人的申请作出的，没有相对立的利益主张，法院对当事人一方主张的实体法效果，根据事实情况依法加以确认或者予以否定，因此，非诉讼判决并不是法院解决争议的结果，而是对当事人所声明的法律状态予以确认或否认的结果。基于此，诉讼判决形成更多地是依据当事人主义的原理和原则，而非诉讼判决的形成则更多地是依据职权主义的原理和原则。在我国，法院作出的判决绝大多数都是诉讼判决，只有极少部分是非诉讼判决。诉讼判决原则上实行二审终审制，当事人对一审判决有上诉权；非诉讼判决一概实行一审终审制，当事人对判决无上诉权。诉讼判决生效后若有错误，只能通过再审程序加以纠正；非诉讼判决生效后若有错误，只能通过恢复启动制作该判决的非诉讼程序加以撤销。值得注意的是，这里所言的诉讼判决和大陆法系国家的诉讼判决的概念有所不同，在大陆法系国家，实体判决称为本案判决，对程序事项作出的裁定称为诉讼判决。在我国，裁定与判决泾渭分明，裁定针对的是程序事项，判决针对的是实体事项，与大陆法国家的用语不同，与英美相似。

7. 原始判决和补充判决

根据判决的形成时间可将判决划分为原始判决和补充判决。原始判决是指，法院在对案件审理终结时所作出的最初判决；补充判决则是指，在法院作出原始判决后发现有漏判事项，依职权作出的补充性判决。比如，法院作出判决对本金进行了确认，但对利息忘记作出判决了，则可以对利息部分作出补充判决。补充判决必须在当事人提出上诉之前进行，在当事人上诉后，法院即无权进行补充判决。

需要指出的是，补充判决与更正判决或判决书的补正有所不同。根据《民事诉讼法》第157条第1款第7项的规定，"补正判决书中的笔误"应当使用裁定。更正判决也称补正判决或判决书的补正，是指对判决书中的笔误所进行的更正，比如计算错误、表述错误、错别字等，作出判决的法院对判决书中的这些笔误或瑕疵有权依职权进行更正，无须当事人提出申请，当事人也不得提出异议或因此而提出上诉，法院更正判决无须经过当事人的庭审辩论，如有必要，法院可以听取当事人的意见。然而，与更正判决不同的是，法院作出补充判决是一种独立的判决，它与原始判决一样，都应当经过法院开庭审理程序，如果此前已经进行过庭审调查和法庭辩论，法院作出补充判决则无须再次经过庭审过程，而可以依申请或依职权径直作出补充判决。对于补充判决，当事人有独立的上诉权，其上诉期间应当另行计算。诉讼费用遗漏未判的，法院也可以进行补充判决，但当事人不得单独对该补充判决提出上诉，而只能与原始判决一并提出上诉。法院该补充判决而未补充判决的，当事人可以就该部分诉求另行诉讼。

判决的划分还可以有许多标准和角度，比如按照制作判决所依赖的诉讼程序可将判决划分为一审判决、二审判决、再审判决等；对当事人而言，也可划分为胜诉判决和败诉判决，胜诉判决和败诉判决中又可细分为全部胜诉判决和全部败诉判决以及部分胜诉判决和部分败诉判决等。

（三）判决的内容

根据《民事诉讼法》第155条的规定，判决的内容主要包括以下内容和要素：

一是案由、诉讼请求、争议的事实和理由。案由是基于诉讼标的为了司法管理所确定的诉讼类型的表述，其功能主要是识别法院所审理的各种类型的民事案件，同时也便于法院内部对民事案件审判进行分工负责。诉讼请求是当事人通过诉讼向法院提出的实体权利主张，当事人所提出的诉讼请求必须具体明确，广义的诉讼请求包括被告针对原告提出的反诉请求，无论是本诉请求抑或反诉请求，法院均需按照原告起诉状或被告反诉状的主张在判决书中记载清楚。诉讼请求与判决主文遥相呼应，诉讼请求在先，判决主文在后，判决主文就是对诉讼请求的最终回应。诉讼请求可能会得到全部满足，也可能只能满足其部分，也可能完全被驳回。诉讼请求所依赖的诉讼标的是法院裁判的对象，法院对诉讼标的进行裁判后，诉讼请求是否被满足及其被满足的程度方能得到具体的体现。争议的事实和理由是由双方当事人从正相反对的两个方面提出的事实主张所构成的，当事人表面上争议的是权利，实质上争议的是事实，当事人为了获得胜诉判决，必须要主张有利于自己的事实并对其加以证明。这里的"争议理由"，是指当事人对案件事实及法律适用所持的观点、意见和认识，它来源于当事人对事实问题和法律问题的主观判断，这一主观判断是否正确，需要法院加以最终的裁断。如果形象地比喻，案由大概相当于故事的名称，诉讼请求大概相当于故事要达到的效果概述，而争议的事实和理由则大概相当于故事的情节及其展开。

二是判决认定的事实和理由、适用的法律和理由。当事人争议的事实需要法院判断，何方当事人所主张的事实为真，何方当事人所主张的事实为伪，或者当事人各方所主张的事实哪些是真假参半，这些问题被称为案件的事实问题。案件的事实问题是解决案件的关键问题，事实问题决定法律问题，法院在认定事实的基础上展开法律的适用过程。适用法律的过程就是形成诉讼结果的过程，当事人中何方胜诉、何方败诉抑或胜败参半，都是由法院通过事实认定和适用法律来给出最终的答案，这部分的内容构成了判决书的主体部分。上述第一部分的内容为判决书的头部，后面第三部分的内容为判决书的尾部，中间第二部分是判决书的"身体"，篇幅最大，承上启下，为判决书的重中之重。所谓"裁判要说理"，说的就是这部分的理，包括事实之理和法律之理。

三是判决结果和诉讼费用的负担。判决的结果就是法院通过对诉讼案件的审理最终要给出的法律答案，当事人最关注的就是判决结果。如果判决结果满足了当事人的诉辩请求，则他对裁判说理部分一般不会纠缠；裁判说理主要是说给败诉方当事人听的，败诉方是否心服口服，取决于裁判说理是否合情合理、是否有说服力。与裁判理由越详细越好不同，判决结果的撰写则是越简明扼要越好。判决结果是针对诉辩请求而给出的回答，诉辩请求有理有据，则满足之；诉辩请求无理无据，则驳回之。判决结果是一个中间性概念，上承诉辩请求，是对诉辩请求的答复；下启既判力，是既判力的存在空间。当事人将来提起的诉讼是否会遭遇"一事二诉"的困境，只需要与判决结果对照一下便知。在判决结果载明之后，诉讼费用的负担或分担便水到渠成，因为诉讼费用的负担是与判决结果的孰胜孰败紧密关联在一起的。但诉讼费用本身不属于严格意义上的诉讼请求，因而也不属于严格意义上的判决结果，而仅仅是附随于判决结果的费用分担而已。诉讼费用的依据是诉讼法，而判决结果的依据是实体法。

四是上诉期间和上诉的法院。当事人不服地方人民法院第一审判决的，有权在判决书送达之日起15日内向上一级人民法院提起上诉。

（四）判决的效力

判决的效力是蕴含在判决中的法律上的力，这种法律上的力分为三个层次：一是程序法上的力，二是证据法上的力，三是实体法上的力，分别称之为判决的程序效力、判决的事实效力和判决的实体效力。以下分别阐述。

1. 判决的程序效力

判决的程序效力是指判决作出后，在程序法上所产生的形式上的拘束力，包括对法院的拘束力和对当事人的拘束力。对法院的拘束力表现为，法院一旦作出判决，就不能随意改变或推翻；如果判决确有错误，需要修改或推翻，也必须按照法定程序为之，而不得任意为之。判决对当事人的拘束力表现为，当事人对一审判决只能提出上诉，不得另行起诉；对于生效判决，只能申请再审，不得继续上诉，也不得另行起诉。判决的程序效力来源于程序法，因为判决是根据程序法而作出的，因而程序法所具有的拘束和权威力，便体现为判决的程序效力；由于判决的程序效力只问形式不问内容，因而又称之为判决的形式效力。判决的形式效力依赖于判决的有效成立，若判决尚未有效成立，则判决的拘束力也无从说起。判决的形式效力是判决其他效力的基础和前提，如果判决不具有形式效力，则其在事实上的效力以及实体上的效力，便都无从依附，也无从产生。因此，判决的形式效力是判决的底线效力，如果判决缺乏形式效力，则根本上便不能称其为判决。

2. 判决的证据效力

判决中关于事实的判定对将来的或其他的诉讼具有拘束力，如果没有足够相反的证据将此前的事实认定予以推翻，则主张该事实的当事人免除对其加以证明的法律责任，法院必须以之为有效证据作出事实认定，不得在事实认定上与此前判决所确定的事实相冲突。判决的证据效力存在于判决书的两个部分：一是判决书的主文部分，该部分判决表面上看是对诉讼请求的肯定或否定，实质上却是对诉讼标的之客观判断，同时蕴含着对案件要件事实的认定。比如，判决书主文表述为"原被告之间存在亲子关系"，这种亲子关系的认定既具有法律上的意义，也具有事实上的意义。在将来的诉讼中，比如在继承诉讼中，关于继承人的亲子地位如果再生争议，则此前的判决主文即具有证据效力，这种证据效力来源于判决主文因而具有绝对性，当事人即便有相反的证据也不能将其推翻；对判决主文证据效力持有异议的当事人只能通过启动再审程序推翻此前的判决，才能推翻判决主文所具有的证据效力。二是判决书的理由部分。裁判理由包括裁判的事实理由和法律理由，裁判的法律理由不具有证据效力，对此后的判决不具有事实上或法律上的拘束力，裁判的事实理由则具有证据效力。裁判的事实理由之所以具有证据效力，乃是因为该事实理由已经经过了司法正当程序的判断，双方当事人已经通过诉讼程序对案件中的事实问题进行了辩驳，他们已经充分行使了诉讼权利，法院在此基础上所作出的事实认定具有正当性、权威性、稳定性，其不仅在本案的解决中有效，而且在将来的诉讼中也同样有效。比如说，当事人提出离婚之诉，在诉讼中原告指摘被告有第三者插足的过错，由此导致双方感情确已破裂，婚姻关系无法维持，法院据此判决离婚。在原告此后提出的夫妻分割共有财产的诉讼中，其主张被告对婚姻关系的破裂具有过错因而分割财产应当少分乃至不分，对被告的该过错事实原告只需要主张，无须举证证明，被告若否认，则必须提出强有力的具有足够证明力的本证证据加以推翻。裁判理由中的证据效力与裁判主文中的证据效力有所不同，前者为相对效力，后者为绝对效力；前者可以在本案中推翻，后者不得在本案中推翻，而必须另启再审程序加以推翻。之所以二者的证据效力有层次上的差异，原因就在于，前者是对单纯事实的判断，后者是对包含法律效果的要件事实的判断。推翻前者只需要在本案中提出相反证据即可，就像在此前的诉讼中提出相反的证据将其推翻一样；推翻后者则需要连同法律效果一起加以推翻，而法律效果的推翻不能在其他的诉讼程序中加以实现，只能依循原有的程序路径、启动再审程序。可见，前者的证据效力来源于对争议事实的判断，后者的证据效力来源于对争议法律关系的判断，前者被称为"争点效"，后者则属于既判力对事实问题的效力，属于既判力的组成部分。我国民事诉讼上所言的判决的预决效力，乃兼指争点效和既判力的事实效。

3. 判决的实体效力

判决的实体效力是指根据实体法的规定，判决所具有的法律效力。判决所具有的实体效力分为两个层次：一是判决所具有的固有效力，二是判决所具有的派生效力。判决所具有的固有效力是指判决一旦作出就本身带有的效力，这种效力不依赖于任何外在因素而固有地存在，无论当事人是否另有将来的相关诉讼，都不影响这种效力的客观存在。判决的固有实体效力依判决的类型不同而有差异，具体包括确认判决所具有的确定力、形成判决所具有的形成力、给付判决所具有的给付力或执行力。对于确认判决而言，判决一旦生效，争议的法律关系或法律事实便得到了确定，当事人不得再生争议；对于形成判决而言，判决一旦生效，原有的法律关系便被新的法律关系所取而代之，当事人按照新的法律关系继续过法律上的生活；对于给付判决而言，判决一旦生效，权利人便产生对义务人要求其给付从而履行义务的权利，否则权利人可以申请国家进行强制执行，此为判决的执行力。判决的这三"力"，乃是任何判决所固有的，它们蕴含于判决之中，与判决相伴相随。判决所具有的派生实体效力就是指的既判力，之所以称既判力为判决的派生效力，原因在于这种效力并非判决所固有的，而是因为出现了此后的相关诉讼，使得此前的判决对此后的判决产生了实体上的拘束力，这种此后的判决必须尊重此前判决之结果的法律上的力，就是既判力。因此，既判力这个概念是在前诉与后诉的联系中产生的，没有后诉，在逻辑上根本无须有既判力这个概念，因而既判力的概念是借助于后诉的需要而产生的,而不是判决本身天然带来的,所以它是判决所派生的效力,而不是判决所固有的效力。既判力只产生于判决的主文,是法院通过诉讼请求对包含有要件事实的诉讼标的进行判断后所产生的对将来判决的拘束力,将来的判决必须尊重先前的判决,以保持判决与判决之间的一致性,防止发生判决之间的冲突,避免给当事人的实体法律秩序造成混乱,从而影响司法的权威性。

既判力的作用分为正反两个方面:从正向而言,既判力要求当事人在后诉中必须主张与前诉既判力相一致的权利、法律关系和事实,同时要求法院在后诉中必须做出与前诉既判力相一致的权利、法律关系和事实之判断;从反向而言,既判力要求当事人在后诉中不得主张与前诉既判力相冲突的权利、法律关系和事实,同时要求法院在后诉中必须做出与前诉既判力不相冲突的权利、法律关系和事实之判断。前者由于表现为要求当事人和法院的积极作为,是对既判力的利用性作用力,因而被称为既判力的积极作用或者积极的既判力;后者由于表现为要求当事人和法院的消极不作为,是对既判力的排斥性作用力,因而被称为既判力的消极作用或消极的既判力。实际上,积极的既判力和消极的既判力乃是一个问题的两个方面,是对同一个问题所做的不同视角的观察,是既判力的一体两用、一鸟双翼,不可分割。积极的既判力为当事人的诉讼行为和法院的裁判行为指引道路,消极的既判力则为当事人的诉讼行为和法院的裁判行为亮起"红灯",以示禁区。

既判力分为两种效力:一是既判力的法律效,二是既判力的事实效。既判力的法律效是指判决对作为诉讼标的的法律关系的判断,对将来诉讼中所涉及的相同法律关系产生预决的效力,此后的诉讼不得在裁判主文中作出与既判力相冲突的法律关系判定,也不得在裁判理由中作出与既判力相冲突的法律关系的运用。比如,此前的诉讼所作出的判决是合同无效,此后的判决主文中不得再作出继续履行该合同的判定,也不得在此后的裁判理由中阐述该合同是有效的,否则就违反了既判力的效力原则或作用原则,后诉因此要被推翻或修正。既判力的事实效前已述之,其与既判力的法律效构成一个完整的整体,所不同的仅仅是,前者体现为既判力对事实认定的作用力,后者体现为既判力对法律适用的作用力,二者作用的对象有所区别。还是举上述例子来说,前诉作出了合同无效的判决,当事人又基于该合同提出继续履行合同之诉,则后诉受前诉既判力的妨碍,法院不得受理后诉,因为如果受理后诉,则违反了禁止重复诉讼的原则,这是既判力的法律效在发挥作用。由于它是用前诉已判的法律关系来阻挡后诉欲判的法律关系,既判力作用的对象是法律关系,因而属于既判力的法律效。但如果在合同被确认无效后,当事人又提起因缔约过失而请求损害赔偿之诉,如果被告方提出合同是有效的抗辩,则该抗辩因违反了既判力而无法成立,此时既判力是用前诉的法律关系的判断来阻挡后诉的事实主张,后诉的事实主张不得违反前诉的既判力,也即当事人在后诉中不得主张与前诉既判力相冲突的案件事实,前诉的法律问题变成了后诉的事实问题,原告使用的是前诉的法律关系,反驳的是被告在后诉中提出的事实主张,因而这个既判力的效力就属于事实效,而不是法律效。

总结起来说,由于判决所产生的法律效力依其力的来源可分为程序效力、证据效力和实体效力三个方面,程序效力、证据效力以及实体效力中的既判力都属于拘束力,因而可将其概括为判决的拘束力,这样,判决的效力就可以被简化为拘束力和确定力、形成力和执行力这两个层次、四种力。

判决的有效与判决的成立是同一个概念,法院作出判决后,虽然还未生效,但已经成立,属于有效判决。判决的生效建立在判决成立的基础之上,如果判决无法成立,则判决的生效乃是不可能的，因此，判决是否生效，需要追问的首要问题，是判决是否在法律上成立了。

以下的情形构成无效判决或判决不成立：

其一，作出判决的主体不适格。比如，书记员作出的判决就是无效判决。

其二，判决没有对外宣告，或者虽然宣告了但尚未送达，该判决未能成立。未经宣告的判决无效，这是因为它不具有对外效力，而仅具有对法院内部的工作方面的效力。

其三，判决中只有一方当事人，另一方当事人不复存在或者已经消亡。诉讼中必须存在对立的相互当事人，如果诉讼中缺乏一方当事人甚至双方当事人均不存在，则法院作出的判决无效。

其四，当事人没有起诉或者当事人已经撤回了诉讼，法院所作出的判决。所谓"无诉即无判决"，在无诉的情形下，法院作出的判决无效。

其五，一个诉讼案件作出了两个判决（俗称"阴阳判决"），两个判决均无效。因为在矛盾的判决书中，当事人无法履行判决。同样的道理，法院在制作调解书后又作出了判决，或者在作出判决后又作出了调解书，该调解书和判决书均无效。

其六，法院作出的确认判决或形成判决根本无法成立。比如法院确认了哪一种学说观点是正确的，这种确认判决就是无效的。形成判决也是如此，比如法院判决解除双方之间的婚约，也是无效的判决，因为解除婚约不能成为诉讼的对象。

其七，用裁定书或决定书的形式作出的判决无效。判决必须采用判决书的形式作出，而不得以裁定书或决定书的形式作出。

以上所列，是可能设想的无效判决之情形；当然，判决中的瑕疵有时在所难免，并非一旦出现裁判瑕疵判决即无法成立。比如，判决书中缺乏书记员的署名或日期，或者案号错误，或者将人民法院打成"人民币法院"，这就是瑕疵问题，不影响判决的成立，该瑕疵可以通过裁定加以补正。但是，如果判决书中缺乏审判员的署名，则该瑕疵已经非常严重，足以使该判决无效。

对于无效判决，如果其已发送给当事人，则当事人可以提出上诉，由上诉审法院宣告其为无效判决；如果尚未发送给当事人或者发送给当事人而当事人未提出上诉，则作出该无效判决的法院有权依职权作出裁定宣告该判决无效，上级法院发现下级法院作出无效判决的，也可依职权主动予以撤销。

（五）裁判文书上网

在传统上，裁判文书的使用价值具有显而易见的"一次性"特征，一个裁判文书的全部价值，就在于对某个特定纠纷做出某种宣告，画上一个句号。司法呈现出朦胧的点状图案，而未能形成线状的前后相承的连续过程。这种状况目前已随着裁判文书的上网而有了改变，其效果之显著、影响之深远，在相当大的程度上是始料未及的。

裁判文书上网，是指将一定范围内的裁判文书，按照法定程序输送到互联网上去，使包括国际社会在内的任何人，均可以搜索阅览。裁判文书从过去的封闭性迈向如今的网络化，表现在这里的绝非仅仅是诉讼审判技术性的提升，更为重要的是深刻的司法理念现代化更新，一种前所未有的司法信心的彰显，同时也是现代司法者的自我超越。那么自然产生的问题是：裁判文书能够以这样的方式传播吗？其理论根据何在？其界限又何在？诸如此类的这些问题，均值得探讨。

1. 裁判文书上网的法律根据和理论依据

2012年修改《民事诉讼法》增设第156条（现第159条）的规定："公众可以查阅发生

法律效力的判决书、裁定书，但涉及国家秘密、商业秘密和个人隐私的内容除外。"裁判文书上网制度正是为了落实《民事诉讼法》所规定的公众有权查阅裁判文书的制度。应当认为，裁判文书上网是有正当的根据的，主要表现在：

其一，纠纷的社会性特征，为裁判文书上网提供了客观的基础。任何纠纷，包括刑事纠纷、行政纠纷以及民事纠纷，都具有社会性特征，也就是说，纠纷一旦外化和显化，它就不再为纠纷主体所占有，而成为社会性的纠纷了。民事纠纷虽然是关涉的私权纷争，但也具有社会性特征。既然纠纷具有社会性特征，社会上的一般公众就可以说都与纠纷有了一定的关联，很自然，正是基于这种关联，社会公众对纠纷的走势以及最终的化解，都是给予很大关注的。这种关注的最后落实，便是他们能够获知裁判文书的记载内容；而裁判文书上网，就满足了社会公众的此一需求。

其二，裁判的说理性特征，为裁判文书上网提供了正义的底蕴。裁判是对纠纷的最终了断，裁判文书乃是这种了断的依托和现实载体。裁判是说理的，是人类高度理性的产物，而人类的理性具有相通性。裁判文书是否说出了人类的一般理性，有待于社会的检验。在审判方式改革的日益推进中，裁判文书的改革也日益深化，裁判文书不仅要明白地表述出裁判的结果，同时还要表达做出这种裁判结果的过程，包括程序的过程和实质的过程，也就是事实认定的过程和法律适用的过程。简而言之，裁判文书应当在程序和实体两个方面全面地体现出其赖以形成的自然属性。这样的过程，这样的要求，就是裁判者理性彰显的过程，而理性是属于一般人的，具有与一般人贯通的性质，因而一般的公众有权获知这个过程。裁判文书的网络化，便在特定的裁判者与一般的社会公众之间形成了交流沟通的中介和平台。

其三，诉讼的民主性特征，为裁判文书上网提出了宪法上的要求。裁判文书上网在现在提出并付诸实现，这本身并非偶然的现象，而反映了我国宪法制度和民主政治发展的一个必然过程和趋势，是社会发展规律性的表现。这个规律性的集中表现就是：司法应当实现社会化，应当与社会保持经常性的联系，应当以整个的社会为背景进行，应当对社会的广阔舞台打开司法之窗。宪法以及作为宪法延伸的诉讼法规定了司法的公开性原则，审判权的运行应当置于阳光之下，司法的过程应当成为民众能够参与、能够监督以及能够评论的过程。正是在这个过程中，也正是通过这样的过程，社会主义的新型法治秩序得以形成并处在生生不息的洪流之中。

其四，司法的导航性特征，为裁判文书上网提供了功能上的依据。现代的司法乃是辩证的、动态的司法，它所追求的不仅是停留在纸面上的法律正义性的效果，更为重要的，它还要孜孜以求地实现处在社会发展前沿实质性的社会效果，要做到法律效果和社会效果的辩证统一和有机融汇。这样一种司法的高要求和由此产生的民众对于司法的高期待，便自然要求裁判文书跃向社会的海洋，接受民众的检阅和评说，并通过这样的过程，在社会效果和法律效果之间架起沟通的桥梁，实现二者的双赢。这就是司法的导航效果。司法之所以有导航效果，不仅在于它表述了法律，同时还在于它记载了特定时代的社会需求。裁判文书上网，以及由这种过程所获得的对特定个案的评说，不仅对过去的司法行为有补救之效，同时对未来的司法行为有引导之效。

上述可见，裁判文书上网之所以能够在今日的中国实现，就其实质而言，乃是中国特色的社会主义司法制度的自我发展、自我完善的表征。裁判文书上网，对司法理念、司法机制、司法者的素养、司法权威的提升以及培育民众对司法的信赖感，都起到积极的作用，一个崭新的司法局面将出现在人们眼前。

2. 裁判文书上网应当处理好的几个问题

裁判文书上网表征了司法的进步，也是当下中国司法的一道靓丽风景线。2000年6月15日《最高人民法院裁判文书公布管理办法》、2016年8月29日最高人民法院《关于人民法院在互联网公布裁判文书的规定》相继发布，各级法院以"公开是原则，不公开是例外"为精神，全面推进裁判文书上网工作，并将裁判文书上网作为人民法院一项日常性的重要工作。截至2019年11月，裁判文书网上的裁判文书已超过8000万份。我国裁判文书上网的数量已跃居世界第一。然而司法的进步依存于裁判文书的理性上网，裁判文书的非理性上网也有可能会导致负效应，从而反过来影响司法的进步。在这里，应当注意的问题主要有以下几点：

其一，辩证看待裁判文书上网。裁判文书上网能够在方方面面带来积极效果，因而在总体上应予肯定，并应当予以积极推行。但是，任何事物的发展都要有一个过程，裁判文书上网的程度应当与司法的承受力相适应，同时应当与民众的法治意识相适应。如果裁判文书无论良莠一概上网，则其所导致的司法负效乃是显而易见的。我们的司法能力是否已经到了将裁判文书全面上网的阶段？这是一个需要认真对待、审慎考虑的问题。一个合理的选择是，按照裁判文书的类型及其出台的层级，经过严密过程的遴选，逐渐地揭开裁判文书网络化之幕。

其二，处理好裁判文书上网与当事人诉权保障之间的关系。裁判文书是一种混合品，从它是审判权的结果来看，裁判文书是公共产品；既然属于公共产品，那当然可以而且应当实现公共分享，其网络化便是这种公共分享的一种形式。然而也应看到，在个案的意义上，裁判文书也关涉私人权利保障，不恰当的裁判文书上网可能会对当事人行使诉权产生某种心理上的制约。法律上规定不公开审判的案件固然逻辑地排斥裁判文书网络化过程——即便隐去当事人的姓名和个性特征也复如此，即便立法规定公开审判的案件，其公开上网也应听取当事人的意见。当然，听取当事人的意见并不意味着裁判文书上网与否完全决定于当事人的个人愿望。在听取当事人意见后，裁判文书上网与否的决定者应当平衡方方面面的公私利益，最终决定是否将特定的裁判文书输送到网络上去。除此之外，裁判文书上网还可以在案件类型、范围、时间段等方面进一步细化，做出分别对待。

其三，认真对待"后裁判效应"。裁判文书上网既具有个案效应，也具有司法的整体效应。应当以裁判文书上网为契机，认真对待和研究裁判后的社会效果。通过裁判文书上网，应当能够更加畅通和广泛地吸纳和消化社情民意，并将这种民众意愿反馈到将来的裁判中去。通过裁判文书上网，应当反向地对司法过程的进一步完善提出要求，同时经过大浪淘沙，将那些真正经得起民众和历史检验的优秀裁判文书遴选出来，成为将来司法的指导准则，成为构建法治秩序的判例之源。

二、裁定

（一）裁定的概念

与判决用来解决实体问题不同，裁定是用来解决程序问题的，对于诉讼中出现的程序事项所作出的权威性判定，即为裁定。裁定只能解决程序事项，但有些程序事项中含有实体内容，如先予执行的裁定、财产保全的裁定、行为强制令裁定等。尽管如此，它们仍然属于程序问题的判定，而非实体问题的判定，因为它们都不涉及实体权利义务关系的最终确认。

裁定与判决相比，其差异主要有：

1. 针对的对象不同

判决针对案件中的实体问题，裁定针对案件中的程序问题，二者各有机能和分工，其适用界限泾渭分明。有的大陆法国家（如日本）将裁定称为诉讼判决，不如我国将其称为裁定那样清晰，我国的立法为优。

2. 依据不同

法院作出裁定的根据在于程序法，而与实体法无关；法院作出判决的根据则主要在于实体法，而与程序法也有关。比如，法院作出缺席判决就是既根据实体法、也根据程序法而形成的。

3. 救济手段不同

当事人对判决不满不服，常规的救济手段是上诉或申请再审；当事人对裁定不满不服，则只有少数裁定可以提出上诉，如不予受理、管辖权异议、驳回起诉的裁定等。大多数裁定一旦作出就发生确定的法律效力，当事人不得上诉。之所以立法对裁定和判决区别对待，规定裁定原则上不可上诉，而判决原则上可以上诉，原因主要在于两个方面：一是判决要求正确，裁定要求快捷。判决一旦发生错误，改正起来比较复杂，成本较高；裁定发生错误，法院可以随时加以纠正，成本较低。诉讼中的裁定太多了，如果一个个裁定都要上诉，诉讼会极端拖延，对诉讼效率的提高不利。二是判决涉及实体权利义务关系的配置和确定，其重要性大于仅仅涉及程序问题的裁定。但这种"重实体、轻程序"的观念存在问题。日本等国家赋予裁定即时上诉的立法例值得借鉴。

需加指出的是，虽然多数裁定均不存在救济手段，但仍有部分裁定可以申请复议。申请复议的法院分为原审法院和上级法院两种，向原审法院申请复议的裁定主要包括保全裁定和先予执行裁定两种，① 向上级法院申请复议的裁定主要是指执行异议裁定等。② 无论是向原审法院申请复议还是向上级法院申请复议，当事人或利害关系人都只能申请复议一次，复议期间不停止裁定的执行。值得注意的是，当事人申请复议并不是非要经过异议或申请程序，立法上可将异议或申请作为复议的前置程序，也可以直接规定复议程序。

4. 存在的阶段不同

一个诉讼一个判决，判决仅存在于诉讼程序的结束之时，判决一旦作出，诉讼程序就被宣告终结，一审是如此，二审和再审也是如此。然而，裁定则不同，一个诉讼有一打裁定，裁定就像珍珠一样贯彻于诉讼程序的始终，诉讼程序的每一个节点，都离不开裁定。与判决出现在诉讼的尾部不同，裁定一般都出现在诉讼程序的开始和进行之中，无数个裁定推动诉讼程序环环相扣地前行，最终凝结为判决的实体内容，"程序为实体之母"，从裁定和判决的关系中也可得到印证，这就变成：裁定为判决之母，离开裁定，判决根本无法产生。

5. 作出的形式不同

判决只能以书面的形式作出，用书面的形式作出的判决被称为判决书；而裁定则既可以书面作出，也可以口头作出，而且二者之间，以书面裁定为例外，以口头裁定为原则，如果法律无明确规定，则法院均可以口头形式作出裁定。法院口头作出的裁定，书记员应记录在卷宗之中，由作出口头裁定的法官署名确认。一般而言，在合议庭审判的案件中，能够作出口头裁定的法官为审判长，审判长行使诉讼指挥权的主要方式是作出裁定，合议庭其他成员未经审判长许可，不得作出裁定；合议庭作出的书面裁定，应当以法院的名义发布。

判决与裁定还有一些其他差异，如二者上诉期的长短不同，对判决的上诉期为 15 日，而

---

① 《民事诉讼法》第 111 条。
② 《民事诉讼法》第 232 条。

对裁定的上诉期则为10日，此不一一细述。

（二）裁定的适用范围

根据《民事诉讼法》第157条第1款之规定，裁定适用于下列范围：（1）不予受理；（2）对管辖权有异议的；（3）驳回起诉；（4）保全和先予执行；（5）准许或者不准许撤诉；（6）中止或者终结诉讼；（7）补正判决书中的笔误；（8）中止或者终结执行；（9）撤销或者不予执行仲裁裁决；（10）不予执行公证机关赋予强制执行效力的债权文书；（11）其他需要裁定解决的事项。该款第11项"其他需要裁定解决的事项"为兜底性条款，为法院在实践中使用裁定留下了广阔的空间。依据这一规定，最高人民法院在司法解释中作出了许多关于应当适用裁定的规定，如裁定撤销支付命令、裁定驳回再审申请、裁定驳回案外人异议、裁定对案外人强制执行、裁定变更或追加被执行人、裁定终本、裁定执行转破产等。

（三）裁定的功能

裁定与判决不同，判决的功能较为单一，就是对实体性纠纷给出解决方案，而裁定的功能则是多元的，主要包括：

1. 判定功能

法院行使审判权自始至终要判断两方面的要件：一是诉讼成立要件，二是权利保护要件。对诉讼成立要件进行判断所采用的方式是裁定，对权利保护要件进行判断所采用的方式是判决，而这二者对法院作出判决同样重要。因此，裁定代表着法院行使审判权的至少一半。法院对诉讼成立要件进行判断主要依赖于民事诉讼法对起诉条件的规定，此外，在当事人适格和诉之利益的判断上，还需要借助实体法的适用，从这个意义上说，裁定主要具有程序功能，但也有部分实体功能。裁定的判定功能是裁定的主要功能，裁定的其他功能皆是由其判断功能派生而出。

2. 化解功能

裁定具有程序性纷争的化解功能，在诉讼中，当事人总是希望在程序选择上占上风，因而当事人之间关于程序事项发生争议便在所难免。程序性纠纷一旦发生，法院便应介入予以化解，法院正是通过化解当事人之间一个又一个程序性纷争推动着诉讼程序向深层处发展。比如，法院对管辖权的异议这一程序性纠纷便需要及时通过裁定加以化解，此外，保全裁定、先予执行裁定、执行异议裁定等，都是法院对程序性纠纷予以化解的结果。

3. 保障功能

诉讼程序要顺利向前推进，路途上必然会有诸多障碍需要清除，裁定便扮演着清除程序障碍的卫道士角色。比如，财产保全、证据保全、行为强制令保全、先予执行等，均需裁定出面予以保障。

4. 管理功能

诉讼程序要达到预期目标而不偏航，司法管理的能力必然要强，司法管理的权限也必然要充分，诉讼指挥权在诉讼程序的转弯抹角处总是要大显身手，忽略或者淡化司法管理权和诉讼指挥权的观点难以满足司法实践纷繁复杂的需要，尤其是现代型诉讼程序，其盘根错节的诉讼法律关系更是令人眼花缭乱，各种诉讼利益诉求纷然杂陈，唯有高效的司法管理能够使之动脉畅通、关系理顺、有条不紊地向前运转。而司法管理的法律武器便是裁定，通过裁定选择程序路径、调整程序航向，从而不偏不倚向既定的程序目标迈进。如职权调查之准否、非法证据的排除、诉讼延期、诉讼中止、诉讼终结、各种诉讼方式的选择等，均离不开裁定的司法功能之发挥。

(四) 裁定的效力

裁定的效力可置于两个层面加以认识：一是一般性层面，二是特殊性层面。

1. 裁定的一般效力

裁定的一般效力是裁定作为依法作出的司法文书所具有的基本效力，这就是它的拘束力。裁定作出后如果缺乏拘束力，那么，法院作出裁定就犹如儿戏，毫无意义，因此裁定具有拘束力是可以得出的基本结论。裁定的拘束力依其主体的不同可分为三个方面：一是对其他法院而言，法院的裁定具有拘束力。比如，移送管辖的裁定对接受移送的法院具有拘束力，接受移送的法院不得将案件再行移送，接受移送的法院因此也获得了对案件的司法管辖权。二是对作出裁定的法院自身而言的拘束力。作出裁定的法院当然要受其裁定的拘束，否则，法院作出裁定而又无视裁定的存在，则必然损伤司法权威性，因此，法院作出裁定要慎重，撤销裁定也同样要慎重。比如，法院作出不予受理的裁定后，法院不得在同样的条件下再行受理案件。三是裁定对当事人及其他诉讼参与人的效力。裁定对当事人及其他诉讼参与人都有拘束力，这是裁定对外效力的主要体现。

2. 裁定的特殊效力

不同的程序事项所作出的裁定在名称上虽然是一致的，但其内容和功能却不尽一致，因而裁定除具有一般性效力外，还有特殊性效力。其特殊性效力主要表现在：其一，有的裁定具有执行力。如保全裁定、先予执行裁定、承认和执行外国裁判的裁定等，可以成为执行根据，具有执行力。其二，有的裁定具有形成力。如裁定撤销仲裁裁决，该裁定具有将仲裁裁决予以推翻的效力。其三，有的裁定具有确定力。比如，对管辖权异议作出的裁定，便具有确定管辖权的效力。其四，有的裁定具有既判力。比如，法院以诉讼案件不属于法院主管为由，裁定驳回起诉。该驳回起诉的裁定便具有既判力，对当事人再次起诉的同一案件，作出裁定的本法院以及其他任何法院均不得受理，否则就会造成矛盾裁定，而矛盾裁定会影响司法权威，因而应当避免。再如，本法院作出诉讼终结的裁定后，本法院及其他法院均不得在条件相同的情形下重新受理该案，或者恢复该案诉讼程序的进行。又如，法院作出破产宣告的裁定后，其他法院均受既判力的拘束，不得重复受理破产案件，也不得另行受理民事诉讼案件，执行程序也要就此中止进行。其五，有的裁定具有排除力。比如，对非法证据不具有可采性的裁定就具有证据能力的排除效果。这五个方面，也仅仅是裁定的典型特殊效力，裁定的非典型特殊效力有很多，比如对判决笔误的纠正裁定、对诉讼当事人承继诉讼所作的裁定具有变更力、发回重审的裁定具有指挥力等，不一而足，难以列举全面，这也是较之判决而言，研究裁定较为困难的重要表现。

三、决定

(一) 决定的功能

民事诉讼中的决定是法院为了行使司法管理权而采取的职权行为。法院在民事诉讼中除行使审判权以解决其实体性纠纷和程序性事项外，还同时行使着司法管理权。司法管理权为法院行使审判权所必需，包括内部司法管理权和外部司法管理权。内部司法管理权乃对法院机构及其人员而言，属于司法制度所要解决的问题，外部司法管理权乃对当事人及其诉讼参与人以及任何案外人而言，目的是形成一个良好的司法秩序，从而为法院行使审判权保驾护航，排除障碍提供保障。审判权属于司法权，司法管理权属于司法行政权；法院行使审判权需要使用判决和裁定，法院行使司法管理权需要使用决定。法院若无决定权，则其便无法行使判决权和裁定权，很简单的道理：如果有人实施了妨碍民事诉讼的行为，大闹法庭使法院无法开庭进行审判，则法院如果要就案件的实体问题和程序问题加以解决则难以想象，而要排除横亘在法院行使审判权路途中的各种障碍，法院必须拥有强有力的司法行政管理权，以决定的形式使各种诉讼障碍得以消除。当然，决定的功能有许多，排除障碍仅仅是其中一个功能，而不是其功能的全部。主要而言，决定的功能有：

1. 审判组织的组建和纯洁功能

为了组建审判组织，法院必须采用决定的形式。① 审判组织组建后，其是否能够达至公正中立、不偏不倚的理想程度，有赖于回避制度的保障，为此，民事诉讼法赋予当事人以回避申请权。当事人提出回避申请，应当说明理由，在案件开始审理时提出；回避事由在案件开始审理后知道的，也可以在法庭辩论终结前提出。被申请回避的人员在人民法院作出是否回避的决定前，应当暂停参与本案的工作，但案件需要采取紧急措施的除外。院长担任审判长时的回避，由审判委员会决定；审判人员的回避，由院长决定；其他人员的回避，由审判长决定。人民法院对当事人提出的回避申请，应当在申请提出的 3 日内，以口头或者书面形式作出决定。申请人对决定不服的，可以在接到决定时申请复议一次。复议期间，被申请回避的人员，不停止参与本案的工作。人民法院对复议申请，应当在 3 日内作出复议决定，并通知复议申请人。②

2. 排除障碍的功能

诉讼关系到当事人的胜败命运，遭到诉讼风险的那一方当事人在诉讼中若亲自或发动案外人进行诉讼中的破坏活动，从而试图扰乱诉讼秩序，阻却诉讼车轮的运转和前行，法院有必要行使司法管理权，强有力地排除各种诉讼障碍物，为诉讼程序的顺利进行开辟道路。民事诉讼法为此赋予了法院采取强制措施的权力。法院采取强制措施使用决定。拘传、罚款、拘留必须经院长批准。拘传应当发拘传票；罚款、拘留应当用决定书。对决定不服的，可以向上一级人民法院申请复议一次。复议期间不停止执行。采取对妨害民事诉讼的强制措施必须由人民法院决定。任何单位和个人采取非法拘禁他人或者非法私自扣押他人财产追索债务的，应当依法追究刑事责任，或者予以拘留、罚款。③

3. 管理时间的功能

诉讼程序存在于时间之中，时间贯彻于诉讼程序的始终，没有时间就没有民事诉讼程序，因此，可以说，诉讼程序就是时间的外在化，时间则是诉讼程序的内在生命。时间需要管理，否则诉讼程序就会拖拉松弛，就不可能达到预期目标。管理时间的砝码掌握在法院手中，会不会管理时间，善不善于掌控诉讼节奏，是判断法院司法管理能力高低的晴雨表。法院管理时间的手段就是不断地作出决定。比如，民事诉讼法规定期限的顺延要使用决定。当事人因不可抗拒的事由或者其他正当理由耽误期限的，在障碍消除后的 10 日内，可以申请顺延期限，是否

---

① 《民事诉讼法》第 40 条规定："人民法院审理第一审民事案件，由审判员、陪审员共同组成合议庭或者由审判员组成合议庭。合议庭的成员人数，必须是单数。适用简易程序审理的民事案件，由审判员一人独任审理。基层人民法院审理的基本事实清楚、权利义务关系明确的第一审民事案件，可以由审判员一人适用普通程序独任审理。陪审员在执行陪审职务时，与审判员有同等的权利义务。"该条中虽然没有明确出现决定的字样，但其中包含着决定权的行使，不经过院庭长关于组建合议庭的职权行使，无法组建审判组织，组建审判组织的权力基础就是决定权。

② 《民事诉讼法》第 48、49、50 条。

③ 《民事诉讼法》第 119、120 条。

准许，由人民法院决定。① 再如，法院需要延长审限时也使用决定。人民法院适用普通程序审理的案件，应当在立案之日起6个月内审结。有特殊情况需要延长的，由本院院长批准，可以延长6个月；还需要延长的，报请上级人民法院批准。② 再如，《民事诉讼法》第142条规定："当事人在法庭上可以提出新的证据。当事人经法庭许可，可以向证人、鉴定人、勘验人发问。当事人要求重新进行调查、鉴定或者勘验的，是否准许，由人民法院决定。"

4. 自我纠错的功能

法院有时也会作出错误的裁判，法院对其所作出的错误裁判应当加以纠正，法院纠正错案必须使用决定，启动再审程序有赖于法院作出决定。各级人民法院院长对本院已经发生法律效力的判决、裁定、调解书，发现确有错误，认为需要再审的，应当提交审判委员会讨论决定。最高人民法院对地方各级人民法院已经发生法律效力的判决、裁定、调解书，上级人民法院对下级人民法院已经发生法律效力的判决、裁定、调解书，发现确有错误的，有权提审或者指令下级人民法院再审。③ 检察院督促法院纠错也是采用决定的形式。④

5. 强制执行的功能

法院裁判生效后便进入强制执行阶段，从程序上说，进入强制执行阶段便意味着程序的性质发生了根本上的变化，形成生效裁判所依存的司法审判程序自此转变成了司法执行程序，而司法执行程序属于司法行政程序，在司法行政性质的执行程序中，"决定"成为法院推进程序的主要手段，与"判决"和"裁定"在司法审判程序中为主要手段形成鲜明对照。因此，要将各种显在和潜在的决定一一缕列周全不仅无可能，而且无必要。这里试举例说明。比如，法院暂缓执行应当使用决定。在执行中，被执行人向人民法院提供担保，并经申请执行人同意的，人民法院可以决定暂缓执行及暂缓执行的期限。被执行人逾期仍不履行的，人民法院有权执行被执行人的担保财产或者担保人的财产。⑤ 再如，人民法院自收到申请执行书之日起超过6个月未执行的，申请执行人可以向上一级人民法院申请执行。上一级人民法院经审查，可以责令原人民法院在一定期限内执行，也可以决定由本院执行或者指令其他人民法院执行。⑥ 又如，被执行人未按执行通知履行法律文书确定的义务，人民法院有权向有关单位查询被执行人的存款、债券、股票、基金份额等财产情况。人民法院有权根据不同情形扣押、冻结、划拨、变价被执行人的财产。人民法院查询、扣押、冻结、划拨、变价的财产不得超出被执行人应当履行义务的范围。人民法院决定扣押、冻结、划拨、变价财产，应当作出裁定，并发出协助执行通知书，有关单位必须办理。⑦

（二）需要说明的几个问题

1. 决定的类型化问题

从不同的角度可以对决定作出不同的分类。比如，从是否由法院主动为之的标准来看，可

---

① 《民事诉讼法》第86条。关于期限顺延的决定，《民事诉讼法》还有一些其他规定，如第275条、第276条。
② 《民事诉讼法》第152条。
③ 《民事诉讼法》第205条。
④ 《民事诉讼法》第216条。
⑤ 《民事诉讼法》第238条。
⑥ 《民事诉讼法》第233条。
⑦ 《民事诉讼法》第249条。

将决定分为根据申请作出的决定和法院依职权作出的决定;从决定是否赋予当事人救济权的角度看,可将决定分为可复议的决定和不可复议的决定;从决定所分布的领域来看,可将决定分为诉讼领域的决定和执行领域的决定;从决定作出的主体来看,可将决定分为法院制作的决定和检察院制作的决定;等等。不同类型的决定,具有不同的适用条件,其所需要的程序也有所区别,需要分别研究和规范。

2. 决定的程序保障问题

决定虽然属于司法管理和司法行政范畴,但指向当事人及其相关利害关系人的决定对当事人及其相关利害关系人会产生一定的程序效果和实体效果,因而法院作出决定的过程需要有基本的程序保障。比如,同是管控时间的决定,一个是期限的顺延,一个是审限的延长,这两个决定所需要的程序保障是不相同的。前者来源于当事人的申请,因而法院在决定是否需要延长期限时,应当听取当事人的意见和观点,在作出决定后,应当赋予当事人申请复议的权利。但后者的情形有所不同,审限的问题仅仅是法院对诉讼案件进行司法管理的事项,与当事人不具有直接的关联性,因而仅需在法院内部进行批准即可,无须听取当事人的意见,也无须赋予当事人以申请复议的权利。再如,法院自我纠错的决定,在其涉及当事人的程序利益和实体利益时,也需要听取当事人的意见。比如法院依职权决定再审采用的是决定的形式,与法院根据当事人的申请启动再审采用裁定的形式有所不同,这本身无可非议,然而,法院在决定再审时,仍应听取当事人的意见。至于是否需要赋予当事人申请复议的权利,则在这种情形下,由于程序的启动不是来源于当事人的申请,无须赋予其申请复议的权利即可实现充分的程序保障。又如,对经两次传票传唤无正当理由拒不到庭的被告实行拘传,且不说其正当性如何,单就其程序保障而言就不能说没有立法上的缺失,对被告进行拘传起码要听取其辩解意见,同时对该决定应允许其提出复议请求。尤其是,同属需要法院院长批准的强制措施,当事人对罚款、拘留可以向上一级人民法院申请复议一次,而对于拘传则连向本级法院申请复议一次的权利都没有,不能不说立法在权益平衡上有失周延。要而言之,将来我国民事诉讼立法修改完善时,应对决定这种职权性极强同时对当事人利益影响极大的司法权威性判定格外关注其正当法律程序的运用,保障当事人及其利害关系人在决定程序中应有的基本程序保障权。

3. 决定的发展趋势问题

决定在民事诉讼中具有两个方向相反的理论进行拉锯式的博弈:从司法管理不断强化而言,决定的重要性与日俱增,决定的适用范围不是应当缩小,而是应当扩大,尤其是在大规模诉讼、公益诉讼、人事诉讼、小额诉讼、非讼程序等诉讼程序中,法院的司法管理权更显得不可或缺,决定的适用范围也不断蔓延。但与此同时,我国民事诉讼制度的改革方向乃是去行政化,其中包括程序上的去行政化,而决定恰恰是诉讼程序行政化的"死角",是司法改革和程序革新要切除和改造的方面。比如,法院依职权决定再审,其不仅在理论上存在诸多窒碍,比如违反了"不告不理"原则、违反了司法被动性原则、违反了处分权主义等,而且该项制度还是司法行政化的一个"盘踞点",是要接受改革的洗礼而加以消除的。有些决定,事实上与裁定完全同构化,理应将其转换为裁定的方式加以处理。比如前述期限的耽误和顺延,当事人耽误了期限后,是否需要顺延期限,由当事人提出申请,对该申请法院应当作出裁定而不是决定,因为这是一个典型的程序事项,涉及当事人因期限逾越是否产生失权后果的问题。该问题涉及双方当事人的程序利益,双方当事人对此存在利益对抗关系,理应由法院出面进行居中裁判,这就是通常所说的程序性制裁及其程序性争议的解决机制问题。这已不属于单纯的司法管理问题,而已变成了需要法院行使程序问题裁判权的问题,因而不宜适用决定的形式,而应采行裁定的方式，由法院按照裁定程序加以处置。这样一种转换，减少的是法院的司法行政权，增强的是诉讼程序的司法审判色彩。将来决定在我国民事诉讼中的命运应当是向两个方向同时发展：在现代型诉讼等程序中，决定的适用范围随着司法管理权的增强而不断扩大；同时，在主流的财产型诉讼中，决定的适用范围应当随着司法去行政化改革的不断深化推进而日益缩小其范围，并强化其所应有的程序保障。

四、命令

（一）命令的概念和特点

"命令"可以在动词上使用，也可以在名词上使用。在动词上使用，表现为口头命令，比如命令、责令、指令等；在名词上使用，则表现为一个公文书，通常称之为"某某令"，比如民事诉讼中的支付令、搜查令、执行令等。广义上的命令包括动词意义上的命令，也包括名词意义上的命令。我国民事诉讼法是在狭义上使用"命令"一词的，也即命令是一种司法文书，这种司法文书与判决书、裁定书、决定书等类似，但也有区别。

民事诉讼上的命令是指人民法院及其院长发布的，责令特定的当事人履行某种诉讼义务或者授权特定的司法人员或司法机关采取某种司法行动的指令。据此，命令具有以下特点：

1. 强制性

命令是司法机关以机关的名义或机关长官的名义发布的具有公权力性质的指令，具有强制性，任何接受命令的人或单位均不得违抗，必须按照命令所载明的要求实施相应的行为，包括作为和不作为。

2. 服从性

命令发布给当事人或利害关系人固然具有服从性，当事人或利害关系人若不遵从命令，则将导致对其不利的法律后果；命令发布给法院内部成员或下级法院也同样具有服从性，接受命令的法院成员或其下级法院也必须遵从这种命令，否则也会产生内部制度和纪律上的不利后果。因此，命令具有单向性，发布命令者与接受命令者的角色身份不能混淆。

3. 指挥性

这是命令与判决、裁定、决定有所不同的地方，判决、裁定、决定主要发布给当事人或利害关系人，而命令则主要发布给法院内部的某个机构或某个人员。通过命令，司法机关得以形成上下一盘棋的格局，从而能够上令下从，使司法的步调相一致，形成司法的权威与合力，因而命令带有强烈的行政色彩。

4. 特定性

命令只能向特定的机构、单位、人员发出，而不得泛泛而论。比如，搜查令一旦发出，两方面的主体便相应地予以特定化，一方面，搜查令的赋权主体才有权力实施搜查被执行人财产归属的权力；另一方面，搜查令的针对主体才有义务接受搜查人员对其财产的搜查，超出该范围，任何人均无搜查权，任何人也均无接受搜查的法律义务，相应的搜查行为就是非法的。因此，搜查令上所记载的内容就要非常具体明确，不得含糊其辞、概括抽象、难以操作。

（二）命令的类型

依照不同的标准，可以对命令做出不同的划分。主要有：

其一，依命令的形式可划分为口头命令和书面命令。《民事诉讼法》上使用命令之处甚多，但大多数为口头命令，书面命令仅支付令、搜查令和执行令三种。相较而言，书面命令比口头命令更加正规、严肃，其法律后果也往往比较严重。

其二，依命令所针对的主体可划分为向当事人或利害关系人发布的命令和向司法审判机关或执行机关发布的命令。前者比如支付令，后者比如执行令、搜查令等。

其三，依命令所存在的诉讼阶段，可将其划分为诉讼型命令和执行型命令。前者如海事诉讼中的扣押船舶令和海事强制令，后者比如指令执行。

区分命令的类型，有助于民事诉讼法不断完善对于命令的规定，有助于司法实践中准确适用各种命令，使司法机关真正做到政令畅通，强化司法权威，提升司法效率，实现司法任务。

（三）命令的具体规定

《民事诉讼法》涉及命令之处并非鲜见，命令在民事诉讼中发挥着重要作用，以下就《民事诉讼法》及相关程序法中所规定的命令做出列举，以便适用和研究。

1. 责令退出法庭

根据《民事诉讼法》第113条的规定，诉讼参与人和其他人应当遵守法庭规则。人民法院对违反法庭规则的人，可以予以训诫，责令退出法庭或者予以罚款、拘留。

2. 责令履行协助义务

根据《民事诉讼法》第117条的规定，有义务协助调查、执行的单位实施拒绝履行协助义务的，人民法院除责令其履行协助义务外，并可以予以罚款。

3. 支付令

根据《民事诉讼法》第221条的规定，债权人请求债务人给付金钱、有价证券，符合条件的，可以向有管辖权的基层人民法院申请支付令。

4. 责令执行与指令执行

根据《民事诉讼法》第233条的规定，人民法院自收到申请执行书之日起超过6个月未执行的，申请执行人可以向上一级人民法院申请执行。上一级人民法院经审查，可以责令原人民法院在一定期限内执行，也可以决定由本院执行或者指令其他人民法院执行。第236条规定，受委托人民法院自收到委托函件之日起15日内不执行的，委托人民法院可以请求受委托人民法院的上级人民法院指令受委托人民法院执行。

5. 责令履行义务

根据《民事诉讼法》第254条的规定，财产被查封、扣押后，执行员应当责令被执行人在指定期间履行法律文书确定的义务。第257条规定，强制迁出房屋或者强制退出土地，由院长签发公告，责令被执行人在指定期间履行。被执行人逾期不履行的，由执行员强制执行。

6. 搜查令

根据《民事诉讼法》第255条的规定，被执行人不履行法律文书确定的义务，并隐匿财产的，人民法院有权发出搜查令，对被执行人及其住所或者财产隐匿地进行搜查。采取前款措施，由院长签发搜查令。

7. 执行令

根据《民事诉讼法》第289条的规定，人民法院对申请或者请求承认和执行的外国法院作出的发生法律效力的判决、裁定，依照我国缔结或者参加的国际条约，或者按照互惠原则进行审查后，认为不违反我国法律的基本原则或者国家主权、安全、社会公共利益的，裁定承认其效力，需要执行的，发出执行令，依照本法的有关规定执行。违反我国法律的基本原则或者国家主权、安全、社会公共利益的，不予承认和执行。

8. 扣押船舶命令

根据《海事诉讼特别程序法》第 26 条的规定，海事法院在发布或者解除扣押船舶命令的同时，可以向有关部门发出协助执行通知书，通知书应当载明协助执行的范围和内容，有关部门有义务协助执行。海事法院认为必要，可以直接派员登轮监护。

9. 海事强制令

根据《海事诉讼特别程序法》第 51 条的规定，海事强制令是指海事法院根据海事请求人的申请，为使其合法权益免受侵害，责令被请求人作为或者不作为的强制措施。

10. 人身安全保护令

根据《反家庭暴力法》第 23 条的规定，当事人因遭受家庭暴力或者面临家庭暴力的现实危险，向人民法院申请人身安全保护令的，人民法院应当受理。当事人是无民事行为能力人、限制民事行为能力人，或者因受到强制、威吓等原因无法申请人身安全保护令的，其近亲属、公安机关、妇女联合会、居民委员会、村民委员会、救助管理机构可以代为申请。

11. 限制高消费令

根据最高人民法院《关于限制被执行人高消费及有关消费的若干规定》（以下简称《限制高消费规定》）第 5 条的规定，人民法院决定采取限制消费措施的，应当向被执行人发出限制消费令。限制消费令由人民法院院长签发。限制消费令应当载明限制消费的期间、项目、法律后果等内容。

12. 报告财产令

根据最高人民法院《关于严格规范终结本次执行程序的规定（试行）》（以下简称《终本规定》）第 2 条的规定，所谓"责令被执行人报告财产"，是指应当完成下列事项：其一，向被执行人发出报告财产令；其二，对被执行人报告的财产情况予以核查；其三，对逾期报告、拒绝报告或者虚假报告的被执行人或者相关人员，依法采取罚款、拘留等强制措施，构成犯罪的，依法启动刑事责任追究程序。人民法院应当将财产报告、核实及处罚的情况记录入卷。

13. 调查令

调查令是指当事人在民事诉讼中因客观原因无法取得自己需要的证据，经申请并获人民法院批准，由法院签发给当事人的诉讼代理律师向有关单位和个人收集所需证据的法律文件。调查令目前尚未入法，仅在地方法院规范性文件中有所探索。①

此外，还有一些命令的适用情形，不一一赘列。

第八节 审理期限

一、审理期限的概念及理论根据

审理期限，也称审结期限或诉讼期限，简称审限，是民事诉讼法提出的人民法院审结民事案件所需要的时间界限。狭义上的审限就是指诉讼程序的存续期限；广义上的审限还包括非讼程序的期限、执行程序的期限等，通常在广义上理解审限，本书也在该意义上使用"审限"一语。

---

① 如四川省高级人民法院发布了《关于民事审判、执行阶段适用调查令的办法（试行）》，载 http://lawyers.66law.cn/s250338a40035d_ i476081.aspx，访问日期：2020 年 6 月 17 日。

法院在审限内行使审判权具有合法性，法院逾越审限行使审判权则使裁判带上了违法因素。审限就其实质而言乃是期限的一种，不过这种期限，不是仅仅存在于诉讼程序某个诉讼阶段或诉讼环节所需要的时间限制，而是法院处理某一特定民事案件所许可的最大限度的时间范围，超审限处理民事案件是违法行为。《民事诉讼法》第152条、第164条、第168条、第183条和第187条等条文规定了普通程序、简易程序、小额诉讼程序、二审程序和特别程序的审限。从世界范围来看，我国是民事诉讼法明确规定审限制度的极少国家之一，具有制度上的独创性和鲜明的中国特色。

民事诉讼法之所以规定审限，主要是因为：

1. 审限制度有利于保障当事人行使诉权

当事人行使诉权要有宽裕的诉讼时间，使之能够从容不迫地充分地进行诉讼，从而言其所欲言、主张其所欲主张、提供其所欲提供，由此使案件事实得以充分显露和展示，使法律的适用更加精准和妥适；同时，当事人行使诉权也要有一个时间界限，而不能无限制地使诉讼拖延下去，否则，能够获得胜诉的当事人将会因相对方当事人的拖延战术而增加诉讼成本，从而减损其胜诉的意义。可见，审限之对于当事人而言乃是双刃剑，一方面保障当事人充分行使诉权，另一方面防止当事人滥用诉权。

2. 审限制度有利于规范和制约审判权的行使

与当事人行使诉权一样，法院行使审判权既需要宽裕的审限予以保障和供给，又需要紧张的审限予以规范和敦促。审限制度是根据司法实际需要而科学地确定的，对于法院针对不同的案件行使审判权设定相应的时间界标，从而使审判权的行使既游刃有余，也不得懈怠拖延。司法实践反复表明，如果缺乏审限制度，法院行使审判权将会滑向随心所欲的泥潭而致使诉讼程序无限度地迟延。

3. 审限制度有利于诉讼效率的提高

迟来的正义乃非正义，诉讼程序如果迟延不决，则当事人尽管胜诉也相当于败诉，因此必要的诉讼效率是实现司法正义的应有之义。针对诉讼中的拖延现象，各国都在想方设法改进司法审判制度，使之既有内在的节奏感，又有外在的压力感，从而使个案的司法审判在理想的时间界域内得以结束。审限制度就是加快诉讼进程、提高诉讼效率的有效举措。它有利于强化司法审判者的时间观念，使其意识到他们的任务不仅要就个案给出正确的答案，而且要在适当的时间范围内给出快捷的答案，从而使司法审判者在树立公正意识的同时，牢固地树立效率意识。司法审判者有了自觉的效率意识后，便能将这种意识贯穿在诉讼的全过程，并以适当的方式传递给诉讼的参与者，使诉讼既从容又紧张地有序进行。

4. 审限制度有利于改善法院内部的司法管理体系

有了审限制度后，法院的内部司法管理就有了一个抓手，通过审限的节点式控制，使诉讼程序的司法管理既形成了总的控制力，又形成了分段性诉讼管控业态，诉讼程序由此得以平稳而不是突击式地向前一站一站地运行，这样就使笼而统之的司法管理模式得以分解和量化，克服了司法管理过程中的人为性因素和突袭性因素，有利于司法审判者养成弹钢琴式的审判驾驭技能，也有利于司法管理者案管有据，案评有方，案督有效，从而不仅在宏观上而且在微观上大大提升了司法管理的能力和水平。

由此可见，我国民事诉讼法所规定的审限制度既有实践的必要性，又有制度的合理性，那种对审限制度提出质疑的观点带有某种片面性，因而是不恰当的。[①]

[①] 参见王福华、融天明：《民事诉讼审限制度的存与废》，载《法律科学》2007年第4期；唐力：《民事审限制度的异化及其矫正》，载《法制与社会发展》2017年第2期。

二、审限的种类

（一）一审普通程序的审限

人民法院适用普通程序审理的案件，应当在立案之日起 6 个月内审结。有特殊情况需要延长的，由本院院长批准，可以延长 6 个月；还需要延长的，报请上级人民法院批准。[1]

（二）简易程序和小额诉讼程序的审限

根据《民事诉讼法》第 164 条的规定，人民法院适用简易程序审理案件，应当在立案之日起 3 个月内审结。有特殊情况需要延长的，经本院院长批准，可以延长 1 个月。根据《民事诉讼法》第 168 条的规定，人民法院适用小额诉讼的程序审理案件，应当在立案之日起 2 个月内审结。有特殊情况需要延长的，经本院院长批准，可以延长 1 个月。

（三）上诉案件的审限

人民法院审理对判决的上诉案件，应当在第二审立案之日起 3 个月内审结。有特殊情况需要延长的，由本院院长批准。人民法院审理对裁定的上诉案件，应当在第二审立案之日起 30 日内作出终审裁定。[2]

（四）特别程序的审限

人民法院适用特别程序审理的案件，应当在立案之日起 30 日内或者公告期满后 30 日内审结。有特殊情况需要延长的，由本院院长批准。但审理选民资格的案件除外。[3] 人民法院受理选民资格案件后，必须在选举日前审结。[4]

（五）再审程序的审查期限

人民法院应当自收到再审申请书之日起 3 个月内审查，符合《民事诉讼法》规定的，裁定再审；不符合《民事诉讼法》规定的，裁定驳回申请。有特殊情况需要延长的，由本院院长批准。[5]

（六）执行期限

人民法院自收到申请执行书之日起超过 6 个月未执行的，申请执行人可以向上一级人民法院申请执行。上一级人民法院经审查，可以责令原人民法院在一定期限内执行，也可以决定由本院执行或者指令其他人民法院执行。[6]

（七）涉外诉讼的审限

人民法院审理涉外民事案件的期间，不受《民事诉讼法》第 152 条、第 183 条规定的限制。[7] 据此，涉外诉讼不受任何审限的限制。

三、审限的规则

最高人民法院通过两个司法解释对审限作出了细化规定，此即最高人民法院《关于严格

---

[1] 《民事诉讼法》第 152 条。
[2] 《民事诉讼法》第 183 条。
[3] 《民事诉讼法》第 187 条。
[4] 《民事诉讼法》第 189 条。
[5] 《民事诉讼法》第 211 条。
[6] 《民事诉讼法》第 233 条。
[7] 《民事诉讼法》第 277 条。

执行案件审理期限制度的若干规定》（以下简称《审限规定》）、最高人民法院《案件审限管理规定》（以下简称《审限管理规定》）。据此规定，审限的规则如下：

（一）民事诉讼程序的各种审限细则

适用普通程序审理的第一审民事案件，期限为 6 个月；有特殊情况需要延长的，经本院院长批准，可以延长 6 个月，还需延长的，报请上一级人民法院批准，可以再延长 3 个月。适用简易程序审理的民事案件，期限为 3 个月。适用特别程序审理的民事案件，期限为 30 日；有特殊情况需要延长的，经本院院长批准，可以延长 30 日，但审理选民资格案件必须在选举日前审结。审理第一审船舶碰撞、共同海损案件的期限为 1 年；有特殊情况需要延长的，经本院院长批准，可以延长 6 个月。审理对民事判决的上诉案件，审理期限为 3 个月；有特殊情况需要延长的，经本院院长批准，可以延长 3 个月。审理对民事裁定的上诉案件，审理期限为 30 日。对罚款、拘留民事决定不服申请复议的，审理期限为 5 日。审理涉外民事案件，根据《民事诉讼法》第 277 条的规定，不受上述案件审理期限的限制。审理涉港、澳、台的民事案件的期限，参照涉外审理民事案件的规定办理。

（二）再审的审限

裁定再审的民事案件，根据再审适用的不同程序，分别执行第一审或第二审审理期限的规定。

（三）执行期限

执行案件应当在立案之日起 6 个月内执结，非诉执行案件应当在立案之日起 3 个月内执结；有特殊情况需要延长的，经本院院长批准，可以延长 3 个月，还需延长的，层报高级人民法院备案。委托执行的案件，委托的人民法院应当在立案后 1 个月内办理完委托执行手续，受委托的人民法院应当在收到委托函件后 30 日内执行完毕。未执行完毕，应当在期限届满后 15 日内将执行情况函告委托人民法院。

（四）审限的起点和终点

案件的审理期限从立案次日起计算。由简易程序转为普通程序审理的第一审刑事案件的期限，从决定转为普通程序次日起计算；由简易程序转为普通程序审理的第一审民事案件的期限，从立案次日起连续计算。人民法院判决书宣判、裁定书宣告或者调解书送达最后一名当事人的日期为结案时间。如需委托宣判、送达的，委托宣判、送达的人民法院应当在审限届满前将判决书、裁定书、调解书送达受托人民法院。受托人民法院应当在收到委托书后 7 日内送达。人民法院判决书宣判、裁定书宣告或者调解书送达有下列情形之一的，结案时间遵守以下规定：其一，留置送达的，以裁判文书留在受送达人的住所日为结案时间；其二，公告送达的，以公告刊登之日为结案时间；其三，邮寄送达的，以交邮日期为结案时间；其四，通过有关单位转交送达的，以送达回证上当事人签收的日期为结案时间。

（五）审限的扣除

以下时间不计算在审限之内。其一，因当事人、诉讼代理人、辩护人申请通知新的证人到庭、调取新的证据、申请重新鉴定或者勘验，法院决定延期审理 1 个月之内的期间；其二，民事案件公告、鉴定的期间；其三，审理当事人提出的管辖权异议和处理法院之间的管辖争议的期间；其四，民事、执行案件由有关专业机构进行审计、评估、资产清理的期间；其五，中止诉讼（审理）或执行至恢复诉讼（审理）或执行的期间；其六，当事人达成执行和解或者提供执行担保后，执行法院决定暂缓执行的期间；其七，上级人民法院通知暂缓执行的期间；其八，执行中拍卖、变卖被查封、扣押财产的期间。

（六）延长审限的报批程序

民事案件应当在审理期限届满10日前向本院院长提出申请；还需延长的，应当在审理期限届满10日前向上一级人民法院提出申请。对于下级人民法院申请延长办案期限的报告，上级人民法院应当在审理期限届满3日前作出决定，并通知提出申请延长审理期限的人民法院。需要本院院长批准延长办案期限的，院长应当在审限届满前批准或者决定。

（七）审限的监督规则

各级人民法院应当将审理案件期限情况作为审判管理的重要内容，加强对案件审理期限的管理、监督和检查。各级人民法院应当建立审理期限届满前的催办制度。各级人民法院应当建立案件审理期限定期通报制度。对违反诉讼法规定，超过审理期限或者违反本规定的情况进行通报。

（八）违反审限的法律后果

审判人员故意拖延办案，或者因过失延误办案，造成严重后果的，依照《人民法院工作人员处分条例》的规定予以处分。《法官法》第46条规定："法官有下列行为之一的，应当给予处分；构成犯罪的，依法追究刑事责任：……（六）拖延办案，贻误工作的……"法官违反审限办案造成当事人损失的，该人民法院应当赔偿当事人的损失；法院赔偿损失后，有权向责任法官进行追偿。

四、我国审限制度所存在的弊端及其改进措施

如前所述，审限制度在我国民事诉讼法上的确立乃是立法上的一大创举，在世界各国的民事诉讼立法上具有楷模意义和先导价值，其在实践中发挥的作用也是积极的、有效的、深刻的。事实上，审限制度已经渗透到民事诉讼制度体系的血液之中，成为民事诉讼制度体系赖以构成的重要支柱。然而，司法实践同时也表明，审限制度本身存在立法不够完善，实际操作有所变形或异化，规避审限制度的做法所在多有，审限制度在相当大的程度上处在被架空的状态，诉讼拖延甚至人为贻误的现象也并非鲜见，当事人对超审限的诉讼迟延现象抱怨甚多，因此审限制度的改革与完善应当引起重视，应将其尽快纳入议事日程加以讨论和推动。

（一）弊端

一是审限制度具有极大的弹性，其可把控性不强。如普通程序的审限虽然字面上规定为6个月，然而后面却紧跟着两个可以延长的条款，第一次延长经本院院长同意即可延长6个月，第二次延长经上级法院许可即可，而且第二次延长还无期限的限制，从解释论上说，第二次延长可以无限制进行。[①] 这样就使普通程序的6个月审限制度的约束力和规范性极其松弛和随意，其制度的实际价值及其可操作性便不能不大打折扣，甚至在一定意义上说便形同虚设。一审普通程序是如此，二审程序也是如此。二审程序经本院院长批准也可延长，延长的期限也无限制，制度的漏洞显而易见。

二是审限制度中所包含的职权主义因素过于强烈。审限制度必须具有刚性，但同时又要有一定的弹性，然而这种弹性不能完全由法院通过职权在内部加以利用和确定。根据目前的立法规

---

① 《审限规定》第2条对普通程序审限的第二次延长做出了限定："适用普通程序审理的第一审民事案件，期限为六个月；有特殊情况需要延长的，经本院院长批准，可以延长六个月，还需延长的，报请上一级人民法院批准，可以再延长三个月。"

定,各种审限,无论是一审普通程序的审限还是二审程序的审限,其延长权完全操控在法院手中,无须征求当事人的意见。法院这种决定权限中的职权主义因素实际上是司法行政化的残留,其程序的正当性存疑。一个公正的审限延长程序应当是法院提出动议,听取双方当事人的意见,必要时进行听证。当然,当事人的意见只能仅供参考,而不能左右法院的最后决断,但是,当事人的知情权、发表意见权、程序参与权以及异议救济权、申请监督权等,理应受到尊重。正当的法律程序应当渗透到诉讼程序的每一个角落,作为诉讼制度一个重要组成部分的审限制度自也不能例外。

三是再审审限不具有独立性。根据《民事诉讼法》第214条的规定,再审程序启动后,便根据其裁判生效的审级分别适用一审程序或二审程序进行再审案件的审判,再审程序本身不具有独立性,因此,这连带致使再审的审限也不具有独立性。然而,再审制度具有不同于一审程序或二审程序的特殊性,任何一个诉讼案件经过一审和二审到了再审阶段,当事人已经感到十分疲惫和倦怠,此时仍准用一审和二审的审限显得过长,仿佛诉讼程序还要重新轮回一遍,从一审到二审每个诉讼阶段都有较长的审限,而且这种审限还可以被延长,这种冗长的审限对于再审而言已不堪重负,严重制约了其效率性价值的存在空间,这不利于再审程序发挥其迅速纠错、及时化解纠纷、使当事人服判息诉的功能。因而,再审审限应当具有不同于一审审限和二审审限的特殊性和独立性,不宜与之相混同。

四是涉外诉讼没有审限限制有所不妥。如前所引,涉外诉讼不受任何审限的限制。涉外诉讼因其具有涉外因素而具有一定的特殊性,其审限与国内的民事案件相比应当有所延长,但是,涉外诉讼日益增多,其对诉讼效率的要求不会比国内民事案件更低,缺乏审限所导致的故意或过失拖延诉讼的弊端和危害甚至更加严重,尤为甚者,涉外诉讼中延迟审判、拖延诉讼还会产生不良的国际影响,再加上诉讼中的平等原则也要求对涉外诉讼和国内诉讼一视同仁,涉外诉讼中的当事人也同样具有获得法院及时审判的权利,因此,涉外诉讼不加审限规定确有不妥,应当改变。

五是当事人对违反审限制度的救济权匮缺。《民事诉讼法》对法院违反审限,包括隐性超审限和显性超审限的违法行为没有赋予当事人任何异议、复议等救济权,当事人以违反审限为由提出上诉或申请再审也无法获得支持,事实上,从《民事诉讼法》第207条所规定的13项再审事由看,没有一项涉及超审限。从最高人民法院通过的司法解释来看,法官哪怕因故意枉法裁判而违背审限拖延审判也不过是接受内部纪律处分而已。[①] 然而,虽然违法法官遭到了内部纪律的处分,甚至因造成严重后果而被追究了刑事责任,但这种拖延审判的违法性并没有在诉讼案件的解决上得到纠正,诉讼程序及其结果依然故我未受任何波动,这就以错误的行政责任取代了错误的司法责任,因枉法而超审限的司法责任实际上被掩盖了,这不能不认为是实践中超审限现象比比皆是而人们又熟视无睹或无可奈何的重要成因,显然,制度构建以及实践操作上的这种偏误应予纠正。

(二) 改进措施

为充分发挥出我国民事诉讼审限制度的内在优势,有必要通过修法使之得到改进,针对上述弊端,可以采行的改进措施主要可以考虑:

第一,修改一审普通程序的审限延长制度,规定其审限可以延长一次,延长的最长期限为3个月。二审审限也可以延长一次,延长的期限最长为1个月。简易程序、小额程序以及特别程序的审限均不可延长。

[①] 《审限规定》第23条。

第二，完善审限的延长制度。审限的延长应当由审理案件的法院提出动议，在听取当事人意见的基础上，由审理案件的法院向上级人民法院提出延长请求，延长请求要附带理由，上级法院应当及时作出是否同意延长审限的决定。本级人民法院及其院长应当不享有批准审限延长的权限，因为其内部审批的规范性和说服力均不强，该权限属于审判监督范畴，应当由上级法院行使。

第三，再审审限应当具有独立性。综合以观，再审的审限确定为3个月，相当于二审的审限，较为适宜，而且再审审限不可以延长。

第四，涉外诉讼应当有审限限制。鉴于涉外案件具有特殊性，较之于国内案件其审限理应稍长，一审涉外审限确定为9个月比较适合，需要延长的可延长3个月；二审涉外审限确定为6个月比较适宜，需要延长的可延长1个月。

第五，修改审限的扣除制度。首先，审限的扣除并没有上位法的依据，这属于法院通过司法解释为自己创设的一项制度。其次，该制度的合理性存疑。延期审理只是短暂的推迟开庭审理的期日，而并不是诉讼中止，诉讼中止应当扣除，这是合理的。鉴定期间无须扣除，因为鉴定并不导致审判中止，审判活动继续在进行中，同时鉴定如果时间过长，可以通过特批延长审限，而不是扣除审限。公告期间也无须扣除，其道理与鉴定同。尤其是简单的民事案件，如果需要公告送达则要么不适用简易程序，要么在适用简易程序后转为普通程序。简易程序之所以需要转为普通程序，一个重要的因素就是普通程序审限较长，而且可以延长。这本身已包含在适用或转用普通程序的考虑之中，无须再次扣除公告期间，何况公告期间法院办案的进程并不受影响。管辖权异议的处理期间也不宜扣除，这些程序性事项的处理本身就是诉讼程序的组成部分，立法在设定审限时已经将这些因素全部考虑在其中，无须另行扣除审限。调解期间也是如此，法院一边审判一边调解，如果调解期间要扣除，那因为调解是贯彻始终的，整个诉讼程序期间均需要扣除，其不合理性显而易见。案情重大、疑难，需由审判委员会作出决定的案件，自提交审判委员会之日至作出决定之日止的期间，以及需要向有关部门征求意见的案件，征求意见的期间，也需要计入审限内。执行程序具有特殊性，如暂缓执行等等，其期间被扣除在外，有一定的合理性。向上级法院请示这个做法本身就不合法，其所需要的时间从审限中扣除乃是错上加错。因此，概括起来说，除诉讼中止和执行中确有必要外，其他的期间或所需要的时间均不宜从审限中扣除，否则，审限制度就会被掏空，隐形超审限的问题就无法得到解决。

第六，赋予当事人对超审限审判的救济权。凡是超审限审判的，当事人应当有权以此为由提出上诉或申请再审。民事诉讼法应当将超审限审判确定为严重的程序违法加以对待，对超审限造成当事人损失的，人民法院应当予以赔偿。

值得注意的是，法院审判案件逾越审限申请延长未获批准，或者依法不得申请延长审限，并不意味着该法院对该特定的民事案件就无须继续进行审判了，其公正审判该案件的诉讼任务仍需继续完成，超审限并非其停止行使审判权的正当事由。与未超审限审判案件有所不同的是，超审限审判案件要承担相应的法律责任，包括纪律处分责任、损害赔偿责任、赔礼道歉责任等。有人可能会因此而担心过分严格执行审限制度会导致法官草率办案、匆忙结案、敷衍塞责等弊端产生，从而会影响办案的质量，因为毕竟办案的质量是司法的生命，是第一位的。这种担心不无道理，因为有了时间上的压力，办案心态的从容性会受到影响；但我们看问题要辩证地看，也要长远地看。有了时间上的压力，办案法官会更加自觉地妥善安排自己的办案时间，逐渐养成办案的良好习惯，使审限的存在习以为常，这样就能将时间观念和效率观念深刻地注入司法者的办案意识之中，使之入脑入心，习惯成自然。经验也表明，我国自从1991年

《民事诉讼法》确定审限制度后，曾一度担心的审限会影响办案质量的结果并没有发生，相反，审限制度的立法观念已经深入司法者的内心深处，司法办案的效率有了明显改观，我国司法中并不存在过分的诉讼迟延现象，应当说这个现象的产生，与我国实行审限制度有内在关联。因此，辩证地看，有审限制度较之于无审限制度，乃利大于弊；长远以观，接受审限制度的严格调整将逐渐地成为审判法官的一个良好习惯和优秀的职业伦理观念，不仅对当事人而且对法院树立高效司法的现代形象均不无裨益。

第十九章　简易程序和小额诉讼程序

第一节　简易程序

一、简易程序的概念和意义

（一）简易程序的概念

简易程序，是指基层人民法院及其派出法庭审理事实清楚、权利义务关系明确、争议不大的第一审简单民事案件所适用的诉讼程序。"简易程序"这个概念，在理解上有三个层面的含义：一是从狭义上理解，简易程序是指民事诉讼法所规定的对普通程序进行简化所形成的简单易行的第一审诉讼程序，不包括小额诉讼程序在内。二是从中义上理解，认为简易程序还包括小额诉讼程序。三是从广义上理解，认为简易程序除包括小额诉讼程序外，还包括督促程序、担保物权实现程序等非诉讼性质的程序。《民事诉讼法》第十三章是在中义上理解简易程序的，将小额诉讼程序包括在内。

（二）简易程序的意义

1. 简易程序有利于保障当事人便捷行使诉权

诉讼程序以保障当事人行使诉权为第一要义，诉讼程序正是在当事人充分行使诉权的基础上一步一步向前推进并逐步达到预期目标的，当事人的诉权而不是别的什么权力是推动诉讼程序进行和运转的主要动力，因此，调动当事人行使诉权的积极能动性便是诉讼程序的首要任务。然而不能不看到，横亘在当事人行使诉权的路途中的障碍因素是非常多的，诉讼程序过于复杂和烦琐就是其中一个重要障碍。本来诉讼程序技术性就非常强，一般老百姓如果不找专业人士代理往往会产生望讼却步之感，每一个诉讼案件都依赖于专业人士代理会增加当事人的诉讼负担，而且诉讼结果是否尽如人意还很难说，因而有必要将复杂的诉讼程序简单化，将烦琐的诉讼环节尽量予以精简，使当事人能够从容自如地进入诉讼程序，不仅使其感觉诉讼程序简明易行，而且解决纠纷的速度也快，效率很高，成本降低，他们就会乐意进行诉讼，行使诉权，保障自己的合法权益。简易程序正是适应了普通当事人的此一需要，便于他们接近法院、实现正义。

2. 简易程序有利于保障法院高效行使审判权

法院行使审判权有两个价值目标并行不悖，相辅相成：一是公正地解决纠纷，二是高效地解决纠纷，公正和高效是法院审判所面临的两大永恒的主题。然而，公正与高效是辩证地统一在一起的，单纯地追求公正而忽视了高效，公正也不可能实现，因此，法院在追求公正的同时，必须兼顾高效。高效地解决纠纷有赖于诉讼程序的繁简适宜，简易程序是针对简单民事案件的诉讼程序，通过简易程序，有助于法院尽快将简单、小额的民事纠纷排解掉，从而集中精力和资源解决复杂疑难的案件。随着社会经济的快速发展，社会矛盾和民事纠纷大量涌入法院，"诉讼爆炸"已非夸张之词，通过简易程序快速过滤约占三分之二的简单、小额民事纠纷案件，已成为法院司法改革和诉讼制度改革要破解的一大命题，简易程序正是法院高效解决纠纷的法宝和锐器，在法院所利用的诸诉讼程序中，简易程序的地位越来越高，其重要性越来越大，就是这个缘故。

3. 简易程序是完善民事诉讼程序体系的需要

民事诉讼法针对不同类型的纠纷设置了不同的诉讼程序，以适应民事纠纷解决多样化程序的需要，简易程序就是该程序体系的重要一员。在诉讼程序构建中，程序与纠纷相适应是一项基本原则，简易程序是针对简单民事案件所建构的简单明了的程序，与针对复杂案件所设置的严格、完整的普通程序形成对比。普通程序重在追求诉讼的公正价值，简易程序重在追求程序的效率价值，但正如普通程序不能牺牲效率价值一样，简易程序也不能牺牲公正价值。针对不同的纠纷解决需求，形成完备的、能够适应实践需要的程序体系是任何一个国家民事诉讼立法所面临的重大任务，我国民事诉讼法也不例外。因此，如何构建出科学合理的简易程序是我国民事诉讼制度改革和完善的重要内容，这项任务目前变得日益重要。

4. 简易程序是对民事案件实现繁简分流的需要

《民事诉讼法》第136条规定了我国民事诉讼中的程序分流原则和机制，据此，人民法院应当通过科学合理的案件分流机制对纷繁复杂、林林总总的民事案件，按照其疑难程度进行繁简分流，分别将民事案件归入普通程序的轨道和简易程序的轨道进行审理，如果缺乏简易程序，则实践中的繁简分流就不可能实现。通过繁简分流机制，使民事案件的"繁案精审、简案快审"的目标得以实现。目前，司法实践深化推进繁简分流改革，一个以"一站式诉讼服务、一站式司法审判"为特征的"分、调、裁、审"格局正在深入推进，简易程序的功能得到了空前发挥。

二、简易程序和普通程序的关系

简易程序和普通程序的关系十分密切，主要表现在：

（一）普通程序是简易程序的基础

普通程序是民事诉讼程序体系结构赖以构建的起点，没有普通程序作为第一块砖和坚实的基础，就没有民事诉讼程序体系的高楼大厦。民事诉讼程序整个体系构建得如何，其整体公正性和效率性价值体现得如何，人民群众对它的利用性程度如何，一个关键的因素就是普通程序的质量定位如何。因此，普通程序的前提性存在是我们考虑普通程序和简易程序关系的出发点。之所以称普通程序是简易程序的基础，是因为普通程序的存在能够对简易程序起到以下两种基本的作用：

1. 从立法上看，简易程序的内容取决于普通程序

简易程序并非在普通程序之外另起炉灶，而是以普通程序为蓝本进行改造而形成的，简易程序的大部分内容均来自普通程序，普通程序的质量决定简易程序的质量，普通程序的先进性程度决定简易程序的先进性程度，对简易程序的立法肯定很大程度上就是对普通程序的立法肯定，对简易程序的非难很大程度上就是对普通程序的非难。因此，要提高简易程序的立法质

量,改善简易程序的司法效果,必须首先提高普通程序的立法质量,改善普通程序的司法效果。

2. 从司法上看,简易程序的适用以普通程序为摹本

简易程序是以删减和补充两种方式对普通程序所进行摘编和改编,其本身并不自给自足、自成体系,而仅仅是在某些方面做出了与普通程序不相一致的规定而已。《民事诉讼法》对简易程序的规定仅有7个条文,其立法体量与规模庞大的体系性极强的普通程序相比,显得非常单薄,但这不是简易程序的全部。简易程序未作规定而在司法逻辑上必须运用到的程序,则适用作为其母体的普通程序,普通程序是简易程序的源泉和大本营,二者之间所形成的法的适用关系是:简易程序有特别规定的,适用简易程序的特别规定;简易程序没有特别规定的,则适用普通程序的一般规定。

(二)简易程序是普通程序的简化与补充

1. 简易程序是普通程序的简化

如前所述,简易程序并不是在一片空白的基础上撇开普通程序另辟蹊径而独立地形成的,相反,简易程序具有依附性和非独立性,它的构成性元素一是遵循、二是删减、三是补充。因此,简易程序的基本要义就是对面面俱到、无微不至、体系严密的普通程序进行某种外科手术般的切除、简化,删除其过分仪式化以及过于复杂乃至显得臃肿的内容、缓和其严格的顺序性、强化其灵活性,从而形成以"短平快"为特色的短小精悍、富有弹性、灵活多变、轻装上阵式的精简型程序。

简易程序的简化主要表现在三个方面:一是程序性简化,将普通程序的某些环节予以削减,如审理前的准备在简易程序中可以省略,原被告可以一起到法院进行诉讼,法院可以立即开庭进行审判;诉讼记录和裁判文书可以格式化填写,而无须叙述式论证。二是证据性简化,比如严格证明的要求得到缓和,自由证明更受青睐;证明标准有所降低,凡是需要有较高证明标准的民事案件并不适宜通过简易程序解决;证明责任的配置更加灵活,主观证明责任而不是客观证明责任更受重视。三是实体性简化,比如法院裁判的依据不仅局限于实体法的明文规范,在恪守实体法精神的前提下,司法者可以灵活司法,可以变通司法,可以衡平司法,可以提高习惯在裁判标准中的比重。在简易程序中,司法者的自由裁量权得到了强化,司法的实质正义和个别正义更受到关注和强调。

2. 简易程序是普通程序的补充

简易程序主要通过对普通程序的删减及其严格性的松弛而进行程序的构造,此外,简易程序还采用补充立法的形式进行制度建构。简易程序的补充性规定主要表现为简易程序的特殊性规定,正是这些特殊性规定的附加,使简易程序的内容得以在相对的意义上形成一个完整的体系。简易程序的补充性规范主要表现在:其一,关于简易程序下适用范围的规定对普通程序而言具有补充性。简易程序适用范围的规定是对普通程序适用范围的极大限缩,就其本质而言,乃是将普通程序适用范围内的一部分案件划分出来,使之归于简易程序的调整范畴。其二,关于"同时起诉、同时受理、同时答辩、同时审理"的"四同时"制度是对普通程序的补充。在普通程序中,上述四个环节为四个诉讼阶段,各个阶段之间均有一定的时间间隔,而无法混同进行。然而,这一点在简易程序中得到了克服。按照《民事诉讼法》第161条第2款的规定,双方当事人可以同时到法院要求法院解决纠纷,法院可以当即决定进行审理,这其中就包含了对诉讼案件的受理。简易程序的"四同时"制度极大地缩短了诉讼程序的存续期间,加快了诉讼进程,提高了诉讼效率。其三,关于独任制的规定,是对普通程序审判组织合议制的

补充。普通程序必须组建合议庭由若干名审判人员形成一个团体，共同行使同一个审判权，其间必须加强协调和协同，步调需要一致，同时相互之间还处在监督和被监督的关系之中，因而合议制需要花费较多的审判时间，其所需要的程序也相应复杂；简易程序实行独任制审判，在审判组织制度上是一个极大的创新，其对提高诉讼效率有极大的推动。其四，简易程序在传唤方式上的灵活多样是对诉讼通知制度的一大创新。在普通程序上，诉讼通知制度较为正规，其所需要的手续也较为烦琐，各种通知方式之间有严格的适用界限而不得混同适用，简易程序为此做出了创新，将传统的书面通知方式、日常的口头通知方式以及信息时代的网络通知方式等多种多样的方式均囊括于其中为其所用，法院可以视情形不拘一格地进行诉讼通知，这有助于节省司法资源，缩短诉讼周期，提高司法行为的速率。此外，简易程序还有诸多方面体现了其对普通程序的补充与超越，如审限制度等，此不一一列述。

（三）普通程序和简易程序可以相互转化

普通程序和简易程序不仅在立法上具有一脉相承的内在关联，在司法实践中二者也处在血脉贯通、相互联系之中，其联系性和贯通性主要表现在来回两个方面：

1. 从普通程序向简易程序的转化

（1）在诉讼程序开始之初，经过双方当事人的自愿选择，普通程序可以转为简易程序。这是程序选择权作用的结果，但是根据案件变化和诉讼进展的情况，若当事人所选择使用的简易程序不敷使用，则也可以在当事人的申请下或法院依职权将简易程序转化为普通程序。

（2）在普通程序进行过程中，经过双方当事人同意或由其共同提出申请，法院可以将普通程序转为简易程序，简易程序在普通程序的基础上继续进行。① 但法院不得依职权将普通程序转化为简易程序。前者之所以可以转换，其原理与诉讼之初的程序选择权相同，后者之所以不可以转换，其原因在于当事人已经根据普通程序获得了程序利益和程序保障，他们可能感觉到普通程序恰好能够适应其纠纷的解决需要，而此时法院实行职权型转换可能只是基于其行使审判权的便利，而无视了当事人行使诉权所需要的程序保障性，因而不具有正当性，故应不予许可。

2. 从简易程序向普通程序的转化

（1）在诉讼程序开始之初，若法院根据案情的需要决定适用简易程序审判诉讼案件，当事人有权对此提出异议，异议成立的，法院应将原决定进行修改，使简易程序的适用转化为普通程序的适用。在简易程序进行过程中，当事人也可以提出程序异议，申请法院将简易程序转为普通程序。需要注意的是，无论是在诉讼程序开始之初抑或在诉讼程序进行过程中，当事人提出异议均无须取得对方当事人的同意，而可以单方面进行；同时，这种异议的形式既可以是书面的，也可以是口头的，其效果并无二致。

（2）在诉讼进行过程中，如果法院认为诉讼案件看上去简单，实际上却很复杂，以至于简易程序难以胜任，此时，独任法官经向庭长汇报可以在其同意后转为普通程序审理。在诉讼程序由简易程序转为普通程序后，原简易程序庭审审理产生的结果和资料均归于无效（诉讼时效中断的效果除外），诉讼程序从头开始，审理期限从转换之时开始计算。诉讼程序之所以要从头重新开始，原因在于，此前的诉讼程序是由独任法官按照简易程序进行的，其对当事人

---

① 《简易程序规定》第2条第2款规定："人民法院不得违反当事人自愿原则，将普通程序转为简易程序。"依本条规定，法院如果尊重了当事人的自愿性，则可将普通程序转为简易程序。这就其本质而言，乃是简易程序选择权在诉讼过程中的特殊化运用，应为可许。

而言程序保障不足，其所实施的诉讼行为无法继续维持其有效性；同时，对法院而言，由于简易程序转换为普通程序后，新增加的合议庭成员并没有亲历此前的诉讼程序，如果不重新进行审判，而是在简易程序的基础上进行审判，则必然有违直接言词原则，其继续型审判不具有程序的正当性，而只有与之有别的重新型审判才能使转换而来的普通程序具有充分的正当性。当然，这里主要说的是简易程序庭审中产生的结果与信息，需要在普通程序中重新来过，但这并不意味着当事人在简易程序中所实施的所有诉讼行为一概归零，事实上，原告的起诉状、被告的答辩状等依然有效。

三、简易程序的特点

（一）起诉方式简便

《民事诉讼法》第161条规定："对简单的民事案件，原告可以口头起诉。"根据《简易程序规定》第4条的规定，原告本人不能书写起诉状，委托他人代写起诉状确有困难的，可以口头起诉。原告口头起诉的，人民法院应当将当事人的基本情况、联系方式、诉讼请求、事实及理由予以准确记录，将相关证据予以登记。人民法院应当将上述记录和登记的内容向原告当面宣读，原告认为无误后应当签名或者捺印。通过口头方式向法院提起诉讼，是原告所享有的一项诉讼权利，其并不附带任何条件。简易程序中的口头起诉与普通程序中的口头起诉虽然表面上都是口头起诉，但两种口头起诉所建立的理论基础并不相同。普通程序中的口头起诉所建立的理论基础是便民，也就是如果原告属于文盲或半文盲，无法自己撰写起诉状，同时也无力聘请律师代理诉讼代替他撰写起诉状，为了保障起诉权之行使，立法赋予其口头起诉的权利。与之不同，简易程序中的口头起诉所建立的理论基础则是效率，即便原告能够撰写起诉状，或者也可以聘请律师代理诉讼，但为了快捷进入诉讼程序，立法规定其可以口头起诉。在简易程序中，应当鼓励当事人进行口头起诉，因为简易程序的简化特征是成体系的，原告口头起诉，被告即可口头答辩，法院进行口头传唤，诉讼记录以及裁判文书均可因此而得到简化。如果原告起诉使用书面形式，那么，在诉讼程序一开始就难以与普通程序相区别，此后的简易程序与普通程序相混同则是必然之事。需要注意的是，《民事诉讼法》仅仅规定了原告可以口头起诉，而没有规定被告可以口头答辩，第三人可以口头参诉，这并不意味着被告不可以口头答辩，第三人不可以口头参诉，恰恰相反，《民事诉讼法》规定的口头起诉规则在精神上是具有传递性和贯穿性的，被告的口头答辩以及第三人的口头参诉也都是题中应有之义，也都受到简易程序立法的肯定和鼓励。双方当事人到庭后，被告同意口头答辩的，人民法院可以当即开庭审理；被告要求书面答辩的，人民法院应当将提交答辩状的期限和开庭的具体日期告知各方当事人，并向当事人说明逾期举证以及拒不到庭的法律后果，由各方当事人在笔录和开庭传票的送达回证上签名或者捺印。[①]

（二）受理简便

简易程序的受理简便，指的是法院受理简单的民事案件时，对于经审查认为符合条件的，可以当即通知原告人对起诉予以受理；认为不符合受理条件的，则可以当即告知原告人不予受理，并说明理由。当事人双方同时到基层法院或者它的派出法庭请求解决纠纷的，基层法院和它的派出法庭可以当即进行审理。如果案件不具备当即审理条件的也可以另定日期审理。[②]

---

① 《简易程序规定》第7条。
② 《民事诉讼法》第161条第2款。

(三) 传唤简便

传唤简便,是指原告起诉后,人民法院可以采取捎口信、电话、传真、电子邮件等简便方式随时传唤双方当事人、证人。传唤的时间,不受普通程序必须在开庭3日内通知当事人和其他诉讼参加人的限制。

(四) 审判组织采用独任制

凡是适用简易程序审理案件,其审判组织均采用独任制,即由审判员一人独任审判。

(五) 审理程序简化

对原被告双方同时到庭的,可以随到随审,当即调解;公开审理的案件,不必在开庭3日前公布当事人姓名、案由和开庭的时间、地点;在开庭审理时,不明确区分法庭调查和法庭辩论两大步骤,法官可以合并进行,也可以穿插进行,灵活掌握;适用简易程序审理的民事案件,应当一次开庭审结,但人民法院认为确有必要再次开庭的除外。

(六) 审限较短

人民法院适用简易程序审理的案件,应当在立案之日起3个月内审结。适用简易程序审理的案件,审理期限到期后,有特殊情况需要延长的,由本院院长批准,可以延长审理期限1个月。人民法院发现案情复杂,需要转为普通程序审理的,应当在审理期限届满前作出裁定,并将审判人员及相关事项书面通知双方当事人。案件转为普通程序审理的,审理期限自人民法院立案之日计算。①

四、简易程序中的送达

简易程序中的送达需要简化,《民事诉讼法》对此未作特别规定,《简易程序规定》对此根据司法实践的需要做出了适用于简易程序的特别送达规则,简介如下:

(一) 当事人负有提供送达地址的诉讼义务

当事人应当在起诉或者答辩时向人民法院提供自己准确的送达地址、收件人、电话号码等其他联系方式,并签名或者捺印确认。送达地址应当写明受送达人住所地的邮政编码和详细地址;受送达人是有固定职业的自然人的,其从业的场所可以视为送达地址。②

(二) 无法通知被告时的处理

人民法院按照原告提供的被告送达地址或者其他联系方式无法通知被告应诉的,应当按以下情况分别处理:其一,原告提供了被告准确的送达地址,但人民法院无法向被告直接送达或者留置送达应诉通知书的,应当将案件转入普通程序审理。其二,原告不能提供被告准确的送达地址,人民法院经查证后仍不能确定被告送达地址的,可以被告不明确为由裁定驳回原告起诉。③

---

① 《民诉法解释》第258条。
② 《简易程序规定》第5条。
③ 《简易程序规定》第8条。笔者对第一种做法,即无法送达时将简易程序转为普通程序持赞成态度,但对第二种做法,即对送达被告无法完成时做出驳回原告起诉的做法持有异议,因为这不符合《民事诉讼法》第122条、第124条、第126条关于驳回原告起诉的规定,"送达不能"不宜成为驳回起诉的法定理由。事实上,送达不能可以将简易程序转为普通程序,按照公告送达的程序进行送达即可。

(三) 被告拒绝提供送达地址的法律后果

被告到庭后拒绝提供自己的送达地址和联系方式的，人民法院应当告知其拒不提供送达地址的后果。经人民法院告知后被告仍然拒不提供的，按下列方式处理：其一，被告是自然人的，以其户籍登记中的住所地或者经常居住地为送达地址；其二，被告是法人或者其他组织的，应当以其工商登记或者其他依法登记、备案中的住所地为送达地址。人民法院应当将上述告知的内容记入笔录。①

(四) 推定送达

因当事人自己提供的送达地址不准确、送达地址变更未及时告知人民法院，或者当事人拒不提供自己的送达地址而导致诉讼文书未能被当事人实际接收的，按下列方式处理：其一，邮寄送达的，以邮件回执上注明的退回之日视为送达之日；其二，直接送达的，送达人当场在送达回证上记明情况之日视为送达之日。上述内容，人民法院应当在原告起诉和被告答辩时以书面或者口头方式告知当事人。②

(五) 留置送达

受送达的自然人以及他的同住成年家属拒绝签收诉讼文书的，或者法人、其他组织负责收件的人拒绝签收诉讼文书的，送达人应当依据《民事诉讼法》第89条的规定邀请有关基层组织或者所在单位的代表到场见证，被邀请的人不愿到场见证的，送达人应当在送达回证上记明拒收事由、时间和地点以及被邀请人不愿到场见证的情形，将诉讼文书留在受送达人的住所或者从业场所，即视为送达。受送达人的同住成年家属或者法人、其他组织负责收件的人是同一案件中另一方当事人的，不适用前述规定。③

(六) 领取裁判文书

当庭宣判的案件，除当事人当庭要求邮寄送达的以外，人民法院应当告知当事人或者诉讼代理人领取裁判文书的期间和地点以及逾期不领取的法律后果。上述情况，应当记入笔录。人民法院已经告知当事人领取裁判文书的期间和地点的，当事人在指定期间内领取裁判文书之日即为送达之日；当事人在指定期间内未领取的，指定领取裁判文书期间届满之日即为送达之日，当事人的上诉期从人民法院指定领取裁判文书期间届满之日的次日起开始计算。④

(七) 邮寄送达

当事人因交通不便或者其他原因要求邮寄送达裁判文书的，人民法院可以按照当事人自己提供的送达地址邮寄送达。人民法院根据当事人自己提供的送达地址邮寄送达的，邮件回执上注明收到或者退回之日即为送达之日，当事人的上诉期从邮件回执上注明收到或者退回之日的次日起开始计算。⑤

五、简易程序中的调解

简易程序所针对的案件对象是简单的民事案件，而简单的民事案件具有案件事实清楚、权

---

① 《简易程序规定》第9条。
② 《简易程序规定》第10条。
③ 《简易程序规定》第11条。
④ 《简易程序规定》第28条。
⑤ 《简易程序规定》第29条。

利义务关系明确、争议不大等特点，这些特点的存在，正是调解制度可以大显身手的领域。因此，在简易程序中，调解制度受到高度重视，理论界所倡导的"强制调解"或"调解前置主义"，说的主要就是适用简易程序处理的案件。一定意义上可以认为，简易程序与调解程序是一物之两面的概念，它们水乳交融，难解难分，离开调解，简易程序就显得残缺不全、功能不彰。

下列民事案件，人民法院在开庭审理时应当先行调解：（1）婚姻家庭纠纷；（2）继承纠纷；（3）劳务合同纠纷；（4）因交通事故引起的权利义务关系较为明确的损害赔偿纠纷；（5）因工伤事故引起的权利义务关系较为明确的损害赔偿纠纷；（6）宅基地纠纷；（7）相邻关系纠纷；（8）合伙合同纠纷；（9）诉讼标的额较小的纠纷。但是根据案件的性质和当事人的实际情况不能调解或者显然没有调解必要的除外。[①]

调解达成协议并经审判人员审核后，双方当事人同意该调解协议经双方签名或者捺印生效的，该调解协议自双方签名或者捺印之日起发生法律效力。当事人要求摘录或者复制该调解协议的，应予准许。[②] 调解协议符合法律规定的，人民法院应当另行制作民事调解书。调解协议生效后一方拒不履行的，另一方可以持民事调解书申请强制执行。人民法院可以当庭告知当事人到人民法院领取民事调解书的具体日期，也可以在当事人达成调解协议的次日起10日内将民事调解书发送给当事人。[③] 当事人以民事调解书与调解协议的原意不一致为由提出异议，人民法院审查后认为异议成立的，应当根据调解协议裁定补正民事调解书的相关内容。[④]

六、简易程序的适用范围

（一）简易程序适用范围概述

首先需加说明的是，简易程序的适用范围包括两层含义：一是能够适用简易程序的法院范围，二是能够适用简易程序的案件范围。能够适用简易程序的法院范围在民事诉讼法上规定得非常明确，就是基层法院及其派出法庭，除此以外的其他任何级别的法院，包括中级人民法院、高级人民法院和最高人民法院，均不得适用简易程序，与基层法院同一级别的专门法院可以适用简易程序，其他专门法院不得适用简易程序。能够适用简易程序的案件范围是指哪些类型的案件可以采用简易程序加以审判，简易程序的适用范围主要就是指其所适用的案件范围，以下所谈仅指适用简易程序的案件范围。

《民事诉讼法》第160条规定："基层人民法院和它派出的法庭审理事实清楚、权利义务关系明确、争议不大的简单的民事案件，适用本章规定。基层人民法院和它派出的法庭审理前款规定以外的民事案件，当事人双方也可以约定适用简易程序。"据此，《民事诉讼法》为简易程序的案件范围确定了两条标准：一是客观标准，二是主观标准。适用简易程序的客观标准，是指按照民事案件的案情特征来确定简易程序的适用范围；适用简易程序的主观标准，是指按照程序选择权来确定简易程序的适用范围。客观标准从1982年《民事诉讼法（试行）》迄今一直采用之，主观标准则是从2012年修改《民事诉讼法》后才予以适用的。

---

① 《简易程序规定》第14条。
② 《简易程序规定》第15条。
③ 《简易程序规定》第16条。
④ 《简易程序规定》第17条。

(二) 确定简易程序适用范围的客观标准

《民事诉讼法》第160条开门见山规定了简易程序的适用范围，即只有简单的民事案件才能适用简易程序进行审判，而所谓简单的民事案件，立法给出了三个指标性标准，此即事实清楚、权利义务关系明确、争议不大。① 这就是确定简易程序适用范围的客观标准，之所以称其为客观标准，原因就在于，立法为简单民事案件所提出的这三个指标性标准，均是来源于司法者对案件事实及其法律关系的判断，这种判断的依据在案情本身而不在当事人或司法者的主观意愿。然而，究竟何为"事实清楚、权利义务关系明确、争议不大"？民事诉讼法并未作出解释和界定，只有司法者根据所面对的案件作出具体的判断。为使司法者能够更好地进行简易程序适用范围客观标准的判断和使用，《民诉法解释》第256条对此做出了阐述："民事诉讼法第一百六十条规定的简单民事案件中的事实清楚，是指当事人对争议的事实陈述基本一致，并能提供相应的证据，无须人民法院调查收集证据即可查明事实；权利义务关系明确是指能明确区分谁是责任的承担者，谁是权利的享有者；争议不大是指当事人对案件的是非、责任承担以及诉讼标的争执无原则分歧。"

然而，无论是民事诉讼法的立法抑或最高人民法院的司法解释，都没有解决这一标准中所内含的适用逻辑上的悖论：案件事实是否清楚、权利义务关系是否明确、双方争议是否不大等这些指标性标准，并不是在法院受理案件之前或之时就能够判断得了的，法院只有在进行案件的实体审理后方能得出结论，而要得出这一结论，又需要先行确定审理案件的程序，这就形成了程序因果关系的矛盾。这一矛盾的客观存在，使得法院对简易程序适用范围的判断不能不处在武断、片面、形式化的状态，从而使得简易程序的适用范围变得难以把握和控制，司法的任意性难以避免，司法的正当性受到质疑。因此之故，在确定简易程序适用范围时，立法和司法解释提供的这种"案情判断说"并不具有合理性和可适用性，而仅具有某种并不确定的指导性。

然而，与其采用"案情判断说"，不如采用"简单推定说"更具有现实合理性和操作适用性。根据"简单推定说"，判断某一民事案件是否属于简单的民事案件，是否属于简易程序的适用对象，不是看其案情的复杂与否等这些客观性指标，而是看其属于哪一类型的民事案件，而这类民事案件从经验上看，又以简单的民事案件居多，因而如果法院所面临的案件属于简单案件盖然率较高的诉讼类型，则推定其为简单的民事案件。比如，离婚案件、"三费"（赡养费、扶养费、抚养费）纠纷案件等，就可以直接推定其为简单的民事案件；在推定其为简单的民事案件后，法院便可正当化地适用简易程序，在适用简易程序审理该案的过程中，如果发现或出现了不适宜适用简易程序审理的因素和情节，则依职权或依申请将简易程序转换为普通程序。可见，按照"简单推定说"来确定简易程序的适用范围不仅简明易行、效率高，而且还有利于消除当事人与法院之间的意见分歧，其适用和操作逻辑更加顺畅。

然而，哪些案件可以推定为简单的民事案件呢？其可推定的范围如何？这有赖于两个方面

---

① 我国民事诉讼立法及其司法解释均没有将诉讼标的额作为简易程序适用的标准，而在一些大陆法系国家，诉讼标的额是决定适用普通程序或者简易程序的重要标准。事实上，在我国司法实践中，诉讼标的额依然是决定普通程序抑或简易程序之适用的潜在而又重要的标准。笔者认为，诉讼标的额虽然可以成为判断诉讼案件是否属于简单民事案件的重要参考因素，但不宜成为唯一标准，因为有的诉讼案件标的额较小然而争议很大，就不宜适用简易程序加以审判；反之，有的诉讼案件虽然标的额较大但双方争议并不剧烈，此时反而可以适用简易程序加以审判。

因素的完善：一是民事案由的整备、齐全、科学与合理；二是司法实践经验的总结、梳理、积累和概括。前一个因素，民事案由的体系化与科学化厘定，目前尚属远未完成的课题，司法机关虽然有所总结和概括，但其划分标准纵横交错，难以避免重复性和抽象性，漏洞颇多，有待于继续完善。《民法典》的出台对民事案由的确定提供了立法逻辑上的基础。当然，民事案由的确定仍不能完全依赖于《民法典》，因为新类型的案件层出不穷，民事案由的空缺会不断产生，民事案由的先行确定对简易程序的适用范围之划定虽不乏指引价值，但难以做到自给自足，第二个因素便显得格外重要，这就是司法实践经验的不断总结。从司法实践对简单民事案件的经验总结来看，应当说，法院系统在这个方面有诸多探索，形成了一系列有价值的经验因素，对简易程序的适用范围的合理确定与有功焉。然而不能不指出的是，司法实践在这方面的探索和总结还有广阔的空间有待发掘和充实。《简易程序规定》《民诉法意见》以及《民诉法解释》等一系列的综合性和专门性司法解释，均未对简易程序的适用范围做出案型的列举性规定，应该说，这是司法经验总结史上的一个缺憾，有待弥补。

（三）确定简易程序适用范围的主观标准

2012 年修改《民事诉讼法》时将实践中已存在并运行达 10 年之久的简易程序选择权[①]写入其中，成为简易程序的立法亮点之一。长期以来，简易程序是否能被运用，当事人的诉讼案件是按照普通程序还是按照简易程序进行审理，是司法者根据立法的规定加以决断之事，而与当事人的程序选择权无关，当事人不能通过单方面申请或者双方合意选择是否适用简易程序。我国民事诉讼法实行职权进行主义，简易程序的职权化运用是其重要体现之一。然而这种状况到 2012 年修改《民事诉讼法》时有了改变，该法第 157 条（现第 160 条）第 2 款规定："基层人民法院和它派出的法庭审理前款规定以外的民事案件，当事人双方也可以约定适用简易程序。"据此，当事人对简易程序的程序选择权得以正式确立。

简易程序的选择权，是指双方当事人可以通过合意，请求法院对不符合简易程序适用条件的民事诉讼案件，采用简易程序进行审判的诉讼权利。这一权利属于当事人所享有的全部程序选择权的一个组成部分，在性质上它属于合意型程序选择权，也就是说，只有双方当事人在适用简易程序审判其纠纷案件上达成一致的意思表示，方能使这种程序选择权得以成立。因此，简易程序的选择权需要双方当事人共同行使，而不得单方行使；简易程序的选择权是一种程序请求权，而不是程序决定权，是否采用当事人的合意，从而适用简易程序进行特定诉讼案件的审判，最终由审判案件的法官决定；简易程序的选择权是一种程序性权利，而与诉讼案件的实体问题以及将来的处理结果无关，不能因为当事人选择了简易程序同时放弃了普通程序的使用权，而使之遭受实体上的不利后果，程序简化并不意味着实体简化；同时，当事人行使了简易程序选择权，也不能成为法官办错案件追究司法责任的挡箭牌，法官不能据此摆脱司法责任制的制约和规制。

为什么当事人可以合意选择适用简易程序？其理论根据主要在于：

其一，这是当事人处分权的表现。《民事诉讼法》第 13 条第 2 款规定了民事诉讼中的处分原则，当事人据此可以处分自己的实体权利和程序权利。当事人原本可以根据案情的需要适用普通程序审理其诉讼案件，这是当事人所依法享有的更为充分的程序保障权。相比较而言，简易程序在程序保障的力度上有所减弱，在当事人诉讼权利的行使上有所限制，与此同时，法

[①] 《简易程序规定》第 2 条。

院所享有的程序控制权、程序主导权以及程序指挥权得到了相应的扩张。如果说普通程序是当事人主义的大本营的话,那么,简易程序则是职权主义诉讼模式的发源地,民事诉讼程序的体系化构建,正是从普通程序出发,逐渐地削减当事人的程序性权利,强化法院的司法管理权而阶梯式地形成的,简易程序是普通程序的简化,正是从这简化开始,民事诉讼程序的职权化倾向开始逐步抬头,当事人主义的基调开始变弱。

其二,这是当事人对抗性程度有所弱化的表现。当事人选择简易程序本身就佐证了诉讼案件的对抗程度。一个诉讼案件是否属于简单的民事案件,乃是由实体性因素和程序性因素综合构成的,实体性因素包括案件的事实复杂度、证据的数量、法律适用的难度等,程序性因素包括当事人选择解决其纠纷的救济路径、诉讼中的合意范围等,其中,用对抗性烈度较弱的简易程序将对抗性烈度较强的普通程序取而代之,也是其属于简单民事案件的程序性因素之一,而且这个因素往往显得非常重要。就像当事人选择接受调解一样,当事人选择简易程序而放弃适用普通程序,这本身就说明其纠纷解决的合意范围在扩大,通过调解解决纠纷的可能性因此增大。

其三,这是程序正当化的必要步骤。简易程序在程序环节上有所减少,诉讼过程有所紧缩,诉讼节奏加快,诉讼的结果会快速呈现,相应地,当事人在简易程序中所能施展拳脚的制度性空间被大大压缩,一种以法官为主导的诉讼方式取代了一种以当事人充分对抗为主导的审判方式,而当事人提出的诉讼案件和包含在诉讼案件中的纠纷特征并没有因此有根本性改变,此时,在理论上就出现一个需要论证简易程序正当性的重要课题。当事人选择了简易程序而不是法院强加了简易程序,这是普通程序简易审得以正当化的重要步骤,当事人的选择使得简易程序的效率价值得到彰显,公正价值虽然不因此而减少,但不再受到刻意强调,这样的程序安排似乎违背了程序相称原理,似乎在程序的正当性上有所弱化,然而,充实和强化简易程序正当化的另一个因素却能够弥补简易程序正当性被弱化的环节和阶段,这就是当事人的程序选择权。当事人的程序选择权的介入和渗透,使得用简易程序解决非简单民事案件具有了正当性。

当事人如何行使简易程序的选择权呢?其程序流程可以描述如下:

其一,双方当事人就简易程序的适用达成合意。法院对特定的诉讼案件进行职权判断,确定其是否属于简单的民事案件。如果属于简单的民事案件,则决定适用简易程序;如果不属于简单的民事案件,则决定适用普通程序。如果法院决定适用普通程序,应当将其判断结果以及程序的适用意见按照《民事诉讼法》第136条的规定告知双方当事人;双方当事人经过协商,如果有意适用简易程序,则达成书面协议或口头协议,在法院开庭审理之前告知法院,由法院判断决定是否接受当事人的合意请求,如果法院接受当事人双方所形成的简易程序选择适用合意,则决定按照简易程序进行本案审判。①

其二,双方当事人用书面或口头形式达成简易程序的适用合意后,需要经过法院审查和批准的环节。② 换言之,当事人的简易程序合意选择并不能直接产生法律效果,若当事人希望其

---

① 《民诉法解释》第264条。
② 《民事诉讼法》第160条第2款仅规定了当事人可以约定适用简易程序,而没又同时规定这种约定要经过法院的审查同意。这给人们以错觉,以为当事人一旦约定适用简易程序,法院则必须适用简易程序,而这种解释是错误的。就此而言,该条立法规定在合理性上反而不如司法解释来得科学。《简易程序规定》第2条规定:"基层人民法院适用第一审普通程序审理的民事案件,当事人各方自愿选择适用简易程序,经人民法院审查同意的,可以适用简易程序进行审理。"

程序合意产生预期的法律效果,则必须向法院表明该诉求,并获得法院的审查批准,也就是说,是否适用简易程序对特定诉讼案件进行简化快捷审判,当事人的意愿固然重要,但法院要考虑的因素有诸多方面,因而最终由法院决定,而不是单纯取决于当事人的程序意愿。经过综合权衡,如果法院认为按照简易程序审判不会招致其审判任务的落空或减损,则会批准当事人共同提交的此一程序请求,简易程序的适用至此方成为现实。但法院如果认为此案社会影响重大、涉及诸多法律适用和事实判断上的疑难问题或者通过该案的审判有望形成指导性案例等,法院则有权不予准许进行简易程序的审判。事实也复如此,如果案情十分复杂,即便当事人选择适用简易程序,这个愿望也会中途受挫,因为在法定的期间内如果简易程序无法审结案件,则必须转为普通程序。既然如此,如果较之当事人更有判断权的法院明知简易程序无力担当此案,则不予批准适用简易程序也在情理之中。

其三,简易程序的选择适用不存在排除适用的法定情形。① 有些民事案件,由于具有特殊性,要么使简易程序的适用变为客观不能,要么就是不适合采用简易程序。前者比如被告下落不明的案件客观上就难以采用简易程序,因为被告下落不明法院就要公告送达,而公告送达需要 60 日,而整个简易程序只有 3 个月,而且有时一个案件需要多次进行公告送达,简易程序审限的短暂性且不允许延长性使之根本无法胜任被告下落不明案件的司法审判。后者比如公益诉讼的案件,因为公益诉讼的案件涉及重大的国家利益和社会公共利益,需要采用更加慎重、严谨、周全、完整的诉讼程序进行审判,甚至于在某些方面,普通程序尚需进行升级改造方能适应公益诉讼案件的司法审判,比如合议庭成员要增加、人民陪审员要参加等。这个问题后面还要涉及,此不赘述。

确定简易程序的客观标准和主观标准的关系是:其一,客观标准优先于主观标准而适用。在当事人将诉讼案件起诉到法院后,法院在受理后首先面临的一个任务就是确定采用普通程序解决它还是采用简易程序解决它,此时,立法所确定的客观标准便开始发挥作用,而当事人之间的程序选择权此时尚无产生的前提。其二,主观标准对客观标准起到补充作用。在法院根据客观标准确定特定案件适用普通程序后,主观标准便开始发挥作用;如果法院确定特定案件适用的是简易程序,则主观标准没有发挥作用的机会。当事人不能进行程序类型的反向选择,也即,法院确定适用简易程序审判特定案件后,当事人不能拒绝这种确定,不能合意选择普通程序进行审判。原因在于,简单的民事案件按照程序的分配正义只能分配到简易程序进行审判,而具有更加充分程序保障的普通程序无法适用于简单的民事案件,简单的民事案件没有适用普通程序的资格,因而当事人不能基于简单的民事案件而选择普通程序。但是,如果当事人一方乃至双方强烈反对适用简易程序,那说明他们之间的纠纷已经激化到了相当严重的程度,而这也正是其不属于简单民事案件的一个明证,从这个意义上说,当事人如果双方强烈要求适用普通程序而抵制适用简易程序,法院原则上应当尊重其意愿,但这不是程序选择权发挥作用的结果,而是有鉴于其纠纷激化、矛盾升级以致超越了简单民事案件界限而变成了通常复杂疑难的民事案件的结果。

(四)适用简易程序的案件类型

前已述及,《民事诉讼法》以及司法解释都没有对简易程序的适用范围做出具体的列举式

---

① 《民诉法解释》第 264 条规定:"本解释第二百五十七条规定的案件,当事人约定适用简易程序的,人民法院不予准许。"本解释第 257 条所规定的内容便是排除简易程序适用的案件类型。

的规定,因此,关于简易程序的适用范围只能做出学理性分析。笔者认为,简易程序的适用范围可以从三个层面加以探求:一是从理论概括中正面获得,二是从小额程序适用范围中推论获得,三是从排除法则反面获得。

1. 从理论概括中正面获得

从学理上说,以下案件可以作为简易程序适用范围的主要案型考虑:(1)结婚时间短,对婚前财产、共同财产双方当事人意见比较一致,争议不大的离婚案件;结婚时间不长,当事人婚前患有法律规定不准结婚的疾病的离婚案件;(2)权利义务关系明确,双方无大争议,只是各自坚持己见,在给付金额多少和何时给付上有争议的追索赡养费、扶养费和抚养费的案件;(3)确认或变更收养、抚养关系,双方争议不大的案件;(4)借贷关系明确、证据充分和金额不大的债务案件;(5)遗产和继承人范围明确、遗产数额不大的案件;(6)事实清楚、责任明确、赔偿金额不大的损害赔偿案件;(7)事实清楚、情节简单、是非明确、争议焦点集中、争议金额不大的其他案件。

2. 从小额程序适用范围中推论获得

小额诉讼程序的适用范围与简易程序的适用范围并不完全等同。凡是属于小额诉讼程序适用范围内的民事案件,均可以推定适用简易程序;但简易程序的适用范围要宽于小额诉讼程序的适用范围,除小额诉讼程序的适用范围可以套用到简易程序之上外,简易程序还有自己独有的适用范围,比如,被小额诉讼程序的适用范围排除掉的婚姻纠纷案件、抚养关系案件等,均可以作为简易程序适用范围的案件类型看待,而这个范围只有参酌前述理论标准加以确定。

3. 从排除法则反面获得

需要肯定的是,司法实践虽然没有从正面总结出适用简易程序的案件范围,但却从反面总结出不能适用简易程序的案件范围。2020年《简易程序规定》第1条规定:"基层人民法院根据民事诉讼法第一百五十七条规定审理简单的民事案件,适用本规定,但有下列情形之一的案件除外:(一)起诉时被告下落不明的;(二)发回重审的;(三)共同诉讼中一方或者双方当事人人数众多的;(四)法律规定应当适用特别程序、审判监督程序、督促程序、公示催告程序和企业法人破产还债程序的;(五)人民法院认为不宜适用简易程序进行审理的。"

但《民诉法解释》第257条的规定与之稍有差异:"下列案件,不适用简易程序:(一)起诉时被告下落不明的;(二)发回重审的;(三)当事人一方人数众多的;(四)适用审判监督程序的;(五)涉及国家利益、社会公共利益的;(六)第三人起诉请求改变或者撤销生效判决、裁定、调解书的;(七)其他不宜适用简易程序的案件。"

然而,法律规定应当适用特别程序、督促程序、公示催告程序和企业法人破产程序的案件是否能够适用简易程序呢?按照《民诉法解释》第550条之规定:"最高人民法院以前发布的司法解释与本解释不一致的,不再适用。"似乎法律规定应当适用特别程序、督促程序、公示催告程序和企业法人破产程序的案件自此可以适用简易程序。然而,得出这一结论是不妥当的。因为适用特别程序、督促程序、公示催告程序和企业法人破产程序的案件均属于非讼案件,而非讼案件从性质上根本无法适用作为诉讼程序性质的简易程序,比如说简易程序中的起诉与答辩、审理前的准备以及法庭调查、法庭辩论、视为撤诉、缺席判决等,均无法在非讼程序中适用,因此,适用特别程序、督促程序、公示催告程序和企业法人破产程序的案件不能够适用简易程序加以处理,这是一个不言而喻、无须过多论证即可成立的结论。

应当说,这种用"反向排除法"从反面确定简易程序适用范围的司法经验值得肯定,虽然这种列举难免挂一漏万,然而无论如何,其对司法实践的指引作用还是存在的。

第二节 小额诉讼程序

一、小额诉讼程序的概念及特点

小额诉讼程序首先在英美法国家产生和兴起，目的是让民众更便利地接近司法，为诉讼当事人提供更加快捷和廉价的司法服务，同时也为了破解困扰法院的人案矛盾尖锐化的难题。英美法国家的此举受到了大陆法国家的追随，大陆法国家在20世纪70年代后也纷纷效法英美法国家，要么修改民事诉讼法增设小额诉讼程序，要么制定专门的小额诉讼程序法，确定了小额诉讼程序在民事诉讼程序体系中的一员地位。前者如日本，其在1995年修改民事诉讼法，将小额诉讼程序列入其中加以了确认；后者如韩国，其在1973年制定了专门的《小额诉讼程序法》。我国在20世纪末叶，也开始关注小额诉讼程序的制度导入与建构问题，[①] 经过理论界的呼吁和实务界的探索，小额诉讼程序在2012年修改《民事诉讼法》时进入立法条文之中，成为新增设的程序类型，我国民事诉讼程序的阶梯化结构体系自此构筑就绪。法院用群众方便的诉讼程序和方法迅速解决大量存在的小额诉讼案件，是一个国家的司法制度能否取信于民的关键所在。[②]《民事诉讼法》第165—169条用5个条文规定了小额诉讼程序，据此规定，所谓小额诉讼程序，是指基层法院及其派出法庭快捷审理法律规定的小额金钱诉讼的专门程序。详而言之，小额诉讼程序是指基层人民法院和它派出的法庭审理事实清楚、权利义务关系明确、争议不大的简单的民事案件，标的额为各省、自治区、直辖市上年度就业人员年平均工资50%以下的，实行一审终审制的诉讼程序。可见，小额诉讼程序具有以下特点：

其一，由于小额诉讼程序属于简易程序的一部分，因而，其能够适用该程序的法院级别与简易程序完全相同。从世界范围内看，适用简易程序的法院一般是基层法院、地方法院或简易法院，适用小额诉讼程序的法院则既可能是简易法院的小额审判庭，也可能是独立于法院系统之外的非正式法院，即小额法院。我国则既无小额法院，也无小额法庭，同时也无简易法院，而由基层法院统辖简易案件和小额案件，从司法专业性和效率性角度看，小额法庭或小额法院制度值得借鉴。

其二，小额诉讼程序解决的是标的额较小且事实清楚、权利义务关系明确、争议不大的简单的民事案件。小额诉讼程序所针对的案件对象有两个标准：一是简易标准，二是小额标准。简易标准来源于小额诉讼程序和简易程序（狭义）的同源性和同质性，据此标准，凡是小额诉讼程序能够解决的案件，一定是简易程序能够解决的案件，然而简易程序能够解决的案件，并非都是小额诉讼程序能够解决的案件，要使简易程序的案件对象能够转化为小额程序的案件对象，则还需要满足一个条件，此即小额标准。相对于简易标准的一般性而言，小额标准是小额诉讼程序得以适用的特殊性标准，任何一个案件如果要进入小额诉讼程序的轨道加以解决，必须同时具备简易标准和小额标准这递进式的双重标准。

其三，适用小额诉讼程序审理的案件，实行一审终审制。《民事诉讼法》第10条规定我国民事诉讼程序适用二审终审制。适用二审终审制解决民事纠纷，是国家司法权的一大特征，

[①] 参见汤维建：《市场经济与民事诉讼法学的展望》，载《政法论坛》1997年第2期。
[②] 参见［日］兼子一、竹下守夫：《民事诉讼法》，白绿铉译，法律出版社1995年版，第23页。

也是法院行使审判权应予恪守的基本制度,然而有原则必有例外,二审终审制在我国民事诉讼法上也有例外,其中小额诉讼程序适用一审终审制就是典型的例证。小额诉讼程序之所以可以而且有必要适用一审终审制,其原因不在外部,而在内部,在于小额诉讼程序所针对的小额纠纷本身。小额纠纷不仅属于简单的民事案件,而且标的额也较小,因而适用二审终审制允许当事人不服一审还可以上诉,这无异于浪费司法资源,不符合诉讼经济原则,也不符合程序相称原理和比例原则,因而,与世界多数国家一样,将小额诉讼程序的案件确定为一审终审制的适用对象是恰如其分的。

二、简易程序与小额诉讼程序的关系

(一) 小额诉讼程序对简易程序具有依附性

小额诉讼程序源于简易程序,是简易程序的再简化。① 简易程序的产生几乎与普通程序同步,然而,小额诉讼程序的产生乃是近几十年之内的事,因而关于小额诉讼程序的特殊规则和特别程序目前尚在塑造之中,有关小额诉讼程序的特殊化内容各国的理解和规定不尽一致。比如审级制度,并非所有的国家均采用一审终审制,如德国。在德国,当事人不服小额案件的裁判,可以上诉到地区法院,甚至如果小额诉讼案件涉及宪法问题、原则性法律问题等,还可以飞跃上诉至联邦最高法院。其他小额程序的规定,如是否允许反诉、是否适用诉之合并和诉之变更、是否允许律师代理等,各国的看法和做法并不完全相同。我国在小额诉讼程序的立法上还刚刚起步,在立法时许多问题均有争议,因此采用了目前这种依附性立法体例,将小额诉讼程序规定在简易程序之中,仅仅规定了适用的数额标准和一审终审制两个内容,内容非常简陋,因而其大多数内容均仰赖于简易程序的规定,可以说,除一审终审制外,小额诉讼程序与简易程序根本没有区别,这就决定其依附性特征非常明显,简易程序对小额诉讼程序具有统辖性和母体性。

(二) 小额诉讼程序对简易程序具有发展性和开拓性

小额诉讼程序作为一个新鲜事物,其进入民事诉讼法成为民事诉讼程序体系这个大家庭的新成员,为陈旧俗套、呆板僵硬、缺乏生机的民事诉讼程序带来了新的生机和活力。比如,小额诉讼程序破天荒地以前所未有的立法勇气推出了一审终审制这个在诉讼领域几乎很难设想的新型审级制度。在人们热衷于探讨我国是否有必要将二审终审制改为三审终审制的学术氛围下,一审终审制的提出并入法显示出了对审级制度设置的更加务实和辩证的姿态,为我国多元化审级制度的构建奠定了坚实的基础。再如,小额诉讼程序提出的诸多课题也对民事诉讼程序的现代化改造具有启发意义,比如律师代理制度能否在小额程序上运用,律师代理制度在诉讼程序中能够起到的积极作用和消极作用如何,律师代理制度的适用限度及其规制机制如何,等等。诸如此类的问题在构建小额诉讼程序时均将得到深化探讨和有效解决。可见,小额诉讼程序之介入民事诉讼制度体系所带来的不仅是某些局部适用的特别规则和程序,而是包括诉讼制度革新和功能反思以及诉讼理念变革在内的系统化程序新容貌和程序新机能。

三、小额诉讼程序的立法例

世界上多数国家和地区有小额诉讼程序的立法规定,这体现了小额诉讼程序在现代发展的

---

① 参见汤维建:《市场经济与民事诉讼法学的展望》,载《政法论坛》1997年第2期。

一般性趋势，也反映了其发展和演化的必然性，具有深厚的实践依据和广阔的应用前景，然而同时又要注意到，各国和地区关于小额诉讼程序的立法体例并非尽然一致，它们之间的差异有时是相当大的。概括而言，小额诉讼程序的立法体例主要有以下三种模式：

（一）在民事诉讼法以外单独制定小额诉讼程序法

日本、韩国、美国、澳大利亚、新西兰等国家和我国台湾地区即属此种类型。单独制定《小额诉讼程序法》有其优势，主要是通过独立立法，可以将凡涉及小额诉讼程序的内容汇编在一起，依其先后适用的逻辑顺序进行编排，一是有系统性，二是有可操作性，因此，这种立法体例虽然增加了立法负担，立法成本稍高，但其利大于弊，值得采行。

（二）在民事诉讼法中设置专门的编或章规定小额诉讼程序

德国采此模式。这种将小额诉讼程序作为单独的一编或一章规定在同一的民事诉讼法之中的立法体例，在总体优势上虽然不及单独立法，但较之将小额诉讼程序并入简易程序中的立法体例要科学合理：其一，它具有相对的独立性，体系上较为完整，条文数量也相对较多，基本上能够自给自足。其二，它在适用上具有便利性，在小额诉讼程序缺乏明文规定时，可以适用民事诉讼法的其他内容的规定，尤其是总则和普通程序的规定，这样就会使小额诉讼程序的法律适用始终处在有备无患的稳定状态。

（三）在民事诉讼法"简易诉讼程序"一章中对小额诉讼程序加以规定

我国《民事诉讼法》采此模式。将小额诉讼程序插入简易程序的严密规则的缝隙之中，用简单的几个条文昭示自己的独立存在，其局限性是明显的：一是独立性不强。小额诉讼程序是一个不同于简易程序当然更有别于普通程序的独立诉讼程序，它具有鲜明的程序个性和广泛的适用领域，将其规定在简易程序之中，有将其独立性价值予以淹没之嫌，我国目前小额诉讼程序的适用率偏低的非理想状态，与这种未能彰显其独立性的立法体例有不可分割的关系。二是制约了条文的数量，弱化了其可操作性。小额诉讼程序属于简约化、精简性诉讼程序，因而其立法的明文规定更为重要，否则，这种限制当事人诉权的立法规范在正当性上就显得有所不足，而如果不加规定或者仅作很少的规定，如同我国现在的立法例一样，便使得所设置的小额诉讼程序与其所依赖的简易程序很难在实质层面区别开来，从而影响其独立功能的发挥。因而将来我国小额诉讼程序的立法完善应当是向独立化方向发展，原因就在于，小额诉讼程序具有极强的非诉讼色彩，法院的职权作用格外突出，将其笼统地纳入以当事人主义为主导特征的民事诉讼规则系统中，有时难免有不够协调甚至有剧烈冲突之处，因而将其从统一的民事诉讼法中分离出来，制定一部单独的《小额诉讼程序法》确有其必要性。具体可考虑分两步走：一是使小额诉讼程序在民事诉讼程序体系中独立化，而不是将其涵盖于简易程序之中。二是将来立法经验丰富后，将小额诉讼程序从民事诉讼法中分离出来，制定一部具有中国特色的《小额诉讼程序法》。如有可能，且条件成熟，也不妨两步并一步，直接制定独立的《小额诉讼程序法》。

四、小额诉讼程序的适用范围

小额诉讼程序的适用范围具有严格的限定性和条件性。一方面，它所解决的诉讼案件只能是事实清楚、权利义务关系明确、争议不大的简单民事案件；另一方面，它又要求这种简单的民事案件在诉讼标的额上被控制在一定标准以下。关于何为简单的民事案件在简易程序部分已经做了介绍，这里不再重复；这里着重谈谈后者。

小额诉讼程序，顾名思义，解决的是小标的额诉讼案件，比如此前理论界和实务界热议的"一毛钱官司"，反映的就是小标的额诉讼案件是否还有资格适用简易程序乃至普通程序的问题。为了一毛钱如厕费或三毛钱公共汽车费而诉诸法庭，固然具有维权意识，然而是否真的值得花费巨大的诉讼成本和不菲的司法资源，并投入大量的人力物力财力来解决此类纠纷？这在诉讼法理论上是值得探讨的。诉讼法理论中有一个重要的诉讼原理就是诉讼经济原则，根据这项原则，法院解决纠纷要符合经济法则，通过诉讼的产出要大于为了诉讼而进行的投入，如果计算下来是入不敷出，那么，至少从经济学上说，这种官司是不值得打的。当然，我们也不能滑向唯经济论，如果诉讼案件虽然标的额较小，属于小额诉讼案件，但其所包含的社会价值和法律价值巨大，比如公益诉讼、涉及法解释乃至法创造的诉讼，则仍然要受到诉讼程序的严肃对待，甚至要用更加严密周全的诉讼程序对待之。这种分析对立法上建构小额诉讼程序颇有启发价值。立法上规定小额诉讼程序的首要出发点是诉讼经济原则，以此构建出符合小额诉讼案件特点的小额诉讼程序，从而使之符合程序相称原则或者比例原则。这是确定小额诉讼程序的适用范围所必须考虑的指导性、前提性原理。

如前所述，小额诉讼程序的适用范围由简易标准和小额标准两个标准决定，这里着重谈谈小额标准。小额诉讼程序针对的是小额诉讼案件，小额诉讼案件是具有标的额的案件，而凡是具有标的额的案件，均属于财产类案件或者具有财产内容的人身关系案件。财产类的案件可以是合同纠纷案件、侵权纠纷案件、无因管理纠纷案件、不当得利纠纷案件等；具有财产内容的人身关系案件虽然因其主要的方面属于人身关系案件，因而往往不属于小额诉讼案件，但也不尽然，比如小额赡养费、扶养费、抚育费等案件，通过小额诉讼程序来解决也未尝不可。当然，这类纠纷通过简易程序来解决可能效果更好，但如果双方当事人约定适用小额诉讼程序，则也没有一定不能适用之理。因此，将人身关系的案件一概排除在小额诉讼程序适用范围之外的观点是不能予以认同的。同时，还有一种观点认为，小额诉讼案件仅仅适用于小额给付之诉的案件，而对于确认之诉和形成之诉则不能适用。笔者对此也不予认同。问题的关键不在于诉讼的类型，而在于诉讼中有没有财产内容以及该财产内容的数额具有小额性。小额给付之诉固然可以适用小额诉讼程序，小额确认之诉以及小额形成之诉何尝不能适用小额诉讼程序呢？比如，双方当事人订立了一个小额借款合同，后被告否认该合同的有效性，原告据此提起了确认该小额合同为有效合同之诉，该诉讼案件当然可以适用小额诉讼程序加以解决，难道通过小额诉讼程序可以判令被告给付一定金额的金钱，而却不能通过小额诉讼程序确认该一定金额金钱的合同为有效还是无效吗？显然不是。同理，小额借款合同发生了纠纷，当事人起诉到法院要求解除该合同，显然也是可以适用小额诉讼程序加以解决的。

基于上述基本原理的考虑和分析，《民事诉讼法》第165条将小额诉讼程序的数额标准确定为"各省、自治区、直辖市上年度就业人员年平均工资百分之五十以下"。这个标准具有三个特点：一是它的比例性。与其他国家不同，我国民事诉讼立法不是按照一定的具体数额，比如3万元、2万元、1万元还是5000元等，来确定小额诉讼程序中的"小额"含义，而是采用省级年度平均工资的30%这样一种比例标准。二是它的动态性。年度平均工资每年都会有所波动，按照其比例所确定的小额标准也会每年各异，而不至于长期保持一个标准固定不变。三是它的区域性。我国面积广大、人口众多、各区域发展程度不同，因而如果采用全国统一的数额标准往往会显得不合时宜。应当说，比例标准较之数量标准的优点在于精准，能够做到因地制宜，而不是简单地一刀切，但缺点就在于过于烦琐，一般人无法判断其诉讼案件究竟是不是属于小额诉讼案件，而且经常处在变动之中也有违民事诉讼的安定原则，使当事人难以预测其民事法律关系若发生纠纷将来是否可以适用小额诉讼程序加以解决，从而也不利于交易安全的保障。笔者认为，在民事诉讼法上确定一个上限，比如3万元以下，然后授权各高级法院像确定级别管辖那样根据实际情况确定各地的小额标准，如确有变动的必要，再加以适当调整，这样就可以兼顾法的安定性与法的灵活性，立法技术上也更可取。

根据《2021年民诉法修改决定》，《民事诉讼法》第165条第2款规定："基层人民法院和它派出的法庭审理前款规定的民事案件，标的额超过各省、自治区、直辖市上年度就业人员年平均工资百分之五十但在二倍以下的，当事人双方也可以约定适用小额诉讼的程序。"这就将程序选择权导入到了小额程序的适用之中。

然而，值得关注的是，《2021年民诉法修改决定》增加一条，作为《民事诉讼法》第166条，对人民法院审理下列民事案件不适用小额诉讼程序，作出了更为详细也是最新的规定：(1) 人身关系、财产确权案件；(2) 涉外案件；(3) 需要评估、鉴定或者对诉前评估、鉴定结果有异议的案件；(4) 一方当事人下落不明的案件；(5) 当事人提出反诉的案件；(6) 其他不宜适用小额诉讼的程序审理的案件。

五、小额诉讼程序的特殊规则

前已述及，小额诉讼程序的特殊规则在民事诉讼立法上几乎没有体现和规定，因此也制约了小额诉讼程序现实功能的充分发挥，好在最高人民法院通过司法解释多少弥补了立法留下的此一缺憾。基于此，小额诉讼程序的特殊规则主要有以下诸端：

其一，告知法律后果。人民法院受理小额诉讼案件，应当向当事人告知该类案件的审判组织、一审终审、审理期限、诉讼费用交纳标准等相关事项。①

其二，当事人异议权。根据《民事诉讼法》第169条的规定，当事人认为案件适用小额诉讼的程序审理违反法律规定的，可以向人民法院提出异议。人民法院对当事人提出的异议应当审查，异议成立的，应当适用简易程序的其他规定审理或者裁定转为普通程序；异议不成立的，裁定驳回。

其三，更短的答辩期和举证期。小额诉讼案件的举证期限由人民法院确定，也可以由当事人协商一致并经人民法院准许，但一般不超过7日。被告要求书面答辩的，人民法院可以在征得其同意的基础上合理确定答辩期间，但最长不得超过15日。当事人到庭后表示不需要举证期限和答辩期间的，人民法院可立即开庭审理。②

其四，管辖权异议不得上诉。当事人对小额诉讼案件提出管辖异议的，人民法院应当作出裁定。裁定一经作出即生效。

其五，驳回起诉不得上诉。人民法院受理小额诉讼案件后，发现起诉不符合《民事诉讼法》第122条规定的起诉条件的，裁定驳回起诉。裁定一经作出即生效。

其六，程序转换。因当事人申请增加或者变更诉讼请求、提出反诉、追加当事人等，致使案件不符合小额诉讼案件条件的，应当适用简易程序的其他规定审理。适用简易程序的其他规定或者普通程序审理前，双方当事人已确认的事实，可以不再进行举证、质证。③ 根据《民事诉讼法》第169条的规定，人民法院在审理过程中，发现案件不宜适用小额诉讼的程序的，

---

① 《民诉法解释》第274条。
② 《民诉法解释》第275条。
③ 《民诉法解释》第278条。

应当适用简易程序的其他规定审理或者裁定转为普通程序。

其七，裁判文书的简化。小额诉讼案件的裁判文书可以简化，主要记载当事人基本信息、诉讼请求、裁判主文等内容。①

其八，更短的审限。根据《民事诉讼法》第168条的规定，人民法院适用小额诉讼的程序审理案件，应当在立案之日起2个月内审结。有特殊情况需要延长的，经本院院长批准，可以延长1个月。

其九，原则上一次审结。根据《民事诉讼法》第167条的规定，人民法院适用小额诉讼的程序审理案件，可以一次开庭审结并且当庭宣判。

其十，法条适用。人民法院审理小额诉讼案件，该司法解释没有规定的，适用简易程序的其他规定。② 简易程序仍无规定的，适用普通程序的规定。

六、小额诉讼程序中的若干争议问题

小额诉讼程序在我国民事诉讼立法上目前还处在"试验田"阶段，在这个崭新的领域里，许多设想都可以提出来讨论，许多经验都可以提出来借鉴，许多措施都可以提出来创新，可以说，小额诉讼程序在我国的诉讼制度史上以及我国的司法史上乃属"小荷才露尖尖角"，属于新生事物，需要认真对待和深入探讨。

此前的论述中我们已经接触并论述了相关的争议问题，如小额诉讼程序的适用范围、小额标准的确定模式、小额诉讼程序的立法安排和体例结构等，这里仅就上面没有探讨过的争议问题稍作介绍和研究。

（一）关于小额诉讼程序的强制适用问题

小额程序的强制适用，指的是诉讼实践中凡是符合适用小额诉讼程序特别规定的案件，均应按照立法有关小额诉讼程序特别规定进行审理。根据《民事诉讼法》第165条的规定，小额诉讼案件的确定标准一旦被满足，则必须实行一审终审，换言之，凡属小额诉讼案件必须强制性地适用小额诉讼程序，此外别无选择。这种立法模式在程序适用上与简易程序无异，均属于强制适用型程序。然而，这种立法模式是否确当实值斟酌。前面笔者已经指出，简易程序的适用如果完全职权主义化，当事人在其中并无任何话语权和选择权，则在逻辑上必然存在困惑。因为当事人一方坚决不愿实行简易程序，那说明其所涉及的诉讼案件已经不属于争议不大的简单民事案件了，而理应采用普通程序处理。同理，如果当事人不愿意按照小额诉讼程序处理其诉讼案件，则法院并无强制适用之理，而应当按照当事人的意愿适用简易程序乃至普通程序。因此，从原理上说，如果诉讼程序是从高到低、从详到略、从公正追求型到效率追求型不断递减进行构建和适用的话，那么，越是往后越要尊重当事人的意愿，否则，用一个当事人并不愿意接受的打折的诉讼程序解决其诉讼案件，其程序正当性并不能充分地体现出来，一个缺乏充分正当性的程序很难收到解决纠纷的理想效果。因此，我国民事诉讼法关于小额诉讼程序强制适用的规则应当予以改变，改为选择性任意适用较为科学合理。

（二）关于小额诉讼程序的再审救济权问题

在小额程序立法时，对于其救济问题曾引起极大争议，该问题包括两个层面：一是小额程

---

① 《民诉法解释》第280条。
② 《民诉法解释》第281条。

序中，当事人有没有上诉权；二是小额案件的裁判生效后，当事人还有没有申请再审的权利。第一个问题在立法上已做出了抉择，认为当事人法院作出的判决无上诉权。不仅如此，司法解释还进一步取消了当事人对于裁定（包括管辖权异议的裁定和驳回起诉的裁定）的上诉权。对于立法上的这种规定笔者是持保留态度的。目前我国小额诉讼程序的利用率较低，与小额程序实行一审终审制有密切的关联性。原因非常简单，当事人发生争议诉诸法院，无论该案件多么简单，也无论其诉讼标的额是多么的小，当事人之间的对抗性是始终存在的，如果连起码的对抗性都没有，那么，纷争早就会消弭，当事人就不会诉诸法院，请求法院通过行使审判权来寻求司法救济。因此，即便简易如小额程序者，也要在考虑其效率价值的同时，前提性地考虑公正价值，必要的或底线式的程序保障是必不可少的。笔者的主张和设想是对于小额诉讼程序重在内部简化其程序，在其外部仍应维持其程序公正的基本外观，或者说，对于小额诉讼程序，可以在程序的前半部缩减其程序环节和保障元素，但在其后半部仍应赋予其充分的程序保障和救济手段。因此，对于小额诉讼的程序简化，其作业主要应包括起诉方式与答辩形式的简化、反诉之禁止、诉之预备、诉之合并之禁止、律师代理之禁止、审前准备之简化乃至省略、法庭调查与法庭辩论之简化及其先后顺序之灵活运用、法庭记录之简化乃至格式化、裁判文书之简化乃至格式化、送达方式之简化乃至口头化、公告送达之禁止、审限之缩短（如1个月）、举证期限与答辩期限之缩短乃至取消等。至于上诉权和申请再审权则应当予以保障，因为上诉权或申请再审权一般均指向上级法院，由上级法院对下级法院所适用的小额诉讼程序进行事后的监督是有必要的，否则，如果小额诉讼程序完全在一审法院封闭式地进行，则对小额诉讼程序的监督机制几乎不复存在，再加之对该程序的强制性适用，司法的不公乃至专横便在所难免，内含于小额诉讼程序中的公平和公正元素将会变得极其稀缺，当事人对小额诉讼程序所产生的结果就不会寄予过多的信赖，久而久之，小额诉讼程序的权威性和吸引力便会丧失殆尽，这究非激活小额诉讼程序功能之道，因而否定小额诉讼程序上诉权以及申请再审权的观点和主张值得商榷。

第二十章 上诉审程序

第一节 上诉审程序概述

一、上诉审程序的概念及特点

民事诉讼作为公力救济，是取代私力救济的产物，其以"公正"为最高价值，但当民事案件经法院第一次审理时，可能因各种因素的影响而没能实现或完全实现"公正"的价值目标。作为权利救济的上诉制度的产生，就创设了实现"公正"价值目标的另一次机会和途径。上诉制度创设了上诉审程序，那么，何谓上诉审程序呢？

要给上诉审程序下一个定义，首先要明确何谓上诉。上诉，是指当事人对第一审未生效裁判在法定期限内依法定的方式和程序，向上级法院提出表示不服，请求上级法院对原裁判进行改判或者予以撤销的一种司法救济方式。当事人提出上诉以及上诉审法院审理上诉案件所依循的诉讼程序即为上诉审程序或第二审程序，由于我国实行二审终审制，因此，上诉审程序又被称为终审程序。据此定义，可知上诉审程序有以下特点：

其一，上诉审程序是保障当事人上诉权的程序。当事人享有上诉权是其诉权的重要组成部分，上诉审程序是因当事人不服第一审未生效裁判而行使上诉权所形成的，因此，上诉审程序的全部目的就在于维护和保障当事人的上诉权。当事人上诉权的逐步展开和内容分解，乃上诉审程序得以形成的基本逻辑，保障上诉权是上诉审程序赖以存在的基本依据。

其二，上诉审程序是上级法院监督下级法院的必要途径。在行使审判权上，法院是独立的，但又无时不处在被监督之中。上级法院对下级法院的审判活动有权实施监督，通过这种监督纠正错误裁判，指出其审判程序中的违法之处并责令其改正，下级法院的审判能力和公正程度由此得到提升。

其三，上诉审程序是法院裁判获得正当性的重要源泉。法院裁判是否具有正当性，取决于其是否具有正确性，而法院裁判的正确性离开必要的程序保障就无法获得，上诉审程序就是这样一种为法院裁判提供正确性并由此使之获得正当性的重要渠道。

二、上诉审程序的目的与机能

民事诉讼法各项制度都是基于一定的目的而设立，上诉制度也不例外。普遍而言，设立上诉制度的目的"一则在谋裁判本身之正确，一则在谋法律解释之统一"[①]。然而，具体以观，各国实行的审级制度以及陪审制度不同，上诉审程序的目的与机能也不尽一致，尤其是其侧重点有所区别。比如，德国、法国等大陆法系国家和地区一般均实行三审终审制，立法者在设立上诉制度的目的时，对二审的上诉和三审的上诉乃分别为之。就第二审上诉制度而言，法国、德国等国家的上诉审程序之目的乃在于纠正一审裁判的错误、保护当事人的合法权益，相比之下，统一法律适用的目的就不那么重要。法国、德国等国家的三审上诉之目则有所不同，法国着重于法律、法规解释和适用的统一，而德国的三审具有谋裁判本身之正确、法律解释之统一的双重目的。美国上诉制度赖以建立的价值追求：一是纠正低级法院的错误审判，并对其日常审判活动实施监督；二是维护诉讼公正的外观，[②] 实体法统一适用的目的并非其所考虑的重点。美国虽然也实行三审终审制，但美国的三审与其说是上诉审程序，不如说是诉愿程序（petition）和司法审核程序（review），与严格意义上的上诉审程序（appeal）存有区别。再加之，美国实行陪审团审判，因而二审上诉所导致的上诉审程序在纠错的功能上也仅限于法律的适用，而不能触及事实的认定。从我国民事诉讼法的整体内容及其内在精神来看，我国立法机关设立上诉制度的目的是多层次的。以下分别述之。

（一）给一审遭受不利裁判的当事人提供进一步的救济

由于有审级制度的保障，当事人进行诉讼的心理预期是，一审败了还有二审，二审还有反败为胜的机会，因此，上诉审程序的基本目的就是为当事人进行进一步的诉讼博弈和诉讼对抗提供平台和契机。通过当事人的二审努力便可望纠正其所认为的一审法院的错误裁判，使自己获得较之一审更为有利的司法裁判，以维护自己的合法权益，从而使民事纠纷得到公正解决。

（二）吸收不满

诉讼程序具有吸收当事人不满的功能，经过适当的诉讼程序，当事人由于纠纷所生的抱怨

[①] 王甲乙、杨建华、郑健才：《民事诉讼法新编》，三民书局1995年版，第515页。
[②] 参见汤维建：《美国民事司法制度与民事诉讼程序》，中国法制出版社2001年版，第510页。

逐渐释放，同时对于诉讼程序所产生的结果也增强了认同感，诉讼程序对纠纷的化解获得了更为扎实的被当事人接受的心理基础，了解和关注该案件司法审判的人民群众也加强了对诉讼程序过程本身的正当性及其诉讼结果的正确性的理解和认知，诉讼程序由此不仅在形式上和外观上强化了自身的正当性和公正性，而且在实质层面也产生了一种对诉讼裁判的饰误效应。其结果，有可能从客观上说诉讼裁判的结果未必正确，但由于其产生的诉讼程序过程是公正的，因而也具有可接受性和正当性。因此，基于一审程序所产生的上诉审程序具有吸收当事人不满、强化当事人满意度的功能。

(三) 对一审法院进行审判监督

二审法院对一审法院既有监督职责，也有指导引领其不断进步的义务，二审法院对一审法院所具有的此一功能，主要不是通过别的外在途径实现的，而是通过上诉审程序对上诉审案件行使审判权得以实现的。二审法院通过对上诉审案件进行审判，发现一审法院在审判中存在的不足和偏误，从而不仅纠正错误裁判，而且向一审法院指出这些不足和偏误之处，使一审法院意识到其裁判中所产生的错误和缺陷，从而自觉地纠正这些错误和缺陷，使自己将来的审判工作能够做得更好。不仅如此，二审法院通过对上诉审案件的审判，还能发现一审案件的审判法官是否存在贪赃枉法、徇私舞弊以及枉法裁判等问题，从而不仅纠正因此所铸就的错判，还当事人以公道，同时还揭示其所存在的违法乃至犯罪问题，使之受到法律的严格追究，由此使司法变得更加纯洁和更具公信力。当然，事物都有两面性，二审法院在监督一审法院公正办案的同时，还寓支持于监督之中，通过对上诉案件的继续审判，二审法院支持其正确的裁判，驳回当事人无理由的上诉请求，这本身就是对一审法院的最大支持。事实上，二审法院和一审法院作为司法的共同体，在捍卫正义和追求正确裁判上目标是一致的，它们既对立（监督与被监督）又统一（支持与被支持），共同实现法的价值，维护法的尊严。

(四) 统一法律的解释与适用

一审法院在认定案件事实上有优势，但在法律适用上可能会出现短板和劣势，因为一般说来，二审法院的法官配置较之一审法院的法官水平更高、能力更强，因此上诉审法院便不能不肩负起统一法律适用和法律解释的重任。在上诉审法院的辖区范围内，对于相同或相似的诉讼案件，理应得到相同或相似的审判，以避免出现同案不同判、裁判矛盾、结果冲突等常识性错误。二审法院实现此一功能的主要途径就是在对上诉审案件的审理过程中，对相类似的案件关注和重视，避免上诉审案件出现与其他类似案件裁判结果的冲突和矛盾。上诉审法院为此可以将案件交由审判委员会或法官会议讨论形成共识，还可以层报最高人民法院以形成指导性案例，或者发布办案指南，指导下级法院办理相类似的案件，避免出现裁判不统一的现象。通过上级法院的此一上诉功能之实现，法律所具有的含义更加清晰，法律解释更趋统一化，法律中的错误或不当也更容易被发现和纠正，法律的漏洞得以弥补，司法政策形成机能得以彰显，法治由此获得进步。

上述关于上诉审程序的四项功能中，第一项功能是主要的功能，第二项功能属于内在功能，这项功能是上诉审程序自身必然带有的，第三项功能以及第四项功能则属于派生性功能。上诉审程序的主要目的在于纠正一审错判、救济当事人的权利，并由此给当事人送去程序上的温暖，使当事人感受到司法程序的慎重认真对待，从而产生对诉讼程序的满意感。至于通过上诉审法院的上诉审程序实行对一审法院司法审判活动的监督，并由此统一法律见解和法律适用标准，则并非当事人的关心所在，而是诉讼程序前两项直接功能所产生的间接功能。因此，民事诉讼立法应当将重点置于如何正确地解决当事人之间的纠纷并同时使当事人信服诉讼程序公正性之上。

三、上诉审程序的性质

一审程序与二审程序是先行后继的关系，一审程序结束后，如果当事人上诉，二审程序则开始，然而，二审程序开始后便产生一个问题：二审程序究竟如何进行？二审程序如何处理与一审程序的关系？是绝对的尊重呢还是完全地置于一边，抑或给予相对的尊重？这就产生了二审程序的性质问题的讨论。就这个讨论的结果而言，各国对于二审程序所产生的立法体例有所不同。综观各国规定，关于上诉审的性质或者说关于一审程序与二审程序的关系，主要有"复审主义""续审主义"和"事后审理主义"三种立法模式，在这三种模式中，一审程序与二审程序的功能具有相异的比重，二者的侧重点有所不同，具体阐述如下：

（一）复审主义

复审主义是指上诉法院对案件完全重新审理，原审中提出的一切诉讼资料不能作为第二审裁判的基础，当事人必须重新提出。法国的上诉审结构为复审主义，这是因为在上诉程序中，当事人对一审中已主张的事实通常都重新予以主张，并对第一审中提出的书证再次予以提出，或对第一审实施的证据调查结果也在辩论中予以引用。另外，当事人通常还会对其在第一审中没有充分主张及立证的情况，以附加方式予以提出，或对第一审中没有申请的鉴定等申请证据调查。同时，上诉审法官在审理案件时，不阅读第一审的诉讼记录，通常也不把握包括第一审审理结果的案件内容。[①] 造成上述情况的原因之一就是"在审前没有当事人之间的证据交换阶段，在审理阶段，既要由当事人提出证据并进行辩论，又要由法院审理事实作出判决"[②]。在英美国家，在正式的法院系统之外有诸多非正式法院，这些法院审理案件并无记录，因而又被称为"无记录法院"，如小额诉讼法院、治安法院、交通法院等。当事人对这些法院所作出的裁判提出上诉后，是由正式法院的最基层法院进行审判，这种审判采用的模式就是复审主义诉讼模式。复审主义诉讼模式的优点在于有利于强调二审法院的职责，使二审法院集中精力全面地审理诉讼案件，而不受一审法院的羁绊和牵制。但其缺点也正在于此，复审主义诉讼模式完全无视一审法院的存在，使一审法院的审判功能被掩盖在二审全面审查的原则之中，因此便形成了"二审中心主义"。二审中心主义的存在，使一审程序无法调动起应有的积极性，从而限制乃至取消了一审程序在纠纷解决中的基本作用，并因此而陷入一审虚无主义的泥潭之中，其有悖于诉讼经济的原则，同时也使案件事实的认定远离其发生源，增加了二审法院认定案件事实的负担，因而在现代民事诉讼程序制度中，复审主义诉讼模式成为极少的例外，且不具有普遍的示范价值。《民事诉讼法（试行）》在二审程序的性质上也采取了复审主义的诉讼模式。其第149条规定："第二审人民法院必须全面审查第一审人民法院认定的事实和适用的法律，不受上诉范围的限制。"据此规定，当事人在二审程序中可以主张新的事实，提供新的证据，提出新的法律观点，二审法院对上诉审案件完全从头审起，一审法院的事实认定、法律适用观点以及当事人在一审中所做出的事实主张、证据声明、辩论意见、自认和认诺等，在二审程序中一概无拘束力，二审法院对此不受拘束，当事人也可以随意否定与撤回。这种典型的复审主

[①] 参见张卫平、陈刚：《法国民事诉讼法导论》，中国政法大学出版社1997年版，第285页。
[②] 白绿铉：《美国民事诉讼法》，经济日报出版社1998年版，第177—178页。

义的做法弊端重重，因此，1991 年《民事诉讼法》对此做出了重大调整，使这种复审主义的诉讼模式归于消灭。

（二）事后审主义

事后审主义指的是上级法院完全依据下级法院在一审程序中所提出的诉讼资料，在二审中不允许当事人提出新的诉讼资料。美国上诉制度为事后审主义，或为"第一审中心主义"，其审理上诉案件只能根据原审法院的审判记录，当事人在上诉审中不能提出新的事实或证据，这主要归因于陪审团制度。德国的上告审同美国一样采用事后审主义，而控诉审为续审主义，当事人在一审中提出的诉讼资料在控诉审中仍然有效，并可提出在一审中没有提出的诉讼资料。我国台湾地区学者杨建华认为，我国的二审程序上诉审结构为续审主义，但具有事后审主义精神。[①] 事后审主义的优缺点恰好和复审主义相反，其优点是，充分尊重了一审法院在一审程序中的劳动成果，一审程序在事实认定上对二审程序具有拘束力，二审法院在二审程序中不得接受新的事实主张，不得接受新的证据资料，而只能根据现有的证据资料针对当事人的事实主张进行事后性质的复查。如果一审法院在事实认定上并没有违背证据规则、程序规则和实体规则，则二审法院不得改变一审法院的事实认定；相反，如果二审法院认为一审法院在事实认定上违背了证据规则、程序规则和实体规则，则可以以法律适用确有错误为由，将案件发回重审，由一审法院对案件进行重新审判，二审法院不得依职权主动改变一审法院的事实认定。但如果一审法院在法律适用上存在错误，二审法院可以依职权进行改判。可见，事后审主义是将案件的解决重心放在第一审程序之上，其充分发挥了一审程序的基础性乃至决定性作用，有利于调动一审程序适用者和参与者的积极性和能动性。然而，事后审主义也有缺点，其缺点主要是，其对一审法院所适用的一审程序过于信赖，以至于放弃了必要的二审监督权，同时，其将当事人提出事实主张和提供证据材料的权利和机会绝对地限定在一审程序之中，有时未免过于机械和苛刻，不利于案件事实的客观发现和精准认定，有削足适履之嫌，因而也有弊端。

（三）续审主义

当事人在第一审所做的诉讼行为及第一审所调查的事实证据，在第二审仍有效力，并能在第二审中提出新的事实、证据，为"续审主义"。[②] 相比较前两种立法模式，续审主义属于一种折中主义的立法模式，它克服了复审主义和事后审主义各自所具有的偏颇性，既不是以一审为中心，也不是以二审为中心，而是针对一审与二审的不同特点和优势，既主要地尊重一审的既有诉讼成果，也不以一审为绝对界限，无视二审的续审功能，同时也不过分依赖二审的绝对作用，而兼顾一审的基础性作用。如此，一审与二审的功能同时得到发挥，又以一审偏重事实审，二审偏重法律审，二者各得其宜，相得益彰，各不偏废，先行后继，联袂发挥诉讼程序的综合机能。因此，续审主义是一个较为中庸和务实的立法模式，能够兼顾客观真实的价值和诉讼效率的价值，因而采用该立法模式的国家居多，大陆法系国家基本上采此模式，我国在1991 年修改《民事诉讼法》后也采此立法体例。之所以说《民事诉讼法》采取的是续审主义的立法体例，其主要的法律依据有以下条文为证：《民事诉讼法》第 68 条关于举证时限之规定，符合续审主义以一审为基础和重心的特点；第 142 条关于新证据的规定，说明《民事诉

[①] 参见杨建华：《大陆民事诉讼法比较与评析》（增订版），三民书局 1995 年版，第 148 页。
[②] 参见杨建华：《大陆民事诉讼法比较与评析》（增订版），三民书局 1995 年版，第 148 页。

讼法》采行的是相对的证据及时提出主义，而与绝对的证据及时提出主义有别，这符合续审主义的特点；第175条规定："第二审人民法院应当对上诉请求的有关事实和适用法律进行审查。"据此规定，二审只能在一审的基础上针对当事人不服声明范围内的事项做出续审，既不是重新审判，也不是简单复核，这也符合续审主义的特征；第207条规定："当事人的申请符合下列情形之一的，人民法院应当再审：（一）有新的证据，足以推翻原判决、裁定的……"据此规定，如果当事人确有符合法律规定的新证据，且该新证据又具有推翻原裁判的极大可能性，则当事人可以申请再审，这个特点也与续审主义的诉讼模式之要求相吻合。《民诉法解释》第340条规定："当事人在第一审程序中实施的诉讼行为，在第二审程序中对该当事人仍具有拘束力。当事人推翻其在第一审程序中实施的诉讼行为时，人民法院应当责令其说明理由。理由不成立的，不予支持。"该司法解释是对我国采用续审主义诉讼模式的典型注脚。综上所述，我们将我国民事诉讼法对二审程序性质的规定界定为续审主义，应当是有充分的立法依据和实践依据的。

第二节　上诉的提起

一、上诉的条件

《民事诉讼法》第171条规定："当事人不服地方人民法院第一审判决的，有权在判决书送达之日起十五日内向上一级人民法院提起上诉。当事人不服地方人民法院第一审裁定的，有权在裁定书送达之日起十日内向上一级人民法院提起上诉。"据此规定，上诉必须具备上诉的条件，可以分为两类：一是实质条件，二是形式条件。实质条件主要包括：其一，上诉的主体合法，即当事人必须合格且有上诉权。其二，上诉的对象合法，即生效裁判具有可上诉性。其三，上诉要具备上诉利益，即当事人通过上诉能够获得更好的结果。形式条件主要包括：其一，上诉必须采取上诉状这种书面形式，口头上诉无效。《民事诉讼法》第172条对此做了明确规定。上诉与起诉不同，起诉无论是在简易程序抑或在普通程序中，均可采用口头形式为之，但上诉则必须提出书面的上诉状方能符合条件，否则法院不予受理。上诉之所以采用书面主义而禁止口头主义，其原因主要在于确保当事人审慎行使上诉权，并且在上诉是否有效问题发生争议时有据可查。其二，上诉必须在上诉期间内提出，逾期提出的上诉，除非符合期限可顺延的特殊情形，否则为无效上诉。其三，上诉的管辖法院为上一级法院。其四，提出上诉的当事人要在法定期限内交纳上诉费。这是上诉的积极条件。此外，上诉还应具备消极条件，包括上诉权未放弃、不符合上诉受限制的情形等。以下主要就上诉的实质要件进行阐述，兼及上诉期间和某些上诉的限制性条件。

（一）上诉主体

上诉主体，是指依法具有上诉权的当事人及相关利害关系人。上诉必须有适格的上诉主体，包括上诉人和被上诉人。没有上诉主体，就没有上诉，法院也不得依职权发动上诉审程序。这是各国民事诉讼法所共同遵循的一个原则。根据《民事诉讼法》第171条的规定，上诉人和被上诉人必须是第一审的当事人，包括原告、被告、共同诉讼人、诉讼代表人、公益诉讼起诉人、有独立请求权的第三人以及判决承担民事责任的无独立请求权的第三人。在美国，一审中的败诉方当事人当然可以提起上诉，但胜诉方当事人要提起上诉必须要有上诉的利益和上诉的必要。第三人也可因被上诉人提出"交叉上诉"而成为当事人。① 在德国,根据德国民事诉讼法的规定,有权提起控诉的主体为与案件有利害关系的第一审当事人或继承人。一审诉讼的从参加人与一审诉讼有利害关系时,也可以提起控诉。在普通的共同诉讼中,各共同诉讼人都有权独立提起控诉;在必要的共同诉讼中,一人提起控诉,效力及于其他共同诉讼人,而我国规定,须经其他人同意,才对其他共同诉讼人发生效力。上告主体有对控诉审判决不服的当事人和放弃控诉但保留上告权的第一审判决的当事人两种。在法国,上诉主体为第一审的当事人,但根据《法国民事诉讼法典》第554、555条关于诉讼参加的规定,第三人可自愿参加上诉或被强迫参加上诉成为上诉主体。在没有对方当事人的非诉案件中,申请人也可提起上诉,这与我国规定不同,我国非诉讼案件不适用上诉制度。按照法国民事诉讼理论,有共同共有关系的人,如在第一审是共同原告或共同被告时,其中一人或部分人不能对另一部分人提起上诉。这点正好与我国相反。在我国,必要共同诉讼人的一人或者部分人提起上诉的,按下列情形分别处理:其一,上诉仅对与对方当事人之间权利义务分担有意见,不涉及其他共同诉讼人利益的,对方当事人为被上诉人,未上诉的同一方当事人依原审诉讼地位列明;其二,上诉仅对共同诉讼人之间权利义务分担有意见,不涉及对方当事人利益的,未上诉的同一方当事人为被上诉人,对方当事人依原审诉讼地位列明;其三,上诉对双方当事人之间以及共同诉讼人之间权利义务承担有意见的,未提起上诉的其他当事人均为被上诉人。② 可见,在我国,具有上诉权的主体范围是非常广泛的,说明我国民事诉讼法对当事人上诉权保障的充分重视。凡不属于上述范围内的主体,均不享有上诉权;不享有上诉权的主体所提出的上诉是无效的,法院对此不予受理。

(二)上诉对象

上诉对象是指具有上诉权的主体可以对哪些裁判提起上诉,也即能够适用上诉审程序加以审判的客体范围。在我国,可以作为上诉对象的法律文书只有判决书和裁定书两种,其他所有的法律文书,包括调解书、决定书、支付令等,均不属于上诉对象,当事人及任何其他人针对上述法律文书提出的上诉均不符合上诉的客体要件,上级法院对此不予受理。对于可以作为上诉对象对待的判决书,只限于地方各级人民法院按照普通程序和简易程序审理民事案件所作出的判决,按照小额诉讼程序作出的判决书,根据《民事诉讼法》第165条的规定,不得上诉。最高人民法院的第一审民事判决和地方各级人民法院按照特别程序审理案件作出的判决也不得上诉。可以上诉的裁定书只限于第一审人民法院按照普通程序和简易程序所作出的不予受理的裁定、对管辖权异议的裁定和驳回起诉的裁定三种。由此可见,在上诉对象中,判决原则上均可上诉,不能上诉的判决只是例外;与之相反,裁定原则上不可上诉,可以上诉的裁定属于例外。对于中间判决,原则上不得提起上诉;作为例外,某些中间判决可以在诉讼结束时提起上诉。在法国,上诉对象的范围极为广泛,《法国民事诉讼法典》第543条规定:"除另有规定外,对所有的一审判决,即使是非诉案件的一审判决,均可向上诉法院提出上诉。"上诉内容既可以是整个判决,也可以是判决中的部分。按照《法国民事诉讼法典》的有关规定,对司法行政措施和法院院长关于诉讼事项的决定不得上诉。但对法官在准备程序中所作的下列裁定可以提起上诉:(1)关于专家鉴定的裁定;(2)延期审理的裁定;(3)关于终止诉讼的裁

---

① 参见汤维建:《美国民事司法制度与民事诉讼程序》,中国法制出版社2001年版,第533—534页。
② 《民诉法解释》第317条。

定；(4) 关于诉讼无效的裁定；(5) 离婚案件中有关临时措施的裁定等。这与我国规定的可以上诉的裁定的内容不同。此外，当事人认为原审法院对诉讼费用裁判对自己不利时，也可以提起上诉，这一点与我国也有所不同。我国民事诉讼法中，不允许当事人只就诉讼费用的裁判提起上诉。美国和德国都贯彻"终局判决"[1]上诉规则，都认为除法定情况外对终局判决能提起上诉。同时又规定了各种例外，如德国有抵消例外、中间判决例外、"原因"例外等，这些例外是指对有的中间裁决也能提起上诉，因为这些中间判决在法律上明确被视为终局判决，甚至有所谓"部分终局判决"[2]。美国实行终局判决才能提起上诉的原因之一，就是陪审团制度。陪审团审理需要陪审员在场，必须集中、连续进行，如准许中间上诉，审理就得中断。但是，美国和德国的终局判决上诉规则有一个共同点，即"在立法、判例和学理上都表现得比较混乱，至今尚未找到一个理想的处理方案"[3]。在德国，对裁定提起的上诉称为"抗告"。根据《德国民事诉讼法》第567条规定："在有特别规定的情况下，或者对于不经言词辩论而驳回有关程序的申请的裁判，可以以抗告的方式提起上诉……对于判令给付诉讼费用的裁判，只有抗告标的价额超过200德国马克时，才许可提起抗告……对于其他费用的裁判，只有在抗告标的价额超过100德国马克时，才许提起抗告……对于州法院在控诉程序和抗告程序中的裁判，不许提出抗告，但法律有特别规定的除外。"[4]

(三) 上诉利益

上诉利益是当事人通过上诉所能够获得的更好的裁判结果。上诉利益是上诉理由的实质内容，判断上诉是否具备理由，首先要判断上诉利益是否存在。就立法规定而言，我国民事诉讼法仅要求当事人提出上诉需要具备"不服"一审裁判的抽象条件。我国实行"有诉必审"的原则，法律对上诉利益没有作出规定，即上诉无理由限制，不管是事实方面的还是法律方面的原因，只要当事人声明不服而上诉，二审法院就必须受理。法国、美国和德国均强调上诉必须以有上诉利益为前提，没有上诉利益，就不能上诉。在这一前提下，美国强调上诉只能以一审适用法律有错误或不适当为由，而不能以事实方面的原因提起上诉。在德国，控诉人只要有控诉的利益，不管是以事实方面的原因，还是法律方面的理由，都可以提起控诉。但是，上告要有上告理由，根据《德国民事诉讼法》第549条、第550条、第551条的规定，上告理由有一般上告理由和绝对上告理由。一般上告理由为原判决违反法律，即"不适用法规或适用不当"；绝对上告理由为"程序违法"。在法国，第二审的上诉理由的规定与我国、德国相同，第三审上诉理由必须以法律上的原因为由。

在上诉利益的判断标准上，主要有三种学说：其一，实体的不服说，也称旧实体的不服说。此说认为当事人于上级审在实体上有得到较原判更有利判决之可能性时，即认为有不服之利益。其二，形式的不服说。此说认为与当事人在原审之声明相比较，原审裁判所给予当事人在质的或量的方面较少时，对第一审之原判决有不服之利益。其三，新实体的不服说。此说认为因前审判之确定，依其所具有的既判力或其他判决之效力，将蒙受致命的不利益（不得依

---

[1] 终局判决是指对诉讼标的的全部或一部分已作出判断，并使该审级的诉讼结束的判决。
[2] 沈达明编著：《比较民事诉讼法初论》（下册），中信出版社1991年版，第321页。
[3] 陈桂明：《诉讼公正与程序保障》，中国法制出版社1996年版，第107页。
[4] 《德意志联邦共和国民事诉讼法》，谢怀栻译，中国法制出版社2001年版，第133页。

提起后诉获得救济）之人有不服之利益。①

笔者认为，我国应当确立上诉利益制度，其理由主要是：其一，二审司法资源是有限的，应当对无必要提出上诉的案件进行过滤和筛选。其二，对于缺乏上诉利益的当事人进行上诉权的控制，有利于防止当事人滥用上诉权。司法实践中有时可以看到一种现象，就是当事人无论是否具有上诉的必要性，即便在其一审获得有利或胜诉的裁判后，仍要行使上诉权，以启动上诉审程序，试图获得更加有利的裁判结果，或者达到其他非正当的目的。其三，确立上诉利益制度，也有助于上诉审法院有针对性地行使二审审判权，从而提高诉讼程序的效率，加快诉讼进程，避免诉讼案件久拖不决。

关于上诉利益的判断，我国当采取何种学说？笔者认为，我国采用实体的不服说为妥。因为根据形式的不服说，只是当事人通过判决主文与其诉辩请求之间的对比而寻找上诉利益的存在区间，这个范围比较狭窄，当事人有时对判决主文可能并无不服之处，但就整个判决而言，尤其就其裁判理由而言，当事人依然感到其实体利益或诉讼利益未能获得最大限度之保障，因而其仍有通过上诉获得更好裁判的可能性，这在司法实践中并非鲜见，而在这种情形下如果拒绝给当事人以上诉的机会，难以使之服判息诉。此其一。其二，从裁判理由的功能和作用来看，裁判理由虽无既判力，但裁判理由具有争点效，法院在裁判理由中所作出的事实认定和证据判断对将来的诉讼具有预决力。因此，如果法院在裁判理由中所作的事实认定和证据判断当事人有所不服，也应给予其提供进一步寻求司法救济的机会，使其有机会获得更好的裁判结果。比如，当事人提出的离婚之诉虽然获得法院的准离判决，但其所提出的被告方有第三者插足或有家庭暴力的离婚理由未获法院认可，法院仅以双方分居已久、感情确已破裂为由判决双方离婚。原告对该判决的主文并无不服之处，因为判决主文已满足原告提出的离婚请求，如果按照形式的不服说，原告则无进一步上诉的权利，而只有被告才有继续上诉的权利，这对原告而言并不能谓其诉讼利益已得到最大限度的保护。因为原告提出的因被告有第三者插足或家庭暴力而致使其感情确已破裂，不仅对原告含有道德评价和社会评价的正面价值，而且如果原告欲基于被告在婚姻关系破裂中具有过错，进而另行起诉要求被告赔偿损失，或者就分割夫妻共同财产另行起诉时，则无法利用此前离婚判决的裁判理由作为证据获得该另诉有利的裁判结果，这对原告而言显然有所不公，原告势必在另诉中还要继续举证证明上述事实主张，这无异于增加了原告的诉讼负担，也造成了司法资源的浪费，同时还有造成矛盾判决的风险，因而采用形式的不服说更为妥当。

（四）上诉期间

上诉必须给当事人一定的期限，目的是使上诉人有时间考虑是否上诉以及提出恰当的上诉请求和上诉理由。但上诉也不能是无期限的，因为这样既不利于一审判决的确定，也不利于纠正错误的判决，同时也不符合诉讼的公正、效率价值的要求。各国民事诉讼法都明确规定了上诉的期限，且上诉期间从判决或裁定送达之日起计算，但规定的期限的长短却有差别。根据德国民事诉讼法的规定，提起控诉、上告的期限均为 1 个月。即使判决书送达地在外国，期限也为 1 个月。抗告有通常抗告和即时抗告两种，通常抗告的提出没有时间限制，可以在任何时候提出；即时抗告，应在 2 周的不变期间内提起。在法国，根据《法国民事诉讼法》第 538 条

---

① 参见骆永家：《民事法研究Ⅲ》，三民书局 1999 年版，第 212 页，转引自张艳丽等：《民事诉讼理论与制度》，法律出版社 2016 年版，第 389 页。

的规定，争诉案件，经普通上诉途径提出上诉的期限为 1 个月，非诉案件上诉期限为 15 日，对有关程序问题的裁定，其上诉期限也是 15 天，如上诉人不在法国，视其距离远近，上诉期间可增加 1 个月至 2 个月。在美国，根据美国民事诉讼法的规定，对于中间上诉、非常上诉应及时提出。对于作为权利的上诉，其上诉期间有通常的上诉期间和特别的上诉期间两种。通常的上诉期间为 30 天，特别的上诉期间为 60 天，均从上诉所针对的判决或裁定被登记之日起计算。这一点与我国、德国、法国等多数国家的规定不大相同。我国民事诉讼法是根据上诉对象的不同来规定上诉期限的，根据《民事诉讼法》第 171 条的规定，对判决的上诉期间为 15 日，对裁定的上诉期间为 10 日。但若当事人在我国国内没有住所时，根据《民事诉讼法》第 276 条的规定，其不服判决、裁定的上诉期间为 30 日，并可申请延期。和德国、美国等国家规定的期限相比，一是我国的上诉期限较短，二是我国的上诉期限有国内和国外之分，且国外的期限较长，还可以延长。按照同等原则，同时鉴于通讯交通信息化的发展，此一规定不无商榷余地。

二、上诉的限制

各国都把上诉作为当事人的一种权利而规定，同时基于诉讼效率的考虑，又对上诉进行了一定的限制。纵览各国民事诉讼法之规定，上诉限制主要有上诉数额限制和上诉许可限制。在德国，《德国民事诉讼法典》第 511 条明确规定："申明不服的标的的价额未超过 1500 德国马克时，不许提起控诉。"第 546 条规定："关于财产权的请求的诉讼，其中上告价额不超过 60000 德国马克的，不许提起上告；关于非财产权的请求的诉讼，只有经高级法院在判决中宣誓许可上告的，才准许提起上告。"在法国，预审法院审理的案件争议金额不超过 3500 法郎的，实行一审终审；初审法院审理的案件，争议金额在 2000 法郎以下的，其判决不准提起上诉；只有在法律有特别规定的情况下，才可向最高人民法院提起上诉。在美国，存在权利上诉和许可上诉的区分，如当事人对联邦上诉法院的判决不服的，可以向联邦最高法院申请复查，联邦最高法院根据当事人的申请，可以批准或不批准对联邦上诉法院的裁判发布调卷令进行复查，此为许可上诉；当事人对审理法院作出的一审裁判提出的上诉，除上诉利益的要求外，并不受任何限制，此为权利上诉。如当事人对联邦地区法院作出的中间命令或决定要提出上诉，则应以该命令或决定违反重大法律问题为由，向联邦上诉法院提出上诉申请，上诉法院对此可以裁量决定，此为许可上诉。与德国、美国、法国等国的规定相比较，除小额程序外，我国对上诉没有加以任何限制，上诉作为当事人的一种诉讼权利，可以行使，也可以放弃，完全凭当事人意志而为之。这种情况，一方面易使当事人滥用上诉权，另一方面又易使二审法院负担过重。因而如上所述，我国在上诉权利的行使方面，应当课加上诉利益的限制性条件。但需要注意的是，在上诉条件中增设上诉利益的条件，并不意味着就实行了上诉许可制，上诉仍是当事人的权利，只不过对该种权利的行使增加了一项实质性条件而已，只要其条件符合，法院并无裁量的空间，而只要具备条件就一定要加以保护的上诉，其性质只能属于权利上诉，非许可上诉。许可上诉是指即便符合上诉的法定条件，其上诉仍有可能基于自由裁量权被上诉审法院裁定不予受理或驳回，通常而言，第三审才有可能实行许可上诉。

三、关于越级上诉

越级上诉又称"飞跃上诉""跳背上诉"，是指当事人对第一审裁判越过正常的上诉法院即上一级法院，而向再上一级法院提出上诉。越级上诉对解决某些重大的涉及公共利益的法律问题、保护当事人的合法权益具有重大的意义。越级上诉在德国、美国都有相应的规定。根据德国民事诉讼法的规定，对于州法院所为的第一审终局判决，可以越过州高等法院的控诉审，直接向联邦最高法院提起上告。在美国，根据《美国法典》第 28 篇第 1251—1259 条的规定，下列案件的当事人，可以直接越过上诉法院向联邦最高法院上诉：一是因被告违反反托拉斯法，美国政府为原告的案件；二是根据国会法令必须由地区法院的 3 名审判官组成合议庭听审的民事诉讼中，核准或驳回禁令的诉讼；三是民事案件程序中宣告国会制定的法律违宪的中间或终局判决，该案件的一方当事人为美国政府或代理机构的官员、雇员。而在我国，越级上诉是受排斥的。当事人不服一审法院裁判的，只能向上一级法院提起上诉，而不能越级上诉，受理上诉的法院究竟是中级人民法院、高级人民法院还是最高人民法院，应视第一审法院而定。越级上诉虽具有重大的作用，但它会使越级上诉法院负担加重，又会使越级上诉法院的判决缺乏可靠的基础，而且，确定某一案件是否能援用越级上诉，缺乏可以检验的判断标准。因此，有的国家倾向于取消这种上诉制度。①

四、上诉的程序

当事人提出上诉，应依法定程序采取法定步骤进行，上诉的程序有别于起诉的程序，同时与申请再审的程序也有所区别，主要而言，上诉的流程有以下几个环节：

环节一，上诉状应当通过原审人民法院提出，并按照对方当事人或者代表人的人数提出副本。当事人直接向第二审人民法院上诉的，第二审人民法院应当在 5 日内将上诉状移交原审人民法院。② 这里需要注意的是，上诉状必须要向原审法院提出，而不是向上一级人民法院提出。因此，上诉状的提交法院和上诉的提起法院是两个不同的概念。上诉的提起法院是原审法院的上一级法院，但上诉状的提交法院则是原审法院。这里便自然产生了一个疑问：为什么当事人向上级法院上诉需要向原审法院提交上诉状，而不是一步到位，直接向上级法院提交上诉状？立法者对此没有提供立法理由，也没有相关权威性解释，一般的教科书也不关注这一问题。笔者试图从诉讼法的基本原理这个视角，对立法的该一规定做出学理解释如下：

其一，向原审法院提交上诉状便于原审法院确定一审裁判的效力，从而决定是否启动执行程序。当事人提出上诉必须在上诉期间内进行，超过上诉期而未提出上诉，如不属于期间顺延的法定情形，则原审法院作出的一审裁判便发生法律效力；发生法律效力的一审裁判便具有了强制执行的效力，依照一审裁判享有权利的一方当事人则可以继而向法院申请强制执行。因此，原审法院应当在第一时间知晓当事人是否提出上诉的事实，否则，如果当事人直接向上级法院提出上诉，则原审法院就无法在第一时间获知当事人是否提出了上诉，从而就无法判断一审裁判是否因当事人放弃上诉权而发生法律效力，对享有权利来申请执行的当事人就无法确定是否应当接受其强制执行的申请，从而使裁判信息与执行信息处在阻隔状态，不利于法院行使审判权和执行权。

其二，便于当事人提出上诉。便于当事人诉讼、便于法院司法审判的"两便"原则是贯彻诉讼始终的基本原则。当事人提出上诉，行使上诉权，也应当获得法院提供的便利性条件。当事人在原审法院进行一审诉讼活动，与原审法院比较熟悉，同时距离原审法院也相对较近，与之有别的是，当事人对上诉审法院则较为陌生，其距离上诉审法院也较远，因此相对而言，

---

① 参见沈达明编著：《比较民事诉讼法初论》（下册），中信出版社 1991 年版，第 284 页。
② 《民事诉讼法》第 173 条。

当事人向原审法院提交上诉状更为便利，有利于上诉状顺利地到达原审法院，受到原审法院的关注。不仅如此，向原审法院提交上诉状还有利于被上诉的当事人向原审法院表达二审应诉的意思表示，并向原审法院提出针对上诉状的答辩状，该答辩状也是向原审法院提出，这样，向原审法院提交上诉状不仅对上诉人较为便利，而且对被上诉人也较为便利。

其三，便于原审法院对当事人的上诉进行审查。当事人的上诉是否符合法定条件，由原审法院进行初步审查是必要的。原审法院对于上诉所针对的案件最为熟悉，就本案而言，上诉所需要具备的法定条件是否具备，包括提出上诉的当事人是否适格，所针对的裁判是否具有可上诉性，当事人的上诉是否具有上诉利益以及当事人是否在法定上诉期间内提出了上诉，等等。对于诸如此类的为上诉所需要的条件是否具备，原审法院较之上诉审法院更能进行快捷的判断。如当事人的上诉欠缺法定条件，原审法院可以指示、提醒当事人进行补正，无法补正或当事人不予补正的，则可以告知当事人取回上诉状，避免当事人实施无益的后续的上诉活动，从而费时费力费财而一无所获。

其四，便于法院尽快移送卷宗材料。二审法院对上诉案件的审判不是从一片空白的白纸上重新开始，而是在一审的基础上继续进行，因此，一审法院进行审判所形成的卷宗材料对于二审法院而言便是一个新的起点，也是支撑二审程序的支点和基石，而这个卷宗材料处在原审法院的掌控之中，只有在上诉程序启动后，原审法院才有义务将卷宗材料移交给上诉审法院，使之与二审卷宗融为一体。因此，上诉审程序的开始之初，就需要有一审卷宗材料的配套，如果当事人直接向上级法院提交上诉状，上诉审法院离开原审卷宗根本无法审查当事人的上诉是否符合上诉条件以及是否据此启动上诉审程序；如果二审法院接受上诉状后原审卷宗材料尚未移交过来，就会出现一个程序空档，这个程序如何定性便成为问题。因此，当事人向一审法院提交上诉状，有利于原审法院将所有的卷宗材料收集齐全后，连同当事人提交的上诉状和上诉答辩状一并移交上诉审法院。

然而以上为当事人向原审法院提交起诉状的制度规定所给出的学理解释，虽然确有其理，但在实践中却与当事人的基本心理状态不尽吻合。当事人对一审法院未能依其所愿作出对其有利的裁判可能自然地心怀不满，甚至对一审法院的公正性顾虑重重，此时仍硬性要求当事人向原审法院提交上诉状，未免有勉为其难的悖理之处。实践中，有的原审法院以各种借口违背民事诉讼法的规定而拖延向上级法院移交卷宗材料的做法又加重了当事人的此种顾虑，因而当事人在立法提供其选择性条款的情形下，可能更倾向于向上级法院直接提交上诉状，即便其明知上级法院还是要将上诉状移交原审法院也不例外。

环节二，原审人民法院收到上诉状，应当在5日内将上诉状副本送达对方当事人，对方当事人在收到之日起15日内提出答辩状。人民法院应当在收到答辩状之日起5日内将副本送达上诉人。对方当事人不提出答辩状的，不影响人民法院审理。[①] 受到不利裁判的一方当事人具有上诉权，另一方当事人则享有对于上诉的答辩权，因此，在当事人一方向原审法院提交上诉状后，原审法院便应当将该上诉状副本发送给对方当事人，对方当事人有权提出答辩状，该答辩状仍然是向原审法院提交；原审法院收到被上诉人的答辩状后，应当将其副本发送给上诉人。在这里，我们似乎看到了二审程序的部分活动是在原审法院进行的，然而，这些活动并不是真正的诉讼活动，而是诉讼活动的预备，不具有二审程序构成部分的法律意义；二审程序的真正开始，是原审法院将卷宗材料移交给上诉审法院之时。

[①] 《民事诉讼法》第174条。

环节三，原审人民法院收到上诉状、答辩状，应当在 5 日内连同全部案卷和证据，报送第二审人民法院。[①] 从原审法院将上诉状、答辩状、卷宗材料以及所有的证据材料打一个包，报送给上诉审法院后，上诉审程序正式进入系属状态，二审法院开始行使对该上诉案件的审判权。该立法的规定合情合理，但该立法规定的实践操作却问题严重。由于种种原因，原审法院移送卷宗材料的动力不足，压力也不够，有时出现久拖不移的状况，致使二审法院无法行使上诉案件的审判权，并受限于"不告不理"的诉讼原则，二审法院对原审法院这种久拖不移的违法行为也无计可施。之所以会发生这种情形，其原因有很多，比如原审裁判确有瑕疵甚至错误，原审法院试图通过调解等努力，尽可能掩盖这种裁判瑕疵或错误。但无论是基于何种原因，原审法院的这种拖延移送一审卷宗材料的做法显然具有违法性，当事人应有权申请检察机关进行法律监督，同时对因此造成损失的，应当有权请求国家赔偿。

五、上诉的效力

当事人提出上诉后，上诉就产生相应的法律效果，此即为上诉的效力。上诉的效力分为阻断效力和移审效力两方面：

（一）判决确定的阻断效力

当事人在上诉期间内提出合法上诉，原审裁判便不再发生确定的效力，诉讼案件从此便脱离原审法院，进入二审法院审判权力范围，对于诉讼案件而言，其原有的诉讼系属便由原审法院变更为上诉审法院，原审裁判不再发生实质性的法律效力，包括既判力、执行力、形成力和确定力。但是，保全的裁定、先予执行的裁定仍具有执行力。

（二）移审的效力

从当事人提出上诉后，即便前期准备工作是发生在原审法院，但原审法院对该上诉案件已无审判权，该原审裁判对其产生了羁束力，同时，该上诉案件的审判权已转由上诉审法院行使，这种因当事人的上诉而产生的使诉讼案件由一审法院转移到二审法院的效力，即为移审效力。根据德国、日本等大陆法系国家学者的通说，阻断判决确定的效力范围与移审的效力范围是一致的，其移审的效力范围，根据"上诉不可分"的原则，及于原审裁判的全部。但也有人认为，上诉人的一部分上诉，对原判决上诉部分的确定有阻断效力，但对胜诉未上诉部分无阻断确定的效力，仅仅是判决确定的时点延伸到第二审最后言词辩论终结之时而已。

1. 上诉不可分原则

第一审法院就数个请求权单纯并列合并的诉讼，在同一判决作出全部判决之时，上诉人对其中一部分提出上诉，移审效力也及于其他未上诉部分。在这种合并诉讼中，第一审法院就其中一个请求权选择作出原告胜诉的判决，而对其余请求权则不作出判决，这种合并的诉讼，称为竞合的合并或选择的合并。此时，能发生移审效力的，仅限于上诉人有上诉利益的部分而已，不可能连同其无上诉利益的部分也发生移审效力。

2. 关于预备合并之诉的移审效力

原判决对主位请求及预备请求均作出原告败诉的判决，只有原告才有上诉利益，原告对主位请求提出上诉，其移审效力及于预备请求。原判决就主位请求判决原告败诉，但预备请求判原告胜诉，被告对预备请求可以提出上诉，原告对主位请求可以提出上诉。原判决就主位请求

[①] 《民事诉讼法》第 174 条。

判原告胜诉，预备请求未加判决，被告对主位请求可提出上诉，预备请求仍然留在原审。如果上诉审法院就主位请求判决被告胜诉，第一审法院应就预备请求作出审判。

第三节 上诉案件的受理

当事人提出上诉后，人民法院应当对当事人提出的上诉是否符合法定条件进行审查，并通过这种审查决定是否受理当事人所提出的上诉案件。因此，人民法院对上诉的审查是对当事人提出的上诉的回应，其结果，符合条件的，法院予以受理；不符合条件的，法院不予受理。法院受理上诉案件，应当及时将受理的情况通知给当事人；法院不受理上诉案件，应当作出裁定，对该裁定，当事人不得上诉。

需加说明的是，上诉审程序虽然开始于当事人的上诉行为，当事人一旦提出上诉，上诉审程序便正式启动，上诉的效力便得以发生；然而，在原审法院正式向上诉审法院移交案件卷宗材料之前，上诉审程序事实上是在原审法院的掌控之中，原审法院接受上诉状并向被上诉人发送上诉状副本，同时还接受被上诉人的答辩状，尤其是，原审法院还可以对当事人的上诉行为进行合法性的初步审查，如有不符合且可补正者，指示当事人进行上诉行为的补正，如果不符合上诉条件，原审法院还可以劝使当事人取回上诉状，但是，这一系列行为并不是原审法院在行使上诉案件的审判权，原审法院对于上诉案件不得行使任何审判权意义上的权力，原审法院的上述行为，只是协助上诉审法院所实施的辅助行为，而不具有决断意义，因此，原审法院不得以当事人不符合上诉条件为由裁定不予受理上诉或驳回上诉，而只能提示当事人补正上诉行为中的瑕疵，当事人对不符合条件的上诉依然坚持继续上诉的，原审法院应当将各种材料收集齐全后报送上诉审法院裁断。因此，对于上诉决定是否受理，是上诉审法院的权限，而不是原审法院的权限。这种由上诉审法院行使的对当事人的上诉进行审查从而决定是否受理的权限，被称为上诉案件的立案权，① 该权力只能由上诉审法院行使。

在上诉审法院对上诉进行合法性审查并从而决定是否予以立案受理这个环节上，有两个问题需要特别注意：一是当事人的诉讼参与权应当获得切实保障，二是当事人的司法救济权应当有所体现。上诉审法院对上诉案件进行审查，就其实质而言，乃是其行使对于上诉案件的审判权，属于司法行为而非行政行为，因而，该过程应当符合司法权行使的基本要求，当事人对该过程应当有必要的程序参与权，尤其是，如果上诉审法院认为上诉案件不符合法定的上诉条件，拟作出不予受理上诉或者驳回上诉的裁定时，应当举行听证会甚至必要时应当举行由双方当事人参与的庭审，使当事人有充分发表意见的机会，否则该程序就有违法之处。另一个问题是当事人对上诉审法院不予受理上诉或驳回上诉的裁定如何进行救济的问题。该问题在立法上没有加以直接规定，将来修法时应当予以补充。对此应当分为两种情形加以区别处理：法院作出不予受理上诉或驳回上诉的裁定后，当事人应当就此服判息诉，再也没有进一步救济的权利和机会。其原因主要在于：原审法院所作出的裁定是对程序事项做出的处置，法院应当尽快加以解决，以体现诉讼效率的要求；同时，对同一个程序事项，上下级法院已经进行过两次处理，满足了二审终审制的基本要求，不宜再次赋予进一步救济的权利和机会。然而，对于判决所提出的上诉，事关二审终审制的审级制度能否得到切实贯彻落实的问题，事关当事人上诉权

---

① 参见陈桂明主编：《民事诉讼法》（第2版），中国人民大学出版社2013年版，第206页。

这一基本的程序性权利之保障的问题，应当赋予当事人以适当的救济权，该救济权不能表现为上诉权，只能体现为申请复议权。然而我国民事诉讼法对不予受理上诉或驳回上诉的裁定没有赋予当事人任何申请复议之类的救济权，此缺陷将来修法时应当予以弥补。

第四节　上诉案件的审理

一、上诉案件的审理范围

上诉案件的审理范围是指上诉审法院能够在什么范围内对上诉案件进行审理和裁判，对此可以从以下三个方面加以解析：

（一）质的标准：上诉审是法律审还是事实审抑或二者兼有

事实审与法律审是相对而言的概念，它仅对二审法院有意义，对一审法院而言，无区分之价值；对于三审法院而言，各国均为法律审，因而也无区分的必要。事实审，指的是上诉审法院有权就一审案件的事实认定和证据判断进行审查和判断，若认为其确有错误，则可以改变一审的事实认定，也可以发回重审。与之有别，法律审则是指上诉审法院无权就一审案件的事实认定和证据判断进行审查和判断，而只能就一审法院的法律解释和法律适用进行审查判断，若认为一审法院的法律问题存在错误，则可以依法改判。

美国联邦上诉法院和联邦最高法院的审理为法律审，当事人不能针对事实问题提出上诉，而只能对适用法律的错误提出不服意见。上诉法院只针对法律问题进行处理，无权对事实问题作出认定，即使在有些情况下重新审查事实，也是从判断原审法官的裁量权是否正确的角度来进行，不会超出原审案件事实的范围。① 这是因为"陪审团是宪法确定的事实问题法官，所以事实问题不在上诉法院管辖范围之内"②。德国的上告审和法国的向最高法院的上诉为法律审，其仅审查上诉案件判决的法律根据有无错误而已。德国的控诉审和法国的上诉均为事实审。上诉法院既审查原判决适用法律是否得当，同时也审查它在认定事实上有无错误。

而我国的上诉审属于哪一种，学者观点不同。有学者认为，上诉审在个案中究竟采取事实审还是法律审，一般因当事人上诉请求而定，如果当事人对原审的事实认定不服，则上诉审属事实审；如果当事人对原审的法律适用不服，则为法律审。③ 而多数学者认为，上诉审既是事实审，也是法律审，是事实审与法律审的统一。事实上，二审法院既要进行事实审，也要进行法律审，事实审是基础，法律审是结果。一般而言，事实审和法律审容易区分，但有时进行这种区分并非易事，比如，一审法院违反经验法则或证据法则认定了案件事实，则上级审法院是否可以以违反法律为由将案件发回重审乃至直接进行事实改判？这种判断就比较困难。因此，我国二审法院不区分事实审或法律审，而进行混合处理，比较务实，也符合实际；但如果我国将来实行三审终审制，则事实审和法律审的划分也是一个不可回避的研究课题。目前对人民陪

---

① 参见白绿铉：《美国民事诉讼法》，经济日报出版社1998年版，第166页。
② 沈达明编著：《比较民事诉讼法初论》（下册），中信出版社1991年版，第335页。
③ 参见陈桂明：《诉讼公正与程序保障》，中国法制出版社1996年版，第113页。

审员制度进行改革,① 要求陪审员侧重于事实认定行使陪审权,而法官则侧重于法律适用行使审判权,如此,事实审与法律审也有区别的必要。

（二）量的标准：全面审查还是有限审查

如前所述,二审法院的审查与二审程序的性质有关,如果实行复审制,则二审法院必然对上诉案件进行全面审查；若实行事后审制,则二审法院必然对上诉案件进行有限审查；若实行续审制,则二审法院是进行有限审查还是进行全面审查,尚取决于立法的其他制度的配套规定。《民事诉讼法（试行）》实行的是全面审查原则,第二审人民法院必须全面审查第一审人民法院认定的事实和适用的法律,不受上诉范围的限制。② 然而到了1991年《民事诉讼法》正式颁行,二审的审查范围则由全面审查原则改为有限审查原则,第二审人民法院只能对上诉请求的有关事实和适用法律进行审查。③ 此后该项原则一直被后法所承继。可以说,我国《民事诉讼法》关于二审的审查范围与大陆法系国家的多数国家一样,均实行有限审查原则。

在西方,有"法院不得对未向其诉求的事项有所作为"的法律格言。④ 英美法系和大陆法系主要国家的民事诉讼法都明确规定,上诉审理必须在当事人声明（主张）的范围进行,不得超过此范围任意裁判。⑤ 这是"不告不理"原则和当事人的处分原则在上诉中的必然要求和体现,有利于加快诉讼程序,提高诉讼效率。我国民事诉讼法采用有限审查原则也符合诉讼规律和多数国家的做法。

（三）例外的标准：有限审查是绝对的还是相对的

在有限审查原则内部还有绝对的有限主义和相对的有限主义之别。前者将上诉审法院的审判权严格限定于当事人的上诉请求范围之内,后者则容许上诉审法院可以在原则上尊重当事人的上诉请求和上诉意志的基础上,于特殊情形下有所突破。多数国家采前者,我国立法上也采前者,但最高人民法院的司法解释采后者,实践中普遍奉行上诉范围的相对主义的有限审查原则。《民诉法解释》第321条规定："第二审人民法院应当围绕当事人的上诉请求进行审理。当事人没有提出请求的,不予审理,但一审判决违反法律禁止性规定,或者损害国家利益、社会公共利益、他人合法权益的除外。"这种先抑后扬的规定,虽无上位法的依据,且存在二者间的紧张关系,但与我国的司法实际相符,获得了理论界的基本认可。

有学者批判性地指出,鉴于"上诉请求拘束原则"例外情形在实务中常常沦为空洞的标签或修辞,缺乏规范的实质内容,应当从理论与实务上进行梳理、归纳、提炼,充实例外的内容,使其成为判断、拘束二审法院滥用司法裁量权的规范工具。届时,可逐渐减少例外并对例外作缩小解释,最终彻底取消例外规定。⑥ 事实上,二审审查范围的问题与上诉不利益变更禁止原则紧密关联,实行相对主义的有限审查原则必然对上诉不利益变更禁止原则的适用范围加以限定,但如果将这种相对主义变成宽泛意义上的裁量主义,则也有客观上取消有限审查原则

---

① 《人民陪审员法》第22条规定："人民陪审员参加七人合议庭审判案件,对事实认定,独立发表意见,并与法官共同表决；对法律适用,可以发表意见,但不参加表决。"
② 《民事诉讼法（试行）》第149条。
③ 1991年《民事诉讼法》第151条；现行《民事诉讼法》第175条。
④ 参见贺卫方：《对抗制与中国法官》,载《法学研究》1995年第4期。
⑤ 英美法国家二审不涉及事实审问题,因而其二审法院对事实问题无权进行审查,不关乎全面审查还是有限审查的问题；但英美的法律审也适用有限审查原则。
⑥ 参见陈杭平：《民事第二审审理范围及其例外》,载《国家检察官学院学报》2018年第4期。

之虞，因而对相对主义下的例外情形加以列举式限定从而防止其扩张确有必要。尤其是，对"社会公共利益"的解释必须遵从实体标准原则，而不得将法律适用违法、程序违法、裁判有失公正等这些程序标准作为其内涵做出膨胀性解释，否则，有限审查原则就会变成一个前门进、后门出的空洞化原则，而这显然是不能被人们接受的。

概括起来说，上诉审法院的审判范围分三个步骤加以确定：首先是从质的方面根据其实行二审程序的性质加以判断，其次是从量的方面根据其实行的是全面审查原则还是有限审查原则加以确定，最后则看其是否存在特殊情形综合以断。至于确定上诉审范围的基本理论问题，本书有专论，这里不予赘述。

二、上诉不利益变更禁止原则

（一）该原则的依据

上诉不利益变更禁止原则，是指在只有一方当事人上诉的情况下，上诉法院不能作出比一审判决更不利于上诉人的判决，包括不得加重上诉人的法律责任和减少上诉人的胜诉利益两种情形。该原则类似于刑事诉讼中的上诉不加刑原则，其目的在于保障当事人的上诉权，同时限制上诉审法院审判权的作用范围。我国民事诉讼法尚未明确确立上诉不利益变更禁止原则，但该原则在司法实践中被普遍遵循。因此，将上诉不利益变更禁止原则作为我国民事诉讼法所认可的原则看待，也无悖理之处，事实上也不妨将其作为诉讼惯例看待，因为各国皆普遍奉行该项原则。确立不利益变更禁止原则，既有法理学的依据，也有法律依据。法理学依据是，这是维持上诉制度的必然要求，有助于实现上诉目的。同时消除上诉人上诉的顾虑，使当事人放心地行使上诉权，使上诉制度更好地发挥作用。[①] 从解释论上说，我国民事诉讼法尽管没有对上诉不利益变更禁止原则做出明文规定，但应当认为该原则被隐含在其他相关诉讼原则和诉讼制度的规定之中。

首先，处分原则是上诉不利益变更禁止原则的上位性原则。《民事诉讼法》第13条规定："当事人有权在法律规定的范围内处分自己的民事权利和诉讼权利。"对于一审法院作出的不利于其的裁判，当事人是否上诉，以及在什么范围内上诉，均是当事人处分权范围内的事项，由当事人自主决定，包括上诉审法院在内的任何人、任何单位均无权干涉。因此，在当事人上诉范围之外的一审裁判之内容，即使对相对方当事人不利或不公，上诉审法院也不得依职权加以改变，从而作出对提出上诉方的当事人不利的裁判。

其次，从上诉的性质来看。《民事诉讼法》第52条规定，当事人有权提出上诉，据此，上诉是当事人的诉讼权利。上诉既然是诉讼权利，那么，依法正当行使权利，除该权利本身的内容无法实现外，不应产生任何额外的不利后果；如果上诉后反而遭受不利后果，则势必违反诉讼权利自身固有的权利属性。基于此种上诉作为诉讼权利的内在属性，上诉不利益变更禁止原则具有正当性与合理性。

再次，从上诉的前提来看。《民事诉讼法》第171条规定："当事人不服地方人民法院第一审判决的，有权在判决书送达之日起十五日内向上一级人民法院提起上诉。当事人不服地方人民法院第一审裁定的，有权在裁定书送达之日起十日内向上一级人民法院提起上诉。"可见，当事人提出上诉的前提是他对一审裁判的结果表示不服，其目的是获得更好的裁判结果；如果当事人通过上诉获得了对其更加不利的裁判结果，则与当事人提出上诉的本意相违背，当

[①] 参见孙邦清、韩春利：《论民事诉讼中的禁止不利益变更原则》，载《山东法学》1999年第3期。

事人由此可能加深对一审裁判的不服，而这显然有违民事诉讼解决民事纠纷的诉讼目的。

最后，从上诉审的审查范围来看。《民事诉讼法》第175条规定："第二审人民法院应当对上诉请求的有关事实和适用法律进行审查。"据此，二审法院的审查范围以上诉请求为最大限度，而当事人的上诉请求必然是对其有利的内容，不会提出对其不利的上诉请求，二审法院只能针对上诉请求是否能够成立和获得支持进行审判，因此，对上诉人而言，其所能够获得最为不利的上诉后果乃是其上诉请求被驳回，此外别无任何更加不利的后果（承担上诉费用除外）。因而，上诉不利益变更禁止原则也是二审法院行使审判权的自律原则所需要的，二审法院如果作出了对上诉人更加不利的裁判，一定是超越了上诉请求的范围作出了诉外裁判，而诉外裁判是与"不告不理""告什么理什么"的诉讼原则相违背的。《民事诉讼法》第207条第11项将"原判决、裁定遗漏或者超出诉讼请求"作为当事人申请再审的事由之一，说明超出诉讼请求作出裁判具有严重的违法性，为法律所禁止；该条款中虽然没有明确将"超出上诉请求"包括在内，但诉讼请求与上诉请求同出一源，性质相同，上诉请求是从当事人的上诉请求演变而来，诉讼请求未得到满足的部分便在当事人的主张下转化为上诉请求，因此超过上诉请求作出裁判，也应被解释为法院的"超判"，具有与超过诉讼请求作出的"超判"同样程度的违法性。如果二审法院不超越上诉请求作出裁判，则不会出现对上诉人更加不利的裁判，因而，上诉不利益变更禁止原则便是二审法院审理范围具有有限性的自然结果。

需加补充说明的是，上诉不利益变更禁止原则与《民事诉讼法》第7条规定的"人民法院审理民事案件，必须以事实为根据，以法律为准绳"是不存在矛盾的。因为，人民法院审理民事案件必须首先尊重当事人的处分权，在当事人的处分权作用范围内，人民法院行使审判权才是合法的，在该基础上，以事实为根据、以法律为准绳的司法原则以及由此所派生的"实事求是、有错必究"的诉讼原则才得以发挥其规范和指引作用；违反当事人的处分原则，超出当事人基于处分原则所提出的上诉请求的范围进行审判，恰恰是法院违反法律、背离事实的表现，而不是对"以事实为根据，以法律为准绳"的司法原则的真正遵守。

综上所述，虽然我国民事诉讼法没有明确规定上诉不利益变更禁止原则，但该项原则的充分依据和实质内涵仍隐含在民事诉讼法的诸多条款之中，因而，上诉审法院在对上诉案件进行审判时，应恪守该项原则。

（二）该原则的例外

上诉不利益变更禁止原则并不具有绝对性，其适用也存在例外，主要有：

其一，同时上诉的例外。若某一民事案件一审判决后双方当事人均不服而上诉请求有重叠，则重叠部分不受不利益变更禁止原则的拘束。比如，原告不服一审判决仅满足其返还借款请求的70%，其余30%被驳回，提出上诉，认为应当全部满足其诉讼请求；被告也不服提出上诉，认为应当全部驳回原告的诉讼请求。这样，原告的上诉利益为被驳回的30%部分请求，如果只有原告单方面提出上诉，二审法院则不得作出全部驳回原告诉讼请求或驳回其超过30%部分诉讼请求的二审判决，否则便违反了上诉不利益变更禁止原则；但如果被告同时提出了上诉，要求上诉审法院全部驳回原告的诉讼请求或驳回其超过30%的部分诉讼请求，二审法院则不再受上诉不利益变更禁止原则的制约，可以对原告作出较之一审更加不利的裁判。其原因在于对方当事人的同时上诉抵消了上诉人上诉请求所形成的二审范围的限制，扩大了二审法院审判二审案件的客体范围。

其二，公共利益的例外。据此，若一审判决在上诉请求之外确有错误，违反了法律禁止性规定或损害了国家利益、社会公共利益，当事人虽未纳入上诉请求的，经审查，二审法院认为应加重民事责任或减少其胜诉利益的，也不受不利益变更禁止原则的限制。法律的禁止性规定必须得到遵守，比如赌债不受法律保护，如果一审法院未能查明赌债的事实而作出了原告部分胜诉的判决，原告不服提出上诉，二审法院查明所争债务确属赌债的，应当全部驳回原告的诉讼请求，不受不利益变更禁止原则的限定。国家利益和社会公共利益应当得到法律的严格保护，如果一审法院的裁判违反了国家利益或社会公共利益，二审法院则不受上诉不利益变更禁止原则的限制而可以作出对上诉人更加不利的裁判。比如，在公益诉讼中，如果一审法院判决被告赔偿因环境污染所造成的损失若干，被告不服提出上诉，请求二审法院减少赔偿损失的数额，二审法院经审理，认为被告赔偿的损失不足以满足修复环境所需要的费用，则可以在原告诉讼请求范围内作出加大被告赔偿损失数量的裁判。值得探讨的是，如果一审裁判损害了案外第三人的利益，二审法院查明后能否绕开上诉不利益变更禁止原则而做出对上诉人更加不利的裁判？比如，原告诉被告给付房款1000万元，法院判决被告给付原告房款900万元，原告不服提出上诉，二审法院经审查该争议房屋为"一房二卖"，案外第三人已经交付部分房款并办理了房屋登记手续，一审法院没有通知第三人参加诉讼，因此作出了损害案外第三人利益的裁判，二审法院能否以保护第三人利益为由判决驳回原告全部诉讼请求呢？二审法院显然不可以这样判决，因为第三人的利益为私人利益而不属于国家利益或公共利益，私人利益应由其自己主张，如果其在一审中因法院程序违法或事实不清而致使其遭受损害，该第三人也只能通过《民事诉讼法》第59条第3款规定的第三人撤销之诉或者在执行时通过《民事诉讼法》第234条规定的执行异议或案外人执行异议之诉寻求救济，二审法院不得主动改判，作出对第三人有利的裁判，但二审法院可以以案件基本事实不清为由将案件发回重审。

其三，欠缺诉讼要件的例外。如果当事人的起诉欠缺诉讼要件，以致原告的起诉权在一开始就无法成立，而原审法院对此竟没有发现就作出了实体性裁判，当事人不服提出实体性改判的上诉请求，二审法院认为作为实体性裁判的诉讼要件尚不具备，则无论该上诉是由原告提出抑或被告提出，二审法院均可依职权基于一审欠缺诉讼成立要件而裁定驳回原告的起诉。[①] 这对原告的上诉而言，显然突破了上诉不利益变更禁止原则，构成了该项原则的例外。

其四，重大程序瑕疵的例外。第一审诉讼程序有重大瑕疵，二审法院可以废弃原判决，如合议庭由非法官的书记员参与、违反专属管辖、当事人缺乏诉讼当事人能力等，二审法院不受不利益变更禁止原则的制约，可以裁定废除原裁判，将案件发回重审或直接移送管辖。[②] 之所以有此例外，原因在于，程序合法性是法院职权控制的事项，不受当事人处分原则的支配，如一审法院在审判时确实存在重大程序瑕疵，虽然当事人未加主张，二审法院也可依职权进行审查，并将一审裁判废弃后发回一审法院重新进行审判。

其五，确定界址诉讼的例外。该例外在德、日等大陆法系国家及我国台湾地区有之，其含义仅谓，对于判定界址究竟何在的诉讼，由于其涉及类似于公益之利益，应当进行客观判断，而不受处分原则的限制，也因此不受上诉不利益变更禁止原则之限制。其实，类似的情形如确认婚姻无效之诉、撤销婚姻之诉等，也有该例外之适用。

其六，诉讼费用的例外。诉讼费用具有调节诉讼程序和诉讼利益的杠杆作用，事关法院职权行使的裁量性，因而不受当事人上诉主张之限制，法院可以突破上诉不利益变更禁止原则的制约，而作出对上诉人更加不利的裁判。

---

① 《民诉法解释》第328条。
② 《民诉法解释》第329条。

此外，在学理上，上诉不利益变更禁止原则还有"裁判理由的例外"。据此，如果对于第二审判决的主文判断无影响，仅仅理由的变更并非不利益的变更。比如，一审认定被告债务因清偿而消灭，但二审法院认定被告债务并不存在，因而驳回原告诉讼请求。一审与二审同属驳回原告的诉讼请求，对于原告的上诉并没有带来更多实体上的不利益，因而不构成对上诉不利益变更禁止原则的违反。对此例外，笔者并不认同，这与笔者在上诉利益上采实质的不服说有关。按照实质的不服说，如果二审改变了一审的裁判理由，虽然裁判主文未加改变，但如该裁判理由对当事人更加不利，则二审法院也应受上诉不利益变更禁止原则的制约，二审法院不得对上诉人做出对其不利的裁判理由的修改。

与上诉不利益变更禁止原则相伴随的还有利益变更禁止原则。利益变更禁止原则与上诉不利益变更禁止原则恰好相反，它们相辅相成，相互补足，共同发挥作用。利益变更禁止原则具有两层含义：一是对上诉人而言，二审法院不得在上诉请求之外作出对其更加有利的裁判。例如，上诉仅就利息部分提出上诉，二审法院不得在本金部分作出对其更有利的裁判。二是对被上诉人而言，二审法院不得作出对被上诉人更加有利的裁判，也就是说，只要当事人没有提出上诉，就不可能获得较之一审更加有利的诉讼结果。比如，原告就利息部分提出上诉，二审法院不得减少上诉人本金部分的数量，从而利益于被上诉人。其实，利益变更禁止原则仅仅是上诉不利益变更禁止原则的投影，而不具有独立价值，因为禁止对上诉人作出不利益变更裁判，就是禁止对被上诉人作出利益变更裁判。比如，原告基于利息部分不服提出上诉，二审法院不得对原告上诉人减少一审所判的利息，这对原告上诉人而言，所根据的是上诉不利益变更禁止原则；对被上诉人而言，由于二审法院不可能因原告上诉而减少原告的利息，对其就意味着其因未提出利息不服的上诉，而不可能获得减少原告利息的利益裁判。这是对同一个事物（不减少原告的利息）两个侧面的不同描述，其实质乃为一致。

三、上诉案件的审理前准备

上诉案件与一审案件一样，在正式开庭审理作出裁判前，必须经过审理前的准备阶段。就内容而言，上诉案件审理前的准备与一审案件审理前的准备基本一致，[①] 都包括双方当事人对上诉状和答辩状的交换，补充提供证据，举行审前会议，明确争议焦点，交代当事人的权利义务等。但二审程序的审前准备也有某些特殊性，主要有：

1. 原则上需组成合议庭审判

《民事诉讼法》第41条第2款规定："中级人民法院对第一审适用简易程序审结或者不服裁定提起上诉的第二审民事案件，事实清楚、权利义务关系明确的，经双方当事人同意，可以由审判员一人独任审理。"可见，除特殊情况下，二审原则上必须采用合议庭审判，而不实行独任制审判，而且合议庭的成员必须是法官，陪审员不得参加合议庭行使二审审判权。其原因在于，二审案件较之一审案件相对复杂，当事人之间的争议也较为激烈，因而需要采用合议庭的形式而不得采用独任制的形式。与此同时，二审合议庭必须由法官组成，其原因主要在于二审虽然兼顾事实审和法律审，但事实审受到严格限制，法律审是二审主要的任务。而陪审员在法律审问题上并不擅长，由其参加合议庭进行审判无法发挥其优势，有可能还会适得其反，故

[①] 《民诉法解释》第322条规定："开庭审理的上诉案件，第二审人民法院可以依照民事诉讼法第一百三十六条第四项规定进行审理前的准备。"《民事诉讼法》第136条规定："人民法院对受理的案件，分别情形，予以处理：……（四）需要开庭审理的，通过要求当事人交换证据等方式，明确争议焦点。"

而其不得参与合议庭审判。

在特殊情况下，第二审程序可以采用独任制进行审判。二审采用独任制审判需要符合四个条件：其一，二审独任制仅适用于中级人民法院，而不适用于高级人民法院或最高人民法院。其二，只有第一审适用简易程序审结或者不服裁定提起上诉的第二审民事案件才适用二审独任制进行审判。其三，第二审民事案件必须是事实清楚、权利义务关系明确的案件，复杂的二审民事案件不得适用二审独任制进行审判。其四，适用二审独任制必须经过双方当事人合意同意。

2. 确定审判地点

根据《民事诉讼法》第176条第2款的规定，第二审人民法院审理上诉案件，有三个地点可以选择：一是本院，二是案件发生地，三是原审人民法院所在地。究竟在何地点审判，由二审法院视审理案件的需要而定，当事人也可以提出审理地点的申请，是否采纳，由二审法院确定。

3. 确定审理方式

二审的审理方式有两种：一是开庭审理，此为原则；二是径行判决，此为例外。经过阅卷、调查和询问当事人，对没有提出新的事实、证据或者理由，合议庭认为不需要开庭审理的，可以不开庭审理，也就是径行判决。

4. 续行保全措施

一审中采取的保全措施，其最大化的有效期限仅为一审存续期间；当事人上诉后，应当由一审申请保全的当事人或由法院依职权决定续行保全措施，当然，法院认为没有必要续行保全措施或当事人没有提出续行保全申请的，法院则无须办理续行保全措施的手续，从而使保全措施自动解除。

四、上诉案件的审理

对不同的上诉，应适用相应的程序加以解决，这有利于纠纷的解决，符合诉讼的规律。根据上诉对象的不同，可以把上诉分为对判决的上诉和对裁定的上诉两种。由于判决是对实体上事项所做的判断，而裁定是对程序上的事项所为的判断，所以，对这两者上诉应适用不同的程序。这一原理在其他国家的上诉制度中都有体现。在德国，对判决的上诉适用控诉或上告程序，对裁定的上诉适用抗告程序。在美国，中间上诉的处理程序，相对于终局判决的处理程序来说，相对比较简单。而在我国，对裁定的上诉没有规定专门的上诉程序，它和判决均适用同一上诉程序，这在将来修法时建议予以调整。

如前所述，上诉案件的审理分两种方式，一是开庭审理，二是径行判决，上诉案件的审理也因上诉审采取的方式不同而有所区别。

（一）开庭审理

开庭审理的构成及其顺序基本上同于一审的开庭审理，主要包括开庭审理前的准备；当事人陈述；法庭调查；法庭辩论；发表最后意见等环节。但也有其特殊性，主要体现为：

其一，上诉人先行陈述上诉请求和上诉理由。这是二审开庭审理的开场陈述，其主要的目的是亮明上诉人的基本态度，提出希望二审法院如何进行审判的权利主张。为了支持该权利主张以及由该权利主张所组成的上诉请求，上诉人必须继而提出上诉理由。上诉理由既包括实体性理由，也包括程序性理由，实体性理由重在请求上诉审法院依法改判，程序性理由重在请求上诉审法院发回重审。

其二，被上诉人进行上诉审的答辩，包括提出答辩请求和支持答辩请求的答辩理由。答辩请求包括完全否定上诉请求的意见、部分肯定部分否定上诉请求的意见、完全同意上诉请求的意见。前两种答辩意见为常态性意见，后一种意见为异态性意见。但与一审不同的是，在一审，如果答辩人同意起诉人的全部诉讼请求，则构成诉讼上的认诺，法院应当据此判决答辩人败诉，并全部支持原告的诉讼请求，此为认诺判决；但在二审中，上诉人即便全部同意上诉人的意见，也不必然导致原告的上诉请求得到二审法院全部认可的结果。比如，上诉人提出一审程序严重违法，故而提出发回重审的上诉请求，被上诉人表示全部认同，二审法院也不是必须将案件发回重审，是否发回重审，由二审法院根据程序违法的情节并结合案件的其他因素综合予以考虑决定，并不以当事人的意志为转移。即便上诉人提出实体性上诉请求而非如前所举例的程序性上诉请求，也不必然对二审法院构成拘束。如原告诉被告离婚遭到一审驳回，原告不服提出上诉，被告答辩时表示同意离婚，但不同意在本案中进行财产分割，原告应当另诉解决，对此答辩意见，二审法院仍可维持一审原判，判决当事人不准离婚，至于财产分割问题，如果能够在二审中调解达成一致意见，则通过调解解决，否则当事人只能另诉，以维护另一方当事人的审级利益。

其三，概括争议焦点。二审的争议焦点是由上诉请求和答辩请求交织而形成的，一般而言，上诉请求和答辩请求是针锋相对的，由此便构成二审的争议焦点。但如前所示例，有时双方当事人的上诉请求和答辩请求是一致的，双方都认为一审程序严重违法需要发回重审，此时就根据其一致性概括出"争议焦点"，该争议焦点其实不是真正的争议焦点，而是在更大范围所形成的存在于当事人和一审法院之间的合法与违法之争，这种争议焦点是二审所独有的，表现了二审审判及其功能的特殊性。

其四，二审审理的起点。二审是继一审而来，而不是一审的重复，二审仅需在一审的基础上，并在当事人上诉请求所划定的范围内，针对二审的争议焦点进行。因此，二审审理的起点应当是由上诉请求和答辩请求所确定的争议焦点。

以上所述，是二审开庭审理所经历的大致过程。然而，观之以实践，不难发现，二审程序所存在的最为集中的问题乃是其开庭审理程序。二审审理主要的问题有：其一，二审开庭率极低，一般不超过30%的开庭率，其他多数二审案件是通过径行判决的简易形式完成审判的，这就导致二审案件开庭困难，当事人在二审程序中所获的程序保障极其薄弱。其二，二审程序被极度简化，普通程序简易审的现象并非鲜见。其三，二审案件的当庭宣判率较低。其四，二审的诉讼效率不够理想，久拖不决的现象较为严重。因此，为充分发挥二审程序的功能，有必要对二审审判程序进行规范和改造。

(二) 径行判决

径行判决是我国独创的二审简易审判方式，指的是二审法院通过与当事人谈话与询问，经过对卷宗材料的阅读，调查收集必要的证据，如果认为当事人的上诉没有提出新的事实、证据或者理由，则可以直接作出判决而无须经过开庭审理。显然径行判决是对二审开庭审理的替代，是二审简易审判方式，目的旨在提高二审的审判效率。值得注意的是，径行判决与书面判决有所不同，书面判决是指二审法院仅仅根据阅读一审卷宗而直接作出判决，而径行判决则除了阅读一审卷宗外，还需要询问双方当事人，并调查收集必要的证据，尤其是询问当事人，是二审作出径行判决的必经程序。这里的询问当事人是指询问双方当事人，而不是仅仅其中一方当事人，目的在于使这种询问程序基本上接近于开庭审理，只不过，询问当事人不是采取公开开庭审理的方式。询问当事人必须由合议庭进行，而不能仅仅由主审法官或合议庭中的某一成员进行询问。因为，询问的结果必须记录在卷，而且将成为二审判决的依据，因此，必须采用合议庭集体询问的方式方能满足立法的该一要求。

如前所述，二审开庭审理由于径行判决制度的存在而受到了极大的挤压，致使二审审判制度被极度异化。因此，在处理开庭审理和径行判决的关系时，一个重要的步骤就是确定径行判决的合理适用范围。《民事诉讼法》仅仅在第169条中提出径行判决的概括性要求，对其适用范围则由法院自由裁量。为避免径行判决的适用出现扩大化倾向，最高人民法院通过司法解释作出了限定。根据《民诉法解释》第331条的规定，径行判决主要适用于以下情形：其一，不服不予受理、管辖权异议和驳回起诉裁定的；其二，当事人提出的上诉请求明显不能成立的；其三，原判决、裁定认定事实清楚，但适用法律错误的；其四，原判决严重违反法定程序，需要发回重审的。

笔者认为，我国应当取消径行判决制度，而实行二审审判的一律开庭审理制度。其理由主要有：

其一，我国实行二审终审制，审级制度本来就短缺，如果二审再实施径行判决，则由审级制度所保障的程序正义就显得不够充分。

其二，径行判决制度要求法院必须询问当事人，并调查收集必要的证据，这实际上也相当于进行开庭。实践中有的法院所实施的所谓二审听证制度，其实与简约的开庭审理已差别不大，所不同的仅是名目而已，从听证到开庭仅一步之遥，因而与其听证，不如开庭更加合法合规。

其三，径行判决制度的适用标准不好把握，在实践中容易导致该制度的滥用和膨胀，不利于保障当事人的上诉审程序权利。《民事诉讼法》第176条第1款规定："第二审人民法院对上诉案件应当开庭审理。经过阅卷、调查和询问当事人，对没有提出新的事实、证据或者理由，人民法院认为不需要开庭审理的，可以不开庭审理。"可见，《民事诉讼法》第176条对径行判决确定了两个标准，一是程序性标准，也即当事人在上诉审程序中没有提出新的事实、证据或者理由；二是裁量性标准，在符合程序性标准的前提下，上诉案件是否开庭审理，由法院裁量决定。前一个标准并不妥当，因为当事人没有提出新的事实、证据和理由，并不意味着该上诉案件就属于简单的案件，也不意味着当事人之间的争议就一定不大，因而用该标准作为二审法院径行判决的前提显得过于简单化；后一个标准将二审是否开庭审理交由二审法院自由裁量，使该标准更难以把握，容易造成径行判决制度的扩大化适用，严重侵蚀上诉审程序的正当性和权威性。

其四，最高人民法院司法解释所列举的径行判决或不开庭审理的案件类型，存在诸多理论上的障碍，并不足取。第一种情形是不服不予受理、管辖权异议和驳回起诉裁定的。这是民事诉讼法规定的三种可以上诉的裁定，其二审程序乃为程序简略化的径行裁定，显然，这是对程序正义的贬抑，有意将裁定的上诉程序和判决的上诉程序区隔开来，没有将程序事项提高到与实体事项相同的层面同等对待。这三种裁定直接关系到当事人的起诉权和管辖法院，有必要开庭审理听取双方当事人的辩论意见。当然，庭审程序可以相对简约一些，但不宜有实质性的区别。第二种情形是当事人提出的上诉请求明显不能成立的。该说法存在逻辑悖论，上诉请求是否能够成立，往往不是一望便知的，不经过开庭就断定上诉请求明显不能成立，这是程序虚无主义的表现，也是主观主义和武断主义的表现，实不足取。第三种情形是原判决、裁定认定事实清楚，但适用法律错误的。原裁判的事实认定是否清楚，不经过开庭审理就做出结论，难免存在与第二种情形相似的逻辑错误和程序悖论，同时，将"适用法律错误"排除在开庭审理之外，也有"重事实、轻法律"之嫌。事实上，法律问题也同样需要开庭审理听取当事人之间的辩论意见，尤其是在法律争议为当事人之间的主要争点时更是如此。第四种情形是原判决严重违反法定程序，需要发回重审的。原判决严重违反法定程序不仅对当事人的利益产生重大影响，而且对原审法院尤其是审理案件的法官会产生重大影响，因而，诉讼程序是否严重违法，二审法院应当慎重得出结论。为此，开庭审理查明原审程序是否确有违法之处颇有必要。因此，《民诉法解释》第331条对《民事诉讼法》第176条所规定的径行判决的适用标准做出的列举性解释，难以成立。径行判决的适用标准不明，则该制度的合理性与科学性必然大受影响，因而与其保留该弊端丛生的径行判决制度，不如废除之更为我国上诉制度的完善增添亮色。

第五节　上诉案件的调解、和解与撤诉

一、上诉案件的调解

（一）上诉案件调解的概念及其功能

上诉案件的调解是指二审法院在行使审判权处理上诉案件的过程中，在案情和案型允许的前提下，对当事人所进行的调和活动。调解原则是贯彻诉讼始终的基本原则，在一审中经法院的努力没有调解成功的案件，到了二审中，二审法院继续对当事人做促和、斡旋、调处的工作，使当事人尽量通过调解来化解其间的纠纷。为此，《民事诉讼法》第179条规定："第二审人民法院审理上诉案件，可以进行调解。调解达成协议，应当制作调解书，由审判人员、书记员署名，加盖人民法院印章。调解书送达后，原审人民法院的判决即视为撤销。"

二审调解与一审调解相比，二者在恪守调解的基本原则、遵循调解的制度规则、调解所使用的方法方式、调解所经历的程序阶段以及调解对纠纷解决的功能等方面具有一致性，但同时也要看到二者之间有一定差异，主要表现在其所具有的功能上。一审调解的功能具有单一性，通过调解化解纠纷是一审调解的全部目的，也是其唯一功能；但二审调解的功能则具有复合性，二审法院通过调解不仅要关注纠纷的实际化解，同时还要体现出对一审法院司法审判活动的监督，如果一审法院在行使审判权的程序上严重违法，二审法院则不能通过调解的途径使这种违法性被掩盖，换言之，在一审程序严重违法时，二审法院应更多地考虑采用发回重审的方式做出对二审案件的处置，而不宜采用调解一调了之。不仅如此，二审调解达成后，自调解书送达给当事人之时起，一审裁判便视为撤销，也就是说，二审调解书不仅在实体上具有替代原审裁判的功能，而且在程序上具有撤销一审裁判的功能，该功能与二审法院裁定发回重审以及依法改判具有同质性，而这一功能在一审调解中并无体现。同时二审调解还有保障审级利益的功能，二审调解不仅可以针对一审原始纠纷继续进行（继续型调解），而且可以针对二审中新增的纠纷进行（新增型调解）。对于新增型调解而言，二审调解有利于保障当事人的审级利益，如果缺乏二审调解，则这些于二审中新增的纠纷，便无法在二审中加以解决，其只能发回重审或者告知当事人另行诉讼。因此，在该意义上，可以说二审调解能够扩大二审纠纷解决功能。

（二）上诉案件调解的类型

如前所述，上诉案件的调解包括原始型纠纷调解和新增型纠纷调解两种类型。原始型纠纷

调解是指二审法院对一审法院处理过的案件的调解,是对一审调解的继续,这类调解在可调性上基本不成问题,但该类案件调解难度较大。二审法院在进行原始型纠纷调解时,只要有可能,应当延续发挥一审调解时的调解参与人员和调解机构的作用,同时也可以根据案情在二审中的发展和变化,因案制宜地开展二审调解,其所采用的调解方法方式较之一审应当更加丰富。

值得关注的是二审中新增型纠纷调解,该类调解不仅有助于一审纠纷的调解解决,而且对二审中新增的纠纷也一并加以解决,因而使之带上了某种特殊性。其具体形态主要有:

第一,漏判诉讼请求。对当事人在第一审程序中已经提出的诉讼请求,原审人民法院未作审理、判决的,第二审人民法院可以根据当事人自愿的原则进行调解;调解不成的,发回重审。① 该一调解虽然不能算作完全的新增案件,但由于一审法院漏判,对二审法院而言,乃是初次处理,因而与新增案件的性质相似,二审法院能够调解的就调解解决,不能调解解决的不宜勉强,调解不成的应当发回重审。即便二审法院对一审漏判请求调解成功,也应通过审判监督,向一审法院指出其错误所在,使一审法院将来改进工作。

第二,追加当事人。必须参加诉讼的当事人或者有独立请求权的第三人,在第一审程序中未参加诉讼,第二审人民法院可以根据当事人自愿的原则予以调解;调解不成的,发回重审。② 按照《民事诉讼法》第135条的规定,对必须参加诉讼的当事人法院应当依职权追加其参加诉讼;法院该追加当事人而未追加的,属于程序严重违法,一审裁判的当事人就不具有适格性。《民事诉讼法》第177条第1款第4项规定:"原判决遗漏当事人或者违法缺席判决等严重违反法定程序的,裁定撤销原判决,发回原审人民法院重审。"据此,在一审法院遗漏当事人时,二审法院应当将案件发回重审;但如果凡遗漏当事人的均一律发回重审,虽然可以起到监督一审的作用,但有时难免增加诉讼的复杂度,也会增加当事人的诉累,因而,从诉讼经济原则出发,在不牺牲程序正义的情形下,二审法院可以对一审遗漏当事人的缺陷性案件进行调解。同样的道理,即便调解成功,二审法院仍需对一审法院的程序严重违法现象进行审判监督。有独立请求权的第三人没有在一审时提出参加之诉,但在二审其仍可以行使诉讼参与权,二审法院应当调解解决该参加之诉的复合型纠纷,调解不成的,发回重审。之所以有独立请求权的第三人不能另诉寻求救济,原因在于该诉讼必须和原诉合并解决,否则纠纷无法彻底解决。如果有独立请求权的第三人没有在一审中提出参加之诉存在过错,比如通知其参加而不参加,或者明知有与之相关的诉讼正在进行中而拒绝参加,到二审其提出参加之诉时,法院虽然可以进行调解一并解决其纠纷,但应当在诉讼费用的负担上让该第三人多承担一些,发回重审时,一审法院也应如此考虑。

第三,二审增加诉讼请求或二审反诉。在第二审程序中,原审原告增加独立的诉讼请求或者原审被告提出反诉的,第二审人民法院可以根据当事人自愿的原则就新增加的诉讼请求或者反诉进行调解;调解不成的,告知当事人另行起诉。双方当事人同意由第二审人民法院一并审理的,第二审人民法院可以一并裁判。③ 二审中原告如果新增诉讼请求或者被告提出反诉,该诉讼请求或反诉依法有获得两审终审制进行审判的权利,因此,原则上当事人在二审中不得新增诉讼请求或者提出反诉,但考虑到诉讼实际的变动,并顾及纠纷解决迅速性的价值追求,二

---

① 《民诉法解释》第324条。
② 《民诉法解释》第325条。
③ 《民诉法解释》第326条。

审法院可以通过调解来解决这些新增的诉讼请求或所提出的反诉。当然，二审法院并不是一定要同时通过调解解决上诉请求以及该上诉请求所奠基的原始纠纷，对上诉请求二审法院仍然可以通过判决加以解决，但二审法院不得对上诉请求做出发回重审的处理。如果二审法院对新增诉讼请求或反诉无法通过调解解决，则只有告知当事人另行诉讼，以保障其审级利益，此时，二审法院可以对上诉请求通过调解、依法改判或发回重审进行处理。如果当事人同意二审法院对其增加的诉讼请求或所提出的反诉进行审判而放弃其审级利益的，二审法院则可以依法进行审判，不必发回重审或告知当事人另行诉讼。

第四，离婚案件。一审判决不准离婚的案件，上诉后，第二审人民法院认为应当判决离婚的，可以根据当事人自愿的原则，与子女抚养、财产问题一并调解；调解不成的，发回重审。双方当事人同意由第二审人民法院一并审理的，第二审人民法院可以一并裁判。① 离婚案件往往是"三合一"或"二合一"的复杂诉讼形态，其往往在一个案件一种诉讼程序中包含两个或三个诉讼，当事人诉求离婚获得法院支持后，法院应当一并解决其财产分割问题和子女抚养问题。但如果一审法院判决驳回离婚请求，二审法院又改判离婚，此时则产生一个二审法院追加诉讼的问题，对于二审中所追加的财产分割之诉和子女抚养之诉，二审法院应当尽量通过调解一并加以解决，如果调解不成，则要发回重审，以保障当事人的审级利益。同时也不宜告知当事人另行诉讼以免增加当事人诉累，并防止作出矛盾或两歧之裁判。但实践中出现的一种情形是，一审判决不准离婚，二审发回重审，一审再次判决不准离婚，二审准备判决离婚。按照司法解释的规定，二审法院在判决离婚时，对当事人新增的财产分割之诉和子女抚养之诉应当进行调解，调解不成则发回重审。然而，第二次发回重审遇到了立法上的一个障碍，《民事诉讼法》第177条第2款规定："原审人民法院对发回重审的案件作出判决后，当事人提起上诉的，第二审人民法院不得再次发回重审。"据此，二审法院发回重审以一次为限，这就产生了立法与司法的剧烈冲突。其结果，二审法院必须告知当事人对离婚判决后新增的财产分割之诉和子女抚养之诉另行诉讼，而另行诉讼与离婚案件的性质并不相符，因为，离婚案件是复杂之诉，其性质乃为类似的必要共同诉讼，当事人一并起诉，法院要合一裁判，而不得另诉解决。因此，一个妥当的解决方法是，如果当事人对财产分割之诉或子女抚养之诉无法通过调解解决，二审法院则只能进行判决，判决后应当允许当事人就新增的财产分割之诉或子女抚养之诉向上一级法院提出上诉，以兼顾审级利益的保障和离婚诉讼的特殊需求，确保在不弱化程序保障的前提下使纠纷获得一次性解决。

二、上诉案件的和解

和解与调解一样，也是贯彻民事诉讼始终的，当事人在二审中也可以进行和解。二审中的和解分为诉讼上的和解与诉讼外的和解两种。诉讼上的和解是指当事人双方自主达成和解协议以后，提交于二审法院，二审法院经审查符合有效要件的，则据此制作调解书，以结束二审诉讼程序的和解。可见，诉讼上的和解在我国民事诉讼法不具有独立性，它需要转化为调解方能产生诉讼法上的完整效果。诉讼外的和解是当事人达成和解协议后，并不提交于二审法院进行审查确认，而是由提出上诉的一方当事人向法院申请撤诉，从而结束二审程序的和解。可见，诉讼上的和解与诉讼外的和解均能促使二审程序的提前结束，所区别的仅是其途径不同而已。《民诉法解释》第337条规定："当事人在第二审程序中达成和解协议的，人民法院可以根据

---

① 《民诉法解释》第337条。

当事人的请求，对双方达成的和解协议进行审查并制作调解书送达当事人；因和解而申请撤诉，经审查符合撤诉条件的，人民法院应予准许。"该规定所反映的就是二审中的两种和解及其处理办法。

第一种和解即诉讼上的和解在实践中并不存在争议，第二种和解即诉讼外的和解在实践中却存有争议。其争议的情形有两种：其一，当事人达成和解协议后，上诉人如果毁约而拒绝撤诉该如何处理？其二，当事人达成和解协议后，上诉人撤回了上诉，但另一方当事人却拒绝履行和解协议该如何处理？

在第一种情形下，当事人达成和解协议后，上诉人如果毁约而拒绝撤诉，该和解协议应当视为无效。因为，当事人达成和解协议的目的在于使上诉人撤回上诉，上诉人既然毁约不撤回上诉，对方当事人也不能通过法律途径强制其撤回上诉，因而只能认为二审和解协议的生效条件未成就，不产生实体上的约束力；当事人即使以此为据另行诉讼，受诉法院也应判决确定该和解协议无效。之所以如此处理，主要原因在于强化当事人的诚信意识，防止当事人出尔反尔，违反禁反言的原则却反而获利。

在第二种情形下，当事人达成和解协议后，如果一方撤回上诉而另一方毁约，则权利人应当根据一审裁判申请强制执行。这是因为，当事人撤回上诉后，二审程序便宣告结束，一审裁判随之生效，当事人如果按照和解协议履行，则一审裁判中止执行，如果当事人按照和解协议履行完毕则执行中止便转化为执行终结，诉讼程序彻底结束。但如果当事人未按照二审和解协议履行义务或者未完全履行二审和解协议所确定的义务，则另一方当事人可以直接申请执行，或者根据《民事诉讼法》第237条关于执行和解的规定，申请恢复对原生效法律文书的执行。2011年12月20日，最高人民法院发布指导案例2号"吴××诉四川省纸业有限公司买卖合同纠纷案"（简称"吴某案"），确定："对于当事人在二审期间达成诉讼外和解协议后撤诉的，当事人双方应当依约履行。一方当事人不履行或不完全履行和解协议的，另一方当事人可以申请人民法院执行一审生效判决。"表现在"吴某案"中的基本逻辑是：其一，当事人可以达成诉讼外的和解协议；其二，根据诉讼外的和解协议，上诉人可以撤回上诉；其三，当事人撤回上诉后，二审程序就此告终；其四，二审程序结束后，一审裁判生效；其五，一审裁判生效后，胜诉的当事人等待对方当事人履行和解协议；其六，对方当事人不履行或不完全履行和解协议的，胜诉的当事人可以申请强制执行；其七，当事人申请强制执行的依据不是和解协议，而是原生效法律文书；其八，因当事人不履行或不完全履行二审诉讼外和解协议，当事人所达成的和解协议则丧失所有的法律效力；其九，胜诉的当事人申请强制执行后，对方当事人如果根据《民事诉讼法》第232条的规定依据诉讼外的和解协议提出执行异议，法院应当予以审查；其十，法院审查的结果如果认为和解协议有效，当事人确实没有履行或没有完全履行，或和解协议无效的，则驳回异议，执行程序继续进行；如果法院认为和解协议有效且已经履行完毕，法院则许可异议，裁定不予执行一审生效裁判。可见，"吴某案"表明，二审诉讼外的和解协议与执行和解协议并没有天然的鸿沟，相反，诉讼外的和解协议是可以转化为执行和解协议的，也就是说，二审诉讼外和解协议既具有阻却执行程序得以开始的功能，也具有在执行程序开始后中止执行的效力。从"吴某案"开始，原有的关于二审诉讼外和解协议以及执行和解协议可以另行诉讼的观点已经被司法指导性案例所否定，笔者赞同"吴某案"的指导性意见。①

---

① 有学者认为，对该指导性案例理论上可用"执行力替代说"来加以说明。王亚新：《一审判决效力与二审中的诉讼外和解协议——最高人民法院公布的2号指导案例评析》，载《法学研究》2012年第4期。

三、上诉案件的撤诉

上诉案件的撤诉也称撤回上诉，是指上诉人主动撤回上诉从而使因上诉所开始的上诉审程序复归于消灭的诉讼行为。上诉是当事人的诉讼权利，撤回上诉也是当事人的诉讼权利，因此是否撤回上诉，完全取决于当事人自己的真实意愿，法院不得强迫或变相强迫当事人撤回上诉，同时，只要当事人的撤回上诉具有合法性，上诉审法院即应予以准许，当事人的撤回上诉也无须取得对方当事人的同意。

《民事诉讼法》第180条规定："第二审人民法院判决宣告前，上诉人申请撤回上诉的，是否准许，由第二审人民法院裁定。"由于民事诉讼法对撤回上诉有了特别的规定，而特别规定中并没有提及视为撤回上诉制度，因而在解释论上，视为撤回上诉制度便不存在。换言之，二审撤回上诉与一审撤回起诉有一个明显的差异，便是二审不适用因上诉人开庭时无故不到庭或未经法庭许可中途退庭而按撤回上诉处理的拟制撤回上诉制度。由于二审除私权救济外还有监督一审、统一法律适用、法政策形成等功能，因此二审对当事人撤回上诉的申请在审查上应当从严把握，其否决撤回上诉申请的概率应当高于否决撤回起诉申请的概率。有鉴于此，《民诉法解释》第335条规定："在第二审程序中，当事人申请撤回上诉，人民法院经审查认为一审判决确有错误，或者当事人之间恶意串通损害国家利益、社会公共利益、他人合法权益的，不应准许。"

当事人一旦经法院许可撤回上诉，二审程序同时宣告结束，一审裁判同时生效。然而，这里尚需讨论一个问题，即如果当事人撤回上诉时，上诉期尚未届满，该当事人以及对方当事人是否还可以上诉。对此应当区分两种情形而论：第一种情形是上诉人撤回上诉后，如果上诉期尚未届满，他是否还可以上诉。对此，笔者的观点是否定的。主要有两个原因：其一，上诉人撤回上诉，就意味着他放弃了上诉权，而被放弃了的上诉权不可能再恢复，除非他能证明撤回上诉是受到了对方当事人的威胁、恐吓或者其他违背其真实意愿的因素之影响。其二，上诉人一旦行使了上诉权，根据诉权消耗理论，其上诉权便不复存在，因此，尽管形式上看上诉期尚未届满，但实质地看，上诉期已经随着上诉人行使上诉权而不复存在。第二种情形是被上诉人在上诉人撤回上诉后，若上诉期尚未届满，其是否还具有上诉权。笔者对此的答案是肯定的。原因在于，被上诉人并没有行使过上诉权，其所具有的上诉权并没有因对方当事人行使上诉权启动了上诉程序而被消灭，即便上诉人不撤回上诉，在上诉期内，对方当事人也有上诉权，所谓同时上诉指的就是这种情形。

在大陆法系国家，还有所谓附带上诉制度。附带上诉，是指一方当事人上诉后，另一方当事人在上诉期满后仍可以提出附属性的上诉，从而抵消上诉不利益变更禁止原则的功效。附带上诉制度表现在这里，就是上诉人撤回上诉后，对方当事人在上诉期内提出上诉，原上诉人虽因撤回上诉而丧失了上诉权，但其仍可提出附带上诉。笔者认为这一规定不无道理，因为附带上诉和上诉的性质有所不同，附带上诉并不具有独立性，上诉人撤回上诉后，附带上诉自动消灭，因而它不代表完整的上诉权，其功能仅仅是在于防止上诉人受到不利益变更禁止原则的保护，从而防止其滥用上诉权。我国目前并没有规定附带上诉制度，我国将来若规定该项制度，则也可以适用在这里。

在上诉案件的撤诉中，还有一个特别的问题需要探讨，这就是当事人能否在二审中不仅撤回上诉，而且连一审的起诉也给撤了，即通常所说的"一撤到底"。这个长期有争论的问题到最高人民法院2015年制定《民诉法解释》时得到了最终解决，其第338条（现第336条）规定:"在第二审程序中,原审原告申请撤回起诉,经其他当事人同意,且不损害国家利益、社会公共利益、他人合法权益的,人民法院可以准许。准许撤诉的,应当一并裁定撤销一审裁判。原审原告在第二审程序中撤回起诉后重复起诉的,人民法院不予受理。"据此规定,原审原告无论是否属于上诉人,均可在二审中向上诉审法院申请撤回起诉,上诉审法院经审查如果其撤回起诉不损害国家利益、社会公共利益、他人合法权益,并且也取得了相对方当事人同意的,可以裁定同意其撤回起诉。上诉审法院在裁定同意当事人撤回起诉的同时,应当一并裁定撤销一审裁判。与一审中当事人撤回起诉的法律后果不同的是,二审中当事人撤回起诉的,此后不得再次重复起诉,否则法院裁定不予受理或驳回起诉。

就内容而言,笔者同意原审原告可以在二审中提出撤回起诉的申请,并通过撤回起诉使一审裁判归于消灭的规定,但该司法解释并无上位法的依据,也改变了民事诉讼法所规定的撤诉无须征得相对方当事人的同意,并且撤诉后可以再次起诉的制度内容,为弥补此一缺憾,将来修法时应当将该司法解释的内容上升为立法规定。

第六节 上诉案件的裁判

上诉案件的裁判是指上诉审法院经过对上诉案件的审理后,对上诉案件所做出的处理。《民事诉讼法》第177条规定:"第二审人民法院对上诉案件,经过审理,按照下列情形,分别处理:(一)原判决、裁定认定事实清楚,适用法律正确的,以判决、裁定方式驳回上诉,维持原判决、裁定;(二)原判决、裁定认定事实错误或者适用法律错误的,以判决、裁定方式依法改判、撤销或者变更;(三)原判决认定基本事实不清的,裁定撤销原判决,发回原审人民法院重审,或者查清事实后改判;(四)原判决遗漏当事人或者违法缺席判决等严重违反法定程序的,裁定撤销原判决,发回原审人民法院重审。原审人民法院对发回重审的案件作出判决后,当事人提起上诉的,第二审人民法院不得再次发回重审。"据此规定,二审法院对上诉案件的裁判有以下三种形态:

一、驳回上诉,维持原裁判

如果上诉审法院认为,原审裁判在事实认定和法律适用上正确,并且诉讼程序合法,则作出驳回上诉、维持原裁判的裁判,其中,对判决,则判决维持原判;对裁定,则裁定维持原裁定。最高人民法院司法解释在正确的裁判和错误的裁判之外,还创设了一种有瑕疵的裁判,对于有瑕疵的裁判,二审法院仍与正确裁判一样,作出驳回上诉、维持原裁判的裁判,所不同的是,对于瑕疵裁判,二审法院必须在裁判文书中指出该瑕疵所在之处,并加以纠正,而不是无视裁判瑕疵的存在。① 值得注意的是,这里所说的"瑕疵裁判",应当仅指认定事实、适用法律或诉讼程序上略有瑕疵,而且这种瑕疵并不影响裁判主文或裁判结果的正确性。因此,裁判瑕疵应当是指证据认定部分的瑕疵和裁判理由的瑕疵。虽然最高人民法院司法解释并没有将诉讼程序的瑕疵纳入瑕疵裁判的范畴,但从《民事诉讼法》第177条第1款第4项②的规定来

---

① 《民诉法解释》第332条。
② 《民事诉讼法》第177条规定:"(四)原判决遗漏当事人或者违法缺席判决等严重违反法定程序的,裁定撤销原判决,发回原审人民法院重审。"

看,诉讼程序的瑕疵不属于严重违反法定程序的情形,因而无须发回重审,也不存在依法改判的问题,因此,在解释论上,应当认为程序瑕疵也属于瑕疵裁判的范围。

二、依法改判

依法改判是指上诉审法院对原审裁判并不完全废弃其有效性,而就其错误部分的裁判内容进行修改。依法改判可分为全部改判和部分改判两种。依法改判既可以对事实认定的错误进行改判,也可以对法律适用的错误进行改判,还可以同时对事实认定和法律适用进行改判。依法改判适用的前提条件是案件事实认定错误,二审可以查明事实无须将案件发回重审,或者是法律适用错误。如果原审裁判在程序上严重违法,则无法适用依法改判这种二审裁判方式,而只能将案件发回重审。本书对依法改判的基本理论和运作机理有详论,这里不再重复。

三、发回重审

发回重审是指上诉审法院将上诉案件发回原审法院,由原审法院对该案件重新进行审判。一般而言,重新审判的起点是开庭审理,原审法院对案件重新进行开庭审理就可达到重新审判的目的;但如果发回重审的原因是审前程序存在违法之处,则审前程序所产生的结果全部归零,审前程序要重新来过;再往前推,如果程序违法出在送达上,因为送达违法致使被告没有收到原告起诉状副本,因而无法进行有效的答辩,重新审判则需要从送达开始。然而重新审判并不意味着当事人和法院以及其他诉讼参与人在原审中所实施的所有诉讼行为一概归于无效,也不意味着原审所有的诉讼行为都要重新实施,哪些诉讼行为无效,哪些诉讼行为有效,取决于程序违法性存在于哪一个诉讼环节以及案件事实不清的范围大小,这由法院视具体案情加以决断,法院在重新开庭审理时,应就其有效部分和无效部分向当事人加以说明,当事人可以提出异议。

在发回重审这个问题上,有以下几点值得探讨:

(一)关于案件基本事实不清发回重审的界限及其存废问题

这里的"案件基本事实",是指用以确定当事人主体资格、案件性质、民事权利义务等对原判决、裁定的结果有实质性影响的事实。① 根据《民事诉讼法》第177条的规定,上诉审法院在案件基本事实不清时有两个选择:一是在查清事实后依法改判,二是将案件发回重审。通常当事人的基本心态是由二审法院依法改判,而不是发回重审,原审法院也比较害怕二审法院将案件发回重审,因为相对于依法改判而言,发回重审对其产生的负面评价更重。因此,上诉审法院在案件基本事实不清的情形下,究竟是发回重审还是依法改判,往往陷入困境。这个问题实际上不是出在司法层面,而是出在立法层面,立法者既然无法在依法改判和发回重审之间划清界限,则理应回避这个难题,而一律规定为发回重审或者依法改判,这样就会减轻二审法院程序抉择上的负担和风险,也有利于法律的统一实施,从而强化程序的正当性和权威性。

事实上,笔者倾向于在案件事实认定错误或案件基本事实不清时,应由上诉审法院在查明事实后进行依法改判。② 这样说并不是仅为了迎合当事人和原审法院的基本心态,而是在逻辑

---

① 《民诉法解释》第333条。

② 有观点认为,在认定基本事实不清的情况下,应当明确限定一种处理方式,即裁定撤销原判决发回重审,而不应在查清事实后改判。赵旭东:《论民事案件的上诉审裁判方式——兼论新〈民事诉讼法〉关于上诉审裁判方式的规定》,载《法学杂志》2013年第6期。

上也有根据。因为，二审法院认为案件事实不清，那它自己一定已经有了案件事实清楚的标准，否则怎么会知晓案件事实不清呢？再者，案件事实究竟是否清楚，需要经过严密的调查和开庭审理才能获知，而如果尚未调查和开庭，二审法院就以案件事实不清为由发回重审，是否失之主观主义和武断主义呢？不仅如此，如果二审法院认为案件事实不清，将其查清不就行了，为什么一定要发回重审让原审法院来查清呢？须知，我国的二审法院不仅是法律审法院，而且也是事实审法院，二审法院较之一审法院水平更高，一审法院没有查清的案件事实，由二审法院将其查清不是更名正言顺吗？如果一审法院已经竭尽全力仍然无法查清案件事实，二审法院发回重审就能够查清吗？尤其是，由一审法院通过重审来查明案件事实，当事人还是要上诉，这样不是徒增当事人的诉累吗？再说，案件事实不清可能成因有很多，不一定都是法院的责任，当事人举证不力、质证不力或者辩论不力都可能导致案件事实不清，一审法院可能正是基于当事人负担举证责任而在案件事实真伪不明时作出的判决，如此，二审法院如果以案件事实真伪不明或者尚未查清为由而发回重审，这不是要否定举证责任制度的裁判功能吗？同时，当事人不是更加会依赖法院查明案件事实而不是自己努力证明案件事实吗？因此，无论从什么角度说，因事实不清而发回重审的规定值得反思。事实上，发回重审制度在实践中产生了非常负面的影响，其集中和典型的表现就是二审法院反复发回重审、原审法院反复维持原判，或者说，无论原审法院如何裁判，二审法院都会发回重审，给当事人增加了诉累，同时也给法院增加了司法审判上的负荷，造成了一种两败俱伤式的诉讼怪圈。这种局面的形成，与发回重审制度的存在及其滥用有密切的关系，为此，就应当对这种因事实不清发回重审的做法加以限制乃至取消。事实上也是如此，《民事诉讼法》2012年修改后增加规定了发回重审以一次为限的制度，① 这就大大化解了发回重审制度所内含的负效用。发回重审以一次为限制度确立的本身，就说明案件事实不清发回重审并不具有必然性，因为当事人第二次上诉后，上诉审法院即便认为依然属于案件事实不清，则也不得发回重审，而必须亲自查明案件事实；既然如此，从逻辑上说，完全取消因查明事实之故而发回重审的制度并无不可。

当然此一观点可能会遭到两个方面的反驳意见：其一，原审法院较之于上诉审法院更加接近于案件的事实源，比如事发现场、证人所在地等，因而由原审法院查明案件事实更加容易便捷。其二，当事人为了查明案件事实所提供的新证据，也有一个审级利益保护的问题。对此，笔者的意见是，其一，所谓一审法院相对于二审法院更加接近证据源或事实源，从而更有能力查明案件事实的说法实际上是似是而非的，也是传统司法强加给一审法院的一个"神话"。查明案件事实关键取决于审判能力而不是审判距离，现在交通通信工具已远非昔比，审判距离的远近已经不再成为问题。其二，按照续审制，二审法院是可以接受新证据的，如果接受了新证据就要发回重审，那么，续审制就不可能存在。事实上，因法律适用错误而依法改判也同样有审级利益保护问题。因此，对审级利益的保护不宜绝对化理解，它主要针对诉讼请求和诉讼当事人而言，不是针对诉讼理由和诉讼证据而言的，用审级利益来为案件事实不清发回重审寻找依据同样不能成立。

（二）关于程序严重违法发回重审的把握标准问题

根据《民事诉讼法》第177条第1款第4项的规定，原判决遗漏当事人或者违法缺席判决等严重违反法定程序的，裁定撤销原判决，发回原审人民法院重审。可见，程序严重违法是上

---

① 《民事诉讼法》第177条第2款。

诉审法院发回重审的法定条件，只要原审程序严重违法，上诉审法院便只能将案件发回重审，而不得作出维持原判或者依法改判的处理。立法之所以规定程序严重违法要发回重审，其原因主要在于：按照法定程序进行审判是保障审判正确性、公正性和正当性的必要前提，如果法院审判案件违反了法定程序，而且这种被违反的法定程序是非常重要的法定程序，比如合议庭的成员该回避而不回避、遗漏了必要共同诉讼人等，则法院审判的结果不可能是公正、正确的，因而需要纠正。程序严重违法的纠正方法具有特殊性，只有使用该程序作出裁判的法院自身通过自我纠错的方法才能彻底纠正，其他法院，包括上级法院在内，无法替代原审法院纠正错误的程序适用，从该意义上说，程序违法的错误具有"身份性"，其纠正具有不可替代性。只有通过原审法院重新审判，赋予当事人依法应当享有的各种程序保障，法院严格按照民事诉讼法的规定行使审判权，程序违法的错误才能得到最终矫正。如果在程序违法的情形下，由上诉审法院撤销原裁判，进行依法改判，则可能将客观上结果并无错误的原审裁判当作错误的裁判进行纠正，这样反而造成了新的更加严重的错误；如果在程序违法的情形下，上诉审法院认为程序违法，即便达到了严重的程度，也没有在客观上影响原审裁判的正确性，因而做出维持原裁判的处理，则程序严重违法的错误便因上级法院这种维持原裁判的处理而被掩盖，这究非上级法院对下级法院的监督之道，同时当事人因程序严重违法而遭受的程序不利益也无法获得补救，原审法院因程序违法所铸就的裁判污点也无法予以涂销。所以，因程序严重违法而将案件发回重审具有制度的正当性。

然而，上诉审法院将案件发回重审后，原审法院可能仍然作出与原裁判完全一致的裁判，程序严重违法的错误并没有使案件的处理在实体上有任何变动，这就反向证明该种程序严重违法对于裁判的正确形成并没有构成实质性障碍。这种结果的产生，要么就说明"程序正义决定实体正义"这一命题的虚假性，要么就说明，上诉审法院所称的原审法院程序严重违法是不正确的。笔者认为，上诉审法院所称原审裁判具有严重的程序违法性是正确的（假定），程序正义决定实体正义这个命题也是正确的，问题就在于，程序严重违法作为法院审判案件最为严重的错误，立法上对于该等严重的司法错误，不能止步于发回了之，而应当在以下四个方面同时采取补救措施：一是追究原审法院程序操作者的司法责任；二是赔偿因程序严重违法而遭受程序不利益的当事人的损失，包括重新审判所造成的时间损失、经济损失等；三是在诉讼费用上减轻乃至免除当事人的负担；四是在重审案件的实体内容上进行调整。程序严重违法一定会影响案件的实体结果，包括事实认定、证据采用、法律适用以及裁判主文都会出现这样或那样的问题，有时裁判结果也即裁判主文部分的内容可能不会变动，但裁判理由的内容一定会有所变化，裁判理由和裁判结果均未因程序严重违法而遭受任何影响的情形难以想象。因此，可以得出结论认为，发回重审的案件如果还是维持了原裁判，那这种维持一定存在问题，需要加强监督。

在因程序严重违法而发回重审的制度构建中，需要解决的前提性问题就是何谓程序严重违法，程序严重违法如何进行识别和判断。

1. 何谓程序严重违法

顾名思义，程序严重违法就是指审判案件的法院违反了民事诉讼法所规定和要求的重要的程序制度，以致妨碍了案件正确结果的形成。程序严重违法是程序违法的一种，它是与程序一般违法相对而言的，程序一般违法乃是我们通常所说的程序瑕疵，比如法院开庭时没有宣布法庭纪律、法庭记录上缺乏当事人的签字等。之所以可以将程序违法这个总的概念划分为程序严重违法和程序瑕疵两种类型，主要是从民事诉讼法的具体规定以及司法实际情况的制约因素等方面而言的。在民事诉讼法上,民事诉讼程序有重要程序和一般程序之别,程序的重要性程度是不尽一致的,因而违反程序或程序违法所产生的法律后果也就有所不同;再从司法实际情形而论,遵守程序的程度是与一个国家的司法整体水准相关联的,目前我国司法整体水准还处在由相对较低向相对较高的发展提升过程之中,因此,在程序合法性的要求上,虽然一般的程序违法也需要禁止和防免,但重要的程序违法更应受到制止和预防,将程序违法分为严重违法与一般违法是符合中国司法实际状况的,当然,这种严重违法、一般违法的界限和划分标准是流动的,不是一成不变的。《民事诉讼法》第177条将程序严重违法作为发回重审的条件具有现实依据和一定的合理性。最高人民法院2018年12月4日发布的《关于进一步全面落实司法责任制的实施意见》也采取了程序严重违法和程序瑕疵这种划分方法和标准。但这并不意味着一般的程序违法或程序瑕疵就无须纠正,违法者就无须承担司法责任。上诉审法院对于无须发回重审的原审裁判的程序瑕疵或一般程序违法情节,应当通过正式的司法程序向原审法院书面指出,并责令其纠正,纠正的结果应当告知当事人。

2. 关于程序严重违法的识别和判断标准的问题

《民事诉讼法》第177条第1款第4项仅列举性规定了"原判决遗漏当事人或者违法缺席判决"两种严重违反法定程序的情形,后面用一个"等"字兜底作为司法实践的解释空间。然而,严重违反法定程序的情形显然不限定于"原判决遗漏当事人或者违法缺席判决"两种情形,严重违反法定程序的情形较为广泛地存在于司法实际行为中。这就需要从理论上给出一个识别和判断程序严重违法的原则和模式。识别和判断程序严重违法目前可采用的有三种原则和模式:

(1) 列举主义模式。最高人民法院司法解释采取的就是这一模式。根据《民诉法解释》第323条之规定,以下四种情形属于程序严重违法:一是审判组织的组成不合法;二是应当回避的审判人员未回避;三是无诉讼行为能力人未经法定代理人代为诉讼;四是违法剥夺当事人辩论权利。但该司法解释并没有将程序严重违法的情形列举周全,因为其仅仅规定"下列情形,可以认定为民事诉讼法第一百七十条第一款第四项规定的严重违反法定程序"。至于还有哪些情形可以被认定为《民事诉讼法》第177条第1款第4项所规定的严重违反法定程序,该解释并没有做出封闭性的规定。当然,其他还有一些规定,也应属于司法解释所确认的程序严重违法情形,包括遗漏诉讼请求、[1] 必须参加诉讼的当事人在第一审程序中未参加诉讼、[2] 依法不应由人民法院受理、[3] 该受理而不予受理、[4] 违反专属管辖[5]等。可见,就司法解释而言,

---

[1] 《民诉法解释》第324条。

[2] 《民诉法解释》第325条。

[3] 《民诉法解释》第328条规定:"人民法院依照第二审程序审理案件,认为依法不应由人民法院受理的,可以由第二审人民法院直接裁定撤销原裁判,驳回起诉。"不过,这种情形不属于发回重审的情形,而是由上诉审法院直接裁定驳回起诉。

[4] 《民诉法解释》第330条规定:"第二审人民法院查明第一审人民法院作出的不予受理裁定有错误的,应当在撤销原裁定的同时,指令第一审人民法院立案受理;查明第一审人民法院作出的驳回起诉裁定有错误的,应当在撤销原裁定的同时,指令第一审人民法院审理。"这种情形也不属于发回重审的情形,而是由上诉审法院指令下级法院审理。

[5] 《民诉法解释》第329条规定:"人民法院依照第二审程序审理案件,认为第一审人民法院受理案件违反专属管辖规定的,应当裁定撤销原裁判并移送有管辖权的人民法院。"这种情形也不属于发回重审的情形,而是由上诉审法院移送管辖。

上述八种情形均属于程序严重违法的情形。

（2）比照主义的模式。比照主义模式基于的是这样一个逻辑：凡是被规定为当事人可以申请再审的程序性法定事由，均属于程序严重违法的情形；如果这种程序严重违法的情形发生在一审程序阶段，当事人提出上诉后，上诉审法院应当将同样的情形解释为程序严重违法的情形。之所以将再审中的程序严重违法情形与上诉审中的程序严重违法情形作比照性乃至等值性思考，其基本的依据是举重以明轻的解释逻辑。原因非常简单，既然这些程序违法情形已经被立法者视为再审事由，那一定是严重的程序违法；鉴于启动再审的高门槛性和非常规性，二审的程序违法情形应当等于或大于再审的程序违法情形。这是一个合乎逻辑的学理解释，应当是一个正确的解释。如果上述逻辑步骤没有出错，那我们就可以合理地得出结论说：凡是作为再审事由的严重程序违法情形，均当然地属于二审法院进行审判监督以及发回重审或作出其他适当处置的严重程序违法情形。基于这样一个结论，我们便可以很容易地将二审中可以适用的程序严重违法情形罗列如下：其一，原判决、裁定认定事实的主要证据未经质证；其二，对审理案件需要的主要证据，当事人因客观原因不能自行收集，书面申请人民法院调查收集，人民法院未调查收集；其三，审判组织的组成不合法；其四，依法应当回避的审判人员没有回避；其五，无诉讼行为能力人未经法定代理人代为诉讼；其六，应当参加诉讼的当事人，因不能归责于本人或者其诉讼代理人的事由，未参加诉讼；其七，违反法律规定，剥夺当事人辩论权利；其八，未经传票传唤，缺席判决；其九，原判决、裁定遗漏或者超出诉讼请求；其十，审判人员审理该案件时有贪污受贿、徇私舞弊、枉法裁判行为；其十一，当事人提出证据证明调解违反自愿原则。①

与列举主义模式所确定的二审中的程序严重违法情形相比，比照主义模式与其相同的部分有：其一，审判组织的组成不合法；其二，应当回避的审判人员未回避；其三，无诉讼行为能力人未经法定代理人代为诉讼；其四，违法剥夺当事人辩论权利；其五，遗漏诉讼请求作出裁判。还有以下情形没有被列举主义罗列在二审的程序严重违法情形之中：一是原判决、裁定认定事实的主要证据未经质证的；二是对审理案件需要的主要证据，当事人因客观原因不能自行收集，书面申请人民法院调查收集，人民法院未调查收集；三是应当参加诉讼的当事人，因不能归责于本人或者其诉讼代理人的事由，未参加诉讼的；四是审判人员审理该案件时有贪污受贿、徇私舞弊、枉法裁判行为。② 此外，违反专属管辖没有被列入再审事由之中，而列举主义模式已将其列入二审中的程序严重违法的情形，笔者认为非常正确。这样一来，按照比照主义模式得出的二审中可资解释为程序严重违法的情形相对于列举主义而言要宽泛得多，因而该模式更具合理性。

（3）实质主义的模式。实质主义的模式是指根据民事诉讼法的规定，依据其重要性概括出程序严重违法的情形。这种模式不仅不受制于二审程序中所列举的程序严重违法的情形，也不限定于再审事由中的程序严重违法情形，而是根据民事诉讼法所规定的内容，依其重要性，根据个案的特殊情形，实质性地确定程序严重违法的情形。比如，《民事诉讼法》第10条、第137条和第151条规定的公开审判制度，如无例外情形存在，应当体现在民事诉讼的全过程，该制度属于民事诉讼中的基本制度，也是民事诉讼应当自始至终恪守的基本原则，如有违

---

① 《民事诉讼法》第207条、第208条。
② 由于调解不能上诉只能申请再审，因而当事人提出证据证明调解违反自愿原则的不能列入二审中程序严重违法的情形。

反,理应属于程序严重违法的情形,然而,无论是民事诉讼法关于二审中程序严重违法的情形之规定抑或再审中程序严重违法再审事由之规定,均未将"违反审判公开制度、该公开而未公开"列入其中,最高人民法院的司法解释也未提及该项程序严重违法的情形。这种未被列举主义模式和比照主义模式囊括其中的程序严重违法的情形,只能通过学理解释和司法解释深度挖掘而获得,属于该范畴的程序违法情形难以一一列举。

综上所述,关于程序严重违法的识别和判断标准应当将上述三种模式结合起来综合使用,才能精准地将程序严重违法的情形予以识别,同时不至于因为列举主义和比照主义比较容易使用而放弃实质主义的判断标准,惟其如此,方能使程序严重违法的规定得到正确的运用,从而有利于保护当事人的程序利益和程序权利,有利于确保程序的司法公正和司法权威。

(三)关于发回重审裁定的司法责任及其法律效力问题

上诉审法院发回重审使用的是裁定,上诉审法院作出的发回重审的裁定,对下级法院具有何等效力?这个问题尚未引起重视。对这个问题的解答应从两方面着手:

一方面,上诉审法院应当如何制作发回重审的裁定?换言之,上诉审法院在制作发回重审的裁定时有什么具体的要求?民事诉讼法对此未作规定,最高人民法院司法解释对此也未置一词,司法实践一般是简单从事,仅仅在裁定中表述原审裁判基本事实不清,故裁定发回重审。然而,是什么样的案件基本事实不清,不清之处在何种地方,上诉审法院通常是不做细述。这就造成上诉审法院非常容易地就将案件发回重审,而且发回重审即便错误,也无须承担任何的司法错案责任,似乎发回重审裁定是天然地正确的。笔者认为,上诉审法院并无权随意地作出发回重审的裁定,其作出发回重审的裁定,必须详述理由,而不是概述理由,惟其如此,方能形成对上诉审法院的约束,使之不得滥用发回重审权;与此同时,如果上诉审法院发回重审的裁定被认为是错误的,则应当承担相应的司法责任。

另一方面,上诉审法院所作出的发回重审的裁定,对原审法院进行重新审判具有何种法律效力?原审法院所作出的原审裁判已经因上诉审法院发回重审的裁定而被撤销了,原审法院也因此开始了重新审判的程序,这两个程序上的效力是确定的;然而,除此以外,还有没有更深层的实质上的效力?笔者认为,发回重审的裁定对原审法院应当具有指引其裁判、规范其裁判的实质性效力。[①] 比如说,上诉审法院以案件事实不清为由裁定发回重审,原审法院不得继续维持原来的事实认定,而必须将之推翻重新进行事实认定;上诉审法院以程序严重违法为由裁定发回重审,原审法院不得继续实施同样的程序进行审判。比如,原审法院该回避的法官没有回避,发回重审后另组合议庭时将应当回避的法官依然吸收在合议庭内,这就违反了发回重审的裁定,构成了新的程序严重违法。要而言之,上诉审法院所作出的发回重审的裁定,应当得到原审法院的严格遵守和充分尊重,在原审法院就重新审判的案件作出裁判时,应当在裁判理由中回应上诉审法院发回重审的裁定提出的要求,并阐述其重新审判的改进之处。

---

① 在大陆法系国家,学者们对为什么民事诉讼法肯定发回重审的裁判具有拘束力存在争议。一种说法是:这是由审级制度的本质决定的。另一种说法是:这是由上诉审的特殊性决定的。至于发回重审裁判效力的性质,有既判力说、羁束力说或中间判决的拘束力说、特殊效力说、诉讼资料限制说等多种观点。

第七节 依法改判的运作机理

一、依法改判的立法规定

"依法改判"是上诉审法院或再审法院处理上诉案件或再审案件的一种结案方式，也是其行使审判权的一种方法。依法改判往往和维持原判、发回重审等处理方式并用。它们各自的适用范围和适用条件有所区别。世界上的多数国家都将依法改判作为一种处理方法对待。我国三大诉讼法对此加以了规定，其内容大同小异。以民事诉讼法为例，《民事诉讼法》第177条规定："第二审人民法院对上诉案件，经过审理，按照下列情形，分别处理：（一）原判决、裁定认定事实清楚，适用法律正确的，以判决、裁定方式驳回上诉，维持原判决、裁定；（二）原判决、裁定认定事实错误或者适用法律错误的，以判决、裁定方式依法改判、撤销或者变更；（三）原判决认定基本事实不清的，裁定撤销原判决，发回原审人民法院重审，或者查清事实后改判；（四）原判决遗漏当事人或者违法缺席判决等严重违反法定程序的，裁定撤销原判决，发回原审人民法院重审。原审人民法院对发回重审的案件作出判决后，当事人提起上诉的，第二审人民法院不得再次发回重审。"由此可见，依照民事诉讼法的规定，二审法院对一审法院作出的裁判，在当事人上诉后，可以视情形作出三种不同的处理：维持原判、发回重审和依法改判。维持原判适用于一审裁判无论在实体上还是在程序上均为正确合法的情形之下，发回重审适用于程序违法或事实不清的情形下，依法改判则适用于法律适用错误以及事实不清两种情形。可见，同属事实不清，二审法院可以选择适用发回重审和依法改判加以处理。换言之，一般而言，三种处理方法各司其职，适用的条件与情形是特定而明确的，但发回重审与依法改判则在事实不清的缘由中有所交叉，这反映了立法在这种情形下对司法者赋予了自由选择的裁量权，由司法者视具体情形斟酌作出抉择。对于维持原判，各国皆然，理论上也较为直观，没有深入探讨的必要。在一审裁判有重大程序违法情形之时，二审法院适用发回重审予以解决，各国也都一致，我国学界也不存在争议，因而也不加研究。但由于发回重审与依法改判在一审裁判事实不清的情形下，有适用上的交错，因而在这里探讨依法改判问题的过程中，也会兼及研究发回重审与依法改判的关系。

二、依法改判的逻辑前提

依法改判是现代民事诉讼中的一项较为普遍的制度，也是法院所享有的审判监督权的表现形式之一。作为一种由上级法院监督下级法院行使裁判权的方式，之所以被各国基本接受，成为一个普遍性的选择，自然与该制度所赖以存在的逻辑前提有密切关联。依法改判的逻辑前提回答这样一个问题：在制度上，依法改判为什么能够存在？又为什么成为必要？我认为，依法改判作为一项审判制度，其存在主要依赖于以下几个前提：

（一）金字塔形的法院组织结构

现代法院组织制度通常都实行多层次的法院结构形态，法院与法院之间除横向的关联外，还有纵向上的关联。横向上的关联表征同一层次上的法院具有宪法上的平等地位，互为独立；纵向上的关联则意味着不同层阶的法院之间具有上下级的监督和被监督关系，下级法院的裁判要受上级法院的监督与复核。依宪法和人民法院组织法的规定，我国法院有基层法院、中级法院、高级法院和最高人民法院四个层级,上下级法院之间具有监督和被监督的关系。在这种关系中,下级法院作出的裁判在上级法院依法审理后,可以对其内容进行修改甚至完全废弃,然后在此基础上作出全新的裁判。因而,依法改判对法院组织的结构关系是有所依赖的,它意味着在作出一审裁判的法院之上,一定要存在一个能够对该裁判实施监督的上级法院。这是依法改判制度所赖以存在的组织前提,否则,所谓依法改判便不复存在。这就不难理解,为什么最高人民法院作出一审裁判后,便立即产生法律效力,因为最高人民法院之上已不存在一个能在程序上对之进行依法改判的组织机构,因而依法改判制度对最高人民法院的一审判决并不适用。可见,依法改判制度在我国法院结构中,仅是针对最高人民法院以外的地方法院和专门法院的一审裁判而言的。

(二) 复数形式的审级制度

审级制度本身就含有复数的意思。通观现代各国诉讼制度,不难发现,审级制度是一个被普遍接受的必不可少的诉讼制度。不实行审级制度,就意味着一个案件经过一级法院的审判就告生效,就意味着当事人失去了进一步寻求救济的途径,这无论是在司法民主的意义上还是在普通认识论的意义上,都是难以被接受的。这是一个方面。另一个方面,各国所实行的审级制度在内容的选择上又不尽一致。有的实行二审终审,有的实行三审终审,有的甚至实行更多的审级,我国古代当事人甚至可以一直告到皇帝那儿,其中多层次的审级制度是较为明显地存在的。一审终审作为一种特例,也不能说完全绝迹,尤其是在特殊种类的法院审判制度中,更是如此,但通常实行二审终审或三审终审。我国实行的是二审终审,大陆法国家实行三审终审,英美法国家实行有条件的三审终审。在三审终审制度中,上级法院的依法改判既可以存在于二审程序中,也可以存在于三审程序中。存在于三审程序中的依法改判,实际上具有两次纠正一审错判的机会,也就是说有两次"依法改判"的机遇。从理论上说,多一个审级就多一层保障,多一层保障就少一层误判,这个道理是显而易见的,也是不证自明的。但同时,多一个审级也多一些代价,多一些代价就会从整体上减少诉讼裁判的正义性,对当事人行使上诉权而言,也会多一层障碍。因此,应当根据各国国情寻找恰当的审级制度。无论是二审终审还是三审终审,依法改判都是贯彻落实审级制度的重要体现。反之亦然,实行二审终审或三审终审的审级制度,自身都必然地蕴含了依法改判制度的存在。

(三) 原始裁判有发生误判、错判等差错的可能

这是上级法院享有依法改判权的事实基础和现实前提。这种判断在认识论上是不难证明的,从司法现实来看,一审法院所作出的裁判发生错讹的现象也并非鲜见。按照实事求是的基本哲学原理以及司法正义论的基本理念和理想,对于一审裁判中存在的错误,在诉讼制度上提供一种有效的救济措施乃是顺理成章的,也是极其有必要的。反过来,如果一审裁判均正确无误,则立法上赋予上级法院依法改判权就显得多余了。由此可见,依法改判权的基本追求乃是修正司法错误,实现司法的公平与正义。

综上可见,依法改判作为上级法院所行使的特殊审判权,其之所以在现代各国司法中作为一项普遍性的制度存在,在逻辑上依赖于各种前提性假设的存在。金字塔形的法院结构是依法改判赖以存在的组织前提,复数形式的审级制度是依法改判赖以存在的制度前提,而下级法院的裁判客观上存在错误的可能性,则是依法改判赖以存在的事实前提。正是有了这种组织前提、制度前提和事实前提,依法改判才能作为一项诉讼审判制度有效地发挥其实际作用。

三、依法改判的理论模式

依法改判在不同的诉讼模式中，有不同的含义。现代各国诉讼模式通常认为有两种类型：一是当事人主义，二是职权主义。

在当事人主义诉讼模式下，对事实问题的依法改判并不真正存在。因为当事人主义诉讼模式是在程序正义理论的基础上而建构的，程序正义论弘扬程序对实体的决定意义，主张程序对实体的优先论。在程序正义论的指导下，对案件事实的认定取决于程序的公正程度以及对正当程序的依循程度，只要程序是正当的，而且这种正当的程序也获得了遵循，其诉讼结果便是正当的。在这种模式下，并不存在绝对的、客观的衡量案件事实是否真实的标准，案件事实无正确与否之说，而只有其认定是否正当之别。因此，在这种模式下，上级法院对下级法院的事实认定并不进行内在的衡量和评估，而仅仅从其是否遵循程序的视角予以审核。可见，这种模式下并不存在真正意义上的"错案"。上级法院对于一审裁判经过审查如果认为其程序正当，则作出维持原裁判的裁判；反之，如果认为一审法院在形成一审裁判的过程中，有程序违法的现象存在，则否弃其结果，将案件发回重审。英美法国家采取的就是这种模式。正是在此意义上，英美法国家二审仅仅是法律审，事实问题并不作为上诉审法院直接审核的对象。对于这种二审程序的功能设定以及由此所形成的一审与二审的关系结构，理论上称之为"有限审查制"。有限审查制认为事实判断无绝对正确的标准可以遵循，只有相对具有刚性和直观性的程序才具有可加监督的属性与可能，因此，二审法院只审查法律适用问题，包括实体法和程序法的适用两个方面。"依法改判"在这种模式下，仅仅只有法律适用上的意义，换言之，二审法院没有事实改判权，而只有法律改判权。

大陆法国家则实行职权主义的诉讼模式，在这种诉讼模式中，对案件客观事实的探询始终是诉讼程序的内在目的和主要价值所在，法官在此过程中起着主导性的作用，法官负有发现客观真实的审判职责。因而法院作出的裁判具有一个明确的判断标准，案件事实的认定有正确和错误之分，法律的适用也有是否确当的界限，法院裁判是否正确，是可以加以判断的。凡是符合法定标准的，就是正确的裁判，否则就是错误的裁判。二审法院对一审法院的裁判进行审查复核后，可以对其得出是正确的裁判还是错误的裁判的结论。对于不正确的裁判，二审法院可以对之加以修改或调整；对于正确的裁判则加以维持。

可见，在正当程序的诉讼模式中，对于事实问题，通常不存在正确还是错误的问题；对于法律问题，尤其是裁判理由，二审法院则享有改判的权限。在实体真实的诉讼模式中，无论对于事实问题还是法律问题，二审法院都可以依法加以改判。在第一种模式中，"错案"的概念并不真正存在；只是在第二种模式中，才有"错案"的概念。在此意义上，可以将第一种模式称为"改判非以错案为前提的模式"，后者则可以称为"改判以错案为前提的模式"。

我国民事诉讼法采用的是大陆法国家的模式，二审法院通过对一审裁判的复核，既可以对其错误的法律适用加以改判，也可以对其错误的事实认定加以改判。而这种改判在理论上都是以一审裁判错误为逻辑前提的，都认为有一个明确而又客观的判断标准。正是在这个明确标准的衡量、比照下，才出现一审裁判是错误还是正确的结果。可见，一审裁判是否具有正确性，是以二审法院的认识和判断为最后依据的。这种以二审为基准的衡量裁判是否正确的立法例，被称为"二审中心主义"。但是，又要看到，我国民事诉讼制度在民事审判方式改革的推动下，正处于急剧的变化之中，变化的大方向或趋势是由传统的职权主义审判方式向英美法的当事人主义审判方式转变。在这种转变中，依法改判制度所包含的观念和内容也相应地发生了改变。

四、依法改判的基本功能

依法改判是二审法院行使审判权的一种重要表现形式，二审法院行使改判权会产生何种效应和价值？这是依法改判的功能问题。依法改判作为上诉审程序的一种重要程序制度装置，发挥着多方面的价值和功能：

其一，通过对一审裁判中存在的错误加以纠正，有助于实现当事人的合法权益。当事人行使诉权寻求司法救济，其最终的目标是实现其应受保护的各种合法权益，二审法院通过对一审错误裁判的纠正，可以满足当事人的基本诉求。当事人行使上诉权，一般都请求上级法院直接纠正错误裁判，予以改判，而不是发回重审，上级法院行使依法改判权，正是为了回应当事人的此一诉求。在此意义上可以说，二审法院行使改判权，也是当事人行使诉权的结果。这是依法改判权的实体性功能之一。

其二，有助于纠纷的及时解决。依法改判在二审终审制模式中，是对特定案件行使终审权，该特定案件经过改判权的行使遂告终结。相对于发回重审来说，依法改判可以使纠纷获得及时化解，而不致拖泥带水，在上、下级法院之间来回移动。因此，依法改判有助于诉讼效益价值的实现。

其三，依法改判有助于法律的统一解释和统一适用。法律的适用和事实的认定在类似案件中应当得出相同或相似的结论，二审法院通过对上诉案件的依法改判，有助于法律的统一化解释和适用，同时也有益于事实认定规则的统一化适用。这一点，在实行判例制的国家更加重要，也更加明显。在不实行判例制的国家，也有利于上级法院对下级法院实现其指导功能。同时，依法改判在逻辑上是以存在一定的客观标准为前提的，无论是法律的适用还是事实的认定，依法改判都是对特定的客观标准的一种张扬和肯定，而这种标准的弘扬有助于强化人们对法的可预测性和安定性的满足愿望。通常的经验是，在经过二审法院依法改判后，当事人极有可能就此息诉，而不再将诉继续推进，或者使诉溢出诉讼程序之外寻求其他的解决途径。再审案件的比率比上诉案件的比率较低，就可以说明部分问题。如果此一功能发挥较好，对于相似的案件，也有助于减少上诉的数量。

其四，依法改判有助于发挥程序正当化的功能。按照程序正义的理论，一个纠纷的解决，唯有经过必要的程序阶段，才能使当事人感到更加满意。必要的审级制度便是基于此而建构的。依法改判是在程序正当化的基础上进行的，也是程序正当化自身的表征，因而，依法改判的结果也具有正当性。虽然依法改判的结果未必增强了裁判的正确性，但其正当性无疑有了强化，而裁判是否正确一般难以衡量，正当性便成为法院裁判的最终归属。英美法国家比较强调和重视上诉制度的此一价值追求，在他们看来，即使审理法官能够维持必需的客观性，并且法官的决定也通常是正确的，但是，维护在诉讼者眼中公正的外观，也是同等重要的目标，否则，诉讼者将认为自己成了个人专断的牺牲品。存在的上诉程序使低级法院的决定合法化了，并由此维护了人们对法律制度机能的信任。

其五，依法改判有助于发挥上级法院对下级法院的监督作用，使下级法院保持经常性的警惕，同时也给下级法院施加一种潜在的压力，防止发生错误的裁判。下级法院的审判水平在这个过程中也将有所提高。在他们看来，由于审理法官对于个人之间的日常诉讼处在独一无二的权威位置，所以，他的妄自尊大会给其司法工作带来职业上的损害；由上级法院进行复查，对法律目的之实现提供了至关重要的客观监督。

由此来看，依法改判作为上诉审法院对下级法院行使监督权的重要方式，具有多方面的重要功能，它不单纯具有实体功能，同时也具有程序功能。但是程序功能依赖于实体功能，当事人如果不提出上诉，则包括法院在内的任何主体不得为了实现所谓程序功能而依职权启动上诉审程序。

五、二审改判权和再审改判权

改判权既可以发生在二审程序中，也可以存在于再审程序中。《民事诉讼法》第214条规定："人民法院按照审判监督程序再审的案件，发生法律效力的判决、裁定是由第一审法院作出的，按照第一审程序审理，所作的判决、裁定，当事人可以上诉；发生法律效力的判决、裁定是由第二审法院作出的，按照第二审程序审理，所作的判决、裁定，是发生法律效力的判决、裁定；上级人民法院按照审判监督程序提审的，按照第二审程序审理，所作的判决、裁定是发生法律效力的判决、裁定。人民法院审理再审案件，应当另行组成合议庭。"可见，再审程序并非一个独立性的诉讼程序，人民法院审理再审案件，要么运用一审程序，要么运用二审程序。在再审的一审程序中，法院可以对原始的裁判进行改判，对此改判的结果，当事人如果不服，还可以上诉；在上诉审程序中，二审法院对此还可以改判。在再审的二审程序中，法院可以对原始的终局裁判进行改判。再审程序中的改判，是真正意义上的改判，因为所谓改判，就其本质而言，乃是对发生法律效力的裁判所进行的修正，其结果是对生效裁判的既判力产生了动摇。对于一个案件，只能行使一次审判权，而对再审案件则行使了至少两次审判权，其中第二次审判权是对第一次审判权的否定，否定的结果便是修改了原来的生效裁判，原来的生效裁判被后产生的生效裁判取而代之。这便是改判权的本质规定。然而，二审改判权在性质上完全有别于再审改判权。

一个案件就是一个诉，与诉相伴随的，在当事人有诉权，在法院有审判权。一个诉结束之际，同时也是一个诉权结束之时，也是审判权结束之时。这实际上是三位一体的关系。诉的结束以其获得确定性的化解为外在标志，诉从其产生到其化解的过程，是诉存在的全部期间。而诉欲获得确定性的化解，除享有诉权的当事人决定使之自行消解外，便只有一个途径：穷尽审判权的作用。对于一个诉，如何穷尽审判权的行使，这是由审级制度所决定的。审级制度是由诉讼法确立的化解一个诉所可以允许历尽的程序阶段和法院层次，在审级制度范围内，诉可以任意地延伸和存续。由审级制度所塑造的诉讼程序，是为解决一个诉所提供的完整的诉讼程序，这个诉讼程序，无论其中分为多少个阶段或层次，都具有一体性和统一性。这种一体性或统一性既可以表现为程序上的多个阶段，区分为横向上的若干有机联系的阶段，也可以体现为程序上的多个层次；既可以由统一的主体负责运行到底，也可以由相异的主体分段负责；既可以分为两个层次，也可以分为三个或更多的层次。同一个诉所需要的统一的诉讼程序，之所以划分为横向的或纵向的若干阶段或层次予以推动，其目的无非在于确保程序设置和运转的科学性和合理性，从而发挥程序的内在制约作用，充分发挥程序的效用和内在价值，使之能够尽量使诉的化解达到正确性和效率性等多重理想目标。无论怎样建构这种诉讼程序，其性质都是一样的，都是为了应对单一的诉的化解之需要。诉是单一的和统一的，诉讼程序也是单一的和统一的。具体到我国而言，在二审终审制下，我国的一审程序和二审程序是由统一的诉而引起的统一的诉讼程序。在诉权的作用下，诉可以在产生后随时被撤回，可以在双方当事人的合意下停止进行，消失于中途，可以在一审判决后就此告终，还可以在一审判决后通过上诉权的行使使案件进入更高级别的法院继续进行审判。这种诉权一直运行的内在势头，只有在遇到审级制度的最后界限时，才不得不停止运行。审级制度的最后界限，就是诉权的最后界限，也是任何一个诉必须得到化解的最后界限，所谓审判权的强制性属性，便在这三重的最后界限上得到了直观的、集中的体现。

可见，在我国民事诉讼法所实行的二审终审制中，一审程序与二审程序是为解决同一个案件所提供的先后两个阶段性程序，在第一个阶段，一审法院行使前置性审判权，在第二个阶段，二审法院行使后置性审判权。后置性审判权对前置性审判权具有监督功能和监控功能。后置性审判权与前置性审判权在行使的主体上是分离的，在适用的程序上也是有区别的。后置性审判权通过行使的主体与程序的分离化，来对前置性审判权实施制约。其目的主要有两个：一是防止前置性审判权的错误行使，使前置性审判权在行使之时有所顾忌，确保其在完全正确和正当的轨道上行使，而不致越轨发生可以避免的或不该发生的错误。这是后置性审判权所具有的防错机能。二是纠正前置性审判权业已发生的错误。前置性审判权在行使过程中，由于各种因素的介入和影响，难免会发生各种形式的程度不等的错误或瑕疵。对于这些业已发生的错误或瑕疵，作为一个以追求正当性为主要目标的审判制度，必然要设置相应的救济程序予以避免或改正，防止其越出诉讼程序，对社会和司法产生负面作用。为此目的，立法者便在前置性审判权之后，架构起另一种审判权，负责对前置性审判权的质量进行复核、查验和补救。这是对业已外化的或既成事实的司法差错予以及时补救的审判权。这就是后置性审判权所具有的纠错机能。后置性审判权既可以对前置性审判权所产生的结果直接予以修改，也可以提出修改的原则性意见，或者指出原始裁判之所以发生错误的症结所在，将案件发回原始裁判的制作者，使之自我纠正错误。这是一种间接的纠错机制。前置性审判权和后置性审判权构成了一个审判权的整体，是同一个审判权在上、下两级法院的分化和配置。由于后置性审判权是在前置性审判权的基础上的延伸和继续，吸收了前置性审判权运转后的所有合理的有益因素，并在此基础上发挥己之所长，因此它所形成的裁判更有说服力、更加确当。可见，二审法院所行使的改判权并不是严格意义上的改判权，而是在一审裁判的基础上对案件所进行的继续审判，是对一审法院没有完成的审判权的继续行使。

总之，由于我国实行二审终审制，我国上级法院所享有的改判权就是终审，终审权才是审判权的最终归属，只有在上级法院行使终审裁判权后，裁判才能生效。一审法院作出的裁判，并不是真正意义上的裁判，而是裁判的初步意见或方案，它在当事人未上诉的情形下转变为生效裁判，在当事人上诉后成为上级法院评价的客体和作出最终裁判的参考文本。二审法院对它作出的改判，无论是全部改判还是部分改判，都不是严格意义上的改判，而仅仅是完成对特定案件一个完整的审判权而已。就像法律草案一样，对法律草案的修改并不等于对法律的修改。可见，所谓二审改判权或二审中的依法改判在严格意义上乃是名不符实的。这里虽然使用"二审改判权"，但这仅仅是对相沿已久的流俗概念的姑且借用，并不意味着"二审改判权"这种说法就是成立的。与之有别，再审改判权是真正意义上的改判权，因为它不仅改变了原始裁判的内容，而且取消了它的既判效力。区分二审改判权和再审改判权的意义是：二审改判权是法院行使通常审判权的表现，是法院审判权的正当行使和正常行使，除非有例外情况，二审改判权是受宪法保障的；再审改判权则是对已生效裁判的否定，并在此基础上重新行使审判权，它必然损伤法院裁判的既判力，影响法院裁判的稳定性，故而其存在只能作为一种例外或特殊情况，行使这种改判权应当论证其必要性和正当性。我们要限制的是再审改判权，而不是二审改判权。

六、事实改判权和法律改判权

依《民事诉讼法》第177条的规定，二审法院在两种情况下可以依法改判：一是原裁判适用法律有误，二是原裁判认定事实不清或错误。前者可称为法律改判权，后者则为事实改判权。法律改判权和事实改判权的结合，构成了二审法院对一审裁判的实体改判权。实体改判权的结果是对一审裁判的内容，包括判决主文和裁判理由在内，进行了修改或否弃。

二审法院之所以享有法律改判权，其原因主要在于：其一，二审法院享有法律改判权具有程序保障。程序具有认知功能，从认识论上说，二审是一审的延续，也是在一审基础上的继续认识，它包含和承继了一审的全部精华和有益因素，其对法律问题的认识进入了更高的层面，对相关法律问题通常会有更加全面、准确和辩证的理解与把握。其二，从审判组织上说，二审法院具有更强的执法能力。根据人民法院组织法和民事诉讼法的规定，二审法院在审理上诉案件时，必须要组成合议庭，而且合议庭的成员必须为审判员，陪审员不得参加二审合议庭行使审判权。与之有所区别，在一审程序中，其是否组成合议庭则视所适用的程序为普通程序还是简易程序而有所不同，如果适用简易程序，则实行法官独任制审判，而不组成合议庭。即使一审案件依普通程序审判，其合议庭也可以由并不以精通法律为要求的陪审员参加。从审判组织的法定构成来看，二审法院无疑具有更强的执法能力。其三，从单纯的法官水平来看，二审法院的法官通常具有更高的审判水平。如前所述，我国法院的组织结构呈现出金字塔式的状态，法院的名称也有基层、中级、高级到最高之别，在这种制度安排中，不难看出审判人员的配备在客观上也会有不同的要求。通常观念也告诉我们，法官的水平越往上越高，最高人民法院是公认的精英法官集中地，其专家型法官并不罕见；与之类似，在地方各级法院中，高级法院的法官比中级法院的法官、中级法院的法官比基层法院的法官审判水平一般要高。这种常识性的判断可以在两个方面找到法律依据：一是从诉讼管辖制度上看，基层法院管辖的一般是简单的、一定标的额和一定影响内的案件，中级法院管辖的案件则稍微复杂和重大，高级法院则管辖在全省、自治区、直辖市范围内有重大影响的案件，最高人民法院管辖的案件则是全国范围内有重大影响的特大案件，而且上级法院对下级法院的审判工作具有指导权限和监督功能，下级法院遇有疑难问题要向上级法院请示汇报，而不是相反；而且，上级法院管辖的地域范围也较之下级法院更为广泛，纳入其审判视野的重大、复杂、疑难案件在数量上必然占有绝对优势，通过对这些案件的审判所积累的审判经验无疑也更加丰富。二是根据人民法院组织法的规定，各级法院院长、副院长、庭长、副庭长和审判员是由不同地域范围、不同层次的人民代表大会和常务委员会选任产生的，选任机构的不同层次，当然影响乃至决定被选任者的基本素养和审判水平。与之相适应，根据法官法的规定，法官的等级分为12级，最高人民法院院长为首席大法官，各高级法院院长为高级大法官，以下为高级法官、法官等。法院的级别越高，其法官的级别则越高，由此也反映了法官的水准越高。因此，我们可以得出结论认为，上级法院的法官享有法律改判权是有法律依据的。

那么，下一个问题：二审法院应否具有事实改判权？如前所述，在不同的上诉审结构模式中，上诉审法院所享有的事实改判权是不同的。在英美法系国家实行的有限审查制的结构模式中，由于一审法院以审理事实问题为中心，二审法院对一审裁判仅仅审核其法律适用问题，因此，二审法院不存在事实改判权。如果二审法院认为一审裁判事实认定有误，也只能以法律适用存在错误为理由发回重审，而不径直予以改判。这主要与其实行陪审团审判以及集中审理主义的诉讼原则有关。在大陆法国家，由于其二审程序实行续审制模式，二审法院在审理上诉案件过程中,可以采纳新证据、新事实,如果其不同意一审法院的事实认定,则可以作出新的事实认定取而代之。因此,在大陆法国家,二审法院不仅有法律改判权,而且也有事实改判权。我国二审法院也同样具有事实改判权。二审法院之所以具有事实改判权,其理由基本与法律改判权相同。从认识论上说,二审法院是在一审法院认识的基础上进行认识和判断,自然更加准确、全面、深入。再从程序的功能和审判心理学上看,多一道程序则减少一分错误,这是人们广泛认同的,在二审法官和一审法官就同样的事实问题形成不同的心证时,人们自然的倾向是接受二审法官的心证。尤其是,对于同样的事实材料,一审法官很难改变对它业已形成的判断。

七、依法改判制度的发展趋势

如前所述,根据我国民事诉讼法的规定,对于法律适用上的错误,二审法院不得发回重审,只能依法改判,但是对于事实认定上的错误,二审法院则可以在发回重审和依法改判之间作出选择。究竟是采用发回重审还是采用依法改判的方式来纠正一审裁判在事实认定上的错误,取决于二审法院的自由裁量。发回重审尊重了一审法院的独立裁判权,由一审法院自我纠正错误,至少从理论上说较之二审法院直接改判更能体现出对一审裁判者的尊重。但发回重审的弊端是增加了诉讼成本,因为发回重审后,一审法院必须对案件再次审理,并再次作出裁判。这实际上花费了审理两个案件的时间和精力,诉讼成本必然成倍增加。在一审法院再次对案件审理并作出裁判后,当事人还有权对之提出上诉;上诉审法院对上诉案件进行审理后,同样可以再次选择将案件发回重审或者直接改判。如果将案件再次发回重审,诉讼成本将再度增加。与之相区别,依法改判则由二审法院在审理上诉案件后直接行使审判权调整一审裁判的内容,其所花费的成本并不比发回重审这一审判行为更高,并且省去了案件被再次审判和被再次上诉的成本。可见,依法改判是符合诉讼经济原则的,有助于提高诉讼效率。正因为依法改判相对于发回重审有较多的优势,目前在大陆法国家出现了由发回重审向依法改判的转变。在这种转变中,各国通过立法规定,除非有特殊情形,二审法院对一审法院的裁判,在复核后通常用维持原判和依法改判两种方法加以处理,尽量限制和减少发回重审方法的使用率。比如,德国、意大利等国都采取措施,强化了二审法院在通常情况下自己改判的义务,以减少发回重审引起的成本增加。这种发展走势与对二审法官的信任度的提高以及对诉讼效益价值的追求是分不开的,反映了依法改判制度的最新动向。《民事诉讼法》第177条授权上诉审法官在案件事实不清时可以选择适用发回重审和依法改判,最高人民法院的司法解释对此也未作限定性解释,尤其是二审法院还可以接纳当事人提供的"新证据"。司法实践表明,上级法院比较倾向于使用发回重审的方法加以处理,这样处理起来也较为方便。事实上,发回重审是一种简单化处理方式,难以使下级法院心服口服。不仅如此,在司法统计中,发回重审是被作为错案对待的,而依法改判则不作为错案对待,因而发回重审总是受到下级法院的抵制,于是便出现反复作出原判、反复发回重审的不正常现象。这种做法对诉讼效率的提高是极为不利的,这也是目前我国立法中存在的一个漏洞。为了改变这种立法上的缺陷,同时发挥二审法院的积极监督作用,我国将来的立法应当借鉴大陆法国家,限制乃至逐步取消发回重审的使用,[①] 同时明确扩大依法改判权的适用范围。依法改判应当成为二审法院行使审判监督权的常规方法。

---

① 2012年修改后的《民事诉讼法》第170条(现第177条)的规定对发回重审的次数进行了限制,发回重审以一次为限。

为此，立法上需要加强一审程序的事实审理功能，原则上由一审法院负责认定事实，二审程序中当事人一般不宜提出新证据或新的事实主张，二审法院同时行使对一审裁判的事实复核权和法律复核权。如果二审法院认为一审法律适用有错误，毫无疑问应当直接予以改判；依法改判应当主要针对法律问题而被使用。如果二审法院认为一审裁判在事实认定上存在错误，也应当依法改判，而不宜发回重审。其理由除前述二审法院比一审法院具有更高的审判水平、有这个能力行使改判权外，还有一个逻辑上的理由：二审法院既然已经发现一审裁判事实认定错误之所在，当事人又没有继续提供证据的机会了，那为何二审法院自己不亲自改判，却还要发回重审呢？这是自相矛盾的，也不能用尊重一审法院的事实裁判权作为推托改判的理由。我国目前审判制度改革的一个举措就是限制当事人提供证据、主张事实的时间段落，推行举证时限制度。当事人在法定或指定的时限内不提供证据，则失去了以后再次举证的权利。这样推行的结果便是：一审法院成为事实认定的主要场合，集中审理主义的原则得到了体现，由此使得一审中心主义成为可能。由于程序正义观的逐步深入，加之诚信原则和禁反言原则的制约，一审法院在作出裁判后自身要受到程序效力的羁束，而不得出尔反尔、任意改变原始裁判的内容，即使在上级法院的指令下也不得任意改变业已作出的裁判，否则显然会影响自身的权威性和独立性。与之有所不同的是，二审法院在经过对一审裁判的复核后，完全有理由对其事实认定的结果加以调整和改变，而不会在其正当性上受到质疑。尤其是，二审法院即使对一审裁判的结果加以改变，也不一定意味着一审法院作出的裁判就是错误的。一审法院在一审程序的保障下所形成的裁判结论，并不一定与二审法院在二审程序的保障下所形成的结论保持一致。一审法院不可能预料到二审法院作出的裁判，二审法院在作出二审裁判时已经站在了与一审迥然有别的程序境界，要二审法院无论在何种情形下都作出与一审法院完全一致的裁判，无异于矮化二审法院的形象，否定二审程序的作用。此外，从诉因制度来看，当事人提出上诉，其目的并非发回重审，而是直接改判。这从上诉状的通常措辞中可以明显地看出。可见，二审法院对一审裁判的事实认定，经过复核如果认为存有错误，应当采用依法改判的方法加以解决，而不是发回重审。现行民事诉讼法就此所作出的选择性规定，在理论上是有障碍的，应予改变。

值得探讨的问题是，如果当事人在二审中提出了新证据或新事实，而这些新证据或新事实根据证据制度又是可以采纳的，那么，二审法院应当将案件发回重审还是依法改判。这个问题与前述问题稍有不同。因为，根据审级制度，当事人对于任何一个事实主张以及任何一项证据，都有获得上下两级法院审判的权利，这是当事人所享有的审级利益，这种审级利益是当事人诉讼权利的客观表现。当事人任何一方在二审程序中提出了新证据，就其本方而言，可以视为其放弃了审级利益；但就另一方当事人而言，其关于该新证据的审级利益并没有被放弃，因而他仍有权坚持实现其所享有的审级利益。而该审级利益的实现，除允许继续上诉外，便只能将案件发回重审，由原审法院在新证据这一点上再次审理。但继续提出上诉已无可能，因而只能要求发回重审。因此，在二审程序中出现新证据时，二审法院应当征求相对方当事人的意见，从而决定是否将案件发回重审。如果对方当事人不要求将案件发回重审，二审法院则可以继续行使审判权，从而在考虑新证据的基础上作出新的事实认定。此时所作出的新的事实认定，从外观上看是对一审裁判的改变，但就其实质而言并非改判，而是续判。二审法院对一审法院事实认定正确与否的评价，在当事人提出新证据的情形下，已经成为不必要之事了。

第二十一章　再审程序

第一节　再审程序概论

一、再审程序的概念和特点

按照审级制度，在一审程序和二审程序结束后，所有的诉讼程序便已告终，诉讼案件得到了最终的解决，当事人对其纠纷不容再生争端。然而，任何原则皆有例外，再审程序便是审级制度的例外。再审程序，是指人民法院依照自己的职权，或者根据当事人或特殊情形下的案外第三人的再审申请，或者根据人民检察院的再审检察建议或抗诉，对已经发生法律效力且具有符合再审条件的判决书、裁定书、调解书再次进行裁判的诉讼程序。据此定义，可知再审程序有以下主要特点：

其一，再审程序的启动主体具有多元性。无论是一审程序还是二审程序，其启动主体都只能是当事人，具有一元性的特点，法院、检察院等公权力主体以及任何案外人均无权启动一审程序或二审程序；然而，再审程序则除当事人外，法院自身以及行使法律监督权的检察院和一定范围内的案外人，均可依职权或以申请启动再审程序，从而使其启动主体带上了多元性的特点。

其二，再审程序的启动依据具有特殊性。一审程序依据当事人行使诉权而启动，二审程序依据当事人行使上诉权而启动，再审程序则可以分别依赖当事人的再审诉权、法院自身的审判监督权以及检察机关的法律监督权而启动。再审程序的启动依据不同，再审程序的功能和性质也有所区别。

其三，再审程序的启动理由具有特殊性。一审程序的启动理由是起诉的原告所主张的事实和理由，具有非限定性。二审程序的启动理由是提出上诉的当事人所主张的原审裁判在事实认定、法律适用以及诉讼程序上存在错误或非法之处，具有限缩性。再审程序的启动理由依据启动的主体不同而有所区别：法院依职权决定再审的理由是其认为生效裁判确有错误，至于何为确有错误，取决于法院自身的解释和判断；当事人申请再审的理由具有法定性，只有被立法所确认的事由方可构成申请再审的理由；检察院行使法律监督权所基于的理由与当事人申请再审的理由基本相同，但在调解再审理由上有所区别。

其四，再审程序的功能具有复合性。一审程序的功能是在准确认定事实和正确适用法律的基础上解决纠纷；二审程序的功能是纠正一审的错误裁判并对一审法院实施审判监督，同时兼有统一法律适用和政策形成功能。笼统地说，再审程序的功能与二审程序较为接近，其首要功能应当是纠错，其次是监督，同时也有统一法律适用和政策形成功能。但具体地说，再审程序的功能具有类型化的特点，不同的启动主体蕴含着相异的程序功能：法院依职权启动的再审程序以监督为主要功能，检察院依据法律监督权所启动的再审程序以法律统一实施为主要功能，根据当事人的申请所启动的再审程序以救济和纠错为主要功能。

其五，再审程序的构成环节具有三阶性。一审程序和二审程序所形成的都是二阶结构，法院先判断起诉权或上诉权是否能够成立，然后判断胜诉权或上诉请求能否成立或是否应予以满足；但再审程序所形成的乃是三阶结构，法院先后要进行再审程序的成立要件之判断、再审事由的存在要件之判断以及本案诉讼标的之判断三个节点的判断，由此形成了再审程序层层递进、步步深入、环环紧缩的程序构成特征，由此呈现出再审程序结构上的复杂性和多层次性。

二、再审程序和申诉程序、审判监督程序的概念辨析

（一）再审程序与申诉程序

申诉，是指公民、法人或其他组织，认为对某一问题的处理结果不正确，而向国家有关机关申述理由，请求重新处理的行为。它是公民维护权益的一种方式，具有法律效力。申诉有两种：一则诉讼当事人或其他有关公民对已发生法律效力的判决或裁定不服时，依法向法院或者检察机关提出重新处理的要求。二则指国家机关工作人员或政党、社团成员对所受处分不服时，向原机关、组织或上级机关、组织提出自己的意见。这种意义上的申诉，是公民所享有的一种宪法性权利，是任何人不附带任何条件而可以在任何时候针对任何问题所行使的政治性权利。《宪法》第41条规定："中华人民共和国公民对于任何国家机关和国家工作人员，有提出批评和建议的权利；对于任何国家机关和国家工作人员的违法失职行为，有向有关国家机关提出申诉、控告或者检举的权利，但是不得捏造或者歪曲事实进行诬告陷害。对于公民的申诉、控告或者检举，有关国家机关必须查清事实，负责处理。任何人不得压制和打击报复。由于国家机关和国家工作人员侵犯公民权利而受到损失的人，有依照法律规定取得赔偿的权利。"诉讼法意义上的申诉则在含义上有所不同，它与我们现在所说的申请再审比较接近，但又有明显的区别，申请再审是在申诉的基础上发展而来的。《民事诉讼法（试行）》在"审判监督程序"中规定了申诉制度和程序，其第158条规定："当事人、法定代理人对已发生法律效力的判决、裁定，认为确有错误的，可以向原审人民法院或者上级人民法院申诉，但是不停止判决、裁定的执行。人民法院对已经发生法律效力的判决、裁定的申诉，经过复查，认为原判决、裁定正确，申诉无理的，通知驳回；原判决、裁定确有错误的，由院长提交审判委员会讨论决定。"据此，申诉是当事人和法定代理人所享有的要求法院对已经发生法律效力的判决、裁定进行复查的诉讼权利。法院复查后认为申诉有理由的，由院长提交审判委员会讨论决定是否启动审判监督程序。可见，申诉是审判监督程序的一个环节，也是法院依职权发动审判监督程序的线索来源之一。表面上看申诉程序与申请再审程序有类似之处，但二者之间还是存在诸多区别：

其一，从主体上看，申诉的主体要宽于申请再审的主体。虽然申诉的主体立法上规定也仅为当事人及其法定代理人，但在实际司法中，除当事人及其法定代理人外，还有许多主体都会参与到申诉中来，甚至会形成一支"申诉大军"，形成了申诉主体无限制的现象。而申请再审的主体，立法明确为当事人，在特殊情形下，可以扩大到当事人以外的案外人。

其二，从理由上看，立法规定当事人认为生效裁判存在错误的，均可申诉。然而这一规定显然具有主观色彩，而且不具有可操作性，这样就在实践中形成了申诉无理由限制的特点，相对而言，申请再审则有具体理由的列举性规定，较为明确，范围有限，具有可操作性。

其三，从时间上看，申诉无时间限制。当事人在任何时候如果认为生效裁判存在错误，均可提出申诉，因此，实践中会出现历时数年甚至数十年的陈年老案也在申诉不止。申请再审则有时间限制，《民事诉讼法》第212条规定，当事人申请再审，必须在生效裁判作出后或在得知应当知道某些特殊再审事由后的6个月内提出。

其四，从法院级别上看，申诉虽然立法规定可在原审法院或上级法院提出，但这里的上级法院是指原审法院的上级法院，而不是仅指原审法院的上一级法院，这样就致使当事人越级申诉，乃至动辄申诉到最高人民法院，加重了最高人民法院的负担。申请再审则只能向原审法院或原审法院的上一级法院提出，而不得越级提出，这样就相对限定了申请再审案件的管辖法院，使法院之间的审判负担趋于均衡。

其五，从次数上看，申诉无次数限制，当事人只要不服生效裁判，可以一而再、再而三地提出申诉，这样容易导致申诉权的滥用。申请再审虽然也无次数限制，但向检察院的申请法律监督只能提出一次，而不得反复提出。①

其六，从效力上看，申诉对法院无拘束力，而仅是法院发现错案的线索之一，是否接受申诉并由此启动审判监督程序，尚取决于法院的讨论决定。申请再审虽然也不一定能够启动审判监督程序，但法院必须接受再审申请，并且要依法进行审查，从该意义上说，申请再审对法院具有程序上的拘束力。

由此可见，基于申诉所形成的申诉程序和基于申请再审所形成的再审程序从主体到理由、时间、法院级别、次数以及效力等方面均存在差异，1991年《民事诉讼法》将申诉程序改为申请再审程序，标志着我国审判监督程序的趋于完善，也标志着当事人的再审诉权得到了更加有力的保障，同时也大大规范了再审程序的审查和审理过程，提升了其诉讼化、法治化、程序化的程度，使我国当事人启动再审程序向再审之诉方向迈出了一大步。

（二）再审程序与审判监督程序

再审程序与审判监督程序的含义甄别和范畴辨析长期以来是我国民事诉讼法学研究中绕不开的问题，也是颇让人感到困惑和纠结的话题，然而这个基础性概念界定工作是必须要完成的作业，否则不仅会影响我国民事诉讼立法的走向，而且会影响司法实践的实际操作，同时也会制约民事诉讼法学理论的整体变迁之进程。

在再审程序和审判监督程序的关系问题上，理论解说一般存在两种看法：一种看法是所谓"等同论"，认为再审程序和审判监督程序是同一实指的相同概念，只不过我国习惯称之为审判监督程序，而西方尤其是大陆法系国家则在传统上一向称之为再审程序。在2007年和2012年《民事诉讼法》修改时，有观点提出应当将我国民事诉讼法上的审判监督程序改为再审程序，但这一提议未获成功。② 其原因之一便是这仅仅是名称之争，而其实并无不同，因而审判监督程序这一概念相沿至今未改。

另一种看法是所谓"替代论"，这种观点相对新颖，认为再审程序是基于当事人的再审诉权而发展起来的一种内在视角下的诉讼制度，体现了当事人主义的基本要求，一审、二审与再审乃是一以贯之的诉讼发展形态，反映了民事诉讼制度的发展规律和内在要求，其理论体系比较纯粹，当事人的诉权原理能够彻底贯彻；与之有别的是，审判监督程序则是来源于苏联的诉讼法学范畴，其具有浓厚的职权主义色彩，无视了或至少弱化了当事人诉权在其中所发挥的基础性乃至决定性作用，使诉讼主体的当事人反而在审判监督程序中处在边缘化地位，充当了一种配角乃至案件线索提供者的角色，因而不符合民事诉讼法发展的基本方向和内在规律，其历史使命业已完成，应当以国际上通行的再审程序取而代之。

---

① 《民事诉讼法》第216条。
② 参见孙祥壮：《民事再审程序：从立法意图到司法实践》，法律出版社2016年版，第5页。

笔者认为，上述两种观点均不无偏颇。"等同论"仅看到二者的共性，而忽视了二者的差异。再审程序和审判监督程序虽然都属于对生效裁判的纠错程序，都属于正常诉讼程序的例外程序，其启动都有较为严格的条件。然而，二者之间的差异是明显的：再审程序的启动主体是行使私权利的当事人，而审判监督程序的启动主体是行使公权力的法院和检察院；再审程序的事由具有限定性和具体性，审判监督程序的事由具有开放性和概括性；再审程序有时限限制，而审判监督程序并无时限限制。因而"等同论"是一种比较保守的观点，其实质是将再审程序消融于审判监督程序之中，它重视了我国再审制度的现实背景，但忽略了我国再审制度的发展趋势，因而看上去与现实相符，但实际上背离了现实。主流的现实倾向乃是，当事人在再审程序中的作用日益重要和凸显，当事人主义诉讼体制或模式的精神也已越过一审程序和二审程序，向再审程序渗透和蔓延，再审程序的当事人主义化的改造已经处在进行中，因而"等同论"并不可取。"替代论"也是一种失之偏颇的观点，这种观点乃是从一个极端走向另一个极端，它看到和强调了我国再审制度的发展规律与发展方向，却忽视了我国再审制度的公权力惯性的巨大威力，因而无视了作为司法机关的法院和法律监督机关的检察院通过国家赋予的审判监督权和法律监督权在再审程序启动及其运行中的强大作用，可知这种观点较为偏激，脱离了现实，制约了再审理论的解释力，也不可采。

笔者所持的观点原则上为"并存论"，同时辅之以"消长论"。所谓"并存论"，是指在再审程序和审判监督程序的关系上，既不能因前者而否定后者，也不能因后者而否定前者，二者应当同时并存，共同发挥作用。更具体地说，我国民事诉讼法所设置的对生效裁判的纠错机制，既需要审判监督程序的主导性作用，也需要以当事人申请再审为基本内容的再审程序的基础性作用，二者不可或缺。之所以称审判监督程序为主导性作用，其原因在于目前当事人申请再审的力量相对较弱，其较之于申诉有了改进，但申请再审在本质上仍未脱出申诉的窠臼，当事人的申请再审是否被接受，以及其是否能够启动再审程序，仍取决于法院的审查判断，其作为制度性的"小溪"仍归属于法院职权启动再审程序的"大河"，因而审判监督程序发挥的是主导性作用。这是对我国民事诉讼再审制度和司法实践所做出的基本判断。但同时也要看到，作为一种生长中的制度性力量，申请再审正在日益发挥其基础性作用。之所以称当事人的再审申请发挥着基础性作用，原因不仅在于申请再审作为一种启动再审程序的独立机制正在发挥着日常性、常态性作用，而且在于法院依职权发动再审的比重在不断降低，在为数不多的法院职权型再审中，当事人的再审申请或申诉也不失为重要的推动因素；对检察监督而言，虽然检察院的法律监督具有独立性和职权性，它不以当事人是否提出监督申请为转移，但当事人的监督申请仍然是检察院启动法律监督程序的重要动力源，当事人在法律监督程序中的主体性作用也日益获得彰显，因此，在再审程序赖以启动的三种机制中，当事人的再审申请均发挥着重要的作用，这些作用汇集在一起，有理由得出结论认为，当事人的再审申请在再审程序中发挥着基础性作用。一方面，以法院和检察院为主体的公权力在再审程序中起着主导性作用；另一方面，以当事人再审申请为基本内容的再审诉权在再审程序中起着基础性作用，这两种看似矛盾的现象恰好反映了我国再审制度的特殊性和变迁性，为此，有必要在概念范畴上将二者并联起来予以表达和描述，因此，"并存论"得以出笼。按照"并存论"的观点，审判监督程序和再审程序这两个概念应当处在并存状态，而不是简单地以"等同论"一笔带过，无视其所存在的区别；也不是简单地以作为远景目标的"替代论"彻底否定审判监督程序的历史性作用和现实性作用。民事诉讼立法更为科学的做法应当是同时采用"审判监督程序"和"再审程序"两个名称，形成两种制度，使之共同发挥作用。

但笔者同时也认为,从我国再审制度的发展趋势来看,审判监督程序所占的比重和制度性分量将不断减轻,再审程序的比重和制度性分量会不断增强,因而在"并存论"和最终的"替代论"之间存在制度变迁式的"消长论"现象。"消长论"是"并存论"的必要补充,它认为,尽管审判监督程序和再审程序目前处在相持、对峙的并存状态,但作为发展趋势而言,审判监督程序将不断趋于弱化乃至最终趋于消亡,而再审程序则日益显示出其制度生命力,将发挥出越来越重要的作用。为表述方便起见,本书基本上采用再审程序一说,审判监督程序仅在涉及"比较论"和"改革论"时予以使用。

三、再审程序的功能

前面在说到再审程序的特点时,曾指出再审程序的功能是复合的,而非单一的;同时指出,不同的再审启动主体具有侧重点不同的再审功能。这里拟就再审程序的功能进行进一步阐述,也不再刻意强调因再审启动主体的不同所引起的功能差异。再审程序的功能主要有:

(一) 救济功能

救济功能是针对当事人而言的,当事人经过一审和二审,认为法院作出的生效裁判依然存在错讹和偏误,以至于损害其应受法律保护的合法权益,因而借诸再审程序希望能够挽回败局,寻求到正当的司法救济。再审之诉之所以在民事诉讼法中被普遍设置,其原因主要在于赋予当事人以非常救济权,从而起到救济权利的作用;离开了对当事人权利的司法救济,再审程序则变成了纯粹形而上的概念,失去了再审司法的根本和基石。在该意义上可以认为,救济功能是再审程序的直接功能。

(二) 纠错功能

纠错功能是针对生效裁判中的错误而言的,生效裁判是法律在个案中的具体化,如果存在错误,则意味着由法律所编织的秩序之网有某些纽结存在松弛或不牢靠的"病症",一个良好的法治国家对此是不能容忍的,因而有待于纠正。纠正的基本方法就是通过再审程序将生效裁判中的错误切割掉,填补上健康的内容,使之重获生机活力。可见,纠错功能是再审程序的枢纽性功能,其他所有功能皆有赖于此而生发出来。在该意义上,纠错应被视为再审程序的基础性功能或母体性功能。

(三) 修补功能

修补功能是针对原有诉讼程序中的瑕疵或缺漏而言的。程序正义对实体正义具有生成和催化价值,如果原有诉讼程序在合法性、公正性和正当性上存在缺陷,则不仅由其所导致的裁判结果可能存在错误,同时其本身的纯洁性也被玷污,因而有必要通过再审程序予以亡羊补牢式的修补。修补程序正义的基本方法有二:一是另启诉讼程序,使原有的诉讼程序被彻底覆盖;二是在基本维持原诉讼程序的基础上进行矫正,使原有诉讼程序中的漏洞得到填补。如果再审程序乃因程序严重违法的情形而产生,则采用另启覆盖型修补模式;如果再审程序乃因实体违法而形成,则采用漏洞填充型修补模式。再审程序的此一功能具有补强性。

(四) 监督功能

监督功能是针对原审法院而言的,包括原一审法院、原二审法院、原再审法院。原审法院作出了错误的裁判,必然有造成错误的根由,有时是因为程序严重违法,有时是因为认定事实或适用法律失之错误,有时是因为审判人员职业伦理出现毛病,有时是由于外在因素的非法干预,等等不一而足。再审程序对外的功能是纠错与补救程序漏洞,对内则为监督的功能,实践中通常说这是"刀刃向内",也说"刮骨疗伤"。通过再审程序对错误裁判和错误程序的矫正,有助于发现出现错案的真正原因之所在,从而有针对性地通过司法建议或检察建议向原审法院指出,并视其情节使之承担相应的司法责任。监督功能的主要目的不是惩罚,而是为了将来更好地行使审判权,防免错误裁判的形成,从而提高司法的权威,改善司法的形象。

（五）统一法律适用功能

这是针对司法裁判中的法律适用而言的。司法裁判有两个关键环节,一是事实认定,二是法律适用。事实认定发生了错误,再审程序予以纠正即可获得正确的结果,再审程序体现在事实认定上的功能就此发挥完毕;然而,对法律适用错误而言,其则具有举一反三的放射性功能。通过再审程序对法律适用错误的纠正,有助于产生适用法律的示范效应,使法院在将来适用类似或同类法律时避免发生同样或类似的错误,使法院解释法律、适用法律的能力和水平不断提升。这是再审程序的内在功能,通过该功能的发挥,法律具有了自我反思、自我修复、自我完善的推动力,由此展示出法律秩序的内卷化过程和稳态化特征。

（六）政策形成功能

政策形成功能是任何司法制度中都存在的一种外溢型功能,所区别的仅仅是其中的比例而已。我国再审程序特别重视政策形成功能,法院之所以始终刻意保留职权型再审启动权,检察院之所以被赋予监督型再审启动权,其原因主要在于法律的统一实施和政策形成功能的实现。也正因如此,我国的再审程序在类型上被归类在政策形成型之列（本书后有专论）。政策形成功能是指通过再审程序形成有利于法治发展的各种法律政策,包括通过再审提出立法建议的立法政策、通过再审提出改进司法的司法政策、通过再审提出敦促依法行政的执法政策、通过再审提出有助于社会治理的治理政策、通过再审提出全民守法的普法政策等。为此,我国司法制度中特别置重于司法机关的派生职能,比如提出司法建议、检察建议等,由此将通过再审所形成的各类政策性建议输送到相应的部门、机构、单位、团体等。通过政策形成功能的全面发挥,再审程序在封闭的司法管理和开放的社会管理之间嫁接起了一座桥梁,法秩序由此处在有序的良性循环之中。

综上可见,再审程序具有多元化的功能,它通过纠错这一基础性功能,保障当事人的权利,诊断和修复错误的程序纰漏,监督法院依法司法、公正司法、高效司法,并由此实现法律解释和法律适用上的统一性,同时发挥其形成政策的功能,司法的公正性、正当性、正确性、权威性、保障性和服务性通过再审程序得到了彰显。

四、再审程序与既判力

再审程序与既判力是既对立又统一的关系,说它们之间相互对立,是指再审程序是对既判力的直接否定,既判力的维持排斥再审程序的存在;说它们之间相互统一,是指通过再审程序获取正确的裁判,是为了更好地维护既判力,如果裁判存在错误而又硬性维护其既判力,则该既判力尽管有其外形,也无其实质,当事人会不断地提出再审申请或上访信访,挑战该既判力,甚至在执行时也会利用执行异议或执行异议之诉试图阻却既判力的有效性,法院在审理后诉时,也往往不会逆诉讼的正义要求而动,而会找出种种理由回避该既判力的实际作用,因此,既判力并不是生效裁判所形式地赋予的,而是生效裁判内在的正当性和正确性所实质地生成的,这是既判力的真正本质之所在,也是既判力的内在生命之所在。

再审程序与既判力的这种既对立又统一的辩证关系,反映到民事诉讼制度的设计和构建上，便集中体现为再审程序和既判力的平衡点理论。再审程序如果过分强劲，一旦生效裁判存在错误，哪怕这种错误十分微小也不放过，那再审程序必将无限扩大化适用，既判力的权威性乃不复存在，其结果，生效裁判和非生效裁判之间的距离归为或接近于零，生效裁判的稳定性、有效性以及由此所生成的权威性便不复存在，最终司法制度的功能和威信便荡然无存。因此，再审程序必须受到必要的控制，再审程序的启动必须谦抑。同时，以维护生效裁判的权威性为制度趣旨的既判力也不能走向极端、趋于绝对化，而必须为生效裁判中所包含的错误再纠正及其内容再调适留下制度空间，这样二者之间就产生了一个平衡或权衡的问题，这个平衡点很难找到但又必须找到。

再审程序与既判力之间的平衡点要放在三个层面上加以寻找。首先，在宏观层面，再审程序和既判力之间的平衡点之确定，要考虑几个关联性因素：一是审级制度。我国实行二审终审制而不是三审终审制，审级制度本身就显得较为局促，一审程序和二审程序为生效裁判既判力之赋予，承受着较为沉重的制度负担，这需要在再审程序中得到弥补。因而在我国，再审程序具有弥补我国审级制度不足的补充性功能，正常的诉讼程序不够充分，必然需要非常的诉讼程序加以补救，程序正当化的制度重心不能不有所后移，再审程序的负担较之三审终审制下的西方国家而言无疑更加沉重，既判力的缓和性受到更多的强调。二是上访信访制度。有许多案件，由于审级制度的有限性，司法程序供给相对不足，加之再审程序的启动并非易事，便溢出诉讼程序的边界，演变为涉法上访信访案件。上访信访案件的大量存在，不仅增加了政府及司法机关的工作负担，而且滋生了社会不安定因素，扰乱了正常的社会秩序，尤为甚者，广泛存在而且久拖不决的上访信访案件也严重冲击了司法秩序和司法权威，使人们对司法制度的信赖感大受影响，必须将溢出诉讼界限外的上访信访案件再度收回来，使之被纳入诉讼轨道加以化解，而这个诉讼轨道非再审程序莫属。因而再审程序在一定意义上也在分担着上访信访的重压和负荷，这使既判力的维持不能不受到制约。三是请示汇报制度和审判委员会制度的取消或限缩。请示汇报制度和审判委员会制度加宽了程序的纬度，在一定意义上有助于弥补审级制度的不足，然而司法改革后请示汇报制度被废止，审判委员会制度被限缩，程序的宽度被挤压后，就得增加程序的长度，再审程序作为正常诉讼程序的"长板凳"，自然要更加高频率地发挥作用。四是诉讼目的论的特殊性。我国民事诉讼法在诉讼目的论上具有特殊性，其不仅具有纠纷解决的基本目的，而且还有秩序维护和政策形成等特殊目的，再审程序除为了诉讼的基本目的而发挥作用外，还在维护法律秩序和政策形成等特殊目的上发挥作用。我国再审程序在启动主体上的多元论特征，就充分印证了这一点，法院以及检察院利用公权力发动再审程序，固然有救济私权的功能，但更多的则是偏重公益目的，这一点也使得我国再审程序在处理与既判力的关系问题时与其他国家有所不同，再审程序的大门开得更宽。

其次，在中观层面上，再审程序与既判力的平衡关系需要在立法上得到妥帖的体现。这主要表现在两个方面：一是作为再审程序启动"钥匙"的再审事由要得到适中的确定。在2007年修改《民事诉讼法》之前，我国的再审事由主要表述为"案件事实认定错误、法律适用错误"等概括性、模糊性事由，这些事由究竟含义如何有待于司法者的自由裁量。这样的立法模式容易致使再审程序的大门有时开得过宽、有时开得过窄，使法律的适用失去确定性，带来了再审程序与既判力的关系难以把握的缺陷，造成了司法实践中的"申诉难"困境。2007年修改《民事诉讼法》后，将笼统的再审事由具体化、列举化，这样就使再审程序与既判力的平衡点得以处在相对稳定的状态。二是程序性再审事由和实体性再审事由的恰当平衡。也是在2007年修改《民事诉讼法》之前，我国的再审事由基本上是实体性再审事由，程序性再审事由必须要足能够影响实体结果的正确性之时才能作为启动再审的法定情形,这样看上去再审事由仅覆盖实体领域的一半,实际上会因其非确定性而容易被无限放大或被无限缩小,从而使再审程序和既判力的关系失衡。在2007年修改《民事诉讼法》后,除实体性再审事由外大量增加了程序性再审事由,程序性再审事由的增设不仅有利于司法实践的实际操作,而且也使之能够在相当程度上抵消实体性再审事由的泛滥化倾向,并逐步使实体性再审事由与程序性再审事由实现内在联结,从而使再审事由的确定和适用更加具有稳定性,并由此使再审程序和既判力的平衡关系日趋合理化。

最后,从微观层面看,一个良好的再审机制有助于再审程序和既判力的合理平衡。这包括两个方面:一是再审程序的启动机制。目前我国实行的是再审程序的三元启动机制,法院、检察院和当事人可以基于不同的权力或权利基础启动再审程序,这样做的好处是有助于保障再审程序启动的充分性。但问题也存在于这里,再审程序大开三道门,不仅会使大量案件鱼贯而入,而且还不时会发生重复的再审案件,致使司法资源有浪费之虞,因而不如将三道门变为一道门,使所有的再审案件均向检察院提出,由检察院统一把关;检察院如果认为不必再审的,则做好息诉工作。这不失为平衡再审程序和既判力的一剂良方。本书对此有专论,此不赘述。二是再审程序的运行机制。基于再审诉权所产生的再审案件在程序上分为受理、审查和审判三个阶段,每一个在后的阶段较之其在先的阶段都更加严格,通过严密把关,再审案件的改判率和发回率会大大降低;与此同时,基于审判监督权和法律监督权所产生的再审案件则长驱直入,直接进入审判阶段,因而再审案件的改判率和发回率会相对稳定在一定水准之上。因此之故,平衡再审程序和既判力关系的砝码主要置于申请型再审程序一端,而不是控制于职权型再审程序一端。

由此可见,再审程序与既判力的关系需要立于不同层面,精准地把握民事诉讼法的全貌和精神,根据司法实践动态的需要,恰当地予以平衡,既要维护既判力的权威性,又要使生效裁判中的错误能够得到切实纠正,从而做到二者双赢共进。

第二节 当事人申请再审

一、当事人申请再审概论

(一) 当事人申请再审的概念

当事人申请再审,是指当事人认为已经发生法律效力的判决书、裁定、调解书具有法定的再审事由,向原审人民法院或上一级人民法院申请对案件进行再次审理的诉讼行为。当事人申请再审是由申诉发展而来,同时它还继续向再审之诉发展,因此,申请再审是申诉和再审之诉之间的过渡性概念,兼具二者的某种属性。当事人申请再审与申诉的差异前已述及,当事人申请再审与再审之诉的主要区别在于:前者用的概念是"申请",其与申诉类似,具有非诉讼性质,它指向法院依职权启动再审程序,是引起审判监督程序的途径之一;后者用的概念是"诉",它指向当事人享有的再审诉权,是引起再审程序的独立途径。在一定意义上说,我国的申请再审可以被称为"准再审之诉"。

(二) 当事人申请再审的意义

当事人申请再审的意义在于:当事人申请再审凸显了当事人在再审程序中的重要地位。长期以来,再审程序的启动被公权力主体所绝对地垄断,当事人的申诉仅仅是法院发现错案的线索之一,而不具有独立的意义,当事人申请再审则为当事人启动再审程序开辟了独立的路径,当事人此时可以三管齐下寻求对生效裁判的司法救济。一方面,他凭借申请再审权在符合法定条件时可以启动再审程序,另一方面,在申请再审未获有预期目标时,当事人还可以继续向法院提出申诉,同时还可以向检察院申请法律监督。因而,当事人申请再审极大地强化了当事人在再审程序中的话语权以及由此所体现出来的主体地位。同时,当事人申请再审也丰富了再审程序的启动方式和审理方式,使我国的再审程序呈现出多样化、复合性、公私结合式的特点,使我国再审制度在世界各国的再审制度中独树一帜,别具特色。

(三) 当事人申请再审的性质

至于当事人申请再审是何种法律性质,理论界对此形成了"上诉类似说"和"诉讼上形成之诉说"两种观点。"上诉类似说"认为,当事人申请再审与上诉类似,都是对法院裁判表示不满的方法,所区别的仅仅是二者针对的对象有所不同而已。当事人申请再审针对的是法院已经生效的裁判,上诉针对的是法院尚未生效的裁判。但该观点仅仅看到了当事人申请再审和上诉的主观共性,而忽视了当事人申请再审和上诉的客观个性。其客观个性之差异包括两个方面:一是其对象不同,二是其程序构成不同。从对象上而言,当事人申请再审含有两层指向:一是指向法院,其指摘法院办了错案;二是指向对方当事人,其要求对方当事人满足其诉辩请求。从程序构成看,当事人申请再审所形成的程序具有阶段性和复合性,它首先体现出的是具有非讼性质的申请程序属性,其次体现出的是诉讼程序属性,而不是如同上诉那样是一个单纯的诉讼程序。因而,"上诉类似说"并不正确。

相对而言,"诉讼上形成之诉说"更加能够准确和全面地刻画出当事人申请再审的全部内涵。"诉讼上形成之诉说"认为,当事人申请再审的目的是推翻法院的生效裁判,代之以新的法院裁判,因而具有形成之诉的特点,同时由于该形成之诉所要改变的法律关系并非实体法上的法律关系,而是由法院生效裁判所形成的诉讼法上的法律关系,尽管其最终的目的是改变实体法上的法律关系,但直接目的是改变因法院裁判所确定的法律关系,因而它属于诉讼上的形成之诉,而不是实体上的形成之诉。该说源于大陆法系国家对再审之诉的性质界定理论,从本质上揭示了当事人申请再审的内在属性,因而是相对正确的学说。但是该说全盘照搬再审之诉的本质学说,没有看到申请再审和再审之诉的差异之处。当事人申请再审和再审之诉在再审程序被启动后的本案之诉部分并无差异,而在再审程序启动之前的审查程序二者有性质上的不同。①

对再审之诉而言,它是先后两个诉的连接,审查阶段是形成之诉,目的在于证成原生效裁判存在错误,从而予以撤销;审理阶段是本案之诉,目的在于重启本案诉讼程序,并作出新的裁判以取而代之。然而对于申请再审而言,尽管其在本案之诉上与再审之诉呈现出一致性,但在形成之诉上有显著差异,法院对当事人再审申请所实施的是审查,而不是审理,该程序具有非诉讼性质,不是完全的诉讼程序,因而再审申请所引起的并非形成之诉中的庭审,而是审查程序中的听证。有鉴于此,用诉讼上形成之诉说来描述我国的申请再审,并不十分准确。

---

① 申请再审在性质上仍然只是向法院表明挑战生效判决、希望获得重新审查机会的一种意愿,能否获得这一机会,要由法院依法进行审查,当事人则需要提出法律规定的理由并承担证明和说服责任,为此法律对当事人提出的再审申请规定了详细的审查程序。江伟主编:《民事诉讼法学》(第3版),北京大学出版社2015年版,第302—303页。

二、当事人申请再审的条件

当事人申请再审是当事人所享有的重要的诉讼权利，凭借该项权利，当事人将能够叩开再审程序的大门，促使法院启动再审程序，纠正错误的裁判，寻求最终的司法救济。然而，再审程序并非起诉程序或上诉审程序，其启动必须具备法定的更加严格的条件；唯有这些条件完整具备，再审程序方能顺利启动。依据《民事诉讼法》第 206 条及其他相关条文的规定，当事人申请再审必须具备以下条件：

第一，从申请再审的主体上看。申请再审的主体必须适格，适格的再审申请主体包括三个方面：一是原生效裁判的当事人，包括原告、被告、有独立请求权的第三人、被判决承担责任的无独立请求权的第三人、共同诉讼人、公益诉讼人、诉讼代表人。二是当事人的承继人，包括自然人死亡后的继承人，或者继承发生前的遗嘱执行人或遗产管理人；法人终结后的权利义务承继者，或者清算期间的清算人，或者法人受破产宣告后的破产管理人；非法人组织终结后的权利义务承继者。但是，判决、调解书生效后，当事人将判决、调解书确认的债权转让，债权受让人不得对该判决、调解书申请再审；需要申请再审的，由原生效裁判的当事人或者前述其他相关利害关系人提出再审申请，[①] 生效裁判或调解书的权利义务受让人可以作为第三人参加再审程序。三是符合条件的案外人。案外人对原判决、裁定、调解书确定的执行标的物主张权利，且无法提起新的诉讼解决争议的，可以在判决、裁定、调解书发生法律效力后 2 年内，或者自知道或应当知道利益被损害之日起 3 个月内，向作出原判决、裁定、调解书的人民法院的上一级人民法院申请再审。[②]

第二，从申请再审的对象上看。能够申请再审的对象必须是依法被允许申请再审的判决书、裁定书以及调解书。不能申请再审的判决书主要是指根据特别程序和非讼程序作出的判决书，[③] 在能够提出上诉的不予受理裁定书、驳回起诉裁定书和管辖权异议裁定书三种裁定书中，前两种裁定书能够申请再审，后一种裁定书，也即管辖权异议裁定书不能申请再审。[④] 如果当事人认为管辖确有错误，可以在生效判决作出后，向法院申请再审。调解书都能够申请再审。其他的法律文书，包括支付令等，均不可申请再审。当事人对已经发生法律效力的解除婚姻关系的判决、调解书，不得申请再审。[⑤] 但当事人对已经发生法律效力的维持婚姻关系的判决、调解书，可以申请再审；对解除婚姻关系的判决、调解书中的财产分割内容以及子女抚养权的确定，可以申请再审。[⑥]

第三，从再审事由看。当事人申请再审必须根据法定的再审事由进行，《民事诉讼法》第 207 条、第 208 条对此有所规定。

第四，从管辖法院看。当事人申请再审，原则上应当向原审法院的上一级法院提出，在当事人一方人数众多或者当事人双方为公民的案件时，也可以向原审人民法院申请再审，当然也可以向上一级法院提出再审申请。

---

① 《民诉法解释》第 373 条。
② 《民事诉讼法》第 234 条。
③ 《民诉法解释》第 378 条。
④ 《民诉法解释》第 379 条。
⑤ 《民事诉讼法》第 209 条。
⑥ 《民诉法解释》第 380 条。

第五，从期限上看。当事人申请再审必须在法定的期限内提出，逾越法定期限提出的再审申请，法院不予受理。根据《民事诉讼法》第212条的规定，当事人申请再审，应当在判决、裁定发生法律效力后6个月内提出；有《民事诉讼法》第207条第1项、第3项、第12项、第13项规定情形的，自知道或者应当知道之日起6个月内提出，其内容分别为：（1）有新的证据，足以推翻原判决、裁定的；（2）原判决、裁定认定事实的主要证据是伪造的；（3）据以作出原判决、裁定的法律文书被撤销或者变更的；（4）审判人员审理该案件时有贪污受贿，徇私舞弊，枉法裁判行为的。

第六，从形式要求上看。当事人申请再审必须提出再审申请书，口头申请再审，法院不予受理，此外，当事人申请再审时尚需提交相关证据材料及其他材料。

三、当事人申请再审的事由

再审事由被人们形象地称为"打开再审之门的钥匙"，一个再审事由就是一把钥匙，根据《民事诉讼法》第207条之规定，针对裁定和判决有13条再审事由，根据《民事诉讼法》第208条之规定，针对调解有2条再审事由，两项相加，当事人通向再审之门一共有15把"钥匙"，以下分别述之。

（一）有新证据，足以推翻原判决、裁定的

"新证据"这个概念是《证据规定（2002）》中首先提出的，在此之前，虽然民事诉讼法也规定了"新的证据"，如1991年《民事诉讼法》第125条规定："当事人在法庭上可以提出新的证据。"但此"新的证据"与彼"新证据"远非同一个概念，而具有本质性差异。"新的证据"仅仅是时间上的概念，是当事人在庭审中而不是庭审前提出的证据的概称；"新证据"则不仅是时间上的概念，除了表示是当事人没有及时提供的证据这一层含义外，还有另外一层含义与之相伴随，此即，如果不属于新证据的范畴，则该证据就要受到排除。因此，"新证据"是证据排除法则，排除的是不属于新证据的证据；"新的证据"是证据采纳法则，表示当事人有权提出新的证据。"新证据"基于的诉讼原则是证据适时提出主义，"新的证据"基于的诉讼原则是证据随时提出主义，二者具有含义上正相反对的关系。然而，究竟何为"新证据"？如何给"新证据"划出一条适用上的界限？这需要不断地总结实践经验。2012年《民事诉讼法》对此并无规定，最高人民法院和最高人民检察院先后通过了多部司法解释，试图给出明晰的操作方案。比如，《证据规定（2002年）》第41—44条，[①]《审判监督解释》第10条，《民诉法解释》第385条、第386条，《关于适用〈关于适用民事诉讼证据的若干规定〉中有关举证时限规定的通知》第10条，《人民检察院民事诉讼监督规则（试行）》第78条，等等。结合这些司法解释，以下证据应当属于"新证据"：其一，原审庭审结束前已客观存在，但庭审结束后新发现的证据；其二，原审庭审结束前已经发现，但因客观原因无法取得或者在规定的期限内不能提供的证据；其三，原审庭审结束后原作出鉴定意见、勘验笔录者重新鉴定、勘验，推翻原意见的；其四，当事人在原审中提供的，原审未予质证、认证，但足以推翻原判决、裁定的主要证据；其五，在原审庭审结束后形成，无法据此另行提起诉讼的；其六，人民检察院为了进行法律监督行使调查核实权所取得的证据。[②] 再审申请人提供的新的

---

① 《证据规定（2020年）》淡化了"新证据"的规定，并无对何为新证据的判断标准的规定。
② 《民诉法解释》第386条。

证据，能够证明原判决、裁定认定基本事实或者裁判结果错误的，应当认定为《民事诉讼法》第 207 条第 1 项规定的情形。① 对于符合前述规定的证据，人民法院应当责令再审申请人说明其逾期提供该证据的理由；拒不说明理由或者理由不成立的，依照《民事诉讼法》第 68 条第 2 款和《民诉法解释》第 102 条的规定处理。

（二）原判决、裁定认定的基本事实缺乏证据证明的

这是从 2007 年修改《民事诉讼法》前的"原判决、裁定认定事实的主要证据不足的"这一再审事由演变而来的。② 这一再审事由被认为是实践中最为常见而又最难把握的再审事由。有人概略统计过，就我国的再审实践状况而言，半数以上的当事人申请再审均是引用的该事由。③ 该再审事由之所以最为常见，原因主要在于所有的裁判错误，除法律适用外，均可归结为认定事实错误，而法律适用错误的情形在概率上要远远少于事实认定错误。尤其是，法律适用错误比较好判断，而事实认定错误比较难以判断。事实认定错误之所以比较难以判断，其原因在于，事实认定没有明确的法条上的依据，只能委诸法官的自由裁量权，而自由裁量权又是最难把控、最难监督的，因而当事人只要怀疑司法裁判有错误，基本上都会在事实认定错误上寻找依据。然而，何为"基本事实"、是否"缺乏证据证明"，不经过诉讼程序都是无法做出判断的；④ 同时，没有证据并不意味着对基本事实认定的违法性，事实认定有可能是通过推定进行认定的。⑤ 客观上说，该再审事由具有不易把握性以及在解释论上容易扩大化适用的特点，在检察院据此进行监督的情况下，检法两家可能因此产生对立的意见，从而造成再审案件处理上的困境。但尽管如此，案件事实认定错误仍应成为重要的再审事由，原因在于，案件事实认定错误，一定会导致法律适用错误，法律适用错误，一定会导致裁判结果错误，因此，事实认定正确，是司法裁判正确之根，这个"根"必须要坚固且经得起实践的检验。而要保证事实认定正确，一定需要有充分有效的证据加以支持，否则所谓事实认定正确就是空中楼阁。当然，有的事实是推定而来，有的事实是自认而来，有的事实则是众所周知无须证据的认定等，不一而足，但这并不能否定案件事实认定错误能够成为恰当的再审事由。根据司法实践经验，有下列情形之一的，应当认定为《民事诉讼法》第 207 条第 2 项规定的"认定的基本事实缺乏证据证明"：其一，认定的基本事实没有证据支持，或者认定的基本事实所依据的证据虚假、缺乏证明力的；其二，认定的基本事实所依据的证据不合法的；其三，对基本事实的认定违反逻辑推理或者日常生活法则的；其四，认定的基本事实缺乏证据证明的其他情形。

（三）原判决、裁定认定事实的主要证据是伪造的

该再审事由中有两个关键词：一是主要证据，二是伪造。何为主要证据？主要证据是针对次要证据而言的，一般来说，主要证据有这样几个特点：一是主要证据往往是直接证据，间接证据往往不能单独地成为主要证据，而必须形成一个完整的证据锁链才能构成主要证据，因此，伪造的间接证据很难成为作为再审事由的主要证据。二是主要证据是能够证明案件基本事

---

① 《民诉法解释》第 385 条。
② 1991 年《民事诉讼法》第 179 条规定："当事人的申请符合下列情形之一的，人民法院应当再审：……（二）原判决、裁定认定事实的主要证据不足的……"
③ 参见冯浩：《民事再审事由研析》，中国法制出版社 2016 年版，第 204 页。
④ 参见陈桂明：《再审事由应当如何确定——兼评 2007 年民事诉讼法修改之得失》，载《法学家》2007 年第 6 期。
⑤ 参见张卫平：《再审事由规范的再调整》，载《中国法学》2011 年第 3 期。

实或要件事实的证据,而不是证明辅助事实、次要事实的证据;凭借该主要证据,法院就可以判决证据提供者胜诉。三是主要证据是法院认定案件事实不可或缺的证据,如果法院认定案件事实有许多的主要证据,而仅仅其中一个证据属于伪造的证据,则也不构成该项再审事由。比如,在返还借款的案件中,证明借款这个要件事实的证据不仅有欠条,而且有录音录像,如果欠条为真,而录音录像为假,则也不构成该再审事由,因为缺乏伪造的录音录像这个主要证据,凭借欠条这个主要证据也能证明案件事实。可见,伪造的主要证据一旦从案件事实认定的证据丛中抽取,则案件事实的认定就缺乏了支柱,该再审事由便得以构成。至于伪造的证据在表现形式上则可以是书证,也可以是物证、视听资料、电子数据、鉴定意见、勘验笔录、证人证言,但不能是当事人陈述,因为当事人陈述不能单独作为认定案件事实的证据,其作为认定案件事实的证据,必须与其他证据相结合才能成立。当然,所谓伪造的证据,在其表现形态上也多种多样,有的是完全的伪造证据,有的则是半真半假、真假混合的证据,因此,虽然伪造是指非法制造虚假的证据,区别于变造,但审判实践中对于主要证据是虚假、变造的,也应适用本事由。①

(四)原判决、裁定认定事实的主要证据未经质证的

《民事诉讼法》第 68 条规定:"证据应当在法庭上出示,并由当事人互相质证。"据此规定,任何证据要成为法院定案的根据,均必须在公开的法庭上接受当事人的质证,未经当事人质证的证据不得作为认定案件事实的根据。法院调查收集的证据以及检察院进行法律监督所调查收集的证据,要成为认定案件事实的根据,也必须经过质证。可见,质证是任何证据成为认定案件事实的根据的必经程序,没有经过该程序所采纳的证据,即为不具有合法性的证据。因此,该再审事由所强调的是证据的程序合法性,这是为确保诉讼程序正当进行以及裁判结果正确形成的所确定的重要规则,违反该规则采纳该证据,即属于重大程序违法的审判行为,同时其证据也属于有重大瑕疵的证据,采纳该证据足以影响案件事实的准确认定,因而没有经过质证的主要证据被司法者采纳为定案根据的,构成再审事由。② 然而,如果当事人对原判决、裁定认定事实的主要证据在原审中拒绝发表质证意见或者质证中未对证据发表质证意见的,则不属于《民事诉讼法》第 207 条第 4 项规定的未经质证的情形。③

(五)对审理案件需要的主要证据,当事人因客观原因不能自行收集,书面申请人民法院调查收集,人民法院未调查收集的

根据《民事诉讼法》第 67 条的规定,当事人及其诉讼代理人因客观原因不能自行收集的证据,或者人民法院认为审理案件需要的证据,人民法院应当调查收集。人民法院调查收集必要的证据,是我国民事诉讼法的一大特征,有别于西方国家纯粹的当事人主义的做法,体现的是职权主义的司法为民作风和原则,在当事人提供证据确有困难时,法院在当事人申请的前提下不得袖手旁观,置之不理,而必须肩负起调查取证的责任。我国民事诉讼法为此设立多个条款对法院履行此一职责提供保障。如《民事诉讼法》第 70 条规定:"人民法院有权向有关单位和个人调查取证,有关单位和个人不得拒绝。人民法院对有关单位和个人提出的证明文书,

---

① 参见孙祥壮:《民事再审程序:从立法意图到司法实践》,法律出版社 2016 年版,第 124—125 页。
② 有学者建议将这一事由取消,认为其作为上诉变更的理由可以,作为再审事由则没有必要。张卫平:《再审事由规范的再调整》,载《中国法学》2011 年第 3 期。
③ 《民诉法解释》第 387 条。

应当辨别真伪,审查确定其效力。"第 84 条规定:"在证据可能灭失或者以后难以取得的情况下,当事人可以在诉讼过程中向人民法院申请保全证据,人民法院也可以主动采取保全措施。"第 132 条规定:"审判人员必须认真审核诉讼材料,调查收集必要的证据。"这些条款充分说明,法院的调查取证是其不可推卸的法律责任。如果法院该调查取证而无故拒绝调查取证,则构成严重的程序违法,从而构成再审事由,当事人可以据此提出再审申请,人民检察院对此也可以行使法律监督权。① 值得注意的是,该再审事由是由三个重要元素构成的:一是该需要调查的证据必须是用以支持案件基本事实的主要证据,而不是用以支持次要事实的主要证据或用以证明案件基本事实的次要证据;二是当事人自行收集该证据具有不可克服的制度上和行动上的障碍;三是当事人提出的申请必须是书面形式的申请,而不是口头形式的申请。之所以如此要求,是为了显示该诉讼行为的慎重性,同时也表示法院履行该职责的必要性。当然,随着我国诉讼模式改革不断由职权主义向当事人主义的转向和发展,法院依职权调查取证的范围也在不断缩小,尤其是,当事人不得将其依法所负有的证明责任推卸给法院承担,同时,法院也不得借调查取证而使全面包揽诉讼的超职权主义的陈旧做法复活。

(六) 原判决、裁定适用法律确有错误的

适用法律是法院依法作出裁判的"临门一脚",也是关键一环,即便事实认定正确了,但适用法律却错误了,最终的裁判结果依然会陷入错误,因而适用法律错误与事实认定错误一样,是严重的实体违法行为,与严重的程序违法行为相对。② 正确地适用法律是法官的天职,无论当事人是否提出正确的法律观点和主张,也无论当事人是否就法律的适用问题进行了有效的法庭辩论,或在庭审后是否按照法官的要求补充提交了法律适用的观点和意见,只要最终的结果显示法律适用错误,则均为法官的独家责任,无可推卸。当然,法律适用错误是指关键的法律适用错误,而不是与案件裁判的最终结果只有或然联系或次要联系的非重要性法律适用错误。检验法律适用错误是否能够成为再审事由的标准是,该法律适用是否直接导致了裁判结果的错误,换言之,如果不适用该法律而适用某种特定法律,是否就可以避免裁判结果错误的发生。对于法律适用错误究竟有哪些具体的表现形态,"两高"均有司法解释试图列举出全部的法律适用错误情形,以《人民检察院民事诉讼监督规则》(以下简称《监督规则》)为例,法律适用错误具体有以下表现:其一,适用的法律与案件性质明显不符的;其二,确定民事责任明显违背当事人有效约定或者法律规定的;其三,适用的法律已经失效或者尚未施行的;其四,违反法律溯及力规定的;其五,违反法律适用规则的;其六,适用法律明显违背立法本意的;其七,适用法律错误的其他情形。③ 除此以外,没有引用法律条款,或者仅仅笼统地引用某一法律而没有指明某一法律条款,以及法官明显滥用法律解释权和自由裁量权,均属于法律适用错误的范畴。

值得注意的是,适用法律错误中的"法律"究竟何指?根据《立法法》第 93 条的规定,这

---

① 有反对意见认为,我国现行民事诉讼法及相关司法解释已对法院未依当事人申请调查收集证据给予了充分的救济,且以此为再审事由在某种程度上具有强化法院依职权调查取证的意味。冯浩:《民事再审事由研析》,中国法制出版社 2016 年版,第 211 页。

② 有学者认为,在我国上诉审既审查事实认定问题,也审查法律适用问题,但除此之外并无审查法律适用正确与否的专门程序,这一事由仍有保留的必要。冯浩:《民事再审事由研析》,中国法制出版社 2016 年版,第 218 页。

③ 《监督规则》第 78 条;《民诉法解释》第 388 条也有类似规定。

里的"法律"应在广义上包括法律、行政法规、地方性法规、自治条例和单行条例、规章。[①]

（七）审判组织的组成不合法或者依法应当回避的审判人员没有回避的

一个合法且具有中立性和公正性的审判组织是确保司法公正、作出正确裁判、完成诉讼使命的基本保障，如果审判组织的组成不合法，或者该回避的人员没有回避，则意味着审判程序严重违法，当事人以及社会公众将因此对司法裁判的公正性及其结果的正确性产生合理的怀疑。正因如此，民事诉讼法将其列为再审事由，当事人据此可以申请再审。该项规定中包含着两个具体的再审事由，一为审判组织的组成不合法，二为依法应当回避的审判人员没有回避，只要具备其中之一，当事人就可以申请再审。

首先的一个问题是，审判组织的组成不合法包括哪些情形。《民诉法解释》对此没有作出规定，《监督规则》对此有规定，根据其第79条的规定，审判组织的组成不合法具有以下情形：其一，应当组成合议庭审理的案件独任审判的；其二，人民陪审员参与第二审案件审理的；其三，再审、发回重审的案件没有另行组成合议庭的；其四，审理案件的人员不具有审判资格的；其五，审判组织或者人员不合法的其他情形。

至于该回避而未回避的情形，根据《民事诉讼法》第47—50条的规定，其情形包括：其一，审判人员应当自行回避，而隐瞒情况未回避的（自行回避）；其二，当事人申请回避确有理由而被无故驳回的（申请回避）；其三，审判人员有应当回避的情形，没有自行回避，当事人也没有申请其回避的，院长或者审判委员会也没有决定其回避的（责令回避）。[②] 值得注意的有两点：一是这里所称的"审判人员"是在广义上使用的，不仅包括参与审判的法官、人民陪审员，而且还包括书记员、翻译人员、鉴定人、勘验人。二是该回避的再审事由不仅包括结果性事由，也包括程序性事由。也就是说，该回避而不回避作为一种结果固然构成再审事由，同时，在回避过程中出现了严重程序违法，也属于该再审事由。比如，人民法院对当事人提出的回避申请，应当在申请提出的3日内，以口头或者书面形式作出决定，然而人民法院并没有作出任何决定，或者作出决定的主体有误；再如，申请人对决定不服的，可以在接到决定时申请复议一次，而法院剥夺了当事人申请复议的权利；或者，人民法院对复议申请，原本应当在3日内作出复议决定，并通知复议申请人，但法院却严重逾期才作出复议决定，或者复议决定的制作者就是回避申请的决定者，从而出现"院长复议院长"的现象等，也均可不问该回避对象是否确实需要回避，单是该回避程序中出现的严重违法现象，就足以构成再审事由。

（八）无诉讼行为能力人未经法定代理人代为诉讼或者应当参加诉讼的当事人，因不能归责于本人或者其诉讼代理人的事由，未参加诉讼的

该再审事由也分为两条：一是无诉讼行为能力人未经法定代理人代为诉讼；二是应当参加诉讼的当事人，因不能归责于本人或者其诉讼代理人的事由，未参加诉讼。第一条理由是显而易见的程序严重违法，因为无诉讼行为能力人，必须由其法定代理人代位诉讼，否则其诉讼行为是无效的，根据无效诉讼行为所作出的司法裁判也是无效的，这种无效性只有通过再审程序加以确定，而不是另启一个确认裁判无效之诉，因而其构成再审事由是毋庸置疑的。第二条理由是当事人因为其主观上并无责任的事由而被剥夺了参与诉讼的机会和权利。比如，法院不该

[①] 违反司法解释如果不违反法律，则不属于法律适用错误的范畴；反之，如果违反司法解释的同时也违反了法律，则违反司法解释可以作为再审事由。

[②] 《民诉法解释》第46条。

进行公告送达而实施了公告送达,从而使应该参与诉讼的当事人无法获知诉讼开始和诉讼进行的信息和事实,以至于最终裁判作出并生效,甚至进入执行阶段后,方才获知其被人诉讼并且败诉的事实。这种诉讼结果的产生对未参与诉讼的当事人而言,完全是违法被强加于其身的,因而也是无效的司法裁判,应当通过再审程序予以撤销。

(九) 违反法律规定,剥夺当事人辩论权利的

辩论权是当事人所享有的重要的诉讼权利,剥夺当事人的辩论权,便构成了程序严重违法,当事人可以据此申请再审。① 依照《民诉法解释》第389条之规定,原审开庭过程中有下列情形之一的,应当认定为《民事诉讼法》第207条第9项规定的剥夺当事人辩论权利:其一,不允许当事人发表辩论意见的;其二,应当开庭审理而未开庭审理的;其三,违反法律规定送达起诉状副本或者上诉状副本,致使当事人无法行使辩论权利的;其四,违法剥夺当事人辩论权利的其他情形。需要说明的是,剥夺当事人的辩论权利,并不一定意味着当事人的辩论权利被全盘剥夺,也包括当事人的辩论权利被部分剥夺的情形。比如,法庭给予当事人双方进行辩论的机会和时间不平等,严重限制原告方或被告方当事人或者诉讼代理人进行法庭辩论的机会和时间,或者在法庭结束开庭后,只允许当事人一方提供补充性辩论意见,而剥夺另一方当事人提供补充性辩论意见的权利等,均构成本项再审事由。

(十) 未经传票传唤,缺席判决的

接受传票传唤,出席法庭参加庭审活动,是当事人依法所享有的重要诉讼权利,是当事人程序参与权的重要表现。只有在当事人接受传票传唤后,仍无正当理由而拒不到庭,法院方可进行缺席判决。当然,缺席判决仍然要以事实为根据、以法律为准绳而作出,不得因为当事人缺席审判而据此作出对其不利的司法裁判。因此,缺席审判的当事人仍有可能获得胜诉判决,如果其获得了胜诉判决,那么他就失去了申请再审的诉讼利益,因而不构成该项再审事由;只有因未经传票传唤而获得不利的缺席裁判后,当事人才有申请再审的诉讼利益,本项再审事由方得以构成。需要说明的是,该项再审事由所针对的也是当事人辩论权被无故剥夺,与剥夺辩论权的再审事由存在竞合关系,或者说,未经传票传唤,缺席判决的再审事由,就是剥夺辩论权的再审事由的一种具体化表现形态,前者被包含在后者之中。不仅如此,未经传票传唤,缺席判决的再审事由,与第八项再审事由,也即应当参加诉讼的当事人,因不能归责于本人或者其诉讼代理人的事由,未参加诉讼的再审事由也存在竞合关系,前者是在当事人参与诉讼后被剥夺庭审参与权从而被缺席判决,后者是当事人从一开始就被剥夺了参与诉讼的权利,前者被覆盖在后者之中,均属于当事人的诉讼参与权遭受违法剥夺的情形。上述两个方面结合起来看,第八、九、十项再审事由,本质上属于同一类再审事由,可以概括为"违反法律规定,剥夺当事人诉讼参与权和辩论权"这一统一的再审事由。可见,我国民事诉讼法在再审事由的立法技术上还有改进空间。

(十一) 原判决、裁定遗漏或者超出诉讼请求的

当事人提出的诉讼请求,包括反诉请求,对法院的司法审判具有两方面的作用:一方面,

---

① 有一种观点认为,由于法院行使诉讼指挥权,限制甚至剥夺当事人辩论权的行为很多是正当且合理的,"剥夺"的表述具有高度模糊性,应将其取消。冯浩:《民事再审事由研析》,中国法制出版社2016年版,第210页。笔者认为,凡谈到"剥夺"或"限制",均不言而喻包含了"不该剥夺而剥夺"或"不该限制而限制"之意,必然属于违法审判行为,这与法官行使正当的诉讼指挥权,公平地对待双方当事人的辩论权利不可同日而语。

诉讼请求，包括反诉请求，对法院的司法裁判划出了最大限度的范围，起到了限定性作用，法院的司法审判必须限定在该范围内行使，逾越该范围行使审判权便违反了"无诉则无裁判"的基本法则，也违反了当事人的处分原则，因而是错误的司法行为；另一方面，诉讼请求，包括反诉请求，对法院行使司法审判权起到了指令性作用，司法审判在依法接受、受理该诉讼请求后，便负有对该诉讼请求作出是否能够在法律上成立的裁判职责，对诉讼请求该裁判不裁判的，被称为"漏判"，与前者被称为"超判"相对而言，属于懈怠司法职责的行为，违反了"有诉必理"的司法准则，因而也是错误的司法行为。无论是超出诉讼请求的"超判"抑或使诉讼请求漏网的"漏判"，均属于法院的重大程序违法行为，故而均构成再审事由。① 当然，在漏判的情形下，如果当事人能够接受，原审裁判也可以采用"补充判决"的形式予以弥补。② 但如果当事人并不同意这种补救方法，而刻意申请再审，这也是其诉讼权利，无法否定。③ 需加注意的是，《民事诉讼法》第207条第11项规定的诉讼请求，包括一审诉讼请求、二审上诉请求，但根据再审的补充性原则，当事人未对一审判决、裁定遗漏或者超出诉讼请求提起上诉的除外。④

（十二）据以作出原判决、裁定的法律文书被撤销或者变更的

法院原裁判所奠基的法律文书被撤销后，原裁判就缺乏了可靠的基础和可依赖的支柱，便无法成立，需要修改甚至全盘推翻，这需要通过启动再审程序对原裁判予以撤销或变更。《民事诉讼法》第207条第12项规定的法律文书包括：其一，发生法律效力的判决书、裁定书、调解书；其二，发生法律效力的仲裁裁决书；其三，具有强制执行效力的公证债权文书。⑤ 但上述列举并未穷尽实务中的情形，符合条件的行政裁决文书亦可参照本条适用。⑥

（十三）审判人员审理该案件时有贪污受贿，徇私舞弊，枉法裁判行为的

审判人员审理案件必须保持纯洁和干净，如有贪污受贿、徇私舞弊、枉法裁判行为，则司法裁判必将失去公正性和正当性，该司法裁判的有效性和权威性就不得继续维持，而应当通过再审推翻之。根据《民诉法解释》第392条之规定，《民事诉讼法》第207条第13项规定的

---

① 裁判文书遗漏了诉讼请求的，当事人固然可以另诉以补其穷，但这给当事人无端增加了诉讼负担，同时对法院的漏判行为也未能在法律上有一个评价，客观上掩盖了法院错误的司法行为，因而"另诉观"似不足取。

② 补充判决，是指遗漏诉讼请求的法院对应裁判事项另行作出判决予以补正的救济制度。赵泽君：《民事裁判遗漏的补充判决制度——兼评我国刑事诉讼法第179条第12项之规定》，载《政法论坛》2008年第5期。

③ 有观点认为，在我国诉讼标的理论尚未达成共识并为实务界普遍熟知的情况下，特别是在强调司法为民、注重社会效果的背景下，立法尚未正面规定诉讼请求构成对审判对象的限定，却将超出诉讼请求作为质疑生效判决、通过再审的特别救济途径挑战裁判权限，违背了权利行使与权利救济、权力配置与权力问责的法律逻辑。江伟主编：《民事诉讼法学》（第3版），北京大学出版社2015年版，第308页。笔者认为，按照《民事诉讼法》第122条关于起诉条件和第123条关于起诉状要求的规定，诉讼请求在起诉状中就要载明，并且该诉讼请求必须具体化，立法之所以这样要求，其包含的意义自然有限定审判权范围的功能，不能得出立法对诉讼请求制约审判权范围缺乏规定的结论，而且《民事诉讼法》第13条规定的处分原则，也可作为此种解释的依据。不仅如此，即便在再审事由中对不得超判加以规定，也可反向解释为诉讼请求对裁判范围具有限定作用，因而该项规定并无违背逻辑之处。

④ 《民诉法解释》第390条。

⑤ 《民诉法解释》第391条。

⑥ 参见王朝辉：《〈民事诉讼法〉司法解释审判监督程序若干问题解读》，载《法律适用》2015年第10期。

审判人员审理该案件时有贪污受贿、徇私舞弊、枉法裁判行为,是指已经由生效刑事法律文书或者纪律处分决定所确认的行为。①

（十四）调解违反自愿原则

《民事诉讼法》第 208 条规定:"当事人对已经发生法律效力的调解书,提出证据证明调解违反自愿原则或者调解协议的内容违反法律的,可以申请再审。经人民法院审查属实的,应当再审。"可见,调解违反自愿原则是当事人申请再审的法定事由之一。自愿是调解的生命线,如果调解达成的协议违反了当事人的自愿原则,则应当成为再审事由,当事人可以申请法院将该调解协议推翻并从而否定据此作出的调解书的法律效力。对调解违反自愿原则应当由提出再审申请的当事人负担举证责任,比如法院或对方当事人或任何案外第三人实施了威胁、恐吓等手段迫使当事人接受调解协议。当然,该举证责任的履行标准与实体事实的证明标准应有所不同,作为再审事由的证明标准仅要求低度的盖然性优势即可,而不必达到高度盖然性的程度。

（十五）调解协议的内容违反法律

这里的"法律"应当包括全国人大及其常委会颁布的法律以及国务院颁布的行政法规,"违反法律"应解释为调解协议的内容违反了法律的强制性禁止性规定。调解协议不得违反法律的禁止性规定,比如非法债务不受法律保护,通过调解将非法债务变成合法债务则违反了法律的禁止性规定;再如,根据《民法典》第 705 条的规定,租赁期限不得超过 20 年。超过 20 年的,超过部分无效。租赁期限届满,当事人可以续订租赁合同;但是,约定的租赁期限自续订之日起不得超过 20 年。这也是禁止性规定,违反该规定的调解协议也是无效的。这里之所以特别强调法律的禁止性规定,因为如果属于法律的任意性规定,则在调解时允许有所突破。比如当事人约定的利息高于法定的最高标准,在判决时不得认可,但在调解时则只要双方自愿,就无必然否定其有效性之理。值得注意的是,调解违反法律规定不仅包括违反实体法的规定,而且包括违反程序法的规定。比如,主持调解的法官该回避而未回避,或者主持调解的合议庭组成人员不合法,或者在调解时该查明事实而不查明事实就进行"和稀泥式"的调解,或者主持调解的法官或合议庭以判压调、误导当事人接受调解协议,等等,均属于程序严重违法的调解行为,这些违反行为的存在,不仅影响到调解协议的自愿合法形成,而且还损害了调解程序的公正性和正当性,故而应当允许当事人提出再审申请对之予以否定。

需要探讨的是,调解违反"查明事实、分清是非"的原则,是否可以成为当事人申请再审的法定事由。这个问题应当一分为二予以对待:如果调解达成的协议完全违背了案件事实的真相,则该调解协议应被解释为违反法律的规定而允许申请再审;但如果调解协议并没有完全

---

① 有学者主张取消该事由,理由包括:其一,该条在实践中绝少引用;其二,该条应用必须有涉及该审判人员的刑事判决,而当事人申请再审只有 2 年时间,等到判决作出时可能时效已经超过;其三,审判人员存在上述行为,关键是看申请人的实体权利是否因此受到影响,申请人如认为原审不公,自会引用前述条款申请再审。李汉、马玉根:《民事再审案件立案标准探究》,载中国民商法律网,http://old.civillaw.com.cn/article/default.asp?id=10506。笔者认为,前两条理由并不充分,不能因为适用少或者可能无法适用就主张该事由废除,第三条理由更成问题,依照该理之逻辑,任何程序性瑕疵都不应该作为再审事由,因违反程序性规定都无法直接损害申请人实体权利,也都可引用其他条款申请再审。例如"未经传票传唤,缺席判决",也不意味着申请人的实体权利受到了损害,依此逻辑也不应该作为再审事由。这一理由的问题在于忽视了民事诉讼的程序价值,也忽视了程序正义对实体正义的影响作用。

违背案件事实的真相,只是在某些案件事实的细节方面有所出入,则应当认为该缺陷被自愿原则所吸收,不宜成为再审申请的事由。①

以上是再审事由的列举性阐述。在再审事由方面,有两个关联性问题值得探讨。

一是再审事由与再审程序的诉讼标的之关系。根据《民事诉讼法》第 207 条、第 208 条的规定,判决有 13 项再审事由,调解有 2 项再审事由,共 15 项再审事由,而再审程序在性质上属于诉讼法上的形成之诉,那么问题随之产生了:是不是一个再审事由构成一个再审之诉的诉讼标的呢?笔者认为,不宜将每一个再审事由作为一个诉讼标的对待,而应当采纳新诉讼标的理论,将当事人提出再审申请时存在的所有再审事由,捆绑在一起,构成一个再审之诉的诉讼标的,当事人在申请再审时,可以而且应当将所有的既存的再审事由一并主张,若仅主张其一或其中部分,再审法院应当行使释明权使之主张,如果当事人仍不主张,则在其遭受再审败诉或不利裁判后产生失权效,此后再也不得据此提出再审申请。但如果再审事由是在再审程序结束后发生的,则当事人仍可据此提出再审申请。属于这类情形的,应当有四种事由,即《民事诉讼法》第 212 条在规定再审申请期限时所确定的"自知道或者应当知道之日起六个月内提出"的四种再审事由,分别是第 207 条第 1 项再审事由:"有新的证据,足以推翻原判决、裁定的";第 207 条第 3 项再审事由:"原判决、裁定认定事实的主要证据是伪造的";第 207 条第 12 项再审事由:"据以作出原判决、裁定的法律文书被撤销或者变更的";第 207 条第 13 项再审事由:"审判人员审理该案件时有贪污受贿,徇私舞弊,枉法裁判行为的"。除这四项再审事由有可能出现在再审程序结束后外,其他的再审事由在当事人提出再审申请时均已客观存在,它们结合在一起,构成了再审之诉诉讼标的之各种具体攻防方法,而不作为一个个再审之诉的诉讼标的对待。这样处理,既考虑到了再审事由的特殊性,又兼顾了再审程序的公正性和效率性,无疑是一种比较稳妥的理论范式。

二是再审事由的重大性标准。再审事由可以分为相对明确和相对模糊两种类型,相对明确的再审事由,比如《民事诉讼法》第 207 条第 7、8、10、11、12、13 项。这六项再审事由比较容易判断,只要发生,即可确定其存在,自由解释的余地较小,因而通常也不会发生争议。但还有一些再审事由相对模糊,概括性较强,判断起来弹性较大,因而易生争议,上述相对明确的六项再审事由以外的再审事由,均属于相对模糊的再审事由,具体包括《民事诉讼法》第 207 条第 1、2、3、4、5、6、9 项以及第 208 条所规定的两项调解的再审事由,即调解违反自愿原则和调解协议的内容违反法律规定。这九项再审事由均比较概括,判断起来比较困难。这些事由中充满了"足以推翻""基本事实""主要证据""客观原因""确有错误"等字样,而这些字样都属于需要继续结合案情加以解释的概念,存在诸多不确定因素,易生歧义。相对而言,相对明确的再审事由较容易获得法院的支持,相对模糊的再审事由则需要通过举证证明以及说服辩论等方式方能获得法院的认可,其难度较之前者为大,因而就需要辅之以"重大性"标准。比如,剥夺当事人的辩论权这一再审事由,就需要达到严重性的程度,而不是仅仅只有诉讼指挥权行使上的瑕疵。

---

① 有一种观点认为,在法庭辩论结束前,不适用"事实清楚,分清是非"调解标准,因此主要考虑合法性因素,包括程序合法(如应当回避的人员没有回避等)和实体合法(如侵害国家利益、社会公共利益等)两个方面。在法庭辩论结束后,除考虑合法性因素外,还应考虑"事实清楚,分清是非"的要求。张一博、陈忠:《论法院调解书再审之完善》,载《湖南工业大学学报》2011 年第 6 期。笔者认为,调解的标准应当贯彻始终,而不宜划分诉讼阶段设置不同的标准,否则不仅理论依据不足,而且也会造成司法实践的混乱。

四、当事人申请再审的程序

当事人申请再审必须按照法定程序分步骤有计划地进行。其程序性步骤主要有三个环节：

（一）当事人提出再审申请

《民事诉讼法》第210条规定："当事人申请再审的，应当提交再审申请书等材料。"据此规定，当事人提出再审申请必须采用书面形式，而不得口头进行，其原因类似于提出上诉必须提交上诉状。① 与此同时，当事人申请再审还需提交相关的裁判文书及其证据材料。当事人申请再审是较为重要的诉讼行为，其涉及重大的司法资源耗费，也关系到诉讼程序的稳定性，因而当事人必须审慎行使其再审诉权，口头起诉的便民原则在价值衡量中退居次位。当事人提出的再审申请书应当载明下列事项：其一，申请再审人与对方当事人的姓名、住所及有效联系方式等基本情况，法人或其他组织的名称、住所和法定代表人或主要负责人的姓名、职务及有效联系方式等基本情况；其二，原审人民法院的名称，原判决、裁定、调解文书案号；其三，申请再审的法定情形及具体事实、理由；其四，具体的再审请求。② 与此同时，当事人申请再审，应当向人民法院提交已经发生法律效力的判决书、裁定书、调解书，身份证明及相关证据材料。③ 申请再审人提交的再审申请书或者其他材料不符合有关规定的，或者有人身攻击等内容，可能引起矛盾激化的，人民法院应当要求申请再审人补充或改正。如果当事人囿于诉讼能力，无法自己独立撰写再审申请书，则可寻求司法援助，或者向法院书记官陈述再审申请之意愿，由书记官协助完成再审申请书的撰写。与口头起诉立即引起一审程序不同的是，当事人申请再审，只有在申请书撰写完毕并向法院提交后，再审申请程序方得以启动。

（二）对再审申请的受理

人民法院在收到当事人的再审申请书后，应当首先依法进行受理，而不得以任何借口和理由拒绝受理。立案登记制不仅适用于一审程序的启动，对于二审和再审均一体适用。如果人民法院认为当事人的再审申请书存在诸如缺乏当事人的签字或盖章，或者书写模糊无法辨别其含义等瑕疵，则可要求当事人进行补正，当事人拒不补正或补正后仍不符合要求的，则裁定驳回再审申请，对该裁定，当事人不得上诉也不得申请复议。人民法院应当自收到符合条件的再审申请书等材料后5日内完成向申请再审人发送受理通知书等受理登记手续，并向对方当事人发送受理通知书及再审申请书副本。④ 人民法院认为仅审查再审申请书等材料难以作出裁定的，应当调阅原审卷宗予以审查。⑤

（三）对再审申请的审查

1. 关于审查的方式

人民法院受理再审申请后，应当组成合议庭予以审查。人民法院对再审申请的审查可以采取三种方式：一是书面审查的方式，二是口头审查的方式，三是询问当事人进行审查的方式。长期在司法实践中，对再审申请的审查基本上都采用书面审查方式，法院仅仅审阅当事人提交

---

① 2020年《审判监督解释》第3条。
② 2020年《审判监督解释》第3条。
③ 2020年《审判监督解释》第4条。
④ 2020年《审判监督解释》第6条。
⑤ 2020年《审判监督解释》第12条。

的再审申请书以及原裁判文书和相关的卷宗材料,而不进行开庭审查,一般也不询问当事人。① 这种审查方式效率比较高,适合于申请再审数量较多的情形,但这种审查方式属于滞后的审查方式,其违反民事诉讼程序的若干基本原理或原则。比如,它不公开进行,违反了公开审判的原则;它拒绝让当事人参与审查过程,违反了当事人辩论原则并侵害了当事人的诉讼参与权、诉讼知情权、诉讼监督权等基本程序权。因而这种审查方式在性质上属于行政化的审查方式,而不是司法性或诉讼性的审查方式,是司法行政化的弊端在再审程序中的反映和残留,违反了基本的诉讼规律,不符合民事诉讼法发展的趋势和要求,因而应当予以革除和摒弃。第二种审查方式即口头方式应当成为再审审查的主要方式,只有在案情比较简单时,才可以辅之以第三种审查方式即询问当事人加上书面审查的方式,询问当事人应当成为再审审查的必经程序。

需要肯定的是,我国民事诉讼法在再审申请审查方式上先后有一个跨越式的发展和变化。在1991年《民事诉讼法》中,法院对再审申请的审查完全采取的是职权主义的、行政化的、书面审查方式,而将当事人的参与排除在再审审查程序之外。此情形到2007年修改《民事诉讼法》时有了极大的改观,其新增的第180条即摒弃了再审审查的书面方式,而改采对审原则及询问当事人的方式,因而具有极大的进步性。现行《民事诉讼法》第210条承袭该一规定,继续朝完善再审审查程序的方向发展。该条规定:"当事人申请再审的,应当提交再审申请书等材料。人民法院应当自收到再审申请书之日起五日内将再审申请书副本发送对方当事人。对方当事人应当自收到再审申请书副本之日起十五日内提交书面意见;不提交书面意见的,不影响人民法院审查。人民法院可以要求申请人和对方当事人补充有关材料,询问有关事项。"据此规定,法院在收到再审申请书后,不是立即启动审查程序,而是将再审申请书副本发送给相对方当事人,将相对方当事人引入再审审查程序之中,从而与申请再审的当事人形成对抗性的诉讼法律关系,使人民法院能够在兼听当事人双方的陈词后,作出更加公允和客观的判定。然而,不无遗憾的是,该条规定虽然引进了对抗机制,将对方当事人的意见引入再审审查之中,有助于克服偏听偏信的偏颇性,但其审查方式仍局限于书面形式,而未能将口头形式的听证机制乃至审判机制引入其中,对再审申请的审查程序进行根本性的诉讼化改造之任务仍未完成,这显然是其不彻底性的表现,将来修法时有待于改善。

2. 再审申请审查的范围

再审申请作为再审程序的启动方式之一,其功能之一就是划定再审审查的范围,该范围是由当事人根据处分原则决定的,对法院的再审审查具有拘束力,其原理一如诉讼请求之于一审审判范围的确定以及上诉请求之于二审审判范围的确定。人民法院对再审申请的审查,应当围绕再审事由是否成立进行。该范围在确定后,可因两个因素而发生变动:一是提出再审申请的当事人对再审申请的请求进行变更,该变更获得了人民法院的准许。二是对方当事人以及原审其他当事人继而提出了再审申请。该再审申请所确定的范围与申请再审人所确定的再审范围构成了再审审查的全部范围。当然,再审毕竟与二审尤其是一审有所不同,其除私权救济的功能外,还有统一法律适用以及司法政策形成之功能,还有国家利益、公共利益和公序良俗捍卫之职能,因而在必要时,通过正当程序,再审法院的再审范围可以适度扩张。

---

① 有学者对当事人申请再审的程序提出了批评意见,一是再审申请的审查受理违背了程序公开的一般要求,不公开、不透明;二是民事诉讼法没有规定审查受理的法律程序,再审申请人缺乏有效的程序保障。康万福:《民事再审制度理念与机制研究》,中国政法大学出版社2016年版,第117—118页。

3. 再审申请的加入

再审申请权为原终审裁判全体当事人所共享,其他当事人的再审申请权不因有人捷足先登而受阻,在有人提出再审申请后,只要在再审申请权行使的有效期限内(终局裁判生效后6个月),均可提出再审申请,从而在再审程序中,加入自己的再审请求和再审意愿,扩大原有的再审审判的范围。《民诉法解释》第396条规定:"审查再审申请期间,被申请人及原审其他当事人依法提出再审申请的,人民法院应当将其列为再审申请人,对其再审事由一并审查,审查期限重新计算。经审查,其中一方再审申请人主张的再审事由成立的,应当裁定再审。各方再审申请人主张的再审事由均不成立的,一并裁定驳回再审申请。"这里的"审查再审申请期间"应包括两个期限:如果法院再审审查期间尚未超出再审申请期间的,以再审申请期间为准;如果再审申请期间已过,但案件尚处在法院对再审申请审查期间的,则以再审审查期间的结束时间为准。因此,应当从广义上解释再审申请期间,一旦逾越再审申请期间,其他当事人则丧失提出再审申请的权限,在再审中,也无所谓附带再审一说。

4. 再审审查中的询问当事人

前已述及,询问当事人是再审审查的一种方式,其乃介于书面审查方式和口头审查方式之间的中间形式,较之完全的书面审查方式是一种进步,然而较之于将来有待发展和确立的口头审查方式还有一段不足。询问当事人并非必经程序,人民法院应当根据审查案件的需要决定是否询问当事人;但若新的证据可能推翻原判决、裁定的,人民法院应当询问当事人。[①] 2020年《审判监督解释》第13条做出了相同规定。询问当事人可以是单方进行,也可以是双方同时进行,还可以是双方分别进行,究竟如何进行当事人的询问,由审查再审的法官根据需要而定。从再审案件的日趋复杂性来看,目前虽然尚未完全推行听证式当事人询问模式,但询问当事人应当成为必经的过程和程序,否则难以查明再审案件是否有必要启动的事实情况,也难以强化再审程序的程序正当性,难以使当事人服判息诉。需要探讨的问题还有一个:在再审审查阶段所进行的询问当事人,其询问的结果,也即当事人的陈述,是否能够成为再审审理阶段可以使用的判案证据?法律和司法解释对此均未作出规定。持肯定意见的学者主要是从诉讼经济和效率出发,认为询问中确认的事实应当可以在再审审理阶段加以认定。[②] 持否定意见的学者认为审查程序和审理程序的审查范围、目的和程序均不同,故询问中确认的事实限于再审审查程序中,在再审审理中不能未经查证而直接作为定案依据。[③] 笔者倾向于否定的意见,原因非常简单,再审审查程序目前尚未改造成为对抗性的诉讼化机制,而仍是以书面审查为主,当事人询问只是其补充形式,当事人询问的程序尚未纳入正规化的轨道,其程序正当性保障有所欠缺,由此所获得的当事人询问之结果,也就是当事人的陈述,其可靠性、真实性、客观性远不是庭审中经过签署保证书、当事人双方对质和诘问所形成的当事人陈述所可比拟,如果将这种当事人询问的结果作为再审审判的依据,则必将抽空再审审判的实质性内容,使再审审判过程变成走过场,而这是严重违反再审程序的正当性原理的,因而不可采。当然,当事人询问的结果可以作为法院结束再审审查程序,作出是否进入再审审理阶段之裁定的依据。

5. 再审审查中的委托鉴定和勘验

当事人如果持有新证据,可以根据《民事诉讼法》第207条第1项的再审事由申请再审,

---

① 《民诉法解释》第395条。
② 参见孙祥壮:《民事再审程序:从立法意图到司法实践》,法律出版社2016年版,第66页。
③ 参见苏泽林:《民事案件申请再审指南》,中国法制出版社2010年版,第58—59页。

但是当事人不得先申请再审，后提供新证据。① 因为再审审查程序的重点任务在于审查，而不是协助当事人收集提供其在正常程序中所应当提供而未提供的证据，不是为当事人做亡羊补牢的工作。这与便民原则并不相悖。如果当事人确有鉴定或勘验之必要，则还可以在经过再审审查程序后，进入再审审理阶段再行鉴定申请或勘验申请，其是否被接受，由再审法院视当事人有无过错等情形决定。

6. 再审申请的撤回

再审申请是当事人的再审诉权所使然，既然为诉权，其既可以行使，也可以不行使，还可以在行使后再行放弃，因而，当事人提出再审申请后，基于情形之变化或基于主观之考虑，有可能决定将该再审申请予以撤回，由此使既已发生的再审程序复归于消灭。然而，再审程序之启动非同儿戏，其要求当事人的慎重程度强于二审程序尤其强于一审程序（当然一审、二审之启动也应慎重，这里是相对而言），因而，对于当事人的再审申请之撤回请求，法院应当予以严格审查。《民诉法解释》第398条规定："审查再审申请期间，再审申请人撤回再审申请的，是否准许，由人民法院裁定。再审申请人经传票传唤，无正当理由拒不接受询问的，可以按撤回再审申请处理。"第399条规定："人民法院准许撤回再审申请或者按撤回再审申请处理后，再审申请人再次申请再审的，不予受理，但有民事诉讼法第二百零七条第一项、第三项、第十二项、第十三项规定情形，自知道或者应当知道之日起六个月内提出的除外。"值得探讨的是，当事人撤回再审申请后，能否继续向检察机关申请进行法律监督，包括提出再审检察建议和抗诉。对此，《民事诉讼法》第216条实际上已经给出了答案，该条规定，当事人申请检察院提出再审检察建议或抗诉的，应符合以下三种情形之一：其一，人民法院驳回再审申请的；其二，人民法院逾期未对再审申请作出裁定的；其三，再审判决、裁定有明显错误。对照该条之规定，当事人撤回再审申请后，不得向检察院申请抗诉或提出再审检察建议。

7. 再审审查的结果

人民法院经审查再审申请书等材料，认为申请再审事由成立的，应当裁定再审。② 反之，如果人民法院认为当事人的再审申请缺乏再审事由，裁定驳回再审申请。驳回再审申请的裁定一经送达，即发生法律效力。③ 当事人对此不服，可以向人民检察院申请进行法律监督。

8. 再审审查程序的终结

《民诉法解释》第400条规定："再审申请审查期间，有下列情形之一的，裁定终结审查：（一）再审申请人死亡或者终止，无权利义务承继者或者权利义务承继者声明放弃再审申请的；（二）在给付之诉中，负有给付义务的被申请人死亡或者终止，无可供执行的财产，也没有应当承担义务的人的；（三）当事人达成和解协议且已履行完毕，但当事人在和解协议中声明不放弃申请再审权利的除外；（四）他人未经授权以当事人名义申请再审的；（五）原审或者上一级人民法院已经裁定再审的。（六）有本解释第三百八十一条第一款④规定情形的。"

---

① 《民诉法解释》第397条规定："审查再审申请期间，再审申请人申请人民法院委托鉴定、勘验的，人民法院不予准许。"

② 2020年《审判监督解释》第11条。

③ 2020年《审判监督解释》第16条。

④ 《民诉法解释》第381条第1款规定："当事人申请再审，有下列情形之一的，人民法院不予受理：（一）再审申请被驳回后再次提出申请的；（二）对再审判决、裁定提出申请的；（三）在人民检察院对当事人的申请作出不予提出再审检察建议或者抗诉决定后又提出申请的。"

9. 再审审查的期间

根据《民事诉讼法》第 211 条的规定，人民法院应当自收到再审申请书之日起 3 个月内审查，符合该法规定的，裁定再审；不符合该法规定的，裁定驳回申请。有特殊情况需要延长的，由本院院长批准。当事人申请再审超过《民事诉讼法》第 212 条规定的期限，或者超出《民事诉讼法》第 207 条所列明的再审事由范围的，人民法院应当裁定驳回再审申请。① 《民事诉讼法》第 212 条规定的申请再审期间不适用中止、中断和延长的规定。②

第三节 法院决定再审

一、法院决定再审概述

（一）法院决定再审的概念和依据

再审程序的启动机制在我国具有多元性，法院依职权决定再审便是这多元化的启动机制之一。法院决定再审，是指作出终审裁判或调解书的人民法院或其上级人民法院或最高人民法院，认为已经发生判决书、裁定书、调解书确有错误，依照法定程序决定对案件进行再次审理的行为。《民事诉讼法》第 205 条规定："各级人民法院院长对本院已经发生法律效力的判决、裁定、调解书，发现确有错误，认为需要再审的，应当提交审判委员会讨论决定。最高人民法院对地方各级人民法院已经发生法律效力的判决、裁定、调解书，上级人民法院对下级人民法院已经发生法律效力的判决、裁定、调解书，发现确有错误的，有权提审或者指令下级人民法院再审。"法院是裁判和调解书的制作者，法院本身之所以能够不需当事人的意愿而启动再审程序，其主要的根据是法院自身享有审判监督权，审判监督权不仅表现在诉讼的过程之中，也表现在诉讼的结果之中。启动再审，纠正错误的裁判和调解书，正是其行使审判监督权对诉讼结果进行监督的体现。

（二）法院决定再审的理论争鸣

我国民事诉讼法学上有争论的问题颇多，法院能否依职权发动再审程序，便是争议较为激烈的问题之一。概括起来说有三种观点：一是肯定说，认为法院应当享有依职权启动再审程序的权力，现行的立法有其必要性，没有必要予以废弃。二是否定说，认为法院不应当享有依职权发动再审的权力，现行《民事诉讼法》第 205 条有根本的缺陷，应当予以废除。三是折衷说，认为法院不应当享有启动再审的广泛的职权，而应当有所限制，目前的立法应当予以修正。以下分别简评。

首先看"肯定说"。"肯定说"认为，法院对其所作出的生效裁判及其调解书如果认为确有错误，应当有职权自己发动再审程序加以纠正。"肯定说"一直为我国民事诉讼立法所认可，《民事诉讼法》第 205 条的规定便是以该理论观点为基础而形成。肯定说的理由主要有：其一，法院依职权发动再审是我国一直奉行的"实事求是、有错必究"原则的要求和体现。法院作出的生效裁判或制作的调解书，应当建立在事实清楚、法律适用正确的基础上，如果其

---

① 2020 年《审判监督解释》第 11 条。
② 2020 年《审判监督解释》第 2 条。

生效裁判或调解书违背了客观事实、颠倒了是非、混淆了法律关系、错误适用了法律规范，从而得出了错误的结果，该结果就不应当任其继续存在而不加修改或推翻，否则，与《民事诉讼法》第7条所规定的人民法院审判民事案件，应当以事实为根据、以法律为准绳的基本原则相冲突，也与《民事诉讼法》第2条所规定的民事诉讼法的基本任务相矛盾，同时还与人民法院司法为民、司法服务大局的初衷相背离。人非圣贤，孰能无过。法官办错了案件，知错就改，就是好的司法态度，应当给犯了错误、作了错误司法裁判或调解书的法官提供一个合法的改变错误、纠正错误从而接受经验教训、以后避免重犯类似错误的机会，而法院依职权发动再审，就是民事诉讼法赋予司法者纠正自我错误的程序性机制，具有合理性和正当性。其二，法院依职权发动再审是法院内部行使审判监督权所使然。法院行使审判权虽然具有独立性，任何组织和个人均不得非法干预法院依法独立办案，但法院独立行使职权始终是在接受监督的状态下进行的，根据宪法、人民法院组织法等法律的规定，本院的院长以及审判委员会对本级法院的审判活动、上级法院对下级法院的审判活动以及最高人民法院对全国地方各级法院的审判活动，有权实施审判监督。作为审判监督的应然之意，其对审判结果的错误进行纠正便是必要之举；如果有审判监督权的组织或个人只能对审判的过程进行监督，而不得对审判的结果进行监督，其结果必然会架空审判监督制度的实际作用，最终使作为民事诉讼制度体系中重要组成部分的审判监督制度陷入虚无化、空洞化的境地，而这不仅是对我国法院基本审判制度和原则的损害，也有损于中国特色民事诉讼制度的优势发挥，职是之故，法院依职权发动再审的制度设置具有合理性和必要性，应予保留。

其次看"折衷说"。"折衷说"既不赞成对法院依职权发动再审进行不加区分的全盘否定，也不赞成对其毫无条件限制地进行保留，而认为应当对之在保留的基础上予以限制，限缩其适用范围。具体而言，"折衷说"认为就法院依职权发动再审的适用范围而言，如果生效裁判或调解书仅仅涉及私人利益，而不涉及国家利益和社会公共利益受损的情形，则法院应当采取谦抑的原则和态度，应当尊重司法裁判的既判力和当事人的自主处置权，应当自缚手脚不得依职权主动发动再审程序。2020年《审判监督解释》第21条规定："当事人未申请再审、人民检察院未抗诉的案件，人民法院发现原判决、裁定、调解协议有损害国家利益、社会公共利益等确有错误情形的，应当依照民事诉讼法第一百九十八条的规定提起再审。"可见，该司法解释采用的就是以范围限制为特征的折衷说。

笔者赞成"否定说"。在给出"否定说"的理由之前，有必要对肯定说和折衷说稍加评述。肯定说所持的两个理由，一是实事求是、有错必究的原则所要求，二是为实现审判监督所必需。应当说，这两个理由在超职权主义的诉讼模式下确实具有说服力和合理性。在一个超职权主义的诉讼模式下，民事诉讼法所致力服务的目的不仅在于纠纷解决和私权保护，更在于国家法律秩序的维护，《民事诉讼法》第2条所规定的民事诉讼法任务虽然规定了多项内容，但最后的落脚点还是在于"维护社会秩序、经济秩序，保障社会主义建设事业顺利进行"。既然有了更高的超越于当事人私权保护和纠纷解决的诉讼目的要实现，如果有错误的生效裁判或调解书妨碍了民事诉讼法的此一任务之实现，则法院有权力也有责任对该错误的生效裁判或调解书进行改错纠偏，当事人的诉权以及检察院的法律监督权在法利益的位阶上均低于法院的依法纠错之法利益。然而，诚可谓此一时彼一时，民事诉讼法经过多年的修改发展和改革完善，其所仰赖的传统诉讼体制和超职权主义已然今非昔比，以当事人主义为主旨的民事诉讼新型体制因其更适应于社会主义市场经济、民主政治、社会治理的实际需求而更受民众青睐，当事人的诉权受到了高度尊崇，私权自治原则深入到了民事诉讼程序制度的各个层面、各个领域、各个环节，这对传统的以申诉为基础的法院职权发动再审制度无疑构成了冲击和挑战，"实事求是、有错必纠"的原则也已让位于"法律真实、依法纠错"的原则，无所不能、无处不在的审判监督权在日益增强的诉权面前也不能不有所限制，臣服于司法的谦抑原则。一句话，在时过境迁的现如今，依旧恪守法院依职权发动再审的权利本位已经不再可取。

"折衷说"较之"肯定说"有了进步，因为它虽未主张全面取消法院依职权发动再审制度，但提出了对其加以限缩的观点。将法院依职权发动再审的职权限制在民事诉讼涉及国家利益和社会公共利益保护的情形和范围，其主要原因是国家利益和社会公共利益不受私权自治原则的制约。法院作为国家的审判机构，属于国家政治组织和政权组织的一个组成部分，其在肩负解决私权纠纷的同时，也不能懈怠对国家利益和社会公共利益的保护，因而在二者发生冲突之时，国家利益和社会公共利益具有优先的位阶，应当将其纳入法院代表国家进行主动干预的特殊情形之范围。这个观点在检察院的法律监督制度中已经有所体现，此即《民事诉讼法》第 215 条第 1 款和第 2 款的规定，依据该条款的规定，最高人民检察院对各级人民法院已经发生法律效力的判决、裁定，上级人民检察院对下级人民法院已经发生法律效力的判决、裁定，发现有《民事诉讼法》第 207 条规定情形之一的，或者发现调解书损害国家利益、社会公共利益的，应当提出抗诉。地方各级人民检察院对同级人民法院已经发生法律效力的判决、裁定，发现有《民事诉讼法》第 207 条规定情形之一的，或者发现调解书损害国家利益、社会公共利益的，可以向同级人民法院提出检察建议，并报上级人民检察院备案；也可以提请上级人民检察院向同级人民法院提出抗诉。可见，检察院对法院生效裁判的法律监督是全面的，无论生效裁判是否涉及国家利益或社会公共利益，只要其存在违法错误之情形，均需要进行法律监督；但是对调解书而言，检察院只能对损害国家利益或社会公共利益的调解书进行法律监督，这里所体现的监督有限性的观点与"折衷说"所主张的法院再审监督有限性的观点如出一辙。

然而，"折衷说"并不正确。国家利益和社会公共利益固然需要实行国家干预原则加以特别的超程序的保护，但问题在于：其一，国家利益和社会公共利益乃是一个极其宽泛的概念，其界定非常困难，因而容易导致法院职权发动再审制度的扩大化适用，最终致使对其所设定的限制陷入形同虚设的尴尬局面。比如，违反《民事诉讼法》第 207 条第 6 项规定的法律适用确有错误是否属于公共利益受损的情形呢？维护法律的正确适用无疑具有公益性，属于国家法治秩序层面的公共利益，但如果凡是法律适用错误均实行法院的职权干预，从而依职权启动再审程序，那么，所谓对法院职权发动再审进行限制的原则势必产生崩溃，"折衷说"所构筑的有限监督的制度性堤坝必将坍塌。再如，合议庭组织不合法、合议庭成员或独任审判员该回避而未回避、当事人未收到合法通知而开庭等程序性违法事由，是否属于国家利益和社会公共利益的范畴呢？其界定也有困难。其二，国家利益和社会公共利益的保护途径并非法院依职权监督一条，检察院的法律监督同样可以发挥相同的效能。如果国家利益或社会公共利益确实因为法院的错误裁判或调解书而损失，法院则可将该情形通报给检察院，并建议检察院行使法律监督权加以监督。这一方面有助于克服法院依职权发动再审制度的弊端，另一方面又不会使国家利益或社会公共利益的保护落空。因而权衡法院依职权发动再审制度的利与弊，"折衷说"虽不乏合理性因素，但从长远以及制度的体系化角度看，其也不可采。

笔者之所以持"否定说"，其理由主要有以下诸端：

其一，法院依职权发动再审违反了民事诉讼中的"不告不理"原则，当事人的处分权遭到了侵犯。《民事诉讼法》第 13 条规定了民事诉讼中的处分原则，当事人据此在法律规定的范围内有权处分其实体权利和诉讼权利,正是基于该处分原则,民事诉讼中普遍奉行"不告不理"原则。根据民事诉讼中的"不告不理"原则,民事诉讼程序的启动,无论是一审、二审抑或再审,均有赖于纠纷主体当事人的告诉愿望和诉讼行为,法院作为审判权的行使者,应当恪守被动性、消极性原则,当事人没有告诉,法院就不得审判。再审程序如果不是根据当事人的诉讼行为而启动,则显然侵犯了当事人的处分权。

其二,法院依职权发动再审与民事诉讼法的目的相抵触。民事诉讼法的目的尽管有很多,但其基本目的是解决当事人之间的纷争,所谓"没有纠纷就没有法官",说的就是这个意思。在生效裁判和调解书作出后,当事人没有继续申请再审,就意味着存在于当事人之间的纠纷业已消弭。西方有谚语曰:"不要弄醒熟睡了的狗。"这句话运用到这里未必恰当,但至少能说明一个道理,即当事人对生效裁判或调解书已经不持异议,表明其纠纷已经烟消云散,法院作为解决纠纷的专门机构,还有什么理由自己挑起已经不复存在的纠纷,自己来审理呢?尤其是,诉讼中很有可能当事人双方都会缺席,这样法院又如何在再审的舞台上唱独角戏呢?缺乏当事人,法院根本无法开庭。因而,法院依职权发动再审势必与民事诉讼法以纠纷解决为己任的基本目的相冲突。

其三,法院依职权发动再审违反了裁判的既判力原理。法院一旦作出裁判,包括制作了调解书,就要受裁判的羁束,法院不得出尔反尔,违反"禁反言"的原则,将这个自己作出的裁判不经当事人的同意径直予以推翻。不要说二审裁判已经发生了法律效力,法院不得随意推翻,即便是一审裁判,其一旦作出,法院的手脚也被束缚而无法将其更改或推翻,这便是民事诉讼法理上的所谓"作茧自缚效应",法院作出了裁判,自己也要受裁判的羁束。其原理在于,法院的审判权来源于当事人的诉权,在法院行使审判权对诉权进行判断后,诉权便告消耗而不复存在,诉权消耗后,审判权便失去依附,也随之消耗;审判权既然已随诉权之消耗而不复存在,法院对于生效裁判又何来新的审判权使已消耗的审判权得以复活呢?可见,法院依职权发动再审的这个"职权"脱离诉权,不具有正当性。

其四,法院依职权发动再审违反了法院的中立性原则。民事诉讼是双方当事人对抗运动的过程,法院始终不偏不倚处在中立状态,一旦失去了中立的立场,那么,法院则不复为法院,法官也不再是法官了,诉讼中的公正性、正当性、公信力等均无从说起。因此,诉讼中法院的中立性可说是司法的命根子,任何有损法院中立性的制度设置都不具有正当性,都要被废弃。法院依职权发动再审就是这样一个使法院极易失去中立性的诉讼制度。因为,法院依职权发动再审必然要作出裁判,这个裁判的结果必然要改变生效裁判或调解书的结果,而生效裁判或调解书已经对当事人之间的权利义务进行了分配,一旦经过再审将这种分配状态打破,则必然有一方当事人获得比原来更好的裁判结果,另一方获得比原来更坏的结果,获得更好结果的一方当事人自然欢喜,而获得更坏结果的一方当事人则必然心怀不满,而且他可能会质疑,法院为什么在另一方当事人不提出诉求的情况下而将裁判的好处分配给另一当事人,法院的中立立场受到质疑。

其五,法院依职权发动再审难以杜绝各种干预司法的渠道。《宪法》第 131 条规定:"人民法院依照法律规定独立行使审判权,不受行政机关、社会团体和个人的干涉。"然而实践表明,禁止干预司法不能停留在宪法和法律的禁止性条款之上,单纯的口号式的禁止往往无济于事,真正的禁止干预司法需要杜绝干预司法的各种可能性渠道,只有这些容易导入干预司法因素的渠道被切实堵塞了,干预司法的因素才能真正被减少或被根绝。法院依职权发动再审就是这样一条外在的和内在的干预因素可以鱼贯而入的"合法性"渠道,想借助权势或关系来干预的人往往知道抓住主要矛盾，寻找到为己谋取私利或谋取局部利益、部门利益、地区利益的"捷径"，而能够依职权将案件提交审判委员会讨论或者由上级法院行使法律监督权从而引发再审程序的院长们，就成为他们的主攻目标，司法腐败与司法不公的因素就这样通过法院依职权再审的"暗管"进入法院。可见，法院依职权再审这一制度性安排容易与非法干预司法暗通款曲，防堵非法因素的司法干预之一法，就是将法院自己依职权启动再审程序的"法门"给堵住。①

其六，法院依职权发动再审不符合再审制度的发展趋势和规律。再审制度的发展趋势和规律是再审程序的启动被控制得越来越严，再审的路径将不断收窄，再审的大门日益关紧，与此同时，正常的一审和二审将对纠纷的解决以及诉讼功能的全面实现日益起到基础性、决定性的作用，通过再审将通过正常审级制度所产生的诉讼结果予以推翻的可能性日益降低。诉讼制度结构上的这一发展规律和趋势要求民事诉讼制度的立法者逐渐减少启动再审程序的大门，而不是相反。在我国，目前启动再审程序的大门有三道，包括当事人的申请再审、检察院的监督再审以及法院的职权再审。在这三种启动再审程序的制度性渠道中，当事人的申请再审属于当事人的固有诉权，其最具有正当性和制度生命力，它只能被完善而不能被取消，再审之诉便是其制度性归宿；检察院的监督再审，作为当事人再审诉权的保障力量，在中国相当长的时期内，将具有合理性和必然性，其也只能被完善而不能被取消。首要考虑取消的就是法院的依职权发动再审，一方面是因为它违背了诸多的诉讼原理而不具有制度的生命力，另一方面它又导致了实践中诸如干预司法等诸多弊端，因而保留法院职权再审制度，不利于我国再审制度和再审程序的发展和完善。目前从制度的构建逻辑性上说也复如此，当事人再审申请已经被纳入制度化、规范化、程序化轨道，当事人申请再审不成，有可以利用的检察监督制度作为制度性后盾，先申请再审后检察监督的制度性顺位已井然有序、顺畅运行，申请一次、监督一次的有限再审的制度性格局已然形成，无限再审、再审无次数限制的可能性在制度层面已被杜绝。然而，如果在此之外依然保留法院依职权再审，则这样塑造出来的再审关门机制必将又一次被"例外"打破，当事人经过申请再审、法律监督仍不达其目标时，会很容易地反向向法院提出非制度性的申诉，以期通过法院依职权发动再审这个非常渠道进行再次启动再审程序的博弈。这样一来，通过民事诉讼法修改期望废止的申诉制度再次被复活，申诉状满天飞、申诉无期限限制的状况又会"似曾相识燕归来"，我国民事再审诉讼制度的初期改革成效将功亏一篑。尤其在 2007 年民诉法修改以来，在以当事人申请再审为主、检察院监督为辅的我国特色"再审之诉"架构下，法院依职权再审制度的重要性远不如从前。② 法院要限缩再审，就得首先从自己做起，将非理性的、充满悖论的、弊端重重的法院依职权发动再审制度通过立法修改而予以摒弃。

综上可见，法院依职权发动再审制度违背了多项基本的民事诉讼法理，背离了诉讼制度的发展规律，是计划经济条件下超职权主义诉讼体制的产物，已经远不能适应民事诉讼制度现代化改造的需要，也与当事人和社会公众对民事诉讼制度的价值期待与心理基础相冲突，因而应当予以废除。

---

① 当然，正常的监督之门仍应敞开，然而利弊相权，法院依职权发动再审乃弊大于利。
② 参见孙祥壮：《民事再审程序：从立法意图到司法实践》，法律出版社 2016 年版，第 37 页。该书补充道："从最高人民法院第一巡回法庭接待来访、发现错误、监督下级法院审判的实践看，每 1000 件来访案件中被认为可能存在错误，立'民监字'案号的不超过 20 件，经复查认为确有错误、裁定进入再审的案件数量不超过 10 件。"

二、法院决定再审的条件

《民事诉讼法》第 205 条规定:"各级人民法院院长对本院已经发生法律效力的判决、裁定、调解书,发现确有错误,认为需要再审的,应当提交审判委员会讨论决定。最高人民法院对地方各级人民法院已经发生法律效力的判决、裁定、调解书,上级人民法院对下级人民法院已经发生法律效力的判决、裁定、调解书,发现确有错误的,有权提审或者指令下级人民法院再审。"据此规定,可知法院依职权发动再审需要满足三个条件:

第一,主体具有适格性。依职权发动再审仅限于法院本身,任何其他国家机关均不享有此等权限;能够依职权发动再审的法院包括本级法院、上级法院以及最高人民法院,下级法院不得对上级法院制作的法律文书进行职权性再审,如果其认为确有错误,应提请上级法院进行再审。

第二,客体具有可再审性。可再审性包括两个要素:一是相关的法律文书已经发生法律效力;二是能够成为法院依职权发动再审的法律文书仅限于三种,即判决书、裁定书和调解书,其他法律文书,如决定书、支付令、通知书、禁制令等均不属于法院职权再审的范围,不具有可再审性。裁定书的可再审性具有有限性的特点,并非所有的裁定书均可由法院依职权再审,法院能够依职权发动再审的裁定仅包括依《民事诉讼法》第 157 条所规定的不予受理的裁定和驳回起诉的裁定,包括管辖权异议裁定在内的其他所有裁定,如更正裁判瑕疵的裁定、诉讼中止的裁定、诉讼终结的裁定等,均不可被纳入法院职权再审的范围。

第三,再审事由具有确实性。法院依职权发动再审的法定事由并不受《民事诉讼法》第 207 条的限制,而是宽于这个范围,或者说不受任何法定的再审事由之限制。只要法院对生效裁判及调解书认为确有错误,无论其是否属于当事人申请再审的法定事由,或是否属于检察院进行法律监督的再审事由,其均可以依职权启动再审程序。从该意义上说,法院依职权发动再审的事由是无限的,也是非法定的,其实质性的条件仅是其认为可再审的法律文书存在确有错误的情形。

有一种观点认为,法院决定再审的条件包括:一是生效裁判、调解协议确有错误,且损害国家利益、社会公共利益的情形;二是当事人未申请再审,检察机关未提出抗诉。[①] 笔者认为这种观点值得商榷。首先,将"损害国家利益、社会公共利益的情形"纳入法院依职权发动再审的条件范围并不具有法律上的依据,其乃是以应然的或学理的观点给法院依职权发动再审施加了额外的限制,显然不符合法解释论上的规则。其次,将法院依职权发动再审在时间点上解释为"当事人未申请再审,检察机关未提出抗诉"之后,也不具有法律依据。《民事诉讼法》第 205 条将法院依职权发动再审的制度规定在当事人申请再审(第 206 条)和检察院监督再审(第 215 条)之前,从逻辑上说,法院职权发动再审无须等待当事人申请再审期间届满(第 212 条)或检察院决定不发动抗诉或提出再审检察建议(第 215 条、第 216 条),将法院依职权发动再审限制在当事人未申请再审、检察机关未提出抗诉的情形,为法院依职权发动

---

① 参见蒲一苇、王学棉、郭小冬:《民事诉讼法教程》,清华大学出版社、北京交通大学出版社 2013 年版,第 286 页。

再审设定了额外的限制条件，具有非妥当性。① 不仅如此，即便当事人提出了再审申请或检察院提出了抗诉或再审检察建议，也不影响法院依职权发动再审。② 因为当事人申请再审和检察院的监督再审各有其范围限定，法院依职权发动再审的范围未必与其一致。如果法院依职权发动再审的范围小于或等于当事人申请再审或检察院监督再审的范围，则法院并无发动职权性再审的必要性，但并非说其不具有该项权力；如果法院依职权发动再审的范围大于当事人申请再审或检察院监督再审的范围，或者二者之间并无交割，则法院发动职权性再审的必要性依然存在，此时可将两种再审程序合并处理。

那么，是否应当废除法院对生效调解书自行决定再审的权力？笔者认为，调解书与判决书、裁定书一样，也有可能发生错误，比如调解所依据的事实未能查清，属于和稀泥调解，或者调解违反了当事人的自愿原则，或者调解的结果背离了立法的强制性规定等，在这些情形下，法院对于调解书中的错误的纠正与裁判文书中对错误的纠正，本质上并无区别，要取消就全部取消，要保留就全部保留，在二者之间寻找区别的努力并不正确。同时，法院依职权发动再审与检察院监督再审，这是两种并存的再审启动机制，二者之间是相辅相成、相互补足的关系，不存在制度上的竞争问题，因而也就不存在保留其一而否定另一的问题。反过来说也是一样，不能因为法院依职权对调解书进行再审而否定检察院对调解书的监督再审，也不得因为检察院对调解书的监督再审而否定法院对调解书的职权再审，甚至于，如前所述，即便检察院已经对调解书实行监督再审，如果法院认为有必要，也可以基于其他理由同时对该调解书依职权发动再审；反之，即便法院依职权对调解书发动了再审，也不影响检察院基于其他理由对该调解书进行监督再审。

最后，尚需讨论的是法院依职权发动再审的第三个要件，即《民事诉讼法》第 205 条规定的"发现确有错误，认为需要再审"应当如何理解的问题。前已述及，法院依职权发动再审在再审理由上具有非限定性、广泛性的特点，其不受《民事诉讼法》第 207 条所规定的再审事由之限制。然而这并不意味着立法并未给法院依职权发动再审程序设定任何理由方面的限制，而是规定"发现确有错误，认为需要再审"（本级法院）和"发现确有错误"（上级法院和最高人民法院）这一法定情形和再审事由。尽管立法对本级法院、上级法院以及最高人民法院的职权发动再审事由在表述上略有差异，但笔者认为，这是立法技术所使然，而非立法者刻意为之，应当将其解释为原因等同，也即，都是"发现确有错误，认为需要再审"（以下简称"确有错误"）。法院依职权发动再审的"确有错误"这一要件，具有概括性、抽象性、主观性、绝对性等特点。该再审事由最早出现在 1982 年《民事诉讼法（试行）》第 158 条规定之中，该条规定："当事人、法定代理人对已发生法律效力的判决、裁定，认为确有错误的，可以向原审人民法院或者上级人民法院申诉，但是不停止判决、裁定的执行。"不过，这里的"确有错误"是当事人申诉的法定事由，而非法院的再审事由。到 1991 年《民事诉讼法》制定时，"确有错误"的再审事由就一分为二：对法院依职权发动再审而言，其再审事由被表述

---

① 2020 年《审判监督解释》第 21 条规定："当事人未申请再审、人民检察院未抗诉的案件，人民法院发现原判决、裁定、调解协议有损害国家利益、社会公共利益等确有错误情形的，应当依照民事诉讼法第一百九十八条的规定提起再审。"该类观点似乎依据的就是该司法解释。然而笔者认为，一来，这仅仅是司法解释的观点，并不代表民事诉讼法立法的规定；二来，即便对该司法解释本身，也不能做出过度解读，该司法解释仅强调法院在生效裁判或调解书在损害国家利益、社会公共利益等确有错误情形下，应当而不是可以依职权发动再审，这是对公益保护的强调，而不是对私权保护的放弃。

② 同理，即便法院依职权先行发动了再审程序，也不影响当事人的再审申请和检察院的监督再审。

为"发现确有错误，认为需要再审"，对当事人申请再审而言，其再审事由被表述为"认为有错误"，并在此基础上规定了若干具体的再审事由。这一立法体例一直延续至今，历经2007年《民事诉讼法》和2012年《民事诉讼法》两次修改而未变，所变化的是对具体的再审事由进行了更加具体的细化。这种二元化的再审事由虽然事出有因，具有历史上的沿革依据，然而，目前我们不能不反思法院依职权发动再审的再审事由或再审条件。

笔者认为，我国目前对法院依职权发动再审的法定事由的规定应当予以取消，理由主要在于：其一，该再审事由主观性太强，不易把握，容易导致司法实践中的任性而为，从而导致法院依职权发动再审的情形变得难以控制。该再审事由中有两个词都属于主观语词，一是"确有"，二是"认为"。虽然"确有错误"相对于"有错误"（第206条）或者"有明显错误"（第216条）而言，在错误的程度上有所提高，同时"确"也具有客观性的含义，然而，在实际操作层面上，所谓"确有错误"确实难以把控，某人认为确有错误，其他人不一定认为确有错误，反之亦然。因此，"确有错误"这一标准具有神秘色彩，外人难以窥测。再审是一个极其严肃的审慎程序，无论是维持现状尊重既定裁判的既判力，还是改变现状，修改乃至推翻生效裁判的内容，都需要格外慎重对待，是否启动再审的"钥匙"不能托付给任意性极强、无法监督、难以检测的主观标准。其二，该"确有错误"的再审事由具有逻辑上的悖论。首先，在尚未进入再审程序之前，法院是如何发现确有错误的？那一定是在法定程序之外，而在法定程序之外就是非法定程序，非法定程序本身就具有非法性，非法性的再审事由从一开始便带上先入为主的"原罪"。其次，如果法院已经认为确有错误了，那么直接将其改正即可，索性所有的步骤都在法定程序外进行，这也在逻辑上有一贯性，但现在却发现确有错误仍未改正，而又据此进入到了审查判断是否确有错误的再审程序之中，从而使"确有错误"的在先判断又全盘归零，这就使得法定程序内的逻辑和法定程序外的逻辑形成了冲突。不仅如此，被认为"确有错误"的案件进入再审程序后，经过再审审判，势必会出现两种可能性的结果——"确有错误"和"确无错误"。这就产生了逻辑上一个非常奇怪的现象，一个"确有错误"的命题，经过再审后，却变成了"确有错误"和"确无错误"两种结果。显然，我们不能质疑经过再审审判所得出的两种或然性结果，而只能反溯性地认为进入再审之前的所谓"确有错误"存在问题，也就是它事实上包含了"确有错误"和"确无错误"两种可能性，以"确有错误"启动再审具有正当性，以"确无错误"启动再审则不具有正当性，因而我们可以得出结论认为，作为法院依职权发动再审的"确有错误"这个前提性条件是一个伪命题。以伪命题作为一个审慎制度的前提条件，其荒谬性不言而喻。因此，我们的结论是，法院依职权发动再审的"确有错误"这个再审事由是错误的，应予修改。修改的基本路径便是将其纳入《民事诉讼法》第207条规定的13项再审事由之中，这样一方面有助于再审事由的统一化规范，不使法院在再审启动权上具有"特权"，另一方面也使法院依职权发动再审的程序制度有所限缩。

三、法院决定再审的程序

法院决定再审的程序在《民事诉讼法》中仅有第205条一个条文加以规定，最高人民法院的司法解释如《民诉法解释》等，没有做出细化规定。因此，在该程序中，法院是如何操作的、当事人是如何参与的、其他相关主体是如何介入的、检察机关又是如何监督的等诸如此类问题，目前均只能停留于理论上的探讨和对《民事诉讼法》第205条的学理解释。

根据《民事诉讼法》第205条的规定，法院依职权发动再审程序分为三种类型：一是本法院依职权发动再审程序，二是上级法院依职权发动再审程序，三是最高人民法院依职权发动再审程序。以下就其程序构成分别述之。

（一）本法院依职权发动再审程序

本法院是指形成生效裁判和调解书的法院，有可能是一审法院，也有可能是二审法院，还有可能是再审法院。一审法院经过一审程序所形成的调解书立即生效，当事人不得上诉，因此，本法院如果认为调解书确有错误，可以依职权启动再审程序加以纠正。一审法院经过一审程序所形成的生效裁判主要有三种：一是对于可上诉的一审裁判，当事人没有在法定的上诉期间内提出上诉，因此一审裁判发生确定性的法律效力；二是最高人民法院作出的一审裁判，虽然当事人依二审终审制享有上诉权，但苦于没有更高层次的法院可供上诉，因而该上诉权无法行使，从而使最高人民法院的一审裁判成为确定性的终局裁判；三是依照《民事诉讼法》第165条之规定，法院对小额诉讼程序的案件作出裁判后，由于其法律明确规定实行一审终审，因而一旦法院作出了小额裁判并进行有效送达后便发生了确定性的法律效力。此外，在非讼程序中所作出的判决，如认定公民无民事行为能力、限制民事行为能力的判决，宣告公民失踪、宣告公民死亡的判决，宣告财产无主的判决，公示催告程序中所作出的宣告票据无效的除权判决等，依据《民事诉讼法》第185条之规定，实行一审终审，当事人无上诉权，该类裁判一旦作出便发生法律效力。按照《民事诉讼法》第188条和第189条之规定，由法院所作出的选民名单案件之判决，当事人也无上诉权。对于非讼案件的裁判以及选民名单案件的裁判，由于其即便发生错误也不得依照再审程序加以纠正，而适用其各别特殊的纠错程序，因而该类裁判不在法院依职权发动再审程序的范围之内。对于诉讼程序中的前述三类裁判，作出该生效裁判的法院本身，均可适用再审程序对其错误加以纠正。

本法院依职权启动再审程序的步骤主要有两个：一是本院院长发现生效裁判确有错误，二是在本院院长将需再审的案件提交审判委员会后，由审判委员会讨论决定是否需要启动再审程序对该案进行再审。在案件进入审判委员会后，审判委员会对其的讨论决定程序与其他案件的讨论决定程序一致，因而无须多加论及；需要探讨的是第一个步骤，即本院院长是如何发现本案确有错误的，其程序是如何构成的。分析地看，本院院长发现程序主要是由以下几个环节构成的：

其一，发现错案线索。法院院长对错误裁判的发现必定有来源和渠道，否则错误的裁判不可能凭空进入他的决策思维之中。究其来源和渠道，无非有三：一是通过内部审判监督过程的审查、复查、抽查等途径。法院内部对于其所作出的全部生效裁判，会从改善审判制度、提高审判水平、评优查劣等角度进行案件大复查等活动，由此可以发现生效裁判中确实存在的错误，复查者会将该错案信息向院长汇报，院长由此获知该错案线索。其他审判人员以及案管部门、调研部门、行政部门等也有可能在其履职过程中发现错案，这些错案都将归拢到本院院长那里，从而变成错案线索。二是外部监督。外部监督有多种样态，包括党委的监督、人大的监督、政协的监督、检察院的监督以及社会舆论、媒体的监督等。检察院的监督是民事诉讼法所正式规定的监督途径，应按照《民事诉讼法》第215条、第216条等规定进行，因而其程序具有独立性。如前所述，民事诉讼法之所以保留法院依职权发动再审程序的制度，其原因之一便是基于这些外部监督不能不保留这种纠错途径，如果没有了这种途径，那所有的错案线索将会归入到检察院监督的范畴，而这确实与法院接受全面监督这一原则有某种冲突。从司法实践看，相较于内部监督，外部监督是本院院长发现错案的更重要、更常规的渠道。三是当事人的申诉。如前所述，从1991年《民事诉讼法》替代《民事诉讼法（试行）》后，当事人的申诉制度就被宣告退出了诉讼舞台，而被更加诉讼化的当事人申请再审所取代。然而，申诉毕竟是宪法上的一项公民基本权利，① 其在民事诉讼法中虽不再占有一席之地，然而当事人作为公民仍享有宪法上的申诉权，在当事人申请再审乃至申请检察院法律监督均未达其目的而仍未能服判息诉时，其迈向法院的申诉的脚步不会停止。这种申诉一旦进入法院便演变成了涉法信访上访案件，法院便将按照涉法信访上访案件的处理程序进行对待。法院院长是涉法信访上访案件的第一责任人，错误的案件自然进入法院院长的监督视野，于是，基于当事人的申诉发现错案，便成为本院院长开启再审程序的重要途径之一。上述三种发现错案的渠道中，以司法实践观之，最重要的是当事人的申诉，其次是外部监督，最后是内部监督。从这三条发现错案的渠道看，法院院长发现错案的途径和渠道是非常多的。虽然这些渠道和途径并未纳入民事诉讼法的调整范围，但无疑，这些渠道和途径都具有合法性或合宪性。所要关注的是，那些通过私人关系打通关节将所谓错案信息传递给法院院长的做法，并不具有合法性，法院院长基于私下通道无来由地启动再审程序的做法是司法腐败或司法不公的表现，是应当受到禁止的。

其二，进行审查，形成确信。法院院长并不是收集到所谓错案信息或线索后，便不加分辨地将案件提交给审判委员会讨论。作为第一道关口，法院院长应当对案件进行审查，审查的方式有两个：一是亲自调阅卷宗材料，询问相关人员，如办案人员（承办法官）、鉴定人等，了解案情，判断是否确有错误；二是将案件交付审判监督庭的审判人员或者其他业务庭的审判人员进行审查，令其将审查结果向其汇报。

其三，将案件提交讨论。法院院长本身并无决定启动再审程序的权限，其发现案件确有错误，并认为有必要进行再审，还仅仅是法院职权发动再审的前提性步骤，而不是决定性步骤，决定性步骤由审判委员会来完成。通过对案件审查，如果院长形成了确有错误的确信性认识，应将案件提交给审判委员会讨论决定是否要启动再审程序。

其四，决定再审。审判委员会经过对案件的讨论和评议，如果认为案件确有错误需要进行再审纠正，则作出启动再审程序的决定。对审判委员会的该决定，任何人均不得提出异议。审判委员会一旦作出决定，审判监督程序随之启动，案件就进入再审阶段。审判委员会作出再审决定后，根据《民事诉讼法》第213条的规定，执行程序随之中止。

（二）上级法院的职权再审

上级法院对下级法院具有监督作用，这种监督作用通过两种形式表现出来：一是通过个案审级关系体现出来；二是通过日常监督体现出来。前一种方式主要是通过当事人上诉、申请再审或检察院抗诉的方式，采用二审程序或再审程序审理个案进行；后一种方式则是通过业务检查、业务指导、审判培训、调研总结、请示汇报等途径表现出来。后一种方式与这里所讨论的上级法院的职权性再审有关。换言之，上级法院对下级法院的案件进行再审有基于审级监督的再审和基于日常监督的再审两种形式和途径，上级法院依职权启动再审程序的方式和途径基于日常监督而产生。上级法院作为日常的监督形式对错案来源的发现也有三种主要途径：一是内部监督，比如上级法院对下级法院的案件复查等；二是外部监督，比如人大监督形成的督办案件；三是当事人申诉。

上级法院是一个抽象的概念，上级法院对下级法院的审判监督权虽然是以整体的法院名义

---

① 《宪法》第41条。

而进行的,但在实际操作中,这种审判监督权必然要落实到具体的个人或审判组织身上。如前所述,原审法院依职权发动再审是由院长发现错案并由审判委员会决定再审,其行使审判监督权的主体是特定和具体的,不具有含糊之处,有较强的可操作性;然而对于上级法院而言,《民事诉讼法》第205条却并没有给出具体的行使审判监督权的主体。从解释论上说,上级法院享有审判监督权的主体有两个:一是上级法院院长,二是上级法院的审判委员会,其他的主体,包括各个审判业务组织,均无主动依职权对下级法院的生效裁判、调解书行使法律监督启动再审程序的权限。

从程序上说,上级法院对下级法院的生效裁判和调解书依职权发动再审程序也有三个环节:一是由上级法院院长接受错案线索和信息;二是上级法院院长亲自或委托审判组织对所涉案件进行审查;三是如果上级法院院长确信所涉案件确有错误,则提交审判委员会讨论决定是否需要启动再审程序。如果上级法院的审判委员会讨论决定认为需要对所涉案件进行再审的,则选择再审途径。根据《民事诉讼法》第205条第2款的规定,上级法院对需进入再审程序的案件有两种处理方式:一是提审,二是指令再审。提审,是指上级人民法院为纠正下级人民法院已经发生法律效力的判决或裁定的错误,把案件提上来由自己审理。提审应按第二审程序进行,所作的判决或裁定是终审判决或裁定。① 指令再审,是指上级法院指令原审法院再行审理。具体而言,上级法院对下级法院作出的已经发生法律效力的判决和裁定,经调卷审查并由院长提交审判委员会决定,如果认为确有错误,有权指示作出判决或裁定的原审法院对案件重新审理,原审法院得依照最高人民法院或上级法院的指示,对案件重新审理。可见,指令再审是使已经审结的案件得以再行审理的程序和方式,是基于审判权由法院统一行使的原则和上级法院对下级法院的审判监督权而设立的,一般适用于原判决、裁定事实不清的案件。原审法院再审应另组合议庭而不得由原判合议庭或独任审判员进行,并应裁定中止原判决、裁定的执行。原来是第一审的,按一审程序审理,确定原判错误,应撤销原判,作出新判决、新裁定,当事人不服,可以上诉。原来是第二审的,按二审程序审理,此次再审的判决、裁定,是终审的判决、裁定,不得依二审程序上诉、抗诉。

需加注意的是,依职权发动再审程序中的上级法院指的是除最高人民法院以外的所有上级法院,而不仅是指原终审法院的上一级法院。高级法院对基层法院的生效裁判和调解书有权跨级实施审判监督,并基于该审判监督依职权启动再审程序,而无须逐级进行。

(三) 最高人民法院的职权监督

最高人民法院对地方各级法院享有审判监督权,包括基层法院在内所有地方法院,如果其生效裁判或调解书确有错误,则最高人民法院均有权依职权启动再审程序。其程序构成以及处理再审案件的方式与上级法院对下级法院的职权监督基本相同,为免重复,不再赘述。

---

① 此外,上级人民法院依法将下级人民法院受理的(尚未作出判决的),认为以自己作为第一审为宜的案件,提上来由自己审判,也叫提审。

第四节 因抗诉或检察建议再审

一、因抗诉或检察建议再审概述

《民事诉讼法》第215条规定:"最高人民检察院对各级人民法院已经发生法律效力的判决、裁定,上级人民检察院对下级人民法院已经发生法律效力的判决、裁定,发现有本法第二百零七条规定情形之一的,或者发现调解书损害国家利益、社会公共利益的,应当提出抗诉。地方各级人民检察院对同级人民法院已经发生法律效力的判决、裁定,发现有本法第二百零七条规定情形之一的,或者发现调解书损害国家利益、社会公共利益的,可以向同级人民法院提出检察建议,并报上级人民检察院备案;也可以提请上级人民检察院向同级人民法院提出抗诉。各级人民检察院对审判监督程序以外的其他审判程序中审判人员的违法行为,有权向同级人民法院提出检察建议。"据此,检察机关的法律监督,包括抗诉和再审检察建议,乃是我国再审程序得以启动的法定方式和重要渠道。

抗诉,是指人民检察院对人民法院已经发生法律效力的裁判和调解书,认为确有错误、符合法定的再审事由,依法提请人民法院启动再审程序纠正错误的法律监督行为。[①] 根据《民事诉讼法》第218条的规定,人民检察院提出抗诉的案件,接受抗诉的人民法院应当自收到抗诉书之日起30日内作出再审的裁定。可见,抗诉具有必然引起再审程序的法律效果,人民法院不得以任何理由拒绝接受检察院提出的抗诉,也不得认为检察院的抗诉不符合条件而裁定不予受理案件或裁定驳回抗诉,人民法院如认为检察院的抗诉不能成立,则应当作出驳回抗诉的判决。正因如此,实务中也将检察机关的抗诉称为"刚性监督"。

与之有别的是,再审检察建议则是指人民检察院认为法院的生效裁判和调解书有可能发生错误并具有法定的再审事由时,建议人民法院依法启动再审程序纠正错误的法律监督行为。再审检察建议尽管长期在实践中被运用,但直到2012年修改《民事诉讼法》,其才被正式写入立法之中,成为一种与抗诉并驾齐驱的结果监督和事后监督的形式。再审检察建议属于广义的检察建议,但与狭义的检察建议或检察建议不完全相同,一般的检察建议适用于对法院司法审判的过程性和程序性监督,再审检察建议则属于对法院司法审判的结果性和实体性监督,一般的检察建议适用于所有的审判和执行案件,再审检察建议仅适用于能够适用再审程序进行纠错的诉讼案件之中,其不适用于非讼程序案件,也不适用于执行案件,但适用于调解案件,因而再审检察建议的适用范围是有限的。

抗诉和再审检察建议作为检察机关对法院审判结果实施法律监督的两种方式,其功能基本一致,都旨在引起再审程序的启动,都是为了纠正生效裁判和调解书中存在的错误,从而确保司法公正,维护司法权威,实现《民事诉讼法》第2条所规定的基本任务。然而同时也要看到二者之间存在一定的差异,主要表现在:

---

① 值得注意的是,民事诉讼中的抗诉与刑事诉讼中的抗诉的不同。刑事诉讼中的抗诉,既包括对未生效的判决、裁定按照上诉程序提出抗诉,又包括对已经生效的判决、裁定按照审判监督程序提出抗诉;而在民事诉讼中,人民检察院只能对已经生效的判决、裁定按照审判监督程序提出抗诉。陈桂明主编:《民事诉讼法》,中国人民大学出版社2013年版,第219页。

一是检察院的级别不同。提出抗诉的检察院为形成生效裁判或调解书的终审法院的上级检察院,只有上级检察院才能对下级法院的生效裁判或调解书提出抗诉,同级的检察院对同级的法院不得进行抗诉。这是因为抗诉的本意是通过法律监督引起上级法院对下级法院的审判监督,因而只有上提一级才能达其目的。而再审检察建议则是由形成生效裁判或调解书的终审法院的同级检察院向同级法院提出,因而再审检察建议不得适用于上级检察院对下级法院的法律监督。这是因为再审检察建议的本意是引起同级法院对其审判结果错误的关注是否发动再审程序,由该法院斟酌决定。

二是再审事由的轻重有别。虽然抗诉和再审检察建议的再审事由在范围上相同,但二者在轻重环节上有所区别。一般而言,法院生效裁判和调解书中的错误非常严重的,应当由上级检察院向上级法院提出抗诉;法院生效裁判和调解书中的错误并不是非常严重的,甚至仅仅是裁判或调解中的某些应当通过再审加以纠正的瑕疵,则应当由同级检察院向同级法院提出再审检察建议。

三是效果不同。抗诉必然引起再审程序的发生,再审检察建议法院虽然必须受理,但不一定会启动再审程序,如果法院认为生效裁判或调解书不存在足以通过再审加以纠正的错误,或者再审程序的启动已经失去必要性的,则可以裁定不予启动再审程序。无论法院是否启动再审程序,法院均要给检察院做出一个具有明确结果的裁定。

四是检察机关是否必须派员出席再审法庭有所区别。根据《民事诉讼法》第220条的规定,人民检察院提出抗诉的案件,人民法院再审时,应当通知人民检察院派员出席法庭。但是,对于再审检察建议,即便在基于此而被启动的再审程序中,人民法院也不是必须通知检察机关派员出席法庭。一方面,这是因为法律并无此方面的规定;另一方面,再审检察建议具有间接性和转换性,而不是如同抗诉那样具有直接性和非转换性。检察院发出的检察建议,由于仅仅是一种司法上的建议,其仅供法院参考,最终的再审决策由法院作出,因而再审检察建议这种具有外部性的监督不能一步到位地发挥作用,而必须经过法院依职权发动再审的程序转换,从而变成法院的内部监督形式。既然是作为法院内部的监督形式,那么法院就可以通知也可以不通知检察机关派员出席再审法庭。与此不同,抗诉作为直接的外部监督形式,能够不经法院决策这个中间环节启动再审程序,因而法院必须通知检察院派员出席法庭。在法院通知检察院派员出席再审法庭后,无论是基于再审检察建议抑或基于抗诉所启动的再审程序,在后续的程序进程中,检察机关的作用和职能则并无差异。

五是能否再次监督有所不同。《民事诉讼法》第216条第2款规定:"人民检察院对当事人的申请应当在三个月内进行审查,作出提出或者不予提出检察建议或者抗诉的决定。当事人不得再次向人民检察院申请检察建议或者抗诉。"对于抗诉而言,由于抗诉之后,除了跟踪监督外,再无其他适当的形式进行后续的法律监督,因而当事人不得再次申请抗诉,就意味着其申请法律监督的权利走到了尽头,则无申请抗诉或再审检察建议之可能。但对于再审检察建议而言,当事人虽依据立法之规定不得再次申请再审检察建议,但却可以继而申请检察院进行抗诉,检察院仍可接受当事人的监督申请,提请上级检察院抗诉,或者由当事人直接向上级检察院申请进行抗诉。可见,在检察院决定提出再审检察建议时,实际上是为当事人保留了继续申请进行抗诉的机会和权利,而在检察院一步到位进行抗诉时,同时也就将当事人进行二次监督申请的权利和机会给限定了或取消了。因此,尽管再审检察建议的法律效果不如抗诉,但其程序性权利范围及其伸缩余地较之于抗诉,对当事人更为有利,这也是再审检察建议尽管属于柔性监督但却有某种程度刚性效果的表征所在。

最后需要指出的是，从立法论上而言，《民事诉讼法》尽管在 2012 年修法时将再审检察建议写入了法律，但是其内容并没有像抗诉那样既做出了制度性规定又做出了程序性规范，因而既具有制度的宣示意义又具有制度的操作价值，而仅仅是概念性地嵌入，缺乏程序性规范的配套设置，可操作性较低，需要将来立法加以补救。

二、提出抗诉或者再审检察建议的监督事由

（一）监督事由的立法规定和基本特征

监督事由是检察机关向法院提出抗诉或再审检察建议所依赖的法定原因或法定情形，也就是说，在什么情形下，检察机关可以提出抗诉或发出再审检察建议。对此，《民事诉讼法》第 215 条规定："最高人民检察院对各级人民法院已经发生法律效力的判决、裁定，上级人民检察院对下级人民法院已经发生法律效力的判决、裁定，发现有本法第二百零七条规定情形之一的，或者发现调解书损害国家利益、社会公共利益的，应当提出抗诉。地方各级人民检察院对同级人民法院已经发生法律效力的判决、裁定，发现有本法第二百零七条规定情形之一的，或者发现调解书损害国家利益、社会公共利益的，可以向同级人民法院提出检察建议，并报上级人民检察院备案；也可以提请上级人民检察院向同级人民法院提出抗诉。"这便从原则层面对检察机关进行抗诉或提出再审检察建议的法定情形做出了规定。从上述规定可知，检察机关进行结果监督的法定情形具有以下三个特征：

其一，监督再审事由同质化。抗诉和再审检察建议在监督法定情形上具有同质化特征。尽管立法对抗诉和再审检察建议这两种监督方式做出了分别的规定，但在监督的法定事由或法定情形上，二者保持了完全的一致性，从而形成了检察监督再审事由同质化特征。

其二，裁判再审事由同构化。检察监督的法定事由与当事人申请再审的法定事由，就裁判而言，二者具有同构化特征。检察机关对于生效裁定书或判决书的抗诉或提出再审检察建议，其法定的再审事由并不具有独立性，而完全准用《民事诉讼法》第 207 条的规定。换言之，检察院对生效裁判进行抗诉或提出再审检察建议的法定事由并不是如同法院依职权决定再审那样认为"确有错误"，而是如同当事人申请再审那样必须符合 13 项再审事由之一或者部分。立法之所以这样规定，主要原因在于其认为，检察院进行法律监督的本质任务在于保障当事人的诉权。

其三，调解再审事由限缩化。从上引《民事诉讼法》第 215 条的规定可知，检察机关对调解书的法律监督被限定在"发现调解书损害国家利益、社会公共利益"的情形，这一监督事由与当事人对调解书申请再审的法定事由相比有所不同。《民事诉讼法》第 208 条规定："当事人对已经发生法律效力的调解书，提出证据证明调解违反自愿原则或者调解协议的内容违反法律的，可以申请再审。"可见，与裁判书上的监督事由同构化不同，调解书上的监督事由则相对于当事人的申请再审事由而言有所限缩，二者所形成的是包含和被包含的关系，作为监督事由的损害国家利益或社会公共利益的法定情形，是违反调解合法性原则的表现，被包含在合法原则之中；然而，违反合法原则的调解情形却远非限定于损害国家利益或社会公共利益的法定情形范围之内，因而，检察院对调解书的监督再审范围极为狭窄。

（二）关于监督事由的几个争论问题

1. 关于监督事由是否应限定在公益性问题上的观点

首先，所谓公益性和私益性之间的界限难以划分。诉讼的内容涉及诸如环境保护、消费者

权益保护等议题的固然属于公益性问题，检察机关需要予以监督，同时，虽然某些错案中仅涉及私人的损害赔偿问题，但法院的错误裁判和错误调解已经造成了严重的负面社会影响，检察机关拿起法律监督的武器进行此类案件的所谓"私益性监督"，正是检察机关法律监督的题中应有之义。其他的事实认定错误、程序运用程序错误、法律适用错误等，均可能在不同程度上产生这样或那样的社会不良影响，损害社会安定的法治秩序，妨碍依法治国方略的实现，因而都可能涉及公益问题。可见，案件是否涉及公益以及案件是否属于公益诉讼案件是两个不宜等同的概念，不能将检察院的法律监督用狭义的公益保护进行限定，否则不利于宪法所规定的法律监督职能之实现。

其次，检察监督的目的之一就是保障诉权。检察机关行使法律监督权的目的是双重的，一方面检察监督是为了监督审判权、保障司法公正；另一方面检察监督是为了保障诉权、实现程序正义。检察院的法律监督有助于通过保障诉权制约审判权，从而确保审判权得以公正行使。这一功能不仅体现在诉中监督中，而且也体现在诉后监督中。检察监督能为再审诉权的行使助一臂之力，确保再审诉权的有效实现，从而确保司法公正目标的实现。因此，将检察监督的法定事由与当事人申请再审的法定事由进行同构化的设置与安排，乃出于再审诉权的一一对应式的保障需求，属于正确的立法选择。

最后，需要指出的是，目前这种将监督事由与申请事由完全竞合的立法规定还有待于完善。因为，当事人申请再审的事由全部都是为了私权保护而设，而没有涉及严格意义上的公益保护以及案外人合法权益保护的问题。比如，公益诉讼案件中所产生的诉讼结果，包括裁定书、判决书、调解书等，如果确有错误需要纠正，而目前的申请再审事由中并没有涵盖公益性再审事由，这显然存在问题。再如，双方恶意串通损害第三人利益的虚假诉讼，在当事人申请再审的法定事由中也付诸阙如，亦不妥当。因此，检察院的监督事由应当包含并大于当事人的申请再审事由。

从逻辑上说，抗诉或再审检察建议的法定事由应当覆盖《民事诉讼法》第207条所规定的当事人申请再审的13项事由，在此基础上还应有其特别的监督事由，主要包括三种情形：一是生效裁判客观上损害了国家利益；二是生效裁判客观上损害了社会公共利益；三是生效裁判客观上损害了案外第三人的合法权益。[①] 由此可见，我国检察机关的抗诉或再审检察建议的法定事由不是多了，而是少了，应当采用"加长板凳"的方式，增设条款，将损害公益以及第三人合法权益的情形作为监督再审事由的特殊情形加以规定。

2. 关于"新证据"作为监督事由是否具有妥当性的问题

笔者认为，首先不能以点带面对监督事由和申请再审事由的同构化规定进行质疑。当事人申请再审的法定事由有13项，新证据是其中一项，即便新证据不能作为监督事由，也不能否定同构化立法模式的正确性，立法可以采取除外规则将新证据的再审事由予以排除，而不能因噎废食，将其他的适宜将当事人申请再审事由与检察院监督再审事由作同构化处理的法定情形也一概摒弃。这是一方面。另一方面，即便就新证据而言，其作为检察院的监督事由也并无不妥之处。其原因仍在于诉权保障的监督功能之中，当事人基于新证据申请监督被无端驳回，此时他只有寻求检察院的法律监督作为最后的救济，如果检察监督的这一条路也被堵住了，则当事人即便发现了足以推翻原生效裁判的新证据，也回天无力了，显然，这绝非立法保障诉权之道，因而认为新证据不宜成为检察院提出抗诉或发出再审检察建议的监督事由的观点是不正确的。

---

① 参见汤维建：《民事诉讼法的全面修改与检察监督》，载《中国法学》2011年第3期。

3. 法定事由的"同构化"是否会导致当事人申请再审期间的"虚置化"

有观点认为，由于检察院行使抗诉监督权没有时间上的限制，所以法定事由的"同构化"可能加重当事人申请再审期间的"虚置化"。事实上，当事人超过申请再审期间转而向检察院寻求救济正是当事人申诉的主要情形之一。①

上述观点的基本逻辑是，当事人申请再审具有期间的限制（6个月），这是为了促使当事人在发现有再审事由后尽快地向法院申请再审，如果当事人申请再审未达目的，则可根据《民事诉讼法》第216条的规定，转而诉诸检察院，请求检察院进行法律监督，而检察院法律监督目前是无期限规定的，因而所导致的结果是，当事人即便逾期超过了6个月不能申请再审了，但其却仍可向检察院申请抗诉或再审检察建议，这样一来，对当事人所规定的6个月再审申请期间便失去了意义。其实，这一观点是似是而非的。当事人超过6个月的再审申请期间，就无权利申请再审了，而未经再审申请，根据《民事诉讼法》第216条的规定，该当事人便无权申请检察院的法律监督。事实上，此问题的根源不在于法定事由的"同构化"，而在于立法未对当事人申请抗诉或再审检察建议规定期限。我国应当明确规定当事人申请抗诉（或再审检察建议）以及检察机关提出抗诉（或再审检察建议）的期限。② 立法一旦规定了当事人申请检察院抗诉或发出再审检察建议的期限，这个问题便迎刃而解了，根本不需要反向地否定再审事由同构化的立法模式。

综上所述，对再审事由同构化立法模式提出质疑的上述三个观点均不能成立，我们需要进行立法完善的着力点不是限缩检察院进行法律监督的法定事由，也不是否定监督事由和申请事由的一体化立法体例，而是在申请事由的基础上扩大监督事由的范围，将涉及公益保护和案外人保护的因素融入其中加以规范。

三、当事人申请检察院提出抗诉或再审检察建议的程序

根据《民事诉讼法》第215条的规定，人民检察院对生效裁判及调解书提出抗诉或发出再审检察建议，从启动程序上说，有两个途径：一是依职权启动程序，由检察院根据其履职中发现的错案线索，未经当事人申请，主动地提出抗诉或发出再审检察建议；二是根据当事人的监督申请，被动地提出抗诉或发出再审检察建议。一般而言，检察机关进行法律监督的这两条途径是并行不悖、并驾齐驱的，其间并无截然的界限可言。然而，就司法实践而言，通常来说，除涉及国家利益、社会公共利益或第三人合法权益的保障，检察机关并不依职权主动介入民事诉讼程序提出抗诉或发出再审检察建议，③ 这是检察机关行权上的谦抑原则所表现和使然。相反，绝对多数的监督再审案件，检察机关提出抗诉或发出再审检察建议都是依赖于当事人的再审申请，这是当事人主义诉讼原则和诉讼模式在检察监督中的体现，是对当事人处分权和私权自治权的尊重。因而这里仅就当事人申请进行法律监督的程序进行介绍。

（一）当事人申请法律监督的前置程序

当事人提出再审监督申请，是其再审诉权的体现，是否行使该权利，由当事人自主决定。原本，在2012年《民事诉讼法》修改前，当事人申请进行事后监督的权利是不受任何限制、不具有任何附带条件的，只要法院作出裁判和调解书已经生效，只要当事人对此不服不满，均

---

① 参见冯浩：《民事再审事由研析》，中国法制出版社2016年版，第159—160页。
② 参见汤维建：《审判监督程序立法修改五题》，载《法律适用》2011年第10期。
③ 《监督规则》第75条。

可自由地依照其所享有的再审诉权向法院申请再审或者向检察院申请进行法律监督,这两条寻求再审救济的途径和大门是向当事人敞开的,当事人对此可以自由选择,而不是非要先行经过向法院的申请再审,然后才能向检察院申请法律监督。然而,这样一种再审诉权的保障程序设置,到了2012年修改《民事诉讼法》之后发生了变化,这两种并行的再审救济程序之间从此有了先行后继的关系。根据《民事诉讼法》第216条的规定,只有存在下列情形之一,当事人方可向人民检察院申请检察建议或者抗诉:一是人民法院已经驳回了当事人提出的再审申请;二是人民法院逾期未对再审申请作出裁定;三是再审判决、裁定依然存在明显错误。这便是所谓的检察院进行法律监督的前置程序,不经过该前置程序,检察院不得提出抗诉或发出再审检察建议。对于该前置程序的立法规定是否妥当,笔者后有专论,在此不赘。

还有一个需要明确的问题:在一审法院作出可上诉的裁判后,当事人放弃了上诉权,没有在上诉期间内提出上诉,从而使一审裁判发生了法律效力,对此,当事人是否有权申请再审?根据检察机关制定的相关规则,如果原审裁判因当事人未行使上诉的权利而发生法律效力,原则上只是在不能归责于当事人自身等特殊的情形下才允许其提出抗诉的申请。① 2018年9月15日,最高人民检察院印发《关于停止执行〈人民检察院民事诉讼监督规则(试行)〉第三十二条的通知》,明确指出当事人针对人民法院作出的已经发生法律效力的一审民事判决、裁定提出的监督申请,无论是否提出过上诉,只要符合《民事诉讼法》第216条的规定,均依法受理。

(二) 当事人申请法律监督的管辖检察院

当事人申请法律监督,不是向任何检察院提出均可,而必须像到法院起诉一样,首先确定有管辖权的检察院才能有效地提出法律监督申请。当事人根据《民事诉讼法》第216条第1款的规定向人民检察院申请检察建议或者抗诉,由作出生效民事判决、裁定、调解书的人民法院所在地同级人民检察院负责控告申诉检察的部门受理。② 同级检察院的控告检察部门受理后,应当将案件转交给本检察院的民事检察部门办理。③

(三) 当事人提出法律监督申请的方式

当事人向人民检察院申请监督,应当提交监督申请书、身份证明、相关法律文书及证据材料。提交证据材料的,应当附证据清单。申请监督材料不齐备的,人民检察院应当要求申请人限期补齐,并一次性明确告知应补齐的全部材料。申请人逾期未补齐的,视为撤回监督申请。④

当事人提出的监督申请书应当记明下列事项:其一,申请人的姓名、性别、年龄、民族、职业、工作单位、住所、有效联系方式,法人或者其他组织的名称、住所和法定代表人或者主要负责人的姓名、职务、有效联系方式;其二,其他当事人的姓名、性别、工作单位、住所、有效联系方式等信息,法人或者其他组织的名称、住所、负责人、有效联系方式等信息;其三,申请监督请求和所依据的事实与理由。申请人应当按照其他当事人的人数提交监督申请书副本。

---

① 参见王亚新:《民事再审:程序的发展及其解释适用》,载《北方法学》2016年第5期。
② 《监督规则》第29条。
③ 《监督规则》第5条。
④ 《监督规则》第21条。

(四) 当事人申请法律监督的期限

如前所述，由于未规定当事人申请抗诉的期限，因而这一制度很可能成为超过申请再审期限的当事人寻求救济的途径。当事人超过期限申请抗诉，不利于维护生效裁判的稳定性与权威性，使当事人之间的法律关系长期处于不安定状态。对此，2001年最高人民法院出台《全国审判监督工作座谈会关于当前审判监督工作若干问题的纪要》指出："原审案件当事人在原审裁判生效二年内无正当理由，未向人民法院或人民检察院提出申诉的案件；同一检察院提出过抗诉的案件和最高人民法院司法解释中明确不适用抗诉程序处理的案件，人民检察院提出抗诉的，人民法院不予受理。"然而有学者提出，该文件出台于2012年《民事诉讼法》修改之前，且仅为会议纪要，其效力远低于法律规定，实践中并未严格执行。[①] 因此，我国应当通过立法的方式明确当事人申请抗诉的期限。该期限按照《民法典》新的诉讼时效规定，确定为自当事人向法院申请再审被驳回之日起3年内较为适合。

(五) 当事人申请法律监督的次数限制

《民事诉讼法》第216条第2款规定："当事人不得再次向人民检察院申请检察建议或者抗诉。"据此规定，当事人向检察院提出监督申请的法定次数是一次，也即，当事人只能向检察院提出一次监督申请，无论该申请是被检察院接受了还是被否决了，其情形并无差别。然而，《监督规则》第124条规定："有下列情形之一的，人民检察院可以按照有关规定再次监督或者提请上级人民检察院监督：（一）人民法院审理民事抗诉案件作出的判决、裁定、调解书仍有明显错误的；（二）人民法院对检察建议未在规定的期限内作出处理并书面回复的；（三）人民法院对检察建议的处理结果错误的。"因而，尽管当事人提出监督申请的次数只有一次，但并不意味着当事人从此就失去了向检察院反映诉求、提出申诉的权利，如前所述，这些权利由宪法所保障，属于宪法性基本权利，为每一位公民所平等享有，体现在这里，便表现为请求检察机关对法院错误的裁判进行跟踪监督和提请上级检察院监督的诉愿。检察机关对当事人这种诉愿，虽然不是必须将其纳入如同监督申请一样的正规程序处理，但仍应将其作为一个跟踪监督或提请监督的错案线索认真对待。

四、检察院对当事人监督申请的材料审核与受理

(一) 检察院对当事人监督申请的材料审核

对当事人提出的监督申请，人民检察院应当依法进行材料审核。材料审核的内容主要包括：其一，提出监督申请的主体是否具有适格性，只有生效裁判和调解书中的当事人才有权提出监督申请。其二，当事人的监督申请是否已经经过了向法院申请再审的前置程序。其三，当事人的监督申请是否符合书面格式化要求。其四，接受监督申请的检察机关对本案是否具有管辖权。其五，当事人的监督申请是否具有检察院不得受理的除外情形。

根据《监督规则》第27条的规定，当事人的监督申请如果具有以下情形之一，检察院不予受理：其一，当事人未向人民法院申请再审或者申请再审超过法律规定的期限的（但不可归责于其自身原因的除外）；其二，人民法院在法定期限内正在对民事再审申请进行审查的；其三，人民法院已经裁定再审且尚未审结的；其四，判决、调解解除婚姻关系的，但对财产分割部分不服的除外；其五，人民检察院已经审查终结作出决定的；其六，民事判决、裁定、调

---

① 参见冯浩：《民事再审事由研析》，中国法制出版社2016年版，第160页。

解书是人民法院根据人民检察院的抗诉或者再审检察建议再审后作出的;其七,申请监督超过该规则第 20 条法定的期限的;其八,其他不应受理的情形。

(二)检察院对当事人监督申请的受理

根据《监督规则》第 32 条之规定,检察院对当事人监督申请经过审查,应当分别作出如下处理:其一,符合受理条件的,应当依照该规则规定作出受理决定;其二,不属于本院受理案件范围的,应当告知申请人向有关人民检察院申请监督;其三,不属于人民检察院主管范围的,应当告知申请人向有关机关反映;其四,不符合受理条件,且申请人不撤回监督申请的,可以决定不予受理。

负责控告申诉检察的部门应当在决定受理之日起 3 日内制作《受理通知书》,发送申请人,并告知其权利义务,同时将《受理通知书》和监督申请书副本发送其他当事人,并告知其权利义务。其他当事人可以在收到监督申请书副本之日起 15 日内提出书面意见,不提出意见的不影响人民检察院对案件的审查。负责控告申诉检察的部门应当在决定受理之日起 3 日内将案件材料移送本院负责民事检察的部门,同时将《受理通知书》抄送本院负责案件管理的部门。负责民事检察的部门对受理后的民事诉讼监督案件进行审查。上级人民检察院可以将受理的民事诉讼监督案件交由下级人民检察院办理,并限定办理期限。交办的案件应当制作《交办通知书》,并将有关材料移送下级人民检察院。下级人民检察院应当依法办理,不得将案件再行交办。交办案件需要通知当事人的,应当制作《通知书》,并发送当事人。[①]

五、检察院对当事人监督申请的审查与处理

在检察院受理当事人的监督申请后,随即就要展开审查和处理的工作。审查是处理的前提,处理是审查的结果,前者决定后者的质量,后者取决于前者的质量。

检察院对当事人监督申请的审查分两个阶段进行:一是对当事人监督申请进行形式性审查,以判断其是否符合检察院受理的条件,从而决定是否对其予以受理;二是对当事人监督申请进行实质性审查,以判断其是否符合检察院提出抗诉或发出再审检察建议的条件,从而决定是否提出抗诉或提请抗诉,或发出再审检察建议。前一种审查是基于立案登记制的带有审核性质的审查,也即前已述及的材料审核;后一种审查,也即这里所介绍的审查,是基于司法权意义的带有审理性质的审查,其性质与法院的审判有所类似。这两种审查合在一起,可称为广义上的审查,单纯后一种审查,乃为狭义上的审查。这里仅在狭义上使用审查的概念。基于此,所谓检察院对当事人监督申请的审查,是指检察机关在受理当事人的监督申请后,通过审阅卷宗材料、调查核实权的行使、听证程序等行为,判断当事人监督申请是否符合法定要件,以决定是否提出抗诉或发出再审检察建议的检察监督活动。由该概念可知,检察院对当事人监督申请的审查主要包括以下内容和环节:

(一)审查的范围

《监督规则》第 43 条规定:"人民检察院审查民事诉讼监督案件,应当围绕申请人的申请监督请求、争议焦点以及本规则第三十七条规定的情形,对人民法院民事诉讼活动是否合法进行全面审查。其他当事人在人民检察院作出决定前也申请监督的,应当将其列为申请人,对其申请监督请求一并审查。"可见,检察院对当事人监督申请的审查范围包括两个方面:一是当

---

① 《监督规则》第 33、34、40、42 条。

事人在监督申请中提出的不服法院裁判和调解书、希望加以纠正的那些内容，也即当事人监督请求所划定的范围；二是检察院在审查过程中发现的认为应当由法院加以纠正的当事人监督请求之外的内容。监督申请提出的监督请求以及检察院职权发现的监督内容合在一起，构成了检察院审查监督申请的完整范围。可见，检察院对监督申请的审查，与法院对当事人诉讼请求的审理遵循着不尽一致的原则，检察院的审查范围不完全取决于当事人的请求范围，此外还包括检察院职权发现需要监督的内容。之所以检察院的审查范围要大于等于当事人申请监督的范围，其原因乃在于检察院的法律监督不仅在于保障私权以及基于私权所产生的诉权，还在于保障合法公正的审判秩序和法律秩序。

（二）调阅卷宗材料

《监督规则》第47条规定："人民检察院审查案件，可以依照有关规定调阅人民法院的诉讼卷宗。通过拷贝电子卷、查阅、复制、摘录等方式能够满足办案需要的，可以不调阅诉讼卷宗。"卷宗材料是法院审理案件所产生的资料，检察院要对监督申请进行审查，首先必须审阅法院的卷宗材料，而卷宗材料处在法院的掌控之中，为此，检察院有必要向法院调阅该卷宗材料。调阅卷宗材料是检察院享有的职权，检察院为了履行对法院审判的法律监督职能，一个不可或缺的环节就是调阅法院的卷宗材料，如果没有法院的卷宗材料，则巧妇难为无米之炊，检察院根本无法进行法律监督。法院在接到检察院调阅卷宗材料的调卷函后，应当无条件地予以提供。提供卷宗材料的原则是完整、及时、便利。法院对检察院调阅的卷宗材料，不得以任何借口予以拒绝，也不得以任何借口予以删减、修改。

需要讨论的是，检察院调阅的卷宗材料是否包括法院的所谓副卷，而不是仅仅限于正卷。副卷是法院审判案件时内部产生的带有保密性质的卷宗材料，包括审判委员会讨论纪要，合议庭的讨论意见尤其是分歧意见，上级法院的批示、批复等指示性、指导性意见，有关单位和领导对本案的关注意见，等等。根据《民事诉讼法》第52条第2款的规定，当事人可以查阅本案有关材料，并可以复制本案有关材料和法律文书。查阅、复制本案有关材料的范围和办法由最高人民法院规定。约定俗成，当事人可以查阅的卷宗材料仅限于正卷材料，而不包括副卷材料。然而，不无疑问的是，这种只能阅读正卷材料而不能阅读副卷材料的限制性规定，是否也适用于检察院的法律监督？笔者认为不能。也就是说，检察机关如果认为有必要，应当有权力调阅法院的副卷材料。其原因在于，一方面，检察机关本身与法院一样也属于司法机关，法院审判、检察院监督是同一个司法过程的两个方面，法院审判中所形成的副卷材料应与检察院共享；另一方面，副卷材料也是检察院监督所针对和依赖的对象性材料，法院的审判活动不仅是表现在正卷中的审判活动，而且是表现在副卷中的审判活动都必须纳入检察院的法律监督之中，否则检察院的监督就是残缺不全的，其监督公正司法、依法司法的目的便无法实现。当然，检察院通过拷贝电子卷、查阅、复制、摘录等方式能够满足办案需要的，可以不调阅诉讼卷宗。检察院在办案结束后，应当向法院如数返还卷宗材料。如果检察官办案过程中，遗漏、丢失、灭失了卷宗材料，要承担相应的法律责任。此外，检察院在使用卷宗材料时，对应保密的部分尚需恪尽保密的义务。

（三）听证

"听证"这个概念在民事检察中的出现是一大进步，早在1999年最高人民检察院颁布实施的《人民检察院办理民事行政抗诉案件公开审查程序试行规则》中,就有了听证制度的萌芽。[①] 直到《人民检察院民事诉讼监督规则(试行)》的颁行,才正式确定了听证程序,将其作为案件的审查方式之一,以第57至第64条共8个条文作出了规定。鉴于听证的重要性,本书后有专论探讨听证的基本理论问题,这里仅结合《监督规则》就其实践操作的基本步骤和要求做一概览。

其一,关于听证的必要性审查。[②] 听证并不是民事检察监督案件的必经程序,是否需要听证,由检察机关进行综合权衡,认为确有必要的,才进行听证。其所必须考虑的因素主要有:案件的复杂疑难程度;是否属于新类型案件;是否具有指导案例的创设价值;是否涉及人数众多具有社会稳定考量因素;是否具有督办、指令办理等因素。检察机关既可依职权进行听证,也可根据当事人的申请进行听证。当事人对检察机关不予听证的决定不得声明不服。

其二,关于听证的参加者。[③] 听证是一个广开言路的监督行为,在听证中,检察机关将根据需要吸收和邀请与案件没有利害关系的人大代表、政协委员、人民监督员、特约检察员、特邀监督员、专家咨询委员、人民调解员或者当事人所在单位、居住地的居民委员会、村民委员会成员以及专家、学者等其他社会人士参加听证。听证的参加者参加听证的任务主要有两个:一是监督,二是发表意见。要防止听而不证,使听证流于形式化。听证者的权利和义务应当在规则中予以明确,听证者的候选名单应当实行动态调整,在固定的听证者外,还应有非固定的视需要而确定的听证者。

其三,关于听证的通知。[④] 人民检察院组织听证,应当在听证3日前告知听证会参加人案由、听证时间、地点。通知的目的在于使之提前做好参加听证的准备,提高听证的实效性,防止听证走过场。参加听证的当事人和其他相关人员应当按时参加听证,当事人无正当理由缺席或者未经许可中途退席的,不影响听证程序的进行。[⑤]

其四,关于听证的主持者和场所。[⑥] 人民检察院组织听证,由承办检察官主持,书记员负责记录。听证一般在人民检察院专门听证场所内进行。之所以规定由承办检察官主持,是因为听证制度的主要目的是为办案检察官提供决策的参考依据,使之能够作出更有针对性的检察决定,提高检察监督的精准度。但应当看到,这一条的规定仅仅是原则性规定,而不是绝对性规范,在必要时,根据检察长或分管副检察长的意见,听证可以由非承办检察官主持,甚至可以由专家学者等完全中立的第三方主持,比如检察和解的听证,有时承办检察官主持听证并不见得有利,反而由中立的第三方主持更有利于获得当事人的信赖,更有利于促成听证目的之实现。参加听证的人员应当服从听证主持人指挥。对违反听证秩序的,人民检察院可以予以批评教育,责令退出听证场所;对哄闹、冲击听证场所,侮辱、诽谤、威胁、殴打检察人员等严重扰乱听证秩序的,依法追究相应法律责任。[⑦]

[①] 该规则虽然未明确规定听证程序,但在其具体内容上规定了检察机关应当听取双方的事实和理由,以及在听取意见时依案情或当事人请求,可以邀请有关专家和案件有关人参加。《人民检察院办理民事行政抗诉案件公开审查程序规则(试行)》第17条。

[②] 《监督规则》第54条第1款。

[③] 《监督规则》第54条第2款。

[④] 《监督规则》第56条。

[⑤] 《监督规则》第57条。

[⑥] 《监督规则》第55条。

[⑦] 《监督规则》第61条。

其五，关于听证的进行。① 听证应当围绕着民事诉讼监督案件中的事实认定和法律适用等问题进行。对当事人提交的证据材料和人民检察院调查取得的证据，应当充分听取各方当事人的意见。听证一般按照下列顺序进行：承办案件的检察官介绍案件情况和需要听证的问题；当事人及其他参加人就需要听证的问题分别说明情况；听证员向当事人或者其他参加人提问；主持人宣布休会，听证员就听证事项进行讨论；主持人宣布复会，根据案件情况，可以由听证员或者听证员代表发表意见；当事人发表最后陈述意见；主持人对听证会进行总结。

其六，关于听证的笔录及其效力。② 听证应当制作笔录，经当事人校阅后，由当事人签名或者盖章。拒绝签名盖章的，应当记明情况。听证笔录具有法律效力，非经正当程序不得更改，检察机关应当根据听证笔录的内容做出检察决策，背离听证笔录的检察决策是无效的。

（四）调查核实

《人民检察院组织法》第21条规定："人民检察院行使本法第二十条规定的法律监督职权，可以进行调查核实，并依法提出抗诉、纠正意见、检察建议。有关单位应当予以配合，并及时将采纳纠正意见、检察建议的情况书面回复人民检察院。"从此，为人民检察院有效履职提供保障的调查核实权写入了人民检察院组织法之中。其实，在这之前，在2012年修改《民事诉讼法》时，便已在其第210条（现第217条）中规定了调查核实权。该条规定："人民检察院因履行法律监督职责提出检察建议或者抗诉的需要，可以向当事人或者案外人调查核实有关情况。"也正是根据《民事诉讼法》的此一规定，《监督规则》对此予以了细化规定，使检察院的调查核实权具有了可操作性。其具体内容主要包括：

其一，关于调查核实权的适用条件和范围。③ 人民检察院因履行法律监督职责的需要，有下列情形之一的，可以向当事人或者案外人调查核实有关情况：一是民事判决、裁定、调解书可能存在法律规定需要监督的情形，仅通过阅卷及审查现有材料难以认定的；二是民事审判程序中审判人员可能存在违法行为的；三是民事执行活动可能存在违法情形的；四是其他需要调查核实的情形。

其二，关于调查核实的审批和进行。④ 需要调查核实的，由承办检察官在职权范围内决定，或者报检察长决定。人民检察院调查核实，应当由两人以上共同进行。调查笔录经被调查人校阅后，由调查人、被调查人签名或者盖章。被调查人拒绝签名盖章的，应当记明情况。人民检察院可以指令下级人民检察院或者委托外地人民检察院调查核实。人民检察院指令调查或者委托调查的，应当发送《指令调查通知书》或者《委托调查函》，载明调查核实事项、证据线索及要求。受指令或者受委托人民检察院收到《指令调查通知书》或者《委托调查函》后，应当在15日内完成调查核实工作并书面回复。因客观原因不能完成调查的，应当在上述期限内书面回复指令或者委托的人民检察院。人民检察院到外地调查的，当地人民检察院应当配合。人民检察院调查核实，有关单位和个人应当配合。拒绝或者妨碍人民检察院调查核实的，人民检察院可以向有关单位或者其上级主管部门提出检察建议，责令纠正；涉嫌违纪违法犯罪的，依照规定移送有关机关处理。

---

① 《监督规则》第58、59条。
② 《监督规则》第60条。
③ 《监督规则》第62条。
④ 《监督规则》第68—71条。

其三，关于调查核实的措施。① 人民检察院可以采取以下调查核实措施：查询、调取、复制相关证据材料；询问当事人或者案外人；咨询专业人员、相关部门或者行业协会等对专门问题的意见；委托鉴定、评估、审计；勘验物证、现场；查明案件事实所需要采取的其他措施。人民检察院调查核实，不得采取限制人身自由和查封、扣押、冻结财产等强制性措施。人民检察院可以就专门性问题书面或者口头咨询有关专业人员、相关部门或者行业协会的意见。口头咨询的，应当制作笔录，由接受咨询的专业人员签名或者盖章。拒绝签名盖章的，应当记明情况。人民检察院对专门性问题认为需要鉴定、评估、审计的，可以委托具备资格的机构进行鉴定、评估、审计。在诉讼过程中已经进行过鉴定、评估、审计的，一般不再委托鉴定、评估、审计。人民检察院认为确有必要的，可以勘验物证或者现场。勘验人应当出示人民检察院的证件，并邀请当地基层组织或者当事人所在单位派人参加。当事人或者当事人的成年家属应当到场，拒不到场的，不影响勘验的进行。勘验人应当将勘验情况和结果制作笔录，由勘验人、当事人和被邀参加人签名或者盖章。

（五）制作审查终结报告

监督案件的承办人经过阅读卷宗材料、询问当事人、听证、调查核实等，如果认为业已把控了案情，对案件的处理有了一个确定性的意见，则应当制作审查终结报告。② 审查终结报告应当全面、客观、公正地叙述案件事实，依据法律提出处理建议。承办人通过审查监督申请书等材料即可以认定案件事实的，可以直接制作审查终结报告，提出处理建议。值得注意的是，审查报告的制作并不意味着审查终结，审查是否真正终结，还要看集体讨论以及审批意见，此后承办人可以修改审查终结报告。因此，此时的审查终结报告仅是初步报告，而非最终报告。

（六）形成最终处理意见

承办检察官办理案件过程中，可以提请部门负责人召集检察官联席会议讨论。检察长、部门负责人在审核或者决定案件时，也可以召集检察官联席会议讨论。检察官联席会议讨论情况和意见应当如实记录，由参加会议的检察官签名后附卷保存。部门负责人或者承办检察官不同意检察官联席会议多数人意见的，部门负责人应当报请检察长决定。检察长认为必要的，可以提请检察委员会讨论决定。检察长、检察委员会对案件作出的决定，承办检察官应当执行。③

（七）中止审查和终结审查

中止审查，与中止诉讼类似，是指在检察机关对监督申请进行审查的过程中，出现了使审查难以继续进行下去的法定事由，必须等待该法定事由消失后才能恢复进行审查的制度。④ 有下列情形之一的，人民检察院可以中止审查：一是申请监督的自然人死亡，需要等待继承人表明是否继续申请监督的；二是申请监督的法人或者非法人组织终止，尚未确定权利义务承受人的；三是本案必须以另一案的处理结果为依据，而另一案尚未审结的；四是其他可以中止审查的情形。中止审查的，应当制作《中止审查决定书》，并发送当事人。中止审查的原因消除后，应当及时恢复审查。与中止审查属于临时性暂停审查不同的是，终止审查则是指因出现了法定事由，使检察机关对监督申请的审查失去了继续进行的意义，或者根本无法继续进行下

---

① 《监督规则》第63、65、66、67条。
② 《监督规则》第48条。
③ 《监督规则》第49条。
④ 《监督规则》第72、73条。

去，因而彻底结束了审查程序的制度。可见，终止审查与诉讼终结有类似之处。有下列情形之一的，人民检察院应当终结审查：一是人民法院已经裁定再审或者已经纠正违法行为的；二是申请人撤回监督申请，且不损害国家利益、社会公共利益或者他人合法权益的；三是申请人在与其他当事人达成的和解协议中声明放弃申请监督权利，且不损害国家利益、社会公共利益或者他人合法权益的；四是申请监督的自然人死亡，没有继承人或者继承人放弃申请，且没有发现其他应当监督的违法情形的；五是申请监督的法人或者非法人组织终止，没有权利义务承受人或者权利义务承受人放弃申请，且没有发现其他应当监督的违法情形的；六是发现已经受理的案件不符合受理条件的；七是人民检察院依职权启动监督程序的案件，经审查不需要采取监督措施的；八是其他应当终结审查的情形。终结审查的，应当制作《终结审查决定书》，需要通知当事人的，发送当事人。

（八）作出监督决定

作出监督决定是检察机关对监督申请进行审查的最后一个环节，根据《监督规则》第50条之规定，人民检察院对审查终结的案件，应当区分情况作出下列决定：一是提出再审检察建议；二是提请抗诉或者提请其他监督；三是提出抗诉；四是提出检察建议；五是终结审查；六是不支持监督申请；七是复查维持。负责控告申诉检察的部门受理的案件，负责民事检察的部门应当将案件办理结果告知负责控告申诉检察的部门。最高人民检察院对各级人民法院已经发生法律效力的民事判决、裁定、调解书，上级人民检察院对下级人民法院已经发生法律效力的民事判决、裁定、调解书，发现有《民事诉讼法》第207条、第215条规定情形的，应当向同级人民法院提出抗诉。[①]《民事诉讼法》第219条规定："人民检察院决定对人民法院的判决、裁定、调解书提出抗诉的，应当制作抗诉书。"人民检察院在决定抗诉之日起15日内应将《抗诉书》连同案件卷宗移送同级人民法院，并制作决定抗诉的《通知书》，发送当事人。[②] 人民检察院提出再审检察建议则要提出再审检察建议书，其程序和要求与抗诉相同。人民检察院认为当事人的监督申请不符合抗诉或再审检察建议条件的，应当作出不支持监督申请的决定，并在决定之日起15日内制作《不支持监督申请决定书》，发送当事人。上级人民检察院可以委托提请抗诉的人民检察院将《不支持监督申请决定书》发送当事人。[③]

（九）审查期限

人民检察院受理当事人申请对人民法院已经发生法律效力的民事判决、裁定、调解书监督的案件，应当在3个月内审查终结并作出决定。[④] 这个期限与《民事诉讼法》第211条对法院审查再审申请所规定的期限相同。

六、检察院提出抗诉或再审检察建议的程序

检察院在决定进行抗诉或再审检察建议的法律监督后，便应以抗诉书或再审检察建议书的形式向有管辖权的法院提出，抗诉书由上级检察机关向作出生效裁判或调解书的终审法院的上级法院提出，此后便进入法院受理和做出处理的程序阶段。

---

① 《监督规则》第90条。
② 《监督规则》第92条。
③ 《监督规则》第93条。
④ 《监督规则》第52条。

（一）法院的受理

法院对于检察院的抗诉或再审检察建议，应当一律受理，无须也不得进行是否符合受理条件的审查，这是因为检察院作为司法机关已经对是否符合抗诉或再审检察建议的适用条件进行了审查，该审查的结果对法院有拘束作用。《民事诉讼法》第218条规定："人民检察院提出抗诉的案件，接受抗诉的人民法院应当自收到抗诉书之日起三十日内作出再审的裁定。"据此规定，人民法院在接到检察院的抗诉书后，必须在30日内作出再审决定，而不是作出受理或不受理的决定，受理这个环节已经因检察机关的司法属性而被取消了。这是不能不注意的一点，也是检察院的抗诉与当事人申请再审的区别之处。值得指出的是，抗诉与再审检察建议的刚性效果有所不同，但这个不同不是体现在受理环节，而是体现在是否决定再审和是否必然引起再审的环节。由于再审检察建议在2012年修改《民事诉讼法》时方加以规定，对其运作程序尚无完善之规定，但在解释论上，其在受理环节并无区别这一点，应当是无疑义的。

《民诉法解释》第411条规定："人民检察院依法对损害国家利益、社会公共利益的发生法律效力的判决、裁定、调解书提出抗诉，或者经人民检察院检察委员会讨论决定提出再审检察建议的，人民法院应予受理。"该条将"经人民检察院检察委员会讨论决定"作为法院受理再审检察建议的前提条件实有不妥，因为《民事诉讼法》第215条第2款仅仅规定："地方各级人民检察院对同级人民法院已经发生法律效力的判决、裁定，发现有本法第二百零七条规定情形之一的，或者发现调解书损害国家利益、社会公共利益的，可以向同级人民法院提出检察建议，并报上级人民检察院备案。"这里仅规定向上级检察院备案，而没有将"经人民检察院检察委员会讨论决定"作为检察机关提起再审检察建议的前提条件加以规定，因而该司法解释将"经人民检察院检察委员会讨论决定"作为法院受理再审检察建议的前提条件加以规定，缺乏上位法的依据。这是其一。其二，退一步说，即便立法将"经人民检察院检察委员会讨论决定"作为法院受理再审检察建议的前提条件加以规定，这一规定也仅仅对检察院有拘束力，对法院并无拘束力，因为其规范的主体是检察机关，而不是审判机关。其三，作为两个平行的司法机关，法院对检察机关内部是否经过检察委员会讨论决定，根本没有审查权，如果其该经过检察委员会讨论决定而没有这样做，也仅是检察机关自己违规操作，其相关责任者应当承担违法责任，但这一点也不影响其对外关系，检察院对外是以检察机关整体的名义行权的，对法院而言，其只能与检察院发生院与院之间的关系，而不能发生院与委的关系。法院对检察院的法律监督是否经过了检察委员会的讨论决定进行审查，实有越俎代庖之嫌，因而是不妥当的。

人民检察院对已经发生法律效力的判决以及不予受理、驳回起诉的裁定依法提出抗诉的，人民法院应予受理，但适用特别程序、督促程序、公示催告程序、破产程序以及解除婚姻关系的判决、裁定等不适用审判监督程序的判决、裁定除外。① 人民检察院依照《民事诉讼法》第216条第1款第3项规定对有明显错误的再审判决、裁定提出抗诉或者再审检察建议的，人民法院应予受理。② 地方各级人民检察院依当事人的申请对生效判决、裁定向同级人民法院提出再审检察建议，符合下列条件的，应予受理：一是再审检察建议书和原审当事人申请书及相关证据材料已经提交；二是建议再审的对象为依照民事诉讼法和本解释规定可以进行再审的判

---

① 《民诉法解释》第412条。
② 《民诉法解释》第413条。

决、裁定；三是再审检察建议书列明该判决、裁定有《民事诉讼法》第215条第2款规定情形；四是符合《民事诉讼法》第216条第1款第1项、第2项规定情形；五是再审检察建议经该人民检察院检察委员会讨论决定。不符合前述规定的，人民法院可以建议人民检察院予以补正或者撤回；不予补正或者撤回的，应当函告人民检察院不予受理。① 对于"再审检察建议经该人民检察院检察委员会讨论决定"和"函告人民检察院不予受理"这两点规定，其不妥当性前已述及，这里不再重复。

(二) 裁定再审

根据《民诉法解释》第415条的规定，人民检察院依当事人的申请对生效判决、裁定提出抗诉，符合下列条件的，人民法院应当在30日内裁定再审：一是抗诉书和原审当事人申请书及相关证据材料已经提交；二是抗诉对象为依照《民事诉讼法》和该解释规定可以进行再审的判决、裁定；三是抗诉书列明该判决、裁定有《民事诉讼法》第215条第1款规定情形；四是符合《民事诉讼法》第216条第1款第1项、第2项规定情形。不符合前述规定的，人民法院可以建议人民检察院予以补正或者撤回；不予补正或者撤回的，人民法院可以裁定不予受理。需加指出的是，这里所规定的"人民法院可以裁定不予受理"较之前面所提及的"函告人民检察院不予受理"更加不妥，一方面，在不予受理抗诉和不予受理再审检察建议之间采用不同的法律文书进行处理，其不妥当性已至为显然；另一方面，裁定对抗诉不予受理也违反了《民事诉讼法》第218条抗诉必然引起再审程序的规定。当事人的再审申请被上级人民法院裁定驳回后，人民检察院对原判决、裁定、调解书提出抗诉，抗诉事由符合《民事诉讼法》第207条第1项至第5项规定情形之一的，受理抗诉的人民法院可以交由下一级人民法院再审。② 人民法院收到再审检察建议后，应当组成合议庭，在3个月内进行审查，发现原判决、裁定、调解书确有错误，需要再审的，依照《民事诉讼法》第205条规定裁定再审，并通知当事人；经审查，决定不予再审的，应当书面回复人民检察院。③ 人民法院审理因人民检察院抗诉或者检察建议裁定再审的案件，不受此前已经作出的驳回当事人再审申请裁定的影响。④

(三) 检察院出席再审法庭

出席再审法庭是检察院履行再审程序法律监督职能的重要任务。《民事诉讼法》第220条规定："人民检察院提出抗诉的案件，人民法院再审时，应当通知人民检察院派员出席法庭。"《民诉法解释》第419条规定："人民法院开庭审理抗诉案件，应当在开庭三日前通知人民检察院、当事人和其他诉讼参与人。同级人民检察院或者提出抗诉的人民检察院应当派员出庭。人民检察院因履行法律监督职责向当事人或者案外人调查核实的情况，应当向法庭提交并予以说明，由双方当事人进行质证。"

值得注意的是，检察院派员出席再审法庭，无论是因抗诉而起或者因再审检察建议而起，均应自始至终参与法庭审理活动，而不得在宣读抗诉书或再审检察建议书后，经法庭许可退出法庭。出席再审法庭的检察官之所以不能中途退庭而必须坚持到底，其原因主要在于：其一，这是检察机关履行法律监督职责的需要。检察机关履行法律监督职责的类型分为两种，一种是

---

① 《民诉法解释》第414条。
② 《民诉法解释》第416条。
③ 《民诉法解释》第417条。
④ 《民诉法解释》第418条。

点状监督,另一种是线状监督。前者如程序违法监督,后者如再审监督。检察院通过抗诉或再审检察建议,其目的在于引起再审程序,纠正法院错误的裁判或调解书,维护当事人的合法权益,捍卫法治的尊严,保障司法的权威。检察院如果中途退庭,则后续的再审程序检察院就无以监督,监督职责的空缺无法弥补。到最后,法院如果维持原判,则检察院如果尚欲进行跟踪监督、再次监督或提请监督,便缺乏正当性。因为正是法院赖以维持原判或不予推翻调解书的关键环节,检察院应当发声而没有发声,从而无缘知晓法院为何维持了原判或调解书,此时检察院仍恪守原有的监督主张,就失去了理性支撑和正当化依据。如果检察院没有缺席再审法庭,法院维持原判或调解书的做法便更可能得到检察院的理解和支持,从而不会发生后续的加强版的监督;或者相反,如果检察院自始至终出席了再审法庭,则更能洞察和知悉再审法庭维持原判或调解书,或者不支持检察院法律监督意见的错误根源所在,检察院进行后续的强化监督便更显合情合理合法以及有理有利有节。其二,再从监督法律关系而言,如果出庭支持抗诉或提出再审检察建议的检察官中途退庭,则意味着双重性的再审诉讼法律关系便失去了一重,监督法律关系由此消失,剩下的便只有本案中的诉讼法律关系,这样便出现了检察监督案件缺乏监督法律关系的尴尬局面。为了避免此种只有诉讼法律关系而缺乏监督法律关系的失衡再审结构状况之出现,检察机关的不可或缺性便不言而喻。其三,从再审程序的任务来说,检察官的中途退庭也对其再审任务的完成构成妨碍。因为,出席法庭的检察官不仅应当宣读抗诉书或再审检察建议书,从而提出法律监督的检察主张,而且,甚至更为重要的是,要对这种检察主张提供证据进行证明,并通过论辩履行自己的说服负担。《监督规则》第96条规定:"检察人员出席再审法庭的任务是:(一)宣读抗诉书;(二)对人民检察院调查取得的证据予以出示和说明;(三)庭审结束时,经审判长许可,可以发表法律监督意见;(四)对法庭审理中违反诉讼程序的情况予以记录。检察人员发现庭审活动违法的,应当待休庭或者庭审结束之后,以人民检察院的名义提出检察建议。"可见,这些任务的完成有赖于出庭检察官自始至终的诉讼努力。提出检察主张的任务容易完成,进行证明和论辩的任务相对具有挑战性,检察官中途退庭也不利于检察能力的提升。其四,从再审程序的自身性质来看,再审程序是非常的救济程序,更需要加强监督。再审程序启动的条件非常严格,门槛非常之高,一定意义上说,再审程序是解决纠纷的最后防线,双方当事人都高度关注,全身心投入,各种干扰性因素也会变本加厉地鱼贯而入,此时恰恰须臾不能离开检察院的法律监督,通常的再审程序都要加强检察院的法律监督,更何况是检察院自己发动的再审程序呢?毫无疑问,在检察院始终监督之下的再审程序,无论在公正性上抑或在效率性上,都远较检察机关不出席再审法庭或中途脱离检察院的直接监督要强出许多,其获得当事人的信赖程度更高,即便法院维持原判或调解书,当事人也更能服判息诉。其五,再从检察院和申请监督的当事人之间的关系来看。如果检察院的法律监督是基于当事人的监督而产生的,那么,虽然检察机关在法律监督中始终恪守中立原则和客观立场,但毋庸讳言的是,申请监督的当事人对支持其监督申请的检察院已经有了某种信赖乃至依赖,此时此刻,支持其监督申请的检察官在法庭上中途退席,对当事人而言,无异于突然失去了某种依靠,对于其诉讼信心是一种打击,不利于其充分发挥诉讼中的能动作用,也不利于树立检察权威和检察公信。

要而言之,检察机关出席再审法庭并坚持到底,是维持再审程序结构平衡的需要,也是检察监督再审程序的内在诉求,是检察监督再审程序正义的体现,有利于对当事人实施充分有效的程序保障,有利于再审程序实现服判息诉的功能,也有利于构建具有中国特色的民事诉讼体制和模式。

七、抗诉的范围

抗诉的适用范围是指检察机关能够通过抗诉形式进行法律监督的案件范围。目前对抗诉范围问题的立法规定，集中体现在《民事诉讼法》第十六章"审判监督程序"之中，其第215条至第220条系统地规定了我国的抗诉制度。从逻辑上说，抗诉既然规定在审判监督程序之中，那么，其自然的结果应当是，只有那些能够引起审判监督程序的案件，才是检察机关提出抗诉的适格对象。这样的立足于文义的解释在我国长期作为通说。然而笔者认为，这个问题并不是不能进行深入讨论的。

不能以抗诉制度的立法位置来确定其适用范围。不能认为抗诉制度规定在再审程序之中，因而它必然与再审程序捆绑在一起，抗诉引起再审，不能引起再审的就不能进行抗诉。这样一种简单连接式的解释是一种形式主义的思维方式，其结果是完全由形式来规定内容，内容被形式所支配，这就颠倒了形式和内容的关系。形式和内容的关系应当是，内容决定形式，形式由内容所支配。比如说，检察建议这种监督形式是规定在"审判监督程序"之中的，但其适用范围却横跨审判监督程序和其他所有的诉讼程序、非讼程序乃至执行程序。如果按照由形式决定内容的观点来看，那么，检察建议也只能与再审程序捆绑在一起，而这显然是不妥当的。同样，抗诉的形式虽然规定在再审程序之中，但不能因此就认为抗诉的内容也只能局限在审判监督程序之中。抗诉这种监督形式能够适用于何种案件和程序的范围，应当由其内容或实质来决定，而不是仅仅看抗诉制度规定在哪一编哪一章哪一节。诚然，从立法技术上看，抗诉制度的适用范围与其立法位置的形式安排应当相适应。但这仅仅是应然意义上的结果，事实上，对于检察监督，在我国民事诉讼的立法上因长期存在争论，其范围也有自狭窄到广泛的变迁，因而在立法技术上呈现出一种支离破碎的非成熟状态，我们在进行法解释时，显然不能被这种有局限性的立法形式和立法技术所制约，否则我们的诉讼制度就会陷入枝节的缠绕中而无法进步。

从抗诉制度的本质来看，其能够引起再审程序仅仅是其外在表现，而其本质在于对审判程序的结果进行监督，正是因为审判程序所导致的结果存在偏误或错讹，因而应当通过抗诉的形式进行法律监督。抗诉的功能在于将审判程序的结果全盘性予以否定，这与检察建议进行程序上修补性监督形成了分工上的区别。审判程序包括诉讼程序和非讼程序两大领域，诉讼程序的结果需要用抗诉来进行错误纠正，非讼程序的结果也需要用抗诉来进行错误纠正。诉讼程序的结果纠正采用的是再审程序或审判监督程序，非讼程序的结果纠正采用的则是自身独立的纠错程序。无论通过何种程序进行结果纠正，抗诉制度都与之紧密相随。可见，抗诉的适用范围应当由两部分构成：一是凡是能够适用再审程序进行结果监督的，抗诉制度可以适用之；二是凡是需要通过自身独立程序进行非讼结果监督的，抗诉制度也可以适用之。因此，抗诉制度的适用范围简单地表述，就是针对判决结果的监督加上特殊情形下的程序监督（不予受理的裁定和驳回起诉的裁定），而对判决结果的监督包括诉讼程序结果的再审监督和非讼程序结果的独立监督。

基于上述分析，不难得出结论认为，适用特别程序、督促程序、公示催告程序作出的判决，属于抗诉制度的适用范围，人民检察院能够通过抗诉对非讼判决实施法律监督。[①]《民诉

[①]《民事诉讼法》第214—217条所规定的督促程序，其产生的结果是支付令而非判决，支付令也有可能会发生错误，比如没有给债务人实施有效送达便做出了支付令，该支付令应当能够通过抗诉进行监督，因而督促程序中的支付令应当以判决视之。

法解释》第412条规定："人民检察院对已经发生法律效力的判决以及不予受理、驳回起诉的裁定依法提出抗诉的，人民法院应予受理，但适用特别程序、督促程序、公示催告程序、破产程序以及解除婚姻关系的判决、裁定等不适用审判监督程序的判决、裁定除外。"该司法解释将适用特别程序、督促程序、公示催告程序、破产程序等不适用审判监督程序的判决排除在抗诉之外，是不妥当的。基于上述分析，只要这些非讼程序和特别的诉讼程序（如选民名单案件）是采用判决来结案的，检察机关应当可以采用抗诉的形式进行法律监督，受到抗诉的法院应按照这些非讼程序和特别诉讼程序所分别适用的纠错程序进行纠错。①

八、检察机关在再审法庭中的诉讼地位

检察机关在因其法律监督而引起的再审程序中，处在何种诉讼地位呢？这个问题直接关系到：其一，检察机关在再审程序中的权利和义务问题；其二，当事人双方在再审程序中的诉讼地位问题；其三，检察机关与审判机关的关系问题。对于检察机关在再审法庭中的诉讼地位问题，其回答必须考虑以下几个因素：其一，检察机关的宪法定位和机构属性；其二，再审程序的特殊结构；其三，再审程序的基本功能。基于上述因素的考虑，可知检察机关在再审法庭中处在法律监督者的诉讼地位，其具有独立性、中立性、监督性和司法性四大特征或属性。

首先，检察机关的再审诉讼地位具有独立性。作为诉讼监督者，检察机关在再审程序中是独立的诉讼主体。说它是独立的诉讼主体，是因为，虽然其是基于一方当事人的监督申请而提出抗诉或发出再审检察建议的，但检察机关却不是该方当事人的代理人、代言人或代表人，它不是受一方当事人的委托进行法律监督，而是基于宪法和法律所规定的检察职责实施法律监督。当事人监督申请中所提出的监督意见，对检察机关仅具有监督线索来源之意义，而不具有确定监督范围之功能，对于何种问题提出何种监督，是检察机关进行独立判断所确定的，不受监督申请人意志的左右和支配，因而其具有诉讼地位上的独立性。检察机关在再审程序中的诉讼地位具有独立性，意味着：其一，是否接受当事人的监督申请，由检察机关依法进行判断，不受任何单位和个人的干预。其二，在何种范围内实施法律监督以及提出何种监督请求，由检察机关自行判断加以决定，不受当事人监督申请之拘束，也不受任何督办意见的支配。其三，在因检察监督而启动再审程序后，是否坚持该种检察监督，是否继续进行检察监督再审程序，由检察机关加以自由决定。其四，在再审法庭中，对案件事实、诉讼证据、法律适用以及诉讼程序独立发表意见，同时进行独立的法庭辩论，独立地提出案件处理意见。

其次，检察机关的再审诉讼地位具有中立性。说检察机关在再审程序中是中立的诉讼主体，其含义在于，检察机关处在双方当事人之间的中立立场，具有不偏不倚性。这种意义上的中立性源于其诉讼地位上的独立性，正是因为检察机关具有不依赖于任何一方当事人的诉讼地位，因而才能保持其诉讼地位上的中立性。诉讼中双方当事人进行程序上的对立和对抗，他们从各自的立场发表各自的观点、主张和意见，追求对己有利的诉讼利益和诉讼结果，在这种对立性诉讼法律关系中，检察机关应恪守客观义务和中立立场，秉持依法监督、客观监督、中立监督、理性监督的基本原则，始终注意保持诉讼地位上的中立性和非偏颇性，防止滑入一方当事人的私人视角和私人立场之中去。同时，检察机关诉讼地位的中立性还表现在其诉讼地位的相对超脱性上。检察机关介入再审程序进行法律监督，其有崇高的目标需要实现和达成，其既要通过法律监督使所涉及的法律纠纷得到公正合理合法的解决，同时还要立足于法治秩序的有

---

① 参见汤维建：《审判监督程序立法修改五题》，载《法律适用》2011年第10期。

效捍卫以及司法政策的形成和正确导向,检察机关进行法律监督要从大局着眼,微观的个案监督要始终服务于宏观的法治建设。这就决定了检察机关在再审程序中使命和任务的多重性和层次性,检察机关应当将宝贵的监督资源有效合理配置到各项任务的轻重缓急之中,抓住主要矛盾进行精准的法律监督,既深入其中又出乎其外,既斤斤计较于司法审判的细节,又在法治建设的大潮中游刃有余地撒得开、收得拢。

再次,检察机关的再审诉讼地位具有监督性。监督性是检察机关再审诉讼地位的灵魂,也是检察机关进行法律监督的权源基础,检察机关介入再审程序之中的根本目的在于实施法律监督,其具体内容表现在:其一,检察诉讼法律关系的监督性。检察机关一进入民事诉讼领域,便使民事诉讼的程序结构和规定这种程序结构的诉讼法律关系发生了变化,民事诉讼中不再是单纯的诉讼法律关系,除了诉讼法律关系外,还有了监督法律关系。在此监督法律关系中,检察机关始终是这种法律关系的主导者。其二,检察诉讼任务的监督性。检察机关不仅直接地监督审判机关依法进行审判,而且也通过对审判权的监督,间接地监督当事人依法诚信行使诉权。其三,检察诉讼方式的监督性。原告的诉讼方式在于进攻,被告的诉讼方式在于防御,法院的诉讼方式在于公正审判,检察院的诉讼方式在于监督。其四,检察诉讼功能的监督性。检察机关进行法律监督的视角具有多元性,正是这种多元性视角使得再审诉讼的程序结构具有了多维度和立体性特征,同时也使再审制度具有了通常诉讼制度所无法比拟的诸多功能。

最后,检察机关的再审诉讼地位具有司法性。司法性是检察机关介入再审程序所呈现出来的显著中国特征。检察机关法律监督地位的宪法属性决定了检察监督行为的司法属性,具体表现在:其一,监督视野上的全局性。检察机关对民事诉讼进行法律监督视野开阔、立足点极高、使命多元,其融个案性监督与政策性监督于一体,展示出了我国再审程序的独特魅力。其二,监督机能上的制衡性。检察院的法律监督将监督的锋芒直指法院的审判权,使法院的审判权始终被控制在依法进行的轨道上有序运行,并由此产生理想的制度效能。其三,监督关系上的协同性。检察院与法院的诉讼法律关系在再审程序中既具有对立性又具有统一性,对立性在于其监督性和制衡性,统一性在于其合作性和协同性。检法关系的协同性根植于检法使命的共通性上,监督本身不是目的,目的是更好地、保质保量地完成宪法和民事诉讼法赋予法院和检察院公正司法、维护权利、保障秩序的民事诉讼目的。监督关系上的协同性要求检察监督提高监督站位,恪守监督的有理有利有节的原则,使监督既能够获得当事人和社会公众的一体信赖,又能够促进、保障、服务于审判机关有效解决纠纷,化解诉讼难题,最终形成和谐司法的综合氛围。其四,监督体制上的示范性。法院行使审判权、检察院行使法律监督权的司法格局在检察再审程序中得到了典型的体现和标准的再现,检察机关在再审领域的成功实践和由此所形成的理论范式和制度模型为反向地重塑我国民事诉讼程序的体制、结构和运行方式提供了示范样本,检察监督的元素将全方位地汇融于中国特色民事诉讼的体制和机制之中。

可见,检察机关在再审法庭中的诉讼地位不能孤立地从单一的视角进行观察和描述,而必须找到一个制度的切入点,逐步深入到再审程序的自身构成之中,最终进行监督使命的概括与升华。制度的切入点是独立性,缺乏检察监督的独立性,检察机关在再审法庭中的地位必然被矮化为当事人一方的代理人。进入再审程序后,检察机关要始终保持监督中立性的职业操守,警惕独立监督地位的异化和混同。无论是独立性抑或中立性,其制度性宗旨始终被定位于检察机关依法履行监督职责之上,正是监督性使检察机关诉讼地位的独立性和中立性获得了制度上的升华,司法性是其最终归属。独立性、中立性、监督性和司法性对于描述检察机关在再审程序中的诉讼地位是四位一体的概念,正是司法性的分工产生了监督性,为了监督性,必须要有独立性和中立性,它们逻辑严密地结合在一起,既从定性的方面又从定量的方面、既从理念方面又从制度、方法方式、保障机制方面,完整地表述了检察机关在再审程序乃至在整个诉讼程序中的诉讼地位和诉讼角色。

九、检察和解:案例评析①

(一) 基本案情

2014年4月10日,某传媒股份有限公司(民营企业,以下简称传媒公司)通过公开竞拍取得某市交通物业开发有限公司(国有企业,以下简称物业公司)2014年第一期广告资源经营权,标的为某市中环路灯杆广告位500个、T型广告牌、跨路宣传牌数十个。2014年4月23日,双方签订《中环路广告资源租赁合同》(以下简称《租赁合同》),合同对广告位租赁期限、价格及双方权利义务作了约定。2015年8月,传媒公司以涉案广告资源未获公路部门行政审批、合同无效为由,起诉物业公司要求退还保证金14万元,并要求赔偿相关损失90余万元。物业公司亦对传媒公司提出反诉,认为传媒公司违约,要求法院判令没收保证金14万元及赔付租金、违约金等约40万元。

某市第一人民法院审理认为,案涉广告资源因行政审批问题不能正常使用,《租赁合同》应自然终止,判决物业公司退还保证金。物业公司不服,上诉至某市中级人民法院。二审认为,传媒公司并未提交有效证据证明案涉广告资源设置违反了法律和行政法规的规定,认定租赁合同有效,判决传媒公司违约,没收其保证金14万元,传媒公司另须付租金13万余元及利息,驳回传媒公司全部诉讼请求。

(二) 检察机关监督情况

2017年7月,传媒公司不服法院终审判决,向某市人民检察院申请监督。某市人民检察院受理该案后发现,本案争议的公路广告牌租赁问题属新型民商领域,涉及行政审批与合同效力关系、本诉与反诉交叉等多种法律问题。传媒公司正值新三板上市评估考查期间,二审败诉对其商业信誉产生不利影响,传媒公司申请监督诉求强烈。

调查核实。广告牌设立的合法性与相关行政部门的行政审批情况,系双方合同是否有效的关键事实,因申诉人未在法庭审理阶段申请法院调查取证而导致败诉。为此,某市人民检察院分别向某市公路局、交通局调取了关于中环路广告牌的行政复函以及《设置广告标牌违法行为事先告知书》等行政文书。相关证据显示,案涉租赁合同中的中环路大部分广告牌的设置未获得市公路局行政许可。

监督过程和结果。2017年12月,某市人民检察院召集人民监督员、特约检察员、检察工作联络员召开听证会,充分听取双方当事人的诉辩意见。检察机关认为,传媒公司正值新三板上市评估考查期间,此案若抗诉将受制于审判期限,对其商业信誉和上市预期产生不利影响。而对国企物业公司而言,其执于诉争也存在较大的诉讼风险。经检察机关释法说理,各方一致认为此案的最佳处理方式是和解结案。在检察机关引导下,双方自愿就和解方案达成协议:物业公司退还传媒公司保证金14万元,双方互谅互让,互不追究。协议签订后,物业公司迅速履行完毕。2017年12月28日,某市人民检察院作出终结审查决定。

---

① 某传媒股份有限公司、某市交通物业开发有限公司租赁合同纠纷再审审查与审判监督案〔(2017)粤民申62号〕。

(三) 法理评析

1. 宏观监督意识

检察院进行法律监督，既要有微观监督意识，又要有宏观监督意识；既要有外在者意识，也要有内在者意识；既要有法律意识，也要有政策意识。本案中，检察机关考虑到了三个大局方面的因素，并因此具有三个方面的意识：一是民营企业的平等保护意识。本案中，为民营企业处在危困中谋求上市而排忧解难，发挥了检察机关助推民营企业的职能作用。中共中央、国务院《关于营造更好发展环境支持民营企业改革发展的意见》对"健全执法司法对民营企业的平等保护机制""提高司法审判和执行效率，防止因诉讼拖延影响企业生产经营"提出了明确的要求，这对检察机关开展法律监督具有宏观的指导意义。二是多元化机制建设的意识。目前诉讼案件增长迅速，构筑多元化纠纷解决机制以应对不断增长的纠纷解决的需求，检察机关不能置身事外，而应积极在监督领域培育属于检察机关自己的多元化纠纷解决机制，使经过检察机关门槛的诉讼纠纷不再轻易地溜出检察院的大门。检察和解便是重要的表现方式。三是维护司法权威的意识。检察监督不能陷入唯监督论的泥潭，不能为了监督而监督，不能为了监督权威而一味牺牲或者不顾及审判权威，而要在法治的框架内，尽可能地使检察监督与司法审判同频共振，实现检察监督"双赢多赢共赢"的良好局面。本案显示，检察机关在上述三个方面均有明确的意识性。

2. 监督策略的选择

本案中，检察院的监督策略可以有两种选择：一种是以合同无效，恪守法条主义提出抗诉，从而纠正错判；另一是实行检察和解，使双方各让一步，握手言和，和平地解决纠纷。这两种监督策略各有利弊，前者是传统的进路，有利于维护法制的统一；后者是目前倡导的进路，有利于彻底化解纠纷。本案中将检察和解作为优选方案，和解不成，再进入再审监督，这种先柔后刚的监督方式显示出了监督的内在张力和监督的节奏感。

3. 调查核实

监督目标既已确定，下面的任务就在于如何一步一步地实现这个监督的目标。本案显示出，检察机关要促成检察和解，就首先必须掌握案情，研透案情，从案情中找到促成和解的法律支点。检察和解不能停留于空洞的说教，它应建立在发掘当事人权衡利弊自愿接受和解的基础上。为此，检察机关积极开展了案情调查，《民事诉讼法》第217条所规定的调查核实权为检察机关把控案情提供了法律上的武器。本案检察机关行使调查核实权的正当性依据在于，本案涉及合同是否有效的公益性因素，同时，本案合同是否违反了相关法律法规的强制性规定也涉及司法的公共政策；当事人原本应当在民事诉讼过程中根据《民事诉讼法》第67条和第70条的规定向法院提出调查证据的申请而未行使该项诉讼权利，法院对于合同无效之诉，尤其对当事人主张的合同因违法而无效的主张，应当积极利用职权调查取证，而法院并未履行此项职责。有鉴于上述诸因素，检察院行使调查核实权便具有了充足的理由，调查核实权的行使是为了实行法律监督，而不是为了"代理"或"代言"。通过检察院的调查核实，检察院获得了认定本案所涉合同应为无效合同的充分有力的证据，这便为检察机关开展下一步的监督奠定了扎实的基础。

4. 听证

听证有各种目标，有时是为了弄清案情，有时是为了确定监督方略，有时是为了促使监督目标的实现。本案的听证既有确定监督方略的意义，又有促进监督目标实现的价值。《监督规则》第54条规定："人民检察院审查民事诉讼监督案件，认为确有必要的，可以组织有关当事人听证。人民检察院审查民事诉讼监督案件,可以邀请与案件没有利害关系的人大代表、政协委员、人民监督员、特约检察员、专家咨询委员、人民调解员或者当事人所在单位、居住地的居民委员会、村民委员会成员以及专家、学者等其他社会人士参加公开听证,但该民事案件涉及国家秘密、个人隐私或者法律另有规定不得公开的除外。"本案的听证完全体现了该《监督规则》关于听证的要求,听证的对象具有广泛性,听证的过程具有开放性,听证的结果具有确定性。

5. 促成和解

通过听证,检察机关不仅坚定了检察和解的监督目标,而且还使三方主体都具有了接受检察和解的意愿和动力。对于申请监督的原告方当事人而言,使之知晓和了解通过抗诉或再审检察建议进行监督,诉讼成本较高,而且其作为专业的广告公司对于合同的无效性也不可谓无责;对于作为被申请人的被告当事人而言,其虽然目前占有诉讼优势,但检察院的监督将会扭转它的这个优势,稍作让步有利于其利益最大化实现;对于法院而言,其不仅在程序上因未依职权调查取证而具有瑕疵,而且在合同有效无效问题的判断上显然不当,通过检察和解,有利于最大限度地维护审判者权威。基于上述三个方面的考虑和努力,检察机关调动了诉讼中所有利益攸关者的和解能动性,于是,检察和解,水到渠成。

第五节 检察建议及其规范化建设

一、检察建议概述

2012 年《民事诉讼法》修改后,"检察建议"入法,成为检察机关发挥法律监督职能的一种途径和方法。检察建议,在民事诉讼中,是指人民检察院向人民法院提出的指出其司法审判中存在的错误并希望其加以纠正的司法意见,包括再审检察建议和程序违法检察建议两类。《民事诉讼法》第 215 条第 2 款规定了再审检察建议:"地方各级人民检察院对同级人民法院已经发生法律效力的判决、裁定,发现有本法第二百零七条规定情形之一的,或者发现调解书损害国家利益、社会公共利益的,可以向同级人民法院提出检察建议,并报上级人民检察院备案;也可以提请上级人民检察院向同级人民法院提出抗诉。"第 3 款规定了程序违法检察建议:"各级人民检察院对审判监督程序以外的其他审判程序中审判人员的违法行为,有权向同级人民法院提出检察建议。"检察建议在立法中的出现,具有多方面的开创性意义:它开创了诉讼中程序违法监督、调解监督、执行程序监督、对非诉讼程序监督、同级检察监督、柔性监督的先河等。检察建议在民事诉讼法中一出现,检察机关对民事诉讼的法律监督就进入了一个崭新的境界,开辟了宽阔的空间,同时对检察机关整个法律监督而言,它使多元化监督格局成为可能,使检察建议这种柔性监督形式与长期惯用的抗诉、纠正违法通知、检察意见等刚性监督形式开始并驾齐驱,形成了检察监督能进能退、能伸能缩、刚柔并济、张弛有度的新局面。然而,检察建议入法仅仅只有一个条文,为使其充分发挥功效,其规范化建设势在必行。

二、检察建议规范化建设的意义

(一)检察建议规范化建设有助于检察职能的有序扩展或者拓展

目前,我国正在加快建设中国特色社会主义法治国家。在法治国家建设中,作为法律监督机关的检察机关发挥着越来越重要的作用。检察监督的职能应当与时俱进地加以扩张，从而使之与宪法所确定的检察机关的法律监督机关的定位不断靠拢和贴近。检察职能如何拓展呢？当然根本的依据在于实践的需求，但注重检察职能扩张的方法和方式是重要的。而检察建议的规范化建设就是有序拓展检察职能的一剂良方。检察监督的内涵需要检察建议深入发掘，检察监督的领域需要检察建议稳步拓宽，检察监督的效能需要检察建议持久提升，检察监督的社会影响需要检察建议广为传播，而这些都有赖于检察建议规范化建设，可以说，检察建议规范化建设是检察职能有序稳步扩展的杠杆和支柱，离开检察建议规范化建设，检察建议就难以为继，就缺乏内在生命力，就不能为检察职能的切实发挥起到方法论上的推动作用。

长期以来，检察机关的法律监督职能被局限在诉讼领域，宪法所规定的法律监督机关变成了诉讼监督机关，宪法所规定的法律监督职能被窄化为了诉讼监督。这就造成了宪法的规定与实际生活的脱节，社会的需求与检察机关诉讼定位之间的脱节，束缚了检察机关的手脚，尤其是诉讼监督还长期被进一步狭窄地理解为主要是刑事诉讼法律监督，只是在2012年《民事诉讼法》修法后才将民事诉讼监督提高到应有的高度来加以认识和推行。也正是在全面监督原则入法以后，检察建议被同步上升到立法层面，成为检察职能发挥作用的新引擎。检察建议入法的意义是深远的，因为检察建议这种监督形式具有巨大的包容性，这种形式一入法，就显示了它的独特优势，而具有了越出诉讼领域走向广阔社会领域的内在潜能和自然倾向。比如，对行政机关依法行政的法律监督，检察建议更加具有渗透性和易接受性。再比如，社会治理领域的法律监督，通过检察建议也更加具有形式上的多元性和内容上的针对性，更能为社会所理解和接受。检察建议规范化建设就是因应检察职能不断扩展的实践需要而提出来的。在这个意义上说，检察建议规范化建设与检察职能有序拓展是呈同步状态而进行的，二者相伴相随，相互促进。这里有一种观点需要提出来探讨，这就是检察机关一般监督问题。检察机关不能回归于过去所倡导和实行过的一般监督，也就是不能事无巨细全部都纳入检察监督的范围。这种观点现在看来需要辩证地看。要检察机关回到包罗万象、囊括无遗的一般监督的轨道上去，恐怕有所不妥，但反对一般监督不能过度，不能认为一般监督中就没有任何可以为时代所需要的合理因素，更不能使检察机关在诉讼监督中故步自封。事实上，《依法治国决定》中提及的两个内容就已经属于一般监督范畴的内容了：一个是对行政机关依法行政的相关监督；一个是检察机关提起公益诉讼，包括行政公益诉讼和民事公益诉讼。行政公益诉讼体现的是检察机关对行政机关的法律监督，民事公益诉讼体现的是检察机关对社会一般主体的法律监督，包括对公民、法人和其他组织的法律监督。前者属于行政监督，后者属于社会监督，而无论是行政监督还是社会监督，都不属于诉讼监督，而属于过去所谓一般监督的范畴。因此，检察机关现时代的职能应当在诉讼监督和一般监督之间寻找到一个恰当的平衡点，而这个平衡点不是一成不变的，是根据实践的需要不断变化发展的。检察建议的规范化建设是构筑这个平衡点并推动这个平衡点与时俱进的有力步骤和合理路径。

（二）检察建议规范化建设有助于检察权运行模式的转型

现时代是一个多元化的时代，对同一个事物会有不同视角下的不同认识，而且各人所持的价值观、方法论、世界观也有所区别，这对于检察权的运行模式提出了挑战，检察权的运行模式要适应新时期新要求，而不能因循守旧、故步自封，否则会使检察权动辄得咎，步履维艰。这就要求检察权的运行模式实行时代化转型，现时代应当实行与传统有所区别乃至有根本区别的检察权运行模式。现时代检察权运行模式的最大特点应当是协同型法律监督。在这种新型检察权运行模式中，协商司法的理念得到彰显和凸显。现时代检察权要从传统的国家范畴走向现代的社会范畴,在广阔的社会领域,检察权大有作为。然而也正是在社会领域,需要检察机关用一种更加辩证的思维方式来对待法治建设中所出现的任何事物和任何现象,从多个视角(包括法律、政策、民生、社会治理等)审视需要监督的客体和对象,然后在此基础上提出监督意见,这种监督意见依然是留有余地的,因而更恰当的称法应当是检察建议。检察建议原是检察机关在刚性监督之余采用的附带的、附随的甚至是边缘化的柔性监督方式,而在新时代,它却需要转变成为一种监督精神,一种监督理念,从而使之贯彻于所有的监督形式之中,包括抗诉等刚性监督之中。根据这种理念,检察机关应当通过调查研究、征求民意、公开听证、协商沟通等多元方式,将需要监督的意见表达出来,最终实现寓监督于协商之中,寓监督于沟通之中,寓监督于服务之中,寓监督于互动之中。这种新型的检察权运行模式与检察建议最为对路,检察建议最适合这种检察权运行新模式的内在需要。因此,加强检察建议规范化建设应当有更高的站位、更宽的视野,不是仅仅将其作为微观意义上的检察建议方式的改进式建设,而是将其作为宏观意义上的整个检察权运行新模式的根本精神来对待。

(三) 检察建议规范化建设有助于提升检察权威和检察的公信力

检察权威是检察权的内在生命,没有检察权威,检察权的生命就会窒息,检察机关就无法不折不扣地完成宪法所确定的检察使命。然而检察权威来自何处呢?从根本上讲,检察权威来自检察权的正确行使,来自检察权的合法行使。传统上检察权威往往自觉不自觉地仰赖刚性权威,比如反贪、反渎、公诉、批捕、抗诉等。这些监督方式固然能够体现出检察权威,但检察权威从根本上不能依赖这种外在的权威路径,尤其是在检察"两反"职能转隶后,检察权威要寻找新的生长点。检察权威新的生长点就在于检察监督的方式转变之中,检察机关的监督要有更强的针对性、更高的质量、更理想的效果,以此获得检察监督更强的效力。检察监督的效力不是外在的,而是内生的。

这样一种检察权威的生成路径与传统上依赖刚性监督生成检察权威的外在路径有所不同。而检察建议则恰好切合这一要求,因为检察建议靠的不是外在的压力,而是内在的说理性。检察建议的生命力就在于说理,如果离开说理性。检察建议就难以立足,就难以被人接受,就难以发挥出应有的作用。因此,检察建议规范化改革有助于检察权威和检察公信力的强化和提升。

三、检察建议规范化改革试点亮点

地方各级检察院在检察建议规范化改革方面先行先试,激活了检察建议这一几乎处在沉睡状态的监督方式,为其注入了新的活力,产生了许多值得总结的经验和做法。其亮点主要有:

(一) 提出检察建议案件化办理的理论命题

由于检察建议向来处在检察监督的边缘化状态,没有受到应有的重视,其规范化程度较弱,因而检察机关基于职能行使提出检察建议,一向被认为是检察职能的延伸,是附带的。检察建议没有被视为一种办案形式,提出检察建议并不是在办案,而是与办案这个主业相关的副业。在检察机关的业绩考核中,检察建议所占比重还不够高。这样就难免使检察建议在制度层面处在空洞化、虚无化状态。一方面,检察建议因为缺乏规范化而不受重视,另一方面,又因其在实践中被边缘化而难以规范化,从而使检察建议的发展处在两难困境。全国检察系统在检察建议规范化改革中,紧紧抓住检察建议本身就是独立办案这个概念上的"牛鼻子",使检察建议在检察机关规范化建设的背景下实现了华丽转身。提出检察建议本身被当作检察办案来对待,这就提高了对检察建议的认识,丰富了检察办案概念的内涵,扩大了检察办案工作的外延,由此使检察建议从过去的边缘化状态逐渐走向了检察职能的舞台中央,不仅强化了对检察建议的重要性认识,而且以此认识为基础,展开了对检察建议的规范化建设。检察建议规范化建设的立足点就在于检察建议的办案化或案件化的认知。这样一来,检察机关既可以在履行抗诉、侦查监督、批捕等职能后提出后续的检察建议,也可以在启动公益诉讼等程序之前提出前置的检察建议,还可以在履行传统职能之外提出独立的检察建议。无论何种检察建议,只要它依照规范化的程序提出,就都属于检察机关的办案行为,都应当与检察机关履行其他职能一样同等看待。

(二)探索构建检察建议的"三合一"体制

过去我们制发检察建议,总是依靠检察机关一家"单打独斗",而不善于借助外援与合力,这样就难免会使检察建议走进悄无声息的死胡同。检察建议的"三合一"体制,是指检察机关在形成和制发检察建议的过程中,融入人大监督和监察委员会监督的元素,从而使检察监督、人大监督和国家监察有机地贯通起来。这样不仅使检察建议这种监督形式发挥出了更强的效力,而且使人大监督长期所遭遇的监督困境也得到了化解。人大监督的困境就是不能进行个案监督,监督比较空泛,监督的效应、监督的效果也不理想。人大的监督也在寻求突破瓶颈的出路,而检察院的检察建议规范化改革因为具有社会化的特征而具有外在化的可能性,所以和人大的法律监督所要解决的问题不谋而合,这样就形成一种合力,使得人大的监督介入检察监督更加接地气,更加具有实效。人大监督中不能进行个案监督的缺憾可以由检察机关来弥补,而检察机关的个案监督积累了相当素材以后就可以上升为人大监督,从而为完善我国的法律制度规范提供坚实的基础。这也是检察建议这种监督方式所带来的更高层面的共赢。同时检察机关和监察委员会也进行了探索性合作,检察机关和监察委员会的合作有天然优势和渊源上的联系。如果检察院的检察监督和监察委员会的监察监督两者紧密结合形成内在的机制,这将对检察院的法律监督提供有利的推动力和保障力。

(三)探索检察建议规范化的操作流程

检察建议作为一种监督方式虽然已经入法了,但是法律也止步于此,没有对检察建议的可操作性规范作出进一步规定,这样就不利于检察建议这种监督方式的功能发挥。各级检察院在检察建议规范化的程序化、制度化建设方面做出了积极的探索,形成了一个规范化的体系,从案件线索的发现、筛选,然后立案,到审查调查、听证,然后到制作、发送相应的检察建议直至最后评估等,都形成了一整套的机制。这为检察建议的法制化建设提供了素材,检察建议在将来的法律完善中都需要这些实践经验作为基础。

(四)导入检察建议社会化的监督机制

检察建议规范化改革不仅导入了人大的监督、监察委员会的监督,还有了非常宽阔的社会化视野,比如说检察建议的公开宣告制度就很有特色。一方面,公开宣告制度具有仪式感,使方方面面的人员都有参与的机会,不仅被监督的单位派人参加,而且人大代表、政协委员、特邀监督员和相关群众也参与其中,代表性很强,整个过程庄重且严肃,也彰显了检察建议的办案特色,体现了检察建议的程序正义要求;另一方面,通过这一过程,使检务公开在检察建议这个领域得到了充分体现,尤其是同时将检察建议上网,更是整个社会都知晓了相关事项,这不仅导入了人民群众对检察工作的监督机制,而且也起到了社会公众对被监督单位的监督机制,强化了监督合力,产生了监督的社会性效果,同时也宣传了检察机关的职能和作用,加深了人民群众对检察工作的理解、支持和配合。再如,在检察建议形成过程中引入听证制度,也是一个很好的尝试。检察建议不仅具有法律上的专业性,而且往往具有较强的社会性,是情理法的高度融合,检察建议的内容需要得到群众的认同,检察建议的实现需要群众的监督和参与。通过听证制度,听取方方面面群众的意见,就使检察建议更具有针对性、检察建议的质量更高、检察建议的效果也更为理想。这就将从群众中来、到群众中去具体落实到了检察建议的形成和实现过程中,不仅拉近了检察机关和人民群众之间的距离,使人民群众更加理解、支持和配合检察机关的工作,使检察工作如鱼得水,而且还使检察建议更加接地气,更加能够体现出检察工作的人民性和民主性,有利于改进检察机关的工作作风,引领检察监督新风尚。检察建议使检察机关揭开了神秘的面纱,推动了检察体制民主化和社会化改革的进程。

四、检察建议规范化改革展望

(一) 以理念创新为关键点,打造检察建议的时代发力点

所谓"理念一新天地宽",检察建议要开辟新的天地,迈向新的境界,理念创新要先行。为此应改变过去的几个倾向。

一是要改变重刚性监督、轻柔性监督的倾向。相比于一定会产生某种效果的刚性监督而言,检察建议确实是一种柔性监督,因为正如其名称所示,它重在提出建议,供被建议人参考,而不是提出一种做法,强加给被监督人,要被监督人遵照执行。但检察建议这种柔性监督方式是刚性监督方式的必要补充,它与刚性检察监督适用于不同的领域,具有不同的功能,在服务于检察监督整体职能的履行上它们不分优劣,具有等价等值的作用。尤其是,不能将检察建议这种柔性的监督方式看成是检察监督软弱化的表现,甚至也不是谦抑性原则的制度性载体,而是检察监督行使的一种方式,其有特有的适用对象、适用程序和适用效果,还要看到更为重要的是,检察建议将一种监督新理念注入整个的监督体制之中,引领着检察监督的新方向。从这个意义上说,就其所蕴含的实质精神而言,检察建议这种柔性监督方式将在不同程度上,逐渐分阶段取代刚性监督方式,或者使刚性监督方式发生向检察建议这种柔性监督方式转变的实质可能。

二是改变重检察建议的制发、轻检察建议的效果的倾向。检察建议的数量不可谓少,但有些检察建议发出后就石沉大海,不了了之。这严重影响了检察建议的权威性。因此要充分发挥检察建议的作用,在理念上首先要重视检察建议的效果。

三是改变重诉讼中的检察建议、轻非讼中的检察建议的倾向。诉讼中的检察建议一般有立法的明确规定,因而容易受到重视,比如再审检察建议、执行中的检察建议、公益诉讼中的检察建议、纠正审判程序违法的检察建议等,而对非讼中的检察建议则往往重视不够,比如非诉讼案件中的检察建议、多元化纠纷解决机制中的检察建议、行政执法中的检察建议、社会治理中的检察建议等。而非讼性的检察建议功能更加强大,因为它代表着检察职能有序扩张的基本方向,因而应受到高度重视。

四是要改变重实体、轻程序的倾向。检察建议的"重实体"说的是重视检察建议中的内容表述,比如提出如何整改的建议等,但相对不够重视检察建议中的内容是如何来的、经过了怎样的调查研究、是否经过了听证和论证、专家的意见是如何的、民众的意见又是如何的、检察建议的说理性如何、落实该建议的具体措施和方法如何等。检察建议的规范化建设改革在这方面做出了积极探索,应紧紧围绕检察建议的规范化建设苦练检察建议的内功,使检察建议散发出应有威力。

五是要改变重具体性建议、轻制度性建议的倾向。这个倾向也可以表述为"重微观建议、轻宏观建议"。在微观层面，检察建议发送得相对多一些，比如哪里有一个垃圾堆要清除、哪里交通拥堵要解决、哪个食药品有害要禁止等。这些检察建议固然重要，也很基础，但检察建议既要入乎其内，又要出乎其外，不能完全局限在具体情况的描述和解决，而更要通过一事解决一片，通过一案解决类案，尤其是要通过具体现象深入到事物的本质，找出产生问题的根本原因，特别是制度层面的原因、机制层面的原因、作风层面的原因等。如果是制度问题，检察建议中则要提出该制度应当改革；如果是机制问题，检察建议中则要提出该机制应当完善；如果是队伍问题、作风问题，检察监督则要提出队伍建设、作风转变等建议。当然，实践中二者是不能截然分开的，往往需要结合在一起，通常需要在具体性情况描述并提出建议的基础上，再提出制度性或宏观性深层次建议。

通过上述几个方面不当倾向的扭转，检察建议不仅会受到应有高度的重视，而且也更能在检察建议的规范化、制度化、程序化建设方面，找到引领性的指导理念，使检察建议的发展在正确的轨道上运行，并带动整个检察制度的转型升级，从而使检察建议这一柔性监督方式产生规模性的刚性效能，并成为检察监督新的时代发力点，使检察职能畅通无阻地、全方位地发挥出来。

（二）以体制创新为着力点，构造检察建议的制度制高点

检察建议具有旺盛的生命力，它必将由边缘化的监督方式逐渐地发展成为主要的、越来越重要的监督方式，甚至成为检察监督的新常态，其精神和内容将覆盖所有的监督领域，成为检察机关发挥宪法所确定的法律监督职能的重要抓手。检察建议这种强势功能的发挥，必须也只能建立在科学合理的检察建议体制上。要构建科学合理的检察建议新体制，需要将检察建议单一性生成模式改变为综合性生成模式。检察机关是检察建议的主导者和推动力，但现时代对检察建议的要求是多维的，检察机关仅仅从单一的视角提出检察建议必然存在局限性，其效能必受影响，其权威性也显得力有不逮，因而检察建议的长效机制的构建必然要求引进外力、外脑、外援，从而补强检察建议先天之不足，使检察建议在多方合力的援助之下茁壮成长。这主要包括两个方面：一方面，在国家层面寻求外力，将检察监督与人大的法律监督和监察委的国家监察有机地融合起来，形成检察建议的"三合一"体制。"三合一"体制是检察建议产生多元效果的支柱性保障。这里需加注意的是，"三合一"体制是一个互动性体制，而不是单向性体制。在检察建议的形成过程中，既要注意征求人大监督和国家监察的意见，并寻求其支持配合和协助，同时也要注意使检察建议产生出对人大监督和国家监察的反向能动作用，从而实现国家权力监督的网格化构建体系，产生制度性的监督合力。另一方面，在社会层面寻求外脑，包括民意代表的观点意见、专家学者的观点意见、人大代表和政协委员的观点意见、相关社会组织的观点意见等。这两方面结合起来，就使检察建议不仅在针对性、精准性、合理性、科学性上有了切实的保障，而且在贯彻落实、后续监督以及效能升级上有了可靠的依托和保障。

（三）以机制创新为立足点，塑造检察建议的权威生成点或者生长点

检察权威是内在地生成的，要通过检察建议的机制化建设、规范化建设、制度化建设、程序化建设提升检察建议的质量，向规范要质量，向质量要效果，向效果要效力，向效力要权威。检察建议的规范化建设包括检察建议的体制打造、制度塑造、原则构建、程序设定等多方面内容，其中机制建设是检察建议规范化建设的立足点，具体包括动议机制、立案机制、审核机制、调查机制、参与机制、听证机制、征求意见机制、制作机制、审批机制、发送机制、宣

介机制、实现机制、跟踪监督机制、效果转化机制、评估机制等。通过检察建议的机制化建设，检察建议的规范化程度必将大大提升，检察权威的生成也就有了可靠的支点。可见，检察建议规范化建设并不是为了规范化而规范化，而是为了使检察建议产生切实的效果，使检察机关的权威性不因检察建议的广泛使用而降低，反而会因检察建议的广泛使用而提升。

（四）以形式创新为切入点，创造检察建议范围的扩张点

目前，检察建议的形式还不够精细化、专业化、周延化，还停留在较为笼统的层面，还没有做到对不同的检察建议采用不同的规范化机制，这直接影响了检察建议向纵深发展，也制约了检察建议的适用范围。因此有必要对林林总总、形形色色的检察建议进行条分缕析，分门别类。

从性质的视角看，检察建议分为诉讼型检察建议和治理型检察建议。诉讼型检察建议是法律明定的检察建议，具有一定的刚性效力和程序规范，而治理型检察建议则不具有法律的明文规定，是检察机关职能扩展的一种探索，规范性和程序性不足。这两种类型的检察建议规范化建设应有所区别，参与的主体以及相应的程序也有所不同。

诉讼型检察建议又包括实体型检察建议和程序型检察建议两类。实体型检察建议重在提出实体性处理意见，供相关方面参考。典型的例证就是刑事诉讼中量刑规范化建议。相对而言，程序型检察建议的种类更加繁多，以民事诉讼为例，其主要包括再审型检察建议、程序违法纠错型检察建议、支持起诉型检察建议、督促起诉型检察建议、公益型检察建议等。程序型检察建议一般会有后续程序作为保障，比如再审型检察建议提出后如未达目的，检察机关还可以提出抗诉；公益型检察建议提出后如未达目的，检察机关可以提出公益诉讼，包括行政公益诉讼和民事公益诉讼；程序违法纠错型检察建议如未达目的，则可以在法院作出生效裁判后提出抗诉；督促起诉型检察建议如未达目的，检察机关则可以自己提出相关诉讼；支持起诉型检察建议如未达目的，如符合条件，检察机关也可以自己行使起诉权。但也有些程序型检察建议缺乏后续的程序保障，如一般的程序违法的检察建议，如果不被法院接受，因这种程序违法尚未严重到足以提出抗诉的程度，检察机关则缺乏后续的跟踪监督或强化监督的手段。

与诉讼型检察建议有别，社会治理型检察建议则分布在不同的领域，而不是集中在司法领域。所谓治理型检察建议，重在提升被建议单位或部门的治理能力，完善其治理体系。在目前大力强化建设社会治理体系和治理能力现代化的背景下，这种类型的检察建议功能尤为强大，其作用更加不可或缺。具体而言，治理型检察建议按其分布的领域划分，可以分为司法治理型检察建议、行政治理型检察建议和社会管理型检察建议三种类型。司法治理型检察建议是由检察机关向法院、公安和司法行政机关提出的，行政治理型检察建议是检察机关向行政机关提出的，而社会管理型检察建议则是检察机关向各类社会组织和社会团体、基层群众自治组织以及企事业单位等主体提出的。

划分各种检察建议的目的，除在检察建议专业化、精细化、规范化发展和建设方面具有意义外，还有实际操作的目的。在检察机关通过检察建议拓展检察职能上，需要进行层次上的划分。首先要按照法定的检察建议和创新的检察建议分步骤推进。法定的检察建议要率先扎实做好，在规范化建设方面要迈出第一步；创新的检察建议也要同时积极探索，但要紧扣检察机关的基本职能逐步推进，在职能的履行中发现需要延伸监督的问题，然后针对这些问题发出检察建议，稳步推进，而不能不分轻重缓急，平均用力，更不能离开法律监督这一中心主题而任意扩张检察建议的适用领域。同时要注意检察建议的递进式提升适用，要善于从具体性监督上升

到宏观性监督,从个案监督上升到类案监督,从人的监督上升到机制的监督,从事的监督上升到体制的监督,等等。

2019年2月26日开始实施的《人民检察院检察建议工作规定》(以下简称《检察建议规定》)用32个条文对检察建议进行了全面规范。在《检察建议规定》的规范调整下,通过理念创新、体制创新、机制创新和形式创新多管齐下,检察建议这种形式上的柔性监督必能产生实质上的刚性效果,检察监督的领域也势必在宪法框架内,通过检察建议的广泛适用而获得稳步扩展,检察监督的权威性也将因检察建议的内在品质的提升而不断提升,检察机关在社会主义法治国家建设中将发挥着越来越重要的作用,具有中国特色的社会主义司法制度也势必日益趋于完善和健全。

第六节 民事诉讼中检察官的客观义务

检察官的客观义务有多种表述,如"客观义务""客观性义务""客观公正义务""客观公正原则""客观注意义务"等。这一概念肇端于德国。德国学者认为,检察官客观义务的概念包括追求实质真实、平衡控辩实力悬殊和追求法律的公正实施。[1] 日本学者松本一郎先生认为,检察官客观义务是指检察官为了发现真实情况,不应站在当事人的立场,而应站在客观的立场上进行活动。为了合理解释对抗制结构下的检察官客观义务,20世纪60年代以后,日本出现"新客观义务论"的观点,基本的看法是,检察官在作为一方当事人的同时,必须肩负其维护正当程序的职责或者协助实现公正审判的义务。[2] 我国对于检察官的客观义务,理论上更多地乃是立足于刑事诉讼程序加以探讨并提出改进的主张,对于民事诉讼中的客观义务,理论界则相对地缺乏论述;但这个课题是非常重要的,应当对之加以系统化研究,并将其内容上升到立法规范的层面,成为制约检察官实施民事检察监督行为的基本指针,同时也成为论证民事检察监督制度正当性与合理性的理论基石。

一、检察官客观义务的分层理论

从刑事诉讼法学的研究情况看,对于检察官的客观义务,在内涵上存在诸多争议,形成了"理念说""原则说"和"制度说"等观点。[3] 综观各种关于检察官客观义务的定义,笔者认为,不能简单地将检察官所负有的客观义务定位在某一个特定层面,比如说,仅仅认为检察官的客观义务是一种诉讼理念,或者仅仅认为,检察官的客观义务是一个法定化的诉讼规则。检察官的客观义务在内涵的构造上,乃具有多重涵义。具体包括:

首先,检察官的客观义务在最为抽象的层面上,应当是一种崇高的诉讼理念。检察官客观义务首先是一种价值追求,即指检察官在诉讼中追求案件真实正义,诉讼观念上不是一方当事人,而是实现真实正义的忠实公仆,在追诉犯罪的同时要注意维护被追诉人的合法权益。[4] 正是因为检察官客观义务的此一抽象涵义,才体现出了检察官客观义务的全面覆盖性和贯彻始终

---

[1] 参见龚佳禾:《检察官客观义务研究》,载《湖南社会科学》2007年第5期。
[2] 参见[日]松本一郎:《检察官的客观义务》,郭布、罗润麒译,载《法学译丛》1980年第2期。
[3] 参见龚佳禾:《检察官客观义务研究》,载《湖南社会科学》2007年第5期。
[4] 参见王守安:《谈检察监督与检察官的客观义务》,载《法制日报》2006年8月17日。

性,同时才体现出了检察官客观义务的时代发展性和内涵丰富性。事实上,检察官的客观义务是法律客观特征的某个侧面的集中体现,体现了检察官历史使命与法律的历史使命的一体性和一致性,因而检察官的角色是一个崇高的诉讼角色,检察官的客观义务是一种崇高的诉讼理念。

其次,检察官的客观义务在较为抽象的层面,乃是一种规范化的诉讼原则。检察官既是审判等诉讼活动的参与者,又是法治的维护者,检察机关的主要任务是代表国家履行公诉等职责,确保法律得到公正的执行,人权得到尊重和保障。因此,检察机关必须站在客观公正的立场上查明案件真相,准确地执行法律。这是检察机关应当履行的客观公正义务,也是检察机关行使检察权过程中必须遵循的客观公正原则。① 民事诉讼法的基本原则逐步获得全方位的时代特点,检察官在民事诉讼中担负客观义务应当成为其基本原则。作为基本原则,检察官应当按照其要求,履行各种客观义务;在其他程序规范未加规定之时,客观义务的基本原则就起着作为法律解释、弥补规则不足的作用。检察官应当始终以客观义务为基本的行为准则,以其指导自己的行为、约束自己的行为、检验自己的行为。与此同时,包括当事人在内的诸诉讼参与者也以检察官的客观义务来对检察官参与民事诉讼提出要求,提出质疑,寻求司法救济。法院也以检察官所负担的客观义务对待其检察监督、参与民事诉讼的各种行动,以此作为对检察官参与民事诉讼权力的一种制约和制衡。作为民事诉讼法基本原则的客观义务,是检察官参与民事诉讼程序、实施民事检察监督行为的所有规则的渊源;法定化的各种客观义务规则,均渊源于作为基本原则的检察官客观义务。因此,基于检察官客观义务的此一涵义,立法者应当将其作为一项民事诉讼法的基本原则作出明文规定。

再次,检察官客观义务在诉讼角色的意义上,乃是一种特殊的制度安排。制度说认为,检察官客观义务是指协调检察官的当事人角色和司法角色的制度安排,或者是在理念指导下的制度设计,它的精髓是"超越",它解决的是一个超越当事人的问题,即为了发现真实情况,检察官不应该站在当事人的立场,而应该站在客观的立场上进行诉讼活动。在与之相应的制度上明确规定:实施刑事诉讼程序的官员在办理案件的过程中,应当对被告人有利和不利的情况一并予以关注;不偏袒地、公正地采取行动,特别是要全面地侦查事实真相,不得单纯谋求证明被告人有罪;② 要以客观事实为根据,既要注意不利于犯罪嫌疑人、被告人的证据、事实和法律,又要注意有利于犯罪嫌疑人、被告人的证据、事实和法律,要不偏不倚;③ 执行职务有偏颇的嫌疑时要回避。检察官参与民事诉讼,究竟是一种什么样的角色?客观义务的赋予将为检察官的此种诉讼角色进行内涵上的定位:检察官参与民事诉讼,无论其形式如何,也无论其发生于何一诉讼阶段,均具有独立的诉讼地位,既不同于作为审判者的法官,也有别于作为纠纷主体的当事人,而是一种独立的诉讼关系人或诉讼参与者。检察官在客观的基础上,执行着多方面的诉讼职能:有时对人民法院行使审判权实施制约和监督,有时又对人民法院独立公正行使审判权提供程序保障;有时对当事人诉讼地位进行某种平衡,确保当事人能够在实质公平的层面进行公平的诉讼论争,同时又对滥用诉权或诉讼权利的当事人实施制约和监督;有时完全尊重私法自治原则,对当事人的诉讼活动不加任何形式的干预,有时则出于公益或他人利益的保护需要,对民事诉讼的进行实施一定程度上的干预,发表对民事纠纷公正解决的独立观点和

---

① 参见孙谦:《中国检察制度论纲》,人民出版社2004年版,第203—204页。
② 参见谢佑平、万毅:《检察官当事人化与客观公正义务》,载《人民检察》2002年第5期。
③ 参见陈永生:《论检察官的客观义务》,载《人民检察》2001年第9期。

意见主张。这种多样化的职能看上去是相互矛盾的,有时甚至存在激烈冲突,但实质地看,它们都统一于检察官的独立客观的诉讼地位,都是检察官所负担的客观义务的职能演绎。这说明,检察官的客观义务乃在诉讼主体的制度安排上,设定和承载了检察官在民事诉讼中的独立诉讼角色职能。

最后,检察官的客观义务,在具体法的意义上,乃是一种特定程序指向的诉讼规则。诉讼规则是直接的诉讼行为规范,正是诉讼规则的大量存在和系统存在,构成了民事诉讼法的主体内容,诉讼规则具有直接性、刚性和较强的约束力。检察官在民事诉讼中担负客观义务,从最直观的意义上说,乃是因为存在大量的能够反映其客观义务的规则。或者换言之,大量具体的诉讼规则,因其所负载的客观义务的内容,成为了规则意义上的检察官客观义务。通常在论证检察官客观义务时所援引的规则性依据,就是从这个意义上来说的。比如说,检察官在民事诉讼中,既要注意到有利于原告当事人的事项,也要关注有利于被告当事人的事项,而不得偏袒一方当事人,无论该当事人在形式的意义上是有理由的一方抑或是无理由的一方。从这个意义上说,检察官的客观义务与法官的客观义务是一致的;也正因如此,检察官被誉为"站着的法官"或者"准司法官"。

由上述所揭示的检察官客观义务的层次性,可见检察官客观义务的内涵是非常丰富的,其演变也是与时俱进的。检察官客观义务的理念性含义虽然最为抽象,其内容也难以直接把握,但其重要性是不可忽略的。正是理念意义上的客观义务,成为其他意义上客观义务的最终源泉;其他意义上的客观义务,都是从理念意义上的客观义务演化出来的,都是逐步具体化和规范化的结果。但是仅有理念意义上的客观义务是远远不够的,缺乏具体原则、规范保障和体现的理念性的客观义务仅具有倡导意义,而不具有规范和约束意义;而缺乏规范和约束意义的检察官客观义务,最终是虚幻的,难以甚至不能获得其实效性。因此,理念意义上的检察官客观义务,还需要逐步落实到更为具体的原则意义上的客观义务、制度意义上的客观义务以及规则意义上的客观义务之上。这后三者的客观义务均属于规范意义上的具有法律效力的客观义务,对检察官以及其他诉讼参与者都有一定的拘束性。但后三者也不可混为一谈,它们之间的界分依然需要厘清。原则意义上的客观义务强调的是检察官客观义务应当被立法者确认为一项基本的诉讼原则,该诉讼原则不仅直接对检察官发挥作用,而且对法院以及其他诉讼参与者均发挥一定的作用。它与理念意义上的客观义务存在的重大区别在于:前者是规范性的客观义务,后者是观念上的客观义务。至于其他两种意义上的客观义务,即制度意义上的客观义务和规则或行动意义上的客观义务是更为具体的范畴和含义。制度意义上的客观义务偏重于对检察官在民事诉讼中的诉讼角色的塑造,强调的是检察官在民事诉讼中,具有客观的、中立的、不偏不倚的诉讼地位和诉讼立场。规则意义上的客观义务则是检察官客观义务的原则和制度含义的具体展开和负载,它表现为一系列具体的诉讼规则。然而诉讼规则的涵盖力是有限的,还有大量应当规则化的客观义务由于立法者主客观方面的多种原因,尚停留在原则和制度乃至理念的抽象状态,未成为具体的诉讼规则。这至少说明两点:其一,检察官的客观义务在规则上是开放式的,有大量的客观义务有待于规则化。其二,检察官的客观义务在缺乏规则的情景下,需要借助于原则意义上的、制度意义上的乃至理念意义上的客观义务加以具体的诠释和填补。由此来看,检察官的客观义务在内涵上应当由上述四个层面的含义组成,单独强调其中一面或部分,都不足以揭示检察官客观义务的全部内涵,也不能适应现时代对检察官客观义务的内涵不断充实的需求。

二、检察官客观义务的内涵展开与特征描述

检察官的客观义务无论其定义如何，都不失为一个含有丰富内容的概念或范畴。它的出现，对民事诉讼产生了实实在在的影响，同时也为检察机关介入民事诉讼，扫除了制度上的障碍，开辟了观念上的通道。长期以来，理论上总有一种观点认为，检察机关介入民事诉讼实际上是为一方当事人说话，从而使诉讼关系失却了应有的平衡。这是对检察官客观义务概念的误读，或者说，这是因为没有充分认知和揭示出检察官客观义务概念内涵、从而尚未切实把握其程序特征的缘故。

（一）内涵展开

检察官客观义务是一种诚信义务。民事诉讼中越来越重视从民法中引入的诚信原则，该原则要求诉权的享有者和审判权的享有者都要按照诚实信用的原则实施诉讼行为和审判行为，避免诉讼欺诈和审判突袭。这个原则对检察机关参与民事诉讼同样适用。诚信原则对检察机关提出的要求首先就是一种真实的义务，而真实的义务乃是客观义务的重要内涵。依据真实义务，一方面，检察机关应本着追求客观真实的精神和目标参与民事诉讼，围绕着客观真实行使诉讼监督权，消除、防止诉讼中出现任何违背客观真实的事实主张和证据材料；另一方面，检察机关在民事诉讼中实施任何诉讼监督和审判监督的行为，均应在真实的基础上客观地进行，而不得违反诚信原则。

检察官客观义务是一种全面义务。检察官客观义务要求参与民事诉讼的检察官以独立诉讼参与者的角色实施监督行为，履行全面的义务。据此，检察官参与民事诉讼，并不代表任何一方当事人，其既要照顾到原告方的利益，又要关注被告方的利益，并对任何一方当事人违反民事诉讼法而实施的行为实施监督，而无论检察机关是根据何方当事人的请求参与民事诉讼的。此其一。其二，检察官参与民事诉讼后，便应肩负起全部的监督职能，不仅要保障人民法院依法公正行使审判权，同时还要确保诉讼程序的文明、有序、和谐进行，若有必要，尚需就民事诉讼的解决发表处理的观点和意见。

检察官客观义务是一种效率义务。现代民事诉讼要遵循诉讼经济和诉讼效率原则，我国民事诉讼法也体现了此一原则。检察机关参与民事诉讼实施诉讼监督，既要对违背诉讼经济和诉讼效率原则的诉讼行为和审判活动实施监督，同时其监督行为本身也要恪守诉讼经济和诉讼效率原则。检察机关参与民事诉讼，要遵循民事诉讼自身的运作规律，民事诉讼的运作规律之一便是它的及时性和失权性。据此，一旦民事诉讼中出现了需要监督的事项，检察机关便要及时提出监督意见，以使受监督的主体及时纠正不当的诉讼行为或审判行为，如此便可以防患于未然，避免程序反复和烦琐，造成资源浪费，影响诉讼稳定性。一般而言，能够在诉讼进行中提出的监督意见，不能等到诉讼结束后方才提出；能够在前阶段提出的监督意见，不能等到后阶段方才提出。如果违背了及时原则而实施了迟延的诉讼监督和审判监督，那么，此种监督意见能否被接受则要具体问题具体分析；同时，检察机关对迟延的监督行为也要承担相应的法律责任。

检察官客观义务是一种协同义务。现代诉讼是一种合作性的诉讼，协同性、和谐性以及相互间的支持配合构成其基本的特征，我国民事诉讼法也始终倡导此种现代化的诉讼模式。检察官参与民事诉讼，显然要服务于民事诉讼的大局，服务于民事诉讼程序的最高目标——彻底、妥善化解民事纷争，而不是为了实施监督而实施监督，既要坚持原则性又要体现灵活性。该监督之时决不和稀泥，搞妥协主义；可监督、可不监督之时，尽量不监督；非监督不可的，在及

时提出监督意见后，也不一意孤行，而需要同时尊重其他诉讼主体的观点和意见，需要时可以保留监督意见。通过检察官合作义务的履行，法院能够更好地行使审判权，当事人能够更好地行使诉权，其他诉讼参与人能够更好地行使诉讼权利，从而营造出友好的诉讼氛围，使诸诉讼参与者都能心情舒畅地实施诉讼行为和审判行为。检察官相较于诉讼当事人乃至人民法院而言，由于其诉讼地位更为超脱，因而更加能够游刃有余地化解诉讼中的不和谐音符，增加诉讼中的和谐色彩。

（二）特征描述

1. 诉讼地位的超脱性

检察官是宪法所确立的法律监督机关，它在诉讼中的任务就是监督法律的正确实施。法律是客观的，也就是说被监督的对象是客观的，因此监督者的意志必须是客观的，否则就会失去客观的立场；失去客观立场的监督便带上了主观性，而监督的主观性与作为客观性的法律是根本对立的。因此，法律的客观性，要求监督法律实施的主体也要具有客观性，这种客观性表现为检察官的客观义务。检察官所负担的客观义务，要求检察官在民事诉讼过程中，无论是在程序的前阶段还是后阶段，都要恪守客观的诉讼立场，专注于法律内容的全面兑现，而不为外界所动。这种由监督客体的属性所衍生出的客观义务，就其本质而言，乃是检察官所负担的监视法律实现的忠实义务。可见，法律的客观性为检察官的客观义务之缘起，提供了坚实的目标和背景，并由此为检察官的诉讼位置的超脱性提供了切实的可能。

2. 诉讼立场的中立性

诉讼立场是任何诉讼主体介入民事诉讼过程的视角和出发点，诉讼立场的相异性是由诉讼角色承担的诉讼职能的相异性所决定的。诉讼职能的分化和相对的角色自治是诉讼程序运作的动力引擎，不同的职能决定不同的立场，而相异的职能背后又潜伏着相异的诉讼利益。检察官在民事诉讼中的诉讼利益是监督法律的实现，这虽然不是其全部任务，但的确是其首要的或者说是最初的任务。其他任务，乃是奠基于此而产生的；这是其客观性的基本保障，同时也是客观义务的原始出处。法律外的纠纷化解机制，虽然也有客观性，但终究是脆弱的。检察官的诉讼利益既然是客观法律的客观实现，那自然其诉讼立场乃是介于诉讼利害关系人之间的，既不会站在原告一边，也不会沦为被告的代言人，事实上，他始终只能是诉讼的中立者。就此而论，他与作为司法官主要角色的法官原无二致，所不同的乃是二者之间的分工而已——法官职司审判，检察官职司监督。他们的共同上司是法律，他们的共同立场是中立，因而他们拥有一个共同的名称叫"司法官"。

3. 诉讼使命的双重性

司法官的职责是崇高的，因为他们负责将纸上的法律兑现为生活中的法律，使死法成为活法。在此意义上，说司法官对于诉讼负有一种使命乃是精当的。检察官的诉讼使命首先是监督法律的实现，但又不止于此。除了关注法律的实现外，检察官还关注公平正义在全社会的实现，后者实际上是一种超越法律的更为崇高的使命。检察官是正义的使者，由于法律在本质上是输送正义的工具，因而检察官首先是法律的使者。但法律有时却违背正义，变成非可欲的法律甚至沦为恶法，检察官此时的使命就由遵从法律变为超越法律，毕竟，正义是检察官的最终归属。实现正义，而不是简单的实现法律，才是检察官在现代社会的特殊使命；也正因此，检察官的诉讼角色变得更为神圣。我国的检察机关早就意识及此，很早就提出了以实现全社会公平正义为己任的检察职责，实现全社会的公平正义也由此成为我国正在进行中的检察改革的目标。实现正义与实现法律，是检察官肩上的两块砝码，嫁接此二者的乃是忠实于法律和正义的司法良知。这就是检察官诉讼使命的双重性,也是检验检察监督效果的两根指针。

三、检察官客观义务的类型化考察

检察官客观义务是多种多样的。在最早阶段,检察官的客观义务基本上是隐而不彰的,它充其量是一种制度性的胚胎。到了中间阶段,也就是实定法占统治的时代,检察官的客观义务被提了出来,并逐步制度化。[①] 如今,检察官的客观义务不仅表现在各种各样的制度规范之中,同时还作为一种理念、一种精神、一种原则,雄踞于诉讼制度之上,成为指导检察官诉讼活动的基本法则。可以说,检察官的客观义务弥漫于全部的诉讼制度之中,在有形和无形的诉讼场景,发挥着调控性的机能。检察官客观义务的逐步多样化和日趋精细化,映现了检察官制度发展的客观规律,同时也反映了检察官与民事诉讼的契合关系。在此意义上说,检察官客观义务的多样化是一种历史进步,我们正处在这样的一种时刻。为了更好地揭示检察官客观义务的多样化,有必要对其进行类型化研究。

(一)明示的客观义务和隐含的客观义务

检察官不仅负有明示的客观义务,同时还负担隐含的客观义务。对纷繁复杂的检察官客观义务作出类型化的研究是有必要的,因为它可以使检察官以及一般的人们更加准确地把握检察官的客观义务,从而使之化为实在的行动和现实的力量,同时也可反向对这种客观义务履行情况进行检验。检察官的客观义务依其有无法律的明定性,可以分为明示的客观义务和隐含的客观义务。明示的客观义务是立法所明文规定的客观义务,如立法者规定,检察官应当保持中立,检察官应当依法收集对当事人有利或不利的全部证据,检察官应当进行证据交换和证据展示,检察官应当依法收集证据,非法收集的证据应予排除,以及违反客观义务所要承担的法律责任,等等。这些均属于明示的客观义务。除了明示的客观义务外,检察官还担负隐含的客观义务,隐含的客观义务主要表现在将客观义务作为一项诉讼的基本原则之上,其重要的作用空间乃在检察官的自由裁量之处。检察官的自由裁量所奠基的法律原则便是其所负担的客观义务。可见,提出隐含的客观义务这个概念,以及进行相对立的这种分类,有立法上的重要意义。一个基本的逻辑乃是,经过实践检验,凡成熟的客观义务,应当及时以立法规范的形式,将其上升到法律文本的高度,使之定型化。与此同时,暂时尚未成熟的客观义务,则作为基本原则,以隐含的形式,保留在开放式的规范系统中。

(二)实体上的客观义务与程序上的客观义务

检察官的客观义务从内容上看,可以分为实体上的客观义务与程序上的客观义务。实体上的客观义务最先从客观义务的总概念中分化出来,是检察官所负担的客观义务的最早表现形态。到目前为止,检察官的客观义务在实定法上的主要表现形态依然是这种。从法的阶段上说,实体上的客观义务主要在检察官作为法律守护人的角色的时期表现出来。实体法上的客观义务是一种以确保实体法的原原本本实现为指向目标的客观义务,具体又包括事实上的客观义务和法律上的客观义务两方面。事实上的客观义务乃着眼于纠纷事实的客观展现,为了纠纷事实的准确呈现,检察官应当尽其所能,无偏颇地收集证据,论证事实,而无论这种事实在客观上对何方有利。这无疑是由检察官地位的超脱性和特殊性所决定的。就此点而论,简单地将检察官等同于当事人是不适合的。与事实上的客观义务相适应,检察官还负担法律上的客观义

[①] 参见龚佳禾:《检察官客观义务研究》,载《湖南社会科学》2007年第5期。

务。法律上的客观义务着眼于法律的准确理解和正确适用，为此，检察官可以针对案件的实际情形，就法律的诠释和运用发表见解。这种见解也应当是客观的，也是客观义务的具体体现。检察官所负担的客观义务并不停留于实体法的层面，事实上，它还越过实体法，进入程序法的领域。在程序法的领域，检察官依然具有多方面的客观义务，比如确保事实认定者和法律适用者的中立性和客观性，确保双方当事者的诉讼地位始终处在实质上的平衡状态，营造良好的诉讼秩序和诉讼氛围，为诉讼程序的和谐文明进行提供环境保障或者说是程序生态保障。从历史上看，检察官的客观义务由实体的进而发展到程序的，或者是程序与实体的客观义务并存，乃是一个进步表现。从趋势上看，检察官的客观义务应当实现程序化的改造，以程序上的客观义务为主要内容来设定检察官客观义务的规范形态，乃是大势所趋。

（三）强式的客观义务和弱式的客观义务

这是着眼于检察官的客观义务的程度来说的，通常来说，由法律明定的客观义务是强式的客观义务，而法律尚未规定的客观义务乃是弱式的客观义务。因此，强式的客观义务通常是无裁量权的，而弱式的客观义务则一般属于检察官裁量的范畴。然而具体的情形要较上述远为复杂。有时，虽然法无明定，检察官所负的客观义务依然可以是强式的，如确保当事人诉讼地位的平等性以及保障审判者的中立性，对于参与民事诉讼的检察官而言，乃是不言而喻的，因而是强式的；如果检察官未能尽其职责确保上述状态的实现，乃属检察官的失职。与之相反，有时虽然法有明定，但也可以表现为弱式的客观义务。如上级检察官对下级检察官错误地发号施令，下级检察官可以而不是必须拒绝接受这种命令，这就是弱式的客观义务。可见，凡授权性条款表述的客观义务，均属弱式的客观义务；凡强制性规范所表述的客观义务，则均属强式的客观义务。提出这种分类的意义在于：检察官所履行的客观义务，有时是可以裁量的，而有时则是无裁量权的。需加补充说明的是，检察官的客观义务虽然具有内在强度上的差异，但这种差异性随着立法的变迁又是可以转换的。

（四）积极的客观义务和消极的客观义务

检察官所负担的客观义务有时表现为积极的作为，如要求检察官采取行动收集证据，或者采取行动制止当事人的滥用诉权行为；有时则表现为消极的不作为，如要求检察官不得以非法的手段收集证据，非法收集的证据要受到排除。检察官的客观义务应当以积极的客观义务为主，而辅之以消极的客观义务。检察之所以介入民事诉讼，其原因主要不在于限制其自身的行动，相反，乃是要求其在适当的时候采取适当的行动，以确保检察监督的目标得以实现。

四、检察官在民事诉讼中担负客观义务的理论基础

检察官在民事诉讼中担负着客观义务，这是应当确立的基本原则，同时也是检察机关在现时代参与民事诉讼的正当性基础。如果检察机关参与民事诉讼失却了客观义务的基础，那它必然成为主观利益的执著追求者，而这是与现代民事诉讼的可参与性格格不入的。现在经常见到的对检察机关参与民事诉讼不以为然的各种质疑性观点，实际上都与检察机关客观义务的偏误性认知相关。换言之，对检察机关参与民事诉讼的诸多否定性观点，都直逼检察机关的客观性义务，都是没有了解检察机关客观性义务的结果；如果对检察机关的客观性义务有深切的把握和信心，那么，对检察机关参与民事诉讼的众多疑虑就会打消。因此，强化检察机关的客观性义务观念，发掘检察机关客观性义务的丰富内涵，是导入和坚持民事诉讼检察监督制度的观念性前提和制度性背景。为此，有必要深入探讨检察机关客观义务的理论基础，也就是说，要论

证说明检察机关何以在民事诉讼中应当负担客观性义务。这个问题的回答直接关系到民事检察监督制度存在的合理性与正当性问题。概括以观，其理论根据主要有：

（一）法律监督理论

我国的检察机关是国家的法律监督机关，而且具有专门性和职业性、法律性。为此，检察机关就必然按照法律的严格规定，对民事诉讼活动的合法性与正当性进行监督，包括对纠纷事实的客观认定以及法律规范的准确适用。人民法院行使审判权处理民事纠纷，倘若背离了立法的明文规定，尤其是其强制性规范，违反了公序良俗，严重背离了社会惯例和习俗，检察机关作为法律监督机关是有责任、有权力进行监督的。这是法律监督的主动性表征。法律监督的根本特征就在于其监督行为在依据和基础上具有客观性，否则法律监督就无从谈起。这就要求检察机关对法律问题和事实问题具有客观的认知和准确的把握，肩负起客观的义务。由此可见，法律监督与客观义务具有天然的联系，毋宁认为，客观义务就是法律监督的内在生命和外在表述。

（二）实事求是的哲学理论

实事求是作为一种唯物主义的认识路线，是中国共产党的基本思想方法、工作方法、领导方法。检察机关是在党的领导和人大监督下开展具体的法律监督活动的，实事求是是其对党负责和对人大负责的哲学基础和思维保障。实事求是要求检察机关在民事诉讼过程中，一切从实际出发，从国情出发，从民情出发，从个案解决的实际需要出发，反对本本主义，反对机械的法条主义，反对形式主义的司法观。这不是对法律监督理论的偏离，而是对法律监督理论的深化和发展，是法律监督理论获得辩证理解和正确适用的哲学向导。

（三）人民主权理论

我国是人民民主专政国家，人民当家作主，人民是国家权力的最终拥有者，检察机关的法律监督权也是来源于民、用之于民。检察机关在民事诉讼中，应当始终从人民主权理论出发，站在客观中立的立场。要真正以人为本，落实为人民服务的监督思想，想人民所想，急人民所急。监督权要为民所用，监督利益要为民所求，不得利用监督权谋取私利。

（四）公益代表理论

检察机关参与民事诉讼，其出发点和归宿点都与私利追逐无关，因为检察机关不是任何纠纷主体的代言人，不是具体纠纷中的利害关系人；检察机关参与民事诉讼，虽然具体目的各不相同，但有一个共同的目标就是维护公益。这种公益乃是广义上的概念，没有私益就是公益。在国家利益或社会公共利益受到损害时，检察机关参与民事诉讼，作为主当事人、联合当事人或者诉讼支持者发表意见和观点，这是出于公益。在当事人之间失去诉讼地位平衡之时，检察机关参与民事诉讼，采取矫正措施以确保当事人诉讼地位的实质性平衡，这也是出于公益——平等原则有利于司法公正。检察机关参与民事诉讼确保司法公正、防止司法腐败，这也是为了公益。因此，检察机关参与民事诉讼的公益性特征是显而易见的，也是其监督行为体现在民事诉讼始终的基本特点。

（五）正当程序理论

我国民事诉讼程序经过改革和完善，日益强调程序自身的正义性，并且逐步形成了程序正义决定实体正义的司法机理，程序正义不断具有重要性和决定性。这就是正当程序理论。正当程序理论要求检察机关参与民事诉讼，应当改变过去的完全专注于实体正义的监督机理，而将监督的重点转移到程序正义上来。程序正义较之实体正义而言更具有客观性和可检阅性，因而更加要求检察监督遵守客观义务，严格按照立法规定和原则精神，实施程序化的法律监督。

（六）和谐社会理论

和谐社会是我国致力于构建的理想社会状态，以人为本是其核心，科学发展观是其指导思想。和谐社会是一个"民主法治、公平正义、诚信友爱、充满活力、安定有序、人与自然和谐相处"的社会。在构建社会主义和谐社会的事业中，检察机关在民事诉讼中发挥着独特的作用。一方面，检察机关监督人民法院公正司法，以司法的公正性作为和谐社会的保障条件；另一方面，检察机关积极参与民事诉讼，发表对于构建和谐社会有利的各种观点和主张。这些诉讼任务和监督任务的完成，均需要检察机关担负客观性义务，以全面的视角落实科学发展观，构建当事人相互之间的和谐诉讼关系，构建当事人各方与人民法院的和谐审判关系，构建检察机关与人民法院以及诉讼参与者的监督与被监督的和谐关系。要而言之，和谐社会为检察机关肩负客观义务增添了崭新的理论根据。

综上所述，检察机关参与民事诉讼之所以担负客观义务，乃是出于多方面的缘由。检察机关是法律监督者，应当担负客观义务，否则何以实施法律监督？检察机关是实事求是的哲学路线的坚持者和践行者，实事求是与客观义务乃一物两面的概念。检察机关代表人民实施法律监督，一旦失去客观，便失去了人民或人民的一部分。检察机关要捍卫公益，不客观就会使公益沦为私益。检察机关是正当程序的保障者，履行客观义务是其基础。检察机关是和谐社会的构建者和捍卫者，而客观是和谐的本质所在。因此之故，无论从法律监督的宪法定位还是从以人为本的人本关怀来看，无论是从致力于正义的实现还是致力于和谐社会的构建来看，检察机关担负客观义务可以说是其参与民事诉讼的必然要求，也是其参与民事诉讼发挥检察监督职能的正当性所在。

五、检察官客观义务在民事诉讼中的表征和发展

（一）民事诉讼法中检察官客观义务的体现

我国民事诉讼法对于检察官的客观义务没有作出明确规定，但这并不意味着检察官客观义务在民事诉讼法中就不存在，相反，民事诉讼法关于检察机关参与民事诉讼的若干规定中，能够提炼出检察官的客观义务规范。主要表现在：

1. 检察官客观义务在民事诉讼法基本原则中的体现

《民事诉讼法》第14条规定："人民检察院有权对民事诉讼实行法律监督。"这是检察机关参与民事诉讼、行使法律监督权的原则性规定。由该规定，可以推演出两层含义：其一，检察机关有权对民事诉讼实施监督，这里的"有权"并非完全属于授权性规范，因为有权必有责。检察机关决定参与民事诉讼行使法律监督权，必须要遵循客观义务，坚守中立立场，否则便应承担相应的法律责任。其二，检察机关参与民事诉讼，其目的是法律监督，而法律监督自身便以客观义务的承受为逻辑前提。由此来看，法律监督本身就始终要求检察官承担客观义务，而无论这种法律监督是发生在刑事诉讼领域抑或民事诉讼领域、行政诉讼领域。

2. 检察官客观义务在民事再审程序中的体现

民事诉讼法用6个条文规定了检察机关参与民事再审程序的内容，这其中有2条可以直观地解释为客观义务的具体化表现。其一，《民事诉讼法》第215条第1款规定，人民检察院发

现有再审事由的，应当提出抗诉。这里的"应当"显然属于责任性规范，其要求检察机关对于人民法院的生效裁判，一旦发现存在符合再审事由的情形，就"应当"而不是"可以"提出抗诉。这种"应当"的立法要求，实质上是要求检察机关在抗诉启动机制上恪守客观义务，该抗诉的就一定要抗诉，不该抗诉的则不抗诉，这与刑事诉讼中的该公诉的就公诉、不该公诉的就不公诉一样，均体现了客观义务。其二，《民事诉讼法》第219条规定，人民检察院决定对人民法院的判决、裁定、调解书提出抗诉的，应当制作抗诉书。这里又用了一个"应当"，要求检察机关提出抗诉，首先应当慎重，同时应当采用书面形式，而不得口头抗诉。书面化的抗诉形式较之口头性的抗诉形式更加贴近客观义务的要求，有助于消除检察机关抗诉过程中的随意性，强化其客观性。

3. 检察官客观义务在民事再审事由中的体现

2007年《民事诉讼法》修改，统一了当事人申请再审的事由和检察院提出抗诉的事由，也就是说，凡是当事人可以提出再审的事由，均可成为检察机关提出抗诉的事由，而改变了过去立法采取的区别对待的方式。这体现了检察机关对民事审判实施法律监督的保障性客观义务。不仅如此，通过再审事由的类型化可以看出，检察机关提出抗诉的法定事由大致上可以分为两大类型：一类是实体性的再审事由，如证据不足、事实认定错误、法律适用错误等；另一类是程序性的再审事由，如审判人员该回避而没有回避、管辖错误等。这两类再审事由恰好印证了检察官客观义务的两层含义：一是实体性的客观义务，二是程序性的客观义务。前者是为了确保实体性正义，后者是为了保障程序性正义；无论是为了实体性正义还是为了程序性正义的实现，其都是检察官履行客观义务的目的所在，也是检察官所负担的客观义务的外在化表现。

（二）检察官客观义务在民事诉讼法中的体现问题

尽管如上所述，仍需看到，检察官的客观义务在我国民事诉讼法中没有得到完整的体现，主要问题：

1. 检察官的客观义务没有作为一项基本原则得以确立

如前所述，检察官介入民事诉讼的目标模式是因不同的司法制度而异的，它具有动态性和变化性。检察官的客观义务也不是从来就有的，而是发展到一定阶段后的产物；尤其是，检察官的客观义务在内涵上也是不尽一致的。在我国现时代民事诉讼中，检察官的客观义务不仅表现在传统功能上，如维护国家利益、集体利益和社会公益，表述国家意志，代表国家实施干预，等等；还表现在现代功能上，如维护司法公正、审判独立，维护当事人之间的公平对抗关系，排除影响司法文明的诸因素，等等。因此，检察官的客观义务应当作为检察机关参与民事诉讼的一项基本原则加以规定，并明确其功能体系。

2. 检察官的客观义务在外延上尚缺乏周延性

在民事诉讼中，检察官承担着诸多职能，履行多种法律义务，实施多种法律监督行为，这些活动的进行均必须恪守客观义务，这些客观义务应当有具体化的表现。如前所述，客观义务不仅是一种理念，也不仅是一项原则，更重要的是应当落实为一系列的行为规范，客观义务仅仅是这些行为规范中一以贯之的指导思想而已；这些具体的行为规范，才是检察官客观义务的法律化载体。检察官的客观义务应当表现在民事诉讼的全部过程，不是在事后监督中方有表现的机会。如前所析，检察机关对民事诉讼的参与，目前立法仅仅将其局限为对生效裁判的事后抗诉，而缺乏在民事诉讼其他阶段、其他环节的有效体现，这就使完整的客观义务在具体规范层面显得残缺不全，从而在其外延上失去了封闭的周延性。

3. 检察官的客观义务缺乏制度上的保障机制

检察官的客观义务既然作为检察机关参与民事诉讼的一种行为规范,那它必然有确保这种行为规范得以落实的保障机制。检察官的客观义务要求检察机关对于人民法院的生效裁判该抗的则抗,不该抗的则不抗,但如果检察机关违背了此项规范性要求,对于检察机关违反客观义务的行为该如何处理呢?对此立法上不见明文规定。这导致检察官的客观义务失却了应有的保障机制和兑现机制。

(三) 从民事诉讼立法视角完善检察官客观义务

全面以观,民事诉讼法应当高度重视检察官的客观义务,将它在立法上作出明文规定,从抽象到具体、从点到面地加以完善。具体而言,主要应当着力于以下几个方面:

1. 将检察官的客观义务作为一项基本原则规定下来

检察机关参与民事诉讼是我国民事诉讼法的显著特征,这一点与其他国家相比是完全不同的,这个不同也应当在基本原则的体系部分体现,换言之,检察官客观义务作为确立和调整民事诉讼监督关系的基本原则,应当得到明确无误的公开的昭示和规定。

2. 细化检察官客观义务的规范性规定

就本质而言,检察官参与民事诉讼的全部行为规范,都是客观义务的外在化和规范化表现,因此,细化检察官客观义务的规范,深挖其内涵,展示其充分的外延,应当被视为民事诉讼相关立法技术的基本准绳。我国民事诉讼法关于检察机关参与民事诉讼的规范显得较为简陋,一个很重要的原因就是在理论上和观念上缺乏对检察官客观义务内涵和本质的深刻理解和把握,因而无法围绕客观义务这个中心和核心价值展开规范的构架逻辑。因此,强化检察官参与民事诉讼的规范性和可操作性,实际上就是对检察官客观义务在具体情境下的演绎和铺设,这是一项工作的两个侧面。

3. 增加检察官客观义务的制度性规定

检察官客观义务目前仅仅在事后监督上有所体现,但这远远不够,更为重要的乃是在事先监督和事中监督上充分体现出检察官的客观义务。在事先监督领域,检察官的客观义务体现在:该提起的民事公诉,就提起;反之,不该提起的民事公诉,则不提起。这种关于民事公诉是否提起的说法十分类似于刑事诉讼:刑事诉讼中检察官的公诉行动与民事诉讼中检察官的公诉行动,同受客观义务的制约。如果说检察官在刑事诉讼中决定是否提起公诉的行为存在客观义务的制约性规范的话,那没有任何理由怀疑民事诉讼中的检察官提起公诉的行为也受客观义务的制约;这其间的道理是完全一致的。在事中监督领域,检察机关参与民事诉讼、对民事审判活动实施监督,也要恪守客观义务。比如说,对于监督方式的恰当选择、对监督事项的合理确定、对监督要求的妥适提出、对当事人实质地位平衡的周全保障等,都集中而鲜明地表征和体现着检察官所担负的客观义务,其客观义务规范的数量是相当多的。在事后监督领域,检察官的客观义务还有待于发掘,比如调查证据的客观义务,对微有瑕疵的生效裁判的纠正方式和程序、对正确裁判中当事人的服判息诉等,都可以通过规则的设定加以细化。在民事执行领域,检察官的客观义务依然表现出极强的规范属性和价值属性,通过检察官客观义务在民事强制执行领域的规则化设定,体现出检察机关对民事执行的检察监督。通过上述四个领域的制度性规定,检察官在民事诉讼中的客观义务便能够形成一个规则系统,从而全面地体现出民事诉讼中检察监督的职能和功能。

六、确立民事诉讼中检察官客观义务应当处理好的几个理论问题

民事诉讼中确立检察官客观义务既需要解决若干理论问题,也有助于化解若干理论争议。这主要表现在以下诸端:

（一）检察官的客观义务与其当事人化的关系

这个问题首先是在刑事诉讼中提出来的,意指作为公诉人的检察官,一方面要不断地朝当事人化的方向发展和演变,另一方面却又要其承担具有中立性的客观义务。[①] 这似乎是矛盾的。这一点在我国是非常明显的。因为原来在传统诉讼模式中,检察官与法官、公安是同一条战壕的战友,贯彻的是相互分工、互相制约和互相配合的关系模式。在这种关系中,要求检察官与法官一样恪守客观义务是妥当的,也是符合逻辑的,检察官也确实是这样实践的。但随着刑事诉讼模式的转型,当事人主义的程序特征愈益明显和突出,同时检察官不断地趋于当事人化。在这种理论和制度背景下,倘若依然强调检察官的客观义务,似乎确实是要同一个主体承担两种角色、完成两种职能,是与心理学的基本规律相矛盾的。但是,理论研究还进一步追问:检察官的当事人化与其所承担的客观义务果真是矛盾的吗?这二者难道绝对处在对立的状态而不得统一?理论上对此有不同的观点,有的认为矛盾,有的认为不矛盾,后一种观点似乎占着上风。

笔者不拟在刑事诉讼的领域就此继续论述下去,而是想结合民事诉讼,从另一视角做出探讨。

首先需要指出的是,检察官客观义务与当事人化的关系问题在民事诉讼中表现得更为复杂。因为,在刑事诉讼中,在与当事人化有关的议题范围内,检察官就是单独的一个角色,也就是公诉人,这个问题于是集中表现在:作为公诉人的检察官,能否恪守客观义务?或者这样问也一样:能否对作为公诉人的检察官施加客观义务?这个问题的回答只有肯定或者否定两种答案,没有第三种答案。但是,在民事诉讼中,检察官参与民事诉讼的阶段性和目的性是多元化的,而不是仅仅作为原告提出民事公诉。检察官作为原告提出民事公诉仅仅是检察官参与民事诉讼的一种形态——在这种形态中,集中体现出检察官当事人化与客观义务的尖锐矛盾。检察官参与民事诉讼除提出公诉这种形态外,还有三种形态:一是检察官事中参与民事诉讼;二是检察官事后通过抗诉参与民事诉讼;三是检察官对民事强制执行活动实施法律监督。笔者首先对后三者的相关议题做出探讨,最后谈一谈民事公诉中检察官的当事人化与客观义务的关系问题。

其一,检察官事中参与民事诉讼。检察官事中参与民事诉讼,其动机和目的是多种多样的,参与民事诉讼的程序契机也不尽相同。如果根据某一方当事人的申请而参与诉讼,那么,提示检察官承担客观义务更有必要。因为,申请检察官参与民事诉讼的当事人本身就希望检察官能够助其一臂之力,平衡一下诉讼地位与诉讼关系,从而使其更为顺畅地行使诉权或诉讼权利。因此,检察官参与民事诉讼有"帮忙"之意。但如果将这种"帮忙"推出必要的界限或限度之外,则必然使检察官失去客观中立的立场,而沦为当事人的"代理人"甚或"代言人"。其结果,检察官参与民事诉讼便走向了其制度宗旨的反面——不是为了保障公平诉讼,而是相反,使当事人之间的公平诉讼成为不能。由此来看,在这种情形下,特别强调检察官的

[①] 参见谢佑平、万毅:《检察官当事人化与客观公正义务》,载《人民检察》2002年第5期。

客观义务是很有必要的；对方当事人可以据此对检察官的参诉活动实施监督，人民法院也可以提醒检察官恪守客观义务。检察官还可能因人民法院的邀请或者因其他机关的提议而事中参与民事诉讼。人民法院或其他机关之所以邀请或提议检察官参与民事诉讼，有可能是出于确保司法公正和审判独立的考虑，也有可能是出于保护国家利益、社会公益或案外人合法权益的考虑。无论何种情形，都不存在检察官当事人化的问题——因为诉讼中业已存在对立着的当事人，因而检察官更加容易承担客观义务。

其二，检察官通过抗诉启动再审程序。检察官根据当事人的申诉或者依职权，可以向有管辖权的人民法院，就生效裁判提出抗诉，以发动再审程序，纠正生效裁判中的错误。从诉的理论和构造来看，再审程序中存在复合之诉，一是本案之诉，另一是形成之诉，二者的机能不尽相同。在本案之诉中，检察官参与再审程序，仅仅为监诉者，不属于当事人，不存在当事人化的问题，因而不影响其承担客观义务。在形成之诉中，检察官提出抗诉的目的就是启动再审程序，推翻原生效裁判，因而在这里存在当事人化的诉讼主体地位安排问题。因此之故，在诉讼的前阶段，也即形成之诉的阶段，应特别强调检察官的客观义务。

其三，检察官对民事执行程序的参与和监督。检察官对民事执行程序的参与和监督，目的在于排除对公正执行的干扰性因素，确保人民法院依法恰当有效地行使立法赋予其的强制执行权，就此而论，检察官不会沦于任何一方当事人的程序地位，不会成为任何一方当事人的代理人或代言人，因而不存在检察官程序地位当事人化的问题，从而也不影响其所担负的客观注意义务。

与刑事诉讼中相类似的，乃是提起民事公诉的检察官，究竟如何处理其起诉者地位与监督者地位之间的关系问题。作为起诉者，检察官理应属于原告当事人（既可以是独立的当事人，也可以是联合当事人），从理论上很难解释这样一个相反的现象：他既然提出了诉讼，但却不被认为是当事人。这一点，大概就是民事诉讼与刑事诉讼的区别所在。换言之，在民事诉讼中，起诉者就是当事人，这是天经地义、毋庸置疑的。因此，在民事公诉中，首先就不存在一个所谓的"当事人化"的问题，因为它从来就是当事人，无论在逻辑上还是在历史上，都不存在由非当事人的地位向当事人的地位转化的问题。因此，在民事诉讼中，要讨论的不是检察官的当事人化与客观义务的关系问题，而是检察官的当事人地位与客观义务的关系问题。那么，问题就变为：在民事公诉中，作为原告的检察官能够履行客观义务吗？这个问题的解答，与刑事诉讼中讨论的相同问题，其实大同小异。

笔者赞同肯定说，也就是认为，检察官的原告地位与其所担负的客观义务是兼容的，而不是相互排斥的。其原因在于：其一，检察官提起诉讼是以公益代表人的身份出现的，在诉讼中他没有任何私益可求。既然没有私益可求，那其诉讼境界就可以变得高尚起来——私益会影响诉讼境界。这是检察官担负客观义务的客观基础。其二，在民事公诉中，检察官的诉讼目标与审判官的裁判目标是殊途同归的。审判官通过裁判实现正义，检察官通过参与诉讼和监督审判而实现正义。审判官是客观中立的，那没有理由怀疑检察官也是客观中立的。因此，检察官在民事公诉中，既是原告当事人，又是诉讼监督者，作为诉讼监督者的客观义务并不影响检察官执行和完成作为原告当事人的诉讼职能。在民事诉讼中得出的此一结论，可以成为刑事诉讼中讨论相同问题的一个佐证。

（二）检察官的客观义务与诉辩平衡的关系

民事诉讼是平等者之间公平对抗、对等交涉的过程，其双方当事人诉讼地位之间的平衡性和平等性对于这个过程的公正运行是至关重要的，它不仅决定程序公正，还决定实体公正。因此,民事诉讼法将平等原则作为一项基本原则加以确立。原本,当事人诉讼地位平等原则的贯彻与落实,其任务直接加在行使审判权的人民法院身上;民事诉讼法要求人民法院采取有效措施,确保当事人诉讼地位始终处在平等或平衡状态。然而,在检察机关介入民事诉讼后,这个原来较为直观的问题变得复杂起来。因为,在人民法院对当事人的诉讼地位采取措施进行动态平衡的过程中,同属行使公权力的检察机关的介入,有可能使人民法院的这种平衡性努力难以操作。这是问题的一方面。问题的另一方面还在于,检察机关介入民事诉讼,尤其是事中参与民事诉讼,有可能将其诉讼立场滑向当事人一边。那么,这样一种可能性是否能成为排除检察机关介入民事诉讼实施法律监督的正当理由呢?笔者认为不能。因为,检察机关是法律监督者,也是公益代表者,肩负着客观义务,不会因滑向一方当事人的立场而失去中立性和客观性,更不会对人民法院公平行使审判权产生不利的掣肘。可见,这里的关键在于检察官的客观义务;如果轻忽客观义务,那上述负面诉讼效果的发生则难以避免。

(三) 检察官的客观义务与检察一体化的关系

这个问题既表现在刑事诉讼中,也表现在民事诉讼中。在民事诉讼中,检察机关对民事审判活动实施法律监督,也要一体地遵循检察一体化原则。检察一体化原则,是指为保持检察权行使整体的统一,在肯定检察官相对独立性的同时,将其组成一个统一的组织体,即采取检察官所有活动一体化的方针。① 据此,单个的检察官要听命于检察院的整体意志,下级检察院要听命于上级检察院的意志,检察官是代表整个检察院系统对民事审判活动实施法律监督的。这种活动原则与检察官的客观义务是完全契合的。具体地说,检察一体化原则是有助于实现检察官的客观义务的,因为整体的意志对于个别的意志是一种客观化的约束,如果检察官完全按照个人的意志实施法律监督,那其中就难免会出现个别的任意性、主观性甚至随意性。在民事诉讼中,检察一体化原则表现得稍微缓和一些。因为,民事诉讼中除强调客观真实的诉讼价值外,还特别强调诉讼效率价值;而诉讼效率价值的强调需要更为辩证地理解和适用检察一体化原则,也就是说,在一般情况下应当充分尊重检察官的独立作用,只有在特殊情况下,才能动用检察一体化原则,以检察系统的监督合力取代单个检察官的主观意见。在民事诉讼中,检察一体化原则对检察官客观义务的促进作用主要表现在:其一,检察一体化原则能够对单个检察官的检察监督行为产生客观上的制约,从而有助于保障检察官客观义务的实现。其二,检察一体化原则更加能够消除人们对检察监督会干预审判独立的顾虑。其三,检察一体化原则有助于弥补单个检察官对民事审判监督所存在的知识上或能力上的不足,为民事检察监督的正当化提供更为有力的依据。

(四) 检察官的客观义务与民事检察监督法定主义的关系

民事检察监督必须依照法律的规定性运作,这就是其合法性原则,或者称民事检察监督的法定主义。之所以如此,其原因有两个:一是因为检察监督权本身是公权力,公权力的存在及其作用的发挥乃以法律的明定性为依据,这是公权力法定主义的具体表现。二是因为民事诉讼中的检察监督通常是游离于检察机关独立的诉讼职能之外的,因而其监督权就必须有法律的独立授权。由于法定原则的作用,民事诉讼中检察监督实际上在范围和职能上都是有限的,而不是无条件地、绝对地存在的。在行使法定的检察监督职权的过程中,检察机关应当恪守客观义务。实质上看,检察官的客观义务就是其法定化的监督义务,当然,如前所述,前者还有理念

---

① 参见孙谦:《维护司法的公平和正义是检察官的基本追求》,载《人民检察》2004年第4期。

等层面的含义，后者则仅仅是规则化的客观义务。这里从理论上和实践中都存在一个问题，就是如何理解和设定民事检察监督的法定原则和检察官客观义务之间的相互关系。其二者的关系可以这样理解：其一，检察官的客观义务是检察监督法定原则的逻辑前提，检察监督法定原则是检察官客观义务的具体化表征。凡为立法所明定的检察监督法定规则，均必须依循客观义务的要求；客观义务的要求也要落实到具体的检察监督规则中去。其二，在检察监督缺乏具体的规则可以依循时，应当根据检察官的客观义务加以规则的补充。此时，检察官客观义务便可以发挥其作为基本原则的作用。其三，在立法为民事检察监督所设定的诸规则发生矛盾和冲突之时，检察官的客观义务为检察机关妥善选择监督规则起指导作用。由此来看，民事检察监督的法定原则与检察官的客观义务存在包含与被包含的关系：前者被包含于后者之中，后者成为凌驾于前者之上的更为宽泛的兼具理念性和规则性的综合范畴。

（五）检察官的客观义务与利益衡量的关系

利益衡量是检察官履行客观义务的基本准绳。从方法论上说，检察官的客观义务是由利益衡量或兼顾性来促成的，或者更直接一点说，通向检察官客观义务的方法论路径，就是各方面的利益兼顾。因为首先，客观义务要求检察官做到公私兼顾，也就是国家利益、社会利益与个人利益的兼顾。如果国家利益、社会利益大于个人利益，检察官提起民事公诉则具备了客观基础。其次，检察官要兼顾原告方利益与被告方利益，使检察官对民事诉讼的介入不致影响诉讼关系的平衡状态，从而确保当事人双方在公平的基础上进行诉讼对抗。最后，检察官对于民事诉讼的介入，要做到公正与效率的兼顾，而不可偏废，过分地执著追求其中任何一个，都与检察官所负担的客观义务相悖。所以，有一种说法是我们不赞成的，即检察官的客观义务就是为了实现客观真实和实体正义。这种对客观义务的理解，若用来描述检察官"法律守护人"的角色和功能，则基本合拍；但是若用来描述现代意义的检察官形象，则未免失之偏颇。现代意义上的检察官不仅要追求实体正义，还要追求程序正义，兼顾实体利益和程序利益。可见，检察官所负法律义务的客观性，与其对各种诉讼利益的衡平性是呈同构状态的。

第七节 检察监督立法

在新时代，加强检察机关的监督职能，确保司法公正，维护社会公平正义，使人民群众在每一个司法案件中都能感受到公平正义，是检察机关所面临的一大课题。具有中国特色的社会主义法律体系业已形成，中国在全面依法治国的道路上迈出了新的步伐。然而又不能不同时看到，作为这个法律体系中的一部分的检察监督法尚付阙如。在规范公权力运行的法律规范体系中，监督法占有半壁天下。然而，检察机关行使的法律监督权却仅有零散的立法规定，缺乏系统的具有可操作性的法律可以依循，这在一定程度上制约了检察机关监督职能的有效发挥，为此，笔者认为，我国应当建立独立的《中华人民共和国人民检察院监督法》（以下简称检察监督法）。

一、制定检察监督法的根据和理由

（一）宪法是制定检察监督法的最高法律依据

《宪法》第134条规定："中华人民共和国人民检察院是国家的法律监督机关。"与西方的三权分立体制不同，我国宪法确立，人民代表大会是权力机关，享有立法权，行政权和司法权是立法权之下的权力；且我国的司法机关不仅包括法院，还包括检察院。这就以根本大法的形式确立了检察机关在国家权力结构中的地位和职能，为检察机关开展检察监督提供了根本依据。然而，检察机关行使法律监督权却缺乏专门的法律规范。这一点与人民法院形成了鲜明对照。《宪法》第128条规定"人民法院是国家的审判机关"；为了有效行使审判权，立法机关制定刑事诉讼法、民事诉讼法和行政诉讼法予以保障。这并非意味着审判权比法律监督权重要，或者具有更高的宪法地位，而是立法滞后的表现。

（二）现行监督法①并未涉及检察监督

监督法是为规范人大常委会的监督工作而制定的，其确立了人大常委会独立的监督地位，赋予了各级人大常委会政务评议、财政监督、人事撤职及政令审查等职权，并规定了上述职权行使的方式与途径，从而使人大监督具有很强的操作性和保障性。然而，在监督主体上，监督法指向的是各级人大常委会，其并未涉及检察监督。因此，监督法不能成为规范检察监督的依据，需要通过专门的立法来实现宪法赋予检察机关的法律监督权。需要指出的是，宪法赋予人民代表大会及其常委会的职能是"监督宪法的实施"，其监督权较为宏观，而检察机关的法律监督权则较为具体，涉及法律实施的方方面面。在监督法之外，再独立制定一个《检察监督法》，二者并不矛盾。

（三）检察监督的内容涉及广泛，不是诉讼法所能涵盖的

与宪法和人民检察院组织法的要求相对应，刑事诉讼法、民事诉讼法、行政诉讼法都有检察监督的内容，但这些内容均不完整，因为诉讼法主要的规范对象是法院的审判权和当事人的诉权。例如，民事诉讼法仅仅在第14条、第215—220条、第242条等条文中对检察监督加以规定，这些规定是粗线条的，而且主要是规范其抗诉权的行使，对其他监督方式，如再审检察建议、程序违法检察建议、执行监督检察建议等其他监督方式并未加以具体的程序保障规定。这与司法实践对检察机关介入民事诉讼的迫切要求不相匹配，无法体现出检察监督的全部要求，所以，需要制定一部专门的检察监督法来统一检察监督中的共同问题和操作程序。

（四）客观现实需要加强司法监督

司法实践中，有的司法人员难以抵制当事人的诱惑而贪污受贿、徇私枉法，大办"人情案""金钱案""关系案"，甚至认为"打官司就是打关系"。这些问题的产生与司法监督机制不够完善有内在关联。制定独立的检察监督法有助于强化检察机关的法律监督地位，有助于完善司法监督机制、优化和净化司法环境，从而有助于克服司法不公以及司法腐败等沉疴顽疾。

二、检察监督法的立法构想

（一）关于法律体系的构想

宪法是国家的根本大法，检察监督法必须以宪法为依据制定具体内容；人民检察院组织法是检察机关权力类型、职能及其运行的"小宪法"，检察监督法也要服从人民检察院组织法的要求；而检察监督作为诉讼监督的重要形式，在民事诉讼法、刑事诉讼法、行政诉讼法三大诉讼法中的规定较为笼统，检察监督法应该是对刑事诉讼、民事诉讼、行政诉讼检察监督相配套

---

① 此处指《中华人民共和国各级人民代表大会常务委员会监督法》。

的细则。所以，在内容上，检察监督法是检察院在立案、侦查、审判、判决裁定、执行各诉讼环节的监督规则，其目的是使检察机关的监督程序进一步制度化、规范化。

（二）关于"总则"的构想

检察监督法应由总则和分则两部分构成。总则部分主要应包括立法宗旨和基本原则。检察监督法的立法宗旨应当是：检察机关基于宪法所确立的法律监督机关地位，应当全面发挥其监督职能，并通过监督职能的履行，维护司法公正，提高司法效率，提升司法权威，从而为完善中国特色的社会主义司法制度贡献力量。该法所应体现的基本原则主要应有：

1. 依法独立行使检察监督权的原则

《宪法》第136条规定："人民检察院依照法律规定独立行使检察权，不受行政机关、社会团体和个人的干涉。"这就确立了检察权独立行使原则，强调了检察权只能由人民检察院行使，其他任何机关不得行使。检察机关在行使职权过程中，虽然不受行政机关、社会团体和个人的干涉，但必须接受党的领导和上级检察机关的领导，同时还受外部多方面监督，主要有人民代表大会及常务委员会的监督、政协的民主监督、公安机关与人民法院的相互制约和来自社会的监督等。

2. 尊重审判独立的原则

审判活动是一种特殊的社会活动，司法公正的实现不仅要求监督司法官员权力的行使，同时也要求司法官员在作出裁判时能保持理性和思维的自由，也即保持一定的独立性。只有坚持司法权独立行使，才能使司法官员依据职业道德和理性、根据案件事实和法律来裁判案件，从而保证司法官员不被外部力量所左右，实现程序公正和实体公正，使当事人服判息诉，实现纠纷的彻底解决。在我国，由于司法机关分为法院和检察院，司法权独立就包括审判权独立和检察权独立。所以，检察监督法在规范检察机关对民事诉讼、刑事诉讼和行政诉讼监督的同时，应维护法院审判权的独立行使。

3. 全面监督的原则

人民检察院应当对法院行使审判权的全部活动实施法律监督，包括参与诉讼、提起再审、执行监督等；同时，对涉及公共利益等案件，检察机关有权提起民事公益诉讼。

4. 客观监督的原则

检察机关的法律监督权是宪法赋予的，宪法要求检察机关在行使检察权的过程中，必须依法行使，即应以事实为根据，以法律为准绳，基于其所负担的客观义务，对当事人不偏不倚，忠实充当"法律的守护者""公共利益的看护人"。

（三）关于"分则"的构想

由于民事诉讼、刑事诉讼、行政诉讼和执行程序均有各自的特性和规律，其具体的监督形式是不同的，应由检察监督法对此进行分别规定。以民事诉讼中的检察监督为例，其具体内容主要包括：

1. 确立检察机关支持起诉和督促起诉机制

在当前新旧体制交替阶段，滥用权利、危害国家和社会公共利益、违背公序良俗的事件不断出现。而司法程序的缺位或司法程序中启动民事诉讼程序的主体的缺位，使得国家利益和社会公共利益可能处于被漠视的境地。检察机关是国家的法律监督者，可以代表国家对破坏民事法律秩序、导致国家利益和社会公共利益受到威胁的当事人提起民事诉讼。检察机关提起公益诉讼应当另行制定公益诉讼法加以调整，对其他主体提起的公益诉讼，检察机关有权进行支起诉和督促起诉，同时对弱势群体和特殊民事法律关系的主体提起民事诉讼，检察机关在必要时也应支持起诉或督促起诉。

2. 确立检察机关参与诉讼的机制，实行诉中监督

对于已经起诉的涉及公共利益、群体性纠纷或者弱势群体保护的案件，检察机关可以作为"从当事人"或者独立的"监诉者"参与到诉讼中。检察院应当有权决定是否派员参与诉讼，也可以依法院邀请、通知或者当事人申请而参与，但是否参与由检察机关根据具体情况酌定。同时应当规定，地方各级人民检察院对于各级人民法院第一审民事案件的判决和裁定，认为有错误时，应当按照上诉程序提出抗诉，避免事后监督方式对司法资源的浪费。在诉中监督阶段，检察机关对人民法院在诉讼进程中针对不予受理、驳回起诉、管辖权异议、财产保全、先予执行等重要的程序问题作出的裁定应着重加以监督，确保审判程序的合法性和公正性。

3. 完善检察机关的再审监督机制，做强诉后监督

民事诉讼法规定了审判监督程序意义上的抗诉和再审检察建议，需要通过检察监督法抗诉程序尤其是再审检察建议的程序和效力进行细化规定，以强化监督效果。

4. 对执行程序的监督

《民事诉讼法》第242条规定："人民检察院有权对民事执行活动实行法律监督。"执行活动同样是司法腐败的一个滋生领域。但是对执行程序，目前立法仅有抽象的原则规定，而缺乏具体的检察监督规范，因而应当在检察监督法中加以具体规定。

三、检察监督法的外部关系

（一）检察监督法与宪法的关系

检察监督源自宪法的直接授权，宪法规定了检察机关的基本职能是法律监督。检察监督法则将宪法赋予检察机关的监督权加以重申并予以具体化。就二者的性质看，它们具有同质性；因而在此意义上，也可以说检察监督法是宪法的关系法或相关法。正因如此，检察监督法上承宪法，成为其他监督规范的本原性法律。

（二）检察监督法与人大监督法的关系

如果有一个上位法，那么，无论是检察院的监督法还是人大常委会的监督法，则均属其下位法；作为上位法的监督法，除规范和调整权力型监督外，尚可调整诸如政协监督、媒体监督、舆论监督等权利型监督。这种将因编纂而成的上位意义上的监督法，应当成为监督法制完善的一个外在标志——犹如民法典成为诸民事单行法的统一法典一样。

（三）检察监督法与人民检察院组织法的关系

人民检察院组织法重在规范检察院的机构形式、人员安排以及上下级关系，同时调整检察院行使职权的一般性程序。因此，人民检察院组织法的核心之点在于"组织"，而非"职能"——对于职能，恰好是检察监督法的规范重心。此二者之间有密切关联，但其调整对象显然有别。

（四）检察监督法与三大诉讼法的关系

检察监督法要重点处理好的另一个外部关系就是它和民事诉讼法、刑事诉讼法和行政诉讼法等诉讼法的关系。三大诉讼法都涉及如何摆正和强化检察监督的共性问题。这就不能不提出一个立法逻辑的关联性问题：如何划定检察监督法与三大诉讼法之间有关监督规范内容方面的界限？这其间的界限虽不强调格外清晰，但也要大致明确。否则就会产生选择性疑问：有了检

察监督法，三大诉讼法就可以不规定检察监督的内容了吗？或者，有了三大诉讼法关于检察监督的内容规定，就可以不要检察监督法了吗？如果二者的关系说不清楚，这两个疑问肯定要被提出。

我们的立法不仅要在三大诉讼法中完善、强化检察监督的规范性内容，同时要制定检察监督法。为此，就需要对二者之间的关系做一个辨析。主要来说，二者之间有这样几个不同点：

1. 二者的法律性质不同

检察监督法是垂直型的授权法，通过检察监督法，立法者将法律监督的相关权能赋予了检察机关，使之在横向方面与人大监督、社会监督等方式区分开来。而三大诉讼法则调整横向型的诉讼法律关系；检察机关在既有的监督权能的基础上，如何将其有效性发挥出来，并且在发挥此种监督职能的过程中，如何与作为被监督者的法院、公安机关等构建出合理的制衡关系，这些便成了诉讼法要规范的内容。如果说检察监督法是静态的赋权法，而三大诉讼法则是动态的用权法。二者之间的立法功能之不同，乃显而易见。

2. 二者所调整的主体有别

三大诉讼法调整的主体相对单纯，除当事人外，就是行使司法权能的诸机构与行使法律监督权的检察院。检察监督法所调整的主体则主要是检察院，此外还涉及法院、行政机关、人大及其常委会、一般社会主体等。比如说，检察院在监督的过程中，还要接受人大及其常委会的监督，行政机关要给予支持，法院要给予配合，社会要给予协助，同时它还要接受党委的领导。所有这些内容，都不可能在三大诉讼法中涉及。不仅如此，检察监督法除调整主体的外部关系外，还要调整检察院的内部主体关系，如检察一体化机制、检察院上下级的关系、提抗与交办、检委会的作用等。由此来看，检察监督法所调整的法律主体在范围上更宽，由此所形成的法律关系更为复杂。

3. 二者所调整的内容不同

检察监督法的内容较为广泛，其包含预防职能及各种监督权能的设定，如刑事诉讼中对侦查的监督、对审判的监督以及对监管的监督等；民事诉讼中的诉前监督，包括支持、督促其他组织或单位起诉，支持弱势群体诉讼等，诉中监督，包括对诉讼诸重要环节的程序监督，诉后监督以及执行监督等；行政诉讼中的审判监督、行政监督等；以及非诉讼监督，如行政监督、社会公益性监督等。同时，检察监督法还要规范其内部运作机制、监督原则与方式、自身监督与监督责任、监督保障、三大诉讼监督之间以及与非诉讼监督之间的诸衔接机制。这些内容，显然是三大诉讼法所不能涵盖的。同理，三大诉讼法中关于检察监督的程序机制的规范和设定，也不能在检察监督法中加以铺陈。比如，在执行监督中，检察机关在何种情形下可以进行现场监督，在进行现场监督时，在何种情形下应当纠正法院的错误执行行为，在何种情形下应当保障执行行为的贯彻落实，等等，诸如此类内容均需在诉讼法的上下文中加以情景式地规范，而在检察监督法中，则无以体现这些具体操作性的内容，而只能规定检察院有权实施执行监督。

由此来看，三大诉讼法与检察监督法属于不同的法律部类。就监督的内容而言，检察监督法在法律位阶上要高于三大诉讼法，三大诉讼法中的检察监督规范，乃是由检察监督法的统一赋权延伸出来的。有了检察监督法，便在监督的意义上，使三大诉讼法和宪法挂钩；因此可以说，检察监督法是宪法和三大诉讼法之间的监督桥梁。这有力地说明，检察监督法的制定是必然的，这不仅表现在监督规范内容的完整性方面，同时还表现在立法的阶梯性逻辑方面。

四、检察监督法的内部关系

以上所述，乃是检察监督法与宪法、人民检察院组织法、人大监督法以及三大诉讼法之间的外在关联；除此以外，在检察监督法的制定中，还有一个其内容安排上的内在结构问题需加考虑。从其内在结构的考虑，更可以看出检察监督法的外在关联性，同时也可以看出其立法地位的不可或缺性。

如前所述，检察监督法的内部关系由两个主要方面构成：一是检察监督的总则规范，二是检察监督的分则规范。在总则部分，检察监督不仅要体现它的权力来源，同时还要体现其实施监督的指导思想和基本原则，比如说，检察监督不仅限于刑事监督，还要注重民行监督的平衡发展；监督的方式方法要多元化地呈现，而避免单一化和简单化；监督要坚持理性平和的精神特征，防止监督中的极端主义和片面主义；监督要始终恪守检察官应有的客观义务，既积极能动，又不偏不倚；等等。诸如此类内容均需在总则中表明。这些内容都不可能在三大诉讼法中涉及，而需要单独制定检察监督法。

除总则外，检察监督法还应有分则的设置。分则主要分为五大部分：一是刑事诉讼中的检察监督；二是民事诉讼中的检察监督；三是行政诉讼中的检察监督；四是执行程序中的检察监督；五是其他领域的检察监督。在分则设置的过程中，其立法技术上最值得注意的，乃是与三大诉讼法的协调问题，要尽量避免与三大诉讼法的监督规范相重复。当然，通过分则的规范考量，也会发现一些在三大诉讼法中不宜规定，而放在检察监督法中规定更佳的内容。这就需要明确检察监督法和三大诉讼法之间的功能分工。

由上可见，检察监督法的制定在逻辑上是必然的，在实践中也是急需的。目前，已有30多个省级人大常委会通过了加强检察机关法律监督的决议。然而"决议"不能代替立法，而仅仅为立法提供了必要准备，同时也证明了检察监督立法的必要性和现实性。从立法技术上说，应当厘清检察监督法与宪法及其相关法的关系，尤其要将其与三大诉讼法的关系处理好。这样，一部相对成熟的检察监督法将在中国特色社会主义法律体系中占据重要一席之地。

第八节 案外人申请再审

案外人申请再审，是指非执行当事人的案外第三人所提出的请求撤销和改变作为执行依据的生效裁判的再审申请。根据《民事诉讼法》第206条的规定，当事人对已经发生法律效力的判决、裁定，认为有错误的，可以向上一级人民法院申请再审。申请再审的适格主体为原生效裁判所确认的当事人，非当事人不具有再审申请的当事人资格，因此，案外人不得申请再审便是再审程序所奉行的一项基本原则。然而凡原则皆有例外，案外人不得申请再审这项基本原则也有例外，其例外主要表现在两方面：一是案外人直接申请再审，二是案外人通过执行程序进入再审程序。

一、案外人直接申请再审

案外人直接申请再审乃由《民事诉讼法》第207条第8项所确定，并由《民诉法解释》第420条所细化。依据该司法解释之规定，必须共同进行诉讼的当事人因不能归责于本人或者其诉讼代理人的事由未参加诉讼的，可以根据《民事诉讼法》第207条第8项规定，自知道或者应当知道之日起6个月内申请再审。

按照《民事诉讼法》第55条第1款的规定,当事人一方或者双方为二人以上,其诉讼标的是共同的,为必要共同诉讼。必要共同诉讼的所有当事人都必须参与诉讼,否则其当事人即为不适格。为弥补因遗漏必要共同诉讼人而造成当事人不适格之缺陷,《民事诉讼法》第135条规定:"必须共同进行诉讼的当事人没有参加诉讼的,人民法院应当通知其参加诉讼。"然而,由于种种原因,必须参与诉讼的必要共同诉讼人可能仍被遗漏而无缘参与诉讼。对此,二审程序和再审程序做出了尽可能的补救措施,以保护案外第三人参与诉讼的权利。《民事诉讼法》第177条第1款第4项规定:"原判决遗漏当事人或者违法缺席判决等严重违反法定程序的,裁定撤销原判决,发回原审人民法院重审。"然而,遗漏必要共同诉讼人的这一缺陷在二审程序中仍有可能被遮蔽,该当事人不适格的缺陷便被带入到生效裁判之中,使该生效裁判成了有缺陷的生效裁判,为了纠正这一缺陷,不得不动用适用条件极其严格的再审程序。《民事诉讼法》第207条第8项再审事由便是专门为此而设。尽管据此规定,申请再审的适格主体仍为当事人,而不包括案外人。然而,从实质意义上看,该案外人并非通常意义上的案外人,其原本就应当作为正当的当事人参与诉讼,只是由于种种缘故而被无端阻隔在诉讼程序之外,因而其实际上是处在诉讼程序外的案内人,也就是说,他尽管不是形式意义上的当事人,但却是实质意义上的当事人,因而《民诉法解释》第420条便具有了正当性与合法性。除了必要共同诉讼人的案外人之外,其他任何人均不可以案外人的身份直接申请再审。需要注意的是,《民事诉讼法》第55条并未将必要共同诉讼进一步划分为固有的必要共同诉讼和类似的必要共同诉讼,而是笼统地规定了一个必要共同诉讼,然而事实上,必要共同诉讼确实存在固有的必要共同诉讼和类似的必要共同诉讼两种形态。这两种必要共同诉讼对当事人适格的要求并不相同,对于固有的必要共同诉讼而言,当事人可谓缺一不可;对于类似的必要共同诉讼而言,人数较多一方的当事人并非都不可或缺。上述因当事人欠缺而导致二审发回重审或案外人申请再审的规定仅仅适用于固有的必要共同诉讼,而不适用于类似的必要共同诉讼。在类似的必要共同诉讼中,如果当事人因不可归责于己的原因而未参与诉讼,则只能按照《民事诉讼法》第59条第3款的规定提起第三人撤销之诉以寻求救济,而不得申请再审。其原因在于:在缺乏类似必要共同诉讼人的共同诉讼中,其并不存在当事人不适格之情形,因而案外人是真正意义上的案外人,而不属于实质意义上的当事人,因而其不符合《民事诉讼法》第206条、第207条所规定的申请再审必须是当事人的主体要件。

案外人申请再审后,如果原生效裁判是根据一审程序所形成,则按照一审程序,将该申请再审的案外人直接并入必要共同诉讼人的行列进行重新审理,而无须由法院依据《民事诉讼法》第135条之规定再行追加该案外人为当事人。如果生效裁判是根据二审程序所形成,则对该申请再审的案外人以及原生效裁判的当事人进行调解;如果调解不成,则依据《民事诉讼法》第177条之规定发回重审。

二、案外人通过执行程序提出再审申请

(一) 案外人通过执行程序提出再审申请的立法缘起

案外人原来被严格排除在再审程序的申请主体之外,到2007年修改民事诉讼法时,这一状况有所改变,其第204条增设了案外人在执行程序中通过先提出执行异议后申请再审的形式寻求救济的条款,该条规定:"执行过程中,案外人对执行标的提出书面异议的,人民法院应当自收到书面异议之日起十五日内审查,理由成立的,裁定中止对该标的的执行;理由不成立

的，裁定驳回。案外人、当事人对裁定不服，认为原判决、裁定错误的，依照审判监督程序办理；与原判决、裁定无关的，可以自裁定送达之日起十五日内向人民法院提起诉讼。"《审判监督解释》第 5 条规定："案外人对原判决、裁定、调解书确定的执行标的物主张权利，且无法提起新的诉讼解决争议的，可以在判决、裁定、调解书发生法律效力后二年内，或者自知道或应当知道利益被损害之日起三个月内，向作出原判决、裁定、调解书的人民法院的上一级人民法院申请再审。在执行过程中，案外人对执行标的提出书面异议的，按照民事诉讼法第二百零四条的规定处理。"据此规定，如果案外人认为法院的生效裁判或调解书侵害了他的合法权益，同时又不能通过另行诉讼加以救济，则可以向上级法院申请再审。2012 年修改后的《民事诉讼法》沿袭了 2007 年修改的内容和精神，一字未改地确认了案外人通过执行程序进入再审程序的救济渠道，该法第 227 条（现第 234 条）规定："执行过程中，案外人对执行标的提出书面异议的，人民法院应当自收到书面异议之日起十五日内审查，理由成立的，裁定中止对该标的的执行；理由不成立的，裁定驳回。案外人、当事人对裁定不服，认为原判决、裁定错误的，依照审判监督程序办理；与原判决、裁定无关的，可以自裁定送达之日起十五日内向人民法院提起诉讼。"对此，《民诉法解释》第 421 条规定："根据民事诉讼法第二百三十四条规定，案外人对驳回其执行异议的裁定不服，认为原判决、裁定、调解书内容错误损害其民事权益的，可以自执行异议裁定送达之日起六个月内，向作出原判决、裁定、调解书的人民法院申请再审。"这就明确了，案外人在执行程序中是通过申请而不是由法院依职权进入再审程序的，彻底贯彻了"不告不理"原则的基本要求。

（二）案外人通过执行程序提出再审申请的内涵与界分

所谓案外人通过执行程序提出再审申请，指的是非作为执行当事人的案外第三人认为作为执行根据的生效裁判或调解书损害其合法权益，对执行机构裁定驳回其执行异议表示不服所提出的再审申请。如前所述，案外人提出再审申请目前存在两种途径、两种形态，因而形成了两种制度：一是案外人在没有进入执行程序之前或在执行程序之外对生效裁判和调解书依据《民事诉讼法》第 206 条和第 207 条第 8 项申请再审，二是案外人在执行程序中对生效裁判和调解书申请再审。前者可简称为案外人执行外的申请再审，后者可简称为案外人执行中的申请再审。二者的区别在于：

一是主体范围不同。前者的案外人仅指固有必要共同诉讼人的缺席诉讼者，因而其本质上为诉讼中的当事人，后者的案外人则指所有的除固有必要共同诉讼以外的案外人。可见，这两种案外人申请再审制度在范围上乃囊括了所有的案外人。

二是申请再审的理由不同。前者是基于必要共同诉讼中的当事人不适格，因为欠缺了案外人，致使必要共同诉讼人的一方当事人有所欠缺，导致当事人不适格，因而当事人不适格是案外人申请再审的法定事由。其适用的依据为《民事诉讼法》第 207 条第 8 项。后者的申请再审理由则为原生效裁判或调解书存在错误，而这种错误影响到了该案外人的合法权益。为案外人所指出的这些错误，形式上可以是《民事诉讼法》第 207 条第 8 项以外的任何一条再审法定事由，但实质上该再审事由必然被归结为生效裁判或调解书损害了该案外人的合法权益。因此，案外人申请再审时，仅需要指出生效裁判或调解书损害了其合法权益即足够，而无须详列法定的再审事由，换言之，案外人通过执行程序提出再审申请的理由并非是《民事诉讼法》第 207 条所确定的任何形式上的理由，而是其合法权益遭受损害的实质性理由。

三是有无前置程序不同。执行外的案外人申请再审并无任何的必须经过的前置程序，因而可以在裁判和调解书生效后的任何时间阶段提出（当然必须在获知再审事由的 6 个月内的申请再审期间之中）。而执行中的案外人申请再审则必须进入执行程序方能进行，而且根据《民事诉讼法》第234条之规定，该案外人还不能一步到位地直接在执行程序中申请再审，其在申请再审前必须经过提出执行异议的法定程序，只有经过法定的执行异议程序，并对该程序的结果表示不服，才能在符合其他条件的情形下申请进入再审程序。

那么，一个必然提出的问题是，当案外人属于固有必要共同诉讼的当事人时，便涉及两种案外人申请再审的关系。如前所述，案外人申请再审依其所出现的程序阶段可分为案外人直接申请再审和案外人通过执行程序申请再审。如果有权直接提出申请再审的案外人没有按照《民事诉讼法》第206条之规定提出再审申请，其是否有权按照《民事诉讼法》第234条的规定提出再审申请？答案是肯定的，因为举重以明轻，该案外人可以直接提出再审申请，当然，其也可以在执行程序中亡羊补牢提出再审申请。反过来，如果案件已进入执行程序，有权提出直接申请再审的案外人则既可以按照《民事诉讼法》第234条的规定提出再审申请，也可以按照《民事诉讼法》第206条之规定提出再审申请，二者之间的区别仅在于申请再审期限的起算点存有不同，前者为案外人收到执行异议裁定之时起算，后者为获知其合法权益被侵犯之时起算。因此，如果案外人符合《民事诉讼法》第234条规定的提出再审申请之条件，只要其同时符合《民事诉讼法》第206条以及第207条第8项之规定，其也可以选择适用案外人直接申请再审的救济渠道。

（三）案外人通过执行程序提出再审申请的程序构造

案外人通过执行程序提出再审申请的程序构造有如下步骤和方面：

一是按照《民事诉讼法》第234条的规定，向执行机构提出执行异议。值得注意的是，案外人提出执行异议包括程序上的异议和实体上的异议两种，程序上的异议仅仅影响执行的方法方式，而不会给执行程序带来颠覆性影响；实体上的异议则是针对执行标的而提出的，一旦异议成功，则执行程序便根本无法继续进行，法院的生效裁判或调解书就要进行修正乃至被推翻。案外人所提出能够导向再审程序的执行异议属于后者。同时，从形式上说，案外人提出执行异议必须以书面形式进行。

二是由执行机构对案外人提出的执行异议进行审查。这里的审查并非形式上的审查，而是实质上的审查。审查虽以书面形式为原则，但若有必要，执行机构也可以进行听证，询问当事人和案外人，并进行必要的职权调查。但是这里的审查不能混同于审理，因而无须按照《民事诉讼法》第137条至第152条所规定的普通程序或《民事诉讼法》第160条至第170条所规定的简易程序进行。

三是执行机构作出审查决定。执行机构必须在收到案外人书面异议后15日审查完毕。根据审查的结果，如果认为案外人提出的执行异议能够成立，则裁定中止执行，债权人或申请执行人若有不服，则可以提出债权人执行异议之诉；债务人或被执行人如有不服，则可提出债务人执行异议之诉。如果认为案外人提出的执行异议因缺乏理由而不能成立，则裁定驳回其执行异议。

四是案外人向有管辖权的法院申请再审。《民事诉讼法》第234条规定："案外人、当事人对裁定不服，认为原判决、裁定错误的，依照审判监督程序办理。"此一规定容易在解释论上发生分歧，似乎只要"案外人、当事人对裁定不服，认为原判决、裁定错误的"，法院即可自动"依照审判监督程序办理"。其实不然，在案外人对执行异议裁定持有不满，认为原判决、裁定错误与依照审判监督程序办理之间还有一个中间环节不可或缺，这就是案外人必须提出再审申请。如果案外人不提出再审申请，则所谓"依照审判监督程序办理"根本无法进行，职权主义的自动转换论在这里没有适用的余地，否则便会违反"不告不理"的基本诉讼原则。最高人民法院的司法解释对此做出了弥补。《民诉法解释》第 421 条规定："根据民事诉讼法第二百三十四条规定，案外人对驳回其执行异议的裁定不服，认为原判决、裁定、调解书内容错误损害其民事权益的，可以自执行异议裁定送达之日起六个月内，向作出原判决、裁定、调解书的人民法院申请再审。"案外人向有管辖权的法院申请再审后，其后的程序便与当事人申请再审别无二致，不赘。

（四）需要讨论的问题

1. 案外人申请再审制度究竟有无必要

2007 年修改民事诉讼法时之所以增设案外人通过执行程序申请再审制度，是因为实践有此需要，而立法并没有为案外人提供任何可能的救济途径，因而必须在执行程序这个紧急关头赋予案外人特别救济的制度通道，否则，案外人只能通过另诉获得新的执行根据或权利依据对受侵害的合法权益予以救济，而此时的救济为时已晚，实际损害业已造成，案外人只能通过申诉渠道迫使法院依职权撤销原生效法律文书，并由此通过执行回转获得最终的救济。这种救济途径不仅严重滞后，而且迂回曲折，有违正当的程序设置原理，与诉讼经济原则相悖，因而实不足取。可见，2007 年修法时增设该项规定颇有必要。

然而，诚可谓此一时彼一时，2012 年修改《民事诉讼法》时，立法又在第 56 条（现第 59 条）第 3 款中增加规定了第三人撤销之诉制度，该制度的出现使得案外人申请再审制度变成多余的制度。该条款规定："前两款规定的第三人，因不能归责于本人的事由未参加诉讼，但有证据证明发生法律效力的判决、裁定、调解书的部分或者全部内容错误，损害其民事权益的，可以自知道或者应当知道其民事权益受到损害之日起六个月内，向作出该判决、裁定、调解书的人民法院提起诉讼。人民法院经审理，诉讼请求成立的，应当改变或者撤销原判决、裁定、调解书；诉讼请求不成立的，驳回诉讼请求。"比较一下可知，《民事诉讼法》该条关于第三人撤销之诉的规定与第 234 条关于案外人申请再审的规定如出一辙，对于处在执行程序中的案外人而言，这两种救济手段同时存在，可以选择。这样对案外人的救济可谓充分了，但在立法技术上却出现了严重的缺陷，案外人申请再审和案外人提出撤销之诉完全处在竞合状态，对案外人而言，其在提出执行异议遭到驳回后转而申请再审，与其在提出执行异议遭到驳回后转而提出第三人撤销之诉，其便利性和效果性完全相同，既然如此，从立法技术上而言，立法就没有必要为案外第三人的特别救济提供叠床架屋式的制度构建。不仅如此，由于案外第三人有两种可供选择的救济途径，在实践中反而徒生混乱，造成了执法上的不统一，因而，在目前已有《民事诉讼法》第 59 条第 3 款规定的第三人撤销之诉的情形下，《民事诉讼法》第 234 条所规定的案外人提出再审申请制度可以废除了。

当然，上述讨论是建立在立法论的基础上的，旨在为将来立法之完善提供理论根据；然而，既然立法目前有此规定，则作为理论，也应从解释论上着眼，对该规定进行理论上的阐释，以使司法实践对此有更精准的把握和适用。

2. 案外人通过执行程序提出再审申请的期限应当为多长

如前所述，案外人提出执行外的再审申请，其借诸《民事诉讼法》第 206 条之规定，转而适用《民事诉讼法》第 212 条关于再审申请期限的规定，因此，案外人必须在生效裁判或调解书形成后 6 个月内或在获知相关再审事由后的 6 个月内提出再审申请。而对于案外人通过执行程序提出再审申请的期限，民事诉讼法并未加规定，《民诉法解释》第 421 条规定："根据民事诉讼法第二百三十四条规定，案外人对驳回其执行异议的裁定不服，认为原判决、裁定、调解书内容错误损害其民事权益的，可以自执行异议裁定送达之日起六个月内，向作出原判决、裁定、调解书的人民法院申请再审。"可见，该司法解释将《民事诉讼法》第 234 条的规定与《民事诉讼法》第 212 条的规定做了链接，确定当事人通过执行程序申请再审的期限为 6 个月。然而，不能不提出的疑问是：这一规定是否具有合理性和必要性？该规定是否体现了案外人在执行程序中提出再审申请的特殊性？笔者认为，该司法解释所确定的 6 个月的期间应加以修正，因为该司法解释只看到了案外人申请再审的一般性特征，而没有看到此时案外人申请再审是处在执行过程中这一特殊性因素，因而使之与执行外申请再审的制度产生混同，作出了过长的期限规定。换言之，对于案外人提出执行中的申请再审，无须也不宜规定 6 个月的再审申请期。因为执行程序是追求高效率的权利实现过程，如果此时再等 6 个月才提出再审申请则会严重影响执行程序的效率，也不利于保护案外人的合法权益，因此，案外人执行中的再审申请必须被限定在一个较短的时间内提出。案外人按照《民事诉讼法》第 59 条第 3 款提出第三人撤销之诉已经有了 6 个月的期限，如果其逾期不提出撤销之诉，到了执行程序中，又能通过执行异议获得 6 个月的申请再审期限，而合在一起已经超过了 1 年时间，如果第三人撤销之诉的期限届满之时迄至执行程序启动之时相隔了一段时间，则这种案外人申请再审的期间就会更长，而这不仅不利于执行程序的高效进行，也会在诸案外人之间造成有失平等性的后果。尤其是，《民事诉讼法》第 234 条最后一句规定："与原判决、裁定无关的，可以自裁定送达之日起十五日内向人民法院提起诉讼。"另行提起诉讼的时间尚且规定为 15 日内，申请再审的时间也不宜超过 15 日。事实上，从司法实践来看，案外人一般都会在执行异议被驳回后立即提出再审申请，而不会拖延至 6 个月，因而从客观效果上看，立法尽管对执行中的再审申请期间不作出特别规定，对司法实践的不利影响也不会过于突出。但立法不能建立在朴素的实践经验之上，而必须周延地考虑到所有的因素作出预设性的规范，否则不利于司法操作的划一进行。基于前述分析，鉴于案外人是在遭受执行异议被驳回的裁定后提出再审申请的，因而可以类比当事人不服一审裁判提出上诉的上诉期间确定当事人申请再审的期间，该期间以法院作出执行异议裁定送达案外人之日起的 15 日较为适宜。

3. 案外人申请再审与第三人撤销之诉是何关系

如前所述，如果立足于立法论的视角来看，案外人申请再审与第三人撤销之诉具有覆盖和被覆盖的关系，案外人申请再审被覆盖在第三人撤销之诉中，案外人申请再审的制度功能通过第三人撤销之诉都能得以实现，因而，在立法上仅保留第三人撤销之诉而舍弃案外人申请再审制度不仅无不可，而且为理性选择。但这仅仅是立法论上的观察，问题还得回到解释论的现实之中。

在解释论上，要厘清案外人申请再审与第三人撤销之诉的关系，首先必须明确二者之间的共性和区别。就二者的共性而言：一是它们的功能接近。案外人申请再审的目的在于改变生效裁判或调解书中的错误，使之变成正确的裁判或调解书，从而维护案外人的合法权益，案外人的合法权益之保护依赖于生效裁判或调解书中错误的纠正；第三人撤销之诉的目的乃在于通过提出撤销之诉，使生效裁判或调解书对案外人不利的错误部分得以纠正，从而维护第三人的合法权益。可见，在维护案外第三人合法权益这一点上，二者具有相同的功能和目的。二是它们都属于案外第三人的特殊司法救济手段。案外第三人在民事诉讼中始终处在应受保障的地位，无论是第三人撤销之诉，还是案外人申请再审，都是对基于各种正当性原因而未能参与诉讼同时该诉讼又确实涉及并侵害了案外人的合法权益，立法对其提供了特殊的救济途径，以保障他们的合法权益不受任何诉讼程序的侵害，从而维护社会生活秩序的安定性。三是它们所针对的都是已经发生了法律效力的裁判或调解书,并且该生效裁判或调解书被案外第三人认为确有错误,且损害了他的合法权益。四是它们的提起都必须在一定的法定期间内进行,就目前的立法和司法解释而言,该法定期间均为 6 个月,所不同的仅仅是起算点有别而已。

然而,第三人撤销之诉和案外人申请再审制度目前毕竟是并存于我国民事诉讼法之中的对案外人的两种救济手段,除案外人直接申请再审与第三人撤销之诉具有可选择的关系外,第三人撤销之诉与案外人通过执行程序申请再审并不具有可选择性,二者乃存在于不同的程序阶段,在不同的程序阶段被分别予以适用,为此,从制度设置的角度而言,该两种制度之间的差异性便是必然之结果。就其主要方面而言,第三人撤销之诉与案外人申请再审制度存在以下几个区别:

一是适用范围不同。第三人撤销之诉适用于三种诉的类型,给付之诉、确认之诉和形成之诉均有第三人撤销之诉制度的适用。而除给付之诉外,确认之诉和形成之诉均不得适用案外人申请再审制度。这是因为,案外人申请再审制度一般仅适用于执行程序之中,是通过执行程序而通向再审程序的一种制度,形成之诉和确认之诉因其均无执行之可言,因而也无案外人申请再审制度之适用。然而需要注意的是,如果属于案外人直接申请再审的情形,则其适用范围与第三人撤销之诉相同。① 此外,第三人撤销之诉既适用于法院的生效裁判,也适用于调解书,而案外人申请再审则仅适用于生效裁判,而不适用于调解书。②

二是发生的程序阶段不同。第三人撤销之诉发生在生效裁判或调解书形成之后、执行程序启动之前,这一段时间是第三人撤销之诉的存续期间。虽然从理论上和立法上说,第三人撤销之诉在生效裁判或调解书形成之后皆有可能,但《民诉法解释》第 301 条已经为它与案外人申请再审制度的分工性适用划定了一条界线,在执行程序中,如果第三人要提出撤销之诉,则必须转换为案外人申请再审之诉,否则法院不予受理。在执行程序阶段也是如此,案外第三人如果要提出撤销之诉,则法院也不予受理,案外人必须将其转换为案外人申请再审方能被法院受理。

三是管辖法院不同。第三人撤销之诉的管辖法院为原生效裁判或调解书的形成法院,因为解铃还须系铃人,只有原生效裁判或调解书的形成法院才有权受理第三人撤销之诉的案件。③ 案外人申请再审的管辖法院则与当事人申请再审的管辖法院相同。根据《民事诉讼法》第 206 条之规定,当事人对已经发生法律效力的判决、裁定,认为有错误的,可以向上一级人民法院申请再审;当事人一方人数众多或者当事人双方为公民的案件,也可以向原审人民法院申请再审。可见,案外人申请再审的管辖法院不一定是执行管辖法院,而有可能是作为执行法院的原审人民法院,也有可能是原审法院的上一级法院,这与第三人撤销之诉的管辖法院必须是作出生效裁判或调解书的原审法院有所不同。

四是当事人的结构不同。在第三人撤销之诉中,原告为提起第三人撤销之诉的案外人,被告则为生效判决、裁定、调解书的当事人。④ 然而,与之不同,在案外人提出的再审申请所启动的再审程序中,当事人仍然还是原生效裁判或调解书中的原告和被告,案外人在再审程序中应列为第三人。

---

① 《民诉法解释》第 420 条。
② 分别参见《民事诉讼法》第 59 条第 3 款和第 234 条。
③ 《民诉法解释》第 421 条。
④ 《民诉法解释》第 296 条。

五是诉讼标的不同。案外人申请再审具有两个诉讼标的，第一，撤销原生效裁判或调解书的形成之诉的诉讼标的，第二，本案之诉的原诉讼标的，两个诉客观合并，因而其诉讼结构较为复杂。相比之下，第三人撤销之诉则相对较为简单，其诉讼标的只有一个，即第三人的撤销权，其程序结构为单一之诉，而非复合之诉。

六是启动理由不同。第三人撤销之诉的启动理由是《民事诉讼法》第59条所规定的"因不能归责于本人的事由未参加诉讼，但有证据证明发生法律效力的判决、裁定、调解书的部分或者全部内容错误，损害其民事权益"，而案外人申请再审的理由则是《民事诉讼法》第234条所规定的"案外人、当事人对裁定不服，认为原判决、裁定错误的"。其共同点是都认为原判决、裁定存有错误，并损害其合法权益，但区别在于第三人撤销之诉的提起理由还要存在"不能归责于本人的事由未参加诉讼"，而案外人申请再审则无须具备该理由。换言之，如果案外人未参与诉讼存在可以归责于己的原因，则其不能按照《民事诉讼法》第59条的规定提起第三人撤销之诉，但不妨碍其根据《民事诉讼法》第234条之规定提出案外人再审申请。

七是是否中止执行程序不同。案外人申请再审将会导致执行程序的中止，在法院对案外人再审申请的理由进行审查后，认为其再审申请确有理由的，则根据《民事诉讼法》第213条的规定裁定中止原生效裁判或调解书的执行，其被中止的执行程序是否恢复以及在什么程度上恢复，则取决于再审程序的审判结果。第三人撤销之诉则不发生中止执行程序的效果。《民诉法解释》第297条规定："受理第三人撤销之诉案件后，原告提供相应担保，请求中止执行的，人民法院可以准许。"可见，案外人申请再审将引起全案再审，生效裁判或调解书的执行力在法院作出决定再审的裁定后将被全面叫停，但第三人撤销之诉则仅使撤销之诉的法律程序限定于被案外第三人指摘对其不利而且实属错误的部分，而并不使此外的原生效裁判、调解书全盘停止执行力。如果提出第三人撤销之诉的原告愿意提供担保中止执行程序的进行，则法院也可以（但不是必须）裁定中止执行。在第三人撤销之诉原告获得胜诉后，生效裁判或调解书的错误部分便将被撤销，其不能再作为执行依据发挥启动执行程序的作用，因而也从根本上不会发生中止诉讼的问题。

明白了第三人撤销之诉和案外人申请再审制度的相同点和差异点，现在还要探讨一下这两个制度如何适用的问题，也就是：这两项制度摆在那里，作为案外第三人究竟是选择适用第三人撤销之诉，还是选择适用案外人申请再审制度呢？前面在介绍二者的区别之处时已指出二者存在的程序阶段不同，现在就对这一点做一些更加具体的分析。

首先必须指出的是，就民事诉讼法关于第三人撤销之诉和案外人申请再审制度的规定而言，立法并没有就其适用的程序阶段作出限定，也就是说，对第三人撤销之诉而言，其适用的程序阶段应当可以蔓延到执行阶段，从而可以覆盖案外人申请再审制度的适用范围，当然，反过来，案外人申请再审制度则除直接提出者外仅能适用于执行程序阶段。将第三人撤销之诉和案外人申请再审制度做出阶段性适用上的划分的，是最高人民法院的司法解释①。因而，以下就结合该司法解释对第三人撤销之诉和案外人申请再审制度的适用模式进行阐述。

《民诉法解释》第301条规定："第三人提起撤销之诉后，未中止生效判决、裁定、调解书执行的，执行法院对第三人依照民事诉讼法第二百三十四条规定提出的执行异议，应予审查。第三人不服驳回执行异议裁定，申请对原判决、裁定、调解书再审的，人民法院不予受

---

① 从该意义上说，该司法解释缺乏上位法的依据。

理。案外人对人民法院驳回其执行异议裁定不服,认为原判决、裁定、调解书内容错误损害其合法权益的,应当根据民事诉讼法第二百三十四条规定申请再审,提起第三人撤销之诉的,人民法院不予受理。"据此规定,第三人撤销之诉和案外人提出执行中的再审申请有明确的先后关系:如果该案外人在执行程序启动前,便提出了第三人撤销之诉,则其不得再行提出再审申请,但其可以撤回第三人撤销之诉再行提出案外人再审申请,或者将第三人撤销之诉并入再审程序中加以一并解决;① 反之,如果该案外人在执行程序启动前,没有提出第三人撤销之诉,则其执行程序中有权提出再审申请,此时其不得再行提出第三人撤销之诉,也不得在提出案外人再审申请后撤回该申请而再行提出第三人撤销之诉。可见,二者的适用界限较为清晰,其以执行程序是否启动为界标,执行程序启动前适用第三人撤销之诉,执行程序启动后适用案外人再审申请制度。需要指出的是,如果案件进入执行程序后,案外人并没有提出执行异议,更没有提出执行中的再审申请,其在执行程序结束后,或者在其客观上已不具备提出执行异议的条件后,只要其提出第三人撤销之诉的期限尚未逾越,则仍不妨碍其依照《民事诉讼法》第59条第3款的规定提出第三人撤销之诉。

然而,上述规定及其解释仅仅适用于案外人执行中的申请再审和第三人撤销之诉之间的关系处理,而对于案外人直接提出再审申请与第三人撤销之诉的关系则不能简单套用。如果案件尚未进入执行程序,则案外人认为生效裁判或调解书确有错误损害了他的合法权益,可以按照《民事诉讼法》第59条第3款的规定提出第三人撤销之诉,但若该案外人属于固有必要共同诉讼的必要共同诉讼人,其因不可归责于自己的原因而未参与诉讼,则其既可以提出第三人撤销之诉,也可提出案外人再审申请。因为这里的案外人具有双重身份,一方面,其属于实质意义上的应然当事人,故可如同当事人一样提出再审申请;另一方面,他客观上又是未参与诉讼的案外人,因而也符合《民事诉讼法》第59条规定的第三人的范畴(有独立请求权的第三人),故而有权提出第三人撤销之诉。

第九节 再审理由的审查

一、再审理由审查的适用情形

再审程序与一般的诉讼程序相比有一个突出特点,即其多阶段型结构,一般分为三个阶段相继推进:第一个阶段是再审申请的审查和受理,此为形式审查阶段,目的在于确定再审申请的合法性;如果再审申请被审查认定为具有合法性,则再审程序进入第二个阶段,此即对再审理由的审查阶段,该审查实行实质性审查原则,对立性听证是其基本的程序结构;如果审查的结果认为再审理由能够成立,再审程序则进入再审审理阶段,此即本案之诉的复审阶段,经过本案审理阶段,再审法院即对再审申请作出实体性裁决,再审程序被宣告结束。这是以当事人申请再审为启动机制所描绘的再审程序的一般性构成,法院依职权发动再审以及检察院通过法律监督进行再审,其程序结构则有所差异。法院依职权发动再审程序的第一个阶段表现为院长发现错误,并将被发现有错误的案件提交审判委员会讨论决定是否需要再审;第二个阶段为审判委员会讨论决定是否启动再审程序,如果决定启动再审程序,则同时作出中止执行的裁定;

---

① 《民诉法解释》第299条。

第三个阶段与当事人申请再审相同，为本案审理阶段。基于检察监督所发生的再审程序，其程序构造也分为三个阶段：第一个阶段是检察机关提出再审的抗诉或再审检察建议书；第二个阶段是再审程序的必然启动（抗诉）以及经审查后启动（再审检察建议）；第三个阶段为本案之诉的复审阶段。前面我们所阐述的各项内容，均属于再审程序第一个阶段的内容，也就是再审程序的启动阶段，现在我们要进入再审程序的第二个阶段，即再审理由的审查阶段。

在再审理由的审查阶段，由于再审程序的启动机制不同，其内容也表现得有所差异。对当事人申请再审而言，该阶段非常清晰，其任务非常明确，其程序也具有独立性。但对法院依职权发动再审程序而言，该阶段则被融合在再审程序的第一阶段之中，在这个阶段，法院院长的发现程序以及将需再审的案件提交审判委员会讨论决定的过程，为该阶段的第一环节，第二环节则为审判委员会的讨论和决定，再审理由的审查就处在院长发现和审判委员会的讨论决定之中。最高人民法院和上级法院的职权性再审则在其决定再审之前，再审理由的审查便已完成。检察院的法律监督再审需要区分抗诉和再审检察建议两种情形。对抗诉而言，再审理由的审查由检察院自己完成，检察院在提出抗诉之前，必须通过法定程序对再审理由是否存在进行审查。检察院提出抗诉这个行为本身，就意味着检察院通过审查认可了再审理由的存在，这个认定具有拘束作用，法院也必须尊重，因而，检察院一旦提出了抗诉，再审案件便越过第二个阶段，直接进入第三个阶段，即本案审理的阶段。但是，再审检察建议则不然，检察院在提出再审检察建议前，虽然也要对目标案件是否存在再审理由进行审查，但这种审查并不彻底，检察院对是否确实存在再审理由并没有作出肯定性认定，因而其只能提出建议，而不是刚性较强的抗诉。因此，在检察院提出再审检察建议后，法院应当对其是否具有法定的再审事由进行审查，再审案件由此进入再审程序的第二阶段，即再审理由的审查阶段。可见，在再审程序启动后，有两种情形将使再审案件进入再审理由的审查阶段：一是当事人提出的再审申请，二是检察院提出的再审检察建议。由再审申请和再审检察建议所启动的再审程序，必然要进入再审理由审查阶段，再审理由的审查主要针对的是当事人提出的再审申请和检察院提出的再审检察建议。

二、再审理由审查的程序结构

再审申请的审查与再审理由的审查有所不同：再审申请的审查是由法院负责立案的部门按照立案登记制对再审申请是否符合形式要件进行的审查，其不审查再审申请是否确有理由；再审理由的审查则重在对再审申请是否存在法定的再审事由进行审查，该审查已经不是形式审查，而是实质审查，审查的对象是《民事诉讼法》第 207 条、第 208 条、第 209 条所确定的再审法定事由是否客观存在，比如，当事人提出的新证据是否构成新证据的要件，是否足以符合进行再审案件的审理需要；再如，当事人提出审判人员该回避而未回避作为再审事由，法院就要审查该情形是否确实存在。因此，再审事由的审查属于实质审查，而非形式审查，其审查的标准为再审事由存在的可能性大于其不可能性，也就是其审查必须满足民事诉讼中的证明标准之要求。需要注意的是，再审理由的审查即便认可了再审事由的存在，也不一定意味着再审案件一定要改判。一般而言，有再审事由，通常会导致原生效裁判或调解书的改变，但这个"通常"并不"必然"，有时会出现尽管存在再审事由，但生效裁判或调解书依然不需要被推翻或被改变的情形。因此，再审事由尽管是通向再审案件审判的"钥匙"，但其绝非再审案件改判的"保险箱"。

再审理由的审查程序有四点需要注意：其一，审查再审理由的审判组织；其二，审查再审理由的方式；其三，再审决定的作出与中止执行；其四，审查再审理由的范围。由于审查再审理由的范围与再审案件的审判范围有密切关联，因而放在后面将二者结合起来一起论述，这里仅就前三个问题作出阐释。

（一）审查再审理由的审判组织

审查再审理由的审判组织必须是合议庭形式，而不能是独任制形式，原因在于，按照《民事诉讼法》第214条的规定，再审程序无论是根据一审程序进行还是根据二审程序进行，都必须采用普通程序的形式，而不得采用简易程序或小额程序的形式，而普通程序的审判组织原则上必须是合议制形式（《民事诉讼法》第10条、第40条、第41条）。这是需要说明的一点。需要说明的另一点是，该审判组织应当与对再审申请进行审查的审判组织相区别，对再审申请进行审查的审判组织是由立案庭的审判人员组成的，其严格性和规范性都要求不高，独任制审查也未尝不可，但对再审理由的审查则必须严格按照《民事诉讼法》第40条和第41条的规定组成合议庭进行，根据"立审分离"原则，参与再审申请立案审查的审判人员不得参与再审理由的审查。与此同时，需要探讨的是，审查再审理由的审判组织是否应当与再审案件正式审理时的审判组织相区分。笔者认为，审查再审理由的审判组织无须与再审案件正式审理时的审判组织相区分，换言之，再审理由的审查和再审案件的审理应当为同一个审判组织。其理由不仅在于再审理由的审查和再审案件的审理都属于对再审案件的实质性审查，二者虽然有层次上和阶段上的差异，但其实质性内容难以截然划分，因而用两个审判组织来进行审查和审理，其操作难度较大。另外，还在于诉讼经济原则的需要。如果分开两个审判组织进行审查和审理，投入到再审案件处理中的人员和成本必然成倍增加，这与诉讼经济原则有冲突，会造成司法资源的过度投入和浪费，因而实行"二合一"的审判组织较为可取。但尽管如此，这并不意味着再审审判组织上的合一化也导致了再审审判程序上的合一化，再审审判程序的二阶结构不因此而受到动摇，再审理由的审查阶段依然具有独立性价值

（二）审查再审理由的方式

《民诉法解释》第384条规定："人民法院受理申请再审案件后，应当依照民事诉讼法第二百零七条、第二百零八条、第二百一十二条等规定，对当事人主张的再审事由进行审查。"再审理由之所以被称为"审查"（examination）而不是"审理"（try），原因在于再审理由的审查尽管具有实质性意义，属于实质审查的范畴，但是其仍不是对再审案件的本案审理，不涉及对再审案件的事实认定、证据判断以及法律适用等实体性问题，而是导向再审案件本案审理的前提性、中间性步骤。因而再审理由的审查在审查方式上比较灵活多样，总的来说，可以采用三种方式来进行再审理由的审查：一是书面审查加询问当事人的形式；二是听证形式；三是庭审形式。这三种审查方式是根据再审事由的疑难复杂程度区分的。如果再审事由比较简单，容易判断则采用第一种方式，通过书面审查，同时加上必要的当事人询问，再审事由便可查清。这一般发生在再审事由属于程序性事由的情形下，比如合议庭的组成不合法、无诉讼行为能力的当事人缺乏法定代理人进行代理、因不可归责于当事人的原因而使当事人失去了参与诉讼的机会、非法作出缺席判决、严重剥夺或限制当事人的辩论权、超出诉讼请求作出裁判、遗漏诉讼请求作出裁判，等等。如果再审事由属于中等疑难程度，则采用听证形式比较适宜，如再审事由属于《民事诉讼法》第207条第6项"适用法律确有错误"的情形，就可以采用听证的形式进行审查，听证时无须双方当事人到场，如有必要，可以通知当事人的代理律师到场，同时，一般而言，凡是检察院提出再审检察建议引起再审事由审查的，要通知检察机关派员出席

听证会。如有必要，听证还可以邀请法学专家、人大代表、政协委员等社会人士参与。听证一般不公开进行，法院认为有必要也可公开进行听证。庭审的形式一般用于再审事由的审查比较复杂的情形，主要是这种审查往往涉及复杂的案件事实认定和证据判断，有时还需要传唤证人、鉴定人、专家辅助人等到场，以便澄清案件中的疑窦和难点。既然采用庭审的形式，那就一切都要按照民事诉讼法关于公开庭审的要求进行，这种庭审与再审案件审理的庭审能够形成对接。

（三）作出再审决定与中止执行

无论在再审程序的启动机制和再审理由的审查阶段上有何差异，其都有一个共性之处，即在再审程序的第二个阶段，都涉及决定再审与中止执行的问题。决定再审，是指法院对当事人的再审申请经过审查，认为其具有再审理由，或者法院依职权发动再审，认为有必要进行再审，或者基于检察院的抗诉必然引起再审，或者基于检察院的再审检察建议，经法院审查认为有必要进行再审，从而作出决定，使再审案件进入本案审理阶段的审判行为。法院决定再审是再审程序从第二阶段进入第三阶段的标志，从法院决定再审开始，再审程序进入本案审理阶段，再审的结果将由此而产生。值得注意的是，"法院决定再审"这个说法是承袭法院一元化再审启动机制的产物，无论案件线索如何，是否再审决定于法院自身的审判活动，然而现在情况已有很大变化，当事人申请再审以及检察院的监督再审都能启动再审程序，法院对其是否符合条件的审查判断，所得出的结论不再是"决定"一种，而还包括"裁定"。因而，由法院依职权启动再审，使用的是"决定书"，而由当事人申请再审以及检察院监督再审，使用的则应当是"裁定书"，二者之间有差异，不可不辨。

在法院决定再审或裁定再审之时，有一个非常重要的问题需要提出来讨论，这就是是否需要同时裁定中止执行程序的进行。因为，再审程序进入到本案审理阶段，一定意义上就意味着原生效裁判或调解书极有可能存在错误，并极有可能被法院再审予以推翻或修正，如此一来，如果明知执行依据有错误却还要将执行程序继续推进下去，从而使纸上的错误变为现实上的错误，实非明智之举，因而从概率论上说，此时决定中止执行的错误成本要小于继续执行所造成的错误成本。因此，与法院决定再审相配套的另一项诉讼制度得以产生，此即中止执行制度。《民事诉讼法》第213条对此作出了规定，《民诉法解释》第394条对此进行了重申和细化。

《民事诉讼法》第213条规定："按照审判监督程序决定再审的案件，裁定中止原判决、裁定、调解书的执行，但追索赡养费、扶养费、抚养费、抚恤金、医疗费用、劳动报酬等案件，可以不中止执行。"《民诉法解释》第394条规定："人民法院对已经发生法律效力的判决、裁定、调解书依法决定再审，依照民事诉讼法第二百一十三条规定，需要中止执行的，应当在再审裁定中同时写明中止原判决、裁定、调解书的执行；情况紧急的，可以将中止执行裁定口头通知负责执行的人民法院，并在通知后十日内发出裁定书。"需要讨论的问题是，法院决定再审是否一定导致执行程序的中止。比较立法与司法解释可知，两种规定的表述并不一致。在民事诉讼立法上，中止执行是法定的结果，法院只要决定再审，原则上均要中止执行，法院裁量的空间仅仅存在于"追索赡养费、扶养费、抚育费、抚恤金、医疗费用、劳动报酬等案件"中，对于这些所列举的案件，法院在决定再审时，既可以裁定中止执行，也可以不作出中止执行的裁定，究竟是否中止执行，由法院视情形裁量决断。可见，立法上的规定可概括为"中止执行为原则，不中止执行为例外"的结构。然而，司法解释对此有所变动，其规定"需要中止执行的，应当在再审裁定中同时写明中止原判决、裁定、调解书的执行"，也就是说，是否需要中止执行，原则上由法院裁量决定，这就在性质上改变了立法所规定的"中止执行为原则，不中止执行为例外"的结构，而变成了"是否需要中止执行由法院裁量决定"，这显然不确当地改变了立法的原则性规定，过于扩大了法院的裁量空间，因而该司法解释与其上位法有冲突，需加修改。

需要讨论的不应当是原则性中止执行条款，而是该条款后半句的例外情形，也就是说，在什么样的情形下，法院可以裁量决定不中止执行。对此，人大法工委在2011年修法时就曾提出，能否比照行政诉讼法的规定，写出中止执行的几个例外情形。[①] 彼时行政诉讼法（1990年）规定："诉讼期间，不停止具体行政行为的执行，但有下列情形之一的，停止具体行政行为的执行：（一）被告认为需要停止执行的；（二）原告申请停止执行，人民法院认为该具体行政行为的执行会造成难以弥补的损失，并且停止执行不损害社会公共利益，裁定停止执行的；（三）法律、法规规定停止执行的。"笔者认为，比照行政诉讼法设定例外情形不具有合理性，因为，行政诉讼法与民事诉讼法采取的原则规定刚好相反，行政诉讼法采取的是"不停止执行为原则，停止执行为例外"，民事诉讼法采取的却是"中止执行为原则，不中止执行为例外"，因此二者在逻辑上不具有可比性。行政诉讼法之所以要采取"不停止执行为原则，停止执行为例外"的规定，是因为原告提出行政诉讼后，被告行政机关的具体行政行为是否具有合法性、是否需要撤销等，在诉讼结束前难以判断，而行政机关又具有公权力公信力的推定优势，在有相反证据并通过法定程序将其推翻之前应当推定其为合法，而不是做出相反的推定。行政诉讼法的这一规定是合理的，然而民事诉讼法不能与其类比。民事诉讼法规定的是，当事人申请再审、法院依职权再审、检察院监督再审，在法院决定再审后，其生效法律文书错误的概率要大于正确的概率，因此，需要形成一个原则性规定，凡决定再审者，除例外情形外，均中止执行，而不是相反。

其实，对不中止执行的例外，可以参照民事诉讼法关于先予执行的案件范围稍加扩充。《民事诉讼法》第109条规定："人民法院对下列案件，根据当事人的申请，可以裁定先予执行：（一）追索赡养费、扶养费、抚养费、抚恤金、医疗费用的；（二）追索劳动报酬的；（三）因情况紧急需要先予执行的。"此外，再增加一种情形，即"原判决确定的权利人部分胜诉后，该权利人申请再审的"。因为原判决确定的权利人已经部分胜诉，该权利人申请再审，法院决定再审，是基于该权利人应当全面胜诉而不是部分胜诉的判断，义务人也没有提出再审申请，该部分胜诉的内容不会再被推翻，因而其无须中止执行。

最后需要指出的是，最高人民法院曾提议按照依职权再审与依当事人申请再审两条路径区别对待，建议在依职权再审条款后增加"按照前款决定再审的案件，裁定中止原判决的执行"。[②] 应当说该提议不无道理，与检察院抗诉再审的同时应中止执行一样，法院在决定再审的同时，执行程序也应同时中止，对该提议将来立法应予采行。

---

① 参见孙祥壮：《民事再审程序：从立法意图到司法实践》，法律出版社2016年版，第68页。
② 参见孙祥壮：《民事再审程序：从立法意图到司法实践》，法律出版社2016年版，第67页。

第十节 再审案件的审判

一、再审案件审判的性质

再审案件的审判已经进入再审程序三阶结构的第三阶段,也是最后的一个阶段。在这个阶段,再审案件将被进行实体性审判和处理,最终的审判结果也将由此产生,生效裁判或调解书究竟是否存在足以加以纠正的错误,也在这个阶段见分晓,因而从该意义上说,再审案件的审判是再审程序最重要的环节,双方当事人、法院、检察机关以及其他诉讼参与者均将再次汇聚在法院的法庭,进行最后的交涉和沟通,寻求最终的公正的裁断结果。从再审之诉的结构来说,此前所有再审程序的进程,包括再审程序的启动以及再审理由的审查,均可划归在再审案件的形成之诉之中,此后的再审程序的进程,也即再审案件的审判,则属于再审案件的本案之诉的阶段。再审之诉是由形成之诉和本案之诉构成的复合之诉,形成之诉的任务在于推翻错误的生效裁判或调解书,本案之诉的任务在于对当事人提出的原来之诉,进行重新审判。再审理由一旦被确认存在,再审案件的形成之诉基本上宣告结束,此后在再审裁判中对原生效裁判或调解书的改变乃至推翻,仅是对再审案件形成之诉的结果做出最终宣告,从这个意义上说,也可以说再审案件的形成之诉贯彻于再审程序的始终,只不过其主要的阶段在本案之诉开始前已经完成;在本案之诉开始后,再审法院的主要任务是对原来的案件进行重新评价。因此我们可以说,再审案件的本质是本案之诉而非形成之诉,形成之诉是本案之诉的必要准备和必经程序,本案之诉是形成之诉的发展和最终归宿。

二、再审案件的审理范围

(一)再审案件审理范围之概念界定

与一审案件、二审案件一样,再审案件也有一个审理范围问题。审理范围是法院审判权存在和运行的界限,其是审判权有限主义的表现,审判权只有在审理范围内行使和运转方为有效,否则便为无效。然而民事诉讼法,对再审案件的审理范围这样一个重要问题并未作出明确规定。因而我们只能结合司法解释进行理论上的分析和探讨。

前面我们曾经提到,再审理由的审查范围与再审案件的审判范围有密切关系,因而将应当放在再审理由审查中加以探讨的再审理由的审查范围问题移到了这里,与再审案件的审判范围一并进行探讨。

首先要明确的是再审理由的审查范围和再审案件的审判范围是两个不同的概念。如果笼统地说再审案件的审理范围,则可以认为其既包括了再审事由的审查范围,也包括了再审案件的审判范围,这两个方面的论述缺一不可;但如果具体地说,则应将二者分开进行论述。由于再审事由的审查属于再审形成之诉的范畴,而再审案件的审判属于再审本案之诉的范畴,因而又可以将再审案件的审理范围表述为再审形成之诉的审理范围和再审本案之诉的审理范围。这两个问题需要分别探讨,这里先探讨再审形成之诉的审理范围。

(二)再审形成之诉的审理范围

我国民事诉讼法对再审形成之诉的审理范围未做任何规定,也没有如同确定再审本案之诉审理范围那样有一审和二审的可参照因素供佐证,好在,最高人民法院的司法解释对此做出了弥补。2020年《审判监督解释》第8条规定:"人民法院对再审申请的审查,应当围绕再审事由是否成立进行。"《民诉法解释》第384条规定:"人民法院受理申请再审案件后,应当依照民事诉讼法第二百零七条、第二百零八条、第二百一十一条等规定,对当事人主张的再审事由进行审查。"首先需要说明的是,最高人民法院的该司法解释采用的是"审查"一语,而我们这里将"审查"的概念转换为了"审理"的概念,原因在于"审查"这一概念是传统的用法,有强烈的行政化色彩,而"审理"的概念则为现代的用法,蕴含和表征着诉讼化特质与内涵。《民事诉讼法》2012年修改时增设了一条规定,就是其第203条(现第210条)之规定,该条规定将再审事由的审查进行了诉讼化的改造,引进了当事人辩论机制,因而采用"审理"的说法较之于"审查"的说法更显正确。

然而,我们这里要探讨的主要不是用语问题,而是实质问题。上引最高人民法院的司法解释对再审事由审理范围的规定是否尽合法理?这有待于商榷。

最高人民法院司法解释将再审形成之诉的审理范围限定于"当事人主张的再审事由"有所不妥,因为如果这样理解再审形成之诉的审理范围,则无异于抹煞了其与一审案件的审理范围和二审案件的审理范围之区别,适用了完全的当事人主张主义,无视了再审程序的特殊性。再审程序的启动机制是多元的,当事人申请仅是其中的一种,此外,还有法院依职权启动再审和检察院通过法律监督启动再审两种途径。在当事人申请再审后,法院如认为有必要,也可以根据需要将其所发现的再审事由添加进去作为共同的审理范围;检察院也可以在当事人申请再审提出的再审事由之外,另加其他的再审事由作为再审的联合再审事由。之所以如此,是因为再审程序所承载的功能不仅在于私权纠纷的解决,而且还在于私法秩序的维持和法政策的形成等,再审程序具有多元化的功能,当事人自治原则必须要受到某种必要的限制,职权干预主义在这里具有了适用空间。因此,最高人民法院的司法解释将再审形成之诉的审查范围限定于当事人所主张的再审事由,无疑是不妥当的。再审形成之诉的审理范围具有扩张性,当事人主张的再审事由、法院依职权发现的再审事由以及检察院通过法律监督所提出的再审事由均为再审形成之诉的审理对象,均构成完整的再审事由的审查范围。

这里我们还要探讨一个问题,就是再审案件的诉讼标的及其与再审案件审理范围的关系问题。再审案件的诉讼标的是再审法院行使审判权要加以判断的法律客体或法律对象,与一审案件和二审案件的诉讼标的一样,再审案件的诉讼标的也是一个抽象的法律层面上的概念。就当事人申请再审而言,再审案件的诉讼标的包括两方面的内容:一是原生效裁判或调解书应当予以修改或推翻的形成权,只要有再审事由,该形成权便存在;二是本案之诉的实体请求权,也就是说,原来的诉讼是什么的诉讼标的,再审之诉也是什么的诉讼标的,再审之诉的诉讼标的是原来之诉的诉讼标的之位移或移植,二者间必须保持一致性。因此,再审之诉或再审案件的本案之诉的诉讼标的比较容易理解,后面我们还会涉及该问题,这里存而不论。有争议的是再审案件形成之诉的诉讼标的,该问题与再审事由紧密关联。但需要说明的是,作为再审案件的形成之诉的诉讼标的,与再审事由虽有联系,但不可画等号。根据传统的诉讼标的理论,一个再审事由产生一个诉讼标的,有多少再审事由,便有多少诉讼标的;若一个再审案件中有多个诉讼标的,则构成诉讼标的之合并或竞合,法院一并予以审理。但按照新诉讼标的理论,无论当事人有多少个再审事由,其诉讼标的都仅是一个,也即当事人意欲推翻或改变原生效裁判或调解书的诉之声明。我国目前在诉讼标的上采取的是传统诉讼标的的学说,表现在再审形成之诉的诉讼标的上,就是用再审事由来识别诉讼标的。然而,如果这样来理解再审形成之诉的诉讼标的,必然导致诉讼的复杂化,而且还会导致当事人基于多个再审事由反复提出再审申请的弊端；但如果完全采用新诉讼标的理论，又会加重法院的审判负担，同时也会不恰当地扩张法院的审判权，损害当事人的程序自治权和诉讼处分权。因此，对于再审案件的形成之诉，我国应当采取诉讼标的之折衷说。按照折衷说，无论当事人提出多少个再审事由，无论法院是否依职权添加再审事由，也无论检察院是否通过法律监督增加再审事由，它们均应视为一种诉讼标的，即要求改变原生效裁判或调解书的诉之声明或法律地位。因此，如果在再审事由审查或审理结束之前，客观上存在若干再审事由，并且当事人对此也明知其存在或理应知晓其存在，而当事人仅主张其中一个或部分，法院和检察院也没有另加再审事由，则其他未被提出的再审事由应当为统一的或单一的诉讼标的所遮断，此后当事人不得再次据此提出再审申请；但是如果再审事由客观上发生在再审事由审查之后，或者当事人获得该项再审事由是在再审事由审查之后并且其主观上并无重大过错，则仍可以据此提出再审申请，而不受"一事不再理"原则的制约。要求当事人对再审事由一并提出的内容可归结为诉讼标的新理论的解释范畴，对当事人再审事由也不一刀切地使之产生全面的失权效，则可在诉讼标的的传统学说中找到依据，因而，再审形成之诉的诉讼标的应当采用折衷说加以解释和识别。

（三）再审本案之诉的审理范围

1. 相对于再审形成之诉的审理范围而言，再审本案之诉的审理范围比较单纯

首先，法院依职权发动的再审程序，除涉及国家利益或社会公共利益的内容外，再审本案之诉原则上不会发生，换言之，法院依职权发动再审程序重在推翻或否定原生效裁判或调解书，而不在于本案审理；由于当事人没有参与再审程序，也就无所谓当事人提出实体性再审请求的问题，没有实体性再审请求，也就没有本案之诉。可见，法院依职权发动再审程序基本上是一个形成之诉，而非本案之诉，对本案之诉，法院无权依职权为之。其次，对检察院通过法律监督而发动的再审程序而言，检察院在抗诉或再审检察建议中也必然提出再审的实体请求，以此划定法院再审改判的范围。检察院没有提出实体请求的内容，不得作为法院再审的对象和范围，前者对后者具有拘束作用。检察院一般是基于当事人的法律监督申请而提出抗诉或再审检察建议的，因而，检察院提出的再审实体请求，需要以当事人的法律监督申请为范围，除涉及国家利益或社会公共利益外，检察院不得在当事人法律监督申请之外添加任何私益性的再审实体请求，比如当事人对本金不服提出监督申请，检察院不得提出本金之外的利息也属于再审实体请求的主张，这一点与再审形成之诉的审理范围有所不同；在再审形成之诉中，检察院可以在当事人提出的再审事由外，增添其认为存在的再审事由，比如当事人以新证据为由再审监督，但检察院认为合议庭组成不合法，则也不妨碍其将之作为再审事由添加到统一的再审事由之中。最后，对当事人申请再审而言，当事人提出再审申请，除提出再审事由外，还需要提出实体性再审请求，为法院通过再审改变原生效裁判或调解书提供指引、划定范围。如果没有检察院的法律监督，当事人再审申请中所提出的实体再审请求对法院的本案之诉的审判具有拘束作用，法院不得越此范围作出再审裁判，这是"告什么、理什么"的原则之体现，与一审案件、二审案件原无区别。需要指出的是，当事人在再审申请中提出的实体性再审请求不得超过一审诉讼请求和二审上诉请求的范围。再审请求的最大范围不得超越一审诉讼请求，同时也进一步限定在二审上诉请求的范围内。如果当事人没有提出上诉请求，则不得继而提出再审请求，这是由再审补充性原则所决定的，比如当事人没有就被一审驳回的利息提出上诉，则不得以利息判决错误为由申请再审。可见，再审请求的范围乃等于或小于二审请求的范围，二审请求的范围乃等于或小于一审请求的范围，法院实体审判的范围只会越来越小，而不会越

来越大。

2. 在再审程序中，当事人能否申请变更、增加诉讼请求或提出反诉

《民诉法解释》第 252 条规定："再审裁定撤销原判决、裁定发回重审的案件，当事人申请变更、增加诉讼请求或者提出反诉，符合下列情形之一的，人民法院应当准许：（一）原审未合法传唤缺席判决，影响当事人行使诉讼权利的；（二）追加新的诉讼当事人的；（三）诉讼标的物灭失或者发生变化致使原诉讼请求无法实现的；（四）当事人申请变更、增加的诉讼请求或者提出的反诉，无法通过另诉解决的。"据此规定可知，在再审程序中，除符合法定的例外情形外，当事人原则上不得申请变更、增加诉讼请求或提出反诉。之所以如此规定，其理由乃存在于再审程序的性质之中。再审程序无论是按照一审程序进行还是按照二审程序进行，都不是原来一审程序和二审程序的简单重复和再现，而有其一定的特殊性。该特殊性集中表现在，再审程序是对原一审程序或二审程序的检验、检阅和检测，其主要功能在于审核判断形成生效裁判或调解书的原一审程序或二审程序是否存在错误，而不是为当事人的诉讼失误提供补救机会。如果允许当事人变更、增加诉讼请求或提出反诉，则原一审程序或二审程序是否存在足以需加纠正的错误就变得含混不清，难以分辨，通过再审纠正错误、实行审判监督的目的就无法达到。但是，如果绝对恪守再审不得改变诉讼请求的原则，有时也未免过苛，不利于纠纷的一次性解决，同时也不利于对当事人诉讼权利的救济与保障。因此，在原则上不允许当事人变更增加诉讼请求或提出反诉的基础上，司法解释也确立了若干的例外情形，主要有：

其一，原审未合法传唤缺席判决，影响当事人行使诉讼权利。这是根据《民事诉讼法》第 207 条第 9 项再审事由提出的再审程序，由于当事人没有经过合法的传唤而造成了法院错误的缺席判决，致使当事人原本在诉讼程序中可以行使的增加变更诉讼请求或提出反诉的权利而未能行使，现在再审程序使当事人恢复到了原有的应然状态，因而其原有的诉讼权利便有机会失而复得。

其二，追加新的诉讼当事人。如果再审程序的启动是根据《民事诉讼法》第 207 条第 8 项的规定基于原生效裁判或调解书缺乏必要的共同诉讼人所致，则法院在再审程序中首要的一件事就是根据《民事诉讼法》第 135 条之规定，追加必要的共同诉讼人，以使当事人不适格这一缺陷得以弥补。被追加的诉讼当事人自然在再审程序中恢复到一审程序或二审程序的原有状态，因而其在一审程序中可以根据《民事诉讼法》第 54 条和第 143 条的规定行使诉讼请求的变更权、追加权和反诉权，法院对此应当合并审判；如果再审所恢复的诉讼程序为二审程序，该被追加的当事人则也可根据《民诉法解释》第 326 条的规定变更增加诉讼请求或提出反诉。该条规定："在第二审程序中，原审原告增加独立的诉讼请求或者原审被告提出反诉的，第二审人民法院可以根据当事人自愿的原则就新增加的诉讼请求或者反诉进行调解；调解不成的，告知当事人另行起诉。双方当事人同意由第二审人民法院一并审理的，第二审人民法院可以一并裁判。"

其三，诉讼标的物灭失或者发生变化致使原诉讼请求无法实现。诉讼标的物灭失或者发生变化致使原诉讼请求无法实现本身并非《民事诉讼法》第 207 条、第 208 条所规定的法定的再审事由，因此据此申请再审法院应当予以驳回；然而，在依法启动的再审程序中，如果诉讼标的物灭失或者发生变化致使原诉讼请求无法实现，则应当允许当事人变更诉讼请求，但不得因此而增加诉讼请求，也不得因此提出反诉。

其四，当事人申请变更、增加的诉讼请求或者提出的反诉，无法通过另诉解决。之所以原

则上禁止当事人在再审程序中申请变更、增加诉讼请求或提出反诉，其原因不在于法院拒绝提供适当的救济，而是考虑到在保全再审程序独特功能的前提下当事人还有其他救济的机会和权利，这就是其可以另行提出诉讼。比如，原来提出了本金请求而未提出利息请求，虽然在再审程序中不得增加利息请求，但当事人仍然可以通过另诉寻求救济。然而，如果当事人另诉的途径也被堵塞，则其寻求司法救济的权利就无法实现了，此时，应允许其在再审程序中进行诉讼请求的变更、增加或提出反诉。① 但从理论上和实践中看，这种不能通过另行诉讼寻求司法救济的情形几乎不存在。有一种可以设想的情形是，需要变更、增加的诉讼请求或需要提出的反诉已经逾越了诉讼时效，如果另诉就可能败诉，此时允许其在再审程序中提出诉讼请求的新增或新变内容，或提出反诉，则可以借助原诉讼程序致使诉讼时效消灭的效能防免此一不利结果的发生。

值得注意的是，根据《民事诉讼法》第 177 条的规定，按照第二审程序进行再审的法院可以在原生效裁判事实认定不清、程序严重违法等情形下将案件发回原一审法院进行重审，发回重审时是否允许当事人申请变更、追加诉讼请求或提出反诉呢？2015 年 3 月实施的最高人民法院《关于民事审判监督程序严格依法适用指令再审和发回重审若干问题的规定》（以下简称《指令再审和发回重审规定》）第 8 条规定："再审发回重审的案件，应当围绕当事人原诉讼请求进行审理。当事人申请变更、增加诉讼请求和提出反诉的，按照《最高人民法院关于适用〈中华人民共和国民事诉讼法〉的解释》第二百五十二条的规定审查决定是否准许。当事人变更其在原审中的诉讼主张、质证及辩论意见的，应说明理由并提交相应的证据，理由不成立或证据不充分的，人民法院不予支持。"据此规定，即便是发回重审，当事人也只能在上述例外情形下进行诉讼请求的变更或增加，或提出反诉，不符合上述例外情形的，其诉讼请求的变更、增加以及反诉的提起也一概受到禁止。

3. 提出再审申请以外的当事人，包括对方当事人在再审程序中也有权提出再审请求

《民诉法解释》第 403 条规定："人民法院审理再审案件应当围绕再审请求进行。当事人的再审请求超出原审诉讼请求的，不予审理；符合另案诉讼条件的，告知当事人可以另行起诉。被申请人及原审其他当事人在庭审辩论结束前提出的再审请求，符合民事诉讼法第二百一十二条规定的，人民法院应当一并审理。人民法院经再审，发现已经发生法律效力的判决、裁定损害国家利益、社会公共利益、他人合法权益的，应当一并审理。"据此规定，如果被申请人及原审其他当事人在庭审辩论结束前提出的再审请求，符合《民事诉讼法》第 212 条规定的申请再审期限，人民法院应当一并审理。然而，将被申请人及原审其他当事人提出再审请求限定在《民事诉讼法》第 212 条规定的申请再审期限并非适当，而且这一限定与其赋权性规定即"在庭审辩论结束前提出再审请求"也有某种冲突或不协调之处，因为当事人申请再审的期限为 6 个月，法院收到再审申请后有 3 个月的审查期，剩下的 3 个月法院有可能还没有安排再审开庭，如果因为法院尚未开庭而 6 个月的申请再审期限已经届满，则对申请再审人以外的其他当事人而言，就难以补充性提出再审请求。不经过再审开庭，申请再审人以外的其他当事人很难知道和判断是否要提出补充性再审请求，从而对抗申请再审人提出的再审请求。这其中的原理有点类似于附带上诉，申请再审人提出再审申请后，其再审请求（而非原审请求）会有所调整，同时，随着再审法庭对再审请求的审理之深入，案件中是否存在其他错误会逐渐明朗起来，为保持诉讼机会均等起见，此时应当允许发现原生效裁判或调解书之错误的其他当

---

① 参见汤维建主编：《民事诉讼法学》（第 2 版），北京大学出版社 2014 年版，第 277 页。

事人借助再审程序一并提出再审请求，以期待再审程序纠纷一次性解决理念和目标之实现，否则，被申请人或其他当事人对再审裁判仍会不满，从而在再审程序结束后再度提出再审申请，这样会使再审案件变得更加复杂，徒增当事人诉累，远不如允许其在再审程序实质性结束之前将再审请求一并提出。可见，相反的再审请求是动态地而非静态地被发掘出来的，因而其提出的截止时间应当以最后一次再审开庭辩论结束之前为基准时，而不宜套用申请再审的6个月的法定期限制度。

三、再审案件的审理程序

《民事诉讼法》第214条规定："人民法院按照审判监督程序再审的案件，发生法律效力的判决、裁定是由第一审法院作出的，按照第一审程序审理，所作的判决、裁定，当事人可以上诉；发生法律效力的判决、裁定是由第二审法院作出的，按照第二审程序审理，所作的判决、裁定，是发生法律效力的判决、裁定；上级人民法院按照审判监督程序提审的，按照第二审程序审理，所作的判决、裁定是发生法律效力的判决、裁定。"据此规定，再审案件的审理程序分为两种：一种是一审型再审程序，另一种是二审型再审程序。

（一）类型：一审型再审程序和二审型再审程序

一审型再审程序，是指针对通过一审程序而形成的生效裁判进行再审所适用的再审程序。有的生效裁判是经过一审程序而形成的，该生效裁判如果存在错误从而发动了再审程序，则应按照一审程序进行再审。需要注意者有四：一是如果一审裁判是根据《民事诉讼法》第160条至第170条的规定简易程序而形成的，则在再审时，应当改用《民事诉讼法》第2编第12章第122条至第151条规定的"第一审普通程序"进行再审。这是因为，如果案件进入了再审阶段，就说明该案件不再属于简单的民事案件，不符合《民事诉讼法》第160条对简单民事案件界定的适用条件，因而不能适用再审简易程序，换言之，再审程序本身并无简易程序之可言，当事人也不能根据《民事诉讼法》第161条的规定通过程序选择合意条款选择适用简易程序。二是如果原生效裁判是根据《民事诉讼法》第165条规定的小额诉讼程序而形成的，则由于小额诉讼程序实行一审终审制，当事人对该小额生效裁判表示不服申请再审的，应按照《民事诉讼法》第122条至第151条规定的"第一审普通程序"进行再审，该案件不再实行一审终审制，对该再审裁判不服的，当事人可以上诉。三是如果针对生效的一审裁判是由原审法院依职权发动再审的，则按照一审程序进行再审；如果针对生效的一审裁判是由原审法院的上级法院乃至最高人民法院依职权发动再审的，则按照二审程序进行再审。四是如果针对生效的一审裁判是由检察院提出再审检察建议而发动再审的，则按照一审程序进行再审；如果针对生效的一审裁判是由检察院提出抗诉而发动再审的，则按照二审程序进行再审。

二审型再审程序，是指法院按照二审程序对再审案件进行审理所形成的再审程序。再审案件绝大多数都是按照二审程序进行再审的，因此二审型再审程序的适用范围最为广泛。再具体细分，二审型再审程序又可分为两种：一种是固有型二审再审程序，另一种是变更型二审再审程序。如果原生效裁判是经过二审程序而形成的，则由此所形成的再审程序即为固有的二审再审程序，之所以称其为"固有"，是因为此种再审程序并没有改变原生效裁判的审级，没有因为再审的发生而减少当事人的上诉机会，当事人的上诉权在原审程序中就已经行使过，再审时这种上诉权已经不复存在。变更型二审再审程序则相反，原生效裁判是根据一审程序（包括一审普通程序、简易程序、小额程序）而形成的，由于法院提审或者检察院抗诉的缘故致使由此所形成的再审程序不得再次适用一审程序而进行，必须上提一级，改而适用二审程序进行再审。之所以要在法院提审或者检察院抗诉的情形下，将一审程序直接改变为二审程序进行再审，原因在于提审或抗诉都导致再审案件由原一审法院转移到了上级法院，而根据级别管辖的制度，上级法院已经不能适用一审程序对该再审案件进行审理。在这种变更型二审再审程序中，当事人原本应享有的再审上诉权因此而被取消。可见，提审或抗诉对不服原生效裁判的当事人而言既有有利的一面，也有不利的一面。有利的一面是通过提审或抗诉，使再审法院的级别更高了，再审的公正性有了更加切实的保障；不利的一面是当事人原来固有的上诉权因为提审或抗诉而无法行使了，本来有两次再审机会（一审再审与二审再审）的再审案件变成了一次再审。从这个意义上说，当事人应当有对提审提出异议的权利，检察院对一审案件的抗诉也应当征求当事人的意见，如果当事人选择再审检察建议，则应优先适用再审检察建议，以保障其再审中的上诉权。

（二）程序：合议制与公开庭审制

由于再审程序是一种特殊的司法救济程序，其程序的严格性程度和要求最高，因此，在再审程序中，有两个方面必须严格把关：一是再审的审判组织应当一律实行合议制，不得适用独任制；二是其审理程序应当通过开庭的形式公开进行。《民诉法解释》第401条规定："人民法院审理再审案件应当组成合议庭开庭审理，但按照第二审程序审理，有特殊情况或者双方当事人已经通过其他方式充分表达意见，且书面同意不开庭审理的除外。符合缺席判决条件的，可以缺席判决。"笔者认为，按照二审程序进行的再审程序不能适用《民事诉讼法》第176条关于书面审理和径行裁判的规定，如果仅仅进行书面阅卷审理，虽然可能会同时伴随以询问当事人的简约程序，但仍不足以与再审程序的重要性与严格程序性要求相适应，不符合诉讼程序的比例原则，因而该司法解释应当予以修改。

（三）顺序：再审庭审的过程性安排

按照《民诉法解释》第402条的规定，人民法院开庭审理再审案件，应当按照下列情形分别进行：其一，因当事人申请再审的，先由再审申请人陈述再审请求及理由，后由被申请人答辩、其他原审当事人发表意见；其二，因抗诉再审的，先由抗诉机关宣读抗诉书，再由申请抗诉的当事人陈述，后由被申请人答辩、其他原审当事人发表意见；其三，人民法院依职权再审，有申诉人的，先由申诉人陈述再审请求及理由，后由被申诉人答辩、其他原审当事人发表意见；其四，人民法院依职权再审，没有申诉人的，先由原审原告或者原审上诉人陈述，后由原审其他当事人发表意见。对前面三种情形，人民法院应当要求当事人明确其再审请求。

（四）再审程序的终结

再审程序的终结，是指出现了某种法定的情形，致使再审程序无法继续进行下去，或者继续进行下去已失去了意义，因而法院裁定提前结束再审程序的诉讼现象。根据《民诉法解释》第404条的规定，再审审理期间，有下列情形之一的，可以裁定终结再审程序：其一，再审申请人在再审期间撤回再审请求，人民法院准许的；其二，再审申请人经传票传唤，无正当理由拒不到庭的，或者未经法庭许可中途退庭，按撤回再审请求处理的；其三，人民检察院撤回抗诉的；其四，再审申请人死亡或者终止，无权利义务承继者或者权利义务承继者声明放弃再审申请的；其五，在给付之诉中，负有给付义务的被申请人死亡或者终止，无可供执行的财产，也没有应当承担义务的人的；其六，当事人达成和解协议且已履行完毕的，但当事人在和解协议中声明不放弃申请再审权利的除外；其七，他人未经授权以当事人名义申请再审的。

需要探讨的问题是，在检察院提出抗诉或再审检察建议引起的再审程序中，向检察院提出法律监督的申请人向检察院申请撤回监督申请，或者向法院表示不再坚持再审中提出的请求，或者经法院依法传唤无正当理由拒绝出席再审法庭或未经法庭许可中途退出再审法庭，是否必然导致再审程序的终结。笔者的答案是否定的。这是因为，当事人向检察院提出监督申请，仅仅是检察院启动法律监督程序的案件线索，检察院启动法律监督程序不以当事人向检察院提出监督申请为绝对的前提条件，此观《民事诉讼法》第 215 条的规定明显可知。即便检察院的法律监督程序客观上乃因当事人的监督申请而引起，但该法律监督程序一旦实际地产生，便具有了相对的独立性，该程序的发展以及终结，概由检察院自主决定加以判断，而不再受制于包括监督申请人在内的任何人的意愿。再审中的监督诉讼法律关系不是单纯地存在于检察院与监督申请人之间，而且还存在于检察院与法院以及与其他诉讼参与者之间，只要检察院坚持该监督法律关系的存在并且该法律关系之存在不具有客观上的阻却事由，则该监督法律关系以及相应的监督再审程序均依然存续。换言之，只要检察院没有依职权终结其法律监督程序，因检察院的法律监督而产生的法院审判监督程序也无法因监督申请人的意志或行为，包括缺席再审法庭等行为，而提前终结，除确实符合《民事诉讼法》第 154 条所规定的诉讼终结之情形外，法院只能通过对案件的实体裁判而终结该审判监督程序。

（五）需要研究的问题：再审案件的审理程序是否应当具有独立性

如前所述，再审程序是由三个大的阶段组成的，一是再审程序的三元启动机制，二是再审事由的审查阶段，三是再审案件的审理程序。前两个阶段，再审程序均具有独立性，而与通常的诉讼程序区别开来；但第三个阶段，也就是再审案件的审理程序则又回归到了通常的诉讼程序之中。那么，需要讨论的问题是，这种将非常救济的再审案件的审理程序简单地套用通常的一审程序或二审程序是否具有合理性与科学性？尤为吊诡的是，按照一审程序进行的再审审理，当事人还可以上诉，上诉后二审法院如果认为有必要还可以按照《民事诉讼法》第 177 条的规定发回重审，发回重审进行审判后，当事人还可以上诉，从而又一次进入上诉审程序。好在，2012 年修改《民事诉讼法》时限定了法院发回重审的次数为一次，否则案件将永远进入反复的循环之中而找不到程序的出口。按一审程序再审是如此，按二审程序进行再审虽然省却了一个上诉的环节，但二审法院仍有可能发回重审，发回重审后当事人仍有上诉的机会，其程序之繁复也同样存在。这不仅增加了再审审理程序的烦琐性，制约了再审程序的效率价值，更为重要的是，这种简单套用通常诉讼程序进行再审的立法设置，还抹煞了再审程序的特殊性，从而制约了再审程序的多元功能之实现。

事实上，再审程序的启动机制有三元，再审事由的审查程序也应有三元，再审案件的审理程序也应有三元，前面的程序是三元，后面的程序逐渐变为一元，在立法技术上无疑是简单主义的做法，前面的三元程序所导致的一定是后面的三元程序与之遥相呼应，这才能将程序的特性和内在秉性贯彻始终。由当事人申请再审所启动的再审事由审查程序和再审审理程序，以对立的当事人双方为再审诉讼法律关系的主体，其程序的进行比较接近于通常的诉讼程序，但简单地以案件生效裁判是由一审还是由二审而形成，从而套用一审程序或二审程序进行再审仍不足为取。由法院依职权发动的再审程序，其套用一审程序或二审程序更加不妥，因为无论是一审程序还是二审程序，其程度推动力都来源于双方当事人既对立又统一的诉讼矛盾运动，如果缺乏诉讼当事人的能动参与，则通常的一审程序或二审程序都无法正常运转，而在法院依职权发动的再审程序中，当事人是否参与诉讼，以及当事人是单方参与还是双方参与，参与诉讼后是否会对诉讼的进程乃至结果甚感兴趣（因为他们之间可能已经彻底消弭了纠纷），等等，诸如此类问题都是未知数。一种程序的进行如果依赖这种未知数,则这种程序的设置一定是失败的。其实,由法院依职权发动的再审程序,根本无须进行开庭审理,更无须进行所谓的法庭调查和法庭辩论,法院通过阅卷、会议式研讨、法官联席会议、专家咨询,最多通过审判委员会讨论决定,就足以实现法院职权再审的目的与功能,根本无须准用通常诉讼程序的公开审判制、回避制、二审终审制等,当事人的处分原则、辩论原则等在法院依职权发动的再审程序中均失去了用武之地。有观点会认为,即便是法院依职权发动的再审程序,可能其中仍然存在提出申诉的当事人,因而也需要听取当事人的辩论意见。事实上,如果出现提出申诉的当事人或者法院依职权发动再审乃是基于当事人的申诉而进行,那么,这根本就不应当被认为是法院依职权发动的再审,其仍应归属于当事人申请再审的范畴。当事人在再审申请期间内提出的再审诉愿,我们称之为"申请再审";当事人逾越再审申请期间提出的再审诉愿,我们称之为"申诉"。其实,这完全是法解释问题,而不改变问题的实质,问题的实质仍然是,当事人对生效裁判或调解书存在不服不满情绪,而希望法院通过再审对其中的错误加以纠正,因而二者的本质完全一致。所不同的是,对当事人逾期提出的再审申请被改称为"申诉"如此而已,这完全可以解释为有正当理由逾期提出的再审申请,仍应被法院接受,就如同逾期提供的证据如有正当理由仍被接受而被称为"新证据"一样,逾期提出的再审申请仍是再审申请。这样一来,法院依职权发动再审的情形中,如确有基于当事人的申诉而导致的再审,则完全可以将其作为例外情形归入当事人申请再审的范畴之中,而不将其作为法院依职权发动的再审;法院依职权发动再审的情形就可纯化为当事人申请再审或当事人申诉以外的基于法政策之考虑而发动的再审这一种情形。

与法院依职权发动再审的程序在审理结构上具有特殊性一样,检察院行使法律监督权所产生的再审程序在审理结构上也具有特殊性,其特殊性主要表现在:其一,审理的目的具有特殊性。其审理的目的不仅在于救济私权,维护诉权的平等性,而且还在于进行法律监督,确保司法公正目标的实现。其二,诉讼主体上的特殊性。除了当事人在监督再审程序中继续作为诉讼主体发挥作用外,检察院是监督再审程序中的又一新增主体,而且对监督再审程序的存续发挥着决定性作用。其三,诉讼法律关系上的特殊性。在监督再审程序中,除原来的诉讼法律关系还增加了监督法律关系,这两种法律关系交织交错、难解难分地融合在一起。其四,裁判上的特殊性。法院对监督再审案件不仅要就本案之诉当事人之间的实体法律关系进行再次判断,而且还要对监督法律关系进行裁断,这两种裁判具有相互依存的关系,必须同时作出。正是鉴于检察院通过法律监督所启动的再审程序具有诸多的特殊性,因而其无论在启动程序上、再审理由的审查程序上还是在本案之诉的审理程序上均有别于纯粹的当事人申请再审,也有别于纯粹的法院依职权发动的再审,因而具有独立性,其所形成的再审程序应当称之为监督再审程序,其监督再审程序应当予以独立化构建。因而,目前对监督再审程序不加区分地套用一审程序和二审程序实属不妥。

综上所述,目前《民事诉讼法》第214条所规定的再审程序套用一审程序或二审程序的立法模式存在过于简单化的弊端,将来的立法应当采取两个步骤进行改革和完善:第一步实行独立性原则,将再审程序从一审程序或二审程序中独立出来,使之成为一个独立的诉讼程序;第二步实行分化原则,将目前这种大一统或一元化的再审程序分解为三种再审程序,使当事人申请再审的程序、法院依职权发动再审的程序以及检察院通过法律监督发动的再审程序分别独立,由民事诉讼法按照这三种再审程序的特殊性予以分别设置,而不是像现在这样,除启动程序呈现出三元有别的特殊性外,后续的再审程序,包括再审理由的审查程序、再审案件的审理程序，均复归于通常的一审程序或二审程序。最后需要指出的是，无论是当事人申请再审的程序，还是法院依职权启动的再审程序，抑或检察院依法律监督而启动的再审程序，均应当模仿二审程序而设置，而不再适用一审型再审程序，也就是说，凡属于再审程序，均属于一锤定音式的终局程序，通过该程序所产生的裁判结果，便最终地具有拘束力，而不再许可当事人另行上诉。

最后还需要简单地讨论一下关于调解的再审程序。《民事诉讼法》第 205 条规定法院可以依职权对调解进行再审，第 208 条规定当事人可以对调解申请再审，第 215 条规定检察机关有权对调解实施法律监督从而启动再审程序，但是，《民事诉讼法》第 214 条却仅仅对裁定和判决的再审程序做出了制度性安排，而对调解的再审程序却未置一词，出现了立法上的空白。那么，当调解成为再审的对象时，应当按照何种程序进行再审？《民事诉讼法》第 214 条将调解排除在外似乎不是立法上的疏忽，而是立法者有意为之。然而笔者想指出的是，《民事诉讼法》第 214 条没有对调解的再审程序作出规定是错误的，一方面，使调解的再审程序出现立法空白，必然致使实践中无所适从；另一方面，调解的再审程序和裁定、判决的再审程序原本并无区别，而现在的立法却使之产生了区别，这是不了解调解与裁定或判决除名目不同外，其本质并无二致。因此，顺着民事诉讼法目前的立法逻辑，调解需要再审的，也应当根据其是在一审中形成抑或在二审中形成，分别适用一审程序或二审程序进行再审。将来民事诉讼法修改完善建立了统一的再审程序后，也同样将调解纳入三元化的再审程序之中加以规范。

四、再审案件的裁判

再审案件的裁判是指再审法院对再审案件进行实体性（判决或调解）或实质性（裁定）审判后对案件作出的最终处置。如同一审程序或二审程序一样，再审案件也一站一站最终进入到了终点站，双方当事人在再审中的对抗性运动到了这里将见出最终的分晓。如果说司法救济是民事纠纷解决的最后一道防线，那么，再审案件的裁判则是这最后一道防线的最后一道关口，当事人在此前所历经的多次诉讼之回合在这里将重新洗牌，前面的获胜者在这里可能会再度陷入败局，前面的遇挫者在这里可能会起死回生。也正因此，再审案件较之通常案件往往更受社会各界之关注，林林总总的复杂疑难、社会影响力大的案件在这里都将一一浮出水面，再审案件不宜准用一审程序或二审程序处理的观点，在这里也可以进一步寻找到佐证。正因如此，我们说再审程序是各种诉讼程序中最为审慎、最为严肃、最具关切也因而最为重要的特殊诉讼程序。

对再审案件的处理分为五种类型：一是对再审案件的实体处理，二是对再审案件的程序处理，三是对再审案件的调解处理，四是对再审案件的撤诉处理，五是对再审案件的补充处理。

（一）对再审案件的实体处理

其一，人民法院经再审审理认为，原判决、裁定认定事实清楚、适用法律正确的，应予维持。其二，原判决、裁定认定事实、适用法律虽有瑕疵，但裁判结果正确的，应当在再审判决、裁定中纠正瑕疵后予以维持。其三，原判决、裁定认定事实、适用法律错误，导致裁判结果错误的，应当依法改判、撤销或者变更。① 其四，原审人民法院未对基本事实进行审理的、

---

① 《民诉法解释》第 405 条。

有遗漏必须参加诉讼当事人的等严重违反法定程序情形的,可以裁定撤销原裁判,发回重审①。

(二) 对再审案件的程序处理

按照第一审程序再审的案件,人民法院经审理认为不符合民事诉讼法规定的起诉条件或者符合《民事诉讼法》第124条规定不予受理情形的,应当裁定撤销一审判决,驳回起诉;按照第二审程序再审的案件,人民法院经审理认为不符合民事诉讼法规定的起诉条件或者符合《民事诉讼法》第124条规定不予受理情形的,应当裁定撤销一审、二审判决,驳回起诉。②对该裁定,当事人不得上诉。

(三) 对再审案件的调解处理

对再审案件的调解处理分为两种情形:一是对调解进行再审所作出的处理;二是对再审案件通过调解来解决处理。

先说第一种情形。如果调解书被法院裁定进入再审程序,则要视该调解书是通过一审程序而形成还是通过二审程序而形成,加以分别对待。如果调解书是通过一审程序而形成的,此时,除非由法院对该调解书进行提审或者检察院抗诉从而由上级法院按照二审程序进行再审,对调解书的再审应当按照一审程序进行。再审法院通过再审程序,如果能够通过修改调解书或另行制作调解书的形式进行处理的,则依然通过调解进行处理,该调解书一旦形成就发生确定的效力,当事人不得上诉。但如果再审法院不能通过调解解决该调解书中的错误,则通过判决解决,对该判决当事人不服可以提出上诉。这是因为,当事人基于调解书被撤销而恢复了原来因调解而失去的上诉权。如果不允许当事人对撤销调解的一审再审判决提出上诉,则就意味着一旦当事人在一审程序中同意过调解,则其便永远失去了上诉权,这显然对其不公,也不利于解除当事人接受调解的后顾之忧,从而不利于调解制度的功能发挥,因而那种认为所有的调解再审均应按照二审程序进行,或者所有的调解再审当事人均不可上诉的观点有失妥当。

如果再审法院通过对调解书的再审,认为原调解书并无错误,即当事人提出的调解违反自愿原则的事由不成立,且调解书的内容不违反法律强制性规定的,则裁定驳回再审申请;如果再审法院认为人民检察院抗诉或者再审检察建议所主张的损害国家利益、社会公共利益的理由不成立,则裁定终结再审程序。在这种情形下,人民法院裁定中止执行的调解书需要继续执行的,自动恢复执行。③民事诉讼法司法解释研究小组在起草本条解释过程中,有意见认为在对调解书已经启动再审的情况下,如果调解不违反自愿原则且内容不违反法律强制性规定,应当判决驳回再审请求,维持原调解书。对此,有学者认为,以判决的方式驳回再审请求缺乏法律依据。因为按《民事诉讼法》第214条对再审适用程序的规定,若原调解书是在一审程序中作出的,则对调解书的再审也应当按一审程序进行,此时当事人对驳回再审请求的判决书可以提出上诉,调解书一生效的效力在事实上被打破了。然而该调解书实际上不应被上诉,应当是一审生效的。④笔者认为,如果调解书不存在错误,法院通过裁定维持原调解书,驳回当事人的再审申请是妥当的。因为这本质上是对当事人再审事由的否定,再审案件虽然已进入本

---

① 《指令再审和发回重审规定》第4条、第5条。
② 《民诉法解释》第406条。
③ 《民诉法解释》第407条。
④ 参见孙祥壮:《民事再审程序:从立法意图到司法实践》,法律出版社2016年版,第150—151页。

案审理阶段,但就其本质而言,当事人提出的调解再审事由还是无法成立,因而通过裁定驳回当事人的再审申请本身就意味着原来再审法院作出的调解再审的裁定是错误的。如果调解再审的法定事由确实存在,则法院应当首先推翻原调解书,然后就本案之诉进行审判,此时法院作出的判决,当事人不服可以提出上诉。

再说第二种情形。对再审案件通过调解来解决处理。无论是通过一审程序抑或通过二审程序进行再审案件的审判,其都可以适用调解制度进行处理,《民事诉讼法》第9条所规定的调解原则同样贯彻于再审案件的审判之中。如果当事人在一审再审程序中达成了调解,再审法院制作调解书后,再审程序便宣告结束,当事人不得上诉。同样,如果再审案件是通过二审程序进行的,则二审中一旦形成调解书,再审程序便告终结。此外,再审法院还可以就再审案件部分作出调解、部分作出裁判。《民诉法解释》第410条规定:"部分当事人到庭并达成调解协议,其他当事人未作出书面表示的,人民法院应当在判决中对该事实作出表述;调解协议内容不违反法律规定,且不损害其他当事人合法权益的,可以在判决主文中予以确认。"

(四) 对再审案件的撤诉处理

一审原告在再审审理程序中申请撤回起诉,经其他当事人同意,且不损害国家利益、社会公共利益、他人合法权益的,人民法院可以准许。裁定准许撤诉的,应当一并撤销原判决。一审原告在再审审理程序中撤回起诉后重复起诉的,人民法院不予受理。① 在按照二审程序进行再审的案件中,原二审上诉人申请撤回上诉并经对方当事人同意的,法院可以批准撤回上诉。撤回上诉的裁定一经作出,二审裁判便失效,原一审裁判恢复产生终局效力。

(五) 对再审案件的补充处理

当事人提交新的证据致使再审改判,因再审申请人或者申请检察监督当事人的过错未能在原程序中及时举证,被申请人等当事人请求补偿其增加的交通、住宿、就餐、误工等必要费用的,人民法院应予支持。②《民事诉讼法》第68条规定:"当事人对自己提出的主张应当及时提供证据。人民法院根据当事人的主张和案件审理情况,确定当事人应当提供的证据及其期限。当事人在该期限内提供证据确有困难的,可以向人民法院申请延长期限,人民法院根据当事人的申请适当延长。当事人逾期提供证据的,人民法院应当责令其说明理由;拒不说明理由或者理由不成立的,人民法院根据不同情形可以不予采纳该证据,或者采纳该证据但予以训诫、罚款。"可见,民事诉讼法本身并未对逾期提供证据赔偿对方当事人的损失作出规定,此一规定是最高人民法院司法解释创设的。虽逾期提供证据赔偿对方当事人的损失的这一规定缺乏上位法的依据,但其合理性还是存在的,这就是"程序损失"问题。对于程序损失,当事人可以将其作为侵权行为予以主张,其程序安排通常是在主诉讼程序之中将其作为附带的诉讼程序加以解决,但如果争议重大,在本案中不适宜进行处理的,法院可告知当事人另行起诉解决。

五、瑕疵案件、改判标准与既判力效力中止

在再审程序中,需要探讨的问题有很多,从体制、机制,到程序、技术,内含于再审程序中的缺陷以及适用中产生的问题已经被理论界和实务界大量地展示与披露,再审程序的完善应

---

① 《民诉法解释》第408条。
② 《民诉法解释》第409条。

当受到更大的关注,并且应当加快完善的速度。前面关于再审程序的论述以及后面的内容对此已有或将有较多涉及,这里仅就以下三个问题进行简略的讨论,此即瑕疵案件、改判标准、既判力效力中止。

(一)关于瑕疵案件的讨论

"瑕疵案件"这个概念的出现,与最高人民法院《关于完善人民法院司法责任制的若干意见》(以下简称《司法责任意见》)有关。《司法责任意见》本身并没有提出"瑕疵案件"这个概念,但在该文件的行文逻辑中隐含了这一概念。所谓瑕疵案件,就是指介于正确的案件和错误的案件之间的一种案件,这种案件并不是完全的错案,但也有这样或那样的缺陷或不足,以致不能被归入正确的案件行列。司法不可能尽善尽美,但追求尽善尽美却是司法永恒的目标。出现了司法差错,一方面需要纠正该司法差错,另一方面需要对司法差错的制造者追究司法责任,以免以后重犯或尽可能将司法差错降到最低。

然而,提出瑕疵案件这个概念的目的在于将其与错案乃至冤假错案区别开来,并将司法责任的追究聚焦于后者而不是前者,对于前者,司法者只需要承担所谓的"瑕疵责任",而无须承担"司法责任"或者无须承担严格意义上的"司法责任",这样一来,"瑕疵案件"的概念就有弱化司法责任的功能。

问题在于为瑕疵案件的判断寻找到一个具有实操性价值的标准,这一问题至今未在最高人民法院的司法性文件中得到解决。一些地方性文件试图解决给瑕疵案件下定义以及确定瑕疵案件判断标准的问题,这类地方性文件还为数不少,但其内容大同小异,这里仅以2015年6月16日发布的《沧州市新华区人民法院瑕疵案件责任追究办法》(以下简称《沧州办法》)为例加以说明。

《沧州办法》第2条对瑕疵案件下了一个定义:"瑕疵案件,是指法院工作人员由于业务水平、工作责任心等原因致使所办案件存在一定差错,尚不构成错案,引起涉诉信访发生或造成不良社会影响的案件。"可见,该定义符合最高人民法院的精神,是力图将瑕疵案件和错案对照地区分开来。那么,哪些案件属于瑕疵案件呢?《沧州办法》将其区分为立案中的瑕疵案件、审判中的瑕疵案件、执行中的瑕疵案件以及接待信访中的瑕疵案件这四类情形分别进行了列举性规定。

在立案工作中,因下列情形之一导致涉诉信访案件发生或造成不良社会影响的,为立案中的瑕疵案件。包括:其一,对当事人提供的证据材料,不按规定开具证据收据的;其二,对当事人提出的管辖异议不认真审查的;其三,违反规定采取或者解除财产保全措施的;其四,不按规定收取、减收、免收、缓收诉讼费用的;其五,立案工作中的其他瑕疵。[①]

在审判工作中,因下列情形之一导致涉诉信访案件发生或造成不良社会影响的,为审判中的瑕疵案件。包括:其一,申请追加当事人无正当理由不依法追加的;其二,程序转换不履行告知义务的;其三,判决、裁定遗漏或者超出诉讼请求的;其四,裁判文书所列明的合议庭成员与实际参加庭审或实际进行合议的人员不一致的;其五,无正当理由不及时合议或制作裁判文书的;其六,法律文书制作不规范,内容出现文字错误或数字计算、书写错误的;其七,不依法送达诉讼文书的;其八,结案后无正当理由不及时退还诉讼费用的;其九,不按规定委托

---

① 《沧州办法》第6条。

审计、评估、鉴定的；其十，审判工作中的其他瑕疵。①

在执行工作中，因下列情形之一导致涉诉信访案件发生或造成不良社会影响的，为执行中的瑕疵案件。包括：其一，不及时发出执行通知书的；其二，超标准，超范围收取执行费的；其三，无正当理由或者未经批准超执行期限的；其四，不按规定制作查封、扣押财产清单的；其五，查封、扣押财产，应当明确而未明确保管人或明确保管人不当的；其六，无正当理由不及时给付申请执行人执行款物的；其七，对查封、扣押的季节性、易腐烂变质单位物品处理不及时的；其八，不按规定委托评估、拍卖、变卖的；其九，执行工作中的其他瑕疵。②

在处理来信、接待来访工作中，因下列情形之一导致涉诉信访案件发生或造成不良社会影响的，为接待信访来访中的瑕疵案件。包括：其一，收到的信访案件不及时按规定登记、转送、交办的；其二，因推诿、敷衍、拖延未在规定期限内办结信访案件的；其三，未按规定履行督办职责的；其四，将上访人劝返后，无正当理由不按期答复或者拒不执行、拖延执行处理意见，致使上访人再次超期上访的；其五，无正当理由拖延执行上级处理意见的；其六，对群体访和重大信访隐患不及时报告的；其七，信访接待工作中的其他瑕疵。③

对于瑕疵案件，虽然不需要如同办了错案要追究严格意义上的司法责任，但仍要被追究相应的内部纪律上的或者行政管理上的责任。《沧州办法》第3条规定："构成瑕疵案件，应当对相关人员进行责任追究。"其第5条规定了责任追究的种类，分为：其一，诫勉谈话；其二，责令检查；其三，通报批评；其四，取消评先评优资格，暂缓职务或法官等级晋升；其五，离岗培训、调整或调离工作岗位；其六，党纪、政纪处分。上述六种责任追究方式，可以单独适用，也可以合并适用。

对于瑕疵案件这个问题，笔者想简单地谈几个观点：

其一，瑕疵案件的概念本身有其必要性。因为司法审判中有许多失误，如裁判文书中的错别字、计算错误、条文表述错误等，确实属于司法差错，将其归入要追究司法责任的阵列确有不妥，因而，在错案之外或冤假错案之外，再辅之以一个瑕疵案件的概念，有助于司法责任制度的精准化落实，其意义乃客观存在。

其二，瑕疵案件的范围不宜过于扩大化。瑕疵案件的范围应当严格限定在没有违反民事诉讼法之规定的范围之内，如果司法审判中有违反民事诉讼法之情形，则其应属于司法错案而不属于司法瑕疵，不宜归入瑕疵案件的范畴之内。以《沧州办法》第7条所列举的审判中的瑕疵案件为例，其所列举的"9+1"瑕疵案件类型其中有很大一部分均不属于瑕疵案件，而属于司法错案，如申请追加当事人无正当理由不依法追加的；判决、裁定遗漏或者超出诉讼请求的；裁判文书所列明的合议庭成员与实际参加庭审或实际进行合议的人员不一致的；无正当理由不及时合议或制作裁判文书的；不依法送达诉讼文书的；不按规定委托审计、评估、鉴定的等。这六种所谓的瑕疵案件，在笔者看来，都是司法错案，有的甚至是严重的司法错案，如判决、裁定遗漏或者超出诉讼请求的，便属于《民事诉讼法》第207条第11项所规定的法定的再审事由。既然已经属于法定的再审事由，怎么还能说它是司法瑕疵呢？显然不妥。在这列举的九项具体的瑕疵案件情形中，只有法律文书制作不规范，内容出现文字错误或数字计算、书写错误的；程序转换不履行告知义务的；结案后无正当理由不及时退还诉讼费用的这三项才属

---

① 《沧州办法》第7条。
② 《沧州办法》第8条。
③ 《沧州办法》第9条。

于标准的司法瑕疵，将其归入瑕疵案件具有正当性。因此，是否构成错案，或者是否属于瑕疵案件，其判断标准不在民事诉讼法之外，而在民事诉讼法之中，是否违反民事诉讼法的规定应当成为划分错案和瑕疵案件以及正确案件的标准。

其三，对瑕疵案件仍需追究司法责任。瑕疵案件责任虽然属于减轻的司法责任，但其性质仍属于司法责任的范畴。司法责任追究制并没有也不可能为所谓瑕疵案件网开一面，使其脱出司法责任追究制的轨道而另行其道，因而，以瑕疵案件规避司法责任追究的念想以及行动都是错误的。检察机关进行法律监督，虽然重在监督错案，但对于瑕疵案件也不能松懈监督责任。

（二）关于再审案件的改判标准

关于再审改判的原则和标准，主要涉及再审改判有没有必要确定一个原则和标准，如何确定。对此，一种观点认为，确立再审改判的原则和标准没有必要，对案件作出裁决不应该预先设定标准来遵循；若确立改判标准，则再审合议庭为条条框框所囿，不能发挥其应有的自由裁量权。[①] 另一种观点认为，有必要确立再审改判的原则和标准。2001年《全国审判监督工作座谈会关于当前审判监督工作若干问题的纪要》对再审改判标准予以强调："再审案件的改判必须慎重，既要维护法院判决的既判力和严肃性，又要准确纠正符合法定改判条件且必须纠正的生效判决。"还有学者认为，再审改判意味着对原审裁判的直接否定，对已经发生法律效力的裁判的变动，对法院、对当事人的影响是巨大的，因此对其加以规范和限制是有必要的。[②]

事实上，再审案件无论大小，都属于敏感性案件，其是否会被改判往往备受关注。尤其到了再审程序的本案审理阶段，案件已被确定存在法定的再审事由，再审案件的改判问题更是变得尖锐起来。问题的复杂性在于，再审案件与二审案件不同，二审案件一旦发现有错误，则其改判或发回重审的可能性都比较大，但再审案件被发现错误，往往涉及再审案件的既判力维持与再审错误的纠正之间的平衡问题，而不一定非要进行改判。因而，确定一个科学合理的改判标准是至关重要的。

然而不能不遗憾地指出的是，再审案件的改判标准是很难确定的，我们只能从理论上确定改判标准的两个相关因素：其一，凡是存在再审事由的，一般都是要被改判的。因为，再审事由不仅具有程序意义，致使再审案件进入了本案之诉的阶段，而且也具有实体意义，凡存在再审事由，都意味着原审裁判或调解书存在或多或少、或这样或那样的错误，凡是错误都要进行纠正，改判就是纠正的常规方法和途径。其二，对再审案件的错误，应当区别程序性错误和实体性错误两种类型，实体性错误是否会导致改判，取决于该错误的程度，如果属于瑕疵性案件，则可以在纠正瑕疵后维持原判决或原调解书，但如果再审案件的错误属于程序性错误，则该再审案件一定要被改判。其原因在于，导致再审案件进入本案之诉的程序性错误，一定是非常严重的程序错误，如合议庭的组成不合法或者没有给当事人进行合法的送达便作出了缺席判决，等等。有这些程序性错误的存在，原生效裁判绝无正确可言，只有通过再审改判才能从根本上消除这些程序性错误所带来的实质性影响。否则，如果一方面认可程序性错误的存在，另一方面又作出维持原裁判的裁判，就是自相矛盾的，维持原裁判的结果便是对程序性错误的无视，是明示的否定、暗含的肯定，也是"重实体轻程序"的残留表现，因而应当否定这种做法。但笔者不否认有这种极少数的例外存在，就是程序性错误得到了认可，实体性结果仍然与

[①] 参见宋建立：《对再审立案标准与再审改判原则若干问题的思考》，载《法律适用》2001年第7期。
[②] 潘昌锋：《试论民事再审审理程序中的几个问题》，载《审判监督指导与研究》（第2卷），人民法院出版社2002年版，第210—218页。

原裁判相同。这种情形下的同判，乃是与原裁判结果的耦合或巧合，法院不得宣布维持原判，而必须推翻原裁判，作出新裁判。

（三）既判力的效力中止问题

既判力是指生效裁判对诉讼标的所作出的判断，对法院和当事人均产生的拘束力。在大陆法系中既判力又称实质上的确定力，是指确定的终局判决所裁判的诉讼标的对当事人和法院的强制性通用力。对当事人而言，既判力排除当事人就同一诉讼标的再次请求裁判的可能，即"不可争议性"；对法院而言，既判力使法院从其他处理的争讼中"摆脱出来"，对判决确定的权利义务关系不得再受理，不得再为审理，更不得为相反判断。① 按照正当程序所作出的确定裁判，其既判力应当获得尊重。因此，裁判已经发生法律效力的案件，原则上不能轻易再次进入诉讼程序，否则当事人之间的民事实体关系将处于不安定状态，也不利于司法权威之维护。从该意义上说，再审是对既判力的突破，它们之间构成的关系是原则和例外的关系。原则上说，既判力具有普适性；例外地说，通过再审可以将既判力推翻。然而，这是从既判力最终消灭的意义上而言的，但在再审程序与既判力的关系中，还有一个相关的问题需加明确，此即再审程序在什么时间点上使既判力的效力中止。

在回答这个问题之前，笔者首先要对"既判力效力中止"这个概念做一个界定。既判力的效力中止是指既判力暂时被冻结，而不是既判力的消灭。有一种观点认为，再审事由的存在并非一定意味着原审判决的撤销，只有当法院经过审理认定原审判决确实存在不当之处而对原审判决进行改判时，原判决之既判力才失效。② 这是将既判力失效和既判力中止的概念相混淆的结果。原生效裁判的既判力只有在法院推翻原裁判、作出新裁判时才被彻底消灭，在法院推翻原裁判、作出新裁判之前，既判力都是客观存在的，但是由于案件已经进入再审程序，该案件的生效裁判有可能被推翻，此时如果对该生效裁判的既判力不做出任何限定，则有可能会发生两种情况：一是原生效裁判还会继续成为执行依据，执行程序不因再审程序的进行而中止，将来如果原生效裁判被再审推翻，则将导致执行回转问题，这会增加诉讼成本，致使程序复杂化；二是其他的诉讼程序可能会以该生效裁判的既判力作为依据进行裁判，而该裁判将因原生效裁判被推翻受到动摇。鉴于上述两个问题的存在，就需要在原生效裁判被最终推翻前对其既判力在非常时期做出非常处置，这就是既判力的效力中止问题。

既判力的效力中止依再审程序的启动机制而有三种情形：

其一，法院依职权发动再审的，在院长提议审判委员会决定是否启动再审后，审判委员会决定再审。在审判委员会作出再审决定之时，既判力的效力中止。

其二，检察院基于法律监督权向法院提出抗诉之时，法院依法必须启动再审程序，这种情况下，检察院何时向法院提出抗诉，生效裁判的既判力何时中止。如果检察院基于法律监督权提出的不是抗诉而是再审检察建议，则在该再审检察建议被法院接受并决定再审时，该生效裁判的既判力中止。

其三，当事人提出再审申请的，在该再审申请被法院裁定认为具有再审理由并决定再审时，原生效裁判的既判力中止。

既判力中止不会一直延续下去，如果再审法院推翻原裁判，作出新裁判，原裁判所中止的

---

① 参见汤维建主编：《民事诉讼法学》（第2版），北京大学出版社2014年版，第265页。
② 参见吴杰：《民事再审原理及程序构造》，法律出版社2012年版，第93页。

既判力在此时则变为既判力的消灭，新裁判的既判力由此产生；但如果再审法院维持了原裁判，则原裁判的既判力恢复，既判力中止的效果结束。

六、程序损失

前已述及，程序损失，是指当事人的诉讼权利或程序利益因遭到相对方当事人、其他诉讼参与人、法院、检察院等诉讼参与主体所实施的错误的或有瑕疵的诉讼行为而产生的损失。在宽泛的意义上，程序损失包括精神损失和物质损失。但由于精神损失无法计算，将其纳入赔偿范围目前条件尚不成熟，因而，我们这里仅在物质损失的严格意义上使用"程序损失"一语。

从广义上说，程序损失包括因为私人主体而造成的程序损失和因为公权力主体而造成的损失。前者包括对方当事人的不恰当诉讼行为给另一方当事人造成的程序损失，如迟延举证导致重复开庭、延长诉讼周期所带来的时间成本、经济成本等，还包括因其他诉讼参与人不恰当的诉讼行为所造成的程序损失，如翻译人员错误的翻译导致的程序迟延损失、证人作伪证所导致的程序延误损失、错案损失或改判损失、鉴定人做出错误鉴定所导致的程序损失、协助执行人拒绝协助执行所导致的程序损失等；后者包括法院的错误审判行为给当事人带来的程序损失，如错误的判决、保全、强制措施、执行、违法审判行为等给当事人带来的程序损失，以及检察院的错误监督行为给当事人带来的程序损失，如不该抗诉而轻率提出抗诉给对方当事人所造成的参与监督程序所导致的额外财产负担和时间成本等。上述这些程序损失都应当进行体系化研究并进行相应的制度构建，但由于这个话题所涉范围极为宽泛，我们这里不拟展开探讨，而仅结合再审程序谈谈法院的错误审判行为给当事人带来的程序损失问题。

法院的错误审判行为会给当事人带来程序损失，这一点毋庸置疑；目前国家赔偿法已经将法院违法采取强制措施、违法进行保全以及错误的执行行为给当事人带来的程序损失纳入了国家赔偿的范畴，这个问题我们也无须讨论；我们所要讨论的问题是，在国家赔偿之外的法院错误审判行为所导致的当事人程序损失如何进行法律上的救济。

结合我们这里讨论的再审程序来说，在再审程序中，我们往往见到一种令人费解同时又似乎无可奈何的现象，这就是通过再审法院对再审案件的审理，认为原审程序确实存在违法问题，比如合议庭组成不合法、或者合议庭成员该回避不回避、或者在不符合条件的情况下违法进行公告送达，以致当事人无法知晓诉讼之事从而导致缺席裁判、该进行质证的证据不进行质证就直接采纳为定案的根据、该由法院依职权调查收集的证据法院拒绝调查收集、在法庭辩论中严重限制乃至剥夺当事人的辩论权、该参加诉讼的当事人因为法院未依职权通知而无法参与诉讼、法院超出诉讼请求的范围作出超判或者遗漏诉讼请求作出漏判等，这些错误的审判行为都已作为严重的程序违法而被纳入了《民事诉讼法》第207条和第208条的再审事由之中。然而，在当事人以法院程序违法为理由提出再审后，法院可能会认可程序违法的情节存在，但同时认为这些程序违法不足以或者没有影响法院实体裁判的正确性，因而作出维持原裁判的裁判。

这种一方面认可程序违法存在、另一方面又维持原判的做法，对程序正义而言乃是一个极大的嘲讽。我们一方面说程序正义与实体正义并重，甚至说程序正义决定实体正义，而且我们在立法上确实力图改变长期存在的"重实体轻程序"的传统落后观念，将程序违法规定为独立的再审事由，而不再将程序违法与实体违法做简单的捆绑，然而另一方面我们在具体将程序正义落地时又自觉不自觉地遗忘了它独立存在的价值，其结果似乎是，而且确实是，只要程序违法不导致实体违法，则这种程序违法便无关紧要，当事人因此所遭受的程序损失也就可以忽略不计,这样我们兜了一圈,又回到了"重实体轻程序"的泥潭和怪圈之中,程序违法仍不具有独立的被法评价的意义,被确认的程序违法对当事人而言毫无价值可言,反而会因为发动再审、发回重审等诉讼过程而导致更多的程序损失。我们不禁要问,这难道就是我们所要的程序正义吗?

答案显然是否定的。将程序违法作为独立的再审事由已经前进了一步,然而我们不能止步于此,而要进一步为程序违法寻求矫正的救济之途,在这方面,我们可以设想出许多的救济途径,如追究相应的司法者责任、减轻当事人在再审程序中的程序负担、强化司法者的倾斜保护责任、提供更有力的法律援助、设定程序保险制度、退还或减免诉讼费用等,其中,有一个非常重要的救济手段就是赔偿当事人的程序损失。

赔偿当事人的程序损失可以参照国家赔偿法的机制和程序来进行,在某种意义上说,赔偿当事人的程序损失实际上就是扩大国家赔偿法的适用范围,所不同的是,赔偿当事人的程序损失可以采取更加灵活、更加多样、更加简易的程序进行。笔者初步的构想是,再审法院在作出再审裁判时,要同时就当事人的程序损失做出赔偿性安排,具体分两种情形:一种情形是法院基于程序违法事由作出了推翻原裁判的新裁判,则在该新裁判中要对当事人的程序损失核定数额进行赔偿,作为再审裁判的一个主文中的内容;另一种情形是再审法院并没有因为程序违法而作出改判的新裁判,而是维持了原裁判(实际上是重新宣布了与原裁判一样的新裁判),此时,再审法院应当着重单独在再审裁判中对当事人因程序违法而遭受的程序损失进行赔偿。对当事人赔偿的程序损失范围应主要但不限于:当事人的时间损失、劳力损失、误工损失、车旅费损失、律师费损失、证人费用损失、鉴定费用损失、公告费用损失、诉讼费用损失等。必要时,法院可考虑如同德国那样设置"程序损失赔偿基金",专款专用对当事人的程序损失进行赔偿。

七、再审的补充性原则

(一) 再审补充性原则的概念及功能

再审的补充性原则是大陆法国家所实行的一项原则,其是指当事人提出的再审事由必须通过上诉审程序提出过并且被法院驳回,如果当事人在上诉审中明知该再审事由的存在而不通过上诉的方式提出来,则其便产生失权效果,其在再审程序中也不得提出的原则。该原则存在的理论根据是,当事人行使诉讼权利应当及时,如果诉讼权利可以行使而不行使,则该诉讼权利便产生失权效果。失权效果是对当事人行使诉讼权利的一个有力制约,旨在敦促当事人在诉讼中尽到勤勉义务,防止"躺在权利上睡觉",这是为了提高诉讼效率、促进诉讼进行、平衡保护对方当事人的诉讼权益所采取的一项制度性措施。典型的例子就是《民事诉讼法》第68条所规定的举证时效制度,《民事诉讼法》第130条所规定的管辖权的异议也是具有同样性质的制度,当事人如果不在法定或指定的期限内提供其可以提供的证据或者提出其应当提出的管辖权异议,则在符合法定条件的情形下,将产生失去该权利而此后也不得再次行使的不利后果。再审程序的补充性原则所奠基的理论假设是,如果当事人在上诉阶段及时提出其可以提出的潜在的再审事由,则可寄希望于上诉审法院通过上诉审程序将该程序上的瑕疵予以消弭、将实体上的主张予以有效吸收,这样就可以在上诉审阶段提前将再审程序中要解决的问题予以化解,从而能够充分发挥上诉审程序的功能和价值,同时也能尽可能地将再审制度这种非常救济手段的使用控制在必要的限度内,由此防止诉讼程序重心不断后移,造成程序结构前细后粗的失衡。从该意义上说,再审程序的补充性原则恰好具有对我国民事诉讼程序进行补偏救弊的功能，因为我国民事诉讼程序的整体结构所存在的一大弊病就是诉讼程序的前松后紧，长期以来，当事人养成了"不打一审打二审、不打二审打再审"的习惯性思维和行为范式，证据随时提出主义和客观真实的诉讼观为这种诉讼观念的形式提供了温床和土壤。然而，这样的一种重后轻前的诉讼结构和诉讼观念，导致一审诉讼程序乃至二审诉讼程序的虚无化和空洞化，同时导致再审程序的肥大化和超载化，再审程序这一原本属于非到迫不得已不得使用的非常规诉讼制度，逐步异化成为常规的诉讼制度，甚至有人将其比作应然的三审程序或第二次上诉审程序。显而易见，这种前后严重失衡的诉讼程序结构不符合诉讼制度科学化、合理化、高效化设置的需要，需要改变，再审程序的补充性原则可谓改变这种失衡诉讼结构的一剂良药。

（二）再审补充性原则的比较法考察

再审程序的补充性原则主要出现在德、日等大陆法系国家、地区。比如，在德国，其民事诉讼法将再审分为取消之诉和回复原状之诉两种。取消之诉又称为"无效之诉"，其民事诉讼法第578条第1款规定了当事人可以提出取消之诉的四种情形，其第2款规定："在第1项和第3项的情形如果可以通过上诉而主张原判决无效时，不能提起取消之诉。"《德国民事诉讼法》第582条规定："回复原状之诉，只有在当事人非因自己的过失而不能在前诉讼程序中，特别是不能用声明异议或控诉的方法，或者不能用附带控诉的方法提出回复原状的理由时，才准许提起。"《法国民事诉讼法》第595条规定："在所有情况下，仅在提出再审申请的人自己无过错，未能在原裁判决定产生既判力以前提出其援用的理由时，再审申请始予受理。"《日本民事诉讼法》第338条第1款规定："有下列情形时，对确定的终局判决可以再审之诉声明不服。但当事人已经作为控诉或上告理由主张时，或明知其理由而不主张时，不在此限。"我国台湾地区《民事诉讼法》第496条规定："有下列各款情形之一者，得以再审之诉对于确定终局判决声明不服。但当事人已依上诉主张其事由或知其事由而不为主张者，不在此限。"英美法系国家虽然在其民事诉讼法上没有明文规定再审补充性原则，但该项原则被包含在其严谨的诉讼结构之中，同时司法惯例也普遍认可该项原则。在英美国家，类似的诉讼原则被称为"程序异议保留原则"，该原则具有非常古老的历史，根植于英美国家的对抗制诉讼模式、集中审理原则和陪审团制度之中。根据该项原则，当事人对于程序违法现象，必须及时提出程序异议（exception），如果不及时提出该项程序异议，则当事人此后便不得提出；当事人提出该项程序异议后，如果该项异议被法院驳回，则其必须声明保留该项异议权，到其可以寻求救济的下一司法阶段，当事人可以再次提出该项异议。可见，根据程序异议保留原则，当事人提出再审寻求救济，必须就其所已知的再审事由提出过主张，否则便不得再次提出，显而易见，再审补充性原则也被包含于其中，程序异议保留原则的内涵更加丰富，外延更加广泛。由此来看，实行再审补充性原则具有充分的法理依据，也是两大法系的共同选择，符合民事诉讼的规律。

（三）再审补充性原则在我国立法上的现状

我国民事诉讼法并未规定再审补充性原则。《民事诉讼法》第206条规定："当事人对已经发生法律效力的判决、裁定，认为有错误的，可以向上一级人民法院申请再审；当事人一方人数众多或者当事人双方为公民的案件，也可以向原审人民法院申请再审。当事人申请再审的，不停止判决、裁定的执行。"第207条规定："当事人的申请符合下列情形之一的，人民法院应当再审……"可见，当事人向法院申请再审，除需要符合法定的再审事由外，立法并未给当事人施加更多的限制性条件，所谓再审的补充性原则立法并未提及。

然而，尽管我国民事诉讼法没有规定当事人申请再审的补充性原则，但是却规定了当事人申请法律监督的补充性原则。《民事诉讼法》第216条规定："有下列情形之一的，当事人可以向人民检察院申请检察建议或者抗诉：（一）人民法院驳回再审申请的；（二）人民法院逾期未对再审申请作出裁定的；（三）再审判决、裁定有明显错误的。"这就是我们通常所称的当事人向检察院申请法律监督的前置程序，究其内容的实质而言，无疑也可划归再审补充性原则的范畴，不过与对当事人向法院申请再审的补充性原则不同，当事人向检察院申请监督的该前置程序可被称为"监督再审的补充性原则"，相应地，当事人向法院申请再审的前置程序则可被称为"申请再审的补充性原则"。

《人民检察院民事诉讼监督规则（试行）》第32条曾规定更加标准的监督再审补充性原则，该条规定："对人民法院作出的一审民事判决、裁定，当事人依法可以上诉但未提出上诉，而依照《中华人民共和国民事诉讼法》第二百零九条第一款第一项、第二项的规定向人民检察院申请监督的，人民检察院不予受理，但有下列情形之一的除外……"据此规定，当事人要向检察院申请进行法律监督，除例外情形外，原则上必须具备一个前提条件，这就是当事人要在正常的诉讼程序中先行向法院提出上诉，若当事人该上诉而未上诉，则不得继而向检察院申请抗诉或发出再审检察建议。体现在这里的原理，也是监督再审的补充性原则。这样一来，当事人向检察院申请法律监督，便要经过两个前置程序，一是先行提出上诉，二是先行依照《民事诉讼法》第216条的规定向法院申请再审。这样的程序设置，在相当大的程度上限制了当事人向检察院申请法律监督的权利。此一规定后来被最高人民检察院叫停。虽然最高人民检察院并未就何以停止执行第32条给出解释，但是根据全国人大常委会法工委《关于2018年备案审查工作情况的报告》，最高人民检察院之所以紧急叫停第32条，是因为全国人大常委会法工委应公民审查建议启动备案审查后认为，第32条在民事诉讼法之外增设了当事人申请检察监督的条件，限制了当事人申请检察监督的权利，违反了上位法。为了严格执行民事诉讼法以及贯彻执行最高人民检察院的通知，保障当事人申请检察监督的权利，最高人民检察院原民事行政检察厅与原控告检察厅于2018年9月21日联合发文强调，一审判决或裁定后当事人未上诉，在上诉期限届满后向检察院申请监督的，应当告知当事人向法院申请再审。届此，当事人向检察院申请监督的两道屏障被撤除了一道，当事人申请再审的权利较之原先又前进了一步。

（四）我国要不要规定再审的补充性原则

我国民事诉讼法要不要规定再审的补充性原则？笔者认为，应当将这个问题分解为两个方面加以解答。一是要不要规定当事人申请再审的补充性原则；二是要不要规定当事人申请法律监督的补充性原则。对于前者，笔者持肯定态度；对于后者，笔者持否定态度。之所以当事人申请检察院进行法律监督无须经过前置程序，从而实行监督补充性原则，其原因主要在于检察机关是宪法所规定的法律监督机关，其进行法律监督的前提条件只有一个，就是法院的司法审判是否存在足以启动其法律监督权的司法错误，如果有司法错误存在，那么，检察院就应当可以排除所有障碍进行法律监督，因而从理论上说，对检察机关行使法律监督权设置所谓的前置程序本身就是对其法律监督权的不当限制，再审监督的补充性原则不具有正当性。尤其是，经过2012年民事诉讼法的修改，检察院对民事诉讼的法律监督已经发展成为贯彻始终的全面监督原则，据此，只要法院的司法审判权出现了错误，无论在何一诉讼阶段，也无论所出现的是程序性错误抑或是实体性错误，检察机关均可随时进行法律监督，法律监督是紧紧跟着司法审判权运转的，哪里有审判权，哪里就有法律监督，因而，在审判权出现错误检察机关进行法律监督时,任何横亘在法律监督路途中的前置程序都是多余的,都应当予以摒弃和撤除。也正因如此,最高人民检察院发文取消了当事人申请法律监督要经过上诉审程序的前置程序,尽管目前《民事诉讼法》第 216 条所规定的当事人申请法律监督要经过申请再审这一前置程序尚未取消,但基于前述分析的原理,该前置程序的取消也应当是迟早的事情。笔者后有专文探讨该一问题,不赘。

与检察机关进行法律监督不应当适用补充性原则有所不同的是,对法院而言,当事人向法院申请再审则应当有限度地适用补充性原则。如前所述,民事诉讼法并没有对当事人向法院申请再审作出任何限定性规定,再审补充性原则并未在立法上得到认可。不仅如此,最高人民法院的《民诉法解释》也没有对再审的补充性原则作出规定,其第 381 条规定:"当事人申请再审,有下列情形之一的,人民法院不予受理:(一)再审申请被驳回后再次提出申请的;(二)对再审判决、裁定提出申请的;(三)在人民检察院对当事人的申请作出不予提出再审检察建议或者抗诉决定后又提出申请的。前款第一项、第二项规定情形,人民法院应当告知当事人可以向人民检察院申请再审检察建议或者抗诉,但因人民检察院提出再审检察建议或者抗诉而再审作出的判决、裁定除外。"第 393 条规定:"当事人主张的再审事由成立,且符合民事诉讼法和本解释规定的申请再审条件的,人民法院应当裁定再审。当事人主张的再审事由不成立,或者当事人申请再审超过法定申请再审期限、超出法定再审事由范围等不符合民事诉讼法和本解释规定的申请再审条件的,人民法院应当裁定驳回再审申请。"显而易见,这些司法解释的规定并没有涉及再审的补充性原则。然而,司法实践已经走在了前面,其对再审的补充性原则做出了一些有益的探索。

在王某与某建业安装工程总公司、某路桥工程有限公司建设施工合同纠纷申请再审案的评析中,有观点认为:两审终审制是我国民事诉讼的基本制度。一审与二审程序是解决民事争议的常规性救济机制,再审程序是对生效裁判既判力的突破,属于特殊救济机制。在再审审查过程中,应当坚持再审补充性原则,对于因可归责于当事人自己的原因而未能通过二审等审级内部常规性机制予以救济的情形,一般不应再为该当事人提供特殊性救济机制,除非未能上诉确系因不可归责于当事人自身的事由,或者生效裁判在法律适用上确实存在较大错误。否则,若允许当事人在未充分有效地利用常规性救济机制的前提下越级适用特殊救济机制,将变相鼓励或放纵不守诚信的当事人滥用再审程序,从而使得特殊程序异化为普通程序,这不仅浪费司法资源,而且也严重损害了生效裁判的既判力。另外,需要指出的,实行再审补充性原则,并不是要剥夺当事人申请再审的权利,而是以失权的不利后果作为压力,迫使诉讼当事人充分利用两审终审制中的常规性救济机制,强化其穷尽普通救济的意识,通过审级内部设计的自带程序,依法纠正一审裁判在实体或程序上可能存在的错误,从而实现司法裁判既判力与司法公正性之间的平衡。

在王某与卢某某、某建工集团房地产开发有限公司、第三人某房地产开发有限公司民间借贷纠纷案①中,其所归纳的裁判摘要为:一审胜诉或部分胜诉的当事人未提起上诉,且在二审中明确表示一审判决正确应予维持,在二审判决维持原判后,该当事人又申请再审的,因其缺乏再审利益,对其再审请求不应予以支持,否则将变相鼓励或放纵不守诚信的当事人滥用再审程序,导致对诉讼权利的滥用和对司法资源的浪费。

尽管上述探索缺乏民事诉讼法上的依据,因而对其实践妥当性尚有可以争议的余地,然

---

① (2017)最高法民申 2483 号。

而，司法实践自有其逻辑，这个逻辑有时会冲破民事诉讼法所施加的束缚，而为民事诉讼法的完善开辟道路。上述指导性意见具有极大的影响力，司法实践中因当事人未上诉而被驳回再审申请的案例时有所见。经在中国裁判文书网上查询，法院系统引用上述理由，裁定驳回未上诉当事人再审申请的案件有：（2018）粤民申 6508 号、（2018）苏民申 5473 号、（2018）豫民申 2705 号、（2018）豫民申 2480 号、（2019）最高法民申 1241 号、（2019）陕民申 1448 号、（2018）陕民申 2415 号、（2019）沪民申 954 号、（2019）云民申 837 号、（2019）川民申 3122 号、（2019）鄂民申 2637 号、（2019）鄂民申 2383 号、（2019）鄂民申 1400 号、（2019）内民申 3033 号、（2019）辽民申 3019 号、（2019）辽民申 3500 号、（2019）浙民申 1805 号、（2019）津民申 687 号、（2019）津民申 157 号、（2019）闽民申 976 号、（2019）粤民申 2220 号、（2019）湘民申 370 号、（2019）湘民申 359 号、（2019）冀民申 986 号等。①

要而言之，尽管我国民事诉讼法目前没有规定再审的补充性原则，但该原则应当在将来得到立法的确认。

（五）我国应当确立什么样的再审补充性原则

我国应当确立再审补充性原则，然而这个再审补充性原则应当是有限度的，而不是无限度地移植大陆法国家的该一原则。具体而言，在确立我国的再审补充性原则时，应当考虑到这样几个限定性因素：一是我国的诉讼模式。我国的诉讼模式是职权主义的诉讼模式，法院的职权比较强大，再审程序的一大功能就是对法院的过往职权进行反思性审查，我国的再审程序之功能相较大陆法国家尤其是英美法国家要更加强大，过于限制当事人的再审事由不利于该功能的充分发挥。二是二审终审制的审级制度。西方国家普遍实行三审终审制，当事人在诉讼程序中有充分的机会寻求救济，因而其再审程序往往成为备而不用的补救性机制，而非当事人常规的救济手段。然而在我国则不同，我国实行二审终审制，当事人行使诉讼权利的程序性机会本来就较为有限，如果再过于限制当事人进行再审，便显得对当事人的诉权保障不力。三是律师代理制度。我国不实行律师强制代理主义，再加上律师代理制度在我国尚处在发展壮大之中，有相当一部分当事人是在自己进行诉讼，缺乏专业人士的帮助，如果对再审事由进行补充性的过分限制，对当事人而言无异于是一种苛求，有违司法公正原则。四是司法公正的标准。在我国，司法公正的标准具有更高的要求，不仅程序上要公正合法，而且要实体正确，这样的高标准的司法公正目标就要求再审程序能够敞开大门把好最后一道关，再审事由的过于限制与该司法公正的高目标有所抵触。

考虑到上述因素，笔者认为，对我国的再审补充性原则要加上"有限性"这个限定语，具体表现在：

首先，要区分裁定书、判决书和调解书的再审。再审补充性原则仅仅适用于裁定书和判决书，而不适用于调解书。原因在于，调解书实行一审终审，调解书一旦生效，当事人便不得上诉，因此对当事人而言，其对调解书中存在的问题以及调解过程中本身存在的问题，在调解书生效之前，几乎不存在对其错误寻求救济的机会，因而，凡是在调解中存在的错误或问题，只要符合调解违反自愿原则和合法原则的条件，则均可作为再审事由提出来，而不受补充性原则的制约。

---

① 检索时间段：2018 年 9 月 15 日最高人民检察院印发《关于停止执行〈人民检察院民事诉讼监督规则（试行）〉第三十二条的通知》至 2019 年底。

其次，对一审终审的小额诉讼也不适用再审补充性原则。其理由与调解书的再审同，不赘。

最后，要区分绝对性再审事由与相对性再审事由。绝对性再审事由是民事诉讼法所确立的一旦发生就必须再审的法定事由；相对性再审事由则是指这种再审事由虽然也规定在民事诉讼法之中，但其发生并不一定会导致再审程序的发生，是否会导致再审程序的发生，由司法者斟酌其严重程度以及此前是否具有补救性机会而裁量决定。《民事诉讼法》第207条虽然没有如大陆法系国家那样区分绝对性再审事由和相对性再审事由，最高人民法院的相关司法解释也对此未置一词，但结合民事诉讼法关于诉讼制度是否属于强制性条款并参酌其国际惯例中的程序属性因素，其绝对性再审事由和相对性再审事由还是可以大体区分开来的。在笔者看来，《民事诉讼法》第207条所规定的13项再审事由中，以下诸种事由可以划归在绝对性再审事由的范畴之中，包括第7项"审判组织的组成不合法或者依法应当回避的审判人员没有回避的"；第8项"无诉讼行为能力人未经法定代理人代为诉讼或者应当参加诉讼的当事人，因不能归责于本人或者其诉讼代理人的事由，未参加诉讼的"；第9项"违反法律规定，剥夺当事人辩论权利的"；第10项"未经传票传唤，缺席判决的"；第12项"据以作出原判决、裁定的法律文书被撤销或者变更的"；第13项"审判人员审理该案件时有贪污受贿，徇私舞弊，枉法裁判行为的"6项再审事由。其他的再审事由，包括第1项"有新的证据，足以推翻原判决、裁定的"；第2项"原判决、裁定认定的基本事实缺乏证据证明的"；第3项"原判决、裁定认定事实的主要证据是伪造的"；第4项"原判决、裁定认定事实的主要证据未经质证的"；第5项"对审理案件需要的主要证据，当事人因客观原因不能自行收集，书面申请人民法院调查收集，人民法院未调查收集的"；第6项"原判决、裁定适用法律确有错误的"；第11项"原判决、裁定遗漏或者超出诉讼请求的"7项再审事由，则属于相对性再审事由的范畴。凡属于绝对性再审事由，则应当无再审补充性原则的适用空间。其原因在于，绝对性再审事由一般均属严重的程序违法，通常违反民事诉讼法的基本原则或基本诉讼制度，有时还涉及违反法院组织法等基本法和宪法，属于必须通过再审加以纠正的错误。因而只要绝对性再审事由客观上发生了，即便当事人没有及时甚至根本没有提出异议或作为上诉理由提出，法院也应当依职权加以纠正，因而绝对性再审事由不得适用再审补充性原则，其理由至为显然，毋庸赘言。

与绝对性再审事由不同的是，相对性再审事由则有可能适用再审的补充性原则。这是因为，这些再审事由并不涉及民事诉讼法基本原则或基本制度，同时更不涉及法院组织法乃至宪法等高级法，虽然相较于其他程序违法事由，这些被列入再审事由范畴的程序违法也具有相当程度上的严重性，而已越出了司法瑕疵的范畴，但如果当事人提前引起司法者的注意，就有可能被提前化解，而不必到再审时提出来，致使司法资源浪费乃至动摇程序的安定性，因而权衡利弊，对于相对性再审事由而言，再审的补充性原则有适用的可能性。

需要说明的是，相对性再审事由具有适用再审补充性原则的可能性，而并不是说，凡是相对性再审事由均可适用再审补充性原则，是否可以适用再审补充性原则，还需要进一步作出分析。与绝对性再审事由均为程序性再审事由不同，相对性再审事由则既有程序性再审事由，也有实体性再审事由，在上述所列举的7项相对性再审事由中，其中第2项"原判决、裁定认定的基本事实缺乏证据证明的"和第6项"原判决、裁定适用法律确有错误的"这两项再审事由属于实体性再审事由。这两项实体性再审事由不适用再审补充性原则，无论当事人在一审后上诉时是否就基本事实认定错误以及法律适用错误作为上诉理由提出过，其均可作为再审事由提出，而不受再审补充性原则的制约和调整。之所以将基本事实缺乏证据证明以及法律适用错误作为相对性再审事由看待,是因为这两项事由都关系到当事人的实体性权利,而属于当事人可以自由处分的对象,当事人上诉时没有将其作为上诉理由予以提出,法院不得主动依职权对其进行审查和纠正,这是由处分原则和二审审理范围有限性原则所决定的。之所以将基本事实认定错误以及法律适用错误作为再审补充性原则的例外看待,其原因在于,这些错误当事人不提出便罢,一旦提出,就属于严重的司法错误,法院就非加以纠正不可,因而就该意义上而言,这两项实体性再审事由在性质上与绝对性再审事由非常接近。当然,法律适用错误也仅限于其存在影响裁判结果正确性的致命错误这种情形,而非属于一般性的、无关紧要的、司法瑕疵性的法律适用错误。

综上所述,我们可以将《民事诉讼法》第207条所规定的13项再审事由分为绝对性再审事由和相对性再审事由两大类型,绝对性再审事由之所以是绝对的,一个重要的体现就是其不适用于再审的补充性原则;相对性再审事由之所以是相对的,一个重要的体现就是再审的补充性原则能够而且应当适用于其,但相对性再审事由中的两大实体性再审事由,包括基本事实认定错误和法律适用错误,则不适用于再审的补充性原则。①

因此,作为再审补充性原则的适用而言,如果当事人对适用再审补充性原则的再审事由没有在上诉时作为上诉事由提出来,或者根本没有提出上诉,则其便丧失以此为再审事由申请再审或申请法律监督的权利,法院也不得据此进行职权性再审。

第十一节 再审程序的立法进步

2007年10月28日,第十届全国人大常委会第三十次会议通过《关于修改〈中华人民共和国民事诉讼法〉的决定》。该修正案共有19个条文,内容涉及四个方面:一是对关于部分强制措施的内容作了适当调整,如提高了罚款金额、强化了司法建议的功能等;二是关于再审制度或审判监督程序的全面修改,占8个条文;三是关于执行程序的修订,也占8个条文;四是关于"企业法人破产还债程序"的删除条款。由此可见,关于再审程序的修改是2007年民事诉讼法"小修改"中的"重头戏",其目的在于有针对性地解决司法实践中日益突出的"申诉难"或"申请再审难"问题。应该说,该次民事诉讼法的修改对完善我国的再审程序具有重要的进步性意义。

一、再审理由的制度性变迁

修改前的再审理由有5项,修改后的再审理由变成了13项。单纯从数量上看已经增加了不少,同德国相比多了2项,同日本相比多了3项。由此可见,我国对再审事由的规定至少在

---

① 需要补充说明的是,《民事诉讼法》第207条第12项所规定的"据以作出原判决、裁定的法律文书被撤销或者变更的"再审事由本身并不具有程序违法性,更不属于严重的程序违法,而属于司法裁判与其他国家机构和社会机构之间裁决关系的内在协调,这种再审事由,包括《民事诉讼法》第207条第1项所规定的作为相对性再审事由的"新证据",原本不宜归入作为监督性的再审事由之中,其裁判虽然也需要相应地予以纠正,但应当作为救济性再审事由通过特殊的救济程序加以补救,而不宜通过再审程序加以"纠错"。我国民事诉讼法对此未加区分,一概将其作为监督性的再审事由加以规范,确有未妥,将来应当作为民事诉讼法精细化立法的情形予以分别规制。既然这两种再审事由的发生,司法审判机关本身并无过错,那么作为纠正法院司法过错的再审补充性原则便无适用的前提。但这属于另一个问题,当另作讨论。

形式上有了相当幅度的改观。这应当看作是一个立法的进步。与这种形式上的变化相比，再审事由的实质性变化更令人注目。

（一）从主观标准向客观标准转变

原来的再审事由有很多的主观语汇，带有一定的抽象色彩，实践中不好把握。如第1条理由是"有新的证据，足以推翻原判决、裁定的"。这里的"足以"是令人难以捉摸的。第2条理由是"原判决、裁定认定事实的主要证据不足的"。这里所谓的"主要"和"不足"同样也具有极强的主观色彩，可以容纳各种解释。第3条理由是"原判决、裁定适用法律确有错误的"。何谓"确有错误"呢？显然会引发歧见。第4条理由是"人民法院违反法定程序，可能影响案件正确判决、裁定的"。这里又用了一个"可能"，难以客观衡量。第5条理由比较客观："审判人员在审理该案件时有贪污受贿，徇私舞弊，枉法裁判行为的"。这里面虽然有一个程度问题，但至少在用语的外观上看，这种表述是客观化了的，脱去了主观性。

有鉴于主观标准在判断上的无可避免的随意性和多义性，修改时对再审理由的设定在借鉴大陆法国家的立法例的基础上，做出了重大的技术上的调整，这就是将主观标准客观化，以客观的语句陈述再审的事由。非常典型的表述比如，第4条理由："原判决、裁定认定事实的主要证据未经质证的。"这里的"未经质证"是非常客观的，不需要复杂的主观判断。再如，第8条理由："审判组织的组成不合法或者依法应当回避的审判人员没有回避的。"审判组织的组成是否合法，以及，组成审判组织的审判人员，包括陪审员在内，是否属于该回避而没有回避的情形，这是客观事实，不需要经过严格的判断和复杂的思维过程。因此，这些标准都属于客观标准。客观标准较之主观标准而言，更容易获得常识性的判断，这种判断通常无须经过严格的法定程序即可形成，因此可以作为生效裁判的案件能否进入再审程序的前提性门槛标准，而无须另设一个特殊的前置性程序加以判断。

（二）从实体性标准向程序性标准转变

修改前的再审制度恪守"实事求是、有错必纠"的司法原则，这是"以事实为根据、以法律为准绳"原则在再审程序中的自然延伸。但是，实体性标准所具有的一个最大的特征便是，它不具有易判断性，换言之，实体性标准的判断是非常艰难的，通常要依托于正当程序的概念中介，一般是通过推理而得出的结果。在对实体性标准进行判断时，一方面要使之进入法定程序，另一方面也不能不带有某种主观性甚或武断性。因此，以实体性标准作为再审事由，对当事人或利害关系人而言，很容易在实体性标准中找到某种影子，因而容易形成导向再审的意识；对法院而言，也很容易以此为借口，认定原裁判并无错误，而推托再审。这样势必发生诉权的拥有者和案件的判断者之间的冲突和矛盾，而对此往往缺乏必要的中立者加以裁断，这就导致了两个相伴相随的现象，即申诉难和申诉滥。前者因裁判者而生，后者因当事人而起。有鉴于此，这次修法对于再审程序的构建有一个非常重要的任务，就是改造再审事由，使之由实体性标准向程序性标准转化。这样一种转变同时产生了两种效果：一方面，再审事由在数量上变多了；另一方面，再审事由在判断上更容易了。以程序标准来设定再审事由，乃是各国之通例。我国《民事诉讼法》转向于此，无疑是一个飞跃式的进步。

（三）从概括性标准向具体性标准转变

按理来说，再审事由越概括，其涵盖的范围便越广，被纳入再审的案件在数量上便越多；反之，再审事由越具体，表面上看似是广开了申诉之门，但实际地看，却是限缩了再审口径。存在于这里的缘故非常简单，就是概括性标准的涵盖力较之于具体性标准要强得多，有相当多的理由都可以被纳入涵盖力极强的概括性标准中，而同样的理由在具体性标准的衡量、对照和审视下，便被排斥于外，不称其为再审事由了。概括性标准存在天然的弱点，这就是它具有含糊性、笼统性乃至似是而非性，因而其张其驰完全依赖于裁判者的判断。在再审案件数量等压力下，概括性的标准最终都在一定程度上沦于虚幻泡影，成了任意司法的最好托词，也成了拒绝再审申请的最常用的挡箭牌。原来有一条理由，本次修改依然保留了，此即"人民法院违反法定程序，可能影响案件正确判决、裁定的"。① 这里的"违反法定程序"显然属于概括性标准，这个标准将法院不严格按照民事诉讼法处理案件的所有情形都囊括其中，因而是一个高度概括的标准，涵盖面极广。这样的标准看上去对当事人申请再审有利，但实际上是极不利的。因为后面还有一个弹性的限定语句"可能影响案件正确判决、裁定"，而这个限定语是必须要加上的，否则滥用再审诉权的现象就难以避免；但是一旦加上这个限定语，当事人的再审诉权就极容易受到法院的轻率否定。这就是概括性标准的异化，受此负面影响的归根到底还是当事人。因此，本次修改再审制度，采用了较之过去远为具体的标准，也就是人们通常所说的"细化的再审事由"标准。与概括性标准不同，细化了的再审事由表面上是限制了当事人的再审诉权，但实际上是保障了当事人的再审诉权，当事人更容易进入再审的门槛。

由上述可见，再审事由的程序化和具体化改造可以说已基本完成；② 实现再审事由的程序化和具体化，不仅强化了其可操作性，同时也恰当地平衡了当事人再审诉权的保障需求和限制再审诉权滥用需求之间的张弛关系，同时为我国再审制度的完善也提供了一个基础，再审程序的合理构建由此成为可能。

二、再审制度的诉讼化改造

一方面，再审程序的制度性构架始终处在朦胧含混状态，其轮廓不够清晰，界线不甚分明。比如，当事人以何种理由提出再审，向哪级法院提出再审，以何种程序实施再审，再审有何种限制，再审程序的自我特征如何，等等，都采用迭合式的立法技术加以模糊处理，而匮缺程序应有的明确性和刚直性。另一方面，再审程序的大门不仅始终敞开着，而且似乎还逻辑式地永远难以关闭。比如，再审程序可以适用一审程序进行，而一审程序又可以套上二审程序，二审程序又可以循环地进入再审程序。这样的一种程序循环体系实际上是否定了程序终结的任何可能，而这与诉讼程序的内在规律和本质使命是相冲突的，或者干脆说，是反程序的。这样的立法体制必然造成"再审难""再审乱"的诉讼病理现象。可以说，我国存在的涉诉上访现象乃至一定程度上的滥诉缠诉现象，与立法的不完善是有内在关联的。

有鉴于此，这次修法着力实施了再审制度的诉讼化改造工程，其创新之处主要表现在：

（一）再审程序的诉讼化

人们对再审程序经常诟病的一点是它貌为诉讼程序，实为行政性质的非讼程序，再审程序的这种非讼性集中表现在人民法院对再审申请是否允准的审查判断，几乎完全是封闭式地、单方面地、书面地、非公开地进行的。再审审查程序的这种非讼性质，至少在一半的意义上否定

---

① 2007年《民事诉讼法》第179条第2款规定："对违反法定程序可能影响案件正确判决、裁定的情形，或者审判人员在审理该案件时有贪污受贿，徇私舞弊，枉法裁判行为的，人民法院应当再审。"

② 可能由于惯力作用，也可能出于国情考虑，这次修法依然保留了一些实体性标准事由，例如第1条事由："有新的证据，足以推翻原判决、裁定的"；第6条事由："原判决、裁定适用法律确有错误的"。同时，所增加的第2条事由也可归属于此列："原判决、裁定认定的基本事实缺乏证据证明的"。

了再审的诉讼属性，而对于本案之诉的重复审理事实上也往往不可能实现全部的诉讼化。这种立法体制充分体现了我国民事诉讼程序的行政化色彩，同时也表征着立法者对再审程序的简约化处置方式。其结果，在实践中人们尤其是当事人对再审程序的正当性有时会提出疑问，人民法院依法作出的驳回再审申请的裁定或通知难以获得认同。

为解决再审程序的非诉讼化所导致的正当性危机问题，2007年修法按照再审程序对抗化的思路进行了改造。这集中表现在修改决定第5条上："当事人申请再审的，应当提交再审申请书等材料。人民法院应当自收到再审申请书之日起五日内将再审申请书副本发送对方当事人。对方当事人应当自收到再审申请书副本之日起十五日内提交书面意见；不提交书面意见的，不影响人民法院审查。人民法院可以要求申请人和对方当事人补充有关材料，询问有关事项。"

我们对照一下民事诉讼法有关起诉①和答辩的规定，不难发现修法关于再审申请的处置模式与其对于起诉的处置模式几乎同出一辙，一定意义上甚至可以认为，其对再审诉权的保障乃有过之而无不及。这从以下几个方面可以看出。

其一，凡是当事人提出再审申请，人民法院均应接受。这实际上相当于再审程序的形式意义上的立案。据此规定，人民法院对于再审申请仅能进行形式审查，如申请书的格式和内容安排、申请的手续等，而不对再审是否存有理由进行实质性审查。这实际上就相当于理论界所建议的"登记立案制度"。所不同的也是出乎预料的是这项建议首先在再审程序中获得了落实和体现。

其二，再审理由是否存在的判断，对方当事人有知情权和参与权。再审理由是否存在，固然最终是由法院加以判断，但法院在判断过程中是否要听取相对方当事人的观点和意见，这不仅关系到此一判断过程的正当性，尤其还与该程序的定性有关。依照修改决定的规定，对方当事人应当享有充分的程序权利知悉、了解再审申请的有关信息，同时根据其本身的理解提出有关的抗辩性或反驳性意见。这是当事人对抗性在再审审查程序中的表现，引入对方当事人这个因素显然有利于强化法院所做裁定的正当化依据。

其三，人民法院对再审申请的审查判断，可以通过庭审形式进行。对再审申请进行听证，虽然没有作为必经程序和法定要求提出来，但是人民法院通过对对立性的书面意见的审查判断，在必要时辅之以询问程序和补充提供材料的要求程序，可以视案情需要灵活设定再审的审查判断程序。这种立法体现了原则性和灵活性的统一，在过渡时期作为再审程序的一个独立完善阶段，显然是值得肯定的。

其四，人民法院通过对再审申请的审查判断，就是否进入实质性的再审阶段必须作出"裁定"加以表示。按照民事诉讼法的原规定，再审程序是否要启动，也就是是否进入实质性阶段，法院采用的是"决定"程序；决定进入实质性再审阶段的，法院方作出"裁定"，中止原判决的执行。后一个"裁定"与再审并不直接关联，前一个"决定"才是对再审申请的处置形式，而"决定"的外在的、法定表现形式乃是"通知书"。对该"通知书"，当事人无权提出复议或上诉。理论界对再审制度的诉讼性质的否定主要表现在这一点上。当事人对该通知往往无可奈何，程序的路途到这里实际上已经被画上了句号。这是对再审诉权保障不到位的体现，也是再审诉权始终处在疲软状态的制度表征。为此，2007年修改决定第6条规定："人民

---

① 2007年《民事诉讼法》第113条规定："人民法院应当在立案之日起五日内将起诉状副本发送被告，被告在收到之日起十五日内提出答辩状。被告提出答辩状的，人民法院应当在收到之日起五日内将答辩状副本发送原告。被告不提出答辩状的，不影响人民法院审理。"

法院应当自收到再审申请书之日起三个月内审查，符合本法第一百七十九条规定情形之一的，裁定再审；不符合本法第一百七十九条规定的，裁定驳回申请。有特殊情况需要延长的，由本院院长批准。"

以"裁定"取代"决定"具有双重意义：一方面，表明立法者对再审申请是采取了对待"诉"的方式，因而有刻意靠近乃至建构"再审之诉"的明显用意。另一方面，裁定是否进入再审程序，突现了裁定前程序的诉讼蕴含，也就是说，对这个裁定作出的本身及其过程，也要"诉讼化"。这在对再审程序的理论认知上显然是一个巨大的改进。①

(二) 再审程序的期间化

再审程序是否导入期间制度是该项制度能否实现诉讼化改造的一个关键环节。本次修法意识及此，从三个方面规定或完善了再审程序的期间制度。

其一，规定了当事人申请再审的期间。修改决定第7条规定："当事人申请再审，应当在判决、裁定发生法律效力后二年内提出；二年后据以作出原判决、裁定的法律文书被撤销或者变更，以及发现审判人员在审理该案件时有贪污受贿，徇私舞弊，枉法裁判行为的，自知道或者应当知道之日起三个月内提出。"当事人申请再审不能无期限限制，否则裁判的稳定性必受损伤，民事法律关系及其法律秩序便不能得到有效的维护。为此，原民事诉讼法就对当事人的申请再审期间作出了规定，规定的时间是两年，修法对此未加改变。所变动的乃是申请期间的类型化。也就是说，如果符合条文内所规定的两种情形，申请再审的期间便应结束在事由发生或者被发现后的3个月内。应当说这一规定是合理的，因为这些足以导致原生效裁判变动的事由并不以当事人的意志为转移，因而应当根据情形的发生而顺延。这种对再审申请期间类型化的规定方式较之旧法更显进步。

其二，规定了法院对再审申请的发送时间。如前所引，修改决定第5条规定人民法院在收到当事人的再审申请后，应当在5日内将申请书的副本发送给对方当事人，对方当事人应当在收到所发送的副本后15日内做出回应，提出答辩性的意见。这个时间，加上法院的审查时间，一般不会超过两个月。这个时间长度比简易程序还要短一个月，显然修法者是看重了再审审查程序的效率性要求。应当说，在再审审查存在因缺乏时间约束而拖延的情况下，立法作出这种强调效率的制度性要求是合理的，也是可行的。

其三，规定了法院对再审申请的审查期间。在原来的立法中，对于人民法院应该在什么时间范围内对再审申请审查完毕并给当事人一个能否进入再审程序的答复，并没有加以规定。这就为任意拖延处置当事人的再审申请提供可能。这对当事人再审诉权的保障是非常不利的。在制度层面说，之所以造成这种现象，乃是因为再审之诉尚未构筑而成。修改决定规定了这个审查期间，就为再审制度的构建提供了时间上的元素；缺乏时间上的元素，再审之诉便无以构成。②

---

① 然而美中不足的是，修改决定并没有规定对驳回再审申请的裁定可以提出复议或者上诉，这对当事人的再审诉权显得保障不力，再审之诉的制度构建也有残缺。

② 除对当事人申请再审的审查时间作出规定外，修法还对人民检察院提出的抗诉再审作出了裁定启动再审程序的时间规定："人民检察院提出抗诉的案件，接受抗诉的人民法院应当自收到抗诉书之日起三十日内作出再审的裁定。"与当事人申请再审相比，法院对检察院的抗诉再审作出裁定有两点不同：一是时间缩短了，为30日，而非3个月；二是内容只能是同意再审，而不得驳回再审抗诉。就内容而言，与旧法的规定无异。

综合上述，再审程序的期间化是一个必要的制度选择，一方面有利于减缓乃至消除实践中拖延再审，从而实际上否定再审的积弊，由此确保当事人再审申请权的实现；另一方面又为再审之诉的制度构建提供了必要的准备，有利于我国再审制度的健康发展。

再审制度的完善不可能一蹴而就，本次修法尽管已经在很大程度上推进了再审制度的合理化和科学化，强化了它的可操作性，有效地平衡了当事人再审诉权保障与维护裁判的稳定性之间的辩证关系，然而毋庸讳言，距离再审制度的理想状态还较远，再审制度需要进一步完善、修补乃至大幅度制度性调整的领域还较多，均留待将来的修法继续完成。

第十二节 再审程序的缺陷审视及其修改建言

再审程序经过多次修改日趋完善，然而毋庸讳言的是，再审程序中的缺陷依然存在，对其宏观上的缺陷，也就是再审程序的立法模式调整的问题，留待后一节加以探讨，这里仅就其微观上的制度层面的技术性缺陷做出检讨，并就其修改方案给出本书观点。

一、关于检察监督

《民事诉讼法》第 14 条规定："人民检察院有权对民事诉讼实行法律监督。"该法从第 215 条至第 220 条就检察机关对生效裁判进行法律监督从而引起再审进行了规定。2007 年修改民事诉讼法，对检察机关抗诉的法定事由等事项进行了细化和完善。2011 年 3 月 10 日，最高人民法院和最高人民检察院会签印发了《关于对民事审判活动与行政诉讼实行法律监督的若干意见（试行）》（以下简称《检察监督意见》），对检察监督的范围进行了拓展，并对调查核实权、检察建议等问题作出了明确规定。2012 年修改民事诉讼法继续对检察监督的事由、再审检察建议、调解书的法律监督等进行了完善和增补。然而司法实践表明，检察监督在司法实践中存在抗诉程序规范性不强、调查核实权的适用范围不明确、再审检察建议的法律效力不确定等问题。

（一）应当修改《民事诉讼法》第 14 条关于检察监督的基本原则的表述

该条目前的表述是："人民检察院有权对民事诉讼实行法律监督。"该条规定有两个问题：其一，"有权"监督表述不够准确。因为人民检察院对人民法院的审判活动实施法律监督，并非单纯属于权力，而是其应当履行的法律职责，因而应当将"有权"改为"依法"。这样就将该基本原则由授权性规范改变成了义务性规范，同时明确了检察监督所应恪守的合法原则。其二，对"民事诉讼"进行法律监督表述不够全面。人民检察院对人民法院的审判活动和执行活动，应当都具有法律监督权，而不是仅仅局限于诉讼活动。对执行进行检察监督也是中央司法体制和工作机制改革意见所要求的内容之一；地方性人大常委会的"决议"也基本肯定了对执行的检察监督权；"两高"为此也会签了有关文件[①]；尤其是，2012 年民事诉讼法修改，在第 235 条（现第 242 条）中也规定了检察机关对民事执行活动的法律监督，但这一内容却在"基本原则"中未能体现出来，不能不说是一种缺憾。因为审判和执行是法院行使权力的

[①] 最高人民法院和最高人民检察院于 2011 年 3 月 10 日联合下发了《关于在部分地方开展民事执行活动法律监督试点工作的通知》，明确规定在山西省等 12 个省、自治区和直辖市试行执行监督工作。

两大领域,具有一体性和完整性,作为基本原则,不宜分别规定,而应当规定在一起,置于民事诉讼法"一般规定"之中。如果规定在"执行程序编"中,那它只能作为"具体原则"而存在,无法上升到"基本原则"的高度或层面,基本原则和具体原则毕竟在民事诉讼理论上有所区别。因此,将来民事诉讼法修改首先应当在基本原则部分对此有所体现。建议改为:"人民检察院依法对民事审判活动和民事执行活动实行法律监督。"

(二)调整民事诉讼法的体例结构,扩大再审检察监督的范围

建议将现行《民事诉讼法》第十六章"审判监督程序"改为第十八章,置于"督促程序"和"公示催告程序"之后。并且在"审判监督程序"中明确规定,适用特别程序、督促程序和公示催告程序作出的生效裁判发生错误的,也适用审判监督程序。这样就将原来排除在再审监督范围以外的上述三大程序所产生的生效裁判,也纳入再审监督范围。扩大检察监督的再审范围,也是司法实践中提出来的要求。

(三)扩大调解书接受检察监督的范围

调解书与判决书、裁定书一样,也可能发生错误,有接受检察监督的必要。而《民事诉讼法》第215条仅仅规定"发现调解书损害国家利益、社会公共利益的,应当提出抗诉";"发现调解书损害国家利益、社会公共利益的,可以向同级人民法院提出检察建议,并报上级人民检察院备案;也可以提请上级人民检察院向同级人民法院提出抗诉",严重限制了调解书接受检察再审监督的范围,并且与当事人对调解书申请再审的法定事由无法形成对接。《民事诉讼法》第208条规定:"当事人对已经发生法律效力的调解书,提出证据证明调解违反自愿原则或者调解协议的内容违反法律的,可以申请再审。"将来民事诉讼法修改时应当将当事人申请抗诉的法定事由和检察院抗诉的法定事由统一起来,而不宜区别对待;否则的话,就会导致检察监督权的缺漏,最终致使大量的违反自愿原则和合法原则,以及损害案外第三人合法权益的案件无法被纳入检察监督的范围之中。

(四)明确规定当事人申请再审监督的期限

现行民事诉讼法仅仅规定了当事人申请再审的期限,而未同时规定当事人向检察院申请再审监督的期限。实践表明,不规定申请再审监督的期限,不利于维护生效裁判的稳定性和权威性,同时也难以形成检察院行使法律监督权的有效约束机制,因而笔者建议民事诉讼法修改时增设这一期限的规定。具体仅需将《民事诉讼法》第212条规定的"当事人申请再审"后加上"或者向检察院申请再审监督的"即可。并规定"人民检察院依职权提出抗诉或再审检察建议的,应当在生效裁判或调解书作出后两年内提出",这是程序安定性原则的要求,有助于保障生效裁判或调解书的稳定性和司法权威性。

二、关于人民法院依职权再审的标准问题

《民事诉讼法》第205条规定:"各级人民法院院长对本院已经发生法律效力的判决、裁定、调解书,发现确有错误,认为需要再审的,应当提交审判委员会讨论决定。最高人民法院对地方各级人民法院已经发生法律效力的判决、裁定、调解书,上级人民法院对下级人民法院已经发生法律效力的判决、裁定、调解书,发现确有错误的,有权提审或者指令下级人民法院再审。"据此,人民法院依职权启动再审程序的制度,其标准表述为"发现确有错误"。与此相应,《民事诉讼法》第206条所规定的当事人申请再审的标准,表述为"认为有错误的";《民事诉讼法》第215条规定的检察院抗诉或提出再审检察建议的标准,则表述为"发现有本

法第二百零七条规定情形之一的"。审判监督程序的三种启动途径,其标准表述不一致,致使实践操作中难以把握。实践表明,民事诉讼法关于人民法院依职权启动再审程序的标准存在缺陷。其缺陷在本书的前面已有所涉及,这里仅仅补充指出:其一,"确有错误"的标准不符合实际情况。因为,人民法院依职权发动的审判监督程序,并非都进行改判。而如果以"确有错误"为标准,人民法院的职权再审,其改判率应当100%。然而数据显示,人民法院职权再审的改判率也只有20%—30%。因而"确有错误"的标准并没有得到遵循,而实际执行的是较低的标准,也即"可能错误"的标准。其二,"确有错误"的标准不符合审判的逻辑和规律。因为生效裁判是否"确有错误",应当在发动再审程序进行实质性审判后才能得出结论,它应当是再审的结果,而不是再审的前提。因而,以"确有错误"为标准,有因果颠倒之嫌。其三,不利于当事人服判息诉。基于"确有错误"的标准启动再审程序,当事人所期待的是对生效裁判的改判;而一旦经过再审维持原判,当事人不仅失望,而且对原生效裁判较之未经再审更加坚信其存有错误,因而就缠诉不止,甚至上访信访,影响社会和谐稳定。基于此,笔者提出两个修改建议:一是对人民法院依职权发动再审程序的事由具体化,将其与当事人申请再审的事由和检察院抗诉的事由统一起来;二是对人民法院依职权发动再审程序的标准进行修改,以"可能错误"的标准取代"确有错误"的标准。① 二者相结合,建议将现行《民事诉讼法》第205条修改表述为:"各级人民法院院长对本院已经发生法律效力的判决、裁定,认为可能有错误,符合本法第二百零七条规定情形之一,需要再审的,应当提交审判委员会讨论决定。最高人民法院对地方各级人民法院已经发生法律效力的判决、裁定,上级人民法院对下级人民法院已经发生法律效力的判决、裁定,认为可能有错误,符合本法第二百零七条规定情形之一,需要再审的,有权提审或者指令下级人民法院再审。"此外,尚需与《民事诉讼法》第208条关于调解书再审事由的规定做出链接。

三、关于再审审级

2007年《民事诉讼法》第178条规定:"当事人对已经发生法律效力的判决、裁定,认为有错误的,可以向上一级人民法院申请再审,但不停止判决、裁定的执行。"2012年《民事诉讼法》第199条(现第206条)规定:"当事人对已经发生法律效力的判决、裁定,认为有错误的,可以向上一级人民法院申请再审;当事人一方人数众多或者当事人双方为公民的案件,也可以向原审人民法院申请再审。当事人申请再审的,不停止判决、裁定的执行。"这就改变了此前民事诉讼法所确立的同级再审和提级再审并存的模式,改为提级再审为主、同级再审为辅的结构形态。这样一种改变,在实践中带来的效应是双重的,一方面强化了对当事人再审申请权的保障,另一方面又给法院处理再审案件带来了诸多实际困难。其困难主要表现在:其一,加重了高级人民法院和最高人民法院处理再审案件的压力。由于实行两审终审制,并由于再审案件上提一级,作为逻辑的结果以及通常现象,再审案件基本都上移到高级以上的人民法院。这样就将原来分散的再审案件集中到高级以上的人民法院,加重了高级以上人民法院的再审负担。尤其是对于中级人民法院来说,其职能本身主要是对基层人民法院行使审判监督权的,而这样一种调整,使其通过再审来发挥审判监督作用的功能难以体现。其二,再审案件上移,造成了法院功能的偏移。根据审级制度的规定,高级人民法院和最高人民法院仅审理有重大影响的少量案件,其主要职能在于指导下级人民法院恰当地行使审判权,尤其是最高人民法

---

① 当然,根本的建议是取消法院依职权发动再审的制度,具体理由可参阅本书相关章节。

院,它还肩负着大量的调查研究和制作司法解释、发布指导性案例等研究性和指导性任务。如果再审案件大量挤压到最高人民法院,则最高人民法院的上述指导性功能势必难以充分发挥出来。这对整个法院系统的功能分化和职能分工无疑有严重的冲击。实践表明,除少数地方法院没有因再审案件上提一级而造成再审案件大幅度增长外,其他地方法院均强烈反映再审案件上提一级造成了再审案件数量激增。鉴于此,笔者建议,恢复1991年《民事诉讼法》第178条关于再审审级的规定,其条款表述为:"当事人对已经发生法律效力的判决、裁定,认为有错误的,可以向原审人民法院或者上一级人民法院申请再审,但不停止判决、裁定的执行。"

笔者认为,作上述恢复性改动,从整体效果来看是利大于弊的,理由是:

其一,从立法技术上衡量,1991年民事诉讼法较之2012年民事诉讼法更加科学合理。因为2012年民事诉讼法的规定,用的也是"可以"这个或然性概念;对此,从法解释论上说,既可以解释为当事人可以向上一级人民法院申请再审,也可以解释为当事人不向上一级人民法院申请再审,而向原审人民法院申请再审。该条款从性质上说是选择性条款,其实际效果与前法无异;既然如此,何不将此隐性的选择性条款干脆改为显性的选择性条款,这样不是更加明白无误而又不致产生歧义吗?事实上,实践中有的法院就是做如此理解的,而这种理解原本是没有错误的。

其二,有利于确保当事人的程序选择权。引导当事人既可以向原审法院申请再审,又可以向上一级人民法院申请再审,对于当事人而言,就存在更多的选择。当事人原本享有的向上一级人民法院申请再审的权利依然不受影响,与此同时又增加了一种选择,这对当事人而言没有任何损失。反之,如果硬性规定当事人无论何种情形都只能向上一级人民法院申请再审,有时反而不一定符合其利益最大化考虑。不能排除当事人向原终审法院申请再审是其最佳选择或首位选择的可能性。实践中存在的当事人向原终审法院申请再审的情况,本身就是一个例证。

其三,有利于合理调整再审案件在各个法院之间的分布。如果一律实行再审案件上提一级,那就必然产生前述"倒三角"现象。这种现象的存在,不仅给法院系统处理再审案件带来现实上的困难,同时也不利于各级别法院发挥其独有的功能,从而在上下级法院之间形成功能有别的统一整体。

其四,有利于更加充分地发挥检察监督的作用。对于再审案件究竟是同级再审还是提级再审,其立法抉择不能孤立地进行,而必须同检察监督启动再审程序的制度联系起来考虑。检察机关对于法院作出的生效裁判是可以抗诉的,抗诉的机关以及抗诉所针对的机关,无论是检察院还是法院,都是上提一级,也就是实行"上级抗、上级审"的模式。这样的抗诉模式在实践中也同样产生了一个"倒三角"问题,抗诉案件主要挤压在省级检察院和最高人民检察院,这也同样不符合检察院的职能分工,因此也同样提出了修改民事诉讼法相关规定的要求。修改的建议是由同级检察院首先提出再审检察建议,建议无效而确有必要的,则由上级检察院提出抗诉。如果这个建议被立法采纳,那么,本条的恢复性修改在其合理性上便更加凸显。因为当事人如果认为该条款实际运作的结果还是将再审案件的重点置于原终审法院,而由原终审法院进行再审是不可信赖的,那么,他就可以径直向检察院申请法律监督,检察院则可以按照"先建议、后抗诉"的逻辑进行再审监督。[①] 通过再审检察建议所启动的同级再审,其效果较之当事人单纯的申请更好。这样就可望实现"三赢":检察院同级抗、法院同级审、当事人同级申请均获得了最佳效果。

---

① 当然,前提是取消《民事诉讼法》第216条关于检察监督前置程序的规定。

四、关于《民事诉讼法》第 216 条的法理检讨

《民事诉讼法》第 216 条第 1 款规定："有下列情形之一的，当事人可以向人民检察院申请检察建议或者抗诉：（一）人民法院驳回再审申请的；（二）人民法院逾期未对再审申请作出裁定的；（三）再审判决、裁定有明显错误的。"该条规定被称为"当事人申请检察监督的前置程序"。笔者认为，该一规定值得商榷，理由是：

第一，从诉讼权利的性质说。诉讼权利是自愿行使的，这样的规定，无异于强迫当事人行使再审申请权，而这是违背诉讼权利的根本属性的。不如说，在当事人向人民检察院申请抗诉或再审检察建议之前，要首先履行向人民法院申请再审的诉讼义务。这样，申请再审的法律性质就由诉讼权利变为诉讼义务了。再从程序选择权上说。在法院生效裁判作出后，当事人便同时拥有了两种特别的司法救济权，一是向法院申请再审，促使法院运用审判监督权来纠错；二是向检察院申请抗诉或再审检察建议，促使检察院运用检察监督权来纠错。当事人对它们可以选择行使，这是立法赋予当事人的权利。此外，从司法信赖性上说，当事人对法院不信赖，还硬要其向法院申请再审，是否强人所难？

第二，从检察机关与审判机关的宪法关系来说。审判机关的纠错，基于的是审判监督权；检察院的纠错，基于的是法律监督权。这两种权力中的任何一个，都能够独立运行；对当事人而言，这是两种并行的司法救济权，在宪法上它们是并存的，在诉讼法上不能分出一个先后关系，否则就有违宪之嫌。

第三，对法院来说，目前再审案件的负担本来就重，现在这样一种规定，在相当大的程度上，就要使再审案件翻一番，本来一个再审案件就可以解决问题的事情，现在要变为两个再审案件才能解决，法院的再审负担由此必然加重。尤其是，从当事人的诉讼逻辑和诉讼心理来看，如果申请再审彻底成功了，那他可能会就此罢休，不会再次申请抗诉或再审检察建议；但如果法院是部分改判，当事人则依然存在侥幸心理，还是会申请抗诉或再审检察建议。除去彻底改判的案件外，实际上对于其他申请再审的案件，都会自然延伸到申请抗诉或再审检察建议。对同一个生效裁判，先申请再审，后申请抗诉或再审检察建议，就会先后产生两个再审案件，启动两个再审程序，来纠正一个生效裁判中的错误，徒增司法成本。

第四，从实际效果看，当事人通过申请再审能够达到的目的，一般都能够通过申请抗诉或再审检察建议达其目的。这从抗诉或再审检察建议的改判率较高这一点可以得到证明。难以设想，对同样一个错案，当事人申请再审都能够达到目的，而申请抗诉或再审检察建议却会使目的落空。毕竟，一般而言，抗诉或再审检察建议与当事人单独申请再审相比，无论是对其程序启动权还是实体改判权，都只会有好处，而没有坏处。

第五，这样规定，实际上无异于用法院的审判监督权钳制了检察院的法律监督权。法院对再审申请的审查，需要花费一定的时间。按照目前的规定，为 3 个月的审查期。审查后适用一审或二审程序处理，又要花费 3—6 个月的时间。如遇特殊情况，还可延长 6 个月不等的时间；延长的次数还无规定。这样就存在一个再审案件在法院可能花费长达 1 年多时间的情况。审查处理完毕后，再由当事人向检察院申请抗诉或再审检察建议，已事过境迁，当事人本人也失去了诉讼热情，检察院此时介入诉讼也比较尴尬。因为，经过一次再审，如果再次抗诉或提出再审检察建议，对法院的审判权威有极大损伤；再次抗诉或再审检察建议启动再审后，法院对再

审案件的改判已难乎其难。① 有鉴于此，检察院是否还会积极行使抗诉权或再审检察建议权，已很难说了。此外，还有一种极端情形需要考虑在内：法院如对再审案件久拖不决，检察院是否也久久不能行使法律监督权呢？这无异于使法院的审判监督权凌驾于检察院的法律监督权之上，而这是违反宪法对"一府两院"基本构架的定位的。

第六，从监督权的性质来看。对于法院的审判活动存在多种性质的监督权，有法院自身的审判监督，有检察院的法律监督，也有人大监督、政协监督、社会舆论监督等。这种种监督之间，有性质的差异，但无高下之别。当事人对生效裁判怀有不满，可以向以上任何一种监督渠道反映情况，而这之间并无先后顺序或逻辑关系。如果向检察院申请再审法律监督需要首先向法院申请再审，那么，是否可以类推，向人大、政协、媒体申请或请求监督，也需要先行向法院申请再审呢？显然是不必要也是不可能的。既然如此，为何向检察院申请监督，就需要设置一个前置程序呢？其理难以说通。

第七，监督程序与诉讼程序是有差异的。对于诉讼程序，因为受审级制度的制约，第一审程序和第二审程序有着严格的先后关系，不经过一审，就不得径直进入二审，一审是二审的前置程序，二审是一审的程序延伸，这之间的先后逻辑不能颠倒。同样，在正常的诉讼程序和非正常的救济程序之间，也有严格的先后顺序。不经过正常的诉讼程序，就不得进入非正常的救济程序。然而，在案件进入非正常的救济程序后，由于它们的性质具有等值性，因而在法院的审判监督和检察院的法律监督之间，并不存在审级关系；毋宁认为，它们之间的关系是并行的，当事人可以行使程序选择权进行选择。

第八，三大诉讼法应当一视同仁，做相同处理。民事诉讼法若规定申请检察院监督前，必须首先申请法院再审，那么，行政诉讼法和刑事诉讼法势必都作如此对待。而这一点，如果说在行政诉讼法中尚可行得通的话，那么，在刑事诉讼法中则一定行不通。因为对生效裁判，检察院都可以直接抗诉，而无须要求当事人先向法院申请再审。

第九，先申请再审、后申请抗诉或再审检察建议的模式，必然加剧再审案件和监督案件的"倒三角"现象。再审检察建议在同级进行还好些，但若进行抗诉，如果按上提一级来说，若中级法院为终审法院，申请再审的法院则为高级法院，高级法院再审后，若当事人申请抗诉，则抗诉所指向的法院便为最高人民法院。即便不上提一级，由原终审法院再审案件，以基层法院受理一审案件为例，则中级法院为终审法院。当事人向该中级法院申请再审，再审后申请检察院抗诉，检察院的抗诉也到了高级法院。对于检察院，情况也是如此。除申请再审检察建议外，先行申请再审势必在原有基础上提高一个检察院的级别。反之，如果不实行先申请再审、后申请抗诉的模式，则中级法院终审的案件，检察院可以向其发出再审检察建议，案件通常在高级法院以下的法院就可以消化掉，而可以缓和"倒三角"压力。

第十，从操作逻辑上看，存在以下技术性问题：其一，当事人申请再审后，撤回了再审申请，能否向检察院申请抗诉或再审检察建议？如果能，则当事人容易规避此一规定；如果不能，则意味着取消了当事人撤回再审申请的权利。其不当是显而易见的。其二，检察院在没有经过当事人申请再审的情况之下，径直提出抗诉，法院是受理还是不受理？如果不予受理，则

---

① 《检察监督意见》第8条规定："人民法院裁定驳回再审申请后，当事人又向人民检察院申诉的，人民检察院对驳回再审申请的裁定不应当提出抗诉。人民检察院经审查认为原生效判决、裁定、调解符合抗诉条件的，应当提出抗诉。人民法院经审理查明，抗诉事由与被驳回的当事人申请再审事由实质相同的，可以判决维持原判。"

与检察院抗诉必然引起再审程序的规定相矛盾；如果受理，则本条款的规定就是无意义的。而为了使本条款有意义，就只有采用不予受理的前一种做法。而这种做法与检察院的法律监督地位是冲突的。其三，检察院抗诉或提出再审检察建议后，当事人能否再次申请再审？监督再审后改判，当事人固然可以申请再审，对法院的改判表示不服；检察院对于这种改判，如果不满，是否可以直接提出抗诉或提出再审检察建议呢？答案应当是肯定的。既然如此，对于再审改判的案件，上述规定就不再适用了。

以上种种理由，都归结为一点，就是《民事诉讼法》第216条规定的在当事人向检察院申请进行再审监督之前，必须首先向法院申请再审的规定是违背诸多法理的，不利于对当事人就错误的生效裁判和调解书行使司法救济权进行保障，不利于检察机关依照宪法和民事诉讼法的规定行使法律监督权，也加剧了法院审判再审案件的压力和负担，因而应当取消。

五、关于同级法院的再审次数

《民事诉讼法》第216条第2款规定："当事人不得再次向人民检察院申请检察建议或者抗诉。"但除此以外并未规定当事人申请再审的次数，最高人民法院从审判需要出发，通过了若干司法解释对再审次数作出了规范和限制。其司法解释主要见于：《指令再审和发回重审规定》、最高人民法院《关于正确适用〈关于人民法院对民事案件发回重审和指令再审有关问题的规定〉的通知》、最高人民法院《关于规范人民法院再审立案的若干意见（试行）》。实践表明，目前民事诉讼法未对再审次数加以限制，其实践效果是弊大于利，理由在于：其一，再审无次数限制，将导致无限申诉、反复再审，以致终审不终。我国实行的是二审终审制，一般而言，二审程序结束后，裁判即告生效，裁判生效后应当具有稳定性；只有在特殊情况下，才能根据审判监督程序这个特殊程序修改生效裁判。然而，由于我国立法并无再审次数限制，就导致了司法实践中一个案件多次申诉，法院多次再审的现象。这个现象的存在，与审级制度直接冲突，与审判监督程序的例外属性也不相吻合。其二，法院审判再审案件已经不堪重负。目前涌入法院的一审、二审案件大量增长，同时又要应对高比例的再审案件，审判压力过大。同时，再审案件数量过大，也导致了司法资源极大浪费。其三，再审无次数限制，同时再审案件又免收诉讼费用，致使有些当事人滥用再审申诉权，有的甚至是恶意缠诉，影响了司法公正和司法权威。

因此，在将来民事诉讼法修改中应增加关于再审次数的规定，具体条款构想如下：其一，申请再审的当事人就同一民事案件向同一人民法院只能申请再审一次；如果对于再审结果仍然不满，可以向上一级人民法院申请再审，而不得向同一人民法院申请再审。其二，上一级人民法院指令下级人民法院再审的，对同一个案件，只能指令再审一次，上级人民法院认为下级人民法院的生效裁判确有错误需要再审的，应当提审。其三，最高人民法院再审的案件，当事人依然不满的，不得再次提出再审申请，而只能向人民检察院提出抗诉申请。

第十三节 再审程序体制转型展望

一、再审程序改革概述

如同其他诉讼形态一样，民事诉讼程序亦为输送正义的途径。其所输出的正义，也都有一定之规加以判断和评价，这种评价的标准可以是实体性标准，也可以是程序性标准。诉讼程序的结果符合事先所设定的标准的,即为正义的结果;反之则属非正义的结果。正义的结果需加维护,从而成为新型社会秩序的起点和纽结;非正义的结果需要修订,从而减少影响社会秩序稳定性的因素。这种用来修订非正义诉讼结果的程序即为再审程序,确立再审程序的制度即为再审制度。人类的经验和理性都证实,包括民事诉讼程序在内的所有诉讼程序都有可能输送出非正义的诉讼结果,因而也就都有用以纠正这种非正义结果的特殊的救济程序和制度,也就是再审程序和再审制度。再审程序和再审制度是罗尔斯笔下不完善程序正义模式的补救性程序和制度,其目的无非在于使这种不完善的程序正义变得完善起来,或者使之尽量地接近于完善。

正是因为上述缘故,各国民事诉讼立法皆有不同程度、不同模式的再审程序和再审制度,无论英美法系还是大陆法系皆不例外。我国自古及今一向重视再审制度的补偏救弊的功能,再审制度也自然地被视为诉讼制度体系的一个有机组成部分,人们很少怀疑它存在的必要性和合理性,甚至对其存在和运作的模式以及存在于该模式背后的基本理念和价值取向,都不曾做出过改变或转轨的思考。可以说,再审制度在我国历史上和现实中,具有极高的超稳态结构;在人们的观念中,再审制度似乎是天经地义的,毋庸置疑和更改。

然而,随着近年来市场经济的发展以及由此带来的社会结构模式的变迁,民事诉讼制度无论在观念上还是在制度构成以及运作方式上,都发生了或正在悄悄地发生着诸多方面的变化。这种种变化似乎都是以这样两个理念为轴心而展开的,此即程序本位主义的理念和当事人主义的理念。这两个理念是联结在一起的:程序本位主义理念强调程序正义对于实体正义的决定性意义,其赖以实现的基本公式乃是,只要解决纠纷的程序是正义的,那么,该纠纷解决后的实体结果也毋庸置疑是正义的。而何种程序是正义的呢?这又决定于当事人对于程序的主导性和控制性。如果是当事人而不是法院在诉讼过程中起着主要的作用,则这种程序通常更容易达成正义的目标,反之,如果法院在诉讼程序中发挥无所不在的强势职权作用,则程序的正义性往往会失去扎实的根基。因此之故,当事人主义的诉讼模式与程序本位主义就有了天然的契合性:程序本位主义的理念天然地呼唤当事人主义的诉讼模式,而当事人主义的诉讼模式又天然地亲和于程序本位主义的理念。

始于20世纪90年代的民事审判方式改革,使我国民事诉讼程序的模式发生了较大幅度的转变,这种转变简单地描述,就是淡化了超强的或过度的职权主义属性,强化了或注入了以当事人对程序和实体的支配权的增加为内容的当事人主义的因素。当事人主义的诉讼体制正在形成之中。当事人主义的诉讼模式表现在诉讼过程的自始至终,自然也表现于作为对生效裁判实行非常救济的再审制度中。换句话说,与职权主义诉讼体制相适应的再审制度,在当事人诉讼体制不断形成和成熟的过程中,也自然面临着俱进式的改革任务。无论是正常的诉讼程序还是非正常的救济程序,它们都应当体现出相同的精神和灵魂,当前者面临着当事人主义化的改造时,后者自然也要跟上。可见,对我国民事再审程序和制度进行相适应的改造,无论在逻辑上还是在实践中都是一个必须探究的课题。

经济基础的不同,决定了作为上层建筑组成部分的民事诉讼制度的相异。这就形成了两种不同性质的诉讼模式,一是当事人主义的诉讼模式,另一则是职权主义的诉讼模式。对当今世界民事诉讼制度的这种模式分类,获得了多数学者和实务界人士的认可。在性质这个层面说,这样的说法是确乎有依据的,也确实能够成为我们对现今民事诉讼制度分析和解构的指导理念。然而在此基础上,我们依然可以对存在于资本主义内部的民事诉讼制度做出形式上的划分,依照这种划分,我们便可将英美法系的民事诉讼制度和大陆法系的诉讼制度区别开来。这种进一步的细分也是有依据和实践价值的,因为依据这种划分,我们可以深化对民事诉讼运作机制的认识，英美国家的民事诉讼机制主要依赖于当事人的推进，而大陆法系国家的民事诉讼机制则离不开法院依职权所实施的推动。这样来说，学理便又将英美法国家的民事诉讼机制确认为以当事人为中心的诉讼模式，而大陆法国家的民事诉讼机制则被定位于以法院为中心的诉讼模式。上述的这些理论认识，为我们进一步考察作为民事诉讼制度组成部分的再审制度的模式奠定了前提性基础。

通过对各主要国家民事诉讼再审制度的考察和比较研究，我们可以得出再审制度的三大模式：一是政策形成型的实体监督模式，我国即为此种模式；二是私权保障型的实体监督模式，大陆法国家的再审制度可以被归类于此种模式范畴；三是程序救济型的再审模式，英美国家的再审制度在性质上属于此种模式范畴。前两者可以合称为实体监督型的再审模式，与后者程序救济型的再审模式相对而言，遥相呼应。

二、我国的再审模式：政策形成型

为什么说我国的再审制度属于政策形成型模式，而有别于大陆法国家的私权保障型和英美国家的程序救济型模式呢？其原因主要在于：

其一，从再审程序的启动上看，法院行使公权力是其主要的方式。再审程序属于非常态的特别的事后救济型程序，从其启动的主体就可以看出再审制度的设立动机。我国再审程序在启动主体上有一个最大的特征，就是它主要依赖于法院的职权发挥自动的作用。法院依职权主动启动再审程序，这在各国是鲜见的。立法者之所以要求或责令法院在发现生效裁判确有错误时径直发动再审程序，主要考虑的不是当事人的合法权益是否得到保障，而是国家利益、社会利益以及任何不特定多数人的利益是否因为生效裁判而受到损伤。将这种因为生效裁判而受到损伤的利益恢复原状，从而形成一个有利于国家秩序良性运转的社会状态，便成为我国再审制度的根本出发点和最终的归属点。这在我国民事诉讼法开宗明义所宣示的审判任务中可以明显地看出来。①

其二，检察监督的外在介入，也使我国再审程序被打上了政策形成型模式的烙印。一般而言，以刑事公诉为己任的检察机关通常并不介入民事诉讼，但是，在我国，如果生效的民事裁判存在错误，检察机关同样可以介入。② 检察机关介入民事诉讼的动因是不尽一致的，从这种动因可以看出检察机关介入民事诉讼的使命和性质归属。我国检察机关是宪法所确立的法律监督机关，它担负着确保法律统一适用的重任。包括如何理解法律以及在法律存在空白时如何根据法律的精神填补法律的漏洞等在内的法律解释和适用问题，检察机关都有相当重要的发言权，这种发言权无非是为了形成有利于国家利益和社会秩序发展的司法政策。当然，从世界范围内看，检察机关的角色和使命也是会发生变化的，这种变化也将在再审制度中表现出来。

其三，当事人再审申请权的申诉化和空洞化，也表征着我国再审制度属于政策形成型的模式范畴。当事人是诉讼中的利害攸关者，在启动原始的一审程序时，我们尚且可以见到"不

---

① 这涉及民事诉讼目的论问题。对于我国民事诉讼目的论应当如何界说，学理界尚有争论；与之有别的是，《民事诉讼法》第2条关于民事诉讼法任务的规定，却是比较明确的。据此，笔者认为，用"政策形成说"来概括我国民事诉讼法的目的是比较恰当的。

② 我国民事诉讼法将检察机关介入民事诉讼作为一项基本原则加以规定。见《民事诉讼法》第14条。此外，我国《民事诉讼法》第215条至第220条还就检察机关对生效裁判提出抗诉或再审检察建议作出了具体规定。检察机关对生效裁判提出抗诉或再审检察建议，这在世界各国虽不多见，但其在我国的存在却具有必然性。

告不理"原则的适用和作用,但是,在法院生效裁判作出后,当事人即便认为程序不公或者实体有误,则也只能向法院提出申诉意见或再审申请。无论是《民事诉讼法(试行)》所规定的申诉权抑或1991年民事诉讼法改进后规定的再审申请权,其性质都是一样的,都是为了向法院表述不满的个人意见,这种个人意见是否被采纳,关键看法院的判断,而法院此时的判断则有了更多的思虑和考量;在这种判断中,法院不仅要考虑当事人合法权益的保障问题,更为重要的还要考虑国家法律的统一适用以及国家利益、社会利益与个人利益的平衡问题。这就导致当事人申请再审权与申诉权的同构化。当事人申请再审权的这种软弱状态之形成,自然有其背后的深层原因,这就是以国家利益、社会利益为主要关注点的法律政策的不断生成目标。当事人申请再审权的这种弱化势态,也可以反向地用来衡量其诉权的内在价值。①

其四,再审理由的实体化。再审理由是一个晴雨表,从中可以鲜明地看出再审制度的模式归属。我国民事再审的理由都可以归属实体性范畴。比如说,法院依职权发动再审的理由是"认为确有错误",这里的"确有错误"不言而喻是依照实体法的标准判断得来的,而显然不属于程序性错误。对于当事人申请再审来说,其所依据的13条理由,尽管也有较多的理由涉及程序性再审理由,也尽管2012年修改民事诉讼法后取消了"人民法院违反法定程序,可能影响案件正确判决、裁定的"这种"重实体轻程序"的再审事由,但从实践中看,无论是当事人申请再审还是检察机关监督再审,违反法定程序的理由并不具有独立存在的价值,其能否成为再审事由,关键取决于这种程序违法是否会导致实体违法;如果程序违法的现象不足以导致实体违法,则当事人也无法根据程序违法的单独理由提出再审申请,检察机关也通常不会单纯因程序违法而启动监督程序。这就是再审理由的实体化异化现象。再审理由的实体化现象不仅有别于大陆法国家的立法方式,更与英美法国家有实质性的区别。需要说明的是,再审理由的实体化并不是单纯指实体违法是再审的理由,除此以外,它还有超越于实体法之外的因素在发挥作用。所以如此的根本原因就在于我国再审制度所具有的政策形成型功能。

由上述可见,我国再审制度既不同于大陆法国家的私权保障型,更有别于英美国家的程序救济型,而属于特有的政策形成型;至于政策形成型的法外功能,囿于篇幅,在此不再详述。

我国再审程序在立法观念和制度设计上存在诸多自身特有的特征,但这些特征目前基本上又转换成了它所存在的诸多弊病。人们经常提出的理论质疑有:人民法院依职权发动再审程序,是否违背了"不告不理"的基本诉讼原则?是否侵犯了或蔑视了当事人的诉权自治性?我国民事诉讼制度究竟要追求何种特殊性的目标?当事人在再审程序中究竟有多大程度上的决定权或发言权?当事人在再审程序中的诉讼权利应当得到何等程度上的保护?当事人申请再审与无理缠诉之间究竟存在何种内在联系?如何通过再审程序的合理设置消解当事人的涉法上访等问题?再审事由的体系构成中,除实体性事由外,应当设定哪些程序性事由,从而体现出立法对实体正义和程序正义的一体关怀,而不是重实体轻程序?如何改变目前再审程序普遍化的现象,而使之真正成为一个补充性的例外程序?诸如此类问题,都是目前理论探讨中提出来要加以改变和解决的问题。

三、大陆法国家的再审模式:私权保障型

大陆法国家的再审模式属于私权保障型,基于实体法实现对当事人的私权保护,不仅是其通常诉讼程序的目的,同时也构成其再审程序和制度的追求目标。其理由具体阐发如下:

---

① 对于再审程序的启动而言,诉权和公权力之间的消长关系,可以作为其模式归属的重要指标。

其一，从诉讼目的论上看，大陆法国家的再审模式是以私权保障为全部内容和目标的。大陆法国家的诉讼制度与英美国家存在根深蒂固的差异，这种差异来自源远流长的法律文化传统。在大陆法国家，实体法体系的完整性一直是其致力于追求的立法目标和理想，无论这个目标是否完成或大致完成，其对诉讼制度结构的影响是深远的。我们通常说大陆法国家的诉讼逻辑或审判公式是规范出发型，就是以实体法的完备性作为推演的前提的。在规范出发型的诉讼逻辑中，私权保障以及由此带来的私法秩序的维护便成为其自然的诉讼目的论。

其二，从启动再审程序的主体看，大陆法国家的再审制度完全依赖于私权主体对它的利用。这一点使之与我国再审制度区别开来，因而它不属于政策形成型，而属于私权保障型。因为如果它属于政策形成型，则没有理由将包括审判权和检察权在内的公权力主体排除在再审程序启动主体范围之外；相反，只有在私权保障型中，再审程序的启动主体才有充分的根据被限定在私权主体的范围之内。私权主体之所以被赋予启动再审程序之权，其根本原因就在于再审程序能够给其带来私权保障的诉讼利益。我们很难想象，如果再审程序的目标是为了形成公共政策，则私权主体还有任何动因去耗时费财地启动它、利用它。

其三，从再审程序的承载基础来说，再审之诉是其唯一的法律表现形式。这一点也需要同我国的相比较。再审程序在我国一向较为发达，然而衡之以诉讼法理，我国的再审程序乃欠缺诉讼色彩。也就是说，它是自上而下地启动和运作的，包括当事人在内的私人意见仅仅是这个复杂过程中的一个环节，而这个环节往往是不起眼的，有时甚至是被忽略不计的。在《民事诉讼法（试行）》中，当事人和诉讼外的任何人一起，对诉讼结果共享对之不满意的申诉权。学理上已经对此充分论证过，这种申诉权是一种宪法意义上的民主权利，而不是严格意义上的诉讼权利，因为缺乏与之相密切配合的诉讼程序，因而缺乏诉讼的制度保障。缺乏制度保障的权利显然不属于真正的诉讼权利。我国从1991年直至现今，申请再审权取代了申诉权，再审诉权似乎受到了立法者的关注和保护。然而，不用作过多地分析和论证，就不难发现它与申诉权几乎如出一辙，其范围和效用还受到了更多的限缩。与之有别，大陆法国家是利用再审之诉来作为再审程序的存在根据的，而再审之诉是一种切实的诉讼制度，再审诉权构成整体诉权的一个有机组成部分。根据大陆法国家的理论，诉权是用来维护私权的，因而再审诉权的功用也不外在于保障私权。①

其四，从再审的事由来看，大陆法国家的立法内容偏重于实体性事由。相较于英美国家而言，大陆法国家的再审制度受到更多的重视，在立法上的篇幅也较多。可以说，大陆法国家对于再审程序的重视和关注，仅次于我国。大陆法国家实行三审终审制，我国实行二审终审制，而在大陆法国家依然那样重视再审程序，这个现象是值得我们关注的。究其原因，不外在于对私权给予充分的程序保障。这一点从其在审理理由的设定中可以看出来。从德国、法国、奥地利、日本等大陆法国家的民事诉讼立法看，其关于再审事由的设定显然是以实体性理由为主体的。②

大陆法国家的立法例较之我国而言，更加重视程序事由的再审作用；但较之英美而言，则

---

① 《日本民事诉讼法》第345条明确提出了"再审之诉"的概念名称。

② 比如说，在法国，能够作为当事人提出再审之诉的理由主要包括这样几项：一是判决是由当事人通过欺诈获得的；二是作为判决基础的决定性证据是由胜诉方故意扣留而未能提出；三是判决之后发现作为判决基础的文书证据属于伪造的；四是判决后发现证言等是虚假的。《法国新民事诉讼法典》，罗结珍译，中国法制出版社1999年版，第395条。上述这些事由皆属于实体性事由。德国、奥地利、日本等的规定也具有类似之处，稍有差异的是，这些国家的再审事由也包括一些程序性违法的情况在内。但相比较而言，实体性事由较之程序性事由仍占据优势。

明显地带有实体倾向性。正是这种再审事由上的实体倾向性，我们方认定大陆法国家的再审程序属于私权保障型的模式范畴。

四、英美国家的再审模式：程序救济型

英美国家的再审模式不仅与我国的有别，即便与大陆法国家相比，也可以看出显而易见的差异。这种差异主要在两个方面：一是在英美国家，再审程序通常并不受关注，这一点尤其表现在解决私权纷争的民事诉讼中。二是英美国家的再审程序即便有启动的必要，也通常是基于维护正当程序的理由。前一点说的是其重要性，后一点则是指出其再审模式的归属：程序救济型。我们之所以确认英美的再审属于程序救济型，主要是基于以下几点理由：

其一，从英美诉讼程序的目的来看，公正地解决民事纷争，是其民事诉讼机制的常规目的。这一点与大陆法国家和我国皆有区别。虽然解决纠纷是各国民事诉讼制度的基础性目标，也可以认为是普适性目标，但是这个目标在英美被看作是至高的、唯一的。[①] 这样一种目标模式，就决定了其诉讼的程序本位性，程序优先于实体的公式亦由此而生。在这里，真正做到了程序正义对实体正义的决定性构成，程序正义具有绝对的优势性，实体正义并不具有独立性，相反它是由程序正义来决定和说明的。因此，这便自然推论：在作为非常态的救济程序中，以实体正义的缺乏或未能实现作为启动再审的事由并不适当，相反，在程序正义上的重要缺失，理应成为再审程序得以启动的事由。这样一来，再审程序便成为一审、二审或三审的程序瑕疵的补救性程序。

其二，从其对抗性的诉讼模式来说，也可以看出程序救济是其民事再审制度的主要目标。在对抗性的诉讼模式中，双方当事人处在平等者的诉讼位置，利用诉讼规则所赋予和保障的程序武器，进行公平的对抗和论争，从而通过诉讼程序追逐对己有利的诉讼利益和实体利益。因此，程序的公平性是至关重要的，如果在这一点上出现了程序不公或者程序扭曲的现象，则诉讼的结果必然不能为当事人所自愿接受。这就需要通过再审制度来予以事后的补救，程序的补救便成为再审制度的主要功能。

其三，从再审的法定事由来看，英美的再审制度也应归属于程序救济型。以美国为例，美国规定了两种类型的再审制度，一是重新审理（new trial）制度，二是再次审理（retrial）制度。[②] 重新审理是在陪审团作出的裁决或法院作出的判决被登记后的10日内，根据当事人的申请，把事实的全部或一部分重新提交原审同一法院进行的开庭审理；再次审理则是在判决生效后所实施的重新审理。无论是裁判生效前的重新审理还是裁判生效后的再次审理，从其规定的法定事由来看，其程序性事由皆占据主导位置。从再审事由的程序倾向型抑或实体倾向型，可以看出再审制度的类型归属。

由上可见，在英美国家，再审制度的立法目标主要在于补救诉讼过程中所出现的程序瑕疵，从而使程序正义的原则和精神得以切实贯彻，并由此确保法院裁判的正当性。

[①] 美国程序法学家达玛什卡将各国司法分为两种类型：即，纠纷解决型司法和政策实施型司法。认为这是分别对应于英美法系和大陆法系的审判的两种面孔。显而易见，达玛什卡这里是从诉讼目的论着眼的。参见达玛什卡：《司法和国家权力的多种面孔——比较视野中的法律程序》，郑戈译，中国政法大学出版社2004年版，第126—145页。需加说明的是，笔者在这里针对再审程序模式提出的政策形成型再审，与达玛什卡这里所称的政策实施型司法是不同的。

[②] 分别参见《美国联邦民事诉讼规则》第59条和第60条。

五、从实体监督型到程序救济型：我国再审模式的转轨

从前面的描述中，我们已基本揭示出了再审制度的模式类型以及变迁规律。这告诉我们，在任何一个国家的民事诉讼制度的体系结构中，再审都是一个不可或缺的补救性程序制度，这反映了人类自身行为出现错误的可能性以及对这种错误加以纠正的必要性，反映了人类社会中民事诉讼制度发展的理性化程度。同时这个规律也告诉我们，再审制度并非一成不变的，相反，它应当随时而变，并通过这种变化适应社会对司法救济的观念需要以及实践需要，同时也适应整体的民事诉讼制度体系的变迁。再审制度的变迁是民事诉讼制度体系变迁中的一个有机组成部分，在讨论再审制度的变迁时，我们应当经常地关照民事诉讼制度其他部分的变迁，从而使制度部分与整体能够经常地契合起来，和谐地运转。

对于我国再审制度的变革和创新而言，前面所描述的关于再审制度模式变迁的规律性也有指导和启发意义。我国再审制度的变迁目前已经到了成熟的地步，对再审制度的变迁性改造，业已成为我国民事诉讼整体制度改造的一个不可分割的组成部分。

那么，一个自然要提出的问题是，我国的再审制度应当如何进行模式变迁，从而使之适应现时代诉讼文化的需要以及诉讼实践的需要。笔者认为，对于这个问题不能简单地给出答案，在上述三种模式中任选其中之一作为解决问题的终极方案并不是可取的。相反，一个比较折中的、带有综合意味的复合模式恐怕更加切合我国的实际需要。为了完成我国再审制度的模式变迁，我们必须完成以下两个方面的变迁：一是理念①变迁，二是机制变迁。只有同时完成了再审程序的理念变迁和机制变迁这两个方面的主要任务，我国的民事再审制度方能实现既有历史的承继性又有时代的创新性的蜕变。

（一）再审制度的理念变迁

再审制度的理念在我国也正处在裂变和转轨过程中。在传统上，或者说在变革前，再审制度的理念主要有三个：一是诉讼本位上的审判权力中心主义的理念；二是诉讼模式上的强势职权主义理念；三是诉讼目标上的"客观真实、有错必纠"理念。

诉讼本位上的审判权力中心主义，是指在诉讼法的全部内容构成中，在诉权和审判权的关系中，审判权是立法的中心所在，立法者正是从如何使法院恰当地行使审判权的视角来设置诉讼程序的立法内容的。审判权是诉讼中的主要矛盾，是立法者的关怀所在，也是立法的中心所在。一部诉讼法，实际上就是一部审判法，正是在此意义上，当时人们给诉讼法所下的定义乃是人民法院审判民事案件的操作规程。在这样的立法中，当事人的诉权被限制在尽可能小的限度和范围之内，与审判权相比较，诉权充其量只能算作是审判权的影子。诉权的地位是如此，诉权行使者和享有者的当事人在诉讼中便不能不被贬抑为诉讼中的客体，而非诉讼主体。现在所说的诉讼主体性原则，在那样一种立法情境中根本没有存活的可能。很自然，审判权力中心主义的理念贯彻到再审过程中，也便是法院依职权发动再审程序的垄断性权力的一统天下，当事人的申诉或申请再审仅仅是法院发动再审程序的多种线索之一。

诉讼模式上的强势职权主义，也被称为超职权主义，是指在诉讼模式中，法院的审判权较之当事人的诉权处在绝对的优势状态，诉权仰赖于审判权的行使，诉权对审判权缺乏足够的甚或起码的制约力。在这样的诉讼模式中，当事人的诉讼处分权被笼罩在国家干预的原则之下，

---

① 理念与观念等用语一样，实际上与指导思想类似，所不同的在于理念所涵盖的范围更加广泛。

国际干预原则成为诉讼中的基本原则,处分权受到极大的制约。这种处分权受制约的现象自然也表现在再审程序的启动和进行中。这便不奇怪,当事人用以启动诉讼程序的再审诉权,与诉讼程序中的诸多分支性程序的启动权一样,是不受重视或者说容易沦于次要地位。

诉讼目标上的"客观真实、有错必纠"理念,说的是诉讼程序在认识论的指导思想上以追求绝对的客观真实为终极的理想目标,诉讼程序的终结之时就是客观真实被发现之时,客观真实被发现之日也就是诉讼程序彻底结束之日。在这样的诉讼目标诉求下,诉讼程序的终结性与客观真实的确定性是画等号的,反过来说,由于客观真实的发现是一个永无止境的过程,因而诉讼程序的彻底结束则也只能成为一个美好的愿望。正因如此,诉讼程序虽然经过法定的一审、二审程序理应画上句号,但是由于客观真实的目标可能尚未实现,于是再审程序便作为破解程序终结性原理的程序工具而受到重用。其结果,在追求客观真实、有错必纠的目标理念的指导下,依照正常审级制度所形成的一审程序和二审程序,其实际的价值被虚化到了极致,再审程序实际上成为全部程序体系中最为关键、最富意义的环节。

上述三种诉讼理念长期影响我国民事诉讼程序制度的设计和运作,迄今这些理念似乎还在不同程度上发挥残存的作用。然而历史终究是在进步的,经过多年来的改革开放历程,我国的经济形态、社会体制、文化观念等都发生了前所未有的极大变化,这些变化自然也会发生在民事诉讼领域中,同时也自然会表现在作为民事诉讼程序一个领域的再审制度中。

在再审制度中,上述三个诉讼理念都发生了程度不等的变迁。对于诉讼立法的本位而言,诉权成为立法的中心,对当事人诉讼权利的充分演绎和保障,成为诉讼立法、审判方式改革和司法解释的中心任务和指导理念。1991年及其以后多次修改的民事诉讼法较之《民事诉讼法(试行)》而言,一个令人瞩目的变化乃是当事人的诉讼权利受到了更加充分的重视,当事人诉权虚化的现象得到了有力的遏制,审判权成为致力于为诉权服务和保障的权力,诉权对审判权的制约性成为其新型内涵。现在可以说,当事人是诉讼中的主人,当事人的程序主体性得到了充分的、全面的尊重。这种立法本位上的变迁自然落脚到了诉讼模式的变迁之中。

由于诉权在立法中的地位获得了超越于审判权的提升,作为诉权行使者的当事人的诉讼地位便自然有了显著的提高。当事人诉讼地位的提高,导致了诉讼模式的变迁。其结果便是,强势职权主义的诉讼模式为一定意义上的当事人主义取而代之。当事人主义的诉讼模式体现于诉讼程序的全部过程,在再审程序中也不例外。再审程序的当事人主义化改造业已成为一个不可逆转的必然趋势。其具体表现主要在于:当事人拥有主要的启动再审程序的权利;在再审程序中,当事人的程序参与权受到足够的重视;再审程序的范围由当事人行使再审诉权加以最终的划定;法院以及检察院等公权力主体,除非法有明文规定,一般不得凌驾于当事人再审诉权的控制力之上。

随着诉讼立法本位和诉讼模式的转变,作为诉讼目标的诉讼真实观也相应地发生了变更。如上所述,在传统诉讼结构和体制下,客观真实是立法者和司法者的主要乃至全部的追求所在。正是为了追求客观的真实性,再审制度才显得格外重要。在这种再审制度中,生效裁判的既判力几乎很难有存在的空间或余裕,生效裁判的意义被缩减到最低点,有错必纠成为此种审判体制下一张畅通无阻的通行证,而且对此不允许有任何质疑。如果说在职权主义的诉讼体制下,此种诉讼目标观尚有存在的空间的话,那么,在当事人主义的诉讼模式下,由于对抗制原理的导入,客观真实这个诉讼目标业已丧失了赖以实现的机制保障。法院对真实性的判断依赖于比较性的证明标准,依据此种标准,法院在非此即彼的对立性事实主张中选择其一作为裁判的基础,这种被选择的事实只能是一种诉讼事实、法律事实,因而只能是仅具相对真实性的事实。这种事实观的转变，使得生效裁判的既判力获得了前所未有的尊重，同时使再审制度的适用事由和启动标准、启动主体等诸多方面均发生了相应的变迁。

(二) 再审制度的机制变迁

再审制度的理念变迁是再审制度的机制变迁的前奏和基础。再审制度的机制变迁主要表现在这样三种转向上：其一，由实体纠错型再审向程序救济型再审转变。其二，由职权型再审向诉权型再审转变。其三，由常规型再审向事后救济型再审转变。

首先，我国的再审制度应当完成实体纠错型向程序救济型的转变。如前所述，再审制度有实体监督型和程序监督型两种。在实体监督型的再审制度中，无论是立足于政策形成机能抑或着眼于私权保障机能，其事由都偏重于实体法层面的补救，而往往忽略对程序正义的充分救济。在我国，再审制度一方面要淡化其政策形成型机能，另一方面也要越过私权保障型的机能，而应将再审制度的机能定位于程序救济；依赖于这种机能定位，可望再审制度将发挥其超前的程序正义保障功能，这对我国长期匮乏程序正义观念的缺憾无疑是一个有力的制度补充。当然，我们说转变，并非截然的改变，而是一种兼容的综合模式的生成。在这种再审制度中，立法者应当着眼于对程序性再审事由的充分设定，同时还要吸取大陆法系国家关于实体再审事由的规范优势，形成一种以程序性再审事由为主、实体性再审事由为补充的再审事由结构模式。此外还值得强调的是，在实体性再审事由和程序性再审事由的关系中，前者并不具有独立性，而往往可以还原为后者的具体表现形态。比如，发现了足以再审的新证据，看上去属于实体性事由，但仔细推究，这个实体性事由却可以还原为程序性事由。对此，我们可以这样设问：当事人有没有足够的程序机会提供证据？在当事人未能及时提供证据之时，法院有没有恰当地行使阐明权？如果法院适时、适式地行使了阐明权，而当事人却有证不举或有证据而未及时发现，则该事后提供的证据就不能被认定为足以引发再审程序的"新证据"。

其次，从职权型再审向诉权型再审转变。职权型再审具有两层含义：其一，再审程序的启动主要或全部依赖于公权力，包括作为审判权的公权力和作为检察权的公权力。衡之以我国民事诉讼法的规定，不难看出我国的再审制度显然具有此一层含义。其二，在业已启动的再审程序中，审判权的主导性是覆盖于诉讼程序的全部过程的，在再审程序的前期阶段，此一特征尤为显然。此一意义上的职权性也是我国再审程序的特性之一。比如说，对再审申请的审查，就是完全在封闭性的状态中完成的，其行政化色彩非常浓烈，法院的职权实际上成为此时再审程序得以维系的唯一权源。这样一种再审程序不仅遇到了私权自治性原则的抵触，而且还强化了此前所有诉讼程序的职权主义属性，职权主义到了此一阶段业已达到了与行政程序同构化的顶峰。因此，用诉权型再审取代职权型再审已是大势所趋。与职权型再审相对应，诉权型再审具有两个基本的要求：其一，在再审程序的启动上，应当充分尊重当事人的诉权作用，除非在例外的情形下，应当一以贯之地恪守"不告不理"原则。这就要在诉权的内涵体系中，切实地添附再审诉权这层必不可缺的含义。如同一审程序依赖于起诉权、二审程序依赖于上诉权一样，再审程序也应依赖于再审诉权。由此所形成的诉讼形态，便是通常所谓"再审之诉"。其二，在业已启动了的再审程序中，当事人应当发挥主导性的程序作用。这就要求再审程序不断地趋于充实化、丰富化，而用来充实再审程序的元素便是当事人的再审诉权及其具体化表现形式。再审程序应当贯穿着与通常诉讼程序相同的精神和要义。一定意义上可以说，再审程序就是通常诉讼程序的特殊化表现形态。在通常诉讼程序中，当事人之间的对抗是其主要的推动力，同样，在再审程序中，当事人之间的平等辩论和交涉，也是其主要的程序表现样式。

最后，从常规型再审向事后救济型再审转变。再审制度的机能不一而足，与多数国家的再审制度具有事后救济性机能相异的是，我国的再审制度具有审级不足的补充性机能。我国实行两审终审制，而不是像大陆法国家那样实行三审终审制；同样，英美国家的选择性的三审终审制与其陪审团制度一起，也较我国而言具有更为充分的程序保障安排。不用过多地论证，对于一个复杂或当事人争议非常激烈的案件处理来说，两个审级往往显得有所不足。一个直观性的判断便是，在两个审级结束之后，当事人常常感到言犹未尽，程序结束的短促性使他们难以心悦诚服地接受终局性的裁判。为了避免使当事人在程序路途穷尽后又诉诸私力救济，立法者便设计了多功能的再审制度。我国再审制度的一个基本功能便是补充正常审级下的程序不足。这样便使我国再审制度被赋予了常规性救济的色彩，此种常规型的或者准审级型的再审并没有出乎立法者的制度预料之外。但是，这种常规型的再审实属再审制度的异化，再审程序因此而被频繁地启动。为了使审级制度发挥正常作用，从而使裁判的既判力制度得以建立和健全，有必要实行再审制度在适用形态和制度机能上的转换，即由常规型再审向事后救济型再审转变。事后救济型再审制度所具有的显著特征便是它的限定性，主要表现在三个方面：其一，再审的理由具有法定性和限定性。再审理由是再审程序的闸门，如果这个闸门打得很开，它便属于常规型的再审；反之，则属于事后救济型再审。其二，再审的次数应当有所限制。再审因为是事后救济性制度，因而其使用的次数便应有所限制。表现在这里的原因非常简单，因为如果次数不加限制，则再审诉权便可以反复行使，而再审程序则可以反复地被启动，生效裁判的既判力便因此丧失殆尽。对再审次数加以限制也是各国之通例。其三，重要性要求。生效裁判一经作出便获得了稳定性和权威性，若欲对此提出挑战，则必须有重要性的事由。这种重要性的衡量既有程序上的正义性标准，也有实体性正义标准；若所存在的错误或瑕疵，足以动摇程序正义或实体正义的实现，便构成了法定的再审事由。由此所反向地派生，如果所存在的程序或实体瑕疵并不具有重要性，那么，即便它们是客观存在的，也不足以导致再审程序的运用。

六、再审程序的启动权应由人民检察院统一行使

我国三大诉讼法都规定了"审判监督程序"或"再审程序"。再审程序是一种特殊的诉讼程序，它是在通常的或正常的诉讼程序结束后，为纠正生效裁判中存在的错误而发生的。任何一个国家的法院都不能保证其审判权的行使万无一失，再审程序就是用来改正法院错误裁判的特殊程序。也正因如此，各个国家的诉讼法都无例外地规定了再审程序。

我国再审程序与西方多数国家相比，有一个非常明显的特点，就是能够发动再审程序的主体有三个。一是人民法院自己，二是人民检察院，三是当事人。启动再审程序的主体多元化，看上去是一件好事，就是发现和纠正法院生效裁判错误的渠道较多，表明我国诉讼法比较重视纠正错误，以切实防止冤假错案的发生。然而，这样看待问题并不全面。以下就以民事诉讼法为例加以说明。

首先看人民法院自己发动的再审程序。《民事诉讼法》第205条就此作出了规定。据此规定，对于法院作出的生效裁判，单就法院内部而言，就有三种途径加以改judging：一是本院的院长提交审判委员会讨论决定。二是上级法院提审或者指令下级法院再次审判。三是最高人民法院可以提审或者指令再审。这样的规定貌似合理，实则悖理。关于法院依职权发动再审程序的悖理之处，前已述及，这里仅为了体系化论证检察机关启动再审程序唯一性机制的正当性，概括指出其所违背的诉讼法基本原理如下。第一，违背了生效裁判的效力原理。生效裁判一作出，就产生了全面的多层次的法律效力。其中一个效力叫作"拘束力"，这个拘束力就是拘束法院的力量，它的意思是说，法院作出生效裁判后，就要受它的拘束，就要带头尊重它的效力，而

不能相反，带头否定它的效力。试想，司法公信力从何而生？司法的公信力首先诞生于司法的自信力，司法缺乏自信力，司法公信力就失去了起码的依凭。第二，违反了"不告不理"的程序法则。该一法则要求审理案件的法官不能同时成为案件的控告人；如果没有人向法院提出诉讼，法院就不能自己提出诉讼、自己审理案件。这个原则不仅适用于一审案件、二审案件，而且也适用于再审案件。对于一审案件、二审案件，法院没有一种情况可以主动发起诉讼程序，哪怕一审案件的裁判中确有错误，但只要当事人没有提起上诉，法院就可以坐视不论。对于再审案件，法院也应当持这个态度。尤其在当前的形势下，法院的审判负担本来就重，还要主动发动再审程序，逻辑上也说不过去。西方有一句格言，叫"熟睡的狗不要弄醒"，生效裁判作出后，只要当事人不再有怨言，就表明纠纷已经"熟睡"了，法院自己就不要把它弄醒了，否则，无异于多此一举。此外，这种规定在实践中还会陷入尴尬的程序困境，因为在再审程序发动后，当事人有权不到庭。包括法院在内的任何人都不能强迫当事人进行诉讼，而缺乏当事人的诉讼程序就真正成了法院的"独角戏"。这种"独角戏"无论是按一审程序还是按二审程序进行再审，都是无法设想的；按照诉讼法的规定，由于缺少了当事人，诉讼必须终止进行。总之，法院主动提起再审的权力应当予以否弃。否弃法院主动提起再审的权力，不仅有助于强化法院司法的自信力和公信力，有助于贯彻基本的诉讼法理，确保诉讼结果的安定性，而且也有利于使法院的审判权集中在正常的诉讼程序中行使，而断念于通过非常的诉讼程序进行亡羊补牢式的自纠。

其次看当事人向法院申请再审。众所周知，当事人向法院申请再审的权利非常脆弱，他所提出的申请，并不一定能够发动再审，是否发动再审，最终还是由法院说了算。从这个意义上说，无论是过去的申诉，还是现在的申请再审，抑或是学理上建议的再审之诉，其本质都是一样，所不同的是程序保障和权利救济有程度上的差异。究其原因，根本地在于当事人申请再审，在多数情况下是对法院公正裁判的质疑，而这种质疑实际上构成了当事人与法院之间的一对矛盾，而矛盾的一方同时还要成为此一矛盾的化解者。"任何人都不能成为自己纠纷的裁判者"，这个基本法理在这里遇到了阻碍。由此来看，当事人的"申诉难"是一个必然现象。解决当事人的"申诉难"，并通过申诉案件的解决产生对法院行使审判权的监督力和制约力，有两个办法：一是在普通法院之外建立特殊法院，来受理当事人的申诉案件；二是由同属司法机关的另一个主体——检察院来受理申诉案件。由它们来受理申诉案件，能够保持客观和中立，有助于对当事人做服判息诉的工作。当然，当事人申请再审的案件，除指向法院裁判不公外，还有的是因为出现新证据、发现伪证或者作为裁判的基础依据被撤销等非法院的因素而导致的。对于这些案件，固然可以向法院申请再审；然而在实际判断时，这些客观性因素又往往与法院公正与否的主观性因素有不同程度上的关联，有时难加区分，因而不如全部都归属另外的主体加以处理。

最后看检察院统一受理申诉案件的好处。在我国，在普通法院之外建立特殊法院，既不现实，也无必要。因为我国有现成的用来监督普通法院的特殊司法机关，这就是人民检察院。检察院是宪法所规定的专司法律监督的机关。当事人对法院裁判不满，向检察院提出申诉，请求检察院发动法律监督权来对法院实施监督，是天经地义、顺理成章的。检察院受理当事人的申诉案件，至少有这样几个好处：其一，减轻法院受理申诉案件的负担。法院受理的申诉案件占法院受理案件总量的四分之一左右，重复申诉、反复再审乃至缠诉不止的现象比比皆是，法院相当一部分精力都要放在应对申诉案件上。这就使得法院不能将主要的精力集中在处理正常的诉讼案件上。由检察院受理申诉案件后，就可以将这些数量庞大的当事人引向检察院，这样不仅可以减轻法院处理申诉案件的负担，而且对检察院来说，也丰富了可监督案件的案源，由此也强化了检察院的民事检察监督职能，可谓"双赢"。其二，有助于对申诉的当事人做服判息诉的工作。当事人提出申诉的案件，有一部分确有道理，应当通过再审改判；但也有相当一部分，其申诉的理由和根据并不充分，法院的生效裁判是正确的或基本正确的。对于后面这一部分案件，由检察院出面做服判息诉的工作，其效果较佳。因为检察院也是专业性的司法机关，与申诉案件并无利害瓜葛，比较客观、中立和公正。因此，检察院所做的说理活动，比较能够得到当事人的认同；与此同时，法院裁判的正确性和正当性也获得了强化。其三，有利于保障当事人的申诉权或再审申请权。当事人向检察院提出申诉，如果确有理由，检察院会毫无顾虑地向法院提出抗诉或发出再审检察建议，而且，检察院提出的抗诉，必然引起再审程序的启动，不会遭到法院的驳回或拒绝受理。不仅如此，在再审程序被启动后，检察院还继续参加再审程序的全过程，实施同步监督，这样也有利于法院对再审案件作出更加公正的裁判。也就是说，当事人向检察院提出申诉，不仅可以获得有力的程序保障，而且还可以得到有效的实体保护，从而使当事人得到全面的司法救济。

综上所述，要走出我国目前所陷入的再审泥潭，维护法院的司法权威，维护检察院的监督权威，保障当事人的司法救济权，应当结束目前所实行的三元化再审程序启动格局，取消法院依职权发动再审的权能，强化检察院受理申诉案件的职能，同时规定当事人申请再审应向检察院提出，而不得直接向法院提出，从而构建出再审程序启动权由检察院统一行使的唯一机制。

第四编

非讼程序论

第二十二章 非讼程序基础理论

第一节 非讼程序与特别程序的历史考察

特别程序与非诉讼程序有着密切的联系。从中国民事诉讼发展史上观察,"特别程序"这个概念在立法上的出现,可以回溯到20世纪二三十年代。那时称之为"特别诉讼程序"。1932年5月20日开始实施的中华民国民事诉讼法曾将其内容分为五编加以规定,即第一编总则;第二编第一审程序;第三编上诉审程序;第四编再审程序;第五编特别诉讼程序。其中,"特别诉讼程序"包括:第一章督促程序;第二章保全程序;第三章公示催告程序;第四章人事诉讼程序。"人事诉讼程序"又包括:婚姻案件程序;亲子关系案件程序;禁治产案件程序;宣告死亡案件程序。

新中国成立以后,《民事诉讼法(试行)》制定之前,在陆续颁行的一些有关民事诉讼程序的规范性文件中,如1950年的《诉讼程序通则(草案)》、1956年的最高人民法院《关于各级人民法院民事案件审判程序总结》、1957年的《民事案件审判程序》以及1979年最高人民法院发布的《人民法院审判民事案件程序制度的规定(试行)》等,均没有就特别程序作出规定。这反映了当时历史条件下立法者和司法者对民事诉讼程序的认识程度及现实需要。

《民事诉讼法(试行)》第十二章即以"特别程序"为题,就选民名单案件、宣告失踪人死亡案件、认定公民无民事行为能力案件以及认定财产无主案件作出了规定。这是我国对"特别程序"的首次系统的规定,而且,将"诉讼"二字从这个概念中剔除,这无疑反映了当时民诉理论研究水平的提高,标志着立法者对民事案件多样化在认识上的深化。这为后来的民事诉讼"特别程序"的立法奠定了基础,也进一步带动了民诉理论中对"特别程序"的研究。

但是,《民事诉讼法(试行)》关于"特别程序"的规定在适用范围方面尚有待拓宽。1986年《民法通则》颁布后,审判实践中需要对《民法通则》中确立的数种非讼案件加以处理,而这些非讼案件的适用程序在当时的民事诉讼法中又未加规定,这就为司法者的执法带来操作上的不便。为了克服实体法与程序法的此一脱节现象,人民法院通过司法解释将《民事诉讼法(试行)》中规定的"特别程序",一并适用于解决诸如宣告失踪案件、指定或变更财产代管人案件、认定公民限制行为能力案件、监护案件等非讼案件之中。[①]

1991年民事诉讼法取代《民事诉讼法(试行)》而问世。这部法是市场经济体制形成过程中的产物,反映了计划经济与市场经济两种体制的某种接合部上的社会现实需要。此一变化体现在"特别程序"中,一方面,在保留原来的"特别程序"概念的基础上,拓宽了它的适

---

① 《民诉法意见》第十二部分第193条至第198条。

用范围，增加了宣告失踪案件和认定公民限制民事行为能力案件等非讼案件，从而使之与民事实体法的有关规定协调一致；另一方面，又在"特别程序"（第十五章）之外，独立而并行地规定了三大非讼程序，即第十七章"督促程序"、第十八章"公示催告程序"和第十九章"企业法人破产还债程序"。此外，还对"特别程序"在民事诉讼程序体系中的结构和地位作出了适当调整，把原来置于一审程序中的"特别程序"，分离出来与第十二章"第一审普通程序"、第十三章"简易程序"、第十四章"第二审程序"并列，统一在第二编"审判程序"下作出规定。经过这种调整，不仅立法体例显得更加科学，尤其在一定程度上把特别程序的性质体现了出来。2007年修改民事诉讼法，将第十九章"企业法人破产还债程序"删除，企业破产法单独制定。2012年修改民事诉讼法，在"特别程序"中新增两种非讼案件，即确认调解协议案件（第194、195条）和实现担保物权程序案件（第196、197条）。

第二节 特别程序的重要性

民事诉讼中规定特别程序几乎是各国立法之通例，我国也不例外。民事诉讼法中之所以要规定一个特别程序，原因就在于同一般的、常见的民事案件不同，有些民事案件自身并不包含争议因素或者民事权益的争议内容，只是要求法院行使审判权对某种法律事实或法律关系加以确认，从而产生某种形态的法律状态。这一类的案件立法者特别通过民事诉讼法加以规定，赋予法院以解决之权。当然，也有的国家将这类案件的解决之权交给诸如公证机关、公安机关等机构行使。体现在这里的区别，与其说是出自法学理论的思考，毋宁认为是立法政策选择的结果。我国民事诉讼法规定的特别程序所包括的范围是比较广泛的，不仅包括诸如选民资格案件这样的带有一定诉讼性质的特别诉讼案件，而且还包括宣告公民死亡、宣告公民失踪、认定公民无民事行为能力和限制民事行为能力案件以及认定财产无主的案件等非讼案件。特别程序之所以特别，就在于贯彻于特别程序当中的基本法学原理有特别之处，这种特殊的法学原理又具体化为诸项诉讼原则、诉讼制度和诉讼程序。研究特别程序，关键的是要思考贯彻于特别程序始终、成为特别程序支柱的非讼法理。这种非讼法理和诉讼法理形成鲜明对照，而又相互渗透、相互交叉，由此而形成完整的、结构严密的民事审判原理。要解开民事审判原理之谜，必须同时关注特别程序的特别原理。

第三节 特别程序与非讼程序的范畴联系

在我国民事诉讼理论上，有一个问题经常被提出讨论，此即特别程序的本质及适用范围是什么、它与新增加的三大非讼程序的关系是怎样的。理论界对此问题的解答和观点不完全相同。

一种观点是近乎通说的传统见解，认为所谓特别程序，是指人民法院审理非民事权益争议的特殊类型民事案件所适用的程序，是选民资格案件、宣告公民失踪案件、宣告公民死亡案件、认定公民无民事行为能力或限制民事行为能力案件、认定财产无主案件等系列民事程序的总称。① 这种观点之下的"特别程序",在设定标准上采取的实际上是立法的明文规定。亦即以立法上所使用的概念,来界说学理上应然的"特别程序"之内涵。不仅如此,该观点同时又把特别程序的适用范围划定在"非民事权益争议的特殊类型民事案件"之内,实际的效果是把"特别程序""非讼程序"与"特殊类型民事案件"三者的概念及其外延画上了等号。这个等号的确立,又背离了立法上的明文规定。因为立法所规定的"非讼案件"已经不限于旧民事诉讼法所设定的范围,而有了突破,涵盖了"督促程序""公示催告程序"和"企业法人破产还债程序"这三大新型的非讼案件。由此看来,在民事诉讼立法已经发生变化的情况下,对于"特别程序"概念的界说,若依然局限于原来的学理见解,则难以避免概念的内涵界定与外延之间的不一致。尚需提及的是,就立法而论,在实证分析的意义上,1991 年《民事诉讼法》第十五章规定的"特别程序"及其第 160 条所划定的案件范围,与其他各章对于新型非讼程序的规定并不矛盾。因为,立法并没有把"特别程序"与"非讼程序"全然等同起来。而只是规定"特别程序"适用于它所意指的某些"非讼案件"。至于这种规定是否恰当,有无修改的必要,那属于另一层面的问题。

还有一种观点是对"特别程序"采取广义的界定标准,认为应当用三种不同的标准来确定具有不同属性的特别程序。这三项标准是:(1)案件是否为非讼案件;(2)诉讼标的即实体法法律关系性质是否特殊;(3)是否有与通常程序存在重大不同的专门的简易程序。② 依此观点,特别程序的适用范围包括全部的非讼案件和某些特殊的诉讼案件。这里的"特殊诉讼案件"又可分为两种不同的情况:一是案件本身虽然具有民事权益争议的性质,但在诉的标的性质上较为特殊,如人事诉讼案件就属于此类;二是案件本身具有民事权益争议的性质,在诉的标的性质上也不一定具有特殊性,但法律上在通常程序之外,单独设立了可选择适用的特别程序,以达到简化程序、迅速解决争议的目的。证书诉讼程序与票据诉讼程序、督促程序即属于这种情况。③ 可见,此观点在确定特别程序的适用标准时有两个显著的特点,一是不以立法规定为考察范围,对于特别程序应当作出纯学理上的探讨,其体系是开放式的;二是不以民事案件之是否具有诉讼性质为设定标准,非讼案件固然属于特别程序的适用对象,但除此之外还有诉讼标的特殊和诉讼程序简化两个标准。其结果,特别程序成为区别于通常诉讼程序的相对概念,它们的结合构成民事程序的全部范围,它们相互之间呈非此即彼的关系。这个观点值得商榷,其可商榷之处不在于它的实际结果,而在于它对"特别程序"这个概念设定了过于宽泛的标准,且这个标准难于把握。例如,诉讼标的之特殊性应当如何界定其范围,诉讼程序简易到何种程序即转变为特别程序,等等,这个观点均难以说明。不仅如此,以内在并无关联的多元化标准来划定特别程序的适用范围,还使其性质难以确定。在此范围内,有诉讼案件,也有非讼案件;在诉讼案件中,有普通的诉讼案件,也有简易的诉讼案件;在非讼案件中,有传统型的,也有现代型的;等等。诸如此类的民事案件,其法律属性显然有别,它们的化解之对于审理方式及审判程序的需求也不完全一致,有的甚至迥然相异。例如,特别的诉讼案件的审理方式及程序构设,就不可能与非讼案件有性质上的一致性。如此,把这种性质不尽一致的民事案件,以其不属于通常的诉讼程序,而全部归类于特别程序之下,其结果必然是特别程序失却内在的规定性和程序原理的相容性,特别程序由此难以发挥其应有的作用,问题始终未

---

① 参见刘家兴主编:《新中国民事程序理论与适用》,中国检察出版社 1997 年版,第 284 页。
② 参见王强义:《民事诉讼特别程序研究》,中国政法大学出版社 1993 年版,第 28 页。
③ 参见王强义:《民事诉讼特别程序研究》,中国政法大学出版社 1993 年版,第 28 页。

能得到解决，理论研究在此基础上不仅找不到共同的起点，尤其在思维方式上仍然泾渭分明。

事实上，立法上之所以出现"特别程序"这个概念，目的是适应与通常诉讼程序不相一致的民事案件之解决，是以其内部有相对统一和大致相同的程序原理为基础的。凡是提到"特别程序"，必定能够联想到它在适用对象上的质的同类性，以及它在程序设定及运作上有相同或相似的原则、制度及方法、方式。所以，以多元标准来刻画特别程序的适用对象，无论对于立法还是司法，均起不到应有的理论指导作用，其实际功效并不显著。我们以为，对于特别程序概念的内涵界说及其适用范围的设定，其标准之选择应当坚持两个基本点：一是不以立法的现实规定为局限。不能认为凡是立法者归类于特别程序的，便为特别案件，立法者未归类于特别程序的，便为非特别案件或通常诉讼案件，否则其局限性过大。因为，如果采取这种注释法学的思维方式，民事诉讼理论在这里就得不到发展，而且也难以发挥理论指导立法与司法的作用，尤其是，立法中的错误或不当也难以纠正或改变。特别程序的适用范围在性质既定、标准明确的前提下，应当具有开放性和兼容性，而不宜故步自封，完全依立法为转移。二是设定特别程序适用范围的标准不仅要明确肯定，不能有含糊之处或者难以把握之处，而且要单一和统一。以此标准来刻画特别程序的概念，我们所见到的是解决同一类别或者同一性质的民事案件的审判程序，它的适用范围既有粗放的性格，又有可以捕捉的特征，尤其是，贯彻于特别程序之中的程序原理和指导思想是统一而浑然一体的，对于诉讼程序来说是具有对称性、补足性和启迪性的。唯其如此，特别程序的理论才是彻底的、独特的和富有潜力的。

以上说的两个方面，首先的一点，即不以立法上的明文规定为限而划定特别程序的适用范围，是容易理解和为人们所接受的。因为，立法者在立法时受到时代的局限和社会条件的制约，不可能把将来所可能出现的应适用特别程序加以解决的案件全部列入法典之中，作出一次性的、穷尽所有可能的规定。不仅如此，是否使用特别程序来解决民事案件，这在范围的划定上既不可能绝对化，也不可能固定化，而应当是相对的、可以相互转化的，同时也处于不断变化当中。正因如此，在正确适法的意义上，司法者需要有理论的指导，同时，也正是对于特别程序的理论研究，才带动着立法的进步与完善。1982年《民事诉讼法（试行）》公布以前，我国没有特别程序的任何规定，在这以后，特别程序才应运而生。1991年民事诉讼法公布以前，特别程序的适用范围较为狭窄，在这以后，需要运用特别程序加以解决的案件类型有所增加。所有这些，都表明对于特别程序适用范围的理论研究和学术概括，不应当局限于一定阶段的立法规定，而应当以粗放的姿态、前瞻的思维，进行开拓性的理论探讨。后一个设定特别程序适用范围的原则，即标准的单一性与统一性，是一个比前者更为重要的原则。根据这个原则，要求在为特别程序选定标准时抛弃多元论的观点，并且要明确立法上为什么应有一个与通常诉讼程序正相反的"特别程序"，它有何种制度上或程序上的机能，对于程序法律原理的建立及其系统化，特别程序能够作出怎样的贡献。基于这些考虑，特别程序的适用范围应以民事案件的非讼性质为确定标准。由于民事案件的这种非讼性质，特别程序才有了非讼程序的性质。总而言之，特别程序是立法者规定的用来解决民事非讼案件的审判程序，它与用来解决民事诉讼案件的审判程序一起，成为民事诉讼法调整和规范的审判程序的全部内容。这样一种程序结构，用简单的等式来表达，就是审判程序等于诉讼程序与特别程序或非讼程序之总和。

一个必然产生的问题是，为什么要以民事案件的诉讼或者非讼性质来划分民事审判程序的两大类别。其原因根本在于，法院按照民事诉讼法解决的民事案件，在性质区别的意义上，无非有诉讼案件和非讼案件两个种类。诉讼案件以双方当事者对于所涉及的诉讼标的存在民事权益争议为特点，非讼案件则指利害关系人在没有民事权益争议的情况下，请求法院确认某种事实是否存在，从而使一定的法律关系发生、变更或消灭的案件。一个有争议，一个无争议。有争议的民事案件要求法院解决争议，无争议的民事案件要求法院确认事实或者实现权利。法院行使审判权解决民事案件的前提条件及所要达成的目的因之而产生差异。行使审判权所追求的目的不同，蕴含于此一过程中的价值取向也有所区别。这些差异对于审判程序的构筑和设置来说，便相应地产生了不同的程序原理和主导程序进行的指导方针，具体地落实下来，便体现为审判程序中的不同原则、制度和方法、方式，从而便形成了性质迥异、各具特征的两大审判程序类型。与诉讼案件和非讼案件相适应，解决诉讼案件的审判程序，为诉讼程序；解决非讼案件的审判程序，为非讼程序。诉讼程序与非讼程序的分类，为民事审判程序的基本分类。所有民事、商事、经济等为民事诉讼法所调整的案件，在所适用的审判程序上，就其性质和类别而言，不属于诉讼程序，就属于非讼程序。当然，在诉讼程序和非讼程序的内部，由于所面临的民事案件各具特征，而且也源于不同领域的社会关系，因而也应有不同类型的划分。程序设定的基本要求是它与案件的相互适应。只是，与外部的程序划分不同，这种内部的程序划分，乃是在量的意义上考察的。

总之，在民事案件的领域，诉讼案件与非讼案件的性质对立及其客观存在，需要以不同的程序原理为主导，构建相应的诉讼程序与非讼程序来加以妥适的解决。那么，从我国现行民事诉讼法的规定来看，哪些民事案件应当划归于"特别程序"这个概念的名下呢？根据以上的分析，依照"特别程序即非讼程序"的概念等式，只要看现行法所规定的哪些程序具有非讼性质从而属于非讼程序就可以了。毫无疑问，现行《民事诉讼法》第十五章以"特别程序"为题所列举规定的各种案件，即选民资格案件，宣告失踪、宣告死亡案件，认定公民无民事行为能力、限制民事行为能力案件，认定财产无主案件，确认调解协议案件以及实现担保物权案件，均因其为公认的非讼案件而属于这个范畴。其他诸如督促程序、公示催告程序、企业法人破产还债程序、执行程序以及保全程序等，从法律属性及所针对的事项性质来看，亦是具有非讼性质的程序。因为它们均非以民事诉讼案件的解决为任务。但是，在这些具有非讼性质的程序中，有的属于审判程序的范畴，是法院行使审判权的程序领域，有的则属于执行程序的范畴，是法院行使执行权的程序领域。前面所述的"非讼程序"，显然是在审判程序的范围内谈的，标示的是国家行使审判权解决非讼案件的特殊程序。因此，以行使执行权为依托的执行程序和保全程序，便不属于"非讼程序"的范围，它们与非讼程序之间，不仅是在适用对象上有所区别，在支配其程序构筑的原理及指导方针上也截然不同。非讼程序的目的是解决民事案件，执行程序及保全程序的目的是实现民事权利义务关系，或者维持一定的权利存在状态。

至于督促程序、公示催告程序和企业法人破产还债程序，这三大程序是因时代的需要而由民事诉讼法新增设的。对于它们的法律属性，从我国民事诉讼理论研究的现状来看，一般认为属于非讼程序的范畴。督促程序以民事权利义务关系不存在争议为假定前提，依一方当事人的要求直接向义务主体发出支付令。如果义务主体对此无异议，支付令则产生与生效裁判相等的效力；如果义务主体对此有异议，支付令则因此而失效，适用督促程序的"不存在争议"的假定前提便不复存在，案件便由非讼性质转而变为诉讼性质，解决案件的程序也随之成为诉讼程序。所以，督促程序显然是解决非讼案件的速决程序，在性质上无疑属于非讼程序。公示催告程序是失去票据的人用来确定票据无效，从而恢复其票据权利的程序。这个程序与督促程序一样，也是以票据权利不存在争议为假定前提的。在这个过程中，如果有人申报了票据上的权利并与失票人持着截然对立的主张，那么，公示催告程序便不能继续进行下去，需转化为诉讼程序来解决此一票据权利究竟谁属的纠纷。可见，公示催告程序也无疑属于非讼程序的范畴。企业法人破产还债程序在外国立法例中一般不规定在民事诉讼法之中，而采取单独制定破产法的方法予以规范。但是，这一点并不改变破产程序属于非讼程序的性质。因为，破产程序是立法所确立的清偿债务、实现权利的终极手段，它的产生与存在，始终以破产义务人与破产权利人就它们之间的债权债务关系不存在争议为假定前提，其目的是以清算债务主体全部财产的方法来满足全部债权人的权利，此外还包括重整与和解。破产程序本身并不解决纠纷，如果破产程序主体之间对需要通过破产程序来了结的债权债务关系发生了纠纷，该纠纷则需另外启动诉讼程序加以解决，而不得纳入破产程序，依靠破产程序的规则和法理作出处理。这里显然体现出了破产程序的非讼本质。不仅如此，无论对于破产程序是否单独立法，都不能改变它的化解债权债务关系的民事程序之性质。如果某一个国家的民事诉讼立法采广义概念而含纳了非讼程序，那么，就没有理由在民事诉讼理论上把破产程序排除在非讼程序的范围之外，也没有理由认为破产程序不属于广义的民事诉讼法的调整对象。这一点从法律适用的规则上也可以找到佐证。无论破产法律规范在形式上是否纳于民事诉讼法之中，各国立法均规定，凡破产程序未加规定的，适用或参照适用民事诉讼法的一般规定。可见，正如督促程序、公示催告程序一样，破产法与民事诉讼法之间构成了特殊规定与一般规定的关系。此外尚需指出，破产程序也不属于执行程序的范围。因为与仅以实现既定权利为己任的执行程序不同，破产程序不仅要实现既定权利，尤其要确认民事权利义务关系，只是这种确认带有事实确认的性质，是以民事权利义务关系不存在争议为前提条件的。当然，破产程序也有执行程序的某些特点，但这并不从总体上改变它主要是法院行使审判权的非讼程序的性质。

综上所述，就我国民事诉讼立法而论，非讼程序既包括传统的"特别程序"标题下的各种非讼案件程序，又包括新产生的与"特别程序"并列加以规定的三大非讼案件程序。前者可称为"古典的非讼程序"，后者可称为"现代的非讼程序"[①]。结合前面所论，如果将非讼程序与广义上的特别程序等同起来，那么，现行法所表明的"特别程序"便是狭义上的。广义上的特别程序从范围上乃包含了狭义上的特别程序和各种现代的非讼程序。从立法体例安排上看，将四类古典的非讼案件纳于狭义的特别程序中加以规定，与之相并列，同时规定各种现代的非讼程序，这是无可厚非的，在外国法制上也是有先例可循的。例如，《德国民事诉讼法》第六编集中规定了四大古典的非讼程序，即解决家事案件、亲事案件、抚养案件、禁治产案件的程序，同时，第七编和第九编又分别规定了督促程序和公示催告程序。但问题在于，如果理论上把特别程序与非讼程序等同起来，那么，必然要把特别程序界定为广、狭二义，才能与立法相协调。这样势必使学理陷于复杂化，而且易致人误解。在这种情形下，解决此问题的方法无非有两个：一是修改立法，立法中第十五章不再使用"特别程序"的概念，而单纯在学理上使用它，或者把各类非讼案件单独列为一编，称为"特别程序"或者"非讼程序"，以与另外的"诉讼程序"编并行相处。另一个方法是立法不变，仍在狭义上使用"特别程序"的概念，而在理论上提出一个"非讼程序"的概念，以使之涵盖特别程序和现代各种非讼程序，其中特别程序即指古典型的四大非讼程序。如前所述，既然立法作如是规定本属无可厚非，那么，要求修改立法以适应理论便有本末倒置之嫌。由此来看，第二种选择是明智且可行的。为了明确这一点，并更清楚地观察特别程序、非讼程序、诉讼程序、审判程序及执行程序

[①] 确认调解协议案件以及实现担保物权程序案件由于产生在后，为2012年民事诉讼法修改所新增，再加之其内容的现代性，因而也应划为现代的非讼程序之范畴。

等各项程序之间的关系，我们这里试列其程序体系结构如下：首先，从大的方面来看，民事诉讼法规定了两大程序，一是审判程序，二是执行程序。其中，审判程序又包括诉讼程序和非讼程序两大类别。诉讼程序包括普通程序、简易程序、上诉程序和再审程序，非讼程序包括古典的非讼程序和现代型的非讼程序两个方面。古典的非讼程序即指2012年修法前的"特别程序"，适用于选民资格案件，宣告失踪、宣告死亡案件，认定公民无民事行为能力、限制民事行为能力案件和认定财产无主案件四类非讼案件；现代的非讼程序包括督促程序、公示催告程序以及企业法人破产还债程序。确认调解协议案件以及实现担保物权程序案件也应划归现代非讼程序的行列。这样，各类程序的概念内涵及相互关系，就可以清晰地划定与理顺，理论研究也不致产生生造概念名称、不科学地构建程序体系等问题。

第四节 特别程序在民事程序体系结构中的地位

特别程序在民事程序体系结构中的地位，实际上就是关于民事诉讼程序和特别程序的关系。各国民事诉讼立法及民事诉讼理论对此主要有以下广、狭不一的认识或解释：

一、从广义理解民事诉讼程序

"民事诉讼程序"尽管带有"诉讼"二字，但在其所包含的范围和所构筑的程序结构中，不必受其字面含义拘束，而可以广收并蓄，使之包容各种不同性质的、且以不同目的为现实追求的民事程序，凭借它，不仅可预防民事纠纷的发生，而且，在民事纠纷发生后，也有各种不同的程序手段来解决它。依此理论，民事诉讼程序这个概念可以从最为宽泛的意义上包括民事诉讼、特别程序、执行程序以及公证、仲裁、调解等预防纠纷及替代诉讼的各种解决方法。这样设想的结果，就是形成以预防纠纷和解决纠纷为目的的民事程序法的系统工程。在这个系统工程中，特别程序有一席之地，它与民事诉讼程序相并列，表明它来解决立法者认为的特殊种类的民事纠纷的立法意旨。此一观点，衡之于各国的民事诉讼立法，一般只能是理论见解，而很难反映到立法现实中去。但是，它可以启迪人们思考，各种民事诉讼程序，无论其特征及性质如何，皆是因应各种民事案件的解决需要而生，都有其现实存在的必然性，尤其是，它们相互之间始终处在有机的联系之中，它们中任何一个环节发生变化，都会引起其他环节的变化。

二、从狭义上理解民事诉讼程序

这种观点将民事诉讼程序这个概念严格限定在它的"诉讼"性质上，认为民事诉讼程序就是解决民事纠纷的司法程序，不包括解决非讼案件的司法程序，也不包括解决民事纠纷、预防民事冲突的其他非司法程序。这种严格意义上的民事诉讼程序概念一般为西方国家所采用。采用它的目的在于强调民事诉讼程序解决民事纠纷的本质，完全依据民事纠纷法律属性和演变规律来界说民事诉讼程序。其好处是突出了民事纠纷程序的本质规定性，可以集中体现解决民事纠纷的一系列有内在联系的原则、制度和程序。但是，以这个观点来界说民事诉讼程序，必然使之带有单一性、封闭性和难以适应性的局限，而且在立法领域有操作上的实际困难，司法由此失去了灵活性。从发展趋势上看，这个观点正被日益抛弃，美国解决纠纷机制中"ADR"比重的不断增加，就是一个明证。可见，特别程序在该观点的支配下，是没有生存的余地的。

三、以上两种观点的折衷

即以民事诉讼和特别程序两大内容为外延,在广狭适中的意义上界定民事诉讼程序的内涵,认为民事诉讼程序应当能够涵盖司法机关即法院对现实社会中客观存在的性质各异、冲突程度不尽一致的民事案件解决的各种方法和程序。在这些方法中,至于以何者为主,则可依时代的需求而定。根据不同的社会条件和由此衍生的诉讼观念,立法者既可以诉讼程序为支配性原理设定解决各类民事案件的过程系统,也可以特别程序为主导性原理,使之渗透于诉讼程序之中,从而达到解决各类民事案件的目的。在这个观点之下,特别程序与诉讼程序在本质上是不分优劣的,在量的意义上,也不绝对地主张以何者为主导,而是以程序原则与民事案件相适应为价值追求,求得对各个民事案件的妥适化解。从外延上看,在民事诉讼程序的体系结构中,民间调解、仲裁等替代诉讼的解决方法被排除在外,而仅包括诉讼程序与特别程序。我国现行民事诉讼立法所采取的体例,就是这种观点的实际结果。从理论上评价,立法者作出这样的选择是明智的。因为,这不仅使民事程序的各项单独立法有了可能性和伸缩余地,同时在民事诉讼程序内部,由于诉讼原理与非讼原理的相互结合,使之能够设定出与民事案件不同性质相适应的尽量多的解决纠纷之程序模式。

第五节 非讼案件与诉讼案件的区别

非讼案件与诉讼案件构成了法院行使审判权解决民事案件的全部范围。同属民事案件,由于其性质不同,法院行使审判权的方式也有所区别,其结果便形成了支配审判程序进行的两大程序原理,即诉讼原理与非讼原理。为了恰当地将诉讼原理或非讼原理运用于民事案件的解决,有必要在立法上或理论上弄清诉讼案件与非讼案件的区别及其各自所具有特征。这便归结于非讼案件的本质若何,以及它与诉讼案件依靠什么标准区别开来。民事诉讼理论对此历来存有分歧认识。从大的方面说,有传统的绝对说与现代的相对说两大理论分歧。具体又有若干分支学说,兹介绍如下:

一、目的说

目的说是以解决民事案件所要达到的目的或者所具有的实际功效为标准,来划分诉讼案件与非讼案件的界限。然而对这里的"目的"究竟意谓若何又有不同见解,从而细分为"私法秩序形成说"及"预防说"二说。私法秩序形成说认为,非讼案件的本质在于以私法秩序的形成为目的,此所谓"形成",包括"设定""变更"和"终了"三种形态。由此所规制,作为解决非讼案件的非讼程序则要达到明示私权之存在,避免发生私权所在不明的目标。一言以蔽之,非讼案件乃以创设新的民事权利义务关系或主体间的新的法律状态为追求目标。反过来,诉讼案件则是为了维持私法秩序,确证私法权利。按照诉讼程序解决案件的结果,不是创设了新的私法关系,而是实现了私法上已经存在的私法关系。预防说则认为,立法中之所以规范非讼案件的解决过程,其目的便在于防止以后可能发生的民事纠纷,法院行使审判权解决非讼案件,具有预防纠纷的功能,而不是对已经发生的民事纠纷加以解决。与之不同,诉讼案件则是为了解决实然形态的民事纠纷,从而使已经遭受破坏的私法秩序重新恢复,维持一个正常的私法秩序。

二、对象说

对象说亦称客体说。该说认为，诉讼案件是以已经发生争执的民事权利的确定与实现为对象的，亦即以民事纠纷为对象。非讼案件则以没有发生争执的权利的保全或认同为对象，亦即在非讼案件中，不存在通常意义上的民事纠纷，没有对立着的双方当事人就某个特定的权利义务关系在主观上坚持正相反对的见解与期望。

三、手段说

手段说又称方法说。该说认为，诉讼案件的解决需要形成有既判力的判决，而且此一判决如果具有给付内容尚需加以强制执行；非讼案件则与私权的确定无关，法院就此所作出的裁判也无须强制执行。

四、实定法说

实定法说也称法规说。该说认为，非讼案件与诉讼案件的区别关键看立法者在实定法上对它们的排列。立法者认为应当依循诉讼程序加以解决，则该民事案件为诉讼案件；反之，立法者认为应当依循非讼程序加以解决的民事案件，则为非讼案件。

五、民事行政说

该说认为，诉讼案件是需要使用抽象的法规加以解决的案件，这个过程在性质上为民事司法；非讼案件则是需要国家以法院为代表积极介入公民之间的生活关系，从而进行妥当的安排，故属民事行政的范围。

以上各说，是传统的非讼案件本质观，这个本质观在方法论上始终是把非讼案件与诉讼案件相比较而观察其区别的二分法。对于这些学说，且不论各个学说在理论说明上或实际操作上有何观点或失之片面之处，但从总体上看，这样的二分法能否凭借其中任何一说把诉讼案件与非讼案件全部区别开来？此为疑问之一。疑问之二，除把民事案件划分为诉讼案件与非讼案件外，是否还有其他形态的民事案件，比如说兼有二者特点的混合型民事案件？疑问之三，诉讼原理与非讼原理在程序设计上的对立，是否必然以诉讼案件与非讼案件在客观现象上的对立为前提？前者除适应后者的解决外，还有没有其他的程序机能？等等。带着以上的这些质疑，最近产生了与传统学说在思维方式上完全不同的非讼案件本质观。

这种新观点认为，如社会生活关系是纷繁复杂的一样，需要依赖于审判权加以解决的民事案件也是多种多样、种类繁杂的。这些多样化的民事案件，在解决它们时所体现的价值追求并不尽一致。有的民事案件以正确而慎重的裁判为取向，有的以合目的性、妥当性裁判为取向，还有的则以简速裁判为追求，等等，不一而足。为了满足民事案件在程序法上的不同价值追求，需要法院在解决案件时灵活而综合地运用各种相关的程序法理，包括诉讼法理与非讼法理。由此看来，此一观念并不否认诉讼法理与非讼法理所存在的区别，以及它们各自具有的程序机能，只是并不认为诉讼法理与诉讼案件、非讼法理与非讼案件之间存在简单的对应关系，而认为应当突破诉讼案件与非讼案件之间的传统分类方法及分类标准，以具体民事案件的不同价值追求为标准，由法官灵活地斟酌各种程序法理，妥适地运用于具体的案件之中。这便从根本上否定了对于民事案件的传统的分类标准，并以相对的、更加明晰化的标准取而代之。根据这个观点，民事案件的类型不是非此即彼的诉与非诉那么简单，而是具有多样化的特征。这种多样化具体体现在民事案件的以下诸类型之中：一是权利义务确定追求型；二是古典的非讼事件型；三是合目的性、妥当性裁判追求型；四是集团处理追求型；五是简速裁判强烈追求型；六是讼争对立性阶段化呈现型；等等。① 当然，这种观点没有也不可能穷尽、网罗所有类型、各具特征、价值追求相异的民事案件，因而，在适用上，毋宁把它作为一种程序理念和组合审理方式的方法，交由法官在处理具体案件时依职权行使自由裁量权，求得对各个民事案件最为恰当的解决。

第六节　非讼程序与诉讼程序的区别

诉讼程序与非讼程序是民事审判程序中既相对立又相统一的两种基本程序。从理论上看，用这两种程序就可以应付全部民事案件的解决，而且均能达到理想的目的。诉讼程序与非讼程序之所以能够区别开来，根本的原因在于他们各自有一套内在联系着的原则和制度。正是这些原则和制度，决定着诉讼程序与非讼程序的基本区别，从而规定了程序原理的二元对立。要深刻地了解诉讼原理与非讼原理对于程序运作的不同机能，首先的一点就是要辨析清楚构筑并蕴含于诉讼程序与非讼程序之中的各项原则和制度。无论是在诉讼程序还是非讼程序中，这些原则和制度均不是单一而互相割裂的，而是多元、有机组合的，它们在现实的立法规定中，构成了具体的可资分析的审理方式。

在传统的民诉理论上，诉讼程序与非讼程序在以下一系列主要的原则或制度上存在区别：

一、处分权主义

处分权主义也称处分原则，这是在实体法层面体现的一项原则，意思是说，民事诉讼要不要发动，当事人在什么范围内请求法院行使审判权，这个范围要不要在诉讼进行中予以变动，以及当事人是否坚持诉讼等，这些包含实体权利内容的诉讼权利，应当完全地交给当事人自己行使，法院不加干预。与此相对，如果当事人在这些诉讼环节上不充分享有诉讼权利，而是处于被动的无权或者权利受限制的状态，那么，理论上则称之为"职权干预原则"。只是一般而论，在现代意义的民事诉讼法律制度中，处分权主义是诉讼程序以建构的一项原则，而非讼程序在建构之时，则更多地倾向于采纳职权干预主义。主要原因在于，诉讼程序的影响所及，仅限于特定当事人之间，仅限于私权，为了贯彻私权自治、契约自由等市场经济原则，诉讼过程中就相应地应当采取处分权主义；非讼程序往往涉及当事人以外的任何不特定人的利益，与公益相关，因而立法中应当限制当事人在程序过程中的权利，而充分发挥法院代表国家依职权进行干预、把关的作用。

二、辩论主义

"辩论主义"是大陆法系国家使用的概念，与我国民诉法上的"辩论原则"有所区别。辩论主义包含三层含义，一是民事诉讼中关于案件解决所需要的事实，概由当事人主张，法院不代为主张，亦即事实主张是当事人的责任，而不是法院的职责；二是对于诉讼过程中已经主张的事实，除依法能够免予证明的外，概由当事人提供证据加以证明，法院不代为调查收集证

---

① 参见邱联恭：《程序制度机能论》，三民书局1996年版，第26—89页。

据，亦即举证是当事人的责任，而非法院的义务；三是对于一方当事人的事实主张，如果与该当事人利益相对立的另一方当事人表示承认，那么，此项承认不但免除该当事人的举证责任，而且对法院的事实认定也产生拘束力，亦即事实自认是证据的代替品，法院必须认定该事实为真，而不得作出与此相反的认定。如果某个民事诉讼法的有关规定，同时符合了以上三个方面的要求，那么便可以说，它贯彻了辩论主义。反之，如果以上三个方面的要求没能得到落实或者受到了修正，那么，该民事诉讼法实行的便不是辩论主义，而是它的对立面——职权探知主义或修正的辩论主义。诉讼程序适用辩论主义，非讼程序采取职权探知主义。在非讼程序中，当事人未主张的事实，未提出的证据，法院可以职权主张和收集调查，当事人的自认对法院并无拘束力。

三、公开主义

公开主义也称公开审理原则，是指民事案件应当通过面向当事人及社会一般群众公开开庭的方式得到解决，不经过公开的开庭审理，对民事案件不能作出具有法律拘束力的结论。公开原则的理性基础在于引入社会力量作为审判权运作过程的监督与制衡，不仅是当事人、证人等诉讼参与人的诉讼行为公开化、透明化，还是法院的审判行为公开化、透明化，使之一方面保持自律，达至公平与效率，另一方面使司法行为及其结果获得一般公众的理解、信任与支持。诉讼程序以双方当事人的权益对立为基础和对象，矛盾的对抗性较大，其解决对客观性、公正性的要求远远超出经济性、效率性的目标，因而就有必要在诉讼程序中打开一个缺口，引进外在的社会力量，缓和其对抗性和冲突性的烈度，为它的公正性寻找更多的理论依据。由于这些立法价值，公开原则作为对秘密审理原则的否定，从其产生之日起，就成为现代文明国家民事诉讼制度中的基本原则，成为现代诉讼程序的一项重要标示。当然，公开原则在诉讼程序与非讼程序中的分野并不具有绝对的意义。在诉讼程序中，公开原则的贯彻倘若妨碍其他诉讼价值或实体价值的实现，也有可能并有必要为它的落实设定例外规则与特殊情形，实行秘密审理原则，从而为诉讼案件的解决在价值目标上实现综合的平衡。但是，公开原则主要在诉讼程序中适用，在非讼程序中，则一般适用它的相反原则，即秘密审理原则。公开原则之所以不当作非讼程序的一项原则来看待，并不是说非讼程序就不属于现代诉讼制度的组成部分，也不是说，一旦实行了公开原则，非讼案件的解决就达不到应有的目的，或者说，公开原则与非讼程序呈现着天然的相互排斥的关系，而是说，非讼程序不需要借重公开原则便能实现它的主导性价值，即确认非讼争议的事实或法律状态，调节正常的生活关系，适用了公开原则，不仅无补于其公正性价值，而且对其客观性与效率性价值的实现，也有产生副作用的可能。当然，对于具体非讼案件的解决，如果法院认为使用公开原则更有利于实现其主导价值，即客观性与效率性，则也保留适用它的自由裁量权。

四、口头主义

口头主义也称"言词主义"，是相对"书面主义"来说的一项诉讼原则。据此原则，当事人实施任何诉讼行为，除法律有明文规定的，均应当采取口头的方式加以表达，若用书面的形式，则不产生诉讼法上的效果。相反地，如果在原则的意义上，诉讼法要求当事人以书面的方式从事诉讼活动，那么，此项原则就会导致诉讼过程的秘密性和诉讼结果的武断性，形式主义色彩甚为浓厚，民事司法的积弊颇多。有鉴于此，资产阶级革命胜利后，以法国为先锋，相继以口头主义取而代之，从原则上否定了书面主义的作用。与之同时，口头主义也引发了自由心证主义、直接主义等诉讼原则的产生。与其说,它们各具程序机能,相互独立,毋宁说它们是为了新时代或者近代社会的诉讼目标与诉讼价值,而综合地形成的、内在密切地关联着的诉讼原则体系。它们俱生俱荣,相互关照,整体配套,缺一不可。到了现今,口头主义作为一项诉讼原则的政治意义已然淡化,而它的技术性价值却日益凸显。正是由于口头主义的诸多特点,它才与直接主义等原则相配合,作为法官收集诉讼资料、证据资料从而对案件的事实认定与法律适用形成内心确信的手段。这样形成的自由心证,不仅能够保持高度的新鲜感、自然性和丰满性,尤其还能确保此一心证结论的客观性、真实性和全面性。如果相反,书面主义被运用的必然结果则是它的对立效应,诸如零散性、形式性、过时性等。诉讼案件以追求客观真实的、正确而慎重的裁判为目标,此一目标的实现无疑更加应当倚重口头主义的原则性适用。但是口头主义在具有诸多优点的同时,也内在地伴有保存诉讼资料较为困难、不适合于复审制度等缺点。为了弥补这些缺点,各国立法在原则地规定口头主义之外,也例外地允许甚或要求实行书面主义,比如说起诉、上诉等作为审判基础的重要诉讼行为,便要求以书面的形式表达其内容。与之相反,非讼程序则以贯彻书面主义为原则,口头主义仅是它的补充形态。为什么会产生如此差异?原因还在于它与诉讼程序所解决的案件有性质上的区别,非讼程序不以对立的当事人为案件构成的主体性要素,绝大多数非讼案件甚至自始至终只有一方当事人,另一方当事人客观上并不存在或者说没有必要考虑他是否存在。这样的案件特征使得法官在解决它的时候便没有听取双方当事人陈述与辩论,从而明辨是非、形成确信的必要与可能。相反,他需要借助于一方当事人(往往是申请人)的诚信意识和书面资料。正是这种书面资料(包括诉讼资料与证据资料)客观存在与真实状态,成为法官行使审判权解决案件的重要依凭,法官的内心确信在这里让位于形式审查的真实性。这是非讼程序之要求实行书面原则的现实依据。当然,书面原则也有助于程序结构与运作方式的简化,从而对实现程序价值的经济性与迅捷性也大有裨益。这是问题的一方面。另一方面,与诉讼程序以书面主义作为口头主义的补充一样,非讼程序中也要以口头主义作为书面原则的补充。这主要体现在非讼程序的前半段。法官在收到当事人对于非讼案件之申请后,如果遇到案件中的事实关系错综复杂、头绪纷纭,则往往需要如同诉讼案件一样,以开庭的方式要求利害关系人分别就案件事实的各个侧面作出陈述、解释和说明。通过这样的过程,法官便能厘清事实关系,拟定审理方案,把握审理方向,从而在此基础上,继而发挥书面主义的作用,对案件作出符合多元价值要求的解决。

五、直接主义

直接主义的基本含义是,诉讼程序结束时,对于案件作出实体裁判的法官,应当直接或亲自听取双方当事人在开庭审理中的口头辩论。由此派生出诉讼中的两个规则:一是作出裁判的法官应当与参与审理的法官保持一致;二是如果言词辩论后,法官需要更换,那么,后加入的法官应当重新听取言词辩论,而不得基于法庭记录作出裁判。规定直接主义的原因,一在于口头主义或言词原则,二在于自由心证主义或内心确信制度。法官作出裁判需要奠定在确定的心证之上,而此一心证离开口头主义便难以形成。由此来看,直接主义反对在诉讼过程的中途任意地更换审理案件的法官,反对法官仅仅基于书面资料或法庭记录作出裁判,反对审者与判者的分离主义。如前所述,口头主义与自由心证主义均属诉讼程序的基本原则,它们的目的是追求案件事实的客观真相,达成正确而慎重的裁判,而直接主义之作用发挥,始终与口头主义、自由心证主义相伴相随,离开这二者,直接主义便失去了依托和必要。可见,直接主义是诉讼程序的原则之一,诉讼程序的构筑及其目的之达成,对于直接主义提出了必然的要求,诉讼程序中唯有贯彻直接主义，才能有助于它实现兼顾实体真实与程序公正的价值目标。

与诉讼程序不一样，非讼程序乃以达成简速、经济、合目的性与创设性的裁判为目的，在此过程中，法官需要发挥其对于程序过程的支配及主导作用，而且，较之口头主义，书面主义更利于助成其目的之实现。由于这些缘故，非讼程序则不以非实行直接主义不可为原则。既然非讼程序并不排斥，有时甚至要求书面主义作为其运作的原则和基础，那么，作出裁判的法官与参与审理的法官就没有非保持一致不可的理由，尤其是，法官更换后若进行重新辩论，则与非讼程序的简速、经济的目标有所背离。所以，在非讼程序，直接主义并不是作为原则性要求提出来的，若无法贯彻直接主义，则与之相对立的程序原则，即间接审理主义也有适用的余地。

六、当事人进行主义

"当事人进行主义"是在程序法层面观察而呈现的概念，它指的是，民事诉讼进行过程中的纯粹程序性事项，是由当事人来处理、解决和主导的，法院在原则上并不依职权干预。例如，起诉的条件及其程序是否符合诉讼法的规定，对此，只有在对方当事人提出异议后，法院才予以考虑，从而对于不符合法定要求的起诉裁定驳回或者限期补正。再如，在当事人进行主义，送达是由当事人完成的；要不要开庭审理以及何时可以开庭审理等这些问题也是由当事人来决定的。与此相反的处理方法，称为"职权进行主义"。传统理论认为，在诉讼程序，应当实行当事人进行主义，在非讼程序，则应实行职权进行主义或者职权裁量法理。原因在于，诉讼程序解决的是诉讼案件，受私权自治原则的支配，加之诉讼程序的推进与私权权能的发挥息息相关，故法院的审判权应当服从诉权，正是在对立着的当事人的诉权之触发下，审判权才发挥具体的作用，因而审判权的运作具有消极性和被动性。与之相反，由于非讼程序所针对的非讼案件往往关涉公益或他人利益，法院对它的解决带着民事行政的性质，而不完全受制于私权自治，所以，法院对于诉讼程序的推进以及程序事项的处理，应当持积极的干预态度，充分地发挥职权裁量的作用。

七、灵活的证明程序和较高的证明标准

诉讼程序原则上采取严格的证明程序，而非讼程序则容认自由的证明。较之后者，前者的证明程序较为灵活，而且证明标准一般较高。诉讼案件与非讼案件之所以采取相异的证明标准，原因还在于它们所追求的程序目标不同。诉讼案件希望通过诉讼程序达成正确而慎重的裁判，非讼案件则以快速、简易和经济为主要的价值追求。

八、当事人对立主义

当事人对立主义又称二当事人主义，意思是说，民事诉讼在结构上以有对立着的双方当事人为基本型态。诉讼中既有作为起诉者的原告，又有作为被诉者的被告。原告、被告处于利害关系中的对立状态。这样的状态要求民事诉讼程序的设置，无论在形式上还是实质上，均应维持原告、被告之间的平等地位，以及原告、被告分别与法官之间的等同距离，从而使之拥有平等的陈述意见、提供证据的机会，亦即拥有相同的攻击与防御方法。法官正是在此诉讼程序的格局中，以公正的第三者的立场，作出对案件的最终裁判。因此，理论上也称此一原则为"武器平等原则"。据此原则，原告在起诉时，若缺乏明确的被告，诉讼程序则不能成立；反之，若起诉者不是声称与本案有直接利害关系的人，诉讼程序也不能构成。因为，无论何种情形的出现，都意味着诉讼程序中缺乏相对立的二当事人，对审的机制无以产生，法院由此缺乏

作出裁判的契机。非讼程序则不然，它的启动不以案件有权益争端为事实前提，因而只要一方当事人的申请就可以把它发动起来，而且该申请者不一定与本案有直接的利害关系。法院对于非讼案件的处理，不是依赖于双方当事人的陈述及辩论的结果，而是以一方当事人的单方面陈述及辩论为裁判基础的。所以，通常见到的非讼程序，在案件解决过程的自始至终，往往只出现一方当事人，另一方当事人或者根本没有，或者没有出席法庭的必要。亦即，与以当事人双方审理为原则的诉讼程序不同，非讼程序是以当事人一方审理为原则的。

九、适用判决程序

法院依靠诉讼程序解决了诉讼案件，除调解或和解外，其实体结果应当以判决的形式加以表达。此一判决形成后，不仅当事人，而且法院也受其拘束。法院所感受到的此一判决的拘束性，理论上称之为"羁束力"或者"自缚性"，意指法院对于已经作出的判决，除循法定程序加以废弃或者变更外，不得自行废弃或者变更。因为，对于诉讼案件，传统理论认为法院行使审判权的理论前提是当事人诉权的"契约观"。依此诉讼契约理论，法院一旦对诉讼案件作出判决，便从中解脱而不得再行干预，否则便是对审判权的滥用。因此，对于诉讼程序来说，在本质上，法院依职权任意变更或者废弃判决是受排除的。但是，非讼程序对于非讼案件的解决则不以当事人的"诉讼契约说"为理性根据，因为非讼案件所关涉的利益已经超出了特定当事人之间的"私"的范围，法院行使审判权，以经常地保持非讼案件裁判结果的妥适性和合目的性，则成为必要。其结果，法院裁判的羁束力或自缚性便要受到排除或者缓和。为此目的，立法通常规定，法院对于非讼案件的解决，应当采用与程序问题一样的裁定方式。由于诉讼案件和非讼案件在解决结果上适用不同的裁判方式，因而，诉讼程序与非讼程序又分别被称为"判决程序"和"裁定程序"。

第七节　诉讼程序与非讼程序的交错适用

一、程序保障论与程序原理交错适用论的兴起

"程序保障论"是民事诉讼理论研究中出现的一个崭新课题。这个概念的引入，为现代民事诉讼法制建设树立了新的里程碑，世界各国尤其是发展中国家的民事诉讼程序将在新的背景下变得焕然一新。程序保障论对民事诉讼程序的重新塑造提出了一系列的要求，具体表现在诉讼要件、诉讼主体等方面。贯彻于其中的要旨是突出诉讼程序中当事人的地位，要求当事人真正成为支配诉讼过程和诉讼内容的主人，要求司法者切实尊重当事人的人之尊严，从而确保诉讼中人与诉讼外人、此人与彼人、单个的人与集合的人等种种人的人格平等。此一基本要求派生出两个命题：第一，任何民事纠纷的解决，均应有与之恰好相适应的程序结构；第二，此程序结构之设定，能够为诉讼中人利用来实现各自程序利益与实体利益的最大化。套用经济学的术语来说，就是要利用程序结构这只"无形之手"，实现程序资源与司法资源配置的最优化，从而产出最大的社会效益和经济效益。这样的基本原理及其派生法则，要求我国民事诉讼理论一改长期沿袭的实体保障论，以程序保障为中心，重新构筑市场经济条件下民事诉讼程序的新面貌与新体系，并反思现行民事诉讼立法的科学性、合理性和可行性等问题。在这一综合课题中，有一个分支课题是新颖且至为基本的，此即民事诉讼程序与非讼程序的交错适用。

民事诉讼程序与非讼程序的交错适用论,是德、日等大陆法系国家刚兴起不久、目前讨论正烈的课题。这个课题的基本内容是打破传统的诉讼程序与非讼程序的"二分法",以解决具体民事案件的实际需要为鹄的,充分发掘和重新配置两大类别程序结构的内在原理及其相互关系,使之产生适应于任何民事案件的尽可能多的审理方式。毫无疑问,这个理论的产生,拓展了民事诉讼法学的研究领域,标志着民事诉讼理论研究的深化与细化。在这种理论的指导下,民事诉讼程序结构的宏观体系必将呈现出新的特征和意义。

我国对民事审判方式改革一直保持高度的热情。改革的中心议题是变换计划经济体制与传统惯力之下形成的诉讼模式,使新产生的民事诉讼模式能够充分适应市场经济体制发育的需要,能够极大地解放生产力。重塑民事诉讼模式的基本方法是以市场经济发展的内在规律为基准,借鉴外国法制中的成熟经验和有益因素,剔除、改变落后于时代要求的各中支配民事诉讼程序建构的观念、原则和制度。运用这个方法论的一个重要方面,就是以系统论、控制论为思维原理,打破诉讼中与诉讼外、诉与非诉的界限,相互启迪,相互汲取程序精神,再造我国民事诉讼法的程序体系。为了这个目的,研究诉讼程序与非讼程序原理的交错适用是必不可缺的,也是非常及时的。反过来也一样,只有把诉讼程序与非讼程序各自的原理及其相互之间的交错适用搞清楚,民事审判方式的改革才能在更加丰富和有力的诉讼理论的指导下大踏步地前进,才会更有成效。

二、诉讼程序与非讼程序交错适用的具体分析

诉讼程序与非讼程序的交错适用,是指在依诉讼程序解决民事案件的过程中,在一定情形下,可以适用非讼程序的原理,或者在以非讼程序解决民事案件的过程中,在一定情形下,可以适用诉讼程序的原理。这是一种对传统理论加以修正的新观念,称为"程序法理交错适用肯定论"。[①]

交错适用论的产生,是对传统的民事诉讼理论及立法的挑战和驳难。传统理论把民事案件从形式上分为诉讼案件与非讼案件两大类,在此基础上,设定了解决这两大类案件的程序结构,分别为诉讼程序与非讼程序。诉讼程序用来解决诉讼案件,非讼程序用来解决非讼案件。除此以外,再也没有其他类型的民事案件及与之相适用的程序结构。对于诉讼程序与非讼程序,传统上形成了一系列相对立或相对称的原则、制度,这些原则和制度分别组合在一起,构成有机联系的整体,形成了相对稳定的、各具机能的程序法理,一是诉讼法理,二是非讼法理。这两大类型的民事案件、两大类型的民事程序以及两大类型的程序法理,各相适应,一脉相承,沿袭至今。

传统的"二分法"理论有其可取之处,例如,操作简单,容易把握,性格稳定,保持了法的安定性及可预测性,而且在多数情况下能求得正确的结果。但是,"二分法"有明显的形式主义特征,它把纷繁复杂的民事案件,依据单一的标准一分为二,非此即彼,未免失之简单。由此所设定的程序结构,必然导致司法中的机械主义,难以保证各个民事案件均能得到符合其本质及之解决。

鉴于"二分法"的以上缺陷,交错适用论认为,为适应社会生活之复杂化及民事纷争解决方法之多样化,应考虑重新组合该程序要素之可能范围,使判决程序与裁定程序互相交错,借以构成新的审理方式。日本林屋礼二的《判决与法定的交错》对此有论述。此说还认为,为充分顺应此等审理状况之多样化、复杂性,应当肯定就同一事件之审理,在同一程序之前后

[①] 有关此方面的论述,可参见邱联恭:《程序制度机能论》,三民书局1996年版,第26—89页。

阶段，具有分别交错适用相对立的程序法理之必要性及可能性。

肯定了程序法理交错适用的必要性，接着产生的问题是，如何将具体的程序原理交错适用于特定的民事案件之中。为此，首先有必要弄清的问题是，民事案件的解决，应当满足哪些程序法上的基本要求，应当分别使用什么样的程序法理才能得到实现。对此，交错适用论认为民事案件的解决，无论其为诉讼案件还是非讼案件，不外是要满足以下三个方面的基本要求：

（一）正确而慎重的裁判之达成

传统理论认为，达成正确而慎重的裁判，是诉讼程序的基本要求。因此，诉讼程序的审理过程受处分主义、辩论主义、言词审理主义、直接审理主义、一般公开主义及严格证明等程序法理的支配。而非讼程序不以此为基本要求，因而以上这些支配诉讼程度的各项原则，在非讼程序中应当受到限制或者排除。交错适用论认为，传统上被组合成诉讼法理的上述各项程序法理，并不是都属于发现真实、从而达成正确裁判的最为有效、最为充分的手段。言词主义与直接主义相结合，有利于发现真实，严格证明原则也能够保障心证形成的客观性。但是，辩论主义与职权主义究竟何者更有利于发现真实？理论上各执一词，未见定论。尤其是，辩论主义必须和阐明权等制度相配套才能对发现真实起一定作用。此外，公开原则、处分原则等在立法上的确立，是另有其程序机能的，很难说它们与发现真实之间有手段与目的的关系。由此看来，为了达成正确而慎重的裁判，传统的程序法理在组合方式上需要加以调整。

（二）简易、迅速而经济的裁判之达成

传统理论认为，由于非讼程序修正诉讼程序所采用的一般公开主义、言词主义及直接主义，而改采简易主义、职权进行主义等非讼法理，因而特别有助于达成简易、迅速而经济的裁判，故简速裁判与非讼法理有内在关联。交错适用论对此基本认同，但认为，以书面审理主义及裁定方式为内容的简易主义，尽管在一般情况下有利于达成简速裁判，但言词主义与职权进行主义相结合，有时收效更大。因而在非讼程序中，在前后不同的程序阶段，也可交错适用言词主义与书面主义。不仅如此，非讼程序与诉讼程序的交错适用，也可以扩大裁定程序解决纠纷的功能。具体地说，在非讼程序中，由于法官行使裁量权的结果，在特定的同一案件的审理中，裁定方式能够与言词主义、一般公开主义及当事人诉讼权利的保障结合起来，从而使该案的审理程序最大限度地接近诉讼程序与判决方式相结合的程度，以至满足了承认实质上拘束力所必要的程序要素。这样便可在非讼程序中解决诉讼案件，从而避免当事人及法院就同一案件的解决，必须分别进行非讼程序与诉讼程序两道程序，程序经济与程序保障由此可以兼顾。

（三）合目的性、妥当性、展望性或创设性裁判之达成

一般认为，审理程序的主导方式有二：一是当事人主导方式，包含当事人处分权主义、当事人进行主义及辩论主义三大程序法理；二是职权主导方式，其程序法理是对当事人主导方式的限制。比较而言，职权主导方式更有利于达成合目的性、妥当性、展望性或创设性的裁判。因为，首先，在职权主导方式下，当事人处分权主义的适用受到限制或者排除，法院不受当事人诉讼请求范围的限制，而可以不受拘束地行使自由裁量权。例如，在指定监护人的案件中，虽然当事人表示应当选某人为监护人或者对监护人的候选人的先后次序作了排列，法院也不当然受其拘束。为了充分保护监护人的利益，达到监护制度的目的，兼顾公益，法院可以行使职权，酌定适当的监护人，以达成合目的性、妥当性、创设性、展望性、裁量性的裁判，并使之产生对世的效力。其次，在职权主导方式下，原则上，当事人并不负有真正意义上的主张责任和举证责任，对于裁判所依赖的基础事实及资料，由法院依职权决定是否主张及调查收集必要的证据。这

样,法院便可以针对具体的民事案件,一方面探求其目的性所在,另一方面为达到此一目的,继而依职权收集资料,使作出的裁判具有合目的性、妥当性等。与之相反,如果案件的审理过程贯彻当事人主导方式,法院则必须严格尊重处分原则和辩论原则,难以运用较大的自由裁量权收集有关事实和证据,从而实现该具体案件的基本要求。最后,职权主导方式对于裁判的效力也有影响。法院在作出裁判后,为了继续保持裁判的合目的性、妥当性等,法院仍然可以运用职权裁量法理,撤销或变更原来的裁判。这既可以发生在法院作出裁判时事实不清、证据不足或适用法律不当的情况下,也可以是由于裁判作出后发生新的情况或者情势有所变迁而导致。可见,在承认这种裁判变更可能性的制度下,非讼程序法理的适用有助于达成合目的性、妥当性裁判。

民事案件的解决所要满足的程序法上的基本要求无非有以上三个方面。只是,不同的民事案件偏重于不同的基本要求,有的偏重于正确而慎重的裁判,有的偏重于简易、迅速而经济的裁判,有的偏重于合目的性、妥当性、展望性或创设性的裁判。尽管不能排除完全固守或偏执于其中之一的可能性,但大多数的民事案件都不可能在以上基本要求上走向绝对,而往往是以其中一个为主,兼顾其他。由于社会生活关系的复杂性,民事案件必然是形式多样、各有差异的,因而对于具体民事案件的最佳程序要求,不仅立法上难以规范,理论上也不好抽象或者只能高度概括。依交错适用论,就特定民事案件的目的性之判断,唯有留待法官行使自由裁量权,视具体情形加以妥适的衡量。其结果,传统地把民事案件分为诉讼案件与非讼案件的"二分法",在这里完全被打破,取而代之的是另一种全新的划分标准,即以民事案件在程序法上要满足的基本要求划分具体的案件类型。这些案件类型已如前述,主要包括:权利义务确定追求型、古典的非讼事件型、合目的型、妥当性判断追求型、集团处理追求型、简速裁判强烈追求型、讼争对立性阶段化呈现型等。单从数量上看,交错适用论对民事案件类型的划分比"二分法"确乎多了不少,但其理论上仍有一个难点,即无论如何,它都不可能穷尽社会生活中所有类型的民事案件,依照这些类型来适用程序法理,依然是原则化的、粗糙型的,所不同的是,问题由立法者移到了司法者一边。

三、诉讼法理和非讼法理交错适用的案件形态

既然不同的民事案件有不同的程序法上的基本要求,而这些基本要求需要依靠不同的程序法理加以满足,这样就为各个民事案件的解决设定特定的、富有弹性的审理方式奠定了理论基础。在量的意义上,民事审理方式便呈无限化状态。这种无限化状态要得到实现,离不开法官在个案中的裁量行使。从类型化的角度看,由于程序法理交错适用的结果,民事案件便有以下几种形态:

(一) 完全适用诉讼法理的民事案件

典型的以民事权利义务关系对立状态的化解为目的的民事诉讼案件,在审理的过程中,其程序结构应当完全适用诉讼法理。所有权确认之诉便是适例。这类案件的特征主要有四个:一是过去事实的认定;二是实定法的适用;三是权利的存否具有讼争对立性;四是以权利的确定为目的。这些特征决定该类案件的程序法上基本要求是达到正确而慎重的裁判。为实现此基本要求,在程序结构上便要全面地贯彻诉讼法理,即实行处分权主义、辩论主义(主张、举证责任等)、言词主义、直接主义、一般公开主义、严格证明原则、对审主义(二当事人主义)、当事人进行主义等。可见,所谓当事人主导方式或当事人主义的诉讼模式,主要体现在完全适用诉讼法理的民事案件之中。当然,这并不是说,完全适用诉讼法理的民事案件不需要顾及裁判的迅速性和经济性,而仅意味着,在迅速性、经济性与正确性、慎重性相冲突或者难以并存时,前者应当让位于后者。唯其如此,才符合这类民事案件的本质特征和基本要求。多

数民事案件属于这一类型。

(二) 完全适用于非讼法理的民事案件

一般来说，古典的非讼案件属于这个范畴。就外国法制及传统理论来说，非讼案件的古典领域以监护事件（含公益法人登记、夫妻财产之登记等）为主，也包括收养事件、户籍事件、船舶抵押事件、商事事件（含检查人的选任解任、商业登记等）、物之保管及证书之作成事件等。这类案件的内部当然特征各异，但它们在主要的或本质的特征方面是一致的，即均具有浓厚的公益性，均需要作出迅速处理，均需要法官在处理时充分行使裁量权，在判决作出后均需要保留法官依情势变更等原因加以变更的权利，等等。这样一些特征内在地要求它们的解决过程应当贯彻职权主义等非讼法理，并一般地排拒诉讼法理的适用。举例言之，登记案件一般具有简速性、公益性、预防性、民事行政性和非私权确定目的性的特点，这就为它的解决提出了妥当处理和简速处理的基本要求。为了实现这些基本要求，在程序设定上便要实行简易主义、职权主义、书面主义、间接主义、不公开审理等非讼法理。其他诸如宣告公民失踪、死亡案件，认定公民无民事行为、限制民事行为案件，认定财产无主案件等，均属应当完全适用非讼法理的民事案件。

(三) 部分适用诉讼法理、部分适用非讼法理的民事案件

有些民事案件由于自身特性的缘故，完全地适用诉讼法理或者完全地适用非讼法理，皆难以求得符合其基本要求的解决，因而就需要视具体情形，分别地确定程序法理，跨领域地适用诉讼法理与非讼法理，形成适合于特定案件的特定审理方式。这里面的种类不可穷尽，但在大的方面可以分为两个类别：一是主要适用诉讼法理，同时辅之以非讼法理的审理方式；二是主要适用非讼法理，同时辅之以诉讼法理的审理方式。前者的落实，便是在诉讼程序中，兼用非讼程序的某些原理；后者的体现，乃是在非讼程序中，兼用诉讼程序的某些原理。这就是所谓的诉讼案件的非讼化处理与非讼案件的诉讼化处理。在过去的"二分法"中，前者由于本质上属于诉讼案件，相应地，它的处理便通过诉讼程序适用诉讼法理来完成，至于非讼程序或非讼法理，由于其形式上的不相容性而不得涉足于其中；反之亦然。这样便难脱削足适履或伸足适履的形式主义之弊。比较起来，交错适用论在这里便高出一筹。因为它主张，对于那些兼有诉讼与非讼特性的混合型案件，同样应当适用与之相应的兼有诉讼与非讼法理的混合型审理方式。例如，请求抚养案件在传统理论中是归类于诉讼案件范畴的，但就其所追求的价值目标来看，它与通常的诉讼案件有着较大的区别。因此之故，便需要在这类案件的解决过程中，视所涉及事项的自身特点，灵活而交错地适用程序法理。法院在审理此类案件时，依案件展开的逻辑顺序，首先遇到的便是案件中的讼争性事项，如是否存在抚养与被抚养的关系、是否给付了抚养费等。对于这些事项，法院应当适用诉讼法理加以解决。为此，直接主义、言词辩论、严格证明等诉讼法理便应适用于此。但是如果这类案件涉及私生子等个人隐私，审理的过程则不应实行一般公开主义。当然，当事人公开主义还是可以适用的。如果肯定了抚养请求权，那么，关于抚养的程度及方法，法院可以行使职务裁量权，作出与原告的诉讼请求不一样的判决，而不受原告诉讼请求的限制或拘束。在此，当事人的处分权主义受到了制约或缓和，国家干预原则发挥了较大的作用。因为，该案件的基本要求是达成合目的性、妥当性的裁判。再如分割共有物案件，对于共有物的分割方法应当适用职权裁量的非讼法理，当事人的诉讼请求不对法院产生拘束力。但是，关于案件的前提性事项，如当事人对于共有物享有所有权的部分或比例，若要产生实质上的拘束力，则必须在其判断过程中适用能够发生该项效力所必要的诉讼法理，如处分权主义、辩论主义、言词主义等。对于案件中的该部分而言，其性质乃属权利义务确定追求型。

（四）先后适用诉讼法理或非讼法理的民事案件

这类案件也是交错适用程序法理的典型形态和重要领域，与前一类案件相比较，它们在交错适用程序法理的性质上是一致的，但在表现形式上有所区别：前一类案件对于程序法理的交错适用具有横向性和主从性的特点，亦即在以某一类程序法理为主进行审理的过程中，由于个别事项或环节具有与整体案件不同的特性，因而有必要交叉适用另一类程序法理，以资为程序合理性的补救；后一类案件对于程序法理的交错适用具有纵向性和并行性的特点，这类案件在程序法的基本要求上可以分为明显的两个阶段，前一阶段要求适用诉讼法理或非讼法理，后一阶段则要求适用恰好相反的程序法理。这种类型的民事案件同样可以分为两个类别：一是先适用诉讼法理、后适用非讼法理的民事案件；二是先适用非讼法理、后适用诉讼法理的民事案件。前者可举确定公司收买股份价格案件为例。此类案件首先要解决的是涉及股东地位、股份数量等前提事项的争执，为此，需要适用处分权主义、言词审理主义、直接主义、主张及举证责任等诉讼法理。从性质上看，此一前提性事项属于权利义务确定追求型。自此以后，对于公司收买股份价格的确定，在程序法的基本要求上，则属于简速裁判强烈追求型，而要求法院改而采取非讼法理加以解决，如裁定方式、职权进行主义、简易主义等。后者以督促程序、公示催告程序最为典型。在此二程序中，前阶段均未显现讼争对立性，因而需要采取非讼法理作出简易、迅速的处理。迄后阶段，由于债务人提出异议或利害关系人申报票据权利，案件便由非讼的性质转为诉讼的性质，程序上的基本要求也由简速裁判的追求转为正确而慎重裁判的追求。这样，法院对同一案件的解决，便应改用诉讼法理，从而使之产生相应的法律效果。

第八节　特别程序的共同规则

《民事诉讼法》第十五章规定了"特别程序"。该章的第一节规定了"一般规定"。特别程序的一般规定，是指所有的适用特别程序加以解决的案件均应予适用的原则、制度和程序规则。这些规定相对于诉讼程序而言，具有特殊性；但相对于具体的特别程序而言，又具有一般性，含有特别程序"通则"的意味。根据该"一般规定"的规定，特别程序区别于普通程序的特点主要有以下几点：

一、特别程序优先适用规则

在程序规范的适用上，凡是特别程序有明文规定的，法院在解决特别案件的过程中，应当首先适用特别程序的规定。只有在特别程序没有作出特别的、具体的、明文的规定时，才适用普通程序的规定。特别程序并不是自给自足的程序系统，它自身并不形成体系。在立法技术上，为了避免立法上的重复，立法者并不就解决特别案件的程序作出自始至终的系统规定，而是仅就其有别于普通程序的环节、方法、手续和制度等作出规定。这样就在特别程序和普通程序之间形成了特别法和一般法的关系。这一点既体现了特别程序和普通程序之间的区别，也显示出了它们之间的关联。特别程序在本质的规定上依然是法院行使审判权解决民事案件的过程法和形式的规范法。既然特别程序在民事诉讼法规定的程序体系中，与普通程序一起同属于审判程序的范畴，同属于立法体系的分则范围，因而，民事诉讼法关于总则的规定，包括基本原则和制度的规定，在与特别程序的规定不相冲突的范围内，也有其适用性，特别程序也应受其规范和调整。另外，特别程序的有些规定也散见于各种有关的实体法当中，如民法典、选举法等法律的规定。正是基于特别程序在设定上有以上特点，《民事诉讼法》第184条首先规定："人民法院审理选民资格案件、宣告失踪或者宣告死亡案件、认定公民无民事行为能力或者限制民事行为能力案件、认定财产无主案件、确认调解协议案件和实现担保物权案件，适用本章规定。本章没有规定的，适用本法和其他法律的有关规定。"这就将特别程序和普通程序及民事诉讼法的其他规定之间的关系，明确地规定了出来。当事人在申请适用特别程序时、人民法院在适用特别程序解决案件时，均应以此项规定为程序规范的指导。

二、审判组织简化规则

在人民法院适用特别程序审理特别案件的审判组织上，原则上采取独任制形式，不采取合议庭的形式。立法这样规定的主要原因在于，适用特别程序解决的案件一般事实比较清楚、案情比较简单、证据比较容易判断、牵涉的法律适用因素并不复杂，故在案件的内在因素构成上与简易程序所适用的简单民事案件有类似之处，因而也同简易程序一样适用独任制审判。但是，如果特别程序所适用的案件在性质上具有严重意义，或者案件本身比较复杂，属于一个审判员难以判断的疑难案件，则应当由审判员组成的合议庭进行审理，而不适用独任制审判。在特别程序中适用合议庭审理的案件有两类：一是选民资格案件，二是重大、疑难的特别案件。选民资格案件之所以适用合议庭审判，是由该案件类型的自身性质所决定的。因为，选民资格案件直接关系到公民选举权和被选举权的重大问题，涉及公民所享有的宪法性权利的实际行使问题，因而与社会公益、政治秩序有关，法院在解决此类案件时应持慎重态度。无论选民资格案件是简单还是复杂，应一律用合议庭的形式构成审判组织。而且，从解决选民资格案件的过程来看，选民资格案件一般是比较复杂的。因为，该案件要进入法院系统解决，有一个前置性的程序乃是向有关选举委员会申诉。有关的选举委员会已对该案件处理过一次了，而有关公民依然不服，才向法院提起诉讼。这种解决纠纷的过程，说明选民资格案件一旦进入法院，自身便带有一定的复杂性因素。复杂的案件适用合议庭审判，这是一项基本原理。至于其他重大的、疑难的特别案件，则自身已昭示其应适用合议庭审判的原因所在。无论是诉讼案件还是非讼案件，都有复杂和一般、一般和简单的区别问题。案件难易有别，解决案件的人马力量也应有别，这是一个不证自明的道理。值得注意的是，特别程序中所出现的合议庭与诉讼程序中出现的合议庭还有一点区别，这就是在特别程序中，合议庭成员必须全部由审判员构成，而在诉讼程序中一审合议庭成员则既可以全部由审判员构成，也可以由审判员与陪审员一并构成。《民事诉讼法》第10条规定，人民法院审理民事案件，依照法律规定实行合议制度。合议制度对于民事案件的审判形式而言是一项基本原则，属于立法上的原则规定，除非立法有特殊规定，任何民事案件的审理均应实行合议制审判。所以，特别程序实行独任制审判，对于诉讼案件来说，属于例外规定。但是，在这个例外规定中，选民资格案件和重大、疑难案件的审理又属于例外的例外。这样，前一个例外对于特别程序而言，又成了原则规定。

三、审级制度特殊规则

由于诉讼程序和非讼程序所要解决的对象的性质不同，立法对它们便规定了不同的审级制度。民事案件的审级制度各国有不尽一致的规定，但无论如何，有一点基本上是一致的，即对于诉讼程序，各国均有较为周详的审级制度予以规范，以求对诉讼案件的正确而慎重的解决；对于非讼程序，在审级保障上则不过于强调，一般实行一审终审，其目的是求得对非讼案件的及时高效的解决。按照《民事诉讼法》第10条的规定，人民法院审理民事案件，依照法律规定实行两审终审制度。这是针对诉讼程序而言，对于非讼程序，《民事诉讼法》第185条规定："依照本章程序审理的案件，实行一审终审。"这一规定不仅适用于古典型的非讼案件，而且对于现代型的非讼案件，即确认调解协议案件、实现担保物权程序、督促程序、公示催告程序和企业法人破产程序，也适用。至于再审制度，原则上它仅适用于依诉讼程序加以解决的案件，而对于以非讼程序加以解决的案件则不予适用。原因在于，再审制度就其本质而言乃是赋予裁判生效后仍处在对立状态的当事人的救济手段，非讼程序的产生、发展与结束，都是以不存在对立的双方当事人为事实前提的。这样就不可能出现法院裁判作出后当事人之间仍存争执的情况，再审制度也就没有适用的必要。如果在非讼程序结束后，发生了新情况或新事实，使得原裁判已不再正确，则可以由利害关系人申请法院作出新的裁判，取代原裁判。原裁判本身并不因此而被认定为错误。如果在非讼程序结束后，发现原裁判在事实的认定、证据的采纳或法律的适用等方面确有错误或不当，那么，必然会有相应的利害关系人出现，他既可以通过起诉的方式，解决已经演化为诉讼案件的纠纷，也可以继续向法院提供证据，由法院作出新裁判，取代原裁判。这里之所以用"取代"而非"推翻"，因为法院就非讼案件作出的裁判不具有自缚力。既然如此，法院可以随时对原裁判加以变更。

四、短暂的审限规则

在审理的期限上，特别程序一般比诉讼程序要短。根据《民事诉讼法》第187条的规定，人民法院适用特别程序审理的案件，应当在立案之日起30日内或者公告期满后30日内审结。有特殊情况需要延长的，由本院院长批准。但审理选民资格的案件除外。选民资格的案件有其特殊性，人民法院在受理后，必须在选举日前审结。诉讼程序的审限较之特别程序则要长得多。这里又分三种情况：第一种情况是普通程序的审限，为6个月，有特殊情况还可以延长；第二种情况是简易程序，为3个月，不可延长；第三种情况是判决的上诉案件，其审限也是3个月，有特别情况也可延长，对于裁定的上诉案件，审限则为30日。特别程序的审限之所以短，也与其所适用的案件的性质及其复杂程度有关。

五、级别管辖恒定规则

在级别管辖上，适用特别程序解决的案件，一般由基层人民法院行使管辖权。由基层法院处理特别程序的案件是各国惯例，因为由基层人民法院处理特别程序的案件，便于其了解案件的真实情况，便于利害关系人实施相应的程序活动。这同诉讼案件相比是一个特点。诉讼案件的级别管辖是按照其影响大小、复杂程度等标准来确定的，从基层人民法院到中级、高级甚至最高人民法院，都可以作为诉讼案件级别管辖的法院。而特别程序案件的级别管辖法院原则上确定为基层法院，但破产案件的级别管辖有可能为中级法院，这是一个例外。①

六、纠错程序特殊规则

按照特别程序处理的案件，判决发生法律效力后，如发现认定事实或者适用法律方面存在错误，则由原审人民法院在利害关系人的申请下，按照特别程序作出新判决，撤销原判决，而不像诉讼案件一样，所作出的判决如果存在错误，应按照再审程序加以纠正。如果人民法院对于特别程序处理的案件在事实认定和法律适用上不存在错误，然而在判决作出后发现新情况或

---

① 最高人民法院《关于审理企业破产案件若干问题的规定》第2条。

者产生新事由,利害关系人则不得按再审程序申请再审,人民法院也不得依职权发动再审程序改变原判决,而只能按照特别程序的规定,由利害关系人起诉或提出申请,由人民法院作出新判决,撤销原判决。同样需要利害关系人另行起诉或提出申请,同样是作出新判决,撤销原判决,但是对于原判决存在错误的纠正和基于新事由再次发动的特别程序,在性质上是不一致的。前者的特别程序为纠正程序,其特别之处在于,它的纠正程序是由特别程序予以专门调整的,而不按通常的再审程序进行,这可以说是蕴含于特别程序中的纠错机制,其性质仍是特别程序;而后者的特别程序,则带有撤销之诉的性质,属于诉讼法上的形成之诉的范畴。

七、案件受理费免交规则

在案件受理费上,依特别程序处理的案件一律免交案件受理费。但诸如公告、鉴定等所需要的费用,还是要交纳的。这一点,与原则上应交纳案件受理费的诉讼案件有别。在诉讼案件中,当事人如果确有困难,可以申请免交缓交案件受理费。但该申请是否获得同意,取决于法院对当事人经济状况的审查确定。如果免交缓交申请遭到驳回,而当事人在一定期限内仍不交纳案件受理费的,人民法院则可作出撤诉处理的裁定,该案件由此结束。

八、特别程序转化规则

人民法院在依照特别程序审理案件的过程中,发现案件属于民事权益争议的,应当裁定终结特别程序,并告知利害关系人可以另行起诉①。适用特别程序审理的案件不涉及民事权益的争议,因而本质上属于非讼事件。非讼事件的处理在程序上有别于诉讼案件的处理。因而,在特别程序的运行过程中,如果发现以非讼事件名义出现的案件,实际上属于诉讼案件,应当依照诉讼程序加以解决,在这种情况下,无论特别程序进行到了何一环节与阶段,人民法院均应作出裁定,终结特别程序的进行,并告知利害关系人可以另行起诉。法院裁定终结特别程序并不具有使特别程序自动转入诉讼程序的功效。是否终结特别程序,在利害关系人无撤回申请的情况下,取决于人民法院;但是,是否另行提起诉讼程序,则取决于利害关系人自身。这是由民事诉讼中"不告不理"原则所规定的。

第二十三章 选民资格案件程序

第一节 选民资格案件的概念及程序特点

《宪法》第 34 条规定:"中华人民共和国年满十八周岁的公民,不分民族、种族、性别、职业、家庭出身、宗教信仰、教育程度、财产状况、居住期限,都有选举权和被选举权;但是依照法律被剥夺政治权利的人除外。"在选举开始前的 30 日,负责选举的选举委员会列一个选举名单,并张榜公布,发给选民证。只有被列入选民名单取得选民证的公民才能参加选举,实际行使选举权和被选举权。可见,是否被列入选民名单,直接关系到公

---

① 《民事诉讼法》第 186 条。

民的选举资格，直接关系到公民政治权利的行使，是极其重要的事情。选民名单公布后，由于种种原因可能会发生错误，例如，该列入选民名单的人未被列入，或者相反，不该列入的人被列入了选民名单。这些错误发生后，选举委员会在选举日前可以主动修改、订正，也可以通过其他程序加以解决。《全国人民代表大会和地方各级人民代表大会选举法》第29条规定："对于公布的选民名单有不同意见的，可以在选民名单公布之日起五日内向选举委员会提出申诉。选举委员会对申诉意见，应在三日内作出处理决定。申诉人如果对处理决定不服，可以在选举日的五日以前向人民法院起诉，人民法院应在选举日以前作出判决。人民法院的判决为最后决定。"这里存在两个法律程序：一是向选举委员会申诉，二是向人民法院起诉。这两个程序是一个总程序的两个阶段，它们之间存在一个先行后继的关系，而不是并列的可以选择的程序。向选举委员会申诉是向法院起诉的前置程序，只有对选举委员会的申诉决定不满，才能继而向人民法院起诉，否则人民法院不予受理。这是选民名单案件在程序上的特点。可见，选民资格案件，是指公民本人或者其他有关公民，对于选举委员会就选民名单的申诉作出的决定表示不服，依法向人民法院起诉要求加以司法解决的案件。从性质上讲，选民名单案件既不属于制裁破坏选举的刑事诉讼，也不属于行政诉讼的范围，而是由民事诉讼法加以调整的特别诉讼案件。

第二节 解决选民资格案件的程序

《民事诉讼法》第十五章第二节第188条和第189条对选民资格案件的程序作了规定。据此规定，选民资格案件在审理程序上有以下内容：

一、管辖

《民事诉讼法》第188条规定："公民不服选举委员会对选民资格的申诉所作的处理决定，可以在选举日的五日以前向选区所在地基层人民法院起诉。"可见，选民名单案件在地域管辖上不适用民事诉讼法关于地域管辖的一般规定，而是由选区所在地的人民法院管辖，在级别管辖上恒属基层人民法院。

二、起诉

起诉者必须是原来向选举委员会提出申诉的人，但向选举委员会提出申诉的人不一定是与选民资格有直接利害关系的人。所谓与选民资格有直接利害关系的人，是指有选举权而且是本选区的选民但未被列入选民名单的公民，或者没有选举权但却列入选民名单的人。任何对选民名单有不同看法的公民，都可以按照选举法向选举委员会提出申诉。选举委员会对此申诉应当作出决定。申诉人如果不服该申诉决定，则可以继续向人民法院提起诉讼。起诉的时间应当在选举日的5日之前。

三、审判组织

与其他的非讼案件不同，选民名单案件不实行独任制审判，而应当由审判员组成合议庭进行处理。选民名单案件涉及公民的基本政治权利，所以处理起来要特别慎重。故立法规定法院处理这类案件，不仅要采取合议庭的形式，而且要由审判员组成合议庭，而不得由陪审员和审判员共同组成合议庭。

四、诉讼参加人

人民法院处理选民名单案件，除作为双方当事人的起诉者和选举委员会外，应当通知选举委员会的代表、有关公民参加诉讼。这些诉讼参加人均可依法行使陈述事实、辩论、提供证据等权利。人民法院作出的判决，除送达起诉人和选举委员会外，涉及有关公民的，也应向该公民送达。选民资格案件的当事人和其他诉讼参加人与一般的案件是有所区别的，而且也比较复杂，在具体的案件上需要依据谁是申诉人、谁是选民资格系争的公民本人、选举委员会及其代表等因素加以决定。

五、审限

对于选民名单案件，人民法院的审限应当同时适用两个规定。一是《民事诉讼法》第187条的规定："人民法院适用特别程序审理的案件，应当在立案之日起三十日内或者公告期满后三十日内审结。有特殊情况需要延长的，由本院院长批准。但审理选民资格的案件除外"也就是说，选民名单案件一般应当在30日以内审结。二是《民事诉讼法》第189条第1款的规定："人民法院受理选民资格案件后，必须在选举日前审结。"这样既可以保证选民资格案件的及时审结，又可以确保选举工作的有效、合法、顺利进行。在这两个规定中，后者是特殊规定，审理选民资格案件首先要适用这一规定，确保该类案件在实际举行的选举日前完结。否则，超过这个期限还没有完结，至少对于这次选举，该公民的政治权利是受到影响的。与此同时，法院审理选民资格案件一般必须在30日内完成，只有在特殊的情形下，才能经过本院院长同意予以适当延长。

第二十四章 宣告失踪、宣告死亡案件程序

第一节 宣告失踪和宣告死亡案件概述

宣告失踪案件是在1991年民事诉讼法中首次加以规定的。在《民事诉讼法（试行）》中，仅规定了"宣告失踪人死亡案件"，而没有规定宣告公民失踪案件的程序。人民法院宣告公民死亡案件在程序上要以相关的公民首先被认定为失踪人为前提。按照当时的法律，公民被认定为失踪人不是由法院按照诉讼程序来进行的，也就是说，这类案件不属于人民法院的主管范围，而是由公安机关按照行政程序来解决的。到了《民法通则》颁布，在其"公民"这一章里专设一节规定了"宣告失踪和宣告死亡"的制度。这样就把宣告失踪和宣告死亡两个既有联系又有区别的实体问题连在一起作出了规定。《民法通则》的这个规定，明确地宣布人民法院可以主管宣告失踪案件。实体法有了这个规定，还需要依靠程序法来加以保障和付诸实现。这就为民事诉讼法的进一步修改和补充提出了要求和奠定了基础。1991年制定的民事诉讼法增加规定了人民法院解决宣告失踪案件的程序。如此，实体法和程序法便衔接、协调起来，宣告失踪程序由此更加趋于完善和健全。

从概念上来说，宣告公民失踪案件是指公民离开其住所地，下落不明达到一定期限，人民法院根据利害关系人的申请，判决宣告该公民为失踪人的案件。根据《民法典》第40条、

《民事诉讼法》第 190 条的规定,申请宣告公民失踪案件必须符合以下两个条件:(1) 该公民离开最后居住地后下落不明。(2) 该公民下落不明的时间必须持续 2 年以上。战争期间下落不明的,从战争结束之日起算。因意外事故而下落不明的,从意外事故发生之日起算。以上条件必须同时具备,法院才予以受理。

宣告死亡案件在《民事诉讼法(试行)》中就作了规定。后来相继颁布了《民法通则》和 1991 年民事诉讼法,这两部法对宣告死亡案件的诉讼程序作了进一步的完善,并且把它和宣告失踪案件合并规定在一起,更加显示了它的合理性和科学性。宣告公民死亡案件,是指公民离开自己的住所地生死不明达一定期限,人民法院根据利害关系人的申请,依法宣告该公民死亡的案件。宣告死亡与自然死亡既有联系也有区别。宣告死亡并不中止被宣告人的民事权利能力,因为人的民事权利能力与公民的人身是不可分割的。所以,活着的被宣告人在其生活地照常可以参与民事法律关系。但在该公民的最后居住地,就其参与的法律关系而言,宣告死亡与自然死亡引起的法律后果却是相同的。

宣告死亡案件与宣告失踪案件相比,二者都属于人民法院对一定事实加以司法确认的非讼程序,而且在程序结构上基本相近。但是,二者在适用的条件、适用的具体程序以及所产生的法律后果上均有所区别。具体言之,宣告公民死亡与宣告失踪存在以下不同之处:

一、公民下落不明的时间不同

申请宣告公民死亡的下落不明的时间为 4 年,或者从意外事故之日起 2 年,或者因意外事故下落不明,经有关机关证明该公民不可能生存的,申请该公民死亡的下落不明的时间,从该书面证明中所确认的时间开始计算。申请公民失踪的下落不明的时间为 2 年。

二、公告期不同

人民法院受理宣告死亡案件后,其发出的宣告死亡的公告期为 1 年。经证明不可能生存的,公告期为 3 个月。宣告公民失踪的公告期为 3 个月。

三、法律后果不同

宣告死亡的法律后果主要有两个:一是婚姻关系自动消灭。婚姻关系的一方当事人被法院依特别程序宣告死亡后,另一方当事人无须再办理解除婚姻关系的手续,即可与他人结婚。二是被宣告死亡人的财产可依法继承。这和宣告失踪不同。宣告失踪的主要法律后果是人民法院为失踪人的财产指定财产代管人,被宣告失踪人并不丧失对其财产的所有权。

值得指出的是,宣告死亡与宣告失踪是两个不同的、分别独立的案件,立法之所以把它们规定在一起,是因为它们有着诸多的共同性。但这既不意味着他们是融合在一起的,也不是说它们是同一个案件的两个相继出现的阶段。宣告死亡与宣告失踪在符合法定条件的情形下,是同时提供给有关利害关系人加以选择的程序。符合了宣告死亡的条件,利害关系人既可以申请法院宣告有关公民死亡,也可以申请法院宣告有关公民失踪,究竟作何选择,由利害关系人视具体情形和实际需要自由决定。在宣告死亡之前,不是非要经过宣告失踪的程序,宣告失踪并不是宣告死亡的必经程序。

《民事诉讼法》第 193 条规定:"被宣告失踪、宣告死亡的公民重新出现,经本人或者利害关系人申请,人民法院应当作出新判决,撤销原判决。"这条规定表明,宣告失踪、宣告死亡案件是从广义上加以规定的,包含了撤销失踪宣告和死亡宣告的案件,宣告和撤销构成了人民法院解决这两类案件的相应程序的两个阶段。这里所出现的前后两个阶段，是同一案件内部的适时分化，而不是两个案件单元，不需要利害关系人的双重程序启动机制。

第二节 宣告失踪案件

一、宣告失踪案件的审理程序

宣告公民失踪案件在审理程序上有以下特点和内容：

其一，必须由利害关系人提出申请。利害关系人包括被申请宣告失踪人的配偶、父母、子女、兄弟姐妹、祖父母、外祖父母、孙子女、外孙子女以及其他与被申请人有民事权利义务关系的人。没有利害关系人的申请，人民法院不能依职权宣告某公民为失踪人。

其二，利害关系人必须以书面形式申请。申请书中必须写明被申请宣告失踪人最后离开住所地的事实、时间和请求。说明与被宣告人失去联系的时间，提出下落不明和申请此案的事实根据。同时必须附有公安机关和其他有关机关关于公民下落不明的书面证明。

其三，宣告公民失踪案件由被申请人住所地的基层人民法院管辖。

其四，人民法院可根据申请人的申请，清理被申请人的财产，指定诉讼期间的财产管理人或采取财产保全措施。

其五，人民法院受理案件后，应当发出寻找该失踪人的公告，公告期为3个月，期满后仍下落不明，则作出宣告该公民为失踪人的判决。

二、宣告失踪的法律后果

人民法院依特别程序宣告公民失踪后，便产生了一定的法律后果，主要有：其一，为失踪人设定财产代管人。其二，以失踪人的财产清偿失踪人的债务。

失踪人的财产由代管人代管后，对于失踪人所欠税款、债务和应负的其他费用（主要包括赡养费、扶养费、抚育费和因代管财产所需的管理费等必要的费用），由代管人从失踪人的财产中支付。

三、被宣告失踪人重新出现的处理

宣告失踪的判决一经送达利害关系人，即发生法律效力，利害关系人不得提起上诉。判决生效后，如果被失踪人重新出现，或者已确知下落，人民法院可根据本人或利害关系人的申请，查证属实后，作出新判决，撤销原判决。

第三节 宣告死亡案件

宣告死亡的程序与宣告失踪的程序基本相近，它们之间有关的区别前已述及，这里仅谈宣告死亡判决的撤销。

根据《民事诉讼法》第193条规定，被宣告死亡的人如果重新出现，法院依本人或利害关系人的申请，作出新判决，撤销原判决。撤销判决的效力溯及宣告死亡之时，与自始未受死亡宣告相同。故在原则上，因宣告死亡而消灭的身份关系因而复活，因继承或其他原因取得财产的应负返还责任。但要注意保护善意第三人的利益，主要表现在：（1）关于婚姻关系的恢复。死亡宣告被法院撤销时，其配偶尚未再婚的，夫妻关系从撤销死亡宣告之日起自行恢复，但以下情况除外：其一，生存配偶再婚且再婚关系依然存在的；其二，生存配偶再婚后又离婚的；其三，生存配偶再婚后其再婚配偶又死亡的。（2）关于收养关系的解除。被宣告死亡的人在被宣告死亡期间，其子女被他人依法收养，死亡宣告被撤销后，被宣告死亡的人不得仅以未经本人同意而主张收养关系无效。但收养人和被收养人同意的除外。（3）关于财产的转让。《民法典》第53条规定："被撤销死亡宣告的人有权请求依照本法第六编取得其财产的民事主体返还财产；无法返还的，应当给予适当补偿。利害关系人隐瞒真实情况，致使他人被宣告死亡而取得其财产的，除应当返还财产外，还应当对由此造成的损失承担赔偿责任。"

第二十五章　认定公民无民事行为能力、限制民事行为能力案件程序

第一节　认定公民无民事行为能力、限制民事行为能力案件概述

现行的民事诉讼法同时规定了认定公民无民事行为能力案件和限制民事行为能力案件，但是，回顾《民事诉讼法（试行）》，其中只规定了人民法院审理认定公民无民事行为能力案件的程序，而没有规定认定公民限制民事行为能力的案件及其处理程序。其原因就在于当时《民法通则》还没有颁布，其他的民事实体法也没有对公民民事行为能力作出划分。所以，在这一段时间，法院只处理认定公民无民事行为能力案件，不审理公民限制民事行为能力的案件。到《民法通则》颁布后，公民的民事行为能力的法律状况被分为三种形态，即完全民事行为能力、限制民事行为能力和无民事行为能力。这样规定的结果，使得法院对公民民事行为能力状况的认定，就不能仅限于无民事行为能力，而且还要扩及对限制行为能力的认定。《民法通则》第19条规定："精神病人的利害关系人，可以向人民法院申请宣告精神病人为无民事行为能力人或者限制民事行为能力人。被人民法院宣告为无民事行为能力人或者限制民事行为能力人的，根据他健康恢复的状况，经本人或者利害关系人的申请，人民法院可以宣告他为限制民事行为能力人或者完全民事行为能力人。"1991年民事诉讼法颁布后，人民法院审理限制民事行为能力的案件有了程序法上的依据。

民事行为能力与民事权利能力不同，是指能否独立进行民事活动的法律资格。这是以公民对其行为有无判断能力为依据的。按照《民法典》第17、18、19条的规定，年满18周岁的公民具有以自己的行为依法确立、变更或者终止民事法律关系并承担其法律后果的独立能力，即具有了民事行为能力；16周岁以上不满18周岁的公民，以自己的劳动所得作为自己的主要生活来源的，也视为完全民事行为能力人；18周岁以下、年满8周岁的未成年人，可以进行与其年龄、生理相适应的民事活动，即具有限制民事行为能力；8周岁以下，皆为无民事行为能力人。这是以年龄为标准对民事行为能力加以划分的正常情况。但也有例外，精神病人尽管在

年龄上已经达到标准,但是因为他缺乏独立辨别是非和处理自己事务的能力,因而他对自己的行为后果不应负法律责任,这就有必要对他们的行为能力状况作出特别的限制,使之在法律上成为限制民事行为能力人或者无民事行为能力人。他们究竟应当被认定为什么样的行为能力人,关键取决于有关公民的智力状况和精神状态,同时还要考虑到利害关系人的申请或意愿。由此可见,人民法院解决的认定公民无或者限制民事行为能力案件,所针对的主体就是已经达到具有完全民事行为能力或者限制民事行为能力的年龄标准但智力不健全、精神不正常的精神病人。如果智力健全、精神正常,公民的行为能力则完全取决于其法定年龄是否已经达到,而无须经过人民法院的特别认定。认定公民无民事行为能力和限制民事行为能力案件是指法院对公民因精神病或其他病症丧失了全部或部分民事行为能力,通过法定程序在事实和法律上进行认定和宣告,确认该公民为无民事行为能力或限制民事行为能力人,并为其设立监护人的案件。《民事诉讼法》第194条至第197条对人民法院解决这类案件的审判程序作出了规定。

第二节　认定公民无民事行为能力、限制民事行为能力案件程序内容

一、由利害关系人申请

认定公民无民事行为能力或限制民事行为能力的案件开始于利害关系人或其他组织向人民法院提出申请。这里的"利害关系人"主要是指近亲属,包括配偶、父母、子女、兄弟姐妹、祖父母、外祖父母、孙子女、外孙子女等。

二、管辖

根据《民事诉讼法》第194条的规定,这类案件应当由被申请认定无民事行为能力或限制民事行为能力公民住所地基层人民法院管辖。立法做如此规定有利于保护申请人的合法权益,同时便于人民法院收集有关证据,对案件作出正确处理。

三、医学鉴定及调查

根据《民事诉讼法》第195条规定,人民法院受理申请后,必要时应当对被请求认定为无民事行为能力或限制民事行为能力的公民进行鉴定;申请人已提供鉴定意见的,应当对鉴定意见进行审查。一般情况下,人民法院对于精神病人无民事行为能力或限制民事行为能力的认定,应当根据司法精神病学鉴定意见进行。但是,对被申请人的精神状况进行鉴定并非人民法院审理此类案件的必经程序。根据被申请人的具体情况,人民法院如果认为参照周围群众的普遍反映,凭借一般的生活经验,不进行医学鉴定便可对其精神状况作出认定,在对有关证据作出适当调查之后,就可作出认定该被申请人为无民事行为能力或限制民事行为能力人的判决。

四、确定或指定诉讼代理人

《民事诉讼法》第196条规定,人民法院审理认定公民无民事行为能力或者限制民事行为能力的案件,应由被申请人的近亲属为其诉讼代理人。但是,申请人不得同时成为诉讼代理人。如果近亲属互相推诿或者互相争做诉讼代理人,则由人民法院从中指定一人为诉讼代理

人。该公民健康状况许可的，还应询问本人的意见。

五、作出判决

人民法院通过对案件的审理，应当根据具体情况作出不同判决：如果认为申请有事实根据，则作出认定该公民为无民事行为能力或者限制民事行为能力人的判决；反之，则应作出驳回申请的判决。

六、指定监护人

指定监护人是在认定公民为无民事行为能力人或者限制民事行为能力人之后或者之外另行产生的诉讼程序，前者既非后者的一个阶段或者组成部分，也不是在后者结束之后必须产生的程序。监护人是否要人民法院指定，在实体上取决于有无指定监护人的必要，在程序上取决于有无申请人提出申请。如果没有人提出申请，人民法院也不依职权发动指定监护人程序。

七、撤销原判决

人民法院作出判决后，经过一段时间，如果被认定为无民事行为或限制民事行为能力的公民在身体、精神健康状况上发生了变化，以致原认定所依赖的原因已经消除，那么，人民法院应当在当事人的申请下，作出新判决，撤销原判决，恢复该公民相应的民事行为能力。

有权申请撤销公民无民事行为能力或限制民事行为能力的认定和判决的主体，既可以是被认定为无民事行为能力或限制民事行为能力的公民本人，也可以是被认定为无民事行为能力或限制民事行为能力的公民的利害关系人或者有关组织。该申请的提出意味着新的非讼程序的开始。人民法院受理申请后，应当就有关事实进行调查。为此，人民法院可以要求有关部门进行鉴定，如果有关当事人提交鉴定意见或者其他证明材料的，人民法院需要予以审查，并在适当时询问该公民本人，以弄清该公民无民事行为能力或限制民事行为能力的原因是否已经消除。人民法院经过审查认为申请有理由的，则作出判决撤销无民事行为能力或限制民事行为能力的认定。此项判决不仅关系到该公民本人，而且与社会公益相关，故应送达申请人和本人，并发布公告。

第二十六章　认定财产无主案件程序

第一节　认定财产无主案件概述

认定财产无主案件指人民法院根据申请人的申请，通过一定法律程序，对某项权利主体不明或失去权利主体的财产进行认定，判决宣布其为无主财产，并收归国家或集体所有的案件。立法之所以要规定解决认定财产无主案件的法律程序，是因为社会上总是可能存在某些所有权不明的财产，需要明确其权利主体是否存在的法律事实，解决该财产的归属问题，做到物尽其用，减少社会财富的损失；而且，无主财产不易认定，归属不清，容易引起争议，属于民事法律问题，需予以确认。

第二节　认定财产无主案件的条件

第一，必须是有形财产，不能是无形财产或者精神财富。

第二，财产的权利主体不明。常见的情形有：其一，财产的所有人已不存在，或者谁是所有人无法确定；其二，所有人不明的埋藏物和隐藏物；其三，拾得的遗失物、漂流物、失散的饲养动物，无人认领者；其四，经公安机关招领满一定期限无人认领的遗失物、赃款、赃物；其五，无人继承的财产。

第三，财产没有所有人或所有人不明的状态须持续满法定期间，如苏联为1年，我国民事诉讼法对此没有作出具体规定。

第三节　认定财产无主案件程序内容

《民事诉讼法》从第198条到第200条就认定财产无主的程序作出了明确规定。从这些规定来看，认定财产无主的程序是由以下环节构成的：

一、管辖

根据《民事诉讼法》第198条的规定，认定财产无主的案件由财产所在地基层人民法院管辖。这样便于人民法院就近进行调查研究，询问证人，了解该财产的具体情况，收集有关证据，确认财产是否无主，从而作出正确的裁判。

二、申请主体

申请的主体是广泛的，包括任何公民、法人或者其他组织。

三、申请的形式

申请的形式必须是书面的，在申请书中，申请人应当写明财产的种类、数量以及要求认定财产无主的根据。

四、审查申请和发出公告

人民法院接受申请后，经审查核实，如果认为该财产不属于无主财产，应作出判决驳回申请人的申请。如果该财产在形式上属于无主财产，人民法院则应当发出公告，寻找该财产的所有权人，确认该财产在实质上是否果真为无主财产。公告期为1年。公告期届满后，如果该财产仍无人认领，人民法院则可作出判决，认定该财产为无主财产。按我国民法规定，无主财产属于国家或者集体所有。

五、撤销财产无主认定

人民法院作出财产无主的判决，从性质上来说，仅是对财产无主的一种推定。这种推定有可能与客观存在的实际情况不符。在判决生效后，如果原财产所有人或者继承人出现，在

《民法典》规定的诉讼时效3年期间可以对财产提出请求，人民法院审查属实后，应当作出新判决，撤销原判决。

第二十七章 确认调解协议案件程序

第一节 确认调解协议案件程序概述

确认调解协议案件程序，是指人民法院根据双方当事人的共同申请，依法对人民调解委员会等调解组织主持达成的调解协议进行司法审查与确认，并赋予其强制执行效力的特别程序。从性质上说，确认调解协议案件的程序属于非讼程序。

立法上之所以要增设此一程序，其意义主要在于：有助于将社会救济与公力救济结合起来，从而使社会救济获得公力救济的保障和强化，公力救济获得社会救济的支持和补充。具体而言，除私力救济外，社会救济与公力救济是解决民事纠纷的两种主要渠道。这两种救济的法律性质有重大区别：社会救济依靠社会力量化解纠纷，除立法所赋予的有限的强制执行效力（如仲裁）外，原则上缺乏强制执行力；公力救济则依赖国家审判权和执行权解决纠纷，具有国家机器的强力保障。因此，包括人民调解委员会主持进行调解在内的各种社会救济，在其内容的实现上，通常取决于负有义务一方当事人的自觉履行。由于社会救济的此种局限，其发挥的作用长期以来一直受到限制。有鉴于此，民事诉讼法增设此一程序，其用意便在于借助公力救济对社会救济的适度介入，激活和强化社会救济的功能与价值，从而使社会救济与公力救济能够有机衔接起来，由此形成多元化纠纷解决机制，发挥纠纷解决的合力。

第二节 确认调解协议案件程序的制度沿革

《宪法》第111条第2款规定："居民委员会、村民委员会设人民调解、治安保卫、公共卫生等委员会……调解民间纠纷，协助维护社会治安，并且向人民政府反映群众的意见、要求和提出建议。"居民委员会和村民委员会是基层群众性自治组织，由此决定人民调解委员会属于基层群众性自治组织。同时可见，人民调解委员会是宪法所确立的，具有极高的法律地位。

1989年国务院制定了《人民调解委员会组织条例》，其第9条规定："人民调解委员会主持下达成的调解协议，当事人应当履行。经过调解，当事人未达成协议或者达成协议后又反悔的，任何一方可以请求基层人民政府处理，也可以向人民法院起诉。"可见，该条例没有规定人民调解协议的强制执行效力，其是否履行，概取决于当事人的自愿行动。

2010年全国人大常委会制定人民调解法，取代了前述《人民调解委员会组织条例》。该法第33条规定："经人民调解委员会调解达成调解协议后，双方当事人认为有必要的，可以自调解协议生效之日起三十日内共同向人民法院申请司法确认，人民法院应当及时对调解协议进行审查，依法确认调解协议的效力。人民法院依法确认调解协议有效，一方当事人拒绝履行或者未全部履行的，对方当事人可以向人民法院申请强制执行。人民法院依法确认调解协议无效的,当事人可以通过人民调解方式变更原调解协议或者达成新的调解协议,也可以向人民法院提起诉讼"。该一规定成为民事诉讼法修改时增设独立确认调解协议案件程序的直接渊源。

2012年《民事诉讼法》第十五章第六节规定了"确认调解协议案件"。现行《民事诉讼法》第201条规定:"经依法设立的调解组织调解达成调解协议,申请司法确认的,由双方当事人自调解协议生效之日起三十日内,共同向下列人民法院提出:(一)人民法院邀请调解组织开展先行调解的,向作出邀请的人民法院提出;(二)调解组织自行开展调解的,向当事人住所地、标的物所在地、调解组织所在地的基层人民法院提出;调解协议所涉纠纷应当由中级人民法院管辖的,向相应的中级人民法院提出。"第202条规定:"人民法院受理申请后,经审查,符合法律规定的,裁定调解协议有效,一方当事人拒绝履行或者未全部履行的,对方当事人可以向人民法院申请执行;不符合法律规定的,裁定驳回申请,当事人可以通过调解方式变更原调解协议或者达成新的调解协议,也可以向人民法院提起诉讼。"

此外,最高人民法院在实践层面也积极推动此一程序的法定化进程,通过若干司法解释等规范性文件逐步明确、强化人民调解协议等的法律效力。《涉调解协议案件规定》第1条规定:"经人民调解委员会调解达成的、有民事权利义务内容,并由双方当事人签字或者盖章的调解协议,具有民事合同性质。当事人应当按照约定履行自己的义务,不得擅自变更或者解除调解协议。"第2条规定:"当事人一方向人民法院起诉,请求对方当事人履行调解协议的,人民法院应当受理。当事人一方向人民法院起诉,请求变更或者撤销调解协议,或者请求确认调解协议无效的,人民法院应当受理。"在此基础上,《诉与非诉衔接意见》第20条规定:"经行政机关、人民调解组织、商事调解组织、行业调解组织或者其他具有调解职能的组织调解达成的具有民事合同性质的协议,经调解组织和调解员签字盖章后,当事人可以申请有管辖权的人民法院确认其效力。当事人请求履行调解协议、请求变更、撤销调解协议或者请求确认调解协议无效的,可以向人民法院提起诉讼。"第25条规定:"人民法院依法审查后,决定是否确认调解协议的效力。确认调解协议效力的决定送达双方当事人后发生法律效力,一方当事人拒绝履行的,另一方当事人可以依法申请人民法院强制执行。"这些规定,为民事诉讼法的相关修改奠定了坚实的实践基础和规范基础。

第三节 确认调解协议案件程序的适用范围与程序

一、适用范围

根据《民事诉讼法》第201条规定,能够申请司法确认的调解协议,既包括按照人民调解法所产生的人民调解协议,也包括根据其他法律所产生的调解协议,因此可以申请司法确认的范围是开放性的,能否申请司法确认,只有一个标准,即取决于法律的明确规定,看其是否属于依法设立的调解组织调解所达成的调解协议。

二、程序

(一)管辖

确认调解案件程序在管辖上有两个特点:一是该案件的级别管辖原则上为基层人民法

院。一般而言，只有基层人民法院才能受理确认调解协议案件，中级以及中级以上的人民法院均不得适用该程序受理当事人提出的确认调解协议案件的申请。这样规定不仅因为此类案件一般比较简单，而且还在于由基层人民法院管辖更加符合"两便"原则。但根据《民事诉讼法》第201条第2项的规定，调解协议所涉纠纷应当由中级人民法院管辖的，向相应的中级人民法院提出。二是该类案件的地域管辖分为两种情形。其一，调解组织自行开展调解的，向当事人住所地、标的物所在地、调解组织所在地的基层人民法院提出。其二，调解协议所涉纠纷应当由中级人民法院管辖的，向相应的中级人民法院提出。当事人对此不得通过协议形式加以改变。

（二）申请

与人民调解的启动程序有所区别，申请司法确认调解协议的程序仅能根据相关当事人的申请而启动，人民法院不得依职权主动启动该一程序，人民调解委员会等调解组织也不得依职权将相关调解协议移送人民法院确认。立法上之所以采用申请启动主义而不采用职权启动主义，根本原因在于尊重当事人的程序选择权；是否要启动该一程序赋予人民调解协议等协议以强制执行力，关键取决于当事人是否有此愿望。当事人的意思自治赋予此一程序以必要的正当性和应有的法律效果。申请启动此一程序需要注意以下问题：一是申请的主体只能是为人民调解协议等协议所规范、约束的当事人。至于是根据调解协议享有权利的当事人抑或负有义务的当事人，则在所不问。二是提出申请的当事人必须是"双方"而不能是"单方"。也即申请司法确认不能是一方当事人的一厢情愿，而应当是双方当事人的共同选择。当然，一方当事人首先提出申请而另一方当事人表示同意或愿意加入申请，则也符合此一要件。三是申请时应当遵循申请期限的规定。根据民事诉讼法的上述规定，申请司法确认的期限为30日，从调解协议发生法律效力之日起计算。如果逾期提出申请，则人民法院可以不予受理。至于申请的形式，则较为灵活，既可以是书面形式，也可以是口头形式；采用口头形式提出申请的，则应由人民法院的书记员作出笔录，由双方当事人签字或者盖章加以确认。

（三）受理与审查

人民法院在收到当事人提出的司法确认申请后，应当对该申请是否符合受理的法定条件进行审查。审查的结果如果认为申请符合条件，则予以受理；若认为申请不符合条件，则提示当事人补正，当事人不予补正或者根据缺陷的性质无法补正的，则发出不予受理的通知书。对该通知书，当事人如果不服，应可申请复议。

在人民法院受理司法确认的申请后，便要进行进一步的审查，审查的目的是确定是否要满足当事人提出的申请，从而作出是否予以司法确认的裁定。人民法院在对司法确认进行审查时，应当针对以下三项内容进行：一是自愿性审查。当事人申请进行司法确认的调解协议是否在当事人真实意愿的基础上形成，人民调解委员会等调解组织在从事调解时，是否存在强迫调解、欺诈调解等影响当事人自愿的因素。如果存在这些因素，人民法院则不予司法确认。这是自愿性审查的一个方面。另一方面则要审查当事人提出该司法确认申请是否符合其真实意愿。这两方面的自愿需要同时存在，不可或缺。

二是合法性审查。申请司法确认的调解协议必须符合法律规定，违法的调解协议不得予以司法确认。主要审查和判断被申请司法确认的调解协议是否存在违反法律、行政法规等强制性规范的情节和因素，确定其是否有损害国家利益、社会公共利益和案外第三人合法权益的内容，同时还要审查确定其是否有损害社会公序良俗和恶意规避法律规定等情况存在。如果有上述非法的因素、内容和情况存在，人民法院则应拒绝给予司法确认，同时还应将相关调解协议提交有关部门处理。

三是可执行性审查。司法确认程序的目的和功能在于通过人民法院的裁定赋予相关调解协议以强制执行的效力，不需要或不可能予以强制执行的调解协议，不属于司法确认的范围。因此只有具有给付之诉性质的调解协议才能申请司法确认，而其他不具有给付性质的确认之诉或形成之诉的案件，则不属于司法确认的范围，人民法院拒绝予以司法确认。

（四）处理与效力

《民事诉讼法》第202条规定："人民法院受理申请后，经审查，符合法律规定的，裁定调解协议有效，一方当事人拒绝履行或者未全部履行的，对方当事人可以向人民法院申请执行；不符合法律规定的，裁定驳回申请，当事人可以通过调解方式变更原调解协议或者达成新的调解协议，也可以向人民法院提起诉讼。"据此规定，人民法院对司法确认的申请进行审查后可以做出两种处理：一是认为当事人提出的申请符合法定条件，作出满足其申请的裁定；二是认为当事人的申请不符合法定条件，作出驳回其申请的裁定。前一项裁定所具有的法律效力是确定力和强制执行力。这里的"确定力"具有肯定性质，其内容表现在通过司法确认，人民法院肯定了人民调解等协议的有效性；"执行力"则表现为如果依据司法确认的裁定负有法律义务的一方当事人拒绝履行义务或者不完全履行义务，相对方当事人可向人民法院申请强制执行。由此可见，确认人民调解协议等发生法律效力的裁定，是人民法院赖以行使强制执行权的执行根据之一。后一项裁定具有否定性的确定力，也即通过人民法院的司法确认的审查，否定了当事人对人民调解协议等提出的效力确定申请。否定性的确定力表现为当事人所申请确认的人民调解协议等不产生任何法律效力，当事人既不能据此申请强制执行，也不得使之产生合同的民事效力。当事人之间的纠纷依然未能解决，当事人可以直接向人民法院提起民事诉讼寻求司法救济，也可以再次向人民调解委员会等调解组织申请调解，调解达成协议后，还可以向人民法院申请司法确认，由此获得强制执行的法律效力。

（五）救济

申请确认调解协议案件程序中的救济是指如果人民法院的司法确认行为出现了错误，相关的程序主体应当如何寻求纠正此种错误。具体而言，这里的救济有两种：一是当事人的救济，二是案外人的救济。当事人的救济又包括两种情形：其一，人民法院对不符合司法确认条件的申请错误地给予了司法确认，在此情形下，当事人应如何进行纠错性救济？由于司法确认程序在性质上属于非诉讼程序，对该程序的结果当事人既不得上诉，也不得申请再审，因而如果当事人认为人民法院的司法确认裁定确有错误，可以向人民法院提出申请，要求撤销人民法院所作出的此项裁定，也可以在当事人申请执行时寻求执行中的救济，如申请不予执行、提出执行异议之诉等。其二，人民法院对符合司法确认条件的申请错误地拒绝给予司法确认，在此情形下，当事人应如何进行补救性救济？与上述理由相同，当事人对此既不能上诉，也不能申请再审，但可以向人民检察院申请法律监督，同时也可以向人民法院申请复议。如果监督和复议均无效果，当事人只能向人民法院提起诉讼，由人民法院通过诉讼程序、行使司法裁判权加以解决。

第二十八章 实现担保物权案件程序

第一节 实现担保物权案件程序概述

担保物权是以直接支配特定财产的交换价值为内容，以确保债权实现为目的而设立的物权。实现担保物权案件程序是指在债务人不履行债务时，担保物权人依法向人民法院提出申请，由人民法院对担保标的物进行折价、变卖、拍卖等，从而使担保物权得以实现的特别程序。2012年修改民事诉讼法时将该程序增设在"特别程序"中，作为第十五章第七节，称之为"实现担保物权案件"，计有第196条和第197条（现第203条和第204条）两个条文，其内容涵盖了担保物权案件的申请、管辖、审查及裁定等环节。

担保物权是一种特殊的物权，其特殊性主要表现在其形成一般要经过特殊的民事程序，如登记、公证、备案等，因而其权利实现的法律程序也与普通权利的实现有所区别，这一区别集中表现在特殊的程序规则和简化的程序环节上，由此体现出该程序的效率特征。然而尽管如此，世界各国对担保物权的实现程序在立法上所采取的立法例也不尽一致。概括而言，主要有三种模式：

一是"诉讼裁判模式"。在该模式中，担保物权人欲实现其担保物权，若不能通过双方当事人协商解决，则最终诉诸法院，通过司法裁判的形式，取得执行根据，强制实现其担保物权。可见，通过诉讼裁判模式实现担保物权，实际上是将担保物权的实现程序等同于普通权利的实现程序，在特殊性上显现不够充分。我国民法典所确立的担保物权实现程序之模式，可以划归此类。此一模式的特点在于将担保物权的实现程序划分为两个阶段加以推进，首先进行民事诉讼，然后再进行民事执行，概括起来就是"先诉讼、后执行"，诉讼成为执行的必经程序。此一模式的优点在于注重担保物权实现程序的公正性，然而在效率上却未能显示其优势。

二是"直接执行模式"。在此模式中，担保物权人欲实现其担保物权，无须经过诉讼或者非诉讼的前置性程序，便可直接凭借其担保物权证明文件向法院申请强制执行。这样一来，担保物权证明文件便直接转化为具有强制执行力的法律文书，由此成了执行依据。此一模式的特点在于直接执行、一步到位。实行此一模式需要有比较严格的前提条件，此即担保物权的形成需要经过登记或公证等民事程序，从而使担保物权证书成为"可执行证书"。大陆法系的一些国家，如德国、日本、韩国等，实行的就是此种模式。我国法律所规定的赋予强制执行效力的公证债权文书也可以申请强制执行，与该模式类似。因此，我国担保物权如果经过公证并赋予其强制执行效力，也可采用直接执行模式，由此快捷地实现担保物权。此一模式的优点是快捷、效率高，缺点是增加了执行程序的审查负担。

三是"非讼裁定模式"。在此模式中，担保物权人向法院申请启动非诉讼程序，通过该程序取得法院认可其申请的裁定，然后据此裁定申请对该担保标的物的强制执行。我国民事诉讼法目前所确立的模式在性质上可划归此类。该模式的特点在于：先裁定、后执行。为此，担保物权人欲实现其担保物权，必须先后提出两个申请：第一个申请旨在启动特别程序，以获得认可其存在担保物权的裁定；第二个申请则旨在启动强制执行程序，以最终实现其担保物权。在这两个申请中，第一个申请最为关键；如果第一个申请未获法院支持，则第二个申请便无以产生，担保物权最终也无法实现。可见，此一模式是前两个模式的某种折中或综合，一方面兼顾了必要的前置审查程序，另一方面也省去了烦琐的诉讼环节，提高了担保物权的实现效率，因而是一种比较理想的立法模式。

第二节　实现担保物权案件程序环节

一、管辖

《民事诉讼法》第203条规定："申请实现担保物权，由担保物权人以及其他有权请求实现担保物权的人依照物权法等法律，向担保财产所在地或者担保物权登记地基层人民法院提出。"据此，实现担保物权案件的管辖涉及下述三个方面：一是在级别管辖上，该类案件由基层人民法院管辖。二是在地域管辖上，该类案件由担保财产所在地或者担保物权登记地人民法院管辖。三是实行选择管辖。在上述两个具有管辖权的人民法院之间，由担保物权人选择确定其中一个人民法院提出申请。立法之所以采用上述管辖规则，其原因主要在于：一方面便于当事人提出申请，另一方面也便于法院对相关事实进行调查核实，最终执行起来也较为便利。

二、申请

根据《民事诉讼法》第203条的规定，提出申请的主体包括两种：一是担保物权人，二是其他有权请求实现担保物权的人。所谓担保物权人，仅限于依据民法典等法律所确立的抵押权人，不包括质权人、留置权人等担保物权人。根据《民法典》第410条第2款的规定，抵押权人与抵押人未就抵押权实现方式达成协议的，抵押权人可以请求人民法院拍卖、变卖抵押财产。此外，我国海商法、民用航空器法等法律所规定的船舶抵押权人、民用航空器抵押权人，也属此范围，可以成为实现担保物权案件的申请人。因为只有抵押担保权才需要经过登记等民事程序而形成，因而其真实性和合法性有所保障，通常当事人之间也不会发生争议，而其他担保物权则不具备这样的特点，其担保物权人欲实现其担保物权，只有通过诉讼程序才能达其目的。所谓"其他有权请求实现担保物权的人"，仅限于"出质人"和"财产被留置的债务人"，而不包括与"出质人"相对应的"质权人"，以及与"财产被留置的债务人"相对应的"留置权人"。《民法典》第807条规定："发包人未按照约定支付价款的，承包人可以催告发包人在合理期限内支付价款。发包人逾期不支付的，除根据建设工程的性质不宜折价、拍卖外，承包人可以与发包人协议将该工程折价，也可以请求人民法院将该工程依法拍卖。建设工程的价款就该工程折价或者拍卖的价款优先受偿。"据此规定，建设工程的承包人在符合法定条件的情形下，也可以成为申请适用实现担保物权程序的适格主体。

三、审查与受理

对当事人提出的实现担保物权案件的申请，人民法院应当依法进行审查。首先要审查其是否符合法定的形式要件，比如申请人是否具有提出申请的资格、人民法院对该案件是否有管辖权等。此一审查就如同对起诉的条件进行审查一样。审查后如果认为当事人的申请符合申请的条件，则作出受理的决定；否则就通知申请人不予受理。在人民法院受理该案件的申请后,还需要对该申请进行更为实质性的审查,审查的目的是确定是否支持该项申请,这里的审查与前述受理前的审查是不同的。为此,人民法院应遵循下述原则。其一,以书面审查为主,辅之以必要的询问。由于实现担保物权案件的程序在性质上属于非讼程序,而非讼程序原则上实行书面审查主义,而不开庭审理案件。书面审查主要针对以下事项和材料进行:证明担保物权的证明文件,包括主合同、担保合同、抵押权登记证明或者他项权利证书等;担保的债务是否已届履行期;担保标的物是否存在无法执行的障碍;等等。如果案件事实尚有疑问,人民法院认为有必要可以依职权主动调查相关事实,还可以询问相关的当事人或利害关系人等。其二,以形式审查为主,辅之以必要的实质审查。非讼程序以双方当事人不存在实质性争议为其适用的假定前提和先决条件,因此在该程序中,人民法院不得解决双方当事人之间的争议;如果关于是否存在有效的物权担保关系、担保数额及范围以及债务是否已届履行期等问题,当事人之间尚存争议,而且这种争议通过形式审查无法判断,则人民法院应当按照《民事诉讼法》第186条的规定,裁定终结特别程序,并告知利害关系人可以另行起诉。当然,如果当事人异议显然不能成立,则人民法院也可在对案件进行适度的实质审查后,驳回其异议,继续进行该程序。

四、裁定与救济

经过上述审查,人民法院认为实现担保物权案件的申请符合法定条件的,则作出许可进行强制执行的裁定;反之,则作出驳回该申请的裁定。裁定一经作出,即产生法律效力,当事人对此既不得上诉,也不得申请再审,但应当允许其申请复议。人民法院也受其拘束,非经法定程序不得撤销或变更此一裁定。该裁定所具有的法律效力仅具有执行力,而不具有既判力的其他内容。如果被申请人认为人民法院的此一裁定确有错误,则可以在执行程序中寻求进一步的救济,比如提出执行异议或执行异议之诉等。

第二十九章　督促程序

第一节　督促程序的概念和特点

督促程序,是指对于债权人提出的以给付一定数量的金钱、有价证券为标的的财产上的请求,基层人民法院根据债权人的单方面申请,不经过开庭审理,以他的主张为内容,直接向债务人发出支付命令的非讼程序。简单地说,督促程序就是债权人以债务人对他提出的请求不会争执为假定前提,通过法院催促债务人清偿债务的简快程序。法律之所以规定这种程序,是因为实践中存在较多的给付案件,双方当事人对他们之间存在的债权债务关系并没有争议,而在于债务人不自动履行义务,或者没有资力来清偿债务。对于这种案件,如果仍然要通过普通程序或简易程序按部就班地加以解决,则速度太慢,也浪费金钱,不符合诉讼经济原则。考虑到这点,立法者按照诉讼案件应当与诉讼程序相互适应的立法要求,借鉴德国、日本等大陆法系国家的立法经验,确立了这个既不同于通常诉讼程序,又有别于古典特别程序的非讼程序。由此来看,督促程序有以下几个主要特点:

一、督促程序是兼具诉讼与非讼特点的程序

传统意义上的审判程序包括诉讼程序和非讼程序，督促程序既不属于完全的诉讼程序，也不属于纯粹的非讼程序，而是兼具二者特点的特别的审判程序。说它具有非讼性，是因为法院审理案件，是以当事人之间不存在实体上的债权债务纠纷为前提的，双方当事人不直接进行诉讼对抗，甚至债务人并不出现。督促程序因债权人的申请而开始，法院依债权人单方面提出的请求数额和证据材料发出支付令，在债务人不提出异议的情况下，支付令发生法律效力；债务人一旦提出异议，督促程序便因纠纷出现而告结束，当事人需要另行提起诉讼程序解决纠纷。说它具有诉讼性，是因为通过它，在一定条件下，能够产生通常只有诉讼程序才能产生的法律后果。在这个意义上，这是法院解决给付之诉的代用程序。可见，督促程序就其本质而言乃是用非讼方法解决诉讼案件。

二、督促程序是试探性程序

以给付金钱、有价证券为标的物的债务案件的当事人在发动程序之初，可以选择诉讼程序或者督促程序来解决案件。督促程序是诉讼程序的先行程序，但不是必经程序甚至唯一程序。债权人选择督促程序是为了试探债务人，看他是承认债务还是不承认债务；如果不承认债务，督促程序就将在债权人的意志作用下转化为诉讼程序。

三、督促程序是简略性程序

法院按照督促程序审理案件，仅对债权人提出的申请和事实、证据进行单方面的审查，并不传唤债务人到法院，也不开庭审理，实行书面审查原则。审判组织采用独任制的形式，并且实行一审终审制。这样，督促程序不仅较之普通诉讼程序，而且比起简易诉讼程序还要简化，是审判程序中最简单、最迅捷、最经济的诉讼程序，因而又被称为"略式诉讼程序"或"速决程序"，具有"短平快"的特征。

四、督促程序是形式性程序

在督促程序中，法院对当事人之间是不是存在债权债务关系，不进行实质性审查，而采取形式审查原则。根据这个原则，债权人对其诉讼请求不必承担实质的举证责任，他所提供的证据只要表面可信、形式上能够成立即可；债务人对支付令提出的异议无须承担任何举证责任，法院的审查仅是程序上的，不进行实体性审查。可见，督促程序是一种形式主义特点比较明显的审判程序。

第二节 适用督促程序的条件

督促程序并不适用于一切民事案件，债权人提出的民事案件必须具备法定条件，才能向人民法院申请适用督促程序，向债务人发出支付命令。根据《民事诉讼法》第221条的规定，适用督促程序的条件包括：

一、必须是以金钱、有价证券为标的物的给付之诉

这意味着：其一，只有给付之诉才有适用督促程序的可能性。确认之诉或形成之诉均不得依督促程序请求保护。其二，也不是所有的给付之诉都可以适用督促程序，只有以金钱和有价证券为标的物的给付之诉才可以适用督促程序。因为这类给付，较之其他请求有迅速清偿的必要，而且它们均用一定数量来表示，便于计算，造成损失也可弥补。有的国家规定"其他代替物"也可适用督促程序。债权人仅须主张给付一定数量的金钱或有价证券即可，至于该请求所基于的法律关系如何，则在所不问。其三，债权人申请发出支付令时，不得提出预备的请求。所谓预备的请求，是指债权人基于某个特定的法律关系请求债务人给付一定数量的金钱或有价证券，并提出，如果该法律关系不能成立，则恢复原状。之所以不允许提出预备的请求，因为督促程序的适用以债权债务关系明确且无争议为前提，倘若存在争执的可能，则不能适用。至于代偿的请求或选择的请求，则可以提出。所谓代偿的请求，如债权人请求给付一定数量的有价证券，如果不能给付有价证券，则支付若干金钱；所谓选择的请求，如债权人请求给付若干金钱或给付有价证券。

二、债权人与债务人没有其他债务纠纷

关于债权人与债务人没有其他债务纠纷的含义，通常将其解释为"债权人没有对待给付义务"，其内容主要包括：

其一，债权人对于债务人的给付请求，是不附条件的，而且已经到期。反之，如果此给付请求权附有条件或者尚未到实现时间，则不得申请支付令。

其二，债权人对于债务人如果有自己应先履行的给付义务或者应与债务人的给付义务同时履行的给付义务，债务人则有同时履行的抗辩权，债权人不得申请发出支付令。即使债权人提出自己已经给付，而债务人尚未受领，债权人也仍未解除其对待给付的义务。

有一种观点认为，立法上的"没有其他债务纠纷"，除了指债权人无对待给付义务外，还包括债权人和债务人之间不存在性质相同、可以互相抵消的另一个债权债务关系。如果他们之间尚有可以互相抵消的其他债务纠纷，就不得申请支付令。这个观点值得商榷。因为，其一，立法上所谓"没有其他债务纠纷"就是国际惯例上"没有对待给付义务"的通俗说法，其含义是一样的。"没有对待给付义务"是指在同一债权债务关系中，债权人不负担相应的给付义务，或者虽然有相应的义务，但已经作了履行。例如，在购销合同中，供方已依合同的规定交付货物，但需方尚未依合同付款，此时可适用督促程序。但如果需方主张之所以未付款，是因为供方未交货，或所交之货不符合合同规定的要求，此时则不能适用督促程序。如果双方均未履行合同义务，双方则均负有对待给付义务，因而皆无督促程序之适用。其二，债权人与债务人之间有其他可以抵消的债权债务关系，但并不一定要抵消。是否抵消，关键看债务人的意志。如果债务人不主张抵消，支付令则生效；如果债务人主张抵消，则会对支付令提出异议，支付令因此失效。所以，是否有可供抵消的其他债权债务关系，不是决定应否适用督促程序的前提条件。

三、支付令能够送达给债务人

支付令以债务人不提出异议且无履行行为而产生与判决一样的效力。这对债务人影响很大。因而立法限制了送达的方式，以实际送达，使债务人知道支付令的事实为目的，保证债

人的异议权和听审权,并赋予支付令以合法性。这里的"能够送达",依最高人民法院的司法解释和国际惯例,包含两层意思:其一,债务人必须在本国境内而能够进行域内送达,不需要经过复杂而漫长的域外送达。这是由督促程序的简捷性、经济性决定的。其二,不能采取债务人可能知道也可能不知道的公告送达。至于其他的送达方式,立法并不排除,包括直接送达、留置送达、委托送达、邮寄送达、转交送达等。向债务人本人送达支付令,债务人拒绝接受的,人民法院可留置送达。因为留置送达仅表明债务人不签收支付令,但不等于合法地提出了异议。其异议应以书面形式向法院提出。支付令发出后,经过一定时间如果仍未送达给债务人,支付令是否失去效力?国外一般规定为30日仍未送达则失去效力,我国立法对此没有作出规定。从理论上说,立法对此应当作出规定。因为,督促程序的要旨在于简捷和快速,若支付令长期不能送达而依然有效,程序必定漫长而拖延,已达不到简单快捷的目的。在立法无明文规定的情形下,对此可以比照特别程序的审理期限,要求支付令在一个月内必须送达。否则,应视为失效,债务人应当另行起诉。

第三节 督促程序的环节

一、债权人申请支付令的程序

债权人向法院申请支付令,其申请的程序和要求如下:

（一）提出申请的形式

债权人申请支付令,应向人民法院递交申请书,并附有能够证明债权存在的书面材料。债权人申请支付令不得以口头的形式,而必须采取书面的形式。申请书的内容应当包括:（1）债权人、债务人姓名、性别、年龄、职业和住所或者经常居住地。当事人无诉讼行为能力的,应写明其法定代理人。委托代理人的,同时写明代理人的有关情况。（2）请求支付金钱的数额、有价证券的种类及数额,并记明已到履行期限及所根据的事实、理由。（3）表明申请支付令的意图,而非指起诉。（4）申请发出支付令的管辖法院。此外,还应表明其申请符合督促程序的适用条件。

（二）管辖

在督促程序的管辖方面,各国对其级别管辖,一般实行基层法院管辖的做法,而且在性质上规定这种管辖为专属管辖,法院不得依职权改变,当事人不得以协议约定管辖法院。但是,对于督促程序的地域管辖,各国的立法例表明有不同的规定。立法例之一是以债务人的住所地法院为管辖督促程序案件的法院。《日本民事诉讼法》第431条规定,督促程序是由债务人普通审判籍所在地的简易法院或根据第9条的简易法院专属管辖。立法例之二是规定由申请人即债权人的住所地确定管辖法院。《德国民事诉讼法》第689条规定,督促程序的案件由申请人的普通审判籍所在地初级法院管辖。申请人在国内没有普通审判籍的时候,督促程序的案件则专属于柏林舒勒堡初级法院管辖。两种立法例,各有利弊。对于适用督促程序解决的案件,我国规定为"有管辖权的基层人民法院"。我国民事诉讼法的此一规定,实际上仅规定了督促程序的级别管辖,至于地域管辖,则依关于管辖的一般规定确定。比如,合同纠纷案件,则按《民事诉讼法》第24条的规定,确定由被告住所地或者合同履行地的法院作为管辖法院。因而,管辖的法院较为宽泛,有利于债权人予以选择,但这不利于对被告实施实际、有效的送达。一般认为，债权人申请支付令，应由债务人住所地的基层人民法院管辖。

二、法院对申请的审查和受理

适用督促程序审理的案件，实行独任制。人民法院在审理督促程序案件时不询问债务人，不开庭审理，实行书面审理的原则。其审理的程序，通常分为两个阶段：

（一）对申请是否合法的审查

人民法院受到当事人的申请后，便要对申请是否符合诉讼成立要件进行审查。这又包括两个方面：（1）申请是否符合一般诉讼成立要件，如当事人的诉讼权利能力、诉讼行为能力、代理权有无欠缺等。（2）申请是否具备适用督促程序的特殊诉讼成立要件，如管辖是否适当等。符合此二条件，则受理，否则不予受理。

（二）对申请是否有理由的审查

在审查确定申请合法性要件具备后，即审查该申请在实体上是否有理由。审查的内容主要是根据申请书的记载，看其请求在法律上是否有理由。至于该请求是否真实，则不在审查之列。亦即，人民法院在审查的过程中应当贯彻形式审查的原则，债权人提供的事实和证据，只要达到表面可信就可以。审查的内容包括：（1）审查债权人提出的请求是否为金钱或有价证券的给付。（2）审查债权人提供的事实和证据，审查债务人是否有给付的义务。（3）债权人有无对待给付义务。

通过审查，如果人民法院认为申请是符合以上程序要件的，则应当在5日内立案受理，并通知债权人。反之，如果认为不符合条件，则作出不予受理的裁定，并通知债权人，说明理由。

三、发出支付令

人民法院通过对债权人提供的事实和证据的审查，如果认为其申请符合以下两个条件，则发出支付令。发出支付令是督促程序的关键环节和措施。

（一）发出支付令的条件

其一，债权债务关系明确。它指的是存在于债权人和债务人之间的债权债务关系，事实清楚，数额确定，双方并无实质争议，债权的存在无须确认，债务人对债权人有给付义务。

其二，债权债务关系合法。它指的是债权债务关系发生的事实，以及债权债务的内容不违反现行法律的规定。

以上两个条件同时具备后，人民法院即可向债务人发出支付令。

（二）支付令应载明的事项

一是债权人、债务人姓名或名称等基本情况；二是债务人应当给付的金钱、有价证券的种类、数量；三是清偿债务的命令或者提出异议的权利及其期限；四是债务人在法定期间不提出异议的法律后果。

此外，支付令还应记载债务人应负担的诉讼费用的数额，以及发出支付令的时间。最后，支付令上应由审判员、书记员的署名，并加盖人民法院印章。支付令由法院从受理之日起15日内发出，由法院负责送达。

（三）支付令的效力

支付令一经送达，便产生如下效力：

其一，债务人自收到支付令之次日起 15 日内，应清偿债务或者向人民法院提出书面异议。这里的"清偿"包括实际履行义务和同债权人达成和解两种情形。

其二，债务人自收到支付令的次日起 15 日内，既不提出异议又不清偿债务的，债权人可以向人民法院申请强制执行。

四、债务人对支付令的异议

（一）异议的条件

债务人对支付令提出异议，意味着支付令的失效和督促程序的终结。债务人提出异议，只有符合以下条件才能成立：

1. 提出异议的主体

只有债权人请求其为给付的债务人及其法定代理人、经特别授权的代理人以及被请求承担实体责任的无独立请求权第三人才能提出。

2. 提出异议的期间

为债务人收到支付令之日起上 5 日内。此期间为不变期间，法院和当事人均不得延长、缩短。如在此期间因出现不可抗力等客观原因而延误期间，则可申请法院顺延。

3. 提出异议的形式

应为书面形式，债务人的口头异议无效。但是提出异议不需要附有理由、证据。因为支付令是以债权人的主张为基础，不询问债务人即向债务人发出，当然应允许债务人提出不附理由的异议，以终结督促程序。

4. 提出异议的内容

必须是实体上的拒绝，即表明自己不按支付令满足债权人请求的权利，异议不能针对形式要件提出。债务人对债务本身没有异议，只是提出缺乏清偿能力的，不影响支付令的效力。

（二）部分异议的情形及其效果

债务人提出的部分异议有以下情形，并发生以下效果：

其一，债务人就请求中的一部分提出异议的，其异议效力及于全部。如债务人对债权人请求给付还款 20 万元，仅承认 18 万元而对其余 2 万元提出异议，督促程序全部终结。因为如果异议不及于全部，那么，未提出异议部分即告确定，异议部分通过诉讼来解决，而解决的结果可能认为债务人不应负担任何违约责任，这就会造成判决与支付令的冲突。

其二，债务人对数项请求中的一项请求提出异议的，其效力仅及于被异议的该项请求，未被提出异议的请求则产生确定的效力。

其三，支付令是向必要共同诉讼中的债务人发出的，其中债务人之一提出异议，效力及于全部债务人。如属普通共同诉讼，异议效力则仅及于提出异议的债务人。

（三）对异议的审查及其后果

对异议仅进行形式审查，而不审查异议是否有理由。债务人在法定期间提出书面异议的，人民法院无须审查异议是否有理由，应当直接裁定终结督促程序。这是因为：第一，符合督促程序的非讼性质。非讼程序是以无纷争为前提的，一旦从实质上审查异议是否有理由，实际上就是在解决纠纷了，而解决纠纷不是督促程序所能完成的，必须转由诉讼程序来解决。第二，这是平等原则所要求的，因为对债权人的申请不进行实质审查，与之相对应，对债务人的异议也不应进行实质审查，而只审查其在形式上是否合法。异议一经合法作出，督促程序就告结束。支付令失效的，转入诉讼程序，但申请支付令的一方当事人不同意提起诉讼的除外。

（四）对异议的撤回

异议一经合法提出，督促程序便告终结。债务人在此之后能否撤回其异议，使已经失效的支付令重新恢复其效力？学理上对此有肯定说和否定说两种看法。肯定说认为，民事审判程序以处分原则为基础，应当允许债务人撤回异议，这样做也符合经济原则。否定说认为，支付令一旦失效，便不得因异议之撤回而再生效力。

第三十章　公示催告程序

公示催告程序是1991年修改民事诉讼法时所增设的三大程序之一，是为了适应市场经济的发展需要而形成的，是对外国尤其是大陆法系国家法律制度的合理借鉴。《民事诉讼法》第十八章第225条至第230条对此作了专章规定。

第一节　公示催告程序概述

一、公示催告程序的概念与特点

公示催告程序是指人民法院依当事人基于法定理由而提出的申请，以公示的方法催告不明的利害关系人在法定期间申报权利，如无人申报，则根据当事人的申请，作出除权判决的非讼程序。可见，公示催告程序有如下主要特点：

（一）公示催告程序本质上属于非讼程序，但兼有诉讼程序的某些特点

因为：第一，适用该程序解决的案件不属于民事权益之争，不具有明确的被告，申请人无法知道是否有利害关系人以及谁是利害关系人。第二，该程序的目的是通过公告的方式催告不明的利害关系人及时申报权利，并在无人申报权利的情况下作出宣告票据无效的判决，从而使申请人恢复票据上的权利。从法院作出判决确定民事权利义务关系这一角度看，它又有诉讼程序的某些特点。

（二）公示催告程序的适用范围是有限的

对此，各国规定不尽一致，我国的规定相对较窄。依《民事诉讼法》第225条的规定，该程序适用于因可以转让的票据被盗、遗失或者灭失引起的非诉讼事件，以及法律规定的其他事项。法定性是该程序适用范围上的一个特点；如果法律没有明文规定，则不能适用公示催告程序。

（三）该程序的主要功能是在持票人丧失票据时能够恢复取得票据权利

票据作为有价证券，具有票面记载的权利与票据不可分离的特点。权利与票据合为一体，票据义务人见票就付，而不管该票据持有人是否为真正的票据权利人。所以，占有票据是享有

票据权利的唯一依据，离开票据就不能主张票据权利。但是，票据有可能丧失。在这样的情况下，如果无论什么原因使票据丧失都绝对使票据权利人丧失票据权利，则未免过苛，而且不利于票据流通的安全性。立法特设法律上特别程序予以救济，通过判决使票据上的权利与票据分离开来，而使真正的票据权利人基于此判决恢复行使票据权利。

二、公示催告程序与挂失、声明作废的区别

以前，人们对丧失票据的问题，习惯于以挂失、声明作废的方式处理。票据挂失是指票据丢失后，失主向兑付银行或签发银行办理遗失声明，请求停止支付，使票据无效。但与公示催告程序相比，其有如下缺点：第一，票据挂失的范围较窄。只有允许挂失的票据才能挂失，而是否允许，取决于有关法规或行政规章的规定，而且该范围也不太明确、稳定。第二，票据挂失的法律效力比较弱。声明挂失后，如果票据款项仍被冒领，被声明挂失的银行等金融机构是否负法律上的赔偿责任？对此容易引起争议，法律的规定也不明确。第三，票据挂失的保护作用也没有公示催告大。票据挂失后，在付款期满后一定时间（如1个月），确未冒领的，可以办理退款手续。公示催告则不仅可以宣告票据无效，而且能够恢复失票人的票据权利。至于在电视、电台、报刊上声明作废，仅是声明人的单方意思表示，不具有法律效力。声明作废一般与银行挂失结合在一起使用。

随着市场经济的发展，票据的种类越来越多，票据的流量也越来越大，相应地，票据丧失的现象也自然增多。为了保障票据流通的安全性及票据权利人的合法权益，立法上有必要建立一种既能防止票据被冒领、又能恢复票据权利人的票据权利的法律制度和程序。此项程序就是公示催告程序。

第二节　公示催告程序的适用范围

公示催告程序的适用范围各国规定不一，而且历史上也经过了由宽到窄的演变过程。从各国法律的规定来看，德国民事诉讼法的规定最为宽泛，共有四种：一是死亡宣告的公示催告（第960—976条），原来还有失踪人的公示催告，后被1951年失踪法取消。二是排除土地所有人的公示催告（第977—981条）。三是排除各种债权人的公示催告（第982—1002条）。四是宣告证券无效的公示催告（第1003—1022条）。此外，在《关于强制拍卖与强制管理的法律》中还规定有公示催告程序。我国《民事诉讼法》第225条规定："按照规定可以背书转让的票据持有人，因票据被盗、遗失或者灭失，可以向票据支付地的基层人民法院申请公示催告。依照法律规定可以申请公示催告的其他事项，适用本章规定。"据此规定，公示催告程序的适用范围包括两个方面：

一、按照规定可以背书转让的票据

票据是发票人依法签发的，约定由自己或委托的付款人向收款人无条件支付一定款额的凭证，是可以代替现金流通的有价证券。票据主要包括汇票、支票和本票。汇票、支票是委托式票据，它是由发票人向付款人发出的，委托其在一定的时间内无条件地向收款人支付一定金额的流通证券。其当事人为发票人、付款人和收款人三方。汇票和支票两者的区别在于：支票付款人限于银行，而汇票的付款人不限于银行，故分为银行汇票和商业汇票。本票是允诺式票

据，它是由发票人允诺在一定时间无条件地向收款人支付一定金额的流通证券。本票的发票人与付款人是同一个人，只有两个当事人，也分为银行本票与商业本票。票据属于记名式证券，即券面上记载权利人名称的证券。在转让流通方面，票据可以背书方式转让，每次转让均需办理背书手续。背书转让，是指执票人在票据背面签名，把票据权利转让给他人。背书分为正式背书和略式背书两种，前者又称记名背书，后者又称不记名背书或空白背书。但并非所有票据均可背书转让。只有可以背书转让的票据才能申请公示催告。如果法律明确禁止转让或当事人约定不得转让，则该相应票据虽然在客观上符合上述被盗、遗失或者灭失的情形，也不能适用公示催告程序寻求救济，而只能根据其他票据救济制度进行救济。

二、依照法律规定可以申请公示催告的其他事项

从国外的立法情况看，可以公示催告的事项，除了票据外，还包括其他有价证券，如指示证券、提单、仓单、股票、载货证券、保险单等。这些证券目前在国内尚禁止背书转让，以后如果法律规定允许背书转让，这些有价证券即可适用公示催告程序。例如，《公司法》第143条规定，记名股票被盗、遗失或者灭失，股东可以依照民事诉讼法规定的公示催告程序，请求人民法院宣告该股票失效。按此规定，记名股票被盗、遗失或者灭失，可以适用公示催告程序。

第三节 公示催告程序的构成

公示催告程序是简便迅速的非讼程序，法院不传唤对方当事人，不开庭审理，只根据申请人提出的事实、证据进行形式审查和书面审理。一般由审判员一人独任审理。公示催告程序由以下的阶段构成：

一、申请

公示催告程序只能依有关当事人的申请开始，法院不得依职权发动。申请必须符合以下条件：

其一，申请的对象必须是依规定可以背书转让的票据或者依法可以根据法律申请公示催告的事项。

其二，申请的主体只能是票据持有人。这里的"票据持有人"是指票据被盗、遗失或者灭失前的最后持有人，包括记名票据中的权利人以及依票据手续取得的无记名票据的占有人。

其三，申请的原因必须是票据被盗、遗失或者灭失，同时利害关系人处于不明状态。

其四，申请的方式必须是书面的。申请书的内容包括：申请人的姓名、名称等基本情况；票据的种类、名称、号码、票面金额、支付日期、发票人、持票人、背书人及支付人的名称、账号、住所等票据主要内容；申请的理由和事实，并附必要的证据（如票据副本）。

其五，申请的管辖法院是票据支付地的基层人民法院。票据支付地，是指票据上载明的付款地，如兑付银行所在地、收款人开户银行所在地。票据上未载明付款地的，以票据付款人的住所地或主要营业地为票据支付地。

二、对申请的审查与受理

人民法院在收到公示催告的申请书后,应当在 7 日之内审查完毕,并同时决定是否受理。法院的审查采取形式审查原则,也就是说,法院对于申请书进行审查的内容仅限于程序要件,而不包括实质要件。程序要件又包括两个方面:一是任何案件都必须具备的一般诉讼成立要件,二是立法为公示催告程序所特别规定的程序要件,即上面所说的申请要件。

三、发出停止支付的命令

人民法院决定受理申请,应当同时通知支付人停止支付。这是应由法院依职权采取的,而不依赖于当事人的申请。人民法院在发出止付命令的同时,若有必要可责令申请人提供担保。支付人收到止付通知后,应当立即停止向任何票据持有人支付,直到法院通知其公示催告程序结束;否则,由此所造成的损失由支付人承担。

四、发出公示催告的公告

公示催告的特点就在于向社会中的不特定人发出有关的公告。公告的期间由法院根据票据种类、流通范围、支付期日等实际情况决定,但从发布之日起算,不得少于 60 日;国外一般为 6 个月。这个期限不宜看作不变期间或除斥期间,到期后法院可视具体情形酌情延长。利害关系人申报权利超过期限的,只要除权判决尚未作出,仍然有效。

公示催告期间,转让票据权利的行为无效。

五、申报权利

申报是指公示催告的利害关系人认为自己对该票据享有正当权利,票据无效会直接涉及其权利,而于公示催告期间向人民法院主张票据权利的行为。在申报权利上应注意几点:(1)申报人应当是公示催告申请人的利害关系人,一般应为实际占有申请票据的人。常见的利害关系人是善意持票人,而发票人、背书人、承兑人、付款人、保证人等,均非这里的利害关系人。(2)只能向发出公示催告的人民法院申报。(3)申报应当在法院指定的期间进行。(4)对利害关系人的申报,人民法院应当进行形式审查。利害关系人申报权利,人民法院应通知其向法院出示票据,并通知公示催告申请人在指定的期间察看票据。公示催告申请人中请公示催告的票据与利害关系人出示的票据不一致的,人民法院应当裁定驳回利害关系人的申报。(5)申报人主张的权利与申请人有争议的,法院应裁定终结公示催告程序,告知当事人向人民法院另行提起诉讼。

六、作出除权判决

在申报权利的期间没人申报的,或者申报被驳回的,公示催告申请人应自申报权利期间届满的次日起一个月内申请人民法院作出宣告票据无效的判决,逾期不申请判决的,终结公示催告程序。公示催告与除权判决是前后衔接、互相独立的两个程序,前者不能自动推进转换为后者。

人民法院作出的宣告票据无效的判决,为除权判决。它只解决票据是有效的问题,间接具有承认申请人票据权利的效果。除权判决生效后,申请人丧失的票据作废,他人对该票据享有的权利受到排除,判决书代替所丧失的票据成为支付凭证。申请人可以依据除权判决,对票据义务人主张权利，请求支付。

除权判决应当公告，并通知支付人、申请人。公告是人民法院宣告除权判决的法定形式，也是除权判决发生法律效力的必要条件。自公告之日起，除权判决即告生效，任何人均不得上诉。除权判决的效力具体有：（1）票据丧失效力；（2）丧失票据的人取得了行使票据权利的根据；（3）申请人有权依据除权判决向对票据负有付款义务的支付人请求付款，支付人也有义务按照除权判决向申请人兑现票据上的权利，拒绝履行义务的，除权判决的权利人可以向人民法院申请强制执行。

七、公示催告程序的终结

根据法律的有关规定，终结公示催告程序的情形主要有以下几种：

第一，在公示催告（公告）以前申请人撤回申请，人民法院准许的，裁定终结公示催告程序。

第二，在公示催告期间或除权判决作出前，利害关系人向人民法院申报权利并且申报成立的，人民法院裁定终结公示催告程序。申报人或申请人起诉的，公示催告程序便转入诉讼程序。

第三，在申报权利期间没人申报或者申报被驳回，申请人未在一个月内申请作出除权判决的，裁定终结公示催告程序。

第四，人民法院作出除权判决并经公告后，终结公示催告程序。

第五，支付人在收到停止支付通知前已对票据支付的，可裁定终结公示催告程序。

第六，法院裁定驳回公示催告申请的，也终结该程序。

八、对利害关系人的法律救济

对利害关系人的法律救济，在性质上属于公示催告程序以外的制度，民事诉讼法在这里之所以对它加以规定，乃是基于它与公示催告程序存在实质性联系。《民事诉讼法》第230条规定，利害关系人因正当理由不能在判决前向人民法院申报的，自知道或应当知道判决之日起一年内，可以向作出判决的人民法院起诉。利害关系人的起诉引起的是独立的诉讼程序，其目的是撤销法院在公示催告程序中作出的除权判决，性质上属于撤销之诉的范畴；该诉讼的按照民事诉讼法所规定的普通程序进行。

第五编

执行程序论

第三十一章 民事执行程序总论

第一节 民事执行概述

一、民事执行的含义与特征

民事执行法治的系统化建设肇始于民事执行的概念解说和性质定位。民事执行的全称是民事强制执行，民事执行离不开"强制"二字，因而"民事执行"和"民事强制执行"这两个概念可以互易、混用。民事执行，是指国家的执行机构，按照法定程序，行使国家的强制执行权，迫使法律文书的债务人履行义务，从而满足权利人权利的专门活动。由此定义，可以分析出民事执行的特征如下：

（一）公权性

民事执行是国家设置的专门的执行机构所实施的行为和活动，是公力救济的典型表征。公力救济的重要表现就是强制执行。既然国家通过制定法律、设立国家专门机构以杜绝暴力性自我执法的私力救济，那么，取而代之的就是国家的公权行为和公力救济，离开强制执行，公力救济就不完整，也就无法达到解决纠纷、保障权利的目的。

（二）强制性

法院作出生效法律文书或其他合法机构制作生效法律文书后，根据该法律文书负有法律义务的义务人，必须自觉主动履行法律文书所确定的各种义务，否则，国家就会出面进行强制执行。强制执行是迫使义务人履行债务的法律手段，义务人如果自觉履行法律文书所确定的义务，则强制执行便失去了必要性和前提性；若义务人愿意自觉履行债务，却要通过强制执行予以强制，就构成了强制执行的违法，背离了强制执行的本性和本质，成为要受到制裁的违法行为。

（三）法定性

民事强制执行是法定的机构按照法定的程序，凭借法定的执行根据，采用法定的手段，运用法定的措施，强制被执行人按照生效法律文书的内容履行其法律义务的过程和活动。法定性贯彻始终，离开法定性就无正当性，离开法定性，公民的私权乃至人权就会遭到侵害。也正因如此，严格依法进行强制执行，是强制执行应当始终恪守的基本原则，也是强制执行具有公正性和合法性的基本保障。

（四）民事性

强制执行包括刑事强制执行、行政强制执行和民事强制执行，将这三者区别开来的是其性质和内容，它们分属不同的领域，完成着不同的任务。民事强制执行的基本内容在于通过强制执行的过程，实现保障当事人民事权利的目的；当事人依靠着强制执行将生效法律文书所载明的民事权利最终化为现实，法律文书本身的权威性也得到了维护。当然，如果被执行的债务人或者其他案外人采用非法乃至暴力的方法和手段阻碍执行或妨碍执行，则将依其情节之轻重，产生司法上、行政上乃至刑事上的法律责任和法律制裁。这种超出民事性的内容存在的根本原因在于保障民事性内容的实现。

二、民事执行的分类

民事执行可以根据不同的标准进行类型化认知，通常而言，民事执行的分类有以下诸种：

（一）最终执行和临时执行

民事执行一般都是指最终的执行，但有时也兼指临时的或暂时的执行。最终执行，也称为终局执行，是指对生效法律文书所记载的权利义务最终的实现。临时执行，也称临时救济执行，是指在法院或仲裁机构作出生效法律文书付诸最终执行之前，如果情况紧急或者为了确保生效法律文书的最终实现之需要而进行的附条件的执行，包括保全执行和先予执行两种类型。保全执行是根据《民事诉讼法》第103条和第104条所实施的执行，包括诉前保全执行和诉中保全执行；先予执行是根据《民事诉讼法》第109条、第110条和第111条所实施的执行，实行先予执行的目的是解决申请执行人的生活生产上的燃眉之急。无论是保全执行抑或先予执行，都不是真正的最终执行，因而有可能会出错，保全执行或先予执行如果出现了错误，申请人要赔偿被执行人的损失。如果保全执行或先予执行是正确的，那么，保全执行的内容要转变为最终执行的内容，先予执行的内容要从最终执行中予以扣除。

（二）直接执行和间接执行

以完成执行内容的方法和手段为标准，可将民事执行分为直接执行和间接执行两种。直接执行是指执行机构采取直接的执行措施，使生效法律文书的内容得到兑现的行为，包括查封、扣押、冻结、变卖、拍卖、划扣、责令变更登记等。间接执行则需要借助惩罚性措施和制裁性手段而迫使被执行人履行义务，从而使法律文书所确定的内容得到实现。间接执行的手段和措施主要是控制被执行人的人身，采用拘留、限制出境、上黑名单等手段使之无法逃脱或感受到强制性压力，从而迫使其履行债务，也可以采用罚款等手段迫使其履行债务。间接执行的手段和措施与直接执行的手段和措施的不同之处在于：前者并不直接作用于执行的内容，而是声东击西，敲山震虎，造成一种执行的威慑，迫使被执行人就范，以执行而脱身或以执行而减压；后者的措施则直接作用于执行的内容，比如查封虽然还不是执行的一步到位措施，但它是到达执行的一个必要阶梯和步骤，因为如果不先查封，之后就不能拍卖等，所以查封、扣押等措施看上去还不是直接的执行，但实际上它就是直接执行的必要环节和组成部分。值得注意的是，替代执行或代替执行也是直接执行。替代执行，是指被执行人自己不愿意履行，执行机构委托其他人代为履行，由被执行人承担费用，比如生效法律文书判令被执行人拆除妨碍邻居采光的院墙，但被执行人不愿拆除，法院即委托其他人代为拆除，由被执行人承担拆除费用，被执行人不承担该费用的，强制执行之。可见，替代执行只是法院强制执行的一种方式，这种方式与间接执行不同，它不是采取强制性手段迫使被执行人履行义务，而是让人代替执行，最终由被执行人负担费用，这就相当于被执行人委托他人来履行，自己承担费用，因而也是直接执行，不是间接执行，更不是独立的第三种执行。

（三）个别执行和集体执行

从执行的规模上看，可将民事执行分为个别执行和集体执行两种。个别执行是指各个债权人在取得执行名义（执行根据）后，分别向法院的执行机构申请强制执行，通过执行从而满足自己的债权。民事执行领域中的执行，最常见的就是个别执行，对同一个债务人，可能会在同一个法院或若干个法院，同时进行着多个个别执行，这些个别执行之间可能互不交叉，各行其是，但也可能会发生执行的竞合，因而会有先后顺序之别。集体执行则是全体债权人或部分债权人在同一的执行程序中主张债权，由法院按照一定比例以及先后顺序进行分配。集体执行分为两种：一是概括执行，这就是破产执行，在债务人进入破产程序后，使债务人的全部财产被纳入分配的范围。二是参与分配，在债务人未进入破产程序而仍处在执行程序中时，使债务人的全部财产被纳入分配的范围。这里所说的集体执行仅指参与分配的执行，不包括破产清算时的执行，因为破产清算执行已不属于执行程序范围内的问题。

（四）对人执行和对物执行

从执行对象上看，可将执行分为对人执行和对物执行。综观世界各国，强制执行主要是财产执行，人身执行是一种特殊情况，由于人身执行涉及公民的人身自由，各国对其适用均有严格的条件限制，一般只有在通过财产执行无法达到执行目的时，才能按照法律规定实施对人执行。从执行制度演变的过程看，从对人执行发展到对物执行标志着历史的巨大进步，我国是社会主义国家，更加强调对物执行而不得对人执行。最高人民法院《关于适用〈中华人民共和国民法典〉婚姻家庭编的解释（一）》第68条规定："对于拒不协助另一方行使探望权的有关个人或者组织，可以由人民法院依法采取拘留、罚款等强制措施，但是不能对子女的人身、探望行为进行强制执行。"这就是对人执行予以彻底否定的明证。需要指出的是，债务人变成了"老赖"，对"老赖"进行拘留等处罚，这不是对人执行，而是对妨碍执行的行为所实施的强制措施，是债务人有财产可供执行而隐匿财产等所造成的法律制裁，此与对人执行不可同日而语。

（五）财产执行和行为执行

从执行的标的来看，可将民事执行分为财产执行和行为执行两种。财产执行是指对生效法律文书载明的财产性债务进行的执行，包括金钱执行和财物执行。金钱执行如法院判令被告给付原告100万元，法院冻结了被告的银行账户，扣划了100万元的金钱；但如果被告无金钱可供执行，法院则可查封其房屋并进行拍卖。此时，金钱是执行标的物，拍卖房屋仅为执行手段。财物执行又包括特定物的执行和种类物的执行。特定物的执行如法院判令被告返还订婚纪念品；种类物的执行如法院判令被告给付原告所购买的商品。行为执行是法院判令被告完成一定行为或不得实施一定行为的执行。前者称为积极行为执行，比如被告必须撤除妨碍原告通行的障碍物；后者称为消极行为执行，比如被告不得妨碍原告从被告的走廊通过。积极的行为执行比较容易，因为被告如果不执行，可以让人替代执行，执行费用由被告负担，从而由行为执行转化为金钱执行；消极的行为执行则比较困难，如果被告依然妨碍原告通行等，则构成妨碍执行的行为，法院可实施强制措施，情节严重者甚至可使之承担拒不执行法院生效裁判罪的刑事责任。

上述关于民事强制执行的类型化划分仅是常见的几种，这种分类还可以扩大和深化、细化。对民事强制执行进行分类，有助于丰富我国强制执行法律的理论体系，从而不断完善我国的强制执行法律制度，有利于指引法院更有针对性地进行强制执行，同时对当事人及相关协助执行人员对执行程序的参与和监督也有指导意义。

三、民事执行权及其性质

(一) 民事执行权的含义

民事执行权是执行权的一个组成部分,执行权的性质规定了民事执行权的性质。要了解民事执行权的性质,首先必须界定民事执行权的概念。民事执行权是指国家的执行机构行使的能够实施强制执行行为,以保障生效法律文书所确定的内容得以实现的强制性权力。因此,民事执行权是一种强制权,其目的是保障生效法律文书内容之实现。然而这种强制权的内涵和外延如何,尚需深究。民事强制执行权的内涵主要包括:

其一,执行审查权。对于当事人的执行申请,执行机构有权进行审查,审查后认为符合条件的,予以强制执行;不符合条件的,不予强制执行。《民事诉讼法》第244条规定的执行机构对仲裁裁决执行申请经过审查不符合条件的可以裁定不予执行,该项权力即为执行审查权。

其二,执行命令权。收到生效法律文书执行申请的执行机构向该生效法律文书所确定的义务人发出履行义务的命令之权力,即为执行命令权。《民事诉讼法》第247条规定:"执行员接到申请执行书或者移交执行书,应当向被执行人发出执行通知,并可以立即采取强制执行措施。"

其三,执行裁决权。执行裁决权是指对执行过程中所发生的争议进行裁断和解决之权。广义上的执行裁决权包括执行审判权,狭义上的执行裁决权仅指执行机构对执行中的程序性争议进行解决的权力,不包括执行审判权。笔者认为,执行裁决权应当在狭义上使用,使之与执行审判权区分开来。执行审判权是由审判机构行使的解决执行中出现的实体权利义务关系争议的权限,执行审判权尽管冠以"执行"字样,但本质上不属于执行权的内涵组成部分,而属于审判权的外延范畴。司法改革中所称的"审执分离"指的是执行实施权和执行审判权的分离,而不是笼统地指执行实施权和执行裁决权的分离。《民事诉讼法》第232条规定:"当事人、利害关系人认为执行行为违反法律规定的,可以向负责执行的人民法院提出书面异议。当事人、利害关系人提出书面异议的,人民法院应当自收到书面异议之日起十五日内审查,理由成立的,裁定撤销或者改正;理由不成立的,裁定驳回。当事人、利害关系人对裁定不服的,可以自裁定送达之日起十日内向上一级人民法院申请复议。"此一规定中所涉及的执行机构对执行过程中出现的程序性问题进行处置的权力,属于执行裁决权的范畴,而不属于执行审判权。《民事诉讼法》第234条规定的执行异议之诉的处置权属于执行审判权的领域,执行机构不得对之加以处理,必须交由法院的审判机构进行处理。最高人民法院《关于执行权合理配置和科学运行的若干意见》(以下简称《执行权合理配置若干意见》) 第4条规定:"执行审查权的范围主要是审查和处理执行异议、复议、申诉以及决定执行管辖权的移转等审查事项,执行审查权由法官行使。"这里所说的"执行审查权"其实应当是指执行裁决权,笔者不在该意义上使用"执行审查权"的概念。

其四,执行实施权。即执行机构为了实现生效法律文书之内容而采取强制措施的权力,比如查封、扣押、变卖、拍卖等。执行实施权是民事执行权的核心内容。

其五,执行管理权。执行机构为了维持良好的执行秩序而享有的排除各种障碍的权力。比如《民事诉讼法》第262条规定:"被执行人不履行法律文书确定的义务的,人民法院可以对其采取或者通知有关单位协助采取限制出境,在征信系统记录、通过媒体公布不履行义务信息以及法律规定的其他措施。"

(二) 民事执行权的性质界说

尽管对于民事执行权的内涵与外延的争议已经不大,但关于民事执行权的法律属性却依然存在争议,主要的观点有以下几种:

一是司法权说。该说认为,民事执行权属于司法权,是司法权的一个组成部分,法院的强制执行行为也属于司法行为,因此法院的执行程序也属于司法程序。

二是行政权说。该说认为,民事执行权是执行机构强制实现生效法律文书之内容的行政性质的权力,因为在执行程序中,执行机构并无解决实质性纠纷的权力,执行机构只是实现权利,而不确定权利,执行权与审判权完全不同,审判权属于司法权,执行权属于行政权,因此应当按照行政权的性质、特点和运行规律确定执行机构,设置执行程序,规范执行行为。

三是综合说。该说认为,民事执行权具有综合性质,既有行政属性的一面,也有司法属性的一面,是司法行为和行政行为的混合物。比如,执行实施权就是典型的行政权,执行裁决权就是典型的司法权,而其他的执行权内涵,则兼有司法与行政两方面特征。

除此之外,还有一些不同的观点和看法,如强制权说、折中说等。这里不拟详论,仅表达笔者以下几个简单的结论性观点:

其一,执行权的性质问题是一个十分重大的课题,值得深入研究。执行权性质这一课题的研究,与执行体制改革密切相关,与我们讨论的审执分离有关,与执行程序的科学构建有关,与执行程序与审判程序之间的衔接机制有关。执行权的独立性和专业化发展乃是大势所趋,也是我国法治建设中的重大议题,《依法治国决定》将执行权与侦查权、检察权、审判权并提,并要求在它们之间构建起相互配合、相互制约的体制机制,对执行权的性质定位和执行体制改革具有方向性指导意义。

其二,执行权的性质之研讨,要紧紧抓住执行权的内在的本质规定性,而不要被其内涵的多样性和外延的广泛性所迷惑或误导。执行权的内在规定性就是它不解决纠纷,而仅仅服从裁判者(包括其他法律文书制作者)的命令,通过强制性手段和措施,将生效法律文书的内容化为现实。执行这一过程与行政权的运作过程完全一致,具有强制性、单向性等特点。虽然在执行过程中会出现一些需要解决或裁断的问题,但这些问题如果属于程序性争议,如执行异议等,对其解决本身就是执行权作为行政权的题中应有之义,执行程序不会因为解决这些程序性争议而变成司法程序;如果执行中出现的争议属于实体性争议,则该问题不属于执行权作用的范围,而属于审判权作用的范围,应由法院通过行使审判权加以解决,因而不能以执行程序中会出现实体性争议问题而将其归属于司法权的范畴。

其三,执行权属于行政权并不意味着它与司法权就无任何关联。事实上,在执行过程中,司法权往往与执行权交错运行。司法权对执行权要进行监督,司法权要对执行权运行中所产生的实体性纠纷予以解决,执行主体的变更、追加等事项需要司法权予以确认,执行过程中出现的妨碍执行的行为,需要交由司法权加以处置和排解。因此,执行权的性质全面地描述,应当是带有司法属性的行政权,属于典型的司法行政权。

其四,执行体制改革、执行机制和执行程序的完善,都要以司法行政权为执行权的性质定位去考虑和谋划。比如,因为执行权属于行政权,所以应当将执行权和审判权分离开来运行和行使,而不宜混而不分;而且这种执行权和审判权的分离还不是拖泥带水、藕断丝连的内部分离,而是干净利落、完完全全的外部分离。执行权和审判权内部分离的思想和观点,实质上还是将执行权作为司法权同视,而没有看到执行权虽然和司法权有关联,但却是迥然不同的两种国家权力。执行权从法院分离后,就可以形成统一化的执行体制,将刑事执行、行政执行和民事执行统合在一个部门行使,这样,一个具有中国特色的执行体制便应实践之需要而诞生了。

四、民事审判与民事执行的关系

(一)民事审判与民事执行的联系点

民事执行和民事审判具有紧密的关联性。就民事诉讼的范围内而言,民事审判是民事执行的前提,没有民事审判,就不可能有民事执行。当然,这里的民事审判是从广义上说的,不仅包括民事的裁定和判决,而且包括调解书和支付令,这是其一。其二,民事执行是民事审判的继续,也是民事审判的保障,同时也对民事审判实行监督。如果没有民事执行,徒有民事审判,当事人一旦不自觉履行,法院的生效裁判就变成了一纸空文,司法审判的目的就不能达到,当事人的权利就不能得到切实保障,诉讼纠纷就不能真正化解,因此,继民事审判之后的民事执行是不可或缺的,也是极为重要的,各国在民事审判制度之外,都建立了相应的民事执行制度,其原因就在这里。同时,民事执行中也会发现民事审判中存在的这样或那样的问题,对于这些问题,民事执行部门有权向民事审判部门提出,并在民事审判部门纠正错误后才将生效法律文书真正付诸执行。

(二)民事审判和民事执行的相通点

1. 民事审判和民事执行都属于广义的民事诉讼程序范畴

广义的民事诉讼程序包括民事审判程序和民事执行程序两大程序,我国民事诉讼法就是从广义上来加以规范和调整的。民事诉讼法包括了调整民事审判的法律规范,也包括了调整民事执行的法律规范,它们同属于民事诉讼程序这个"大家族";将来制定了独立的强制执行法,甚至建立了独立的执行机构,执行程序仍然属于广义民事诉讼程序的范畴,都属于民事诉讼法学研究的对象。

2. 民事审判和民事执行存在相互交叉、相互渗透的制度和程序

在民事审判中存在执行制度和程序,如保全执行、先予执行、司法制裁罚款等的执行;在民事执行中也存在民事审判制度和程序,如各种异议之诉、追加或变更被执行人、追加或变更执行人、执行承继等,也存在与诉讼和解相似的执行和解制度。但无论民事审判和民事执行如何交叉,它们最终还是"路归路、桥归桥",民事审判中出现的执行问题,交于执行程序完成;民事执行中出现的审判问题,交于审判程序解决,不因为执行问题出现在审判中或者审判问题出现在执行中,就变更了问题的性质,执行程序和审判程序在本质上是泾渭分明的。

3. 民事审判和民事执行共享着一些诉讼理念、诉讼原则和诉讼制度

民事诉讼法总则中所确立的一些宏观规定,对民事审判和民事执行具有一体适用的特性。比如,《民事诉讼法》第2条所规定的"任务"既是民事审判的任务,也是民事执行的任务,只有民事审判和民事执行联袂合作,才能不折不扣地完成民事诉讼法所确定的任务。民事诉讼法所确定的一些基本原则,如平等原则、处分原则、诚信原则、少数民族语言文字原则、检察监督原则等,在民事审判中适用,在民事执行中也适用。当然,有些原则,如辩论原则、调解原则、支持起诉原则等,则仅在民事审判中适用,在民事执行中不予适用。民事诉讼法所确定的一些制度,如合议制度、回避制度、公开制度、保全制度、送达制度、期间期日制度、妨碍民事诉讼的强制措施制度、诉讼费用制度等,不仅在民事审判中适用,而且同样适用于民事执

行之中。当然有些诉讼制度，比如二审终审制度、先予执行制度、诉讼管辖制度等，不能适用于执行之中，而仅适用于审判之中。民事诉讼法所确定的诉讼程序，包括一审程序、二审程序、再审程序、非讼程序等，不适用于执行之中。因而民事审判和民事执行所共享的乃是抽象的立法理念、重要的诉讼原则和某些诉讼制度，审判程序和执行程序则差异甚大，这种差异，也反映了民事审判和民事执行的不同性质。

（三）民事审判和民事执行的差异点

民事审判和民事执行具有密切的联系，其相同点也较多，然而，无论其联系如何密切，也无论其表面上的相同点如何之多，民事审判和民事执行仍是性质不同的两种类别的程序，其相似点或相同点是形式上的，而其差异点则是实质上的。具体而言，民事审判和民事执行的差异主要表现在：

1. 性质不同

民事审判属于司法程序，民事执行属于行政程序，前者为司法权的运行提供保障，后者为行政权的运行提供保障，它们分属于国家权力的两个完全不同的领域，虽然二者具有事实上的关联，但法律上的关联是极少的。

2. 功能不同

民事审判的功能在于解决民事纠纷，形成一个确定的生效裁判或调解书；民事执行的功能是将生效法律文书的内容通过强制性手段化为现实。前者在于解决纠纷，后者在于实现权利；前者在于判断是非，后者在于实施强制。

3. 价值不同

民事审判的首要价值在于公正，效率是第二位价值；民事执行的首要价值是效率，公正是第二位的价值。因为对民事执行而言，公正的问题已经被包含在生效法律文书之中，执行机构无须考虑公正问题；如果生效法律文书存在公正问题，那应当由当事人或者利害关系人通过诉讼途径提出来，而执行中提供的异议复议程序，仅仅是通向诉讼途径的制度性桥梁。民事审判失去了公正就失去了生命，民事执行失去了效率就失去了生命，民事审判和民事执行的生命支点有所不同。

4. 模式不同

民事审判的结构模式是等腰三角形，双方当事人两造对抗，法官居中裁判，法官与双方当事人之间是等距离的关系，法官不偏不倚，当事人平等诉辩。与之不同，民事执行的结构模式则是线性模式，申请执行人提出执行申请，执行机构进行审查后符合条件的，进入执行；执行时采取执行措施，迫使被执行人履行义务，或者直接实现生效法律文书中所载明的权利义务关系；执行中，不存在法院开庭的过程，不存在当事人面对面的辩论和诉争，甚至当事人双方也不照面，也不存在社会公众的旁听参与等。审判模式属于司法模式，执行模式属于行政模式。执行机构进行执行与行政机关进行行政完全等同，而与司法审判则有天壤之别。

5. 范围不同

民事审判虽然极可能导向民事执行，但有相当一部分民事审判的案件，当事人自觉履行了生效裁判的内容，因而无须进入执行程序；民事执行虽然在民事诉讼范围内是继民事审判而生，但民事执行有更加广泛的执行使命，它不仅要为民事审判服务，而且要为刑事审判中具有财产内容的执行服务，要为仲裁裁决的执行服务，要为公证机关赋强公证文书的执行服务，要为行政机关民事案件行政裁决的执行服务，要为外国的生效裁判文书和仲裁文书的执行服务。民事审判离开民事执行就无路可走，民事执行离开民事审判还有许多业务可做，因而民事执行

五、审执分离体制：案例评析

通过以上对民事执行与民事审判的关系探讨，可知审判程序和执行程序的基本功能有着根本的差异。在审判程序中，不宜考虑执行的因素；在执行程序中，不宜解决审判的问题。可以说，审判与执行，就相当于路和桥的关系，尽管民事权利的最终实现既离不开审判，也离不开执行，但审判的应当归审判，执行的应当归执行，二者不宜混同。为了解说该一原则，笔者试举"某医用器具有限责任公司专利纠纷执行监督案"以说明之。

（一）基本案情

2010年，潘某甲、潘某乙向某市中级人民法院起诉，要求判令某省某州医用器具有限责任公司（以下简称医用器具公司）停止使用诉争发明专利，并赔偿200万元。一审判决后，双方当事人均不服，向某省高级人民法院提出上诉。2012年，二审法院主持双方调解，达成调解协议。该协议第4项约定，医用器具公司不得以ZL96118336.5号发明专利为基础，进行品名带有"空气净化"的产品注册、换证或重新注册，否则即视为对诉争专利的侵害，医用器具公司即向潘某甲、潘某乙支付违约金800万元；第5项约定，专利许可使用的一年期限届满之后，医用器具公司不得再使用ZL96118336.5号发明专利，也不得申请注册、生产、销售侵害诉争发明专利权的新产品，否则医用器具公司向潘某甲、潘某乙支付违约金800万元。

调解协议生效后，医用器具公司支付潘某甲专利使用费25万元，并开展了与专利相关的生产经营活动。2014年，潘某甲、潘某乙以医用器具公司违反调解协议约定为由，向某市中级人民法院分别申请强制执行调解书约定的第4项、第5项违约赔偿。医用器具公司提出执行异议，认为是否违约应当进行实体审理判定，不能不经审理直接执行。某省高级人民法院执行局复议认为，案涉调解书约定的违约事实成立，遂裁定准予执行。2016年1月，两个执行标的分别为800万元，合并执行1600万元的案件均进入执行。公司因此经营困难。

（二）检察机关监督情况

医用器具公司不服法院的执行裁定，向某省人民检察院申请执行监督。为此，检察机关对此进行了调查核实。首先，关于调解协议约定的专利侵权行为是否成立的问题。经检察院承办检察官向某省知识产权局咨询，该局认为医用器具公司目前注册登记产品专利与潘某甲的发明专利ZL96118336.5号之间没有专利技术上的联系，前者没有落入后者的保护范围。即医用器具公司是否存在以ZL96118336.5号专利为基础进行产品注册、换证、申报等行为是有争议的，应当进行审理查明。其次，法院的复议程序是否存在不当。经办案人员了解，法院在复议过程合议庭对于医用器具公司是否存在侵权行为的认定意见存在较大分歧，执行部门承办法官是在听取业务审判庭认为构成侵权的意见后才作出最终裁定。某省人民检察院审查认为，某省高级人民法院的复议裁定存在错误：第一，当事人双方对调解协议约定条件的成立与否存在争议，不符合申请法院执行生效法律文书关于"给付条件明确"的标准；第二，法院对实体法律问题应当通过公开的审理程序予以判定，本案执行局合议庭以法院内部的意见交流替代了实体审理，属以执代审，构成执行违法；第三，为保障医用器具公司的合法诉讼权利，法院应允许其通过另行提起诉讼的方式解决争端。2017年11月3日，某省人民检察发出检察建议书，指出某省高级人民法院的两份执行裁定属于以执代审，未保障当事人合法诉权，建议予以撤销。2018年4月16日，某省高级人民法院采纳检察建议，撤销原案执行裁定。

（三）法理评析

1. "审执分离"原则是我国民事诉讼法确立的法院行使执行权所应奉行的一项基本原则，也是司法改革的一项体制性要求

《民事诉讼法》第235条规定："执行工作由执行员进行。采取强制执行措施时，执行员应当出示证件。执行完毕后，应当将执行情况制作笔录，由在场的有关人员签名或者盖章。人民法院根据需要可以设立执行机构。"目前，法院上至最高人民法院下至基层法院都普遍建立了独立的执行机构，执行机构与审判机构相分离、执行人员和审判人员相分离、执行程序和审判程序相分离，这三个"分离"就是审执分离原则的基本依据和基本内容。执行实施权固然由执行机构行使，然而执行程序中还会发生这样或那样的争议事项，这些争议事项有的属于程序性争议事项，有的属于实体性争议事项，对此，法院分别配置了执行裁决权和执行审判权予以解决。执行裁决权是程序性执行争议的解决权，由执行机构中的执行法官在执行程序中予以行使，执行审判权是实体性执行争议的解决权，由审判机构中的审判法官在审判程序中予以行使。因此，审执分离原则的基本含义有二：一是审判权由法院的审判机构负责行使，执行权由法院的执行机构负责行使；二是执行裁决权由法院的执行机构行使，执行审判权由法院的审判机构行使。目前，审执分离改革正在法院内部深入推行，但各种改革的方案和内容并不完全一致，《依法治国决定》提出的推进审判权和执行权相分离的体制改革试点，也需要深入推进。本案在一定意义上说，就是审判权和执行权相分离不够彻底所引起的审执混同现象，检察机关以此为监督对象进行深入的法律监督，对推进审执分离改革从而对推进执行体制乃至司法体制改革，都具有以小见大的重大意义。

2. 调解书上的违约条款不属于执行根据

根据《民事诉讼法》第102条的规定，调解书与生效裁判具有相同的法律效力，调解书上的给付内容具有执行力，但是，并不是调解书上的所有内容都有资格成为执行根据，调解书上的确定性内容具有执行根据的意义，调解书上的不确定性内容不具有执行根据的意义。具体而言，调解书中的内容可分为两种类型：一类是对诉讼标的达成的调解协议，一类是对诉讼标的以外的内容达成的调解协议。调解书原本只能就诉讼标的达成的调解协议进行审查后予以确认，而不得对诉讼标的以外的内容达成的所谓调解协议进行确认。但实践中往往本着纠纷彻底解决的理念和原则，将这两种性质有别的内容混同在一起，笼统地归宿在统一的调解书之中。其实，当事人对诉讼标的外的内容所达成的调解协议并非真正的调解协议，而是民事权利义务关系的新的约定，是双方当事人订立的新的合同，这种合同是一种对将来民事权利义务关系的安排，不是对纠纷解决结果的认可和固定，不具有解决纠纷的意义和功能；而调解书是用来解决纠纷的，其有效的内容范围严格限定于诉讼标的的范围，超诉讼标的的所谓调解其实并不是真正的调解，充其量仅仅是法院对双方当事人达成的新协议的见证。结合本案来看，调解书中的停止侵权、赔偿损失部分的内容是执行根据，调解书中的将来违约承担违约责任的部分内容则不属于执行根据，而是当事人之间的新的约定。当事人之间的新的约定发生了争议，当然就需要通过审判程序由审判机构的审判人员加以解决，而不得由执行机构的执行人员通过执行程序来解决，即便执行人员私下咨询了审判人员也不能满足审执分离的基本要求，因为这不是法定的正规的诉讼程序，不具有法律上的意义。检察机关敏锐地看到了这一点，从双方当事人对此存有争议和以执代审两方面提出监督意见，可谓击中了肯綮，抓住了关键，因而取得了良好的监督效果。

3. 执行根据必须是确定无疑的

根据《民诉法解释》第461条之规定,当事人申请人民法院执行的生效法律文书应当具备下列条件:一是权利义务主体明确;二是给付内容明确。根据最高人民法院《关于人民法院执行工作若干问题的规定(试行)》第16条的规定,人民法院受理执行案件应当符合的条件包括申请执行的法律文书有给付内容,且执行标的和被执行人明确、义务人在生效法律文书确定的期限内未履行义务。因此,如果执行根据中的内容具有不确定性或附条件性,则该部分内容一旦存在争议,便失去了执行力。之所以没有争议的新约定可以成为执行根据,原因在于其中包含了督促程序的元素。

4. 对最高人民法院一个司法解释的反思

《民事调解规定》第15条规定:"调解书确定的担保条款条件或者承担民事责任的条件成就时,当事人申请执行的,人民法院应当依法执行。"该司法解释的问题就在于将调解书确定的担保条款和承担民事责任的条件条款混为一谈。调解担保与执行担保具有性质上的相近性。《民事诉讼法》第238条规定:"在执行中,被执行人向人民法院提供担保,并经申请执行人同意的,人民法院可以决定暂缓执行及暂缓执行的期限。被执行人逾期仍不履行的,人民法院有权执行被执行人的担保财产或者担保人的财产。"执行担保是由被执行人或其他人向执行法院提供的,因而属于公的担保,而不属于私的担保,公的担保具有国家公权力的秉信性和凭信力,因而可以直接成为执行的新的根据,而私的担保则不具有这种效力的公法担保力,因而其是否能够成为执行根据,还需要经过公权力的审查和过滤,而不得由私的担保跃变成为公法上的担保。调解书上的担保也是当事人向法院提供的担保,也属于公的担保,因而其与执行担保一样,可以成为法院执行的根据。但新的民事责任的条款,如本案中的违约条款有赖于对违约事实的判断,而违约事实是否存在,往往存在争议,这就需要通过审判程序加以解决,执行程序本身不具有解决争议的功能。因此,当事人根据调解书中所约定的民事责任,向法院申请强制执行,如果相对方当事人提出了异议,则应当通过审判程序进行司法审判解决,而不是由执行机构审查解决。如果当事人不存在争议,则相应的执行程序也无必要发动。该司法解释的适用应当以当事人之间将会产生争议为理论预设和逻辑前提,既然一定会产生争议,则执行机构对存在争议的调解书中的内容进行执行,同时违反了执行根据不应存在争议以及审执分离的原则,因而该司法解释的该部分内容不具有可执行性,应当予以修改。修改条款可以是:"调解书确定的担保条款条件成就,或者承担民事责任的条件成就且当事人之间无争议时,当事人申请执行的,人民法院应当依法执行。"

六、民事执行的基本原则

(一)民事执行基本原则概述

民事执行的基本原则与民事执行的根本原则不同。审执分离原则是民事执行的根本原则,因为没有审执分离原则,执行程序就无法独立,民事执行的基本原则就无从说起,因而,将民事执行的根本原则与民事执行的基本原则区别开来是有必要的。民事执行的基本原则是指在民事执行活动中,执行机构应当自始至终都恪守和遵循的基本行为指南。民事执行活动直接关系到生效法律文书的最终实现,直接关系到司法和法律的权威和尊严,直接关系到当事人的合法权益之保护,直接关系到国家利益、社会公共利益和个人合法权益的保障,因此,强制执行的全部过程都要纳入到立法范围之中加以规范。然而,与民事审判不可能事事都有严格的法律规范加以调整一样,强制执行程序虽然致力于周详细密之规范调整,也不可避免会存在规则与规则之间的缝隙，存在一般执行规范和具体执行行为之间的脱节，存在强制执行规范之法律漏洞，因而，需要在强制执行规范体系中给基本原则留有一席之地，以使强制执行活动有一个框架性的指引，不至于使具体的强制执行行为失控变味，从而损害当事人的权益，损害执行的权威性，最终导致执行目的之落空。

民事执行的基本原则与民事诉讼的基本原则是一个什么关系呢？民事诉讼的基本原则规定在民事诉讼法的总则中，它既在完整意义上对民事审判起指导和规范作用，也在一般意义上对民事执行起指导和规范的作用。然而应当指出的是，由于我国采用广义民事诉讼法的立法体例，在一部民事诉讼法上既有民事审判制度的内容，又有民事执行制度的内容，这两部分内容从体系上说又共享一个总则规范，但民事诉讼的基本原则不能照搬到民事执行领域予以适用。有些原则可以直接适用。如处分原则、诚信原则、检察监督原则等。有些原则可以变通适用，如"民事案件的审判权由人民法院行使。人民法院依照法律规定对民事案件独立进行审判，不受行政机关、社会团体和个人的干涉"适用到民事执行领域，就要变通为"民事案件的执行权由人民法院行使。人民法院依照法律规定对民事案件独立进行执行，不受行政机关、社会团体和个人的干涉"。再如《民事诉讼法》第7条规定的"人民法院审理民事案件，必须以事实为根据，以法律为准绳"也需要变通适用。因为在执行中，人民法院不是在进行审判，所以一般而言无所谓以事实为根据、以法律为准绳的问题，但若人民法院是在其执行程序中处理争议的程序问题，如执行异议和执行复议，则该原则也应适用。但还有一些原则无法适用。例如，《民事诉讼法》第9条规定："人民法院审理民事案件，应当根据自愿和合法的原则进行调解；调解不成的，应当及时判决。"之所以法院调解原则在执行阶段无法适用，乃是因为执行阶段法院已无法行使纠纷解决之审判权，而只能行使执行权，而调解是用以解决纠纷的，执行阶段既然不存在纠纷，那么也无须适用调解。至于执行阶段可能会出现的执行异议、执行复议之类的程序性争议，或者实体性争议的前端处置事项，则由于其程序性质而无法调解，调解仅适用于具有实体意义的纠纷解决之中。此外，《民事诉讼法》第15条规定的"支持起诉"原则，也无法适用在执行程序之中，这无须多论。

尤为重要的是，民事诉讼法的基本原则属于上位性原则，尽管有些原则可以直接适用于执行阶段，有些原则经过变通可以适用于执行阶段，然而这些能够适用于执行阶段的民事诉讼基本原则也是在更高层次上的基本原则，属于基本原则的基本原则。民事执行尚需根据其特性形成专门为民事执行服务的基本原则，这些基本原则相比于民事诉讼基本原则仍处在较低的层面，属于下位性原则。下位性原则来源于上位性原则，并不得与上位性原则相冲突，当然这二者之间的一致性，仅仅是指其精神层面上的一致性，而不是具体内容上的一致性。因此，在民事执行中，既要奉行可以直接适用以及通过变通可以适用的民事诉讼基本原则，也要实行来源于民事诉讼基本原则但又别具其特殊内容的民事执行基本原则，二者相互为用，有机统一。

需要指出的是，民事执行的基本原则是学理所概括的基本原则，而不是如同民事诉讼基本原则那样是由立法直接规定的基本原则。立法直接规定的基本原则反映了立法者的意旨，学理讨论的范围也以此为中心而展开，相对比较集中和聚焦，民事执行的基本原则则有所不同，强制执行程序和立法规范中并没有明确规定民事执行的基本原则，民事执行的基本原则只能由学理通过执行的具体规定而进行理论上的抽象和概括，因而民事执行的基本原则并不是执行程序中的行为规范，而仅仅是理解执行规范、适用执行规范以及在执行规范出现漏洞时需要进行法律补充时的指导理念，故此民事执行的基本原则不能作为行为规范和评价规范，而只能作为指导规范和政策规范。

（二）民事执行中的各项基本原则

根据我国民事执行程序中的相关规定，并根据基本原则的内在要求和标准，民事执行的基本原则主要有以下诸项：

1. 执行合法性原则

执行合法性原则也称依法执行原则，是指人民法院的执行活动必须严格依循民事执行程序的规范进行，而不得任意为之。民事执行是国家强制力的集中使用，是一柄双刃剑，一方面，民事强制执行有助于彰显执行权威和法律尊严；另一方面，民事强制执行也容易损伤公民的合法权益，使被执行人乃至案外人的合法权益遭受非法执行之侵害。因此，对于执行程序，立法上要尽量严密细致，防止出现规则空白，同时执法上要严格依法执行，在遭遇规则矛盾或规则漏洞时要能动执行，而不是执行止步，要在执行法治的框架内进行，能动执行需要接受严密的审核与监督。因此，执行合法性原则对于执行机构是严格约束，对执行中的当事人以及案外人乃是有效保障。执行合法性原则贯彻于执行之始终，从执行程序的启动到执行准备直至执行措施的实施等诸环节，均要符合合法性要求，具体包括三层含义：一是执行主体合法。只有法定的执行机构才有权实施执行行为，除执行中需要委托执行的以外，所有的执行行为均要执行机构和执行人员亲自实施，不得委托他人实施，实践中出现的"执行陪审员"（简称"陪执员"）是于法无据的。此外，执行员资质制度也要及早推行。二是执行根据合法。执行必须师出有名，执行根据是执行合法性原则的全部出发点，缺乏执行根据，执行机构不得执行；执行依据存有疑问，在消除疑问前，执行机构不得执行；执行依据若有争议，在消除争议前，执行机构不得执行。三是执行程序合法。执行程序是通向执行结果的一个个路标，同时也是界标，执行机构必须一步步地按照执行程序将执行活动向前推进，而不得离开执行程序行使执行权，也不得自己创造出一套执行程序行使执行权。比如实践中根据《终本规定》创造的终结本次执行程序（简称"终本程序"）就是执行机构自己创造出的一种执行程序，这种执行程序改变了民事诉讼法所规定的执行终结的法定含义，使没有执行完毕的执行案件提前执行终结，并且还可以如同执行中止那样恢复执行，这就将执行终结和执行中止混为一谈了，因而背离了执行合法性原则的轨道。四是执行措施合法。诸如查封、扣押、变卖、拍卖、搜查等执行措施，均必须是法律明定的，方能采取，否则，该执行措施就是无效的、非法的。比如，将被执行人作为失信人上黑名单，必须符合严格的条件和程序，同时也只能将被执行人纳入失信人名单之中，而不得任意扩大范围，被执行人履行义务完毕后，则应将其从黑名单中撤下来，而不得无故拖延。禁止被执行人出境，仅仅在执行领域中方能适用，实践中有些法院在诉讼中甚至在诉讼前就采取限制相关人出境的措施，这也是于法无据的，违反了执行措施合法的要求。为了使执行合法性原则得以贯彻落实，《民事诉讼法》第232条和第234条专门规定了执行当事人和执行案外人异议制度，执行异议制度是执行合法性原则的必要制度保障。

2. 说服教育与强制执行有机结合原则

该原则是指在强制执行过程中，应当始终贯彻说服教育的原则；只有在说服教育无法收到实效时，才能采取强制执行的措施，迫使被执行人履行债务或者强制实现其债务。说服教育是我国人民司法的一个优良传统，是社会主义核心价值观的体现和要求，也是解决纠纷和实现权益的根本之道。在诉讼中通过说服教育致力于通过调解的方式解决纠纷，在执行中仍然要通过说服教育，劝使被执行人从思想深处意识到对抗执行、拖延执行对其有害无益，从而使被执行人心甘情愿地履行生效法律文书的内容，避免执行机构采取强制性的执行措施使纠纷实际上不断升级。因此，在执行阶段进行说服教育是诉讼阶段说服教育的延续，目的不仅在于实现权利人的权利，更重要的乃在于从根子上解开当事人思想上的疙瘩，从而使其意识到在诉讼中和在执行中其法律责任之所在，彻底干净地将纠纷消灭掉。因此，犹如"攻心为上、攻城为下"一样，说服教育为上策，强制执行为下策，强制执行只是在说服教育实在无法奏效时，被迫无奈采取的手段。可见，在强制执行中，我们要克服一种偏见或误区，认为在强制执行中就是用"武力"说话，而认为对被执行人做思想工作多此一举。说服教育不仅在执行预备阶段要进行，而且要贯彻始终，只要有可能，就要创造条件对被执行人进行思想工作，思想上的问题一旦解决，所有的问题都将迎刃而解。

3. 执行高效原则

该原则是指执行要讲速度，要提高效率，降低成本，减少损失。在诉讼中，公正第一，效率第二，这个公式到执行中要改变一下，变为效率第一，公正第二，这并不是说公正不重要，在解决执行异议、执行复议等争议时，公正仍然是第一位的，只不过从执行整个过程而言，涉及效率的时候多，因此，效率价值的地位迅速提高，成为执行中第一位的价值。迟迟不执行，为无效率；执行了以后，迟迟不见效，叫低效率；简单地上网点对点、总对总查一下被执行人的财产，一发现网上无登记信息，就认为确实无财产可供执行，就来一个"终本"，这叫作"虚报"效率。因此，执行贵在神速，执行人员一旦瞄准执行目标，要以迅雷不及掩耳之势，一步到位采取执行措施，使执行内容迅速化为现实。我们要知道，低效率的执行有时还不如不执行，不执行，当事人仅仅没有实现法律文书中的权利，而拖拖拉拉的低效执行，当事人不仅实现不了法律文书中的权利，而且还要付出很多的时间成本、精力成本、金钱成本，到最后，就算执行回来了，也往往是入不敷出，得不偿失。由此可见，高效可谓执行的内在生命，缺乏高效，执行便成了无意义的"游戏"。

4. 比例原则

比例原则也称执行适度原则或执行合比例性原则。比例原则是行政法上的一项重要原则，该项原则也适用于民事诉讼尤其是具有行政权属性的强制执行过程之中。该原则的基本要求是：在执行中，执行人员采取的执行措施要与执行标的和执行需要相适应，同时要采取一切可能的措施，尽量地减少因执行而带来的损失，使社会总财富不因执行而在绝对值上有所降低。具体言之，可将比例原则分为三层含义加以理解：一是执行在纵向上的合比例性。也就是说，针对不同的执行对象，采取不同的执行措施，使执行对象和执行措施能够相互匹配。比如，执行对象如果是不动产，如房地产等，那么，执行措施应当尽可能采取现场拍卖的方式，而避免网上拍卖。因为现场拍卖容易将细节搞清楚，不至于发生拍卖后的反悔问题，从而会减少提起确认拍卖无效之诉、撤销拍卖之诉等后续的救济行为，减少执行中带来的损失。但如果执行对象属于动产或小物件，则进行网上拍卖效率更高，交易成本更低。二是执行在横向上的合比例性。这种合比例性体现在当事人相互之间，在执行权利人和执行义务人之间要始终保持利益的合比例均衡，执行权利人的权利固然要最大限度地实现，但我们不能陷入执行的偏执主义之中，被执行人的合法权益也要尽可能地得到保障，比如被执行人的生存权、学习权、一定范围内的发展权等，不得因强制执行而受到根本性影响。也正因如此，民事诉讼法所规定的债务人的自由财产制度、最高人民法院发出的"一套房不得执行"的司法解释等，均是对被执行人利益进行保障所采取的必要措施。三是执行在顺位上的合比例性。被执行人可能会有许多种类的财产，比如金钱、动产、不动产、股权之类的其他财产权益等，在这些财产作为执行对象时，执行机构要选择对被执行人影响最小、损失最少的财物进行执行。比如，被执行人明明有现金或股权不去执行，而偏偏要查封其房屋，执行其住宅，使其无法安生；或者偏偏要执行其厂房而使其被迫停工停产，工人失业流离失所。如果这样执行，就叫作不符合执行合比例性原则。

5. 善意文明执行原则

为贯彻落实中共中央、国务院《关于完善产权保护制度依法保护产权的意见》《关于营造更好发展环境支持民营企业改革发展的意见》等文件精神，进一步提升人民法院严格规范公正文明执行水平，推动执行工作持续健康高水平运行，为经济社会发展提供更加优质司法服务和保障，根据民事诉讼法及有关司法解释，结合人民法院执行工作实际，最高人民法院发布了《关于在执行工作中进一步强化善意文明执行理念的意见》（以下简称《善意文明执行意见》），确立了善意文明执行原则。人民法院在强化善意文明执行理念过程中，要充分保障债权人合法权益，维护执行权威和司法公信力，把强制力聚焦到对规避执行、逃避执行、抗拒执行行为的依法打击和惩处上来。要坚决防止执行人员以"善意文明执行"为借口消极执行、拖延执行，或者以降低对被执行人影响为借口无原则促成双方当事人和解，损害债权人合法权益。可见，善意文明执行原则与大陆法系国家奉行的执行不扰民原则有相似之处。执行不扰民原则是指执行活动应尽量不对人民群众的正常生活和生产造成实质性的影响，尽量将因执行而给相关人员和周边人士带来的负面影响降到最低。比如，执行活动应尽可能在白天上班期间进行，尽量避免在晚上尤其是深更半夜进行执行活动，尽量避免在周六、周日和其他节假日采取执行行动，在执行时，尽量不要堵塞交通，形成大量群众围观的状况，尽量不对被执行人的家庭成员尤其是未成年人、老年人、残疾人等弱势群体造成恐慌、惊吓、不安等。同时，对被执行人的罚款、拘留等，要经过严格的审批程序，尽量防止拘留等限制人身自由的措施被扩大化滥用，从而处理好执行工作和人权保障之间的关系，处理好执行工作和保障人民群众安居乐业的关系，处理好执行工作和促进社会安定团结的关系，使执行工作有理、有利、有节、有序地开展。

6. 检察监督原则

执行监督入法是2012年民事诉讼法修改的一大亮点，标志着中国民事检察监督制度在框架上业已趋于完善。同时也可以预见，加强对执行活动的法律监督将有效缓解一直困扰法院的"执行难"，并在相当程度上克服"执行乱"的现象。从这个意义上讲，赋予检察院对民事执行活动的法律监督权具有极为重要的制度意义和实践价值。

执行权是国家公权力，按公权力无法律明定则视为无权的法理规则，检察机关对法院行使执行权实施法律监督也需有立法的明文授权。修改后的民事诉讼法在检察监督基本原则的表述上发生了变化，即改变了长期以来一贯沿用且备受争议的"审判监督"之表述，而代之以更为宽泛、更富弹性的"诉讼监督"之表述，从而形成了现在见到的《民事诉讼法》第14条规定："人民检察院有权对民事诉讼实行法律监督。"检察监督基本原则的更新表述，为具有中国特色的民事检察监督制度的科学化发展提供了宽阔的制度发展空间。据此规定，检察院对法院的执行活动享有法律监督权。长期以来围绕检察院对民事强制执行是否享有法律监督权的争论尘埃落定，执行监督开始以崭新的面貌登上历史舞台。

尤其值得关注的是，民事诉讼法不仅在第一编"总则"中通过对检察监督原则的客体变更将执行监督纳于其中，而且在第三编"执行程序"中对执行监督作出了明确无误的宣称。《民事诉讼法》第242条规定："人民检察院有权对民事执行活动实行法律监督。"按照民事诉讼法学的理论观点，与前一项原则相比较，这一项原则不属于"基本原则"，而属于仅仅适用于民事诉讼程序某一特定阶段不具有贯彻始终性的"具体原则"。因此，前一项原则作为基本原则，暗含了检察院对执行的法律监督权；后一项原则作为具体原则，明示了检察院对执行的法律监督权。

这样的立法技术在民事诉讼法上是极少使用的。那么，这样的规范叠加有何意义呢？抑或为立法上的无谓重复？其实，这样的规定是颇有价值的，其价值主要在于：

其一，重申检察院对执行的法律监督权，防止在解释上发生争议。因为，《民事诉讼法》第14条所确立的基本原则，用"民事诉讼"的表述取代了此前的"民事审判活动"的表述，其立法用意就在于将检察院对民事诉讼的法律监督权扩充到民事诉讼的全部领域，这理应包括法院的执行活动在内。但由于理论上对民事诉讼和民事执行有着清晰的学术分界，认为民事诉讼和民事执行是相对独立的，二者互不交叉，民事诉讼具有诉讼性质，属于司法程序，而民事执行具有非讼性质，属于行政程序，二者是先行后继的关系，不是包含与被包含的关系，因此，为防止在理解上出现民事诉讼并不包括民事执行的认知偏误和人为争议，立法者在执行程序编乃专门增设了执行监督条款。可以说，执行监督条款的增设，其直接作用就是防止继立法论后的解释论产生困境，重申检察院对执行活动具有法律监督权，从而更加稳固地确立执行检察监督的立法定位和制度价值。

其二，执行程序编中缺乏具体的监督条款，因而《民事诉讼法》第242条就不仅是一个执行监督原则，而且还起到执行监督规则和程序的作用。这样就在《民事诉讼法》第14条和第242条之间形成了立法论上的"原则－规则"立法模式。有了执行监督规则条款，则《民事诉讼法》第14条所包含的执行监督原则就有了贯彻落实的制度性桥梁，而不至于受到"只有总则而无分则、只有原则而无规则"导致"总则与分则相脱节、原则与规则不配套"的立法技术上的诟病和质疑。此外，从立法政策上说，如果缺乏《民事诉讼法》第242条的规定，则至少从字面上看，执行监督的条款便全然不存，这与司法改革的基本要求显然不相符合。

其三，使规定在审判程序中的监督方式和保障措施能够用于执行程序中。执行程序中有关法律监督的条款仅有上述第242条一个条文，此外对于执行程序中检察机关应采用何种方式针对何种问题实施法律监督，以及监督的保障机制与效力规范，均付诸阙如。这是否意味着立法所赋予的执行监督权将因缺乏具体的操作条款而成为一纸空文？当然不能这样理解。执行监督立法论上的欠缺可以通过解释论的功能加以弥补。在法律解释上，《民事诉讼法》第14条关于检察监督基本原则的规定是贯彻始终的，包括执行在内，均受其规范和调整。因此，凡是此后的检察监督规范，均是根据《民事诉讼法》第14条的规定而形成的，后者是具体化表现，第14条是概括性依据。在审判程序中作出的检察监督的具体规定，在与执行的法律属性不相冲突的范围内，应当可以适用或准用于执行监督领域。从立法技术上看，民事诉讼法规定在先的内容，均对后者具有推定适用的效力；民事诉讼法规定在后的内容，乃是适用于特殊程序阶段的特殊规则，没有特殊规则的，适用一般规则。一个典型的例证是，对于违法行为的法律监督虽然是规定在审判监督程序之中的，却可以适用于任何诉讼程序，包括一审程序、二审程序、审判监督程序乃至非诉讼程序，对于执行程序也自不例外。至于《民事诉讼法》第215条规定的检察建议以及第217条所规定的调查核实权，当然也适用于执行监督领域。

就含义而言，执行中的检察监督原则主要是指检察机关有权对执行机构的执行活动实施法律监督，以确保其合法性和正当性。执行中的检察监督原则之所以有必要，其根本的原因在于"执行乱"问题的存在。所谓"执行乱"，就是不按照民事诉讼法关于执行程序的各项规定行使国家的强制执行权，从而造成各种乱象，包括该执行不执行的懈怠执行或消极不执行、随意地终结本次执行、不经合法程序任意地追加被执行人或更换被执行人、不按照比例原则进行执行、执行中违背审执分离的原则由执行机构或执行人员用裁定的方式解决实体性争议等。这些执行乱象的造成均与违法执行有或多或少的关联,因而需要检察机关介入进行合法性监督。检察机关监督执行活动的基本内容和标准就是合法性和正当性。当然,检察机关对执行活动的监督还有支持配合之意,监督不是目的,目的在于使执行工作进入正轨,尽量减少乃至最终消除违法违规非正当的执行,同时,通过检察监督排除其他任何干预执行工作的因素,使执行机构得以独立公正地开展执行工作,从而通过检察监督的合力支持,圆满完成执行工作的艰巨任务。

(三) 批驳两项民事执行的所谓原则

1. 关于执行当事人不平等原则

有一段话,是我国台湾地区学者杨与龄说的:"民事诉讼为使两造当事人尽攻击防御之能事,以期裁判之公平,故采当事人主义。强制执行,当事人之权利义务,业已确定,为迅速实现债权人之权利,自应偏重债权人利益之保护,不宜使债务人与债权人处于同等之地位"。[①]我国有很多学者,包括许多教科书,都概括出了执行当事人地位不平等原则。这一原则是否妥当呢?笔者以为似值商榷。我国宪法规定"法律面前人人平等",这项宪法性的原则是包括强制执行法在内的所有的部门法均要恪守和体现的,不应有任何例外存在,强制执行制度当然也要体现法律面前人人平等原则,具体表现在执行程序之中,就是执行当事人在执行程序法面前处在平等的位置。《民事诉讼法》第8条也规定了当事人平等原则,这一原则当然也适用于强制执行阶段的所有活动,而不应有所例外。固然,在执行程序中,执行权利人享有权利,占有主动,比如他可以申请强制执行,而被执行人则没有申请强制执行的权利;执行和解如果不取得执行权利人的同意,就不可能达成,执行程序就要继续下去而无法中止;执行权利人如果撤回了执行申请,执行程序便宣告终结;等等,诸如此类的决定性权利均赋予给了执行权利人,执行义务人则处在相对被动、容忍执行的地位。这是执行程序和审判程序不尽相同之处,执行程序构成的是线性结构,而审判程序构成的则是三角形结构,当事人双方在两种结构模式中所形成的程序法律关系确实存在差异。

在执行行为所形成的线性结构中,似乎是执行权利人针对执行义务人实施执行行为,其实不然,是执行机构针对执行义务人在进行执行活动,是通过执行机构这个中介将执行义务人的财产转移到执行权利人手中,执行权利人享有权利,执行义务人负有义务,如果他们不处在平等的位置,这种一方享有权利另一方负有义务的执行法律关系就不可能形成。执行权利人违法申请执行,就要被执行机构驳回,也正因如此,才有所谓许可执行之诉的说法;被执行人容忍执行义务,但一旦出现执行违法,他就可以根据《民事诉讼法》第232条之规定,提出执行异议和执行复议,如果出现实体性争议问题,被执行人还可以提出被执行人异议之诉。被执行人有保留自由财产使之免于执行的权利。被执行人除容忍执行义务之外,与执行权利人毫无二致,而容忍执行义务是对国家所负担的公法上的义务,不是对执行权利人所负担的单向的私法上的义务,这丝毫不影响执行当事人在法律地位上的平等性判断。

事实上,执行权利人申请启动执行程序后,就基本上退出了执行程序,他只需要等着法院将执行回来的财物交给他即可,因而执行中的法律关系基本上存在于执行机构和被执行人之间。在这样的行政属性的关系上,执行机构行使国家公权力,当然占主动的主要地位,被执

[①] 杨与龄:《强制执行法论》,中国政法大学出版社2002年版,第20页。

人负担容忍执行的义务,当然处在被动的次要地位,这二者之间的关系一定是不平等的。然而这种存在于执行机构和被执行人之间关系的不平等性不能等同于执行当事人之间的不平等性,在执行当事人相互之间,其法律地位依然是平等的。同时,执行机构基于申请执行人的申请进行执行,并不就是申请执行人的代理人,其法律地位并不因此就与申请执行人相混同,那种认为执行机构站在申请执行人的位置"对付"被执行人的观点是不妥当的。执行机构尽管为执行权利而行动,但其仍处在中立客观位置,不能也不宜滑向申请执行人一边与申请执行人不分彼此,相反,申请执行人与执行人员一起外出搞执行是受禁止的。因此,申请执行人与执行机构之间的距离和被执行人与执行机构的距离,都是等同的,所不同的是内容。关键是看法律上的人格地位,如果享有权利的一方地位高于负有义务的一方,那么,就会得出结论认为,单务合同所形成的民事法律关系也是不平等的,显然不能得出这样的结论。尤其是,公然宣布执行当事人的法律地位不具有平等性,并且将其上升到执行程序基本原则的高度来强调,其意义何在呢?无非是要强调执行机构应当和执行权利人站在同一条战线,将被执行人作为对立一方形成执行中对抗关系。然而这种强调乃是根本上错误的。这种执行当事人地位不平等原则在一定意义上正是为执行中出现的各种不正常现象背书,加剧了"执行乱"的发生,也滋生了执行中的腐败现象。因此,执行当事人相互之间的法律地位应当是平等的,而执行地位的平等性乃不言而喻被蕴含在诉讼当事人地位平等原则之中,无须在执行程序中另行作为一项基本原则加以强调,故而笔者既不认可执行当事人地位不平等的原则这一说法,也不将执行当事人地位平等作为一项执行基本原则予以特别强调。

2. 关于严重不方便执行原则

我们先看一个案例:某案在审理期间,法院根据申请对被告人采取保全措施,冻结了其账户若干万元,并且查封了被告人土地使用权若干万平方米。被告以需要办理银行贷款为由,申请对账户予以解封,并由担保人以银行存款若干万元提供担保。法院冻结担保人的存款若干万元后,解除对被告人账户的冻结措施。某融资担保有限公司向法院提供担保书,承诺被告公司无力承担责任时,愿承担其应承担的责任,并申请解除对担保人担保存款的冻结措施。法院据此解除对担保人存款的冻结措施。案件进入执行程序后,经法院调查,被执行人除已经抵押的土地使用权及在建工程外(价值远超负债),无其他可供执行财产。执行中,法院作出执行裁定,要求担保公司在三日内清偿被告人债务若干万元,并扣划担保公司银行存款若干万元。担保公司对此提出异议称,被执行人尚有在建工程及相应的土地使用权,请求返还已扣划的资金。法院作出执行裁定,驳回担保公司的异议。担保公司不服,向上级人民法院提出复议申请。上级人民法院作出执行裁定,驳回担保公司的复议申请。法院驳回执行异议和执行复议申请的理由是,被执行人仅有在建工程及相应的土地使用权可供执行,既不经济也不方便,在这种情况下,人民法院可以直接执行担保公司的财产。法院的此一理由可以被概括为严重不方便执行原则。

笔者认为,严重不方便执行原则于法无据。执行法院基于该一原则或说法,认为执行被执行人的财产将会导致执行工作严重不方便,因而可以越过被执行人的财产而直接执行保证人的财产。这里出现的问题是,严重不方便执行原则属于执行法院的自创,而不是立法的规定。根据执行法定原则,执行程序无明文规定的,法院不得任意创设新的规则以行背离执行立法之实。再旨,本案的实际情况是被执行人有土地等不动产可供充分执行,通过拍卖等程序进行变价执行原本就是执行的应有之义,《民事诉讼法》第249条、第254条等条文的规定也提供了执行不动产的各种措施和方法,执行法院仅需照章办事即可,又有何不方便甚或严重不方便之可言呢？

更为重要的是，本案的执行违反了程序法和实体法的关系定位。民事执行程序属于程序法，程序法必须在尊重实体法的基础上进行运作，不能因为执行程序的便利性而破坏民事实体法的明确规定性。此外，该案中还混淆了一般保证和连带保证的区别和界限。《民法典》第687条规定："当事人在保证合同中约定，债务人不能履行债务时，由保证人承担保证责任的，为一般保证。一般保证的保证人在主合同纠纷未经审判或者仲裁，并就债务人财产依法强制执行仍不能履行债务前，有权拒绝向债权人承担保证责任，但是有下列情形之一的除外：（一）债务人下落不明，且无财产可供执行；（二）人民法院已经受理债务人破产案件；（三）债权人有证据证明债务人的财产不足以履行全部债务或者丧失履行债务能力；（四）保证人书面表示放弃本款规定的权利。"《民法典》第688条规定："当事人在保证合同中约定保证人和债务人对债务承担连带责任的，为连带责任保证。连带责任保证的债务人不履行到期债务或者发生当事人约定的情形时，债权人可以请求债务人履行债务，也可以请求保证人在其保证范围内承担保证责任。"可见，一般保证必须在被执行人无财产可供执行或者不足以执行时，才能作为候补的力量在保证的范围内执行保证人的财产，而连带保证则可以选择执行被执行人的财产或者保证人的财产。本案执行法院正确地认为本案的保证为一般保证，但却得出了连带保证的错误结论，因而是对一般保证制度的误用。

总之，程序法的运行必须遵守实体法的基本规定，方便与不方便是执行中的实际操作问题，不能因为程序法中的操作问题改变实体法上的基本制度；更何况，执行中的方便与不方便原本就是一个相对的概念，不能以该不确定的模糊概念任意改变基于实体法上的明文规定所产生的执行顺位。在执行法院考虑方便与不方便之前，应当首先考虑民事实体法的明文规定性以及由此所产生的当事人的权利义务边界，而不是反其道而行之。因而，所谓严重不方便执行原则实不足取。

七、民事执行法

有许多国家，尤其是大陆法系国家，如日本、法国、韩国等，在民事诉讼法之外，均有独立的民事执行法，甚至还有民事执行法的诸下位法，如民事保全法、司法拍卖法等，其执行规则丰富细致，任意执行的成分大大降低。但是还有一些国家，如美国等，它们仍主要在其民事诉讼法中规定相应的执行规则，这种做法与我国目前的做法一样。此外还有一些国家，如瑞士，它们则是将民事执行法的内容大量地规定在破产法之中，形成了一般执行与特殊执行同存、个别执行与概括执行并行的立法模式。《依法治国决定》提出"切实解决执行难，制定强制执行法"。我国缘何要将强制执行程序编从民事诉讼法中分离出来进行单独立法，其理由阐述如下：

（一）从审判与执行的关系模式看强制执行法的单独制定

执行与审判的关系模式并非静止不变的，相反，它们之间所形成的既对立又统一的关系，是会随着司法实践的需要而发生变化的。事实上，支配执行与审判关系模式的根本因素，在于司法权的运行规律以及与此相关联的执行权作为国家权力之一的消长状态。大别而言，从理论上并结合我国立法实践以及发展趋势来看，可以将执行与审判的关系模式划分为四种来加以认识：

一是行政权涵摄型模式。在此模式中，审判权行政化，而执行权天然属于行政权，行政化的审判权与行政性的执行权能够相洽共存，审执合一模式由此而生。《民事诉讼法（试行）》

所构建的审执关系模式便属此类，执行程序被融化在审判程序中，二者所遵循的原理具有本质上的接近性乃至等同性，执行程序的单独立法既无必要，也无可能。该模式的本质在于审判权吸收了执行权。

二是审判权优势型模式。在此模式中，审判权作为司法权的固有属性日益凸显，审判权率先迈开了司法化的步伐，民事诉讼法的内容体系以此为自然的中心点而迅速加以调整，与此同时，执行权因其内在的难以司法化的特征而在改弦更张的民事诉讼程序结构中被极度地缩小地盘，乃至最终不能不趋于边缘化的境地，在观念上，重审轻执的命运难以避免。在此模式中，执行程序的单独立法有了必要，但无可能。该模式的本质在于审判权附带了执行权。

三是审判权与执行权并存型模式。执行权在立法上的边缘化带来的实践效应便是执行权的粗放化与松散化行使，从而使之对于"执行难"与"执行乱"的局面之形成难辞其咎。然而，执行权的独立化运动并未因此而停顿，反而在反思机制中迈开了更大的步伐；与此同时，审判权仰仗执行权来强化其权威性的传统观念也因其内在道义性的不断增强而逐渐地走向自给自足，审判权和执行权获得了共时性成长，二者并存型关系模式由此形成。

四是审判权涵摄型模式。在此模式中，执行权的运作机理日益接近审判权，审判权的程序原理能够贯通于执行程序。该模式与第一模式虽然在形式上有相似之处，但在实质上截然有别。该模式的形成并非审判权行政化的结果，相反，它是执行权审判化或司法化的结果。

上述四种模式有其内在的演进逻辑，目前，我国执行立法和执行实践已超越了第一模式和第二模式，也就是说，用审判权来吸收执行权或者简单地将审判权凌驾于执行权之上，均已背离了司法审判和执行制度发展的基本规律，也与司法实践形成剧烈的冲突。第四模式尽管在原理上迥异于第一模式，但其在外在表现上与第一模式并无差异，因而它作为一种关系模式即便能够化为现实，那也是在将来，而非现在；我国执行制度的发达程度还未形成构建第四模式的事实前提。摆在我们面前的乃是第三模式，也就是审判权和执行权相并存的模式。这一模式尚需立法构建。

在第三种模式中，审判权和执行权的制度精神显然已分道扬镳，二者所贯彻的程序原理已判然有别，这种差异性在权力运作主体和运作程序等诸多方面都客观地存在，强制执行法的单独制定不仅是执行权的独立性所需，同时也是审判权的自律性所需。可以说，我们目前所面临的立法抉择，就其本质而言，并非纯然执行程序形式上扩张所需要，而是审判权和执行权历史使命开始分化所必需：审判权需要离开执行权的威势而在其道义内涵上痛下功夫，执行权需要摆脱审判权的纠结而在其威权主义道路上做足文章；它们朝着恰好相反的方向，开始了它们新的征程。

由此来看，审判权和执行权已貌合而神离，它们之间可以共享的原理性的立法资源已极度稀薄，将它们依然合在一起强加规范，所将看到的只能是两套关联并不密切的规则体系的简单拼凑，而不是有着有机联络的浑然一体物。确然，我们已经到了需要一部独立的强制执行法的时代了！

（二）单独制定强制执行法的立法价值考量

其一，有利于执行程序原理的彻底贯穿。执行程序奉行的是非讼原理和行政原理，这与恪守诉讼原理和司法原理的审判程序迥异其趣，其间的个性远大于共性，放在一起规定，必会造成程序原理和制度精神的碰撞；民事诉讼程序日趋柔性化规制，而强制执行程序则以刚性规则为本。事实也复如此。单独制定强制执行法，可望在执行程序的立法结构和立法技术上迈上一个新的台阶。

其二,有利于扩充执行程序的容量和篇幅。执行程序直接规制暴力性国家权力的合法化运行,细密性、可控性以及可操作性乃是其必然要求,这势必需要一定的立法容量。从西方国家立法先例来看,强制执行法的立法篇幅丝毫不逊于民事诉讼法的立法篇幅,有时显得更为繁复;甚至,在强制执行法的体系中,又分化出拍卖法、保全法等下位分支法则。如果将强制执行程序的内容保留在民事诉讼法中规定,其立法容量必受两方面制约:一是民事诉讼法的条文总量,二是审判程序的条文数量。照目前的立法比例,强制执行程序条文占民事诉讼法条文的九分之一强,而目前强制执行法的专家建议稿就设置了300多个条文。

其三,符合民事诉讼法发展的大趋势。民事诉讼法的发展出现了一个非常明显的趋势,这就是类型化和纯粹化发展的趋势。民事诉讼法所规定的程序越来越细化,其分化程度日益增高,民事诉讼法所采用的大一统格局遭遇到了"大分家"的立法挑战。这在西方国家尤其是大陆法系国家看得极为清楚。我国民事诉讼法的发达之路,也势所难免地要积极应对此一挑战。目前条件最为成熟的便是强制执行程序的独立成制。其实,稍往前溯,我们就会看到,行政诉讼法、海事诉讼程序法、破产法等都是从民事诉讼法中分离而出的。再往后展望,除强制执行法外,诸如民事证据法、人事诉讼法、非诉讼事件法乃至民事调解法等,其从民事诉讼法的母体中分化而出,也并非天方夜谭。

(三)强制执行法具有综合属性

如同破产法一样,强制执行法是一个综合性法律部类。它不是单纯的民事法律,而是兼有刑事法律和行政法律的属性,也不是单纯的程序法律,而是兼有实体法律和组织法律的特征。这种综合性使其独立性更为必要。析而言之,其综合性主要表现在以下几个方面:

其一,民事法律和刑事法律横跨。强制执行法旨在实现民事权利,而非实施刑事制裁或行政处置,这一点决定了它的民事属性;民事属性是强制执行法的根本属性。但是,强制执行法是规范和调整国家强制执行权运行的公法,为了确保国家强制执行权的有效运作,需要配以强制的手段,这种强制的手段就包括了刑事手段。因此,在强制执行法中应当规定相应的罪名体系,以形成执行应有的威慑机制,确保执行的权威性和有效性。比如,对恶意逃废债务者、暴力抗拒执行者、对协助执行主体进行打击报复者等,应规定相应的罪名及刑罚措施。当然,在形式的法律载体上,有些罪名可以规定在刑法中。这里所强调者为:根据强制执行法的公法性质,其应当包含相应的刑事法律的内容;相应的刑事法律的内容,构成了强制执行法的实质性的有机组成部分。

其二,实体与程序并存。强制执行法与审判程序法相比较,有一个相当大的区别就是,在强制执行法中,将会涉及和规定大量的实体性内容。比如,执行担保、执行中的优先受偿权、执行撤销权、执行取回权、执行抵消权、代位执行权等。因此,强制执行法不仅是程序法律,更是一部特别实体法。

其三,行政与司法兼具。关于强制执行权的法律属性理论界一直存有争论,但多数意见认为强制执行权既是一种司法权又是一种行政权,是一种兼具行政属性和司法属性的混合性权力。这两种权力均需要法律的规范,所形成的强制执行法便是行政法和司法程序法的某种综合。强制执行的司法属性乃是不言而喻的,这一点尤其随着简单的执行向复杂的执行转变更为明显。强制执行的过程一定意义上也是司法的过程,静态意义上的执行让位于动态意义上的执行。除司法属性外,强制执行更具有行政属性,强制执行所形成的线型结构便对其行政属性做出了直观注脚,诸如限制高消费、限制出境、降低信用等级、执行一体化原则乃至执行联动机制等,均证明了强制执行的行政特征。因此,单纯地将强制执行法归类于民事诉讼法范畴显有不妥；其实，它还是一部特别行政法。

其四，执行名义多元。强制执行的名义或根据并非仅仅出自法院的司法审判，除作为司法审判结果的生效法律文书外，还有特定的公证文书、行政机关的决定书、仲裁机关制作的生效法律文书、经司法确认的人民调解书乃至经我国法院认可的外国法院或仲裁机构的生效法律文书等。这多元的执行名义说明了一点，就是强制执行法不仅服务于民事诉讼法，而且还服务于仲裁法、人民调解法、行政程序法、公证法、民事诉讼程序冲突法等多种法律渊源。除民事诉讼法可以规定强制执行程序外，上述其他法律也同样可以规定相应的强制执行程序。民事诉讼法规定其他执行名义的执行程序在法理的正当性上并不充分，诸法分散规定才显现出它们的原本状态。固然，由于这些执行名义上的执行程序具有本质上的趋同性，而特殊性甚少，因而分散立法并非明智之举，需要采集中立法模式；然而集中立法模式并非当然地要集中在仅为执行名义来源之一的民事诉讼法之中去，立法法也并没有赋予民事诉讼法这种统帅或统摄的内在之力。换言之，民事诉讼法对诸多执行名义的执行程序加以规定纯具或然性或偶然性，而不具有必然性和内在的正当性。如果要刻画诸执行名义下的执行程序的性质的话，最准确的描述乃是民事强制执行程序、仲裁执行程序、行政执行程序、调解执行程序、跨国执行程序等。民事诉讼法充其量只能规定民事强制执行程序，对于其他强制执行程序并无涵盖之力。倘若在这种种执行程序之上要寻找一个共同的上位之法，则无疑可合并体现为统一的强制执行法；由统一的强制执行法来统摄诸执行名义项下的执行程序，便成为理之所归。

由此可见，强制执行法在整个法律体系中，其实是一个交叉性部门，不能仅仅将其概括在民事诉讼法的属下。毋宁认为，强制执行法乃是一部与民事诉讼法相并列的综合性法律。

(四) 强制执行法所要构建的四大制度

强制执行法所涉及的内容方方面面，诸如执行程序、执行措施、执行救济、执行保障等，除这些共性内容外，强制执行立法还要借此契机，确立和完善四大执行制度，这四大制度的确立也强化了强制执行立法单独进行的内在理由。分别阐述如下：

其一，要构建执行组织制度。执行组织制度涉及执行机构的设置、执行机构的内部结构及分工、执行法官、执行官、执行辅助人员等。我国目前上缺乏一部独立的执行官法，而仅有法官法，这显然没有看到执行官制度的特殊性，将执行官与法官等同处理，违背了执行规律。目前较为可行的处理办法就是在独立制定的强制执行法中，专门规定执行组织制度。若将这些内容规定在民事诉讼法中，则必然显得突兀和松散。

其二，要构建执行联动机制。2010年，多部门联合会签了《关于建立和完善执行联动机制若干问题的意见》(以下简称《执行联动机制意见》)，形成了党委领导、人大监督、政府支持和社会各界协作配合的执行工作新格局。这就为执行联动机制的构建奠定了政策性基础。然而，联动机制的构建涉及诸多权利义务的配置，涉及相应法律责任的制度性确定，仅仅依赖政策性文件尚不足确保其有效性，因而应当通过强制执行法的单独制定，将业已形成雏形的执行联动机制上升到立法的高度，并加以制度上和程序上的完善。执行联动机制的形成，一定意义上形成了一种大执行格局，执行机构有了更加宽泛的意涵，由此所形成的执行法律关系更加复杂和多元，主要以法院和当事人之间的诉讼法律关系为规范客体的民事诉讼法已难承其重。可以说，执行联动机制的形成，为强制执行法的独立出台提供了一层制度变革意义上的理性根据。

其三，要构建执行监督制度。执行监督制度的不足乃是造成"执行难"以及"执行乱"的一大原因，为了解救执行危机，将执行力从低谷中焕发出来，必须要构建好执行监督制度。

执行监督制度的合理化构建，已经超出了立法界限，而需要进一步改革和完善执行体制；通过执行体制的改革和完善，能够导入对执行的审判监督。执行审判监督机制的要义在于，通过当事人或其他利害关系人对执行机构的诉权行使，将执行行为的合法性和正当性纳入司法审判的监督视野。单独制定强制执行法，除有自我完善的功效外，还有更为深远的制度价值，这就是为执行体制的更加彻底的改革，弹起立法上的前奏曲。毕竟，强制执行法的独立制定，至少能够为执行体制的独立化构建提供某种形式上的依据和改革思维上的启迪。

其四，要构建执行惩戒制度。构建执行惩戒制度，意在强化执行的威慑机制，提升强制执行的权威性。执行惩戒既有执行程序内的惩戒，也有执行程序结束后的惩戒；既有人身内容的惩戒，也有财产内容的惩戒；在受惩戒的主体上也具有宽泛性的特征。因此，执行惩戒制度的内容非常广泛，在完善强制执行程序的同时，也要完善执行惩戒制度。如前所述，执行惩戒制度乃横跨诸多法律领域，放在民事诉讼法中加以规定显得不够协调，也与民事诉讼法的性质相背离。因此，执行惩戒制度的强化与完善，客观上也需要制定独立的强制执行法。

（五）几种质疑的观点及其回应

在是否要制定独立的强制执行法上，学理界虽然已基本达成共识，仍存在的质疑声音，主要有：

其一，制定了强制执行法，就能解决"执行难"吗？我们的回答是，制定了强制执行法，至少能够尽量消解"执行难"在立法层面的成因。由于执行程序在容量上受制于民事诉讼法的一体化安排，而不能不做粗线条的处理，其程序规则的可操作性不能不处在较低水平，实践中甚至因此遭遇执行程序的匮乏危机以及正当化危机，乃至在相当大的程度上与"执行乱"相勾连；"执行乱"又加剧了"执行难"。诚然，"执行难"的成因是综合的，综合的原因需要综合的治理，在立法体例上将执行程序解放出来，就是致力于在立法层面攻克执行难题。这里需要采用比较优势和相对合理的思维路径；相比较单独制定强制执行法而言，不单独制定强制执行法更无助于"执行难"的破解。

其二，制定了强制执行法，也不见得能够消除执行中的地方保护主义。地方保护主义与司法体制的整体结构相关，寄希望于通过强制执行法的单独制定以克服地方保护主义，不仅小觑了地方保护主义的顽固性，而且也不恰当地高估了强制执行的立法功能。但是，单独制定强制执行法却在两个主要方面与地方保护主义的缓解有关：一方面，单独制定强制执行法，有助于构建执行联动机制，而执行联动机制的构建，是有助于解决地方保护主义的；另一方面，单独制定强制执行法，有助于执行监督制度的充分构建，而执行监督制度的合理化构建，不言而喻乃有助于消解地方保护主义。这两方面的内容不仅在规制的主体上是多元的，而且在内容上也是丰富的、具体的；因前者所形成的执行法律关系与民事诉讼法所着眼构建的诉讼法律关系难以兼容，所以后者所拓展的立法内容也佐证着强制执行立法单独进行的合理性。

其三，单独制定强制执行法，理论准备充分了吗？强制执行法的单独制定将一改长期以来其所因循的粗放性立法思维，而由精细性立法思维取而代之，这对强制执行立法的理论需求必将提升。然而反观目前理论研究现实，不能不承认，相较于传统上较受重视的审判理论研究而言，强制执行理论研究相对薄弱，这为强制执行单独立法增添了现实困难。然而，这不能成为否定强制执行单独立法的实质性理由。道理非常简单，强制执行应否单独立法，不取决于其理论研究是否充分完备；理论研究上的相对滞后，充其量成为推迟立法的外在原因。在这个意义上，如果我们要贡献一部相对完善的强制执行法，又不致因此而影响民事诉讼法的继续修改完善，恰恰需要将理论研究相对薄弱的强制执行程序分离出来，留待单独制定之用。此外，从立法完善的角度看，将民事诉讼法和强制执行法分别制定，也有助于将来对它们各自的修改，可以更加灵活地采用"成熟一部、修改一部"的立法策略，而不是必须将它们连带地进行；连带地进行民事诉讼法和强制执行法的立法和修订工作，必然是低效率的。要而言之，单独制定强制执行法虽然理论上已有实质性突破，但尚需努力；无论如何，这不足以成为强制执行立法单独进行的实质性障碍。

此外，笔者尚需提及的是，在我国，其实不仅民事执行法，刑事执行法、行政执行法均亟待立法强化补充。我国执行体制虽有必要进行一体化构建，建立统一的执行机构，然而强制执行法却不宜统一制定，而应当分别制定，尤其是刑事执行法和民事、行政执行法应当分而立之，因为刑事执行法所具有的特殊性过于突出。民事执行法就是规范民事执行过程的规范性文件之总和。包括民事诉讼法上有关执行程序的规定，公证法、仲裁法、人民调解法等民事程序法，以及民法典、公司法、专利法、商标法、著作权法等民事实体法中有关民事执行的条款，均属于强制执行法的实质性内容。将来制定独立的民事执行法后，民事执行法就是形式意义上的执行专条，而其他法律以及司法解释中的执行条款则属于实质意义上的执行法条，二者共同构成了我国民事执行法的全部内容。

那么，应当如何看待民事执行法的性质呢？可以概括为以下几点：

第一，民事执行法属于公法。民事执行法虽然归根到底是为保障私权服务，但其本身并不是私法，而是与私法相对应的公法。公法就是规范国家公权力机关与公民、法人和其他组织之间关系的法，其主要特征在于其所形成的国家公权力机关与公民、法人和其他组织之间关系并不具有平等性。

第二，民事执行法属于强制法。民事执行法的强制法特性较之民事诉讼法更强，因为当事人在其中所可选择和决定规则的余地较小。

第三，民事执行法属于程序法。它规定的是执行机构如何形成以及执行的程序、过程和方法、措施、保障机制、监督机制等，其中包含执行机构组织法的部分内容。

第四，民事执行法属于部门法。民事执行法的立法位阶相对于民事诉讼法要低，其本质上是民事诉讼法的特别法及其分支。

八、执行体制改革

（一）司法改革的决策及其解读

执行改革是司法改革的一个重要组成部分，司法改革的成败很大程度上取决于执行改革的成与败。因为这涉及司法改革中一个非常重要的层面，就是司法资源的合理配置，也就是司法权的合理配置。司法权配置的问题从一定意义上来说，制约了我国司法公正、司法效率和司法权威的价值目标的实现。

《依法治国决定》有若干处涉及执行体制的改革，例如："健全公安机关、检察机关、审判机关、司法行政机关各司其职，侦查权、检察权、审判权、执行权相互配合、相互制约的体制机制。"再如："完善司法体制，推动实行审判权和执行权相分离的体制改革试点。"还有"完善刑罚执行制度，统一刑罚执行体制""理顺行政强制执行体制""切实解决执行难，制定强制执行法，规范查封、扣押、冻结、处理涉案财物的司法程序""改革司法机关人财物管理体制，探索实行法院、检察院司法行政事务管理权和审判权、检察权相分离"等。由此足见本次司法改革对执行改革的重视程度。

上述关于执行改革的表述可以概括出两个亮点：其一，首次在中央文件中正式提出"执行权"这样一个概念,并且将执行权与侦查权、检察权和审判权相提并论,强调它们之间应当"相互配合,相互制约"。这一方面大大提高了执行权在我国国家权力配置当中的地位和作用,另一方面也昭示着一种重要的改革新动向,执行权的独立化行使成为必然趋势,这对司法改革的深化推进具有指导意义。其二,执行改革不仅仅涉及民事执行体制和机制的改革,同时还涉及刑事执行权的重新调整和配置问题、行政执行体制的改革与完善问题。因此,广义上的执行改革,横跨了刑事执行改革、行政执行改革和民事执行改革三大领域。这说明,这三大领域的执行体制和机制都存在不同程度上的缺陷与问题,都需要在司法改革的框架内统筹进行改革的顶层设计,而不宜局限于各自的领域分别改革。

然而,对于《依法治国决定》中的上述相关表述,理论界和实务界都存在不同的解读,主要有两种观点,一种是"内部分离说",另一种是"外部分离说"。"内部分离说"认为,应当在法院内部进行审判权和执行权的分离改革。"外部分离说"则不同意这种看法,认为应当将执行权从法院分离出去交由司法行政机关,或者成立专门的执行机构统一行使国家的执行权。这两种观点在《依法治国决定》颁布以后形成了对峙。为此,时隔半年,中共中央办公厅、国务院办公厅《关于贯彻落实党的十八届四中全会决定进一步深化司法体制和社会体制改革的实施方案》明确提出:"在总结人民法院内部审执分离改革经验的基础上,研究论证审判权与执行权外部分离的模式。"笔者认为,在这个问题上顶层设计的倾向和方向已经非常明确,我们应将聚焦点转移到研究论证审判权与执行权外部分离的模式之上。

(二)"执行难"及其成因

在民事诉讼提出来的诸难之中,其中有一难格外引人瞩目,这就是"执行难"。"执行难"已经成为了一个世纪性的难题,它从20世纪70年代末80年代初提出,到了世纪之交时达到顶峰。"执行难"的问题涉及面之广,涉及程度之深,历经时间之久,解决之难,是民事司法中任何一个问题所不及的。[①]

执行难有以下具体表现:一是"执行懒",消极不执行。二是狭义"执行难"。被执行人有财产可供执行,但由于执行措施不力,造成执行不能。三是"执行乱",违法执行、执行腐败。在执行当中,随意地追加被执行人,变更被执行人,改变执行标的,改变执行中法律文书所确定的执行措施。毋庸讳言,执行领域是司法腐败的高危区。"执行乱"既是执行腐败的结果,又是执行腐败的外在表现。四是"执行困"。法院擅长的是审判,而在高度专业化的执行面前,有时显得捉襟见肘。

造成"执行难"的原因既有外部的,也有内部的。[②] 外部的原因,比如我国的法律体系尚不完善,破产法仅仅适用于企业法人,还不能适用于自然人,导致很多自然人无财产可供执行

[①] 从最高人民法院工作报告看,1985年的工作报告中尚未提及"执行难"这个词,1986年的报告中提到一些干部阻扰法院的执行工作,1987年的报告也只是间接提到执行难:"有的判决和裁定没有得到执行。"1988年报告第一次明确提出"经济审判工作中最突出的问题是判决难以执行"。此后,执行难这个问题就成为法院工作报告中的必提内容。1989年后的报告总结了"执行难"的成因,主要有地方保护主义、部门保护主义、资不抵债、当事人缺乏诚信逃废债务等。2000年的工作报告中指出:"执行难不仅长期困扰法院工作,而且直接损害司法权威,甚至引发了一些严重的社会问题。"此后的工作报告均有类似阐述。

[②] 从最高人民法院的历年工作报告看,造成"执行难"的原因主要有:历史原因、地方保护主义和部门保护主义、应予协助执行的单位不予协助、行政管理的漏洞、企业资不抵债、当事人方面的原因、法院执行力量薄弱、少数案件判决不公、法院违法执行等。在笔者看来,执行体制方面的原因尚未触及

时，无法进入破产程序，无法通过破产程序来了断债权人和债务人之间难解的权利义务争议。再如，我们的诚信制度体系尚不完善，躲债、赖账的违法成本非常低，造成了对躲债、赖账的一种负面的激励机制。此外，国家权力机关之间的联动机制、协作配合机制、信息共享机制等等也存在问题。

内部原因主要有以下几个方面：第一是执行体制不顺。这里讲的执行体制，主要是指执行权的机构配置问题，也就是执行权作为国家权力的一个分支，到底应该配置于哪一个国家机构。这一问题至今混沌不清，争议不断。第二是执行机制不活。也就是在执行过程当中，缺乏足够的执行装备和力量，执行显得较为软弱。第三是执行队伍不专。执行的职业化和专业化水平较低，到现在为止，我国没有一部执行员法或执行官法，导致执行员、执行法官完全按照审判法官的要求进行遴选、培训和使用。第四是执行监督不力。法院既审判又执行，一身兼二职。审判和执行之间，很难形成相互监督、相互制约的关系，往往是配合有余，制约不足，监督乏力，或者说是监督空洞化。执行中腐败案件的发生，无不与执行监督机制不够健全有关，根本的原因还是缺乏实质意义上的审执分离。第五是执行惩戒不威。对被执行人的躲债、赖账行为，理应加强惩戒，以彰显法律的权威，但执行立法供给不足。目前，我们极需要强制执行法和执行官法。

导致"执行难"的根本原因在于执行体制不顺，目前这种将民事执行机构隶属于法院内部的执行体制，存在结构性的、深层次的缺陷。除民事执行体制存在结构性的问题外，其他的执行体制，包括行政执行体制和刑事执行体制，都不同程度地存在弊端，对这些弊端需要统筹起来进行综合性的考虑，而不是分别对待。因此笔者的结论是，我国应当建立独立的执行机构，实现国家执行权的统一化行使。

（三）从执行机构改革到执行体制改革

执行改革在不断地深入，执行机构与审判机构的关系，在立法上历经了两个大的阶段，实际上可以分为三个阶段的变化。

第一个阶段是"合一制模式"，也就是"审执合一"。《民事诉讼法（试行）》确立的就是这种模式。这一模式的典型特征就是审判机构涵盖了或者说隐含了执行机构，执行机构并不独立存在，审判机构既审理案件，又执行案件。这种体制或者说这种模式之所以能够存在，与两个原因有关。第一是审判权的行政化，这是一个主导性的因素，使它与执行权的行政性能够兼容；第二是"执行难"的问题还没有凸现出来。因此，这个模式在一定的历史阶段能够存在，并且也发挥了作用。但是执行实践的发展很快就暴露出了它的弊端，因此执行改革进入到了第二个阶段。

第二个阶段是"执行庭模式"。其标志就是1991年民事诉讼法的实施。它改变了"合一制模式"，推行审执分离制度，在法院内部增加了一个专司执行之职的执行机构，称之为执行庭。此时出现了审判庭和执行庭相分离的一种机构设置状态，应该说审执的分离出现了端倪。人民法院从1990年开始强调执行机构和执行人员专门化配置的必要性和重要性。到1994年，人民法院已普遍建立了执行机构，充实了执行力量，强化了执行措施。为加强对全国法院执行工作的指导，促进"执行难"问题的解决，最高人民法院于1995年决定设立专门的执行机构。到1997年，各级人民法院已普遍实行审执分开。1998年12月，云南省高级人民法院率先在全国成立了执行工作局，全国执行机构和执行权运行模式拉开了改革的序幕。受当时民事诉讼法中"基层人民法院、中级人民法院根据工作需要，可以设立执行机构"规定的制约，最高人民法院执行机构名称暂定为执行工作办公室。"执行庭模式"相较"审执合一"有了极大的发展和进步,但其本身具有一个根本的缺陷,就是将执行庭和审判庭完全相提并论,没有突出执行庭的特殊性质和功能,而且执行庭本身也同时行使执行中争议问题的解决权,因此,审执分离并不彻底。所以"执行庭模式"也很快被发现存在问题,于是执行改革继续推进,就进入了第三阶段,也就是"执行局模式"。

第三个阶段为"执行局模式",这个模式的发端是1999年中共中央发布的"11号文件",该文件转发了中共最高人民法院党组《关于解决人民法院"执行难"问题的报告》,对解决执行难问题给予了高度重视,并对最高人民法院为解决执行难寻求改革措施给予极力支持。这个文件被誉为法院解决执行难的"尚方宝剑"。自此以后,最高人民法院就迈开了步伐,加大了执行改革的力度,并且首先在第一个五年改革纲要中,即最高人民法院于1999年10月发布的《人民法院五年改革纲要》中,明确提出对执行体制进行改革的总体构想,这就是在全国建立起对执行机构统一领导、监督,配合得力,运转高效的执行工作体制。这些表述显然和对审判权的运行机制改革的表述是完全不同的。这是完全按照执行权的性质来进行改革的顶层设计,应该说是正确的。2000年各级法院根据最高人民法院颁布的《关于改革人民法院执行机构有关问题的通知》,全部改"执行庭"为"执行局"。最高人民法院也在2007年10月28日,根据中央机构编制委员会的批准,设立执行局,取代之前的执行工作办公室。所以最高人民法院也可以亲自执行案件,不仅是指挥、监督和领导全国的执行工作。"执行局模式"强调了上下级法院之间行政领导关系,尤其是突出了执行局的行政属性,这是"执行局模式"的一大创新和发展,是执行权理论研究深化的结果。

最高人民法院继续通过司法解释深入推进执行改革,相继通过了《关于进一步加强和规范执行工作的若干意见》《执行权合理配置若干意见》,提出并规范了执行裁判权和执行实施权的"两权分离"。也就是说在执行局下面,设立两个分支性机构,一个行使执行裁判权,另一个行使执行实施权。执行裁判权就是对执行中的争议问题,包括债务人异议之诉、第三人异议之诉,还有许可执行之诉等诸如此类的诉讼问题,全部摘出来按照审判程序处理,交由执行裁判庭审判。这样就进一步廓清了执行裁判权和执行实施权的边界,使得执行实施权越来越逼近执行权的本质特征和内在属性。

然而不无遗憾的是,虽然我们建立了"执行局模式",但是执行难的问题依然存在。执行改革需要创新思维、整体思维和前瞻思维,惟其如此,方能探索出一条具有中国特色的执行体制改革之路。

"执行局模式"究竟暴露出了什么问题,为什么在2000年开始到现在为止的"执行局模式"依然解决不了执行难和执行乱的问题?笔者认为,其根本原因在于执行权不宜由法院行使。

(四)法院不宜行使执行权的理由

第一,由法院行使执行权,难以形成一个符合执行权内在本质和规律的执行管理机制。《宪法》第128条规定:"中华人民共和国人民法院是国家的审判机关。"第132条继而规定:"最高人民法院监督地方各级人民法院和专门人民法院的审判工作,上级人民法院监督下级人民法院的审判工作。"可见,根据宪法规定,人民法院是国家的审判机关,在法院上下级之间所形成的是一种审判管理关系,也就是监督和被监督、指导和被指导的关系,而非垂直型的行政领导式的关系。然而通过执行改革所力图构建的执行管理体制,恰恰是要颠覆审判管理体制,在执行局上下级之间形成领导和被领导、服从和被服从、命令和被命令的关系。这完全是一种行政权的运行和管理模式。人民法院一身并不能兼容这两种不同性质的管理模式。试想,执行局局长受上级执行局局长的指令，要采取某一种执行措施，但是本院院长却不同意他采取这种执行措施，他该如何处置呢？这问题就暴露出来了。

第二，由法院行使执行权，难以克服"重审轻执"的固有观念。人民法院行使审判权是它的天职，而行使执行权则是一种旁生的或继起的权力。这种权力附属于法院，是一种或然性的权力，不同于审判权是一种必然性的权力。重视审判、轻视执行的观念根深蒂固，表现在方方面面。比如，执行工作与审判工作的一个部门是等量齐观的，而不是与整个审判相提并论。

第三，由法院行使执行权，难以从本质上消除"审执不分"的现象。审执不分有诸多的弊端，比如相互影响，审判的时候要考虑执行，执行的时候要考虑审判，两权相互渗透，相互影响，配合有余，制约不足，可能导致审判权因为执行的问题而偏离公正的轨道。

第四，从法院行使审判权的角度讲，由法院行使执行权，也不利于法院减轻工作负担，纯化审判权，集中精力搞好审判工作，从而提高其司法地位，强化司法权威。

第五，由法院行使执行权，难以克服地方保护主义的影响。因为垂直领导更有利于克服地方保护主义，而法院并不实行垂直领导体制，尽管它现在也实行人财物的省级统管改革，但是其上下级关系并没有也不可能建构起垂直领导的关系。所以在克服执行的地方保护主义方面，相比较而言，将执行机构分离出去更加能够有所作为。

第六，由法院行使执行权，难以强化执行力度，提高执行效率。现在法院执行疲软，力度不够，其专业化程度相对较低无疑是其中重要原因之一。有助于高效执行的专业化队伍迄今尚未建立起来，一支过硬的执行专门化人才队伍至今尚付阙如，执行硬件配置、执行中的投入、执行工作的环境优化等均面临瓶颈式的制约。

第七，将执行权从法院的职能体系中分离出去，有利于执行监督体系的建立健全。分离出去，至少可以做到这么几个监督：一是对于执行机构消极不执行、乱执行，当事人可以向法院提起行政诉讼，从而使法院以行使审判权的形式，来对执行权的运行进行司法监督。这种监督是最有力的一种监督，但目前由于执行机构设置在法院内部，这种监督是无法形成的。二是存在于上下级执行机构之间的垂直监督，由于法院受审判权的体制、观念和运行机制等方面的制约，这种通过上级来监督下级的模式，很难切实形成。三是检察院的法律监督，由于现在审执分离不彻底，检察监督难以抓到要点，审执彻底分离后，二者泾渭分明，对于执行权的检察监督就更加清晰，更能到位。当然还存在其他的监督，比如人大的监督，在审执彻底分离后，人大的监督更加能够聚焦。

第八，将执行权从法院分离出去，有利于建立一个统一的执行体制。《依法治国决定》中对于刑事执行提出了统一刑罚执行体制的改革任务，虽然其没有提到三大执行的统一，但是我想这个改革是逐步深入的。如果现在执行权在法院内部，那么我们统一的执行体制难以形成。现在刑罚的执行体制要实现统一化，必然涉及一个问题，就是财产刑的执行，包括罚金、没收财产的执行，是由法院进行的，而要建立一个统一的刑罚执行体制，那就要将财产刑的执行从法院分离出去交由其他机构。这样一来，在理论上就存在一个问题：为什么同为财产内容的执行，民事的和行政的财产内容的执行由法院来行使，而刑事的财产内容的执行就由统一的其他机构来执行？所以要彻底落实统一刑罚执行体制这样的一个改革目标，也要将执行权从法院分离出去，也就是说，把执行权从法院分离出去更有利于形成一个统一的刑罚执行体制，以及整个的执行体制。

第九，将执行权从法院分离出去，有利于强化执行权威。我们现在的执行权威严重不足，执行的威慑机制尚未建立，这其中有一个非常重要的原因，就是执行机构之间分散割裂，互不关联，很难形成一个执行合力。如果刑事执行、民事执行和行政执行合在一起，由统一的机构来行使，执行的权威性和由此所产生的执行合力将大大递增。尤其是有一些执行，在执行过程当中还存在需要转换的问题，比如在民事执行过程当中如果发现或者产生需要行政执行的问题，由于执行过程中存在交叉，行政执行就需要进行配合，而在统一的执行机构中可以很有效率地进行配合。民事执行过程中可能会产生藐视法庭等问题，也需要进行执行程序的转换。此外目前民事执行中还出现劳役抵债这类复杂的问题，如果我们形成了统一的执行机构，这种劳役抵债的机构也可以建立。

以上是关于法院不宜行使执行权的理论根据，除此之外，本轮司法改革还为审执关系的外部分离改革提供了强化性佐证，主要包括：

第一，人民法院的"去行政化"改革。本轮司法改革有两大主题，一个是司法去地方化，另一个是司法去行政化。实行谁审判、谁负责，要将审判权落地，审判责任落地。去行政化改革势必涉及本质上属于行政权的执行权要不要从法院分离的问题。笔者认为当然要分离，因为行使执行权所形成的上下级之间是领导和被领导的关系，这个恰恰是行政化关系，是处于法院改革对象之列的。

第二，人民法院的审判权独立化运行机制改革。《司法责任意见》就是要落实"谁审判、谁负责"的司法责任制。司法责任制体现到执行权的行使中时，有不同的表现方式。在执行领域，我们显然不能说"谁执行、谁负责"。负责执行的人员固然要负责，但除此之外，其他相关人员也要负责，因为执行权是执行机构统一行使的，实行上下一体化的结构模式，构成了执行体制的一体化特征。这种一体化特征较之于检察一体化、一般意义上的行政一体化还要一体化。执行改革所采取的一些有效措施，基本上都集中在执行一体化方面。执行一体化是解决执行难和行使执行权的一个非常显著的特征。在执行一体化特征下，执行中的司法责任制则具有另一番内容和特点，显然与审判中的司法责任制有别。这种不同的司法责任制，也内在地要求审判权和执行权分别对待，而审执彻底分离则是其逻辑结果。

第三，司法员额制改革。在员额制改革中，始终遇到如何对待执行员的员额问题。如果把执行员也占了司法的员额，那么法院的审判力量将会更加地捉襟见肘，案多人少的矛盾将会更加尖锐。如果把现在的执行队伍全部分离出去，放到独立的执行机构进行配置，法院在落实员额制的改革方面将会轻松许多。其实，员额制改革迟早要将审判权和执行权相分离的问题提出来，这个问题在员额制改革的背景下有了更清晰的答案。

第四，强制执行法的单独制定。强制执行法的单独制定和出台也是党的十八届四中全会在《依法治国决定》中所部署的改革任务。就表面看，这似乎没有直接涉及审判程序和执行程序在操作主体上的统一性和差异性的问题，但强制执行程序从民事诉讼程序体系中分离出来，进行独立性的立法调整，至少在所依循的程序方面，有利于执行机构的独立建制。强制执行法的出台，将为审执关系的外部分离提供某种制度性基础。

（五）执行体制的一体化改革

在执行改革上，有两个问题是关联在一起的：一是作为行使审判权的人民法院，究竟能不能继续行使国家的执行权，由其行使有何利弊；二是国家的三大执行权要不要统一行使。第一个问题涉及审执关系内部分离还是外部分离的问题，该问题前已明确，外部分离是必然选择，也是大势所趋。第二个问题涉及执行体制和执行机构的统一性与分散性的选择问题。目前的状况是内部分离和分散性并存，而笔者所主张的改革和完善是外部分离与统一性同行。我国已经到了建立统一的执行机构，实现执行体制全面创新的历史时刻，由法院行使执行权的现状不能再维持下去了。执行改革首先不能在机制和程序上大做文章，而应当从体制改革开始着眼；执行体制改革是执行领域中所有的改革得以取得突破性成效的关键之举。任何离开执行体制改革的执行改革，其成效终究是有限的。

论证了执行体制的外部分离改革，还要进一步回答执行职能从法院分出去后交给或另设何一机构承接该项职能，也就是说，我国的执行机构应当如何构建。对此存在两类主要的观点：一种是将执行权交由司法行政机构来行使，另一种是将执行权交由专门成立的执行机关行使。

执行权由行政机关，也就是司法行政机关来行使，尊重了执行权的行政属性，思维的主流方向是正确的，但这种观点忽视了执行权所具有的行政权属性的特殊性。把它和一般的行政权相提并论，这是错误的。执行权在本质上属于行政权，但与我国现行行政体制中的行政权有所区别：执行权的行使应当是一体化的，执行机构应当全国上下垂直领导，不受地方权力机构的制约；而一般的行政权是地方政府的组成部分或者是其职能分化形式，受地方政府、人大的领导和制约。一般的行政机关实际上是双重领导，而对执行机构来说，如果实行双重领导，则必然带来地方化的弊端，执行改革去地方化的目标就实现得不够彻底。再加之司法行政机构本身也是职能多样，由其承接国家执行权的统一行使职能，很不现实，也不够理想，专业化程度必然受限，传统的执行体制中的流弊必定还会残留。此外，由司法行政机关来执行其他行政机关的决定，也有内部执行之嫌，缺乏严格的制约机制，决定权与执行权的分离改革目标难以实现。鉴于上述原因，笔者并不倾向于该说。

笔者认为，我国应当建立专门的执行机关，统一行使国家的执行权。其理由主要是：

第一，执行权的特殊性质是建立专门执行机关的理论依据。执行权不属于审判权，这是共识。执行权也不属于一般的行政权，它与一般行政权的实质区别就在于它与司法权有密切关联，并且要经常处在与司法权的互动之中，执行权与司法权之间的衔接机制格外重要。也正因如此，执行权中的专业性色彩较为浓厚。因此作为其性质和本质特征的概括和抽象，笔者倾向于将其界定为带有司法属性的行政权（属广义司法权）。实际上它原本就属于司法行政权的一部分，但由于我国目前司法行政机构的设置不能满足执行改革的现实需要，因而必须将执行权从统一的司法行政权中独立出来加以特别的构建。

第二，执行权的相同性质，为执行机构的统一化设置提供了可能性。无论是生命刑、自由刑还是财产刑，都是对生效法律文书的兑现，都具有主动性、命令性、单向性和强制性的属性，所区别的仅是执行的内容而已。

第三，符合国际惯例。英美法系国家完全将执行权从法院中分离出来，建立专门的司法行政机关负责执行，美国、英国、加拿大、澳大利亚、新西兰，也包括一些北欧国家，瑞典、瑞士都是如此。在大陆法系国家和地区有点区别，大陆法系国家和地区如德、法、日等国家，包括我国台湾地区是实行三重体制的，第一种是完全由法院来执行，比如说不动产的执行；第二种是在法院法官的指导下执行，执行员仍然是独立的；还有一种是分离的，即由行政机关去执行。这种体制适应大陆法系国家的需要，但不适合我国执行改革的需要，因而只有部分的可借鉴的意义。从各国通例看，纯粹的执行实施均是由法院外的力量来完成的，由法官去亲自实施诸如贴封条、拍卖、变卖、分配执行财产等执行措施是不可想象的。

第四，有利于结束民事执行、行政执行和刑事执行各自为政的分散局面。目前我国执行体制存在的一大弊端就是执行权的多头行使、分散行使，由于这个特点，执行权的行使往往会发生冲突。比如，行政执行就是典型例证。行政执行一部分划归行政机构本身，另一部分划归法院,但二者之间的界限往往不够清晰,从而造成相互推诿的现象。行政案件有一部分案件执行难,其原因就在这里。刑事执行分散在法院、公安机关和司法行政机关等多个部门,不同的刑种由不同的部门执行,不仅缺乏充分的理论根据,而且也影响了刑事执行的效率和资源整合力,有时甚至也弱化了刑事执行的权威性,比如没收财产、罚金刑的执行就易于和民事执行混同。实现国家执行权的统一行使,从而实现国家执行权资源的优化配置,不仅是执行权内在属性统一性使然,而且是解决三大执行领域存在的各种现实问题之所需。所有的执行中的问题,九九归一,都归结为执行体制的非统一性这个现状和弊端。将执行权在宪法层面单列出来,形成一个有中国特色的国家权力形态,使之由单独的统一的国家执行机构负责行使,实属必要之举,也是我国司法改革和法治建设的一个新的突破口和增长点。

第五,有利于建立健全对执行活动的监督制约机制。对执行的监督和制约至关重要,因为执行活动是国家公权力运作,若不受监督、制约,不仅易致腐败,而且还易损及私权。在目前的执行体制和结构中,执行的监督制约机制难以有根本的改变,只有将执行机构单独统一设置,才能在其监督制约机制上找到根本之点,司法监督应当发挥出最大化的作用和机能。

(六) 驳斥几个论点

一是"执行权包含执行裁决权和执行实施权论"。这个论点是似是而非的,具有误导性和模糊性。如前所述,执行裁决权在广义上,包括执行机构对执行程序中出现的程序性争议的解决权和审判机构对执行程序中出现的实体性争议的解决权两种权力;狭义上的执行裁决权,仅指前者而不包括后者。如果在前者的意义上理解"执行权包含执行裁决权和执行实施权"这一命题乃是成立的,但如果同时在后者的意义上理解该一命题则是不成立的。后者指的就是审判权,因为它是解决执行中的实体性争议的审判权,因而可称之为执行审判权,但其本质仍是审判权,而不是执行权。笔者之所以要驳斥这个论点,是因为倘若有人主张将执行权从法院分离出去,那么持这种论点的人即会反驳:"难道执行裁决权也要分离出去吗?"而执行裁决权是不可能从法院分离出去的,因而执行实施权也不能分离出去。笔者认为,这个推论之所以是错误的,根本的原因就在于将执行审判权也置于执行裁决权之中,作为执行权的下位概念对待,而不是将执行审判权当作审判权的下位概念对待。我们主张执行权从法院分离出去,仅指执行实施权和解决执行程序性争议的执行裁决权,而不包括审判意义上的执行审判权,审判意义上的执行审判权在性质上只能属于法院。

二是"因为执行权属于司法权,所以执行权只能由法院行使论"。这种论点也是错误的。执行权是一种广义的司法权,也是一种特殊的司法权,是带有强烈行政属性的司法权。但是,并不是说司法权只能由法院行使。就我国目前法律而论,行使司法权的机构至少有三个,包括侦查机构、检察机构和审判机构,法院不是唯一的司法机关。就改革而言,执行机构也应纳入广义司法机构的范畴。如同国家侦查权、国家检察权均非由法院行使一样,执行权也同样可由法院外的其他机构行使。这个论点之所以是错误的,就在于它将司法权等同于审判权,而执行权又属于审判权,故而得出了执行权只能由法院行使的错误结论。这个论点所采用的其实是西方国家的狭义司法概念,而我国的广义司法机构所立基的乃是广义司法概念,二者语境有别,不可混同。

三是"深化内分论"。该论点主张审判权和执行权的分离还是应当停留于法院内部,而不得采取外部思维。这实际上还是法院本位主义的固有思维,其目的就是在法院内部对审判权和执行权的关系进行修修补补,而不想动大的"外科手术"。然而这样一种改革思维,其实并无新意。因为从审执分离机制改革以后，执行改革就一直停滞在法院内分论上，其所实行的改革无非对执行权进行内涵分解，将其分解为执行立案权、执行审查权、执行裁决权、执行实施权、执行调查权、执行监督权等，然后再分设机构，将这些执行权的下位权力配置于这些分设的内部机构。这种思路下的执行改革到目前为止一直没有停止过，实践中也出现了诸多模式。但无论何种模式，皆属于量的调整，而没有产生消除执行难和执行乱的质的效果。事实上，到目前为止，"深化内分论"业已穷尽了所有可能的改革举措，要再深化，实属不易。尤其是，这种深化内分论在目前如果依然格外强调，则与《依法治国决定》极易发生抵触，因为《依法治国决定》提出实行审判权和执行权相分离的体制改革试点，其关键词在于"体制改革"和"试点"。深化内分论依然属于内部分离的改革范畴，这依然属于"机制改革"，而非属"体制改革"；而"机制改革"已不存在"试点"的问题，需要"试点"的，恰恰是深化内分论所不能涵盖的执行体制改革。值得注意的是，目前有两个执行改革虽属于"深化内分"的范畴，但实际上已触及"外部分离改革"的理论界域，再往前"深化"一步，就是"外部分离论"所主张的观点了。一个是执行联动机制，另一个是执行警务化改革，这两个改革本质上均非由法院所主导。执行联动机制依托的是行政机关的力量和资源，法院在其中仅是配角；而执行警务化改革则是在法院外建立独立的警务局，入驻法院进行工作，这已显然不属于法院的职能范围了。这两种改革恰好佐证了审判权和执行权的体制改革试点应当解读为外部分离改革，而非在深化内分论的范围内进行的内部分离改革。

　　四是"死案无法救活论"。所谓"死案"，是实践中的一个形象的说法，是指被执行人已确无财产可供执行，从而使法院的执行难以推进下去。这种观点认为，死案是救不活的，法院又不是债权银行，不可能执行这类案件。这种情况实践中是存在的。实际上这类案件已属于破产案件，而不属于执行案件。目前我国强制执行中之所以存在这类破产型执行案件，就是因为我国的破产法仅适用于企业法人，而不适用于自然人。所以只有对作为被执行人的自然人而言才有所谓死案，对具有法人资格的企业则无所谓死案。我国民事诉讼法对死案的执行规定了退出机制，此即执行终结制度，执行终结后，执行程序便不再恢复。实践中还创设一种执行债权凭证制度，据此制度，法院对执行债权人发给债权凭证，同时对缺乏可执行财产的被执行人，暂时终结本案执行程序，待被执行人有执行能力时再恢复执行。然而所谓执行难，是针对具有执行能力的被执行人而言的，包括"被执行人难寻、执行财产难找、被执行财产难动、协助执行人难求"四个方面，而这种表现形态的执行难大量存在，制度上所需要破解的不是所谓死案。可见，该论点有以偏概全之嫌。

　　五是"执行审判相互关照论"。该论点认为，如果执行权从法院的职能体系中分离出去，则法院在审判与执行之间就缺乏相互关照了。该观点进而认为，法院在行使审判权时，就应关注案件最终能否执行，以及如果能够执行，则在多大范围内能够执行，由这种预判来进行实际的审判；执行时，如果发现审判权行使中存在问题，则也要尽量通过调处（执行和解）来加以补救性调整。自然，如果执行权分离出去，审判与执行之间的兼顾或关照便成为难题。事实上，审判中和执行中发生的诸多问题，比如执行和解泛滥等，是因为审判与执行之间的所谓相互关照理论所导致的。审判与执行之间不仅有职能分工的区别，同时还有职能之间相互制约的内在需要。审判需要离开对执行的判断进行公正裁断，而不能兼顾执行的难易程度作出判决，执行的难易程度不能成为审判的依据乃至参考因素，审判不能因为执行的需要而背离公正与法治的轨道。同样，执行时如果发现审判中存在问题，应依法提出监督意见，或者告知当事人按照法定程序寻求救济，以纠正审判中的错讹，切实发挥执行对审判的反向制约作用，倒逼审判的公正。尤其是，审判与执行相互关照论还容易导致审判与执行相混同的流弊，比如在审判的时候就要考虑到保全，保全的时候就要考虑到执行，不能保全则要考虑调解结案；执行中当事人要举证证明被执行人有可供执行的财产，把举证责任引入执行领域当中，这是典型的审执不分的一个表现；执行中解决诉讼的问题，利用裁定作出实体判决，剥夺了当事人的上诉救济权；等等。将执行权从法院分离出去，不仅在司法体制上使审判权和执行权得以各司其职、顺畅运行，同时还可避免在实际操作中审判权与执行权配合有余、制约不足的弊端。因此，审判与执行之间的所谓相互关照理论是错误的。

六是"苦了人民群众论"。该论点认为，如果将执行权从法院分离出去，则人民群众一会儿要跑到法院进行诉讼，一会儿又要跑到执行机关申请执行，跑来跑去，那不是苦了人民群众吗？这个观点貌似正确，实则错误。便于人民法院审判和便于人民群众诉讼的这个"两便"原则无疑是要坚持和贯彻的。但对该原则要辩证地理解。便民是在公正审判和有效执行的基础上提出的更高要求，离开公正审判和有效执行谈便民，则如缘木求鱼、南辕北辙，是毫无意义的。审判与执行分离后，审判的公正性大大提升，执行的有效性获得切实保障，在这种前提下，便民原则方有实际价值。事实上，执行不了才是真正的苦了人民群众，审执彻底分离若能解决执行难，则支付一些必要的成本是值得的。尤其是，在网络化司法和执行中，当事人在审判和执行之间的流动并无不可克服的障碍。

七是"你执行我执行都一样论"。该观点认为，法院有执行难的问题，但将执行权从法院分离出去，也同样存在执行难问题；执行难无论放到哪个机关去，都难以破解。这个观点是错误的。因为，正是存在执行难的问题，才需要进行制度反思，对既有的执行体制进行改革和完善，通过执行体制的改革与完善，就有望寻找到破解执行难的有效路径。比如，执行合力增强了、执行权威提升了、执行专业性更有保障了、执行监督体系更加完善了等，而这些无疑有助于破解执行难。这个观点对司法改革和执行改革颇为不利，应予否定。

八是"由法院执行是国际惯例论"。其实，真实的情况是，执行审判权由法院行使，而执行实施权由行政机关或具有行政属性的机构或人员行使，才是国际通行做法。前已详述，这里不赘。

九是"执行权是法院嘴里的牙齿论"。这种观点认为，把执行权分出去，影响法院权威。汉密尔顿在《联邦党人文集》中说，法院左口袋没钱，右口袋没枪，它完全靠自己道义的力量、正义的力量、公正的判断而立足、而生存。将执行权从法院分离出去，法院将成为一个纯粹的审判机关，不仅与《宪法》第128条对人民法院的性质定位相符合，而且有利于树立法院在人们心目中的高大形象，从而有利于强化法院的司法权威性。

（七）构想与建议

1. 设置执行总（局）署及其下属机构

笔者认为，应当仿照铁路、中央银行系统，参考海关、国家监察委员会等机构，设立跨地区的执行机构，具体可分为三级：中央一级设立执行总局（署），跨地区一级设立执行厅，执行厅下设立执行分厅。这样就完全打破了执行机构行政区划的地域分割，有助于消除执行中的地方保护主义。

执行机关统一行使包括民事执行、行政执行和刑事执行在内的执行权，在各级执行机构分别设立三个职能部门。执行机关实行独立的经费预算、核算。执行机关实行统一管理，上下级之间实行垂直领导。执行机关独立于地方政府、法院、检察院，执行机构的情况要由国务院向全国人大汇报工作，接受全国人大及其常委会的监督。

2. "司法权"概念的分层理论与"执行权入宪"之倡导

"司法权"概念应该形成一个分层理论,执行权应该入宪。司法权应该有三个层面的概念:狭义的司法权应该仅指审判权;中义的司法权应该还包括检察院的法律监督权;广义的司法权,也就是大司法权应该包括侦查权、检察权、审判权和执行权。《依法治国决定》中采用的就是广义司法权,这是大司法权的概念。我国现在需要立足于这种大司法权的概念来进行国家机构、国家司法权资源的合理配置。执行权应当写到宪法里去。

第二节 执行制度

一、执行主体制度

民事执行的法律关系是由民事执行主体、民事执行客体、民事执行内容组成的。民事执行主体则是在执行法律关系中依法享有执行权利、负担执行义务的法律主体,包括执行机构、执行人员、执行当事人和其他执行参与人。

(一)执行机构

执行机构,也称为执行机关,是指经过国家立法设立并授权、行使国家强制执行权以保障生效法律文书所确定的内容得以实现的专门机构。其特点在于:其一,执行机构具有法定性。任何不经过法律设置并授权行使国家强制执行权的机关、组织、部门和个人,均不得实施强制执行行为,否则就是非法行为,需要取缔。其二,执行机构具有专业性。执行活动是一个有别于司法审判、其专业化程度要求很高的专门性活动,该活动涉及大量的专门知识和专门规范,需要有专门的执行人员来具体操作,那种认为强制执行活动并无多少专业含量的机械性行为的观点是不正确的。其三,执行机构具有独立性。执行机构不仅应独立于司法审判机构,而且应独立于立法机构、行政机构和监督机构,其行使职权不受任何组织和个人的干涉,其职能应当独立行使,强制执行只对法律负责,只对生效法律文书负责,其他事项均非其所得与闻。其四,执行机构具有综合性。如前所述,执行机构应当进行囊括刑事执行、行政执行和民事执行在内的一体化构建,形成具有中国特色的独立的、统一的执行机构。目前,执行机构设置在法院内部,在各级法院均设置执行局,最高人民法院称执行总局。根据民事诉讼法及最高人民法院《关于人民法院执行工作若干问题的规定(试行)》(以下简称《执行规定》)等规定,执行机构的职责主要是:一是行使执行审查权,对申请执行和移送执行的文书和相关材料进行形式审查;二是行使执行命令权,经审查符合条件的,则发出执行令,责令被执行人履行生效法律文书中所载明的法律义务;三是行使执行实施权,对于不服从执行令的被执行人,采取强制执行措施,实现法律文书所确定的各项内容;四是行使执行监督权,主要是对最高人民法院以及较高级别的法院而言的,在上下级的执行机构之间,存在上令下从的行政管理关系,上级执行机构对下级执行机构有命令权和监督权,下级执行机构必须服从,不得违抗;五是执行裁决权,执行机构对于执行过程中发生的程序性争议,有权加以解决,但对于实体性争议,无权行使审判权进行裁断,而只能交由审判部门加以解决;六是执行管理权,包括发出命令限制被执行人出境;等等。可见,我国执行机构所享有的这些执行权能,与前述对执行权的理论分解基本一致。

(二) 执行人员

执行机构是抽象的概念，单纯只有执行的房屋、办公室、执行装备等外在的物理条件，还不构成执行机构，执行机构中不可或缺的因素是人，即执行人员。执行人员是行使执行权、实施执行行为的专业人员。执行人员具有以下特点：其一，法定性。执行人员，包括执行员、书记官以及司法警察等，都是经法定程序、按法律规定而产生的，具有法定性的特点。其二，专业性。执行人员，尤其是其中的执行员，都是经过资格考试并经过必要培训和锻炼而成长起来的专门进行执行的人员。其三，行政性。执行人员与司法审判人员有性质上的区别，他们无须解决实质性纷争，他们只需按部就班地进行执行，这个过程其实就是行政的过程，因而执行人员必须要学会行政管理，并处理好各种行政性的执行法律关系。需要特别指出的是，我国目前不仅缺乏一部独立的民事执行法，而且还缺乏一部独立的执行官法。目前对执行人员的资质规定、培训晋升、级别档次、入额标准等，适用的都是法官法，虽然2019年修改后的法官法取消了执行人员准用本法的规定，但实践中依然还是准用法官法，因为缺乏执行官法，而不得不这样做。制定与执行实际需要和特点相符合的执行官法，乃是势在必行之事。

(三) 执行当事人

执行中的当事人是诉讼当事人的延续，是指在执行程序中依照执行根据享有权利或者负担义务的程序主体，包括执行权利人和执行义务人。执行权利人享有以下权利：一是执行申请权，是指依照执行根据向执行机构提出强制执行申请的权利，在符合移送执行条件时，还包括请求审判机关移送执行的权利。执行申请权是向执行机构行使的，属于公法上的权利。执行权利人之所以享有执行申请权，原因就在于国家的执行机构负有根据执行依据进行强制执行的公法上的义务，因此，执行申请权是指向国家的执行机构的权利，而不是指向被执行人或执行义务人的权利。在因执行所产生的法律关系中，执行权利人与执行机构发生关系，而与执行义务人不发生直接的关系；执行义务人也同执行机构发生关系，而与执行权利人不发生直接的关系。因此，与诉讼中因对抗所产生的三面关系有所不同，在执行中则是公法上权利（权力）的传递而发生的两段线性关系之和，属于两面关系的范畴。执行和解在性质上属于私法上的和解，虽对执行程序产生中止的影响，但这种中止是执行权利人请求的结果，而非当然之结果，不可不察。二是执行知情权。执行权利人有权了解执行过程中所发生的全部进展情况和信息，法院有义务向执行权利人通报、告知执行信息，根据这些所知悉的执行信息，执行权利人有权向执行机构提出疑义或异议，请求执行机构严格按照立法之规定，强化执行力度，提升执行效果，及早完成执行根据所载要求和内容，以满足自己的合法权益。目前，法院打造的三大信息公开平台，其中之一便是执行信息公开，通过该平台，当事人应当能够便利地知悉、了解执行的启动信息、执行的变更信息、执行的措施信息、执行的结果信息等。三是执行救济权。执行权利人对于执行机构损害其利益的违法执行，有权根据《民事诉讼法》第232条之规定提出异议；如果执行机构接受被执行人提出的执行异议而中断执行，则理应有权提出许可执行之诉。因被执行人、案外人、执行机构的行为而遭受损失的，有权请求损害赔偿。如果执行机构怠于执行，执行权利人则可根据《民事诉讼法》第233条之规定，请求上级人民法院提级执行或者更换执行法院。

对于被执行人而言，他首先不是享有执行中的权利，而是负有执行中的义务，这一义务通常被称为"容忍执行之义务"。如果被执行人采取隐匿财产、转移资金、遁形失联乃至抗拒执行等方式逃避执行、规避执行甚或暴力抗法，那么，执行机构有权力采取妨碍民事诉讼行为的强制措施，如罚款、拘留等，进行司法上的制裁；甚至情节严重者，可以追究其拒执罪，使之受到刑法上的惩戒。然而，被执行人不是单纯负有义务而不享有权利，其在执行程序中还享有一些程序性权利，主要包括：其一，执行救济权。虽然执行权利人也同时享有执行救济权，但该项权利主要是赋予被执行人的，因为被执行人受强制执行的直接风险，其合法权益有可能会因此而受到损害，立法为平衡保护双方当事人合法权益，有必要赋予被执行人以执行救济之权利，包括提出执行异议的权利，也包括请求损害赔偿的权利，同时还包括被执行人异议之诉权（该权利我国民事诉讼法尚未规定）。其二，免于执行请求权。在特殊情况下，被执行人有权向执行机构请求停止执行或免除执行，包括被执行人只有一套住房而面积在一定标准以下，有权请求执行机构不得执行该唯一一套住房；被执行人用于生活、学习和生产的必需品、学习用品和必要的生产工具（如耕牛、拖拉机等），有权请求执行机构不得执行，执行了可以请求返还；被执行人实无财产可供执行而且也无其他收入来源，可以根据《民事诉讼法》第264条第5项之规定，请求执行机构做出执行终结的特别处理。

（四）执行第三人

与诉讼中有第三人一样，执行中也有第三人。执行中的第三人是指在执行过程中，对执行标的主张独立的权利或负有独立的义务或者执行有可能损害其合法权益的案外人，包括实体型执行第三人和程序型执行第三人两种情形。实体型执行第三人类似于有独立请求权的诉讼第三人，包括《民事诉讼法》第234条提出执行异议之诉的案外人以及根据《民事诉讼法》第238条因执行担保而有可能成为被执行人的保证人，在其作为保证人而被追加为被执行人之前，其身份应当是执行中的实体型第三人，因为他对执行标的负有独立的义务，所以与本案的执行有直接的利害关系。实体型执行第三人既可以提出执行异议，也有权在执行异议被驳回后提出执行异议之诉。程序型执行第三人类似于无独立请求权的第三人，包括任何因执行行为而受到或可能受到实际损害的案外人，包括与本案执行没有任何关系的案外人以及代位执行中的主债务人等，他们可以提出执行异议以寻求执行救济，但无法提出案外人执行异议之诉。

（五）执行监督人

执行是公权力的运用，也是强制力的作用过程，因而该过程离不开有力的监督，根据《民事诉讼法》第14条和第242条之规定，检察机关是法定的执行监督机关，检察机关对执行中的违法行为有权实施法律监督。检察机关进行法律监督的具体方式是提出检察建议，为了使检察建议切实有效，检察机关有权根据《民事诉讼法》第217条的规定行使调查核实权，了解、确定人民法院执行机构在执行中是否存在违法违规的情形，若有，则监督之，使之改正；若无，则保障之，使之顺利完成执行任务。

（六）执行参与人

广义上的执行参与人包括执行机构、执行当事人、执行第三人等在内，但狭义的执行参与人为除执行机构、执行当事人、执行第三人等以外的所有参与执行活动的个人和单位，主要包括协助执行人、执行见证人等。协助执行人是指在执行过程中，按照执行机构的要求，配合执行机构进行执行活动的个人和单位，比如接到法院执行机构的通知书，要求银行冻结被执行人的存款账户，此时，该银行便是作为单位的协助执行人；如果被执行财物处在案外第三人的保管、占有之中，接到法院执行机构要求交出该占有物的公民，便是作为个人的协助执行人。协助执行人违反协助执行的义务，将可能承担司法上和实体法上的双重法律责任。执行见证人则是到现场见证法院执行活动的人，根据《民事诉讼法》第252条、第257条的规定，可以成为执行见证人的人包括：其一，被执行人为未成年人时，其家属为见证人；其二，被执行人为自然人时，由其工作单位或财产所在地基层组织指派参加执行的人员作见证人；其三，被执行人为单位时，其法定代表人或主要负责人作为见证人。此外，执行程序中还会出现执行代理人、执行翻译人员、执行评估员、执行拍卖人等，这些人也属于执行参与人。

二、执行管辖制度

执行管辖制度是民事诉讼法所确定的人民法院受理案件的权限分工制度。《民事诉讼法》第231条规定："发生法律效力的民事判决、裁定，以及刑事判决、裁定中的财产部分，由第一审人民法院或者与第一审人民法院同级的被执行的财产所在地人民法院执行。法律规定由人民法院执行的其他法律文书，由被执行人住所地或者被执行的财产所在地人民法院执行。"该条涉及执行的级别管辖和地域管辖，这是民事诉讼法对执行管辖所作出的一般性规定。此外，民事诉讼法还对执行管辖作出了特殊性规定，如其第233条规定："人民法院自收到申请执行书之日起超过六个月未执行的，申请执行人可以向上一级人民法院申请执行。上一级人民法院经审查，可以责令原人民法院在一定期限内执行，也可以决定由本院执行或者指令其他人民法院执行。"该条规定了执行中的提级管辖、指令管辖等制度，其第244条和第245条还分别就仲裁裁决执行和公证文书执行的管辖作出了概括性规定。基于上述规定，执行管辖包括以下内容：

（一）执行级别管辖

1. 基层人民法院的执行管辖

基层人民法院管辖的执行案件主要包括：其一，由基层法院作为第一审法院作出的发生法律效力的民事判决书、裁定书、调解书之执行。其二，刑事判决、裁定中的财产部分以及刑事附带民事诉讼判决书、裁定书、调解书之执行。其三，由基层人民法院依照《民事诉讼法》第221条至第224条作出的发生法律效力的支付令以及其他需要执行的非诉讼案件的判决书和裁定书之执行。其四，国内仲裁案件中的保全裁定之执行。其五，按照诉讼标的额，由其管辖的国内仲裁裁决书和调解书之执行。其六，按照诉讼标的额，由其管辖的公证机关制作的赋予强制执行效力的公证文书之执行。其七，上级法院指令基层法院执行的案件。其八，其他法律规定需要基层法院执行的案件。

2. 中级人民法院的执行管辖

其一，中级人民法院作为第一审法院作出的发生法律效力的民事判决书、裁定书、调解书之执行。其二，中级人民法院提级执行或上级法院依法指令中级人民法院执行的案件。其三，涉外仲裁保全的执行案件。其四，经我国法院承认其效力的外国法院作出的判决书、裁定书、调解书、支付令以及外国仲裁机构作出的仲裁裁决书、调解书之执行。其五，经人民法院认可的我国台湾地区、香港特别行政区、澳门特别行政区法院作出的判决书、裁定书、调解书、支付令以及其仲裁机构作出的仲裁裁决书、调解书之执行。其六，按照诉讼标的额，由其管辖的国内仲裁裁决书和调解书之执行。其七，按照诉讼标的额，由其管辖的公证机关制作的赋予强制执行效力的公证文书之执行。其八，专利管理机关依法作出的处理决定和处罚决定，由被执行人住所地或财产所在地的省、自治区、直辖市有权受理专利纠纷案件的中级人民法院执行。其九，国务院各部门、各省、自治区、直辖市人民政府和海关依照法律、法规作出的处理决定和处罚决定，由被执行人住所地或财产所在地的中级人民法院执行。其十，其他法律规定需要中级人民法院执行的案件。

3. 高级人民法院的执行管辖

其一，高级人民法院作为第一审法院作出的发生法律效力的民事判决书、裁定书、调解书之执行。其二，高级人民法院提级执行或最高人民法院依法指令高级法院执行的案件。其三，按照诉讼标的额，由其管辖的国内仲裁裁决书和调解书之执行。其四，按照诉讼标的额，由其管辖的公证机关制作的赋予强制执行效力的公证文书之执行。其五，其他法律规定需要高级人民法院执行的案件。

4. 最高人民法院的执行管辖

其一，最高人民法院作为第一审法院作出的发生法律效力的民事判决书、裁定书、调解书之执行。其二，最高人民法院提级执行的案件。其三，其他法律规定需要最高人民法院执行的案件。

（二）执行地域管辖

执行地域管辖是指仲裁机构、公证机构等制作的生效法律文书由哪个地方的人民法院进行执行所确定的管辖。对于人民法院作出的生效法律文书的执行，由作出该生效法律文书的人民法院进行执行，无所谓地域管辖问题；执行中的地域管辖仅对人民法院以外的仲裁机构、公证机构等部门或单位制作的法律文书才存在确定的必要与可能。当然，外国法院、港澳台地区的法院作出的生效法律文书的执行，也有地域管辖的确定问题。执行中的地域管辖主要有三种联结因素：一是执行标的物所在地；二是需执行的行为履行地；三是被执行人所在地。在执行标的物所在地或行为履行地不明确、无法确定时，则由被执行人所在地法院作为地域管辖的执行法院。

（三）执行裁定管辖

裁定管辖，是指根据人民法院的裁定所确定的管辖法院，具体包括：（1）移送管辖。受理执行案件的法院认为自己无管辖权的，应移送有管辖权的人民法院执行。（2）指定管辖。人民法院之间因执行管辖权发生争议的，由双方协商解决；协商不成的，报请双方共同的上级人民法院指定管辖；上级人民法院也可以指定其辖区范围内的其他人民法院管辖。实践中出现的交叉管辖、集中管辖、异地管辖等，均属指定管辖。（3）管辖权的转移。基层人民法院和中级人民法院管辖的执行案件，因特殊情况需要由上级人民法院执行的，可以报请上级人民法院执行。上级人民法院根据需要，也可将由其管辖的案件交由下级人民法院管辖。

（四）执行共同管辖和选择管辖

两个以上人民法院都有管辖权的，当事人可以向其中一个人民法院申请执行；当事人向两个以上人民法院申请执行的，由最先立案的人民法院管辖。

（五）执行管辖权异议

2020年《执行解释》第3条规定："人民法院受理执行申请后，当事人对管辖权有异议的，应当自收到执行通知书之日起10日内提出。人民法院对当事人提出的异议，应当审查。异议成立的，应当撤销执行案件，并告知当事人向有管辖权的人民法院申请执行；异议不成立的，裁定驳回。当事人对裁定不服的，可以向上一级人民法院申请复议。管辖权异议审查和复议期间，不停止执行。"

三、执行根据

（一）执行根据的概念和特征

执行根据，又称执行依据、执行名义或债务名义，是指人民法院、仲裁机构、公证机构等部门制作的载明权利人的权利和义务人的义务，并且权利人可以申请强制执行的法律文书。据此定义，可知执行根据有以下特点：

1. 执行根据是由法定机构作出的法律文书

只有依照法定程序由法定机构制作的具有法律意义的文书，才能成为执行根据。《民事诉讼法》第203条和第204条规定的担保物权实现程序，其执行依据不是抵押证书、担保文书等私文书，而是法院对权利人的申请进行合法性审查后予以认可的裁定书。有权制作生效法律文书的机构主要是人民法院，此外还包括行政机构、仲裁机构、公证机构等。

2. 执行根据是我国法院制作或认可的法律文书

外国法院、外国仲裁机构等制作的法律文书需要到中国执行的，必须经过中国法院的审查和认可，否则不予执行。而中国法院对外国法院和外国仲裁机构等制作的法律文书进行认可和执行，必须作出裁定书，该裁定书才是正式的执行根据。因此，我国法院执行机构执行的法律文书，必须是中国法院制作的或认可的法律文书，这关系到司法主权的原则问题，在执行根据上理应体现出来。

3. 执行根据是具有给付内容的法律文书

执行根据是法律文书，但并非所有的法律文书都具有执行内容，并因此能够成为执行根据。只有具有给付内容的法律文书，才需要法院进行强制执行，否则，任何别的种类的法律文书均不能成为执行根据；而具有给付内容的法律文书，一定是针对给付之诉或具有给付之诉性质的诉讼案件或非讼案件所作出的法律文书，其他性质或种类的诉或案件，是无法生成执行根据的。

4. 执行根据是发生法律效力的法律文书

只有发生法律效力的法律文书才能成为执行根据，即使如财产保全或先予执行属于临时性的执行和救济，也需要有生效的法律文书作为执行依据，否则不得执行。当然，法律文书发生法律效力有时是直接的，有时则是间接的。直接发生法律效力的法律文书，可以直接转换为执行根据；间接发生法律效力的法律文书，需要等待相应事实的发生才能最终转换为执行根据，比如附条件的执行，就需要等待条件的具备和成熟，相应的法律文书才能成为执行根据。

（二）执行根据的构成要件

执行根据必须具备一定的要件才能构成和成立，其要件可以分为两个层面加以确定：

一是形式要件，包括：（1）必须是法定机构制作的法律文书；（2）必须有明确的权利义务主体；（3）必须具有明确的给付内容。法律文书确定继续履行合同的，应当明确继续履行的具体内容。

二是实质要件，包括：（1）必须是发生法律效力的法律文书；（2）法律文书所确定的义务人履行义务的条件已经具备和成就；（3）法律文书确定的给付内容具有可执行性。

（三）执行根据的种类

1. 人民法院制作的生效法律文书

包括民事判决书、民事裁定书、调解书、支付令、具有财产执行内容的刑事判决书、刑事裁定书、刑事附带民事判决书和调解书。其中，民事裁定书又包括：保全裁定书，先予执行裁定书，承认和执行外国法院判决或者仲裁机构裁决的裁定书，认可和执行港澳台地区法院判决、调解机构调解或者仲裁机构裁决的裁定书，调解协议司法确认裁定书，实现担保物权案件裁定书，对妨害民事诉讼行为作出的罚款决定书，执行回转的裁定书，执行担保人财产的裁定书，追究协助执行人民事责任的裁定书，等等。

2. 行政机关制作的具有民事执行内容的生效法律文书

《行政强制法》第 53 条规定，当事人在法定期限内不申请行政复议或者提起行政诉讼，又不履行行政决定的，没有行政强制执行权的行政机关可以自期限届满之日起 3 个月内，依法申请法院强制执行。在这种情况下，行政决定书也就成为执行依据。[①]

3. 仲裁机构制作的生效法律文书

包括仲裁裁决书、仲裁调解书、劳动争议仲裁裁决书、劳动争议先予执行裁决书、农村土地承包仲裁裁决书、农村土地承包仲裁先行裁决书等。

4. 公证机构制作出赋予强制执行效力的债权文书

《民事诉讼法》第 245 条规定："对公证机关依法赋予强制执行效力的债权文书，一方当事人不履行的，对方当事人可以向有管辖权的人民法院申请执行，受申请的人民法院应当执行。公证债权文书确有错误的，人民法院裁定不予执行，并将裁定书送达双方当事人和公证机关。"

四、执行当事人变更和追加制度

（一）执行当事人变更和追加制度的概念

在执行过程中，执行当事人有时会发生变动，这种变动分为两种情形：一是执行当事人的变更，二是执行当事人的追加。执行当事人的变更是指，执行依据中记载的权利人或义务人因法定原因而发生了变化，使原有的执行权利人或执行义务人退出诉讼或使之从诉讼中消灭，从而使执行当事人发生了更替和变换的现象，具体包括执行权利人的变更和执行义务人的变更两种。与之稍有区别，执行当事人的追加，则是在原有执行当事人不变的前提下，增添新的执行权利人或执行义务人，从而使执行当事人的人数发生扩张的执行现象，也分为执行权利人的追加和执行义务人的追加两种情形。执行中上述两种现象可能会单独出现，也可能会同时出现。单独出现执行当事人的变更或追加现象比较好理解，这应当是执行中当事人发生变动的常态；执行中当事人发生变动的异态则是二者同时发生，比如执行权利人发生变更，执行义务人发生追加，但不可能出现执行权利人同时变更和追加或者执行义务人同时变更和追加这种叠合现象，因而执行当事人的变更和追加对于单方面执行主体而言，具有相斥性，而不具有共存性。

需加说明者有二：一是执行当事人的变更和追加是执行实体法律关系发生变动的结果，如果执行实体法律关系没有发生变动，而仅仅是执行当事人在形式上的变更或追加，则属于执行当事人的确定，不属于这里所谓当事人的变更或追加。比如，依照执行根据，应当由张三成为执行申请人，但却由李四来申请执行，并且法院也已经开始了执行，此时法院依职权发现或者根据执行异议审查认定，执行申请人发生了错列，此时法院裁定将执行申请人进行更换或者追加，这是当事人的确定制度所规范的内容，其所基于的是执行当事人的适格理论而不执行当事

[①] 参见宋朝武主编：《民事诉讼法学》，高等教育出版社 2017 年版，第 382 页。

人的变动理论，二者不可混同。二是执行当事人的变更和追加除涉及国家利益和社会公共利益外，必须根据当事人的申请为之，法院不得依职权主动进行执行当事人的变更或追加，因为这涉及当事人的私权保护问题，应由当事人意思自治原则加以确定，法院不得进行职权干预。

（二）执行权利人的变更和追加

根据最高人民法院《关于民事执行中变更、追加当事人若干问题的规定》（以下简称《变更、追加执行当事人规定》）、《民诉法解释》第 470 条至第 474 条以及《执行规定》第 76 条至第 83 条等司法解释之规定，执行权利人的变更和追加主要有以下情形：

（1）作为申请执行人的公民死亡或被宣告死亡，该公民的遗嘱执行人、受遗赠人、继承人或其他因该公民死亡或被宣告死亡依法承受生效法律文书确定权利的主体，申请变更、追加其为申请执行人的，人民法院应予支持。

（2）作为申请执行人的公民被宣告失踪，该公民的财产代管人申请变更、追加其为申请执行人的，人民法院应予支持。

（3）作为申请执行人的公民离婚时，生效法律文书确定的权利全部或部分分割给其配偶，该配偶申请变更、追加其为申请执行人的，人民法院应予支持。

（4）作为申请执行人的法人或其他组织终止，因该法人或其他组织终止依法承受生效法律文书确定权利的主体，申请变更、追加其为申请执行人的，人民法院应予支持。

（5）作为申请执行人的法人或其他组织因合并而终止，合并后存续或新设的法人、其他组织申请变更其为申请执行人的，人民法院应予支持。

（6）作为申请执行人的法人或其他组织分立，依分立协议约定承受生效法律文书确定权利的新设法人或其他组织，申请变更、追加其为申请执行人的，人民法院应予支持。

（7）作为申请执行人的法人或其他组织清算或破产时，生效法律文书确定的权利依法分配给第三人，该第三人申请变更、追加其为申请执行人的，人民法院应予支持。

（8）作为申请执行人的机关法人被撤销，继续履行其职能的主体申请变更、追加其为申请执行人的，人民法院应予支持，但生效法律文书确定的权利依法应由其他主体承受的除外；没有继续履行其职能的主体，且生效法律文书确定权利的承受主体不明确，作出撤销决定的主体申请变更、追加其为申请执行人的，人民法院应予支持。

（9）申请执行人将生效法律文书确定的债权依法转让给第三人，且书面认可第三人取得该债权，该第三人申请变更、追加其为申请执行人的，人民法院应予支持。

（三）执行义务人的变更和追加

（1）作为被执行人的公民死亡或被宣告死亡，申请执行人申请变更、追加该公民的遗嘱执行人、继承人、受遗赠人或其他因该公民死亡或被宣告死亡取得遗产的主体为被执行人，在遗产范围内承担责任的，人民法院应予支持。继承人放弃继承或受遗赠人放弃受遗赠，又无遗嘱执行人的，人民法院可以直接执行遗产。

（2）作为被执行人的公民被宣告失踪，申请执行人申请变更该公民的财产代管人为被执行人，在代管的财产范围内承担责任的，人民法院应予支持。

（3）作为被执行人的法人或其他组织因合并而终止，申请执行人申请变更合并后存续或新设的法人、其他组织为被执行人的，人民法院应予支持。

（4）作为被执行人的法人或其他组织分立，申请执行人申请变更、追加分立后新设的法人或其他组织为被执行人，对生效法律文书确定的债务承担连带责任的，人民法院应予支持。

但被执行人在分立前与申请执行人就债务清偿达成的书面协议另有约定的除外。

（5）作为被执行人的个人独资企业，不能清偿生效法律文书确定的债务，申请执行人申请变更、追加其投资人为被执行人的，人民法院应予支持。个人独资企业投资人作为被执行人的，人民法院可以直接执行该个人独资企业的财产。个体工商户的字号为被执行人的，人民法院可以直接执行该字号经营者的财产。

（6）作为被执行人的合伙企业，不能清偿生效法律文书确定的债务，申请执行人申请变更、追加普通合伙人为被执行人的，人民法院应予支持。作为被执行人的有限合伙企业，财产不足以清偿生效法律文书确定的债务，申请执行人申请变更、追加未按期足额缴纳出资的有限合伙人为被执行人，在未足额缴纳出资的范围内承担责任的，人民法院应予支持。

（7）作为被执行人的法人分支机构，不能清偿生效法律文书确定的债务，申请执行人申请变更、追加该法人为被执行人的，人民法院应予支持。法人直接管理的责任财产仍不能清偿债务的，人民法院可以直接执行该法人其他分支机构的财产。作为被执行人的法人，直接管理的责任财产不能清偿生效法律文书确定债务的，人民法院可以直接执行该法人分支机构的财产。

（8）个人独资企业、合伙企业、法人分支机构以外的其他组织作为被执行人，不能清偿生效法律文书确定的债务，申请执行人申请变更、追加依法对该其他组织的债务承担责任的主体为被执行人的，人民法院应予支持。

（9）作为被执行人的企业法人，财产不足以清偿生效法律文书确定的债务，申请执行人申请变更、追加未缴纳或未足额缴纳出资的股东、出资人或依公司法规定对该出资承担连带责任的发起人为被执行人，在尚未缴纳出资的范围内依法承担责任的，人民法院应予支持。

（10）作为被执行人的企业法人，财产不足以清偿生效法律文书确定的债务，申请执行人申请变更、追加抽逃出资的股东、出资人为被执行人，在抽逃出资的范围内承担责任的，人民法院应予支持。

（11）作为被执行人的公司，财产不足以清偿生效法律文书确定的债务，其股东未依法履行出资义务即转让股权，申请执行人申请变更、追加该原股东或依公司法规定对该出资承担连带责任的发起人为被执行人，在未依法出资的范围内承担责任的，人民法院应予支持。

（12）作为被执行人的一人有限责任公司，财产不足以清偿生效法律文书确定的债务，股东不能证明公司财产独立于自己的财产，申请执行人申请变更、追加该股东为被执行人，对公司债务承担连带责任的，人民法院应予支持。

（13）作为被执行人的公司，未经清算即办理注销登记，导致公司无法进行清算，申请执行人申请变更、追加有限责任公司的股东、股份有限公司的董事和控股股东为被执行人，对公司债务承担连带清偿责任的，人民法院应予支持。

（14）作为被执行人的法人或其他组织，被注销或出现被吊销营业执照、被撤销、被责令关闭、歇业等解散事由后，其股东、出资人或主管部门无偿接受其财产，致使该被执行人无遗留财产或遗留财产不足以清偿债务，申请执行人申请变更、追加该股东、出资人或主管部门为被执行人，在接受的财产范围内承担责任的，人民法院应予支持。

（15）作为被执行人的法人或其他组织，未经依法清算即办理注销登记，在登记机关办理注销登记时，第三人书面承诺对被执行人的债务承担清偿责任，申请执行人申请变更、追加该第三人为被执行人，在承诺范围内承担清偿责任的，人民法院应予支持。

（16）执行过程中，第三人向执行法院书面承诺自愿代被执行人履行生效法律文书确定的债务，申请执行人申请变更、追加该第三人为被执行人，在承诺范围内承担责任的，人民法院应予支持。

(17) 作为被执行人的法人或其他组织，财产依行政命令被无偿调拨、划转给第三人，致使该被执行人财产不足以清偿生效法律文书确定的债务，申请执行人申请变更、追加该第三人为被执行人，在接受的财产范围内承担责任的，人民法院应予支持。

此外，执行当事人的姓名或名称发生变更的，人民法院可以直接将姓名或名称变更后的主体作为执行当事人，并在法律文书中注明变更前的姓名或名称，但这本质上不属于执行当事人的变更范畴，而属于执行当事人的确定范畴。

(四) 执行当事人的变更和追加之程序构成

1. 提出申请

申请人申请变更、追加执行当事人，应当向执行法院提交书面申请及相关证据材料。

2. 听证

除事实清楚、权利义务关系明确、争议不大的案件外，执行法院应当组成合议庭审查并公开听证。

3. 审查和裁定

经审查，理由成立的，裁定变更、追加；理由不成立的，裁定驳回。执行法院应当自收到书面申请之日起60日内作出裁定。有特殊情况需要延长的，由本院院长批准。

4. 救济

被申请人、申请人或其他执行当事人对执行法院作出的变更、追加裁定或驳回申请裁定不服的，可以自裁定书送达之日起10日内向上一级人民法院申请复议，但应当提起诉讼的除外。上一级人民法院对复议申请应当组成合议庭审查，并自收到申请之日起60日内作出复议裁定。有特殊情况需要延长的，由本院院长批准。被裁定变更、追加的被申请人申请复议的，复议期间，人民法院不得对其争议范围内的财产进行处分。申请人请求人民法院继续执行并提供相应担保的，人民法院可以准许。被申请人或申请人对执行法院作出的变更、追加裁定或驳回申请裁定不服的，如属于可以提起诉讼的情形，可以自裁定书送达之日起15日内，向执行法院提起执行异议之诉。被申请人提起执行异议之诉的，以申请人为被告。申请人提起执行异议之诉的，以被申请人为被告。

五、执行标的

(一) 执行标的的概念和特征

执行标的，又称执行客体、执行对象，是指强制执行行为所指向的对象，也即执行机构的执行行为指向的、用于满足权利人实体权利请求的客体。执行标的与执行标的物不是等同的概念。执行标的物，是指以有形的财物表现出来的执行标的，包括金钱、特定物、种类物等。执行标的是上位概念，执行标的物是下位概念。执行标的包括执行标的物，除执行标的物之外，还有其他内容可以作为执行标的。执行标的与执行内容也不相同，执行内容是生效法律文书所载明的义务人应当如何履行义务的内容，它是由执行标的、执行行为、执行数量、执行时间等要素综合构成的一个法律上的给付义务。比如，法院判令被告人在一定时间内给付金钱若干，这就是执行内容，是执行法律关系所指向的对象，而其中的金钱就是执行标的物。此外，实体法上还有一个责任财产的概念。责任财产是指债务人能够用来承担民事法律责任的财产。对于特定债权而言，债权产生之时，责任财产便为特定之时。比如担保财产就是针对其所担保的债务所设定的责任财产；对种类债权而言，债权产生之时，便以债务人的全部财产为责任财产。可见，责任财产这一概念重在划定责任范围，而执行标的物对于财产而言，固然指向责任财产，但其本身并不等同于责任财产，而是责任财产的转化形态，执行标的物重在强调执行对象的载体。据此，可将执行标的之特征描述如下：

1. 非抗辩性

也称为强制执行标的之职权调查性，这不仅表现在执行程序中债务人有义务自报财产，而且表现在人民法院依职权对查询存款、搜查或扣押、冻结财产等执行方法的运用上。人民法院应主动调查债务人的财产状况，这是一般原则，在必要时可以让债权人查报或债务人自报。当债务人声称没有财产可供执行时，人民法院应通过查询、搜查等手段予以调查，不得以债权人提供证据证明债务人确有可供执行的财产为强制执行的前提条件。

2. 不可变更性

是指在执行程序中，人民法院应依据执行根据所确定的给付内容采取相应措施予以执行，非依法定程序不得中止执行或改变、撤销执行根据，不得变更执行标的或停止对执行标的之执行。执行标的之法定性是由生效法律文书的法定性和拘束力的性质所决定的。

3. 多样性

执行标的内容，不仅包括财产，而且还包括行为。财产，包括债务人现有的财产、债务人可取得的财产，以及债务人非法处分的财产和执行根据限定的财产；行为，包括可以替代的行为和不可替代的行为。

4. 有限性

包括两层含义：一是民事执行标的只能是一定的财产和民事行为，不包括人身和人的自由。二是对财产的执行有一定的禁区，有的财产依法不得被强制执行，后详。

(二) 执行标的之种类

执行标的有两类，一类是财产，另一类是行为。根据法律文书的内容，法院需要完成的执行活动可能是要求债务人给付金钱、物品、有价证券等财产，也可能是要求债务人履行一定的行为或者不为一定的行为。

1. 财产

可以作为执行标的之财产包括：第一，有体物。被执行人的财物，应当是其享有所有权或者有权处分的物。对物的执行通常指有金钱价值的一切物与权利，一般分为有体物与无体物。有体物依其可否移动又可以分为动产和不动产。第二，无形财产权。无形财产权是指被执行人所享有的包括存款、债权、工资收入、用益物权、知识产权、股权及其他权利在内的财产权。作为执行标的之无形财产权，必须是债务人独立的财产权利，具有财产价值和可转让性。

债务人对第三人的到期债权和债务人非法处分的财产，也可以成为执行标的。债务人对第三人的到期债权的执行，就是代位执行制度。债务人非法处分的财产作为执行标的之情形，是指债务人为了逃避执行，与第三人恶意串通，致使债务人没有履行能力，这种处分行为当然无效，人民法院仍可以撤销这种处分行为，从而使非法处分的标的物成为可供执行的财产。

然而，还有些财产属于法律禁区范围内的财产，这些财产不得被纳入强制执行的范畴。其情形分为四类：其一，实体法上禁止让与、扣押的财产（如土地、矿藏等）。其二，程序法上禁止扣押的财产。例如，《民事诉讼法》第250条规定，查封、扣押、冻结、拍卖被执行人的财产时，应当保留被执行人及扶养家属的生活必需品。再如，司法实践中，人民法院已依法对被执行人的财产查封、冻结的，任何单位包括人民法院不得重复查封、冻结或擅自解冻。其三,在性质上不得作为执行标的之权利。如民法典规定的健康权、姓名权、肖像权、名誉权,以及宪法中规定的退休金等都不得成为执行标的。其四,法律禁止流通的物品,如违禁品、淫秽品等。

根据《查扣冻规定》第3条的规定,人民法院对被执行人下列的财产不得查封、扣押、冻结:(1)被执行人及其所扶养家属生活所必需的衣服、家具、炊具、餐具及其他家庭生活必需的物品;(2)被执行人及其所扶养家属所必需的生活费用。当地有最低生活保障标准的,必需的生活费用依照该标准确定;(3)被执行人及其所扶养家属完成义务教育所必需的物品;(4)未公开的发明或者未发表的著作;(5)被执行人及其所扶养家属用于身体缺陷所必需的辅助工具、医疗物品;(6)被执行人所得的勋章及其他荣誉表彰的物品;(7)根据缔结条约程序法,以中华人民共和国、中华人民共和国政府或者中华人民共和国政府部门名义同外国、国际组织缔结的条约、协定和其他具有条约、协定性质的文件中规定免于查封、扣押、冻结的财产;(8)法律或者司法解释规定的其他不得查封、扣押、冻结的财产。

此外,根据有关法律或者司法解释的规定,以下的财产要么属于不可执行的财产,要么属于只有具备一定条件后才能执行的财产,包括:信用证开证保证金、证券经营机构清算账户资金、证券及期货交易保证金、银行承兑汇票保证金、旅行社质量保证金、粮棉油收购专项资金、商业银行根据国家政策向特定企业发放的具有特定用途的贷款、社会保险基金和社会基本保障资金、国防科研试制费、金融机构存款准备金、军费(但军队工厂、农场、马场、军人服务部、省军区以上单位实现企业经营的招待所和企业的上级财务主管部门等单位开设的军队"特种企业存款"除外)、征用土地补偿费、安置补偿费、单位和职工缴纳的住房公积金、由地方财政部门管理并主要用于社会公益的各项附加收入即财政预算外资金以及宪法中规定的退休金等都不得成为执行标的。

2. 行为

作为执行标的之行为分为不可替代实施的行为和可替代实施的行为两种。不可替代实施的行为,如演出等,义务人拒绝履行实施该行为时,因其具有人身属性而无法强制执行,法院只能将其转化为赔偿损失的金钱债务进行执行。对于可替代实施的行为,如拆除障碍物,义务人如果拒绝履行,虽然法院也不得强制其履行,但可以通过他人替代他履行的方式进行强制执行,其所产生的费用由被执行人负担,被执行人不支付该费用的,可强制执行其财产。《民事诉讼法》第259条规定:"对判决、裁定和其他法律文书指定的行为,被执行人未按执行通知履行的,人民法院可以强制执行或者委托有关单位或者其他人完成,费用由被执行人承担。"

在执行标的之客体中,财产和行为均可作为执行标的,但人身以及人身自由能否成为执行标的,学界有不同见解。一种观点认为,在例外的情况下人身可以作为执行标的,该例外情形有二:一是对于交出子女的执行依据,可以用直接强制方法,将子女交给执行权利人,这时就是以人身作为执行标的;二是如果债务人不履行债务,可以采用拘传、拘留、限制出境等措施,迫使债务人履行义务,这是以人的自由作为执行标的。[①] 另一种观点也是多数说则认为,即便在上述情况下,也不是以人身作为执行标的。离婚案件中,虽然法院判决将子女交给对方抚养,但实际上执行的对象是交出子女的行为,而不是子女的人身。在债务人不履行债务,虽然法院可以采用拘留的方式限制被执行人的人身自由,但这时并不以被执行人的人身自由作为执行标的,而是对被执行人妨害民事诉讼的行为所采取的强制性措施,其目的在于排除其妨害

---

① 参见江伟、肖建国主编:《民事诉讼法》,中国人民大学出版社2015年版,第421页。

民事诉讼的行为。[①] 笔者倾向于后说,原因在于,尽管在解释论上前说不无道理,但在价值论或伦理观上无法承认人身及其自由可以作为执行标的,否则就与民事诉讼法解决民事纠纷的性质相悖,同时也与司法人道主义的精神不相吻合。

六、执行和解

(一) 执行和解的概念

《民事诉讼法》第237条规定:"在执行中,双方当事人自行和解达成协议的,执行员应当将协议内容记入笔录,由双方当事人签名或者盖章。申请执行人因受欺诈、胁迫与被执行人达成和解协议,或者当事人不履行和解协议的,人民法院可以根据当事人的申请,恢复对原生效法律文书的执行。"执行和解,实际上是《民事诉讼法》第53条规定的诉讼和解在执行领域中的具体化表现,指的是在执行过程中,申请执行人和被执行人通过自愿协商,对执行根据中所记载的执行内容进行调整所达成的协议。执行和解协议达成并经法院批准记载于执行笔录中随即产生法律效力,当事人双方就按照执行和解协议履行义务、享有权利,法院同时裁定中止执行程序。可见,执行和解是当事人相互之间根据《民事诉讼法》第13条处分原则的规定对其权利义务关系进行自由处分的结果,是私权自治原则在执行过程中的反映,只要其内容符合法律的规定,并排除欺诈胁迫等非自愿性因素的存在,法院应当批准和解协议的成立。

(二) 执行和解的形成程序

执行和解的形成在程序上分两个阶段:一是当事人自主协商并达成和解协议,双方在和解协议上签字盖章,确认和解协议的自愿成立。二是当事人将执行和解协议提交给执行法院,由执行法院的执行法官进行审查和批准。审查包括实体上的审查和程序上的审查两方面,实体上的审查是审查执行和解协议的内容是否符合法律的原则性规定,是否违反法律的强制性规定,是否公平合理;程序上的审查是审查形成执行和解协议的过程是否自愿以及当事人的签字盖章等是否符合要求。经过审查,执行法官裁定对执行和解进行批准和认可,该裁定同时具有中止执行程序的效力。

(三) 执行和解的内容

执行和解的内容是指当事人双方通过何种方式改变了执行依据所记载的内容,也即,执行依据在哪些方面发生了变动。一般而言,执行和解的内容无非表现为以下几种:一是变更被执行主体,即由第三人代替被执行人向申请人履行义务。二是变更标的物,如将对房屋的执行变为对金钱的执行。三是调整债务数额,通常表现为减额清偿,包括放弃期限利益,如放弃利息等。四是调整履行义务的期限,通常表现为延后履行或分期履行。

(四) 执行和解的性质

执行和解的性质是指执行和解究竟是私法行为、诉讼行为还是二者兼而有之,分别形成了"私法行为说""诉讼行为说"以及"混合说"三种学说。

"私法行为说"认为,执行和解就相当于执行过程中当事人达成的又一个合同,其本质上属于私法上的和解契约。因而,关于执行和解是否具有效力以及能否被撤销,都只能按照合同法的规定进行判断。这一学说看到了执行和解的自治性质,但无法解释两个问题:其一,既然

[①] 参见张卫平:《民事诉讼法》(第4版),法律出版社2016年版,第486页。

执行和解属于私法上的协议，那为什么还要当事人提交法院进行审查和批准后才能生效？其二，既然执行和解属于私法上的协议，那为什么会产生导致执行程序终结这一公法上的效果？可见，该说存在缺陷。

与"私法行为说"相反，"诉讼行为说"认为，执行和解是一种当事人合意终结执行程序的纯粹诉讼行为，应当按照民事诉讼法而不是按照民事实体法的规定来判断其成立与否及有效与否。该学说也有缺陷，因为离开私法上的内容去理解和界定执行和解必然致使其内容陷入空洞，而事实上，当事人之所以达成执行和解协议，其主要目的就在于调整他们之间因执行根据而形成的实体法律关系。"诉讼行为说"无视执行和解协议的实体目的，显然也是片面的观点。

笔者赞成"混合说"。"混合说"也被称为"两行为并存说"，有的学者也将之表述为"两行为竞合说"。该说认为执行和解具有私法上和公法上的双重性质，一个行为同时产生了两种法律效果：一方面，执行和解调整了当事人之间的实体法律关系，另一方面，执行和解也表达了当事人自愿终结执行程序的意志，因而其行为效果同时存在于当事人相互之间以及当事人双方与法院之间，是私法行为和公法行为的融合。因此，如果执行和解不符合实体法的要求，则应被评价为不成立、无效或者被撤销；如果执行和解不符合程序法的要求，则应被评价为执行和解协议尚未形成，法院对此应当不予批准。《民事诉讼法》第237条关于执行和解的规定，便是"两行为并存说"的表现，其私法性质表现在当事人达成和解协议变更了他们之间的实体法律关系，并且如果存在诈欺等因素，执行和解便属无效协议；其公法性质表现在执行和解导致了执行程序的终结，并且在执行和解不履行时，执行程序也可以恢复进行。

（五）执行和解的立法模式

一是执行外的和解模式。此种模式将执行和解规定为执行程序外的和解，执行程序并不规定执行和解。这种类型的执行和解完全是当事人之间的行为。在这种执行和解模式下，执行根据的效力并不因执行和解的达成而受到直接的影响，但如果申请执行的当事人不申请撤回或暂停执行法律文书的执行，执行和解的另一方当事人，通常是被执行人，便可以行使执行程序中的抗辩权，并据此提出执行异议甚或进而提出执行异议之诉，以对抗原来执行根据的执行。德、日等国家一般采用此一执行和解的模式。采用此一执行和解模式的理论根据在于执行法律文书的效力不得因执行和解而受到影响，除非当事人提出执行抗辩能够通过法院的司法裁判推翻执行法律文书的效力。我国执行外的和解所产生的效果也属于此一模式的范畴。

二是执行中的和解模式。此一模式将执行和解融入执行程序中，将其作为执行程序中的一项独立制度加以对待。具体是指，在执行过程中，当事人自行和解并达成和解协议后，由法院将执行和解协议记入笔录，法院既有可能全程参与执行和解协议的形成过程，也有可能游离于执行和解协议的形成之外，而仅对当事人所形成的执行和解协议进行审查，并在批准的同时作出裁定中止执行程序的进行。此种模式下的执行和解实质上是附条件中止了执行程序的进行，如果当事人自觉履行了执行和解协议，被中止的执行程序便转为执行程序的终结；如果当事人没有履行或者没有完全履行执行和解协议，则被中止的执行程序在当事人一方的申请下予以恢复。《民事诉讼法》第237条所规定的执行和解，就是执行中的和解。

三是裁判型的执行和解模式。在该模式中，当事人达成的执行和解协议，在得到法院审查批准后，便产生如同生效法律文书一样的法律效力，原来据以执行的法律文书被执行和解协议取而代之，执行和解协议替代原执行根据，成为执行程序的新的执行根据。如果当事人没有自觉履行执行和解协议，则法院便根据当事人一方的申请，以执行和解协议为依据，采取执行措施将执行程序继续推进下去，直到执行和解协议的内容完全实现为止。在这种执行和解协议的立法模式下，尽管当事人的自主性依然未减，但法院的能动性和介入性明显增强，究其实质而言，此种模式下所形成的执行和解协议在性质上接近于诉讼调解协议，在当事人的合意下，执行和解协议的效力覆盖了原执行根据的效力，成为支撑执行程序的新的法律文书。最高人民法院《关于执行和解若干问题的规定》（以下简称《执行和解规定》）第14条规定："申请执行人就履行执行和解协议提起诉讼，执行法院受理后，可以裁定终结原生效法律文书的执行。"该一规定接近于这里所说的裁判型执行和解模式，但其还要求当事人就此另行提起诉讼对执行和解协议提出履行之诉，似乎过于迂回，实无必要。

通过上述执行和解的模式之比较可知，执行外的和解经过执行中的和解向裁判型的和解跨越，在当事人自主意志保持不变的前提下，随着法院介入程度的逐步深化，执行和解的效力也呈渐强趋势，这意味着执行程序诉讼化倾向和色彩越来越强，而裁判型和解模式的形成，代表着执行和解的发展方向，将来应当成为立法规范的重点加以凸显。需加说明的是，上述关于执行和解性质的探讨，其结论并不因执行和解模式的差异而有所不同，所不同的是私法性质和公法性质的比重有所差异而已。

（六）执行和解的效力

执行和解经法院批准生效后，随机产生以下效力：

其一，对执行法院的效力。执行法院在执行和解协议生效后，应立即裁定中止执行程序的进行；执行法院继续执行的，执行和解的当事人，尤其是被申请执行人，可以根据《民事诉讼法》第232条的规定，向执行法院提出执行异议。

其二，对申请执行人的效力。执行和解协议生效后，在履行期间届满前，申请执行人不得申请执行法院继续执行，也不得要求被执行人按照原生效法律文书履行义务，在被执行人按照执行和解协议履行义务后，申请执行人应将执行和解协议履行完毕的情况告知法院，法院据此裁定终结执行程序。申请执行人所享有的诉讼权利是，在被执行人不履行或不及时、不全面履行执行和解协议时，向法院申请恢复执行程序，其所处分掉的实体权利因此恢复原状，被申请执行人尚需承担延迟履行的迟延履行金或相应债务利息，但申请执行人不得请求被执行人承担违约责任或赔偿损失责任，也不得因此另行起诉。作为与恢复执行程序相并行的选择，申请执行人还可以依据执行和解协议向执行法院提出履行之诉。

其三，对被执行人的效力。在执行和解协议生效后，被执行人应当按照执行和解协议全面及时地履行协议所确定的各项义务；如果在履行过程中，仍有必要做出调整的，其仍可以与申请执行人进行协商，但协商不成的，其只能按照原协议履行义务；逾期不能履行义务的，负有容忍申请执行人恢复执行程序的诉讼义务，执行和解协议至此失去法律效力，原生效法律文书继续成为执行根据，被执行人履行执行和解协议部分内容的，其相关部分内容从执行标的额中扣除。

其四，对第三人的效力。执行和解协议通常对第三人不产生法律效力，但如果第三人自愿承担分担履行或担保履行和解义务，则在其责任范围内，申请执行人可以追加该第三人为被执行人。如果第三人根据和解协议享有权利，在债务人不履行相应的义务时，其可以作为申请执行人申请执行。

（七）恢复对原生效法律文书的执行

《民事诉讼法》第237条第2款规定："申请执行人因受欺诈、胁迫与被执行人达成和解协议，或者当事人不履行和解协议的，人民法院可以根据当事人的申请，恢复对原生效法律文书的执行。"据此规定,两种情形下,法院可以在当事人的申请下恢复对原生效法律文书的执行:一是申请执行人因受欺诈、胁迫与被执行人达成和解协议。申请执行人为此应当向执行法院另行提起诉讼,通过诉讼程序对执行和解协议是否属于无效协议或者是否可被撤销加以确定。二是当事人不履行和解协议,包括不及时履行以及不全面履行、完全未履行三种情形。在上述两种情形出现任何一种,申请执行人均可向执行法院提出恢复执行程序的申请,执行法院经审查确如申请执行人所主张的那样,则裁定恢复对原生效法律文书的执行,执行和解协议自此失效。

需要注意的是,其一,恢复对原生效法律文书的执行,必须经申请执行人提出申请,法院不得依职权恢复执行程序。其二,申请执行人申请恢复执行应当符合《民事诉讼法》第246条关于申请执行期间的规定。当事人申请恢复执行的期限,应当自和解协议约定的履行期限的最后一日起重新计算,当事人约定分期履行的,应当自约定的最后一期的履行期限的最后一日起重新计算。逾期提出恢复执行申请的,法院应当裁定驳回。

按照《执行和解规定》第11条之规定,有下列情形之一的,裁定不予恢复执行:其一,执行和解协议履行完毕后申请恢复执行的;其二,执行和解协议约定的履行期限尚未届至或者履行条件尚未成就的,但符合《民法典》第578条规定情形的除外;其三,被执行人一方正在按照执行和解协议约定履行义务的;其四,其他不符合恢复执行条件的情形。

当事人、利害关系人认为恢复执行或者不予恢复执行违反法律规定的,可以依照《民事诉讼法》第232条规定提出异议。① 恢复执行后,对申请执行人就履行执行和解协议提起的诉讼,人民法院不予受理。② 当事人、利害关系人认为执行和解协议无效或者应予撤销的,可以向管辖法院提起诉讼。执行和解协议被确认无效或者撤销后,申请执行人可以申请恢复对原生效法律文书的执行。被执行人以执行和解协议无效或者应予撤销为由提起诉讼的,不影响申请执行人申请恢复执行。③ 恢复执行后,执行和解协议已经履行部分应当依法扣除。当事人、利害关系人认为人民法院的扣除行为违反法律规定的,可以依照《民事诉讼法》第232条的规定提出异议。④

(八) 另行诉讼

《执行和解规定》第9条规定:"被执行人一方不履行执行和解协议的,申请执行人可以申请恢复执行原生效法律文书,也可以就履行执行和解协议向执行法院提起诉讼。"据此,如果被执行人不按照执行和解协议履行其义务,则申请执行人既可以申请法院恢复执行,也可以另行诉讼。但申请执行人只能在申请恢复执行和另行诉讼之间做出择一选择,而不得二者兼得。如果申请执行人申请恢复执行,同时其又提起另行诉讼,则法院应当裁定不予受理其另行诉讼,而不是受理诉讼、裁定终结执行。一般来说,恢复执行和另行诉讼之间相比较而言,恢复执行对申请执行人更为有利,因为执行和解协议一般都是以申请执行人做出让步为前提的,而申请恢复执行实际上就是申请执行人撤回了让步,另行诉讼实际上就是申请执行人将让步进行到底,这对申请执行人显然不利。另行诉讼对申请执行人所带来的不利主要表现在以下方面:一是实体上的不利。申请执行人在执行和解协议中业已做出了实体上的让步,比如,减额清偿、分期清偿、延迟清偿、改变清偿方法等。这些让步通过另诉只会巩固和扩大,而不会减

---

① 《执行和解规定》第12条。
② 《执行和解规定》第13条。
③ 《执行和解规定》第16条。
④ 《执行和解规定》第17条。

少和消除，因而在执行和解中申请执行人所处的不利地位会通过诉讼得到延续。二是程序上的不利。程序上的不利不仅表现在为了另诉需要有新的投入和成本之上，而且还要冒败诉的风险，一旦败诉，申请执行人也不能申请恢复已经因其另诉而终结了的执行程序，也就是申请执行人将会连本（原生效法律文书所确定的利益）带利（执行和解中可能获得的增益）一并输掉。《执行和解规定》第14条规定："申请执行人就履行执行和解协议提起诉讼，执行法院受理后，可以裁定终结原生效法律文书的执行。执行中的查封、扣押、冻结措施，自动转为诉讼中的保全措施。"这里虽然用的是"可以"终结执行，但法院也只能终结执行，因为另诉就意味着申请执行人放弃了原生效法律文书所确定的执行利益，否则就可能会出现一方面执行程序还在进行，另一方面申请执行人又通过另诉获得了新的执行名义，这样就会导致一个权益两次执行的权利重复实现之弊端，而这在诉讼程序上应予避免。如果这样解释，那么，作为一个理智的申请执行人，他必然不会选择另诉，而会选择恢复执行。既然如此，且不论其理论根据，单就实务而言，另诉之规定乃实无必要。

（九）向担保人执行

执行和解协议中约定担保条款，且担保人向人民法院承诺在被执行人不履行执行和解协议时自愿接受直接强制执行的，恢复执行原生效法律文书后，人民法院可以依申请执行人申请及担保条款的约定，直接裁定执行担保财产或者保证人的财产。①

（十）私下和解的效力

按照《执行和解规定》第19条之规定，执行过程中，被执行人根据当事人自行达成但未提交人民法院的和解协议，或者一方当事人提交人民法院但其他当事人不予认可的和解协议，依照《民事诉讼法》第232条规定提出异议的，人民法院按照下列情形，分别处理：

其一，和解协议履行完毕的，裁定终结原生效法律文书的执行；

其二，和解协议约定的履行期限尚未届至或者履行条件尚未成就的，裁定中止执行，但符合《民法典》第578条规定情形的除外；

其三，被执行人一方正在按照和解协议约定履行义务的，裁定中止执行；

其四，被执行人不履行和解协议的，裁定驳回异议；

其五，和解协议不成立、未生效或者无效的，裁定驳回异议。

第三节 执行程序

一、执行程序的启动

（一）申请执行

1. 申请执行的概念

申请执行是执行程序赖以启动的方式之一，它与移送执行相对应，是指根据生效法律文书的规定享有执行请求权的当事人向法院提出的申请，而启动执行程序的程序行为。申请执行是当事人的自主行为，是否启动执行程序以实现其法律文书所确定的实体性权利，主要是当事人

---

① 《执行和解规定》第18条。

自己的事情，当事人享有实体性权利，如果其不愿意或者怠于请求执行，一般说来，除非涉及国家利益或社会公共利益的保障，作为公权力的机关——执行法院是不得强制干预和代为请求的。这是《民事诉讼法》第13条第2款所规定的处分原则的体现，也是民事诉讼作为私权纠纷的解决机制之法律性质所决定的。

2. 申请执行制度的历史沿革

回溯历史，申请执行在执行程序中的主导性地位并非一向如此的。起初，当事人的执行申请仅仅起到辅助性和补充性作用，起主导作用和支配地位的是法院职权启动主义。《民事诉讼法（试行）》采取的就是这样一种立法模式，该法第166条规定："发生法律效力的民事判决、裁定、调解协议和其他应当由人民法院执行的法律文书，当事人必须履行。一方拒绝履行的，由审判员移送执行员执行，对方当事人也可以向人民法院申请执行。"可见，根据该立法模式，执行程序的启动所实行的原则是职权主义为主、当事人申请主义为辅的一种结合。这种以法院职权启动为主、当事人申请启动为辅的立法模式显然是计划经济下的产物，实际上是将私权纠纷当作公权纠纷来对待和处理，这是违反私权纠纷的内在性质和本质规定的，因而不能适应市场经济发展的客观需要，为此，到1991年民事诉讼法正式颁行，《民事诉讼法（试行）》所确立的执行启动原则便发生了根本性的变化，法院职权启动为主被当事人申请启动为主所取代，当事人申请为辅被法院职权启动为辅所代替，形成了当事人申请为主、法院职权启动为辅的新的立法模式。现行民事诉讼法承袭了该一立法模式，其第243条规定："发生法律效力的民事判决、裁定，当事人必须履行。一方拒绝履行的，对方当事人可以向人民法院申请执行，也可以由审判员移送执行员执行。调解书和其他应当由人民法院执行的法律文书，当事人必须履行。一方拒绝履行的，对方当事人可以向人民法院申请执行。"这一立法模式体现出了历史的进步。① 值得提及的是，所谓当事人申请为主、法院职权启动为辅的立法原则仅仅是对法院所作出的判决书、裁定书而言的，人民法院作出的其他法律文书，如支付令、调解书等，以及有其他机关或部门制作的法律文书，如仲裁裁决书、调解书、赋予强制执行效力的公证债权文书、行政决定书以及外国法院或仲裁机构制作的法律文书，均需当事人提出执行申请，法院方能启动执行程序，法院对此不得依职权发动执行程序，这一点与《民事诉讼法（试行）》截然不同。

3. 申请执行的条件

《民诉法解释》第461条规定："当事人申请人民法院执行的生效法律文书应当具备下列条件：（一）权利义务主体明确；（二）给付内容明确。法律文书确定继续履行合同的，应当明确继续履行的具体内容。"结合本条规定，参酌其他立法规定，当事人申请执行必须具备以下诸条件：一是申请执行的法律文书必须是生效的法律文书。没有生效的法律文书，不具有执行力，当事人不得申请强制执行。保全和先予执行的裁定书，尽管不具有终局的法律效力，仅具有临时性的特点，但也属于生效的法律文书，因而也能够成为当事人申请法院强制执行的法律依据。二是申请执行人必须是生效法律文书所确定的权利人，或者权利人的继承人，或者是权利人的权利承受人。不属于法律文书的权利人、继承人或者承受人的，则不具有执行当事人的适格性，不能满足此项申请执行的条件。共同权利人中的每一个人，都有权独立提出执行申

---

① 尽管通说如此，但笔者认为，该一立法规定仍有不够彻底的弊端，当事人申请执行和法院移送执行尽管调换了位置，将当事人申请执行置于法院移送执行之前，但从立法逻辑上说，二者仍处在并行状态，这其中的主次关系体现得仍不明显，理论上至多只能将其概括为当事人申请优先主义，似乎尚不能将其表述为当事人申请为主、法院移送执行为辅的立法原则。可见，立法对执行程序启动模式的立法改革仍有待深化。

请；按份权利人只能就其份额部分享有执行申请提出权。权利人提出执行申请，要提供执行生效法律文书作为证明文件，继承人或权利承受人提出执行申请，除提供执行生效法律文书外，尚须提供证明其为继承人或权利承受人的法律文书。三是申请执行的法律文书必须具有确定的给付内容，包括财产给付和行为给付，同时被执行人也必须具备明确性和特定性。只有给付之诉的给付裁判才具有执行力，确认之诉和形成之诉的裁判文书不具有执行力，不得据以提出执行申请。四是被执行人在生效法律文书所确定的履行期间内未能自觉履行其法律义务。如果被执行人愿意自觉履行法律文书所确定的法律义务，权利人不得申请法院强制执行。五是申请执行人在法定期限内提出申请。六是受理执行申请的法院具有执行管辖权。在期限内提出的执行申请，受理法院无管辖权的，应当向其他有管辖权的法院移送执行。①

当事人向法院申请执行，应提交下列文件和证件：一是申请执行书。申请执行书中应当写明申请执行的标的、理由，并载明申请执行人所了解的被执行人的财产状况。申请执行人书写申请执行书确有困难的，可以口头提出申请。人民法院立案部门的工作人员应当将口头申请转变为书面申请，将其内容制作成笔录，由申请执行人签字或盖章、捺手印。外国当事人申请执行的，应当提交申请执行书原文及翻译件。当事人所在国与我国存在条约关系或公约关系或者互惠关系的，按照条约、公约的规定或者互惠的司法实践办理。二是生效法律文书的原本或副本，但不能是复印件或节录本等形式。三是申请执行人的身份证明。如果属于公民申请的，则出示居民身份证；如果属于法人或其他组织申请的，则提供法人或其他组织的营业执照副本以及其法定代表人或主要负责人的身份证明。四是法律规定的其他应当提供的文件或证件。②

申请执行人既可以亲自提出执行申请，也可以委托他人提出执行申请；委托他人提出执行申请的，应当由受托人向人民法院提出委托人签字或盖章的授权委托书。授权委托书应当载明委托代理的事项和权限范围；授权执行代理人代为行使处分权的，包括放弃、变更执行请求权，进行执行和解，代为接受执行标的等，应当具有委托人的特别授权。

除公益诉讼等极少数免费执行的案件外，其他绝对多数的案件的申请执行，申请执行人都要按照《诉讼费用交纳办法》的规定预交执行费用，该费用最终由被执行人负担。

4. 对执行申请的受理

人民法院对符合上述条件的申请，应当在7日内予以立案；不符合上述条件之一的，应当在7日内裁定不予受理。③

（二）移送执行

移送执行又称依职权启动执行，是指由法院的审判机构在作出裁判文书后，不经当事人的申请，就将该裁判文书主动移交给法院的执行机构进行强制执行。之所以立法要保留一定范围内的移送执行，原因主要在于两个方面：一是对特殊类型的当事人提供特别保障；二是案件执行的标的涉及国家利益或社会公共利益。根据我国立法及相关司法解释的规定④，法院所保留的移送执行的案件类型主要有：

1. 发生法律效力的具有给付赡养费、扶养费、抚育费内容的法律文书

"三费"案件之所以要法院移送执行，是因为这些案件中享有权利的当事人通常是妇女、

---

① 《执行规定》第16条。
② 《执行规定》第18条。
③ 《执行规定》第16条。
④ 主要是指《执行规定》第17条。

老人和儿童,他们都属于特殊身份关系中的弱势群体,法院主动移送执行是为了减轻他们的诉讼负担,并提高执行效率。

2. 公益诉讼的生效裁判

《检察公益诉讼解释》第12条规定:"人民检察院提起公益诉讼案件判决、裁定发生法律效力,被告不履行的,人民法院应当移送执行。"其他类型的公益诉讼案件之执行,也应照此办理。公益诉讼的案件之所以要法院移送执行,原因主要在于,公益保护具有强制性,只要义务人在法定履行期间内对司法裁判所确定的法律义务不自觉履行或未履行完毕,法院便应主动移送执行,否则公益保护就会遭到损害。

3. 刑事附带民事判决、裁定、调解书

《执行规定》第17条对此做出了规定。但笔者认为,该一规定值得商榷,因为刑事附带民事判决、裁定或调解书,究其本质属于私权保护范畴,法院主动移送执行似无必要。但刑事诉讼裁判中的罚金、没收财产等,应当属于职权移送执行的范畴。

4. 民事制裁决定书

根据《民事诉讼法》第118条的规定,法院对违反民事诉讼规定的违法行为所科处的罚款,应当移送执行,其理由与罚金等的移送执行相同。

二、被执行人财产的查明

被执行人财产的查明是指,执行法院在采取执行措施之前通过合法的程序和方式了解、查询、调查和确定被执行人财产有关信息的执行预备活动。执行程序的基本功能是根据执行法律文书,采取执行措施,针对执行标的,进行强制执行,实现申请执行人的权利。为了使执行程序有效开展并取得理想效果,一个必要的准备步骤就是查明被执行人的财产。通过被执行人财产的查明,达到以下几个目的:一是确定被执行人是否有财产可供执行,从而决定是否要采取具体的执行措施。二是明确被执行人的财产信息,有针对性地采取执行措施。三是防止被执行人转移、隐匿和毁灭财产。四是为对实施妨碍执行行为的被执行人及其他相关责任人采取强制制裁措施提供依据。

查明被执行人财产的主要内容包括:一是被执行人财产的数量和范围。二是被执行人财产的质量和价值。三是被执行人财产上的负担,包括有无抵押、是否被司法扣押或保全、是否处在其他法院的强制执行之中等情形。四是被执行人财产的存在处所。五是被执行人财产的变动情况。六是被执行人财产所存在的风险,包括是否属于易腐财产、是否有被转移的可能性等。七是执行人财产的其他相关信息。

根据《民事诉讼法》第248条、第249条等条文以及相关司法解释的规定,被执行人财产查明的渠道主要有三种:

(一) 责令被执行人就其财产状况进行申报

被执行人对其财产状况最为熟悉,因而由其申报财产状况最为合理,被执行人提供财产状况及其相关信息是其应当履行的法律义务。《民事诉讼法》第248条规定:"被执行人未按执行通知履行法律文书确定的义务,应当报告当前以及收到执行通知之日前一年的财产情况。被执行人拒绝报告或者虚假报告的,人民法院可以根据情节轻重对被执行人或者其法定代理人、有关单位的主要负责人或者直接责任人员予以罚款、拘留。"《执行规定》第29条规定:"为查明被执行人的财产状况和履行义务的能力,可以传唤被执行人或被执行人的法定代表人或负责人到人民法院接受询问。"《民诉法解释》第482条规定:"对必须接受调查询问的被执行人、被执行人的法定代表人、负责人或者实际控制人,经依法传唤无正当理由拒不到场的,人民法院可以拘传其到场。人民法院应当及时对被拘传人进行调查询问,调查询问的时间不得超过八小时;情况复杂,依法可能采取拘留措施的,调查询问的时间不得超过二十四小时。人民法院在本辖区以外采取拘传措施时,可以将被拘传人拘传到当地人民法院,当地人民法院应予协助。"被执行人所申报的财产按其类型主要包括以下几种:其一,流动资金,包括现金、银行存款、收入、有价证券等。其二,不动产,包括房屋、土地使用权等。其三,动产,包括交通工具、机器设备、产品、原材料等。其四,财产性权利,包括知识产权、股权、投资权益、基金、债权等。其五,其他财产。被执行人申报的财产应当是全面的、最新的财产状况,如果申报后财产状况有所变动,则应及时告知法院。人民法院对被执行人申报的财产应当进行调查核实,申请执行人对被申报和法院调查核实的财产有知情权,如其认为有不实之处,有权向法院及时提出异议,申请执行人对其所了解被执行人财产状况有保密的义务。

(二) 法院调查被执行财产状况

执行程序实行职权进行主义,法院对被执行人的财产状况应当主动依职权进行全面调查。《民事诉讼法》第249条规定:"被执行人未按执行通知履行法律文书确定的义务,人民法院有权向有关单位查询被执行人的存款、债券、股票、基金份额等财产情况。"第255条规定:"被执行人不履行法律文书确定的义务,并隐匿财产的,人民法院有权发出搜查令,对被执行人及其住所或者财产隐匿地进行搜查。"《执行规定》第28条第2款规定:"人民法院在执行中有权向被执行人、有关机关、社会团体、企业事业单位或公民个人,调查了解被执行人的财产状况,对调查所需的材料可以进行复制、抄录或拍照,但应当依法保密。"第31条规定:"人民法院依法搜查时,对被执行人可能存放隐匿的财物及有关证据材料的处所、箱柜等,经责令被执行人开启而拒不配合的,可以强制开启。"《民诉法解释》第483条规定:"人民法院有权查询被执行人的身份信息与财产信息,掌握相关信息的单位和个人必须按照协助执行通知书办理。"人民法院利用信息化平台对被执行人财产进行查明是确定被执行人财产的重要方式。

(三) 申请执行人提供被执行人财产的有关线索

申请执行人尽管对被执行人财产状况并不负担结果意义上的证明责任,但由于申请执行人往往比较熟悉被执行人的财产状况,因而由其提供查明被执行人财产的相关线索也属其法律义务。《执行规定》第28条第1款规定:"申请执行人应当向人民法院提供其所了解的被执行人的财产状况或线索。"申请执行人确实不知晓被执行人财产状况,同时也没有收集、掌握有关被执行人财产的线索的,执行法院不得因其未提供财产线索而拒绝受理执行案件,也不得因此而拒绝依职权调查被执行人的财产状况。

在上述三种查明被执行人财产状况的途径和方式中,被执行人自行提供财产状况应当是基础的方面,立法应当着力完善被执行人申报财产状况的强制性制度,法院依职权进行调查了解被执行人财产状况是重要保障,事实上,法院对查明被执行人财产状况负担着最终的责任,而申请执行人提供被执行人财产的线索则起到必不可少的协助作用。

三、裁定不予执行

(一) 裁定不予执行的概念及其法定事由

裁定不予执行是指,法院对我国仲裁裁决、赋予强制执行效力的公证文书、外国法院判决和外国仲裁机构仲裁裁决的申请执行书进行审查后,发现符合法定事由,作出不予执行裁定的程序行为。人民法院裁定不予执行后,相应的执行申请便予以驳回,或者已经开始的执行程序被宣告结束,对于仲裁裁决而言,当事人对此可以重新达成仲裁协议进行仲裁,也可以另行诉讼,对其他法律文书而言,相应的当事人可以另寻法律救济。不予执行的法定事由对不同的法律文书具有不尽一致的法定事由,具体包括以下几种:

1. 国内仲裁裁决的不予执行

根据《民事诉讼法》第244条的规定,对依法设立的仲裁机构的裁决,一方当事人不履行的,对方当事人可以向有管辖权的人民法院申请执行。受申请的人民法院应当执行。被申请人提出证据证明仲裁裁决有下列情形之一的,经人民法院组成合议庭审查核实,裁定不予执行:其一,当事人在合同中没有约定仲裁条款或者事后没有达成书面仲裁协议。其二,裁决的事项不属于仲裁协议的范围或者仲裁机构无权仲裁。其三,仲裁庭的组成或者仲裁的程序违反法定程序。其四,裁决所根据的证据是伪造的。其五,对方当事人向仲裁机构隐瞒了足以影响公正裁决的证据。其六,仲裁员在仲裁该案时有贪污受贿、徇私舞弊、枉法裁决行为的。其七,裁决违背社会公共利益的。

2. 涉外仲裁裁决的不予执行

根据《民事诉讼法》第281条的规定,对中华人民共和国涉外仲裁机构作出的裁决,被申请人提出证据证明仲裁裁决有下列情形之一的,经人民法院组成合议庭审查核实,裁定不予执行:其一,当事人在合同中没有约定仲裁条款或者事后没有达成书面仲裁协议。其二,被申请人没有得到指定仲裁员或者进行仲裁程序的通知,或者由于其他不属于被申请人负责的原因未能陈述意见。其三,仲裁庭的组成或者仲裁的程序与仲裁规则不符。其四,裁决的事项不属于仲裁协议的范围或者仲裁机构无权仲裁。其五,裁决违背社会公共利益的,裁定不予执行。

3. 劳动争议仲裁的不予执行

根据最高人民法院《关于审理劳动争议案件适用法律若干问题的解释》(失效)第21条的规定,当事人申请人民法院执行劳动争议仲裁机构作出的发生法律效力的裁决书、调解书,被申请人提出证据证明劳动争议仲裁裁决书、调解书有下列情形之一,并经审查核实的,人民法院可以根据《民事诉讼法》第237条之规定,裁定不予执行:其一,裁决的事项不属于劳动争议仲裁范围,或者劳动争议仲裁机构无权仲裁。其二,适用法律确有错误。其三,仲裁员仲裁该案时,有徇私舞弊、枉法裁决行为。其四,人民法院认定执行该劳动争议仲裁裁决违背社会公共利益。

4. 公证债权文书的不予执行

根据《民事诉讼法》第245条的规定,对公证机关依法赋予强制执行效力的债权文书,一方当事人不履行的,对方当事人可以向有管辖权的人民法院申请执行,受申请的人民法院应当执行。公证债权文书确有错误的,人民法院裁定不予执行,并将裁定书送达双方当事人和公证机关。根据《民诉法解释》第478条的规定,有下列情形之一的,可以认定为《民事诉讼法》第245条第2款规定的公证债权文书确有错误:其一,公证债权文书属于不得赋予强制执行效力的债权文书。其二,被执行人一方未亲自或者未委托代理人到场公证等严重违反法律规定的公证程序。其三,公证债权文书的内容与事实不符或者违反法律强制性规定。其四,公证债权文书未载明被执行人不履行义务或者不完全履行义务时同意接受强制执行。其五,人民法院认定执行该公证债权文书违背社会公共利益。公证债权文书被裁定不予执行后,当事人、公证事项的利害关系人可以就债权争议提起诉讼，也可以在补正瑕疵后重新进行公证。

5. 外国法院的判决、裁定的不予执行

根据《民事诉讼法》第289条的规定，人民法院对申请或者请求承认和执行的外国法院作出的发生法律效力的判决、裁定，依照中华人民共和国缔结或者参加的国际条约，或者按照互惠原则进行审查后，认为不违反中华人民共和国法律的基本原则或者国家主权、安全、社会公共利益的，裁定承认其效力，需要执行的，发出执行令，依照该法的有关规定执行。违反中华人民共和国法律的基本原则或者国家主权、安全、社会公共利益的，不予承认和执行。

（二）裁定不予执行的例外情形

裁定不予执行的例外情形主要存在于国内仲裁裁决之上，根据最高人民法院《关于适用〈中华人民共和国仲裁法〉若干问题的解释》（以下简称《仲裁法解释》）的规定，在以下三种情形中，当事人提出的不予执行仲裁裁决的申请，人民法院应当在审查后予以驳回。

其一，当事人向人民法院申请撤销仲裁裁决被驳回后，又在执行程序中以相同理由提出不予执行抗辩的，人民法院不予支持（第26条）。[①]

其二，当事人在仲裁程序中未对仲裁协议的效力提出异议，在仲裁裁决作出后以仲裁协议无效为由主张撤销仲裁裁决或者提出不予执行抗辩的，人民法院不予支持（第27条）。但当事人在仲裁程序中对仲裁协议的效力提出异议，在仲裁裁决作出后又以此为由主张撤销仲裁裁决或者提出不予执行抗辩，经审查符合仲裁法或者民事诉讼法有关规定的，人民法院应予支持。

其三，当事人请求不予执行仲裁调解书或者根据当事人之间的和解协议作出的仲裁裁决书的，人民法院不予支持（第28条）。对于本项事由，笔者认为值得商榷。因为仲裁调解书和基于当事人之间的和解协议而作出的仲裁裁决，同样有可能是错误的，包括不具有合法性、自愿性等，所以如同法院作出的调解书可以根据《民事诉讼法》第208条的规定申请再审并根据《民事诉讼法》第215条的规定可以进行检察监督一样，根据同样的理由，以及仲裁的特殊事由，当事人申请不予执行的，人民法院应当进行合法性和自愿性的审查，审查的结果认为其违反合法性原则或自愿性原则的，法院应当裁定不予执行。

（三）裁定不予执行的程序

1. 启动程序

裁定不予执行的程序在启动上分为两种方式：一是由当事人提出申请，二是由法院依职权主动为之。前者主要适用于当事人基于通常的法定事由请求不予执行仲裁裁决和公证债权文书之情形，后者则适用于在相关事由上涉及国家利益、社会公共利益或者国家主权和安全之情形，二者之间，以当事人申请为主，以法院职权启动为辅。《民诉法解释》第479条规定："当事人请求不予执行仲裁裁决或者公证债权文书的，应当在执行终结前向执行法院提出。"

2. 审判组织

审判组织分为两种：一是合议制。根据《民事诉讼法》第244条、第281条的规定，无论是对国内仲裁裁决还是对涉外仲裁裁决，人民法院都应当组成合议庭对当事人提出的不予执

[①] 在国内仲裁裁决中，撤销仲裁裁决的法定理由和裁定不予执行的法定理由并不完全相等，而在涉外仲裁裁决中，申请撤销的法定理由和申请不予执行的法定理由完全竞合。参见《仲裁法》第58条第1款、第3款，第70条，第71条，《民事诉讼法》第244条第2款和第281条。

行申请进行审理和裁断。二是合议制或独任制均可，由法院视复杂简单之需要而定。根据《民事诉讼法》第245条第2款的规定，人民法院认为公证债权文书确有错误的，裁定不予执行，这里立法并未限定是采用何种审判组织形式，在解释上应当认为二者均可。

3. 提出证据加以证明的责任

根据《民事诉讼法》第244条和第281条的规定，被申请人应当提出证据证明仲裁裁决存在应予裁定不予执行的法定事由之一或者若干，但这里需要注意两点：一是凡是涉及国家利益或社会公共利益的法定事由，被申请人不负担提供证据加以证明的责任，法院应当依职权主动查明情形。二是被申请人尽管需要提供证据加以证明相关情形或法定事由之存在，但其所负担的并不是败诉负担意义上的客观证明责任，而是主观证明责任，法院对此在必要时应当依职权主动调查核实相关法定事由是否存在，并且对此法院负有最终的责任。《仲裁法解释》第30条规定："根据审理撤销、执行仲裁裁决案件的实际需要，人民法院可以要求仲裁机构作出说明或者向相关仲裁机构调阅仲裁案卷。"

4. 审查处理

法院通过司法审查，认为当事人提出的不予执行申请确有理由，或者经职权审查，认为当事人申请执行的外国法院判决、仲裁裁决、公证债权文书等确实存在应当不予执行或不予承认执行的法定事由，则作出不予执行的裁定，除承认和执行涉外判决的案件外，该裁定应当送达相关的当事人和法律文书制作部门。如果申请不予执行的理由不能成立，则裁定驳回之，该裁定不得上诉①或申请再审，也不得申请复议或提出执行异议，②但检察机关可以进行法律监督。

四、执行程序的进行

（一）执行通知

《民事诉讼法》第247条规定："执行员接到申请执行书或者移交执行书，应当向被执行人发出执行通知，并可以立即采取强制执行措施。"人民法院应当在收到申请执行书或者移交执行书后10日内发出执行通知。执行通知中除应责令被执行人履行法律文书确定的义务外，还应通知其承担《民事诉讼法》第260条规定的迟延履行利息或者迟延履行金。③

（二）责令执行、提级执行和指定执行

人民法院自收到申请执行书之日起超过6个月未执行的，申请执行人可以向上一级人民法院申请执行。上一级人民法院经审查，可以责令原人民法院在一定期限内执行，也可以决定由本院提级执行或者指令其他人民法院执行。④ 需要注意的是，执行中的公告期间、鉴定评估期间、管辖争议处理期间、暂缓执行期间、中止执行期间、执行和解期间、终本期间等不应当计算在这里所规定的6个月里。

（三）委托执行

委托执行是在本国法院相互之间提供司法互助的一种程序行为和执行制度。它指的是，如果被执行人或被执行的财产不在具有执行管辖权的执行法院管辖范围之内，由执行法院委托被

---

① 《民事诉讼法》第157条第1款第9项、第2款。
② 《民诉法解释》第476条。
③ 《民诉法解释》第480条。
④ 《民事诉讼法》第233条。

执行人所在地法院或被执行财产所在地法院采取一定执行措施的制度。被委托执行的法院对本案的执行依法不具有执行管辖权，如果其具有执行管辖权，则为共同管辖法院，而不属于受托执行法院。委托执行的是某种执行措施，而不是整个的执行案件，委托执行仍然属于执行法院执行案件的一个组成部分。《民事诉讼法》第236条规定："被执行人或者被执行的财产在外地的，可以委托当地人民法院代为执行。受委托人民法院收到委托函件后，必须在十五日内开始执行，不得拒绝。执行完毕后，应当将执行结果及时函复委托人民法院；在三十日内如果还未执行完毕，也应当将执行情况函告委托人民法院。受委托人民法院自收到委托函件之日起十五日内不执行的，委托人民法院可以请求受委托人民法院的上级人民法院指令受委托人民法院执行。"

  为了规范委托执行，最高人民法院发布了《关于委托执行若干问题的规定》（以下简称《委托执行规定》）。据此规定，执行法院经调查发现被执行人在本辖区内已无财产可供执行，且在其他省、自治区、直辖市内有可供执行财产的，可以将案件委托异地的同级人民法院执行。执行法院确需赴异地执行案件的，应当经其所在辖区高级人民法院批准。案件委托执行后，受托法院应当依法立案，委托法院应当在收到受托法院的立案通知书后作销案处理。委托异地法院协助查询、冻结、查封、调查或者送达法律文书等有关事项的，受托法院不作为委托执行案件立案办理，但应当积极予以协助。委托执行应当以执行标的物所在地或者执行行为实施地的同级人民法院为受托执行法院。有两处以上财产在异地的，可以委托主要财产所在地的人民法院执行。被执行人是现役军人或者军事单位的，可以委托对其有管辖权的军事法院执行。执行标的物是船舶的，可以委托有管辖权的海事法院执行。委托执行案件应当由委托法院直接向受托法院办理委托手续，并层报各自所在的高级人民法院备案。事项委托应当通过人民法院执行指挥中心综合管理平台办理委托事项的相关手续。案件委托执行时，委托法院应当提供下列材料：（1）委托执行函；（2）申请执行书和委托执行案件审批表；（3）据以执行的生效法律文书副本；（4）有关案件情况的材料或者说明，包括本辖区无财产的调查材料、财产保全情况、被执行人财产状况、生效法律文书的履行情况等；（5）申请执行人地址、联系电话；（6）被执行人身份证件或者营业执照复印件、地址、联系电话；（7）委托法院执行员和联系电话；（8）其他必要的案件材料等。委托执行时，委托法院应当将已经查封、扣押、冻结的被执行人的异地财产，一并移交受托法院处理，并在委托执行函中说明。委托执行后，委托法院对被执行人财产已经采取查封、扣押、冻结等措施的，视为受托法院的查封、扣押、冻结措施。受托法院需要继续查封、扣押、冻结，持委托执行函和立案通知书办理相关手续。续封续冻时，仍为原委托法院的查封冻结顺序。查封、扣押、冻结等措施的有效期限在移交受托法院时不足1个月的，委托法院应当先行续封或者续冻，再移交受托法院。受托法院收到委托执行函后，应当在7日内予以立案，并及时将立案通知书通过委托法院送达申请执行人，同时将指定的承办人、联系电话等书面告知委托法院。委托法院收到上述通知书后，应当在7日内书面通知申请执行人案件已经委托执行，并告知申请执行人可以直接与受托法院联系执行相关事宜。受托法院如发现委托执行的手续、材料不全，可以要求委托法院补办。委托法院应当在30日内完成补办事项，在上述期限内未完成的，应当作出书面说明。委托法院既不补办又不说明原因的，视为撤回委托，受托法院可以将委托材料退回委托法院。受托法院退回委托的，应当层报所在辖区高级人民法院审批。高级人民法院同意退回后，受托法院应当在15日内将有关委托手续和案卷材料退回委托法院，并作出书面说明。委托执行案件退回后，受托法院已立案的，应当作销案处理。委托法院在案件退回原因消除之后可以再行委托。确因委托不当被退回的,委托法院应当决定撤销委托并恢复案件执行,报所在的高级人民法院备案。委托法院在案件委托执行后又发现有可供执行财产的,应当及时告知受托法院。受托法院发现被执行人在受托法院辖区外另有可供执行财产的,可以直接异地执行,一般不再行委托执行。根据情况确需再行委托的,应当按照委托执行案件的程序办理,并通知案件当事人。受托法院未能在6个月内将受托案件执结的,申请执行人有权请求受托法院的上一级人民法院提级执行或者指定执行,上一级人民法院应当立案审查,发现受托法院无正当理由不予执行的,应当限期执行或者作出裁定提级执行或者指定执行。异地执行时,可以根据案件具体情况,请求当地法院协助执行,当地法院应当积极配合,保证执行人员的人身安全和执行装备、执行标的物不受侵害。

(四) 协助执行

协助执行指的是受理执行案件的法院请求其他人民法院或有关单位、个人配合、帮助、协同实施某些执行措施,以保障执行法律文书内容得以实现的一种辅助性执行制度。协助执行与委托执行既有联系也有区别,其联系在于委托执行就其本质而言也是一种协助执行,但区别在于协助执行仅仅就执行中的部分内容或环节予以协助,而不是如同委托执行那样,基本上将执行案件整体托付给受托法院进行执行。协助执行通常发生在法院与法院外的单位或个人之间,但有时也发生在法院相互之间,前者通常被称为狭义的或严格意义上的协助执行,后者则被称为广义的或宽泛意义上的协助执行。协助执行的主要内容集中从反面规定在《民事诉讼法》第117条不予协助执行所承担的法律制裁责任的规定上,此外,就是分散规定在《民事诉讼法》的强制执行部分,比如第249条规定:"被执行人未按执行通知履行法律文书确定的义务,人民法院有权向有关单位查询被执行人的存款、债券、股票、基金份额等财产情况。人民法院有权根据不同情形扣押、冻结、划拨、变价被执行人的财产。人民法院查询、扣押、冻结、划拨、变价的财产不得超出被执行人应当履行义务的范围。人民法院决定扣押、冻结、划拨、变价财产,应当作出裁定,并发出协助执行通知书,有关单位必须办理。"

民事诉讼法以及《执行规定》《查扣冻规定》、最高人民法院《关于冻结、拍卖上市公司国有股和社会法人股若干问题的规定》、最高人民法院《关于人民法院民事执行中拍卖、变卖财产的规定》(以下简称《拍卖变卖规定》)、国土资源部等《关于印发〈关于建立和完善执行联动机制若干问题的意见〉的通知》、最高人民法院等《关于依法规范人民法院执行和国土资源房地产管理部门协助执行若干问题的通知》、最高人民法院和中国人民银行《关于依法规范人民法院执行和金融机构协助执行的通知》等司法解释及其他规范性文件对有关单位和公民协助执行的类型和方式,均有明确规定。有关单位和公民个人提出协助执行的方式和内容主要有:其一,银行等金融机构协助冻结、划拨存款。其二,用人单位协助提取劳动收入。其三,登记机构协助办理或禁止办理证照转移手续。其四,标的物持有人协助交付有关物品。其五,公安机关协助限制离境。其六,征信部门协助公布、登记被执行人信息。协助执行义务属于公法上的义务,任何单位和个人在接到法院协助执行通知书后,应当全面及时准确实施协助行为,不得以合同义务优先或本单位内部规定等为由拒绝提供协助。

拒不履行协助执行的义务将产生司法制裁责任,根据《民事诉讼法》第117条以及《民诉法解释》第192条等规定,拒绝协助执行主要有以下表现形式。其一,有关单位拒绝或者妨碍人民法院调查取证、使人民法院难以查明被执行人财产的。其二,有关单位接到人民法院协助执行通知书后,拒不协助查询、扣押、冻结、划拨、变价财产的。其三,有关单位接到人民法院协助执行通知书后,拒不协助扣留被执行人的收入、办理有关财产权证照转移手续、转交有关票证、证照或者其他财产的。其四,允许被执行人高消费的。其五,允许被执行人出境的。其六，拒不停止办理规划审批等手续的。其七，以需要内部请示、内部审批，有内部规定等为由拖延办理的。其八，拒绝协助执行的其他情形。

根据《民事诉讼法》第117条、第118条、第119条、第120条以及《民诉法解释》第188条、第189条、第191条、第192条和第193条等规定，有关单位和个人接到法院协助执行通知书后拒绝履行相关的协助义务，将导致以下法律后果。

其一，罚款和拘留。负有协助执行义务的单位和个人，拒绝履行协助义务，执行法院除可以责令其继续履行协助义务外，还可以对有关单位和个人按照情节轻重予以罚款，对公民个人以及有协助义务的单位的主要负责人或者（以及）其直接责任人处以拘留的强制措施。同时，人民法院还可以向监察机关或者有关机关提出予以纪律处分的司法建议。

其二，民事损害赔偿责任。一是金融机构的赔偿责任。金融机构擅自解冻被人民法院冻结的款项，致冻结款项被转移的，人民法院有权责令其限期追回已转移的款项。在限期内未能追回的，应当裁定该金融机构在转移的款项范围内以自己的财产向申请执行人承担责任。[①] 二是有关用人单位的赔偿责任。有关单位收到人民法院协助执行被执行人收入的通知后，擅自向被执行人或其他人支付的，人民法院有权责令其限期追回；逾期未追回的，应当裁定其在支付的数额内向申请执行人承担责任。[②] 三是保管人的赔偿责任。被扣押的财产，人民法院可以自行保管，也可以委托其他单位或个人保管。对扣押的财产，保管人不得使用。[③] 保管人如果毁坏、丧失、擅自使用保管物，则要承担赔偿责任。四是擅自处分的赔偿责任。被执行人或其他人擅自处分已被查封、扣押、冻结财产的，人民法院有权责令责任人限期追回财产或承担相应的赔偿责任。[④] 五是有关企业的赔偿责任。有关企业收到人民法院发出的协助冻结通知后，擅自向被执行人支付股息或红利，或擅自为被执行人办理已冻结股权的转移手续，造成已转移的财产无法追回的，应当在所支付的股息或红利或转移的股权价值范围内向申请执行人承担责任。[⑤] 六是持有人的赔偿责任。有关单位或公民持有法律文书指定交付的财物或票证，在接到人民法院协助执行通知书或通知书后，协同被执行人转移财物或票证的，人民法院有权责令其限期追回；逾期未追回的，应当裁定其承担赔偿责任。[⑥] 七是代位执行第三人的赔偿责任。第三人收到人民法院要求其履行到期债务的通知后，擅自向被执行人履行，造成已向被执行人履行的财产不能追回的，除在已履行的财产范围内与被执行人承担连带清偿责任外，可以追究其妨害执行的责任。[⑦]

其三，刑事责任。2002年8月29日发布了全国人大常委会《关于〈中华人民共和国刑法〉第三百一十三条的解释》，根据该解释的规定，《刑法》第313条规定的"人民法院的判决、裁定"，是指人民法院依法作出的具有执行内容并已发生法律效力的判决、裁定。人民法院为依法执行支付令、生效的调解书、仲裁裁决、公证债权文书等所作的裁定属于该条规定的裁定。协助执行义务人接到人民法院协助执行通知书后，拒不协助执行，致使判决、裁定无法执行的；协助执行义务人与国家机关工作人员通谋，利用国家机关工作人员的职权妨害执行，

---

① 《执行规定》第33条。
② 《执行规定》第37条。
③ 《执行规定》第43条。
④ 《执行规定》第44条。
⑤ 《执行规定》第56条。
⑥ 《执行规定》第58条。
⑦ 《执行规定》第67条。

致使判决、裁定无法执行的，属于"情节严重"的含义范围，应依法追究协助执行人的刑事犯罪责任。在执行过程中遇有被执行人或其他人拒不履行生效法律文书或者妨害执行情节严重，需要追究刑事责任的，应将有关材料移交有关机关处理。①

（五）执行竞合

执行竞合是指，两个或两个以上的债权人对债务人的特定财产同时进入执行状态所形成的一种程序冲突现象。执行竞合与执行冲突有内在关联，毋宁说执行竞合就是为了解决执行冲突的困境而提出的理论和制度范式，因而，执行竞合的本质在于确定各种执行依据之间的先后顺位。那么，执行竞合是否应当以被执行人的财产能够清偿全部债务为条件？笔者认为，参与分配一定属于执行竞合，但执行竞合不一定导致参与分配，因为执行竞合不仅存在于终局执行之间的竞合，而且存在于终局执行和保全执行的竞合以及保全执行相互之间的竞合之中，而后者，则无参与分配之问题，仅仅需要确定它们之间的先后顺位。因此，在被执行人财产不能清偿全部债务时，也有执行竞合的问题。

执行竞合的概念可以在广义和狭义两个层面理解。广义的执行竞合指的是民事执行内部的竞合以及民事执行与行政执行、刑事执行和公益执行之间的外部竞合，而狭义的执行竞合则仅指民事执行内部的竞合，包括终局执行之间的竞合、保全执行之间的竞合以及终局执行和保全执行之间的竞合三种形态。笔者拟从广义上来理解执行竞合。

1. 民事执行与行政执行之间的竞合

《民法典》第187条规定："民事主体因同一行为应当承担民事责任、行政责任和刑事责任的，承担行政责任或者刑事责任不影响承担民事责任；民事主体的财产不足以支付的，优先用于承担民事责任。"据此，在民事执行和行政执行发生竞合时，民事执行优先于行政执行。

2. 民事执行与刑事执行的竞合

《刑法》第60条规定："没收财产以前犯罪分子所负的正当债务，需要以没收的财产偿还的，经债权人请求，应当偿还。"《刑法》第36条规定："由于犯罪行为而使被害人遭受经济损失的，对犯罪分子除依法给予刑事处罚外，并应根据情况判处赔偿经济损失。承担民事赔偿责任的犯罪分子，同时被判处罚金，其财产不足以全部支付的，或者被判处没收财产的，应当先承担对被害人的民事赔偿责任。"可见，当同一行为既触犯民事法律又触犯刑事法律而分别产生民事赔偿责任以及刑事财产刑责任（包括没收财产和刑事罚金）时，如果责任人的责任财产不足以满足全部责任履行的要求，则按照"先民事、后刑事"的顺序确定执行的先后次序。

3. 私益执行和公益执行的竞合

《环境公益诉讼司法解释》第31条规定："被告因污染环境、破坏生态在环境民事公益诉讼和其他民事诉讼中均承担责任，其财产不足以履行全部义务的，应当先履行其他民事诉讼生效裁判所确定的义务，但法律另有规定的除外。"可见，就环境公益诉讼而言，如果同一损害公益的行为既产生了民事私益赔偿责任，又产生了民事公益赔偿责任，在二者不能兼顾满足时，按照"先私益、后公益"的原则处理执行竞合。

4. 民事执行内部的竞合

民事执行分为两种类型，一种是终局执行，即对生效法律文书的执行，另一种是保全执

---

① 《执行规定》第101条。

行,也被称为临时执行,是指生效法律文书最终形成之前的执行。无论何种类型的执行,它们相互之间符合以下条件会发生竞合现象:一是存在两个或两个以上的权利人;二是存在两个或两个以上的执行根据;三是针对同一债务人的同一特定财产进行执行。符合了上述三个条件,执行竞合便告形成。然而执行竞合是执行请求权的无序竞争,它们之间冲突的化解,需要为它们的满足确定一个合理的先后顺位,这便是执行竞合的处理机制或处理原则。执行竞合的处理机制或处理原则针对不同的执行根据有不同的表现形式,主要有:

(1) 在终局执行之间的竞合。如果多个执行根据具有相同的性质,并且它们均属无担保债权,则按照"先来后到"的原则进行处理,先采取执行措施的执行根据优先执行,后采取执行措施的执行根据随后执行。如果执行根据中有的有担保,有的没有担保,则有担保的执行根据先行执行,剩余部分的财产留给没有担保的执行根据进行执行;如果有多个执行根据具有担保,则按照它们成立担保的时间先后为序进行执行。如果执行根据的种类不同,有的执行根据所记载的是物权债权,有的执行根据记载的是金钱债权,则物权债权的执行根据优先,金钱债权的执行根据随后执行。

(2) 终局执行与保全执行之间的竞合。如果保全在先,终局执行在后,则保全优先,在保全取得终局执行的根据后,直接转为具有优先权的终局执行。如果终局执行在先,保全在后,则对处在执行中的财产,不得进行重复查封或冻结;但是,即便终局执行程序已经开始,只要执行法院尚未采取具体的执行措施,则都不影响其他案件中对被执行人的财产进行保全,该保全仍具有优先性。

(3) 保全执行之间的竞合。对同一财产可以同时或先后进行多重保全,后进行保全的成为轮候保全,因而保全执行本身的竞合状态表现为重复保全。但这不是问题的最终解决,问题的最终解决还需还原为终局执行之间的竞合,此时,如果保全所依据的债权有的具有担保,有的不具有担保,则担保债权的保全优先受偿;如果保全所依据的债权均无担保,则按照保全的先后顺序进行执行。

(六) 参与分配

参与分配是指,在执行程序中,如果被执行人的财产不能清偿所有债权人的全部债权,则其他的债权人可以参与申请执行人申请执行的程序之中,按比例公平受偿的执行制度。参与分配制度的被执行人应当是公民个人或非法人组织,一般不能是法人组织,因为如果属于法人组织,则可以根据企业破产法的规定进行公平受偿,而无须按照参与分配这种执行制度进行;但不排除在特殊情形下,参与分配制度对法人也具有可适用性,该特殊情形就是无人申请破产,债权人或债务人都不申请破产,此时破产程序无法启动,因而多个债权人只能按照参与分配制度进行执行分配,而无法进行破产分配。当然,参与分配与破产分配的实际效果往往相差无几,所不同的主要是破产分配结束后,剩余债务自动免除,以后也不再恢复分配,而参与分配则在债务人有或者发现有新的财产后,仍可随时恢复分配。

参与分配应当符合以下条件:其一,被执行人原则上是公民个人或非法人组织。其二,债务人的总财产不能清偿所有的债务,或者针对特定的债务人财产,多个债权人都有同等的实现权。其三,存在两个或两个以上的债权人,而且这些债权人都已经取得了有效的执行根据,或者正在进行诉讼中。其四,所有的债权人的债权都属于金钱债权,或者能够转化为金钱债权。如果债权人的债权为物权,则其直接主张实现其物权即可,不存在参与分配之问题。

参与分配的程序主要包括以下环节:其一,参与分配的申请。参与分配的申请应当在参与分配结束之前提出,并且应当以书面形式提出。其二,参与分配的法院。参与分配的法院为

"首封"法院,也即首先采取查封、扣押、冻结等执行措施的法院,其他行使执行权的法院应当将其执行根据及卷宗材料移送给分配法院。当然,如果"首封"法院认为有必要,也可通过协商由其他具有执行管辖权的法院主持参与分配的程序。其三,制作参与分配方案。参与分配方案由参与分配的主持法院编造,参与分配方案应当公平、公正、公开。对该参与分配方案,任何债权人、案外人以及被执行人均可提出异议,无人反对该异议的,则参与分配主持法院根据异议修改参与分配方案;有人反对该异议的,则提出异议的人作为原告,将反对异议的人列为被告,在参与分配的法院提起参与分配之诉。法院根据参与分配之诉的结果维持或修改参与分配方案。其四,按照参与分配方案进行分配。

至于参与分配的顺序,则基本上参照《企业破产法》第113条有关破产分配的顺序进行。首先是执行费用和共益债务的缴纳和清偿;其次是担保债权等具有优先受偿权的债权进行优先受偿;再次是所欠职工的工资和医疗、伤残补助、抚恤费用,所欠的应当划入职工个人账户的基本养老保险、基本医疗保险费用,以及法律、行政法规规定应当支付给职工的补偿金;又次是债务人欠缴的除前项规定以外的社会保险费用和破产人所欠税款;最后是无担保的普通债权。债务人的财产不足以清偿同一顺序的清偿要求的,按照比例分配。

五、执行程序的暂停

(一) 执行担保

1. 执行担保的基本法理

《民事诉讼法》第238条规定:"在执行中,被执行人向人民法院提供担保,并经申请执行人同意的,人民法院可以决定暂缓执行及暂缓执行的期限。被执行人逾期仍不履行的,人民法院有权执行被执行人的担保财产或者担保人的财产。"据此规定,可知执行担保指的是在执行过程中,由被执行人或第三人向法院提供担保,经申请执行人同意,暂缓采取执行措施的制度。执行担保与执行和解既有联系也有区别,联系在于,执行和解与执行担保都是当事人共同合意的结果,都属于执行契约的表现形式,都导致执行程序的暂停进行,执行程序在满足一定条件下都有恢复进行的可能;区别在于,执行和解是单纯的妥协和互谅互让,是对执行根据的附条件调整,而执行担保则在原执行根据的基础上增添了新的内容。执行担保在没有担保的执行根据或原来担保的基础上增加了新的担保因素,从而使得执行根据的实现更加具有保障性,尤其是,执行和解往往会有担保因素的加入,一旦介入担保因素,则执行和解就变成了执行担保,因此可以说,执行担保是执行和解基础上的发展,究其本质,执行担保也是执行和解,只不过为了区分纯粹的执行和解与复杂的执行和解,才将具有担保因素的执行和解从大的执行和解概念中分化出来,从而使之成为一项独立的执行制度。从法律责任的角度看,当事人不履行执行和解的义务,所产生的后果是恢复原执行根据的执行,当事人不履行执行担保时所承诺的义务,其后果则是依据执行担保进行执行,而不再恢复原执行根据的执行。执行担保与暂缓执行也有区别,执行担保是导致暂缓执行的原因之一,但导致暂缓执行的因素还有很多,如由于执行异议的原因而导致暂缓执行、由于执行监督的原因而导致暂缓执行等。

执行担保的成立,应当具备以下条件:其一,被执行人向法院提出执行担保的申请。被执行人由于陷入执行困境,一时无法满足申请执行人的执行请求,因而为取得申请执行人的宽谅和妥协主动向法院提出执行担保的申请,并通过法院或者由自己直接向申请执行人表达执行担保的意愿。其二,被执行人或者第三人向法院提供担保。执行的担保既可以由被执行人提供,也可以由案外第三人提供;既可以是物保,也可以是人保,但被执行人因为处在执行之中致使人保的可靠性不强,所以被执行人提供的担保必须是物保。提供物保的,应当向法院提供担保物,由法院扣押或者查封、冻结等,需要办理担保手续的,还需办理担保手续,如不动产的抵押登记等。提供人保的,必须向法院提供担保书或保证书,该担保书或保证书记载的内容为如果被执行人不能按期履行执行根据所确定的法律义务,则由担保人在担保范围内清偿被执行人的债务。其三,申请执行人表示同意接受担保。因为执行担保本质上是执行中的合同或契约,所以尽管执行担保可以由被执行人直接向法院表达其意愿,但被执行人的该意思表示归根到底还需申请执行人表示同意,从而形成双方间的合意。其四,法院批准。执行担保尽管主要取决于双方当事人的合意,但由于执行担保会影响法院的执行决策,因此需要经过法院批准,同时,经过法院批准,还有利于把控执行担保的合法性和可靠性,以避免执行程序被无谓拖延,浪费执行资源。

至于执行担保的性质,如前所述,执行担保既表现为当事人相互间的一种合意,也表现为当事人向执行法院所表达的一种执行承诺,因而其具有私法属性和公法属性的双重属性。作为私法属性的表现,执行担保是存在于申请执行人和被执行人或案外第三人之间的一种合同关系,在被执行人或案外第三人未按执行担保的内容履行其法律义务时,申请执行人可以根据执行担保的内容申请继续执行;作为公法属性的体现,执行担保是被执行人或案外第三人向法院表达的执行承诺,因而具有内容上的可靠性和效力上的确定性,在执行人或案外第三人违背执行承诺时,其所构成的不仅是对申请执行人的违约,更重要的是构成对执行法院的背信,因而执行法院可以依职权直接恢复执行程序,向被执行人所担保的财产进行执行,或者将案外第三人追加为被执行人,在案外第三人所提供的担保范围内,向其进行执行。

执行担保的期间最长为1年,被执行人在人民法院决定暂缓执行的期限届满后仍不履行义务的,人民法院可以直接执行担保财产,或者裁定执行担保人的财产,但执行担保人的财产以担保人应当履行义务部分的财产为限。①

2. 执行担保的司法判断:案例评析②

(1) 基本案情:

2014年7月至10月期间,甲农商银行与乙公司签订10份《最高额银行承兑汇票承兑合同》,承兑最高限额共计不超过6400万元。第三人毛某某与甲农商银行签订了《最高额质押合同》,用其在甲农商银行的12张存单共计6400万元为上述10份主合同进行质押担保。其中,2014年7月9日,甲农商银行与乙公司签订第一份《最高额银行承兑汇票承兑合同》,承兑最高限额不超过1000万元。毛某某用上述12张存单中的2张各500万元定期存单对该合同进行质押担保,质押期限和主合同一致,为2014年7月9日至2015年1月9日。

2014年11月7日,某市人民法院在审理丙小额贷款公司诉借款人杨某某、连带保证人毛某某等民间借贷纠纷中,根据丙小额贷款公司的申请,以毛某某在甲农商银行有存款为由,冻结了毛某某用于上述质押担保的尾号0663、金额500万元的涉案存单。

2015年1月7日,甲农商银行以行使质押权为由向某市人民法院提出解除冻结的书面申请,未获准。同年4月28日,其向法院出具《承诺》一份,载明:"兹有我单位对毛某某在我行质押存单被冻结事宜,存单尾号0663,金额500万元。现我单位申请解除对该质押存单

---

① 《民诉法解释》第469条。
② 甲农商银行申请执行监督案,载http://www.jcrb.com/procuratorate/MSJC/201904/t20190410_1987132.html,访问日期:2020年10月28日。

的冻结,若申请解除冻结的行为存在错误,导致损失的,我单位提供反担保,对上述存单的申请解除冻结行为承担责任。特此承诺。"次日,法院解除冻结。

2015年6月8日,某市人民法院对丙小额贷款公司诉杨某某、毛某某等人的民间借贷纠纷作出判决,判令杨某某偿还丙小额贷款公司借款200万元本息,毛某某等人共同承担连带偿还责任。同年12月29日,法院依丙小额贷款公司申请,作出(2015)执字第1614号民事裁定,认定甲农商银行出具《承诺》的行为系自愿为毛某某提供保证,遂追加其为被执行人。

甲农商银行不服,向某市人民法院提出执行异议。2016年3月7日,该院作出(2016)苏1182执异5号裁定,认定甲农商银行为被执行人毛某某提供保证,法院据此解除了保全措施,后裁定执行甲农商银行的财产,符合法律规定,遂驳回异议,并告之如不服可在15日内向法院提起诉讼。

甲农商银行遂提起执行异议之诉。2016年7月28日,某市人民法院认为该案应当依照审判监督程序处理,裁定驳回起诉。甲农商银行提出上诉,某市中级人民法院驳回上诉,认为甲农商银行可通过普通确权诉讼另行主张质权。

2016年底,甲农商银行依据某市中级人民法院的指引,以毛某某为被告、丙小额贷款公司为第三人,向某市人民法院提起质权确认之诉。2017年11月14日,该院作出(2016)苏1182民初4094号判决,确认甲农商银行对涉案存单享有质权,其提供的《承诺》不构成对毛某某债务的担保。丙小额贷款公司提出上诉,2018年5月24日二审驳回上诉,维持原判。

(2)检察机关监督情况:

甲农商银行提起质权确认之诉后,于2017年3月向某市人民检察院申请执行监督,认为其对毛某某涉案存单享有质押权,其要求解冻的《承诺》不构成担保,某市人民法院将其追加为被执行人违法。某市人民检察院经初步审查决定受理。

①调查核实:某市人民检察院审查了乙公司与甲农商银行签订的主合同即《最高额银行承兑汇票承兑合同》以及毛某某与甲农商银行签订的《质押合同》,认为两份合同均系各方真实意思表示,内容不违反强制性规定,应确认有效。现因乙公司未能在票据到期日将应付票据款共1000万元交存甲农商银行,甲农商银行对票据款项进行了垫付,有权根据《质押合同》的约定行使质押权,对出质人毛某某质押的1000万元存单行使优先受偿权。

某市人民检察院又调阅了人民法院审判卷宗、执行卷宗和执行异议之诉等卷宗,发现法院在丙小额贷款公司和杨某某、毛某某等民间借贷纠纷案中并未判决甲农商银行承担任何责任,执行阶段仅凭甲农商银行为行使质押权出具的《承诺》即追加其为被执行人并要求承担担保还款责任。

检察机关调查核实中,还发现了与本案相关联的另一起案件,即毛某某与王某某民间借贷纠纷案。该案一审过程中,王某某亦以毛某某在甲农商银行有存款为由,申请某市中级人民法院冻结了债务人毛某某在该行的12张定期存单(其中包含涉案存单)共计6400万元,甲农商银行同样以其对12张定期存单享有质押权为由向法院提出执行异议,并向法院出具书面承诺,内容与本案《承诺》基本一致。2015年11月19日,某市中级人民法院解除对上述存单的冻结。王某某不服,提出执行异议和执行异议之诉,一审、二审、再审均被驳回,三级法院均确认甲农商银行对涉案存单享有质押权,依法可以申请解冻,行使优先受偿权。该案与本案情形完全一致,但某市人民法院执行部门和某市中级人民法院执行部门作出了不同的处理。

②监督意见:某市人民检察院于2017年3月14日向某市人民法院发出检民(行)执监〔2017〕32118200002号检察建议书,指出甲农商银行出具《承诺》,其真实意思是自愿对申请

解除冻结错误所产生损失进行担保,而非为毛某某对丙小额贷款公司的债务提供担保,执行法院依据该承诺追加甲农商银行为被执行人错误。同时法院在审查甲农商银行执行异议和执行异议之诉过程中,错误适用法律,指引甲农商银行提起执行异议之诉及质权确认之诉,致甲农商银行饱受诉累。建议法院对(2015)执字第1614号民事裁定书和(2016)苏1182执异5号执行裁定书重新审查认定,依法纠正错误。

2017年7月28日,某市人民法院复函,以甲农商银行正在提起质权确认之诉为由,未予纠正。某市人民检察院对该案持续跟进监督。发现在质权确认之诉审理期间,法院已根据丙小额贷款公司的申请强行划扣甲农商银行260万元。在甲农商银行质权确认之诉的胜诉判决生效后,某市人民检察院于2018年8月1日再次向某市人民法院发出检民(行)再监〔2018〕32118200001、32118200002号2份跟进监督检察建议,指出:甲农商银行与毛某某、丙小额贷款公司质押合同纠纷一案已全部审理完毕,复函中"甲农商银行正在提起质权确认之诉"的情形已不复存在,(2015)执字第1614号民事裁定及(2016)苏1182执异5号执行裁定已被生效的法律文书推翻,应重新审查认定。建议法院依法纠错并进行执行回转。

③监督结果:2019年1月25日,某市人民法院最终复函,采纳了跟进监督检察建议,并裁定执行回转。后丙小额贷款公司将260万元执行款返还给甲农商银行。

(3) 法理评析:

①法院是否有必要要求甲农商银行出具《承诺》?

事实上,更深层次分析,法院对0663号存单的冻结具有轮候性,即便甲农商银行不申请解除该冻结措施,其仍可行使对该存单上的质权,其行使质权不受该冻结措施的影响。这是因为,质权属于实体上的担保,冻结属于司法上的担保,这两种担保在效力位阶上是平级的,由于质权设定在先,因此其可以不顾冻结而行使质权,行使质权的余额方为冻结的效力所及,这就相当于先后两次冻结一样,后一次冻结为轮候冻结,前一次冻结先行使权利,在其行使权利时无须解除后一个冻结,在前一个冻结行使权利后,余额或残部便自动转为后一个冻结的效力范围,因此可以说,后一个冻结在前一个冻结行使权利之前,只是潜在地存在,而不是实际地存在,其效力处在附条件的设定之中,因而无须解除后一个冻结就可行使前一个冻结上的权利。甲农商银行之所以无须对申请解除冻结承担赔偿责任,其根本的原因在于后一个冻结本质上尚未生效,因而其原本就无须提出该解冻申请即可行使质权。这样可能出现的情况有三种:一是质权有效行使,全面覆盖冻结的范围,冻结消灭;二是质权有效行使,部分覆盖冻结的范围,冻结在剩余范围内继续有效;三是质权无法行使,冻结全部继续有效。可见,无论哪种情形出现,法院都无须要求该农商行申请解除冻结,解除冻结可谓多此一举。前面我们说到《承诺》具有赔偿错误解除冻结损失的担保功能,实际上是为法院错误的指示或要求买单。因为一旦解除了冻结,存单便有可能被抽取,而如果不解除冻结,则质权行使之余,存单依然完好,不可能造成额外的损失。可见,法院要求甲农商银行出具《承诺》本身就是错误的。

②《承诺》的性质。

讨论该《承诺》的性质需要明确一个大前提,就是该《承诺》有无必要性。前面的分析已经指出,该《承诺》本身无必要,因而我们这里的讨论,是建立在《承诺》具有正确性的假定之上的。假定该《承诺》是正确的,其性质如何界定呢?概括地看,对该《承诺》之性质的界定会出现三种可能的观点:

一是"执行担保说"。该观点认为,原本法院无须解除存单上的冻结措施,基于案外人的申请虽也可以解除,但该案外人必须为此提供担保,如果出现解除冻结错误从而给相关当事人造成损失,申请解除冻结的案外人必须承担执行担保责任,赔偿相应的损失。然而"执行担保说"并非正确,因为执行担保是指当事人或案外人为使执行程序暂缓进行而提供的担保,该《承诺》并不具有使执行程序暂缓进行的效果,《承诺》的做出者也无意于为被执行人杨某某或连带担保证人毛某某提供担保,因而不符合执行担保的定义和要件,不构成执行担保。如果承诺者这样表示:请求法院暂缓对债务人杨某某或连带担保证人毛某某进行执行,如果暂缓期满后无法对被执行人进行执行,则可执行担保人的财产。这便构成了执行担保,但本案的承诺者甲农商银行仅仅是担保冻结的解除不会出错,担保的标的是冻结的解除,而不是债务的履行;如果冻结的解除是正确的,则债务即便未获履行,甲农商银行也无须承担赔偿责任,更不会承担担保清偿责任。

二是"质权担保说"。该观点认为,本案中,法院误以为甲农商银行为解除0663号500万元毛某某的存单所提供的担保《承诺》为向毛某某对杨某某债务所承担担保责任的担保,是对担保的担保;然而,本案的真实情况是,甲农商银行是为行使自己在0663号500万元毛某某的存单上所享有的质权所提供的反担保,意思是指,如果甲农商银行对该存单不享有质权,则依据该《承诺》对出质人毛某某承担赔偿责任。可见,该观点将《承诺》的性质聚焦在质权之上,而与执行担保毫无关系。

三是"双重性质说"。该观点认为,说该《承诺》仅是对质权提供反担保并不全面,在其不具备行使质权条件下就会发生其申请解冻乃属错误的结果,其所承诺的赔偿责任就将发生作用。比如,甲农商银行提供《承诺》致使法院对该存单解冻后,乙公司履行了《最高额银行承兑汇票承兑合同》,从而使得毛某某为其提供的存单质押自动解除,而此时毛某某又取出了该存单上的存款,进而使得其为杨某某承担连带清偿责任而被法院冻结的0663号存单上的存款不复存在,这就给杨某某造成了损失,该损失即应由甲农商银行承担赔偿责任,因为正是其解冻申请使法院解除了对该存单的冻结措施,该农商银行对此存在过错,其所提供的《承诺》便具有了赔偿解冻错误所造成的损失的作用。因此,该《承诺》具有双重作用,其主要的作用是为行使质权消除障碍,其补充的作用是为错误解冻存单提供赔偿担保。

笔者同意第三种观点。如果甲农商银行对该存单不享有质权,它为解冻该存单所提供的该《承诺》虽然不属于执行担保,但在毛某某无法为其对杨某某所欠债务承担连带清偿责任时,则由作为担保人的甲农商银行负担赔偿责任(非清偿责任)。因此,本案的关键在于要透过现象看本质,甲农商银行看上去是为解除冻结而提供担保,实质上主要是为行使质权而提供担保。判断甲农商银行是否要承担赔偿责任的关键不在于法院解除冻结是否正确,而在于其是否能够行使质权。事实上,毛某某在0663号500万元存单上所设定的负担仅为甲农商银行提供质权担保,而并没有用该存单为杨某某提供担保,该存单是因法院为了执行进行保全而被冻结的,属于司法措施。然而,在法院对该存单进行冻结之前,该存单已被设定质权,质权的行使具有优先性,因为它在该存单被法院冻结之前就已进行了设定,其虽在效力等级上平等,但其在时间上居先,甲农商银行对该存单享有优先受偿权。只有在甲农商银行无法行使质权或者在行使质权后尚有余额的情形下,法院对该存单的冻结措施方能发挥作用。因此,该案中,法院在确定甲农商银行需要对错误解冻承担赔偿责任这一点上并无错误,其错误在于,甲农商银行的申请解冻因其有效地行使了质权而依然让其承担赔偿责任,从而基于此追加其为被执行人;错误解冻的关键在于错误,而有效行使质权便无错误可言,既然无错误可言,让其承担解冻所导致的无法执行的责任就是错误的。

③追加甲农商银行为被执行人是否正确？

法院在本案中追加甲农商银行为执行人是否为正确的判断，取决于对《承诺》性质的判断。如前所述，《承诺》的性质无论如何不能解说为执行担保，因此基于执行担保的理论和规定将甲农商银行追加为被执行人并非妥当。《民事诉讼法》第238条规定："在执行中，被执行人向人民法院提供担保，并经申请执行人同意的，人民法院可以决定暂缓执行及暂缓执行的期限。被执行人逾期仍不履行的，人民法院有权执行被执行人的担保财产或者担保人的财产。"《变更、追加执行当事人规定》第24条规定："执行过程中，第三人向执行法院书面承诺自愿代被执行人履行生效法律文书确定的债务，申请执行人申请变更、追加该第三人为被执行人，在承诺范围内承担责任的，人民法院应予支持。"据此规定，基于前述分析，法院不得基于执行担保追加甲农商银行为被执行人。但这是否意味着法院就不得追加甲农商银行为被执行人呢？如果这个问题从《承诺》为有效而且必要的法律行为为起点进行分析，则基于上述笔者所赞成的《承诺》的双重性质说，应当认为法院追加甲农商银行为执行人是正确的。因为甲农商银行《承诺》的基本内容为："若申请解除冻结的行为存在错误，导致损失的，我单位提供反担保，对上述存单的申请解除冻结行为承担责任。"对存单的冻结是甲农商银行申请法院解除的，而且其承诺如果解除冻结是错误的，则其承担责任。而甲农商银行申请解除冻结的行为是否正确，取决于其是否正确地行使质权，而在其行使质权之前，针对杨某某的执行程序已经开始。执行程序具有独立运行的性质，其不可能等待案外人行使质权后再予以启动，而一旦执行程序被启动，甲农商银行因其有可能承担解除冻结的法律责任而必须在当事人的申请下被追加为被执行人。从该意义上说，法院追加甲农商银行为被执行人不无道理，具有正确的一面。然而，由于追加甲农商银行为被执行人不是基于执行担保，而是基于解冻错误的赔偿责任，而解冻是否存在错误，在甲农商银行行使质权之前无法确知。因此，在制度构建上就需要引入一个目前尚未被立法或司法解释涉及的制度，即附条件追加被执行人制度。将甲农商银行追加为被执行人不得立即对其进行执行，而需等待其行使质权的情况出现。只有在甲农商银行行使质权的情况明朗后，针对甲农商银行的执行程序才能确定其归属。但如果这样，执行程序便会被无法确定的因素所左右，因而法院可以继续对甲农商银行执行，执行的结果予以提存，等待甲农商银行行使质权的结果出现，其所谓的附条件性就表现在这里。如果甲农商银行行使了质权，且其内容覆盖存单的全部，则解除对其执行的程序；否则，在其所导致的损失范围内承担赔偿责任。

④甲农商银行的救济之道。

将甲农商银行以执行担保为由追加为被执行人，具有错误的一面，因而甲农商银行可以提出执行救济请求。然而问题在于：甲农商银行是提出执行异议和复议呢？还是提出执行异议和执行异议之诉呢？对此可以分析如下。首先，甲农商银行所提出的执行异议，并非针对执行行为提出的执行异议，其所提出的异议为法院追加其为被执行人错误，而追加被执行人的行为不属于简单的执行行为，而是对执行根据所记载的责任承担者进行了变动。因而，甲农商银行所提出的执行异议虽不属于针对执行标的的异议，但却是属于针对执行主体的异议，而执行主体的追加与变更均涉及实体法律关系的变动，不属于单纯的执行方法方式的问题领域，因而对其最终的救济应当是执行异议之诉，而非《民事诉讼法》第232条所规定的执行异议和执行复议。然而，需要指出的是，针对执行主体被追加所提出的执行异议之诉，并不属于《民事诉讼法》第234条规定的针对执行标的和执行文书错误的案外人执行异议之诉。对于该种执行异议之诉，民事诉讼法并无规定，《变更、追加执行当事人规定》也未覆盖此一内容，从而形成了立法和司法规范上的空白。《变更、追加执行当事人规定》第32条规定:"被申请人或申请人对执行法院依据本规定第十四条第二款、第十七条至第二十一条规定作出的变更、追加裁定或驳回申请裁定不服的,可以自裁定书送达之日起十五日内,向执行法院提起执行异议之诉。"而查阅上述条款,并无本案情形之规定,这一问题从本案的情形来看,实践中是存在的,因而该司法解释需要修改补充。至于所言通过审判监督程序以及另行提起诉讼的程序加以救济,则均不如执行异议之诉来得准确。

最后,我们的话题又要回到开头的观点,上述所有的分析都是以《承诺》的必要性和有效性为逻辑起点的,但本案更根本的问题还在于:甲农商银行这个《承诺》本身有无必要?我们的回答是否定的,既然甲农商银行本身并无必要做出该《承诺》而法院让其做出,则法院在这一环节已经出现了根本性错误,因而后面所有的追加甲农商银行的行为以及指示甲农商银行的救济行为都不能不是错误的,检察院对此进行法律监督,其结论是正确的。

(二) 暂缓执行

暂缓执行又称延缓执行,是指在出现某些特殊情况之情形下,法院依被执行人的申请或依职权决定在一定期限内暂缓采取执行措施的制度。暂缓执行适用的情形除上述执行担保外,还有根据当事人的申请暂缓执行和根据法院的职权暂缓执行两种情形。

在以下情形中,当事人可以申请暂缓执行:其一,执行措施或者执行程序违反法律规定,需要暂缓执行的。其二,执行标的物存在权属争议,需要解决争议的。被申请人申请暂缓执行的,应当提供担保,申请执行人提供反担保的,可以继续执行。对当事人申请暂缓执行的案件,法院应当组成合议庭进行审查,必要时应当听取当事人或者其他利害关系人的意见。法院在收到暂缓执行申请后,应当在15日内作出决定,并在作出决定后5日内将决定书发送当事人或者其他利害关系人。

在以下情形中,法院可以依职权暂缓执行:其一,上级法院发现下级法院在执行中作出的裁定、决定、通知或具体执行行为不当或有错误的,应当及时指令下级法院纠正,并可以通知有关法院暂缓执行。下级法院收到上级法院的指令后必须立即纠正。如果认为上级法院的指令有错误,可以在收到该指令后5日内请求上级法院复议。上级法院认为请求复议的理由不成立,而下级法院仍不纠正的,上级法院可直接作出裁定或决定予以纠正,送达有关法院及当事人,并可直接向有关单位发出协助执行通知书。[①] 其二,上级法院在监督、指导、协调下级法院执行案件中,发现据以执行的生效法律文书确有错误的,应当书面通知下级法院暂缓执行,并按照审判监督程序处理。[②] 其三,上级法院在申诉案件复查期间,决定对生效法律文书暂缓执行的,有关审判庭应当将暂缓执行的通知抄送执行机构。[③]

除执行担保而暂缓执行的期限为1年外,暂缓执行的期限一般不超过3个月,有特殊情况需要延长的,应报请法院院长批准,但延长的期限不得超过3个月,即最长暂缓执行期限为6个月。

暂缓执行的原因消除后,应当及时通知执行法院恢复执行。期满后上级法院未通知继续暂缓执行的,执行法院可以恢复执行。[④]

---

① 《执行规定》第130条。
② 《执行规定》第133条。
③ 《执行规定》第134条。
④ 《执行规定》第135条。

(三) 执行中止

执行中止是指，在执行中发生了特殊情形，致使执行程序暂时无法进行下去，因而法院裁定中止其进行，等到中止的原因消失后再恢复执行程序的制度。执行中止与暂缓执行既有联系也有区别。执行中止和暂缓执行都是执行程序的暂停进行，表面上看二者基本一致，但执行中止通常时间无法确定，暂缓执行则时间有最长限度；执行中止期间所有的执行措施以及整个执行程序均处在停止状态，暂缓执行期间则仅仅停止采取特定的执行措施，而整个的执行程序并不停止运行；执行中止必须由法院根据职权主动为之，而暂缓执行则既可以由法院主动依职权为之，也可以根据当事人的申请进行；尤其是，导致二者发生的法定事由并不一致。

根据《民事诉讼法》第263条的规定，有下列情形之一的，人民法院应当裁定中止执行：其一，申请人表示可以延期执行的。其二，案外人对执行标的提出确有理由的异议的。其三，作为一方当事人的公民死亡，需要等待继承人继承权利或者承担义务的。其四，作为一方当事人的法人或者其他组织终止，尚未确定权利义务承受人的。其五，人民法院认为应当中止执行的其他情形。

根据《民诉法解释》以及《执行规定》第102条、第103条的规定，"应当中止执行的其他情形"主要包括：其一，人民法院已受理以被执行人为债务人的破产申请的。其二，被执行人确无财产可供执行的。其三，执行的标的物是其他法院或仲裁机构正在审理的案件争议标的物，需要等待该案件审理完毕确定权属的。其四，一方当事人申请执行仲裁裁决，另一方当事人申请撤销仲裁裁决的。其五，仲裁裁决的被申请执行人依据《民事诉讼法》第244条第2款的规定向人民法院提出不予执行请求，并提供适当担保的。其六，按照审判监督程序提审或再审的案件，执行机构根据上级法院或本院作出的中止执行裁定书中止执行，但追索赡养费、抚养费、抚育费、抚恤金、医疗费用、劳动报酬等案件除外。

中止执行的情形消失后，执行法院可以根据当事人的申请或依职权恢复执行。

(四) 终本程序

《民诉法解释》第517条规定："经过财产调查未发现可供执行的财产，在申请执行人签字确认或者执行法院组成合议庭审查核实并经院长批准后，可以裁定终结本次执行程序。依照前款规定终结执行后，申请执行人发现被执行人有可供执行财产的，可以再次申请执行。再次申请不受申请执行时效期间的限制。"这就是所谓的终本程序，也被称为终结本次执行程序制度，具体是指，在法院穷尽所有的执行措施后，仍然无法将执行程序进行下去，因而不得不裁定终结本次执行程序。可见，终本程序的前提条件是法院穷尽了执行措施仍无法执行，其性质是执行程序的阶段性终结，法院对此做出执行结案处理，但如果将来发现了被执行人有可供被执行的财产，可以随时在申请执行人的再次申请下恢复执行程序。因此，终本程序是一种名不副实的程序，虽然用的是终结执行的说法，但其实是执行中止的实质，因而它与执行中止并无实质性差异。

六、执行程序的结束

执行程序的结束是执行程序的终点站，也即执行程序的最后阶段，到了这个阶段，执行法院不再采取任何执行措施，将来也不恢复执行程序的进行。执行程序的结束分为两种情形：一是执行程序的正常结束，二是执行程序的非正常结束。

（一）执行程序的正常结束

执行程序的正常结束也习惯称为"执行终了"，与执行程序的非正常结束被称为"执行终结"相对应，指的是执行程序因为实现了执行根据的内容、达到了执行程序的预期目的而圆满地画上了句号。这是执行程序结束的理想状态，意味着执行程序的启动是正确的，执行程序的进行是合法的，执行结果的形成是有效的。

执行程序正常结束的标志因执行根据的内容不同而有差异：对于金钱债权的执行来说，执行程序结束的标志是申请执行人实现了全部金钱债权；对于财产债权的执行来说，申请执行人获得了执行根据所载明的动产或不动产；对于行为债权来说，被执行人实施了执行根据所要求的特定行为，或者没有实施执行根据所禁止实施的行为。

（二）执行程序的非正常结束

执行程序的非正常结束又被称为执行终结或执行终止，是指在执行过程中，出现了致使执行程序无法继续进行下去或者没有必要继续进行下去的法定事由，由法院裁定结束执行程序，以后也不再恢复该执行程序的制度。可见，执行程序的非正常结束与正常结束虽然都是确定性地终结执行程序，将来也不再恢复该执行程序的制度，但二者的法定事由不同，尤其是二者在是否达到执行的预期目的上有根本的差异，执行程序的非正常结束是执行根据所记载的内容并没有得到实现所出现的结束状态，也正因如此，方称之为"非正常结束"。

根据《民事诉讼法》第264条的规定，执行程序的非正常结束因下列情形之一而导致：其一，申请人撤销申请的。其二，据以执行的法律文书被撤销的。其三，作为被执行人的公民死亡，无遗产可供执行，又无义务承担人的。其四，追索赡养费、扶养费、抚养费案件的权利人死亡的。其五，作为被执行人的公民因生活困难无力偿还借款，无收入来源，又丧失劳动能力的。其六，人民法院认为应当终结执行的其他情形。根据《民诉法解释》第518条之规定，因撤销申请而终结执行后，当事人在《民事诉讼法》第246条规定的申请执行时效期间内再次申请执行的，人民法院应当受理。

无论是执行程序的正常终结还是执行程序的非正常终结，执行法院均应制作终结执行的裁定书，根据《民事诉讼法》第265条的规定，该裁定书送达当事人后随即生效，当事人对此不具有申请复议的权利。依《民诉法解释》第519条的规定，在执行终结6个月内，被执行人或者其他人对已执行的标的有妨害行为的，人民法院可以依申请排除妨害，并可以依照《民事诉讼法》第114条的规定进行处罚。因妨害行为给执行债权人或者其他人造成损失的，受害人可以另行起诉。

第四节　执行时效

一、执行时效的立法规定

执行时效是指执行申请应当在有效期间内提出，否则即产生失权效果的制度，也被称为申请执行的期间或期限，其性质与诉讼时效类似。《民事诉讼法》第246条规定："申请执行的期间为二年。申请执行时效的中止、中断，适用法律有关诉讼时效中止、中断的规定。前款规定的期间，从法律文书规定履行期间的最后一日起计算；法律文书规定分期履行的，从最后一期履行期限届满之日起计算；法律文书未规定履行期间的，从法律文书生效之日起计算。"此外,《执行解释》第28、29条规定,申请执行时效因申请执行、当事人双方达成和解协议、当事人一方提出履行要求或者同意履行义务而中断。从中断时起,申请执行时效期间重新计算。生效法律文书规定债务人负有不作为义务的,申请执行时效期间从债务人违反不作为义务之日起计算。

这里需要讨论的一个问题是,《民事诉讼法》第246条规定的执行时效起算基准时制度是否也同样适用于涉外执行之中。有这么一个案子:A公司为中国公司,B公司为外国公司,二者发生了纠纷,经涉外仲裁机构仲裁作出了中国公司胜诉的裁决,A公司向B公司所在国的执行机构申请执行,该外国的执行机构多次以其翻译文本不合标准为由驳回其申请。后来A公司发现B公司有机器设备在中国展览,遂申请中国法院进行强制执行,中国法院于同日立案执行并查封、扣押了B公司参展机器设备。B公司以A公司申请执行已超过我国民事诉讼法规定的期限为由提出异议,要求执行法院不受理该案,并解除查封,停止执行。执行法院驳回了B公司的执行异议,理由是:鉴于我国法律有关申请执行期间起算,是针对生效法律文书作出时,被执行人或者其财产在我国领域内的一般情况作出的规定;而本案的具体情况是,仲裁裁决生效当时,我国法院对该案并没有执行管辖权,当事人依法向外国法院申请承认和执行该裁决而未能得到执行,不存在怠于行使申请执行权的问题;被执行人一直拒绝履行裁决所确定的法律义务;申请执行人在发现被执行人有财产在我国领域内之后,即向人民法院申请执行。考虑到这类情况下,外国被执行人或者其财产何时会再次进入我国领域内,具有较大的不确定性,因此,应当合理确定申请执行期间起算点,才能公平保护申请执行人的合法权益。具有执行管辖权是人民法院审查申请执行人相关申请的必要前提,因此应当自执行管辖确定之日,即发现被执行人可供执行财产之日,开始计算申请执行人的申请执行期限。

该案提出了一个重要的问题,即涉外执行的时效应当如何计算的问题。为了回答这个问题,首先要明确《民事诉讼法》第246条规定的执行时效有无域外效力,也就是说,中国的当事人向外国执行机构申请执行,是否也要遵循该一规定。《民事诉讼法》第4条规定:"凡在中华人民共和国领域内进行民事诉讼,必须遵守本法。"据此规定,我国的民事诉讼制度仅仅在中国的领域内有效,我国的当事人到外国去申请执行,《民事诉讼法》第246条所规定的2年执行时效的制度无法适用,相反,当事人是否遵守执行时效,应当根据执行机构所在国的民事诉讼法或强制执行法加以确定。在本案中,中国的当事人申请外国执行机构执行,执行申请被外国执行机构驳回,其理由并不是执行时效已过,而是执行申请的相关翻译文本不符合其要求。从该意义上说,我国执行法院的上述有关解释是正确的,《民事诉讼法》第246条的规定不具有域外效力。

然而,以发现被执行人可供执行财产之日,开始计算申请执行人的申请执行期限,仍显得于法无据。《民事诉讼法》第246条的规定明确了两个问题:一是申请执行的期限为2年,二是明确了计算申请执行期限的基准时,包括从法律文书规定履行期间的最后一日起计算、从法律文书规定的分期履行期间的最后一日起计算,以及如果法律文书没有规定履行期间,则从法律文书生效之日起计算。申请执行期间的上述规定,不仅适用于国内民事案件,也适用于涉外民事诉讼案件中当事人在中国法院的申请执行。《民诉法解释》第545条规定,涉外仲裁裁决的申请执行期间适用《民事诉讼法》第246条的规定,而根据《民事诉讼法》第246条的规定,申请执行期间的计算标准只有履行期间标准和法律文书生效期间标准两种,排除了第三种标准的适用,而该案例却创设了按照可供执行财产被发现之时开始计算申请执行期间的第三种标准,显然于法无据。这是第一。

第二，以可供执行财产的发现为标准计算执行申请期间实际上是取消了执行申请期间制度本身。可供执行的财产究竟何时能被发现是一个完全不确定的因素，有可能一年两年被发现，也有可能十年八年被发现，还有可能几十年甚至更长时间才被发现，一旦发现有可供被执行的财产就开始重新计算执行期间，这样实际上就从根本上否定了执行申请期间制度的存在价值。试想，如果过了一百年，申请执行人或其权利承继人还在以新发现有可供执行的财产为由而申请执行，岂非显得有些乖谬和匪夷所思。

第三，以发现被执行人可供执行财产之日，开始计算申请执行人的申请执行期限，缺乏必要性和实益性。《民事诉讼法》第231条规定："发生法律效力的民事判决、裁定，以及刑事判决、裁定中的财产部分，由第一审人民法院或者与第一审人民法院同级的被执行的财产所在地人民法院执行。法律规定由人民法院执行的其他法律文书，由被执行人住所地或者被执行的财产所在地人民法院执行。"据此规定，被执行人住所地或者被执行的财产所在地的法院均有执行管辖权，外国仲裁裁决中的权利人有权向被执行人住所地或者被执行财产所在地的法院申请执行。本案中，被执行人是明确存在的，被执行人所在地的外国执行机构对本案有确定的管辖权，因而，即便被执行财产处在何国并不清楚，但这并不能从根本上影响申请执行人行使执行申请权，在涉外执行中，被执行人所在地的执行机构的客观存在，使得申请执行人无法行使执行申请权的情况并不会出现。本案中的申请执行人及时向有管辖权的外国执行机构申请执行，其执行申请被驳回的原因不是超过执行机构所在国法律规定的执行时效，而是因为其执行文本的翻译不符合其规范性要求。在该种情形下，申请执行人的执行时效在其第一次提出执行申请时应被认为得到了遵守，此后执行时效便处在中断状态，其恢复计算申请执行的期间应当从最后一次被驳回执行申请之次日起计算。从本案显示的信息可以看出，申请执行人向具有可供执行财产所在地的中国法院申请执行之时，完全处在执行申请的有效期间之内，因而没有逾期，法院应当受理申请人的执行申请。本案的执行时效问题在笔者看来到此为止便可得到圆满化解，不致成为争议问题，此时再以财产发现时间为标准重新计算申请执行期间，缺乏必要性和实益性。

第四，如果以可供执行财产被发现的时间为申请执行的期间，则将致使申请执行期间处在无法稳定的状态，使当事人缺乏可预期性。因为是否具有可供执行的财产，具有不确定性，用这种不确定的因素来设置应当具有确定性的申请执行期间，本身就存在内在矛盾。不仅如此，由于执行的客体归根到底是财产，被执行人可供执行的财产可能有很多，这样每发现一处可供执行的财产就产生一个申请执行的期间，一个案件中可能会产生若干个乃至无数个执行申请期间，这样势必使执行申请是否逾期的判断变得充满争议，最终影响执行程序的效率和安定性。

本案的处理之所以出现了一些有待讨论的问题，是因为它混淆了申请执行权和执行管辖权之间的概念界限。申请执行权是规范和保障当事人的程序性权利，执行管辖权是规范和保障执行机构的程序性权利，二者处在完全不同的领域，申请执行期间或执行时效是调整当事人申请执行权的制度，只要其有可能行使执行申请权，就应当以可能之时作为起算的基准时间点，而与哪个国家、哪个地方的执行法院享有管辖权并无必然联系。享有执行管辖权的执行法院可能有很多，但只要其中有一个具有确定性，申请执行人的及时申请执行义务便将因此而产生，其行使申请执行权便不存在客观障碍。只有在一种情况下，执行管辖权与申请执行的期间会形成联系，这就是无法确定任何一个国家可以行使执行管辖权，因为如果不存在任何确定的执行管辖权机构，申请执行人就无法提出执行申请，此时应当以执行管辖权的确定为标准开始计算执行申请期间。但是，由于永远存在被执行人所在地的执行管辖权这一联结因素，因此这种情况并不会出现。既然不会出现执行管辖权无法确定的情况，那么执行申请期间以执行义务履行时间或执行文书生效时间为起算的基准时，就始终具有合理性，因而无须产生一个以可供财产被发现的时间为标准的特别起算时间。事实上，本案中提出的"当事人依法向外国法院申请承认和执行该裁决而未能得到执行，不存在怠于行使申请执行权的问题；被执行人一直拒绝履行裁决所确定的法律义务；申请执行人在发现被执行人有财产在我国领域内之后，即向人民法院申请执行"等理由，恰好是申请执行期间中断计算的正当性根据，而不是离开"期间中断说"另创"重新计算说"的法理基础。如果申请执行人此前没有在执行期间内向被执行人所在地的国家法院申请执行，即便他在发现被执行人在我国具有可供执行财产后才申请执行，也已过了申请执行期间，法院应当驳回其执行申请。从国际私法的角度看，申请执行人第一次申请执行的具有执行管辖权的所在国的法律应当是判断执行时效是否已过的准据法，该准据法根据礼让原则应当受到他国尊重（理想的状态应当是有国际条约或公约作为依据）。本案中我国法院之所以接受申请执行人的执行申请，根本原因还在于申请执行人此前已经及时地提出过执行申请，而不在于对执行期间的重新计算。

二、执行时效的理论探讨：存与废

如前所述，《民事诉讼法》第246条是将申请执行时效与诉讼时效捆绑在一起加以规定的。据此规定，从法解释论上说，执行时效虽为申请执行期间制度，但本质上立法者仍将其与诉讼时效同视，该条中所使用的"适用"一词就透露出立法者的此一信息。这就产生了极大的问题：作为公法上的申请执行期间制度，何以适用私法上的诉讼时效制度？这是一个立法技巧问题，还是一种立法体例的选择？为此，我们可继续阅读最高人民法院的司法解释。《民诉法解释》第481条规定："申请执行人超过申请执行时效期间向人民法院申请强制执行的，人民法院应予受理。被执行人对申请执行时效期间提出异议，人民法院经审查异议成立的，裁定不予执行。被执行人履行全部或者部分义务后，又以不知道申请执行时效期间届满为由请求执行回转的，人民法院不予支持。"由该司法解释不难发现，最高人民法院是将申请执行期间制度视同消灭时效制度对待的，公法上的申请期间制度悄然变成了私法上的请求权消灭制度，申请执行期间制度发生了性质上的变化。这种变化具体体现在以下几方面：其一，申请执行期间制度发生了从公法上的制度向私法上的制度的转变。其二，"申请权消灭说"向"抗辩权产生说"转变。其三，诉讼时效与执行时效形成了同质化与同构化的范畴一体化关联。这样一种变化，使得我国民事诉讼法在对待申请执行期间制度时产生了内在悖论和逻辑困惑，其所导致的问题是：既然申请执行期间被解说为执行时效也即消灭时效制度，那么，为什么立法上仍然做出"申请执行的期间为二年"这样的公法性期间制度的表述？按照此一表述，当事人申请执行的期间为2年，当事人如果超过2年提出执行申请，执行法院理应予以驳回或拒绝受理。这种解释是符合立法本意的，但司法解释却并未按照此一逻辑进行解释，而是说法院对逾期提出的执行申请仍应当受理，即此而言，司法解释对执行申请期间的定性认知已经背离了立法上有关申请执行期间制度的性质规定，二者之间存在矛盾。换言之，目前立法规定与司法解释之间关于申请执行期间制度的定性和定位是存在冲突的。那么，理论上就自然要探讨一个问题：是应当修改民事诉讼法上的相关规定，还是应当判定司法解释违反了上位法的规定？笔者认为，《民事诉讼法》第246条的规定是关于申请执行期间的传统规定，而2020年《民诉法解释》第483条的规定符合执行申请期间制度的发展趋势，因而应当根据司法解释的规范体例对《民事诉讼法》第 246 条做出修改，从而使诉讼时效和执行时效形成二阶化的消灭时效制度；既然如此，从立法例的理想选择而言，《民事诉讼法》第 246 条应予删除，将执行时效作为消灭时效与诉讼时效相融合，一并规定在民事实体法之中，民事实体法中仅需规定请求权消灭时效制度即可，无须分为诉讼时效和执行时效两方面加以规定。这样调整，不仅保持了诉讼时效和执行时效的内在一致性，而且使二者的时间长度也保持了一致性，值得将来《民法典》修改时参考。因而笔者的结论是，《民事诉讼法》第 246 条关于申请执行期间制度并无存在的必要性。

第五节 执行救济

一、执行救济概述

在执行过程中，执行活动有时会侵害执行当事人、利害关系人或者案外人的合法权益，为了使这种损害能够获得弥补和预防，执行救济制度成为必要。执行救济，是指执行程序立法为执行当事人、利害关系人以及案外人因违法或不当执行行为所导致的损害提供救济的各种方法、程序和机制的总和。执行救济因不同的执行违法行为而有不同的表现形态，其可以依据不同的标准加以划分。首先，根据执行救济的主体可将执行救济划分为执行当事人的执行救济、利害关系人的执行救济以及案外人的执行救济，其中执行当事人的执行救济又可分为被执行人或债务人的执行救济、申请执行人或债权人的执行救济；利害关系人的执行救济指的虽非诉讼当事人但属于执行中的介入人，如代位执行的次债务人、司法拍卖的买受人等所获得的执行救济；案外人执行救济是指针对纯粹属于案外第三人所提供的执行救济。其次，根据执行救济的法律属性，可以将其划分为程序性的执行救济、实体性的执行救济以及混合性的执行救济三种类型，程序性的执行救济是针对执行方式、执行程序、执行措施等的不当性或违法性所进行的救济；实体性的执行救济是针对执行行为侵害实体性权益所提供的救济；混合性的执行救济是指在执行救济中既有程序性的内容，也有实体性的内容，通常认为执行回转就是这种兼有程序性救济和实体性救济的混合性救济方式。再次，根据救济的形式，可分为异议型救济、复议型救济和诉讼型救济三种类型。最后，根据救济的权力来源，可将执行救济分为法院自身提供的内部救济，包括执行法院的自我救济、上级法院的监督救济以及最高人民法院的最终救济三种，以及基于检察院的法律监督所形成的执行救济，包括同级检察院的监督救济、上级检察院的监督救济以及最高人民检察院的监督救济三种。以下按照执行救济的主体类型对主要的救济形态进行介绍。

二、为当事人或利害关系人提供的执行救济

《民事诉讼法》第 232 条规定："当事人、利害关系人认为执行行为违反法律规定的，可以向负责执行的人民法院提出书面异议。当事人、利害关系人提出书面异议的，人民法院应当自收到书面异议之日起十五日内审查，理由成立的，裁定撤销或者改正；理由不成立的，裁定驳回。当事人、利害关系人对裁定不服的，可以自裁定送达之日起十日内向上一级人民法院申请复议。"当事人和利害关系人的执行救济主要包括执行异议、执行复议、参与分配的执行异议、申请变更执行法院、申请执行回转等，由于参与分配的执行异议、申请变更执行法院、申

请执行回转等在相关内容中已经或将有所介绍,这里仅就执行异议、执行复议和执行异议之诉做出介绍。

(一)执行异议

当事人、利害关系人执行异议(以下简称当事人执行异议)是指当事人或利害关系人认为执行程序、执行措施、执行方法、执行步骤、执行手续等违反了立法规定而请求执行法院予以纠正的制度。执行异议与执行中的申请有所不同。执行申请是当事人行使执行请求权的表现形式,当事人提出执行申请后,执行法院所采取的执行措施或执行程序等是否具有违法性尚不得而知,无所谓执行救济、寻求执行法院对错误的执行行为加以纠正的问题,因而执行申请属于与执行救济相对应的正向执行请求行为,具有积极性和主动性的特点,不宜纳入具有防御性和事后性特点的执行救济的范畴加以对待。

广义言之,执行异议就其功能而言有两种,一是程序性执行异议,其具有独立性和本体性,对执行异议这种救济方式的救济,跟随着的是执行复议;二是实体性执行异议,其具有附随性和前置性,对这种执行救济方式的救济,跟随着的是执行异议之诉等诉讼形式。当事人提出的执行异议,主要指的是程序性执行异议。

当事人提出执行异议后,法院应当进行审查,审查的内容主要包括:

其一,提出执行异议的主体是否符合法律的规定。根据《民事诉讼法》第232条的规定,有权提出执行异议的主体包括两类:一是当事人,二是利害关系人。当事人是基于执行根据享有权利或负担义务的人,包括被法院裁定变更为申请执行人的人和追加为被执行人的人。利害关系人是指其虽然不是执行根据所载明的权利人或义务人,但其法律上的权益将因执行行为而受到实际影响的人,如执行拍卖将执行标的物拍卖给第三人后,对该执行标的物具有优先购买权的人有权提出执行异议。

其二,提出执行异议的理由是否能够成立。执行异议的理由概括地说是执行行为具有违法性或不当性,具体包括:一是执行裁定错误,如执行裁定书中载明的执行标的与执行根据不相一致;二是执行通知书存在错误,如未经过变更执行主体的裁定就在执行通知中改变执行当事人,或者应当在采取执行措施前发送执行通知却未合法进行执行通知书的送达;三是执行令状错误,如错误责令被执行人提供担保;四是执行措施错误,如本该采取查封措施却采取了强制管理措施、本来应该拍卖却采取了变卖的方式等;五是执行顺序颠倒,如有金钱可供执行的却执行了不动产;六是执行方法错误,如应当进行网上拍卖却进行了线下拍卖;七是超范围执行;八是执行裁量权行使错误,不符合比例原则;九是执行时机选择错误,如违反了执行不扰民的原则;十是执行方式粗暴,如损害了被执行人的其他财产等。总之,只要是执行行为违背了法律的明文规定或者超越了执行裁量权的合理界限,均可成为执行异议的理由和依据。

其三,提出执行异议的程序有无问题。执行异议是当事人所享有的重要救济性执行程序权,其行使将会影响执行当事人的合法权益,也会对执行程序的顺利开展有所影响,因而行使执行异议权应当恪守严格的法定程序,主要包括:一是执行异议的时间点必须恰当。执行异议应当在执行异议的事由发生后及时行使,如果过了特定的执行阶段,才滞后地提出执行异议,这种执行异议有可能被驳回,这是因为执行异议不及时行使,将会导致异议失权的后果,执行程序的瑕疵也会有自我治愈的效果,这是为了维护执行程序安定性,同时也是为了保障执行程序的高效推进。二是提出执行异议的方式必须合规。执行异议的方式有两种,其可以是口头的,也可以是书面的,但如果立法规定必须是书面的,则应当以书面的形式提出执行异议。为慎重起见,通常而言,当事人提出执行异议一般应当采取书面形式。三是执行异议是否向有管辖权的法院提出。执行异议的管辖法院具有专属性和排他性，只有具有执行管辖权并且在实际进行执行的法院，才能接受执行异议并对执行异议进行处置，其他任何法院包括上级法院均无执行异议的管辖权。如果属于委托执行，相应的执行异议应当向接受委托进行执行的法院行使执行异议的管辖权，当然，如有必要，受托法院也可将执行异议转送委托法院加以处理。

执行法院接到当事人提出的执行异议后，应当在收到异议之日起15个工作日内进行审查，并就其执行异议是否能够成立或能否得到支持作出裁定。执行异议的理由成立，并且被执行异议所执行的执行瑕疵具有可纠正性，法院则作出裁定支持或满足执行异议，相应的执行行为应当加以及时纠正；执行异议的理由不成立的，法院裁定驳回执行异议；执行异议具有理由，但相应的执行行为已经既成事实、无法加以回溯性纠正，此时法院应当裁定支持其执行异议，但告知当事人执行错误已无法纠正。比如，法院未经院长批准就采取了搜查措施，被执行人提出执行异议，但在法院裁定支持执行异议后，搜查行为已经实施完毕，法院只能就此另行补救或赔偿，而无法采取恢复原状的纠正措施。裁定驳回执行异议的，应当在裁定书中告知当事人不服有权申请执行复议。

需加注意者有以下几个方面：

其一，关于执行异议的效力问题。不是当事人一旦提出执行异议执行程序就告中止，相反，作为一项基本原则，执行异议不影响执行程序的继续进行，也即，执行异议不具有停止执行的法律效力。这主要是因为，执行异议是否确有理由还需要法院进行判断，滥用执行异议权的人也大有所在，如果一旦提出执行异议就停止执行行为，必然导致执行程序的效率降低，也会损害执行当事人的合法权益。但是，如果提出执行异议的当事人同时提供了充分的相应担保，则法院可以考虑停止执行行为；如果相对方当事人提供了相反的担保，则法院可以继续进行执行程序。

其二，关于执行异议的举证责任问题。提出执行异议的当事人应当根据"谁主张、谁举证"的原则对执行异议的理由和根据提供证据加以证明，法院在必要时也应当依职权主动探知是否存在执行异议所称的执行错误。

其三，关于执行错误的国家赔偿问题。当事人提出执行异议确有理由的，并且其也因所指的执行错误行为或不当行为而造成了实际的损失，则该损失应当按照国家赔偿法的规定，由法院进行赔偿。

其四，关于执行错误的恢复原状或损害赔偿的问题。执行错误不仅将可能导致国家赔偿，而且因执行错误所获益的当事人也将承担相应的恢复原状或损害赔偿的责任。

（二）执行复议

执行复议，是指对执行异议的处理结果不服，当事人向上一级法院提出的请求再次审查其执行异议是否能够成立的申请。根据民事诉讼法、《民诉法解释》、《执行规定》、最高人民法院办公厅《关于切实保障执行当事人及案外人异议权的通知》、最高人民法院《关于人民法院办理执行异议和复议案件若干问题的规定》（以下简称《异议复议规定》）等规定，当事人对执行异议的裁定不服的，可以在裁定受送达之日起10日内向上一级法院提出复议申请。上一级法院收到执行复议申请后，应当在30日审查完毕，特殊情况经本院院长批准也可延长，最长延长不超过30日。《异议复议规定》第23条规定，审查的结果根据不同的情形分别作出以下处理：

其一，异议裁定认定事实清楚，适用法律正确，结果应予维持的，裁定驳回复议申请，维持异议裁定。

其二，异议裁定认定事实错误，或者适用法律错误，结果应予纠正的，裁定撤销或者变更异议裁定。

其三，异议裁定认定基本事实不清、证据不足的，裁定撤销异议裁定，发回作出裁定的人民法院重新审查，或者查清事实后作出相应裁定。

其四，异议裁定遗漏异议请求或者存在其他严重违反法定程序的情形，裁定撤销异议裁定，发回作出裁定的人民法院重新审查。

其五，异议裁定对应当适用《民事诉讼法》第234条规定审查处理的异议，错误适用《民事诉讼法》第232条规定审查处理的，裁定撤销异议裁定，发回作出裁定的人民法院重新作出裁定。

除依照上述情形第三、四、五项发回重新审查或者重新作出裁定的情形外，裁定撤销或者变更异议裁定且执行行为可撤销、变更的，应当同时撤销或者变更该裁定维持的执行行为。人民法院对发回重新审查的案件作出裁定后，当事人、利害关系人申请复议的，上一级人民法院复议后不得再次发回重新审查。

（三）申请执行人执行异议之诉

《民诉法解释》第302条规定："根据民事诉讼法第二百三十四条规定，案外人、当事人对执行异议裁定不服，自裁定送达之日起十五日内向人民法院提起执行异议之诉的，由执行法院管辖。"据此规定，当事人、案外人不服执行法院作出的执行异议裁定，向人民法院提出的解决相关当事人之间实体权利义务争议的诉讼，被称为执行异议之诉或执行救济诉讼。执行救济诉讼在大陆法系国家或地区，也被称为"执行关系诉讼"。一般认为，我国执行异议之诉包括案外人异议之诉、执行当事人异议之诉、参与分配异议之诉等。在当事人对执行异议的处理表示不服时，除可提出执行复议外，在涉及实体事项的问题争议时，还可以通过提起诉讼的途径寻求进一步的执行救济，这被称为当事人的执行异议之诉，同案外人的执行异议之诉相并行。当事人的执行异议之诉又包括申请执行人的执行异议之诉和被执行人或债务人的执行异议之诉两种类型，申请执行人的执行异议之诉是对申请执行人所提供的诉讼型执行救济，债务人的执行异议之诉是对被申请执行人所提供的诉讼型执行救济。这里先介绍申请执行人的执行异议之诉。

申请执行人执行异议之诉是由申请执行人针对案外人提起的许可执行之诉，因而也被称为执行许可之诉。根据《民诉法解释》第304条的规定，申请执行人提起执行异议之诉，除符合《民事诉讼法》第122条规定外，还应当具备下列条件：其一，依案外人执行异议申请，人民法院裁定中止执行；其二，有明确的对执行标的继续执行的诉讼请求，且诉讼请求与原判决、裁定无关；其三，自执行异议裁定送达之日起15日内提起。人民法院应当在收到起诉状之日起15日内决定是否立案。申请执行人执行异议之诉是与案外人执行异议针锋相对的，当案外人对执行标的提出执行异议并且被法院认为案外人执行异议能够成立，裁定中止执行程序的进行时，申请执行人便可以案外人为被告，在被执行人也反对申请执行人的执行时，同时以被执行人为共同被告，提起执行异议之诉。[①] 这是申请执行人提起执行异议之诉的前提条件，也是其前置程序。比如，案外人主张执行标的物属于其所有，法院裁定案外人的此一执行异议成立，并裁定中止执行，申请执行人的执行请求权便遇阻，为了消除

---

① 《民诉法解释》第306条。

该一障碍，申请执行人只能选择提出执行异议之诉。反之，案外人对执行标的提出的执行异议被驳回，案外人对此不服的，可以提起案外人执行异议之诉。因此，申请执行人执行异议之诉主要是针对案外人提出的执行异议而提起的。但除此之外，申请执行人尚可针对债务人的实体型执行异议提出执行异议之诉。被执行人如果认为执行根据中记载的实体性权利已经全部或部分消灭，申请执行人的执行请求权已经部分或全部实现，从而提出阻却执行程序全部或部分继续进行的执行异议，该执行异议被法院认为是成立的，此时，申请执行人可以提出许可执行之诉。反之，如果法院认为债务人的实体型执行异议不能成立，则债务人可以提出债务人执行异议之诉。

根据《民诉法解释》第314条的规定，人民法院对执行标的裁定中止执行后，申请执行人在法律规定的期间内未提起执行异议之诉的，人民法院应当自起诉期限届满之日起7日内解除对该执行标的采取的执行措施。根据《民诉法解释》第312条的规定，对申请执行人提起的执行异议之诉，法院认为能够成立的，则应当裁定撤销案外人的执行异议中止执行的裁定，并判决准许对执行标的继续进行执行；执行法院既可以根据申请执行人的申请恢复执行，也可以主动依职权恢复执行。反之，若法院认为申请执行人的执行异议之诉不能成立的，则判决驳回其诉讼请求，对执行标的采取的执行措施予以解除。

2008年12月最高人民法院发布的《关于当事人对具有强制执行效力的公证债权文书的内容有争议提起诉讼人民法院是否受理问题的批复》规定："根据《中华人民共和国民事诉讼法》第二百一十四条和《中华人民共和国公证法》第三十七条的规定，经公证的以给付为内容并载明债务人愿意接受强制执行承诺的债权文书依法具有强制执行效力。债权人或者债务人对该债权文书的内容有争议直接向人民法院提起民事诉讼的，人民法院不予受理。但公证债权文书确有错误，人民法院裁定不予执行的，当事人、公证事项的利害关系人可以就争议内容向人民法院提起民事诉讼。"《民诉法解释》第478条规定："有下列情形之一的，可以认定为民事诉讼法第二百四十五条第二款规定的公证债权文书确有错误：（一）公证债权文书属于不得赋予强制执行效力的债权文书的；（二）被执行人一方未亲自或者未委托代理人到场公证等严重违反法律规定的公证程序的；（三）公证债权文书的内容与事实不符或者违反法律强制性规定的；（四）公证债权文书未载明被执行人不履行义务或者不完全履行义务时同意接受强制执行的。人民法院认定执行该公证债权文书违背社会公共利益的，裁定不予执行。公证债权文书被裁定不予执行后，当事人、公证事项的利害关系人可以就债权争议提起诉讼。"据此规定，在赋强公证债权文书被法院裁定不予执行后，申请执行人可以提起许可执行之诉。

（四）债务人执行异议之诉

在执行程序中，债权人和债务人是一对利益的矛盾体，债权人有权提起许可执行之诉，债务人便有权提出阻止执行的执行异议之诉。民事诉讼法没有明文规定债务人执行异议之诉，但《民诉法解释》第302条规定："根据民事诉讼法第二百三十四条规定，案外人、当事人对执行异议裁定不服，自裁定送达之日起十五日内向人民法院提起执行异议之诉的，由执行法院管辖。"这条规定中，隐含着债务人执行异议之诉的制度性内容。据此规定，债务人如果认为执行根据中所记载的实体权利已经部分或全部实现或消灭，而申请执行人依然在申请执行，则可提出债务人执行异议之诉。① 可见，债务人执行异议之诉的目的在于阻却执行根据的执行力，而不是否定执行根据的合法性；如果债务人认为执行根据本身存在错误，则应当申请再审（针对法院作出的生效裁判）或者申请不予执行（针对仲裁裁决书、赋强公证文书等债务名义），而不是提出执行异议之诉。债务人提出执行异议之诉所基于的事实前提是债权人申请执行的生效法律文书中所确定的请求权已经因履行而消灭、或者因时效而消灭、或者因豁免而消灭、或者因无法执行而受阻、或者即便执行也毫无意义等。债务人提出执行异议之诉的程序前提是先行提出执行异议，在执行异议被法院裁定驳回后，在其收到该裁定书的15日内有权向执行法院所在的法院提出债务人执行异议之诉。在债务人提供担保后，法院可以在执行异议之诉审判期间中止执行，但如果申请执行人提供反担保，则执行程序继续进行。经过审判，法院认为债务人执行异议之诉成立的，则判决支持其诉讼请求，执行法院据此判决应当裁定终结对执行根据相关内容的执行，反之，如果认为债务人的执行异议之诉缺乏理由，则判决驳回，执行程序继续进行。

三、为案外人提供的执行救济

《民事诉讼法》第234条规定："执行过程中，案外人对执行标的提出书面异议的，人民法院应当自收到书面异议之日起十五日内审查，理由成立的，裁定中止对该标的的执行；理由不成立的，裁定驳回。案外人、当事人对裁定不服，认为原判决、裁定错误的，依照审判监督程序办理；与原判决、裁定无关的，可以自裁定送达之日起十五日内向人民法院提起诉讼。"本条规定的，就是立法为案外人所提供的执行救济制度，包括案外人提出执行异议和案外人执行异议之诉。在这二者之中，案外人提出执行异议是前置程序，案外人提出执行异议之诉之前，必须要先行通过执行异议程序，只有在执行异议被驳回后，案外人方能进一步提出执行异议之诉，案外人提出执行异议之诉是案外人提出执行异议的制度保障。执行异议的内容及其程序步骤基本如前所述，其特殊性主要在于案外人提出执行异议的理由以及所针对的对象等有所不同，其他均无二致，以下仅就案外人执行异议之诉做出论述。

（一）案外人执行异议之诉的概念与性质

案外人执行异议之诉是指除执行当事人、利害关系人以外的其他任何没有进入执行程序中的第三人，基于其对执行标的物具有足以排除强制执行的实体性权利，向法院提出的请求法院作出判决对该特定标的物不得进行强制执行的诉讼。可见，案外人执行异议之诉的基本特点有：其一，从主体上看，案外人执行异议之诉的诉权主体是案外人，而非案中人。这里的案外人不能是执行程序中的债权人、债务人、利害关系人（如强制拍卖的买受人或其他竞买人），而只能是游离于执行程序以外的其他人，包括法人、非法人组织和自然人。这样的案外人可以是执行标的物之财产所有权人、管理权人、占有权人、共有权人、担保权人、租赁权人等，也可以是财产管理人、破产管理人、遗产管理人、遗嘱执行人等，还可以是案外人的代位债权人。案外人执行异议之诉的被告人原则上是申请执行人，因为正是他主张执行法院对执行标的物进行执行，而且对案外人提出的执行异议持反对态度；但是，如果被执行人对案外人执行异议也不同意，则案外人有权将其列为共同被告，但不是必须列为共同被告，因为这是类似的必

---

① 有关债务人执行异议之诉的详细论述，可参见金印：《论债务人异议之诉的必要性——以防御性司法保护的特别功能为中心》，载《法学》2019年第7期。

要共同诉讼，而不是固有的必要共同诉讼；① 无论债务人是否同意案外人的执行异议，他至少要被列为案外人执行异议之诉中的第三人（无独立请求权）。② 其二，案外人提出执行异议之诉的理由必须是针对执行标的物提出实体性主张。也即案外人提出的这种主张在性质上属于实体性，比如他具有所有权、用益物权、担保物权、占有使用权、孳息收取权、债权等，而不能是纯粹的程序性理由，比如强制执行的过程中造成了案外人的损失或者强制执行的程序给案外人造成了不便等。不仅如此，案外人提出的这种实体性主张还必须针对正处在被强制执行中的执行标的物，比如正在执行的房屋，案外人主张该房屋是他的或者有他的一份权利。其三，案外人执行异议之诉必须经过执行异议这一前置程序。之所以要求案外人在提出执行异议之诉之前必须要先经过执行异议的程序，主要的原因在于执行异议的效率较高，它在执行法院通过程序性审查以及形式上的审查就可以做出一个大致正确的处理，这样可以将大量无理由的甚至滥诉的案外人执行异议之诉过滤在执行异议这一环节，而不致一步进入诉讼程序，毕竟，进入诉讼程序的案外人执行异议之诉所花费的司法成本要高出许多。需要注意的是，一般而言，执行异议通常是程序性质的，案外人也可以根据《民事诉讼法》第232条的规定（广义解释）提出程序性执行异议，但这里的执行异议却是实体性质的，他所依据的是《民事诉讼法》第234条的规定，案外人如果提出的是程序性质的执行异议，则该种执行异议不可能进入到执行异议之诉的阶段，取而代之的救济手段应当是执行复议。其四，案外人执行异议之诉并不是针对执行根据而提出的。如果案外人认为执行根据本身存在错误，则应当根据《民事诉讼法》第234条的规定提出案外人再审申请，按照审判监督程序办理。因此，案外人申请再审与案外人提出执行异议之诉是两个既有关联又有区别的制度，不宜混同。

至于案外人异议之诉的性质，有给付之诉、确认之诉、形成之诉、救济之诉等各种学说。笔者认为，救济之诉这一说法比较笼统，不够精准，不符合诉的分类特征，因而不宜采纳。在给付之诉、确认之诉和形成之诉中，笔者较为倾向于确认之诉，理由在于，案外人提出执行异议之诉的目的主要在于请求法院通过行使审判权确认其存在足以排除强制执行的实体性权利，如果法院对此进行了确认，则所谓给付便是题中应有之义，甚至也不存在给付的必要，法院撤销执行或停止执行乃是确认之诉的附随效果，因而给付之诉难以成立。同样，形成之诉也难以成立，因为如前所述，案外人执行异议之诉并不动摇生效裁判文书的法律效力，因而不会发生改变执行根据所确定的实体法律关系的效果，形成之诉无从说起；如果赞同形成之诉的性质定位，则难以将其与案外人申请再审制度区别开来，也难以与《民事诉讼法》第59条第3款所规定的第三人撤销之诉界分清楚。因而案外人执行异议之诉为确认之诉最为确当。

（二）案外人执行异议之诉的程序构成

1. 起诉条件

按照《民诉法解释》第303条的规定，案外人提起执行异议之诉，除需符合《民事诉讼法》第122条规定的一般起诉条件外，还应当具备下列特殊性的起诉条件：一是案外人的执行异议申请已经被人民法院裁定驳回。二是有明确的排除对执行标的执行的诉讼请求，且诉讼请求与原判决、裁定无关。三是自执行异议裁定送达之日起15日内提起。人民法院应当在收到起诉状之日起15日内决定是否立案。

---

① 参见汤维建：《类似必要共同诉讼适用机制研究》，载《中国法学》2020年第4期。
② 《民诉法解释》第305条。

2. 管辖法院

案外人执行异议之诉的管辖法院专属于执行机构所在的法院。之所以应当对案外人执行异议之诉实行专属管辖，原因主要在于这样便于法院尽快进行审理，也便于当事人进行诉讼，防止由于在其他法院进行诉讼而致使信息阻隔等原因影响诉讼和审判的进程，从而确保执行程序能够顺畅运行。

3. 证明与审理

对足以排除强制执行的实体权利之存在的事实主张，由原告案外人按照"谁主张、谁举证"的规则进行证明，审理法院应当适用普通程序对案外人执行异议之诉进行审理，审理的程序与通常诉讼程序并无实质性差异。

4. 裁判

依照《民诉法解释》第310条的规定，对案外人提起的执行异议之诉，人民法院经审理，按照下列情形分别处理：一是案外人就执行标的享有足以排除强制执行的民事权益的，判决不得执行该执行标的。二是案外人就执行标的不享有足以排除强制执行的民事权益的，判决驳回诉讼请求。案外人同时提出确认其权利的诉讼请求的，人民法院可以在判决中一并作出裁判。对案外人执行异议之诉，人民法院判决不得对执行标的执行的，执行异议裁定失效。对申请执行人执行异议之诉，人民法院判决准许对该执行标的的执行的，执行异议裁定失效，执行法院可以根据申请执行人的申请或者依职权恢复执行。[①]

值得注意的是，案外人执行异议之诉审理期间，人民法院不得对执行标的进行处分。申请执行人请求人民法院继续执行并提供相应担保的，人民法院可以准许。被执行人与案外人恶意串通，通过执行异议、执行异议之诉妨害执行的，人民法院应当依照《民事诉讼法》第116条规定处理。申请执行人因此受到损害的，可以提起诉讼要求被执行人、案外人赔偿。[②]

四、执行回转

执行回转，是指执行完毕后，据以执行的判决、裁定和其他法律文书确有错误，被人民法院撤销的，对已被执行的财产，人民法院作出裁定责令取得财产的人返还；拒不返还的，则进行强制执行的执行救济制度。《民事诉讼法》第240条对此作出了规定。执行回转有两种立法例：一是通过提起诉讼的形式进行执行回转，二是通过非讼裁定进行执行回转。我国采用后一立法模式。

发生执行回转的原因主要有：其一，法院作出的生效裁判或调解书被依法通过再审程序予以撤销或改判。其二，法院作出的先予执行裁定，在执行完毕后，被法院的终局裁判所撤销。其三，赋予强制执行效力的公证债权文书在执行完毕后，被制作的公证机关或司法行政机关依法予以撤销，或者被法院通过诉讼程序予以撤销。其四，仲裁裁决书、调解书在执行完毕后被法院予以撤销。其五，行政机关的决定书在执行完毕后被相应的行政机关予以撤销。其六，被我国法院承认和执行的外国裁判文书或仲裁裁决书在执行完毕后又被依法予以撤销。总之，所有的执行根据，只要被依法撤销或改变，均要通过执行回转加以救济。

执行回转可以按照两种程序进行启动：一是按照申请程序，由当事人提出执行回转的申请，人民法院对申请进行审查后作出裁定进行执行回转；二是按照职权程序，由实施执行行为

---

① 《民诉法解释》第312条。
② 《民诉法解释》第313条。

的执行法院在执行依据被推翻后主动依职权恢复执行。前者一般适用于其他机构作出的法律文书的执行,后者则适用于法院自身作出的法律文书的执行。人民法院决定执行回转的,应当作出裁定书,该裁定书应当载明执行回转的基本内容,该裁定书一经作出便产生法律效力,法院可以随即采取执行回转的措施。法院采取执行回转措施时,如果已经被执行的标的物是特定物,则应执行返还原物,并应当计算孳息;原物无法返还的,可以折价抵偿。

第三十二章　民事执行程序分论

第一节　执行措施概述

一、执行措施的概念和特征

执行措施是指人民法院依法强制债务人实现执行根据中所确定的义务的各种方法和手段。采取执行措施,表明执行程序已经进入动真格的深水区,强制执行的威力由此呈现,强制执行的目的由此实现。执行措施具有以下特征:

其一,法定性。执行措施是强制执行法所明确规定的执行方法和执行手段,具有法律明定性的特点。如果立法并无某种强制措施的规定,则这种强制措施,无论是直接的强制措施还是间接的强制措施,也无论是实现型的强制措施抑或是保障型的强制措施,执行机构一概不得采用,否则即为违法。

其二,强制性。执行措施的全称应当是强制执行措施,强制性是执行措施的鲜明特征,无论是何种执行措施的采用,都无须征求被执行人的意见,执行机构根据执行之需要,将执行措施直接施之于被执行人,使被执行人必须接受而不允许讨价还价。被执行人只有接受执行措施的义务,而没有反抗执行措施的权利。其他任何单位和个人,对于执行机构采取的执行措施,只能配合和协助其进行,而不得抵制、规避其实施,否则,将会产生妨碍民事诉讼的强制措施,严重者甚至要科以刑事责任。

其三,针对性。执行措施有许多,也分很多层次,强制执行法之所以篇幅长、条文多、规范细,在很大程度上不是因为其程序复杂,而是因为其所规定的执行措施多种多样,令人眼花缭乱。这纷繁复杂的执行措施都是有针对性的,它们都是针对不同的执行对象或不同的执行标的而产生的,执行措施与执行标的之间构成了一一对应的关系,执行机构采取执行措施必须针对执行标的而进行,具有对号入座式的要求,如果执行措施和执行标的形成了错位,则构成了执行违法。比如查封这一执行措施只能针对不动产或者特殊动产使用,而不得对普通动产使用,更不得对银行存款使用,否则,该执行措施就是错误的措施,应予撤销。

二、执行措施的分类

《民事诉讼法》第二十一章从第248条至第262条用15个条文专门规定了执行措施,最高人民法院的司法解释,如《民诉法解释》《执行规定》等对执行措施做出了补充性和细化性规定。为了更好地理解和把握各种各样的执行措施,有必要对其进行类型化探讨。为此,可将执行措施划分为以下几类:

(一) 实现型执行措施和保障型执行措施

从执行措施是否能够直接导向执行目的来划分，可将执行措施分为实现型执行措施和保障型执行措施。实现型执行措施，也称为处分型执行措施，是指能够直接实现执行根据所记载的权利的执行措施。比如对银行存款的划扣、对被执行人收入的扣留、对保全财产的拍卖和变卖、对可替代行为的代履行等，均属于实现型执行措施。实现型执行措施是立法规定执行措施的最终归宿，其他的执行措施都是为它提供服务的，因此，当事人最关注的不是其他的执行措施，而是实现型的执行措施。实现型的执行措施一旦实施完毕，执行根据的内容就得到了实现，执行程序就被宣告终结，因此实现型执行措施距离执行的终点站只有一步之遥，也可以说，实现型执行措施是强制执行程序的"最后一公里"，因而其任务最为艰巨，所遇到的障碍也最多。与实现型执行措施不同，保障型执行措施则无法直接实现执行的目的，从而完成执行的任务。然而，保障型执行措施的功能和作用也不容小觑。保障型执行措施，也称保全型执行措施，是指在采取最终的执行措施之前，对执行标的先行采取的控制性措施，以防止执行标的被转移、隐匿、被毁灭或者被贬值，其常见的保障型执行措施如查封、扣押、冻结、提存等。从这些措施的外观来看，保障型执行措施与诉讼保全、诉前保全的措施具有一致性，保全措施进入执行领域就变成了保障型执行措施。保全措施自身的执行到了执行阶段，就达到了保全的目的，而无须进一步发展到实现型执行措施；但是，对于生效法律文书的最终实现而言，保障型执行措施本身却不是目的，而只是通向最终实现目标的手段，它在执行措施的更替和延续中，处在过渡阶段和中间阶段，而不具有最终的意义。比如，查封了不动产还不算是执行任务的最终实现，执行任务的最终实现还依赖于执行机构采取进一步的执行措施，比如拍卖、变卖、以物抵债等。也正是在这一意义上，我们才称这种以保障将来最终执行为目的的执行措施为保障型执行措施。需要说明的是，虽然大多数实现型执行措施在采取之前都要经过保障型执行措施，但是这种情形并非尽然，有时，实现型执行措施可以一步到位，而无须借助于保障型执行措施。比如，执行机构可以向银行发出协助执行通知，直接将被执行人的银行存款划转为执行权利人所有，而无须先行经过冻结这个环节。对被执行人收入、非财产性权益的实现，也往往是如此。是否需要经过保障型执行措施方能进展到实现型保障措施，一是看立法的规定，二是看实际的需要。

(二) 需要协助的执行措施和无须协助的执行措施

有的执行措施需要协助，如执行机构到银行执行被执行人的存款就需要银行的协助，执行机构执行不动产则需要登记机关予以办理改变权属的转移登记手续等。需要协助的执行措施不足半数，执行机构在执行时除发出执行通知书外，还需要发出协助执行通知书；收到协助执行通知书的任何单位和个人，均要根据通知书的要求履行协助执行的义务，否则将会对其本人或单位的直接负责人产生妨碍民事诉讼的强制措施，同时如果造成损失的，相关单位和个人还需要赔偿损失。除需要协助的执行措施外，还有半数多的执行措施，只需要执行机构采取执行行动即可完成执行任务，达到执行目的。如责令被执行人交付特定物给执行权利人，责令被执行人腾退房屋或土地给执行权利人，对查封的财产进行变卖或拍卖从而将变卖或拍卖获得的金钱给付执行权利人，多数的行为执行也是如此。区分需要协助的执行措施和无须协助的执行措施其意义主要在于认识到：执行法律关系是错综复杂的，营造一个良好的执行环境和氛围对于法院克服执行难从而顺利地完成执行任务是必要的。

（三）惩罚性的执行措施和非惩罚性的执行措施

执行措施大多数不具有惩罚性，比如查封、扣押财产、变卖、拍卖财产、责令转移登记等。但有些执行措施，则具有惩罚性和制裁性，比如，《民事诉讼法》第260条规定的加倍支付迟延履行期间的债务利息和迟延履行金，其既是一种执行措施，也是一种惩罚措施，而且还仅仅是执行中的惩罚措施，且不是妨碍民事诉讼的强制措施；再如，《民事诉讼法》第262条规定的限制高消费、限制出境、征信系统记录以及媒体公布不履行义务信息等，也具有执行性和惩罚性双重属性。惩罚性的执行措施对被执行人具有严厉性，其正当化程序保障应当予以强化，同时检察机关也应当着力加强监督。

（四）对财产的执行措施和对行为的执行措施

根据执行对象的性质和特点不同，可将执行措施分为对财产的执行措施和对行为的执行措施。其中对财产的执行措施又可分为实现金钱债权的执行措施和实现财物的执行措施。对财产的执行措施由于其针对的执行标的为财产，而不是被执行人的人身或行为，因此其执行除执行豁免制度的适用外通常不会关乎人权保障问题，但对行为的执行则需慎重行事，因为它容易触及被执行人的人身自由乃至生命安全问题。比如对行为中的作为执行，如果被执行人不愿自愿行动，那就不可以强迫其作为，而只能区分作为的性质，如果属于可以替代的行为，如拆除障碍物，则实行代履行的执行措施，让被执行人承担其费用；如果属于不可替代的行为，如讲座等，则只能对其进行罚款乃至拘留，而不得强迫为之，也不可替代为之。如果属于行为中的不作为执行，则更加难以执行，因为被执行人可能偏偏要作为，比如责令其不得妨碍通行，但被执行人可能会置若罔闻，不加理睬，依然妨碍不止，在这种情形下，执行机构也只能按照妨碍民事诉讼的行为对其采取强制措施，但不得采取暴力性措施强行制止。

（五）直接执行措施、间接执行措施和代执行措施

根据执行是否能直接实现执行根据所确定的内容，可将执行措施分为直接执行措施、间接执行措施和代执行措施。直接执行措施是对执行标的直接采取执行措施的方法和手段，包括保障型的执行措施和实现型的执行措施。间接执行措施则是不作用于执行标的，而是旁敲侧击，对被执行人采取罚款、拘留、限制出境、限制高消费、上黑名单等措施迫使其就范，从而履行生效法律文书义务。代执行措施，是指被执行人不实施某种行为，而这种行为又不具有人身特定性，从而具有可替代性，则让别人代替他实施该种行为，由此产生的费用由被执行人承担。这种代执行措施就其本质而言也属于直接执行措施，因为代执行也是直接指向执行标的的执行，所以将其归入直接执行措施也未尝不可。

第二节 给付金钱

如前所述，只有具有给付内容的生效法律文书才能进入执行程序成为执行根据，这种执行根据依其给付标的之差异，又可分为给付金钱的执行根据、给付财物的执行根据和给付行为的执行根据三种。给付金钱的执行根据所确认的是金钱给付请求权，是指以给付一定数额金钱为内容的请求权。满足金钱给付请求权的执行措施就是责令被执行人给付金钱。对金钱的执行是指对作为执行标的金钱的执行。对金钱的执行和对金钱债权的执行不能画等号。对金钱债权的执行是指为实现债权人的金钱债权而实施的执行活动，通过这种执行，强制被执行人给付金

钱，以满足执行权利人的金钱债权①，这其中包括对金钱的执行，但不限于此，还包括对非金钱财产和财产性权利的执行，如对不动产的执行、对动产的执行、对股权的执行、对专利权的执行等。因而本书不是以给付义务的内容为标准进行分类阐述，而是根据执行标的的性质进行分类阐述。这样进行阐述的好处在于，针对不同的执行标的，采取不同的执行措施，这正是执行措施制度的核心要义。

一、对现金的执行

责令被执行人交出现金，直接交付给执行权利人，或者由法院转交给执行权利人，这种执行一般用于小额金钱债权的执行。

二、对存款的执行

根据《民事诉讼法》第249条第1款之规定，被执行人未按执行通知履行法律文书确定的义务，人民法院有权向有关单位查询被执行人的存款等财产情况。人民法院有权根据不同情形冻结、划拨被执行人的财产。人民法院查询、冻结、划拨的财产不得超出被执行人应当履行义务的范围。对被执行人存款的执行，可采取查询、冻结和划拨的方法。查询，是指人民法院向金融机构了解被执行人财产和经济状况。冻结，是指人民法院向金融机构发出协助执行通知书，不准被执行人在一定期限内提取和转移其存款的执行措施。经冻结的存款，任何单位或其他人民法院不得重复冻结或擅自解除，否则按妨害民事诉讼行为处理（《民事诉讼法》第114条、第117条）。为了保证冻结的有效实施，《执行规定》第26条规定，金融机构擅自解冻被人民法院冻结的款项，致冻结款项被转移的，人民法院有权责令其限期追回已转移的款项。在限期内未能追回的，应当裁定该金融机构在转移的款项范围内以自己的财产向申请执行人承担责任。划拨，是指法院向有被执行人款项的金融机构发出协助执行通知书，将被执行人账户上的存款划入申请执行人或债权人的账户上。划拨可以在冻结存款的基础上进行，也可以不冻结存款直接进行。人民法院作出裁定，并发出协助执行通知书。

人民法院决定冻结、划拨存款，应当作出裁定。裁定应写明冻结或划拨的存款数额，并送达当事人。法院作出裁定时，并应向有被执行人存款的金融机构发出协助执行通知书。

人民法院可以直接向金融机构查询、冻结、划拨被执行人的存款。外地法院可以直接到被执行人住所地、被执行人财产所在地金融机构查询、冻结、划拨被执行人应当履行义务部分的存款，无须当地人民法院出具手续。有关金融机构收到法院的协助执行通知书后，必须立即办理，不得以任何理由或借口拒绝、推脱或妨碍执行。为了兼顾被执行人的合法权利，《民事诉讼法》第249条还规定了"查询、扣押、冻结、划拨、变价的财产不得超出被执行人应当履行义务的范围"。另外，《执行规定》第27条规定，被执行人为金融机构的，对其交存在人民银行的存款准备金和备付金不得冻结和扣划，但对其在本机构、其他金融机构的存款，及其在人民银行的其他存款可以冻结、划拨，并可对被执行人的其他财产采取执行措施，但不得查封其营业场所。

---

① 金钱债权在执行范围上很广。除了对金钱的执行以外，执行费用、第三人代为执行所发生的费用、债务人怠于履行义务所发生的迟延利息或迟延履行金，都属于金钱债权的执行范围。

三、对收入的执行

《民事诉讼法》第 250 条第 1 款规定，被执行人未按执行通知履行法律文书确定的义务，人民法院有权扣留、提取被执行人应当履行义务部分的收入。但应当保留被执行人及其所扶养家属的生活必需费用。被执行人的收入，是指被执行人的金钱收入，但也不能排除实物收入。金钱收入主要指工资、奖金、劳动报酬、稿费、咨询费、利息、股利（股息和红利）、房屋租金等。上述收入已经存入银行等金融机构的，则变为存款，其执行程序按照存款执行程序处理。《执行规定》第 29 条规定，被执行人在有关单位的收入尚未支取的，人民法院应当作出裁定，向该单位发出协助执行通知书，由其协助扣留或提取。扣留是指将被执行人的收入暂时存留在原单位，不准其动用或转移，促使被执行人履行义务。提取是指扣留被执行人收入后，如超过履行期限仍不能履行义务的，法院即可提取该项收入交付申请执行人。提取是一种最终性的执行措施，能够直接实现权利人的权利。提取可以在扣留的基础上进行，也可以不扣留直接进行。提取的收入，可由原单位直接交付申请执行人，也可由法院转交给申请执行人。《民事诉讼法》第 250 条第 2 款规定，人民法院扣留、提取收入时，应当作出裁定，并发出协助执行通知书，被执行人所在单位、银行、信用合作社和其他有储蓄业务的单位必须办理。《执行规定》第 30 条规定，有关单位收到人民法院协助执行被执行人收入的通知后，擅自向被执行人或其他人支付的，人民法院有权责令其限期追回；逾期未追回的，应当裁定其在支付的数额内向申请执行人承担责任。

第三节 查封、扣押

一、查封、扣押的概念和特征

查封，是指对财产等检查以后，就地封闭，禁止动用。在司法意义上，查封，是指执行机构在执行标的物上加贴封条，就地封存，禁止被执行人或其他任何单位和个人擅自转移、使用、处分的一种执行措施。查封通常是就地实施，比如查封房屋、查封土地、查封机器设备等。但查封有时也可易地实施，比如，将违法生产的产品集中到某地厂库进行查封。查封通常是有形的，但现在实践中也出现了所谓电子查封的做法。扣押则是将执行标的物转移到特定场所进行占有，不准被执行人占有、使用、处分的执行措施。扣押无须加贴封条，其强制性表现在对它实施强行扣留，使任何人非经许可不得占有、使用、处分。查封和扣押的性质类似，都是通过对执行标的物的控制使之脱离被执行人的占有的保全型或保障型执行措施，所区别的是查封一般针对不动产而实施，扣押一般针对动产或票证而实施；前者一般原地封存，后者一般异地扣留；前者是通过封条对标的物实行观念上的控制，后者是通过行为对标的物实行物理上的控制。查封与扣押通常只能采用一种，不得同时采用。《民事诉讼法》在第 249 条、第 251—254 条中，多次规定了查封、扣押的执行措施。

二、查封、扣押的主要内容

《查扣冻规定》对查封、扣押的程序进行了系统规定。其内容主要包括：

（一）作出裁定

人民法院查封、扣押、冻结被执行人的动产、不动产及其他财产权，应当作出裁定，并送达被执行人和申请执行人。采取查封、扣押、冻结措施需要有关单位或者个人协助的，人民法院应当制作协助执行通知书，连同裁定书副本一并送达协助执行人。查封、扣押、冻结裁定书和协助执行通知书送达时发生法律效力。① 查封、扣押、冻结协助执行通知书在送达登记机关时，登记机关已经受理被执行人转让不动产、特定动产及其他财产的过户登记申请，尚未核准登记的，应当协助人民法院执行。人民法院不得对登记机关已经核准登记的被执行人已转让的财产实施查封、扣押、冻结措施。查封、扣押、冻结协助执行通知书在送达登记机关时，其他人民法院已向该登记机关送达了过户登记协助执行通知书的，应当优先办理过户登记。②

（二）明确范围

人民法院可以查封、扣押、冻结被执行人占有的动产、登记在被执行人名下的不动产、特定动产及其他财产权。未登记的建筑物和土地使用权，依据土地使用权的审批文件和其他相关证据确定权属。对于第三人占有的动产或者登记在第三人名下的不动产、特定动产及其他财产权，第三人书面确认该财产属于被执行人的，人民法院可以查封、扣押、冻结。③

（三）查封的限度

查封、扣押、冻结被执行人的财产，以其价额足以清偿法律文书确定的债权额及执行费用为限，不得明显超标的额查封、扣押、冻结。发现超标的额查封、扣押、冻结的，人民法院应当根据被执行人的申请或者依职权，及时解除对超标的额部分财产的查封、扣押、冻结，但该财产为不可分物且被执行人无其他可供执行的财产或者其他财产不足以清偿债务的除外。查封、扣押的效力及于查封、扣押物的从物和天然孳息。查封地上建筑物的效力及于该地上建筑物使用范围内的土地使用权，查封土地使用权的效力及于地上建筑物，但土地使用权与地上建筑物的所有权分属被执行人与他人的除外。地上建筑物和土地使用权的登记机关不是同一机关的，应当分别办理查封登记。④ 对被执行人及其所扶养家属生活所必需的居住房屋，人民法院可以查封，但不得拍卖、变卖或者抵债。对于超过被执行人及其所扶养家属生活所必需的房屋和生活用品，人民法院根据申请执行人的申请，在保障被执行人及其所扶养家属最低生活标准所必需的居住房屋和普通生活必需品后，可予以执行。⑤

（四）控制财产

查封、扣押动产的，人民法院可以直接控制该项财产。人民法院将查封、扣押的动产交付其他人控制的，应当在该动产上加贴封条或者采取其他足以公示查封、扣押的适当方式。查封不动产的，人民法院应当张贴封条或者公告，并可以提取保存有关财产权证照。查封、扣押、

---

① 《查扣冻规定》第1条。
② 《查扣冻规定》第23条。
③ 《查扣冻规定》第2条。
④ 《查扣冻规定》第19—21条。
⑤ 《查扣冻规定》第4、5条。

冻结已登记的不动产、特定动产及其他财产权，应当通知有关登记机关办理登记手续。未办理登记手续的，不得对抗其他已经办理了登记手续的查封、扣押、冻结行为。查封尚未进行权属登记的建筑物时，人民法院应当通知其管理人或者该建筑物的实际占有人，并在显著位置张贴公告。扣押尚未进行权属登记的机动车辆时，人民法院应当在扣押清单上记载该机动车辆的发动机编号。该车辆在扣押期间权利人要求办理权属登记手续的，人民法院应当准许并及时办理相应的扣押登记手续。查封、扣押的财产不宜由人民法院保管的，人民法院可以指定被执行人负责保管；不宜由被执行人保管的，可以委托第三人或者申请执行人保管。由人民法院指定被执行人保管的财产，如果继续使用对该财产的价值无重大影响，可以允许被执行人继续使用；由人民法院保管或者委托第三人、申请执行人保管的，保管人不得使用。查封、扣押、冻结担保物权人占有的担保财产，一般应当指定该担保物权人作为保管人；该财产由人民法院保管的，质权、留置权不因转移占有而消灭。[1]

（五）对共有财产的查封、扣押

对被执行人与其他人共有的财产，人民法院可以查封、扣押、冻结，并及时通知共有人。共有人协议分割共有财产，并经债权人认可的，人民法院可以认定有效。查封、扣押、冻结的效力及于协议分割后被执行人享有份额内的财产；对其他共有人享有份额内的财产的查封、扣押、冻结，人民法院应当裁定予以解除。共有人提起析产诉讼或者申请执行人代位提起析产诉讼的，人民法院应当准许。诉讼期间中止对该财产的执行。[2]

（六）对第三人占有财产的查封、扣押

对第三人为被执行人的利益占有的被执行人的财产，人民法院可以查封、扣押、冻结；该财产被指定给第三人继续保管的，第三人不得将其交付给被执行人。对第三人为自己的利益依法占有的被执行人的财产，人民法院可以查封、扣押、冻结，第三人可以继续占有和使用该财产，但不得将其交付给被执行人。第三人无偿借用被执行人的财产的，不受前述规定的限制。[3] 被执行人将其财产出卖给第三人，第三人已经支付部分价款并实际占有该财产，但根据合同约定被执行人保留所有权的，人民法院可以查封、扣押、冻结；第三人要求继续履行合同的，向人民法院交付全部余款后，裁定解除查封、扣押、冻结。[4] 被执行人将其所有的需要办理过户登记的财产出卖给第三人，第三人已经支付部分或者全部价款并实际占有该财产，但尚未办理产权过户登记手续的，人民法院可以查封、扣押、冻结；第三人已经支付全部价款并实际占有，但未办理过户登记手续的，如果第三人对此没有过错，人民法院不得查封、扣押、冻结。[5] 被执行人购买第三人的财产，已经支付部分价款并实际占有该财产，第三人依合同约定保留所有权的，人民法院可以查封、扣押、冻结。保留所有权已办理登记的，第三人的剩余价款从该财产变价款中优先支付；第三人主张取回该财产的，可以依据《民事诉讼法》第227条规定提出异议。[6] 被执行人购买需要办理过户登记的第三人的财产，已经支付部分或者全部价款并实际占有该财产，虽未办理产权过户登记手续，但申请执行人已向第三人支付剩余价款

---

[1] 《查扣冻规定》第6—11条。
[2] 《查扣冻规定》第12条。
[3] 《查扣冻规定》第13条。
[4] 《查扣冻规定》第14条。
[5] 《查扣冻规定》第15条。
[6] 《查扣冻规定》第16条。

或者第三人同意剩余价款从该财产变价款中优先支付的，人民法院可以查封、扣押、冻结。①

（七）查封、扣押笔录

查封、扣押、冻结被执行人的财产时，执行人员应当制作笔录，载明下列内容：执行措施开始及完成的时间；财产的所在地、种类、数量；财产的保管人；其他应当记明的事项。执行人员及保管人应当在笔录上签名，有《民事诉讼法》第252条规定的人员到场的，到场人员也应当在笔录上签名。②

（八）查封、扣押对物的效力

查封、扣押、冻结的财产灭失或者毁损的，查封、扣押、冻结的效力及于该财产的替代物、赔偿款。人民法院应当及时作出查封、扣押、冻结该替代物、赔偿款的裁定。③

（九）查封、扣押对人的效力

被执行人就已经查封、扣押、冻结的财产所作的移转、设定权利负担或者其他有碍执行的行为，不得对抗申请执行人。第三人未经人民法院准许占有查封、扣押、冻结的财产或者实施其他有碍执行的行为的，人民法院可以依据申请执行人的申请或者依职权解除其占有或者排除其妨害。人民法院的查封、扣押、冻结没有公示的，其效力不得对抗善意第三人。④

（十）查封、扣押对担保的效力

人民法院查封、扣押被执行人设定最高额抵押权的抵押物的，应当通知抵押权人。抵押权人受抵押担保的债权数额自收到人民法院通知时起不再增加。人民法院虽然没有通知抵押权人，但有证据证明抵押权人知道查封、扣押事实的，受抵押担保的债权数额从其知道该事实时起不再增加。⑤

（十一）轮候查封、扣押

对已被人民法院查封、扣押、冻结的财产，其他人民法院可以进行轮候查封、扣押、冻结。查封、扣押、冻结解除的，登记在先的轮候查封、扣押、冻结即自动生效。其他人民法院对已登记的财产进行轮候查封、扣押、冻结的，应当通知有关登记机关协助进行轮候登记，实施查封、扣押、冻结的人民法院应当允许其他人民法院查阅有关文书和记录。其他人民法院对没有登记的财产进行轮候查封、扣押、冻结的，应当制作笔录，并经实施查封、扣押、冻结的人民法院执行人员及被执行人签字，或者书面通知实施查封、扣押、冻结的人民法院。⑥

（十二）查封、扣押、冻结的消灭

查封、扣押、冻结的财产已经被执行拍卖、变卖或者抵债的，查封、扣押、冻结的效力消灭。⑦ 有下列情形之一的，人民法院应当作出解除查封、扣押、冻结裁定，并送达申请执行人、被执行人或者案外人：查封、扣押、冻结案外人财产的；申请执行人撤回执行申请或者放弃债权的；查封、扣押、冻结的财产流拍或者变卖不成，申请执行人和其他执行债权人又不同

---

① 《查扣冻规定》第17条。
② 《查扣冻规定》第18条。
③ 《查扣冻规定》第22条。
④ 《查扣冻规定》第24条。
⑤ 《查扣冻规定》第25条。
⑥ 《查扣冻规定》第26条。
⑦ 《查扣冻规定》第27条。

意接受抵债,且对该财产又无法采取其他执行措施的;债务已经清偿的;被执行人提供担保且申请执行人同意解除查封、扣押、冻结的;人民法院认为应当解除查封、扣押、冻结的其他情形。解除以登记方式实施的查封、扣押、冻结的,应当向登记机关发出协助执行通知书。①

第四节 拍卖、变卖

一、拍卖、变卖概述

拍卖(auction)是专门从事拍卖业务的拍卖行接受货主的委托,在规定的时间与场所,按照一定的章程和规则,将要拍卖的货物向买主展示,公开叫价竞购,最后由拍卖人把货物卖给出价最高的买主的一种现货交易方式。简言之,拍卖,是指以公开竞价的方式,将特定的物品或财产权利转让给最高应价者的买卖方式。我国1997年1月1日开始实施拍卖法。拍卖法共分为六章,分别是总则、拍卖标的、拍卖当事人、拍卖程序、法律责任和附录。拍卖法从拍卖相关的流程和责任等方面规定了在拍卖过程中拍卖人、委托人、竞买人、买受人等相关当事人的法律权利和义务,以及拍卖程序中拍卖委托、拍卖公告与展示、拍卖的实施、佣金等流程方面的法律责任。公开、公平、公正及诚实信用为拍卖活动必须遵守的基本原则。

"拍卖"一词进入我国的司法词典中乃是1991年《民事诉讼法》诞生之时,在此前的《民事诉讼法(试行)》中只规定了"变卖",而没有规定"拍卖"。② 1991年《民事诉讼法》第223条规定:"被执行人未按执行通知履行法律文书确定的义务,人民法院有权查封、扣押、冻结、拍卖、变卖被执行人应当履行义务部分的财产。但应当保留被执行人及其所扶养家属的生活必需品。"2012年修改后的《民事诉讼法》第247条规定:"财产被查封、扣押后,执行员应当责令被执行人在指定期间履行法律文书确定的义务。被执行人逾期不履行的,人民法院应当拍卖被查封、扣押的财产;不适于拍卖或者当事人双方同意不进行拍卖的,人民法院可以委托有关单位变卖或者自行变卖。国家禁止自由买卖的物品,交有关单位按照国家规定的价格收购。"民事诉讼法所规定的拍卖为司法拍卖,其性质与拍卖法所规定的普通拍卖有所不同。经过司法拍卖,拍卖财产上的担保物权以及其他优先受偿权,在拍卖后即归于消灭;拍卖财产上原有的租赁权及其他用益物权,虽不因拍卖而自动消灭,但如果其对在先的担保物权或者其他优先受偿权的实现有影响,则人民法院应当依法将其除去后方能进行拍卖。③ 由此可见,司法拍卖在法律性质上属于公法上的行为,是执行机构根据民事诉讼法的规定所实施的拍卖,采用的是公法上的公用征收处分理论、公法上的契约说或者裁判上的形成行为说,拍定人原始取得拍卖标的物之所有权,也不享有瑕疵担保请求权,并且也不承受拍卖物上的负担,因而在理论上通说采公法说。

变卖则是由执行机构将执行标的物卖给一个或多个特定买者的活动。法院拍卖和变卖的区别主要有:(1)程序不同:法院拍卖必须先出公告,并通知有关人员到场;变卖则无此规定。

---

① 《查扣冻规定》第28条。
② 《民事诉讼法(试行)》第175条规定:"财产被查封、扣押后,执行员应当通知被执行人在指定期限内履行法律文书确定的义务;逾期不履行的,交有关单位收购、变卖。"
③ 《拍卖变卖规定》第28条。

（2）期限不同：法院拍卖从对物品的公告和拍卖的时间，均有明确的期限规定；而变卖则不受时间的限制。（3）确定标的物价值的方法不同：法院拍卖时须对拍卖标的物进行估价，确定底价，然后通过竞价，确定拍卖标的价值；变卖则无此程序。（4）形式不同：法院拍卖采取公开的形式，以竞争的方式当场成交；而变卖则可直接交商业部门收购或代为出售。（5）范围不同：法院拍卖的财产既适用于动产又适用于不动产，既适用于一般的财产，也适用于特殊价值的财产；对不动产的变卖和具有特殊价值财产的变卖，大多数国家均对其作了一定的限制。

二、拍卖、变卖规则

《拍卖变卖规定》对拍卖和变卖的程序规则进行了系统化规定，据此简介如下。

（一）及时拍卖、变卖的原则

在执行程序中，被执行人的财产被查封、扣押、冻结后，人民法院应当及时进行拍卖、变卖或者采取其他执行措施。①

（二）拍卖优先原则

人民法院对查封、扣押、冻结的财产进行变价处理时，应当首先采取拍卖的方式，但法律、司法解释另有规定的除外。②

（三）委托拍卖原则③

人民法院拍卖被执行人财产，应当委托具有相应资质的拍卖机构进行，并对拍卖机构的拍卖进行监督，但法律、司法解释另有规定的除外。④

（四）拍卖评估原则

对拟拍卖的财产，人民法院可以委托具有相应资质的评估机构进行价格评估。对于财产价值较低或者价格依照通常方法容易确定的，可以不进行评估。当事人双方及其他执行债权人申请不进行评估的，人民法院应当准许。对被执行人的股权进行评估时，人民法院可以责令有关企业提供会计报表等资料；有关企业拒不提供的，可以强制提取。⑤

（五）确定保留价

拍卖应当确定保留价。拍卖财产经过评估的，评估价即为第一次拍卖的保留价；未作评估的，保留价由人民法院参照市价确定，并应当征询有关当事人的意见。如果出现流拍，再行拍卖时，可以酌情降低保留价，但每次降低的数额不得超过前次保留价的20%。保留价确定后，依据本次拍卖保留价计算，拍卖所得价款在清偿优先债权和强制执行费用后无剩余可能的，应当在实施拍卖前将有关情况通知申请执行人。申请执行人于收到通知后5日内申请继续拍卖

---

① 《拍卖变卖规定》第1条。
② 《拍卖变卖规定》第2条。
③ 《民诉法解释》第486条规定："依照民事诉讼法第二百五十四条规定，人民法院在执行中需要拍卖被执行人财产的，可以由人民法院自行组织拍卖，也可以交由具备相应资质的拍卖机构拍卖。交拍卖机构拍卖的，人民法院应当对拍卖活动进行监督。"从此，以委托拍卖为主、法院自行拍卖为辅的原则便发生了变化，变化成了委托拍卖和自行拍卖并行的原则。
④ 《拍卖变卖规定》第3条。
⑤ 《拍卖变卖规定》第4条。

的,人民法院应当准许,但应当重新确定保留价;重新确定的保留价应当大于该优先债权及强制执行费用的总额。依照前述规定流拍的,拍卖费用由申请执行人负担。①

（六）拍卖前的调查

执行人员应当对拍卖财产的权属状况、占有使用情况等进行必要的调查,制作拍卖财产现状的调查笔录或者收集其他有关资料。②

（七）拍卖前的公告

拍卖应当先期公告。拍卖动产的,应当在拍卖7日前公告;拍卖不动产或者其他财产权的,应当在拍卖15日前公告。拍卖公告的范围及媒体由当事人双方协商确定;协商不成的,由人民法院确定。拍卖财产具有专业属性的,应当同时在专业性报纸上进行公告。当事人申请在其他新闻媒体上公告或者要求扩大公告范围的,应当准许,但该部分的公告费用由其自行承担。③

（八）预交保证金

拍卖不动产、其他财产权或者价值较高的动产的,竞买人应当于拍卖前向人民法院预交保证金。申请执行人参加竞买的,可以不预交保证金。保证金的数额由人民法院确定,但不得低于评估价或者市场价的5%。应当预交保证金而未交纳的,不得参加竞买。拍卖成交后,买受人预交的保证金充抵价款,其他竞买人预交的保证金应当在3日内退还;拍卖未成交的,保证金应当于3日内退还竞买人。④

（九）通知到场

人民法院应当在拍卖5日前以书面或者其他能够确认收悉的适当方式,通知当事人和已知的担保物权人、优先购买权人或者其他优先权人于拍卖日到场。优先购买权人经通知未到场的,视为放弃优先购买权。法律、行政法规对买受人的资格或者条件有特殊规定的,竞买人应当具备规定的资格或者条件。申请执行人、被执行人可以参加竞买。⑤

（十）优先购买权的保护

拍卖过程中,有最高应价时,优先购买权人可以表示以该最高价买受,如无更高应价,则拍归优先购买权人;如有更高应价,而优先购买权人不作表示的,则拍归该应价最高的竞买人。顺序相同的多个优先购买权人同时表示买受的,以抽签方式决定买受人。⑥

（十一）拍卖限度

拍卖多项财产时,其中部分财产卖得的价款足以清偿债务和支付被执行人应当负担的费用的,对剩余的财产应当停止拍卖,但被执行人同意全部拍卖的除外。⑦

---

① 《拍卖变卖规定》第5、6条。
② 《拍卖变卖规定》第7条。
③ 《拍卖变卖规定》第8、9条。
④ 《拍卖变卖规定》第10条。
⑤ 《拍卖变卖规定》第11、12条。
⑥ 《拍卖变卖规定》第13条。
⑦ 《拍卖变卖规定》第14条。

（十二）合并拍卖

拍卖的多项财产在使用上不可分，或者分别拍卖可能严重减损其价值的，应当合并拍卖。①

（十三）拍品抵债

拍卖时无人竞买或者竞买人的最高应价低于保留价，到场的申请执行人或者其他执行债权人申请或者同意以该次拍卖所定的保留价接受拍卖财产的，应当将该财产交其抵债。有两个以上执行债权人申请以拍卖财产抵债的，由法定受偿顺位在先的债权人优先承受；受偿顺位相同的，以抽签方式决定承受人。承受人应受清偿的债权额低于抵债财产的价额的，人民法院应当责令其在指定的期间内补交差额。②

（十四）拍卖委托的撤回

在拍卖开始前，有下列情形之一的，人民法院应当撤回拍卖委托：其一，据以执行的生效法律文书被撤销的；其二，申请执行人及其他执行债权人撤回执行申请的；其三，被执行人全部履行了法律文书确定的金钱债务的；其四，当事人达成了执行和解协议，不需要拍卖财产的；其五，案外人对拍卖财产提出确有理由的异议的；其六，拍卖机构与竞买人恶意串通的；其七，其他应当撤回拍卖委托的情形。③

（十五）停止拍卖

人民法院委托拍卖后，遇有依法应当暂缓执行或者中止执行的情形的，应当决定暂缓执行或者裁定中止执行，并及时通知拍卖机构和当事人。拍卖机构收到通知后，应当立即停止拍卖，并通知竞买人。暂缓执行期限届满或者中止执行的事由消失后，需要继续拍卖的，人民法院应当在 15 日内通知拍卖机构恢复拍卖。被执行人在拍卖日之前向人民法院提交足额金钱清偿债务，要求停止拍卖的，人民法院应当准许，但被执行人应当负担因拍卖支出的必要费用。④

（十六）拍卖成交

拍卖成交或者以流拍的财产抵债的，人民法院应当作出裁定，并于价款或者需要补交的差价全额交付后 10 日内送达买受人或者承受人。拍卖成交后，买受人应当在拍卖公告确定的期限或者人民法院指定的期限内将价款交付到人民法院或者汇入人民法院指定的账户。⑤

（十七）重新拍卖

拍卖成交或者以流拍的财产抵债后，买受人逾期未支付价款或者承受人逾期未补交差价而使拍卖、抵债的目的难以实现的，人民法院可以裁定重新拍卖。重新拍卖时，原买受人不得参加竞买。重新拍卖的价款低于原拍卖价款造成的差价、费用损失及原拍卖中的佣金由原买受人承担。人民法院可以直接从其预交的保证金中扣除。扣除后保证金有剩余的，应当退还原买受人；保证金数额不足的，可以责令原买受人补交；拒不补交的，强制执行。拍卖时无人竞买或

---

① 《拍卖变卖规定》第 15 条。
② 《拍卖变卖规定》第 16 条。
③ 《拍卖变卖规定》第 17 条。
④ 《拍卖变卖规定》第 18、19 条。
⑤ 《拍卖变卖规定》第 20、21 条。

者竞买人的最高应价低于保留价，到场的申请执行人或者其他执行债权人不申请以该次拍卖所定的保留价抵债的，应当在60日内再行拍卖。①

（十八）流拍抵债

对于第二次拍卖仍流拍的动产，人民法院可以依照《拍卖变卖规定》第16条的规定将其作价交申请执行人或者其他执行债权人抵债。申请执行人或者其他执行债权人拒绝接受或者依法不能交付其抵债的，人民法院应当解除查封、扣押，并将该动产退还被执行人。对于第二次拍卖仍流拍的不动产或者其他财产权，人民法院可以依照《拍卖变卖规定》第16条的规定将其作价交申请执行人或者其他执行债权人抵债。申请执行人或者其他执行债权人拒绝接受或者依法不能交付其抵债的，应当在60日内进行第三次拍卖。第三次拍卖流拍且申请执行人或者其他执行债权人拒绝接受或者依法不能接受该不动产或者其他财产权抵债的，人民法院应当于第三次拍卖终结之日起7日内发出变卖公告。自公告之日起60日内没有买受人愿意以第三次拍卖的保留价买受该财产，且申请执行人、其他执行债权人仍不表示接受该财产抵债的，应当解除查封、冻结，将该财产退还被执行人，但对该财产可以采取其他执行措施的除外。②

（十九）拍卖标的物转移

不动产、动产或者其他财产权拍卖成交或者抵债后，该不动产、动产的所有权、其他财产权自拍卖成交或者抵债裁定送达买受人或者承受人时起转移。人民法院裁定拍卖成交或者以流拍的财产抵债后，除有依法不能移交的情形外，应当于裁定送达后15日内，将拍卖的财产移交买受人或者承受人。被执行人或者第三人占有拍卖财产应当移交而拒不移交的，强制执行。③

（二十）优先受偿权的消灭

拍卖财产上原有的担保物权及其他优先受偿权，因拍卖而消灭，拍卖所得价款，应当优先清偿担保物权人及其他优先受偿权人的债权，但当事人另有约定的除外。拍卖财产上原有的租赁权及其他用益物权，不因拍卖而消灭，但该权利继续存在于拍卖财产上，对在先的担保物权或者其他优先受偿权的实现有影响的，人民法院应当依法将其除去后进行拍卖。④

（二十一）拍卖佣金

拍卖成交的，拍卖机构可以按照下列比例向买受人收取佣金：拍卖成交价200万元以下的，收取佣金的比例不得超过5%；超过200万元至1000万元的部分，不得超过3%；超过1000万元至5000万元的部分，不得超过2%；超过5000万元至1亿元的部分，不得超过1%；超过1亿元的部分，不得超过0.5%。采取公开招标方式确定拍卖机构的，按照中标方案确定的数额收取佣金。拍卖未成交或者非因拍卖机构的原因撤回拍卖委托的，拍卖机构为本次拍卖已经支出的合理费用，应当由被执行人负担。⑤

（二十二）特殊拍卖

在执行程序中拍卖上市公司国有股和社会法人股的，适用最高人民法院《关于冻结、拍

---

① 《拍卖变卖规定》第22、23条。
② 《拍卖变卖规定》第24、25条。
③ 《拍卖变卖规定》第26、27条。
④ 《拍卖变卖规定》第28条。
⑤ 《拍卖变卖规定》第29条。

卖上市公司国有股和社会法人股若干问题的规定》。①

(二十三) 变卖

对查封、扣押、冻结的财产,当事人双方及有关权利人同意变卖的,可以变卖。金银及其制品、当地市场有公开交易价格的动产、易腐烂变质的物品、季节性商品、保管困难或者保管费用过高的物品,人民法院可以决定变卖。②

(二十四) 变卖价格的确定

当事人双方及有关权利人对变卖财产的价格有约定的,按照其约定价格变卖;无约定价格的但有市价的,变卖价格不得低于市价;无市价但价值较大、价格不易确定的,应当委托评估机构进行评估,并按照评估价格进行变卖。按照评估价格变卖不成的,可以降低价格变卖,但最低的变卖价不得低于评估价的二分之一。变卖的财产无人应买的,适用《拍卖变卖规定》第16条的规定将该财产交申请执行人或者其他执行债权人抵债;申请执行人或者其他执行债权人拒绝接受或者依法不能交付其抵债的,人民法院应当解除查封、扣押,并将该财产退还被执行人。③

三、网络司法拍卖的特别规则

前面的介绍所涉及的仅是现场拍卖,而且以委托拍卖为主。随着司法实践的发展,网络司法拍卖这种新鲜事物开始出现。网络司法拍卖,是指人民法院依法通过互联网拍卖平台,以网络电子竞价方式公开处置财产的行为。网络司法拍卖在司法拍卖中日益显示出优势,并逐步占据了优势地位。网络司法拍卖最早出现于2010年,其市场超地域化、拍卖快捷化、拍卖虚拟化、交易成本低廉化、拍卖信息透明化等诸多特性,使得司法拍卖变得更公开、更高效、更便捷。目前,我国已经有1400余家法院自主开展网络拍卖,进行网拍超过25万次,成功处置标的物金额超过1500亿元。但作为一种新事物,网络司法拍卖实践中也存在拍卖模式多样、拍卖主体多元、操作规程不一等问题。为此,最高人民法院于2016年5月30日通过《关于人民法院网络司法拍卖若干问题的规定》(自2017年1月1日起施行,以下简称《网络拍卖规定》),对网络司法拍卖进行了规范,形成了适用于网络司法拍卖的特别规则,兹介绍如下。

(一) 网络司法拍卖优先原则

人民法院以拍卖方式处置财产的,应当采取网络司法拍卖方式,但法律、行政法规和司法解释规定必须通过其他途径处置,或者不宜采用网络拍卖方式处置的除外。④

(二) 社会监督原则

网络司法拍卖应当在互联网拍卖平台上向社会全程公开,接受社会监督。⑤

(三) 网络服务提供者名单库

最高人民法院建立全国性网络服务提供者名单库。网络服务提供者申请纳入名单库的,其提供的网络司法拍卖平台应当符合下列条件:其一,具备全面展示司法拍卖信息的界面;其

---

① 《拍卖变卖规定》第30条。
② 《拍卖变卖规定》第31条。
③ 《拍卖变卖规定》第32条。
④ 《网络拍卖规定》第2条。
⑤ 《网络拍卖规定》第3条。

二,具备《网络拍卖规定》要求的信息公示、网上报名、竞价、结算等功能;其三,具有信息共享、功能齐全、技术拓展等功能的独立系统;其四,程序运作规范、系统安全高效、服务优质价廉;其五,在全国具有较高的知名度和广泛的社会参与度。最高人民法院组成专门的评审委员会,负责网络服务提供者的选定、评审和除名。最高人民法院每年引入第三方评估机构对已纳入和新申请纳入名单库的网络服务提供者予以评审并公布结果。[1] 网络服务提供者由申请执行人从名单库中选择;未选择或者多个申请执行人的选择不一致的,由人民法院指定。[2]

(四)人民法院的职责

实施网络司法拍卖的,人民法院应当履行下列职责:其一,制作、发布拍卖公告;其二,查明拍卖财产现状、权利负担等内容,并予以说明;其三,确定拍卖保留价、保证金的数额、税费负担等;其四,确定保证金、拍卖款项等支付方式;其五,通知当事人和优先购买权人;其六,制作拍卖成交裁定;其七,办理财产交付和出具财产权证照转移协助执行通知书;其八,开设网络司法拍卖专用账户;其九,其他依法由人民法院履行的职责。[3]

(五)网络司法拍卖的辅助工作

实施网络司法拍卖的,人民法院可以将下列拍卖辅助工作委托社会机构或者组织承担:其一,制作拍卖财产的文字说明及视频或者照片等资料;其二,展示拍卖财产,接受咨询,引领查看,封存样品等;其三,拍卖财产的鉴定、检验、评估、审计、仓储、保管、运输等;其四,其他可以委托的拍卖辅助工作。社会机构或者组织承担网络司法拍卖辅助工作所支出的必要费用由被执行人承担。[4]

(六)网络服务提供者承担的事项

实施网络司法拍卖的,下列事项应当由网络服务提供者承担:其一,提供符合法律、行政法规和司法解释规定的网络司法拍卖平台,并保障安全正常运行;其二,提供安全便捷配套的电子支付对接系统;其三,全面、及时展示人民法院及其委托的社会机构或者组织提供的拍卖信息;其四,保证拍卖全程的信息数据真实、准确、完整和安全;其五,其他应当由网络服务提供者承担的工作。网络服务提供者不得在拍卖程序中设置阻碍适格竞买人报名、参拍、竞价以及监视竞买人信息等后台操控功能。网络服务提供者提供的服务无正当理由不得中断。[5]

(七)人民法院的监督

网络司法拍卖服务提供者从事与网络司法拍卖相关的行为,应当接受人民法院的管理、监督和指导。[6]

(八)竞买人资格的确认

竞买人在拍卖竞价程序结束前交纳保证金经人民法院或者网络服务提供者确认后,取得竞买资格。网络服务提供者应当向取得资格的竞买人赋予竞买代码、参拍密码;竞买人以该代码参与竞买。网络司法拍卖竞价程序结束前,人民法院及网络服务提供者对竞买人以及其他能够

---

[1] 《网络拍卖规定》第4条。
[2] 《网络拍卖规定》第5条。
[3] 《网络拍卖规定》第6条。
[4] 《网络拍卖规定》第7条。
[5] 《网络拍卖规定》第8条。
[6] 《网络拍卖规定》第9条。

确认竞买人真实身份的信息、密码等,应当予以保密。优先购买权人经人民法院确认后,取得优先竞买资格以及优先竞买代码、参拍密码,并以优先竞买代码参与竞买;未经确认的,不得以优先购买权人身份参与竞买。顺序不同的优先购买权人申请参与竞买的,人民法院应当确认其顺序,赋予不同顺序的优先竞买代码。①

(九) 竞价

网络司法拍卖从起拍价开始以递增出价方式竞价,增价幅度由人民法院确定。竞买人以低于起拍价出价的无效。网络司法拍卖的竞价时间应当不少于 24 小时。竞价程序结束前 5 分钟内无人出价的,最后出价即为成交价;有出价的,竞价时间自该出价时点顺延 5 分钟。竞买人的出价时间以进入网络司法拍卖平台服务系统的时间为准。竞买代码及其出价信息应当在网络竞买页面实时显示,并储存、显示竞价全程。②

(十) 请求撤销网络司法拍卖

当事人、利害关系人提出异议请求撤销网络司法拍卖,符合下列情形之一的,人民法院应当支持:其一,由于拍卖财产的文字说明、视频或者照片展示以及瑕疵说明严重失实,致使买受人产生重大误解,购买目的无法实现的,但拍卖时的技术水平不能发现或者已经就相关瑕疵以及责任承担予以公示说明的除外;其二,由于系统故障、病毒入侵、黑客攻击、数据错误等原因致使拍卖结果错误,严重损害当事人或者其他竞买人利益的;其三,竞买人之间,竞买人与网络司法拍卖服务提供者之间恶意串通,损害当事人或者其他竞买人利益的;其四,买受人不具备法律、行政法规和司法解释规定的竞买资格的;其五,违法限制竞买人参加竞买或者对享有同等权利的竞买人规定不同竞买条件的;其六,其他严重违反网络司法拍卖程序且损害当事人或者竞买人利益的情形。网络司法拍卖被人民法院撤销,当事人、利害关系人、案外人认为人民法院的拍卖行为违法致使其合法权益遭受损害的,可以依法申请国家赔偿;认为其他主体的行为违法致使其合法权益遭受损害的,可以另行提起诉讼。③

(十一) 司法救济

当事人、利害关系人、案外人认为网络司法拍卖服务提供者的行为违法致使其合法权益遭受损害的,可以另行提起诉讼;理由成立的,人民法院应当支持,但具有法定免责事由的除外。④

(十二) 竞买禁止

实施网络司法拍卖的,下列机构和人员不得竞买并不得委托他人代为竞买与其行为相关的拍卖财产:其一,负责执行的人民法院;其二,网络服务提供者;其三,承担拍卖辅助工作的社会机构或者组织;其四,前述三项规定主体的工作人员及其近亲属。⑤

(十三) 拍卖异议

当事人、利害关系人认为网络司法拍卖行为违法侵害其合法权益的,可以提出执行异议。异议、复议期间,人民法院可以决定暂缓或者裁定中止拍卖。案外人对网络司法拍卖的标的提

---

① 《网络拍卖规定》第 18、19 条。
② 《网络拍卖规定》第 20 条。
③ 《网络拍卖规定》第 31、32 条。
④ 《网络拍卖规定》第 33 条。
⑤ 《网络拍卖规定》第 34 条。

出异议的，人民法院应当依据《民事诉讼法》第234条及相关司法解释的规定处理，并决定暂缓或者裁定中止拍卖。①

第五节　司法拍卖制度的改革与完善

在我国司法改革的整体框架中，有一个并不显眼但却颇具启发意义的改革向来未受到应有关注，即司法拍卖体制和机制的改革与完善问题。司法拍卖改革率先提出司法行政权和司法权的分离与制衡的关系命题，同时在更为具体的意义上蕴含了我国强制执行体制改革和发展的走势与方向。司法拍卖改革从20世纪末叶正式启航至今已有20多年，中间历经了多次司法解释，基于实践探索所形成的司法拍卖模式也各有特色，以司法委托拍卖为主旨的制度变迁日臻完善。然而2012年《民事诉讼法》对司法拍卖制度的立法表述做出了微妙调整，这就使司法拍卖改革的走向问题再次被提上议事日程。目前，由法院主导的网络拍卖也日益具有制度重塑的实践功能。为此，一个必然提出的理论课题便是，中国的司法拍卖改革是继续朝向市场化方向发展和完善，抑或向法院自行拍卖的制度性回归。这个问题亟待解答，否则会导致实践紊乱，尤其会阻碍司法拍卖制度改革的理性发展。

一、司法拍卖的立法规定及其改革缘起

司法拍卖是与任意拍卖或商业拍卖相对而言的概念，是指在被执行人逾期拒不履行生效法律文书所确定的法律义务时，人民法院依照民事诉讼法的规定，对涉诉资产采取拍卖措施，并用拍卖所得款项清偿债务的活动和行为，也称为强制拍卖。如前所述，司法拍卖在我国最早出现于1991年《民事诉讼法》中，此前的《民事诉讼法（试行）》并未规定拍卖制度，而仅规定了传统的变卖制度。拍卖制度进入作为公法的民事诉讼法中，成为法院运用市场化手段进行强制变价的方法之一，对实现被执行标的物的价值最大化具有重大意义，从此我国的两种拍卖制度——任意拍卖和司法拍卖进入了并行发展的新阶段，也标志着我国拍卖制度臻于成熟。

《民事诉讼法》第254条规定："财产被查封、扣押后，执行员应当责令被执行人在指定期间履行法律文书确定的义务。被执行人逾期不履行的，人民法院应当拍卖被查封、扣押的财产；不适于拍卖或者当事人双方同意不进行拍卖的，人民法院可以委托有关单位变卖或者自行变卖。国家禁止自由买卖的物品，交有关单位按照国家规定的价格收购。"该项规定有两个特点：一是拍卖和变卖属于平等的两种变价方式，没有先后顺位之别；二是人民法院是否交有关单位拍卖或变卖，属于"可以"的任意性规范，而不属于"应当"的强制性规范。此一规定在实践操作中易生混乱，对被执行财产的变价究竟是依拍卖进行还是依变卖进行，法院的裁量权过大。为限制法院的此种裁量权，1998年《执行规定》（失效）对民事诉讼法的上述规定做出了细化解释。其第46条规定："人民法院对查封、扣押的被执行人财产进行变价时，应当委托拍卖机构进行拍卖。"通过此一解释，人民法院需要对被执行财产进行变价时，首先需要采用拍卖的形式，而且拍卖需要通过委托拍卖机构的方式进行，而不得自行拍卖。这便确立了我国统一的司法委托拍卖制度。委托成为司法拍卖制度的必要元素，非委托即不得进行司法拍卖。因此，我国的司法拍卖制度与委托拍卖制度在内涵上是相同的。以此为标志，我国司法

---
① 《网络拍卖规定》第36条。

拍卖制度的市场化改革迈开了新的步伐。

1998年《执行规定》颁行后，最高人民法院根据实践需要，相继通过若干司法解释对委托拍卖制度进行了完善，主要有：《关于冻结、拍卖上市公司国有股和社会法人股若干问题的规定》（以下简称《股拍规定》）、《拍卖变卖规定》、《关于人民法院委托评估、拍卖和变卖工作的若干规定》（以下简称《委托评估、拍卖、变卖规定》）、《关于人民法院委托评估、拍卖工作的若干规定》（以下简称《委托评估、拍卖规定》）、《执行权合理配置若干意见》等。此外，最高人民法院还发布了《对外委托鉴定、评估、拍卖等工作管理规定》等具体操作性文件。地方各级法院也根据最高人民法院的司法解释，做出了关于司法拍卖的有关细则和规程。除最高人民法院外，商务部和财政部等行政管理部门也对司法拍卖做出了相关规范。如财政部发布了《关于上市公司国有股被人民法院冻结拍卖有关问题的通知》、商务部办公厅发布了《关于做好司法拍卖改革相关工作的通知》等。上述司法解释及有关规范性文件，构成了我国除立法以外的有关司法拍卖市场化改革的全部规范体系。

为了探寻出一条适合中国国情和现实需要的司法拍卖之路，全国各级司法机关积极探索，多方尝试，反复试点，不断深化，在制度实践上形成了诸多有益的经验，并积淀成了几种具有代表性的实践模式。例如，上海高院审慎推出的"公共资源拍卖中心模式"（以下简称"上海模式"）、重庆高院开拓形成的"产权交易所模式"（以下简称"重庆模式"）、广西高院总结出的"联拍网模式"（以下简称"广西模式"）以及浙江高院探索力推的"淘宝网模式"（以下简称"浙江模式"）等。这些模式虽在具体做法上有所差异，但有一点是共同的，就是都在不同程度上为我国司法拍卖改革提供有启发价值的实践素材，就此而论，均值得肯定。

二、司法拍卖制度改革的规律及基本方向

从上述立法规定、司法解释及实践探索来看，我国司法机关在司法拍卖制度的改革上一直未停息脚步，日益深化推进和积极开拓，并取得了丰硕的成果和丰富的经验。我们从中可以探析和概括出司法拍卖制度在我国的发展规律和基本方向。具体包括以下诸端：

（一）从法院自行拍卖到委托拍卖

司法拍卖从理论模型上看，可以划分为两种类型：一是法院自行拍卖，二是法院委托拍卖。法院自行拍卖是法院依职权直接采取拍卖措施，对被执行财产进行变价处置，而不交给专业的拍卖机构实施拍卖。法院委托拍卖则与之相反，法院本身并不实施具体的拍卖活动，而是将需要拍卖的被执行财产交给社会上的拍卖机构实施拍卖。在1998年《执行规定》颁行前，人民法院自行拍卖较为普遍；在1998年《执行规定》颁行后，委托拍卖占据主导地位。法院自行拍卖之所以转变成法院委托拍卖，根本的原因就在于法院自行拍卖弊大于利。这一方面表现在，法院自行拍卖难以满足作为市场化交易手段的拍卖技术性要求，从而难以实现被执行财产价值的最大化，影响了司法拍卖的效益和效率；另一方面法院自行拍卖直接与各种各样的竞买人打交道，因其缺乏有力有效的监督约束，难免会有权力寻租、钱权交易从而导致司法腐败的风险。可以说，司法腐败的"重灾区"在执行领域，而执行领域中的"重灾区"在拍卖环节。鉴于此，1998年《执行规定》将"两可"的司法拍卖实行并轨处理，确立了单一的司法委托拍卖制度。应当说，由法院自行拍卖转向法院委托拍卖，是法院在司法腐败案件频发后进行深刻反思后做出的理性抉择。

（二）从拍卖权力的集中到拍卖权力的分离与制衡

权力的集中易致腐败，绝对的权力导致绝对的腐败，这一命题同样适用于司法拍卖这一国

家强制执行权力的运作过程之中。司法拍卖在我国强制执行发展过程中,早期之所以弊端丛生,腐败不止,根本的原因就在于司法拍卖的权力过于集中。有鉴于此,《委托评估、拍卖、变卖规定》对高度集中的司法拍卖权进行了立法上的解构与分化,第1条规定:"人民法院司法技术管理部门负责本院的委托评估、拍卖和流拍财产的变卖工作,依法对委托评估、拍卖机构的评估、拍卖活动进行监督。"此一规定被《委托评估、拍卖规定》所重申和确认。这些司法解释表明,原来高度一元化的司法拍卖权现在开始分解为由若干分支性权力组成的权力系统,包括司法拍卖决定权(由人民法院的执行部门负责行使)、司法拍卖委托权(由人民法院司法技术辅助部门负责行使)、司法拍卖实施权(由所委托的拍卖机构负责行使)、司法拍卖监督权(由人民法院的执行部门和司法技术辅助部门共同行使,同时它们相互之间也通过分工制约而实施相互监督)。不仅如此,《执行权合理配置若干意见》进一步对司法拍卖中的执行裁决权和执行实施权进行分离,其第22条规定:"委托评估、拍卖、变卖由司法辅助部门负责,对评估、拍卖、变卖所提异议由执行局审查。"这样,统一集中的司法拍卖权便根据其内在属性和特点,被分解为若干部分和环节,由此形成一个完整的司法拍卖的过程和体系,而其内部则由司法拍卖权的分工与制约形成了相对严密的监督与制衡关系。从司法拍卖权的集中走向司法拍卖权的分离,不仅保证了国家强制执行权行使的公平公正,同时还有效地杜绝了司法腐败案件的发生(从2009年后,司法执行、拍卖腐败案件鲜有所闻,与过去形成鲜明对照),确保了被执行财产价值实现的最大化,有力地保障了诉讼当事人双方的合法权益,因而值得充分肯定。

(三) 从拍卖场所的分散化到拍卖场所的统一化

司法拍卖的权力应当由集中到分散,而司法拍卖的场域或场所则相反,应当由分散到统一。传统的司法拍卖均在所委托的拍卖机构自有的拍卖场所进行,这有很大的局限性,不仅拍卖场所的空间受到极大制约,而且容易导致各种不正常、非正当乃至非法违规的因素的渗入和侵入,从而导致拍卖程序被扭曲、拍卖秩序遭扰乱,拍卖的公平公正性便难以确保。比如容易导致黑势控场、围标串标、闹场笔标、恶意串通、关门拍卖、恶性竞争、内幕交易、联合压价、权力寻租等现象的发生。为改变这种现象,《委托评估、拍卖规定》确立了司法拍卖的集中原则,改变了过去长期所处的拍卖分散进行的局面。《委托评估、拍卖规定》第4条规定:"人民法院委托的拍卖活动应在有关管理部门确定的统一交易场所或网络平台上进行";第6条规定:"涉国有资产的司法委托拍卖由省级以上国有产权交易机构实施";第7条规定:"《中华人民共和国证券法》规定应当在证券交易所上市交易或转让的证券资产的司法委托拍卖,通过证券交易所实施"。司法拍卖由此进入统一的交易场所和统一的网络平台上进行,这为司法拍卖带来了诸如设施完备先进、平台公开透明、信息充分真实、受众面广、监督扁平多元等多方面的制度优势和价值,因而深受实践认同。如广西在2011年6月出台了《广西壮族自治区高级人民法院委托拍卖工作管理办法》,推出了"制度建设+网络平台+高标准拍卖场所"的三位一体结构模式,实现了司法拍卖委托人(人民法院)、拍卖企业、竞买人三方共赢的效果。① 由上海市拍卖行业协会发起的国内第一个省市级公共资源拍卖中心——上海市公共资源拍卖中心于2011年11月成立以来,实现了拍卖场所、网络平台、公告媒体、政府监督、资金管理"五统一",把权力锁进笼子、把恶意串通关在门外,使得各类拍卖在阳光下安全、

---

① 参见黄星航:《广西司法拍卖改革实现三方共赢》,载《人民法院报》2012年2月4日。

高效运行,锻造出了司法拍卖的"上海模式"。上海司法委托拍卖案件呈逐年增加趋势,2009年超过2000件,拍卖成交额已达60亿元左右,成交率接近90%。上海市连续6年没有发现拍卖企业和法官违规事件。① 尤其值得一提的是,统一的拍卖平台不仅表现在现场拍卖领域,同样也体现在网络拍卖领域。网络司法拍卖在平台建设上所迈出的步伐更大,目前已基本实现了现场拍卖统一平台与网络拍卖统一平台的竞合,凡有现场拍卖的场所,均可同时进行网络拍卖。两大司法拍卖平台的竞合与统一,有利于发挥现场拍卖和网络拍卖的各自优势,同时可以有效地克服分别实施所存在的缺陷。

(四) 从现场拍卖到网络拍卖

根据我国学者的介绍,国际上根据拍卖操作形式的区别,可以分为英格兰式拍卖、荷兰式拍卖、投标式拍卖、计时器拍卖和网上拍卖五种形式。② 网上拍卖是一种独立的拍卖形式。但与前四种拍卖形式相比,网上拍卖比较特殊,而前四种拍卖形式均可归类于现场拍卖之中。随着IT业的不断发展,通过网络所实施的拍卖日益产生强烈的影响。例如,在国际上著名网上拍卖有ebay拍卖,我国香港特别行政区也有auction. eshop (HK)、ren–dots (HK) 等网上拍卖,我国内地也有"中拍在线"、网易拍卖等类型的网上拍卖。网上拍卖或网络拍卖近年来也被导入司法拍卖领域,形成了司法拍卖网络化趋势或特征。最早在司法拍卖中引入网络拍卖的是重庆高院。重庆高院于2009年推出了由第三方交易平台产权交易机构为载体的统一司法拍卖制度。在这个第三方交易平台上,受委托进行司法拍卖的拍卖机构统一进场进行司法拍卖,与之相配套,在该平台上仅能进行电子竞价,而不采用传统举牌的竞价形式;与此同时,竞买人可不到现场进行电子竞价,可以在该平台所开通的网络上参加竞买。网络竞买与现场竞买公平竞争,具有相同效力。此一改革在全国产生了重大影响,"重庆模式"由此形成,网络拍卖随之蔚然成风。无论现场拍卖采用何种模式,网络拍卖都是必须采用的与之相配套的拍卖形式。"上海模式""广西模式"等,也均吸纳网络拍卖,使现场拍卖升级。可以说,现在单纯的现场拍卖和单纯的网络拍卖均属少数,司法拍卖的普遍形态是现场拍卖和网络拍卖的有机统一。2012年2月在重庆召开了"全国法院深化司法拍卖改革工作会议",该会议对网络拍卖这种司法拍卖形式给予了明确肯定和全面推广。《委托评估、拍卖规定》第4条对网络平台上进行的拍卖作出了规定和确认。网络拍卖自此成为正式的而且是必备的拍卖形式。也正是到此时,在我国司法拍卖制度的改革历史上,现场拍卖向网络拍卖的转折方宣告完成。

由现场拍卖向网络拍卖的转变和发展具有重大的进步意义。如前所述,现场拍卖所存在的各种缺陷,由于网络拍卖的出现而在相当大的程度上被克服了。在网络拍卖的介入下,竞买人参与竞买具有了更多的选择空间,同时参与司法拍卖的竞买人人数大大增加了,尤为重要的是,网络拍卖还有效地避免了传统现场拍卖所固有的诸如围标串标等流弊,更加净化了司法拍卖的环境,提升了司法拍卖的效益和效率,为传统的现场拍卖形式注入了更多的活力,因而值得充分肯定。

但网络拍卖能否取代现场拍卖,以及网络拍卖能否成为司法拍卖体制或模式向法院自行拍卖回归的助推器,该问题较为复杂,有待后面深论。

由上可见,我国司法拍卖制度自其1991年在民事诉讼法上首次获得规定迄今,历经了从

---

① 参见叶松:《去年本市司法拍卖成交60亿元》,载《上海商报》2010年1月8日。
② 参见田涛:《强制拍卖与任意拍卖结合操作中的若干问题》,载《法治论丛》2004年第5期。

自行拍卖到委托拍卖、从拍卖权力的集中到拍卖权力的分离与制衡、从分散拍卖到统一拍卖以及从传统的现场拍卖到现代的网络拍卖等方面的转变和发展，由此使我国司法拍卖制度日趋成熟和稳定，并描绘出了我国司法拍卖制度发展和演变的轨迹与基本方向；也正是在此过程中，我国司法拍卖的公开、公平与公正，获得了极大提升，司法拍卖的权威性和廉洁性取得了明显进展，司法拍卖的秩序和效率有了较大改观；与此同时，在司法拍卖的规范和助推下，我国拍卖业的发展也迈开了更大步伐，人民法院司法拍卖的社会管理职能在延长线上得到了彰显。

三、司法拍卖制度的立法变动及其理论诠释

2012年《民事诉讼法》第247条规定："被执行人逾期不履行的，人民法院应当拍卖被查封、扣押的财产；不适于拍卖或者当事人双方同意不进行拍卖的，人民法院可以委托有关单位变卖或者自行变卖。"该条规定与其修改前的相应条文（2007年《民事诉讼法》第223条）做对照，可以容易发现其存在三点区别：其一，在拍卖和变卖这两种强制变价方式之间，将此前并行的选择性规范，改为了"拍卖优先，变卖在后"的原则。这一变化突出了司法拍卖的重要地位，变卖只是在拍卖不能或者当事人双方均不同意拍卖的情况下，才予以补充适用。其二，在拍卖的实施上，用"人民法院应当拍卖"的规定取代了此前"人民法院可以按照规定交有关单位拍卖"的规定。其三，在变卖的实施上，将此前的"人民法院可以按照规定交有关单位变卖"的规定，改变成了"人民法院可以委托有关单位变卖或者自行变卖"的规定，在原来的委托变卖之外，增加了一项法院"自行变卖"的规定。对于第一点的变化，笔者持赞成意见；对于第三点的变化，因为与部分主题关系不密切，留待另行探讨。这里主要针对立法文本中的第二点变化做一理论诠释，以此表达笔者对于司法拍卖制度改革和发展的方向性意见。

在上述条文变化的第二点中，关键在于解释立法上何以要用"人民法院应当拍卖"的规定取代了此前"人民法院可以按照规定交有关单位拍卖"的规定。如果我们将此前"人民法院可以按照规定交有关单位拍卖"的规定解释为"委托拍卖制度"，那么，目前立法上所规定的"人民法院应当拍卖"，是否即意味着为"法院自行拍卖"，从而用"法院自行拍卖"取代了过去一直实施的"委托拍卖制度"？如果这样解释，那么，就势必认为，以1991年《民事诉讼法》的规定为契机，以1998年《执行规定》此一司法解释为标志，所确立的委托拍卖制度到了现行立法阶段，就走到了它的终点站，自此以委托拍卖为主要改革内容和走向的司法拍卖制度就要来一个180度的大转弯，又回归到法院自行拍卖的老路上去。笔者对于这种解释不能苟同，即笔者主张司法拍卖制度的改革和完善应当继续朝市场化方向发展，坚持委托拍卖制度，原则上法院不得进行自行拍卖。其主要理由分述如下：

（一）关于"人民法院应当拍卖"的两种解释

从字面上解释，对立法所规定的"人民法院应当拍卖"可以做出两种解释：一种解释就是强调拍卖应当由法院亲自实施，而不再进行委托拍卖；另一种解释则把它解释为拍卖相对于变卖而言具有优先性，强调法院对于所查封和扣押的被执行财产，在强制变价时，应首选拍卖的方式而非变卖的方式。笔者同意第二种解释。第二种解释与此前的"拍卖或变卖"的或然性规定相比较，其含义至为显然，意指"人民法院应当拍卖"，而不是"人民法院应当拍卖或变卖"，更不是"人民法院应当变卖"。因为1991年修改《民事诉讼法》首次确立司法拍卖制度时，我国尚无拍卖法，拍卖机构稀缺，拍卖业不发达，拍卖制度和程序规范均不健全，所以对于被执行财产的变价而言，无法强调一概进行拍卖，而只能提"拍卖或者变卖"。然而这种

局面在拍卖法实施后有了改变,拍卖机构大量增加,拍卖制度日益健全,拍卖作为一种特殊的商品交易方式日益为国人所认知和接受。据中国拍卖行业协会统计,截至 2014 年 10 月底,全国 31 个省(区、市)共有拍卖企业 6403 家,比上年同期增加 339 家。国家注册拍卖师 11607 人,拍卖企业员工总数 60093 人。尤其是,从 1998 年《执行规定》后,最高人民法院相继通过了前已列述的若干司法解释,进一步健全和完善了以委托拍卖为载体的司法拍卖制度,实践中取得了丰富的经验,因此,立法者有鉴于此,将原来的"拍卖或变卖"的并行性规范,改为"应当拍卖",以突出"拍卖"而将"变卖"置后。这是一种解释方法;这种解释方法在笔者看来并不与立法文本相冲突,尤其是衡之以历史解释方法,这种解释较之于第一种解释更为稳妥、更切实际、也更符合司法拍卖制度改革和发展的方向与走势。

此外,再结合变卖的有关规定看,在被执行财产不适合拍卖或者当事人合意排除拍卖的适用时,人民法院可以做出两种选择:一是委托变卖,二是自行变卖。不需要技术含量的变卖尚且保留委托变卖的形式,而与此相对照,需要有高度技术含量的拍卖却完全排除委托拍卖,没有给委托拍卖留有任何立法上的空间,由此也可知第一种解释方法是不妥当的。而如果将第一种观点作扩大解释,认为其中包含了法院自行拍卖和委托拍卖两种形式,则又难免会犯"解释不出"的毛病。

(二)委托拍卖的制度优势

如前所述,在我国,首先产生的是法院自行拍卖,继而才因实践之需产生了委托拍卖,由法院自行拍卖转向委托拍卖,标示着我国司法拍卖制度的发展规律之一,同时也确证着我国司法拍卖制度的进步。前已概述了其理由,这里再补充申述若干理由。委托拍卖主要具有这样几个制度功能:

一是分担功能。通过法院委托拍卖机构实施司法拍卖,客观上分担了法院较多的执行事项。法院在执行领域,与在审判领域一样,同样存在案多人少的矛盾,由此加剧了"执行难"的现象。而在执行领域,法院行使司法拍卖权所耗费的时间、精力和人力资源是最为集中的,因为司法拍卖也属拍卖,也同样要按照拍卖的基本规范和程序来实际操作,比如要充分招商、广加宣传、传播信息、拍摄照片、制作视频、发布广告、推介拍品、带客看样等。仅这些为司法拍卖所需进行的前期准备工作,就占据相当多的司法资源。且不论其中所含的技术性要求,单就这些行为或活动本身,法院就将疲于应付,甚至难以招架,稍有懈怠或疏忽,就可能影响被拍财产价值的最大化实现,导致当事人不满,甚至导致拍卖中的失职渎职,最终被诉追国家赔偿。相反,如果将这些烦琐的技术活全部打包切割,交由专门的拍卖机构来进行,则实际上延长了法院执行和拍卖的手臂,取长补短,成功地完成了向社会的借力行动,减轻了法院的执行负担,使法院将更多的司法资源投入到需要投入而又不能外包或向外转移的审判和执行的其他领域中去。

二是"防火墙"功能。"防火墙"功能指的是通过委托拍卖,就可以在法院的执行部门(含技术辅助部门,以下概称执行法官)与具体的拍卖活动之间形成一个"隔离带",从而与司法拍卖中的最大利益主体——潜在的诸竞买人割裂开来。竞买人贿赂实施拍卖的执行法官,从而以低价买得被执行财产,是导致拍卖环节司法腐败的主要原因。现在通过委托拍卖,使竞买人仅能与受委托的拍卖机构直接接触,而与执行法官在拍卖的环节上切割了联系。如果潜在的竞买人贿赂执行法官希望干预委托拍卖,则会遭遇拍卖机构的反向监督与制约。执行法官打交道的目前只是拍卖机构,拍卖机构行贿执行法官的可能环节只有进准入名册和遴选拍卖机构两端,而这两端通过制度完善是可以堵住漏洞的(后有详述);而且相比竞买人而言,因为拍卖机构从司法拍卖中所获得的仅是一定比例的佣金,而不是大起大落的最终成交价,所以行贿的利润空间相对较小。加之,竞买人是社会上广泛存在的不特定的商家或其他主体,对其行贿的监督难度较大,而对有行业自律管理和行政管理的拍卖机构实施监督,则相对容易。因此,如果将这堵"防火墙"拆除,则趋缓和的执行领域中的司法腐败,又会如同过去那样重演,尤其是现在还有网络拍卖,可做手脚的环节更多,监督起来更加困难,腐败会加剧地表现出来。

三是价值最大化功能。司法拍卖的本质在"拍卖"二字;既属拍卖,则应追求拍卖制度的最大价值。拍卖制度的最大价值就是实现被拍标的物的最大价值。被拍财产的价值最大化不是可以无条件地任何人、在任何场合、经过任何方法都可以实现的。拍卖是一个技术性要求极高的产业或行业,其价值最大化的实现需要有拍卖师的拍卖技巧,需要对不同的拍品选择与之相适应的拍卖方式,需要有专门的拍卖场所和设施、设备,尤其需要上述各种元素组合在一起所营造而成的特定的拍卖氛围和环境。正是在上述各种因素的综合作用下,被拍财产的潜在价值才能被充分地发掘出来,最终一锤定音,与最高出价者成交。可见,司法拍卖中的最高出价者在芸芸众生之中,不是那么容易被"生成""打造""发现"出来的。我们不能不承认这是一项技术活,术有专攻,就像鉴定、评估等审判和执行中的其他技术活一样,我们应当像委托鉴定、委托评估等一样,按照劳动分工和社会分工的原则,继续沿着委托拍卖的路线走下去。

四是改革指引功能。中国目前正在深化司法改革,所需改革的内容之一就是法院执行体制的改革与完善,而司法拍卖制度的改革与完善便是其中一个组成部分。司法拍卖市场化改革已经在执行体制的改革中先行一步,其要义并非单纯的市场化,而是通过市场化改革实现审判与执行的逐渐分离,最终达到"审执彻底分离"的改革目标。在统一的执行权中,理论上将其又分化为执行裁决权和执行实施权两种权能;对司法拍卖而言,统一的司法拍卖权也可划分为拍卖裁决权和拍卖实施权两种权能。目前司法拍卖市场化改革,经由法院委托而分离出去给拍卖机构行使的权能,仅是其中的拍卖实施权,而不包括拍卖裁决权(在更细的层面,含拍卖决定权、拍卖委托权、拍卖异议处置权等)。拍卖裁决权具有审判权性质,其由法院行使原无疑义,而拍卖实施权则属于执行体制改革的对象。通过委托拍卖的制度桥梁,在司法拍卖领域,便率先实现了"审执彻底分离"。这一改革对执行领域中的其他类似问题的改革,具有导向意义和启发价值。其实,除拍卖实施权需要从法院分离出去外,其他的具体的执行实施权也同样需要从法院分离出去。在我国执行体制改革中,要实行"审执彻底分离"的原则,将执行实施权从统一的执行权中分解而出,交由司法行政机关或者专设一个独立的执行机关(如执行总署或执行总局)行使。[①] 到了这个阶段,经由委托拍卖而暂时分离出去的拍卖实施权,则没有必要继续保留在社会中介组织性质的拍卖公司那里了,而将回归统一的执行机关手中。目前之所以要实行委托拍卖,只是因为我们缺乏可以承接拍卖实施权这个技术活的专门执行机关。有了专门的执行机关,其中将分许多职能部门,拍卖实施部门将肩负起具体的拍卖事务,因而有必要配备具有专门资质的拍卖师。这种拍卖师可以被称为"司法拍卖师",以区别于普通的拍卖师,为此尚需提出更高的要求和标准。由此可见,委托拍卖制度的实行对执行体制的改革与完善具有前引和倒逼功能,迫使我们加快执行体制的改革与完善。

---

① 参见汤维建:《执行体制的统一化构建——以解决民事"执行难"为出发点》,载《现代法学》2004年第5期。

（三）法院自行拍卖的弊端

前文提及，自行拍卖就是法院亲自行使拍卖实施权，而不将被执行财产委托给专门的拍卖机构进行拍卖。自行拍卖是司法拍卖最初出现的一种形态，此后经由1998年《执行规定》，最终转变为委托拍卖，自行拍卖宣告终结。目前随着司法拍卖网络化改革的深化进行，法院自行拍卖的制度再次受到关注，有人甚至主张废弃或终止司法拍卖市场化改革的步伐，而向法院自行拍卖回归。至于司法拍卖网络化改革能否替代委托拍卖从而成为向法院自行拍卖回归的依据和基础，后面再论，这里仅就法院自行拍卖的优劣做一探讨。其实，我们主张我国司法拍卖制度的改革目前应当继续沿着委托拍卖的路线前行，而不必也不能走回头路，这个理由和论据在前一点阐述委托拍卖的制度优势时，已做了充分说明。委托拍卖的制度优势之所在，其实恰好就是法院自行拍卖劣势之所在，我们之所以摒弃法院自行拍卖的制度模式，而采纳法院委托拍卖的制度模式，所看重的就是委托拍卖有重大的制度优势，而自行拍卖有严重的制度缺陷，这两个方面正可以对照起来解读。因此，这里再过多地论证法院自行拍卖的制度劣势，似已无必要。但为了在论证理由上获得圆满的解释，这里尚需对法院自行拍卖的制度弊端做一个概括性列述。

相比较而言，法院自行拍卖乃弊多利少，其弊主要表现在：一是法院自行拍卖将妨碍而不是促进法院执行体制的改革。如前所述，法院执行体制在我国存在严重的缺陷，其根本之处便在于"审执不分"。实行委托拍卖已向"审执分离"迈出一步，而现在又向法院自行拍卖回归，则业已达到的"审执分离"的改革效果，便又告消失。二是法院自行拍卖难以实现被拍财产的价值最大化。既然司法执行的强制变价选择了拍卖的形式，那就应当不放弃拍卖的最大优势，而需在保持该优势的前提下，构筑司法拍卖的制度体系。任何离开价值最大化的制度优势而进行的司法拍卖改革，都将背离司法拍卖制度的本质特征，是不可取的。除非法院将委托拍卖的制度优势整体移植至法院内部，否则其自行进行的司法拍卖是难以达到拍卖价值最大化的目标的。而实行这种所谓"整体移植"不仅不具有现实性，同时更为重要的是，这种做法也与司法拍卖制度的改革方向背道而驰。三是法院自行拍卖难以最大限度地避免司法腐败的发生。如果法院自行拍卖既能实现被拍财产的价值最大化，又能有效地避免腐败现象的发生，则否定法院自行拍卖的做法就不具有充足的理由，由此推动从法院自行拍卖向委托拍卖的转变就属多此一举。但问题恰在于，这两个重要的制度价值在法院自行拍卖的制度系统中均无法实现，尤其是由法院自行拍卖所导致的司法腐败，则更是树立我国司法权威的"最后一公里"问题，必须通过司法拍卖制度的改革予以消除和解决。在讨论司法拍卖的优缺点时，有一种观点认为法院自行拍卖环节少，效率高。诚然，法院自行拍卖无须经过拍卖的委托等环节，从司法拍卖的决定权到司法拍卖的实施权，均在法院内部各部门之间进行运作，拍卖不成便继而实施变卖，无须经过更多的社会化环节，甚至对司法拍卖的监督也限定在法院内部完成。其实，法院自行拍卖的这个特点既可以看作其优点，也可以在相反的方面看作其缺点。如前所述，司法拍卖的全部过程都在法院内部完成，尽管环节少、效率高，但却造成了拍卖权力集中的弊端，而这一点，正是司法拍卖改革要解决的核心问题。四是法院自行拍卖有损法院的司法权威。法院自行拍卖是强化抑或是弱化法院的权威性及其正面形象，这是一个有争议的问题，正反两方面的观点均有。但法院自行拍卖至少在外观上和拍卖公司的拍卖相仿，行使拍卖实施权的执行官也如同拍卖师一样主持拍卖，最终敲击拍卖锤宣布拍卖成交。诸如此类的活动，对行使司法权的法院而言，无疑有失严肃，对其权威性有所损伤。

在讨论法院自行拍卖的优缺点时，最后尚需提及一点，就是司法拍卖的佣金问题。有一种观点认为,"毕竟,法院自行拍卖无须收取佣金,法院没有逐利动机"[①]。这个观点不无道理。法院派员亲自实施司法拍卖,是法院履行职务的公权力行为,除法院在执行程序启动之初向执行申请人收取执行费用外(最终由被执行人负担),对于司法拍卖本身,便不再收取独立的拍卖费用。这样看来,既可以说这是法院自行拍卖的"零佣金",也可以把它解释为拍卖费用已经包含在统一的执行费用之中。这里我们且接受"零佣金"的说法。委托拍卖并非免费进行,受委托的拍卖机构与实施拍卖委托的法院所形成的法律关系具有双重性质:一方面是纵向型的协助执行关系,另一方面是横向型的司法委托关系。基于前一关系,接受委托的拍卖机构应当根据法院的委托指令而实施拍卖行为;基于后一关系,接受委托的拍卖机构则有权向司法拍卖的申请当事人或被申请当事人或者他们二者收取因实施拍卖行为而需要的费用(含成本与利润)。因而对于委托拍卖来说,并不存在"零佣金"的说法。应当说,法院自行拍卖所产生的"零佣金"效应,确实可以看成是其制度优点之一。但需要补充的乃是,佣金问题仅仅是抉择司法拍卖制度模式时应考虑的因素之一,而不是唯一因素,甚至也非重要因素。如果在法院"零佣金"的旗号下行司法腐败之实,则这种所谓"零佣金"不要也罢。

四、网络拍卖的利弊之比较

如前所述,我国司法拍卖制度的发展和演变出现的趋势或规律之一便是由现场拍卖向网络拍卖转变。在现场拍卖的范围内,我们在前面探讨了法院自行拍卖所存在的弊端,也正是因为这些弊端的存在,法院自行拍卖方发展成了法院委托拍卖,法院委托拍卖就是为了克服法院自行拍卖的缺陷与不足。然而现在情况悄悄起了变化,司法拍卖出现了网络化趋势,通过互联网可将司法拍卖的全部环节实施完毕。那么,对司法拍卖的改革而言,自然就产生两大问题:一是网络拍卖能否全盘取代现场拍卖;二是网络拍卖能否成为司法拍卖体制或模式向法院自行拍卖回归的助推器。这两个问题是关联在一起的。如果网络拍卖不能取代现场拍卖,那么,实行部分的网络拍卖并不能成为全部取消委托拍卖的正当根据,也就是说,充其量只能向法院自行拍卖做出部分回归。

(一)网络拍卖能否全盘取代现场拍卖

笔者认为,网络拍卖不能完全取代现场拍卖。因为能够上网进行拍卖的标的物毕竟是有限的,有些标的物并不适合在网上实施拍卖。从浙江法院牵手"淘宝网"所实施的网上拍卖来看,其全省法院至2013年1月8日,已在"淘宝网"上注册50家网店,94家法院进行了网拍。司法拍卖平台上共公告1140件拍品,拍品涵盖了车辆、机器设备、住宅、土地厂房、商业用房、股权、商位使用权以及金饰品、名牌包、名牌表、手机等。相较于现场拍卖而言,能够上网进行拍卖的标的物通常都是小标的额的拍品,而且其权利特征也比较清晰。浙江省宁波市北仑区法院则将被拍财产(含权利)按照能否上网拍卖分为四种,即主推标的(机动车)、次推标的(已腾空未出租的不动产及较新且便于移动数量不大的通用设备)、待定标的及不适宜标的。可见,网上拍卖的标的物在种类、范围、性能、数量等方面均有局限性,只有部分被拍财产才能上网拍卖,因此网上拍卖不能全部取代现场拍卖,现场拍卖作为司法拍卖的一种基础形态,依然保留的必要。那种希望司法拍卖实现纯粹网络化的观点和主张,是不切实际的。这一点在实务界和理论界均有共识。既然网络拍卖不能全部取代现场拍卖,而法院亲自进

[①] 葛行军:《民事强制执行实务专题讲解》,中国法制出版社2007年版,第110页。

行现场拍卖的制度模式已遭到实践和历史的否弃，那么就此而论，以现场拍卖见长的委托拍卖制度不宜被取消，其理至为显然。

(二) 网络拍卖能否实现由法院委托拍卖向法院自行拍卖的回归

既然不能上网实施司法拍卖的部分被执行财产尚需通过现场拍卖的形式被保留在委托拍卖的制度模式中，那么，能够上网进行拍卖的标的物是否可以由法院自行进行拍卖从而实现拍卖实施权的部分回归？这个问题直接关系到如何认知实践中刚刚涌现出来的"浙江模式"的制度功能，同时也在更深刻的层面涉及我国司法拍卖制度的市场化改革或委托化改革是否需要在网络拍卖的新形势下进行重新定位的问题。回归还是不回归？部分回归抑或全部回归？这是一个问题。在回答该问题之前，应当先明确一点，即网络拍卖是否具有独立存在的制度功能，也即在法院委托拍卖与法院自行拍卖之外，是否尚存一种独立的网络拍卖。应当说，网络拍卖无论其属于目前所可以见到的何种模式，比如"上海模式""重庆模式"抑或"浙江模式"，均不具有独自存在的可能与价值。因为通过网络所实施的司法拍卖，其背后均存在不可或缺的真正的拍卖主体，该拍卖主体或者为拍卖公司，或者为人民法院，单纯的网站不能成为拍卖主体，纯粹的网络更不能成为拍卖主体，因此，无论是网站还是网络，其均只能作为司法拍卖的"配角"而不能成为司法拍卖的"主角"。可见，准确地表述，司法拍卖仍仅具有法院委托拍卖和法院自行拍卖两种类型，网络拍卖必定依附于其中任何一种类型，形成为配合法院委托拍卖的网络拍卖和配合法院自行拍卖的网络拍卖。配合法院委托拍卖的网络拍卖值得充分肯定，甚或可以认为，离开网络拍卖的法院委托拍卖从而实施单纯的现场拍卖，目前已不再具有足够的正当性；只要条件具备，凡实施现场拍卖，就应当同时辅之以网络拍卖。

可见，网络拍卖既可用来为法院委托拍卖服务，也可用来为法院自行拍卖服务。原本，通过1998年《执行规定》，法院自行拍卖已经全部转换为法院委托拍卖，并已成为我国司法拍卖制度发展和演变的四大规律之一。但从2012年6月开始，以上淘宝网实施司法拍卖为特征所形成的"淘宝模式"却直接挑战法院委托拍卖的制度模式，而力图实现向法院自行拍卖的回归，也就是认为，借助于淘宝网或者其他任何网络，人民法院无须借助专门的拍卖机构而可以直接进行司法拍卖，而这种直接拍卖或自行拍卖，已经经过"否定之否定"，今非昔比，变成了更高层次的网络化的法院自行拍卖。网络化的法院自行拍卖区别于过去被否定的现场化的法院自行拍卖：一方面，网络化的法院自行拍卖实现了"零佣金"，为当事人节省了一笔费用，同时，通过网络实行司法拍卖还有受众广、竞价充分和快捷便民等优点；另一方面，网络化的法院自行拍卖还有效地避免了过去法院现场自行拍卖所带来的诸多弊端，比如避免了司法腐败、克服了拍卖技术匮乏等。既然网络化的法院自行拍卖在无须借助委托拍卖的情形下同样可以实现司法拍卖的基本价值，并且还可以获得委托拍卖所不具有的优势，同时人们所忧虑的法院自行拍卖容易导致腐败的缺点，现在通过网络化处理，法院不再与潜在的竞买人直接接触；任何人如果想成为竞买人，只要上网注册交纳保证金即可，整个过程都是程序化、智能化、标准化的控制系统，一切在网上操作，一切在网上完成，这样司法腐败就有望杜绝。如果网络化的法院自行拍卖果真能够实现上述诸价值，那对于法院的自行拍卖，就只剩下一条理由来提出质疑了，此即"审执不分"。但"审执不分"的质疑理由如果缺乏其他实质性理由作支撑，则说服力不强。

然而实践表明，网络化的法院自行拍卖所获取的上述诸价值，除"零佣金"外（法院自行拍卖都是"零佣金"，该优点不是网络拍卖带来的，而是法院自行拍卖所固有的），其他各点与其说是一种现实，毋宁认为是一种美好的愿望，是短时间内出现的"泡沫"价值，终究

是不可靠的。笔者认为,通过网络化实现法院自行拍卖的回归是不可取的,其理由概述如下:

其一,通过网络化由法院进行自行拍卖,增加了法院工作负担。因为网络拍卖技术性极强,需要法院配备大量的技术型人才,同时还要开发平台、模拟演练、与网站对接等,此外,还要根据被拍财产的特点制作类型化的网络拍卖模板。与此同时,现场拍卖所需做的前期准备工作,如制作视频、发布公告、招商开发等,在网络拍卖中也并未明显减少。总体上,法院进行网络拍卖较之其进行现场拍卖工作负担更加沉重。据调研,浙江某山法院甚至还"调配司法行政装备科的对外委托管理人员、信息技术人员及司法辅助人员组成网拍小组,分工完成各项事务性工作";该院并且反映:"网络司法拍卖大大增加了对外委托工作人员的工作量,使案多人少的矛盾更加突出"。

其二,通过网络化由法院自行拍卖,增加了司法资源的投入。网络拍卖实现了"零佣金",但并没有因此而实现"零投入"或"零成本"。法院为了实行网络拍卖,必须要开支诸如视频制作费、公告费等。在调研中,有的法院反映"网拍中法院承担的相关拍卖费用过高";为节省费用,有的法院实行分类制作视频的做法,对于房产这类实地看样率高的拍品,由法院工作人员自行拍照后以图文形式上网,一般不再制作视频,有的制作简单视频。总之,法院自行拍卖省去的是一小笔当事人的佣金,增加的是一大笔法院的办案经费,而委托拍卖并不存在此一问题。

其三,通过网络化由法院自行拍卖,导致了拍卖制度的异化。无论是法院自行拍卖抑或是法院委托拍卖,只要属于拍卖,便都要符合拍卖的本质规定和要求,否则就不成其为拍卖。1996年7月通过的拍卖法虽然未对司法拍卖作出特别规定,但拍卖的一般标准和规则仍适用于司法拍卖;作为特殊性的司法拍卖寓于作为一般性的拍卖之中。《拍卖法》第3条规定:"拍卖是指以公开竞价的形式,将特定物品或者财产权利转让给最高应价者的买卖方式。"为了保证这一点,《拍卖法》第14条规定:"拍卖活动应当由拍卖师主持。"这里且将执行法官作为特殊拍卖师对待,那执行法官对拍卖活动的主持和操作也是拍卖之所以成为拍卖的最低限度的要求。纯粹在网络上进行的竞价活动,从本质上说根本就不属于拍卖。无怪乎目前"网络拍卖在不同的网站可能有不同的名称,比如竞买、竞卖、竞价、竞标、竞购、倒置式竞买等"①。"当然这些网站并不只是为了找个动听的名字,而是在有意回避'拍卖'这个词。"②而在"上海模式""广西模式"等中的网络拍卖乃是真正的网络拍卖。因为潜在的竞买人通过网络可以看到同时正在进行着的现场拍卖,其也感受着现场拍卖的特殊氛围,只是他不用去现场,可以坐在家中或办公室等地,通过点击鼠标而参加竞买,最终如果他出价最高,则便成了拍定人。可见,网络拍卖只能起现场拍卖的延伸和辅助作用,究竟不能代替现场拍卖,否则所谓"拍卖"便不复存在。因此,现在所谓"淘宝模式",实际上从事的并不是真正意义上的拍卖,而是一种带有竞价性质的普通网购;任何一个人都可以在淘宝网或别的网络上做出这样的程序设定,比如说3天内将挂在网上的商品卖给出价最高者,这并不违法,但不构成拍卖。在此意义上甚至可以说,"淘宝模式"构成了对拍卖制度的某种扭曲乃至冲击。

其四,通过网络化由法院自行拍卖,使监督更加困难,腐败更加隐蔽。网络拍卖较之现场拍卖而言具有更强的技术性,技术性越强,普通人监督起来就越困难。比如,竞买人的资格认证是否会区别对待而受后台的操控?出价最高者是否都能顺利成为拍定人?诸如此类的问题,

---

① 李颖琳:《网络拍卖的法律问题与监管对策》,载《中国工商管理研究》2001年第1期。
② 李颖琳:《网络拍卖的法律问题与监管对策》,载《中国工商管理研究》2001年第1期。

均考验着实际操作者的诚信。因为网络背后的操作者毕竟是具体的人,而不是网络本身。寄望于通过网络的智能系统来实现对人的监督,难免不切实际。如果这样行得通的话,司法拍卖领域中的司法腐败就有望绝迹了,而这绝非那么简单。

其五,通过网络化由法院自行拍卖,面临着难测的网络风险。一方面,人们对网络技术的熟悉程度通常有限,对网络交易的安全性存在顾虑。调研表明,"网络司法拍卖推进过程中,有人对大标的案件的巨额保证金通过网络支付存在不安全隐患的顾虑,在拍品选择上优先选择小标的的案件"。另一方面,目前司法网络拍卖刚刚起步,拍品价额较小,操作者的自律性较强,问题出现得不多,但"一旦网络化全面铺开,商业逐利本性催生的各种软件、黑客技术将势必对网络拍卖的客观性和公正性发起挑战"[①]。

综上所述,《民事诉讼法》第 254 条所作出的前引规定,尽管与修改前的相应条文的规定有所不同,但要看到这个立法上的变化,是在最高人民法院发布了若干有关司法委托拍卖的司法解释后发生的;最高人民法院的司法解释一步步地健全和完善着司法委托拍卖制度,而没有任何迹象表明司法委托拍卖在实践运行中存在重大缺陷,以至于法院非收回司法拍卖实施权从而否定司法委托拍卖制度不可。法院自行拍卖所存在的诸多不利之处并未因司法拍卖的网络化趋势与特征而得以克服,相反其不利之处却可能更加严重和隐蔽,因而那种以网络化拍卖来证成法院自行拍卖正当性的观点和做法,实有不妥。要而言之,我国以委托拍卖为基本价值取向的司法拍卖制度改革在方向上是正确的,应予坚持与完善,《民事诉讼法》第 254 条的新规定仅是巩固和强化了此一改革方向,而没有对它加以逆转。

需加说明的是,我们主张法院不得进行自行拍卖,而如需实施拍卖,则要经由委托拍卖的制度管道,交由被选定的拍卖机构具体行使拍卖实施权,这是一项原则性规定,而不宜将其绝对化。应当说,在司法拍卖的模式上,法院委托拍卖是原则,法院自行拍卖是例外,在特殊情形下,应许可法院实施自行拍卖。该特殊情形应限定在双方当事人合意要求法院进行自行拍卖的情况下。因为,司法拍卖作为一种强制变价方式,直接关系到申请执行人和被申请执行人的权利义务的实现及其程度,最终与其私权相关。如果双方当事人对拍卖公司不寄托信任,认为由拍卖公司实施拍卖不利于其价值最大化的实现,而信赖人民法院的直接拍卖甚或变卖,认为这样更利于实现其实体权益,则在此种情形下,应当赋予当事人以强制变价方式的选择权。强制变价方式的选择权属于程序选择权的范畴,对当事人所享有的此一权利,人民法院应予尊重。如果仅有一方当事人选择法院自行拍卖,则应该选择对相对方当事人不利而不构成例外,人民法院应当依其原则实行委托拍卖。

五、完善我国司法拍卖制度的若干建议

司法拍卖制度在我国的发展历史较为短暂,从 1991 年《民事诉讼法》第 226 条对司法拍卖制度首次作出规定后,最高人民法院发布了若干司法解释对此加以细化规范,日益健全和完善了我国的司法拍卖制度,并形成了清晰可见的发展规律和制度运行轨迹,尤其是实践中积极探索,大力开拓,形成了关于司法拍卖制度改革的若干模式,如"上海模式""广西模式""重庆模式"和"浙江模式"或"淘宝模式"等,实践经验日益丰厚,可资借鉴和总结提升的有益的制度因素颇多。这些都为我国司法拍卖制度的快速规范健康发展提供了素养,奠定了基础。

[①] 百晓锋:《新民诉法第 247 条与面临"十字路口"的司法拍卖改革》,载《华东政法大学学报》2013 年第 2 期。

但这仅是问题的一方面，另一方面还要看到委托拍卖制度本身并非尽善尽美，还存在诸多缺陷，需要进一步通过规范化建设加以完善。例如，在委托拍卖中，司法解释多偏重于委托拍卖制度的程序规范建设，而对于其实体性规范，尤其是拍卖申请人、拍卖机构、拍卖被申请人、竞买人、买受人以及人民法院等主体之间的实体权利义务关系基本上未加规定，发生拍卖纠纷难以找到明确的判案依据。由于缺乏具有可操作性的立法和司法调整，委托拍卖在实践中的发展也不平衡。① 如上所述，实践中出现的司法拍卖模式有多种多样，有的完全依托拍卖机构实施委托拍卖，有的除拍卖机构外，还有第三方交易平台的参与，有的则干脆离开了委托拍卖的轨道而自行一套，完全脱离了民事诉讼法的规定，也与最高人民法院的司法解释主流精神不相符合，这必然致使实践中各行其是，影响司法拍卖的公正性和权威性。我国司法拍卖制度的改革已经到了应当通过法制完善而总结和巩固成果，从而使全国司法拍卖制度在统一、公正和高效、权威的基础上顺畅健康运行的时候。为此，笔者提出以下建议，供立法完善和司法实践参考。

（一）加强立法建设，完善司法拍卖法治

我国目前关于司法拍卖制度的立法规定仅有《民事诉讼法》第 251 条和第 254 条两条规定，第 251 条规定人民法院有权拍卖被执行财产，② 第 254 条规定人民法院应当拍卖被执行财产。此外便是最高人民法院的前引若干司法解释。司法解释从内容上说相对全面，但其法律效力位阶较低，在实践中贯彻执行得并不统一，且易生歧见。司法拍卖是国家强制执行权中的重要内容，具有拍卖行为强制性、拍卖标的特殊性、拍卖程序复杂性、拍卖效果公法性等特点，与普通的民事拍卖、商事拍卖以及与特殊的行政拍卖、公物拍卖等有诸多相异之处，其更强调拍卖的规范性、公正性、效率性和权威性，直接关系到人民法院的司法形象和权威。就其所涉内容而言，司法拍卖既涉及复杂的实体法问题，也涉及司法拍卖各个环节的程序问题。这些法律上的关系和环节，有的属于公法调整的公法关系，有的则属于私法调整的私法关系，纵横交错，极其复杂，需要通过立法明确调整和规范，否则难免会发生拍卖纠纷，发生拍卖纠纷也难以找到相关法律依据加以妥善解决。从国外来看，各国都非常重视司法拍卖的立法调整，不过在立法例上，有的将其规定在民事诉讼法中，有的将其规定在同一的强制执行法中，有的则将其规定在单独的司法拍卖法中。比如德国，其在 1897 年就颁布了专门调整司法拍卖的《司法强制拍卖与强制管理法》。该法详细具体地规定了强制拍卖与强制管理的一般规则和特殊规则，对民事诉讼法中的不动产强制执行作出了更为详尽的补充规定，对不动产的司法拍卖和强制执行具有重要的规范价值。我国目前通过民事诉讼法的修改对司法拍卖详加规范并不现实，将来有可能出台的强制执行法也可以对司法拍卖作出细致规定，但强制执行法的单独制定尚未列入立法规划，何时能够出台尚不可知，因此解决不了目前的紧迫问题。在我国，通过立法来

---

① 有的地方委托拍卖的成交率达到 80% 至 90%，有的地方的拍卖成交率则仅有 20% 左右。参见重庆市高级人民法院课题组：《司法拍卖机制创新研究——重庆法院司法拍卖改革的调研报告》，载《人民法院报》2011 年 4 月 7 日。王凤海：《制度健全、运作规范、符合国情——对我国现行司法委托拍卖的认识与思考》，转引自百晓锋：《新民诉法第 247 条与面临"十字路口"的司法拍卖改革》，载《华东政法大学学报》2013 年第 2 期。

② 《民事诉讼法》第 251 条规定："被执行人未按执行通知履行法律文书确定的义务，人民法院有权查封、扣押、冻结、拍卖、变卖被执行人应当履行义务部分的财产。但应当保留被执行人及其所扶养家属的生活必需品。采取前款措施，人民法院应当作出裁定。"第 254 条的规定已在正文中引用。

完善司法拍卖的制度和程序是势在必行的，应当引起立法者的高度关注。目前可供选择的立法方案有两个：一是修改拍卖法，在拍卖法中增设专章规定司法拍卖的特殊规则和程序；二是制定独立的司法拍卖法。从理想的角度看，制定独立的司法拍卖法最为可取；但制定独立的司法拍卖法面临诸多客观障碍和困难，可行性较弱。相对而言，通过修改拍卖法来规范作为特殊拍卖形式的司法拍卖目前较为可行。

拍卖法其实并不仅是任意拍卖法，还涉及某些非任意拍卖的内容。例如，该法第9条规定："国家行政机关依法没收的物品，充抵税款、罚款的物品和其他物品，按照国务院规定应当委托拍卖的，由财产所在地的省、自治区、直辖市的人民政府和设区的市的人民政府指定的拍卖人进行拍卖。拍卖由人民法院依法没收的物品，充抵罚金、罚款的物品以及无法返还的追回物品，适用前款规定"。但目前的拍卖法并未涉及法院的强制拍卖或司法拍卖。这与拍卖法制定之时我国司法拍卖制度尚不定型、尚不成熟有密切关系，而并不是说拍卖法从性质上说就不可以规定司法拍卖。[①] 当时将司法拍卖暂时排除在拍卖法调整之外，但时至今日，除前述民事诉讼法对"拍卖"有两条简单的规定外，其他大量的内容均未加规定，致使司法拍卖的立法调整迄今尚属空白。我国立法机关应当尽快启动拍卖法的修订工作，对司法拍卖的程序内容和实体内容专章作出特别规定。"司法拍卖"专章中无特别规定的，则适用拍卖法的其他规定。此外，最高人民法院也应根据民事诉讼法，对司法拍卖做出系统化的司法解释。

（二）建构与完善司法拍卖的分权制衡与监督机制

司法拍卖是法院强制执行程序中的关键环节，直接关系到被执行财产的变价以及生效法律文书所确定的权利义务的最终实现，权力重大，所牵涉的利益关系复杂，参与到该过程的主体成分较为多元，利益博弈较为激烈，属于司法腐败的高危区域，同时也是各种乱象得以滋生的领域，因而需要特别予以关注。在这里，任何简单化、集权化的制度构建思维均不可取，其中尤为重要的便是按照分权制衡与监督的制度原理，将统一的司法拍卖权予以解构，使之战线合理延长，从而使司法拍卖权的内在分支权能分布在若干环节，分别由若干主体行使，使各主体之间形成制约关系，而防止某一环节的权力过大以致其他权力无法对之起制约作用，同时完善外在的监督机制，内外结合，形成完整、严密的分权制衡和监督体系。其内容主要包括三个方面：一是将司法拍卖权依其内在要素分解为司法拍卖决定权、司法拍卖委托权、司法拍卖评估权、司法拍卖实施权、司法拍卖监督权等。这在前述"规律"部分已有所涉及，目前需要做的便是尊重此一规律，并通过立法形式使之形成各种权力边界清晰、相互配合与制约的规则体系。二是注重进行司法拍卖的中立平台和标准场域的建设。例如，"广西模式"之所以最终形成，其原因除了其注重分权机制的建设外，还在于其强调构建司法拍卖的标准化场所，同时强化作为第三方交易平台的"联拍网"的建设，有效地遏制了司法腐败与拍卖乱象的产生。"上海模式"与"重庆模式"等也注重统一的司法拍卖交易平台和第三方交易机构的导入与创建，其所产生的效果也有类似之处。通过中立平台和标准场域的创建与完善，使容易暗箱操作的司法拍卖被置于扁平化的标准平台上进行，实现了阳光下的公开公正公平拍卖，值得肯定和重视。三是加强监管模式的协同创建。在司法拍卖制度的系统化构建中，加强监管模式的协同创建是不可或缺的重要一环。通过这种监管模式的协同创建，便可以使司法机关的监督（外部

---

① 1996年7月4日，全国人大法律委员会主任委员在全国人大常委会审议通过拍卖法时所作的《关于拍卖法（草案修改稿）修改意见的汇报》中指出："国有资产的产权交易、土地使用权出让与转让、人民法院强制执行的物品的拍卖应当由其他有关法律调整。"

监督)、人民法院的内部监督以及上下级监督、行政机关各相关职能部门的监督、拍卖机构及其协会的监督以及社会公众的监督等多种监督联合起来，发挥各自所长，形成监督的合力，构筑司法拍卖监督的长效机制。在这方面，"上海模式"提供了有益的经验。按照"上海模式"，其司法拍卖在统一的"上海市公共资源拍卖中心"进行，在该中心，专门设立了一个监管委员会，对在该中心实施的司法拍卖进行监督和管理。该监管委员会由上海市监察局、高级人民法院等12个部门联合组成。据上海市监察局、工商局等监管单位的显示，从"上海市公共资源拍卖中心"成立以来，业已举行了上千场司法拍卖会，迄今没有发现一起违规违法行为，实现了"阳光拍卖"，确保了拍卖公开透明、廉洁高效。① 稍有不足者，就是在该监管委员会中，应有人民检察院的参与和加盟。因为，民事诉讼法修改后，根据其第14条和第242条的规定，人民检察院对人民法院的强制执行活动有权实施法律监督。司法拍卖是法院强制执行活动的重要组成部分，理应接受人民检察院的法律监督，人民检察院也应积极主动有所作为，加强对司法拍卖的法律监督，确保其公平公正、高效廉洁进行。

(三) 限制和规范人民法院对拍卖机构的行政管理权能

在司法拍卖制度和机制的构建中，应当注意人民法院执行机构(含行使拍卖决定权的执行部门与行使拍卖委托权的司法技术辅助部门) 与拍卖机构之间保持一定距离，以防止因直接接触而形成管理与被管理的关系，从而导致权力寻租与司法腐败。从目前司法解释来看，人民法院执行机构与受委托的拍卖机构之间已经形成较为紧密和稳定的行政管理与被管理的关系，具体表现在三个方面：一是确定拍卖机构的入围名册。拍卖机构能否入围名册，直接关系其能否有资格和机会获得接受委托拍卖的权利。按照《委托评估、拍卖、变卖规定》第4条的规定，人民法院按照公开、公平、择优的原则编制人民法院委托评估、拍卖机构名册。该项规定虽然被《委托评估、拍卖规定》所取消，② 但由于其他配套机制未能跟上，人民法院所主导的该"入围名册"制度事实上依然存在。二是由法院遴选确定具体的拍卖机构。如《委托评估、拍卖规定》第3条规定："人民法院采用随机方式确定评估、拍卖机构"。该随机方式是否真正能够确保对受托拍卖机构遴选上的公平公正，也并非绝无可质疑之处。三是拍卖机构能否继续保留在名册中，也由人民法院执行机构决定。如《委托评估、拍卖规定》第8条规定："出现下列情形之一，影响评估、拍卖结果，侵害当事人合法利益的，人民法院将不再委托其从事委托评估、拍卖工作。"

不难看出，上述三个方面显然形成并强化了拍卖机构对于法院执行机构的依附从属关系，以及法院执行机构对于拍卖机构的行政管理关系。这两种关系的形成，对于遏制强势的法院司法拍卖决定权与委托权是不利的，更未能体现拍卖机构对于法院执行机构的反向制约和监督关系，不符合前述构筑司法拍卖权力分离与制衡、监督机制的原则要求，因而需要改变。为此，建议引入作为拍卖机构的行业协会作为法院执行机构上述三大权能的承载主体。具体而言包括：第一，由人民法院提出拍卖机构的准入标准和规模，由相应的拍卖行业协会确定具体的拍卖机构入围名册。第二，人民法院决定委托拍卖后，应当直接通知相应的拍卖行业协会，由拍卖行业协会根据所确定的程序，在法院等部门的监督下，公开公平地随机确定受委托的拍卖机构。第三，人民法院对于入围在册的拍卖机构，根据其具体表现提出年度审核意见，供相应的

---

① 参见徐炳文、王双伍：《上海：公共资源拍卖晒在阳光下》，载《中国纪检监察报》2013年4月8日。
② 《委托评估、拍卖规定》第2条规定："取得政府管理部门行政许可并达到一定资质等级的评估、拍卖机构，可以自愿报名参加人民法院委托的评估、拍卖活动。人民法院不再编制委托评估、拍卖机构名册。"

拍卖行业协会评估、考核、调整入围名册参考。人民法院对相应的拍卖行业协会实施常规监督，如有必要，可就拍卖行业协会的表现向其主管行政部门反映并提出建议。

总之，以委托拍卖为制度载体的司法拍卖市场化改革被实践证明成效显著。我国司法拍卖改革应当在权责明确、模式科学、制度完备、监督有力、技术创新的基础上继续深化推进，网络拍卖只是在技术创新方面进一步推动了既有的改革进程，而不宜因此逆转司法拍卖市场化改革的大方向，从而回归到法院自行拍卖的制度老路上去。

第六节 物之交付

一、物之交付执行的概念

物之交付执行，也称对交付物的执行或者实现物的交付请求权的执行，是指为实现执行权利人所拥有的交付财物请求权而采取的执行措施。广义上的物之交付执行包括交付动产的执行和交付不动产的执行，狭义上的物之交付执行仅指交付动产的执行，不包括交付不动产的执行，本书采狭义说。

物之交付执行请求权既可以基于所有权而产生，也可以基于债权而产生，其与给付金钱的执行既有联系，也有区别。其联系在于：物之交付请求权如果实现过程中受阻，比如需要交付之物被毁灭，则应转为金钱给付执行；反过来，给付金钱执行如果无法实现，则可转为交付物之执行。之所以会发生相互转换的联系，原因在于无论是物之交付执行抑或是金钱给付执行，它们都含有相同价值，可在等值的原则上进行转化。然而，物之交付执行和金钱给付执行也有明显的区别，主要是：其一，执行标的不同。物之交付执行的执行标的只能是包括特定物和种类物在内的物，金钱给付执行的标的是给付金钱。其二，需要采取的执行措施有别。对物之交付执行，一般只需要采用查封、扣押等执行措施，而给付金钱的执行则往往需要经过拍卖、变卖等变现环节。可见，金钱给付执行往往更加复杂。

二、交付动产的执行

（一）动产处在被执行人的占有之中

按照《民事诉讼法》第 256 条关于"交付财物或者票证"第 1 款之规定，法律文书指定交付的财物或者票证，由执行员传唤双方当事人当面交付，或者由执行员转交，并由被交付人签收。生效法律文书确定被执行人交付特定标的物的，应当执行原物。原物被隐匿或非法转移的，人民法院有权责令其交出。原物确已毁损或灭失的，经双方当事人同意，可以折价赔偿。①

（二）动产处在第三人的占有之中

有关单位持有该项财物或者票证的，应当根据人民法院的协助执行通知书转交，并由被交付人签收。有关公民持有该项财物或者票证的，人民法院通知其交出。拒不交出的，强制执行。有关组织或个人持有法律文书指定交付的财物或票证，在接到人民法院协助执行通知书或

---

① 《执行规定》第 41 条。

通知书后，协同被执行人转移财物或票证的，人民法院有权责令其限期追回；逾期未追回的，应当裁定其承担赔偿责任。①

（三）以物抵债的执行

被执行人的财产经拍卖、变卖或裁定以物抵债后，需从现占有人处交付给买受人或申请执行人的，如果遭遇拒绝，人民法院有权强制执行；如果遭遇毁灭，人民法院应当裁定折价赔偿或按标的物的价值强制执行被执行人的其他财产。②

（四）第三人的赔偿责任

除债务人应交付的物为可替代物外，有关单位或个人持有期间，法律文书指定交付的财务或票证确已毁损或者灭失的，经双方当事人同意，可以折价赔偿；双方当事人对折价赔偿不能协商一致的，人民法院应当终结执行程序。申请执行人可以另行起诉。③

（五）案外人异议之诉

有关单位或个人主张合法持有财物或者票证的，可以根据《民事诉讼法》第 234 条规定提出执行异议，执行异议驳回的，可以提出案外人执行异议之诉。④

（六）执行竞合

对同一物既存在物的交付请求权的执行，又存在实现金钱债权的执行，此时就发生执行竞合的问题。对此执行竞合，理论上可以提出的解决方案有二：一是先来者先得，按照申请执行先后顺序决定受偿；二是按照物权优先的原则决定受偿顺序，先行满足物之交付请求权，剩余部分满足金钱给付请求权。我国司法解释采后者。

第七节　强制迁出房屋或者强制退出土地

如前所述，交付不动产的执行属于广义交付物之执行，但由于交付不动产的执行比较特殊，《民事诉讼法》第 257 条对不动产执行作出了专门规定。

强制被执行人迁出房屋或退出土地，是指执行机构强制被执行人取走在特定房屋内或土地上的财物，并将该房屋或土地交付执行权利人的执行措施。这一执行措施由两个相互关联的行为构成：一是强制被执行人取走房屋内或土地上的不属于执行标的物的财物和任何东西，使执行标的物成为干干净净的执行客体；二是将清空后的房屋或土地交付给执行权利人。如果要办理财产权证照转移手续，则尚需根据《民事诉讼法》第 258 条之规定，由人民法院向有关部门或单位发出协助执行通知书。该执行措施的实质是将房屋或土地的支配权转移给债权人。按照《民事诉讼法》第 257 条之规定，强制被执行人迁出房屋或退出土地的执行程序具体如下：

一是发出公告。强制迁出房屋或者强制退出土地，由院长签发公告，责令被执行人在指定期间履行。被执行人逾期不履行的，由执行员强制执行。

二是到场见证。强制执行时，被执行人是公民的，应当通知被执行人或者他的成年家属到

---

① 《执行规定》第 42 条。
② 《执行规定》第 43 条。
③ 《民诉法解释》第 493 条。
④ 《民诉法解释》第 493 条。

场；被执行人是法人或者其他组织的，应当通知其法定代表人或者主要负责人到场。拒不到场的，不影响执行。被执行人是公民的，其工作单位或者房屋、土地所在地的基层组织应当派人参加。

三是制作笔录。执行员应当将强制执行情况记入笔录，由在场人签名或者盖章。

四是搬出财物。强制迁出房屋被搬出的财物，由人民法院派人运至指定处所，交给被执行人。被执行人是公民的，也可以交给他的成年家属。因拒绝接收而造成的损失，由被执行人承担。

五是交付执行权利人。在被执行人腾退房屋或土地后，执行机构应及时将该房屋或土地交付给执行权利人占有。

六是办理有关财产权证照转移手续。在执行中，需要办理有关财产权证照转移手续的，人民法院可以向有关单位发出协助执行通知书，有关单位必须办理。

七是裁定终结执行程序。

八是排除妨害。在执行终结6个月内，被执行人或者其他人对已执行的标的有妨害行为的，人民法院可以依申请排除妨害，并可以依照《民事诉讼法》第114条规定进行处罚。因妨害行为给执行债权人或者其他人造成损失的，受害人可以另行起诉。[①]

第八节　以物抵债

以物抵债的本义是银行在无法以货币资金收回贷款时，为降低信贷资产风险，而收回借款人相应实物资产以抵偿债务的行为。后来，以物抵债的概念扩展运用至司法执行之中，最早出现"以物抵债"这个概念和制度的是《民诉法意见》。《民诉法意见》第301条规定："经申请执行人和被执行人同意，可以不经拍卖、变卖，直接将被执行人的财产作价交申请执行人抵偿债务，对剩余债务，被执行人应当继续清偿。"第302条规定："被执行人的财产无法拍卖或变卖的，经申请执行人同意，人民法院可以将该项财产作价后交付申请执行人抵偿债务，或者交付申请执行人管理；申请执行人拒绝接收或管理的，退回被执行人。"可见，此时的以物抵债是作为一项执行措施来对待的，就其性质形成了理论界的"执行措施说"。《民诉法意见》的观点直接被《民诉法解释》第489条和第490条所沿用。然而，《执行和解规定》第6条规定："当事人达成以物抵债执行和解协议的，人民法院不得依据该协议作出以物抵债裁定。"这就将以物抵债的性质演变成了"执行和解说"，因为以物抵债裁定只能作为执行措施对待，而无法作为执行和解，执行和解无须作出以物抵债裁定。发展到这里，以物抵债出现了两种类型：一是执行措施型以物抵债，二是执行和解型以物抵债。以下分别述之。

一、执行措施型以物抵债

是指申请执行人和被执行人同意，并在不损害社会公共利益和第三人利益的前提下，法院不采取拍卖、变卖等执行措施，而直接将被执行人的财产以当事人约定之价格或者以法院根据评估所确定之价格，折价后交付申请执行人以抵偿执行根据所确定的债务的一种执行措施。这种执行措施的基本特点在于，将执行标的物的变价程序和执行程序结合到了一起，一个执行措

[①] 《民诉法解释》第519条。

施完成了两个执行行为。但这种以物抵债具有局限性：它并不免除被执行人因以物抵债所剩余的债务，被执行人还需要继续接受强制执行，当然，如果物超所值或二者相当，则执行程序就此结束。

根据《拍卖变卖规定》第23—27条之规定，以下情形均属于执行措施型以物抵债：

（一）拒绝以保留价抵债的后果

拍卖时无人竞买或者竞买人的最高应价低于保留价，到场的申请执行人或者其他执行债权人不申请以该次拍卖所定的保留价抵债的，应当在60日内再行拍卖。①

（二）拒绝接受抵债的后果

对于第二次拍卖仍流拍的动产，人民法院可以将其作价交申请执行人或者其他执行债权人抵债。申请执行人或者其他执行债权人拒绝接受或者依法不能交付其抵债的，人民法院应当解除查封、扣押，并将该动产退还被执行人。②

（三）再次拒绝抵债的后果

对于第二次拍卖仍流拍的不动产或者其他财产权，人民法院可以将其作价交申请执行人或者其他执行债权人抵债。申请执行人或者其他执行债权人拒绝接受或者依法不能交付其抵债的，应当在60日内进行第三次拍卖。第三次拍卖流拍且申请执行人或者其他执行债权人拒绝接受或者依法不能接受该不动产或者其他财产权抵债的，人民法院应当于第三次拍卖终结之日起7日内发出变卖公告。自公告之日起60日内没有买受人愿意以第三次拍卖的保留价买受该财产，且申请执行人、其他执行债权人仍不表示接受该财产抵债的，应当解除查封、冻结，将该财产退还被执行人，但对该财产可以采取其他执行措施的除外。③

（四）抵债后所有权的转移

不动产、动产或者其他财产权拍卖成交或者抵债后，该不动产、动产的所有权、其他财产权自拍卖成交或者抵债裁定送达买受人或者承受人时起转移。④

（五）抵债后的强制执行

人民法院裁定拍卖成交或者以流拍的财产抵债后，除有依法不能移交的情形外，应当于裁定送达后15日内，将拍卖的财产移交买受人或者承受人。被执行人或者第三人占有拍卖财产应当移交而拒不移交的，强制执行。⑤

二、执行和解型以物抵债

是指申请执行人和被执行人达成合意，双方同意用被执行人的财物抵消执行根据所载明的被执行人所负担的全部或部分债务，从而使执行程序全部结束或部分结束的履行行为。这种以物抵债并不属于法院采取的执行措施，与前述执行措施型以物抵债迥异其趣，未可等同。执行和解型以物抵债与执行措施型以物抵债的根本区别不在于外观或形式，也不在于双方合意与否，而在于法律属性不同。执行措施型以物抵债是执行法院在不动摇执行根据的基础上所采取

---

① 《拍卖变卖规定》第23条。
② 《拍卖变卖规定》第24条。
③ 《拍卖变卖规定》第25条。
④ 《拍卖变卖规定》第26条。
⑤ 《拍卖变卖规定》第27条。

的执行措施，这种执行措施不同于单向性执行措施，而属于双向性或合意性执行措施，它需要取得申请执行人、被执行人和执行法院三方的同意或认可，缺乏任何一种意志，这种执行措施都无法奏效；而执行和解型以物抵债则从根本上动摇了执行根据的有效存在，实质上起到了取代执行根据的效果，因此，这种以物抵债本质上属于执行和解，而不属于执行措施，执行和解本身不构成执行措施。区分这两种以物抵债的意义在于：如果属于执行和解型以物抵债，则不可能产生违背申请执行人意愿的结果；但如果属于执行措施型以物抵债，则有可能会产生违背申请执行人意愿的结果。换言之，作为执行措施的以物抵债，虽然表面上也要取得申请执行人的同意，但申请执行人如果不同意，其则可能分文无获，执行机构也产生了不进行继续执行的合理借口。为此，有必要继续观察执行措施型以物抵债的效力。

第九节 强制管理

一、强制管理的概念和特点

强制管理是我国民事执行程序所确认的一种执行措施，是指由执行机构选任管理人对被查封、扣押的被执行人的财产进行管理、经营，以管理、经营所获得的收益来清偿被执行人债务从而满足执行权利人执行请求权的执行措施。民事诉讼法并没有规定强制管理这种执行措施，《民诉法解释》第490条对此有所规定："被执行人的财产无法拍卖或者变卖的，经申请执行人同意，且不损害其他债权人合法权益和社会公共利益的，人民法院可以将该项财产作价后交付申请执行人抵偿债务，或者交付申请执行人管理；申请执行人拒绝接收或者管理的，退回被执行人。"可见，我国执行程序规范是将强制管理和以物抵债联系在一起加以规定的，二者适用的程序规则大体上相同，功能也大体一致，所不同的仅是以物抵债用的是财产本身履行债务，而强制管理则用的是财产的收益来履行债务，因而，强制管理又称为对收益的执行。

根据上述定义，强制管理的特点主要有：

其一，强制管理是以所管理的财产收益来清偿债务的。与之不同，变卖、拍卖都是以财产本身的变价来清偿债务的，它们用来清偿债务、履行生效法律文书的内容之方式有所不同。

其二，强制管理并不剥夺被执行人对执行标的物的所有权，而仅仅是暂时剥夺其占有权，当然同时也暂时剥夺其使用和经营权。而变卖、拍卖则以剥夺被执行人对财产的所有权为目的，从而换取其市场价值或交换价值来履行债务。

其三，强制管理需有一个过程，具有确定的期限。当然，在该期限内无法完成执行任务的，还可以延期实施。变卖和拍卖则短时间内可以迅速完成，它们仅有期日而无期间。

其四，强制管理需要有执行机构的监督，同时被执行人也有监督权限。如果强制管理背离了制度初衷，甚至损害了被执行人的合法权益，则被执行人可以提出执行异议，从而提前结束强制管理程序。强制管理中管理人给被执行人所造成的损失应当赔偿，管理中发生的权利义务争议，如果不能协商解决，则通过另诉解决。

二、强制管理的适用范围

强制管理的范围有一个原则性的限制，即该被强制管理的财产要在性质上适合进行强制管理，并且要能够产生相应的收益。本着这样的原则，并非所有的财产都可以强制管理，只有土地、船舶、航空器、建筑物等可以进行强制管理。但是强制管理的标的物不仅限于不动产和类似于不动产的动产，可以产生收益的动产，如果适合强制管理，也没有被排除进行强制管理的必然理由，比如，债务人或被执行人为某汽车公司或某钻井机所有人，对该公司所拥有的车辆或对该钻井机就可以进行强制管理；再如，高速公路收费站、能够产生收益的养殖场等均可以成为强制管理的对象。是否适合进行强制管理，我国民事诉讼法及司法解释均无规定，应当授权执行机构进行综合权衡后加以决定。

三、强制管理的程序

（一）强制管理程序的启动

强制管理程序既可以在执行当事人的申请下启动，也可由执行机构依职权予以启动。启动以执行机构作出强制管理的裁定为基准时而开始。申请执行人不同意强制管理并且提出执行异议的，若该异议能够成立，则应裁定结束强制管理程序。值得提出的是，提出强制管理的申请人既包括执行申请人也包括被执行人，被执行人如果认为强制管理是较好的执行措施，则也可以向执行机构提出申请。但法院裁定进行强制管理无须经过被执行人的同意。

（二）选定管理人

管理人也称强制管理人，是指由执行机构委托对强制管理标的物进行管理、经营，并以其收益清偿被执行人依照执行根据所负债务的人。强制管理人可以由执行申请人亲自担任，也可以由其他任何单位和个人担任。① 无论是执行申请人抑或是其他人担任强制管理人，都必须具备相应的管理能力，否则法院不予准许。在实践操作中，强制管理人的人选范围可以参考破产管理人来确定。

（三）强制管理人的职责

强制管理人在强制管理程序中主要的职责包括：接管被管理的财产；对被管理的财产进行管理和经营；收取管理和经营带来的财产收益；将管理收益交给执行机构，由执行机构交给申请执行人；如果由申请执行人担任管理人，则管理收益可以在报告执行机构并经过审计等财务监管后予以保留，直接抵偿其债务。管理人必须对管理财产恪尽职责，如果造成损失，则应当予以赔偿；管理人的合理费用经执行机构同意后从管理收益中直接支取。

（四）强制管理的实施

强制管理的裁定一旦作出便立即生效，被执行人可能会提出的异议也不能阻止强制管理程序的进行，但其异议一旦被认为成立，则强制管理程序应立即终止，开始进入拍卖、变卖程序。案外人提出执行异议按照《民事诉讼法》第234条规定的程序处理，执行异议之诉则需交由审判机构处理。强制管理的裁定所具有的效力是双重的：一方面，被执行人应当主动交出被强制管理的财产，否则强制执行；另一方面，管理人自此开始强制管理的程序和过程。管理人进行强制管理必须在法院裁定的范围内以适当的方式进行，既不得越界用权，也不得懈怠履职，并要接受来自方方面面的监督。

---

① 根据《民诉法解释》第490条的规定，似乎只有执行申请人才有资格担任强制管理人，但这种限定其实并无必要，有时申请执行人可能恰好不具备强制管理的能力，此时就应当考虑其他更加适合的人担任强制管理人。

（五）强制管理的监督

强制管理既涉及执行权利人的利益，也涉及被执行人的权益，同时更涉及生效法律文书的最终实现，因而其过程虽然复杂，但仍需加强监督。对强制管理过程实施监督的第一责任主体就是执行法院，执行法院不能在裁定强制管理后袖手旁观，仍需要深入强制管理过程，密切关注其进展，发现存在管理不当、管理无能或管理腐败等问题的，应立即采取措施予以制止和纠正，必要时裁定终结强制管理程序。执行法院对于强制管理中所产生的妨碍行为，应当将其作为妨碍民事诉讼的行为予以司法制裁。除执行法院享有对强制管理的监督权能外，被执行人也有监督权，为此应当享有知情权，了解强制管理的进展情况，并提出监督意见。

（六）强制管理程序的终结

强制管理程序进行到裁定所确定的期限，如果尚未完成执行任务，那么除非另行裁定延期，否则必须终结其进行。此外，强制管理程序还会因其他因素而结束，比如被执行人履行债务、申请执行人撤回强制管理申请、法院依职权决定结束强制管理、强制管理的财产消灭、强制管理无法产生应有收益、强制管理中矛盾重重、多种法律关系盘根错节使得强制管理程序过于复杂等。强制管理程序的终结也需要执行法院作出裁定，对该裁定，执行当事人双方均可提出异议，对处理异议的裁定不服，还可以向上级法院申请复议。

第十节　对特殊财产权的执行

对其他特殊财产的执行，包括对知识产权、股票等有价证券、投资权益、股权的执行。

一、对知识产权的执行

对知识产权的执行，包括对专利权的执行、对商标权的执行、对具有财产内容的著作权等的执行，一般分两个步骤进行：第一步是执行法院裁定发出禁止令，禁止被执行人转移其专利权、注册商标专用权、著作权（财产权范围内）等知识产权，在发出禁止令的同时，执行法院尚需向知识产权登记管理部门发出协助执行通知书，通知其不得办理财产权转移手续，必要时可以责令被执行人将产权或使用权证照交人民法院保存。第二步是执行法院发出裁定，采取积极执行的措施，对上述这些知识产权就像有形财产权一样，进行拍卖、变卖，以其所得来满足执行权利人的执行权益。因此，对知识产权的执行，其主要采取的措施是禁止令、拍卖和变卖这三种。

二、对股票等有价证券的执行

有价证券包括票据、股票、债券、基金份额、提单、国库券等，是设立并证明持券人有权取得一定财产权利的书面凭证。对于有价证券的执行可以采用的方法主要有：一是扣押，通过扣押，将这些有价证券控制在执行法院手中；二是强制转让，责令被执行人按照证券法、公司法等法律规定，转让其有价证券，以转让所得清偿债务；三是拍卖，将有价证券置于网络拍卖平台进行拍卖，也可以进行现场拍卖，以拍卖所得清偿债务；四是变卖，如果无法拍卖，或者属于禁止拍卖的有价证券，则进行变卖，也可以进行收购；五是抵债，将证券交给执行申请人作为债务的抵偿。

三、对投资权益的执行

《执行规定》第36条规定:"对被执行人从有关企业中应得的已到期的股息或红利等收益,人民法院有权裁定禁止被执行人提取和有关企业向被执行人支付,并要求有关企业直接向申请执行人支付。对被执行人预期从有关企业中应得的股息或红利等收益,人民法院可以采取冻结措施,禁止到期后被执行人提取和有关企业向被执行人支付。到期后人民法院可从有关企业中提取,并出具提取收据。"据此规定,对投资权益的执行有以下执行措施:一是禁止令,执行法院通过裁定向被执行人和相关企业单位发出禁止令,禁止被执行人提取投资收益,也禁止相关企业单位向被执行人支付;二是直接支付,要求有关企业单位向执行权利人直接支付投资权益;三是冻结,对被执行人的预期投资收益,执行法院发出裁定采取冻结措施,禁止到期后被执行人提取和有关企业向被执行人支付。到期后人民法院可从有关企业中提取,并出具提取收据。

四、对股权的执行

股权是有限责任公司或者股份有限公司的股东对公司享有的人身和财产权益的一种综合性权利。即股权是股东基于其股东资格而享有的,从公司获得经济利益,并参与公司经营管理的权利。股权是股东在初创公司中的投资份额,即股权比例,股权比例的大小直接影响股东对公司的话语权和控制权,也是股东分红比例的依据。一般来说,有限责任公司股东享有的权利,主要有以下两种:一是自益权,即股东基于自己的出资而享受利益的权利,如获得股息红利的权利、公司解散时分配财产的权利以及不同意其他股东转让出资额时的优先受让权。这是股东为了自己的利益而行使的权利。二是共益权,即股东基于自己的出资而享有的参与公司经营管理的权利,如表决权、监察权、请求召开股东会的权利、查阅会计表册权等。这是股东为了公司利益,同时兼为自己利益行使的权利。因此,股权是一种特殊的财产权,可以成为执行标的。对于股权的执行依据其主体性质分为以下几种情形分别处理:

(一) 对独资企业股权的执行

《执行规定》第39条第1款规定,被执行人在其独资开办的法人企业中拥有的投资权益被冻结后,人民法院可以直接裁定予以转让,以转让所得清偿其对申请执行人的债务。当然,如果被执行人自行转让其投资权益或股权,也未尝不可,由法院进行监督,监督其将转让所得交付给执行权利人,以清偿其债务。

(二) 对有限公司股权的执行

对被执行人在有限责任公司中被冻结的投资权益或股权,人民法院可以依据《公司法》第35条、第36条的规定,征得全体股东过半数同意后,予以拍卖、变卖或以其他方式转让。不同意转让的股东,应当购买该转让的投资权益或股权,不购买的,视为同意转让,不影响执行。人民法院也可允许并监督被执行人自行转让其投资权益或股权,将转让所得收益用于清偿对申请执行人的债务。需要注意的是,在执行有限公司的股权时,要注意保护相关股东的优先购买权。人民法院依照法律规定的强制执行程序转让股东的股权时,应当按照《公司法》第72条之规定,通知公司及全体股东,其他股东在同等条件下有优先购买权。其他股东自人民法院通知之日起满20日不行使优先购买权的,视为放弃优先购买权。

(三) 对上市公司国有股和社会法人股的执行

上市公司国有股和社会法人股的执行，应当具备三个条件：其一，被执行人应当是股权持有人或所有权人；其二，股权持有人或者所有权人在执行裁定所确定的期限内未提供可供执行的其他财产，或所提供的其他财产不足以清偿债务；其三，国有股权竞买人或买受人应当具备依法受让国有股权的资质和条件。

无论在上述哪一种情形下，有关企业收到人民法院发出的协助冻结通知后，擅自向被执行人支付股息或红利，或擅自为被执行人办理已冻结股权的转移手续，造成已转移的财产无法追回的，应当在所支付的股息或红利或转移的股权价值范围内向申请执行人承担责任。①

第十一节 代位执行

一、代位执行的概念和特征

代位执行这一概念源于债法上的债权人代位权的概念，债权人代位权是债的保全制度的一种。《民法典》第535条规定了债权人的代位权制度，该条规定："因债务人怠于行使其债权或者与该债权有关的从权利，影响债权人的到期债权实现的，债权人可以向人民法院请求以自己的名义代位行使债务人对相对人的权利，但是该权利专属于债务人自身的除外。"代位权，是指因债务人怠于行使其到期债权，对债权人造成损害的，债权人可以向人民法院请求以自己的名义代位行使债务人的债权的权利。我国的代位权制度中，可代位行使的权利仅限于到期债权，不包括其他权利。债权人代位权属于债的对外效力，突破了债的相对性，涉及第三人的权利。代位权是债权的一种法定权能。无论当事人是否约定，债权人都享受此权利。最高人民法院于1999年12月29日发布的《关于适用〈中华人民共和国合同法〉若干问题的解释（一）》对1999年《合同法》第73条之规定作了重点阐释，规定了代位权构成的实质性要件。债权人代位权延伸到诉讼领域，便为代位诉讼；发展到执行领域，便为代位执行。

代位执行，也称"代位申请执行"，又称"对到期债权的执行"，是指在被执行人不能清偿到期债务而对第三人又享有到期债权时，执行法院按照执行当事人的申请，向该第三人进行强制执行的执行措施。《民诉法解释》第499条规定："人民法院执行被执行人对他人的到期债权，可以作出冻结债权的裁定，并通知该他人向申请执行人履行。该他人对到期债权有异议，申请执行人请求对异议部分强制执行的，人民法院不予支持。利害关系人对到期债权有异议的，人民法院应当按照民事诉讼法第二百三十四条的规定处理。对生效法律文书确定的到期债权，该他人予以否认的，人民法院不予支持。"

根据《执行规定》第45条至第53条的规定，代位执行的特点主要有：

其一，复合性。以申请执行人为一方，以第三人为被执行人，形成了新的执行法律关系。这种新的执行法律关系乃是基于原有的执行法律关系而产生的，此时形成了两种执行法律关系并存的局面。如果满足了申请执行人的执行权利，代位执行的结束便意味着两种执行法律关系同时结束。

其二，有限性。以被执行人对第三人的到期债权为执行内容和执行范围。在被执行人对第

---

① 《执行规定》第40条。

三人的到期债权范围内进行执行，不得超越该限度。

其三，一次性。对第三人进行执行的执行标的可以是第三人所拥有的全部财产，但不能针对第三人对其他人所拥有的到期债权。在对第三人作出强制执行裁定后，第三人确无财产可供执行的，不得就第三人对他人享有的到期债权强制执行。也就是说，代位执行仅仅只能连环地进行一次，而不得无限度地进行下去，否则就会造成执行法律关系的混乱和过于复杂化，反而不利于执行程序的顺利进行。

其四，非讼性。代位执行程序是非诉讼程序，第三人针对债权本身提出执行异议无须说明理由，便转为案外人执行异议之诉。因为代位执行没有经过代位诉讼，第三人对被执行人的债权是否存在没有经过诉讼程序的确认，而在执行程序中因其非诉讼性质而无法解决实体性争议，所以一旦第三人提出执行异议，如果该异议是针对到期债权本身而提出的，那么，这就意味着第三人对到期债权本身存在争议，对该争议，应当启动审判程序加以裁判，而不得在执行程序中通过裁定加以解决。但如果第三人针对代位执行的其他要件，如被执行人怠于履行、债权是否到期等提出执行异议，则由执行法院通过裁定加以解决，这不构成案外人执行异议之诉。

二、代位执行的条件

代位执行需要具备以下条件：

一是被执行人不能清偿到期债务。被执行人的全部财产不能清偿到期债务，或者由于被执行人隐匿财产、转移财产而致使执行无法进行下去，此时申请执行人方能申请代位执行。

二是被执行人对第三人享有到期债权。被执行人对第三人享有合法的到期债权，而且该债权不附带任何期限或条件，或者所附带的期限已经届满，条件已经成就，并且该债权适合进行强制执行。至于被执行人对第三人所享有的到期债权是否已被生效法律文书所确认，则在所不问。如果被执行人对第三人的到期债权已经被生效法律文书所确认，而其无故拒不申请执行，则申请执行人也可以代位申请执行。

三是申请执行人或者被执行人提出执行申请。法院不能依职权启动代位执行程序，但究竟是申请执行人提出代位执行的申请，还是被执行人提出代位执行的申请，抑或是他们共同提出代位执行的申请，则在所不问。

四是第三人既不提出债权异议，也不履行债务。

三、代位执行的程序

（一）申请与受理

代位执行的程序必须由债权人提出申请方能启动，包括主张债务人在内的其他任何人均无权提出该类申请，法院也不得依职权启动代位执行程序。债权人提出代位执行申请后执行法院应当予以审查，审查的主要内容是代位执行的条件是否符合。审查后如执行法院认为债权人的代位执行申请符合条件，则裁定予以受理，该裁定仅仅表明执行法院接受了债权人的代位执行申请，其尚不具有执行依据的性质。

（二）发出履行通知

被执行人不能清偿债务，但对本案以外的第三人享有到期债权的，人民法院可以依申请执行人或被执行人的申请，向第三人发出履行到期债务的通知（以下简称履行通知）。履行通知必须直接送达第三人。履行通知应当包含下列内容：（1）第三人直接向申请执行人履行其对被执行人所负的债务，不得向被执行人清偿；（2）第三人应当在收到履行通知后的 15 日内向申请执行人履行债务；（3）第三人对履行到期债权有异议的，应当在收到履行通知后的 15 日内向执行法院提出；（4）第三人违背上述义务的法律后果。

（三）第三人提出异议

第三人也即次债务人有权对向其进行的代位执行提出异议，其对履行通知的异议一般应当以书面形式提出，口头提出的，执行人员应记入笔录，并由第三人签字或盖章。第三人在履行通知指定的期间内提出异议的，人民法院不得对第三人强制执行，对提出的异议不进行审查。第三人提出自己无履行能力或其与申请执行人无直接法律关系，不属于这里所指的异议。第三人对债务部分承认、部分有异议的，可以对其承认的部分强制执行。对生效法律文书确定的到期债权，第三人予以否认的，人民法院不予支持。值得探讨的是：被执行人能否提出执行异议？答案应当是否定的。因为被执行人怠于行使对第三人的债权是申请执行人申请代位执行的条件之一，他既然已经怠于行使权利，便极可能提出执行异议，以保全自己对第三人的债权便于将来行使或实现，这与隐匿财产有类似之处，因此如果被执行人提出的异议能够阻却代位执行的话，那么，代位执行的成功概率就非常之低，这显然不利于代位执行制度的功能发挥，因而被执行人无权就代位执行本身提出执行异议。

（四）裁定代位执行

第三人在履行通知指定的期限内没有提出异议，但又不履行的，执行法院有权裁定对其强制执行。此裁定同时送达第三人和被执行人。被执行人收到人民法院履行通知后，放弃其对第三人的债权或延缓第三人履行期限的行为无效，人民法院仍可在第三人无异议又不履行的情况下予以强制执行。

（五）出具证明

第三人按照人民法院履行通知向申请执行人履行了债务或已被强制执行后，人民法院应当出具有关证明。人民法院出具的该证明在性质上属于公文书，将来如果被执行人以第三人为被告提起履行债务之诉或者申请法院强制执行该相应债权，该第三人即可拿出该证明进行诉讼中的抗辩或者提出执行中的异议。当然，一般而言，该证明书还需要同代位执行的裁定书以及相关执行终结的裁定书结合在一起，才能产生应有的抗辩效力或异议效力。

四、擅自履行的法律后果

第三人收到人民法院要求其履行到期债务的通知后，擅自向被执行人履行，造成已向被执行人履行的财产不能追回的，除在已履行的财产范围内与被执行人承担连带清偿责任外，可以追究其妨害执行的责任。

第十二节　行为执行

行为执行在英美法系国家是通过法院签发禁止令（injunction）来实现的，对行为的强制执行也称为行为请求权的执行或完成行为的执行，是指根据生效法律文书负有一定行为义务的义务人拒不履行其行为义务，执行机构可以强制该义务人实施一定的行为或禁止其实施一定行为的执行措施。《民事诉讼法》第259条规定："对判决、裁定和其他法律文书指定的行为，被执行人未按执行通知履行的，人民法院可以强制执行或者委托有关单位或者其他人完成，费用由被执行人承担。"

行为请求权分为积极行为请求权和消极行为请求权两种，前者要求被执行人实际地实施某种行为，比如清除影响环境的垃圾堆、安装环保的装置设备、向公众赔礼道歉等，后者如不得排出影响环境的污染物、不得妨碍他人通行、不得在深夜高声喧哗等。积极的行为请求权又分为两种：一是可替代性的行为，二是不可替代性的行为。可替代性的行为，是指如果被执行人拒不实施该种行为，执行机构则可委托其他人代为完成该种行为，由此所产生的费用由被执行人承担，此时实际上就将行为执行转化为财产执行。[①] 比如前述清除影响环境的垃圾堆、安装环保的装置设备，就属于可替代的行为。这种行为的执行比较容易。但是，不可替代的行为之执行就比较困难，比如因环境污染或侵犯消费者合法权益而被法院责令向公众赔礼道歉，这种赔礼道歉的行为必须是道德上的真诚忏悔，但是否真诚忏悔是无法强制的，只能通过思想教育工作来进行执行。前面我们在说到执行的基本原则时，就提到强制执行和说服教育相结合的原则，这个原则在这里可以发挥作用了。如果通过思想教育仍然行不通，执行法院则只能对其进行罚款、拘留等司法上的制裁，如果制裁了还是行不通，那就没有办法了。如果强行地代替被执行人进行赔礼道歉，不仅不具有实际意义，而且还有一个被执行人的人格权利是否受到尊重的问题。这是这种民事责任的局限性所在，强制执行程序也无法改变这种局限性。

赔礼道歉这种作为的执行是如此，不作为的执行也是如此。比如前面说的不得排出影响环境的污染物、不得妨碍他人通行、不得在深夜高声喧哗，这些不作为的请求权在执行上也依赖于被执行人的自觉行动，如果被执行人在道德深处尚未接受法院的这一裁判，则执行起来难度就大，因为法律上找不到一种措施可以捆绑被执行人的手脚使之不得动弹，否则就有侵犯人权之嫌，尤其是，这种不作为具有绝对的人身属性，根本无法替代执行，因此对于这种不作为的请求权也只能通过说服教育达其目的；说服教育实在无法奏效，则进行罚款、拘留等司法上的制裁，迫使其就范，如此而已。

需要讨论的问题是：不可替代的行为请求权的执行，是否还包括对意思表示请求权的执行？比如，《民事诉讼法》第258条关于办理财产权证照转移手续的执行，是否实际上就是意思表示请求权的执行？笔者认为，办理财产权证照转移手续的执行不属于对被执行人的行为执行，而属于第三人的协助执行，办理手续是第三人的协助行为，而不是被执行人可以实施的行为，就像通常的财产买卖需要财产所有人的意思表示一样，办理手续在通常的情况下也需要被执行人的意思表示，被执行人不做出该意思表示，因而需要强制办理转移手续，但此时执行的标的不是被执行人的行为，而是相应的财产权，办理手续本身不属于执行标的，而属于完成财产权转移的一个过程和环节；既然办理手续不属于执行标的，那么，办理手续的意思表示也就不属于执行标的，而只有当行为作为执行标的时才存在强制执行问题；更何况，意思表示是无

---

① 按《民诉法解释》第501条、第502条之规定，被执行人不履行生效法律文书确定的行为义务，该义务可由他人完成的，人民法院可以选定代履行人；法律、行政法规对履行该行为义务有资格限制的，应当从有资格的人中选定。必要时，可以通过招标的方式确定代履行人。申请执行人可以在符合条件的人中推荐代履行人，也可以申请自己代为履行，是否准许，由人民法院决定。代履行费用的数额由人民法院根据案件具体情况确定，并由被执行人在指定期限内预先支付。被执行人未预付的，人民法院可以对该费用强制执行。代履行结束后，被执行人可以查阅、复制费用清单以及主要凭证。

法进行强制执行的,即便属于行为,它也属于不可替代的行为,根本不能进行强制执行。如果这也属于对行为的强制执行,那么所有的执行(包括财产执行等)都将变成行为执行,显然这就过分扩大了行为执行的范围,因而不可替代的行为请求权的执行,并不包括对意思表示请求权的执行。

第十三节 惩罚性执行

一、支付迟延履行利息和迟延履行金

按照《民事诉讼法》第260条之规定,被执行人未按判决、裁定和其他法律文书指定的期间履行给付金钱义务的,应当加倍支付迟延履行期间的债务利息。被执行人未按判决、裁定和其他法律文书指定的期间履行其他义务的,应当支付迟延履行金。被执行人迟延履行的,迟延履行期间的利息或者迟延履行金自判决、裁定和其他法律文书指定的履行期间届满之日起计算。[①]

二、限制高消费

限制高消费,是一种执行保障制度,指的是在执行程序中,执行机构依法对被执行人下达指令,责令其在依法全面履行法律文书所确定的法律义务之前,不得进行超过一定标准的消费,否则便构成妨碍民事执行的行为的一种执行制度。限制消费的实质是限制"高消费",而不是限制被执行人的正常消费,更不是限制其人身行动自由。

根据《限制高消费规定》之规定,限制高消费制度的主要内容如下:

(一)限制高消费的主体范围

被执行人未按执行通知书指定的期间履行生效法律文书确定的给付义务的,人民法院可以采取限制消费措施,限制其高消费及非生活或者经营必需的有关消费。纳入失信被执行人名单的被执行人,人民法院应当对其采取限制消费措施。

(二)限制高消费的考量因素

人民法院决定采取限制消费措施时,应当考虑被执行人是否有消极履行、规避执行或者抗拒执行的行为以及被执行人的履行能力等因素。

(三)限制高消费的行为范围

被执行人为自然人的,被采取限制消费措施后,不得有以下高消费及非生活和工作必需的消费行为:(1)乘坐交通工具时,选择飞机、列车软卧、轮船二等以上舱位;(2)在星级以上宾馆、酒店、夜总会、高尔夫球场等场所进行高消费;(3)购买不动产或者新建、扩建、高档装修房屋;(4)租赁高档写字楼、宾馆、公寓等场所办公;(5)购买非经营必需车辆;(6)旅游、度假;(7)子女就读高收费私立学校;(8)支付高额保费购买保险理财产品;(9)乘坐G字头动车组列车全部座位、其他动车组列车一等以上座位等其他非生活和工作必需的消费行为。被执行人为单位的,被采取限制消费措施后,被执行人及其法定代表人、主要

[①] 《民诉法解释》第504条。

负责人、影响债务履行的直接责任人员、实际控制人不得实施前述规定的行为。因私消费以个人财产实施前述规定行为的，可以向执行法院提出申请。执行法院审查属实的，应予准许。

（四）限制高消费的启动

限制消费措施一般由申请执行人提出书面申请，经人民法院审查决定；必要时人民法院可以依职权决定。

（五）限制高消费令

人民法院决定采取限制消费措施的，应当向被执行人发出限制消费令。限制消费令由人民法院院长签发。限制消费令应当载明限制消费的期间、项目、法律后果等内容。

（六）公告与协助执行

人民法院决定采取限制消费措施的，可以根据案件需要和被执行人的情况向有义务协助调查、执行的单位送达协助执行通知书，也可以在相关媒体上进行公告。限制消费令的公告费用由被执行人负担；申请执行人申请在媒体公告的，应当垫付公告费用。

（七）特批消费

被限制消费的被执行人因生活或者经营必需而进行本规定禁止的消费活动的，应当向人民法院提出申请，获批准后方可进行。

（八）限制高消费令的解除

在限制消费期间，被执行人提供确实有效的担保或者经申请执行人同意的，人民法院可以解除限制消费令；被执行人履行完毕生效法律文书确定的义务的，人民法院应当及时以通知或者公告解除限制消费令。

（九）监督

人民法院应当设置举报电话或者邮箱，接受申请执行人和社会公众对被限制消费的被执行人违反限制高消费令的举报，并进行审查认定。

（十）对违反限制高消费令的处罚

被执行人违反限制消费令进行消费的行为属于拒不履行人民法院已经发生法律效力的判决、裁定的行为，经查证属实的，依照《民事诉讼法》第114条的规定，予以拘留、罚款；情节严重，构成犯罪的，追究其刑事责任。有关单位在收到人民法院协助执行通知书后，仍允许被执行人进行高消费及非生活或者经营必需的有关消费的，人民法院可以依照《民事诉讼法》第117条的规定，追究其法律责任。

三、限制出境

《民事诉讼法》第262条规定："被执行人不履行法律文书确定的义务的，人民法院可以对其采取或者通知有关单位协助采取限制出境，在征信系统记录、通过媒体公布不履行义务信息以及法律规定的其他措施。"该条规定了执行威慑制度，包括限制出境和失信惩戒两种制度。

限制出境是指通过国家边防机关的协助，使尚未履行义务的被执行人不得离开中华人民共和国领域，或者从内地前往香港、澳门特区或者台湾地区的执行制度。被执行人是自然人的，可以限制被执行人本人出境；被执行人是无民事行为能力人或限制民事行为能力人的，可以对其法定代理人适用限制出境；被执行人是法人或其他组织的，可以限制被执行人的法定代表人、主要负责人或者影响债务履行的直接责任人员、实际控制人出境。

四、失信惩戒制度：案例评析①

（一）基本案情

张某某系某省某市某牧业有限公司（以下简称某牧业公司）法定代表人。乔某与某牧业公司、张某某因民间借贷产生纠纷。2016年9月16日，某区人民法院判决张某某、某牧业公司归还乔某借款本金18万元及利息6.14万元，自2016年2月1日起至判决生效之日止，按约定月息2分的利率承担该借款利息。判决生效后，乔某向某区人民法院申请强制执行。某区人民法院作出执行裁定，冻结被执行人张某某、某牧业公司银行存款281280元，查封张某某名下房产一套，同时还决定将某牧业公司、张某某纳入失信被执行人名单。该查封裁定作出后，执行法院未送达当事人。

（二）检察机关监督情况

某区人民检察院发现乔某与某牧业公司、张某某民间借贷纠纷一案执行行为违法，并予以立案审查。经审查执行案卷，检察机关发现：一是被执行人被法院冻结、查封的财产足以清偿生效法律文书确定的债务，不符合纳入失信被执行人名单的法定情形；二是法院作出的查封裁定书未向当事人送达。同时，检察机关了解到，某牧业公司被纳入失信被执行人名单后，银行贷款被暂停发放，经营陷入困境。

某区人民检察院经审查认为，执行法院存在以下违法情形：一是将张某某纳入失信被执行人名单属于适用法律错误。最高人民法院《关于公布失信被执行人名单信息的若干规定》（以下简称《公布失信名单规定》）第3条规定，被采取查封、扣押、冻结等措施的财产足以清偿生效法律文书确定债务的，人民法院不得将被执行人纳入失信被执行人名单。本案执行程序中，被执行人张某某、某牧业公司被冻结的存款和被查封的房产足以清偿生效裁判确定的债务。因此，执行法院将其纳入失信被执行人名单，显属违法。二是未向当事人送达执行裁定书。《查扣冻规定》第1条规定："人民法院查封、扣押、冻结被执行人的动产、不动产及其他财产权，应当作出裁定，并送达被执行人和申请执行人……查封、扣押、冻结裁定书……送达时发生法律效力。"本案中法院制作执行裁定书后，长期未向当事人送达，违反了上述规定。

2017年11月28日，某区人民检察院向某区人民法院提出检察建议，建议该院依法纠正违法执行行为。某区人民法院采纳了检察建议，于2017年12月8日将执行裁定书送达当事人，并撤销了将张某某、某牧业公司纳入失信被执行人名单的决定。

（三）法理评析

1. 失信被执行人名单制度的基本内容

失信惩戒制度包括公布失信被执行人名单和在征信系统记录不履行义务信息两种措施。公布失信被执行人名单，也称通过媒体公布不履行义务的信息，是指将被执行人的姓名或者名称、没有履行债务的数额等信息通过公开发行的报纸、杂志或者网络、电视等媒介公布，促使其履行义务的一种执行制度。在征信系统记录不履行义务信息，是指在被执行人的个人或单位信用记录中，载明其有拒绝履行或者没有全面履行义务的事实，使其个人或单位信用受到影响

---

① 某牧业公司被错列失信被执行人名单执行监督案（最高人民检察院第二十一批指导性案例检例第78号）。

的一种执行制度。根据《公布失信名单规定》第 1 条的规定，被执行人具有履行能力而不履行生效法律文书确定的义务，并具有下列情形之一的，人民法院应当将其纳入失信被执行人名单，依法对其进行信用惩戒。其一，以伪造证据、暴力、威胁等方法妨碍、抗拒执行；其二，以虚假诉讼、虚假仲裁或者以隐匿、转移财产等方法规避执行；其三，违反财产报告制度的；其四，违反限制高消费令；其五，被执行人无正当理由拒不履行执行和解协议；其六，有履行能力而拒不履行生效法律文书确定义务。《公布失信名单规定》第 8 条规定，人民法院应当将失信被执行人名单信息，向政府相关部门、金融监管机构、金融机构、承担行政职能的事业单位及行业协会等通报，供相关单位依照法律、法规和有关规定，在政府采购、招标投标、行政审批、政府扶持、融资信贷、市场准入、资质认定等方面，对失信被执行人予以信用惩戒。可见，失信被执行人名单制度既是一项必要的制度，也是一项严厉的制度，其在司法实践中的适用，如何始终被控制在合法的轨道上运行，成为一个重要的研究课题。

2. 失信被执行人名单制度的适用前提

将失信被执行人纳入黑名单进行公布，是具有严重后果的强制制裁措施和强制执行措施，这其实是将破产法中的破产人惩戒制度中的部分内容移植到了执行领域，被执行人被视为"准破产人"，因而，其适用应当受到严格的条件限制。不是所有的被执行人都要被纳入黑名单进行公布，也不是所有的被执行人都要被进行信用惩戒。将被执行人纳入黑名单予以公布和惩戒的前提条件是，有证据显示被执行人有履行能力而实施了转移财产、隐匿财产等行为以逃避执行。如果被执行人本身就无财产可供执行，事实上其已处在了破产状态，则不得适用失信被执行人名单制度，不得将其纳入失信者名单予以公布和惩戒。这是其一。其二，如果被执行人有财产可供执行，但没有主动履行，而采取了拖延战术，则如果法院能够对其财产进行查封、扣押、冻结，而且其被查封、扣押、冻结的财产已经足以履行其执行义务，则也不得适用失信被执行人名单制度。本案的情况就属于后一种情形。对此，《公布失信名单规定》第 3 条明确规定："具有下列情形之一的，人民法院不得依据本规定第一条第一项的规定将被执行人纳入失信被执行人名单：……（二）已被采取查封、扣押、冻结等措施的财产足以清偿生效法律文书确定债务的……"

3. 检察院的监督抓住了要害之处

本案中，法院在执行过程中已经冻结被执行人张某某、某公司银行存款 281280 元或其他资金，期限为 1 年；查封被执行人张某某名下位于某区建设路小区一套房屋，期限为 3 年。被执行人共负债务按判决书的记载为：借款 18 万元及所欠利息 6.14 万元，并承担该借款从 2016 年 2 月 1 日起至判决生效之日止约定的月息 2 分的利息。这些债务加在一起也不过 30 万元左右，而被执行人被冻结的银行存款就有 28 万元之多，同时还有一套住房，加在一起无论如何应当足以清偿所有的裁判债务，在这种情形下，既然债务可以得到强制履行，则根本就失去了将被执行人纳入失信被执行人名单的前提条件，因而，检察院据此判定，法院的此一执行举措有违法之处，以此为重点进行了法律监督，取得了良好的效果。

4. 对失信被执行人名单制度的监督应当成为检察院执行监督的一个重要领域

有鉴于"执行难"，失信被执行人名单制度一出现，便受到社会各界的关注和肯定，其对敦促被执行人履行债务、维护生效法律文书的法律权威、保护债权人的合法权益、促进公民诚实守信、完善执行体制和机制都具有重要的价值和功能。但同时，被执行人的合法权益也要受到同等程度的保护，对被执行人合法权益的最好保护就是防止失信被执行人名单制度被滥用，将失信被执行人名单制度这块好钢用在刀刃上而不致被扩大化适用，这不仅对维护被执行人的合法权益有其意义,对该项制度的可持续发展也具有意义。检察机关作为法律监督机关,一定意义上说,对该项制度的恰当贯彻,应当从维护被执行人合法权益的视角考虑问题,这样就可以使失信被执行人名单制度的适用始终保持着一种力量上的平衡,从而防止该项制度被错误适用。

五、执行威慑机制

执行威慑机制是国家通过立法对被执行人增加责任和压力,加大执行力度,节省执行成本,从而确保被执行人自动履行义务的法律机制。执行威慑机制包括内、外威慑机制两方面的内容:就其内在机制而言,指法院通过执行机制的改革,强化执行过程的有效性和约束力,包括审判和执行的分离机制、执行信息系统、执行公开机制、执行风险告知机制、执行听证机制等的建立,产生出强制执行的软性约束、程序约束和制度约束;就其外部机制而言,是指建立法院与社会有关单位和部门的征信联络系统,将被执行人的信息纳入系统之中,供这些部门参考,促使其联合起来,共同限制被执行人的行为,使其一次失信、处处受限。外部威慑机制所挂钩的部门主要有金融、工商登记、税务、房地产管理、出入境管理、车辆管理、工程招投标以及保险等,通过建立执行案件信息网络,将被执行人的基本信息公之于网络,促使这些关联部门或单位共同限制或禁止被执行人贷款、出入境、处置资产、日常消费等活动。可见,执行威慑机制的本质在于动员社会方方面面的力量来抵制被执行人的逃避执行的行为,最终迫使其就范,自觉履行生效法律文书的义务,使生效法律文书所载明的内容得以完整实现,从而解决一个个具体的"执行难"案件。

第十四节 执行转破产

一、执行转破产概述

《民诉法解释》第511条规定:"在执行中,作为被执行人的企业法人符合企业破产法第二条第一款规定情形的,执行法院经申请执行人之一或者被执行人同意,应当裁定中止对该被执行人的执行,将执行案件相关材料移送被执行人住所地人民法院。"该条规定的便是执行转破产程序。从理论上看,执行转破产是指在对企业法人为被执行人进行执行的过程中,如果执行法院认为被执行人已具备了破产原因,则在申请执行人或被执行人的同意或申请下,将执行案件移送至破产审判庭,由其按照破产程序进行处理的特别执行程序制度。由该定义可知执行转破产程序的基本特点有:

其一,执行转破产具有程序领域的横跨性和综合性的特点。执行转破产既属于执行程序,也属于破产程序,既有执行程序的制度元素,也有破产程序的制度元素。

其二,执行转破产程序具有拼接性和复合性的特点。该程序的前半段为执行程序,后半段为破产程序,具有交叉性和混合性特征。

其三,执行转破产是一个独立的程序制度。执行转破产是一个独立的程序,其既不完全属于执行程序领域,也不完全属于破产程序领域,而是兼有执行程序和破产程序两方面的程序特性。

其四,执行转破产具有双向性和往返性的特点。执行程序中发现具有破产条件的案件,可以由执行程序转为破产程序,破产程序中发现不符合破产条件,也应当可以转为执行程序。这样就在执行程序和破产程序之间打破了固有的制度壁垒,使之能够往返流转,以实现执行程序或破产程序的本质目标。

执行转破产程序并没有在民事诉讼法中或企业破产法中加以规定,而是由最高人民法院通过司法解释根据实践的需要而创设的。该项制度创新具有重要意义,它不仅有助于破解"执行难"中的很多问题,使陷入"执行难"之中的事实上的破产案件能够有序转入破产程序的轨道加以处置,而且有助于缓解"破产申请难"的困境,激活破产制度的内在价值,使破产程序切实发挥其应有作用和功能,将来有待于完善后将其写入立法之中,使之成为正式的法律制度。

二、执行转破产的程序构成

《民诉法解释》从第511条至第514条规定了执行转破产的程序内容,据此规定,执行转破产的程序由以下几个方面和环节构成:

(一) 适用条件

执行转破产需要满足的条件由程序条件和实体条件两方面组成。程序条件是被转案件处在执行程序之中,并且尚未处在破产程序之中。如果被转的标的案件尚未进入执行程序,或者已经处在破产程序的系属之中,则执行转破产便失去了程序性前提,执行转破产便无从说起。实体条件主要包括:其一,被转案件的被执行人必须是企业法人,因为只有企业法人方具有破产能力,才具有从执行程序转为破产程序的主体适格性。其二,被转案件的被执行人必须达到了破产条件,具备破产原因。因为如果不具备破产原因,被转案件即便进入破产程序,也不会被破产法院宣告破产。当然,由于破产程序具有清算程序、和解程序与重整程序三种类型,因此这里的破产原因只需要具备其中一种类型就满足了该项要件,而不是必须达到清算程序的高门槛要求。

(二) 程序启动

执行转破产的程序只能在执行当事人的申请下或同意下方能启动,这是因为根据《企业破产法》第7条的规定,只有债务人、债权人以及依法负有清算责任的人才有权申请企业破产,而且只有通过上述人员的申请才能启动破产程序,法院不能依职权启动破产程序,其他主体也不能启动破产程序。当然,执行法院在执行过程中也可以"先斩后奏",先行依职权将执行案件移送破产审判庭处理,破产审判庭在处理时如果债权人或债务人均加以反对,则将移转过来的破产案件再行返回给执行法院。《民诉法解释》第514条"当事人不同意移送破产"这一规定便包含了上述这一层意思。

(三) 管辖法院

根据《民诉法解释》第513条的规定,有关管辖执行转破产案件的法院只能是"被执行人住所地人民法院"。这与《企业破产法》第3条规定的"破产案件由债务人住所地人民法院管辖"是一致的。如果被执行人有两个或两个以上,则所有的被执行人所在地的法院均具有受理执行转破产案件的管辖权,究竟向哪一个有管辖的法院进行案件移转,执行法院应当征求同意或申请执行转破产的执行当事人的意见,执行当事人不发表意见的,由执行法院根据职权加以决定。

（四）审查和受理

被执行人住所地人民法院应当自收到执行案件相关材料之日起 30 日内，对执行转破产案件是否符合法律的规定进行审查，审查的结果，如果认为符合执行转破产条件的，则裁定受理，并将受理破产案件的裁定告知执行法院；如果认为不符合执行转破产条件的，则裁定不予受理，同时将相关案件材料退回执行法院。[①]

（五）中止执行和终结执行

在执行法院移送执行转破产案件的同时，应当裁定中止执行程序的进行，中止执行的期间一直延续到破产法院裁定宣告被执行人破产之时，包括裁定被执行人进入清算程序、结束破产和解程序、进入破产重整程序的任何一个时点。中止执行后执行措施不再实施，但执行中的保全措施继续有效，直至破产法院宣告进入上述程序之一后，执行中止便应裁定改为执行终结，执行程序正式全部结束，执行程序中采取的保全等强制措施，不间断地转移到破产法院，该强制措施在破产程序中继续有效，破产法院无须作出重复的保全裁定。

（六）恢复执行

执行转破产案件移送给破产法院后，破产法院进行审查后不予受理该案件，或者受理后认为被执行人不具备破产条件，则裁定将执行转破产案件再次转回执行法院，执行法院恢复被中止的执行程序。根据《民诉法解释》第 514 条的规定，当事人不同意移送破产或者被执行人住所地人民法院不受理破产案件的，执行法院就执行变价所得财产，在扣除执行费用及清偿优先受偿的债权后，对于普通债权，按照财产保全和执行中查封、扣押、冻结财产的先后顺序清偿。

[①] 《民诉法解释》第 512 条。

第六编

涉外民事诉讼程序论

第三十三章 涉外民事诉讼程序的特别规定

第一节 涉外民事诉讼程序概述

一、涉外民事案件概述

涉外民事诉讼程序是解决涉外民事案件的专门程序,要了解涉外民事诉讼程序,其基础也是前提性的步骤是要了解何为涉外民事案件。涉外民事案件,指的是具有涉外因素的民事案件;涉外因素,是指民事案件中所包含的诉的要素具有涉外性。诉的要素有三个,即诉的主体要素、诉的客体要素和诉的事实要素,因此,涉外因素也相应地表现为诉的主体具有涉外性,诉的客体也即双方当事人争议的法律关系具有涉外性,以及诉的事实具有涉外性,也即发生民事案件的纠纷事实具有涉外性。《民诉法解释》第520条规定:"有下列情形之一,人民法院可以认定为涉外民事案件:(一)当事人一方或者双方是外国人、无国籍人、外国企业或者组织的;(二)当事人一方或者双方的经常居所地在中华人民共和国领域外的;(三)标的物在中华人民共和国领域外的;(四)产生、变更或者消灭民事关系的法律事实发生在中华人民共和国领域外的;(五)可以认定为涉外民事案件的其他情形。"其中的第1、2项为诉的主体具有涉外性之因素的具体化,第3项为诉的客体要素之具有涉外性的定在化,第4项为诉的事实因素具有涉外性的直接表述,第5项是对涉外案件的扩大化解释提供的可能性,长臂管辖便建立在该兜底条款的基础上。根据《涉外管辖规定》第3条的规定,我国法院受理的涉外民事诉讼案件包括:(1)涉外合同和侵权纠纷案件;(2)信用证纠纷案件;(3)申请撤销、承认与强制执行国际仲裁裁决的案件;(4)审查有关涉外民商事仲裁条款效力的案件;(5)申请承认和强制执行外国法院民商事判决、裁定的案件。第4条规定,发生在与外国接壤的边境省份的边境贸易纠纷案件,涉外房地产案件和涉外知识产权案件,不适用该规定。我国司法解释对涉外民事诉讼案件的范围做出上述限定性解释与国际上的通常做法基本上是一致的。有关国际公约考虑到婚姻家庭关系等包含有很浓厚的宗教、风俗或文化、历史背景,往往在立法过程中采用排除法将其从涉外民事诉讼案件的范围中予以排除。[①] 按照欧洲共同体1968年《关于民商事案件管辖权和判决执行公约》、1971年海牙《民商事案件外国判决的承认和执行公约》以及海牙国际私法会议历经十年仍未果的《民商事案件管辖权及外国判决公约》(草案),"民商事"术语的界定采用排除法,民商事案件不包括下列事项:(1)自然人的身份或能力,或家庭法方面的问题,包括父母子女之间或夫妻之间的人身或财产权利义务及扶养义务,遗嘱或继承问题;(2)法人的存在或组成,或其高级职员的权力;(3)破产、清偿协议或类似程序方面的问题,包括由此引起的并且涉及债务人行为有效性的裁决;(4)社会保障方面的问题;

---

① 参见李浩培:《国际民事程序法概论》,法律出版社1996年版,第1页。

(5) 涉及核物质引起的损害或伤害问题。

可见，作为一个法学概念，涉外民事案件具有以下几个特点：

其一，案件性质的特殊性。也就是说，它必须具备上述三个因素中的任意一个或多个，否则便不构成涉外民事案件。

其二，程序规范的特殊性。因为涉外案件具有特殊性，所以解决涉外案件的诉讼程序也具有特殊性，《民事诉讼法》第四编"涉外民事诉讼程序的特别规定"便建立在该一特殊性之上，也是涉外民事诉讼程序的特殊性的实定化表述。

其三，法律适用的特殊性。这里的"法律适用"是专指实体法的适用，也即涉外民事案件的处理在程序上尽管一般适用法院地国家的法律，但其所适用的实体法，也即国际私法上所称的准据法，则不一定适用法院地所在国的法律，相反，它往往适用外国的准据法，复杂的国际私法所要解决的主要问题就是涉外民事案件的准据法选择和确定问题。

其四，执行环节的特殊性。我国的涉外案件往往需要到外国去执行，外国的涉外案件往往又需要到中国来执行，因而与国内执行有所不同的是，对涉外案件的执行都有一个前提性步骤，这就是承认，首先要对涉外案件的处理结果予以承认，然后才谈得上执行的问题，而国内民事案件的执行则不存在承认这个环节。

其五，内涵范围的特殊性。涉外民事案件不仅包括涉外民事诉讼案件，也包括涉外仲裁案件，对涉外仲裁的承认和执行也是涉外民事案件的一种表现形式。因而，对涉外民事案件应当从广义上理解。

二、涉外民事诉讼程序的概念和特征

涉外民事诉讼程序简单地说，就是指一个国家的内国法院解决和执行涉外案件的特殊程序，包括内国法院对涉外案件的审判程序、调解程序、非讼程序，对外国司法裁判的承认和执行程序以及对外国或国际仲裁机构仲裁裁决书和调解书的承认和执行程序。因此，涉外民事诉讼程序既指涉外的审判程序，又指涉外的执行程序，而且涉外的审判程序和涉外的执行程序可以分离。至于非讼执行，如公证文书的执行、人民调解协议司法确认裁定书的执行等，也包括在内。通常而言，涉外民事诉讼程序与国际民事诉讼程序以及跨国民事诉讼程序等概念具有相同的含义，它们可以相互混用。但严格说来，国际民事诉讼程序或跨国民事诉讼程序比涉外民事诉讼程序的范围更为广泛，它不仅包括自然人、法人或其他组织等私法主体之间发生的具有涉外因素的民事诉讼程序，而且还包括国家或国际组织相互之间，以及它们与私法主体之间所发生的具有民商事内容的国际争端解决机制所涉及的民事诉讼程序，如 WTO 争端解决机制，我们可称之为国际民事诉讼程序机制，但不能称之为涉外民事诉讼程序机制。本书所采用的涉外民事诉讼程序概念，不包括纯粹的国际民事诉讼程序在内。

与国内的民事诉讼程序相比，涉外民事诉讼程序有以下几个特点：

（一）国际性

涉外民事案件无论是在审判过程中还是在承认和执行过程中，都涉及国与国的国际关系，涉及国际秩序的构建和发展，涉及国际社会命运共同体的建设和方向。在单边主义下，涉外民事案件的处理和执行必然困难重重，涉外民事案件的处理和执行天然地呼唤多边主义，反对单边主义。涉外民事诉讼程序的国际性主要表现在两方面：一是涉外民事案件的处理和执行往往涉及外国法律和国际法律的适用，因而使之具有国际性。二是涉外民事案件的处理和执行往往涉及国与国之间的外交关系，因此涉外民事诉讼程序是国际政治的又一反映。在整个的国际法律秩序的构建中，涉外民事诉讼程序是重要的手段、途径和组成部分。

（二）冲突性

有国际性必然有冲突性，其原因在于国与国之间存在利害关系的对立和矛盾，国际资源供给的有限性和国家对其利益最大化的追逐本能决定这种矛盾存在的必然性和长期性，在涉外民事诉讼程序中，有两个问题异常激烈地表现出这种矛盾和冲突：一是涉外民事案件的管辖权，由哪一个国家管辖和处理某一特定的涉外民事案件，往往涉及本国的国家利益、社会公共利益尤其是私人利益，因而管辖权的冲突在所难免；二是涉外民事案件的承认和执行，如果说管辖权的冲突是前沿性冲突的话，那么，涉外民事案件的承认和执行的冲突，则是涉外民事诉讼领域的后端性冲突，这一头一尾的冲突究竟如何化解或破解，始终成为涉外民事诉讼的核心和关键问题。

（三）主权性

涉外民事诉讼程序是从某个内国的视角出发所形成的特别诉讼程序，而内国的出发点是维护和捍卫其国家的主权利益，因此，维护主权、实现主权价值是贯彻于涉外民事诉讼程序始终的一根红线。我国民事诉讼法所规定的适用中国语言文字原则、委托中国律师代理原则、管辖中的实际联系原则、公共秩序保留原则等，都是国家主权的规范化体现；与此同时，在涉外民事诉讼程序构建过程中，也要防止从一个极端走向另一个极端，从而陷入绝对主权论的泥潭，比如长臂管辖便是绝对主权主义的表征，这种绝对主权主义的做法必然会影响涉外民事诉讼程序的协作性，从而最终使涉外民事诉讼程序走向孤立主义和封闭主义，影响和阻碍国际司法裁判的流动性。

（四）协作性

涉外民事诉讼程序中既然充满了冲突，为了使国家合作和交往深入进行下去，协作性就是不可避免的妥协智慧。事实上，协作性或国际合作主义与国家的主权性是一物之两面，绝对的主权主义最终必然异化为主权的取消主义，协作主义正是国家主权主义的灵活运用以及在更高层次上的表征。因此，在涉外民事诉讼程序中，经常要运用到的法律渊源是通行于国际社会的国际公约，如《联合国宪章》、国际条约，包括多边条约和双边条约或协定，这些国际法渊源都是国际社会共同意志的表现，是国际协作主义的生动运用，也是涉外民事诉讼程序所呈现出的重要特征。如果没有国际上的协作主义，也就没有各个国家的内国涉外民事诉讼程序本身，比如长臂管辖所导致的是他国的据理力争和全面抵制，其结果，该内国所作出的司法裁判就是一纸空文，国际合作秩序便受到一定程度上的损伤甚至破坏。协作性主要表现在涉外民事诉讼程序中的司法协助上，包括一般的司法协助和特别的司法协助。

（五）开放性

涉外民事诉讼程序是我国对外开放政策和方略的有机组成部分，它在一个重要的侧面衡量和测试着我国的对外开放程度，在致力于构建人类命运共同体的今天，在大力发展"一带一路"国际发展战略的宏观背景下，我国的涉外民事诉讼制度理应采取更为开放的姿态，首先是融入世界，其次是弯道超车，最后是引领世界，尤其是在涉外民事诉讼程序的规则构建上，在国际民事诉讼程序的规范标本上，我国应当树立大国司法理念，有所作为。[①] 所谓大国司法

[①] 参见刘敬东：《大国司法：中国国际民事诉讼制度之重构》，载《法学》2016年第7期。

理念,即在争议解决服务领域能够提供优质服务的大国,其司法制度和司法实践所具有的一些共同性的价值观念。① 以大国司法理念为指导,我国的涉外民事诉讼程序应当包含以下几个禀赋:一是积极性,要更加积极地推动国际民事诉讼规则的体系化构建,同时在互惠原则的落实上要先行迈出一步;二是谦抑性,要辩证地处理好国家主权主义和国际协作主义的辩证关系;三是包容性,我国的涉外民事诉讼程序要充分彰显出大国特征,呈现出有容乃大的基本要义;四是共通性,我国的涉外民事诉讼程序要尽量缩小与主流国际民事诉讼程序的差异和距离;五是牵引性,我们不是要消除涉外民事诉讼程序的特殊性而使之融入于国内民事诉讼程序,相反,我们要改革国内民事诉讼程序,使之汇融于更加开放的涉外民事诉讼程序之中,如果我国国内的民事诉讼程序本身具有极大的滞后性,则很难奢望涉外民事诉讼程序具有先进性、发达性和引领性,这也可看作涉外民事诉讼程序在规则构建上的倒逼机制。

(六) 层次性

涉外民事诉讼程序在规范结构上具有层次性特征,其主要由三个层次构成:一是国际法上的程序规则,包括国际公约、国际条约和国际惯例上的程序规则;二是内国法上的特殊程序规则;三是国内民事诉讼程序的规定,也即一个国家一般性的民事诉讼规则。在适用的逻辑上,其具体步骤是:有国际法规定的,适用我国加入的国际法的规定,但我国声明保留的条款除外;没有国际法规定的,则适用我国民事诉讼法关于涉外民事诉讼程序的特别规定;我国涉外民事诉讼程序无特别规定的,则适用我国民事诉讼法的通用性规定。此外,涉外民事诉讼程序规则还包括必要的外国民事诉讼规则,比如中国法院到外国去调查取证,则要适用该外国的民事诉讼法,此时,该外国的民事诉讼法也属于涉外民事诉讼程序规则体系的一个组成部分。

三、涉外民事诉讼程序的立法体例

涉外民事诉讼程序的立法体例是指内国的立法者对涉外民事诉讼程序如何进行形式上的安排问题。具体包括以下内容:一是将涉外民事诉讼程序放置在哪一部法律之上抑或是单独立法;二是涉外民事诉讼程序包含哪些内容,这些内容的逻辑关联性如何确定;三是涉外民事诉讼程序与涉外民事实体法以及国内民事诉讼法的关系问题。概括起来说,涉外民事诉讼程序在立法体例上大致可分为四种类型:一是制定单独的涉外民事诉讼程序法;二是将涉外民事诉讼程序和内国的国际私法规定在一起;三是在民事诉讼法上作出专门集中的规定;四是在民事诉讼法的相关内容之下作出特别的规定,也即对涉外民事诉讼程序不作出特别的集中性的规定,而是依其内容将其放置在民事诉讼法的相关章节设定特别条款。

通过比较考察,可知《德意志联邦共和国民事诉讼法》《日本新民事诉讼法》《韩国民事诉讼法》等,其中均不包括涉外民事诉讼程序的内容,《法国民事诉讼法》则将涉外民事诉讼程序的内容放置在国内民事诉讼程序的相关章节之中。英美国家也采取这种模式,其民事诉讼法既规定了国内送达,也规定了涉外送达。我国台湾地区的"民事诉讼法"也采用这种在各章节下进行混合立法的体例。只有《俄罗斯联邦民事诉讼法》把涉外诉讼的内容单独作为一编规定在法典中,与我国采用的立法体例相同。

《民事诉讼法》第四编"涉外民事诉讼程序的特别规定",共5章25条(从第266条至第

---

① 参见何其生:《大国司法理念与中国国际民事诉讼制度的发展》,载《中国社会科学》2017年第5期。

290条），专门就涉外民诉程序的一般原则、管辖、送达与期间、仲裁和司法协助等内容作了规定。涉外民事诉讼的特殊性，决定了有必要在民事诉讼法中对涉外民事诉讼程序作出特别规定。①

对民事诉讼法关于涉外民事诉讼程序的专编规定模式，理论界有不同的评价和建议。

第一种观点认为，我国现行民事诉讼法有关涉外民事诉讼的这种立法体例及法典编纂方式有不妥当之处，建议单独制定涉外民事诉讼法，民事诉讼法对此不宜作出规定。②

第二种观点认为，我国的涉外民事诉讼程序应当从民事诉讼法中分离出去，将涉外民事诉讼程序的内容规定在涉外民事关系法律适用法中。③

第三种观点认为，涉外民事诉讼程序只是因为一些特殊因素而需要特则，本来可以分别规定在相关条款中，不一定独立成编。④

笔者认为，我国目前将涉外民事诉讼程序放置于民事诉讼法之中作出转变规定的模式固然有其弊端，比如有些内容难免前后存在重复，但其优点仍占优势，主要有：其一，将与国际惯例更为接近的涉外民事诉讼程序进行单独集中式规定，有利于使前后两种类型的程序呈现出差异性，从而促使国内民事诉讼程序的不断改进。可以举出的例子是协议管辖和应诉管辖以及诉前保全的规定，这些规定都是首先在涉外民事诉讼程序中有所体现，然后才在国内的民事诉讼程序中通过修法加以认可，从而加快了国内民事诉讼程序的现代化和全球化的进程。其二，将涉外民事诉讼程序作出集中性独立编章的规定，有利于宣示我国对涉外民事诉讼程序的重视程度，同时显示出其与国际民事诉讼一体化发展趋势相吻合的立法价值取向。在我国对外开放程度日益提高以及大力推进"一带一路"发展战略的今天，这一立法上的价值显得更为重要。其三，从司法上说，将涉外民事诉讼程序进行专编集中规定，有助于司法机关和司法人员更加精准地适用涉外民事诉讼程序的规范和规则，有利于把握涉外民事诉讼程序的精神实质和指导理念，有利于从整体上对涉外民事诉讼程序原则、制度和规则进行控制性、体系性、结构性的司法解释。其四，从便民角度看，将涉外民事诉讼程序作出集中性规定，有利于当事人便利地使用相关规定，并有助于其从总体上衡量其诉讼案件的胜败比例，并有助于其选择适当的外国法作为准据法，有助于其协议管辖中选择最有利的法院进行管辖，同时还有利于其在通过诉讼解决纷争以及通过仲裁解决纷争之间进行抉择。对外国的当事人在中国法院进行诉讼而言，集中式的涉外诉讼程序编纂体例，还有利于外国的当事人更加便利地使用中国的涉外民事诉讼程序，从而形成对中国涉外民事诉讼程序更加深刻的印象和体验。其五，将涉外民事诉讼程序规定在民事诉讼法中而不是将其分离出去单独立法或者归并在涉外实体法之中，还有一个好处就是它有助于避免涉外民事诉讼程序的完整性内容被人为割裂。涉外民事诉讼程序并不是自给自足的程序体系，它仅仅是对涉外民事诉讼中的特别规则予以特殊性安排而已，仅仅依靠涉外民事诉讼程序本身的内容和规定是无法处理好涉外民事诉讼案件的，它还有很多的内容甚至绝大多数的内容都要适用国内民事诉讼程序的规定，包括基本原则、基本诉讼制度、具体诉讼制

---

① 参见全国人大常委会法制工作委员会民法室编：《中华人民共和国民事诉讼法——条文说明、立法理由及相关规定》，北京大学出版社2012年版，第407页。

② 参见廖中洪：《民事诉讼立法体例及法典编纂比较研究》，中国检察出版社2010年版，第606—607页。

③ 参见罗先云：《涉外民事关系的特征对国际私法立法模式的影响》，载《河南司法警官职业学院学报》2015年第2期。

④ 参见何文燕：《民事诉讼法研究文集》，湘潭大学出版社2013年版，第301页。

度、各种程序规范、执行程序等，因而将它规定在统一的民事诉讼法之中，有利于形成涉外民事诉讼程序规范的完整体系，既能够体现出它的特殊性，又能够体现出它的一般性，从而实现涉外民事诉讼程序的一般性和特殊性的有机统一。基于上述理由，笔者既不赞成将涉外民事诉讼程序从民事诉讼法中分离出去的立法体例选择，无论是单独立法还是将其规定在涉外民事实体法之中，都有不同程度地将完整体系化、逻辑严密的涉外民事诉讼程序机械割裂从而使统一的立法理念无法彻底贯穿的弊端；也不同意将涉外民事诉讼程序规范打散了将其分别规定于民事诉讼程序的相关章节之下的观点和做法。事实上，我国目前关于涉外民事诉讼程序的立法规定，不足之处恰恰不是其立法体例的集中专编规定，而是其内容的相对滞后与粗疏，因而，涉外民事诉讼程序的改革任重而道远。

四、涉外民事诉讼程序的法律渊源

涉外民事诉讼程序的法律渊源是指涉外民事诉讼所依据的程序法来源。在涉外民事诉讼中，实体法按照国际私法的冲突规则予以确认，适用外国法是通常现象；涉外民事诉讼程序则通常适用法院地所在国的程序法，但适用国际法也是其不可或缺的重要组成部分，我国所缔结或参与的国际法便构成我国涉外民事诉讼程序规则的一个组成部分。涉外民事诉讼程序的法律渊源主要可从两个视角加以认识：一是从国内法和国际法的视角看待；二是从立法规定和司法解释的视角看待。基于这两个视角，笔者将我国涉外民事诉讼程序的法律渊源梳理、缕列如下：

（一）国内法

（1）《民事诉讼法》第四编"涉外民事诉讼程序的特别规定"（第266条至第290条）。这是我国涉外民事诉讼程序的主要渊源。《民事诉讼法》第266条规定："在中华人民共和国领域内进行涉外民事诉讼，适用本编规定。本编没有规定的，适用本法其他有关规定。"

（2）《民诉法解释》第二十二章"涉外民事诉讼程序的特别规定"（第520条至第549条）。

（3）《涉外民事关系法律适用法》（以下简称《涉外法律适用法》），由第十一届全国人大常委会第十七次会议于2010年10月28日通过，自2011年4月1日起施行。

（4）《中华人民共和国外交特权与豁免条例》（以下简称《外交特权与豁免条例》），由第六届全国人大常委会第十七次会议于1986年9月5日通过，自公布之日起施行。

（5）《中华人民共和国领事特权与豁免条例》（以下简称《领事特权与豁免条例》），1990年10月30日第七届全国人大常委会第十六次会议通过并公布，自公布之日起施行。

（6）最高人民法院《关于适用〈中华人民共和国涉外民事关系法律适用法〉若干问题的解释（一）》（以下简称《涉外法律适用法解释（一）》），于2012年12月10日由最高人民法院审判委员会第1563次会议通过，自2013年1月7日起施行。

（7）《涉外管辖规定》。

（二）国际法

（1）《联合国宪章》。《联合国宪章》是联合国的基本大法，除序言和结语外，共分19章111条。

（2）《世界人权宣言》。《世界人权宣言》是联合国的基本法之一。

（3）《公民权利和政治权利国际公约》。《公民权利和政治权利国际公约》是联合国在

《世界人权宣言》的基础上通过的一项公约。

（4）《关于司法机关独立的基本原则》。经联合国大会1985年11月29日第40/32号决议及1985年12月13日第40/146号决议核可。

（5）《民事诉讼程序公约》。1954年3月1日修改。

（6）《海牙国际司法救助公约》。由国际组织在1980年10月25日于海牙签订，于1988年5月1日实施。

（7）《维也纳外交关系公约》。于1961年4月18日在奥地利首都维也纳召开的联合国关于外交交往与豁免的会议上签订，1964年4月24日生效，最初的签约国有60个。1975年11月25日，中国加入该公约。

（8）《维也纳领事关系公约》。1963年4月24日签订于维也纳，1967年3月19日生效。1979年7月3日中华人民共和国政府向联合国秘书长交存加入书，同年8月1日生效。

（9）《承认及执行外国仲裁裁决公约》（以下简称《纽约公约》），1958年6月10日在纽约召开的联合国国际商业仲裁会议上签署。该公约1987年4月22日对我国生效。1987年世界上已有130多个国家和地区加入了《纽约公约》。

（10）《关于向国外送达民事或商事司法文书和司法外文书的公约》（以下简称《海牙送达公约》），于1969年2月10日起开始生效，该公约自1992年1月1日起对我国生效。

（11）《关于从国外调取民事或商事证据的公约》（以下简称《海牙取证公约》），1997年7月3日我国加入该公约。

（12）《国际油污损害民事责任公约》。1975年6月19日生效，中国于1980年4月29日参加该公约。

（13）《海牙民商事案件外国判决的承认和执行公约附加议定书》（以下简称《海牙执行公约议定书》），1971年2月1日签订于海牙。

（14）《选择法院协议公约》。由国际组织在2005年6月30日于海牙签订。

五、涉外民事诉讼程序的改革

随着我国经济的发展，国际商事往来更加频繁，如今我国经济总量位居全球第二，跨境货物贸易位居全球第一，我国涉外民事诉讼制度也应随着我国社会的发展而改进。①

我国涉外民事诉讼程序的改革应当从三个层面进行：一是涉外民事诉讼程序的理念变革，二是涉外民事诉讼程序的体例革新，三是涉外民事诉讼程序的技术改进。

（一）涉外民事诉讼程序的改革要从理念变革入手

理念是指导思想，涉外民事诉讼程序的改革的指导思想应当具体包括三个要素：一是大国司法理念。前已述及，我国是正在崛起的并且以建设人类命运共同体为职志和使命的社会主义大国，理应在国际民事诉讼程序规则和法律秩序方面起到应有的主导性作用。二是利益平衡理念。我们要将国际主义的利益和国家主义的利益有机地结合在一起，要善于在国际大合作中维护国家利益，避免在利益的权衡中失衡，避免在国际的竞争中封闭，避免在绝对的本位中孤立，既要有静态的核心价值恪守，又要有动态的具体价值协同，从而使构建出的涉外民事诉讼程序既具有绝对多数的国际特性，也保留极为必要的本土特色。三是一体化理念。在涉外民事

---

① 参见何其生：《构建具有国际竞争力的国际民事诉讼制度》，载《法制与社会发展》2015年第5期。

诉讼规则的构建上，目前已在全球范围内，由国际私法和民事诉讼法的学者主导，形成了国际民事诉讼规则的示范文本，这些示范性条款正是国际社会求同存异的结果，我国的涉外民事诉讼程序规则应当以此为参照，逐步融入国际民事诉讼程序发展的全球化趋势、一体化趋势、统一化趋势、世界性趋势之中。

（二）涉外民事诉讼程序的体例结构需要革新

我国涉外民事诉讼程序在体例结构上存在以下几个缺陷：其一，涉外民事诉讼程序的基本原则割裂化缺陷。我国涉外民事诉讼程序的基本原则既规定在《民事诉讼法》第四编第二十三章的"一般原则"之中，又规定在《民事诉讼法》第一编第一章"总则"之中，总则中的第5条外国当事人在中国法院诉讼所适用的同等和对等原则以及第4条民事诉讼法适用于本国境内的法院地法原则，均属于涉外民事诉讼程序的基本原则，而民事诉讼法将其作出割裂式规定，有欠合理性。其二，重点不突出。涉外民事诉讼程序有三个重点，一是基本原则，二是管辖，三是司法协助。而目前关于管辖的规定却仅仅只有第272条和第273条两个条文，显然不够充分和周延，诸如并行管辖、不方便法院管辖等重要内容均付诸阙如。其三，板块有欠缺。涉外民事诉讼程序是一个完整的规则体系，有些内容是不可或缺的，如外国法查明就是如此。外国法查明是涉外民事诉讼程序的重中之重，没有外国法查明的程序，外国法就无法适用；外国法无法适用，国际私法就几乎毫无用处，涉外民事诉讼案件就无法合理公正高效解决，涉外民事诉讼程序的立法目标就无法实现。其四，编名有问题。目前以"涉外民事诉讼程序的特别规定"为编名的相关规定仅限于适用在纯粹的涉外民事案件中，而不包括涉港澳台的民事案件。目前的处理方式是将涉港澳台民事诉讼案件通过最高人民法院的司法解释"参照适用"于涉外民事诉讼程序，① 然而这样一种重要的参照适用规则，民事诉讼法却没有规定。尤其是，关于涉港澳台的区际司法协助在内容方面与国际司法协助有根本的差异，将涉港澳台的民事案件的司法协助"参照适用"涉外民事诉讼程序的国际司法协助也并不妥当，理应将该编名称改为"涉外及涉港澳台民事诉讼程序的特别规定"，将涉港澳台民事诉讼程序的特殊性表述出来。

（三）涉外民事诉讼程序的立法技术应予改进

这里试举几例说明。

1. 关于同等和对等原则

《民事诉讼法（试行）》第186条规定："外国人、无国籍人在人民法院起诉、应诉，同中华人民共和国公民有同等的诉讼权利和义务。外国企业和组织在人民法院起诉、应诉，依照本法规定享有诉讼权利，承担诉讼义务。"第187条规定："外国法院对中华人民共和国公民、企业和组织的民事诉讼权利加以限制的，人民法院对该国公民、企业和组织的民事诉讼权利，实行对等原则。"这两条关于涉外民事诉讼中外国当事人诉讼地位的规定，原本在《民事诉讼法（试行）》中规定得既符合逻辑，又符合实质。从逻辑上说，上述两个条文均属于涉外民事诉讼程序的基本原则，因而规定在第四编涉外民事诉讼程序中非常适合，但1991年修改民事诉讼法后却将其移到了第一编第一章"总则"之中，与民事诉讼法通用的原则混杂在一起，不仅没有必要性，而且也损害了涉外民事诉讼程序基本原则的完整性和体系性。从实质上说，

---

① 《民诉法解释》第549条规定："人民法院审理涉及香港、澳门特别行政区和台湾地区的民事诉讼案件，可以参照适用涉外民事诉讼程序的特别规定。"

《民事诉讼法（试行）》将同等原则和对等原则分为两个原则加以规定非常符合其实质涵义和理念追求，同等原则表征着涉外民事诉讼程序的国民待遇原则，对等原则则是涉外民事诉讼中必须有的报复原则之体现，这两个原则分处于两个完全不同的领域，理应作为两项独立的原则分别规定，而1991年《民事诉讼法》修改后却将这两个具有不同功能、承载不同价值目标的基本原则合二为一，无视了其间的实质差异。

2. 关于协议管辖

在2012年修改民事诉讼法之前，国内民事诉讼案件的协议管辖和涉外民事诉讼案件的协议管辖是分而治之，采用各行其道的"双轨制"模式，其第242条规定了涉外协议管辖："涉外合同或者涉外财产权益纠纷的当事人，可以用书面协议选择与争议有实际联系的地点的法院管辖。选择中华人民共和国人民法院管辖的，不得违反本法关于级别管辖和专属管辖的规定。"其第25条规定了国内协议管辖："合同的双方当事人可以在书面合同中协议选择被告住所地、合同履行地、合同签订地、原告住所地、标的物所在地人民法院管辖，但不得违反本法对级别管辖和专属管辖的规定。"两相比较，可知涉外协议管辖的范围远宽于国内协议管辖，这是符合国际惯例的立法模式，在涉外民事诉讼中，各国基本上都将当事人的合意接受管辖作为管辖权的重要依据，因而只要当事人的协议管辖是真实意思的表示，法院通常不会基于争议诉讼案件与该国法院缺乏必要联系为由拒绝行使管辖权。我国采用了协议管辖中的"实际联系"原则，相较于长臂管辖，原本已属谦抑性立法态度，对该"实际联系"应当作出扩大化解释，从而尽量扩大我国法院对涉外民事诉讼案件的管辖权范围。然而，2012年修改民事诉讼法后，立法者却将涉外协议管辖归并到了国内协议管辖之中，变"双轨制"为"单轨制"。这样一变出现了两个问题：一是形式上的问题，原本涉外民事诉讼管辖具有自我完整的体系，协议管辖是涉外管辖中极其重要的一种类型，现在却开了立法上的"天窗"，缺了这一大块内容。二是实质上的问题，我国的涉外协议管辖原本应当通过立法修改扩大其适用范围，而不是缩小其范围，然而将涉外协议管辖与国内协议管辖合并规定后，国内协议管辖的范围得到了应然的拓宽，涉外协议管辖却依然故我，尤其是，国内协议管辖在适用范围上本来就应当从严从窄解释，因而为了迁就国内协议管辖的解释目标，就要整体性对"实际联系"这个联结点做狭义解释，其所导致的结果是，涉外协议管辖的适用范围字面上虽然未变，但实际上却未宽反窄了，这与我国涉外民事诉讼管辖制度的发展趋势形成了背道而驰的背反格局，这不能不说是立法技术所带来的一大缺陷。正确的做法应当是维持二元制模式，并对涉外民事诉讼协议管辖之"实际联系"加以修改，改为如"一定联系"甚至"最低限度联系"的标准，如此方能与国际接轨，并最大限度地维护我国涉外管辖主权。

3. 关于财产保全

与涉外协议管辖一样，2012年修改民事诉讼法前国内的财产保全和涉外的财产保全也是分道而行的，实行的是"双轨制"而不是"单轨制"模式，民事诉讼法在第四编第二十六章中用6个条文专章对涉外财产保全作了系统规定，然而，2012年修改民事诉讼法后，立法者将涉外财产保全和国内财产保全予以合并，整章废除了涉外财产保全的规定。笔者对此持质疑态度，因为这样一来出现了两个问题：一是原本国内的诉前保全措施采取后当事人必须在15日内起诉或申请仲裁，现在也变成了30日内起诉或申请仲裁，这就使国内的财产保全制度迁就了涉外财产保全制度，而这并无必要性，没有任何实证资料显示国内诉前保全15日的起诉或申请仲裁的时间过短，因而这样一种一统化的修改尽管维护了涉外财产保全的期间制度，但却损害了国内财产保全的正当的期间制度。二是在国内诉讼中的财产保全中，不仅当事人可以申请进行财产保全,而且法院认为有必要也可以主动依职权采取财产保全措施,也即实行当事人申请为主、法院职权启动为辅的启动原则,这对国内财产保全而言较之1991年修改民事诉讼法之前的以法院职权为主、当事人申请为辅的立法模式有了极大的进步,这样的立法规定是适合我国的实际情况的,然而国内财产保全和涉外财产保全合并后,将原本适用于国内财产保全中的法院职权启动主义也扩大适用到涉外财产保全之中,而在涉外民事诉讼中采用法院职权保全的做法显然是不妥当的。

第二节 涉外民事诉讼程序的原则

涉外民事诉讼程序是由原则、制度、程序、规则、技术、标准等构成的,其中原则在涉外民事诉讼程序中起到关键性作用,其关键性作用表现在:首先,正是依靠原则涉外民事诉讼程序才有了稳定的出发点和明确的指导理念,各个国家在涉外民事诉讼程序的具体规定上不尽一致,其根本原因还在于其所确定的基本原则有差异。其次,涉外民事诉讼程序的规范渊源层次繁多,法院在适用时要依靠基本原则来消除规则冲突,确定最适合的程序规范来解决手头案件,否则,所作出的司法裁判就难以获得国际认可。最后,涉外民事诉讼程序的原则对当事人尤其是外国的当事人在外国进行诉讼是一个确切的指导,并且他可以仰赖这些原则对外国法院处理涉外案件进行监督。因此,无论是在实行规则主义的英美国家还是实行法典主义的大陆法系国家,涉外民事诉讼程序中的原则都具有极高的法律地位。

涉外民事诉讼程序的原则是贯彻涉外民事诉讼始终的基本行为准则,包括立法行为准则、司法行为准则、行政行为准则和诉讼行为准则四方面的内容。涉外民事诉讼程序的原则主要根据两方面的更高规范加以确定,一是根据民事诉讼法的立法依据、基本任务和基本原则加以确定,二是根据中国加入的国际法规范加以确定,涉外民事诉讼程序的原则正是国内法和国际法相融合的结果,单纯地根据国内法确定涉外民事诉讼程序的原则,则为司法霸权主义;单纯地根据国际法确定涉外民事诉讼程序的原则,则会陷于空洞的司法虚无主义、盲目的司法国际主义以及被动的司法消极主义的泥潭。这两个极端无论趋于其中哪一个,最终都不利于维护国家司法主权和国家利益、社会公共利益以及当事人的私权利益,不利于推动国际良好民商事法律秩序的构建,不利于国际合作主义趋势的发展,都与现代社会的涉外民事诉讼程序的基本诉求相悖逆。

《民事诉讼法》第四编第二十三章集中规定了涉外民事诉讼程序的原则,此外《民事诉讼法》第4条、第5条在"总则"部分的规定也属于涉外民事诉讼程序的原则,两相结合,我国涉外民事诉讼程序的原则有6条,即适用我国民事诉讼法原则;同等和对等原则;适用我国缔结或参加的国际条约原则;司法豁免原则;使用我国通用的语言文字原则;委托中国律师代理诉讼原则。

在把握和理解涉外民事诉讼程序的原则时,要处理好涉外民事诉讼程序的原则和民事诉讼法的基本原则之间的关系。民事诉讼法的基本原则是贯彻民事诉讼程序始终的基本规则,它既适用于国内民事诉讼程序,也适用于涉外民事诉讼程序,是二者共通适用的基本原则,也正因如此,涉外民事诉讼程序无论如何具有特殊性,它本质上也属于中国民事诉讼程序的组成部分,而不是别离于中国民事诉讼程序这个大框架和基本背景的另一独立的诉讼程序。因此,在涉外民事诉讼程序中,除了要贯彻其特有的原则外,还要执行民事诉讼程序的通用原则,包括民事案件由人民法院独立行使审判权的原则（第6条），以事实为根据、以法律为准绳的原则（第7条），平等原则（第8条），调解原则（第9条），适用民族语言文字原则（第11条），辩论原则（第12条），诚信原则（第13条第1款），处分原则（第13条第2款），检察监督原则（第14条）和支持起诉原则（第15条），此外还要适用民事诉讼法的基本制度，包括合议制度、回避制度、二审终审制度和公开审判制度（第10条），《民事诉讼法》第40条规定的陪审制度、第138条规定的巡回审判制度等诉讼制度也适用于涉外民事诉讼程序之中。

此外，要将涉外民事诉讼程序的原则与体现在涉外民事诉讼程序特定环节和阶段的具体原则区别开来。比如在涉外民事案件的管辖制度中，便存在互惠原则、实际联系原则、属人管辖原则、属地管辖原则等，这些原则是涉外民事诉讼程序的原则在具体领域的实际运用，具有具体性和操作性的特征。

可见，在涉外民事诉讼程序中，同时并存着四个层次的原则：首先是最高层次的原则即国家主权原则，这应被称为"核心原则"，其他的各项涉外原则均是由该原则派生而来。其次是民事诉讼法的通用原则，这被称为"基本原则"。再次是涉外民事诉讼程序的特有原则，被称为"原则"，最低层次的则是适用于特定环节的涉外诉讼程序的原则，被称为"具体原则"，如不方便法院原则等。其实，具体原则是原则中的规则，而民事诉讼法的基本原则则是原则中的原则，核心原则是最高原则。

一、适用我国民事诉讼法原则

《民事诉讼法》第4条规定："凡在中华人民共和国领域内进行民事诉讼，必须遵守本法。"第266条规定："在中华人民共和国领域内进行涉外民事诉讼，适用本编规定。本编没有规定的，适用本法其他有关规定。"该项规定，被称为适用我国民事诉讼法的原则，也是国际惯例中程序法适用法院地法原则从我国视角的一种特殊表述，二者的含义是一致的。

在涉外民事诉讼程序中，之所以适用法院地国家的程序法被国际社会普遍奉为基本准则，是因为程序法是公法，而公法的行使涉及国家主权尤其是其中的司法主权，任何一个国家的法院在处理涉外民事案件时只能适用本国的民事诉讼法，而不能适用外国的民事诉讼法，当然，这里的本国的民事诉讼法从广义上包括我国缔结或参与的国际条约、国际公约在内，也不排除在特定情形下适用非成文的国际惯例。

程序法适用法院地法是国际民事诉讼法上的基本原则，其基本的含义是指内国法院在审判或执行涉外民事诉讼案件时，应当遵循本国的民事诉讼法规则，而不是适用外国的民事诉讼规则。具体包括三个方面的内容：一是任何人在中国的法院进行民事诉讼活动，都必须遵循中国的民事诉讼法，而不是任何外国的民事诉讼法；二是中国法院在审判和执行涉外民事诉讼案件时，应当遵循中国的民事诉讼法，而不是外国的民事诉讼法；三是中国法院在适用我国民事诉讼法时首先应当适用涉外民事诉讼程序的特别规定，只有在特别规定无规定时，才适用中国民事诉讼法的其他内容的规定。这是按照一般法和特别法的关系法则——特别法优先于一般法，所确定的涉外民事诉讼程序的法律适用准则。

对适用我国民事诉讼法的原则也不能做绝对的理解，有时，在不违反我国司法主权原则的前提下，适用外国的民事诉讼法的某些规定也不违反该项原则的要求，如对外国当事人在中国法院进行诉讼，其诉讼行为能力依照中国的民事诉讼法为无，但依照该当事人所在国的民事诉讼法为有，则我国法院应当认可该外国当事人在我国法院进行诉讼的诉讼行为能力。此外还有一些例外情形,如举证责任的分配、诉讼时效等,也可适用外国民事诉讼规则,这里不一一展述。

二、同等和对等原则

《民事诉讼法》第5条规定:"外国人、无国籍人、外国企业和组织在人民法院起诉、应诉,同中华人民共和国公民、法人和其他组织有同等的诉讼权利义务。外国法院对中华人民共和国公民、法人和其他组织的民事诉讼权利加以限制的,中华人民共和国人民法院对该国公民、企业和组织的民事诉讼权利,实行对等原则。"本条的第1款被概括为同等原则,第2款被概括为对等原则,同等原则和对等原则仅一字之差,但含义迥异。

同等原则,指的是外国公民、组织在我国法院进行民事诉讼活动时,其诉讼地位与我国的当事人相同,具有相同的诉讼权利,也负有相同的诉讼义务。这是国民待遇原则在涉外民事诉讼领域的具体体现,各国基本上也奉行该项原则。之所以要实行同等原则,原因主要在于实行该项原则有利于国际交往,有利于构建友好型国际民商事法律秩序,也是国际礼让原则的具体落实。同等原则的适用逻辑是推定法则,即任何其他国家的公民或组织到中国法院来进行诉讼,推定与我国当事人的诉讼地位一致,要推翻该项推定,需要提供相反证据。只要有证据表明,该外国当事人的所在国法院对中国的当事人在该国进行诉讼实施了诉讼权利的限制或者诉讼义务的加重,其首先违背了国民待遇原则,对我国的当事人实行了诉讼中的歧视待遇,则我国的法院就不得对该国当事人在我国进行诉讼实行同等原则,而应当适用与此相反的原则,即对等原则。

对等原则,是指外国的法院对中国当事人在该国实施诉讼活动实行与本国当事人差别待遇从而对我国的当事人进行歧视对待的,则我国的法院对该国当事人在我国实施诉讼活动也实行同样强度的限制性措施。对等原则是对同等原则的矫正,也是国际上所谓报复原则的表现,归根到底也是司法主权原则的体现,是符合国际惯例的通行做法,事实上,也是国际法上的一项基本原则。

从渊源上说,同等原则直接派生于《民事诉讼法》第8条规定的当事人平等原则,只不过,为了与国内民事诉讼程序相区别,在表述上,改称为"同等原则",同等原则的含义及其内容与平等原则的含义及其内容完全一致。与之有别,对等原则则不是派生于国内法的当事人平等原则,而是派生于国际法上的主权平等原则以及由主权平等原则所决定的报复原则。同等原则是我国涉外民事诉讼的主流原则,处在基础性地位,具有一般的适用性;对等原则则属于我国涉外民事诉讼程序的特殊原则,起着补充性作用,仅具有例外的适用性。同等原则是目标,对等原则是手段,之所以要实行对等原则,归根到底是为了实行同等原则。从程序上说,同等原则的适用由各管辖权法院自行为之,但如果适用对等原则,则要慎重从事,因为它涉及外交关系,在程序上应当经过报批等特别环节。从发展趋势上,目前在世界经济全球化、通讯技术信息化时代,基于平等原则的同等原则日渐成为国际大趋势,而基于报复原则的对等原则乃逐步式微。

三、信守国际条约原则

《民事诉讼法》第267条规定:"中华人民共和国缔结或者参加的国际条约同本法有不同规定的,适用该国际条约的规定,但中华人民共和国声明保留的条款除外。"该条的规定被称为信守国际条约原则,也称为国际条约优先适用原则。这里的国际条约应当从广义上理解,它不仅包括狭义的国际条约,包括双边条约和多边条约,而且还包括国际公约。

信守国际条约原则是指在涉外民事诉讼程序中,如果相关的程序步骤或原则、规则等具有我国缔结或参与的国际条约的规定,而该规定与我国民事诉讼法上关于涉外民事诉讼程序的特别规定不相一致或者有明显冲突,则按照国际条约办事,国际条约应当优先于国内民事诉讼法的规定而得到适用。之所以要规定国际条约优先适用原则,其原因主要在于,涉外民事诉讼案件具有特殊性,对其处理的相关程序需要得到各国的协调统一,尽量避免发生程序规则适用上的冲突,我国缔结或参与的国际条约表达了我国与相关国家在涉外程序规则上的共同意志,优先适用它有助于消除程序规则的内外矛盾,有助于维护我国的国际信誉和国际形象,有助于涉外诉讼程序的顺畅高效进行,有助于我国法院作出的司法裁判和调解书在国外的承认和执行。因而与有的国家实行国内法优先于国际法不同(如美国),我国实行的国际法优先于国内法的立法原则显示出了大国国际担当的合作精神,值得高度肯定。

国际条约的适用有两种形态,一是直接适用,即直接将国际条约运用到司法裁判过程之中,并在裁判文书中载明所运用的国际条约,以国际条约为裁判的程序法依据。多数情况下国际条约的适用都属于直接适用。二是间接适用,即将国际条约的相关内容通过国内立法转化为国内法的一个组成部分,然后将国际条约适用到司法判决过程及其内容之中。间接适用又分两种情况:其一,概括的间接适用,即通过国内立法,将所有特定国家所缔结或参与的国际条约均视为国内法的组成部分;其二,具体的间接适用,即通过国内立法,将特定国家所缔结或参与的国际条约转化为国内法的具体规定。我国采用直接适用和具体的间接适用相结合的模式。

需加注意的是,适用国际条约原则并不是凡是有国际条约均要无例外地予以适用,而是在两种情况下才适用国际条约:一是国际条约有规定,我国国内民事诉讼法无规定,出现了国内立法的程序空白;二是国际条约有规定,我国国内民事诉讼法也有规定,但二者规定相冲突。如果既有国际条约的规定,也有国内民事诉讼法的规定,二者的内容完全一致,则不适用国际条约,适用国内民事诉讼法的规定。因而,适用国际条约原则实际上是一条冲突规则,它解决的问题是国内法与国际法相冲突时的规范选择和程序确定事项。举例言之,《民事诉讼法》第287条规定:"人民法院作出的发生法律效力的判决、裁定,如果被执行人或者其财产不在中华人民共和国领域内,当事人请求执行的,可以由当事人直接向有管辖权的外国法院申请承认和执行,也可以由人民法院依照中华人民共和国缔结或者参加的国际条约的规定,或者按照互惠原则,请求外国法院承认和执行。"据此规定,我国法院作出的生效裁判需要到国外执行时,既可以由当事人提出请求,也可以由人民法院提出请求,但《中华人民共和国和法兰西共和国关于民事、商事司法协助的协定》(1987年5月4日签署,1988年2月8日生效)第20条规定:"请求的提出。承认和执行缔约一方法院裁决的请求,应由当事人直接向另一方法院提出。"据此,根据信守国际条约原则或国际条约优先适用原则,在我国的生效裁判需要法国协助执行时,只能由当事人直接向法国的指定中央机关申请协助执行,我国的法院不得提出该种请求。

当然,优先适用国际条约的原则也有限度,这个限度表现在两个方面:一是必须是我国已经缔结或参与的国际条约,而且该国际条约已经经过必要的国内立法和批准程序,对我国正式生效。如果仅仅是在国际条约上签署,但尚未获得全国人大常委会的批准,则该国际条约对我国仍无效力,法院没有适用该国际条约的义务。二是该对我国生效的国际条约中的相关条款没有被我国声明保留,即不属于保留条款。国际条约中的保留条款不具有可适用性,因为被保留的条款实际上未对我国生效。比如,我国批准加入《海牙送达公约》时,对该公约的一些条款作出了保留。第一,对公约第8条第1款所规定的外交人员或领事直接送达,我国声明"只有文书须送达给文书发出国公民时",才能采用上述方式在我国境内进行送达。第二,对公约第10条所规定的直接邮寄送达、主管人员直接送达、利害关系人直接送达等三种替代送达方式,我国声明反对在我国境内采用。上述两项保留的目的在于维护我国司法主权。第三,对公约第15条第1款关于被告如未出庭,只有在确定有关传票或类似文书确已送达或交付给被告或留置在其居所,且能保证被告有进行答辩的足够时间,才能作出缺席判决的规定,我国声明在符合该条第2款所规定各项条件的情况下,我国法院可以不顾第1款的规定,作出缺席判决。此项保留的目的在于衡平原告与被告的利益。第四,对于公约第16条第3款所规定的缺席判决中的被告在败诉时于符合一定条件下法院有权使被告免于因上诉期间届满而丧失上诉权的效果,我国提出声明,被告要求免除丧失上诉权效果的申请只能在判决作出之日起一年之内提出,否则我国法院不予受理。此项保留是为维护我国法院判决的严肃性。

四、司法豁免权原则

《民事诉讼法》第268条规定:"对享有外交特权与豁免的外国人、外国组织或者国际组织提起的民事诉讼,应当依照中华人民共和国有关法律和中华人民共和国缔结或者参加的国际条约的规定办理。"这被认为是我国民事诉讼中的司法豁免权原则的立法规定。回溯历史,《民事诉讼法(试行)》第188条、2007年《民事诉讼法》第237条、2012年《民事诉讼法》第261条均规定了司法豁免原则。

"豁免权",源于拉丁文"immunis""immunitas"。第一次提出国家有豁免权的文件是罗马教皇格里高里九世于公元1234年发布的教令。[①] 这部教规法提出的"平等者之间无管辖权"原则,对国际法的一些原则及形成和发展产生过重大影响。

第一个承认国家财产豁免权的案例发生在1668年,当时三艘西班牙军舰因该国国王欠债而被扣押在外国港口,但是当地法院判决认为,对于属于西班牙国家财产军舰采取强制措施是不能容许的。[②] 1812年,美国首席法官马歇尔在美国联邦最高法院判决的"斯库诺交易号诉麦克法登案"中阐释了国家主权豁免的正当性理由,这一案件确立了美国在国家交往中的国家主权豁免原则。[③] 1820年英国在"弗莱德里克王子号案"的判决中也确立了国家主权豁免原则。[④] 自此以后,各国的法律、国际条约和司法判例反复确认这一原则,使得国家主权豁免成了国际法的一项重要准则。[⑤] 我国有学者认为:"不管它实行哪一种社会制度,它与其他国家之间的关系应该而且也只能是平等的,根据'平等者之间无审判权'这个原则,国家在(外国法院的)民事诉讼中应享有司法豁免权。"[⑥]

根据《联合国国家及其财产管辖豁免公约》以及美国、英国、加拿大、澳大利亚等国家

[①] 参见宋锡祥、谢璐:《国家及其财产管辖豁免的国内法调整到国际公约的转变》,载《政治与法律》2007年1期。

[②] 参见胡晓红:《对"国家及其财产豁免权原则"的历史考察》,载《兰州大学学报(社会科学版)》2005年第3期。

[③] 参见胡晓红:《对"国家及其财产豁免权原则"的历史考察》,载《兰州大学学报(社会科学版)》2005年第3期。

[④] 参见杨力军:《关于国家及其财产管辖豁免的几个问题》,载《外国法译评》1995年第2期。

[⑤] 参见潘梅:《国家有限豁免趋势浅议》,载《华南师范大学学报(社会科学版)》1997年第4期。

[⑥] 韩德培主编:《国际私法》,武汉大学出版社1983年版,第338页。

的立法规定，下列机构和个人可以在外国法院援引民事司法豁免：国家机关、中央政府所属各部门、国家代表、联邦国家的组成单位或者单一制国家的政治区分单位以及其他经授权行使国家主权权力的机构或实体。此外，有权行使并且实际在行使国家主权权力的机构或其他实体也可以在外国法院援引民事司法豁免。《联合国国家及其财产管辖豁免公约》规定，尽管"代理机构和媒介"包含国有企业，但国有企业不应被推定为主权豁免的当然主体。在我国，根据《外交特权与豁免条例》《领事特权与豁免条例》以及相关国际条约的规定，享有司法豁免权的主体包括：（1）外交代表与其共同生活的配偶和未成年子女；（2）使馆行政技术人员、领事官员和领馆行政技术人员；（3）来中国访问的外国元首、政府首脑、外交部长及其他具有同等身份的官员；（4）其他依照我国参加或缔结的国际条约享有司法豁免权的外国人、外国组织或者国际组织。

国家豁免原则包括司法管辖豁免、司法执行豁免和其他豁免三方面内容。①

司法管辖豁免是指除非国家明示同意，一个国家免受其他国家法院的民事司法管辖，一国法院不得对另一国行使民事司法管辖权的司法豁免制度。司法执行豁免是指除非国家明示同意，一国财产在民事诉讼中免于另一国法院所采取的执行措施，一国法院不得对另一国财产采取查封、扣押、冻结等强制措施以及实施强制执行的司法豁免制度。其他豁免是指一国法院不得强迫另一国提供文件或资料以及为其他诉讼行为，不得对另一国处以任何罚款或罚金，不得为保证支付诉讼费用而要求另一国提供任何形式的担保的司法豁免制度。②

需加注意的是，管辖豁免、执行豁免和其他豁免属于相互独立的平行豁免权，其间，没有必然的牵连关系，放弃管辖豁免不代表放弃执行豁免或其他豁免，放弃执行豁免或其他豁免也并不意味着放弃管辖豁免。③

关于国家豁免的范围，一直有绝对豁免主义（The Doctrine of Absolute Immunity）和限制豁免主义（The Doctrine of Restrictive Immunity）两种理论。绝对豁免主义主张，国家的一切行为和财产不论性质如何均应享有豁免，它的理论依据是国家的主权和尊严，即"平等者之间无管辖权"。限制豁免主义也称"职能豁免主义"，主张只有国家的主权行为和用于政府事务的财产才能享有豁免，它的理论依据是"国家可以参与属于私人经营范围的事业"。④ 19 世纪初期，英美等国通过一系列的司法判例确认了绝对豁免主义，到 19 世纪末，绝对豁免主义已得到世界上绝大多数国家的支持。但是到了 1903 年，在"卢森堡列日铁路公司诉荷兰"一案中，比利时法院指出，"只有当国家完成政治行为时才涉及主权。然而国家本身并不限于政治

---

① 参见黄良友：《论国家民事司法豁免》，载《求索》2010 年第 3 期。也有学者认为国家豁免原则包含司法管辖豁免和司法执行豁免两个方面的内容，见李皓：《主权债券违约诉讼研究》，载《法学杂志》2016 年第 2 期。

② 《联合国国家及其财产管辖豁免公约》第 18 条规定："除例外情形外，不得在另一国法院的诉讼中针对一国财产采取判决前的强制措施，例如查封和扣押措施。"这一规定可视为"其他豁免"，但其他豁免还包括担保豁免等内容。

③ 参见李庆明：《中国国家财产在美国的执行豁免——以沃尔斯特夫妇诉中国工商银行为例》，载《武汉大学学报（哲学社会科学版）》第 4 期。《联合国国家及其财产管辖豁免公约》第 20 条指出，明示同意行使管辖权并不构成默示同意采取强制措施。《美国对外关系法（重述）第三次》第 456 条第 1 款第 2 项也规定，一国可以放弃针对其财产的扣押或执行，但是放弃诉讼豁免不意味着放弃财产的扣押豁免，而放弃财产的扣押豁免并不意味着放弃诉讼豁免。

④ 参见沃雪梅：《绝对豁免主义和限制豁免主义的比较分析》，载《大连民族学院学报》2001 年第 4 期。

角色,它在可以购买、拥有、签订合同时充当债权人和债务人以及从事商业活动,当行使这些功能时,国家并不是行使公共权力,而是如私人般的地位行为,因此不能享有豁免",从而开启了限制豁免主义的先河。① 目前的发展趋势是从绝对豁免主义向限制豁免主义转向。②

根据《外交特权与豁免条例》第14条、第15条的规定,外交代表享有民事管辖豁免和行政管辖豁免,但下列各项除外:(1)外交代表以私人身份进行的遗产继承的诉讼。(2)外交代表违反第25条第3项规定在中国境内从事公务范围以外的职业或者商业活动的诉讼。(3)外交代表免受强制执行,但对前两项所列情况,强制执行对其人身和寓所不构成侵犯的,不在此限。(4)外交代表没有以证人身份作证的义务。(5)外交代表和第20条规定享有豁免的人员的管辖豁免可以由派遣国政府明确表示放弃。(6)外交代表和第20条规定享有豁免的人员如果主动提起诉讼,对与本诉直接有关的反诉,不得援用管辖豁免。(7)放弃民事管辖豁免或者行政管辖豁免,不包括对判决的执行也放弃豁免。放弃对判决执行的豁免须另作明确表示。根据《领事特权与豁免条例》第14条、第15条和第16条的规定,领事官员和领馆行政技术人员执行职务的行为享有司法和行政管辖豁免。领事官员执行职务以外的行为的管辖豁免,按照中国与外国签订的双边条约、协定或者根据对等原则办理。领事官员和领馆行政技术人员享有的司法管辖豁免不适用于下列各项民事诉讼:(1)涉及未明示以派遣国代表身份所订的契约的诉讼;(2)涉及在中国境内的私有不动产的诉讼,但以派遣国代表身份所拥有的为领馆使用的不动产不在此限;(3)以私人身份进行的遗产继承的诉讼;(4)因车辆、船舶或者航空器在中国境内造成的事故涉及损害赔偿的诉讼。

五、使用我国通用语言文字原则

《民事诉讼法》第269条规定:"人民法院审理涉外民事案件,应当使用中华人民共和国通用的语言、文字。当事人要求提供翻译的,可以提供,费用由当事人承担。"这就是使用我国通用语言文字原则的立法依据。通用的语言文字是国家主权的象征,因此,使用我国通用语言文字原则的理论基础也在于国家主权原则。该原则的基本含义是:其一,中国法院进行民事诉讼,应当采用通用的普通话进行,而不得采用外文。其二,外国的当事人请求提供翻译的,我国法院应当提供,费用由外国当事人本人承担。其三,外国当事人向人民法院申请承认和执行外国法院作出的发生法律效力的判决、裁定,应当提交申请书,并附外国法院作出的发生法律效力的判决、裁定正本或者经证明无误的副本以及中文译本。③ 当事人对中文翻译文本的翻译有异议的,可以共同委托某一翻译机构进行翻译,如果当事人达不成选择翻译机构的一致意见,则由人民法院决定翻译机构。④

《民事诉讼法》第11条规定了民族语言文字原则,比较涉外民事诉讼法中的使用我国通用语言文字原则,可以发现,虽然它们均属语言文字原则,但二者具有重要的差异,主要有:其一,适用的案件范围不同。使用我国通用语言文字原则适用于涉外民事诉讼案件,民族语言

---

① 参见杨玲:《欧洲的国家豁免立法与实践——兼及对中国相关立场与实践的反思》,载《欧洲研究》2011年第5期。

② 参见宋锡祥、谢璐:《国家及其财产管辖豁免的国内法调整到国际公约的转变——兼论莫里斯和仰融两案》,载《政治与法律》2007年第1期。

③ 《民诉法解释》第541条。

④ 《民诉法解释》第525条。

文字原则既适用于国内民事诉讼案件，也适用于涉外民事诉讼案件。在涉外民事诉讼中，少数民族当事人有权使用其本民族语言文字进行诉讼，外国当事人使用外语进行诉讼，必须提供翻译。其二，法院的义务不同。在涉外民事诉讼中，法院必须使用中国通用的语言文字进行审判和发布裁判文书，而民族语言文字原则则要求在少数民族聚居或者多民族共同居住的地区，人民法院应当用当地民族通用的语言、文字进行审理和发布法律文书。所谓双语法官，仅仅适用于少数民族语言文字原则的运用之中，而不适用于涉外民事诉讼的语言文字原则之中。其三，"通用"的含义不同。在涉外民事诉讼中，通用的语言文字是指全中国通用的语言文字，即汉语；民族语言文字原则中的通用语言文字则是聚居地方少数民族通用的语言文字。其四，翻译的负担不同。在涉外民事诉讼中，翻译的费用由申请翻译的外国当事人承担，而民族语言文字原则要求人民法院免费为少数民族的当事人提供翻译。概括地说，使用我国民族语言文字原则是当事人的诉讼义务，民族语言文字原则乃是当事人的诉讼权利，二者性质不同。

六、委托中国律师代理诉讼原则

《民事诉讼法》第270条规定："外国人、无国籍人、外国企业和组织在人民法院起诉、应诉，需要委托律师代理诉讼的，必须委托中华人民共和国的律师。"据此，所谓委托中国律师代理诉讼原则，是指外国当事人在中国法院进行诉讼，如果要委托律师作为诉讼代理人，则必须委托中国的律师。之所以必须委托中国的律师进行诉讼，原因在于律师制度是一个国家的司法制度的组成部分，它的适用仅限于本国主权范围内，而不得扩张到外国境内，这是各国之通例，其理论基础归根到底仍是司法主权原则。委托中国律师代理原则具有以下两层含义：一是外国当事人在中国法院进行诉讼，可以委托符合条件的非律师人员担任诉讼代理人，但如果他要委托律师进行诉讼，则必须委托中国的律师作为诉讼代理人。二是涉外民事诉讼中的外籍当事人，可以委托本国人为诉讼代理人，也可以委托本国律师以非律师身份担任诉讼代理人；外国驻华使领馆官员，受本国公民的委托，可以以个人名义担任诉讼代理人，但在诉讼中不享有外交或者领事特权和豁免。[①] 需要注意者有四：

其一，代为委托诉讼代理人。涉外民事诉讼中，外国驻华使领馆授权其本馆官员，在作为当事人的本国国民不在中华人民共和国领域内的情况下，可以以外交代表身份为其本国国民在中华人民共和国聘请中华人民共和国律师或者中华人民共和国公民代理民事诉讼。[②]

其二，授权委托书的公证。外国人、外国企业或者组织的代表人在中华人民共和国境内签署授权委托书，委托代理人进行民事诉讼，经中华人民共和国公证机构公证的，人民法院应予认可。[③]

其三，授权委托书的认证。在中华人民共和国领域内没有住所的外国人、无国籍人、外国企业和组织委托中华人民共和国律师或者其他人代理诉讼，从中华人民共和国领域外寄交或者托交的授权委托书，应当经所在国公证机关证明，并经中华人民共和国驻该国使领馆认证，或者履行中华人民共和国与该所在国订立的有关条约中规定的证明手续后，才具有效力。[④] 需要办理公证、认证手续，而外国当事人所在国与中华人民共和国没有建立外交关系的，可以经该

---

① 《民诉法解释》第526条。
② 《民诉法解释》第527条。
③ 《民诉法解释》第525条。
④ 《民事诉讼法》第271条。

国公证机关公证,经与中华人民共和国有外交关系的第三国驻该国使领馆认证,再转由中华人民共和国驻该第三国使领馆认证。①

其四,授权委托书的见证。外国人、外国企业或者组织的代表人在人民法院法官的见证下签署授权委托书,委托代理人进行民事诉讼的,人民法院应予认可。②

第三节 涉外民事诉讼的管辖

一、涉外民事诉讼管辖的概念和意义

(一) 涉外民事诉讼管辖的概念

涉外民事诉讼管辖是指各国通过国内立法并遵循国际条约所确定的受理和审判涉外民事诉讼案件的范围和权限。涉外民事诉讼管辖首先要解决的问题不是国内法院对其的分工和权限,而是各个国家的法院相互之间对于涉外民事诉讼案件的范围和界限。正是在各国法院外部确定了涉外民事诉讼案件的管辖范围后,才能谈得上一国内部的法院对其进行的分工和权限。因此,涉外民事诉讼管辖与国内民事诉讼管辖有很大的不同。

涉外民事诉讼管辖的确定依据不仅有国内法,还有国际法,而国内民事诉讼案件的管辖的确定依据只有国内法,而没有国际法;涉外民事诉讼管辖解决的是国与国之间的审判权界限问题,国内民事诉讼管辖解决的是院与院之间的审判权界限问题;涉外民事诉讼管辖涉及国家主权问题,国内民事诉讼管辖与国家主权无关;涉外民事诉讼管辖的联结点多而泛,国内民事诉讼管辖的联结点少而精;涉外民事诉讼管辖容易产生管辖权的冲突,国内民事诉讼管辖尽管也会存在冲突问题,但没有涉外民事诉讼管辖的冲突那么剧烈;涉外民事诉讼管辖涉及国家保护主义,国内民事诉讼管辖涉及局部的地方保护主义;涉外民事诉讼管辖允许平行管辖,一个案件可以同时甚至先后由不同的国家进行管辖和审判,国内民事诉讼管辖严格实行"一事不再诉、一事不二理"的原则,不允许有平行管辖的存在空间;涉外民事诉讼管辖的冲突有赖于国与国之间的协商协调,国内民事诉讼管辖的冲突除了法院相互之间协商外,上级法院乃至最高人民法院还可以通过指令管辖等方式消弭管辖权的冲突;涉外民事诉讼管辖实行不方便法院原则,国内民事诉讼管辖到目前为止还没有规定不方便法院管辖原则;没有涉外民事诉讼管辖权而受理和审判案件,将导致他国的抵制和拒绝承认与执行,司法裁判本身的效力不受影响,国内民事诉讼案件没有管辖权而受理和审判,专属管辖的案件,司法裁判将被再审程序推翻,非属专属管辖的案件,有可能导致裁判结果被推翻,也有可能被忽略不计;涉外民事诉讼管辖的专属管辖范围较广,不仅包括涉外诉讼程序中的专属管辖,而且涵盖国内民事诉讼中的专属管辖,国内民事诉讼的专属管辖范围相对较窄,涉外民事诉讼中的专属管辖对于国内民事诉讼案件并不适用;涉外民事诉讼中的协议管辖标准更加宽松,只要争议案件与某一国家有最低限度的联系,协议管辖即可成立,国内民事诉讼案件的协议管辖的联系因素更为严格,只有最低限度的联系尚不足以确认协议管辖的成立;等等。

可见,涉外民事诉讼管辖与国内民事诉讼管辖是处在不同领域的相似概念,从确定的逻辑

---

① 《民诉法解释》第522条。
② 《民诉法解释》第523条。

顺序上说，涉外民事诉讼管辖确认在先，在具有涉外民事诉讼管辖权的基础上，才会出现国内法院对涉外民事诉讼管辖的分工和权限问题，而后者已经属于国内民事诉讼管辖的概念领域，不再因其为涉外民事诉讼案件而与国内民事诉讼案件形成截然差异。

（二）确定涉外民事诉讼管辖的意义

其一，涉外民事诉讼管辖关系到国家主权尤其是司法主权的捍卫问题。司法主权原则对国家提出的基本要求就是"管其所应管"，如果应管辖而懈怠放弃管辖，则是对司法主权的损害，也是对国家利益、社会公共利益的损害。因此，我国民事诉讼法在确定涉外民事诉讼管辖时，底线是保持司法主权的国际平均水平，在此基础上，还要尽量扩大涉外民事诉讼管辖的范围，当然也不可逾越必要的礼让界限。

其二，涉外民事诉讼管辖关系到特定国家公民、法人和其他组织的合法权益。在国际经济社会关系的交往中，涉外冲突在所难免，而且可以预期的是，涉外冲突随着我国对外开放程度和质量的提高，将会越来越多，通过对这些不断增多的涉外民商事冲突的有效解决，维护本国民事主体的合法权益，便成为任何一个国家司法制度的基本任务之一。相反，如果涉外民事诉讼管辖制度粗疏概括乃至漏洞百出，其最终的结果固然是损害国家主权，但最直接的结果则是损害国内民事主体的合法权益，从而影响我国对外开放进程的加快推进。

其三，确定好涉外民事诉讼管辖有助于维护良好的国际民商事法律秩序。随着国家间的经济社会交往日益深入，国际社会的司法协调更显重要，国际司法协调的重要方面，而且在涉外民事诉讼中也是首要的方面，便是司法管辖权的协调和谐，通过司法管辖权的有序调节，减少各国之间的涉外管辖权的冲突，强化司法裁判在国际社会上的流动性，最终构建国际民商事法律行为交流交往的人类命运共同体。

二、涉外民事诉讼管辖的原则

涉外民事诉讼管辖的原则是指国际社会以及各个主权国家在确定涉外民事诉讼管辖标准时应当遵循的基本行为准则。涉外民事诉讼管辖的原则是确定涉外民事诉讼管辖的指导理念，涉外民事诉讼管辖的确定则是涉外民事诉讼管辖原则的具体落实。没有正确的涉外民事诉讼管辖原则，就不可能有正确的涉外民事诉讼管辖制度体系。因而在确定涉外民事诉讼管辖之前，首先应当确立和设定确定涉外民事诉讼管辖的原则。

匈牙利学者萨瑟认为确定涉外民事诉讼管辖的原则有10条，包括：（1）在国际范围内系统协调管辖权的原则，与此相对应的是维护法院地特别法律概念的国家主权原则；（2）立法和法院管辖权同一原则；（3）地域管辖原则，以及与此相对应的属人管辖原则；（4）传票送达地原则；（5）互惠原则；（6）考虑当事人意思和处分的原则；（7）有效原则；（8）不干涉原则；（9）自尊原则；（10）防止滥用法律的原则。①

我国有学者将确定涉外民事诉讼管辖的原则概括为7条，包括：（1）尊重国家主权原则；（2）平等与对等原则；（3）属地管辖原则；（4）属人管辖原则（涉外民事案件与法院所在地有实际联系原则）；（5）便利诉讼原则；（6）意思自治原则；（7）公正解决争议原则。②

笔者认为，根据民事诉讼法关于涉外民事诉讼管辖制度的立法规定以及根据国际上的通行

---

① Istvan Szaszy, International Civil Procedure. A Comparative Study, (1967), p. 309.
② 参见刘力：《国际民事诉讼管辖权研究》，中国法制出版社2004年版，第325页。

观点,可以将确定涉外民事诉讼管辖的原则分为以下四个层次共 6 条加以认识和规定。

第一层次为核心原则:国家主权原则。涉外民事诉讼管辖的确定一方面要维护内国的司法主权,另一方面要尊重他国的司法主权,为了过度管辖而对国家主权做出过分的扩大解释,在当今国际社会一定行不通,司法霸凌主义直接与国家主权原则相冲突,因此,对维护国家主权原则应当始终从国际关系的两面性或多面性来看待,在这种国家主权原则指导下所确定的涉外民事诉讼管辖便能获得国际社会多数国家乃至所有国家的认可,管辖权的冲突和摩擦就能够降到最低程度。

第二层次为优先原则:尊重当事人意思自治原则。在国际交往日益紧密的今天,国家通过国内立法或国际社会通过国际立法来确定涉外民事诉讼管辖规则都会存在一定的局限性,它们所充当的角色应当是确定涉外民事诉讼管辖的基准,而不是固定僵化的硬性规则,因此,应当充分发挥涉外当事人自己在确定管辖权上的主动性和积极能动性,他们通过协议管辖所确定的管辖权通常最符合特定诉讼案件的解决需要,不仅便利内国法院对此行使审判权和执行权,而且便利涉外当事人既经济又高效地进行涉外诉讼活动,尤其是还可避免争抢管辖权所带来的诉讼迟延以及执行僵局,因此之故,尊重当事人意思自治原则应当置于仅次于国家主权原则的第二位原则加以考虑和设置。

第三层次为基础原则:属地管辖原则和属人管辖原则。如果没有协议管辖,那么只能进行法定管辖,法定管辖奉行两个基础原则,一是属地管辖原则,二是属人管辖原则。属地管辖原则,顾名思义就是指凡是在一国境内所发生的诉讼案件,该内国法院均有管辖权。这是因为该内国法院的管辖权基础是其管理境内事务的国家主权。各国普遍遵循属地管辖原则,属地管辖原则也被认为是天经地义的涉外管辖基础原则,所不同的是各国确定属地管辖的联结因素有所不同,有的紧密一些,有的宽松一些,但基本上都认可这样几个联结因素,即当事人的住所地、居住地、诉讼标的物所在地、法律事实发生地等。《民事诉讼法》第 272 条所确定的涉外民事诉讼管辖就是属地管辖的典型体现。属地管辖的联结因素确定得越是宽松,就越接近于长臂管辖,而严格意义上的属地管辖是不包含长臂管辖的。与属地管辖原则具有同等重要性的基础原则是属人管辖原则。属人管辖原则,是指凡是具有某个国家国籍的人,该国籍国法院对他们都有管辖权。比如说只要具有中国国籍,无论他们在世界上哪一个国家或地方生活或工作,也无论他们所涉及的是何种类型的民事诉讼纠纷,只要他们起诉到或者被诉到我国的法院,我国的法院都有管辖权。由于属地管辖原则是建立在国籍之上的,因而也被称为国籍管辖权。属人管辖原则的正当性依据在于国家责任,与属地管辖原则的正当性依据在于国家主权有所不同。

第四层次也是最后一个层次的原则是候补原则:实际控制原则和实际联系原则。实际控制原则也称为有效原则,是指某特定的内国法院基于对案件所涉及的被告或被告的财产所具有的实际控制力而产生的管辖权,《民事诉讼法》第 272 条所确定的被告在我国有可供扣押的财产就是实际控制原则的体现。可见,实际控制原则从根本上说也源出于属地管辖原则,因为它也是以地域范围内的控制权为管辖权的来源和依据的,但是严格意义上的实际控制原则已经超越了属地管辖原则,因为属地管辖原则一般限定于实际控制原则以外的联结因素。所以,实际控制原则是属地原则的发展和拓宽,它来源于属地管辖原则又有别于属地管辖原则。实际控制原则之所以又被称为有效原则,是因为其管辖权的依据归根到底是建立在其所作出的司法裁判能够得到有效执行的基础之上的。英国的涉外管辖权原则就比较看重实际控制原则。与实际控制原则相比,实际联系原则乃是确定涉外管辖权最为宽松的原则,它指的是只要涉外民事诉讼案件与某一特定内国存在某种关联性,该内国的法院对此就有司法管辖权。一般而言,实际联系原则在与特定国家相联系的程度上不仅弱于前述属地原则和属人原则,而且还弱于实际控制原则,也就是说,有时某特定国家对被告或被告的财产不具有实际控制权,但却仍基于其与诉讼案件有这样或那样的联系,并将这种联系解释为实际联系,而主张行使涉外管辖权。可见,实际联系原则作为法定管辖原则势必导向长臂管辖原则,而长臂管辖原则是一个不受国际社会欢迎的原则,因而实际联系原则作为法定管辖的原则往往会被质疑或诟病。但该项原则在协议管辖中却大有作为的空间,《民事诉讼法》第35条规定的协议管辖便建立在实际联系原则之上,涉外协议管辖与实际联系原则具有紧密的关联,可以说,实际联系原则是涉外协议管辖的理论根据和法律依据。如果实际联系作为涉外协议管辖的正当化根据,那么,它在管辖确定原则上的位阶就要提升到优先原则的层次,此时,实际上它已被尊重当事人意思自治原则所吸收。实际联系原则作为法定管辖原则仍具有候补的意义,在上述尊重当事人意思自治原则、属地原则、属人原则以及实际控制原则等均无法发挥法定管辖的作用时,基于实际联系原则能够为特定国家对特定案件行使涉外管辖权提供依据,尤其是在发生涉外管辖权消极冲突之时,该项原则的作用更加明显。

三、我国涉外民事诉讼管辖

(一) 涉外民事诉讼的级别管辖

涉外民事诉讼的级别管辖是指根据我国民事诉讼法及司法解释的规定,涉外民事诉讼案件由哪一级别的法院进行管辖的制度。根据《民事诉讼法》第19条的规定,重大涉外案件由中级人民法院管辖。所谓重大涉外案件,根据《民诉法解释》第1条的规定,包括争议标的额大的案件、案情复杂的案件,或者一方当事人人数众多等具有重大影响的案件。涉外民事诉讼案件原则上由中级法院行使级别管辖权,但如果涉外案件较为简单或者标的额较小,也可以由基层法院行使级别管辖权;当然,如果涉外民事诉讼案件的重大性已经超越了中级法院管辖标准,则根据《民事诉讼法》第20条的规定,应由相应的高级人民法院行使级别管辖权,若确有必要,如涉外案件在全国范围内具有重大影响,则也不排除最高人民法院根据《民事诉讼法》第21条的规定行使级别管辖权。

根据《涉外管辖规定》第1条的规定,第一审涉外民商事案件由下列人民法院管辖:(1) 国务院批准设立的经济技术开发区人民法院;(2) 省会、自治区首府、直辖市所在地的中级人民法院;(3) 经济特区、计划单列市中级人民法院;(4) 最高人民法院指定的其他中级人民法院;(5) 高级人民法院。

(二) 涉外民事诉讼的地域管辖

涉外民事诉讼中的地域管辖分为一般地域管辖和特别地域管辖两种。一般地域管辖是根据涉外当事人的国籍标准所产生的管辖权。在我国,根据属人管辖原则,只要是中华人民共和国的公民、法人和其他组织,无论他们是作为原告还是作为被告提起或被提起涉外民事诉讼,我国法院均有管辖权。

涉外民事诉讼中的特殊地域管辖是指在因合同纠纷或者其他财产权益纠纷中,对在中华人民共和国领域内没有住所的被告提起的诉讼,如果合同在中华人民共和国领域内签订或者履行,或者诉讼标的物在中华人民共和国领域内,或者被告在中华人民共和国领域内有可供扣押的财产,或者被告在中华人民共和国领域内设有代表机构,可以由合同签订地、合同履行地、诉讼标的物所在地、可供扣押财产所在地、侵权行为地或者代表机构住所地人民法院管辖。《民事诉讼法》第 272 条对此作出了专门规定。

(三) 涉外民事诉讼中的专属管辖

涉外民事诉讼中的专属管辖是指对于特殊种类的涉外民事诉讼案件，我国法院享有排他性的管辖权；对于这种特殊的民事诉讼案件，我国法院不承认外国法院对之行使管辖权，其所作出的裁判不可能获得我国法院的承认与执行，同时也不允许涉外当事人对其进行协议管辖，违背专属管辖的协议管辖是无效的。但允许当事人对专属管辖的案件约定选择进行仲裁管辖，仲裁管辖优先于专属管辖，专属管辖不能打破仲裁管辖。

涉外民事诉讼的专属管辖与国内民事诉讼案件的专属管辖是包含与被包含的关系，凡是国内民事诉讼案件的专属管辖，均当属于涉外民事诉讼的专属管辖，其原因在于涉外民事诉讼的专属管辖属于特殊的专属管辖，国内民事诉讼案件的专属管辖属于一般的专属管辖，一般性被包含在特殊性之中，因而涉外民事诉讼的专属管辖在范围上要宽于国内民事诉讼的专属管辖。

《民事诉讼法》第 34 条规定了国内民事诉讼案件的专属管辖，第 273 条规定了涉外民事诉讼的专属管辖，两相结合，可以得出涉外民事诉讼的专属管辖包括以下类型的案件：(1) 因不动产纠纷提起的诉讼，由不动产所在地人民法院管辖。(2) 因港口作业中发生纠纷提起的诉讼，由港口所在地人民法院管辖。(3) 因继承遗产纠纷提起的诉讼，由被继承人死亡时住所地或者主要遗产所在地人民法院管辖。(4) 因在中华人民共和国履行的中外合资经营企业合同纠纷提起的诉讼，由中华人民共和国人民法院管辖。(5) 因在中华人民共和国履行的中外合作经营企业合同提起的诉讼，由中华人民共和国人民法院管辖。(6) 因在中华人民共和国履行的中外合作勘探开发自然资源合同发生纠纷提起的诉讼，由中华人民共和国人民法院管辖。需加注意者有二：其一，上述后三类诉讼案件为涉外民事诉讼的专属管辖案件，立法仅仅规定它们由中国法院管辖，具体由何一法院行使管辖权，应当按照《民事诉讼法》第 24 条关于合同纠纷案件的管辖制度加以确定，即由被告所在地或者合同履行地法院管辖。其二，在国内民事诉讼的专属管辖中，有时会出现存在两个甚至两个以上的法院具有共同管辖权的专属管辖，此时原告人可以进行管辖权的选择，通过选择管辖确定最终的管辖法院，但在涉外民事诉讼的专属管辖中，这种共同管辖的选择有可能会出现选择外国的法院管辖这种情况，此时，专属管辖的意义就被否定，因而在国内民事诉讼案件的专属管辖向涉外民事诉讼的专属管辖转换的过程中，此类案件应当撤除。属于这种情形的是上述第三项。据此，因继承遗产纠纷提起的诉讼，由被继承人死亡时住所地或者主要遗产所在地人民法院管辖。如果被继承人死亡时住所地在中国，但其主要遗产所在地却在外国，原告既可以在被继承人死亡时住所地的中国法院起诉，也可以在主要遗产所在地的外国法院起诉，这两种选择根据《民事诉讼法》第 35 条的规定都具有合法性，如果原告选择在中国法院起诉，我国法院固然有管辖权；但如果原告选择在外国法院起诉，其也具有正当性。既然外国法院对该类诉讼案件同时具有管辖权，那么，它就背离了涉外诉讼案件专属管辖的本质规定性，因而就不成其为涉外民事诉讼中的专属管辖案件。

根据《海事诉讼特别程序法》第 7 条的规定，以下案件属于我国海事法院专属管辖：(1) 因沿海港口作业纠纷提起的诉讼，由港口所在地海事法院管辖；(2) 因船舶排放、泄漏、倾倒油类或者其他有害物质，海上生产、作业或者拆船、修船作业造成海域污染损害提起的诉讼，由污染发生地、损害结果地或者采取预防污染措施地海事法院管辖；(3) 因在中华人民共和国领域和有管辖权的海域履行的海洋勘探开发合同纠纷提起的诉讼，由合同履行地海事法院管辖。其中第二项的分析同于上述继承案件专属管辖的分析，不再重复。

（四）涉外民事诉讼中的协议管辖与应诉管辖

前已述及，涉外民事诉讼中的协议管辖和应诉管辖已经与国内民事案件的协议管辖和应诉管辖合并，无论是国内民事诉讼案件还是涉外民事诉讼案件，其协议管辖与应诉管辖的含义、范围、标准、要件及其救济完全相同，这里不再赘述。

四、涉外民事诉讼中的管辖权冲突及其解决

（一）涉外民事诉讼中的管辖权冲突

在涉外民事诉讼的管辖中，其管辖权的冲突始终是重要的议题。涉外民事诉讼管辖权冲突，是指在涉外民事诉讼中，对某一特定的涉外民事诉讼案件，有两个或两个以上的国家法院都主张行使管辖权的现象，广义的涉外民事诉讼管辖权冲突还包括所有的国家都拒绝行使管辖权的情况，因此狭义的涉外民事诉讼管辖权的冲突仅指积极的冲突，广义的涉外民事诉讼管辖权冲突还包括消极的冲突。本书在广义上使用涉外民事诉讼管辖权冲突的概念。

涉外民事诉讼管辖权冲突的特点是：其一，对某一特定的涉外民事诉讼案件同时存在两个或两个以上的国家具有管辖权。其二，这些具有管辖权的国家全部或部分（两个以上）主张行使管辖权，或者都拒绝行使管辖权。其三，涉外民事诉讼管辖权冲突所导致的后果是一个案件在两个以上的国家法院进行处理，或者没有任何国家对其进行处理。

涉外民事诉讼管辖权冲突的具体表现形式有三种：一是否认。即一国以案件属于本国法院管辖为理由，否认别的国家对该特定涉外民事诉讼案件行使管辖权。二是拒绝。即一个国家以他国法院没有管辖权为理由，拒绝对其作出的司法裁判予以承认和执行。三是争抢。即明知他国法院具有管辖权，而仍以自己国家具有管辖权为由与他国争夺管辖权。以上是涉外民事诉讼管辖权积极冲突的表现形式。涉外民事诉讼管辖权的消极冲突则表现在，与诉讼案件有关联的国家法院找出种种理由拒绝受理和审判该特定涉外民事诉讼案件，造成当事人起诉无门的现象，此现象被称为"司法的拒绝"（denial of justice）。

从涉外民事诉讼管辖冲突所发生的时间节点上看，通常，涉外民事诉讼管辖权冲突发生在诉讼发生之后，但司法实践中，这种争夺管辖权的斗争，有时甚至在争议发生前就已经开始了。[①]

之所以在涉外民事诉讼领域较之国内民事诉讼领域更容易发生管辖权的冲突，原因主要在于：其一，各国立法有冲突。国际社会始终没有制定出一部各国都认可和接受的统一的国际民事诉讼法，因而管辖权的规定基本上都保留在各国自己手中，而各国对管辖权规定的联结因素宽窄不一，同时各国对专属管辖规定的范围也不尽一致，尤其是各国对管辖权冲突所提出的司法解决政策有重大差异，因而，发生管辖权冲突从立法层面就在所难免。其二，当事人追逐胜诉利益的愿望所致。由于涉外民事诉讼案件的审判不仅与程序法有关，而且与实体法的准据法选择也密切相关，尤其是，程序法和实体法的适用有时往往具有关联性，因而争夺管辖权除了具有国家保护倾向这一因素所致外，还有实体法的确定和适用这个因素，因此结果往往是，不同的国家作出的司法裁判，往往结果和内容不同，有时甚至是截然相反的。基于此种考虑，当事人在具有多个国家法院可供选择时，往往会同时选择多个国家进行起诉，或者在某一特定国

[①] 参见韩德培主编：《国际私法》（修订本），武汉大学出版社1989年版，第421页。

家起诉遭到败诉裁判后，又转而向其他有管辖权的法院起诉，直至用尽其涉外诉讼管辖权的全部资源为止。与此同时，被告也是如此，被告对原告起诉所选择的某外国法院，往往只要有可能存在其他国家具有管辖权的情形，他都会动辄提出管辖权的抗辩，要么就是受理案件的国家法院无管辖权，要么就是其他国家的法院受理案件更加方便，而申请受理案件的国家法院将案件移送至其他国家进行审判，或者裁定驳回原告的起诉，或者中止诉讼案件的进行。其三，法院了解信息有困难。与国内民事诉讼案件不同，涉外民事诉讼案件在处理过程中国与国之间的信息沟通不够畅通。被告提出管辖权抗辩后，原告往往提出相反的说法和理由，法院要弄清问题的真相，势必费时耗力，消耗大量的时间成本、人力成本和经济成本。如果一旦被告提出管辖权的异议，法院就停下来处理该异议，则也必然导致诉讼程序的延长和耽搁，影响诉讼的效率性。因而在涉外民事诉讼中，管辖权的异议制度失去了应有的用武之地。由于信息阻隔，同时考虑到诉讼经济和程序效率，再加之国家利益诉求的考虑，涉外民事诉讼中的管辖权冲突在实践中往往容易从文本变成现实。其四，缺乏化解管辖权冲突的司法权威和诉讼机制。在国内民事诉讼中，发生了管辖权问题的冲突，内国民事诉讼法一般会通过移送管辖、指定管辖、管辖权的转移、管辖异议及其上诉救济等诉讼机制加以化解，而不会将其留存于诉讼程序全过程，从而造成司法裁判的拒绝承认和难以执行。与之不同，在涉外民事诉讼中，发生了管辖权的冲突，无论是积极冲突还是消极冲突，都缺乏上级司法机关乃至最高司法机关行使管辖权冲突的裁决权或指令权，而完全依赖各国自觉或相互协商，各国自觉往往只是美好愿望，相互协商通常无果而终，其结果，管辖权的冲突依然如故。因而在涉外民事诉讼中发生管辖权的冲突在一定意义上说是在所难免的，甚至也是正常的。

（二）涉外民事诉讼管辖权冲突的基本形态

1. 管辖权的积极冲突

管辖权的积极冲突，是指相同的当事人在两个或更多的国家，同时以相同的诉因针对相同的争议事实进行诉讼。① 从各国对管辖权冲突的应对态度看，涉外民事诉讼管辖权的积极冲突主要有以下几种表述：一事两诉、平行诉讼、重复诉讼、未决诉讼、诉讼竞合等。国际公约或条约中使用的管辖权积极冲突的概念名称基本大同小异，如《1968年布鲁塞尔公约》和《1988年卢迦诺公约》第21条均规定"（未决诉讼）是相同当事人就相同诉因而在不同缔约国法院提起诉讼"；《民商案件外国判决的承认和执行公约》第5条和第20条规定"（两诉竞合）是同一当事人之间，基于同样事实以及具有同一标的之诉讼"。我国有学者认为，名称的不同在于一些国家立法者的认识差异，采用平行诉讼、一事两诉或诉讼竞合等词者，多从当事人的角度来认识；而采用未决诉讼一词，则是站在法院的立场上，侧重管辖权的重新分配。②

无论对涉外民事诉讼管辖权的积极冲突用何种概念名称来加以表征，其含义基本上都大同小异，其间并无本质区别，其集中表现就是平行诉讼。平行诉讼，是指当事人对同一个案件在两个或两个以上的国家法院同时或先后进行诉讼。根据诉讼发动者的身份不同，又可以将平行诉讼分为重复诉讼和对抗诉讼两种形态。

重复诉讼，是指同一纠纷当事人中的一方始终作为原告在两个以上国家的法院针对同一被

---

① See J. H. C. Morris, The Conflict of Laws, 3rd ed. 1984, p. 93.

② 参见肖凯：《国际民事诉讼中未决诉讼问题比较研究》，载中国国际私法学会主办：《中国国际私法与比较法年刊》（第四卷），法律出版社2001年版，第470页。

告提起的诉讼，也称为相同原告诉讼或者原被告共同型诉讼。① 重复诉讼的动因主要是：其一，原告追求私人利益的最大限度保护，通过多个诉讼获得对自己最为有利的司法裁判。其二，骚扰型诉讼，原告意欲通过反复诉讼致使被告陷于诉讼的困境之中。因而，重复诉讼既有可能出于正当的诉讼动机，也有可能出于非正当的滥用诉权的动机，缺乏对滥诉行为的国际统一制裁规则为这种滥诉行为提供了可乘之机。

对抗诉讼，是指同一纠纷当事人中的一方作为原告在某一特定国家以对方当事人为被告提起诉讼，而对方当事人同时作为原告在另一特定国家以他诉原告为该诉被告提起的诉讼。在对抗诉讼中，原告和被告的身份和地位在两个或两个以上国家法院中发生逆转，因而也称之为相反当事人诉讼或者原被告逆转型诉讼。② 对抗诉讼的动因主要是：其一，追逐私利，期望通过对抗诉讼扭转自己在他国诉讼中的被动局面和不利地位。其二，对原告的反复诉讼或滥诉行为进行报复或反报复。其实，无论是重复诉讼还是对抗诉讼，其本质上并无二致，重复诉讼是形式上的一事二诉，对抗诉讼则是实质上的一事二诉，它们合在一起，构成了平行诉讼的基本形态，这也是涉外管辖权积极冲突的基本形态。

涉外民事诉讼管辖权冲突所导致的后果虽然有积极的一面，但主要还是消极的一面。英国学者莫里斯指出："平行诉讼的主要动因在于当事人的利益驱使，从保护当事人合法利益的角度，这无疑是平行诉讼的合理之处，但平行诉讼都会造成司法资源的浪费和增加司法机关的负担；就当事人而言，不仅表现为诉讼费用的负担，还要面临各国判决的相互矛盾和冲突，无法成就有利判决的域外承认和执行等，所以，国际民事诉讼中无法避免的平行诉讼不仅影响当事人私人利益的保护和救济，还必然影响到政府公共利益。"③ 管辖权积极冲突将会造成一事两诉，导致当事人之间的涉外纠纷无法彻底解决，也因此致使受案法院作出的判决得不到其他国家的承认和执行，严重者甚至还会影响国与国之间的正常民商事交往关系。

2. 管辖权的消极冲突

管辖权的消极冲突，是指各国依据各自本国法都不受理某一国际民事争议，致使该争议处在无从获得司法救济的状态；由于管辖权的消极冲突最终导致的结果是当事人告状无门，因此也被称为诉讼无门。无论是基于抽象的国家主权，还是出于主权原则具体到立法、司法领域的差异，管辖权的消极冲突是可以从积极冲突的事实中逻辑推理出来的另一种现象，致使当事人投诉无门。④ 导致管辖权消极冲突的原因主要在于：其一，立法上的原因。各国关于涉外民事诉讼管辖权的规定出现了立法上的盲区或漏洞，致使某一特定的涉外民事纠纷案件无法寻找到恰当的确定管辖权的联结因素，因而无法在任何一个国家的法院进行诉讼。由于属人管辖权原则的普遍存在，这种无法适用一般地域管辖以致无法在任何一个国家的法院进行诉讼的现象通常不会发生，偶有发生者，也限定于无国籍人以及任何国家都不予认可的社会组织。其二，司法豁免原则的不同理解与适用。特定诉讼案件涉及国家豁免权的问题，而对于司法豁免的理解存在分歧。有的国家基于司法豁免权拒绝行使管辖权，有的国家则认为其他国家应当行使管辖权，从而出现了涉外管辖权的司法架空现象。其三，诉讼案件本身不具有吸引力，各国法院找出各种理由推诿行使管辖权。其四，在无界的网络案件中，管辖权的确定有时界限比较模糊，

---

① 参见刘铁铮：《国际私法论丛》，三民书局2000年版，第273页。
② 参见陈荣宗：《国际民事诉讼之法律问题》，载《法学丛刊》1996年第2期。
③ 转引自李玉泉主编：《国际民事诉讼与国际商事仲裁》，武汉大学出版社1994年版，第98页。
④ 参见刘力：《国际民事诉讼管辖权研究》，中国法制出版社2004年版，第176页。

导致各国皆不予过问的尴尬局面。

在涉外民事诉讼管辖权冲突中，与积极冲突相比，消极冲突的现象相对并不是十分严重，占据多数的是前者而非后者，① 然而管辖权消极冲突所引发的后果却比积极冲突要严重得多，因为它所导致的结果是当事人无处可以诉讼，当事人的诉权遭到了彻底否定，司法救济的大门向其关闭。有观点认为，消极冲突的危害性往往超过了因积极冲突所造成的管辖的混乱，将直接导致当事人的权利得不到任何国家的司法救济。司法实践中，不同国家或法域的消极冲突，还可能演变为，即使处于同一国家的不同法院也会出于种种动机拒绝行使管辖权（denial of justice）。② 事实上，管辖权的消极冲突不仅直接导致当事人的合法利益无法得到正当的保护，涉外民商事纠纷得不到任何国家的救济，而且还致使诉讼双方的合法利益难以通过司法途径得到解决，影响国际民商事活动的发展。因而，涉外民事诉讼管辖权冲突无论是积极冲突还是消极冲突都应当引起同等程度的关注，并寻求对策加以化解。

（三）解决涉外民事诉讼管辖权冲突的现实途径及理论学说

涉外民事诉讼管辖权冲突是客观存在的事实，但对该一事实如何进行法律上的应对，实践中有认可平行诉讼、扩大协议管辖范围、确立不方便法院管辖原则、一事不再理原则、长臂管辖原则、尊重先行受理原则、未决诉讼或诉讼中止原则等做法，在理论上有不同的主张，概括起来，有四种学说较为著名。

1. 消极规制说

消极规制说，是指对涉外民事诉讼管辖权冲突这一现象，应当顺其自然，无须通过立法加以规制。此说的理由是：其一，有关各国法院没有义务调查外国法院是否受理同一诉讼；其二，诉讼效率的要求，如果有关国家法院关注一事是否两诉或多诉的情况，势必拖延审理期限而降低诉讼效率。③ 德国学者采用该观点，按照该观点，各国不应对平行诉讼采取限制性措施。日本学者基本上也追随该说，补充了一条理由，即国际社会尚无被普遍认可的国际条约可以遵循，国际民事诉讼管辖权冲突在所难免。④ 我国台湾地区学者认为，调整国内民事诉讼管辖权冲突的原则不应类推适用于国际民事诉讼管辖权冲突的解决当中，即一国法院可以不管同一诉讼是否已为外国法院受理，依然具有管辖权。⑤

2. 承认预测说

该学说认为，无论是国内民事诉讼案件还是国际或涉外民事诉讼案件，如果放任一事二诉，势必导致诸多不利后果，因而，如同国内立法对国内民事诉讼禁止一事二诉一样，也应该通过国内立法或国际条约原则上禁止一事二诉的发生。但该学说并不是绝对禁止一事二诉，其含义是：应以外国法院判决是否将来被内国法院承认与执行作为禁止平行诉讼的考虑因素，也就是说，如果内国法院将承认与执行外国法院判决，则内国法院不再受理同一诉讼；反之，如果内国法院不会承认与执行外国法院判决，则内国法院针对同一案件具有管辖权。⑥

我国有学者对该学说作出了积极评价，认为该学说："能避免外国法院判决同内国法院判

---

① 参见肖永平：《肖永平论冲突法》（第3版），武汉大学出版社2002年版，第4页。
② 参见王淑敏、王秀芬：《论国际民商事诉讼管辖权的消极冲突》，载《当代法学》2004年第6期。
③ 参见刘力：《国际民事诉讼管辖权研究》，中国法制出版社2004年版，第145页。
④ 参见陈荣宗：《国际民事诉讼与民事程序法》（第五册），三民书局有限公司1998年版，第26页。
⑤ 参见陈荣宗：《国际民事诉讼与民事程序法》（第五册），三民书局有限公司1998年版，第24页。
⑥ 参见韩德培：《国际私法新论》，武汉大学出版社2003年版，第461页。

决相矛盾的后果，且可避免外国判决的承认与执行制度有名无实，承认预测说符合诉讼经济要求，能有效防止原告滥用诉讼权利。"①

3. 利益衡量说

该学说也被称为适合之法院地说，英美国家更倾向于该说。该说认为，在解决国际民事诉讼管辖权冲突时，应对同一案件具有管辖权的内国法院与外国法院进行比较，借以判断哪国法院审理此案更为适合。该学说的主要思想来源在于英美法上的最密切联系说和政府利益分析说。该学说所建立的处理涉外管辖冲突的原则较为灵活，其实它主张的是法官的自由裁量权，由法官就涉外诉讼案件所涉及的国家利益、法院利益、社会公共利益、当事人利益等各种利益进行综合权衡，并同时考虑到国与国之间的合作关系，包括互惠关系、对等原则以及外国司法裁判在本国的可执行性等因素。

4. 国际协调说

有学者认为，总体来说，解决涉外民事诉讼管辖权冲突要遵循国际协调原则。② 该观点认为，国与国之间政治、经济利益的差异性造成了国际民事诉讼管辖权的冲突，所以就要求各国在签订有关涉外民事诉讼管辖权条约时，不能一味地坚持司法主权的扩张政策，还要考虑到国际社会的一般做法。③ 其实，在国际范围内各国通过平等协商签订统一的涉外民事诉讼管辖权规范，是从根本上消除涉外民事诉讼管辖权冲突最有效的途径，但是从目前来看，在全球范围内签订一个统一的涉外民事诉讼管辖权公约是不现实的，因此，国与国之间可以通过签订多边和双边国际条约来消除管辖权的冲突。④ 海牙国际私法会议 1965 年制定的《协议选择法院公约》以及 1971 年制定的《民商事外国判决的承认和执行公约》等；美洲国家组织于 1928 年泛美会议制定的《布斯塔曼特法典》，第三届美洲国际私法会议 1984 年制定的《关于在国际范围内实现外国判决域外效力的管辖权公约》；欧共体 1968 年制定的关于《民商案件的管辖权及判决执行公约》等国际条约，都明确规定要发展国际协调原则。然而，订立国际条约尤其是通过国际公约来消除涉外民事诉讼管辖权的冲突，往往只能是理想的目标，现实是这类的国际条约尤其是国际公约很难达成，于是退而求其次，便有学者主张依据国际礼让理论，在协调国际管辖权的过程中主动地进行自我约束。⑤ 事实上，只要国家不放弃管辖权的争夺，当事人一事两诉以求私人利益的最大限度保护的思路就不会改变，因此诉讼竞合的协调和解决途径只能定位在各国法院的自我抑制——一事不再理。⑥

对于上述诸说，笔者认为，消极规制说过分放大了国内民事诉讼管辖权冲突与涉外民事诉讼管辖权冲突之间的差异，陷入到完全放任主义的被动消极泥潭之中，与其说它解决了问题，倒不如说它掩盖了问题，诉讼阶段的简单化处置模式必将导致执行阶段拒绝承认和执行外国司法裁判成为新常态，最终导致国际私法合作关系趋于崩溃，因而此说显然不可采。承认预测说则过分夸大了本国法院预测外国法院作出司法裁判的能力和水平，因而难免陷入盲目之中，同时也会带来处理冲突问题的被动性。利益衡量说看上去非常完美，但实际上它是建立在过于自

---

① 刘力：《国际民商事诉讼管辖权研究》，中国法制出版社 2004 年版，第 187 页。
② 参见蔡彦敏：《论国际民事诉讼的管辖权》，载《现代法学》1998 年第 5 期。
③ 参见韩德培主编：《国际私法》（第 2 版），高等教育出版社、北京大学出版社 2000 年版，第 481 页。
④ 参见徐卉：《涉外民商事诉讼管辖权冲突研究》，中国政法大学出版社 2001 年版，第 117 页。
⑤ 参见李双元：《关于我国国际民事管辖权的思考》，载中国国际私法研究会顾倚龙、吕国华编：《海峡两岸法律冲突及海事法律问题研究》，山东大学出版社 1991 年版，第 204 页。
⑥ 参见谢石松：《国际民商事纠纷的法律解决程序》，广东人民出版社 1996 年版，第 16 页。

信的司法裁量的基础上的,过分地将复杂问题寄希望于某一个法官行使自由裁量权来解决的能力和秉信保障,因而也是脆弱的主张,其结果将导致司法任意主义的横行以及法的可预测价值的沦丧。综合以观,国际协调说顺应了世界命运共同体建设的发展需求,其与国际礼让原则、互惠原则等有紧密关联,现代社会注重的是相互沟通和配合,一个安全有序的国际社会需要一定程度的包容和妥协,尊重他国主权并被他国尊重对于发展国际关系是有益处的,对于解决国际民事诉讼管辖权冲突也是恰当的,尤其是,通过国际协调,也能从根本上解决涉外民事诉讼管辖权冲突问题,强化解决管辖冲突的可预测性功能,因而该说具有发展潜能和竞争优势,应当是可采学说。

(四)解决涉外民事诉讼管辖权冲突的中国主张

1. 关于管辖权积极冲突

在我国,有关涉外民事诉讼管辖权及其冲突集中规定于民事诉讼法、《民诉法解释》、《涉外管辖规定》、海事诉讼特别程序法和《关于适用〈中华人民共和国海事诉讼特别程序法〉若干问题的解释》等法律和司法解释之中。其中尤以《民诉法解释》最具代表性。该司法解释对我国涉外民事诉讼的管辖权冲突规定了两项制度:一是不方便法院管辖原则,二是平行管辖原则。

不方便法院管辖原则。根据《民诉法解释》第530条的规定,涉外民事案件同时符合下列情形的,人民法院可以裁定驳回原告的起诉,告知其向更方便的外国法院提起诉讼:其一,被告提出案件应由更方便外国法院管辖的请求,或者提出管辖异议;其二,当事人之间不存在选择中华人民共和国法院管辖的协议;其三,案件不属于中华人民共和国法院专属管辖;其四,案件不涉及中华人民共和国国家、公民、法人或者其他组织的利益;其五,案件争议的主要事实不是发生在中华人民共和国境内,且案件不适用中华人民共和国法律,人民法院审理案件在认定事实和适用法律方面存在重大困难;其六,外国法院对案件享有管辖权,且审理该案件更加方便。

平行管辖原则。《民诉法解释》第531条规定:"中华人民共和国法院和外国法院都有管辖权的案件,一方当事人向外国法院起诉,而另一方当事人向中华人民共和国法院起诉的,人民法院可予受理。判决后,外国法院申请或者当事人请求人民法院承认和执行外国法院对本案作出的判决、裁定的,不予准许;但双方共同缔结或者参加的国际条约另有规定的除外。外国法院判决、裁定已经被人民法院承认,当事人就同一争议向人民法院起诉的,人民法院不予受理。"第15条规定:"中国公民一方居住在国外,一方居住在国内,不论哪一方向人民法院提起离婚诉讼,国内一方住所地人民法院都有权管辖。国外一方在居住国法院起诉,国内一方向人民法院起诉的,受诉人民法院有权管辖。"

由上述规定可知,我国司法解释对平行管辖持肯定态度。对此有学者评论道:"我国没有就管辖权冲突的积极解决作出规定,因为平行诉讼或一事两诉本来就是国际民事诉讼管辖权积极冲突的一种表现形式,各国学者和实务部门都在透过这一现象寻求避免和消除的办法,所以才会有不方便法院原则、未决诉讼令制度、协议管辖等一系列的理论和实践,而我国最高人民法院的《意见》实则是反其道而行之。"① 笔者认为上述评论未必中肯。平行管辖既是涉外民事诉讼管辖权积极冲突的一种表现形式,允许它的存在本身,也是解决涉外民事诉讼管辖权冲

---

① 刘力:《国际民商事诉讼管辖权研究》,中国法制出版社2004年版,第140页。

突的一种司法政策和途径。但对该司法解释笔者基本持质疑态度,因为该司法解释与当代社会在协调涉外民事诉讼管辖权冲突方面所作出的合作性努力并不呈同步状态。按照该司法解释的规定,无论某特定的涉外民事诉讼案件具有何种涉外因素,也无论外国法院对该案是否立案在先,也不管我国法院行使对该案的管辖权是否具有便利性或方便性,只要我国法院对该案有管辖权的依据,并且原告向我国法院提出了诉讼,我国法院就必须受理和审判。这种立法方式事实上均未将国际协调原则、不方便法院原则、受理在先原则、利益衡量原则等放在考虑因素之列,其规定显然失之简单化、滞后化、绝对化。

从我国学理上看,对于平行诉讼一向存在"肯定式"的立法模式和"否定式"的立法模式之争。

"肯定式"的立法模式论主张:"除中华人民共和国缔结或参加的国际条约另有规定外,外国法院对相同当事人之间就同一诉讼标的进行的诉讼已作出判决或正在审理的,中华人民共和国法院为保护当事人的合法利益,仍可对同一诉讼行使管辖权。"① 可见,持这种观点的学者主张除我国缔结的相关国际条约另有规定外,对平行诉讼不加任何限制,即使其他国家法院就相同当事人之间的同一诉讼标的的诉讼正在审理或审理已完结,依然肯定我国法院的管辖权。最高人民法院的上述司法解释采取的就是此一观点。

"否定式"的立法模式论者主张:"除中华人民共和国缔结或参加的国际条约另有规定外,外国法院对相同当事人之间就同一诉讼标的进行的诉讼已作出判决或正在审理的,中华人民共和国法院一概不行使管辖权。"② 依照这一观点,我国应当对平行诉讼尽量进行限制,只有在国际条约明确有此要求之时,才允许平行诉讼的存在。

作为上述两种对立观点的折中,《国际私法示范法》第54条规定:"除中华人民共和国缔结或者参加的国际条约另有规定外,在外国法院对相同当事人之间就同一诉讼标的进行的诉讼已经作出判决或者正在进行审理的情况下,若预期该外国法院判决能够在中国法院得到承认,中华人民共和国法院可以不行使管辖权。但中华人民共和国法院受理在先,或者不行使管辖权,当事人的合法权益无法得到保护的,中华人民共和国法院可以对同一诉讼行使管辖权。"③ 从中可以看出,我国国际私法学会对上述两种观点并没有全盘采纳或全盘否定,而是通过采纳国际上解决平行诉讼问题的一般理论,开辟一条新的解决平行诉讼问题的途径。④ 笔者认为,折中说更具有合理性和前瞻性。

2. 关于管辖权消极冲突

我国关于应对管辖权消极冲突的规定主要体现在《民诉法解释》第13条有关涉外离婚案件的管辖问题上。该条规定:"在国内结婚并定居国外的华侨,如定居国法院以离婚诉讼须由婚姻缔结地法院管辖为由不予受理,当事人向人民法院提出离婚诉讼的,由婚姻缔结地或者一方在国内的最后居住地人民法院管辖。"第14条规定:"在国外结婚并定居国外的华侨,如定居国法院以离婚诉讼须由国籍所属国法院管辖为由不予受理,当事人向人民法院提出离婚诉讼的,由一方原住所地或者在国内的最后居住地人民法院管辖。"可见,上述司法解释基本上可以解决涉外离婚案件中出现的消极冲突问题,然而其局限性仍是明显的,就是对其他涉外诉讼

---

① 闫慧:《论协议管辖制度及其完善》,山东大学2011年硕士学位论文。
② 倪征燠:《国际法中的司法管辖问题》,世界知识出版社1985年版,第142页。
③ 载http://sil.cupl.edu.cn/info/1058/1304.htm,访问日期:2020年10月26日。
④ 参见湖北省高院民事庭:《涉外民事诉讼管辖权问题研究》,武汉大学出版社2005年版,第281—285页。

管辖权的消极冲突并无任何规定。这样,我们可以得出结论认为,到目前为止,我国关于涉外民事诉讼管辖权的消极冲突之规定仍不够完善。

有学者认为,国际民商事管辖权的消极冲突无论从形式还是解决方式都较为单一明确,只要各国在管辖权的确定依据方面增加一些连接因素,特别是采用弹性连接因素,增设"必要管辖法院"或"紧急管辖条款",确立当事人不能寻求其他司法救济时本国法院可以行使管辖权的规定,可以解决管辖权的消极冲突。①

《国际私法示范法》第52条设置了"必要管辖"条款,该条规定:"中华人民共和国法院对原告提起的诉讼,在其明显没有其他的法院可以提供司法救济时,可以行使管辖权。"有学者建议将修订后的《国际私法示范法》第52条纳入未来的新民事诉讼法之中。②笔者同意该观点。

第四节 涉外民事诉讼的期间和送达

一、涉外民事诉讼的期间

(一) 涉外民事诉讼期间的概念和特点

涉外民事诉讼的期间就是适用于涉外民事诉讼的时间节点制度,其仅在狭义上指期限,即或长或短的时间段或时间线,而不包括期日,涉外民事诉讼中的期日与国内民事诉讼并无差异,所存在差异的是期限而非期日。涉外民事诉讼程序的期间的基本特点在于一个字——长。涉外民事诉讼程序的期间之所以较之于国内民事诉讼的期间为长,原因简单地在于,涉外民事诉讼中的当事人有时会处在中华人民共和国境外,因而将诉讼文书送达给他们需要更长的时间,他们提出答辩或者提出上诉等,也需要更长的时间。不仅如此,涉外民事诉讼案件一般而言较之国内民事诉讼案件通常要更加复杂,其所涉及的法律事实发生在国外时,要到国外取证或调查核实;其所涉及的实体法作为案件处理的准据法为外国法时,需要到外国去了解和收集相应外国法的文本及其相关资料;有时还要由这方面的专家出具相关的专家意见或者证词,或者聘请专业机构进行文本翻译;诉讼程序发生争议问题需要解决时,内国的法院可能还需要同外国的法院进行协调和商谈;等等。诸如此类的因素都导致了涉外民事诉讼程序的期间具有"较长性"这样一个特点,这是与国内民事诉讼程序相比所呈现出来的最为直观的区别。

此外,尚需注意者有二:其一,涉外民事诉讼程序的期间分为两种类型,一是与当事人有关的类型,二是与当事人无关的类型。前者是指当事人不在中国境内居住,因而所产生的特殊期间,包括答辩期间、上诉期间等;后者是指诉讼案件本身需要较长的期间,而与当事人居住在何地无关,这主要是指审理期限,包括一审的审限、二审的审限、法院审查再审案件的审限等,它们均不受民事诉讼法相关规定的限制,即不受民事诉讼法的相关审限等规定,不适用于涉外民事诉讼案件的审理,包括《民事诉讼法》第152条规定的一审审限、第183条所规定

---

① 参见徐卉:《涉外民商事诉讼管辖权冲突研究》,中国政法大学出版社2001年版,第18—19页。
② 参见齐湘泉、梁欢星:《国际民商事诉讼管辖权冲突解决方法的发展与完善》,载李旺主编:《涉外民商事案件管辖权制度研究》,知识产权出版社2004年版,第45—46页。

的二审审限以及第 211 条所规定的法院审查涉外再审案件的期限等。① 其二，涉外民事诉讼程序的期间有时适用准据法，而不适用法院所在地的内国法。比如，如果我国法院所作出的司法裁判需要到外国法院去执行，当事人可以直接向外国法院提出执行请求，也可以向我国法院提出申请，申请我国法院向外国法院请求执行，当事人提出的这种申请，不受《民事诉讼法》第 246 条规定的申请执行的两年期间之限制，该申请提出的时间应当适用外国准据法的规定。

(二) 涉外民事诉讼期间的特别规定

1. 涉外民事诉讼的答辩期间

涉外民事诉讼中的答辩期间，是指不在我国境内居住的涉外当事人针对原告提出的起诉进行答辩所需要的期间。《民事诉讼法》第 275 条规定："被告在中华人民共和国领域内没有住所的，人民法院应当将起诉状副本送达被告，并通知被告在收到起诉状副本后三十日内提出答辩状。被告申请延期的，是否准许，由人民法院决定。"可见，该答辩期较之于国内民事诉讼案件的被告的答辩期要长出 15 天，《民事诉讼法》第 128 条规定的被告的答辩期为 15 日；不仅如此，如有需要，经当事人的申请，该期间还可以延长，延长的时间立法未加规定，由司法者视案情需要予以斟酌决定。

2. 涉外民事诉讼的上诉期间

涉外民事诉讼的上诉期间，是指涉外民事诉讼当事人针对人民法院作出的第一审未生效裁判声明不服、有权提出上诉的期间。《民事诉讼法》第 276 条规定："在中华人民共和国领域内没有住所的当事人，不服第一审人民法院判决、裁定的，有权在判决书、裁定书送达之日起三十日内提起上诉。被上诉人在收到上诉状副本后，应当在三十日内提出答辩状。当事人不能在法定期间提起上诉或者提出答辩状，申请延期的，是否准许，由人民法院决定。"可见，涉外民事诉讼的上诉期间相对于国内民事诉讼的上诉期间不仅长出 15 天，而且也可以申请延长。需要注意的是，涉外民事诉讼的上诉期间之特别规定，仅仅适用于不在我国境内居住的涉外当事人，即便是外国当事人，如果在我国境内居住，也不适用该较长上诉期间的规定。《民诉法解释》第 536 条规定："不服第一审人民法院判决、裁定的上诉期，对在中华人民共和国领域内有住所的当事人，适用民事诉讼法第一百七十一条规定的期限；对在中华人民共和国领域内没有住所的当事人，适用民事诉讼法第二百七十六条规定的期限。当事人的上诉期均已届满没有上诉的，第一审人民法院的判决、裁定即发生法律效力。"如果是中国当事人提出上诉，中国当事人的上诉期间为 15 日，不在我国境内居住的外国当事人的答辩期间为 30 日。

3. 涉外民事诉讼的审理期间

涉外民事诉讼的审理期间，是指我国法院审理涉外民事诉讼案件所需要的最长时间限制。规定审限制度是我国民事诉讼法的一大特色，也是我国民事诉讼法的比较优势之一，但这样一种规定并不适用于涉外民事诉讼。《民事诉讼法》第 277 条规定："人民法院审理涉外民事案件的期间，不受本法第一百五十二条、第一百八十三条规定的限制。"也就是说，涉外民事诉讼的一审程序不以 6 个月为限，二审程序不以 3 个月为限。尽管涉外民事诉讼通常不会适用简易程序或小额程序，但在理论上并不排除这种可能性；如果涉外民事诉讼案件非常简单，则按照同样的理由，也不适用于《民事诉讼法》第 164 条所规定的 3 个月的审限制度。此外，人

---

① 《民诉法解释》第 537 条规定："人民法院对涉外民事案件的当事人申请再审进行审查的期间，不受民事诉讼法第二百一十一条规定的限制。"

民法院审查再审涉外案件，也不受《民事诉讼法》第211条所规定的3个月的时间限制。

对于涉外民事诉讼期间的相关规定，理论界研究较少，实践中几乎认为其规定是天经地义、鲜有人提出质疑的意见。有学者指出，诉讼法学者一般认为期间制度纯属立法技术问题，缺乏理论蕴涵，故对其少有关注，对于涉外民事诉讼中的期间尤其如此。这就使得涉外期间长期处于"法律规定不合理，理论研究不涉及"之尴尬境地；并认为，涉外民事诉讼在审限的规制模式、时间长短、上诉期间、答辩期间等各方面与非涉外民事诉讼全无二致，唯一的不同之处即在于"在途期间"之附加。① 对涉外期间"另眼相看"实源于一种长期以来根深蒂固且似乎是自然之理或不容置疑的观点，一种对整个民事诉讼简单分类的认识，即将其分为涉外与非涉外两大块，似乎二者泾渭分明、差别显著。诚然，较之非涉外民事诉讼而言，涉外民事诉讼有其特殊性，然而，此种特殊性有没有达到可以乃至必须单独设编的程度？显然值得我们深入思考。其他暂且不论，作为涉外民事诉讼程序之重要一环的期间制度，显然无须如此兴师动众地加以另行规定。②

有学者指出，《审限规定》不仅依然未对涉外案件的审限作出规制，反而将这种豁免悄然扩大到了涉港、澳、台案件。在这种情况下，不仅容易导致审判实践中个案诉讼周期过长、诉讼成本过高，而且极易给外国法院援引对等原则实施其报复性措施提供绝佳的口实，这显然是既不经济又不体面的事情。③ 还有观点认为，涉外民事诉讼的审限制度有待进一步完善，"阶段控制式规制模式"优于"整体控制式规制模式"，同时，我国现行立法对涉外民事诉讼上诉期间、答辩期间的特别规定纯属多余，实无存在之必要。④

笔者基本上认同否定论或质疑者的观点，认为我国民事诉讼法关于涉外民事诉讼期间的规定应当仅仅限定于答辩期间、上诉期间以及后面要涉及的公告期间等极少数方面，而不应将其扩张适用于审限之上，包括审查再审的期间，原因主要有：其一，我国法院审理涉外民事诉讼案件的专业化能力和水平在不断提升，其所需要的审理周期较之于过去尤其是1982年《民事诉讼法（试行）》时期要远远缩短。其二，涉外民事诉讼中的很多期间是可以扣除计算的。比如涉外送达的期间、外国法律的查明和翻译期间、与相关外国法院就程序事项进行商谈协调的期间等，都可以合理地通过司法解释加以扣除而不计算在审限之中。其三，在同样的审限内审结案件被认为是当事人的一项诉讼权利，即及时裁判权，根据同等和对等原则，我国法院对涉外案件的当事人也应当给予诉讼制度的此一"福利"，而不宜采取差别对待的方式，否则容易引起国际上的误解。其四，目前已进入信息化时代，法院通过线上部分乃至全部完成诉讼案件的审理逐渐成为常态，这样便将大大缩短涉外民事诉讼案件的审理周期，对审限制度的否定性立法模式不再具有足够的正当性。其五，无论是一审审限还是二审审限乃至再审审查期间，民事诉讼法规定的都是弹性制度，必要时经过法院院长或上级法院批准，可以延长。既然可以延长，那再不规定原则性的审限制度便失去了逻辑上的合理性。因而笔者建议民事诉讼法将来修改时取消第277条的规定。⑤

---

① 参见罗水平、熊洋：《关于涉外民事诉讼期间的几个问题》，载《法学评论》2008年第5期。
② 参见罗水平、熊洋：《关于涉外民事诉讼期间的几个问题》，载《法学评论》2008年第5期。
③ 参见赵钢：《关于完善民事诉讼期间制度的几个问题》，载《政法论坛》1998年第2期。
④ 参见熊洋：《涉外民事诉讼期间二题》，载《常州工学院学报（社科版）》2006年第1期。
⑤ 《海事诉讼特别程序法》第87条规定："海事法院审理船舶碰撞案件，应当在立案后一年内审结。有特殊情况需要延长的，由本院院长批准。"

二、涉外民事诉讼的送达

(一) 涉外民事诉讼中送达的含义和特点

涉外民事诉讼中的送达，简称涉外送达，是指一国司法机关依据有关国家的国内立法或国际条约的规定，将诉讼和非诉讼文书送交给居住在国外的诉讼当事人或者其他诉讼参与人的行为。① 有观点认为，涉外送达与域外送达是两个并不完全等同的概念，涉外送达不一定是域外送达。② 更具体地说，涉外送达是指涉外民商事案件文书的送达。是否属于涉外民商案件，应依当事人一方或双方是否具有外国国籍，争议的标的物是否在国外，合同签订地、履行地、损害发生地等是否在国外等因素决定。而域外送达，则是指一国司法机关依据有关国家的国内立法或国际条约的规定，将司法文书和司法外文书送交给居住在国外的诉讼当事人或其他诉讼参与人的行为。③ 笔者认同该观点。比如对在中国境内的诉讼代理人、法定代表人、主要负责人、代表机构、分支机构、业务代办人等所实施的送达，我们可以称之为涉外送达，因为它是涉外诉讼中对涉外当事人一方的送达，但是不能称之为域外送达，因为并没有在中国境外实施送达行为，而且对上述这些主体所实施的送达与国内送达完全一致，将其称之为域外送达显然不妥。因此，从概念上区分使用涉外送达和域外送达有其必要性，就二者的关系而言，涉外送达并不必然是域外送达，但域外送达一定属于涉外送达。《民事诉讼法》第274条以及相关司法解释的规定，都属于涉外送达，而不仅是域外送达。

涉外送达的特点主要有：其一，从主体上看，涉外送达的主体包括一个国家的法院、外交机关等诸多机构，也包括当事人本人以及诉讼代理人。其二，从送达的客体上看，涉外送达的范围具有广泛性特点。根据最高人民法院《关于涉外民事或商事案件司法文书送达问题若干规定》(以下简称《涉外送达规定》) 第2条的规定，本规定所称司法文书，是指起诉状副本、上诉状副本、反诉状副本、答辩状副本、传票、判决书、调解书、裁定书、支付令、决定书、通知书、证明书、送达回证以及其他司法文书。其三，从送达方式看，涉外送达既包括民事诉讼法从第87条至第95条所规定的各种方式，也包括《民事诉讼法》第274条所规定的专门适用于涉外诉讼的送达方式，因而其送达方式比国内送达的方式要多。其四，从送达程序上看，涉外送达不仅要遵循我国国内送达的一般规则，而且还要遵循涉外送达的特别规则。

(二) 涉外送达的方式和途径

涉外送达具有双向性，我国法院向不在我国领域内居住的当事人的送达，以及外国法院向在我国境内居住的当事人的送达，构成了涉外送达的完整内容，但就送达的方式和途径而言，二者在内容上基本上没有区别，所区别的仅仅是视角不同。以下主要就我国法院向不在我国领域内居住的当事人的送达做出介绍。

根据《海牙送达公约》、我国缔结的双边司法协助条约、《民事诉讼法》第274条、《海事诉讼特别程序法》第七章(第80、81条)、《涉外送达规定》等之规定，我国法院向不在我国领域内居住的当事人的送达途径或方式主要有以下10种：

---

① 参见韩德培主编：《国际私法》，高等教育出版社、北京大学出版社2000年版，第438页。
② 参见同惠会、孟思洋：《论我国涉外民商事案件送达效率之提高》，载《人民司法》2010年第13期。
③ 参见郭树理：《〈海牙民商事司法文书与司法外文书域外送达公约〉述评》，载《比较法研究》2002年第2期。

1. 按《海牙送达公约》和国际条约确定的方式进行送达

《海牙送达公约》是我国加入的第一个海牙国际私法公约,标志着海牙国际私法会议制定的统一国际私法公约开始成为我国国际私法的重要国际法渊源之一。为正确、及时、有效地执行海牙送达公约,最高人民法院、外交部与司法部分别于1992年3月4日和1992年9月19日联合发布了《关于执行〈关于向国外送达民事或商事司法文书和司法外文书公约〉有关程序的通知》和《关于执行海牙送达公约的实施办法》,具体规定了运用该公约设立的协助机制进行文书域外送达的程序。同时,为进一步提高国际司法协助工作效率,最高人民法院办公厅于2003年9月23日发布了《关于指定北京市、上海市、广东省、浙江省、江苏省高级人民法院依据海牙送达公约和海牙取证公约直接向外国中央机关提出和转递司法协助请求和相关材料的通知》,决定就涉及海牙送达公约、海牙取证公约的司法协助工作进行试点。

对不属于《海牙送达公约》成员国的域外送达,如有国际条约的,则依照受送达人所在国与中华人民共和国缔结或者共同参加的国际条约中规定的方式送达。按《海牙送达公约》和按国际条约规定的送达方式不尽一致,但基本上通用的方式是各国指定一个中央机关,由相互之间的中央机关进行送达。我国指定的中央机关为司法部,外国指定的中央机关一般也是司法行政机关。按照条约方式进行送达,我国法院将所需送达的文书传递给我国的司法部,再由我国的司法部将送达文书传递给外国的司法部,外国的司法部将送达文书送达给受送达人。《涉外送达规定》第6条规定:"人民法院向在中华人民共和国领域内没有住所的受送达人送达司法文书时,若该受送达人所在国与中华人民共和国签订有司法协助协定,可以依照司法协助协定规定的方式送达;若该受送达人所在国是《关于向国外送达民事或商事司法文书和司法外文书公约》的成员国,可以依照该公约规定的方式送达。依照受送达人所在国与中华人民共和国缔结或者共同参加的国际条约中规定的方式送达的,根据《最高人民法院关于依据国际公约和双边司法协助条约办理民商事案件司法文书送达和调查取证司法协助请求的规定》办理。"条约方式的送达程序比较简单,送达效率较高,应当是最正规也是较优的送达方式。

2. 外交送达

外交送达是指通过外交途径送达,就是通过国家之间的外交机构进行送达。从我国视角看,具体是指法院将需送达的司法文书提交给我国的外交机关,再由我国的外交机关转交给受送达人所在国驻我国的使领馆,再由该使领馆将其转送给该外国的外交机关,并由该国的外交机关转送给该国有管辖权的法院,再由该法院送达给受送达人。《涉外送达规定》第7条规定:"按照司法协助协定、《关于向国外送达民事或商事司法文书和司法外文书公约》或者外交途径送达司法文书,自我国有关机关将司法文书转递受送达人所在国有关机关之日起满六个月,如果未能收到送达与否的证明文件,且根据各种情况不足以认定已经送达的,视为不能用该种方式送达。"外交送达一般发生在国与国之间不存在相关条约或协定的情况下。该种送达方式比较正规,但程序很复杂,效率很低,是否能够确保送达成功往往很难确定。

3. 使领馆送达

对具有中华人民共和国国籍的受送达人,可以委托中华人民共和国驻受送达人所在国的使领馆代为送达。使领馆送达方式通常在缺乏相关协作条约的情况下采用。相对于外交送达,此种送达方式较为简单快捷,效率也高,具有可靠性。但该种送达方式受到的限制较多,比如说,受送达人必须具有我国的国籍,同时所在国家对该种送达方式也不明文禁止,此外,送达过程中也不能采用强制措施。

4. 代理人送达

代理人送达是指向受送达人委托的有权代其接受送达的诉讼代理人所实施的送达。在受送达人委托了我国的诉讼代理人并且该诉讼代理人在我国境内活动，同时该诉讼代理人没有被排除接受送达的代理权限之时，可以采用该种送达方式进行送达。此时送达的地域界线虽然没有超出我国的国境，但仍属于涉外送达，因为它本质上是向处在外国境内的当事人进行送达，诉讼代理人只不过是代理受送达人接受送达而已。《涉外送达规定》第4条规定："除受送达人在授权委托书中明确表明其诉讼代理人无权代为接收有关司法文书外，其委托的诉讼代理人为民事诉讼法第二百四十七条第（四）项规定的有权代其接受送达的诉讼代理人，人民法院可以向该诉讼代理人送达。"

5. 代表人送达

向受送达人在中华人民共和国领域内设立的代表机构或者有权接受送达的分支机构、业务代办人送达。这种送达又包括三种具体的送达方式：一是向法定代表人、主要负责人送达。《涉外送达规定》第3条规定："作为受送达人的自然人或者企业、其他组织的法定代表人、主要负责人在中华人民共和国领域内的，人民法院可以向该自然人或者法定代表人、主要负责人送达。"《民诉法解释》第533条规定："外国人或者外国企业、组织的代表人、主要负责人在中华人民共和国领域内的，人民法院可以向该自然人或者外国企业、组织的代表人、主要负责人送达。外国企业、组织的主要负责人包括该企业、组织的董事、监事、高级管理人员等。"根据《海事诉讼特别程序法》第80条第2款的规定，有关扣押船舶的法律文书也可以向当事船舶的船长送达，向船长所实施的送达，与向法定代表人的送达相同。二是向代表机构送达。《涉外送达规定》第5条第1款规定："人民法院向受送达人送达司法文书，可以送达给其在中华人民共和国领域内设立的代表机构。"三是向分支机构或业务代办人送达。《涉外送达规定》第5条第2款规定："受送达人在中华人民共和国领域内有分支机构或者业务代办人的，经该受送达人授权，人民法院可以向其分支机构或者业务代办人送达。"第三种送达方式与前两种送达方式的区别在于，前两种送达方式相当于向受送达人本人送达，因而无须另行授权，但第三种送达方式需要有受送达人的授权，因而这种送达方式本质上属于第四种所规定的代理人送达范畴。

所需注意者有二：其一，在采用上述第四、五类送达方式时，其送达程序完全与国内送达相同，比如都是通过我国法院的司法警察、书记员等有权实施送达的主体进行送达，送达要有送达回证等。其二，在采用上述第四、五类送达方式时，可以采用留置送达的方式。《涉外送达规定》第12条规定："人民法院向受送达人在中华人民共和国领域内的法定代表人、主要负责人、诉讼代理人、代表机构以及有权接受送达的分支机构、业务代办人送达司法文书，可以适用留置送达的方式。"其三，除直接送达和留置送达外，笔者认为适用于国内送达的其他方式（不包括公告送达）也不排除适用，包括邮寄送达、委托送达、转交送达等。其四，送达以上述这些有权接受送达的人或机构实际接受或被推定接受送达时产生效力，至于外国当事人本人何时接受送达甚至是否接受送达，则在所不问。

6. 邮寄送达

根据《民事诉讼法》第274条第6项规定，受送达人所在国的法律允许邮寄送达的，可以邮寄送达，自邮寄之日起满3个月，送达回证没有退回，但根据各种情况足以认定已经送达的，其间届满之日视为送达。《民诉法解释》第534条和《涉外送达规定》第8条对此补充规定了两个内容：一是受送达人未在送达回证上签收但在邮件回执上签收的，视为送达，签收日期为送达日期。二是自邮寄之日起满6个月,如果未能收到送达与否的证明文件,且根据各种情况不足以认定已经送达的,视为不能用邮寄方式送达。

7. 电子送达

电子送达是指采用传真、电子邮件等能够确认受送达人收悉的方式送达。《民事诉讼法》第274条第7项对此作出规定。《涉外送达规定》第10条规定:"除本规定上述送达方式外,人民法院可以通过传真、电子邮件等能够确认收悉的其他适当方式向受送达人送达。"因此,采用传真、电子邮件等送达方式进行送达的关键,在于确实能够证明送达已经成功被受送达人或有权接受送达的人接收。

8. 公告送达

根据《民事诉讼法》第274条第8项的规定,不能用上述方式送达的,可以进行公告送达,自公告之日起满3个月,即视为送达。《涉外送达规定》第9条规定:"人民法院依照民事诉讼法第二百六十七条第(八)项规定的公告方式送达时,公告内容应在国内外公开发行的报刊上刊登。"根据《民诉法解释》第535条的规定,人民法院一审时采取公告方式向当事人送达诉讼文书的,二审时可采取公告方式向其送达诉讼文书,但人民法院能够采取公告方式之外的其他方式送达的除外。根据《民诉法解释》第532条的规定,对在中华人民共和国领域内没有住所的当事人,经用公告方式送达诉讼文书,公告期满不应诉,人民法院缺席判决后,仍应当将裁判文书依照《民事诉讼法》第274条第8项规定公告送达。自公告送达裁判文书满3个月之日起,经过30日的上诉期当事人没有上诉的,一审判决即发生法律效力。

9. 联合送达

联合送达是指在涉外民事诉讼中,人民法院可以同时并用上述除公告送达外所有的送达方式进行送达,这一点与国内送达有所不同。《涉外送达规定》第11条规定:"除公告送达方式外,人民法院可以同时采取多种方式向受送达人进行送达,但应根据最先实现送达的方式确定送达日期。"

10. 视为送达

以下三种情况视为送达:一是受送达人书面向我国法院提到了送达诉讼文书的内容;二是受送达人已经按照送达诉讼文书的内容履行;三是其他可以视为送达的情形。

(三) 涉外送达中存在的问题及其改革与完善

涉外送达是涉外民事诉讼中的一个非常重要的环节,涉外送达成功与否,不仅关系到诉讼进程的顺利进行,而且影响着当事人权益的保护。近年来,随着我国对外开放程度的逐渐加深,涉外民商事纠纷日益增多,需要涉外送达的法律文书也大量增加。而在涉外民事诉讼中,因其司法文书涉外送达的涉外性、复杂性,涉外送达的问题也日益突出。涉外民事送达效率低下、成功率不高,已经成为制约诉讼效率的主要因素。有学者指出:"虽然我国民事诉讼法第二百四十五条规定了7种涉外诉讼的送达方式,但我国涉外民商事案件的送达成功率不到30%,70%多的都因送达不到而无法启动诉讼程序,究其原因主要是送达的途径复杂、费时费力。"[①]

造成涉外"送达难"以及送达效率低下的原因有许多,根据笔者的梳理,其原因主要有

---

① 万鄂湘:《迎接入世乘势而上努力开创我国涉外商事海事审判工作的新局面——在全国涉外商事海事审判工作会议上的讲话》,载《中国涉外商事海事审判指导与研究》2002年第1卷。

以下几点：

其一，理论研究薄弱。理论界专门研究涉外送达的著述甚为少见。①

其二，观念滞后。先入为主的定性和效率的低下是我国目前域外送达中的诸种问题的症结所在，改变现状以提高送达效率的基本思路是更新观念和完善有关制度。②

其三，立法不完善。送达法律规定笼统可操作性不强、部分送达程序烦琐周期漫长、当事人自身原因等因素，是造成目前海事案件域外送达难的主要原因。③

针对涉外送达难的困境，基于上述的成因分析，可考虑从以下方面寻求解决问题的"药方"：

一是改变观念。我国应改变送达理念，重新审视我国对送达公约的有关保留条款，充分利用《海牙送达公约》的替代性送达方式，不断创新国际合作模式。④

二是完善涉外送达体制。域外送达应当充分挖掘当事人的域外送达潜能，改变单一的司法职权送达原则，同时辅之以当事人送达主义，使职权送达和当事人送达相携而行。

三是完善涉外送达立法。应当通过完善立法，尽可能地扩大域外送达的送达人和受送达人的主体范围，简化域外送达的环节和程序，提高域外送达的效率。

四是扩大电子送达的适用范围。电子送达有助于缩短送达时间，降低送达成本，包括我国在内的许多国家的立法和司法实践都已在不同程度上接受了该一送达方式。一定意义上说，域外电子送达代表着未来送达方式的发展趋势。

第五节 外国法的查明

一、外国法查明的概念及其辨析

外国法查明，在英美国家一般称之为"外国法的证明"（proof of foreign law），在大陆法系国家则通常称之为"外国法内容的确定"（establishment of the content of foreign law）。⑤ 我国则习惯于称之为外国法的查明（ascertainment of foreign law）。⑥

何谓外国法的查明？就其定义而言，我国学者形成了三种学说：一是"规定说"，认为外国法的查明是指一国法院在审理涉外民商事案件时，如果依本国的冲突规范应适用某外国实体法，如何证明该外国法关于这一特定问题的规定的问题。⑦ 二是"存在和内容说"，认为外国法查明是指一国法院根据本国冲突规范的指定或当事人的选择而适用外国法时，或者在起诉与

---

① 武汉大学法学院教授何其生所著的《域外送达制度研究》是我国有关域外送达制度的第一本专著。李健男、李自如：《域外送达制度的实证考察与理论重构——评何其生著〈域外送达制度研究〉》，载《暨南学报（哲学社会科学版）》2009 年第 6 期。
② 参见何其生：《我国域外送达机制的困境与选择》，载《法学研究》2005 年第 2 期。
③ 参见李章军：《海事案件域外送达问题研究》，载《南京大学法律评论》2004 年第 1 期。
④ 参见向明华：《域外"送达难"困局之破解》，载《法学家》2012 年第 6 期。
⑤ 参见肖芳：《论外国法的查明——中国法视角下的比较法研究》，北京大学出版社 2010 年版，第 9 页。
⑥ 参见刘来平：《外国法的查明》，法律出版社 2007 年版，第 8 页。
⑦ 参见韩德培主编：《国际私法新论》，武汉大学出版社 1997 年版，第 199 页；黄进主编：《国际私法》（第 2 版），法律出版社 2005 年版，第 204 页；肖永平：《国际私法原理》，法律出版社 2003 年版，第 103 页。

答辩中当事人援用一外国法作为自己权利的依据时,用以证明或调查该外国法的现行有效性及其具体内容的一种诉讼活动。① 三是"存在、内容和查明责任说",认为外国法的查明是指一国法院在审理涉外民事案件时,在根据本国冲突规范或有关国际条约的指引而确定了某一外国实体法为准据法的情况下,如何证明该外国法的存在、它的具体内容是什么以及这方面的证明材料由谁来提供的制度。② 笔者认为这三种观点并无实质性差异,就表述的逻辑严谨性而言,笔者更倾向于第三种观点,因为该一定义不仅表达了外国法查明的静态含义,指明了外国法查明的客体及其范围,而且表述了外国法查明的动态含义,将由谁来进行外国法查明的含义包含在内,因而较为完整。

在外国法查明的定义方面,主要的问题不是关注其形式上的表述,而是应当确定其实质的内涵,包括以下问题需要进一步明确:其一,外国法查明中的外国法究竟何指?一种观点认为,"外国法"的范围较为广泛,被认为是法律渊源的成文法、判例法、习惯法、法学学说以及立法准备的资料等均被包含在内,且对象也不限于实体法,冲突规范也是可以查明的对象。但外国法的查明与国际条约和国际惯例的查明并不相同。③ 此外,在程序法作为冲突规范时,也属于外国法查明的对象。比如外国当事人依其本国法的程序法规定具有诉讼行为能力的,我国法院则认可其诉讼行为能力,当事人在诉讼中提出该项主张时,该外国法便成为查明的对象。其二,外国法查明的主体是谁?狭义的观点也是通说认为,外国法查明的主体指的就是审理涉外案件的法院;但也有广义的观点认为,外国法查明是一个国家的法院、仲裁组织等裁判机构在审理涉外案件时,根据冲突规则的适用原则(包括有关国际条约的规定及当事人合意选择),应适用外国法时,围绕着外国法相关内容是否存在以及具体规定的明确的责任分配,查明模式和方法的选择,内容如何解释,以及查明失败的救济等各项活动所构成的一项冲突法的基本制度。④ 有的人甚至认为,除法院、仲裁机构外,行政机关也是外国法查明的主体。⑤ 笔者认为,广义上的外国法查明固然可以包括仲裁机构、行政机构,《涉外法律适用法》第10条就是在广义上使用的,但狭义上的外国法查明则应当仅仅指的是审理涉外案件的法院。

二、外国法查明的意义

英国学者Fentiman教授曾提出:"在国际私法领域,几乎没有什么问题比外国法的查明更重要。从更高层面看,外国法的查明攸关冲突法本身的存亡。"⑥ 由此可以看出外国法查明在涉外民商事诉讼中具有毋庸置疑的重要性。具体而言,其重要性主要表现在:

其一,外国法查明直接关系到法院对涉外案件审判的准据法。外国法查明是实现国际私法价值必经的关键阶段,如果没有外国法查明制度作为基石,法院将无法适用冲突规范指引的外

---

① 参见徐卉:《外国法证明问题研究(一)》,载中国民商法律网,http://www.civillaw.com.cn/weizhang/default.asp?id=251998。
② 参见张潇剑:《国际私法论》,北京大学出版社2004年版,第210页。
③ 参见高晓力:《涉外民商事审判实践中外国法的查明》,载《武大国际法评论》2014年第1期。
④ 参见姜昀:《外国法查明的比较与实证研究》,华东政法大学2016年博士学位论文。
⑤ 参见陈若剑:《我国域外法查明制度的实证比较研究》,复旦大学2012年硕士学位论文。
⑥ See R. Fentiman, "English Private International Law at the End of the 20th Century: Progress or Regress?", in Symeon C. Symeonides ed., Private International Law at the End of the 20th Century: Progress or Regress Kluwer Law International, 2000, pp. 187-188. 转引自丁小巍、王吉文:《论外国法查明中的当事人"未提供外国法"问题》,载《天津法学》2016年第1期。

国法来审理案件。①

其二，外国法查明在国际私法中起着支柱性作用。如果外国法的内容无法查明或者无法被正确地确定和解释，那么以解决法律冲突为目的的国际私法在整个法律选择规则过程中将失去其自身应有的意义。②

其三，外国法查明对外国法的适用既起到保障作用，也起到限制作用。外国法的查明既是适用外国法处理涉外案件的必经阶段，是最终确定准据法的基本要求，又是限制外国法适用的一项制度。外国法的查明制度一方面便利了外国法的适用，另一方面也起到了限制作用，两者相辅相成，体现了国际私法的利益协调功能和公平正义的价值观，③ 事实上它同时体现了冲突法的利益平衡。④

其四，外国法查明有利于当事人权益的保护，构建良好的国际民商事法律秩序。域外法的查明问题是国际私法上的一个极为重要的问题，确保域外法的适用能够体现一国法院程序公正、不狭隘维护本国利益，是确保国际民商事交往正常秩序的重要法律条件。⑤

三、外国法的性质

在涉外民事诉讼程序中，似乎没有什么问题比外国法的性质探讨更为重要、观点更为多元的了。因为这个问题横跨三大制度：一是涉及民事诉讼法上有关涉外民事诉讼程序规则的构建问题，二是涉及证据法上的证明对象以及证明责任的分配问题，三是涉及国际私法冲突规则的范围问题。如果外国法的性质被界定为事实，那么依据冲突规则所确定的准据法就是当事人负担证明责任要加以主张和证明的对象，涉外民事诉讼程序中的相关规则就是证明规则而非查明规则，相应地，国际私法上的冲突规则则无须为外国法的查明留下制度空间；如果外国法的性质被界定为法律，那么作为法律适用对象的外国法便属于法官知法的范畴，法官应当依职权主动进行调查核实相关外国法的存在及其内容，为此涉外民事诉讼程序便要开辟出法官职权运行的通道，这本身又构成国际私法冲突规则的有机组成部分。可见，外国法之被界定为事实抑或法律，其意义极为重大。那种认为区分外国法究竟为事实问题还是法律问题无关紧要或并无实质意义的观点，是不正确的。⑥

总体上来说，外国法的性质在英美法系通常被界定为事实，而大陆法系国家则在传统上仍恪守其为法律，近来更多的观点是主张折中说，以下分别作出简述。

（一）事实说

事实说的理论基础在于"国际礼让说"，主张法律的效力仅在主权者境内，他国主权者的法律不是法律，只是一种事实。实际上该学说的理论基础更在于"国家主权说"。这种观点认

---

① 参见赵相林：《国际私法》，中国政法大学出版社 2014 年版，第 99 页。
② 参见孙奎：《外国法查明制度研究》，中国政法大学 2007 年硕士学位论文。
③ 参见刘来平：《外国法的查明》，法律出版社 2007 年版，第 18—25 页。
④ 参见戴善音：《论域外法的查明》，华东政法大学 2009 年硕士学位论文。
⑤ 参见陈若剑：《我国域外法查明制度的实证比较研究》，复旦大学 2012 年硕士学位论文。
⑥ 有学者认为，外国法的性质与其查明已无必然联系，其性质是事实抑或法律的区别仅在理解某些司法实践传统上保留了一定意义。肖芳：《论外国法的查明——中国法视角下的比较法研究》，北京大学出版社 2010 年版，第 33 页。

为，将外国法界定为事实，有利于减轻法官的负担。① 该学说的优点是，当事人通常在选择外国法签订协议或实施民事法律行为时，便对该外国法有所了解，因而由当事人负责查明成本较低，同时当事人也有查明外国法的积极性和内在动力，由当事人进行查明效率较高。但该说也有缺点。由于外国法被视为是一种事实，因此对其查明的规则就被融合于证据规则之中，包括"谁主张、谁举证"的规则、自认规则等。其中尤其是自认规则会产生令人难以接受的结果，按照事实说，只要当事人相互之间对外国法的存在不存在争议，法院就要据此作为审判案件的准据法，即便确有错误也在所不问；同时，案件中所涉及的外国法也不能在其他类似案件中起到先例作用。此外，该学说将会过分加重当事人的负担，也是其受到质疑的一方面。

（二）法律说

法律说的理论渊源是"法律关系本座说"，认为内国依据冲突规范适用的外国法具有同于本国法的法律的性质。即依内国国际私法之规定而适用外国法时，该外国法即为内国法所吸收而成为内国法之一部。②

（三）折中说

折中说是试图克服事实说和法律说各自具有弊端而寻求的一条中间道路，其中又有不同的表述。一是"特殊的法律事实说"，认为外国法属于特殊的法律事实。原因在于"法官知法"并不具有公理性，而采取辩论主义来查明外国法内容亦不合理。"外国法实际上处于事实和法律的中间地位，它既不同于当事人依据辩论主义所提出的事实，也不同于法院依据职权探知主义而适用的国内法。"③ 二是"事实性法律说"，认为外国法从整体上看，既具有法律的本质，又具有事实的特征，是一种特殊的事实性的法律。其事实性体现在外国法被适用的相对偶然性，且其远离法官；而法律特征则体现在冲突法的宗旨和法律适用的逻辑体系中。三是"事实和法律转化说"，认为从具体的外国法规范的审查过程和适用结果来看，事实和法律有时会相互转化：审查过程中外国法是具有法律性质的待证事实，一旦被采用则仅有法律之特征。④ "阶段说"与此类似，依据阶段论，可以将在法院地的外国法以外国法存在且其内容被查明、其适用的结果不违背法院地国际公共秩序为界，分为两个阶段：第一阶段属于在法院地不具有法律效力的外国法，性质上属于事实；第二阶段属于在法院地具有法律效力的外国法，性质上属于法律。⑤ 四是"解释方法不同说"，认为无论如何，在裁判逻辑和方法上，外国法基于其抽象规范的固有特征，与具体的案情事实之间存在本质差异，具体的案情事实一经查明或认定则直接构成适用法律的前提条件，而查明外国法之后还须将具体的案情事实纳入该外国法的前提要件才能适用，在此意义上，将外国法视为事实问题抑或法律问题的差异仅仅在于解释方法不同，作为事实问题则该外国法规范（证据）须与案情事实之间存在"关联性"，作为法律问题则该外国法规范须与案情事实之间存在"涵摄"关系。⑥ 五是"既得权说"，该说认为法官

---

① 参见孙奎：《外国法查明制度研究》，中国政法大学2007年硕士学位论文。
② 参见林益山：《国际私法新论》，三民书局1998年版，第176页。
③ 李旺：《涉外案件所适用的外国法的查明方法初探》，载《政法论坛》2003年第1期。
④ 参见刘来平：《外国法的查明》，法律出版社2007年版，第42—46页。
⑤ 参见王显荣：《外国法适用论》，西南政法大学2014年博士学位论文；姜昀：《外国法查明的比较与实证研究》，华东政法大学2016年博士学位论文。
⑥ 参见傅郁林：《民事裁判思维与方法——一宗涉及外国法查明的判决解析》，载《政法论坛》2017年第5期。

在处理涉外案件中，所要实施的并非适用外国法；也不是承认外国判决在本国之效力，而是要保障诉讼人根据外国法所取得之权利。[①] 六是"法理说"，该说认为法官在审理涉外案件时，若不能适用内国法，则应当依据"法律无明文规定者，依习惯，无习惯者，依法理"的原则适用外国法。[②]

对于上述纷纭众说，笔者倾向于折中说，尤其是折中说中的"转化说"或"阶段说"，笔者更愿意称之为"二阶结构说"。从理论上说，审理涉外案件的法院在采用外国法为正式的准据法之前，外国法对该法院来说是否具有法律效力，尚需得到证明，如果没有得到证明或者在证明前，则将其视为事实不仅无损于国家主权原则，恰恰是对本国国家主权原则的尊重和恪守。但是，一旦外国法得到了证明，则审理涉外案件的法院便具有了适用它作为准据法作出司法裁判的义务，否则就会动摇外国的司法主权，尤其背离了内国立法对适用外国法的立法承诺，因而，此时应当将该外国法视同本国法的一个组成部分或者视为与本国法的效力地位相等。当事人的证明责任主要在事实阶段发挥作用，也正是有法律阶段的后续存在，法院对当事人的证明活动应当给予必要的协助，同时对违背外国法这一客观事实的自认等证明行为不予认可。

四、外国法查明的责任分配

外国法查明的责任分配是指外国法查明的法律责任是由当事人负担还是由法院负担的程序规则。外国法是客观存在，但它在被证明或查明之前，对审理涉外案件的法官而言尚处在未知状态，法院对这种处在未知状态的外国法，即便国际私法的冲突规则指令其予以适用，客观上也无法适用。因而外国法查明便成为外国法适用的前提和基础，缺乏外国法的查明，外国法的适用便是空谈；外国法的适用正是外国法查明的延续和发展。

前面我们在谈及外国法的性质时，已经较多地也是不可避免地涉及了外国法的查明责任的分配问题，事实上，外国法的性质和外国法的查明乃是一物两面的概念，外国法的性质为外国法的查明奠定理论前提，外国法的查明是外国法的性质的落实和实定化。就逻辑关系而言，外国法的性质确定在先，外国法的责任分配在后，前者定性，后者定量；前者为静态概念，后者为动态概念；前者处在抽象领域，后者处在具体环节，二者唇齿相依，密不可分。因而在下面的介绍中，对于外国法性质部分已经涉及的内容不再重复，而仅就其未论及的内容做些补充论述。

外国法查明的责任分配在主体的外延上不外乎法院和当事人两方，他们所形成的关系采用排列组合的方式无非有两类：第一类是由法院承担外国法查明的法律责任，第二类是由当事人承担外国法查明的法律责任。然而，将外国法查明的法律责任绝对地置于法院一边或当事人一边，实践证明均有弊端，折中性的妥协方案由是而生，于是又产生两种派生的外国法责任分配规则：一是以法院查明为主、当事人查明为辅的分配规则，二是以当事人查明为主、法院查明为辅的分配规则。此外，还有按照案件的性质以及是否属于当事人选择的准据法等为标准，实行法院和当事人并行的双轨制分配方式。

从比较法视角看，外国法查明责任分配机制在英美法系国家和大陆法系国家呈现出了基本

---

① 参见许崇德、杨炳芝、李春霖总主编：《中华人民共和国法律大百科全书·国际法卷》，河北人民出版社1999年版，第160页。

② 参见刘来平：《外国法的查明》，法律出版社2007年版，第40—42页。

的差异性：英美法系国家将外国法视为事实，因而由当事人负责查明；大陆法国家将外国法视为法律，因而由法院负责查明。此外，还有一些国家，比如法国、瑞士等国家，它们是通过区分案件标准来划分法官、当事人两主体的外国法查明责任的承担。①

对于上述各种做法，理论上将其分别概括为外国法查明的责任分配的三种学说，即当事人负担说、法院负担说、折中说。②

其一，当事人负担说。当事人负担说以外国法是单纯事实为基本观点。③ 依照该说，当事人一方如认为必须适用外国法，则必须向法院请求及举证，除应声明该外国法的要件及效力外，还需要对外国法进行证明；此证明原则上应由专家证言作出证明。④ 但该学说依赖当事人对外国法予以证明，实际上导致当事人控制外国法的证明过程，因当事人容易肆意操作该查明程序，故可能造成审判迟延、程序复杂、费用增加等负面后果。⑤

其二，法院负担说。法院负担说的理论基础是"法院知法"或"法官知法"的原则，认为外国法属于法律，因而属于法官主动进行司法认知的对象。德国学者认为，与依职权查明所指引法律相异的所有其他方式都将会使得冲突法的法律适用命令变得无意义，其理由有二：一是为避免法官和当事人选择性地查明外国法，需要赋予法官必须查明外国法的职责；二是冲突法意图达到的判决一致和可预见性等目标，要求法官排除当事人差异性举证能力的影响，主动采取适当的途径查明相关外国法规则在其来源国的实际适用状况。⑥ 然而，法院负担说在实践中会遇到诸多难题。一是"共谋"的可能性。当事人和法官成为规避外国法适用和查明上的"共谋"，任意性适用冲突法现象蔓延。二是动力危机。法院负担说在其体系建构中忽视了诉讼主体的程序利益需求，造成有动力的当事人没有查明责任，缺乏动力的法院承担绝对责任的责任偏在之弊。三是效益低下。法院为了查明外国法不得不花费大量的经济成本、时间成本、人力成本等，致使法院难堪重负。

其三，折中说。鉴于法院负担说和当事人负担说各自存在的偏颇和弊端，折中说试图克服二者之弊，融合二者之长。一如上述，折中说的表现形式主要有法院为主、当事人为辅，当事人为主、法院为辅，以及法院和当事人各担其责的"双规制"等，无论采取何种折中制的具体模式，它们都希望能够充分发挥当事人和法院在外国法查明方面的两个积极性，就此而言，该说略胜一筹。

稍需申述的是折中说中的"双轨制"模式。"双轨制"模式不是简单地将外国法查明的责任笼统地概括为"法院为主、当事人为辅"或者"当事人为主、法院为辅"的公式，而是深入到案件事实的内部，根据案件事实的性质及其由此导致的案件类型划分，将外国法查明的责任分别配置于法院一边或者当事人一边，然后在此基础上，再责令当事人或法院的另一方负担配合或协助的责任。概括起来看，"双轨制"模式划分外国法查明责任的依据主要有三种分支性学说：一是经济利益说，认为有关经济利益的事项，相关的准据法应当由当事人查明，反

---

① 参见姜昀：《外国法查明的比较与实证研究》，华东政法大学2016年博士学位论文。
② 参见刘来平：《外国法的查明》，法律出版社2007年版，第55—61页。
③ 参见李后政、赖淳良：《涉外民事问题案例浅释：涉外财产事件》，永然文化出版社1993年版，第40页。
④ 参见刘兴善：《法院于外国法适用案件所扮演角色之探讨》，载刘铁铮教授六秩华诞祝寿论文集编辑委员会编：《国际私法理论与实践（一）》，三民书局1998年版，第307页。
⑤ 参见王显荣：《外国法适用论》，西南政法大学2014年博士学位论文。
⑥ 参见徐鹏：《外国法查明：规则借鉴中的思考——以德国外国法查明制度为参照》，载《比较法研究》2007年第2期。

之,对于非经济利益的事项,相关的准据法则由法院查明。二是自由处分说,认为对于当事人可自由处分的事项,其相关的准据法应当由当事人查明,反之,对于当事人不能自由处分的事项,其相关的准据法则由法院查明。三是利益分类说,认为诉讼案件或案件中的相关事实如果涉及公共利益,则法院负责查明该相应的外国法;反之,如果诉讼案件或案件中的相关事实不涉及公共利益,则由当事人负责查明相应的外国法。四是法律关系说,认为凡是涉及身份关系、劳动关系、房产关系等案件由当事人承担查明责任,除合意选择外,合同争议、侵权纠纷案件等仍由法官负责查明外国法。① 五是民商分离说,认为应将涉外民事案件与涉外商事案件两者分开,在涉外商事案件中以当事人证明为主、法官为辅查明外国法,但在涉外民事案件中是否也应当采取以当事人为主的方法仍有探讨的余地,其原因在于相较商事案件当事人一般具有查明外国法之能力,民事案件当事人有时极难查明外国法,故必须由法官承担查明责任。② 六是法律选择说,认为如果外国法的适用是根据当事人的合意选择而产生的问题,则由当事人负责查明该相应的外国法,如果外国法的适用不是根据当事人的合意选择,而是根据本国或国际上的冲突规则所产生的问题,则由法院负责查明该相应的外国法。《涉外法律适用法》第 10 条采用的就是法律选择说。

五、外国法查明的中国模式

外国法查明作为一种司法实践活动由来已久,但作为一项诉讼制度,我国在 2010 年 10 月颁行《涉外法律适用法》之前,长期处在付诸阙如状态,相关的问题均是通过最高人民法院的司法解释来加以应对和解决的,具体可划分为以下四个阶段来加以认识。

(一) 法院查明阶段

最早出现外国法查明的司法解释是 1987 年 10 月最高人民法院发布的《关于适用〈涉外经济合同法〉若干问题的解答》(以下简称《涉外经济合同法解答》),其第 2 条第 11 款规定:"在应适用的法律为外国法律时,人民法院如果不能确定其内容的,可以通过下列途径查明:1. 由当事人提供;2. 由我驻该国使、领馆提供;3. 由该国驻华使、领馆提供;4. 由中外法律专家提供。通过上列途径仍不能查明的,可参照我国相应的法律处理。"该规定已于 2000 年失效。《民法通则意见》第 193 条规定:"对于应当适用的外国法律,可通过下列途径查明:①由当事人提供;②由与我国订立司法协助协定的缔约对方的中央机关提供;③由我国驻该国使领馆提供;④由该国驻我国使馆提供;⑤由中外法律专家提供。通过以上途径仍不能查明的,适用中华人民共和国法律。"上述两项规定,构成了我国外国法查明制度的萌芽阶段,其基本特征是,外国法查明是法院的责任,当事人提供外国法仅仅是法院查明的途径之一。此一阶段采取法院查明外国法模式有其宏观背景作为根本的理由,在该阶段,我国仍奉行《民事诉讼法(试行)》所构筑的职权主义乃至超职权主义的诉讼体制,法院在司法审判中包揽诉讼中的一切,包括事实问题和法律问题,均由法院依职权进行调查核实,作为涉外民事诉讼中的外国法查明,无论是作为事实问题对待还是作为法律问题对待,在职权主义诉讼体制下原无实质性的区别,因为无论对它们做出何种解释,都不妨碍法院对其外国法查明负担全面的、完整的法律责任,这一责任在该阶段被课加在法院身上乃是天经地义的,不会引起任何质疑。

---

① 参见刘萍:《域外法查明制度的反思与重构》,载《武汉大学学报》2006 年第 4 期。转引自姜昀:《外国法查明的比较与实证研究》,华东政法大学 2016 年博士学位论文。

② 郭玉军:《近年中国有关外国法查明与适用的理论与实践》,载《武大国际法评论》2007 年第 2 期。

(二) 当事人查明阶段

1991年《民事诉讼法》正式颁行后,我国的民事诉讼体制发生了重大的转折性变化,这就是由职权主义的诉讼体制转变成了当事人主义的诉讼体制,当事人在诉讼过程中逐渐占据主导性地位,法院的中立消极仲裁者的角色日益凸显,当事人在诉讼中的处分权主义和辩论权主义日益发挥推动和支配诉讼进程和内容的基础性作用,当事人对诉讼中的案件事实主张负担全面的证明责任也相应地被视为理所当然,作为事实问题和法律问题交界线上的外国法查明问题,在解释论上逐步发生从法律说到事实说的转向,由法院对外国法承担查明责任的司法解释也逐渐被当事人承担主要的查明责任这一实践做法所取代。2005年12月《第二次全国涉外商事海事审判工作会议纪要》(以下简称《第二次涉外审判会议纪要》)第51条规定:"涉外商事纠纷案件应当适用的法律为外国法律时,由当事人提供或者证明该外国法律的相关内容。当事人可以通过法律专家、法律服务机构、行业自律性组织、国际组织、互联网等途径提供相关外国法律的成文法或者判例,亦可同时提供相关的法律著述、法律介绍资料、专家意见书等。当事人对提供外国法律确有困难的,可以申请人民法院依职权查明相关外国法律。"第52条规定:"当事人提供的外国法律经质证后无异议的,人民法院应予确认。对当事人有异议的部分或者当事人提供的专家意见不一致的,由人民法院审查认定。"第53条规定:"外国法律的内容无法查明时,人民法院可以适用中华人民共和国法律。"该文件虽然仅仅是"纪要"而不是具有法律效力的司法解释,但从中可看出我国的法院在该阶段对外国法查明的基本司法态度已经发生了根本性变化,外国法查明变成了当事人的诉讼责任,法院对它的查明仅仅起到"确有困难"时的补充性、协助性作用。对比一下该纪要中对外国法查明的责任分配模式与1991年《民事诉讼法》第64条关于当事人举证责任和法院查证责任的关系模式之规定[①],不难发现,二者竟完全一致,可见,此时我国不仅将外国法查明问题作为事实问题来对待,而且也作为当事人负担举证责任或证明责任的对象来对待,就立法模式而言,其英美法色彩渐浓。

(三) 法院查明和当事人查明"双轨制"阶段

从1991年《民事诉讼法》正式颁行到2007年《民事诉讼法》再度修改前,我国学界对我国所确立的当事人主义诉讼体制进行了冷静的反思,认为我国的当事人主义有些走过了头,法院消极裁判主义的做法并不适合我国的司法国情,因而呼吁要发挥当事人和法院在诉讼中的两个积极性,主张将当事人主义的优点和职权主义的长处相结合,避免极端化和简单化司法倾向。在该背景下,2007年7月最高人民法院《关于审理涉外民事或商事合同纠纷案件法律适用若干问题的规定》(以下简称《涉外民商事合同规定》)发布,其第9条规定:"当事人选择或者变更选择合同争议应适用的法律为外国法律时,由当事人提供或者证明该外国法律的相关内容。人民法院根据最密切联系原则确定合同争议应适用的法律为外国法律时,可以依职权查明该外国法律,亦可以要求当事人提供或者证明该外国法律的内容。当事人和人民法院通过适当的途径均不能查明外国法律的内容的,人民法院可以适用中华人民共和国法律。"据此规定,当事人和法院在外国法查明上都负担相应的法律责任,当事人负责查明其所选择的外国法,法院负责查明冲突规则所指引的外国法,当事人同时起协助作用。该一司法解释对外国法查明制度正式入法起到了积极的推动作用。

[①] 该条的前两款规定:"当事人对自己提出的主张,有责任提供证据。当事人及其诉讼代理人因客观原因不能自行收集的证据,或者人民法院认为审理案件需要的证据,人民法院应当调查收集。"

(四) 以法院查明为主、当事人查明为辅的阶段

《涉外法律适用法》首次通过立法的形式提出了外国法查明的制度框架，其第 10 条规定："涉外民事关系适用的外国法律，由人民法院、仲裁机构或者行政机关查明。当事人选择适用外国法律的，应当提供该国法律。不能查明外国法律或者该国法律没有规定的，适用中华人民共和国法律。"2012 年 12 月颁布的《涉外法律适用法解释（一）》第 17 条规定："人民法院通过由当事人提供、已对中华人民共和国生效的国际条约规定的途径、中外法律专家提供等合理途径仍不能获得外国法律的，可以认定为不能查明外国法律。根据涉外民事关系法律适用法第十条第一款的规定，当事人应当提供外国法律，其在人民法院指定的合理期限内无正当理由未提供该外国法律的，可以认定为不能查明外国法律。"根据上述《涉外法律适用法》及其司法解释的相应规定，我国的现行外国法查明的责任制度应当概括为"法院查明为主、当事人查明为辅"的主次结构模式，该一模式修正了前一阶段所实施的法院查明和当事人查明的"双轨制"模式，尽管立法规定仍要求当事人对其所选择适用的外国法负有"提供责任"，但这还不是最终的查明责任的表述，在当事人无法提供时，法院应当负责查明；至于对按照冲突规则所指引应当适用的外国法，则由法院负担完全的查明责任。如果用百分比来表述，法院对外国法的查明负担约超 70% 的责任，当事人负担不超过 30% 的责任。

在外国法查明上，我国采用法院职权为主、当事人提供为辅的方式是从我国司法实际情况出发的务实选择，当事人承担对案件事实的证明责任已经表现出难以承受之重，对作为法律问题的外国法查明，当事人更加难以应对，如果将外国法查明的法律责任全部或者主要地配置给当事人负担，则外国法查明的问题往往变成涉外诉讼中的绝对障碍，《涉外法律适用法》适用冲突规则的立法目标就难以实现，国际私法的基本存在价值就会存疑甚至落空。

但《涉外法律适用法》第 10 条仍有完善的空间，主要表现在以下四个方面：其一，将法院的查明责任和当事人的提供责任按照法律选择适用情况进行分配，未免失之简单。将当事人选择的法律适用配置给当事人提供外国法的责任，将会妨碍当事人在涉外交易或活动中对外国法的选择，影响了当事人自治原则在涉外民事诉讼领域中的运用。其二，应当参考外国立法例，将案件类型和性质作为划分法院查明责任和当事人查明责任之间的标准之一。其三，当事人对选择适用的外国法负担提供责任，在提供有困难时，法院应当如何作为，立法应当有明确规定。其四，对冲突规则指引下适用的外国法，即便法院承担主要的查明责任，当事人也不能袖手旁观，而应当积极协助法院查明外国法。其五，仲裁机关和行政机关对外国法的查明与法院对外国法的查明一体化、无差异的立法模式有不够严谨之处，仲裁机构若需要适用外国法，当事人无疑应当承担主要的查明责任，让仲裁机构承担与法院同等程度的查明责任显然违背了仲裁的性质，混淆了司法与仲裁之间的界限。此外，将行政机关也作为外国法查明的主体加以规定，也是值得探讨的问题，因为依据本国法依法行政如何会适用外国法？

从上述我国立法及司法解释关于外国法查明的发展历程可以看出：其一，我国的外国法查明制度还比较粗疏简陋，《涉外法律适用法》对这样复杂而又极具重要性的问题仅用一个条文加以涵盖，有在国际冲突法领域重实体、轻程序之嫌。其二，我国在外国法查明的责任分配上举棋不定，前后有很大的波动。有时以当事人查明为主，有时以法院查明为主，目前定格在以法院查明为主、当事人查明为辅的阶段，而此一定格性规定的合理性尽管值得肯定，但其可操作性却有待商榷。其三，外国法无法查明时的法律后果不适用外国法，而适用我国法，这较之有的国家驳回当事人的诉讼请求具有进步性。其四，基于上述特点的概括以及实践分析，笔者

不认同"我国目前的外国法查明规定已较为完备"的观点①,《涉外法律适用法》第10条的规定仍有待于修改完善。

六、外国法查明的方法

外国法查明是既定的目标,外国法查明的方法则是通向该目标的桥梁和道路,缺乏有效、充分、必要、高效的外国法查明方法,外国法查明就是一句空话,外国法的适用便无从说起。因而从该意义上说,外国法查明的方法论在整个国际私法学上具有基础性地位。

外国法查明的方法从立法例上可分为概括主义和开放式列举主义两种类型。德国、美国、法国等国采用概括主义规定外国法查明的方法,即当事人或法官可以采用任何方法查明外国法。俄罗斯、奥地利、意大利等国则采用法律明定的方式将各种外国法查明的方法予以列举,法官和当事人只能选择其中任何一种方法进行外国法查明。从这两种方式的实践效果来看,概括性规定虽然灵活,但却过于模糊,需要通过大量的司法实践与判例予以丰富和完善;开放式列举式模式则略显僵硬,但它对主要方法的列举却有助于引导当事人和法院对外国法查明方法的选择。外国法查明方法的立法采用概括式规定并不符合我国的基本制度,无法适应当前的司法实践需求,故我国当前的外国法查明方法规定在模式选择上应采用开放式列举模式。②

目前我国对外国法查明的方法并没有在立法上作出明确规定,主要集中规定在司法解释之中,此外,在我国与其他国家签订的司法协助条约中也有所体现。《涉外法律适用法解释(一)》第15条规定:"人民法院通过由当事人提供、已对中华人民共和国生效的国际条约规定的途径、中外法律专家提供等合理途径仍不能获得外国法律的,可以认定为不能查明外国法律。根据涉外民事关系法律适用法第十条第一款的规定,当事人应当提供外国法律,其在人民法院指定的合理期限内无正当理由未提供该外国法律的,可以认定为不能查明外国法律。"据此规定,并结合相关国际条约的规定及我国司法实践的实际运作情况,在我国可以适用的外国法查明方法主要有以下诸种:

(一)当事人提供外国法

当事人提供外国法是指由当事人自己或者其诉讼代理人,通过亲自去外国调查、查阅相关外国文献、上网查询、向专业机构收集调取等方法,向法院直接提供外国法的文本并附带提出法律意见的行为。当事人是查明外国法的直接主体,其与外国法查明之间具有直接的利害关系,因而当事人查明外国法最具有积极性和动力,同时也有利于节省时间和成本,各国立法对此均予以认可。但由于当事人立场的非中立性,其自主收集的外国法资料也往往难以确保其合法有效性,③难以确保外国法原意不为提供方一己私利所遮蔽。④因此通过立法或司法解释来规范外国法的来源及其相关认证程序,将当事人自主查明纳入事前监管之下便显得颇有必要。

在当事人查明并提供外国法的过程中,当事人提供的外国法是否需要经过公证、认证的问题值得探讨。司法实践中,多数法院依据《证据规定(2020年)》第16条中境外形成证据的

---

① 参见毛阳凡:《华东地区法院外国法查明实证研究》,浙江工商大学2020年硕士学位论文。
② 参见李建忠:《论我国外国法查明方法规定的重构》,载《法律科学(西北政法大学学报)》2019年第1期。
③ 参见李建忠:《论我国外国法查明方法规定的重构》,载《法律科学(西北政法大学学报)》2019年第1期。
④ 参见王贵枫:《我国外国法查明途径的拓展与革新》,载《武大国际法评论》2016年第1期。

规定，对于原、被告所提交的未经公证认证的外国律师意见都不予采信，虽然这种做法保证了国外资料和证据的真实性，但该学者认为外国法查明并未用于证明案件的有关客观事实，故没有必要将公证、认证手续作为当事人提供外国法的必要手续。① 笔者认同该意见，因为如果当事人提供外国法都要经过复杂的认证或公正程序，则势必降低诉讼的效率，增加当事人的负担，但笔者同时认为，当事人提供的外国法如果经过专业机构的认证、使领馆的认证，有关外国立法机构或司法机构的证明，或者经过外国公证机构的公证以及专业律师的见证等，其所提供的外国法在被法院采纳上应当概率更高。

（二）司法协定等条约途径及外交和领事途径

我国已与数十个国家签订民事和商事司法互助条约，其中基本都包含了法律资料交流条款。② 该种外国法查明的方法具有显而易见的优势，一是正规，二是可靠，三是有助于降低当事人的成本负担。然而通过条约方式或使领馆方式查询和收集外国法在程序上较为复杂，所经过的时间也很长，实践中法官们通常不倾向于采用这种途径查明外国法，利用该种途径查明外国法的成功案例并不多见。③ 但通过条约方式或使领馆方式尤其是通过使领馆方式查明外国法，将来应当成为我国查明外国法的主要方法加以培育和发展，使领馆中应当配置法律参赞等专业人员专门从事此方面的工作，在"一带一路"背景下，通过使领馆方式进行外国法的查明应当成为司法实践中运用得最为得心应手的常态途径。最高人民法院应当联合相关部门建立司法协助沟通机制，经由该一机制的建设，将有助于减少环节、疏通堵点、克服难点，从而使之畅通运行。同时，最高人民法院可以制作详细的操作手册，指导地方各级法院制作标准、规范的外国法查询请求函并提供相关资料，尽量避免因返工延误时间。取消高级人民法院的审核环节，各级地方法院将其请求及资料直接报至最高人民法院，节省中转时间。充分利用网络技术，实行查询请求及反馈意见的即时传送，提高传送效率。④ 此外，尚需加强对双边司法协助协定中外国法查明内容的重视程度，可以在司法协助中将其单独成编，编章下的内容应包含"外国法资料"的界定、提供外国法的具体程序以及效力费用规定等。等到时机成熟，我国也可以缔结外国法查明的多边条约。⑤ 还有学者提出应当建立世界范围的外国法查明的司法协助体系。

（三）法律专家途径

从各国实践来看，专家意见是查明外国法最基本、最常用的方法。⑥ 由法律专家提供外国法，符合社会分工专业化要求，而且法律专家的权威性也使得其提供的外国法更为准确、可靠，容易为案件当事人接受。⑦ 由于英美国家将外国法视为事实，它们广泛通过甚至主要仰赖专家意见或专家证人来查明外国法，这一点与大陆法国家形成了对照。对于提供外国法的专家，如何对其进行法律地位的定性是一个值得认真探讨的课题。首先，提供外国法的专家并不

---

① 参见姜昀：《外国法查明的比较与实证研究》，华东政法大学2016年博士学位论文。类似观点参见高晓力：《涉外民商事审判实践中外国法的查明》，载《武大国际法评论》2014年第1期。
② 参见姜昀：《外国法查明的比较与实证研究》，华东政法大学2016年博士学位论文。
③ 参见高晓力：《涉外民商事审判实践中外国法的查明》，载《武大国际法评论》2014年第1期。
④ 参见王贵枫：《我国外国法查明途径的拓展与革新》，载《武大国际法评论》2016年第1期。
⑤ 参见马明飞：《"一带一路"倡议下外国法查明制度的完善》，载《法学》2018年第3期。
⑥ 参见刘来平：《外国法的查明》，法律出版社2007年版，第230页。
⑦ 参见王贵枫：《我国外国法查明途径的拓展与革新》，载《武大国际法评论》2016年第1期。

属于证据法领域的鉴定人,因为他仅仅提供外国法或者对外国法的存在及其内容发表意见和观点,而并不对案件的专门性事实问题发表意见和观点,他属于法律问题的专家,不属于事实问题的专家,而鉴定人是针对事实问题发表专家意见的,针对法律问题发表意见的专家与鉴定人并不相同。因而,提供外国法的专家是以个人的名义进行诉讼活动的,而不是以机构的名义进行诉讼活动。其次,既然提供外国法的专家并不是鉴定人,那么,依据同样的理由,其也不是类似于鉴定人的我国《民事诉讼法》第82条所规定的专家辅助人,因而提供外国法的专家意见不宜被认为是当事人陈述。最后,提供外国法的专家也不是证人,因为证人仅仅针对事实问题提供证词。笔者认为,提供外国法的专家应当是独立的诉讼参与人,其性质类似于临时的司法助理,无论其是由法院聘请还是由当事人聘请,在其被聘请后都获得了独立的诉讼参与人的诉讼地位,他应当站在中立的立场为法院适用外国法提供专业意见,必要时接受法庭的询问和当事人的质证;专家提供外国法存在过错从而造成司法裁判的错误并导致当事人损失的,其应当承担相应的法律责任。随着涉外案件和外国法查明的增多,我国可以考虑由最高人民法院或者各省司法部门牵头,通过一定的评价考核标准,设立专门的备选专家名录,供法院在原、被告对专家选任不一致时使用。① 专家费用应当纳入诉讼费用范畴由败诉方负担。

以上所述,是外国法查明的主要方法和途径,此外当然还有一些其他的途径和方法。比如,加强国家合作、通过大数据等方法查明外国法也日益受到了重视。有学者指出,《关于提供外国法资料的欧洲公约》和《美洲国家间关于外国法证明和资料的公约》对于促进全球范围内国家之间的相互合作以便利取得彼此国家法律的资料和证明具有深远意义,应予借鉴。② 诚然,国际合作的司法协助模式是查明外国法的理想模式,"欧洲司法网络"的做法可能代表了有关外国法查明的国际合作前景。③

还有一个问题需加讨论,这就是不同的外国法查明方法是否会对所查明的外国法产生判断效力上的差异。有学者提出应当厘定外国法查明途径的效力位阶以避免歧义,并提出以下设想:首先,通过条约途径查明的外国法效力最强;其次,通过法律专家或外国法查明研究机构查明的外国法效力位阶高于通过使领馆途径查明的外国法;最后,当事人提供的外国法效力位阶应当最低。④ 笔者认为,通过上述方法和途径很难判断外国法的效力。比如,我们显然不能认为通过法律专家或外国法查明研究机构查明的外国法效力位阶高于通过使领馆途径查明的外国法,甚至也不能得出结论说,当事人提供的外国法在效力层次上处在最低的位置。在笔者看来,关键不在于哪一个主体通过什么途径去查明外国法,而在于哪一个机构、部门、人员或平台提供了这个外国法,即外国法是怎么来的。外国法的来源无非有这样几个途径:一是该特定国家的立法机构提供的;二是该特定国家的司法机构提供的;三是该特定国家的行政机构提供的,比如我国的司法部提供的;四是专门从事外国法查明研究的机构或公司提供的,比如设立的外国法查明中心或研究院;五是专家个人通过著作或个人意见提供的;六是当事人从网上查来的;等等。上述途径不同表明外国法的可靠程度也会有所不同,笔者认为其效力层次可分为两个位阶予以设定:第一位阶的是国家权力机构正式提供的外国法,应当推定为真,其效力相当于证据法上的公文书,任何一方当事人如果要对此提出质疑,则要承担提供相反证据的本

---

① 参见焦燕:《我国外国法查明新规之检视》,载《清华法学》2013年第2期。
② 参见刘来平:《外国法的查明》,法律出版社2007年版,第112页。
③ 参见肖芳:《论外国法的查明——中国法视角下的比较法研究》,北京大学出版社2010年版,第125页。
④ 参见王贵枫:《我国外国法查明途径的拓展与革新》,载《武大国际法评论》2016年第1期。

证意义上的证明责任，在外国法处在真伪不明状态时，提出质疑的当事人应当承担不利的法律后果，该外国法应当是可以作为法院裁判依据的。第二位阶的是通过社会性服务机构、专家个人提供的外国法，包括网上查询的外国法，其效力层次较之于第一位阶的效力层次要低，提供该外国法的当事人对该外国文本的真实性、关联性以及合法性都要提供证据加以证明，在该外国法的真伪处在难以判断的模糊状态时，该外国法不得予以适用，法院应当作出对有责任提供该外国法的当事人不利的裁判。

七、外国法无法查明的处理与救济

（一）外国法无法查明的概念和特点

外国法无法查明是外国法查明这一行为所产生的结果之一，外国法查明的结果无非有三种：一是外国法查明确实存在，二是外国法查明确实不存在，三是外国法无法查明，即外国法是否存在处在真伪不明状态。如果外国法查明确实存在，则法院适用外国法作出司法裁判；如果外国法查明确实不存在，则法院适用本国法或者其他规则作出司法裁判；如果外国法查明处在真伪不明状态，则法院也仍按照外国法查明确实不存在一样的规则进行处理。可见，外国法无法查明从广义上包括两种情况：一是外国法查明确实不存在，二是外国法查明是否存在不清楚。通常，外国法无法查明在广义上使用，这里也在广义上使用此一概念。因此，所谓外国法无法查明，是当事人或法官查明外国法的行为没有获得能使外国法的适用过程顺利完成的结果，是法官结合具体案件情况，在评价外国法最终得到查明所要付出的时间和金钱成本与法院在外国法的适用上所具有的利益大小之后，所做出的主观判断。[①] 当然，外国法无法查明不仅是一种主观判断，而且还是一种客观状态。外国法无法查明是外国法查明这一制度体系中的重要组成部分，外国法无法查明或外国法查明不能的处理规则是外国法查明制度的关键性规则。其关键性在于：其一，外国法查明不能的处理规则乃外国法查明制度的标志性规则。其二，从外国法查明制度的定性来看，不管外国法查明制度是为了限制外国法的适用或是促进外国法的适用，都是通过外国法查明不能处理规则的设计来实现的，外国法查明不能的处理规则也因此起着关键性的作用。其三，从司法实践经验归纳的角度，外国法查明不能问题的研究乃外国法查明制度研究的归宿。其四，外国法查明不能的认定和补救，往往对涉外民商事案件的审判结果和当事人之间权利义务关系起着决定性的作用。[②]

外国法无法查明需要遵循以下规则：

1. 期限规则

外国法查明是涉外民事诉讼中的一个环节，这个环节不可能无期限地拖延下去，因而立法应当为其规定一个最长期限（如3个月），逾期不能查明的，无论何种原因所致，均应结束外国法查明的过程，宣布外国法无法查明。

2. 催告规则

在法院最终宣布外国法无法查明之前，应当设定一个催告程序，法院应当将即将宣布外国法无法查明的结果预先通知给当事人，使当事人作出最终的努力，并使其思想上有个准备，防止突袭性裁判。这也是由当事人外国法查明中的知情权和程序参与权所决定的。

---

① 参见肖芳：《论外国法的查明——中国法视角下的比较法研究》，北京大学出版社2010年版，第148页。
② 参见林民扬：《论外国法查明不能》，西南政法大学2008年硕士学位论文。

3. 穷尽规则

外国法无法查明必须在法院穷尽一切可能均无法查明的情况下方能得出肯定性结论，法院对外国法查明担负最终的查明职责。

4. 标准规则

法院判断外国法无法查明应当有一个确定的标准可以依循，该标准类似于证明标准，在民事诉讼的证明中，证明标准为盖然性的优势标准，介于确实性和可能性之间。然而，外国法无法查明的判断标准应当有别于通常的证明标准，因为通常的证明标准仅仅适用于事实问题，而外国法无法查明的判断标准则适用于法律问题。确定外国法无法查明的判断标准时，应当考虑这样几个因素：一是其标准应当低于法官对本国法的认知标准，因为外国法毕竟不是本国法，而带有某种特别事实的意味，所以其判断标准较之于国内法的查明要低。二是其判断标准应当高于事实问题的证明标准。三是应当由法院对之进行综合判断，自由裁量的因素在所难免。四是该标准应当是一个合理性标准，通常的情况下，适用该标准能够达到外国法是否客观存在的真实判断。综合上述因素，笔者认为，外国法无法查明的判断标准应当表述为"清楚而有说服力的确信标准"，与行政诉讼中的证明标准比较接近，介于刑事证明标准和民事证明标准之间。

5. 认定规则

认定规则是指由谁来宣布外国法无法查明的法律状态，无疑，无论外国法查明是由当事人负责举证还是法官负责查证，外国法无法查明的状态都是法院加以宣布和确定，当事人的主观判断并非最终和有效的判断。法院对外国法无法查明的最终判断界限是裁判文书上的撰写和记载。

6. 说理规则

法官在裁判文书中应当就外国法查明的过程以及无法查明的情况阐述清楚，使当事人能够心悦诚服地接受外国法无法查明的法律后果。该说理的过程与案件事实认定说理的过程并无本质上的差异，应当按照《民事诉讼法》第155条的规定遵循同样的说理规则。

7. 后果规则

外国法无法查明必将导致其无法查明的法律后果，这就是无法适用当事人所主张或选择适用的外国法。或者无法适用按照冲突规则所指引应当适用的外国法。这是外国法无法查明的后果规则的一个方面。后果规则的另一方面是在外国法无法适用时应当如何适用法律作出裁判。

8. 监督规则

外国法无法查明直接关系到国际私法的实效化乃至其存在价值，因而为了防止法院在外国法查明中的懈怠消极、简单从事、敷衍了事、走过场流于形式从而使国际私法的冲突规则最终被搁浅的状态出现，监督规则是必不可缺的。一方面，要加大上级法院的上诉审监督力度；另一方面，要加强检察院的法律监督以及其他监督，同时完善当事人的救济制度。

（二）外国法无法查明时的处理

外国法无法查明时的处理是指在外国法无法查明时，审理涉外案件的法院应当如何解决案件的规则适用问题。与证明责任有所不同的是，外国法无法查明并不必然导致主张适用外国法的当事人败诉后果，甚至也不一定会导致更不利的法律后果，法院也不是简单地将诉讼请求或抗辩请求予以驳回，从各国对外国法无法查明时的处理方式而言，主要有以下几种选择：

1. 适用法院地国家的法律

从世界各国的选择来看，多数国家在解决外国法无法查明时均采用该一处理方式。采用法院地法的理论模式有两种：一是推定适用说。即外国法无法查明时，推定适用法院地国家的法律，该一推定规则是隐含在当事人对外国法的选择意思或国际冲突规则的立法宗旨之中的。二是替代适用说。在外国法无法查明时，适用法院地国家的法律就是一种不可避免同时也是无可奈何的次优选择，因为法院不得拒绝司法，外国法无法查明时，本国法就作为替补文本取而代之。事实上，推定适用说和替代适用说并无本质上的差别，只不过是解释论上的视角差异所致而已。

之所以在外国法无法查明时要适用法院所在地国家的法律，其理由主要有：其一，外国法既然无法查明，法院只能退而求其次，本国法作为替补力量最为适合。其二，法院对本国法较为熟悉，如果要法院再适用其他国家的法律，按照一级准据法、二级准据法、三级准据法等穷尽所有的连接点进行其他外国法的查明，则难免又要陷入难以查明的窘境，这样不仅影响司法进程和效率，而且也不一定更加合理。其三，在外国法无法查明时适用本国法有助于对当事人发挥规则指引作用，使他们在选择适用外国法时，心里就有一个兜底的保障，从而增加了当事人对外国法选择适用的底气和勇气，由此促使国际私法被广泛尊重和运用，防止国际私法陷入无法问津的泥潭。其四，有助于增强涉外法律适用的确定性和可预见性，从而消除涉外法律关系法律适用法中的不确定因素，强化涉外司法裁判的权威性和公信力，避免适用外国法时的任意性和难以把握性。

2. 驳回当事人的诉讼请求或抗辩

其理由是适用某一外国法是内国冲突法的指定，而法院依内国冲突法的规定，既然应适用外国法，同时就意味着不允许适用其他法律来代替；若外国法的内容无从知悉，法院得认为当事人的诉讼请求或被告的抗辩无根据予以驳回。但这一做法与确认法官承担外国法查明责任无法适配，且实践中这一做法也遭到了采取事实说的国家的放弃。① 笔者认为，在外国法无法查明时采用驳回当事人的诉辩请求的做法未免失之简单化。原因在于：其一，驳回当事人的诉辩请求使得纠纷仍无法获得最终的解决，这与拒绝司法的结果几乎完全一致，而拒绝司法是应当受到严格禁止的。其二，此种做法是对公民有权获得司法救济宪法性权利的釜底抽薪般的否定，与民事诉讼法上的诉权保障原则有悖逆之处。其三，该说的实质是将外国法的适用问题与案件的事实问题做了等同化处置，混淆了事实问题和法律问题的界限。其四，该说会增加当事人的诉累，尤其对原告而言更为不公，原告在诉请被驳回后势必还要继续寻求司法救济，这样难免会增加原告获得司法保护的诉讼成本。其五，该说将会导致各国对涉外纠纷司法救济的普遍拒绝，从而最终损害国际私法作为冲突规则协调法的存在功能和价值，不利于构建良好的民商事法律秩序关系。

3. 适用与本应适用的外国法相似的法律

该说主张，在外国法无法查明时，应当适用与本应适用的外国法相似的法律，而不是优先适用法院所在地国家的法律。所谓与本应适用的外国法相似的法律，具有两个判断标准：一是法系是否相同，在国与国之间进行相关立法时是否进行了互相借鉴、互为蓝本的参考；二是按照法律的原则和精神，国与国之间的法律是否具有相似性。② 《国际私法示范法》第 12 条规定

---

① 参见刘来平：《外国法的查明》，法律出版社 2007 年版，第 149—154 页。
② Jacob Dolingtir, "Application, Proof, and Interpretation of Foreign Law: A Comparative Study in Private International Law," Arizona Journal of International and Comparative Law, Vol. 225 December 1995, p. 24. 转引自王显荣：《外国法适用论》，西南政法大学 2014 年博士学位论文。

采取的就是该一学说。① 但该学说具有两个弊端：一是主观性过强，国与国之间的法律是否具有相似性乃是一个极难判断的问题，有时表面上相似但实质上会存有区别，因而所谓相似只是一种假象。二是容易导致同案不同判的弊端，因为此案中认为是相似的，到了彼案可能就会被认为不具有相似性。此外，相似与否的判断，往往颇费时日，采用该说也有导致诉讼迟延的弊端。

4. 适用补充性连接点指定的法律

该说主张，在外国法无法查明时，不宜直接适用法院所在地国家的法律，而应考虑适用补充性连接点指定的法律。补充性连接点指定的法律是指除冲突规则所指引的或当事人所选择适用的外国法外，与本案具有最密切联系的国家的法律。实际上，冲突规则所指引适用的法律本身就是与案件具有最密切联系的国家的法律，因而该说所指的与案件具有最密切联系的国家的法律，实际上是指除了冲突规则所指引的法律以外的法律。从逻辑上说，除当事人所选择适用的法律外，它指的是次一等的最密切联系的国家的法律，或者说是最密切联系国家的法律的次优选择。

笔者认为，该学说具有一定的合理性，因为它揭示了国际冲突法规则的本质规定性。适用与当事人有最密切联系的国家的法律是对适用补充性连结点指定的法律这一方法的一种具体运用，最密切联系原则已成为许多国家法律选择的一项总的指导原则，当然可以考虑采用该原则解决外国法无法查明时的法律适用问题。加之，在当事人已经选择准据法的情况下，如果当事人所选择的法律无法查明就简单地适用法院地法，容易造成诸如使当事人尤其是被告在原告起诉前，无法通过预见法律适用的结果来确定自己的诉讼责任，使法律适用的可预见性和确定性遭到破坏的结果。因此，在这时法院尤其应考虑依最密切联系原则进行法律选择，而不是简单地代之以适用法院地法，至少这种选择更贴近争议本身，更能体现对法律的公平选择。② 然而该学说在运用上实际价值并不大，原因在于：其一，虽然看起来辅助性或者补充性的连接点对于家庭法和属人法等有关法律事项的处理上，比适用法院地法更为合理，但事实上，这些事项的冲突规范往往是多边且可选择适用的，本身就很难走到外国法无法查明的地步，因为可适用的准据法较多，法官往往会在其中选择比较容易查明的准据法加以适用，而不会直接选择某一法律进行查明，直到确定不能查明时，再使用补充连接点重新确定新的准据法。其二，确定准据法如果有多个连接点，往往会有一个或多个是会落入法院地的范围，即使我们认为应当选择补充连接点，所指向的新准据法也很有可能是法院地法，这与替代或者推定适用法院地法差别不大，从这个角度看，这种方法的实践价值不高。③ 其三，有些案件有很多连接点，若一一核实各连接点所确定的准据法能否查明，过于烦琐且成本过高，并会导致案件的判决结果具有较大的不确定性。④

5. 适用一般法理

此说认为，在外国法无法查明时，应当适用一般法理作为处理涉外诉讼的判准依据，这里

---

① 《国际私法示范法》第12条规定："[外国法的查明] 中华人民共和国法院和仲裁机构审理国际民商事案件时，或者中华人民共和国行政机关处理国际民商事事项时，可以责成当事人提供或者证明本法规定应适用的外国法律，也可以依职权查明。不能查明或者经查明不存在有关法律规定的，适用与该外国法律类似的法律或者中华人民共和国相应的法律。"

② 参见欧福永：《论外国法无法查明时的法律适用问题》，载《西南政法大学学报》2007年第5期。

③ 参见姜昀：《外国法查明的比较与实证研究》，华东政法大学2016年博士学位论文。

④ 刘来平：《外国法的查明》，法律出版社2007年版，第158页。

所指的一般法理并不是指冲突规则所指引的某外国法的作为其法律渊源组成部分的一般法理，而是指概括抽象的笼而统之的一般法理。适用冲突规则所指引的某外国法的作为其法律渊源组成部分的一般法理属于查明外国法的内容之一。显然该说有许多弊端，因而采用该说的国家以及主张该学说的学者并不多见。其一，一般法理不好确定，解释不同则法理不同，因而适用一般法理进行司法裁判会造成缺乏可预见性和一致性的弊端。其二，一般法理赋予了法官过多的自由裁量权，使公正审判难以保障。其三，一般法理本身尚需解释，使之具体化和特定化，然后才能适用于争议案件的事实认定之中，而这个过程较为复杂，反而影响了涉外诉讼程序的司法效率，增加了司法成本。

（三）外国法无法查明的中国对策及其完善

外国法无法查明是一个客观现象，在我国的涉外司法中也不能免除外国法无法查明的困境，因而对于外国法无法查明时如何处理，便成为我国相关立法和司法解释关注的重点问题之一。在得出我国在外国法无法查明时究竟如何处理的结论之前，不妨简单回顾一下历史。《涉外经济合同法解答》第2条规定："通过上列途径仍不能查明的，可参照我国相应的法律处理。"《民法通则意见》第193条规定："通过以上途径仍不能查明的，适用中华人民共和国法律。"《第二次涉外审判会议纪要》第53条规定："外国法律的内容无法查明时，人民法院可以适用中华人民共和国法律。"《涉外民商事合同规定》第9条规定："当事人和人民法院通过适当的途径均不能查明外国法律的内容的，人民法院可以适用中华人民共和国法律。"《涉外法律适用法》第10条规定："不能查明外国法律或者该国法律没有规定的，适用中华人民共和国法律。"《涉外法律适用法司法解释（一）》对此未做规定。有学者对此进行了规律性概括，认为在外国法无法查明应适用何种补充法律的司法政策导向上，我国经历了一个开放→保留→开放→保留的发展态势，这也体现了立法与司法高层在这一问题上的摇摆态度。[①] 笔者的看法与之有别，我国的立法和司法解释以及司法实践在外国法无法查明时的法律适用对策之态度和立场是一贯的，就是适用我国的法律，即国际上所称的法院所在地国家的法律。

有学者认为，在外国法无法查明时仅简单以中国法代替应适用的外国法存在一些弊端：首先，在许多情况下，中国法与本应适用的外国法之间可能存在较大的差异，适用中国法可能会违背当事人的初衷以及法律关系本身的性质；其次，如果一味地以中国法代替无法查明的外国法，可能导致我国法官对外国法的查明持消极态度；最后，还可能会导致本来有查明能力的当事人，因为适用外国法不如适用中国法对自己有利，而更情愿适用中国法却不去查明本应适用的外国法。[②] 笔者认为上述观点值得商榷，其理由在前面已做出了介绍，这里不再重复，笔者拟补充的一点是，如果当事人认为外国法的适用反而不如适用中国法有利，则当事人完全可以合意放弃适用外国法，如果案件不涉及国家和国际的公共秩序，法院没有不尊重当事人的意愿非适用外国法不可的必要和权力。同时，我国法有待完善的方面在于，在适用中国法对当事人一方乃至双方更为不利时，则应当排除中国法的适用，再次选择适用于本案的其他连接点所指引的准据法。如果可选择的所有的准据法均无法查明，则适用中国法就是唯一选择。

（四）外国法无法查明的滥用及其遏制

外国法无法查明尽管是一种难以避免的客观存在，但这种客观存在如果混杂了过多的主观

---

① 参见姜昀：《外国法查明的比较与实证研究》，华东政法大学2016年博士学位论文。
② 参见郭玉军：《近年中国有关外国法查明与适用的理论与实践》，载《武大国际法评论》2007年第2期。

因素，便导致了外国法无法查明的滥用。外国法无法查明的滥用与证明责任规范的滥用同出一辙、同源一因，这就是法院司法的机械主义、简单主义以及形式主义的思想在作怪。有学者对外国法无法查明的滥用现象进行了梳理，认为其主要包括以下诸形态：其一，"当事人未提供外国法的证明"在所有"外国法无法查明"的案件中都构成法院作出该认定的理由或主要理由。其二，法院未告知或催促当事人提供外国法的证明，甚至对当事人提供的有关材料未予注意，就以当事人没有提供"外国法的证明"为由作出"外国法无法查明"的认定。其三，法院对当事人查明外国法的行为以及当事人提供的外国法资料采用严格的审查标准，以各种理由认定外国法无法查明而最终适用法院地法。其四，法院并不进行外国法查明的行为就直接认定外国法无法查明。[①] 还有学者补充认为，法院还存在直接以对方异议为由否定当事人的外国法查明内容的现象。[②]

之所以会导致外国法无法查明制度被滥用的现象，主要原因在于：其一，责任不清。外国法查明究竟是谁的责任，尤其是谁负总责或主体责任，在《涉外法律适用法》通过之前存在模糊之处。现在已经明确，法官对查明外国法承担最终的法律责任。其二，途径不足。查明外国法的途径和方法不够充分，《涉外法律适用法》对此尚未作出任何规定。其三，观念偏差。总认为外国法查明属于事实问题，当事人应当负担证明责任，这便将我国法与英美法相混淆，从而导致了外国法查明的责任落实偏差，法官将外国法查明的责任动辄推诿给当事人负担。其四，现实困难。法院查明外国法不仅需要通晓涉外审判的大量人才供给，而且需要足够充分的经费支持，同时还需要完善的机制配套，而目前这方面存在显而易见的短板。其五，监督不严。二审法院或再审法院对外国法无法查明的原因往往审查过松，放任了下级法院援用外国法无法查明的习惯做法。我国应当针对上述产生外国法无法查明制度被滥用的原因采取相应的对策予以遏制，使适用我国法成为外国法确实无法查明时的后备选项。

第六节 国际司法协助

一、国际司法协助概述

凡是谈到司法协助，如果没有特别声明，应当都是指国际司法协助；司法协助的同样内容反映在国内司法协助上，被称为司法委托，包括委托送达、委托取证、委托执行等。司法协助的概念有广义和狭义之分，广义的司法协助是指在民事诉讼中，一国法院或其他主管机关，根据另一国家的法院或其他主管机关的请求，代为进行文书送达、调查取证、提供相关法律文本和信息，或者承认和执行外国法院的民事裁判以及仲裁机构的裁决书等法律文书的诉讼行为及其程序；狭义上的司法协助仅指根据他国法院或其他主管机关的请求代为实施文书送达、调查取证以及提供法律情报等协助行为。其中，狭义的司法协助也被称为一般的司法协助，广义的司法协助中的承认和执行外国法律文书也被称为特殊的司法协助。之所以前者被称为一般的司法协助，原因在于前者的司法协助更为常见，并且其条件相对较为宽松；后者之所以被称为特别的或特殊的司法协助，原因在于这种司法协助相对于一般的司法协助数量上较少，所涉的国

[①] 参见肖芳：《我国法院对"外国法无法查明"的滥用及其控制》，载《法学》2012年第2期。
[②] 参见姜昀：《外国法查明的比较与实证研究》，华东政法大学2016年博士学位论文。

家主权利益更加突出,因而条件更加严格。通常,司法协助的概念是在广义上使用的。

根据广义的司法协助概念,国际司法协助的内容和种类主要有以下五种:(1)代为送达诉讼文书。(2)代为调查取证,代为询问证人。(3)协助查询并提供相关法律文本和法律情报。(4)承认和执行外国法院作出的生效裁判和调解书、支付令等。(5)承认和执行外国仲裁机构或国际仲裁机构作出的生效裁决书、调解书等。

司法协助制度具有重要的意义,主要表现在:

其一,有利于保障涉外民事诉讼案件的审理和执行的顺利有效进行。随着经济全球化的发展,国际民事交往不断趋于密切,涉外纠纷也与日俱增,而涉外纠纷的解决,包括它的审理和执行,往往与国外有着千丝万缕的联系,离开了国际司法协助,涉外案件就不可能得到正确的处理,处理后也难以得到有效的落实。为了克服涉外民事诉讼中的这些困难,国与国之间形成良好的协助关系就是必要之举,目前司法协助在全球范围内变得越来越重要,其原因主要在此。

其二,有利于构建良好的国际司法合作秩序。通过司法协助,国与国之间的司法合作关系将变得日益密切,这不仅有助于完善各国内部的司法制度,同时也有助于完善国际司法制度体系,由此促进各国司法制度相互借鉴和靠拢,缩小差距,扩大共识,消除分歧,增强团结,从而为构建人类命运共同体提供法律上的支撑,使之获得坚固的法律基础。不仅如此,通过国际司法协助的发展,也能逐步带动其他领域国际合作步伐的加快推进,为人类法治秩序的整体化构建提供助力。

其三,有助于为中外当事人的合法权益提供公正、高效、快捷的司法救济。中外当事人进行国际经济和社会交往,在发生争议后,如何公正高效地解决这些争议便成为各国司法制度以及国际司法制度所要着力解决的问题。国际司法协助制度有助于为发生争议的中外当事人寻求司法救济提供有力的保障,通过国与国之间形成的国际条约,通过司法文书送达、域外取证的协助、法律信息的沟通、司法文书的执行,能够为中外当事人寻求司法救济开辟通道,从而有助于构筑公正高效的国际司法新秩序。

二、司法协助的依据

司法协助的依据,是指国与国之间提供司法协助所依赖的法律根据。世界上没有无缘无故的司法协助,任何司法协助都是出于一个国家的对外政策之考量,而这一司法政策主要体现在以下三种形态之上。

(一)国际条约

国际条约是提供国际司法协助的主要依据,包括双边国际条约和区域国际条约,其基本特征在于具有针对性和具体性,特别的司法协助主要由国际条约提供依据。

(二)国际公约

由多个国家在国际范围内签订和缔结的司法协助协定属于国际公约,如《海牙送达公约》《海牙取证公约》《海牙执行公约议定书》等。一般的司法协助通常是由国际公约提供保障的。

(三)互惠关系

在国与国之间不存在提供司法协助的国际条约或国际公约时,互惠关系就是国家提供司法协助的基本依据。所谓互惠关系,本质上而言其实就是一种通过国际行动而形成的国与国之间的事实上的协定。互惠关系有事实互惠和推定互惠之别,前者是指只有外国首先提供了司法协助，本国才提供司法协助，即外国提供司法协助在先，本国提供司法协助在后，外国在司法协助方面要较之本国先行迈出一步。然而事实互惠有一个逻辑的悖论，就是如果各国都这样想，都不愿意在司法协助上首先迈出一步，那么，所谓司法协助的互惠关系就永远停留在口头上而无法形成，因而事实互惠具有局限性，是互惠原则的假象。为了克服事实互惠的局限性，使互惠关系更加积极地得以形成，一种新的互惠理念应运而生，即推定互惠。推定互惠，是指在缺乏互惠关系时，一个国家应当假定与他国之间存在互惠关系，而无须等待他国先行提供互惠协助，便首先对他国的司法协助请求予以回应和认可。可见，推定互惠较之于事实互惠是一种更加主动、更加积极、更加友好也更加有效的对外司法协助政策，值得各国采纳与推广。我国长期实行事实互惠原则，致使我国的互惠关系裹足不前，很多我国应当予以提供司法协助的外国请求被我国法院以不存在互惠关系而拒绝。《民诉法解释》第547条采取的就是事实互惠原则，该条规定："与中华人民共和国没有司法协助条约又无互惠关系的国家的法院，未通过外交途径，直接请求人民法院提供司法协助的，人民法院应予退回，并说明理由。"但可喜的是，我国目前在实行推定互惠上已迈出了重要步骤。2019年12月9日发布的最高人民法院《关于人民法院进一步为"一带一路"建设提供司法服务和保障的意见》（以下简称《一带一路司法保障意见》）第24条提出："采取推定互惠的司法态度，以点带面不断推动国际商事法庭判决的相互承认与执行。"

三、我国提供司法协助的条件

我国提供司法协助必须具备三个方面的条件：一是实质性条件，二是形式性条件，三是程序性条件。

（一）实质性条件

外国法院请求我国法院给予司法协助的事项不得有损于我国的公共秩序。公共秩序（public order），也称"社会秩序"，是指为维护社会公共生活所必需的秩序。由法律，行政法规，国家机关、企业事业单位和社会团体的规章制度等所确定。主要包括社会管理秩序、生产秩序、工作秩序、交通秩序和公共场所秩序等。遵守公共秩序是中国公民的基本义务之一。公共秩序关系到人们的生活质量，也关系到社会的文明程度。公共秩序，是一个弹性条款，有国内公共秩序与国际公共秩序之分。这里所指的公共秩序，应当仅指我国的国内公共秩序。如果司法协助的请求有损我国的公共秩序，我国法院及相关主管机关应当予以拒绝。《民事诉讼法》第283条第2款规定："外国法院请求协助的事项有损于中华人民共和国的主权、安全或者社会公共利益的，人民法院不予执行。"可见，我国的公共秩序主要包括主权、安全和社会公共利益三个方面。通常而言，违反了我国的公共秩序，就是违反了我国法律的强制性规定。《涉外法律适用法》第4条规定："中华人民共和国法律对涉外民事关系有强制性规定的，直接适用该强制性规定。"第5条规定："外国法律的适用将损害中华人民共和国社会公共利益的，适用中华人民共和国法律。"可见，我国法律的强制性规定都属于社会公共秩序的范畴。《涉外法律适用法解释（一）》第8条对社会公共秩序所存在的具体领域做出了列举性解释，其规定："有下列情形之一，涉及中华人民共和国社会公共利益、当事人不能通过约定排除适用、无需通过冲突规范指引而直接适用于涉外民事关系的法律、行政法规的规定，人民法院应当认定为涉外民事关系法律适用法第四条规定的强制性规定：（一）涉及劳动者权益保护的；（二）涉及食品或公共卫生安全的；（三）涉及环境安全的；（四）涉及外汇管制等金融安全的；（五）涉及反垄断、反倾销的；（六）应当认定为强制性规定的其他情形。"第9条规定："一方当事人故意制造涉外民事关系的连结点,规避中华人民共和国法律、行政法规的强制性规定的,人民法院应认定为不发生适用外国法律的效力。"在国际破产的司法实践中,社会公共秩序也作为基本原则被各国奉行,我国也不例外,《企业破产法》第5条第2款规定:"对外国法院作出的发生法律效力的破产案件的判决、裁定,涉及债务人在中华人民共和国领域内的财产,申请或者请求人民法院承认和执行的,人民法院依照中华人民共和国缔结或者参加的国际条约,或者按照互惠原则进行审查,认为不违反中华人民共和国法律的基本原则,不损害国家主权、安全和社会公共利益,不损害中华人民共和国领域内债权人的合法权益的,裁定承认和执行。"社会公共秩序其实是一个弹性极大的概念,需要法院在裁量时考虑到综合性的各方面因素,没有一个简单的公式可以套用。2011年9月我国发布的《中国的和平发展》白皮书提出:"中国坚决维护国家核心利益。中国的核心利益包括:国家主权,国家安全,领土完整,国家统一,中国宪法确立的国家政治制度和社会大局稳定,经济社会可持续发展的基本保障。"由此可见,我国社会公共秩序的概念在涵盖范围上极其广泛。

(二) 形式性条件

外国法院或当事人请求我国法院提供司法协助必须提供申请书并附以必要的书面材料。根据《民事诉讼法》第285条的规定,外国法院请求人民法院提供司法协助的请求书及其所附文件,应当附有中文译本或者国际条约规定的其他文字文本。人民法院请求外国法院提供司法协助的请求书及其所附文件,应当附有该国文字译本或者国际条约规定的其他文字文本。根据《民诉法解释》第541条的规定,申请人向人民法院申请承认和执行外国法院作出的发生法律效力的判决、裁定,应当提交申请书,并附外国法院作出的发生法律效力的判决、裁定正本或者经证明无误的副本以及中文译本。外国法院判决、裁定为缺席判决、裁定的,申请人应当同时提交该外国法院已经合法传唤的证明文件,但判决、裁定已经对此予以明确说明的除外。中华人民共和国缔结或者参加的国际条约对提交文件有规定的,按照规定办理。特别司法协助是如此,一般司法协助也是如此。

(三) 程序性条件

外国法院或当事人必须按照中国民事诉讼法及其他相关法律规定的程序、步骤、方法和手续提出司法协助的请求。根据《民事诉讼法》第286条的规定,人民法院提供司法协助,依照中华人民共和国法律规定的程序进行。外国法院请求采用特殊方式的,也可以按照其请求的特殊方式进行,但请求采用的特殊方式不得违反中华人民共和国法律。

四、我国司法协助的发展状态及展望

我国司法协助的现状及未来发展可以概括为四个方面:提高认识,积极开拓,重点突破,未来可期。

(一) 提高认识

我国对国际司法协助的重要性的认识程度不断提高。随着全球经济的一体化,国际民事交往日益紧密,涉外纠纷也日益增多。在涉外民事案件的解决过程中,国际司法协助的作用不可忽视,它是涉外案件得到顺利解决的关键,也是保证争议双方实现公平正义的重要渠道。另外,国际司法协助是当今国际合作中的一个重要内容,它不仅可以解决涉外诉讼程序中的困难，而且还能促进和保障各国在其他各个领域里的交往与合作。①

（二）积极开拓

人民法院在国际司法协助上大力拓展，取得了积极成效。近年来，人民法院积极加强国际司法协助和交流，严格依照我国与"一带一路"沿线国家缔结或者共同参加的国际条约，积极办理司法文书送达、调查取证、承认与执行外国法院判决等司法协助请求，为中外当事人的合法权益提供高效、快捷的司法救济。在国际司法协助工作中，人民法院积累了不少有益经验，特别是在涉外民事诉讼协议管辖制度上已形成具有中国特色的制度。这将有助于我国进一步开拓国际司法协助的新兴领域，并为国际民事诉讼制度的发展做出贡献。②

（三）重点突破

协助送达文书。外国依据国际公约或双边司法协助条约委托我国送达民商事司法文书，在国际司法协助中占有很大的比例，据统计，自2005年至今，每年外国请求送达民商事司法文书的数量都占全年文书送达总量的2/3左右，而且随着国际交流的进一步发展，外国请求送达民商事司法文书的数量可能会继续增加，因此做好外国请求送达司法文书的程序规范具有十分重要的意义。③

（四）未来可期

我国国际司法协助的形势和前景看好。首先，在国际司法协助上有政策保障。《依法治国决定》提出："加强涉外法律工作。适应对外开放不断深化，完善涉外法律法规体系，促进构建开放型经济新体制。积极参与国际规则制定，推动依法处理涉外经济、社会事务，增强我国在国际法律事务中的话语权和影响力，运用法律手段维护我国主权、安全、发展利益。强化涉外法律服务，维护我国公民、法人在海外及外国公民、法人在我国的正当权益，依法维护海外侨胞权益。深化司法领域国际合作，完善我国司法协助体制，扩大国际司法协助覆盖面。"现在需要做的，就是进一步完善相应的立法规定，由立法保障国际司法协助的顺利稳定发展。

其次，国际司法协助在司法改革下将得以深化发展。2019年2月27日发布的《最高人民法院关于深化人民法院司法体制综合配套改革的意见——人民法院第五个五年改革纲要（2019—2023）》提出："健全打造国际化、法治化、便利化营商环境司法服务和保障机制。健全'一带一路'国际商事争端解决机制。加强最高人民法院国际商事法庭建设。推动调解、仲裁机构积极参与最高人民法院国际商事法庭国际商事争端解决机制，完善调解、仲裁、诉讼相互衔接的'一站式'国际商事纠纷解决平台。完善最高人民法院国际商事专家委员会工作机制。完善外国法查明机制。推动建立域外送达网络平台。"

最后，"一带一路"为国际司法协助的一体化发展提供了广阔平台。《一带一路司法保障意见》第19条提出："加强国际司法合作，协调司法管辖权的行使；明确边境地区设立的国际合作中心的法律地位，探索境内经贸合作区的外国法律适用以及境外经贸合作区的中国法律适用；采取积极举措，便利外国法院民商事判决的承认和执行。"所有这些政策性规定和指

---

① 参见方媛：《我国国际民事司法协助制度及完善建议》，载《现代妇女（下旬）》2014年第12期。
② 参见孙劲、曾朝晖：《新时期人民法院国际司法协助的进展、特点和趋势》，载《人民司法（应用）》2017第1期。
③ 参见马晓旭：《外国依据国际公约或双边司法协助条约委托我国法院送达民商事案件司法文书的程序解读》，载《人民司法》2014年第3期。

向,都表征我国对外司法政策的能动性、开放性、包容性和融合性,都为我国的国际民事诉讼制度的发展提供了切实的政策依据和明确的发展方向。

五、一般司法协助

(一) 一般司法协助的概念和特征

一般司法协助是指除特别司法协助以外的其他的任何司法协助,由于它是广泛地、普遍地存在于国际社会上的一种司法协助,因此也被称为普通司法协助。一般司法协助是司法协助的低级阶段,特别司法协助是司法协助的高级阶段;一般司法协助为各国普遍认可,特别司法协助通常存在于特定的国与国之间;一般司法协助的载体通常是国际公约,特别司法协助的载体通常是国际条约;一般司法协助所涉及的内容是诉讼中的辅助性问题,特别司法协助所涉及的内容是诉讼中的实质性问题;一般司法协助较容易被内国法院所接受,特别司法协助要被内国法院所接受有时会有难度;一般司法协助的条件较为宽松,特别司法协助的条件较为严格;一般司法协助的范围具有开放性,除特别司法协助以外的司法协助都被囊括于其中,特别司法协助具有封闭性和内涵的确定性,只有具有法律意义的文书之承认和执行方构成特别的司法协助;一般司法协助通常不会发生国与国之间的司法程序的冲突,特别司法协助则因存在平行管辖以及管辖权的冲突而容易导致国与国之间的司法冲突。因此,要发展好特别司法协助,首先要发展好一般司法协助,一般司法协助是特别司法协助的基础和前提,很难设想,国与国之间不承认一般司法协助而会承认特别司法协助;反之,国与国之间如果承认了特别司法协助,通常也就承认了一般司法协助,因而一般司法协助是整个的司法协助的基石。

一般司法协助主要包括协助进行司法送达、协助进行调查取证、协助提供法律情报等项内容。其具有以下几个特点:

其一,一般司法协助是根据国与国之间的国际条约、所参加或缔结的国际公约、或者互惠原则而实施的。

其二,一般司法协助是根据他国法院或当事人的请求而进行的,缺乏他国法院或当事人的请求无法进行一般司法协助。

其三,一般司法协助具有特定的内容,他国法院或当事人提出一般司法协助的请求时,应当将其要协助的内容予以特定化和明确化,并且要具有可操作性。

其四,一般司法协助不得损害被请求国的主权、安全和社会公共利益,不得违背公序良俗。

其五,一般司法协助应当根据被请求国的法律及其所规定的程序和方式进行。不过,如果不违反我国民事诉讼法以及其他相关法律的强制性规定,我国法院也可按照其所提出的特殊程序和方式提供司法协助。

(二) 一般司法协助的途径

根据《民事诉讼法》第285条的规定,一般司法协助的途径主要有四种:

一是按照条约规定的途径进行司法协助。请求和提供司法协助,应当依照中华人民共和国缔结或者参加的国际条约所规定的途径进行。

二是按照外交途径进行司法协助。没有条约关系的,通过外交途径进行。

三是通过使领馆的途径进行司法协助。外国驻中华人民共和国的使领馆可以向该国公民送达文书和调查取证,但不得违反中华人民共和国的法律,并不得采取强制措施。

四是按照我国主管机关许可的其他途径进行司法协助。除前所规定的情况外，未经中华人民共和国主管机关准许，任何外国机关或者个人不得在中华人民共和国领域内送达文书、调查取证。

(三) 一般司法协助的程序

1. 按照条约方式提供一般司法协助的程序

根据《海牙送达公约》和《海牙取证公约》等国际条约或国际公约的规定，按照条约规定的方式提供司法协助通常具有以下几个程序环节：其一，条约的缔结国或公约成员国由该国驻我国的使领馆向我国的司法部转送司法协助的请求。其二，由我国的司法部将请求书及其附随文件转递给我国的最高人民法院。其三，我国的最高人民法院按照请求给予司法协助的内容，将其分派给各相关的地方法院进行具体的司法协助活动。其四，完成司法协助后，由完成司法协助的地方法院将完成司法协助的有关文件，报送最高人民法院，由最高人民法院转送司法部，再由司法部转递该请求国驻我国的使领馆，由该国的使领馆将司法协助的文件反馈给该请求国法院。

以上是外国请求我国进行一般的司法协助的通常程序。反过来，我国请求外国进行一般的司法协助在程序上基本上是对应的。其一，由我国的需要提供司法协助的中级法院或专门法院将需要提供司法协助的文件层报最高人民法院。其二，由最高人民法院将司法协助的文件转送司法部。其三，由司法部将该司法协助的文件转送该国指定的中央机关，必要时，也可由我国的最高人民法院将司法协助文件转送我国驻该国的使领馆，由我国驻该国的使领馆转递该国所指定的中央机关或者其最高法院。

根据《海牙取证公约》第9条第2款等规定，司法协助的费用，包括司法助理人员的费用、特定送达方式的费用、翻译费用、邮递费用、鉴定费用、特定程序费用等，由请求者负担。但发自缔约一国的诉讼文书的送达，不应产生因文书发往国提供服务所引起的税款或费用的支付或补偿。

2. 按照外交途径提供一般司法协助的程序

其步骤主要是：其一，由请求国的法院将司法协助的请求书及其他相关文件，通过该国驻我国的使领馆转送我国的外交部。其二，由我国的外交部领事司进行审查后将司法协助的文件送交相关的高级法院。其三，由该高级法院指定有关中级法院实施司法协助行为。其四，司法协助完成后，再按照相反方向的程序，通过我国的外交部领事司将完成司法协助的相关文件反馈给请求国。

我国法院请求外国法院给予一般司法协助的程序刚好相反，由相关中级法院向高级法院提出协助文件，由高级法院审查后将该协助文件转送我国的外交部领事司，再由我国的外交部领事司将协助文件送交请求国驻我国的使领馆，最后由该国使领馆将协助文件转交该国的外交机关，由该国的外交机关转交其相关法院进行司法协助。

3. 按照互惠关系的途径进行司法协助

按照互惠关系进行司法协助，除了对互惠关系进行确认的程序外，其他程序与条约方式和外交方式的协助基本相同。

4. 按照特别方式的途径进行司法协助

请求国如果对司法协助具有特殊的要求，则我国相关机关进行审查后在不违反我国法律的强制性规定之前提下可以予以允许，但我国法律另有规定的除外。

六、特殊司法协助

(一) 特殊司法协助的概念与特征

特殊司法协助也可被表述为特别司法协助,是指根据国际条约、国际公约以及互惠原则,存在于国与国之间的以承认和执行外国司法裁判和仲裁裁决为内容的专门司法行为。其特点主要有:其一,跨国性。它是国与国之间的司法协助活动,不是区际或州际司法协助。其二,特定性。它是以承认和执行外国司法文书及司法外文书为内容的司法活动。其三,前提性。它的存在以国与国之间存在司法协助关系为前提。其四,二元性。它不仅包括对外国司法文书的公力救济结果的承认和执行,也包括对非司法文书的社会救济结果的承认与执行。

这里需要对特殊司法协助几个关键词做出简介。

其一,何为"司法文书"?司法文书是指司法机构(主要是指法院)所作出的记载司法命令或司法结果的法律文书。在司法文书中,首要的是判决。在国际民事诉讼领域,一般意义上而言,判决(judgment)是指法院就诉讼各方的权利义务或他们所提出的诉讼请求作出的最后决定,也称法律决定。① 这是严格意义也是狭义的判决。广义的判决还包括裁定(decree)、调解书以及部分刑事案件中附带民事诉讼所作的判决等。在西方国家,判决与裁决(decision)有时可以替换使用。② 根据1971年海牙《民商事案件外国判决承认与执行公约》,无论请求国在诉讼程序上或在决定中的称呼是判决、裁定还是命令,缔约国法院作出的所有决定,都在公约所指的判决范围内。③ 因此,在国际民事诉讼法上,判决应当从广义上加以解说,就我国的语境而论,判决书、调解书、裁定书、支付令、司法确认书、决定书以及具有强制执行效力的公证债权文书、担保物权非讼执行的担保文书、具有财产内容的刑事裁判文书等,均属于能够被承认和执行的司法文书的范畴。因此,我国涉外民事诉讼程序中的司法文书范围非常广泛。至于仲裁裁决书,则其含义比较固定,它不仅包括仲裁机构作出的裁决书,也包括仲裁机构作出的调解书。

其二,何为"外国"?所谓外国,应当就是指独立的外国国家,如果在国际法上不具备国家的构成要素,尚未被国际社会公认为独立的主权国家,便不能成为国际民事诉讼法上所称的国家。港澳台与内地(大陆)之间的司法文书的承认与执行,属于一个中国范围内的区际司法协助的范畴,不属于这里所说的国与国之间特殊司法协助的对象和客体。

其三,何为"承认"与"执行"?承认外国司法文书是指承认其具有同本国司法文书相同的效力,也就是说,通过承认,使该外国司法文书的法律效力从域外领域转换成了域内领域的法律效力,因而承认的客体是法律效力。然而,所谓相同的法律效力,仅仅指的是执行上以及客观法律效果上的效力,而不是指外国司法文书在内国范围内具有与本国司法文书完全相同的法律效果。比如既判力扩张效果、法院裁判的预决效果等,均无法产生。所谓执行,其含义基本上与国内法上的执行含义相同,是指执行机构根据所承认的外国司法文书,采取相应的强制性措施使之得以实现的司法行政活动。承认是执行的前提,执行是承认的发展;具有执行内容

---

① 参见李双元、谢石松:《国际民事诉讼法概论》,武汉大学出版社1990年版,第483页;转引自宣增益:《国家间判决承认与执行问题研究》,中国政法大学2004年博士学位论文。
② 参见宣增益:《国家间判决承认与执行问题研究》,中国政法大学2004年博士学位论文;杨虹雨:《我国承认与执行外国法院判决制度研究》,北京交通大学2019年硕士学位论文。
③ 《海牙民商事案件外国判决的承认和执行公约》第2条第1款。

的外国司法文书,不仅需要承认,而且需要执行;不具有执行内容的外国司法文书,仅需要承认,而无须执行;承认只能由法院作出,执行则由执行机构进行;承认一旦做出即产生法律效果,执行需完成执行措施方产生法律效果;承认的理论基础是国际礼让,执行的理论基础是既得权说;承认指向的是国与国之间的法律关系,执行指向的是国家整体与诉讼个体之间的事实关系;承认的功能在于排斥平行诉讼或重复诉讼,执行的功能在于保障外国司法文书内容的实现;承认是观念上的司法,执行是行动中的执法。因此,承认与执行是两项既有联系又有区别的涉外司法制度。

(二) 特殊司法协助的法律渊源

1. 承认与执行外国法院判决的法律渊源

(1) 全球性国际公约。

推动国际间民商事判决相互承认和执行的努力最早可以追溯至1971年,当时的海牙国际私法会议通过了第一份《承认与执行外国民商事判决公约》(Convention of 1 February 1971 on the Recognition and Enforcement of Foreign Judgments in Civil or Commercial Matters)。然而,由于种种原因,该公约生效之后仅有5个国家(阿尔巴尼亚、塞浦路斯、科威特、荷兰和葡萄牙)批准加入,其并未发挥实质性作用。

1999年,海牙国际私法会议尝试草拟了执行公约的草案,并于2001年对该草案进行了修改。但由于各国对执行公约内容存在很大的分歧,导致谈判工作停滞。2005年,海牙国际私法会议决定退而求其次,将执行公约草案中各国分歧较小的涉及协议选择法院管辖基础上形成的民商事判决的承认和执行的相关内容独立分出,命名为《选择法院协议公约》,优先进行谈判。《选择法院协议公约》最终于2015年生效。中国于2017年9月12日签署了该公约。

2019年7月2日,随着海牙国际私法会议第22届外交大会在海牙闭幕,《承认与执行外国民商事判决公约》(Convention of 2 July 2019 on the Recognition and Enforcement of Foreign Judgments in Civil or Commercial Matters,以下简称《执行公约》)的谈判也宣告完成。中国代表团与其他各国代表出席了闭幕式并对《执行公约》文本进行了签署确认。

(2) 区域性国际公约。

除全球性公约外,区域性公约在促进缔约国之间的判决承认与执行方面也发挥了十分重要的作用。北欧国家间、拉丁美洲国家间以及阿拉伯国家间在20世纪中期就陆续出现国家间判决承认与执行的区域性公约,但由于缔约时间过早及适用范围较小均未产生较大影响。涉及判决承认与执行的区域性国际公约比较具有代表性的是欧盟国家间的一些条约,比如1968年欧洲国家间签订的《关于民商事管辖权与判决承认与执行公约》(又称《布鲁塞尔公约》)和1988年欧共体在卢加诺签订的《民商事管辖权与判决承认与执行公约》(又称《卢迦诺公约》)是典型的专门规定管辖权及判决承认与执行制度的区域性公约;2000年12月22日,欧盟理事会通过了《关于民商事管辖权及判决承认与执行的法规》,此后《布鲁塞尔公约》以及原欧共体成员国为实施《布鲁塞尔公约》而制定的国内立法在欧盟内部不再适用。除上述公约外,有关人身关系等方面也有一些国际公约规定了承认与执行专门领域的外国判决的内容,比如1958年海牙《关于扶养儿童义务判决的承认与执行公约》、1970年海牙《承认离婚和分居公约》、1973年海牙《扶养义务判决的承认和执行公约》等。另外也有些国际公约中有专门规定承认与执行外国判决的特殊条款,这些公约主要集中在跨国运输的合同责任方面,如1956年《国际道路货物运输合同公约》第31条、1969年《国际油污损害民事责任公约》第

10 条、1970 年《国际铁路货物运送公约》第 58 条等。①

（3）双边条约。

由于全球性公约谈判的种种障碍以及区域性公约的管辖范围有限，大部分国家都是通过缔结双边司法互助条约的方式对承认与执行外国法院判决相关制度进行规定。世界上最早签订关于承认与执行外国判决双边条约的是 19 世纪时法国分别和瑞士、比利时之间的双边司法协定。发展到现在，双边条约已经成为外国法院判决承认与执行制度的最普遍的法律渊源，涉外经济贸易发达的许多国家之间都签订了双边司法互助协定。② 我国也十分重视此项工作，截至 2020 年 6 月，我国与其他国家缔结民商事相关司法协助条约 37 项。③

（4）外国的国内立法与判例。

除国际条约外，各国国内立法中一般也会对承认与执行外国法院判决制度进行规定。此领域各国国内立法一般分为两种立法方式，一种是在其基本法中以承认与执行外国法院判决的专门章节形式出现，我国和日本等国家都采用了这种方式；另一种方式是制定单行法规来专门规定，普通法系国家一般会通过单行法规的方式对承认与执行外国判决制度具体规定，这种形式的典型代表是美国的《统一外国金钱判决承认法》，英国和澳大利亚等国也是通过单行法规的方式对承认与执行外国判决制度具体规定。④ 其中，英国规定承认和执行外国法院判决的成文法有《1920 年司法行政令》《1933 年外国判决互惠执行法令》《1982 年民事管辖权和判决法令》等。⑤

与大陆法系国家不同，判例是普通法国家重要的法律渊源之一，在承认与执行外国判决领域亦是如此。研究普通法系的判例，可以管窥这一时期指导其法院承认抑或拒绝承认与执行外国法院判决或仲裁裁决的指导思想和原则。

我国学者在研究承认与执行外国司法文书相关理论问题或是学理依据时，往往也会把普通法系的相关判例作为重要研究对象。比如，有学者就从英国和加拿大的判例入手，对司法礼让原则进行了研究。⑥ 再如，有学者在文章中指出，1938 年，联邦最高法院在埃里铁路公司诉汤普金斯（Erie R. Co. v. Tompkins）案中明确主张，联邦法院在多州（国）案件中应遵守所在州的法律（"埃里规则"）。三年后在另一个案件中，法院又将埃里规则扩大适用于冲突法领域。按照埃里规则，绝大多数州认为，判决承认与执行应由州法律支配，互惠理论对联邦法院处理多州（国）案件时再也没有拘束力了。⑦

（5）我国的国内立法及司法解释。

在国内立法方面，我国承认与执行外国司法文书的国内法律规定主要散布在《民事诉讼法》第二十七章"司法协助"以及《民诉法解释》第二十二章"涉外民事诉讼程序的特别规

---

① 参见杨虹雨：《我国承认与执行外国法院判决制度研究》，北京交通大学 2019 年硕士学位论文。
② 参见杨虹雨：《我国承认与执行外国法院判决制度研究》，北京交通大学 2019 年硕士学位论文。
③ 数据来源于中华人民共和国外交部条约数据库网站：http://treaty.mfa.gov.cn/Treaty/web/index.jsp，2020 年 7 月 9 日访问。
④ 参见杨虹雨：《我国承认与执行外国法院判决制度研究》，北京交通大学 2019 年硕士学位论文。
⑤ 参见贺晓翊：《英国承认与执行外国法院判决制度对我国的启示与借鉴》，载《武大国际法评论》2007 年第 2 期。
⑥ 参见刘仁山：《国际民商事判决承认与执行中的司法礼让原则——对英国与加拿大相关理论及实践的考察》，载《中国法学》2010 年第 5 期。
⑦ 参见宣增益：《国家间判决承认与执行问题研究》，中国政法大学 2004 年博士学位论文。

定"等之中。其他相关的部门法,如企业破产法与海事诉讼特别程序法,也在一定范围内规范着外国判决在中国承认与执行的某些领域或方面。《海事诉讼特别程序法》第 11 条规定:"当事人申请执行海事仲裁裁决,申请承认和执行外国法院判决、裁定以及国外海事仲裁裁决的,向被执行的财产所在地或者被执行人住所地海事法院提出。被执行的财产所在地或者被执行人住所地没有海事法院的,向被执行的财产所在地或者被执行人住所地的中级人民法院提出。"《企业破产法》第 5 条也有相关规定。应当指出的是,关涉特殊类型的外国判决在中国承认与执行的上述法律,沿袭了民事诉讼法的体系框架,亦未引入完整的外国判决承认与执行体系。这集中表现在一系列的外国判决承认与执行条件及拒绝理由的缺失,比如未规定"外国法院有管辖权"这一最为核心的外国判决承认与执行条件,以及对"正当程序的违反""冲突判决的存在"等拒绝承认与执行的理由的漠视。[①] 这些都是我国立法将来应当完善的方面。

需加提及的是,在我国,除了立法及司法解释外,还有一些司法政策性文件对特殊司法协助的有关内容有所涉及,典型的如《一带一路司法保障意见》以及相关《九民纪要》等。

2. 承认与执行外国仲裁裁决的法律渊源

(1) 国际公约。

《纽约公约》为各国承认及执行外国仲裁裁决确立了可操作的标准。随着越来越多的国家加入《纽约公约》,裁决执行领域的国内法差异逐渐缩小。改革开放以来,仲裁日益成为我国解决涉外经济纠纷的重要途径。为了仲裁国际化的需要,我国于 1986 年加入了《纽约公约》,该公约成为我国承认与执行外国仲裁裁决的主要法律渊源。[②]

(2) 我国的国内立法及司法解释。

在国内立法方面,我国承认与执行外国司法文书的国内法律规定主要散布在《民事诉讼法》第二十七章"司法协助"以及《民诉法解释》第二十二章"涉外民事诉讼程序的特别规定"等司法解释及相关文件中。具体条文主要有《民事诉讼法》第 281 条、第 290 条,《民诉法解释》第 538 条、第 539 条等。

除上述法律及《民诉法解释》外,我国目前立法中还有其他法律文件对外国仲裁裁决在我国的承认与执行作出了规定。我国自加入《纽约公约》以来,一直高度重视人民法院对《纽约公约》的准确适用。最高人民法院于 1987 年公布了《关于执行我国加入的〈承认及执行外国仲裁裁决公约〉的通知》,对执行公约的相关问题予以明确。1995 年最高人民法院发布《关于人民法院处理与涉外仲裁及外国仲裁事项有关问题的通知》,确立了对外国仲裁裁决司法审查案件的内部报告制度。内部报告制度实际上将拒绝承认与执行外国仲裁裁决的权力统一收归最高司法机关行使,以确保法律适用的统一性。[③] 2017 年 12 月 26 日,最高人民法院发布了《关于仲裁司法审查案件报核问题的有关规定》,将该项报告制度上升为司法解释,并扩大适用于国内商事仲裁领域,同时明确了报核的具体要求。该司法解释已经于 2018 年 1 月 1 日起实施。最高人民法院于 2017 年 12 月 26 日发布的《关于审理仲裁司法审查案件若干问题的规定》,对包括当事人申请承认和执行外国仲裁裁决案件在内的仲裁司法审查案件的办理程序

[①] 参见张文亮:《外国判决在中国的承认与执行:现状及未来》,载《武大国际法评论》2016 年第 2 期。

[②] 参见陈治东、沈伟:《国际商事仲裁裁决承认与执行的国际化趋势》,载《中国法学》1998 年第 2 期。

[③] 参见万鄂湘:《〈纽约公约〉在中国的司法实践》,载《法律适用》2009 年第 3 期。

问题作出了统一规定,具有很强的操作性,是对上述司法解释的补充。①《一带一路司法保障意见》以及《多元化纠纷解决机制改革意见》《关于为自由贸易试验区建设提供司法保障的意见》也先后表示支持仲裁制度改革、支持仲裁机构的创新发展,提升我国涉外纠纷解决制度的国际竞争力和公信力。②

(三) 承认和执行外国法院裁判和外国仲裁裁决的条件与程序

1. 承认和执行外国法院裁判的条件和程序

(1) 承认和执行外国法院裁判的条件。

其一,外国法院所在国与我国存在公约、条约或互惠关系。按照《民诉法解释》第542条的规定,当事人向中华人民共和国有管辖权的中级人民法院申请承认和执行外国法院作出的发生法律效力的判决、裁定的,如果该法院所在国与中华人民共和国没有缔结或者共同参加国际条约,也没有互惠关系的,裁定驳回申请,但当事人向人民法院申请承认外国法院作出的发生法律效力的离婚判决除外。承认和执行申请被裁定驳回的,当事人可以向人民法院起诉。之所以离婚判决可以成为例外,原因在于离婚判决涉及身份关系,这种身份关系一经外国法院离婚判决予以解除,外国的当事人即可自由再行结婚,我国法院如果不承认此种离婚判决,所拘束的便是我国的当事人,这显然不妥。

其二,请求承认与执行的外国裁判文书已经确定或生效。被请求承认和执行的外国裁判文书必须是确定的具有最终法律效力的裁判文书,也即生效裁判文书。判断某一裁判文书是否生效以及是否具有执行力,其依据是作出该法律文书的外国法院所在国的法律,而不是我国的法律。因此,根据我国的法律,外国的裁判文书可能没有生效,但如果根据请求国的法律,该裁判文书已经生效或已经具有执行力,则应当认为符合此一要件;反之,即便根据我国的法律该裁判文书已经生效,但根据该请求国的法律该裁判文书尚未生效,则我国法院也应当认为其尚未生效。比如,根据《美国联邦民事诉讼规则》的规定,其一审判决作出后,当事人提供担保,可以申请强制执行,如果当事人请求执行美国法院的此一一审判决,尽管根据我国民事诉讼法的规定其尚未生效,但仍属具有确定性和终局性的裁判,如果符合其他各项条件,则我国法院应当予以承认和执行。

其三,外国法院对请求执行的司法事项具有管辖权。外国法院对请求执行的案件具有管辖权是我国法院承认和执行该司法裁判的程序性前提,对缺乏管辖权的外国裁判,我国法院无法承认与执行。判断外国法院对请求承认和执行的案件是否享有司法管辖权具有三个标准:一是请求国国家的法律标准,二是被请求国国家的法律标准,三是请求国与被请求国之间存在的国际条约标准。一般而言,外国法院对请求承认和执行的案件是否具有管辖权,其判断标准是请求国的国家法律以及相关的国际条约,而不是被请求国的国家法律。但如果遇到长臂管辖,我国法院应当根据我国民事诉讼法上的有关实际联系标准进行判断,而不受其长臂管辖标准的拘束。如果外国法院管辖了我国具有专属管辖权的案件,我国法院对其承认和执行的请求将予以拒绝。

其四,对该请求承认和执行的外国司法裁判,我国法院对其所针对的案件没有受理或者受理后没有作出裁判,同时我国法院也未对其他国家就该案所作出的裁判予以承认和执行。也就

---

① 参见高晓力:《中国法院承认和执行外国仲裁裁决的积极实践》,载《法律适用》2018年第5期。

② 参见刘敬东、王路路:《"一带一路"倡议下我国对外国仲裁裁决承认与执行的实证研究》,载《法律适用》2018年第5期。

是说，我国法律尽管认可平行诉讼，但不认可平行承认或平行执行，因为平行承认和平行执行将可能导致国与国之间的同案不同判现象，或者导致重复执行。

其五，外国法院作出司法裁判的程序公正。程序公正是承认和执行外国司法裁判的正当化根据，不公正的程序所导致的一定是不公正的裁判，而不公正的裁判是不应得到承认和执行的。程序公正的判断具有三个标准：一是该外国法院所在国的法律标准，二是被请求国家的法律标准，三是相关条约或公约所确定的标准。如果请求国与被请求国之间存在相关条约或公约，那么条约标准或公约标准应当是最终的判断程序公正的标准；但如果不存在该条约标准或公约标准，则应当按照国际社会公认的最低限度的程序公正标准为判断标准，而不是简单地按照外国法院所在国的法律或被请求国家的法律进行判断。这是因为，国与国之间的程序法会存在很大差异，如果以请求国或被请求国的法律进行单方面的程序公正与否的判断，有时难免会发生冲突。一般认为，如果当事人未经合法传唤就被作出不利于他的缺席判决，或者当事人无诉讼行为能力时没有得到有效代理、严重剥夺当事人的辩论权和举证权等，被认为是违反程序公正的情形，其相关的司法裁判将不会得到我国法院的承认和执行。

其六，承认和执行外国司法文书不会损害我国的公共秩序。这就是世所公认的公共秩序保留条款。根据《民事诉讼法》第283条第2款的规定，外国法院请求协助的事项有损于中华人民共和国的主权、安全或者社会公共利益的，人民法院不予执行。至于外国司法文书是否违反我国的公共秩序，其判断标准是我国的法律规定，同时辅之以国际条约或国际公约上所确定的标准，即这里的公共秩序，是指我国法律所确定的公共秩序，而不是外国法律确定的公共秩序，我国所认可的国际公共秩序也属于我国的公共秩序的组成部分。我国的公共秩序的判断标准前已述及，这里不再重复。

（2）承认和执行外国法院裁判文书的程序。

其一，申请或请求。根据《民事诉讼法》第288条的规定，外国法院作出的发生法律效力的判决、裁定，需要中华人民共和国人民法院承认和执行的，可以由当事人向中华人民共和国有管辖权的中级人民法院直接提出承认和执行的申请，也可以由外国法院依照该国与中华人民共和国缔结或者参加的国际条约的规定，或者按照互惠原则，请求人民法院承认和执行。根据《民诉法解释》第541条的规定，申请人向人民法院申请承认和执行外国法院作出的发生法律效力的判决、裁定，应当提交申请书，并附外国法院作出的发生法律效力的判决、裁定正本或者经证明无误的副本以及中文译本。外国法院判决、裁定为缺席判决、裁定的，申请人应当同时提交该外国法院已经合法传唤的证明文件，但判决、裁定已经对此予以明确说明的除外。中华人民共和国缔结或者参加的国际条约对提交文件有规定的，按照规定办理。按《民诉法解释》第544条规定，对外国法院作出的发生法律效力的判决、裁定，需要中华人民共和国法院执行的，当事人应当先向人民法院申请承认。人民法院经审查，裁定承认后，再根据《民事诉讼法》第三编的规定予以执行。当事人仅申请承认而未同时申请执行的，人民法院仅对应否承认进行审查并作出裁定。按《民诉法解释》第545条规定，当事人申请承认和执行外国法院作出的发生法律效力的判决、裁定或者外国仲裁裁决的期间，适用《民事诉讼法》第246条的规定。① 当事人仅申请承认而未同时申请执行的，申请执行的期间自人民法院对承

---

① 《民事诉讼法》第246条规定："申请执行的期间为二年。申请执行时效的中止、中断，适用法律有关诉讼时效中止、中断的规定。前款规定的期间，从法律文书规定履行期间的最后一日起计算；法律文书规定分期履行的，从最后一期履行期限届满之日起计算；法律文书未规定履行期间的，从法律文书生效之日起计算。"

认申请作出的裁定生效之日起重新计算。

其二，审查与处理。根据《民事诉讼法》第289条的规定，人民法院对申请或者请求承认和执行的外国法院作出的发生法律效力的判决、裁定，依照中华人民共和国缔结或者参加的国际条约，或者按照互惠原则进行审查后，认为不违反中华人民共和国法律的基本原则或者国家主权、安全、社会公共利益的，裁定承认其效力，需要执行的，发出执行令，依照本法的有关规定执行。违反中华人民共和国法律的基本原则或者国家主权、安全、社会公共利益的，不予承认和执行。《民诉法解释》第546条规定，承认和执行外国法院作出的发生法律效力的判决、裁定或者外国仲裁裁决的案件，人民法院应当组成合议庭进行审查。人民法院应当将申请书送达被申请人。被申请人可以陈述意见。人民法院经审查作出的裁定，一经送达即发生法律效力。按其第547条规定，与中华人民共和国没有司法协助条约又无互惠关系的国家的法院，未通过外交途径，直接请求人民法院提供司法协助的，人民法院应予退回，并说明理由。需加注意的是，我国法院组成合议庭对外国司法文书的审查实行程序审查和形式审查原则，仅仅审查其形式是否符合我国法律及相关国际条约或国际公约的规定和要求，其程序是否公正，是否符合前述我国法院承认和执行外国司法文书的6项条件，而不进行实质审查，也就是说，不审查外国法院作出的司法裁判是否具有事实依据、证据是否充分以及法律适用是否正确等实体性裁判要件，但如果所请求承认和执行的是惩罚性赔偿裁判，则我国法院可以对外国法院所确定的惩罚性赔偿数额是否属于合理范围，以及该惩罚性赔偿是否为当事人个人所得进行审查，如果其超过合理限度或属于政府所得，我国法院也可以拒绝承认和执行。

2. 对外国仲裁机构裁决的承认和执行

《民事诉讼法》第290条规定，国外仲裁机构的裁决，需中华人民共和国人民法院承认和执行的，应当由当事人直接向被执行人住所地或者其财产所在地的中级人民法院申请，人民法院应当依照中华人民共和国缔结或者参加的国际条约，或者按照互惠原则办理。根据《民诉法解释》第543条的规定，对临时仲裁庭在中华人民共和国领域外作出的仲裁裁决，一方当事人向人民法院申请承认和执行的，人民法院应当依照《民事诉讼法》第290条规定处理。临时仲裁是19世纪中叶机构仲裁出现以前唯一的国际商事仲裁组织形式，临时仲裁比机构仲裁（管理式仲裁）历史悠久。直至今天，在常设仲裁机构发展迅速，数量达到130多个的情况下，临时仲裁仍有很强的生命力，得到很多国家的承认，特别在国际海事的纠纷处理方面，临时仲裁是主流。临时仲裁，亦称特别仲裁、随意仲裁、临时性仲裁，不由任何已设立的仲裁机构进行正规管理，而是由当事人双方对某个仲裁案自行创设自己的仲裁程序，由当事人选择不受限制的仲裁员进行仲裁。我国仲裁法仅保护机构仲裁，而未规定临时仲裁，但由于我国已经加入《纽约公约》，而《纽约公约》规定了临时仲裁，[①] 因此，尽管国内临时仲裁我国不予认可，但外国临时仲裁却可以受到承认和执行。等待仲裁法修改规定临时仲裁后，该问题便不复存在。

最后，需要讨论一下何为《民事诉讼法》第290条"国外仲裁机构的裁决"中的"国外仲裁机构"。对此有两种理解，一种理解可以称为"机构性质说"，按照该说，如果仲裁机构属于国外的仲裁机构，即便在中国境内进行仲裁，也属于国外仲裁机构的裁决；另一种理解可以称为"仲裁地说"，依照该说，即便是外国的仲裁机构，只要在我国境内进行仲裁，都只能

[①] 《纽约公约》第1条第2款规定："'仲裁裁决'一词不仅指专案选派之仲裁员所作裁决，亦指当事人提请仲裁之常设仲裁机关所作裁决。"

说是中国的涉外仲裁裁决,而不是外国仲裁裁决,因而不能适用《民事诉讼法》第290条的规定。前一学说为多数说。持后一学说的学者认为,由于中国国内法上对仲裁裁决国籍的认定标准不明确,且立法上突出强调"仲裁机构",而与国际条约和国际仲裁实践中主要依"仲裁地"作为认定仲裁裁决国籍的标准不一致,最高人民法院并未就该问题明确司法态度,在司法实践中应依据"仲裁地标准"认定仲裁裁决的国籍,即在个案中可以认为外国仲裁机构在中国境内作出的仲裁裁决不是外国仲裁裁决,而是中国的涉外仲裁裁决,进而避免上述适用法律的矛盾。① 对于这个问题,还有学者指出,我国现行国内仲裁立法与实践对国际仲裁裁决国籍的认定,在某些方面不符合国际商事仲裁立法与实践;在现代国际商事仲裁立法与实践中,按照《纽约公约》的规定,地域标准(仲裁地点)已经成为各国内仲裁立法与实践普遍认可的标准。② 事实上,在"一带一路"倡议的大背景下,我国大部分法院在判断《纽约公约》的适用范围时已逐渐放弃仲裁机构所在地标准,转而采用《纽约公约》第1条规定的裁决地标准。③ 笔者倾向于多数说,因为外国仲裁机构不因为到了中国境内进行仲裁,该仲裁就因地点的改变而变化了性质,其仲裁机构未变、仲裁规则未变、仲裁程序未变,其所作出的仲裁裁决的性质仍然未变,其要得到我国法院的承认和执行当然要根据国际司法协助的规定进行,而不是像在我国执行的涉外仲裁一样,可以绕开国际司法协助的过滤和审查,因为我国涉外仲裁在我国的执行,无须按照《民事诉讼法》第290条的规定通过国际司法协助的承认和执行程序来实施,原则上可以直接像国内仲裁裁决一样申请有管辖权的人民法院执行。④

我国承认和执行外国仲裁裁决的条件和程序主要有三种类型:一是公约类型,二是条约类型,三是互惠类型。公约类型,是指按照我国加入的《纽约公约》对缔约国之间外国仲裁裁决的承认和执行;条约类型,是指对不存在《纽约公约》关系的国与国之间的对外国仲裁裁决的承认和执行;互惠类型,是指在既没有《纽约公约》关系也没有双边或多边条约关系的国与国之间对外国仲裁裁决的承认和执行。条约类型就按条约的规定办理,通常与公约类型相接近;互惠类型则以互惠关系为前提,在认可事实互惠关系或推定互惠关系的前提下,按照国际惯例办理,也可参照公约类型或条约类型办理。在上述三种类型中,最为重要也是最为基本的是公约类型的仲裁裁决的承认和执行,以下以此为主对其条件和程序加以介绍。

根据《纽约公约》的规定,并结合我国民事诉讼法的相关规定,我国法院承认和执行外国仲裁裁决的条件和程序如下:

(1)根据我国加入《纽约公约》时所作的互惠保留声明,我国对在另一缔约国领土内作出的仲裁裁决的承认和执行适用该公约。《纽约公约》与我国民事诉讼法有不同规定的,按该公约的规定办理。对于在非缔约国领土内作出的仲裁裁决,需要我国法院承认和执行的,应按《民事诉讼法》第290条的规定办理。

---

① 参见高晓力:《司法应依仲裁地而非仲裁机构所在地确定仲裁裁决籍属》,载《人民司法(案例)》2017年第20期。
② 参见赵秀文:《论〈纽约公约〉裁决在我国的承认与执行——兼论我国涉外仲裁立法的修改与完善》,载《江西社会科学》2010年第2期。
③ 参见刘敬东、王路路:《"一带一路"倡议下我国对外国仲裁裁决承认与执行的实证研究》,载《法律适用》2018年第5期。
④ 《民诉法解释》第539条规定:"人民法院强制执行涉外仲裁机构的仲裁裁决时,被执行人以有民事诉讼法第二百八十一条第一款规定的情形为由提出抗辩的,人民法院应当对被执行人的抗辩进行审查,并根据审查结果裁定执行或者不予执行。"

（2）根据我国加入《纽约公约》时所作的商事保留声明，我国仅对按照我国法律属于契约性和非契约性商事法律关系所引起的争议适用该公约。所谓"契约性和非契约性商事法律关系"，具体的是指由于合同、侵权或者根据有关法律规定而产生的经济上的权利义务关系，例如货物买卖、财产租赁、工程承包、加工承揽、技术转让、合资经营、合作经营、勘探开发自然资源、保险、信贷、劳务、代理、咨询服务和海上、民用航空、铁路、公路的客货运输以及产品责任、环境污染、海上事故和所有权争议等，但不包括外国投资者与东道国政府之间的争端。

（3）根据《纽约公约》第4条的规定，申请我国法院承认和执行在另一缔约国领土内作出的仲裁裁决，是由仲裁裁决的一方当事人提出的。对于当事人的申请应由我国下列地点的中级人民法院受理：一是被执行人为自然人的，为其户籍所在地或者居住地的中级人民法院；二是被执行人为法人的，为其主要办事机构所在地的中级人民法院；三是被执行人在我国无住所、居所或者主要办事机构，但有财产在我国境内的，为其财产所在地的中级人民法院。

（4）我国有管辖权的人民法院接到一方当事人的申请后，应对申请承认及执行的仲裁裁决进行审查。审查的结果如果认为不具有《纽约公约》第5条第1、2项所列的情形，应当裁定承认其效力，并且依照民事诉讼法规定的程序执行；如果认定具有《纽约公约》第5条第2项所列的情形之一的，或者根据被执行人提供的证据证明具有第5条第1项所列的情形之一的，应当裁定驳回申请，拒绝承认及执行。根据《纽约公约》第5条第1项之规定，被申请执行人提供证据证明存在下列情形之一的，我国法院应当拒绝承认和执行。其一，当事人在订立仲裁协议时缺乏行为能力。其二，仲裁协议根据其所选择的准据法的规定，属于无效协议，或者，在当事人没有选择准据法时，按照仲裁地所在国的法律之规定，属于无效协议。其三，被申请执行人没有受到指派仲裁员或仲裁程序的适当通知，或者被申请执行人因为其他任何仲裁程序的错误而未能到庭进行答辩。其四，仲裁裁决所裁决的事项不属于仲裁协议的范围。其五，仲裁机关的组成或者其所适用的仲裁程序与仲裁协议不相符合，无协议时与仲裁地所在国法律不相符合。其六，仲裁裁决尚未发生拘束力，或者已经根据仲裁地所在国的法律或裁决所依据的法律被撤销或停止执行。其中第三种情形是对正当程序的规定，该条一般被称为正当程序条款。正当程序是普通法国家的制度，在大陆法国家，与之对应的是"尊重当事人平等及对抗原则"（"le principe de la contradiction, du respect des droits de la defense et d'egalite des parties"）。依据《纽约公约》第5条第2项规定，如果我国法院认定具有下列情形之一，可以拒绝承认和执行仲裁裁决：一是依照我国法律，该争议事项属于不可仲裁的范围；二是承认或执行该仲裁裁决将有违我国的公共政策。

（5）申请我国法院承认及执行的仲裁裁决，仅限于《纽约公约》对我国生效后在另一缔约国领土内作出的仲裁裁决。该项申请应当在《民事诉讼法》第246条规定的申请执行期限内提出，依据该条规定，申请执行的期间为仲裁裁决生效之日起2年。

根据《纽约公约》第4条的规定，申请人申请执行外国仲裁裁决，应当提出申请书，并提供以下文件：其一，原裁决的正本或其正式副本。其二，仲裁协议的原本或其正式副本。其三，倘前述裁决或协定所用文字非为援引裁决地所在国之正式文字，声请承认及执行裁决之一造应具备各该文件之此项文字译本。译本应由公设或宣誓之翻译员或外交或领事人员认证之。

我国法院对外国仲裁裁决的承认和执行根据形式审查的原则进行审查，仅仅审查其是否符合《纽约公约》第5条规定的不予承认和执行的各种情形，而不审查外国仲裁裁决的事实认定和法律适用，即不进行实质审查。需加注意的是，对于《纽约公约》第5条第1项规定的五种不予承认和执行的情形,只有在当事人提出主张并提供证据加以证明后,我国法院才能裁定对该外国仲裁裁决不予承认和执行,但对其第2项所规定的两种不予承认和执行的情形,则属于法院依职权主动进行调查核实的范围,无须当事人提出申请,法院经过职权审查认为存在两种情形之一的,即裁定对该外国仲裁裁决不予承认和执行。至于提出的申请书以及附随文件上所存在的瑕疵,则应当提供当事人进行补正的机会;无法补正或当事人拒绝补正的,裁定不予承认和执行。

(四) 我国法院裁判、裁定和仲裁裁决在外国的承认和执行

我国法院作出的司法裁判以及我国仲裁机构作出的涉外仲裁裁决,同样不具有域外的当然效力,其如果要在外国进行执行,也要经过外国法院的审查、承认。这个过程被称为我国法院裁判和仲裁裁决在外国的承认和执行,其方向与外国法院裁判和仲裁裁决在我国的承认和执行相反,但内容和本质是一致的。《民事诉讼法》第287条规定:"人民法院作出的发生法律效力的判决、裁定,如果被执行人或者其财产不在中华人民共和国领域内,当事人请求执行的,可以由当事人直接向有管辖权的外国法院申请承认和执行,也可以由人民法院依照中华人民共和国缔结或者参加的国际条约的规定,或者按照互惠原则,请求外国法院承认和执行。中华人民共和国涉外仲裁机构作出的发生法律效力的仲裁裁决,当事人请求执行的,如果被执行人或者其财产不在中华人民共和国领域内,应当由当事人直接向有管辖权的外国法院申请承认和执行。"据此规定,如果属于涉外仲裁裁决在外国的承认和执行,应当由当事人提出申请;如果属于我国法院的裁判在外国的承认和执行,则除当事人可以直接向有管辖权的外国法院提出执行申请外,我国法院也可以请求外国法院予以承认和执行。但是在我国与外国法院之间不存在条约关系或互惠关系时,或者根据条约或互惠原则提出特别要求时,则只能由当事人提出执行申请,法院不依职权提出执行请求。至于其审查和承认、执行的条件和程序,由该外国法院按照其本国法以及相关国际条约、公约以及互惠原则等的规定予以确定。

七、外国司法文书在我国承认和执行所存在的问题与立法完善

(一) 外国司法文书在我国的承认与执行之问题

外国司法文书在我国的承认与执行在取得积极进展和重要成就的同时,也还面临着一些问题和发展瓶颈,主要有:

1. 立法上存在的问题

有学者通过研究中国法院不予承认及执行的外国仲裁裁决相关案例,对《纽约公约》中有关可以拒绝承认与执行的条款进行了逐一解读,指出中国法院不予执行上述外国仲裁裁决均严格执行了纽约公约,[①] 较好地践行了"有利于执行"的公约理念。[②] 但与之相反,也有学者指出,比较我国民事诉讼法与《纽约公约》的相关规定,我国立法上尚有明显不足,司法实践中与该领域国际化的趋势也存在一定差距。其中立法主要体现在我国民事诉讼法关于可仲裁事项的认定、关于当事人抗辩理由以及公共政策的表述等方面。[③]

---

① 参见万鄂湘、夏晓红:《中国法院不予承认及执行某些外国仲裁裁决的原因——〈纽约公约〉相关案例分析》,载《武大国际法评论》2010年第2期。

② 参见杨弘磊:《中国内地法院〈纽约公约〉项下外国仲裁裁决司法审查之新近实践述评》,载《武大国际法评论》2012年第2期。

③ 参见陈治东、沈伟:《国际商事仲裁裁决承认与执行的国际化趋势》,载《中国法学》1998年第2期。

2. 司法上存在的问题

目前，在我国的司法实践中，除了在离婚判决领域互相承认与执行外国法院判决比较常见之外，其他领域得到承认与执行外国法院判决的案例还比较少。我国法院对于外国法院判决承认与执行审查的态度较为保守。① 其典型例证就是前面已有涉及的对互惠原则的含义界定较为传统，从而导致我国特殊涉外司法协助显得较为被动消极、范围狭小。比如我国学者研究较多的"德国柏林高等法院承认中国无锡中院判决案"，此案首开中、德两国在无国际条约的情况下、德国法院基于互惠原则承认中国法院民商事判决之先河，多位学者以此案为范本，指出了事实互惠的缺陷，提出我国法院在保证国家主权的前提下，亦可突破习惯做法，在与他国的司法合作中主动迈出互惠的第一步。② 与之类似，亦有学者以"美国加利福尼亚州地区法院执行湖北高院判决案""以色列承认和执行南通中院判决案"为研究蓝本，指出了中国法院采用事实互惠标准的不利影响，提出中国法院在面对外国民商事判决时也应秉持积极、灵活的态度。③ 2016年12月，江苏省南京市中级人民法院根据互惠原则承认与执行了新加坡高等法院于2015年10月作出的013号判决。在该案中，法院指出，中国与新加坡并未缔结或共同参加承认与执行生效裁判文书的国际条约，但由于新加坡高等法院于2014年1月对我国江苏省苏州市中级人民法院判决进行了承认与执行，根据互惠原则，我国可以对新加坡法院的民事判决予以承认和执行。法院最后裁定对该判决予以承认和执行。该案对今后中国法院承认与执行其他外国法院判决具有重要的参考价值。④

(二) 外国司法文书在我国承认与执行的立法与司法完善

1. 加强双边或多边性的司法合作法律体系建设

目前我国在外国司法文书的承认和执行方面遇到的障碍、困惑与难题，归根到底都与一个方面的因素有关，这就是我国在双边或多边条约的缔结和参与的力度上尚有待于加大，我国应当在建立双边或多边条约司法合作框架上，寻求有助于外国司法文书在我国得到承认和执行的涉外法律体系。这是我国解决承认和执行外国司法文书难题的根本之道，我国应当基于"一带一路"的发展战略，以及立足于构建人类命运共同体的国际理念，在这方面大力开拓，破解难题，突破瓶颈，在大国司法背景下开创国际司法合作新局面。

2. 改事实互惠为推定互惠，充分发掘互惠原则的能动司法合作之功能

司法机关在外国判决的承认与执行中的立场及司法方式的转变，是突破外国判决在中国承认与执行僵局的最具实效性路径。法院解释和适用互惠原则的立场及方式的转变是可行的，且是当前司法实践的迫切要求。⑤

3. 以降低执行门槛为目标，减少当事人的抗辩为基础，扩大我国法院承认和执行外国司

---

① 参见杨虹雨：《我国承认与执行外国法院判决制度研究》，北京交通大学2019年硕士学位论文。

② 参见马琳：《析德国法院承认中国法院民商事判决第一案》，载《法商研究》2007年第4期；刘懿彤：《互惠原则在承认与执行外国判决中作用的再认识——以德国柏林高等法院承认中国无锡中院判决为案例》，载《人民司法》2009年第3期。

③ 参见谢新胜：《条约与互惠缺失时中国判决的域外执行——以美国法院执行中国民商事判决第一案为视角》，载《环球法律评论》2010年第4期；陈亮，姜欣：《承认和执行外国法院判决中互惠原则的现状、影响与改进——从以色列承认和执行南通中院判决案出发》，载《法律适用》2018年第5期。

④ 参见乔雄兵：《"一带一路"倡议下中国的国际民商事司法协助：实践、问题及前景》，载《西北大学学报（哲学社会科学版）》2017年第6期。

⑤ 参见张文亮：《外国判决在中国的承认与执行：现状及未来》，载《武大国际法评论》2016年第2期。

法文书的范围

在与我国不具备条约公约关系或者互惠关系的国家之间，我国法院对其司法文书的承认和执行，应当尽可能地降低执行门槛，为外国当事人申请承认和执行外国司法文书提供便利。[①]

4. 承认与执行外国仲裁裁决制度的改革与完善

民事诉讼法及最高人民法院出台的相关司法文件已初步形成我国审查外国仲裁裁决申请承认与执行案件的程序，但近年来的实践证实该制度尚存在一定缺陷，亟待重构。对此，我国应当在坚持原有立法模式的基础上，从仲裁裁决的国籍确认、执行程序中的保全、审查时限及上诉制度方面，分三个层级逐步予以完善。[②]

[①] 参见贺晓翎：《英国承认与执行外国法院判决制度对我国的启示与借鉴》，载《武大国际法评论》2007年第2期。

[②] 参见张虎：《外国仲裁裁决在我国承认与执行程序的重构》，载《法学杂志》2018年第10期。

图书在版编目（CIP）数据

民事诉讼法学精论：上下/汤维建著. —北京：中国检察出版社，2022.10

ISBN 978 – 7 – 5102 – 2749 – 3

Ⅰ.①民… Ⅱ.①汤… Ⅲ.①民事诉讼法 – 法的理论 – 中国 Ⅳ.①D925.101

中国版本图书馆CIP数据核字（2022）第077993号

民事诉讼法学精论（上下册）

汤维建　著

责任编辑：葛晓湄
技术编辑：王英英
美术编辑：曹　晓

出版发行：	中国检察出版社
社　　址：	北京市石景山区香山南路109号（100144）
网　　址：	中国检察出版社（www.zgjccbs.com）
编辑电话：	（010）86423706
发行电话：	（010）86423726　86423727　86423728
	（010）86423730　86423732
经　　销：	新华书店
印　　刷：	北京联兴盛业印刷股份有限公司
开　　本：	787 mm × 1092 mm　16开
印　　张：	100.75　插页12
字　　数：	2647千字
版　　次：	2022年10月第一版　2022年10月第一次印刷
书　　号：	ISBN 978 – 7 – 5102 – 2749 – 3
定　　价：	298.00元（上下册）

检察版图书，版权所有，侵权必究
如遇图书印装质量问题本社负责调换